D1752150

Thiel/Gelzer/Upmeier · Baurechtssammlung · Band 67

Baurechtssammlung

Rechtsprechung des Bundesverwaltungsgerichts, der Oberverwaltungsgerichte der Länder und anderer Gerichte zum Bau- und Bodenrecht

Von **Prof. Dr. Fr. Thiel** † und **Prof. Dr. Konrad Gelzer** †
Fortgeführt (ab Band 56) von **Hans-Dieter Upmeier,**
Vizepräsident des Verwaltungsgerichts a. D.

Band 67, Rechtsprechung 2004

Werner Verlag

1. Auflage 2005

Bibliografische Information der Deutschen Bibliothek
Die Deutsche Bibliothek verzeichnet diese Publikation in der Deutschen Nationalbibliografie; detaillierte bibliografische Daten sind im Internet über http://dnb.ddb.de abrufbar.

ISSN 0721-8451

Bd. 67. – Rechtsprechung 2004
ISBN 3-8041-3594-3

DK 351.95
© 2005 Wolters Kluwer Deutschland GmbH, München/Unterschleißheim
Werner Verlag – eine Marke von Wolters Kluwer Deutschland
Printed in Germany
Alle Rechte, auch das der Übersetzung, vorbehalten.
Ohne ausdrückliche Genehmigung des Verlages ist es auch nicht gestattet, dieses Buch oder Teile daraus auf fotomechanischem Wege (Fotokopie, Mikrokopie) zu vervielfältigen sowie die Einspeicherung in elektronischen Systemen vorzunehmen.
Zahlenangaben ohne Gewähr
Satz, Druck und Verarbeitung: rewi druckhaus, Reiner Winters GmbH,
57537 Wissen

www.werner-verlag.de

Vorwort zum 67. Band

Band 67 enthält insgesamt 224 Entscheidungen verschiedener Gerichte, vorwiegend des Bundesverwaltungsgerichts, der anderen Bundesgerichte und der Oberverwaltungsgerichte/Verwaltungsgerichtshöfe. Ferner sind drei Entscheidungen nur als Leitsätze aufgenommen. Durch mehrere weitere Leitsätze, die auf die Entscheidungen an anderer Stelle des Buches verweisen, ergibt sich die Zahl 235 der laufenden Nummern.

Vom Bundesverwaltungsgericht sind 54 Urteile und Beschlüsse, vorwiegend des 4. Senats, abgedruckt. Der Bayerische Verwaltungsgerichtshof ist mit 24 Entscheidungen vertreten, der Verwaltungsgerichtshof Baden-Württemberg mit 21. Vom Niedersächsischen Oberverwaltungsgericht sind 23 Entscheidungen für die Sammlung ausgewählt, vom Oberverwaltungsgericht Nordrhein-Westfalen mit seinen drei Bausenaten habe ich 34 Entscheidungen aufgenommen. Für Nordrhein-Westfalen sind dies acht Erkenntnisse weniger als im letzten Jahr. Der Hessische Verwaltungsgerichtshof ist mit 16 Entscheidungen wieder stark vertreten, ebenso das Oberverwaltungsgericht Rheinland-Pfalz mit 15 Erkenntnissen. Neben dem Oberverwaltungsgericht Nordrhein-Westfalen bietet das Oberverwaltungsgericht Rheinland-Pfalz aus der Sicht des Verfassers die beste und auch zeitnächste Veröffentlichungspraxis, was sich auch in der Zeitschrift für das gesamte öffentliche und zivile Baurecht (BauR) wiederfindet. Weitere Entscheidungen kommen von den Oberverwaltungsgerichten in Berlin, in Brandenburg (dessen OVG inzwischen mit dem OVG Berlin zusammengelegt wurde), Bremen, Hamburg, Mecklenburg-Vorpommern, Saarland, Sachsen, Schleswig-Holstein und Thüringen, ferner von den Verwaltungsgerichten in Düsseldorf und Potsdam.

Planerische Steuerung, Genehmigung, Bau und Betrieb von Windenergieanlagen haben auch im Jahr 2004 wieder viele Gerichte beschäftigt. Das läßt sich an über 25 Entscheidungen ablesen (Nr. 6ff., 82, 98ff., 113ff., 118 ff., 165ff., 170, 182, 192), die die gesamte rechtliche Bandbreite von den raumordnungsrechtlichen Vorgaben über Festsetzungen von Grundflächen und Baugrenzen bis zu Fragen des Schattenwurfs auf Nachbargrundstücke abdecken.

Einen weiteren Schwerpunkt bilden Entscheidungen, in denen Planungen der Gemeinden zum Schutz ihrer Innenstädte vor großflächigen Einzelhandelsbetrieben an sogenannten nicht integrierten Standorten (Nr. 12ff., Nr. 67ff.) gerichtlich überprüft werden. Die Zielsetzung eines Bebauungsplans, die Attraktivität und Einzelhandelsfunktion der Innenstadt zu erhalten und zu stärken, ist von mehreren öffentlichen Belangen i. S. des § 1 BauGB gedeckt, dabei kann die Gemeinde im Rahmen ihres Planungsermessens den in seiner zentralen Funktion besonders zu schützenden Kernbereich ihrer Innenstadt eigenverantwortlich festlegen (etwa OVG NRW, Nr. 12, und BVerwG, Nr. 18). Es ist der Gemeinde gestattet, „zentrenbildende" Nutzungsarten, die in der Kenzone nicht oder nur geringfügig vertreten sind, in anderen Gebieten mit dem Ziel auszuschließen, eventuelle Neuansiedlungen zwecks Steigerung oder Erhaltung der Attraktivität dem Zentrum zuzuführen. Bauleitplanung erschöpft sich nicht darin, bereits eingeleitete Entwicklungen zu steuern, sondern ist ein Mittel, städtebauliche Ziele für die Zukunft zu definieren (BVerwG, Nr. 18). Soll durch Festsetzungen eines Bebauungsplans der Einzelhandel mit ausgewählten Warengruppen in Gewerbe- oder Industriegebieten im Hinblick auf seine Zentrenschädlichkeit ausgeschlossen werde, kann es nach dem Urteil des Oberverwaltungsgericht Nordrhein-Westfalen (Nr. 15) erforderlich sein, den Bestand des Einzelhandels in den Zentren zu ermitteln, um hinreichend konkrete Aussagen dazu treffen zu können, weshalb jegliche Form von Einzelhandel, würde er in den Gewerbe- oder Industriegebieten angesiedelt, die gewachsenen Einzelhandelsstrukturen in den Zentren der Gemeinde unabhängig von der Art und dem Umfang des jeweiligen Warenangebots schädigen würde. Die Entscheidung liest sich wie eine einzige Schelte für nicht sorgfältige Bestandsermittlung und für unklare Formulierungen bei der Festlegung des Plankonzepts. Ohne die Mitwirkung von Gutachtern, die die Örtlichkeiten in den Zentren und in den zu ändernden Plangebieten aufnehmen und bewerten, lassen sich derartige Forderungen an die Zusammenstellung des Abwägungsmaterials und eine sachgerechte Abwägung nicht erfüllen, zumal die Belange der in den Gewerbe- und Industriegebieten bereits Ansässigen in die Abwägung einzustellen ist.

Die Grenze zur Großflächigkeit eines Einzelhandelsbetriebes liegt nach wie vor bei 700 qm Verkaufsfläche. Doch zwingen Überschreitungen selbst dann, wenn sie eine Größenordnung bis zu 100 qm erreichen, nicht schon für sich genommen zu dem Schluß, daß das Merkmal der Großflächigkeit erfüllt ist (BVerwG, Nr. 76). Damit ist eine gewisse Flexibilität für die Genehmigungspraxis gewährleistet. Höhere Zahlen für die Grenze zur Großflächigkeit kann nur der Gesetzgeber über eine Änderung des § 11 Abs. 3 BauNVO zulassen.

Beachtlich sind die Anforderungen, die das Bundesverwaltungsgericht an die Mitwirkung der Gemeinden nach § 36 BauGB stellt (Nr. 113). Die Entscheidung über das Einvernehmen ist mit der Obliegenheit der Gemeinde verbunden, im Rahmen der Möglichkeiten, die ihr das Landesrecht eröffnet, innerhalb der Einvernehmensfrist gegenüber dem Bauherrn oder der Baurechtsbehörde auf die Vervollständigung des Bauantrags hinzuwirken und so die in planungsrechtlicher Hinsicht vollständigen Antragsunterlagen (Bauvorlagen) zu erhalten, die sie für ihre Entscheidung braucht. Kommt die Gemeinde dieser Mitwirkungslast nicht nach, gilt ihr Einvernehmen mit Ablauf der Zwei-Monats-Frist als erteilt (BVerwG, Nr. 113; Bay VGH, Nr. 147). Die mit der Baugenehmigungsbehörde identische Gemeinde darf zudem die Ablehnung eines Bauantrages nicht mit der Versagung ihres Einvernehmens begründen (BVerwG, Nr. 177, unter Aufgabe der bisherigen Rechtsprechung). Allerdings wird die Gemeinde durch die Erteilung ihres Einvernehmens zu einem Bauvorhaben grundsätzlich nicht gehindert, eine diesem Vorhaben widersprechende Bauleitplanung zu betreiben und diese durch eine Veränderungssperre zu sichern (BVerwG, Nr. 11).

Manche Verfahren behalten auch noch in der Revisionsinstanz ihre menschliche Farbigkeit. So sind die Anforderungen an die Dauerhaftigkeit eines landwirtschaftlichen Betriebes im Sinne des § 35 Abs. 1 Nr. 1 BauGB seit

Jahrzehnten eigentlich geklärt. Es ist auch nicht wirklich neu, daß bei der Gründung einer landwirtschaftlichen Nebenerwerbsstelle dem Merkmal der Gewinnzielung als Indiz für die Dauerhaftigkeit des Betriebes ein stärkeres Gewicht zukommt als im Fall der Erweiterung einer bestehenden Nebenerwerbsstelle. Farbe bekommt die entsprechende Entscheidung (BVerwG, Nr. 95) dadurch, daß man im Tatbestand den 70-jährigen ehemaligen Rechtsanwalt und seine 20 Jahre jüngere Ehefrau findet, die in Bayern ihren Ziegenbestand aufstocken wollten.

Bemerkenswert erscheint mir die Erkenntnis des VGH BW (Nr. 147), daß ein Fitneß-Studio eine barrierefrei herzustellende Sportanlage im Sinne des Bauordnungsrechts ist: Zwar mögen Behinderte nur wenige Geräte eines Fitneß-Clubs nutzen; auch sollte nach den Vorstellungen der künftigen Betreiberin nur einem bestimmten Personenkreis, nämlich den zahlenden Mitgliedern, Zutritt zu dem Studio gewährt werden. Für die Klägerin kamen als Trainer nur körperlich gesunde Personen in Betracht, auch der Theken- und Reinigungsdienst sollte nicht von Rollstuhlfahrern ausgeführt werden können, der Zutritt Besuchern verboten bleiben. Der Senat hielt es gleichwohl nicht für unwahrscheinlich, daß behinderte und ältere Menschen das Fitneß-Studio nutzen werden, und gab dem öffentlichen Interesse an der Integration dieses Personenkreises ein gegenüber dem wirtschaftlichen Interesse der Betreiberin höheres Gewicht.

Ich danke wieder den Mitarbeitern von Gerichten und Behörden sowie den Rechtsanwälten, die mit zahlreichen Entscheidungen, Mitteilungen und Anregungen zu diesem Band beigetragen haben. Mein besonderer Dank gilt meiner Ehefrau Marita Upmeier und meiner Tochter, Rechtsanwältin Christiane Upmeier, für ihre Mitarbeit bei der Aufbereitung der Entscheidungen und der Erstellung der Register und Verzeichnisse.

Münster, Oktober 2005
Hans-Dieter Upmeier

Gesamtübersicht

BAURECHTSSAMMLUNG (BRS)

Band 1	Teil A:	Entscheidungen der VGH, OVG und LVG im Bundesgebiet 1945–1950
	Teil B:	Rechtsprechungsübersicht VGH, OVG und LVG 1945 bis 1950
	Teil C:	Rechtsprechungsübersicht PrOVG und RVG bis 1945
	Teil D:	Ausgewählte Entscheidungen des PrOVG und RVG bis 1945
Band 2		Entscheidungen des VGH, OVG und LVG 1951/52
Band 3		Entscheidungen des BVerwG, der VGH, OVG und LVG 1953
Band 4		Entscheidungen des BVerwG, der VGH, OVG und LVG 1954/55 nach Leitsätzen
Band 5		(Ergänzungsband) Rechtsprechungsübersicht 1945–1955
Band 6		Entscheidungen des BVerwG, der VGH, OVG und LVG 1956
Band 7		Entscheidungen des BVerwG, der VGH, OVG und LVG 1957
Band 8		Entscheidungen des BVerwG, der VGH, OVG und LVG 1958
Band 9		Entscheidungen des BVerwG, der VGH, OVG und LVG 1959
Band 10		(Ergänzungsband) Rechtsprechungsübersicht 1955–1960
Band 11		Entscheidungen des BVerwG, der VGH, OVG und LVG 1960
Band 12		Entscheidungen des BGH, der Baulandkammern und -senate, des BVerwG, der VGH, OVG und LVG 1961
Band 13		Entscheidungen des BGH, der Baulandkammern und -senate, des BVerwG, der VGH, OVG und LVG 1962
Band 14		Entscheidungen des BVerwG, der VGH, OVG, VG sowie der BauLG und des BGH 1962/63
Band 15		Entscheidungen des BVerwG, der VGH und OVG 1964
Band 16		Entscheidungen des BVerwG, der VGH und OVG 1965
Band 17		Entscheidungen des BVerwG, der VGH und OVG 1966
Band 18		Entscheidungen des BVerwG, der VGH und OVG 1967
Band 19		Sonderband der Rechtsprechung über die Enteignung und die Enteignungsentschädigung
Band 20		Entscheidungen des BVerwG, der VGH und OVG 1968
Band 21		Registerband für die Rechtsprechung 1964 bis 1968

Band 22	Entscheidungen des BVerwG, des BGH, der VGH und OVG 1969
Band 23	Entscheidungen des BVerwG, des BGH, der VGH und OVG 1970
Band 24	Entscheidungen des BVerwG, des BGH, der VGH und OVG 1971
Band 25	Entscheidungen des BVerwG, des BGH, der VGH und OVG 1972
Band 26	Sonderband der Rechtsprechung über die Enteignung und die Enteignungsentschädigung
Band 27	Entscheidungen des BVerwG, des BGH, der VGH und OVG 1973
Band 28	Entscheidungen des BVerwG, des BGH, der VGH und OVG 1974
Band 29	Entscheidungen des BVerwG, des BGH, der VGH und OVG 1975
Band 30	Entscheidungen des BVerwG, des BGH, der VGH und OVG 1976
Band 31	Registerband für die Rechtsprechung 1969 bis 1976
Band 32	Entscheidungen des BVerwG, des BGH, der VGH und OVG 1977
Band 33	Entscheidungen des BVerwG, des BGH, der VGH und OVG 1978
Band 34	Sonderband der Rechtsprechung über die Enteignung und die Enteignungsentschädigung
Band 35	Entscheidungen des BVerwG, des BGH, der VGH und OVG 1979
Band 36	Entscheidungen des BVerwG, des BGH, der VGH und OVG 1980
Band 37	Sonderband der Rechtsprechung zum Erschließungsbeitragsrecht von 1970 bis 1979
Band 38	Entscheidungen des BVerwG, des BGH, der VGH und OVG 1981
Band 39	Entscheidungen des BVerwG, des BGH, der VGH und OVG 1982
Band 40	Entscheidungen des BVerwG, des BGH, der VGH und OVG 1983
Band 41	Registerband für die Rechtsprechung 1977 bis 1983
Band 42	Entscheidungen des BVerwG, des BGH, der VGH und OVG 1984
Band 43	Sonderband der Rechtsprechung zum Erschließungsbeitragsrecht von 1980 bis 1985
Band 44	Entscheidungen des BVerwG, des BGH, der VGH und OVG 1985
Band 45	Sonderband der Rechtsprechung über die Enteignung und die Enteignungsentschädigung
Band 46	Entscheidungen des BVerwG, des BGH, der VGH und OVG 1986
Band 47	Entscheidungen des BVerwG, des BGH, der VGH und OVG 1987
Band 48	Entscheidungen des BVerwG, des BGH, der VGH und OVG 1988
Band 49	Entscheidungen des BVerwG, des BGH, der VGH und OVG 1989
Band 50	Entscheidungen des BVerwG, des BGH, der VGH und OVG 1990

Band 51	Registerband für die Rechtsprechung 1984 bis 1990
Band 52	Entscheidungen des BVerwG, des BGH, der VGH und OVG 1991
Band 53	Sonderband der Rechtsprechung über die Enteignung und die Enteignungsentschädigung
Band 54	Entscheidungen des BVerwG, des BGH, der VGH und OVG 1992
Band 55	Entscheidungen des BVerwG, des BGH, der VGH und OVG 1993
Band 56	Entscheidungen des BVerwG, des BGH, der VGH und OVG 1994
Band 57	Entscheidungen des BVerwG, des BGH, der VGH und OVG 1995
Band 58	Entscheidungen des BVerwG, des BGH, der VGH und OVG 1996
Band 59	Entscheidungen des BVerwG, des BGH, der VGH und OVG 1997
Band 60	Entscheidungen des BVerwG, des BGH, der VGH und OVG 1998
Band 61	Registerband für die Rechtsprechung 1991 bis 1998
Band 62	Entscheidungen des BVerwG, des BGH, der VGH und OVG 1999
Band 63	Entscheidungen des BVerwG, des BGH, der VGH und OVG 2000
Band 64	Entscheidungen des BVerwG, des BGH, der VGH und OVG 2001
Band 65	Entscheidungen des BVerwG, des BGH, der VGH und OVG 2002
Band 66	Entscheidungen des BVerwG, des BGH, der VGH und OVG 2003
Band 67	Entscheidungen des BVerwG, des BGH, der VGH und OVG 2004

Inhaltsübersicht

		Seite
Inhaltsverzeichnis		XV
Zusammenstellung der abgedruckten Entscheidungen nach Gerichten in Zeitfolge		XXXIII
Abkürzungsverzeichnis		XXXIX

A. Rechtsprechung zum Bauplanungsrecht

I. Bauleitplanung
    1. Inhalt und Aufstellung der Bauleitpläne   Nr. 1– 49   1
    2. Normenkontrollverfahren   Nr. 50– 62   213

II. Zulässigkeit von Bauvorhaben
    1. Im Bereich eines Bebauungsplanes   Nr. 63– 91   258
    2. Zulässigkeit von Bauvorhaben im nicht beplanten Innenbereich   Nr. 92– 94   413
    3. Zulässigkeit von Bauvorhaben im Außenbereich   Nr. 95–116   422

III. Sicherung der Bauleitplanung Veränderungssperre   Nr. 117–126   525

B. Rechtsprechung zum Bauordnungsrecht

I. Anforderungen an das Baugrundstück und das Bauvorhaben   Nr. 127–154   563

II. Garagen und Einstellplätze   Nr. 155–160   660

III. Werbeanlagen   Nr. 161–163   688

C. Rechtsprechung zum Baugenehmigungsverfahren

I. Bauliche Anlage und Genehmigungspflicht   Nr. 164–167   699

II. Baugenehmigung   Nr. 168–178   711

III. Einwendungen des Nachbarn   Nr. 179–198   762

D. Rechtsprechung zu Maßnahmen der Baubehörden   Nr. 199–208   829

E. Rechtsprechung zum Denkmalschutz   Nr. 209–213   859

F. Natur- und Landschaftsschutz   Nr. 214–223   881

G. Rechtsprechung zum Besonderen Städtebaurecht	Nr. 224–233	943
H. Rechtsprechung zu städtebaulichen Verträgen	Nr. 234–235	1005
Stichwortverzeichnis		1015

Inhaltsverzeichnis

A. Rechtsprechung zum Bauplanungsrecht

I. Bauleitplanung

1. Inhalt und Aufstellung der Bauleitpläne

Nr. 1	Bebauungsplan im Widerspruch zum Landschaftsschutz	BVerwG, Beschl. v. 09.02.2004 – 4 BN 28.03 –	1
Nr. 2	Planfeststellungsersetzender Bebauungsplan, Realisierbarkeit des Vorhabens	BVerwG, Urt. v. 18.03.2004 – 4 CN 4.03 –	4
Nr. 3	Verlegung eines Kinderspielplatzes aus fiskalischen Gründen	Nds. OVG, Urt. v. 26.08.2004 – 1 KN 282/03 –	9
Nr. 4	Erforderlichkeit eines einfachen Bebauungsplans	Bay. VGH, Urt. v. 31.03.2004 – 1 N 01.1157 –	12
Nr. 5	Sondergebiet für nichtnukleare Energiegewinnungsanlagen	Nds. OVG, Beschl. v. 16.03.2004 – 1 ME 14/04 –	14
Nr. 6	Sondergebiet für Windenergieanlagen	Nds. OVG, Urt. v. 29.01.2004 – 1 KN 321/02 –	20
Nr. 7	Beschränkung der Windenergienutzung durch Bebauungsplan	OVG NRW, Urt. v. 12.02.2004 – 7a D 134/02.NE –	25
Nr. 8	Überplanung einer Sonderbaufläche für Windenergie	OVG Rh.-Pf., Beschl. v. 11.03.2004 – 8 A 10189/04 –	28
Nr. 9	Bebauungsplan für Windkraftanlagen, Abwägung	Thür. OVG, Beschl. v. 16.08.2004 – 1 EN 944/03 –	32
Nr. 10	Sondergebiet für Windenergieanlagen, Rückbauverpflichtung	OVG NRW, Urt. v. 27.05.2004 – 7a D 55/03.NE –	36
Nr. 11	Sicherung der Planung nach Erteilung des Einvernehmens	BVerwG, Urt. v. 19.02.2004 – 4 CN 16.03 –	40
Nr. 12	Ausschluß von Einzelhandelsnutzungen	OVG NRW, Urt. v. 22.04.2004 – 7a D 142/02.NE –	47

Nr. 13	Ausschluß zentrumsrelevanter Sortimente im Gewerbegebiet	Nds. OVG, Urt. v. 10.03.2004 – 1 KN 336/02 –	59
Nr. 14	Zulässigkeit von Einzel- bzw. Großhandelsbetrieben in Misch- und Gewerbegebieten	OVG NRW, Urt. v. 14.05.2004 – 10a D 2/02.NE –	65
Nr. 15	Ausschluß von Einzelhandel in Gewerbe- und Industriegebieten	OVG NRW, Urt. v. 12.11.2004 – 10a D 38/02.NE –	70
Nr. 16	Sondergebiet mit der Zweckbestimmung „Großflächiger Einzelhandel"	OVG NRW, Urt. v. 10.12.2004 – 10a D 133/02.NE –	78
Nr. 17	Nachbargemeinde gegen Ausweisung eines Sondergebiets für großflächigen Einzelhandel	Thür. OVG, Urt. v. 20.12.2004 – 1 N 1096/03 –	84
Nr. 18	Gliederung von Gebieten zur Stärkung der Attraktivität der Kernzone	BVerwG, Beschl v. 10.11.2004 – 4 BN 33.04 –	97
Nr. 19	Verkehrslärm als abwägungserheblicher Belang	BVerwG, Beschl. v. 08.06.2004 – 4 BN 19.04 –	100
Nr. 20	Mehrbelastung der Anwohner mit Verkehrslärm	Bay. VGH, Urt. v. 05.10.2004 – 14 N 02.926 –	101
Nr. 21	Lärmschutz an Straßen	BVerwG, Beschl. v. 29.07.2004 – 4 BN 26.04 –	105
Nr. 22	Gebot der Konfliktbewältigung bei Verkehrsanbindung	OVG Rh.-Pf., Urt. v. 08.09.2004 – 8 C 10423/04 –	106
Nr. 23	Verkehrsverlagerungen auf Gemeindestraßen	Bay. VGH, Urt. v. 09.02.2004 – 25 N 96.2982 –	110
Nr. 24	DIN-Norm im Bebauungsplan, Lärmschutzbebauung	OVG Rh.-Pf., Urt. v. 31.03.2004 – 8 C 11785/03 –	114
Nr. 25	Teilbaugenehmigung für Einkaufszentrum, Schallleistungspegel	Hess. VGH, Beschl. v. 08.12.2004 – 3 TG 3386/04 –	118
Nr. 26	Straßenplanung durch Bebauungsplan	VGH Bad.-Württ., Urt. v. 30.04.2004 – 8 S 1374/03 –	122

Nr. 27	Konkurrierende Fachplanung	BVerwG, Beschl. v. 14.05.2004 – 4 BN 11.04 –	128
Nr. 28	Lärmsteigerung für Wohngebiet	Schl.-Holst. OVG, Urt. v. 11.12.03 – 1 KN 30/03 –	129
Nr. 29	Freibad neben einem allgemeinen Wohngebiet	BVerwG, Beschl. v. 26.05.2004 – 4 BN 24.04 –	136
Nr. 30	Gärtnerei neben Wohnbebauung	VGH Bad.-Württ., Urt. v. 23.07.2004 – 3 S 2517/03 –	138
Nr. 31	Sonderbeurteilung nach VDI 3471	Hess. VGH, Urt. v. 29.06.2004 – 4 N 3442/99 –	141
Nr. 32	Dorfgemeinschaftshaus und Aussiedlerhof	Hess. VGH, Urt. v. 26.02.2004 – 3 N 739/02 –	146
Nr. 33	Optimierungsgebote	BVerwG, Beschl. v. 07.07.2004 – 4 BN 16.04 –	150
Nr. 34	Ausschluß von Gewerbebetrieben, Nachbarschaftsladen	BVerwG, Beschl. v. 08.11.2004 – 4 BN 39.04 –	152
Nr. 35	Gewerbegebiet für Hochregallager	VGH Bad.-Württ., Urt. v. 22.09.2004 – 5 S 382/03 –	156
Nr. 36	Wohnnutzung im Kerngebiet	OVG NRW, Urt. v. 18.03.2004 – 7a D 52/03.NE –	164
Nr. 37	Festsetzung eines Postamtes	BVerwG, Urt. v. 30.06.2004 – 4 CN 7.03 –	167
Nr. 38	Nutzungsänderung in Postgebäude	BVerwG, Urt. v. 30.06.2004 – 4 C 3.03 –	167
Nr. 39	Überschwemmungsgebiet in bebauter Ortslage	BVerwG, Urt. v. 22.07.2004 – 7 CN 1.04 –	168
Nr. 40	Gewerbefläche in Überschwemmungsgebiet	Bay. VGH, Beschl. v. 29.09.2004 – 15 ZB 02.2958 –	173
Nr. 41	Beschränkung von Nebenanlagen/Funkantennen	Bay. VGH, Urt. v. 17.12.03 – 25 N 99.2264 –	176
Nr. 42	Vorhabenbezogener Bebauungsplan	BVerwG, Beschl. v. 10.08.2004 – 4 BN 29.04 –	180

Nr. 43	Vorhabenbezogener Bebauungsplan	OVG Meckl.-Vorp., Urt. v. 23.06.2004 – 3 K 31/03 –	182
Nr. 44	Vorhabenbezogener Bebauungsplan	Nds. OVG, Urt. v. 08.07.2004 – 1 KN 184/02 –	187
Nr. 45	Raumordnung, Bekanntmachung	BVerwG, Beschl. v. 17.06.2004 – 4 BN 5.04 –	191
Nr. 46	Bekanntmachung des Plans	VGH Bad.-Württ., Urt. v. 12.07.2004 – 8 S 351/04 –	196
Nr. 47	Bekanntmachung, Konfliktbewältigung	VGH Bad.-Württ., Urt. v. 15.09.2004 – 8 S 2392/03 –	200
Nr. 48	Beteiligung im vereinfachten Verfahren	Bay. VGH, Urt. v. 12.02.2004 – 1 N 02.406 –	204
Nr. 49	Einfacher Bebauungsplan, Überleitung	VGH Bad.-Württ., Urt. v. 04.12.2003 – 5 S 1746/02 –	207

2. Normenkontrollverfahren

Nr. 50	Antragsbefugnis	Hess. VGH, Urt. v. 08.07.2004 – 3 N 2094/03 –	213
Nr. 51	Antragsbefugnis	BVerwG, Urt. v. 30.04.2004 – 4 CN 1.03 –	216
Nr. 52	Antragsbefugnis	BVerwG, Beschl. v. 15.06.2004 – 4 B 14.04 –	220
Nr. 53	Antragsbefugnis	OVG Rh.-Pf., Urt. v. 29.09.2004 – 8 C 10626/04 –	221
Nr. 54	Antragsbefugnis / interkommunales Abstimmungsgebot	Hess. VGH, Beschl. v. 03.11.2004 – 9 N 2247/03 –	223
Nr. 55	Rechtsschutzinteresse, Entwicklungsgebot	BVerwG, Beschl. v. 11.02.2004 – 4 BN 1.04 –	227
Nr. 56	Rechtsschutzbedürfnis, Eilantrag	Nds. OVG, Beschl. v. 04.10.2004 – 1 MN 225/04 –	229

Nr. 57	Umfang der gerichtlichen Prüfung	BVerwG, Beschl. v. 28.10.2004 – 4 BN 44.04 –	234
Nr. 58	Ausschlußfrist	OVG NRW, Beschl. v. 19.02.2004 – 7a D 67/03.NE –	235
Nr. 59	Funktionslosigkeit	Nds. OVG, Urt. v. 16.11.2004 – 9 KN 249/03 –	238
Nr. 60	Funktionslosigkeit	Bay. VGH, Urt. v. 25.03.2004 – 25 N 01.308 –	241
Nr. 61	Erledigung	BVerwG, Urt. v. 19.02.2004 – 4 CN 16.03 –	253
Nr. 62	einstweilige Anordnung	OVG Saarl., Beschl. v. 16.09.2004 – 1 U 5/04 –	254

II. Zulässigkeit von Bauvorhaben

1. Im Bereich eines Bebauungsplanes

Nr. 63	Altenheim im reinen Wohngebiet	Hamb. OVG, Beschl. v. 27.04.2004 – 2 Bs 108/04 –	258
Nr. 64	Mobilfunkstation im reinen Wohngebiet	Nds. OVG, Beschl. v. 06.12.2004 – 1 ME 256/04 –	262
Nr. 65	Mobilfunkstation im reinen Wohngebiet	Hess. VGH, Urt. v. 06.12.2004 – 9 UE 2582/03 –	275
Nr. 66	Mobilfunkstation im allgemeinen Wohngebiet	OVG NRW, Beschl. v. 09.01.2004 – 7 B 2482/03 –	280
Nr. 67	Discountmarkt im allgemeinen Wohngebiet	Sächs. OVG, Beschl. v. 30.08.2004 – 1 BS 297/04 –	286
Nr. 68	Private Schwimmhalle im Wohngebiet	BVerwG, Urt. v. 28.04.2004 – 4 C 10.03 –	292
Nr. 69	Private Schwimmhalle im Wohngebiet	OVG Berlin, Urt. v. 01.12.2004 – 2 B 14.03 –	299
Nr. 70	Swingerclub im allgemeinen Wohngebiet	BVerwG, Beschl. v. 25.03.2004 – 4 B 15.04 –	301

Nr. 71	Swingerclub im allgemeinen Wohngebiet	Bay. VGH, Urt. v. 29.12.03 – 25 B 98.3582 –	303
Nr. 72	Wohnungsprostitution im allgemeinen Wohngebiet	OVG Rh.-Pf., Beschl. v. 15.01.2004 – 8 B 11983/03 –	308
Nr. 73	Discothek im Mischgebiet	OVG Berlin, Beschl. v. 10.11.2004 – 2 S 50.04 –	310
Nr. 74	Tischlerei im Dorfgebiet	Bay. VGH, Beschl. v. 02.11.2004 – 20 ZB 04.1559 –	313
Nr. 75	Wohnhaus neben Rinderstall	Bay. VGH, Urt. v. 23.11.2004 – 25 B 00.366 –	315
Nr. 76	Großflächiger Einzelhandel, Begriff der Großflächigkeit	BVerwG, Beschl. v. 22.07.2004 – 4 B 29.04 –	323
Nr. 77	Großflächigkeit eines Einzelhandelsbetriebes	VGH Bad.-Württ., Urt. v. 13.07.2004 – 5 S 1205/03 –	327
Nr. 78	Zusammenrechnung von Verkaufsflächen	OVG Brbg., Urt. v. 08.11.2004 – 3 A 471/01 –	338
Nr. 79	Zusammenrechnung von Verkaufsflächen	OVG Brbg, Urt. v. 03.11.2004 – 3 A 449/01 –	350
Nr. 80	Einzelhandelsbetrieb im Mischgebiet	VGH Bad.-Württ., Beschl. v. 23.11.2004 – 3 S 2504/04 –	351
Nr. 81	Einzelhandelsbetrieb in Gemengelage	Hess. VGH, Beschl. v. 15.10.2004 – 3 TG 2938/04 –	354
Nr. 82	Windfarm, Grundfläche, Baugrenze	BVerwG, Urt. v. 21.10.2004 – 4 C 3.04 –	356
Nr. 83	Befreiung	BVerwG, Beschl. v. 19.05.2004 – 4 B 35.04 –	364
Nr. 84	Befreiung	OVG NRW, Urt. v. 20.02.2004 – 10 A 4840/01 –	365
Nr. 85	Befreiung, Kindertagesstätte	Hamb. OVG, Urt. v. 29.07.2004 – 2 Bf 107/01 –	369

Nr. 86	Befreiung, Mobilfunk	BVerwG, Beschl. v. 05.02.2004 – 4 B 110.03 –	373
Nr. 87	Befreiung, Straßenbahntrasse	VGH Bad.-Württ., Urt. v. 15.10.2004 – 5 S 2586/03 –	374
Nr. 88	Fläche für Gemeinbedarf, Postamt	BVerwG, Urt. v. 30.06.2004 – 4 CN 7.03 –	376
Nr. 89	Nutzungsänderung in Postgebäude	BVerwG, Urt. v. 30.06.2004 – 4 C 3.03 –	385
Nr. 90	Verbrennungsverbot	VGH Bad.-Württ., Urt. v. 20.01.2004 – 10 S 2237/02 –	393
Nr. 91	§ 12 BauGB, Begriff des Vorhabens	OVG NRW, Urt. v. 11.03.2004 – 7a D 51/02.NE –	404

2. Zulässigkeit von Bauvorhaben im nicht beplanten Innenbereich

Nr. 92	Bebauungszusammenhang und Nebengebäude	OVG Rh.-Pf., Urt. v. 07.07.2004 – 1 A 12039/03 –	413
Nr. 93	Bebauungszusammenhang, Friedhof	OVG Rh.-Pf., Urt. v. 09.12.2004 – 1 A 11591/04 –	416
Nr. 94	Entwicklungssatzung	VGH Bad.-Württ., Urt. v. 19.05.2004 – 5 S 2771/01 –	419

3. Zulässigkeit von Bauvorhaben im Außenbereich

Nr. 95	Dauerhaftigkeit eines landw. Betriebes	BVerwG, Urt. v. 16.12.2004 – 4 C 7.04 –	422
Nr. 96	Pferdehaltung	BVerwG, Beschl. v. 09.09.2004 – 4 B 58.04 –	426
Nr. 97	Kiesabbau, Erschließung	Bay. VGH, Beschl. v. 02.02.2004 – 1 CS 03.2660 –	428
Nr. 98	Windenergie, Konzentrationsplanung	BVerwG, Urt. v. 21.10.2004 – 4 C 2.04 –	431

Nr. 99	Windenergie, Häufung	BVerwG, Beschl. v. 11.08.2004 – 4 B 55.04 –	437
Nr. 100	Ziel der Raumordnung, öffentlicher Belang	OVG Rh.-Pf., Urt. v. 08.03.2004 – 8 A 11520/03 –	439
Nr. 101	Windenergie, Raumbedeutsamkeit	Nds. OVG, Urt. v. 29.04.2004 – 1 LB 28/04 –	450
Nr. 102	Verunstaltung des Landschaftsbildes	OVG NRW, Urt. v. 18.11.2004 – 7 A 3329/01 –	457
Nr. 103	Windenergie, Störung des Rundfunkempfangs	OVG Rh.-Pf., Beschl. v. 24.06.2004 – 8 A 10809/04 –	462
Nr. 104	Windenergie, Schattenwurf	Nds. OVG, Beschl. v. 15.03.2004 – 1 ME 45/04 –	464
Nr. 105	Windenergie, Schattenwurf, Lärmschutz	Hamb. OVG, Urt. v. 29.04.2004 – 2 Bf 132/00 –	468
Nr. 106	Windenergie, Lärmschutz	OVG NRW, Beschl. v. 03.02.2004 – 7 B 2622/03 –	472
Nr. 107	Windenergie, Rücksichtnahmegebot	BVerwG, Urt. v. 18.11.2004 – 4 C 1.04 –	474
Nr. 108	sonstiges Vorhaben, Rücknahme der Genehmigung	BVerwG, Beschl. v. 27.10.2004 – 4 B 74.04 –	478
Nr. 109	Splittersiedlung	BVerwG, Beschl. v. 24.06.2004 – 4 B 23.04 –	481
Nr. 110	Ersatzgebäude	BVerwG, Urt. v. 19.02.2004 – 4 C 4.03 –	482
Nr. 111	Ersatzgebäude	OVG NRW, Beschl. v. 13.02.2004 – 10 A 4715/02 –	487
Nr. 112	Außenbereichssatzung	OVG NRW, Urt. v. 18.11.2004 – 7 A 4415/03 –	490
Nr. 113	Einvernehmen, Mitwirkungslast der Gemeinde	BVerwG, Urt. v. 16.09.2004 – 4 C 7.03 –	497

Nr. 114	Ersetzung des Einvernehmens	Nds. OVG, Beschl. v. 07.10.2004 – 1 ME 169/04 –	504
Nr. 115	Ersetzung des Einvernehmens	Nds. OVG, Beschl. v. 30.11.2004 – 1 ME 190/04 –	510
Nr. 116	Naßauskiesung	BVerwG, Beschl. v. 30.06.2004 – 7 B 92.03 –	518

III. Sicherung der Bauleitplanung

Veränderungssperre

Nr. 117	Sicherung von Planungsfreiräumen	Nds. OVG, Urt. v. 10.03.2004 – 1 KN 276/03 –	525
Nr. 118	Sicherung der Windenergiesteuerung	BVerwG, Urt. v. 19.02.2004 – 4 CN 13.03 –	529
Nr. 119	Festsetzungen zugunsten von Windenergieanlagen	BVerwG, Beschl. v. 19.05.2004 – 4 BN 22.04 –	535
Nr. 120	Sicherung der Planung nach Erteilung des Einvernehmens	BVerwG, Urt. v. 19.02.2004 – 4 CN 16.03 –	536
Nr. 121	vorgeschobene Planungsüberlegungen	OVG Brbg., Beschl. v. 13.01.2004 – 3 B 274/03.NE –	537
Nr. 122	Verhinderung eines Seniorenpflegeheims	OVG Saarl., Urt. v. 14.04.2004 – 1 N 1/04 –	540
Nr. 123	Sicherung der geplanten Beschränkung von Bordellansiedlungen	Hess. VGH, Urt. v. 05.02.2004 – 4 N 360/03 –	547
Nr. 124	Rückwirkende Inkraftsetzung	BVerwG, Beschl. v. 21.10.2004 – 4 B 76.04 –	552
Nr. 125	Hinweis bei nachträglich beschlossener Veränderungssperre	BGH, Urt. v. 25.03.2004 – III ZR 227/02 –	553
Nr. 126	Quotierung von Nutzungsarten in Bebauungsplänen	OVG Saarl., Beschl. v. 02.02.2004 – 1 W 1/04 –	558

B. Rechtsprechung zum Bauordnungsrecht

I. Anforderung an das Baugrundstück und das Bauvorhaben

Nr. 127	Abstandsfläche, Dachaufbau	OVG NRW, Beschl. v. 13.01.2004 – 10 B 1811/03 –	563
Nr. 128	Abstandsfläche, Flachdach keine Geländeoberfläche	VGH Bad.-Württ., Beschl. v. 20.02.2004 – 8 S 336/04 –	567
Nr. 129	Abstandsfläche, als Walmdach ausgebildete Giebelfläche	VGH Bad.-Württ., Beschl. v. 20.04.2004 – 8 S 215/04 –	570
Nr. 130	Straßenseitiger Grenzabstand, Einfügen	OVG Rh.-Pf., Beschl. v. 24.03.2004 – 8 B 10320/04 –	571
Nr. 131	Tiefe der Abstandsfläche zu öffentlichen Verkehrsflächen, abgerundete Gebäudeecke	OVG Berlin, Beschl. v. 27.10.2004 – 2 S 43.04 –	573
Nr. 132	Abstandsfläche in Sondergebiet Fremdenverkehr	OVG Meckl.-Vorp., Beschl. v. 22.09.2004 – 3 M 140/04 –	580
Nr. 133	Abstandsflächenrechtliche Zuordnung nicht überbaubarer Flächen auf Nachbargrundstücken	Bay. VGH, Beschl. v. 29.09.2004 – 1 CS 04.340 –	585
Nr. 134	Außenschornstein in der Abstandsfläche	Hess. VGH, Beschl. v. 30.09.2004 – 3 UZ 1788/03 –	590
Nr. 135	Errichtung eines Mobilfunkmastes, Grenzabstand	Nds. OVG, Beschl. v. 25.08.2004 – 9 ME 206/04 –	593
Nr. 136	UMTS-Basisstation im reinen Wohngebiet	Nds. OVG, Beschl. v. 06.12.2004 – 1 ME 256/04 –	595
Nr. 137	Mobilfunkanlage im allgemeinen Wohngebiet, störender Berieb	OVG NRW, Beschl. v. 09.01.2004 – 7 B 2482/03 –	596
Nr. 138	Gebäudegleiche Wirkung, Stützmauer	Hess. VGH, Beschl. v. 15.06.2004 – 3 UZ 2302/02 –	596
Nr. 139	Grenzgarage auf einer Stützmauer	Hess. VGH, Beschl. v. 16.06.2004 – 3 UE 2041/01 –	598

Nr. 140	Grenzgarage an der Nachbargrenze	OVG NRW, Beschl. v. 04.02.2004 – 10 B 2544/03 –	600
Nr. 141	Bemessung der Wandhöhe	OVG NRW, Beschl. v. 04.02.2004 – 10 B 2489/03 –	601
Nr. 142	Erhöhung eines grenzständigen Gebäudes, Abstandsflächen	OVG NRW, Beschl. v. 06.04.2004 – 7 B 223/04 –	603
Nr. 143	Nutzungsänderung eines grenzständigen Gebäudes, Abstandsfläche	OVG NRW, Urt. v. 24.06.2004 – 7 A 4529/02 –	606
Nr. 144	Umgehung von Grenzabstandsvorschriften	Nds. OVG, Beschl. v. 26.02.2004 – 1 LA 210/03 –	613
Nr. 145	Vertrauensgrundlage bei fehlender Erschließung	BGH, Beschl. v. 28.10.2004 – III ZR 25/04 –	616
Nr. 146	Rasengittersteine im Vorgarten	OVG Berlin, Beschl. v. 30.07.2004 – 2 N 222.04 –	618
Nr. 147	Barrierefreie Sportanlage, Fitneß-Studio	VGH Bad.-Württ., Urt. v. 27.09.2004 – 3 S 1719/03 –	620
Nr. 148	Brandschutz in Verkaufsstätte	Nds. OVG, Beschl. v. 28.09.2004 – 1 LA 23/04 –	626
Nr. 149	Gefahr durch Gasfeuerungsanlage	VGH Bad.-Württ., Urt. v. 09.03.2004 – 5 S 2780/02 –	628
Nr. 150	Wirksamkeit einer Baulast auf Vorrat	VGH Bad.-Württ., Urt. v. 01.10.2004 – 3 S 1743/03 –	632
Nr. 151	Wirksamkeit einer Baulast	Nds. OVG, Urt. v. 08.07.2004 – 1 LB 48/04 –	637
Nr. 152	Anforderungen an zweiten Rettungsweg	OVG NRW, Beschl. v. 15.12.2004 – 7 B 2142/04 –	648
Nr. 153	Nachträgliche Anordnung eines zweiten Rettungsweges	OVG Bremen, Beschl. v. 28.06.2004 – 1 B 130/04 –	652
Nr. 154	Anpassungen zur Verbesserung der Feuersicherheit	Hamb. OVG, Urt. v. 16.06.2004 – 2 Bf 182/02 –	654

II. Garagen und Einstellplätze

Nr. 155	Grenzanbau nicht bei Nebengebäude	Bay. VGH, Beschl. v. 23.04.2004 – 20 B 03.3002 –	660
Nr. 156	Bauherreneigenschaft bis zur Zahlung der Stellplatzablöse	OVG Meckl.-Vorp., Urt. v. 25.11.2004 – 3 L 218/03 –	661
Nr. 157	Stellplatzablöse	OVG Meckl.-Vorp., Urt. v. 25.11.2004 – 3 L 257/00 –	665
Nr. 158	Ausgleichsfunktion der Stellplatzablösung	BVerwG, Urt. v. 16.09.2004 – 4 C 5.03 –	667
Nr. 159	Stellplatzablöse	OVG Meckl.-Vorp., Beschl. v. 12.10.2004 – 3 M 147/03 –	676
Nr. 160	Pkw-Stellplätze im Vorgarten, Nutzungsuntersagung	OVG NRW, Urt. v. 26.08.2004 – 7 A 4005/03 –	681

III. Werbeanlagen

Nr. 161	Störung des Gebietscharakters durch Megaposter	Bay. VGH, Beschl. v. 22.01.2004 – 1 ZB 03.294 –	688
Nr. 162	Störende Häufung von Werbeanlagen	OVG NRW, Urt. v. 20.02.2004 – 10 A 3279/02 –	689
Nr. 163	Baugenehmigung für Werbanlage unter Widerrufsvorbehalt	Nds. OVG, Urt. v. 10.03.2004 – 1 LB 60/03 –	693

C. Rechtsprechung zum Baugenehmigungsverfahren

I. Bauliche Anlage und Genehmigungspflicht

Nr. 164	Thujahecke keine Einfriedung	OVG Rh.-Pf., Urt. v. 15.06.2004 – 8 A 10464/04 –	699
Nr. 165	Merkmale einer Windfarm	BVerwG, Urt. v. 30.06.2004 – 4 C 9.03 –	701
Nr. 166	Änderung einer Windfarm	BVerwG, Urt. v. 21.10.2004 – 4 C 3.04 –	708
Nr. 167	Viehunterstand als genehmigungsfreies Vorhaben	OVG Rh.-Pf., Beschl. v. 25.02.2004 – 8 B 10256/04 –	708

II. Baugenehmigung

Nr. 168	Legalisierungswirkung; Nachbarwiderspruch des Landwirts gegen heranrückende Wohnbebauung	Nds. OVG, Beschl. v. 10.09.2004 – 1 ME 231/04 –	711
Nr. 169	Abgrenzung zur Nachtragsgenehmigung	OVG NRW, Beschl. v. 04.05.2004 – 10 A 1476/04 –	713
Nr. 170	Windenergieanlage, Fehler bei der Lärmprognose	OVG NRW, Beschl. v. 19.03.2004 – 10 B 2690/03 –	716
Nr. 171	Verhältnis Bauplanungs- und Sanierungsrecht	Nds. OVG, Urt. v. 14.04.2004 – 1 LB 340/02 –	720
Nr. 172	Zurechnung von mißbräuchlichem Verhalten Dritter	Bay. VGH, Beschl. v. 25.06.2004 – 15 ZB 04.487 –	721
Nr. 173	Rücknahme nach Bestechung, Verfestigung eines Siedlungsansatzes	OVG NRW, Urt. v. 14.07.2004 – 10 A 4471/01 –	723
Nr. 174	Umdeutung eines Widerrufs in Rücknahme	Bay. VGH, Urt. v. 02.07.2004 – 1 B 02.1006 –	733
Nr. 175	Bescheidungsfähigkeit der Bauvor-anfrage	OVG NRW, Urt. v. 20.02.2004 – 10 A 558/02 –	745
Nr. 176	Positive Standortzuweisung für den Kiesabbau	Bay. VGH, Urt. v. 19.04.2004 – 15 B 99.2605 –	751
Nr. 177	Identität zwischen Baugenehmigungsbehörde und Gemeinde, Einvernehmen	BVerwG, Urt. v. 19.08.2004 – 4 C 16.03 –	757
Nr. 178	Einvernehmen, Mitwirkungslast der Gemeinde	BVerwG, Urt. v. 16.09.2004 – 4 C 7.03 –	760

III. Einwendungen des Nachbarn

Nr. 179	Keine Konkretisierung des Rücksichtnahmegebots durch Abstandsflächenrecht	VGH Bad.-Württ., Urt. v. 12.10.2004 – 8 S 1661/04 –	762

Nr. 180	Rücksichtnahme auf passives Solarhaus	Bay. VGH, Beschl. v. 04.06.2004 – 1 CS 04.820 –	764
Nr. 181	Nutzung als türkisches Konsulat	VGH Bad.-Württ., Beschl. v. 22.06.2004 – 5 S 1263/04 –	765
Nr. 182	UVP für Windenergieanlage, Lärmprognose	OVG NRW, Beschl. v. 07.01.2004 – 22 B 1288/03 –	768
Nr. 183	Nachbarklage gegen Mobilfunksendeanlage	BGH, Urt. v. 13.02.2004 – V ZR 217/03 –	773
Nr. 184	Nachbarklage gegen Mobilfunkanlage	BVerfG, Beschl. v. 08.12.2004 – 1 BvR 1238/04 –	778
Nr. 185	schädliche Umwelteinwirkungen durch Sendeanlage	Sächs. OVG, Beschl. v. 09.11.2004 – 1 BS 377/04 –	781
Nr. 186	Nutzung eines Schulhofs als öffentliche Spielfläche	OVG NRW, Beschl. v. 08.07.2004 – 21 A 2435/02 –	781
Nr. 187	Genehmigung eines Sporthalle mit Mehrzweckraum	OVG NRW, Beschl. v. 22.07.2004 – 10 B 925/04 –	785
Nr. 188	Befreiung von Grenzabstandsvorschriften	Nds. OVG, Beschl. v. 09.09.2004 – 1 ME 194/04 –	787
Nr. 189	Abwehrrecht nach Verwirkung	OVG Rh.-Pf., Urt. v. 29.09.2004 – 8 A 10664/04 –	792
Nr. 190	Ablauf der Einwendungsfrist	VGH Bad.-Württ., Beschl. v. 20.10.2004 – 8 S 2273/04 –	796
Nr. 191	Mehrjährige Unterbrechung der genehmigten Nutzung	OVG Berlin, Beschl. v. 07.06.2004 – 2 S 27.04 –	797
Nr. 192	Mitwirkungsverbot für Nachbarn im Verwaltungsverfahren	OVG NRW, Beschl. v. 13.04.2004 – 10 B 2429/03 –	801
Nr. 193	Nachbarschutz im vereinfachten Verfahren	Hess. VGH, Beschl. v. 17.09.2004 – 4 TG 2610/04 –	804

Nr. 194	Eilantrag im Nachbarstreit, Aussetzungsantrag	Nds. OVG, Beschl. v. 08.07.2004 – 1 ME 167/04 –	809
Nr. 195	Beiladung des Nachbarn	Hess. VGH, Beschl. v. 22.03.2004 – 9 TJ 262/04 –	813
Nr. 196	Rechtschutz der Nachbargemeinde	Thür. OVG, Beschl. v. 20.12.2004 – 1 EO 1077/04 –	815
Nr. 197	Abänderungsverfahren	OVG Rh.-Pf., Beschl. v. 23.09.2004 – 8 B 11561/04 –	817
Nr. 198	Gemeindeklage gegen Offshore-Windpark	Hamb. OVG, Beschl. v. 15.09.2004 – 1 Bf 128/04 –	819

D. Rechtsprechung zu Maßnahmen der Baubehörden

Nr. 199	Unterlassene Instandhaltung, Zustandsverantwortung	OVG Brbg., Beschl. v. 20.01.2004 – 3 B 158/03 –	829
Nr. 200	Beseitigungsanordnung, Anspruch der Gemeinde	Bay. VGH, Urt. v. 21.01.2004 – 26 B 02.873 –	831
Nr. 201	Einschreiten, Anspruch der Gemeinde	Hess. VGH, Beschl. v. 10.11.2004 – 9 UZ 1400/03 –	837
Nr. 202	Beseitigung einer Wagenburg	Nds. OVG, Beschl. v. 18.10.2004 – 1 ME 205/04 –	839
Nr. 203	Nutzungsuntersagung	Hess. VGH, Beschl. v. 06.02.2004 – 9 TG 2706/03 –	846
Nr. 204	Nutzungsuntersagung	Bay. VGH, Beschl. v. 04.08.2004 – 15 CS 04.1648 –	847
Nr. 205	Baueinstellung	VGH Bad.-Württ., Beschl. v. 03.08.2004 – 5 S 1134/04 –	850
Nr. 206	Sachverhaltsermittlung	OVG NRW, Beschl. v. 29.11.2004 – 10 B 2076/04 –	851

Nr. 207	Folgenbeseitigung	BVerwG, Beschl. v. 12.07.2004 – 7 B 86.04 –	853
Nr. 208	Beseitigungsanspruch	Bay. VGH, Urt. v. 26.03.2004 – 25 B 01.382 –	855

E. Rechtsprechung zum Denkmalschutz

Nr. 209	Fassadenverkleidung	Bay. VGH, Urt. v. 09.06.2004 – 26 B 01.1959 –	859
Nr. 210	Abbruchsgenehmigung	OVG Rh.-Pf., Urt. v. 26.05.2004 – 8 A 12009/03 –	863
Nr. 211	Fristsetzung vor Sicherungsanordnung	VG Postdam, Beschl. v. 29.01.2004 – 2 L 1189/03 –	870
Nr. 212	Bodendenkmalschutz	VG Düss., Urt. v. 27.05.2004 – 4 K 6966/02 –	872
Nr. 213	Denkmalpflegegesetz DDR	BVerwG, Beschl. v. 07.04.2004 – 4 B 25.04 –	878

F. Natur und Landschaftsschutz

Nr. 214	Faktisches Vogelschutzgebiet, potentielles FFH-Gebiet	BVerwG, Urt. v. 15.01.2004 – 4 A 11.02 –	881
Nr. 215	Faktisches Vogelschutzgebiet	BVerwG, Urt. v. 01.04.2004 – 4 C 2.03 –	890
Nr. 216	Faktisches Vogelschutzgebiet, potentielles FFH-Gebiet	BVerwG, Urt. v. 22.01.2004 – 4 A 32.02 –	900
Nr. 217	Naturschutzverein, Präklusion	BVerwG, Urt. v. 22.01.2004 – 4 A 4.03 –	912
Nr. 218	Unterlassene UVP-Prüfung	BVerwG, Urt. v. 18.11.2004 – 4 CN 11.03 –	915
Nr. 219	Vermeidungsgebot, Entwicklungspotential	BVerwG, Urt. v. 16.12.2004 – 4 A 11.04 –	925

Nr. 220	Wegfall der Ersatzfläche	BVerwG, Beschl. v. 14.06.2004 – 4 BN 17.04 –	930
Nr. 221	Bauleitplanung und Artenschutz	Hess. VGH, Urt. v. 25.02.2004 – 3 N 1699/03 –	931
Nr. 222	Landschaftsplanung	OVG NRW, Urt. v. 24.06.2004 – 7a D 61/03.NE –	936
Nr. 223	Schutzwürdikeit des Landschaftsteils	OVG Brbg., Urt. v. 10.08.2004 – 3a A 764/01 –	937

G. Besonderes Städtebaurecht

Nr. 224	Mietobergrenze im Sanierungsgebiet	OVG Berlin, Urt. v. 30.01.2004 – 2 B 18.02 –	943
Nr. 225	Aufhebung des Mietverhältnisses	VGH Bad.-Württ., Beschl. v. 13.02.2004 – 5 S 2345/03 –	957
Nr. 226	Ermittlung des Ausgleichsbetrages	BVerwG, Beschl. v. 16.11.2004 – 4 B 71.04 –	960
Nr. 227	Ermittlung des Ausgleichsbetrages	Sächs. OVG, Urt. v. 17.06.2004 – 1 B 854/02 –	962
Nr. 228	Entstehung des Ausgleichsbetrages	Bay. VGH, Urt. v. 31.03.2004 – 15 B 00.3239 –	968
Nr. 229	Entwicklungsmaßnahme	BVerwG, Beschl. v. 27.05.2004 – 4 BN 7.04 –	973
Nr. 230	Erhaltungssatzung	BVerwG, Urt. v. 30.06.2004 – 4 C 1.03 –	979
Nr. 231	Milieuschutzsatzung	BVerwG, Beschl. v. 17.12.2004 – 4 B 85.04 –	989
Nr. 232	Milieuschutz, Mietobergrenze	OVG Berlin, Urt. v. 10.06.2004 – 2 B 3.02 –	993
Nr. 233	Steuerbescheinigung	OVG Meckl.-Vorp., Urt. v. 08.06.2004 – 3 L 64/02 –	999

H. Rechtsprechung zu städtebaulichen Verträgen

Nr. 234	Nachfolgelastenbeitrag, Koppelungsverbot	Bay. VGH, Urt. v. 12.05.2004 – 20 N 04.329 –	1005
Nr. 235	Erstattung des Kaufpreises, Rechtsweg	OVG NRW, Beschl. v. 25.05.2004 – 21 E 62/04 –	1010

Zusammenstellung der abgedruckten Entscheidungen nach Gerichten in Zeitfolge

		Nr.	Seite
Bundesverwaltungsgericht			
15.01.04	4 A 11.02	214	881
22.01.04	4 A 4.03	217	912
22.01.04	4 A 32.02	216	900
05.02.04	4 B 110.03	86	373
09.02.04	4 BN 28.03	1	1
11.02.04	4 BN 1.04	55	227
19.02.04	4 CN 13.03	118	529
19.02.04	4 CN 16.03	11	40
19.02.04	4 C 4.03	110	882
18.03.04	4 CN 4.03	2	4
25.03.04	4 B 15.04	70	301
01.04.04	4 C 2.03	215	890
07.04.04	4 B 25.04	213	878
28.04.04	4 C 10.03	68	292
30.04.04	4 CN 1.03	51	216
14.05.04	4 BN 11.04	27	128
19.05.04	4 B 35.04	83	364
19.05.04	4 BN 22.04	119	535
26.05.04	4 BN 24.04	29	136
27.05.04	4 BN 7.04	229	973
08.06.04	4 BN 19.04	19	100
14.06.04	4 BN 17.04	220	930
15.06.04	4 B 14.04	52	220
17.06.04	4 BN 5.04	45	191
24.06.04	4 B 23.04	109	481
30.06.04	4 C 9.03	165	701
30.06.04	4 C 1.03	230	979
30.06.04	4 C 3.03	89	385
30.06.04	4 CN 7.03	88	376
30.06.04	7 B 92.03	116	518
07.07.04	4 BN 16.04	33	150
12.07.04	7 B 86.04	207	853
22.07.04	4 B 29.04	76	323
22.07.04	7 CN 1.04	39	168
29.07.04	4 BN 26.04	21	105
10.08.04	4 BN 29.04	42	180
11.08.04	4 B 55.04	99	437
19.08.04	4 C 16.03	177	757
09.09.04	4 B 58.04	96	426
16.09.04	4 C 7.03	113	497
16.09.04	4 C 5.03	158	667

		Nr.	Seite
21.10.04	4 C 2.04	98	431
21.10.04	4 C 3.04	82	356
21.10.04	4 B 76.04	124	552
27.10.04	4 B 74.04	108	478
28.10.04	4 BN 44.04	57	234
08.11.04	4 BN 39.04	34	152
10.11.04	4 BN 33.04	18	97
16.11.04	4 B 71.04	226	960
18.11.04	4 CN 11.03	218	915
18.11.04	4 C 1.04	107	474
16.12.04	4 A 11.04	219	925
16.12.04	4 C 7.04	95	422
17.12.04	4 B 85.04	231	989

Bundesverfassungsgericht

08.12.04	1 BvR 1238/04	184	778

Bundesgerichtshof

13.02.04	V ZR 217/03	183	773
25.03.04	III ZR 227/02	125	553
28.10.04	III ZR 25/04	145	616

VGH Baden-Württemberg

04.12.03	5 S 1746/02	49	207
20.01.04	10 S 2237/02	90	393
13.02.04	5 S 2345/03	225	957
20.02.04	8 S 336/04	128	567
09.03.04	5 S 2780/02	149	628
20.04.04	8 S 215/04	129	570
30.04.04	8 S 1374/03	26	122
19.05.04	5 S 2771/01	94	419
22.06.04	5 S 1263/04	181	765
12.07.04	8 S 351/04	46	196
13.07.04	5 S 1205/03	77	327
23.07.04	3 S 2517/03	30	138
03.08.04	5 S 1134/04	205	850
15.09.04	8 S 2392/03	47	200
22.09.04	5 S 382/03	35	156
27.09.04	3 S 1719/03	147	620
01.10.04	3 S 1743/03	150	632
12.10.04	8 S 1661/04	179	762
15.10.04	5 S 2586/03	87	374
20.10.04	8 S 2273/04	190	796
23.11.04	3 S 2504/04	80	351

		Nr.	Seite
Bayerischer VGH			
17.12.03	25 N 99.2264	41	176
29.12.03	25 B 98.3582	71	303
21.01.04	26 B 02.873	200	831
22.01.04	1 ZB 03.294	161	688
02.02.04	1 CS 03.2660	97	428
09.02.04	25 N 96.2982	23	110
12.02.04	1 N 02.406	48	204
25.03.04	25 N 01.308	60	241
26.03.04	25 B 01.382	208	855
31.03.04	1 N 01.1157	4	12
31.03.04	15 B 00.3239	228	968
19.04.04	15 B 99.2605	176	751
23.04.04	20 B 03.3002	155	660
12.05.04	20 N 04.329	234	1005
04.06.04	1 CS 04.820	180	764
09.06.04	26 B 01.1959	209	859
25.06.04	15 ZB 04.487	172	721
02.07.04	1 B 02.1006	174	733
04.08.04	15 CS 04.1648	204	847
29.09.04	1 CS 04.340	133	585
29.09.04	15 ZB 02.2958	40	173
05.10.04	14 N 02.926	20	101
02.11.04	20 ZB 04.1559	74	313
23.11.04	25 B 00.366	75	315
OVG Berlin			
30.01.04	2 B 18.02	224	943
07.06.04	2 S 27.04	191	797
10.06.04	2 B 3.02	232	993
30.07.04	2 N 222.04	146	618
27.10.04	2 S 43.04	131	573
10.11.04	2 S 50.04	73	310
01.12.01	2 B 14.03	69	299
OVG Brandenburg			
13.01.04	3 B 274/03.NE	121	537
20.01.04	3 B 158/03	199	829
10.08.04	3a A 764/01	223	937
03.11.04	3 A 449/01	79	350
03.11.04	3 A 471/01	78	338
OVG Bremen			
28.06.04	1 B 130/04	153	652

		Nr.	Seite
Hamburgisches OVG			
27.04.04	2 Bs 108/04	63	258
29.04.04	2 Bf 132/00	105	468
16.06.04	2 Bf 182/02	154	654
29.07.04	2 Bf 107/01	85	369
15.09.04	1 Bf 128/04	198	819
Hessischer VGH			
05.02.04	4 N 360/03	123	547
06.02.04	9 TG 2706/03	203	846
25.02.04	3 N 1699/03	221	931
26.02.04	3 N 739/02	32	146
22.03.04	9 TJ 262/04	195	813
15.06.04	3 UZ 2302/02	138	596
16.06.04	3 UE 2041/01	139	598
29.06.04	4 N 3442/99	31	141
08.07.04	3 N 2094/03	50	213
17.09.04	4 TG 2610/04	193	408
30.09.04	3 UZ 1788/03	134	590
15.10.04	3 TG 2938/04	81	354
03.11.04	9 N 2247/03	54	223
10.11.04	9 UZ 1400/03	201	837
06.12.04	9 UE 2582/03	65	275
08.12.04	3 TG 3386/04	25	118
OVG Mecklenburg-Vorpommern			
08.06.04	3 L 64/02	233	999
23.06.04	3 K 31/03	43	182
22.09.04	3 M 140/04	132	580
12.10.04	3 M 147/03	159	676
25.11.04	3 L 257/00	157	665
25.11.04	3 L 218/03	156	661
Niedersächsisches OVG			
29.01.04	1 KN 321/02	6	20
26.02.04	1 LA 210/03	144	613
10.03.04	1 KN 336/02	13	59
10.03.04	1 KN 276/03	117	525
10.03.04	1 LB 60/03	163	693
15.03.04	1 ME 45/04	104	464
16.03.04	1 ME 14/04	5	14
14.04.04	1 LB 340/02	171	720
29.04.04	1 LB 28/04	101	450
08.07.04	1 ME 167/04	194	809
08.07.04	1 KN 184/02	44	187

		Nr.	Seite
08.07.04	1 LB 48/04	151	637
25.08.04	9 ME 206/04	135	593
26.08.04	1 KN 282/03	3	9
09.09.04	1 ME 194/04	188	787
10.09.04	1 ME 231/04	168	711
28.09.04	1 LA 23/04	148	626
04.10.04	1 MN 225/04	56	229
07.10.04	1 ME 169/04	114	504
18.10.04	1 ME 205/04	202	839
16.11.04	9 KN 249/03	59	238
30.11.04	1 ME 190/04	115	510
06.12.04	1 ME 256/04	64	262

OVG Nordrhein-Westfalen

07.01.04	22 B 1288/03	182	768
09.01.04	7 B 2482/03	66	280
13.01.04	10 B 1811/03	127	563
03.02.04	7 B 2622/03	106	472
04.02.04	10 B 2544/03	140	600
04.02.04	10 B 2489/03	141	601
12.02.04	7a D 134/02.NE	7	25
13.02.04	10 A 4715/02	111	487
19.02.04	7a D 67/03.NE	58	235
20.02.04	10 A 3279/02	162	689
20.02.04	10 A 4840/01	84	365
20.02.04	10 A 558/02	175	745
11.03.04	7a D 51/02.NE	91	404
18.03.04	7a D 52/03.NE	36	164
19.03.04	10 B 2690/03	170	716
06.04.04	7 B 223/04	142	603
13.04.04	10 B 2429/03	192	801
22.04.04	7a D 142/02.NE	12	47
04.05.04	10 A 1476/04	169	713
14.05.04	10a D 2/02.NE	14	65
25.05.04	21 E 62/04	235	1010
27.05.04	7a D 55/03.NE	10	36
24.06.04	7 A 4529/02	143	606
24.06.04	7a D 61/03.NE	222	936
08.07.04	21 A 2435/02	186	781
14.07.04	10 A 4471/01	173	723
22.07.04	10 B 925/04	187	785
26.08.04	7 A 4005/03	160	681
12.11.04	10a D 38/02.NE	15	70
18.11.04	7 A 3329/01	102	457
18.11.04	7 A 4415/03	112	490

		Nr.	Seite
29.11.04	10 B 2076/04	206	851
10.12.04	10a D 133/02.NE	16	78
15.12.04	7 B 2142/04	152	648

OVG Rheinland-Pfalz

15.01.04	8 B 11983/03	72	308
25.02.04	8 B 10256/04	167	708
08.03.04	8 A 11520/03	100	439
11.03.04	8 A 10189/04	8	28
24.03.04	8 B 10320/04	130	571
31.03.04	8 C 11785/03	24	114
26.05.04	8 A 12009/03	210	863
15.06.04	8 A 10464/04	164	699
24.06.04	8 A 10809/04	103	462
07.07.04	1 A 12039/03	92	413
08.09.04	8 C 10423/04	22	106
23.09.04	8 B 11561/04	197	817
29.09.04	8 C 10626/04	53	221
29.09.04	8 A 10664/04	189	792
09.12.04	1 A 11591/04	93	416

OVG Saarland

02.02.04	1 W 1/04	126	558
14.04.04	1 N 1/04	122	540
16.09.04	1 U 5/04	62	254

Sächsisches OVG

17.06.04	1 B 854/02	227	962
30.08.04	1 BS 297/04	67	286
09.11.04	1 BS 377/04	185	781

Schleswig-Holsteinisches OVG

11.12.03	1 KN 30/03	28	129

Thüringer OVG

16.08.04	1 EN 944/03	9	32
20.12.04	1 EO 1077/04	196	815
20.12.04	1 N 1096/03	17	84

VG Düsseldorf

27.05.04	4 K 6966/02	212	872

VG Potsdam

29.01.04	2 L 1189/03 u. 1212/03	211	870

Abkürzungsverzeichnis

a. A.	anderer Ansicht
a. a. O.	am angegebenen Ort
ABl.	Amtsblatt
Abs.	Absatz
Abschn.	Abschnitt
AgrarR	Agrarrecht
a. E.	am Ende
AEG	Allgemeines Eisenbahngesetz
a. F.	alte Fassung
AG	Amtsgericht
AG VwGO	Ausführungsgesetz zur VwGO
amtl.	amtlich
Amtsbl.	Amtsblatt
ÄndG	Änderungsgesetz
Anm.	Anmerkung
AöR	Archiv des öffentlichen Rechts (Zeitschrift)
Art.	Artikel
AS	Amtliche Sammlung der Entscheidungen der OVG Rheinland-Pfalz und Saarland
ASOG	Allgemeines Gesetz zum Schutze der öffentlichen Sicherheit und Ordnung in Berlin
AtG	Gesetz über die friedliche Nutzung der Kernenergie und den Schutz gegen ihre Gefahren (Atomgesetz)
AufbG	Aufbaugesetz
Aufl.	Auflage
Bad.-Württ.	Baden-Württemberg
BauGB	Baugesetzbuch
BauGB-MaßnahmenG	Maßnahmengesetz zum Baugesetzbuch
BauNVO	Verordnung über die bauliche Nutzung der Grundstücke (Baunutzungsverordnung)
BauO	Bauordnung
BauO Bln	Berliner Bauordnung
BauO NRW	Bauordnung für das Land Nordrhein-Westfalen
BauR	Baurecht, Zeitschrift für das gesamte öffentliche und zivile Baurecht
BauROG	Bau- und Raumordnungsgesetz
BauZVO	Bauplanungs- und Zulassungsverordnung
BayBO	Bayerische Bauordnung
BayDSchG	Denkmalschutzgesetz in Bayern
BayGO	Gemeindeordnung in Bayern
BayNatSchG	Naturschutzgesetz in Bayern
BayObLG	Bayerisches Oberstes Landesgericht
BayVBl.	Bayerische Verwaltungsblätter
BayVerfGH	Bayerischer Verfassungsgerichtshof

BayVGH	Bayerischer Verwaltungsgerichtshof
BayVwVfG	Verwaltungsverfahrensgesetz in Bayern
BayWG	Wassergesetz in Bayern
BBauG	Bundesbaugesetz
BBergG	Bundesberggesetz
Bbg	Brandenburg
BBodSchG	Bundesbodenschutzgesetz
Bd.	Band
Bek.	Bekanntmachung
Berl. Komm.	Berliner Kommentar zum BauGB
Beschl.	Beschluß
BGB	Bürgerliches Gesetzbuch
BGBl.	Bundesgesetzblatt
BGH	Bundesgerichtshof
BGHR-BGB	Rechtsprechung des Bundesgerichtshofs Zivilsachen
BGHZ	Entscheidungen des BGH in Zivilsachen
BImSchG	Bundes-Immissionsschutzgesetz
4. BImSchV	Vierte Verordnung zur Durchführung des BImSchG (Verordnung über genehmigungsbedürftige Anlagen)
16. BImSchG	Sechzehnte Verordnung zur Durchführung des BImSchG (Verkehrslärmschutzverordnung)
18. BImSchV	Achtzehnte Verordnung zur Durchführung des BImSchG (Sportanlagenlärmschutzverordnung)
BKleingG	Bundeskleingartengesetz
Bln	Berlin
BNatSchG	Bundesnaturschutzgesetz
BremLBO	Bremische Landesbauordnung
BRS	Baurechtssammlung (Thiel bis Bd. 14, Gelzer ab Bd. 15 bis Bd. 55)
BSHG	Bundessozialhilfegesetz
BT-Drucks.	Bundestagsdrucksache
Buchholz	Sammel- und Nachschlagewerk der Rechtsprechung des BVerwG, herausgegeben von Karl Buchholz
Buchst.	Buchstabe
BV	Verfassung des Freistaates Bayern
BVerfG	Bundesverfassungsgericht
BVerfGE	Entscheidungen des Bundesverfassungsgerichts
BVerwG	Bundesverwaltungsgericht
BWGZ	Baden-Württembergische Gemeindezeitschrift
dB(A)	Dezibel des A-Schallpegel
DIN	Deutsche Industrienorm
DÖV	Die Öffentliche Verwaltung, Zeitschrift
Drucks.	Drucksache
DSchG	Denkmalschutzgesetz
DVBl.	Deutsches Verwaltungsblatt
DVO	Durchführungsverordnung
DWW	Deutsche Wohnungswirtschaft (Zeitschrift)

E	Entscheidung, Entscheidungssammlung
EEG	Gesetz über den Vorrang erneuerbarer Energien
EG	Europäische Gemeinschaft
EG BGB	Einführungsgesetz zum BGB
EG ZVG	Einführungsgesetz zum Zwangsversteigerungsgesetz
ESVGH	Entscheidungssammlung des Hessischen und des Württembergisch-Badischen Verwaltungsgerichtshofes
EuGH	Europäischer Gerichtshof
EWG	Europäische Wirtschaftsgemeinschaft
FFH-Richtlinie	Fauna-Flora-Habitat-Richtlinie
Fn.	Fußnote
FOC	Fatory-Outlet Center
FS	Festschrift
FStrG	Bundesfernstraßengesetz
GastG	Gaststättengesetz
GaVO (GarVO)	Garagenverordnung in Nordrhein-Westfalen
GBl.	Gesetzblatt
GE	Gewerbegebiet
GemO (GO)	Gemeindeordnung
GesBl.	Gesetzblatt
GewArch.	Gewerbearchiv
GFZ	Geschoßflächenzahl
GG	Grundgesetz für die Bundesrepublik Deutschland
GI	Industriegebiet
GKG	Gerichtskostengesetz
GMBl.	Gemeinsames Ministerialblatt
GRZ	Grundflächenzahl
GVBl.	Gesetz- und Verordnungsblatt
GV NW	Gesetz- und Verordnungsblatt Nordrhein-Westfalen
GVOBl.	Gesetz- und Verordnungsblatt
HBauO	Hamburgische Bauordnung
HBO	Hessische Bauordnung
HDSchG	Denkmalschutzgesetz in Hessen
HeNatG	Hessisches Naturschutzgesetz
HessVerwRspr	Rechtsprechung des Hessischen Verwaltungsgerichtshofes
HessVGH	Hessischer Verwaltungsgerichtshof
HGO	Gemeindeordnung in Hessen
HS	Halbsatz
HSOG	Gesetz über die öffentliche Sicherheit und Ordnung in Hessen
HVwVfG	Verwaltungsverfahrensgesetz in Hessen
i. d. F.	in der Fassung
InvWoBaulG (IWG)	Investitionserleichterungs- und Wohnbaulandgesetz
i. S.	im Sinne
i. V. m.	in Verbindung mit

JR	Juristische Rundschau
Komm.	Kommentar
KrW-/AbfG	Kreislaufwirtschaft- und Abfallgesetz
LBauO	Landesbauordnung
LBG	Landbeschaffungsgesetz
LBO	Landesbauordnung
LBO Bad.-Württ.	Landesbauordnung Baden-Württemberg
LBO (LBauO) Rh.-Pf.	Landesbauordnung Rheinland-Pfalz
LBO Saarl.	Landesbauordnung des Saarlandes
LBO Schl.-H.	Landesbauordnung Schleswig-Holstein
Lfg.	Lieferung
LG	Landgericht
LG NW	Gesetz zur Sicherung des Naturhaushalts und zur Entwicklung der Landschaft (Landschaftsgesetz, Nordrhein-Westfalen)
LKV	Landes- und Kommunalverwaltung, Zeitschrift
LPflG	Landespflegegesetz
LPlG	Landesplanungsgesetz
LS	Leitsatz
LSchVO	Landschaftsschutzverordnung
MBl.	Ministerialblatt
MD	Dorfgebiet
MDR	Monatsschrift für Deutsches Recht
Meckl.-Vorp.	Mecklenburg-Vorpommern
MI	Mischgebiet
MK	Kerngebiet
m. w. N.	mit weiteren Nachweisen
NatSchG	Naturschutzgesetz
NBauO	Niedersächsische Bauordnung
NdS	Niedersachsen
NdsVwVfG	Verwaltungsverfahrensgesetz in Niedersachsen
NGO	Gemeindeordnung in Niedersachsen
NJW	Neue Juristische Wochenschrift
NordÖR	Zeitschrift für öffentliches Recht in Norddeutschland
Nr.	Nummer
NROG	Niedersächsisches Gesetz zur Raumordnung und Landesplanung
NRW	Nordrhein-Westfalen
NSOG	Gesetz über die öffentliche Sicherheit und Ordnung in Niedersachsen
NuR	Natur und Recht, Zeitschrift
n. v.	nicht veröffentlicht
NVwZ	Neue Zeitschrift für Verwaltungsrecht
NVwZ-RR	NVwZ-Rechtsprechungsreport
NW	Nordrhein-Westfalen
NWG	Wassergesetz in Niedersachsen
NWVBl.	Nordrhein-Westfälische Verwaltungsblätter

OBG	Ordnungsbehördengesetz
OLG	Oberlandesgericht
OVG	Oberverwaltungsgericht
OVGE	Entscheidungen der Oberverwaltungsgerichte Münster (und Lüneburg)
OWiG	Gesetz über Ordnungswidrigkeiten
PBauE	Entscheidungssammlung zum Bauplanungsrecht
RAS-L	Richtlinie für die Anlage von Straßen-Linienführung
RdErl.	Runderlaß
RdL	Recht der Landwirtschaft (Zeitschrift)
Rdnr.	Randnummer
RGRK	Kommentar zum BGB, herausgegeben von Reichsgerichtsräten und Bundesrichtern
RGZ	Entscheidungen des Reichsgerichts in Zivilsachen
Rh.-Pf.	Rheinland-Pfalz
ROG	Raumordnungsgesetz
Rs.	Rechtssache
S.	Seite oder Satz
Saarl.	Saarland
SachsAnh	Sachsen-Anhalt
Sächs. OVG	Sächsisches Oberverwaltungsgericht
SächsBO	Sächsische Bauordnung
Schl.-H.	Schleswig-Holstein
Slg.	Sammlung
SMBl.	Sammlung des Ministerialblattes
SO	Sondergebiet
SOG	Gesetz über die öffentliche Sicherheit und Ordnung
StBauFG	Städtebauförderungsgesetz
StrG	Straßengesetz
StrWG	Straßen- und Wegegesetz
StVO	Straßenverkehrsordnung
SVwVfG	Verwaltungsverfahrensgesetz im Saarland
TA Abfall	Zweite allgemeine Verwaltungsvorschrift zum Abfallgesetz
TA Lärm	Technische Anleitung zum Schutz gegen Lärm
Thür.	Thüringen
TKZulV	Telekommunikationszulassungsverordnung
Tz	Textziffer
UA	Urteilsabdruck
UMTS	Universal Mobil Telecommunications System
UPR	Umwelt- und Planungsrecht (Zeitschrift)
Urt.	Urteil
UVP	Umweltverträglichkeitsprüfung
VBlBW	Verwaltungsblätter für Baden-Württemberg
VDI	Verein Deutscher Ingenieure
VENSA	Verwaltungsgerichtliche Entscheidungs- und Urteilssammlung des VGH Baden-Württemberg

VerfGH	Verfassungsgerichtshof
VerwArch.	Verwaltungsarchiv
VG	Verwaltungsgericht
VGH	Verwaltungsgerichtshof
VGH Bad.-Württ.	Verwaltungsgerichtshof Baden-Württemberg
VGH n. F.	Amtliche Sammlung von Entscheidungen des Bayerischen Verwaltungsgerichtshofes, neue Folge
vgl.	vergleiche
VO	Verordnung
Vorbem.	Vorbemerkung
VwGO	Verwaltungsgerichtsordnung
VwVfG	Verwaltungsverfahrensgesetz des Bundes und entsprechende Ländergesetze
VwVG	Verwaltungsvollstreckungsgesetz und entsprechende Ländergesetze
VwZG	Verwaltungszustellungsgesetz und entsprechende Ländergesetze
WA	Allgemeines Wohngebiet
WaStrG	Bundeswasserstraßengesetz
WB	Besonderes Wohngebiet
WEA	Windenergieanlage
WEG	Wohnungseigentumsgesetz
WG	Landeswassergesetz
WHG	Gesetz zur Ordnung des Wasserhaushaltes
WiVerw	Wirtschaft und Verwaltung
WM	Wertpapier-Mitteilungen
WR	Reines Wohngebiet
WRV	Weimarer Reichsverfassung
WS	Kleinsiedlungsgebiet
ZfBR	Zeitschrift für deutsches und internationales Baurecht
Ziff.	Ziffer
ZMR	Zeitschrift für Miet- und Raumrecht
ZPO	Zivilprozeßordnung
z. T.	zum Teil
ZUR	Zeitschrift für Umweltrecht
z. Zt.	zur Zeit

A. Rechtsprechung zum Bauplanungsrecht

I. Bauleitplanung

1. Inhalt und Aufstellung der Bauleitpläne

Nr. 1

1. Sind die Festsetzungen eines Bebauungsplans mit den Regelungen einer Landschaftsschutzverordnung nicht vereinbar, so ist der Bebauungsplan unwirksam, wenn sich der Widerspruch zwischen der Landschaftsschutzverordnung und dem Bebauungsplan nicht durch eine naturschutzrechtliche Ausnahme oder Befreiung beseitigen läßt.

2. Wenn eine bestandskräftige Befreiung erteilt worden ist, die den Widerspruch auflöst, kommt es auf das objektive Vorliegen einer Befreiungslage nicht an.

BauGB §§ 1 Abs. 3, 6 Abs. 2, 10 Abs. 2 Satz 2; BayVwVfG Art. 38, 47; BayNatSchG Art. 49 Abs. 1 Satz 1; Chiemsee-SchutzVO § 7.

Bundesverwaltungsgericht, Beschluß vom 9. Februar 2004 – 4 BN 28.03 –.

(Bayerischer VGH)

Der Antragsteller wendet sich im Normenkontrollverfahren gegen einen Bebauungsplan des Antragsgegners. Dieser am 2001 bekannt gemachte Bebauungsplan setzt im Anschluß an ein vorhandenes Wohngebiet ein allgemeines Wohngebiet für drei Wohngebäude fest. Das knapp 8200 m² große Plangebiet liegt im Geltungsbereich der Chiemsee-Schutzverordnung vom November 1986, die es als Landschaftsschutzgebiet ausweist. Am April 2001 wurde dem Antragsgegner für die Planung eine Befreiung von den Verboten der Chiemsee-Schutzverordnung erteilt.

Das Normenkontrollgericht hat mit Urteil v. 14.1.2003 (– 1 N 01.2072 –, BauR 2003, 997) festgestellt, daß der Bebauungsplan unwirksam sei, weil er den Vorschriften der Chiemsee-Schutzverordnung widerspreche. Denn er lasse eine Bebauung zu, die mit dem Veränderungsverbot der Chiemsee-Schutzverordnung nicht vereinbar sei. Der Widerspruch zu dieser Verordnung werde nicht durch die Befreiung ausgeräumt, die für den Bebauungsplan erteilt worden sei.

Aus den Gründen:

II. 1.1 Die von der Vertreterin des öffentlichen Interesses als grundsätzlich bedeutsam (§ 132 Abs. 2 Nr. 1 VwGO) bezeichnete Frage, anhand welcher Kriterien der Widerspruch eines Bebauungsplans zu einer Landschaftsschutzverordnung zu beurteilen ist, insbesondere ob eine Befreiungslage abstrakt oder konkret zu beurteilen ist, bedarf keiner Beantwortung in einem Revisionsverfahren. Die Frage ist, soweit sie hier entscheidungserheblich wäre, bereits durch eine gefestigte Rechtsprechung des Bundesverwaltungsgerichts geklärt (vgl. zuletzt BVerwG, Urteil v. 17.12.2002 – 4 C 15.01 –,

Nr. 1

BVerwGE 117, 287, 290f. = BRS 65 Nr. 95 und Urteil v. 30.1.2003 – 4 CN 14.01 –, BVerwGE 117, 351, 353ff. = BauR 2003, 1175).

Danach ist von folgender Rechtslage auszugehen: Sind die Festsetzungen eines Bebauungsplans mit den Regelungen einer Landschaftsschutzverordnung wie hier den Bauverboten der Chiemsee-Schutzverordnung nicht zu vereinbaren, ist dieser Bebauungsplan mangels Erforderlichkeit (§ 1 Abs. 3 BauGB) dann unwirksam, wenn sich die entgegenstehenden naturschutzrechtlichen Bestimmungen als dauerhaftes rechtliches Hindernis erweisen. In einem solchen Fall besteht zugleich ein inhaltlicher Widerspruch i. S. von § 6 Abs. 2, § 10 Abs. 2 Satz 2 BauGB zwischen dem Bebauungsplan und der Landschaftsschutzverordnung, der ebenfalls zur Unwirksamkeit des Bebauungsplans führt. Wirksam ist der Bebauungsplan hingegen, wenn für die geplante bauliche Nutzung die Erteilung einer Ausnahme oder Befreiung von diesen Bestimmungen rechtlich möglich ist, weil objektiv eine Ausnahme- oder Befreiungslage gegeben ist und einer Überwindung der naturschutzrechtlichen Verbotsregelung auch sonst nichts entgegensteht. Andernfalls kann die Unwirksamkeit oder Nichtigkeit des Bebauungsplans nur dadurch vermieden werden, daß vor Abschluß des Planaufstellungsverfahrens die der konkreten Planung widersprechenden naturschutzrechtlichen Regelungen durch die vollständige oder zumindest teilweise Aufhebung der Landschaftsschutzverordnung beseitigt werden.

Der Verwaltungsgerichtshof ist der Sache nach von diesen Maßstäben ausgegangen und hat in Würdigung der örtlichen Situation das Bestehen einer Befreiungslage verneint. Dies ist in Auslegung und Anwendung des irreversiblen Landesrechts, nämlich des Art. 49 BayNatSchG und der Chiemsee-Schutzverordnung, geschehen. Die hierbei zugrunde zu legenden Beurteilungsmaßstäbe sind gleichfalls landesrechtlicher Natur, und zwar auch dann, wenn sich das Normenkontrollgericht wie die Beschwerde geltend macht bei der Auslegung des bayerischen Naturschutzrechts auf Analogien zum reversiblen Bauplanungsrecht stützt. Aus bundesrechtlicher Sicht ist allein das Ergebnis der naturschutzrechtlichen Prüfung für die Frage maßgebend, ob sich der inhaltliche Widerspruch zwischen Landschaftsschutzverordnung und Bebauungsplan in absehbarer Zeit durch eine Ausnahme oder Befreiung beseitigen läßt oder nicht.

Die in der formulierten Grundsatzfrage enthaltene Frage, ob ein Bebauungsplan aus naturschutzrechtlichen Gründen unwirksam sein kann, obwohl die Naturschutzbehörde eine Befreiungslage bescheinigt hat, stellt sich im vorliegenden Verfahren in dieser Allgemeinheit nicht. Entscheidungserheblich ist hier nur, ob die von der zuständigen Naturschutzbehörde für den Bebauungsplan erteilte Befreiung von den Verboten der Chiemsee-Schutzverordnung den Widerspruch zwischen dem Bebauungsplan und der Landschaftsschutzverordnung auflösen kann. Diese Frage ist zu verneinen. Das Normenkontrollgericht führt nämlich in Anwendung irreversiblen Landesrechts aus, daß die erteilte Befreiung zwar wirksam sei, jedoch ins Leere gehe, weil das bayerische Naturschutzrecht Befreiungen nur für Tathandlungen, nicht jedoch für den Erlaß von Rechtsvorschriften vorsehe; der Befreiungsbescheid sei auf etwas rechtlich Unmögliches gerichtet, weil Art. 49

Abs. 1 Nr. 1 BayNatSchG keine Befreiung gegenüber dem Träger der Bauleitplanung erlaube. An diese Beurteilung ist der Senat gemäß § 137 Abs. 1, § 173 VwGO, § 560 ZPO gebunden.

Im übrigen ist allerdings bereits geklärt, daß eine bestandskräftig erteilte Befreiung infolge ihrer Tatbestandswirkung von allen Staatsorganen, insbesondere auch von den Gerichten, zu beachten ist (BVerwG, Urteil v. 30. 1. 2003 – 4 CN 14.01 –, a. a. O., 354 f.). Läge also eine den Widerspruch zwischen Bebauungsplan und Landschaftsschutzverordnung auflösende Befreiung vor, so käme es in der Tat allein auf die Beurteilung durch die Fachbehörde an, die die Befreiung erteilt hat. Ob die bestandskräftige Befreiung zu Recht erteilt worden wäre, ob also eine Befreiungslage objektiv gegeben wäre, dürfte das Gericht nicht überprüfen. Für den streitigen Bebauungsplan ist die Tatbestandswirkung der erteilten Befreiung aber ohne Bedeutung, weil die Befreiung nach der den Senat bindenden Rechtsauffassung des Normenkontrollgerichts wie bereits ausgeführt ins Leere geht. Fehlt es jedoch an einer bestandskräftigen Entscheidung, so bildet die in der Befreiung zum Ausdruck kommende Beurteilung der Naturschutzbehörde zwar ein gewichtiges Indiz (BVerwG, Urteil v. 17. 12. 2002 – 4 C 15.01 –, a. a. O., 291), vermag das Gericht jedoch nicht zu binden.

1.2 Das Normenkontrollurteil weicht nicht vom Urteil des Bundesverwaltungsgerichts vom 17. 12. 2002 (– 4 C 15.01 –, a. a. O.) ab (§ 132 Abs. 2 Nr. 2 VwGO). Die Beschwerde erblickt eine Divergenz darin, daß das Normenkontrollgericht bei der Prüfung, ob eine Befreiungslage gegeben ist, dem Bescheid vom April 2001, mit dem der Antragsgegner für die Bebauungsplanung von den Verboten der Chiemsee-Schutzverordnung befreit wurde, keine Bedeutung beigemessen habe. Dies beruht indes auf der Auslegung und Anwendung von Landesrecht, nämlich auf der Annahme, die Vorschrift des Art. 49 Abs. 1 Nr. 1 BayNatSchG erlaube keine Befreiung gegenüber dem Träger der Bauleitplanung. Mit einer derartigen landesrechtlichen Fallgestaltung hatten weder das Urteil vom 17. 12. 2002 (– 4 C 15.01 –, a. a. O.) noch das Urteil vom 30. 1. 2003 (– 4 CN 14.01 –, a. a. O.) zu tun.

Soweit die Vertreterin des öffentlichen Interesses im Rahmen ihrer Divergenzrüge auf das Urteil des Bundesverwaltungsgerichts vom 21. 10. 1999 (– 4 C 1.99 –, BVerwGE 109, 371 = BRS 62 Nr. 38 = BauR 2000, 695). Bezug nimmt, merkt der beschließende Senat an, daß sich der dieser Entscheidung zugrunde liegende Sachverhalt, anders als die Beschwerde offenbar meint, nicht wesentlich von dem hier zu beurteilenden Sachverhalt unterscheiden dürfte. Denn auch vorliegend würde im Fall einer Befreiung eine deutliche Ausweitung der Wohnbebauung auf bisher unbebaute Flächen innerhalb der Landschaftsschutzverordnung ermöglicht. Nach den Feststellungen des Normenkontrollgerichts würde nämlich bei Verwirklichung der drei im Bebauungsplan vorgesehenen Wohngebäude ein weiteres bislang als Splittersiedlung im Außenbereich (§ 35 BauGB) zu qualifizierendes Gebiet zum Bestandteil des Bebauungszusammenhangs und stünde damit als Innenbereich (§ 34 BauGB) einer zusätzlichen Bebauung offen.

2.1 Auch die Grundsatzrügen des Antragsgegners müssen ohne Erfolg bleiben.

Nr. 2

Die Frage nach der rechtlichen Bedeutung einer zwar rechtswidrigen, aber nicht nichtigen und damit wirksamen naturschutzrechtlichen Befreiung für die Festsetzungen eines Bebauungsplans rechtfertigt aus den schon dargelegten Gründen nicht die Zulassung der Revision. Das Normenkontrollgericht hat die (äußere) Wirksamkeit der Befreiungsentscheidung des Landratsamts zwar nicht in Frage gestellt, weil der ihr anhaftende Rechtsfehler mangels Offenkundigkeit nicht zur Nichtigkeit führe. Es hat ihr aber in Auslegung und Anwendung irreversiblen Landesrechts jeglichen rechtlichen Regelungsgehalt abgesprochen, soweit es um Auswirkungen auf die Bebauungsplanung des Antragsgegners geht.

Auch wegen der sich daran anschließenden Frage der Beschwerde, ob die betreffende Befreiungsentscheidung ggf. im Wege der Umdeutung gemäß Art. 47 BayVwVfG jedenfalls als bindende Zusicherung gemäß Art. 38 BayVwVfG zur Erteilung entsprechender Befreiungen für die Einzelbauvorhaben angesehen werden müsse, kann die Revision nicht zugelassen werden. Eine klärungsbedürftige Frage zur Auslegung der reversiblen Vorschriften der Art. 38 und 47 BayVwVfG wirft die Beschwerde nicht auf. Sehr zweifelhaft ist ferner, ob die Frage über den vorliegenden Fall hinaus von allgemeinem Interesse sein kann. Daß auch bei einem „ins Leere gehenden" Verwaltungsakt generell an eine Umdeutung zu denken ist, versteht sich von selbst. Ob sie jedoch tatsächlich vorgenommen werden kann, hängt von den Umständen des Einzelfalls ab. Im vorliegenden Fall hat sich das Normenkontrollgericht mit der Frage einer Umdeutung nicht ausdrücklich beschäftigt. Das ist nicht zu beanstanden; denn als Zusicherung einer Befreiung für die Einzelbauvorhaben kann die erteilte Befreiung nicht umgedeutet werden. Nach Art. 47 Abs. 1 BayVwVfG kann ein Verwaltungsakt nur dann in einen anderen Verwaltungsakt umgedeutet werden, wenn er rechtmäßig hätte erlassen werden können. Daran fehlt es hier. Nach der Rechtsauffassung des Normenkontrollgerichts darf für die im Bebauungsplan vorgesehene Bebauung aus materiellrechtlichen Gründen keine Befreiung von dem Veränderungsverbot erteilt werden; eine Befreiungslage ist nach seiner Rechtsauffassung nicht gegeben. Für diese Beurteilung der „objektiven" Befreiungslage kommt es auf die „wahre" Rechtslage und damit im Ergebnis allein auf die Sicht des Gerichts an, nicht auf die Einschätzung durch die Naturschut zbehörde; denn die zum Bebauungsplan erteilte Befreiung hat keine materielle Wirkung und kann insoweit keine Tatbestandswirkung entfalten.

Nr. 2

1. **Ein planfeststellungsersetzender Bebauungsplan, der die Trasse einer Landesstraße festsetzt, ist grundsätzlich nicht erforderlich i.S. von §1 Abs. 3 BauGB, wenn die Verwirklichung des Vorhabens innerhalb eines Zeitraums von etwa zehn Jahren nach In-Kraft-Treten des Plans ausgeschlossen erscheint.**

2. **Ein Bebauungsplan leidet an einem Abwägungsfehler, wenn seine Festsetzungen nicht dem Willen des Satzungsgebers entsprechen.**

BauGB §§ 1 Abs. 3, 1 Abs. 6, 9 Abs. 8, 10 Abs. 3, 214 Abs. 3 Satz 2; FStrG § 17 Abs. 3 Satz 1, 17 Abs. 7; GG Art. 14 Abs. 1; StrWG NRW §§ 38 Abs. 4, 39 Abs. 1, 39 Abs. 7 Satz 1; VwVfG NRW § 75 Abs. 4.

Bundesverwaltungsgericht, Urteil vom 18. März 2004 – 4 CN 4.03 –.

(OVG Nordrhein-Westfalen [BRS 65 Nr. 27])

Die Antragstellerin ist Eigentümerin der Sandgrube L. und Geschäftsführerin der Firma ..., die in der Grube bis Ende 1999 genehmigten Sandabbau betrieb. Sie wendet sich gegen den Bebauungsplan „HM 227, Teil A" der Antragsgegnerin vom September 1998, dessen räumlicher Geltungsbereich auch die Sandgrube erfaßt. Ziel des Plans ist es, mittels einer Verlegung der Trasse der Landesstraße 422 – L 422 – nach Süden die alte Ortslage vom Durchgangs- und Schwerverkehr zu entlasten und im Zusammenhang damit den gesamten Bereich zwischen Nord und Süd städtebaulich neu zu regeln.

Der Plan setzt neben Wohn- und Gewerbegebieten, Verkehrsflächen für die Binnenerschließung der Baugebiete und Freiflächen mit verschiedenen Funktionen eine neue Trasse für die L 422 n fest. Für die Trasse nebst Lärmschutzwällen wird u. a. der nördliche Teil der Sandgrube L. in Anspruch genommen. Ansonsten ist das Grubengelände als öffentliche Grünfläche mit der Zweckbestimmung Parkanlage sowie als Fläche für die Forstwirtschaft ausgewiesen. Nach der textlichen Festsetzung Nr. 7.7. sind die im Grünordnungsplan der Antragsgegnerin vom Januar 1991 ... vorgesehenen Ausgleichsmaßnahmen Bestandteil des Bebauungsplans. Der Grünordnungsplan sieht für den Bereich der Sandgrube südlich der Trasse der L 422 n im Einzelnen beschriebene Maßnahmen „der Biotopentwicklung und ökologischen Anreicherung für Neuführung der L 422" vor.

Mit ihrem Normenkontrollantrag hat die Antragstellerin u. a. geltend gemacht: Bei der Planung der L 422 n handele es sich um eine unzulässige Vorratsplanung, da die Straße weder im aktuellen Landesstraßenbedarfsplan aufgeführt noch in der Fortschreibung der Bedarfsplanung vorgesehen sei und daher mit ihrem Bau mangels gesicherter Finanzierung nicht innerhalb der nächsten zehn Jahre gerechnet werden könne. Dieser Prognosezeitraum sei nach § 75 Abs. 4 VwVfG NRW und § 39 Abs. 1, Abs. 7 Satz 1 StrWG NRW maßgebend; danach träten Planfeststellungsbeschlüsse außer Kraft, wenn mit der Durchführung des Plans nicht spätestens zehn Jahre nach Eintritt der Unanfechtbarkeit begonnen worden sei. Nach der in diesen Vorschriften enthaltenen gesetzgeberischen Wertung sei eine Straßenplanung nicht erforderlich, wenn ihre Realisierung innerhalb von zehn Jahren nach Erlaß des Planfeststellungsbeschlusses nicht zu erwarten sei. Nichts anderes gelte für eine Planung durch einen Bebauungsplan, der gemäß § 38 Abs. 4 Satz 1 StrWG NRW den Planfeststellungsbeschluss ersetze.

Aus den Gründen:

Das Urteil des Normenkontrollgerichts verletzt mit der Folge Bundesrecht, daß der Bebauungsplan „HM 227 Teil A" der Antragsgegnerin zwar nicht nichtig, aber rechtswidrig ist und bis zur Behebung seines Fehlers nicht vollzogen werden darf.

1. Seine Auffassung, der umstrittene Bebauungsplan sei mit § 1 Abs. 3 BauGB vereinbar, begründet das Normenkontrollgericht zwar unter Verstoß gegen Bundesrecht; sie ist im Ergebnis jedoch nicht zu beanstanden. Nach der genannten Vorschrift haben die Gemeinden die Bauleitpläne aufzustellen, sobald und soweit es für die städtebauliche Entwicklung und Ordnung erfor-

derlich ist. Nicht erforderlich ist ein Bebauungsplan, wenn seiner Verwirklichung auf unabsehbare Zeit rechtliche oder tatsächliche Hindernisse, zu denen auch das Fehlen der benötigten Finanzmittel zu zählen ist, im Wege stehen (vgl. Urteile v. 12. 8. 1999 – 4 CN 4.98 –, BVerwGE 109, 246 = BRS 62 Nr. 1 = BauR 2000, 229; v. 21. 3. 2002 – 4 CN 14.00 –, BRS 65 Nr. 17 = BauR 2002, 1650; Buchholz 406.11 § 1 BauGB Nr. 110, und v. 30. 1. 2003 – 4 CN 14.01 –, BVerwGE 117, 351 = BauR 2003, 1175). Das Tatbestandsmerkmal der Erforderlichkeit gilt nicht nur für den Anlaß, sondern auch für den Inhalt des Bebauungsplans, und zwar für jede Festsetzung (vgl. BVerwG, Urteil v. 31. 8. 2000 – 4 CN 6.99 –, BRS 63 Nr. 1 = BauR 2001, 358, DVBl. 2001, 377). Entgegen der Auffassung der Antragsgegnerin ist deshalb die Ausweisung der Trasse für die L 422 n einer eigenständigen, von den übrigen Festsetzungen losgelösten Rechtskontrolle nicht entzogen. Die Vorinstanz ist der Ansicht, für die Festlegung eines zeitlichen Rahmens, jenseits dessen eine etwaige Realisierung einer Straßenplanung durch Bebauungsplan als nicht mehr absehbar zu gelten hat, seien dem Straßenrecht keine Vorgaben zu entnehmen. Das trifft so nicht zu.

Nach § 75 Abs. 4 VwVfG NRW, § 39 Abs. 1 StrWG NRW tritt ein Plan für eine Landes- oder Kreisstraße außer Kraft, wenn mit seiner Durchführung nicht innerhalb von fünf Jahren nach Eintritt der Unanfechtbarkeit begonnen worden ist. Die Frist kann um höchstens fünf Jahre verlängert werden (§ 39 Abs. 7 Satz 1 StrWG NRW). Die gleiche Regelung trifft § 17 Abs. 7 FStrG für die Bundesfernstraßen. Der Senat pflegt diese Vorschrift bei der Prüfung der Rechtmäßigkeit eines Planfeststellungsbeschlusses in dem Sinne anzuwenden, daß er einem Straßenbauvorhaben die Planrechtfertigung abspricht, wenn die Verwirklichung innerhalb eines Zeitraums von zehn Jahren ausgeschlossen erscheint (vgl. Urteil v. 20. 5. 1999 – 4 A 12.98 –, BRS 62 Nr. 6 = BauR 1999, 1156, Buchholz 407.4 § 17 Nr. 154). Für Bebauungspläne, die nach § 17 Abs. 3 Satz 1 FStrG oder – wie hier – nach § 38 Abs. 4 Satz 1 StrWG NRW die Planfeststellung ersetzen, kann nicht entscheidend anderes gelten. Aus der Sicht eines betroffenen Eigentümers macht es nämlich keinen Unterschied, ob sein Grundstück im Wege der Planfeststellung oder durch einen Bebauungsplan für eine Straßentrasse in Anspruch genommen wird. Die Erwägung des Senats, § 17 Abs. 7 Satz 1 FStrG gebe einen Anhaltspunkt für die Dauer des Zeitraumes, in dem die Unsicherheiten einer Plandurchführung längstens als zumutbar erscheinen und von den Planbetroffenen hinzunehmen sind (Urteil v. 20. 5. 1999, a. a. O.), gilt hier wie dort gleichermaßen. Auch wenn einem Bebauungsplan keine enteignungsrechtliche Vorwirkung zukommt, beseitigt doch die Ausweisung von öffentlichen Verkehrsflächen die Privatnützigkeit des betroffenen Eigentums und kann deshalb bereits vor dem förmlichen Eigentumsverlust einen Anspruch auf Entschädigung in Geld oder durch Übernahme begründen (vgl. § 40 BauGB). Der vom Normenkontrollgericht herangezogene Unterschied zwischen der Bebauungsplanung als Angebotsplanung und der Planfeststellung als Objektplanung ist vorliegend ohne Bedeutung. Für einen privaten Grundeigentümer stellt die Festsetzung einer dem öffentlichen Verkehr dienenden Verkehrsfläche kein „Angebot" dar, weil er die vorgesehene Grundstücksnutzung in seiner Person nicht verwirklichen kann. Die Ausweisung öffentlicher Verkehrsflächen ist fremdnützig.

Wegen der Offenheit des Tatbestandsmerkmals der Erforderlichkeit in § 1 Abs. 3 BauGB und weil ein Bebauungsplan nicht kraft Gesetzes durch Zeitablauf außer Kraft tritt, versteht der Senat die Zehn-Jahres-Frist des Straßenrechts allerdings nicht als strikte Grenze für den Prognosezeitraum, innerhalb dessen die Realisierung des Straßenbauvorhabens nicht ausgeschlossen sein darf, sondern als Orientierungshilfe, die je nach den Umständen des Einzelfalles ein maßvolles Hinausschieben des Zeithorizonts zuläßt. Einem Bebauungsplan fehlt, wenn und soweit er an die Stelle eines straßenrechtlichen Planfeststellungsbeschlusses tritt, die Erforderlichkeit mithin nur, wenn dem Beginn seiner Verwirklichung für ungefähr die nächsten zehn Jahre nach seinem In-Kraft-Treten rechtliche oder tatsächliche Hindernisse entgegenstehen. Der zeitlich so abgesteckte Rahmen ist freilich nicht stets maßgeblich. Weist beispielsweise der (eine Planfeststellung ersetzende) Plan zusätzlich zu einer Trasse für eine Straße auch Baugebiete aus, so ist der Zeithorizont des Straßenrechts bei der Prüfung des § 1 Abs. 3 BauGB nicht zu berücksichtigen, wenn – anders als vorliegend – zwischen den Baugebieten und der Straße ein funktionaler Zusammenhang besteht. Das ist namentlich bei Straßen der Fall, mit der neue Baugebiete erschlossen werden. Dienen sie dazu, die Verwirklichung der durch die Ausweisung von Baugebieten geschaffenen Angebotsplanung erst zu ermöglichen, ist die Prüfung der Erforderlichkeit der Festsetzungen einheitlich nach den herkömmlichen Kriterien durchzuführen.

Das Normenkontrollgericht hat die Frage, ob die Realisierung der L 422 n innerhalb einer Zeitspanne von etwa zehn Jahren nach In-Kraft-Treten des angefochtenen Bebauungsplans mangels Bereitstellung der erforderlichen Geldmittel ausgeschlossen ist, nicht aufgeworfen. Der in diesem Versäumnis liegende Verstoß gegen § 1 Abs. 3 BauGB wirkt sich im Ergebnis aber nicht aus, weil die Sachverhaltswürdigung im Normenkontrollurteil, an die der Senat nach § 137 Abs. 2 VwGO gebunden ist, den Schluß zuläßt, daß die Frage, wäre sie gestellt worden, verneint worden wäre. Das Normenkontrollgericht hat dargelegt, daß ein planungsrechtlich gesichertes Vorhaben wie die L 422 n eine größere Chance auf Aufnahme in den Landesstraßenbedarfsplan und damit auf Verwirklichung habe als ein Projekt mit einem planungsrechtlich ungewissen Schicksal und dass für den Fall der Fortschreibung des Bedarfsplans eine Aufnahme der L 422 n nicht ausgeschlossen sei. Das Gericht hat nicht festgestellt, daß mit der Fortschreibung innerhalb der nächsten zehn Jahre nicht gerechnet werden könne. Es hält vielmehr eine Aktualisierung für jederzeit möglich, hat es doch ermittelt, daß die gesetzliche Frist für die Fortschreibung des aus dem Jahre 1993 stammenden Landesstraßenbedarfsplans bereits abgelaufen ist. Und ist ein Straßenbauprojekt im Bedarfsplan aufgeführt, schließt dies regelmäßig die Annahme aus, seine Finanzierbarkeit innerhalb von zehn Jahren sei ausgeschlossen. Diese vom Senat für den Bedarfsplan für die Bundesfernstraßen geprägte Aussage (Urteil v. 20. 5. 1999, a. a. O.) hat das Normenkontrollgericht auf den Landesstraßenbedarfsplan übertragen, indem es ihn als ein Instrument auch der

Finanzplanung gekennzeichnet hat, der haushaltsmäßige und zeitliche Prioritäten zum Ausdruck bringt und deshalb indizielle Bedeutung für die Finanzierbarkeit prioritärer Vorhaben besitzt. Nach der im Urteil zitierten Beschlußvorlage der Bauamtskommission Düsseldorf zur Fortschreibung des Landesstraßenbedarfsplans und -ausbauplans zum 1.1.1998 gehört die L 422n zu den Straßen, für die, weil sie die Einstufung 1 erhalten haben, ein vordringlicher Bedarf besteht.

2. Der Befund des Normenkontrollgerichts, der Bebauungsplan sei inhaltlich hinreichend bestimmt, ist mit einem revisiblen Rechtsfehler behaftet, der auf das Ergebnis durchschlägt.

a) Der Grünordnungsplan, der durch die textliche Festsetzung Nr. 7.7. des Bebauungsplans zu dessen Bestandteil geworden ist, sieht vor, daß das in den angrenzenden Baugebieten anfallende Niederschlagswasser u. a. in wechselfeuchten Verrieselungsflächen in der Sandgrube L. versickern soll. In der Begründung zum Bebauungsplan hat der Rat der Antragsgegnerin dagegen seine Absicht erklärt, das Oberflächenwasser durch die vorhandene Kanalisation ableiten zu lassen. Das Normenkontrollgericht ist der Meinung, allgemeine Auslegungsgrundsätze ergäben, daß die Regelung des Grünordnungsplans durch die vom Satzungsgeber in der Begründung zum Bebauungsplan befürwortete Lösung ersetzt werde. Seine Ansicht ist mit Bundesrecht nicht vereinbar.

Aus §9 Abs. 8 Satz 1, §10 Abs. 3 Satz 2 und 4 BauGB ergibt sich, daß die Begründung des Bebauungsplans an dessen Charakter nicht teilnimmt, vor allem nicht rechtsverbindlich wird. Dies außer Acht lassend hat das Normenkontrollgericht der Planbegründung einen Stellenwert eingeräumt, der ihr nicht zukommt. Die Begründung eines Bebauungsplans ist kein Planbestandteil (BVerwG, Urteil v. 18.9.2003 – 4 CN 3.02 –, BauR 2004, 286 = NVwZ 2004, 229, zur Veröffentlichung in BVerwGE bestimmt). Sie kann sich über eindeutige textliche oder auch zeichnerische Festsetzungen nicht hinwegsetzen und nur insoweit Bedeutung haben, als sie ggf. zur Auslegung und Erklärung unklarer Satzungsbestimmungen heranzuziehen ist. Die Regelung in Nr. 7.7. des Bebauungsplans, wonach die im Grünordnungsplan vorgesehenen Ausgleichsmaßnahmen dessen Bestandteil sind, und die Anordnung im Grünordnungsplan, als Ausgleichsmaßnahme seien auf dem Gelände der Sandgrube L. u. a. wechselfeuchte Verrieselungsflächen für Regenwasserverrieselung aus den angrenzenden Baugebieten zu entwickeln, sind eindeutig. Stimmt, wovon die Vorinstanz mit den Verfahrensbeteiligten ausgegangen ist, die genannte Anordnung im Grünordnungsplan auch mit der zeichnerischen Festsetzung des für die Verrieselungsflächen vorgesehenen Teils des Grubengeländes als öffentliche Grünanlage mit der Zweckbestimmung Parkanlage überein, läßt der Bebauungsplan keine Fragen offen und ist für eine Auslegung kein Raum. Indem das Normenkontrollgericht die planerische Ausweisung von Versickerungsflächen zur Verrieselung anfallenden Oberflächenwassers aus den Nachbarbaugebieten mit der Aussage in der Begründung zum Bebauungsplan, das Wasser solle über die Kanalisation beseitigt werden, beiseite geschoben hat, hat es die Planbegründung der Sache nach in den Rang einer Festsetzung erhoben.

Aus dem Vorstehenden ergibt sich, daß der angefochtene Bebauungsplan mit der Festsetzung wechselfeuchter Verrieselungsflächen zur Versickerung des Regenwassers aus den umliegenden Baugebieten eine Regelung enthält, die er nach dem Willen des Satzungsgebers nicht haben soll. Darin liegt ein Abwägungsfehler, weil der Inhalt des Plans nicht von einer darauf ausgerichteten Abwägungsentscheidung getragen ist (so auch Reidt, in: Gelzer/Bracher/Reidt, Bauplanungsrecht, 6. Aufl., S. 205, Rdnr. 678; Stüer, Handbuch des Bau- und Fachplanungsrechts, 2. Aufl., S. 333, Rdnr. 794). Dieser Fehler im Abwägungsvorgang ist i. S. des § 214 Abs. 3 Satz 2 BauGB beachtlich. Er ist offensichtlich, weil er aus einem Vergleich der Festsetzungen des Plans und dessen Begründung unmittelbar hervorgeht. Er hat das Abwägungsergebnis auch beeinflußt; denn der tatsächliche Wille würde im Fall seiner Umsetzung zu einer anderen Festsetzung führen. Zwar mag es sein, daß, wie der Vertreter der Antragsgegnerin in der mündlichen Verhandlung vor dem Senat behauptet hat, trotz der Beseitigung des Niederschlagswassers durch die Kanalisation an gleicher Stelle Verrieselungsflächen ausgewiesen würden. Diese Flächen wären aber nicht zur Aufnahme des Oberflächenwassers aus den benachbarten Baugebieten bestimmt und hätten deshalb nicht die Funktion, die ihnen nach dem Grünordnungsplan zukommen soll, nämlich durch die Zufuhr von Niederschlagswasser von außerhalb die Versiegelung des Bodens durch den Bau der geplanten L 422 n auszugleichen.

Ohne die Verrieselung des Regenwassers aus den Nachbarbaugebieten in der Sandgrube L. fehlt dem Ausgleichskonzept des Bebauungsplans, das für die vorgesehene Neuführung der L 422 n entwickelt worden ist, ein nicht unwesentlicher Bestandteil. Die Beseitigung des Defizits ist im ergänzenden Verfahren nach § 215 a BauGB möglich. Solange sie aussteht, darf der Bebauungsplan nicht vollzogen werden. Die Erklärung der Unwirksamkeit nur des Ausgleichskonzepts kommt nicht in Betracht, weil die Ausweisung der L 422 n nach einem naturschutzrechtlichen Ausgleich verlangt. Ohne Aussetzung des Plans wäre nicht gewährleistet, daß die Antragsgegnerin ihr Ausgleichskonzept noch einmal überarbeitet, bevor die Straßenplanung verwirklicht wird.

Nr. 3

Die Änderung eines Bebauungsplans, mit der ein Kinderspielplatz verlegt werden soll, weil ein Grundstückseigentümer im Tausch für das bisherige Kinderspielplatzgrundstück zusätzlich zu seinem – bisher als WA festgesetztes – Grundstück der Gemeinde ein stattliches „Aufgeld" bietet, ist nicht erforderlich i. S. des § 1 Abs. 3 BauGB.

Bei der Änderung eines Bebauungsplans muß das Interesse der Nachbarn an der Beibehaltung der bisherigen Festsetzung in der Abwägung berücksichtigt werden.

BauGB §§ 1 Abs. 3 und 6, 214 Abs. 3 Satz 2.

Niedersächsisches OVG, Urteil vom 26. August 2004 – 1 KN 282/03 – (rechtskräftig).

Nr. 3

I. Die Antragsteller, die Eigentümer des mit einem Wohnhaus bebauten Grundstücks W.-Straße 3 in J. sind, wenden sich gegen die Festsetzung des Nachbargrundstücks K. 5 als Spielplatz durch die 1. Änderung des Bebauungsplanes Nr. 1 „Mühlenwinkel" der Antragsgegnerin.

Das Grundstück der Antragsteller liegt auf der Nordwestseite der W.-Straße, die bis auf wenige Lücken mit Wohnhäusern in offener Bauweise bebaut ist. Der Bebauungsplan Nr. 1 „Mühlenwinkel", der nach 6 Änderungen des Ursprungsplanes von 1978 im Jahr 1996 neu gefaßt wurde, setzte in seiner bisherigen Fassung die Grundstücke auf beiden Seiten der Straße als allgemeines Wohngebiet, zweigeschossig, offene Bauweise, Einzel- und Doppelhausbebauung mit einer GRZ von 0,4 und einer GFZ von 0,6 fest. Das südöstliche Nachbargrundstück der Antragsteller, K. 5, ist ca. 1000 m^2 groß und noch unbebaut. Im Gebiet desselben Bebauungsplanes war ca. 100 m Luftlinie nordwestlich an der Straße L. ein 700 m^2 großes Grundstück als öffentliche Grünfläche, Spielplatz, festgesetzt und entsprechend genutzt.

2003 haben die Antragsteller das Normenkontrollverfahren eingeleitet. Sie beklagen, daß eine Neugestaltung unter Berücksichtigung heutiger pädagogischer Gesichtspunkte nicht verwirklicht worden sei, sondern nur die alten Spielgeräte vom Platz an der Straße Zum Emsblick auf den Platz an der W.-Straße versetzt worden seien.

Die Antragsgegnerin entgegnet: Im Vordergrund der Überlegungen zur Verlegung des Kinderspielplatzes habe die Aussicht gestanden, die finanzielle Lage der Gemeinde zu verbessern, weil der frühere Eigentümer des Grundstücks K. 5 für einen Tausch seines Grundstücks gegen das Kinderspielplatzgrundstück an der Straße M. ein Aufgeld von 20000,- € geboten habe, das noch um 5000,- € für die Verlagerung des Spielplatzes erhöht worden sei. Der neue Standort des Spielplatzes sei aber auch ungefährlicher, weil der Altarm der Ems und der Kanal vom Spielplatz nicht einsehbar seien.

Das ehemalige Kinderspielplatzgrundstück an der O. ist inzwischen mit einem Einfamilienhaus bebaut.

Aus den Gründen:

II. Der Normenkontrollantrag hat Erfolg, weil die 1. Änderung des Bebauungsplanes Nr. 1 „Mühlenwinkel" nicht erforderlich i. S. des § 1 Abs. 3 BauGB a. F. ist und zudem an Abwägungsfehlern leidet.

Der Normenkontrollantrag ist zulässig. Das Interesse der Antragsteller am Fortbestehen des Bebauungsplanes Nr. 1 in seiner früheren Fassung ist abwägungsbeachtlich (vgl. BVerwG, Beschluß v. 20. 8. 1992 – 4 NB 3.92 –, BRS 54 Nr. 21), weil die Festsetzungen eines Bebauungsplanes ein schutzwürdiges Vertrauen darauf begründen, daß Veränderungen, die sich für die Nachbarn nachteilig auswirken können, nur unter Berücksichtigung ihrer Interessen vorgenommen werden. Da das in § 1 Abs. 6 BauGB a. F. enthaltene Abwägungsgebot drittschützenden Charakter hinsichtlich privater abwägungsrelevanter Belange hat (vgl. BVerwG, Urteil v. 24. 9. 1998 – 4 CN 2.98 –, BRS 60 Nr. 46 = BauR 1999, 134), bestehen keine Zweifel an der Zulässigkeit des Normenkontrollantrags.

Die 1. Änderung des Bebauungsplanes Nr. 1 ist nicht erforderlich i. S. des § 1 Abs. 3 BauGB a. F. Nach dieser Vorschrift haben die Gemeinden die Bauleitpläne aufzustellen, sobald und soweit es für die städtebauliche Entwicklung und Ordnung erforderlich ist. § 1 Abs. 3 BauGB a. F. erkennt die gemeindliche Planungshoheit an und räumt der Gemeinde ein Planungsermessen ein. Ein Bebauungsplan ist deshalb „erforderlich" im Sinne dieser Vorschrift, soweit er nach der planerischen Konzeption der Gemeinde erforderlich ist

(BVerwG, Urteil v. 7.5.1971 – IV C 76.68 –, BRS 24 Nr. 15 = BauR 1971, 182). Daran fehlt es nicht nur, wenn die Planung nur den privaten Interessen eines bestimmten Grundstückseigentümers dient (vgl. BVerwG, Beschluß v. 24.8.1993 – 4 NB 12.93 –, BRS 55 Nr. 119 = ZfBR 94, 100), oder das vorgeschobene Mittel ist, einen Bauwunsch zu durchkreuzen (BVerwG, Urteil v. 16.12.1988 – 4 C 48.86 –, BRS 48 Nr. 7 = DVBl. 1989, 458), sondern auch dann, wenn wesentliche Antriebsfeder der gemeindlichen Planung allein fiskalische Interessen sind. Der Bürgermeister der Antragsgegnerin hat in der mündlichen Verhandlung auf Befragen eingeräumt, daß die in der Begründung des Bebauungsplanes angesprochenen pädagogischen Gesichtspunkte für eine Umgestaltung und Vergrößerung des Spielplatzes ebenso wenig bestimmend für die 1. Änderung des Bebauungsplanes Nr. 1 gewesen seien, wie die Nähe des Altarms der Ems als potentielle Gefahrenquelle für den alten Spielplatz, sondern daß schlicht und einfach die Aussicht auf ein stattliches „Aufgeld" bei dem Tausch des Grundstücks K. 5 mit dem alten Kinderspielplatz an der O. der entscheidende Grund für die 1. Änderung des Bebauungsplanes Nr. 1 gewesen sei. Das bestätigt auch die Einrichtung des Kinderspielplatzes auf dem Grundstück K. 5: Es sind nur die alten Spielgeräte umgesetzt worden, kein einziges neues Gerät ist dazugekommen, die Begrünung ist dürftig, so daß von einer Umgestaltung unter pädagogischen Gesichtspunkten keine Rede sein kann. Obwohl die Antragsgegnerin ein stattliches Aufgeld bei dem Grundstückstausch erhalten hat, ist die Umgestaltung nach pädagogischen Gesichtspunkten auf der Strecke geblieben und das Aufgeld der notleidenden Gemeindekasse zugute gekommen. Wenn es der Gemeinde um eine Umgestaltung des Spielplatzes unter pädagogischen Gesichtspunkten gegangen wäre, hätte es nahe gelegen, jedenfalls einen Teil des Aufgeldes für diesen Zweck zu nutzen. Die weitere Ausgestaltung des Kinderspielplatzes ist aber nach dem Vorbringen der Antragsgegnerin im Normenkontrollverfahren „erst mittelfristig ins Auge gefaßt" – und angesichts der notleidenden Gemeindefinanzen möglicherweise auf den „Sankt-Nimmerleins-Tag" verschoben. Da der Spielplatz an der O. viele Jahre bestand, ohne daß der nahe Altarm der Ems sich als Gefahrenquelle ausgewirkt hat, erweist sich auch dieser Punkt der Begründung als vorgeschoben.

Die 1. Änderung des Bebauungsplanes leidet auch an Abwägungsmängeln, die zur Unwirksamkeit der 1. Änderung führen. Die Antragsgegnerin hat das Interesse der Antragsteller an der Beibehaltung des bisherigen Zustandes – Festsetzung eines Allgemeinen Wohngebietes auf dem Nachbargrundstück K. 5 – nicht gesehen und daher auch nicht in die Abwägung einbezogen. Die Festsetzung des Bebauungsplanes Nr. 1 (alt) „WA" begründet ein schutzwürdiges Vertrauen darauf, daß Veränderungen, die sich für Nachbarn nachteilig auswirken können, nur unter Berücksichtigung ihrer Interessen vorgenommen werden (vgl. BVerwG, Beschluß v. 20.8.1992, a.a.O.). Auch wenn Kinderspielplätze im Wohngebiet zulässig sind, insbesondere die Lärmimmissionen auch im reinen Wohngebiet als zumutbar angesehen werden, ist nicht zu bestreiten, daß sich die Anlage eines Kinderspielplatzes für die unmittelbaren Nachbargrundstücke im Wohngebiet tatsächlich nachteilig auswirkt. Unter diesen Umständen durfte der Kinderspielplatz von der Straße L. zur K. nur dann verlegt werden, wenn die Interessen der Nachbarn in der K. in der Abwägung entsprechend berücksichtigt werden. Da die Antragsgegnerin die Interessen der Nachbarn des neuen Kinderspielplatzstandortes überhaupt nicht in den Blick genommen hat, leidet der Plan an einem Fehler im Abwägungsvorgang, der vor dem Hintergrund der Begründung der angefochtenen Planänderung auch offensichtlich ist (vgl. §214 Abs.3 Satz2 BauGB a.F.). Die Argumente, die für die Verlegung des Kinderspielplatzes sprechen, scheinen auf dem Papier plausibel, sind jedoch nach dem Ergebnis der mündlichen Verhandlung und dem Stand der Planverwirklichung nur vorgeschoben. Unter diesen Umständen sind die Mängel des Abwägungsvorgangs auch auf das Ergebnis von Einfluß gewesen (vgl. §214 Abs.3 Satz2 BauGB a.F.), denn es genügt, daß nach den Umständen des Falles die konkrete Möglichkeit besteht, daß ohne den Mangel das Ergebnis der Abwägung anders ausgefallen wäre (vgl. BVerwG, Urteil v. 21.8.1981 – 4 C 57.80 –, BRS 38 Nr.37 = BauR 1981, 535 = DVBl. 1982, 354). Ohne das unzulässige fiskalische Motiv der Planung erscheint es nahe liegend, daß die Antragsgegnerin bei Berücksichtigung der Interessen der Nachbarn des Grundstücks K. 5 an einem Fortbestand der alten Planung (Festsetzung des Grundstücks K. 5 als allgemeines Wohngebiet) zu einem anderen Abwägungsergebnis als der Verlegung des Kinderspielplatzes gekommen wäre.

Nr. 4

Ein Bebauungsplan ohne Festsetzungen zur Art der baulichen Nutzung, mit dem auf einem Außenbereichsgrundstück Baurecht für eine nicht privilegierte Wohnbebauung geschaffen werden soll, ist nicht erforderlich (§1 Abs.3 BauGB), weil er als einfacher Bebauungsplan (§30 Abs.3 BauGB) ungeeignet ist, das Planungsziel zu erreichen.

VwGO §47; BauGB §§1 Abs.3, 30 Abs.3, 35 Abs.2 und 3.

Bayerischer VGH, Urteil vom 31. März 2004 – 1 N 01.1157 – (rechtskräftig).

Der Antragsteller wendet sich als Eigentümer eines im Plangebiet gelegenen Grundstücks gegen den Bebauungsplan „Nordwestlich des A.- und südwestlich des F.-Weges in A." der Antragsgegnerin.

Das mit einem Einfamilienhaus bebaute Grundstück Gemarkung A. des Antragstellers liegt auf der Nordwestseite des A.-Wegs. Auf der gleichen Straßenseite stehen – durch Baulücken getrennt – drei weitere Wohnhäuser. Am F.-Weg befindet sich nördlich des Eckgrundstücks ein weiteres Wohnhaus. Auf die Wohnbebauung folgen auf der Westseite und auf der Ostseite (jenseits des F.-Weges) landwirtschaftliche Hofstellen. Im Nordwesten schließen sich landwirtschaftlich genutzte Flächen an.

1998 beschloß der Gemeinderat der Antragsgegnerin, für das Gebiet „Nordwestlich des A.- und südwestlich des F.-Weges" einen Bebauungsplan aufzustellen. Ziel der Planung war, in diesem Gebiet neue Bauflächen auszuweisen. Der Planentwurf sah vor, am F.-Weg vier neue Bauplätze festzusetzen sowie die Baulücken am A.-Weg zu schließen. Das Baugebiet sollte als Dorfgebiet ausgewiesen werden.

Auf Grund von Einwendungen des Antragstellers und anderer änderte die Antragsgegnerin ihre Planung. Die zwei nördlichsten Bauräume am F.-Weg sowie die Festsetzung „Dorfgebiet" wurden gestrichen. Die zulässige Wandhöhe wurde für alle Grundstücke im Plangebiet auf 6,2 m erhöht.

Aus den Gründen:
Der Antrag ist zulässig.
Der Antragsteller ist antragsbefugt. Nach § 47 Abs. 2 Satz 1 VwGO ist antragsbefugt, wer geltend macht, durch die Rechtsvorschrift oder deren Anwendung in seinen Rechten verletzt zu sein oder in absehbarer Zeit verletzt zu werden. Diesen Anforderungen genügt der Antrag. Der Einwand, daß die Antragsgegnerin bei den Festsetzungen für die an das Grundstück des Antragstellers grenzenden, bisher nicht bebauten Flächen die Eigentumsbelange des Antragstellers nicht ausreichend berücksichtigt habe, ist im Hinblick auf die dem Antragsteller beim Bau seines Hauses auferlegten Beschränkungen nicht von vorneherein von der Hand zu weisen.

Der Antrag ist auch begründet.
Der Bebauungsplan ist nicht erforderlich (1.). Der Mangel führt zur Feststellung der Unwirksamkeit (2.). Diese kann nicht auf die unmittelbar betroffenen Festsetzungen beschränkt werden (3.).

1. Der Bebauungsplan ist nicht i. S. von § 1 Abs. 3 BauGB erforderlich, weil er als einfacher Bebauungsplan (§ 30 Abs. 3 BauGB) das Hauptziel der Planung, auf dem Außenbereichsgrundstück Baurecht für eine nicht privilegierte Wohnbebauung zu schaffen, nicht erreichen kann.

Nach § 1 Abs. 3 BauGB haben die Gemeinden Bauleitpläne aufzustellen, sobald und soweit es für die städtebauliche Entwicklung und Ordnung erforderlich ist. Eine Bauleitplanung, die nicht zu einer geordneten städtebaulichen Entwicklung beitragen kann, weil sie wegen eines nicht ausräumbaren tatsächlichen oder rechtlichen Hindernisses nicht vollzogen werden kann, erfüllt diese Voraussetzungen nicht (BVerwG v. 5. 7. 1974, BVerwGE 45, 309/12; BVerwG v. 17. 12. 2002, BVerwGE 117, 287).

Dem Vollzug des Bebauungsplans steht ein solches Hindernis im Wege. Durch die Planung ändert sich nämlich nichts an der Unzulässigkeit der angestrebten Bebauung.

Da der Bebauungsplan keine Festsetzungen zur Art der baulichen Nutzung enthält, handelt es sich um einen einfachen Bebauungsplan i. S. von § 30 Abs. 3 BauGB. Die planungsrechtliche Zulässigkeit von Vorhaben in seinem Geltungsbereich ist somit nicht allein nach den Festsetzungen, sondern nach diesen i. V. m. § 34 oder § 35 BauGB zu beurteilen.

Nach diesem Maßstab bleibt eine Wohnbebauung auf dem Grundstück X. trotz des Bebauungsplans unzulässig.

Die überplante Teilfläche dieses Grundstück liegt im Außenbereich. Die planungsrechtliche Zulässigkeit der beiden dort vorgesehenen nichtprivilegierten Wohngebäude ist somit auch nach § 35 Abs. 2 BauGB beurteilen. Danach können sonstige Vorhaben nur dann im Einzelfall zugelassen werden, wenn ihre Ausführung oder Benutzung öffentliche Belange nicht beeinträchtigt und die Erschließung gesichert ist.

Diese Voraussetzungen sind nicht erfüllt, weil die Wohnhäuser die natürliche Eigenart der Landschaft beeinträchtigen würden (§ 35 Abs. 3 Satz 1 Nr. 5

BauGB). Der Begriff der natürlichen Eigenart der Landschaft umfaßt den Schutz des Außenbereichs vor einer wesensfremden Nutzung. Die Nebeneinanderstellung der Belange des Naturschutzes und der Landschaftspflege mit der Beeinträchtigung der natürlichen Eigenart der Landschaft in der genannten Vorschrift verdeutlicht, daß letzterer Belang auch dann verletzt sein kann, wenn die für die Bebauung vorgesehene Fläche keine landschaftlichen Besonderheiten aufweist (BayVGH v. 3.1.2002 – 1 B 00.129 –). Die zur Bebauung vorgesehene Teilfläche der Fl.Nr. X. wird ebenso wie der Rest dieses Grundstücks und die südwestlich hiervon gelegenen Grundstücke landwirtschaftlich genutzt. Diese Nutzung bestimmt die natürliche Eigenart dieser Flächen. Durch die Bebauung mit zwei Wohnhäusern würde diese Eigenart beeinträchtigt.

2. Der Verstoß gegen § 1 Abs. 3 BauGB führt zur Feststellung der Unwirksamkeit (§ 47 Abs. 5 Satz 4 Halbs. 1 VwGO), weil der Mangel in einem ergänzenden Verfahren nach § 215a Abs. 1 Satz 1 BauGB behoben werden kann.

Zwar hat die fehlende Erforderlichkeit im Regelfall die Nichtigkeit zur Folge. Der vorliegende Fall unterscheidet sich jedoch vom Regelfall insofern, als das angestrebte Planungsziel bei Wahl des geeigneten Planungsmittels, nämlich eines qualifizierten Bebauungsplans (§ 30 Abs. 1 BauGB), erreichbar erscheint.

Es ist auch nicht erkennbar, daß der Planung andere nicht ausräumbare Hindernisse entgegenstehen würden. Sollten die gerügten Abwägungsmängel vorliegen, so könnten sie ebenso wie Verstöße gegen den Bestimmtheitsgrundsatz in einem ergänzenden Verfahren ausgeräumt werden.

3. In räumlicher Hinsicht erstreckt sich die Feststellung der Unwirksamkeit auf das gesamte Plangebiet. Zwar würden die Festsetzungen für die im Innenbereich liegenden Grundstücke entlang des A.-Wegs sowie die Festsetzung einer Fläche für die Landwirtschaft auch für sich alleine eine sinnvolle Regelung darstellen. Jedoch ist sowohl dem Aufstellungsbeschluß als auch der Begründung zu entnehmen, daß die Absicht, am F.-Weg neue Bauflächen auszuweisen, das eigentliche Planungsziel war. Ein Bebauungsplan ohne Regelungen für diese Flächen würde somit nicht dem Planungswillen der Antragsgegnerin entsprechen (vgl. BVerwG v. 1.8.2001, NVwZ 2002, 205).

Nr. 5

1. Mit der Festsetzung eines Sondergebiets „Erzeugung, Entwicklung und Erforschung von Energie durch nichtnukleare Energiegewinnungsanlagen" auf dem Gelände eines Kernkraftwerkes, dessen Restlaufzeit und anschließender Rückbau die Verwirklichung der Planung frühestens in 21 Jahren zulassen, wird der Planungshorizont für einen Bebauungsplan deutlich überschritten.

2. Die gesetzliche Verpflichtung in § 9a Abs. 2 Satz 3 AtG zur Errichtung eines standortnahen Zwischenlagers für abgebrannte Kernelemente hat

die Gemeinde bei der Abwägung einer Festsetzung mit dem unter 1. genannten Inhalt zu beachten.

3. Eine Festsetzung, die die Errichtung eines Zwischenlagers für abgebrannte Kernelemente ausschließt, ist mit dem landesplanerischen Ziel, den Standort des Kernkraftwerkes als „Vorrangstandort für Großkraftwerk" zu sichern, nicht vereinbar, weil der Bebauungsplan den Bestandsschutz für das Kernkraftwerk, dessen weitere Nutzung ohne das Zwischenlager nicht möglich ist, in Frage stellt.

AtG § 9 a Abs. 2 Satz 3; BauGB § 1 Abs. 3, 4 und 6.

Niedersächsisches OVG, Beschluß vom 16. März 2004 – 1 ME 14/04 – (rechtskräftig).

Die Antragstellerin, eine Gemeinde, begehrt vorläufigen Rechtsschutz gegen eine kommunalaufsichtliche Verfügung des Antragsgegners.

Der Rat der Antragstellerin beschloß im Juli 2003 den Bebauungsplan Nr. 41, mit dem auf einem bisher unbeplanten Areal, auf dem das Kernkraftwerk Unterweser betrieben wird, ein Sondergebiet „Erzeugung, Entwicklung und Erforschung von Energie durch nichtnukleare Energiegewinnungsanlagen" festgesetzt wird. Die Kraftwerksbetreiberin erhielt im September 2003 die atomrechtliche Genehmigung zur Einrichtung eines Zwischenlagers für abgebrannte Brennelemente auf dem Betriebsgelände. Über den Bauantrag der Kraftwerksbetreiberin für das Zwischenlager ist noch nicht entschieden.

Der Antragsgegner beanstandete mit Verfügung vom November 2003 den Ratsbeschluß und ordnete die Aufhebung der im Juli 2003 beschlossenen Satzung an. Die sofortige Vollziehung wurde angeordnet.

Aus den Gründen:

Der vom Rat der Antragstellerin beschlossene Bebauungsplan Nr. 41 verletzt Vorschriften des Baugesetzbuches. Der Antragsgegner ist deshalb als Kommunalaufsichtsbehörde befugt, gemäß §§ 130 und 131 NGO einzuschreiten. Nach § 130 Abs. 1 Satz 1 NGO kann die Kommunalaufsichtsbehörde Beschlüsse und andere Maßnahmen einer Gemeinde beanstanden, wenn sie das Gesetz verletzen. Die Gesetzmäßigkeitskontrolle erstreckt sich auch auf gemeindliche Satzungen (Thiele, NGO, 6. Aufl. 2002, § 127 Anm. 2). Erfüllt eine Gemeinde die ihr gesetzlich obliegenden Pflichten und Aufgaben nicht, so kann die Kommunalaufsichtsbehörde gemäß § 131 Abs. 1 NGO anordnen, daß die Gemeinde innerhalb einer bestimmten Frist das Erforderliche veranlaßt. Die angefochtene Verfügung, die auf diese Vorschriften gestützt wird, erweist sich voraussichtlich als rechtsfehlerfrei.

Der Bebauungsplan der Antragsgegnerin verstößt gegen § 1 Abs. 3 und Abs. 6 BauGB. Er ist deshalb nichtig. Mit der Festsetzung eines Sondergebietes „Erzeugung, Entwicklung und Erforschung von Energie durch nichtnukleare Energiegewinnungsanlagen" wird der Bebauungsplan der Antragstellerin nicht den Anforderungen gerecht, die § 1 Abs. 3 BauGB an die Rechtmäßigkeit der Planung stellt. Nach dieser Vorschrift haben die Gemeinden Bauleitpläne aufzustellen, sobald und soweit es für die städtebauliche Entwicklung und Ordnung erforderlich ist. Das Erforderlichkeitsmerkmal grenzt die Planungsmöglichkeiten der Gemeinden ein. Die Bauleitplanung muß einen bodenrechtlichen Bezug haben, d. h. sie bedarf der Rechtfertigung durch

Nr. 5

städtebauliche Gründe (BVerwG, Urteil v. 12.12.1969 – IV C 105.66 –, BVerwGE 34, 301 = BRS 22 Nr. 4 = BauR 1970, 31; Beschluß v. 11.5.1999 – 4 BN 15.99 –, BRS 62 Nr. 19 = BauR 1999, 1136). Welche städtebaulichen Ziele die Gemeinde sich setzt, liegt in ihrem planerischen Ermessen. Der Gesetzgeber ermächtigt sie, die „Städtebaupolitik" zu betreiben, die ihren städtebaulichen Ordnungsvorstellungen entspricht (BVerwG, Beschluß v. 14.8.1995 – 4 NB 21.95 –, Buchholz 406.11 § 1 BauGB Nr. 86). Erforderlich ist eine Bauleitplanung nicht nur dann, wenn sie dazu dient, Entwicklungen, die bereits im Gange sind, in geordnete Bahnen zu lenken, sondern auch dann, wenn die Gemeinde die planerischen Voraussetzungen schafft, die es ermöglichen, einer Bedarfslage gerecht zu werden, die sich erst für die Zukunft (konkret) abzeichnet. Hält sich die Gemeinde durch einen Bebauungsplan die Inanspruchnahme des überplanten Grundstücks für einen völlig unbestimmten Zeitraum offen, ist das Merkmal der Erforderlichkeit nicht gegeben (Urteil des Senats v. 15.3.2001 – 1 K 2405/00 –, BRS 64 Nr. 23 = NVwZ 2001, 485; Urteil v. 22.4.1998 – 1 K 2132/96 –, NVwZ-RR 1998, 548; vgl. auch BVerwG, Urteil v. 22.1.1993 – 8 C 46.91 –, BVerwGE 92, 8 = BRS 55 Nr. 106 = BauR 1993, 585). Unzulässig ist auch ein Bebauungsplan, der aus zwingenden rechtlichen Gründen vollzugsunfähig ist oder der auf unabsehbare Zeit keine Aussicht auf Verwirklichung bietet (BVerwG, Beschluß v. 11.5.1999 – 4 BN 15.99 –, a. a. O.). Gemessen an diesen Grundsätzen hat die Antragstellerin die ihr durch § 1 Abs. 3 BauGB eingeräumten Gestaltungsmöglichkeiten überzogen. Es ist aus tatsächlichen und rechtlichen Gründen nicht absehbar, daß der im Juli 2003 vom Rat der Antragstellerin beschlossene Bebauungsplan Nr. 41 verwirklicht wird. Es läßt sich nicht feststellen, daß sich die von der Antragstellerin ihrer Planung zugrunde gelegte Bedarfslage für die Zukunft (konkret) abzeichnet.

Die Antragstellerin wird wegen der in wesentlichen Teilen des Sondergebietes vorhandenen Nutzung durch das Kernkraftwerk Unterweser gehindert sein, ihre Zielvorstellungen in einem noch überschaubaren Planungshorizont umzusetzen. Nach der Vereinbarung zwischen der Bundesregierung und den Energieversorgungsunternehmen vom 11.6.2000 („Energiekonsens") beträgt die noch zu produzierende Reststrommenge ab 1.1.2000 für das Kernkraftwerk Unterweser Netto 117,98 TWh (vgl. Anl. 3 zu § 7 Abs. 1 a AtG i. d. F. der Novelle v. 22.4.2002, BGBl. I, 2002, S. 1351). Daraus hat der Antragsgegner eine Restlaufzeit bis 2012 ermittelt. Er stützt sich dabei auf eine Auskunft der Kraftwerksbetreiberin. Diese Annahme deckt sich im wesentlichen mit den Berechnungen der Antragstellerin, die bei ihrer Planung von einer Restlaufzeit bis 2011/12 ausging. An die Abschaltung des Kernkraftwerkes schließt sich der Rückbau an. Der Ansatz der Antragstellerin, der Abbruch der Anlage erfordere einen Zeitraum von 8 bis 10 Jahren, ist zu optimistisch. Erfahrungen mit dem 1995 stillgelegten Kernkraftwerk Würgassen belegen, daß die Demontagearbeiten deutlich länger dauern. In Würgassen soll der Gesamtumfang der atomrechtlich relevanten Arbeiten im Jahr 2008 abgeschlossen werden (vgl. die Antwort der nordrhein-westfälischen Landesregierung auf eine kleine Anfrage, LT-Drucks. 13/1831 vom 23.11.2001). Deshalb ist die Einschätzung des Antragsgegners, der Rückbau beanspruche einen Zeitraum von 12 bis 15 Jahren, deutlich realitätsnäher. Bei einer Restlaufzeit bis 2012 und einer sich daran anschließenden Rückbauphase von mindestens 12 Jahren kann mit der Verwirklichung des Bebauungsplanes für das gesamte Kernkraftwerksgelände frühestens im Jahr 2024 gerechnet werden. Damit wird der Planungshorizont für einen Bebauungsplan deutlich überschritten.

Einzuräumen ist, daß sich die höchstzulässige Planungsperspektive für einen Bebauungsplan – anders als für einen Planfeststellungsbeschluß nach § 75 Abs. 4 VwVfG – nicht auf einen nach Jahren zu bemessenden Zeitraum genau fixieren läßt. Zu berücksichtigen sind jeweils die konkreten Umstände der Planungssituation. Eine Planung, die sich frühestens in 21 Jahren verwirklichen läßt, ist jedenfalls nicht absehbar. Selbst für Flächennutzungspläne wird allgemein nur ein Planungshorizont von 10 bis 15 Jahren angenommen (vgl. VGH Bad.-Württ., Urteil v. 15. 7. 2002 – 5 S 1001/01 –, NuR 2002, 750, zu einem vergleichbaren Fall am Standort des Kernkraftwerkes Philippsburg). Soweit die Antragstellerin auf die Planung des Wesertunnels verweist, für den ein Planungsfenster von nahezu exakt 20 Jahren erforderlich gewesen sei, übersieht sie, daß es sich bei diesem Vorhaben um ein Großprojekt handelt, bei dem nicht nur allein wegen seiner Raumbedeutsamkeit der Abstimmungsbedarf und Planungsaufwand deutlich höher ist als bei einer gemeindlichen Planung, um die es hier geht. Hinzu kommt, daß der Bau eines Tunnelprojekts dieser Dimension viel mehr Zeit in Anspruch nimmt als ein Bauvorhaben in einem gemeindlichen Bebauungsplan, so daß der Anteil der Bauphase an den genannten 20 Jahren erheblich ins Gewicht fällt.

Bei der anzusetzenden Realisierungschance in frühestens 21 Jahren – gerechnet vom Zeitpunkt des Satzungsbeschlusses – ist noch nicht berücksichtigt, daß als Alternative zum direkten Rückbau auch der sog. sichere Einschluß in Betracht kommt, bei dem das Kernkraftwerk nach Abtransport der Brennelemente komplett stillgelegt und für einen Zeitraum, der die Dauer des Rückbaus wesentlich übersteigt, hermetisch abgeriegelt wird. So befindet sich das 1977 wegen technischer Mängel vom Netz gegangene Kernkraftwerk Lingen seit 1988 im sicheren Einschluß, der wenigstens noch bis 2013 andauern soll (vgl. Neue Züricher Zeitung vom 21. 5. 2003). Hierbei handelt es sich um eine Option, auch wenn die Kernkraftbetreiber zunehmend die Demontage vorziehen, um das Know-how ihrer Mitarbeiter weiterhin nutzen zu können.

Die Überlegung der Antragstellerin in der Begründung des Bebauungsplanes, mit der Verwirklichung der Planfestsetzungen bereits während der Rückbauphase beginnen zu können, läßt sich kaum umsetzen. Eine Ansiedlung Dritter auf dem Kernkraftwerksgelände scheidet aus sicherheitstechnischen Gründen aus, weil in der Rückbauphase noch Kontaminationen am Maschinenhaus und Reaktorgebäude zu beseitigen sind.

Nach Auswertung aller konkreten Umstände des Einzelfalles geht der Senat mit dem Verwaltungsgericht davon aus, daß es der Antragstellerin im wesentlichen darum geht, das von der Kraftwerksbetreiberin geplante Zwischenlager für abgebrannte Brennelemente zu verhindern. Die Festsetzung des Sondergebietes mit der Zweckbestimmung Erzeugung, Entwicklung und Erforschung von Energie durch nichtnukleare Energiegewinnungsanlagen im

Nr. 5

Bebauungsplan Nr. 41, die in dem in den Blick zu nehmenden Planungshorizont keine Chance auf Verwirklichung hat, verstößt gegen § 1 Abs. 3 BauGB und führt zur Nichtigkeit des Bebauungsplanes. Die Frage einer Teilnichtigkeit des Bebauungsplanes stellt sich nicht. Die außerhalb des Kraftwerksgeländes festgesetzten Flächen teilen das Schicksal der am Standort des Kernkraftwerkes überplanten Flächen, weil das Plankonzept der Antragstellerin in erster Linie darauf ausgerichtet ist, das Betriebsgelände des Kernkraftwerkes zu überplanen.

Der Bebauungsplan verletzt auch § 1 Abs. 6 BauGB, der die Gemeinde verpflichtet, bei der Aufstellung des Bebauungsplanes die öffentlichen und privaten Belange gegeneinander und untereinander gerecht abzuwägen (vgl. zu den zu beachtenden Grundsätzen BVerwG, Urteil v. 12. 12. 1969 – IV 105.66 –, a. a. O.). In die Abwägung des beanstandeten Bebauungsplanes war einzustellen das Interesse, auf dem Kraftwerksgelände und damit im Geltungsbereich des Bebauungsplanes ein Zwischenlager für abgebrannte Kernelemente errichten und betreiben zu dürfen. In Übereinstimmung mit dem sog. Energiekonsens zwischen der Bundesregierung und den Energieversorgungsunternehmen vom 11. 6. 2000 und weiteren Folgevereinbarungen erklärt § 9 a Abs. 1 Satz 2 AtG die Abgabe von bestrahlten Kernbrennstoffen zur schadlosen Verwertung in Wiederaufarbeitungsanlagen vom 1. 7. 2005 an für unzulässig. § 9 a Abs. 2 Satz 3 AtG verpflichtet deshalb die Anlagenbetreiber dafür zu sorgen, daß ein Zwischenlager innerhalb des abgeschlossenen Geländes der Anlage oder in dessen Nähe errichtet wird, um die anfallenden bestrahlten Kernbrennstoffe bis zu deren Ablieferung an eine Anlage zur Endlagerung radioaktiver Abfälle dort aufzubewahren. Angesichts dieser rechtlichen Verpflichtung besteht ein Interesse der Betreiberin des Kernkraftwerkes Unterweser daran, daß die Antragstellerin diese Sorgepflicht des Betreibers in § 9 a Abs. 2 Satz 3 AtG bei der Aufstellung des Bebauungsplanes berücksichtigt. Dahinstehen kann, ob es sich dabei um einen privaten Belang handelt, den die Kernkraftwerksbetreiberin im Beteiligungsverfahren hätte vortragen müssen. Denn mit der genannten Regelung wird das Ziel verfolgt, die Anzahl der Atommülltransporte in die zentralen Zwischenlager (Ahaus, Gorleben) zu reduzieren und Entsorgungsengpässe, die durch das Verbot der Wiederaufarbeitung möglicherweise auftreten könnten, zu verhindern (Kühne/Brodowski, Das neue Atomrecht, NJW 2002, 1458). Hierbei handelt es sich um ein öffentliches Interesse, das die Bezirksregierung Weser-Ems und die Oldenburgische Industrie- und Handelskammer im Beteiligungsverfahren gemäß § 4 BauGB mit ihren Hinweisen auf die gesetzliche Verpflichtung, ein Zwischenlager standortnah zu errichten, geltend gemacht haben. Diesen Belang hat die Antragstellerin nicht gesehen oder nicht sehen wollen. Die Begründung zu dem Bebauungsplan setzt sich mit der Notwendigkeit der Errichtung eines Zwischenlagers nicht auseinander, obwohl die Betreiberin des Kernkraftwerkes Unterweser vor der Beschlußfassung über den Bebauungsplan die atomrechtliche Genehmigung und die Baugenehmigung für das Zwischenlager bei den zuständigen Behörden beantragt hatte. Dieses erhebliche Abwägungsdefizit bei der Einstellung des abwägungsbeachtlichen Materials schlägt auf das Ergebnis der Abwägung durch.

Der Einwand der Antragstellerin, die Kernkraftwerksbetreiberin hätte sich bereits vor oder jedenfalls nach dem Satzungsbeschluß um Alternativstandorte für ein Zwischenlager bemühen müssen, überzeugt nicht. Die Regelung in § 9a Abs. 2 Satz 3 AtG verpflichtet den Anlagenbetreiber, standortnah das Zwischenlager zu errichten, also entweder innerhalb der abgeschlossenen Anlage oder in deren Nähe. Schon wegen der auf dem Kraftwerksgelände bestehenden Sicherungseinrichtungen ist es nachvollziehbar, daß die Anlagenbetreiberin das Zwischenlager innerhalb des geschützten Bereiches errichten will. Es besteht keine Veranlassung für die von der gesetzlichen Regelung betroffenen Kernkraftbetreiber, möglicherweise weiter entfernt liegende Alternativstandorte ins Auge zu fassen, wenn ihnen der Gesetzgeber die Möglichkeit einräumt, der Sorgepflicht durch Aufbau eines Zwischenlagers unmittelbar am Standort des Kernkraftwerkes nachzukommen. Hinzu kommt, daß auch im öffentlichen Interesse längere Transportwege zwischen Kernkraftwerk und Zwischenlager zu vermeiden sind.

Ferner sind Transporte zwischen einem Kernkraftwerk und den zentralen Zwischenlagern ab dem 1.7.2005 nicht nur nicht erwünscht, sondern durch die gesetzliche Pflicht zur Errichtung und Inbetriebnahme von standortnahen Zwischenlagern bis zu dem genannten Zeitpunkt im Regelfall ausgeschlossen. Soweit § 4 Abs. 2 Nr. 7 AtG ausnahmsweise die Erteilung einer Genehmigung für die Beförderung bestrahlter Brennelemente zu zentralen Zwischenlagern gestattet, ist die in dieser Vorschrift genannte Genehmigungsvoraussetzung, daß eine Lagermöglichkeit in einem nach § 9a Abs. 2 Satz 3 AtG zu errichtenden standortnahen Zwischenlager nicht verfügbar ist, darauf gerichtet sicherzustellen, daß sich ein Anlagenbetreiber der in § 9a Abs. 2 Satz 3 AtG angeordneten Verpflichtung nicht entziehen kann (Müller/Dehn, in: Posser/Schmans/Müller/Dehn, Atomgesetz, Kommentar zur Novelle 2002, 2003, § 4 Rdnr. 31).

Die Antragstellerin beruft sich auch ohne Erfolg darauf, mit der beanstandeten Bauleitplanung komme sie ihrer Pflicht zur Anpassung an die Ziele der Raumordnung gemäß § 1 Abs. 4 BauGB nach. Das Verwaltungsgericht hat die Frage eines Verstoßes gegen § 1 Abs. 4 BauGB offengelassen. Angesichts der Beschwerdebegründung zu diesem rechtlichen Gesichtspunkt sind folgende Ausführungen veranlaßt: Die Planung der Antragstellerin verletzt § 1 Abs. 4 BauGB, wonach Bauleitpläne den Zielen der Raumordnung anzupassen sind. Der Geltungsbereich des Bebauungsplanes ist, soweit er sich auf das Kernkraftwerksgelände erstreckt, im Landesraumordnungsprogramm 1994, Teil II, in der zeichnerischen Darstellung als „Vorrangstandort für Großkraftwerk" festgelegt. Im textlichen Teil des Landesraumordnungsprogramms 1994, Teil II, wird unter C 3.5, Ordnungsziffer 04, der Standort Unterweser als Standort eines bestehenden Großkraftwerkes bestätigt und als Vorrangstandort für nichtnukleare Energiegewinnungsanlagen gesichert. Mit der Bestimmung des Standortes Unterweser zum Vorrangstandort für ein Großkraftwerk legt das Landesraumordnungsprogramm 1994, Teil II, ein verbindliches Ziel der Raumordnung fest, welches den Spielraum der Gemeinde für planerische Aktivitäten erheblich einschränkt. Die Gemeinde muß dann ihre Planung auf die Vereinbarkeit mit der Standortvorgabe ausrichten (vgl. OVG Lüneburg,

Urteil v. 11.4.1986 – 6 C 17/83 –, ZfBR 1986, 287, zu einem Vorrangstandort für großindustrielle Anlagen). Die Planung der Antragsgegnerin, mit der diese ein Sondergebiet „Erzeugung, Entwicklung und Erforschung von Energie durch nichtnukleare Energiegewinnungsanlagen" festsetzt, ist mit der landesplanerischen Zielaussage nicht vereinbar. Der Bebauungsplan stellt den Bestandsschutz für das Kernkraftwerk Unterweser in Frage. Die weitere Kraftwerksnutzung im Rahmen der vorgegebenen Restlaufzeit ist nur gewährleistet, wenn nach der bundesrechtlichen Vorgabe in § 9 a Abs. 2 Satz 3 AtG standortnah ein Zwischenlager zur vorübergehenden Aufbewahrung abgebrannter Brennelemente errichtet wird. Die Festsetzung eines Sondergebietes, in dem ein Zwischenlager nicht zulässig wäre, unterläuft damit die vorrangig festgelegte Zweckbestimmung des Standortes Unterweser. Die angefochtene Verfügung vom November 2003 wird sich danach voraussichtlich als rechtmäßig erweisen, so daß die Interessenbewertung zu Ungunsten der Antragstellerin ausgeht.

Nr. 6

1. **§ 1 Abs. 4 BauGB verpflichtet die Gemeinde nicht, die Errichtung der nach den raumordnerischen Vorgaben maximal zulässigen Zahl von Windenergieanlagen zu ermöglichen, wenn schon die festgesetzte Zahl die Verwirklichung der Mindestnennleistung (hier: 9 MW für das Gemeindegebiet) ermöglicht.**
2. **Zur Bestimmtheit der Festsetzung, daß nur „Anlagen gleichen Typs" zulässig seien.**
3. **Die Festsetzung eines Schalleistungspegels, der „innerhalb des Sondergebiets" einzuhalten sein soll, ist zu unbestimmt.**
4. **Die flache Landschaft Norddeutschlands kann es rechtfertigen, die zulässige Anlagengesamthöhe auf 100 m zu begrenzen.**

BauGB §§ 1 Abs. 3, Abs. 4, Abs. 6, 9 Abs. 1; BauNVO § 16 Abs. 2 Nr. 4, Abs. 3 Nr. 2.

Niedersächsisches OVG, Urteil vom 29. Januar 2004 – 1 KN 321/02 – (rechtskräftig).

Die Antragsteller wenden sich gegen die Bebauungspläne Nr. 57 „Windpark I B. E." sowie Nr. 58 „Windpark II B. Süd" der Antragsgegnerin. Die Antragsteller zu 1 und 2 sind Betreiber von insgesamt 4 Windenergieanlagen, von denen drei im Gebiet des Bebauungsplanes Nr. 58 stehen. Der Antragsteller zu 2 ist Eigentümer des landwirtschaftlichen Betriebes in B., den er selbst betreibt und in dem er zusammen mit seiner Ehefrau, der Antragstellerin zu 1, auch wohnt. Bei diesem Anwesen handelt es sich um den in den Schallgutachten jeweils erwähnten Immissionspunkt IP 10. Das Anwesen steht auf halber Strecke zwischen dem Südrand der Ortslage von B. und dem südwestlich davon gelegenen Gebiet des Bebauungsplanes Nr. 58. Das Plangebiet Nr. 57 erstreckt sich südöstlich davon. Zusätzlich zu ihren 4 Windenergieanlagen erstreben die Kläger die Genehmigung zur Errichtung einer weiteren Windenergieanlage, die in südwestlicher Verlängerung ihrer Windenergieanlagen außerhalb des Geltungsbereiches der hier angegriffenen

Bebauungspläne errichtet werden soll. Über die nach Ablehnung der insoweit gestellten Bauvoranfrage erhobene Klage hat das Verwaltungsgericht noch nicht entschieden. Dort wenden sich die Kläger im Wege der Nachbarklage gegen die Errichtung der von den Bebauungsplänen Nr. 57 und Nr. 58 zugelassenen Windenergieanlagen.

Aus den Gründen:
Der Normenkontrollantrag ist teilweise begründet.
Die Pläne stehen im Einklang mit den Zielen der Raumordnung (§ 1 Abs. 4 BauGB). Das im Dezember 1999 bekannt gemachte Regionale Raumordnungsprogramm für den Landkreis F. sieht Vorrangstandorte für die Windenergiegewinnung mit einer Mindestnennleistung von 9 MW für die Antragsgegnerin vor (S. 87 des RROP). Lediglich das stellt ein Ziel i. S. des § 1 Abs. 4 BauGB dar. Ziele in diesem Sinne sind nur landesplanerische, nicht ergänzungsbedürftige Letztentscheidungen, die die Gemeinde unmittelbar binden und nicht planerisch zu überwinden vermag (vgl. BVerwG, Beschluß v. 20. 8. 1992 – 4 NB 20.91 –, DVBl. 1992, 1438). Die Vorgabe 9 MW kann schon in den mit den hier angegriffenen Plänen und dem Plan Nr. 59 festgesetzten neun überbaubaren Flächen i. V. m. der Mindestnennleistung von 1,5 MW je Anlage mühelos erreicht werden. Alle anderen von den Antragstellern in diesem Zusammenhang benannten Darstellungen im Regionalen Raumordnungsprogramm des Landkreises F. stellten hingegen keine „Ziele" im beschriebenen Sinne dar und begründen dementsprechend keine Anpassungspflicht i. S. des § 1 Abs. 4 BauGB. Das gilt namentlich im Hinblick auf die Mindestgröße der Vorrangstandorte. Diese würde zwar die Errichtung von 10 Windenergieanlagen erlauben. Die konkrete Anzahl der Windenergieanlagen pro Standort ist indes nicht raumordnerisches Ziel, sondern nur Anhalt für die Beurteilung der Flächengröße. ...

Fehlerhaft ist der jeweilige Bebauungsplan hinsichtlich der Festsetzung Nr. I.3.a.), daß innerhalb des Sondergebietes nur Windenergieanlagen gleichen Typs zulässig sind. Das ergibt sich aus mehreren selbständig tragenden Erwägungen. Diese Festsetzung ist zu unbestimmt, eine Ermächtigungsgrundlage ist nicht ersichtlich, zudem genügt sie nicht dem Abwägungsgebot.

Sinn und Zweck von Bebauungsplänen, direkt oder indirekt den Inhalt des Grundeigentums zu bestimmen, erfordern es, ihre Festsetzungen in hinreichendem Umfang zu konkretisieren (vgl. BVerwG, Urteil v. 16. 2. 1973 – IV C 66.69 –, BVerwGE 42, 5 = DVBl. 1973, 635 = BRS 27 Nr. 5; Urteil v. 11. 3. 1988 – 4 C 56.84 –, NVwZ 1989, 569 = DVBl. 1988, 845). Wie sehr das zu geschehen hat, richtet sich nach den Umständen des Einzelfalles, d. h. danach, wie dies nach den verfolgten Planungszielen und den örtlichen Verhältnissen für die städtebauliche Entwicklung und Ordnung und danach, wie stark dies nach dem Gebot gerechter Abwägung der konkret berührten privaten und öffentlichen Belange erfordert wird.

Danach läßt sich der zitierten textlichen Festsetzung der angegriffenen Pläne nicht hinreichend genau entnehmen, was mit „Anlagen gleichen Typs" gemeint ist. In der mündlichen Verhandlung hat sich der Senat ohne wesentlichen Erfolg bemüht herauszufinden, was genau die Antragsgegnerin mit dieser Festsetzung bezweckt hat. Beim Versuch ihrer Auslegung ist zu beachten, daß der Bebauungsplan sowie die ihm angeschlossene Gestaltungssatzung eine ganze Reihe von Bestimmungen enthalten, die sich auf das äußere Erscheinungsbild der Anlagen beziehen. Jeder Windmüller wird bestrebt sein, das Höchstmaß (100 m Gesamthöhe, Nabenhöhe 68 m) vollständig auszunutzen. Es werden außerdem festgelegt die Zahl der Rotoren (einer pro Mast) und ihrer Blätter (drei), die Art des Mastes (Stahlrohr oder -beton), sowie in der örtlichen Bauvorschrift die Art der Farben der Anlagen sowie ihrer Nebengebäude. Aus der Begründung des Plans sowie den Erörterungen in der mündlichen Verhandlung ergibt sich, daß die Antragsgegnerin mit dieser Festsetzung eine „Einheitlichkeit in der Gestaltung" erreichen wollte, um die „Beunruhigung des Landschaftsbildes zu minimieren". Aber auch hieraus läßt sich nicht mit der gebotenen Verläßlichkeit entnehmen, welche weiteren Einschränkungen die Antragsgegnerin den Planunterworfenen auferlegen will.

Es käme allenfalls in Betracht anzunehmen, die Antragsgegnerin habe sogar das Fabrikat im einzelnen festlegen wollen, etwa weil sie sich davon versprach, die Anlagen drehten sich dann synchron und minimierten auf diese Weise die Unruhe, die sie in die Landschaft hereintragen. Eine solche Festsetzung findet eine Rechtsgrundlage weder in § 9 BauGB noch in § 16 BauNVO. Als Nutzungsart i. S. des § 9 Abs. 1 Nr. 1 BauGB ist dies nicht anzusehen, ebenso wenig als Festsetzung, welche die Bauweise oder die Stellung der baulichen Anlagen regelt (Nr. 2).

Es kommt hinzu, daß eine derartige Einschränkung in der Wahl des zu verwendenden Produktes auch nicht abwägungsgerecht ist. Sie legte denjenigen Windmüller auf ein bestimmtes Produkt fest, der erst als zweiter die Planfestsetzungen ausnutzt, und gäbe damit dem ersten nach Art des „Windhundprinzips" ein planerisches „Prä". Dafür gibt es keine ausreichende planerische Rechtfertigung. Die mit dieser Festsetzung verfolgten Zwecke – einheitliches „Drehmoment" – sind von erheblich zu geringem Gewicht, als daß sie eine derartige Einschränkung in der Produktwahl (auch noch) zu rechtfertigen vermöchten. Es kommt hinzu, daß sich ohnehin ein unterschiedliches Erscheinungsbild ergeben wird. Denn die beiden durch die Pläne Nr. 57 und 58 geregelten Windparks liegen mit der Folge unmittelbar nebeneinander, daß ohnedies ein unterschiedliches Drehverhalten zu beobachten sein wird. Ein so weitgehendes Ziel wäre daher allenfalls mit einem Vorhaben- und Erschließungsplan und einem städtebaulichen Vertrag mit einem Vorhabenträger zu erreichen. Daran fehlt es jedoch hier. Es ist jedoch davon auszugehen, daß die Antragsgegnerin den Plan auch ohne diese Festsetzung aufgestellt hätte, so daß dieser Mangel nicht zur Nichtigkeit des Planes führt.

Gerügt wird von den Antragstellern zu Recht die Festlegung eines Schallleistungspegels von maximal 103 dB(A) in der textlichen Festsetzung Nr. III. 1. „Immissionsschutz". Die Festsetzung eines Emissionsgrenzwertes ist zwar generell zulässig, soweit dieser zur Bestimmung der besonderen Eigenschaften von Betrieben und Anlagen herangezogen werden kann. Das kann auch für Sondergebiete festgesetzt werden (BVerwG, Beschluß v. 10. 5. 2003 – 4 BN 57.02 –, BauR 2003, 1688; Urteil des Senats v. 25. 9. 2003 – 1 LC 276/02 –, König/Roeser/Stock, BauNVO, 2. Aufl. 2003, § 1 Rdnr. 38, 39 und 59; § 11 Rdnr. 16 ff.; Fickert/Fieseler, BauNVO, 10. Aufl. 2002, § 11 Rdnr. 8, 9.11,

9.35; § 1 Rdnr. 61.1, 92, 94.2). Durchgreifende Bedenken ergeben sich hier aber daraus, daß ein einheitlicher Schalleistungspegel für die Emissionen von sämtlichen im Plangebiet zulässigen Anlagen festgesetzt ist, weil dieser damit nicht hinreichend bestimmt den jeweiligen dort geplanten Windenergieanlagen zurechenbar ist. Die Bezeichnung flächenbezogener Schalleistungspegel kann im vorliegenden Fall nicht zutreffen, weil es sich nicht um eine Verteilung auf die Gesamtfläche handelt, sondern um die Verteilung auf die zu errichtenden Windenergieanlagen. Die unter Nr. III. 1. enthaltene Formulierung „... beträgt innerhalb des Gebietes SO 2 WEA/L maximal 103,4 bzw. 103,8 dB(A) ..." ist jedoch zu unbestimmt. Die – notwendige – Zuordnung zu den einzelnen Windenergieanlagen läßt sich allein auf Grund der textlichen Festsetzung nicht vornehmen. Aus der Begründung und dem als Anlage zur Begründung genommenen Gutachten zur Schallimmissionsermittlung ergibt sich, daß es sich ausschließlich um die Emissionen von Windenergieanlagen handeln soll. Die durch die Formulierung „innerhalb des Gebietes" eröffnete Möglichkeit, die festgesetzte Gesamtsumme aus unterschiedlich großen Einzelquellen und an unterschiedlichen Meßpunkten „innerhalb des Gebietes" zu erreichen, bleibt aber davon unberührt. Eine eindeutige Zuordnung läßt sich damit nicht vornehmen. Somit fehlt es an einer anlagenbezogenen Festsetzung, die aber allein zulässig wäre. Auch ein Rückgriff auf die Erläuterungen und Hinweise in Nr. III. reicht dazu nicht aus, weil auch darin keine eindeutige Bezugnahme auf die jeweilige Windenergieanlage enthalten ist.

Der Senat läßt unentschieden, ob diese Festsetzung daneben auch inhaltlich zu beanstanden ist. Diese unterliegt in mehrfacher Hinsicht Bedenken. Hinter- und Beweggrund für ihre Festsetzung ist ersichtlich das Bestreben, die folgenden „gemeindlichen Vorgaben" eingehalten zu sehen: Keine höhere Lärmbelastung von im Außenbereich gelegenen Wohnhäusern als 40 dB(A) (das gilt allerdings nicht für das Wohnhaus der Antragsteller, für die ein höherer Wert maßgeblich sein soll), maximale Belastung des Südrands des Wohngebietes G. S. mit 34 dB(A) und Vorverschiebung des südlichen „Siedlungsrandes" mit dementsprechenden Schutzansprüchen weit über den gegenwärtigen Siedlungsrand und die derzeit absehbaren Erweiterungsflächen hinaus. Es unterliegt erheblichen Zweifeln, ob ein derart weitgehender Schutz noch abwägungsgerecht ist. Diese Zweifel speisen sich zum einen aus dem Umstand, daß diese Werte unterschiedslos für die Tages- und Nachtzeit gelten, obwohl der Wohnbevölkerung zur Tagzeit deutlich höhere Lärmwerte zugemutet werden können, und der Rat der Antragsgegnerin sich bei seiner „Vorgabe" jeweils vom niedrigsten der denkbaren Nachtwerte, nämlich überwiegend dem für reine Wohngebiete hat leiten lassen. Selbst im Außenbereich gelegene Grundstücke, welche üblicherweise nur den für Mischgebiete geltenden Schutz beanspruchen können, sollen hier tags wie nachts den für allgemeine Wohngebiete geltenden Nachtwert als Schutzniveau genießen können. Das ist um so bedenklicher, als die hier in Rede stehenden Windenergieanlagen kraft § 35 Abs. 1 Nr. 6 BauGB dem Außenbereich privilegiert zugewiesen sind. Das läßt eine Gewichtung der Nutzungsinteressen erkennen, die bei aller Anerkennung von Immissionsvorsorge, welche die Gemeinde betreiben darf, eine Fehlgewichtung zu Lasten der Windenergie bedeuten dürfte.

Es kommt hinzu, daß für eine derartig weite Vorverschiebung/Definition des „Siedlungsrandes" eine planerische Rechtfertigung möglicherweise fehlt. Die Gemeinde ist bei der Festlegung der Wohngebiete, die mit der hier in Rede stehenden Nutzung für Zwecke der Windenergie konkurrieren, zwar nicht darauf beschränkt, den derzeitigen Siedlungsrand als Grenze zu wählen. Sie darf sich vielmehr in bestimmtem Umfang Reserve- und Pufferflächen offen halten und daher die Grenze, von der die Windenergieanlagen Abstand halten sollen, über den gegenwärtigen Siedlungsrand hinausschieben. Das hat indes Grenzen, die hier möglicherweise überschritten sind. Die Antragsgegnerin hat in der mündlichen Verhandlung nur vergleichsweise vage Ausführungen zu dem Wohnsiedlungsbedarf machen können, den sie in mittel- oder langfristiger Perspektive meint erwarten zu können und bewältigen zu müssen. Insbesondere unterliegt doch einigen Zweifeln, ob der Bau von Autobahnen in absehbarer Zeit in ihre Nähe getrieben werden wird und dieser u.a. in der Gestalt von Lagevorteilen für Gewerbebetriebe in einem Umfang Wohnsiedlungsdruck nach B. bringt, daß sich ausgerechnet in Fortsetzung des Sportplatzgeländes die Planung weiterer Wohnquartiere anbietet.

Diesen Fragen kommt bei der Abwägung nicht unerhebliches Gewicht zu. Denn die Festsetzungen zu Anlagenhöhe und Emissionsgrad schränken den Kreis der zur Verfügung stehenden Windenergieanlagen doch erheblich ein. Dabei stellt sich nicht nur die Frage, ob „auf dem Markt" überhaupt Anlagen erhältlich sind, welche die genannten weiteren Einschränkungen erfüllen, sondern auch und insbesondere, ob diese dann einen wirtschaftlich auskömmlichen Betrieb gestatten.

Die Festsetzung zur Höhe der Anlagen ist nicht zu beanstanden. § 16 Abs. 2 Satz 4 und Abs. 3 Satz 2 BauNVO lassen eine Höhenbegrenzung grundsätzlich zu im Falle der Beeinträchtigung des Landschaftsbildes. Flächennutzungsplan und Regionales Raumordnungsprogramm stehen dieser Festsetzung nicht entgegen; sie enthalten vielmehr ebenfalls eine Beschränkung auf diese Anlagenhöhe. Diese ist auch abwägungsgerecht. Es ist insbesondere nicht ersichtlich, daß durch die Begrenzung der Höhe der Anlagen gleichzeitig eine Begrenzung der Leistungsfähigkeit vorgenommen ist, die es ausschließen würde, die Zielvorgaben des Raumordnungsprogramms zu erreichen. In der flachen Landschaft im Bereich der Gemeinde B. mit ihren großen Sichtweiten wirken sich Windenergieanlagen von über 100 m auf das Landschaftsbild in erheblichem Umfang aus. Schon das rechtfertigt die angegriffene Festsetzung vor § 1 Abs. 6 BauGB. Denn das Gewicht der konkurrierenden Belange ist nicht so hoch, daß an die Überzeugungskraft des genannten öffentlichen Belangs noch weitergehende Anforderungen gestellt werden müßten. Insbesondere liegen keine ausreichenden Anhaltspunkte für die Annahme vor, die Beschränkung auf 100 m Gesamt- und 68 m Nabenhöhe i. V. m. der Festsetzung einer Mindestnennleistung von 1,5 MW schränke den Kreis der zur Verfügung stehenden Anlagen so weit ein, daß erst eine Aufgabe der Höhenbegrenzung eine wirtschaftlich auskömmliche Nutzung der Windenergie ermöglichte.

Der weitere von der Antragsgegnerin geltend gemachte Gesichtspunkt, noch höhere Anlagen müßten wegen eines nahen Flughafens mit einer Nachtbefeuerung versehen werden, welche das Landschaftsbild zusätzlich beeinträchtige, mag zwar nicht sonderlich gewichtig sein. Denn zur Nachtzeit genießt das Landschaftsbild jedenfalls in aller Regel keinen besonders hohen Schutz. Andererseits besteht kein Anspruch auf Festsetzung bestimmter Höhen, Zahl oder Leistungsfähigkeit der Anlagen, weil insoweit der Planungsspielraum der Gemeinde nicht eingeengt ist. Dies gilt auch hinsichtlich der Einbeziehung bestimmter Flächen in die Planung, wie es die Antragsteller hinsichtlich der von ihnen geplanten Anlage südlich des jetzigen Plangebietes des Plans Nr. 58 meinen.

Nr. 7

1. Will die Gemeinde durch die Festsetzung einer Fläche für die Landwirtschaft im Bebauungsplanbereich Windenergieanlagen ausschließen, kann der Bebauungsplan städtebaulich gerechtfertigt sein, wenn die Gemeinde mit der Errichtung landwirtschaftlichen Betrieben dienender Windenergieanlagen im Bebauungsplangebiet nicht rechnen muß.

2. Ein Bebauungsplan ist nicht aus dem Flächennutzungsplan entwickelt, wenn er die Errichtung von Windenergieanlagen für mehr als die Hälfte der Fläche ausschließt, die nach den Darstellungen des Flächennutzungsplans für die Errichtung von Windenergieanlagen geeignet ist.

3. Die Bedeutung der Beschränkung der innerhalb der im Flächennutzungsplan dargestellten Konzentrationszone an sich zulässigen Windenergienutzung durch einen Bebauungsplan ergibt sich nicht alleine aus der Größe der überplanten Grundfläche, sondern auch aus der Windenergieanlagen andernorts im Gemeindegebiet ausschließenden Wirkung des Flächennutzungsplans.

BauGB §§ 1 Abs. 3, 8 Abs. 2, 9 Abs. 1 Nr. 18a, 214 Abs. 2 Nr. 2.

OVG Nordrhein-Westfalen, Urteil vom 12. Februar 2004
– 7a D 134/02.NE – (rechtskräftig).

Mit der 6. Änderung stellte die Antragsgegnerin im Jahre 1993 in ihrem Flächennutzungsplan für drei Teilbereiche zusätzlich zu Flächen für die Landwirtschaft „konfliktarme Eignungsflächen für Windenergienutzung" (im Folgenden auch: Konzentrationszone) dar. Mit dem Bebauungsplan „Windenergie" trifft die Antragsgegnerin Festsetzungen für alle drei Konzentrationszonen, über die der Geltungsbereich des Bebauungsplans in Teilbereichen geringfügig hinausgreift. In weiten Teilbereichen setzt der Bebauungsplan Flächen für die Landwirtschaft, für ein kleineres Teilstück Fläche für die Forstwirtschaft fest. Die Fläche für die Landwirtschaft wird in Teilbereichen durch eine Sondergebietsfestsetzung ergänzt, deren Zweck mit „Gebiet für Windkraftanlagen" angegeben ist. Die zulässige Nutzungsart ist in den textlichen Festsetzungen wie folgt bestimmt: „Das sonstige Sondergebiet dient als Fläche für die Landwirtschaft und der Unterbringung von Windenergieanlagen." Die Sondergebiete für Windenergieanlagen sind in sechs Zonen gegliedert. Innerhalb der Zonen ist das maximale Maß baulicher Nutzung nach der Nabenhöhe der Windenergieanlagen und ihrer Gesamthöhe gegliedert.

Der gegen den Bebauungsplan gerichtete Normenkontrollantrag hatte Erfolg.

Aus den Gründen:

Der Bebauungsplan ist mit den sich aus § 8 Abs. 2 Satz 1 BauGB ergebenden Anforderungen nicht vereinbar. Der Bebauungsplan ist danach aus dem Flächennutzungsplan zu entwickeln. Dies bedeutet, daß durch die Festsetzungen eines Bebauungsplans die zugrunde liegenden Darstellungen des Flächennutzungsplans konkreter ausgestaltet und damit zugleich verdeutlicht werden. Dieser Vorgang der Konkretisierung schließt nicht aus, daß die in einem Bebauungsplan zu treffenden Festsetzungen von den vorgegebenen Darstellungen des Flächennutzungsplans abweichen. Derartige Abweichungen sind jedoch nur zulässig, wenn sie sich aus dem Übergang in eine konkretere Planungsstufe rechtfertigen und die Grundkonzeption des Flächennutzungsplans unberührt lassen. I.d.R. gehört zu der vom Bebauungsplan einzuhaltenden Grundkonzeption des Flächennutzungsplans die Zuordnung der einzelnen Bauflächen zueinander und zu den von Bebauung freizuhaltenden Gebieten (vgl. BVerwG, Urteil v. 28. 2. 1975 – 4 C 74.72 –, BVerwGE 48, 70 (74) = BRS 29 Nr. 8 = BauR 1975, 256; Urteil v. 26. 2. 1999 – 4 CN 6.98 –, NVwZ 2000, 197 = BRS 62 Nr. 48 = BauR 1999, 1128).

Der Satzungsgeber darf auch eine im Flächennutzungsplan ausgewiesene Konzentrationszone für Windenergieanlagen einer andersartigen Nutzung zuführen. Dies kann durch Änderung des Flächennutzungsplans geschehen. Ferner kann die Errichtung von Windenergieanlagen in den Konzentrationszonen durch einen Bebauungsplan einer Feinsteuerung (z. B. Begrenzung der Anlagenhöhe, Festlegung der Standorte der einzelnen Anlagen) unterzogen werden. Will die Gemeinde jedoch das dem Flächennutzungsplan zugrunde liegende gesamträumliche Planungskonzept verändern, auf Grund dessen die positive Ausweisung von Konzentrationszonen für die Windenergienutzung an einer bestimmten Stelle des Gemeindegebiets mit einer Ausschlußwirkung für den übrigen Planungsraum verbunden ist, bedarf es hierfür der Änderung des Flächennutzungsplans (vgl. BVerwG, Beschluß v. 25. 11. 2003 – 4 BN 60.03 –, BauR 2004, 634).

Der Bebauungsplan „Windenergie" konkretisiert nicht lediglich die Grundkonzeption des Flächennutzungsplans, sondern steht ihr in weiten Bereichen entgegen. Der Bebauungsplanbereich erstreckt sich auf 137,5 ha. Mehr als die Hälfte dieser nach Maßgabe des Flächennutzungsplans für die Errichtung von Windenergieanlagen geeigneten und vorgesehenen Fläche (nämlich 75 ha = 54,54 %) werden durch den Bebauungsplan nicht einem sonstigen Sondergebiet, sondern ausschließlich der Fläche für die Landwirtschaft zugeordnet, auf der landwirtschaftsfremde Anlagen wie nicht landwirtschaftlichen Betrieben dienende Windenergieanlagen nicht zulässig sind. Der Bebauungsplan beschränkt sich daher nicht mehr nur auf eine grundsätzlich zulässige „Feinsteuerung". Ob die Beschränkungen des Nutzungsmaßes in den sonstigen Sondergebieten zulässiger Windenergieanlagen allesamt noch mit dem gesamträumlichen Planungskonzept des Flächennutzungsplans vereinbar sind oder nicht in Teilbereichen faktisch auf einen Nutzungsausschluß hinauslaufen, wie der Antragsteller meint, weil Windenergieanlagen erst ab einer bestimmten Größenordnung wirtschaftlich betrieben werden können, bedarf daher keiner Entscheidung.

Die Ausführungen der Antragsgegnerin namentlich in der Bebauungsplanbegründung dazu, warum der Ausschluß der Windenergieanlagen erforderlich sei, verlassen das Konzept, das der Flächennutzungsplan als gemäß § 8 Abs. 2 Satz 1 BauGB für den Bebauungsplan maßgebender Rahmen vorgibt. So führt die Erwägung, der Rat habe bei der 6. Änderung des Flächennutzungsplans nur Anlagen einer bestimmten Größenordnung vor Augen gehabt, nicht auf die weitergehende Schlußfolgerung, daß (größere) Anlagen durch Bebauungsplan ohne Änderung des Flächennutzungsplans vollständig ausgeschlossen werden dürften oder gar müßten. Es mag ein durchaus beachtliches und städtebaulich anerkennenswertes Interesse der Gemeinde daran bestehen, die zulässige Höhe von Windenergieanlagen in einer Windkonzentrationszone durch Bebauungsplan zu regeln. Dies bedeutet jedoch nicht, daß für die dortigen Bereiche Windenergieanlagen (ohne Flächennutzungsplanänderung) völlig ausgeschlossen werden dürfen, denn durch den im Bebauungsplan geregelten Ausschluß wird das den Flächennutzungsplan tragende Konzept städtebaulicher Entwicklung in weiten Bereichen verdrängt bzw. „zurückgeführt".

Die Antragsgegnerin hat weiter auf Gesichtspunkte des Ortsbildes, der Landschaftsgestaltung und des Freiraumschutzes abgestellt. All diese Erwägungen sind jedoch vom Rat bereits der Flächennutzungsplanung zugrunde gelegt worden und rechtfertigen nicht, von dieser Planungsvorgabe des Flächennutzungsplans dahin abzuweichen, Windenergieanlagen in wesentlichen Teilbereichen der Konzentrationszonen nunmehr völlig auszuschließen. Nichts anderes gilt für die von der Antragsgegnerin angezogenen Immissionsschutzerwägungen. Es mag sein, daß weitere Windenergieanlagen jedenfalls im nördlichen Bereich der Konzentrationszone nicht mehr errichtet werden können, da die vorhandenen Windenergieanlagen bereits einen Lärm erzeugen, der der nächstliegenden Wohnbebauung noch zumutbar ist, während hinzutretender Lärm das zulässige Maß überschreiten würde. Auch unter diesem Gesichtspunkt ist es nicht gerechtfertigt, vom Flächennutzungsplan ohne dessen Änderung abzuweichen. Der Flächennutzungsplan ist nicht etwa deshalb obsolet, weil die bauliche Nutzbarkeit der Konzentrationszone – den Vortrag der Antragsgegnerin hier einmal als zutreffend unterstellt – durch Windenergieanlagen ausgeschöpft ist. Die vorhandenen Anlagen bleiben ohne den Bebauungsplan formell und materiell rechtmäßig, während sie durch die Festsetzung einer Fläche für die Landwirtschaft auf den bloßen passiven Bestandsschutz gesetzt werden. Müßte eine vorhandene Anlage ersetzt werden, wäre dies – sollte sie nicht landwirtschaftlicher Nutzung dienen – wegen eines Widerspruchs zu den Festsetzungen des Bebauungsplans unzulässig. Das Konzept des Flächennutzungsplans ist jedoch darauf gerichtet, in den Konzentrationszonen auch künftig die Windenergienutzung zu ermöglichen.

Die Verletzung des Entwicklungsgebots ist auch beachtlich. Nach § 214 Abs. 2 Nr. 2 BauGB ist es für die Rechtswirksamkeit eines Bebauungsplans unbeachtlich, wenn das Entwicklungsgebot des § 8 Abs. 2 Satz 1 BauGB verletzt worden ist, ohne daß hierbei die sich aus dem Flächennutzungsplan ergebende geordnete städtebauliche Entwicklung beeinträchtigt worden ist. Die Verletzung des Entwicklungsgebots ist rechtlich nicht gleichbedeutend mit einer Beeinträchtigung der sich aus dem Flächennutzungsplan ergebenden geordneten städtebaulichen Entwicklung. Die Grenzen des Entwickelns des Bebauungsplans aus dem Flächennutzungsplan können verletzt worden sein, ohne daß hierbei die städtebauliche Entwicklung, wie sie sich aus dem Flächennutzungsplan ergibt, beeinträchtigt wird. Diese Abstufung entspricht dem Zweck der Vorschrift. Abweichungen des Bebauungsplans von dem Flächennutzungsplan in einer Größenordnung, die keine Auswirkungen auf das städtebauliche Gesamtkonzept des Flächennutzungsplans haben, sind aus Gründen der Planerhaltung für unbeachtlich zu erklären. Ob das Entwicklungsgebot des § 8 Abs. 2 Satz 1 BauGB eingehalten ist, beurteilt sich nach der planerischen Konzeption des Flächennutzungsplans für den engeren Bereich des Bebauungsplans. Für die Frage, ob die sich aus dem Flächennutzungsplan ergebende geordnete städtebauliche Entwicklung beeinträchtigt worden ist, ist die planerische Konzeption des Flächennutzungsplans für den größeren Raum, d. h. für das gesamte Gemeindegebiet oder einen über das Bebauungsplangebiet hinausreichenden Ortsteil, in den Blick zu nehmen. Zu fragen ist also, ob die über den Bereich des Bebauungsplans hinausgehenden, übergeordneten Darstellungen des Flächennutzungsplans beeinträchtigt werden. In diesem Zusammenhang ist zu prüfen, welches Gewicht der planerischen Abweichung vom Flächennutzungsplan im Rahmen der Gesamtkonzeption des Flächennutzungsplans zukommt. Maßgeblich ist, ob der Flächennutzungsplan seine Bedeutung als kommunales Steuerungsinstrument der städtebaulichen Entwicklung „im Großen und Ganzen" behalten oder verloren hat (vgl. BVerwG, Urteil v. 26. 2. 1999 – 4 CN 6.98 –, a. a. O.).

Die Bedeutung der Beschränkung zulässiger Nutzungen innerhalb der Konzentrationszone für die Errichtung von Windenergieanlagen durch den Bebauungsplan ist von erheblichem Gewicht für die Gesamtkonzeption des Flächennutzungsplans. Dies ergibt sich allerdings nicht allein aus der Größe der überplanten Grundstücksflächen, sondern aus dem Zusammenhang der Regelungen über die Konzentrationszone. Stellt eine Gemeinde im Flächennutzungsplan Konzentrationszonen für die Windenergienutzung dar, hat dies zur Folge, daß außerhalb der Konzentrationszone die Errichtung von Windenergieanlagen vorbehaltlich der Ausnahmeregelung des § 35 Abs. 3 Satz 3 BauGB nicht zulässig ist. Die Darstellung von Konzentrationszonen kann daher nur auf Grundlage eines für die gesamte Gemeinde zu erstellenden gesamträumlichen Konzepts erfolgen, in das die betroffenen Belange abwägend einzustellen sind. Gerade dieses auf das gesamte Gemeindegebiet bezogene Konzept wird in Frage gestellt, wenn die Konzentrationszone selbst zu einem wesentlichen Teil beschränkt wird, auch wenn dieser Teil bezogen auf das Gemeindegebiet flächenmäßig von relativ geringer Bedeutung ist.

Nr. 8

Soll durch Bebauungsplan eine im Flächennutzungsplan mit Konzentrationswirkung ausgewiesene Sonderbaufläche für Windenergie überplant

werden, ist bei der Abwägung zu berücksichtigen, daß dem Belang der Windenergienutzung auf Grund der Konzentrationswirkung des Flächennutzungsplans grundsätzlich Vorrang zukommt.

Ein Bebauungsplan, der lediglich einen unverhältnismäßig kleinen Teil einer Konzentrationsfläche für Windenergie als Sondergebiet für die Windenergienutzung festsetzt, verstößt nicht nur gegen das Entwicklungsgebot, sondern beeinträchtigt im Hinblick auf die Ausschlußwirkung der Konzentrationsflächen gemäß §35 Abs. 3 Satz 3 BauGB auch die sich aus dem Flächennutzungsplan ergebende, geordnete städtebauliche Entwicklung i.S. des §214 Abs. 2 Nr. 2 BauGB.

BauGB §§ 1 Abs. 5, Abs. 6, 8 Abs. 2, 35 Abs. 1 Nr. 6, Abs. 3 Satz 3, 214 Abs. 2 Nr. 2.

OVG Rheinland-Pfalz, Beschluß vom 11. März 2004 – 8 A 10189/04 – (rechtskräftig).

Die beigeladene Ortsgemeinde begehrt die Zulassung der Berufung gegen ein Urteil, mit dem der Beklagte verpflichtet worden ist, der Klägerin im Geltungsbereich eines Bebauungsplanes der Beigeladenen eine Baugenehmigung für die Errichtung von zwei Windkraftanlagen zu erteilen. Die Baugrundstücke liegen im Bereich einer vom Flächennutzungsplan ausgewiesenen ca. 41 ha großen Konzentrationszone für Windenergienutzung. Der Bebauungsplan überplant diese Zone bis auf neun bestehende Anlagenstandorte als Flächen für die Landwirtschaft. Zur Begründung ist ausgeführt, Belange der Landschaftsästhetik und des Immissionsschutzes sowie vor allem die negative Stimmung in der ansässigen Bevölkerung stünden dem Interesse an der Windenergienutzung gleichgewichtig gegenüber und verböten deren Ausweitung im Bereich der Konzentrationsfläche. Das Verwaltungsgericht hat diesen Bebauungsplan wegen eines Abwägungsfehlers sowie wegen Verstoßes gegen das Entwicklungsgebot für nichtig gehalten.

Aus den Gründen:
1. a. Soweit das Verwaltungsgericht die Unwirksamkeit des Bebauungsplans mit einem nach §214 Abs. 3 Satz 2 BauGB beachtlichen Abwägungsmangel in Gestalt einer offensichtlichen und auch ergebnisrelevanten Fehlgewichtung der Belange der Windenergienutzung begründet, ist dagegen auch unter Berücksichtigung des Zulassungsvorbringens nichts zu erinnern.

Aus der von der Beigeladenen zitierten Rechtsprechung des Bundesverwaltungsgerichts folgt keineswegs, daß bei der Überplanung von Flächen, die im Flächennutzungsplan als Konzentrationszonen für die Windenergie i. S. von §35 Abs. 3 Satz 3 BauGB ausgewiesen sind, landschaftsästhetische Erwägungen, „Negativstimmungen" der Einwohner gegenüber der Windenergie sowie Belange des „Dorffriedens" dem Interesse an der Nutzung des Plangebiets zur Erzeugung von Windenergie gleichgewichtig gegenübergestellt werden dürfen. Vielmehr gilt die Erkenntnis, daß eine Gemeinde „die durch §35 Abs. 1 Nrn. 2 bis 6 BauGB geschützten Interessen (hier: Windenergienutzung) in der Konkurrenz mit gegenläufigen Belangen nicht vorrangig zu fördern" braucht (s. BVerwG, Urteil v. 17. 12. 2002, BVerwGE 117, 285 = BRS 65 Nr. 95 = BauR 2003, 828), nur für die Ausweisung von Konzentrationszonen im Flächennutzungsplan. Auf dieser Planungsstufe geht es darum, die ansonsten gemäß §35 Abs. 1 Nr. 6 BauGB im Außenbereich unbeschränkt privilegierten Nutzungen auf geeignete und mit sonstigen städtebaulichen Belangen verträgliche Standorte zu konzentrieren. Bei der Festlegung solcher Standorte steht dem Träger der Flächennutzungsplanung ein weites Planungsermessen zu. Er ist nicht gehalten, dem Interesse an der Nutzung der Windenergie weitestmöglich Vorrang einzuräumen, sondern kann – wenn er im übrigen vertretbare städtebauliche Belange gegen die Windenergienutzung ins Feld zu führen vermag – sich ggf. auf die Ausweisung einer einzigen Konzentrationsfläche geringen Umfangs beschränken (s. das Senatsurteil v. 14.5.2003 – 8 A 10569/02 –, BRS 66 Nr. 13).

Die mit der rechtswirksamen Ausweisung solcher Konzentrationszonen gemäß § 35 Abs. 3 Satz 3 BauGB i. d. R. verbundene Ausschlußwirkung für die Zulässigkeit von Windenergieanlagen an anderen Standorten im Geltungsbereich des Flächennutzungsplans setzt allerdings voraus, daß sich in den Konzentrationszonen die betroffenen Vorhaben gegenüber konkurrierenden Nutzungen durchsetzen können (s. BVerwG, Urteil v. 13.3.2003, BRS 66 Nr. 10 = BauR 2003, 1165). Daraus folgt nach zutreffender Auffassung des Verwaltungsgerichts, daß der Abwägungsspielraum der Ortsgemeinde bei Erlaß eines Bebauungsplanes für eine Konzentrationszone gegenüber demjenigen der Verbandsgemeinde bei Erlaß des Flächennutzungsplanes deutlich eingeschränkt ist: Die durch Ausweisung im Flächennutzungsplan eingetretene Konzentrationswirkung verleiht der Windenergienutzung in der Konzentrationszone grundsätzlich Vorrang. Dieser Vorrang ist in der Bebauungsplanung zu respektieren und kann im Wege einer Abwägung nur insoweit überwunden werden, als überwiegende sonstige Belange Festsetzungen über die nähere Ausgestaltung der Windenergienutzung (etwa Höhenbeschränkungen oder Beschränkungen der Anzahl der Anlagen; s. dazu OVG Nordrhein-Westfalen, Urteil v. 4.6.2003, BRS 66 Nr. 116 = BauR 2003, 1696) rechtfertigen. Dies hat die Beigeladene ausweislich der Begründung des Bebauungsplanes offensichtlich verkannt, wenn sie Belange der Landschaftsästhetik, der Naherholung sowie vor allem eine windenergiefeindliche Stimmung der Dorfbevölkerung als den Belangen der Windenergienutzung gleichgewichtig bezeichnet und aus diesem Grunde den weitaus überwiegenden Teil der Konzentrationszone unter Beschränkung der Windenergienutzung auf neun bestehende Anlagenstandorte als Fläche für die Landwirtschaft ausweist.

Mit dem Verwaltungsgericht hält der Senat diesen offensichtlichen Abwägungsfehler auch für i. S. von § 214 Abs. 3 Satz 2 BauGB ergebnisrelevant. Die erforderliche Ergebnisrelevanz liegt vor, wenn nach den Umständen des Einzelfalles die konkrete Möglichkeit eines Einflusses besteht, was etwa dann der Fall sein kann, wenn sich an Hand der Planunterlagen oder sonst erkennbarer oder naheliegender Umstände ergibt, daß ohne den Fehler im Abwägungsvorgang ein anderes Abwägungsergebnis abgezeichnet hätte (BVerwG, Beschluß v. 29.1.1992, BRS 54 Nr. 15 = BauR 1992, 342). So liegt der Fall hier. Aus der Planbegründung wird hinreichend deutlich, daß sich die Beigeladene nur auf Grund der fehlerhaften „Gleichgewichtung" von Windenergienutzung und den oben erwähnten widerstreitenden Belangen dafür entschieden hat, die Bebauung der Konzentrationszone auf die neun bestehenden Windkraftanlagen zu beschränken. Wäre sich die Beigeladene des Vorrangs der Windenergienutzung im Bereich der Konzentrationsfläche bewußt gewesen, hätte sie jedenfalls auf der Grundlage der von ihr in Bezug genommenen, teilweise kaum objektivierbaren Belange keinen so weitgehenden Ausschluß der Windenergienutzung vorgesehen.

b. Es begegnet auch keinen Bedenken, daß das angefochtene Urteil von einem nach §214 Abs. 2 Nr. 2 BauGB beachtlichen Verstoß des Bebauungsplans gegen das Entwicklungsgebot gemäß §8 Abs. 2 Satz 1 BauGB ausgeht.

Zwar ist der Beigeladenen einzuräumen, daß nicht jede Abweichung des Bebauungsplans vom Flächennutzungsplan gegen das Entwicklungsgebot verstößt. Vielmehr sind Abweichungen zulässig, soweit sie sich als Ausfüllung der durch die geringere Detailschärfe des Flächennutzungsplans bedingten Gestaltungsspielräume darstellen und die planerische Konzeption des Flächennutzungsplanes für den engeren Bereich des Bebauungsplans unberührt lassen (s. BVerwG, Urteil v. 26. 2. 1999, BRS 62 Nr. 48 = BauR 1999, 1128, und Beschluß v. 12. 2. 2003, BRS 66 Nr. 43 = BauR 2003, 838 = ZfBR 2003, 381). Darüber geht der Regelungsansatz der Beigeladenen im fraglichen Bebauungsplan indessen weit hinaus. Die Festsetzung des weitaus überwiegenden Teils der Konzentrationszone als Fläche für die Landwirtschaft füllt nicht Regelungsspielräume aus, die die Ausweisung des Flächennutzungsplans offenläßt, sondern konterkariert den Grundgehalt dieser Ausweisung.

Entgegen der Auffassung der Beigeladenen beeinträchtigt dieser Verstoß gegen das Entwicklungsgebot auch die sich aus dem Flächennutzungsplan ergebende geordnete städtebauliche Entwicklung und ist daher nach §214 Abs. 2 Nr. 2 BauGB beachtlich. Für die Frage, ob durch den nicht aus dem Flächennutzungsplan entwickelten Bebauungsplan i. S. des §214 Abs. 2 Nr. 2 BauGB die sich aus dem Flächennutzungsplan ergebende geordnete städtebauliche Entwicklung beeinträchtigt wird, ist die planerische Konzeption des Flächennutzungsplans für den größeren Raum, i. d. R. das gesamte Gemeindegebiet, maßgebend (BVerwG, Urteil v. 26. 2. 1999, a. a. O.). Verstößt – wie hier – ein Bebauungsplan, der eine im Flächennutzungsplan ausgewiesene Konzentrationsfläche für Windenergie überplant, gegen das Entwicklungsgebot, so berührt dies im Hinblick auf die gemäß §35 Abs. 3 Satz 3 BauGB von den Konzentrationsflächen ausgehende Ausschlußwirkung regelmäßig zugleich die planerische Konzeption des Flächennutzungsplanes für dessen gesamtes Plangebiet. ...

3. Der Rechtssache kommt auch nicht die ihr von der Beigeladenen beigemessene Grundsatzbedeutung (§124 Abs. 2 Nr. 3 VwGO) zu. Die Frage,

„ob ein Bebauungsplan mit der Festsetzung 'Sondergebiet für die Nutzung der Windenergie' nicht mehr aus einem Flächennutzungsplan mit der Darstellung 'Sonderbaufläche für die Windkraftnutzung' gemäß §8 Abs. 2 Satz 1 BauGB entwickelt ist, wenn er innerhalb des Bebauungsplangebietes neben Sonderbauflächen für Windkraftanlagen überwiegend Flächen für die Landwirtschaft festsetzt",

ist auf Grund der bisherigen Rechtsprechung zum Entwicklungsgebot ohne weiteres zu verneinen und bedarf daher keiner weiteren Klärung im Berufungsverfahren. Wie oben dargelegt, folgt der Verstoß gegen das Entwicklungsgebot nicht daraus, daß der rechnerische Anteil von Flächen für die Landwirtschaft am Plangebiet den der Sonderbauflächen überwiegt. Dies kann angesichts des eher geringen Flächenbedarfs von Windenergieanlagen auch dann der Fall sein, wenn der Bebauungsplan durch Festsetzung zahlreicher Einzelstandorte im Bereich der Konzentrationszone die Konzeption des Flächennutzungsplans zutreffend umsetzt. Der Verstoß gegen das Entwicklungsgebot folgt vorliegend vielmehr daraus, daß nach den Festsetzungen des Bebauungsplans in der Konzentrationszone für Windenergie nicht die Windenergie, sondern die landwirtschaftliche Nutzung eindeutig dominiert.

Nr. 9

1. **Eine Gemeinde ist verpflichtet, sich im Verfahren zur Aufstellung eines Bebauungsplanes selbst Gewißheit über die abwägungserheblichen Belange zu verschaffen.**

2. **Macht eine Gesellschaft zur Entwicklung regenerativer Energieprojekte im Verfahren zur Aufstellung eines Bebauungsplanes für Windkraftanlagen ein eigenes Interesse an der Nutzung der Windenergie im Plangebiet geltend, kann die Gemeinde verpflichtet sein, die ins Auge gefaßten Standorte für Windkraftanlagen in Erfahrung zu bringen, um das Nutzungsinteresse der Gesellschaft in ihre Abwägung einstellen zu können.**

BauGB § 1 Abs. 3, Abs. 4, Abs. 6; VwGO § 47 Abs. 2, Abs. 6.

Thüringer OVG, Beschluß vom 16. August 2004 – 1 EN 944/03 – (rechtskräftig).

Die Antragstellerin, die bundesweit Windkraftanlagen plant und erstellt, wendet sich im Wege der einstweiligen Anordnung gegen den Vollzug des 2003 in Kraft getretenen Bebauungsplanes Nr. 2 für das Sondergebiet „Windpark G. (SO)" der Antragsgegnerin. Der Plan umfaßt eine Fläche von rund 617 ha; davon sind rund 226 ha als Sondergebiet für Windkraftanlagen und rund 391 ha als Flächen für die Landwirtschaft festgesetzt. In dem Sondergebiet sind überbaubare Flächen (Baufenster) festgesetzt, in denen Windkraftanlagen errichtet werden dürfen.

Der Gemeinderat der Antragsgegnerin beschloß 1998 die Aufstellung eines Vorhaben- und Erschließungsplanes für den sogenannten Windpark G. Nach dem Aufstellungsbeschluß war die Errichtung von 14 Windkraftanlagen vorgesehen; Vorhabenträger sollte die E. GmbH sein.

1999 schloß die Antragsgegnerin mit der E. GmbH einen städtebaulichen Vertrag. In dessen § 1 Abs. 1 war als Ziel die Planung, Errichtung, der Betrieb und die Unterhaltung von 14 Windkraftanlagen bestimmt.

In der Folgezeit erarbeitete die E. GmbH insgesamt drei Bebauungsplanentwürfe, die der Gemeinderat der Antragsgegnerin jeweils billigte.

Der Bebauungsplanentwurf von 2002 enthielt Festsetzungen für 10 Windkraftanlagen. Die Antragstellerin äußerte sich zum Verfahren. Sie trug vor, sie sei Nutzungsberechtigte einzelner Grundstücke. Die im 4. Entwurf des Bebauungsplanes im Vergleich zu den früheren Entwürfen vorgesehene Reduzierung der Anzahl der Windkraftanlagen auf zehn sei nicht nachvollziehbar und entspreche nicht den Zielen der Raumordnung. Der Bebauungsplanentwurf trage den Interessen der Grundstückseigentümer nicht hinreichend Rechnung, auf deren Grundstücke keine Standorte für Windkraftanlagen vorgesehen seien.

2003 beschloß der Gemeinderat der Antragsgegnerin den Bebauungsplan Nr. 2 für das Sondergebiet „Windpark G. (SO)" mit integriertem Grünordnungsplan als Satzung.

Im September 2003 hat sich die Antragstellerin mit einem Antrag auf Erlaß einer einstweiligen Anordnung nach § 47 Abs. 6 VwGO an das beschließende Gericht gewandt.

Aus den Gründen:

II. 1. c) Bei summarischer Prüfung offen ist, ob sich der Bebauungsplan der Antragsgegnerin wegen Verstoßes gegen das Abwägungsgebot in § 1 Abs. 6 BauGB als unwirksam erweist. Nach dieser Bestimmung sind die öffentlichen und privaten Belange gegeneinander und untereinander gerecht abzuwägen. Das in § 1 Abs. 6 BauGB enthaltene Abwägungsgebot ist dann verletzt, wenn ein sachgerechter Abwägungsvorgang überhaupt nicht stattgefunden hat (Abwägungsausfall), in die Abwägung an Belangen nicht eingestellt worden ist, was nach Lage der Dinge in sie hätte eingestellt werden müssen (Abwägungsdefizit), wenn die Bedeutung der betroffenen privaten und öffentlichen Belange verkannt oder wenn der Ausgleich zwischen den von der Planung berührten Belange in einer Weise vorgenommen wird, der zur objektiven Gewichtigkeit einzelner Belange außer Gewicht steht (vgl. grundlegend BVerwG, Urteil v. 12. 12. 1969 – IV C 105.66 –, BVerwGE 34, 301, 309). Die Anforderungen an die Abwägung beziehen sich sowohl auf den Abwägungsvorgang als auch – mit Ausnahme des Erfordernisses, daß überhaupt eine Abwägung stattgefunden haben muß – auf das Abwägungsergebnis (vgl. grundlegend BVerwG, Urteil v. 5. 7. 1974 – IV C 50.72 –, BVerwGE 45, 309, 315). Für die Abwägung – und somit auch für ihre gerichtliche Überprüfung – ist auf den Zeitpunkt der Beschlußfassung über den Bebauungsplan abzustellen (vgl. § 214 Abs. 3 Satz 1 BauGB). Mängel im Abwägungsvorgang sind zudem nur dann erheblich, wenn sie offensichtlich und auf das Ergebnis von Einfluß gewesen sind (vgl. § 214 Abs. 3 Satz 2 BauGB).

Greifbare Anhaltspunkte dafür, daß im vorliegenden Fall ein Abwägungsausfall vorliegt, bestehen nicht. Es ist insbesondere nicht erkennbar, daß sich die Antragsgegnerin der E. GmbH gegenüber in einer Weise gebunden hätte, daß ihre – der Antragsgegnerin – Abwägung nicht mehr ergebnisoffen gewesen wäre. Anhaltspunkte dafür ergeben sich nicht bereits daraus, daß die Planung der Antragsgegnerin – worauf der Ablauf des Planverfahrens und der im Juli 1999 mit der E. GmbH geschlossene Vertrag hindeuten auf ein Vorhaben der GmbH „zugeschnitten" ist. Der Umstand, daß eine Gemeinde den Bebauungsplan auf der Grundlage des Entwurfs eines Vorhabenträgers erarbeitet, ist kein regelmäßiges Indiz für einen Abwägungsfehler (vgl. BVerwG, Beschluß v. 28. 8. 1987 – 4 N 1.86 –, BRS 47 Nr. 3 = UPR 1988, 65 = NVwZ 1988, 351). Sonstige Umstände, die auf eine Vorwegbindung der Antragsgegnerin hindeuten könnten, sind bei summarischer Prüfung jedenfalls nicht ersichtlich. Gegen eine derartige Bindung spricht vielmehr § 2 Abs. 3 Satz 2 des im Juli 1999 mit der E GmbH geschlossenen Vertrages, wonach „die Unabhängigkeit und Entscheidungsfreiheit der Gemeinde, insbesondere im Hinblick auf die Abwägung (...) unberührt bleibt". Weiter spricht § 19 des Vertrages gegen eine Vorwegbindung. Dort ist den Vertragsparteien ein Rücktrittsrecht für den Fall eingeräumt worden, daß „keine Satzung zum Bebauungsplan zum vorliegenden Entwurf" beschlossen wird. Ansprüche für den Fall eines Rücktritts wurden den Vertragsparteien nicht eingeräumt.

Ebenfalls keine greifbaren Anhaltspunkte bestehen dafür, daß die Antragsgegnerin insbesondere im Zusammenhang mit der Festsetzung der überbaubaren Grundstücksflächen in ihrem Bebauungsplan die Interessen der Eigentümer, auf deren Grundstücken keine Anlagenstandorte vorgesehen sind, unberücksichtigt gelassen hat. Spezifische Eigentümerinteressen sind während des Aufstellungsverfahrens nicht vorgebracht worden. Daß der Antragsgegnerin bewußt war, daß die Grundstücke, auf denen keine überbaubaren Flächen vorgesehen sind, von einer Nutzung ihrer Grundstücke für Zwecke der Windenergie ausgeschlossen werden, muß unterstellt werden. Die Festsetzung der überbaubaren Grundstücksflächen unterliegt auch im Ergebnis mit Blick auf die Eigentümerinteressen keinen Bedenken. Die Privatnützigkeit der Flächen, auf denen keine Standorte ausgewiesen sind, wird nicht beseitigt. Auch muß es ein Eigentümer grundsätzlich hinnehmen, daß ihm eine möglicherweise rentablere Nutzung seines Grundstücks verwehrt wird; Art. 14 GG schützt nicht die einträglichste Nutzung des Eigentums (vgl. BVerwG, Urteil v. 13. 3. 2003 – 4 C 4.02 –, BVerwGE 118, 33 = BRS 66 Nr. 10 = BauR 2003, 1165).

Nicht unbedenklich erscheint indes, ob die Antragsgegnerin das mit Schreiben vom Januar 2003 angeführte Interesse der Antragstellerin mit den in ihrem Beschluß vom März 2003 angestellten Erwägungen zurückweisen durfte. In der bauleitplanerischen Abwägung sind solche privaten Belange zu berücksichtigen, die in der konkreten Planungssituation einen städtebaulich relevanten Bezug haben. Nicht abwägungsbeachtlich sind insbesondere geringwertige oder mit einem Makel behaftete Interessen sowie solche, auf deren Fortbestand kein schutzwürdiges Vertrauen besteht, oder solche, die für die Gemeinde bei der Entscheidung über den Plan nicht erkennbar waren (vgl. BVerwG, Beschluß v. 25. 1. 2001 – 6 BN 2.00 –, BRS 64 Nr. 214). Aus dem Schreiben der Antragstellerin vom Januar 2003 ergibt sich, daß sie nicht nur auf Belange der Raumordnung und der Grundstückseigentümer hinweisen, sondern ein eigenes Interesse an der Nutzung der Windenergie im Plangebiet sichtbar machen wollte. Dies erschließt sich daraus, daß sie – eine Gesellschaft zur Entwicklung regenerativer Energieprojekte – die Begrenzung der Anlagenstandorte kritisiert und mitgeteilt hat, Nutzungsberechtigte einzelner Grundstücke zu sein. Die Antragsgegnerin hat das Interesse der Antragstellerin, wie aus ihrem Beschluß Nr. 2003/0309 erkennbar, nicht in die Abwägung eingestellt. Es spricht viel dafür, daß ihre Abwägung deshalb an einem Defizit leidet. Dies gilt auch im Hinblick darauf, daß die Antragstellerin die Flächen, an denen sie ein Nutzungsinteresse hat, in ihrem Schreiben vom Januar 2003 nicht im einzelnen mitgeteilt hat. Das Schreiben hat begründeten Anlaß gegeben, den Sachverhalt insoweit weiter aufzuklären. Das von der Antragstellerin in das Verfahren eingebrachte Nutzungsinteresse dürfte jedenfalls dann, wenn – wie hier – die zur Nutzung vorgesehenen Flächen vertraglich gesichert sind, zum notwendigen Abwägungsmaterial gehören, weil es sich um ein durch §35 Abs. 1 Nr. 6 BauGB rechtlich geschütztes

Interesse handelt. Auch wird die Gemeinde von ihrer Verpflichtung, sich im Verfahren zur Aufstellung eines Bebauungsplanes selbst Gewißheit über die abwägungserheblichen Belange zu verschaffen, grundsätzlich nicht durch Stellungnahmen von Beteiligten des Planverfahrens entbunden (vgl. BVerwG, Beschluß v. 14. 8. 1989 – 4 NB 24.88 –, BRS 49 Nr. 22). Auch wenn danach Vieles dafür spricht, daß der Abwägungsvorgang fehlerhaft ist, kann bei summarischer Prüfung nicht ohne weiteres davon ausgegangen werden, daß dieser Fehler auch das Abwägungsergebnis beeinflußt hat. Von einer Auswirkung auf das Abwägungsergebnis ist dann auszugehen, wenn nach den Umständen des Falles die konkrete Möglichkeit eines Einflusses besteht, was etwa der Fall sein kann, wenn sich anhand der Planunterlagen oder sonstiger erkennbarer oder nahe liegender Umstände ergibt, daß sich ohne Fehler im Abwägungsvorgang ein anderes Ergebnis abgezeichnet hätte (vgl. BVerwG, Beschluß v. 29. 1. 1992 – 4 NB 22.90 –, BRS 54 Nr. 15 = NVwZ 1992, 662). Die konkrete Möglichkeit eines anderen Entscheidungsergebnisses läßt sich hier nicht ohne weitere Sachaufklärung feststellen.

2) Ist der Bebauungsplan der Antragsgegnerin jedenfalls nicht offensichtlich unwirksam, spricht bei der gebotenen Folgenabwägung alles gegen den Erlaß der beantragten einstweiligen Anordnung. Der Antragstellerin drohen bei einem Verweis auf ein Hauptsacheverfahren zwar nicht unerhebliche wirtschaftliche Nachteile, wobei der geltend gemachte Verlust i. H. v. 1,5 Mio. € allerdings nicht nachvollziehbar ist. Allein ein wirtschaftlicher Nachteil vermag den Erlaß einer einstweiligen Anordnung nach § 47 Abs. 6 VwGO jedoch grundsätzlich nicht zu rechtfertigen, weil dem Bauwilligen insoweit kein außergewöhnliches Opfer abverlangt wird (vgl. auch HessVGH, Beschluß v. 19. 11. 2002 – 4 NG 2283/02 –, BRS 65 Nr. 60). Dafür, daß die Antragstellerin durch den geltend gemachten wirtschaftlichen Nachteil in ihrer Existenz bedroht wäre, liegt nichts vor.

Der Erlaß der beantragten einstweiligen Anordnung ist auch nicht aus anderen wichtigen Gründen i. S. des § 47 Abs. 6 VwGO dringend geboten. Insbesondere führt die Ausnutzung des angegriffenen Bebauungsplans noch vor einer Entscheidung in einem Hauptsacheverfahren nicht zu vollendeten Tatsachen, die nicht oder nur unter erheblichen Schwierigkeiten ausgeräumt werden könnten. Insofern mag offen bleiben, ob dieser Gesichtspunkt – für sich genommen und unabhängig von den Erfolgsaussichten in der Hauptsache – geeignet ist, den Erlaß einer einstweiligen Anordnung nach § 47 Abs. 6 VwGO zu begründen. Ziel der Antragstellerin ist es, Windkraftanlagen auf Flächen errichten zu können, die bislang nicht als Standorte für derartige Anlagen ausgewiesen worden sind. Nach ihrem eigenen Vorbringen ist die Errichtung ihrer Windkraftanlagen unabhängig davon möglich, ob die im Plan der Antragsgegnerin vorgesehenen Standorte bereits besetzt sind. Daraus ergibt sich, daß der Vollzug des Planes durch Errichtung von Windkraftanlagen auf den dafür vorgesehenen Flächen nicht zwangsläufig zur Folge hat, daß das Ziel der Antragstellerin in einem Hauptsacheverfahren nicht mehr zu erreichen wäre.

Nr. 10

1. § 179 BauGB ermächtigt die Gemeinde nicht, dem Betreiber einer Windenergieanlage durch Bebauungsplanfestsetzung die Beseitigung der Anlage nach Nutzungsaufgabe aufzuerlegen.

2. Überplant die Gemeinde die einzige im Flächennutzungsplan dargestellte Konzentrationszone, um die dortige Zulässigkeit von Windenergieanlagen im Detail (beispielsweise durch Höhenbegrenzung) zu regeln, muß sie in die Abwägung einstellen, ob die Konzentrationszone auch unter Berücksichtigung der beschränkenden Regelungen des Bebauungsplans wirtschaftlich noch sinnvoll genutzt werden kann.

BauGB §§ 1 Abs. 6, 9 Abs. 1 Nrn. 20 und 24, 35, 179; VwGO § 47 Abs. 2.

OVG Nordrhein-Westfalen, Urteil vom 27. Mai 2004 – 7a D 55/03.NE – (rechtskräftig).

Die Antragstellerin wendet sich mit dem Normenkontrollantrag gegen den Bebauungsplan Nr. 32 der Antragsgegnerin, der die Zulässigkeit von Windenergieanlagen für die eine im Flächennutzungsplan dargestellte Konzentrationszone für Windenergieanlagen im Detail regelt.

Der Bebauungsplan erfaßt eine ca. 25 ha große, als Ackerland genutzte Fläche. Er setzt ein sonstiges Sondergebiet mit der Zweckbestimmung „Windpark" fest. Durch Baugrenzen legt er drei quadratische überbaubare Grundstücksflächen mit einer Kantenfläche von jeweils 40 m fest, innerhalb derer die Errichtung jeweils einer Windenergieanlage zulässig ist. Der Bebauungsplan beschränkt die zulässige Gesamthöhe der Windenergieanlage auf 74 m, gemessen ab dem gewachsenen Boden. Durch textliche Festsetzungen regelt der Bebauungsplan Einzelheiten zur Zulässigkeit von Nebenanlagen und bestimmt u. a. unter Nr. 4, daß der Eigentümer der baulichen Anlagen verpflichtet ist, die baulichen Anlagen nach Aufgabe der Nutzung zu beseitigen und die nicht mehr genutzten Flächen wieder nutzbar zu machen.

Der Normenkontrollantrag hatte Erfolg.

Aus den Gründen:

Mehrere Festsetzungen des Bebauungsplans hat die Antragsgegnerin ohne Ermächtigungsgrundlage getroffen. Der Gemeinde steht kein bauplanerisches Festsetzungsfindungsrecht zu. Vielmehr besteht für bauplanungsrechtliche Festsetzungen ein Typenzwang. Durch den Bebauungsplan bestimmt die Gemeinde Inhalt und Schranken des Eigentums der im Planbereich gelegenen Grundstücke. Hierfür bedarf sie gemäß Art. 14 Abs. 1 Satz 2 GG einer gesetzlichen Grundlage. Sie findet sich in § 9 BauGB und in den ergänzenden Vorschriften der § 2 Abs. 5 BauGB erlassenen Baunutzungsverordnung. Durch sie wird der festsetzungsfähige Inhalt eines Bebauungsplans abschließend geregelt. Weicht die Gemeinde bei der Aufstellung von Bebauungsplänen von den Vorgaben des § 9 BauGB und der Baunutzungsverordnung ab, so ist die von diesem Fehler betroffene Festsetzung wegen Verstoßes gegen den bauplanungsrechtlichen Typenzwang, durch den die Beachtung des Gesetzesvorbehalts des Art. 14 Abs. 1 Satz 2 GG gewährleistet wird, nichtig, und zwar unabhängig von der Frage, ob das mit ihr verfolgte planerische Ziel materiell-rechtlich zulässig ist und möglicherweise sogar auf andere Weise realisiert werden könnte (vgl. BVerwG, Beschluß v. 31.1.1995 – 4 NB 48.93 –, BauR 1995, 351 = BRS 57 Nr. 23).

U. a. die textliche Festsetzung Nr. 4 ist im vorstehenden Sinne ermächtigungslos. Sie hat keine Grundlage in der Baunutzungsverordnung oder im Baugesetzbuch.

Die Antragsgegnerin war allerdings grundsätzlich ermächtigt, die bauliche Nutzung der im Flächennutzungsplan dargestellten Konzentrationszone durch Windenergieanlagen durch Festsetzung eines Sondergebiets und weiterer Einzelregelungen zu steuern. Durch § 2 Abs. 5 BauGB ist § 11 BauNVO in Bezug genommen, der die Gemeinde berechtigt, ein sonstiges Sondergebiet festzusetzen. Im sonstigen Sondergebiet sind die Zweckbestimmung und die Art der Nutzung darzustellen und festzusetzen (vgl. § 11 Abs. 2 Satz 1 BauNVO). Die Gemeinde kann die Art der baulichen Nutzung in einem Sondergebiet über die Möglichkeiten hinaus, die § 1 Abs. 4 Satz 1 Nr. 2 und Abs. 9 BauNVO eröffnen, konkretisieren und zu diesem Zweck die Merkmale bestimmen, die ihr am besten geeignet erscheinen, um das von ihr verfolgte Planungsziel zu erreichen (vgl. BVerwG, Urteil v. 28.2.2002 – 4 CN 5.01 –, BRS 65 Nr. 67; Beschluß v. 16.9.1998 – 4 B 60.98 –, BauR 1999, 146 = BRS 60 Nr. 30).

Ferner sieht die Baunutzungsverordnung Regelungen zum Maß der baulichen Nutzung, seiner Berechnung, zur Bauweise, zu den überbaubaren und nicht überbaubaren Grundstücksflächen sowie zu den in den Baugebieten zulässigen baulichen und sonstigen Anlagen vor. Die textliche Festsetzung Nr. 4 legt jedoch weder die Art der im Sondergebiet zulässigen Nutzungen näher fest noch dient sie einer anderen auf der Grundlage der Baunutzungsverordnung möglichen Regelung. Davon ist auch der Rat der Antragsgegnerin nicht ausgegangen, sondern hat sich auf Bestimmungen des Baugesetzbuchs gestützt, denen eine entsprechende Festsetzungsermächtigung zu entnehmen sei. Der fraglichen Festsetzung korrespondiert jedoch keine der dort genannten und auch keine andere Ermächtigungsgrundlage.

Die textliche Festsetzung Nr. 4, mit der der Eigentümer zur Beseitigung baulicher Anlagen verpflichtet wird, wobei Einzelheiten in einem städtebaulichen Vertrag geregelt werden sollen, findet keine Ermächtigungsgrundlage in § 179 Abs. 1 BauGB. § 179 BauGB ermöglicht es nach Maßgabe weiterer Voraussetzungen lediglich, Eigentümern durch Verwaltungsakt Duldungspflichten aufzuerlegen, nicht jedoch diese selbst zur Beseitigung baulicher Anlagen zu verpflichten. Die nach § 179 BauGB möglichen Rückbau- und Entsiegelungsmaßnahmen hat danach die Gemeinde auf ihre Kosten durchzuführen. Auch die weiteren Regelungen des Baugesetzbuches gestatten die Festsetzung eines vom Eigentümer umzusetzenden Abbruchgebots oder die Verpflichtung zur Beseitigung baulicher Anlagen in einem Bebauungsplan nicht (vgl. BVerwG, Beschluß v. 22.6.1988 – 4 NB 13.88 –, Buchholz 406.11 § 39 BBauG Nr. 1).

Schon gar nicht gibt § 179 BauGB eine Grundlage dafür, den Abschluß eines städtebaulichen Vertrags vorzuschreiben.

Der Bebauungsplan genügt darüber hinaus den Anforderungen des Abwägungsgebots nicht.

Die Abwägung wird dem Gewicht der Belange des Eigentümers der im Plangebiet gelegenen Grundstücke und auch der Belange der Antragstellerin nicht gerecht. Der Rat hatte sich abwägend auch zur Frage zu verhalten, ob die von der eigentumsgestaltenden Darstellung einer Konzentrationszone im Flächennutzungsplan erfaßten Flächen in wirtschaftlich sinnvoller Weise genutzt werden können. Auf Grund der Darstellung im Flächennutzungsplan steht dem Eigentümer vorbehaltlich entgegenstehender öffentlicher Belange grundsätzlich ein Anspruch auf Genehmigung einer Windenergieanlage zu. Die ausgewiesene Konzentrationszone läßt nach den Angaben der Antragstellerin die Errichtung von jedenfalls fünf Windenergieanlagen einer deutlich über die nach dem Bebauungsplan zulässigen Höhe hinausgehenden Höhe zu, und zwar zudem in Abständen voneinander, die die gegenseitige Beeinflussung durch Windturbulenzen minimiert. Demgegenüber beschränkt der Bebauungsplan die mögliche Windenergienutzung. Ob er dies in einer Weise tut, die den Interessen an der Windenergienutzung Rechnung trägt, hatte der Rat auch im Hinblick auf die Anregungen zu erwägen, die von der Antragstellerin und dem Grundstückseigentümer der im Bebauungsplangebiet gelegenen Grundstücke vorgebracht worden waren. Das Gewicht ihres durch Art. 14 GG gestützten Interesses hat der Rat der Antragsgegnerin nicht mit dem ihm zukommenden Gewicht in die Abwägung eingestellt.

Zunächst ist allerdings schon fraglich, ob der Rat das erforderliche Abwägungsmaterial ermittelt oder nicht vielmehr auf einer unzureichenden Tatsachengrundlage entschieden hat. Die Antragstellerin hat im Planaufstellungsverfahren vorgetragen, mit Anlagen einer Gesamthöhe von bis 74 m sei ein wirtschaftlicher Betrieb nicht möglich. Die Antragsgegnerin hält dem entgegen, es seien im Bebauungsplanverfahren (und auch im vorliegenden Normenkontrollverfahren) keine nachvollziehbaren Berechnungen vorgelegt worden, aus denen sich ergebe, daß Windenergieanlagen dieser Größe im Plangebiet nicht wirtschaftlich betrieben werden könnten. Es ist jedoch Sache des Rates, eine dem Gewicht der betroffenen Belange entsprechende Abwägungsgrundlage zu schaffen. Zwar sind beispielsweise betriebliche (Erweiterungs-) Interessen nur dann abwägungsbeachtlich, wenn sich der planenden Stelle die Tatsache ihrer Betroffenheit aufdrängen mußte (vgl. BVerwG, Beschluß v. 9.11.1979 – 4 N 1.78, 4 N 2 – 4.79 –, BRS 35 Nr. 24; Beschluß v. 10.11.1998 – 4 BN 44.98 –, BRS 60 Nr. 3; Beschluß v. 5.9.2000 – 4 B 56.00 –, BauR 2001, 83 = BRS 63 Nr. 107).

Jedenfalls auf Grund der von der Antragstellerin vorgetragenen Anregungen mußte sich der benannte Gesichtspunkt der Antragsgegnerin jedoch als abwägungsbeachtlich aufdrängen. Der Antragsgegnerin ist zwar einzuräumen, daß nicht von vornherein offenkundig sein mag, ob im Bebauungsplangebiet der Betrieb von nur bis 74 m hohen Windenergieanlagen unwirtschaftlich ist. Auf den entsprechenden Hinweis der Antragstellerin oblag es jedoch nicht dieser, ungefragt substantiierte Wirtschaftlichkeitsberechnungen vorzulegen, sondern der Antragsgegnerin, sich – ggf. durch Nachfrage bei der Antragstellerin – eine substantiierte Vorstellung über die wirtschaftlichen Folgen ihrer Planung zu verschaffen.

Die Ermittlung des vollständigen Abwägungsmaterials war auch nicht deshalb entbehrlich, weil der wirtschaftliche Betrieb von Windenergieanlagen nicht gewährleistet werden müsse. Der Bau- und Planungsausschuß der Antragsgegnerin hat Entsprechendes unter Bezug auf das Urteil des Senats vom 30.11.2001 (– 7 A 4857/00 –, BRS 64 Nr. 101) formuliert. Der Rat mißversteht die Ausführungen des Senats im vorgenannten Urteil. Selbstverständlich muß der Rat sich mit den Interessen auch an der Windenergieanlagennutzung in substantieller Weise abwägend auseinandersetzen. Dies gilt um so mehr, wenn er die einzige Konzentrationszone der Gemeinde überplant, deren Eignung für die Windenergienutzung auf Grund des gesamtgemeindlichen Planungskonzepts, das zur Darstellung der Konzentrationszone geführt hat, von ihm vorauszusetzen ist. Eine bloße Alibiplanung, die Flächen für die Windenergienutzung ausweist, ohne zu prüfen, ob diese Flächen tatsächlich auch für eine entsprechende Nutzung (u.a. unter Berücksichtigung der Windverhältnisse sowie der finanziellen Förderung der Windenergie) geeignet sind, trägt den abwägungsbeachtlichen Belangen an einer wirtschaftlich sinnvollen Windenergienutzung keine hinreichende Rechnung.

Der Bau- und Planungsausschuß hat als weiteres Argument angeführt, Windkraftanlagen mit einer Höhe von 74 m würden auch heute noch von der Industrie hergestellt und angeboten. Ob solche Windenergieanlagen jedoch im Bebauungsplangebiet wirtschaftlich betrieben werden können, ist nicht davon abhängig, ob Anlagen der festgelegten Größenordnung tatsächlich auf dem Markt erhältlich sind. Hinzu kommt, daß mit dem Bebauungsplan Windenergieanlagen nicht nur hinsichtlich ihrer Höhe, sondern auch hinsichtlich des möglichen Rotordurchmessers begrenzt worden sind. Durch die Festsetzung überbaubarer quadratischer Grundstücksflächen mit einer Kantenlänge von 40 m dürfen die Windenergieanlagen, die im Plangebiet errichtet werden können, keinen Rotordurchmesser aufweisen, der mehr als nur in geringfügigem Ausmaß 40 m überschreitet (vgl. § 23 Abs. 3 Satz 2 BauNVO). Ob sich unter beiden die Zulässigkeit von Windenergieanlagen beschränkenden Festsetzungen noch eine wirtschaftliche Nutzungsmöglichkeit ergibt, hat der Rat nicht erwogen.

Für eine sachgerechte Abwägung der Beschränkung der Zahl zulässiger Windenergieanlagen auf drei ergibt sich auch nichts aus den Erwägungen des Bau- und Planungsausschußes, mit denen er begründet hat, weshalb die drei Standorte der Windenergieanlagen näher aneinander gerückt werden könnten, als dies in dem ursprünglichen Bebauungsplanentwurf zunächst vorgesehen war. Es seien „nochmals die Abstände zu den Ortschaften als auch die Abstände der Windenergieanlagen zueinander gewürdigt worden". In der Abwägung war jedoch davon auszugehen, daß der Flächennutzungsplan für die ihn konkretisierende Bebauungsplanung verbindlich vorgibt, welche Flächen für die Windenergienutzung als grundsätzlich geeignet anzusehen sind. In das auf die gesamträumliche Planung bezogene Abwägungsgefüge des Flächennutzungsplans greift der Rat ein, wenn er die Abstände zur Wohnnutzung durch den Bebauungsplan der Sache nach vergrößert. Eine solche konkretisierende Bebauungsplanung ist nicht von vornherein ausgeschlossen, setzt jedoch eine Abwägung mit den für die Windenergienutzung bestehenden

Interessen voraus. Zu berücksichtigen ist insbesondere, daß die Eigentümer der innerhalb einer Konzentrationszone gelegenen Grundstücke grundsätzlich (vorbehaltlich anderer entgegenstehender öffentlicher Belange) als Folge der Darstellung der Konzentrationszone im Flächennutzungsplan berechtigt sind, dort Windenergieanlagen zu errichten.

Es kann nach alledem dahinstehen, ob der Bebauungsplan noch den sich aus § 8 Abs. 2 BauGB ergebenden Anforderungen gerecht wird. Stellt die Gemeinde im Flächennutzungsplan Konzentrationszonen dar, dann geschieht dies auf Grundlage eines gesamträumlichen Planungskonzepts, das der Windenergienutzung substantiellen Raum läßt. Ein solches Anliegen hat die Antragsgegnerin mit dem Flächennutzungsplan verfolgt. Ob dieses Konzept durch den Bebauungsplan deshalb in Frage gestellt wird, weil kein substantieller Raum für die Windenergienutzung mehr bleibt, bedarf keiner Entscheidung.

Die festgestellten Mängel führen zur Nichtigkeit des Bebauungsplans. (Wird ausgeführt.)

Nr. 11

1. **Durch die Erteilung ihres Einvernehmens zu einem Bauvorhaben wird die Gemeinde grundsätzlich nicht gehindert, eine dem Vorhaben widersprechende Bauleitplanung zu betreiben und sie durch eine Veränderungssperre zu sichern.**

2. **Eine Veränderungssperre, die der Gemeinde erst die Zeit für die Entwicklung eines bestimmten Planungskonzepts geben soll, ist mangels eines beachtlichen Sicherungsbedürfnisses unwirksam.**

3. **Ein Normenkontrollverfahren wegen einer Veränderungssperre erledigt sich nicht nach zwei Jahren durch Zeitablauf, wenn die Gemeinde zuvor die Geltungsdauer der Veränderungssperre verlängert hat.**

BauGB §§ 1 Abs. 3, Abs. 4, Abs. 6, 2 Abs. 1, 14 Abs. 1, Abs. 3, 17 Abs. 1, 35 Abs. 3 Satz 3, 36 Abs. 2, 245 b; EEG § 2 Abs. 1 Satz 1; VwGO §§ 47, 142.

Bundesverwaltungsgericht, Urteil vom 19. Februar 2004 – 4 CN 16.03 –.

(OVG Nordrhein-Westfalen)

Die Antragsteller wenden sich im Normenkontrollverfahren gegen eine Veränderungssperre, die die Antragsgegnerin für ein Gebiet erlassen hat, das im Gebietsentwicklungsplan als Windeignungsbereich dargestellt ist.

Der Gebietsentwicklungsplan Regierungsbezirk Münster – Teilabschnitt Münsterland – stellt für den Gemeindebereich der Antragsgegnerin zwei „Bereiche mit Eignung für die Nutzung erneuerbarer Energien" dar. Zu ihnen gehört der etwa 100 ha große Windeignungsbereich „Windfeld COE 01". Im Mai 2000 beantragten die Antragsteller eine Baugenehmigung zur Errichtung einer Windenergieanlage in diesem Bereich. Die Antragsgegnerin erteilte zu dem Vorhaben ihr Einvernehmen nach § 36 BauGB. Der Inhaber eines landwirtschaftlichen Betriebes in der Nähe des Windfeldes wandte sich gegen die Windenergieanlage, weil er nachteilige Wirkungen für den auf seinem Hof und in dessen Umgebung betriebenen Pferdesport befürchtete. Im Juli 2001 teilte die Bauaufsichtsbehörde der Antragsgegnerin mit, daß sie in Kürze die von den Antragstellern beantragte Baugenehmigung (und drei weitere Baugenehmigungen für Windenergieanlagen) erteilen werde.

Darauf faßte der Bürgermeister der Antragsgegnerin zusammen mit einem Ratsmitglied am 25.7.2001 wegen Dringlichkeit den Beschluß, einen Bebauungsplan „Windfeld COE 01" für ein etwa 200 ha großes Gebiet, zu dem der Windeignungsbereich „Windfeld COE 01" des Gebietsentwicklungsplans gehört, aufzustellen. Sie beschlossen ferner für den Geltungsbereich des Bebauungsplans eine Veränderungssperre. Beide Beschlüsse wurden am 27.7.2001 bekannt gemacht und am 13.9.2001 vom Rat der Antragsgegnerin genehmigt. Nach Erlaß der Veränderungssperre wurde der Bauantrag der Antragsteller abgelehnt.

Mit ihrem Normenkontrollantrag haben die Antragsteller geltend gemacht: Nach Erteilung des Einvernehmens gemäß § 36 BauGB könne die Antragsgegnerin ihrem Bauvorhaben keine geänderten bauleitplanerischen Vorstellungen entgegenhalten. Die Einleitung der Bauleitplanung sei nicht gerechtfertigt, weil es zu keinem ernsthaften Konflikt mit dem Pferdesportbetrieb kommen könne. Turnierpferde könnten sich ohne weiteres an Windenergieanlagen gewöhnen. Ein hinreichend konkretes Plankonzept, das durch die Veränderungssperre gesichert werden könne, bestehe nicht. Vielmehr betreibe die Antragsgegnerin eine unzulässige Verhinderungsplanung. Der Bebauungsplan werde in Widerspruch zum Gebietsentwicklungsplan treten. Mit ihm verfolge die Antragsgegnerin städtebaulich unzulässige Ziele, nämlich die Sicherung einer unverfälschten westfälischen Parklandschaft. Der Bebauungsplan werde auch abwägungsfehlerhaft sein, weil er allein der Begünstigung des Pferdesportbetriebes diene.

Die Antragsgegnerin hat die Geltungsdauer der Veränderungssperre vom 25.7.2001 mit Beschluß vom 17.7.2003 um ein weiteres Jahr verlängert.

Aus den Gründen:
Die streitige Veränderungssperre ist nichtig.

1. Der Normenkontrollantrag ist nicht deshalb unzulässig geworden, weil sich der Rechtsstreit durch Zeitablauf erledigt hat, wie die Antragsgegnerin geltend macht. Zwar ist die Geltungsdauer der Veränderungssperre gemäß § 17 Abs. 1 Satz 1 BauGB auf zwei Jahre begrenzt, so daß die streitige Veränderungssperre vom 25.7.2001, die am 27.7.2001 bekannt gemacht worden ist, an sich inzwischen außer Kraft getreten wäre. Die Antragsgegnerin hat jedoch von der Möglichkeit des § 17 Abs. 1 Satz 3 BauGB Gebrauch gemacht und hat die Geltungsdauer der Veränderungssperre mit Beschluß vom 17.7.2003 um ein weiteres Jahr verlängert. Diese Verlängerung erfolgt zwar nach den Regeln des § 16 BauGB in der Form einer Satzung. Es handelt sich jedoch bei ihr nicht um eine selbständige Veränderungssperre, sondern nur um die Verlängerung der Geltungsdauer der ursprünglichen Veränderungssperre. Diese bleibt als Gegenstand des Normenkontrollverfahrens erhalten. Materiell und prozessual sind die ursprüngliche Veränderungssperre und ihre Verlängerung als Einheit anzusehen (vgl. auch OVG Berlin, Beschluß v. 24.9.2001 – 2 A 1/01 –, NVwZ-RR 2002, 394). Denn ohne die ursprüngliche Veränderungssperre wäre die neue Satzung nicht lebensfähig; wenn die ursprüngliche Veränderungssperre an einem Rechtsfehler leidet, ist die Verlängerungssatzung schon aus diesem Grunde unwirksam (Schenke, WiVerw 1994, 253, 312). Deshalb liegt in der Einbeziehung der Verlängerung in das Revisionsverfahren auch keine gemäß § 142 Abs. 1 VwGO unzulässige Klage-

änderung (in diesem Sinne auch BVerwG, Urteil v. 26. 11. 2003 – 9 C 6.02 –, zu Rechtsänderungen im Revisionsverfahren bei einer Feststellungsklage).

2. Der Normenkontrollantrag ist auch begründet. Die streitige Veränderungssperre ist unwirksam, weil eine der Voraussetzungen für ihren Erlaß fehlt. Sie war nicht zur Sicherung der Planung erforderlich, weil entgegen der Rechtsauffassung des Normenkontrollgerichts im Zeitpunkt ihres Erlasses der künftige Inhalt des Bebauungsplans „Windfeld COE 01" nicht in einem Mindestmaß konkretisiert und absehbar war.

a) Allerdings war es der Antragsgegnerin nicht schon deshalb verwehrt, eine Veränderungssperre zu erlassen, weil die Antragsteller – wie die Revision geltend macht – nach Ablauf der Frist des § 245 b BauGB gemäß § 35 Abs. 3 Satz 3 BauGB einen Anspruch auf die begehrte Baugenehmigung erlangt haben.

Insbesondere trifft es nicht zu, daß die Gemeinden nach Ablauf der Übergangsfrist des § 245 b BauGB am 31. 12. 1998 grundsätzlich keine Möglichkeit mehr haben, eine der Windenergienutzung widersprechende Bauleitplanung zu betreiben und diese durch eine Veränderungssperre zu sichern. Nach § 245 b Abs. 1 Satz 1 BauGB hatte die Baugenehmigungsbehörde auf Antrag der Gemeinde die Entscheidung über die Zulässigkeit von Windenergieanlagen i. S. des § 35 Abs. 1 Nr. 6 BauGB bis längstens zum 31. 12. 1998 auszusetzen, wenn die Gemeinde beschlossen hatte, einen Flächennutzungsplan aufzustellen, zu ändern oder zu ergänzen, und beabsichtigte zu prüfen, ob Darstellungen zu Windenergieanlagen i. S. des § 35 Abs. 3 Satz 3 BauGB in Betracht kommen. Die Vorschrift flankierte die mit dem Gesetz zur Änderung des Baugesetzbuchs vom 30. 7. 1996 (BGBl I, 1189) eingeführte Privilegierung der Windenergieanlagen durch § 35 Abs. 1 Nr. 7 BauGB (seit 1. 1. 1998: § 35 Abs. 1 Nr. 6 BauGB) und die den Gemeinden eingeräumte Befugnis, durch die Ausweisung von Konzentrationszonen und die Sperrung des übrigen Außenbereichs für Windenergieanlagen deren Ansiedlung planerisch zu steuern. Durch die Möglichkeit, Genehmigungsanträge für Windenergieanlagen zurückstellen zu lassen, erhielten die Gemeinden die Gelegenheit, ihre Flächennutzungsplanung an der neuen Rechtslage auszurichten, ohne befürchten zu müssen, durch die zwischenzeitliche Errichtung von Windenergieanlagen außerhalb der (späteren) Konzentrationszonen vor die vollendete Tatsache gestellt zu werden, einen unerwünschten Wildwuchs derartiger Anlagen im Gemeindegebiet nicht mehr verhindern zu können. Mehr als die befristete Bereitstellung eines Instruments zur Sicherung künftiger Darstellungen in Flächennutzungsplänen nach § 35 Abs. 3 Satz 3 BauGB gibt § 245 b BauGB jedoch nicht her. Weder dem Wortlaut noch dem Sinn und Zweck der Norm läßt sich ein Anhaltspunkt dafür entnehmen, daß die Gemeinden nach dem 31. 12. 1998 gehindert wären, erstmals einen den Anforderungen des § 35 Abs. 3 Satz 3 BauGB genügenden Flächennutzungsplan aufzustellen, oder daß sie an einer einmal getroffenen Entscheidung festgehalten werden sollten. Vielmehr sind die Gemeinden in den – weiten – Grenzen des § 1 Abs. 3 BauGB jederzeit berechtigt, ihre Bauleitplanung zu ändern und diese Planung durch eine Veränderungssperre zu sichern (BVerwG, Beschluß v. 25. 11. 2003 – 4 BN 60.03 –, BauR 2004, 634).

Dies gilt auch für Konzentrationszonen i. S. von § 35 Abs. 3 Satz 3 BauGB. Auch wenn ein Gebiet durch Darstellungen im Flächennutzungsplan oder als Ziel der Raumordnung für die Windenergienutzung ausgewiesen ist, darf die Gemeinde ihre Bauleitplanung unter Einsatz der Veränderungssperre ändern. Gegen die Zulässigkeit einer Veränderungssperre in Konzentrationszonen spricht auch nicht, daß durch die Veränderungssperre das für die Anwendung von § 35 Abs. 3 Satz 3 BauGB vorausgesetzte gesamträumliche Planungskonzept, von dem die Ausschlusswirkung gemäß § 35 Abs. 3 Satz 3 BauGB abhängt (vgl. BVerwG, Urteil v. 13. 3. 2003 – 4 C 3.02 –, BauR 2003, 1172 = ZfBR 2003, 469), gestört wird, weil auch auf Flächen, die nach der planerischen Entscheidung der Gemeinde oder des Trägers der Regionalplanung für Windenergieanlagen zur Verfügung stehen sollen, ihre Errichtung nicht zulässig ist. Denn die Veränderungssperre läßt dieses Konzept unberührt; sie stellt nur ein vorübergehendes Hindernis für die Bebauung der Konzentrationszone dar. Eine zeitlich begrenzte Bausperre durch eine Veränderungssperre muß der betroffene Bürger jedoch für deren Geltungsdauer allgemein hinnehmen (BVerwG, Beschluß v. 25. 11. 2003 – 4 BN 60.03 –, a. a. O.).

Auch im Hinblick auf die Anpassungspflicht nach § 1 Abs. 4 BauGB begegnet die Veränderungssperre keinen Bedenken. Denn sie dient keineswegs zwangsläufig der Sicherung einer Bauleitplanung, die von vornherein rechtswidrig ist. Eine Überplanung des „Windfeldes COE 01" unter Beachtung des Anpassungsgebots wäre möglich, wenn der künftige Bebauungsplan die raumordnerische Entscheidung des Gebietsentwicklungsplans im Grundsatz akzeptieren würde und seine Aufgabe nur in einer „Feinsteuerung" zum innergebietlichen Interessenausgleich der Windenergieprojekte, aber auch gegenüber anderen Nutzungen innerhalb und außerhalb des Plangebiets liegen würde. Im Zeitpunkt des Erlasses der Veränderungssperre konnte ferner nicht ausgeschlossen werden, daß die Darstellung als Windfeld im Gebietsentwicklungsplan während der Aufstellung des Bebauungsplans noch geändert werde. Zudem ist nicht einmal sicher, ob die Darstellung des Windeignungsgebietes im Gebietsentwicklungsplan überhaupt als Konzentrationszone zu werten ist. Das für die Auslegung des irrevisiblen Gebietsentwicklungsplans zuständige Normenkontrollgericht hat ausdrücklich offen gelassen, ob der Gebietsentwicklungsplan mit der Ausweisung von Windfeldern raumordnerische Ziele oder nur Grundsätze festsetzt. Die Frage kann auch im Revisionsverfahren offen bleiben, weil § 1 Abs. 4 BauGB erst recht kein Planungshindernis darstellen würde, wenn das Windfeld COE 01 raumordnerisch nur als „Grundsatz" für die Windenergie vorgesehen wäre.

Entgegen der Rechtsauffassung der Revision ist schließlich auch das Gesetz über den Vorrang Erneuerbarer Energien vom 29. 3. 2000 (BGBl I, 305 – EEG) – für die rechtliche Beurteilung der streitigen Veränderungssperre ohne Bedeutung. Das Gesetz regelt die Abnahme und die Vergütung von Strom (§ 2 Abs. 1 Satz 1 EEG), jedoch keine bauplanungsrechtlichen Fragen.

b) Das Normenkontrollgericht hat ferner zu Recht angenommen, daß die Antragsgegnerin durch die Erteilung ihres Einvernehmens für die Errichtung der Windenergieanlage der Antragsteller nicht gehindert ist, ihre bauleitplanerischen Vorstellungen zu ändern und zu ihrer Sicherung eine Verändrungssperre zu erlassen. Das Recht – und die Pflicht – der Gemeinde, ihre Bauleitpläne in eigener Verantwortung aufzustellen (§ 2 Abs. 1 Satz 1 BauGB), wird durch die Erteilung des Einvernehmens zu einem konkreten Bauvorhaben nicht berührt. Die Gemeinde darf ihre Bauleitpläne immer dann aufstellen, wenn es für die städtebauliche Entwicklung und Ordnung erforderlich ist (§ 1 Abs. 3 BauGB). Dabei kommt es in erster Linie auf die Sicht der Gemeinde selbst an. Sie darf die städtebauliche Entwicklung in ihrem Gemeindegebiet bestimmen und sich dabei grundsätzlich von „gemeindepolitischen" Motiven, die sich jederzeit ändern können, leiten lassen (so bereits BVerwG, Beschluß v. 26. 10. 1998 – 4 BN 43.98 –, Buchholz 406.11, § 36 BauGB Nr. 53; vgl. auch OVG Lüneburg, Urteil v. 17. 12. 1998 – 1 K 1103/98 –, BRS 60 Nr. 59 = NVwZ 1999, 1001). Auf der Respektierung des Rechts der Gemeinde, ihre Bauleitplanung – unter Beachtung der gesetzlichen Regeln – jederzeit nach ihren eigenen Vorstellungen zu betreiben, beruht auch die Entscheidung des Senats, daß die Gemeinde der Vollstreckung aus einem rechtskräftigen Verpflichtungsurteil mit einem nachträglich geänderten Bauleitplan entgegentreten kann (Urteil v. 19. 9. 2002 – 4 C 10.01 –, BVerwGE 117, 44 = BRS 65 Nr. 102 = BauR 2003, 223), wie die Antragsgegnerin zutreffend geltend macht.

Dem steht die Einvernehmensregelung des § 36 BauGB nicht entgegen. Zwar besteht der Zweck der Gemeindebeteiligung im Baugenehmigungsverfahren nach § 36 BauGB nicht allein darin, der Gemeinde die Möglichkeit zu einer eigenen Beurteilung des Vorhabens auf der Grundlage der gegenwärtigen planungsrechtlichen Rechtslage zu geben. Die Gemeinde soll vielmehr auch Gelegenheit erhalten, aus Anlaß eines konkreten Bauantrags ihre Bauleitplanung zu ändern und zu ihrer Sicherung mit den Mitteln der §§ 14 und 15 BauGB ein bisher planungsrechtlich zulässiges Vorhaben zu verhindern. Mit der Zwei-Monats-Frist des § 36 Abs. 2 Satz 2 BauGB steht ihr hierfür ausreichend Zeit zur Verfügung. Die Gemeinde verliert ihre Planungsbefugnis jedoch nicht, wenn sie auf der Grundlage der bestehenden Rechtslage gemäß § 36 Abs. 2 Satz 1 BauGB ihr Einvernehmen erteilt oder wenn es nach Ablauf von zwei Monaten gemäß § 36 Abs. 2 Satz 2 BauGB als erteilt gilt. Eine gesetzliche Regelung, nach der die Einvernehmenserklärung zum Verlust der Planungsbefugnis führt, gibt es nicht. Und auch aus § 36 BauGB läßt sich kein Planungsverbot herleiten. Denn diese Vorschrift gilt für die Zulassung von Vorhaben; die Aufstellung von Bauleitplänen ist nicht Gegenstand der Regelung des § 36 BauGB. Im übrigen würde die Rechtsauffassung, daß die Gemeinde wegen der Erteilung ihres Einvernehmens das betroffene Grundstück nicht mehr überplanen dürfe, auch zu praktisch nicht lösbaren Problemen führen. Denn im Ergebnis wäre es der Gemeinde oft nicht mehr möglich, städtebaulich sinnvolle Plangebiete festzulegen, wenn sie bestimmte Grundstücke aus der Planung herausnehmen müßte.

Stellt also das tatsächlich oder fiktiv erteilte Einvernehmen der Gemeinde zu einem konkreten Bauvorhaben kein Hindernis für die Bauleitplanung der Gemeinde dar, so kann allerdings die Einvernehmenserteilung im Einzelfall Auswirkungen auf die materielle Rechtmäßigkeit eines ihm inhaltlich widersprechenden Bebauungsplans haben. Durch die Erteilung des Einvernehmens erlangt der Bauantragsteller eine Position, die die Gemeinde im Rahmen ihrer Bauleitplanung berücksichtigen muß. Der Zweck der Fristenregelung des §36 Abs. 2 Satz 2 BauGB besteht nämlich nicht nur darin, das Genehmigungsverfahren zu beschleunigen. Vielmehr dient die Vorschrift vornehmlich dem Schutz des Bauantragstellers. Er darf darauf vertrauen, daß über eine Teilfrage des Genehmigungsverfahrens innerhalb der Zwei-Monats-Frist des §36 Abs. 2 Satz 2 BauGB Klarheit geschaffen wird. Deshalb kann die Erteilung des Einvernehmens auch nicht widerrufen oder zurückgenommen werden; denn dies würde dem Sinn der Vorschrift widersprechen, innerhalb der Frist klare Verhältnisse über die Einvernehmenserklärung der Gemeinde zu schaffen (BVerwG, Urteil v. 12. 12. 1996 – 4 C 24.95 –, BRS 58 Nr. 142 = BauR 1997, 444 = ZfBR 1997, 216). Werden die Belange eines Bauherrn, zu dessen Bauvorhaben die Gemeinde gerade erst ihr unwiderrufliches Einvernehmen erklärt hat, bei der Planung nicht ausreichend berücksichtigt, so kann der Bebauungsplan an einem Abwägungsfehler leiden. Für die Wirksamkeit einer zur Sicherung des Bebauungsplans erlassenen Veränderungssperre kommt es darauf jedoch grundsätzlich nicht an. Denn in der Regel läßt sich die Rechtmäßigkeit eines Bebauungsplans vor Beendigung des Planaufstellungsverfahrens nicht abschließend beurteilen. Potentielle Rechtsmängel des künftigen Bebauungsplans können deshalb nur dann (ausnahmsweise) zur Unwirksamkeit der Veränderungssperre führen, wenn bereits sicher ist, daß sie dem Bebauungsplan unvermeidbar anhaften müssen. Derartige Mängel sind hier nicht erkennbar.

Der Senat hat erwogen, ob Vorhaben, für die zwar noch keine Baugenehmigung erteilt ist, zu denen die Gemeinde jedoch ihr Einvernehmen erteilt hat, generell oder bei unveränderter Sach- und Rechtslage wegen der Bindung der Gemeinde an das erteilte Einvernehmen in erweiternder oder analoger Anwendung des §14 Abs. 3 BauGB von den Wirkungen der Veränderungssperre freizustellen sind (vgl. auch Jäde, Gemeinde und Baugesuch, 2. Aufl. 2000, Rdnr. 123). Die Frage kann offen bleiben, weil sie in einem Normenkontrollverfahren nicht entscheidungserheblich ist. Im Normenkontrollverfahren kann nämlich nur geklärt werden, ob eine Norm – hier: die Veränderungssperre – gültig ist. Ob ein bestimmtes Vorhaben im Geltungsbereich der Veränderungssperre von ihr nicht erfaßt wird, hängt jedoch nicht von ihrer Ungültigkeit ab, sondern setzt ihre Wirksamkeit gerade voraus. Die Frage, ob ein bestimmtes Vorhaben gemäß §14 Abs. 3 BauGB von einer Veränderungssperre nicht berührt wird, kann deshalb ebenso wenig Gegenstand eines Normenkontrollverfahrens sein wie die Frage, ob eine Veränderungssperre für ein bestimmtes Vorhaben wegen einer vorangegangenen Zurückstellung gemäß §17 Abs. 1 Satz 2 BauGB keine Wirkungen mehr besitzt (vgl. dazu BVerwG, Beschluß v. 27. 4. 1992 – 4 NB 11.92 –, BRS 54 Nr. 76 = BauR 1992, 746 = ZfBR 1992, 185). Im vorliegenden Fall ist die Frage nach der relativen Unwirksamkeit der Veränderungssperre im Hinblick auf das Vorhaben der Antragsteller ferner schon deshalb unerheblich, weil die streitige Veränderungssperre – wie sogleich näher auszuführen ist – aus einem anderen Grunde nichtig ist.

c) Mit Bundesrecht nicht vereinbar ist die Rechtsauffassung des Normenkontrollgerichts, die Veränderungssperre vom 25.7.2001 sei zur Sicherung der Planung erforderlich, die Gegenstand des Aufstellungsbeschlusses der Antragsgegnerin ist. Die streitige Veränderungssperre ist mangels Sicherungsbedürfnisses unwirksam, weil der künftige Inhalt des Bebauungsplans „Windfeld COE 01" entgegen der Rechtsauffassung des Normenkontrollgerichts im Zeitpunkt des Erlasses der Veränderungssperre nicht in einem Mindestmaß konkretisiert und absehbar war.

Eine Veränderungssperre darf erst erlassen werden, wenn die Planung, die sie sichern soll, ein Mindestmaß dessen erkennen läßt, was Inhalt des zu erwartenden Bebauungsplans sein soll (st. Rspr., z.B. BVerwG, Urteil v. 10.9.1976 – 4 C 39.74 –, BVerwGE 51, 121, 128 = BRS 30 Nr. 76; Beschluß v. 27.7.1990 – 4 B 156.89 –, BRS 50 Nr. 101 = BauR 1990, 694 = ZfBR 1990, 302; Beschluß v. 25.11.2003 – 4 BN 60.03 –, a.a.O.). Wesentlich ist dabei, daß die Gemeinde bereits positive Vorstellungen über den Inhalt des Bebauungsplans entwickelt hat. Eine Negativplanung, die sich darin erschöpft, einzelne Vorhaben auszuschließen, reicht nicht aus. Denn wenn Vorstellungen über die angestrebte Art der baulichen Nutzung der betroffenen Grundflächen fehlen, ist der Inhalt des zu erwartenden Bebauungsplans noch offen. Die nachteiligen Wirkungen der Veränderungssperre wären – auch vor dem Hintergrund des Art. 14 Abs. 1 Satz 2 GG – nicht erträglich, wenn sie zur Sicherung einer Planung dienen sollte, die sich in ihrem Inhalt noch in keiner Weise absehen läßt (BVerwG, Urteil v. 10.9.1976 – 4 C 39.74 –, BVerwGE 51, 121, 128; Beschluß v. 5.2.1990 – 4 B 191.89 –, BRS 50 Nr. 103 = BauR 1990, 335 = ZfBR 1990, 206). Ein Mindestmaß an konkreter planerischer Vorstellung gehört auch zur Konzeption des § 14 BauGB. Nach seinem Abs. 2 Satz 1 kann eine Ausnahme von der Veränderungssperre zugelassen werden, wenn öffentliche Belange nicht entgegenstehen. Ob der praktisch wichtigste öffentliche Belang, nämlich die Vereinbarkeit des Vorhabens mit der beabsichtigten Planung, beeinträchtigt ist, kann aber nur beurteilt werden, wenn die planerischen Vorstellungen der Gemeinde nicht noch völlig offen sind.

Das Normenkontrollgericht ist zwar von demselben rechtlichen Ansatz ausgegangen. Es begnügt sich jedoch mit einem Planungsziel, bei dem die künftige Nutzung der Flächen im Plangebiet ungeklärt ist. Über den Inhalt des zu erwartenden Bebauungsplans findet sich in seiner Entscheidung allein die Aussage, die Antragsgegnerin wolle die Interessen des Pferdesportbetriebes abwägend berücksichtigen; sie wolle mit andern Worten das Interesse am Betreiben von Windenergieanlagen mit dem Interesse dieses Betriebes in eine abgewogene Entscheidung des gemeindepolitisch gewollten einstellen. Das Normenkontrollgericht stellt also nicht etwa fest, was die zulässige Art der baulichen Nutzung im Plangebiet sein solle. Der Entscheidung läßt sich auch nicht entnehmen, daß beispielsweise ein Sondergebiet für Windenergieanlagen festgesetzt und lediglich noch einzelne Festsetzungen zum Schutz des Reiterhofes getroffen werden sollten; eine solche Feinplanung könnte durch eine Veränderungssperre gesichert werden (vgl. BVerwG, Beschluß v. 25.11.2003 – 4 BN 60.03 –, a.a.O.). Aus der Begründung zum Aufstellungsbeschluß, auf den die Vorinstanz Bezug nimmt, ergibt sich vielmehr, daß bei der Planung dem Schutz der Landschaft zugunsten der Reitbetriebe Vorrang zu geben sei und daß die Einschätzung der Regionalplanung, nach der das Gebiet grundsätzlich für Windkraftanlagen geeignet sei, an den berechtigten Nutzungsinteressen der Nachbarschaft insgesamt scheitern könne.

Eine derartige Planung, bei der in einem raumordnerisch für die Windenergie vorgesehenen Gebiet Festsetzungen zugunsten von Windenergieanlagen – wie die Antragsgegnerin in der mündlichen Verhandlung treffend formuliert hat – „von Null bis Hundert" möglich sind, also alles noch offen ist, kann nicht durch eine Veränderungssperre gesichert werden. Zweck der Veränderungssperre ist es, eine bestimmte Bauleitplanung zu sichern. Sie darf nicht eingesetzt werden, um lediglich die Planungszuständigkeit, die Planungshoheit der Gemeinde zu sichern (so z. B. Söfker, in: Weyreuther-Festschrift, 1993, S. 377, 385). Gerade dies ist jedoch der Fall, wenn eine Gemeinde eine Veränderungssperre erläßt, um erst Zeit für die Entwicklung eines bestimmten Planungskonzepts zu gewinnen. Die „Absicht zu planen" genügt nicht. Zwar kann der Wunsch, ein konkretes Bauvorhaben zu verhindern, das – legitime – Motiv für den Erlaß einer Veränderungssperre sein. Eingesetzt werden darf dies Institut jedoch nur, wenn die Gemeinde ein bestimmtes Planungsziel, und zwar ein „positives" Planungsziel, besitzt oder aus Anlaß eines Bauantrags entwickelt und deshalb das Entstehen vollendeter Tatsachen verhindern will.

Zu weitergehenden Ausführungen über das erforderliche Mindestmaß der Konkretisierung der zu sichernden Planung gibt der vorliegende Fall keinen Anlaß. Das Mindestmaß dürfte im wesentlichen von den Umständen des Einzelfalls abhängen und deshalb einer revisionsgerichtlichen Klärung weitgehend entzogen sein. Zu berücksichtigen ist allerdings auch, daß das Konkretisierungserfordernis nicht überspannt werden darf, weil sonst die praktische Tauglichkeit der Veränderungssperre verloren gehen würde (Schenke, WiVerw 1994, 253, 265). Zudem wird sich die Gemeinde im allgemeinen nicht bereits zu Beginn des Aufstellungsverfahrens auf ein bestimmtes Planungsergebnis festlegen können; es ist gerade der Sinn der Vorschriften über die Planaufstellung, daß der Bebauungsplan innerhalb des Planungsverfahrens – insbesondere unter Beachtung des Abwägungsgebotes – erst erarbeitet wird (vgl. auch Jäde, Gemeinde und Baugesuch, 2. Aufl. 2000, Rdnr. 189). Davon zu unterscheiden ist jedoch eine Planung, deren Konzept erst im Planungsverfahren entwickelt werden soll. Ein solcher Fall liegt hier vor; denn im Zeitpunkt des Erlasses der Veränderungssperre fehlte die Grundentscheidung, ob das 200 ha große Plangebiet überhaupt für die Windenergie ausgewiesen werden solle. Nur wenn die Prüfung durch Sachverständige ergeben sollte, daß der Reitbetrieb durch Windenergieanlagen nicht unzumutbar gestört würde, sollte das Plangebiet nach dem Willen der Antragsgegnerin für sie festgesetzt werden. Das genügt nicht.

Nr. 12

1. Die Zielsetzungen eines Bebauungsplans, die Attraktivität und Einzelhandelsfunktion der Innenstadt zu erhalten und zu stärken, sind von § 1

Abs. 5 Satz 2 Nrn. 4 und 8 BauGB sowie unter den Aspekten „Lebensqualität" und „gesellschaftliches Leben" auch von § 1 Abs. 5 Satz 2 Nr. 3 BauGB gedeckt.

2. Eine Gemeinde kann im Rahmen des ihr zustehenden Planungsermessens den in seiner zentralen Funktion besonders zu schützenden Kernbereich ihrer Innenstadt eigenverantwortlich festlegen.

3. Sollen zum Schutz eines Innenstadtbereichs bestimmte Warensortimente an solchen Standorten ausgeschlossen werden, an denen eine entsprechende Nutzung den Zielsetzungen des planerischen Konzepts der Gemeinde zuwider laufen würde, bedarf es einer individuellen Betrachtung der jeweiligen örtlichen Situation; dabei können in den Ausschluß im Interesse einer Stärkung des Zentrums auch einzelne Sortimente einbezogen werden, die im Kernbereich nicht oder nur mit einem geringen Prozentanteil vertreten sind.

4. Zur Begrenzung der Verkaufsfläche von Tankstellen-„Shops".

(Zu 4. nichtamtlicher Leitsatz)

BauGB § 1 Abs. 5 Satz 2 Nrn. 3, 4, und 8, § 1 Abs. 6; BauNVO § 1 Abs. 10; GG Art. 14 Abs. 1.

OVG Nordrhein-Westfalen, Urteil vom 22. April 2004 – 7 a D 142/02.NE – (rechtskräftig nach Beschluß des BVerwG vom 10. 11. 2004 – 4 BN 33.04 –, abgedruckt unter Nr. 18).

Die Antragsteller wandten sich gegen einen Bebauungsplan der Antragsgegnerin, weil er in ihrem Eigentum stehende Grundflächen als Mischgebiet bei gleichzeitigem Ausschluß verschiedener Einzelhandelsnutzungen überplante. Ihr Normenkontrollantrag hatte keinen Erfolg.

Aus den Gründen:
Dem Bebauungsplan fehlt nicht die städtebauliche Erforderlichkeit nach § 1 Abs. 3 BauGB.

Nach den Ausführungen in der Planbegründung ist Ziel des strittigen Bebauungsplans die Erhaltung und Stärkung der Einzelhandelsfunktion der Innenstadt der Antragsgegnerin. Durch eine Einschränkung der in den Randbereichen zukünftig zulässigen Arten von Anlagen bzw. Betrieben soll dem Ziel einer starken und intakten Kernstadt entsprochen werden.

Damit verfolgt die Antragsgegnerin legitime Zielsetzungen für eine verbindliche Bauleitplanung.

Dafür, welche öffentliche Belange eine Bauleitplanung städtebaulich rechtfertigen können, enthält § 1 Abs. 5 Satz 2 BauGB eine beispielhafte Auflistung, die, wie schon aus dem Wort „insbesondere" folgt, allerdings nicht abschließend ist. Demgemäß besitzt eine Gemeinde auch dann noch die Befugnis zur Bauleitplanung, wenn sie nicht unmittelbar auf einen der in dieser Vorschrift genannten Belange verweisen kann (vgl. BVerwG, Beschluß v. 15. 10. 2002 – 4 BN 51.02 –, NVwZ-RR 2003, 171, m. w. N.).

Weiterer Erörterungen dieser Frage bedarf es hier schon deshalb nicht, weil die angeführten städtebaulichen Zielsetzungen der Antragsgegnerin sich ohne weiteres auf mehrere der in § 1 Abs. 5 Satz 2 BauGB angeführten Belange zurückführen lassen.

Die zentrale Zielsetzung einer Erhaltung der Attraktivität und Einzelhandelsfunktion der Innenstadt (vgl. BVerwG, Beschluß v. 11.5.1999 – 4 BN 15.99 –, BRS 62 Nr. 19 (S. 97) = BauR 1999, 1136) ist von § 1 Abs. 5 Satz 2 Nr. 8 BauGB gedeckt. Diese Regelung, nach der bei der Aufstellung der Bauleitpläne u. a. „die Belange der Wirtschaft, auch ihrer mittelständischen Struktur im Interesse einer verbrauchernahen Versorgung der Bevölkerung", zu berücksichtigen sind, ist ein Beleg dafür, daß es dem Gesetzgeber ein wichtiges Anliegen ist, dem Interesse an gut erreichbaren und an den Bedürfnissen der Verbraucher orientierten Einzelhandelsbetrieben Rechnung zu tragen. Dementsprechend geht es etwa auch bei den Regelungen des § 11 Abs. 3 BauNVO darum, den Einzelhandel an den Standorten zu sichern, die in das städtebauliche Ordnungssystem funktionsgerecht eingebunden sind. Dabei ist es nicht Selbstzweck, daß die Wirtschaftsstruktur in den zentralen Versorgungsbereichen gestärkt wird. Der Schutz der mittelständischen Wirtschaft dient nicht als Mittel dafür, bestimmte Wettbewerbsverhältnisse zu stabilisieren. Vielmehr soll sichergestellt werden, daß durch die Ansiedlung von Einzelhandelsbetrieben an peripheren Standorten nicht die wirtschaftliche Existenz derjenigen Betriebe bedroht oder gar vernichtet wird, die eine verbrauchernahe Versorgung gewährleisten (vgl. zu alledem BVerwG, Urteil v. 1.8.2002 – 4 C 5.01 –, BRS 65 Nr. 10 (S. 48) = BauR 2003, 55).

Mit der „verbrauchernahen" Versorgung sind dabei Fragen der flächenmäßigen Zuordnung von Einkaufsmöglichkeiten und Dienstleistungsangeboten zu Wohnstandorten, der Sicherung der Vielfalt von Warenangebot und Dienstleistungen an bestimmten Standorten sowie der räumlich ausgewogenen Verteilung des Waren- und Dienstleistungsangebots angesprochen (vgl. Gaentzsch, in: Berliner Kommentar zum BauGB, 3. Aufl. 2002, Rdnr. 68 zu § 1).

Letztlich geht es dabei um den Schutz und die Sicherung der Versorgung an integrierten, namentlich auch für die nicht motorisierte Bevölkerung möglichst gut erreichbaren Standorten. Nichts anderes soll mit dem strittigen Bebauungsplan erreicht werden, wenn dieser darauf abzielt, solche Branchengruppen auszuschließen, die einerseits einer Stärkung der Innenstadt bzw. des Zentrums dienen und andererseits dazu führen können, daß sich Unterzentren an Standorten bilden, die funktional nicht im Zusammenhang mit der Innenstadt zu sehen sind.

Soweit die Antragsgegnerin über die bloße Erhaltung der Einzelhandelsfunktion der Innenstadt hinaus auch deren Stärkung und eine Verbesserung der Attraktivität der Innenstadt anstrebt, geht es nach den Ausführungen in der Planbegründung zusätzlich darum, einer Verödung der Innenstadt entgegenzuwirken. Der Bereich der „Unteren Hauptstraße" soll hiernach die Funktion des Innenstadtbereichs nicht gefährden. Eine Verödung des Kernbereichs einerseits und eine überdimensionierte Aufwertung der sogenannten Innenstadtrandbereiche andererseits sei aus städtebaulichen Erwägungen nicht gewollt, da „hierdurch die Funktionen der einzelnen Stadtelemente bzw. Stadtbereiche derart verlagert würden, daß die Stadt bzw. die eine Stadt ausmachenden positiven Kriterien (Attraktivität, Lebensqualität, gesellschaftliches Leben) geschwächt bzw. sogar zerstört würden".

Diese Zielsetzung einer Stärkung der Attraktivität entspricht der Vorgabe des § 1 Abs. 5 Satz 2 Nr. 4 BauGB, wonach neben der Erhaltung auch die Fortentwicklung vorhandener Ortsteile bei der Aufstellung der Bauleitpläne zu berücksichtigen ist. Mit den positiv zu fördernden städtebaulichen Kriterien „Attraktivität", „Lebensqualität" und „gesellschaftliches Leben" sind darüber hinaus auch die in § 1 Abs. 5 Satz 2 Nr. 3 BauGB angeführten sozialen und im weitesten Sinne auch kulturellen Belange der Bevölkerung erfaßt. Plastisch wird dies z. B. an dem allgemein verbreiteten Schlagwort „Erlebniseinkauf", das gerade die den sozialen Bedürfnissen der Bevölkerung Rechnung tragende Möglichkeit erfaßt, in einem städtebaulich attraktiven, auch Möglichkeiten zum Verweilen und Kommunizieren bietenden Umfeld zugleich die Versorgungsbedürfnisse befriedigen zu können.

Aus dem Vorstehenden folgt, daß entgegen der Auffassung der Antragsteller keine Rede davon sein kann, der strittige Bebauungsplan beinhalte eine unzulässige Wahrnehmung von Wettbewerbsinteressen. Ebenso wenig läßt sich feststellen, die Planung der Antragsgegnerin verfolge ausschließlich fiskalische Interessen oder es handele sich bei ihr um eine unzulässige „Negativplanung". (Wird ausgeführt.)

Die nach alledem legitimen und hier hinreichend städtebaulich gerechtfertigten allgemeinen Planziele einer Erhaltung und Stärkung der Attraktivität des Innenstadtbereichs sind auch in ihrer konkreten Umsetzung von § 1 Abs. 3 BauGB gedeckt.

Geht es um das „Wie" der Planung, hat die Gemeinde ein weites Planungsermessen, dessen Ausübung sich maßgebend nach ihren eigenen städtebaulichen Vorstellungen richtet (vgl. BVerwG, Urteil v. 17. 9. 2003 – 4 C 14.01 –, BRS 66 Nr. 1 = BauR 2004, 443 = NVwZ 2004, 220, 221).

Was i. S. von § 1 Abs. 3 BauGB „erforderlich" ist, bestimmt sich insoweit maßgeblich nach der jeweiligen planerischen Konzeption. Welche städtebaulichen Ziele die Gemeinde sich setzt, liegt in ihrem planerischen Ermessen. Der Gesetzgeber ermächtigt sie, die „Städtebaupolitik" zu betreiben, die ihren städtebaulichen Ordnungsvorstellungen entspricht (vgl. BVerwG, Beschluß v. 11. 5. 1999 – 4 BN 15.99 –, BRS 62 Nr. 19 (S. 96) = BauR 1999, 1136, m. w. N.).

Die Erforderlichkeit i. S. von § 1 Abs. 3 BauGB kann die Gemeinde weitgehend, wenn auch unter Wahrung rechtlicher Schranken, selbst durch ihre eigene planerische Konzeption für die städtebauliche Entwicklung vorgeben. Die einzelnen Festsetzungen eines Bebauungsplans genügen damit dann dem Maßstab der Erforderlichkeit, wenn sie ihre Rechtfertigung in dem städtebaulichen Konzept der Gemeinde finden, d. h. im Rahmen der Gesamtkonzeption „vernünftigerweise geboten" sind (vgl. BVerwG, Urteil v. 6. 6. 2002 – 4 CN 4.01 –, BRS 65 Nr. 78 (S. 386) = BauR 2002, 1655, m. w. N.).

In diesem auf das städtebauliche Konzept der Gemeinde bezogenen Kontext bedeutet „vernünftigerweise geboten" der Sache nach letztlich nichts anderes, als daß diese Festsetzungen „auf eine geordnete städtebauliche Entwicklung ausgerichtet zu sein und diese zu gewährleisten" haben (vgl.

BVerwG, Urteil v. 22. 1. 1993 – 8 C 46.91 –, BRS 55 Nr. 106 (S. 293) = BauR 1993, 585, m. w. N.) bzw. „einer geordneten städtebaulichen Entwicklung dienen" und deshalb vernünftigerweise geboten erscheinen (vgl. BVerwG, Urteil v. 17. 9. 2003 – 4 C 14.01 –, BRS 66 Nr. 1 = BauR 2004, 443 = NVwZ 2004, 220, 222).

Gemessen an diesen Maßstäben ist es nicht zu beanstanden, daß die Antragsgegnerin sich dazu entschlossen hat, den nach ihren städtebaulichen Zielvorstellungen in seiner zentralen Funktion besonders zu schützenden Kernbereich der Innenstadt mit den in der Planbegründung dargelegten Grenzen festzulegen. Daß der hier in Rede stehende nördliche Abschnitt der „Unteren Hauptstraße" damit nicht zu dem Bereich der Innenstadt gehört, dem nach der planerischen Zielsetzung der Antragsgegnerin zentrale Versorgungsfunktion zukommen soll, mag nicht den Vorstellungen der Antragsteller von der künftigen Nutzbarkeit ihres Grundeigentums entsprechen. Darauf kommt es jedoch nicht an, da die Antragsgegnerin insoweit das ihr zustehende Planungsermessen zur eigenverantwortlichen Verfolgung der ihren Vorstellungen entsprechenden Städtebaupolitik ausgeübt hat.

Rechtliche Bedenken könnten allenfalls bestehen, wenn die Entscheidung der Antragsgegnerin, zum Schutz des Kernbereichs der Innenstadt einer Ausweitung des zentrenrelevanten Einzelhandels im Plangebiet an der „Unteren Hauptstraße" entgegenzuwirken, nach ihren eigenen konzeptionellen Überlegungen widersprüchlich und damit nicht im dargelegten Sinne „vernünftigerweise geboten" wäre. Dies trifft jedoch nicht zu.

In der Planbegründung ist ausdrücklich darauf hingewiesen, daß die vorliegende Bebauungsplanung insbesondere auf dem „Gutachten 1999" beruht, das die Primärziele der Erarbeitung von Markt- und Tragfähigkeitsanalysen und darauf aufbauender Nutzungskonzepte für innerstädtische Standortbereiche verfolgt. In dem Gutachten 1999 ist der gesamte Stadtbereich umfassend untersucht worden. Dabei sind der Einzelhandelsbestand und die Erweiterungsperspektiven nach dem „Leitbild 2010" in Abbildungen grafisch dargestellt. Diese machen deutlich, daß Expansionszonen des Stadtzentrums lediglich in Richtung Westen und in Richtung Süden gesehen werden. Demgegenüber mißt das Gutachten 1999 dem Stadtzentrum keine Expansionszone in Richtung Norden entlang der „Unteren Hauptstraße" zu.

An die Darlegungen des Gutachtens 1999 knüpft der strittige Bebauungsplan an wie aus den einzelnen Ausführungen in der Planbegründung folgt. (Wird ausgeführt.) Insgesamt kann daher nicht festgestellt werden, daß die Antragsgegnerin bei der Ausarbeitung des strittigen Bebauungsplans im Hinblick auf das Planziel eines Schutzes der Attraktivität und Zentrenfunktion des Kernbereichs der Innenstadt inkonsequent oder gar widersprüchlich gehandelt hat.

Der Umstand, daß die Antragsgegnerin sich mit dem vorliegenden Bebauungsplan auf die Überplanung nur eines Teils der Bereiche beschränkt hat, in denen potentielle Gefährdungen des Zentrums in Betracht kommen, ist unschädlich. Für das strittige Plangebiet wurde, wie auch die Darlegungen im Gutachten 1999 belegen, ein aktueller Planungsbedarf gesehen. Diese Einschätzung trifft zu, weil hier das vor Erlaß des strittigen Bebauungsplans geltende Baurecht nach § 34 BauGB keine planerischen Steuerungsmöglichkeiten zuließ. Die Regelungen des § 34 BauGB sind – wie die des § 35 BauGB – kein vollwertiger Ersatz für einen Bebauungsplan, sondern gelten als Planersatzvorschriften, nicht als Ersatzplanung (vgl. BVerwG, Urteil v. 17. 9. 2003 – 4 C 14.01 –, a. a. O., m. w. N.).

Im unbeplanten Innenbereich setzt ausschließlich das tatsächlich Vorhandene die Maßstäbe dafür, was planungsrechtlich zulässig ist. Wenn dieses eine von der Gemeinde nicht gewünschte städtebauliche Entwicklung vorgibt, kann sie dem nur durch Schaffung eigenen örtlichen Baurechts durch einen Bebauungsplan entgegenwirken (vgl. hierzu Kuschnerus, „Der sachgerechte Bebauungsplan", 2. Aufl. 2001, Rdnr. 127 ff.).

Dementsprechend ist es mit Blick auf § 1 Abs. 3 BauGB nicht zu beanstanden, wenn sich die planende Gemeinde – wie hier – bei der Verfolgung einer umfassenderen Zielsetzung im Einzelfall darauf beschränkt, (zunächst) nur dort planerisch aktiv zu werden, wo tatsächlich konkreter Handlungsbedarf besteht.

Städtebaulich gerechtfertigt ist auch der konkrete Ausschluß der in Abschnitt (4) der textlichen Festsetzungen aufgelisteten Sortimente des Einzelhandels.

Diese Ausschlußregelungen sind gestützt auf § 1 Abs. 9 BauNVO. Diese Vorschrift läßt auch Sortimentsbeschränkungen des Einzelhandels zu, wenn diese Differenzierung marktüblichen Gegebenheiten entspricht (vgl. BVerwG, Beschluß v. 4. 10. 2001 – 4 BN 45.01 –, BRS 64 Nr. 28).

Daß die hier gewählten Sortimentsbezeichnungen, die der Anlage 1 zum Einzelhandelserlaß 1996 (MBl. NRW. 1996, S. 922) entnommen sind, marktüblichen Gegebenheiten entsprechen, unterliegt keinem Zweifel. Selbstverständlich gibt es in der Realität Einzelhandelsbetriebe, die etwa als Buchladen, Kunst- und Antiquitätenhandel, Baby-Markt usw. bezeichnet werden.

Die Zulässigkeit solcher Sortimentsbeschränkungen ist auch nicht etwa auf großflächige Einzelhandelsbetriebe beschränkt, die mit einer Geschoßfläche von mehr als 1.200 m² der sogenannten Regelvermutung des § 11 Abs. 3 Satz 3 BauNVO unterliegen. § 1 Abs. 9 BauNVO läßt den Ausschluß aller Arten baulicher Anlagen i. S. der BauNVO zu, mithin auch den Ausschluß bestimmter Arten von Einzelhandelsbetrieben i. S. von § 6 Abs. 2 Nr. 3 BauNVO.

Allerdings fordert eine Feindifferenzierung der zulässigen Art der baulichen Nutzung auf der Grundlage von § 1 Abs. 9 BauNVO eine städtebauliche Begründung, die sich aus der jeweiligen konkreten Planungssituation ergeben muß und geeignet ist, die Abweichung vom normativen Regelfall der Baugebietsausweisung zu rechtfertigen. Das „besondere" an den städtebaulichen Gründen nach § 1 Abs. 9 BauNVO besteht dabei nicht darin, daß die Gründe von größerem oder im Verhältnis zu § 1 Abs. 5 BauNVO zusätzlichem Gewicht sein müssen. Mit „besonderen" städtebaulichen Gründen nach § 1 Abs. 9 BauNVO ist nur gemeint, daß es spezielle Gründe gerade für eine noch feinere Ausdifferenzierung der zulässigen Nutzung als nach den Abs. 5 bis 8 des § 1 BauNVO geben muß (vgl. BVerwG, Urteil v. 22. 5. 1987 – 4 C 77.84 –, BRS 47 Nr. 58 = BauR 1987, 524).

Demgemäß bedarf es dann, wenn zum Schutz eines Innenstadtbereichs bestimmte Warensortimente an solchen Standorten ausgeschlossen werden sollen, an denen eine entsprechende Nutzung den Zielsetzungen des planerischen Konzepts der Gemeinde zuwiderlaufen würde, einer individuellen Betrachtung der jeweiligen örtlichen Situation (vgl. OVG NRW, Urteil v. 3.6.2002 – 7 a D 92/99.NE –, BRS 65 Nr. 38 (S. 186)).

Aus dieser konkreten örtlichen Situation ist abzuleiten, weshalb für die betroffenen Bereiche der Ausschluß der gewählten Sortimente im dargelegten Sinne „vernünftigerweise geboten" ist, um das von der Gemeinde legitimerweise verfolgte Planziel zu erreichen.

Diesen Anforderungen genügt der von der Antragsgegnerin in den textlichen Festsetzungen festgelegte Ausschluß bestimmter Einzelhandelssortimente.

Die Antragsgegnerin hat sich zur Gewährleistung des Planziels „Erhaltung der Einzelhandelsfunktion der Innenstadt" zum einen dazu entschlossen, den Ausschluß auf sämtliche 10 Sortimentsgruppen zu erstrecken, die nach Teil A der Anlage 1 zum Einzelhandelserlaß 1996 als „zentrenrelevante Sortimentsgruppen gelten". Dieser Erlaß nimmt allerdings nicht für sich in Anspruch, die Zentrenrelevanz bestimmter Sortimentsgruppen abschließend festzulegen. Vielmehr knüpft die Anlage 1 zum Einzelhandelserlaß 1996 daran an, daß sich Anhaltspunkte für die Zentrenrelevanz aus dem vorhandenen Angebotsbestand in den gewachsenen Zentren i.V.m. städtebaulichen Kriterien ergeben (vgl. OVG NRW, Urteil v. 3.6.2002 – 7 a D 92/99.NE –, BRS 65 Nr. 38 (S. 185 f.)).

Solche Anhaltspunkte wurden in dem Gutachten 1999, das Grundlage der Planungsentscheidung der Antragsgegnerin war, konkret ermittelt und dargestellt. So folgt aus dem Gutachten, daß nach der Bestandsermittlung 1998 die Sortimente der Nummern 1 bis 10 des Teils A der Anlage 1 zum Einzelhandelserlaß 1996, die den ausgeschlossenen Sortimenten der Nummern 1 bis 10 des Abschnitts (4) der textlichen Festsetzungen des strittigen Bebauungsplans entsprechen, in der Tat von einigen wenigen Ausnahmen abgesehen in der nach der planerischen Zielvorstellung der Antragsgegnerin zu schützenden Kernzone mit hohen Anteilen am Verkaufsflächenangebot der Gesamtstadt vertreten sind. In vielen Fällen sind bezüglich dieser Sortimente in der Kernzone sogar Anteile von deutlich über 50 % der Verkaufs- bzw. Geschäftsflächen der Gesamtstadt vorhanden. Dies belegt, daß die von der Antragsgegnerin als schützenswert erachtete Versorgungsfunktion des Kernbereichs der Innenstadt hinsichtlich nahezu aller Sortimente des Teils A der Anlage 1 zum Einzelhandelserlaß 1996 zutrifft.

Daß auch einzelne Sortimente der Nummern 1 bis 10 des Teils A der Anlage 1 zum Einzelhandelserlaß 1996, die in der Kernzone nicht oder nur mit einem äußerst geringen Prozentsatz vertreten sind, in die Liste der ausgeschlossen Sortimente aufgenommen sind, macht die Entscheidung des Rates der Antragsgegnerin nicht fehlerhaft. Diese Sortimente gehören nach den auf das Gutachten 1999 gestützten Ausführungen der Planbegründung für den Bereich der Antragsgegnerin zu den als „zentrumsbildend" umschriebenen Branchengruppen. Sie konnten nach der nicht zu beanstandenden Einschätzung der Antragsgegnerin in die Ausschlußliste aufgenommen werden, weil sie in der Tat einer Stärkung der Innenstadt bzw. des Zentrums dienen. Ihr Ausschluß hat immerhin zur Folge, daß eventuelle Neuansiedlungen in der Kernzone, in die diese Sortimente nach der planerischen Entscheidung der Antragsgegnerin eigentlich hineingehören, zumindest eher wahrscheinlich sind, zumal es sich um solche Sortimente handelt, die derzeit in dem hier in Rede stehenden Bereich der „Unteren Hauptstraße" überhaupt nicht angeboten werden.

Nicht zu beanstanden ist ferner, daß die Antragsgegnerin auch die Sortimentsgruppen Nr. 11 und 12 – Lebensmittel, Getränke einerseits sowie Apotheke, Drogerie, Kosmetik, Haushaltswaren andererseits – im Plangebiet ausgeschlossen hat.

Allerdings handelt es sich bei diesen Sortimenten nicht um in erster Linie zentrentypische Sortimente. In Teil A der Anlage 1 zum Einzelhandelserlaß 1996 sind diese Sortimente – mit Ausnahme des in der Anlage 1 nicht aufgeführten Sortiments „Apotheke" (= Pharmazie) – als „nahversorgungs-(ggf. auch zentren-)relevante Sortimentsgruppen" bezeichnet. Gleichwohl kommt ihnen in der hier gegebenen örtlichen Situation ersichtlich eine nicht unerhebliche Zentrenrelevanz schon deshalb zu, weil diese Sortimente in der Tat in beachtlichem Ausmaß in der zu schützenden Kernzone angeboten werden. (Wird ausgeführt.)

Schon dies rechtfertigt es, die genannten Sortimente in der hier gegebenen örtlichen Situation übereinstimmend mit der entsprechenden Einschätzung im Gutachten 1999 auch als zentrenrelevant zu werten, selbst wenn sie teilweise zugleich nahversorgungsrelevant sind. Insoweit hat die Antragsgegnerin nach den Ausführungen in der Planbegründung zutreffend unter Bezugnahme auf den Einzelhandelserlaß 1996 ausgeführt: „Gemäß Nr. 2.2.5 des Runderlasses können die Gemeinden bei Vorliegen besonderer städtebaulicher Gründe die zentrenrelevanten Sortimente eigenständig festlegen. Dies ist vorliegend für die genannten Waren auf Grund des Ergänzungsgutachtens (= Gutachten 1999) und den Ergebnissen des gebildeten Arbeitskreises erfolgt."

Dabei unterliegt auch keinen Bedenken, daß die genannten Sortimente weitgehend zugleich auch in besonderem Maß nahversorgungsrelevant sind und deshalb eine ausschließliche oder auch nur überwiegende Konzentrierung auf die Kernzone der Innenstadt städtebaulich schwer zu rechtfertigen wäre. Das hier betroffene Plangebiet ist jedenfalls durch seine deutliche Nähe zu der nach der Einschätzung der Antragsgegnerin besonders zu schützenden Kernzone gekennzeichnet, so daß bei einer Neuansiedlung bzw. – bezogen auf die bereits vorhandenen Angebote der genannten Sortimente – deutlichen Verstärkung des Angebots der genannten Sortimente im Plangebiet auch unter Nahversorgungsaspekten ein beachtlicher Attraktivitätsverlust der Kernzone in Betracht kommt.

Schließlich ist auch der Ausschluß von „Shops i. V. m. Tankstellen", soweit diese mehr als 150 m^2 Verkaufsfläche aufweisen, von der Antragsgegnerin hinreichend städtebaulich gerechtfertigt worden.

Insoweit ist zunächst klarzustellen, daß es entgegen der Auffassung der Antragsteller in der Tat „Shops i. V. m. Tankstellen" als Betriebstypen des Einzelhandels gibt. Tankstellen werden heute sogar i. d. R. i. V. m. sogenannten „Shops" betreiben, in denen eine breite Palette von Waren angeboten wird, die sich nicht nur auf Kfz-Ersatzteile und Zubehör beschränken. Das Angebot reicht vielmehr von Zeitschriften, Tabakwaren, Getränken und Lebensmitteln – häufig einschließlich bestimmter frischer Backwaren – bis hin zu einzelnen anderen Gütern vornehmlich des täglichen Bedarfs.

Bei ihrer Entscheidung, diese „Shops" lediglich hinsichtlich ihrer Verkaufsfläche zu begrenzen, hat sich die Antragsgegnerin nach den Ausführungen in der Planbegründung maßgeblich davon leiten lassen, daß eine Festlegung von Sortimenten für „Shops" an Tankstellen nur schwer möglich ist. Dies trifft in der Tat zu. Diese „Shops" erfüllen insofern eine besondere Funktion, als sie neben der Versorgung reisender Kraftfahrer mit Reisebedarf auch als gelegentlich des Tankvorgangs genutzte (begrenzte) Versorgungsmöglichkeit für einzelne Güter des täglichen Bedarfs dienen sowie – ähnlich wie Kioske und sog. „Trinkhallen" mit räumlich begrenztem Verkauf – insbesondere auch zu den Zeiten genutzt werden, in denen die allgemeinen Läden häufig nicht mehr geöffnet haben. Gleichwohl können sie dann, wenn sie, wie mancherorts bereits üblich, große Verkaufsflächen von etlichen 100 m² aufweisen, nicht anders als „normale" Läden den bestehenden Einzelhandel zumindest in bestimmten Branchen erheblich in seiner Versorgungsfunktion beeinträchtigen, so daß ihre Steuerung städtebaulich gerechtfertigt erscheint.

Die hier gewählte Begrenzung der Verkaufsfläche auf 150 m² trägt allerdings die Umschreibung eines bestimmten Anlagentyps nicht gleichsam in sich selbst. Vielmehr muß die Gemeinde darlegen, warum Betriebe über der von ihr festgesetzten Größe generell oder doch jedenfalls unter Berücksichtigung der besonderen örtlichen Verhältnisse einem bestimmten Anlagentyp entsprechen (vgl. BVerwG, Beschluß v. 17. 7. 2001 – 4 B 55.01 –, BRS 64 Nr. 29 unter Bezugnahme auf BVerwG, Urteil v. 22. 5. 1987 – 4 C 77.84 –, BRS 47 Nr. 58 = BauR 1987, 524).

Das ist hier geschehen. Die Antragsgegnerin hat die festgesetzte Begrenzung der Verkaufsfläche von Tankstellen-„Shops" auf 150 m² damit begründet, daß sie „an diesem Standort als verträglich und damit vertretbar angesehen wird, wie es bei Tankstellen dieser Art üblich ist". „Die Üblichkeit" ist von den Antragstellern anläßlich der Erörterung in der mündlichen Verhandlung vor dem Senat nicht substantiiert in Frage gestellt worden und trifft nach der Erfahrung der Mitglieder des Senats auch zu. Tankstellen-„Shops" weisen namentlich in innerörtlichen Bereichen der hier gegebenen Lage regelmäßig nicht mehr als 150 m² Verkaufsfläche auf, so daß sie zu Recht als eine bestimmte Art von baulichen Anlagen gewertet werden konnten.

Keinen Bedenken unterliegen auch die Sonderregelungen, die gemäß § 1 Abs. 10 BauNVO zur Absicherung der im Plangebiet bereits vorhandenen Betriebe getroffen wurden, die (auch) Einzelhandel betreiben.

Nach der genannten Vorschrift kann für „bestimmte vorhandene bauliche und sonstige Anlagen", die bei Festsetzung eines Baugebiets in überwiegend bebauten Gebieten unzulässig wären, festgesetzt werden, daß Erweiterungen,

Änderungen, Nutzungsänderungen oder Erneuerungen dieser Anlagen allgemein zulässig sind oder ausnahmsweise zugelassen werden können.

Daß es sich bei dem Plangebiet des Bebauungsplans um ein „überwiegend bebautes Gebiet" handelt (vgl. hierzu BVerwG, Beschluß v. 6.3.2002 – 4 BN 11.02 –, BRS 65 Nr. 41 = BauR 2002, 1665), unterliegt nach dem dem Senat vorliegenden Kartenmaterial keinem Zweifel. Der Anwendbarkeit des § 1 Abs. 10 BauNVO steht auch nicht entgegen, daß die Unzulässigkeit der über diese Vorschrift abgesicherten Betriebe im vorliegenden Fall darauf beruht, daß die Betriebe Nutzungsarten zuzurechnen sind, die gemäß § 1 Abs. 9 BauNVO an sich im festgesetzten Baugebiet ausgeschlossen sind. Die Vergünstigung des § 1 Abs. 10 BauNVO kann auch solchen vorhandenen Anlagen oder Betrieben zugestanden werden, die in dem betreffenden Baugebiet nicht deshalb unzulässig sind, weil dessen allgemeine Zweckbestimmung ihnen entgegen steht, sondern allein deshalb einer Zulassungssperre unterliegen, weil sie – wie hier – von einer Ausschlußregelung erfaßt werden (vgl. BVerwG, Beschluß v. 11.5.1999 – 4 BN 15.99 –, BRS 62 Nr. 19 (S. 101) = BauR 1999, 1136).

Die Anwendung von § 1 Abs. 10 BauNVO ist im vorliegenden Fall auch nicht, wie die Antragsteller meinen, etwa deshalb verfehlt, weil es sich hier bei den „umfangreichen Fremdkörperfestsetzungen" nicht um „kleinere Einsprengsel geringfügigen Umfangs" handelt. Bereits ein Blick auf den strittigen Bebauungsplan, in dem die von Festsetzungen nach § 1 Abs. 10 BauNVO erfaßten Bereiche mit einem Punktraster markiert sind, zeigt, daß das Gegenteil der Fall ist. Zu betrachten ist das gesamte einheitlich als Mischgebiet ausgewiesene Plangebiet des Bebauungsplans, dessen Zweckbestimmung „in seinen übrigen Teilen gewahrt bleiben" muß. Von diesem Mischgebiet nehmen die Bereiche mit Sonderregelungen nach § 1 Abs. 10 BauNVO ersichtlich nur einen geringen Prozentanteil ein, so daß es im vorliegenden Fall keiner weiteren Erörterung bedarf, bei welchem räumlichen Umfang die Grenze der noch zulässigen Absicherung vorhandener Betriebe über § 1 Abs. 10 BauNVO erreicht ist.

Die konkret nach § 1 Abs. 10 BauNVO getroffenen Regelungen sind allerdings in mehrfacher Hinsicht auslegungsbedürftig.

Einer Auslegung des normativen Planinhalts bedarf es zunächst insoweit, als die textlichen Festsetzungen einerseits und die Planzeichnung andererseits widersprüchlich sind.

Dieser Widerspruch läßt sich jedoch ohne weiteres im Wege der berichtigenden Auslegung (zur Zulässigkeit einer berichtigenden Auslegung von Bebauungsplänen vgl. BVerwG, Beschluß v. 14.12.1995 – 4 N 2.95 –, BRS 57 Nr. 57 = BauR 1996, 358) beheben, da es sich um ein offensichtliches Redaktionsversehen handelt. (Wird ausgeführt).

Auslegungsbedürftig ist weiterhin, welchen Inhalt die in der Festsetzung nach § 1 Abs. 10 BauNVO für ausnahmsweise zulässig erklärten „Erweiterungen, Änderungen, Nutzungsänderungen und Erneuerungen" haben. Insoweit hat sich die Antragsgegnerin darauf beschränkt, den Wortlaut des § 1 Abs. 10 BauNVO wiederzugeben. Dieser gibt jedoch nichts dafür her, ob und – wenn ja – mit welchem Inhalt die zulässigen „Erweiterungen, Änderungen, Nutzungsänderungen und Erneuerungen" beschränkt sind. Maßgeblich für die hiernach gebotene Auslegung des Begriffes „Nutzungsänderung" und der Begriffe „Erweiterungen, Änderungen und Erneuerungen" sind folgende Erwägungen:

Mit der ihrem Wortlaut nach uneingeschränkten Fassung könnte die ausnahmsweise Zulassung von Nutzungsänderungen dahin verstanden werden, daß für die betreffenden Grundstücke Nutzungsänderungen jeder Art zugelassen werden können. Ein solches Verständnis würde im Ergebnis dazu führen, daß beispielsweise auf den betroffenen Grundstücken im Wege der Nutzungsänderung auch solche bislang nicht vertriebenen Sortimente aufgenommen werden können, die an sich den Ausschlußregelungen des Abschnitts (4) der textlichen Festsetzungen unterliegen, so daß das Planziel „Erhaltung der Einzelhandelsfunktion der Innenstadt" durch Ausschluß konkret zentrenrelevanter Sortimente in nicht unbeachtlichem Umfang gleichsam konterkariert würde.

Maßgeblich für die Auslegung, welchen Inhalt die getroffenen Festsetzungen haben, ist, daß die Interpretation nicht durch den formalen Wortlaut der Norm begrenzt ist. Ausschlaggebend ist vielmehr der objektive Wille des Gesetzgebers, mithin hier der Antragsgegnerin als Plangeberin, soweit er wenigstens andeutungsweise im Gesetzestext einen Niederschlag gefunden hat (vgl. BVerwG, Beschluß v. 14.12.1995 – 4 N 2.95 –, a.a.O.).

Nach diesen Kriterien ist die nach §1 Abs. 10 BauNVO getroffene Zulassung von Nutzungsänderungen auf Grund des in der Planbegründung hinreichend verlautbarten Willens des Plangebers dahin zu verstehen, daß die hiervon betroffenen Betriebe ihre tatsächlich legal ausgeübten Nutzungen zwar ändern dürfen, aber nur insoweit, als diese Nutzungsänderungen nicht den generell für das Plangebiet geltenden Ausschlüssen nach Abschnitt (4) der textlichen Festsetzungen widersprechen dürfen.

Auslegungsbedürftig sind auch die weiteren Regelungen zur „Erweiterung", „Änderung" und „Erneuerung" der vorhandenen Betriebe. Deren uneingeschränkter Wortlaut könnte gleichfalls dahin verstanden werden, daß die tatsächlich legal ausgeübten Einzelhandelsaktivitäten mit an sich ausgeschlossenen Sortimenten unbegrenzt ausgedehnt werden dürfen, wenn die Betriebe erweitert, geändert oder erneuert werden sollen. Dies hätte zur Folge, daß die Sortimente dann ausnahmsweise auch in einem solchen Umfang vertrieben werden dürften, bei dem die Schwelle der Sondergebiets- bzw. Kerngebietspflichtigkeit nach §11 Abs. 3 Satz 1 BauNVO überschritten ist. Auch dies würde ersichtlich nicht dem Willen der Antragsgegnerin als Plangeberin entsprechen. (Wird ausgeführt.)

Zusammenfassend bleibt festzuhalten, daß die auslegungsbedürftigen Festsetzungen nach §1 Abs. 10 BauNVO unter Berücksichtigung des in der Planbegründung verlautbarten Willens der Antragsgegnerin als Plangeberin dahin zu verstehen sind, daß die ausnahmsweise zulässigen „Erweiterungen", „Änderungen" und „Erneuerungen" der abgesicherten Betriebe dahingehend begrenzt sind, daß sie sich im Rahmen dessen bewegen müssen, was der generellen Ausweisung des Plangebiets als Mischgebiet nicht widerspricht. Ausgeschlossen sind mithin solche „Erweiterungen", „Änderungen" und „Erneuerungen", die dazu führen würden, daß die betreffenden Betriebe gemäß § 11 Abs. 3 BauNVO nur in einem Sonder- oder Kerngebiet zugelassen werden könnten. „Nutzungsänderungen" sind demgegenüber auch insoweit ausgeschlossen, als sie mit den Sortimentsausschlüssen nach Abschnitt (4) der textlichen Festsetzungen unvereinbar wären. Es verbleiben alle Nutzungsänderungen, die nicht als Fortführung des bisherigen legalen Sortimentsvertriebs zu verstehen sind, sich nicht auf nach Abschnitt (4) ausgeschlossene Sortimente beziehen und auch im übrigen der generellen Baugebietsausweisung als Mischgebiet nicht widersprechen.

Bei diesem Verständnis der auf § 1 Abs. 10 BauNVO gestützten textlichen Festsetzungen sind die Ausweisungen hinreichend bestimmt.

Der strittige Bebauungsplan wahrt schließlich auch die Anforderungen des Abwägungsgebots nach § 1 Abs. 6 BauGB.

Im Vordergrund der Abwägung der Antragsgegnerin stand die Frage einer hinreichenden Berücksichtigung der Interessen der von der strittigen Planung betroffenen Grundeigentümer, deren Eigentum mit der im Bebauungsplan festgelegten Bestimmung von Inhalt und Grenzen des Eigentums (vgl. hierzu BVerfG, Beschlüsse v. 22. 2. 1999 – 1 BvR 565/91 –, BRS 62 Nr. 69, und v. 19. 12. 2002 – 1 BvR 1402/01 –, BRS 65 Nr. 6) nachteilig betroffen wird. Insoweit fordert die Bestandsgarantie des Art. 14 Abs. 1 Satz 1 GG, daß in erster Linie Vorkehrungen getroffen werden, die eine unverhältnismäßige Belastung des Eigentümers real vermeiden und die Privatnützigkeit des Eigentums so weit wie möglich erhalten (vgl. BVerfG, Beschluß v. 19. 12. 2002 – 1 BvR 1402/01 –, BRS 65 Nr. 6).

Insbesondere muß im Rahmen der planerischen Abwägung auch beim Erlaß eines Bebauungsplans das private Interesse am Erhalt bestehender Nutzungsrechte mit dem öffentlichen Interesse an einer städtebaulichen Neuordnung des Planungsgebiets abgewogen werden. Dabei ist in die Abwägung einzustellen, daß sich der Entzug baulicher Nutzungsmöglichkeiten für den Betroffenen wie eine Teilenteignung auswirken kann und daß dem Bestandsschutz daher ein den von Art. 14 Abs. 3 GG erfaßten Fällen vergleichbares Gewicht zukommt (vgl. BVerfG, Beschluß v. 22. 2. 1999 – 1 BvR 565/91 –, BRS 62 Nr. 69).

Diesen Anforderungen wird die vom Rat der Antragsgegnerin hier vorgenommene Abwägung gerecht.

Bei seiner Entscheidung, das Plangebiet des strittigen Bebauungsplans insgesamt als Mischgebiet zu überplanen, hat sich der Rat der Antragsgegnerin maßgeblich davon leiten lassen, daß die dort vorhandenen baulichen Nutzungen mit dieser Festsetzung vereinbar sind. Dies folgt bereits aus den Ausführungen in der Planbegründung, wonach eine durchgeführte Bestandsaufnahme zu dem Ergebnis gekommen ist, daß sämtliche im Geltungsbereich vorhandenen Gewerbebetriebe nach den Auflagen und Kriterien eines Mischgebiets genehmigt worden sind. Daß eine solche Bestandsaufnahme – wenn auch erst in einem relativ späten Stadium des Planungsprozesses – durchgeführt wurde, trifft zu. Die bei den Aufstellungsvorgängen der Antragsgegnerin befindliche Auflistung, gegen deren Richtigkeit Bedenken weder vorgetragen noch sonst ersichtlich sind, gibt auch keinen Anlaß, die Aussage einer Mischgebietsverträglichkeit der genehmigten Nutzungen in Frage zu stellen. (Wird ausgeführt.)

Besonderer Berücksichtigung bedurften die Eigentümerinteressen allerdings auch insoweit, als der strittige Bebauungsplan mit den festgelegten Sortimentsbeschränkungen verschiedene Formen der Einzelhandelsnutzung künftig ausschließt. Diese Einschränkungen betreffen auf Grund der nach § 1 Abs. 10 BauNVO getroffenen Sonderregelungen jedoch nur solche Grundeigentümer, die entsprechende Nutzungen bislang tatsächlich noch nicht aufgenommen haben.

Deren konkrete Beeinträchtigungen beschränken sich darauf, daß ihnen faktisch nur die Möglichkeit genommen wird, künftig ihre Grundstücke für Einzelhandel mit den ausgeschlossenen Sortimenten zu nutzen. In den ausgeübten Bestand ihres Grundeigentums wird damit nicht eingegriffen. Ihnen werden lediglich bestimmte Nutzungschancen genommen. Auch wenn diese durchaus von beachtlichem wirtschaftlichem Interesse sind, handelt es sich letztlich nur um potentielle Nutzbarkeiten, deren uneingeschränkter Erhalt nicht gesichert ist. Deutlich wird dies auch daran, daß selbst das Planungsschadenrecht des § 42 BauGB bislang nicht ausgeübte zulässige Nutzungen grundsätzlich nur für die Dauer von sieben Jahren ab der Begründung ihrer Zulässigkeit vermögensrechtlich schützt.

Wenn die Antragsgegnerin den uneingeschränkten Erhalt dieser Nutzungschancen im Interesse des nach den vorstehenden Darlegungen städtebaulich gerechtfertigten Schutzes der Zentrumsfunktion der Kernzone ihrer Innenstadt, dem – wie dargelegt – beachtliches Gewicht zukommt, zurückgesetzt hat, so erscheint dies nicht als unverhältnismäßiger Eingriff in die grundrechtlich geschützte Eigentümerposition. Die hierin zum Ausdruck kommende Gewichtung der gegenläufigen Interessen liegt im Rahmen des zulässigen Abwägungsspektrums einer planenden Gemeinde und ist von Rechts wegen nicht zu beanstanden.

Nichts anderes gilt auch hinsichtlich der betroffenen Grundeigentümer, die bereits solche Nutzungen aufgenommen haben, die nach den Festsetzungen in Abschnitt (4) der textlichen Festsetzungen künftig im Plangebiet aus städtebaulich gerechtfertigten Gründen ausgeschlossen sind. Diesen Grundeigentümern wird nicht nur der gegebene legale Bestand ihrer Nutzungsmöglichkeiten im Sinne eines „passiven" Bestandsschutzes gesichert. Sie erhalten vielmehr sogar einen erweiterten – „aktiven" – Bestandsschutz nach der hierfür einschlägigen Rechtsnorm des § 1 Abs. 10 BauNVO, wenn auch in den dargelegten Grenzen.

Nr. 13

1. **Ein Bebauungsplan, der mehrere Teilpläne umfaßt, kann nur insgesamt geändert werden, auch wenn sich die Änderungen im Einzelfall nur auf einzelne Teilbereiche beziehen.**

Nr. 13

2. Zum Ausschluß zentrumsrelevanter Sortimente im Einzelhandel in einem Gewerbegebiet zur Erhaltung der Attraktivität der Innenstadt.

3. Unzutreffende Vorstellungen einzelner Ratsmitglieder über abwägungsbeachtliche Belange (hier: Reichweite des Bestandsschutzes) begründen keine Abwägungsmängel.

BauGB §§ 1 Abs. 6, 214 Abs. 3 Satz 2; BauNVO § 1 Abs. 9.

Niedersächsisches OVG, Urteil vom 10. März 2004 – 1 KN 336/02 –.

Der Antragsteller, der Eigentümer des Grundstücks D. 5 ist, wendet sich gegen den Ausschluß zentrumsrelevanter Sortimente durch die Änderung des Bebauungsplanes Nr. 165 „GIP-Ost" im Teilplan Nr. 165/I (1. Änderung).
Das Grundstück des Antragstellers, auf dem dieser zunächst eine Tischlerei betrieb, liegt auf der Nordseite der D. im Geltungsbereich des Bebauungsplanes Nr. 165/I. 1996 erhielt der Antragsteller die Baugenehmigung für die Errichtung einer Halle für einen Getränkemarkt und den Umbau der Tischlerei zu einem Aldi-Markt.
Die Bebauungspläne Nrn. 165/I und II, 165/1 bis 4 liegen am südwestlichen Rande der Stadt. Die an die E. Straße unmittelbar angrenzenden Bebauungspläne Nr. 165/1 (nördlich der D.) und Nr. 165/II (südlich der D.) setzen Gemeinbedarfsfläche (Stadtreinigung und Fuhramt) bzw. Sondergebiet Möbel- und Einkaufszentrum fest. Daran schließen sich weiter nach Osten die Bereiche der Bebauungspläne Nrn. 165/1 und 165/2 bis 4 an, die im wesentlichen Gewerbe- und Industriegebiete festsetzen. Die Bebauungspläne Nrn. 165/1 bis 4 sind 1975 aufgestellt worden. Der Bebauungsplan Nr. 165/I ist 1990/91 für einen Teilbereich des Bebauungsplanes Nr. 164/2 aufgestellt worden.
1998 beschloß der Verwaltungsausschuß der Antragsgegnerin die Aufstellung des Bebauungsplanes Nr. 165/III „GIP-Ost", mit dem die Gewerbegebiete der Bebauungspläne Nr. 165 – mit Ausnahme der Pläne Nrn. 165/II und 165/1 – auf die BauNVO 1990 umgestellt und Einzelhandelsnutzungen eingeschränkt bzw. ausgeschlossen werden sollen. 1999 hob der Verwaltungsausschuß seinen Beschluß von 1998 auf und beschloß, die Bebauungspläne Nrn. 165/I, 165/2, 165/3 und 165/4 durch textliche Festsetzungen zum Ausschluß von Einzelhandelsbetrieben mit dem Verkauf an Endverbraucher in Gewerbe- und Industriegebieten zu ergänzen und gleichzeitig auf die BauNVO 1990 umzustellen. Zahlreiche Grundstückseigentümer und Gewerbetreibende aus dem Plangebiet, darunter auch der Antragsteller, wandten sich im Rahmen der vorgezogenen Bürgerbeteiligung mit Anregungen gegen die Änderung des Bebauungsplanes. Nach der Auslegung des Entwurfs, zu dem keine Anregungen eingingen, beschloß der Rat der Antragsgegnerin 2001 die textliche Änderung der Bebauungspläne Nr. 165/I, 165/2, 165/3 und 165/4 als Satzung und die Begründung. Die Satzung trägt die Überschrift „Satzung der Stadt N. zur Änderung des Bebauungsplanes Nr. 165 „GIP-Ost" in den Teilplänen 165/I (1. Änderung), 165/2, 165/3, 165/4 (10. Änderung)". Nach § 3 der Satzung wird in den in den Bebauungsplänen festgesetzten Gewerbe- und Industriegebieten Einzelhandel mit dem nachfolgenden zentrumsrelevanten Sortiment (Warengruppen) ausgeschlossen:
Lebensmittel aller Art (Nahrungs- und Genußmittel),
Drogerie-, Parfümerie- und Reinigungsartikel,
Schreib-, Bücher-, Spielwaren, Geschenkartikel,
Schmuck, Optik/Foto, Ton und Bildwaren, (Elektronik),
Bekleidungs-, Schuh- und Lederwaren,
Lampen/Elektro, Haushaltswaren,
Stoffe, Haustextilien, Dekoartikel.

§ 4 bestimmt, daß für die genannten Bebauungspläne die BauNVO 1990 gilt. In den Grafschafter Nachrichten machte die Antragsgegnerin die Änderungssatzung zu dem „Bebauungsplan Nr. 165 „GIP-Ost"; 1. bzw. 10. Änderung" bekannt.

Der Antragsteller hat 2002 das Normenkontrollverfahren eingeleitet und vorgetragen, die Antragsgegnerin habe die ihm durch den Ausschluß zentrumsrelevanter Sortimente des Einzelhandels drohenden Nachteile gar nicht in den Blick genommen.

Aus den Gründen:
Der Normenkontrollantrag ist unbegründet.

Durchgreifende formelle Bedenken bestehen gegen den angefochtenen Bebauungsplan nicht. Der Rat der Antragsgegnerin hat die textliche Änderung der Bebauungspläne Nrn. 165/1, 165/2 bis 4 beschlossen. Die Satzungsüberschrift spricht von der Änderung des Bebauungsplanes im Singular und führt dann die erwähnten Nummern auf. In der Präambel und § 2 der Satzung wird der Geltungsbereich der Änderung auf Bebauungspläne im Plural bezogen, in § 3 ist von Teilbebauungsplänen, in § 4 von Bebauungsplänen im Plural die Rede. Die Bekanntmachung vom April 2001 betrifft den „Bebauungsplan Nr. 165 ‚GIP-Ost'; 1. bzw. 10. Änderung" wiederum im Singular. Daß der Gebrauch des Singular in der Bekanntmachung ernst zu nehmen ist, legt die vorangehende Bekanntmachung in derselben Zeitung, die die Änderung der Bebauungspläne Nr. 155 „GIP-West"; 2., 4. bzw. 5. Änderung betrifft, nahe.

Die Bekanntmachung des Bebauungsplanes Nr. 165 „GIP-Ost" 1. bzw. 10. Änderung ist in sich widersprüchlich. Ein Bebauungsplan kann nicht in unterschiedlichen Fassungen gelten: Eine Änderung kann daher für einen Bebauungsplan nur entweder die 1. oder die 10. Änderung darstellen. Es ist zwar möglich, daß einzelne Änderungen nur örtliche Teilbereiche betreffen. Aber auch dann gilt der Plan – ebenso wie ein mehrfach geändertes Gesetz – in der Fassung der letzten Änderung. Auch wenn die Gemeinde einen Bebauungsplan wegen seiner Größe auf mehrere Kartenblätter verteilt hat und einzelne Änderungen nur einzelne Kartenblätter betreffen, gilt der Plan nicht in der Fassung verschiedener Änderungen. Anders kann es dagegen sein, wenn es sich um mehrere Bebauungspläne handelt. Bei den Teilplänen Nr. 165/1 bis 5 handelte es sich um einen Bebauungsplan und nicht um fünf Bebauungspläne. Anders liegt es aber mit dem Bebauungsplan Nr. 165/I, der 1990 als eigenständiger Bebauungsplan aufgestellt worden ist und nicht mit den 1975 aufgestellten Plänen Nr. 165/1 bis 5 in einen Topf geworfen werden darf. Trotz der Widersprüchlichkeit, die darin begründet ist, daß von einer 1. und 10. Änderung ein und desselben Bebauungsplans die Rede ist, schlägt dieser Fehler nicht durch, weil mit der Bekanntmachung eine zutreffende Planskizze abgedruckt ist und der Inhalt der Änderung in der Bekanntmachung nicht dargelegt zu werden braucht.

In der Sache ist der Bebauungsplan nicht zu beanstanden.
Die Einschränkung der Art der Nutzung des Gewerbegebietes ist zwar nicht nach § 1 Abs. 5 BauNVO, wie die Antragsgegnerin meint, sondern nach § 1 Abs. 9 BNVO zulässig. Nach § 1 Abs. 5 BauNVO kann im Bebauungsplan festgesetzt werden, daß bestimmte Arten von Nutzungen, die nach den §§ 2, 4 bis 9 und 13 allgemein zulässig sind, nicht zulässig sind oder nur ausnahms-

weise zugelassen werden können, sofern die allgemeine Zweckbestimmung des Baugebiets gewahrt bleibt. Bestimmte Arten von Nutzungen sind die in den Absätzen 2 der Baugebietsvorschriften aufgezählten einzelnen Nutzungen (vgl. BVerwG, Urteil v. 22. 5. 1987 – 4 N 4.86 –, BVErwGE 77, 308, 314 = BRS 47 Nr. 54). Das ist in diesem Zusammenhang die Einzelhandelsnutzung. Da aber nicht der gesamte Einzelhandel, sondern nur der Einzelhandel mit zentrumsrelevanten Sortimenten ausgeschlossen wird, kann der Ausschluß nicht auf § 1 Abs. 5 BauNVO gestützt werden, wohl aber auf § 1 Abs. 9 BauNVO. Nach dieser Vorschrift kann im Bebauungsplan bei Anwendung der Abs. 5 bis 8 festgesetzt werden, daß nur bestimmte Arten der in den Baugebieten allgemein oder ausnahmsweise zulässigen baulichen oder sonstigen Anlagen zulässig oder nicht zulässig sind oder nur ausnahmsweise zugelassen werden können, wenn besondere städtebauliche Gründe dies rechtfertigen. Der Einzelhandel mit innenstadtrelevanten Sortimenten bildet eine typische Nutzungsart nach § 1 Abs. 9 BauNVO (vgl. BVerwG, Beschluß v. 27. 7. 1998 – 4 BN 31.98 –, BRS 60 Nr. 29). Die unzutreffende Angabe der einschlägigen Vorschrift der BauNVO begründet keinen Fehler. Die Voraussetzung der Anwendung des § 1 Abs. 9 BauNVO liegen vor. Die besonderen städtebaulichen Gründe i. S. des § 1 Abs. 9 BauNVO müssen nicht von größerem Gewicht sein als die städtebaulichen Gründe der Abs. 5 und 6, vielmehr müssen (nur) spezielle Gründe für eine gegenüber den Abs. 5 und 6 weitere Differenzierung vorliegen (BVerwG, Urteil v. 22. 5. 1987 – 4 C 77.84 –, BVErwGE 77, 317, 320 = BRS 47 Nr. 58). Für den Ausschluß von Einzelhandel mit zentrumsrelevanten Sortimenten im Gewerbegebiet streiten „besondere städtebauliche Gründe", weil gerade der Einzelhandel mit zentrumsrelevanten Sortimenten die Kunden aus der Innenstadt abzieht und damit zur Verödung der Innenstadt beiträgt. Der i. d. R. großflächige Einzelhandel in den Randlagen der Städte ist mit dem Auto bequem zu erreichen, die Bodenpreise und dementsprechend die Mieten sind in diesen Randlagen günstiger als in der Innenstadt, so daß die Marktmechanismen dazu führen würden, daß die Innenstädte als Einkaufsbereiche an Attraktivität verlieren würden. Die Aufzählung der zentrumsrelevanten Sortimente in § 3 der Änderungssatzung schließt Zweifel an der Bestimmbarkeit in dieser Hinsicht aus. Der Ausschluß von „…Ton und Bildwaren, (Elektronik) …" ist zwar wenig gelungen, läßt aber noch erkennen, daß „… Ton- und Bildwaren (Elektronik)", d. h. u. a. DVDs, Videos etc. gemeint sind.

Die Änderung des Bebauungsplanes Nr. 165/I wird dem Abwägungsgebot noch gerecht. Nach § 1 Abs. 6 BauGB sind bei der Aufstellung eines Bauleitplanes die öffentlichen und privaten Belange gegeneinander und untereinander gerecht abzuwägen. Dabei ist die Sach- und Rechtslage im Zeitpunkt der Beschlußfassung über den Bauleitplan maßgebend. Das Abwägungsgebot erfordert zum einen, daß eine sachgerechte Abwägung überhaupt stattfindet, zum anderen verlangt es für den Vorgang des Abwägens wie für das Ergebnis der Abwägung, daß an Belangen eingestellt wird, was nach Lage der Dinge eingestellt werden muß, daß die Bedeutung der betroffenen öffentlichen und privaten Belange erkannt und daß der Ausgleich zwischen den von der Planung berührten öffentlichen und privaten Belange in einer Weise vorgenommen wird, der ihrer objektiven Gewichtigkeit entspricht. Innerhalb des so gezogenen rechtlichen Rahmens darf die Gemeinde sich in der Kollision zwischen verschiedenen Belangen für die Bevorzugung des einen und damit notwendig für die Zurückstellung des anderen entscheiden (BVerwG, Urteil v. 12. 12. 1969 – IV C 105.66 –, BVerwGE 34, 301 ff. = BauR 1970, 31 = BRS 22 Nr. 4).

Mit dem Ausschluß zentrumsrelevanter Sortimente im Gewerbegiet soll nach der Begründung des Bebauungsplanes die Attraktivität der Innenstadt von N. gestützt werden, die mit erheblichem privaten und öffentlichen Aufwand saniert worden ist. Wie sich aus dem in der Begründung des Bebauungsplans erwähnten Gutachten „Einzelhandel in Gewerbegieten der Stadt N." (2000) ergibt, haben sich in den Gewerbegieten bereits eine Reihe von Einzelhandelsbetrieben angesiedelt. Eine Ausweitung der Einzelhandelsagglomerationen an den bestehenden Standorten würde deren Attraktivität weiter steigern und zusätzliche Kaufkraftströme anziehen, die dem Einzelhandel im Innenstadtbereich verloren gehen. Noch liegt die Innenstadt als Einkaufsort bei einer Reihe von Sortimenten gut im Rennen (Gutachten S. 16 ff.), jedoch verfügen großflächige Einzelhandelsstandorte im Gebiet der Bebauungspläne Nr. 165 auf Grund ihrer verkehrsgünstigen Lage über eine erhebliche Anziehungskraft.

Der Antragsteller wendet sich auch nicht allgemein gegen die Einschränkung der zulässigen Sortimente, sondern beklagt, daß der Bestandsschutz ihn wirtschaftlich nicht ausreichend schütze. Wenn die Mietverträge für den Getränke- und den Aldi-Markt ausliefen, müsse er die Möglichkeit haben, auf andere Warengruppen umzusteigen, auch wenn es sich um zentrumsrelevante Sortimente i. S. des §3 der Satzung handele. Die dem Antragsteller erteilte Baugenehmigung von 1996 bezeichnet die zulässigen Nutzungen mit „Getränke-" und „Aldi-Markt" sehr genau und läßt daher keine Variationsbreite zu. Die Baugenehmigung für den Getränkemarkt schließt beispielsweise eine Nutzung als Drogeriemarkt aus. Es ist nicht zu verkennen, daß die Sortimentsbeschränkung den Antragsteller in der wirtschaftlichen Verwertung seines Grundstücks deutlich einschränkt. Nach dem Vortrag des Antragstellers im Normenkontrollverfahren läuft der Mietvertrag für den Getränkemarkt 2006 aus. Die Verwertungsmöglichkeiten sind stark eingeschränkt, wenn der Antragsteller die Räumlichkeiten nur als Getränkemarkt vermieten kann. Gleichwohl ist diese Einschränkung auf den Bestandsschutz zumutbar, weil dem Antragsteller neben der ausgeübten Nutzung noch die ganze Palette gewerblicher Nutzung bleibt, die in einem Gewerbegebiet zulässig sind. Die Bauleitplanung muß dem Grundstückseigentümer nicht die lukrativste Nutzung gestatten, sondern darf die lukrativste Nutzung ausschließen. Auch wenn die Abwägung der Antragsgegnerin in der Begründung des Bebauungsplanes ausgesprochen „schlank" ist, ist sie im Ergebnis nicht zu beanstanden, weil Nutzungsmöglichkeiten, die über die ausgeübte Nutzung hinausgehen, grundsätzlich nicht geschützt sind, sondern planungsrechtlich eingeschränkt werden können.

Allerdings ist das Vertrauen des Antragstellers auf den Bebauungsplan Nr. 165/I von 1991 grundsätzlich schutzwürdig. Das bedeutet freilich nicht, daß Bebauungspläne nicht geändert werden dürfen, soweit Planbetroffene auf sie vertraut haben. Vielmehr ist eine Änderung eines Bebauungsplanes trotz des betätigten Vertrauens eines Planunterworfenen zulässig, wenn die für die Änderung streitenden Belange entsprechend gewichtig sind. Die Ansiedlung von Einzelhandelsbetrieben auf dem Grundstück des Antragstellers war nach dem Protokoll des Stadtentwicklungsausschusses vom März 1998 Anlaß für die Änderung des Bebauungsplanes. Der bereits erwähnte Schutz der Attraktivität der Innenstadt ist – jedenfalls im Ergebnis (§ 214 Abs. 3 Satz 2 BauGB) – ein städtebaulich gewichtiger Belang, der es rechtfertigt, das Vertrauen des Antragstellers auf den ursprünglichen Bebauungsplan zurücktreten zu lassen.

Ob dies auch dann gelten würde, wenn der Antragsteller schon im Bauleitplanverfahren vorgetragen hätte, daß er für den Umbau 1,8 Mio. DM investiert habe, die er noch lange nicht erwirtschaftet habe, kann offen bleiben. Der Antragsteller hat sich nur im Verfahren der frühzeitigen Bürgerbeteiligung geäußert und pauschal darauf hingewiesen, daß die Pachteinnahmen aus dem Grundstück seine Altersversorgung darstellten und die wirtschaftliche Versorgung seiner Kinder in der Zukunft sicherten. Zur Höhe der Investitionen, die er im Vertrauen auf den Bebauungsplan Nr. 165/I getätigt hat, zur Art der Finanzierung und zu den Einkünften aus Vermietung und Verpachtung hat sich der Antragsteller gegenüber der Antragsgegnerin im Bauleitplanverfahren nicht geäußert. Da er insoweit seine Situation nicht offengelegt hat, kann er aber auch nicht verlangen, daß die Antragsgegnerin bei der Abwägung seine besondere Situation berücksichtigt (vgl. BVerwG, Beschluß v. 9.11.1979 – 4 N 1.78 u. a. –, BVerwGE 59, 87 = BRS 35 Nr. 24).

Der Einwand des Antragstellers, der Abwägungsvorgang sei fehlerhaft, weil die Ratsmitglieder zum Teil davon ausgegangen seien, daß der Bestandsschutz auch einen Wechsel von einem zentrumsrelevanten Sortiment zum anderen umfasse, greift nicht durch. Die Begründung der Änderung des Bebauungsplanes und die Protokolle der Ausschuß- und Ratssitzungen über die Beratungen der Änderung geben keinen Anhaltspunkt für ein Mißverständnis über die Reichweite des Bestandsschutzes. Nach § 214 Abs. 3 Satz 2 BauGB sind Mängel im Abwägungsvorgang nur erheblich, wenn sie offensichtlich und auf das Abwägungsergebnis von Einfluß gewesen sind. Mit der Offensichtlichkeit von Fehlern im Abwägungsvorgang wollte der Gesetzgeber die Beachtlichkeit fehlerhafter Motive und Vorstellungen der an der Abstimmung über einen Bebauungsplan beteiligten Ratsmitglieder gerade ausschließen (vgl. BVerwG, Urteil v. 21.8.1981 – 4 C 57.80 –, BVerwGE 64, 33 = BRS 38 Nr. 37). Aus unzutreffenden Ansichten einzelner Ratsherrn kann daher nichts hergeleitet werden, was den Bebauungsplan in Frage stellen könnte.

Anzumerken ist lediglich, daß die mit § 4 beabsichtigte Umstellung der Bebauungspläne auf die Benutzungsverordnung 1990 insoweit ins Leere geht, als der Teilplan 165/I vom August 1991 durch die Baunutzungsverordnung 1990 ergänzt wird. Im Geltungsbereich des Bebauungsplanes Nr. 165/I waren daher schon bisher großflächige Einzelhandelsbetriebe ausgeschlossen, unabhängig davon, ob sie der übergemeindlichen Versorgung dienen (vgl. § 11 Abs. 3 BauNVO 1968).

Nr. 14

1. Mit der Schlußbekanntmachung eines Bebauungsplans, die zur Kennzeichnung lediglich dessen Nummer enthält, wird der mit der Bekanntmachung verfolgte Hinweiszweck nicht erreicht.

2. Zur fehlenden städtebaulichen Rechtfertigung der Regelung über die ausnahmsweise Zulässigkeit von flächenintensiven Einzel- bzw. Großhandelsbetrieben in Misch- und Gewerbegebieten, die nach dem Plankonzept grundsätzlich dem produzierenden Gewerbe vorbehalten werden sollen.

3. Die Ermittlung aller abwägungsrelevanten Gesichtspunkte erfordert bei Überplanung eines bebauten Gebietes eine erkennbare Bestandsaufnahme insbesondere dann, wenn eine vorhandene Gemengelage, in der verschiedene gewerbliche Nutzungen und Wohnnutzung unmittelbar aufeinander treffen, überplant wird.

BauGB §§ 1 Abs. 3, 10 Abs. 3 Satz 1, 214 Abs. 1 Satz 1 Nr. 3; BauNVO § 1 Abs. 5, 6, 8, 9; GG Art. 14 Abs. 1 Satz 2.

OVG Nordrhein-Westfalen, Urteil vom 14. Mai 2004 – 10a D 2/02.NE – (rechtskräftig).

Die Antragsteller wandten sich gegen einen Bebauungsplan der Antragsgegnerin, der u. a. ihr Grundstück überplante. Der Geltungsbereich des Plans erfaßte einen bebauten Bereich, dessen bauliche Nutzung in Wohnen und verschiedenen Gewerbebetrieben bestand. Nördlich des Plangebiets schloß sich ein gewerblich und industriell genutzter Bereich an, südlich erstreckte sich Wohnbebauung. Ziel der Planung war die planungsrechtliche Sicherstellung eines städtebaulich geordneten Übergangs zwischen der Wohnbebauung im Süden und den nördlich gelegenen gewerblich/industriell genutzten Flächen. Durch Nutzungseinschränkungen für Einzel- und Großhandelsbetriebe sollte die Ansiedlung von produzierendem Gewerbe gefördert werden. Ausnahmsweise wurden flächenintensive Handelsbetriebe zugelassen. Der Plan wies in seinem südlichen Bereich ein allgemeines Wohngebiet aus, an das sich gegliederte Misch- bzw. Gewerbegebiete anschlossen. Der Normenkontrollantrag führte zur Nichtigerklärung des Bebauungsplans.

Aus den Gründen:

Der streitige Bebauungsplan weist bereits in formeller Hinsicht Mängel auf. Die am 13. 1. 2000 erfolgte Bekanntmachung des Satzungsbeschlusses gemäß § 10 Abs. 3 Satz 1 BauGB genügt nicht den an sie zu stellenden Anforderungen. Mit dieser sog. Schlußbekanntmachung mußte der mit der Bekanntmachung verfolgte Hinweiszweck (vgl. § 214 Abs. 1 Satz 1 Nr. 3 BauGB) erreicht werden. Dieser erfordert, daß sich die Veröffentlichung der Satzung auf einen bestimmten Bebauungsplan beziehen muß, der mittels einer zumindest schlagwortartigen Kennzeichnung einen Hinweis auf den räumlichen Geltungsbereich des Bebauungsplans gibt und daß dieser Hinweis den Plan identifiziert (vgl. BVerwG, Urteile v. 6. 7. 1984 – 4 C 28.83 –, BRS 42 Nr. 26, und v. 10. 8. 2000 – 4 CN 2.99 –, BRS 63 Nr. 42, m. w. N.).

Diesen Maßgaben wird die Bekanntmachung vom 13. 1. 2000 nicht gerecht. Sie enthält zur Kennzeichnung des Bebauungsplans lediglich dessen

Nummer („Bebauungsplan Nr. 92 M"). Dies genügt nicht. Die bloße Angabe einer Nummer läßt keinerlei Rückschlüsse auf die räumliche Belegenheit eines Plans zu und kann den Normadressaten demgemäß auch keinerlei Erkenntnisse darüber vermitteln, in welchem Teil der Gemeinde neues Baurecht gilt (vgl. BVerwG, Urteil v. 10. 8. 2000 – 4 CN 2. 99 –, a. a. O.).

Der angefochtene Bebauungsplan ist ferner insoweit mangelhaft, als er nicht ordnungsgemäß ausgefertigt ist. Durch die Ausfertigung des als Satzung und damit als Rechtsnorm beschlossenen Bebauungsplans soll sichergestellt werden, daß der Inhalt des Plans mit dem Willen des gemeindlichen Beschlußorgans übereinstimmt (vgl. BVerwG, Beschluß v. 9. 5. 1996 – 4 B 60.96 –, BRS 58 Nr. 41), wobei die Ausfertigung in zeitlicher Hinsicht aus rechtsstaatlichen Gründen der ortsüblichen Bekanntmachung des Satzungsbeschlusses vorausgehen muß (vgl. BVerwG, Beschlüsse v. 9. 5. 1996 – 4 B 60.96 –, a. a. O., und v. 27. 1. 1999 – 4 B 129.98 –, BRS 62 Nr. 29).

Hier wurde der Satzungsbeschluß am 13. 1. 2000 öffentlich bekanntgemacht, der Bebauungsplan jedoch erst am 24. 1. 2000 ausgefertigt.

Der streitige Bebauungsplan ist auch materiell fehlerhaft.

Der in Nr. 1.2.1 bzw. 1.3.1 (jeweils 2. Spiegelstrich) der textlichen Planfestsetzungen enthaltenen Regelung für die festgesetzten Misch- bzw. Gewerbegebiete über die ausnahmsweise Zulässigkeit von Einzelhandelsbetrieben bzw. „Handelsbetrieben" mit flächenintensiver Verkaufs- und Lagerfläche fehlt die städtebauliche Rechtfertigung. Diese auf § 1 Abs. 9 BauNVO basierende Regelung steht in engem Zusammenhang mit dem für die genannten Gebiete im Grundsatz gemäß § 1 Abs. 5 BauNVO festgesetzten Ausschluß von Einzelhandelsbetrieben sowie – so dürfte bei sachgerechter Auslegung die sprachlich mißglückte Formulierung „Handelsbetriebe" in den zitierten textlichen Festsetzungen zu verstehen sein – Großhandelsbetrieben, die im Hinblick auf den Verkauf an letzte Endverbraucher Einzelhandelsbetrieben vergleichbar sind. Dieser vollständige Ausschluß der genannten Nutzungsarten kann – jedenfalls im Hinblick auf Gewerbegebiete – grundsätzlich mit den von der Antragsgegnerin u. a. angeführten (vgl. die Planbegründung S. 17 unter 9.) Gründen, namentlich der Ermöglichung der Ansiedlung von (arbeitsplatzintensiverem) produzierendem Gewerbe bzw. von Betrieben aus dem „produktionsorientierten Dienstleistungssektor" gerechtfertigt werden (vgl. BVerwG, Beschlüsse v. 11. 5. 1999 – 4 NB 15.99 –, BRS 62 Nr. 19, und v. 8. 9. 1999 – 4 BN 14.99 –, BRS 62 Nr. 2).

Nicht unbedenklich ist allerdings, ob diese Begründung auch den fraglichen Nutzungsausschluß in Mischgebieten trägt, weil zweifelhaft ist, ob Mischgebiete regelmäßig der Unterbringung arbeitsplatzintensiver produzierender bzw. „produktionsorientierter" Betriebe dienen. Ob der an anderer Stelle der Planbegründung zu findende weitere Rechtfertigungsgrund, nämlich der Schutz der innerstädtischen Entwicklung vor Einzelhandelsbetrieben mit zentrenschädlichen Sortimenten den fraglichen Nutzungsausschluß trägt, kann offenbleiben. Hierauf kommt es letztendlich nicht an. Entscheidungserheblich ist vielmehr, daß die fragliche Ausnahmeregelung über die Zulässigkeit solcher Betriebe, die „flächenintensive Verkaufs- und Lagerfläche benötigen", erkennbar ungeeignet ist, das u. a. zugedachte städtebauliche

Steuerungsziel der Ermöglichung der Ansiedlung von Betrieben des produzierenden Gewerbes bzw. solchen aus dem „produktionsorientierten Dienstleistungssektor" zu erreichen. Abgesehen davon, daß etwa das als MI 3 ausgewiesene Mischgebiet auf Grund der vorhandenen ganz überwiegend aus Wohngebäuden bestehenden Nutzungs- und Baustruktur und der konkreten Dimensionierung der festgesetzten Baugrenzen für derartige Betriebe nicht in Betracht kommen dürfte, würde eine Ansiedlung von nach der hier fraglichen textlichen Festsetzung ausnahmsweise zulässigen flächenintensiven Handelsbetrieben die Verwirklichung der nach der Planbegründung in erster Linie zu fördernden Betriebe des produzierenden bzw. „produktionsorientierten" Sektors weitgehend räumlich einschränken. Im Hinblick auf die vergleichsweise geringe Ausdehnung der im ohnehin nur ca. 6 ha großen Geltungsbereich des Bebauungsplans ausgewiesenen Misch- bzw. Gewerbeflächen würden bereits wenige (flächenintensive) Einzel- oder Großhandelsbetriebe einen überwiegenden Teil der nach der Planung vorrangig für andere Betriebsarten vorgesehenen Bereiche einnehmen. Der Aussage, die gewerblich nutzbaren Flächen im Plangebiet produzierendem Gewerbe bzw. dem produktionsorientierten Dienstleistungssektor vorbehalten zu wollen, liegt damit insgesamt kein schlüssiges Plankonzept zugrunde.

Als nicht hinreichend städtebaulich gerechtfertigt erweist sich auch der in Nr. 1.3.2, 1. Spiegelstrich der textlichen Festsetzung auf der Grundlage des § 1 Abs. 6 Nr. 1 BauNVO enthaltene Ausschluß von Wohnungen für Aufsichts- und Bereitschaftspersonal bzw. für Betriebsinhaber oder -leiter in den festgesetzten Gewerbegebieten GE 1 und GE 2. Die dafür gegebene wenig aussagekräftige Begründung (vgl. S. 14 unter 5.2.1 der Planbegründung), den ausschließlich gewerblichen Charakter der Gewerbegebiete GE 1 und GE 2 besonders herausstellen zu wollen, reicht nicht aus. Auch bei ausnahmsweiser Zulässigkeit von betriebsgebundener Wohnnutzung in Gewerbegebieten kann der gewerbliche Charakter dieser gemäß § 8 Abs. 1 BauNVO vorwiegend (nicht erheblich belästigenden) Gewerbebetrieben dienende Gebiete nicht zweifelhaft sein und bedarf regelmäßig keiner „besonderen" Betonung. Spezielle städtebaulich motivierte Gründe für einen Ausschluß von Wohnungen in den Gewerbegebieten, die ihrer auch nur ausnahmsweisen Zulässigkeit entgegenstehen, werden mit der zitierten Begründung nicht aufgezeigt.

Einen weiteren materiellen Mangel enthält die Planung in ihrer Nr. 1.3.1, 3. Spiegelstrich der textlichen Festsetzungen. Ungeachtet dessen, ob diese Festsetzung sämtliche von den Antragstellern vorgetragenen Bestimmtheitsmängel aufweist, ist jedenfalls die Umschreibung der fraglichen Anlagenteile als „in Grundfläche und Baumasse geringfügig" zu unbestimmt. Der genaue Inhalt dieser Bestimmung ist weder den einzelnen Passagen dieser textlichen Festsetzung noch der Planbegründung zu entnehmen, die dazu keinerlei Aussagen treffen. Auch im übrigen läßt sich ein Maßstab, der das Merkmal der „Geringfügigkeit" hinreichend verläßlich einzugrenzen vermag, nicht finden.

Der Bebauungsplan weist auch Abwägungsmängel auf.

Die Antragsgegnerin hat bereits den maßgeblichen Sachverhalt als Grundlage der zu treffenden Abwägungsentscheidung nicht ausreichend ermittelt. Die Ermittlung aller abwägungsrelevanten Gesichtspunkte erfordert bei der

Nr. 14

Überplanung eines bebauten Gebietes eine erkennbare Bestandsaufnahme. Dies gilt insbesondere dann, wenn – wie hier – eine vorhandene Gemengelage, in der verschiedene gewerbliche Nutzungen und Wohnnutzung unmittelbar aufeinander treffen, überplant wird. Vor allem die hier vorgenommene Aufteilung des Plangebietes in ein allgemeines Wohngebiet und in sich gegliederte Misch- bzw. Gewerbegebiete sowie die Nachbarschaft des Plangebietes zu nördlich angrenzenden gewerblichen bzw. industriellen Nutzungen machten eine sorgfältige Bestandsanalyse erforderlich, die Einzelheiten vor allem hinsichtlich des im Plangebiet vorhandenen und auch des auf das Plangebiet einwirkenden betrieblichen Emissionsgeschehens zu umfassen hatte (vgl. OVG NRW, Urteil v. 8. 3. 1993 – 11a NE 53/89 –, BRS 55 Nr. 12).

Daran fehlt es hier. Der in den Planaufstellungsunterlagen vorhandene Plan über die von der Antragsgegnerin durchgeführte Bestandsaufnahme unterscheidet mittels farblicher Kennzeichnung nur grob zwischen störendem bzw. nicht störendem Gewerbe und sonstigen Gewerbebetrieben. Eine nähere Betrachtung etwa des Emissionsverhaltens und auch des Entwicklungspotentials des im ausgewiesenen Mischgebiet MI 1 im Eckbereich N.-/ R.-Straße liegenden Speditionsunternehmens ist unterblieben. Dazu bestand auch ohne individuelle Geltendmachung des von der fraglichen Festsetzung Betroffenen schon deshalb Anlaß, weil bei typisierender Betrachtungsweise ein Speditionsbetrieb im Mischgebiet regelmäßig unzulässig ist. Ebenso fehlt es an jeglicher Aufklärung über Einzelheiten der sich nördlich der N.-Straße außerhalb des Plangebietes anschließenden gewerblichen bzw. industriellen Nutzungen. Nach Angaben des Vertreters der Antragsgegnerin in der mündlichen Verhandlung wird das Grundstück N.-Straße 5/5 a durch ein im 24-Stunden-Betrieb arbeitendes Speditionsunternehmen genutzt. Diese Nutzung dürfte erheblich auf die im festgesetzten Mischgebiet MI 3 südlich entlang der N.-Straße liegende Wohnbebauung (N.-Straße 4–12) einwirken. Deshalb drängten sich Ermittlungen darüber auf, ob die bestehende Lärmsituation ein mischgebietsverträgliches Wohnen noch zuließ. Daneben hatte bereits der Oberkreisdirektor des Kreises im Schreiben vom 6. 9. 1999 auf die Lärmbelastung für die Wohnbebauung durch den Verkehr auf der N.- und der K.-Straße sowie durch die bestehende gewerbliche Nutzung im Plangebiet sowie auf Grund dessen möglicherweise erforderlich werdende Schallschutzmaßnahmen hingewiesen.

Daneben hat der Rat der Antragsgegnerin die von der Planung betroffenen Eigentümerinteressen nicht oder nicht mit dem ihnen zukommenden Gewicht in die Abwägungen eingestellt. Dies gilt insbesondere für das von der Planung nachhaltig betroffene Interesse der Eigentümer der im Mischgebiet MI 1 gelegenen Grundstücke N.-Straße 26 und 30, in der vorhandenen Wohnnutzung zukünftig nicht beschränkt zu sein. Durch den nunmehr dort festgesetzten Ausschluß von Wohngebäuden sind die fraglichen Nutzungen auf den Bestandsschutz gesetzt worden. Den Bestandsschutz überschreitende Umbauten oder Erweiterungen der Wohngebäude sind nach der strittigen Planung baurechtlich nicht genehmigungsfähig. Den Aufstellungsvorgängen zum streitigen Bebauungsplan ist an keiner Stelle zu entnehmen, daß der Rat der Antragsgegnerin diese Betroffenheiten mit dem ihnen zukommenden

Gewicht in die Abwägung eingestellt hat. Allerdings gehören die Interessen der Grundstückseigentümer selbstverständlich und in hervorragender Weise zu den abwägungserheblichen Belangen im Rahmen öffentlich-rechtlicher Planungsentscheidungen (vgl. BVerwG, Beschluß v. 6.10.1992 – 4 NB 36.92 –, BRS 54 Nr. 57, m. w. N.).

Bebauungspläne bestimmen gemäß Art. 14 Abs. 1 Satz 2 GG Inhalt und Schranken des Eigentums. Der Satzungsgeber muß ebenso wie der Gesetzgeber bei der Bestimmung von Inhalt und Schranken des Eigentums die schutzwürdigen Interessen des Eigentümers und die Belange des Gemeinwohls in einen gerechten Ausgleich und ein ausgewogenes Verhältnis bringen. Dabei ist er an den verfassungsrechtlichen Grundsatz der Verhältnismäßigkeit und den Gleichheitssatz des Art. 3 Abs. 1 GG gebunden. Der Kernbereich der Eigentumsgarantie darf nicht ausgehöhlt werden. Zu diesem Kernbereich gehört sowohl die Privatnützigkeit als auch die grundsätzliche Verfügungsbefugnis über den Eigentumsgegenstand. Für die Beantwortung der Frage, ob sich die Planungsentscheidung in den verfassungsrechtlich vorgezeichneten Grenzen hält, kommt es maßgeblich darauf an, daß der erhebliche Sachverhalt zutreffend und vollständig ermittelt und der Plangeber anhand dieses Sachverhalts alle sachlich beteiligten Belange und Interessen der Entscheidung zu Grunde gelegt sowie umfassend und in nachvollziehbarer Weise abgewogen hat. Die Bestandsgarantie des Art. 14 Abs. 1 Satz 1 GG fordert, daß Vorkehrungen getroffen werden, die eine unverhältnismäßige Belastung des Eigentümers verhindern und daß das Willkürverbot beachtet wird (vgl. BVerfG, Beschluß v. 19.12.2002 – 1 BvR 1402/01 –, BRS 65 Nr. 6).

Diesen Maßstäben genügt die Abwägungsentscheidung des Rates der Antragsgegnerin schon deshalb nicht, weil konkrete städtebaulich nachvollziehbare und gewichtige Allgemeinwohlbelange für den fraglichen Ausschluß von Wohnnutzungen nicht benannt werden. Die dieser Regelung nach der Planbegründung (vgl. S. 15 oben) zu Grunde liegende Erwägung, den gewerblichen Charakter der Mischgebiete herauszustellen, wobei Wohnungen in den jeweils benachbarten Mischgebieten MI 2 und MI 3 errichtet werden könnten, stellt keine plausible städtebauliche Antwort gerade auf die insoweit entscheidende Frage dar, warum die fraglichen Teile der Mischgebiete abweichend von der grundsätzlichen Regelung in § 6 Abs. 1 BauNVO, wonach Mischgebiete typischerweise der Unterbringung von Wohnen und nicht wesentlich storenden Gewerbebetrieben dienen, ausschließlich durch gewerbliche Nutzung geprägt werden sollen. Sie läßt darüber hinaus nicht erkennen, daß der Rat die Interessen der Grundstückseigentümer an einer planungsrechtlichen Absicherung der vorhandenen Wohnnutzung überhaupt in seine Entscheidung einbezogen hat. Auch sonst sind den Planaufstellungsvorgängen entsprechende Erwägungen nicht zu entnehmen. Nimmt man demgegenüber in den Blick, daß der Plangeber die auf den Grundstücken N.-Straße 4 bis 12 bzw. N.-Straße 28 vorhandene Wohnbebauung auch zukünftig planungsrechtlich abgesichert hat, sind sachgerechte Gründe für diese unterschiedliche Behandlung weder ausdrücklich benannt worden noch liegen solche so klar auf der Hand, daß es einer ausdrücklichen Benennung nicht bedurfte.

Nr. 15

1. Soll durch Festsetzungen eines Bebauungsplans der Einzelhandel mit ausgewählten Warengruppen in Gewerbe- oder Industriegebieten im Hinblick auf seine „Zentrenschädlichkeit" ausgeschlossen werden, kann es in Ermangelung sonstiger aussagekräftiger Planungsgrundlagen erforderlich sein, den Bestand des Einzelhandels in den Zentren der Gemeinde zu ermitteln, um hinreichend konkrete Aussagen dazu treffen zu können, weshalb jegliche Form von Einzelhandel der besagten Art – würde er im betroffenen Baugebiet angesiedelt – die gewachsenen Einzelhandelsstrukturen in den Zentren der Gemeinde unabhängig von der Art und dem Umfang des jeweiligen Warenangebots schädigen würde.

2. Der Begriff des Einzelhandelsbetriebs, dessen „Sortiment ausschließlich zur Deckung des täglichen Bedarfs der im Gebiet arbeitenden Bevölkerung dient", ist unbestimmt und beschreibt keine Nutzungsart, die es in der sozialen und ökonomischen Realität gibt und die deshalb Gegenstand einer Festsetzung nach § 1 Abs. 9 BauNVO sein kann.

BauNVO §§ 1 Abs. 5 und 9, 8, 9; BauGB a. F. §§ 1 Abs. 6, 215 Abs. 1 Nr. 2.

OVG Nordrhein-Westfalen, Urteil vom 12. November 2004
– 10a D 38/02.NE – (rechtskräftig).

Der Antragsteller wandte sich mit seinem Normenkontrollantrag gegen die Änderung eines Bebauungsplans, der seine Grundstücke als Gewerbe- bzw. Industriegebiet festsetzt. Ziel der Planänderung war die Einschränkung des Einzelhandels in den festgesetzten Gewerbe- und Industriegebieten. Der Normenkontrollantrag hatte Erfolg.

Aus den Gründen:
Der zulässige Normenkontrollantrag ist begründet. Die 2. Änderung des Bebauungsplans ist unwirksam.

Der textlichen Festsetzung (1), die die Zulässigkeit von Einzelhandelsbetrieben und sonstigen Gewerbebetrieben mit Verkaufsflächen für den Verkauf an letzte Verbraucher in GE- und GI-Gebieten durch den Ausschluß von bestimmten Waren erheblich einschränkt, fehlt die erforderliche städtebauliche Rechtfertigung.

§ 1 Abs. 5 und 9 BauNVO gestatten – soweit die allgemeine Zweckbestimmung des Baugebiets gewahrt bleibt und besondere städtebauliche Gründe dies rechtfertigen – den Ausschluß von Einzelhandelsbetrieben differenziert nach Branchen oder Sortimenten, wenn die Differenzierung marktüblichen Gegebenheiten entspricht (vgl. BVerwG, Beschluß v. 27. 7. 1998 – 4 BN 31.98 –, BRS 60 Nr. 29 = BauR 1998, 1197).

Eine auf die vorgenannten Vorschriften gestützte Planung muß mit Argumenten begründet werden, die sich aus der jeweiligen konkreten Planungssituation ergeben und geeignet sind, die jeweilige Abweichung von den in den §§ 2 bis 10 BauNVO vorgegebenen Gebietstypen zu tragen. Das „Besondere" an den städtebaulichen Gründen nach § 1 Abs. 9 BauNVO besteht nicht notwendig darin, daß die Gründe von größerem oder im Verhältnis zu § 1 Abs. 5 BauNVO zusätzlichem Gewicht sein müssen. Vielmehr ist mit „besonderen" städtebaulichen Gründen in §1 Abs. 9 BauNVO gemeint, daß es spezielle Gründe gerade für die gegenüber §1 Abs. 5 BauNVO noch feinere Ausdifferenzierung der zulässigen Nutzungen geben muß (vgl. BVerwG, Urteil v. 22. 5. 1987 – 4 C 77. 84 –, BRS 47 Nr. 58 = BauR 1987, 524).

Die vom Rat der Antragsgegnerin für die Einzelhandelseinschränkung benannten Gründe tragen die Festsetzung nicht.

Unter B 1. heißt es in der Planbegründung, gewerbliche Bauflächen dienten vorwiegend der Unterbringung von Betrieben des produzierenden und verarbeitenden Gewerbes. Durch die Einschränkung des Einzelhandels solle verhindert werden, daß gewerbliche Bauflächen durch Einzelhandelsbetriebe und sonstige Gewerbebetriebe mit Verkaufsflächen für den Verkauf an letzte Verbraucher in Anspruch genommen würden.

Der erste Satz dieses Begründungsteils offenbart ein falsches Verständnis der §§ 8 und 9 BauNVO im Hinblick auf die allgemeine Zweckbestimmung von Gewerbe- und Industriegebieten, die offenkundig gemeint sind, wenn von „gewerblichen Bauflächen" die Rede ist. Nach §8 Abs. 1 BauNVO dienen Gewerbegebiete vorwiegend der Unterbringung von nicht erheblich belästigenden Gewerbebetrieben. Maßgebliches Kriterium für die Wahrung der Zweckbestimmung ist mithin das Störungspotenzial, das ein Gewerbebetrieb aufweist. Ob es sich bei einem Gewerbebetrieb um einen produzierenden oder verarbeitenden Betrieb handelt, ist dagegen im Rahmen des §8 BauNVO ohne Bedeutung. Dementsprechend sind gemäß §8 Abs. 2 BauNVO in GE-Gebieten neben Gewerbebetrieben aller Art – zu denen auch Handels- und Dienstleistungsbetriebe gehören – beispielsweise öffentliche Betriebe, Büro- und Verwaltungsgebäude sowie Anlagen für sportliche Zwecke allgemein zulässig, soweit von ihnen keine erheblichen Belästigungen ausgehen. Eine Rangfolge der aufgezählten Nutzungsarten in dem Sinne, daß etwa produzierende oder verarbeitende Betriebe bezogen auf die allgemeine Zweckbestimmung des Baugebietes Vorrang genießen, gibt die Baunutzungsverordnung nicht vor.

Für Industriegebiete gemäß §9 BauNVO gilt prinzipiell nichts anderes. Nach Abs. 1 dieser Vorschrift dienen Industriegebiete ausschließlich der Unterbringung von Gewerbebetrieben, und zwar vorwiegend solcher Betriebe, die in anderen Baugebieten unzulässig sind. Der Regelungszusammenhang mit den §§2 bis 8 BauNVO zeigt, daß auch für die allgemeine Zweckbestimmung von Industriegebieten maßgeblich auf den Störfaktor abzustellen ist, den ein Gewerbebetrieb darstellt. Vorwiegend sollen in Industriegebieten solche Gewerbebetriebe angesiedelt werden, von denen erhebliche Belästigungen ausgehen. Es mag zwar sein, daß in der Realität Betriebe des produzierenden bzw. verarbeitenden Gewerbes häufig zu den erheblich belästigenden Gewerbebetrieben i. S. des §9 BauNVO zählen, doch rechtfertigt diese mehr oder weniger zufällige Überschneidung im Einzelfall nicht den in der Vorschrift an keiner Stelle angelegten Schluß, Industriegebiete dienten überwiegend der Unterbringung produzierender und verarbeitender Betriebe. Allgemein zulässig sind vielmehr Gewerbebetriebe aller Art, Lagerhäuser, Lagerplätze, öffentliche Betriebe und Tankstellen.

Sofern der in die Planbegründung aufgenommene Satz, wonach gewerbliche Bauflächen vorwiegend der Unterbringung von Betrieben des produzierenden und verarbeitenden Gewerbes dienten, entgegen seinem Wortlaut nicht die vom Rat der Antragsgegnerin angenommene objektiv-rechtliche Ausgangssituation für die Festsetzung eines GE- oder GI-Gebietes beschreibt, sondern so zu verstehen ist, daß nach dem Willen des Rates sämtliche als GE- oder GI-Gebiet festgesetzten Flächen im Plangebiet – und in den übrigen von der Satzung erfaßten Bebauungsplänen und Teilbebauungsplänen – vorwiegend dem produzierenden und verarbeitenden Gewerbe vorbehalten bleiben sollen, ist die konkret vorgenommene Einschränkung des Einzelhandels zur Erreichung dieses Ziels ungeeignet. Zwar kann unter Umständen ein vollständiger Einzelhandelsausschluß für Gewerbe- und Industriegebiete – verbunden mit weiteren Nutzungsausschlüssen – mit der städtebaulichen Zielsetzung gerechtfertigt werden, die überplanten Flächen vorwiegend produzierenden und verarbeitenden Betrieben vorzubehalten, nicht aber ein Einzelhandelsausschluß, der – wie hier – nur bestimmte Warengruppen erfaßt und im übrigen die gesamte Nutzungspalette der §§ 8 Abs. 2 und 9 Abs. 2 BauNVO unberührt läßt. Da Einzelhandelsbetriebe, deren Kernsortiment beispielsweise aus Kraftfahrzeugen, Möbeln sowie Bau- und Heimwerkerbedarf besteht, ebenso genehmigungsfähig sind wie Dienstleistungs- und Großhandelsbetriebe oder andere flächenintensive Nutzungen wie Tankstellen, Lagerhäuser, Speditionen oder Anlagen für sportliche Zwecke, vermag die Festsetzung eine Vorhaltung von Flächen für produzierendes und verarbeitendes Gewerbe in keiner Weise zu sichern. Dies räumt auch die Antragsgegnerin in ihrer Antragserwiderung ein, wenn sie ausführt, zur Sicherung der besagten Zielsetzung sei es eigentlich erforderlich gewesen, den Einzelhandel insgesamt auszuschließen. Die mitgelieferte Erklärung, wonach auf eine derart weitgehende Beschränkung des Einzelhandels verzichtet worden sei, weil für bestimmte großflächige Einzelhandelsbetriebe mit nicht zentren- oder nahversorgungsrelevantem Sortiment außerhalb der Gewerbe- und Industriegebiete keine geeigneten Flächen zur Verfügung stünden, entzieht dem hier in Rede stehenden Begründungselement jegliche Schlagkraft. Sie macht deutlich, daß der Plangeber die Bauflächen in den GE- und GI-Gebieten entgegen seiner erklärten Absicht eben nicht vorrangig den produzierenden und verarbeitenden Gewerbebetrieben vorbehalten, sondern sie bewußt auch für die Ansiedlung flächenintensiver Handelsnutzungen offen halten wollte. Das allgemeine Offenhalten aller GE- und GI-Gebiete im Plangebiet – und in den anderen von der Satzung erfaßten Bebauungsplan- und Teilbebauungsplangebieten – für flächenintensive Handelsnutzungen steht zudem im Widerspruch zur Planbegründung, in der es heißt, Einzelhandelsbetriebe, deren Ansiedlung in den Versorgungszentren der Stadt nicht möglich oder wünschenswert sei (z. B. Möbelmärkte, Bau- und Heimwerkermärkte, Gartencenter oder Kraftfahrzeughandel), sollten, soweit sie für die allgemeine Versorgung der Bevölkerung von Bedeutung seien, an geeigneten, möglichst innenstadtnahen Standorten zusammengefaßt werden, etwa auf dem ehemaligen Betriebsgelände der Baumwollspinnerei G. an der P.-Straße.

Der Ausschluß von Einzelhandel mit bestimmten Warensortimenten wäre mit der gewählten Begründung allenfalls dann zu rechtfertigen, wenn der Rat – durch Tatsachen gestützt – plausibel dargelegt hätte, daß gerade der von dem konkret ausgeschlossenen Einzelhandel ausgehende Ansiedlungsdruck im Stadtgebiet oder im Bereich des Bebauungsplans eine Verdrängung des verarbeitenden und produzierenden Gewerbes aus den GE- und GI-Gebieten erwarten läßt, während von den sonstigen in den GE- und GI-Gebieten allgemein zulässigen Nutzungen eine solche Verdrängungswirkung nicht ausgeht. Darlegungen dieser Art sind in den Bebauungsplanunterlagen nicht einmal ansatzweise vorhanden.

Nach allem liegt der Aussage, die gewerblichen Bauflächen vorwiegend dem produzierenden und verarbeitenden Gewerbe vorbehalten zu wollen, kein schlüssiges Plankonzept zugrunde.

Ein weiteres Begründungselement für die Einschränkung des Einzelhandels durch die textliche Festsetzung (1) findet sich in der Planbegründung unter B 2. Dort heißt es, Einzelhandelsbetriebe sollten ihren Standort in Abhängigkeit von ihrer Versorgungsfunktion entweder in den Wohngebieten oder in den zentralen Bereichen der Stadt und ihrer Ortsteile haben. Durch den Ausschluß bzw. die Einschränkung des Einzelhandels an anderen als den genannten Standorten solle sichergestellt werden, daß neue Einzelhandelsbetriebe – einzeln oder im Zusammenwirken mit anderen Einzelhandelsbetrieben – die verbrauchernahe Versorgung der Bevölkerung mit Gütern des täglichen Bedarfs an Wohnstandorten sowie die Funktion und Attraktivität der zentralen Bereiche als Handels- und Versorgungszentren nicht gefährdeten.

Wenn – wie hier – Einzelhandel mit ausgewählten Warensortimenten im Hinblick auf seine „Zentrenschädlichkeit" ausgeschlossen werden soll, bedarf es konkreter Angaben dazu, weshalb jegliche Form von Einzelhandel der besagten Art – würde er im betroffenen Baugebiet angesiedelt – die gewachsenen Einzelhandelsstrukturen in den Zentren der Gemeinde unabhängig von der Art und dem Umfang des jeweiligen Warenangebots schädigen würde. Auch der Einzelhandelserlaß von 1996 geht unter 2.2.5 davon aus, daß das Anbieten der darin als zentrenrelevant bezeichneten Warensortimente regelmäßig nur dann negative Auswirkungen auf die Zentrenstruktur einer Gemeinde erwarten läßt, wenn es überdimensioniert an nicht integrierten Standorten erfolgt. Die Planbegründung läßt jegliche Angaben zur Einzelhandelsstruktur in den Zentren des Stadtgebietes vermissen. Insbesondere fehlt eine auf diese Zentren bezogene Bestandsaufnahme, die die Grundlage für Aussagen über die Zentrenschädlichkeit bestimmter, anderenorts angebotener Waren bilden könnte. Einer solchen aussagekräftigen Planungsgrundlage bedarf es vor allem dann, wenn – wie hier – eine den Einzelhandel stark einschränkende Festsetzung getroffen werden soll, die die ausgeschlossenen Warengruppen übermäßig differenziert und nach der der Ausschluß weit mehr Warengruppen erfaßt, als in der Anlage 1 Teil A des Einzelhandelserlasses als zentrenrelevant genannt sind. Das vorgelegte „Entwicklungskonzept Innenstadt A." vermag eine auf den Einzelhandel in den Stadtzentren bezogene Bestandsaufnahme in keiner Weise zu ersetzen. Es befaßt sich vorwiegend mit Verkehrsführung und gestalterischen Aspekten der Innenstadtentwicklung. Einzelhandel spielt in diesem Konzept untergeordnet nur insoweit eine Rolle, als im Innenstadtbereich eine Markthalle vorgesehen ist und die

Flächen des ehemaligen Kirmesplatzes zum Teil als Einzelhandelsflächen entwickelt werden sollen. Differenzierte Angaben zu Warengruppen, Verkaufsflächen, Umsatzzahlen, Ansiedlungsmöglichkeiten usw. fehlen vollständig.

Die vorstehenden Ausführungen gelten entsprechend für den Fall, daß Einzelhandel mit ausgewählten Warengruppen an bestimmten Standorten ausgeschlossen werden soll, um die verbrauchernahe Versorgung der Bevölkerung mit Gütern des täglichen Bedarfs an Wohnstandorten zu sichern. Auch insoweit bedarf es konkreter – hier fehlender – Angaben dazu, weshalb jeglicher im Plangebiet stattfindender Handel mit „nahversorgungsrelevanten" Gütern die verbrauchernahe Versorgung der Bevölkerung an bestimmten anderen Stellen des Gemeindegebietes gefährden würde.

Die textliche Festsetzung (2) ist insgesamt unklar formuliert und bedarf der Auslegung.

Nr. 1 dieser Festsetzung ist so auszulegen, daß diejenigen Einzelhandelsbetriebe und sonstigen Gewerbebetriebe mit Verkaufsflächen für den Verkauf an letzte Verbraucher, die unter Berücksichtigung der in der textlichen Festsetzung (1) enthaltenen Warenausschlüsse in den GE- und GI-Gebieten zulässig sind, ihr Sortiment ausnahmsweise durch einzelne der in der Liste der textlichen Festsetzung (1) aufgeführten Warenarten ergänzen dürfen, wenn durch die Ergänzung Auswirkungen i. S. des § 11 Abs. 3 Satz 1 Nr. 2 BauNVO nicht zu erwarten sind.

Die so zu verstehende Festsetzung widerspricht letztlich dem Planungskonzept, da nach den sich aus der Planbegründung ergebenden Vorstellungen des Rates jeglicher Verkauf von Waren aus der in der textlichen Festsetzung (1) enthaltenen Liste die Versorgung der Bevölkerung im Einzugsbereich des Betriebes und die Entwicklung zentraler Versorgungsbereiche in der Gemeinde gefährden und somit Auswirkungen i. S. des § 11 Abs. 3 Satz 1 Nr. 2 BauNVO hat.

Der Begriff der „Ergänzung" ist zudem ungenau, denn er beinhaltet eine Beschränkung, deren Reichweite nicht annähernd festgelegt ist. Insbesondere vermag der Adressat der Vorschrift nicht zu erkennen, in welchem Umfang die in der textlichen Festsetzung (1) aufgelisteten Warenarten ergänzend angeboten werden dürfen. Zwar können textliche Festsetzungen in einem Bebauungsplan auch mit unbestimmten Rechtsbegriffen getroffen werden, wenn sich ihr näherer Inhalt unter Berücksichtigung der örtlichen Verhältnisse und des erkennbaren Willens des Normgebers erschließen läßt (vgl. BVerwG, Beschluß v. 24. 1. 1995 – 4 NB 3.95 –, BRS 57 Nr. 26 = BauR 1995, 662), doch fehlt es hier gerade an der Bestimmbarkeit des Festsetzungsinhalts. Der Senat versteht die Festsetzung als eine solche, die vor allem die Zulässigkeit von „zentrenrelevanten" Randsortimenten regeln soll. Im Einzelhandelserlaß heißt es dazu unter 2.2.5, das Randsortiment diene der Ergänzung des Angebots und müsse sich dem Kernsortiment deutlich unterordnen. Daß der Rat diese Formulierung des Einzelhandelserlasses im Auge hatte, läßt sich nicht feststellen, da er sich nicht auf den Erlaß bezogen hat. In jedem Fall hätte er aber kenntlich machen müssen, was er unter einer „deutlichen Unterordnung" versteht, denn auch dieser Begriff ist nicht bestimmt genug, um eine sichere Handhabung in der Praxis zu gewährleisten. Ob dem Begriff „Ergänzung" neben der quantitativen auch eine qualitative Bedeutung insoweit zukommen soll, als das „zulässige Sortiment" und die „ergänzenden Warenarten" in irgendeiner Weise zusammenpassen müssen, ist weder der Planbegründung noch den übrigen Planunterlagen zu entnehmen.

Die textliche Festsetzung (2) Nr. 2 ist so auszulegen, daß Einzelhandelsbetriebe sowie sonstige Gewerbebetriebe mit Verkaufsflächen für den Verkauf an letzte Verbraucher – vorbehaltlich der Regelungen in § 11 Abs. 3 BauNVO – in den GE- und GI-Gebieten ungeachtet der angebotenen Waren unbeschränkt zulässig sind, wenn das jeweils angebotene Sortiment ausschließlich zur Deckung des täglichen Bedarfs der im Gebiet arbeitenden Bevölkerung dient.

Die Festsetzung ist ebenfalls unbestimmt. Wann ein Sortiment im Sinne der Festsetzung „zur Deckung des täglichen Bedarfs der im Gebiet arbeitenden Bevölkerung dient", ergibt sich weder aus der Planbegründung noch aus den sonstigen Aufstellungsvorgängen. Zwar ist der in § 3 Abs. 3 Nr. 1 BauNVO verwendete Rechtsbegriff der „Deckung des täglichen Bedarfs" an sich ohne erhebliche Schwierigkeiten so auszulegen, daß er der Verwaltung keine uferlose und durch die gerichtliche Überprüfung nicht mehr eingrenzbare Ermächtigung eröffnet (vgl. BVerwG, Urteil v. 16. 2. 1968 – 4 C 190.65 –, BRS 20 Nr. 123, und – 4 C 191.65 –), doch stellt sich hier – weil auf den täglichen Bedarf der im Gebiet arbeitenden Bevölkerung abgestellt ist – die Frage, ob damit der tägliche Bedarf allgemein oder nur der sich während der täglichen Arbeitszeit ergebende Bedarf gemeint sein soll. Insoweit ist die Festsetzung nicht eindeutig. Wenn der tägliche Bedarf allgemein gemeint sein sollte, d. h. den im Gebiet arbeitenden Personen Gelegenheit gegeben werden soll, dort vor oder nach der Arbeit ihre täglichen Einkäufe zu erledigen, wäre Einzelhandel in einem größeren Umfang und mit einem anderen Warenangebot zulässig als im Falle der anderen Auslegungsvariante.

Ebensowenig eindeutig ist die Abgrenzung des Gebiets, das den Maßstab für den zulässigen Kundenkreis bilden soll. Der Plangeber könnte sich dabei das gesamte jeweilige Bebauungsplangebiet, die Gesamtheit der im jeweiligen Plangebiet festgesetzten Industrie- und Gewerbeflächen oder auch nur die einzelne als GI- oder GE-Gebiet festgesetzte Fläche vorgestellt haben.

Abgesehen von der Unbestimmtheit der Festsetzung fehlt auch die Ermächtigungsgrundlage für die Ausnahmeregelung. Auf § 1 Abs. 5 und 9 BauNVO kann sich der Plangeber insoweit nicht stützen.

Der Bebauungsplan bzw. dessen Begründung müssen erkennen lassen, daß mit den Festsetzungen nach § 1 Abs. 9 BauNVO ein bestimmter Typ von baulichen oder sonstigen Anlagen erfaßt wird. Die Erläuterung des vom planerischen Zugriff erfaßten Anlagentyps ist nicht gleichzusetzen mit den nach § 1 Abs. 9 BauNVO erforderlichen besonderen städtebaulichen Gründen. Es bedarf vielmehr einer eigenständigen Begründung dafür, warum die beschriebenen Anlagen eine bestimmte Art von Anlagen darstellen (vgl. BVerwG, Urteil v. 22. 5. 1987 – 4 C 77.84 –, a. a. O.).

§ 1 Abs. 9 BauNVO erweitert die Festsetzungsweise auf Nutzungsunterarten, welche die Baunutzungsverordnung selbst nicht anführt. Ziel der Vorschrift ist es, die allgemeinen Differenzierungsmöglichkeiten der Baugebietstypen nochmals einer „Feingliederung" unterwerfen zu können, um die Vielfalt der Nutzungsarten im Plangebiet zu mindern. Jedoch muß sich der Ausschluß auf eine Nutzungsart beziehen, die es in der sozialen und ökonomischen Realität bereits gibt. § 1 Abs. 9 BauNVO eröffnet keine Befugnis der Gemeinde, neue Nutzungsarten zu „erfinden" (vgl. BVerwG, Beschluß v. 27. 7. 1998 – 4 BN 31.98 –, BRS 60 Nr. 29 = BauR 1998, 1197).

Nach diesen Grundsätzen ist die Festsetzung, nach der Einzelhandelsbetriebe zulässig sind, wenn das jeweils angebotene Sortiment ausschließlich zur Deckung des täglichen Bedarfs der im Gebiet arbeitenden Bevölkerung dient, nicht von § 1 Abs. 9 BauNVO gedeckt. Die Festsetzung beschreibt keine Nutzungsart, die es bereits in der sozialen und ökonomischen Realität gibt.

Die textliche Festsetzung (2) Nr. 3 ist so auszulegen, daß Gewerbebetriebe mit Verkaufsflächen für den Verkauf an letzte Verbraucher in den GE- und GI-Gebieten ungeachtet der angebotenen Waren unbeschränkt zulässig sind, wenn das jeweils angebotene Sortiment aus eigener Herstellung stammt, die Waren im selben GE- bzw. GI-Gebiet hergestellt werden und der Betrieb auf Grund der von ihm ausgehenden Belästigungen oder Störungen typischerweise nur in einem GE- oder GI-Gebiet zulässig ist.

Die Beschränkung der Privilegierung auf Betriebe, die auf Grund der von ihnen ausgehenden Belästigungen oder Störungen typischerweise nur in einem GE- oder GI-Gebiet zulässig sind, ist städtebaulich nicht hinreichend begründet. Das Begründungselement, die Flächen dem produzierenden und verarbeitenden Gewerbe vorbehalten zu wollen, würde – wäre es nicht ohnehin ungeeignet, die getroffenen Festsetzungen zu rechtfertigen – die Beschränkung nicht tragen. Produzierendes oder verarbeitendes Gewerbe ist nicht zwingend mit Belästigungen oder Störungen verbunden, die über die Mischgebietsverträglichkeit hinausgehen. Sonstige Gründe für die Ungleichbehandlung produzierender bzw. verarbeitender mischgebietsverträglicher Gewerbebetriebe sind nicht ersichtlich.

Im übrigen wird die nach § 1 Abs. 7 BauGB erforderliche Abwägung der öffentlichen und privaten Belange den besonderen Anforderungen, die bei der Änderung eines Bebauungsplans zu erfüllen sind, nicht gerecht.

Der Senat kann bei der im Normenkontrollverfahren gebotenen objektiven Prüfung den Bebauungsplan auch auf solche Abwägungsfehler untersuchen, die der Antragsteller mit seinem Normenkontrollantrag nicht geltend gemacht hat, denn die Frist des insoweit noch maßgeblichen § 215 Abs. 1 Nr. 2 BauGB a. F., wonach Mängel der Abwägung unbeachtlich werden, wenn sie nicht innerhalb von sieben Jahren seit Bekanntmachung der Satzung schriftlich gegenüber der Gemeinde geltend gemacht worden sind, ist noch nicht abgelaufen. Die Unbeachtlichkeit eines Abwägungsfehlers gemäß § 215 Abs. 1 Nr. 2 BauGB a. F. hängt von zwei Voraussetzungen ab, nämlich dem Fristablauf und dem Nichtvorliegen einer Mängelrüge. Die Frist ist ein entscheidendes Element der Fehlerfolgenregelung. Erst nach Ablauf der festgelegten Zeit soll, wenn niemand eine Rüge erhoben hat, der an sich beachtliche Fehler unbeachtlich werden. Bis zum Fristablauf ist die uneingeschränkte Kontrolle eines Bebauungsplans auf Abwägungsfehler möglich und im Hinblick auf den Untersuchungsgrundsatz auch geboten.

Besteht – wie hier – ein Recht zur Bebauung, kommt der normativen Entziehung oder Beschränkung desselben erhebliches Gewicht zu, das sich im Rahmen der Abwägung auswirken muß. Beim Erlaß wie bei der Änderung eines Bebauungsplans muß daher im Rahmen der planerischen Abwägung das private Interesse am Erhalt bestehender baulicher Nutzungsrechte mit dem öffentlichen Interesse an der gewollten städtebaulichen Neuordnung des Plangebiets abgewogen werden. Dabei ist in die Abwägung einzustellen, daß sich der Entzug der baulichen Nutzungsmöglichkeiten für den Betroffenen wie eine (Teil-)Enteignung auswirken kann (vgl. BVerfG, Beschluß v. 19.12.2002 – 1 BvR 1402/01 –, BRS 60 Nr.6 = NVwZ 2003, 727 = BauR 2003, 1338 = NuR 2003, 350).

Demnach setzt eine ordnungsgemäße Abwägung voraus, daß alle maßgeblichen Gesichtspunkte in den Abwägungsprozeß eingestellt werden und der Rat von einem zutreffenden Sachverhalt ausgeht. Die von Amts wegen gebotene Ermittlung der abwägungsrelevanten Gesichtspunkte erfordert bei der Überplanung eines teilweise bereits bebauten Gebiets eine erkennbare Bestandsaufnahme. In welchem Umfang eine solche Bestandsaufnahme im einzelnen zu erfolgen hat, läßt sich nicht allgemein beantworten. Der erforderliche Umfang der Bestandsaufnahme bestimmt sich jeweils nach den Planungsabsichten der Gemeinde und demjenigen, was hierbei relevant in die Abwägung einzustellen ist (vgl. BVerwG, Beschluß v. 14.8.1989 – 4 NB 24.88 –, BRS 49 Nr.22).

Dieser allgemeine Grundsatz erlangt bei der Überplanung von vorhandenen Industrie- und Gewerbegebieten besondere Bedeutung, wenn im Plangebiet künftig bestimmte Nutzungen ausgeschlossen sein sollen und damit möglicherweise bereits vorhandene Nutzungen unzulässig und nur auf den Schutz des Bestandes beschränkt werden. Die Beachtung der Belange der Wirtschaft (§ 1 Abs.6 Nr.8 BauGB) verlangt mehr als die Berücksichtigung des durch Art. 14 GG garantierten Bestandsschutzes. Sie beinhaltet auch die Abwägung etwaiger in den Blick genommener Kapazitätserweiterungen und Modernisierungen von Anlagen, die zur Erhaltung der Konkurrenzfähigkeit notwendig sind.

Hiervon ausgehend mußte sich der Plangeber bei einer Planung der vorliegenden Art im Rahmen der Aufbereitung des Abwägungsmaterials – auch ohne daß es entsprechender Hinweise Planbetroffener bedurft hätte – Klarheit darüber verschaffen, welche Folgen insbesondere die von ihm beabsichtigten Nutzungsausschlüsse für die weitere Existenz der bereits vorhandenen Gewerbebetriebe haben konnten. Er hatte zu gewichten, ob etwa eintretende negative Folgen für den Fortbestand und die diesen sichernde weitere Entwicklungsmöglichkeit bereits vorhandener Nutzungen gegenüber den anderen, mit dem Plan verfolgten Zielsetzungen die Planentscheidung rechtfertigten.

Nichts davon ist geschehen. Der angegriffenen Planänderung liegt nicht einmal eine konkrete Bestandserhebung für den Geltungsbereich des Bebauungsplans zugrunde. Vielmehr hat der Rat die vorhandenen Betriebe – wie sich aus der Planbegründung ergibt – gänzlich undifferenziert auf den Bestandsschutz verwiesen.

Der vorstehend festgestellte Abwägungsmangel ist auch erheblich i. S. des § 214 Abs. 3 Satz 2 BauGB a. F., denn er ist offensichtlich und auf das Abwägungsergebnis von Einfluß gewesen. (Wird ausgeführt.)

Nr. 16

1. **Setzt ein Bebauungsplan ein Sondergebiet mit der Zweckbestimmung „Großflächiger Einzelhandel (Bau- und Heimwerkermarkt mit Gartencenter/Baustoffhandel)" fest, ist eine weitere Festsetzung, nach der in dem Sondergebiet Gewerbebetriebe aller Art und Lagerhäuser gemäß § 8 Abs. 2 Nr. 1 BauNVO bis zu einer Bruttogeschoßfläche von maximal 3000 m² ausnahmsweise zugelassen werden können, mit der Zweckbestimmung des Sondergebiets nicht vereinbar.**

2. **Das öffentliche Interesse an einer Festsetzung, die die Bevorratung von Straßenland im Hinblick auf die spätere Umsetzung eines bestimmten Verkehrskonzeptes bezweckt, rechtfertigt den Eingriff in privates Eigentum jedenfalls dann nicht, wenn Konzeptvarianten zur Verfügung stehen, die ohne einen solchen Eingriff auskommen, und die Wahrscheinlichkeit dafür, daß das bevorratete Straßenland tatsächlich gebraucht wird, in keiner Weise abgeschätzt worden ist.**

BauGB § 1 Abs 7.

OVG Nordrhein-Westfalen, Urteil vom 10. Dezember 2004
– 10a D 133/02.NE – (rechtskräftig).

Der Antragsteller zu 2 ist Eigentümer eines bebauten Grundstücks, auf dem eine Baustoffhandlung betrieben wird. Das Grundstück hat der Antragsteller zu 2 als Einlage in die Firma A. GbR Handelsgesellschaft, die Antragstellerin zu 1, eingebracht. Es liegt im Geltungsbereich des mit dem Normenkontrollantrag angegriffenen Bebauungsplans, der die zur Bebauung vorgesehenen Flächen im Plangebiet als Sondergebiet „Großflächiger Einzelhandel/Baustoffhandel" festsetzt. Das Grundstück des Antragstellers zu 2 ist in wesentlichen Teilen als öffentliche Verkehrsfläche überplant. Der Normenkontrollantrag hatte Erfolg.

Aus den Gründen:
Sowohl der Ursprungsbebauungsplan als auch seine 1. vereinfachte Änderung leiden an einem Ausfertigungsmangel. Während das Bundesrecht ungeregelt läßt, welche Anforderungen im einzelnen an die Ausfertigung zu stellen sind, ist für das Landesrecht in bezug auf die Ausfertigung von Bebauungsplänen geklärt, daß es mangels ausdrücklicher normativer Vorgaben für die Ausfertigung ausreicht, wenn eine Originalurkunde geschaffen wird, auf welcher der Bürgermeister als Vorsitzender des Rates zeitlich nach dem Ratsbeschluß und vor Verkündung der Satzung schriftlich bestätigt, daß der Rat an einem näher bezeichneten Tag „diesen Bebauungsplan als Satzung beschlossen" hat (vgl. OVG NRW, Urteil v. 18. 12. 1991 – 7a NE 77/90 –, NWVBl. 1992,

357). Zwar enthalten die dem Senat in der mündlichen Verhandlung vorgelegten Originale der ursprünglichen Planurkunde und der die 1. vereinfachte Änderung betreffenden Planurkunde jeweils eine solche schriftliche Bestätigung, doch sind diese schriftlichen Bestätigungen auf den 5. 12. 2000 bzw. auf den 30. 8. 2002 datiert und liegen damit zeitlich nach den öffentlichen Bekanntmachungen der Satzungen am 27. 11. 2000 bzw. 25. 7. 2002. Die Ausfertigungsvermerke genügen somit nicht der Anforderung, wonach aus rechtsstaatlichen Gründen die Satzung vor dem Bekanntmachungsakt ausgefertigt werden muß (vgl. BVerwG, Beschluß v. 27. 1. 1999 – 4 B 129.89 –, BRS 62 Nr. 29).

Die gemäß §10 Abs. 3 Satz 1 BauGB vorgeschriebene ortsübliche Bekanntmachung des Satzungsbeschlusses richtet sich nach der nordrhein-westfälischen Bekanntmachungsverordnung – BekanntmVO –. Der Bekanntmachungsakt, durch den der Bebauungsplan in Kraft gesetzt wird, ist hiernach nicht das Unterzeichnen der Bekanntmachungsanordnung nach §2 Abs. 3 und 4 BekanntmVO, sondern die öffentliche Bekanntmachung bzw. ihr Vollzug – hier nach §4 Abs. 1 Buchstabe a, §6 Abs. 1 Satz 1 BekanntmVO. Die Hauptsatzung der Antragsgegnerin vom 15. 12. 1994 sieht in §15 Abs. 1 vor, daß Satzungen – soweit gesetzlich nichts anderes bestimmt ist – durch einmaligen Abdruck im „Kreisblatt, Mitteilungsblatt des Kreises L. und seiner Städte und Gemeinden" bekanntgemacht werden. Das Erscheinen im Kreisblatt ist der maßgebliche Bekanntmachungszeitpunkt. Der Hinweis auf die jeweilige Bekanntmachung im Kreisblatt, der nach §15 Abs. 2 Satz 1 der Hauptsatzung nachrichtlich in den örtlichen Tageszeitungen unter der Rubrik „Amtliche Bekanntmachungen" erfolgen soll, ist für den Bekanntmachungszeitpunkt ebenso ohne Bedeutung wie der nach §15 Abs. 2 Satz 2 der Hauptsatzung vorgesehene zehntägige nachrichtliche Aushang an den amtlichen Bekanntmachungstafeln der Stadt. Bei den beiden letztgenannten Vorschriften handelt es sich jeweils lediglich um Soll-Vorschriften, die den bloß nachrichtlichen Charakter des Hinweises bzw. des Aushanges ausdrücklich herausstellen. Somit ist der Satzungsbeschluß über den Ursprungsplan nicht etwa erst mit dem Hinweis in der örtlichen Presse am 9. 12. 2000 und damit nach der Ausfertigung bekanntgemacht worden. Vielmehr hat die Bekanntmachung – wie oben festgestellt – bereits mit der Veröffentlichung im Kreisblatt am 27. 11. 2000 stattgefunden.

Auf Grund der vorstehend beschriebenen Ausfertigungsmängel ist der Bebauungsplan sowohl i. d. F. der 1. vereinfachten Änderung als auch in der Ursprungsfassung unwirksam. Allerdings können die Mängel durch erneute Bekanntmachung behoben werden (§215a BauGB a.F.) und zwar – selbst nach Jahren – grundsätzlich ohne erneuten Satzungsbeschluß (vgl. BVerwG, Beschluß v. 7. 4. 1997 – 4 B 64.97 –, BRS 59 Nr. 33).

Der Bebauungsplan weist zudem – sowohl in seiner Ursprungsfassung als auch i. d. F. der 1. vereinfachten Änderung – materielle Fehler auf, die ebenfalls zu seiner Unwirksamkeit führen.

Soweit die textlichen Festsetzungen bestimmen, daß Gewerbebetriebe aller Art und Lagerhäuser gemäß §8 Abs. 2 Nr. 1 BauNVO bis zu einer Bruttogeschoßfläche von maximal 3000 m^2 ausnahmsweise zugelassen werden können, ist diese Bestimmung unzulässig. Die ausnahmsweise Zulassung von „Gewerbebetrieben aller Art" und von beliebigen Zwecken dienenden „Lagerhäusern" ist mit der Zweckbestimmung des festgesetzten Sondergebiets nicht zu vereinbaren. Der Plangeber kann im Rahmen des § 11 Abs. 1 BauNVO einen Ausschnitt der für die typischen Baugebiete zulässigen Nutzungsarten zum alleinigen Gegenstand eines Sondergebiets machen, wenn dieser Ausschnitt gerade nicht dem generellen Gebietscharakter der Baugebietstypen entspricht. Dies ist hier geschehen, indem der Plangeber ein Sondergebiet für großflächigen Einzelhandel (Bau- und Heimwerkermarkt mit Gartencenter/ Baustoffhandel) festgesetzt hat. Durch die ausnahmsweise Zulassung gänzlich anderer Nutzungstypen – das Spektrum der Gewerbebetriebe aller Art ist nahezu uferlos – verliert das Sondergebiet den ihm mit der Zweckbestimmung beigegebenen eigenen Charakter. Hintergrund dieser Festsetzung war nach den Ausführungen der Vertreter der Antragsgegnerin in der mündlichen Verhandlung die Absicht der Firma L. KG, einen Teil der Sondergebietsfläche für eine anderweitige gewerbliche Nutzung zu verpachten.

Ob der Plangeber durch anders lautende und städtebaulich begründete Festsetzungen ein Sondergebiet mit dem von ihm beabsichtigten Nutzungsspektrum hätte planen können (vgl. OVG Rh.-Pf., Urteil v. 24. 8. 2000 – 1 C 11457/99 –, BRS 63 Nr. 83), bedarf hier keiner Entscheidung. In dem besagten Verfahren hatte das OVG Rheinland-Pfalz über die Zulässigkeit eines Sondergebiets mit der Zweckbestimmung „Großflächiger Einzelhandel und sonstige Gewerbebetriebe" zu befinden. Städtebaulich begründet worden war jene Sondergebietsfestsetzung damit, daß eine teilweise durch bestehende Gewerbebetriebe genutzte Fläche überplant und das Brachliegen von Grundstücken bei fehlender Nachfrage für großflächigen Einzelhandel verhindert werden solle.

Im übrigen wird die nach § 1 Abs. 7 BauGB erforderliche Abwägung der öffentlichen und privaten Belange den besonderen Anforderungen, die bei der Änderung eines Bebauungsplans zu erfüllen sind, insoweit nicht gerecht, als der Plan wesentliche Teile des Grundstücks der Antragsteller – einschließlich des zugehörigen Gebäudebestandes – als öffentliche Verkehrsfläche festsetzt.

Besteht – wie hier – ein Recht zur baulichen Nutzung, kommt der normativen Entziehung oder Beschränkung desselben erhebliches Gewicht zu, das sich im Rahmen der Abwägung auswirken muß. Beim Erlaß wie bei der Änderung eines Bebauungsplans muß daher im Rahmen der planerischen Abwägung das private Interesse am Erhalt bestehender baulicher Nutzungsrechte mit dem öffentlichen Interesse an der gewollten städtebaulichen Neuordnung des Plangebiets abgewogen werden. Dabei ist in die Abwägung einzustellen, daß sich der Entzug der baulichen Nutzungsmöglichkeiten für den Betroffenen wie eine (Teil-)Enteignung auswirken kann. Eine Festsetzung, die als Folge des gewählten Standortes die Nutzbarkeit nur bestimmter Grundstücke empfindlich beschneidet, entspricht den Anforderungen einer gerechten Abwägung grundsätzlich nur dann, wenn für die Festsetzung gerade an dieser Stelle einleuchtende Gründe bestehen, wenn etwa die natürlichen Geländeverhältnisse die planerische Lösung mehr oder minder vorzeichnen (vgl.

BVerfG, Beschluß v. 19.12.2002 – 1 BvR 1402/01 –, BRS 65 Nr. 6 = NVwZ 2003, 727 = BauR 2003, 1338 = NuR 2003, 350).

Nach diesen Grundsätzen begegnet die fremdnützige Überplanung des Grundstücks der Antragsteller durchgreifenden Bedenken.

Der Plangeber hat keine hinreichend gewichtigen öffentlichen Interessen für den Eingriff in das private Eigentum der Antragsteller angeführt. Zur Grundlage für die Festsetzung der öffentlichen Verkehrsfläche im Bereich des Grundbesitzes der Antragsteller hat er die „Verkehrstechnische Untersuchung Baustoff-Centrum im Sondergebiet W." der Ingenieurgesellschaft G. vom Juni 1999 gemacht (Nr. 11.1 der Planbegründung), die lediglich das Verkehrsaufkommen im Zusammenhang mit dem konkreten Vorhaben der Firma L. KG zum Gegenstand hat. Ob sie im Hinblick auf ihre Vorhabenbezogenheit überhaupt geeignet ist, dem vom Plangeber entwickelten Verkehrskonzept als Grundlage zu dienen, ist äußerst fraglich, da das Vorhaben der Firma L. KG nur eine von vielen denkbaren Nutzungen des Baugebiets darstellt. Aber auch auf der Grundlage der besagten Untersuchung lassen sich keine hinreichend gewichtigen öffentlichen Interessen für die Überplanung des Grundbesitzes der Antragsteller finden. Die Untersuchung gelangt zu dem Ergebnis, daß von insgesamt sechs entwickelten Lösungen zur Anbindung des Baugebiets an das übergeordnete Straßennetz grundsätzlich drei Vorschläge geeignet seien:
Variante 1:
Kreisverkehrsplatz bei Haus W.-Straße Nr. 110 (ebenso die alternativen Lagen bei Haus W.-Straße Nr. 108 oder Haus W.-Straße Nr. 81);
Variante 2:
Steuerung der Verkehrsströme mit Hilfe einer Lichtsignalanlage an der W.-Straße/D.-Straße;
Zusatzvariante 3:
Ausbau des Knotenpunktes W.-Straße/D.-Straße mit Betrieb ohne Lichtsignalanlage.

Die Gutachter empfehlen unter Berücksichtigung der Tatsache, daß mit dem geplanten Umbau der Bundesstraße in etwa zehn Jahren bauliche und betriebliche Veränderungen im Bereich W.-Straße und D.-Straße zu erwarten seien, als kurzfristige Lösung eindeutig die Zusatzvariante 3. Die verlautbarten Gründe, aus denen sich der Rat trotz zweier von den Gutachtern aufgezeigten Lösungen, die keinen Eingriff in privates Eigentum erforderlich machen würden, gleichwohl für die Variante 1 und darüber hinaus für die Lage des Kreisverkehrsplatzes im Bereich des Hauses W.-Straße Nr. 81 entschieden hat, tragen die Abwägung nicht.

Nach der Stellungnahme der Verwaltung zu den von den Antragstellern im Aufstellungsverfahren erhobenen Einwendungen, der sich der Rat im Rahmen der Abwägung angeschlossen hat, berücksichtigt die Festsetzung der öffentlichen Verkehrsfläche im Bereich des Hauses W.-Straße Nr. 81 den Fall, daß die Verkehrsanbindung der Straße „G. S." (einschließlich der Anbindung des Baustoffmarktes) an die D.-Straße/W.-Straße überlastet sein sollte. Welche Wahrscheinlichkeit für eine solche Überlastung besteht, hat der Plangeber nicht ermittelt. Die Prognose der angesprochenen Verkehrstechnischen Untersuchung gibt für ein solches Überlastungsszenario nichts her, sondern geht im Gegenteil davon aus, daß die Verkehrsknoten in allen vorgeschlagenen Lösungen insoweit „leistungsfähig" sind, als sie sowohl den Grundverkehr als auch den zusätzlichen mit dem Baugebiet zusammenhängenden Verkehr bewältigen können. Im Hinblick auf die nach der oben zitierten Begründung nur „vorsorgliche" Festsetzung der öffentlichen Verkehrsfläche im Bereich des Hauses W.-Straße 81 ist in der Stellungnahme der Verwaltung weiter ausgeführt, es sei zur Zeit nicht absehbar, ob die im Bereich des Grundbesitzes der Antragsteller als öffentliche Verkehrsfläche festgesetzten Flächen in absehbarer Zeit benötigt würden. Mittelfristig sei aber davon auszugehen, daß auf die Flächen zugegriffen werden müsse. Diese letzte Annahme stellt sich als bloße Behauptung dar und ist weder durch die Angabe tatsächlicher Umstände noch durch eine Prognose belegt.

Ebensowenig bieten die in der Planbegründung enthaltenen Ausführungen gewichtige Gründe für die Inanspruchnahme des Grundbesitzes der Antragsteller. In Nr. 1.1.2 der Planbegründung heißt es dazu, die am besten eingestufte Variante sehe einen Kreisverkehrsplatz im Bereich des Hauses W.-Straße 81 vor. Die Zufahrt des Baumarktes führe nicht direkt, sondern über die Straße „G. S." auf den Kreisverkehrsplatz. Dadurch werde eine eindeutige Verkehrssituation im Bereich des Knotenpunktes geschaffen. Die Qualität dieser Variante werde in der Verkehrstechnischen Untersuchung als gut bezeichnet. Die Vorzüge eines Ausbaus der Kreuzung zu einem Kreisverkehr seien in verkehrlicher Hinsicht die erheblich bessere Anbindung der Straße „G. S.", einschließlich der Zufahrt zu dem Baustoffzentrum, und in städtebaulicher Hinsicht die Erhaltung des W.-K. als Endpunkt der Sichtachse der W.-Straße.

Die genannten Gründe treffen ausnahmslos auch auf die Verkehrskonzepte zu, die der Variante 2 oder der Zusatzvariante 3 entsprechen würden. Nichts anderes würde für die Anlage eines Kreisverkehrsplatzes im Bereich des Hauses W.-Straße 108 gelten, die nach der Verkehrstechnischen Untersuchung auch an dieser Stelle als Lösung in Betracht kommen würde.

Schließlich verlieren die für die Inanspruchnahme des Grundbesitzes der Antragsteller angeführten Gründe dadurch an Gewicht, daß der Rat die Kreisverkehrvariante für sein Verkehrskonzept gar nicht als zwingend erforderlich angesehen hat, sondern sich mit der umstrittenen Festsetzung diese Lösung nur vorsorglich – nämlich für den Fall einer möglichen verkehrlichen Überlastung des Knotenpunktes „G. S."/W.-Straße/D.-Straße – offenhalten wollte. Das Interesse an einer derartigen Bevorratung von Straßenland rechtfertigt den Eingriff in privates Eigentum jedenfalls dann nicht, wenn – wie hier – gleichwertige Verkehrskonzepte zur Verfügung stehen, die ohne einen solchen Eingriff auskommen, und die Wahrscheinlichkeit dafür, daß das bevorratete Straßenland tatsächlich gebraucht wird, in keiner Weise abgeschätzt worden ist.

Abgesehen davon, daß der Rat keine gewichtigen öffentlichen Interessen für den Eingriff in das private Eigentum der Antragsteller dargelegt hat, fehlt es auch an Erwägungen dazu, daß der Bestandssicherung grundsätzlich Vorrang vor der Entschädigung einzuräumen ist. Daß der Rat konkrete Vorstellungen zu einer Umsiedlung des Betriebes entwickelt oder eine Bestandssicherung in anderer Form erwogen hat, ist nicht ersichtlich. Möglicherweise erforderliche Entschädigungszahlungen an die Antragsteller sind in Nr. 20 der Planbegründung – Realisierung und Kosten – nicht berücksichtigt. Abwägungsfehlerhaft ist des weiteren die Behandlung der sich aus der Planung ergebenden Lärmproblematik.

Der Senat kann bei der im Normenkontrollverfahren gebotenen objektiven Prüfung den Bebauungsplan auch auf solche Abwägungsfehler untersuchen, die der Antragsteller mit seinem Normenkontrollantrag nicht geltend gemacht hat, denn die Frist des insoweit noch maßgeblichen §215 Abs. 1 Nr. 2 BauGB a. F., wonach Mängel der Abwägung unbeachtlich werden, wenn sie nicht innerhalb von sieben Jahren seit Bekanntmachung der Satzung schriftlich gegenüber der Gemeinde geltend gemacht worden sind, ist noch nicht abgelaufen. Die Unbeachtlichkeit eines Abwägungsfehlers gemäß §215 Abs. 1 Nr. 2 BauGB a. F. hängt von zwei Voraussetzungen ab, nämlich dem Fristablauf und dem Nichtvorliegen einer Mängelrüge. Die Frist ist ein entscheidendes Element der Fehlerfolgenregelung. Erst nach Ablauf der festgelegten Zeit soll, wenn niemand eine Rüge erhoben hat, der an sich beachtliche Fehler unbeachtlich werden. Bis zum Fristablauf ist die uneingeschränkte Kontrolle eines Bebauungsplans auf Abwägungsfehler möglich und im Hinblick auf den Untersuchungsgrundsatz auch geboten.

Der Rat hat Maßnahmen zur Lärmminderung im Hinblick auf die Wohnbebauung nördlich der Straße „G. S." für erforderlich gehalten (Nrn. 12.1.1 und 12.2 der Planbegründung). Die gutachterlichen Untersuchungen im Aufstellungsverfahren tragen jedoch die in diesem Zusammenhang erfolgte Festsetzung eines immissionswirksamen flächenbezogenen Schalleistungspegels (IFSP) nicht. Der IFSP ermöglicht und bezweckt eine Lärmkontingentierung innerhalb eines Baugebiets. Welches Lärmkontingent auf welche Fläche innerhalb des Plangebiets entfallen soll, läßt sich jedoch weder den konkreten Festsetzungen noch den Aufstellungsvorgängen entnehmen. Die Schalltechnische Untersuchung des Ingenieurbüros B. vom 14.7.1999, die in Nr. 12.1 der Planbegründung als Grundlage für die Behandlung der Lärmproblematik im Bebauungsplanverfahren bezeichnet wird, ist für die Lärmabschätzung und die daraus vom Rat zu ziehenden Folgerungen gänzlich ungeeignet, da sie sich ausschließlich mit dem von dem Vorhaben der Firma L. KG zu erwartenden Lärm befaßt. Die Untersuchung legt im Hinblick auf die künftige Nutzung des Baugebiets eine bestimmte Stellung der Baukörper, eine bestimmte Lage der Zufahrt und der Stellplätze sowie bestimmte Betriebsabläufe zugrunde. Daß diese von den Gutachtern angenommenen Voraussetzungen bei der späteren Nutzung des Baugebiets tatsächlich und dauerhaft vorliegen werden, ist bei der gewählten Form der Planung – Angebotsplanung statt eines vorhabenbezogenen Bebauungsplans – in keiner Weise gewährleistet. In Nr. 11 der Planbegründung geht der Rat beispielsweise davon aus, daß aus Gründen des Lärmschutzes auf den Bau von Stellplätzen zwischen der Straße „G. S." und dem Gebäude – gemeint ist der von der Firma L. KG entlang der Straße „G. S." geplante Baukörper – verzichtet werden solle. Die getroffenen Festsetzungen stellen diese Forderung aber keineswegs sicher. Die überbaubare Grundstücksfläche entlang der Straße „G. S." ist nicht etwa durch eine

Baulinie bestimmt, die die Stellung der Baukörper vorgibt. Vielmehr können die Gebäude hinter der parallel zur Straßenbegrenzungslinie verlaufenden Baugrenze zurücktreten und Raum für die Anlage von Stellplätzen schaffen, die innerhalb der überbaubaren Grundstücksflächen überall im Plangebiet zulässig sind. Die Anlage von Grundstückszufahrten, die zur Straße „G. S." orientiert sind, ist ebenfalls nicht ausgeschlossen.

Ein weiterer Abwägungsfehler ist hinsichtlich des Wegfalls der für die Baukörper zunächst festgesetzten Höhenbegrenzungen im Rahmen der 1. vereinfachten Änderung des Bebauungsplans festzustellen. Mit den ursprünglich festgesetzten Höhenbegrenzungen wollte der Rat – wie sich aus Nr. 9.2 der Planbegründung ergibt – im öffentlichen Interesse und im Interesse der Angrenzer eine städtebauliche Einbindung in die umliegende Bebauung und in die Landschaft erreichen. Den Wegfall der Höhenbegrenzungen durch die 1. vereinfachte Änderung des Plans begründet der Rat – ohne das mit den Höhenbegrenzungen angestrebte Ziel ausdrücklich aufzugeben – damit, daß durch die enge Festsetzung der Baumassenzahl ohnehin bei späteren Erweiterungen keine an dieser Stelle unverträglichen Gebäudehöhen erreicht werden könnten. Diese Begründung, die sich wiederum unzulässigerweise ausschließlich am Zuschnitt des von der Firma L. KG geplanten Baukörpers orientiert, trägt angesichts einer Baugebietsfläche von mehr als 5 ha und einer zulässigen Baumasse von mehr als 200 000 cbm nicht.

Die vorstehend festgestellten Abwägungsmängel sind auch erheblich i.S. des §214 Abs. 3 Satz 2 BauGB a. F., denn sie sind offensichtlich und auf das Abwägungsergebnis von Einfluß gewesen. (Wird ausgeführt.)

Nr. 17

1. **Weist eine Gemeinde ein Sondergebiet für einen großflächigen Einzelhandelsbetrieb i.S. des §11 Abs.3 BauNVO aus, muß sie diese Planung nach §2 Abs.2 BauGB mit den Nachbargemeinden abstimmen, für die das Vorhaben mit unmittelbaren Auswirkungen gewichtiger Art verbunden ist. Von derartigen Auswirkungen und damit von einem qualifizierten Abstimmungsbedarf i.S. des §2 Abs.2 BauGB ist grundsätzlich für alle Nachbargemeinden auszugehen. die zum Einzugsgebiet des großflächigen Einzelhandelsbetriebs gehören.**

2. **Die Vereinbarkeit der Sondergebietsausweisung mit den Zielen der Raumordnung entbindet die planende Gemeinde grundsätzlich nicht von der nach §2 Abs.2 BauGB gebotenen interkommunalen Abstimmung.**

3. **Die Nachbargemeinde, die unmittelbare Beeinträchtigungen gewichtiger Art geltend macht, ist nicht gehalten, dies (etwa durch Einholung eines Gutachtens) zu belegen. Vielmehr ist es umgekehrt Sache der planenden Gemeinde, sich in geeigneter Weise Kenntnis über die konkreten Auswirkungen der von ihr planerisch ermöglichten Vorhaben auf die benachbar-**

ten Gemeinden zu verschaffen, um so deren Belange mit dem nötigen Gewicht in ihre Abwägung einstellen zu können.

4. Bei der Entscheidung über die Ausweisung eines Sondergebiets für großflächigen Einzelhandel muß sich die planende Gemeinde auch hinreichende Gewißheit über etwaige negative städtebauliche Auswirkungen auf ihr eigenes Gemeindegebiet verschaffen. Dabei hat sie insbesondere die in § 11 Abs. 3 Satz 2 BauNVO beispielhaft genannten Auswirkungen in den Blick zu nehmen und in ihre Abwägung einzustellen.

5. Holt die Gemeinde zu diesem Zweck ein Gutachten über die Situation des örtlichen Einzelhandels ein, muß sie sich im Rahmen ihrer Abwägung mit den darin gegen die Realisierung der geplanten Festsetzungen erhobenen Bedenken argumentativ auseinandersetzen und darf diese nicht einfach „beiseiteschieben".

VwGO § 47 Abs. 2 Satz 1; BauGB § 1 Abs. 3, 4, 6, § 2 Abs. 2; BauNVO § 11 Abs. 3.

Thüringer OVG, Urteil v. 20. Dezember 2004 – 1 N 1096/03 – (rechtskräftig).

Die Antragstellerin wendet sich gegen einen vorhabenbezogenen Bebauungsplan der Antragsgegnerin, der u. a. ein Sondergebiet „großflächiger Einzelhandel" festsetzt. Die Antragsgegnerin – eine Stadt mit ca. 14 000 Einwohnern – ist in dem zur Zeit des Satzungsbeschlusses noch geltenden Landesentwicklungsprogramm als teilfunktionales Mittelzentrum ausgewiesen. Bei der ca. 9 km nordwestlich der Antragsgegnerin gelegenen Antragstellerin handelt es sich um eine Stadt mit ca. 3300 Einwohnern, die im Regionalen Raumordnungsplan Ostthüringen als Kleinzentrum ausgewiesen ist.

Aus den Gründen:
I. Der fristgerecht erhobene Normenkontrollantrag der Antragstellerin ist zulässig. Insbesondere ist die Antragstellerin entgegen der Auffassung der Antragsgegnerin antragsbefugt (1.). Auch ist das für jedes Rechtsschutzbegehren zu fordernde allgemeine Rechtsschutzbedürfnis der Antragstellerin nicht dadurch entfallen, daß von den angegriffenen planerischen Festsetzungen bereits durch die Errichtung und Inbetriebnahme des von ihr in erster Linie bekämpften K.-Verbrauchermarktes Gebrauch gemacht worden ist (2.).

1. ... Ein qualifizierter Abstimmungsbedarf i. S. des § 2 Abs. 2 BauGB und damit eine Verletzung dieser Bestimmung kommt nicht nur in Betracht, wenn in der Nachbargemeinde bereits Bauleitpläne oder bestimmte planerische Vorstellungen bestehen, sondern schon dann, wenn unmittelbare Auswirkungen gewichtiger Art auf das benachbarte Gemeindegebiet möglich erscheinen, es sich also gleichsam um eine „grenzüberschreitende" Planung handelt. Derartige unmittelbare Auswirkungen sind in der verwaltungsgerichtlichen Rechtsprechung in der Vergangenheit etwa dann angenommen worden, wenn ein Vorhaben für die betroffene Nachbargemeinde mit einer Umsatzumverteilung (Kaufkraftabfluß) von mindestens 10 % verbunden ist (vgl. zu dieser „Erheblichkeitsschwelle" etwa OVG Rheinland-Pfalz, Beschluß v. 8. 1. 1999 – 8 B 12650/98 –, BRS 62 Nr. 66 = NVwZ 1999, 367 – Eilbeschluß zum FOC Zweibrücken). Auf die zwischen den Beteiligten umstrittene Höhe des Kauf-

kraftabzugs kommt es aber für die Bestimmung der „Erheblichkeitsschwelle" und damit für die auf eine mögliche Verletzung des Abstimmungsgebots gestützte Antragsbefugnis nicht an. Der qualifizierte Abstimmungsbedarf ergibt sich nach der vom Senat geteilten Auffassung des Bundesverwaltungsgerichts vielmehr bereits unmittelbar aus der Regelung des § 11 Abs. 3 BauNVO (vgl. hierzu und zum Folgenden: BVerwG, Urteil v. 1. 8. 2002 – 4 C 5.01 –, BVerwGE 117, 25 = BRS 65 Nr. 10 = NVwZ 2003, 86 = UPR 2003, 35 – FOC Zweibrücken). Diese Bestimmung ist Ausdruck der Erkenntnis, daß Einkaufszentren und sonstige großflächige Einzelhandelsbetriebe unter den dort genannten Voraussetzungen regelmäßig geeignet sind, Nachbargemeinden in so gewichtiger Weise zu beeinträchtigen, daß sie ohne eine förmliche Planung, die dem Abstimmungsgebot des § 2 Abs. 2 BauGB gerecht wird, nicht zugelassen werden dürften. Als mögliche Beeinträchtigungen nennt § 11 Abs. 3 Satz 2 BauNVO beispielhaft (nachteilige) Auswirkungen etwa auf die Versorgung der Bevölkerung im Einzugsbereich des jeweiligen Betriebs sowie auf die Entwicklung zentraler Versorgungsbereiche in der Gemeinde oder in anderen Gemeinden. Da derartige Auswirkungen nach § 11 Abs. 3 Satz 3 BauNVO bei großflächigen Einzelhandelsbetrieben ab einer Geschoßfläche von 1200 m^2 i. d. R. anzunehmen sind, bedarf es bei Betrieben dieser Größenordnung nicht eigens der Feststellung, welche nachteiligen Auswirkungen konkret zu erwarten sind.

Nach diesen Grundsätzen ist die Antragsbefugnis der Antragstellerin gegeben, da sie als von dem durch den Bebauungsplan ermöglichten Vorhaben betroffene Nachbargemeinde anzusehen ist. Hierfür kommt es nicht darauf an, ob und inwieweit das Gemeindegebiet der Antragstellerin unmittelbar an das Gemeindegebiet der Antragsgegnerin angrenzt. Entscheidend ist, daß die Antragstellerin noch zum Einzugsbereich des durch den Bebauungsplan ermöglichten großflächigen Einzelhandelsbetriebes (K.-Markt) gehört. Hierfür spricht zunächst die gute Erreichbarkeit des konkreten Standorts aus Richtung A. Die Fahrzeit vom Ortsausgangsschild bis zum Baugrundstück beträgt nach Angaben der Antragstellerin nur 6 Minuten; die von der Antragstellerin vorgelegte Untersuchung der Gesellschaft für Konsumforschung (im folgenden: GfK) geht zwar von einer längeren Fahrzeit aus, rechnet die Antragstellerin aber noch zum „Ferneinzugsgebiet" des Marktes (sog. modifizierter 20-Pkw-Fahrminuten-Radius). Hinzu kommt die Größe dieses Verbrauchermarkts; seine Verkaufsfläche beträgt 2820 m^2 – liegt weit oberhalb der für das Eingreifen der Vermutungsregelung des § 11 Abs. 3 Satz 3 BauNVO maßgeblichen Grenze vom 1200 m^2 Geschoßfläche (dies entsprach nach den damaligen Vorstellungen der Verordnungsgebers ungefähr einer Verkaufsfläche von 800 m^2, vgl. dazu etwa BVerwG, Beschluß v. 22. 7. 2004 – 4 B 29.04 –, NVwZ-RR 2004, 815 = DVBl. 2004, 1308 = UPR 2004, 447). Er ist mit dieser Größe darauf angelegt, auch Kaufkraft aus den umliegenden Ortschaften abzuschöpfen, zu denen die Antragstellerin gehört. Damit ist im Hinblick auf die Vermutungsregelung des § 11 Abs. 3 Satz 3 BauNVO davon auszugehen, daß das Vorhaben für die Antragstellerin mit gewichtigen Auswirkungen verbunden ist und daher einen Abstimmungsbedarf i. S. des § 2 Abs. 2 BauGB auslöst.

Ob die auf die Vermutungsregelung des § 11 Abs. 3 Satz 3 BauNVO gestützte Annahme eines interkommunalen Abstimmungsbedarfs i. S. des § 2 Abs. 2 BauGB ausnahmsweise dann nicht gerechtfertigt ist, wenn die betroffene Gemeinde lediglich am Rande des Einzugsbereichs eines großflächigen Einzelhandelsbetriebs liegt und mit hinreichender Sicherheit nur völlig unerhebliche Kaufkraftabflüsse zu befürchten hat, bedarf hier keiner Entscheidung. Die von der Antragstellerin vorgelegte GfK-Analyse geht davon aus, daß die Eröffnung des K.-Marktes für sie erhebliche Kaufkraftabflüsse (deutlich über 10%) im Bereich der Waren des sog. periodischen Bedarfs mit sich bringt. Darauf, ob die Gesellschaft für Konsumforschung bei ihrer Untersuchung von zutreffenden Zahlen (insbesondere hinsichtlich der Verkaufsflächenausstattung der Antragsgegnerin) ausgegangen ist, kommt es in diesem Zusammenhang nicht an, da sich jedenfalls nicht ohne weiteres feststellen läßt, daß der zu befürchtende Kaufkraftabzug völlig unerheblich sein wird.

2. Der Antragstellerin kann auch nicht das erforderliche Rechtsschutzbedürfnis abgesprochen werden. Das Rechtsschutzbedürfnis für einen Normenkontrollantrag ist zu bejahen, wenn die Möglichkeit besteht, daß der Betroffene seine Rechtsstellung durch die angestrebte Erklärung der Unwirksamkeit des Bebauungsplans verbessert (vgl. etwa BVerwG, Urteil v. 23. 4. 2002 – 4 CN 3.01 –, BRS 65 Nr. 50 = NVwZ 2002, 1126 = UPR 2003, 30 m. w. N.). Dies ist hier der Fall.

Zunächst ist von den in der streitigen 3. Änderung des vorhabenbezogenen Bebauungsplans getroffenen planerischen Festsetzungen durch die Genehmigung des K.-Marktes noch nicht umfassend Gebrauch gemacht worden, auch wenn nach Angaben der Antragstellerin inzwischen im Gebäude 8 („Sondergebiet 2") bereits ein großflächiger Non-Food-Discountmarkt eröffnet hat und die Eröffnung weiterer Geschäfte bevorsteht. Nicht verwirklicht worden ist etwa der nach der 3. Änderung des Plans im „Sondergebiet 2" zulässige Lebensmittelmarkt (mit max. 800 m^2 Verkaufsfläche). Selbst wenn man dem aber keine entscheidende Bedeutung beimessen wollte, weil die weiteren planerischen Festsetzungen – bei isolierter Betrachtung – möglicherweise keine Rechte der Antragstellerin berühren (dies gilt auch für den schon großflächigen, aber wohl noch nicht der Vermutungsregelung des § 11 Abs. 3 Satz 3 BauNVO unterfallenden Lebensmittelmarkt), wäre das Rechtsschutzbedürfnis der Antragstellerin nicht entfallen. Denn die Baugenehmigung für den K.-Verbrauchermarkt, gegen den sich die Antragstellerin in erster Linie wendet, ist von ihr angefochten worden. Der von der Antragstellerin eingelegte Widerspruch ist auch nicht offensichtlich verfristet oder wegen einer Verwirkung des verfahrensrechtlichen Widerspruchsrechts unzulässig; auch eine offensichtliche Unbegründetheit des Widerspruchs wegen einer Verwirkung der materiellen Abwehrrechte der Antragstellerin läßt sich nicht feststellen. Daher erscheint es nicht von vornherein ausgeschlossen, daß die angestrebte Erklärung der Unwirksamkeit des Plans die Erfolgschancen in dem gegen die Baugenehmigung noch anhängigen Widerspruchsverfahren verbessert.

Der vorliegende Normenkontrollantrag erweist sich auch nicht etwa als rechtsmißbräuchlich, weil die Antragstellerin möglicherweise nicht aus eigenem Antrieb, sondern auf Drängen eines in A. engagierten Investors tätig geworden ist, der sich ihr gegenüber auch verpflichtet hat, sie von sämtlichen Prozeßkosten freizuhalten. Der Vorwurf des Rechtsmißbrauchs wäre hier allenfalls dann gerechtfertigt, wenn feststünde, daß es der Antragstellerin nicht (auch) um die Verfolgung eigener schutzwürdiger Belange, sondern nur um die die Durchsetzung der Interessen eines anderen geht. Dies läßt sich jedoch nicht feststellen. Der Umstand, daß der Eigentümer zweier (durch Einzelhandelsgeschäfte genutzter) Immobilien in A. ein erhebliches wirtschaftliches Interesse am Ausgang des vorliegenden Normenkontrollverfahrens hat und die Antragstellerin deshalb von allen Prozeßkosten freihält, begründet nicht den Vorwurf des Rechtsmißbrauchs.

II. Der Antrag ist auch begründet. Der von der Antragsgegnerin beschlossene Bebauungsplan leidet an einem Mangel, der zu seiner Unwirksamkeit führt.

1. Allerdings liegen die von der Antragstellerin geltend gemachten Verstöße des Bebauungsplans gegen die Bestimmung des § 1 Abs. 4 BauGB, nach der Bebauungspläne an die Ziele der Raumordnung anzupassen sind, nicht vor. ...

Einschlägig sind hier die Bestimmungen der (damaligen) Verordnung über das Landesentwicklungsprogramm Thüringen (LEP) vom 10.11.1993 (GVBl. 709) und des Regionalen Raumordnungsplans – Teil B/1. Fortschreibung Teil A – Ostthüringen. Das Landesentwicklungsprogramm Thüringen bestimmt die zentralen Orte höherer Stufe (Oberzentren, Mittelzentren mit Teilfunktionen eines Oberzentrums, Mittelzentren und teilfunktionale Mittelzentren) und weist diesen sowie den Unter- und Kleinzentren (deren Festlegung den Regionalen Raumordnungsplänen vorbehalten bleibt) jeweils unterschiedliche Aufgaben zu (vgl. Nr. 2.2.2 LEP). Während das Landesentwicklungsprogramm hinsichtlich der Aufgabenerfüllung nicht zwischen Mittelzentren und teilfunktionalen Mittelzentren unterscheidet, weist der RROP Ostthüringen zunächst in Nr. 3.1.2.4 den Mittelzentren eine Reihe von Aufgaben zu, um sodann in Nr. 3.1.2.5 für die teilfunktionalen Mittelzentren, zu denen auch die Antragsgegnerin zur Zeit des Satzungsbeschlusses gehörte, zu bestimmen, daß diese (nur) ausgewählte mittelzentrale Aufgaben wahrnehmen sollen.

Diese Aufgabenverteilung wird für den Bereich Handel und Dienstleistungen in Nr. 4.3.3 des RROP konkretisiert; weitere Vorgaben enthält Nr. 11.6.3 RROP, die sich mit der Ausweisung von Sondergebieten u. a. für Einkaufszentren und Verbrauchermärkte befaßt. Nach Nr. 11.6.3.1 RROP soll die Festsetzung von Sondergebieten für Einkaufszentren, Verbrauchermärkte und andere großflächige Einzelhandelsbetriebe auf Ober- und Mittelzentren beschränkt werden. Nr. 4.3.3.8 RROP enthält die Vorgabe, daß Einkaufszentren, großflächige Einzelhandelsbetriebe und sonstige großflächige Handelsbetriebe die Versorgungsaufgaben der benachbarten zentralen Orte nicht beeinträchtigen sollen. Bei diesen Aussagen handelt es sich um räumlich und sachlich zumindest hinreichend bestimmbare Festlegungen und damit um Ziele der Raumordnung i. S. des § 3 Nr. 2 ROG. Dem steht nicht entgegen, daß die Aussagen als sog. „Soll-Ziele" formuliert sind, die nicht stets, sondern nur im Regelfall zu beachten sind. Auch landesplanerische Aussagen mit einer

Regel-Ausnahme-Struktur können die Merkmale eines Ziels der Raumordnung erfüllen, wenn der Planungsträger neben den Regel- auch die Ausnahmevoraussetzungen mit hinreichender tatbestandlicher Bestimmtheit oder doch Bestimmbarkeit selbst festgelegt hat (vgl. BVerwG, Urteil v. 18.9.2003 – 4 CN 20.02 –, BVerwGE 119, 54 = BRS 66 Nr. 5 = NVwZ 2004, 226 = UPR 2004, 115; zu einer vergleichbaren landesplanerischen Regelung ebenso das Urteil v. 17.9.2003 – 4 C 14.01 –, BVerwGE 119, 25 = BRS 66 Nr. 1 = NVwZ 2004, 220 = UPR 2004, 137). Diesen Anforderungen werden die genannten Zielaussagen noch gerecht. Die regelhafte räumliche Zuordnung des Einzelhandels nach dem zentralörtlichen Gliederungssystem wird mit der weiteren Zielaussage verbunden, daß großflächige Einzelhandelsbetriebe die Funktion benachbarter zentraler Orte nicht beeinträchtigen sollen (vgl. zu einer derartigen Verknüpfung auch das soeben zitierte Urteil des BVerwG vom 17.9.2003) Ergänzt werden diese Aussagen durch weitere Regelungen insbesondere über die gewünschte Nachnutzung innerstädtischer Industrie- und anderer Brachflächen in Nr. 11.6.3.3 und Nr. 4.3.3.6, denen die planende Gemeinde noch mit hinreichender Bestimmtheit entnehmen kann, wann ein raumordnerischer Ausnahmefall vorliegt.

Gegen die Zielvorgabe in Nr. 11.6.3.1 RROP hat die Antragsgegnerin aber nicht verstoßen, auch wenn der RROP Ostthüringen hinsichtlich der Unterbringung von Verbrauchermärkten zwischen lediglich teilfunktionalen Mittelzentren und „echten" Mittelzentren unterscheidet und nur für letztere eine Ausstattung mit Verbrauchermärkten am Stadtrand vorsieht .... Die (Soll-) Zielbestimmung in Nr. 11.6.3.1 RROP kann nicht isoliert betrachtet werden, sondern muß im Zusammenhang mit den folgenden Zielbestimmungen in Nr. 11.6.3.2 und 11.6.3.3 RROP gesehen werden, die sich mit dem vorhandenen Standortnetz von Sondergebieten für großflächige Einzelhandelsbetriebe und mit der Revitalisierung bzw. Nachnutzung geeigneter Brach- und Konversionsflächen bei der Ansiedlung von Einkaufszentren und großflächigen Einzelhandelsbetrieben beschäftigen. Nach Nr. 11.6.3.2 RROP soll das vorhandene Standortnetz für großflächige Einzelhandelsbetriebe in den Stadtrandlagen nicht mehr ausgeweitet werden; Standortschwerpunkte von Einzelhandelsflächen sollen (nur) die Stadtzentren bzw. die innerstädtischen Bereiche bilden. Nach Nr. 11.6.3.3 RROP soll bei der Ansiedlung von Einkaufszentren und großflächigen Einzelhandelsbetrieben verstärkt auf die Revitalisierung bzw. Nachnutzung geeigneter Brach- und Konversionsflächen orientiert werden. In der Begründung zu Nr. 11.6.3.1 bis 11.6.3.3 RROP wird der Standort X. in Z. ausdrücklich als Beispielsfall für die (nach Nr. 11.6.3.3 anzustrebende) Revitalisierung städtebaulich gut integrierter Brach- und Konversionsflächen für Handelsaufgaben genannt. Dementsprechend mögen Nr. 11.6.3.1 und Nr. 11.6.3.2 RROP zwar der Ausweisung eines neuen oder der Erweiterung eines vorhandenen Sondergebiets für großflächigen Einzelhandel in einer Stadtrandlage Z.s entgegenstehen, nicht aber der durch die streitige Änderung der Sondergebietsausweisung angestrebten und nach Nr. 11.6.3.3 RROP ausdrücklich erwünschten Revitalisierung der zentrumsnahen Brachfläche an der X. ...

Auch der von der Antragstellerin geltend gemachte Verstoß der Sondergebietsausweisung gegen Nr. 4.3.3.8 RROP liegt nicht vor. Die in dieser Bestimmung enthaltene Zielvorgabe soll sicherstellen, daß die den zentralen Orten höherer Stufe zugewiesene Versorgungsaufgabe nicht durch einen Kaufkraftabzug infolge der Ansiedlung großflächiger Einzelhandelsbetriebe in Orten niedriger Zentralitätsstufe gefährdet wird (so zu einer vergleichbaren landesplanerischen Aussage: BVerwG, Urteil v. 17.9.2003 – 4 C 14.01 –, a.a.O.). Die Erfüllung der den zentralen Orten höherer Stufe obliegenden Versorgungsaufgabe ist aber zwangsläufig mit einem Kaufkraftabzug aus den umliegenden Orten einer niedrigeren Zentralitätsstufe verbunden, so daß Nr. 4.3.3.8 RROP diesem Kaufkraftabzug nicht entgegenstehen kann. Dementsprechend ist die genannte Zielvorgabe auf das Verhältnis zwischen der Antragsgegnerin als zentralem Ort höherer Stufe (teilfunktionales Mittelzentrum) und der Antragstellerin als zentralem Ort niedriger Stufe (Kleinzentrum) nicht anwendbar. Dies gilt um so mehr, als die Antragstellerin zum Verflechtungsbereich des teilfunktionellen Mittelzentrums Z. gehört. ... Selbst wenn man aber Nr. 4.3.3.8 RROP auf das Verhältnis zwischen einem Ort höherer Stufe und einem Ort niedrigerer Stufe für anwendbar halten wollte, läge jedenfalls kein Verstoß gegen diese Zielbestimmung vor, da der zu erwartende Kaufkraftabzug nicht so hoch ist, daß von einer Gefährdung der Versorgungsaufgabe des Kleinzentrums A. ausgegangen werden müßte; hierzu wird auf die folgenden Ausführungen (unter 2.) verwiesen. ...

2. Die Unwirksamkeit des Bebauungsplans ergibt sich nicht aus dem von der Antragstellerin geltend gemachten Verstoß gegen das interkommunale Abstimmungsgebot (vgl. § 2 Abs. 2 BauGB).

Im vorliegenden Fall bestand ein Abstimmungsbedarf i.S. des § 2 Abs. 2 BauGB, da die Auswirkungen des durch die 3. Änderung des vorhabenbezogenen Bebauungsplans „Dienstleistungszentrum Werk III" sich – wie dargelegt – auch auf das Gebiet der Antragstellerin erstrecken. Dementsprechend hatte die Antragsgegnerin die Belange der Antragstellerin in ihre Abwägung einzustellen und zu bewerten. Für die Abwägung – und somit auch für ihre gerichtliche Überprüfung – ist auf den Zeitpunkt der Beschlußfassung über den Bebauungsplan abzustellen. ...

Hier spricht vieles dafür, daß die Antragsgegnerin die ihrer Planung entgegenstehenden Belange der Antragstellerin nicht mit dem ihnen zukommenden Gewicht in ihre Abwägung eingestellt hat. ...

Zunächst war ein näheres Eingehen auf die Belange der Antragstellerin nicht bereits deshalb entbehrlich, weil das Landesverwaltungsamt 2002 mitgeteilt hatte, daß keine raumordnerischen Bedenken gegen das Vorhaben bestünden. Abgesehen davon, daß die planende Gemeinde die Vereinbarkeit eines Vorhabens mit den Erfordernissen der Raumordnung in eigener Verantwortung zu prüfen hat und der eingeholten landesplanerischen Stellungnahme keine Bindungswirkung zukommt, besagt diese nur, daß die Planung dem Anpassungsgebot des § 1 Abs. 4 BauGB entspricht. Die Ziele der Raumordnung legen lediglich Rahmenbedingungen fest, die tendenziell auf Konkretisierung durch die örtliche Planung angelegt sind, bei der der Gemeinde ein mehr oder weniger großer Gestaltungsspielraum verbleibt (vgl. etwa OVG

Nordrhein-Westfalen, Urteil v. 7. 12. 2003 – 7a D 60/99.NE –, BRS 63 Nr. 34 = NVwZ-RR 2001, 635 = DVBl. 2001, 657). Dementsprechend kann die Vereinbarkeit einer Planung mit den Zielen der Raumordnung die planende Gemeinde nicht von der nach § 2 Abs. 2 BauGB gebotenen interkommunalen Abstimmung entbinden (vgl. hierzu auch VG Hannover, Beschluß v. 15. 9. 2000 – 4 B 3763/00 –, BauR 2001, 67). Soweit demgegenüber in beiden Abwägungsprotokollen davon die Rede ist, der Regionale Raumordnungsplan Ostthüringen sei eine „rechtliche Grundlage für die Umsetzung des Vorhabens", liegt dem ein unzutreffendes Verständnis des Verhältnisses zwischen überörtlicher Planung und gemeindlicher Bauleitplanung zugrunde; zumindest ist die gewählte Formulierung mißverständlich.

Eine Befassung mit den Belangen der Nachbargemeinden auf der Ebene der gemeindlichen Planung könnte nur dann entbehrlich sein, wenn die Zulässigkeit der hierdurch ermöglichten Vorhaben im einzelnen bereits auf der Ebene der Landes- oder Regionalplanung umfassend abgewogen und als verbindlich vorgegebenes Ziel der Raumordnung festgeschrieben wäre. Das ist i. d. R. aber nicht der Fall; auch hier läßt sich dies dem RROP Ostthüringen nicht entnehmen. Nr. 11.6.3.1 RROP gibt der planenden Gemeinde lediglich vor, bei der Ansiedlung von Einkaufszentren und großflächigen Einzelhandelsbetrieben in erster Linie an die Revitalisierung bzw. Nachnutzung geeigneter Brachflächen (wie dem in der Begründung ausdrücklich erwähnten Standort X.) zu denken, fordert aber nicht etwa, großflächige Einzelhandelsbetriebe anzusiedeln, um derartige Standorte wieder einer sinnvollen Nutzung zuzuführen. Vor allem aber enthält der RROP keine konkreten Vorgaben zur zulässigen Verkaufsfläche und zur Sortimentsauswahl. Schon deshalb kann auch keine Rede davon sein, daß das Landesverwaltungsamt – wie die Antragsgegnerin meint – in seiner positiven Stellungnahme bereits „antizipiert" über die Frage der Betroffenheit der Belange der Antragstellerin entschieden habe.

Eine (erneute) Befassung mit den seitens der Antragstellerin vorgebrachten Bedenken erübrigte sich nicht deswegen, weil diese bereits im Verfahren zur Aufstellung eines Flächennutzungsplans ihre Einwendungen hatte vorbringen können, denn im Entwurf des Flächennutzungsplans sind weder konkrete Verkaufsflächenzahlen noch konkrete Angaben zu der im „Sondergebiet Handel" im einzelnen zulässigen Nutzungen enthalten. Eine nähere Abwägung der Belange der Antragstellerin war auch nicht deshalb entbehrlich, weil diese gegen den ursprünglichen Vorhaben- und Erschließungsplan keine Einwände erhoben hatte und die streitige Planänderung mit einer Reduzierung der Gesamtverkaufsfläche im Plangebiet verbunden war. Allein die Verringerung der zulässigen Verkaufsfläche konnte nicht die Annahme rechtfertigen, daß die Planänderung für die Antragstellerin als Nachbargemeinde im Vergleich zu den bisherigen Festsetzungen günstiger sei oder jedenfalls keine Verschlechterung eintrete. Es liegt auf der Hand, daß es für die Frage, ob die Zulassung großflächigen Einzelhandels mit nachteiligen Auswirkungen in den Nachbargemeinden verbunden ist, nicht nur und nicht einmal in erster Linie auf die Größe der Verkaufsfläche ankommt, sondern vor allem auch auf die zugelassenen Sortimente. Gerade die in der streitigen Änderung des vorhabenbezogenen Bebauungsplans enthaltene Zulassung eines großflächigen Lebensmittelmarktes kann sich für die verbrauchernahe Versorgung in einer benachbarten Gemeinde wesentlich nachteiliger auswirken als die Zulassung eines sonstigen Einzelhandelsbetriebs.

Soweit im Abwägungsprotokoll auf ein unzureichendes Vollversorgerangebot in Z. hingewiesen wird, stellt dies zwar – die Richtigkeit dieser Aussage unterstellt – einen für die planerische Zulassung des K.-Verbrauchermarktes sprechenden Gesichtspunkt dar. Eine nähere Befassung mit den der Realisierung des Vorhabens entgegenstehenden Belangen insbesondere der Nachbargemeinden im Einzugsbereich wird dadurch aber nicht entbehrlich.

Die Antragsgegnerin kann sich ferner nicht mit Erfolg darauf berufen, daß die Antragstellerin die von ihr geltend gemachten Beeinträchtigungen nicht hinreichend dargelegt und auch nicht belegt habe. ... Insbesondere war die Antragstellerin nicht gehalten, die von ihr geäußerten Befürchtungen durch Einholung eines Gutachtens (wie jetzt nachträglich geschehen) zu untermauern. Vielmehr ist es umgekehrt Sache der planenden Gemeinde, sich in geeigneter Weise Kenntnis über die konkreten Auswirkungen der von ihr planerisch ermöglichten Vorhaben auf die benachbarten Gemeinden zu verschaffen, um so die Belange der betroffenen Gemeinden mit dem nötigen Gewicht in ihre Abwägung einstellen zu können (vgl. dazu allg. BVerwG, Beschluß v. 14.8.1989 – 4 NB 24.88 –, BRS 49 Nr. 22 = NVwZ-RR 1990, 122 = UPR 1989, 452). Wenn die planende Gemeinde hier nicht über den nötigen Sachverstand verfügt, wird sie eine gutachtliche Stellungnahme (insbesondere zur Frage eines für die Nachbargemeinden drohenden Kaufkraftabflusses) einholen müssen. Ob dies zur Folge hat, daß eine sachgerechte Beurteilung der städtebaulichen Auswirkungen eines größeren Vorhabens auf die Nachbargemeinden in aller Regel eine sachverständige Begutachtung voraussetzt (in diesem Sinne etwa OVG Lüneburg, Beschluß v. 7.3.2002 – 1 MN 3976/01 –, BRS 65 Nr. 39 m.w.N.), mag dahinstehen. Im vorliegenden Fall spricht jedenfalls für die Notwendigkeit der Einholung eines entsprechenden Gutachtens, daß die Antragsgegnerin sich schon nicht in der Lage gesehen hat, die möglichen Auswirkungen des Verbrauchermarktes auf ihre eigene Innenstadt ohne Einholung einer entsprechenden Stellungnahme sachgerecht zu beurteilen. Auch läßt sich nicht ohne weiteres feststellen, daß negative Auswirkungen auf die Nahversorgung in A. bereits wegen der Entfernung zum streitigen Verbrauchermarkt ausgeschlossen wären, denn A. gehört – wie bereits dargelegt – zum Einzugsbereich des K.-Marktes und verfügt selbst über eine verbrauchernahe Versorgung. ...

Insgesamt spricht mithin vieles dafür, daß die Antragsgegnerin sich mit den Auswirkungen ihrer Planung auf die Antragstellerin nicht hinreichend befaßt hat und demnach insoweit ein Ermittlungs- und Bewertungsfehler i.S. des §214 Abs. 1 Satz 1 Nr. 1 BauGB n.F. oder ein Mangel im Abwägungsvorgang i.S. des §214 Abs. 3 Satz 2 Halbs. 1 BauGB n.F. vorliegt. Dieser wahrscheinlich vorliegende Fehler ist auch offensichtlich, da er den vorliegenden Unterlagen (insbesondere auch den Abwägungsprotokollen) ohne weiteres zu entnehmen ist. Er ist aber unbeachtlich, da er nicht auf das Entscheidungsergebnis von Einfluß gewesen ist. Von einer Beeinflussung des Ergebnisses des

Verfahrens bzw. des Abwägungsergebnisses ist nur dann auszugehen, wenn nach den Umständen des Falles die konkrete Möglichkeit eines solchen Einflusses besteht, was etwa der Fall sein kann, wenn sich anhand der Planunterlagen oder sonstiger erkennbarer oder naheliegender Umstände ergibt, daß sich ohne den Fehler ein anderes Ergebnis abgezeichnet hätte (vgl. BVerwG, Beschluß v. 29. 1. 1992 – 4 NB 22.90 –, BRS 54 Nr. 15 = NVwZ 1992, 662; vgl. auch schon BVerwG, Urteil v. 21. 8. 1981 – 4 C 57.80 –, BVerwGE 64, 22 = BRS 38 Nr. 37 = NJW 1982, 591; aus der neueren Rechtsprechung vgl. BVerwG, Beschluß v. 9. 10. 2003 – 4 BN 47.03 –, BauR 2004, 1130). Demgegenüber genügt allein die abstrakte Möglichkeit, daß ohne den Fehler bzw. Abwägungsmangel anders geplant worden wäre, ebensowenig wie die bloße Vermutung, daß etwa einzelne Ratsmitglieder bei Vermeidung des Fehlers für eine andere Lösung aufgeschlossen gewesen wären, um seine Ursächlichkeit für das Ergebnis des Verfahrens bzw. Abwägungsergebnis zu begründen (vgl. BVerwG, Urteil v. 18. 9. 2003 – 4 CN 3.02 –, BVerwGE 119, 45 = NVwZ 2004, 229 = BauR 2004, 286).

Dementsprechend läßt sich die Beachtlichkeit (Erheblichkeit) des Mangels hier nicht damit begründen, daß die Stadträte der Antragsgegnerin bei hinreichender Berücksichtigung der Belange der Antragstellerin (etwa durch Einholung eines Gutachtens) zu einem anderen Entscheidungsergebnis hätten gelangen können, etwa der Festschreibung einer kleineren Verkaufsfläche des Verbrauchermarktes. Umgekehrt läßt sich ein möglicher Einfluß des Fehlers auf das Entscheidungsergebnis nicht schon mit der von der Antragsgegnerin angestellten Überlegung ausschließen, daß die Nutzung durch den K.-Verbrauchermarkt die einzig sinnvolle Nutzung des brachliegenden Areals darstelle und sie daher in jedem Falle an ihrer Planung festgehalten hätte. Diese Überlegung würde einmal dann nicht durchgreifen, wenn die konkreten Festsetzungen (insbesondere hinsichtlich des Verbrauchermarktes) für die Antragstellerin als Nachbargemeinde mit unzumutbaren Auswirkungen verbunden wären, der Plan also auch im Ergebnis fehlerhaft wäre. In diesem Falle hätte die Antragsgegnerin bei rechtmäßiger Ausübung ihres planerischen Ermessens zu den streitigen Festsetzungen gar nicht gelangen dürfen, so daß auch von der geforderten Ursächlichkeit des Verfahrensfehlers bzw. Fehlers im Abwägungsvorgang auf das Entscheidungsergebnis ausgegangen werden müßte. Die konkrete Möglichkeit eines Einflusses des Fehlers auf das Entscheidungsergebnis wäre darüber hinaus auch dann zu bejahen, wenn sich die Frage der Unzumutbarkeit der Auswirkungen der planerischen Feststellungen für die Antragstellerin nicht beantworten ließe; dann bestünde die naheliegende Möglichkeit, daß die Belange der Antragstellerin nicht hätten „weggewogen" werden dürfen und sich deshalb ein anderes Entscheidungsergebnis abgezeichnet hätte. Beides läßt sich aber nicht feststellen. ...

Geht man demnach von einer Umsatzumverteilungsquote für Waren des periodischen Bedarfs von max. 17 % zu Lasten A.s aus, lassen sich unzumutbare Auswirkungen der Planung für die Antragstellerin mit hinreichender Sicherheit ausschließen. Dieser Kaufkraftabzug bewegt sich vielmehr noch in einer Größenordnung, die die Antragsgegnerin der Antragstellerin zumuten durfte und von dieser deshalb hinzunehmen ist. Die Frage, ob und ggf. bei welchen Prozentsätzen ein prognostizierter Kaufkraftabzug den Schluß auf für die davon betroffene Gemeinde negative städtebauliche Folgen zuläßt, wird in der Rechtsprechung mit unterschiedlichen Ergebnissen diskutiert. Einigkeit besteht aber darüber, daß die „Unzumutbarkeitsschwelle", bei deren Überschreitung die der Planung entgegenstehenden Belange der Nachbargemeinde grundsätzlich den Interessen der planenden Gemeinde vorgehen, wesentlich höher anzusetzen ist als die nach der früheren Rechtsprechung den materiellen Abstimmungsbedarf begründende „Erheblichkeitsschwelle" (vgl. dazu schon oben unter I.1.). Teilweise wird hier als Untergrenze ein Wert von 20% genannt, teilweise wird eine Unzumutbarkeit auch erst bei einer Umsatzumverteilung von 25 oder 30% angenommen (vgl. etwa die Darstellung im Urteil des OVG Rheinland-Pfalz v. 25. 4. 2001 – 8 A 11441/ 00 –, BRS 64 Nr. 33 = NVwZ-RR 2001, 638 m. w. N.; vgl. auch BayVGH, Urteil v. 7. 6. 2000 – 26 N 99.2961 u. a. –, BRS 63 Nr. 62 = BayVBl. 2001, 175, der in Anlehnung an eine Richtlinie des zuständigen Bayerischen Ministeriums für Lebensmittel von einer Kaufkraftabschöpfungsobergrenze von 25% ausgeht). Eine für alle Fallkonstellationen geltende einheitliche „Unzumutbarkeitsschwelle" läßt sich nach Auffassung des Senats nicht bestimmen, da es jeweils auf die Umstände des Einzelfalles wie etwa die Lage des Vorhabens und vor allem auch die raumordnerische Funktion der betroffenen Gemeinden ankommt (vgl. dazu etwa SächsOVG, Urteil v. 26. 5. 1993 – 1 S 68/93 –, LKV 1994, 116; Uechtritz, BauR 1999, 572, 580 m. w. N.). Im vorliegenden Fall spricht nichts dafür, daß die Unzumutbarkeitsschwelle für die Antragstellerin ausnahmsweise bereits bei einem unterhalb der genannten Schwelle von ca. 20–30% liegenden Kaufkraftabzug überschritten sein könnte. Im Gegenteil ist die maßgebliche Schwelle hier eher höher anzusetzen, da die Antragstellerin lediglich ein Kleinzentrum darstellt und – wie dargelegt – zum teilfunktionalen Verflechtungsbereich der Stadt Z. gehört. Teilfunktionale Mittelzentren sollen aber ausgewählte mittelzentrale Aufgaben wahrnehmen, wozu auch die Bereitstellung von Einkaufsmöglichkeiten für die Bevölkerung ihres Verflechtungsbereichs gehört (vgl. dazu Nr. 3.1.2.5 i. V. m. Nr. 3.1.2.4 RROP Ostthüringen); dies ist – wie bereits erwähnt – zwangsläufig mit einem gewissen Kaufkraftabzug aus den zum Verflechtungsbereich gehörenden Kommunen verbunden. Andere Gründe, aus denen die Planung der Antragsgegnerin für die Antragstellerin mit städtebaulich relevanten unzumutbaren Auswirkungen verbunden sein könnte, sind nicht ersichtlich.

Läßt sich damit feststellen, daß die vorliegende Planung – soweit es um die Berücksichtigung der Belange der Antragstellerin geht – nicht im Ergebnis abwägungsfehlerhaft ist, spricht mangels sonstiger konkreter Anhaltspunkte nichts dafür, daß der hier angenommene Fehler bei der Ermittlung und Bewertung der Belange der Antragstellerin sich auf das Ergebnis der Entscheidung ausgewirkt hat.

3. Die Planung der Antragsgegnerin weist aber einen anderen offensichtlichen Fehler bei der Ermittlung und Bewertung der von der Planung berührten Belange auf. Die Antragsgegnerin hat sich nicht hinreichend mit den Auswirkungen des nach der geänderten Planung zulässigen Verbrauchermarkts sowie einer möglichen Standortagglomeration auf das eigene Stadtgebiet aus-

einandergesetzt. Dieser Fehler ist auch auf das Ergebnis von Einfluß gewesen, da die konkrete Möglichkeit besteht, daß die Antragsgegnerin deswegen zu einer auch im Ergebnis fehlerhaften Planung gelangt ist und sich mithin bei einer sachgerechten Ausübung des Planungsermessens ein anderes Entscheidungsergebnis abgezeichnet hätte.

Bei der Entscheidung über die Ausweisung eines Sondergebiets für großflächigen Einzelhandel muß sich die planende Gemeinde hinreichende Gewißheit darüber verschaffen, ob und inwieweit die vorgesehenen Festsetzungen mit negativen städtebaulichen Auswirkungen verbunden sind. Dabei hat sie insbesondere die in § 11 Abs. 3 Satz 2 BauNVO beispielhaft genannten negativen Auswirkungen in den Blick zu nehmen und abwägend darüber zu befinden, ob die mit der Planung verfolgten positiven Zielsetzungen es im konkreten Fall rechtfertigen, die etwaigen negativen Auswirkungen in den von der Baunutzungsverordnung ausdrücklich genannten städtebaulich bedeutsamen Problemfeldern hinzunehmen (vgl. etwa OVG Nordrhein-Westfalen, Urteil v. 22. 6. 1998 – 7a D 108/96.NE –, BRS 60 Nr. 1 = NVwZ 1999, 79). Dies gilt auch dann, wenn bereits eine Sondergebietsfestsetzung für großflächigen Einzelhandel existiert und lediglich die zugelassenen Sortimente und/oder die Verkaufsflächen geändert werden sollen, sofern die geänderten Festsetzungen möglicherweise mit anderen (insbesondere negativen) städtebaulichen Auswirkungen verbunden sind als die früheren Festsetzungen. Dies ist hier der Fall, denn der jetzt zugelassene Verbrauchermarkt mit einer Verkaufsfläche von 2.820 m^2 kann sich sowohl auf die Innenstadt als auch auf die verbrauchernahe Versorgung in den einzelnen Stadtteilen von Z. wesentlich nachteiliger auswirken als ein großflächiger Einzelhandelsbetrieb mit einer wesentlich geringeren Verkaufsfläche (wie der ursprünglich im Gebäude 8 zulässige Lebensmittelmarkt mit einer Verkaufsfläche von max. 1429 m^2 bzw. – nach der 1. Änderung des Plans – 1054 m^2) oder mit einer anderen Sortimentsstruktur (wie etwa das nach dem ursprünglichen Vorhaben- und Erschließungsplan im Gebäude 1 – Teil des jetzigen Gebäudebereichs I – mit einer Verkaufsfläche von 1990 m^2 zulässige Möbelgeschäft).

Von dieser Überlegung hatte sich die Antragsgegnerin zu Beginn des Planungsprozesses auch leiten lassen und auf der Grundlage eines entsprechenden Stadtratsbeschlusses 2001 die Y.-Unternehmensberatung mit der Erstellung eines Gutachtens über die Einzelhandelssituation in Z. unter besonderer Berücksichtigung des Planvorhabens „Einkaufszentrum Werk 3" beauftragt. ... Das Gutachten gelangt zu der Empfehlung, das besonders betrachtete Projekt „Einkaufszentrum Werk 3" nicht zu entwickeln. In der die Ergebnisse der Untersuchung zusammenfassenden Begründung heißt es, die Entwicklung dieses Standortes würde eine „Schieflage" in der Standortsituation des Z.er Einzelhandels bewirken, da ein weiterer nicht integrierter Einzelhandelsstandort etabliert und sich das Flächenverhältnis zuungunsten der Innenstadtlagen entwickeln würde. Ein zusätzlicher Standort für großflächigen Einzelhandel lasse sich weder aus der gegenwärtigen Angebots- und Nachfragesituation noch aus der bestehenden Arbeitsteilung des Einzelhandels heraus begründen. Die zu erwartenden Umsätze müßten weitestgehend aus Verdrängungswirkungen resultieren, da nennenswerte zusätzliche Kaufkraftpotentiale nicht zu erwarten seien. Schließlich würde mit der Realisierung eines Verbrauchermarktes auf der Industriebrache zusätzlicher Ansiedlungsdruck für weitere Branchen bzw. Betriebsformen an diesem Standort erzeugt, dem sich die Stadt auf Dauer nur schwer entziehen könnte.

Zwar mußte sich die Antragsgegnerin nicht an die im Gutachten ausgesprochene Empfehlung, von dem Vorhaben Abstand zu nehmen, gebunden sehen, sondern konnte über die Ansiedlung des K.-Verbrauchermarktes in eigener Verantwortung nach ihrem planerischen Ermessen entscheiden. Dabei durfte sie aber die im Gutachten geltend gemachten erheblichen Bedenken gegen die Realisierung des Vorhabens nicht unberücksichtigt lassen. Eine nähere Befassung mit den in der Analyse aufgezeigten Problemen des für den großflächigen Verbrauchermarkt vorgesehenen Standorts X. war auch nicht etwa deshalb entbehrlich, weil dieser Standort in der bereits erwähnten Begründung zu Nr. 11.6.3.1 bis 11.6.3.3 RROP Ostthüringen als Beispiel für eine städtebaulich gut integrierte Brachfläche genannt wird. Das Gutachten sieht durchaus, daß es sich hier nicht um einen Standort „auf der grünen Wiese" handelt, weist aber auf die trotz der Zentrumsnähe bestehenden Probleme (insbesondere hinsichtlich der Zentrumsanbindung und der Entwicklung eines weiteren Einzelhandelsstandortes neben der eigentlichen Innenstadt) und damit auf städtebauliche Problemfelder hin, mit denen sich die Antragsgegnerin bei ihrer Planungsentscheidung hätte auseinandersetzen müssen. Ihre Entscheidung, trotz der im Gutachten aufgezeigten Probleme den Weg für die Realisierung des Vorhabens freizumachen, stellt sich als fehlerhaft dar, weil sie eine hinreichende Befassung und inhaltliche Auseinandersetzung mit den im Gutachten vorgebrachten Bedenken vermissen läßt (vgl. zur Annahme eines Abwägungsfehlers in diesem Falle: OVG Lüneburg, Urteil v. 7.4.2003 – 1 KN 3206/01 – juris). ...

Allein der Umstand, daß es keine andere wirtschaftlich sinnvolle Verwendung einer Industriebrache geben mag, kann es aber nicht rechtfertigen, die im Gutachten formulierten und mündlich noch einmal erläuterten Bedenken gegen die Ansiedlung eines Verbrauchermarktes „beiseite zu schieben". Vielmehr hat die planende Gemeinde hier zu prüfen, ob die städtebauliche Zielsetzung der „Reaktivierung" einer brachliegenden Fläche wegen der damit verbundenen negativen städtebaulichen Auswirkungen unter Umständen aufgegeben werden muß. Von dieser Überlegung hat sich im übrigen auch die Antragstellerin selbst in der Vergangenheit offenbar leiten lassen, wenn es im Erläuterungsbericht zum Entwurf eines Flächennutzungsplans heißt, die seit 1991 angestrebte städtebauliche Zielsetzung, die vorhandene Industriebrache im Rahmen einer neuen Nutzungsstruktur unter Einbeziehung von Einzelhandelsflächen wieder zu reaktivieren, müsse aufgegeben werden. ...

Die unzureichende Auseinandersetzung mit dem Gutachten und den darin aufgezeigten Problemlagen (etwa zur Etablierung eines weiteren nicht integrierten Einzelhandelsstandortes in Z.) stellt einen wesentlichen Mangel bei der Ermittlung und Bewertung der von der Planung berührten Belange dar. Er ist auch offensichtlich, da anhand der Abwägungsprotokolle und der sonstigen Unterlagen ohne weiteres erkennbar ist, daß die Antragsgegnerin sich mit den inhaltlichen Aussagen des Gutachtens nur unzureichend bzw. zum

Teil auf der Grundlage nicht hinreichend fundierter Annahmen (etwa hinsichtlich der erwarteten „Magnetwirkung" des K.-Verbrauchermarktes) befaßt hat (vgl. zum „Beiseiteschieben" eines Gutachtens als beachtlicher Abwägungsfehler i. S. von § 214 Abs. 3 Satz 2 BauGB a. F. auch OVG Lüneburg, Urteil v. 7.4.2003 – 1 KN 3206/01 – juris). Dieser Mangel ist auch auf das Entscheidungsergebnis von Einfluß gewesen, da die konkrete Möglichkeit besteht, daß die Antragsgegnerin bei sachgerechter Würdigung des Gutachtens (ggf. nach dessen Aktualisierung) zu dem im Gutachten vorgeschlagenen Ergebnis gelangt wäre, von der Ansiedlung des großflächigen Verbrauchermarktes am Standort X. Abstand zu nehmen. Es läßt sich nicht feststellen, ob die Antragsgegnerin bei hinreichender Berücksichtigung der insoweit in die Abwägung einzustellenden Belange (etwa durch Einholung eines ergänzenden oder neuen Einzelhandelsgutachtens) abwägungsfehlerfrei zu dem Ergebnis hätte gelangen können, die Planung wie geschehen umzusetzen. ...

4. Die Unwirksamkeit der Sondergebietsfestsetzung für den Verbrauchermarkt hat wiederum zur Folge, daß die streitige 3. Änderung des vorhabenbezogenen Bebauungsplans „Dienstleistungszentrum Werk III" insgesamt unwirksam ist. Die Ungültigkeit eines Teils eines Bebauungsplanes wirkt sich nur dann nicht auf die Gültigkeit im Ganzen aus, wenn die restlichen Festsetzungen auch ohne den gültigen Teil noch eine sinnvolle städtebauliche Ordnung i. S. des § 1 Abs. 3 BauGB bewirken können und mit der gebotenen Sicherheit anzunehmen ist, daß die Gemeinde auch einen Bebauungsplan dieses eingeschränkten Inhalts beschlossen hätte (vgl. BVerwG, Beschluß v. 20.8.1991 – 4 NB 3/91 –, BRS 52 Nr. 36 = NVwZ 1992, 567 = UPR 1991, 447). Jedenfalls die zweite Voraussetzung ist nicht erfüllt, da die geplante Ansiedlung des K.-Verbrauchermarktes der entscheidende Grund für die von der Antragsgegnerin angestrebte Planänderung war und demnach sogar mehr dafür spricht, daß sie ohne die dafür notwendigen Änderungen der Festsetzungen des vorhabenbezogenen Bebauungsplans auch von den weiteren Änderungen Abstand genommen hätte.

Nr. 18

Liegen Plangebiet und Kernzone in „deutlicher Nähe" zueinander, hält sich eine Gemeinde im Rahmen ihrer Befugnisse, wenn sie dem Gesichtspunkt der Kräftigung der Attraktivität der Kernzone den Vorrang vor dem Interesse Einkaufswilliger an möglichst kurzen Wegen bei der Besorgung von Gegenständen des täglichen Bedarfs einräumt. Das Baugebiet muß die Nahversorgung der dort lebenden Einwohner nicht selbst gewährleisten.
(Nichtamtlicher Leitsatz)

BauNVO § 1 Abs. 5, 9.

Bundesverwaltungsgericht, Beschluß vom 10. November 2004
– 4 BN 33.04 –.

(OVG Nordrhein-Westfalen)

Aus den Gründen:
1. Die Rechtssache hat nicht die grundsätzliche Bedeutung, die ihr die Antragsteller beimessen.

a) Die Frage, ob der Ausschluß einzelner Arten von Einzelhandelsbetrieben (hier: Kunst/Antiquitäten sowie Musikalienhandel und Unterhaltungselektronik/Computer) im Plangebiet zur Stärkung der Attraktivität der Kernzone durch besondere städtebauliche Gründe zu rechtfertigen ist, wenn diese Arten in der Kernzone nicht oder nur zu einem geringen Prozentsatz vertreten sind, nötigt nicht zur Zulassung der Grundsatzrevision; denn sie läßt sich ohne weiteres außerhalb eines Revisionsverfahrens beantworten.

Rechtsgrundlage für Sortimentsbeschränkungen des Einzelhandels ist § 1 Abs. 9 BauNVO. Hiernach kann, wenn besondere städtebauliche Gründe dies rechtfertigen, im Bebauungsplan bei Anwendung des hier einschlägigen § 1 Abs. 5 BauNVO festgesetzt werden, daß nur bestimmte Arten der in den Baugebieten allgemein oder ausnahmsweise zulässigen baulichen oder sonstigen Anlagen zulässig oder nicht zulässig sind oder nur ausnahmsweise zugelassen werden können. Das „Besondere" an den städtebaulichen Gründen besteht nicht notwendig darin, daß die Gründe von größerem oder im Verhältnis zu Abs. 5 zusätzlichem Gewicht sein müssen. Vielmehr ist mit „besonderen" städtebaulichen Gründen gemeint, daß es spezielle Gründe gerade für die gegenüber Abs. 5 noch feinere Ausdifferenzierung der zulässigen Nutzungen geben muß (BVerwG, Urteil v. 22.5.1987 – 4 C 77.84 –, BVerwGE 77, 317, 321 = BRS 47 Nr. 58 = BauR 1987, 524; Beschluß v. 21.12.1992 – 4 B 182.92 –, BRS 55 Nr. 42 = Buchholz 406.12 § 1 BauNVO Nr. 15). An der Rechtfertigung durch städtebauliche Gründe fehlt es, wenn die Nutzungsbeschränkungen nicht der städtebaulichen Entwicklung und Ordnung (vgl. § 1 Abs. 3 BauGB) zu dienen bestimmt sind. Welche städtebaulichen Ziele sich eine Gemeinde setzt, liegt in ihrem planerischen Ermessen. Der Gesetzgeber ermächtigt sie, die „Städtebaupolitik" zu betreiben, die ihren städtebaulichen Ordnungsvorstellungen entspricht (vgl. BVerwG, Beschluß v. 14.8.1995 – 4 NB 21.95 –, Buchholz 406.11 § 1 BauGB Nr. 86). Hierzu gehört auch die Entscheidung, ob und in welchem Umfang sie Teile des Gemeindegebiets zur Unterbringung von Einzelhandelsbetrieben zur Verfügung stellt (vgl. BVerwG, Beschluß v. 11.5.1999 – 4 BN 15.99 –, BRS 62 Nr. 19 = BauR 1999, 1136). Wenn sie für innerstädtische Randlagen Sortimentsbeschränkungen beschließt, um die innerstädtische Kernzone, das Zentrum, zu stärken, ist das ein legitimes städtebauliches Ziel. Sie ist dabei nicht darauf beschränkt, nur Nutzungen zu unterbinden, die in der Kernzone bereits in nennenswertem Umfang ausgeübt werden, und durch die Zulassung in anderen Plangebieten gefährdet werden. Vielmehr ist ihr auch gestattet, „zentrumsbildende" Nutzungsarten, die in der Kernzone nicht oder nur geringfügig vertreten sind, in anderen Gemeindegebieten mit dem Ziel auszuschließen, eventuelle Neuansiedlungen zwecks Steigerung oder Erhaltung der Attraktivität dem Zentrum zuzuführen. Bauleitplanung erschöpft sich nicht darin, bereits eingeleitete Entwicklungen zu steuern, sondern ist auch ein Mittel, um städtebauliche Ziele für die Zukunft zu formulieren. Das bedarf keiner Bestätigung in einem Revisionsverfahren.

b) Die Revision ist auch nicht zur Klärung der Frage zuzulassen, ob eine ausschließliche oder auch nur überwiegende Konzentration nahversorgungsrelevanter Sortimente (hier: Lebensmittel, Getränke, Apotheke, Drogerie, Kosmetik, Haushaltswaren) auf die Kernzone der Innenstadt städtebaulich zu rechtfertigen ist, um deren Attraktivität zu stärken. Die Frage, die das Normenkontrollgericht wohl im Sinne der Beschwerde beantworten würde („städtebaulich schwer zu rechtfertigen"), ist nicht entscheidungserheblich, weil das Normenkontrollgericht darauf abgestellt hat, daß „das hier betroffene Plangebiet (...) jedenfalls durch seine deutliche Nähe zu der nach der Einschätzung der Antragsgegnerin besonders zu schützenden Kernzone gekennzeichnet (ist), so daß bei einer Neuansiedlung bzw. bezogen auf die bereits vorhandenen Angebote der genannten Sortimente deutlichen Verstärkung des Angebots der genannten Sortimente im Plangebiet auch unter Nahversorgungsaspekten ein beachtlicher Attraktivitätsverlust der Kernzone in Betracht kommt". Die Frage, ob der Ausschluß nahversorgungsrelevanter Sortimente mit der Nähe des Plangebiets zur Kernzone städtebaulich mit der Stärkung der Attraktivität der Kernzone gerechtfertigt werden kann oder ob der Ausschluß nahversorgungsrelevanter Sortimente ein peripheres, nicht integriertes, in Randlage befindliches Plangebiet voraussetzt, läßt sich ohne weiteres im Sinne des Normenkontrollurteils beantworten. Die Ansicht der Beschwerde, mit dem Leitbild der funktionsnahen Beziehung der Einzelhandelsstandorte zum Wohnen sei die Konzentration der Nahversorgung auf den Stadtkern nicht vereinbar, verkennt den planerischen Spielraum der Gemeinden. Liegen Plangebiet und Kernzone in „deutlicher Nähe" zueinander, wie das hier nach den tatsächlichen, den Senat nach § 137 Abs. 2 VwGO bindenden Feststellungen des Normenkontrollgerichts der Fall ist, hält sich eine Gemeinde im Rahmen ihrer Befugnisse, wenn sie dem Gesichtspunkt der Kräftigung der Attraktivität der Kernzone den Vorrang vor dem Interesse Einkaufswilliger an möglichst kurzen Wegen bei der Besorgung von Gegenständen des täglichen Bedarfs einräumt. Das Baugebiet muß die Nahversorgung der dort lebenden Einwohner nicht selbst gewährleisten.

c) Mit der Frage, ob der vollständige Ausschluß nahversorgungsrelevanter Sortimente mit der Funktion eines Mischgebiets vereinbar und mit der Stärkung der Attraktivität der Kernzone zu rechtfertigen ist, möchte die Beschwerde geklärt wissen, ob eine Sortimentsbeschränkung des Einzelhandels, wie von § 1 Abs. 5 BauNVO und damit auch von § 1 Abs. 9 BauNVO gefordert, die allgemeine Zweckbestimmung des Baugebiets wahrt. Diese Frage rechtfertigt die Zulassung der Revision ebenfalls nicht. Sie läßt sich anhand der vorliegenden Rechtsprechung unschwer bejahen: Durch die Wahrung der Zweckbestimmung des Baugebiets wird sichergestellt, daß der in der Baugebietsfestsetzung zum Ausdruck kommende Grundsatz, nach dem die Art der baulichen Nutzung nach Baugebietsarten unterschieden und typisiert festgelegt ist, nicht beeinträchtigt wird. Die Festsetzung nach § 1 Abs. 5 BauNVO darf daher nicht dazu führen, daß das Baugebiet seine Prägung verliert und im Ergebnis ein anderer, unter Umständen gar nicht in der BauNVO vorgesehener Baugebietstyp geschaffen wird. Der Senat hat den Ausschluß von Einzelhandelsbetrieben in Mischgebieten auf der Grundlage des § 1 Abs. 5 Bau-

NVO bereits für möglich gehalten (vgl. BVerwG, Beschluß v. 18.12.1989 – 4 NB 26.89 –, BRS 49 Nr. 75 = BauR 1990, 185) und damit verneint, daß der Ausschluß den Verlust des Gebietscharakters zur Folge hat. Dies muß erst recht gelten, wenn nur einzelne Unterarten von Einzelhandelsbetrieben ausgeschlossen werden.

Nr. 19

Als Abwägungsposten beachtlich ist das Lärmschutzinteresse nicht erst, wenn die Geräuschbeeinträchtigungen i.S. des §41 Abs.1 BImSchG als schädliche Umwelteinwirkungen zu qualifizieren sind, die einen Kompensationsanspruch nach sich ziehen, oder gar die Schwelle der Gesundheitsgefährdung überschreiten, die eine absolute Planungssperre markiert. Auch Verkehrslärm, der nicht auf Grund der Wertungen des einfachen oder des Verfassungsrechts als unzumutbar einzustufen ist, kann im Rahmen der Abwägungsentscheidung den Ausschlag geben.
(Nichtamtlicher Leitsatz)

BauGB §1 Abs. 6.

Bundesverwaltungsgericht, Beschluß vom 8. Juni 2004 – 4 BN 19.04 –.

(Thüringer OVG)

Aus den Gründen:
2. Die Rechtssache hat nicht die grundsätzliche Bedeutung, die ihr die Antragsgegnerin beilegt. Die Frage „ob und in welchem Umfang auch Auswirkungen des jeweiligen Vorhabens auf die weitere Umgebung in die Abwägung einzustellen sind", rechtfertigt nicht die Zulassung der Revision. Die Antragsgegnerin zeigt insoweit keinen Klärungsbedarf auf.
Es entspricht seit der Grundsatzentscheidung vom 9.11.1979 (– 4 N 1.78 u.a. –, BVerwGE 59, 87 = BRS 35 Nr. 24 = BauR 1980, 36) ständiger Rechtsprechung des Senats, daß bei der nach §1 Abs.6 BauGB gebotenen Abwägung alle Belange zu berücksichtigen sind, denen städtebauliche Relevanz zukommt (vgl. BVerwG, Urteil v. 24.9.1998 – 4 CN 2.98 –, BVerwGE 107, 215 = BRS 60 Nr. 46 = BauR 1999, 134). Zum Kreis dieser abwägungserheblichen Belange gehört auch das Interesse, vor vermehrten Verkehrslärmimmissionen bewahrt zu bleiben (vgl. BVerwG, Urteil v. 26.2.1999 – 4 CN 6.98 –, BRS 62 Nr. 48 = BauR 1999, 1128 = Buchholz 406.11 §214 BauGB Nr. 14). Der Gesetzgeber bewertet dieses Interesse nicht bloß im Immissionsschutzrecht (vgl. §§3, 40ff. BImSchG) als schutzbedürftig. Auch im Bauplanungsrecht verhält er sich den Belangen des Verkehrslärmschutzes gegenüber nicht neutral (vgl. §1 Abs.5 Satz1 und 2 Nrn. 1 und 7, §5 Abs.2 Nr. 6 und §9 Abs. 1 Nr. 24 BauGB). Als Abwägungsposten beachtlich ist das Lärmschutzinteresse nicht erst, wenn die Geräuschbeeinträchtigungen i.S. des §41 Abs.1 BImSchG als schädliche Umwelteinwirkungen zu qualifizieren sind, die einen Kompensationsanspruch nach sich ziehen, oder gar die Schwelle der Gesund-

heitsgefährdung überschreiten, die eine absolute Planungssperre markiert. Auch Verkehrslärm, der nicht auf Grund der Wertungen des einfachen oder des Verfassungsrechts als unzumutbar einzustufen ist, kann im Rahmen der Abwägungsentscheidung den Ausschlag geben. In die Abwägung braucht er nur dann nicht eingestellt zu werden, wenn das Interesse, vor ihm bewahrt zu bleiben, nicht schutzwürdig ist oder mit so geringem Gewicht zu Buche schlägt, daß es als planungsrechtlich vernachlässigenswerte Größe außer Betracht bleiben kann (vgl. BVerwG, Beschlüsse v. 19. 2. 1992 – 4 NB 11.91 –, BRS 54 Nr. 41 = Buchholz 310 §47 VwGO Nr. 47, und v. 18. 3. 1994 – 4 NB 24.93 –, BRS 56 Nr. 30 = BauR 1994, 490 = Buchholz 310 §47 VwGO Nr. 88). Dies hängt nicht davon ab, ob das lärmbetroffene Grundstück innerhalb oder außerhalb des überplanten Gebiets liegt. Erzeugt die Planung jenseits der Grenzen des festgesetzten Baugebiets abwägungsrelevante Lärmschutzkonflikte, so darf sich die Gemeinde der Bewältigung der hierdurch ausgelösten Probleme nicht allein mit der Bemerkung entziehen, den Geltungsbereich des Bebauungsplans aus guten Gründen auf einen engeren Raum beschränkt zu haben (vgl. BVerwG, Beschlüsse v. 21. 7. 1989 – 4 NB 18.88 –, BRS 49 Nr. 13 = BauR 1989, 580 = Buchholz 406.11 §1 BauGB Nr. 42, und v. 18. 5. 1994 – 4 NB 15.94 –, BRS 56 Nr. 22 = BauR 1994, 485 = Buchholz 406.11 §1 BauGB Nr. 73). Ist ein mit vermehrten Lärmimmissionen verbundenes erhöhtes Verkehrsaufkommen in der Umgebung des Plangebiets nicht das Ergebnis einer allgemeinen Veränderung der Verkehrslage, sondern – entfernungsunabhängig – eine planbedingte Folge, so ist das Lärmschutzinteresse der Betroffenen, sofern es in abwägungserheblicher Weise zu Buche schlägt, als Teil des Abwägungsmaterials bei der Planungsentscheidung zu berücksichtigen (vgl. BVerwG, Urteil v. 17. 9. 1998 – 4 CN 1.97 –, BRS 60 Nr. 45 = BauR 1999, 137 = Buchholz 310 §47 VwGO Nr. 126; Beschluß v. 28. 11. 1995 – 4 NB 38.94 –, BRS 57 Nr. 41 = Buchholz 310 §47 VwGO Nr. 109).

Das Normenkontrollgericht hat einen Ursachenzusammenhang zwischen der von den Antragstellern angegriffenen Straßenplanung und der Zunahme des Verkehrslärms im Bereich der Bi. Landstraße angenommen und die Abwägungsrelevanz der Lärmmehrbelastung bejaht. Die Antragsgegnerin zieht dies in Zweifel. Ob ihre Einwände berechtigt sind, kann dahinstehen. Sie verleihen der Rechtssache jedenfalls keine grundsätzliche Bedeutung. Die Frage, ob Lärmschutzinteressen die Qualität eines Abwägungsbelangs haben, ist ebenso wie die Frage, mit welchem Gewicht sie sich ggf. in der Konkurrenz mit anderen Belangen behaupten, nicht in verallgemeinerungsfähiger Weise über den anhängigen Rechtsstreit hinaus klärungsfähig. Sie richtet sich vielmehr nach den konkreten Gegebenheiten der jeweiligen Planungssituation.

Nr. 20

Auch eine unterhalb der Wahrnehmbarkeitsschwelle liegende Mehrbelastung der Anwohner mit Verkehrslärm auf Grund eines neu ausgewiesenen Wohngebiets bedarf jedenfalls dann einer besonderen Abwägung im

Nr. 20

Bebauungsplanverfahren, wenn die Lärmimmissionen zu einer Gesamtbelastung führen, die knapp unterhalb der Schwelle der Gesundheitsgefährdung liegt.

VwGO §47; BauGB §§1 Abs.3, Abs.6, 243 Abs.2; BImSchG §41; 16. BImSchV §§1, 2.

Bayerischer VGH, Urteil vom 5. Oktober 2004 – 14 N 02.926 – (rechtskräftig).

Aus den Gründen:
C II 4d) bb) Dagegen dringen die Antragsteller im Hinblick auf die Rüge, die Antragsgegnerin habe ihre immissionsschutzrechtlichen Belange abwägungsfehlerhaft gewürdigt, weil insoweit eine Fehleinschätzung oder unverhältnismäßige Gewichtung dieser Belange vorliege, durch. Denn der Belang des Verkehrslärmschutzes ist insoweit in der Abwägung nicht sachgerecht berücksichtigt worden.

Eine abwägungsfehlerfreie Würdigung solcher Belange erfordert – in einem ersten Schritt – zunächst, das Gewicht der konkurrierenden Belange, insbesondere das Maß der Verkehrsimmissionen, die auf das neue Baugebiet und die nähere Umgebung einwirken könnten, zutreffend, d.h. auf der Grundlage einer tragfähigen, methodisch mängelfreien schalltechnischen Beurteilung zu ermitteln (allgemein: BVerwG v. 9.11.1979, BVerwGE 59, 87, 100ff.; zum Lärmschutz: BayVGH v. 2.3.2004 – 25 N 97.2755 –, S.9; NdsOVG v. 27.9.2001, BauR 2002, 732, 735; OVG NRW v. 16.10.1997, NVwZ-RR 1998, 632, 634). Bei der – in einem zweiten Schritt – auf dieser Grundlage durchzuführenden Bewertung der Ergebnisse dieser schalltechnischen Begutachtung ist zu berücksichtigen, daß (nach wie vor) keine rechtsverbindlichen Regelungen bestehen, in denen Grenzwerte für die Bestimmung der planungsrechtlichen Zumutbarkeit solcher Lärmimmissionen festgelegt werden, die durch eine planbedingte Mehrung des Verkehrsaufkommens auf vorhandenen öffentlichen Straßen hervorgerufen werden (BVerwG v. 18.12.1990, BayVBl. 1991, 310, 312; OVG NRW v. 16.10.1997, a.a.O.). So sind beispielsweise die Regelungen der Verkehrslärmschutzverordnung (16. BImSchV) unmittelbar nur dann anwendbar, wenn die vorgesehenen Straßen gleichzeitig (wesentlich) baulich verändert werden. Mithin kann sich die Ermittlung eines Grenzwertes immer nur nach den Umständen des Einzelfalles richten, insbesondere nach der durch die Gebietsart und die tatsächlichen Verhältnisse bestimmten Schutzbedürftigkeit und Schutzwürdigkeit.

Letztere wird vor allem durch den jeweiligen Gebietscharakter und durch die planerische oder tatsächliche Vorbelastung bestimmt. In diesem Rahmen kann für die Bauleitplanung die DIN 18005 als Orientierungshilfe herangezogen werden, wobei Abweichungen, sofern sie mit dem Abwägungsgebot (§1 Abs.6 BauGB) vereinbar sind, nach den jeweiligen Umständen des Einzelfalles zulässig sind. So kann eine Überschreitung des Orientierungswertes für Wohngebiete um 5 dB (A) das Ergebnis einer gerechten Abwägung sein (BVerwG v. 18.12.1990, BayVBl. 1991, 310, 313, m.w.N.; v. 1.9.1999, NVwZ-RR 2000, 146; OVG NRW v. 16.10.1997, NVwZ-RR 1998, 632, 635).

Gemessen daran hat die Antragsgegnerin die Belange des Lärmschutzes insbesondere im Hinblick auf die Antragsteller zu 3 und 4 fehlerhaft gewichtet.

Die Antragsgegnerin hat zwar die Umgebung des Plangebiets, die von der Verkehrsmehrung auf der S.-Straße betroffen ist, zutreffend als Wohngebiet eingestuft und damit – stillschweigend – auch eine erste Einstufung der Schutzwürdigkeit vorgenommen.

Die Antragsgegnerin hat ferner die mit der Verwirklichung des Bebauungsplans einhergehenden Immissionsbelastungen dem Grunde nach zutreffend ermittelt. ...

Jedoch ist die Antragsgegnerin im weiteren offenkundig von einer unzutreffenden Voraussetzung ausgegangen. In der Begründung des Bebauungsplans heißt es nämlich: „Die vorhandenen Wohngebiete entlang der S.-Straße sind derzeit vom Durchgangsverkehr zwischen E.-Straße und dem F. Ortsteil P. erheblich belastet (ca. 12 000 Kfz/24 h). Erhebliche Überschreitungen der städtebaulichen Orientierungswerte nach DIN 18005 sind tags und nachts zu konstatieren. Der Bau der B.-Straße ist ab 2003 mit insgesamt 6 Mio. DM nach dem Mittelfristigen Investitionsplan vorgesehen. Durch den Bau der B.-Straße wird auch die S.-Straße erheblich entlastet werden."

Damit hat die Antragsgegnerin zwar die Vorbelastung der vorhandenen Wohngebiete entlang der S.-Straße erkannt und diese Belange insoweit in die Abwägung eingestellt (BVerwG v. 19. 8. 2003 – 4 BN 51.03 –; BVerwG v. 19. 2. 1992, NJW 1992, 2844; zur Berücksichtigung faktischer Vorbelastungen: BVerwG v. 18. 5. 1995, BVerwGE 98, 235, 244 f.).

Soweit die Antragsgegnerin im weiteren aber auf den Entlastungseffekt durch den Bau der B.-Straße abstellt, geht sie aber offenkundig von unzutreffenden Voraussetzungen aus. Denn sie unterstellt den Bau und die Fertigstellung der B.-Straße sowie eine damit einhergehende Minderung des Verkehrsaufkommens auf der S.-Straße. Dabei verkennt sie aber, daß der Bau der B.-Straße weder im Zeitpunkt der Beschlußfassung über den Bebauungsplan noch derzeit planungsrechtlich oder finanziell abgesichert ist (zu diesem Ansatz vgl. BayVGH v. 9. 2. 2004 – 25 N 96.2982 –, abgedruckt unter Nr. 23). So hat die Antragsgegnerin auf Anfrage des Senats mitgeteilt, daß die Trassenführung im Bereich der Stadtgrenze noch mit der Stadt F. abgestimmt und danach ein Planfeststellungsverfahren durchgeführt werden müsse. Die notwendigen Finanzmittel seien im mittelfristigen Investitionsplan ab dem Jahr 2007 vorgesehen. Ein verbindlicher Fertigstellungstermin könne nicht genannt werden; frühestmöglich sei eine Fertigstellung im Jahr 2008 denkbar. Zudem seien noch nicht alle Grundstücke für den Straßenbau erworben worden. Der vorgenannte Fertigstellungstermin steht mithin nach wie vor unter weitreichenden und teilweise außerhalb der Einflußsphäre der Antragsgegnerin liegenden Vorbehalten kommunalpolitischer, planungsrechtlicher und finanzieller Art. Damit hätte die Antragsgegnerin aber die Zunahme der Verkehrsbelastung auf der S.-Straße auch für den Fall einer Nichtrealisierung der B.-Straße und die damit verbundene Erhöhung des Verkehrslärms – sowohl für die bestehenden Wohngebiete entlang der S.-Straße als auch für das Plangebiet selbst – mit in die Abwägung einstellen müssen. Das ist hier aber nicht geschehen.

Es mag zwar sein, daß die Antragsteller zu Unrecht vorbringen, in dem bestehenden Wohngebiet an der S.-Straße seien bereits jetzt erhebliche Überschreitungen der zulässigen Lärmpegel – insbesondere auch der Grenzen zur Gesundheitsgefährdung – festzustellen. Denn die von der Antragsgegnerin für die in besonderem Maße betroffenen Anwesen der Antragsteller zu 3 und 4 ermittelten Werte bei der von ihr zutreffend prognostizierten Erhöhung des Verkehrsaufkommens liegen nur noch knapp unterhalb der enteignungsrechtlichen Zumutbarkeitsschwelle (70–75/60–65 dB (A)). Etwas anderes ergibt sich schließlich auch nicht aus dem Vorbringen der Antragsgegnerin im Normenkontrollverfahren, die zu erwartende Mehrbelastung werde unterhalb der Wahrnehmbarkeitsschwelle liegen. Insoweit weist sie zwar zutreffend darauf hin, daß es auch bei einer prognostizierten Belastung der S.-Straße mit 14 300 Kfz/24 h nach Fertigstellung des Baugebiets für die Anwohner entlang der S.-Straße nur zu einer geringfügigen Erhöhung der Lärmbelastung kommen wird. Für die Antragsteller zu 3 und 4 prognostiziert die Antragsgegnerin dabei auf der Grundlage ihrer schalltechnischen Berechnungen, gegen deren Richtigkeit keine durchgreifenden Zweifel bestehen, eine Steigerung der Lärmbelastung von rund 1,1 dB (A). Darüber hinaus mag auch sein, daß eine Differenz von bis zu 2 dB (A) bei einem Dauerschallpegel nach allgemeinen Erkenntnissen der Akustik für das menschliche Ohr kaum wahrnehmbar ist (BVerwG v. 19. 2. 1992, a. a. O.; v. 22. 5. 1987, BVerwGE 77, 285, 293; BayVGH v. 4. 3. 1999 – 2 N 93.2270 –, S. 3). Gleichwohl ist der Senat der Auffassung, daß eine unterhalb der Wahrnehmbarkeitsschwelle liegende Mehrbelastung der Anwohner mit Verkehrslärm jedenfalls dann in die Abwägung einzustellen ist, wenn sie zu einer Gesamtbelastung führt, die vorliegend nur knapp unterhalb der Schwelle der Gesundheitsgefährdung liegt. Je mehr sich die Lärmwerte wegen der Verkehrszunahme auf Grund einer neuen Planung der Schwelle der Gesundheitsgefährdung annähern, desto sorgfältiger und gründlicher muß insoweit auf seiten der planenden Gemeinde abgewogen werden. Die Antragsgegnerin hat zwar berücksichtigt, daß die Antragsteller erheblichen Lärmbelastungen durch die S.-Straße ausgesetzt sind, das trifft jedoch auch bei Lärmwerten zu, die die Grenze der Gesundheitsgefährdung bei weitem nicht erreichen. Die Planungsleitlinie gemäß § 1 Abs. 5 Nr. 1 BauGB bezeichnet mit der Berücksichtigung der Anforderungen an gesunde Wohn- und Arbeitsverhältnisse eine der zentralen Aufgaben des Städtebaus. Deshalb bedarf der Umstand, daß durch Lärmwerte knapp unterhalb der Schwelle der Gesundheitsgefährdung städtebauliche Mißstände wegen der zu befürchtenden ungesunden Wohnverhältnisse drohen, einer besonderen Abwägung. Das gilt um so mehr, als sich die Anwesen der Antragsteller zu 3 und 4 in einem Bereich befinden, der bauplanungsrechtlich als reines Wohngebiet festgesetzt und damit in besonderem Maße schutzbedürftig ist.

Auch für die Lärmbelastung im Plangebiet selbst hat die Antragsgegnerin die Möglichkeit einer Nichtrealisierung der B.-Straße und die damit verbundene Erhöhung des Verkehrslärms nicht in die Abwägung eingestellt. ...

e) Angesichts der oben dargestellten Unwägbarkeiten im Hinblick auf die Realisierung der B.-Straße liegt hier zugleich ein Verstoß gegen das Gebot der Konfliktbewältigung vor. Denn es liegt bei der geschilderten Situation auf der Hand, daß die durch die Planung hervorgerufenen Konflikte, d. h. die Erhöhung des Verkehrsaufkommens auf der S.-Straße und die damit einhergehende Zunahme der Verkehrslärmbelastungen auf Grund der Verwirklichung des streitgegenständlichen Bebauungsplans zu Lasten der Antragsteller zu 3 und 4 ungelöst bleiben.

Nr. 21

Anders als für den Bau und die wesentliche Änderung von öffentlichen Straßen hat der Gesetzgeber für Festsetzungen in Bebauungsplänen, die dem Schutz vor von vorhandenen Straßen ausgehenden Verkehrsgeräuschen dienen, weder bestimmte Immissionsgrenzwerte festgesetzt noch bestimmt, wie etwaige den Festsetzungen zugrunde liegende Beurteilungspegel zu ermitteln sind.
(Nichtamtlicher Leitsatz)

BauGB § 9 Abs. 1 Nr. 24.

Bundesverwaltungsgericht, Beschluß vom 29. Juli 2004 – 4 BN 26.04 –.

(OVG Nordrhein-Westfalen)

Im streitgegenständlichen Bebauungsplan sind – auch für das Grundstück der Antragstellerin – Lärmpegelbereiche gekennzeichnet. Eine textliche Festsetzung bestimmt hierzu: „Gemäß § 9 Abs. 1 Nr. 24 BauGB wird festgesetzt, daß entsprechend den dargestellten Lärmpegelbereichen Schallschutzmaßnahmen an Außenbauteilen gemäß DIN 4109 (Schallschutz im Hochbau vom November 1989) zu treffen sind." Im Normkontrollverfahren hatte die Antragstellerin geltend gemacht, daß die Lärmpegelbereiche nicht entsprechend der tatsächlichen Vorbelastung der Grundstücke festgelegt worden seien. Das Oberverwaltungsgericht hat einen Verstoß gegen das Abwägungsgebot auch in Bezug auf die den Eigentümern vorsorgend auferlegten Maßnahmen passiven Schallschutzes verneint. Die Antragsgegnerin habe den ihrer Prognose zugrunde liegenden Sachverhalt ausgehend von den derzeitigen Verkehrsbeziehungen zutreffend ermittelt. Insbesondere habe sie den sich aus den „Richtlinien für den Lärmschutz an Straßen (RLS-90)" ergebenden LKW-Anteil in die Berechnung einstellen dürfen.

Aus den Gründen:
Anders als für den Bau und die wesentliche Änderung von öffentlichen Straßen (vgl. hierzu § 41 Abs. 1, § 43 Abs. 1 BImSchG i. V. m. der 16. BImSchV) hat der Gesetzgeber für Festsetzungen in Bebauungsplänen, die – wie hier – dem Schutz vor von vorhandenen Straßen ausgehenden Verkehrsgeräuschen dienen, weder bestimmte Immissionsgrenzwerte festgesetzt noch bestimmt, wie etwaige den Festsetzungen zugrunde liegende Beurteilungspegel zu ermitteln sind. Die Auswahl eines Berechnungsverfahrens bleibt deshalb der Gemeinde überlassen. Ob das von ihr gewählte Verfahren zur Bestimmung der erforderlichen Schallschutzmaßnahmen geeignet ist, ist eine Frage tatrichterlicher Würdigung (vgl. BVerwG, Beschluß v. 1.9.1999 – 4 BN 25.99 –,

BRS 62 Nr. 3). Das gilt auch für die Frage, ob bei der Berechnung der Beurteilungspegel der in den RLS-90 enthaltenen LKW-Anteil auf Gemeindestraßen zugrunde gelegt werden kann. Bei diesem Wert handelt es sich um einen pauschalierten Erfahrungswert. Ob es Anhaltspunkte dafür gibt, daß der LKW-Anteil auf der in Rede stehenden Straße deutlich geringer ist, hängt von den tatsächlichen Umständen des Falles ab. Das Oberverwaltungsgericht hat derartige Anhaltspunkte weder in einer mehrtägigen Verkehrszählung an einer einzelnen Stelle des Verkehrsnetzes noch in der Breite des K. Weges gesehen. Das Verkehrsaufkommen insgesamt hat die Antragsgegnerin nach den Feststellungen des Oberverwaltungsgerichts nicht den RLS-90 entnommen, sondern auf Grund konkreter Verkehrszählungen hochgerechnet.

Nr. 22

Erfolgt die Zufahrt zu einem ausgedehnten Neubaugebiet über eine Straße, von deren Verkehr schon jetzt für die angrenzende Wohnbebauung Lärmimmissionen von mehr als 70 dB(A) tags und 60 dB(A) nachts ausgehen, so genügt es nicht dem Gebot der Konfliktbewältigung, wenn der Rat bei Aufstellung des Bebauungsplans allein auf die Planung einer Umgehungsstraße verweist, obwohl unsicher ist, ob diese Straße überhaupt und ggf. wann sie hergestellt wird.

BauGB § 1 Abs. 6 F: 1997; BauGB § 1 Abs. 7 F: 2004.

OVG Rheinland-Pfalz, Urteil vom 8. September 2004 – 8 C 10423/04 – (rechtskräftig).

Der Antragsteller wendet sich mit seinem Normenkontrollantrag gegen die Bebauungspläne der Antragsgegnerin im Bereich des Petrisbergs. Die Planung sieht auf dem Areal südöstlich der Kernstadt von Trier ein Gewerbe- und Mischgebiet, ein Wohngebiet sowie ein Parkgelände mit Erholungs- und Freizeitflächen vor. Ein Großteil des Parks ist bereits im Zuge der Landesgartenschau 2004 verwirklicht worden.

Für die verkehrliche Anbindung des gesamten Bereiches wurde eine Zufahrt zu einer bestehenden Landesstraße geschaffen, die ihrerseits talwärts führt und in ihrem unteren Teil den Stadtteil K. durchquert. Wegen der starken Verkehrsbelastung dieser Straße überschreiten die Lärmimmissionen für die Straßenanlieger schon ohne die planbedingte Verkehrszunahme die Schwelle der Gesundheitsgefahr. Aus diesem Grund hat der Stadtrat eine Satzung beschlossen, wonach den Eigentümern der an der Landesstraße talaufwärts gelegenen Grundstücke Zuschüsse für Schalldämmaßnahmen gewährt werden. Für die Straßenanlieger in K. sind solche Zuschüsse allerdings nicht vorgesehen. Vielmehr soll das Verkehrsproblem dort langfristig durch den Bau einer Umgehungsstraße gelöst werden, die in einem mittlerweile als Satzung beschlossenen Bebauungsplan ausgewiesen wird.

Der Antragsteller, ein Anlieger der Zufahrtsstraße im Ortsbereich von K., rügt die unzureichende Bewältigung des planbedingten Verkehrslärms: Der Hinweis auf die Umgehungsstraße reiche nicht aus, da deren Verwirklichung aus Kostengründen völlig ungewiß sei.

Der Normenkontrollantrag hatte Erfolg.

Aus den Gründen:
Der Antragsteller ist antragsbefugt, da der Vollzug der Bebauungspläne zu einer erhöhten Verkehrsbelastung der an seinem Wohnhaus vorbeiführenden A.-Straße führt mit der Folge, daß die bereits jetzt für sein Wohngrundstück bestehende Verkehrslärmbelastung, die nach dem übereinstimmenden Vortrag der Beteiligten die Grenze der Gesundheitsgefährdung – 70 db(A) tags und 60 db(A) nachts (s.a. §1 Abs.2 der 16. BImSchV) – erreicht oder überschreitet, weiter erhöht wird.

Der Antrag ist auch begründet. Die angegriffenen Bebauungspläne sind rechtsfehlerhaft, da die Belange der Anwohner der A.-Straße in der Planung nicht ausreichend berücksichtigt worden sind.

Zwar hat die Antragsgegnerin gesehen, daß sich durch die Anbindung der Plangebiete an die L 144 der Verkehr sowie der dadurch bedingte Lärm auf dieser Straße in Richtung der Innenstadt sowie Mosel und Autobahn erhöhen. Die Antragsgegnerin hat weiter in ihre Abwägung eingestellt, daß die Mehrbelastung, selbst wenn sie unterhalb der Schwelle der Wahrnehmbarkeit bleibt, wegen der hohen Vorbelastung die Frage nach kompensatorischen Maßnahmen zur Lärmvorsorge auslöst (siehe BVerwG, Beschluß v. 19.2.1992, BRS 54 Nr.41 = NJW 1992, 2844, und Urteil des 1. Senats des erkennenden Gerichts v. 25.3.1999 – 1 C 11636/98 –). Dementsprechend hat sie sich nach Einholung eines entsprechenden Gutachtens gegenüber den Anwohnern der Zufahrtsstraße im Bereich der K.straße und der Straße Im A.-Tal verpflichtet, unter bestimmten Voraussetzungen einen Zuschuß von 75% der Kosten für Schalldämmaßnahmen zu gewähren. Was die Anwohner der A.-Straße angeht, hat die Antragsgegnerin zwar gesehen, daß auch diese in Zukunft einem erhöhten Verkehrslärm ausgesetzt sind. Ohne genaue Untersuchung ist sie ferner davon ausgegangen, daß auch in diesem Bereich Lärmwerte erreicht werden, die wegen ihrer Höhe den Anliegern nicht zugemutet werden können. Eine genaue Untersuchung für diese Grundstücke sowie ihre Einbeziehung in den Kreis derjenigen, denen Zuschüsse gewährt werden sollen, hat die Antragsgegnerin jedoch unterlassen, da eine Erhöhung des Verkehrslärms im weiteren Verlauf des Straßenzuges im Stadtteil K. durch den Bau der Umgehung K. auf der Grundlage des Bebauungsplans BK 22 vermieden werden soll. Demgemäß hat der Rat auch die Anregung der Landespflegeorganisationen, das Verkehrsproblem der Anbindung an die Talstadt verlange nach einer schnellstmöglichen Lösung, dahin beschieden, daß die Anbindung des Plangebietes an das übergeordnete Verkehrsnetz und die Talstadt vorrangig aus den Komponenten Verbesserungen der ÖPNV-Anbindung und Umgehung Kürenz bestehe. Der Abwägungsentscheidung der Antragsgegnerin liegt daher die Annahme zugrunde, eine Erhöhung des bereits jetzt die Grenze der Gesundheitsgefährdung erreichenden Verkehrslärms im Bereich der A.-Straße werde durch Verkehrsmaßnahmen außerhalb des Bebauungsplanverfahrens, nämlich den Bau der Umgehungsstraße und eine Verbesserung der Anbindung an das öffentliche Personennahverkehrsnetz später vermieden. Dies ist aber im konkreten Fall keine ausreichende Bewältigung des Verkehrslärmproblems.

Zwar ist es anerkannt, daß eine Gemeinde die mit der Durchführung eines Bebauungsplans absehbar verbundenen Folgeprobleme nicht bereits im Bebauungsplan selbst oder in unmittelbarem zeitlichem Zusammenhang mit diesem verbindlich und abschließend regeln muß, sondern Maßnahmen zur Milderung oder zum Ausgleich einem späteren Verfahren überlassen kann, wenn sie im Rahmen der Abwägung realistischerweise davon ausgehen kann, daß die Probleme in diesem Zusammenhang gelöst werden können (siehe BVerwG, Beschluß v. 25.8.1997, BRS 59 Nr. 7 = BauR 1997, 981). Daher kann es zur Problembewältigung genügen, wenn die Gemeinde im Rahmen des Bebauungsplanverfahrens auf eine weitere von ihr betriebene Planung verweist, die geeignet ist, dem Nachteil aus dem Vollzug des Bebauungsplans zu begegnen. Ein solches Vorgehen setzt aber voraus, daß, wie das Bundesverwaltungsgericht (a. a. O.) betont, die Gemeinde „realistischerweise davon ausgehen kann", die Probleme in der beabsichtigten Weise lösen zu können. Dies verlangt also eine durch die im Zeitpunkt des Satzungsbeschlusses vorliegenden Gesamtumstände gestützte Prognose dahin, daß die beabsichtigte Lösung verwirklicht werden kann, und zwar in einem Zeitraum, innerhalb dessen den nachteilig Betroffenen die Hinnahme möglicher Belästigungen oder Gefahren noch zugemutet werden kann. Diese Voraussetzungen sind hier nicht gegeben.

Was die Verbindung der Plangebiete mit der Innenstadt durch ein neuartiges öffentliches Personennahverkehrsmittel angeht, war dies bereits Gegenstand der Untersuchungen im Rahmen der Entwicklungsbereichssatzung. So ist im Abschlußbericht über die Voruntersuchung vom Mai 2000 angegeben, der erste Bauabschnitt der neuen Trasse für den ÖPNV solle 2002 begonnen werden. Demgegenüber ist jedoch ausweislich der vorgelegten Vorgänge bis zum Jahr 2000 lediglich eine Konzeption zur Anbindung des P. und der weiteren Höhenstadtteile entwickelt und im Bereich des Bebauungsplans BU 16 eine Trasse dafür festgesetzt worden. Weitere Planungen, insbesondere was die Verbindung zwischen der Stadtmitte und dem P. angeht, sind dagegen nach diesem Zeitpunkt nicht getroffen worden. Vielmehr wird nach dem Vortrag der Vertreter der Antragsgegnerin in der mündlichen Verhandlung zurzeit geprüft, ob zu diesem Zweck ein Planfeststellungsverfahren durchgeführt oder ein Bebauungsplan aufgestellt werden soll. Weiter werden zwar Gespräche mit dem zuständigen Bundesministerium über Fördermöglichkeiten geführt; nach Angaben der Antragsgegnerin ist bei einem Fördersatz von 85% der Kosten eine Realisierung möglich. Was das System angehe, so sei eine Entscheidung für einen Spurbus im Grundsatz gefallen. Damit ist die Planung für diese ÖPNV-Verbindung erst in einem Vorstadium, auch heute noch ist eine verläßliche Prognose, ob und wann dieses Projekt verwirklicht werden soll, auf Grund des Standes der Planung und der nicht gelösten Fragen der Finanzierung nicht möglich.

Gleiches gilt hinsichtlich der geplanten Umgehungsstraße. Zunächst ist der Bebauungsplan BK 22, der Grundlage für diese Straßenbaumaßnahme ist, nach öffentlicher Auslegung erst im März 2004 als Satzung beschlossen und bis jetzt noch nicht bekanntgeworden, während die Satzungsbeschlüsse für die hier angegriffenen Bebauungspläne im Zeitraum vom Mai 2003 bis

Oktober 2003 gefaßt worden sind. Selbst wenn in diesem Zeitraum schon auf Grund der Beteiligung der Träger öffentlicher Belange davon ausgegangen werden konnte, daß der Straßenplanung keine Hindernisse entgegenstehen, ließen die Gesamtumstände eine verläßliche Prognose über das Ob und Wie der Realisierung nicht zu. (Wird ausgeführt.)

Diese Unsicherheit besteht nach wie vor. Entgegen der Erklärung bei der Aufstellung des städtebaulichen Rahmenplans, bis Ende 2003 sollten die Verhandlungen über eine Bezuschussung bzw. Gesamtfinanzierung durch das Land abgeschlossen sein, fehlt es, wie die Vertreter der Antragsgegnerin in der mündlichen Verhandlung einräumten, nach wie vor an einer Kosten-Nutzen-Analyse für dieses Straßenbauprojekt, die zwingende Voraussetzung dafür ist, überhaupt beim Land einen Zuschußantrag zu stellen, Vielmehr wird diese Analyse nach der Auskunft der Antragsgegnerin „zur Zeit erstellt". Ohne sie konnte bisher auch mit dem Land als Zuschußgeber nicht vorgeprüft werden, ob die Maßnahme überhaupt zuschußfähig ist, obwohl die Realisierung auf Grund der Haushaltslage der Antragsgegnerin zwingend eine überwiegende Finanzierung durch das Land voraussetzt. Damit war im Zeitpunkt der Abwägung über die hier angegriffenen Bebauungspläne völlig offen, ob die Konzeption zur Anbindung des Plangebietes an das übergeordnete Verkehrsnetz und die Talstadt durch eine Verbesserung der ÖPNV-Anbindung und die Umgehung Kürenz überhaupt realisiert werden kann. Erst recht ließ der Stand der anderweitigen Planung keinen verläßlichen Schluß auf den Zeitpunkt der Fertigstellung dieser Maßnahmen zu.

Diese Unsicherheit hätte die Antragsgegnerin aber in ihre Abwägung einstellen müssen, da dieser Umstand mitentscheidend für das Ausmaß der Betroffenheit der Anlieger der A.-Straße ist. Wie die Antragsgegnerin vorträgt, hat sie diese nicht in die den Kreis der Begünstigten auf Grund der Satzung zum Lärmsanierungskonzept A.-Tal einbezogen, weil sie – anders als die Anlieger der K.straße und der Straße Im A.-Tal – in Zukunft durch den Bau der Umgehungsstraße von Verkehrslärm entlastet werden. Auf einen anderen Gesichtspunkt, der insoweit eine differenzierte Behandlung rechtfertigen würde, hat sich die Antragsgegnerin nicht berufen, derartige Umstände sind auch nicht ersichtlich. Der Verweis auf eine künftige Lösung, deren Realisierung nicht absehbar ist, verstößt aber gegen das Gebot der Problembewältigung (vgl. BVerwG, Beschluß v. 14. 7. 1994, BRS 56 Nr. 6).

Auch hinsichtlich des Zeitraums, der – im günstigsten Fall – vergehen wird, bis die Umgehungsstraße hergestellt ist, hätte die Antragsgegnerin Überlegungen anstellen müssen, ob sie dem Antragsteller und seinen Nachbarn eine Zunahme des Verkehrslärms, der bereits jetzt die Grenze der Gesundheitsgefahr erreicht oder übersteigt, zumuten will. Zwar ist es angesichts der herausragenden städtebaulichen Bedeutung der geplanten Konversionsmaßnahmen sicherlich vertretbar, den Betroffenen die Hinnahme dieser Mehrbelastungen während der notwendigen Dauer der Straßenbauarbeiten einschließlich vorbereitender Maßnahmen zuzumuten. Da im Zeitpunkt der Beschlußfassung über die Bebauungspläne jedoch auch der Beginn der Baumaßnahmen verläßlich nicht vorausgesehen werden konnte, erforderte es das Gebot gerechter Abwägung, die Möglichkeit von Ausgleichsmaßnahmen für den Fall einer großen zeitlichen Differenz zwischen dem Vollzug der Bebauungspläne und der damit verbundene Erhöhung des Verkehrslärms einerseits sowie der Fertigstellung der Entlastungsstraße andererseits vorzusehen und rechtlich zu sichern. Indem die Antragsgegnerin dies unterließ, hat sie die Belange der Anlieger der A.-Straße in der Abwägung fehlerhaft gewichtet, da sie deren Betroffenheit durch eine Erhöhung des Verkehrslärms allein wegen einer anderweitigen Planung ohne Rücksicht auf deren Realisierungschancen als nicht erheblich angesehen hat.

Wegen dieses Abwägungsfehlers sind die angegriffenen Bebauungspläne unwirksam.

Nr. 23

Zur Abwägung bei Verkehrsverlagerungen zwischen Gemeindestraßen (hier: fehlerhafte Verkehrsprognose, unzureichendes Lärmgutachten).

VwGO § 47; BauGB 1987 §§ 1, 5, 8, 12, 34, 214; BauGB §§ 215a, 233; BauNVO § 1 Abs. 2 Nr. 3; BImSchV §§ 1, 2, 3, 16.

Bayerischer VGH, Urteil vom 9. Februar 2004 – 25 N 96.2982 – (rechtskräftig).

Die Antragsteller sind Eigentümer von Grundstücken an der W.-H.-Straße in E. Sie wenden sich gegen die Änderung eines Bebauungsplans der Antragsgegnerin. Diese Bebauungsplanänderung sieht vor, die bisher in nördlicher Richtung in einem Wendehammer als Stichstraße endende W.-H.-Straße an die nördlich des Wendehammers verlaufende Würzburger Straße (B 19 alt) anzuschließen. Ziel der Änderung ist die Entlastung der parallel zur W.-H.-Straße verlaufenden Konrad-Adenauer-Straße durch Verlagerung von Verkehr auf die W.-H.-Straße.

Der Normenkontrollantrag hatte Erfolg.

Aus den Gründen:

4. Die Änderung des Bebauungsplans, deren Gegenstand die Anbindung der W.-H.-Straße an die Würzburger Straße ist, erweist sich als nichtig, weil die Antragsgegnerin gegen das Gebot des § 1 Abs. 6 BauBG 1987 verstoßen hat, die öffentlichen und privaten Belange gegeneinander und untereinander gerecht abzuwägen.

Für die Abwägung ist gemäß § 214 Abs. 3 Satz 1 BauGB 1987 die Sach- und Rechtslage im Zeitpunkt der Beschlußfassung über den Bauleitplan maßgebend. Das Abwägungsgebot verlangt, daß überhaupt eine Abwägung stattfindet, daß die öffentlichen und privaten Belange berücksichtigt werden, die nach Lage der Dinge in die Abwägung einzustellen sind, daß die Bedeutung der Belange nicht verkannt wird und der Ausgleich zwischen ihnen nicht in einer Weise vorgenommen wird, die zum objektiven Gewicht einzelner Belange außer Verhältnis steht.

Die Antragsgegnerin hat bei der Aufstellung des Änderungsbebauungsplans zwar grundsätzlich eine Abwägung der widerstreitenden Interessen vorgenommen. Sie hat aber Belange nicht berücksichtigt, die in die Abwägung hätten aufgenommen werden müssen und zudem die Abwägung im Hinblick auf den Verkehrslärmschutz auf eine nicht tragfähige Grundlage gestützt.

a) Der geplante Anschluß der W.-H.-Straße an die alte Bundesstraße B 19, die inzwischen zu einer Gemeindeverbindungsstraße herabgestuft worden ist, setzt die teilweise Beseitigung des Grüngürtels voraus, der gegenwärtig an den Wendehammer am nördlichen Ende der W.-H.-Straße angrenzt und diese gegenüber der Würzburger Straße abschirmt. Diese Bepflanzung war nach Nr. 10 der Begründung des ursprünglichen Bebauungsplans aus dem Jahr 1978 zum Schutz der anschließenden Baugebiete vor Immissionen festgesetzt worden. Unabhängig davon, in welchem Umfang sie tatsächlich geeignet war, diese Funktion zu erfüllen, verursacht die Öffnung jedenfalls eine erhöhte Wahrnehmbarkeit des in der Würzburger Straße fließenden Verkehrs an den angrenzenden Wohnhäusern. Diesen Gesichtspunkt hat die Antragsgegnerin nicht abgewogen. Sie hat sich nach Aktenlage weder bei der Aufstellung noch in der Begründung des strittigen Änderungsbebauungsplans mit dieser Problematik auseinandergesetzt und damit einen erheblichen Belang nicht berücksichtigt, der nach Lage der Dinge in die Abwägung hätte einfließen müssen.

b) Im Hinblick auf den Schutz der Anwohner vor den bei einer Anbindung der W.-H.-Straße an die Würzburger Straße durch das vermehrte Verkehrsaufkommen entstehenden Verkehrslärmimmissionen hat sich die Antragsgegnerin in Übereinstimmung mit dem Sachgebiet Immissionsschutz des Landratsamtes auf ein schalltechnisches Gutachten des Ingenieurbüros X. vom September 1994 gestützt. Nach dem Gutachten ist bei einer Öffnung der W.-H.-Straße für den Durchgangsverkehr unter Berücksichtigung von vorgesehenen verkehrsberuhigenden Maßnahmen und einer Geschwindigkeitsbeschränkung auf 30 km/h eine Überschreitung der in der Verkehrslärmschutzverordnung vom 12.7.1990 (16. BImSchV) festgelegten Immissionsgrenzwerte für allgemeine Wohngebiete von 59 dB(A) am Tag und 49 dB(A) in der Nacht nicht zu erwarten. Diese schalltechnische Beurteilung erweist sich aus mehreren Gründen als nicht tragfähige Grundlage für die getroffene Abwägungsentscheidung.

Nicht zu beanstanden ist die Heranziehung der gemäß §41 Abs. 1 i.V.m. §43 Abs. 1 Bundes-Immissionsschutzgesetz (BImSchG) erlassenen 16. BImSchV und die Anwendung der darin für allgemeine Wohngebiete vorgesehenen Immissionsgrenzwerte (§2 Abs. 1 Nr. 2 16. BImSchV) durch den Gutachter. Diese Verordnung konkretisiert die Grenze der schädlichen Umwelteinwirkungen durch Verkehrsgeräusche, die beim Bau oder der wesentlichen Änderung öffentlicher Straßen gemäß §41 Abs. 1 BImSchG nicht überschritten werden darf. Der vorgesehene Anschluß der W.-H.-Straße an die Würzburger Straße stellt eine wesentliche Änderung dieser Straße i. S. des §1 Abs. 1 16. BImSchV dar, weil durch den baulichen Eingriff der Beurteilungspegel des von dem zu ändernden Verkehrsweg ausgehenden Verkehrslärms nach Einschätzung des Gutachters, die keiner der Beteiligten in Zweifel gezogen hat, um mindestens 3 dB(A) erhöht wird (§1 Abs. 2 Satz 1 Nr. 2 16. BImSchV). Die an die W.-H.-Straße angrenzenden Wohngebiete sind auch als allgemeine Wohngebiete i. S. des §1 Abs. 2 Nr. 3 BauNVO einzustufen. Für die noch im

Nr. 23

Geltungsbereich des Bebauungsplans in der geänderten Fassung liegenden Grundstücke ergibt sich dies unmittelbar aus den entsprechenden Festsetzungen. Die beiden im nördlichen Bereich der W.-H.-Straße zunächst festgesetzten Mischgebiete wurden im Zuge einer früheren Änderung aus dem Geltungsbereich des ursprünglichen Bebauungsplans herausgenommen, da sich dort ebenfalls eine ausschließliche Wohnbebauung entwickelt hatte. Damit handelt es sich auch bei diesem Umgriff der W.-H.-Straße um allgemeine Wohngebiete nach § 34 Abs. 2 BauGB i. V. m. § 1 Abs. 2 Nr. 3 BauNVO.

Im übrigen weist die schalltechnische Beurteilung des Ingenieurbüros X. vom September 1994 aber mehrere methodische Schwachstellen auf, die dazu führen, daß die Antragsgegnerin dieses Gutachten in der vorliegenden Form nicht zur Grundlage ihrer Abwägungsentscheidung hätte machen dürfen.

Die der Berechnung der zukünftigen Schallpegel bei einer Öffnung der W.-H.-Straße zugrunde liegende Verkehrsprognose ist methodisch nicht sachgerecht erstellt worden. Insoweit unterliegt sie einer gerichtlichen Kontrolle (BVerwGE 72, 282). Gemäß Nr. 4.2 des Gutachtens ist das prognostizierte Verkehrsaufkommen für das Jahr 2000 errechnet worden. Ausgehend von dem Zeitpunkt der Gutachtenserstellung (1994) handelt es sich um einen Prognosezeitraum von 6 Jahren. Dieser Prognosehorizont ist zu eng. Nach der amtlichen Begründung zu § 3 der 16. BImSchV, der im Zusammenhang mit der Anlage 1 die Art und Weise der Berechnung des Beurteilungspegels vorgibt, ist im Regelfall von einem Prognosezeitraum von 10 bis 20 Jahren auszugehen (BR-Drucks. 661/89, S. 37; vgl. auch BayVGH v. 12. 4. 2002, DVBl. 2002, 1140). Besondere Gründe, hiervon im vorliegenden Fall abzuweichen, sind nicht ersichtlich.

Des weiteren hat das Ingenieurbüro X. bei der Prognose für das zukünftige Verkehrsaufkommen in der W.-H.-Straße nach Anbindung an die Würzburger Straße im Rahmen der angenommenen allgemeinen Verkehrszunahme bis zum Jahr 2000 (+ 18 %) berücksichtigt, „daß die Entlastungsstraße West im Jahr 2000 gebaut ist". Diese Aussage kann nur so verstanden werden, daß der Zunahmefaktor wegen des Entlastungseffekts der geplanten Umgehungsstraße West niedriger angesetzt worden ist als eigentlich geboten. Der Bau der Umgehungsstraße war aber zum damaligen Zeitpunkt weder planungsrechtlich noch finanziell abgesichert. Es erscheint methodisch nicht sachgerecht, auf einer derart unsicheren Basis eine Verkehrsprognose zu erstellen. Um der Antragsgegnerin eine hinreichende Grundlage für ihre Abwägungsentscheidung im Hinblick auf den zu erwartenden Verkehrslärm zu bieten, hätte jedenfalls auch in Erwägung gezogen werden müssen, daß der Bau der Entlastungsstraße scheitert. Tatsächlich ist dieser Fall auch eingetreten. Die Umgehungsstraße West ist bis heute, u. a. wegen eines entgegenstehenden Bürgerentscheids, nicht verwirklicht worden.

Außerdem ist die Antragsgegnerin bei der Abwägung der Belange des Verkehrslärmschutzes auf der Grundlage des Gutachtens aus dem Jahr 1994 offenkundig von einer unzutreffenden Voraussetzung ausgegangen. Nach dem Gemeinderatsbeschluß vom Juli 1996, der als Ergänzungsbeschluß zu den vorgebrachten Bedenken und Anregungen bezeichnet ist, wurde die

Abwägung bezüglich des Verkehrsaufkommens ohne Berücksichtigung des Baus der „Entlastungsstraße West" vorgenommen. Da sich die Abwägung aber im wesentlichen auf das Gutachten vom September 1994 stützt, trifft dies gerade nicht zu. Darin ist – wie dargelegt – ausdrücklich erwähnt, daß der Bau der Umgehungsstraße West als Berücksichtigungsfaktor in die Verkehrsprognose eingeflossen ist.

Schließlich begegnet auch das Ergebnis der schalltechnischen Beurteilung des Ingenieurbüros X. erheblichen Bedenken. Nach dem Gutachten vom September 1994 werden die Immissionsgrenzwerte der 16. BImSchV für allgemeine Wohngebiete von 59 dB(A) am Tag und 49 dB(A) nachts im Hinblick auf die Wohnbebauung entlang der W.-H.-Straße bei einer Anbindung an die Würzburger Straße nicht überschritten. Demgegenüber kommen der von den Antragstellern in Auftrag gegebene Bericht des Ingenieurbüros Y. vom Juni 2001 und sogar die von der Antragsgegnerin vorgelegte, auf einer schalltechnischen Untersuchung beruhende verkehrsplanerische Stellungnahme der Arbeitsgemeinschaft Planungsbüro A. und B. vom August 2001 zu anderen Ergebnissen. Nach den Berechnungen des Büros Y. werden bei einer Anbindung der W.-H.-Straße an die Würzburger Straße die Verkehrslärmimmissionsgrenzwerte der 16. BImSchV teilweise, vor allem an den im Einmündungsbereich stehenden Wohnhäusern mit den Hausnummern 55 und 70, erheblich überschritten. Auch aus dem von der Antragsgegnerin vorgelegten Gutachten der Büros von A. und B. geht hervor, daß in allen durchgerechneten Planfällen 1, 2 und 3 u. a. an den Wohnhäusern mit den Hausnummern 55 und 70 die entsprechenden Immissionsgrenzwerte der 16. BImSchV nicht eingehalten werden. Diese Gutachten aus dem Jahr 2001 lagen der Antragsgegnerin zwar zum gemäß §214 Abs. 3 Satz 1 BauGB 1987 für die Abwägung maßgebenden Zeitpunkt der Beschlußfassung über die Bebauungsplanänderung nicht vor. Der Verwaltungsgerichtshof sieht aber keinen Hinderungsgrund, diese erst später in das Verfahren eingeführten Parteigutachten als zusätzliches Indiz für die fehlende Tragfähigkeit des von der Antragsgegnerin ausschließlich verwerteten Gutachtens aus dem Jahr 1994 heranzuziehen.

c) Die aufgezeigten Mängel im Abwägungsvorgang sind beachtlich.

Gemäß §214 Abs. 3 Satz 2 BauGB 1987, der nach §214 Abs. 3 Satz 1 BauGB im vorliegenden Fall anzuwenden ist, sind Abwägungsfehler nur erheblich, wenn sie offensichtlich und auf das Abwägungsergebnis von Einfluß gewesen sind.

Offensichtlich ist ein Mangel, wenn konkrete Umstände klar auf einen solchen Fehler hindeuten. Die dargelegten Abwägungsfehler, die der Antragsgegnerin bei der Aufstellung des Änderungsbebauungsplans unterlaufen sind, ergeben sich unmittelbar aus den beigezogenen Bebauungsplanakten. Sie sind damit offensichtlich.

Die Mängel waren auch auf das Abwägungsergebnis von Einfluß. Insoweit kommt es darauf an, ob nach den Umständen des Einzelfalls die konkrete Möglichkeit besteht, daß das Ergebnis der Abwägung ohne die Mängel anders ausgefallen wäre. So ist es hier. Es liegt nahe, daß sich die Antragsgegnerin mit der Verkehrslärmproblematik bei dem geplanten Anschluß der W.-H.-Straße an die Würzburger Straße eingehender, vor allem in Hinsicht auf

Lärmschutzmaßnahmen, hätte befassen müssen, wenn sie die Unzulänglichkeit des als wesentliche Entscheidungsgrundlage herangezogenen Gutachtens aus dem Jahr 1994 erkannt und eine weitere Sachverhaltsaufklärung vorgenommen hätte. Wäre der Antragsgegnerin bewußt gewesen, daß bei der vorgesehenen Bebauungsplanänderung die Immissionsgrenzwerte der 16. BImSchV an bestimmten Wohnhäusern entlang der W.-H.-Straße nicht eingehalten werden können, ist nicht auszuschließen, daß sie von der geplanten Anbindung an die Würzburger Straße ganz abgesehen oder zumindest zusätzliche Lärmschutzmaßnahmen beschlossen hätte.

d) Die Behebung der Abwägungsmängel durch ein ergänzendes Verfahren gemäß §233 Abs. 2 i. V. m. §215a Abs. 1 BauGB scheidet aus. Die festgestellten Fehler bei der Beurteilung der Verkehrslärmproblematik im Zuge der Anbindung der W.-H.-Straße an die Würzburger Straße betreffen den Kern der Abwägungsentscheidung und damit den gesamten Änderungsbebauungsplan, der Gegenstand des vorliegenden Normenkontrollverfahrens ist. Dadurch wird die Planung als ganzes in Frage gestellt.

Nr. 24

1. **Verweist eine Textfestsetzung eines Bebauungsplanes auf eine DIN-Norm, ohne deren Datum und Fundstelle zu benennen, so genügt dies den Anforderungen an die Verkündung des Bebauungsplanes, wenn die DIN-Norm durch Verwaltungsvorschrift gemäß § 3 Abs. 3 Satz 1 LBauO als technische Baubestimmung eingeführt worden ist und ihr Datum und ihre Fundstelle im Ministerialblatt veröffentlicht sind.**

2. **§ 9 BauGB bietet keine Handhabe, um die zeitlich vorrangige Verwirklichung einer sog. Lärmschutz- oder Riegelbebauung vor der schutzbedürftigen Bebauung sicherzustellen. Ein Bebauungsplan, der eine derartige Bebauung als Mittel des aktiven Lärmschutzes vorsieht, genügt daher dem Gebot der Konfliktbewältigung grundsätzlich nur dann, wenn er vorsorglich zugleich für die schutzbedürftige Bebauung Festsetzungen zum passiven Lärmschutz trifft, die die Zumutbarkeit der Lärmbelastung bei fehlender Lärmschutzbebauung sicherstellen.**

BauGB §§ 1 Abs. 3, Abs. 6, 9 Abs. 1 Nr. 2, Nr. 24, 31, 215a Abs. 1 Satz 1; BauNVO § 5; LBauO § 3 Abs. 3 Satz 1.

OVG Rheinland-Pfalz, Urteil vom 31. März 2004 – 8 C 11785/03 – (rechtskräftig).

Die Antragsteller sind Inhaber eines Gemüseanbaubetriebes. Sie wenden sich gegen einen Bebauungsplan der Antragsgegnerin, der ihr Betriebsgelände als Fläche für die Landwirtschaft und daran angrenzend ein Dorfgebiet festsetzt. Der Bebauungsplan sieht zum Schutz des Dorfgebietes vor dem Betriebslärm der Antragsteller zwei durch eine Lärmschutzbebauung verbundene Lärmschutzwälle sowie ergänzend passiven Schallschutz für die dahinter liegende Bebauung vor. Der Normenkontrollantrag der Antragsteller, mit dem sie vor allem die unzureichende Bewältigung des Lärmkonfliktes rügten, hatte Erfolg.

Aus den Gründen:
Der strittige Bebauungsplan weist einen Abwägungsfehler im Bereich der Lärmschutzfestsetzungen auf (I). Im übrigen liegen weder die von den Antragstellern gerügten Mängel noch sonst ohne weiteres erkennbare Rechtsverstöße vor (II). Der festgestellte Abwägungsfehler führt lediglich zur Unwirksamkeit des Bebauungsplanes (III).

I. Die dem Bebauungsplan hinsichtlich des Lärmschutzes zugrunde liegende Abwägung verstößt gegen § 1 Abs 6 BauGB. Hiernach sind bei der Aufstellung der Bauleitpläne die öffentlichen und privaten Belange gegeneinander und untereinander gerecht abzuwägen. Das Abwägungsgebot begründet auch die Verpflichtung, durch den Bebauungsplan hervorgerufene oder ihm sonst zurechenbare Konflikte mit planerischen Mitteln zu lösen (BVerwG, Urteil v. 5. 7. 1974, BVerwGE 45, 309 = BRS 28 Nr. 4). Von einer abschließenden Konfliktbewältigung im Bebauungsplan darf die Gemeinde nur Abstand nehmen, wenn die Durchführung der als notwendig erkannten Konfliktlösungsmaßnahmen außerhalb des Planungsverfahrens auf der Stufe der Verwirklichung der Planung sichergestellt ist (BVerwG, Beschluß v. 14. 7. 1994, BRS 56 Nr. 6). Im vorliegenden Fall verstößt der Bebauungsplan gegen das Gebot der Konfliktbewältigung, soweit er den Lärmschutz des im westlichen Plangebiet vorgesehenen Dorfgebietes (auch) durch eine Lärmschutzbebauung sicherstellen will. Soll ein Immissionskonflikt durch Festsetzung einer Lärmschutzbebauung bewältigt werden, muß an sich die zeitliche Priorität dieser Bebauung vor Verwirklichung der zu schützenden Bauvorhaben gewährleistet sein. Diese Priorität läßt sich indessen mit den in § 9 BauGB vorgesehenen Mitteln nicht sicherstellen (siehe dazu Nds. OVG, Urteil v. 7. 4. 2003, ZfBR 2003, 701). Mithin ist die planende Gemeinde gehalten, im Bebauungsplan Schutzvorkehrungen für den Fall zu treffen, daß das schutzbedürftige Baugebiet bebaut wird, bevor die Lärmschutzbebauung verwirklicht ist. Dies kann etwa durch eine Textfestsetzung geschehen, nach der der notwendige passive Schallschutz an der schutzbedürftigen Bebauung durch Einzelgutachten nachzuweisen ist, soweit die abschirmende Wirkung durch die im Bebauungsplan ausgewiesene vorgelagerte Bebauung zum Zeitpunkt der Realisierung der schutzbedürftigen Bebauung nicht gegeben ist (siehe OVG Nordrhein-Westfalen, Urteil v. 19. 2. 2001, BRS 64 Nr. 24). Eine andere Möglichkeit besteht darin, daß für die schutzbedürftige Bebauung passiver Lärmschutz festgesetzt wird, der auch ohne Maßnahmen des aktiven Lärmschutzes die Zumutbarkeit der Lärmbelastung sicherstellt und daß gleichzeitig im Bebauungsplan für den Fall der Verwirklichung der Lärmschutzbebauung eine Ausnahme von dieser Festsetzung gemäß § 31 Abs. 1 BauGB vorgesehen wird (siehe das Senatsurteil v. 16. 10. 2002, BRS 65 Nr. 23).

Im vorliegenden Fall hat es die Antragstellerin jedoch versäumt, derartige Vorkehrungen im Rahmen des Bebauungsplanes zu treffen. Dies war aber erforderlich. Zwar enthält Nr. A. 7. 2 der Textfestsetzungen die Anordnung passiven Schallschutzes für die im östlichen Bereich des geplanten Dorfgebietes gelegene Bebauung. Die Bemessung dieses Schallschutzes nach Lärmpegelbereichen richtet sich indessen nach den Feststellungen des Gutachtens vom April 2000. Dieses Gutachten geht jedoch von der ursprünglich geplanten

Nr. 24

Errichtung eines durchgehenden Lärmschutzwalles am östlichen Rand des Dorfgebietes aus und berechnet den passiven Schallschutz im Hinblick auf den *danach* noch auf das Dorfgebiet einwirkenden Lärm. Daraus folgt, daß die Festsetzungen zum passiven Schallschutz unzureichend sind, wenn und solange lückenloser aktiver Lärmschutz wegen fehlender Lärmschutzbebauung nicht besteht. Da die Grundstücke, auf denen die Lärmschutzbebauung errichtet werden soll, nach Angaben der Antragsgegnerin in der mündlichen Verhandlung in privatem Eigentum stehen, ist auch nicht ersichtlich, daß die vorgehende Verwirklichung der Lärmschutzbebauung auf der Stufe der Planverwirklichung hinreichend sichergestellt ist, so daß der Bebauungsplan den Anforderungen des Abwägungsgebots nicht genügt.

II. Im übrigen führen weder die Rügen der Antragsteller noch eine die gebotenen Grenzen gerichtlicher Kontrolldichte (siehe dazu BVerwG, Urteil v. 17. 4. 2002, BVerwGE 116, 188) beachtende Prüfung durch den Senat auf beachtliche Rechtsfehler des angegriffenen Bebauungsplans. ...

2. Des weiteren sind auch die Textfestsetzungen zum passiven Lärmschutz (siehe Nr. A. 7. 2) trotz der darin enthaltenen Verweisung auf DIN 4109 ordnungsgemäß verkündet worden. Zwar bedarf der Bebauungsplan als Rechtsnorm wie jede andere Rechtsvorschrift der Verkündung in einem amtlichen Verkündungsorgan. Dies schließt eine Verweisung auf andere Normen nicht aus, wenn für den Rechtsunterworfenen klar erkennbar ist, welche Vorschriften im einzelnen gelten sollen. Das ist bei der – statischen – Verweisung auf andere Rechtsvorschriften, die in den jeweiligen Gesetzblättern verkündet worden sind, unproblematisch. An einer derartigen öffentlichen Verlautbarung fehlt es jedoch regelmäßig bei Bestimmungen privater Gremien, wie beispielsweise der DIN-Normen. Will der Normgeber deren Beachtung verbindlich anordnen, unterläßt er aber aus Gründen der Lesbarkeit und Übersichtlichkeit die wörtliche Übernahme solcher Regelungen in den Normtext oder ihre Aufnahme als Anlage zur Rechtsnorm, so muß die Rechtsnorm erkennbar zum Ausdruck bringen, daß sie die in Bezug genommene Anordnung zu ihrem Bestandteil macht, und diese hinreichend bestimmt bezeichnen. Weiter muß die Veröffentlichung der in Bezug genommenen Regelung für den Betroffenen zugänglich und archivmäßig gesichert sein (siehe Senatsurteil v. 28. 2. 1996 – 8 C 12353/94 –).

Zweifel an der hinreichend bestimmten Bezeichnung der DIN 4109, auf die verwiesen wird, könnten hier deshalb bestehen, weil in der Textfestsetzung weder Datum noch Fundstelle der Norm bezeichnet werden und sich die in Bezug genommene Tabelle 8 der DIN-Norm lediglich im Anhang zum Lärmschutzgutachten findet, das nicht Bestandteil des Planes ist. Indessen berechtigen diese Mängel hier deshalb nicht zu einer Beanstandung der Normverkündung, weil es sich bei der DIN 4109 um eine auf der Grundlage des § 3 Abs. 3 LBauO allgemein eingeführte bautechnische Bestimmung handelt (siehe die Verwaltungsvorschrift des Ministeriums der Finanzen „Einführung von technischen Regeln als Technische Baubestimmungen" v. 29. 11. 1996, MinBL. 1997, 167, 177). Kommt somit der DIN 4109 auf Grund des § 3 Abs. 3 Satz 1 LBauO gleichsam rechtsnormergänzende Wirkung zu und ist sie daher mit Datum und Fundstelle in einem allgemein zugänglichen

Verkündungsblatt veröffentlicht, so rechtfertigt dies nach Auffassung des Senats, eine Verweisung auf diese nichtstaatliche Norm wie eine solche auf Rechtsvorschriften zu behandeln (siehe dazu auch Baden-Württemb. VGH, Urteil v. 20.6.1980, NuR 1983, 234). Den hierfür geltenden Anforderungen genügt Nr. A.7.2 der Textfestsetzungen ohne weiteres. ...

4. Der Senat teilt nicht die von den Antragstellern geäußerten Zweifel an der Erforderlichkeit des Bebauungsplanes.

Zwar ist ein Bebauungsplan i.d.R. nicht i.S. von §1 Abs 3 BauGB „erforderlich", wenn er ein Dorfgebiet gemäß §5 BauNVO ausweist, obwohl die Gemeinde nur eine Wohnbebauung bezweckt (st. Rspr.; siehe nur OVG Münster, Urteil v. 16.9.2002 – 7a D 118/00.NE –, m.w.N.). Für einen derartigen „Etikettenschwindel" gibt es aber vorliegend keine hinreichenden Anhaltspunkte. Ausweislich S.3 der Planbegründung ist allerdings die Dorfgebietsausweisung einerseits „notwendig, da die neuen Bauflächen unmittelbar an landwirtschaftliche Betriebe angrenzen, von denen zeitweilig Geräuschemissionen, möglicherweise auch Geruchsemissionen ausgehen". Andererseits weist die Begründung aber auch darauf hin, daß durch diese Gebietsausweisung „der gewachsene dörfliche Charakter des Ortes W. erhalten und gestärkt werden soll." Zulässig seien neben Wohngebäuden auch die Wirtschaftsstellen land- und forstwirtschaftlicher Betriebe und nicht wesentlich störende Gewerbebetriebe. Sofern dafür größere Grundstücksflächen erforderlich seien, könnten diese durch Zusammenlegung mehrerer benachbarter Einzelflächen geschaffen werden. Die Festsetzungen des angegriffenen Planes lassen die Verwirklichung dieser Zielsetzung nicht unmöglich erscheinen. Zum einen ist im ergänzenden Verfahren die im Urteil des Senats vom November 2000 beanstandete Grundflächenzahl von 0,3 für den überwiegenden Teil des Dorfgebietes auf 0,5 bzw. 0,45 heraufgesetzt worden. Zum anderen werden unter Nr. A. 1 der Textfestsetzungen nur die gewerbliche Tierhaltung und Vergnügungsstätten ausgeschlossen, während die Bandbreite der im Dorfgebiet ansonsten zulässigen Nutzungen uneingeschränkt erhalten bleibt. Auch die weiteren Festsetzungen zum Maß der baulichen Nutzung sind nicht geeignet, landwirtschaftliche oder gewerbliche Nutzungen im Dorfgebiet auszuschließen.

Lassen sich demnach dem Plan selbst keine Anhaltspunkte dafür entnehmen, daß eine Verwirklichung des festgesetzten Dorfgebietes im Zeitpunkt des Satzungsbeschlusses im ergänzenden Verfahren nicht möglich oder in Wahrheit nicht gewollt war, so weist der Senat angesichts der Erörterungen in der mündlichen Verhandlung über die mittlerweile im Plangebiet realisierte Bebauung auf folgendes hin: In einem etwa durchzuführenden ergänzenden Verfahren zur Heilung des oben bezeichneten Abwägungsfehlers kommt es darauf an, ob angesichts der im Zeitpunkt des erneuten Satzungsbeschlusses im Plangebiet vorhandenen Bebauung die Verwirklichung eines Dorfgebiets noch möglich erscheint. Sollte der westliche Teil des Plangebietes bis dahin überwiegend einer Wohnnutzung zugeführt worden sein, dürfte eine Festsetzung als Dorfgebiet, das gleichermaßen dem Wohnen und der landwirtschaftlichen und gewerblichen Nutzung dient, durchgreifenden Bedenken begegnen.

5. Über die fehlerhafte Abwägung der Lärmschutzbelange hinaus weist der Bebauungsplan keinen der von den Antragstellern gerügten Abwägungsfehler auf.

Dies gilt zunächst für die fehlende Berücksichtigung des Interesses der Antragsteller an einer nichtlandwirtschaftlichen Folgenutzung ihres Betriebsgeländes bei Festsetzung desselben als Fläche für die Landwirtschaft. Dieses Interesse ist im Planaufstellungsverfahren weder von den Antragstellern noch von den sonst im Bereich der festgesetzten Fläche für Landwirtschaft ansässigen Landwirten artikuliert worden. Es war für die Antragsgegnerin auch nicht ohne weiteres erkennbar, da sich die Antragsteller seit jeher gegen den Bebauungsplan mit dem Argument gewandt hatten, er gefährde Bestand und Weiterentwicklung ihres landwirtschaftlichen Betriebes.

Vor diesem Hintergrund war ihr erstmals im Prozeß geltend gemachtes Interesse an einer Folgenutzung des Betriebsgeländes gemäß § 35 Abs. 4 BauGB schon nicht abwägungserheblich (siehe dazu BVerwG, Beschluß v. 25. 1. 2001, BRS 64 Nr. 214 = ZfBR 2001, 419). Ungeachtet dessen wird hinsichtlich der festgesetzten Fläche für die Landwirtschaft auf S. 4 der Planbegründung auch ausgeführt, daß „eine andere Nutzung dieser Flächen, z. B. für Wohnzwecke, erst dann vorgesehen ist, wenn die bisherige Bewirtschaftung aufgegeben wird". Die demnach aktenkundige planerische Absicht der Antragsgegnerin, auf der landwirtschaftlichen Fläche zum Schutz der ansässigen Betriebe Wohnbebauung nur solange auszuschließen, wie dort Landwirtschaft betrieben wird, könnte – wenn dieser Fall eintritt – auch ohne Änderung des Bebauungsplanes die städtebauliche Vertretbarkeit einer Befreiung nach § 31 Abs. 2 Nr. 2 BauGB begründen, so daß dem Belang der Antragsteller ausreichend Rechnung getragen ist. ...

III. Der oben unter I. festgestellte Abwägungsmangel berührt keine Grundzüge der Planung und betrifft auch nicht den Kernbereich der Abwägungsentscheidung. Vielmehr beschränkt er sich auf eine Problematik, die nicht die Planung insgesamt in Frage stellt, sondern lediglich die Lösung des räumlich auf einen Teil des Baugebietes beschränkten Lärmschutzkonfliktes betrifft. Die Mangelhaftigkeit des Bebauungsplans führt deshalb gemäß § 215a Abs. 1 Satz 1 BauGB nicht zu seiner Nichtigkeit. Bis zur Behebung des Mangels entfaltet der Bebauungsplan allerdings keine Rechtswirkungen (§ 215a Abs. 1 Satz 2 BauGB), was gemäß § 47 Abs. 5 Satz 4 VwGO auszusprechen ist.

Nr. 25

1. **Eine Teilbaugenehmigung setzt voraus, daß der von ihr erfaßte Teil den öffentlich-rechtlichen Vorschriften entspricht und das Gesamtvorhaben dem Grunde nach genehmigungsfähig ist. In diese Zulässigkeitsprognose müssen die wesentlichen rechtlichen Anforderungen einbezogen werden, insbesondere die bauplanungsrechtliche Zulässigkeit und grundsätzliche bauordnungsrechtliche Anforderungen.**

2. **Aus § 2 Abs. 1 Nr. 1 der Verkehrslärmschutzverordnung – 16. BImSchV – vom 12. 6. 1990 kann nicht geschlußfolgert werden, daß Schulen gemäß**

Nr. 6.1 f der TA Lärm im Schutzniveau wie Krankenhäuser, Kurgebiete und Pflegeanstalten einzustufen sind.

3. Ein Bebauungsplan, der innerstädtisch ein Kerngebiet festsetzt, erscheint bei summarischer Prüfung im Eilverfahren nicht abwägungsfehlerhaft, wenn er die Lärmproblematik erkannt, Aussagen eines Gutachters beigezogen und durch die Regelung eines Anspruchs auf passive Schallschutzmaßnahmen sowie immissionswirksame flächenbezogene Schalleistungspegel die Einhaltung der Werte der TA Lärm zum Ziel hat.

16. BImSchV § 2 Abs. 1 Nr. 1; HBO 2002 § 67; TA Lärm Nr. 6.1.

Hessischer VGH, Beschluß vom 8. Dezember 2004 – 3 TG 3386/04 – (rechtskräftig).

Aus den Gründen:

Soweit die Antragsteller meinen, der Bebauungsplan „Neustädter Tor" sei abwägungsfehlerhaft, da er die grundsätzliche Schutzwürdigkeit von Schulen verkannt habe und diesen einen Immissionsrichtwert von 55 dB(A) tags zugeordnet habe, obgleich aus der 16. Verordnung zur Durchführung des Bundesimmissionsschutzgesetzes – 16. BImSchV – (Verkehrslärmschutzverordnung) vom 12. 6. 1990 (BGBl. I, 1036) zu ersehen sei, daß Schulen dasselbe Schutzniveau wie Krankenhäuser, Kurheime und Altenheime genießen sollen und daher auch nach der 6. Allgemeinen Verwaltungsvorschrift zum Bundesimmissionsschutzgesetz (Technische Anleitung zum Schutz gegen Lärm – TA Lärm) vom 26. 8. 1998 (GMBl., 503), dort Nr. 6.1 nur mit einem Immissionsrichtwert von 45 dB(A) tags und 35 dB(A) nachts belegt werden dürften, kann dem nicht gefolgt werden.

Die Antragsteller vermengen insoweit unzulässig die Regelungen der 16. BImSchV mit denjenigen der TA Lärm und versuchen, die für sie in der 16. BImSchV scheinbar günstige Eingruppierung in die TA Lärm zu übertragen, ohne dabei die Unterschiede der Verordnung bzw. technischen Anleitung zu berücksichtigen. Den Antragstellern ist zwar beizupflichten, daß Schulen nach der 16. BImSchV ein hohes Schutzniveau zuerkannt wird, sie verschweigen jedoch, daß gemäß § 2 Nr. 1 der 16. BImSchV Schulen bei dem Bau oder der wesentlichen Änderung von öffentlichen Straßen ein Immissionsgrenzwert von 57 dB(A) tags und 47 dB(A) nachts zugemutet wird, wobei diese als Anlagen für kulturelle Zwecke nach der Verordnung über die bauliche Nutzung der Grundstücke (Baunutzungsverordnung BauNVO) i.d.F. der Bekanntmachung vom 23. 1. 1990 i.V.m. den Vorschriften der TA Lärm, je nachdem ob sie in Kern-, Dorf- und Mischgebieten oder in einem allgemeinen Wohngebiet angesiedelt sind, Immissionsrichtwerten von 60 bzw. 55 dB(A) tags und 45 bzw. 40 dB(A) nachts ausgesetzt sein dürfen. Die Antragsteller verkennen zudem, daß die 16. BImSchV ausschließlich für den Bau oder die wesentliche Änderung von öffentlichen Straßen sowie von Schienenwegen der Eisenbahn und Straßenbahn gilt (§ 1 Abs. 1 16. BImSchV) und der hierfür maßgebende Beurteilungspegel grundsätzlich nicht als „Summenpegel" unter Einbeziehung von Lärmvorbelastungen durch bereits vorhandene Verkehrswege zu ermitteln ist (vgl. BVerwG, Urteil v. 31. 3. 1996 – 4 C 9.95 –, BVerwGE

101, 1 ff.), während die TA Lärm allgemein dem Schutz der Allgemeinheit und der Nachbarschaft vor schädlichen Umwelteinwirkungen durch Geräusche sowie der Vorsorge gegen schädliche Umwelteinwirkungen durch Geräusche dient (vgl. Nr. 1 TA Lärm). Während die 16. BImSchV den Verkehrslärm einer neu errichteten oder wesentlich geänderten Verkehrseinrichtung erfaßt, mithin den Lärm, der durch den Verkehrsstrom verursacht wird, legt die TA Lärm Werte für Immissionsorte außerhalb von Gebäuden fest, wobei sich gemäß Nr. 6.6 die Art der in Nr. 6.1 bezeichneten Gebiete und Einrichtungen aus den Festlegungen in den Bebauungsplänen ergibt. Für sonstige in Bebauungsplänen festgesetzte Flächen für Gebiete und Einrichtungen sowie Gebiete und Einrichtungen, für die keine Festsetzungen bestehen, sind die nach Nr. 6.1 bezeichneten Werte entsprechend der Schutzbedürftigkeit zu beurteilen. Die Antragsgegnerin hat die Schulen im Plangebiet, die dort auf Flächen für den Gemeinbedarf angesiedelt sind, sowie die außerhalb des Plangebiets liegende F.-Schule mit einem Immissionsrichtwert von 55 dB(A) belegt, was der Einstufung in ein allgemeines Wohngebiet entspricht. Dies ist im Ergebnis nicht zu beanstanden und trägt der besonderen Schutzbedürftigkeit von Schulen in ausreichendem Maße Rechnung. Entgegen der Auffassung der Antragsteller können Schulen nicht den in Nr. 6.1 f der TA Lärm genannten Kurgebieten, Krankenhäuser und Pflegeanstalten gleichgesetzt werden, da im Gegensatz zu den zuletzt genannten Einrichtungen von Schulen selbst Immissionen ausgehen, die gebietsverträglich am ehesten in einem allgemeinen Wohngebiet, einem Mischgebiet oder Dorfgebiet nicht jedoch in Kurgebieten angesiedelt werden können. ...

Auch soweit die Antragsteller meinen, der Abwägungsvorgang der Antragsgegnerin sei fehlerhaft, weil die zu erwartenden Lärmbelastungen nicht vollständig ermittelt worden seien, insbesondere seien an der Turnhalle der F.-Schule, die am nächsten zu der geplanten Einfahrt auf das Parkdeck des Vorhabens liege, keine Messungen durchgeführt worden, kann dem nicht gefolgt werden. Zunächst ist bereits nicht dargetan, wie die Antragsteller durch das fehlerhafte Unterlassen der Anbringung eines Meßpunktes an der Turnhalle der F.-Schule in eigenen Rechten verletzt sein könnten. Im übrigen hat die Antragsgegnerin erstinstanzlich unwidersprochen vorgetragen, daß die Turnhalle kein maßgeblicher Immissionsort nach Nr. A 1.3 der TA Lärm ist. Dies beruhe auf dem Umstand, daß sie nach Abschnitt 1 der DIN 4109 (Schallschutz im Hochbau) nicht schutzbedürftig sei, weil in ihr infolge ihrer Nutzung ständig oder nahezu ständig Geräusche seien, die einem Schalldruckpegel von 40 dB(A) entsprächen. Bei einer bestimmungsgemäßen Nutzung einer Turnhalle sei von solchen Werten auszugehen. Dem sind die Antragsteller nicht substantiiert entgegengetreten. ...

Auch soweit die Antragsteller meinen, der Bebauungsplan weise ein Abwägungsdefizit auf, als er sich nicht mit der Frage der Gesamtlärmbelastung befaßt habe und insoweit darauf verweisen, daß Summationseffekte zumindest dann auch im Rahmen der Bauleitplanung zu berücksichtigen seien, wenn sie die Grenze zur Gesundheitsgefahr überschritten, wird auch hierdurch ein Abwägungsfehler nicht substantiiert dargelegt. Zum einen verkennen die Antragsteller, daß die Antragsgegnerin sich im Bauleitplanverfahren umfassend mit der Lärmbelastung auch hinsichtlich der Vorbelastung auseinandergesetzt hat und hinsichtlich derjenigen Immissionsorte, an denen die Grenzwerte der 16. BImSchV überschritten werden, gemäß Nr. 4.2 der Textfestsetzungen des Bebauungsplans einen Anspruch auf passive Schallschutzmaßnahmen gemäß der 16. BImSchV und 24. BImSchV angeordnet hat, zum anderen tragen die Antragsteller nicht vor, daß in bezug auf ihre Person die Voraussetzungen für die Verpflichtung einer Gesamtlärmbetrachtung vorliegen. Seit Inkrafttreten der 16. BImSchV ist es ausgeschlossen, die Erheblichkeitsschwelle für Verkehrslärm im Anwendungsbereich des §41 BImSchG unter Berücksichtigung auch solcher Lärmvorbelastungen zu bestimmen, die nach der 16. BImSchV nicht anzusetzen sind. Eine Ausnahme kommt – nur – in Betracht, wenn die Gesamtlärmbelastung den Grad einer mit der Schutzpflicht des Art. 2 Abs. 2 Satz 1 GG unvereinbaren Gesundheitsgefährdung erreicht oder in die Substanz des Eigentums i. S. des Art. 14 Abs. 1 Satz 1 GG eingreift (vgl. BVerwG, Urteil v. 21.3.1996 – 4 C 9.95 –, BVerwGE 101, 1 ff.; VGH Baden-Württemberg, Urteil v. 28.1.2002 – 5 S 2328/99 –, DÖV 2002, 964 ff.; Hess. VGH, Urteil v. 6.8.2002 – 2 A 828/01, 2 A 3013/01 –, ESVGH 52, 237 ff.), wobei das Bundesverwaltungsgericht eine Gesundheitsgefährdung noch nicht bei einer Lärmbelastung von 61 dB(A) tags und 53 dB(A) nachts angenommen hat. Daß die Antragsteller nach diesen Maßstäben in einer Größenordnung Lärmbelästigungen durch die Ausweisung des eingeschränkten Kerngebiets ausgesetzt sein werden, die eine Gesamtlärmbetrachtung gebieten könnten, ist von ihnen nicht substantiiert dargelegt worden.

Soweit die Antragsteller meinen, ein weiteres Abwägungsdefizit resultiere daraus, daß die Antragsgegnerin die Gefährdung der städtebaulichen Struktur der C.-Innenstadt bzw. der innerstädtischen Hauptgeschäftszone durch das geplante Vorhaben nicht berücksichtigt habe, kann dem aus mehreren Gründen nicht gefolgt werden. Zunächst verkennen die Antragsteller, daß sich die Antragsgegnerin ausweislich der Begründung zu dem Bebauungsplan, der, wie bereits ausgeführt, kein vorhabenbezogener Bebauungsplan ist, umfassend mit der Ansiedlung des großflächigen Einzelhandelsobjektes/Einkaufszentrum auseinandergesetzt hat und sich im Rahmen der Abwägung gerade für die Ansiedlung einer derartigen Einrichtung in der Innenstadt der Universitätsstadt C-Stadt entschieden hat, gerade auch um die innerstädtische Struktur aufzuwerten und zu verbessern. Daß die Antragsteller selbst von anderen planerischen Überlegungen ausgehen und ggf. andere planerische Entscheidungen getroffen hatten, ist irrelevant, da der Antragsgegnerin die Planungshoheit zusteht und es Ausdruck ihrer Planungshoheit ist, städtebauliche Leitlinien zu verfolgen und diese planerisch umzusetzen. Die Antragsgegnerin war hierbei auch weder verpflichtet noch berechtigt, in dem Bebauungsplan maximale Verkaufsflächen aufzunehmen. Den von verschiedenen Seiten vorgetragenen Bedenken hinsichtlich der Entstehung eines „autarken" Geschäftszentrums ist die Antragsgegnerin durch den Abschluß des städtebaulichen Vertrages mit dem Investor ausreichend nachgegangen, nach dessen §10 der Vorhabenträger im Vorhaben eine Verkaufsfläche von insgesamt höchstens 18 000 m^2 einrichten darf und die Erweiterung der Verkaufsfläche um höchstens 10% möglich ist, wenn sie nicht im Erdgeschoß oder im 1. Obergeschoß eingerichtet wird. Die Antragsteller verkennen, daß die bloße Festsetzung von zulässigen Verkaufsflächen bauplanungsrechtlich nicht zulässig ist, zudem verkennen die Antragsteller, daß gemäß § 11 Abs. 3 BauNVO Einkaufszentren, großflächige Einzelhandelsbetriebe sowie sonstige großflächige Handelsbetriebe außer in Kerngebieten nur in für sie festgesetzten Sondergebieten zulässig sind, mithin die Festsetzung eines Kerngebietes aus planungsrechtlichen Gründen nicht zu beanstanden ist, zumal es sich vorliegend um die Innenstadtlage von C-Stadt handelt. Die Antragsgegnerin hat bereits erstinstanzlich darauf hingewiesen, daß das Vorhaben von erheblicher städtebaulicher Bedeutung sei, es stärke die Einzelhandelsfunktion der Innenstadt gegenüber Standorten im Außenbereich, wirke damit Zersiedelungseffekten entgegen und fördere die wohnortnahe Versorgung der Einwohner. Es kann nicht beanstandet werden, daß die Antragsgegnerin durch die Ansiedlung eines derartigen Zentrums versucht, die Innenstadt aufzuwerten und auch im Vergleich zu anderen Städten attraktiv zu gestalten.

Nach der im Eilverfahren gebotenen summarischen Prüfung verletzen auch die streitgegenständlichen Teilbaugenehmigungen von 2004 die Antragsteller nicht in ihren Rechten.

Hierbei ist zunächst den Antragstellern in Übereinstimmung mit der Vorinstanz darin beizupflichten, daß Voraussetzung für die Erteilung einer Teilbaugenehmigung zum einen ist, daß der von der Teilbaugenehmigung erfaßte Teil den öffentlich-rechtlichen Vorschriften entspricht, zum anderen, daß das Vorhaben dem Grunde nach genehmigungsfähig ist. In diese Zulässigkeitsprognose müssen die wesentlichen rechtlichen Anforderungen einbezogen werden. Dies sind insbesondere die bauplanungsrechtliche Zulässigkeit und grundsätzliche bauordnungsrechtliche Anforderungen (vgl. Reichel/Schulte, Handbuch Bauordnungsrecht, München 2004, Kap. 14 Rdnr. 164, 169; Allgeier/von Lutzau, Die Bauordnung für Hessen, 7. Aufl., Erläuterung zu § 67, Rdnr. 67.2).

Soweit die Antragsteller meinen, die verfahrensgegenständlichen Teilbaugenehmigungen verletzten sie dadurch in ihren Rechten, daß diese die unzweifelhaft nachbarschützenden Vorgaben des Bebauungsplans zum Immissionsschutz nicht beachteten, da weder die im Bebauungsplan ausdrücklich festgesetzten immissionswirksamen flächenbezogenen Schalleistungspegel, noch die Grenzwerte der TA Lärm eingehalten würden, kann dem nicht gefolgt werden. Ausweislich der Stellungnahmen des Schallschutzgutachtens der F.-GmbH sowie des Regierungspräsidiums werden bei Beachtung der Schallschutzmaßnahmen die Werte der TA Lärm an allen Immissionspunkten eingehalten ...

Nr. 26

1. **Ein Gemeinderat ist nicht allein deshalb von der Beratung und Beschlußfassung über einen Bebauungsplan ausgeschlossen, der eine**

Straße festsetzt, weil diese zu einer geringfügigen Verbesserung der Verkehrssituation in der Straße führt, an der er selbst wohnt.

2. Da die Gemeinden befugt sind, durch bauplanerische Festsetzungen „Verkehrspolitik" zu betreiben, dürfen sie auch in Kauf nehmen, daß eine Straße – im Verhältnis zu ihrer Verkehrswirksamkeit – „teuer" ist.

VwGO § 47; BauGB § 1 Abs. 3, Abs. 6; GemO § 18.

VGH Baden-Württemberg, Urteil vom 30. April 2004 – 8 S 1374/03 – (nicht rechtskräftig).

Der Antragsteller wendet sich gegen den Bebauungsplan „Verlängerung Wiesenstraße" der Antragstellerin vom 16.7.2002. Das Plangebiet liegt am nordwestlichen Siedlungsrand der Antragsgegnerin, der in einem Abstand von etwa 200 m seit Ende des Jahres 2000 von einer westlichen Entlastungsstraße („Westrandstraße") bogenförmig umfahren wird. Die Wiesenstraße, die von der K.-Straße bzw. der R.-Straße im Südosten kommend nach Nordwesten auf diese Umfahrungsstraße zuführt, endet derzeit am Bebauungsrand in Höhe des Wasserturms und mündet dort in einen Feldweg. Sie hat eine Fahrbahnbreite von 5,2 bis 5,4 m und weist an ihrer Nordseite einen etwa 2 m breiten Parkierungsstreifen sowie daran anschließend einen Gehweg von gleicher Breite auf. Das Wohnanwesen des Antragstellers befindet sich südlich der Wiesenstraße gegenüber einer Fußwegabzweigung zum P.-Weg außerhalb des Plangebiets.

Der Plan sieht vor, die Wiesenstraße um etwa 220 m nach Nordwesten fortzuführen und mit der Westrandstraße zu verbinden. Die Planstraße soll eine Fahrbahnbreite von 5,50 m erhalten. An ihrer Südseite ist ab dem letzten bestehenden Gebäude ein durchgehender, 1,50 m breiter Gehweg geplant. An seiner Nordseite soll die öffentliche Parkfläche gegenüber diesem Wohnhaus enden, ein Gehweg ist dort auf eine Länge von etwa 55 m bis zur Einmündung einer fußläufigen Verbindung zum M.-weg vorgesehen. Neben den Verkehrsflächen umfaßt der angefochtene Bebauungsplan die Lärmschutzwälle entlang der Westrandstraße beiderseits der geplanten Einmündung der Wiesenstraße auf eine Länge von insgesamt etwa 180 m sowie westlich der Entlastungsstraße eine etwa 900 m^2 große Fläche für eine Ersatzmaßnahme.

Aus den Gründen:

I. ... Der Antragsteller macht eine Verletzung des Rechts auf gerechte Abwägung seiner privaten Belange im Hinblick auf die erhöhte Verkehrsbelastung und die damit verbundenen Gefahren sowie erhöhten (Lärm-)Immissionen an seinem Wohnanwesen geltend, zu denen es bei einer Realisierung des Straßenanschlusses kommen werde. Zum notwendigen Abwägungsmaterial kann grundsätzlich auch das Interesse der Anwohner einer Straße gehören, von erhöhten Verkehrs(lärm-)immissionen im Zusammenhang mit einer diese Straße betreffenden Planung verschont zu bleiben. Dieses Interesse wird von der Rechtsordnung in Rechtsvorschriften wie in § 1 Abs. 5 S. 1 und 2 Nr. 1 und Nr. 7, § 5 Abs. 2 Nr. 6 und § 9 Abs. 1 Nr. 24 BauGB ausdrücklich als schutzwürdig bewertet (vgl. BVerwG, Beschluß v. 18.3.1994 – 4 NB 24.93 –, BRS 56 Nr. 30 = BauR 1994, 490 = PBauE § 47 Abs. 2 VwGO Nr. 25). Erforderlich ist, daß sich die Verkehrssituation in einer spezifisch planbedingten Weise (nachteilig) verändert (vgl. BVerwG, Urteil v. 17.9.1998 – 4 CN 1.97 –, BRS 60 Nr. 45 = BauR 1999, 137). Ob eine planbedingte Zunahme des Verkehrslärms zum notwendigen Abwägungsmaterial gehört – mit der Folge der Bejahung der Antragsbefugnis des Betroffenen –, richtet sich nach den Umständen des Einzelfalls. Nach diesen Grundsätzen ist die Antragsbefugnis des Antragstellers gegeben. Sein Wohngrundstück liegt nahezu am westlichen Ende der bisherigen Bebauung ... Auf der derzeit im Bereich des Wasserturms als Fahrstraße für den allgemeinen Verkehr endenden Wiesenstraße findet – abgesehen von landwirtschaftlichen Fahrzeugen – so gut wie kein Kfz-Verkehr statt. ... Für den Fall der Verknüpfung der Wiesenstraße und der Görlitzer Straße mit der Westumfahrung wird in diesem Bereich eine Steigerung um jeweils 150 Kraftfahrzeuge angenommen, was einer Zunahme des Verkehrs vor dem Wohngrundstück des Antragstellers auf mehr als das Doppelte entspricht. Entsprechend führt dies auch zu einer Erhöhung des Mittelungspegels um mehr als 3 dB(A). Die spezifische Planbedingtheit dieser Erhöhung des Verkehrsaufkommens und der damit verbundenen (Lärm-)Immissionen im Bereich der beiden Anwesen des Antragstellers kann bei der gebotenen bewertenden Betrachtung (vgl. hierzu BVerwG, Beschluß v. 19.2.1992 – 4 NB 11.91 –, BRS 54 Nr. 41 = PBauE § 1 Abs. 6 BauGB Nr. 17) nicht in Zweifel gezogen werden. Das Interesse des Antragstellers, von diesem Verkehrszuwachs und dem daraus herrührenden Lärm verschont zu bleiben, ist danach abwägungsbeachtlich und der Antragsteller somit antragsbefugt.

II. Der Antrag ist jedoch in der Sache nicht begründet. Insbesondere hält der angefochtene Bebauungsplan den Angriffen des Antragstellers stand.

1. Entgegen der Auffassung des Antragstellers waren die drei von ihm benannten, an der M. bzw. R.-Straße wohnenden Gemeinderäte nicht deshalb befangen i. S. des § 18 Abs. 1 GemO – was gemäß § 18 Abs. 6 GemO die Rechtswidrigkeit des Beschlusses und damit die Nichtigkeit der Satzung zur Folge hätte –, weil durch die Verkehrsverlagerung, für die mit dem angegriffenen Bebauungsplan die planungsrechtliche Grundlage geschaffen werden soll, sich ihre Wohnsituation verbessern kann. Nach § 18 Abs. 1 GemO darf der ehrenamtlich tätige Bürger weder beratend noch entscheidend mitwirken, wenn die Entscheidung ihm selbst oder bestimmten nahestehenden Personen (vgl. die folgenden Nrn. 1–4 dieser Bestimmung) einen unmittelbaren Vorteil oder Nachteil bringen kann. Dabei fordert das Merkmal der Unmittelbarkeit keine direkte Kausalität zwischen der Entscheidung und dem Vorteil oder Nachteil. Vielmehr bringt dieses Tatbestandsmerkmal (nur) zum Ausdruck, daß Befangenheit anzunehmen ist, wenn ein individuelles Sonderinteresse gegeben ist (vgl. VGH Bad.-Württ., Urteil v. 5.12.1991 – 5 S 976/91 –, NVwZ-RR 1993, 97; Urteil v. 20.1.1986 – 1 S 2008/85 –, VBlBW 1987, 24 m. w. N.). Denn es ist Zweck der Befangenheitsvorschrift des § 18 GemO, die auf einem Ausgleich öffentlicher und privater Interessen beruhenden Entscheidungen des Gemeinderats von individuellen Sonderinteressen freizuhalten und damit zugleich das Vertrauen der Bürger in eine am Wohl der Allgemeinheit orientierte und unvoreingenommene Kommunalverwaltung zu stärken. Es soll bereits der „böse Schein" einer Interessenkollision vermieden werden (vgl. RdErlGemO § 18 Nr. 1). Andererseits bleibt aber auch zu beachten, daß die Zusammensetzung des gewählten Gremiums nicht unter Verstoß gegen demokratische Grundprinzipien durch eine zu weitgehende Auslegung der

Befangenheitsvorschriften verändert werden darf. Als möglicherweise kollidierende Interessen kommen zwar auch nur wirtschaftliche oder ideelle Vorteile oder Nachteile in Betracht. Voraussetzung für ihre Erheblichkeit unter dem Gesichtspunkt der Befangenheit ist jedoch deren Individualisierbarkeit. Die Entscheidung der Angelegenheit muß einen unmittelbar auf die Person des Gemeinderatsmitglieds bezogenen besonderen und über den allgemeinen Nutzen oder die allgemeinen Belastungen hinausgehenden Vorteil oder Nachteil bringen können. Sie muß so eng mit den persönlichen Belangen des Gemeinderatsmitglieds – oder der Bezugsperson – zusammenhängen, daß sie sich sozusagen auf ihn „zuspitzt" und er – weil im Mittelpunkt oder jedenfalls im Vordergrund der Entscheidung stehend – als deren „Adressat" anzusehen ist. Ferner muß der Eintritt eines (Sonder-)Vorteils oder Nachteils auf Grund der Entscheidung konkret möglich, d. h. hinreichend wahrscheinlich, und das Sonderinteresse darf nicht von derart untergeordneter Bedeutung sein, daß es vernachlässigt werden könnte (vgl. VGH Bad.-Württ, Urteile v. 5. 12. 1991 und 20. 1. 1986, a. a. O.).

Diese Voraussetzungen sind vorliegend nicht gegeben, denn zum einen wird mit dem zusätzlichen Anschluß der Wiesenstraße keine ins Gewicht fallende Verbesserung der Wohnsituation der drei Gemeinderatsmitglieder eintreten, weil nach der Verkehrsuntersuchung vom April 2001 diese Maßnahme in den beiden genannten Straßenzügen nur eine Entlastungswirkung von 1 bis 3 % entfalten wird. Vor allem aber ist ein individuelles Sonderinteresse der drei Gemeinderäte an der Entscheidung über den angefochtenen Bebauungsplan deshalb zu verneinen, weil sie – eine spürbare Verbesserung hinsichtlich ihrer Wohnsituation unterstellt – nicht in herausgehobener Weise („zugespitzt") betroffen werden. Die Entscheidung über den Bebauungsplan berührt vielmehr ihre Interessen nur in gleichem Maße wie diejenigen der anderen Anwohner an den Innerortsstraßen, die durch den Anschluß der Wiesenstraße an die Westrandstraße entlastet werden sollen. Ob die Anwohnerschaft als Bevölkerungsgruppe einzustufen ist und daher der Ausnahmetatbestand des § 18 Abs. 3 GemO greift, wie die Antragsgegnerin und das Landratsamt Rems-Murr-Kreis meinen, kann deshalb dahinstehen.

2. Der Antragsteller zieht zum anderen die Erforderlichkeit der Straßenplanung im Hinblick auf die geringe Entlastungswirkung von 50 bis maximal 350 Kraftfahrzeugen am Tag in Zweifel, die die zusätzliche Anbindung der Wiesenstraße – neben der Görlitzer Straße – erwarten lasse. Diese stehe in keinem Verhältnis zu den prognostizierten Kosten von 310 000 €. Der wahre Grund für die Planung sei darin zu sehen, daß die Anwohner der Görlitzer Straße für den Fall entschiedenen Widerstand angekündigt hätten, daß nur diese an die Westrandstraße angeschlossen würde. Damit verkennt der Antragsteller aber den weiten Planungsspielraum, der den Gemeinden unter diesem Gesichtspunkt eingeräumt ist.

Nach § 1 Abs. 3 BauGB haben die Gemeinden Bauleitpläne aufzustellen, sobald und soweit es für die städtebauliche Entwicklung erforderlich ist. Nach st. Rspr. ist eine Planung schon dann gerechtfertigt, wenn sie nach dem städtebaulichen Konzept der Gemeinde „vernünftigerweise geboten" erscheint (vgl. etwa BVerwG, Urteil v. 9. 6. 1978 – IV C 54.75 –, BVerwGE 56, 71 = BRS

33 Nr. 150 = PBauE § 31 BauGB Nr. 2; Beschlüsse v. 16. 1. 1996 – 4 NB 1.96 –, BRS 58 Nr. 1, und v. 11. 5. 1999 – 4 BN 15.99 –, BRS 62 Nr. 19 = BauR 1999, 113 = PBauE § 1 Abs. 5 BauNVO Nr. 6). Die Gemeinde besitzt für die Frage der städtebaulichen Erforderlichkeit ein sehr weites planerisches Ermessen. Erforderlich i. S. von § 1 Abs. 3 BauGB ist eine bauleitplanerische Regelung daher nicht nur dann, wenn sie dadurch dient, Entwicklungen, die bereits im Gange sind, in geordnete Bahnen zu lenken, sondern auch dann, wenn die Gemeinde die planerischen Voraussetzungen erst schaffen will, die es ihrerseits ermöglichen, einer Bedarfslage gerecht zu werden, die sich erst für die Zukunft abzeichnet (BVerwG, Beschluß v. 11. 5. 1999, a. a. O.; Beschluß v. 8. 9. 1999 – 4 BN 14.99 –, BRS 62 Nr. 2). Die Gemeinde soll gerade bewußt Städtebaupolitik betreiben; sie ist gemäß § 1 Abs. 3 i. V. m. § 9 Abs. 1 Nr. 11 BauGB grundsätzlich befugt, durch bauplanerische Festsetzungen im Rahmen der Selbstverwaltung eine gemeindliche „Verkehrspolitik" zu betreiben (BVerwG, Beschluß v. 22. 4. 1997 – 4 BN 1.97 –/ BRS 59 Nr. 1). Eine konkrete „Bedarfsanalyse" erfordert dies nicht (BVerwG, Beschluß v. 14. 8. 1995 – 4 NB 21.95 –, Buchholz 406.11 § 1 BauGB Nr. 86). Nicht erforderlich i. S. des § 1 Abs. 3 BauGB sind nur solche Bauleitpläne, die einer positiven Planungskonzeption entbehren und ersichtlich der Förderung von Zielen dienen, für deren Verwirklichung die Planungsinstrumente des Baugesetzbuches nicht bestimmt sind. Davon ist auszugehen, wenn eine planerische Festsetzung lediglich dazu dient, private Interessen zu befriedigen, oder eine positive Zielsetzung nur vorgeschoben wird, um eine in Wahrheit auf bloße Verhinderung gerichtete Planung zu verdecken (vgl. BVerwG, Urteile v. 14. 7. 1972 – 4 C 8.70 –, BVerwGE 40, 258 = BRS 25 Nr. 12 = PBauE § 1 Abs. 3 BauGB NB 1, Nr. 1, und v. 16. 12. 1988 – 4 C 48.86 –, BVerwGE 81, 111 = BRS 49 Nr. 3 = PBauE § 38 BauGB Nr. 3; Beschluß v. 18. 12. 1990 – 4 NB 8.90 –, BRS 50 Nr. 9 = BauR 1991, 165 = PBauE § 1 Abs. 3 BauGB Nr. 3).

Nach diesen Maßstäben ist der angefochtene Bebauungsplan unter dem Gesichtspunkt seiner Erforderlichkeit nicht zu beanstanden. Die Antragsgegnerin betreibt mit ihm insofern Verkehrspolitik, als er nach der Planbegründung dazu dienen soll, das bestehende Wohngebiet zwischen R. und M.-Straße an die Umgehungsstraße anzuschließen und damit die Verkehre auf dem kürzesten Weg dem überregionalen Straßennetz zuzuführen. Der Antragsteller kann dem nicht mit Erfolg entgegen halten, der südliche Teil des Gebiets besitze bereits heute eine Verbindung zur Umgehungsstraße. Denn dabei handelt es sich keineswegs um eine direkte Verbindung, vielmehr muß der Anliegerverkehr von und zu der Bebauung um die ringförmig angelegte Tilsiter Straße erst stadteinwärts gelegene Quartiere um die Königsberger Straße passieren, während er über die (verknüpfte) Wiesenstraße tatsächlich auf kürzestem Weg die Westrandstraße erreichen könnte. Darüber hinaus durfte die Antragsgegnerin auch vorausschauend (ohne konkrete Bedarfsfeststellung) weitere Aufsiedelungsabsichten im Bereich des Gewanns berücksichtigen. In der Planbegründung ist davon zwar nicht die Rede, während des Planaufstellungsverfahrens wurde dies aber immer wieder angesprochen. Schließlich ist es auch – entgegen der Auffassung des Antragstellers – eine zulässige städtebaupolitische Überlegung, den Widerstand der

Anwohner der Görlitzer Straße gegen deren Fortführung zur Umgehungsstraße dadurch zu überwinden, daß auch die Wiesenstraße mit dieser verbunden wird. Denn dahinter steht die ohne weiteres zulässige Erwägung, die Lasten, die durch zusätzliche Verbindungen mit der Westrandstraße hervorgerufen werden, gleichmäßiger zu verteilen (vgl. den Normenkontrollbeschluß des Senats v. 23.12.1997 – 8 S 627/97 –, PBauE § 1 Abs. 6 BauGB Nr. 59 m. w. N.).

Die seitens des Antragstellers des weiteren aufgeworfene Frage, ob der zu erwartende Nutzen die prognostizierten Kosten von 310000 € rechtfertigt oder dazu außer Verhältnis steht, ist keine Frage der Erforderlichkeit, sondern der Abwägung (s. dazu unten 3 b)). Davon abgesehen ist es gerade Bestandteil der Städtebau- und Verkehrspolitik, zu deren Verfolgung die Antragsgegnerin aufgerufen ist, u. U. auch „teure" Straßen planen und dabei auch erst künftig zu erwartende Bedürfnisse berücksichtigen zu dürfen.

3. Der Antragsteller macht zu Unrecht geltend, der Bebauungsplan leide an zu seiner Nichtigkeit führenden Abwägungsmängeln ...

a) Die Auffassung des Antragstellers, auf Grund des Schreibens des Bürgermeisters der Antragsgegnerin von 1996 an einen Herrn X, in dem es heißt, die Stadtverwaltung werde voraussichtlich eine Verknüpfung der Wiesenstraße mit künftigen Neubaugebieten bzw. der Westrandstraße nicht vorschlagen, und aus dem Schreiben der Stadtverwaltung von 1997 an ihn selbst, in dem diese Äußerung wiederholt wurde, habe er darauf vertrauen dürfen, daß der nunmehr geplante Ausbau der Wiesenstraße unterbleiben werde, trifft nicht zu. Das ist schon deshalb nicht der Fall, weil es in beiden Schreiben heißt, daß der Gemeinderat die entsprechende Entscheidung zu treffen haben werde. Es ist zwar in diesem Zusammenhang von der Überplanung künftiger Neubaugebiete die Rede, daraus kann aber keine Zusage abgeleitet werden, daß ein Anschluß der Wiesenstraße an die Umgehungsstraße nur zusammen mit solchen neuen Gebietsplanungen in Erwägung gezogen werde. Jedenfalls mußte der Antragsteller danach immer mit einem Anschluß der Wiesenstraße an die Westrandstraße rechnen.

b) Auch die unter verschiedenen Gesichtspunkten erhobenen Einwendungen des Antragstellers gegen die der Bebauungsplanung zugrunde liegenden Verkehrsuntersuchungen, ... sowie die daraus gezogenen Folgerungen für die Planung im Hinblick auf die Fragen, ob die Straßenverknüpfung überhaupt und mit welchem Ausbauquerschnitt hergestellt werden soll, sind nicht berechtigt ...

Auch mit seinem Vorbringen, die Kosten des geplanten Straßenstücks von etwa 310000 € stünden in keinem Verhältnis zu der von diesem zusätzlich zur Verlängerung der Görlitzer Straße zu erwartenden Entlastungswirkung, zeigt der Antragsteller keinen beachtlichen Abwägungsfehler auf. Denn zum einen dürfen diese Kosten nicht isoliert zu dem Verlängerungsstück der Wiesenstraße in Beziehung gesetzt werden, weil dadurch auch die sehr viel teurere Westumfahrung von dieser zusätzlichen Verbindung profitiert. Darüber hinaus entfällt ohnehin ein Teil der genannten Summe auf die Verbesserung des Lärmschutzes entlang dieser Straße, weil die Lärmschutzwälle, die bisher stumpf beiderseits des bisher auf das westliche Ende der Wiesenstraße folgenden Feldweges endeten, im Bereich der künftigen Einmündung dieser Straße in die Westrandstraße schnabelförmig erweitert werden. Zum andern stehen die zu veranschlagenden Kosten von etwa 310000 € für ein etwa 220 m langes Straßenstück mit Gehweg und Begleitmaßnahmen nicht in dem vom Antragsteller konstatierten krassen Mißverhältnis zu seiner Verkehrswirksamkeit. Er nimmt dabei zu Unrecht an, der Gemeinderat der Antragsgegnerin sei nicht hinreichend darüber informiert worden, daß der zusätzlichen Verknüpfung der Wiesenstraße mit der Westumgehung gegenüber der Verlängerung der Görlitzer Straße nur eine nachrangige Verkehrsbedeutung zukomme. ... Ob einzelne Gemeinderatsmitglieder sich nachträglich ob der gegenüber der Görlitzer Straße geringeren Verkehrswirksamkeit der Verlängerung der Wiesenstraße verwundert zeigten, ist dagegen jedenfalls im Ergebnis unerheblich. Denn die Vorstellungen und Motive der einzelnen Gemeinderäte spielen für die Frage, ob ein beachtlicher Abwägungsfehler vorliegt, keine Rolle.

Nr. 27

Die kommunale Bauleitplanung muß auf hinreichend konkretisierte und verfestigte Planungsabsichten der konkurrierenden Fachplanung Rücksicht nehmen.
(Nichtamtlicher Leitsatz)

BauGB § 1 Abs. 4.

Bundesverwaltungsgericht, Beschluß vom 14. Mai 2004 – 4 BN 11.04 – (Hessischer VGH).

Aus den Gründen:
In der Rechtsprechung des Bundesverwaltungsgerichts ist geklärt, daß im Falle konkurrierender Planungsvorstellungen der Prioritätsgrundsatz ein wichtiges Abwägungskriterium bildet (vgl. BVerwG, Urteil v. 22.3.1985 – 4 C 63.80 –, BVerwGE 71, 150, 156 = BRS 44 Nr. 21). Grundsätzlich hat diejenige Planung Rücksicht auf die andere zu nehmen, die den zeitlichen Vorsprung hat (vgl. BVerwG, Urteil v. 22.5.1987 – 4 C 33 - 35.83 –, BVerwGE 77, 285, 292 f.). Die kommunale Bauleitplanung muß daher auf hinreichend konkretisierte und verfestigte Planungsabsichten der konkurrierenden Fachplanung Rücksicht nehmen (vgl. BVerwG, Beschluß v. 13.11.2001 – 9 B 57.01 –, Buchholz 406.25 § 43 BImSchG Nr. 17; Beschluß v. 5.11.2002 – 9 VR 14.02 –, Buchholz 407.4 § 17 FStrG Nr. 171 = DVBl. 2003, 211). Eine in diesem Sinne hinreichend konkretisierte und verfestigte Fachplanung besteht i.d.R. erst mit der Auslegung der Planunterlagen im Planfeststellungsverfahren. Grundsätzlich erlangt die Fachplanung erst mit der Auslegung der Planunterlagen jenen Grad der Konkretisierung und Verfestigung, der eine Rücksichtnahme in der kommunalen Bauleitplanung notwendig macht (vgl. BVerwG, Beschluß v. 5.11.2002 – 9 VR 14.02 –, a.a.O.). Je nach den Umständen des Einzelfalls kann jedoch schon vor Einleitung des Planfeststellungsverfahrens eine abwä-

gungsrelevante Verfestigung bestimmter fachplanerischer Ziele eintreten. Der Beschluß des Bundesverwaltungsgerichts vom 5.11.2002 – 9 VR 14.02 –, (a. a. O.) nennt hierfür den Fall eines gestuften Planungsvorgangs mit verbindlichen Vorgaben für die nachfolgende Planungsebene, wie er etwa bei der gesetzlichen Bedarfsfeststellung im Fernstraßenausbaugesetz vorliegt. Das Normenkontrollgericht gelangt auf der Grundlage dieser Rechtsprechung und nach einer eingehenden Würdigung der besonderen Umstände des vorliegenden Streitfalles zu dem Ergebnis, daß im Zeitpunkt des Satzungsbeschlusses über den angegriffenen Bebauungsplan eine hinreichende Konkretisierung der Planung zum Ausbau des Flughafens Frankfurt am Main nicht eingetreten sei, weil es an einer die Fachplanung konkretisierenden Verfahrenshandlung des Vorhabenträgers oder der Planfeststellungsbehörde gefehlt habe und weil noch mehrere Ausbauvarianten in der Diskussion gewesen seien, die von den maßgeblichen Trägern öffentlicher Belange und der Antragstellerin als gleichwertig behandelt worden seien. Vor diesem Hintergrund ist nicht erkennbar, daß der vorliegende Streitfall dem beschließenden Senat in einem Revisionsverfahren Gelegenheit böte, die Rechtsprechung zu konkurrierenden Planungen in Hinblick auf das Verhältnis zwischen kommunaler Bauleitplanung und einer Flughafenerweiterungsplanung fortzuentwickeln oder zu modifizieren.

Es liegt auf der Hand, daß verbindliche Vorgaben (Ziele) der Raumordnung i. S. von §3 Nr. 2 ROG in der gemeindlichen Bauleitplanung zu berücksichtigen sind (§4 Abs. 1 Satz 1 ROG, §1 Abs. 4 BauGB; vgl. dazu BVerwG, Urteil v. 15. 5. 2003 – 4 CN 9.01 –, BVerwGE 118, 181 = BRS 66 Nr. 4 – zu gebietsscharfen Standortausweisungen für Infrastrukturvorhaben in einem Regionalplan). Grundsätze der Raumordnung sind bei der Abwägung zu berücksichtigen (§3 Nr. 3 ROG). Das stellt das Normenkontrollgericht auch nicht in Abrede. Es geht vielmehr davon aus, daß zum Zeitpunkt des Satzungsbeschlusses eine raumordnerische Entscheidung zugunsten einer der diskutierten drei Ausbauvarianten noch nicht gefallen und deshalb ein räumlich konkretisierter (gebietsscharfer) fachplanerischer Abwägungsbelang der Antragstellerin noch nicht entstanden sei. Insoweit liegen dem Normenkontrollurteil tatrichterliche Feststellungen und eine Sachverhaltswürdigung zugrunde, an die der Senat in einem Revisionsverfahren gebunden wäre (§137 Abs. 2 VwGO). Im übrigen gehören Raumordnungspläne dem irrevisiblen Landesrecht an.

Nr. 28

1. **Festsetzungen im Bebauungsplan, die nach dem Willen der Gemeinde nicht verwirklicht werden sollen, sind niemals zulässig. Solche Festsetzungen sind nicht erforderlich und abwägungsfehlerhaft.**

2. **Eine Planung, die zu einer Lärmimmissionssteigerung für ein bereits stark belastetes Wohngebiet führt, erfordert, daß die Gemeinde sich zunächst Klarheit über die bisherigen Belastungen der Anwohner ver-**

schafft und diese mit der voraussichtlich zukünftigen Situation nach Realisierung des Bebauungsplans vergleicht.

3. Die Herrichtung einer Einmündung in eine stark belastete Straße zur Erschließung eines neuen Gewerbegebiets stellt einen erheblichen baulichen Eingriff i. S. von § 1 Abs. 2 Nr. 2 16. BImSchV dar.

4. Erhebliche Planungsfehler in einem großen und zentralen Bereich des Plangebiets führen zur Unwirksamkeit des gesamten Bebauungsplans.

5. Die Erforderlichkeit i. S. von § 1 Abs. 3 BauGB ist eine zwingende Planungsvoraussetzung, deren Fehlen nicht nachgeholt und geheilt werden kann.

BauGB §§ 1 Abs. 3, Abs. 6, 215a Abs. 1; BImSchG § 42; VwGO § 47 Abs. 5 Satz 4; BauNVO §§ 8, 10, 16 Abs. 2; 16. BImSchV §§ 1 Abs. 1, Abs. 2 Nr. 2; 16.

Schleswig-Holsteinisches OVG, Urteil vom 11. Dezember 2003
– 1 KN 30/03 – (rechtskräftig).

Die Antragstellerin wehrt sich gegen die 1. Änderung des Bebauungsplans Nr. 102 der Antragsgegnerin. Auf Normenkontrollantrag eines Nachbarn hatte der Senat mit Urteil vom 21. 3. 2002 – 1 K 19/00 – festgestellt, daß der Ursprungsplan, der u. a. ein eingeschränktes Gewerbegebiet auswies, unter – heilbaren – Abwägungsfehlern leide und daß der Plan bis zur Heilung der Fehler nicht wirksam sei. Der Bebauungsplan sei abwägungsfehlerhaft, weil die Antragsgegnerin die Beeinträchtigung der Anwohner des vorhandenen Wohngebiets durch zusätzliche Verkehrsimmissionen, die durch den Anschluß des Plangebiets an die stark befahrene R.Straße entstehe, nicht in die Abwägung einbezogen habe.

Die Antragsgegnerin betrieb anschließend in getrennten Verfahren weitgehend zeitgleich die Heilung des Bebauungsplans Nr. 102 und die 1. Änderung dieses Bebauungsplans. Durch Satzungsbeschluß vom 18. 12. 2002 beschloß die Ratsversammlung der Antragsgegnerin den „Heilungsplan", der einige Änderungen im Detail vorsah; die Ausweisung des eingeschränkten Gewerbegebiets blieb unverändert. Mit Satzungsbeschluß vom 5. 2. 2003 beschloß die Ratsversammlung der Antragsgegnerin die 1. Änderung des Bebauungsplans Nr. 102. Darin ist für das im mittleren Teil des Flurstücks ..., das bisher als Gewerbegebiet ausgewiesen war, ein Sondergebiet „Einzelhandel und Gewerbe" vorgesehen. Beide Bebauungspläne wurden jeweils bekanntgemacht und in Kraft gesetzt. Der Normenkontrollantrag hatte Erfolg.

Aus den Gründen:

Die 1. Änderung des Bebauungsplans Nr. 102 ist bereits deshalb nichtig, weil dieser Änderung die Grundlage fehlt, denn der Bebauungsplan Nr. 102 war bereits vor Erlaß der 1. Änderung nichtig (1). Unabhängig davon bestehen auch weitere Bedenken gegen die Wirksamkeit der 1. Änderung des Bebauungsplans Nr. 102 (2).

1) Die Antragsgegnerin hat die 2000 in Kraft getretene Fassung des Bebauungsplans Nr. 102 (Ursprungsfassung), die der Senat durch Urteil vom 21. 3. 2002 für unwirksam erklärt hat, durch den „Heilungsplan" vollständig ersetzt. Sie hat das Bebauungsplanverfahren von Anfang an neu betrieben und auch Änderungen vorgenommen, die mit der Fehlerheilung nicht im Zusammenhang stehen. Von einer völligen Ersetzung des Ursprungsplanes geht offenbar auch die Antragsgegnerin aus, die in der Bekanntmachung

nicht auf eine Heilung oder eine Änderung der ursprünglichen Fassung hinweist, sondern schlicht den von der Ratsversammlung am 18.12.2002 beschlossenen Bebauungsplan veröffentlicht. Bei einer solchen Verfahrensweise kann der Senat sich nicht auf eine Überprüfung einzelner Heilungsmaßnahmen beschränken; der neue Bebauungsplan ist vielmehr einer vollständigen Überprüfung zu unterziehen.

Der am 18.12.2002 beschlossene Bebauungsplan („Heilungsplan") ist materiell-rechtlich fehlerhaft, denn die Festsetzung „eingeschränktes Gewerbegebiet" für das Flurstück 85/93 war nicht erforderlich i.S. von §1 Abs.3 BauGB. Jedenfalls im Zeitpunkt des Satzungsbeschlusses und der Bekanntmachung entsprach diese bauliche Nutzung nicht mehr der planerischen Konzeption der Antragsgegnerin. Den Planungsvorgängen läßt sich vielmehr eindeutig entnehmen, daß die Antragsgegnerin dort nicht (mehr) die Ansiedelung von Gewerbebetrieben i.S. von §8 BauNVO, sondern die Errichtung eines großflächigen Einzelhandelsbetriebes i.S. von §11 Abs.3 BauNVO beabsichtigte. Festsetzungen, deren Verwirklichung im Zeitpunkt des Satzungsbeschlusses nicht mehr gewollt sind und deshalb nicht der Konzeption der Gemeinde entsprechen, sind aber nicht erforderlich und dürfen nicht festgesetzt werden. Sofern eine Gemeinde im Laufe des Planungsverfahrens ihre planerische Konzeption ändert, muß sie dieser Änderung im laufenden Verfahren durch entsprechende Korrekturen der Entwürfe Rechnung tragen (§3 Abs.3 BauGB) und darf nicht die tatsächlich nicht mehr gewollten Festsetzungen beschließen.

Hier fehlte es bereits an der Erforderlichkeit, als die Antragsgegnerin im Juli 2002 gleichzeitig die Neuaufstellung des Bebauungsplans Nr.102 und dessen 1. Änderung bekanntgegeben hat. Aus dieser Bekanntgabe wird deutlich, daß nicht das im neu aufgestellten Bebauungsplan vorgesehene eingeschränkte Gewerbegebiet, sondern das in der 1. Änderung vorgesehene Sondergebiet verwirklicht werden sollte. Zwar mag sich die Willensbildung der maßgeblichen Ausschüsse über die Festsetzung der Art der baulichen Nutzung im Laufe des Planungsverfahrens vorübergehend geändert haben. ... Spätestens mit der Beschlußfassung der zuständigen Fachausschüsse über die öffentliche Auslegung der Änderungsfassung (Oktober 2002) hat die Antragsgegnerin aber deutlich gemacht, daß auf dem Flurstück 85/93 ein großflächiger Einzelhandelsbetrieb angesiedelt werden sollte. Ihre im Rechtsstreit aufgestellte Behauptung, daß die Verwirklichung der 1. Änderung im Zeitpunkt des Satzungsbeschlusses noch unsicher gewesen sei und daß der „Verhandlungsdurchbruch" mit der Beigeladenen und damit auch der Meinungswandel bei der Antragsgegnerin erst nach dem 18.12.2002 erfolgt sein soll, trifft nicht zu. ... Angesichts der erheblichen kommunalpolitischen Bedeutung der Ansiedelung eines großflächigen Einzelhandelsbetriebes im Gebiet G. und der damit verknüpften Problematik der Ansiedelung eines Fleischwerks in einem anderen Teil des Gebiets der Antragsgegnerin hätte es sich zwingend aufgedrängt, die Festsetzung eines eingeschränkten Gewerbegebiets zu problematisieren, wenn die Realisierung dieser Festsetzung tatsächlich gewollt gewesen wäre.

Die Ausweisung einer Festsetzung, die nach dem Willen der Gemeinde nicht verwirklicht werden soll, läßt sich auch nicht ausnahmsweise damit rechtfertigen, daß die Antragsgegnerin den durch das Urteil des Senats vom 21.3.2002 geschaffenen „Schwebezustand" möglichst schnell beseitigen und für die von der 1. Änderung nicht betroffenen Gebietsteile, insbesondere das Wohngebiet, Rechtssicherheit schaffen wollte, denn die Regelung von Nutzungen, die tatsächlich nicht bezweckt werden, ist niemals zulässig. Dies folgt zwingend aus dem Grundsatz der Erforderlichkeit. Ergänzend ist darauf hinzuweisen, daß eine Regelung tatsächlich nicht gewollter Festsetzungen zu nicht hinnehmbaren Irrtümern der betroffenen Grundeigentümer über die zukünftigen Nutzungen führt. Zwar kannten die Beteiligten dieses Verfahrens die wahren Planungsabsichten der Antragsgegnerin. Bürger, die mit den Planungsabsichten der Antragsgegnerin nicht vertraut sind, insbesondere solche, die sich in dem ausgewiesenen Wohngebiet ansiedeln und sich über die vorgesehenen baulichen Nutzungen im Plangebiet informieren wollen, können durch die Ausweisung tatsächlich nicht gewollter Nutzungen erhebliche Irrtümer über die Entwicklung der Umgebung erleiden. ...

Der Mangel der fehlenden Erforderlichkeit ist auch erheblich. Die Erforderlichkeit i. S. von § 1 Abs. 3 BauGB ist kein Gesichtspunkt der Abwägung, sondern eine zwingende materielle Planungsvoraussetzung, so daß § 214 Abs. 3 Satz 2 BauGB in diesem Zusammenhang nicht zu prüfen ist.

Unabhängig von der fehlenden Erforderlichkeit ist der Bebauungsplan auch abwägungsfehlerhaft. So hat die Antragsgegnerin ein mögliches öffentliches Interesse und auch das wirtschaftliche Interesse der Beigeladenen an der Ansiedlung eines großflächigen Einzelhandelsbetriebes nicht in die Abwägung einbezogen. Auch wenn die Beigeladene im Satzungsverfahren keine Anregungen und Bedenken geltend gemacht hat, so mußte es sich auf Grund des parallel betriebenen Änderungsverfahrens aufdrängen, bereits im „Heilungsplan" für das Flurstück 85/93 eine Ausweisung als Sondergebiet zu erwägen. Die Antragsgegnerin hat aber insoweit keinerlei Erwägungen angestellt, sondern ist nach Aktenlage wie selbstverständlich ausschließlich von einer Nutzung als eingeschränktes Gewerbegebiet ausgegangen.

Der „Heilungsplan" ist auch deshalb abwägungsfehlerhaft, weil die Antragsgegnerin die Beeinträchtigung der Anwohner des vorhandenen Wohngebiets durch zusätzliche Verkehrsimmissionen, die durch den Anschluß des Plangebiets an die R.Straße zu erwarten sind, nicht ausreichend in die Abwägung einbezogen und die vom Senat im Urteil vom 21.3.2002 festgestellten Fehler nicht geheilt hat. Der Senat hat dazu in diesem Urteil ausgeführt:

„Der Bebauungsplan ist aber deshalb abwägungsfehlerhaft, weil die Antragsgegnerin die Beeinträchtigung der Anwohner des vorhandenen Wohngebiets durch zusätzliche Verkehrsimmissionen, die durch den Anschluß des Plangebiets an die R.Straße zu erwarten sind, nicht in die Abwägung einbezogen hat. Dies wäre aber gemäß § 1 Abs. 6 BauGB erforderlich gewesen, denn der private Belang – insbesondere der Antragsteller zu 1 –, von diesen zusätzlichen Verkehrsimmissionen verschont zu bleiben, ist nicht derart geringwertig, daß er nicht in die Abwägung einzustellen gewesen wäre (vgl. dazu BVerwG, Urteil v. 24.9.1998 – 4 CN 2.98 –, E 107, 215, Beschluß v.

26.2.1999 – 4 CN 6.98 –, ZUR 1999, 275; Beschluß v. 19.2.1992 – 4 NB 11.91 –, NJW 1992, 2844; Senat Beschluß v. 13.12.2001 – 1 M 57/01 – zu geringfügiger Verkehrszunahme auf einer Landstraße durch Anschluß eines kleinen Wohngebiets). Ob der zu erwartende zusätzliche Verkehr für sich allein abwägungsbeachtlich ist, mag zweifelhaft sein, denn angesichts der sehr hohen Verkehrsbelastung der R.Straße dürfte allein die Verkehrszunahme nicht wahrnehmbar sein und sich auch rechnerisch nur geringfügig auswirken. Entscheidend ist hier, daß durch die Planstraße eine neue Einmündung in die R.Straße entsteht, die über eine Lichtsignalanlage gesteuert werden muß. ... Die dadurch verursachten Halte- und Anfahrvorgänge führen jedenfalls für das Grundstück der Antragsteller zu 1 zu einer abwägungsbeachtlichen Änderung der Lärmsituation. Die Antragsgegnerin hätte ermitteln müssen, wie sich der Anschluß der Planstraße an die R.Straße hinsichtlich der Verkehrsimmissionen für das angrenzende Wohngebiet, insbesondere das Grundstück der Antragsteller zu 1, auswirkt, und erwägen müssen, ob die neu entstehenden Verkehrsimmissionen den Anwohnern zuzumuten sind und ob sie durch sinnvolle planerische Änderungen vermindert werden können. Dies ist hier nicht geschehen."

Diesen Anforderungen ist die Antragsgegnerin auch jetzt nicht gerecht geworden. Insbesondere im Hinblick auf die Stellungnahme der Antragsgegnerin im Normenkontrollverfahren weist der Senat darauf hin, daß in der Abwägung nicht nur darauf abzustellen ist, ob die jeweils geltenden Immissionsrichtwerte oder Immissionsgrenzwerte bei Verwirklichung der Planung überschritten werden. Im Grundsatz ist jede nicht nur geringfügige planbedingte Zunahme des Verkehrslärms (vgl. BVerwG, Beschluß v. 14.11.2000 – 4 BN 44.00 –, BRS 63 Nr. 21 unter Zusammenfassung der bisherigen Rechtsprechung; Ernst/Zinkahn/Bielenberg/Söfker, BauGB, Kommentar, Loseblatt, Stand: 1.5.2002, § 1 Rdnr. 246) in die Abwägung einzustellen. Eine solche Abwägung setzt jedenfalls bei einer sehr hohen Vorbelastung, wie sie hier unzweifelhaft vorliegt, voraus, daß die Gemeinde sich zunächst Klarheit über die bisherigen Belastungen der Anwohner verschafft und diese mit der voraussichtlich zukünftigen Situation nach Realisierung des Bebauungsplans vergleicht. Auch in diesem Zusammenhang wird die Sinnwidrigkeit der Planung eines nicht erforderlichen Gewerbegebiets auf dem Flurstück 85/93 deutlich, denn die Ermittlung des durch das tatsächlich nicht gewollte eingeschränkte Gewerbegebiet entstehenden Verkehrs und der dadurch bedingten Immissionen verursacht unnötige Planungskosten und ist im Hinblick auf die tatsächlich angestrebte Ansiedlung eines großflächigen Einzelhandelsbetriebes mit den damit verbundenen verkehrlichen Konsequenzen praktisch bedeutungslos. Nur bei Planung des tatsächlich Gewollten (hier großflächiger Einzelhandel) ist eine sinnvolle Abwägung möglich.

Aber selbst wenn unterstellt wird, daß die Antragsgegnerin die Realisierung eines eingeschränkten Gewerbegebiets beabsichtigt hätte und deshalb die Verkehrsimmissionen nach Verwirklichung dieser Planung mit der bisherigen Situation (vor Planverwirklichung) zu vergleichen und zu bewerten gewesen wären, erwiese sich die Abwägung als fehlerhaft. Zum einen hat die Antragsgegnerin die bisherige Situation (sog. Prognosenullfall) nicht untersucht. Auch die im Gutachten vom September 2002 zugrunde gelegte Variante 1, die die Verkehrsbelastung durch die R.Straße und die A 23 untersucht, geht bereits von der Verwirklichung des angefochtenen Bebauungsplans aus, so daß ein Vergleich der bisherigen Belastungen mit den planbedingten Belastungen nicht möglich ist. Die Antragsgegnerin hat auch verkannt, daß die Verwirklichung der Planung am Knotenpunkt G. zu einer wesentlichen Änderung der R.Straße i. S. von § 1 Abs. 1 i. V. m. Abs. 2 Nr. 2 16. BImSchV und zur Entschädigungspflicht gemäß § 42 BImSchG führt. Die Herrichtung der Einmündung der neu gebauten Straße G. in die R.Straße stellt einen erheblichen baulichen Eingriff i. S. von § 1 Abs. 2 Nr. 2 16. BImSchV dar, denn diese Maßnahme greift in die bauliche Substanz und die Funktion der R.Straße als Verkehrsweg ein und zielt auf die Steigerung der verkehrlichen Leistungsfähigkeit der Straße ab (zu diesen Gesichtspunkten: Strick, Lärmschutz an Straßen, 1998, S. 45). Auch das Immissionsgutachten vom September 2002, auf das die Antragsgegnerin sich stützt, geht davon aus, daß der Bau von Anschlußstellen einen erheblichen baulichen Eingriff im Sinne dieser Vorschrift darstellt. Hätte die Antragsgegnerin die Situation vor Planverwirklichung (also auch ohne Erschließungsstraße G.) mit der Situation nach Planverwirklichung verglichen, so hätte sie auch nach den Maßstäben ihrer Gutachter wegen der planbedingten Schaffung der Einmündung einen erheblichen baulichen Eingriff bejaht. Statt dessen hat die Antragsgegnerin bei der Prüfung des erheblichen baulichen Eingriffs die Straße G. als vorhanden vorausgesetzt und lediglich auf die Ummarkierungen und die Lichtzeichenanlage abgestellt. Schließlich ist bei Verwirklichung der Planung auch die Erhöhung der in § 1 Abs. 2 Nr. 2 BImSchV genannten Beurteilungspegel zu erwarten. Auch ohne Ermittlung des Prognosenullfalls läßt sich aus dem Vergleich zwischen der Variante 1 und der Variante 3, die zusätzlich die Immissionen, die von der neu gebauten Straße G. ausgehen, untersucht, entnehmen, daß der Beurteilungspegel nach Planverwirklichung mindestens um 3 dB(A) ansteigt (Variante 1: 69 dB(A) tags, 61 dB(A) nachts; Variante 3: 72 dB(A) tags, 64 dB(A) nachts). Würde bei Variante 1 der planbedingte Verkehr nicht berücksichtigt, dürfte sich eine noch größere Differenz ergeben. Die zu erwartenden Beurteilungspegel überschreiten auch die in § 1 Abs. 2 Nr. 2 BImSchV genannten Grenzwerte (70 dB(A) tags; 60 dB(A) nachts).

Die oben genannten Abwägungsfehler sind auch erheblich, denn sie sind offensichtlich und auf das Abwägungsergebnis von Einfluß gewesen (§ 214 Abs. 3 Satz 2 BauGB). Dies ergibt sich für die fehlerhafte Abwägung hinsichtlich der Art der Nutzung für das Flurstück 85/93 aus den Planungsvorgängen der 1. Änderung des Bebauungsplans Nr. 102. Hinsichtlich der Erheblichkeit der fehlerhaften Abwägung der Beeinträchtigungen durch zusätzlichen Verkehrslärm nimmt der Senat auf die im Urteil vom 21. 3. 2002 genannten Gründe Bezug.

Die fehlende Erforderlichkeit der Festsetzungen zur Art der Nutzung und die oben genannten Abwägungsfehler führen zur Unwirksamkeit des gesamten „Heilungsplans". Nach st. Rspr. des Bundesverwaltungsgerichts führt die Fehlerhaftigkeit einzelner Festsetzungen eines Bebauungsplans nur dann nicht zur gesamten Unwirksamkeit des Plans, wenn die übrigen Festsetzungen für sich betrachtet noch eine den Anforderungen des § 1 BauGB gerecht werdende, sinnvolle städtebauliche Ordnung bewirken können und wenn zusätzlich die Gemeinde nach ihrem im Planungsverfahren zum Ausdruck kommenden Willen im Zweifel auch einen Plan dieses eingeschränkten Inhalts beschlossen hätte (BVerwG, Beschluß v. 29. 3. 1993 – 4 NB 10/91 –, BRS 55 Nr. 30 unter Zusammenfassung der bisherigen Rechtsprechung). Hier rechtfertigt bereits die fehlerhafte Regelung der Art der Nutzung für das Flurstück 85/93 die Annahme der gesamten Unwirksamkeit, denn dieses Flurstück stellt einen großen Teil des Plangebiets dar und liegt zudem im zentralen Bereich, der allseitig von anderen Teilen des Plangebiets umgeben ist. Eine Planung, die einen solchen großen, zentralen und unbebauten Teil nicht in den Bebauungsplan aufnähme, sondern einer ungeplanten Entwicklung nach § 34 BauGB oder § 35 BauGB überließe, wäre mit einer geordneten städtebaulichen Entwicklung i. S. von § 1 Abs. 3 BauGB nicht vereinbar. Daß eine geordnete städtebauliche Entwicklung durch eine spätere Überplanung möglich wäre, ist in diesem Zusammenhang unerheblich. Für die Frage, ob die nicht fehlerhaft ausgewiesenen Teilbereiche eine sinnvolle städtebauliche Ordnung bewirken, darf nur auf den vorhandenen Planungsstand abgestellt werden (BVerwG, Beschluß v. 29. 3. 1993, a. a. O. am Ende). Es spricht auch alles dagegen, daß die Antragsgegnerin den Bebauungsplan ohne den hier beanstandeten zentralen Bereich ausgewiesen hätte, und zwar bereits deshalb, weil eine solche Planung keine geordnete städtebauliche Entwicklung gewährleistet (s. o.). Auch die Art und Weise des Planungsverfahrens und die Argumentation im Prozeß zeigen, daß die Antragsgegnerin das Gebiet nicht in verschiedene Teilgebiete aufteilen wollte. Angesichts des von der Antragsgegnerin beschriebenen Planungsdrucks wegen der bei Erlaß des Senatsurteils vom März 2002 bereits begonnenen Vorhaben in den anderen Teilen des Plangebiets hätte es nahegelegen, diese Bereiche abzutrennen, wenn die Antragsgegnerin die Teilung für rechtlich möglich und planerisch sinnvoll angesehen hätte. Unabhängig von den oben genannten Erwägungen folgt die gesamte Unwirksamkeit auch daraus, daß die Antragsgegnerin die durch die Schaffung des Knotenpunktes R.Straße/G. auf das Plangebiet Nr. 111 zusätzlich einwirkenden Immissionen nicht ausreichend in die Abwägung eingestellt hat, denn dieser Abwägungsfehler betrifft die Erschließung des gesamten Gebiets. Aus diesem Grunde hatte der Senat auch bereits in dem Verfahren – 1 K 19/00 – angenommen, daß der gesamte ursprüngliche Plan unwirksam war.

Der „Heilungsplan" ist nicht lediglich schwebend unwirksam i. S, von § 215 a Abs. 1 BauGB i. V. m. § 47 Abs. 5 Satz 4 VwGO, sondern unheilbar nichtig, denn die fehlende Erforderlichkeit der Gewerbegebietsfestsetzung für das Flurstück 85/93 stellt keinen Form- oder Verfahrensfehler und auch keinen Abwägungsfehler i. S. von § 215a BauGB dar (s.o). Die Erforderlichkeit i. S. von § 1 Abs. 3 BauGB ist vielmehr eine zwingende Planungsvoraussetzung, deren Fehlen nicht nachgeholt und geheilt werden kann. Weil sich dieser Fehler auf das gesamte Plangebiet auswirkt (s.o.), ist der „Heilungsplan" insgesamt nichtig. Es kann deshalb dahingestellt bleiben, ob die festgestellten Abwägungsfehler ebenfalls zur Nichtigkeit oder lediglich zu einer – heilbaren

– Unwirksamkeit (§ 215 a Abs. 1 BauGB) führen würden. Auch die 1. Änderung des Bebauungsplans Nr. 102 ist nichtig, denn diese beruht auf dem „Heilungsplan". Ohne diese Grundlage ist die 1. Änderung nicht existenzfähig. Die 1. Änderung kann auch nicht etwa auf den ursprünglichen Bebauungsplan gestützt werden, denn dieser Bebauungsplan ist durch den „Heilungsplan" ersetzt worden und deshalb nicht mehr vorhanden. Selbst wenn der ursprüngliche Bebauungsplan noch fortbestände, wäre dieser keine geeignete Grundlage für die 1. Änderung des Bebauungsplans Nr. 102, denn dieser Bebauungsplan bliebe wegen der fehlgeschlagenen Heilung unwirksam.

Nr. 29

Die Billigung einer Überschreitung des Orientierungswertes technischer Regelungswerke für Wohngebiete um 5 dB(A) (BVerwG, BRS 50 Nr. 25) markiert nicht die äußere Grenze dessen, was durch Abwägung überwunden werden kann.
(Nichtamtlicher Leitsatz)

BauGB § 1 Abs. 6.

Bundesverwaltungsgericht, Beschluß vom 26. Mai 2004 – 4 BN 24.04 –.

(VGH Baden-Württemberg)

Aus den Gründen:

1. Nach den Feststellungen des Erstgerichts gehen von dem Freibad, das an das im angefochtenen Bebauungsplan festgesetzte allgemeine Wohngebiet angrenzt, an sechs bis acht Tagen im Jahr während der sonn- und feiertäglichen Ruhezeiten zwischen 13.00 und 15.00 Uhr Lärmimmissionen aus, die Werte erreichen, welche nur in Gewerbegebieten zulässig sind. Da die Zahl der Tage deutlich unterhalb derjenigen bleibe, die die 18. BImSchV als selten einstufe (18 Ereignisse/Jahr), könnten, so das Gericht, die Überschreitungen der Immissionsrichtwerte im Rahmen der Abwägung nach § 1 Abs. 6 BauGB aber toleriert werden. Die Beschwerde sieht darin einen Widerspruch zur Senatsentscheidung vom 18. 12. 1990 (– 4 N 6.88 –, NVwZ 1991, 881 = BRS 50 Nr. 25), wonach es mit § 1 Abs. 6 BauGB nicht vereinbar sei, wenn ein geplantes allgemeines Wohngebiet höheren Lärmbelastungen ausgesetzt werde, als sie in den nächst schutzwürdigen Misch- und Dorfgebieten hingenommen werden müßten.

Die von der Beschwerde konstruierte Divergenz liegt nicht vor. Der in Bezug genommene Beschluß des Senats enthält nicht den Rechtssatz, daß eine Überschreitung der Immissionsrichtwerte für ein allgemeines Wohngebiet, welches an eine emittierende Anlage heranrückt, im Rahmen der Abwägung nach § 1 Abs. 6 BauGB nicht mehr überwindbar ist, wenn die Immissionen über die Immissionsrichtwerte für Misch- und Dorfgebiete hinausgehen. Der Senat hat seinerzeit betont, daß die Ermittlung eines Grenzwertes immer nur das Ergebnis einer tatrichterlichen Beurteilung des Einzelfalles sei und sich auch der zulässige Grad der Abweichung nach den jeweiligen Umständen des Einzelfalles richte. Die Billigung einer Überschreitung des Orientierungswertes technischer Regelungswerke für Wohngebiete um 5 dB(A) als mögliches Ergebnis einer gerechten Abwägung war die Antwort auf eine entsprechend formulierte Frage des nach §47 Abs. 5 VwGO a. F. vorlegenden Normenkontrollgerichts. Damit ist entgegen der Auffassung des OVG Lüneburg (Urteil v. 25. 6. 2001 – 1 K 1850/00 –, NVwZ-RR 2002, 172, 174 = BRS 64 Nr. 15) nicht gesagt, daß der Wert von 5 dB(A) die äußerste Grenze dessen markiert, was durch Abwägung überwunden werden kann.

2. Die Rechtssache hat nicht die grundsätzliche Bedeutung, die ihr die Antragstellerin beimißt.

a) Auf die von der Beschwerde sinngemäß aufgeworfene Frage, ob eine Überschreitung der einschlägigen Immissionsrichtwerte für allgemeine Wohngebiete um mehr als 5 dB(A) zu Lasten eines festgesetzten, an eine Sportanlage heranrückenden allgemeinen Wohngebietes mit der Folge, daß die Immissionsrichtwerte für Gewerbegebiete erreicht werden, im Rahmen der Abwägung nach § 1 Abs. 6 BauGB überwindbar ist, läßt sich antworten, ohne daß es der Durchführung eines Revisionsverfahrens bedarf. Wie der Senat in seinem Urteil v. 12. 8. 1999 (– 4 CN 4.98 –, BVerwGE 109, 246 = BRS 62 Nr. 1 = BauR 2000, 229) entschieden hat, kommt der 18. BImSchV (Sportanlagenlärmschutzverordnung) im Bauleitplanverfahren mittelbare Bedeutung zu: Setzt ein Bebauungsplan in der Nachbarschaft zu Wohnbebauung eine Sportanlage fest, so muß gewährleistet sein, daß die immissionsschutzrechtlichen Anforderungen eingehalten werden können und die Wohnbebauung keinen höheren als den zulässigen Lärmbelastungen ausgesetzt wird. Es versteht sich von selbst und bedarf keiner Bestätigung durch ein Revisionsurteil, daß auch für den umgekehrten Fall der Ausweisung eines Wohngebietes neben einer Sportanlage den in der 18. BImSchV enthaltenen Wertungen Rechnung zu tragen ist. §5 Abs. 5 18. BImSchV hält eine Überschreitung des für allgemeine Wohngebiete geltenden Grenzwertes von 50 dB(A) tags innerhalb der Ruhezeiten um bis zu 10 dB(A) auf den für Gewerbegebiete maßgeblichen Wert von 60 dB(A) bei seltenen Ereignissen im Sinne der Nr. 1.5 des Anhangs für zumutbar. Werden die durch Nr. 1.5 des Anhangs gezogenen Grenzen – wie hier – eingehalten, kann es das Ergebnis einer gerechten Abwägung sein, wenn das Ruhebedürfnis der Bewohner des Wohngebietes hintangestellt wird. Maßgeblich sind insofern stets die Umstände des jeweiligen Einzelfalles.

b) Auch wegen der weiteren Frage, ob die Lösung eines planbedingten Interessenkonflikts dem nachfolgenden Verwaltungshandeln auch dann überlassen werden darf, wenn die Gemeinde zur Lösung des Konflikts auf Instrumentarien außerhalb des Städtebaurechts zurückgreift, obgleich das Recht der Bauleitplanung ausreichende Handlungsformen zur Konfliktbewältigung bereitstellt, ist die Revision nicht zuzulassen. Nach dem Beschluß des Senats vom 23. 1. 2002 (– 4 BN 3.02 –, BRS 65 Nr. 9 = BauR 2002, 730 = NVwZ-RR 2002, 329) ist ein Abwägungsfehler in der Gestalt des Mangels einer ausreichenden Konfliktlösung dann zu verneinen, wenn auf andere Weise gesichert ist, daß der Konflikt tatsächlich gelöst ist. Eine Beschränkung auf bestimmte Instrumentarien der Konfliktbewältigung gibt es dabei nicht. Das Normenkontrollgericht hat in Anwendung irreversiblen Landesrechts und von der Beschwerde unbeanstandet ermittelt, daß die von der Antragsgegnerin übernommene Baulast geeignet ist, eine das Wohnen wesentlich störende Nutzung der Grundstücke im Gewerbegebiet südlich des Dettenbaches verläßlich auszuschließen. Damit hat es sein Bewenden.

Nr. 30

Bei der Ausweisung einer Wohnbebauung angrenzend an die Freiflächen einer Gärtnerei, die sich durch eine Pflanzenvielfalt und Kleinräumigkeit auszeichnen und auf denen Pflanzenschutzmittel ausgebracht werden, genügt regelmäßig die Einhaltung eines 20 m breiten Emissionsschutzstreifens, um den betroffenen Interessen an einer uneingeschränkten Fortführung des Gärtnereibetriebes und einer ungestörten Wohnnutzung hinreichend Rechnung zu tragen (im Anschluß an NK-Urteile v. 20.5.1999 – 8 S 1704/98 –; v. 15.9.1999 – 3 S 2812/98 –, und v. 27.7.2000 – 3 S 1664/99 –).

BauGB § 1 Abs. 6 (a. F.); BauGB § 1 Abs. 7 (n. F.).

VGH Baden-Württemberg, Urteil vom 23. Juli 2004 – 3 S 2517/03 – (rechtskräftig).

Aus den Gründen:

Aus § 1 Abs. 6 BauGB (a. F.) läßt sich das Gebot der Konfliktbewältigung ableiten. Die Planung darf nicht dazu führen, daß Konflikte, die durch sie hervorgerufen werden, zu Lasten Betroffener letztlich ungelöst bleiben bzw. diesen ein nach Lage der Dinge ungelöstes Opfer abverlangt würde (vgl. BVerwG, Urteil v. 7.9.1988 – 4 N 1.87 –, BRS 48 Nr. 15; Beschluß v. 12.3.1999 – 4 BN 6.99 –, BRS 62 Nr. 49 = BauR 1999, 878; Urteil v. 1.9.1999 – 4 BN 25.99 –, BRS 62 Nr. 3; vgl. auch Söfker, in: Ernst/Zinkahn/Bielenberg, BauGB, § 1 Rdnr. 215 m. w. N.).

a) Ursache eines denkbaren Konflikts ist vorliegend der Umstand, daß die auf den Grundstücken der Antragsteller betriebene Gärtnerei den Einsatz von Pflanzenschutzmitteln erfordert. Dieser wird von ihnen als erheblich bezeichnet. Nach ihrem Vorbringen werden Insektizide 6 bis 7 mal pro Jahr, Herbizide 2 bis 3 mal pro Jahr und Fungizide während der Vegetationsperiode wöchentlich eingesetzt. Die Antragsteller befürchten deshalb, Abwehransprüchen der künftigen Bewohner des Plangebiets ausgesetzt zu sein und in der weiteren Folge an der Fortsetzung ihrer bisherigen Betriebstätigkeit gehindert bzw. in dieser eingeschränkt zu werden. Hierauf haben sie auch im Rahmen der frühzeitigen Bürgerbeteiligung hingewiesen. Dies hat die Antragsgegnerin nicht verkannt und aus diesem Grunde im zeichnerischen Teil des Bebauungsplans unmittelbar an der südlichen Plangebietsgrenze einen 20 m breiten Emissionsschutzstreifen, innerhalb dieses Streifens eine vier- bis sechsreihige Emissionsschutzhecke mit einer Breite von durchgängig 4 m, sowie zusätzliche Bepflanzungen mit zahlreichen Einzelbäumen erster und zweiter Ordnung und schließlich rund um den Spielplatz eine weitere 2 m bis 3 m breite, ein- bis dreireihige Heckenbepflanzung und drei großkronige Einzelbäume festgesetzt.

aa) Dies läßt Abwägungsfehler nicht erkennen. Durch die Festsetzung eines 20 m breiten Emissionsschutzstreifens hat die Antragsgegnerin den gegenläufigen Interessen der Antragsteller einerseits, die bisherige Nutzung der Freiflächen ihres Gärtnereibetriebes uneingeschränkt fortsetzen zu können, und den Interessen der künftigen Bewohner andererseits, von Beeinträchtigungen und Belästigungen durch Abtrift verschont zu bleiben, hinreichend Rechnung getragen.

Im Rahmen der Ausbringung gesundheitsschädlicher Pflanzenschutzmittel kommt es unvermeidbar zu Verwehungen des Spritzmittels in Form eines Sprühnebels von der zu behandelnden Fläche (sog. Abtrift). Dabei ist das Ausmaß der Abtrift in erster Linie verfahrensbedingt sowie windabhängig. Dem Anwender obliegt allerdings die Verantwortung, die geeigneten Maßnahmen zur Vermeidung von Abtriftschäden zu ergreifen, da bei der Anwendung von Pflanzenschutzmitteln nach §6 des Gesetzes zum Schutz der Kulturpflanzen – Pflanzenschutzgesetz – „nach guter fachlicher Praxis" zu verfahren ist. Dies gilt insbesondere für landwirtschaftlich genutzte Flächen, die in unmittelbarer Nähe von Gebieten liegen, in denen sich Menschen aufhalten. Dabei ist aber zu berücksichtigen, daß es selbst bei einer sachgerechten und bestimmungsgemäßen Ausbringung von Pflanzenschutzmitteln mit Spritz- und Sprühgeräten zwangsläufig zu einer Abtrift der Behandlungsflüssigkeit auf Nachbargrundstücke und Oberflächengewässer kommt und sowohl Pflanzenschutzmittel als auch ihre Abtrift schädliche Auswirkungen auf die Gesundheit von Mensch und Tier und das Grundwasser haben können. Dies hat zur Folge, daß zur Vermeidung einer Gesundheitsgefährdung durch Abtrift beim Einsatz von Pflanzenschutzmitteln regelmäßig ein Abstand von 20 m zur nächsten Wohnbebauung einzuhalten ist (vgl. VGH Bad.-Württ., Urteil v. 20.5.1999 – 8 S 1704/98 –, BRS 62 Nr.8 = VBlBW 1999, 459; Senatsurteile v. 15.9.1999 – 3 S 2812/98 –, v. 26.9.2003 – 3 S 2481/02 –, v. 24.9.2003 – 3 S 1124/01 –, und v. 27.7.2000 – 3 S 1664/99 –).

Die Antragsgegnerin hat die von den Antragstellern geltend gemachten privaten Belange mit der Festsetzung eines 20 m breiten Emissionsschutzstreifens hinreichend berücksichtigt und gewürdigt. Abwägungsfehler sind nicht feststellbar. Solche ergeben sich insbesondere nicht daraus, daß die Antragsgegnerin die Urteile des Verwaltungsgerichtshofes vom 20.5.1999 – 8 S 1704/98 –, (BRS 62 Nr. 8) und vom 15.9.1999 – 3 S 2812/98 –, offensichtlich zum Anlaß genommen hat, die dort erörterten abtriftmindernden Maßnahmen miteinander zu kombinieren.

Wegen der Art des Gärtnereibetriebes der Antragsteller und des Einsatzes von Pflanzenschutzmitteln läßt sich aber auch nicht erkennen, daß zur Vermeidung von Gesundheitsgefährdungen oder auch bloßen Belästigungen durch Abtrift in das angrenzende Wohngebiet ein größerer als der festgesetzte, 20 m breite Emissionsschutzstreifen erforderlich wäre. Die Antragsteller machen geltend, daß die von ihrem Betrieb ausgehende Emissionsfracht nicht mit den Sachverhalten vergleichbar sei, über die der Verwaltungsgerichtshof bisher entschieden habe. Bisher habe der Verwaltungsgerichtshof lediglich darüber zu entscheiden gehabt, daß große Landwirtschaftsflächen, entweder Reben- oder Obstbaumbestände, an ein Wohngebiet angrenzten. Der erhebliche Unterschied zum Betrieb der Antragsteller bestehe jedoch darin, daß dieser Betrieb mehrere Kulturen aufweise, die unterschiedliche Behandlungen zu unterschiedlichen Zeiten erforderten. Sowohl der zeitliche als auch der mengenmäßige Pflanzenschutzmitteleinsatz sei im Vergleich zu reinen Obstbaum- oder Rebkulturen wesentlich erhöht.

Dieses Vorbringen ist indes nicht geeignet, die Festsetzung des 20 m breiten Emissionsschutzstreifens für abwägungsfehlerhaft zu erachten. Der Gartenbaubetrieb der Antragsteller ist im Blick auf die durch Pflanzenschutzmittel verursachte Abtrift mit einer landwirtschaftlichen Nutzung durch Intensivobstanbau, für die regelmäßig ein Abstand von 20 m zur Wohnbebauung ausreichend ist, nicht zu vergleichen. Selbst wenn hier einerseits angesichts der kleinflächigen, quartierweisen Bewirtschaftungsweise, andererseits der auf dem Grundstücken befindlichen 25 Obstbäume verschiedener Fruchtarten vielfältige Pflanzenschutzmittel und diese auch jeweils häufiger als in einem Monokulturbetrieb zum Einsatz gelangen sollten, ist nicht feststellbar, daß auf den Gärtnereigrundstücken der Antragsteller ein Pflanzenschutzmitteleinsatz erfolgt, der über den eines Intensivobstanbaubetriebes hinausgeht oder diesem zumindest vergleichbar wäre und eine zumindest vergleichbar hohe Abtrift erwarten läßt. (Wird ausgeführt.)

Hiernach ist festzustellen, daß auf Grund der konkreten Betriebsform der Gärtnerei, die sich an den Grundsätzen Karl Försters (1874–1970) orientiert und durch eine Vielfalt und Kleinräumigkeit der angepflanzten Kulturen in sog. Pflanzengesellschaften gekennzeichnet ist, die Antragsteller bereits derzeit erheblich in der Ausbringung von Pflanzenschutzmitteln eingeschränkt sind. In ihrem Betrieb werden, wie Dr. N. vom Amt für Landwirtschaft-, Landschaft- und Bodenkultur ausführte, mit Ausnahme von Metasystox offensichtlich auch nur umweltfreundliche Mittel eingesetzt. Auch der Senat gewann auf Grund des eingenommenen Augenscheins den Eindruck eines – mit Ausnahme der Rosenquartiere – lediglich extensiven Pflanzenschutzmitteleinsatzes, nicht zuletzt auf Grund der deutlich wahrnehmbaren Flechten an den Obstbäumen, die ein Indiz für gute Luftverhältnisse sind und – wie Dr. N weiter ausgeführt hat – für einen geringen Spritzmitteleinsatz sprechen. Auf Grund dessen ist nicht erkennbar, daß auf den Freilandflächen des Gärtnereibetriebes der Antragsteller Pflanzenschutzmittel in einer Art und Weise zum Einsatz kämen und angesichts ihrer jeweiligen Indikationszulassung auch kommen könnten, die einen über 20 m hinausgehenden Emissionsschutzstreifen erforderten.

Auf Grund dessen ist aber auch nicht zu erwarten, daß es zu unter der Schwelle von Gesundheitsgefahren liegenden, erheblichen Belästigungen bzw. mehr als unwesentlichen Beeinträchtigungen der Bewohner des Wohngebietes durch den Einsatz von Pflanzenschutzmitteln kommen könnte. Dies gilt auch hinsichtlich des innerhalb des Emissionsschutzstreifens verlaufenden Weges, der als Geh- und Radweg weder zum Spielen noch zum sonstigen Aufenthalt von Menschen zu dienen bestimmt ist. Die Nutzer des Weges befinden sich angesichts dieser Funktionszuweisung allenfalls ganz kurzfristig in dem Bereich einer möglichen Abtrift. Bei dieser Sachlage ist davon auszugehen, daß es im Blick auf den Einsatz von Pflanzenschutzmitteln nicht zu begründeten Unterlassungsansprüchen der Bewohner des Wohngebietes gegenüber den Antragstellern kommen wird (vgl. auch Urteil des Senats v. 24. 9. 2003 – 3 S 1124/01 –).

Unerheblich sind nach alledem auch die geäußerten Zweifel an der Schutzfunktion der innerhalb des 20 m breiten Emissionsschutzstreifens festgesetzten Emissionsschutzhecke. Denn bei dieser handelt es sich lediglich um eine weitere, mittelfristig abtriftmindernde Maßnahme mit auch optischer Schutzfunktion, die zusätzlich zu dem die pflanzenschutzmittelbedingte Konfliktlage zwischen Wohnbevölkerung und Gärtnerei bereits ausreichend bewältigenden Schutzstreifen hinzutritt. ...

Nr. 31

Die Abstandswerte in Bild 21 der VDI-Richtlinie Emissionsminderung Tierhaltung – Schweine – (VDI 3471) – erlauben noch keine abschließende Beurteilung der Immissionen, denen die Nachbarschaft ausgesetzt ist, sondern sie enthalten nur die Aussage, daß es oberhalb der Schwellenwerte „keine Probleme" gibt. Ist nach der genannten Richtlinie im Nahbereich von unter 100 m eine Sonderbeurteilung erforderlich, von der Gemeinde im Bauleitplanverfahren aber nicht eingeholt worden, so stellt dies eine unzureichende Zusammenstellung des Abwägungsmaterials und damit einen Abwägungsmangel nach § 1 Abs. 6 BauGB dar.

BauGB §§ 1 Abs. 6, 214 Abs. 3 Satz 2, 215 a.

Hessischer VGH, Urteil v. 29. Juni 2004 – 4 N 3442/99 – (rechtskräftig).

Die Antragstellerin wendet sich gegen den Bebauungsplan „Zum B." der Antragsgegnerin.

Die Satzung überplant eine ca. 0,48 ha große, bis dahin als Wiese bzw. Obstgarten genutzte Fläche am südlichen Rand des genannten Stadtteils mit einem allgemeinen Wohngebiet sowie privaten und öffentlichen Grünflächen.

Die Antragstellerin ist Eigentümerin des Grundstücks A-Straße in der Gemeinde, auf dem sich ein Wohnhaus und eine Garage befinden. Sie ist Pächterin des benachbarten Grundstücks und zur Nutzung der auf diesem Grundstück befindlichen Maschinenhalle und einer in den 50'er Jahren als Schweinestall genehmigten Stallung berechtigt. Die Familie der Antragstellerin betreibt auf den genannten Grundstücken einen landwirtschaftlichen Betrieb mit wechselndem Viehbestand. Im Jahr 1999 setzte sich der Viehbestand des Betriebes aus 14 Pferden, davon 7 Pensionspferden, 6 Mastschweinen, 1 Ziege und 80 Legehennen zusammen. Der Betrieb verfügt über landwirtschaftliche Nutzflächen von 13,32 ha Ackerland und 11,22 ha Grünland.

Ende des Jahres 1998 beabsichtigte die Antragstellerin die Erweiterung der Pferdepension. Dazu reichte sie im Juli 1999 bei der unteren Bauaufsichtsbehörde eine Bauvoranfrage zur Errichtung eines Pferdestalles für ca. 18 Pferde ein. Die Antragsgegnerin versagte für dieses Vorhaben ihr Einvernehmen mit der Begründung, es liege eine Beeinträchtigung öffentlicher Belange vor, da dem Vorhaben die Festsetzungen des geltenden

Flächennutzungsplans entgegenstünden, der die in Rede stehenden Grundstücke als Wohnbaufläche darstelle. Im Zusammenhang mit dem unmittelbar südlich angrenzenden Wohngebiet „Im B." solle dort zukünftig ebenso ein allgemeines Wohngebiet ausgewiesen oder durch eine Abrundungssatzung dort Wohnbebauung ermöglicht bzw. gesichert werden. Mit Bescheid vom Februar 2000 teilte die untere Bauaufsichtsbehörde der Antragstellerin mit, gegen ihr Vorhaben bestünden bauplanungs- und bauordnungsrechtliche Bedenken. Den gegen diesen Bescheid zunächst eingelegten Widerspruch hat die Antragstellerin 2001 zurückgenommen.

Der geplante Pferdestall liegt in ca. 14 m Entfernung zum Plangebiet. Der kürzeste Abstand des als Schweinestall genutzten Gebäudes zum geplanten Baugebiet beträgt ca. 35–40 m.

Aus den Gründen:
Nach ihrem tatsächlichen Vorbringen ist eine Verletzung des drittschützenden Abwägungsgebots aus § 1 Abs. 6 BauGB möglich, denn die Antragstellerin hat Belange als verletzt benannt, die für die Abwägung zu beachten waren. Das Interesse eines Landwirtes, eine heranrückende, die weitere Ausnutzung seines landwirtschaftlichen Betriebes störende Wohnbebauung fernzuhalten, ist ein im Rahmen des § 1 Abs. 6 BauGB abwägungserheblicher Belang, ebenso wie eine durch einen Bebauungsplan negativ betroffene Entwicklungsmöglichkeit eines landwirtschaftlichen Betriebes, die bereits konkret ins Auge gefaßt worden ist oder bei realistischer Betrachtung der Entwicklungsmöglichkeiten naheliegt (vgl. Hess. VGH, Beschluß v. 24. 9. 1987 – 3 N 6/83 –, BRS 47 Nr. 28; Beschluß v. 8. 10. 1999 – 4 NG 1439/98 –; Urteil v. 6. 2. 2003 – 4 N 4530/98 –). Vorliegend beabsichtigte die Antragstellerin die Erweiterung ihres Betriebes und sie hatte dies auch dadurch konkretisiert, daß sie eine Bauvoranfrage betreffend die Errichtung eines Pferdestalles für 18 Pferde bei der zuständigen unteren Bauaufsichtsbehörde eingereicht hatte.

Die beschriebenen Interessen sind auch nicht geringwertig oder mit einem Mangel behaftet (vgl. zur Nichtabwägungserheblichkeit solcher Belange BVerwG, Urteil v. 24. 9. 1998 – 4 CN 2.98 –, BRS 60 Nr. 46) und damit in die Abwägung grundsätzlich einzustellen. Es erscheint daher nicht von vornherein als ausgeschlossen, daß ein Verstoß gegen das Abwägungsgebot vorliegt.

Daß die Antragstellerin ihren Widerspruch gegen den die Bauvoranfrage ablehnenden Bescheid vom Februar 2000 zurückgenommen hat, läßt auch nicht das Rechtsschutzbedürfnis für die vorliegende Normenkontrollklage entfallen, da die Antragstellerin jederzeit einen neuen Antrag betreffend eine Erweiterung ihres landwirtschaftlichen Betriebes stellen kann. Nach ihren Angaben im Juni 2004 hält sie auch heute noch an der Planung der Errichtung eines Pferdestalles speziell zur Unterbringung der Pensionspferde fest.

Der angefochtene Bebauungsplan ist mit einem Abwägungsmangel behaftet, dem auch Erheblichkeit zukommt. Nach der Rechtsprechung des Bundesverwaltungsgerichts, der der Senat folgt, ist das Gebot gerechter Abwägung verletzt, wenn eine sachgerechte Abwägung überhaupt nicht stattfindet. Es ist ferner verletzt, wenn in die Abwägung nicht eingestellt wird, was nach Lage der Dinge in sie eingestellt werden muß, sowie ferner dann, wenn die Bedeutung der betroffenen privaten Belange verkannt oder der Ausgleich zwischen den von der Planung berührten öffentlichen Belangen in einer Weise vorgenommen wird, der zur objektiven Gewichtigkeit einzelner Belange außer Verhältnis steht (BVerwG, Urteil v. 12. 12. 1969 – 4 C 105.66 –, BVerwGE 34, 301, 304ff. = BRS 22 Nr. 4 = BauR 1970, 31) Im vorliegenden Fall hat die Antragsgegnerin zwar eine Abwägungsentscheidung getroffen, jedoch hat sie den der Abwägungsentscheidung zugrunde liegenden Sachverhalt nicht ausreichend ermittelt, um dem in § 1 Abs. 6 BauGB enthaltenen Gebot der Problem- und Konfliktbewältigung ausreichend gerecht zu werden. Zum notwendigen Abwägungsmaterial gehörte vorliegend wegen des auf der Hand liegenden möglichen Nutzungskonfliktes zwischen landwirtschaftlichem Betrieb und geplanter Wohnbebauung in erster Linie die Ermittlung der für letztere zu erwartenden Geruchs- und Lärmimmissionen. Erhebliche Bedenken an der Verträglichkeit der beiden, nach der Bauleitplanung der Antragsgegnerin in unmittelbarer Nachbarschaft angesiedelten unterschiedlichen Nutzungen waren nicht nur seitens der Antragstellerin bzw. ihres Ehemannes sowie des ihre betrieblichen Interessen vertretenden Kreisbauernverbandes, sondern vor allem auch seitens des Amtes für Kreisentwicklung und Umwelt und des Amtes für Regionalentwicklung, Landschaftspflege und Landwirtschaft vorgebracht worden.

Nach Auffassung des Senats stellen die unter Rückgriff auf die VDI-Richtlinie Emissionsminderung Tierhaltung – Schweine – (VDI 3471) vorgenommenen Berechnungen und Bewertungen, die von der Verwaltung der Antragsgegnerin unter Einschaltung des von ihr mit der Planerstellung beauftragten Planungsbüros erstellt worden sind und die sich die Stadtverordnetenversammlung bei ihrer Beschlußfassung über die Anregungen und Bedenken zu eigen gemacht hat, keine tragfähige Grundlage für eine dem Gebot der Problem- und Konfliktbewältigung gerecht werdende Abwägungsentscheidung dar. Zwar hat die Antragsgegnerin den Tierbestand des landwirtschaftlichen Betriebes der Antragsgegnerin zutreffend ermittelt und auch die geplante Betriebserweiterung betreffend die Pferdepension einbezogen. Allerdings hat sie aus dem Umstand, daß sich aus dem von ihr zugrunde gelegten Tierbestand nach der VDI 3471 nur 5,52 Großvieheinheiten (GV) errechnen und daß dem Bild 21 der Richtlinie, das den zu fordernden Mindestabstand in Abhängigkeit zu den geruchsäquivalenten Tiermassen darstellt, bei Zugrundelegung des Wertes von 5,5 GV kein Abstandswert entnommen werden kann, den Schluß gezogen, daß von einem verträglichen Neben- und Miteinander des Betriebes – einschließlich dessen geplanter Erweiterung – und des Wohngebietes ausgegangen werden könne. Der Begründung des Bebauungsplans ist zu entnehmen, daß sich die Antragsgegnerin in dieser Schlußfolgerung dadurch bestätigt gesehen hat, daß – wie sich vor Ort gezeigt habe – im Jahresüberblick nahezu keine Gerüche im Plangebiet wahrnehmbar gewesen seien. Sie hat dies darauf zurückgeführt, daß offenkundig hier die Art der Tierhaltung, die relativ geringe Tieranzahl, die Gebäudestellung auf dem Grundstück zum Plangebiet hin, die ausreichende Belüftung im Zusammenwirken mit der Freilandhaltung und die windabgewandte Lage des Plangebietes (Hauptwindrichtung West; Lage Grundstück des Betriebes vom Plangebiet aus: Ost) positiv wirkten.

Diese von der Antragsgegnerin angestellte Bewertung der Immissionssituation in bezug auf das von ihr geplante Wohnbaugebiet ist unvollständig und damit fehlerhaft. Zwar ist der Antragsgegnerin darin zuzustimmen, daß die im Bild 21 der VDI-Richtlinie 3471 in Beziehung zu der geruchsäquivalenten Tiermasse dargestellten Abstandswerte keine Anwendung finden können. Das ergibt sich aus der Richtlinie selbst, denn dort ist im Abschnitt 3.2.3.4. ausgeführt, daß bei Unterschreitung der Mindestabstände nach Bild 21 und im Nahbereich von unter 100 m eine Sonderbeurteilung durch Fachbehörden oder Sachverständige erforderlich ist. Mithin ermöglichen die Abstandswerte in Bild 21 noch keine abschließende Beurteilung der Immissionen, denen die Nachbarschaft ausgesetzt ist. Sie sind unter typisierender Vorgabe bestimmter Merkmale zur Bestimmung des Abstandes, bei dem der spezifische Stallgeruch erstmalig wahrnehmbar ist, zuzüglich eines Sicherheitsabstandes gewonnen worden und enthalten nur die Aussage, daß es oberhalb der Schwellenwerte „keine Probleme" gibt (s. BVerwG, Beschluß v. 8. 7. 1998 – 4 B 38.98 –, BRS 60 Nr. 179 = NVwZ 1999, 63). Die Erforderlichkeit der Sonderbeurteilung im Nahbereich von unter 100 m zeigt mithin, daß bei einer Unterschreitung der Mindestabstände weder von der regelmäßigen Annahme unzumutbarer Belästigungen noch von der gegenteiligen Annahme ausgegangen werden kann, sondern daß eine Immissionsbewertung nur anhand der konkreten örtlichen Gegebenheiten getroffen werden kann (vgl. dazu auch VGH Bad.-Württ., Urteil v. 30. 1. 1995 – 5 S 908/94 –, BRS 57 Nr. 73 = NVwZ-RR 1996, 2).

Daß die Antragsgegnerin es nicht für notwendig erachtet hat, in der vorliegenden Situation eine Sonderbeurteilung einzuholen, stellt eine unzureichende Zusammenstellung des Abwägungsmaterials dar. Da vorliegend die von der Antragsgegnerin geplante Wohnbebauung mit Abständen zwischen 35 m und 40 m zum landwirtschaftlichen Betrieb der Antragstellerin unzweifelhaft in dessen Nahbereich fällt und zudem der sehr niedrige Wert der anzusetzenden Großvieheinheiten nach dem Schaubild Nr. 21 keine zuverlässigen Aussagen über notwendige Abstände mehr erlaubt, war nach der von der Antragsgegnerin herangezogenen Richtlinie eine Sonderbegutachtung entweder durch einen Sachverständigen oder aber auch durch eine Fachbehörde geboten. Auf eine gutachterliche Prüfung war die Antragsgegnerin auch vom Amt für Kreisentwicklung und Umwelt im Rahmen der Beteiligung der Träger öffentlicher Belange ausdrücklich hingewiesen worden. Auch wenn dem von der Antragstellerin geplanten Pferdestall, in dessen unmittelbarem Nahbereich (ca. 14 m) die vom angegriffenen Bebauungsplan vorgesehene Wohnbebauung errichtet werden soll, bauplanungsrechtlich die Festsetzung des Flächennutzungsplans entgegenstehen sollte, kann der Antragsgegnerin die Berechtigung auf eine angemessene Erweiterung ihres Viehbestandes zur Existenzsicherung ihres landwirtschaftlichen Betriebes nicht abgesprochen werden. So könnte, wie der Ehemann der Antragstellerin im Bürgerbeteiligungsverfahren bereits vorgetragen hat, auch eine angemessene Erweiterung des Schweinebestandes in Betracht kommen, wenn wirtschaftliche Erwägungen dies erfordern sollte. Da die Nutzung des bereits vorhandenen Stalles für die Zwecke der Schweineaufzucht/-mast nach den Angaben der Antragstellerin niemals vollständig aufgegeben worden ist, auch im Jahr 1999 gehörten zum Viehbestand noch 6 Mastschweine, darf auch eine solche Nutzung nicht wegen Unzulässigkeit bei der Bewertung der Immissionssituation durch eine Sonderbeurteilung unberücksichtigt bleiben. Auch die von der Antragstellerin nach wie vor beabsichtigte Erweiterung der Pensionspferdehaltung, der auf einem vom Flächennutzungsplan nicht erfaßten Grundstück keine Zulässigkeitsbedenken in bauplanungsrechtlicher Hinsicht entgegenstünden, – dies gilt etwa für das Flurstück 81, das ebenfalls in unmittelbarer Nähe zum geplanten allgemeinen Wohngebiet liegt – ist hinsichtlich ihrer möglichen Auswirkungen auf die Wohnbebauung von Bedeutung. Bei Betrachtung des vorhandenen Tierbestandes im landwirtschaftlichen Betrieb der Antragstellerin einschließlich zulässiger Erweiterungsvorhaben und weiterhin der vorliegenden geringen Entfernungen zwischen den Betriebsgebäuden und den geplanten Wohnhäusern kann deshalb auch nach den konkreten Umständen des vorliegenden Einzelfalles die Erforderlichkeit einer Sonderbeurteilung nicht in Abrede gestellt werden.

Die Entbehrlichkeit einer Sonderbeurteilung kann im Gegensatz zu der aus der Planbegründung zum Ausdruck kommenden Auffassung der Antragsgegnerin auch nicht damit begründet werden, vor Ort habe sich im Jahresrückblick gezeigt, daß nahezu keine Gerüche im Plangebiet wahrnehmbar gewesen seien. Zum einen fehlt es in bezug auf diese Feststellung an jeglicher Dokumentation ihres Zustandekommens, vor allem aber vermag eine solche Feststellung eine gutachterliche/fachbehördliche Sonderbeurteilung schon deshalb nicht zu ersetzen, weil die Immissionen, die mit einer in die planerische Abwägung mit einzubeziehenden angemessenen Betriebserweiterung, gleich auf welchem Grundstück sich diese nach der bauplanungsrechtlichen Situation letztlich baulich verwirklichen läßt, verbunden sind, nicht durch eine tatsächliche Geruchswahrnehmung vor Ort bewertet werden können. Damit steht auch die letztgenannte, von der Antragsgegnerin als offenkundige Ursache für die Nichtwahrnehmbarkeit von Gerüchen genannte Begründung zur Überprüfung durch eine Sonderbeurteilung.

Daß die Antragsgegnerin es unterlassen hat, eine solche Sonderbeurteilung einzuholen, stellt einen erheblichen Abwägungsmangel i.S. des §214 Abs.3 Satz2 BauGB dar. Zum einen rechnet dieser Mangel zur „äußeren", sich unmittelbar aus den Akten ergebenden Seite des Abwägungsvorgangs und ist somit offensichtlich; des weiteren ist er auch auf das Abwägungsergebnis von Einfluß gewesen, weil nach den Umständen des vorliegenden Falles die konkrete Möglichkeit besteht, daß die Planung ohne den Mangel im Abwägungsvorgang anders ausgefallen wäre (s. dazu Battis, in: Battis/Krautzberger/Löhr, BauGB, 8. Aufl., §214, Rdnr. 18). Denn käme die gebotene Sonderbeurteilung zu einer anderen Bewertung der Zumutbarkeit der Geruchsimmissionen für das Plangebiet und hielte sie etwa einen größeren Mindestabstand zwischen den Immissionsquellen des landwirtschaftlichen Betriebes und der Wohnbebauung für erforderlich, als er der hier in Rede stehenden Bebauungsplanung zugrunde liegt, so wäre bei sachgerechter Abwägung unter Einbeziehung der Aussagen der Sonderbeurteilung eine Verschiebung der Baugrundstücke, auf denen Wohnen zulässig sein sollte, konkret möglich gewesen.

Der festgestellte Mangel kann durch ein ergänzendes Verfahren nach § 215 a BauGB behoben werden mit der Folge, daß die angegriffene Satzung bis zur Behebung des Mangels (nur) für nicht wirksam zu erklären ist. Das ergänzende Verfahren nach § 215 a Abs. 1 BauGB kann von einer Gemeinde zur Heilung von solchen materiellen Fehlern städtebaulicher Satzungen angewendet werden, die einerseits die Unbeachtlichkeitsschwelle der §§ 214 und 215 BauGB überschreiten, andererseits aber noch nicht eine solche Qualität erreichen, daß eine Heilungsmöglichkeit von vornherein ausscheiden muß. Das ergänzende Verfahren darf nicht zu einem grundlegend anderen Bebauungsplan als dem zunächst beschlossenen führen. Deshalb scheidet es von vornherein aus, wenn der Mangel des Abwägungsvorgangs die Grundzüge der Planung berührt (s. Urteil des Senats v. 12. 3. 2002 – 4 N 2171/96 –, ESVGH 52, 161 = BRS 65 Nr. 14). Letzteres ist indes hier nicht der Fall. Falls die nachzuholende Sonderbeurteilung zu dem Ergebnis kommt, daß die Immissionssituation nicht zu unzumutbaren Belästigungen für die Bewohner des Plangebietes führt, bedarf es keiner Planergänzung. Sollte das Gutachten zu dem Ergebnis gelangen, daß zwischen der Wohnbebauung und dem landwirtschaftlichen Betrieb ein Mindestabstand einzuhalten ist, der von der jetzigen Planung unterschritten wird, erscheint eine Anpassung der Planung nach Einschätzung des Senats in der konkreten Situation möglich: Denn der Abwägungsfehler ist nicht von solcher Art und Schwere, daß er die Planung als Ganzes, also vorliegend die Ausweisung eines allgemeinen Wohngebietes, von vornherein in Frage stellte (s. dazu Battis, a. a. O., § 215 a, Rdnr. 3).

Nr. 32

1. **Schutzgut der VDI-Richtlinie 3472 (Hühner) und der VDI-Richtlinie 3471 (Schweine) ist vorrangig Wohnbebauung, wobei eine standardisierte Beurteilung des Konflikts zwischen immissionsträchtigen Betrieben und Gebieten, in denen sich Menschen dauerhaft aufhalten, vorgenommen wird.**

2. **Durch die Bezugnahme auf Gewerbe- und Industriegebiete, für die eine Sonderbeurteilung erforderlich ist, werden zwar auch Gebiete mit in den Anwendungsbereich aufgenommen, in denen nicht vorrangig Wohnen stattfindet. Auch insoweit ist aus dem Regelungszusammenhang der VDI-Richtlinien aber abzuleiten, daß es auch dort auf den vermuteten dauerhaften Aufenthalt von Menschen ankommt.**

3. **In einem Dorfgemeinschaftshaus mit einer schon nicht gegebenen durchgängigen Nutzung unterliegen die jeweiligen wechselnden Nutzergruppen keiner Dauerexposition, was abgesenkte Schutzstandards gegenüber einer Wohnnutzung rechtfertigt.**

BauGB § 1 Abs. 6; BauNVO § 15 Abs. 1.

Hessischer VGH, Urteil vom 26. Februar 2004 – 3 N 739/02 – (rechtskräftig).

Der Antragsteller wendet sich gegen den Bebauungsplan „Festplatz" Nr. 6 der Antragsgegnerin. Inhalt des Bebauungsplans ist die Festsetzung einer Fläche für den Gemeinbedarf, hier zur Errichtung eines Dorfgemeinschaftshauses. Das Plangebiet grenzt mit seiner südöstlichen Ecke gegenüber dem Flurstück 41/2, das von dem Antragsteller für seinen landwirtschaftlichen Vollerwerbsbetrieb (Aussiedlerhof) genutzt wird, an einen Feldweg.

Aus den Gründen:
Entgegen der Auffassung des Antragstellers hat die Antragsgegnerin bei der Aufstellung des angefochtenen Bebauungsplans die zu erwartenden Immissionen durch den Betrieb des Antragstellers auf die heranrückende Bebauung durch ein Dorfgemeinschaftshaus und die damit zusammenhängenden Konflikte ausreichend ermittelt, in die Abwägung eingestellt und abwägungsfehlerfrei abgewogen.

Die Antragsgegnerin hat ausweislich der Begründung des Bebauungsplans die Interessen des Antragstellers in die Abwägung mit einbezogen, wobei sie den rechtlichen Bestand des Betriebs des Antragstellers nicht in Frage gestellt hat.

Auf Grund der besonderen Nutzung durch ein Dorfgemeinschaftshaus war die Antragsgegnerin nicht gehalten, in bezug auf den landwirtschaftlichen Betrieb des Antragstellers ein Immissionsgutachten einzuholen. Die Antragsgegnerin weist zu Recht darauf hin, daß der von dem Antragsteller herangezogene Abstandserlaß Nordrhein-Westfalen wie auch die von ihm herangezogenen VDI-Richtlinien Hühner (VDI 3472) und Schweine (VDI 3471) als Schutzgut die Wohnbebauung nennen, die jedoch von der Antragsgegnerin unstreitig nicht geplant wurde. Ausweislich der VDI-Richtlinien Hühner (VDI 3472) und Schweine (VDI 3471) bilden diese fachtechnische Anhaltspunkte für die Bewältigung eines Konflikts zwischen immissionsträchtigen Betrieben und Wohnbebauung bzw. einer Bebauung, bei der mit dem dauernden Aufenthalt von Menschen zu rechnen ist. Gemäß Nr. 2.1.2 der VDI-Richtlinie 3472 wird zur Vermeidung belästigender Immissionen durch Staub und Geruch bei der Bauleitplanung und der Planung von Neuanlagen empfohlen, die in Bild 11 angegebenen Abstände zur Wohnbebauung einzuhalten. Dieses gilt nach Nr. 2.1.2 im gegenseitigen Abstand zwischen Bauvorhaben und bestehender Wohnbebauung sowie dem Gebiet rechtskräftiger Bauleitplanung im Sinne der Baunutzungsverordnung (BauNVO), d. h. für reine (WR) und allgemeine Wohngebiete (WA), Kleinsiedlungs- (WS), besondere Wohngebiete (WB), Sondergebiete, die der Erholung dienen (SO), und Mischgebiete (MI). Einzeln stehende Wohngebäude, Dorfgebiete (MD), Gewerbegebiete (GE), Industriegebiete (GI) und Sondergebiete (SO) sind einer gesonderten Beurteilung zu unterziehen. Gemäß Nr. 3.2 der VDI-Richtlinie 3472 wurde, um vertretbare Immissionsverhältnisse sicherzustellen, für diese Richtlinie auf der Grundlage von betrieblichen Maßnahmen eine Abstandsregelung zur Wohnbebauung entwickelt, wobei nach einer Anmerkung zu Bild 11 der VDI-Richtlinie 3472 bei der Planung von Wohnbebauung und der Errichtung von Stallanlagen im gegenseitigen Nahbereich von ca. 200 m eine Sonderbeurteilung durch Sachverständige empfohlen wird.

Ähnliche Vorgaben finden sich in der VDI-Richtlinie 3471 (Schweine). In den Regelungen über den Geltungsbereich der VDI-Richtlinie 3471 wird ausgeführt, daß, da auch in der modernen Schweinehaltung Geruchsstoffemissionen nicht ausgeschlossen werden könnten, zur Vermeidung erheblicher Belästigungen Abstände zwischen Tierhaltung und Wohnbebauung vorgeschlagen würden. Dies gelte sowohl für die Abstände zwischen geplanten Stallbauvorhaben und bestehender Wohnbebauung als auch umgekehrt für die Abstände zwischen vorhandenen Schweineställen und geplanter Wohnbebauung. Gemäß Nr. 3.2.3.1 der VDI-Richtlinie 3471 werden zur Verminderung der Immissionen von Staub und Geruch bei der Bauleitplanung und bei der Zulassung von Bauvorhaben die in Bild 21 angegebenen Abstände zur Wohnbebauung empfohlen. Gemäß Nr. 3.2.3.3 sind Kerngebiete (MK, §7 BauNVO), Kleinsiedlungsgebiete (WS, §2 BauNVO), Gewerbegebiete (GE, §8 BauNVO), Industriegebiete (GI, §9 BauNVO) und Sondergebiete (SO, §§10 und 11 BauNVO) sowie Gebiete, die nach §34 BBauG zu beurteilen sind und deren Eigenart einem dieser Gebiete entspricht, von der direkten Anwendung der Abstandsregelung ausgenommen und bedürfen einer Sonderbeurteilung nach Abschnitt 3.2.3.4. Danach ist bei Unterschreitung der Mindestabstände nach Bild 21 und im Nahbereich von unter 100 m eine Sonderbeurteilung durch Fachbehörden oder Sachverständige erforderlich. Dabei sind die einzelbetrieblichen Standortverhältnisse, besonders atmosphärische Bedingungen und spezielle Einbindung in die Bebauungs- und Nutzungssituation gemäß Abschnitt 2.1 zu berücksichtigen.

Aus den Regelungen der zitierten VDI-Richtlinien hat die Antragsgegnerin zu Recht geschlußfolgert, daß Schutzgut der VDI-Richtlinien vorrangig die Wohnbebauung ist bzw. daß durch die VDI-Richtlinien Konflikte zwischen immissionsträchtigen Betrieben und Gebieten, in denen sich Menschen dauerhaft aufhalten, einer standardisierten Beurteilung unterzogen werden sollen. Hierbei wird als Regelfall die Wohnbebauung erfaßt, durch die Inbezugnahme von Gewerbe- und Industriegebieten, für die eine Sonderbeurteilung erforderlich ist, werden zwar auch Gebiete mit in den Anwendungsbereich aufgenommen, in denen nicht vorrangig Wohnen stattfindet. Gleichwohl ist aus dem Regelungszusammenhang der VDI-Richtlinien abzuleiten, daß es auch insoweit auf den vermuteten dauerhaften Aufenthalt von Menschen ankommt, sei es in Wohnungen für Aufsichts- und Bereitschaftspersonen i.S. der §§8 Abs. 3 Nr. 1 und 9 Abs. 3 Nr. 1 BauNVO, sei es durch den Aufenthalt von Menschen in den dort erfaßten Gewerbe- und Industriebetrieben.

Auf Grund der vorgesehenen Nutzung mit einem Dorfgemeinschaftshaus und dem damit verbundenen, nur vorübergehenden Aufenthalt von Menschen in den Räumlichkeiten ist es zulässig, die vorhandene Konfliktsituation anhand der Bebauung, der überwiegend vorkommenden Windrichtung und der im Baugenehmigungsverfahren möglichen Einzelanforderungen (Lüftungsanlagen, Standort des Gebäudes) ohne Einholung eines gesonderten Gutachtens abwägend zu beurteilen.

Zwar muß von jedem Bauleitplan verlangt werden, daß er die ihm zurechenbaren Konflikte bewältigt, also die betroffenen Belange untereinander zu einem gerechten Ausgleich bringt (vgl. Battis/Krautzberger/Löhr, BauGB,

Kommentar, 8. Aufl., § 1 Rdnr. 120). Nach der Rechtsprechung des Bundesverwaltungsgerichts erfordert es das Abwägungsgebot jedoch keineswegs, daß alle denkbaren Nutzungskonflikte schon bei der Aufstellung des Bebauungsplans durch planerische Festsetzungen – etwa nach § 9 BauGB – gelöst werden. Der Grundsatz, daß die durch die Bauleitplanung geschaffenen Probleme auch durch die Bauleitplanung gelöst werden müssen, wird durch den Grundsatz der „planerischen Zurückhaltung" eingeschränkt (vgl. z. B. BVerwG, Urteil v. 5. 8. 1983 – 4 C 96.79 –, BVerwGE 67, 334, 338 = BRS 40 Nr. 4; BVerwG, Beschluß v. 6. 3. 1989 – 4 NB 8.89 –, BRS 49 Nr. 44 = ZfBR 1989, 129). Probleme, die noch während des Vollzugs des Bebauungsplans bewältigt werden können, brauchen nicht schon durch den Plan gelöst zu werden (vgl. BVerwG, Beschluß v. 17. 5. 1995 – 4 NB 30.94 –, ZfBR 1995, 269). Insbesondere § 15 Abs. 1 Baunutzungsverordnung – BauNVO – mit dem in ihm enthaltenen Rücksichtsnahmegebot stellt ein Mittel dar, um Nutzungskonflikte auszuschließen, die bei isolierter Betrachtung des Bebauungsplans auftreten könnten. Ein für das Abwägungsergebnis relevanter Fehler im Abwägungsvorgang ist deshalb auszuschließen, wenn er wegen dieser rechtlichen Möglichkeiten die Konzeption der Planung objektiv nicht berühren kann (vgl. insgesamt BVerwG, Urteil v. 18. 9. 2003 – 4 CN 3.02 –, BRS 66 Nr. 21 = BauR 2004, 286).

Hinsichtlich des Einbaus einer Lüftungsanlage sowie der Anordnung der Gebäudeteile des Dorfgemeinschaftshauses auf dem dafür vorgesehenen Areal durfte die Antragsgegnerin davon ausgehen, daß die zu erwartenden gegenseitigen Beeinträchtigungen im Rahmen eines Baugenehmigungsverfahrens so minimiert werden können, daß sie zu keinen relevanten Beeinträchtigungen führen. Dies wird bestätigt durch die Bauantragsunterlagen, die dem Gericht in dem Verfahren – 3 NG 2523/03 – vorgelegen haben. Danach ist das geplante Dorfgemeinschaftshaus von der Antragsgegnerin nicht unmittelbar an dem auch zur „A-Straße" führenden Weg angeordnet, sondern soll vielmehr in einem Abstand von 20 m zu diesem Weg errichtet werden. Des weiteren ist von der Antragsgegnerin der Einbau einer Lüftungsanlage zum Herausfiltern landwirtschaftlicher Gerüche aus der Zuluft geplant und in dem landwirtschaftlichen Betrieb des Antragstellers zugewandten Gebäudeteil sind Toilettenanlagen, Lagerräume und Umkleideräume angeordnet, während der große und der kleine Saal in nordwestlicher Richtung vom Betrieb des Antragstellers abgewandt angeordnet worden sind. Lediglich im nordöstlichen Bereich des geplanten Dorfgemeinschaftshauses befindet sich ein Vereinsraum, der allerdings eine Entfernung zu den Stallungen des Antragstellers von 75 m hat.

Die Antragsgegnerin durfte abwägungsfehlerfrei davon ausgehen, daß es sich bei der Nutzung des Dorfgemeinschaftshauses um eine mit einer reinen Wohnnutzung nicht vergleichbare Nutzung handelt und auf Grund der Belegungszeiten der Dorfgemeinschaftshäuser anderer Stadtteile die Schlußfolgerung ziehen, daß die Exposition einzelner Personen mit Gerüchen auf Grund der wechselnden Belegung von nur untergeordneter Bedeutung ist. Hierzu hat die Antragsgegnerin Belegungszahlen von zwei weiteren Dorfgemeinschaftshäusern in ihrem Stadtgebiet vorgelegt. Danach wurde das Bürgerhaus in H. im Jahr 2001 an 117 Tagen von unterschiedlichen Gruppierungen, das in G. an 81 Tagen genutzt. Die Antragsgegnerin weist insoweit zutreffend darauf hin, daß, unterstellt, ein Nutzer des Dorfgemeinschaftshauses werde das Dorfgemeinschaftshaus insgesamt in einem Jahr 9 Stunden besuchen, was durchschnittlich im Hinblick auf die vorgetragenen Nutzungsdauern und unterschiedlichen Personengruppen schon im oberen Bereich anzusiedeln sei, diese Exposition auf Gerüche und die damit verbundene Störung bzw. Belästigung im Hinblick auf die Meßverfahren der VDI-Richtlinien nicht mehr verifizierbar sei.

Nr. 33

Optimierungsgebote sind nicht dem strikten Recht zuzuordnen. Sie unterliegen den Anforderungen des Abwägungsgebots und können – wenn gewichtige Gründe dies rechtfertigen – im Wege der Abwägung überwunden werden.
(Nichtamtlicher Leitsatz.)

BauGB § 1 Abs. 6; BImSchG § 50.

Bundesverwaltungsgericht, Beschluß vom 7. Juli 2004 – 4 BN 16.04 –.

(OVG Rheinland-Pfalz)

Aus den Gründen:

1. a) Die Beschwerde wirft als grundsätzlich klärungsbedürftig die Rechtsfrage auf, ob Optimierungsgebote im Planungsrecht, wie z. B. der Trennungsgrundsatz des § 50 BImSchG, ihr gesetzlich vorgesehenes Gewicht in der Abwägung verlieren können, wenn sie mit Belangen der Wirtschaft konkurrieren, oder ob sie gegenüber den Belangen der Wirtschaft sozusagen „konkurrenzlos" sind.

Der erste Teil der Frage würde sich in einem Revisionsverfahren nicht stellen, denn das Normenkontrollgericht ist nicht davon ausgegangen, daß Optimierungsgebote an Gewicht verlieren, wenn sie mit Belangen der Wirtschaft konkurrieren. Es hat die Bedeutung von Optimierungsgeboten in Übereinstimmung mit der Rechtsprechung des Bundesverwaltungsgerichts (vgl. Urteil v. 22. 3. 1985 – 4 C 73.82 –, BVerwGE 71, 163, 165) darin gesehen, den in dem Gebot enthaltenen Zielvorgaben für die Abwägung ein besonderes Gewicht zuzumessen und insoweit die planerische Gestaltungsfreiheit (relativ) einzuschränken, wobei die Zielvorgabe jedoch im Konflikt mit anderen Zielen zumindest teilweise zurücktreten kann. Auch § 50 BImSchG hat es der – früheren – Rechtsprechung des Bundesverwaltungsgerichts folgend (vgl. Urteil v. 22. 3. 1985 – 4 C 73.82 – a. a. O.) als Optimierungsgebot in diesem Sinne qualifiziert (im Urteil v. 28. 1. 1999 – 4 CN 5.98 –, BVerwGE 108, 248 = BRS 62 Nr. 4, hat der Senat § 50 BImSchG als – bloße – Abwägungsdirektive gekennzeichnet). Den Schutz des Wohngebiets an der O.straße vor Beeinträchtigungen durch den Industriebetrieb der Beigeladenen hat es im Hinblick auf deren Belange nicht als von vornherein weniger gewichtig angesehen; es hat die Vereinbarkeit der Planung mit §50 BImSchG vielmehr bejaht, u. a. weil das Wohngebiet nach seinen Feststellungen auf Grund der Nutzungsgliederung des Gewerbe- bzw. des Industriegebiets nach immissionswirksamen flächenbezogenen Schalleistungspegeln keinen unzulässigen Immissionen ausgesetzt wird.

Der zweite Teil der Frage braucht nicht in einem Revisionsverfahren geklärt zu werden. Daß auch die in Optimierungsgeboten geschützten Ziele im Rahmen der Abwägung nicht – wie die Beschwerde meint – „konkurrenzlos" sind, sondern zumindest teilweise gegenüber den Belangen der Wirtschaft zurücktreten können, ist in der Rechtsprechung des Bundesverwaltungsgerichts (vgl. Urteil v. 22. 3. 1985 – 4 C 73.82 –, a. a. O.) bereits geklärt. Optimierungsgebote sind nicht dem strikten Recht zuzuordnen. Sie unterliegen den Anforderungen des Abwägungsgebots und können – wenn gewichtige Gründe dies rechtfertigen – im Wege der Abwägung überwunden werden.

c) Die Beschwerde wirft weiter als klärungsbedürftig die Frage auf, ob es mit dem Optimierungsgebot des §50 BImSchG noch in Einklang gebracht werden kann, daß bei einem „Aufeinandertreffen" eines ausschließlich dem Wohnen dienenden Gebietes mit einem Industriegebiet, auf dem ein erheblich belästigender Gewerbebetrieb errichtet werden soll, den wirtschaftlichen Belangen ein derart hohes Gewicht beigemessen wird, daß der Trennungsgrundsatz nur noch für eine Abmilderung der Immissionsbelastung auf ein zumutbares Maß herangezogen wird. Auch diese Frage rechtfertigt die Zulassung der Revision nicht. In der Rechtsprechung des beschließenden Senats ist bereits geklärt, daß es sich bei dem Trennungsgebot um nicht mehr als einen ausnahmefähigen Grundsatz handelt und nur handeln kann (vgl. Urteil v. 5. 7. 1974 – 4 C 50.72 –, BVerwGE 45, 309, 329 = BRS 28 Nr. 4; Beschluß v. 20. 1. 1992 – 4 B 71.90 –, BRS 54 Nr. 18 = Buchholz 406.11 §214 BauGB Nr. 5). Geklärt ist außerdem, daß eine Gemeinde bei der Planung eines neu anzulegenden, der Wohnbebauung benachbarten Gewerbe- und Industriegebietes nicht von der Pflicht entbunden ist, die besondere Schutzbedürftigkeit der Wohnbebauung in ihre Abwägung einzustellen. Zwar können Eigentümer von Grundstücken am Rande eines Außenbereichs nicht damit rechnen, daß in ihrer Nachbarschaft keine emittierenden Nutzungen oder höchstens ebenfalls nur eine Wohnnutzung entsteht; sie dürfen indes darauf vertrauen, daß keine mit der Wohnnutzung unverträgliche Nutzung entsteht. Besteht eine derartige unverträgliche Nutzung, so muß die Gemeinde durch planerische Festsetzungen den künftigen Konflikt auflösen und damit vermeiden. Dazu können beispielsweise auch planerische Festsetzungen gemäß §9 Abs. 1 Nr. 24 BauGB gehören. Die Gemeinde hat als Ortsgesetzgeber ihre Festsetzungsmöglichkeiten zu nutzen, um im Rahmen sachgerechter Abwägung vor solchen Einwirkungen zu schützen, sie tunlichst zu vermeiden oder jedenfalls zu vermindern. Das gilt erst recht, wenn die Gemeinde durch ihre eigene Planung derartige Störungen in rechtlich zulässiger Weise ermöglichen will. In diesem Falle hat sie durch planerische Maßnahmen – soweit wie möglich – dafür zu sorgen, daß entstehende schädliche Umwelteinwirkungen i. S. des §3 BImSchG nicht hervorgerufen werden können. Das folgt unmittelbar aus

§ 50 BImSchG, aber auch aus dem Gebot sachgerechter Konfliktbewältigung (vgl. BVerwG, Beschluß v. 30.11.1992 – 4 NB 41.92 –, juris). Einen darüber hinausgehenden Klärungsbedarf zeigt die Beschwerde nicht auf.

d) Die Frage, ob das Optimierungsgebot des § 50 BImSchG und das schützenswerte Interesse der Eigentümer eines mit einem Wohnhaus bebauten Grundstückes am weitestgehenden, höchstmöglichen Erhalt des Verkehrswertes ihrer Grundstücke im Rahmen der Abwägung eine (zwingend) vorrangige Berücksichtigung gegenüber den wirtschaftlichen Belangen verlangen, wenn zum einen zahlreiche Eigentümer wegen eines Wertverlustes betroffen sind und zum anderen eine echte Planungsalternative für den Bauherrn vorhanden ist, ist einer grundsätzlichen Klärung nicht zugänglich. Welche rechtlichen Schlüsse aus dem Optimierungsgebot des § 50 BImSchG und dem Abwägungsgebot zu ziehen sind, wenn der Verkehrswert von Wohngrundstücken durch die Ausweisung eines Industriegebiets gemindert wird, hängt von den tatsächlichen Umständen des jeweiligen Einzelfalles ab.

Nr. 34

1. § 8 BauNVO läßt die Festsetzung eines Gewerbegebiets zu, in dem nur Geschäfts-, Büro- und Verwaltungsgebäude zulässig sind.

2. Ein Einzelhandelsbetrieb mit einer Nutzfläche von höchstens 400 m² kann als „Nachbarschaftsladen" oder „Convenience-Store" ein festsetzungsfähiger Anlagentyp i. S. von § 1 Abs. 9 BauNVO sein.

BauNVO § 1 Abs. 5, § 1 Abs. 9, § 8.

Bundesverwaltungsgericht, Beschluß vom 8. November 2004
– 4 BN 39.04 –.

(Hessischer VGH)

Aus den Gründen:
2. a) Der Antragsteller hält für klärungsbedürftig, ob die allgemeine Zweckbestimmung eines Gewerbegebiets noch gewahrt ist, wenn in dem Plangebiet lediglich Geschäfts-, Büro- und Verwaltungsgebäude i. S. des § 8 Abs. 2 Nr. 2 BauNVO sowie Anlagen für sportliche Zwecke i. S. des § 8 Abs. 2 Nr. 4 BauNVO und ausnahmsweise u. a. auch Anlagen für kirchliche, kulturelle, soziale und gesundheitliche Zwecke zulässig sind, „Gewerbebetriebe aller Art, Lagerhäuser, Lagerplätze und öffentliche Betriebe" i. S. des § 8 Abs. 2 Nr. 1 BauNVO dagegen ausgeschlossen bzw. nur ausnahmsweise zugelassen werden. Diese Frage nötigt nicht zur Zulassung der Revision. Sie läßt sich auf der Grundlage der bisherigen Rechtsprechung des Senats beantworten, ohne daß es eigens der Durchführung eines Revisionsverfahrens bedarf.

Nach § 1 Abs. 4 Satz 2 BauNVO können die in Gewerbe- und in Industriegebieten zulässigen Anlagen auf verschiedene räumliche Bereiche der Gemeinde in der Weise verteilt werden, daß in bestimmten Gewerbe- oder Industriegebieten einzelne der in § 8 Abs. 2 oder § 9 Abs. 2 BauNVO zulässigen

Arten von Nutzungen für unzulässig oder nur für ausnahmsweise zulässig erklärt werden. Wie aus §1 Abs. 4 Satz 3 BauNVO zu ersehen ist, läßt sich in einem solchen System der räumlichen Gliederung insbesondere §1 Abs. 5 BauNVO als Steuerungsmittel nutzbar machen. Danach kann u. a. festgesetzt werden, daß einzelne Arten von Nutzungen, die nach §8 BauNVO in einem Gewerbegebiet allgemein zulässig sind, nicht zulässig sind oder nur ausnahmsweise zugelassen werden können. Allerdings muß hierbei die allgemeine Zweckbestimmung des Baugebiets gewahrt bleiben.

§8 Abs. 2 Nr. 1 BauNVO deutet auf eine vom Grundsatz her sehr offene Gebietsstruktur hin. Nach dieser Vorschrift sind in einem Gewerbegebiet „Gewerbebetriebe aller Art" zulässig. Diese Kategorie umfaßt ihrem Wortlaut nach sämtliche gewerblichen Nutzungen, die mit Rücksicht auf das Wohnen wegen ihres Störgrades nicht mehr ohne weiteres mischgebietsverträglich sind, ohne andererseits so erheblich zu belästigen, daß sie nur in einem Industriegebiet i. S. des §9 BauNVO verwirklich werden können. Nutzungen, die spezifisch gewerbliche Merkmale aufweisen, sind indes nicht bloß in §8 Abs. 2 Nr. 1 BauNVO angesprochen. Der Kreis der „Gewerbebetriebe aller Art" wird insbesondere in §8 Abs. 2 Nr. 2 BauNVO ergänzt. Danach sind in einem Gewerbegebiet regelhaft auch „Geschäfts-, Büro- und Verwaltungsgebäude" zulässig. Diese Systematik macht deutlich, daß zu den prägenden Elementen eines Gewerbegebiets nicht bloß das produzierende und das verarbeitende Gewerbe unter Einschluß des Handwerks gehört. Der Begriff des Gewerbebetriebs erstreckt sich vielmehr auch auf die in §8 Abs. 2 Nr. 2 BauNVO als besondere Kategorie geregelten Dienstleistungsbetriebe. Die Vielgestaltigkeit, durch die Gewerbegebiete gekennzeichnet sind, äußert sich gerade in der typischen Funktion, neben Betrieben des produzierenden und des verarbeitenden Gewerbes auch Betrieben des Dienstleistungsgewerbes sowie weiteren nicht erheblich belästigenden gewerblichen Nutzungen wie Lagerhäusern und Lagerplätzen (Abs. 2 Nr. 1) sowie Tankstellen (Abs. 2 Nr. 3) als Standort zu dienen (vgl. BVerwG, Beschluß v. 28. 7. 1988 – 4 B 119.88 –, BRS 48 Nr. 40 = BauR 1988, 693 = Buchholz 406.12 §8 BauNVO Nr. 8).

Die Zweckbestimmung eines Gewerbegebiets wird nicht dadurch angetastet, daß auf der Grundlage des §1 Abs. 5 BauNVO aus dem Spektrum der nach §8 Abs. 2 BauNVO an sich zulässigen gewerblichen Nutzungen einzelne Nutzungsarten ausgeschlossen werden (vgl. BVerwG, Beschluß v. 3. 5. 1993 – 4 NB 13.93 –, Buchholz 406.12 §1 BauNVO Nr. 16; Ausschluß von Einzelhandelsbetrieben; Beschluß v. 11. 5. 1999 – 4 BN 15.99 –, a. a. O.: Ausschluß von Schank- und Speisewirtschaften und nicht kerngebietstypischen Vergnügungsstätten). Auch die Beschränkung der zulässigen gewerblichen oder handwerklichen Nutzung auf Betriebe, die das Wohnen nicht wesentlich stören, begegnet keinen rechtlichen Bedenken. Ein solches „eingeschränktes Gewerbegebiet" entspricht seiner allgemeinen Zweckbestimmung nach noch dem Typus eines Gewerbegebiets (BVerwG, Beschluß v. 15. 4. 1987 – 4 B 71.87 –, a. a. O.). Durch das Erfordernis der Wahrung der Zweckbestimmung soll sichergestellt werden, daß die Systematik, die den §§2 bis 10 BauNVO im Interesse geordneter städtebaulicher Verhältnisse zugrunde liegt, auch im Falle der Modifikation des jeweiligen Zulässigkeitsregimes unangetastet bleibt. Festsetzungen nach § 1 Abs. 5 BauNVO dürfen nach dem Grundsatz der „Typenreinheit" nicht dazu führen, daß ein Baugebiet geschaffen wird, das einen anderen als den normativ vorgegebenen Charakter aufweist. Der Normgeber läßt es nicht zu, durch den Ausschluß an sich zulässiger Nutzungsarten ein Baugebiet in seinem Erscheinungsbild so nachhaltig zu verändern, daß es keiner der in der Baunutzungsverordnung geregelten Baugebietstypen mehr entspricht (vgl. BVerwG, Beschlüsse v. 22.12.1989 – 4 NB 32.89 –, BRS 49 Nr. 74 = BauR 1990, 186 = Buchholz 406.12 § 1 BauNVO Nr. 8, v. 6.5.1996 – 4 NB 16.96 –, BRS 58 Nr. 23 = Buchholz 406.12 § 1 BauNVO Nr. 22 und v. 7.7.1997 – 4 BN 11.97 –, BRS 59 Nr. 36 = BauR 1997, 972 = Buchholz 406.12 § 11 BauNVO Nr. 22).

Ebenso wenig wie durch die Beschränkung auf Gewerbe- bzw. Handwerksbetriebe, die das Wohnen nicht wesentlich stören, verliert ein Baugebiet durch die Beschränkung auf Geschäfts-, Büro- und Verwaltungsgebäude den Charakter eines Gewerbegebiets. Trotz des Ausschlusses von Betrieben des produzierenden und des verarbeitenden Gewerbes behält es sein Gepräge als ein Gebiet, das frei von allgemeiner Wohnnutzung als Standort für Dienstleistungsbetriebe einem wesentlichen Segment der gewerblichen Nutzung vorbehalten ist. Wegen des typischerweise geringeren Störpotentials von Geschäfts-, Büro- und Verwaltungsgebäuden stellt es in ähnlicher Weise wie ein „eingeschränktes Gewerbegebiet", das die im Senatsbeschluß vom 15.4.1987 (– 4 B 71.87 –, a.a.O.) genannten Merkmale aufweist, ein typenkonformes Gliederungs- bzw. Festsetzungsmittel dar, das ein störungsarmes Nebeneinander von Gewerbe- und von Wohnnutzung ermöglicht.

Was für den völligen Ausschluß von „Gewerbebetrieben aller Art" i.S. des § 8 Abs. 2 Nr. 1 BauNVO gilt, beansprucht Geltung erst recht, wenn dieses Nutzungssegment unter einen Ausnahmevorbehalt gestellt wird.

b) Mit der Frage, ob die Festsetzung eines im wesentlichen auf Geschäfts-, Büro- und Verwaltungsgebäude beschränkten Gewerbegebiets erforderlich i. S. des § 1 Abs. 3 BauGB ist, wenn für diese Nutzung kein Bedarf besteht, zeigt der Antragsteller keinen Bedeutungsgehalt auf, der eine Zulassung der Revision auf der Grundlage des § 132 Abs. 2 Nr. 1 VwGO rechtfertigt. Das Normenkontrollgericht hat die Bedarfsfrage angesprochen. Daß es sie anders beurteilt als der Antragsteller, verleiht der Rechtssache schon deshalb keine grundsätzliche Bedeutung, weil der Senat zum Problemkreis des Bedarfs bereits Stellung genommen hat. Wie aus dem Beschluß vom 11.5.1999 (– 4 NB 15.99 –, a.a.O.) erhellt, hängt die Planungsbefugnis nach § 1 Abs. 3 BauGB nicht von dem Nachweis ab, daß hierfür ein durch spürbaren Nachfragedruck ausgelöstes unabweisbares Bedürfnis vorhanden ist. Erforderlich ist eine bauleitplanerische Regelung nicht nur dann, wenn sie dazu dient, Entwicklungen, die bereits im Gange sind, in geordnete Bahnen zu lenken, sondern auch dann, wenn die Gemeinde die planerischen Voraussetzungen schafft, die es ermöglichen, einer Bedarfslage gerecht zu werden, die sich erst für die Zukunft abzeichnet.

c) Die Frage, ob es sich städtebaulich begründen läßt, in einem Gewerbegebiet in Anwendung des § 1 Abs. 5 BauNVO Gewerbe- und Handwerksbetriebe i. S. des § 8 Abs. 2 Nr. 1 BauNVO auszuschließen, ließe sich in einem

Revisionsverfahren nicht mit Anspruch auf Allgemeingültigkeit klären. Von dem Festsetzungsinstrument des § 1 Abs. 5 BauNVO darf die Gemeinde nur dann Gebrauch machen, wenn sie sich von dem in § 1 Abs. 1 und 3 BauGB vorgezeichneten Ziel bestimmen läßt, die bauliche und die sonstige Nutzung der Grundstücke im Gemeindegebiet aus Gründen der städtebaulichen Ordnung und Entwicklung zu leiten und eine sozialgerechte Bodenordnung zu gewährleisten (vgl. BVerwG, Urteil v. 22.5.1987 – 4 C 77.84 –, a.a.O.; Beschluß v. 22.5.1987 – 4 N 4.86 –, BVerwGE 77, 308 = BRS 47 Nr. 54 = BauR 1987, 520). Ob ein mit einem Bebauungsplan verfolgtes Ausschlußkonzept im Städtebaurecht wurzelt oder auf Erwägungen beruht, die der Regelung der Bodennutzung fremd sind, läßt sich nur anhand der Umstände des Einzelfalls ermitteln.

d) Auch die Frage, ob es sich bei einem Einzelhandelsbetrieb mit einer Nutzfläche von max. 400 m² um einen festsetzungsfähigen Anlagentyp i. S. des § 1 Abs. 9 BauNVO handelt, rechtfertigt nicht die Zulassung der Revision. In der Rechtsprechung des Senats ist geklärt, daß § 1 Abs. 9 BauNVO es über § 1 Abs. 5 BauNVO hinaus gestattet, einzelne Unterarten von Nutzungen mit planerischen Festsetzungen zu erfassen. Gegenstand einer solchen Festsetzung können freilich nur bestimmte Anlagentypen sein. Unproblematisch sind Gattungsbezeichnungen oder ähnliche typisierende Beschreibungen. Der Gemeinde ist es indes nicht grundsätzlich verwehrt, die Zulässigkeit auch nach der Größe der Anlagen, wie etwa der Verkaufs- oder der Geschoßfläche von Handelsbetrieben, unterschiedlich zu regeln. Den Anforderungen des § 1 Abs. 9 BauNVO entspricht eine solche Planung allerdings nur, wenn durch die Größenangabe bestimmte Arten von baulichen oder sonstigen Anlagen zutreffend gekennzeichnet werden. Betriebe, bei denen die Verkaufs- oder die Geschoßfläche eine bestimmte Größe überschreitet, sind nicht schon allein deshalb auch „bestimmte Arten" i. S. des § 1 Abs. 9 BauNVO. Die Begrenzung der höchstzulässigen Verkaufs- oder Geschoßfläche trägt die Umschreibung eines bestimmten Anlagentyps nicht gleichsam in sich selbst. Vielmehr muß die Gemeinde darlegen, warum Betriebe unter bzw. über den von ihr festgesetzten Größen generell oder doch jedenfalls unter Berücksichtigung der besonderen örtlichen Verhältnisse einem bestimmten Anlagentyp entsprechen (vgl. BVerwG, Urteile v. 22.5.1987 – 4 C 77.84 –, a.a.O., und – 4 C 19.85 –, a.a.O.; Beschlüsse v. 27.7.1998 – 4 BN 31.98 –, a.a.O., und v. 17.7.2001 – 4 B 55.01 –, a.a.O.).

Der Antragsteller legt nicht dar, in welcher Richtung diese Rechtsprechung präzisierungs- oder fortentwicklungsbedürftig sein sollte. Das Normenkontrollgericht macht sich die rechtlichen Vorgaben des Senats ausdrücklich zu eigen. Es erläutert im Einzelnen, wieso die Antragsgegnerin mit der vom Antragsteller angegriffenen Festsetzung nicht bloß darauf abzielt, die Zulässigkeit von Einzelhandelsbetrieben an die Voraussetzung einer Höchstnutzungsfläche von 400 m² zu knüpfen, sondern mit der Größenangabe auch den Zweck verfolgt, einen bestimmten Anlagentyp zu umschreiben, den es im Anschluß an eine Begriffsdefinition des Instituts für Handelsforschung an der Universität zu Köln als „Nachbarschaftsladen" oder „Convenience-Store" bezeichnet.

e) Die Frage, ob es sich städtebaulich rechtfertigen läßt, Einzelhandelsbetriebe mit einer Nutzfläche von mehr als 400 m² auszuschließen, um das nähere Umfeld vor Verkehrsbelastungen zu schützen, ließe sich in dem erstrebten Revisionsverfahren nicht unabhängig von den Besonderheiten des Einzelfalls klären. Beeinträchtigungen, die der von einem Einzelhandelsbetrieb ausgelöste Zu- und Abgangsverkehr für die Nachbarschaft mit sich bringt, läßt sich die städtebauliche Relevanz in aller Regel nicht absprechen. Bei großflächigen Einzelhandelsbetrieben liegt dies durchweg auf der Hand (vgl. § 11 Abs. 3 Satz 2 BauNVO). Aber auch bei kleineren Betrieben lassen sich nachteilige städtebauliche Wirkungen, je nach den örtlichen Gegebenheiten, nicht ausschließen.

Nr. 35

1. **Die öffentliche Auslegung eines Planentwurfs ist nicht zu beanstanden, wenn ein Interessierter die teilweise tief hängenden Unterlagen jedenfalls in gebückter Haltung oder von einem bereit stehenden Stuhl aus zur Kenntnis nehmen kann.**

2. **Der Umstand, daß ein von einer Bebauungsplanung begünstigtes Unternehmen eine Ablehnung durch den Gemeinderat zum Anlaß nehmen könnte, den Betrieb zu verlagern mit der Folge, daß der Ehegatte eines beim Satzungsbeschluß mitwirkenden Gemeinderats seinen Arbeitsplatz verlieren könnte, begründet nicht ohne weiteres einen Befangenheitstatbestand.**

3. **Eine Festsetzung „Gewerbegebiet – nur Hochregallager zulässig" ist nach § 1 Abs. 4 Satz 1 Nr. 2 BauNVO möglich.**

4. **Zur (hier fehlerfreien) Abwägung bei der Ausweisung eines Standorts für ein Hochregallager in einem kleineren Gewerbegebiet im ländlichen Raum.**

5. **Kommen weitere Vermeidungs-, Ausgleichs- und Ersatzmaßnahmen nicht in Betracht, kann der bei Errichtung eines Hochregallagers verbleibende Eingriff in das Landschaftsbild „weggewogen" werden.**

BauGB §§ 1 Abs. 6, 1a Abs. 3, 3 Abs. 2, 9 Abs. 1 Nr. 9, Nr. 12, Nr. 26; BauNVO § 1 Abs. 4 Satz 1; BNatSchG § 19 Abs. 2; GemO § 18 Abs. 1, Abs. 2 Nr. 1.

VGH Baden-Württemberg, Urteil vom 22. September 2004 – 5 S 382/03 –.

Etwa die Hälfte des Plangebiets wird von dem im Westen von der Dieselstraße und im Süden von der Zeppelinstraße begrenzten Grundstück X. eingenommen. Auf diesem Grundstück hat sich die Firma „P. Möbelelemente" angesiedelt, die bis vor kurzem in der Ortsmitte von V. noch Betriebsstätten hatte. Es ist im wesentlichen mit zwei etwa 8 m hohen, aneinandergebauten Produktionshallen, im nördlichen Teil auch mit zwei etwa 15 m hohen Spänesilos und im nordwestlichen Teil mit einem etwa 8 m breiten, 35 m tiefen und 15 m hohen Spanplattenregallager bebaut.

Der Antragsteller führt auf dem im Plangebiet gelegenen Grundstück Y. die Firma „H. GmbH Maschinen und Werkzeuge". Im Änderungsplan ist sein Grundstück als Gewerbegebiet und als maximal zulässige Höhe der Bebauung 520,00 m ü.NN festgesetzt, wobei technische Anlagen und technische Aufbauten diese maximale Höhe um 3 m überschreiten dürfen.

Der Änderungsplan setzt auf dem Grundstück der Firma P. entlang der Z.-straße eine etwa 100 m lange und 10 m tiefe Fläche fest, für die als Art der Nutzung „Hochregallager GE" mit dem Zusatz „Gewerbegebiet gemäß § 8 BauNVO – nur Hochregallager zulässig" bestimmt wird. Technische Aufbauten über der maximalen Höhe von 526,00 m ü.NN sind ausgeschlossen. Für diese Teilfläche sind als Grundflächenzahl 0,8, als Geschoßflächenzahl 1,6 sowie eine abweichenden Bauweise (im Sinne der offenen Bauweise, jedoch Gebäudelängen über 50 m zulässig) festgesetzt. Zwischen der Zeppelinstraße und dem Standort für das Hochregallager ist eine „bepflanzte Erdaufschüttung bis max. 509,00 m ü.NN" („mit Baumbuschbepflanzung herzustellende Erdaufschuttung einschließlich vorzupflanzender Laubhochstämme") festgesetzt. Von der Zufahrt zum Grundstuck des Antragstellers ist das östliche Ende des Standorts für das Hochregallager ungefähr 35 m, von dem Betriebsgebäude des Antragstellers ungefähr 70 m entfernt.

Aus den Gründen:
Der Änderungsplan ist ohne Verfahrensfehler beschlossen worden.

Daß der Planentwurf in einem Schaukasten ausgehängt war, dessen Unterkante nur 74 cm vom Fußboden entfernt ist, verstößt nicht gegen § 3 Abs. 2 BauGB. Die darin vorgeschriebene öffentliche Auslegung des Entwurfs des Bebauungsplans mit der Begründung erfordert, daß jeder Interessierte ohne weiteres in die Unterlagen Einblick nehmen kann, d.h. ohne noch Fragen und Bitten an die Bediensteten der Gemeinde stellen zu müssen oder gezwungen zu sein, nach Bestandteilen der ausgelegten Unterlagen und Akten zu suchen. Die auszulegenden Unterlagen müssen an dem in der öffentlichen Bekanntmachung genannten Ort vollständig, sichtbar, griffbereit und als zusammengehörig erkennbar der Öffentlichkeit zugänglich sein (VGH Bad.-Württ., Urteil v. 11.12.1998 – 8 S 1174/98 –, VBlBW 1999, 178 = PBauE § 3 BauGB Nr. 24; im Anschluß hieran auch Senatsurteil v. 12.3.1999 – 5 S 2483/96 –, ESVGH 49, 182). Diesen Anforderungen ist genügt, wenn ein Interessierter die teilweise tief hängenden Unterlagen jedenfalls in gebückter Haltung oder von einem bereit stehenden Stuhl aus sitzend zur Kenntnis nehmen kann.

Verfahrensfehlerhaft ist der Satzungsbeschluß von 2003 auch nicht wegen der Mitwirkung der Gemeinderäte F. und L.

Nach § 18 Abs. 1 Nr. 1 GemO darf der ehrenamtlich tätige Bürger weder beratend noch entscheidend mitwirken, wenn die Entscheidung einer Angelegenheit ihm selbst oder seinem Ehegatten einen unmittelbaren Vorteil oder Nachteil bringen kann. Dies gilt nach § 18 Abs. 2 Nr. 1 GemO auch, wenn der Bürger gegen Entgelt bei jemand beschäftigt ist, dem die Entscheidung der Angelegenheit einen solchen Vorteil oder Nachteil bringen kann, es sei denn, daß nach den tatsächlichen Umständen der Beschäftigung auszunehmen ist, daß sich der Bürger deswegen nicht in einem Interessenwiderstreit befindet.

Der Befangenheitstatbestand des § 18 Abs. 2 Nr. 1 GemO ist nicht erfüllt. Dieser greift nur bei einer entgeltlichen Beschäftigung des Gemeinderats selbst bei einem möglicherweise durch die Entscheidung begünstigten oder benachteiligten Dritten, nicht aber bei einer solchen Beschäftigung seiner Ehefrau. Nur für den Fall des § 18 Abs. 2 Nr. 2 GemO (Tätigkeit als Gesellschafter einer Handelsgesellschaft oder Mitglied des Vorstands des Aufsichtsrats oder eines gleichartigen Organs eines rechtlich selbständigen Unternehmens) hat der Gesetzgeber die Befangenheitstatbestände des § 18 Abs. 2 Nrn. 1 bis 4 GemO auf Ehegatten oder Verwandte ersten Grades ausgedehnt (vgl. Kunze/Bronner/Katz, Gemeindeordnung für Baden-Württemberg, § 18 Rdnr. 15 b).

Der Satzungsbeschluß bzw. dessen Ablehnung hätte den Ehefrauen der beiden genannten Gemeinderäte auch keinen unmittelbaren Vorteil i. S. von § 18 Abs. 1 Nr. 1 GemO gebracht. Sie hätten an diesem Beschluß bzw. an einer Ablehnung kein individuelles Sonderinteresse gehabt in dem Sinne, daß sie dadurch gezielt betroffen worden wären. Der Antragsteller sieht zu Unrecht ein solches Sonderinteresse der beiden Ehefrauen darin, daß sie bei der von den Festsetzungen begünstigten Firma P. teilzeitbeschäftigt sind und daß sie bei wirklichkeitsnaher Betrachtung befürchten könnten und tatsächlich auch befürchtet hätten, daß ihr Arbeitgeber im Falle eines unterbliebenen Satzungsbeschlusses aus dem Ort wegziehe und sie ihren Arbeitsplatz verlören.

Das Merkmal der Unmittelbarkeit erfordert allerdings keine unmittelbare Kausalität zwischen der Entscheidung und dem Vorteil oder Nachteil. Ob ein die Mitwirkung des Bürgers an der Entscheidung ausschließendes individuelles Sonderinteresse vorliegt, kann nicht allgemein, sondern nur auf Grund einer wertenden Betrachtungsweise der Verhältnisse des Einzelfalls entschieden werden. Dabei ist davon auszugehen, daß jeder individualisierbare materielle oder immaterielle Vorteil oder Nachteil zu einer Interessenkollision in dem hier maßgeblichen Sinn führen kann. Es kommt auch nicht darauf an, daß eine Interessenkollision tatsächlich besteht; bereits der „böse Schein" einer Interessenkollision soll vermieden werden. Der Eintritt eines Sondervorteils oder -nachteils auf Grund der Entscheidung muß jedoch konkret möglich, d. h. hinreichend wahrscheinlich sein. Er muß von nicht ganz untergeordneter Bedeutung sein und sich von allgemeinen oder Gruppeninteressen (§ 18 Abs. 3 GemO) deutlich abheben. Die Entscheidung muß so eng mit den persönlichen Belangen des ehrenamtlich tätigen Bürgers – oder der Bezugsperson – zusammenhängen, daß sie sich sozusagen auf diesen „zuspitzt" und er, weil im Mittelpunkt oder jedenfalls im Vordergrund der Entscheidung stehend, als deren „Adressat" anzusehen ist (vgl. zum Ganzen VGH Bad.-Württ., Urteil v. 20. 1. 1986 – 1 S 2008/85 –, VBlBW 1987, 24 m. w. N.; Urteil v. 5. 12. 1991 – 5 S 976/91 –, NVwZ-RR 1993, 97; Urteil v. 3. 4. 2003 – 5 S 1717/01 –). So ist eine Befangenheit eines Gemeinderats beim Beschluß eines Bebauungsplans, mit dem ein sonstiges Sondergebiet mit der Zweckbestimmung „Baumarkt" ausgewiesen worden ist, bejaht worden, weil jener Geschäftsführer der Komplementärin und seine Ehefrau Kommanditistin eines Unternehmens waren, das bisher den einzigen Baumarkt im Gebiet der Gemeinde betrieb, und weil dieses Unternehmen von der Festsetzung wirtschaftlich in besonderem Maß betroffen war (VGH Bad.-Württ., Urteil v. 20. 1. 1986 – 1 S 2008/85 –, a. a. O.). Nicht ausreichend für ein individuelles

Sonderinteresse eines Gemeinderats war dagegen, daß ein Gemeinderatsmitglied ein Grundstück in einem Bereich hatte, der vom Gemeinderat beim Beschluß eines Bebauungsplans als möglicher Alternativstandort erwogen worden war (VGH Bad.-Württ., Urteil v. 25. 10. 1983 – 3 S 1221/83 –, BRS 40 Nr. 31 = VBlBW 1985, 21), daß die Aussiedlung eines Betriebs dazu geführt hatte, daß die Eigentumswohnung eines Bürgermeisters wegen der nun ruhigeren Lage an Wert gewann (VGH Bad.-Württ., Urteil v. 5. 12. 1991 – 5 S 976/91 –, a. a. O.), daß der beschlossene Bebauungsplan eine Straße festsetzte, die zu einer geringfügigen Verbesserung der Verkehrssituation in der Straße führte, in der der Gemeinderat selbst wohnte (VGH Bad.-Württ., Urteil v. 30. 4. 2004 – 8 S 1374/03 –, abgedruckt unter Nr. 26; ähnlich Urteil v. 28. 6. 1996 – 8 S 113/96 –, NVwZ-RR 1997, 183 = PBauE § 9 Abs. 1 Nr. 24 BauGB Nr. 10) und daß ein Gemeinderat Wohnungen und gewerbliche Objekte einer im Plangebiet gelegenen Firma zur Vermietung vermakelte (VGH Bad.-Württ., Urteil v. 4. 7. 1996 – 5 S 1697/95 –, ESVGH 46, 289).

Allein der Umstand, daß die Ehefrauen der genannten Gemeinderäte bei der Firma P. entgeltlich beschäftigt sind, reicht für die Annahme eines den Befangenheitstatbestand des § 18 Abs. 1 Nr. 1 GemO begründenden individuellen Sonderinteresses nicht aus. Dies folgt schon daraus, daß der Gesetzgeber § 18 Abs. 2 Nr. 1 GemO gerade nicht auf Ehegatten erstreckt hat.

Einen Befangenheitstatbestand begründet auch nicht ohne weiteres der Umstand, daß ein von einer Planung begünstigtes Unternehmen eine Ablehnung durch den Gemeinderat zum Anlaß nehmen könnte, den Betrieb zu verlagern mit der Folge, daß der Ehegatte eines beim Satzungsbeschluß mitwirkenden Gemeinderats seinen Arbeitsplatz verlieren könnte. Auch wenn der dem Ehegatten und der aus der betreffenden Gemeinde stammenden Belegschaft insgesamt in Aussicht stehende Nachteil insoweit wohl als gezielt bzw. zugespitzt zu werten wäre, im Unterschied zu im weiteren Sinne betroffenen Bürgern der Gemeinde (vgl. § 18 Abs. 3 GemO), fehlt es an einer Unmittelbarkeit des Nachteils für den Ehegatten jedenfalls dann, wenn eine Absiedlung des Unternehmens in naher Zukunft und maßgeblich wegen der in Rede stehenden Entscheidung des Gemeinderats ungewiss ist. So ist es hier.

Den Akten und dem Vorbringen des Antragstellers läßt sich nicht entnehmen, daß die Firma P. allein wegen einer Ablehnung eines Hochregallagers in naher Zukunft weggezogen wäre. Zwar haben Arbeitnehmer der Firma und der Betriebsrat gegenüber der Antragsgegnerin allgemein eine Gefährdung von Arbeitsplätzen geltend gemacht, da die Firma keine Erweiterungsmöglichkeiten bzw. keine Zukunftsperspektiven habe. Auch war die von der Firma P. betrieblich als notwendig dargestellte Errichtung eines Hochregallagers gerade Anlaß für den Änderungsplan. Gleichwohl ist nicht ersichtlich, daß das „Wohl und Wehe" der Firma, die ihre Umsiedlung aus der Ortsmitte in das Gewerbegebiet „Ziegelhütte" erst vor kurzem mit entsprechendem finanziellen Aufwand abgeschlossen hat, vom Bau des Hochregallagers bestimmt gewesen wäre und sie sich deshalb genötigt gesehen hätte, in naher Zukunft den Betrieb umzusiedeln. Dementsprechend verfügte die Firma P. beim Satzungsbeschluß ersichtlich auch nicht über konkrete Standortalternativen.

Die Festsetzungen des Bebauungsplans sind im wesentlichen zulässig und hinreichend bestimmt.

Die Bedenken gegen die Festsetzung „Gewerbegebiet – nur Hochregallager zulässig" für einen Teil des Plangebiets greifen nicht durch. Nicht zweifelhaft ist, daß es sich hierbei um eine planerische Festsetzung und nicht etwa nur um einen Hinweis auf die beabsichtigte Nutzung handelt. Eine solche Festsetzung ist nach § 1 Abs. 4 Satz 1 Nr. 2 BauNVO zulässig. Danach können u. a. für ein Gewerbegebiet Festsetzungen getroffen werden, die das Baugebiet nach der Art der Betriebe und Anlagen und deren besonderen Bedürfnissen und Eigenschaften gliedern. Das erlaubt zwar nicht die Ausweisung eines bestimmten einzelnen Vorhabens (BVerwG, Urteil v. 22. 5. 1987 – 4 C 77.84 –, BVerwGE 77, 317 = BRS 47 Nr. 58 = PBauE § 1 Abs. 9 BauNVO Nr. 1; Urteil v. 6. 5. 1993 – 4 NB-32.92 –, BRS 55 Nr. 10 = NVwZ 1994, 292 = PBauE § 9 BauNVO Nr. 1; König/Roeser/Stock, BauNVO, 2. Aufl., § 1 Rdnr. 49; Fickert/Fieseler, BauNVO, 10. Aufl., § 1 Rdnr. 89) nach der Art eines vorhabenbezogenen Bebauungsplans (§ 12 BauGB), läßt aber eine weitgehende Differenzierung von Vorhaben zu, um einer Gemeinde zu ermöglichen, u. a. ihre Gewerbegebiete städtebaulichen Erfordernissen entsprechend zu gliedern. In diesem Sinne hält der Senat auch die Festsetzung eines Hochregallagers an einer bestimmten Stelle in einem Gewerbegebiet noch für möglich, auch wenn sich die Gemeinde damit der unzulässigen Festsetzung eines konkreten Vorhabens stark annähert. Der Verordnungsgeber nennt als allgemein im Gewerbegebiet zulässige Anlagen Lagerhäuser und Lagerplätze (§ 8 Abs. 2 Nr. 1 BauNVO). Hochregallager sind besondere Arten von Lagerhäusern, für deren Standortwahl eigenständige städtebauliche Gesichtspunkte sprechen können, wie sich – dazu unten – auch im vorliegenden Fall erweist. Schließlich ist eine weitgehende Differenzierung nach der zulässigen Nutzungsart nicht grundsätzlich bedenklich. Dies zeigt sich auch daran, daß nach § 9 Abs. 1 Nr. 9 BauGB sogar ein konkreter privater Nutzungszweck festgesetzt werden kann (vgl. Bielenberg/Söfker, in: Ernst/Zinkahn/Bielenberg, BauGB, § 9 Rdnr. 90). ...

Der Änderungsplan verstößt nicht gegen das Gebot, daß Bauleitpläne aufzustellen sind, sobald und soweit es für die städtebauliche Entwicklung und Ordnung erforderlich ist (§ 1 Abs. 3 BauGB). ...

Die planerische Konzeption der Antragsgegnerin war von städtebaulichen Erwägungen getragen. Dies gilt insbesondere für die Festsetzung einer Fläche für die Errichtung eines Hochregallagers. Der Antragsgegnerin ging es darum, im Plangebiet, in dem sich die Firma P. als Hersteller von Möbelelementen angesiedelt hatte, die Errichtung eines städtebaulich unter verschiedenen Gesichtspunkten problematischen Hochregallagers zu ermöglichen. Sie hat insoweit insbesondere die Belange der Wirtschaft und dabei auch die Erhaltung und Sicherung von Arbeitsplätzen berücksichtigt (§ 1 Abs. 5 Satz 2 Nr. 8 BauGB a. F.). Als städtebauliche Erwägung hat sie auch den bei der Errichtung eines Hochregallagers anstelle eines niedrigeren Lagergebäudes weniger beeinträchtigten Bodenschutz einbezogen (§ 1 Abs. 5 Satz 2 Nr. 7 BauGB a. F.). Für die Wahl des Standorts eines Hochregallagers hat sie sich weiter von einer möglichst guten Erreichbarkeit des Hochregallagers durch den Lieferverkehr

(§ 1 Abs. 5 Satz 2 Nr. 8 BauGB a. F.), von einer weitgehenden Vermeidung von Verkehrsimmissionen (§ 1 Abs. 5 Satz 2 Nr. 1 BauGB a. F.) und von den Folgen für das Orts- und Landschaftsbild (§ 1 Abs. 5 Satz 2 Nr. 4 BauGB a. F.) leiten lassen. Die Planung erweist sich auch nicht als abwägungsfehlerhaft (§ 1 Abs. 5 und 6 BauGB a. F.).

Die Antragsgegnerin hat nicht deshalb gegen das Gebot der Konfliktbewältigung verstoßen, weil sie die Höhenlage für Gebäude nicht als Bezugsgröße festgesetzt hat (§ 9 Abs. 2 BauGB). Denn es besteht wegen der nur geringen Geländeunterschiede im Plangebiet nicht die Gefahr, daß durch die Anordnung von Bauten bzw. durch Abgrabung von Gelände Gebäude errichtet werden können, deren städtebauliche Auswirkungen von wesentlich anderem Gewicht wären (vgl. zur Erforderlichkeit einer Höhenfestsetzung Löhr, in: Battis/Krautzberger/Löhr, BauGB, 8. Aufl., § 9 Rdnr. 101).

Die Antragsgegnerin brauchte bei der Zusammenstellung des Abwägungsmaterials keine eigenen Untersuchungen dazu anstellen, ob ein Bedarf für die Errichtung eines Hochregallagers auf ihrem Gemeindegebiet bestand. Insbesondere mußte sie sich nicht darüber kundig machen, ob die Errichtung eines Hochregallagers für die Firma P. betriebswirtschaftlich die günstigste Lösung ist. Vielmehr konnte sie den Wunsch dieser Firma nach der Errichtung eines solchen auch andernorts zunehmend häufig anzutreffenden Lagers zum Anlaß nehmen, eine entsprechende Bebauungsmöglichkeit im Gewerbegebiet orientiert an der vorhandenen gewerblichen Bebauung und Nutzung anzubieten.

Das Interesse des Antragstellers, keiner zu massiven Bebauung in seiner Umgebung ausgesetzt zu sein, hat die Antragsgegnerin berücksichtigt und ohne Rechtsfehler hinter das öffentliche Interesse an der Planung zurückgestellt. Zu Recht hat sie dabei verneint, daß die Errichtung eines etwa 80 m langen, 10 m tiefen und 20 m hohen Hochregallagers am ausgewiesenen Standort für den Antragsteller eine erdrückende Wirkung hätte. In einem Gewerbegebiet muß von vornherein ein höheres Maß an baulicher Verdichtung hingenommen werden. Daß der Antragsteller die bislang zulässigen Höhen nicht voll ausgenutzt hat, erhöht seine Schutzwürdigkeit nicht. Anhaltspunkte dafür, daß er darauf vertrauen konnte, daß die Antragsgegnerin die Höhenfestsetzungen im Plangebiet nicht ändern würde, sind nicht ersichtlich. Vor allem aber liegt der Standort des Hochregallagers ungefähr 70 m von dem Geschäfts- und Wohngebäude des Antragstellers entfernt – auf dieses und nicht auf etwaige, nicht konkret geplante Erweiterungsmöglichkeiten kommt es an – und wäre das Hochregallager mit der etwa 10 m tiefen Schmalseite nach Osten ausgerichtet, was zur Folge hat, daß der Antragsteller die Längswand des Hochregallagers nur von der Seite her wahrnähme. Daß wegen der großzügigen Baugrenzen eine Grenzbebauung im Anschluß an das Hochregallager nach Osten hin mit einer Höhe von etwa 14,50 m zuzüglich technischer Anlagen und Aufbauten möglich wäre, begründet keine wesentlich stärkere Beeinträchtigung für den Antragsteller. Selbst eine solche „Ringbebauung" bliebe, was die Auswirkungen für den Antragsteller betrifft, noch im Rahmen des in einem Gewerbegebiet Üblichen und Zumutbaren.

Dieser würde durch sie nicht etwa „eingemauert", denn eine solche Bebauung zöge sich allein an der nördlichen Grenze seines Anwesens hin und reichte nach Osten nicht über sein Grundstück hinaus. Demzufolge ist die Abwägung insoweit auch im Ergebnis nicht unverhältnismäßig zu Lasten des Antragstellers.

Auch sonst hat die Antragsgegnerin bei der Wahl des Standorts für ein Hochregallager die verschiedenen Belange in einer Weise zum Ausgleich gebracht, die nicht außer Verhältnis zu deren objektiven Gewicht steht. Daß für sie die Höhenlage im Gebiet von nachrangiger Bedeutung war, ist schon angesichts der hier gegebenen geringen Höhenunterschiede nicht fehlerhaft. Auch ist nicht ersichtlich, daß das Orts- und Landschaftsbild bei einem anderen noch unbebauten Standort im Plangebiet deutlich geringer beeinträchtigt würde. Soweit die Antragsgegnerin in den näher zur Autobahn gelegenen Gewerbeerweiterungsgebieten niedrigere Gebäudehöhen festgesetzt hat, um am Ortseingang keinen Riegel zu schaffen, steht dies der Ausweisung des Standorts mitten im vorhandenen Gewerbegebiet unter Berücksichtigung der vorhandenen Bebauung und Nutzung nicht entgegen.

Fehlerhaft ist die Abwägung auch nicht hinsichtlich der Belange des Natur- und Landschaftsschutzes.

Die Antragsgegnerin hat über die Vermeidung, den Ausgleich und den Ersatz nach den Vorschriften des Baugesetzbuches entschieden (§ 21 Abs. 1 BNatSchG). Sie hat nach § 1 a Abs. 2 Nr. 2 BauGB in der Abwägung (§ 1 Abs. 6 BauGB a. F.) die Vermeidung und den Ausgleich der durch den Änderungsplan gegenüber dem Vorgängerplan zusätzlich (vgl. § 1 a Abs. 3 Satz 4 BauGB a. F.) zu erwartenden Eingriffe in Natur und Landschaft (Eingriffsregelung nach dem Bundesnaturschutzgesetz) berücksichtigt. Sie hat sich dabei von der normativen Wertung des § 1 Abs. 5 Satz 2 Nr. 7 BauGB a. F. i. V. m. § 1 a Abs. 2 Nr. 2 BauGB a. F. leiten lassen und die Belange des Naturschutzes und der Landschaftspflege unter Einschluß von Kompensationsmaßnahmen mit dem Gewicht in die Abwägung eingestellt, das ihnen objektiv zukommt (BVerwG, Beschlüsse v. 25. 8. 2000 – 4 BN 41.00 –, BRS 63 Nr. 14, und v. 31. 1. 1997 – 4 NB 27.96 –, BVerwGE 104, 68 = BRS 59 Nr. 8 = PBauE § 1 a BauGB Nr. 1).

Daß die Antragsgegnerin den (zusätzlichen) Eingriff in das Landschaftsbild nicht nach bestimmten Methoden bewertet hat, begründet keinen Fehler im Abwägungsvorgang. Anerkannte Bewertungsmethoden (sachlich begründbare Beurteilungsmaßstäbe) kann es insoweit nicht geben, wie überhaupt standardisierte Bewertungsverfahren für Eingriffe und Ausgleichs- bzw. Ersatzmaßnahmen mit dem Abwägungserfordernis schwerlich vereinbar wären (BVerwG, Beschluß v. 23. 4. 1997 – 4 NB 13.97 –, BRS 59 Nr. 10 = PBauE § 1 a BauGB Nr. 2). Das entbindet nicht von der Pflicht, solche Eingriffe mit dem ihnen zukommenden Gewicht in die Abwägung einzustellen. Dabei ist weder das Urteil des gegenüber Eingriffen in Natur und Landschaft besonders empfindsamen noch das Urteil des den Natur- und Landschaftsschutz ablehnenden Betrachters maßgebend, sondern der Standpunkt des gebildeten, für den Natur- und Landschaftsschutz aufgeschlossenen Betrachters (BVerwG, Beschluß v. 11. 5. 1993 – 4 NB 8.92 –, NVwZ 1994, 77). Die Antragsgegnerin hat dies berücksichtigt und den Eingriff wirklichkeitsnah jedenfalls nicht zu gering bewertet; dies kommt auch darin zum Ausdruck, daß sie die vorgesehenen Maßnahmen nicht für hinreichend hält, den Eingriff in das Landschaftsbild vollständig zu verringern bzw. auszugleichen. Dabei hat sie zu Recht den Schwerpunkt des Eingriffs in das Landschaftsbild in der Zulassung des Hochregallagers gesehen und der Zulassung höherer Gebäude im übrigen keine wesentliche Bedeutung beigemessen.

Soweit die Antragsgegnerin den Eingriff in das Landschaftsbild teilweise durch Vorschriften in den mit dem Änderungsplan beschlossenen örtlichen Bauvorschriften ausgeglichen sieht, trifft dies im Ergebnis zu. Diese Vorschriften bewirken freilich nicht (erst) einen Ausgleich, sondern tragen schon auf der vorhergehenden Stufe (Vermeidung) zur Minimierung des Eingriffs bei (vgl. Senatsbeschluß v. 29. 11. 2002 – 5 S 2312/02 –, NVwZ-RR 2003, 184 – Mimram-Brücke). Deshalb stellt sich nicht die Frage, ob sie als Ausgleichsmaßnahmen den nach § 1 a Abs. 3 BauGB erforderlichen Flächenbezug aufweisen. Der Senat hält die örtlichen Bauvorschriften zur Fassadengestaltung auch für hinreichend bestimmt. Soweit nach Nr. 2.2.2 dieser Vorschriften als wesentliche Elemente für Fassaden von Gebäuden mit einer Bauhöhe von mehr als 12 m festgesetzt ist: vertikale Gliederungen durch Öffnung von Fassadenteilfronten mit Glas, sowie aus den Gebäudefronten herausragende bauliche Ausformungen, defensive Farbgestaltung und Begrünungsmaßnahmen mittels Rankgerüsten, läßt sich nach Anwendungsbereich und Zweckbestimmung dieser Vorschrift noch hinreichend sicher sagen, welche Anforderungen damit an ein konkretes Vorhaben gestellt werden.

Nicht zu beanstanden ist schließlich auch, daß die Antragsgegnerin den verbleibenden Eingriff in das Landschaftsbild ausdrücklich in Kauf genommen hat.

§ 1 a BauGB begründet keine unbedingte Verpflichtung, die auf Grund eines Bebauungsplans zu erwartenden Eingriffe in Natur und Landschaft vollständig auszugleichen. Daran ändert die Klarstellung in dieser Vorschrift nichts, daß Ausgleichsmaßnahmen auch an anderer Stelle als am Ort des Eingriffs festgesetzt werden können (VGH Bad.-Württ., Urteil v. 17. 5. 2001 – 8 S 2603/00 –, BRS 64 Nr. 212 = NVwZ-RR 2002, 8 = PBauE § 1 BauGB Nr. 12, zu einem Fall, bei dem die Gemeinde von einer Pflicht zum vollständigen Ausgleich/Ersatz ausgegangen und hinter diesem selbst aufgestellten Erfordernis tatsächlich zurückgeblieben war; vgl. auch VGH Bad.-Württ., Urteil v. 15. 12. 2003 – 3 S 2827/02 – Arena Mannheim). Ein „Wegwägen" des verbleibenden Eingriffs wird insbesondere für zulässig gehalten, wenn die ökologische Gesamtsituation der Gemeinde schon besonders gut ist (Krautzberger, in: Ernst/Zinkahn/Bielenberg, BauGB, § 1 a Rdnr. 88 unter Hinweis auf die Gesetzesmaterialien), insbesondere wenn Ausgleichs- und Ersatzmaßnahmen für das betroffene Schutzgut nicht in Betracht kommen.

Ausgeglichen ist eine Beeinträchtigung in das Landschaftsbild, wenn und sobald es landschaftsgerecht wiederhergestellt oder neu gestaltet ist (§ 19 Abs. 2 Satz 2 BNatSchG). In sonstiger Weise kompensiert (ersetzt) ist sie, wenn und sobald das Landschaftsbild landschaftsgerecht neu gestaltet ist (§ 19 Abs. 2 Satz 3 BNatSchG; ähnlich § 11 Abs. 2 und 4 NatSchG). In bezug auf das

Schutzgut Landschaftsbild gibt es danach wohl keinen Unterschied zwischen Ausgleich an anderer Stelle (§ 1 a Abs. 3 Satz 2 BauGB) und Kompensation (vgl. Gassner, BNatSchG, § 19 Rdnrn. 26, 37); denn beide Fälle erfassen die landschaftsgerechte Neugestaltung des Landschaftsbilds. Daß auf dem Gemeindegebiet der Antragsgegnerin andere Ausgleichs- oder Ersatzmöglichkeiten bestanden, ist nicht ersichtlich und hat der Antragsteller auch nicht vorgetragen. Soweit in den Planunterlagen von der „Pflege der Wachholderheide im Keltertal" die Rede ist, bezieht sich dies auf andere Schutzgüter, für die eine unzureichende Abarbeitung der Eingriffsregelung nicht geltend gemacht wird.

Nr. 36

Die Gemeinde kann für ein durch Bebauungsplan festgesetztes Kerngebiet Wohnnutzung nicht allgemein für zulässig erklären.

Wird die bisherige Festsetzung eines allgemeinen Wohngebiets durch die Festsetzung eines Kerngebiets ersetzt, ist in die Abwägung einzustellen, ob vorhandene Wohnnutzung auf einen der Kerngebietsfestsetzung entsprechenden (herabgesetzten) Immissionsschutzanspruch verwiesen werden kann.

BauGB § 1 Abs. 6; BauNVO §§ 1 Abs. 6 Nr. 2, 7 Abs. 1, Abs. 2 Nrn. 6 und 7, Abs. 3 Nr. 2, Abs. 4, 15.

OVG Nordrhein-Westfalen, Urteil vom 18. März 2004 – 7a D 52/03.NE – (rechtskräftig).

Die Antragsteller sind Eigentümer von Grundstücken im Geltungsbereich des Bebauungsplans Nr. 12 A, der ihre Grundstücke in seiner Ursprungsfassung einem allgemeinen Wohngebiet zuordnete. Durch die erste Änderung des Bebauungsplans wurden die Grundstücke einem Kerngebiet zugeordnet.

Für das Kerngebiet ist u. a. bestimmt, „zulässig sind ... sonstige Wohnungen mit der Maßgabe, daß Wohnungen in allen Geschossen allgemein zulässig sind und Wohnungen in eigenen Wohngebäuden errichtet werden dürfen gemäß § 7 Abs. 2 Nr. 7 BauNVO".

Der Normenkontrollantrag hatte Erfolg.

Aus den Gründen:

Rechtlich fehlerhaft ist die textliche Festsetzung unter C (1), wonach in den Kerngebieten sonstige Wohnungen i. S. des § 7 Abs. 2 Nr. 7 BauNVO in allen Geschossen allgemein zulässig sind und Wohnungen in eigenen Wohngebäuden errichtet werden dürfen. Für diese Festsetzung gibt es keine Rechtsgrundlage. Die Voraussetzungen der in dem Bebauungsplan genannten Ermächtigungsgrundlage des § 7 Abs. 2 Nr. 7 BauNVO liegen nicht vor.

Nach § 7 Abs. 1 BauNVO dienen Kerngebiete vorwiegend der Unterbringung von Handelsbetrieben sowie der zentralen Einrichtungen der Wirtschaft, der Verwaltung und der Kultur. Gemäß § 7 Abs. 2 Nr. 6 BauNVO sind u. a. Wohnungen für Aufsichts- und Bereitschaftspersonen sowie für Betriebsinhaber und Betriebsleiter im Kerngebiet zulässig. Um derartige Wohnungen geht es hier aber nicht. Denn nach dem Inhalt der Festsetzung sollen Wohnungen gerade ohne Beschränkung auf einen bestimmten Nutzerkreis zulässig sein.

Die getroffene Festsetzung findet auch in § 7 Abs. 2 Nr. 7 BauNVO keine Rechtfertigung. Hiernach sind im Kerngebiet sonstige Wohnungen nach Maßgabe von Festsetzungen des Bebauungsplans zulässig. Mit „sonstigen" Wohnungen sind solche ohne die Zweckbindung des § 7 Abs. 2 Nr. 6 BauNVO gemeint. Die Vorschrift gestattet indessen keine unbeschränkte Festsetzung von Wohnungen für einzelne oder sämtliche Kerngebiete. Erlaubt sind vielmehr nur solche Festsetzungen, bei denen die allgemeine Zweckbestimmung des Kerngebiets gewahrt bleibt. Anderenfalls würde die in § 1 Abs. 3 Satz 1 BauNVO normierte Pflicht des Plangebers verletzt, im Bebauungsplan ein in § 1 Abs. 2 BauNVO bezeichnetes und nach Maßgabe der §§ 2 ff. BauNVO näher ausgestaltetes Baugebiet festzusetzen (vgl. BVerwG, Beschluß v. 22. 12. 1989 – 4 NB 32.89 –, BRS 49 Nr. 74 = BauR 1990, 186).

Bei der hier zu beurteilenden Festsetzung wäre die allgemeine Zweckbestimmung des Kerngebietes nicht mehr gewahrt. Kerngebiete dienen „vorwiegend" der Unterbringung von Handelsbetrieben sowie der zentralen Einrichtungen der Wirtschaft, der Verwaltung und der Kultur. Sie haben zentrale Funktionen mit vielfältigen Nutzungen und einem urbanen Angebot an Gütern und Dienstleistungen für die Besucher der Stadt und für die Wohnbevölkerung eines größeren Einzugsbereichs (vgl. BVerwG, Beschlüsse v. 28. 7. 1988 – 4 B 119.88 –, BRS 48 Nr. 40 = BauR 1988, 693, und v. 6. 12. 2000 – 4 B 4.00 –, BRS 63 Nr. 77 = BauR 2001, 605).

Die textliche Festsetzung unter C (1) eröffnet jedoch die Möglichkeit, daß das festgesetzte Kerngebiet statt dessen vorwiegend der Wohnnutzung dient. Gebiete, in denen allgemein und überall Wohnungen zulässig sind, sind aber keine Kerngebiete i. S. des § 7 BauNVOm (vgl. OVG NRW, Urteile v. 21. 8. 1997 – 11a D 156/93.NE –, BRS 59 Nr. 40 = BauR 1998, 294, und v. 19. 2. 2001 – 10a D 65/98.NE –, BRS 64 Nr. 24).

Entgegen der vom Prozeßbevollmächtigten der Antragsgegnerin in der mündlichen Verhandlung geäußerten Ansicht ist die vorstehend wiedergegebene Charakteristik eines Kerngebiets auch nicht in Folge einer zwischenzeitlich allgemein vertretenen Erkenntnis lebensfremd geworden, daß in Kerngebieten eine Nutzungsmischung unter Einbezug von Wohnungen wie vergleichbar in einem Mischgebiet erforderlich sei. Eine quantitativ und qualitativ gleichwertige Nutzungsmischung von Wohnungen und kerngebietstypischen Nutzungen sieht die Baunutzungsverordnung gerade nicht vor. Damit ist die Zulässigkeit von Wohnungen nicht generell ausgeschlossen, setzt aber eine Entscheidung des Satzungsgebers voraus, wo und unter welchen Voraussetzungen Wohnungen kerngebietsverträglich vorgesehen werden können; die Entscheidung ist mit entsprechenden Festsetzungen umzusetzen. § 15 BauNVO, auf den der Prozeßbevollmächtigte der Antragsgegnerin in der mündlichen Verhandlung ergänzend abgehoben hat, ersetzt solche (abgewogenen) Festsetzungen nicht, und zwar schon deshalb nicht, weil nach dieser Bestimmung die Zulässigkeit baulicher Anlagen im Einzelfall ausgehend von der Zweckbestimmung des festgesetzten Baugebiets – hier eines Kerngebiets – zu beurteilen ist. Über den Einzelfall hinausgehend gibt die Kerngebietsfestsetzung jedoch keinen Anhalt, wo und unter welchen Voraussetzungen Wohnungen kerngebietsverträglich vorgesehen werden können.

Die textliche Festsetzung kann auch nicht auf § 7 Abs. 3 Nr. 2 BauNVO gestützt werden. Hiernach können Wohnungen, die nicht unter § 7 Abs. 2 Nrn. 6 und 7 BauNVO fallen, „ausnahmsweise" zugelassen werden. Dabei handelt es sich um Wohnungen, die weder i. S. des § 7 Abs. 2 Nr. 6 BauNVO nur dem dort genannten Personenkreis vorbehalten sind, noch durch im Bebauungsplan getroffene Festsetzungen nach § 7 Abs. 2 Nr. 7 BauNVO ermöglicht werden sollen. Die Voraussetzungen des § 7 Abs. 3 Nr. 2 BauNVO liegen jedoch bereits deshalb nicht vor, weil Wohnungen nach der textlichen Festsetzung nicht nur „ausnahmsweise", sondern allgemein zulässig sein sollen.

Auch die Voraussetzungen des § 7 Abs. 4 BauNVO sind nicht gegeben. Hiernach kann für Teile eines Kerngebiets bei Vorliegen besonderer städtebaulicher Gründe festgesetzt werden, daß oberhalb eines im Bebauungsplan bestimmten Geschosses nur Wohnungen zulässig sind oder in Gebäuden ein im Bebauungsplan bestimmter Anteil der zulässigen Geschoßfläche oder eine bestimmte Größe der Geschoßfläche für Wohnungen zu verwenden ist. Die textliche Festsetzung beschränkt die Zulässigkeit von Wohnungen weder auf Teile der ausgewiesenen Kerngebiete noch auf bestimmte Geschosse oder Gebäude. Sie geht damit über den Anwendungsbereich des § 7 Abs. 4 BauNVO hinaus. Zugleich setzt sie sich über die als zwingend ausgestalteten Tatbestandsmerkmale der Vorschrift hinweg, daß Wohnungen in bestimmten Bereichen ausschließlich zulässig sein sollen. Denn im gesamten Kerngebiet, in sämtlichen Gebäuden und Geschossen steht die textliche Festsetzung einer normalen Kerngebietsnutzung nicht entgegen. Diese ist lediglich – wie ausgeführt – nicht gesichert.

Schließlich läßt sich die mit der textlichen Festsetzung verfolgte Zielsetzung, Wohnungen in dem Kerngebiet allgemein zu ermöglichen, nicht durch Rückgriff auf § 1 Abs. 6 Nr. 2 BauNVO erreichen. Hiernach kann im Bebauungsplan festgesetzt werden, daß alle oder einzelne Ausnahmen, die in den Baugebieten nach den §§ 2 bis 9 BauNVO vorgesehen sind, in dem Baugebiet allgemein zulässig sind, sofern die allgemeine Zweckbestimmung des Baugebiets gewahrt bleibt. Es kann dahinstehen, ob die Vorschrift vorliegend überhaupt anwendbar ist oder ob sie durch § 7 Abs. 2 Nr. 7 BauNVO als speziellere Regelung verdrängt wird (vgl. OVG NRW, Urteil v. 13. 12. 1993 – 11a D 24/ 92.NE –, BBauBl. 1994, 807).

Selbst wenn man die Möglichkeit des Rückgriffs auf § 1 Abs. 6 Nr. 2 BauNVO grundsätzlich bejahen würde, ist die in der Vorschrift ausdrücklich angeführte Voraussetzung, daß die allgemeine Zweckbestimmung des Baugebiets gewahrt bleiben muß, mit einer textlichen Festsetzung wie der vorliegenden nicht erfüllt. Dies ergibt sich aus den obigen Ausführungen, auf die zur Vermeidung von Wiederholungen Bezug genommen werden kann.

Der Bebauungsplan genügt ferner nicht den Anforderungen des Abwägungsgebots.

Der Rat der Antragsgegnerin hat nicht alle von der Planung betroffenen Belange mit dem ihnen zukommenden Gewicht in die Abwägung eingestellt. Die Antragsgegnerin hat sich schon keine hinreichende Gewißheit über das Ausmaß möglicher Immissionskonflikte verschafft. (Wird ausgeführt.) Die Antragsgegnerin durfte den zu erwartenden Konflikt zwischen der an die Parkfläche angrenzenden Wohnbebauung und der Parkflächennutzung nicht dem Baugenehmigungsverfahren zuordnen und dort auf eine hinreichende Konfliktlösung vertrauen. Im Baugenehmigungsverfahren wäre von den Gebietsfestsetzungen des Bebauungsplans i.d.F. seiner 1. Änderung auszugehen. Wohnungen sind zwar auch in einem Kerngebiet zulässig, unterliegen jedoch nur eingeschränkter Schutzwürdigkeit, denn sie sind dort – anders als dies die Antragsgegnerin mit dem Bebauungsplan beabsichtigte – nach dem System der Baunutzungsverordnung nicht allgemein, sondern nur als „sonstige" Wohnungen zulässig. Ob die vorhandene Wohnnutzung auf einen entsprechend herabgesetzten Schutzmaßstab verwiesen werden sollte, hatte der Rat der Antragsgegnerin unter Berücksichtigung der Nutzungen, die er auf der Parkfläche ermöglichen wollte, abzuwägen.

Nr. 37

1. **Nach der Privatisierung der Deutschen Bundespost können „Flächen für den Gemeinbedarf" nach § 9 Abs. 1 Nr. 5 BauGB für die Grundversorgung mit Postdienstleistungen (Universaldienst i. S. von §§ 11 ff. PostG) festgesetzt werden.**

2. **Die kommunale Bauleitplanung darf sich dem Strukturwandel im Postwesen nicht verschließen. Das Interesse der Deutschen Post AG an einer wirtschaftlichen Nutzung ihres Grundeigentums sowie die Rahmenbedingungen der privatwirtschaftlichen Erbringung von Postdienstleistungen sind bei der planerischen Abwägung zu berücksichtigen.**

Bundesverwaltungsgericht, Urteil vom 30. Juni 2004 – 4 CN 7.03 –.

(Bayerischer VGH)

Abgedruckt unter Nr. 88.

Nr. 38

1. **Eine nach § 9 Abs. 1 Nr. 5 BBauG getroffene Festsetzung einer Gemeinbedarfsfläche für ein „Postdienstgebäude" der (ehemaligen) Deutschen Bundespost ist durch die Privatisierung der Post im Zuge der Postreform II nicht funktionslos geworden, soweit sie nunmehr der Erbringung von Post-Universaldienstleistungen i. S. von §§ 11 ff. PostG dient.**

2. **Auf einer Gemeinbedarfsfläche, die nach § 9 Abs. 1 Nr. 5 BBauG/BauGB für ein Postamt der (ehemaligen) Deutschen Bundespost oder nach**

Abschluß der Postreform für eine Postfiliale der Deutschen Post AG festgesetzt wurde, ist eine gewerbliche „Nebennutzung" (hier: postspezifisches Angebot von Papier- und Schreibwaren) zulässig, wenn sie in einem inneren Zusammenhang mit den Post-Universaldienstleistungen steht und im Verhältnis zu diesen von untergeordneter Bedeutung bleibt.

Bundesverwaltungsgericht, Urteil vom 30. Juni 2004 – 4 C 3.03 –.

(Bayerischer VGH)

Abgedruckt unter Nr. 89.

Nr. 39

Ein Überschwemmungsgebiet nach § 32 WHG kann auch für Flächen festgesetzt werden, die innerhalb eines im Zusammenhang bebauten Ortsteils (§ 34 BauGB) oder im Geltungsbereich eines Bebauungsplans liegen.

GG Art. 14 Abs. 1; WHG § 32 Abs. 1; BauGB §§ 7, 29 Abs. 2, 34; RhPfWG §§ 88 Abs. 1, 89 Abs. 1 und 2, 4 Abs. 1; VwGO § 86 Abs. 1.

Bundesverwaltungsgericht, Urteil vom 22. Juli 2004 – 7 CN 1.04 –.

(OVG Rheinland-Pfalz).

Die Antragsteller wenden sich gegen eine Rechtsverordnung, durch welche die obere Wasserbehörde ein Überschwemmungsgebiet festgestellt hat.

Die obere Wasserbehörde beabsichtigte seit Anfang der neunziger Jahre, für den Wiesbach, ein Gewässer zweiter Ordnung, ein Überschwemmungsgebiet festzustellen. Dem lagen Untersuchungen eines Ingenieurbüros zugrunde. Sie umfaßten ein hydrologisches Niederschlags-Abfluß-Modell. Auf dessen Grundlage wurde die Überschwemmungslinie eines 50jährigen Hochwassers ermittelt. Sie sollte die Grenze des Überschwemmungsgebiets bilden.

Nachdem sie das Verfahren zunächst nicht weiter betrieben hatte, erließ die obere Wasserbehörde im Juni 2002 die angegriffene Rechtsverordnung zur Feststellung des Überschwemmungsgebiets des Wiesbachs. Nach § 4 Abs. 1 der Rechtsverordnung ist es insbesondere verboten, im Überschwemmungsgebiet die Erdoberfläche zu erhöhen oder zu vertiefen, Anlagen herzustellen, zu verändern oder zu beseitigen oder Stoffe zu lagern oder abzulagern. Von diesen Verboten können nach § 4 Abs. 2 unter den erforderlichen Bedingungen und Auflagen Ausnahmen zugelassen werden, wenn und soweit dadurch der Wasserabfluß, die Höhe des Wasserstandes oder die Wasserrückhaltung nicht beeinflußt werden können.

Der Antragsteller zu 8 ist Eigentümer eines Grundstücks im Geltungsbereich der Verordnung. Das Grundstück liegt unmittelbar an dem Bachlauf. Nach seinem Vortrag beabsichtigt er, auf dem Grundstück ein Bienenhäuschen aufzustellen. Der Antragsteller zu 5 ist ebenfalls Eigentümer eines Grundstücks im Geltungsbereich der Verordnung. Das Grundstück ist Ende der neunziger Jahre mit einem Wohnhaus bebaut worden.

Aus den Gründen:

Das Oberverwaltungsgericht hat ohne Verstoß gegen Bundesrecht angenommen, die angegriffene Rechtsverordnung sei formell rechtmäßig ergangen.

Aus Bundesrecht ergibt sich keine Notwendigkeit, vor Erlaß der Rechtsverordnung die Eigentümer von Grundstücken im geplanten Überschwemmungsgebiet zu beteiligen. Zwar ist Grundrechtsschutz weitgehend auch durch die Gestaltung von Verfahren zu bewirken. Die Grundrechte beeinflussen nicht nur das gesamte materielle Recht, sondern auch das Verfahrensrecht, soweit dieses für einen effektiven Grundrechtsschutz von Bedeutung ist (BVerfG, Beschluß v. 20. 12. 1979 – 1 BvR 385/77 –, BVerfGE 53, 30, 65 f.). Dies gilt namentlich für die verfassungsrechtliche Gewährleistung des Eigentums. Aus ihr folgt unmittelbar die Pflicht der Gerichte, bei Eingriffen in dieses Grundrecht einen effektiven Rechtsschutz zu gewähren (BVerfG, Beschluß v. 24. 4. 1979 – 1 BvR 787/78 –, BVerfGE 51, 150, 156).

Daß Grundrechtsschutz auch durch die Gestaltung des Verfahrens zu bewirken ist, ist in erster Linie bei der Auslegung und Anwendung bestehender verfahrensrechtlicher Vorschriften des einfachen Rechts zu berücksichtigen. Sie sind im Sinne eines effektiven Schutzes des Eigentums auszulegen und anzuwenden. Hat der Staat in Erfüllung seiner Pflicht zum Schutz des Eigentums verfahrensrechtliche Vorschriften erlassen, kann deren Verletzung zugleich das Eigentumsgrundrecht verletzen.

Aus der Eigentumsgarantie kann aber nicht hergeleitet werden, daß untergesetzliche Rechtsnormen, die i. S. des Art. 14 Abs. 1 Satz 2 GG Inhalt und Schranken des Eigentums bestimmen, nur unter Beteiligung der künftigen Normadressaten erlassen werden dürften. Die Notwendigkeit einer solchen Beteiligung kommt allenfalls dann in Betracht, wenn nach Erlaß der Rechtsnorm effektiver Rechtsschutz für den Eigentümer im behördlichen oder gerichtlichen Verfahren nicht mehr zu erlangen ist. Das wäre etwa dann zu erwägen, wenn die Eigenart der in Rede stehenden Rechtsnorm deren spätere – unmittelbare oder inzidente – inhaltliche Überprüfung weitgehend ausschließt und diese fehlende inhaltliche Überprüfbarkeit durch eine Beteiligung am Verfahren ausgeglichen werden muß. Das trifft auf die Festsetzung eines Überschwemmungsgebiets nicht zu.

Ob die Garantie der kommunalen Selbstverwaltung aus Art. 28 Abs. 2 Satz 1 GG den Gemeinden ein Anhörungsrecht einräumt, wenn durch eine untergesetzliche Rechtsnorm ihre Planungshoheit eingeschränkt werden könnte, braucht nicht entschieden zu werden (vgl. hierzu BVerfG, Beschluß v. 7. 10. 1980 – 2 BvR 584, 598, 599, 604/76 –, BVerfGE 56, 298, 319 ff.). Das Oberverwaltungsgericht hat festgestellt, daß die obere Wasserbehörde die Gemeinden vor Erlaß der angegriffenen Rechtsverordnung tatsächlich angehört hat; dabei ist unerheblich, daß sie die Verbandsgemeinden angeschrieben hat, nicht aber die ihnen angehörigen Ortsgemeinden, welche Träger der örtlichen Bauleitplanung sind; die Verbandsgemeinden haben ihrerseits die Ortsgemeinden beteiligt und deren Stellungnahmen weitergeleitet; unerheblich ist ebenfalls, daß zwischen dieser Anhörung und dem Erlaß der Rechtsverordnung acht Jahre vergangen sind. Das Oberverwaltungsgericht hat festgestellt, daß die Anhörung ihren Wert im Zeitpunkt des Erlasses noch nicht verloren hatte. Diese tatsächliche Feststellung haben die Antragsteller nicht angegriffen.

Das Oberverwaltungsgericht hat angenommen, die angegriffene Rechtsverordnung sei materiell durch die Ermächtigungsgrundlage in § 88 Abs. 1 Satz 1 Wassergesetz für das Land Rheinland-Pfalz (Landeswassergesetz – LWG) in der hier noch anzuwendenden Fassung vom 14. 12. 1990 (GVBl. 1991 S. 11) gedeckt. Soweit erforderlich stellt nach dieser Vorschrift die zuständige Wasserbehörde das Überschwemmungsgebiet fest, das für den schadlosen Abfluß des Hochwassers und die dafür erforderliche Wasserrückhaltung freizuhalten ist. Diese landesrechtliche Bestimmung entspricht der bundesrechtlichen Rahmenvorschrift des § 32 Abs. 1 Satz 2 Nr. 3 und 4 WHG. Danach setzen die Länder die Überschwemmungsgebiete fest, soweit es zum Erhalt oder zur Rückgewinnung natürlicher Rückhalteflächen oder zur Regelung des Hochwasserabflusses erforderlich ist.

In Einklang mit Bundesrecht hat das Oberverwaltungsgericht entschieden, in ein Überschwemmungsgebiet dürften bebaute Ortslagen einbezogen werden, die sich baurechtlich als im Zusammenhang bebaute Ortsteile i. S. des § 34 BauGB darstellen.

Die gesetzliche Begriffsbestimmung des § 32 Abs. 1 Satz 1 WHG erfaßt alle Gebiete, die bei Hochwasser überschwemmt oder durchflossen werden. Bebaute Ortslagen sind von diesem Schicksal nicht ausgenommen. Ihre Einbeziehung in das Überschwemmungsgebiet ist regelmäßig i. S. der rahmenrechtlichen Vorgabe in § 32 Abs. 1 Satz 2 WHG erforderlich. Sie können noch einen Beitrag dazu leisten, daß die Zwecke eines Überschwemmungsgebiets erreicht werden. Insbesondere wenn bebaute Ortslagen noch Baulücken oder eine erst wenig verdichtete Bebauung aufweisen, fördert es die Zwecke des Hochwasserschutzes, insoweit eine weitere Verdichtung der Bebauung und damit eine Verringerung der Flächen zu verhindern, die für den schadlosen Abfluß des Hochwassers und die dafür erforderliche Wasserrückhaltung benötigt werden. Nach den tatsächlichen Feststellungen des Oberverwaltungsgerichts ist es nicht ausgeschlossen, daß hier die Einbeziehung der bebauten Ortslagen in das Überschwemmungsgebiet in diesem Sinne die Ziele des Hochwasserschutzes fördert, die mit der Rechtsverordnung angestrebt werden. Dem widerspricht nicht die Erwartung des Oberverwaltungsgerichts, für die im Zusammenhang bebauten Ortsteile könnten regelmäßig Ausnahmen von dem Bauverbot erteilt werden. Die Einbeziehung in das Überschwemmungsgebiet ermöglicht es nämlich, durch Auflagen für den Hochwasserschutz notwendige Maßnahmen und Schutzvorkehrungen, auch einen Ausgleich an anderer Stelle, zu verlangen.

Das bundesrechtliche Bebauungsrecht, namentlich § 34 BauGB, verbietet nicht im Zusammenhang bebaute Ortsteile in ein Überschwemmungsgebiet und das damit einhergehende grundsätzliche Bauverbot einzubeziehen. Nach § 29 Abs. 2 BauGB können durch öffentlich-rechtliche Vorschriften außerhalb des Baugesetzbuchs aus anderen als städtebaulichen Gesichtspunkten Anforderungen an die Zulässigkeit von Vorhaben i. S. des § 29 Abs. 1 BauGB gestellt werden. Dadurch können Vorhaben, die nach § 34 BauGB bebauungsrechtlich zulässig sind, aus anderen als bebauungsrechtlichen Gründen unzulässig sein, etwa auf Grund des Bauverbots in einem festgestellten Überschwemmungsgebiet.

Es verstößt auch nicht gegen die Eigentumsgarantie des Art. 14 GG, in ein Überschwemmungsgebiet solche Grundstücke einzubeziehen, die nach §34 BauGB bebaubar sind. Die Festsetzung eines Überschwemmungsgebiets bestimmt Inhalt und Schranken des Eigentums i. S. des Art. 14 Abs. 1 Satz 2 GG, stellt aber keine Enteignung i. S. des Art. 14 Abs. 3 GG dar. Sie ist nicht darauf gerichtet, konkrete Rechtspositionen zur Erfüllung bestimmter öffentlicher Aufgaben vollständig oder teilweise zu entziehen, sondern beschränkt nur generell und abstrakt die Nutzungsmöglichkeiten eines Grundstücks. Diese Beschränkung genügt dem verfassungsrechtlichen Grundsatz der Verhältnismäßigkeit; sie ist insbesondere dem Eigentümer zumutbar. Es bedarf nicht erst eines finanziellen Ausgleichs, um im Einzelfall diese Zumutbarkeit zu wahren. Daß weder das Wasserhaushaltsgesetz noch das Landeswassergesetz einen finanziellen Ausgleich vorsehen, führt deshalb nicht zur Verfassungswidrigkeit der einschlägigen Ermächtigungsgrundlage oder der angegriffenen Rechtsverordnung (vgl. hierzu Bundesverfassungsgericht, Beschluß v. 2. 3. 1999 – 1 BvL 7/91 –, BVerfGE 100, 226, 240f.).

Der Hochwasserschutz ist eine Gemeinwohlaufgabe von hohem Rang. Sie rechtfertigt einschränkende Regelungen i. S. des Art. 14 Abs. 1 Satz 2 GG. Das grundsätzliche Bauverbot im Überschwemmungsgebiet ist geeignet und erforderlich, den Zweck der §32 Abs. 1 Satz 2 WHG, §88 Abs. 1 LWG zu erfüllen, die natürlichen Rückhalteflächen zu erhalten und dadurch den schadlosen Abfluß des Hochwassers sicherzustellen. Das Bauverbot belastet den Eigentümer nicht übermäßig. §89 Abs. 2 LWG und §4 Abs. 2 der angegriffenen Rechtsverordnung lassen Ausnahmen von ihm zu. Eine Ausnahme kann freilich nicht genehmigt werden, wenn und soweit durch die Verwirklichung des Vorhabens der Wasserabfluß, die Höhe des Wasserstandes oder die Wasserrückhaltung beeinflußt werden können. Muß das Grundstück aus Gründen des Hochwasserschutzes von der beabsichtigten Nutzung freigehalten und deshalb eine Ausnahme versagt werden, wird damit nur aus Gründen der Gefahrenvorsorge eine Gefahr erhöhende Nutzung unterbunden. Ein Überschwemmungsgebiet kann nur für solche Grundstücke festgesetzt werden, die tatsächlich bei Hochwasser überschwemmt werden. Eine Änderung ihrer Nutzung, insbesondere ihre Bebauung, verringert bisher vorhandene natürliche Rückhalteflächen. Sie erhöht dadurch die Gefahr, daß sich das Hochwasser auf bisher nicht betroffene Bereiche ausweitet. Zugleich setzt sich eine Bebauung des Grundstücks der Gefahr aus, selbst durch Hochwasser beeinträchtigt zu werden. Das Bauverbot knüpft an die natürliche Lage des Grundstücks an einem Gewässer und in dessen natürlichem Überschwemmungsgebiet an. Unabhängig von der rechtlichen Festsetzung eines Überschwemmungsgebiets legt diese Lage Beschränkungen in der Nutzung des Grundstücks nicht nur vernünftigerweise nahe, sondern gebietet sie auch. Bauliche Vorhaben innerhalb eines im Zusammenhang bebauten Ortsteils sind nur zulässig, wenn die Anforderungen an gesunde Wohn- und Arbeitsverhältnisse gewahrt bleiben (§34 Abs. 1 BauGB). Soll ein Bauvorhaben im natürlichen Überschwemmungsgebiet eines Gewässers verwirklicht werden, wird seine Genehmigung auch ohne ein rechtlich festgesetztes Überschwemmungsgebiet mit Bauverbot regelmäßig an dieser Voraussetzung scheitern. Die förmliche

Festsetzung des Überschwemmungsgebiets verschiebt die Verfahrenslast. Die Baugenehmigungsbehörde kann sich zunächst auf die Festsetzung des Überschwemmungsgebiets berufen und steht nicht von vornherein vor der Notwendigkeit nachzuweisen, daß Gründe des Hochwasserschutzes einer Bebauung des Grundstücks entgegenstehen. Vielmehr ist es Aufgabe des Eigentümers, darzutun, daß eine Bebauung des Grundstücks mit den Belangen des Hochwasserschutzes vereinbar ist.

Werden bebaute Ortsteile in ein Überschwemmungsgebiet einbezogen, wird damit auch die gemeindliche Planungshoheit nicht unverhältnismäßig eingeschränkt. Kommunale Planungsentscheidungen und Vorstellungen der Gemeinde über die künftige Entwicklung ihres Gemeindegebiets sind nicht losgelöst von den natürlichen Gegebenheiten möglich, sondern haben ihnen zu folgen. Auch ohne rechtliche Festsetzung eines Überschwemmungsgebiets muß die Gemeinde bei der Überplanung des natürlichen Überschwemmungsgebiets eines Gewässers in ihre Abwägung die Notwendigkeit einbeziehen, Gebiete aus Gründen des Hochwasserschutzes von Nutzungen frei zu halten, welche den schadlosen Hochwasserabfluß oder die dafür erforderliche Wasserrückhaltung behindern (§ 1 Abs. 6 und Abs. 5 Satz 2 Nr. 1 und Nr. 7 BauGB).

Aus denselben Erwägungen sind die angefochtenen Urteile mit Bundesrecht insoweit vereinbar, als das Oberverwaltungsgericht angenommen hat, in ein Überschwemmungsgebiet dürften Flächen einbezogen werden, die im Geltungsbereich eines Bebauungsplans liegen. § 7 BauGB stand dem hier schon aus tatsächlichen Gründen nicht entgegen. Sind öffentliche Planungsträger an der Aufstellung eines Flächennutzungsplans nach § 4 oder § 13 BauGB beteiligt worden, haben sie ihre eigenen Planungen dem Flächennutzungsplan insoweit anzupassen, als sie diesem Plan nicht widersprochen haben (§ 7 Satz 1 BauGB). Das Oberverwaltungsgericht hat festgestellt, daß die hier betroffenen Bebauungspläne nicht aus Flächennutzungsplänen entwickelt sind, an deren Aufstellung die obere Wasserbehörde mit der Möglichkeit zum Widerspruch i. S. des § 7 BauGB beteiligt war. Verfahrensrügen haben die Antragsteller insoweit nicht erhoben. Deshalb kann dahinstehen, ob die obere Wasserbehörde, soweit zu ihren Aufgaben die Feststellung von Überschwemmungsgebieten gehört, ein öffentlicher Planungsträger i. S. des § 7 BauGB ist.

Das Oberverwaltungsgericht hat allerdings keine ausreichenden Feststellungen dazu getroffen, ob die Festsetzung eines Überschwemmungsgebiets für alle Grundstücke erforderlich war, die vom räumlichen Geltungsbereich der Rechtsverordnung erfaßt werden. Das Überschwemmungsgebiet ist in § 32 Abs. 1 Satz 1 WHG mit Verbindlichkeit auch für die Länder gesetzlich definiert. Von der hier nicht interessierenden ersten Alternative der Vorschrift abgesehen, sind danach Überschwemmungsgebiete die Gebiete, die bei Hochwasser überschwemmt oder durchflossen oder für die Hochwasserentlastung oder Rückhaltung beansprucht werden.

Die obere Wasserbehörde hat als Bemessungsgrundlage für die Ausdehnung des festzustellenden Überschwemmungsgebiets ein Hochwasser herangezogen, wie es statistisch im Laufe von 50 Jahren einmal auftritt. Dies hat das Oberverwaltungsgericht zwar ohne Verstoß gegen den rahmenrechtlichen Begriff der Erforderlichkeit in §32 Abs. 1 WHG gebilligt. Jedoch sind die Grenzen des Überschwemmungsgebiets im Juni 2002 auf der Grundlage von Untersuchungen festgestellt worden, die bereits im Mai 1991 abgeschlossen waren. Dazwischen sind der Baubestand und das Gelände teilweise verändert worden. An dem Gewässer sind Maßnahmen des Hochwasserschutzes verwirklicht worden. Das Oberverwaltungsgericht geht selbst davon aus, nur ein Teil dieser Änderungen sei schon bei der Ermittlung der Grenzen des Überschwemmungsgebiets berücksichtigt worden.

Das Überschwemmungsgebiet wird parzellenscharf festgesetzt. Erheblich ist eine Änderung, wenn in ihrer Folge ein Grundstück von einem 50-jährigen Hochwasser nicht mehr erfaßt wird und deshalb nicht in das Überschwemmungsgebiet hätte einbezogen werden dürfen. Es kommt nicht darauf an, ob die Feststellung eines Überschwemmungsgebiets in Gänze oder zumindest für das gesamte Gebiet einer Ortsgemeinde entbehrlich geworden ist. Erstreckt die Rechtsverordnung sich auf ein Grundstück, das bei ihrem Erlaß infolge zuvor eingetretener Veränderungen von einem 50jährigen Hochwasser nicht mehr erfaßt wurde, ist die Rechtsverordnung in diesem Umfang unwirksam.

Das Oberverwaltungsgericht hätte den Beweisantrag der Antragsteller nicht ablehnen dürfen, das Gutachten eines Sachverständigen zu der Frage einzuholen, ob sich die räumlichen Grenzen des Überschwemmungsgebiets infolge der eingetretenen Veränderungen im Baubestand, im Gelände und am Gewässer verkleinern. Der Ablehnung des Beweisantrags liegt offenbar die irrige Rechtsauffassung zugrunde, die mit der Verletzung ihrer Planungshoheit begründeten Anträge der Ortsgemeinden könnten nur dann Erfolg haben, wenn auf Grund der zwischenzeitlich eingetretenen tatsächlichen Veränderungen die jeweiligen Gemarkungen vollständig aus dem Überschwemmungsgebiet herauszunehmen wären.

Die Antragsteller zu 5 und zu 8 haben nicht ausreichend dargelegt, daß die angefochtenen Urteile auch zu ihren Lasten auf dem gerügten Verfahrensfehler beruhen können (§139 Abs. 3 Satz 4 VwGO). Sie hätten hierfür plausibel machen müssen, daß bei einer weiteren Aufklärung des Sachverhalts die angegriffene Rechtsverordnung bezogen auch auf ihre Grundstücke für unwirksam erklärt werden könnte. Dazu wären zumindest Angaben zur Lage der Grundstücke erforderlich gewesen, die es möglich erscheinen lassen, daß die Grundstücke infolge der eingetretenen Veränderungen bei einem 50jährigen Hochwasser nicht mehr überschwemmt werden.

Nr. 40

1. **§32 Abs. 2 Satz 1 WHG ist unmittelbar geltendes Recht, das bei der Bauleitplanung zu beachten ist.**
2. **Zum Begriff des Überschwemmungsgebiets i.S. von §32 Abs. 2 Satz 1 WHG.**

3. Zur Frage der Rechtzeitigkeit von Ausgleichsmaßnahmen i.S. von §32 Abs.2 Satz 1 Halbs.2 WHG.

WHG §32 Abs.2 Satz 1.

Bayerischer VGH, Beschluß vom 29. September 2004 – 15 ZB 02.2958 – (rechtskräftig).

(VG Regensburg)

Aus den Gründen:
1. Das Verwaltungsgericht ist im Ergebnis zu Recht davon ausgegangen, daß der Kläger keinen Anspruch auf Genehmigung der Änderung des Flächennutzungsplans durch Deckblatt Nr. 13 hat. Die Änderungsplanung verstößt gegen §32 Abs.2 Satz 1 WHG. Nach dieser Bestimmung sind Überschwemmungsgebiete in ihrer Funktion als natürliche Rückhalteflächen zu erhalten; soweit dem überwiegende Gründe des Wohls der Allgemeinheit entgegenstehen, sind rechtzeitig die notwendigen Ausgleichsmaßnahmen zu treffen. Es handelt sich um unmittelbar geltendes Recht, das bei der Bauleitplanung zu beachten ist (vgl. Drost, Das Wasserrecht in Bayern, Rdnr. 20 und 38 zu §32 WHG; Knopp, in: Sieder/Zeitler/Dahme/Knopp, Wasserhaushaltsgesetz, Rdnr. 22 und 28 zu §32).

a) Die von der Änderungsplanung betroffenen Flächen liegen innerhalb eines Überschwemmungsgebiets i.S. von §32 Abs.2 Satz 1 WHG. Einer förmlichen Festsetzung (Art. 61 BayWG) bedarf es insoweit nicht. Maßgeblich ist allein die Begriffsbestimmung des §32 Abs.1 Satz 1 WHG (BayVGH v. 27.4.2004 – 26 N 02.2437 –, und v. 11.8.2003 – 20 ZB 03.1739 –; Knopp, a.a.O., Rdnr.27 zu §32). Überschwemmungsgebiete sind danach u.a. Gebiete, die bei Hochwasser überschwemmt oder durchflossen werden. Abzustellen ist im Siedlungsbereich auf das hundertjährliche Hochwasser, d.h. ein Hochwasser, das statistisch im Verlauf von 100 Jahren einmal eintritt (vgl. BayVGH v. 19.2.1992, ZfW 1992, 499; Knopp, a.a.O., Rdnr. 13 und 28 zu Art. 32; Drost, a.a.O., Rdnr. 18 zu §32 WHG). Dieser Maßstab entspricht auch der fachlichen Praxis. So billigt es die DIN 19712, daß die Wiederholungszeitspanne des Bemessungshochwassers für dicht bebaute Industrie- und Siedlungsgebiete „meist größer als 100 Jahre angesetzt" wird (vgl. DIN 19717 Nr.4.2.2). Das Landesentwicklungsprogramm Bayern 2003 geht im Einklang damit für technische Schutzmaßnahmen wie etwa Deiche davon aus, daß im Siedlungsbereich mindestens Sicherheit gegen ein Hochwasserereignis gewährleistet sein soll, das in 100 Jahren einmal erreicht oder überschritten wird (vgl. Landesentwicklungsprogramm Begründung zu B I Nr.3.3). Das Plangebiet erfüllt dieses Maß an Hochwassersicherheit trotz der vorhandenen Deiche nicht. Die Deiche (Donauhauptdeiche und Rücklaufdeich des Mettener Baches) bieten nach Lage der Akten mangels eines für ein HW100 ausreichend hohen Freibords keinen hinreichenden Schutz vor Überschwemmung. ...

b) Das Deckblatt Nummer 13 gibt, soweit es Gewerbe- und Mischgebietsflächen nördlich und Gewerbeflächen südlich des Mettener Grabens darstellt, die Funktion des bestehenden Überschwemmungsgebiets auf. Es widerspricht damit dem Gebot, Überschwemmungsgebiete in ihrer Funktion als natürliche Rückhalteflächen zu erhalten, ohne daß diesem Gebot überwiegende Gründe des Wohls der Allgemeinheit entgegenstehen.

Es kann dahinstehen, ob § 32 Abs. 2 Satz 1 WHG vom Planungsträger strikt zu beachten und deswegen der planerischen Abwägung entzogen ist mit der Folge, daß durch das Gericht uneingeschränkt nachprüfbar ist, ob dem Erhaltungsgebot überwiegende Gründe des Allgemeinwohls entgegenstehen (vgl. Knopp, a. a. O., Rdnr. 30). Zumindest verleiht diese Vorschrift dem Hochwasserschutz dadurch ein besonderes Gewicht, daß Überschwemmungsgebiete nicht schon dann in ihrer Funktion beseitigt werden dürfen, wenn andernfalls das Wohl der Allgemeinheit beeinträchtigt ist, sondern nur dann, wenn einem Erhalt des Überschwemmungsgebiets überwiegende Allgemein wohlgründe entgegenstehen (vgl. auch BayVGH v. 27. 4. 2004 – 26 N 02.2437 –). Der Kläger hat diese Gewichtung bei der Abwägung (§ 1 Abs. 6 BauGB) verkannt und gewerblichen Entwicklungsmöglichkeiten den Vorzug gegeben, obgleich sie im Vergleich zum Hochwasserschutz hier kein besonderes Gewicht haben. Als Gründe des Allgemeinwohls nennt der Erläuterungsbericht zu Deckblatt Nr. 13, das vorhandene gewerbliche Entwicklungspotential sei nicht ausreichend. Der Kläger benötige neue gewerblich nutzbare Flächen. Entwicklungsmöglichkeiten böten sich nur am vorgesehenen Standort. Das Teilraumgutachten der Landesplanung in Bayern für den Raum Deggendorf/Plattling aus dem Jahr 1996 bestätigt zwar, daß die Entwicklungsmöglichkeiten des Klägers für Wohnen und Gewerbe stark begrenzt sind. Allerdings sieht das Gutachten für das Gebiet des Klägers keinen in irgendeiner Weise herausgehobenen Handlungsbedarf. Vielmehr stellt es fest, daß der Markt Metten nicht im sog. Entwicklungsbereich liegt, sondern im Konsolidierungsbereich. Es schlägt deshalb für das Gemeindegebiet des Klägers vor, eine behutsame Nutzung der Flächenreserven und der Entwicklungspotentiale anzustreben, wobei besonderes Augenmerk auf eine Nachverdichtung zu richten sei. Damit wird deutlich: Für das Gebiet des Klägers besteht kein besonderer gewerblicher Siedlungsdruck. Die Ausweisung zusätzlicher Gewerbe- und Mischgebietsflächen hat deshalb, auch mit Blick auf den Umfang der dargestellten Gewerbeflächen, für die gewerbliche Entwicklung im Gebiet des Klägers keine so hohe Bedeutung, daß sie das besondere Gewicht des Hochwasserschutzes überwinden könnte. Gegenteiliges kann weder dem Erläuterungsbericht und den Planungsunterlagen noch dem Vorbringen des Klägers entnommen werden. Allein der Umstand, daß ein Betrieb mangels geeigneter Gewerbeflächen abgewandert sein sollt, rechtfertigt es nicht, das besondere Gewicht des Hochwasserschutzes zu überwinden.

c) Ob das angegriffene Urteil mit Blick auf die nach § 32 Abs. 2 Satz 1 Halbs. 2 WHG erforderlichen Ausgleichsmaßnahmen im Ergebnis auch dann richtig wäre, wenn dem Erhalt des Überschwemmungsgebiets überwiegende Gründe des Allgemeinwohls entgegenstünden, kann dahinstehen.

Ausgleichsmaßnahmen sind auch dann notwendig, wenn die Funktion eines nicht festgesetzten (tatsächlichen) Überschwemmungsgebiets beeinträchtigt wird (vgl. Knopp, a. a. O., Rdnr. 29 zu § 32). Für die von dem Kläger in erster Instanz geäußerte gegenteilige Ansicht besteht nach dem Wortlaut und

Zweck (vorbeugender Hochwasserschutz) des § 32 Abs. 2 Satz 1 WHG kein Raum. Für die Rechtzeitigkeit der durch das Deckblatt Nr. 13 ausgelösten Ausgleichsmaßnahme könnte zu fordern sein, daß die Gemeinde sie im Verfahren zur Änderung des Flächennutzungsplans vorsieht. Andernfalls wäre kaum sichergestellt, daß die erforderlichen – notwendigerweise im Außenbereich gelegenen – Maßnahmen nicht durch eine anderweitige Nutzung von Flächen unterbunden werden (vgl. Drost, a. a. O., Rdnr. 42 zu § 32; Knopp, a. a. O., Rdnr. 29 und 32 zu § 32). Die Ansicht des Klägers, für Ausgleichsmaßnahmen könne noch im Zuge der Aufstellung eines Bebauungsplans gesorgt werden, wird der Leitfunktion, die der Flächennutzungsplan für die städtebauliche Entwicklung hat, nicht gerecht.

2. Die Rechtssache hat unter Berücksichtigung der zur Ergebnisrichtigkeit des Urteils angesprochenen Fragen keine besonderen tatsächlichen oder rechtlichen Schwierigkeiten (§ 124 Abs. 2 Nr. 2 VwGO). Die Beantwortung der im Zusammenhang mit § 32 Abs. 2 Satz 1 WHG aufgeworfenen Fragen ist durch die Rechtsprechung des Verwaltungsgerichtshofs vorgezeichnet und im übrigen nicht kontrovers.

Nr. 41

In einem Bebauungsplan kann die Zulässigkeit von Funkantennen für Amateurfunker ausgeschlossen werden.

VwGO § 47 Abs. 2; BauGB § 1; BauNVO § 14 Abs. 1 Satz 3; GG Art. 5.

Bayerischer VGH, Urteil vom 17. Dezember 2003 – 25 N 99.2264 – (rechtskräftig).

Gegenstand des Rechtsstreits ist der Bebauungsplan zur 3. Änderung des Bebauungsplanes „B." der Antragsgegnerin. Der Antragsteller ist Eigentümer eines Einfamilienhauses, das im Geltungsbereich des Bebauungsplans liegt. Er unterhält und betreibt seit 1996 als Funkamateur auf diesem Grundstück eine Sende- und Empfangsanlage, die aus einem Stahlgittermast von 7,5 m Höhe und einem Stahlrohrmast von 5 m Höhe, einschließlich der jeweils dazugehörigen Antennen, besteht.

Der Bebauungsplan „B" trat in seiner ursprünglichen Fassung 1990 in Kraft. Er setzt als Art der baulichen Nutzung reine und allgemeine Wohngebiete fest. Vorgesehen sind Einzelhäuser in offener Bauweise mit einem Vollgeschoß und ausgebautem Dachgeschoß sowie teilweise ausgebautem Untergeschoß. Durch die 1993 in Kraft getretene 2. Änderung wurde in den Bebauungsplan unter D IV 5 folgende neue Festsetzung eingefügt:

Nebenanlagen
Nebenanlagen sind nur innerhalb der Baugrenzen zulässig. Sie sind im räumlichen Zusammenhang mit den Garagen in gleicher Baugestaltung zu errichten.

Die den Gegenstand des vorliegenden Normenkontrollverfahrens bildende 3. Änderung betrifft nur diese letztgenannte Festsetzung. Sie wurde wie folgt neu gefaßt:

Als Nebenanlagen sind nur Gartengerätehäuschen und Holzlegen mit einem umbauten Raum bis 40 m^3 zulässig. Sie sind innerhalb der Baugrenzen im räumlichen Zusammenhang mit den Garagen und in gleicher Baugestaltung zu errichten.

Unzulässig sind bauliche Anlagen, Nebenanlagen und Einrichtungen i. S. des § 14 BauNVO, die von außen erkennbar technische Anlagen sind. Dies gilt insbesondere für Funk- und Sendeanlagen (Antennenanlagen) einschließlich der Masten.
Der gegen diese Änderung gerichtete Normenkontrollantrag blieb erfolglos.

Aus den Gründen:
Der Normenkontrollantrag ist zulässig (§ 47 Abs. 1 Nr. 1, Abs. 2 Satz 1 VwGO). Der Antragsteller ist als Eigentümer eines im Geltungsbereich des angefochtenen Änderungsbebauungsplans gelegenen Grundstücks, der die von ihm gewünschten Nutzungsmöglichkeiten einschränkt, grundsätzlich antragsbefugt. Antragsbefugnis und Rechtsschutzbedürfnis entfallen hier auch nicht deshalb, weil die vor der Änderung geltende Festsetzung in wichtigen Teilen mit der geänderten übereinstimmt und möglicherweise schon die Vorläuferfassung dem hauptsächlichen Interesse des Antragstellers auf freie Entfaltung bei der Errichtung von Amateurfunkanlagen entgegenstand. Zwar führt die Nichtigkeit eines Bebauungsplans, der eine belastende Bestimmung eines anderen Bebauungsplans durch eine gleichlautende ersetzt, nicht zum Wegfall der Belastung, denn die Unwirksamkeit hat zur Folge, daß der Plan, der ihm zeitlich vorausgegangen ist, unverändert fortgilt (BVerwGE 85, 289 = BRS 50 Nr. 2 = BauR 1991, 51; BVerwG, NVwZ 1994, 268, 269). Gleichwohl wäre es verfehlt, das Rechtsschutzbedürfnis zu verneinen, wenn sich nicht ausschließen läßt, daß die gerichtliche Entscheidung für den Rechtsschutzsuchenden gegebenenfalls von Nutzen sein kann (vgl. BVerwG a. a. O.). Das ist hier deshalb der Fall, weil die neue Bestimmung die Nebenanlagen auf zwei konkret bestimmte Typen beschränkt und die für den Antragsteller wichtigen Anlagen ausdrücklich ausschließt. Sie ist damit zum einen inhaltlich enger als die bisherige Fassung und zum anderen beseitigt sie die Unsicherheit in der Interpretation der früheren Fassung, welche letztlich zur Errichtung der vorhandenen Funk- und Sendeanlage des Antragstellers geführt hatte. Damit bietet das Normenkontrollverfahren dem Antragsteller die reale Chance, die Nutzbarkeit seines Grundstückseigentums zu dem ihm angestrebten Zweck zu verbessern.

Der Normenkontrollantrag ist jedoch unbegründet. Die in der 3. Änderung des Bebauungsplans „B." getroffene Festsetzung zur Zulässigkeit und Einschränkung von Nebenanlagen verstößt nicht gegen höherrangiges Recht.

1. Die grundsätzliche Ermächtigung der Antragsgegnerin zu der getroffenen Regelung ergibt sich aus § 9 Abs. 1 Nr. 1 BauGB und § 14 Abs. 1 Satz 3 BauNVO. Die streitige Festsetzung zur Zulässigkeit von Nebenanlagen betrifft die Art der baulichen Nutzung. Die bereits im Ursprungsbebauungsplan vorgesehene und unverändert gebliebene Festsetzung allgemeiner und reiner Wohngebiete hätte nach § 14 Abs. 1 Satz 1 BauNVO kraft Rechtsverordnung grundsätzlich zur Folge, daß außer den in §§ 3 und 4 BauNVO genannten Anlagen auch untergeordnete Nebenanlagen zulässig wären, die dem Nutzungszweck der in dem Baugebiet gelegenen Grundstücke dienen und die seiner Eigenart nicht widersprechen. Daß darunter auch Amateurfunkantennen fallen können, sofern sie das Merkmal der räumlich-gegenständlichen Unterordnung erfüllen und nicht im Einzelfall der Eigenart des Wohngebiets widersprechen, ist in der Rechtsprechung des Bundesverwaltungsgerichts geklärt

(BVerwG v. 23. 6. 1993, Buchholz 406.12 § 14 Nr. 8). Gemäß § 14 Abs. 1 Satz 3 BauNVO kann im Bebauungsplan aber die Zulässigkeit der Nebenanlagen eingeschränkt oder ausgeschlossen werden. Von der Möglichkeit einer derartigen Einschränkung hat die Antragsgegnerin hier ohne Rechtsfehler Gebrauch gemacht.

2. Die durch die angefochtene Änderungssatzung in den Bebauungsplan eingefügte Bestimmung muß als Rechtssatz dem rechtsstaatlichen Gebot der Bestimmtheit genügen. Das wird hier in bezug auf den von der Norm verwendeten Ausdruck „von außen erkennbar technische Anlagen", die nach Satz 3 der Vorschrift als bauliche Anlagen, Nebenanlagen und Einrichtungen i. S. des § 14 BauNVO im Baugebiet unzulässig sind, in Zweifel gezogen. Diese Zweifel teilt der Senat nicht. Auch ein Bebauungsplan kann Normen abstrakter Art enthalten, die typischerweise erst nach einer Auslegung auf den Einzelfall angewendet werden können. Wenn sich der Regelungsgehalt durch Auslegung ermitteln läßt, ist dem Bestimmtheitsgebot auch hier genügt (vgl. BVerwG v. 24. 1. 1995, BRS 57 Nr. 26 = BauR 1995, 662 = DÖV 1995, 822). Der Normgeber wollte offensichtlich den optischen Eindruck sichern, daß das Baugebiet ausschließlich mit Gebäuden (vgl. Art. 2 Abs. 2 BayBO) bebaut ist. Denkbare bauliche Anlagen anderer Gestalt, wie beispielsweise ortsfeste Motoren oder elektrotechnische Anlagen, sollten nicht frei sichtbar sein, sondern allenfalls innerhalb der Gebäude untergebracht werden. Dieses Gestaltungsprinzip ergibt sich bereits aus den ersten beiden Sätzen der Vorschrift, die nur Gartengerätehäuschen und Holzlegen mit einem umbauten Raum bis 40 m³ für zulässig erklärt und hierfür die gleiche Baugestaltung wie für Garagen vorschreibt. Andere Arten von Nebenanlagen sind damit eigentlich schon nach diesen Bestimmungen der Vorschrift ausgeschlossen. Die folgenden beiden Sätze stellen erkennbar nur noch eine Bekräftigung dieses Ausschlusses für optisch von dem angestrebten Erscheinungsbild besonders abweichende Anlagen dar. Funk- und Sendeanlagen werden dabei schließlich im letzten Satz noch einmal besonders betont, um klarzumachen, was die Gemeinde auf keinen Fall zulassen wollte. Unter diesen Umständen muß für jedermann – insbesondere auch für den Antragsteller – klar sein, wie die Vorschrift zu verstehen ist. An Bestimmtheit mangelt es ihr daher nicht.

3. Die angegriffene weitgehende Beschränkung von Nebenanlagen ist auch nicht generell unverhältnismäßig. Nach der Plankonzeption der Antragsgegnerin soll damit ein homogenes, ästhetisch anspruchsvolles Erscheinungsbild einer ruhigen Wohnsiedlung abgesichert werden. Zur Erreichung dieser städtebaulich gemäß § 1 Abs. 5 Satz 2 Nr. 4 BauGB grundsätzlich zulässigen Zielsetzung ist die vorgenommene Beschränkung von Nebenanlagen geeignet. Mit der Wahl einer einheitlichen Formensprache und der Reduzierung der Vielfalt möglicher Baukörper wendet die Antragsgegnerin hier ein traditionelles Gestaltungsmittel an. Es liegt auf der Hand, daß mit einer Vermehrung von Arten und Gestaltungsformen der Nebenanlagen eine gewisse optische Unruhe in das Baugebiet hineingetragen wird. Die Antragsgegnerin konnte somit nach ihrer Plankonzeption die angegriffene Regelung als erforderlich i. S. von § 1 Abs. 3 BauGB ansehen. Die gewöhnlichen Nutzungsbedürfnisse der Grundstückseigentümer werden durch die geringe Zahl der

zulässigen Arten von Nebenanlagen auch nicht unzumutbar beschränkt. Außer den im Wortlaut der Vorschrift ausdrücklich angesprochenen Gartenhäuschen und Holzlegen enthält der Bebauungsplan noch besondere Festsetzungen für Einfriedungen und Garagen. Rundfunk- und Fernsehantennen in gewöhnlichen Abmessungen sind keine baulichen Anlagen i. S. des § 29 Abs. 1 BauGB, weil ihnen die bodenrechtliche Relevanz fehlt, und deshalb auch keine Nebenanlagen i. S. des § 14 BauNVO (vgl. Stock, in: König/Roesner/Stock, BauNVO, 2. Aufl. 2003, Rdnr. 8 zu § 14). Sie sind daher – soweit trotz der vorhandenen Breitbandverkabelung ein Bedürfnis danach bestehen sollte – zulässig, weil sie von der umstrittenen Festsetzung nicht erfaßt werden. Alles in allem liegt eine übermäßige Beschränkung der angemessenen Nutzbarkeit der Grundstücke im Plangebiet durch die umstrittene Regelung nicht vor, zumal die Verordnung grundsätzlich sogar einen gänzlichen Ausschluß von Nebenanlagen zuließe.

4. Der angefochtene Änderungsbebauungsplan verletzt schließlich auch nicht unter dem speziellen Blickwinkel der Informations- und Meinungsäußerungsfreiheit des Antragstellers nach Art. 5 Abs. 1 Satz 1 GG das Abwägungsgebot des § 1 Abs. 6 BauGB. Danach sind bei der Aufstellung der Bauleitpläne die öffentlichen und privaten Belange gegeneinander und untereinander gerecht abzuwägen. Das erfordert, daß eine Abwägung überhaupt stattfindet, in die Abwägung an Belangen eingestellt wird, was nach Lage der Dinge in sie eingestellt werden muß, daß die Bedeutung der betroffenen Belange nicht verkannt wird und daß der Ausgleich zwischen den von der Planung berührten Belangen in einer Weise vorgenommen wird, die zur objektiven Gewichtigkeit einzelner Belange nicht außer Verhältnis steht (st. Rspr. seit BVerwGE 34, 301, 309). Bei dieser Abwägung hatte die Antragsgegnerin die ihr bekannten Interessen des Antragstellers an seiner Sende- und Empfangstätigkeit als Amateurfunker mit einzubeziehen. Die Grundrechte aus Art. 5 Abs. 1 Satz 1 GG finden zwar gemäß Art. 5 Abs. 2 GG ihre Schranken in den Vorschriften der allgemeinen Gesetze, zu denen auch die Normen des Baurechts gehören, hier insbesondere des § 14 Abs. 1 Satz 3 BauNVO und des angegriffenen Bebauungsplans selbst. Nach der Rechtsprechung des Bundesverfassungsgerichts kann aber das Grundrecht wegen seiner Bedeutung nicht jeder Relativierung durch einfaches Gesetz überlassen werden, sondern das grundrechtsbeschränkende Gesetz muß seinerseits im Lichte des beschränkten Grundrechts ausgelegt und unter Beachtung des Verhältnismäßigkeitsgrundsatzes angewendet werden (vgl. zu einem Funkantennenmast BVerfG v. 11. 12. 1991, NVwZ 1992, 463, 464 m. w. N.). Für den Erlaß eines Bebauungsplans ist daraus ferner zu schließen, daß bereits der Normgeber im Rahmen der ihm aufgetragenen Abwägung die Bedeutung des beschränkten Grundrechts zutreffend einschätzen und die Abwägung mit den durch bauplanungsrechtliche Normen geschützten Belangen gerecht vornehmen muß. Diese Anforderungen hat die Antragsgegnerin im vorliegenden Fall erfüllt. Sie hat die Notwendigkeit, ihre eigene Planungsermächtigung im Lichte der Bedeutung des Grundrechts zu reflektieren, erkannt. Sie hat ferner gesehen, daß durch die baurechtlichen Beschränkungen die technischen Möglichkeiten für die Amateurfunktätigkeit des Antragstellers wesentlich eingeschränkt

werden. Die Erwägungen, mit denen sie dennoch anderen Belangen den Vorrang eingeräumt hat, sind aber rechtlich nicht zu beanstanden. Mit Recht verweist sie darauf, daß die Festsetzungen eines Bebauungsplans dazu dienen, i. S. von Art. 14 Abs. 1 Satz 2 GG Inhalt und Schranken des Grundstückseigentums innerhalb des Baugebiets mitzubestimmen (vgl. auch BVerwG v. 23. 8. 1991, NVwZ 1992, 475, 476). Wenn sie bei dieser Abwägung den Interessen der Nachbarn an der Abwehr von Störungen für ein harmonisches Ortsbild den Vorrang einräumt, hält sie sich innerhalb der Grenzen des ihr eingeräumten Planungsermessens. Dasselbe gilt für den damit korrespondierenden öffentlichen Belang der Sicherung des durch den Bebauungsplan angestrebten Ortsbilds. Der Bebauungsplan für das an einem Hang gelegene Baugebiet enthält eine Reihe von Festsetzungen, die ein harmonisches, homogenes und anspruchsvolles Erscheinungsbild des Wohngebiets gewährleisten sollen. Das Konzept aus Wohnhöfen, verkehrsberuhigten Zonen, Grünanlagen und Vorschriften zur Baugestaltung ist aus den Akten nachzuvollziehen und unstreitig tatsächlich verwirklicht worden. Der Einwand des Antragstellers, derartige Baugebiete gebe es zu Tausenden, ist nicht grundsätzlich geeignet, die Erhaltenswürdigkeit des erreichten ästhetischen Standards zu verneinen. Solange das entsprechend den Festsetzungen des Bebauungsplans verwirklichte Baugebiet nicht durch abweichende störende Einrichtungen wesentlich verändert wurde, erscheint es als sachgerecht, derartige Störungen abzuwehren. Die dadurch gesicherten öffentlichen und privaten Belange sind in ihrer objektiven Gewichtigkeit nicht geringer als diejenigen des Antragstellers an der freien Entfaltung seiner Amateurfunktätigkeit. Dabei kann er sich schließlich auch nicht auf Vertrauensschutz berufen, denn bereits zum Zeitpunkt der Errichtung der vorhandenen Anlage waren Nebenanlagen nur „in gleicher Baugestaltung" wie Garagen, also in der Form von Gebäuden, zulässig. Ein schutzwürdiges Vertrauen darauf, ungehindert Amateurfunkanlagen auf dem Grundstück errichten zu können, konnte sich bei dieser Rechtslage nicht bilden.

Nr. 42

Schafft ein vorhabenbezogener Bebauungsplan die Voraussetzungen für eine breite Nutzungspalette, so kann die Gemeinde es dem Vorhabenträger zwar überlassen, innerhalb der einzelnen Nutzungssegmente zu variieren. Sie hat jedoch Vorsorge dafür zu treffen, daß das planerisch vorgegebene Nutzungsspektrum als solches in seinem Kern erhalten bleibt.
(Nichtamtlicher Leitsatz)

BauGB § 12.

Bundesverwaltungsgericht, Beschluß vom 10. August 2004 – 4 BN 29.04 –.

(OVG Nordrhein-Westfalen)

Aus den Gründen:
Es bedarf nicht der Zulassung der Revision, um zu klären, „was Vorhaben i. S. von § 12 BauGB ist". Die Frage mag, abstrakt betrachtet, klärungsbedürftig sein. Die Beigeladene weist insoweit zu Recht darauf hin, daß sich dem Senatsurteil vom 18. 9. 2003 (– 4 CN 3.02 –, BVerwGE 119, 45 = BauR 2004, 286) einerseits die Aussage entnehmen läßt, daß den Gegenstand eines vorhabenbezogenen Bebauungsplans „die Errichtung eines oder mehrerer konkreter Vorhaben i. S. von § 29 Abs. 1 BauGB" bildet. Andererseits ist davon die Rede, daß dieser Vorhabenbezug nicht von vornherein „eine gewisse Bandbreite an Nutzungsmöglichkeiten" ausschließt. Der Senat hat im Urteil vom 18. 9. 2003 ausdrücklich davon abgesehen, die Frage, „wo die Grenzen einer derartigen flexibleren Planung mit dem Mittel des § 12 BauGB liegen", weiter zu vertiefen.

Auf der Grundlage der vom Normenkontrollgericht getroffenen Feststellungen hätte der Senat indes auch im anhängigen Rechtsstreit keinen Anlaß zu einer näheren Präzisierung. Insbesondere wäre er nicht genötigt, dazu Stellung zu nehmen, ob der Begriff des Vorhabens i. S. des § 12 Abs. 1 Satz 1 BauGB dem engen Verständnis entspricht, dem die Vorinstanz das Wort redet, wenn sie sich dafür ausspricht, die nach Ansicht des Senats zulässige „Bandbreite" mit der „Variationsbreite" gleichzusetzen, durch die der Rahmen verschiedener Nutzungsarten untereinander abgesteckt wird (vgl. BVerwG, Urteile v. 25. 3. 1988 – 4 C 21.85 –, Buchholz 406.16 Grundeigentumsschutz Nr. 47, v. 18. 5. 1990 – 4 C 49.89 –, Buchholz 406.16 Grundeigentumsschutz Nr. 52, und v. 14. 1. 1993 – 4 C 19.90 –, Buchholz 406.11 § 34 BauGB Nr. 155). Auch wenn sich gute Gründe dafür ins Feld führen lassen mögen, den Vorhabenbegriff in § 12 Abs. 1 Satz 1 BauGB eher eng als weit auszulegen, würde der Sachverhalt, der dem anhängigen Rechtsstreit zugrunde liegt, keine Gelegenheit bieten, die Frage, wo die Grenze zu ziehen ist, eingehender zu erörtern. Denn nach der Darstellung des Normenkontrollgerichts liegen die Nutzungsmöglichkeiten, die der Beigeladenen in dem angegriffenen vorhabenbezogenen Bebauungsplan eingeräumt werden, weit jenseits der noch hinnehmbaren „Bandbreite".

Nach den Angaben der Vorinstanz erschöpft sich der Plan darin, eine planungsrechtliche „Hülle" zu schaffen, die die Beigeladene „nach Beblieben ausfüllen kann". Durch die Festsetzungen wird „eine breite Palette unterschiedlicher baulicher Nutzungsmöglichkeiten eröffnet, die zueinander nicht mehr im Verhältnis einer gewissen ‚Bandbreite' stehen, sondern sich jeweils als ‚aliud' darstellen". In die gleiche Richtung weist die Feststellung, daß der Bebauungsplan in bezug auf die Art der baulichen Nutzung „eine unbestimmte Anzahl unterschiedlichster Vorhaben i. S. von § 29 Abs. 1 BauGB nach § 30 Abs. 2 BauGB zu(läßt)". Schafft ein vorhabenbezogener Bebauungsplan die Voraussetzungen für eine breite Nutzungspalette, so kann die Gemeinde es dem Vorhabenträger zwar überlassen, innerhalb der einzelnen Nutzungssegmente zu variieren (vgl. BVerwG, Urteil v. 27. 8. 1998 – 4 C 5.98 –, Buchholz 406.11 § 34 BauGB Nr. 190 = BRS 60 Nr. 83 = BauR 1999, 152). Sie hat jedoch Vorsorge dafür zu treffen, daß das planerisch vorgegebene Nutzungsspektrum als solches in seinem Kern erhalten bleibt. Diesem Erfordernis ist nicht genügt, wenn es der Vorhabenträger in der Hand hat, das im Bebauungsplan bezeichnete Nutzungsangebot um beliebig viele Nutzungstypen zu verringern oder zu erweitern. Um dies zu bekräftigen, bedarf es nicht eigens der Durchführung eines Revisionsverfahrens.

Nr. 43

1. **Im Zeitpunkt der Beschlußfassung über einen vorhabenbezogenen Bebauungsplan muß der Vorhabenträger die zivilrechtliche Berechtigung zur Realisierung des Vorhabens auf den dafür vorgesehenen Flächen haben.**
2. **Im Zeitpunkt der Beschlußfassung über einen vorhabenbezogenen Bebauungsplan muß der Vorhabenträger objektiv zur Verwirklichung des Vorhabens in der Lage sein und die Gemeinde diese Leistungsfähigkeit in geeigneter Weise überprüft haben.**
3. **Ein Durchführungsvertrag verstößt gegen § 12 Abs. 1 BauGB, wenn er keine fristgebundene Verpflichtung des Vorhabenträgers zur Stellung eines Bauantrages enthält.**
4. **§ 6 Abs. 15 LBauO M-V setzt die ordnungsgemäße planerische Abwägung der Festsetzung eines Bebauungsplans für die verringerte Abstandsfläche voraus.**

BauGB § 12 Abs. 1, Abs. 5, Abs. 6 a.F; VwGO § 47 Abs. 5 a. F.

OVG Mecklenburg-Vorpommern, Urteil vom 23. Juni 2004 – 3 K 31/03 – (rechtskräftig).

Die Beteiligten streiten um die Gültigkeit der „1. Änderung des Vorhaben- und Erschließungsplanes Nr. 1 Gr.-Hotel U. (vormals M. Ba. Seebadhotel B.)". Die Antragstellerin ist Eigentümerin von Nachbargrundstücken. Auf den Grundstücken sind Gebäude errichtet, in denen die Antragstellerin ein Hotel betreibt.

Aus den Gründen:
C) Der Normenkontrollantrag ist überwiegend begründet.
1. Der streitbefangene vorhabenbezogene Bebauungsplan ist unter Verletzung zwingender Bestimmungen des § 12 Abs. 1 Satz 1 BauGB über die Voraussetzungen eines solchen Bebauungsplanes erlassen worden.

a) Eine Gemeinde kann durch einen vorhabenbezogenen Bebauungsplan die Zulässigkeit eines Vorhabens bestimmen, wenn der Vorhabenträger im Zeitpunkt des Satzungsbeschlusses zur Durchführung des Vorhabens in der Lage ist. Dies setzt zunächst voraus, daß der Vorhabenträger über die für das Vorhaben in Anspruch zu nehmende Fläche zivilrechtlich die für die Realisierung erforderliche Rechtsmacht hat. Das muß nicht zwingend die Rechtsstellung eines Eigentümers sein; im Einzelfall kann auch eine im Grundbuch eingetragene Vormerkung zur Sicherung des Anspruchs auf Eigentumsübertragung genügen (Krautzberger, in: Battis/Krautzberger/Löhr, BauGB, 8. Aufl. 2002, § 12 Rdnr. 11; ders. in: Ernst/Zinkhahn/Bielenberg/Krautzberger, BauGB, § 12 Rdnr. 63). Zugunsten der beigeladenen Vorhabenträgerin ist im

Grundbuch eine Vormerkung eingetragen, die ihren Eigentumsverschaffensanspruch sichert. Trotzdem verfügte sie im Zeitpunkt des Satzungsbeschlusses nicht über die notwendige zivilrechtliche Rechtsmacht, das Vorhaben zu verwirklichen. Das ergibt sich aus dem Kaufvertrag vom 4.11.2001. Nach §8 Abs. 1 dieses Kaufvertrages erfolgt die Übergabe der Flächen, auf denen das Vorhaben realisiert werden soll, (erst) mit der Kaufpreiszahlung. Bis dahin war die Vorhabenträgerin (nur) berechtigt, Vorbereitungshandlungen für die Bebauung auf eigene Gefahr und Kosten auf dem Grundstück durchzuführen. Die Vorhabenträgerin hatte im Zeitpunkt des Beschlusses der Antragsgegnerin über den streitbefangenen vorhabenbezogenen Bebauungsplan am 18.4.2002 den Kaufpreis nicht entrichtet. Ihr fehlte somit zum maßgeblichen Zeitpunkt die für die Realisierung des Vorhabens auf den dafür vorgesehen Flächen erforderliche Rechtsmacht.

b) Weitere Voraussetzung für einen vorhabenbezogenen Bebauungsplan ist nach § 12 Abs. 1 Satz 1 BauGB die finanzielle Leistungsfähigkeit des Vorhabenträgers. Auch hier ist maßgeblich der Zeitpunkt der Beschlußfassung der Gemeindevertretung über den vorhabenbezogenen Bebauungsplan. Fällt diese finanzielle Leistungsfähigkeit später weg und kann das Vorhaben deswegen nicht oder nicht fristgerecht verwirklicht werden, wird der vorhabenbezogene Bebauungsplan nicht nichtig (vgl. Krautzberger, in: Ernst/Zinkhahn/Bielenberg/Krautzberger, a.a.O., Rdnr. 62). Dies ergibt sich aus einem Umkehrschluß aus § 12 Abs. 6 BauGB. Danach soll die Gemeinde den Bebauungsplan aufheben, wenn der Vorhaben- und Erschließungsplan nicht innerhalb der im Durchführungsvertrag vereinbarten Frist durchgeführt wird.

Die finanzielle Leistungsfähigkeit muß zum einen objektiv vorliegen und die Gemeinde muß zum anderen in geeigneter Weise die Leistungsfähigkeit überprüft haben (vgl. dazu allgemein OVG Bautzen, Urteil v. 14.7.1994 – 1 S 142/93 –, NVwZ 1995, 181, Reidt, in: Gelzer/Bracher/Reidt, Bauplanungsrecht, 6. Aufl. 2002, Rdnr. 969; Krautzberger, in: Ernst/Zinkhahn/Bielenberg/Krautzberger, a.a.O., Rdnr. 62). An beiden Voraussetzungen fehlt es hier. Die Vorhabenträgerin war objektiv nicht in der Lage, die notwendigen finanziellen Mittel zur Durchführung des Vorhabens zum Zeitpunkt des Satzungsbeschlusses aufzubringen. Ausweislich der vorliegenden Verwaltungsvorgänge hatte sie sich zwar um entsprechende Kredite und Fördermittel bemüht. Es war ihr aber nicht gelungen, eine Kreditzusage und eine Förderzusage zu erlangen. Die als Kreditgeberin vorgesehene Y-Bank hat mit Schreiben vom 11.3.2002 die Voraussetzungen weiterer Gespräche über die Kreditgewährung dargestellt; ersichtlich waren zu diesem Zeitpunkt die Voraussetzungen weiterer Gespräche nicht gesichert. Als Kreditvereinbarung oder auch nur -zusage kann dieses Schreiben nicht verstanden werden. Ebensowenig enthält das Schreiben des Landesförderinstitutes Mecklenburg-Vorpommern vom 4.4.2002 eine Förderzusage. Vielmehr wird ausdrücklich nur eine vorläufige Aussage zur formalen Förderfähigkeit gemacht. Aus den vorgelegten Verwaltungsvorgängen und den Einlassungen der Beigeladenen im gerichtlichen Verfahren ergibt sich nichts dafür, daß sie im Zeitpunkt des Satzungsbeschlusses auf andere Weise finanziell in der Lage gewesen war, das Vorhaben durchzuführen.

Nr. 43

Die Antragsgegnerin hat die Problematik der Überprüfung der finanziellen Leistungsfähigkeit der Vorhabenträgerin im Ansatz erkannt und sie in § 2 Abs. 1 des Durchführungsvertrages verpflichtet, vor dem Satzungsbeschluß zur 1. Änderung des Vorhaben- und Erschließungsplanes Nr. 1 „Gr.-Hotel U." eine Finanzierungszusage der Y-Bank in Höhe der voraussichtlichen Kosten für die Erschließung/Hochbau i. H. v. gut 15 Mio. € vorzulegen. Es kann offenbleiben, ob dies für die von der Gemeinde zu leistende Überprüfung der finanziellen Leistungsfähigkeit des Vorhabentragers ausreicht; das tatsächliche Investitionsvolumen wurde nämlich vom Landesförderinstitut M-V auf 36,4 Mio. € beziffert. Denn die Antragsgegnerin hat den vorhabenbezogenen Bebauungsplan beschlossen, ohne daß irgendeine Finanzierungszusage vorgelegt wurde. Sie hat auf einen Nachweis der finanziellen Leistungsfähigkeit des Vorhabenträgers überhaupt verzichtet. Damit hat sie unter Verstoß gegen die aus § 12 Abs. 1 Satz 1 BauGB abzuleitenden Pflichten den angefochtenen vorhabenbezogenen Bebauungsplan beschlossen.

c) Der Durchführungsvertrag enthält entgegen § 12 Abs. 1 Satz 1 BauGB keine wirksame Fristbestimmung über die Durchführung des Vorhabens. V 2 Abs. 2 des Durchführungsvertrages bestimmt: „Der Vorhabenträger verpflichtet sich, spätestens innerhalb von 12 Monaten nach der Rechtskraft der Satzung über die erste Änderung des Vorhaben- und Erschließungsplanes Nr. 1 mit der Realisierung der Erschließung zu beginnen und die Erschließungs- und Hochbauanlagen spätestens 48 Monate nach Erteilung der Baugenehmigung abzuschließen".

Die in dieser Bestimmung des Durchführungsvertrages ausdrücklich enthaltenen Fristen sind zwar kalendermäßig bestimmbar, weil sie an kalendermäßig bestimmbare Ereignisse anknüpfen. Auch ist eine Staffelung der Fristen grundsätzlich zulässig (vgl. Reidt, a.a.O., Rdnr. 986). Die vertragliche Regelung mag schließlich dahin auslegbar sein, daß sich der Vorhabenträger verpflichtet hat, innerhalb von 48 Monaten nach Erteilung der Baugenehmigung die Nutzung des Vorhabens zu ermöglichen.

Trotzdem fehlt es an der von § 12 Abs. 1 Satz 1 BauGB geforderten Festlegung von bestimmten Fristen im Durchführungsvertrag, weil nicht vertraglich vereinbart worden ist, wann die Vorhabenträgerin den Bauantrag stellt. Die vereinbarten Fristen beruhen auf einer in ihrem zeitlichem Rahmen in das Belieben der Vorhabenträgerin gestellten Verfahrenshandlung: der Stellung des Bauantrages. Sie sind daher mangels einer vertraglich geregelten Bestimmung über den Zeitpunkt der Bauantragstellung (zu diesem Erfordernis Kuschnerus, BauR 2004, 946, 952) unbestimmbar; sie hängen gewissermaßen in der Luft.

Die vertraglich festgesetzten Fristen sind zudem nicht aufeinander abgestimmt. Sie können sich in der Weise widersprechen, daß die Errichtungsfrist von 48 Monaten abgelaufen sein kann, bevor die Frist zum Beginn des Vorhabens überhaupt begonnen hat zu laufen. Damit wird insgesamt die Regelung über die Frist zur Durchführung des Vorhabens unbestimmbar und es fehlt an der zwingenden Voraussetzung der Festsetzung einer bestimmten Frist zur Durchführung des Vorhabens im Durchführungsvertrag nach § 12 Abs. 1 Satz 1 BauGB. Dies ergibt sich im einzelnen aus folgender Überlegung: Die

Frist zum Beginn der Realisierung der Erschließung innerhalb von 12 Monaten nach Eintritt der Rechtskraft der Satzung stellt nicht auf den Zeitpunkt der Bekanntgabe der Satzung ab, sondern auf den davon streng zu unterscheidenden Zeitpunkt der Rechtskraft. Allerdings werden Satzungen nicht im technischen Sinne rechtskräftig. Da die Vertragsparteien aber durch die Formulierung „Rechtskraft der Satzung" deutlich gemacht haben, daß die Frist gerade nicht mit der Bekanntgabe oder dem In-Kraft-Treten der Satzung beginnen soll, kann die gewählte Formulierung nur bedeuten, daß die Frist dann beginnen soll, wenn ein Normenkontrollantrag gegen die Satzung entweder auf Grund Verstreichens der gesetzlichen Frist zur Einlegung eines solchen Antrages unzulässig geworden ist oder aber über einen eingelegten Normenkontrollantrag abschließend im gerichtlichen Verfahren („rechtskräftig") entschieden worden ist. Die zweite Frist beginnt bereits mit der Erteilung der Baugenehmigung, unabhängig davon, ob diese bestandskräftig geworden ist oder nicht. Dieser Fristbeginn ist unabhängig vom Eintritt der sogenannten Rechtskraft der Satzung. Die Baugenehmigung kann – wie im vorliegenden Fall auch geschehen – lange vor Abschluß eines Normenkontrollverfahrens über die Satzung erteilt werden. Dies hat zur Folge, daß die Errichtungsfrist von 48 Monaten abgelaufen sein kann, bevor die Frist zum Beginn mit dem Vorhaben abgelaufen ist oder gar begonnen hat. Verlängerungsmöglichkeiten enthält der dem Senat vorliegende Durchführungsvertrag nicht. Die im Vertrag enthaltene Fristregelung ist auch aus diesem Grund nicht geeignet, i. S. des § 12 Abs. 1 Satz 1 BauGB eine bestimmbare Frist zur Realisierung des Vorhabens festzulegen.

2. Die Antragsgegnerin mußte die dargelegten zwingenden Vorgaben des § 12 Abs. 1 Satz 1 BauGB beachten.

a) Die sog. 1. Änderung des Vorhaben- und Erschließungsplanes Nr. 1 Gr.-Hotel U. ist nicht als ein bloßer Beschluß über den Wechsel des Vorhabenträgers nach § 12 Abs. 5 Satz 1 BauGB zu verstehen. Um einen Wechsel des Vorhabenträgers geht es, wenn das unveränderte Vorhaben unter bloßem Austausch des Vorhabenträgers innerhalb der vertraglichen Fristen durchgeführt werden soll (vgl. § 12 Abs. 5 Satz 2 BauGB). Im vorliegenden Fall ist aber das Vorhaben selbst nicht nur unwesentlich geändert worden. Die vom geänderten Vorhaben- und Erschließungsplan umfaßte Fläche ist um die öffentlichen Verkehrsflächen verringert worden. Anstelle der offenen Bauweise ist eine vollständige Bebauung der Fläche festgesetzt worden, die nunmehr zusätzlich an Baulinien anstatt an Baugrenzen gebunden ist. Die Traufhöhe wurde erhöht, ebenso die Grundflächenzahl; die Festsetzung der Geschoßflächenzahl wurde gestrichen und eine geänderte Dachform festgesetzt. Die Antragsgegnerin hat zu Recht die Notwendigkeit gesehen, für die 1. Änderung des Vorhaben- und Erschließungsplanes Nr. 1 erneut ein bauplanungsrechtliches Verfahren durchzuführen. Des weiteren ist auch ein neuer Durchführungsvertrag geschlossen worden. Diese Änderungen gehen deutlich über einen bloßen Trägerwechsel i. S. des § 12 Abs. 5 BauGB hinaus. Sie rechtfertigen die Anwendung des § 12 Abs. 1 Satz 1 BauGB auf die 1. Änderung des Vorhaben- und Erschließungsplans Nr. 1.

b) Fehlt es bereits an der Erfüllung der tatbestandlichen Voraussetzungen des § 12 Abs. 1 Satz 1 BauGB für die Bestimmung der Zulässigkeit des Vorhabens durch einen vorhabenbezogenen Bebauungsplan, ist dieser i. S. des § 47 Abs. 5 Satz 2 VwGO a. F. ungültig. Der Senat hat von einer Nichtigkeitsklärung, die nach § 47 Abs. 5 Satz 2 VwGO a. F. möglich gewesen ist, mit Blick auf den bundesrechtlichen Grundsatz der Normerhaltung abgesehen, weil die festgestellten Mängel in einem ergänzenden Verfahren behoben werden können und nicht die Grundzüge der Planung berühren (vgl. Kuschnerus, a. a. O., S. 952 Fußn. 40).

Dies läßt sich aus § 12 Abs. 6 Satz 1 BauGB ableiten. Nach dieser Vorschrift wird ein vorhabenbezogener Bebauungsplan nicht bereits deswegen nichtig, weil der Vorhaben- und Erschließungsplan nicht innerhalb der vertraglich vorgesehenen Frist durchgeführt wird. Auf die Gründe der Nichtdurchführung kommt es nicht an. Soll in einem solchen Fall die Gemeinde nach § 12 Abs. 6 Satz 1 BauGB aber nur die bloße Aufhebung des vorhabenbezogenen Bebauungsplanes beschließen können, und folgt daraus nicht zwingend die Nichtigkeit des vorhabenbezogenen Bebauungsplanes, bleibt Raum für einen Wechsel des Vorhabenträgers unter Anpassung der Durchführungsfristen. Beim Wechsel des Vorhabenträgers muß die Gemeinde die in § 12 Abs. 1 BauGB an den Vorhabenträger gestellten Anforderungen prüfen bzw. der Vorhabenträger diesen Anforderungen genügen. Kombiniert man diese gesetzliche Regelung mit dem Grundsatz der Planerhaltung im Normenkontrollverfahren, hat die Gemeinde die Möglichkeit, in einem ergänzenden Verfahren Mängel der vorstehend aufgezeigten Art zu heilen, wenn es ihr gelingt, einen die Voraussetzungen des § 12 Abs. 1 Satz 1 BauGB erfüllenden Vorhabenträger zu finden und mit diesem einen den gesetzlichen Anforderungen genügenden Durchführungsvertrag abzuschließen.

3. Die streitbefangene Satzung leidet weiter an einem Abwägungsmangel, der jedoch ebenfalls nur zur Unwirksamkeitserklärung nach § 47 Abs. 5 Satz 4 VwGO a. F. führt, da dieser im ergänzenden Verfahren nach § 215a BauGB in der bis zum 19. 7. 2004 geltenden Fassung geheilt werden kann. ...

c) Ebenfalls abwägungsfehlerhaft ist die Behandlung des Belanges „Abstandflächen". Die Antragsgegnerin hat sich im Abwägungsbeschluß mit diesem Belang befaßt, die Erhöhung der zulässigen Traufhöhe um 1 m auf 18,75 m über HN aber für geringfügig gehalten, weil die Baulinie um einen Meter seewärts gegenüber der ursprünglich vorgesehenen Baugrenze versetzt worden ist und die neu festgesetzte Traufhöhe nur geringfügig über der Traufhöhe des ehemaligen Gebäudekomplexes an dieser Stelle liegt.

Es mag zugunsten der Antragsgegnerin angenommen werden, daß sie bei der Abwägung über die Festsetzungen der Traufhöhe, der Baulinie und der Bauweise als zu berücksichtigenden Belang auch das grundsätzlich schützenswerte Interesse der benachbarten Grundstückseigentümer an der Einhaltung angemessener Abstandflächen eingestellt hat. Es läßt sich den Verwaltungsvorgängen über diese Abwägung aber nicht entnehmen, daß die Antragsgegnerin diesen privaten Belang der benachbarten Grundstückseigentümer in der ihm zukommenden Gewichtung in die Abwägung eingestellt hat. Eine Auseinandersetzung mit der Abstandflächenproblematik ergibt sich aus den Unterlagen über die Abwägung nicht. Die Antragsgegnerin hat ersichtlich dem Umstand, daß in dem ursprünglichen Vorhaben- und Erschließungsplan Nr. 1 eine Traufhöhe von 17,75 m über HN festgesetzt wurde, entscheidendes Gewicht beigemessen. Sie hat bei der hier zu beurteilenden Abwägung aber nicht berücksichtigt, daß diese Traufhöhe für ein in wesentlichen Details anderes Vorhaben festgesetzt worden ist. Denn für das jetzige Vorhaben setzt der streitbefangene vorhabenbezogene Bebauungsplan eine Baulinie fest, eine veränderte Dachform und eine vollständige Bebauung der Fläche. Im Gegensatz dazu sah die ursprüngliche Planung nur eine Baugrenze und eine offene Bauweise vor. Die nunmehrigen Festsetzungen wirken sich ersichtlich auf die Abstandflächenproblematik aus. Diese Auswirkungen erforderten eine erneute Auseinandersetzung mit der Abstandflächenproblematik unter Berücksichtigung des Interesses der Grundstücksnachbarn an der Einhaltung angemessener Abstandflächen.

Der Senat bemerkt zur Vermeidung von Mißverständnissen, daß die Antragsgegnerin nach § 6 Abs. 15 LBauO M-V grundsätzlich berechtigt ist, von den gesetzlichen Abstandflächenbestimmungen abweichende Festsetzungen in einem Bebauungsplan zu treffen. Insbesondere ist die Antragsgegnerin grundsätzlich berechtigt, eine Unterschreitung der gesetzlich vorgesehenen Abstandflächen in einem vorhabenbezogenen Bebauungsplan festzusetzen. § 6 Abs. 15 BauO M-V regelt aber nur die Rechtsfolge einer ordnungsgemäßen Planung; die Vorschrift ersetzt nicht die erforderliche ordnungsgemäße planerische Abwägung bei der Aufstellung eines Bebauungsplanes. Zu einer solchen Abwägung gehört auch die angemessene Einstellung und Gewichtung der von dem Bauvorhaben betroffenen Belange der Grundstücksnachbarn.

Nr. 44

1. **Läßt sich das Maß der baulichen Nutzung in einem vorhabenbezogenen Bebauungsplan nur aus dem Lageplan ohne Maßangaben entnehmen, kann eine starke Verkleinerung des Lageplans (hier: 4,3 cm = 46,2 m) und die Stärke der Begrenzungslinien der bebaubaren Fläche zu Ungenauigkeiten führen, die zur Unbestimmtheit des Bebauungsplans führen.**

2. **Der als Satzung beschlossene vorhabenbezogene Bebauungsplan darf keine gegenüber dem Vorhaben- und Erschließungsplan engeren Festsetzungen treffen, wohl aber weitere.**

BauGB §§ 1 Abs. 6, 12, 13 Nr. 2, 214 Abs. 2 Nr. 2.

Niedersächsisches OVG, Urteil vom 8. Juli 2004 – 1 KN 184/02 – (rechtskräftig).

Die Antragsteller begehren die Nichtigerklärung des vorhabenbezogenen Bebauungsplanes Nr. 1633 der Antragsgegnerin, bekanntgemacht 2002, weil dieser Plan ihr Grundstück unzumutbar beeinträchtige.

Nr. 44

Das Plangebiet hat die Form eines Tortenstückes mit nach Norden gerichteter Spitze und umfaßt ca. 1900 m². Westlich wird es von der Bundesfernstraße B 217 begrenzt. Östlich verläuft die „D." Im Süden grenzt das Plangebiet an das Grundstück der Antragsteller. Das Grundstück der Antragsteller wird durch zwei miteinander verbundene Einfamilienhäuser genutzt. Das westlich gelegene Gebäude wird als Wohnhaus genutzt, das östlich gelegene für Arztpraxen und Wohnen.

Der vorhabenbezogene Bebauungsplan Nr. 1633 enthält textliche Regelungen über seinen Geltungsbereich (§ 1), seinen Gegenstand (§ 2) sowie Festsetzungen über die zugelassene Nutzungsart (§ 3).

Aus den Gründen:

II. 1. c) Die Begründung zum Plan Nr. 1633 ist nicht deswegen fehlerhaft, weil sie nicht darauf eingeht, daß die zugelassenen Nutzungen in einem allgemeinen Wohngebiet nur ausnahmsweise zulässig wären. Ein Plan nach § 12 BauGB muß nicht auf die Festsetzungsmöglichkeiten der BauNVO abstellen und ist daher nicht an die dortigen Gebietstypen gebunden. Dadurch entfällt auch der Zwang zu einer gesonderten Begründung für Nutzungen, die in der BauNVO Ausnahmenutzungen sind (Krautzberger, in: Ernst/Zinkahn/Bielenberg, Kommentar zum BauGB, Stand: Februar 2004, § 12 Rdnr. 83). Da die Gemeinde nach § 12 Abs. 3 Satz 2 BauGB im Bereich eines Vorhaben- und Erschließungsplans bei der Bestimmung der Zulässigkeit der Vorhaben nicht an die Festsetzungen nach der BauNVO gebunden ist, kommt es auf die Einhaltung der Werte nach § 17 Abs. 1 BauNVO nicht an. Die Angaben in der Begründung zum Maß der baulichen Nutzung könnten unmißverständlicher und klarer sein. Jedenfalls aber kann von einer Täuschung der Ratsherren nicht die Rede sein, denn es wird ausdrücklich darauf hingewiesen, daß die gemäß BauNVO zulässige Überschreitung der GRZ für Zufahrten und Stellplätze von 50 % wegen der schwierigen Situation des Baugrundstücks nicht ausreicht, und die Planung eine Gesamtversiegelung von ca. 80 % vorsieht.

...

3. Der Plan ist hinsichtlich des Maßes der zugelassenen Nutzung nicht hinreichend bestimmt. Fehlende Bestimmtheit führt zur Unwirksamkeit des Planes (BVerwG, Urteil v. 18.9.2003 – 4 CN 3.02 –, BRS 66 Nr. 21 = BauR 2004, 286 = DVBl. 2004, 247).

a) Der Plan entspricht zwar grundsätzlich den inhaltlichen Mindestanforderungen an einen vorhabenbezogenen Bebauungsplan. Ein solcher Plan muß einen qualifizierten Plan funktional ersetzen, da gemäß § 30 Abs. 2 BauGB die Zulässigkeit des Bauvorhabens für die Baugenehmigungsbehörde aus dem Plan erkennbar sein muß. Für die Beurteilung der Zulässigkeit eines Vorhabens sind mindestens Angaben über die Art und das (Höchst-)Maß der Nutzung erforderlich (VGH Mannheim, Beschluß v. 25.11.1996 – 8 S 1151/96 –, NVwZ 1997, 699 = BRS 58 Nr. 248; Krautzberger, in: Ernst/Zinkahn/Bielenberg, a.a.O., § 12 Rdnr. 78f; Pietzcker, DVBl. 1992, 658, 661; G. H. Friedrich, Der vorhabenbezogene Bebauungsplan gemäß § 12 nach der Novellierung 2001, 2003, S. 133). Ein qualifizierter Plan muß als Maßfestsetzungen gemäß § 16 Abs. 3 BauNVO neben der Geschoßzahl mindestens eine weitere Festsetzung (z. B. die überbaubare Grundfläche) enthalten.

Ein vorhabenbezogener Bebauungsplan besteht aus den Festsetzungen in der gemeindlichen Satzung und dem durch §12 Abs. 3 Satz 1 BauGB inkorporierten Vorhaben- und Erschließungsplan des Vorhabenträgers. Der vorliegende Plan Nr. 1633 nimmt in §2 („Gegenstand der Satzung") des Satzungstextes ausdrücklich nur die Anlagen 1 a und b sowie 3 als Vorhaben- und Erschließungsplan in Bezug. Dadurch sind die Inhalte der Bauzeichnungen der Anlagen 2 a–c mit ihren numerischen Maßangaben nicht Gegenstand des vorhabenbezogenen Bebauungsplanes geworden. Angesichts dieser ausdrücklichen Regelung in §2 der Satzung kann auch durch Auslegung der Gegenstand der Satzung nicht auf die Anlagen 2 a–c erweitert werden, etwa durch Bezugnahme auf den Durchführungsvertrag (generell gegen Verlagerung von Maßfestsetzungen in den Vertrag Thurow, UPR 2000, 16, 19).

In Anlage 1 a (Lageplan) ist das Grundstück mit der bebaubaren Fläche dargestellt. Erkennbar sind auch die Zufahrt zur Tiefgarage und die Stellplätze entlang der B 217. Numerisch sind (ohne Legende) nur einzelne Höhenpunkte des Geländes und des Gebäudes eingetragen. Maßangaben für den Gebäudekörper oder Angaben zu einer GRZ/GFZ sowie eine Maßstabsangabe fehlen in den Anlagen 1 a und 3 ebenso wie im Satzungstext. Die Geschoßangabe ist ohne Legende als „II" eingetragen. In der Baubeschreibung ist die Grobgestalt des Gebäudekörpers verbal beschrieben. Aus ihr kann entnommen werden, daß teilweise dreigeschossig (nicht im Rechtssinne) gebaut werden soll. Weitere Angaben zum Nutzungsmaß lassen sich der Baubeschreibung nicht entnehmen.

Allein aus dem Lageplan des Gebäudes in DIN A 4 Größe ohne Maßangaben läßt sich das Maß der Nutzung nicht mit hinreichender Genauigkeit bestimmen. Die starke Verkleinerung des Lageplans (4,3 cm entsprechen 46,20 m) und die Stärke der Begrenzungslinien der bebaubaren Fläche führen zu erheblichen Toleranzen beim Abgreifen der bebaubaren Fläche, die es z. B. auch nicht gestatten, präzise Aussagen zu Grenzabständen zu treffen. Auch ist die Kubatur der baulichen Maßnahme nicht sicher aus dem Plan bestimmbar. Die Geschoßangabe ist nicht zentral in der bebaubaren Fläche angeordnet, sondern im südlichen Teil der bebaubaren Fläche; der nördliche Teil ist durch einen Strich abgegrenzt und trägt keine Eintragung einer Geschoßzahl, so daß die Zuordnung mit Zweifeln behaftet ist. Die zu unbestimmte Festsetzung der Maßangaben stellt einen Planfehler dar, der nicht gemäß §§214, 215 BauGB unbeachtlich ist. ...

Vorsorglich weist der Senat darauf hin, daß eine im Plan festgesetzte Unterschreitung von gesetzlichen Grenzabständen abwägungsfehlerfrei sein kann, weil §13 Abs. 3 NBauO für solche Fälle die Möglichkeit einer Ausnahmeerteilung im Genehmigungsverfahren vorsieht. Freilich bedürfte die Festsetzung geringerer Grenzabstände als in der NBauO vorgesehen einer Rechtfertigung in der Begründung des Bebauungsplans (vgl. Urteil des Senats v. 29. 8. 1996 – 1 K 3875/95 –, BRS 58 Nr. 18).

b) Die Abweichungen zwischen dem als Satzung beschlossenen vorhabenbezogenen Bebauungsplan und dem Vorhaben- und Erschließungsplan stellen keine Fehler dar. Die von der Gemeinde beschlossene Satzung und der Vorhaben- und Erschließungsplan dürfen nicht in Widerspruch zueinanderstehen, weil beide gemeinsam den Bebauungsplan darstellen und aus ihnen die Festsetzungen zu entnehmen sind, die den Umfang des Baurechts bestimmen. Die Satzung darf also grundsätzlich keine vom Vorhaben- und Erschließungsplan abweichenden Festsetzungen treffen (Quaas, in: Schrödter, a. a. O., § 12 Rdnr. 44). Erweiterungen der Festsetzungen des Vorhaben- und Erschließungsplanes durch den Satzungstext sind möglich. Ob der Vorhabenträger diese dann ausnutzt, ist davon unabhängig. Der Satzungstext darf aber keine Nutzung verbieten, die im Vorhaben- und Erschließungsplan vorgesehen ist. Die Festsetzung wäre dann wegen Widersprüchlichkeit nichtig. Da der Durchführungsvertrag auf den Vorhaben- und Erschließungsplan Bezug nimmt, wäre der Vorhabenträger aus dem Vertrag verpflichtet, für eine Nutzung zu bauen, die nicht ausgeübt werden darf.

Hinsichtlich der Nutzungsart trifft der nach § 2 der Satzung in den Plan Nr. 1633 inkorporierte Vorhaben- und Erschließungsplan in der Baubeschreibung der Anlage 3 seine Aussagen mittels einer Baukörpernutzungsbeschreibung, getrennt nach Erd- (nicht störende Betriebe, z. B. Blumenladen, Läden für sporadischen Bedarf, Reisebüro, Gastronomie) und Obergeschoss (Büro, Verwaltung, z. B. Versicherung und freie Berufe).

Der vorhabenbezogene Bebauungsplan selbst dagegen beschreibt die Nutzungsarten in § 3 als gebietsbezogene Nutzungskategorien, im wesentlichen ohne Gebäudebezug: Zulässig sein sollen Geschäfts- und Bürogebäude, Gastronomie und Beherbergungsgewerbe, Anlagen für Verwaltungen etc. und schließlich sonstige, nicht störende Gewerbebetriebe. Nur Einzelhandelsbetriebe sind auf das Erdgeschoß beschränkt.

Diese Festlegungen weisen Abweichungen auf. So müssen nach der Anlage 3 Einzelhandelsbetriebe und Gastronomie nicht störenden Charakter haben, nach der Satzung gilt dies nur für sonstige, nicht eigens aufgeführte Gewerbebetriebe. Gastronomie ist nach der Baubeschreibung nur im Erdgeschoß zulässig, nach der Satzung auch im Obergeschoß. Verwaltungseinrichtungen sind nach Vorhaben- und Entwicklungsplan nur im Obergeschoß zulässig, nach Satzungstext auch im Erdgeschoß. Beherbergungsbetriebe und Räume für freie Berufe sind nach Baubeschreibung ausdrücklich zulässig; nach der Satzung sind sie als Gewerbebetriebe (Fickert/Fieseler, BauNVO, 10. Aufl. 2002, § 8 Rdnr. 11) bzw. Büroräume (Fickert/Fieseler, a. a. O., Rdnr. 12) zulässig.

Der Vorhaben- und Erschließungsplan ist also teilweise enger als der Satzungstext. Darin liegt eine zulässige Verengung der satzungsrechtlichen Nutzungsmöglichkeiten.

Die Festsetzung der Nutzung im Plan Nr. 1633 begegnet ihrer Art nach keinen Bedenken. Eine eingeschränkte gewerbliche Nutzung kann einen sinnvollen Übergang von den Wohnbauflächen zur B 217 darstellen (OVG Lüneburg, Urteil v. 30. 10. 1986 – 6 C 20/85 –; zu demselben Plangelände). Angesichts der Lärmbelastung der beplanten Fläche war es nicht unvertretbar, darauf zu verzichten, den Lärmschutzwall entlang der B 217 zu verlängern und Wohnnutzung festzusetzen. ...

5. Der Durchführungsvertrag zwischen der Antragstellerin und dem Vorhabenträger weist die erforderlichen Inhalte auf.

Vom Gesetz wird nicht gefordert, daß der Vorhabenträger alle Erschließungsmaßnahmen selbst durchführt (Krautzberger, in: Ernst/Zinkahn/Bielenberg, a. a. O., § 12 Rdnr. 55; Quaas, in: Schrödter, § 12 Rdnr. 28). Deswegen ist es unschädlich, daß die Antragsgegnerin nach § 8 des Vertrages selbst Erschließungsmaßnahmen durchführen soll. Ein Durchführungsvertrag muß alle anfallenden Planungs- und Erschließungskosten verteilen (Quaas, a. a. O., Rdnr. 30; OVG Bautzen, Urteil v. 14. 7. 1994 – 1 S 142/93 –, NVwZ 1995, 181). Der Vertrag bestimmt, welche Kosten der Beigeladenen zur Last fallen. Auf die Motive für die Kostenaufteilung kommt es für die Wirksamkeit des öffentlich-rechtlichen Vertrages nach den §§ 12 BauGB, 54 ff. NdsVwVfG nicht an. Die für den Plan gebotene Abwägungsvorgangskontrolle muß jedenfalls im vorliegenden Fall nicht auf den Vertragsschluß vorverlagert werden.

6. Die dem Plan zugrunde liegende Abwägung ist fehlerfrei. Das Abwägungsgebot des § 1 Abs. 6 BauGB gilt auch für vorhabenbezogene Bebauungspläne (OVG Bautzen, Urteil v. 8. 12. 1993 – 1 S 81/93 –, LKV 1995, 84)....

c) Die Planung ist auch nicht wegen Verstoßes gegen das Rücksichtnahmegebot wegen einer Überdimensionierung des Baukörpers rechtswidrig. Ein Baukörper ist erdrückend, wenn durch das Vorhaben Nachbargrundstücke derart abgeriegelt werden, daß dort das Gefühl des Eingesperrtseins entsteht (OVG Lüneburg, Urteil v. 4. 11. 2003 – 1 KN 221/02 –, juris u. N.; OVG Münster, Urteil v. 14. 1. 1994 – 7 A 2002/92 –, BRS 56 Nr. 196; OVG Schleswig, Urteil v. 28. 9. 1994 – 1 L 174/93 –, juris). Eine erdrückende Wirkung ist angenommen worden, als eine 75 m lange, zwischen 7,5 und 9,5 m hohe Wand mit 3 m Grenzabstand an ein Wohngrundstück heranrückte und zwei anderen Grundstücksgrenzen ebenfalls hohe Baukörper gegenüberstanden. So verhält es sich hier nicht. Das Nachbargrundstück der Antragsteller weist selbst eine breite Front nach Norden auf, die jedoch stark gegliedert ist. Der Blick von den Wohngebäuden der Antragsteller wird zwar ganz überwiegend auf die Fassade des zweigeschossigen Vorhabens treffen. Der Grenzabstand wird aber weiter als 3 m sein und das Vorhaben soll nicht schon an seiner Südgrenze die volle Höhe aufweisen. Auf den drei anderen Seiten des Grundstückes der Antragsteller befinden sich keine vergleichbaren Baukörper....

Der Plan ist gemäß § 215 a BauGB für unwirksam zu erklären. Die Konzeption der Planung hat Bestand, der Plan ist lediglich hinsichtlich der überbaubaren Flächen und der Gebäudekubatur zu unbestimmt.

Nr. 45

Raumordnung für den Flughafen Schönefeld/Berlin

Das Rechtsstaatsprinzip schließt bei Rechtsnormen, die nicht nur aus einem textlichen Teil bestehen, sondern auch zeichnerische Darstellungen umfassen, eine Ersatzbekanntmachung nicht aus, wenn hierdurch die Möglichkeit, sich verläßlich Kenntnis vom Norminhalt zu verschaffen, nicht in unzumutbarer Weise erschwert wird.

Nr. 45

Anhörung der Kommune nach Änderung der in Aufstellung befindlichen raumordnerischen Ziele.

Ob Grundsätze der Raumordnung sich im Rahmen der Bauleitplanung durchsetzen, hängt von der konkreten Planungssituation ab. Das Ergebnis der gemeindlichen Planung wird durch sie in keiner Weise vorgeprägt.
(Nichtamtliche Leitsätze.)

ROG §§ 3, 4.

Bundesverwaltungsgericht, Beschluß vom 17. Juni 2004 – 4 BN 5.04 –.

(OVG Brandenburg)

Aus den Gründen:
1. a) Die Frage, ob es für die Ersatzbekanntmachung einer Hauptkarte, die Bestandteil einer Verordnung sein soll, erforderlich ist, daß in der Bekanntmachungsvorschrift oder in der Verordnung die Adressen der Stellen unter Einschluß der Dienstzimmer und der Dienstzeiten genannt werden, bei denen die Hauptkarte eingesehen werden kann, rechtfertigt nicht die Zulassung der Revision auf der Grundlage des § 132 Abs. 2 Nr. 1 VwGO. Die Antragstellerin zeigt mit ihr keine Probleme auf, die aus bundesrechtlicher Sicht klärungsbedürftig sind. Aus dem Rechtsstaatsgebot läßt sich ableiten, daß Rechtsnormen zu verkünden sind. Hierdurch soll gewährleistet werden, daß die Rechtsvorschriften der Öffentlichkeit in einer Weise förmlich zugänglich gemacht werden, die es den Betroffenen ermöglicht, sich verläßlich Kenntnis von ihrem Inhalt zu verschaffen. Welche Anforderungen im einzelnen an die Verkündung zu stellen sind, richtet sich nach dem jeweils einschlägigen Recht. Denn das Rechtsstaatsprinzip enthält keine in allen Einzelheiten eindeutig bestimmten Gebote und Verbote. Es bedarf vielmehr der Konkretisierung je nach den sachlichen Gegebenheiten. Das Rechtsstaatsprinzip schließt bei Rechtsnormen, die nicht nur aus einem textlichen Teil bestehen, sondern auch zeichnerische Darstellungen umfassen, eine Ersatzbekanntmachung nicht aus, wenn hierdurch die Möglichkeit, sich verläßlich Kenntnis vom Norminhalt zu verschaffen, nicht in unzumutbarer Weise erschwert wird (vgl. BVerfG, Beschluß v. 22. 11. 1983 – 2 BvL 25/81 –, BVerfGE 65, 283, 291). Das Normenkontrollgericht entnimmt Art. 8 Abs. 6 Satz 4 des Landesplanungsvertrages die Ermächtigung für eine Ersatzbekanntmachung des Landesentwicklungsplans. Danach wird der Plan in Brandenburg bei allen Behörden, auf deren Bereich sich die Planung erstreckt, zur Einsicht für jedermann niedergelegt. § 2 der im Gesetz- und Verordnungsblatt für das Land Brandenburg verkündeten Verordnung vom 2. 3. 1998 stellt insoweit klar, daß der Plan bei der gemeinsamen Landesplanungsabteilung, bei den Landkreisen, den kreisfreien Städten, amtsfreien Gemeinden und Ämtern, auf deren Bereich sich die Planung erstreckt, zur Einsicht für jedermann niederzulegen ist. Diese Bezeichnung genügt den Mindesterfordernissen, denen eine Ersatzbekanntmachung von Bundesrechts wegen genügen muß (so bereits Senatsbeschluß v. 9. 3. 2004 in der Parallelsache – 4 BN 72.03 –). Weitergehende Anforderungen, etwa in Anlehnung an § 10 Abs. 3 BauGB, mögen

sich aus dem Landesrecht ergeben (vgl. SächsOVG, Urteil v. 24.6.2001, SächsVBl. 2002, 170), sie sind bundesrechtlich aber nicht zwingend geboten.

1. b) Die Frage, ob ein Bekanntmachungsfehler vorliegt, wenn eine in einem Gesetz- und Verordnungsblatt bekanntgegebene Verordnung in §1 bestimmt, der als Anlage – im selben Gesetz- und Verordnungsblatt – veröffentlichte Landesentwicklungsplan sei Bestandteil der Verordnung, die Hauptkarte zum Landesentwicklungsplan tatsächlich aber nicht auf diesem Wege veröffentlicht worden ist, nötigt ebenfalls nicht zur Durchführung eines Revisionsverfahrens. Ob die Möglichkeit, sich vom Norminhalt zuverlässig Kenntnis zu verschaffen, durch die Art und Weise der Veröffentlichung unzumutbar erschwert wird, hängt von den jeweiligen Umständen ab, die sich einer Verallgemeinerung über den konkreten Fall hinaus entziehen. Nach der Darstellung des Normenkontrollgerichts begegnet die Bekanntmachung des Landesentwicklungsplans unter Zumutbarkeitsgesichtspunkten keinen rechtlichen Bedenken. Aus den Entscheidungsgründen des angefochtenen Urteils ist zu ersehen, daß der zeichnerische Teil der Festlegungen aus einer Hauptkarte und mehreren Teilkarten besteht. Obwohl die Hauptkarte, anders als die Teilkarten, mit dem Text der Verordnung drucktechnisch nicht unmittelbar verbunden ist, zeigt das Normenkontrollgericht Umstände auf, die es nach seiner Einschätzung den Normadressaten in zumutbarer Weise ermöglichen, vom Inhalt der Hauptkarte Kenntnis zu nehmen. Die Vorinstanz läßt offen, ob es hierfür ausreicht, daß die Hauptkarte dem Gesetz- und Verordnungsblatt lose beigefügt ist. Nach ihrer Ansicht ist den rechtlichen Anforderungen jedenfalls deshalb Genüge getan, weil sich dem Verordnungstext entnehmen läßt, daß außer den abgedruckten Teilkarten noch eine Hauptkarte existiert, die „Teil der Festlegungen" ist. Dieser Hinweis eignet sich nach der Wertung des Normenkontrollgerichts als hinreichend deutlicher Anstoß dafür, die Hauptkarte gegebenenfalls bei einer der in §2 der Verordnung bezeichneten Stellen einzusehen. Bundesrechtliche Vorgaben, aus denen sich strengere Anforderungen an die Identifizierbarkeit ableiten lassen könnten, sind weder dem Beschwerdevorbringen zu entnehmen noch sonst ersichtlich.

1. c) Grundsätzlichen Klärungsbedarf zeigt die Antragstellerin auch nicht mit der Frage auf, ob eine den rechtsstaatlichen Anforderungen genügende Ersatzbekanntmachung vorliegt, wenn in einem §1 einer Verordnung die Veröffentlichung eines Plans als Anlage zur Verordnung angekündigt wird und §2 lediglich die Niederlegung des Plans regelt, ohne daß dem §2 entnommen werden kann, bei der Niederlegung handele es sich um eine Ersatzbekanntmachung. Ob eine bestimmte Form der Verlautbarung die Merkmale einer Ersatzbekanntmachung erfüllt, hängt nicht davon ab, welche Bezeichnung der Normgeber für diesen Vorgang wählt. Nach den Feststellungen des Normenkontrollgerichts kommt im Verordnungstext zum Ausdruck, daß erst die Hauptkarte und die Teilkarten, die bei den in §2 der Verordnung genannten Stellen eingesehen werden können, einen vollständigen Überblick über die zeichnerischen Darstellungen bieten. Erschließt sich der Inhalt der Planung nach den Aussagen des Plangebers nur bei einer Zusammenschau der als Anlage veröffentlichten Teile des Planes mit der Gesamtheit der zeichnerischen Darstellungen, so ergibt sich hieraus von selbst, daß die „Niederle-

gung", von der in § 2 der Verordnung die Rede ist, die Funktion einer Ersatzbekanntmachung hat. Eine weitere Klarstellung erübrigte sich, auch wenn sie aus der Sicht der Normadressaten hätte hilfreich gewesen sein mögen.

2. Die Antragstellerin hält folgende Fragen für klärungsbedürftig:

„Sind die Kommunen nach Änderung der in Aufstellung befindlichen raumordnerischen Ziele erneut anzuhören, wenn durch neue Zielfestlegungen zwar keine neue Anpassungspflichten für die Kommunen begründet werden, die Kommunen aber geltend machen können, daß mit den neuen Zielfestsetzungen sogleich die Aufhebung der im bisherigen Planentwurf vorgesehenen Entwicklungsbeschränkungen zumindest zu erwägen ist? Beschließt der Plangeber nach der ersten Anhörung ein die Region prägendes Großvorhaben, hat dann eine erneute Anhörung der in der Region befindlichen Kommunen zu erfolgen, wenn nicht auszuschließen ist, daß der Plangeber siedlungsstrukturelle Festlegungen nunmehr zugunsten der anzuhörenden Kommunen ändern könnte?"

Auch diese Fragen verleihen der Rechtssache keine grundsätzliche Bedeutung. Nach der Rechtsprechung des Senats ist eine Gemeinde, die in einem früheren Stadium des Zielaufstellungsverfahrens beteiligt worden ist, erneut anzuhören, wenn nachträglich Änderungen beschlossen werden, die sich auf den Umfang ihrer Zielbindung auswirken (vgl. BVerwG, Beschluß v. 7. 3. 2002 – 4 BN 60.01 –, BRS 65 Nr. 51). Auch wenn im Laufe der Zielaufstellung nach Durchführung eines Beteiligungsverfahrens neue Anpassungspflichten begründet werden, ist eine Anhörung der hiervon betroffenen Gemeinden unverzichtbar. Dies bedarf nicht eigens einer Bestätigung in einem Revisionsverfahren. Die Antragstellerin macht indes selbst nicht geltend, durch die nachträgliche Entscheidung zugunsten des Flughafenstandorts Schönefeld als Zieladressatin unmittelbar betroffen worden zu sein. Nach ihrem eigenen Vorbringen läßt sich lediglich nicht ausschließen, daß der Plangeber ihr nachteilige siedlungsstrukturelle Festlegungen geändert hätte, wenn er sie nach der Klärung der Standortfrage erneut angehört hätte. Der Senat hätte in dem erstrebten Revisionsverfahren keinen Anlaß, ihren Gedanken aufzugreifen. Auf die von ihr zu diesem Problemkreis aufgeworfene Frage käme es nicht an, da die Entscheidung für den Standort Schönefeld auf der Grundlage der Entscheidungsgründe des angefochtenen Urteils nicht geeignet war, sich auf die Wirksamkeit der von ihr angegriffenen Festlegungen auszuwirken. Nach der Darstellung der Vorinstanz bietet das Planungskonzept, das dem Landesentwicklungsplan zugrunde liegt, keine Anhaltspunkte dafür, daß im Rahmen der Steuerung der Siedlungsentwicklungspotentiale zum Ausgleich für den gänzlichen Wegfall zweier ursprünglich vorgesehener Siedlungsschwerpunkte sowie der fluglärmbedingten Beeinträchtigung der Entwicklung einiger weiterer Orte eine „Hochzonung" anderer Gemeinden hätte in Erwägung zu ziehen sein können. Das Normenkontrollgericht hebt in diesem Zusammenhang hervor, daß der Plan weder eine bestimmte Zahl von potentiellen Siedlungsbereichen, noch eine irgendwie geartete „Balance" zwischen den unterschiedlichen Entwicklungskategorien zugeordneten Gemeinden vorgibt. Bei dieser Befundlage würde der anhängige Rechtsstreit dem Senat keine Gelegenheit bieten, seine Rechtsprechung in der von der Antragstellerin bezeichneten Richtung zu ergänzen oder fortzuentwickeln.

3. Für grundsätzlich bedeutsam hält die Antragstellerin folgende weitere Fragen:

„Ist ein Grundsatz der Raumordnung i. S. des § 47 Abs. 5 Satz 2 VwGO für nichtig zu erklären, wenn er mit einem Abwägungsfehler behaftet ist und im konkreten Fall auf der Vollzugsebene ein unüberwindliches Hindernis etwa für die Genehmigung von Bauleitplänen darstellt? Ist ein die Planungshoheit beschränkender Grundsatz der Raumordnung schon dann nichtig, wenn er auf einem Abwägungsfehler beruht und eine Verpflichtung zur Berücksichtigung des Grundsatzes als abzuwägender Belang zur Folge hätte, daß bei der Abwägung ein fehlerhafter Belang zum Nachteil der Kommune zu gewichten ist?"

Der insoweit geltend gemachte Klärungsbedarf besteht nicht. Die Antragstellerin gibt selbst zu bedenken, daß es höchst zweifelhaft sei, ob Grundsätze der Raumordnung überhaupt zum Gegenstand der Überprüfung in einem Normenkontrollverfahren gemacht werden können. Der Senat hat im Urteil vom 20.11.2003 – 4 CN 6.03 –, (BRS 66 Nr. 55) klargestellt, daß Ziele der Raumordnung Rechtsvorschriften i. S. des § 47 Abs. 1 Nr. 2 VwGO sind, die unabhängig davon der Normenkontrolle unterliegen, welche Rechtsform der Landesgesetzgeber für den Raumordnungsplan vorsieht, in dem sie enthalten sind. Der Bundesgesetzgeber definiert Zielfestlegungen in § 3 Nr. 2 ROG einheitlich für die Raumordnung im Bund und in den Ländern als verbindliche Vorgaben in Form von räumlich und sachlich bestimmten oder bestimmbaren, vom Träger der Landes- oder Regionalplanung abschließend abgewogenen textlichen oder zeichnerischen Festlegungen in Raumordnungsplänen zur Entwicklung, Ordnung und Sicherung des Raums, die nach § 4 Abs. 1 ROG von öffentlichen Stellen bei ihren raumbedeutsamen Planungen und Maßnahmen zu „beachten" sind und für Gemeinden nach § 1 Abs. 4 BauGB eine Anpassungspflicht auslösen. Durch ihren Verbindlichkeitsanspruch heben sie sich deutlich von den Grundsätzen der Raumordnung ab, die nach § 3 Nr. 3 ROG als Vorgaben für nachfolgende Abwägungs- oder Ermessensentscheidungen zu dienen bestimmt sind. Mit dieser Zweiteilung stellt der Gesetzgeber klar, daß Ziele und Grundsätze der Raumordnung unterschiedlichen Normierungskategorien zuzuordnen sind (vgl. BVerwG, Beschluß v. 20.8.1992 – 4 NB 20.91 –, BVerwGE 90, 329 = BRS 54 Nr. 12). Den Zielen kommt die Funktion zu, räumlich und sachlich die zur Verwirklichung der Grundsätze der Raumordnung notwendigen Voraussetzungen zu schaffen. In ihnen spiegelt sich bereits eine Abwägung zwischen den durch die Grundsätze verkörperten unterschiedlichen raumordnerischen Belangen wider. Sie sind anders als die Grundsätze nicht bloß Maßstab, sondern als räumliche und sachliche Konkretisierung der Entwicklung und Sicherung des Planungsraums das Ergebnis landesplanerischer Abwägung. Einer weiteren Abwägung auf einer nachgeordneten Planungsstufe sind sie nicht zugänglich. Dagegen erschöpft sich die Bedeutung von Grundsätzen der Raumordnung darin, daß sie Belange bezeichnen, die in nachfolgenden Planungsentscheidungen als Abwägungsposten zu Buche schlagen. Im Gegensatz zu Zielen der

Raumordnung äußert sich ihre rechtliche Wirkung ebenso wie bei sonstigen Erfordernissen der Raumordnung i. S. des § 3 Nr. 4 ROG, etwa den Ergebnissen eines Raumordnungsverfahrens (vgl. hierzu BVerwG, Beschluß v. 30. 8. 1995 – 4 B 86.95 –, BRS 57 Nr. 1), nach §4 Abs. 2 ROG lediglich darin, daß sie bei nachfolgenden Abwägungsentscheidungen nach Maßgabe der hierfür geltenden Vorschriften zu „berücksichtigen" sind. Welche Bedeutung und welches Gewicht ihnen hierbei zukommen, läßt sich nicht abstrakt im voraus bestimmen. Ob sie sich im Rahmen der Bauleitplanung durchsetzen, hängt von der konkreten Planungssituation ab. Das Ergebnis der gemeindlichen Planung wird durch sie in keiner Weise vorgeprägt. Sie sind als einer von zahlreichen potentiellen öffentlichen Belangen Teil des jeweiligen Abwägungsmaterials. Soweit gewichtigere andere Belange dies rechtfertigen, sind sie im Wege der Abwägung überwindbar.

Die Antragstellerin ist nicht von Rechts wegen daran gehindert, sich unter Berufung auf die von ihr vorgebrachten gemeindlichen Interessen über die von ihr bekämpfte Planaussage G 1.1.4 hinwegzusetzen. Das Normenkontrollgericht weist zutreffend darauf hin, daß sich aus dieser als Grundsatz formulierten Festlegung kein Verbot ableiten läßt, durch die schon jetzt allen auf eine Siedlungserweiterung gerichteten zukünftigen Bebauungsplänen der Stempel der Abwägungsfehlerhaftigkeit aufgedrückt wird.

Der Antragstellerin kann für den Fall, daß zukünftig in der Folge eines verwaltungsbehördlichen Verfahrens die Gültigkeit von Festsetzungen in Frage gestellt wird, die Siedlungserweiterungen zum Gegenstand haben, inzident klären zu lassen, ob ihre Abwägungsentscheidung auch unter Berücksichtigung der raumordnungsrechtlichen Vorgaben des Grundsatzes G 1.1.4 den Anforderungen entspricht, die sich aus dem Abwägungsgebot des §1 Abs. 6 BauGB ergeben. §47 VwGO läßt es nicht zu, diese Prüfung im anhängigen Normenkontrollverfahren vorwegzunehmen.

Nr. 46

Der in die Bekanntmachung nach § 3 Abs. 2 Satz 1 BauGB aufgenommene Hinweis, daß während der Dauer der Auslegungsfrist Anregungen während der üblichen Dienststunden bei der Stadtverwaltung vorgebracht werden können, macht die Bekanntmachung fehlerhaft, wenn nicht zusätzlich auf die Möglichkeit hingewiesen wird, Anregungen schriftlich zu formulieren (im Anschluß an den Normenkontrollbeschluß des Senats v. 18. 8. 1997 – 8 S 1401/97 –, BRS 59 Nr. 16 = PBauE § 3 BauGB Nr. 18).

BauGB § 3 Abs. 2.

VGH Baden-Württemberg, Urteil v. 12. Juli 2004 – 8 S 351/04 – (nicht rechtskräftig).

Die Antragsteller wenden sich gegen den Bebauungsplan „Stadtmitte" der Antragsgegnerin von 2003. Das etwa 0,47 ha große Plangebiet umfaßt drei Grundstücke in der Ortsmitte von S. Es wird im Norden begrenzt von der Marktstraße, an seiner östlichen

Längsseite von der Müllergasse, im Süden durch die Bebauung an der Achstraße und im Westen durch die in zweiter Reihe zur Hirschgasse gelegenen Hausgrundstücke.

Die Antragsteller sind in ungeteilter Erbengemeinschaft Eigentümer des Grundstücks Marktstraße x. Mit einer Größe von etwa 0,29 ha und einer Nord-Süd-Ausdehnung von etwa 130 m nimmt es an dessen Westseite den größten Teil des Plangebiets ein. In seinem nördlichen Bereich an der Marktstraße befindet sich eine ehemalige landwirtschaftliche Hofstelle, deren schlechte bauliche Ausstattung und Erhaltungszustand eine Wohnnutzung nicht mehr erlaubt.

Der Bebauungsplan soll die planerische Grundlage für ein Pflegeheim mit etwa 66 stationären und 12 Tagespflegeplätzen schaffen, das im Jahre 2003 Gegenstand eines beschränkten Architektenwettbewerbs war. Er weist deshalb den gesamten Planbereich als Flächen für den Gemeinbedarf für sozialen Zwecken dienende Gebäude und Einrichtungen (Seniorenzentrum) aus. Die auf den Grundstücken vorhandenen Gebäude sollen abgebrochen und durch Bauten mit einer Traufhöhe von maximal 9,80 m sowie einer Firsthöhe von bis zu 16,00 m ersetzt werden.

Aus den Gründen:
II. Die Anträge haben in der Sache Erfolg. Der angefochtene Bebauungsplan ist verfahrensfehlerhaft zustande gekommen und deshalb bis zur Behebung des nachfolgend näher umschriebenen Mangels für nicht wirksam zu erklären (§ 47 Abs. 5 Satz 4 VwGO). ...

2. Unberechtigt ist die Beanstandung der Antragsteller, der Planentwurf hätte nach der Ergänzung seiner Begründung zur Gemeinderatssitzung vom 4.11.2003 nochmals öffentlich ausgelegt werden müssen. Gemäß § 3 Abs. 3 Satz 1 BauGB ist zwar nach einer Änderung der Entwurf eines Bebauungsplans, der bereits Gegenstand einer Offenlage war, erneut öffentlich auszulegen, wenn nicht das vereinfachte Verfahren gemäß den §§ 3 Abs. 3 Satz 3, 13 Nr. 2 BauGB angewandt werden kann. Dies gilt aber nur, wenn der Planentwurf selbst, also der Teil, der nach seiner Inkraftsetzung normativen Charakter entfalten wird, geändert wird. Dazu gehört die Begründung nicht, weil sie dem Bebauungsplan nach § 9 Abs. 8 BauGB lediglich „beizufügen" ist (vgl. Löhr, in: Battis/Krautzberger/Löhr, BauGB, 8. Aufl. 2002, § 9 Rdnr. 123; Gaentzsch, in: Berliner Kommentar zum BauGB, 3. Aufl. 2002, § 9 Rdnr. 94; Jäde, in: Jäde/Dirnberger/Weiß, BauGB, 3. Aufl. 2002, § 9 Rdnr. 86; vgl. auch die unterschiedlichen Formulierungen in § 10 Abs. 3 Sätze 2 und 4 BauGB). Die bloße Änderung der Planbegründung machte deshalb keine erneute öffentliche Auslegung des Entwurfs notwendig.

Davon abgesehen hätte selbst dann die Änderung der Begründung zur Sitzung vom 4.11.2003 keine Pflicht zur erneuten öffentlichen Auslegung ausgelöst, wenn sie Bestandteil des Bebauungsplans wäre. Denn Änderungen, durch die die Grundzüge der Planung nicht berührt werden und die ausschließlich der Klarstellung dienen oder die auf ohnehin geltende Rechtsvorschriften verweisen, ohne der Sache nach eine materielle Änderung des normativen Gehalts des Bebauungsplans zu bewirken, erfordern ebenfalls keine neue Offenlage (Beschluß des Senats v. 24.10.1996 – 8 S 3336/95 –, VBlBW 1997, 137 = PBauE § 9 Abs. 1 Nr. 18 BauGB Nr. 2; BVerwG, Beschluß v. 18.12.1987 – 4 NB 2.87 –, NVwZ 1988, 822 = PBauE § 3 BauGB Nr. 4). So liegt es auch hier, denn die umstrittenen Änderungen bzw. Ergänzungen enthielten lediglich eine Verdeutlichung der Gründe, warum das geplante Projekt an den untersuchten Alternativstandorten nicht verwirklicht werden kann. Der materielle Regelungsgehalt des Plans war davon nicht betroffen.

3. Dagegen dringt der Einwand der Antragsteller durch, die öffentliche Bekanntmachung der Auslegung des Planentwurfs im „Stadtbote" vom 17. 7. 2003 genüge nicht den in § 3 Abs. 2 BauGB festgelegten Anforderungen. Nach § 3 Abs. 2 Satz 1 BauGB sind die Entwürfe der Bauleitpläne mit dem Erläuterungsbericht oder der Begründung auf die Dauer eines Monats öffentlich auszulegen. Ort und Dauer der Auslegung müssen nach Satz 2 dieser Vorschrift mindestens eine Woche vorher ortsüblich bekanntgemacht werden mit dem Hinweis darauf, daß Anregungen während der Auslegungsfrist vorgebracht werden können. Diese Bekanntmachung hat in einer Weise zu erfolgen, die geeignet ist, dem an der beabsichtigten Bauleitplanung interessierten Bürger sein Interesse an Information und Beteiligung durch Anregungen bewußt zu machen und dadurch gemeindliche Öffentlichkeit herzustellen (BVerwG, Urteil v. 6. 7. 1984 – 4 C 22.80 –, BVerwGE 69, 344, 345 = PBauE § 3 BauGB Nr. 3). Die Bekanntmachung muß daher so formuliert sein, daß ein an der beabsichtigten Planung interessierter Bürger nicht davon abgehalten wird, sich durch Anregungen am Verfahren zu beteiligen. Sie darf aus diesem Grund keine Zusätze enthalten, die geeignet sind, als Beschränkung dieses jedermann zustehenden Rechts verstanden zu werden (vgl. BVerwG, Beschlüsse v. 11. 4. 1978 – 4 B 37.78 –, BRS 33 Nr. 15, und v. 28. 1. 1997 – 4 NB 39.96 –, VBlBW 1997, 296 = PBauE § 3 BauGB Nr. 16; sowie VGH Bad.-Württ., Beschluß v. 25. 2. 1994 – 5 S 317/93 –, VBlBW 1994, 491 = PBauE § 3 BauGB Nr. 10; BayVGH, Urteil v. 22. 3. 1982 – 25 XIV/78 –, NJW 1983, 297).

Die von der Antragsgegnerin vorgenommene Bekanntmachung der Auslegung des Planentwurfs genügt diesen Anforderungen nicht. Die Antragsgegnerin hat in ihrem Mitteilungsblatt vom 17. 7. 2003 öffentlich bekanntgegeben, daß der Gemeinderat in der Sitzung vom 8. 7. 2003 den Entwurf des Bebauungsplans „Stadtmitte" und den Entwurf der Örtlichen Bauvorschriften für den Geltungsbereich dieses Bebauungsplans gebilligt und beschlossen habe, diese Entwürfe nach § 3 Abs. 2 BauGB bzw. § 3 Abs. 2 BauGB i. V. m. § 74 Abs. 7 LBO öffentlich auszulegen. An die Bekanntgabe von Beginn und Ende der Auslegungsfrist schließt sich der Hinweis an, daß „während dieser Auslegungsfrist ... Anregungen während der üblichen Dienststunden bei der Stadtverwaltung S. vorgebracht werden" können. Ein zusätzlicher Hinweis auf die Möglichkeit, Anregungen auch schriftlich vorzubringen, fehlt. Der in die Bekanntmachung aufgenommene Hinweis kann daher bei einem mit seinen gesetzlichen Rechten nicht näher vertrauten Leser den Anschein erwecken, er könne Anregungen nur im Rathaus vortragen und müsse somit dort persönlich erscheinen. Er ist daher geeignet, eine Art psychologische Hemmschwelle aufzubauen, durch die der an der Bauleitplanung interessierte Bürger davon abgehalten werden kann, seine Anregungen vorzubringen (Beschluß des Senats v. 18. 8. 1997 – 8 S 1401/97 –, BRS 59 Nr. 16 = PBauE § 3 BauGB Nr. 18; ebenso BayVGH, Urteil v. 22. 3. 1982, a. a. O., für einen ähnlich formulierten Hinweis).

Der Umstand, daß die Antragsgegnerin nach ihren Einlassungen in der mündlichen Verhandlung die Möglichkeit, Anregungen schriftlich einzureichen, für selbstverständlich hielt und dem an ihrer Planung interessierten Personenkreis die Alternative bieten wollte, das betreffende Anliegen auch mündlich bei der Stadtverwaltung vorbringen zu können, somit also „in guter Absicht" handelte, ändert nichts daran, daß die in ihrer Bekanntmachung verwendete Formulierung mißverständlich ist, und läßt den demnach festzustellenden Verstoß gegen § 3 Abs. 2 Satz 2 BauGB nicht entfallen.

Durch die fehlerhafte Bekanntmachung hat die Antragsgegnerin die Vorschriften über die Beteiligung der Bürger verletzt. Ein solcher Verstoß ist gemäß § 214 Abs. 1 Nr. 1 BauGB beachtlich. Er führt allerdings nicht zur Nichtigkeit des angefochtenen Bebauungsplans, denn er kann durch ein ergänzendes Verfahren, das die zu beanstandende Bekanntmachung und alle nachfolgenden Schritte des Aufstellungsverfahrens wiederholt, behoben werden (§ 215 a Abs. 1 BauGB). Deshalb ist – wie geschehen – der Bebauungsplan „Stadtmitte" bis zu dieser Mangelbehebung für nicht wirksam zu erklären (§ 47 Abs. 5 Satz 4 VwGO).

III. Obwohl somit nicht entscheidungserheblich, bemerkt der Senat im Hinblick auf die Möglichkeit einer Behebung des aufgezeigten Fehlers durch ein ordnungsgemäßes Verfahren, daß der angefochtene Bebauungsplan im übrigen keinen durchgreifenden Bedenken begegnet. Dabei wird allerdings unterstellt, daß der Planentwurf während der Auslegungsphase vom 28. 7. bis 28. 8. 2003 für jedermann zugänglich offenlag und nicht – wie die Antragsteller bezüglich der Auslegung im Rahmen der frühzeitigen Bürgerbeteiligung geltend machen – erst auf entsprechende Bitte eines interessierten Bürgers von einem Bediensteten der Antragsgegnerin herbeigeholt werden mußte (vgl. das Urteil des Senats v. 11. 12. 1998 – 8 S 1174/98 –, VBlBW 1999, 178 = PBauE § 3 BauGB Nr. 24).

1. Der Bebauungsplan ist erforderlich i. S. des § 1 Abs. 3 BauGB. Die Erforderlichkeit einer Bauleitplanung bestimmt sich nach der planerischen Konzeption der Gemeinde (grundlegend: BVerwG, Urteil v. 7. 5. 1971 – IV C 76.68 –, BauR 1971, 182). Es genügt, wenn es vernünftigerweise geboten ist, die bauliche Entwicklung durch eine zukunftsgerichtete Planung zu ordnen (BVerwG, Beschluß v. 11. 5. 1999 – 4 BN 15.99 –, NVwZ 1999, 1338 = PBauE § 1 Abs. 5 BauNVO Nr. 6). Im vorliegenden Fall handelt es sich bei dem Plangebiet um einen unbeplanten Innenbereich i. S. des § 34 Abs. 1 BauGB. Ob sich ein Altenpflegeheim mit der von der Antragsgegnerin vorgesehenen Dimension in die Eigenart der näheren Umgebung einfügen würde, erscheint mindestens fraglich. Schon daraus rechtfertigt sich die Planung, weil sie für eine derartige Bebauung Planungssicherheit schafft. Ein Planungserfordernis ergibt sich ferner daraus, daß § 34 Abs. 1 BauGB eine planerische Feinsteuerung durch Festsetzungen (etwa über die Grundflächenzahl, Trauf- und Firsthöhen, Baugrenzen oder die Bauweise) nicht ermöglicht. Die Antragsgegnerin kann deshalb das gewünschte Raumprogramm nur im Planungswege realisieren.

2. Ob der angefochtene Bebauungsplan gegen das Entwicklungsgebot gemäß § 8 Abs. 2 Satz 1 BauGB verstößt, wie die Antragsteller meinen, kann dahinstehen. Denn ein solcher Verstoß wäre nach § 214 Abs. 2 Nr. 2 BauGB unbeachtlich, weil dadurch die sich aus dem Flächennutzungsplan erge-

bende geordnete städtebauliche Entwicklung nicht beeinträchtigt wird. Für diese Beurteilung ist auf die planerische Konzeption des Flächennutzungsplans für das gesamte Gemeindegebiet abzustellen. Dabei ist maßgeblich, ob er seine Bedeutung als kommunales Steuerungsinstrument der städtebaulichen Entwicklung „im großen und ganzen" behalten oder verloren hat (BVerwG, Beschluß v. 26.2.1999 – 4 CN 6.98 –, ZfBR 1999, 223 = PBauE § 8 BauGB Nr. 9 a). Vorliegend betrifft die mögliche Abweichung von der Darstellung des Flächennutzungsplans aber lediglich einen kleinen Bereich in der Ortsmitte der Antragsgegnerin, so daß seine steuernde Funktion für die städtebauliche Entwicklung der Stadt nicht berührt sein kann.

Davon abgesehen hat die Antragsgegnerin den Bebauungsplan „Stadtmitte" als vorzeitigen Bebauungsplan gemäß § 8 Abs. 4 Satz 1 BauGB aufgestellt und führt derzeit das Verfahren zur Änderung des Flächennutzungsplans durch. Darin soll das Plangebiet als Fläche für den Gemeinbedarf dargestellt und damit der Einklang mit den Festsetzungen des Bebauungsplans hergestellt werden. Der Erlaß eines vorzeitigen Bebauungsplans war auch aus dringenden Gründen i. S. des § 8 Abs. 4 Satz 1 BauGB erforderlich. Denn mit ihm soll die Verwirklichung eines im dringenden öffentlichen Interesse liegenden Vorhabens ermöglicht werden (vgl. Löhr, a. a. O., § 8 Rdnr. 11; Jäde, a. a. O., § 8 Rdnr. 14 f., jeweils m. w. N.). Die Neuerrichtung eines Altenpflegeheims liegt insbesondere angesichts des Zustands des bisherigen Pflegeheims, der sich aus den Akten ergibt, im dringenden öffentlichen Interesse. Es kommt hinzu, daß der Antragsgegnerin ein Verlust von Fördermitteln droht, wenn sie nicht noch im Jahre 2004 entsprechende Anträge stellen kann. Von alledem abgesehen wäre eine fehlerhafte Beurteilung der dringenden Gründe gemäß § 214 Abs. 2 Nr. 1 BauGB unbeachtlich. ...

Nr. 47

1. **Eine öffentliche Bekanntmachung der Auslegung des Bebauungsplanentwurfs, in der – neben der Angabe von Ort und Dauer der Auslegung – darauf hingewiesen wird, daß während der Auslegungsfrist Anregungen schriftlich oder mündlich zur Niederschrift beim Bürgermeisteramt vorgebracht werden können, genügt den Anforderungen des § 3 Abs. 2 Satz 2 BauGB (im Anschluß an Urteil des Senats v. 12.7.2004 – 8 S 351/04 – und Beschluß v. 18.8.1997 – 8 S 1401/97 –, BRS 59 Nr. 16 = PBauE § 3 BauGB Nr. 18).**

2. **Der Bebauungsplan ist nicht unmittelbare rechtliche Grundlage für die Erhebung von Erschließungsbeiträgen, sondern allein das Beitragsrecht, das nach § 129 Abs. 1 Satz 1 BauGB die Beitragspflicht an das Vorliegen eines Erschließungsvorteils knüpft; der Belang, von Erschließungsbeiträgen verschont zu bleiben, muß daher grundsätzlich nicht bereits in die bauplanerische Abwägung eingestellt werden (Fortführung des Beschlusses des Senats v. 12.2.1990 – 8 S 2917/88 –, NVwZ 1990, 896).**

3. Die Gemeinde kann die Lösung rein bautechnischer Fragen dem späteren Vollzug des Bebauungsplans nach Maßgabe „guter fachlicher Praxis" überlassen, wenn keine Anhaltspunkte vorliegen, daß eine solche Lösung nicht oder nur mit unvertretbar hohem Aufwand möglich ist (hier: Vorsorge gegen abgrabungsbedingte Gefährdung der Standsicherheit eines Wohnhauses).

BauGB §§ 1 Abs. 6, 3 Abs. 2 Satz 2.

VGH Baden-Württemberg, Urteil vom 15. September 2004 – 8 S 2392/03 –.

Aus den Gründen:
II. 1. Verfahrensfehler sind nicht ersichtlich.

a) Die maßgebliche Bekanntmachung der Auslegung des Planentwurfs im „Mitteilungsblatt" der Antragsgegnerin genügt den Anforderungen des § 3 Abs. 2 Satz 2 BauGB. Danach sind die Entwürfe der Bauleitpläne mit dem Erläuterungsbericht oder der Begründung auf die Dauer eines Monats öffentlich auszulegen; Ort und Dauer der Auslegung sind mindestens eine Woche vorher ortsüblich bekanntzumachen mit dem Hinweis darauf, daß Anregungen während der Auslegungsfrist vorgebracht werden können. Die Bekanntmachung muß so formuliert sein, daß ein an der beabsichtigten Planung interessierter Bürger nicht davon abgehalten wird, sich durch Anregungen am Verfahren zu beteiligen; sie darf keine Zusätze enthalten, die geeignet sind, als Beschränkung dieses jedermann zustehenden Rechts verstanden zu werden (vgl. BVerwG, Beschlüsse v. 11. 4. 1978 – 4 B 37.78 –, BRS 33 Nr. 15, und v. 28. 1. 1997 – 4 NB 39.96 –, BRS 59 Nr. 15 = BauR 1997, 596 = VBlBW 1997, 296 = PBauE § 3 BauGB Nr. 16; sowie VGH Bad.-Württ., Beschluß v. 25. 2. 1994 – 5 S 317/93 –, BRS 56 Nr. 26 = VBlBW 1994, 491 = PBauE § 3 BauGB Nr. 10; BayVGH, Urteil v. 22. 3. 1982 – 25 XIV/78 –, NJW 1983, 297). Da nach § 3 Abs. 2 Satz 2 BauGB Anregungen ohne Formzwang vorgebracht werden können, darf die Bekanntmachung bei einem mit seinen Rechten nicht näher vertrauten Leser nicht den Anschein erwecken, er könne sie nur im Rathaus mündlich zur Niederschrift vortragen (vgl. Senatsurteil v. 12. 7. 2004 – 8 S 351/04 – im Anschluß an Normenkontrollbeschluß des Senats v. 18. 8. 1997 – 8 S 1401/97 –, BRS 59 Nr. 16 = PBauE § 3 BauGB Nr. 19) oder umgekehrt, er könne sie nur schriftlich einreichen (vgl. Senatsurteil v. 15. 9. 2004 – 8 S 1148/03 –)

Die von der Antragsgegnerin vorgenommene Bekanntmachung der Auslegung des Planentwurfs im „Mitteilungsblatt" genügt diesen Anforderungen noch. Der ordnungsgemäßen – Bekanntgabe von Beginn und Ende der Auslegungsfrist und der Öffnungszeiten schließt sich folgender Hinweis an:
„Während der Auslegungsfrist können Anregungen bei der Gemeindeverwaltung, B. Straße, U., Zimmer 2 (H. K.), vorgebracht werden. Da das Ergebnis der Behandlung der Anregungen mitgeteilt wird, ist die Angabe der Anschrift des Verfassers zweckmäßig."

Diesem Hinweis kann der verständige Leser entnehmen, daß er Anregungen sowohl im Rathaus zur Niederschrift mündlich vortragen oder statt dessen auch schriftlich einreichen kann. Daß Anregungen zur Niederschrift vor-

Nr. 47

getragen werden können, folgt eindeutig aus Satz 1 des oben zitierten Hinweises. Dort wird nämlich die Zimmernummer des zuständigen Sachbearbeiters genannt, was ersichtlich als Hilfestellung für den Fall mündlichen Vorbringens gedacht ist. In Satz 2 des Hinweises ist vom Verfasser der Anregungen die Rede. Damit kann nach allgemeinem Sprachgebrauch nur derjenige gemeint sein, der Anregungen schriftlich einreicht; zudem macht die Bitte um Angabe der Anschrift für den Fall keinen Sinn, daß Anregungen beim zuständigen Sachbearbeiter mündlich zur Niederschrift vorgetragen werden. Bei dieser Gelegenheit sei darauf hingewiesen, daß die Gemeinden allen Schwierigkeiten, die sich nach der Erfahrung des Senats bei der öffentlichen Bekanntmachung der Auslegung der Planentwürfe immer wieder einstellen, etwa durch folgende – von vielen Gemeinden auch verwendete – Fassung des gebotenen Hinweises begegnen könnten: „Während der Auslegungsfrist können Anregungen schriftlich oder mündlich zur Niederschrift beim Bürgermeisteramt vorgebracht werden" (vgl. BVerwG, Beschluß v. 28. 1. 1997 – 4 NB 39.96 –, BRS 59 Nr. 15 = BauR 1997, 596 = VBlBW 1997, 296, und VGH Bad.-Württ., Urteil v. 4. 7. 1996 – 5 S 1697/95 –, VBlBW 1997, 24 zur Zulässigkeit und Zweckmäßigkeit des Zusatzes „zur Niederschrift")....

2. Der Bebauungsplan begegnet auch inhaltlich keinen Bedenken....

b) Das Abwägungsgebot ist nicht verletzt....

aa) Er beruht zum einen nicht auf einer unzureichenden Feststellung des Abwägungsmaterials, wie der Antragsteller meint.

Hinsichtlich des vom Antragsteller geltend gemachten Interesses, von Erschließungskosten für den geplanten Ausbau der Friedhofstraße verschont zu bleiben, vermag der Senat keinen Abwägungsausfall festzustellen. Dies liegt für das Grundstück Flst.Nr. 45 des Antragstellers auf der Hand, das als öffentliche Verkehrs- und Grünfläche ausgewiesen ist und daher gemäß § 129 Abs. 1 Satz 1 BauGB keiner Beitragspflicht unterliegt. Ob auch das Hausgrundstück Friedhofstraße x nach § 242 Abs. 1 BauGB beitragsfrei ist, wie die Antragsgegnerin zu bedenken gibt, kann offenbleiben. Denn selbst wenn insoweit Beitragspflicht bestünde, läge kein abwägungsbeachtlicher Belang vor.

Nach der Rechtsprechung des Senats ist eine künftige Beitragspflicht unbeachtlich, wenn das Grundstück im Innenbereich liegt, weil der Beitrag dann unabhängig von der Gültigkeit des Bebauungsplans unmittelbar auf Grund der Vorschrift des § 133 Abs. 1 Satz 2 BauGB erhoben werden kann (Senatsbeschluß v. 12. 2. 1990 – 8 S 2917/88 –, NVwZ 1990, 896). Ein solcher Fall dürfte hier nicht gegeben sein. Zwar dürfte der Bereich nördlich der Friedhofstraße, in dem das Hausgrundstück des Antragstellers liegt, als Innenbereich anzusehen sein. Der nunmehr überplante Bereich südlich der Friedhofstraße ist jedoch bislang Außenbereich mit der Folge, daß die Friedhofstraße bei Ungültigkeit des Bebauungsplans nur einseitig bebaubar wäre und der Antragsteller nur zur Deckung der halben Ausbaukosten herangezogen werden könnte (vgl. BVerwG, Urteil v. 25. 6. 1969 – IV C 14.68 –, BVerwGE 32, 226 = BRS 22 Nr. 182). Demgegenüber besteht im Falle der Gültigkeit des Bebauungsplans Beitragspflicht hinsichtlich der gesamten Ausbaukosten, weil die Friedhofstraße dann beidseitig bebaubar ist. Allerdings dürfte die

Beitragshöhe in beiden Fällen nicht erheblich voneinander abweichen, weil im Falle der Gültigkeit des Bebauungsplans zwar – wie ausgeführt – die gesamten Ausbaukosten beitragsrechtlich zu berücksichtigen sind, diese aber auf der anderen Seite auf einen größeren Kreis von Beitragszahlern zu verteilen sind, nämlich zusätzlich auf alle Anlieger der Friedhofstraße im Plangebiet. Ob das Interesse des Antragstellers, von Erschließungsbeiträgen verschont zu bleiben, aus diesem Grunde unbeachtlich ist, kann jedoch dahinstehen (zur fehlenden Abwägungsbeachtlichkeit objektiv geringfügiger Belange vgl. BVerwG, Urteil v. 24. 9. 1998 – 4 CN 2.98 –, BVerwGE 107, 215 = BRS 60 Nr. 46 = BauR 1999, 134). Denn der Belang, von Erschließungsbeiträgen verschont zu bleiben, muß unabhängig davon grundsätzlich nicht in die bauplanerische Abwägung eingestellt werden. Wie dargelegt, hat der Senat die Abwägungsbeachtlichkeit künftiger Erschließungsbeiträge insoweit verneint, als die Beitragspflicht unabhängig von der Gültigkeit des Bebauungsplans unmittelbar aus § 133 Abs. 1 Satz 2 BauGB folgt, weil es sich um ein Innenbereichsgrundstück handelt. Der Bebauungsplan ist jedoch auch in den anderen Fällen, in denen § 133 Abs. 1 Satz 2 BauGB nicht anwendbar ist, nicht unmittelbar Rechtsgrundlage für die Erhebung von Erschließungsbeiträgen. Die Beitragspflicht beruht vielmehr auch dann auf den eigenständigen gesetzlichen Regelungen der §§ 127 ff. BauGB, wenn die Erschließung nach Maßgabe eines gültigen Bebauungsplans durchgeführt wird. Zu diesen beitragsrechtlichen Regelungen zählt insbesondere § 129 Abs. 1 Satz 1 BauGB, wonach Beiträge nur insoweit erhoben werden können, als die Erschließungsanlagen erforderlich sind, um die Bauflächen entsprechend den baurechtlichen Vorschriften zu nutzen. Beitragspflichtig sind danach nur Eigentümer, denen die Erschließungsmaßnahme einen Vorteil bringt und dies auch nur soweit, als dieser Vorteil in einem angemessenen Verhältnis zur Beitragslast steht (vgl. BVerwG, Beschluß v. 31. 8. 2001 – 9 B 38.01 –, DVBl. 2002, 67 m. w. N.; Urteil v. 30. 1. 1976 – IV C 12. und 13.74 –, BRS 30 Nr. 1; vgl. auch VGH Bad.-Württ., Normenkontrollbeschluß v. 19. 11. 1990 – 3 S 439/90 – m. w. N.). Das Beitragsrecht sieht mithin eigenständige Regelungen zur Bewertung und zum Ausgleich widerstreitender Interessen vor. Im Hinblick darauf kann eine eventuelle künftige Beitragspflicht ohnehin nicht generell als im Aufstellungsverfahren zu berücksichtigender abwägungsbeachtlicher Nachteil gewertet werden. Auch die einzelfallbezogene Würdigung der Zumutbarkeit einer künftigen Beitragslast ist im Bebauungsplanverfahren grundsätzlich nicht geboten, sondern kann schon deshalb einem nachgelagerten Verfahren nach Maßgabe spezifischer beitragsrechtlicher Bestimmungen überlassen bleiben, weil die Beitragshöhe regelmäßig erst bei der Veranlagung hinreichend genau feststehen wird. Ob etwas anderes in Sonderfällen gelten muß, in denen bereits zum Zeitpunkt des Satzungsbeschlusses erkennbar ist, daß die Erschließungskosten in krassem Mißverhältnis zum Erschließungsvorteil stehen werden (vgl. BVerwG, a. a. O.), oder ob im Hinblick auf den Schutz der Grundstückseigentümer vor unzumutbaren Beitragsforderungen nach § 129 Abs. 1 Satz 1 BauGB auch in solchen Fällen Abwägungsunbeachtlichkeit besteht, bedarf vorliegend keiner Erörterung. Denn nach Art, Umfang und Zielrichtung des Ausbaus der Friedhofstraße wird dieser aller Voraussicht nach keine unzumutbare Beitragsbelastung der Anlieger nach sich ziehen.

Dem Antragsteller kann auch nicht gefolgt werden, wenn er meint, der Satzungsgeber habe bei der Festsetzung der öffentlichen Grünfläche auf gemeindeeigenem Grund vor seinem Grundstück Friedhofstraße x versäumt zu prüfen, ob der geplante Wegfall der dortigen Anböschung die Standsicherheit seines nicht unterkellerten Hauses gefährde. Dem Gebot der Konfliktbewältigung kann nicht entnommen werden, daß eventuelle Folgeprobleme bautechnischer Art bereits im Bebauungsplan zu klären sind. Dies darf vielmehr der Plandurchführung überlassen werden, soweit keine Anhaltspunkte dafür bestehen, daß mit der Durchführung des Bebauungsplans verbundene bautechnische Probleme auch bei Anwendung der allgemein anerkannten bautechnischen Regeln nicht oder nur mit unverhältnismäßig hohem Aufwand gelöst werden können (vgl. BVerwG, Urteil v. 5.3.1997 – 11 A 5.96 –, UPR 1997, 327; Beschluß des Senats v. 23.12.1997 – 8 S 627/97 –, BRS 59 Nr. 12 = PBauE § 1 Abs. 6 BauGB Nr. 59). Vorliegend mußte die Antragsgegnerin keine Vorsorge dafür treffen, daß die Standsicherheit des Hauses des Antragstellers durch Abgrabung der Böschung nicht gefährdet wird, weil es Regeln „guter fachlicher Praxis" gibt, die ein solches Vorgehen nicht zulassen. Es gibt auch keine Anhaltspunkte dafür, daß eine Gefährdung des Gebäudes nicht durch technische Schutzvorkehrungen vermieden werden kann. ...

Nr. 48

Im vereinfachten Verfahren zur Änderung eines Bauleitplans ist einem von einer Änderung des Entwurfs nachteilig betroffenen Bürger in entsprechender Anwendung von § 3 Abs. 3 BauGB erneut Gelegenheit zur Stellungnahme zu geben (§ 13 Nr. 2 Alt. 1 BauGB).

VwGO § 47; BauGB §§ 8 Abs. 1 Satz 1, 9 Abs. 1, 13 Nr. 2 Alt. 1, 214 Abs. 1 Satz 1 Nr. 1, 215a Abs. 1.

Bayerischer VGH, Urteil vom 12. Februar 2004 – 1 N 02.406 – (rechtskräftig).

Die Antragsteller wenden sich gegen die Satzungen über die 15. und die 17. Änderung des Bebauungsplans Nr. 6 der Antragsgegnerin.

Die Antragsteller sind Eigentümer eines Grundstücks, das mit einem Wohnhaus und einem an der nördlichen Grenze stehenden Garagengebäude bebaut ist. Nördlich schließt sich ein Grundstück an, in dessen nördlichen Bereich ein Wohnhaus steht. Für den südlichen Grundstücksteil setzt der 1992 in Kraft getretene Bebauungsplan einen Bauraum für ein weiteres Gebäude mit Garage fest. Dieser Bauraum ist von der Grenze zum Grundstück der Antragsteller rund 10 m (Hauptgebäude) bzw. rund 7 m (Garage) entfernt. 1993 erteilte das Landratsamt dem Eigentümer des Nachbargrundstücks unter Befreiung von den Festsetzungen zur überbaubaren Grundstücksfläche die Baugenehmigung zur Errichtung von drei unterkellerten Garagen. Das winkelförmige Garagengebäude hält zum Grundstück der Antragsteller einen Grenzabstand von 1,2 m ein.

Nr. 48

Auf Antrag des Eigentümers des Grundstücks beschloß der Bauausschuß der Antragsgegnerin 2001, den Bebauungsplan für das Grundstück im vereinfachten Verfahren zu ändern. Der erste Entwurf sah den Bauraum für das zweite Wohnhaus im Bereich des Garagengebäudes vor. Die Antragsteller erhoben Einwendungen. Die Antragsgegnerin änderte hierauf die Planung. Nach dem neuen Entwurf war im Bereich der bestehenden Garage ein Bauraum für ein Garagengebäude geplant; der Bauraum für das weitere Wohngebäude sollte bis unmittelbar an das Garagengebäude nach Süden verschoben werden. Diese Fassung beschloß der Bauausschuß im Juni 2001 als 15. Änderung des Bebauungsplans Nr. 6, ohne daß den Antragstellern nochmals Gelegenheit zur Stellungnahme gegeben worden war.

Durch die im Dezember 2001 bekannt gemachte Satzung zur 17. Änderung wurde für den gesamten Geltungsbereich des Bebauungsplans Nr. 6 das Verbot von Dachaufbauten und Gauben aufgehoben. Außerdem enthält die Änderungssatzung eine Regelung zur Dachterrassennutzung auf der südlichen Garage des Nachbargrundstücks.

Die Antragsteller beantragen, die Satzungen über die 15. und die 17. Änderung des Bebauungsplans Nr. 6 für nichtig zu erklären.

Aus den Gründen:

I. 2. Die Satzung zur 15. Änderung des Bebauungsplans beruht auf einem rechtlich erheblichen Verfahrensfehler. Dieser Mangel führt zur Feststellung der Unwirksamkeit der Satzung.

a) Ein Verfahrensfehler liegt darin, daß die Antragsgegnerin den Antragstellern nach einer Änderung des Planentwurfs nicht mehr Gelegenheit zur Stellungnahme gegeben hat, obwohl diese durch den neuen Entwurf auf andere Weise nachteilig betroffen waren als durch den ihnen zugeleiteten Entwurf.

Eine erneute Beteiligung war nicht deswegen entbehrlich, weil die Antragsgegnerin die Änderung des Bebauungsplans im vereinfachten Verfahren durchgeführt hat. Die Verpflichtung, die Bürger erneut zu beteiligen, wenn der Bebauungsplanentwurf nach der Beteiligung geändert oder ergänzt wird, ist zwar – in § 3 Abs. 3 BauGB – nur für den Fall gesetzlich geregelt, daß der Entwurf gemäß § 3 Abs. 2 BauGB öffentlich ausgelegt worden ist. Der hinter dieser Regelung stehende Rechtsgedanke, daß die Beteiligung nach einer Änderung wiederholt werden muß, weil sich durch jede Änderung neue Nachteile ergeben können, ist aber auch im vereinfachten Verfahren zu beachten (so auch BVerwG v. 18. 12. 1987, BRS 47 Nr. 34 = NVwZ 1988, 822, zur früheren Fassung von § 13 BauGB). Die Vereinfachung besteht nicht in einem Verzicht auf eine erneute Beteiligung, sondern darin, daß anstelle einer öffentlichen Auslegung den betroffenen Bürgern gemäß § 13 Nr. 2 Alt. 1 BauGB in anderer Weise Gelegenheit zur Stellungnahme gegeben werden kann. Deswegen muß im vereinfachten Verfahren ein betroffener Bürger nach einer Änderung des Entwurfs grundsätzlich erneut angehört werden. Hiervon kann nur abgesehen werden, wenn die Änderung einem Vorschlag des Bürgers entspricht oder für diesen offensichtlich keine nachteiligen Auswirkungen hat. Ein solcher Ausnahmefall liegt aber nicht vor, weil die Einwände der Antragsteller durch den geänderten Entwurf nur zum Teil ausgeräumt worden sind und die Änderung mit anderen Nachteilen für die Antragsteller verbunden war. Zwar hat die Antragsgegnerin den Bauraum für das Hauptgebäude so weit nach Norden verschoben, daß eine Beeinträchtigung der Antragsteller ausgeschlossen erscheint. Der überarbeitete Entwurf sah aber erstmals eine Festsetzung gemäß § 9 Abs. 1 Nr. 4 BauGB für das grenznahe Garagengebäude und zudem eine Verlagerung der Garagenzufahrt auf die für die Antragsteller ungünstigere Westseite des Gebäudes vor.

b) Der Verfahrensfehler ist erheblich.

aa) Verstöße gegen § 13 BauGB und gegen den hier entsprechend anwendbaren § 3 Abs. 3 BauGB sind nach § 214 Abs. 1 Satz 1 Nr. 1 Halbs. 1 BauGB beachtlich. Die Voraussetzungen der „Unbeachtlichkeitsvorschrift" des § 214 Abs. 1 Satz 1 Nr. 1 Halbs. 2 BauGB sind nicht erfüllt. Nach dieser Regelung bleibt es nur ohne Folgen, wenn die Gemeinde bei Anwendung von § 3 Abs. 3 Satz 3 oder § 13 BauGB die Voraussetzungen für die Durchführung der Beteiligung verkannt hat. Die Vorschrift greift aber nicht ein, wenn – wie hier – die Erforderlichkeit einer erneuten Bürgerbeteiligung völlig übersehen wurde (VGH BW v. 17. 10. 1989, BauR 1990, 448).

bb) Der Verfahrensfehler ist nicht gemäß § 215 Abs. 1 BauGB unbeachtlich geworden.

Die Antragsteller haben ihn innerhalb eines Jahres seit Bekanntmachung der Satzung gegenüber der Antragsgegnerin geltend gemacht (§ 215 Abs. 1 Halbs. 1 Nr. 1). Ihre Bevollmächtigten haben im Verfahren – 1 NE 02.407 – unter Bezugnahme auf den Beschluß des VG München vom März 2002 auf den Fehler hingewiesen. Diesen Schriftsatz hat das Gericht der Antragsgegnerin innerhalb der Jahresfrist zugeleitet. Damit ist die Rüge gegenüber der Antragsgegnerin erfolgt (Lemmel, in: Berliner Kommentar zum BauGB, 3. Aufl., § 215 Rdnr. 20 m. w. N.). Mit der Bezugnahme auf die Entscheidung des Verwaltungsgerichts wurde der Verfahrensfehler auch entsprechend den Anforderungen des § 215 Abs. 1 Halbs. 2 BauGB dargelegt.

c) Der Verfahrensfehler führt nicht zur Nichtigkeit, sondern zur Unwirksamkeit der Satzung über die 15. Änderung, weil er in einem ergänzenden Verfahren gemäß § 215a Abs. 1 Satz 1 BauGB behoben werden kann (§ 47 Abs. 5 Satz 4 Halbs. 1 VwGO). Es ist nicht zu erwarten, daß sich bei einer erneuten Anhörung der Antragsteller so gravierende Einwände ergeben, daß die Antragsgegnerin von der Änderungsplanung vollständig Abstand nehmen müßte. In Anbetracht dessen, daß an der nördlichen Grenze des Grundstücks der Antragsteller ein 18 m mal 6 m großer, nicht auf Nebenanlagen oder Garagen beschränkter Bauraum festgesetzt ist, erscheint es nämlich nicht ausgeschlossen, daß die Festsetzung eines Bauraums für die bestehende Garage auf dem Grundstück mit den Belangen der Antragsteller zu vereinbaren ist.

...

II. Der Normenkontrollantrag gegen die Satzung über die 17. Änderung des Bebauungsplans hat teilweise Erfolg. ...

2. Der Antrag ist zulässig und begründet, soweit er sich gegen die Regelung zur Dachterrassennutzung auf dem Grundstück X. wendet.

Der Antrag ist insoweit statthaft. Zwar wirft die äußere Form dieser Regelung („Weiter soll auf dem Grundstück ... eine Dachterrassennutzung zugelassen werden") Zweifel auf, ob es sich um eine Norm handelt. Die Überschrift „Weitere Festsetzungen" weist jedoch auf einen entsprechenden Regelungswillen der Antragsgegnerin hin.

Der Antrag ist hinsichtlich dieser Regelung auch begründet. Es handelt sich nicht um eine „rechtsverbindliche Festsetzung" (vgl. § 8 Abs. 1 Satz 1 BauGB), sondern um die Formulierung einer Planungsidee. Für eine solche Regelung gibt es weder in § 9 Abs. 1 BauGB noch in § 9 Abs. 4 BauGB i.V.m. Art. 91 BayBO eine Rechtsgrundlage. Deshalb ist diese Regelung für nichtig zu erklären (§ 47 Abs. 5 Satz 2 Halbs. 1 VwGO).

Nr. 49

1. **Der Verlust eines Bebauungsplandokuments führt nicht schon für sich genommen zur Ungültigkeit oder zum Außerkrafttreten des betreffenden Plans.** Daraus folgt auch, daß nicht allein wegen des Verlusts von Planunterlagen die Möglichkeit von Mängeln im Rechtssetzungsverfahren unterstellt werden darf (wie BVerwG, Beschluß v. 1.4.1997 – 4 B 206.96 –). Dies gilt auch für die Ausfertigung, deren Fehlerhaftigkeit bei Verlust des Originalplans nicht ohne weiteres angenommen werden darf.

2. **Bestandteil eines nach § 173 Abs. 3 BBauG 1960 übergeleiteten Bebauungsplans können auch bauplanungsrechtliche Vorschriften in einer Landesbauordnung sein, die den Inhalt einer planerischen Festsetzung bestimmen oder ergänzen.**

3. **Eine unter Geltung der Neuen allgemeinen Bauordnung für das Königreich Württemberg vom 6.10.1872 in einem Baulinien- bzw. Ortsbauplan festgesetzte Baulinie hatte zum Zeitpunkt des Inkrafttretens des Bundesbaugesetzes 1960 die Folge, daß das Grundstück bis zu einer Tiefe von 50 m – gemessen ab der Linie – als bebaubar galt. Mit diesem Inhalt entsprach sie der Festsetzung einer überbaubaren Grundstücksfläche und konnte nach § 173 Abs. 3 BBauG 1960 als nicht qualifizierter Bebauungsplan übergeleitet werden** (wie VGH Bad.-Württ., Urteil v. 23.1.1998 – 8 S 2447/97 – und – 8 S 2430/97 –).

4. **Allein durch Zeitablauf – hier fast 100 Jahre – wird eine bauplanerische Festsetzung i.d.R. nicht funktionslos.**

BBauG 1960 § 173 Abs. 3; BauGB §§ 30 Abs. 3, 34 Abs. 1, 35 Abs. 2 und 3.

VGH Baden-Württemberg, Urteil vom 4. Dezember 2003 – 5 S 1746/02 –,

(VG Stuttgart)

Die Klägerin begehrt einen Bauvorbescheid für die Errichtung von drei Reihenhäusern im südlichen Teil ihres Grundstücks.

Aus den Gründen:

I. 1. Der Senat ist auf Grund der vorliegenden Pläne und Dokumente zu der Überzeugung gelangt, daß auf dem Grundstück der Klägerin unter Geltung der Neuen allgemeinen Bauordnung für das Königreich Württemberg vom 6.10.1872 (württ. RegBl. S. 305, im folgenden BauO 1872) eine von

Nr. 49

Westen nach Osten entlang der P.straße verlaufende Baulinie festgesetzt worden ist.

Dem steht insbesondere nicht die Tatsache entgegen, daß weder das Original des Ortsbauplans mit der betreffenden Baulinie noch eine beglaubigte Abschrift des Plans vorliegen. Nicht zu folgen ist der Auffassung des Verwaltungsgerichts, für den Nachweis planerischer Festsetzungen sei grundsätzlich eine Ausfertigung des Plans zu verlangen. Denn der Verlust eines Bebauungsplandokuments – also sozusagen des „materiellen" Substrats der „ideellen" Norm – läßt den Rechtssetzungsakt als solchen unberührt und führt daher nicht schon für sich gesehen zur Ungültigkeit oder zum Außerkrafttreten des betreffenden Plans (BVerwG, Beschluß v. 1.4.1997 – 4 B 206.96 –, BRS 59 Nr. 34 = BauR 1997, 597 = PBauE § 10 BauGB Nr. 13; Urteil v. 17.6.1993 – 4 C 7.91 –, BRS 55 Nr. 34 = BauR 1993, 698 = PBauE § 10 BauGB Nr. 8; ebenso VGH Bad.-Württ., Urteil v. 23.1.1998 – 8 S 2430/97 –, PBauE § 173 BBauG 1960 Nr. 1). Der Nachweis einer planerischen Festsetzung kann bei Fehlen des Originalplans z.B. mit Hilfe anderer Dokumente geführt werden, die die betreffende Festsetzung enthalten oder beschreiben. Dabei sind gegebenenfalls allgemeine Beweisgrundsätze zu berücksichtigen; das bedeutet, daß derjenige, der sich auf das Vorhandensein einer ihm „günstigen" Norm beruft, hier die Klägerin bezüglich der Baulinie, grundsätzlich die Beweislast für deren Bestehen trägt (vgl. dazu und zu einer möglichen Beweislasterleichterung oder -umkehr bei Verletzung bestehender Aufbewahrungs- und Protokollierungspflichten durch eine Behörde: BVerwG, Beschluß v. 1.4.1997 – 4 B 206.96 –, a.a.O.).

Daß die von der Klägerin behauptete Baulinie vor Inkrafttreten des Bundesbaugesetzbuchs vom 23.6.1960 (BGBl. I, 341 – BBauG 1960) existierte, wird zunächst durch die vorhandenen Pläne belegt. Sie ist sowohl in dem von Geometer S. im letzten Jahrzehnt des 19. Jahrhunderts gefertigten Plan als auch in dem „Übersichtsplan zum Ortsbauplan" von Oberamtsgeometer N. vom 13.2.1929 eingezeichnet. Zwar fehlen nähere Informationen über den älteren Plan, der eine Vielzahl von Baulinien enthält. Insbesondere ist nicht bekannt, wann die danach entlang der P.straße verlaufende Baulinie festgesetzt und genehmigt worden sein könnte. Dem Übersichtsplan aus dem Jahre 1929 und den von der Klägerin vorgelegten Niederschriften über die Verhandlungen von Gemeindegremien der Beigeladenen läßt sich aber entnehmen, daß diese Baulinie jedenfalls später – am 11.3.1905 – (erneut) beschlossen bzw. festgesetzt und am 9.11.1905 genehmigt wurde.

Die beiden „bürgerlichen Kollegien", der Gemeinderat und der Bürgerausschuß, die damals für die Feststellung von Ortsbauplänen zuständig waren (vgl. Art. 4 BauO 1872), beschlossen am 11.3.1905 die Neufassung und Änderung des bestehenden Ortsbauplans. In der Niederschrift über die damalige Verhandlung – die von den anwesenden Mitgliedern der Kollegien und auch vom Bürgermeister unterschrieben wurde – ist u.a. festgehalten, daß wegen des am 24.10.1904 stattgefundenen Brandes im unteren Ortsteil verschiedene Neubauten erforderlich würden. Hierdurch sei die teilweise Ausdehnung und Abänderung des Ortsbauplans in diesem Gebiet notwendig geworden und für diesen Zweck im Auftrag des Gemeinderats von Geometer

S. ein Plan aufgestellt worden, in dem die alten „in Fortfall kommenden" Baulinien gelb, die neu einzuführenden rot und die bestehen bleibenden blau eingetragen seien. Weiter wird ausgeführt, daß die „bürgerlichen Kollegien" heute Einsicht in diesen Plan erhalten und beschlossen hätten, die gelb eingezeichneten Baulinien aufzuheben, die rot eingetragen festzusetzen, die blau eingezeichneten, als genehmigt geltenden Linien bestehen zu lassen und nach Beibringung der noch nötigen Unterlagen und geschehenen Auslegung der Pläne die Genehmigung des königlichen Oberamts nachzusuchen. Das weitere Verfahren läßt sich der Niederschrift über eine Verhandlung vor beiden „bürgerlichen Kollegien" vom 23. 11. 1905 entnehmen: „Die unter 11.3. des Jahres beschlossene Änderung mit teilweiser Neufestsetzung des Ortsbauplans hat die oberamtliche Genehmigung erhalten. – Erlaß vom 9. 11. 1905 –. Derselbe wurde 8 Tage lang vom 13. bis einschließlich 20.11. im Rathaussaal zur allgemeinen Einsichtnahme ausgelegt und entsprechende öffentliche Bekanntmachung erlassen. Einsprachen kamen nicht herein. Die bürgerlichen Gremien nahmen Kenntnis davon. „Auch im Übersichtsortsbauplan vom 13. 2. 1929 wird für alle nicht mit einem abweichenden Datum versehene Baulinien, also auch für die südlich der P.straße verlaufende, als Genehmigungsdatum der 9. 11. 1905 angegeben.

Auch wenn der in der Sitzung vom 11. 3. 1905 beschlossene Ortsbauplan mit den gelben, roten und blauen Baulinien nicht vorliegt, bestehen danach keine vernünftigen Zweifel mehr daran, daß zu den am 11. 3. 1905 (erneut) beschlossenen und am 9. 11. 1905 genehmigten Baulinien eine Baulinie entlang der P.straße gehört. Bezeichnend ist auch, daß diese Baulinie sogar in Lageplänen zu Bauanträgen aus den Jahren 1971 und 1981, allerdings mit dem Datum „9. 9. 1905", aufgenommen wurde.

2. Es ist nicht ersichtlich, daß diese Festsetzung unwirksam gewesen wäre.

Daß die am 11. 3. 1905 beschlossene Änderung des Ortsbauplans – mit gleichzeitiger erneuter Festsetzung bereits bestehender Baulinien – vom zuständigen Oberamt genehmigt und der Plan sodann bis zum 20. 11. 1905 „zur allgemeinen Einsichtnahme ausgelegt" worden ist (vgl. Art. 5 Abs. 1 BauO 1872), ergibt sich aus der Niederschrift über die Verhandlung der „bürgerlichen Kollegien" vom 23. 11. 1905. Rechtserhebliche formelle oder materielle Fehler sind nicht ersichtlich. Dabei ist ebenfalls der bereits angeführte (oben 1.1.) Grundsatz zu bedenken, daß der Verlust des Bebauungsplandokuments nicht schon für sich genommen zur Ungültigkeit oder zum Außerkrafttreten des Bebauungsplans führt. Denn daraus folgt auch, daß nicht auf Grund des Verlusts der Planunterlagen mehr oder weniger spekulativ die Möglichkeit von Mängeln im Rechtssetzungsverfahren unterstellt werden darf (BVerwG, Beschluß v. 1. 4. 1997 – 4 B 206.96 –, a. a. O.). Dies gilt insbesondere für die Ausfertigung, deren ordnungsgemäße Vornahme i. d. R. nur bei Vorliegen des Originalplans nachgewiesen werden kann. Das Bundesverwaltungsgericht hat außerdem bereits mehrfach darauf hingewiesen, daß es verfehlt sein kann, wenn ein Verwaltungsgericht seine ihm gemäß § 86 Abs. 1 VwGO auferlegte Sachaufklärungspflicht zum Anlaß nähme, „gleichsam ungefragt" in eine Suche nach Fehlern in der Vorgeschichte und Entstehungsgeschichte eines Bebauungsplans einzutreten (Urteil v. 7. 9. 1979 – 4 C 7.77 –, BRS 35 Nr. 15 = BauR 1980, 40 = DVBl. 1980, 230; Beschluß v. 1. 4. 1997 – 4 B 206.96 –, a. a. O., und v. 20. 6. 2001 – 4 BN 21.01 –, BRS 64 Nr. 58 = BauR 2002, 284 = NVwZ 2002, 83; vgl. auch Urteil v. 17. 4. 2002 – 9 CN 1.01 –, BVerwGE 116, 188; ebenso VGH Bad.-Württ., Urteil v. 25. 2. 1993 – 8 S 287/ 92 –, NVwZ 1994, 700 = PBauE § 233 BauGB Nr. 1 m. w. N.). Das bedeutet zwar nicht, daß von einer rechtlichen Vermutung der Fehlerfreiheit auszugehen wäre. Auch entfällt bei Fehlen der Planurkunde die Beweiskraft gemäß § 418 Abs. 1 ZPO. Eine weitere Prüfung der formellen oder materiellen Rechtswirksamkeit ist aber auch bei einem „im Wege der Beweiserhebung rekonstruierten" Bebauungsplan bzw. dessen Festsetzungen nur bei begründetem Anlaß zu Zweifeln vorzunehmen (BVerwG, Beschluß v. 1. 4. 1997 – 4 B 206.96 –, a. a. O.). Ein solcher Anlaß ist hier nicht ersichtlich, anders als in dem dem Senatsurteil v. 10. 4. 1997 (– 5 S 1564/96 –, NVwZ-RR 1998, 545) zugrunde liegenden Fall, auf den sich das Verwaltungsgericht berufen hat. In jenem Fall lagen der Originalplan und die dazugehörigen Bebauungsplanakten vor, es fehlte aber an einer Ausfertigung. Ob eine ordnungsgemäße Ausfertigung hier schon deshalb zu bejahen wäre, weil die Niederschrift über die Verhandlung der „bürgerlichen Kollegien" vom 11. 3. 1905 den beschlossenen bzw. festgestellten Plan mit der Angabe des Planfertigers – Geometer S. – und der Beschreibung, daß dieser gelbe, rote und blaue Baulinien enthalte, hinreichend eindeutig bezeichnet und vom Bürgermeister unterschrieben ist (vgl. zu den Anforderungen an eine sog. Ersatzausfertigung Senatsurteil v. 10. 4. 1997 – 5 S 1564/96 –, a. a. O., m. w. N.), kann daher letztlich offenbleiben.

Anhaltspunkte dafür, daß diese Baulinie in der Zeit bis zum Inkrafttreten des Bundesbaugesetzes 1960 wieder aufgehoben oder geändert worden wäre, bestehen nicht.

3. Die Baulinie ist – mit der Folge einer Bebaubarkeit betroffener Grundstücke bis zu einer Tiefe von 50 m – heute noch als Festsetzung eines einfachen Bebauungsplans wirksam und anzuwenden.

a) Nach § 173 Abs. 3 des Bundesbaugesetzes 1960 gelten bei Inkrafttreten des Gesetzes (gemeint ist das Inkrafttreten des Ersten bis Dritten Teils des BBauG 1960 am 29. 6. 1961) bestehende baurechtliche Vorschriften und festgestellte städtebauliche Pläne als Bebauungspläne fort, soweit sie verbindliche Regelungen der in § 9 BBauG 1960 bezeichneten Art enthalten. Dies trifft auch für die hier in Frage stehende Baulinie zu.

aa) Voraussetzung für eine Überleitung bestehender Pläne und Vorschriften ist nach § 173 Abs. 3 BBauG 1960 zunächst, daß diese einen Inhalt hatten, der nach § 9 BBauG 1960 Inhalt eines Bebauungsplans sein kann (vgl. BVerwG, Urteil v. 20. 10. 1972 – IV C 14.71 –, BVerwGE 41, 67 = BRS 25 Nr. 25). Das ist hier der Fall. Die Baulinie hatte auf Grund späterer Änderungen württembergischer baurechtlicher Vorschriften die Folge, daß das betreffende Grundstück bis zu einer Tiefe von 50 m bebaubar war. Mit diesem Inhalt entsprach sie der Festsetzung einer überbaubaren Grundstücksfläche i. S. des § 9 Abs. 1 Nr. 1 b BBauG 1960.

Eine unter Geltung der Neuen allgemeinen Bauordnung von 1872 in einem Baulinien- bzw. Ortsbauplan festgesetzte Baulinie hatte allerdings zunächst lediglich die Folge, daß Gebäude grundsätzlich nur an dieser Linie errichtet werden durften (Art. 21 BauO 1872), war also mit einer Baulinie nach heutigem Verständnis vergleichbar. Nach Inkrafttreten der württembergischen Bauordnung vom 28. 7. 1910 (Reg.Bl. S. 333, im folgenden württ. BauO), deren Vorschrift über Baulinien – Art. 34 – auch auf bereits bestehende Baulinien anzuwenden war (vgl. Art. 129 Abs. 2 und Abs. 3 Satz 2 württ. BauO, VGH Bad.-Württ., Urteil v. 22. 5. 1975 – III 918/74 – und v. 23. 1. 1998 – 8 S 2447/97 –, NuR 1999, 332), durften Bauten die von einer Baulinie gebildete Grenze grundsätzlich nicht überschreiten; vorbehaltlich abweichender Regelungen in einer Ortsbausatzung stand es dem Bauherrn aber frei, Bauten ganz oder teilweise hinter die Baulinie „zurückzustellen" (Art. 34 Abs. 1 und 2 württ. BauO). Es bestanden damals zwar schon Vorschriften, die bestimmten, daß Grundstücke insoweit als innerhalb des Ortsbauplans gelegen anzusehen sind, „als sie entweder in eine von Baustraßen umschlossene Fläche fallen oder aber von einer Baulinie nicht mehr als 50 m, waagrecht gemessen, abstehen" (Art. 25 des Gesetzes betreffend das landwirtschaftliche Nachbarrecht vom 15. 6. 1893 [Reg.Bl. S. 141], vgl. auch Art. 65 Abs. 2 württ. BauO). Das Bauen außerhalb dieses Bereichs war aber wohl planungsrechtlich grundsätzlich weiter erlaubt (nach § 32 Abs. 2 BauO 1872 konnte es nur aus „feuer- und sicherheitspolizeilichen Gründen" untersagt werden, nach Art. 65 Abs. 1 württ. BauO war es bei „feuer- oder gesundheitspolizeilichen" oder „sitten- oder sicherheitspolizeilichen" Bedenken zu untersagen – vgl. zu Art. 65 württ. BauO: Häffner, Württ. BauO, 1. Band, 1911, Art. 65 Anm. 5 ff., 7), so daß eine Baulinie noch nicht zugleich als Festsetzung einer überbaubaren Grundstückfläche anzusehen gewesen sein dürfte (vgl. dazu und zum folgenden VGH Bad.-Württ., Urteil v. 23. 1. 1998 – 8 S 2430/97 –, a. a. O.). Dies änderte sich mit Inkrafttreten des durch das Gesetz des Staatsministeriums zur Änderung der Bauordnung vom 15. 12. 1933 (RegBl. S. 443) neu in die württembergische Bauordnung eingefügten Art. 1 a. Nach dessen Absatz 2 war die Errichtung von Bauten außerhalb des Gebiets des Ortsbauplans und, soweit kein solcher bestand, außerhalb eines geschlossenen Wohnbezirks nur noch zulässig, wenn weder polizeiliche Bedenken irgendwelcher Art noch Rücksichten auf ein Orts- oder Landschaftsbild entgegenstehen. Gebäude, die sich zum dauernden Wohnen eignen, waren nach Art. 1 a Abs. 3 württ. BauO außerdem nur zulässig, wenn sie Bestandteile eines land- oder forstwirtschaftlichen oder gärtnerischen Betriebs oder eines ortsgebundenen gewerblichen Betriebs bilden und nur einen untergeordneten Bruchteil der Grundstücksfläche des Betriebs einnehmen sollen. Gemäß Art. 1 a Abs. 4 württ. BauO galten als außerhalb des Ortsbauplans gelegen Grundstücke insoweit, als sie entweder nicht in eine von Baustraßen umschlossene Fläche fallen oder mehr als 50 m, waagrecht gemessen, hinter einer Baulinie liegen.

Damit kam einer Baulinie auch die sog. „Tiefenwirkung" zu, d. h., sie hatte zur Folge, daß ein Grundstück grundsätzlich bis zu einer Tiefe von 50 m – gemessen ab der Linie – als innerhalb des Ortsbauplans gelegen und damit als grundsätzlich bebaubar galt (vgl. dazu, daß sich dies auch unter Geltung

Nr. 49

der Verordnung über die Regelung der Bebauung vom 15.2.1936 [RGBl. 1936 I, 104] nicht änderte: VGH Bad.-Württ., Urteil v. 17.2.1995 – 8 S 2183/94 –, VBlBW 1995, 400). Mit diesem Inhalt konnte sie übergeleitet werden (ebenso VGH Bad.-Württ., Urteil v. 23.1.1998 – 8 S 2430/97 – und – 8 S 2447/97 – sowie Urteil v. 17.2.1995 – 8 S 2183/94 –, jeweils a.a.O.). Die Regelung des Art. 1a Abs. 4 württ. BauO ist zwar an sich mit Inkrafttreten des Baugesetzbuchs 1960 außer Kraft getreten (vgl. Neuffer, Die Auswirkungen des BBauG auf die Württ. BauO, VBlBW 1961, 97, 101). Soweit bauplanungsrechtliche Vorschriften in einer Landesbauordnung Ortsbaurecht ergänzten, also z.B. den Inhalt einer planerischen Festsetzung bestimmten, gelten sie aber als Bestandteil des übergeleiteten Plans weiter (vgl. Bielenberg/Söfker, in: Ernst/Zinkahn/Bielenberg, BauGB, Stand: 1.5.2003, §233 Rdnrn. 76, 87 und 90; Grauvogel, in: Brügelmann, BBauG, Stand: Februar 1986, §173 Anm. IV 1 b) cc) (4); Schrödter, BBauG, 4.Aufl. 1980, §173 Rdnr. 8c; Gaentzsch, in: Berliner Kommentar, 3.Aufl. 2002, §10 Rdnr. 49; VGH Bad.-Württ., Urteil v. 23.1.1998 – 8 S 2430/97 –, a.a.O., m.w.N., und v. 22.5.1975 – III 918/74 –; OVG NRW, Urteil v. 22.4.1965 – VII A 819/63 –, OVGE MüLü 21, 227).

bb) Voraussetzung für eine wirksame Überleitung eines Plans nach §173 Abs. 3 BBauG 1960 ist außerdem, daß der Plan sowohl zum Zeitpunkt seiner Aufstellung – nach den damals geltenden Anforderungen – als auch zum Zeitpunkt der Überleitung dem Gebot gerechter Abwägung der berührten Belange entsprach (vgl. im einzelnen BVerwG, Urteil v. 20.10.1972 – IV C 14.71 –, a.a.O., und v. 11.5.1973 – IV C 39.70 –, Buchholz 406.11 §173 BBauG Nr. 12; VGH Bad.-Württ., Urteil v. 25.2.1993 – 8 S 287/92 –, a.a.O.; Bielenberg/Söfker, a.a.O., §233 Rdnr. 88). Davon ist hier auszugehen. Abwägungsfehler sind weder erkennbar noch vorgetragen. Wie oben bereits ausgeführt wurde (I.2.), darf insbesondere nicht allein wegen des Fehlens des Originalplans auf die Fehlerhaftigkeit des damaligen Normsetzungsprozesses geschlossen werden (vgl. BVerwG, Beschluß v. 1.4.1997 – 4 B 206.96 –, a.a.O.; ebenso VGH Bad.-Württ., Urteil v. 25.2.1993 – 8 S 287/92 –, a.a.O., m.w.N.). Die entlang der P.straße festgesetzte Baulinie mit der Rechtsfolge der „Tiefenwirkung" hatte zudem nicht etwa einen Inhalt, der zum Zeitpunkt der Überleitung nicht abwägungsfehlerfrei zum Inhalt eines Plans hätte gemacht werden können.

b) Die Festsetzung der Baulinie ist auch nicht wegen der Länge der verstrichenen Zeit funktionslos und damit unwirksam geworden.

Eine bauplanerische Festsetzung tritt wegen Funktionslosigkeit nur dann außer Kraft, wenn und soweit die Verhältnisse, auf die sie sich bezieht, in der tatsächlichen Entwicklung einen Zustand erreicht haben, der eine Verwirklichung der Festsetzung auf unabsehbare Zeit ausschließt, und die Erkennbarkeit dieser Tatsache einen Grad erreicht hat, der einem etwa dennoch in die Fortgeltung der Festsetzung gesetzten Vertrauen die Schutzwürdigkeit nimmt (BVerwG, Urteil v. 29.4.1977 – 4 C 39.75 –, BVerwGE 54, 5 = BRS 32 Nr. 28 = BauR 1977, 248). Der Senat hat zwar in einem Urteil vom 29.8.1989 (– 5 S 2897/88 –, BRS 49 Nr. 4) erwogen, ob die Tatsache, daß ein Bebauungsplan über 110 Jahre lang nicht verwirklicht wurde, zu dessen Außerkrafttreten führen könnte. Da jedoch allein das Verstreichen eines langen Zeitraums die Verwirklichung eines Bebauungsplans noch nicht ausschließt, hat der bloße Zeitablauf ohne das Hinzutreten weiterer Umstände i. d. R. noch nicht dessen Funktionslosigkeit zur Folge (so auch VGH Bad.-Württ., Urteil v. 23. 1. 1998 – 8 S 2447/97 – und – 8 S 2430/97 –, jeweils a. a. O. und m. w. N.). Etwas anderes gilt auch nicht bei geänderten Planungsabsichten der betreffenden Gemeinde. Schließlich hat diese die Möglichkeit, bestehende, ihren jetzigen Vorstellungen widersprechende Bebauungspläne aufzuheben oder zu ändern. Solange sie dies nicht getan hat, bleibt selbst ein über 100 Jahre alter Plan anwendbar.

Sonstige objektive Umstände, die einer (weiteren) fortdauernden Geltung der Baulinie entgegenstehen könnten, sind nicht erkennbar. Insbesondere ist die Straßenführung nicht geändert worden (vgl. zu einem solchen Fall VGH Bad.-Württ., Urteil v. 23. 1. 1998 – 8 S 2430/97 –, a. a. O.). Bis auf die auf den Grundstücken X und Y errichteten Gebäude, die ausweislich der vorliegenden Pläne schon im 19. Jahrhundert direkt an der Grenze zur Straße bzw. zum Gehweg lagen, halten weiterhin alle Gebäude entlang der P.straße die straßenseitige Baulinie ein.

II. Ist danach hier von der Geltung eines übergeleiteten einfachen Bebauungsplans (vgl. § 30 Abs. 2 BauGB) auszugehen mit einer von der Baulinie aus 50 m weiter südlich reichenden überbaubaren Grundstücksfläche, sind die von der Klägerin in dieser Fläche geplanten drei Reihenhäuser sowohl bei einer Beurteilung nach § 34 BauGB als auch nach § 35 BauGB zulässig.

Wegen dieser Festsetzung kann dem Vorhaben nicht entgegengehalten werden, es füge sich hinsichtlich der Grundstücksfläche, die überbaut werden soll, nicht in die nähere Umgebung ein (§ 34 Abs. 1 BauGB). Geht man davon aus, daß die rückwärtige „Gartenzone" im Außenbereich liegt, so daß § 35 Abs. 2 und 3 BauGB anzuwenden wäre, ist es ebenfalls zulässig. Da die Reihenhäuser innerhalb der überbaubaren Grundstücksfläche errichtet werden sollen, kann insbesondere nicht angenommen werden, sie beeinträchtigten die natürliche Art der Landschaft (§ 35 Abs. 3 Satz 1 Nr. 5 BauGB) oder ließen die Entstehung, Verfestigung oder Erweiterung eine Splittersiedlung befürchten (§ 35 Abs. 3 Satz 1 Nr. 7 BauGB; vgl. VGH Bad.-Württ., Urteil v. 17. 2. 1995 – 8 S 2183/94 –, a. a. O., m. w. N.).

2. Normenkontrollverfahren

Nr. 50

1. **Wendet sich ein Antragsteller gegen einen an sein Wohngrundstück im allgemeinen Wohngebiet angrenzenden Bebauungsplan, der ein Mischgebiet festsetzt und keine Vorgaben hinsichtlich der inneren Erschließung des Plangebietes enthält, ist der Normenkontrollantrag i. d. R. zulässig.**

2. **Die Möglichkeit der Einsichtnahme von den im Plangebiet zulässigen 3-geschossigen Gebäuden auf das Wohngrundstück des Antragstellers,**

Nr. 50

befürchtete Lichteinwirkungen und eine geltend gemachte optische Erdrückung des Wohngebäudes sowie der Erhalt der „schönen Aussicht" in Ortsrandlage sind i. d. R. außerhalb der landesrechtlichen Abstandsvorschriften keine abwägungserheblichen privaten Belange.
(zu 1. nur Leitsatz.)

BauGB § 1 Abs. 6; VwGO § 47 Abs. 1.

Hessischer VGH, Urteil vom 8. Juli 2004 – 3 N 2094/03 – (rechtskräftig).

Der Antragsteller wendet sich im Wege der Normenkontrolle gegen den Bebauungsplan der Antragsgegnerin „B.", Änderung Bereich C, mit dem die Antragsgegnerin ein Mischgebiet ausgewiesen hat. Der Antragsteller ist Eigentümer des mit einem Einfamilienhaus bebauten Grundstücks X. im Gemarkungsbereich der Antragsgegnerin. Das Grundstück liegt im Geltungsbereich des Bebauungsplans „Kleine L.", der für seinen Bereich ein allgemeines Wohngebiet festgesetzt hat. Das Grundstück des Antragstellers grenzt mit seiner südöstlichen Grundstücksseite unmittelbar an das streitgegenständliche Plangebiet an.

Aus den Gründen:

Soweit der Antragsteller meint, das Abwägungsgebot des § 1 Abs. 6 BauGB sei verletzt, da die hohe und blockartige Bebauung die niedrige und feingliedrige Bebauung des Wohngebiets „Kleine L." erdrücke, die hell erleuchteten Büroräume auch zu Nachtzeiten das Wohngebiet ausstrahlten und sein Interesse auf Aussicht vom Dachgeschoß Richtung Frankfurter Skyline nicht berücksichtigt worden sei, kann dem nicht gefolgt werden. In diesem Zusammenhang weist die Antragsgegnerin zunächst zu Recht darauf hin, daß allein das Heranrücken eines Mischgebietes an ein allgemeines Wohngebiet keine Rechtsverletzung zur Folge haben kann, denn in einem Mischgebiet sind nur ein Wohnen nicht störende Betriebe zulässig (§ 6 Abs. 1 BauNVO). Zutreffend weist die Antragsgegnerin auch darauf hin, daß der von dem Antragsteller monierte Lichtschein, der von den Bürogebäuden ausgeht, kein privater, abwägungsbeachtlich geschützter Belang ist. Durch den streitgegenständlichen Bebauungsplan werden Wohn-, Geschäfts- und Bürogebäude mit maximal drei Vollgeschossen zugelassen, der Abstand von den jeweiligen Baufenstern zum Grundstück des Antragstellers beträgt mindestens 14 m, zu dem Wohnhaus 25 m. Ausweislich des Bebauungsplans ist an der Grenze zwischen neu geplantem Mischgebiet und vorhandenem allgemeinen Wohngebiet ein öffentlicher Fuß- und Radweg sowie ein ca. 5 m breiter Streifen vorgesehen, der für die Anpflanzung von Sträuchern planerisch festgesetzt worden ist. Selbst wenn man den Vortrag des Antragstellers als wahr unterstellen wollte, daß auch in dem streitgegenständlichen Plangebiet Bürogebäude errichtet werden, die auf Grund ihrer Anbindung zu dem Gewerbegebiet B. „rund um die Uhr" genutzt werden und daher von ihnen in den Nachtstunden ein Lichtschein ausgeht, ist dies gleichwohl kein abwägungsbeachtlicher Belang, da zum einen, worauf die Antragsgegnerin zu Recht hinweist, der Antragsteller durch architektonische Selbsthilfemaßnahmen wie das Anbringen von Jalousien oder Vorhängen den Lichtschein von seinen Wohnräumen abhalten kann und zum anderen bauordnungsrechtliche Auflagen denkbar sind, die die „Ausstrahlung" der umliegenden Bebauung möglichst gering halten. Bei den oben genannten Abständen einer maximal dreigeschossigen Bebauung ist offensichtlich, daß durch den streitgegenständlichen Bebauungsplan bzw. durch die zulässige maximale Bebauung eine Erdrückungswirkung in bezug auf das Wohngebiet „Kleine L." nicht gegeben ist. Ausweislich der Begründung zu dem Bebauungsplan hat die Antragsgegnerin die Nähe zu dem Wohngebiet „Kleine L." in dem Bauplanungsverfahren gesehen und in die Abwägung eingestellt. Durch den Bebauungsplan soll der Übergang zwischen Wohngebiet und Gewerbegebiet gestaltet werden, wobei ein Abstand der Baufenster zur „Kleinen L." mit 14 m festgelegt wird und durch die Ausweisung der überbaubaren Fläche in drei deutlich voneinander abgesetzte Baufenster verhindert wird, daß ein größerer, parallel zur Wohnbebauung verlaufender Baukörper entsteht. Darüber hinaus dient die Festlegung der maximalen Geschoßzahl der Rücksicht auf die benachbarte Wohnbebauung.

Auch soweit der Antragsteller moniert, durch den streitgegenständlichen Bebauungsplan werde ihm die Aussicht auf die Frankfurter Skyline verbaut und dieser Belang sei von der Antragsgegnerin nicht in die Abwägung eingestellt worden, weist die Antragsgegnerin zu Recht darauf hin, daß die Aussichtslage bzw. Ortsrandlage mit Blick auf die Frankfurter Skyline grundsätzlich kein privates Interesse von solchem Gewicht ist, das im Rahmen der Abwägung berücksichtigt werden muß. Die Minderung der Aussicht und damit der Verkehrswert des Grundstücks ist im allgemeinen kein Eingriff in das Eigentumsrecht, da die Aufrechterhaltung einer ungeschmälerten Aussicht bei Inanspruchnahme eines Bauplatzes lediglich eine Chance ist. Im allgemeinen muß jeder Grundstückseigentümer mit Bautätigkeit bzw. mit planerischen Tätigkeiten der Gebietskörperschaft auf den Nachbargrundstücken und der damit verbundenen Beschränkung seiner Aussicht rechnen. Durch die Schaffung der planerischen Voraussetzungen für die Ansiedlung von mischgebietstypischen Bauwerken wird grundsätzlich nur der Ausblicksinhalt verändert, der grundsätzlich kein privates Interesse von solchem Gewicht ist, daß es im Rahmen der Abwägung berücksichtigt werden müßte (vgl. BVerwG, Beschluß v. 9.2.1995 – 4 BN 17.94 –, BRS 57 Nr. 42). Nur ausnahmsweise wird das Interesse am Schutz vor Beschränkungen der Aussicht als abwägungsbeachtlicher Belang angesehen, wenn sich ein Grundstückseigentümer auf die Festsetzungen eines früheren Bebauungsplans berufen kann, der sein Interesse an der Erhaltung der Aussicht schützt, z. B. durch Anordnung des Bauens auf Lücke oder durch eine vorgeschriebene Flachdachbauweise (vgl. Kopp/Schenke, VwGO, Kommentar, 13. Aufl., § 47 Rdnr. 73 m. Rspr.). Es kann dahinstehen, ob diese Rechtsprechung auf den vorliegenden Fall zu übertragen ist, da der Antragsteller bereits nicht substantiiert vorgetragen hat, daß der Bebauungsplan „Kleine L." derartige drittschützende Festsetzungen enthält. Der Antragsteller macht lediglich geltend, sämtliche Anwohner der „Kleinen L." hätten ihre Gebäude faktisch in Richtung des streitgegenständlichen Bebauungsplans mit großen Fenstern ausgerichtet und durch die Schaffung von Dachgauben, Dachterrassen etc. den Blick auf die Frankfurter Skyline ermöglicht. Dies reicht jedoch für die Annahme drittschützender Festsetzungen nicht aus, die sich im übrigen auch weder den Festsetzungen noch aus der Begründung des Bebauungsplans

„Kleine L." entnehmen lassen. Insoweit weist die Antragsgegnerin auch zutreffend darauf hin, daß der Antragsteller auf Grund der Darstellungen des gültigen Flächennutzungsplans, der in Fortsetzung des Plangebiets „Kleine L." Mischgebiets- und Gewerbegebietsflächen vorsieht, mit einer weiteren Bebauung hat rechnen müssen, wobei die hier vorgesehene Bebauung durch Festsetzung der Vollgeschosse, der Baufenster und der Eingrünung besondere Rücksicht auf die anliegende Wohnbebauung nimmt. Im übrigen ist die Aussicht des Antragstellers auf Grund der festgesetzten Baufenster nur unwesentlich tangiert, da in unmittelbarer Verlängerung seines Grundstücks ein Baufenster nicht vorgesehen ist.

Nr. 51

Das Interesse, mit einem – bisher nicht bebaubaren – Grundstück in den Geltungsbereich eines Bebauungsplans einbezogen zu werden, ist für sich genommen kein abwägungserheblicher Belang, der dem Eigentümer die Antragsbefugnis für eine Normenkontrolle (§ 47 Abs. 2 Satz 1 VwGO) vermitteln kann.

VwGO § 47 Abs. 2 Satz 1; BauGB §§ 1 Abs. 3 und 6, 2 Abs. 1 Satz 1.

Bundesverwaltungsgericht, Urteil vom 30. April 2004 – 4 CN 1.03 –.

(VGH Baden-Württemberg)

Die Antragstellerin wendet sich gegen den Bebauungsplan „H. I" der Antragsgegnerin. Sie möchte erreichen, daß eine ihr gehörende, an das Plangebiet angrenzende Grundstücksfläche in den Bebauungsplan einbezogen wird.

Der angefochtene Bebauungsplan umfaßt einen ca. 2,3 ha großen Teil eines Wiesengeländes und weist dort ein allgemeines Wohngebiet aus. Das Grundstück der Antragstellerin einschließlich des rückwärtigen unbebauten Teils ist nicht in den Bebauungsplan einbezogen. Den im Aufstellungsverfahren geäußerten Wunsch der Antragstellerin, diesen Teil ihres Grundstücks in den Bebauungsplan aufzunehmen und dort ein Baufenster für ein zweites Wohnhaus vorzusehen, hatte der Gemeinderat abgelehnt. Zur Begründung wurde ausgeführt, der Ausweisung eines weiteren Baufensters stehe der in Aufstellung befindliche Flächennutzungsplan entgegen, der dort entsprechend dem Landschaftsplan keine weitere Baumöglichkeit vorsehe.

Aus den Gründen:

II. ... Nach § 47 Abs. 2 Satz 1 VwGO kann den Normenkontrollantrag jede natürliche Person stellen, die geltend macht, durch die Rechtsvorschrift oder deren Anwendung in ihren Rechten verletzt zu sein oder in absehbarer Zeit verletzt zu werden. An die Geltendmachung einer Rechtsverletzung sind dieselben Anforderungen wie an die Klagebefugnis nach § 42 Abs. 2 VwGO zu stellen. Es ist daher ausreichend, wenn der Antragsteller hinreichend substantiiert Tatsachen vorträgt, die es zumindest als möglich erscheinen lassen, daß er durch den zur Prüfung gestellten Rechtssatz in einem subjektiven Recht verletzt wird (st. Rspr., vgl. z. B. BVerwG, Urteil v. 24. 9. 1998 – BVerwG 4 CN 2.98 –, BVerwGE 107, 215 = BRS 60 Nr. 46 = BauR 1999, 134; Urteil v.

17.5.2000 – 6 CN 3.99 –, Buchholz 310 §47 VwGO Nr. 141 m.w.N.). Wie der erkennende Senat in dem Urteil vom 24.9.1998 (a.a.O.) weiter entschieden hat, kann die Verletzung eines derartigen subjektiven Rechts auch aus einem Verstoß gegen das in §1 Abs.6 BauGB enthaltene Abwägungsgebot folgen. Dieses Gebot hat hinsichtlich solcher privater Belange drittschützenden Charakter, die für die Abwägung erheblich sind. Antragsbefugt ist also, wer sich auf einen abwägungserheblichen privaten Belang berufen kann; denn wenn es einen solchen Belang gibt, besteht grundsätzlich auch die Möglichkeit, daß die Gemeinde ihn bei ihrer Abwägung nicht korrekt berücksichtigt hat (vgl. BVerwG, Beschluß v. 22.8.2000 – 4 BN 38.00 –, BRS 63 Nr.45 = BauR 2000, 1834, Buchholz 310 §47 VwGO Nr.142). Nicht jeder private Belang ist indessen für die Abwägung erheblich, sondern nur solche, die in der konkreten Planungssituation einen städtebaulichen Bezug haben. Nicht abwagungsbeachtlich sind nach der st.Rspr. des erkennenden Senats (seit dem Beschluß v. 9.11.1979 – 4 N 1.78, 2.–4.79 –, BVerwGE 59, 87 = BRS 35 Nr.24) insbesondere geringwertige oder mit einem Makel behaftete Interessen sowie solche, auf deren Fortbestand kein schutzwürdiges Vertrauen besteht, oder solche, die für die Gemeinde bei der Entscheidung über den Bebauungsplan nicht erkennbar waren.

Gemessen an diesen Voraussetzungen hat das Normenkontrollgericht zu Unrecht einen abwägungserheblichen Belang der Antragstellerin bejaht, den die Antragsgegnerin bei ihrer Entscheidung über den Bebauungsplan hätte berücksichtigen müssen. Allerdings können auch die Interessen eines Eigentümers, dessen Grundstück nicht in den Geltungsbereich des Bebauungsplans einbezogen werden soll, nach den dargelegten Grundsätzen abwägungserheblich sein. Das ist der Fall, wenn der Bebauungsplan oder seine Ausführung nachteilige Auswirkungen auf das Grundstück und seine Nutzung haben kann. Solche planungsbedingten Folgen müssen, wenn sie mehr als geringfügig, schutzwürdig und erkennbar sind, ebenso wie jeder vergleichbare Konflikt innerhalb des Plangebiets im Rahmen des Abwägungsgebots bewältigt werden. Dabei können im Einzelfall die negativen Wirkungen gerade auch mit der – das betreffende Grundstück aussparenden – Abgrenzung des Plangebiets zusammenhängen (z.B. Erschwerung der Erschließung, Einschnürung, Schaffung einer „Insellage" u.ä.). Ein derartiger Sachverhalt lag dem Beschluß des erkennenden Senats vom 20.11.1995 (– 4 NB 23.94 –, BRS 57 Nr.3 = BauR 1996, 215, NVwZ 1996, 888 = ZfBR 1996, 110) zugrunde. Dort hatte die Verwirklichung der Planung Schwierigkeiten für die Bewirtschaftung eines außerhalb des Plangebiets liegenden landwirtschaftlichen Grundstücks zur Folge. Die ordnungsgemäße Konfliktbewältigung mag in solchen Fällen gerade in der Einbeziehung und Überplanung des Grundstücks bestehen können (vgl. Beschluß v. 20.11.1995, a.a.O.). Für die Antragsbefugnis des Eigentümers kommt es indes darauf nicht an; hierfür genügt bereits die Tatsache der planungsbedingten nachteiligen Auswirkungen (vgl. hierzu aus der Rechtsprechung der Oberverwaltungsgerichte OVG Berlin, BRS 36 Nr.31; VGH Mannheim, VBlBW 1995, 204; OVG Bautzen, NVwZ 1996, 1028; OVG Greifswald, LKV 1999, 68; OVG Lüneburg, NuR 2003, 705).

Auch das Normenkontrollgericht geht zunächst von diesen Grundsätzen aus und verneint insoweit die Antragsbefugnis. Es stellt nämlich ausdrücklich fest, daß die Antragstellerin durch den Bebauungsplan und seine Festsetzungen in ihrem Grundeigentum nicht bzw. „allenfalls marginal" nachteilig betroffen wird. Etwaige negative Wirkungen für die Grundstücksnutzung überschritten die für die Abwägungserheblichkeit maßgebende Geringfügigkeitsschwelle nicht. Als abwägungsbeachtlich bezeichnet es vielmehr allein das – bereits im Aufstellungsverfahren bekundete – Interesse der Antragstellerin an der Einbeziehung des rückwärtigen Bereichs ihres Grundstücks ... in den Bebauungsplan „H. I" unter Festsetzung eines Baufensters für ein weiteres Wohnhaus und unter gleichzeitiger Aufhebung der entgegenstehenden Festsetzungen des Bebauungsplans „E.". Dem vermag der erkennende Senat nicht zu folgen.

Zutreffend hebt das Normenkontrollgericht zwar hervor, daß auch die Festlegung der Grenzen eines Plangebiets den sich aus § 1 Abs. 3 und 6 BauGB ergebenden rechtlichen Schranken unterliegt. So kann es aus Gründen der städtebaulichen Entwicklung und Ordnung oder zur Bewältigung planungsbedingter Probleme geboten sein, den Geltungsbereich des Plans auf Flächen auszudehnen, an deren Überplanung die Gemeinde gegenwärtig an sich nicht interessiert ist (vgl. BVerwG, Beschluß v. 20. 11. 1995, a. a. O.). Unzutreffend ist hingegen der vom Verwaltungsgerichtshof daraus gezogene Schluß, daß schon das bloße Interesse eines Eigentümers, das Plangebiet entgegen den bisherigen planerischen Vorstellungen auf sein Grundstück ausgedehnt zu sehen, von der Gemeinde in die Abwägung einbezogen werden muß. Ein derartiges Interesse an der Verbesserung des bauplanungsrechtlichen Status quo und damit an der Erweiterung des eigenen Rechtskreises ist eine bloße Erwartung, die nicht schutzwürdig und damit auch nicht abwägungserheblich ist. Das ergibt sich aus dem Rechtscharakter der gemeindlichen Bauleitplanung und den rechtlichen Bindungen, denen diese Planung unterliegt (vgl. hierzu zusammenfassend BVerwG, Urteil v. 17. 9. 2003 – 4 C 14.01 –, BauR 2004, 443 = NVwZ 2004, 220, zur Aufnahme in BVerwGE bestimmt).

Die Gemeinden haben in eigener Verantwortung die Bauleitpläne aufzustellen, sobald und soweit es für die städtebauliche Entwicklung und Ordnung erforderlich ist (§ 1 Abs. 3, § 2 Abs. 1 Satz 1 BauGB). Dabei ist ihnen ein Planungsermessen eingeräumt, das neben dem „Wie" auch das „Ob" und „Wann" der planerischen Gestaltung umfaßt. Grundsätzlich bleibt es der Einschätzung der Gemeinde überlassen, ob sie einen Bebauungsplan aufstellt, ändert oder aufhebt. Maßgebend sind ihre eigenen städtebaulichen Vorstellungen (st. Rspr. BVerwG; zuletzt Beschluß v. 5. 8. 2002 – 4 BN 32.02 –, BRS 65 Nr. 232 = NVwZ-RR 2003, 7; Urteil v. 7. 6. 2001 – 4 CN 1.01 –, BVerwGE 114, 301, 304 = BRS 64 Nr. 51 m. w. N.). Das Planungsermessen erstreckt sich auch auf die Festlegung des räumlichen Geltungsbereichs eines Bauleitplans (vgl. BVerwG, Beschluß v. 20. 11. 1995 – 4 NB 23.94 –, a. a. O.). Die – allgemein in § 1 Abs. 1 BauGB umschriebene – Aufgabe der Bauleitplanung und die daraus folgende Befugnis und ggf. Verpflichtung zur Bauleitplanung nach § 1 Abs. 3 BauGB sind objektiv-rechtlicher Natur, d. h. die Gemeinden werden hierbei ausschließlich im öffentlichen Interesse an einer geordneten städtebaulichen Entwicklung und nicht auch im individuellen Interesse Einzelner tätig (vgl. BVerwG, Urteil v. 17.9.2003 – 4 C 14.01 –, a.a.O.; Beschluß v. 9.10.1996 – 4 B 180.96 –, BRS 58 Nr. 3 = BauR 1997, 263, Buchholz 406.11 §2 BBauG Nr. 39; Beschluß v. 11.2.2004 – 4 BN 1.04 –, BauR 2004, 1264 = juris; Gaentzsch, in: Berliner Kommentar zum BauGB, Rdnr. 25 zu §2). Dementsprechend stellt §2 Abs. 3 und 4 BauGB klar, daß auf die Aufstellung, Änderung, Ergänzung und Aufhebung von Bauleitplänen kein Anspruch besteht. Die Gemeinde soll insoweit von äußeren Zwängen freigehalten werden. Die Gründe, die den Gesetzgeber veranlasst haben, ein subjektives Recht auf eine bestimmte gemeindliche Bauleitplanung zu verneinen, stehen auch einem „subjektiv-öffentlichen Anspruch auf fehlerfreie Bauleitplanung" entgegen, der auf die Einbeziehung eines Grundstucks in den Geltungsbereich eines Bebauungsplans und auf die Ausweisung des Grundstücks als Bauland zielt (BVerwG, Beschluß v. 11.2.2004).

Vor diesem rechtlichen Hintergrund verbietet sich die Annahme, bereits der gegenüber der planaufstellenden Gemeinde bekundete Wunsch nach Aufnahme eines Grundstücks in einen Bebauungsplan könne einen die Antragsbefugnis (§47 Abs. 2 Satz 1 VwGO) vermittelnden abwägungserheblichen Belang begründen. Soweit das Normenkontrollgericht meint, die Vorschrift des §2 Abs. 3 BauGB könne seiner Auffassung nicht entgegengehalten werden, weil die als Abwägungsmaterial beachtlichen privaten Belange nicht auf die aus anderen Vorschriften folgenden subjektiven Rechte beschränkt seien, ist das zwar richtig. Die daraus gezogene Schlußfolgerung verkennt aber, daß die Abwägungsunbeachtlichkeit nicht aus dem fehlenden Rechtscharakter, sondern aus der mangelnden Schutzwürdigkeit eines solchen Einbeziehungsinteresses herzuleiten ist. Offenbleiben kann, ob eine Antragsbefugnis jedenfalls in Fällen in Betracht kommt, in denen ein Grundstück „willkürlich" nicht in einen Bebauungsplan einbezogen wird (vgl. dazu Dürr, DÖV 1990, 136, 143; aus der Rechtsprechung VGH Mannheim, VBlBW 1995, 204; OVG Bautzen, NVwZ 1996, 1028; OVG Greifswald, LKV 1999, 68; OVG Koblenz, Beschluß v. 28.10.2003 – 8 C 10932/03 –.). Im hier zu entscheidenden Fall lassen sich den Feststellungen des Normenkontrollurteils Anhaltspunkte für eine willkürliche Grenzziehung nicht entnehmen. Die Antragsgegnerin hat die Einbeziehung des rückwärtigen Grundstücksbereichs der Antragstellerin und die Ausweisung eines weiteren Baufensters mit der Begründung abgelehnt, der in Aufstellung befindliche Flächennutzungsplan des Gemeindeverwaltungsverbandes sehe entsprechend dem Landschaftsplan in dem betreffenden Bereich keine weitere Baumöglichkeit vor. Das Normenkontrollurteil hält diese Begründung zwar für abwägungsfehlerhaft. Die Antragsgegnerin habe nicht ausreichend die Gründe ermittelt, die zu der Aussage des Landschaftsplans geführt hätten. Von einer objektiv willkürlichen Planung kann indessen keine Rede sein.

Nr. 52

Zur Antragsbefugnis, wenn ein Eigentümer aus Anlaß der Änderung eines Teilbereichs eines Bebauungsplans eine Änderung auch von Festsetzungen im restlichen Plangebiet beansprucht.

(Nichtamtlicher Leitsatz.)

VwGO § 47 Abs. 2 Satz 1.

Bundesverwaltungsgericht, Beschluß vom 15. Juni 2004 – 4 B 14.04 –.

(Schleswig-Holsteinisches OVG)

Aus den Gründen:
Nach § 47 Abs. 2 Satz 1 VwGO ist antragsbefugt, wer geltend machen kann, durch den Bebauungsplan in seinem Recht auf gerechte Abwägung seiner privaten Belange verletzt zu sein (BVerwG, Urteil v. 24. 9. 1998 – 4 CN 2.98 –, BVerwGE 107, 215, 220 ff.). Nach Auffassung des Normenkontrollgerichts sind die Antragsteller nicht antragsbefugt, weil ihr Interesse auf Ausweisung eines Baufensters auf dem Flurstück 12/3 im Rahmen der Abwägung nach § 1 Abs. 6 BauGB nicht habe berücksichtigt werden müssen. Bei der Überplanung desjenigen Teilbereichs des Bebauungsplans Nr. 25, der vom OVG Lüneburg für nichtig erklärt worden ist, habe die Antragsgegnerin mangels Anlasses die anderen Festsetzungen des Ursprungsplans oder gar die gesamte Plankonzeption nicht erneut „in den Blick nehmen" und in die Abwägungsentscheidung einbeziehen müssen. Dem ist im Ergebnis beizupflichten.

Der Senat hat mit Urteil vom 30. 4. 2004 – 4 CN 1.03 – für den Fall einer erstrebten Einbeziehung in den Geltungsbereich eines Bebauungsplans entschieden, daß das Interesse eines Eigentümers an der Verbesserung des bauplanungsrechtlichen Status quo und damit an der Erweiterung des eigenen Rechtskreises eine bloße Erwartung sei, die nicht schutzwürdig und damit nicht abwägungsbeachtlich sei. Das ergebe sich aus dem Rechtscharakter der gemeindlichen Bauleitplanung und den rechtlichen Bindungen, denen diese Planung unterliege. Wörtlich heißt es in dem Urteil – unter Verzicht auf die Wiedergabe der Zitate – weiter:

Die Gemeinden haben in eigener Verantwortung die Bauleitpläne aufzustellen, sobald und soweit es für die städtebauliche Entwicklung und Ordnung erforderlich ist (§§ 1 Abs. 3, 2 Abs. 1 Satz 1 BauGB). Dabei ist ihnen ein Planungsermessen eingeräumt, das neben dem „Wie" auch das „Ob" und „Wann" der planerischen Gestaltung umfaßt. Grundsätzlich bleibt es der Einschätzung der Gemeinde überlassen, ob sie einen Bebauungsplan aufstellt, ändert oder aufhebt. Maßgebend sind ihre eigenen städtebaulichen Vorstellungen. Das Planungsermessen erstreckt sich auch auf die Festlegung des räumlichen Geltungsbereichs eines Bebauungsplans. Die – allgemein in § 1 Abs. 1 BauGB umschriebene – Aufgabe der Bauleitplanung und die daraus folgende Befugnis und gegebenenfalls Verpflichtung zur Bauleitplanung nach § 1 Abs. 3 BauGB sind objektiv-rechtlicher Natur, d. h., die Gemeinden werden hierbei ausschließlich im öffentlichen Interesse an einer geordneten städtebaulichen Entwicklung und nicht auch im individuellen Interesse Einzelner tätig. Dementsprechend stellt § 2 Abs. 3 und 4 BauGB klar, daß auf die Aufstellung, Änderung, Ergänzung und Aufhebung von Bauleitplänen kein Anspruch besteht. Die Gemeinde soll insoweit von äußeren Zwängen freigehalten werden. Die Gründe, die den Gesetzgeber veranlaßt haben, ein subjektives Recht auf eine bestimmte gemeindliche Bauleitplanung zu verneinen, stehen auch einem „subjektiv-öffentlichen Anspruch auf fehlerfreie Bauleitplanung" entgegen, der auf die Einbeziehung eines Grundstücks in den Geltungsbereich eines Bebauungsplans und auf die Ausweisung des Grundstücks als Bauland zielt.

Diese Ausführungen sind auf die Fallgestaltung übertragbar, daß ein Eigentümer aus Anlaß der Änderung eines Teilbereichs eines Bebauungsplans eine Änderung auch von Festsetzungen im restlichen Plangebiet beansprucht.

Der Senat hält eine Antragsbefugnis allenfalls für den Fall für denkbar, daß ein Grundstück „willkürlich" nicht in einen Bebauungsplan oder dessen Änderung einbezogen wird. Im Urteil vom 30. 4. 2004 – 4 CN 1.03 – hat er sich in dieser Frage nicht festgelegt. Das ist auch hier nicht erforderlich. Es gibt keine stichhaltigen Hinweise auf ein objektiv willkürliches Verhalten der Antragsgegnerin. Das Berufungsgericht hat im Rahmen der durchgeführten Ortsbesichtigung festgestellt, daß das Flurstück 12/3 zwar im wesentlichen mit Gras bewachsen ist, innerhalb der Rasenflächen aber noch Heidebestände vorhanden sind. Da auch die Antragsteller im Planänderungsverfahren nicht angeregt haben, auf dem Flurstück eine Baufläche auszuweisen, kann keine Rede davon sein, daß sich der Antragsgegnerin eine Abweichung von ihrem bisherigen Plankonzept zugunsten der Antragsteller habe aufdrängen müssen. Das Konzept sieht nach den Feststellungen im Berufungsurteil die Freihaltung einer bebauungsfreien Zone im Innern des Plangebiets vor, um einer unerwünschten Verdichtung entgegenzuwirken und den dort vorhandenen Landschaftscharakter mit heideartigem Bewuchs zu erhalten.

Nr. 53

Zur Antragsbefugnis eines Grundstückskäufers im Normenkontrollverfahren gegen einen Bebauungsplan.

VwGO § 47 Abs. 2 Satz 1 F: 1991

OVG Rheinland-Pfalz, Urteil vom 29. September 2004 – 8 C 10626/04 – (rechtskräftig).

Die Antragstellerin wendet sich mit ihrem Normenkontrollantrag gegen einen Bebauungsplan.
Sie hat mit notariellem Vertrag im Plangebiet gelegene Grundstücke gekauft, die sie abweichend von dem Bebauungsplan mit einem Lebensmittelmarkt bebauen will. Eine Auflassungsvormerkung zu ihren Gunsten ist eingetragen, die Eigentumsumschreibung im Grundbuch noch nicht erfolgt.

Aus den Gründen:
Der Normenkontrollantrag ist unzulässig, da die Antragstellerin nicht geltend machen kann, durch den Bebauungsplan oder seine Anwendung in ihren Rechten verletzt zu sein oder in absehbarer Zeit verletzt zu werden, §47 Abs. 2 Satz 1 VwGO.
Der Bebauungsplan regelt mit seinen Festsetzungen Inhalt und Schranken des Eigentums nach Art. 14 Abs. 1 Satz 2 GG. Daraus ergibt sich, daß er bestimmt und geeignet ist, das Recht des Eigentümers an der Nutzung seines Grundstücks – auch nachteilig – zu verändern, so daß jeder Eigentümer eines Grundstücks im Geltungsbereich eines Bebauungsplans antragsbefugt i. S. von §47 Abs. 2 VwGO ist. Den Eigentümern gleichgesetzt werden in der Rechtsprechung zur Zulässigkeit einer baurechtlichen Nachbarklage Grundstückskäufer, auf die der Besitz sowie Nutzungen und Lasten übergegangen sind und zu deren Gunsten eine Auflassungsvormerkung in das Grundbuch eingetragen ist (siehe BVerwG, Urteil v. 29. 10. 1982, NJW 1983, 1626 und Urteil v. 11. 5. 1989, BVerwGE 82, 61 (74/75); s.a. BayVGH, Beschluß v. 6. 7. 1990, BayVBl. 1990, 755). Da im verwaltungsgerichtlichen Nachbarrechtsstreit die Klagebefugnis nach §42 Abs. 2 VwGO ebenfalls aus dem Grundeigentum folgt, kann die hierzu ergangene Rechtsprechung auf das Normenkontrollverfahren übertragen werden.

Die Antragstellerin hat noch keine eigentümerähnliche Beziehung zu dem im Plangebiet gelegenen Grundstück, wie es nach der oben genannten Rechtsprechung gefordert wird. Zwar hat sie mit dem Grundstückseigentümer einen notariellen Kaufvertrag abgeschlossen, auch ist zu ihren Gunsten eine Auflassungsvormerkung eingetragen. Dagegen gehen nach dem notariellen Vertrag Besitz, Nutzungen und Lasten erst mit vollständiger Zahlung des Kaufpreises auf den Erwerber über. Dieser Kaufpreis ist erst innerhalb einer Frist von vier Wochen nach dem Eintritt bestimmter Bedingungen, die zurzeit noch nicht vorliegen, fällig. Weitere Voraussetzung für die Fälligkeit des Kaufpreises ist die vollständige Räumung des verkauften Objektes durch den Veräußerer. Dazu ist dieser jedoch erst nach einer Frist von einem Monat nach Kenntnis von der Erteilung einer bestandskräftigen und vollziehbaren Baugenehmigung für das vom Käufer geplante Bauvorhaben verpflichtet. Alle diese Bedingungen liegen noch nicht vor, so daß jedenfalls derzeit Besitz, Nutzungen und Lasten noch der Eigentümerin zustehen. Damit fehlt es bislang an einer dem Volleigentum nahe kommenden engen Beziehung der Antragstellerin zu dem Grundstück in rechtlicher und wirtschaftlicher Hinsicht, so daß ihr aus dem Eigentumsrecht oder einem eigentumsgleichen Recht keine Antragsbefugnis i. S. von §47 Abs. 2 VwGO zusteht.

Soweit in Normenkontrollverfahren auch Mietern und Pächtern von Grundstücken eine Befugnis zur Erhebung einer Normenkontrolle zugestanden wird, folgt dies aus einer möglichen Verletzung des planungsrechtlichen Abwägungsgebots nach §1 Abs. 6 BauGB a. F. (= §1 Abs. 7 BauGB i. d. F. v. 24. 6. 2004, BGBl. I, 1359). Denn bei der Aufstellung eines Bebauungsplans sind die öffentlichen und privaten Belange gegeneinander und untereinander gerecht abzuwägen. Zu diesen Belangen gehören nicht nur private Rechte, sondern auch alle nicht nur geringfügigen privaten (beispielsweise wirtschaftlichen) Interessen, die durch die Planung betroffen werden können. Darunter können auch die Interessen von Mietern und Pächtern fallen, die sich gegen eine Einschränkung oder Beeinträchtigungen durch Immissionen in der Nutzung des im Plangebiet – oder auch an den Plan angrenzenden – Grundstücks wehren wollen (BVerwG, Urteile v. 21.10.1999, ZfBR 2000, 199, und v. 5.11.1999, ZfBR 2000, 193). Ebenso kann sich beispielsweise ein Käufer und Auflassungsvormerkungsberechtigter, der einen Bauantrag gestellt hat, mit dem Normenkontrollantrag gegen eine Veränderungssperre wehren, die gerade zur Verhinderung seines Bauvorhabens erlassen worden ist (VGH Bad.-Württ., Beschluß v. 9.2.1998, BRS 60 Nr. 99 und BayVGH, Beschluß v. 27.9.1999 – 26 ZS 99.2149 –). Abwägungserheblich sind jedoch nur solche Belange, die im Zeitpunkt der Beschlußfassung über den Bebauungsplan erkennbar waren (§ 214 Abs. 3 BauGB). Dies ist im vorliegenden Fall der Satzungsbeschluß vom November 1981. In diesem Zeitpunkt war für den Rat lediglich das Interesse des Grundstückseigentümers an der Nutzung der umstrittenen Fläche als Parkplatz erkennbar.

Nr. 54

Das interkommunale Abstimmungsgebot vermittelt nicht gleichsam automatisch die Befugnis, alle Bebauungspläne einer Nachbargemeinde zum Gegenstand einer Normenkontrolle zu machen, die einen räumlichen Bezug zum eigenen Gemeindegebiet haben. Nur bei Vorliegen oder der Möglichkeit gewichtiger Auswirkungen der angegriffenen Planung auf die städtebauliche Ordnung oder Entwicklung des Stadtgebiets der Nachbargemeinde kann von einem Anspruch gegen die planende Gemeinde auf Abstimmung ausgegangen werden, der auf Rücksichtnahme und Vermeidung unzumutbarer Auswirkungen auf das eigene Gemeindegebiet gerichtet ist und die Antragsbefugnis für ein Normenkontrollverfahren begründet.

Allein die Änderung von im Planentwurf enthaltenen Festsetzungen zur Zulässigkeit von Einzelhandelsbetrieben in einem Gewerbegebiet, ohne daß in eine erneute Trägerbeteiligung (§ 4 Abs. 4 Satz 1 BGB) eingetreten wird, begründet noch keine Antragsbefugnis.

BauGB § 2 Abs. 2; VwGO § 47 Abs. 2 Satz 1.

Hessischer VGH, Beschluß vom 3. November 2004 – 9 N 2247/03 – (rechtskräftig).

Die antragstellende Stadt wendet sich gegen den 2003 von der Stadtverordnetenversammlung der Antragsgegnerin beschlossenen Bebauungsplan „Alter Graben II, 1. Änderung". Das Plangebiet hat eine Größe von ca. 9,4 ha und liegt im Nordosten der Kernstadt der Antragsgegnerin zwischen der Bundesstraße 47 und der Grenze mit dem Stadtgebiet der Antragstellerin. Der Bebauungsplan ändert den 2001 als Satzung beschlossenen Bebauungsplan „Alter Graben II", der 2002 in Kraft getreten ist. Dieser ursprüngliche Bebauungsplan setzte für seinen Geltungsbereich ein Gewerbegebiet fest mit der textlichen Einschränkung, daß für die ausgewiesenen Bauflächen des Gewerbegebiets die Errichtung von Einzelhandelsverkaufsflächen für Nahrungs- und Genußmittel, Reformwaren und Lebensmittel (Food-Bereich) unzulässig sei.

Aus den Gründen:
Die Antragstellerin ist nicht als juristische Person antragsbefugt, da sie nicht geltend machen kann, daß sie durch den angegriffenen Bebauungsplan und dessen Anwendung in ihren Rechten verletzt ist oder in absehbarer Zeit verletzt wird.

An die Geltendmachung der Rechtsverletzung sind grundsätzlich keine höheren Anforderungen zu stellen, als sie auch für die Klagebefugnis nach §42 Abs. 2 VwGO gelten. Ob eine Rechtsverletzung möglich ist, ist zwar danach nicht mit der Intensität zu prüfen, welche der Prüfung der Begründetheit eines Normenkontrollantrags vorbehalten ist. Die an sich gebotene Sachprüfung darf nicht als Frage der Zulässigkeit des Normenkontrollantrags behandelt werden (vgl. dazu BVerwG, Urteil v. 24. 9. 1998 – 4 CN 2.98 –, BVerwGE 107, 215 = BRS 60 Nr. 46 = BauR 1999, 134). Zu verlangen ist aber, daß in substantiierter Form hinreichend konkrete Anhaltspunkte dargelegt werden, die eine Verletzung in eigenen Rechten möglich erscheinen lassen.

In diesem Sinne hat die Antragstellerin nicht hinreichend dargetan, daß eine Verletzung ihrer Rechte dadurch möglich erscheint, daß die Antragsgegnerin bei Erlaß des angegriffenen Bebauungsplans gegen das interkommunale Abstimmungsgebot verstoßen hätte, das in §2 Abs. 2 des Baugesetzbuches i. d. F. der Bek. vom 27. 8. 1997 (BGBl. I, 2141) – BauGB – enthalten ist. Diese Fassung des Gesetzes findet nach §233 Abs. 1 Satz 1 des Baugesetzbuches i. d. F. der Bek. vom 23. 9. 2004 (BGBl. I, 2414) auf den hier zur Überprüfung gestellten Bebauungsplan weiterhin Anwendung.

Ein Verstoß gegen §2 Abs. 2 BauGB kann zwar eine Verletzung der durch die Vorschrift begünstigten Nachbargemeinde in eigenen Rechten darstellen.

Nach der vorgenannten Bestimmung sind die Bauleitpläne benachbarter Gemeinden aufeinander abzustimmen. Dieses so umschriebene interkommunale Abstimmungsgebot steht in einem engen sachlichen Zusammenhang mit dem Abwägungsgebot des §1 Abs. 6 BauGB und stellt gleichzeitig eine besondere Ausprägung dieses Gebots dar. Befinden sich benachbarte Gemeinden objektiv in einer Konkurrenzsituation, so darf keine von ihrer Planungshoheit rücksichtslos zum Nachteil der anderen Gebrauch machen. Das Gebot, Bauleitpläne benachbarter Gemeinden aufeinander abzustimmen, läßt sich als gesetzliche Ausformung des in Art. 28 Abs. 2 Satz 1 GG gewährleisteten gemeindlichen Selbstverwaltungsrechts verstehen. §2 Abs. 2 BauGB liegt die Vorstellung zugrunde, daß benachbarte Gemeinden sich mit ihrer Planungsbefugnis im Verhältnis der Gleichordnung gegenüber stehen. Die Vorschrift verlangt einen Interessenausgleich zwischen den benachbarten Gemeinden und fordert dazu eine Koordination der gemeindlichen Belange. Eine Nachbargemeinde kann sich unabhängig davon, welche planerischen Absichten sie für ihr Gebiet verfolgt und bereits umgesetzt hat, gegen unmittelbare Auswirkungen gewichtiger Art, die von dem benachbarten Gemeindegebiet ausgehen, zur Wehr setzen. Maßgebend ist insoweit die Reichweite der Auswirkungen, die sich auf die städtebauliche Ordnung und Entwicklung in der Nachbargemeinde beziehen müssen (vgl. BVerwG, Urteil v. 8. 9. 1972 – 4 C 17.71 –, BVerwGE 40, 323 = BRS 25 Nr. 14 = BauR 1972, 352; Urteil v. 15. 12. 1989 – 4 C 36.86 –, BVerwGE 84, 209 = BRS 50 Nr. 193; Beschluß v. 9. 5. 1994 – 4 NB

18.94 –, BRS 56 Nr. 36 = BauR 1994, 492 = Buchholz 310 §47 VwGO Nr. 89; Beschluß v. 9. 1. 1995 – 4 NB 42.94 –, BRS 57 Nr. 5 = BauR 1995, 354 = Buchholz 406.11 §2 BauGB Nr. 37; OVG Thüringen, Beschluß v. 19. 12. 2002 – 1 N 501/01 –, DÖV 203, 636, BRS 65 Nr. 56 = BauR 2003, 1862). Die Bedeutung des §2 Abs. 2 BauGB liegt darin, daß eine Gemeinde, die ihre eigenen Vorstellungen selbst um den Preis von gewichtigen Auswirkungen für die Nachbargemeinde durchsetzen möchte, einem erhöhten Rechtfertigungszwang in Gestalt der Pflicht zur formellen und materiellen Abstimmung im Rahmen der Planung unterliegt. Die Mißachtung der Pflicht zur Abstimmung berührt den durch §2 Abs. 2 BauGB erfaßten Rechtskreis und verletzt dadurch die benachbarte Gemeinde in eigenen Rechten (BVerwG, Urteil v. 1. 8. 2002 – 4 C 5.01 –, BVerwGE 117, 25 = BRS 65 Nr. 10 = BauR 2003, 55).

Das Interkommunale Abstimmungsgebot vermittelt aber nicht gleichsam automatisch die Befugnis, alle Bebauungspläne einer Nachbargemeinde zum Gegenstand einer Normenkontrolle zu machen, die einen räumlichen Bezug zum eigenen Gemeindegebiet haben (vgl. dazu OVG Saarland, Urteil v. 21. 3. 1995 – 2 N 3/93 –, BRS 57 Nr. 47). Nur bei Vorliegen oder der Möglichkeit gewichtiger Auswirkungen der angegriffenen Planung auf die städtebauliche Ordnung oder Entwicklung des Stadtgebiets der Nachbargemeinde kann von einem Anspruch gegen die planende Gemeinde auf Abstimmung ausgegangen werden, der auf Rücksichtnahme und Vermeidung unzumutbarer Auswirkungen auf das eigene Gemeindegebiet gerichtet ist und die Antragsbefugnis begründet.

Die Möglichkeit unmittelbarer Auswirkungen gewichtiger Art, die von der angegriffenen Planung auf die städtebauliche Entwicklung in ihrem Stadtgebiet ausgehen könnten, zeigt die Antragstellerin in hinreichend substantiierter Form nicht auf. Die bloße Behauptung, die Antragsgegnerin habe bei Aufstellung des angegriffenen Bebauungsplans das interkommunale Abstimmungsgebot mißachtet, genügt nach dem oben Gesagten nicht, da nicht alle Bauleitpläne im nachbargemeindlichen Verhältnis abstimmungsbedürftig sind (so auch OVG Thüringen, Beschluß v. 19. 12. 2002, a. a. O.). Weist eine Nachbargemeinde – wie hier – ein Gewerbegebiet aus und sind im Hinblick auf die Schaffung von Einzelhandelsverkaufsflächen vielfache Beschränkungen vorgesehen, bedarf es konkreter Anhaltspunkte, um von einer das interkommunale Abstimmungsgebot auslösenden grenzüberschreitenden Wirkung der Planung ausgehen zu können. Anders als bei großflächigen Einzelhandelsbetrieben i. S. des §11 Abs. 3 BauNVO besteht keine Vermutung dahingehend, daß von Einzelhandelsbetrieben, die in Gewerbegebieten zulässig sind, negative Auswirkungen auf die infrastrukturelle Ausstattung, auf den Verkehr, auf die Versorgung der Bevölkerung und auf die Entwicklung zentraler Versorgungsbereiche im Gebiet einer Nachbargemeinde ausgehen (vgl. dazu BVerwG, Urteil v. 1. 8. 2002 – 4 C 5.01 –, a. a. O.).

Aus den pauschalen Behauptungen der Antragstellerin wird nicht ersichtlich, daß der in geringem Umfang durch den Änderungsplan zusätzlich zugelassene Einzelhandel gewichtige Auswirkungen auf die Einzelhandelsstruktur im Stadtgebiet der Antragstellerin haben könnte. Vielmehr erscheinen Auswirkungen auf zentrale Versorgungsbereiche der Antragstellerin ausgeschlossen. Da die Festsetzung betreffend die Art der baulichen Nutzung „Gewerbegebiet" durch den Änderungsbebauungsplan unverändert bleibt, sind nach wie vor im Plangebiet großflächige Einzelhandelbetriebe i. S. des § 11 Abs. 3 BauNVO unzulässig. Im übrigen wird zwar für den gesamten Geltungsbereich des Bebauungsplans die im Vorgängerbebauungsplan enthalten textliche Einschränkung aufgehoben, daß die Errichtung von Einzelhandelsverkaufsflächen für Nahrungs- und Genußmittel, Reformwaren und Lederwaren unzulässig ist. In den Plangebieten GEe 1, GE 2 und GEe3 verbleibt es aber im übrigen bei der bereits im ursprünglichen Plan enthaltenen Einschränkung, daß Einzelhandelsverkaufsflächen nur für die Selbstvermarktung im Gebiet produzierender und verarbeitender Betriebe zulässig sind mit der weitergehenden Einschränkung, daß die Verkaufsfläche nur einen untergeordneten Teil der Betriebsfläche einnehmen darf. Hinzu kommt, daß in den Gebieten, die als GEe bezeichnet werden, nur Betriebe und Anlagen errichtet werden dürfen, die das Wohnen nicht wesentlich stören. Lediglich in den Plangebieten GE 4 und GE 5 ist Einzelhandel bis zur Grenze der Großflächigkeit auch für nicht selbstvermarktende Betriebe zulässig. Eine Relevanz für das Stadtzentrum der Antragstellerin kann jedoch auch hinsichtlich der dort möglichen Nutzungen nicht erkannt werden, da zum einen großflächige Betriebe – auch des Lebensmitteleinzelhandels – weiterhin unzulässig sind und darüber hinaus für diese beiden Blöcke ein Ausschluß für innenstadtrelevante Sortimente und Sortimentsgruppen wie Hausrat/Glas/Porzellan/Geschenkartikel, Spielwaren, Schuhe/Lederwaren, Uhren/Schmuck, Kunstgewerbe/Antiquitäten, Bücher und Schreibwaren festgesetzt ist.

Ein nach § 2 Abs. 2 BauGB abstimmungsbedürftiger Sachverhalt ergibt sich auch nicht aus der Behauptung der Antragstellerin, die Verwirklichung der Planung habe negativen Einfluß auf die Verkehrssituation in ihrem Stadtgebiet. Daß auf Grund der angegriffenen Planung im Stadtgebiet der Antragstellerin Verkehrsströme umgelenkt würden (vgl. BVerwG, Urteil v. 8. 9. 1972 – 4 C 17.71 –, a. a. O.) und deshalb dort eine planerische Folgenbewältigung notwendig würde, kann weder dem Vorbringen der Antragstellerin noch dem übrigen Inhalt der Akten entnommen werden. Der Behauptung, die Planung habe negativen Einfluß auf die Verkehrssituation im Stadtgebiet der Antragstellerin mangelt es schon deshalb an der zu fordernden Plausibilität, weil das Plangebiet direkt über die Bundesstraße 47 erschlossen wird.

Die Antragstellerin kann – entgegen ihrer Auffassung – nach § 2 Abs. 2 BauGB nicht uneingeschränkt eine Berücksichtigung ihrer Interessen verlangen. Sie kann namentlich nicht beanspruchen, vor jedweder Konkurrenz aus einer Nachbargemeinde verschont zu bleiben. § 2 Abs. 2 BauGB hat nur zum Ziel, daß die planende Gemeinde auf Belange benachbarter Gemeinden Rücksicht nimmt und vermeidet, daß dort unzumutbare Auswirkungen gewichtiger Art auf das städtebauliche Gefüge entstehen (vgl. BVerwG, Urteil v. 15. 12. 1989 – 4 C 36.86 –, BVerwGE 34, 209; OVG Niedersachsen, Beschluß v. 7. 3. 2002 – 1 MN 3976/01 –, BRS 65 Nr. 39).

Nach alledem erscheint es nicht möglich, daß die angegriffene Planung das Recht der Antragstellerin auf Abstimmung nach § 2 Abs. 2 BauGB verletzt.

An dieser Einschätzung vermag es auch nichts zu ändern, daß die Antragsgegnerin nach der öffentlichen Auslegung des Planentwurfs und der Beteiligung der Träger öffentlicher Belange die Festsetzungen zur Zulässigkeit von Einzelhandelsbetrieben geändert hat, ohne in eine erneute öffentliche Auslegung nach § 3 Abs. 3 BauGB und – insbesondere – eine erneute Trägerbeteiligung (§ 4 Abs. 4 Satz 1 BGB) einzutreten. Dies hat zwar dazu geführt, daß die Antragstellerin zu den im Aufstellungsverfahren geänderten Planungsabsichten nicht Stellung nehmen konnte. Deshalb hat die Antragstellerin aber noch nicht unmittelbare Auswirkungen gewichtiger Art auf die städtebauliche Situation in ihrem Stadtgebiet zu befürchten. Spätestens im Normenkontrollverfahren hätte die Antragstellerin die Möglichkeit gehabt, derartige Auswirkungen, die von der nach der Trägerbeteiligung beschlossenen erweiterten Zulässigkeit von Einzelhandel auf ihr Stadtgebiet ausgehen, substantiiert zu behaupten.

Die Antragstellerin ist auch nicht als Behörde antragsbefugt.

Nach § 47 Abs. 2 Satz 1 VwGO können neben natürlichen oder juristischen Personen auch Behörden Antragsteller eines Normenkontrollverfahrens sein. Im Gegensatz zu natürlichen und juristischen Personen sind Behörden unter erleichterten Voraussetzungen antragsbefugt, da sie nicht die Möglichkeit der Verletzung in eigenen Rechten geltend machen müssen; dies wäre auch nicht denkbar, da Behörden grundsätzlich nicht Träger subjektiver Rechte sein können. Das Behördenantragsrecht hat den Zweck, eine zur Normanwendung berufene Behörde von dem Zwang freizustellen, eine von ihr als unwirksam angesehene Norm vollziehen und damit eventuell rechtswidrig handeln zu müssen (vgl. dazu Urteil des Senats v. 15.12.2003 – 9 N 639/02 –, juris = BauR 2004, 719 (Ls) = DÖV 2004, 759 (Ls)).

Dies ist hier nicht der Fall. Der Geltungsbereich des angegriffenen Bebauungsplans berührt nicht das Gebiet der Antragstellerin, so daß ihre Behörden den Bebauungsplan nicht zu beachten haben (vgl. dazu auch VGH Baden-Württemberg, Urteil v. 27.2.1987 – 5 S 2472/86 –, NVwZ 1987, 1088; OVG Rheinland-Pfalz, Urteil v. 6.3.2002 – 8 C 11131/01 –, DÖV 2002, 622 = NuR 2002, 420; Uechtritz, BauR 1999, 572, 585, Fußn. 91).

Nr. 55

1. **Festsetzungen, die mit den Darstellungen im Flächennutzungsplan nicht vollständig übereinstimmen, indizieren nicht ohne weiteres einen Verstoß gegen das Entwicklungsgebot.**

2. **Die Gemeinde darf die Bauleitplanung nicht zum Mittel für die Durchsetzung privater Belange machen, ohne auf der Grundlage des § 1 Abs. 6 BauGB die betroffenen öffentlichen und privaten Belange abzuwägen.**

3. **Das Rechtsschutzinteresse für einen Normenkontrollantrag fehlt nur, wenn die Ungültigkeit der Vorschrift für den Kläger offensichtlich kei-**

nerlei rechtliche oder tatsächliche Vorteile bringen kann und die Inanspruchnahme des Gerichts deshalb als nutzlos erscheint.

(Nichtamtliche Leitsätze)

BauGB §§ 1 Abs. 3 und Abs. 6, 8 Abs. 2 Satz 1; VwGO § 47.

Bundesverwaltungsgericht, Beschluß vom 11. Februar 2004 – 4 BN 1.04 –.

(OVG Rheinland-Pfalz)

Aus den Gründen:

1.3 Die zum Entwicklungsgebot des § 8 Abs. 2 Satz 1 BauGB aufgeworfene Frage, „ob die Herausnahme nicht nur von Teilen, sondern von kompletten Grundstücken aus einer Wohnbedarfsfläche die Grundkonzeption des Flächennutzungsplanes berührt", verleiht der Rechtssache keine grundsätzliche Bedeutung. In der Rechtsprechung des Bundesverwaltungsgerichts ist geklärt, daß der Flächennutzungsplan auf Grund seiner geringeren Detailschärfe Gestaltungsspielräume offen läßt, die auf der Ebene der gemeindlichen Bebauungsplanung ausgefüllt werden dürfen. Unter der Voraussetzung, daß die Grundzüge des Flächennutzungsplans unangetastet bleiben, gestattet das Entwicklungsgebot auch Abweichungen. Festsetzungen, die mit den Darstellungen des Flächennutzungsplans nicht vollständig übereinstimmen, indizieren nicht ohne weiteres einen Verstoß gegen das Entwicklungsgebot. Ob den Anforderungen des § 8 Abs. 2 Satz 1 BauGB genügt ist, hängt davon ab, ob die Konzeption, die ihm zugrunde liegt, in sich schlüssig bleibt (vgl. BVerwG, Urteil v. 28.2.1975 – 4 C 74.72 –, BVerwGE 48, 70, 75 = BRS 29 Nr. 8 = BauR 1975, 256; Beschluß v. 12.2.2003 – 4 BN 9.03 –, Buchholz 406.11 § 8 BauGB Nr. 13 m.w.N. = BauR 2003, 838). Mehr ist verallgemeinernd nicht zu sagen. Welche Abweichung vom Flächennutzungsplan den Grad eines unzulässigen Widerspruchs erreicht, kann nicht generell, sondern nur angesichts der konkreten Umstände des Einzelfalls entschieden werden.

1.4 Die Beschwerde möchte ferner grundsätzlich geklärt wissen, „ob das Vorliegen eines Rechtsschutzbedürfnisses erst bei einer Wahrscheinlichkeit oder begründeten Aussicht einer für den Antragsteller günstigen Neuplanung gegeben ist oder bereits, wenn lediglich die Möglichkeit besteht, daß der Antragsteller bei einem Obsiegen seinem Ziel einer baulichen Nutzung näher kommt". Auch diese Frage besitzt nicht die grundsätzliche Bedeutung, die ihr die Beschwerde beimißt. In der Rechtsprechung des Bundesverwaltungsgerichts ist geklärt, daß bei Normenkontrollanträgen, die einen Bebauungsplan betreffen, ein Rechtsschutzbedürfnis besteht, wenn sich nicht ausschließen läßt, daß die gerichtliche Entscheidung für den Antragsteller von Nutzen sein kann. Das Rechtsschutzbedürfnis fehlt also nur, wenn die Ungültigerklärung der Vorschrift für den Kläger offensichtlich keinerlei rechtliche oder tatsächliche Vorteile bringen kann und die Inanspruchnahme des Gerichts deshalb als nutzlos erscheint. Ein Antragsteller, der mit seinem Normenkontrollantrag eine Neuplanung der Gemeinde anstrebt, muß also im Fall eines Erfolges seines Antrages infolge eines sich abzeichnenden oder zu erwartenden Wandels der gemeindlichen Zielvorstellungen die reale Chance haben, daß seine baulichen Vorstellungen von der Gemeinde aufgegriffen und verwirklicht werden (vgl. BVerwG, Beschluß v. 7.3.2002 – 4 BN 60.01 –, Buchholz 406.13 § 5 ROG Nr. 3 = BRS 65 Nr. 51 = BauR 2002, 1061).

2. Zu der von der Beschwerde aufgeworfenen Frage, „unter welchen Voraussetzungen die Planungsobliegenheit der Gemeinde gegenüber der Allgemeinheit sich zu einem subjektiv-öffentlichen Recht auf Aufstellung eines Bebauungsplans verdichtet", ist folgendes anzumerken:

§ 2 Abs. 3 BauGB schließt einen Anspruch auf die Aufstellung eines Bebauungsplans aus. § 2 Abs. 4 BauGB erstreckt diesen Ausschluß auch auf die Änderung, Ergänzung und Aufhebung eines Bebauungsplans. Diese Regelung duldet nach der bisherigen Rechtsprechung des Bundesverwaltungsgerichts keine Ausnahme (vgl. Urteil v. 11.3.1977 – 4 C 45.75 –, Buchholz 406.11 § 2 BBauG Nr. 16 = BRS 32 Nr. 1 = BauR 1977, 241; Beschluß v. 9.10.1996 – 4 B 180.96 –, Buchholz 406.11 § 2 BauGB Nr. 39 = BRS 58 Nr. 3 = BauR 1997, 263). Ob dies ohne Einschränkungen für den vom Oberverwaltungsgericht problematisierten Fall gilt, in dem objektive Anhaltspunkte für Willkür der planenden Gemeinde vorliegen, kann hier dahinstehen. Die Beschwerde greift selbst nicht auf Willkürerwägungen zurück. § 2 Abs. 3 und 4 BauGB zieht die Konsequenzen daraus, daß die Gemeinde bei der Bauleitplanung eine öffentliche Aufgabe wahrnimmt, die ihr im Interesse der Allgemeinheit obliegt. Die Gemeinde hat sich bei der Bauleitplanung nicht vom individuellen Interesse einzelner, sondern vom Interesse an der städtebaulichen Entwicklung und Ordnung leiten zu lassen (vgl. § 1 Abs. 3 BauGB). Sie darf die Bauleitplanung nicht zum Mittel für die Durchsetzung privater Belange machen, ohne auf der Grundlage des § 1 Abs. 6 BauGB die betroffenen öffentlichen und privaten Belange abzuwägen. Dem trägt § 2 Abs. 3 und 4 BauGB Rechnung, indem er bestimmt, daß niemand einen Anspruch auf eine Planung hat, durch die ein bestimmtes Vorhaben ermöglicht oder begünstigt wird. Die Gemeinde soll bei der Aufstellung, Änderung, Ergänzung und Aufhebung eines Planes von äußeren Zwängen freigehalten werden.

Die Gründe, die den Gesetzgeber veranlaßt haben, ein subjektives Recht auf eine bestimmte gemeindliche Bauleitplanung zu verneinen, stehen auch dem von der Beschwerde erörterten „subjektiv-öffentlichen Anspruch auf fehlerfreie Bauleitplanung" entgegen, der auf die Einbeziehung eines Grundstücks in den Geltungsbereich eines Bebauungsplans und auf die Ausweisung des Grundstücks als Bauland zielt. Die von der Beschwerde unter Hinweis auf Schrödter (BauGB, 6. Aufl. 1998, Rdn. 50a zu § 2 BauGB) angesprochene Frage, ob § 2 Abs. 3 BauGB im Einzelfall einen Anspruch auf Einbeziehung eines lärmgefährdeten oder „schwer und unerträglich" betroffenen Nachbargrundstücks in ein geplantes Gewerbegebiet begründen könnte, wäre in einem Revisionsverfahren nicht klärungsfähig, da sie einen Sachverhalt voraussetzt, der hier nicht vorliegt.

Nr. 56

1. Das Rechtsschutzbedürfnis für einen Normenkontrolleilantrag besteht nicht (mehr), wenn die Festsetzungen des Bebauungsplanes, dessen

Nr. 56

einstweilige Außervollzugsetzung der Antragsteller erstrebt, durch Baugenehmigungen bereits im wesentlichen ausgenutzt worden sind. Das gilt auch dann, wenn diese Baugenehmigungen vom Antragsteller angefochten worden und daher noch nicht bestandskräftig geworden sind.

2. Zur Nachverdichtung durch die Festsetzung einer rückwärtigen, zweiten Bauzeile.

VwGO §§ 47 Abs. 6, 80a Abs. 3.

Niedersächsisches OVG, Beschluß vom 4. Oktober 2004 – 1 MN 225/04 – (rechtskräftig).

Die Antragsteller begehren vorläufigen Rechtsschutz gegen den Bebauungsplan, der nur wenige Grundstücke umfaßt und für deren eines bereits eine von den Antragstellern angefochtene Baugenehmigung für ein Wohnhaus erteilt worden ist.

Die Antragsteller sind Eigentümer des Grundstücks, das an der Nordwestseite der Straße und im Geltungsbereich des hier angegriffenen Planes liegt. Dieser umfaßt außerdem die beiden nördlich des Antragstellergrundstücks im Einmündungsbereich P. /D. liegenden, bebauten Grundstücke sowie südwestlich davon das Grundstück der Beigeladenen und das Grundstück S. Der Plan setzt allgemeines Wohngebiet als zulässige Nutzung und die von den Antragstellern befehdete Möglichkeit fest, in zweiter Reihe mit einer Grundflächenzahl von 0,3 eingeschossige Wohngebäude mit einer Firsthöhe von höchstens 9,50 m zu errichten. Mittelbarer Auslöser dieses vom Rat der Antragsgegnerin beschlossenen Planes war der Antrag der Beigeladenen, auf dem genannten Grundstück straßenseitig ein 12 m tiefes und 5,70 m breites Gebäude mit 45‡ Satteldach zu errichten, in dem zur Straße hin eine Doppelgarage und im rückwärtigen Teil ein Abstellraum untergebracht werden sollte. In dem 3 m breiten Raum zwischen diesem Gebäude und der Grenze zum Grundstück der Antragsteller sollte ein Carport errichtet werden. Rund 30 m von der Straße zurückgesetzt sollte ein anderthalbgeschossiges Einfamilienhaus in einem Abstand von 3 m zur nördlichen Grundstücksgrenze aufgestellt werden, dessen Rückwand rund 6,50 m von der nordwestlichen Grundstücksgrenze entfernt stehen sollte. Der Landkreis als untere Bauaufsichtsbehörde beteiligte die Antragsteller. Diese wandten sich daraufhin an die Bezirksregierung Hannover. Diese teilte der Antragstellerin mit, das Vorhaben könne auf der derzeit maßgeblichen Grundlage des § 34 BauGB nicht genehmigt werden, weil es den Rahmen der vorhandenen Bebauung überschreite. Dort sei eine rückwärtige Bebauung bislang nicht anzutreffen. Es sei geeignet, in dem von Bebauung bislang freigehaltenen Bereich bodenrechtliche Spannungen hervorzurufen: „Dem wäre nur mit einer konkreten Bauleitplanung zu begegnen." Eine Bescheidung des Baugesuchs unterblieb daraufhin. Mit Schreiben vom 4. 2. 2004 baten die Beigeladenen die Antragsgegnerin, einen Bebauungsplan aufzustellen, der die Grundlage für ihre Bauabsichten bilden könne. Am 15. 3. 2004 faßte der Verwaltungsausschuß der Antragsgegnerin den Aufstellungsbeschluß.

Im Juli 2004 erteilte der Landkreis als untere Bauaufsichtsbehörde den Beigeladenen die Baugenehmigung für den Neubau eines Einfamilienwohnhauses mit Nebengebäude und Carport, der offenbar den schon zuvor eingereichten Plänen entspricht.

Die Antragsteller haben den Bebauungsplan zur Normenkontrolle gestellt und am gleichen Tage um vorläufigen Rechtsschutz nachgesucht. Zur Begründung ihres Eilantrages machen sie geltend: Dieser sei entgegen der bisherigen Senatsrechtsprechung trotz der zuvor erteilten Baugenehmigung zulässig. Denn die einstweilige Außervollzugsetzung des Planes würde die Chancen ihres Nachbarwiderspruches erhöhen. Ohne jede bauplanungsrechtliche Grundlage widerspreche das Vorhaben offensichtlich § 34 BauGB und verletze zugleich ihren Anspruch auf Wohnruhe. Der Antrag sei auch begründet. Der Bebauungsplan stelle eine § 1 Abs. 3 BauGB verletzende Gefälligkeitsplanung dar, verstoße gegen das Abwägungsgebot, weil er ihre Interessen an Wohnruhe im rückwärtigen Grundstücksbereich nicht einmal in den Blick nehme, zumindest aber nicht in der gebotenen Weise in der Abwägung bewältigt habe, und zerstöre ohne städtebaulich zureichenden Grund sowie ohne den gebotenen Ausgleich die im rückwärtigen Bereich anzutreffende Gartenlandschaft.

Aus den Gründen:
II. Der Eilantrag ist unzulässig. Das für seine Stellung und Aufrechterhaltung erforderliche Rechtsschutzbedürfnis bestand von Anfang an nicht. Denn zum Zeitpunkt der Antragstellung war den Beigeladenen die Baugenehmigung für das Vorhaben, welches vor allem/allein die Antragsteller mit ihrem Antrag abwehren wollen, bereits erteilt worden. Ungeachtet des Umstandes, daß die Antragsteller diese Baugenehmigung des Landkreises vom Juli 2004 angefochten haben, können sie durch eine antragsgemäße Bescheidung ihres Eilantrages ihre Rechtsposition nicht verbessern, weil eine stattgebende Entscheidung lediglich in die Zukunft zu wirken vermag. Im einzelnen sind folgende Ausführungen veranlaßt:

Zur Frage, wie es sich auswirkt, wenn vor Stellung des Normenkontrollantrags in Ausnutzung des angegriffenen Bebauungsplanes schon Baugenehmigungen erteilt worden waren, hat der Senat in seinem Beschluß vom 4. 5. 2004 (– 1 MN 50/04 (Vnb.) –) das Folgende ausgeführt:

„Der Eilantrag gemäß § 47 Abs. 6 VwGO setzt für seine Zulässigkeit – wie der Normenkontrollantrag – das Vorliegen eines allgemeinen Rechtsschutzbedürfnisses voraus. Darunter ist das normativ anerkannte Interesse des Antragstellers zu verstehen, zur Erreichung seines (Rechtsschutz-)Zieles ein Gericht in Anspruch zu nehmen. Erweist sich die Inanspruchnahme des Gerichts als nutzlos, weil der Antragsteller seine Rechtsstellung bei einem Erfolg seines Antrages nicht verbessern kann, fehlt das Rechtsschutzbedürfnis (BVerwG, Urteil v. 28. 4. 1999 – 4 CN 5.99 –, BRS 62 Nr. 47 = BauR 1999, 1131). Bei einem Eilantrag gegen einen Bebauungsplan ist die vorläufige Außervollzugsetzung des Bebauungsplanes nicht mehr geeignet, zugunsten des Antragstellers etwas zu bewirken, wenn die Festsetzungen des Bebauungsplanes durch Verwaltungsakte bereits (nahezu vollständig) umgesetzt sind (Schoch, in: Schoch/Schmidt-Aßmann/Pietzner, Kommentar zur VwGO, Loseblattsammlung, Stand: September 2003, § 47 Rdnr. 151). Die einstweilige Anordnung nach § 47 Abs. 6 VwGO verbietet lediglich die künftige Anwendung der Norm, erklärt sie jedoch weder rückwirkend oder vorläufig für nichtig, noch greift sie – wie auch die Entscheidung in der Hauptsache – in den Bestand der auf ihrer Grundlage etwa bereits ergangenen Verwaltungsakte ein oder verbietet deren Ausnutzung durch den Begünstigten (OVG Münster, Beschluß v. 9. 12. 1996 – 11 a B 1710/96.NE –, BRS 58 Nr. 52 = NVwZ 1997, 1006; OVG Koblenz, Beschluß v. 10. 4. 1983 – 10 D 1/83 –, BRS 40 Nr. 42 = BauR 1983, 435 = NVwZ 1984, 43; Finkelnburg/Jank, Vorläufiger Rechtsschutz im Verwaltungsstreitverfahren, 4. Aufl. 1998, Rdnr. 631). Daran gemessen können die Antragsteller mit dem vorliegenden Antrag ihre Rechtsstellung nicht mehr verbessern. ...

Nr. 56

Der Einwand der Antragsteller, nur eine unanfechtbare Genehmigung führe zum Fortfall des Rechtsschutzbedürfnisses im vorliegenden Rechtsschutzverfahren, greift nicht durch. Für das Rechtsschutzinteresse an der begehrten vorläufigen Außervollzugsetzung kommt es nicht darauf an, ob die erteilte Genehmigung bereits unanfechtbar ist. Ob eine Genehmigung noch anfechtbar oder inzwischen bestandskräftig ist, läßt den allein maßgeblichen Umstand, daß sie schon erteilt worden ist, unberührt (OVG Münster, Beschluß v. 22. 4. 1994 – 10 a B 3422/93.NE –, BRS 56 Nr. 38)." ...
An dieser Auffassung ist entgegen der Annahme aller Beteiligten uneingeschränkt festzuhalten. Weder die in den Vordergrund gerückten Fragen effizienten Rechtsschutzes noch der Prozeßökonomie können darüber hinwegtäuschen, daß die Antragsteller durch eine antragsgemäße Bescheidung ihre Rechtsstellung im Verfahren des (einstweiligen und endgültigen) Rechtsschutzes gegen die o. g. Baugenehmigung nicht verbessern können. Das liegt an den Rechtswirkungen, welche eine antragsgemäße Entscheidung entfaltet. Diese beschränken sich darauf, in Zukunft dürften keine den Antragstellern nachteilige Rechtswirkungen aus dem angegriffenen Bebauungsplan abgeleitet werden. Auf Sachverhalte, welche bereits durch Bescheid geregelt worden sind, wirkt sich der Beschluß hingegen nicht aus (vgl. Schoch/Schmidt-Aßmann/Pietzner, VwGO, Komm., § 47 Rdnr. 151; Kopp/Schenke, VwGO, Komm., 13. Aufl. 2003, § 47 Rdnr. 149). Der Justizgewährleistungsanspruch ändert daran nichts; denn er ist keine Grundlage dafür, sich über geltendes, hier in der Form des Rechtsschutzbedürfnisses zu beachtendes Prozeßrecht hinwegzusetzen (vgl. OVG Münster, Beschluß v. 22. 2. 1994 – 10 a B 3422/93.NE –, ZfBR 1994, 195 = BRS 56 Nr. 38). Er setzt vielmehr eine Rechtsposition voraus, welche in zulässiger Weise verteidigt werden kann, begründet eine solche aber nicht. Dasselbe gilt für die von den Beigeladenen favorisierten Effizienzgesichtspunkte. Deren Bestreben mag verständlich sein, schon jetzt eine Entscheidung des Senates zu erhalten. Einen Anspruch darauf, daß prozeßrechtliche Voraussetzungen beiseite geschoben werden, haben sie aber nicht. Das Rechtsschutzbedürfnis kann auch nicht durch allseitigen Verzicht auf die Einhaltung dieser Verfahrensvoraussetzung geschaffen werden.
Aus der Entscheidung des BayVGH vom 28. 7. 1999 (– 1 NE 99.813 –, BauR 1999, 1275 = BRS 62 Nr. 58 = NVwZ-RR 2000, 416) können diese Antragsteller keine positiven Rechtsfolgen ableiten. Darin hatte der BayVGH das Fortbestehen des Rechtsschutzbedürfnisses daraus hergeleitet, daß die Festsetzungen des angegriffenen Bebauungsplanes noch nicht vollständig umgesetzt worden waren und zu befürchten stand, das werde ohne Baugenehmigungsverfahren im Wege des Baufreistellungsrechts geschehen. Zudem stünden beide Formen des einstweiligen Rechtsschutzes – nach § 47 Abs. 6 VwGO und nach §§ 80, 80a VwGO – gleichrangig nebeneinander. Letzteres entspricht auch der Auffassung des Senates, ändert aber nichts daran, daß die Antragsteller geltend machen müssen, aus der angegriffenen Norm könnten noch weitere ihnen nachteilige Rechtsfolgen gezogen werden. Das ist gerade nach ihrem eigenen Vortrag nicht der Fall. Außer dem Vorhaben der Beigeladenen stehen (derzeit) keine weiteren Vorhaben zu erwarten. auf dieses würde sich

eine Antragsstattgabe in diesem Verfahren nicht (mehr) auswirken (können). Es ist insbesondere nicht anzunehmen, daß die Beigeladenen die Vorteile ausnutzen werden, welche ihnen § 69 a NBauO geboten haben würde. Sie haben – möglicherweise zur eigenen „Planungssicherheit" – den darin (Abs. 8) eröffneten Weg gewählt, statt genehmigungsfrei zu bauen ein Baugenehmigungsverfahren durchzuführen. Nachdem sie dem unstreitigen Vortrag zufolge mit der Verwirklichung des Vorhabens schon begonnen haben, können die Beigeladenen wegen § 69 a Abs. 5 NBauO nach Lage der Dinge auch nicht mehr zum genehmigungsfreien Bauen zurückkehren.

Außer für das Grundstück der Beigeladenen eröffnet der angegriffene Bebauungsplan nur noch für das Grundstück der Antragsteller selbst sowie für das Grundstück D. 26 im rückwärtigen Bereich Bebauungsmöglichkeiten. In der Antragsschrift tragen die Antragsteller selbst vor, der Eigentümer dieses Grundstücks lehne eine Ausnutzung der Planfestsetzungen „strikt" ab. Angesichts dessen bestehen jedenfalls derzeit keine ausreichenden Anhaltspunkte für die zur Annahme des Rechtsschutzbedürfnisses allein ausreichenden Annahme, eine nur in die Zukunft wirkende Aussetzung des angegriffenen Bebauungsplanes werde den Antragstellern in irgendeiner Weise von Nutzen sein.

Nur ergänzend ist kurz auszuführen, daß der Eilantrag voraussichtlich zumindest im wesentlichen ohne Erfolg geblieben wäre.

Abwägungswidrig ist das von der Antragsgegnerin gefundene Ergebnis voraussichtlich nicht. Unbestreitbar tragen die drei neuen Bauflächen Unruhe in den rückwärtigen Bereich dieser drei Grundstücke hinein. Das dürfte es zwar ausgeschlossen haben, das Vorhaben der Beigeladenen auf der Grundlage des § 34 BauGB zu genehmigen. Das schließt indes eine entsprechende Planungsentscheidung der Gemeinde nicht aus. Denn für die Anwendung des § 34 BauGB ist allein ausschlaggebend, welcher Rahmen sich aus der schon vorhandenen Bebauung ableiten läßt. Der planenden Gemeinde ist es gerade nicht verwehrt, diesen Rahmen zu verändern. Dabei darf sie auch Vorteile beseitigen, welche die nunmehrigen Planunterworfenen ohne die Bauleitplanung – sei es als eigenes wehrfähiges Recht, sei es als bloßen Rechtsreflex – bislang genossen haben , sofern hierfür ausreichende städtebauliche Gründe bestehen. Das dürfte hier zum Nachteil der Antragsteller der Fall sein. Städtebauliche Gründe können auch auf Grund der Initiative Privater entstehen. Auch wenn der Anstoß zu dem hier angegriffenen Plan von den Beigeladenen ausging, bedeutet dies nicht, daß es dem Plan an der Erforderlichkeit i. S. des § 1 Abs. 3 BauGB fehlt oder das Abwägungsgebot schon aus diesem Grunde verletzt wäre.

In Auseinandersetzung mit den Interessen der Antragsteller hat die Antragsgegnerin ausweislich der Planbegründung vor allem Gründe des Gebots, mit Grund und Boden sparsam umzugehen, und dem dadurch gerechtfertigten Bestreben, in städtebaulich vertretbarem Umfang nachzuverdichten, angeführt. Das sind grundsätzlich tragfähige Überlegungen (vgl. zu einer vergleichbaren Sachlage Senatsbeschluß v. 18. 7. 2003 – 1 ME 170/03 – , NdsVBl. 2003. 325). Der Hinweis auf das Gebäude P. 3 dürfte zwar nicht sonderlich überzeugen, weil dies keine Bebauung darstellt, welche in den rückwärtigen Bereich der Grundstücke an der Straße D. hineinreicht, sondern an der namensgebenden Straße aufgereiht ist. Zutreffend dürfte aber der Hinweis auf die massive rückwärtige Bebauung D. 20 und 20A sein. Berücksichtigt man zudem, wie weit das Gebäude D. 24A in den straßenabgewandten Bereich vordringt, dann sprechen durchaus städtebauliche Gründe für das Bestreben, diesen ohnedies vorbelasteten (wenngleich vielleicht noch nicht i. S. des § 34 BauGB für eine rückwärtige Bebauung vollständig vorgeprägten) Bereich baulich nachzuverdichten. Daß damit zu Lasten der Antragsteller und des Grundstücks D. 26 Einbußen an Wohnruhe verbunden sind, liegt auf der Hand, muß aber nicht in der Weise zwingend zu einem Abwägungsfehler führen, daß dies die erstrebte einstweilige Anordnung gerechtfertigt haben würde. Diese Nachteile werden u. a. dadurch kompensiert, daß den Antragstellern und dem Eigentümer des Grundstücks D. 26 mit je einem weiteren Bauplatz die Möglichkeit zuwächst, die rückwärtigen Flächen nunmehr baulich und damit in rentierlicher Weise nutzen zu können. Es kommt hinzu, daß das Maß der rückwärtigen Bebauung gegenüber der straßenseitigen Bebauung um ein Geschoß gekürzt und zugleich durch die textliche Festsetzung des § 1 in allgemeinen Wohngebieten ausnahmsweise zulässige, störendere Nutzungen ausgeschlossen worden sind.

Nr. 57

Zum Umfang der gerichtlichen Prüfung im Normenkontrollverfahren

VwGO §§ 47 Abs. 1 Nr. 2, 86.

Bundesverwaltungsgericht, Beschluß vom 28. Oktober 2004 – 4 BN 44.04 –.

(Niedersächsisches OVG)

Aus den Gründen:
Die Beschwerde wirft die Frage auf, ob es „unter dem Gesichtspunkt des Rechtsschutzinteresses und der Verhältnismäßigkeit im Rahmen einer abstrakten Normenkontrolle des § 47 VwGO eine Grenze für die Prüf- und Kassationsbefugnis des Normenkontrollgerichts (gibt), wenn die gerichtliche Entscheidung weit über das Rechtsschutzziel des Antragstellers hinausgeht und das Urteil zu den eigentlichen Streitfragen, die Anlaß zu dem Verfahren gaben, keine Stellung nimmt". Die Frage läßt keinen revisionsgerichtlichen Klärungsbedarf erkennen. Soweit sie überhaupt in einer von den Umständen des Einzelfalls losgelösten, verallgemeinerungsfähigen Weise beantwortet werden kann, ist sie in der Rechtsprechung des Bundesverwaltungsgerichts geklärt. Das Verfahren der Normenkontrolle nach § 47 VwGO dient nicht nur dem subjektiven Rechtsschutz, sondern stellt zugleich ein Verfahren der objektiven Rechtskontrolle dar (vgl. BVerwG, Beschluß vom 18. 7. 1989 – 4 N 3.87 –, BVerwGE 82, 225 = BRS 49 Nr. 34). Bei der Prüfung einer untergesetzlichen Norm i. S. von § 47 Abs. 1 Nr. 2 VwGO ist das Normenkontrollgericht daher nicht auf die Überprüfung der vom Antragsteller geltend gemachten Mängel beschränkt. Es kann die Norm (Bebauungsplan, Gestaltungssatzung)

auch aus Gründen für nichtig erklären, die die privaten Belange des Antragstellers nicht berühren oder nicht von ihm als Satzungsmangel geltend gemacht worden sind (vgl. BVerwG, Beschluß v. 6.12.2000 – 4 BN 59.00 –, BRS 63 Nr. 47 = Buchholz 310 §47 VwGO Nr. 144, S. 50). Das Rechtsschutzinteresse des Antragstellers ist zwar eine Voraussetzung für die Zulässigkeit eines Normenkontrollantrags nach §47 Abs. 2 Satz 1 VwGO. Aus der Rechtsprechung des beschließenden Senats ergibt sich jedoch ohne weiteres, daß ein Normenkontrollgericht – auf einen zulässigen Antrag – nicht darauf beschränkt ist, die Norm nur daraufhin zu überprüfen, ob sie die vom Antragsteller geltend gemachten subjektiven Rechte verletzt.

Nr. 58

Die Frist des §47 Abs. 2 Satz 1 VwGO, innerhalb derer ein Normenkontrollantrag gestellt werden kann, ist eine Ausschlußfrist.

VwGO §§ 47 Abs. 1 Satz 1; 60 Abs. 1.

OVG Nordrhein-Westfalen, Beschluß vom 19. Februar 2004
– 7a D 67/03.NE – (rechtskräftig).

Am 19.8.2003 reichte der Antragsteller einen „Antrag auf Prozeßkostenhilfe und Entwurf eines Antrags auf Normenkontrolle" bei Gericht ein und beantragte, ihm Prozeßkostenhilfe zu gewähren. Er beabsichtigte, einen Normenkontrollantrag gegen einen am 23.11.2001 öffentlich bekanntgemachten Bebauungsplan zu erheben. Nach Fristsetzung überreichten die Prozeßbevollmächtigten des Antragstellers am 20.11.2003 die „vollständig ausgefüllte Erklärung über die persönlichen und wirtschaftlichen Verhältnisse des Antragstellers". Der Senat bewilligte dem Antragsteller für die Durchführung des Normenkontrollverfahrens mit Beschluß vom 28.11.2003 Prozeßkostenhilfe. Der Beschluß ist den Prozeßbevollmächtigten des Antragstellers am 2.12.2003 ohne förmliche Zustellung bekanntgegeben worden. Am 9.1.2004 setzte der Berichterstatter die Prozeßbevollmächtigten des Antragstellers telefonisch vorab darüber in Kenntnis, daß an der Zulässigkeit eines Normenkontrollantrags im Hinblick auf den zwischenzeitlichen Fristablauf für einen Normenkontrollantrag Bedenken bestünden. Mit Schriftsatz vom 13.1.2004, bei Gericht eingegangen am 15.1.2004, stellte der Antragsteller daraufhin den Normenkontrollantrag und begehrte zugleich, ihm wegen Versäumung der Antragsfrist Wiedereinsetzung in den vorigen Stand zu gewähren.

Das OVG hat den Antrag verworfen.

Aus den Gründen:
Der Antrag ist unzulässig.

Der Antragsteller hat den Normenkontrollantrag nicht innerhalb der Antragsfrist von zwei Jahren nach Bekanntmachung des Bebauungsplans gestellt. Die versäumte Antragsfrist kann nicht durch Wiedereinsetzung in den vorigen Stand wieder eröffnet werden, da es sich bei der Antragsfrist um eine der Wiedereinsetzung nicht zugängliche Ausschlußfrist handelt. Ungeachtet dessen liegen auch die Voraussetzungen des §60 VwGO für eine Wiedereinsetzung in den vorigen Stand nicht vor.

Gemäß §47 Abs. 2 Satz 1 VwGO kann der Normenkontrollantrag nur innerhalb von zwei Jahren nach Bekanntmachung der Rechtsvorschrift gestellt werden. Der vom Antragsteller angegriffene Bebauungsplan ist am 23.11.2001 im Amtsblatt der Antragsgegnerin öffentlich bekanntgemacht worden. Der Antragsteller hätte daher gemäß §§ 188 Abs. 2, 187 Abs. 1 BGB den Antrag bis zum 23.11.2003 stellen müssen. Der Antrag ist aber erst mit dem am 15.1.2004 bei Gericht eingegangenem Antrag vom 13.1.2004 und damit verspätet gestellt worden.

Wiedereinsetzung in den vorigen Stand wegen Versäumung der Frist für einen Normenkontrollantrag konnte nicht gewährt werden. Gemäß § 60 Abs. 1 VwGO ist auf Antrag Wiedereinsetzung in den vorigen Stand zu gewähren, wenn jemand ohne Verschulden gehindert war, eine gesetzliche Frist einzuhalten. Nicht alle gesetzlichen Fristen sind jedoch der Wiedereinsetzung zugänglich. Bei den sog. uneigentlichen Fristen oder auch Ausschlußfristen kommt eine Wiedereinsetzung nicht in Betracht. Eine Ausschlußfrist ist eine gesetzlich fixierte Zeitspanne, deren Ende einen äußersten Zeitpunkt festlegt, nachdem auch bei fehlendem Verschulden eine Prozeßhandlung endgültig nicht mehr vorgenommen werden kann. Die Frist des § 47 Abs. 2 Satz 1 VwGO ist eine solche Ausschlußfrist (vgl. Eyermann/Fröhler, VwGO, 11. Aufl. 2000, § 47 Rdnr. 74; Kopp/Schenke, VwGO, 13. Aufl. 2003, § 47 Rdnr. 83; Redeker/ von Oertzen, VwGO, 13. Aufl. 2000, § 47 Rdnr. 26; Schoch/Schmidt-Aßmann/ Pietzner, VwGO, Stand: September 2003, § 47 Rdnr. 36; Sodan/Ziekow, VwGO, Stand: Januar 2003, § 47 Rdnr. 251 e; offengelassen VGH Bad.-Württ, Beschluß v. 6.8.1999 – 8 S 1715/99 –, BRS 62 Nr. 52; a.A. Brügelmann/ Dürr, BauGB, Stand: Oktober 2003, § 10 Rdnr. 583, m.w.N.).

Der Wortlaut des § 47 Abs. 2 Satz 1 VwGO ergibt allerdings keinen zwingenden Anhalt für die Feststellung, ob mit ihm eine Ausschlußfrist gesetzt werden soll. Hierfür sprechen nach Auffassung des Senats jedoch überwiegende Gründe von Sinn und Zweck der Vorschrift. Mit ihr soll die Zulässigkeit von Normenkontrollverfahren auf den Zeitraum von zwei Jahren nach Bekanntgabe des Bebauungsplans beschränkt werden. Der Festlegung dieses Zeitrahmens liegt eine Abwägung zugrunde zwischen den Interessen von durch einen Bebauungsplan in abwägungserheblichen Belangen Betroffenen daran, in einem (zulässigen) Normenkontrollverfahren den Bebauungsplan objektiver Rechtsprüfung zu unterwerfen, und den Interessen derjenigen, die ebenfalls von den Bebauungsplanfestsetzungen betroffen sind, sich aber auf den Bestand des Bebauungsplans grundsätzlich einrichten wollen. Hinzu tritt das Interesse der Träger öffentlicher Planung, namentlich der Gemeinde, die den Bebauungsplan erlassen hat, das mit dem Bebauungsplan verfolgte städtebauliche Konzept umzusetzen oder/und auf ihm aufbauend zum Gegenstand weiterer Planungen zu machen, ohne etwaige Normenkontrollanträge in ihre Erwägungen einstellen zu müssen. Bereits das durch die Fristbestimmung geschützte Vertrauen einer meist nicht genau bestimmbaren Zahl Dritter, die von potentiellen Antragstellern nicht selten keine Kenntnis haben (können), legt es nahe, von einer Ausschlußfrist auszugehen. Entscheidend tritt folgendes hinzu: Die Möglichkeit, gemäß § 60 VwGO Wiedereinsetzung in den vorigen Stand zu erlangen, dient dem Schutz der Rechte Betroffener und deshalb im Einzelfall der Forderung nach materieller Gerechtigkeit, der – nach Maßgabe der Voraussetzungen des § 60 VwGO – Vorrang vor der Rechtssicherheit gegeben wird (vgl. BVerfG, Beschluß v. 20. 4. 1982 – 2 BvL 26/81 –, BVerfGE 60, 253). Ein derartiger Konflikt besteht hinsichtlich des Normenkontrollantrags nicht. Geht es darum, daß der Antragsteller einer zu seinen Lasten gehenden Umsetzung des Bebauungsplans entgegentreten will oder möchte er ein Vorhaben verwirklichen, das den Festsetzungen des Bebauungsplans widerspricht, ist der Bebauungsplan in dem jeweiligen Verfahren inzident auf seine Wirksamkeit zu prüfen. Eine Verletzung materieller Rechte des Antragstellers ist damit auch nach Ablauf der Zwei-Jahres-Frist nicht zu befürchten. Andererseits ist für planbetroffene Dritte gewöhnlich allein das Datum der Bekanntmachung des Bebauungsplans verläßlicher Anhaltspunkt für ihre Prüfung, ob noch mit einem Normenkontrollantrag gerechnet werden muß.

Sinn und Zweck der Zwei-Jahres-Frist als Ausschlußfrist werden durch die Gesetzesmaterialen bestätigt. Der Gesetzentwurf des Bundesrates stellt zur Begründung der Frist auf den Gedanken der Rechtssicherheit ab. Wegen der möglichen Beeinträchtigung der Rechtssicherheit „sieht (der Entwurf) deshalb eine zeitliche Beschränkung des Antragsrechts ... vor" (vgl. BT-Drucks. 13/1433, S. 10). Auf eben diese Erwägung stützte auch die Bundesregierung ihren Gesetzesentwurf, der sich von dem Entwurf des Bundesrates hinsichtlich der Frist nur insoweit unterschied, als statt einer fünfjährigen eine einjährige Frist bestimmt werden sollte (vgl. Gesetzentwurf der Bundesregierung, BT-Drucks. 13/3993, S. 10). Andere Erwägungen lagen der schließlich im Vermittlungsausschuß gefundenen Bestimmung der Zwei-Jahres-Frist nicht zugrunde (vgl. Beschlußempfehlung des Vermittlungsausschusses v. 26. 9. 1996, BT-Drucks. 13/5642).

Der Entscheidung des Senats stehen die Ausführungen des BVerwG (vgl. Beschluß v. 22. 6. 1999 – 4 BN 20.99 –, BVerwGE 109, 148 = BRS 62 Nr. 46 = BauR 1999, 1441) nicht entgegen. In jenem Verfahren ging es um die Frage, ob die in Nr. 1 des Gesetzes zur Beschränkung von Rechtsmitteln in der Verwaltungsgerichtsbarkeit (BGBl. I 1993, 487) bestimmte Drei-Monats-Frist für den Normenkontrollantrag auch auf vor Inkrafttreten dieses Gesetzes bekanntgemachte Bebauungspläne Anwendung findet. Im Hinblick darauf, daß diese Frage erst im Wege richterlicher Rechtslückenschließung geklärt werden konnte, hat das BVerwG bei Versäumung der – durch Rechtsfortbildung geklärten – Frist eine Wiedereinsetzung in den vorigen Stand in Betracht gezogen. Um eine solche Gesetzeskonstellation geht es hier aber nicht.

Selbst wenn entgegen der dargelegten Ansicht des Senats – zugunsten des Antragstellers eine Wiedereinsetzung in den vorigen Stand dem Grunde nach etwa deshalb als möglich angesehen würde, weil der Prozeßkostenhilfeantrag erst am 28. 11. 2003 und damit kurz nach Ablauf der Frist des §47 Abs. 2 Satz 1 VwGO beschieden worden ist, kommt eine Wiedereinsetzung in den vorigen Stand hier nicht in Betracht. Die Voraussetzungen des §60 VwGO für eine Wiedereinsetzung in den vorigen Stand sind nicht gegeben. (Wird ausgeführt.)

Nr. 59

1. Die Zwei-Jahres-Frist des § 47 Abs. 2 Satz 1 VwGO findet auch auf funktionslos gewordene Bebauungspläne Anwendung.

2. Bebauungspläne werden nur in äußerst seltenen Fällen funktionslos.

GG Art. 19 Abs. 4; VwGO § 47 Abs. 2 Satz 1.

Niedersächsisches OVG Urteil vom 16. November 2004 – 9 KN 249/03 – (rechtskräftig).

Die Antragsteller, die Eigentümer eines seit ca. 40 Jahren für ein Betonsteinwerk genutzten Grundstücks am südlichen Ortsrand der Gemeinde sind, wenden sich gegen die ihr Grundstück überplanenden Festsetzungen des Bebauungsplans Nr. C. Sie begehren die Feststellung, daß die Festsetzungen des Bebauungsplanes durch zwischenzeitlich eingetretene tatsächliche Entwicklungen bzw. geänderte gemeindliche Planungsvorstellungen funktionslos geworden sind.

Das Plangebiet wird im Nordosten durch eine zusammenhängende Ortslagenbebauung, im Westen durch den Abraumberg des bis 1996 betriebenen Kaliwerks Niedersachsen begrenzt. Die Antragsgegnerin will mit den Festsetzungen des angegriffenen Bebauungsplanes eine industrielle bzw. gewerbliche Nachnutzung des früher von der Kali- und Salz AG betriebenen Kaliwerkgeländes ermöglichen. Bei dem Bebauungsplan handelt es sich nach den Vorstellungen der Antragsgegnerin um eine Angebotsplanung, die eine Nachnutzung der erhaltenswerten bzw. noch weiter zu nutzenden baulichen Anlage vorbereiten soll. Als Art der Nutzung wird in weiten Teilen des Plangebietes Industriegebiet (GI), in einigen Randbereichen auch Gewerbegebiet (GE) festgesetzt.

Aus den Gründen:

II. Der Normenkontrollantrag der Antragsteller gegen den im August 1997 bekanntgemachten Bebauungsplan ist als unzulässig zu verwerfen, da der am 4. 9. 2003 beim Niedersächsischen OVG eingegangene Normenkontrollantrag die in § 47 Abs. 2 Satz 1 VwGO geregelte Zwei-Jahres-Frist nicht wahrt. Unabhängig davon hat der Feststellungsantrag der Antragsteller auch in der Sache keinen Erfolg, da die Voraussetzungen für die Annahme einer Funktionslosigkeit der in dem Bebauungsplan Nr. C. getroffenen Festsetzungen nicht vorliegen.

1. Einen Normenkontrollantrag kann jede natürliche oder juristische Person stellen, die geltend macht, durch die Rechtsvorschrift oder deren Anwendung in ihren Rechten verletzt zu sein oder in absehbarer Zeit verletzt zu werden. Ein zulässiger Normenkontrollantrag muß seit der mit dem durch das 6. VwGOÄndG eingeführten Fristenregelung innerhalb von zwei Jahren nach der Bekanntmachung der Rechtsvorschrift gestellt werden (§ 47 Abs. 2 Satz 1 VwGO). Der Normenkontrollantrag der Antragsteller wahrt diese Frist nicht. Der Auffassung der Antragsteller in Anknüpfung an in der Literatur vertretene Stimmen, daß die Zwei-Jahres-Frist in Fällen von funktionslos gewordenen Bebauungsplänen nicht gelte (so Kopp/Schenke, VwGO, Kommentar, 13. Aufl. 2003, § 47 Rdnr. 85; Schenke, NJW 1997, 81, 83), ist nicht zu folgen. Zwar mögen die vom Gesetzgeber (BT-Drucks. 13/3993, S. 10) für die Einführung der Befristung u. a. gegebenen Gründe;

Nr. 59

„daß Normen (z. B. Bebauungspläne), die bereits seit langem praktiziert worden sind und auf deren Rechtsgültigkeit sowohl die zuständigen Behörden als auch die berührten Bürger vertraut haben, auf Antrag eines Betroffenen für nichtig erklärt werden und damit als Rechtsgrundlage nicht für zukünftige behördliche Entscheidungen (z. B. Baugenehmigung), sondern auch für solche Verwaltungsakte entfallen, die bereits erlassen sind, jedoch noch nicht bestandskräftig oder – im Falle der verwaltungsgerichtlichen Klage – noch nicht durch rechtskräftige gerichtliche Entscheidungen unanfechtbar geworden sind",

nicht besonders überzeugend sein (so Schenke, NJW 1997, 81, 83). Andererseits ist das Klageziel des Gesetzgebers aber unverkennbar, die Reichweite von Normenkontrollen durch die zeitliche Befristung einzuschränken und damit die Angreifbarkeit bzw. Anfechtbarkeit insbesondere von Bebauungsplänen jedenfalls im Rahmen eines Normenkontrollverfahrens einzuschränken. Den Antragstellern ist allerdings die daraus folgende Konsequenz einzuräumen, daß die Bebauungspläne, die erst Jahre nach ihrem Inkrafttreten funktionslos geworden sind, dann im Rahmen einer Normenkontrolle nicht mehr angreifbar sind. Das zum 1. 1. 1997 eingeführte Fristenerfordernis führt dazu, daß die Nichtigkeit eines solchen Bebauungsplanes mittels einer Normenkontrolle nicht – mehr – festgestellt werden kann. Dem betroffenen Bürger bleibt dann nur die Inzidentkontrolle des angegriffenen Bebauungsplanes im Rahmen etwa eines Bauvoranfrageverfahrens eröffnet. Daß dieses Ergebnis mit der vom Gesetzgeber ursprünglich beabsichtigten prozeßökonomischen Zielsetzung von Normenkontrollverfahren nicht vereinbar ist, liegt auf der Hand. Die mit der nachträglichen Einführung der Fristenregelung verbundene gesetzgeberische Intention, Bebauungspläne weniger anfechtbar zu machen, läßt dies aber als hinnehmbar erscheinen. Eine andere Sicht der Dinge würde auch nur unlösbare Fragen aufwerfen. Kopp/Schenke (a. a. O., § 47 Anm. 85) verweisen selbst darauf, daß ein Abstellen auf den Zeitpunkt des Rechtswidrigwerdens sich unter dem Aspekt der Rechtssicherheit als problematisch erweisen würde. Häufig würde es nicht möglich sein, einen exakten Zeitpunkt zu benennen. Vor diesem Hintergrund folgt der Senat auch nicht der offensichtlich von dem VGH Baden-Württemberg (Urteil v. 31. 3. 1999 – 8 S 2854/98 –, VBlBW 1999, 423) vertretenen Auffassung, daß die Zwei-Jahres-Frist nicht für funktionslos gewordene Bebauungspläne gelten soll, „weil sich durch (die neu eingeführte) Fristenregelung nichts an der bisher bestehenden Möglichkeit geändert (habe), die Unwirksamkeit eines Bebauungsplanes wegen Funktionslosigkeit im Wege des Normenkontrollverfahrens feststellen zu lassen". Der Senat beantwortet die vom BVerwG (Urteil v. 3. 12. 1998 – 4 CN 3.97 –, BVerwGE 108, 71 = BRS 60 Nr. 43 = BauR 1999, 601) noch offengelassene Frage vielmehr im gegenteiligen Sinne.

Den verfassungsrechtlichen Bedenken der Antragsteller gegen die Fristenregelung ist ebenfalls nicht zu folgen. In der Begründung des Gesetzesentwurfes des 6. VwGOÄndG ist ausdrücklich gesehen und anerkannt worden, daß durch die zeitliche Befristung des Antragsrechts die Befugnis der Verwaltungsgerichte, Normen inzident auf ihre Vereinbarkeit mit höherrangigem Recht zu prüfen, nicht berührt wird (BT-Drucks 13/3993, S. 10). Da der

Gesetzgeber von Verfassungs wegen nicht verpflichtet ist, überhaupt die Möglichkeit der Normenkontrolle für Bebauungspläne zu eröffnen, ist er erst recht nicht gehindert, den Zugang zum Gericht durch prozessuale Fristen zu erschweren (Sauthoff, BauR 1997, 743). Entsprechend werden verfassungsrechtliche Bedenken gegen die Zwei-Jahres-Frist des §47 Abs. 2 Satz 1 VwGO in der bekannten Rechtsprechung auch – soweit ersichtlich – nicht einmal erwähnt, geschweige denn näher erörtert (vgl. z. B. BVerwG, Beschluß v. 28.12.2000 – 4 BN 32.00 –, ZfBR 2001, 350 = BRS 63 Nr. 56; Beschluß v. 1.11.2001 – 4 BN 53.01 –, BRS 64 Nr. 60). Vielmehr wird die Rechtswirksamkeit dieser Vorschrift gewissermaßen von vornherein unterstellt.

2. Ergänzend und zur Klärung der zwischen den Prozeßbeteiligten bestehenden Meinungsverschiedenheiten über die Funktionslosigkeit des Bebauungsplanes Nr. C. weist der Senat darauf hin, daß der damit unzulässige Normenkontrollantrag der Antragsteller auch in der Sache keinen Erfolg hat. Der Vortrag der Antragsteller läßt für die Annahme der Funktionslosigkeit des Bebauungsplanes Nr. C. keinen hinreichenden Raum. Das BVerwG hat sich mehrfach mit der Problematik der Funktionslosigkeit von Bebauungsplänen auseinandergesetzt. Die Kriterien, nach denen sich bestimmt, ob ein Bebauungsplan einen funktionslosen Inhalt hat, hat es bereits in seinem grundlegenden Urteil vom 29.4.1977 (– IV C 39.75 – BVerwGE 54, 5 = BRS 32 Nr. 28) benannt. Die durch diese Entscheidung eingeleitete Rechtsprechung hat es in der Folgezeit wiederholt bestätigt (vgl. z. B. BVerwG, Urteil v. 17.6.1993 – 4 C 7.91 –, BRS 55 Nr. 72 = BauR 1994, 81; v. 18.5.1995 – 4 C 20.94 –, BVerwGE 98, 235 = BRS 57 Nr. 67; v. 3.12.1998 – 4 CN 3.97 –, BVerwGE 108, 71 = BRS 60 Nr. 43; Beschluß v. 6.6.1997 – 4 NB 6.97 –, BRS 59 Nr. 54 und Beschluß v. 21.12.1999 – 4 BN 48.99 –, NVwZ-RR 2000, 411 = BRS 62 Nr. 79; in jüngster Zeit zur Festsetzung einer Gemeinbedarfsfläche für ein Postdienstgebäude der ehemaligen Deutschen Bundespost Urteil v. 30.6.2004 – 4 C 3.03 –, DVBl. 2004, 1298 = NVwZ 2004, 1355 = BauR 2004, 1730). Danach kann eine bauplanerische Festsetzung funktionslos sein, wenn und soweit die tatsächlichen Verhältnisse, auf die sie bezieht, ihre Verwirklichung auf unabsehbare Zeit ausschließen und diese Tatsache so offensichtlich ist, daß ein in ihre Fortgeltung gesetztes Vertrauen keinen Schutz verdient. Ob diese Voraussetzungen erfüllt sind, ist für jede Festsetzung gesondert zu prüfen. Dabei kommt es nicht auf die Verhältnisse auf einzelnen Grundstücken an. Entscheidend ist vielmehr, ob die jeweilige Festsetzung geeignet ist, zur städtebaulichen Ordnung i. S. des § 1 Abs. 3 BauGB im gesamten Geltungsbereich des Bebauungsplanes noch einen wirksamen Beitrag zu leisten. Die Planungskonzeption, die einer Festsetzung zugrunde liegt, wird nicht schon dann sinnlos, wenn sie nicht mehr überall im Plangebiet umgesetzt werden kann. Erst wenn die tatsächlichen Verhältnisse vom Planinhalt so massiv und so offenkundig abweichen, daß der Bebauungsplan insoweit eine städtebauliche Gestaltungsfunktion unmöglich zu erfüllen vermag, kann von einer Funktionslosigkeit die Rede sein. Das setzt voraus, daß die Festsetzung unabhängig davon, ob sie punktuell durchsetzbar ist, bei einer Gesamtbetrachtung die Fähigkeit verloren hat, die städtebauliche Entwicklung noch in einer bestimmten Richtung zu steuern. Angesichts der zu

stellenden „strengen Anforderungen" (BVerwG, Beschluß v. 30. 3. 1998 – 4 BN 2.98 –, NVwZ-RR 1998, 711) werden Bebauungspläne „nur in äußerst seltenen Fällen" funktionslos (BVerwG, Urteil v. 3. 12. 1998, a. a. O.). Die von den Antragstellern geschilderte tatsächliche Entwicklung des baurechtlichen Geschehens am südlichen Ortsrand von G. läßt die Annahme einer Funktionslosigkeit (noch) nicht zu. Die Realisierung der im Bebauungsplan Nr. C. getroffenen Festsetzungen erscheint keineswegs „unmöglich". Zwar mag zutreffen, daß inzwischen im Plangebiet die früher von der Kali- und Salz AG genutzten Gebäude und Hallen abgerissen worden sind und insoweit eine Nachnutzung des Baualtbestandes entfallen ist. Die im Vordergrund des Bebauungsplans Nr. C. stehenden Festsetzungen über die Art der Nutzung, also die Zulassung von industrieller und gewerblicher Nutzung, sind jedoch noch unschwer realisierbar. ...

Nr. 60

1. **Festsetzungen eines Bebauungsplans können auch wegen wirtschaftlicher Unzumutbarkeit der zugelassenen Nutzung funktionslos werden und außer Kraft treten.**

2. **Voraussetzung eines Außerkrafttretens wegen wirtschaftlicher Unzumutbarkeit ist, daß eine wirtschaftlich tragfähige Nutzung auf Dauer ausgeschlossen ist und diese Tatsache so offenkundig ist, daß ein in die Fortgeltung der Festsetzung gesetztes Vertrauen nicht mehr schutzwürdig erscheint (in Anlehnung an BVerwGE 54, 5 und 56, 283).**

§ 47 VwGO; Art. 14 GG.

Bayerischer VGH, Urteil vom 25. März 2004 – 25 N 01.308 – (rechtskräftig).

Gegenstand der Normenkontrolle ist der Bebauungsplan „Sondergebiet-Kurgebiet" der Stadt Bad Kissingen. Die Antragsteller machen geltend, daß der Bebauungsplan wegen Unwirtschaftlichkeit der zulässigen Nutzung funktionslos geworden und außer Kraft getreten sei.

Die Antragsteller sind Grundstücks- oder Wohnungseigentümer im Geltungsbereich des Bebauungsplans. Es umfaßt den traditionellen Kurbereich der Antragsgegnerin beidseits der Fränkischen Saale. Den Anstoß für die Aufstellung des Bebauungsplans im Jahre 1970 gab nach der Begründung des Bebauungsplanentwurfs „die erkennbare Tendenz, innerhalb des bisher eindeutig als Kurgebiet abgegrenzten Bereiches Eigentumswohnungsmaßnahmen zu errichten. Die für ein Kurgebiet unabdingbare Forderung, ein Höchstmaß an Ruhe für die Gäste zu gewährleisten, kann" – so die Begründung weiter – „bei einer mehr oder weniger starken Mischung der Art der baulichen Nutzung nicht mehr sichergestellt werden. Die Zufriedenheit und das Wohlbefinden der Kurgäste muß jedoch für einen Badeort oberstes Ziel sein. Dies kann jedoch nur dann erreicht werden, wenn in dem Plangebiet nur reinen Kurzwecken dienende Gebäude unterhalten bzw. errichtet werden."

Zur zulässigen Art der baulichen Nutzung ist im textlichen Teil des Bebauungsplans unter „D. Weitere Festsetzungen" folgendes festgesetzt:

„1. Das Baugebiet wird gemäß § 11 BauNVO als Sondergebiet (Kurgebiet) festgesetzt und dient ausschließlich Kurzwecken.

2. Zulässig sind:
a) Kurhäuser, Sanatorien, Kliniken, Kurhotels, Kurpensionen, Fremdenheime und sonstige Gebäude, die ausschließlich Kurzwecken dienen.

b) Läden und Betriebe, deren Warenangebot und Dienstleistungen auf die Bedürfnisse der Kurgäste abgestimmt sind und deren Ausstattung, Gestaltung und Betriebsführung den besonderen Erfordernissen des Kurgebietes entsprechen."

Aus den Gründen:
A. 3. Die Antragsfrist des §47 Abs. 2 Satz 1 VwGO steht der Zulässigkeit des Normenkontrollantrags nicht entgegen.

Die Bedeutung der Antragsfrist im Falle eines Normenkontrollantrags zur Feststellung der Funktionslosigkeit eines Bebauungsplans ist in der höchstrichterlichen Rechtsprechung bisher nicht entschieden (ausdrücklich offengelassen in BVerwGE 108, 71, 75). Im Schrifttum wird teilweise die Auffassung vertreten, es sei allenfalls denkbar, daß die Antragsfrist mit dem Zeitpunkt des Funktionsloswerdens zu laufen beginne (J. Schmidt, in: Eyermann, VwGO, 11. Aufl. 2000, Anm. 74 zu §47). Beizupflichten ist dieser Auffassung jedenfalls insoweit, als es im Falle funktionslos gewordener Bebauungspläne keinesfalls auf den im Gesetz bestimmten Zeitpunkt für den Fristenlauf – der Bekanntmachung der Rechtsvorschrift – ankommen kann, daß eine direkte Anwendung der Vorschrift also ausscheidet. Andernfalls liefen die intendierte Rechtsschutzfunktion der prinzipalen verwaltungsgerichtlichen Normenkontrolle sowie die ihr vom Gesetzgeber zugedachten prozeßökonomischen Funktionen (vgl. hierzu Kopp/Schenke, VwGO, 13. Aufl. 2003, Anm. 85 zu §47) in den allermeisten Fällen funktionslos gewordener Bebauungspläne leer, weil sich die tatsächlichen Verhältnisse in aller Regel erst über viele Jahre hinweg so gravierend ändern, daß Funktionslosigkeit in Betracht kommt.

Der Senat sieht indes auch für eine entsprechende – auf den Zeitpunkt des Unwirksamwerdens bezogene – Anwendung der Antragsfrist keinen Raum (ebenso z. B. Kopp/Schenke, a. a. O.). Der Bundesgesetzgeber hat die Einführung der Antragsfrist (durch das 6. VwGOÄndG v. 11. 1. 1996, BGBl. I, 1626) damit begründet, daß ohne Befristung eine „erhebliche Beeinträchtigung der Rechtssicherheit" zu befürchten wäre (BT-Drucks. 13/3993, S. 10). Dahinter mag die Überlegung stehen, daß Bebauungspläne, auch wenn sie rechtswidrig zustande gekommen sind, jedenfalls nach einer Zeitspanne von zwei Jahren häufig schon weitgehend vollzogen sind (vgl. hierzu J. Schmidt, in: Eyermann, a. a. O.), was den Gesetzgeber bewogen haben mag, der Rechtssicherheit den Vorrang gegenüber der Gesetzmäßigkeit der Verwaltung (Art. 20 Abs. 3 GG) und der Rechtsschutzgarantie (Art. 19 Abs. 4 GG) einzuräumen. Im Falle einer Veränderung der tatsächlichen Verhältnisse, die zur Funktionslosigkeit eines Bebauungsplans führt, ist diese Interessenlage jedoch ins Gegenteil verkehrt. Das rechtsstaatliche Bedürfnis nach einer prinzipalen Normenkontrolle tritt hier um so deutlicher zu Tage, je mehr sich die tatsächlichen Gegebenheiten von den städtebaulichen Intentionen des Bebauungsplans entfernt haben und je offensichtlicher die Chancen einer Planverwirklichung schwinden; die Zumutung für einen bauwilligen Grundstückseigentümer, sich an einen von der Wirklichkeit überholten Bebauungsplan halten zu müssen, wird größer, während Aspekte der Rechtssicherheit zunehmend in den Hintergrund treten. Schon mit Rücksicht auf den gesetzlichen Zweck des § 47 Abs. 2 Satz 1 VwGO verbietet sich also eine entsprechende Anwendung der zweijährigen Antragsfrist auf funktionslos gewordene Bebauungspläne. Die gegenteilige Auffassung wäre auch mit dem aus Art. 19 Abs. 4 GG herzuleitenden Anspruch auf einen wirkungsvollen, effektiven Rechtsschutz (BVerfGE 40, 272, 275 und 60, 253, 266) kaum zu vereinbaren (vgl. auch Kopp/Schenke, a. a. O.: Aspekt der Rechtssicherheit). Denn in aller Regel wird es nicht möglich sein, den Zeitpunkt exakt zu bestimmen, ab dem sich die tatsächlichen Verhältnisse so massiv geändert haben, daß ein Bebauungsplan rechtswidrig geworden ist (ebenso Kopp/Schenke, a. a. O.). Ergebnis einer entsprechenden Anwendung der Antragsfrist wäre deshalb ein nicht hinnehmbares Dilemma für den Rechtsuchenden: Beschritte dieser den Weg der Normenkontrolle wegen der drohenden Verfristung zu früh, bliebe sein Antrag in der Sache erfolglos, wartete er, um dieses Ergebnis zu vermeiden, zu lange, scheiterte sein Antrag an der Antragsfrist. ...

B. Der Bebauungsplan „Sondergebiet-Kurgebiet" der Antragsgegnerin ist nicht funktionslos geworden und außer Kraft getreten.

1. In der verwaltungsgerichtlichen Rechtsprechung ist anerkannt, daß die Festsetzungen eines Bebauungsplans auf Grund einer Veränderung der zugrunde liegenden tatsächlichen Verhältnisse funktionslos werden und außer Kraft treten können. Nach st. Rspr. des Bundesverwaltungsgerichts (grundlegend BVerwGE 54, 5; vgl. zuletzt BVerwG v. 23. 1. 2003, NVwZ 2003, 749, und v. 9. 10. 2003 – 4 B 85.03 –, Juris-Recherche) tritt eine bauplanerische Festsetzung wegen Funktionslosigkeit außer Kraft, wenn und soweit die Verhältnisse, auf die sie sich bezieht, in der tatsächlichen Entwicklung einen Zustand erreicht haben, der eine Verwirklichung der Festsetzung auf unabsehbare Zeit ausschließt, und die Erkennbarkeit dieser Tatsache einen Grad erreicht hat, der einem etwa dennoch in die Fortgeltung der Festsetzung gesetzten Vertrauen die Schutzwürdigkeit nimmt (BVerwGE 54, 5, LS; vgl. auch BVerwG v. 17. 6. 1993, NVwZ 1994, 281; v. 7. 2. 1997, NVwZ-RR 1997, 513; v. 17. 2. 1997, NVwZ-RR 1997, 512).

Funktionslosigkeit ist dabei vor allem bei Veränderungen der tatsächlichen baulichen Entwicklung im Plangebiet angenommen worden (vgl. aus jüngerer Zeit z. B. BVerwG v. 29. 5. 2001, NVwZ 2001, 1055 – nur noch Wohnhäuser im Dorfgebiet –; VGH BW v. 14. 11. 2002, NVwZ-RR 2003, 407 – planabweichende Verwirklichung eines Vorhabens bei vorhabenbezogenem Bebauungsplan –; NdsOVG v. 24. 4. 2002, ZfBR 2002, 689 – dominierender großflächiger Einzelhandel in Mischgebiet –). Vereinzelt sind auch sonstige tatsächliche Veränderungen als Grund für die Funktionslosigkeit eines Bebauungsplans anerkannt worden. So ist in der Rechtsprechung beispielsweise erwogen worden, dem Begriff der Funktionslosigkeit auch Konstellationen zuzuordnen, in denen die Wiederaufnahme einer seit Jahrzehnten unterbrochenen Nutzung angesichts veränderter politischer Verhältnisse (BVerwGE 99, 166, 171 – Teilung Deutschlands –) oder politischer Entscheidungen (so z. B. OVG NW v. 2. 2. 2000, BauR 2000, 1024 – Sondergebiet „Hauptstadteinrichtungen" der ehemaligen Bundeshauptstadt Bonn –) auf unabsehbare Zeit ausgeschlossen ist. All diesen Fällen ist gemein, daß tatsächliche Veränderungen – seien es planabweichende bauliche Entwicklungen, seien es Veränderungen sonstiger, z. b. politischer Rahmenbedingungen – den Festsetzungen des Bebauungsplans die Fähigkeit nahmen, die städtebaulichen Entwicklung in einer bestimmten Richtung zu steuern (vgl. BVerwG v. 17. 2. 1997, NVwZ-RR 1997, 512).

2. Indes ist die Möglichkeit eines Außerkrafttretens bauplanerischer Festsetzungen nicht auf diese Fälle beschränkt. Die Festsetzungen eines Bebauungsplans können ihre städtebauliche Steuerungsfähigkeit auch einbüßen, wenn die tatsächlichen wirtschaftlichen Verhältnisse einen Zustand erreicht haben, der eine Verwirklichung der im Bebauungsplan zugelassenen Nutzungen ausschließt, weil sie auf unabsehbare Zeit wirtschaftlich nicht mehr tragfähig und damit unzumutbar sind. Die Erkennbarkeit dieser Tatsache muß dabei einen Grad erreicht haben, der einem in die Fortgeltung der Festsetzungen gesetzten Vertrauen die Schutzwürdigkeit nimmt.

a) Bereits in einer frühen Entscheidung hat das Bundesverwaltungsgericht ein Außerkrafttreten von Festsetzungen für möglich gehalten, wenn und soweit diese Festsetzungen unter veränderten Umständen in ihrer Ordnungsfunktion so intensiv erschüttert worden sind, daß sie „einfach nicht mehr brauchbar oder als Folge einer im Ergebnis nunmehr schlechterdings nicht mehr vertretbaren Abwägung der betroffenen Belange nicht mehr vertretbar sind" (BVerwG v. 10. 9. 1976, NJW 1977, 405, 406 – Fortgeltung der Festsetzungen eines Bebauungsplans nach kommunaler Gebietsreform –, im Anschluß an BVerwG v. 22. 2. 1974, NJW 1974, 1010 – Fortgeltung der Darstellungen eines Flächennutzungsplans nach kommunaler Gebietsreform –). Außerdem hatte sich das Bundesverwaltungsgericht mit der Frage auseinanderzusetzen, inwieweit Zweifel an der Wirtschaftlichkeit der in einem Bebauungsplan festgesetzten Nutzungen für das Inkrafttreten dieser Festsetzungen von Bedeutung sind (BVerwGE 56, 283, 289 ff.; vgl. auch BayVGH v. 29. 11. 1991, BayVBl. 1992, 721, 723). Das Gericht leitet hierbei aus dem Abwägungsgebot des § 1 Abs. 6 BauGB den Grundsatz ab, daß Zweifel an der Wirtschaftlichkeit dem Inkrafttreten des Bebauungsplans entgegenstehen können, wenn die Festsetzungen mit Rücksicht auf diese Zweifel den Betroffenen nicht zugemutet werden können (BVerwGE 56, 283/LS 4 und 289).

Diese rechtlichen Hürden für das Inkrafttreten eines Bebauungsplans ergeben sich letztlich auch aus höherrangigem Recht, namentlich der Eigentumsgarantie des Grundgesetzes. Als Inhalts- und Schrankenbestimmungen des Eigentums gemäß Art. 14 Abs. 1 Satz 2 GG haben Bebauungspläne vor der Verfassung nicht schon deshalb Bestand, weil sie nach den Vorschriften des Baugesetzbuches zustande gekommen sind. Vielmehr muß die planende Gemeinde sowohl die grundgesetzliche Anerkennung des Privateigentums durch Art. 14 Abs. 1 Satz 1 GG als auch das Sozialgebot des Art. 14 Abs. 2 GG beachten (vgl. BVerfGE 37, 132, 140; 52, 1, 29; 58, 300, 338; 79, 179, 198) und beides in einen gerechten Ausgleich und ein ausgewogenes Verhältnis bringen. Sie ist dabei insbesondere an den verfassungsrechtlichen Grundsatz der Verhältnismäßigkeit und den Gleichheitssatz des Art. 3 Abs. 1 GG gebunden (vgl. BVerfGE 50, 290, 341; 52, 1, 29, 32; 58, 137, 148; 79, 174, 198). In keinem Fall darf der Kernbereich der Eigentumsgarantie ausgehöhlt werden, zu dem sowohl die Privatnützigkeit, also die Zuordnung des Eigentumsobjekts zu einem Rechtsträger, dem es als Grundlage privater Initiative von Nutzen sein soll, als auch die grundsätzliche Verfügungsbefugnis über den Eigentumsgegenstand gehören (BVerfGE 70, 191, 200; 79, 174, 198; 87, 114, 138f.; 91, 294, 308; 100, 226, 241).

b) Die vom Bundesverwaltungsgericht aus dem Abwägungsgebot hergeleiteten, letztlich in der Eigentumsgarantie wurzelnden Anforderungen an die wirtschaftliche Zumutbarkeit von Festsetzungen können im Grundsatz auch Geltung beanspruchen, wenn nicht das Inkrafttreten, sondern – wie vorliegend – das Außerkrafttreten eines Bebauungsplans in Frage steht, der ohne Rechtsverstoß wirksam erlassen worden und in Kraft getreten, aber auf Grund nachträglich geänderter wirtschaftlicher Rahmenbedingungen für die betroffenen Eigentümer möglicherweise unzumutbar geworden ist.

Aus der Grundrechtsbindung gemäß Art. 1 Abs. 3 GG leitet das Bundesverfassungsgericht in st. Rspr. die Pflicht des Gesetzgebers ab, die Wirkungen einer gesetzlichen Regelung zu überprüfen, falls deren Inhalt infolge einer beim Erlaß nicht zuverlässig vorauszusehenden Entwicklung der tatsächlichen Verhältnisse verfassungswidrig werden kann, und diese erforderlichenfalls zu korrigieren (BVerfGE 25, 1, 12f.; 50, 290, 335, 352; 56, 54, 78f.; 82, 353, 380). Kommt der Gesetzgeber dieser Verpflichtung nicht nach, tritt die Norm in Widerspruch zu höherrangigem Recht und wird unwirksam. Diese verfassungsrechtlichen Grundsätze gelten auch für Gemeinden im Rahmen ihrer kommunalen Planungshoheit. Auch deren Grundrechtsbindung ist nicht auf den Zeitpunkt des Inkrafttretens eines Bebauungsplans beschränkt, sondern erstreckt sich auf die gesamte Zeitdauer der Plangeltung. Die Anwendbarkeit grundrechtlicher Maßstäbe für die Frage der Fortgeltung eines Bebauungsplans liegt deshalb auf der Hand. Wirksam zustande gekommene Bebauungspläne sind also auch nach ihrem Inkrafttreten an Grundrechten, namentlich an der Eigentumsgarantie des Art. 14 GG zu messen. Deren Festsetzungen können ihre Wirksamkeit auch auf Grund nachträglich eintretender tatsächlicher Veränderungen der wirtschaftlichen Rahmenbedingungen wegen wirtschaftlicher Unzumutbarkeit der zulässigen Nutzung einbüßen, wenn die durch die Eigentumsgarantie gezogenen Grenzen überschritten werden. Dabei kann offenbleiben, ob die planende Gemeinde auch eine Verpflichtung trifft, die zugrunde liegende Abwägung nach Inkrafttreten des Bebauungsplans aktiv unter Kontrolle zu halten (vgl. hierzu BVerwG v. 24.4.1998, NVwZ-RR 1998, 711) Offenbleiben kann im vorliegenden Normenkontrollverfahren ferner, ob den Antragstellern aus § 1 Abs. 3 BauGB ggf. auch Ansprüche auf Umplanung zustehen können (vgl. BVerwG v. 17.9.2003, NVwZ 2004, 220), und ob die hier angelegten Maßstäbe dabei ebenfalls einschlägig wären.

Die Eigentumsgarantie steht planerischen Festsetzungen nur entgegen, wenn entweder – als absolute Grenze – die Privatnützigkeit des Eigentums beseitigt wird, weil der Eigentümer von seinem Eigentum keinerlei vernünftigen Gebrauch mehr machen und es realistischerweise auch nicht veräußern kann, oder wenn – als relative Grenze – die Beschränkung der Grundstücksnutzung dem Eigentümer aus Gründen der Verhältnismäßigkeit nicht mehr zugemutet werden kann. Konkrete inhaltliche Aussagen darüber, unter welchen tatsächlichen Voraussetzungen eine bauplanerische Festsetzung wegen wirtschaftlicher Unzumutbarkeit funktionslos wird, ergeben sich hieraus allerdings noch nicht (vgl. auch BVerwG v. 24. 4. 1998, NVwZ-RR 1998, 711/ LS 1). Die von der Eigentumsgarantie gezogenen Grenzen bedürfen vielmehr der Konkretisierung und Ausformung durch fachrechtliche Maßstäbe, wie sie insbesondere in der Rechtsprechung des Bundesverwaltungsgerichts zur Funktionslosigkeit von Bebauungsplänen (BVerwGE 54, 5) und zur wirtschaftlichen Unzumutbarkeit planerischer Festsetzungen (BVerwGE 56, 283) herausgearbeitet worden sind.

aa) Ein Außerkrafttreten planerischer Festsetzungen wegen wirtschaftlicher Unzumutbarkeit setzt zum einen voraus, daß der Bebauungsplan den gebotenen Interessenausgleich schlechterdings verfehlt, weil eine wirtschaftlich tragfähige Nutzung auf Dauer ausgeschlossen ist.

Anders als beim Inkrafttreten bauplanerischer Festsetzungen spielt bei der Frage des Außerkrafttretens nur das Abwägungsergebnis, nicht hingegen der Vorgang der Abwägung eine Rolle (BVerwG v. 22. 2. 1974, NJW 1994, 1010, 1013; vgl. auch BVerwG v. 24. 4. 1998, NVwZ-RR 1998, 711). Gefragt werden muß, ob eine Festsetzung nicht fortgelten kann, weil ihr Inhalt den gebotenen Interessenausgleich vollständig verfehlt und „als Folge einer im Ergebnis nunmehr schlechterdings nicht mehr vertretbaren Abwägung der betroffenen Belange nicht mehr vertretbar" ist (BVerwG v. 10. 9. 1976, NJW 1977, 405, 406, unter Bezugnahme auf BVerwG v. 22. 2. 1974, NJW 1994, 1010, 1013), was nur dann anzunehmen ist, wenn die Festsetzung im fraglichen Zeitpunkt unter keinen Umständen hätte erlassen werden dürfen. Schlechterdings unvertretbar ist die Fortgeltung einer Festsetzung nicht bereits deshalb, weil sich Zweifel an der Wirtschaftlichkeit der zugelassenen Nutzung nicht ohne weiteres von der Hand weisen lassen. Erst recht hat die Überprüfung des Abwägungsergebnisses nicht danach zu fragen, ob das Ergebnis Beifall verdient oder gar optimal ist (BVerwGE 56, 283, 289f.). Ebenso wie beim Inkrafttreten planerischer Festsetzungen ist nach den Grundsätzen der Abwägungsfehlerlehre (vgl. BVerwGE 34, 301; 45, 309) vielmehr zu fragen, ob „die objektive Gewichtigkeit" der wirtschaftlichen Interessen der betroffenen Eigentümer „völlig verfehlt wird" (BVerwGE 45, 309, 315; 56, 283, 290). Betrachtungsgegenstand ist dabei die im Bebauungsplan festgesetzte Nutzung. Zu würdigen ist grundsätzlich die Festsetzung in ihrer ganzen Reichweite sowie die Bedeutung, die die Festsetzung für den Plan in seiner Gesamtheit hat (BVerwGE 54, 5, 11). Es kommt nicht auf die Verhältnisse auf einzelnen Grundstücken an (BVerwG v. 17. 2. 1997, NVwZ-RR 1997, 512). Für das Außerkrafttreten einer planerischen Festsetzung ist deshalb grundsätzlich irrelevant, ob bestimmte Eigentümer auf einzelnen Grundstücken diese Nutzungen in ihrer ganz konkreten Ausgestaltung noch wirtschaftlich rentabel ausüben können.

Sofern hinreichend gewichtige städtebauliche Gründe vorliegen, wird die objektive Gewichtigkeit der Eigentümerinteressen nur dann völlig verfehlt, wenn (und soweit) eine rentable Nutzung auf Dauer nicht erwartet werden kann. Wirtschaftliche Unzumutbarkeit liegt nicht bereits deshalb vor, weil die getroffenen Festsetzungen in ihrer Wirtschaftlichkeit nicht ohne weiteres aufgehen, oder gar deshalb, weil sich wirtschaftlichere Festsetzungen denken lassen (BVerwGE 56, 283, 290; BayVGH v. 29.11.1991, BayVBl. 1992, 721, 723). Eine Verengung des Blicks auf betriebswirtschaftliche Kriterien wie beispielsweise Kapitalverzinsung oder marktübliche Rendite hat deshalb auszuscheiden. Überdies sind die Situationsgebundenheit des Eigentums und ggf. auch planerische Vorprägungen des Grundstücks zu berücksichtigen. Hinzu kommt, daß es an verläßlichen Handhaben fehlt, die Wirtschaftlichkeit einer Nutzung vorausschauend zu bestimmen. Die Wirtschaftlichkeit von Grundstücksnutzungen ist erfahrungsgemäß Schwankungen unterworfen. Was sich einer Zeit als wirtschaftlich aufdrängt, kann in einer anderen Zeit evident unwirtschaftlich (geworden) sein. Die sich hieraus ergebenden Risiken sind im Grundsatz Lasten des Eigentums, die mit wirtschaftlichen Chancen korrespondieren, und nicht Lasten der Bauleitplanung (BVerwGE 56, 283, 290). Sie vom Eigentum auf die Bauleitplanung zu verlagern, hieße, die Bauleitplanung in erster Linie auf das Ziel der Wirtschaftlichkeit und nicht, wie das Gesetz es tut, vor allem auf „die städtebauliche Entwicklung und Ordnung" (§ 1 Abs. 3 BauGB) zu verpflichten. Wirtschaftliche Belange sind in der Bauleitplanung gemäß § 1 Abs. 5 Satz 2 Nr. 8 BauGB zwar auch, aber eben nicht vorrangig oder gar ausschließlich zu berücksichtigen. Wirtschaftliche Schwankungen erfordern deshalb in erster Linie Anpassungsleistungen des Eigentümers an die Marktgegebenheiten. Erst wenn eine vertretbare wirtschaftliche Nutzungsperspektive auf Dauer fehlt oder die Nutzung des Eigentums gar wegen andauernder finanzieller Verluste, die auch nicht durch zumutbare Anpassungsleistungen der Eigentümer zu vermeiden sind, zur wirtschaftlichen Last wird (vgl. BVerfGE 100, 226, 243), schlägt eine planerische Festsetzung „praktisch in eine Veränderungssperre" um und bewirkt „im Ergebnis ein unzumutbares Bauverbot auf Dauer" (BVerwGE 56, 283, 291; vgl. auch BayVGH v. 29.11.1991, BayVBl. 1992, 721, 723). Denn in diesem Fall wird eine Verwirklichung der planerischen Festsetzung unterbleiben mit der Folge, daß die zulässige Nutzung an ihrer unzureichenden Wirtschaftlichkeit scheitert (BVerwGE 56, 283, 290). Die Prognose einer fehlenden wirtschaftlich tragfähigen Nutzungsperspektive muß in der aktuellen Situation einen hinreichend manifesten Anklang finden.

bb) Zum anderen kommt ein Außerkrafttreten bauplanerischer Festsetzungen wegen wirtschaftlicher Unzumutbarkeit nur in Betracht, wenn der Mangel so offenkundig ist, daß ein dennoch in die Fortgeltung der Festsetzung gesetztes Vertrauen nicht mehr schutzwürdig erscheint. Ein wesentlicher Unterschied zwischen Inkrafttreten und Inkraftbleiben planerischer Festsetzungen liegt darin, daß bei einem bereits in Kraft getretenen Plan schutzwürdige (Vertrauens-)Interessen Dritter entstanden sind (vgl. BVerwG v. 22.2.1974, NJW 1974, 1010, 1012, sowie BVerwGE 54, 5, 10). Um dieser Drittinteressen Willen kann der bereits in Kraft getretene Plan nicht schon deshalb wieder in Frage gestellt werden, weil sich die Gewichtung der für die Abwägung maßgeblichen Belange (§ 1 Abs. 6 BauGB) nachträglich verändert hat. Insoweit kann dahingestellt bleiben, ob dieses Vertrauen zu einer Art für die Fortgeltung sprechenden Vermutung führt, wie das Bundesverwaltungsgericht erwogen hat (BVerwG v. 22. 2. 1974, a. a. O., S. 1013). In jedem Fall gebietet das schutzwürdige Interesse anderer Normunterworfener, die auf die Fortgeltung der Norm vertrauen und auf Grund dieses Vertrauens möglicherweise erhebliche Investitionen getätigt haben, das Außerkrafttreten planerischer Festsetzungen wegen wirtschaftlicher Unzumutbarkeit denselben strengen Voraussetzungen zu unterwerfen wie in den sonstigen Fällen funktionslos gewordener Bebauungspläne (vgl. auch BVerwGE 108, 71, 76: Funktionslosigkeit nur in äußerst seltenen Fällen). Für ein Außerkrafttreten wegen wirtschaftlicher Unzumutbarkeit muß deshalb die Offenkundigkeit dieses Mangels hinzutreten. Die zur Unwirksamkeit führende wirtschaftliche Unzumutbarkeit auf Dauer muß in den Worten des Bundesverwaltungsgerichts also „in ihrer Erkennbarkeit einen Grad erreicht haben, der einem etwa dennoch in die Fortgeltung der Festsetzung gesetzten Vertrauen die Schutzwürdigkeit nimmt" (BVerwGE 54, 5, 11); sie muß den Verhältnissen gewissermaßen „auf die Stirn geschrieben" sein (OVG NW v. 2. 2. 2000, BauR 2000, 1024, 1026). Das ist grundsätzlich erst dann der Fall, wenn sich die weitere bauliche Entwicklung abweichend vom städtebaulichen Ziel des Bebauungsplans vollzieht (BVerwG v. 11. 12. 2000 – 4 BN 58.00 –, Juris-Recherche), wenn der auf Grund wirtschaftlicher Unzumutbarkeit eingetretene Steuerungsverlust der Festsetzungen also bereits seinen objektiv erkennbaren Niederschlag in Bausubstanz oder Baunutzung gefunden hat.

3. Bei Anwendung dieser Grundsätze ergibt sich, daß der Bebauungsplan „Sondergebiet-Kurgebiet" der Antragsgegnerin nicht funktionslos geworden ist. Der Bebauungsplan hat nicht die Fähigkeit verloren, die städtebauliche Entwicklung des Kurgebiets in die von der Antragsgegnerin gewünschte Richtung zu steuern.

a) Relevante Veränderungen der tatsächlichen baulichen Entwicklung im Kurgebiet, die einer Planverwirklichung objektiv entgegenstehen und zur Funktionslosigkeit geführt haben könnten, liegen nicht vor.

Das Plangebiet hat sein bauliches „Gesicht" nicht wesentlich geändert. Es ist immer noch Kur-Sondergebiet i. S. des § 11 Abs. 2 Satz 2 BauNVO. Die baulichen Anlagen im Kurgebiet sind nach wie vor zwar nicht ausschließlich, aber doch ganz überwiegend zu Kurzwecken genehmigt, wie sich aus dem von der Antragsgegnerin vorgelegten, von den Antragstellern und den Beigeladenen inhaltlich nicht in Frage gestellten Nutzungsplan ergibt. Der Antragsgegnerin ist es deshalb offensichtlich bis heute gelungen, mit dem Bebauungsplan einem sich abzeichnenden Umstrukturierungsdruck erfolgreich entgegenzusteuern und im Kurgebiet entsprechend ihrem Planungsziel insbesondere die Zulassung von Dauerwohnen auszuschließen.

Die baulichen Anlagen werden auch überwiegend plankonform genutzt. Die genehmigte Kurnutzung ist weder durch andere Nutzungen verdrängt worden, noch läuft sie leer. Selbst wenn man den Vortrag der Antragsteller als wahr unterstellt, daß der Anteil der Nichtkurgäste ständig zunehme und mittlerweile ca. 50% betrage, hat der Bebauungsplan seine Steuerungsfunktion hierdurch nicht objektiv eingebüßt. Das gilt unabhängig von der zwischen den Verfahrensbeteiligten streitigen Frage, ob nach dem Bebauungsplan auch eine Beherbergung von Nichtkurgästen zulässig ist und ob zwischen

Kurgästen und Nichtkurgästen überhaupt realistischerweise unterschieden werden kann. Denn die Verhältnisse im Kurgebiet haben auch nach dem Vortrag der Antragsteller und der anderen Verfahrensbeteiligten jedenfalls noch keinen Zustand erreicht, der eine Verwirklichung der Festsetzungen auf unabsehbare Zeit ausschlösse. Selbst wenn die Beherbergungsbetriebe entsprechend der Behauptung der Antragsteller tatsächlich zu 50% von Nichtkurgästen belegt würden, wäre das Gebiet angesichts einer Vielzahl von Kureinrichtungen, Kur-Beherbergungsbetrieben sowie sonstigen auf Kur ausgerichteten Läden und Dienstleistungsangeboten nach wie vor maßgeblich durch die Kurnutzung geprägt. Das Kurgebiet ist nach insoweit unwidersprochenem Vortrag der Antragsgegnerin auch heute noch das „primäre Gewerbegebiet" im Stadtgebiet, und die Antragsgegnerin genießt als Kurort immer noch ein besonderes Renommee (vgl. z. B. SZ v. 25. 2. 2004, S. 36: „Deutschlands bekanntester Kurort rüstet auf – Baden wie Kaiserin Sissi").

Der Defund einer plankonformen Nutzung wird auch nicht in Frage gestellt, wenn „einige Hotelbetriebe für Kurgäste" in jüngster Vergangenheit wegen fehlender Rentabilität geschlossen werden mußten, wie die Antragsteller vorbringen. Fluktuationen, Betriebsaufgaben und punktuelle Leerstände sind dem marktwirtschaftlichen System grundsätzlich immanent. Sie liefern jedenfalls dann keine verwertbaren Anhaltspunkte für einen objektiven Verlust der Steuerungsfähigkeit der Festsetzungen, wenn die festgesetzte Nutzungsart im Plangebiet noch von einer Vielzahl von Grundeigentümern tatsächlich ausgeübt wird (vgl. auch BVerwG v. 17. 2. 1997, NVwZ-RR 1997, 512). Daß dies im Kurgebiet der Antragsgegnerin der Fall ist, haben die Antragsgegnerin und mehrere Beigeladene dargelegt, letztere zum Teil unter ausdrücklichem Hinweis auf ihr besonderes Interesse am Fortbestand der Kurnutzung und an der Fortgeltung des Bebauungsplans. Diese Darlegungen konnten von den Antragstellern nicht substantiiert bestritten werden. Der Umfang der aktuellen Kurnutzung ist auch unter Berücksichtigung der Tatsachenbehauptungen der Antragsteller jedenfalls nicht als völlig marginal anzusehen. Die Antragsteller tragen damit selbst nicht vor, daß die behaupteten Betriebsaufgaben und Leerstände so massiv wären, daß der Bebauungsplan hierdurch seine städtebauliche Gestaltungsfunktion objektiv nicht mehr zu erfüllen vermag. Ein Auseinanderklaffen zwischen Plan und baulicher Wirklichkeit liegt auch insoweit nicht vor.

b) Auch auf Grund veränderter gesundheitspolitischer Rahmenbedingungen ist der Bebauungsplan nicht funktionslos geworden. Insoweit machen die Antragsteller zwar geltend, die Situation im Kurwesen habe sich grundlegend geändert, wofür insbesondere die verschiedenen Gesundheitsreformen der 90er Jahre ausschlaggebend gewesen seien. Zur Funktionslosigkeit führen diese Veränderungen indes nicht.

Der städtebauliche Kurbegriff des § 11 Abs. 2 Satz 2 BauNVO ist ein weiter Begriff. Kureinrichtungen sind nicht nur medizinisch-therapeutische Einrichtungen, sondern Einrichtungen für Kuranwendungen aller Art. Zudem ist der bauplanungsrechtliche Kurbegriff nicht auf Kureinrichtungen im engeren Sinne beschränkt, sondern durch eine ganze Reihe flankierender Zwecke wie insbesondere auch Beherbergung in Beherbergungsbetrieben und sonstigen

Beherbergungseinrichtungen sowie Privathäusern geprägt (zutreffend Söfker, in: Ernst/Zinkahn/Bielenberg/Krautzberger, BauGB, Anm. 36 zu § 11 BauNVO; vgl. auch BVerwG v. 7.9.1984, DVBl. 1985, 120, 121). Im übrigen erachtet der Senat den Kurbegriff der Baunutzungsverordnung innerhalb der vom Verordnungsgeber verfolgten generellen Zwecksetzung, eine Beeinträchtigung der Fremdenverkehrsfunktion zu vermeiden (vgl. hierzu Söfker, a.a.O.), als entwicklungsoffen. Neuere Formen von Gesundheitsdienstleistungen wie beispielsweise Wellness-Angebote sind deshalb grundsätzlich mit umfaßt. Aus all diesen Gründen verbietet es sich, den bauplanungsrechtlichen Kurbegriff auf Kurleistungen im sozialversicherungsrechtlichen Sinne (nunmehr „Maßnahmen der medizinischen Vorsorge und Rehabilitation", §§ 26 ff. SGB IX) zu verengen. Der Bebauungsplan behält seine Funktion deshalb ungeachtet der Gesundheitsreformen der vergangenen Jahre. Er wäre selbst dann nicht obsolet, wenn Kurleistungen ganz aus dem Leistungskatalog der gesetzlichen Sozialversicherung gestrichen würden.

c) Der Bebauungsplan ist schließlich auch nicht wegen wirtschaftlicher Unzumutbarkeit funktionslos geworden. Die von der Eigentumsgarantie gezogenen Grenzen werden durch die Festsetzungen des Bebauungsplans auch unter Berücksichtigung veränderter wirtschaftlicher Rahmenbedingungen nicht verletzt.

Keiner näheren Darlegung bedarf, daß die im Bebauungsplan festgesetzte Kurnutzung die Privatnützigkeit des Eigentums gemäß Art. 14 Abs. 1 Satz 1 GG nicht in Frage gestellt. Dies wäre nur dann der Fall, wenn die betroffenen Grundeigentümer von ihrem Eigentum keinerlei vernünftigen Gebrauch mehr machen und es praktisch auch nicht veräußern könnten. Jegliche sinnvolle Nutzungsmöglichkeit des Grund- und Wohnungseigentums im Kurgebiet ist durch die festgesetzte Kurnutzung aber nicht ausgeschlossen, wie bereits am Beispiel derjenigen Beigeladenen zu sehen ist, die an der festgesetzten Kurnutzung festhalten wollen. Im übrigen existiert im Kurgebiet auch ein Grundstücksmarkt, wie die von der Antragsgegnerin vorgelegten Bodenrichtwerte belegen. Auch wenn die Bodenrichtwerte im Kurgebiet geringfügig unter den Richtwerten in vergleichbaren Stadtteilen der Antragsgegnerin liegen (für das Jahr 2000: 200,– bis 250,– DM im Kurgebiet im Vergleich zu 250,– bis 350,– DM im Gebiet westlich der Fränkischen Saale), kann Grundeigentum damit realistischerweise auch im Wege der Veräußerung wirtschaftlich verwertet werden. Die von einzelnen Beigeladenen aufgestellte Behauptung, ihre Immobilie werde von den Banken als unverkäuflich angesehen, ist angesichts dieser Daten jedenfalls nicht generalisierbar.

Der Bebauungsplan ist aber auch nicht wegen unverhältnismäßiger Beschränkungen einer wirtschaftlichen Grundstücksnutzung funktionslos geworden. Die Festsetzungen des Bebauungsplans sind nach wie vor durch gewichtige Gemeinwohlbelange getragen (aa). Sie schließen eine wirtschaftlich tragfähige Nutzung des Grund- oder Wohnungseigentums weder unter den heutigen Gegebenheiten noch gar auf Dauer aus (bb). Erst recht hat das in die Fortgeltung des Bebauungsplans gesetzte Vertrauen derjenigen Grundeigentümer, die an der Kurnutzung festhalten wollen, nicht seine Schutzwürdigkeit verloren (cc).

aa) Die im Bebauungsplan festgesetzte Nutzungsart eines Kur-Sondergebiets ist durch das städtebauliche Ziel, den traditionellen Kurbereich der Antragsgegnerin zu erhalten, weiterhin gerechtfertigt.

Zweck des Bebauungsplans ist es nach der Begründung des Planentwurfs, der Tendenz, Eigentumswohnungen zum Zwecke des Dauerwohnens zu errichten, entgegenzuwirken, um dadurch ein Höchstmaß an Ruhe für die Kurgäste zu gewährleisten und deren Zufriedenheit und Wohlbefinden sicherzustellen. Das Kurgebiet soll in seiner traditionellen Funktion festgeschrieben und die Bedeutung der Stadt als Kurort aufrechterhalten werden. Diese Zwecksetzung ist ein legitimes städtebauliches Ziel i. S. des § 1 Abs. 1 BauGB, dessen Bedeutung der Gesetzgeber durch die Regelung des § 22 BauGB zusätzlich unterstreicht (vgl. auch BayVGH v. 29. 11. 1991, BayVBl. 1992, 721, 722). Angesichts der Bedeutung, die das Kurgebiet als Investitions-, Umsatz und Arbeitsplatzschwerpunkt für die Wirtschaft der Antragstellerin hat, ist dieses Ziel hinreichend gewichtig, um ggf. auch empfindliche Nutzungsbeschränkungen des Eigentums rechtfertigen zu können. Das gilt um so mehr, als sich Sondergebiete gemäß § 11 Abs. 2 BauNVO „wesentlich" von den Baugebieten nach den §§ 2 bis 10 BauNVO unterscheiden und deshalb im Grundsatz stärkere Eingrenzungen der zulässigen Nutzung erlauben. ...

Die mit dem Bebauungsplan verfolgte Zwecksetzung trägt auch noch heute. Das Kurgebiet stellt nach dem insoweit unwidersprochenen Vortrag der Antragsgegnerin auch heute noch den wichtigsten Wirtschaftszweig im Stadtgebiet dar. Es ist gewissermaßen die wirtschaftliche „Existenzgrundlage" der Antragsgegnerin und überdies ein zentraler Identitätsfaktor („bekanntestes Kurgebiet Deutschlands"). ...

bb) Eine wirtschaftlich tragfähige Nutzung ist nach den Festsetzungen des Bebauungsplans weder unter den heutigen Gegebenheiten unmöglich noch gar auf Dauer ausgeschlossen.

Von den Antragstellern von vornherein nicht in Frage gestellt worden ist die Wirtschaftlichkeit all derjenigen zulässigen Nutzungen im Kurgebiet, die nicht Beherbergung zum Gegenstand haben. Daß Kureinrichtungen im engeren Sinne wie beispielsweise Bewegungsbäder, Massageeinrichtungen, Sanatorien und Kliniken in der heutigen Situation nicht mehr wirtschaftlich rentabel betrieben werden könnten, haben die Antragsteller an keiner Stelle behauptet. Aber auch Läden und Dienstleistungsbetriebe, die nach den Festsetzungen des Bebauungsplans im Kurgebiet zulässig sind, wenn sie speziell auf die Bedürfnisse der Kurgäste ausgerichtet sind und in Ausstattung, Gestaltung und Betriebsführung den besonderen Erfordernissen des Kurgebietes entsprechen, haben die Antragsteller allenfalls pauschal und unsubstantiiert in ihre Unwirtschaftlichkeitsbehauptung einbezogen. Damit konnte der Senat auch ohne Beweisaufnahme davon ausgehen, daß die Antragsteller wirtschaftliche Unzumutbarkeit ausschließlich für den Beherbergungssektor geltend machen. Die hilfsweise unter Beweis gestellte Behauptung der Antragsteller, daß der Umsatz pro Kurgast stark rückläufig sei und sich seit 1995 um mindestens 30 % reduziert habe, stellt dieses Ergebnis ebenfalls nicht substantiiert in Frage und kann als wahr unterstellt werden. Und auch die Behauptung einzelner Beigeladener, daß bestimmte Therapieformen faktisch weggefallen seien, die eine wesentliche Einnahmequelle ihrer Betriebe dargestellt hätten, rechtfertigt nicht die Annahme, daß Kureinrichtungen im engeren Sinne nicht mehr wirtschaftlich betrieben werden könnten und die festgesetzte Kurnutzung deshalb insgesamt funktionslos geworden wäre. Denn für die Frage der wirtschaftlichen Unzumutbarkeit kommt es – wie oben dargelegt – nicht darauf an, ob die Festsetzungen von bestimmten Eigentümern in der von ihnen konkret gewählten Betriebsform wirtschaftlich zumutbar ausgenutzt werden kann. Zu würdigen ist grundsätzlich vielmehr die Festsetzung in ihrer ganzen Reichweite sowie die Bedeutung, die die Festsetzung für den Plan in seiner Gesamtheit hat (BVerwGE 54, 5, 11).

Von daher ist schon fraglich, ob die Antragsteller mit ihrer Behauptung, der Bebauungsplan sei wegen wirtschaftlicher Unzumutbarkeit funktionslos geworden, überhaupt durchdringen können, wenn sie Unwirtschaftlichkeit im wesentlichen lediglich für den Beherbergungssektor geltend machen, während zur Wirtschaftlichkeit aller übrigen im Baugebiet zulässigen Nutzungen keine Zweifel vorgetragen worden und auch sonst nicht ersichtlich sind. Diese Frage kann aber vorliegend auf sich beruhen. Dahingestellt bleiben kann ferner, ob Beherbergung nach den Festsetzungen des Bebauungsplans ausschließlich zu Kurzwecken zulässig ist, wovon die Antragsteller ausgehen, oder ob alle Arten von Beherbergung, die nicht Dauerwohnen darstellen, im Sinne eines „Areals des Gastes" zulässig sind, wie die Antragsgegnerin meint und dies nach ihrem eigenen Bekunden in ständiger Verwaltungspraxis auch so handhabt. Denn nach dem Sachvortrag der Antragsteller fehlen auch Anhaltspunkte dafür, daß Kur-Beherbergung im engeren Sinne im Kurgebiet der Antragstellerin nicht mehr in wirtschaftlich vertretbarer Weise betrieben werden könnte.

Als von Unwirtschaftlichkeit besonders betroffen sehen die Antragsteller in erster Linie private Beherbergungsbetriebe an, die ihre Häuser nicht auf Grund von Verträgen mit Sozialversicherungsträgern belegen können. ... Demgegenüber räumen die Antragsteller selbst ausdrücklich ein, daß Betriebe im Kurgebiet, die über Belegungsverträge mit Rentenversicherungsträgern verfügen oder selbst von Rentenversicherungsträgern geführt werden, eine nahezu 100%ige Auslastung aufweisen. Mit diesem Sachvortrag geben die Antragsteller zu erkennen, daß sie eine wirtschaftlich rentable Beherbergung von Kurgästen in bestimmten Fällen durchaus für realistisch halten. Auch insoweit kann der Senat deshalb ohne weitere Sachverhaltsaufklärung davon ausgehen, daß eine wirtschaftlich vertretbare Ausnutzung des Grundeigentums im Kurgebiet der Antragsgegnerin auch im Beherbergungsgewerbe nicht generell ausgeschlossen ist, daß die Festsetzungen des Bebauungsplans also nur bei bestimmten Betriebsarten und -größen zu wirtschaftlichen Problemen führen können, im übrigen aber eine vernünftige Bewirtschaftung des Grundeigentums ermöglichen.

Dieses Ergebnis wird durch die im Kurgebiet tatsächlich anzutreffenden Nutzungen bestätigt, die zumindest indizielle Rückschlüsse auf ihre wirtschaftliche Tragfähigkeit zulassen. ...

Erst recht ist nichts dafür ersichtlich, daß eine wirtschaftlich tragfähige Nutzung auf „unabsehbare Zeit" oder „auf Dauer" ausgeschlossen wäre. ...

cc) Schließlich fehlt es an der mit Blick auf das schutzwürdige Vertrauen anderer Grundeigentümer zu fordernden Offenkundigkeit der wirtschaftlichen Unzumutbarkeit.

Die Schutzwürdigkeit des Vertrauens Dritter kann nach der Rechtsprechung (BVerwG v. 11.12.2000, a.a.O.) grundsätzlich nur verloren gehen, wenn der wirtschaftlich bedingte Steuerungsverlust der Festsetzungen bereits in Bausubstanz oder Baunutzung seinen objektiven Niederschlag gefunden hat. Insoweit kann auf die Ausführungen oben verwiesen werden, wonach die tatsächliche bauliche Entwicklung einschließlich der tatsächlich ausgeübten Nutzungen im Kurgebiet der Antragsgegnerin nach wie vor plankonform verläuft.

Aber selbst wenn man auf eine äußere Manifestation des Mangels als Voraussetzung für Funktionslosigkeit verzichtete, müßte die wirtschaftliche Unzumutbarkeit der zugelassenen Nutzungsmöglichkeiten zumindest in anderer Weise so offenkundig geworden sein, daß ein in die Fortgeltung der Festsetzungen gesetztes Vertrauen nicht mehr schutzwürdig erschiene. Das ist hier nicht der Fall. Wie bereits erwähnt, haben etliche Betriebe auf die veränderten wirtschaftlichen Gegebenheiten mit zum Teil beträchtlichen Investitionen reagiert. Darüber hinaus hat auch die öffentliche Hand in den zurückliegenden Jahren erheblich investiert und damit jedenfalls zur Steigerung der Attraktivität des Kurgebiets beigetragen. Diese im Vertrauen auf die Geltung des Bebauungsplans unternommenen Investitionen wären nur dann nicht schutzwürdig, wenn die Sinnlosigkeit plankonformen Verhaltens offenkundig wäre. Dafür fehlt aber nach dem oben Gesagten jeder Anhaltspunkt. Es liegt deshalb auf der Hand, daß der Bebauungsplan „Sondergebiet-Kurgebiet" der Antragsgegnerin, in dessen Geltungsbereich eine Vielzahl von Betrieben ihre wirtschaftliche Existenz haben und im Vertrauen auf die Fortgeltung des Bebauungsplans zum Teil erhebliche Investitionen getätigt haben, nicht allein deshalb aufgegeben werden kann, weil einige Betrieben derzeit unwirtschaftlich betrieben werden, oder gar, weil sich einige Grund- und Wohnungseigentümer durch den Wegfall der Nutzungsbeschränkung auf Kurnutzung eine rentablere Nutzung erhoffen. Dies gilt um so mehr, als dieses Kalkül möglicherweise gar nicht aufgeht, weil die vorgetragene Befürchtung der Antragsgegnerin, die Kurstadt büße mit einer Zulassung des Dauerwohnens über kurz oder lang ihr Profil, aber auch ihre spezifische wirtschaftliche Kraft als Kurort ein, jedenfalls nicht unplausibel erscheint.

Nr. 61

Ein Normenkontrollverfahren wegen einer Veränderungssperre erledigt sich nicht nach zwei Jahren durch Zeitablauf, wenn die Gemeinde zuvor die Geltungsdauer der Veränderungssperre verlängert hat.

Bundesverwaltungsgericht, Urteil vom 19. Februar 2004 – 4 CN 16.03 –.

(OVG Nordrhein-Westfalen)

Abgedruckt unter Nr. 11.

Nr. 62

Bei der Entscheidung, ob ein der Normenkontrolle durch das Oberverwaltungsgericht unterliegender Bebauungsplan (§ 47 Abs. 1 Nr. 1 VwGO, § 10 BauGB) vorläufig außer Vollzug gesetzt werden soll (§ 47 Abs. 6 VwGO), ist mit Blick auf die demokratische Legitimation der Mitglieder des Stadt- oder Gemeinderats und die regelmäßig weit reichenden Folgen einer solchen Entscheidung ein strenger Maßstab anzulegen.

Da sich der Wortlaut des § 47 Abs. 6 VwGO an die Bestimmung über den Erlaß einstweiliger Anordnungen durch das Bundesverfassungsgericht (§ 32 BVerfGG) anlehnt, lassen sich die in der Rechtsprechung hierzu entwickelten Grundsätze auch in dem Zusammenhang nutzbar machen.

Ein „schwerer Nachteil" für den Antragsteller i.S. des § 47 Abs. 6 VwGO kann nur aus einer negativen Betroffenheit eigener Interessen, nicht aber aus der Beeinträchtigung sonstiger Belange oder gar von Interessen Dritter hergeleitet werden.

VwGO §§ 47 Abs. 6, 80 a; BauGB §§ 212 a, 215 a; BVerfGG § 32.

OVG des Saarlandes, Beschluß vom 16. September 2004 – 1 U 5/04 – (unanfechtbar).

Die Antragstellerin wendet sich gegen die geplante Errichtung einer Seniorenresidenz auf einem Nachbargrundstück. Grundlage der hierfür erteilten Baugenehmigung ist ein von der Antragsgegnerin erlassener vorhabenbezogener Bebauungsplan, dessen Ungültigerklärung die Antragstellerin in einem anhängigen Normenkontrollverfahren erstrebt. Gegen die Baugenehmigung für das Vorhaben hat die Antragstellerin Nachbarrechtsbehelfe erhoben; ein Antrag auf Anordnung der aufschiebenden Wirkung ihres Widerspruchs blieb indes erfolglos.

Mit Blick auf die zwischenzeitlich stattfindende Bauausführung hat die Antragstellerin zusätzlich die vorläufige Außervollzugsetzung des Bebauungsplans bis zum Abschluß des Normenkontrollverfahrens beantragt.

Aus den Gründen:

Der gemäß § 47 Abs. 6 VwGO statthafte Antrag der Antragstellerin, den Vorhaben- und Erschließungsplan „Seniorenresidenz A.-Pfad" vorläufig außer Vollzug zu setzen, muß erfolglos bleiben.

Dem Umstand, daß sich die Antragsgegnerin zwischenzeitlich entschlossen hat, nach der Nachholung einer vor der im Normenkontrollantrag in Bezug genommenen Bekanntmachung am 21.7.2004 ursprünglich nicht vorgenommenen Anzeige beim Ministerium für Umwelt den auf die Ausräumung von Wirksamkeitsmängeln nach § 215 a BauGB (a.F.) zielenden Satzungsbeschluß erneut ortsüblich bekanntzumachen, berührt die Zulässigkeit des zu diesem Zeitpunkt bereits anhängig gemachten Normenkontrollantrags der Antragstellerin nicht und bleibt im Ergebnis für das Verfahren ohne Bedeutung (vgl. dazu OVG des Saarlandes, Urteil v. 9.5.2003 – 2 N 2/03 –, SKZ 2003, 201, Leitsatz Nr. 49, wonach eine nachträgliche Inkraftsetzung eines inhaltlich unveränderten Bebauungsplans während eines bereits anhängigen Normenkontrollverfahrens nichts daran ändert, daß diese Planung nach wie vor Gegenstand des Rechtsstreits bleibt, insoweit unter Verweis auf BVerwG, Urteil v. 21. 10. 1999 – 4 CN 1.98 –, BRS 62 Nr. 51; siehe im übrigen OVG des Saarlandes, Beschluß v. 19. 3. 2002 – 2 U 2/02 –, SKZ 2002, 300, Leitsatz Nr. 49, wonach ein Antrag nach § 47 Abs. 6 VwGO bereits vor Einleitung eines Normenkontrollverfahrens zulässiger Weise gestellt werden können soll; dazu auch Kopp/Schenke, VwGO, 13. Aufl. 2003, § 47 Rdnr. 149).

Eine dem Begehren der Antragstellerin auf Aussetzung dieses Bebauungsplans, der in seiner ursprünglichen, am 30. 6. 1998 beschlossenen Fassung bereits Gegenstand gerichtlicher Normenkontrollverfahren war (vgl. dazu OVG des Saarlandes, Urteile v. 28. 3. 2000 – 2 N 3/99 – und – 2 N 8/99 –, SKZ 2000, 217, Leitsatz Nr. 57, letzteres geändert auf die von der Antragstellerin durchgeführte Revision durch BVerwG, Urteil v. 21. 3. 2002 – 4 CN 14.00 –, BRS 65 Nr. 17, vgl. dazu auch die Mitteilung in der Leitsatzübersicht in SKZ 2002, 295, vor Leitsatz Nr. 38), Rechnung tragende einstweilige Anordnung ist weder zur Abwehr schwerer Nachteile noch aus anderen wichtigen Gründen dringend geboten.

Wie diese Formulierungen in § 47 Abs. 6 VwGO verdeutlichen, ist nach dem Willen des Gesetzgebers bei der Entscheidung, ob ein der Normenkontrolle durch das Oberverwaltungsgericht unterliegender Bebauungsplan (§ 47 Abs. 1 Nr. 1 VwGO, § 10 BauGB) vorläufig außer Vollzug gesetzt werden soll, mit Blick auf die demokratische Legitimation des Normgebers – hier der Mitglieder des Stadtrats der Antragsgegnerin – und die regelmäßig weitreichenden Folgen einer solchen Entscheidung ein besonders strenger Maßstab anzulegen (st. Rspr., vgl. etwa OVG des Saarlandes, Beschlüsse v. 18. 9. 2003 – 1 U 1/03 –, SKZ 2004, 84, Leitsatz Nr. 36, und v. 17. 7. 1992 – 2 Q 2/92 –, n. v.; entsprechend für Polizeiverordnungen Beschluß v. 6. 7. 1992 – 1 Q 1/92 –, DÖV 1992, 1019, insoweit jeweils noch zu § 47 Abs. 8 VwGO a. F.). Die Anforderungen an eine vorläufige Regelung auf der Grundlage des § 47 Abs. 6 VwGO gehen daher deutlich über das hinaus, was der Erlaß einer einstweiligen Anordnung nach § 123 Abs. 1 VwGO voraussetzt. Auf die im Einzelfall für die Ungültigkeit der Norm vorgebrachten Gründe kommt es dabei regelmäßig nicht an, sofern sich – wie hier – die Frage nach den Erfolgsaussichten des Normenkontrollantrags auf der Grundlage der in einstweiligen Rechtsschutzverfahren generell allein möglichen summarischen Überprüfung der Sach- und Rechtslage nicht – in der einen oder anderen Richtung – eindeutig beantworten läßt.

Da sich der Wortlaut des § 47 Abs. 6 VwGO an die Bestimmung über den Erlaß einstweiliger Anordnungen durch das Bundesverfassungsgericht (§ 32 BVerfGG) anlehnt, lassen sich die in der Rechtsprechung hierzu entwickelten Grundsätze auch in dem Zusammenhang nutzbar machen. Daher ist für die gebotene Abwägung der beteiligten Interessen zunächst grundsätzlich auf die Vor- und Nachteile abzustellen, die eintreten, wenn die Anordnung antragsgemäß ergeht, der Bebauungsplan sich später indes als gültig erweist. Ihnen sind die Folgen gegenüberzustellen, die sich ergeben, wenn die Norm vollzogen wird, sich aber später deren Ungültigkeit herausstellt (vgl. dazu etwa die Rechtsprechungsnachweise bei Kopp/Schenke, VwGO, 13. Aufl. 2003, § 47

Rdnr. 148, mit Fußn. 256; kritisch zu einer solchen Folgenabwägung mit (lediglich) Evidenzkontrolle der Gültigkeit hingegen Schoch, in: Schoch/Schmidt-Aßmann/Pietzner, VwGO, Loseblatt, Stand: Januar 2003, §47 Rdnr. 153 ff.). Dabei ist – was das Interesse der Antragstellerin anbelangt – festzuhalten, daß die Geltendmachung einer dringenden Notwendigkeit der einstweiligen Anordnung zur „Abwehr schwerer Nachteile" nach der Rechtsprechung ungeachtet des objektiven Charakters des Normenkontrollverfahrens dem Individualrechtsschutz dient, so daß ein solcher „schwerer Nachteil" nur aus einer negativen Betroffenheit eigener Interessen, nicht aber aus der Beeinträchtigung sonstiger Belange oder gar von Interessen Dritter hergeleitet werden kann (vgl. dazu etwa OVG des Saarlandes, Beschlüsse v. 22. 1. 2001 – 2 U 4/00 –, SKZ 2001, 193, Leitsatz Nr. 2, und v. 19. 3. 2002 – 2 U 1/02 – und – 2 U 2/02 –, SKZ 2002, 300, Leitsatz Nr. 49).

Ein überwiegendes Außervollzugsetzungsinteresse der Antragstellerin ergibt sich auf dieser Grundlage nicht. Diese wendet sich in der Sache gegen die gegenwärtig im Gange befindliche Ausführung der den Gegenstand des Vorhaben- und Erschließungsplans bildenden Altenwohnanlage („Seniorenresidenz") auf einer Teilfläche des ihrem Anwesen südöstlich benachbarten Grundstücks durch die Beigeladene. In Rahmen des angesprochenen Folgenbetrachtung ist für eine Außervollzugsetzung eines Bebauungsplans jedoch kein Raum mehr, wenn die Bauarbeiten an einem Vorhaben, dessen Realisierung der Antragsteller des Normenkontrollverfahrens verhindern möchte, auf der Grundlage einer vollziehbaren Baugenehmigung durchgeführt werden. Die Außervollzugsetzung eines Bebauungsplans nach §47 Abs. 6 VwGO würde lediglich ab dem Entscheidungszeitpunkt („ex nunc") rechtliche Wirkungen entfalten, verhinderte lediglich eine zukünftige Umsetzung des Bebauungsplans und bliebe daher auf die Ausnutzbarkeit erteilter Baugenehmigungen ohne Einfluss (vgl. etwa OVG des Saarlandes, Beschlüsse v. 3. 7. 1991 – 2 Q 6/90 –, v. 22. 5. 1996 – 2 V 2/96 –, v. 22. 1. 2001 – 2 U 4/00 –, SKZ 2001, 193, Leitsatz Nr. 2, und v. 19. 3. 2002 – 2 U 1/02 – und – 2 U 2/02 –, SKZ 2002, 300, Leitsatz Nr. 49). In diesen Fällen treten die von dem die Aussetzung des Bebauungsplans Begehrenden befürchteten „besonderen Nachteile" i. S. des §47 Abs. 6 VwGO bereits auf Grund der Ausnutzung einer erteilten und vollziehbaren Baugenehmigung ein.

Nach gegenwärtigem Erkenntnisstand ist davon auszugehen, daß die von der Beigeladenen betriebenen Bauarbeiten der Errichtung einer Altenwohnanlage in Ausnutzung der ihr vom Oberbürgermeister der Antragsgegnerin in seiner Funktion als Untere Bauaufsichtsbehörde (damals §62 Abs. 1 LBO 1996) 1999 erteilten Baugenehmigung für den „Neubau einer Seniorenresidenz" dienen. Diese Bauerlaubnis ist ungeachtet des von der Antragstellerin dagegen eingelegten Widerspruchs, über den nach ihren Angaben der Stadtrechtsausschuß noch nicht entschieden hat, vollziehbar (§212a Abs. 1 BauGB). Den Antrag auf Anordnung der aufschiebenden Wirkung ihres Rechtsbehelfs hat das Verwaltungsgericht des Saarlandes mit ausführlicher Begründung zurückgewiesen und dabei alternativ auch für den (unterstellten) Fall einer Ungültigkeit des streitigen Vorhaben- und Erschließungsplans eine für den Erfolg jeden Nachbarrechtsbehelfs unabdingbare Verletzung subjektiver Rechte im Falle der Antragstellerin verneint. Der dagegen gerichtete Antrag der Antragstellerin auf Zulassung der Beschwerde blieb erfolglos.

Die in der Antragsbegründung enthaltene Behauptung der Antragstellerin, die Beigeladene betreibe nicht die Errichtung des 1999 genehmigten Vorhabens, kann nach gegenwärtigem Erkenntnisstand nicht nachvollzogen werden. Daß die Beigeladene „überarbeitete Planunterlagen" eingereicht und diese zum Gegenstand eines Nachtragsbaugesuchs gemacht hat, steht dem nicht entgegen. Über diesen Antrag ist ersichtlich noch nicht entschieden und es kann nicht unterstellt werden, daß die Beigeladene ohne Erteilung einer entsprechenden Nachtragsbaugenehmigung nicht das bisher mit Bauschein vom 12.3.1999 zugelassene, sondern ein „anderes Vorhaben" ausführt. Sollte eine entsprechende Änderungsgenehmigung erteilt werden, so würde es der Antragstellerin im übrigen mit Blick auf die schon angesprochene Bestimmung des §212a Abs.1 BauGB obliegen, eine subjektive Rechtsverletzung gerade durch die vorgenommene Änderung bzw. die Baugenehmigung in der entsprechend inhaltlich geänderten Form gegebenenfalls im Wege eines (neuerlichen) Antrags auf Anordnung der aufschiebenden Wirkung (§§ 80a, 80 Abs. 5 Satz 1 VwGO) ihres Widerspruchs geltend zu machen.

Vor dem Hintergrund würde der Antragstellerin letztlich sogar ein schutzwürdiges Interesse für das Aussetzungsbegehren (§ 47 Abs. 6 VwGO) fehlen, wenn der Vorhaben- und Erschließungsplan in seiner nunmehrigen Fassung des Ratsbeschlusses vom 6.7.2004 an einem bereits im vorliegenden Verfahren deutlich zu Tage tretenden Gültigkeitsmangel leiden würde.

II. Zulässigkeit von Bauvorhaben

1. Im Bereich eines Bebauungsplanes

Nr. 63

Ein Altenheim mit einer vollstationären Dementenabteilung, deren Appartements nach dem zugrunde liegenden Nutzungskonzept und ihrer Ausstattung auch dort noch ein Mindestmaß an eigenständiger Gestaltung und Sicherung des durch die Wohnung geprägten Lebensbereiches und des häuslichen Lebens ermöglichen und dessen Bewohner jeweils für ein bestimmtes Appartement Nutzungsverträge abschließen, die ohne ihre Zustimmung nicht abgeändert werden können, ist ein Wohngebäude, das ganz oder teilweise der Betreuung und Pflege seiner Bewohner dient und deshalb nach § 3 Abs. 4 BauNVO 1990 in einem reinen Wohngebiet zulässig ist.

BauNVO 1990 § 3 Abs. 2 und 4.

OVG Hamburg, Beschluß vom 27. April 2004 – 2 Bs 108/04 – (rechtskräftig).

Aus den Gründen:
Auf Grund der mit der Beschwerde dargelegten Gründe besteht keine Veranlassung, die Entscheidung des Verwaltungsgerichts über deren Antrag auf Anordnung der aufschiebenden Wirkung ihres Widerspruchs gegen die der Beigeladenen erteilten Baugenehmigung abzuändern. Diese Ausführungen geben keinen Anlaß, im Rahmen der nach §§ 80a Abs. 3, 80 Abs. 5 VwGO gebotenen Abwägung zwischen den rechtlich geschützten Interessen der Antragstellerinnen an einer vorläufigen Einstellung der Errichtung des Bauvorhabens (Neubau eines „Altenwohnheims mit vollstationärer Dementenstation") und den gemäß § 212 a BauGB grundsätzlich mit Vorrang versehenen Interessen der Beigeladenen an einer Ausnutzung der Baugenehmigung dem Aussetzungsinteresse der Antragstellerinnen den Vorrang zu geben. Die mit der Beschwerde erhobenen Rügen lassen nicht erkennen, daß ihr Widerspruch gegen die Baugenehmigung Erfolg haben wird.

1. Soweit die Antragstellerinnen geltend machen, das genehmigte Vorhaben widerspreche den Festsetzungen zur Art der baulichen Nutzung im maßgeblichen Bebauungsplan von 1993, der für das betroffene Grundstück eine Nutzung als reines Wohngebiet festsetzt, wird dies nicht zu einer Aufhebung der der Beigeladenen erteilten Baugenehmigung führen. Zwar vermitteln die Festsetzungen eines Bebauungsplanes über die Art der baulichen Nutzung den jeweiligen Grundstückseigentümern eines Baugebiets kraft ihres Gebietserhaltungsanspruchs einen subjektiven Abwehranspruch gegenüber solchen Bauvorhaben, die den Planfestsetzungen zur zulässigen Art der baulichen Nutzung widersprechen (vgl. z. B. BVerwG, Urteil v. 16.9.1993, BVerwGE 94, 151, 155 ff. = BRS 55 Nr. 110 = BauR 1994, 223). Das Verwal-

tungsgericht hat jedoch zu Recht festgestellt, daß das genehmigte Vorhaben eines Altenheims mit einer Dementenstation ein Wohngebäude i. S. des § 3 Abs. 2 und 4 BauNVO 1990 ist und damit dem im Bebauungsplan festgesetzten reinen Wohngebiet entspricht. Nach § 3 Abs. 4 BauNVO 1990 gehörten zu den in einem reinen Wohngebiet zulässigen Gebäuden auch solche, die ganz oder teilweise der Betreuung und Pflege ihrer Bewohner dienen. Das streitige Vorhaben sei daher insgesamt – auch hinsichtlich der vorgesehenen Ausstattung mit einer vollstationären Dementenstation für 28 Bewohner der Betreuungseinrichtung – als Wohngebäude i. S. des § 3 Abs. 2 BauNVO einzustufen. Nach dem genehmigten Betriebskonzept würden die in dem geplanten Altenheim untergebrachten Personen trotz der bei einem Teil von ihnen zu erwartenden besonders intensiven Pflegebedürftigkeit, insbesondere bei den Demenzerkrankten, dort wohnen und nicht nach Art eines Krankenhauses untergebracht sein.

Diese Erwägungen werden durch die Beschwerdebegründung nicht in Frage gestellt. Die sich aus dem Nutzungskonzept der Beigeladenen wie auch der genehmigten baulichen Gestaltung des Inneren des Gebäudes ergebende Aufenthaltssituation der künftigen Bewohner des Bauvorhabens stellt eine im reinen Wohngebiet nach § 3 Abs. 2 und 4 BauNVO grundsätzlich zulässige Form des Wohnens dar. Der Begriff des „Wohnens" umfaßt unter Berücksichtigung des im Jahre 1990 geänderten Abs. 4 des § 3 BauNVO auch den dauerhaften Aufenthalt altersverwirrter Menschen in Betreuungseinrichtungen, in denen neben der häuslichen Unterbringung auch ein dem persönlichen Bedarf entsprechendes intensives Pflege- und Betreuungsangebot vorhanden ist, selbst wenn in solchen Fällen die Eigengestaltung der Haushaltsführung und des häuslichen Wirkungskreises gegenüber der Betreuung und Pflege der Bewohner eher in den Hintergrund tritt (vgl. Bielenberg, in: Ernst/Zinkahn/Bielenberg, BauGB, Band 5, Stand: Oktober 2003, § 3 BauNVO, Rdnr. 2, 10; Ziegler, in: Brügelmann, BauGB, Kommentar, Band 6, Stand: Oktober 2003, § 3 BauNVO, Rdnr. 16; OVG Lüneburg, Urteil v. 21. 8. 2002, ZfBR 2003, 281 (Leitsatz); Beschluß v. 27. 7. 1994, ZfBR 1995, 107). Maßgeblich ist, daß die in dem Heim befindlichen Personen – mögen sie auch intensiv betreut werden – dort nicht ohne eigene Mitwirkung durch behördliche oder ärztliche Anordnungen eingewiesen werden, nach dem Nutzungskonzept noch ein Mindestmaß an eigenständiger Gestaltung und Sicherung des durch die Wohnung geprägten Lebensbereichs und des häuslichen Lebens vorhanden ist und dieser Lebensbereich zumindest in einem engen räumlichen Umfeld, das auch in einem einzelnen Zimmer bestehen kann, der umfassenden Verfügungsgewalt Dritter, insbesondere der jederzeitigen Möglichkeit einer drittbestimmten Umquartierung innerhalb des Gebäudes oder einer Ausquartierung aus dem Gebäude, entzogen ist (vgl. OVG Hamburg, Beschluß v. 20. 2. 1998, Bs II 46/97 – in VERIS –, Beschluß v. 18. 4. 2002, 2 Bf 96/00 und 114/00; Gelzer/Bracher/Reidt, Bauplanungsrecht, 4. Aufl. 2001, Rdnr. 1448 f.; Bielenberg, a. a. O., § 3 BauNVO Rdnr. 9). Ein Wohnen in diesem Sinne liegt nach der Baubeschreibung der Beigeladenen hinsichtlich aller Heimbewohner vor. Denn danach schließen alle zukünftigen Heimbewohner einschließlich jener, die unmittelbar in die Dementenstation aufgenommen werden, entweder selbst oder unter Mitwirkung des gesetzlichen Vertreters Verträge über die längerfristige Anmietung eines bestimmten Appartements mit dem Heimträger ab, die ohne Zustimmung des Bewohners bzw. des gesetzlichen Vertreters nicht mehr abgeändert werden können. Die Appartements sind durchgängig mit Badezimmer und eigener Küchenzeile ausgestattet und ermöglichen prinzipiell eine autarke Lebensführung wie im eigenen Haushalt. Anderen Heimbewohnern und dem Pflegepersonal gegenüber kann der Zugang zu der privaten Wohnung grundsätzlich verwehrt werden. Die Bewohner haben die Möglichkeit, die Appartements mit eigenen Möbeln auszustatten und nach eigenen Vorstellungen zu gestalten. Zusätzlich zu dem im Vordergrund stehenden Mietverhältnis über den Wohnraum können die Bewohner Verträge über bestimmte Betreuungs- und Pflegedienste abschließen, deren Intensität insbesondere hinsichtlich der Pflegeleistungen je nach dem persönlichen Bedarf angepaßt werden kann. Diese Pflegeleistung rückt dabei hinsichtlich der zukünftigen Bewohner der Dementenstation gegenüber der eigenständig gestalteten häuslichen Lebensführung zwar in den Vordergrund. Dies schließt aber ein – reduziertes – Wohnen in der durch die erforderlichen Pflegemaßnahmen geprägten Umgebung begrifflich nicht aus (vgl. Ziegler, a. a. O., § 3 BauNVO Rdnr. 16). Der Anwendungsbereich des § 3 Abs. 2 und 4 BauNVO findet erst dort seine Grenze, wo auf Grund des im Vordergrund stehenden Klinikcharakters der Einrichtung von einem „Wohnen" nicht mehr gesprochen werden kann (Bielenberg, a. a. O., § 3 BauNVO Rdnr. 8; Reidt, a. a. O., Rdnr. 1455). Dieser Zustand einer krankenhausähnlichen Unterbringung ist (erst) erreicht, wenn die Pflegeeinrichtung auf die medizinische Erkennung und auf die Rehabilitierung zielende Behandlung von Patienten unter dauerhafter ärztlicher Leitung ausgerichtet ist (so auch OVG Lüneburg, Urteil v. 21. 8. 2002, a. a. O.; OVG Hamburg, Beschluß v. 20. 2. 1998, Bs II 46/97). Solches ist vorliegend nicht erkennbar. Ungeachtet der Tatsache, daß die Beigeladene angibt, die Betreuung der demenzerkrankten Bewohner unter modernsten geronto-psychiatrischen Ansätzen und einer speziell an diesem Krankheitsbild ausgerichteten Umgebung vorzunehmen, findet eine medizinische Behandlung durch ständig anwesendes medizinisches Personal gerade nicht statt. Vielmehr wird die medizinische Versorgung durch niedergelassene Ärzte bzw. die Hausärzte der Bewohner auf Grund gesonderter Behandlungsverträge mit diesen oder bei Bedarf durch die Einweisung in Kliniken sichergestellt und hat die Einrichtung keine medizinische Leitung oder Aufsicht. Auch fehlt es dem Bauvorhaben der Beigeladenen an den für Krankenhäuser kennzeichnenden Behandlungs- und Ordinationsräumen.

Hinsichtlich der Dementenstation teilt das Beschwerdegericht nicht die in der Literatur insbesondere von Fickert/Fieseler vertretende Ansicht, wonach „echte Pflegeheime", die der Aufnahme u. a. von Personen mit hochgradigem Verwirrtheitszustand oder Alzheimerscher Krankheit dienen, von vornherein als Langzeitkrankenhäuser anzusehen seien und daher grundsätzlich nicht mehr als Wohngebäude eingestuft werden könnten (Fickert/Fieseler, Baunutzungsverordnung, 10. Aufl. 2002, § 2 Rdnr. 11.7 und 20.2). Diese Auffassung ist vor dem Hintergrund der im Jahre 1990 vorgenommenen Änderung des § 3 Abs. 4 BauNVO mit dem Willen des Verordnungsgebers nicht vereinbar. Mit der Änderung des § 3 Abs. 4 BauNVO reagierte der Verordnungsgeber der BauNVO auf die nahezu einhellig anerkannte Rechtsprechung, die Altenpflegeheime städtebaulich nicht als Wohngebäude eingestuft hatte (vgl. VGH Mannheim, Urteil v. 17.5.1989, ESVGH Bd. 39, 241, 243; Nachweise bei Ziegler, a. a. O., § 3 BauNVO Rdnr. 15, und Bielenberg, a. a. O., § 3 BauNVO Rdnr. 10). Hiermit wollte er klarstellen, daß zum Wohnen auch das Wohnen mit Betreuung und Pflege gehört (BR-Drucks. 354/89 – Beschluß –, zu Art. 1. Nr. 3c, zitiert nach Bielenberg, a. a. O., § 3 BauNVO Rdnr. 2). Dies gilt auch dann, wenn der Betreuungs- und Pflegezweck gegenüber dem Wohnaspekt überwiegt, solange nur die für das Wohnen konstituierenden Merkmale – zumindest im Mindestmaß – noch erfüllt sind (vgl. insofern auch BVerwG, Beschluß v. 25.3.1996, Buchholz 406.12 § 3 BauNVO Nr. 12; OVG Lüneburg, Beschluß v. 27.7.1994, ZfBR 1995, 107).

2. Auch soweit das Verwaltungsgericht ausgeführt hat, die Antragstellerinnen könnten ein Abwehrrecht gegen die angefochtene Baugenehmigung nicht auf Grund der erteilten Befreiungen gemäß § 31 Abs. 2 BauGB von im Bebauungsplan getroffenen Festsetzungen über das Maß der baulichen Nutzung herleiten, rechtfertigt die Beschwerdebegründung keine andere Beurteilung. Die Regelungen der BauNVO zum Maß der baulichen Nutzung haben nicht kraft Bundesrechts nachbarschützende Funktion (vgl. z. B. BVerwG, Urteil v. 23.6.1995, Buchholz 406.19 Nachbarschutz Nr. 128); ob der jeweilige Planungsträger entsprechende Festsetzungen eines konkreten Bebauungsplanes über das Maß der baulichen Nutzung auch zum Schutz der Nachbarn getroffen hat und diese deshalb drittschützend sind, hängt vom Willen des jeweiligen Planungsträgers ab und muß sich aus den Festsetzungen selbst, der Begründung des Planes oder aus einer sonstigen vom Plangeber ausgehenden Willensäußerung ergeben (vgl. BVerwG, Beschluß v. 19.10.1995, Buchholz 406.19 Nachbarschutz Nr. 131). Daß, wie von den Antragstellerinnen mit der Beschwerde geltend gemacht wird, die Festsetzung einer zweigeschossigen Bauweise auf dem Grundstück der Beigeladenen zum Schutz der Nachbarn erfolgt ist, läßt sich weder dem Bebauungsplan und seiner Begründung noch dem im Beschwerdeverfahren vorgelegten Schlußbescheid der Antragsgegnerin über die Behandlung von Einwendungen der Antragstellerinnen im Planaufstellungsverfahren (Bescheid vom 25.5.1993 – BA2/61.36-2/NST 17/OSDF 42 –) entnehmen. In letzterem wird nur hinsichtlich des auf dem Flurstück A vorgesehenen zweigeschossigen Einzelbaukörpers eine Beziehung zum südlich davon gelegenen Flurstück B der Antragstellerinnen hergestellt und zwar (nur) hinsichtlich seines Abstands zu diesem Grundstück und der Erhaltung einer freien Blickrichtung. Bezüglich der zweigeschossigen Bebauung auf dem Flurstück A wird auf die Dimensionierung der gegenüberliegenden Villenbebauung auf der Ostseite der B.-Straße verwiesen. Gegenüber der Lage des im Bebauungsplan vorgesehenen Einzelbaukörpers läßt das Vorhaben der Beigeladenen keine nachteiligen Wirkungen erkennen, da die Bebauung in diesem Bereich plangemäß zweigeschossig ausgeführt werden soll und gegenüber der Baugrenze des Bebauungsplanes um einige Meter zurücktritt. Bezüglich der dreigeschossiges Gestaltung des parallel zur S-Bahn verlaufenden Baukörpers, der mindestens ca. 40 Meter

von der Grenze des Grundstücks der Antragstellerinnen entfernt errichtet wird, lassen sich nachbarschützende Erwägungen des Plangebers hieraus und aus allen weiteren Erwägungen des Plangebers nicht erkennen.

Nr. 64

1. Das Rechtsschutzbedürfnis für einen Nachbar-Eilantrag gegen eine UMTS-Basisstation besteht trotz deren (weitgehender) Fertigstellung fort, weil diese unter Umständen ohne wesentlichen Substanzverlust einstweilen wieder abgebaut werden kann. Das Rechtsschutzbedürfnis besteht erst recht, wenn er sich auch gegen deren Nutzung wendet.
2. Eine UMTS-Basisstation mit einem knapp 10 m hohen Antennenmast und Technikschränken ist nach derzeitigem niedersächsischen Baurecht nicht von der Genehmigungspflicht freigestellt.
3. Wird eine solche Station auf das Flachdach eines Bunkers gestellt, ist Gegenstand der baurechtlichen Beurteilung nur die hinzutretende Anlage.
4. Zu den gebäudegleichen Auswirkungen, welche von einer solchen Station ausgehen können.
5. Für eine solche Anlage kann die Bauaufsichtsbehörde gemäß § 13 Abs. 1 Nr. 6 NBauO eine Ausnahme von der Einhaltung der Grenzabstandsvorschriften erteilen.
6. Nach dem derzeitigen Stand der Dinge gehen von einer solchen Anlage bei Einhaltung der 26. BImSchV keine nachteiligen athermischen Wirkungen aus.
7. UMTS-Basisstationen sind städtebaurechtlich relevante Vorhaben.
8. Sie können in einem reinen Wohngebiet nach § 14 Abs. 2 Satz 2 BauNVO 1990 ausnahmsweise zugelassen werden. Für sie kann grundsätzlich auch gemäß § 31 Abs. 2 Nr. 1 BauGB eine Befreiung erteilt werden.
9. Zum Ortsbild i. S. des § 34 Abs. 1 BauGB.

26. BImSchV; BauGB §§ 31 Abs. 2, 34 Abs. 2; BauNVO § 14 Abs. 2 Satz 2; NBauO §§ 12 a Abs. 1, 13 Abs. 1 Nr. 6.

Niedersächsisches OVG, Beschluß vom 6. Dezember 2004
– 1 ME 256/04 – (rechtskräftig).

Der Antragsteller wendet sich gegen die (zwischenzeitlich weitgehend vollzogene) Errichtung und den Betrieb einer Basisstation für das UMTS-Netz auf dem Flachdach eines südöstlich benachbarten Bunkers.

Der Antragsteller ist Eigentümer eines langgestreckten Grundstücks, welches ebenso wie fast alle dieser Gegend mit einem eineinhalbgeschossigen Wohnhaus mit Satteldach straßenseitig bebaut ist. Mit rd. 14 m grenzt sein Grundstück im Südosten an das Baugrundstück an. Dort steht ein Bunker mit einer Grundfläche von rd. 17 x 17 m und einer

Höhe von etwa 9,85 m. In dessen Erdgeschoß üben Musikgruppen; seine beiden Obergeschosse werden seit dem Jahre 1991 als Verwaltungs- und Röntgenarchiv eines Krankenhauses genutzt. Rd. 55 m westlich des Antragsteller-Grundstücks beginnt das Gelände der Grundschule C. mit eingeschlossenem Spielplatz. Die Gegend ist unverplant.

2004 erteilte die Antragsgegnerin der Beigeladenen die Genehmigung zur Umnutzung des Bunkerdaches und Errichtung eines etwa 9,6 m hohen Antennenträgers nebst drei bis zu 2,50 m hohen Technikschränken. An dem Mast sollen in vier unterschiedlich hohen Ebenen Antennen angebracht werden. Entsprechend dem „Befreiungsantrag" erteilte die Antragsgegnerin in der Baugenehmigung eine „Ausnahme gemäß §34 (2) BauGB", und führte dazu aus: Das Grundstück liege in einem faktischen reinen Wohngebiet. Die Änderung der Dachnutzung berühre Grundzüge der Planung kaum, werde die städtebauliche Entwicklung nicht, das Ortsbild kaum beeinträchtigen. Nachbarliche Belange würden durch die Anlage nicht berührt, die Anforderungen an gesunde Arbeits- und Lebensbedingungen bei einem Betrieb gewahrt, der in Übereinstimmung mit den gesetzlichen Bestimmungen stehe. Eine lückenlose Abdeckung mit Mobilfunk diene den Interessen der Allgemeinheit; ein Alternativstandort außerhalb des Gebietes stehe nicht zur Verfügung.

Aus den Gründen:
Jedenfalls im gegenwärtigen Zeitpunkt, d. h. nach Erteilung des Befreiungsbescheides ist es nicht mehr gerechtfertigt, der Beigeladenen die Ausnutzung der ihr erteilten Baugenehmigungen einstweilen vorzuenthalten.

Für den Eilantrag steht dem Antragsteller unverändert das für seine Stellung und Aufrechterhaltung erforderliche Rechtsschutzbedürfnis zu. Es trifft zwar zu, daß nach st. Rspr. der Bausenate des Niedersächsischen OVG (vgl. z. B. Beschlüsse v. 7. 10. 1977 – I B 92/77 –, Nds.Rpfl. 1978, 97; v. 20. 1. 1982 – 6 B 82/81 –, BRS 39 Nr. 202 = BauR 1982, 372; v. 6. 5. 1982 – 6 B 21/82 –, BRS 39 Nr. 105) das Rechtsschutzbedürfnis für einen Eilantrag entfallen kann, wenn das umstrittene Vorhaben im wesentlichen fertiggestellt worden ist. Das gilt indes nur dann, wenn die vom Nachbarn geltend gemachten Nachteile nur die Bausubstanz, nicht aber auch deren Nutzung betreffen. Der Antragsteller wendet sich gegen die Anlage nicht allein mit der Begründung, der Grenzabstand sei verletzt. Zur Begründung seines Widerspruches hat er vielmehr auch die Nutzung des Vorhabens betreffende Einwendungen erhoben und u. a. die Gefahr vor schädlichen Strahlen sowie den sog. Gebietserhaltungsanspruch (vgl. dazu schon hier BVerwG, Urteil v. 16.9.1993 – 4C 28.91 –, BVerwGE 94, 151 = DVBl. 1994, 284 = BRS 55 Nr. 110 = BauR 1994, 223) geltend gemacht.

Die vorstehend referierte Rechtsprechung beruht zudem auf dem Gedanken, daß im Wege des einstweiligen Rechtsschutzes grundsätzlich nicht verlangt werden kann, eine bereits errichtete Bausubstanz „einstweilen" wieder abzubrechen und dadurch das wirtschaftliche Ergebnis des bisherigen baulichen Tuns irreversibel zu vernichten. Diese Grundsätze greifen dann nicht ein, wenn das Vorhaben zwar schon im wesentlichen fertiggestellt, jedoch ohne wesentlichen Substanzverlust wieder zurückgebaut werden könnte und dem Antragsteller daher u. U. ein Folgenbeseitigungsanspruch entsprechend §80 Abs. 5 Satz 3 VwGO zusteht. Gerade dies kommt hier in Betracht (vgl. auch OVG Münster, Beschluß v. 25. 2. 2003 – 10 B 2417/02 –, ZfBR 2003,

377 = BRS 66 Nr. 89 = BauR 2003, 1011 = NVwZ-RR 2003, 637). Es ist jedenfalls nicht mit der für den Fortfall des Rechtsschutzbedürfnisses allein ausreichenden Sicherheit auszuschließen, daß der Aufbau der Mobilfunksendeanlage ohne allzu großen technischen Aufwand in einer Weise rückgängig gemacht werden kann, welche die angebrachten Antennen sowie den Mast einschließlich Stützkonstruktion nicht, jedenfalls nicht wesentlich schädigt.

Die Beschwerden haben jedoch aus materiellen Gründen Erfolg. ... Dem Verwaltungsgericht ist darin Recht zu geben, daß die für die Beurteilung des Eilantrags maßgeblichen Normen die §§ 80a, 80 Abs. 5 VwGO und nicht § 123 VwGO darstellen. Das angegriffene Vorhaben ist aus mehreren Gründen nicht genehmigungsfrei.

Nrn. 3.8 und 4.2 des Anhangs zur NBauO (vgl. § 69 Abs. 1 NBauO) nehmen das Vorhaben nicht von der Genehmigungspflicht aus. Schon in seinem Beschluß vom 31. 1. 2002 (– 1 MA 4216/01 –, ZfBR 2002, 373 = BRS 65 Nr. 203 = BauR 2002, 772 = NVwZ-RR 2002, 822) hat der Senat angenommen, die in Nr. 4.2 des Anhangs der NBauO genannten Anlagen seien einer Art, welche entweder der Nutzung des Gebäudes dienend zugeordnet sei, wie namentlich Antennenanlagen, Fahnenmasten sowie Blitzschutzanlagen, oder aber ihre Nutzung im Allgemeininteresse geringfügig erweitere – Sirenen und deren Masten –. Nach neuerlicher Überlegung hält der Senat an dieser Auffassung fest und ergänzt sie wie folgt: Schon systematische Gründe führen zur Annahme, daß die hier streitige Anlage ausschließlich über Nr. 3.8 des Anhangs zur NBauO von der Genehmigungspflicht freigestellt sein könnte. Es liegen keine ausreichenden Anhaltspunkte für die Annahme vor, der Gesetzgeber habe Mobilfunkanlagen, welche für gewöhnlich aus vergleichsweise hohen Antennenträgern und zu ihrer Funktionsfähigkeit erforderlichen Technikräumen bestehen, durch zwei verschiedene Vorschriften im Anhang zur NBauO von der Genehmigungspflicht freistellen wollen. Wenn daher die Nr. 3.8 des Anhangs zur NBauO bauliche Anlagen aufführt, welche ausschließlich dem Fernmeldewesen ... dienen, dazu als Beispielsfälle namentlich Transformatoren-, Schalt- und Reglerstationen erwähnt und deren Höhe auf insgesamt 4 m begrenzt, so schließt dies die Annahme aus, daneben sollten in künstlicher Abspaltung des Vorhabens die „Antennenanlagen" gemäß 4.2 von der Genehmigungspflicht freigestellt sein, soweit diese nicht höher als 10 m seien.

Diese Auffassung wird indirekt bestätigt durch den Entwurf der Landesregierung eines Gesetzes zur Änderung der Niedersächsischen Bauordnung vom 10. 6. 2004 (LT-Drucks. 15/1100). Dessen Art. 1 Nr. 8a) lautet:
„Nr. 4.2 erhält folgende Fassung:
,4.2 Antennen einschließlich der Masten bis 10 m Höhe und zugehöriger Versorgungseinheiten bis 10 m^3 Brutto-Rauminhalt (Antennenanlagen) sowie die mit deren Errichtung und Nutzung verbundene Änderung der Nutzung oder der äußeren Gestalt bestehender baulicher Anlagen, in, auf oder an denen diese Antennenanlagen errichtet werden'".

Die Begründung (A.I.) behauptet zwar, durch die Neuregelung solle lediglich eine „Klarstellung" geschehen. Das gilt jedoch nur hinsichtlich der ggf. erforderlichen Nutzungsänderung. Dieser Gesetzentwurf zeigt vielmehr, daß mit den bislang isoliert erfaßten „Antennenanlagen" nicht auch solche gemeint gewesen sein können, welche wie namentlich Mobilfunk- und UMTS-Anlagen zu ihrer Funktionsfähigkeit weitere ins Gewicht fallende Versorgungseinheiten benötigen.

Die Genehmigungspflicht folgt des weiteren aus §§ 68 Abs. 1, 2 Abs. 5 NBauO. Mit der bereits bewerkstelligten Ingebrauchnahme des Daches erhält das Dach des Bunkergebäudes eine neue Nutzung. Diese ist nicht gemäß § 69 Abs. 4 Nr. 1 NBauO von der Genehmigungspflicht freigestellt. Das ergibt sich aus mehreren Gründen. Zum einen ist zu prüfen, ob das Vorhaben den Anforderungen der 26. BImSchV genügt. Der Umstand, daß dies in aller Regel zu bejahen ist, läßt entgegen der Auffassung von Reimer (NVwZ 2004, 146, 153) nicht den Schluß zu, damit würden im Ergebnis doch keine anderen Anforderungen an die Dachnutzung gestellt, als sie bisher gegolten haben. Das mag den Gesetzgeber u. U. berechtigen, solche Anlagen vom Genehmigungserfordernis freizustellen. Solange dies nicht geschehen ist, bleibt es dabei, daß die neue Nutzung andere Fragen aufwirft, als sie bei der Nutzung des Daches bisher zu beantworten waren.

Es kommt hinzu, daß die Nutzung durch eine UMTS-Antenne eine sonstige gewerbliche Nutzung darstellt. Eine solche ist im Bunkergebäude bislang nicht vorhanden. Die Nutzung als Krankenhausarchiv sowie als Übungsraum für Musikgruppen hält sich in dem durch § 3 Abs. 3 Nr. 2 BauNVO 1990 (Anlagen für gesundheitliche und für kulturelle Zwecke) gesetzten Ausnahmerahmen. Sonstige gewerbliche Nutzung ist in einem reinen Wohngebiet hingegen nicht einmal ausnahmsweise zulässig. Auch das nötigt zur Annahme, daß es sich um ein genehmigungspflichtiges Vorhaben handelt und dementsprechend Nachbarschutz gemäß §§ 80a, 80 Abs. 5 VwGO zu gewähren ist.

Entgegen der Annahme des Verwaltungsgerichts unterliegt nicht das gesamte Bunkergebäude nebst aufgesetzter Basisstation und Antennenmast der baurechtlichen Beurteilung. Diese hat sich vielmehr auf die neu hinzutretenden Sendeanlagen zu beschränken. In seinem Beschluß vom 31. 1. 2002 (– 1 MA 4216/01 –, BRS 65 Nr. 203 = BauR 2002, 772 = NVwZ-RR 2002, 822) hatte der Senat die Genehmigungsbedürftigkeit zwar auf das gesamte (Scheunen-)Gebäude erstreckt, in welches der Technikraum eingefügt und auf das die Antennenanlage gestellt worden war. Grund hierfür war indes der Umstand, daß das bislang landwirtschaftlich genutzte Gebäude nunmehr – jedenfalls zu wesentlichen Teilen – durch den Einbau der technischen Versorgungseinheit einem anderen Zweck zugeführt worden war und der Einbau des Technikraums eine statische Neuberechnung des Scheunengebäude erforderlich gemacht hatte. Dies ist hier entgegen der Annahme des Verwaltungsgerichts und des Antragstellers ersichtlich anders. Als Bunkergebäude ist es in einem derartigen Umfang armiert, daß sein Dach deutlich höhere Lasten als insgesamt 1 bis $1^{1}/_{2}$ t tragen kann, ohne daß ernstlich die Gefahr eines Teileinsturzes besteht. Wäre das nicht der Fall, hätte der Eigentümer des Grundstücks dieses Gebäude sicherlich längst abreißen und durch einen weit profitableren Bau ersetzen lassen. Dementsprechend beschränkt sich die statische Prüfung, welche die Beigeladene eingereicht hat, allein auf die Standfestigkeit der auf dem Dach anzubringenden Anlagen. Irgendein Anlaß,

Nr. 64

eine Berechnung des Gesamtgebäudes mit aufstehender Antennenanlage durchzuführen, bestand nicht. Die nunmehr aufgestellte Behauptung des Antragstellers, das Bunkergebäude habe im Laufe des Krieges einen Volltreffer erhalten und bedürfte aus diesem Grunde wegen des Aufbaues der UMTS-Anlage in statischer Hinsicht einer neuen Überprüfung, ist zu unsubstantiiert. Selbst wenn das Gebäude einen solchen Treffer erhalten haben sollte – Belege dazu fehlen –, würde dies nicht die Annahme rechtfertigen, dadurch sei die Gebäudesubstanz in einem solchen Umfang zerrüttet worden, daß selbst für einen Bunker so vergleichsweise geringe Gewichte wie eine Tonne auf dem Flachdach nicht untergebracht werden könnten, ohne sich durch Überprüfung der Tragfähigkeit zu versichern.

Das Gebäude wird auch im übrigen lediglich als „Sockel" benutzt. Zu den Antennenanlagen gelangt man über eine außen angebrachte Treppe. Denn das Dach weist – schon wegen des ursprünglichen Zweck dieses Gebäudes – keine Öffnung auf.

Die Auffassung, daß sich die baurechtliche Beurteilung allein auf den neu hinzutretenden Bauteil zu beschränken hat, steht auch in Übereinstimmung mit der sonstigen Rechtsprechung des Niedersächsischen OVG. In seinem Beschluß vom 5.9.2002 (– 1 ME 183/02 –, BauR 2003, 77 = BRS 65 Nr. 117) hat der Senat u.a. ausgeführt, §99 Abs. 3 NBauO sei zu entnehmen, daß bei einer Erweiterung des Gebäudes der Prüfungsgegenstand im Baugenehmigungsverfahren begrenzt sei. Nach dieser Vorschrift könne die Bauaufsichtsbehörde bei Änderungen bestehender baulicher Anlagen nur unter bestimmten Voraussetzungen verlangen, daß auch die von diesen Änderungen nicht betroffenen Teile der Anlage an das Bauordnungsrecht angepaßt werden müßten. Der Vorschrift liege damit die Vorstellung zugrunde, daß die Anforderungen der Niedersächsischen Bauordnung grundsätzlich nicht für die Teile bereits bestehender baulicher Anlagen gelten, die von der Änderung nicht berührt würden. Die Erweiterung des Gebäudes lasse den alten Baubestand unberührt, so daß die Abstandsanforderungen der Niedersächsischen Bauordnung nur für den Anbau gälten (verwiesen wird auf den Senatsbeschluß v. 28.9.1999 – 1 M 3416/99 –, V.n.b.). Der vorhandene Gebäudebestand wäre nur dann in die Betrachtung einzubeziehen, wenn durch den Umbau ein neues Vorhaben entstünde, d.h. wenn der Umbau einem Neubau gleichkäme.

Davon kann – ebensowenig wie im seinerzeit entschiedenen Fall – hier keine Rede sein. Das Aufsetzen der 9,60 m hohen Antennenanlage nebst begleitender Technikräume führt nicht zu einer Verschmelzung zu einem neuen Gesamtganzen. Vielmehr wird – wie oben schon angedeutet – das Bunkergebäude lediglich als „Rampe" oder „Sockel" benutzt. Die im Erd- und in beiden Obergeschossen betriebene Nutzung wird hierdurch nicht berührt. Eine Neuberechnung der Tragfähigkeit der Bunkeranlage ist, wie oben dargelegt, nicht erforderlich.

Diese Auffassung steht auch im Einklang mit der übrigen Rechtsprechung des Niedersächsischen OVG. Der Beschluß vom 2.9.2003 (– 9 ME 452/02 –, V.n.b.) betraf ebenso wie die weitere Entscheidung des 9. Senats des Niedersächsischen OVG vom 25.8.2004 (– 9 ME 206/04 –, V.n.b.) einen anderen

Sachverhalt. In jenen Fällen war der Neubau eines Aussichtsturms mit Antennenanlage bzw. Neubau eines Mobilfunkmastes zur Genehmigung gestellt worden. Das Urteil des Senats vom 26. 2. 2003 (– 1 LC 75/02 –, Nds.VwBl. 2003, 180 = NVwZ 2003, 820 = BRS 66 Nr. 146 = BauR 2004, 68) betraf zwar die Umnutzung eines am Bahnhof von Hannover stehenden aufgegebenen Fernmeldeturmes zu dem Zweck, dort eine größere Leuchtreklame für einen bekannten niedersächsischen Autohersteller anzubringen. Die für die Einbeziehung der Gesamtanlage maßgebliche Erwägung bestand indes darin, daß die für den Turm in seiner früheren Nutzung erteilte Genehmigung/Zustimmung nach dem baurechtlichen Dogma der Einheit von Substanz und Nutzung mit der endgültigen Aufgabe der „Fernmeldenutzung" (wohl) geendet hatte. Dementsprechend hatte das Vorhaben die Genehmigungsfrage insgesamt neu aufgeworfen. Das ist hier – wie dargelegt – anders.

Die Grenzabstandsvorschriften finden nach der derzeitigen Einschätzung des Senats jedenfalls auf den damit isoliert zu betrachtenden Antennenmast keine Anwendung. Der Senat pflichtet insoweit der Auffassung des Verwaltungsgerichts bei, von der Antennenanlage gingen nicht i. S. des § 12 a Abs. 1 Satz 1 NBauO Wirkungen wie von Gebäuden aus. Entgegen der Annahme des Antragstellers ist dies nicht gleichsam festkörperphysikalisch danach zu beurteilen, wie es sich auswirkt, wenn der Nachbar im Falle der umstürzenden Antennenanlage in seiner körperlichen Integrität versehrt werden könnte. Danach beurteilt würde praktisch jedem Vorhaben gebäudegleiche Wirkungen zukommen, da es aus Baustoffen hergestellt wird. Maßgeblich für die Auslegung des § 12 a Abs. 1 NBauO sind vielmehr Sinn und Zweck der Grenzabstandsvorschriften. Sie sollen dem Nachbarn ausreichenden Umfangs die Zufuhr von frischer Luft, Licht, Sonnenschein und möglicherweise die Bewahrung einer gewissen Wohnintimität sichern. Diese Gesichtspunkte müssen durch eine bauliche Anlagen mehr als nur unerheblich berührt werden, um zur Annahme gebäudegleicher Wirkungen gelangen zu können.

Eine danach sowie anhand der zahlreichen Fotografien vorgenommene Würdigung ergibt in Übereinstimmung mit dem Verwaltungsgericht (vgl. auch OVG Münster, Beschluß v. 9. 1. 2004 – 7 B 2482/03 –, BauR 2004, 792 = NVwZ-RR 2004, 481 = ZfBR 2004, 469), daß von dieser Anlage keine gebäudegleichen Wirkungen ausgehen. Es mag zwar sein, daß bei entsprechendem Sonnenstand, d. h. namentlich in den Morgenstunden die Antennenanlage auf das Grundstück des Antragstellers einen kleinen Schatten zu werfen vermag. Schon im Laufe des Vormittags wandert dieser Schatten aber in einem Maße, daß von einer spürbaren Beeinträchtigung der oben genannten, durch die Grenzabstandsvorschriften geschützten Belange voraussichtlich keine Rede wird sein können. Insoweit verhält sich der Fall anders als in dem vom 9. Senat des Niedersächsischen OVG unter dem 25. 8. 2004 (– 9 ME 206/04 –, V.n.b.) entschiedenen Fall. In diesem hatte es sich um einen gut 40 m hohen Mast gehandelt, welcher an seinem oberen Ende mit zwei miteinander verbundenen Bühnen von jeweils 3,40 m Breite ausgestattet gewesen war. Dies legt weit eher die Annahme nahe, eine solche bauliche Anlage wirke „turmartig" und habe „dominierende Wirkung".

Es kommt selbständig tragend sowie hinsichtlich der Technikräume hinzu, daß die Antragsgegnerin in zutreffender Weise eine Ausnahme von den Grenzabstandsvorschriften erteilt hat. Der hierfür erteilte Befreiungsbescheid ist ungeachtet des hiergegen eingelegten Widerspruchs in die Betrachtung einzubeziehen. Denn das Vorhaben wird hierdurch nicht geändert. Außerdem sind nach der Rechtsprechung des Bundesverwaltungsgerichts (vgl. Urteil v. 19.9.1969 – IV C 18.67 –, BRS 22 Nr. 184 = DÖV 1970, 263 = DVBl. 1970, 62; Urteil v. 14.4.1978 – IV C 96 und 97.76 –, BRS 33 Nr. 158 = BauR 1978, 289 = NJW 1979, 995), welcher der Senat folgt, die während des Rechtsbehelfsverfahrens eingetretenen Rechtsänderungen zu berücksichtigen, welche dem Bauherrn günstig sind. ...

Nach § 13 Abs. 1 Nr. 6 NBauO können geringere als die in den §§ 7 bis 12 a NBauO vorgeschriebenen Abstände ausnahmsweise zugelassen werden für Antennenanlagen, welche (u. a.) dem öffentlichen Fernmeldewesen dienen, wenn sie sonst nicht oder nur unter Schwierigkeiten auf dem Baugrundstück errichtet werden können. Diese Voraussetzungen sind hier erfüllt. Unter Antennenanlagen ist nicht nur die Antenne für sich, sondern auch die ihr dienenden Nebenanlagen, namentlich Technikräume gemeint (vgl. Barth/Mühler, Abstandsvorschriften der NBauO, 2. Aufl., § 13 Rdnr. 31; Große-Suchsdorf/Lindorf/Schmaltz/Wiechert, a. a. O., § 13 Rdnr. 20). „Öffentlich" i. S. des § 13 Abs. 1 Nr. 6 NBauO sind all die Fernmeldeunternehmen, deren Dienste – wie hier bei der Beigeladenen der Fall – jedermann in Anspruch nehmen kann (Große-Suchsdorf/Lindorf/Schmaltz/Wiechert, a. a. O.; Barth/Mühler, a. a. O., Rdnr. 32).

Wegen der erforderlichen Abstrahlwirkung ist es auch nicht möglich, die Antennenanlage in anderer Weise auf dem Baugrundstück zu errichten oder unterzubringen. ...

Von dem Vorhaben gehen schließlich auch keine negativen athermischen Wirkungen zu Lasten des Antragstellers aus. Nach der Senatsrechtsprechung (vgl. z. B. Beschluß v. 19.1.2001 – 1 O 2761/00 –, BRS 64 Nr. 136 = BauR 2001, 1250 = NuR 2001, 341; Beschluß v. 10.9.2003 – 1 LA 43/03 –, V.n.b.; Beschluß v. 2.2.2004 – 1 ME 317/03 –, V.n.b.), welche in Übereinstimmung steht mit der Rechtsprechung des Bundesverfassungsgerichts (vgl. Beschluß v. 28.2.2002 – 1 BvR 1676/01 –, BRS 65 Nr. 178 = BauR 2002, 1222 = NJW 2002, 638) sowie des Bundesgerichtshofs (vgl. Urteil v. 13.2.2004 – V ZR 217 und 218/03 –, BauR 2005, 74 = NJW 2004, 1317 = NVwZ 2004, 1019 = ZMR 2004, 415) ist bei der – hier gesicherten – Einhaltung der Grenz- und Richtwerte der 26. BImSchV in aller Regel ein nachbarlicher Abwehranspruch ausgeschlossen. Es mag zwar unverändert Forschungsvorhaben geben, welche der Frage auf den Grund gehen wollen, ob von Mobilfunk- und/oder UMTS-Anlagen am Ende doch negative athermische Wirkungen zu Lasten der Nachbarschaft ausgehen. In dem für die Gewährung von Nachbarschutz erforderlichen Umfang wissenschaftlich gesichert sind diese „Erkenntnisse" indes nicht. Auch Art. 2 Abs. 2 GG fordert nicht, mit den Mitteln der Justiz der derzeit wissenschaftlich nicht weiter aufzuklärenden Frage nachzugehen, ob wirklich ernstliche Gesundheitsbeeinträchtigungen unter solche Anlagen drohen.

Der Antragsteller kann schließlich nicht in Anwendung der Grundsätze, welche das Bundesverwaltungsgericht u. a. in seinem Urteil vom 16. 9. 1993 (– 4 C 28. 91 –, BVerwGE 94, 151 = DVBl. 1994, 284 = BRS 55 Nr. 110 = BauR 1994, 223) entwickelt hat, unabhängig vom Störungsgrad der angegriffenen Nutzung Nachbarschutz beanspruchen.

Das angegriffene Vorhaben muß sich an städtebaulichen Vorschriften messen lassen. Es stellt ein Vorhaben i. S. des §29 Abs. 1 BauGB dar. Es ist nicht nur aus Baustoffen hergestellt und in einer auf Dauer gedachten Weise künstlich mit dem Erdboden verbunden. Es besitzt vielmehr auch die für die Anwendung der §§ 29 ff. BauGB erforderliche städtebauliche Relevanz. Die haben nur solche Vorhaben, welche die in § 1 Abs. 4 und 5 BauGB genannten Belange in einer Weise berühren können, die geeignet sind, das Bedürfnis nach einer ihre Zulässigkeit regelnden verbindlichen Bauleitplanung hervorzurufen (vgl. BVerwG, Urteil v. 31. 8. 1973 – IV C 33.71 –, BVerwGE 44, 59 = BRS 27 Nr. 122 = BauR 1973, 366 = DVBl. 1974, 336; Urteil v. 3. 12. 1992 – 4 C 27.91 –, UPR 1993, 216 = BRS 54 Nr. 126 = BauR 1993, 315; vgl. auch Urteil v. 7. 5. 2001 – 6 C 18.00 –, BVerwGE 114, 206 = BRS 64 Nr. 89 = BauR 2001, 1558). Ob eine Anlage geeignet ist, ein solches Bedürfnis hervorzurufen, ist auf der Grundlage einer das Einzelobjekt verallgemeinernden Betrachtungsweise zu beantworten. Auch wenn die Genehmigung nur einzelne Vorhaben betrifft, erschließt sich ihre städtebauliche Relevanz bei typisierender Betrachtungsweise. Städtebaulich relevant ist eine Einzelanlage dann, wenn sie gerade in ihrer gedachten Häufung das Bedürfnis nach einer ihre Zulässigkeit regelnden verbindlichen Bauleitplanung hervorruft.

Das ist hier der Fall. Zumindest der öffentliche Belang, das Ortsbild zu schützen, ist ein solcher Gesichtspunkt, welcher – solche Anlagen als gehäuft vorgestellt – ein Bedürfnis verbindlicher Bauleitplanung hervorrufen kann.

Die von der Beigeladenen mit dem angegriffenen Vorhaben betriebene Nutzung ist in einem reinen Wohngebiet nicht einmal ausnahmsweise zulässig. Es handelt sich um den Teil eines Gewerbebetriebes (vgl. z. B. OVG Münster, Beschluß v. 9. 1. 2004 – 7 B 2482/03 –, BauR 2004, 792 = NVwZ-RR 2004, 481; OVG Münster, Beschluß v. 25. 2. 2003 – 10 B 2417/02 –, ZfBR 2003, 377 = BRS 66 Nr. 89 = BauR 2003, 1011 = NVwZ-RR 2003, 637; BW VGH, Urteil v. 19. 11. 2003 – 5 S 2726/02 –, BRS 66 Nr. 75 = BauR 2004, 1909 = ZfBR 2004, 284 = DÖV 2004, 306). Der Annahme von Reimer (NVwZ 2004, 146, 153), die Einordnung als (und sei es auch nicht störender) Gewerbebetrieb scheitere daran, daß eine einzelne Basisstation keinen Betrieb darstellen könne, folgt der Senat nicht. Das Bundesverwaltungsgericht hat in seinem Urteil vom 15. 11. 1991 (– 4 C 17.88 –, UPR 1992, 182 = NVwZ-RR 1992, 402 = BRS 52 Nr. 52) entschieden, eine zur Genehmigung gestellte bauliche Nutzung sei nicht isoliert zu betrachten, wenn sie in den Betriebsprozeß funktional eingegliedert und damit Teil des Gesamtbetriebes sei. Als damit unselbständige Anlage richte sich ihre verwaltungsrechtliche Zulässigkeit nach der des Betriebes, dem sie dienen solle. Dementsprechend führt kein Weg daran vorbei, das Vorhaben als gewerbliche Nutzung einzustufen.

Obwohl es danach nicht einmal ausnahmsweise nach § 3 BauNVO 1990 in einem reinen Wohngebiet zulässig ist, wird der Rechtsbehelf des Antragstellers voraussichtlich keinen Erfolg haben. Soweit sich jetzt absehen läßt, werden sowohl § 14 Abs. 2 Satz 2 BauNVO als auch § 31 Abs. 2 Nr. 1 BauGB zum Vorteil des Vorhabens eingreifen.

In ihrem Bescheid vom Mai 2004 hat die Antragsgegnerin eine Ausnahme/Befreiung nach beiden Vorschriften erteilt. Maßgeblich ist dabei nicht ihre nachträgliche „Richtigstellung", mit dem Bescheid habe lediglich eine Ausnahme nach § 14 Abs. 2 Satz 2 BauNVO erteilt werden sollen, nicht aber auch eine Befreiung nach § 31 Abs. 2 Nr. 1 BauGB. Ausschlaggebend ist vielmehr die Sicht des Adressaten bei objektiver Betrachtung des Bescheides. Sowohl die Beigeladene auf Grund ihres Befreiungsantrags als auch der Antragsteller als Drittbetroffener durften den Bescheid Mai 2004 – auch – dahin auffassen, damit habe eine Befreiung nach § 31 Abs. 2 BauGB erteilt werden sollen. Denn die „Ausnahme gemäß § 34 (2) BauGB" wird u. a. unter Hinweis auf „kaum berührte Grundzüge der Planung", Ausführungen zum Ortsbild sowie unter Behandlung nachbarlicher Belange begründet. Das sind Gesichtspunkte, welche allein nach § 31 Abs. 2 BauGB rechtlich von Belang sind, nicht jedoch nach § 14 Abs. 2 Satz 2 BauNVO 1990.

§ 14 Abs. 2 BauNVO 1990 lautet:

„Die der Versorgung der Baugebiete mit Elektrizität, Gas, Wärme und Wasser sowie zur Ableitung von Wasser dienenden Nebenanlagen können in den Baugebieten als Ausnahme zugelassen werden, auch soweit für sie im Bebauungsplan keine besonderen Flächen festgesetzt sind. Das gilt auch für fernmeldetechnische Nebenanlagen sowie für Anlagen für erneuerbare Energien, soweit nicht Abs. 1 Satz 1 Anwendung findet."

Das wirft eine Reihe von Auslegungsfragen auf, welche nach dem derzeit absehbaren Stand der Dinge zum Vorteil der Beigeladenen zu beantworten sein werden.

Aller Voraussicht nach wird man die Antennenanlage nebst Basisstation als fernmeldetechnische Nebenanlage einstufen können. Was als „Nebenanlage" anzusehen ist, ist höchstrichterlich noch nicht abschließend geklärt. Während der Hessische VGH (Beschluß v. 29. 7. 1999 – 4 TG 2118/99 –, BRS 62 Nr. 83 = BauR 2000, 1162) für eine 7,60 m hohe Mobilfunk-Sendefunkanlage im E2-Netz auf dem 10,80 m hohen Flachdach eines Feuerwehrhauskomplexes – allerdings ohne nähere Begründung – annimmt, dies sei keine Neben-, sondern eine Hauptanlage, legt der Bayerische VGH (Beschluß v. 8. 7. 1997 – 14 B 93.3102 –, BRS 59 Nr. 181) diese Vorschrift dynamisch aus. Dem Verordnungsgeber habe bei der BauNVO-Novelle 1990 vor Augen stehen müssen, die Post/Telekom müsse die städtischen Baugebiete mit ISDN-Möglichkeiten versorgen. Die insoweit zu übermittelnden Informationen würden nicht nur per Kabel, sondern aus Sicherheitsgründen auch über Richtfunk zur übergeordneten Vermittlungsstelle weitergeleitet. Die einzelne Basisstation sei dabei nur eine Nebenanlage. Das OVG Münster hat diese Frage in zwei Entscheidungen (Beschluß v. 25. 2. 2003 – 10 B 2417/02 –, BRS 66 Nr. 89 = BauR 2003, 1011 = NVwZ-RR 2003, 637 = ZfBR 2003, 377 sowie Beschluß v. 9. 1. 2004 – 7 B 2482/03 –, BauR 2004, 792 = ZfBR 2004, 469 = NVwZ-RR 2004, 481) letztlich unbeantwortet gelassen. Mit König/Roeser/Stock (BauNVO, 2. Aufl. 2003, § 3 Rdnr. 49, § 14 Rdnrn. 29, 30) neigt der

Senat derzeit der Auffassung zu, daß es sich bei einer UMTS-Basisstation der hier interessierenden Art um eine Nebenanlage handelt. Anders als im Rahmen des § 14 Abs. 1 BauNVO müssen sich solche Anlagen nicht dem Hauptnutzungszweck des Grundstücks unterordnen und dürfen verschiedenen Baugebieten dienen. Durch die tatbestandliche Einschränkung auf „Nebenanlagen" soll lediglich ausgeschlossen werden, daß in dem Baugebiet die Haupt(sende)anlage untergebracht wird (in diese Richtung wohl auch Reimer, NVwZ 2004, 146, 154 sowie Gelzer/Bracher/Reidt, Bauplanungsrecht, 7. Aufl. 2004, Rdnr. 1261; so auch OVG Hamburg, Beschluß v. 8. 12. 2003 – 2 Bs 439/03 –, NordÖR 2004, 110, 112, Leitsatz in BauR 2004, 377). Entscheidend ist danach, ob die in Rede stehende Anlage bezogen auf das gesamte infrastrukturelle Versorgungsnetz eine untergeordnete Funktion hat oder von ihrer Funktion und Bedeutung her so gewichtig ist, daß sie als eigenständig und damit Hauptnutzung anzusehen ist.

Nach Lage der Dinge ist dies zum Vorteil der Beigeladenen zu beantworten. Nach der Betriebsbeschreibung und der Stellung der Antennen erfüllt die umstrittene Anlage die Funktion eines Knotenpunkts, d. h. einer „Masche" in dem sich zunehmend erweiternden UMTS-Netz. Ihr zugeleitete Sendeimpulse sollen lediglich weitergeleitet werden. Als Hauptsendeanlage fungiert sie nicht.

Umstritten ist (dafür offenbar Fickert/Fieseler, BauNVO, 10. Aufl., § 14 Teilziffer 11.5), ob aus dem Begriff der Nebenanlage neben ihrer im o. a. Sinne dienenden Funktion im Rahmen einer Gesamtanlage auch noch das Erfordernis herzuleiten sei, diese dürfe keine Größe erreichen, welche sie nicht mehr als Nebenanlage erscheinen lasse. Dabei wird allerdings nicht recht deutlich, welcher Bezugspunkt dann für die „Größe" maßgeblich sein soll, deren Überschreitung eine Anwendung des § 14 Abs. 2 Satz 2 BauNVO 1990 ausschließen soll. Selbst wenn man insoweit – in Anlehnung an § 15 Abs. 1 BauNVO – den Gebietscharakter in Bezug nimmt, ergäben sich hier daraus keine der Beigeladenen nachteiligen Auswirkungen. Denn das Vorhaben soll auf einem vorhandenen wuchtigen Gebäude errichtet werden, welches schon jetzt – wenngleich im Sinne der Rahmenbestimmung nach § 34 Abs. 1 BauGB als Fremdkörper einzustufen – einen nicht wegzudenkenden Akzent setzt. Verglichen mit diesem ausgesprochen massiven Sockel fügen die Sendeanlage und die Technikschränke keinen Akzent hinzu, welcher den Gebietscharakter sozusagen ins Kippen bringen lassen könnte.

Die Richtigkeit dieser Überlegung beweist gerade die Kontrollüberlegung, man müsse sich eine solche Anlage als in der Gegend gehäuft angebracht vorstellen. Dies scheidet nach Lage der Dinge gerade aus. Die von dem Antragsteller überreichten Fotografien zeigen, daß mit Ausnahme des Bunkergebäudes ausschließlich anderthalbgeschossige, satteldeckte kleine Wohnhäuser vorhanden sind. Auf jedem von ihnen würde eine solche Anlage deplaziert und überdimensioniert erscheinen. Die Anlage ist daher nicht geeignet, die Gegend gleichsam in Bewegung zu bringen.

Mit dem Hinweis „Das gilt auch" knüpft § 14 Abs. 2 Satz 2 BauNVO 1990 an die Regelung von Satz 1 an. Der Zweck dieser 1990 eingefügten Regelung bestand gerade darin, den Anwendungsbereich der Vorschrift auf fernmeldetechnische Anlagen zu erweitern, welche unter dem Begriff der Elektrizität nicht zu fassen waren. Hintergrund war die Überlegung, daß auch diese der Versorgung der Baugebiete (Plural) dienen können (vgl. BVerwG, Beschluß v. 1.11.1999 – 4 B 3.99 –, BauR 2000, 703 = NVwZ 2000, 474 = BRS 62 Nr. 82). Erforderlich ist damit – wie auch durch die Einleitung von § 14 Abs. 2 Satz 2 BauNVO verdeutlicht wird –, daß diese Anlagen der Versorgung der Baugebiete in der Weise dienen können, wie dies durch die in Satz 1 der Vorschrift genannten Anlagen geschieht. Dabei „dienen" nicht nur für die bauliche Nutzung der Grundstücke unentbehrliche, sondern auch solche Anlagen, die ihr angenehm, nützlich und förderlich sind.

Eine solche der baulichen Nutzung „dienende" Funktion ist den UMTS-Anlagen nach Auffassung des Senats – noch – eigen. Dabei ist entgegen der Auffassung des Antragstellers nicht darauf abzustellen, ob derartige Anlagen schlechthin unentbehrlich sind, ob sich ihr Betrieb „rechnen" wird oder ob jeder in dem Baugebiet, in dem eine solche Basisanlage aufgestellt wird, das Angebot auch annehmen wird. Das UMTS-Netz wird erst aufgebaut. Seine Funktionsfähigkeit setzt ein dichtes System von solchen Weiterleitungsstationen voraus. Schon wegen dieser technischen Besonderheiten kann die Beigeladene nicht auf die recht weit entfernt nördlich des geplanten Aufstellungsortes stehende Mastanlage verwiesen werden. Außerdem ist es aus diesem Grunde unerheblich, ob schon jetzt ein funktionsfähiges UMTS-Netz zur Verfügung steht.

Nach den aus dem Internet ersichtlichen Informationen soll die UMTS-Technik – sog. dritte Generation kabelloser Übertragung – bis zu 31 mal so schnell Informationen weitergeben können wie dies ISDN-Anschlüsse vermögen. Die Anwendungsbereiche der neuen Technik werden als breit gefächert angegeben. Sie soll u. a. Börsengeschäfte, gesteigerten Internetzugang, Online-Reisebuchungen, die Übermittlung von Unterhaltungsdateien und – service ermöglichen. Eine der weiteren Anwendungsformen, welche genannt wird, soll auch die Steuerung von Heiz- und Kühlaggregaten innerhalb eines Hauses und einer Wohnung bzw. im Falle ihrer Störung von Außen ermöglichen. Dies sind Nutzungen, welche jedenfalls zum Teil einen Bezug zur baulichen Nutzung – sei es Wohnen, sei es Gewerbe – aufweisen, welche für die Anwendung des § 14 Abs. 2 Satz 2 BauNVO 1990 noch ausreicht. Eine zunehmende Anzahl von Personen arbeitet zu Hause, ohne Festnetzangebote zu nutzen. Das gilt auch für solche Personen, welche sich auf Geschäftsreise in Hotels aufhalten und die Verbindung zu ihren Kunden und zu der Hauptniederlassung auf diese Weise wahren. Wie oben schon dargelegt, reicht es für die Anwendung des § 14 Abs. 2 Satz 2 BauNVO aus, daß eine solche Nutzung den Baugebieten dient. Es ist nicht erforderlich, daß gerade das Baugebiet, in dem diese Basisstation aufgestellt werden soll, davon besonders profitieren kann bzw. – umgekehrt – der UMTS-Anbieter gerade mit dieser Anlage einen großen kommerziellen Erfolg erzielen wird. Ergänzend zu nennen ist noch das Bestreben von Besuchern, mit UMTS-Übertragungsmöglichkeiten ausgestattet bei Besuchen erreichbar zu sein bzw. im Rahmen eines solchen – privaten oder beruflichen – Besuches Dritte erreichen zu können. Schließlich ist zu nennen, daß möglicherweise auch Rettungsdienste sich zunehmend der

UMTS-Dienste bedienen werden und ihre dezentral gesteuerten Fahrzeuge dann zum Vorteil der Bewohner von Baugebieten schneller zu diesen hingeleitet werden können, wenn ein Notfall auftritt. Es kommt hinzu, daß die Antragsgegnerin in ihrem Bescheid vom Mai 2004 eine wirksame Befreiung nach §31 Abs. 2 Nr. 1 BauGB erteilt hat. Hiernach kann einem Bauherrn von den Einschränkungen, welche mit einem festgesetzten oder faktischen reinen Wohngebiet verbunden sind, Befreiung erteilt werden, wenn die Grundzüge der Planung nicht berührt werden, Gründe des Wohls der Allgemeinheit die Befreiung erfordern und wenn die Abweichung auch unter Würdigung nachbarlicher Interessen mit den öffentlichen Belangen vereinbar ist. Diese Voraussetzungen liegen nach dem derzeitigen Stand der Dinge zum Vorteil der Beigeladenen vor. Gründe des allgemeinen Wohls erfordern nach der Rechtsprechung des Bundesverwaltungsgerichts (vgl. zusammenfassend Beschluß v. 5.2.2004 – 4 B 110.03 –, BauR 2004, 1124 = ZfBR 2004, 471) eine Befreiung nicht erst dann, wenn den Belangen der Allgemeinheit auf keine andere Weise als durch Befreiung entsprochen werden könnte. Die Befreiung muß mit anderen Worten nicht schlechterdings das einzig denkbare Mittel für die Verwirklichung des jeweiligen öffentlichen Interesses sein; dessen Erfüllung muß nicht mit der Erteilung der Befreiung stehen oder fallen. Selbst dann, wenn andere – auch weniger naheliegende – Möglichkeiten zur Erfüllung dieser Interessen zur Verfügung stehen, kann eine Befreiung – was ausreicht – „vernünftigerweise geboten" sein. Andererseits reicht es nicht aus, wenn die Befreiung dem Gemeinwohl nur in irgendeiner Weise nützlich oder dienlich ist. Ausschlaggebend sind die Umstände des Einzelfalls.

In diesem Zusammenhang hat das Bundesverwaltungsgericht (a.a.O.) ebenso wie das OVG Koblenz (Urteil v. 7.8.2003 – 1 A 10196/03 –, Volltext in Juris und Leitsatz in ZfBR 2004, 184, dem folgend VG Karlsruhe, Urteil v. 21.4.2004 – 10 K 2980/03 –, Volltext in Juris) Art. 87f. Abs. 1 GG entnommen, daß ein vom Bund gewährleisteter Anspruch auf flächendeckend angemessene und ausreichende Dienstleistungen im Bereich der Telekommunikation besteht. Dieser wird nicht nur durch staatliche Unternehmen wie namentlich die Deutsche Bundespost/Telekom befriedigt, sondern auch durch private Anbieter wie namentlich die Beigeladene erbracht. Die Schließung der noch immer bestehenden Versorgungslücken, d. h. der Aufbau eines UMTS-Netzes kann daher im öffentlichen Interesse, d. h. im Gemeinwohlinteresse liegen und daher die Befreiung von den Festsetzungen rechtfertigen. Wegen der technischen Erfordernisse, ein vergleichsweise dichtes Netz zu schaffen ist, die Befreiung hier vernünftigerweise geboten, auch wenn möglicherweise nördlich davon eine weitere Möglichkeit zur Aufstellung einer solchen Basisstation bestünde. Zudem hat die Beigeladene nachvollziehbar dargelegt, der von der Antragstellerseite in Bezug genommene, ca. 500 m nördlich davon stehende Hochspannungsmast liege in einer Entfernung zu dem Baugebiet, die seine Mitversorgung nicht (jedenfalls nicht einwandfrei) gewährleiste. Aus funktechnischen Gründen müßten die UMTS-Sendeanlagen in Abschnitten von zum Teil nur wenigen 100 m errichtet werden. Anderenfalls könnten die auch der Versorgung von reinen und allgemeinen Wohngebieten dienenden Funktionen wie namentlich Unterhaltungselektronik nicht, jedenfalls nicht optimal gewährleistet werden. Grundzüge der Planung berührt die Befreiung voraussichtlich ebenfalls nicht. Maßgeblich sind insoweit die Umstände des Einzelfalls. Gewerbliche Nutzungen sind mit dem Charakter eines Wohngebiets nicht schlechthin unvereinbar. Der besondere Schutz, der solchen Wohngebieten eigen ist, kann zum einen durch eine optisch außerordentlich dominierende Anlage beeinträchtigt werden, oder durch die Anziehung von erheblichem Verkehr oder sonstigen negativen Beeinträchtigungen, welche sich nachteilig auf die Wohnnutzung auswirken könnten. Beides ist hier nicht der Fall. Dieser Bereich des reinen Wohngebiets ist bereits durch das Bunkergebäude ganz wesentlich in Mitleidenschaft gezogen. Wesentlich Neues fügt das Vorhaben dem reinen Wohngebiet nicht hinzu. Nach den vorstehenden Ausführungen ist auch ausgeschlossen, daß es gleichsam Vorbildwirkung entfalten und auf weiteren Grundstücken das Bestreben hervorrufen wird, Anlagen dieser Art und Dimensionierung zu errichten. Nachteilige Lärm- oder ähnliche Immissionseinwirkungen sind mit dem Vorhaben ebenfalls nicht verbunden. Der Gebietscharakter bleibt daher erhalten. Er ist nicht durch villenartige Gebäude oder in sonstwie städtebaulich hervorragender Weise geprägt. Es handelt sich um eine durchschnittlich reine Wohnsiedlung, an deren Rand „nun einmal" dieser Bunker steht. Dieser städtebauliche Akzent mag durch die UMTS-Anlage nunmehr unterstrichen werden. Eine Änderung des Gebietscharakters und damit eine Berührung der Grundzüge der Planung ist damit nicht verbunden.

Die Abweichung ist auch mit den öffentlichen Belangen zu vereinbaren. Namentlich wäre es gerade in Anknüpfung an die vorhandene Bausubstanz des Bunkers möglich gewesen, eine solche Anlage in Übereinstimmung mit dem Städtebaurecht zu planen. Das Ortsbild wird hierdurch nicht weiter beeinträchtigt. Es wird lediglich unterstrichen, daß der Bunker „nun einmal" da ist und schon wegen der schieren Masse und Armierung auf unabsehbar lange Zeit auch nicht wird beseitigt werden können. Das Tatbestandsmerkmal des „Ortsbilds" i. S. des §34 BauGB schützt zudem nicht jedwede Erscheinungsform, wie sie gerade anzutreffen ist. Nach der Rechtsprechung des Bundesverwaltungsgerichts (vgl. Urteil v. 11.5.2000 – 4 C 14.98 –, BRS 63 Nr. 105 = BauR 2000, 1848 = DVBl. 2000, 1851 = NVwZ 2000, 1169) wird durch dieses Tatbestandsmerkmal das Ortsbild nur in dem Umfang vor Beeinträchtigungen geschützt, wie dies im Geltungsbereich eines Bebauungsplans durch Festsetzungen nach §9 Abs. 1 BauGB und den ergänzenden Vorschriften der Baunutzungsverordnung möglich wäre. Das Ortsbild muß mit anderen Worten, um schützenswert zu sein und die Bau(gestaltungs)freiheit des Eigentümers einschränken zu können, eine gewisse Wertigkeit für die Allgemeinheit haben. Dies ist nicht das Ortsbild, wie es überall anzutreffen sein könnte. Es muß einen besonderen Charakter, eine gewisse Eigenheit haben, die dem Ort oder dem Ortsteil eine aus dem Üblichen herausragende Prägung verleiht. Ob das Ortsbild in diesem Sinne beeinträchtigt ist, unterliegt in erster Linie der wertenden Beurteilung durch das Tatsachengericht.

Eine danach anhand der vorgelegten Fotoaufnahmen vorgenommene Würdigung ergibt, daß der hier in Rede stehende Bereich kein solches schützenswertes Ortsbild besitzt. Das ergibt sich nicht nur daraus, daß der Bunker diesen Bereich „nun einmal" optisch in Mitleidenschaft zieht. Dies ergibt sich vor allem daraus, daß es sich bei den vorhandenen, relativ uniform hergestellten Gebäuden um eine Bauform handelt, der keine Besonderheiten eigen sind.

Nr. 65

1. **Eine Mobilfunkbasisstation kann ausnahmsweise in einem reinen Wohngebiet als Nebenanlage i.S. des § 14 Abs. 2 BauNVO zugelassen werden, wenn sie sich räumlich-gegenständlich (optisch) den im Baugebiet vorhandenen Hauptanlagen unterordnet.**

2. **Sind keine städtebaulichen Gesichtspunkte ersichtlich, die einer ausnahmsweisen Zulassung einer Mobilfunkbasisstation in einem reinen Wohngebiet entgegenstehen könnten, besteht ein Anspruch auf Genehmigung.**

BauGB §§ 1 Abs. 3 Satz 1, Abs. 6 Nr. 5, 29 Abs. 1, 30 Abs. 1, 34 Abs. 2; BauNVO §§ 3, 14.

Hessischer VGH, Urteil vom 6. Dezember 2004 – 9 UE 2582/03 – (rechtskräftig).

Die Klägerin begehrt eine Baugenehmigung für eine auf dem Dach des Hochhauses Hessenring in Rüsselsheim bereits errichtete Mobilfunkbasisstation. Nach den eingereichten Bauvorlagen besteht die vorgenannte Basisstation aus einem Betriebsraum in einer Breite von 1,62 m, einer Länge von 4,45 m und einer Höhe von 2,66 m. Auf diesem Betriebsraum ist eine Antenne mit einer Höhe von ca. 8 m angebracht.

2000 lehnte die Beklagte die Erteilung der begehrten Baugenehmigung ab und führte zur Begründung aus, der Ort der Errichtung der Basisstation sei durch den 1963 als Satzung beschlossenen Bebauungsplan als reines Wohngebiet festgesetzt worden. Auch nach den tatsächlich ausgeübten Nutzungen entspreche die maßgebliche nähere Umgebung des Grundstücks Hessenring einem reinen Wohngebiet. Die Basisstation stelle eine gewerbliche Hauptanlage dar, die in einem reinen Wohngebiet weder allgemein noch ausnahmsweise zulässig sei.

Aus den Gründen:

Ein Anspruch der Klägerin auf Erteilung der Baugenehmigung ergibt sich aus § 70 Abs. 1 Satz 1 der Hessischen Bauordnung vom 20. 12. 1993 (GVBl. I, 655), zuletzt geändert durch Gesetz vom 17. 12. 1998 (GVBl. I, 562, 567) – HBO 1993 –. Danach ist die Baugenehmigung (für ein genehmigungspflichtiges Vorhaben) zu erteilen, wenn das Vorhaben öffentlich-rechtlichen Vorschriften entspricht. Die vorgenannte Bestimmung ist für die verfahrensmäßige Behandlung des streitgegenständlichen Bauantrags nach der Übergangsvorschrift des § 78 der Hessischen Bauordnung vom 18. 6. 2002 (GVBl. I, 274) – HBO 2002 – nach wie vor maßgeblich. § 78 HBO 2002 besagt, daß vor dem In-Kraft-Treten der Hessischen Bauordnung vom 18. 6. 2002 am

1.10.2002 (§ 82 HBO 2002) eingeleitete Verfahren nach den bisherigen Verfahrensvorschriften weiterzuführen sind.

Bei der zur Genehmigung beantragten Mobilfunkbasisstation handelt es sich um eine genehmigungspflichtige Anlage nach § 62 Abs. 1 HBO 1993. Der Senat hält auch anläßlich des hier zu entscheidenden Falles an seiner Rechtsprechung im Beschluß vom 8.2.2002 (– 9 TZ 515/01 –) fest. In dieser Entscheidung hat sich der Senat der Auffassung des 4. Senats des Hessischen VGH im Beschluß vom 19.12.2000 (– 4 TG 3629/00 –, NVwZ-RR 2001, 429) angeschlossen, wonach eine der hier zu beurteilenden Mobilfunkbasisstation vergleichbare Anlage nicht gemäß § 63 Abs. 3 Nr. 2 a HBO 1993 von der Baugenehmigungspflicht freigestellt ist. Nach dieser Bestimmung bedürfen Antennenanlagen über 5 m bis 12 m Höhe bei einer Gesamtabstrahlungsleistung von mehr als 10 W (EIRP) keiner Baugenehmigung, wenn die gesundheitliche Unbedenklichkeit durch eine Genehmigung, Zulassung oder amtliche Bescheinigung festgestellt wird. Ungeachtet der Frage, ob die Anlage der Klägerin die Voraussetzungen dieses Freistellungstatbestandes erfüllt, ist sie jedenfalls deshalb nicht baugenehmigungsfrei, weil mit ihrer Errichtung gleichzeitig eine genehmigungspflichtige Nutzungsänderung des Wohngebäudes auf dem Grundstück Hessenring verbunden ist. Der bisherigen Nutzung als Wohngebäude wird eine neue, gewerbliche Nutzung hinzugefügt.

Die zur Genehmigung beantragte Mobilfunkbasisstation entspricht den bauplanungsrechtlichen Bestimmungen der §§ 29 ff. des Baugesetzbuches in der Fassung der Bekanntmachung vom 23.9.2004 (BGBl. I, 2414) – BauGB –.

Bei der Mobilfunkbasisstation handelt es sich um eine bauliche Anlage nach § 29 Abs. 1 BauGB. Ein Vorhaben ist eine derartige bauliche Anlage, wenn es geeignet ist, ein Bedürfnis nach einer ihre Zulassung regelnde Bauleitplanung hervorzurufen. Dies ist der Fall, wenn das Vorhaben Belange berührt, die im Hinblick auf die Planungsanlässe des § 1 Abs. 3 Satz 1 BauGB und die Maßstäbe des § 1 Abs. 6 BauGB bei der Städteplanung zu berücksichtigen sind. Zu diesen Belangen zählt nach § 1 Abs. 6 Nr. 5 BauGB auch das Ortsbild einer Gemeinde (vgl. dazu BVerwG, Urteil v. 3.1.1992 – 4 C 27.91 –, BRS 54 Nr. 126). Da die Mobilfunkbasisstation mit einer Antenne ausgestattet ist, die ca. 8 m über das Dach des neungeschossigen Wohnhauses auf dem Grundstück Hessenring hinausragt, hat sie auf das Ortsbild Einfluß und ist damit von bauplanungsrechtlicher Relevanz im oben umschriebenen Sinne (vgl. dazu auch Hess. VGH, Beschluß v. 29.7.1999 – 4 TG 2118/99 –, BRS 62 Nr. 63; OVG Nordrhein-Westfalen, Beschluß v. 25.2.2003 – 10 B 2417/02 –, BRS 66 Nr. 89 = NWVBl. 2003, 382; Bromm, Die Errichtung von Mobilfunkanlagen im Bauplanungs- und Bauordnungsrecht, UBR 2003, 57 ff.; Kniep, Kommunale Planung-Mobilfunkstationen, DWW 2002, 198 ff.; Krist, Planungsrechtliche Steuerungsmöglichkeiten der Gemeinden bei der Ansiedlung von Mobilfunkbasisstationen, BauR 2000, 1130; Jung, Die baurechtliche Beurteilung von Mobilfunkbasisstationen, ZfBR 2001, 24 ff.; Rathjen, Zur Zulässigkeit von Mobilfunksendeanlagen, ZfBR 2001, 304).

Das Verwaltungsgericht ist zutreffend davon ausgegangen, daß sich die bauplanungsrechtliche Zulässigkeit des Vorhabens der Klägerin nicht nach § 30 Abs. 1 BauGB in Verbindung mit den Festsetzungen des 1963 beschlos-

senen Bebauungsplans der Beklagten richtet, denn dieser Bebauungsplan ist mangels ordnungsgemäßer Verkündung unwirksam. ... Es kann im hier zu entscheidenden Fall auch dahingestellt bleiben, ob die Bekanntmachung der 3. Änderung des Bebauungsplans zur der wirksamen Festsetzung eines reinen Wohngebiets geführt hat. Denn die nähere Umgebung des Baugrundstücks entspricht jedenfalls faktisch einem reinen Wohngebiet. ...
Ungeachtet der Frage, ob sich das Baugrundstück in einem beplanten reinen Wohngebiet oder in einem faktischen reinen Wohngebiet befindet, ist die Mobilfunkbasisstation bauplanungsrechtlich zulässig.

Die Zulässigkeit ergibt sich allerdings nicht bereits aus § 30 Abs. 1 BauGB i. V. m. § 3 der Baunutzungsverordnung in der Fassung der Bekanntmachung vom 23. 1. 1990 – BauNVO – bzw. aus § 34 Abs. 2 BauGB i. V. m. § 3 BauNVO. Selbst als nicht störender Gewerbebetrieb kann die Mobilfunkbasisstation in einem reinen Wohngebiet weder allgemein nach § 3 Abs. 2 BauNVO noch ausnahmsweise nach § 3 Abs. 3 BauNVO zugelassen werden kann.

Ebensowenig ist die Mobilfunkbasisstation nach § 14 Abs. 1 Satz 1 BauNVO allgemein zulässig. Dem steht – ungeachtet der Frage, ob es sich bei der Basisstation überhaupt um eine Nebenanlage handelt – bereits entgegen, daß nach § 14 Abs. 1 Satz 1 BauNVO nur solche untergeordnete Nebenanlagen allgemein zulässig sind, die dem Nutzungszweck der im Baugebiet gelegenen Grundstücke oder des Baugebiets selbst dienen. Eine derartige funktionale Zu- und Unterordnung unter den Nutzungszweck einzelner Grundstücke im Baugebiet oder den Nutzungszweck des gesamten Baugebiets ist hier aber nicht gegeben. Vielmehr ist die Mobilfunkbasisstation Teil eines Gesamtsystems, das den Zweck hat, das gesamte Stadtgebiet der Beklagten mit Mobilfunkleistungen zu versorgen (vgl. hierzu auch BVerwG, Beschluß v. 1. 11. 1999 – 4 B 3.99 –, BRS 62 Nr. 82 = BauR 2000, 703).

Die Mobilfunkbasisstation ist allerdings nach § 14 Abs. 2 Satz 2 BauNVO i. V. m. § 14 Abs. 2 Satz 1 BauNVO ausnahmsweise zulässig. Nach dieser Regelung können die der Versorgung „*der Baugebiete*„ dienenden fernmeldetechnischen Nebenanlagen als Ausnahme zugelassen werden, wenn sie nicht schon nach § 14 Abs. 1 Satz 1 BauNVO zulässig sind.

Die Bestimmung des § 14 Abs. 2 Satz 1 BauNVO beschränkt die Zulässigkeit von bestimmten Nebenanlagen, anders als § 14 Abs. 1 Satz 1 BauNVO, nicht nur auf solche, die ganz oder überwiegend dem Nutzungszweck der in dem Baugebiet gelegenen Grundstücke oder des Baugebiets selbst dienen, in dem sie liegen. Sie bezweckt vielmehr die Zulassung von Nebenanlagen der öffentlichen Infrastruktur, die sich nicht an den Grenzen von Baugebieten orientieren. Als untergeordnete Bestandteile eines Systems öffentlicher Infrastruktur können die Nebenanlagen nach § 14 Abs. 2 Satz 1 BauNVO der Ver- und Entsorgung aller Baugebiete dienen. Durch die Verwendung des Plurals „der Baugebiete" in § 14 Abs. 2 Satz 1 BauNVO wird deutlich, daß die Unterbringung bestimmter Nebenanlagen in allen Baugebieten möglich sein soll, und zwar ohne Rücksicht darauf, ob sie für das konkrete Baugebiet keine oder nur begrenzte Aufgaben erfüllen oder umgekehrt eine Vollversorgung gewährleisten (vgl. dazu OVG Nordrhein-Westfalen, Beschluß v. 25. 2. 2003 – 10 B 2417/02 –, a. a. O.).

Die ausnahmsweise Zulässigkeit der streitgegenständlichen Mobilfunkbasisstation nach § 14 Abs. 2 Satz 1 und 2 BauNVO scheitert auch nicht daran, daß es sich bei ihr um eine Hauptanlage handelte (a. A. Hess. VGH, Beschluß v. 29. 7. 1999 – 4 TG 2118/99 –, a. a. O., der – allerdings ohne nähere Begründung – annimmt, Mobilfunksendeanlagen seien keine Nebenanlagen i. S. des § 14 Abs. 2 Satz 2 BauNVO, sondern Hauptanlagen). Mobilfunkbasisstationen sind zum einen keine Hauptanlagen, weil sie keinen selbstständigen Nutzungszweck erfüllen. Wie auch die Erörterung im Termin zur mündlichen Verhandlung ergeben hat, hätte eine einzelne Basisstation ohne die anderen existierenden Basisstationen keine Funktion. Zum anderen sind sie auch nicht als zwingend notwendiger Bestandteil der Hauptanlage „Mobilfunknetz" selbst Hauptanlage. Dies ist deshalb nicht der Fall, weil das Mobilfunknetz als solches auch bei hinweggedachter einzelner Basisstation als solches funktionsfähig bliebe. In diesem Sinne kommt einer Basisstation nur eine Hilfsfunktion zu, die der eines Telefonverteilerkastens einschließlich der von diesem zu den Nutzern führenden Leitungen entspricht (so ausdrücklich OVG Hamburg, Beschluß v. 8. 12. 2003 – 2 Bs 439/03 –).

Der Qualifizierung einer Mobilfunkbasisstation als Nebenanlage steht auch nicht entgegen, daß es überhaupt an einem Funktionszusammenhang zwischen der Basisstation und dem Nutzungszweck einer (baulichen) Hauptanlage fehlt. Der Beklagten ist zwar zuzugestehen, daß eine Nebenanlage i. S. des § 14 Abs. 1 Satz 1 BauNVO nur gegeben ist, wenn die Anlage funktionell und räumlich-gegenständlich einer Hauptanlage untergeordnet ist (vgl. dazu König/Roeser/Stock, BauNVO, 2. Aufl. 2003, § 14 Rdnr. 10 ff.). § 14 Abs. 2 Satz 1 BauNVO liegt aber eine andere Systematik zugrunde, was darin zum Ausdruck kommt, daß die Bestimmung Anlagen privilegiert, die der Versorgung „der Baugebiete" dienen. Anders als § 14 Abs. 1 BauNVO betrifft Abs. 2 dieser Vorschrift damit Infrastruktursysteme, die eine raumübergreifende Versorgungsfunktion erfüllen. Eine Zu- oder Unterordnung zu einzelnen auf Baugrundstücken befindlichen Hauptanlagen ist bei ihnen aus der Natur der Sache weder möglich noch erforderlich. Ebensowenig läßt sich in aller Regel innerhalb dieser Infrastruktursysteme eine funktionelle Über- und Unterordnung zu einer Hauptnutzung ausmachen, da ein Funktionszusammenhang – wie oben bereits ausgeführt – allein zu dem Gesamtsystem besteht (vgl. dazu Jung, Die baurechtliche Beurteilung von Mobilfunkbasisstationen, ZfBR 2001, 24, 27; Weiß/Engel, Errichtung und Nutzung von Mobilfunkbasisstationen, KommunalPraxis By, 2002, 244, 310; Steinmetz, Steuerungsmöglichkeiten der Kommune bei der Ansiedlung von Mobilfunksendeanlagen, BWGZ 2001, 769). Die funktionale Unterordnung unter das von einem Baugebiet unabhängige fernmeldetechnische Versorgungs- und Infrastruktursystem genügt, um eine Mobilfunkbasisstation als Nebenanlage zu qualifizieren (siehe König/Roeser/Stock, BauNVO, 2. Aufl. 2003, § 14 Rdnr. 35).

Der Verzicht des § 14 Abs. 2 BauNVO auf eine funktionelle Unterordnung unter eine (bauliche) Hauptanlage besagt allerdings noch nicht, daß Mobilfunkbasisstationen ohne jede Einschränkung stets als Nebenanlagen i. S. des § 14 Abs. 2 BauNVO anzusehen sind. Nach der Systematik des § 14 Abs. 2 BauNVO ergibt sich zwar der Verzicht auf die funktionelle Unterordnung der dort genannten Nebenanlagen unter eine bauliche Hauptnutzung, wie sie beispielsweise bei einem privat genutzten Schwimmbad unter die Wohnnutzung auf einem Grundstück oder bei einem Spielplatz unter die Wohnnutzung eines Baugebiets gegeben ist. Auf die im übrigen auch nach § 14 Abs. 1 Satz 1 BauNVO zu verlangende räumlich-gegenständliche (optische) Unterordnung (vgl. König/Roeser/Stock, a. a. O., § 14 Rdnr. 12) kann auch im Rahmen des § 14 Abs. 2 BauNVO nicht verzichtet werden. Da die optische Unterordnung allerdings nicht im Vergleich mit einer Hauptanlage auf dem Grundstück ermittelt werden kann, ist – ebenso wie bei den Nebenanlagen des § 14 Abs. 1 Satz 1 BauNVO, die dem Baugebiet selbst dienen – darauf abzustellen, daß das betreffende Vorhaben nach seinen Abmessungen den Hauptanlagen im Gebiet nicht gleichwertig erscheinen oder diese gar optisch verdrängt darf (vgl. Ernst/Zinkahn/Bielenberg, Baunutzungsverordnung, Stand: 1. 7. 2004, § 14 Rdnr. 16, 18; vgl. auch BVerwG, Beschluß v. 23. 6. 1993 – 4 B 7.93 –, Buchholz 406.12 § 14 BauNVO Nr. 8).

Das Verwaltungsgericht hat diesbezüglich festgestellt, daß die Mobilfunkbasisstation gegenüber dem auf dem Grundstück Hessenring errichteten neungeschossigen Wohnhaus deutlich optisch untergeordnet sei. Im übrigen befinden sich westlich des Grundstücks Hessenring ... im reinen Wohngebiet weitere neungeschossige Gebäude. Infolgedessen bestehen keine vernünftigen Zweifel an der für die Qualifizierung der Mobilfunkbasisstation als Nebenanlage erforderlichen optischen Unterordnung unter die Bebauung in der näheren Umgebung. Unerheblich ist insoweit, daß die konkrete Mobilfunkbasisstation im Vergleich zu ansonsten im Stadtgebiet der Beklagten errichteten Stationen zu den größeren Anlagen zählt. Entscheidend ist allein die optische Unterordnung unter die im jeweiligen Baugebiet vorhandenen Hauptanlagen.

Das somit auf Grund des Vorliegens der tatbestandlichen Voraussetzungen des § 14 Abs. 2 Satz 1 und 2 BauNVO der Beklagten eingeräumte Zulassungsermessen (vgl. auch § 31 Abs. 1 BauGB) ist hier dahingehend reduziert, daß nur die Genehmigung des Vorhabens als rechtmäßige Ermessensentscheidung in Betracht kommt. Gesichtspunkte, die eine Ausübung des Ermessens zum Nachteil der Klägerin rechtfertigen könnten, sind nicht ersichtlich.

Von der Mobilfunkbasisstation, die sichtbar durch einen ca. 8 m hohen schlanken Mast auf einem ca. 28 m hohen Gebäude in Erscheinung tritt, gehen keine optischen Störungen aus. Der Anbringungsort – das neungeschossige Hochhaus – ebenso wie die übrigen in unmittelbarer Nähe des Gebäudes Hessenring vorhandenen Hochhäuser sind derart dominant, daß der Antennenmast kaum – keinesfalls jedoch störend – wahrgenommen wird. Der städtebauliche Charakter des Wohngebiets, der im Bereich der Straße Hessenring und der V.straße durch kubusförmige Hochhäuser geprägt wird, wird durch die Mobilfunkbasisstation nicht negativ beeinflußt. Vielmehr paßt sich das Vorhaben in die Gebietsstruktur des konkreten Wohngebiets ein. Das Ortsbild wird durch die Station nicht beeinträchtigt. ...

Schutzwürdige Belange der Nachbarn werden durch die Basisstation nicht betroffen. Insoweit geht der Senat davon aus, daß bei der Ermessensentscheidung über die ausnahmsweise Zulassung eines Vorhabens auch die Belange der Nachbarn unterhalb der Grenze der Rücksichtslosigkeit zu berücksichtigen sind (vgl. BVerwG, Urteil v. 6.10.1989 – 4 C 14.89 –, BRS 49 Nr. 188). Dabei kann es jedoch im wesentlichen nur auf optische Einwirkungen ankommen. Die Tatsache, daß die Wirkungen elektromagnetischer Felder von Mobilfunkanlagen gegenwärtig weiter erforscht werden und etwaige Gesundheitsgefährdungen nicht mit absoluter Sicherheit ausgeschlossen werden können, berechtigt noch nicht – auch nicht im Interesse von Nachbarn –, derartige Anlagen mit Mitteln des Städtebaurechts aus reinen Wohngebieten fernzuhalten (vgl. VGH Baden-Württemberg, Urteil v. 19.11.2003 – 5 S 2726/02 –, a. a. O). Optische Beeinträchtigungen – auch der Nachbarschaft – sind auszuschließen, was sich aus den obigen Ausführungen ergibt.

Die Gewährung einer Ausnahme ist auch nicht auf atypische Einzelfälle beschränkt. Dies folgt daraus, daß die Ausnahme, anders als die Befreiung, im Regelungsgefüge selbst angelegt ist. Bei der Erteilung einer Ausnahme stellt sich auch nicht die Frage, ob Gründe des Wohls der Allgemeinheit die konkrete Anlage am konkreten Standort erfordern. Eine Ausnahme darf aber andererseits nicht dazu führen, den Charakter des Baugebiets in seinen Grundzügen zu verändern. Ausnahmsweise zugelassene Vorhaben müssen quantitativ deutlich hinter der Regelbebauung zurückbleiben. Sie dürfen keine prägende Wirkung auf das Baugebiet haben. Insbesondere darf der Nutzungscharakter eines Baugebiets durch Ausnahmen nicht in einer seiner gesetzlichen Typik widersprechenden Weise verändert werden. Dahingehende Befürchtungen sind hier unbegründet. Die Gefahr, daß durch die Zulassung der Mobilfunkbasisstation in dem reinen Wohngebiet Elemente gewerblicher Nutzung in den Vordergrund rückten, besteht nicht. Dies ist bereits auf Grund der wegen ihrer Größe das Erscheinungsbild des Wohngebiets beherrschenden Wohnblöcke entlang der V.straße ausgeschlossen.

Da keine städtebaulichen Gründe erkennbar sind, die der Zulassung eines Vorhabens im Wege einer Ausnahme widersprechen könnten, bleibt für eine ablehnende Ermessensentscheidung kein Raum (VGH Baden-Württemberg, Urteil v. 19.11.2003 – 5 S 2726/02 –, a. a. O.; Urteil v. 31.1.1997 – 8 S 3167/96 –, BRS 59 Nr. 58).

Nr. 66

1. **Einer knapp 10 m hohen Mobilfunkanlage, die auf dem Dach eines Hauses angebracht ist, kommt regelmäßig keine gebäudegleiche Wirkung i. S. von § 6 Abs. 10 Satz 1 BauO NRW zu.**

2. **Sendeanlagen eines Mobilfunkbetreibers, die nicht nur dem Nutzungszweck des Baugebiets dienen, in dem sie errichtet werden sollen, sind gewerbliche Nutzungen; in einem allgemeinen Wohngebiet sind sie nicht allgemein zulässig.**

3. Zur Frage, ob eine Mobilfunkanlage in einem allgemeinen Wohngebiet als fernmeldetechnische Nebenanlage i.S. von §14 Abs. 2 Satz 2 BauNVO 1990 ausnahmsweise zulässig ist (hier offengelassen).

4. Eine Mobilfunkanlage kann als „nicht störender Gewerbebetrieb" in einem allgemeinen Wohngebiet gemäß §4 Abs. 3 Nr. 2 BauNVO ausnahmsweise zulässig sein.

5. Das Tatbestandsmerkmal „störend" i.S. von §4 Abs. 3 Nr. 2 BauNVO bezieht sich in erster Linie auf Immissionen; sein Vorliegen kann nicht allein unter rein gestalterischen bzw. ästhetischen Aspekten bejaht oder verneint werden.

6. Einer gewerblichen Anlage ist nicht schon deshalb die Qualität „störend" i.S. von §4 Abs. 3 Nr. 2 BauNVO beizumessen, weil sie eine „erdrückende" Wirkung etwa auf Nachbarbebauung hat oder wegen ihrer optischen Auffälligkeit zu einer deutlich wahrnehmbaren „gewerblichen Überformung" des allgemeinen Wohngebiets führt, in dem sie errichtet werden soll.

7. Die Eigenschaft einer Mobilfunkanlage als „störend" scheidet im Hinblick auf die von ihr ausgehenden Immissionen – insbesondere Strahlen – aus, wenn die erforderlichen Abstände zur Einhaltung der gesetzlichen Grenzwerte nach der 26. BImSchV gewahrt werden.

BauO NRW §6 Abs. 10 Satz 1; BauNVO §§4 Abs. 3 Nr. 2, 14 Abs. 1, 14 Abs. 2 Satz 2; 26. BImSchV.

OVG Nordrhein-Westfalen, Beschluß vom 9. Januar 2004 – 7 B 2482/03 – (rechtskräftig).

(VG Köln)

Die Antragsteller wandten sich gegen die Errichtung einer Mobilfunkanlage auf dem ihrem Wohngrundstück benachbarten Wohnhaus. Ihr Begehren auf einstweiligen Rechtsschutz hatte in beiden Instanzen keinen Erfolg.

Aus den Gründen:
Das Beschwerdevorbringen, auf dessen Prüfung der Senat gemäß §146 Abs. 4 Satz 6 VwGO beschränkt ist, gibt keinen Anlaß, die Einschätzung des Verwaltungsgerichts in Frage zu stellen, daß nach summarischer Prüfung kein Anspruch der Antragsteller auf ordnungsbehördliches Einschreiten gegen die ohne Baugenehmigung errichtete streitige Mobilfunkanlage der Beigeladenen besteht.

Auf die mit der Beschwerde erneut aufgeworfene Frage, ob die streitige Anlage baugenehmigungspflichtig oder gemäß §65 Abs. 1 Nr. 18 BauO NRW i.d.F. des Gesetzes zur Änderung der Landesbauordnung vom 22.7.2003 (GV. NRW., S. 434) baugenehmigungsfrei ist, kommt es im vorliegenden Baunachbarstreit schon deshalb nicht an, weil die Antragsteller daraus, daß die Anlage formell illegal errichtet wäre, keine nachbarlichen Abwehrrechte herleiten könnten.

Daß die Anlage nicht den Regelungen des landesrechtlichen Abstandrechts unterliegt und den Antragstellern deshalb unter abstandrechtlichen Aspekten kein Abwehrrecht gegen die streitige Anlage zusteht, hat das Verwaltungsgericht zutreffend unter Verwertung der einschlägigen Rechtsprechung des Senats näher dargelegt. Das Beschwerdevorbringen gibt zu einer anderweitigen Wertung keinen Anlaß, insbesondere kommt der streitigen Anlage nicht etwa eine gebäudegleiche Wirkung i. S. von § 6 Abs. 10 Satz 1 BauO NRW zu. Nach dem dem Senat vorliegenden Lichtbildmaterial, das die das Dach des Hauses R.Straße 6 um knapp 10 m überragende Anlage aus verschiedenen Blickwinkeln anschaulich wiedergibt, scheidet ein nennenswerter Schattenwurf der Anlage offensichtlich aus. Ebensowenig kann die Rede davon sein, daß von ihr eine „optische Beengung" und damit eine „erdrükkende und erschlagende Wirkung" ausgeht.

In bauplanungsrechtlicher Hinsicht hat das Verwaltungsgericht ein nachbarliches Abwehrrecht der Antragsteller unter dem Aspekt des Gebietsgewährleistungsanspruchs (vgl. hierzu grundlegend BVerwG, Urteil v. 16. 9. 1993 – 4 C 28.91 –, BRS 55 Nr. 110 = BauR 1994, 223) verneint. Diese Einschätzung wird durch das Beschwerdevorbringen jedenfalls im Ergebnis nicht in Frage gestellt.

Allerdings tritt die Beschwerde mit durchaus beachtlichen Einwänden der Wertung des Verwaltungsgerichts entgegen, bei dem Heizungs- und Sanitärbetrieb der Antragsteller auf dem der streitigen Anlage unmittelbar benachbarten Grundstück handele es sich um einen die Wohnruhe der näheren Umgebung störenden Handwerks- und/oder Gewerbebetrieb, der nicht nach § 4 Abs. 3 Nr. 2 BauNVO in einem allgemeinen Wohngebiet ausnahmsweise zulässig ist. Letztlich kann die abschließende Bewertung des Charakters der maßgeblichen Umgebung des im unbeplanten Innenbereich errichteten streitigen Vorhabens jedoch dahinstehen. Zugunsten der Antragsteller kann unterstellt werden, daß ihr Wohnhaus wie auch die streitige Mobilfunkanlage in einem faktischen allgemeinen Wohngebiet liegt, weil die in der maßgeblichen näheren Umgebung vorhandenen wohnfremden Nutzungen jedenfalls ausnahmsweise im allgemeinen Wohngebiet zulässig sind. Selbst dann ergäbe sich noch kein Gebietsgewährleistungsanspruch der Antragsteller, der für sie unabhängig von den konkreten Auswirkungen der streitigen Mobilfunkanlage auf ihr Wohngrundstück Abwehrrechte gegenüber dieser Anlage deshalb begründet, weil sie in einem allgemeinen Wohngebiet unzulässig ist. Für eine solche Unzulässigkeit liegt auch unter Berücksichtigung des Beschwerdevorbringens kein Anhalt vor.

Daß die streitige Anlage in dem – hier unterstellten – faktischen allgemeinen Wohngebiet allgemein zulässig ist, scheidet allerdings offensichtlich aus. Zu den nach § 4 Abs. 2 BauNVO in einem allgemeinen Wohngebiet allgemein zulässigen baulichen Anlagen gehört eine Mobilfunkanlage nicht. Ebensowenig handelt es sich bei der Sendeanlage eines Mobilfunkbetreibers, die – wie hier – nicht nur dem Nutzungszweck des Baugebiets dient, um eine im allgemeinen Wohngebiet nach § 14 Abs. 1 BauNVO generell zulässige untergeordnete Nebenanlage (vgl. BVerwG, Beschluß v. 1. 11. 1999 – 4 B 3.99 –, BRS 62 Nr. 82 = BauR 2000, 703).

Entgegen der Auffassung der Beschwerde spricht jedoch alles dafür, daß die streitige Anlage in dem – hier unterstellten – faktischen allgemeinen Wohngebiet ausnahmsweise zulässig ist, so daß schon deswegen – unabhängig davon, ob die Ausnahme konkret beantragt oder erteilt ist – ein Gebietsgewährleistungsanspruch ausscheidet.

In Betracht kommt zum einen eine ausnahmsweise Zulässigkeit nach § 14 Abs. 2 Satz 2 BauNVO 1990, nämlich wenn die streitige Mobilfunkanlage als der Versorgung der Baugebiete dienende „fernmeldetechnische Nebenanlage" zu werten sein sollte.

Die höchstrichterlich noch nicht geklärte Frage, ob Mobilfunkanlagen fernmeldetechnische Nebenanlagen im Sinne der genannten Vorschrift sind (vgl. BVerwG, Beschluß v. 1. 11. 1999 – 4 B 3.99 –, BRS 62 Nr. 82, der sich nur zu § 14 Abs. 1 Satz 1 BauNVO sowie zu § 14 Abs. 2 BauNVO in den vor 1990 geltenden Fassungen verhält), ist in der vorliegenden obergerichtlichen Rechtsprechung unterschiedlich beantwortet worden. Der Bay. VGH (Beschluß v. 8. 7. 1997 – 14 B 93.3102 –, BRS 59 Nr. 181) hat maßgeblich darauf abgestellt, dem Verordnungsgeber müsse bei der Neufassung des § 14 BauNVO im Jahre 1990 vor Augen gestanden haben, daß im Zuge des Fortschritts auf dem Gebiet der Fernmeldetechnik fernmeldetechnische Anlagen zunehmend Sendeanlagen mit umfassen, und hieran anknüpfend sogar ein Fernmeldedienstgebäude mit 50 m hoher Sendefunkanlage für Richtfunk und Mobilfunk als fernmeldetechnische Nebenanlage i. S. von § 14 Abs. 2 Satz 2 BauNVO 1990 angesehen. Demgegenüber hat der Hess. VGH (Beschluß v. 29. 7. 1999 – 4 TG 2118/99 –, BRS 62 Nr. 83) eine knapp 8 m hohe, auf dem Dach eines Hauses angebrachte Mobilfunkanlage nicht als fernmeldetechnische Nebenanlage i. S. von § 14 Abs. 2 Satz 2 BauNVO, sondern als Hauptanlage angesehen, und zwar als nicht störenden Gewerbebetrieb i. S. von § 4 Abs. 3 Nr. 2 BauNVO. In der von der Beschwerde angeführten Rechtsprechung des 10. Senats des beschließenden Gerichts (Beschluß v. 25. 2. 2003 – 10 B 2417/02 –, NVWBl. 2003, 382) ist die Frage, ob die dort streitige Mobilfunkanlage als fernmeldetechnische Nebenanlage i. S. von § 14 Abs. 2 Satz 2 BauNVO anzusehen war, ausdrücklich offengelassen worden.

Der Senat kann diese Frage im vorliegenden Fall gleichfalls offenlassen. Sollte die hier streitige Anlage nicht als ausnahmsweise zulässige fernmeldetechnische Nebenanlage i. S. von § 14 Abs. 2 Satz 2 BauNVO zu werten sein, wäre sie ersichtlich jedenfalls als nicht störende gewerbliche Anlage i. S. von § 4 Abs. 3 Nr. 2 BauNVO in dem – hier unterstellten – faktischen allgemeinen Wohngebiet ausnahmsweise zulässig.

Daß Sendeanlagen eines Mobilfunkbetreibers gewerbliche Nutzungen sind, unterliegt keinem Zweifel (vgl. etwa OVG NRW, Beschlüsse v. 2. 7. 2002 – 7 B 924/02 –, BRS 65 Nr. 158 und v. 29. 4. 2002 – 10 B 78/02 –, BRS 65 Nr. 202; VGH Bad-Württ., Beschluß v. 8. 2. 2002 – 8 S 2748/01 –, BRS 65 Nr. 157; Nds. OVG, Beschluß v. 31. 1. 2002 – 1 MA 4216/01 –, BRS 65 Nr. 203; Hess. VGH, Beschluß v. 19. 12. 2000 – 4 TG 3639/00 –, BRS 63 Nr. 174).

Näherer Betrachtung bedarf allerdings die – von der Beschwerde mit eingehenden Darlegungen verneinte – Frage, ob es sich bei der streitigen Anlage um eine „nicht störende" und damit nach § 4 Abs. 3 Nr. 2 BauNVO im allgemeinen Wohngebiet ausnahmsweise zulässige gewerbliche Nutzung handelt.

Für die Beurteilung dieser Frage sind alle mit der Zulassung des Betriebes nach dessen Gegenstand, Struktur und Arbeitsweise typischerweise verbundenen Auswirkungen auf die nähere Umgebung zu berücksichtigen (vgl. BVerwG, Beschluß v. 9. 10. 1990 – 4 B 121.90 –, BRS 50 Nr. 58 m. w. N.). Dabei geht es in erster Linie um die von dem Betrieb einschließlich seines Zu- und Abfahrtverkehrs ausgehenden Immissionen auf die benachbarte Wohnbebauung. Insoweit beurteilt sich die Gebietsunverträglichkeit nach § 4 BauNVO in erster Linie nach dem Kriterium der gebietsunüblichen Störung, die insbesondere zu bejahen ist, wenn der betreffende Betrieb eine Unruhe in das Gebiet bringt, die regelhaft erhebliche Auswirkungen auf die auch im allgemeinen Wohngebiet erstrebte gebietsbezogene Wohnruhe darstellt (vgl. BVerwG, Urteil v. 21. 3. 2002 – 4 C 1.02 –, BRS 65 Nr. 63).

Bei der Frage, was außer Immissionen noch zu den bei der Prüfung des Merkmals „störend" zu berücksichtigenden Auswirkungen gehört, darf zum einen der bauplanungsrechtliche Charakter der Vorschrift – hier des § 4 Abs. 3 Nr. 2 BauNVO – nicht vernachlässigt werden. Das Bauplanungsrecht beschränkt sich auf Regelungen des Bodenrechts, das die rechtlichen Beziehungen zum Grund und Boden regelt und Bestimmungen darüber trifft, in welcher Weise der Eigentümer sein Grundstück nutzen darf. Insoweit leistet das Städtebaurecht nicht zuletzt über die Vorschriften, die die Art und das Maß der baulichen Nutzung, die Bauweise und die überbaubare Grundstücksfläche betreffen, zwar auch einen Beitrag zur Gestaltung des Ortsbilds. Das städtebauliche Instrumentarium reicht unter diesem Blickwinkel indes nur so weit, wie das Baugesetzbuch entsprechende Möglichkeiten eröffnet. Gestaltungsregelungen, die nicht den Grund und Boden unmittelbar zum Gegenstand rechtlicher Ordnung haben, stehen nicht dem Bauplanungsrecht, sondern allein dem landesrechtlichen Bauordnungsrecht offen, das auch zur Wahrung ästhetischer Belange nutzbar gemacht werden kann und neben der Abwehr von Verunstaltungen auch eine positive Gestaltungspflege mit einschließt (vgl. BVerwG, Beschluß v. 10. 7. 1997 – 4 NB 15.97 –, BRS 59 Nr. 19).

Hieraus folgt, daß das Vorliegen bauplanungsrechtlicher Tatbestandsmerkmale – mithin auch des hier interessierenden Merkmals „störend" – nicht allein unter rein gestalterischen bzw. ästhetischen Aspekten bejaht bzw. verneint werden kann. Dem Bauplanungsrecht unterfallen die optisch relevanten gestalterischen Wirkungen bestimmter baulicher Anlagen nur insoweit, als sie in Beziehung zu städtebaulichen Kriterien – namentlich dem Merkmal „Ortsbild" i. S. von § 1 Abs. 5 Satz 2 Nr. 4 bzw. § 34 Abs. 1 Satz 2 BauGB – stehen.

Für die Eingrenzung der Auswirkungen, die bei der Prüfung des Merkmals „störend" i. S. von § 4 Abs. 3 Nr. 2 BauNVO zu berücksichtigen sind, ist zum anderen von Bedeutung, daß das genannte Merkmal ausschließlich den städtebaulichen Begriff „Art der baulichen Nutzung" näher kennzeichnet, denn die Regelungen des ersten Abschnitts der Baunutzungsverordnung verhalten sich nur zur Art der baulichen Nutzung. Zu den Elementen dieses Merkmals gehören die Auswirkungen der Dimensionen baulicher Anlagen nicht. Diese sind vielmehr dem städtebaulichen Begriff „Maß der baulichen Nutzung" zuzuordnen. Demgemäß ist einer gewerblichen Anlage nicht etwa schon deshalb die Qualität „störend" i. S. von §4 Abs. 3 Nr. 2 BauNVO beizumessen, weil sie eine „erdrückende" Wirkung etwa auf Nachbarbebauung ausübt (in diesem Sinne jedoch Ziegler, in: Brügelmann, Kohlhammer-Komm. zum BauGB, §1 BauNVO Rdnr. 157).

Die optischen und/oder ästhetischen Wirkungen baulicher Anlagen, sofern sie überhaupt in den angeführten Grenzen städtebaulich relevant sein können, sind jedenfalls kein Element des Tatbestandsmerkmals „Art der baulichen Nutzung" und können deshalb nicht maßgeblich herangezogen werden, um die Eigenschaft eines Gewerbebetriebs als „störend" i. S. von §4 Abs. 3 Nr. 2 BauNVO zu begründen.

Hiervon ausgehend folgt entgegen dem Beschwerdevorbringen die Eigenschaft der streitigen Mobilfunkanlage als „störend". i. S. von §4 Abs. 3 Nr. 2 BauNVO und damit ihre fehlende ausnahmsweise Zulässigkeit im allgemeinen Wohngebiet nicht schon daraus, daß sie wegen ihrer optischen Auffälligkeit gebietsfremd ist und zu einer „deutlich wahrnehmbaren gewerblichen Überformung" des – hier unterstellten – faktischen allgemeinen Wohngebiets führt. Der insoweit in der von der Beschwerde angeführten Rechtsprechung (vgl. OVG NRW, Beschluß v. 25. 2. 2003 – 10 B 2417/02 –, NVwBl. 2003, 382) lediglich erwogene, aber nicht abschließend bejahte Gesichtspunkt einer gewerblichen Überformung eines allgemeinen Wohngebiets durch das optische Erscheinungsbild einer als gewerbliche Nutzung zu wertenden Mobilfunkanlage vermag aus den genannten Gründen ihre Eigenschaft als „störend" hinsichtlich der Art der Nutzung nicht zu begründen.

Nach dem dem Senat vorliegenden Lichtbildmaterial liegt im übrigen fern, die optisch relevanten Auswirkungen der streitigen Mobilfunkanlage als so nachteilig zu werten, daß sie i. S. §34 Abs. 1 Satz 2 BauGB das Ortsbild beeinträchtigen. Eine abschließende Wertung kann im vorliegenden Baunachbarstreit jedoch schon deshalb dahinstehen, weil die Antragsteller aus dem Vorliegen einer Beeinträchtigung des Ortsbilds keine nachbarlichen Abwehrrechte herleiten können.

Die Eigenschaft der streitigen Mobilfunkanlage als „störend" i. S. von §4 Abs. 3 Nr. 2 BauNVO kann entgegen der Auffassung der Beschwerde auch nicht aus ihren Immissionen – hier namentlich durch Strahlen – hergeleitet werden.

Insoweit sind hier die in der 26. BImSchV festgelegten Grenzwerte von Bedeutung. Dafür daß diese Grenzwerte der staatlichen Schutzpflicht nach Art. 2 Abs. 2 Satz 1 GG nicht genügen, trägt das Beschwerdevorbringen keine hinreichenden Anhaltspunkte vor. Zwar hat der Verordnungsgeber den Erkenntnisfortschritt der Wissenschaft mit geeigneten Mitteln nach allen Seiten zu beobachten und zu bewerten, um ggf. weitergehende Schutzmaßnahmen treffen zu können. Eine Verletzung der Nachbesserungspflicht durch den Verordnungsgeber kann gerichtlich jedoch erst festgestellt werden, wenn evident ist, daß eine ursprünglich rechtmäßige Regelung zum Schutz der Gesundheit auf Grund neuer Erkenntnisse oder einer veränderten Situation untragbar geworden ist (vgl. BVerfG, Beschluß v. 28.2.2002 – 1 BvR 1676/01 –, BRS 65 Nr. 178). Für eine solche Feststellung gibt das Beschwerdevorbringen nichts her. Dem dort angesprochenen weiteren Forschungsbedarf und den angesprochenen Untersuchungen läßt sich nicht entnehmen, daß die Grenzwertregelungen der 26. BImSchV evident untragbar geworden sind. Ebensowenig gibt das Beschwerdevorbringen Anlaß, die eingehend begründete Einschätzung des Verwaltungsgerichts, der erforderliche Sicherheitsabstand sei eingehalten, in Frage zu stellen. (Wird ausgeführt.)

Soweit die Antragsteller auf bereits vorhandene Belastungen durch andere Mobilfunkanlagen – namentlich auf dem Dach des Altenheims an der B.-Straße – verweisen, geben die von ihnen vorgelegten Unterlagen auch insoweit nichts Konkretes dafür her, daß die Grenzwerte der 26. BImSchV bei Inbetriebnahme der strittigen Anlage jedenfalls im Ergebnis überschritten würden. Im übrigen ist anzumerken, daß die vorgelegte Standortbescheinigung der Regulierungsbehörde für Telekommunikation und Post auch alle relevanten Feldstärken von umliegenden ortsfesten Funkanlagen mit dem standortspezifischen Umfeldfaktor berücksichtigt. Daß dies hier fehlerhaft geschehen wäre, trägt die Beschwerde selbst nicht vor.

Die Einschätzung des Verwaltungsgerichts, die streitige Mobilfunkanlage verstoße nicht gegen das bauplanungsrechtliche Gebot der Rücksichtnahme, wird durch das Beschwerdevorbringen ebensowenig in Frage gestellt. Eine insoweit nochmals betonte „erdrückende oder bedrohende Wirkung" ist, wie bereits dargelegt, nicht erkennbar.

Schließlich können die Antragsteller nachbarliche Abwehrrechte auch nicht aus eventuellen von ihnen behaupteten Verstößen gegen die Mobilfunkvereinbarung NRW oder behaupteten Wertminderungen ihres Wohngrundstücks herleiten.

Nr. 67

Zur Frage, ob einem Lebensmittel-Discountmarkt mit einer Verkaufsfläche von 699 m² und 98 Stellplätzen nach seinem Zuschnitt und Warenangebot eine Nahversorgungsfunktion zukommt, die seine Lokalisation in einem allgemeinen Wohngebiet als zulässig erscheinen läßt.
(Nichtamtlicher Leitsatz)

BauNVO § 4 Abs. 2 Satz 2.

Sächsisches OVG, Beschluß vom 30. August 2004 – 1 BS 297/04 – (rechtskräftig).

(VG Leipzig)

Die Antragstellerin begehrt vorläufigen Rechtsschutz gegen einen Lebensmittel-Discountmarkt (A.-Markt) mit einer Verkaufsfläche von 699,22 m² und 98 Stellplätzen. Das Baugrundstück liegt im nordwestlichen Teil des Bebauungsplans „Am Eulenberg" der Gemeinde M., der als zulässige Nutzungsart ein allgemeines Wohngebiet festsetzt. Das

Plangebiet und zugleich das Baugrundstück werden im Norden durch die S 46 und im Westen durch die K. Straße begrenzt. Das Grundstück der Antragstellerin befindet sich im Plangebiet östlich des Baugrundstücks und ist von diesem durch die Straßen E.allee bzw. H. Bogen getrennt.

Das Verwaltungsgericht hat den Antrag, die aufschiebende Wirkung des Widerspruchs der Antragstellerin gegen die der Beigeladenen erteilte Baugenehmigung von 2004 anzuordnen.

Aus den Gründen:
2. Nach der Rechtsprechung des Bundesverwaltungsgerichts (Urteil v. 16.9.1993, BVerwGE 94, 151 = BRS 55 Nr. 110 = BauR 1994, 223), der der Senat folgt, kann ein Nachbar unabhängig vom Grad seiner tatsächlichen Beeinträchtigung ein Vorhaben abwehren, wenn es einer Baugebietsfestsetzung widerspricht und der Nachbar in deren Schutzbereich einbezogen ist. Ein solcher Baugebietswiderspruch ist hier nicht genügend sicher feststellbar. Bei summarischer Prüfung erscheint das Vorhaben der Beigeladenen noch als gemäß §30 Abs. 1 BauGB i.V.m. §4 Abs. 2 Nr. 2 BauNVO bauplanungsrechtlich zulässig. Es kann nicht genügend sicher ausgeschlossen werden, daß es sich bei dem Vorhaben um keinen in einem allgemeinen Wohngebiet u.a. der Versorgung des Gebiets dienenden Laden handelt. Eine detaillierte Prüfung der Zulässigkeit des Vorhabens der Beigeladenen unter diesem Gesichtspunkt muß allerdings einem Hauptsacheverfahren vorbehalten bleiben.

3. Nach §30 Abs. 1 BauGB i.V.m. §4 Abs. 2 Nr. 2 BauNVO sind der Versorgung des Gebiets dienende Läden bauplanungsrechtlich zulässig. Diese Läden dürfen nicht „großflächig" i.S. von §11 Abs. 3 Satz 1 Nr. 2 BauNVO sein. Als noch nicht großflächig sind nach dem derzeitigen Erkenntnisstand, der in einem Eilverfahren zugrunde zu legen ist, Einzelhandelsbetriebe mit einer Verkaufsfläche von nicht mehr als 700 m^2 anzusehen (BVerwG, Urteil v. 22.5.1987, BRS 47 Nr. 56 = BauR 1987, 528, 531; OVG Lüneburg, Beschluß v. 8.1.1986, BRS 46 Nr. 47 = BauR 1986, 187; NdsOVG, Beschluß v. 26.4.2001, BRS 64 Nr. 76 = BauR 2001, 1239; OVG NW, Beschluß v. 28.11.2000, BauR 2001, 906 und Beschluß v. 19.8.2003, BRS 66 Nr. 72, NVwZ-RR 2004, 245; a.A. OVG Rh.-Pf., Urteil v. 2.3.2001, BRS 164 Nr. 75, wonach ein Laden mit 802 m^2 Verkaufsfläche noch der wohnungsnahen Versorgung diene).

3.1 Dieser Abgrenzung stehen die zwischen Läden, Einzelhandelsbetrieben und großflächigen Einzelhandelsbetrieben unterscheidenden Regelungen der Baunutzungsverordnung nicht entgegen. Diese ordnen der Versorgung der Endverbraucher dienende Betriebe mehreren Baugebieten ausdrücklich als allgemein oder ausnahmsweise zulässige Nutzung zu, nämlich den reinen Wohngebieten als „Läden, die der Deckung des täglichen Bedarfs für die Bewohner des Gebiets dienen" (§3 Abs. 3), den Kleinsiedlungsgebieten und den allgemeinen Wohngebieten als „der Versorgung des Gebiets dienende Läden" (§2 Abs. 2 Nr. 2, §4 Abs. 2 Nr. 2), den besonderen Wohngebieten als „Läden" (§4a Abs. 2 Nr. 2), den Dorfgebieten, Mischgebieten und Kerngebieten als „Einzelhandelsbetriebe" (§5 Abs. 2 Nr. 5, §6 Abs. 2 Nr. 3, §7 Abs. 2 Nr. 2). In Kerngebieten sind Einzelhandelsbetriebe gemäß §11 Abs. 3 BauNVO auch als

„großflächige Einzelhandelsbetriebe", und zwar auch als solche mit den in § 11 Abs. 3 beschriebenen städtebaulichen Auswirkungen zulässig. Bei den Gebieten, denen die Baunutzungsverordnung die genannten Versorgungsbetriebe ausdrücklich zuordnet, handelt es sich um Gebiete, die ausschließlich, vorwiegend oder zumindest auch dem Wohnen dienen oder die, wie Kerngebiete, Wohnstandorten räumlich oder verkehrlich zugeordnet sind (BVerwG, Urteil v. 22. 5. 1987, BRS 47 Nr. 56 = BauR 1987, 528, 530). Aus der unterschiedlichen Wortwahl läßt sich im Hinblick auf die „Läden" einerseits und die „Einzelhandelsbetriebe" andererseits allerdings nicht der Schluß ziehen, sie seien jeweils nur in den oben genannten Baugebieten zulässig und zwischen ihnen bestünde vor allem hinsichtlich der Größe ihrer Verkaufsflächen und hinsichtlich ihrer Einwirkungen auf umliegende Bereiche ein Stufenverhältnis. Entgegen der Auffassung der Antragstellerin ist der Begriff des „Ladens" durchaus ein sich den ökonomischen Veränderungen und insbesondere den Einkaufsgewohnheiten anpassender und wandelbarer Begriff (vgl. etwa OVG Lüneburg, Urteil v. 14. 6. 1967, DÖV 1968, 325; HessVGH, Urteil v. 27. 11. 1970, BRS 23 Nr. 38 = BauR 1971, 28; OVG Lüneburg, Beschluß v. 8. 1. 1986, BRS 46 Nr. 47 = BauR 1986, 187 f.). Dies belegt bereits der Vortrag der Antragstellerin selbst, die unter Hinweis auf einschlägige Literatur des 18. Jahrhunderts darauf hingewiesen hat, der Begriff des „Ladens" sei etymologisch auf Bretter bzw. Fensterläden zurückzuführen, die zum Verkauf von Waren aus Erdgeschossen von Gebäuden heraus in die Fensteröffnungen gelegt wurden und als Verkaufstheke dienten. Es ist nicht anzunehmen, daß dieser Begriff des Ladens den Vorstellungen des Verordnungsgebers der Baunutzungsverordnung im Jahr 1962 (BauNVO v. 26. 6. 1963, BGBl. I, 429) zugrunde gelegen hat. Bei der von der Antragstellerin geforderten engen Auslegung des Begriffs „Laden" würden im übrigen Vorhaben wie die der Beigeladenen, die üblicherweise als „Markt" bezeichnet werden, allein wegen dieser Bezeichnung nach der Baunutzungsverordnung gänzlich unzulässig sein (vgl. VGH Bad.-Württ., Urteil v. 7. 2. 1979, BRS 35 Nr. 33 = BauR 1980, 254). Daß dies nicht zutreffen kann, ergibt sich bereits aus § 11 Abs. 3 BauNVO 1977 (BGBl. I, 1763), mit dem der noch in § 11 Abs. 3 BauNVO 1968 (BGBl. I, 1237) verwendete Begriff des Verbrauchermarktes durch den des großflächigen Einzelhandelsbetriebes lediglich deshalb ersetzt wurde, um auch andere Betriebsformen des Einzelhandels einzubeziehen (vgl. dazu Ernst/Zinkahn/Bielenberg, BauNVO, § 11 Rdnr. 52). Es spricht deshalb alles dafür, die Begriffe „Laden" und „Einzelhandelsbetrieb" synonym zu verwenden, zumal in einem Laden Einzelhandel, nämlich der Verkauf von Waren an Endverbraucher, stattfindet (vgl. VGH Bad.-Württ., a. a. O.; Ernst/Zinkahn/Bielenberg, a. a. O., Rdnr. 52). Auch aus dem von der Antragstellerin angeführten Gesichtspunkt der Gewaltenteilung ergibt sich nichts anderes. Denn der Verordnungsgeber hätte es in der Hand, etwa durch differenzierende Regelungen über höchstzulässige Verkaufsflächen von Läden einerseits und Einzelhandelsbetrieben andererseits zu klären, daß diese Begriffe nicht synonym zu verwenden sind. Da dies bei der letzten Novelle der Baunutzungsverordnung im Jahr 1990 (BGBl. I, 132) in Kenntnis der Rechtsprechung des Bundesverwaltungsgerichts und der Obergerichte nicht geschehen ist, ist der Schluß gerechtfertigt, daß eine differenzierende Behandlung der „Läden" und der „Einzelhandelsbetriebe" nicht dem Willen des Verordnungsgebers entsprechen. Ob schließlich bei den Einzelhandelsbetrieben die Grenze zur Großflächigkeit unter Berücksichtigung von § 11 Abs. 3 Satz 3 BauNVO 1986 (BGBl. I, 2665), wonach die dort bezeichneten städtebaulichen Auswirkungen bei einer Geschoßfläche von mehr als 1200 m^2 anzunehmen sind, bei einer Verkaufsfläche von weniger als 700 m^2 abzusetzen ist, weil die Rechtsprechung des Bundesverwaltungsgerichts noch unter Geltung von § 11 Abs. 3 Satz 3 BauNVO 1977 ergangen ist, die nachteilige Auswirkungen erst bei einer Geschoßfläche von mehr als 1500 m^2 angenommen hat, muß der Prüfung im Hauptverfahren vorbehalten bleiben.

3.2 Ein Betrieb, der – wie hier – noch nicht die Grenze zur Großflächigkeit überschritten hat, ist allerdings nicht schon allein wegen der Größe seiner Verkaufsfläche in einem allgemeinen Wohngebiet zulässig. Gemäß § 4 Abs. 2 Nr. 2 BauNVO ist weitere Voraussetzung, daß der Laden der Versorgung des Gebietes dient.

3.2.1 Das maßgebliche Gebiet, dessen Versorgung der Laden dienen soll, ist grundsätzlich zunächst mit dem Geltungsbereich des Bebauungsplans deckungsgleich. Eine Beschränkung hierauf ergibt sich aus der Baunutzungsverordnung jedoch nicht, weil die äußeren Grenzen eines Bebauungsplangebietes häufig nicht in Zusammenhang mit der Frage stehen, ob und in welchem Umfang sich ein Laden diesem Gebiet funktional zuordnen läßt (VGH Bad.-Württ., Urteil v. 21. 6. 1994, BRS 56 Nr. 54). Dies ist vor allem der Fall, wenn es sich um besonders kleine Bebauungsplangebiete handelt, die nur verhältnismäßig wenige Grundstücke umfassen. Ist danach eine Ausdehnung des Gebiets, dem der Laden zugeordnet werden kann, über das Bebauungsplangebiet hinaus grundsätzlich möglich, muß sich allerdings aus der Baugenehmigung selbst, aus dem Bauantrag oder aus sonstigen objektiven Gründen die Beschränkung der Nutzung des Baugrundstückes bzw. die Gebietsbezogenheit des Vorhabens ergeben (VGH Bad.-Württ., Beschluß v 25. 11. 1996, BRS 59 Nr. 166). Das maßgebliche Gebiet kann sich jedenfalls im Sinne eines Einzugsbereiches auf angrenzende Gebiete bzw. durchfahrende Kunden erstrecken (VGH Bad.-Württ., Urteil v. 7. 2. 1979, BRS 35 Nr. 33 = BauR 1980, 254, 255; Beschluß v. 25. 11. 1996, BRS 59 Nr. 166; OVG Lüneburg, Beschluß v. 8. 1. 1986, BRS 46 Nr. 47 = BauR 1986, 187, 188). Wie weit danach die Grenze des maßgeblichen Gebietes zu ziehen ist, läßt sich nicht abstrakt, etwa durch die Festlegung eines Radius' um das Vorhabengrundstück, bestimmen. Maßgeblich sind vielmehr die konkreten städtebaulichen Verhältnisse. Bildet daher das Bebauungsplangebiet mit angrenzenden Gebieten, die rechtlich oder tatsächlich ebenfalls als Wohngebiete zu qualifizieren sind, einen einheitlich strukturierten und zusammenhängenden Bereich, so kann dies ein Grund dafür sein, den räumlichen Bezugsrahmen für die nach § 4 Abs. 2 Nr. 2 BauNVO gebotene Beurteilung zu erweitern. Außer Betracht zu bleiben haben dabei allerdings Gebiete einer anderen Nutzungsart und solche Gebiete, die vom Laden so weit entfernt sind, daß der vom Verordnungsgeber vorausgesetzte Funktionszusammenhang nicht mehr als gewahrt angesehen werden kann (BVerwG, Urteil v. 29. 10. 1998, BRS 60

Nr. 68; OVG NW, Beschluß v. 19. 8. 2003, BRS 66 Nr. 72 = NVwZ-RR 2004, 245, 246). Gemessen daran liegen dem Senat keine Erkenntnisse vor, die die vom Verwaltungsgericht vorgenommene Gebietsabgrenzung fehlerhaft erscheinen lassen.

3.2.2 Ob der Laden der Versorgung des Gebietes dient, ist anhand von objektiven Kriterien typisierend zu ermitteln. Dabei ist maßgeblich der Zeitpunkt der Genehmigungsentscheidung und die dann absehbare künftige Entwicklung (BVerwG, Urteil v. 29. 10. 1998, BRS 60 Nr. 68). Von Belang sind insoweit das Betriebskonzept, die Beschaffenheit und der Zuschnitt der Anlage, die sich daraus ergebenden Erfordernisse einer wirtschaftlich tragfähigen Ausnutzung, die örtlichen Gegebenheiten und die typischen Verhaltensweisen potentieller Kunden (OVG NW, Beschluß v. 28. 11. 2000, BauR 2001, 906; Beschluß v. 19. 8. 2003, NVwZ-RR 245 f.; VGH Bad-Württ., Urteil v. 21. 6. 1994, BRS 56 Nr. 54; OVG Berlin, Urteil v. 29. 4. 1994, BRS 56 Nr. 55). Danach ist zu beurteilen, ob der Laden absehbar nur oder zumindest in einem erheblichen Umfang von den Bewohnern des umliegenden Gebiets aufgesucht wird oder ob ein darüber hinausgehender Kundenkreis zu erwarten ist, der zum Verlust des Gebietsbezugs fuhrt (BVerwG, a. a. O.). Die Kunden, die unter Berücksichtigung der topographischen Verhältnisse und der sonstigen örtlichen Gegebenheiten auf die Benutzung eines Kraftfahrzeuges angewiesen sind, gehören nicht mehr zur Zielgruppe, deren Versorgung § 4 Abs. 2 Nr. 2 BauNVO vornehmlich ermöglichen will (BVerwG, Beschluß v. 3. 9. 1998, BRS 60 Nr. 67). Dagegen schadet nicht, wenn die im Gebiet Ansässigen mit Kraftfahrzeugen anfahren. Unerheblich ist auch, ob in dem in Bezug genommenen Gebiet noch weitere Läden vorhanden sind. Denn § 4 Abs. 2 Nr. 2 BauNVO erfordert nur, daß der hinzutretende Laden der Gebietsversorgung dient, nicht dagegen, daß er hierfür erforderlich ist (VGH Bad.-Württ., Urteil v. 7. 2. 1979, BauR 1980, 254, 256). Daher ist die unmittelbare Nähe des Vorhabengrundstücks zu einem Einkaufszentrum ebensowenig von Belang wie das sich südwestlich an das maßgebliche Gebiet anschließende Naherholungsgebiet des C. Sees.

3.2.2.1 Gegen die Annahme, das Vorhaben der Beigeladenen diene nicht allein der Versorgung der Bewohner des vorstehend abgegrenzten Gebiets, sondern sei darauf angelegt, auch jenseits der Gebietsgrenzen wohnende Kunden zu versorgen, spricht bei summarischer Prüfung nicht notwendigerweise der Umstand, daß das Vorhaben durch seine Lage am Rand des Bebauungsplangebietes und insbesondere an der Kreuzung der K. Straße mit der S 46 für den motorisierten Individualverkehr sehr verkehrsgünstig gelegen und daher auch für Bewohner außerhalb des maßgeblichen Gebiets gut erreichbar ist (vgl. zu diesem Kriterium VGH Bad.-Württ., Urteil v. 21. 6. 1994, BRS 56 Nr. 54; VG Gelsenkirchen, Beschluß v. 21. 8. 2002 – 10 L 1774/02 –, zitiert nach juris). Welche Erwägungen im einzelnen bei der Überplanung des Gebietes eine Rolle gespielt haben und insbesondere, ob hierbei bereits die Ansiedlung eines Ladens im nordwestlichen Bereich des Bebauungsplangebietes beabsichtigt gewesen ist und welche Schlußfolgerungen hieraus gegebenenfalls zu ziehen sind, wird in einem Hauptsacheverfahren zu prüfen sein. Zu würdigen ist insoweit das der Planung anscheinend zugrunde liegende Bemühen, innerhalb des allgemeinen Wohngebietes Nutzung, wie sie die Beigeladene beabsichtigt, an der Peripherie des Bebauungsplangebietes anzusiedeln, um in das Gebiet hineinwirkende Störungen von vornherein gering zu halten.

3.2.2.2 Die Straßen, die im Norden und Westen an das Vorhabengrundstück angrenzen, dürften – unabhängig von ihrer straßenrechtlichen Einstufung nach § 3 SächsStrG und den ggf. sich hieraus ergebenden Rückschlüssen – zwar eine bedeutende innerörtliche Verbindungsfunktion erfüllen und daher auch geeignet sein, den außerhalb des maßgeblichen Gebietes stammenden Verkehr an das Vorhaben der Beigeladenen problemlos heranzuführen. Für den dienenden Charakter ist allerdings die Lage innerhalb des maßgeblichen Gebiets allein nicht ausschlaggebend.

3.2.2.3 Von zumindest gleichem Gewicht ist das nach außen in Erscheinung tretende Betriebskonzept (vgl. VGH Bad.-Württ., Urteil v. 21.6.1994, BRS 56 Nr. 54). Daß dieses u. a. durch eine von der Antragstellerin als aggressiv bezeichnete Preisgestaltung, durch eine weitreichende Werbung und durch Sonderangebote außerhalb des Lebensmittelbereiches gekennzeichnet ist, nimmt vorbehaltlich einer näheren Prüfung in einem Hauptverfahren, bei der ggf. die Beigeladene hierzu sowie zu ihren Überlegungen zur Standortwahl näher wird vortragen können, dem Vorhaben der Beigeladenen noch nicht notwendigerweise den Charakter eines „Nachbarschaftsladens". Anders als bei Läden mit einem nur reduzierten Warenangebot, die für einen rentablen Betrieb von vornherein auf einen größeren Einzugsbereich angewiesen sind (zu einem Getränkemarkt, vgl. OVG NW, Beschluß v. 31.7.1998 – 10 B 966/98 –, zitiert nach juris), dürfte im Vorhaben der Beigeladenen ein Warensortiment feilgeboten werden, das den Erfordernissen einer verbrauchernahen Versorgung der Bevölkerung (vgl. § 1 Abs. 5 Satz 2 Nr. 8 BauGB) noch hinreichend Rechnung trägt. Dies ergibt sich u. a. aus dem beiden Akten befindlichen Einrichtungsplan, aus dem ersichtlich ist, daß der Laden u. a. mit einer Kühltheke zum Anbieten von Käse- und Wurstwaren, Milch usw. sowie mit Regalen für Brot und Gemüse ausgestattet werden soll. Es spricht im übrigen auch wenig dafür, daß sich das Vorhaben der Beigeladenen von denen anderer Wettbewerber unterscheidet, die ebenfalls sogenannte Lebensmittel-Discountmärkte betreiben und denen in gleicher Weise nicht von vornherein abgesprochen werden kann, Läden mit örtlicher Versorgungsfunktion i. S. von § 4 Abs. 2 Nr. 2 BauNVO zu betreiben.

3.2.2.4 Aus der hohen Zahl der vorgesehenen Stellplätze durchaus herzuleitende Bedenken hält der Senat im summarischen Verfahren letztlich nicht für durchschlagend. Nach Nr. 49 der Verwaltungsvorschrift des Sächsischen Staatsministeriums des Innern zur Sächsischen Bauordnung ist die Anzahl von Stellplätzen in der erforderlichen Zahl (§ 49 Abs. 1 SächsBO) bei Läden mit einem Stellplatz je 30–40 ^{2}m Verkaufsnutzfläche zu bemessen. Danach wäre das Vorhaben der Beigeladenen bauordnungsrechtlich bereits dann genehmigungsfähig, wenn lediglich zwischen 18 und 23 Stellplätze nachgewiesen wären. Gleichwohl kann aus der Überschreitung der erforderlichen Stellplatzzahl um das Fünffache nicht zwingend geschlossen werden, das Vorhaben diene nicht mehr i. S. von § 4 Abs. 2 Nr. 2 BauNVO der Versorgung des Gebiets (a. A. OVG NW, Beschluß v. 28. 11. 2000, BauR 2001, 906, 907; vgl. ferner Beschluß v. 19. 8. 2003, NVwZ-RR 2004, 245). Das Verwaltungsgericht hat zutreffend auf die heutigen Einkaufsgewohnheiten der Bevölkerung verwiesen, die dadurch gekennzeichnet sind, daß Einkäufe regelmäßig nicht mehr täglich, sondern regelmäßig ein- oder zweimal wöchentlich getätigt werden. Zusammen mit einer hohen Anzahl an privaten Kraftfahrzeugen führt dies dazu, daß zur Erledigung von Einkäufen auch bei geringen Fahrstrecken häufig ein Kraftfahrzeug genutzt wird, zumal dies den Transport einer größeren Warenmenge ermöglicht. Hinzuzufügen ist, daß bei einer größeren Zahl räumlich nahe liegender und konkurrierender Lebensmittel-Discountmärkte die Anzahl der Parkplätze und damit auch die Bequemlichkeit des Einkaufens für die Wettbewerber ein entscheidender Faktor zum Anlocken von Kunden sein kann. Dies alles rechtfertigt die Annahme, daß eine hohe Stellplatzzahl allein nicht die Annahme indiziert, daß der zugehörige Laden nicht nur oder überwiegend der Versorgung des Gebiets i. S. von § 4 Abs. 2 Nr. 2 BauNVO dient. Der Laden kann im übrigen realistischerweise auch von solchen Kunden, insbesondere von Bewohnern des Bebauungsplangebietes, erreicht werden, die nicht auf die Benutzung eines Kraftfahrzeuges angewiesen sind (vgl. BVerwG, Beschluß v. 3. 9. 1998, BRS 60 Nr. 67).

3.2.2.5 Die geplanten Stellplätze führen ausweislich der Ausführungen im Schallgutachten von 2003, das Bestandteil der Baugenehmigung ist, zu voraussichtlich bis zu 2760 Fahrzeugbewegungen, d. h., zu voraussichtlich 1380 Kunden pro Tag. Geht man abzüglich der Kunden, die den Laden zu Fuß, per Fahrrad oder mit dem öffentlichen Personennahverkehr erreichen, von ca. 900 bis 1000 Kunden pro Tag aus und berücksichtigt man weiter, daß der Laden nicht jeden Tag gleich stark frequentiert wird, dürfte die Anzahl der Stellplätze zwar sehr großzügig bemessen, aber voraussichtlich noch nicht in einer Weise überdimensioniert sein, daß zwingend auf einen Laden zu schließen wäre, der nicht allein der Versorgung des Gebietes dient. Setzt man die so prognostizierte Anzahl der Kunden in Beziehung zu dem vom Verwaltungsgericht als maßgeblich angesehenen Gebiet in Beziehung, in dem 7000 Einwohner leben sollen, dürfte sich das gleiche Bild ergeben. Ob bei einer anderen – kleineren – Festsetzung des maßgeblichen Gebiets und einer geringeren Einwohnerzahl eine andere Beurteilung geboten ist, muß der Prüfling in einem Hauptsacheverfahren vorbehalten bleiben.

Nr. 68

1. **Die Festsetzung eines Kleinsiedlungsgebiets ist funktionslos geworden, wenn im betroffenen Gebiet auf absehbare Zeit nicht mehr mit einer Rückkehr zur Selbstversorgung mit Nahrungsmitteln, die auf dem Grundstück gewonnen werden, zu rechnen ist und sich die Bewohner erkennbar auf diesen Zustand eingestellt haben.**
2. **Eine bauliche Anlage, die zwar der sportlichen Betätigung dienen soll, aber nur zur Benutzung durch die Bewohner des auf demselben Grund-**

stück befindlichen Wohnhauses und deren persönliche Gäste bestimmt und beschränkt ist, fällt nicht in den Anwendungsbereich von §3 Abs. 3 Nr. 2 BauNVO.

3. Eine private Schwimmhalle in einem Wohngebiet ist als Nebenanlage anzusehen. Sie ist nicht zulässig, wenn sie das Merkmal der funktionellen und räumlich-gegenständlichen Unterordnung nicht erfüllt. Dem Nachbarn steht insoweit ein subjektives Abwehrrecht zu.

BauGB §§ 1 Abs. 3, 34 Abs. 1 und 2; BauNVO §§ 2, 3 Abs. 2 und 3 Nr. 2, 14 Abs. 1.

Bundesverwaltungsgericht, Urteil vom 28. April 2004 – 4 C 10.03 –.

(OVG Hamburg)

Der Kläger wendet sich gegen die Genehmigung einer Schwimmhalle auf dem rückwärtigen Grundstücksteil des Beigeladenen.

Der Beigeladene ist Eigentümer zweier zusammengelegter Grundstücke auf der Südseite des G.wegs mit einer Größe von insgesamt 2330 m^2, der Kläger Eigentümer des östlich mit seiner Längsseite angrenzenden Grundstücks, auf dem sich im vorderen Teil ein Wohnhaus und dahinter ein kleines Nebengebäude befinden. Auf den Grundstücken des Beigeladenen stehen ein Einfamilienhaus sowie ein genehmigtes Doppelhaus; insoweit ist die Baugenehmigung nicht mehr Gegenstand des Revisionsverfahrens. Die Hintergärten der lang gestreckten Grundstücke beiderseits des G.wegs sind fast durchweg mit Rasenflächen und Blumenbeeten gestaltet und weisen Büsche und Bäume auf. Die Grundstücke liegen im Bereich eines Baustufenplans von 1951, der sie als Kleinsiedlungsgebiet i. S. von § 10 Abs. 4 der Baupolizeiverordnung von 1938 ausweist. 1997 genehmigte die Beklagte – außer dem genannten Doppelhaus – im Hintergarten die 16 m lange und 13 m breite Schwimmhalle mit einer Grundfläche von 171 m^2, einer Außenwandhöhe von 3,20 m und einer Gesamthöhe von 5,15 m.

Aus den Gründen:

II. 1. Das Berufungsgericht geht ebenso wie das Verwaltungsgericht davon aus, daß die Festsetzung „Kleinsiedlungsgebiet" im Baustufenplan N.-L.-S. jedenfalls für die hier betroffene Fläche funktionslos geworden ist. Entgegen der Auffassung der Revision begegnet diese Schlußfolgerung aus bundesrechtlicher Sicht keinen Bedenken. Dabei ist für die Bestimmung des Inhalts der maßgeblichen Festsetzungen nicht von den Regelungen in der BauNVO für ein Kleinsiedlungsgebiet (§ 2 BauNVO in den unterschiedlichen Fassungen) auszugehen. Denn die Festsetzung im Baustufenplan ist zusammen mit den Regelungen in § 10 Abs. 4 der Baupolizeiverordnung für die Hansestadt Hamburg vom 8. 6. 1938 (HmbVBl., S. 69) gemäß § 173 Abs. 3 Satz 1 BBauG 1960 übergeleitet worden (vgl. auch BVerwG, Urteil v. 20. 10. 1972 – 4 C 14.71 –, BVerwGE 41, 67 = BRS 25 Nr. 25). Nach dieser Regelung gilt für das Kleinsiedlungsgebiet folgende Regelung: „Die Grundstücke sind für nichtbäuerliche Siedlerstellen mit einem Haushalt und vorwiegend gartenbaumäßiger Nutzung bestimmt". Das Oberverwaltungsgericht legt diese Vorschrift unter Heranziehung der Formulierung in § 10 Abs. 1 II. WoBauG im Anschluß an seine bisherige Rechtsprechung (vgl. Beschluß v. 19. 11. 1996 – Bs II 162/96 –, juris – Rechtsprechung der Länder) dahin aus, daß eine entsprechende Siedlerstelle nach Größe, Bodenbeschaffenheit und Einrichtung dazu bestimmt und geeignet ist, dem Kleinsiedler durch Selbstversorgung aus vorwiegend gartenbaumäßiger Nutzung des Landes eine fühlbare Ergänzung seines sonstigen Einkommens zu bieten. Insoweit legt das Berufungsgericht Landesrecht aus. Aus dem Bundesrecht ableitbare Bedenken hiergegen sind nicht ersichtlich.

Das Berufungsgericht stellt ferner fest, daß die ganz überwiegende Zahl der Grundstücke nicht mehr in einer Weise genutzt werde, die den Eigentümern aus vorwiegend gartenbaumäßiger Nutzung eine spürbare Ergänzung ihres Einkommens biete, sondern ausschließlich zu Wohnzwecken, zum Hobby und zur Freizeitgestaltung. Selbst der teilweise vorzufindende Anbau von Blumen, Obst und Gemüse auf kleineren Teilflächen der Grundstücke sei weniger Ersatz für Einkommen als vielmehr Ausdruck der Gartenliebhaberei der Besitzer. Die Funktionslosigkeit der genannten Festsetzungen leitet das Berufungsgericht sodann aus folgenden Erwägungen ab: Die Festsetzung als Kleinsiedlungsgebiet habe ihre Fähigkeit verloren, die Entwicklung in diesem Bereich in Richtung auf eine Nutzung als Kleinsiedlungsgebiet zu steuern. Sie könne nicht mehr durchgesetzt werden. Ein Festhalten an dieser Ausweisung wäre sinnlos, da sich in dem betroffenen Bereich die für Kleinsiedlungsgebiete in städtischen Bereichen Hamburgs auf Grund gesellschaftlicher Entwicklungen typische Änderung hin zu einem Wohngebiet ergeben habe. In Gebieten der vorliegenden Art habe sich auf Grund gewandelter Bedürfnisse der Bevölkerung schon seit Jahrzehnten ein starker Rückgang der Kombination von Wohnen und Nutzgarten, wie sie dem Bild des Kleinsiedlungsgebiets entspreche, eingestellt. Dies habe im wesentlichen seine Ursachen in den relativ günstigen Preisen landwirtschaftlicher Produkte und den relativ hohen Grundstückspreisen in diesen Gebieten. Es zeichne sich nicht ab, daß sich dieser Zustand in absehbarer Zeit wieder ändern werde.

Auch diese Erwägungen sind bundesrechtlich nicht zu beanstanden. Nach der Rechtsprechung des Senats kann eine bauplanerische Festsetzung funktionslos sein, wenn und soweit die tatsächlichen Verhältnisse, auf die sie sich bezieht, ihre Verwirklichung auf unabsehbare Zeit ausschließen und diese Tatsache so offensichtlich ist, daß ein in ihre Fortgeltung gesetztes Vertrauen keinen Schutz verdient. Ob diese Voraussetzungen erfüllt sind, ist für jede Festsetzung gesondert zu prüfen. Dabei kommt es nicht auf die Verhältnisse auf einzelnen Grundstücken an. Entscheidend ist vielmehr, ob die jeweilige Festsetzung geeignet ist, zur städtebaulichen Ordnung i.S. des §1 Abs.3 BauGB im Geltungsbereich des Bebauungsplans einen wirksamen Beitrag zu leisten. Die Planungskonzeption, die einer Festsetzung zugrunde liegt, wird nicht schon dann sinnlos, wenn sie nicht mehr überall im Plangebiet umgesetzt werden kann. Erst wenn die tatsächlichen Verhältnisse vom Planinhalt so massiv und so offenkundig abweichen, daß der Bebauungsplan insoweit eine städtebauliche Gestaltungsfunktion unmöglich zu erfüllen vermag, kann von einer Funktionslosigkeit die Rede sein. Das setzt voraus, daß die Festsetzung unabhängig davon, ob sie punktuell durchsetzbar ist, bei einer Gesamtbetrachtung die Fähigkeit verloren hat, die städtebauliche Entwicklung noch in einer bestimmten Richtung zu steuern (vgl. grundlegend Urteil v. 29.4.1977 – 4 C 39.75 –, BVerwGE 54, 5 = BRS 32 Nr.28 sowie aus neuerer

Zeit Beschlüsse v. 29. 5. 2001 – 4 B 33.01 –, BRS 64 Nr. 72, und v. 9. 10. 2003 – 4 B 85.03 –, BauR 2004, 1128). Bei der Heranziehung dieser Grundsätze hat das Berufungsgericht zutreffend in erster Linie auf die Art des Gebiets abgestellt. Denn aus ihr ergibt sich die vorrangige Einordnung eines Baugebiets oder – wie vorliegend – einer weitgehend bebauten Fläche. Mit der Festsetzung der Art der baulichen Nutzung wird die wichtigste städtebauliche Gestaltungsfunktion des Bebauungsplans ausgeübt. Aus ihr ergeben sich die je nach Gebietsart unterschiedlichen Pflichten zur gegenseitigen Rücksichtnahme. Die Eigentümer können sich jedenfalls im Regelfall gegen eine auch schleichende Änderung der Gebietsart wehren (BVerwG, Urteil v. 23. 8. 1996 – 4 C 13.94 –, BVerwGE 101, 365 = BRS 58 Nr. 159).

Aus den Feststellungen des Oberverwaltungsgerichts ergibt sich ferner deutlich, daß vorliegend im betroffenen Gebiet – und nicht nur auf einzelnen Grundstücken – auf absehbare Zeit nicht mehr mit einer Rückkehr zur Selbstversorgung mit Nahrungsmitteln, die auf dem Grundstück gewonnen werden, zu rechnen ist und daß sich die Bewohner erkennbar auf diesen Zustand eingestellt haben. Die grundsätzliche Möglichkeit, daß es in Folge einer außerordentlich schweren ökonomischen Krise zu einer völligen Änderung der wirtschaftlichen Situation der Betroffenen kommen könnte, in der sie erneut zu einer Selbstversorgung auf eigenem Boden greifen könnten, steht dem nicht entgegen. Denn eine derartige umstürzende Änderung der Gesamtsituation ist zum einen nicht zu erwarten und würde zum anderen ohnehin die Änderung zahlreicher Rechtsvorschriften nach sich ziehen. Eine derartige weitreichende Änderung der tatsächlichen Verhältnisse in einer die volkswirtschaftliche Lage betreffenden Größenordnung ist kein brauchbarer Maßstab für die Gültigkeit oder Funktionslosigkeit eines Bebauungsplans, dessen Zielsetzung zunächst auf Verwirklichung durch Bebauung angelegt ist und der sodann die Aufgabe hat, die Rechte und Pflichten der einzelnen Grundstückseigentümer auch in ihrem Verhältnis zueinander zu regeln. Daher kommt es vorliegend nicht entscheidend darauf an, daß auch nach den Feststellungen des Berufungsgerichts die Nutzung der Gärten zum Anbau von landwirtschaftlichen Produkten zur Eigenversorgung (von baumschutzrechtlichen Bedenken abgesehen) grundsätzlich technisch möglich bleibt.

2. Die Zulässigkeit des Bauvorhabens ist somit nach § 34 BauGB zu beurteilen. Das Oberverwaltungsgericht gelangt zu dem Ergebnis, daß die Eigenart der näheren Umgebung nach § 34 Abs. 2 BauGB einem Reinen Wohngebiet entspricht. Revisionsrechtlich erhebliche Bedenken hiergegen sind nicht ersichtlich. Somit beurteilt sich die Zulässigkeit des Vorhabens nach seiner Art allein danach, ob es nach der BauNVO in einem Reinen Wohngebiet zulässig wäre.

2.1 Zu Recht ist das Oberverwaltungsgericht von seiner im Verfahren des vorläufigen Rechtsschutzes noch geäußerten Auffassung abgerückt, es handele sich bei der vorliegenden Schwimmhalle um eine Anlage für sportliche Zwecke nach § 3 Abs. 3 Nr. 2 BauNVO. Nach dieser Regelung, die im Anwendungsbereich von § 34 Abs. 2 BauGB entsprechend heranzuziehen ist (vgl. § 34 Abs. 2 Halbs. 2 BauGB), können im Reinen Wohngebiet Anlagen für sportliche Zwecke ausnahmsweise zugelassen werden. Auf dieser Rechtsgrundlage hat die Beklagte in der Baugenehmigung von 1997 eine Ausnahme für eine derartige Anlage erteilt, wobei sie diese Genehmigung zugleich mit der Auflage versehen hat, daß eine gewerbsmäßige, vereinsmäßige oder andere publikumsintensive Nutzung zu unterbleiben habe.

Eine bauliche Anlage, die zwar der sportlichen Betätigung dienen soll, aber nur zur Benutzung durch die Bewohner des auf demselben Grundstück befindlichen Wohnhauses und deren persönliche Gäste bestimmt und beschränkt ist, fällt nicht in den Anwendungsbereich von §3 Abs. 3 Nr. 2 BauNVO. Der Senat hat in seinem Urteil vom 12.12.1996 (– 4 C 17.95 –, BVerwGE 102, 351 = BRS 58 Nr. 59), dem sich das Oberverwaltungsgericht angeschlossen hat, ausgeführt, der systematische und historische Zusammenhang mache deutlich, daß die in §4 Abs. 2 Nr. 3 BauNVO genannten Anlagen für kirchliche, kulturelle, soziale, gesundheitliche und sportliche Zwecke nur die in §5 Abs. 2 Nr. 2 BauGB definierten Gemeinbedarfsanlagen erfassen. Für §3 Abs. 3 Nr. 2 BauNVO gilt nichts anderes. Für das Reine Wohngebiet wird im Hinblick auf dessen gegenüber dem Allgemeinen Wohngebiet noch stärker auf das Wohnen konzentrierte Zielrichtung noch die Einschränkung vorgesehen, daß die Anlagen für sportliche (und andere) Zwecke lediglich diejenige Größenordnung erreichen dürfen, die erforderlich ist, um „den Bedürfnissen der Bewohner des Gebiets" zu dienen. Dies ändert indes nichts daran, daß eine lediglich den Bewohnern eines Wohnhauses auf demselben Grundstück dienende Schwimmhalle oder andere vergleichbare Anlage nicht §3 Abs. 3 Nr. 2 BauNVO unterfällt.

2.2 Die im hinteren Teil des Gartens errichtete Schwimmhalle mit Sauna und WC ist auch nicht als Wohngebäude i. S. von §3 Abs. 2 BauNVO genehmigungsfähig. Zwar kann ein beispielsweise in das Kellergeschoß eines Wohnhauses integriertes Schwimmbecken unbedenklich als unselbständiger Teil des Wohnhauses angesehen werden (ebenso Fickert/Fieseler, 10. Aufl., Rdnr. 4.1 zu §14 BauNVO; Stock, in: König/Roeser/Stock, 2. Aufl., Rdnr. 10a zu §14 BauNVO). Hier handelt es sich jedoch um ein in deutlicher räumlicher Trennung vom Wohnhaus vorgesehenes eigenständiges Gebäude, das rechtlich nicht das Schicksal des Hauptgebäudes teilt. Das Gebäude dient auch nicht, wie beispielsweise ein Gästehaus, einer der Hauptfunktionen eines Wohnhauses. Das Schwimmen als besondere Form der körperlichen Ertüchtigung stellt demgegenüber eher eine untergeordnete Nutzung dar. Die Schwimmhalle ist daher als Zubehör zum eigentlichen Wohnhaus einzuordnen. Eigenständige Schwimmbecken und kleinere Schwimmhallen sind zwar grundsätzlich mit der allgemeinen Zielsetzung in §3 Abs. 1 BauNVO, wonach das Reine Wohngebiet dem Wohnen dient, vereinbar und widersprechen seiner Eigenart daher nicht (ebenso Fickert/Fieseler, Rdnr. 23, 24.1 zu §3 BauNVO und Rdnr. 6 zu §14 BauNVO). Es handelt sich jedoch um bauliche Anlagen, die typischerweise als Nebenanlagen anzusehen sind. Ihre Zulässigkeit richtet sich somit nach §14 BauNVO.

2.3 Die umstrittene Schwimmhalle ist nach §14 BauNVO unzulässig.

Nach dieser Vorschrift sind außer den in §§2 bis 13 BauNVO genannten Anlagen auch untergeordnete Nebenanlagen und Einrichtungen zulässig, die dem Nutzungszweck der in dem Baugebiet gelegenen Grundstücke dienen und die seiner Eigenart nicht widersprechen (§ 14 Abs. 1 Satz 1 BauNVO). An diesen Voraussetzungen ist auch die Schwimmhalle zu messen. Sie erfüllt die genannten Anforderungen jedoch nicht, da sie das Merkmal der Unterordnung nicht einhält. Hierzu gehört insbesondere, daß sie nicht nur in ihrer Funktion, sondern auch räumlich-gegenständlich dem primären Nutzungszweck der in dem Baugebiet gelegenen Grundstücke sowie der diesem Nutzungszweck entsprechenden Bebauung dienend zugeordnet und untergeordnet ist (BVerwG, Urteil v. 17. 12. 1976 – 4 C 6.75 –, Buchholz 406.11 §29 BBauG Nr. 19 = BRS 30 Nr. 117). Davon geht auch das Oberverwaltungsgericht aus. Es führt aus, daß die Schwimmhalle einerseits geeignet und dazu bestimmt ist, den im Wohnen bestehenden Nutzungszweck eines Grundstücks maßgeblich zu fördern, indem es der gesundheitlichen Vorsorge und der körperlichen (sportlichen) Betätigung dient, die nach den vielfältigen Wohngewohnheiten auch in räumlicher Nähe mit den Wohnräumen stattfinden kann. Andererseits gelangt das Oberverwaltungsgericht selbst zu dem Ergebnis, daß die Schwimmhalle von ihrer Größe her nicht mehr räumlich-gegenständlich der Wohnnutzung untergeordnet ist. Angesichts der Vielfalt unterschiedlicher Nebenanlagen, der vielfältigen Gestaltungsformen der Haupt- und Nebenanlagen und damit der möglichen Anknüpfungspunkte gehe es um individuelle Relationen, die sich einer generalisierenden Betrachtung entzögen. Jedenfalls ein Nebengebäude, das nach Größe und äußerer Erscheinungsform eher einem weiteren Wohngebäude gleicht, wie es das Oberverwaltungsgericht vorliegend festgestellt hat, erfüllt unter dem Gesichtspunkt des Gesamteindrucks nicht das Merkmal der Unterordnung. Dasselbe gilt, wenn man als Maßzahlen die jeweiligen Grundflächen miteinander vergleicht. Denn die 16 m lange und 13 m breite Schwimmhalle hat eine Grundfläche von 171 m^2 und erreicht somit nahezu die Größenordnung des 16 m langen und 11 m breiten Wohnhauses, das eine Grundfläche von 200 m^2 aufweist. Damit ist die Schwimmhalle auf dem Grundstück des Beigeladenen als Nebenanlage ihrer Art nach unzulässig. Sie erfüllt eine grundlegende Voraussetzung nicht, an die § 14 Abs. 1 BauNVO die Genehmigung einer Nebenanlage knüpft.

2.4 Dem Kläger steht auch ein subjektives nachbarliches Abwehrrecht zu.

Das Oberverwaltungsgericht meint allerdings, trotz der Unvereinbarkeit der Schwimmhalle mit den in § 14 BauNVO normierten Anforderungen werde keine Vorschrift verletzt, die zugleich dem Nachbarschutz diene. Denn vorliegend sei das Vorhaben lediglich wegen seiner zu großen Dimensionierung unzulässig, während es unter dem funktionalen Gesichtspunkt einer dienenden Unterordnung unter den Nutzungszweck der Hauptanlage als Wohngebäude unbedenklich sei. Fragen der Dimensionierung seien demgegenüber dem Regelungsbereich des Maßes der baulichen Nutzung zuzuordnen; die das Maß der baulichen Nutzung betreffenden Vorschriften seien jedoch in aller Regel nicht nachbarschützend. Dieser Einschränkung ist nicht zu folgen. Die Vorschrift des § 14 BauNVO betrifft vielmehr, wie schon ihre Stellung im ersten Abschnitt der Verordnung deutlich macht, allein die Art der zulässigen Nutzung.

Zwar beantwortet sich die Frage, ob ein Vorhaben i. S. von § 14 Abs. 1 Bau-NVO untergeordnet ist, auch nach Kriterien, die man als quantitativ bezeichnen könnte. Aber bereits diese Umschreibung wird der Abgrenzung nur unzureichend gerecht, denn zur Beurteilung der räumlich-gegenständlichen Unterordnung können, wie das Oberverwaltungsgericht selbst bei seiner Würdigung der hier konkret betroffenen Schwimmhalle ausführt, nicht nur Maßzahlen wie die Grundfläche herangezogen werden; vielmehr kommt es auch auf den Gesamteindruck an, der an optischen und anderen Gesichtspunkten anknüpfen kann. Im übrigen können auch Kriterien der Größenordnung für die Frage der Zulässigkeit einer baulichen Anlage nach ihrer Art maßgeblich sein. Daraus folgt, daß die Anforderungen des § 14 BauNVO, auch soweit sie quantitative Gesichtspunkte einbeziehen, ausschließlich die Nutzungsart betreffen. Dagegen regelt die Vorschrift weder das Maß der baulichen Nutzung noch den zulässigen Standort für Nebenanlagen. Diese Fragen sind vielmehr anhand der Regelungen in §§ 16 ff. und 22 ff. BauNVO zu beantworten, wobei sich aus § 19 Abs. 4, § 20 Abs. 4 und § 23 Abs. 5 BauNVO Besonderheiten zugunsten von Nebenanlagen ergeben. Die Gründe, die den Senat veranlaßt haben, bei den Vorschriften, die das Maß der baulichen Nutzung regeln – insbesondere §§ 16 ff. BauNVO – den Nachbarschutz grundsätzlich zu verneinen, gelten für eine das Gebot der Unterordnung nicht beachtende Nebenanlage nicht. Festsetzungen über das Maß der baulichen Nutzung lassen in aller Regel den Gebietscharakter unberührt und haben nur Auswirkungen auf das Baugrundstück und seine unmittelbar anschließenden Nachbargrundstücke (vgl. den Senatsbeschluß v. 23. 6. 1995 – 4 B 52.95 –, BRS 57 Nr. 209). Davon kann bei Nebenanlagen, die die in § 14 BauNVO enthaltenen Voraussetzungen nicht erfüllen, nicht ausgegangen werden.

Als Vorschrift zur Art der baulichen Nutzung gewährt § 14 BauNVO dem Nachbarn unabhängig von tatsächlichen Beeinträchtigungen ein Abwehrrecht in Gestalt eines Gebietserhaltungsanspruchs (vgl. BVerwG, Urteil v. 16. 9. 1993 – 4 C 28.91 –, BVerwGE 94, 151 = BRS 55 Nr. 110). Ob dies auch für Nebenanlagen gilt, die die Anforderungen nach § 14 BauNVO nicht erfüllen, jedoch wegen ihrer Eigenart für die Bewahrung des Gebietscharakters ohne jede Bedeutung sind, kann hier offenbleiben. An diesem Nachbarschutz nimmt der Kläger teil, dessen Grundstück sich unmittelbar neben demjenigen des Beigeladenen befindet. Der sich aus § 34 Abs. 2 BauGB i. V. m. den Vorschriften der BauNVO ergebende Nachbarschutz besteht nur soweit, wie die nähere Umgebung i. S. von § 34 BauGB reicht. Der die Erhaltung der Gebietsart betreffende Nachbarschutz ist durch die wechselseitige Prägung der benachbarten Grundstücke begrenzt und muß daher auch nicht notwendig alle Grundstücke in der Umgebung umfassen, die zu derselben Baugebietskategorie gehören (BVerwG, Beschluß v. 20. 8. 1998 – 4 B 79.98 –, BRS 60 Nr. 176). Vorliegend besteht jedoch kein Zweifel, daß die unmittelbar benachbarten Grundstücke des Klägers und des Beigeladenen in derselben Weise geprägt sind und deshalb am maßgeblichen nachbarlichen Austauschverhältnis teilhaben.

2.5 Nach den dem Senat vorliegenden Akten und Unterlagen verstößt die streitige Schwimmhalle wohl ferner gegen eine faktische rückwärtige Baugrenze, da sie weit hinter der im wesentlichen entlang der Straße verlaufenden Bebauung errichtet worden ist, und dürfte sich damit nach der „Grundstücksfläche, die überbaut werden soll" nicht in die Eigenart der näheren Umgebung i. S. von § 34 Abs. 1 BauGB einfügen. Ob damit unter dem rechtlichen Gesichtspunkt des Gebots der Rücksichtnahme im vorliegenden Einzelfall zugleich eine Verletzung nachbarschützender Vorschriften anzunehmen ist, bedarf im Hinblick darauf, daß die Nachbarklage ohnehin erfolgreich ist, keiner Vertiefung oder gar weiteren Aufklärung nach Zurückverweisung.

Anmerkung:
Mit nahezu wortgleicher Begründung hat das Bundesverwaltungsgericht mit weiterem Urteil vom 28. 4. 2004 – 4 C 12.03 – die Berufungen der Beklagten und des Beigeladenen gegen das Urteil des Verwaltungsgerichts Hamburg zurückgewiesen, mit dem das Gericht die Klage des Eigentümers eines schräg gegenüber auf der anderen Seite der Straße liegenden Grundstücks hinsichtlich der Schwimmhalle stattgegeben hatte. Das Verwaltungsgericht hatte ferner die Beklagte verpflichtet, über den Antrag des Klägers auf Erlaß einer Anordnung zur Beseitigung der Schwimmhalle erneut zu entscheiden.

Nr. 69

Zur Frage der bauplanungsrechtlichen Qualifikation eines privaten Schwimmhallenanbaus als Nebenanlage, die auch auf den nicht überbaubaren Grundstücksflächen jenseits der faktischen Baugrenze zugelassen werden kann.

BauGB § 34 Abs. 1; BauNVO § 23 Abs. 5 Satz 1.

OVG Berlin, Urteil vom 1. Dezember 2004 – 2 B 14.03 – (rechtskräftig).

Der Kläger ist Eigentümer der rückwärtig aneinandergrenzenden, in einem unbeplanten Gebiet liegenden Grundstücke E.-straße 25 und S.-straße 11 in Berlin. Er begehrt nachträglich eine Baugenehmigung für die von ihm an die Rückseite seines Einfamilienhauses angebaute Schwimmhalle. Das Wohnhaus hat eine Breite von etwa 11 m und eine Länge von etwa 14,5 m. Die über die gesamte Breite angebaute Schwimmhalle hat eine Tiefe von ca. 7 m. Die Außenwände der überdachten Schwimmhalle einschließlich der rückwärtigen Trennwand zum Wohnhaus bestehen aus Sprossenfensterelementen. Die Halle ist sowohl vom Garten als auch vom Hausinneren aus jeweils über eine Treppe zugänglich. Auf die straßenseitige Grundstücksgrenze bezogen reicht der gesamte Baukörper des Wohnhauses mit dem Anbau etwa bis zu einer Grundstückstiefe von 29 m.
Der Beklagte lehnte die Erteilung der beantragten Baugenehmigung ab.

Aus den Gründen:
In Bezug auf das Grundstück des Klägers liegt die faktische hintere Baugrenze etwa bei 22 m Grundstückstiefe. Sie verläuft in Höhe der hinteren Gebäudeaußenwand seines Wohngebäudes, wobei insbesondere die Lage und Größe des Wohngebäudes des Klägers die faktische Baugrenze am weitesten in den Blockinnenbereich hinein verschoben hat.

Durch den Schwimmhallenanbau wird sie um 7 m überschritten. Die Lage der Wohnhäuser auf den Eckgrundstücken an der K.-straße hat den Verlauf der faktischen hinteren Baugrenzen für den Blockinnenbereich für den dortigen Bereich zwar mitbestimmt. Daß die Häuser auf den Grundstücken selbst relativ weit an der hinteren Grundstücksgrenze liegen, hat jedoch keine über den faktischen Baugrenzenverlauf hinausgehende maßstabbildende Wirkung, aus der der Kläger etwas zugunsten der Situierung seines Schwimmhallenanbaus ableiten könnte. ...

Die Überschreitung der nicht überbaubaren Grundstücksflächen durch den Schwimmhallenanbau ist bauplanungsrechtlich nicht zulässig, denn hierbei handelt es sich nicht um eine Nebenanlage, die sowohl im beplanten Gebiet (§ 23 Abs. 5 Satz 1 BauNVO) als auch im unbeplanten Innenbereich (vgl. BVerwG, Beschluß v. 17. 9. 1985, a. a. O.) auf den nicht überbaubaren Grundstücksflächen zugelassen werden kann (vgl. NdsOVG, Beschluß v. 21. 11. 2002, BRS 65 Nr. 72). Der Anbau ist vielmehr in die Hauptnutzung integriert und damit Teil des Wohngebäudes geworden, an das er über die gesamte Breite angebaut und mit dem er nach dem Ergebnis der Augenscheinseinnahme sowie den Planungsunterlagen auch funktionell verbunden ist, denn die Schwimmhalle ist vom Hausinneren nur durch eine Sprossenfensterwand getrennt und kann von dort aus über eine Treppe betreten werden. Diese bauliche und funktionale Verbindung zwischen dem Wohnhaus und der Schwimmhalle nimmt dem Schwimmhallenanbau die Eigenschaft einer Nebenanlage, weil Nebenanlagen nur bauliche Anlagen sein können, die nicht zugleich Bestandteil des Hauptgebäudes sind (vgl. BVerwG, Urteil v. 28. 4. 2004, BauR 2004, 1567; Beschluß v. 14. 2. 1994, Buchholz 406.12 § 23 BauNVO Nr. 1; NdsOVG, Beschluß v. 21. 11. 2002, BRS 65 Nr. 72).

Darüber hinaus schließt auch das Größenverhältnis zwischen dem Wohnhaus des Klägers (ca. 160 m² Grundfläche) und dem Schwimmhallenanbau (ca. 80 m² Grundfläche) die Annahme der für Nebenanlagen charakteristischen räumlichgegenständlichen (optischen), dem primären Nutzungszweck der Grundstücke und der Bebauung dienenden Unterordnung aus (vgl. hierzu BVerwG, Urteil v. 28. 4. 2004, a. a. O.; Beschluß v. 17. 9. 1985, a. a. O.; NdsOVG, Beschluß v. 21. 11. 2002, a. a. O.). Maßgebend sind insoweit zwar die jeweiligen individuellen Relationen, die sich einer generalisierenden Betrachtung entziehen. Ein Nebengebäude, das nach Größe und Kubatur mit Blick auf die ohnehin deutlich kleinere Umgebungsbebauung eher einem weiteren Wohngebäude gleicht und im vorliegenden Fall ein Grundflächenverhältnis zum Wohngebäude von 1 : 2 (160 m² zu ca. 80 m²) erreicht, erfüllt jedoch unter dem Gesichtspunkt des Gesamteindrucks nicht mehr das Merkmal der Unterordnung. In der Rechtsprechung (vgl. NdsOVG, Beschluß v. 21. 11. 2002, a. a. O.) ist bisher allenfalls ein Grundflächenverhältnis von 1 : 3 von Wohnhaus und privater Schwimmhalle (dort: 185 m²/54 m²) als gerade noch für die Annahme einer Nebenanlage vertretbar angesehen worden; dieses Verhältnis ist im vorliegenden Fall deutlich überschritten. ...

Durch die Überschreitung der faktischen hinteren Baugrenze fügt sich der Schwimmhallenanbau nicht in die Eigenart der näheren Umgebung i. S. des § 34 Abs. 1 BauGB ein und bringt auf Grund seiner möglichen Vorbildwirkung die städtebauliche Situation in dem Blockinnenbereich negativ in Bewegung. Er ist dadurch geeignet, bodenrechtlich beachtliche Spannungen zu begründen. Denn in einem von Gärten und Einfamilienhäusern in offener Bauweise geprägten Gebiet liegt ein entsprechender Nachahmungseffekt verbunden mit der wiederum maßstabbildenden Wirkung im Falle der Genehmigung des Schwimmhallenanbaus besonders nahe, zumal die Überschreitung durch keine Besonderheit des Grundstücks zu rechtfertigen ist, durch die sich das Baugrundstück von den übrigen Nachbargrundstücken unterscheiden könnte (vgl. BVerwG, Beschluß v. 25.3.1999, BRS 62 Nr.101; Urteil v. 26.5.1978, BVerwGE 55, 369, 385 f.).

Eine Abwägung oder Kompensation findet hinsichtlich der Frage des Sicheinfügens nicht statt (vgl. BVerwG, Urteil v. 15.2.1990, Buchholz 406.11 §34 BauGB Nr.134, S.38, 44), die sich nur an der Vergleichbarkeit des faktisch Vorhandenen orientiert, so daß es auf die vom Kläger angebotene Baulasteintragung zur Gewährleistung einer dauerhaften Freihaltung des Grundstücks S.-straße 11 von baulichen Anlagen zugunsten des Grundstücks E.-straße 25 nicht ankommt. Außerdem ermächtigt das bauordnungsrechtliche Instrument der Baulast nicht zu Abweichungen vom Bauplanungsrecht, damit nicht durch eine „autonome Binnenplanung" eine Umgehung planerischer Festsetzungen möglich wird. Das Rechtsinstitut der Baulast kann vielmehr nur unter Wahrung des Bauplanungsrechts verwendet werden und in beplanten Gebieten allenfalls Anknüpfungspunkt für eine Befreiung i.S. des §31 Abs.2 BauGB sein, sofern deren Voraussetzungen vorliegen vgl. Urteil des Senats v. 14.8.1987, OVGE 19, 72).

Nr. 70

Ein Swinger-Club ist im allgemeinen Wohngebiet nicht zulässig.
(Nichtamtlicher Leitsatz.)

BauNVO §4.

Bundesverwaltungsgericht, Beschluß vom 25. März 2004 – 4 B 15.04 –.

(Bayerischer VGH)

Aus den Gründen:
1. ... Die Beschwerde wirft als rechtsgrundsätzlich bedeutsam die Frage auf, ob Veranstaltungen eines Swinger-Clubs (Partnertreff) vom Begriff des „Wohnens" i.S. von §4 Abs.1 BauNVO erfaßt werden. Diese Frage kann auf der Grundlage der bisherigen Rechtsprechung des Bundesverwaltungsgerichts unschwer beantwortet werden, ohne daß es der Durchführung eines Revisionsverfahrens bedarf.

Zum Begriff des Wohnens gehört eine auf Dauer angelegte Häuslichkeit, die Eigengestaltung der Haushaltsführung und des häuslichen Wirkungskreises sowie die Freiwilligkeit des Aufenthalts (vgl. BVerwG, Beschluß v. 25.3.1996 – 4 B 302.95 –, BRS 58 Nr.56). Diese Definition ist aus der Abgrenzung zu anderen planungsrechtlichen Nutzungsformen (Beherbergung, Heimunterbringung, Formen der sozialen Betreuung und Pflege) entwickelt worden. Sie soll den Bereich des Wohnens als Bestandteil der privaten Lebensgestaltung kennzeichnen. Gemeint ist damit die Nutzungsform des selbstbestimmt geführten privaten Lebens „in den eigenen vier Wänden", die auf eine gewisse Dauer angelegt ist und keinem anderen in der Baunutzungsverordnung vorgesehenen Nutzungszweck verschrieben ist, insbesondere keinem Erwerbszweck dient (zutreffend Stock, in: König/Roeser/Stock, BauNVO, 2. Aufl. 2003, §3 Rdnr. 16). Ob mit der Überlassung von Räumen an einen Swinger-Club ein Erwerbszweck verfolgt wird, hängt von einer wertenden Betrachtung aller Umstände des Einzelfalls ab.

Das Berufungsgericht folgt diesem rechtlichen Ansatz. Es hat festgestellt, daß die Kläger Kellerräume ihres Anwesens an den Club gegen Mietzins vermietet, zumindest von männlichen Singles ein Nutzungsentgelt erhoben und selbst nicht an angebotenen Vergnügungen teilgenommen, sondern in erster Linie als Personal – als Türsteher, Einweiser, Bardame – fungiert haben. Diese Feststellungen greift die Beschwerde nicht mit Verfahrensrügen an. Es liegt auf der Hand, daß eine so umschriebene Nutzung die dem Begriff der Wohnnutzung eigene Variationsbreite überschreitet. Für eine weitergehende abstrakte Klärung des Begriffs des Wohnens bietet der vorliegende Streitfall keinen Anlaß.

3. ... Die Beschwerde rügt, das Berufungsgericht habe ohne Beweisaufnahme unterstellt, daß vom Nachtbetrieb eines Swinger-Clubs nach außen hin wahrnehmbare Aktivitäten der Gäste wie Pkw- und Taxianfahrten, Parkplatzsuche, Türenschlagen, laute Unterhaltungen usw. ausgingen, die mit dem intensiven Ruhebedürfnis der Wohnbevölkerung gerade in den Nachtstunden im allgemeinen Wohngebiet unvereinbar seien. Hierbei handele es sich um „reine Unterstellungen".

Diese Rüge führt nicht zu einem Verfahrensfehler. Ein Aufklärungsmangel liegt nicht vor. Die verfahrensrechtliche Aufklärungspflicht gebietet dem Tatrichter, nur solche Umstände aufzuklären, auf die es nach seiner eigenen Rechtsauffassung, die er seinem Urteil zugrunde legt, ankommt. Nach Auffassung des Berufungsgerichts ist die Frage, ob der streitbefangene Swinger-Club als sonstiger nicht störender Gewerbebetrieb i. S. des §4 Abs. 3 Nr. 2 BauNVO zugelassen werden kann, auf der Grundlage einer typisierenden Betrachtungsweise zu beantworten. Das entspricht der Rechtsprechung des Bundesverwaltungsgerichts. Danach ist eine Ausnahme gemäß §4 Abs. 3 Nr. 2 BauNVO unzulässig, wenn das Vorhaben – bezogen auf den Wohngebietscharakter – auf Grund seiner typischen Nutzungsweise störend wirkt. Relevant für die Beurteilung der Gebietsunverträglichkeit sind alle mit der Zulassung des Betriebes nach seinem Gegenstand, seiner Struktur und Arbeitsweise typischerweise verbundenen Auswirkungen auf die nähere Umgebung wie insbesondere die Art und Weise der Betriebsvorgänge, der Umfang, die Häufigkeit und die Zeitpunkte dieser Vorgänge, der damit verbundene An- und Abfahrtsverkehr sowie der Einzugsbereich des Betriebes (vgl. hierzu BVerwG, Urteil v. 25. 11. 1983 – 4 C 21.83 –, BVerwGE 68, 213, 214 = BRS 40 Nr. 52; Urteil v. 21. 3. 2002 – 4 C 1.02 –, BVerwGE 116, 155,

157 f. = BRS 65 Nr. 63; vgl. auch Beschluß v. 9. 10. 1990 – 4 B 121.90 –, BRS 50 Nr. 58). Diese Sichtweise rechtfertigt sich daraus, daß die Baunutzungsverordnung die Anforderungen an gesunde Wohn- und Arbeitsverhältnisse in Gestalt einer Baugebietstypologie konkretisiert, die ihrerseits auf der typisierenden Zuordnung bestimmter Nutzungsarten und baulicher Anlagen zu einem (oder mehreren) der Baugebiete beruht.

Nach dieser Rechtsprechung kommt es darauf an, ob ein Swinger-Club der hier betriebenen Größe seiner Art nach geeignet ist, das Wohnen wesentlich zu stören, oder ob dies regelmäßig (typischerweise) nicht der Fall ist. Die Beschwerde legt nicht dar, daß sich dem Berufungsgericht bei diesem auf Erfahrungswerten aufbauenden rechtlichen Ansatz Ermittlungen an Ort und Stelle oder in der Nachbarschaft des Wohngrundstücks der Kläger hätten aufdrängen müssen. Die Beschwerde zeigt insbesondere nicht auf, aus welchen atypischen Gründen die vom Berufungsgericht angenommenen Beeinträchtigungen der nächtlichen Wohnruhe durch einen Clubbetrieb der hier vorliegenden Art regelmäßig entfallen. Der Hinweis der Beschwerde, daß die Besucher des Clubs bestrebt seien, „unauffällig zu bleiben", ist nicht geeignet, die Erfahrungswerte, auf die sich das Berufungsgericht stützt, in Zweifel zu ziehen.

Nr. 71

Ein Swinger-Club im allgemeinen Wohngebiet ist bauplanungsrechtlich unzulässig.

BayBO 1994 Art. 89 Satz 2; BauNVO § 4 Abs. 3 Nr. 2.

Bayerischer VGH, Urteil vom 29. Dezember 2003 – 25 B 98.3582 – (rechtskräftig).

(VG Würzburg)

Gegenstand des Rechtsstreits ist eine Nutzungsuntersagung für Veranstaltungen eines sog. Swinger-Clubs im allgemeinen Wohngebiet.
Die Kläger sind Miteigentümer des bebauten Grundstücks X. 1985 genehmigte das Landratsamt den Voreigentümern auf dem Grundstück die Errichtung eines Einfamilienwohnhauses mit Doppelgarage. Nach der Eigentumsübertragung auf die Kläger wurde mit Bescheid vom Juli 1992 die „Erweiterung eines Hauses" (nach den Angaben im genehmigten Bauplan ein Kelleranbau mit Geräteräumen und Weinkeller) und mit weiterem Bescheid vom April 1995 eine „Sanierung der Kellerwände mit Einbau von Kellerlagerräumen" genehmigt.
Im Juli 1996 bat die Gemeinde das Landratsamt unter Hinweis auf eine Zeitschriftenreportage über einen angeblichen Swinger-Club im Anwesen der Kläger um bauaufsichtliche Überprüfung. Laut einem Aktenvermerk stellte das Landratsamt bei einer Ortseinsicht im Januar 1997 fest, daß die in den vorliegenden Plänen dargestellte Nutzung in keinem einzigen Raum mehr gegeben sei.
Nach vorheriger Anhörung untersagte das Landratsamt den jeweiligen Eigentümern des Anwesens sowie deren Rechtsnachfolgern „das Grundstück für private und gewerbliche Veranstaltungen zum Partnertreff bzw. Partnertausch (sog. Swinger-Club) zu nut-

zen oder nutzen zu lassen". Das Anwesen werde im Widerspruch zu öffentlich-rechtlichen Vorschriften benutzt. Die Herstellung rechtmäßiger Zustände durch die Erteilung einer nachträglichen Genehmigung sei nicht möglich, weil die Nutzung bauplanungsrechtlich unzulässig sei. Das Anwesen liege im Bereich des rechtsverbindlichen Bebauungsplans der Gemeinde, das Bauquartier sei als allgemeines Wohngebiet eingestuft. Die vorgenommene Nutzung stelle ein sog. gemischtes Gewerbe dar, das in einem allgemeinen Wohngebiet unzulässig sei. Die Anlieger des Wohngebietes würden durch diesen störenden Gewerbebetrieb nachhaltig negativ beeinflußt, vor allem werde das gesamte Bauquartier von Besuchern stark frequentiert.

Widerspruch, Klage und Berufung der Kläger blieben erfolglos.

Aus den Gründen:
1. Die tatbestandlichen Voraussetzungen einer Nutzungsuntersagung gemäß Art. 89 Satz 2 der Bayerischen Bauordnung i. d. F. der Bek. vom 18. 4. 1994 (GVBl., 251) – BayBO 1994 – (entspricht Art. 82 Satz 2 BayBO i. d. F. der Bek. v. 4. 8. 1998, GVBl., 433, ber. 1998, 270 – BayBO 1998 –) sind vorliegend erfüllt. Das Anwesen der Kläger wird durch den Swinger-Club im Widerspruch zu öffentlich-rechtlichen Vorschriften benutzt.

a) Der Betrieb des Swinger-Clubs im Anwesen der Kläger ist von den vorhandenen Baugenehmigungen nicht umfaßt.

Im Zeitpunkt der Nutzungsuntersagung war im Anwesen der Kläger ausschließlich Wohnnutzung genehmigt. Wohnnutzung war alleiniger Gegenstand der Genehmigung vom Oktober 1985 zur Errichtung eines Einfamilienwohnhauses mit Doppelgarage. Der Bescheid vom Juli 1992 („Erweiterung eines Hauses"), mit dem das Landratsamt die Erweiterung des Kellergeschosses um zusätzliche Kellerräume („Geräteräume" und „Weinkeller") genehmigte, änderte an der auf Wohnzwecke beschränkten Nutzungsart nichts. Und auch der Bescheid vom April 1995 („Sanierung der Kellerwände mit Einbau von Kellerlagerräumen") bezog sich lediglich auf Nebennutzungen zur genehmigten Wohnnutzung. Andere Nutzungsarten wurden auch bis zur mündlichen Verhandlung weder beantragt noch genehmigt und sind damit nach wie vor unzulässig.

Die Nutzung der Kellerräume des Anwesens für Veranstaltungen eines Swinger-Clubs ist gegenüber der genehmigten Wohnnutzung ein aliud. Zum Begriff des Wohnens gehört das selbstbestimmt geführte private Leben, das auf eine gewisse Kontinuität angelegt ist und keinem anderen in der Baunutzungsverordnung – BauNVO – vorgesehenen Nutzungszweck verschrieben ist, insbesondere keinem irgendwie gearteten Erwerbszweck (vgl. Stock, in: König/Roeser/Stock, BauNVO, 2. Aufl. 2003 Anm. 16 zu §3; vgl. auch BVerwG v. 25. 3. 1996, BRS 58 Nr. 56 = BauR 1996, 676 = NVwZ 1996, 893). Gemessen hieran liegt die Nutzung der umgebauten Kellerräume für Zwecke des Swinger-Clubs nicht innerhalb der Variationsbreite der genehmigten Wohnnutzung. Die Kläger hatten die Kellerräume von Anfang an an den Club Y. gegen Mietzins vermietet. Darüber hinaus wird zumindest von männlichen Singles Nutzungsentgelt erhoben, wie bereits das Verwaltungsgericht – insoweit unwidersprochen – festgestellt hat und sich auch aus den polizeilichen Ermittlungsberichten ergibt. Nach den Erkenntnissen der Polizei nehmen ferner nur die Gäste des Swinger-Clubs an den angebotenen Vergnügungen teil, während die Kläger in erster Linie als Personal – als Türsteher, Einweiser, Bardame etc. – fungieren. Es ist deshalb in der Tat offensichtlich, daß der Swinger-Club nicht der privaten Lebensgestaltung der Kläger etwa in der Art einer privaten Partygruppe zur Befriedigung ihrer eigenen sexuellen Bedürfnisse zuzurechnen ist, sondern einem anderen Zweck als der genehmigten Wohnnutzung und der ihr zugeordneten Nebennutzungen dient. Daß auch die von den Mitgliedern und Gästen des Clubs ausgeübte Nutzung nicht unter den Begriff des Wohnens fällt, bedarf keiner näheren Darlegung.

b) Die Nutzung des Anwesens als Swinger-Club ist auch bauplanungsrechtlich unzulässig. Das Wohnquartier, in dem das Anwesen der Kläger liegt, ist durch den Bebauungsplan der Gemeinde als allgemeines Wohngebiet festgesetzt. Die Nutzung des Anwesens als Swinger-Club ist weder eine in Wohngebieten allgemein zulässige Nutzung, noch kann sie ausnahmsweise zugelassen werden, § 4 Abs. 2 und 3 BauNVO.

Allgemein zulässig in Wohngebieten sind neben Wohngebäuden die der Versorgung des Gebietes dienenden Läden, Schank- und Speisewirtschaften und nicht störenden Handwerksbetriebe (§ 4 Abs. 2 Nr. 2 BauNVO) sowie Anlagen für kirchliche, kulturelle, soziale, gesundheitliche und sportliche Zwecke (§ 4 Abs. 2 Nr. 3 BauNVO). Der Swinger-Club entspricht keiner dieser allgemein zulässigen Nutzungsarten. Entgegen der von den Klägern in der mündlichen Verhandlung vertretenen Rechtsauffassung dient der Swinger-Club insbesondere weder kulturellen noch sozialen oder gesundheitlichen Zwecken im bauplanungsrechtlichen Sinne (zu den Begriffen vgl. z. B. Stock, a. a. O., Anm. 49 ff., 51 ff. und 56 ff. zu § 4 BauNVO).

Die Nutzung des Anwesens als Swinger-Club kann auch nicht ausnahmsweise zugelassen werden. Aus dem Katalog der ausnahmsweise zulässigen Nutzungen nach § 4 Abs. 3 BauNVO kommt vorliegend allein eine Nutzung als sonstiger nicht störender Gewerbebetrieb (§ 4 Abs. 3 Nr. 2 BauNVO) in Betracht, die im Bebauungsplan der Gemeinde jedenfalls nicht generell ausgeschlossen worden ist (§ 1 Abs. 6 Nr. 1 BauNVO).

Zweifelhaft könnte bereits sein, ob ein Swinger-Club in der von den Klägern betriebenen Art überhaupt als Gewerbebetrieb i. S. des § 4 Abs. 3 Nr. 2 BauNVO zu qualifizieren ist. Nach Ansicht des Senats liegt es aus systematischen und teleologischen Gründen nahe, Swinger-Clubs nach heute geltendem Recht der spezielleren Kategorie der Vergnügungsstätten zuzuordnen (ebenso VGH BW v. 29. 7. 1991 – 3 S 1777/91 –, juris; Bielenberg, in: Ernst/Zinkahn/Bielenberg, BauGB, Anm. 56 zu § 2 BauNVO und Anm. 58a zu § 4a BauNVO), deren bauplanungsrechtliche Zulässigkeit der Verordnungsgeber – wohl auch mit Blick auf deren spezifische Störwirkungen – in der Baunutzungsverordnung i. d. F. der Bek. vom 23. 1. 1990 (BGBl. I, 132) – BauNVO 1990 – für die einzelnen Baugebiete ausdrücklich und damit zugleich abschließend geregelt hat (vgl. BVerwG v. 20. 8. 1992, BRS 54 Nr. 50 = DVBl. 1993, 109). Die Konsequenz hieraus, daß nämlich eine Zulassung von Vergnügungsstätten als nicht störende Gewerbebetriebe i. S. des § 4 Abs. 3 Nr. 2 BauNVO ausgeschlossen ist (Bielenberg, a. a. O., Anm. 58b zu § 4a BauNVO), steht einer Zulassung des Swinger-Clubs der Kläger vorliegend allerdings nicht entgegen. Denn der Bebauungsplan der Gemeinde ist bereits im Jahre 1976, also vor Inkraftreten der BauNVO 1990 rechtsgültig geworden mit der Folge, daß die BauNVO 1990 nicht anwendbar ist. Nach alter Rechtslage aber war die Zulässigkeit von Vergnügungsstätten noch nicht abschließend geregelt (Bielenberg, a. a. O., Anm. 56 zu §2 BauNVO). Auf der Grundlage des Bebauungsplans können deshalb Vergnügungsstätten, obwohl im Katalog des §4 Abs. 3 Bau-NVO nicht ausdrücklich erwähnt, grundsätzlich als sonstige nicht störende Gewerbebetriebe i. S. des §4 Abs. 3 Nr. 2 BauNVO zugelassen werden.

Die sich in diesem Zusammenhang stellende weitere Zweifelsfrage, ob ein Gewerbebetrieb i. S. des §4 Abs. 3 Nr. 2 BauNVO notwendigerweise auf Gewinnerzielung angelegt sein muß, und ob der Swinger-Club der Kläger diese Voraussetzung gegebenenfalls erfüllte, was die Kläger immerhin selbst bestreiten, kann offenbleiben. Denn selbst wenn man zugunsten der Kläger unterstellt, daß Swinger-Clubs unabhängig von etwaigen Gewinnperspektiven als Gewerbebetriebe im bauplanungsrechtlichen Sinne zu qualifizieren sind (so BayVGH v. 30. 7. 2002 – 14ZB 02.1253 –, Merkmal der Gewinnerzielungsabsicht nicht von ausschlaggebender Bedeutung; „entscheidend ist vielmehr, daß die Nutzung der Räume, die in der Öffentlichkeit angeboten wird, jedermann gegen ein Nutzungsentgelt zur Verfügung gestellt wird"; vgl. auch Fickert/Fieseler, BauNVO, 9. Aufl. 1998, Anm. 25 zu §2) – nur als Gewerbebetrieb käme überhaupt eine ausnahmsweise Zulassung im allgemeinen Wohngebiet in Betracht –, verhilft dies der Klage nicht zum Erfolg, weil ein Swinger-Club in der von den Klägern betriebenen Art wohngebietsunverträglich ist. Von ihm gehen Störungen aus, die den Gebietscharakter des allgemeinen Wohngebiets gefährden.

Für §4 BauNVO beurteilt sich die Gebietsunverträglichkeit in erster Linie nach dem Kriterium der gebietsunüblichen Störung (BVerwGE 116, 155, 159; vgl. auch BVerwG, v. 7. 9. 1995, BRS 57 Nr. 71 = BauR 1996, 78 = NVwZ-RR 1996, 251). Ausnahmen sind unzulässig, wenn ein Gewerbebetrieb den Gebietscharakter des allgemeinen Wohngebiets gefährdet; das ist der Fall, wenn das Vorhaben – bezogen auf den Wohngebietscharakter – auf Grund seiner typischen Nutzungsweise störend wirkt (BVerwGE 116, 155 Leitsatz 1). Relevant für die Beurteilung der Störeigenschaft sind alle mit der Zulassung des Betriebes nach seinem Gegenstand, seiner Struktur und Arbeitsweise typischerweise verbundenen Auswirkungen auf die nähere Umgebung wie insbesondere die Art und Weise der Betriebsvorgänge, der Umfang, die Häufigkeit und die Zeitpunkte dieser Vorgänge, der damit verbundene An- und Abfahrtsverkehr sowie der Einzugsbereich des Betriebes (zu den Kriterien vgl. BVerwGE 116, 155, 160 und Stock, a. a. O., Anm. 72 zu §4). Die Zulässigkeit von Nutzungen hängt dabei nicht nur von deren Immissionsträchtigkeit oder Immissionsverträglichkeit ab, sondern wird auch von anderen Maßstäben der städtebaulichen Ordnung bestimmt (BVerwG v. 24. 2. 2000, BRS 63 Nr. 80 = BauR 2000, 1306 = NVwZ 2000, 1054 m. w. N.). Unter Anwendung dieser Maßstäbe ergibt sich im vorliegenden Fall, daß der Swinger-Club der Kläger gebietsunverträglich ist, weil er auf Grund seiner typischen Nutzungsweise im allgemeinen Wohngebiet störend wirkt und den Gebietscharakter des allgemeinen Wohngebiets gefährdet.

Im allgemeinen Wohngebiet soll in erster Linie störungsfreies Wohnen gewährleistet werden. Das gilt insbesondere für die Abend- und Nachtstunden (vgl. VGH BW v. 4.8.1995 – 5 S 846/95 –, zu Wohnungsprostitution). Gerade in dieser Zeit finden aber typischerweise die Aktivitäten und Veranstaltungen eines Swinger-Clubs in der von den Klägern betriebenen Art statt, wie die Öffnungszeiten des Clubs, seine Werbeauftritte in Internet und Presse, die polizeilichen Ermittlungsberichte sowie auch der eigene Vortrag der Kläger belegen. Dabei kann bei der gebotenen typisierenden Betrachtung dahingestellt bleiben, ob sich die Nachbarschaft der Kläger durch den Clubbetrieb oder durch den hierdurch bedingten An- und Abfahrtsverkehr konkret gestört fühlt. Unerheblich ist ferner, ob die Besucherdichte – wie der Kläger zu 1 in der mündlichen Verhandlung vorgetragen hat – im Vergleich zum Zeitpunkt der Nutzungsuntersagung zurückgegangen ist. Denn vom Nachtbetrieb eines Swinger-Clubs und den nach außen hin wahrnehmbaren Aktivitäten der Gäste wie Pkw- und Taxianfahrten, Parkplatzsuche, Türenschlagen, laute Unterhaltungen etc. gehen jedenfalls typischerweise Belästigungen aus, die mit dem intensiven Ruhebedürfnis der Wohnbevölkerung gerade in den Nachtstunden, dem der Verordnungsgeber durch die Gebietskategorie des allgemeinen Wohngebiets Rechnung getragen hat, unvereinbar sind. Der Swinger-Club der Kläger ist somit bereits wegen seiner Nachtaktivitäten mit der gebietstypischen Wohnnutzung nicht vereinbar.

Auch jenseits der reinen Lärmeinwirkungen ist der Swinger-Club der Kläger mit dem einem allgemeinen Wohngebiet immanenten „Ruhebedürfnis" unvereinbar. Zweck dieses Gebietstypus ist auch die Vermeidung der als atypisch anzusehenden Nutzungen, die den Charakter einer kollektiven Wohngemeinschaft im Sinne des Gebietscharakters stören. Störungen können sich deshalb auch aus einem vermehrten Verkehr mit übergemeindlichem Bezug und der daraus entstehenden „Gebietsunruhe" ergeben (BVerwGE 116, 155, 160). Dieser Aspekt schlägt vorliegend ebenfalls als Störung zu Buche. Auch wenn der Swinger-Club der Kläger überwiegend von festen Mitgliedern frequentiert werden mag, wie der Kläger zu 1 behauptet hat, kommen die Gäste nach Aktenlage und insbesondere den Erkenntnissen der polizeilichen Ermittlungen („Fahrzeuge ... mit auswärtigen Kennzeichen") aus einem größeren Einzugsbereich, der weit über die Gemeinde hinausreicht. Dies hat der Kläger zu 1 in der mündlichen Verhandlung im Ergebnis selbst bestätigt, indem er vorgetragen hat, daß die Frequenz der Besucher durch das Auftreten ähnlicher Clubs „im Raum Würzburg" abgenommen habe, mit denen er offensichtlich in Konkurrenz steht. Der Swinger-Club ist auch insoweit bauplanungsrechtlich nicht genehmigungsfähig.

Nicht unberücksichtigt bleiben dürfen schließlich die sonstigen Begleiterscheinungen, die der Betrieb eines Swinger-Clubs üblicherweise mit sich bringt. Auch wenn diese mit dem besonderen „Milieu" von Bordellbetrieben nicht vergleichbar sein mögen (differenzierend auch VGH BW v. 9.8.1996, BRS 58 Nr. 71 = NVwZ 1997, 601 – hinsichtlich Wohnungsprostitution –), ist doch davon auszugehen, daß der Betrieb eines Swinger-Clubs mit seinen typischen atmosphärischen Begleiterscheinungen den Charakter eines allgemeinen Wohngebiets und dessen spezifische Bedürfnisse beeinträchtigt (vgl.

auch BVerwG v. 28.6.1995, BRS 57 Nr. 69 = BauR 1996, 78 = BayVBl. 1995, 667 – zu Wohnungsprostitution –).

Der Swinger-Club der Kläger kann nach alledem – die Gewerbebetriebseigenschaft zugunsten der Kläger unterstellt – auch nicht ausnahmsweise als nicht störender Gewerbebetrieb zugelassen werden. Die Nutzung der Kellerräume des Anwesens der Kläger für Veranstaltungen eines Swinger-Clubs ist deshalb materiell illegal und konnte auf der Grundlage des Art. 89 Satz 2 BayBO 1994 untersagt werden.

2. Von dieser gesetzlich eingeräumten Befugnis hat das Landratsamt in rechtlich unbedenklicher Weise Gebrauch gemacht. Rechtmäßig ist insbesondere der Umfang der Nutzungsuntersagung.

a) Daß das Landratsamt die Nutzungsuntersagung auf das gesamte Grundstück der Kläger erstreckt hat, ist schon deshalb nicht zu beanstanden, weil der Swinger-Club – abgesehen von nicht weiter zu prüfenden bauordnungsrechtlichen Versagungsgründen – jedenfalls bauplanungsrechtlich illegal ist. Bauplanungsrechtliche Unzulässigkeitsgründe erstrecken sich aber auf das gesamte Anwesen und nicht lediglich auf das Kellergeschoß.

b) Der angegriffene Bescheid ist auch insoweit rechtlich zu billigen, als im Tenor die Nutzung des Grundstücks nicht nur für gewerbliche, sondern auch für private Veranstaltungen zum Partnertreff bzw. Partnertausch untersagt worden ist. In den Gründen des angegriffenen Bescheides wird ausgeführt, anläßlich einer Ortseinsicht im Januar 1997 sei festgestellt worden, daß das Anwesen der Kläger „für Veranstaltungen des privaten oder gewerblichen Partnertreffs bzw. Partnertausches (sog. Swinger-Club) genutzt" worden sei. Exakt diese Formulierung findet sich im Bescheidtenor wieder. Die Gründe der Nutzungsuntersagung lassen deshalb erkennen, daß das Landratsamt die im Zeitpunkt des Bescheiderlasses angetroffene Nutzung untersagen wollte. Mit der Differenzierung zwischen Veranstaltung des privaten und gewerblichen Partnertreffs bzw. Partnertausches wollte das Landratsamt offensichtlich lediglich zum Ausdruck bringen, daß die Nutzungsuntersagung unabhängig von etwaigen Gewinnerzielungsabsichten der Kläger gelten soll. Private Betätigungen der Kläger, die sich im Rahmen der zulässigen Wohnnutzung bewegen, sind vom Bescheidtenor offensichtlich nicht erfaßt. Eine unverhältnismäßige Beschränkung der grundrechtlich geschützten Freiräume der Kläger liegt nicht vor.

Nr. 72

Bordell- und Wohnungsprostitution sind als gewerbliche Betätigung in Wohngebieten weder allgemein noch ausnahmsweise zulässig; daran hat das Prostitutionsgesetz vom 20.12.2001 (BGBl. I, 3983) nichts geändert.

BauGB § 34 Abs. 2; BauNVO § 4 Abs. 3 Nr. 2.

OVG Rheinland-Pfalz, Beschluß vom 15. Januar 2004 – 8 B 11983/03 – (rechtskräftig).

Aus den Gründen:
Zu Unrecht wendet sich die Antragstellerin gegen die Rechtsansicht des Verwaltungsgerichts, wonach die Bordell- bzw. Wohnungsprostitution in einem allgemeinen Wohngebiet grundsätzlich unzulässig ist. Die Ausübung der Prostitution wird mitnichten, wie die Antragstellerin meint, von der „Variationsbreite" des Wohnens gedeckt, sondern stellt eine gewerbliche Nutzung dar. Das gilt jedenfalls dann, wenn es sich nicht nur um eine gelegentliche, sondern um eine dauerhafte und regelmäßige, auf Erwerb gerichtete Tätigkeit handelt (so zutreffend OVG Schleswig-Holstein, Urteil vom 2.10.1996 – 1 L – [juris]). Davon ist hier nach den Feststellungen der Antragsgegnerin, insbesondere angesichts der Internet-Werbung für das „Studio", ohne weiteres auszugehen.

In einem (faktischen) allgemeinen Wohngebiet ist die Ausübung der Prostitution auch nicht ausnahmsweise als „sonstiger nicht störender Gewerbebetrieb" i. S. von §34 Abs. 2 BauGB i.V.m. §4 Abs. 3 Nr. 2 BauNVO zulässig. Wie schon das Verwaltungsgericht zu Recht hervorgehoben hat, folgt dies aus der prinzipiellen Unvereinbarkeit mit den dem planungsrechtlichen Begriff des Wohnens und des Wohngebietes zugrunde liegenden städtebaulichen Ordnungszielen (siehe auch OVG Berlin, Beschluß v. 9.4.2003, UPR 2003, 394 m.w.N.). Bei der gebotenen typisierenden Betrachtung gehen von der Nutzung zu Prostitutionszwecken Beeinträchtigungen der Wohnruhe aus, die die Grenzen der Gebietsverträglichkeit überschreiten. So belegen die von der Antragsgegnerin in der Beschwerdeerwiderung mitgeteilten Erfahrungen der Bauaufsicht mit Bordellen in vergleichbaren Wohnlagen, daß es dort nicht selten zu Belästigungen (wie Lärm im Treppenhaus durch unzufriedene oder alkoholisierte Freier, Klingeln an der falschen Wohnungstür u.a., zu schweigen von gewalttätigen Begleiterscheinungen des Rotlichtmilieus) kommt, die das Wohnumfeld erheblich beeinträchtigen und zu Spannungen führen. Ob und inwieweit das hier in Rede stehende Etablissement bereits konkrete Störungen der Wohnruhe verursacht hat, ist demgegenüber unerheblich.

Entgegen der Auffassung der Antragstellerin hat sich an dieser Bewertung durch das In-Kraft-Treten des Gesetzes zur Regelung der Rechtsverhältnisse der Prostituierten vom 20.12.2001 (BGBl. I, 3983) nichts geändert, so daß die davor zu §4 BauNVO ergangene Rechtsprechung uneingeschränkt anwendbar bleibt. Aus dem sogenannten Prostitutionsgesetz mag über die dort getroffenen zivil- und strafrechtlichen Bestimmungen hinaus eine generelle Änderung sozialethischer Wertungen im Zusammenhang mit der Prostitution ableitbar sein. Sie hat aber keinen maßgebenden Einfluß auf das städtebauliche Leitbild eines dem Wohnen dienenden Baugebietes und auf die negative Einschätzung der Auswirkungen von Bordellen und Wohnungsprostitution auf das Wohnumfeld (ebenso OVG Berlin, a.a.O.).

Auch die Ermessensausübung der Antragsgegnerin begegnet keinen durchgreifenden Bedenken. Daß sie die hier umstrittene Nutzung jahrelang bewußt geduldet hätte, ist ebenso wenig glaubhaft gemacht wie die Behauptung, gegen Dutzende vergleichbarer Fälle von Wohnungsprostitution in allgemeinen Wohngebieten L. werde nicht eingeschritten.

Angesichts der offensichtlichen Rechtmäßigkeit der angefochtenen Verfügung hat die Antragstellerin auch kein schutzwürdiges Interesse daran, die Bordellnutzung noch bis zum rechtskräftigen Abschluß des Verfahrens fortsetzen zu dürfen. Vielmehr überwiegt das öffentliche Interesse, Störungen der Wohnruhe umgehend abzuwehren und Nachahmungseffekte wirkungsvoll auszuschließen.

Nr. 73

1. **Bei der für die Mischgebietsverträglichkeit (§ 6 Abs. 2 Nr. 8, Abs. 3 BauNVO) erforderlichen Abgrenzung zwischen einer kerngebietstypischen Vergnügungsstätte i. S. des § 7 Abs. 2 Nr. 2 BauNVO und einer Vergnügungsstätte i. S. des § 4a Abs. 3 Nr. 2 BauNVO kommt es bauplanungsrechtlich auf eine typisierende Betrachtungsweise an. Dies gilt auch für ein Vorhaben in einem nach § 34 Abs. 2 BauGB zu beurteilenden Gebiet.**

2. **Für die Einordnung eines als Schank- und Speisewirtschaft genehmigten Lokals als Vergnügungsstätte kommt es nicht auf die vom Betreiber gewählte, möglicherweise zeitgeschmacksbedingte Bezeichnung an (hier: als Mischform aus Restaurant, Bar, Lounge und Club), sondern auf den tatsächlichen Nutzungsschwerpunkt. Die Nutzungsuntersagung eines solchen Lokals als „Diskothek" ist im Falle täglich wechselnder, in den Nachtstunden erst beginnender Musikprogramme hinreichend bestimmt, unabhängig davon, in welchem Umfang dazu auch getanzt wird.**

BauGB §§ 34 Abs. 2 Halbs. 2, 31 Abs. 1; BauNVO §§ 6 Abs. 2 Nr. 8, Abs. 3, 7 Abs. 2 Nr. 2, 4a Abs. 3 Nr. 2; BauO Bln § 70 Abs. 1 Satz 2.

OVG Berlin, Beschluß vom 10. November 2004 – 2 S 50.04 – (rechtskräftig).

Die Antragstellerin ist Betreiberin eines Lokals im Erdgeschoß eines Hauses in Berlin, daß in einem nicht beplanten Gebiet liegt. Das Lokal hat eine Größe von 266 m^2 sowie 119 Sitzplätze. Im hinteren Teil des Lokals befindet sich ein Tanzraum mit Musikanlage und vier in Deckenhöhe angebrachten Lautsprechern. Weitere sechs Lautsprecher befinden sich im Barbereich, der mit festinstallierten Tischen und Sitzgelegenheiten ausgestattet ist. Die Musikanlage wurde im Jahre 1997 durch einen Sachverständigen für Elektroakustik eingemessen und mit einem Schallpegelbegrenzer versehen. Sie wurde so eingepegelt, daß der Schallpegel am Emissionsort den Wert von 91 dB(A) nicht überschreitet; die Anlage wurde zugleich verplombt und versiegelt. In der Folgezeit kam es zu zahlreichen Anwohnerbeschwerden über zu laute nächtliche Musik aus dem Lokal sowie zur jeweiligen Einziehung der Musikanlage im Rahmen der Polizeieinsätze.

Mit Bescheid vom Februar 2004 untersagte der Antragsgegner unter Androhung eines Zwangsgeldes i. H. v. 10 000,- € und Anordnung der sofortigen Vollziehung die Nutzung des mit Baugenehmigung von 1996 als Schank- und Speisewirtschaft genehmigten Lokals der Antragstellerin zum Betrieb einer Diskothek innerhalb einer Woche nach Zustellung der Anordnung.

Aus den Gründen:
Gemäß § 70 Abs. 1 Satz 2 BauO Bln kann eine im Widerspruch zu öffentlich-rechtlichen Vorschriften erfolgende Nutzung von baulichen Anlagen untersagt werden. Im vorliegenden Fall ist die von der Antragstellerin vorgenommene Nutzungsänderung wegen Fehlens der hierfür erforderlichen Baugenehmigung formell illegal (§ 55 Abs. 1 BauO Bln). Sie ist bei summarischer Prüfung auch materiellrechtlich illegal und nicht genehmigungsfähig. Die Nutzung des baurechtlich nur als Schank- und Speisewirtschaft genehmigten Lokals „K." für Musik- und Tanzveranstaltungen ist bauplanungsrechtlich nicht zulässig. Die Zulässigkeit der Art der baulichen Nutzung durch das Lokal „K" beurteilt sich bauplanungsrechtlich nach § 34 Abs. 2 BauGB i. V. m. § 6 BauNVO, denn die Eigenart der näheren Umgebung stellt sich nach Aktenlage als ein Mischgebiet im Sinne dieser Vorschrift dar.

In Mischgebieten sind gemäß § 6 Abs. 2 Nr. 8 BauNVO nur in den Teilen, die überwiegend durch gewerbliche Nutzung geprägt sind, Vergnügungsstätten zulässig. Hierbei darf es sich überdies nur um Vergnügungsstätten i. S. von § 4a Abs. 3 Nr. 2 BauNVO handeln, also um solche, die ihrerseits nicht wegen ihrer Zweckbestimmung oder ihres Umfangs nur in Kerngebieten allgemein zulässig sind (§ 7 Abs. 2 Nr. 2 BauNVO). Nach den vorstehenden Ausführungen fehlt es bereits an der Prägung des Gebiets durch eine überwiegend gewerbliche Nutzung. Zwar können gemäß § 6 Abs. 3 BauNVO auch außerhalb der von gewerblicher Nutzung geprägten Teile von Mischgebieten Vergnügungsstätten i. S. des § 4a Abs. 3 Nr. 2 BauNVO im Ausnahmewege zugelassen werden, was gemäß § 34 Abs. 2 2. Halbs. BauGB in entsprechender Anwendung des § 31 Abs. 1 BauGB auch im unbeplanten Innenbereich grundsätzlich möglich ist (vgl. Ernst/Zinkahn/Bielenberg, BauGB, Stand: 1. 7. 2004, § 34 BauGB Rdnr. 81).

Es bestehen jedoch Zweifel daran, daß es sich bei dem Lokal „K." überhaupt (nur) um eine Vergnügungsstätte i. S. des § 4a Abs. 3 Nr. 2 BauNVO handelt. Vielmehr spricht alles dafür, daß es sich um eine kerngebietstypische Vergnügungsstätte i. S. des § 7 Abs. 2 Nr. 2 BauNVO handelt, die selbst im Ausnahmewege nicht in einem Mischgebiet außerhalb der durch überwiegende gewerbliche Nutzung geprägten Teile zugelassen werden könnte.

Daß das Lokal „K." inzwischen eine Vergnügungsstätte ist, und nicht mehr nur – wie ursprünglich baurechtlich genehmigt – eine Schank- und Speisewirtschaft (mit gelegentlichen Festivitäten), räumt auch die Antragstellerin ein, wenn sie von einer Art Mischform aus Restaurant, Bar, Lounge und Club spricht. Diese Bezeichnungen erfassen die Art der Nutzung des Lokals jedoch nicht hinreichend, denn wo der Angebotsschwerpunkt liegt, macht der vom Antragsgegner eingereichte Internet-Auszug auch in der zwischenzeitlich aktualisierten Fassung deutlich. In diesem Partykalender wirbt das Lokal „K." mit einem täglich wechselnden Musikprogramm verschiedener Stilrichtungen täglich ab 22.00 bzw. freitags und sonnabends ab 23.00 Uhr, sowie damit, daß die Gäste „zu HipHop und Konsorten abtanzen" können, während die dort angebotenen „Cocktail-Snack-Menüs" zum „Happy-Hour-Spezial-Preis" dazu dienen sollen, daß „bis in die Nacht hinein immer wieder für eine gute Grundlage gesorgt werden kann". Ob nun der Zusatz „Lounge" hinter den jeweiligen Musikprogrammen, mit dem man eigentlich den barähnlichen Aufenthaltsraum eines Hotels oder eines Gastronomiebetriebes bezeichnet, der mit Sesseln oder Couches eingerichtet ist und in dem bei leichter, angenehmer Musik alkoholische Getränke sowie auch einfache leichte Speisen serviert werden (vgl. Beschreibung des Begriffs „Lounge" bei Wikipedia, Die freie Enzyklopädie, im Internet unter www.wikipedia.de), ein Hinweis darauf sein soll, daß in dem Lokal der Antragstellerin zu der Musik nicht unbedingt getanzt wird oder ob dies auch nur eine dem Zeitgeschmack entsprechende Bezeichnung sein soll, kann dahinstehen. Denn selbst wenn sich die Antragstellerin durch diese Bezeichnung von einer Diskothek abgrenzen will, bei der das Tanzen zu Disco-, Techno- oder HipHop-Rhythmen und die damit verbundene Art sich zu kleiden und sich zu bewegen im Vordergrund steht (vgl. Beschreibung des Begriffs „Diskothek" bei Wikipedia, Die freie Enzyklopädie, im Internet unter www.Wikipedia.de), ist für den Störungsgrad einer Vergnügungsstätte und damit deren Gebietsverträglichkeit in erster Linie die Musik und weniger das Tanzen von Bedeutung sowie die Größe des Lokals, die für die Anzahl der Gäste und die dadurch bedingten sonstigen Begleiterscheinungen (z. B. Störungen durch das Kommen und Gehen von Besuchern in den Nachtstunden) maßgebend ist. Der Antragsgegner hat mit der Nutzungsuntersagung als Diskothek jedenfalls den eigentlichen Störfaktor des Lokals hinreichend bestimmt erfaßt, zumal bauplanungsrechtlich nur eine typisierende Betrachtungsweise geboten ist. Diese hat sich an dem städtebaulichen Maßstab der Funktion eines Baugebiets im Verhältnis zu anderen Baugebieten und der daraus abzuleitenden Gebietsverträglichkeit von baulichen Nutzungen zu orientieren. Es genügt deshalb, wenn das Lokal seiner Art nach geeignet ist, das Wohnen wesentlich zu stören, unabhängig von den konkreten Immissionen im Einzelfall (vgl. BVerwG, Urteil v. 25.11.1983, BRS 40 Nr. 45 = BauR 1984, 142; Beschluß v. 28.7.1988, BRS 48 Nr. 40 = BauR 1988, 693; Urteil v. 24.2.2000, BRS 63 Nr. 80 = BauR 2000, 1306 = NVwZ 2000, 1054).

Dies ist hier der Fall. Mit einer Größenordnung von 119 Sitzplätzen auf 266 m^2 Betriebsfläche und mit täglichen wechselnden Musikprogrammen bei schwerpunktmäßiger Verlagerung des Musik- und Tanzbetriebs in die Nachtstunden ab 22.00 Uhr bzw. 23.00 Uhr hat das Lokal der Antragstellerin den Charakter einer kerngebietstypischen Vergnügungsstätte i. S. des § 7 Abs. 2 Nr. 2 BauNVO. Die Werbung im Internet deutet zudem auf einen überörtlichen Einzugsbereich hin, mit der damit verbundenen gebietsuntypischen Unruhe, die durch diese Nutzung in das Gebiet hineingetragen wird (vgl. zu den Abgrenzungskriterien BVerwG, Urteil v. 25.11.1983, a.a.O.; Beschluß v. 28.7.1988, a.a.O.; Urteil v. 24.2.2000, a.a.O.; BayVGH, Beschluß v. 7.8.2003, BRS 66 Nr. 76 = NVwZ-RR 2003, 816, sowie bei Ernst/Zinkahn/Bielenberg, BauGB, § 4a BauNVO Rdnr. 58 e).

Im übrigen wären selbst wenn das Lokal der Antragstellerin noch zu den nicht kerngebietstypischen Vergnügungsstätten i. S. des § 4a Abs. 3 Nr. 2 BauNVO gehören sollte, im vorliegenden Fall keine Anhaltspunkte für eine Ermessensreduzierung auf Null hinsichtlich der Genehmigungsfähigkeit der Nutzungsänderung ersichtlich, da die Wahrung des Gebietscharakters in diesem Zusammenhang eine Ermessensschranke darstellt (vgl. Ernst/Zinkahn/ Bielenberg, BauGB, § 31 BauGB Rdnr. 25), und der in dem Bebauungsplanentwurf (Spandauer Vorstadt) zum Ausdruck kommende planerische Wille des Antragsgegners dahin geht, die ansässige Wohnbevölkerung vor den negativen Auswirkungen von Vergnügungsstätten zu schützen. Dies soll dadurch geschehen, daß selbst die nicht kerngebietstypischen Vergnügungsstätten – die im übrigen nur durch eine Größe von 50 Plätzen/80 m² Betriebsfläche definiert werden – örtlich auf die gewerblich geprägten Teile des Mischgebiets um den H. Markt beschränkt werden und bestimmte Arten von Vergnügungsstätten (Spielhallen und Zurschaustellung von Personen) im gesamten Geltungsbereich des zukünftigen Bebauungsplans ausgeschlossen sein sollen. ...

Daß die Voraussetzungen des § 34 Abs. 2 Halbs. 2 BauGB i. V. m. § 31 Abs. 2 BauGB für eine Zulassung der Nutzung des Lokals „K" im Befreiungswege bei dieser Sachlage nicht gegeben sind, liegt auf der Hand; dies wäre weder städtebaulich vertretbar noch dem Gemeinwohl dienlich.

Die Anordnung der sofortigen Vollziehung war gemäß § 80 Abs. 2 Nr. 4 VwGO im Hinblick auf das in der Norm angelegte intendierte Ermessen geboten, um den wiederholten Störungen der Anwohner in ihrer Wohnruhe, wie sie durch die zahlreichen Polizeieinsätze belegt sind, effektiv und rechtzeitig begegnen zu können. Hinzu kommt die negative Vorbildwirkung dieser Art von Vergnügungsstätte in diesem, wohnnutzungsgeprägten Teil des Mischgebiets.

Die Zwangsgeldandrohung in dem angefochtenen Bescheid entspricht den gesetzlichen Bestimmungen (§ 13 Abs. 1, 3 und 5; § 11 Abs. 1 VwVG).

Nr. 74

1. **„Ein-Mann-Tischlereien" sind in Dorfgebieten jedenfalls dann zulässig, wenn die Einhaltung der Richtwerte der TA-Lärm konkret zu erwarten ist.**

2. **Zum Schutz der benachbarten Wohnbevölkerung in den „Tagesrandzeiten".**

BauGB § 34; BauNVO § 15.

Bayerischer VGH, Beschluß vom 2. November 2004 – 20 ZB 04.1559 – (rechtskräftig).

(VG Regensburg)

Die Kläger wenden sich als Nachbarn gegen die Zulassung einer „Ein-Mann-Tischlerei" in einem Weiler.

Der Entscheidung zugrunde zu legen ist der angefochtene Baugenehmigungsbescheid i. d. F. der Änderung vom 16. 8. 2004, durch die auf Anregung des Senats die Betriebszeiten der streitigen Anlage gekürzt wurden (Betriebszeit nunmehr Mo–Fr. 8.00– 20.00 Uhr, Sa 8.00–18.00 Uhr).

Aus den Gründen:

2. ... Den Klägern ist im Ausgangspunkt darin Recht zu geben, daß bei der planungsrechtlichen Beurteilung die Lärmentwicklung einer Tischlerei einer typisierenden Betrachtung zu unterwerfen ist und daß in diesem Rahmen die Beurteilung insbesondere nicht von verhaltensbezogenen Auflagen abhängig gemacht werden sollte, die dem Wesen des Betriebes fremd sind und mit deren Nichteinhaltung in der Praxis zu rechnen wäre. Dementsprechend sind Tischlereien in Wohngebieten im allgemeinen unzulässig (BVerwG v. 7. 5. 1971, BRS 24 Nr. 15 = BauR 1971, 182 = DVBl. 1971, 759 – dort auch zu möglichen Ausnahmen –; OVG Schleswig-Holstein v. 7. 6. 1999 – 1 M 119/ 98 –, Juris-Nr. MWRE 010330000). Größere Tischlereien können selbst in einem Mischgebiet unzulässig sein (OVG Nordrhein-Westfalen v. 31. 1. 1997, BRS 59 Nr. 202).

Noch weitergehend hat der 26. Senat des Bayerischen Verwaltungsgerichtshofs kürzlich entschieden, daß Tischlereien selbst als „Ein-Mann-Betrieb" in Mischgebieten grundsätzlich unzulässig sind, soweit nicht ausnahmsweise eine atypische Fallgestaltung gegeben ist (BayVGH v. 22. 7. 2004 – 26 B 04.931 –). Der erkennende Senat bezweifelt, ob sich eine so weit gehende Einschränkung dieser Betriebsart vertreten läßt. Wenn nach der vorstehend zitierten Rechtsprechung des Bundesverwaltungsgerichts Tischlereien in Sonderfällen sogar in einem allgemeinen Wohngebiet zulässig sein können, erscheint es schon vom systematischen Standpunkt aus nicht folgerichtig, sie selbst in Gestalt eines Ein-Mann-Betriebes aus Mischgebieten regelmäßig verbannen zu wollen. Außerdem blieben dabei die herkömmlichen Siedlungsstrukturen unberücksichtigt; denn daß sich in zahlreichen Stadtvierteln, die von Wohnnutzung geprägt sind, auch kleinere Schreinereien befinden, ist ein durchaus vertrautes Bild. Schließlich ist es in bezug auf die Lärmrichtwerte der TA Lärm zwar richtig, daß diese nicht gleichsam zur Gewissensberuhigung als Genehmigungsgrundlage genommen werden dürfen, ohne sich um ihre praktische Einhaltbarkeit zu kümmern. Ist ihre Einhaltung unter vernünftigen, der Betriebsart angemessenen Bedingungen aber gesichert, dann besteht kein Grund, den Betrieb dennoch als „zu laut" einzustufen und in dem jeweiligen Gebiet nicht zuzulassen; immerhin ist die TA Lärm (siehe ihre Nr. 1) die maßgebliche Richtschnur zur Beurteilung des von einer Tischlerei (nicht genehmigungsbedürftige Anlage im Sinne des Bundesimmissionsschutzgesetzes) ausgehenden Lärms. Im vorliegenden Fall kann deshalb nicht außer Betracht bleiben, daß der von den konkret vorhandenen Maschinen ausgehende Lärm durch den Umweltingenieur des Landratsamts gemessen worden und daß seine Vereinbarkeit mit den Richtwerten der TA Lärm festgestellt worden ist, ohne daß dabei verhaltensbezogene Auflagen ins Spiel gekommen wären.

Es besteht indessen kein Anlaß, die Frage, ob eine Ein-Mann-Tischlerei in einem Mischgebiet zulässig ist, einer grundsätzlichen Klärung in einem Berufungsverfahren oder gar Revisionsverfahren zuzuführen; denn hier handelt es sich zwar um eine Ein-Mann-Tischlerei, aber nicht um ein Mischgebiet, sondern um ein Dorfgebiet. Obwohl sich beide Gebietstypen ansonsten bezüglich der Immissionsschutzanforderungen ähneln – gleiche Richtwerte nach der TA

Lärm –, besteht ein für den vorliegenden Fall bedeutsamer Unterschied darin, daß im Dorfgebiet auch Betriebe zur Be- und Verarbeitung land- und forstwirtschaftlicher Erzeugnisse zulässig sind und damit insbesondere die Be- und Verarbeitung von Holz aus der Forstwirtschaft (§ 5 Abs. 2 Nr. 4 BauNVO). Man mag zwar mit den Klägern in Frage stellen, ob der Beigeladene unmittelbar forstwirtschaftliche Erzeugnisse verarbeitet, und infolgedessen den Betrieb bei § 5 Abs. 2 Nr. 6 und nicht Nr. 4 BauNVO einordnen, doch ist dies nicht der entscheidende Punkt. Es geht hier letztlich nicht um die Betriebsart, sondern um den zumutbaren Störungsgrad. Eine Zumutbarkeit unter typischen Umständen vorausgesetzt, bestünde kein Hindernis, eine Tischlerei als „sonstigen Gewerbebetrieb" im Dorfgebiet zuzulassen. Und was die Zumutbarkeit angeht, kann nicht außer Betracht bleiben, mit welchen Geräuschen die Bewohner eines Dorfgebietes ansonsten zu rechnen haben, und dies sind eben nach § 5 Abs. 2 Nr. 4 BauNVO auch die Geräusche Holz verarbeitender Betriebe. Übrigens gilt dies für die konkrete Situation in besonderem Maße, weil der Weiler K. weithin von Wäldern umgeben und aus einer ehemaligen Waldarbeitersiedlung hervorgegangen ist. Wenn, wie nachgewiesen ist, die Einhaltung der Lärmrichtwerte erwartet werden kann, steht demnach der Zulassung einer kleinen Tischlerei im Dorfgebiet nichts im Wege.

3. Ein besonderer Schutz der Tagesrandzeiten nach Nr. 6.5 TA Lärm ist für Dorfgebiete nicht vorgesehen. Der Senat hat jedoch schon mehrmals darauf hingewiesen, daß unter dem Blickwinkel des Gebots der Rücksichtnahme diese Zeiten dennoch kritisch betrachtet werden müssen, wenn besondere Umstände wie Gemengelagen oder sonstige Besonderheiten i. S. von § 15 Abs. 1 Satz 2 BauNVO gegeben sind und es um das Schutzbedürfnis von Wohnhäusern geht (so zuletzt BayVGH v. 25. 3. 2004 – 20 B 03.2225 –; für eine besondere Berücksichtigung der Tagesrandzeiten in Mischgebieten allgemein und insofern über die TA Lärm hinaus Bielenberg, in: Ernst/Zinkahn/Bielenberg, BauGB, § 6 BauNVO Rdnr. 11). Denn es liegt auf der Hand, daß das Ruhebedürfnis der Wohnbevölkerung „nach getaner Arbeit", also an den Abenden und den Wochenenden, besonders ausgeprägt ist. Besondere Umstände in diesem Sinne könnten hier insofern gegeben sein, als der räumliche Abstand zwischen dem streitigen Betrieb und dem Wohnhaus der Kläger samt Terrasse verhältnismäßig gering ist. Die Einzelheiten können aber auf sich beruhen, da das Landratsamt inzwischen durch die Bescheidsänderung die Betriebszeiten in einer Weise begrenzt hat, die sowohl diesem Gesichtspunkt wie auch den Bedürfnissen des Beigeladenen Rechnung trägt. Weitere Beschränkungen können die Kläger nicht verlangen; Arbeiten in den frühen Abendstunden sind in der Landwirtschaft und damit auch in Dorfgebieten als durchaus üblich anzusehen.

Nr. 75

Die Errichtung eines Wohnhauses im Dorfgebiet im Abstand von 10 m zu einem bestehenden Rinderstall kann im Einzelfall zulässig sein, insbeson-

Nr. 75

dere wenn der Bauherr zur Vermeidung erheblicher Geruchsbelästigungen seine Obliegenheit zu „architektonischer Selbsthilfe" erfüllt.

BauGB § 34 Abs. 2; BauNVO §§ 1 Abs. 2 Nr. 5, 5 Abs. 1 und 2 Nr. 3, 15 Abs. 1 Satz 2; BImSchG §§ 3 Abs. 1 und 2, 22 Abs. 1.

Bayerischer VGH, Urteil vom 23. November 2004 – 25 B 00.366 – (rechtskräftig).

(VG Würzburg)

Gegenstand des Rechtsstreits ist ein Wohnbauvorhaben des Beigeladenen (Einfamilienhaus mit Garage).

Der Kläger ist Eigentümer eines im Norden an das Baugrundstück angrenzenden Grundstücks. Er betreibt auf dem Grundstück eine landwirtschaftliche Hofstelle mit einem Stallgebäude im südlichen, dem Baugrundstück zugewandten Grundstücksbereich. Das Gelände fällt von Norden nach Süden ab. Der Abstand zwischen dem geplanten Wohnhaus des Beigeladenen und dem Stallgebäude des Klägers beträgt nach dem in den Bauunterlagen enthaltenen bemaßten Lageplan (Maßstab 1:1000) zehn Meter, gemessen von der Nordwand des Wohngebäudes zur Südseite des Stallgebäudes.

Der Kläger wendet gegen die dem Beigeladenen für das Vorhaben erteilte Baugenehmigung ein, sie verstoße gegen das Gebot der Rücksichtnahme. Der landwirtschaftliche Vollerwerbsbetrieb müsse durch das genehmigte Bauvorhaben mit unzumutbaren Einschränkungen rechnen. Im Stallgebäude würden zur Zeit 70 Rinder (Milchvieh und Nachzucht) gehalten. Das geplante Wohnhaus des Beigeladenen, das keinem landwirtschaftlichen Betrieb diene und ein Fremdkörper sei, rücke näher als alle anderen Wohnhäuser an den landwirtschaftlichen Betrieb heran. Es befinde sich im unmittelbaren Einwirkungsbereich von Gerüchen aus der Tierhaltung und werde auch ständig landwirtschaftlichem Lärm ausgesetzt sein. Die Entlüftung des Stalles erfolge durch vorhandene Fenster an der Südseite des Stallgebäudes und würde somit direkt auf das Wohnhaus des Beigeladenen einwirken. Überdies bestehe die Absicht, den Betrieb zu erweitern. Diese Erweiterungsmöglichkeiten würden im Falle einer Verwirklichung des Bauvorhabens beschnitten.

Klage und Berufung blieben erfolglos.

Aus den Gründen:

1. Das Wohnbauvorhaben des Beigeladenen ist gemäß § 34 Abs. 2 BauGB i. V. m. § 5 Abs. 2 Nr. 3 BauNVO seiner Art nach planungsrechtlich zulässig. Das Baugrundstück befindet sich innerhalb des im Zusammenhang bebauten Ortsteils G. der Gemeinde W., dessen Eigenart unstreitig einem Dorfgebiet i. S. des § 1 Abs. 2 Nr. 5 BauNVO entspricht. Im faktischen Dorfgebiet ist das Wohnbauvorhaben des Beigeladenen gemäß § 34 Abs. 2 BauGB zulässig, weil es gemäß § 5 Abs. 2 Nr. 3 BauNVO allgemein zulässig wäre.

2. Rechtliche Schranken für die Zulässigkeit des Vorhabens des Beigeladenen ergeben sich auch nicht aus § 15 Abs. 1 Satz 2 BauNVO.

Nach dieser Vorschrift, die als besondere Ausprägung des Rücksichtnahmegebots über § 34 BauGB auch im unbeplanten Innenbereich entsprechende Anwendung findet (vgl. BVerwG v. 13. 3. 1981, BRS 38 Nr. 186 = BauR 1981, 354 = DVBl. 1981, 928), sind die nach §§ 2 bis 14 BauNVO zulässigen baulichen Anlagen im Einzelfall unzulässig, wenn von ihnen Belästigungen oder Störungen ausgehen können, die nach der Eigenart des Baugebiets im

Baugebiet selbst oder in dessen Umgebung unzumutbar sind (Alt. 1), oder wenn sie solchen Belästigungen oder Störungen ausgesetzt werden (Alt. 2). Erforderlich ist hierbei stets eine einzelfallbezogene Beurteilung. Das Rücksichtnahmegebot lenkt den Blick auf die konkrete Situation der benachbarten Grundstücke mit dem Ziel, einander abträgliche Nutzungen in rücksichtsvoller Weise einander zuzuordnen sowie Spannungen und Störungen zu verhindern. Insoweit ermöglicht und gebietet es eine „Feinabstimmung" mit der Folge, daß die grundsätzlich nach Baugebieten zusammengefaßten Zulässigkeitsmaßstäbe je nach Lage des Einzelfalls durch situationsbezogene Zumutbarkeitskriterien zu ergänzen sind (BVerwG v. 23. 9. 1999, BVerwGE 109, 314, 321 ff. = BRS 62 Nr. 86 = BauR 2000, 234). Welche Anforderungen sich hieraus im einzelnen ergeben, hängt maßgeblich davon ab, was dem Rücksichtnahmebegünstigten einerseits und dem Rücksichtnahmeverpflichteten andererseits nach Lage der Dinge zuzumuten ist (vgl. BVerwG v. 25. 2. 1977, BVerwGE 52, 122, 126 = BRS 32 Nr. 155 = BauR 1977, 244, st. Rspr., vgl. auch BVerwG v. 23. 9. 1999, a. a. O.).

Dabei ist das bauplanungsrechtliche Gebot der Rücksichtnahme als gegenseitiges Rücksichtnahmegebot ausgestaltet, wie auch der Verordnungsgeber in der Regelung des § 15 Abs. 1 Satz 2 Alt. 2 BauNVO in besonderer Weise zum Ausdruck bringt (BVerwG v. 23. 9. 1999, a. a. O.). Ist die Grundstücksnutzung auf Grund der konkreten örtlichen Gegebenheiten mit einer spezifischen gegenseitigen Pflicht zur Rücksichtnahme belastet, so führt das nicht nur zu Beschränkungen desjenigen, der Immissionen verursacht, sondern auch zu gewissen Duldungspflichten desjenigen, der sich solchen Immissionen aussetzt. Daraus folgen Obliegenheiten des Emittenten wie beispielsweise zu baulichen Vorkehrungen zur Minderung der Immissionen (vgl. BVerwG v. 18. 5. 1995, BRS 57 Nr. 67 = BauR 1995, 807). Umgekehrt kann einen Bauherrn, der mit seinem Wohnbauvorhaben an eine Emissionsquelle heranrückt, seinerseits die Obliegenheit treffen, technisch mögliche und wirtschaftlich vertretbare bauliche Vorkehrungen vorzunehmen, die die Störung der Wohnnutzung spürbar mindern. Hat er aber seine Obliegenheit zur Minderung der Immissionen erfüllt, so kann ihm das Baurecht nicht allein deshalb vorenthalten werden, weil der emittierende Nachbar seine Pflichten zur Emissionsminderung tatsächlich nicht erfüllt (BVerwG v. 23. 9. 1999, a. a. O.).

Gemessen hieran verstößt das Wohnbauvorhaben des Beigeladenen nicht gegen das Gebot der Rücksichtnahme gegenüber dem landwirtschaftlichen Betrieb des Klägers. Das Wohnbauvorhaben setzt sich nach den konkreten Umständen des Einzelfalls keinen von dem landwirtschaftlichen Betrieb des Klagers ausgehenden unzumutbaren Immissionen aus. Insbesondere sind von dem landwirtschaftlichen Betrieb keine für das Wohnbauvorhaben unzumutbaren Geruchsbelästigungen zu erwarten.

a) Unzumutbare Belästigungen oder Störungen i. S. des § 15 Abs. 1 Satz 2 BauNVO sind insbesondere schädliche Umwelteinwirkungen i. S. von § 3 Abs. 1 und 2, § 5 Abs. 1 Satz 1 Nr. 1 und § 22 Abs. 1 BImSchG, d. h. Immissionen, die nach Art, Ausmaß oder Dauer geeignet sind, Gefahren, erhebliche Nachteile oder erhebliche Belästigungen für die Allgemeinheit oder die Nachbarschaft herbeizuführen (vgl. z. B. BayVGH v. 3. 1. 1995, BayVBl. 1995,

347). Für die Bestimmung der Erheblichkeitsschwelle von Rinderstallgerüchen existieren weder rechtlich verbindliche Vorschriften noch ein technisches Regelwerk wie beispielsweise die für die Schweinehaltung maßgebliche VDI-Richtlinie 3471. Bei Konfliktlagen zwischen Rinderställen und Wohngebäuden in einem Dorfgebiet legt der Senat deshalb seiner Rechtsprechung die Erhebungen der Bayerischen Landesanstalt für Landtechnik der technischen Universität München-Weihenstephan (im folgenden: Landesanstalt) „Geruchsemissionen aus Rinderställen" vom März 1994 („Gelbes Heft 52") und „Geruchsfahnenbegehungen an Rinderställen" vom Juni 1999 („Gelbes Heft 63") als brauchbare Orientierungshilfe zugrunde. ...

Rinderhaltung stellt nach diesen empirisch ausreichend abgesicherten und nachvollziehbaren Untersuchungsergebnissen grundsätzlich eine emissionsarme Tierhaltung dar. Die Geruchsschwellenentfernungen sind danach bei einem Bestand von bis zu 400 Großvieheinheiten (entspricht knapp 500 Rindern) praktisch von der Bestandsgröße unabhängig (Gelbes Heft 52, S. 47 f.; Gelbes Heft 63, S. 76). Die Klägerangaben zu seinem Viehbestand (70 Rinder) mußten daher trotz der Zweifel des Beigeladenen nicht näher überprüft werden.

Nach den im Gelben Heft 52 wiedergegebenen Ergebnissen von Geruchsfahnenbegehungen liegen bei konventionellen Rinderställen die durchschnittlichen Geruchsschwellenentfernungen für die Klassierung „Stallgeruch schwach wahrnehmbar" bei einer Größenordnung von 30 m und teilweise darunter, während für die Klassierung „Stallgeruch deutlich wahrnehmbar" durchschnittliche Geruchsschwellenentfernungen von unter 10 m festgestellt wurden (Gelbes Heft 52, S. 47). Die Klassierung „Stallgeruch schwach wahrnehmbar", mithin durchschnittliche Geruchsschwellenentfernungen von 30 m und teilweise darunter, wurde dabei in Dorfgebieten als „zweifelsohne" tolerabel bewertet (Gelbes Heft 52, S. 48). Die Klassierung „Geruch deutlich wahrnehmbar" – also durchschnittliche Geruchsschwellenentfernungen von unter 10 m – wurde als „Diskussionsgrundlage für evtl. mögliche bzw. erforderliche Abstandsregelungen" für diese Gebietsart bezeichnet (Gelbes Heft 52, S. 9 und 48). Hiernach würde der Bereich, in dem je nach den konkreten Umständen des Einzelfalls mit erheblichen Immissionen und damit unzumutbaren Belästigungen i. S. des § 15 Abs. 1 Satz 2 BauNVO zu rechnen ist, im Dorfgebiet grundsätzlich erst bei einer Entfernung von weniger als 10 m beginnen. Diese Annahmen stehen allerdings in gewissem Gegensatz zu anderen fachkundigen Äußerungen, die als Mindestabstand zwischen Wohnen und Tierhaltung im Dorfgebiet auf die Entfernung als Geruchsschwelle abstellen, bei der der von der Anlage ausgehende Geruch gerade noch wahrnehmbar ist (vgl. z. B. für Schweinehaltung: VDI-Richtlinie 3471 Nrn. 3.2.1 und 3.2.3.2; Diehr/Geßner, NVwZ 2001, 985, 988). In der Rechtsprechung des Verwaltungsgerichtshofs zu Rinderställen wurde diese Geruchsschwelle (konkret: die 30-m-Grenze) bisher ebenso zum Ausgangspunkt genommen, wobei sich unter Umständen bei kürzeren Entfernungen noch eine Sonderbeurteilung des Einzelfalls anschloß (vgl. z. B. BayVGH v. 1. 4. 2004 – 25 B 98.3300 und 3301 –; v. 3. 1. 1995, BayVBl. 1995, 347). Einen ähnlichen Ansatz wählt wohl die „Orientierungshilfe Rinderhaltung Dorfgebiet" in der „Abstandsregelung Rinderhaltung" des Arbeitskreises Immissionsschutz in der Landwirtschaft beim Bayerischen Landesamt für Umweltschutz vom Juli 2003, die einen „grauen Bereich" für Sonderbeurteilungen vorsieht, der sich bei kleineren Anlagen ungefähr im Bereich zwischen 10 und 30 m Abstand bewegt. Diese Orientierungshilfe weicht überdies vom Gelben Heft 52 darin ab, daß sie die Abstände in Abhängigkeit zur Bestandsgröße bestimmt. Für den vorliegenden Fall käme man bei ihrer Anwendung zu einem Mindestabstand von ca. 16 m und einem „grauen Bereich" bis ca. 32 m.

Im Gelben Heft 63 verzichtet die Landesanstalt auf eine entfernungsmäßige Festlegung des immissionsschutzrechtlich bedenklichen Bereichs. Statt dessen werden mit der Geruchsstoffkonzentration im Konzentrationsbereich der „Erkennungsschwelle" („Stallgeruch deutlich wahrnehmbar") und deren Überschreitungshäufigkeit in einer bestimmten Entfernung zur Quelle in Verbindung mit der für den jeweiligen Standort gültigen Windrichtungsverteilung Kriterien an die Hand gegeben, auf Grund derer sowohl die Geruchsstoffkonzentration als auch deren Auftretenshäufigkeit im Immissionspunkt abgeschätzt und damit ein Maß für die Erheblichkeit der auftretenden Geruchsimmission aus der Rinderhaltung ermittelt werden kann (Gelbes Heft 63, S. 76 letzter Absatz). Auch bei diesem Verfahren geht die Landesanstalt davon aus, daß ein „deutlich wahrnehmbarer" Geruch vorliegen muß, um zu erheblichen Immissionen und damit zu unzumutbaren Belästigungen i. S. des § 15 Abs. 1 Satz 2 BauNVO kommen zu können (Gelbes Heft 63, S. 16 und 58). Hervorzuheben ist ferner, daß die den Erhebungen zugrunde liegenden Geruchsfahnenbegehungen grundsätzlich immer entgegen der Windrichtung bzw. Wanderungsrichtung der Geruchsfahne im Sommerbetrieb, d. h. bei höchstem zu erwartendem „Geruchsmassenstrom" durchgeführt wurden. Die angegebenen Überschreitungshäufigkeiten, d. h. der Prozentsatz der Jahresstunden (vgl. Gelbes Heft 63, S. 72), in denen mit einem deutlich wahrnehmbaren Stallgeruch zu rechnen ist, gelten deshalb nur unter der Prämisse, daß sich die Geruchsfahne von der Geruchsquelle ausschließlich in Richtung auf den Immissionspunkt zubewegt (Gelbes Heft 63, S. 60 oben und 68 unten). Um zu einem realistischen Zeitanteil zu gelangen, werden daher zusätzlich Informationen zum Zeitanteil benötigt, in dem die Geruchswolke tatsächlich die entsprechende Bewegungsrichtung aufweist, z. B. in Form von Informationen über die für den jeweiligen Standort gültige Windrichtungsverteilung (Gelbes Heft 63, S. 60 oben).

Unter Zugrundelegung dieser Orientierungshilfen ist nach den konkreten Umständen des Einzelfalls zu erwarten, daß das geplante Wohnhaus des Beigeladenen, wenn auch bereits nahe an der Grenze des immissionsschutzrechtlich bedenklichen Bereichs, noch nicht erheblichen Immissionen aus dem landwirtschaftlichen Betrieb des Klägers und damit auch noch keinen unzumutbaren Belästigungen i. S. des § 15 Abs. 1 Satz 2 BauNVO ausgesetzt sein wird.

Beim Stall des Klägers handelt es sich um einen konventionellen Rinderstall mit „normaler" Aufstallungsform (vgl. Gelbes Heft 63, S. 8). Für die Entfernungsbestimmung maßgeblich ist deshalb grundsätzlich der Abstand zwischen dem jeweiligen Immissionspunkt und der nächstgelegenen Ecke oder Kante des emittierenden Stallgebäudes (Gelbes Heft 63, S. 60 und 76). Die Entfernung zwischen der südlichen Außenwand des Stallgebäudes des Klägers und der nördlichen Außenwand des geplanten Wohnhauses beträgt nach dem genehmigten Eingabeplan 10 m. Dieses Maß wird mittlerweile auch von der Klägerseite nicht mehr in Zweifel gezogen.

Geht man deshalb von diesem Abstand aus, liegt das Bauvorhaben des Beigeladenen zwar an der Grenze, aber noch nicht innerhalb desjenigen Bereiches, in dem nach den Untersuchungsergebnissen des Gelben Hefts 52 (S. 47) Stallgeruch „deutlich wahrnehmbar" ist. Nach den Bewertungen des Gelben Hefts 52 (S. 48) ist deshalb grundsätzlich von einer im Dorfgebiet noch zu tolerierenden Geruchsbelastung auszugehen.

Unter Heranziehung des Gelben Hefts 63 (S. 65) ist nach Abbildung 51 bei einer Entfernung von 10 m für die Erkennungsschwelle „Stallgeruch deutlich wahrnehmbar" von einer Überschreitungshäufigkeit von ca. 37 % auszugehen. Diese Häufigkeit gilt allerdings nur unter der – theoretischen – Voraussetzung, daß sich die Geruchsfahne ununterbrochen von der Emissionsquelle in Richtung auf den Immissionspunkt zubewegt (Gelbes Heft 63, S. 60 und 68). Die Häufigkeitsangaben markieren also gewissermaßen den schlechtesten Fall einer permanenten Exposition. Um zu einem realistischen Zeitanteil zu gelangen, ist die in Abbildung 51 abzulesende Überschreitungshäufigkeit nach den auf dem Baugrundstück tatsächlich vorherrschenden Windverhältnissen zu gewichten. Eine hinreichende Beurteilungsgrundlage bieten insoweit die in das Verfahren eingeführten fachkundigen Äußerungen. Nach den übereinstimmenden Feststellungen ... verläuft die Hauptwindrichtung entsprechend der Tallage des Ortsteils von West nach Ost. Zwar hatte der Immissionsschutzfachbeamte der Regierung auch darauf hingewiesen, daß sich das Nord-Süd-Gefälle der Grundstücke ungünstig auswirken könne, weil Kaltluftströme nach unten abfließen könnten; ähnlich äußerte sich bereits das Landratsamt – Sachgebiet Immissionsschutz – in seiner fachlichen Stellungnahme. Die Aussagen zur Hauptwindrichtung werden hierdurch aber allenfalls etwas relativiert. Auf der Grundlage der fachkundigen Äußerungen geht der Senat deshalb – ebenso wie das Verwaltungsgericht – davon aus, daß der Stallgeruch zeitweise auch auf das Baugrundstück gedrückt werden und dort deutlich wahrnehmbar sein wird, der hierfür maßgebliche Zeitanteil angesichts einer Hauptwindrichtung aus West und anderen möglichen Windrichtungen, in denen der Stallgeruch vom geplanten Wohnhaus des Beigeladenen weggeweht wird (Ost- und Südwind), aber nur eine untergeordnete Rolle spielt. Dies bedeutet, daß die Validitätskriterien der Landesanstalt – Geruchsfahne von der Geruchsquelle in Richtung auf den Immissionspunkt bei höchstem zu erwartenden „Geruchsmassenstrom" (Gelbes Heft 63, S. 60 oben und 68 unten) – ebenfalls nur gelegentlich, nämlich im wesentlichen bei Nordwind und Luftstillstand, tatsächlich vorliegen. Die aus Abbildung 51 abzulesende Überschreitungshäufigkeit von ca. 37 % ist entsprechend zu gewichten. Bei einem großzügig geschätzten Zeitanteil von 30 % (vgl. Gelbes Heft 63, S. 73) läge sie beispielsweise nur bei etwas mehr als 11 %.

Stallgeruch, der in einem entsprechenden Teil der Jahresstunden am Baugrundstück deutlich wahrnehmbar ist, führt aber noch nicht zwangsläufig zu unzumutbaren Belästigungen i. S. des § 15 Abs. 1 Satz 2 BauNVO. Es sind vielmehr, wie oben dargelegt, in solchen „kritischen" Bereichen noch die örtlichen Verhältnisse des Einzelfalls und die gegenseitigen Obliegenheiten zur Emissions- und Immissionsminderung in Rechnung zu stellen. Entsprechendes gilt bei Heranziehung der oben genannten „Orientierungshilfe Rinderhaltung". Der dort vorgesehene „Ermessensspielraum" erstreckt sich zwar nicht auf den im vorliegenden Fall bereits einschlägigen „roten Bereich". Auch hier bleibt aber im Einzelfall die Möglichkeit offen, durch die Erfüllung gegenseitiger Obliegenheiten (Verlegung des Emissionsschwerpunkts, architektonische Selbsthilfe) die Belästigungen auf ein zumutbares Maß zu senken.

b) In Würdigung dieser Umstände des Einzelfalls sieht der Senat das Rücksichtnahmegebot durch das Vorhaben des Beigeladenen noch nicht als verletzt an. Der Augenschein und die Lagepläne zeigen, daß im betroffenen Baugebiet ein mit dem Streitfall weitgehend vergleichbares Nebeneinander von Wohnnutzung und Stallgebäuden üblich ist. Auch optisch fällt die geplante Nutzung auf dem Baugrundstück nicht aus dem Rahmen. Soweit während des Augenscheins Luftströmung vom Stallgebäude des Klägers stammende Gerüche in den Grenzbereich der Grundstücke trug, waren sie eher unauffällig und erschienen dem Senat im Belästigungsgrad als gering. Der Beigeladene muß derartige Belästigungen hinnehmen, weil sein Grundstück infolge des zulässigerweise auf dem Nachbargrundstück errichteten emittierenden Stallgebäudes einer erheblichen Situationsbelastung unterliegt. Das begründet für den Beigeladenen eine gesteigerte Duldungspflicht (vgl. BVerwG v. 23. 9. 1999, a. a. O.), die dieser auch nicht in Abrede stellt. Auf die vom Kläger gefürchtete Beeinträchtigung durch das Bauvorhaben des Beigeladenen für den Fall einer Steigerung des Viehbestands kommt es nicht an. Zwar gehören zu den Belangen eines landwirtschaftlichen Betriebes, auf die in einem Dorfgebiet vorrangig Rücksicht zu nehmen ist (§ 5 Abs. 1 Satz 2 BauNVO), auch dessen Entwicklungsmöglichkeiten. Dabei können aber nur entweder bereits konkret geplante oder bei realistischer Betrachtung naheliegende Entwicklungsmöglichkeiten in den Blick genommen werden (vgl. BayVGH v. 12. 7. 2004 – 25 B 98.3351 – m. w. N.). Konkrete Planungen des Klägers sind derzeit nicht ersichtlich. Und als naheliegende Entwicklungsmöglichkeit kommt wegen des Grundstückszuschnitts allenfalls eine durch das derzeitige Raumangebot des bestehenden Rinderstalls begrenzte betriebliche Erweiterung in Betracht. Eine spurbare Verschärfung der Immissionsbelastung hierdurch erscheint als ausgeschlossen, weil diese nach den oben zitierten Erkenntnissen der Landesanstalt vom Tierbestand weitestgehend unabhängig ist.

Aber auch Geruchseinwirkungen von einem höheren Belästigungsgrad, wie sie je nach Windverhältnissen vor allem in den Sommermonaten erwartet werden können, machen das Bauvorhaben des Beigeladenen für den Kläger nicht unzumutbar, weil der Beigeladene bauliche Vorkehrungen getroffen hat, die eine spürbare Minderung der Geruchsbetroffenheit erwarten lassen. Wie oben bereits dargelegt, wäre ein Wohnbauvorhaben auf einem wie hier durch Geruchseinwirkungen vorbelasteten Grundstück rücksichtslos, wenn bei seiner Verwirklichung auf naheliegende, technisch mögliche und wirtschaftlich vertretbare Gestaltungsmittel oder bauliche Vorkehrungen verzichtet wird, die die Geruchsbetroffenheit der Wohnnutzung spürbar mindern könnten (vgl. BVerwG v. 23.9.1999, a.a.O.). §15 Abs. 1 Satz 1 Alt. 2 BauNVO begründet hier eine Obliegenheit des Bauherrn, durch ihm mögliche und zumutbare Maßnahmen, z.B. durch eine entsprechende Ausrichtung des Gebäudes auf dem Grundstück, durch den äußeren Zuschnitt des Hauses, durch eine immissionsabgewandte Anordnung der Wohnräume und der notwendigen Fenster, gegebenenfalls auch durch die immissionsmindernde Gestaltung der Außenwohnbereiche auf die Geruchsemissionen des benachbarten Rinderstalls Rücksicht zu nehmen (vgl. BVerwG, a.a.O.). Diese Obliegenheiten erfüllt der Beigeladene mit seinem Vorhaben. Er hat das Gebäude so geplant, daß zur Seite des klägerischen Stalles nur Nebenräume liegen, während die Wohn- und Schlafzimmer zur unbelasteten Südseite des Grundstücks orientiert sind. Die emissionsintensive Mistlagerstätte wird durch den Garagenbau abgeschirmt. Ferner ist der Einbau einer Be- und Entlüftungsanlage vorgesehen, die Frischluft von der immissionsabgewandten Südseite des Wohnhauses ansaugen wird. Unter Berücksichtigung dieser Maßnahmen der „architektonischen Selbsthilfe" kann davon ausgegangen werden, daß die künftigen Bewohner des Hauses keinen im Dorfgebiet unzumutbaren Geruchsbelästigungen ausgesetzt werden.

Schließlich wäre selbst dann, wenn trotz dieser Vorkehrungen wider Erwarten das Vorhaben erheblichen Geruchsbelästigungen ausgesetzt sein sollte, ein Verstoß des Beigeladenen gegen das Rücksichtnahmegebot zu verneinen. Es ist aktenkundig, unstreitig und konnte beim Augenschein bestätigt werden, daß der Stall des Klägers baulich und in bezug auf den Immissionsschutz nicht in optimaler Verfassung ist.

Dem Beigeladenen, der seine Obliegenheit zur Minderung des Immissionskonfliktes erfüllt hat, könnte aber das Baurecht nicht allein deshalb vorenthalten werden, weil der Kläger nicht die Anforderungen nach §22 Abs. 1 BImSchG erfüllt. Denn nach dem Gebot der gegenseitigen Rücksichtnahme ist der Betreiber einer emissionsträchtigen Anlage, der die ihm obliegenden immissionsschutzrechtlichen Pflichten nicht erfüllt, im Rahmen des §15 Abs. 1 Satz 1 Alt. 2 BauNVO seinerseits nicht schutzwürdig. Ein in Betracht kommender baurechtlicher Bestandsschutz kann sich nur in den Grenzen entfalten, die ihm das Immissionsschutzrecht läßt. Hierbei ist auch zu berücksichtigen, daß das Immissionsschutzrecht dynamisch angelegt ist. Die Grundpflichten aus §22 Abs. 1 Satz 1 BImSchG sind nicht nur im Zeitpunkt der Errichtung der Anlage, sondern in der gesamten Betriebsphase zu erfüllen (vgl. BVerwG v. 23.9.1999, a.a.O.). Der Kläger wäre deshalb gegebenenfalls darauf zu verweisen, durch zumutbare Maßnahmen wie beispielsweise die Sanierung der reparaturbedürftigen Mistlagerstätte oder den Einbau einer funktionierenden nachbarfreundlichen Zwangsentlüftungsanlage den Immissionskonflikt zu entschärfen. Tut er dies nicht, kann das jedenfalls nicht dazu führen, daß der Beigeladene, auf dessen Grundstück grundsätzlich Baurecht für ein Wohngebäude liegt, davon keinen Gebrauch machen darf.

Nr. 76

Bei der Abgrenzung der „großflächigen" Einzelhandelsbetriebe i. S. des § 11 Abs. 3 Satz 1 Nr. 2 BauNVO von sonstigen Einzelhandelsbetrieben zwingen Überschreitungen des Verkaufsflächenmaßes von 700 m² (vgl. hierzu BVerwG, Urteil v. 22. 5. 1987 – 4 C 19.85 –, NVwZ 1987, 1976) selbst dann, wenn sie eine Größenordnung bis zu 100 m² erreichen, nicht schon für sich genommen zu dem Schluß, daß das Merkmal der Großflächigkeit erfüllt ist.

BauGB § 34 Abs. 1; BauNVO § 11 Abs. 3 Satz 1–4.

Bundesverwaltungsgericht, Beschluß vom 22. Juli 2004 – 4 B 29.04 –.

(OVG Nordrhein-Westfalen)

Aus den Gründen:
c) Die Frage, „ab welcher Größe der Verkaufsfläche ein Einzelhandelsbetrieb als ‚großflächig' anzusehen ist", nötigt ebenfalls nicht zur Durchführung eines Revisionsverfahrens. Das gilt schon deshalb, weil es in dem zugrunde liegenden Fall nicht um die unmittelbare Anwendung der Vorschrift des § 11 Abs. 3 Satz 1 Nr. 2 (i. V. m. Satz 2 und 3) BauNVO geht, in der dieser Begriff als Tatbestandsmerkmal verwendet wird. Vielmehr hat das Oberverwaltungsgericht die bauplanungsrechtliche Zulässigkeit des von der Klägerin beabsichtigten Lebensmittelmarktes nach § 34 Abs. 1 BauGB beurteilt. In diesem Zusammenhang bezeichnet es unter Hinweis auf § 11 Abs. 3 BauNVO den großflächigen Einzelhandel als eigenständige Nutzungsart, die bei der Ermittlung des für § 34 Abs. 1 BauGB maßgebenden Rahmens zu berücksichtigen ist. Wegen Überschreitung dieses Rahmens fügt sich das streitige Vorhaben hinsichtlich der Art der baulichen Nutzung nach Ansicht der Vorinstanz nicht in die Eigenart der näheren Umgebung ein.

Abgesehen davon hat der beschließende Senat zu dem von der Klägerin angesprochenen Problemkreis in den Urteilen vom 22. 5. 1987 (– 4 C 19.85 –, BRS 47 Nr. 56 = NVwZ 1987, 1076 = Buchholz 406.12 § 11 BauNVO Nr. 9 und – 4 C 30.86 –, Buchholz 310 § 75 VwGO Nr. 13) grundsätzlich Stellung genommen. Er hat sich seinerzeit auf den Standpunkt gestellt, daß die Schwelle zur Großflächigkeit „nicht wesentlich unter 700 m², aber auch nicht wesentlich darüber liegt". Diese Aussage, die keine starre Grenzlinie bezeichnet, sondern als bloße Orientierungshilfe dient, ist weiterhin geeignet, die ihr zugedachte Abgrenzungsfunktion zu erfüllen. Der genannte Richtwert läßt Raum für eine flexible Handhabung, die dem von der Klägerin beschriebenen Wandel ausreichend Rechnung trägt. Der Senat hätte keine Veranlassung, sich in dem erstrebten Revisionsverfahren auf eine andere Größenangabe festzulegen.

Einzelhandelsbetriebe sind unter näher bestimmten Voraussetzungen, ggf. als Läden oder sonstige Gewerbebetriebe, in den Baugebieten zulässig, die in der Baunutzungsverordnung aufgeführt sind. Einem Sonderregime unterliegen „großflächige" Einzelhandelsbetriebe, die nach § 11 Abs. 3 Satz 1 BauNVO nur in Kerngebieten oder eigens für sie festgesetzten Sondergebieten zugelassen werden können. Dies beruht zwar auch maßgeblich auf der Erwägung, daß sich solche Betriebe nachteilig auf die in § 11 Abs. 3 Satz 2 BauNVO genannten Belange auswirken können. Der Normgeber läßt es bei der Abgrenzung der nur in Kerngebieten und in Sondergebieten zulässigen Einzelhandelsbetriebe aber nicht damit bewenden, auf diese Auswirkungen abzustellen. Vielmehr mißt er daneben dem Erfordernis der Großflächigkeit eigenständige Bedeutung bei. Anders als bei den in § 11 Abs. 3 Satz 2 BauNVO bezeichneten Auswirkungen hebt der Verordnungsgeber insoweit nicht auf die konkreten örtlichen Verhältnisse und die individuellen Betriebsmerkmale (Art, Lage, Umfang) ab. Der Begriff der Großflächigkeit dient ihm dazu, in typisierender Weise unabhängig von regionalen oder lokalen Besonderheiten bundesweit den Betriebstyp festzuschreiben, der von den in den §§ 2 bis 9 BauNVO bezeichneten Baugebieten ferngehalten werden soll. Freilich sieht er davon ab, einen zahlenmäßig bestimmten Maßstab vorzugeben. Größenangaben macht er nur im Zusammenhang mit der von ihm in § 11 Abs. 3 Satz 3 BauNVO aufgestellten Vermutungsregel. Danach sind insbesondere schädliche Umwelteinwirkungen sowie Auswirkungen auf die infrastrukturelle Ausstattung, auf den Verkehr und auf die Versorgung der Bevölkerung im Einzugsbereich der in § 11 Abs. 3 Satz 1 BauNVO aufgeführten Einzelhandelsbetriebe i. d. R. anzunehmen, wenn die Geschoßfläche 1200 m^2 überschreitet. Nach der gesetzgeberischen Konzeption verbietet sich die Annahme, daß diese Grenze auch den Übergang zur Großflächigkeit markiert. Wie sich aus § 11 Abs. 3 Satz 4 BauNVO ergibt, ist die Vermutungsregel des Satzes 3 widerleglich. Abweichungen kommen nicht nur nach oben, sondern auch nach unten in Betracht. Schon aus diesem Grund muß das Tatbestandsmerkmal der Großflächigkeit, soll es nicht leer laufen, eine niedrigere Schwelle bezeichnen. Der Umstand, daß der Verordnungsgeber davon absieht, sich über die Vermutungsregel des § 11 Abs. 3 Satz 3 BauNVO hinaus auch im Rahmen der Bestimmung der Großflächigkeit der Geschoßfläche als Maßstab zu bedienen, legt es ebenfalls nahe, insoweit einen anderen Anknüpfungspunkt zu wählen. Der Sinn der Regelung besteht darin, Einzelhandelsbetriebe, die sich als Einrichtungen der wohnungsnahen Versorgung in die Gebietstypik der ausschließlich, überwiegend oder doch auch dem Wohnen dienenden Gebiete einpassen, von Einzelhandelsbetrieben abzugrenzen, die diesen Rahmen sprengen. Aus dieser Zweckbestimmung hat der Senat gefolgert, daß maßgeblich auf die Größe der Verkaufsfläche abzustellen ist (vgl. Urteil v. 22. 5. 1987 – 4 C 19.85 –, a. a. O.). Als Obergrenze für Einzelhandelsbetriebe der wohnungsnahen Versorgung hat er unter Anerkennung einer gewissen Schwankungsbreite 700 m^2 angegeben. Mit dieser Größenannahme hat er die Grenze zur Großflächigkeit hin deutlich unterhalb der Verkaufsfläche gezogen, von der ab nach den Wertungen des Verordnungsgebers bei den damaligen Verhältnissen im Einzelhandel mit nachteiligen Auswirkungen i. S. des § 11 Abs. 3 Satz 2 BauNVO zu rechnen war. Wie aus der Begründung zur Dritten Verordnung zur Änderung der Baunutzungsverordnung vom 7. 11. 1986 zu ersehen ist (BR-Drucks. 541/86), entsprach die Geschoßfläche von 1200 m^2, die im Rahmen der Vermutungsregel des § 11 Abs. 3 Satz 3 BauNVO als Indikator dient, seinerzeit „nach den Erfahrungen der Praxis" ungefähr einer Verkaufsfläche von 800 m^2. Die restlichen 400 m^2 entfielen beim damaligen

Stand der Entwicklung auf Lager- und auf sonstige Betriebsflächen. Der Senat hat diesen betrieblichen Gegebenheiten Rechnung getragen. Gleichzeitig hat er aber zum Ausdruck gebracht, daß es „im Hinblick auf das Einkaufsverhalten der Bevölkerung wie auf dementsprechende Entwicklungen im Handel" nicht angebracht sei, sich beim Merkmal der Großflächigkeit „allzu starr" an den von ihm genannten Richtwert von 700 m^2 zu klammern (BVerwG, Urteil v. 22.5.1987 – 4 C 19.85 –, a.a.O.).

Die Klägerin macht geltend, daß sich in den letzten Jahren ein tiefgreifender Wandel vollzogen habe, der die Rechtsprechung des Senats zur Großflächigkeit nicht mehr zeitgemäß erscheinen lasse. Nach ihren Angaben hat sich seit der Senatsentscheidung vom 22.5.1987 im Bereich des Einzelhandels nicht bloß das Einkaufsverhalten der Bevölkerung, sondern auch die Betriebsstruktur grundlegend geändert. Die Klägerin weist darauf hin, daß heutzutage auch ein Einzelhandelsbetrieb, der der verbrauchernahen Versorgung diene, durch ein im Vergleich zur Vergangenheit umfangreicheres und vielfältigeres Warenangebot in kundenfreundlicheren geräumigeren Ladeneinrichtungen gekennzeichnet sei. Sie macht überdies darauf aufmerksam, daß der erhöhte Verkaufsflächenbedarf auch im Verhältnis zur Gesamtgeschoßfläche auf Kosten des Lagerflächenanteils immer stärker zu Buche schlage.

Das Berufungsgericht hat zu dem von der Klägerin geschilderten Wandel keine Feststellungen getroffen. Der Senat wäre in dem erstrebten Revisionsverfahren nicht in der Lage, hierzu eigene Ermittlungen anzustellen. Sollten Tatsachengerichte, gestützt auf geeignetes Erkenntnismaterial, zu dem Ergebnis gelangen, daß der Verbraucher unter den heutigen Verhältnissen auch im Rahmen der Nahversorgung einen bestimmten Ausstattungsstandard erwartet, der vor dem Hintergrund der veränderten Betriebsstrukturen im Einzelhandel selbst bei einer Annäherung an die aus der Sicht des Verordnungsgebers kritische Marke von 800 m^2 Verkaufsfläche negative Auswirkungen i.S. des § 11 Abs.3 Satz 2 BauNVO nicht befürchten läßt (vgl. OVG Koblenz, Urteil v. 2.3.2001 – 1 A 12338/99 –, BRS 64 Nr.75; wie das Berufungsgericht entschieden zurückhaltender OVG Lüneburg, Beschluß v. 15.11.2002 – 1 ME 151/02 –, BRS 65 Nr.69; vgl. auch VGH Mannheim, Beschluß v. 8.12.1999 – 8 S 3017/98 –, VBlBW 2000, 279), so wird sich dies revisionsrechtlich voraussichtlich nicht beanstanden lassen. Der Senat hat bereits im Urteil vom 22.5.1987 (– 4 C 19.85 –, a.a.O.) klargestellt, daß der Begriff der Großflächigkeit keine statische Größe ist. Überschreitungen des Richtwerts von 700 m^2 zwingen selbst dann, wenn sie eine Größenordnung bis zu 100 m^2 erreichen, nicht zu dem Schluß, daß das Merkmal der Großflächigkeit erfüllt ist. Zu einer weiteren Modifikation seiner Rechtsprechung sieht der Senat indes keinen Anlaß, solange der Verordnungsgeber an dem Konzept festhält, das der Vermutungsregel des § 11 Abs.3 Satz 3 BauNVO zugrunde liegt. Eine Heraufsetzung der Richtgröße anstelle eines flexibleren Umgangs mit dem im Urteil vom 22.5.1987 genannten Wert von 700 m^2 würde der inneren Systematik des § 11 Abs.3 BauNVO, die auf zwei Tatbestandspfeilern – der Großflächigkeit und der Vermutungsregelung – ruht, zuwiderlaufen. Die Großflächigkeit wird als eigenständiges Tatbestandsmerkmal funktionslos, wenn die für sie maßgebliche Verkaufsfläche sich nicht mehr deutlich von der Verkaufsfläche unterscheidet, die als ein in der Geschoßfläche enthaltenes wesentliches Flächenelement im Rahmen des § 11 Abs. 3 Satz 3 BauNVO für die Beurteilung der Frage eine Rolle spielt, ob negative Folgen i. S. des § 11 Abs. 3 Satz 2 BauNVO zu besorgen sind.

Der Senat hätte im anhängigen Rechtsstreit keinen Anlaß, näher darauf einzugehen, daß der Einzelhandelsbetrieb, der den Gegenstand der erfolglos gebliebenen Bauvoranfrage bildet, nach den Feststellungen des Berufungsgerichts eine Verkaufsfläche von weniger als 800 m², nämlich rund 793 m², aufweist. Die Klägerin steht auf dem Standpunkt, daß mit dieser Größe die Grenze zur Großflächigkeit noch nicht überschritten ist. Als Beleg hierfür nennt sie verschiedene Studien und fachliche Stellungnahmen. Nach ihrer eigenen Darstellung wäre dieses Material geeignet gewesen, ihre Behauptung zu untermauern, daß ein Festhalten an einem Richtwert von 700 m² den heutigen tatsächlichen Verhältnissen im Einzelhandel nicht mehr gerecht wird. Die Unterlagen, die diesen Schluß rechtfertigen sollen, sind von der Vorinstanz nicht verwertet worden, obwohl sie nach dem Beschwerdevorbringen für die Entscheidung von ausschlaggebender Bedeutung hätten sein können. Die Klägerin erhebt insoweit indes keine Verfahrensrüge.

Der Senat sieht im übrigen kein Bedürfnis, seine bisherige Rechtsprechung in einer Richtung fortzuentwickeln, die auf der Linie des Beschwerdevorbringens zu Verkaufsflächen von 900 m² oder gar 1000 m² führen würde, ohne den Mechanismus der Vermutungsregel des § 11 Abs. 3 Satz 3 BauNVO auszulösen. Der Verordnungsgeber stellt mit der in § 11 Abs. 3 BauNVO getroffenen Gesamtregelung ein Instrument zur Verfügung, das auch ohne Korrekturen beim Tatbestandsmerkmal der Großflächigkeit genügend Spielräume bietet, um den Anliegen der Verbraucher und des Einzelhandels, für die sich die Klägerin stark macht, Rechnung zu tragen. Erweist sich ein Einzelhandelsbetrieb als großflächig i. S. des § 11 Abs. 3 Satz 1 BauNVO, so bedeutet dies nicht automatisch, daß er in ein Kern- oder ein Sondergebiet zu verweisen ist. Hinzu kommen muß, daß er mit nachteiligen Auswirkungen i. S. des § 11 Abs. 3 Satz 2 BauNVO verbunden ist. Dies ist zwar nach § 11 Abs. 3 Satz 3 BauNVO i. d. R. anzunehmen, wenn die Geschoßfläche 1200 m² überschreitet. § 11 Abs. 3 Satz 4 BauNVO stellt jedoch klar, daß diese Vermutung widerlegt werden kann. Ob dies gelingt, hängt maßgeblich davon ab, welche Waren angeboten werden, auf welchen Einzugsbereich der Betrieb angelegt ist und in welchem Umfang zusätzlicher Verkehr hervorgerufen wird. Die Überschreitung der Geschoßflächengrenze von 1200 m² steht nicht zwangsläufig der Annahme entgegen, daß es sich um einen Einzelhandelsbetrieb handelt, der der verbrauchernahen Versorgung dient. Entscheidend ist, ob der Betrieb über den Nahbereich hinauswirkt und dadurch, daß er unter Gefährdung funktionsgerecht gewachsener städtebaulicher Strukturen weiträumig Kaufkraft abzieht, auch in weiter entfernten Wohngebieten die Gefahr heraufbeschwört, daß Geschäfte schließen, auf die insbesondere nicht motorisierte Bevölkerungsgruppen angewiesen sind. Nachteilige Wirkungen dieser Art werden noch verstärkt, wenn der Betrieb in erheblichem Umfang zusätzlichen gebietsfremden Verkehr auslöst. Je deutlicher die Regelgrenze von

1200 m² Geschoßfläche überschritten ist, mit desto größerem Gewicht kommt die Vermutungswirkung des § 11 Abs. 3 Satz 3 BauNVO zum Tragen. Dabei kann allerdings die jeweilige Siedlungsstruktur nicht außer Betracht bleiben. Je größer die Gemeinde oder der Ortsteil ist, in dem der Einzelhandelsbetrieb angesiedelt werden soll, desto eher ist die Annahme gerechtfertigt, daß sich die potentiellen negativen städtebaulichen Folgen relativieren.
Die Arbeitsgruppe „Strukturwandel im Lebensmitteleinzelhandel und § 11 Abs. 3 BauNVO" geht in ihrem Bericht vom 30. 4. 2002 (ZfBR 2002, 598) davon aus, „daß auch oberhalb des Regelvermutungswertes von 1200 m² Geschoßfläche Anhaltspunkte dafür bestehen können, daß die in § 11 Abs. 3 Satz 2 BauNVO bezeichneten Auswirkungen nicht vorliegen. Bezogen auf Lebensmittelsupermärkte können sich solche Anhaltspunkte nach § 11 Abs. 3 Satz 4 BauNVO insbesondere aus der Größe der Gemeinde/des Ortsteils, aus der Sicherung der verbrauchernahen Versorgung der Bevölkerung und dem Warenangebot des Betriebes ergeben". Die Arbeitsgruppe hebt hervor, „daß dem Lebensmitteleinzelhandel eine besondere Bedeutung im Hinblick auf die Sicherung einer verbrauchernahen Versorgung der Bevölkerung zukommt, so daß von großflächigen Lebensmitteleinzelbetrieben in größeren Gemeinden und Ortsteilen auch oberhalb der Regelvermutungsgrenze von 1200 m² auf Grund einer Einzelfallprüfung dann keine negativen Auswirkungen auf die Versorgung der Bevölkerung und den Verkehr ausgehen können, wenn der Non-Food-Anteil weniger als zehn v. H. der Verkaufsfläche beträgt und der Standort verbrauchernah und hinsichtlich des induzierten Verkehrsaufkommens ‚verträglich' sowie städtebaulich integriert ist". Auf der Grundlage dieser Stellungnahme lassen sich unter Berücksichtigung der Besonderheiten des Einzelfalles sachgerechte Standortentscheidungen für den Lebensmitteleinzelhandel treffen, ohne daß der Hebel beim Merkmal der Großflächigkeit angesetzt werden muß.

Nr. 77

1. **Die Großflächigkeit von Einzelhandelsbetrieben i.S. von § 11 Abs. 3 Satz 1 Nr. 2 BauNVO ist nach wie vor bei einer Verkaufsfläche von ca. 700 m² anzunehmen (wie BVerwG, Urteil v. 22. 5. 1987 – 4 C 19.85 –, NVwZ 1987, 1076, u. Urteil v. 22. 5. 1987 – 4 C 30.86 –, NVwZ 1987, 969).**

2. **Zur Verkaufsfläche eines (Lebensmittel-)Einzelhandelsbetriebs zählt auch der Bereich nach der Kassenzone.**

3. **Überschreitet ein vorhandener, den Zielen der Raumordnung widersprechender Einzelhandelsbetrieb infolge der geplanten Erweiterung die Grenze zur Großflächigkeit i. S. von § 11 Abs. 3 Satz 1 Nr. 2 BauNVO sowie die Vermutungsgrenze des § 11 Abs. 3 Satz 3 BauNVO, so kann zur Begründung einer – die Regelvermutung widerlegenden – atypischen Fallgestaltung nicht mit Erfolg geltend gemacht werden, daß wegen Bei-**

Nr. 77

behaltung des Sortiments(-umfangs) keine Veränderung in den städtebaulichen Auswirkungen eintrete.

BauNVO §§ 4 Abs. 2 Nr. 2, 8 Abs. 2 Nr. 1, 11 Abs. 3 Satz 1 Nr. 2, Satz 3, Satz 4.

VGH Baden-Württemberg, Urteil vom 13. Juli 2004 – 5 S 1205/03 –.

(VG Freiburg)

Die Klägerin begehrt die baurechtliche Genehmigung zur Erweiterung einer bestehenden Verkaufsstätte. Sie betreibt eine 1996 genehmigte Verkaufsstätte (Lebensmitteldiscounter mit untergeordnetem Randsortiment ohne bedienungsabhängige Frischeabteilung und Ausschluß von Konzessionären innerhalb der Betriebsstätte) mit einer Verkaufsfläche von ca. 660 m^2, einer Geschoßfläche von 1196 m^2 und 159 Stellplätzen.

2001 beantragte die Klägerin die Erteilung einer Baugenehmigung zur Erweiterung der bestehenden Verkaufsstätte auf eine Geschoßfläche von 1469 m^2 bei einer Verkaufsfläche einschließlich Kassenbereich (unter Berücksichtigung eines Putzabzugs von 3% = 25,52 m^2) von 825,15 m^2 sowie zur Erhöhung der Stellplatzzahl auf 171.

Aus den Gründen:
Der Klägerin steht ein Anspruch auf Neubescheidung ihres Baugesuchs zur Erweiterung der bestehenden Verkaufsstätte nicht zu. Denn das Vorhaben, mit dem die Verkaufsfläche des vorhandenen Markts von ca. 660 m^2 auf – nach dem Baugesuch – 825,15 m^2 und die Geschoßfläche von 1196 m^2 auf 1469 m^2 und die Zahl der Stellplätze von 159 (genehmigt) auf künftig 171 erhöht werden soll, ist bauplanungsrechtlich unzulässig.

Gegenstand der planungsrechtlichen Prüfung des Senats ist dabei das „Gesamtvorhaben in seiner geänderten Gestalt" (vgl. BVerwG, Urteil v. 17. 6. 1993 – 4 C 17.91 –, BRS 55 Nr. 72 = BauR 1994, 81 = NVwZ 1994, 294), obwohl es sich lediglich um eine Erweiterung der vorhandenen Verkaufsstätte handelt. Dieser rechtliche Ausgangspunkt steht zwischen den Beteiligten außer Streit. Gerade aus der geplanten Erweiterung der Verkaufsfläche und der Geschoßfläche des bestehenden Marktes kann eine Qualitätsveränderung resultieren, weil der Einzelhandelsbetrieb damit möglicherweise die Grenze zur Großflächigkeit überschreitet, so daß die Regelung des § 11 Abs. 3 BauNVO zur Anwendung kommen könnte. ...

2. Das Vorhaben der Klägerin scheitert an § 11 Abs. 3 BauNVO. Nach dessen Satz 1 Nr. 2 sind großflächige Einzelhandelsbetriebe, die sich nach Art, Lage oder Umfang auf die Verwirklichung der Ziele der Raumordnung und Landesplanung oder auf die städtebauliche Entwicklung und Ordnung nicht nur unwesentlich auswirken können, außer in Kerngebieten nur in für sie festgesetzten Sondergebieten zulässig. § 11 Abs. 3 BauNVO liegt die Wertung zugrunde, daß die in dieser Vorschrift bezeichneten Betriebe typischerweise ein Beeinträchtigungspotential aufweisen, das es rechtfertigt, sie einem Sonderregime zu unterwerfen. Welche Belange ganz erheblich betroffen sein können, verdeutlicht die Aufzählung in § 11 Abs. 3 Satz 2 BauNVO. Dort werden insbesondere Auswirkungen auf die infrastrukturelle Ausstattung, auf den Verkehr, auf die Versorgung der Bevölkerung im Einzugsbereich der in § 11 Abs. 3 Satz 1 BauNVO genannten Betriebe sowie auf die Entwicklung zentra-

ler Versorgungsbereiche in der Gemeinde oder in anderen Gemeinden genannt. Der mit § 11 Abs. 3 BauNVO verfolgte Regelungszweck läßt sich ferner von § 1 Abs. 5 Satz 2 Nr. 8 BauGB her erschließen. Danach sind im Rahmen der Bauleitplanung u. a. die Belange der Wirtschaft, auch ihrer mittelständischen Struktur, im Interesse einer verbrauchernahen Versorgung der Bevölkerung zu berücksichtigen. Diese Regelung zeigt die Zielsetzung des Gesetzgebers, den Verbrauchern gut erreichbare und an ihren Bedürfnissen orientierte Einzelhandelsbetriebe zu sichern. Sie ist darüber hinaus Ausdruck der gesetzgeberischen Wertung, daß insbesondere die mittelständischen Betriebsformen des Einzelhandels geeignet sind, die verbrauchernahe Versorgung der Bevölkerung zu gewährleisten. § 11 Abs. 3 BauNVO erfaßt Betriebe, die entgegen dem städtebaulichen Leitbild, durch die Standorte des Einzelhandels eine funktionsnahe Beziehung zum Wohnen herzustellen, an wohnungsfernen, verkehrlich schlecht oder nur mit dem Auto erreichbaren Standorten auf großer Fläche ein Warenangebot für den privaten Bedarf der Allgemeinheit bereithalten. Er zielt darauf ab, den Einzelhandel an den Standorten zu sichern, die in das städtebauliche Ordnungssystem funktionsgerecht eingebunden sind. Daß auf diese Weise die Wirtschaftsstruktur in den zentralen Versorgungsbereichen gestärkt wird, ist nicht Selbstzweck. Der Schutz der mittelständischen Wirtschaft dient nicht als Mittel dafür, bestimmte Wettbewerbsverhältnisse zu stabilisieren. Vielmehr soll sichergestellt werden, daß durch die Ansiedlung von Einzelhandelsbetrieben an peripheren Standorten nicht die wirtschaftliche Existenz derjenigen Betriebe bedroht oder gar vernichtet wird, die eine verbrauchernahe Versorgung gewährleisten. § 11 Abs. 3 Satz 1 BauNVO ist durch eine betont übergemeindliche Sichtweise geprägt. Die Vorschrift macht, soweit es darum geht, die Auswirkungen des Vorhabens zu beurteilen, nicht an den Gemeindegrenzen halt. Vielmehr stellt sie auf den „Einwirkungsbereich" ab, der weit über die Standortgemeinde hinausgehen kann. Auch unter dem Blickwinkel der Entwicklung zentraler Versorgungsbereiche läßt sie es unabhängig davon, ob insoweit landesplanerische Festlegungen oder gemeindliche Entwicklungskonzepte die Grundlage bilden, nicht mit einer auf ein bestimmtes Gemeindegebiet bezogenen Betrachtung bewenden. In die insoweit gebotene Beurteilung einzubeziehen ist nicht nur die Standortgemeinde. Rechtliche Relevanz kommt auch den Auswirkungen „in anderen Gemeinden" zu (vgl. hierzu BVerwG, Urteil v. 1. 8. 2002 – 4 C 5.01 –, BVerwGE 117, 25 = BRS 65 Nr. 10 = BauR 2003, 55 = NVwZ 2003, 86). Sinn von § 11 Abs. 3 BauNVO ist es – wie bereits erwähnt –, großflächige Einzelhandelsbetriebe wegen möglicher negativer Auswirkungen auf die Umgebung aus Gewerbegebieten und Industriegebieten fernzuhalten. Der Verordnungsgeber hat erkannt, daß die Ansiedlung solcher Betriebe in den genannten – städtebaulich häufig nicht integrierten – Baugebieten infolge ihrer Anziehungswirkung auf die Bevölkerung als günstige und attraktive Einkaufsstätten die Wirtschaftsstruktur der Umgebung beeinträchtigen, insbesondere die Entwicklung einer Gemeinde als wirtschaftlicher, geistiger und sozialer Schwerpunkt der Umgebung zunichte machen. Namentlich können für die Versorgung der Bevölkerung Nachteile daraus erwachsen, daß die wirtschaftliche Existenz kleiner, fußläufig erreichbarer Einzelhandelsbetriebe infolge der Ansiedlung von Großbetrieben in Ortsrandlagen bedroht wird und deshalb eine bedarfsgerechte wohnungsnahe Versorgung nicht mehr gewährleistet ist (vgl. BVerwG, Urteil v. 18. 6. 2003 – 4 C 5.02 –, NVwZ 2003, 1387 = BRS 66 Nr. 85 = BauR 2004, 43). Mit der geplanten Erweiterung der Verkaufsfläche des vorhandenen Marktes entsteht ein großflächiger Einzelhandelsbetrieb (a). Da die künftige Geschoßfläche 1469 m^2 beträgt und damit über 1200 m^2 liegt, sind nach der Regelvermutung des § 11 Abs. 3 Satz 3 BauNVO Auswirkungen i. S. des Satzes 2 anzunehmen, weil keine Anhaltspunkte i. S. des § 11 Abs. 3 Satz 4 BauNVO dafür bestehen, daß Auswirkungen trotz Überschreitens der Vermutungsgrenze von 1200 m^2 nicht vorliegen (b).

a) Die geplante Erweiterung der Verkaufsfläche des vorhandenen Marktes führt dazu, daß ein großflächiger Einzelhandelsbetrieb i. S. von § 11 Abs. 3 Satz 1 Nr. 2 BauNVO entsteht. Das Merkmal der Großflächigkeit ist eine eigenständige Anwendungsvoraussetzung dieser Vorschrift. Der Verordnungsgeber wollte mit dem Begriff der Großflächigkeit einen Einzelhandelsbetrieb mit einem Warenangebot auf großer Fläche erfassen, weil solche Betriebe im allgemeinen auch einen großen Einzugsbereich und damit den Nahbereich überschreitende städtebauliche Auswirkungen haben. Das Merkmal der Großflächigkeit ist daher unabhängig von regionalen und örtlichen Verhältnissen sowie unabhängig von den Besonderheiten bzw. Unterarten (Branchen) der Einzelhandelsbetriebe und von den unterschiedlichen Betriebsformen (Supermärkte, Discounter) zu bestimmen. Mit der Großflächigkeit wird neben der weiteren – auf städtebauliche Auswirkungen abstellenden – Anwendungsvoraussetzung des § 11 Abs. 3 BauNVO ein einfach zu ermittelndes Merkmal beschrieben, das sich auf äußere Eigenschaften des Betriebs bezieht und sich nicht aus dessen Beziehungen zur Umgebung ermitteln läßt, wiewohl die Vorschrift andererseits im Hinblick auf das Einkaufsverhalten der Bevölkerung wie auf dementsprechende Entwicklungen im Handel und im Städtebau nicht allzu starr sein sollte. Mit dem Merkmal der Großflächigkeit sollte ein bestimmter Typ von Einzelhandelsbetrieben und eine städtebaulich erhebliche Nutzungsart definiert werden. Dabei wird der Begriff der Großflächigkeit mit Hilfe der Verkaufsfläche bestimmt. Deren Größe trägt maßgeblich zur Kapazität, zur Wettbewerbskraft und zur Attraktivität eines Einzelhandelsbetriebs bei. Diese Grundsätze hat das Bundesverwaltungsgericht in seinen Urteilen vom 22. 5. 1987 (– 4 C 19.85 –, BRS 47 Nr. 56 = BauR 1987, 528 = NVwZ 1987, 1076 = DVBl. 1987, 1006, und – 4 C 30.86 –, BRS 47 Nr. 57 = NVwZ 1987, 969 = ZfBR 1987, 256) entwickelt. Der Senat schließt sich dieser Auffassung an; insoweit besteht in Rechtsprechung und Literatur ersichtlich Einigkeit. Das Bundesverwaltungsgericht führt dann weiter aus: „Mit dem Merkmal der Großflächigkeit unterscheidet die Baunutzungsverordnung Einzelhandelsbetriebe, die wegen ihres angestrebten größeren Einzugsbereichs – wenn nicht in Sondergebiete – in Kerngebiete gehören und typischerweise auch dort zu finden sind, von den Läden und Einzelhandelsbetrieben der wohnungsnahen Versorgung der Bevölkerung, die in die ausschließlich, überwiegend oder zumindest auch dem Wohnen dienenden Gebiete gehören und dort typischerweise auch zu finden sind. Folglich beginnt die Großflächigkeit dort, wo üblicherweise die Größe solcher, der wohnungsnahen Versorgung dienende Einzelhandelsbetriebe, gelegentlich auch „Nachbarschaftsläden" genannt, ihre Obergrenze findet. Der Senat hat aus Anlaß dieses Falles nicht zu entscheiden, wo nach dem derzeitigen Einkaufsverhalten der Bevölkerung und den Gegebenheiten im Einzelhandel die Verkaufsflächen-Obergrenze für Einzelhandelsbetriebe der wohnungsnahen Versorgung liegt. Vieles spricht dafür, daß sie nicht wesentlich unter $700\,m^2$, aber nicht wesentlich darüber liegt."

Geht man zunächst von diesem „Schwellenwert" aus, entsteht mit der geplanten Erweiterung des vorhandenen Marktes ein großflächiger Einzelhandelsbetrieb. Denn die künftige Verkaufsfläche wird bei ca. $850\,m^2$ liegen. Die Klägerin hat in der dem Baugesuch beigefügten „Berechnung der bebauten Fläche, des Bruttorauminhalts und der Nutzfläche nach DIN 277" die Verkaufsfläche des erweiterten Markts mit $825,15\,m^2$ angegeben. Den dabei vorgenommenen Abzug von 3% für Putz hält der Senat für unangemessen hoch, da es sich bei der Verkaufsstätte um einen „hallenartigen" Raum ohne unterteilende Zwischenwände handelt. Nach der zutreffenden behördlichen Berechnung ergibt sich bei einem Abzug von 1 cm Putz eine Verkaufsfläche von ca. $850\,m^2$. Die Fläche des Windfangs (ca. $17\,m^2$) und/oder die Fläche des Kassenvorraums (ca. $35/36\,m^2$) können nicht „herausgerechnet" werden. Fehl geht der hierzu gegebene Hinweis des Verwaltungsgerichts, die Flächen jenseits der Kassenzone – Richtung Ausgang liegend – hätten betriebswirtschaftlich und rechtlich nichts (mehr) mit dem Kauf zu tun (so auch Berghäuser/Berg/Brendel, in: BauR 2002, 31). Da es sich bei der Großflächigkeit von Einzelhandelsbetrieben um einen planungsrechtlichen Begriff handelt, ist auch die hierfür maßgebliche Verkaufsfläche aus der Sicht des Städtebaurechts zu bestimmen. Ist aber die Größe der Verkaufsfläche von Bedeutung für die Kapazität, die Wettbewerbskraft und die Attraktivität eines Einzelhandelsbetriebs und hat somit von daher Auswirkungen auf eine geordnete städtebauliche Entwicklung, dann sind auch Windfang und Kassenvorraum von Relevanz für die erwähnten, angestrebten Eigenschaften des Betriebs und damit der Verkaufsfläche zuzurechnen. Hierzu zählt all das, was – nicht Lager und – dazu bestimmt ist, Kunden sich dort mit dem Ziel aufhalten zu lassen, Verkaufsabschlüsse zu fördern. Entsprechend heißt es in Nr. 2.2.4 der Verwaltungsvorschrift des Wirtschaftsministeriums zur Ansiedlung von Einzelhandelsprojekten – Raumordnung, Bauleitplanung und Genehmigung von Vorhaben (Einzelhandelserlaß) vom 21.2.2001 (GABl., S. 290): „Verkaufsfläche ist die Fläche, die dem Verkauf dient einschließlich der Gänge, Treppen in den Verkaufsräumen, Standflächen für Einrichtungsgegenstände, Kassenzonen, Schaufenster und sonstiger Flächen, soweit sie dem Kunden zugänglich sind, sowie Freiverkaufsflächen, soweit sie nicht nur vorübergehend genutzt werden." Danach zählt insbesondere auch der Kassenvorraum zur Verkaufsfläche. Das Niedersächsische OVG (Beschluß v. 15.11.2002 – 1 ME 151/02 –, BRS 65 Nr. 69 = BauR 2003, 659 = NVwZ-RR 2003, 486) weist zutreffend darauf hin, daß der Verkaufsvorgang nicht schon dann vollständig abgeschlossen ist, wenn die Kunden ihre Ware nach deren Bezahlung wieder vom Band genommen und in den Einkaufswagen verstaut haben; vielmehr müssen danach das Wechselgeld geprüft und sortiert, unter Umständen die Rechnung an Ort und Stelle kontrolliert, die Waren ordentlich verstaut und sonstige Nachbereitungsmaßnahmen durchgeführt werden; der Bereich nach der Kassenzone stellt damit einen unverzichtbaren Bestandteil des Verkaufsvorgangs dar; es ist – überspitzt ausgedrückt – eben nicht möglich, den Kunden unmittelbar nach der Kasse „in die freie Luft" zu entlassen. Damit soll auch mit diesem Bereich nach der Kassenzone eine zügigere Abwicklung der Kauf- bzw. Abrechnungsvorgänge ermöglicht werden, was zur (Steigerung der) Attraktivität des Betriebs beiträgt. Abgesehen davon wird in diesem (Pack-) Bereich nach der Kassenzone häufig auch durch ausliegende oder ausgehängte Prospekte für (Aktions-)Angebote geworben.

Mit einer künftigen Verkaufsfläche von danach ca. 850 m^2 würde nur dann kein großflächiger Einzelhandelsbetrieb entstehen, wenn der in der Rechtsprechung des Bundesverwaltungsgerichts aus dem Jahre 1987 entwickelte „Schwellenwert" für die Annahme der Großflächigkeit von 700 m^2 Verkaufsfläche auf eine Größe von (weit) mehr als 850 m^2 anzuheben wäre, wie dies die Klägerin fordert und das Verwaltungsgericht – wenn auch auf der Grundlage einer Verkaufsfläche von ca. 800 m^2 (nach Abzug von Windfang und Kassenvorraum) – in Einklang mit Stimmen in Rechtsprechung und Literatur angenommen hat. Dem vermag der Senat nicht zu folgen.

Allerdings hat das Bundesverwaltungsgericht in seinen Urteilen vom 22. 5. 1987 darauf hingewiesen, daß die Verkaufsflächen-Obergrenze für Einzelhandelsbetriebe der wohnungsnahen Versorgung „im Hinblick auf das Einkaufsverhalten der Bevölkerung wie auf die dementsprechende Entwicklung in Handel und Städtebau nicht allzu streng sein" sollte, und – wie oben wiedergegeben – bei der Bestimmung des Flächenmaßes an das „derzeitige Einkaufsverhalten und die Gegebenheiten im Einzelhandel" anknüpft. Unter Hinweis auf diese im Jahre 1987 vorgenommenen Einschränkungen und die zwischenzeitliche Entwicklung im (Lebensmittel-)Einzelhandel wird die normativ nach wie vor nicht fixierte Flächengrenze von ca. 700 m^2 nicht mehr als realitätsgerecht angesehen (vgl. etwa Berghäuser/Berg/Brendel, a. a. O.; Fikkert/Fieseler, Baunutzungsverordnung, 10. Aufl., Rdnr. 19.8 zu § 11 und Arbeitsgruppe „Strukturwandel im Lebensmitteleinzelhandel und § 11 Abs. 3 BauNVO" v. 30. 4. 2002, ZfBR 2002, 598). Es entspricht auch allgemeiner Erfahrung, daß bei (Lebensmittel-)Einzelhandelsbetrieben, die der wohnungsnahen Versorgung der Bevölkerung dienen, die Käuferansprüche und -erwartungen gestiegen sind und der unumkehrbare Trend zu Selbstbedienungsläden mit einem immer breiteren Warenangebot einen entsprechenden Bedarf an Verkehrsflächen u. a. für das Befahren mit Einkaufswagen sowie das Einräumen und zur besseren Präsentation der Waren ausgelöst hat. Hinzu kommen der (regelmäßige) Wegfall einer Lagerhaltung sowie eine moderne Ausstattung der Ladeneinrichtungen und Kassenzonen. Auch wenn sich dadurch der verbrauchernahe Einzugsbereich nicht geändert hat, benötigen solche „Läden" damit mehr Verkaufsfläche. Nach einer vom Euro-Handelsinstitut veröffentlichten Statistik (zitiert bei Berghäuser/Berg/Brendel, a. a. O.) betrug die Verkehrsfläche eines Supermarkts im Jahre 1987 durchschnittlich 688 m^2 – im Jahr 2000 bereits 746 m^2. In Nr. 14 des Berichts der

Arbeitsgruppe „Strukturwandel", der sich mit der Situation der Lebensmittelsupermärkte als Vollsortimenter (mit 7500 bis 11 500 Artikeln) für die Nahversorgung der Bevölkerung (und nicht auch der Discounter als Teilversorgern mit durchschnittlich 1000 bis 1400 Artikeln) befaßt, ist festgehalten, daß nach Auskunft der Spitzenverbände des Einzelhandels bereits bestehende Märkte auf einer Verkaufsfläche von mindestens ca. 900 m^2 (d. h. ca. 1200 m^2 Geschoßfläche) noch wirtschaftlich betrieben werden könnten; neu zur Eröffnung anstehende Märkte benötigten jedoch ca. 1500 m^2 Verkaufsfläche (d. h. ca. 2000 m^2 Geschoßfläche), um auf Dauer wirtschaftlich zu sein. Gleichwohl sieht sich der Senat nicht in der Lage, die Verkaufsflächengrenze über den Wert von ca. 700 m^2 hinaus anzuheben. Bestimmend dafür sind folgende Erwägungen:

Die insbesondere im Bericht der Arbeitsgruppe „Strukturwandel" dokumentierten geänderten Verhältnisse betreffen allein den Lebensmitteleinzelhandel, mithin nur eine Branche des Einzelhandels – wenn auch die für die tägliche Versorgung wichtigste –, und mit Supermärkten zudem nur eine Betriebsform. Die über die Verkaufsfläche zu bestimmende Großflächigkeit i. S. von §11 Abs. 3 Satz 1 Nr. 2 BauNVO ist nach der genannten Rechtsprechung des Bundesverwaltungsgerichts aber unabhängig hiervon (übergreifend) für alle Wirtschaftszweige und betriebliche Erscheinungsformen als „Einstiegs"-Tatbestandsmerkmal" der Vorschrift festzulegen. Davon ist nicht deshalb abzurücken, weil den beiden Entscheidungen aus dem Jahre 1987 (Selbstbedienungs-)Lebensmittelmärkte zugrunde gelegen haben und in – jedenfalls auch dem Wohnen dienenden – Dorf sowie Mischgebieten die dort nach §5 Abs. 2 Nr. 5 und §6 Abs. 2 Nr. 2 BauNVO zulässigen „Einzelhandelsbetriebe" keiner Beschränkung auf „die Versorgung (der Bewohner) des Gebiets" unterliegen.

Hinzu kommt ein weiteres: Trotz der allein für den Bereich von Lebensmittelsupermärkten (Vollsortimentern) konstatierten Veränderungen hält die Arbeitsgruppe „Strukturwandel" in ihrem Ergebnisbericht mehrheitlich eine Änderung von §11 Abs. 3 BauNVO – unter Bestimmung einer größeren Verkaufsfläche als 700 m^2 als Schwellenwert zur Großflächigkeit – nicht für erforderlich, da die in der Norm angelegte Flexibilität – bei der Handhabung des Tatbestandsmerkmals der „Auswirkungen" – grundsätzlich ausreiche, um unter Berücksichtigung des Einzelfalls sachgerechte Standortentscheidungen für den Lebensmitteleinzelhandel zu treffen. Vielmehr geht der Bericht (vgl. Zusammenfassung sowie Nr. 7, Nr. 17 und Nr. 20) unter Hinweis auf die Rechtsprechung des Bundesverwaltungsgerichts aus dem Jahre 1987 davon aus, daß die Großflächigkeit eines Einzelhandelsbetriebs i. S. von §11 Abs. 3 Satz 1 Nr. 2 BauNVO – als der ersten Stufe der Prüfung – bei ca. 700 m^2 Verkaufsfläche beginnt. Ungeachtet der auf Lebensmittel-Vollsortimenter begrenzten tatsächlichen Aussagen der Arbeitsgruppe „Strukturwandel" und der von ihr mehrheitlich befürworteten rechtlichen Steuerung über das zweite Tatbestandsmerkmal der Auswirkungen von der 700 m^2-Grenze abzuweichen, erscheint dem Senat überdies unter folgendem Aspekt nicht angezeigt: Die Arbeitsgruppe „Strukturwandel", die auf Grund einer Intervention einzelner Unternehmen bzw. Verbände des Lebensmitteleinzelhandels beim Bundeskanzleramt vom Bundesministerium für Verkehr, Bau- und Wohnungswesen einberufen wurde, setzte sich nicht nur aus Vertretern des Handels, sondern insbesondere auch aus Vertretern des zuständigen Bundesministeriums (und einzelner Landesministerien) zusammen. Wenn angesichts der erörterten Weiterentwicklung und der daraus entstehenden Problematik das für eine Änderung der Baunutzungsverordnung zuständige Bundesministerium keinen Bedarf für eine Änderung des § 11 Abs. 3 BauNVO gesehen hat, sieht es der Senat nicht als seine Aufgabe an, die Norm abweichend vom höchstrichterlich begründeten und vom Verordnungsgeber nach wie vor als tragfähig angesehenen Verständnis zu interpretieren.

Im übrigen ist auf die Erwägungen des Bundesverwaltungsgerichts zum Verhältnis der Verkaufsfläche (als Maßstab für die Großflächigkeit) zur Geschoßfläche (als Auslöser für die Regelvermutung) hinzuweisen, die dazu führen, daß die Schwelle zur Großflächigkeit nicht erst mit der nach der 2:3-Faustformel „abgeleiteten" Verkaufsflächengröße (vgl. hierzu auch BR-Drucks. 541/86 zur Novellierung der Baunutzungsverordnung 1986) beginnen kann. Danach muß auch unter der geltenden Fassung der Baunutzungsverordnung mit der die Regelvermutung auslösenden Geschoßfläche von 1200 m² der „Schwellenwert" zur Großflächigkeit unter einer hieraus „abgeleiteten" Verkaufsfläche von 800 m² liegen. Die Bemerkung des Bundesverwaltungsgerichts in den Urteilen vom 22. 5. 1987, daß die Neufassung des § 11 Abs. 3 Satz 3 BauNVO und die Ergänzung der Vorschrift um einen neuen Satz 4 durch die Änderungsverordnung 1986 „für die Bestimmung der Großflächigkeit nichts hergebe", ist vor dem Hintergrund zu sehen und zu verstehen, daß der für die Großflächigkeit angenommene Schwellenwert von ca. 700 m² immer noch weit – wenn auch nicht mehr so weit – unter einer aus der für die Regelvermutung herabgesetzten Geschoßfläche „abgeleiteten" Verkaufsfläche liegt. Selbst wenn aus der Absenkung der Vermutungsgrenze auf 1200 m² Geschoßfläche wohl keine weitere (entsprechende) Absenkung des „Schwellenwerts" zur Großflächigkeit abzuleiten ist, wäre nach der Novellierung der Baunutzungsverordnung 1986 und deren Entstehungsgeschichte (vgl. BR-Drucks. 541/86) doch zu folgern, daß jedenfalls keine so weitgehende Anhebung des „Schwellenwerts" veranlaßt ist, wie sie vorliegend bei einer Verkaufsfläche von ca. 850 m² zur Verneinung der Großflächigkeit erforderlich wäre.

Auch der Einzelhandelserlaß geht in Nr. 2.2.2 unter Hinweis auf die Rechtsprechung des Bundesverwaltungsgerichts aus dem Jahre 1987 davon aus, daß die Grenze zur Großflächigkeit bei etwa 700 m² Verkaufsfläche liege. Und in Nr. 2.3.2 heißt es, daß die Vermutungsregel des § 11 Abs. 3 Satz 3 BauNVO davon ausgehe, daß die Verkaufsfläche erfahrungsgemäß etwa zwei Drittel der Geschoßfläche betrage und eine Verkaufsfläche oberhalb von 800 m² die in der Vorschrift genannten Auswirkungen haben könne.

An dem auf die Rechtsprechung des Bundesverwaltungsgerichts aus dem Jahre 1987 zurückgehenden „Schwellenwert" für die Großflächigkeit eines Einzelhandelsbetriebs von 700 m² Verkaufsfläche halten auch der Bayerische VGH (Urteil v. 17. 9. 2001 – 26 B 99.2654 –, BRS 64 Nr. 74 = BauR 2002, 54), das OVG Nordrhein-Westfalen (Beschluß v. 28. 11. 2000 – 10 B 1428/00 –,

BRS 63 Nr. 70 = BauR 2001, 906, u. Beschluß v. 19. 8. 2003 – 7 B 1040/03 –, BRS 66 Nr. 72 = BauR 2003, 788) sowie das Niedersächsische OVG (Urteil v. 26. 2. 1999 – 1 K 1539/97 –, BRS 62 Nr. 24 = BauR 1999, 1436 = NVwZ-RR 2000, 562; Beschluß v. 26. 4. 2001 – 1 MB 1190/01 –, BRS 64 Nr. 76 = BauR 2001, 1239, u. insbesondere Beschluß v. 15. 11. 2002 – 1 ME 151/02 –, a. a. O.) fest. Das Bundesverwaltungsgericht hat in seiner Entscheidung vom 18. 6. 2003 (– 4 C 5.02 –, BRS 66 Nr. 85 = NVwZ 2003, 1387 = BauR 2004, 43) zur Einstufung eines sog. Fachmarkts als Verbrauchermarkt i. S. von § 11 Abs. 3 BauNVO 1968 und damit als Einzelhandelsbetrieb im Sinne der heutigen Fassung der Baunutzungsverordnung bestätigt, daß das maßgebliche Abgrenzungsmerkmal zu wohnungsnahen Einzelhandelsbetrieben und Läden die Großflächigkeit sei; ein Verbrauchermarkt verfüge über eine größere Verkaufsfläche als die Einzelhandelsbetriebe der wohnungsnahen Versorgung, deren Verkaufsflächen-Obergrenze nicht wesentlich unter 700 m^2, aber auch nicht wesentlich darüber liegen dürfte. An dieser Stelle hat das Bundesverwaltungsgericht auf sein Urteil vom 22. 5. 1987 (– 4 C 19.85 –, BRS 47 Nr. 56 = BauR 1987, 528) verwiesen. Auch wenn es sich dabei nur um ein obiter dictum handelt, hat das Bundesverwaltungsgericht jedenfalls keine Überlegungen dahingehend erkennen lassen, daß die Verkaufsflächen-Obergrenze für Einzelhandelsbetriebe der wohnungsnahen Versorgung – weil nicht mehr „zeitgemäß" – anzuheben sei.

Der Senat folgt damit nicht der in anderem Zusammenhang geäußerten Ansicht des 8. Senats des erkennenden Gerichtshofs (Beschluß v. 8. 12. 1999 – 8 S 3017/98 –, VBlBW 2000, 279) und von Fickert/Fieseler (Baunutzungsverordnung, 10. Aufl., Rdnr. 19.8 zu § 11), wonach der Schwellenwert für die Großflächigkeit bei einer Verkaufsfläche von 1000 m^2 anzusetzen sei bzw. „seit Jahren" bei dieser Größe angenommen werde.

Die Klägerin kann sich auch nicht auf das Urteil des OVG Rheinland-Pfalz vom 2. 3. 2001 (– 1 A 12338/99 –, NVwZ-RR 2001, 573 = BRS 64 Nr. 75 = BauR 2001, 1062) berufen, wonach eine Verkaufsfläche von ca. 802 m^2 heutzutage bei einem SB-Lebensmittelmarkt nicht gegen die Annahme eines sog. „Nachbarschaftsladens" zur wohnungsnahen Versorgung i. S. von § 4 Abs. 2 Nr. 2 BauNVO spreche, weil im Hinblick auf den Strukturwandel im Einzelhandel der Ladenbegriff nicht statisch angelegt sei. Denn auch diesen Schwellenwert würde das Vorhaben der Klägerin überschreiten. Mit einer Verkaufsfläche von ca. 802 m^2 bewegte sich der SB-Lebensmittelmarkt zudem noch im „Grenzbereich" der aus der Geschoßflächengröße des § 11 Abs. 3 Satz 3 BauNVO nach der 2:3-Faustformel abgeleiteten Verkaufsfläche. Allerdings weist der Bericht „Strukturwandel" darauf hin, daß die Relation von Geschoßfläche zu Verkaufsfläche angesichts ihrer Abhängigkeit von Branche, Betriebsform und Logistik einem steten Wandel unterworfen sei (Nr. 13); nach Auskunft der Spitzenverbände des Einzelhandels beträgt die „faustformelartige" Relation zwischen Verkaufsfläche und Geschoßfläche für den Sektor der Lebensmittelsupermärkte 3:4 (vgl. Nr. 14 und Nr. 20 sowie Nieders. OVG, Urteil v. 26. 2. 1999 – 1 K 1539/97 –, a. a. O.). Gleichwohl fordert der Bericht „Strukturwandel" trotz Empfehlung, die Verkaufsfläche auf 900 m^2 anzuheben, keine entsprechende Korrektur beim Merkmal der Großflächigkeit, sondern übernimmt den vom Bundesverwaltungsgericht entwickelten „Schwellenwert" und qualifiziert Lebensmittelsupermärkte zwischen 700 m und 900 m² Verkaufsfläche als großflächig (Nr. 20); dem neuen Relationswert solle im Rahmen des weiteren flexiblen Tatbestandsmerkmals der „Auswirkungen" i. S. von § 11 Abs. 3 BauNVO Rechnung getragen werden (Nr. 20). Diese Sonderregelung setzt das Vorliegen beider Tatbestandsmerkmale voraus. Kommt sie nicht zur Anwendung, weil die darin genannten „Auswirkungen" nicht zu erwarten sind, ist das einschlägige planungsrechtliche Prüfprogramm eröffnet. Eine Sonderrolle dürfte insoweit das allgemeine Wohngebiet einnehmen – sei es bebauungsplanmäßig festgesetzt oder über § 34 Abs. 2 BauGB gegeben –, in dem nur die der Versorgung des Gebiets dienenden Läden i. S. von § 4 Abs. 2 Nr. 2 BauNVO allgemein zulässig sind. Eine dahingehende Einordnung (insbesondere) eines Lebensmittelgeschäfts mit einer Verkaufsfläche von mehr als 700 m² (etwa bis 900 m² entsprechend dem Bericht „Strukturwandel") sollte nicht allein daran scheitern, daß damit die Großflächigkeit i. S. von § 11 Abs. 3 Satz 1 Nr. 2 BauNVO zu bejahen wäre. Es dürfte zulässig sein, einen SB-Lebensmittelmarkt auch bei einer solch größeren Verkaufsfläche noch als Nachbarschaftsladen zur wohnungsnahen Versorgung der Bevölkerung i. S. von § 4 Abs. 2 Nr. 2 BauNVO zu qualifizieren, wie dies das OVG Rheinland-Pfalz in seinem Urteil vom 2. 3. 2001 (– 1 A 12338/99 –, a. a. O.) in Anlehnung an eine entsprechende Stellungnahme der Industrie- und Handelskammer getan hat und was im Ergebnis der Forderung des Berichts „Strukturwandel" entspräche.

Im übrigen erschiene es wenig einleuchtend, bei einem Einzelhandelsbetrieb – wie hier – mit einer Geschoßfläche von mehr als 1200 m² und welche die Vermutungsregel des § 11 Abs. 3 Satz 3 BauNVO für Auswirkungen i. S. von Satz 2 auslöst, die Großflächigkeit – und schon deshalb die Anwendbarkeit der Vorschrift überhaupt – zu verneinen. Der grundsätzlichen „Entkoppelung" der durch die Verkaufsfläche bestimmten Großflächigkeit von der angenommenen 2:3-Relation zur Geschoßfläche „in einer Richtung" in den Entscheidungen des Bundesverwaltungsgerichts aus dem Jahre 1987 lagen Einzelhandelsbetriebe zugrunde, deren Geschoßfläche unterhalb der – die Regelvermutung auslösenden – Größe von (damals) 1500 m² lag.

b) Nach der geplanten Erweiterung überschreitet der Markt mit einer Geschoßfläche von 1469 m² die Vermutungsgrenze des § 11 Abs. 3 Satz 3 BauNVO von 1200 m², so daß – widerlegbar – Auswirkungen i. S. von Satz 2 anzunehmen sind. Die ausgelöste Vermutung gilt nach § 11 Abs. 3 Satz 4 BauNVO nicht, wenn Anhaltspunkte dafür bestehen, daß Auswirkungen bei mehr als 1200 m² Geschoßfläche nicht vorliegen; dabei sind in Bezug auf die in Satz 2 bezeichneten Auswirkungen insbesondere die Gliederung und Größe der Gemeinde und ihrer Ortsteile, die Sicherung der verbrauchernahen Versorgung der Bevölkerung und das Warenangebot des Betriebs zu berücksichtigen. Zur Widerlegung der Regelvermutung muß also auf der betrieblichen oder auf der städtebaulichen Seite eine atypische Situation vorliegen (vgl. BVerwG, Urteil v. 3. 2. 1984 – 4 C 54.80 –, a. a. O.). Ist das der Fall, greift also die Vermutungsregel nicht ein, so ist mit Blick auf die tatsächlichen Umstände des Falles zu klären, ob der zur Genehmigung gestellte großflächige Einzelhandelsbetrieb mit Auswirkungen der in § 11 Abs. 3 Satz 2 BauNVO genannten Art verbunden sein wird oder kann. Liegt keine atypische (betriebliche oder städtebauliche) Situation vor und bleibt es deshalb bei der Regelvermutung des § 11 Abs. 3 Satz 3 BauNVO, erübrigt es sich, die möglichen Auswirkungen des Betriebs i. S. von Satz 2 – unter Umständen durch eine Beweisaufnahme – zu klären. Ansonsten würde die Regelvermutung des § 11 Abs. 3 Satz 3 BauNVO unzulässigerweise „ausgehebelt" (vgl. BVerwG, Beschluß v. 9. 7. 2002 – 4 B 14.02 –, BRS 65 Nr. 70 = BauR 2002, 1825).

Daß einer der tatsächlichen Umstände, die nach § 11 Abs. 3 Satz 4 BauNVO (insbesondere) Anhaltspunkte für das Bestehen einer atypischen Situation bieten, im vorliegenden Fall gegeben sei, macht die Klägerin selbst nicht geltend. Zur Begründung einer atypischen Fallgestaltung führt die Klägerin allein ins Feld, daß es infolge der geplanten Erweiterung der Verkaufsfläche (und der Geschoßfläche) zu keiner Erhöhung der im bestehenden Markt geführten Sortimente komme werde – was durch Übernahme einer entsprechenden Baulast gesichert werden könne. Der hierzu hilfsweise beantragten Einholung eines Sachverständigengutachtens bedarf es nicht. Einer Beweisaufnahme zugänglich sind zwar die tatsächlichen Umstände bzw. Anhaltspunkte für das Bestehen einer atypischen betrieblichen oder städtebaulichen Situation (zur Widerlegung der Regelvermutung). Daß mit dem umstrittenen Erweiterungsvorhaben keine Erhöhung des in der bisherigen Verkaufsstätte geführten Sortiments – in dem in der mündlichen Verhandlung von der Klägerin erläuterten Sinn eines einheitlichen Sortiments in allen Märkten, unabhängig von deren Größe (Verkaufsfläche) – verbunden ist, dürfte einmal mit Blick auf die erwähnte Erläuterung nicht mehr in Streit stehen. Im übrigen ist das Unterbleiben einer vorhabenbedingten Sortimentserweiterung kein Umstand, der durch Einholung eines Sachverständigengutachtens zu klären wäre. Ob dieser Umstand eine atypische (betriebliche oder städtebauliche) Situation begründet, ist eine Rechtsfrage, die das Gericht zu entscheiden hat und die der Senat verneint.

Mit dem breiten, (weit überwiegend) zentrenrelevanten Warenangebot – wenn auch nicht in der Größenordnung eines Lebensmittelsupermarkts –, mit dem weit außerhalb des Ortskerns von D. gelegenen und damit gerade nicht zentralen und für die Wohnbevölkerung allgemein gut erreichbaren Standort des (bisherigen) Markts, der damit nicht der Sicherung der verbrauchernahen Versorgung dient, mit der Lage in einer kleinen Gemeinde mit ca. 2300 Einwohnern ohne zentralörtliche Funktionen, was dem raumordnerischen Ziel in Nr. 3.3.7 des Landesentwicklungsplans 2002 ebenso widerspricht wie der Vorgabe in Nr. 2.6.4 des Regionalplans Hochrhein-Bodensee 2000, und mit dem unstreitig gegebenen Verstoß gegen das raumordnerische „Kongruenzgebot" (vgl. Nr. 3.2.1.4 des Einzelhandelserlasses), weil 80 bis 85 % des Umsatzes – und damit mehr als 30 % – außerhalb der Standortgemeinde D. erwirtschaftet werden – dies wird auch in dem von der Klägerin vorgelegten GMA-Gutachten ausdrücklich eingeräumt –, gehört bereits der bestehende Markt zu der Art von Betrieben, die mit der Regelung des § 11 Abs. 3 BauNVO (zu deren Sinn und Zweck s.o.) erfaßt werden sollen, und ist die städtebauliche Situation gegeben, in der diese Vorschrift das Entstehen großflächiger Einzelhandelsbetriebe wegen deren Auswirkungen verhindert wissen will. Die Situation entspricht also gerade derjenigen, die der Regelvermutung des § 11 Abs. 3 Satz 3 BauNVO als typisch zugrunde liegt. Daß sich an dieser Situation durch das umstrittene Erweiterungsvorhaben, das keine Erhöhung des im bestehenden Markts geführten Sortiments – in dem erläuterten Sinn – zur Folge hat, nichts ändere, wie die Klägerin betont, begründet allein keine Atypik. In diesem Zusammenhang ist nicht im Sinne einer „Vorbelastung" hinzunehmen, daß der schon bisher Auswirkungen i. S. von § 11 Abs. 3 Satz 2 BauNVO zeitigende Markt 1996 bestandskräftig genehmigt ist – wobei mangels Großflächigkeit seinerzeit Auswirkungen i. S. von § 11 Abs. 3 Satz 2 BauNVO nicht zu prüfen waren. Maßgeblich für die planungsrechtliche Beurteilung ist – wie bereits erwähnt – das Gesamtvorhaben in seiner geänderten (erweiterten) Gestalt. Gerade wenn durch die umstrittene Erweiterung in städtebaulicher Hinsicht ein „qualitativer Sprung" eintritt, weil der – schon bisher Auswirkungen zeitigende – Einzelhandelsbetrieb dadurch (erstmals) großflächig wird, verbietet sich die Betrachtungsweise der Klägerin. Ansonsten würde ein Einzelhandelsbetrieb, bei dem, würde er sogleich in seiner geänderten (erweiterten) Gestalt errichtet, keine atypische Situation im Hinblick auf die Regelvermutung gegeben ist, dadurch begünstigt, daß er „scheibchenweise" verwirklicht und dabei mit einer Verkaufsfläche begonnen wird, bei der sich mangels Großflächigkeit die Frage städtebaulicher und/oder raumordnerischer Auswirkungen, die nach der räumlichen Erweiterung wegen Überschreitens der Vermutungsgrenze des § 11 Abs. 3 Satz 3 BauNVO anzunehmen sind, gar nicht stellt.

Im übrigen verneint das GMA-Gutachten nicht jegliche Auswirkungen der – allein untersuchten – Erweiterung der vorhandenen Verkaufsstätte, sondern resümiert, daß „auch bei Überschreiten der Grenze zur Großflächigkeit durch die Erweiterung keine wesentlichen Unterschiede hinsichtlich der bisherigen Standortgegebenheiten abgeleitet" werden könnten. Damit sind aber nur die „tatsächlichen wirtschaftlichen und städtebaulichen Auswirkungen gemeint. „Aus raumordnerischer Sicht" entsteht jedoch auch nach der GMA-Studie wegen der Verletzung des „Kongruenzgebots" ein „Widerspruch zu den Zielen der Regionalplanung". Diese materiellen negativen Auswirkungen werden dann einfach als „formale Betrachtungsweise" eingestuft, der die „tatsächlichen wirtschaftlichen und städtebaulichen Auswirkungen gegenüber stehen". Eine solche „Verrechnung" läßt § 11 Abs. 3 Satz 1 Nr. 2 BauNVO (... oder ...) jedoch nicht zu. Raumordnerische Auswirkungen, die hier unzweifelhaft gegeben sind, können nicht mit – vermeintlich – fehlenden städtebaulichen Auswirkungen kompensiert bzw. negiert werden, wie dies in dem von der Klägerin vorgelegten Gutachten angenommen wird.

Nr. 78

1. **Die Verkaufsflächen-Obergrenze für Einzelhandelsbetriebe der wohnungsnahen Versorgung liegt auch unter Berücksichtigung der veränder-**

ten Verhältnisse im Einzelhandelsbereich weiterhin nicht wesentlich über 700 m² (im Anschluß an die Rechtsprechung des Bundesverwaltungsgerichts).

2. Zur „Verkaufsfläche" zählen grundsätzlich alle Flächen, die nicht Lager, sondern dazu bestimmt sind, Kunden sich dort mit dem Ziel aufhalten zu lassen, Verkaufsabschlüsse zu fördern.

3. Bei der Bestimmung der für das Merkmal der „Großflächigkeit" relevanten Verkaufsfläche sind die Verkaufsflächen benachbarter, bautechnisch selbständiger Einzelhandelsbetriebe unter bestimmten Voraussetzungen unter dem Gesichtspunkt der Funktionseinheit zusammenzurechnen. Dabei muß erstens das bauliche Merkmal einer für den Kunden erkennbaren wechselseitigen Nutzung betrieblicher Kapazitäten, etwa eines äußerlich einheitlichen Gebäudes und eines gemeinsamen Parkplatzes mit einer einzigen Zufahrt, erfüllt sein. Zweitens muß das betriebliche Merkmal eines gemeinsamen Nutzungskonzepts vorliegen, auf Grund dessen die Betriebe wechselseitig voneinander profitieren und das die Betriebe nicht als Konkurrenten, sondern als gemeinschaftlich verbundene Teilnehmer am Wettbewerb erscheinen läßt. Letzteres ist anzunehmen, wenn sich die Sortimente in der Weise ergänzen, daß sie auf eine konkrete identische Zielgruppe hin orientiert und auf unterschiedliche Aspekte eines bestimmten Bedarfs – z.B. an Waren der täglichen Versorgung – abgestimmt sind.

BauGB §§ 34, 246 Abs. 7; BauNVO § 11 Abs. 3; BbgBauGBDG § 3.

OVG Brandenburg, Urteil vom 8. November 2004 – 3 A 471/01 –.

(VG Cottbus)

Die Klägerin begehrt die Erteilung einer Baugenehmigung für die Nutzung einer Lagerfläche als Verkaufsfläche.
1996 erteilte der Beklagte der Klägerin eine Baugenehmigung für die Errichtung eines Geschäftshauses mit Werbeanlagen auf dem im Gemeindegebiet der Beigeladenen gelegenen Grundstück. Nach den genehmigten Bauvorlagen besteht das Vorhaben u.a. aus einem Verkaufsraum mit einer Fläche von 582,83 m², der Kassenzone mit einer Fläche von 27,69 m², einer (Fleisch-)Theke mit einer Fläche von 33,55 m², einem Backshop mit einer Fläche von 25,82 m², einem Laden für Toto/Lotto, Zeitschriften und Schreibwaren mit einer Fläche von 66,76 m² und einem Getränkelager mit einer Fläche von 148,78 m². Bei einer Ortsbesichtigung stellten Mitarbeiter des Beklagten 1997 die Einbeziehung des als Getränkelager genehmigten Raumes in den Verkaufsbetrieb fest, der laut Baugenehmigung in dem unmittelbar angrenzenden, 582,83 m² großen Raum stattfinden darf.
Den Antrag der Klägerin auf Erteilung einer Baugenehmigung für die Nutzungsänderung des Getränkelagers zu einem Verkaufsraum lehnte der Beklagte ab.

Aus den Gründen:
Die Zulässigkeit des Vorhabens kann sich hier unstreitig allein nach § 34 Abs. 1 Satz 1 Baugesetzbuch (BauGB) richten, da das Vorhaben nicht im Geltungsbereich eines Bebauungsplans (§ 30 Abs. 1 BauGB), aber innerhalb eines im Zusammenhang bebauten Ortsteils liegt und die Eigenart der nähe-

ren Umgebung nicht einem der Baugebiete der Baunutzungsverordnung entspricht (§ 34 Abs. 2 BauGB). § 34 Abs. 1 Satz 1 BauGB ist jedoch nach § 3 des Brandenburgischen Gesetzes zur Durchführung des Baugesetzbuches (BbgBauGBDG) vom 10. 6. 1998 (GVBl. I, 126) nicht für Einkaufszentren, großflächige Einzelhandelsbetriebe und sonstige großflächige Handelsbetriebe i. S. des § 11 Abs. 3 BauNVO anzuwenden. Mit dieser Regelung, die nach § 4 BbgBauGB mit Ablauf des 31. 12. 2004 außer Kraft tritt, hat das Land Brandenburg von der Ermächtigung des § 246 Abs. 7 BauGB Gebrauch gemacht. Ob der im Schrifttum vereinzelt vertretenen Auffassung zu folgen ist, daß § 3 BbgBauGBDG – wie auch die vergleichbaren Regelungen der Länder Berlin und Schleswig-Holstein – im Wege der teleologischen Reduktion dahin gehend auszulegen sei, daß die Vorschrift auf großflächige Einzelhandelsbetriebe ohne negative „Fernwirkungen" i. S. des § 11 Abs. 3 BauNVO (wie etwa Bau- und Gartenmärkte mit nicht innenstadtrelevantem Sortiment) keine Anwendung finde (vgl. Hoppe/Schlarmann, DVBl. 1999, 1078, 1081 f.), kann dahinstehen; denn Nahrungsmittel, Getränke, Zeitschriften, Zeitungen und Schreibwaren gehören jedenfalls zu denjenigen Sortimenten, die typischerweise als zentren- bzw. innenstadtrelevant angesehen werden, weil sie viele Innenstadtbesucher anziehen, einen geringen Flächenanspruch im Verhältnis zur Wertschöpfung haben, häufig im Zusammenhang mit anderen Innenstadtnutzungen nachgefragt werden und überwiegend ohne Pkw transportiert werden können (vgl. hierzu etwa Nr. 2. 2. 7 des Runderlasses Nr. 23/2/ 1999 des Ministeriums für Stadtentwicklung, Wohnen und Verkehr v. 15. 8. 1999, ABl., 974, sowie die Aufstellung unter Nr. 1.) A. der Anlage zu dem Erlaß).

Maßgeblich für die Anwendbarkeit des § 3 BbgBauGBDG – und damit die Unanwendbarkeit des § 34 Abs. 1 Satz 1 BauGB – ist damit allein, ob es sich bei dem Vorhaben der Klägerin um einen großflächigen Einzelhandelsbetrieb i. S. des § 11 Abs. 3 BauNVO handelt. Ab welcher Größe ein Einzelhandelsbetrieb als „großflächig" anzusehen ist, wird in der Baunutzungsverordnung nicht geregelt. Das Bundesverwaltungsgericht hat hierzu in seinem vom Verwaltungsgericht zitierten Urteil vom 22. 5. 1987 – 4 C 19.85 –, NVwZ 1987, 1076, 1078, ausgeführt, daß die Baunutzungsverordnung mit dem Merkmal der Großflächigkeit Einzelhandelsbetriebe, die wegen ihres angestrebten größeren Einzugsbereichs – wenn nicht in Sondergebiete – in Kerngebiete gehören und typischerweise auch dort zu finden sind, von den Läden und Einzelhandelsbetrieben der wohnungsnahen Versorgung der Bevölkerung unterscheide, die in die ausschließlich, überwiegend oder zumindest auch dem Wohnen dienenden Gebiete gehören und dort typischerweise auch zu finden sind. Folglich beginne die Großflächigkeit dort, wo üblicherweise die Größe solcher, der wohnungsnahen Versorgung dienender Einzelhandelsbetriebe, gelegentlich auch „Nachbarschaftsläden" genannt, ihre Obergrenze finde. Vieles spreche dafür, daß nach dem derzeitigen Einkaufsverhalten der Bevölkerung und den Gegebenheiten im Einzelhandel die Verkaufsflächen-Obergrenze für Einzelhandelsbetriebe der wohnungsnahen Versorgung „nicht wesentlich unter 700 m^2, aber auch nicht wesentlich darüber" liege. In einer neueren Entscheidung (Beschluß v. 22. 7. 2004 – 4 B 29.04 –, zitiert nach

Juris) hat das Bundesverwaltungsgericht – seine Rechtsprechung bestätigend – ausgeführt, daß diese Aussage, die keine starre Grenzlinie bezeichne, sondern als bloße Orientierungshilfe diene, weiterhin geeignet sei, die ihr zugedachte Abgrenzungsfunktion zu erfüllen. Der genannte Richtwert lasse Raum für eine flexible Handhabung, die dem Wandel im Bereich des Einzelhandels ausreichend Rechnung trage. Eine Heraufsetzung der Richtgröße anstelle eines flexibleren Umgangs mit dem im Urteil vom 22. 5. 1987 genannten Wert von 700 m² würde der inneren Systematik des § 11 Abs. 3 BauNVO, die auf zwei Tatbestandspfeilern – der Großflächigkeit und der Vermutungsregelung – ruhe, zuwiderlaufen. Die Großflächigkeit werde als eigenständiges Tatbestandsmerkmal funktionslos, wenn die für sie maßgebliche Verkaufsfläche sich nicht mehr deutlich von der Verkaufsfläche unterscheide, die als ein in der Geschoßfläche enthaltenes wesentliches Flächenelement im Rahmen des § 11 Abs. 3 Satz 3 BauNVO für die Beurteilung der Frage eine Rolle spiele, ob negative Folgen i. S. des § 11 Abs. 3 Satz 2 BauNVO zu besorgen seien. Da der Begriff der Großflächigkeit keine statische Größe sei, zwängen Überschreitungen des Richtwerts von 700 m² allerdings selbst dann, wenn sie eine Größenordnung bis zu 100 m² erreichen, nicht zu dem Schluß, daß das Merkmal der Großflächigkeit erfüllt sei.

Dieser höchstrichterlichen Rechtsprechung zum Merkmal der „Großflächigkeit" ist nach Auffassung des Senats auch unter Berücksichtigung der hiergegen vorgebrachten Gegenargumente zu folgen. Soweit etwa unter Bezugnahme auf ein Urteil des OVG Koblenz vom 2. 3. 2001 (– 1 A 12338/99 –, NVwZ-RR 2001, 573) vorgebracht wird, daß sich seit dem Urteil des Bundesverwaltungsgerichts vom Mai 1987 die Verhältnisse im Einzelhandelsbereich grundlegend geändert hätten, daß insbesondere Einzelhandelsbetriebe mit einer Verkaufsfläche von unter 700 m² nicht mehr konkurrenzfähig seien und daß die wohnungsnahe Versorgung es erfordere, ein breites Angebot insbesondere hinsichtlich des Frischesortiments zur Verfügung zu halten, was mit einer Flächenvergrößerung einhergehe, hat sich das Bundesverwaltungsgericht mit dieser Argumentation in seinem Beschluß vom 22. 7. 2004 bereits auseinandergesetzt und hierzu ausgeführt: Es bestehe kein Bedürfnis, die bisherige Rechtsprechung in einer Richtung fortzuentwickeln, die zu Verkaufsflächen von 900 m² oder gar 1000 m² führen würde, ohne den Mechanismus der Vermutungsregel des § 11 Abs. 3 Satz 3 BauNVO auszulösen. Der Verordnungsgeber stelle mit der in § 11 Abs. 3 BauNVO getroffenen Gesamtregelung ein Instrument zur Verfügung, das auch ohne Korrekturen beim Tatbestandsmerkmal der Großflächigkeit genügend Spielraum biete, um den Anliegen der Verbraucher und des Einzelhandels Rechnung zu tragen.

Daß die Stadt Finsterwalde mit ca. 18 000 Einwohnern nur eine Kleinstadt ist, ist allerdings bei der Einstufung des Vorhabens der Klägerin als großflächiger Einzelhandelsbetrieb entgegen der Auffassung des Beklagten nicht zu berücksichtigen. Das Merkmal der Großflächigkeit ist nicht je nach regionalen und örtlichen Verhältnissen, also z. B. für eine Großstadt anders als für eine Mittelstadt und für diese anders als für eine Kleinstadt, zu bestimmen (BVerwG, Urteil v. 22. 5. 1987 – 4 C 19.85 –, a. a. O., S. 1077).

Die weitere Frage, welche Flächen im einzelnen bei der Bestimmung der — gesetzlich nicht definierten —„Verkaufsfläche" zu berücksichtigen sind, hat das Bundesverwaltungsgericht bisher nicht abschließend geklärt. In einem Urteil vom 27. 4. 1990 (- 4 C 36.87 -, NVwZ 1990, 1071, 1072) hat das Gericht allerdings die Auffassung gebilligt, daß sich die Bestimmung des Begriffs der „Verkaufsfläche" in einem konkreten Bebauungsplan mit hinreichender Schärfe aus der Natur der Sache ergebe und grundsätzlich alle zum Zwecke des Verkaufs den Kunden zugänglichen Flächen – einschließlich der Gänge, Treppen, Kassenzone, Standflächen für Einrichtungsgegenstände, Schaufenster und Freiflächen – als Verkaufsfläche anzurechnen seien. In Anlehnung an diese Ausführungen wird in der obergerichtlichen Rechtsprechung die Auffassung vertreten, daß zur Verkaufsfläche grundsätzlich all das zähle, was nicht Lager, sondern dazu bestimmt ist, Kunden sich dort mit dem Ziel aufhalten zu lassen, Verkaufsabschlüsse zu fördern (vgl. OVG Lüneburg, Beschluß v. 15. 11. 2002 – 1 ME 151/02 –, NVwZ-RR 2003, 486, 488; VGH Mannheim, Urteil v. 13. 7. 2004 – 5 S 1205/03 –, zitiert nach Juris). Hierzu gehörten auch solche Bereiche, in die die Kunden etwa aus Sicherheitsgründen (Kassen) oder solchen der Hygiene (Verkaufsstände für Fleisch, Fisch, Geflügel, Wurst) nicht eintreten dürften (vgl. OVG Lüneburg, a. a. O.). Dies erscheint dem Senat überzeugend. Soweit die Klägerin demgegenüber die Auffassung vertritt, daß die Fläche hinter der Fleischtheke nicht zur Verkaufsfläche zähle, weil sie nicht von den Kunden betreten werden könne, trägt sie dem Umstand, daß auch auf dieser Fläche dem Kunden Waren zur Auswahl präsentiert werden, nicht ausreichend Rechnung. Der Umstand, daß diese Waren vom Personal einzeln zugeschnitten, abgepackt und den Kunden übergeben werden, rechtfertigt für sich genommen keine unterschiedliche Behandlung im Vergleich zu denjenigen Bereichen, in denen die Kunden die Ware selbst aus den Regalen oder Auslagen nehmen können. Auch eine unterschiedliche Behandlung desjenigen Flächenanteils, der der Auslage der Fleisch- und Wurstwaren dient, einerseits und der der Zerlegung und Zubereitung dienenden Flächen andererseits erscheint weder geboten noch praktikabel.

Trotz der gewichtigen Gegenargumente, die die Klägerin im Berufungsverfahren hiergegen vorgebracht hat, teilt der Senat im Ergebnis auch die Auffassung des Verwaltungsgerichts, daß bei der Bestimmung der für das Merkmal der „Großflächigkeit" relevanten Verkaufsfläche unter bestimmten Voraussetzungen die Verkaufsflächen benachbarter, bautechnisch selbständiger Einzelhandelsbetriebe zusammenzurechnen sind. Nach der Rechtsprechung des Bundesverwaltungsgerichts ist zwar eine „summierende" Betrachtungsweise vom geltenden Recht nicht gedeckt (vgl. BVerwG, Urteil v. 4. 5. 1988 – 4 C 34.86 –, DVBl. 1988, 848, 850). Andererseits hat das Bundesverwaltungsgericht die Möglichkeit einer Funktionseinheit, die eine rechtliche Wertung mehrerer nicht großflächiger Betriebe als einen großflächigen Einzelhandelsbetrieb i. S. des § 11 Abs. 3 BauNVO rechtfertigen könnte, ausdrücklich anerkannt (vgl. BVerwG, Urteil v. 4. 5. 1988, a. a. O.; Urteil v. 27. 4. 1990 – 4 C 16.87 –, NVwZ 1990, 1074). In den genannten Entscheidungen des Bundesverwaltungsgerichts ging es auch nicht etwa nur um die Frage, ob die

Betriebe „Auswirkungen" i. S. des § 11 Abs. 3 BauNVO haben können", sondern gerade darum, ob die Betriebe unter dem Gesichtspunkt der Funktionseinheit tatbestandsmäßig als ein großflächiger Einzelhandelsbetrieb gewertet werden können. In dem von der Klägerin erwähnten Urteil des Bundesverwaltungsgerichts vom 20. 8. 1992 (– 4 C 57.89 –, NVwZ-RR 1993, 66) kann keine Abkehr von dieser – die Möglichkeit einer Funktionseinheit grundsätzlich billigenden – Rechtsprechung gesehen werden. In der genannten Entscheidung hat das Bundesverwaltungsgericht zwei selbständige Spielhallen bauplanungsrechtlich nicht schon deshalb als betriebliche Einheit behandelt, weil sie sich auf demselben Grundstück befanden. Daß die Annahme einer Funktionseinheit mehrerer benachbarter Einzelhandelsbetriebe ohne Rücksicht auf die Umstände des Einzelfalles von vornherein ausgeschlossen wäre, kann dieser Entscheidung entgegen der Auffassung der Klägerin nicht entnommen werden.

Die grundsätzliche Kritik der Klägerin an dem Konzept der Funktionseinheit greift zur Überzeugung des Senats im Ergebnis nicht durch. Der Begriff der „großflächigen Einzelhandelsbetriebe" i. S. des § 11 Abs. 3 Satz 1 Nr. 2 BauBNVO steht einer Auslegung, wonach die Verkaufsfläche mehrerer benachbarter Einzelhandelsbetriebe unter bestimmten Voraussetzungen zusammengerechnet werden muß, nicht entgegen. Der Sinn der Regelung besteht darin, Einzelhandelsbetriebe, die sich als Einrichtungen der wohnungsnahen Versorgung in die Gebietstypik der ausschließlich, überwiegend oder doch auch dem Wohnen dienenden Gebiete einpassen, von Einzelhandelsbetrieben abzugrenzen, die diesen Rahmen sprengen (vgl. BVerwG, Beschluß v. 22. 7. 2004, a. a. O.). Stehen mehrere Einzelhandelsbetriebe in so engem räumlichen und funktionellen Zusammenhang, daß eine Umgehung des § 11 Abs. 3 BauNVO offensichtlich ist, erscheint es daher gerechtfertigt, diese Betriebe in ihrer Gesamtheit nicht mehr als Einrichtungen der wohnungsnahen Versorgung, sondern wie einen großflächigen Einzelhandelsbetrieb zu beurteilen (vgl. auch Fickert/Fieseler, BauNVO, 10. Aufl. 2002, § 11 Rdnr. 32.11). Es handelt sich bei dieser Auslegung auch nicht, wie der Vertreter der Klägerin in der mündlichen Verhandlung ausgeführt hat, um eine „Verbiegung" der Regelung, durch die die vom Verordnungsgeber vorausgesetzte Abgrenzung zwischen den in § 11 Abs. 3 Satz 1 Nr. 1 BauNVO genannten Einkaufszentren und den in § 11 Abs. 3 Satz 1 Nr. 2 BauNVO genannten großflächigen Einzelhandelsbetrieben ausgehöhlt würde. Zwar ist nicht auszuschließen, daß das Konzept der Funktionseinheit in Einzelfällen die Abgrenzung zwischen Einkaufszentren und großflächigen Einzelhandelsbetrieben erschwert. Nach der Rechtsprechung des Bundesverwaltungsgerichts ist ein Einkaufszentrum anzunehmen, wenn eine räumliche Konzentration von Einzelhandelsbetrieben verschiedener Art und Größe – zumeist in Kombination mit verschiedenartigen Dienstleistungsbetrieben – vorliegt, die entweder einheitlich geplant ist oder sich doch in anderer Weise als „gewachsen" darstellt. Ein „gewachsenes" Einkaufszentrum setzt außer der erforderlichen räumlichen Konzentration weiter voraus, daß die einzelnen Betriebe aus der Sicht der Kunden als aufeinander bezogen, als durch ein gemeinsames Konzept und durch Kooperation miteinander verbunden in Erscheinung treten. Diese

Zusammenfassung kann sich in organisatorischen oder betrieblichen Gemeinsamkeiten, wie etwa in gemeinsamer Werbung oder einer verbindenden Sammelbezeichnung, dokumentieren. Nur durch solche äußerlich erkennbaren Merkmale ergibt sich für die Anwendung des § 11 Abs. 3 Satz 1 Nr. 1 BauNVO die notwendige planvolle Zusammenfassung mehrerer Betriebe zu einem „Zentrum" und zugleich die erforderliche Abgrenzung zu einer beliebigen Häufung von jeweils für sich planungsrechtlich zulässigen Läden auf mehr oder weniger engem Raum (vgl. BVerwG, Beschluß v. 15. 2. 1995 – 4 B 84.94 –, zitiert nach Juris). Von den unter dem Gesichtspunkt der Funktionseinheit anzunehmenden großflächigen Einzelhandelsbetrieben können Einkaufszentren in aller Regel jedoch bereits nach ihrem äußeren Erscheinungsbild etwa dadurch abgegrenzt werden, daß die einzelnen Läden unabhängig voneinander durch eine Verkehrsfläche (häufig in der Art einer „überdachten Straße") erschlossen werden, die nicht einem einzelnen Betrieb zuzuordnen ist. Ferner sind in einem Einkaufszentrum regelmäßig solche Betriebe zusammengefaßt, die zwar nach außen erkennbar kooperieren, hierbei aber gleich gewichtig nebeneinander existieren und nicht – wie gerade im vorliegenden Fall – in einem Verhältnis zueinander stehen, das wenige kleinere Läden lediglich als untergeordnete Ergänzung eines einzelnen, um ein Vielfaches größeren und umsatzstärkeren Betriebes erscheinen läßt, von dessen „Magnetwirkung" sie profitieren. Im übrigen ist es auch unschädlich, wenn die Abgrenzung zwischen Einkaufszentrum und großflächigem Einzelhandelsbetrieb nicht immer „haarscharf" gelingt, da § 11 Abs. 3 Satz 1 BauNVO beide Betriebsformen den gleichen städtebaulichen Restriktionen unterwirft und sich bei Einkaufszentren lediglich die zusätzliche Prüfung der Auswirkungen i. S. des § 11 Abs. 3 Satz 1 Nr. 2 BauNVO erübrigt. Daß der Verordnungsgeber die Zusammenfassung mehrerer Betriebe ausnahmslos nur unter dem Begriff der „Einkaufszentren" i. S. des § 11 Abs. 3 Satz 1 Nr. 1 BauNVO erfassen wollte, unter keinen Umständen jedoch gegebenenfalls auch als „großflächige Einzelhandelsbetriebe" nach § 11 Abs. 3 Satz 1 Nr. 2 BauNVO, ist – gerade auch im Hinblick auf die bei großflächigen Einzelhandelsbetrieben zusätzlich erforderliche Prüfung der Auswirkungen auf die Verwirklichung der Ziele der Raumordnung und Landesplanung oder auf die städtebauliche Entwicklung und Ordnung – bei einer am Sinn und Zweck der Vorschrift ausgerichteten Auslegung nicht anzunehmen. Da die Annahme einer Funktionseinheit – jeweils nach außen erkennbar – sowohl bauliche als auch betriebliche Merkmale voraussetzt, ist auch hinreichend gewährleistet, daß lediglich einer Umgehung des § 11 Abs. 3 BauNVO entgegengewirkt wird, die einfache Agglomeration mehrerer selbständiger, kleinerer und nebeneinander liegender Einzelhandelsbetriebe indes nicht – entgegen der Regelungsabsicht des Verordnungsgebers – erfaßt wird (vgl. hierzu Fickert/Fieseler, a. a. O., Rdnr. 32; Hauth, a. a. O., S. 1038).

Auch in der veröffentlichten obergerichtlichen Rechtsprechung (nicht nur des OVG Münster, wie der Prozeßbevollmächtigte der Klägerin meint, vgl. Hauth, a. a. O.) wird das Prinzip der Funktionseinheit als notwendig angesehen, um einer Umgehung der den Handel mittelbar reglementierenden Auswirkungen des § 11 Abs. 3 BauNVO entgegenzuwirken (vgl. OVG Münster,

Urteil v. 3. 11. 1988 – 11 A 2310/86 –, NVwZ 1989, 676, 678; VGH München, Beschluß v. 7. 7. 2003 – 20 CS 03.1568 –, BauR 2003, 1857, 1858; ausdrücklich offengelassen durch VGH München, Urteil v. 17. 9. 2001 – 26 B 99.2654 –, BRS 64 Nr. 74). Uneinheitlichkeit besteht – soweit ersichtlich – lediglich hinsichtlich der Voraussetzungen. Während etwa das OVG Koblenz in dem bereits erwähnten Urteil vom 2. 3. 2001 (– 1 A 12338/99 –, NVwZ-RR 2001, 573, 574) die Annahme einer baulichen und organisatorischen Funktionseinheit ablehnt, wenn die Läden voneinander getrennt zugänglich sind oder von unterschiedlichen Personen betrieben werden (ähnlich restriktiv auch VGH München, Urteil v. 17. 9. 2001 – 26 B 99.2654 –, BRS 64 Nr. 74), nimmt das OVG Münster eine solche Funktionseinheit bereits dann an, wenn es sich um eine planmäßige, auf Dauer angelegte und gemeinschaftlich abgestimmte Teilnahme mehrerer Betriebe am Wettbewerb handelt, die die bautechnische Selbständigkeit der Betriebe letztlich als Umgehung der Konsequenzen des § 11 Abs. 3 BauNVO erscheinen läßt, wobei die Gemeinschaftlichkeit der Betriebe nach außen hin erkennbar sein muß (vgl. OVG Münster, Urteil v. 4. 5. 2000 – 7 A 1744/97 –, NVwZ 2000, 1066, 1067). Diese mehr funktionale Herangehensweise erscheint dem Senat überzeugend, denn der naheliegenden Gefahr der Umgehung der Beschränkungen des § 11 Abs. 3 BauNVO läßt sich nicht wirksam begegnen, wenn etwa das abgestimmte Vorgehen verschiedener Betreiber von vornherein nicht erfaßt wird oder schon relativ einfache bauliche Maßnahmen wie die Schaffung getrennter Zugänge die Annahme einer Funktionseinheit ausschließen würden. Vielmehr bedarf es einer differenzierenden Bewertung unter Berücksichtigung verschiedener baulicher und betrieblicher Gesichtspunkte.

Übereinstimmung herrscht – soweit ersichtlich – darüber, daß eine Zusammenrechnung der Verkaufsflächen benachbarter Einzelhandelsbetriebe nur dann in Betracht kommt, wenn ein Mindestmaß an Funktionseinheit der Betriebe auch nach außen in Erscheinung tritt (vgl. VGH München, Urteil v. 17. 9. 2001 – 26 B 99.2654 –, BRS 64 Nr. 74). Erforderlich ist zum einen eine für den Kunden erkennbare wechselseitige Nutzung betrieblicher Kapazitäten, wie dies etwa bei einem äußerlich einheitlichen Gebäude und einem gemeinsamen Parkplatz mit einer einzigen Zufahrt anzunehmen ist (vgl. OVG Münster, Urteil v. 3. 11. 1988 – 11 A 2310/86 –, NVwZ 1989, 676, 679; VGH München, Beschluß v. 7. 7. 2003 – 20 CS 03.1568 –, BauR 2003, 1857, 1858). Neben solchen Gesichtspunkten baulicher Art ist ein gemeinsames Nutzungskonzept zu verlangen, auf Grund dessen die Betriebe wechselseitig voneinander profitieren und das die Betriebe nicht als Konkurrenten, sondern als gemeinschaftlich verbundene Teilnehmer am Wettbewerb erscheinen läßt (vgl. VGH Mannheim, Beschluß v. 22. 1. 1996 – 8 S 2964/95 –, BRS 58 Nr. 201; OVG Münster, Urteil v. 4. 5. 2000, a. a. O.). Hierbei kommt dem gewählten Sortimentszuschnitt maßgebliche Bedeutung zu. Für eine Funktionseinheit spricht es, wenn die Sortimente auf eine konkrete identische Zielgruppe hin orientiert sind und sich derart ergänzen, daß der Synergieeffekt eines gemeinsamen Standorts genutzt werden kann (vgl. OVG Münster, a. a. O.). Die Annahme, daß die betreffenden Betriebe nicht als Konkurrenten, sondern als gemeinschaftlich verbundene Teilnehmer am Wettbewerb anzusehen sind, setzt nicht voraus, daß die jeweiligen Sortimente völlig frei von Überschneidungen sind. Entscheidend ist, daß eine Konkurrenzsituation schon wegen der typischerweise bestehenden Unterschiede in bezug auf Auswahl, Frische oder Qualität der angebotenen Waren ausgeschlossen werden kann, wie dies etwa gerade bei in Supermärkten angebotenen Backwaren im Verhältnis zu dem Angebot einer Bäckerei der Fall ist. Neben dem Umstand einer Sortimentsergänzung kann ferner etwa auch die Erwägung eine Rolle spielen, ob die innere Abtrennung der einzelnen Läden ohne größere bauliche Schwierigkeiten durchbrochen werden kann (VGH München, Beschluß v. 7.7.2003 – 20 CS 03.1568 –, BauR 2003, 1857, 1859). Nach *allen* veröffentlichten obergerichtlichen Entscheidungen kann eine Funktionseinheit übrigens nur angenommen werden, wenn dies sowohl unter baulichen als auch betrieblichen Gesichtspunkten gerechtfertigt ist. Daß etwa das OVG Münster die Funktionseinheit *ausschließlich* mit dem Sortimentszuschnitt und dem Verbraucherverhalten begründe, trifft entgegen der Auffassung der Klägerin nicht zu (so aber Hauth, a.a.O., S. 1043 ff.).

Von diesen Obersätzen ausgehend ist das Vorhaben der Klägerin jedenfalls derzeit unzulässig. Bei dem Vorhaben der Klägerin handelt es sich um einen großflächigen Einzelhandelsbetrieb i.S. des §11 Abs.3 BauNVO, für den §34 Abs.1 Satz 1 BauGB gemäß §3 BbgBauGBDG jedenfalls zum hier maßgeblichen Zeitpunkt der mündlichen Verhandlung nicht anzuwenden ist.

Nach den Genehmigungsunterlagen besteht das Vorhaben u.a. aus einem Verkaufsraum mit einer Fläche von 582,83 m^2, der Kassenzone mit einer Fläche von 27,69 m^2, einer (Fleisch-)Theke mit einer Fläche von 33,55 m^2, einem Backshop mit einer Fläche von 25,82 m^2, einem Laden für Toto/Lotto, Zeitschriften und Schreibwaren mit einer Fläche von 66,76 m^2 und einem Getränkelager mit einer Fläche von 148,78 m^2. Rechnet man Verkaufsraum, Kassenzone und Getränkelager zusammen, ergibt sich eine Verkaufsfläche von 759,30 m^2. Die Verkaufsfläche überschreitet damit zwar den Richtwert von 700 m^2 bereits um über 8%; nach der neueren Rechtsprechung des Bundesverwaltungsgerichts zwingt dies aber noch nicht zu dem Schluß, daß das Merkmal der Großflächigkeit erfüllt ist, da die Überschreitung des Richtwerts noch nicht 100 m^2 erreicht. Eine andere Beurteilung ist wohl selbst dann noch nicht gerechtfertigt, wenn aus den o.g. Gründen auch die Fleischtheke mit einer Fläche von 33,55 m^2 hinzugerechnet wird, denn auch die sich dann ergebende Verkaufsfläche von 792,85 m^2 bleibt – wenn auch geringfügig – unterhalb der „kritischen Marke von 800 m^2" (vgl. BVerwG, a.a.O.). Die Grenze zur Großflächigkeit wird jedoch mit 885,43 m^2 eindeutig überschritten, wenn auch die Flächen des Backshops (25,82 m^2) und des Ladens für Toto/Lotto, Zeitschriften und Schreibwaren (66,76 m^2) berücksichtigt werden. Die Berücksichtigung auch dieser Flächen ist hier allerdings geboten, da die oben herausgearbeiteten Kriterien einer Funktionseinheit mit dem Lebensmittelmarkt erfüllt sind.

Die nach außen erkennbaren Grundstücksverhältnisse sowie die baulichen Gegebenheiten sprechen hier zur Überzeugung des Senats eindeutig für eine Funktionseinheit. Sowohl der Lebensmittelmarkt als auch der Backshop und der Laden für Toto/Lotto, Zeitschriften und Schreibwaren befinden sich nicht nur auf einem einheitlichen Grundstück, sondern innerhalb desselben Gebäudes. Die Zufahrt und die Stellplätze werden gemeinsam genutzt. Es ist weiterhin auch das betriebliche Merkmal eines gemeinsames Nutzungskonzepts erfüllt, auf Grund dessen die Betriebe wechselseitig voneinander profitieren und das die Betriebe nicht als Konkurrenten, sondern als gemeinschaftlich verbundene Teilnehmer am Wettbewerb erscheinen läßt (vgl. VGH Mannheim, Beschluß v. 22. 1. 1996, a. a. O.; OVG Münster, Urteil v. 4. 5. 2000, a. a. O.). Die Sortimente des Lebensmittelmarkts, des Backshops und des Ladens für Toto/Lotto, Zeitschriften und Schreibwaren ergänzen sich. Sie sind auf eine konkrete identische Zielgruppe hin orientiert und optimal aufeinander abgestimmt, denn es handelt sich jeweils um Waren des täglichen Bedarfs. Die Möglichkeit, Waren der täglichen Versorgung wie Lebensmittel, Backwaren und Zeitschriften an einem gemeinsamen Standort erwerben zu können, löst Synergieeffekte aus, denn die Mehrzahl der Kunden wird unter diesen Umständen nach der Lebenserfahrung schon aus Gründen der Zeitersparnis davon absehen, zur Deckung ihres Bedarfs an Waren dieser Art Läden an anderen Standorten aufzusuchen. Für ein gemeinsames Nutzungskonzept spricht ferner, daß sowohl der Backshop als auch der Laden für Toto/Lotto, Zeitschriften und Schreibwaren ohne die unmittelbare Nähe und die durch den Lebensmittelmarkt hervorgerufenen Kundenströme an diesem Standort mit Sicherheit nicht lebensfähig wären. Auch wäre der Wechsel zu einem mit dem Lebensmittelmarkt konkurrierenden oder nicht auf den täglichen Bedarf zugeschnittenen Sortiment – z. B. Textilien oder Unterhaltungselektronik – an diesem Standort und nach den konkreten baulichen Verhältnissen schwerlich vorstellbar. Hinzu kommt, daß die beiden Läden sich ungeachtet der separaten Zugänge „unter dem Dach" des Netto-Marktes befinden und die innere Abtrennung ohne größere bauliche Schwierigkeiten durchbrochen werden könnte. Aus der maßgeblichen Sicht der Kunden handelt es sich hier eindeutig nicht um eine beziehungslose Aneinanderreihung selbständiger Läden. Vielmehr erscheinen der Backshop und der Laden für Toto/Lotto, Zeitschriften und Schreibwaren als dem Lebensmittelmarkt funktionell zugeordnet, da alle drei Läden ein sich ergänzendes, auf unterschiedliche Aspekte des täglichen Bedarfs abgestimmtes Sortiment anbieten, ohne zueinander in Konkurrenz zu treten.

Handelt es sich mithin bei dem Vorhaben der Klägerin unter Berücksichtigung des Gesichtspunkts der Funktionseinheit um einen großflächigen Einzelhandelsbetrieb i. S. des §11 Abs. 3 BauNVO, ergibt sich seine derzeitige bauplanungsrechtliche Unzulässigkeit bereits daraus, daß §34 Abs. 1 Satz 1 BauGB nach §3 BbgBauGBDG jedenfalls bis zum 31. 12. 2004 nicht anzuwenden ist.

Auch das Außer-Kraft-Treten des §3 BbgBauGBDG am 31. 12. 2004 würde zu keiner anderen rechtlichen Beurteilung führen, denn insofern wäre der Auffassung des Verwaltungsgerichts und des Beklagten zu folgen, daß die Voraussetzungen einer Zulassung des Vorhabens nach §34 Abs. 1 Satz 1 BauGB nicht vorliegen. Nach dieser Vorschrift ist ein Vorhaben innerhalb der im Zusammenhang bebauten Ortsteile zulässig, wenn es sich nach Art und Maß der baulichen Nutzung, der Bauweise und der Grundstücksfläche, die überbaut werden soll, in die Eigenart der näheren Umgebung einfügt, und die Erschließung gesichert ist. Nach ständiger Rechtsprechung des Bundesverwaltungsgerichts fügt sich ein Vorhaben dann nicht i. S. des § 34 Abs. 1 BauGB in die Eigenart der näheren Umgebung ein, wenn es, bezogen auf die in dieser Vorschrift genannten Kriterien, den aus der Umgebung ableitbaren Rahmen überschreitet und geeignet ist, bodenrechtlich beachtliche bewältigungsbedürftige Spannungen zu begründen oder zu erhöhen. Ein solcher Fall ist gegeben, wenn das Vorhaben die vorhandene Situation in bauplanungsrechtlich relevanter Weise verschlechtert, stört oder belastet. Stiftet es in diesem Sinne Unruhe, so lassen sich die Voraussetzungen für seine Zulassung nur unter Einsatz der Mittel der Bauleitplanung schaffen (vgl. BVerwG, Urteil v. 26. 5. 1978 – 4 C 9.77 –, BVerwGE 55, 369, 386 f.; Beschluß v. 25. 3. 1999 – 4 B 15.99 –, BRS 62 Nr. 101). Darüber hinaus kann ein Vorhaben auch infolge seiner negativen Vorbildwirkung für Nachbargrundstücke geeignet sein, bodenrechtlich beachtliche ausgleichsbedürftige Spannungen zu erzeugen oder vorhandene Spannungen zu erhöhen (vgl. BVerwG, Urteil v. 26. 5. 1978, a. a. O.), wobei jedoch die bloß abstrakte oder entfernte Möglichkeit, daß ein Vorhaben Konflikte im Hinblick auf die künftige Nutzung benachbarter Grundstücke auslöst, die Zulässigkeit nach § 34 Abs. 1 BauGB nicht ausschließt (vgl. BVerwG, Urteil v. 18. 2. 1983 – 4 C 18.81 –, BVerwGE 67, 23).

Bei der Ermittlung des für § 34 Abs. 1 BauGB maßgebenden Rahmens ist zu berücksichtigen, daß die Baunutzungsverordnung (BauNVO) den „großflächigen Einzelhandel" als typisierte eigenständige Nutzungsart vorsieht, die städtebaulich von sonstigem (nicht großflächigem) Einzelhandel, vom Großhandel und von produzierenden gewerblichen Betrieben zu unterscheiden ist und besonderen bebauungsrechtlichen Anforderungen unterliegt. Dies ergibt sich aus § 11 Abs. 3 Satz 1 Nr. 2 BauNVO, wonach großflächige Einzelhandelsbetriebe, die sich nach Art, Lage oder Umfang auf die Verwirklichung der Ziele der Raumordnung und Landesplanung oder auf die städtebauliche Entwicklung und Ordnung nicht nur unwesentlich auswirken können, außer in Kerngebieten nur in für sie festgesetzten Sondergebieten zulässig sind (vgl. BVerwG, Urteil v. 22. 5. 1987 – 4 C 6 und 7/85 –, NVwZ 1987, 1078, 1079; Beschluß v. 20. 4. 2000 – 4 B 25.00 –, BRS 63 Nr. 103). Bei der Bestimmung des Rahmens der in der näheren Umgebung vorhandenen Nutzungsarten ist deshalb zu fragen, ob ein großflächiger Einzelhandelsbetrieb bereits vorhanden ist oder nicht. Ist dies nicht der Fall, stellt sich die weitere Frage, ob sich das Vorhaben trotz Überschreitung des Rahmens einfügt, weil es in der näheren Umgebung keine bewältigungsbedürftigen Spannungen erzeugt oder vorhandene Spannungen nicht verstärkt und in diesem Sinne „harmonisch" ist (vgl. BVerwG, Urteil v. 22. 5. 1987 – 4 C 6 und 7/85 –, a. a. O.). Eine Verstärkung vorhandener Spannungen ist dabei insbesondere anzunehmen, wenn das Vorhaben durch Erhöhung der Kundenfrequenz zu einer Verstärkung des Zu- und Abgangsverkehrs mit Kraftfahrzeugen und damit zu einer höheren Belastung einer nahegelegenen Wohnbebauung mit Verkehrsimmissionen führt, wobei diese Immissionsbelastungen nicht den Grad erheblicher Nachteile oder erheblicher Belästigungen für die Nachbarschaft i. S. des § 3 Abs. 1

BImSchG erreichen müssen (vgl. BVerwG, Urteil v. 3. 2. 1984 – 4 C 25.82 –, BVerwGE 68, 360, 369; Beschluß v. 4. 6. 1985 – 4 B 102.85 –, BRS 44 Nr. 65). Wie bereits oben ausgeführt, handelt es sich bei dem Vorhaben der Klägerin um einen großflächigen Einzelhandelsbetrieb. Das Vorhaben überschreitet im Hinblick auf die Art der baulichen Nutzung den aus der Umgebung ableitbaren Rahmen, denn nach den unbestrittenen Feststellungen des Verwaltungsgerichts befindet sich in der näheren Umgebung des Vorhabens kein (weiterer) großflächiger Einzelhandelsbetrieb. Insbesondere kann auch nicht etwa der bereits vor der Nutzungsänderung des Getränkelagers vorhandene Betrieb der Klägerin in seiner bauaufsichtlich legalisierten Gestalt als großflächiger Einzelhandelsbetrieb beurteilt werden. Zwar weist das Vorhaben nach den Genehmigungsunterlagen auch ohne das Getränkelager unter Einbeziehung des Verkaufsraums, der Kassenzone, der (Fleisch-)Theke, des Backshops und des Ladens für Toto/Lotto, Zeitschriften und Schreibwaren eine Verkaufsfläche von 736,68 m^2 auf und überschreitet demnach den in der Rechtsprechung des Bundesverwaltungsgerichts zur Abgrenzung der Großflächigkeit angenommenen Richtwert von 700 m^2. Unter Berücksichtigung der erwähnten neueren Rechtsprechung des Bundesverwaltungsgerichts, der zufolge das Merkmal der Großflächigkeit bei Überschreitungen des Richtwerts nicht zwingend erfüllt ist, solange die Überschreitung noch nicht 100 m^2 erreicht, war das Vorhaben der Klägerin vor der Nutzungsänderung des Getränkelagers indes noch nicht als großflächiger Einzelhandelsbetrieb anzusehen.

Hält sich das Vorhaben der Klägerin mithin nicht innerhalb des durch die Umgebung gesetzten Rahmens, stellt sich die weitere Frage, ob sich das Vorhaben trotzdem einfügt, weil es in der näheren Umgebung keine bewältigungsbedürftigen Spannungen erzeugt oder vorhandene Spannungen nicht verstärkt und in diesem Sinne „harmonisch" ist. Dies ist indes nicht der Fall. Soweit das Verwaltungsgericht die Verursachung bewältigungsbedürftiger Spannungen damit begründet hat, daß das Vorhaben die bereits vorhandene Belastung durch die Ortsstraße für die umliegende Wohnbebauung verstärke, weil der nach allgemeiner Lebenserfahrung zu erwartende bzw. bereits anzunehmende Zuwachs an Kundenverkehr die Belästigung der Anwohner mit höherem Verkehrslärm vergrößere, ist dies nicht zu beanstanden. Zwar ist die Klägerin dem in der Berufungsbegründung mit dem Einwand entgegengetreten, daß das Verwaltungsgericht hierzu keine Feststellungen getroffen habe; angesichts der Tatsache, daß der Besucherverkehr durch den Lebensmittelmarkt, das Schreibwarengeschäft und den Backshop veranlaßt werde, das Grundstück anzufahren, sei es unerheblich, ob dieser Kundenkreis auch noch einige Getränke vorfinde, die sonst in der bereits vorhandenen Verkaufsstelle auf engerer Fläche angeboten würden. Diesem Vorbringen kann indes nicht gefolgt werden. Nach der Rechtsprechung des Bundesverwaltungsgerichts bedarf es für die Feststellung, daß der Zu- und Abgangsverkehr eines großflächigen Einzelhandelsbetriebes zu erhöhten Immissionsbelastungen benachbarter Wohnbebauung führen wird, nicht der Anhörung eines Sachverständigen; denn Immissionsbelastungen müßten nicht den Grad erheblicher Nachteile oder erheblicher Belästigungen für die Nachbarschaft i. S. des

§ 3 Abs. 1 BImSchG erreichen, um die Folgerung zu rechtfertigen, daß ein Vorhaben, das ohnehin schon den Rahmen der Umgebungsbebauung überschreitet, sich nicht in die Eigenart der näheren Umgebung einfügt (vgl. BVerwG, Beschluß v. 4. 6. 1985, a. a. O.). Zwar ist im vorliegenden Fall die Vorbelastung durch den genehmigten Einzelhandelsbetrieb der Klägerin zu berücksichtigen, der sich – wie oben dargelegt – bereits vor der Nutzungsänderung jedenfalls im Grenzbereich zur Großflächigkeit befunden hat. Die durch die Einbeziehung des bisherigen Getränkelagers erfolgte Vergrößerung der Verkaufsfläche um 148,78 m^2 bzw. ca. 20% führt aber nach der Lebenserfahrung jedenfalls zu einer weiteren Verstärkung des bisherigen Zu- und Abgangsverkehrs und damit zu einer höheren Belastung der umliegenden Wohnbebauung. Dies rechtfertigt auch ohne weitere Aufklärungsmaßnahmen zu der Frage, in welcher Größenordnung schädliche Immissionen durch den zusätzlichen Kundenverkehr verursacht werden, die Annahme, daß das den Rahmen der Umgebungsbebauung ohnehin schon überschreitende Vorhaben der Klägerin sich nicht harmonisch in die Eigenart der näheren Umgebung einfügt.

Hinzu kommt, daß durch die Genehmigung des Vorhabens der Klägerin auch deshalb im Verhältnis zur Umgebung bodenrechtlich beachtliche, bewältigungsbedürftige Spannungen ausgelöst werden würden, weil im Hinblick auf eine damit verbundene „Vorbildwirkung" die städtebauliche Situation negativ „in Bewegung gebracht" wird. Nach einer Zulassung des Vorhabens wäre es bei der Ermittlung des aus der Umgebungsbebauung herzuleitenden Rahmens zu berücksichtigen mit der Folge, daß die Ansiedlung anderer großflächiger Einzelhandelsbetriebe wegen der Existenz des Vorhabens der Klägerin kaum verhindert werden könnte. Bei der Ansiedlung weiterer großflächiger Einzelhandelsbetriebe in der Umgebung des Vorhabens handelt es sich angesichts der vorhandenen Bebauung auch nicht nur um eine lediglich theoretische Möglichkeit, denn nach den von den Beteiligten nicht angegriffenen Feststellungen des Verwaltungsgerichts im Protokoll des Ortstermins befinden sich in der näheren Umgebung des Vorhabengrundstücks mehrere – zum Teil wohl nicht mehr genutzte – Gewerbegrundstücke, die sich für eine weitere Ansiedlung vergleichbarer Betriebe anbieten würden, was zu einer weiteren Immissionsbelastung der Umgebung führen würde.

Bei dieser Sachlage kann dahinstehen, ob einer Zulassung des Vorhabens nach § 34 Abs. 1 Satz 1 BauGB nunmehr auch § 34 Abs. 3 BauGB i. d. F. des Gesetzes vom 24. 6. 2004 (BGBl. I, 1359) entgegensteht. ...

Nr. 79

1. Die Verkaufsflächen-Obergrenze für Einzelhandelsbetriebe der wohnungsnahen Versorgung liegt auch unter Berücksichtigung der veränderten Verhältnisse im Einzelhandelsbereich weiterhin nicht wesentlich über 700 m^2 (im Anschluß an die Rechtsprechung des Bundesverwaltungsgerichts).

2. Zur „Verkaufsfläche" zählen grundsätzlich alle Flächen, die nicht Lager, sondern dazu bestimmt sind, Kunden sich dort mit dem Ziel aufhalten zu lassen, Verkaufsabschlüsse zu fördern.

3. Bei der Bestimmung der für das Merkmal der „Großflächigkeit" relevanten Verkaufsfläche sind die Verkaufsflächen benachbarter, bautechnisch selbständiger Einzelhandelsbetreiber unter bestimmten Voraussetzungen unter dem Gesichtspunkt der Funktionseinheit zusammenzurechnen. Dabei muß erstens das bauliche Merkmal einer für den Kunden erkennbaren wechselseitigen Nutzung betrieblicher Kapazitäten, etwa eines äußerlich einheitlichen Gebäudes und eines gemeinsamen Parkplatzes mit einer einzigen Zufahrt, erfüllt sein. Zweitens muß das betriebliche Merkmal eines gemeinsamen Nutzungskonzepts vorliegen, auf Grund dessen die Betriebe wechselseitig voneinander profitieren und das die Betriebe nicht als Konkurrenten, sondern als gemeinschaftlich verbundene Teilnehmer am Wettbewerb erscheinen läßt. Letzteres ist anzunehmen, wenn sich die Sortimente in der Weise ergänzen, daß sie auf eine konkrete identische Zielgruppe hin orientiert und auf unterschiedliche Aspekte eines bestimmten Bedarfs – z.B. an Waren der täglichen Versorgung – abgestimmt sind.

BauGB §34; BauNVO §11 Abs. 3; BbgBauGBDG §3.

OVG Brandenburg, Urteil vom 3. November 2004 – 3 A 449/01 –.

(VG Cottbus)

Anmerkung:
Zu den Leitsätzen enthält das Urteil gleichlautende Ausführungen wie im Urteil vom 3. 11. 2004 – 3 A 471/01 –, abgedruckt unter Nr. 78.

Nr. 80

Ein großflächiger Einzelhandelsbetrieb i.S. von §11 Abs.3 Satz 1 Nr. 2 BauNVO ist im Mischgebiet zulässig, wenn im Einzelfall hinreichende Anhaltspunkte dafür vorliegen, daß nicht mit nachteiligen Auswirkungen i.S. des §11 Abs. 3 Satz 2 BauNVO zu rechnen ist (im Anschluß an BVerwG, Beschluß v. 22. 7. 2004 – 4 B 29.04 –).

BauNVO §§6 Abs. 2 Nr. 3, 11 Abs. 3 Satz 1 Nr. 2, Sätze 2–4.

VGH Baden-Württemberg, Beschluß vom 23. November 2004 – 3 S 2504/04 – (rechtskräftig).

(VG Freiburg)

Aus den Gründen:
1. Der geplante Einzelhandelsbetrieb ist aller Voraussicht nach i.S. des §11 Abs. 3 Satz 1 Nr. 2 BauNVO großflächig. Dies folgt aus dem Umstand, daß hier nach den vorliegenden Plänen des Bauantrags allein der Supermarkt, bei

Einbeziehung des Kassenbereichs, des Windfangs und der nördlichen Zugangsfläche, eine Verkaufsfläche von deutlich über 900 m^2 aufweist sowie im übrigen eine Geschoßfläche von zumindest 1.230 m^2. Dies hat das Verwaltungsgericht ausführlich und zutreffend unter Berücksichtigung der einschlägigen Rechtsprechung dargestellt. ...

2. Entgegen der Auffassung des Verwaltungsgerichts neigt der Senat allerdings zu der Einschätzung, daß im konkreten Einzelfall die MI-Festsetzungen des bisherigen (6-122.1/a) sowie des Änderungs-Bebauungsplans 6-122.1b auch zugunsten des im angrenzenden WA-Gebiet direkt gegenüber dem Baugebiet ansässigen Antragstellers nachbarschützende Wirkungen entfalten könnten. Konkrete Anhaltspunkte hierfür ergeben sich aus der in den Bebauungsplanakten dokumentierten Entstehung dieser Festsetzungen. Schon in dem Städtebaulichen Entwurf für den neuen Stadtteil R. von Juli 1994 wurde davon ausgegangen, daß Handels- und Dienstleistungseinrichtungen in Übereinstimmung mit dem Freiburger Märkte- und Zentrenkonzept – zur verträglichen Mischung von Wohnen und Arbeiten – vor allem entlang der Stadtbahn und an den Plätzen angesiedelt werden sollen. In der Begründung zum Bebauungsplan 6-122.1 wurde ausgeführt, daß dem zu erwartenden Schallschutzproblem an den Grenzen im Bereich der WA- und MI-Gebiete durch verschiedene passive Schutzmaßnahmen begegnet werden muß; offenbar auch mit Rücksicht auf die angrenzenden WA-Gebiete wurde hinsichtlich der MI 1 und 2-Gebiete gezielt zwischen der Ansiedlung von kleineren Nachbarschaftsläden und sonstigen Einzelhandelsbetrieben unterschieden. Im Rahmen der ersten Bebauungsplanänderung (6-122.1a) wurde u.a. ein Sondergebiet in ein Mischgebiet umgewandelt, insbesondere zur Ermöglichung von erweiterter Wohnnutzung. Und im Rahmen der zweiten Bebauungsplanänderung (6-122.1b) hat die Antragsgegnerin durchgängig ausgeführt, daß im neuen MI 5-Gebiet – gerade auch im Hinblick auf ein ansonsten gegebenenfalls unerwünschtes Verkehrsaufkommen und damit verbundene Lärmbelastungen – ein Einzelhandelsbetrieb (nur) „von ca. 800 m^2 Verkaufsfläche ... bis zu einer Regelgröße von 1200 m^2" zulässig sein soll.

3. Obwohl mithin vieles dafür spricht, daß die MI-Festsetzungen hier zugunsten des – bei Zugrundelegung des ursprünglichen Bebauungsplans 6-122.1a – im Plangebiet bzw. – bei Zugrundelegung der zweiten Bebauungsplanänderung 6-122.1b – außerhalb des Plangebiets ansässigen Antragstellers Nachbarschutz gewähren können (vgl. BVerwG, Urteil v. 14.12.1973 – IV C 71.71 –, E 44, 244 = BRS 27 Nr. 157), kommt dennoch im konkreten Fall der von ihm mit der Beschwerdeschrift primär geltend gemachte „Gebietsbewahrungsanspruch" wohl nicht zum Tragen. Auf die Frage, ob ein solcher Anspruch voraussetzt, daß das Baugrundstück und das Grundstück desjenigen, der den Abwehranspruch geltend macht, im selben Plangebiet (vgl. BVerwG, Urteil v. 16.9.1993 – 4 C 28.91 –, E 94, 151 = BRS 55 Nr. 110), oder, sofern dieses aus mehreren Baugebieten besteht, tatsächlich auch im selben Baugebiet liegen müssen (vgl. hierzu Senatsurteil v. 4.5.2001 – 3 S 597/00 –, VBlBW 2001, 487), kommt es nicht an. Denn bei Zugrundelegung der neueren Rechtsprechung des Bundesverwaltungsgerichts (Beschluß v. 22.7.2004 – 4 B 29.04 –, abgedruckt unter Nr. 76) ist hier aller Voraussicht

nach davon auszugehen, daß der konkret geplante Einzelhandelsbetrieb trotz seiner Großflächigkeit im Mischgebiet gemäß § 6 Abs. 2 Nr. 3 BauNVO zulässig ist, d. h. die festgesetzte Gebietsart von dem Bauvorhaben der Beigeladenen gewahrt wird. Der Senat sieht bei summarischer Prüfung hinreichende Anhaltspunkte dafür, daß das Bauvorhaben nicht mit nachteiligen Auswirkungen i. S. des § 11 Abs. 3 Satz 2 BauNVO verbunden ist. Das Bundesverwaltungsgericht hat betont, daß solche Auswirkungen zwar nach § 11 Abs. 3 Satz 3 BauNVO i. d. R. dann anzunehmen seien, wenn – wie im vorliegenden Fall unstreitig – die Geschoßfläche 1.200 m^2 überschreitet. § 11 Abs. 3 Satz 4 BauNVO stelle jedoch klar, daß diese Vermutung widerlegt werden könne. Ob dies gelinge, hänge maßgeblich vom Warenangebot ab und davon, auf welchen Einzugsbereich der Betrieb angelegt sei und in welchem Umfang zusätzlicher Verkehr hervorgerufen werde. Die Überschreitung der Geschoßflächengrenze von 1200 m^2 stehe nicht zwangsläufig der Annahme entgegen, daß es sich um einen Einzelhandelsbetrieb handele, der der verbrauchernahen Versorgung diene. Entscheidend sei, ob der Betrieb über den Nahbereich hinauswirke und dadurch, daß er unter Gefährdung funktionsgerecht gewachsener städtebaulicher Strukturen weiträumig Kaufkraft abziehe, auch in weiter entfernten Wohngebieten die Gefahr heraufbeschwöre, daß Geschäfte schließen, auf die insbesondere nicht motorisierte Bevölkerungsgruppen angewiesen seien. Nachteilige Wirkungen dieser Art würden noch verstärkt, wenn der Betrieb in erheblichem Umfang zusätzlichen gebietsfremden Verkehr auslöse. Je deutlicher die Regelgrenze von 1200 m^2 Geschoßfläche überschritten sei, mit desto größerem Gewicht komme die Vermutungswirkung des § 11 Abs. 3 Satz 3 BauNVO zum Tragen. Dabei könne allerdings die jeweilige Siedlungsstruktur nicht außer Betracht bleiben. Je größer die Gemeinde oder der Ortsteil sei, in dem der Einzelhandelsbetrieb angesiedelt werden solle, desto eher sei die Annahme gerechtfertigt, daß sich die potentiellen negativen städtebaulichen Folgen relativierten. Unter Berücksichtigung des Berichts vom 30. 4. 2002 der Arbeitsgruppe „Strukturwandel im Lebensmitteleinzelhandel und § 11 Abs. 3 BauNVO" (ZfBR 2002, 598) könnten – bezogen auf großflächige Lebensmittelsupermärkte – Anhaltspunkte für das Nichtvorliegen der in § 11 Abs. 3 Satz 2 BauNVO bezeichneten Auswirkungen in größeren Gemeinden oder Ortsteilen etwa dann gegeben sein, wenn der Non-Food-Anteil weniger als zehn v. H. der Verkaufsfläche betrage und der Standort verbrauchernah und hinsichtlich des induzierten Verkehrsaufkommens „verträglich" sowie städtebaulich integriert sei (vgl. BVerwG, a. a. O.).

Im vorliegenden Fall ist danach zunächst festzustellen, daß der geplante Supermarkt die gesetzliche Regelgrenze von 1200 m^2 wohl nicht allzu deutlich überschreitet. Im relativ groß angelegten Stadtteil R. lebten am 1. 1. 2004 laut Bebauungsplanbegründung (6-122.1 b) 5612 Menschen; die Antragsgegnerin plant die Ansiedlung von rund 12 000 Einwohnern, die auch durch das geplante Vorhaben versorgt werden sollen. Funktionsgerechte städtebauliche Strukturen, die durch den Supermarkt gefährdet werden könnten, sind in dem erst seit 1995 so entstandenen Stadtteil wohl bisher nur ansatzweise gewachsen; der nach dem Freiburger Märkte- und Zentrenkonzept an der

Stadtbahnachse in die Wohnbebauung integrierte Supermarkt dürfte zum weiteren Aufbau solcher Strukturen beitragen. Da der vorgesehene Investor erfahrungsgemäß im wesentlichen Lebensmittel anbietet, d. h. der Non-Food-Bereich wohl eher auf unter zehn v. H. der Verkaufsfläche beschränkt bleiben dürfte, ist in erheblichem Umfang mit zusätzlichem Verkehr insbesondere aus weiter entfernten Wohngebieten kaum zu rechnen, jedenfalls bei Gegenüberstellung mit einem etwas kleineren, mit rund 700 m² Verkaufsfläche im Mischgebiet unproblematisch zulässigen Einzelhandelsbetrieb. Von einem ins Gewicht fallenden Abziehen von Kaufkraft etwa aus dem modernen Stadtteil Weingarten, der selbst über Lebensmittelangebote verfügen dürfte, den weiter entfernt liegenden Stadtteilen Betzenhausen, Haslach oder St. Georgen, oder gar der Freiburger Innenstadt, kann hier kaum ausgegangen werden. Zusammenfassend spricht mithin bei summarischer Prüfung vieles dafür, daß der geplante Supermarkt, auch wenn er mit seiner Größe tatsächlich der eigentlichen Planungsabsicht der Antragsgegnerin für das neue MI 5-Gebiet widerspricht, doch ganz überwiegend der verbrauchernahen Versorgung des Stadtteils R. dienen wird. Damit dürfte die Vermutungsregel des § 11 Abs. 3 Satz 3 BauNVO hier zu widerlegen sein.

Nr. 81

In einer Gemengelage von Wohnen und Gewerbe kann ein Nachbar baunachbarrechtlich nicht mit Erfolg gegen einen typischen Lidl-Markt mit 700 m² Verkaufsfläche vorgehen.

BauGB § 34; BauNVO § 11 Abs. 3; TA Lärm Nr 6.7.

Hessischer VGH, Beschluß vom 15. Oktober 2004 – 3 TG 2938/04 – (rechtskräftig).

(VG Frankfurt)

Aus den Gründen:
Auch sonst steht den Antragstellern öffentlich-rechtlich kein Nachbarschutz zu. Schon für eine Rechtswidrigkeit der angefochtenen Baugenehmigung vom Juni 2004 ist nichts hinreichend dargetan oder im Eilverfahren ersichtlich. Angesichts einer zuletzt genehmigten Nettoverkaufsfläche von 699,95 m², der die 24 m² für die vor dem Gebäude unter einem Schutzdach aufgestellten Einkaufswagen nicht hinzuzurechnen sind, liegt kein großflächiger Einzelhandelsbetrieb vor, der gemäß § 11 Abs. 3 BauNVO nur in einem Kerngebiet oder in einem festgesetzten Sondergebiet zulässig wäre. So hat das Bundesverwaltungsgericht seit seinem Urteil vom 22. 5. 1987 – 4 C 19.85 –, BRS 47 Nr. 56 = NVwZ 1987, 1076, als Obergrenze für Einzelhandelsbetriebe der wohnungsnahen Versorgung unter Anerkennung einer gewissen Schwankungsbreite 700 m² angegeben und diese Orientierungshilfe zuletzt in seinem Beschluß vom 22. 7. 2004 – 4 B 29.04 – als weiterhin geeignet bezeichnet, die ihr zugedachte Abgrenzungsfunktion zu erfüllen. Gleichwohl

hat das Bundesverwaltungsgericht ausgeführt, daß bei der Abgrenzung der großflächigen Einzelhandelsbetriebe i. S. des § 11 Abs. 3 Satz 1 Nr. 2 BauNVO von sonstigen Einzelhandelsbetrieben Überschreitungen des Verkaufsflächenmaßes von 700 m² selbst dann, wenn sie eine Größenordnung bis zu 100 m² erreichen, nicht schon für sich genommen zu dem Schluß zwingen, daß das Merkmal der Großflächigkeit erfüllt sei. Hier handelt es sich um einen der typischen Lidl-Märkte, die als Discounter nach den unwidersprochen gebliebenen Angaben der Beigeladenen etwa 1250 Grundartikel und daneben Obst, Gemüse und Frischfleisch anbieten, was vom Warenangebot her in Verbindung mit der Verkaufsfläche und der in der Umgebung vorhandenen, teilweise verdichteten und weiter vorgesehenen Wohnnutzung insgesamt für eine wohnungsnahe Versorgung durch den streitbefangenen Einzelhandelsbetrieb spricht. Dabei ist von Bedeutung, daß der bisher bestehende Lidl-Markt in Rathausnähe aufgegeben und durch den streitbefangenen Markt ersetzt wird.

In die beschriebene Gemengelage fügt sich der Einkaufsmarkt der Beigeladenen gemäß § 34 Abs. 1 BauGB ein. Er stört das Wohnen in der Umgebung nicht wesentlich. Dies ergibt sich aus den von der Beigeladenen im Baugenehmigungsverfahren beigebrachten gutachtlichen Stellungnahmen über die erwartbare Verkehrs- und Geräuschbelastung. Danach werden zum westlich gelegenen Wohnhaus der Antragsteller nach der von ihnen nicht ernsthaft in Frage gestellten Prognose sogar die Richtwerte eines allgemeinen Wohngebiets nach der TA Lärm nicht überschritten, wenn auch erreicht. ... In der durch die genannten Werkstattbetriebe auch gewerblich geprägten Gemengelage überschreiten die erwartbaren Lärmimmissionen das von den Antragstellern auch im Hinblick auf das Gebot wechselseitiger nachbarlicher Rücksichtnahme noch Hinzunehmende nicht, soweit dies im Eilverfahren erkennbar ist. Soweit aus topographischen Gründen die LKW-Andienung nach Westen zum Wohnhaus der Antragsteller hin verlegt worden ist, wird der eigentliche Ladebereich an der Rampenöffnung durch eine Lärmschutzwand abgeschirmt. Ohnehin ist nur mit wenigen Andienungsvorgängen am Tag zu rechnen. Mithin fällt nicht entscheidend ins Gewicht, daß der Andienungsbereich auch dem Schlafzimmer der Antragsteller gegenüberliegt.

Soweit die Antragsteller unter Bezugnahme auf den früheren Eilbeschluß des Verwaltungsgerichts von einem Umschlag der Stellplätze von 20 mal je Tag ausgehen und bei 94 genehmigten Stellplätzen von einer weit größeren Zahl von Pkw-Fahrbewegungen ausgehen als das Gutachten von Prof. F. vom Juni 2004 mit maximal 640 Pkw, wird dieses Gutachten nicht substantiiert in Frage gestellt. Seine Annahmen beruhen auf den am früheren Standort des Lidl-Marktes am Rathaus ermittelten Fahrbewegungen zuzüglich 10%. Diese Annahme erscheint plausibel und schlüssig, nicht jedoch die Annahme einer 20-fachen täglichen Benutzung für jeden einzelnen Stellplatz, der dem Einkaufsmarkt zuzurechnen ist. Dabei sind die Antragsteller auch den Angaben der Beigeladenen nicht substantiiert entgegengetreten, daß von den 94 genehmigten Stellplätzen bereits 23 für sonstige Wohn- und Geschäftsnutzung an der Hauptstraße vorgesehen sind, womit sich die Zahl der dem Einkaufsmarkt zurechenbaren Stellplätze nur auf 71 beläuft. Bei alledem hat das Verwaltungsgericht zutreffend dargelegt, daß die höhere Zahl von Stellplätzen über das Mindesterfordernis von 47 Stellplätzen nach der städtischen Stellplatzsatzung hinaus keinen Verstoß gegen §12 Abs.2 BauNVO darstellt, wie auch das Vorhaben der Beigeladenen mit §15 Abs.1 Satz2 BauNVO vereinbar ist. Insgesamt ist nichts hinreichend dafür ersichtlich, daß selbst bei gewissen Verkehrszuwächsen über die prognostizierte Annahme hinaus die Immissionsrichtwerte für Mischgebiete überschritten werden, womit auch den Vorgaben der Nr.6.7 der TA Lärm für Gemengelagen Genüge getan ist, wobei dort vorausgesetzt wird, daß der jeweilige Stand der Lärmminderungstechnik eingehalten wird. Sollten sich aus der tatsächlichen Nutzung des Einkaufsmarktes Unzuträglichkeiten zu Lasten der Antragsteller ergeben, ist dem gegebenenfalls mit nachträglichen Anordnungen gemäß §53 Abs.3 HBO bzw. §24 BImSchG entgegenzuwirken.

Nr. 82

1. **Wird eine genehmigungsbedürftige oder eine gemäß §67 Abs.2 BImSchG anzuzeigende Windfarm durch Hinzutreten einer weiteren Windkraftanlage geändert, richtet sich die Genehmigungsbedürftigkeit der Änderung nach §§15, 16 BImSchG. Das gilt unabhängig davon, wer Betreiber der Windfarm ist und ob im konkreten Fall eine Umweltverträglichkeitsprüfung durchgeführt werden muß.**

2. **Die Fläche, die vom Rotor einer Windkraftanlage überstrichen werden kann, ist bei der Ermittlung der Grundfläche der Anlage nicht mitzurechnen.**

3. **Im Bebauungsplan dürfen sowohl Baugrenzen festgesetzt werden, die allein für Fundament und Turm gelten, als auch Baugrenzen, die sich darüber hinaus auf den Rotor der Windkraftanlage beziehen.**

BImSchG §§15 Abs.1 und 2, 16 Abs.1, 67 Abs.2 und 4; 4. BImSchV Nr.1.6 des Anhangs; UVPG §25 Abs.2 Satz1 Nr.1, Nr.1.6 der Anlage 1; BauNVO §§16 Abs.2 Nr.1 und Abs.5, 19 Abs.2, 23 Abs.1 und Abs.3.

Bundesverwaltungsgericht, Urteil vom 21. Oktober 2004 – 4 C 3.04 –.

(Niedersächsisches OVG)

Der Kläger begehrt die Erteilung eines Bauvorbescheids für die Errichtung einer Windenergieanlage.
1998 beantragte er die Erteilung einer Baugenehmigung zur Errichtung einer Windenergieanlage mit einer Nennleistung von 500kW, 55m Nabenhöhe und 40,3m Rotordurchmesser. Der Standort liegt in einem Gebiet, das der Flächennutzungsplan der Beigeladenen als Sonderbaufläche für Windkraftanlagen ausweist. Im Bereich der Sonderbaufläche sind bereits 16 Windenergieanlagen vorhanden.
Am 8.10.1998 beschloß der Rat der Beigeladenen, den Bebauungsplan Nr.100 „Windpark O." aufzustellen.
Der Beklagte stellte die Entscheidung über die Zulässigkeit der Windenergieanlage auf Antrag der Beigeladenen zunächst bis zum 15.10.1999 zurück. Nach dagegen gerichtetem erfolglosem Widerspruch erhob der Kläger Klage. Während des Klageverfah-

rens lehnte der Beklagte nach Ablauf der Zurückstellungsfrist den Bauantrag des Klägers unter Berufung auf eine am 15.10.1999 bekannt gemachte Veränderungssperre ab. Der Widerspruch des Klägers wurde zurückgewiesen.
2001 beschloß der Rat der Beigeladenen den Bebauungsplan Nr. 100 „Windpark O.". Der Plan wurde am 9.3.2001 bekanntgemacht. Er setzt auf einer Fläche, die im wesentlichen der im Flächennutzungsplan dargestellten Sonderbaufläche entspricht, ein Sondergebiet für Windkraftanlagen sowie für landwirtschaftliche Nutzung mit 16 Baufenstern fest. Für jedes Baufenster ist die Grundfläche auf maximal 100 m^2, die Nabenhöhe der Anlagen auf maximal 55 m und der maximale Schalleistungspegel – je nach Anlage – auf 98 bis 100 dB(A) festgesetzt. Der vom Kläger vorgesehene Standort liegt außerhalb der Baufenster.

Das Verwaltungsgericht wies die Klage ab. Das Oberverwaltungsgericht hat den Beklagten Urteil vom 25.9.2003, NuR 2004, 125 = ZNER 2004, 84 unter Aufhebung der entgegenstehenden Bescheide verpflichtet, dem Kläger einen Bauvorbescheid zur Errichtung einer Windenergieanlage wie beantragt zu erteilen.

Während des Revisionsverfahrens hat die Beigeladene die 1. vereinfachte Änderung des Bebauungsplans Nr. 100 „Windpark O." beschlossen. Sie hat die textlichen Festsetzungen des Bebauungsplans in der Weise ergänzt, daß die zulässige Grundfläche für den Turm der Windkraftanlage je Baufeld 100 m^2, die zulässige zusätzliche Grundfläche für den Rotor je Baufeld 2000 m^2 beträgt. Die in der Planzeichnung festgesetzten Baugrenzen für die Errichtung des Turms der Windkraftanlagen dürfen durch die Rotoren um bis zu 20,0 m überschritten werden. Die Änderung des Bebauungsplans ist am 7.11.2003 in Kraft getreten.

Die Revision des Beklagten und der Beigeladenen hatte Erfolg.

Aus den Gründen:

II. Das Oberverwaltungsgericht hat den Beklagten zu Unrecht verpflichtet, dem Kläger einen Bauvorbescheid zur Errichtung einer Windenergieanlage zu erteilen. Für das Vorhaben gelten die Vorschriften des Bundes-Immissionsschutzgesetzes. Selbst wenn die zuständige Immissionsschutzbehörde die Erforderlichkeit einer immissionsschutzrechtlichen Genehmigung gemäß § 16 Abs. 1 BImSchG verneinen sollte, könnte dem Kläger der begehrte Bauvorbescheid nicht erteilt werden, weil sein Vorhaben den Festsetzungen des wirksamen Bebauungsplans i.d.F. der 1. vereinfachten Änderung widerspricht (§ 30 Abs. 1 BauGB). Die Hilfsanträge bleiben ebenfalls ohne Erfolg. Das Vorhaben widersprach dem Bebauungsplan auch in seiner ursprünglichen, ebenfalls wirksamen Fassung. Vor Inkrafttreten des Bebauungsplans stand dem Vorhaben eine Veränderungssperre entgegen

1.1 Das Oberverwaltungsgericht ist davon ausgegangen, daß die Errichtung der Windkraftanlage einer immissionsschutzrechtlichen Genehmigung schon deshalb nicht bedarf, weil der Kläger den Genehmigungsantrag vor dem 14.3.1999, d.h. vor Ablauf der Umsetzungsfrist für die UVP-Änderungsrichtlinie, gestellt hat. Insoweit verletzt das Urteil Bundesrecht.

Die Errichtung und der Betrieb einer Windfarm mit mindestens drei Windkraftanlagen bedürfen gemäß § 4 Abs. 1 BImSchG, § 1 Abs. 1 Satz 1 4. BImSchV i.V.m. Nr. 1.6 des Anhangs zur 4. BImSchV i.d.F. des Gesetzes zur Umsetzung der UVP-Änderungsrichtlinie, der IVU-Richtlinie und weiterer EG-Richtlinien zum Umweltschutz vom 27.7.2001, BGBl. I, 1950 seit dem 3.8.2001, dem Tag des Inkrafttretens des Gesetzes (vgl. Art. 25), einer immissionsschutzrechtlichen Genehmigung. Eine Windfarm, die zu diesem Zeitpunkt bereits errichtet oder wesentlich geändert war oder mit deren Errichtung oder wesentlicher Änderung begonnen worden war, ist gemäß §67 Abs.2 BImSchG anzuzeigen. Diese Vorschrift gilt nicht nur für den erstmaligen Erlaß einer Verordnung gemäß §4 Abs.1 Satz3 BImSchG, sondern immer, wenn – wie hier – durch eine Änderung der Verordnung Anlagen neu dem Genehmigungserfordernis unterworfen werden (vgl. Czajka, in: Feldhaus, Bundesimmissionsschutzrecht, 2.Aufl., Band 1 – Teil II, §67 BImSchG Rdnr.14; Führ, in: Koch/Scheuing, GK-BImSchG, §67 Rdnr.42; Jarass, BImSchG, 5.Aufl. 2002, §67 Rdnr.13). Verfahren, die vor dem 3.8.2001 begonnen wurden, sind gemäß §67 Abs.4 BImSchG nach den Vorschriften des Bundes-Immissionsschutzgesetzes und der auf dieses Gesetz gestützten Rechtsvorschriften unter Einschluß der 4. BImSchV zu Ende zu führen (vgl. BVerwG, Urteil v. 30.6.2004 – 4 C 9.03 –, BauR 2004, 1745 = NVwZ 2004, 1235, 1236).

Wird eine genehmigungsbedürftige oder eine gemäß §67 Abs.2 BImSchG anzuzeigende (vgl. §15 Abs.1 Satz5 BImSchG) Windfarm – wie hier – durch Hinzutreten einer weiteren Windkraftanlage geändert, richtet sich die Genehmigungsbedürftigkeit der Änderung nach §§15, 16 BImSchG. Das gilt unabhängig davon, wer Betreiber der Windfarm ist. Der Betreiberfrage kommt weder für das Vorliegen einer genehmigungsbedürftigen Windfarm (vgl. BVerwG, Urteil v. 30.6.2004, a.a.O., S.1236) noch für die Genehmigungsbedürftigkeit der Änderung einer Windfarm eine entscheidende Bedeutung zu. Wenn sich die Änderung auf in §1 BImSchG genannte Schutzgüter auswirken kann, ist die Änderung, sofern eine Genehmigung nicht beantragt wird, der zuständigen Behörde mindestens einen Monat, bevor mit der Änderung begonnen werden soll, anzuzeigen (§15 Abs.1 Satz1 BImSchG). Die zuständige Behörde hat unverzüglich, spätestens innerhalb eines Monats nach Eingang der Anzeige und der nach §15 Abs.1 Satz2 BImSchG erforderlichen Unterlagen zu prüfen, ob die Änderung einer Genehmigung bedarf (§15 Abs.2 Satz1 BImSchG). Die Änderung der Lage, der Beschaffenheit oder des Betriebs einer genehmigungsbedürftigen Anlage bedarf gemäß §16 Abs.1 Satz1 BImSchG der Genehmigung, wenn durch die Änderung nachteilige Auswirkungen hervorgerufen werden können und diese für die Prüfung nach §6 Abs.1 Nr.1 BImSchG erheblich sein können (wesentliche Änderung). Eine Vorschrift, die Vorhaben, deren Zulassung vor dem 14.3.1999 beantragt wurde, von diesem Anzeige- und ggf. Genehmigungserfordernis ausnimmt, enthält das BImSchG nicht.

Insoweit unterscheidet sich das BImSchG vom Gesetz über die Umweltverträglichkeitsprüfung (UVPG). Das UVPG findet gemäß §25 Abs.2 Satz1 Nr.1 UVPG in der vor dem 3.8.2001 geltenden Fassung weiterhin Anwendung, wenn der Träger eines Vorhabens einen Antrag auf Zulassung des Vorhabens, der mindestens Angaben zu Standort, Art und Umfang des Vorhabens enthalten muß, vor dem 14.3.1999 bei der zuständigen Behörde gestellt hat. Vor dem 3.8.2001 fielen die Errichtung und der Betrieb von Windfarmen nicht in den Anwendungsbereich des UVPG. §25 Abs.2 Satz1 Nr.1 UVPG dürfte allerdings nur zur Anwendung kommen, wenn es sich bei dem nur baurechtlich genehmigungsbedürftigen Einzelvorhaben, dessen Zulassung ursprünglich beantragt wurde, und der Erweiterung der Windfarm, über die nunmehr zu entscheiden ist, noch um dasselbe Vorhaben handelt. Selbst wenn das hier der Fall sein sollte, die Erweiterung der vorhandenen Windfarm mithin nicht UVP-pflichtig wäre, stünde dies der Erforderlichkeit einer immissionsschutzrechtlichen Genehmigung nicht entgegen. Nach dem BImSchG ist die Änderung einer Windfarm immissionsschutzrechtlich nicht nur dann genehmigungsbedürftig, wenn im Genehmigungsverfahren eine Umweltverträglichkeitsprüfung durchzuführen ist. Die Änderung der 4. BImSchV durch das Gesetz vom 27.7.2001 sollte zwar sicherstellen, daß für die nach dem UVPG n. F. UVP-pflichtig gewordenen Anlagen ein immissionsschutzrechtliches Verfahren als Trägerverfahren zur Verfügung steht (vgl. Gesetzentwurf der Bundesregierung, BR-Drucks. 674/00, S. 63). Dieser Zweck wird jedoch nicht gefährdet, wenn über UVP-pflichtige Vorhaben hinaus auch für nicht UVP-pflichtige „Alt-Vorhaben" ein immissionsschutzrechtliches Genehmigungsverfahren durchzuführen ist. Auch § 1 Abs. 3 der 9. BImSchV zeigt, daß nicht in jedem Verfahren zur Erteilung einer Änderungsgenehmigung einer Anlage nach Anlage 1 des UVPG eine Umweltverträglichkeitsprüfung durchzuführen ist. Eine Umweltverträglichkeitsprüfung ist nach dieser Vorschrift nur erforderlich, wenn entweder die für eine UVP-pflichtige Anlage in der Anlage 1 des UVPG angegebenen Größen- oder Leistungswerte durch eine Änderung oder Erweiterung selbst erreicht oder überschritten werden oder wenn die Änderung oder Erweiterung erhebliche nachteilige Auswirkungen auf § 1 a 9. BImSchV genannte Schutzgüter haben kann.

1.2 Ob das gemäß § 15 Abs. 1 BImSchG anzeigepflichtige Vorhaben des Klägers einer immissionsschutzrechtlichen Genehmigung bedürfte mit der Folge, daß ein Bauvorbescheid nicht erteilt werden könnte (vgl. BVerwG, Urteil v. 30.6.2004, a. a. O., S. 1236 f.), müßte, wenn nicht der Kläger von sich aus die Erteilung einer immissionsschutzrechtlichen Genehmigung beantragt, gemäß § 15 Abs. 2 Satz 1 BImSchG zunächst die zuständige Immissionsschutzbehörde prüfen. Würde diese die Erforderlichkeit einer Änderungsgenehmigung verneinen oder die Frist des § 15 Abs. 2 Satz 1 BImSchG verstreichen lassen, so bliebe es bei der vom Oberverwaltungsgericht bejahten, landesrechtlich begründeten Erforderlichkeit einer Baugenehmigung und damit bei der Zuständigkeit der Bauordnungsbehörde für die Erteilung eines Bauvorbescheids. Die Gerichte können die gemäß § 15 Abs. 2 BImSchG der Immissionsschutzbehörde zugewiesene Prüfung durch eigene Tatsachenfeststellungen nicht ersetzen. Wenn die Entscheidung des Rechtsstreits von der Erforderlichkeit einer Genehmigung gemäß § 16 Abs. 1 BImSchG abhängt, wird es deshalb i.d.R. einer sachgerechten Ausübung des gerichtlichen Ermessens entsprechen, das Verfahren gemäß § 94 VwGO auszusetzen, um dem Kläger Gelegenheit zu geben, sein Vorhaben der zuständigen Immissionsschutzbehörde anzuzeigen und dieser die Prüfung der immissionsschutzrechtlichen Genehmigungsbedürftigkeit zu ermöglichen. Das vorliegende Verfahren kann jedoch nicht ausgesetzt werden. Die Erforderlichkeit einer immissionsschutzrechtlichen Genehmigung ist nicht entscheidungserheblich. Auch im Baugenehmigungsverfahren könnte dem Kläger der begehrte Bauvorbescheid nicht erteilt werden.

2. Das Vorhaben des Klägers ist bauplanungsrechtlich nicht genehmigungsfähig. Es widerspricht den Festsetzungen des Bebauungsplans Nr. 100 i. d. F. der 1. vereinfachten Änderung (§ 30 Abs. 1 BauGB). Die Windkraftanlage soll außerhalb der im Bebauungsplan festgesetzten überbaubaren Grundstücksflächen errichtet werden.

Die Änderung des Bebauungsplans ist im Revisionsverfahren zu beachten. Das Revisionsgericht hat Rechtsänderungen, die während des Revisionsverfahrens eintreten, in gleichem Umfang zu berücksichtigen, wie sie die Vorinstanz zu berücksichtigen hätte, wenn sie jetzt entschiede (st. Rspr., vgl. z. B. BVerwG, Urteile v. 1. 12. 1972 – 4 C 6.71 –, BVerwGE 41, 227, 230 f., und v. 13. 3. 2003 – 4 C 3.02 –, Buchholz 406.11 § 35 BauGB Nr. 356). Da eine Klage auf Erteilung eines Bauvorbescheids nur begründet ist, wenn im Zeitpunkt der Entscheidung ein Anspruch auf Erteilung des Vorbescheids besteht, müßte auch das Berufungsgericht die Änderung des Bebauungsplans berücksichtigen.

Der Bebauungsplan Nr. 100 i. d. F. der 1. vereinfachten Änderung ist – mit Ausnahme der Festsetzung einer zulässigen Grundfläche für den Rotor – wirksam.

2.1 In der geänderten Fassung des Bebauungsplans ist textlich neben der zulässigen Grundfläche für den Turm eine zusätzliche zulässige Grundfläche für den Rotor je Baufeld auf 2000 m^2 festgesetzt. Grundfläche für den Rotor soll die Fläche sein, die von dem Rotor überstrichen werden kann.

Eine solche Festsetzung ist mit § 16 Abs. 2 Nr. 1, § 19 Abs. 2 BauNVO nicht vereinbar. Die Fläche, die vom Rotor einer Windkraftanlage überstrichen werden kann, ist bei der Ermittlung der Grundfläche der Anlage nicht mitzurechnen.

Gemäß § 16 Abs. 2 Nr. 1 BauNVO kann im Bebauungsplan das Maß der baulichen Nutzung durch Festsetzung der Grundflächenzahl oder der Größe der Grundflächen der baulichen Anlagen bestimmt werden. Für den Fall, daß nicht die Größe der Grundfläche, sondern die Grundflächenzahl festgesetzt ist, bestimmt § 19 Abs. 2 BauNVO, daß zulässige Grundfläche der nach Absatz 1 errechnete Anteil des Baugrundstücks ist, der von baulichen Anlagen überdeckt werden darf. Daraus ergibt sich, daß Grundfläche – von den Sonderfällen des § 19 Abs. 4 BauNVO abgesehen – die von einer baulichen Anlage überdeckte Fläche ist.

Der Begriff der Überdeckung setzt nicht voraus, daß alle in Betracht kommenden Teile der baulichen Anlage eine unmittelbare Verbindung mit Grund und Boden haben müssen. Auch in den Luftraum hineinragende Teile können die Grundstücksfläche i. S. von § 19 Abs. 2 BauNVO überdecken. Dabei muß es sich aber um „wesentliche" Teile handeln. Wesentlich muß der in den Luftraum hineinragende Anlagenteil für die Berechnung der Grundfläche sein. Die Mitrechnung der Fläche muß nach Sinn und Zweck der nach der BauNVO zulässigen Festsetzungen über die Grundfläche gerechtfertigt sein (vgl. König, in: König/Roeser/Stock, BauNVO, 2. Aufl. 2003, § 19 Rdnr. 8). Nach diesen Grundsätzen sollen z. B. Erker und auskragende Obergeschosse mitzurechnen sein, untergeordnete Bauteile wie Dachüberstände, Gesimse oder Fensterbänke hingegen nicht (vgl. Bielenberg, in: Ernst/Zinkahn/Bielenberg,

BauGB, § 19 BauNVO Rdnr. 16; Ziegler, in: Brügelmann, BauGB, § 19 BauNVO Rdnr. 5; Fickert/Fieseler, BauNVO, 10. Aufl. 2002, § 19 Rdnr. 4.2; König, a. a. O., § 19 Rdnr. 8).

Die Festsetzung einer Grundflächenzahl oder der Größe einer Grundfläche regelt nicht, an welcher Stelle des Baugrundstücks die bauliche Nutzung zugelassen werden soll. Maßgebend ist vielmehr der Gesichtspunkt, eine übermäßige Nutzung zugunsten des Bodenschutzes insgesamt zu vermeiden (vgl. BVerwG, Beschlüsse v. 18. 12. 1995 – 4 NB 36.95 –, BRS 57 Nr. 25 = BauR 1996, 353 = ZfBR 1996, 172 und v. 29. 7. 1999 – 4 BN 24.99 –, BRS 62 Nr 96 = BauR 1999, 1435). Durch eine Begrenzung der zulässigen Grundflächen soll der Boden insbesondere vor Versiegelung geschützt werden (vgl. Fikkert/Fieseler, a. a. O., § 19 Rdnr. 4.2; König, a. a. O., § 19 Rdnr. 8).

Der Bodenschutz rechtfertigt es nicht, die Fläche, die vom Rotor überstrichen werden kann, bei der Ermittlung der Grundfläche einer Windkraftanlage mitzurechnen. Belange des Bodenschutzes werden durch den im Luftraum kreisenden Rotor nicht nennenswert beeinträchtigt. Insbesondere wird der Boden durch den Rotor nicht versiegelt. Niederschläge werden durch den Rotor wegen der geringen Stärke der Rotorblätter allenfalls in geringfügigem Umfang und zudem je nach Windrichtung an verschiedenen Stellen abgeschirmt. Da bestimmte Windrichtungen vorherrschen, ist ein großer Teil der Fläche, die vom Rotor überstrichen werden kann, tatsächlich ohnehin nur an relativ wenigen Tagen im Jahr betroffen. Eine Nutzung des Bodens für andere Zwecke, insbesondere der Landwirtschaft, wird durch den im Luftraum kreisenden Rotor nicht ausgeschlossen. Mit auskragenden Obergeschossen oder anderen in den Luftraum hineinragenden ortsfesten Gebäudeteilen ist der Rotor einer Windkraftanlage nicht vergleichbar.

Die Festsetzung der zusätzlichen Grundfläche für den Rotor kann auch nicht auf § 16 Abs. 5 BauNVO gestützt werden. Nach dieser Vorschrift kann im Bebauungsplan das Maß der baulichen Nutzung u. a. für Teile baulicher Anlagen unterschiedlich festgesetzt werden. Die Festsetzung für den jeweiligen Anlagenteil muß nach den Vorschriften über das Maß der baulichen Nutzung zulässig sein. Der Begriff der Grundfläche wird durch § 16 Abs. 5 BauNVO nicht modifiziert.

Die textliche Festsetzung der zulässigen Grundfläche für den Rotor ist mithin unwirksam. Die Festsetzung der zulässigen Grundfläche für den Turm – gemeint ist damit auch das Fundament – bleibt hiervon unberührt. Sie entspricht der bereits in der ursprünglichen Fassung des Bebauungsplans enthaltenen Grundflächenfestsetzung. Auch diese Festsetzung war wirksam. Daß Fundament und Turm einer Windenergieanlage der zugelassenen Höhe auf einer Fläche von 100 m^2 untergebracht werden können, hat das Oberverwaltungsgericht nicht in Zweifel gezogen.

2.2 In seiner geänderten Fassung enthält der Bebauungsplan die textliche Festsetzung, daß die in der Planzeichnung festgesetzten Baugrenzen für die Errichtung des Turms der Windkraftanlagen durch die Rotoren um bis zu 20,0 m überschritten werden dürfen. Diese Festsetzung ist mit § 23 Abs. 1 Satz 2, Abs. 3 Satz 1, § 16 Abs. 5 BauNVO vereinbar.

Ist eine Baugrenze festgesetzt, dürfen Gebäude und Gebäudeteile diese gemäß §23 Abs. 3 Satz 1 BauNVO nicht überschreiten. Diese Vorschrift gilt nicht nur für Gebäude, sondern auch für andere bauliche Anlagen (vgl. BVerwG, Urteil v. 7.6.2001 – 4 C 1.01 –, ZfBR 2001, 558 = BRS 64 Nr. 79 = BauR 2001, 1698). Baugrenzen sind mit allen Geschossen einzuhalten; ein Überschreiten der Baugrenze ist auch im Luftraum grundsätzlich nicht zulässig (vgl. Fickert/Fieseler, a.a.O., §23 Rdnr. 12, 16; Bielenberg, a.a.O., §23 BauNVO Rdnr. 25, 32). Für bauliche Anlagen, die keine Gebäude sind, kann dieser Grundsatz nicht uneingeschränkt gelten. Die Vorschrift des §23 Abs. 3 Satz 1 BauNVO ist auf andere bauliche Anlagen zwar anwendbar, zugeschnitten ist sie jedoch allein auf Gebäude. Bei baulichen Anlagen, die keine Gebäude sind, passen auch die Maßkategorien des §16 Abs. 2 BauNVO überwiegend nicht; insoweit hat der Senat bereits eine den Besonderheiten der Anlage Rechnung tragende Anwendung zugelassen (vgl. BVerwG, Urteil v. 15.12.1994 – 4 C 19.93 –, BRS 56 Nr. 130 = BauR 1995, 506 = ZfBR 1995, 214, 215). Für die Vorschriften über die überbaubaren Grundstücksflächen kann nichts anderes gelten. Auch diese Vorschriften dürfen auf bauliche Anlagen, die keine Gebäude sind, nicht schematisch angewendet werden. Für in den Luftraum hineinragende Teile baulicher Anlagen bedeutet dies: Baugrenzen müssen für derartige Teile Geltung nur beanspruchen, soweit dies nach dem Zweck des §23 Abs. 3 Satz 1 BauNVO geboten ist; sie dürfen Geltung beanspruchen, soweit dies durch den Zweck des §23 Abs. 3 Satz 1 BauNVO gerechtfertigt ist.

Baugrenzen bestimmen, an welcher Stelle des Baugrundstücks die bauliche Nutzung zugelassen werden soll; sie legen die räumliche Anordnung einer beabsichtigten – offenen oder geschlossenen – Bebauung auf dem Baugrundstück fest. Erwägungen des Bodenschutzes sind hierfür – anders als für die Festsetzung der zulässigen Grundfläche – nicht in erster Linie maßgebend (vgl. BVerwG, Beschlüsse v. 18.12.1995, und v. 29.7.1999, a.a.O.).

Um die räumliche Anordnung von Windkraftanlagen auf den Baugrundstücken festzulegen, genügt es, Baugrenzen für Fundament und Turm festzusetzen; Baugrenzen für die Rotoren sind nicht zwingend erforderlich. Mit der Stellung des Turms liegt fest, um welchen Punkt sich die Nabe mit dem Rotor dreht. Daraus ergibt sich auch, welche Fläche der Rotor beim jeweiligen Stand der Technik maximal überstreichen kann. Mit dem Rotor einzuhaltende Schutzabstände können bei der Festsetzung der Baugrenzen für Fundament und Turm berücksichtigt werden. Im Bebauungsplan können deshalb – wie in der ursprünglichen Fassung des Bebauungsplans Nr. 100 geschehen – Baugrenzen festgesetzt werden, die lediglich für Fundament und Turm, nicht aber für den Rotor der Windkraftanlage gelten. Beansprucht die Baugrenze für den Rotor keine Geltung, ist für eine Ausnahme gemäß §23 Abs. 3 Satz 3 i.V.m. Abs. 2 Satz 3 BauNVO, die ein Überschreiten der Baugrenze durch den Rotor in einem bestimmten Umfang zuläßt, kein Raum. Allerdings sind die äußeren Grenzen des Bauleitplans oder die Grenzen von Baugebieten oder Bauflächen (vgl. §1 Abs. 1 und Abs. 2 BauNVO) stets von der gesamten Windkraftanlage einschließlich des Rotors einzuhalten.

Die Festsetzung von Baugrenzen für Fundament und Turm ist nicht die einzige Möglichkeit, Windkraftanlagen räumlich anzuordnen. Baugrenzen, die auch für die Rotoren gelten, sind hierfür ebenfalls geeignet. Für Baugrenzen dieses Inhalts kann, z. B. wenn es der Gemeinde bei der Anordnung der Anlagen um den Schutz des Landschaftsbildes vor Beeinträchtigungen durch die Rotoren oder um den Erhalt bestimmter Sichtbeziehungen geht, ein städtebauliches Bedürfnis bestehen; auch derartige Baugrenzen sind durch den Zweck des §23 Abs. 3 Satz 1 BauNVO gerechtfertigt. Im Bebauungsplan dürfen deshalb sowohl Baugrenzen festgesetzt werden, die allein für Fundament und Turm gelten, als auch Baugrenzen, die sich darüber hinaus auf den Rotor der Windkraftanlage beziehen. Gemäß §23 Abs. 1 Satz 2, §16 Abs. 5 BauNVO können außerdem für Fundament und Turm einerseits und die Rotoren andererseits unterschiedliche Baugrenzen festgesetzt werden. In jedem Fall muß hinreichend bestimmt sein, worauf sich die Baugrenze bezieht.

Im vorliegenden Fall beziehen sich die in der Planzeichnung festgesetzten Baugrenzen nach der ergänzenden textlichen Festsetzung ausdrücklich nur auf den Turm einschließlich Fundament, nicht auf die Rotoren. Die Rotoren sollen diese Baugrenzen um bis zu 20,0 m überschreiten dürfen. Für sie gelten damit gemäß §23 Abs. 1 Satz 2, §16 Abs. 5 BauNVO gesonderte Baugrenzen, die 20,0 m jenseits der in der Planzeichnung festgesetzten Baugrenzen verlaufen (vgl. S. 2 und 4 der Begründung zur 1.vereinfachten Änderung des Bebauungsplans Nr. 100 „Windpark O."). Soweit die Beigeladene meinte, bei der Festsetzung handele es sich um eine Ausnahme i. S. von §23 Abs. 3 Satz 3 i. V. m. Abs. 2 Satz 3 BauNVO, befand sie sich in einem für den Inhalt der Festsetzung unbeachtlichen Irrtum über die Rechtsgrundlage.

2.3 Der Bebauungsplan ist nicht aus anderen Gründen unwirksam.

2.3.1 Der Bebauungsplan leidet nicht im Hinblick auf die Erschließung an einem Abwägungsmangel. Daß die im Bebauungsplan vorgesehene Erschließung über vorhandene öffentliche oder private Verkehrsflächen bzw. befestigte Schotterwege in tatsächlicher Hinsicht nicht ausreichend sei, hat auch der Kläger nicht geltend gemacht. Er meint, daß die erforderliche Inanspruchnahme privater Verkehrsflächen ohne eine Sicherung der Inanspruchnahmemöglichkeit keine ausreichende Erschließung darstelle. Wenn eine unmittelbare Verbindung zu einer öffentlichen Straße fehlt, ist die Erschließung nur gesichert, wenn die Zufahrt zum öffentlichen Straßennetz z. B. durch eine Baulast oder eine Grunddienstbarkeit abgesichert ist (vgl. BVerwG, Urteil v. 3. 5. 1988 – 4 C 54.85 –, BRS 48 Nr. 92). Eine solche rechtliche Sicherung der tatsächlich möglichen Erschließung muß bei Aufstellung des Bebauungsplans nicht gegeben sein. Sie ist gemäß §§30 bis 35 BauGB Voraussetzung nur für die Zulassung von Einzelvorhaben.

2.3.2 Ob die Festsetzung der maximal zulässigen Schalleistungspegel je nach Anlage zwischen 98 und 100 dB(A) zulässig ist, kann dahinstehen. Ein diesbezüglicher Fehler würde nur zur Teil-, nicht aber zur Gesamtunwirksamkeit des Bebauungsplans führen. Die Schalleistungspegel stehen nicht in einem untrennbaren Zusammenhang mit den übrigen Festsetzungen des Bebauungsplans. Insbesondere die Ausweisung der Baufenster bliebe auch ohne Festsetzungen zum Schallschutz sinnvoll. Nach den Feststellungen des OVG hätte die Beigeladene den Bebauungsplan auch ohne die Schalleistungspegel erlassen, da es ihr nicht nur um den Immissionsschutz, sondern auch um den Schutz des Landschaftsbildes und einen deshalb erforderlichen Ausschluß weiterer Anlagen im Plangebiet ging.

2.3.3 Der Verhinderung weiterer Windkraftanlagen innerhalb der Sonderbaufläche fehlt nicht die städtebauliche Rechtfertigung. Nach den Feststellungen des Oberverwaltungsgerichts diente die Begrenzung der Zahl der Windkraftanlagen dem Schutz des Landschaftsbildes. Das Landschaftsbild kann auch durch die Füllung von Lücken innerhalb eines bereits bestehenden Windparks beeinträchtigt sein. Das Ziel, eine solche zusätzliche Beeinträchtigung der Landschaft zu verhindern, ist städtebaulicher Natur und ausreichend, um die getroffene Planungsentscheidung zu rechtfertigen.

3. Die Hilfsanträge sind zulässig, aber nicht begründet.

Das erforderliche Fortsetzungsfeststellungsinteresse ist gegeben. Es ergibt sich zwar nicht aus einer präjudiziellen Wirkung der begehrten Feststellung für eine Amtshaftungsklage (§ 839 BGB). Eine solche Klage müßte offensichtlich ohne Erfolg bleiben, weil die Kammer des Verwaltungsgerichts einen Anspruch auf Erteilung des begehrten Bauvorbescheids auch für die Zeit vor Inkrafttreten der Bebauungsplanänderung verneint hat und deshalb gegenüber dem für den Beklagten handelnden Amtswalter ein Schuldvorwurf nicht erhoben werden könnte (st. Rspr., z.B. BVerwG, Urteil v. 30.6.2004 – 4 C 1.03 –, UA, S. 6). Eine Klage, mit der ein Anspruch auf Entschädigung wegen enteignungsgleichen Eingriffs geltend gemacht wird, wäre hingegen nicht offensichtlich aussichtslos.

Der Beklagte war jedoch weder bis zum 6.11.2003 noch bis zum 2.8.2001 verpflichtet, dem Kläger den beantragten Bauvorbescheid zu erteilen. Das Vorhaben widersprach dem am 9.3.2001 in Kraft getretenen Bebauungsplan Nr. 100. Der Bebauungsplan war – wie bereits dargelegt – auch in seiner ursprünglichen Fassung wirksam. Zuvor stand dem Vorhaben die im Oktober 1999 in Kraft getretene zweijährige Veränderungssperre entgegen. ... Die mit Bescheid vom Oktober 1998 erfolgte Zurückstellung für ein Jahr betraf zwar dasselbe Vorhaben; sie war deshalb gemäß § 17 Abs. 1 Satz 2 BauGB anzurechnen. Darauf konnte sich der Kläger jedoch nicht berufen, weil im Hinblick auf sein Grundstück die Sperre nach § 17 Abs. 1 Satz 3 BauGB um ein Jahr verlängert werden durfte (vgl. BVerwG, Urteil v. 10.9.1976 – 4 C 39.74 –, BRS 30 Nr. 76 = BauR 1977, 31 = Buchholz 406.11 § 14 BBauG Nr. 7 S. 19f.; Beschluß v. 27.7.1990 – 4 B 156.89 –, BRS 50 Nr. 101 = BauR 1990, 694).

Nr. 83

Ob Grundsätze der Planung berührt werden, hängt von der jeweiligen Planungssituation ab. Entscheidend ist, ob die Abweichung dem planerischen Grundkonzept zuwiderläuft.

(Nichtamtlicher Leitsatz)

BauGB § 31 Abs. 2.

Bundesverwaltungsgericht, Beschluß vom 19. Mai 2004 – 4 B 35.04 –.
(OVG Nordrhein-Westfalen)

Aus den Gründen:
Die Beschwerde wirft als grundsätzlich bedeutsam die Frage auf, ob eine Befreiung dann nicht Grundzüge der Planung i. S. von § 31 Abs. 2 BauGB berührt, „wenn ein ursprünglicher Grundzug der Planung, ohne daß rechtliche oder tatsächliche Hindernisse entgegengestanden hätten, über einen erheblichen Zeitraum nicht realisiert wurde und vom Plangeber dem Plankonzept widersprechende bauliche Entwicklungen gefördert wurden". Ergänzend möchte die Beschwerde geklärt wissen, ob unter den vorgenannten Voraussetzungen eine Befreiung Grundzüge der Planung jedenfalls dann nicht berührt, „wenn außerdem die Fläche, die für die einen Grundzug der Planung darstellende Nutzung benötigt werden soll, nur in deutlich untergeordnetem Maße für andere Zwecke in Anspruch genommen wird". Diese Fragen führen nicht zu einem revisionsgerichtlichen Klärungsbedarf. Ob die Grundzüge der Planung berührt werden, hängt von der jeweiligen Planungssituation ab. Entscheidend ist, ob die Abweichung dem planerischen Grundkonzept zuwiderläuft. Je tiefer die Befreiung in das Interessengeflecht der Planung eingreift, desto eher liegt der Schluß auf eine Änderung in der Planungskonzeption nahe, die nur im Wege der (Um-)Planung möglich ist (BVerwG, Urteil v. 9. 6. 1978 – 4 C 54.75 –, BVerwGE 56, 71 = BRS 33 Nr. 150; Beschluß v. 5. 3. 1999 – 4 B 5.99 –, BRS 62 Nr. 99 = Buchholz 406.11 § 31 BauGB Nr. 39).
An dieser Rechtsprechung hat sich auch das Berufungsgericht orientiert. Nach seiner Ansicht widerspricht die vom Kläger beabsichtigte Bebauung des Flurstücks dem Ziel der Festsetzung einer öffentlichen Grünfläche/Parkanlage und dem im Planaufstellungsverfahren deutlich gewordenen Konzept des Plangebers, „einen durchgehenden bachbegleitenden Grünzug mit Anbindung an die im Osten liegende Waldfläche zu erhalten bzw. herzustellen". Diesem Ergebnis liegen tatsächliche Feststellungen des Berufungsgerichts sowie eine tatrichterliche Würdigung zugrunde, an die der beschließende Senat in einem Revisionsverfahren gebunden wäre (§ 137 Abs. 2 VwGO). Vor diesem tatsächlichen Hintergrund ist nicht zu erkennen, daß der vorliegende Streitfall dem Senat in einem Revisionsverfahren Gelegenheit geben könnte, den Begriff der „Grundzüge der Planung" in § 31 Abs. 2 BauGB über den bisherigen Stand der Rechtsprechung in verallgemeinerungsfähiger Weise fortzuentwickeln. ...

Nr. 84

Ein Anspruch auf Erteilung einer Befreiung gemäß § 31 Abs. 2 BauGB für ein Wohnbauvorhaben auf einer als „Öffentliche Grünfläche/Parkanlage" festgesetzten Fläche scheidet aus, wenn sich der Plangeber im Planaufstellungsverfahren auf Grund von entsprechenden Anregungen mit der

Nr. 84

Frage einer Bebauung des fraglichen Grundstücks befaßt und sich unter Abwägung der widerstreitenden privaten und öffentlichen Interessen bewußt gegen eine Ausweisung als Bauland entschieden hat.

BauGB § 31 Abs. 2.

OVG Nordrhein-Westfalen, Urteil vom 20. Februar 2004 – 10 A 4840/01 – (rechtskräftig).

(VG Düsseldorf)

Der Kläger begehrte von der Beklagten die Erteilung eines baurechtlichen Vorbescheides für die Errichtung eines Wohnhauses. Das Baugrundstück liegt im Geltungsbereich eines Bebauungsplanes, der die Fläche als „Öffentliche Grünfläche/Parkanlage" festsetzt. Im Planaufstellungsverfahren hatte der Kläger seinerzeit die Ausweisung seines Grundstücks als Wohnbaufläche angeregt. Dies wurde vom Rat der Stadt ausdrücklich abgelehnt, um dem öffentlichen Interesse an der Realisierung eines sodann zum Planinhalt gewordenen durchgehenden Grünzuges Rechnung zu tragen.

Das VG hat der Klage stattgegeben und ausgeführt, dem Kläger stehe ein Anspruch auf Erteilung einer Befreiung gemäß § 31 Abs. 2 BauGB von der entgegenstehenden Planfestsetzung zu. Auf die Berufung der Beklagten hat das Oberverwaltungsgericht das Urteil geändert und die Klage abgewiesen.

Aus den Gründen:

Dem Vorhaben des Klägers stehen öffentlich-rechtliche Vorschriften des Bauplanungsrechts entgegen (§ 71 Abs. 1 und 2 i.V.m. § 75 Abs. 1 Satz 1 BauO NRW). Das geplante Wohnhaus darf nicht auf der dafür vorgesehenen Fläche errichtet werden, weil es dort nach § 30 Abs. 1 BauGB unzulässig ist. Es widerspricht den Festsetzungen des Bebauungsplans, da es außerhalb der festgesetzten überbaubaren Grundstücksflächen und teilweise in einem Bereich errichtet werden soll, für den die Festsetzung „Öffentliche Grünfläche-Parkanlage" gilt. Ein Anspruch auf Erteilung einer Befreiung gemäß § 31 Abs. 2 BauGB steht dem Kläger für sein Vorhaben nicht zu.

Bei der Frage, ob ein planerischen Festsetzungen widersprechendes Vorhaben im Wege der Befreiung zugelassen werden kann, ist der Rechtsnormcharakter des als Satzung zu beschließenden Bebauungsplans zu beachten. Die Festsetzungen sind für das Baugenehmigungsverfahren grundsätzlich strikt verbindlich. Der Gesetzgeber stellt mit § 31 Abs. 2 BauGB ein Instrument zur Verfügung, das trotz dieser Rechtsbindung im Interesse der Einzelfallgerechtigkeit und der Wahrung der Verhältnismäßigkeit für Vorhaben, die den Festsetzungen zwar widersprechen, sich mit den planerischen Vorstellungen aber gleichwohl in Einklang bringen lassen, ein Mindestmaß an Flexibilität schafft (vgl. BVerwG, Beschluß v. 5.3.1999 – 4 B 5.99 –, BRS 62 Nr. 99 = BauR 1999, 1280).

§ 31 Abs. 2 BauGB erfaßt Fallgestaltungen, für die der Ortsgesetzgeber sich regelmäßig keine oder jedenfalls keine genauen Vorstellungen darüber gemacht hat, ob trotz der bauplanerischen Festsetzungen zur sachgemäßen Verfolgung der städtebaulichen Ziele im Sinne gebotener Einzelfallgerechtigkeit ein Abweichen von den Festsetzungen sachnäher ist (vgl. BVerwG, Beschluß v. 20.11.1989 – 4 B 163.89 –, BRS 49 Nr. 175, BayVBl. 1990, 313).

Demgemäß rechtfertigen nur Planfestsetzungen, die – wie regelmäßig – ein Mindestmaß an Abstraktion oder Verallgemeinerungen enthalten, die Erteilung einer Befreiung. Hat der Plangeber hingegen eine Festsetzung „im Angesicht des Falles" für diesen Fall so und nicht anders gewollt, ist für eine Befreiung kein Raum (vgl. BVerwG, Urteil v. 14. 7. 1972 – IV C 69.70 –, BRS 25 Nr. 163 = BauR 1972, 358; Nds. OVG, Urteil v. 12. 10. 1994 – 1 L 555/93 –, BRS 56 Nr. 49 = NVwZ 1995, 914; Söfker, in: Ernst/Zinkhahn/Bielenberg/ Krautzberger, BauGB, Stand: 1. 5. 2003, § 31 Rdnr. 57 (Unvereinbarkeit mit öffentlichen Belangen)).

Ausgehend von diesen Grundsätzen scheidet die Erteilung einer Befreiung hier aus. Wie sich aus der Entstehungsgeschichte des Bebauungsplans mit hinreichender Deutlichkeit ergibt, hat sich der Rat u. a. auf Anregung des Klägers und seines Vaters mit der Frage der Bebaubarkeit gerade des Flurstücks auseinandergesetzt. Aus den im Tatbestand im Einzelnen wiedergegebenen Erwägungen hat er sich indes in Abwägung der widerstreitenden Interessen bewusst und gewollt gegen die Ausweisung als Bauland und für die Festsetzung einer öffentlichen Grünfläche entschieden, um dem öffentlichen Interesse an einem durchgehenden Grünzug längs des Baches und an einer Realisierung einer „nahtlosen Durchführung" des Grünzuges mit Anbindung an die sich östlich der A. Straße anschließenden Waldflächen Rechnung zu tragen. Der Wille des Rates beschränkte sich dabei nicht auf die Ablehnung des damaligen konkreten Vorhabens, sondern war – wie sich aus den Gründen seiner ablehnenden Entscheidung klar ergibt – auf die generelle Ablehnung der Ausweisung eines Baugrundstücks an dieser Stelle gerichtet. Daß das nunmehr streitige Vorhaben des Klägers in Form eines Anbaus an das Wohnhaus vom damaligen Vorhaben eines auf dem Flurstück freistehenden Gebäudes abweicht, ist daher ohne Belang. Dieser eindeutig geäußerte Wille der Gemeinde darf nicht durch eine Befreiung unterlaufen werden. Darauf, ob die fragliche Festsetzung Grundzüge der Planung betrifft – dazu sogleich – oder die Abweichung städtebaulich vertretbar ist – allein diese Voraussetzung nach § 31 Abs. 2 Nr. 2 BauGB kommt hier ernsthaft in Betracht – kommt es nicht einmal an. Die baurechtliche Zulassung des begehrten Vorhabens bedarf der vorherigen Planänderung; sie würde anderenfalls einen Eingriff in die Planungshoheit der Gemeinde darstellen, die ihre abweichenden Zielvorstellungen für das fragliche Grundstück in der Planung unmißverständlich zum Ausdruck gebracht hat (vgl. Nds. OVG, Urteil v. 12. 10. 1994 – 1 L 555/ 93 , a. a. O.).

Ungeachtet der vorstehenden Erwägungen kommt eine Befreiung auch deshalb nicht in Betracht, weil sie die Grundzüge der Planung berühren würde. Durch das Erfordernis der Wahrung der Grundzüge der Planung stellt der Gesetzgeber sicher, daß die Festsetzungen des Bebauungsplans nicht beliebig durch Verwaltungsakt außer Kraft gesetzt werden. Die Änderung eines Bebauungsplans obliegt nach § 2 Abs. 4 BauGB unverändert der Gemeinde und nicht der Bauaufsichtsbehörde. Hierfür ist in den §§ 3 und 4 BauGB ein bestimmtes Verfahren unter Beteiligung der Bürger und der Träger öffentlicher Belange vorgeschrieben, von dem nur unter den in § 13 BauGB genannten Voraussetzungen abgesehen werden kann. Diese Regelung darf nicht durch eine großzügige Befreiungspraxis aus den Angeln gehoben werden. Ob die Grundzüge der Planung berührt werden, hängt von der jeweiligen Planungssituation ab. Entscheidend ist, ob die Abweichung dem planerischen Grundkonzept zuwider läuft. Je tiefer die Befreiung in das Interessengeflecht der Planung eingreift, desto eher liegt der Schluß auf eine Änderung der Planungskonzeption nahe, die nur im Wege der (Um-)Planung möglich ist. Die Befreiung kann nicht als Vehikel dafür herhalten, die von der Gemeinde getroffene planerische Regelung beiseite zu schieben (vgl. BVerwG, Beschluß v. 5. 3. 1999 – 4 B 5.99 –, a. a. O.).

Das aus dem Bebauungsplan in Gestalt der Festsetzung einer öffentlichen Grünfläche/Parkanlage und aus den Einzelheiten des Planaufstellungsverfahrens ablesbare Konzept des Plangebers ist getragen von der Absicht, einen durchgehenden bachbegleitenden Grünzug mit Anbindung an die im Osten liegende Waldfläche zu erhalten bzw. herzustellen. In der Planbegründung wird der R. Bach als „wichtiger Bestandteil der Landschaft" gesehen, der aus dem im Osten liegenden Wald bis zur R. Kirche in einem Grünzug verläuft. Nach Nr. 1.2 der Begründung dient der Plan u. a. der Schaffung einer öffentlichen Grünverbindung durch R. Wie sich weiter aus den Erwägungen zum Ratsbeschluß vom .. ergibt, hat der Rat die den R. Bach begleitende Grünfläche als „ohnehin beengt" angesehen. Die dem Satzungsbeschluß zugrunde liegende Stellungnahme der Verwaltung betont die Funktion des Grünzuges zur Stützung des typisch dörflichen Charakters von R. und zur „weitestgehenden" Einbettung des R. Bachs in die Grünfläche.

Diese Erwägungen dokumentieren mit der notwendigen Klarheit, daß es dem Rat darum ging, die hier fragliche Fläche in ihrer Gesamtheit auch deshalb von jeglicher Bebauung freizuhalten, um einen möglichst breiten Grünstreifen zu erhalten und so seine Funktion als Anbindung an die östliche Waldfläche zu stärken. Diese konzeptionellen Vorstellungen des Plangebers erhielten umso mehr Gewicht, als die in diesem Bereich angrenzenden Grundstücke nördlich bzw. südlich des R. Baches bereits zum Zeitpunkt der Planaufstellung bebaut waren und dadurch den Raum, der für die Zweckbestimmung Grünfläche mit Verbindungsfunktion zur bewaldeten Fläche im Osten zur Verfügung stand, bereits deutlich einengten. Dieses Plankonzept ist weder durch ihm widersprechendes tatsächliches Baugeschehen im Plangebiet überholt noch wird es durch bauliche Entwicklungen in Frage gestellt, die sich außerhalb des Geltungsbereichs des Bebauungsplans vollziehen. Die ihr zugedachte Funktion kann die auf der Antragsfläche festgesetzte Grünfläche nach wie vor erfüllen.

Diesem klar hervorgehobenen Ziel des Bebauungsplans widerspräche es, wenn dem Kläger die Bebauung seines Grundstücks erlaubt würde. Eine dem ausdrücklich verlautbarten Plankonzept zuwiderlaufende Entwicklung des Plangebietes bedarf einer neuen planerischen Entscheidung des dafür zuständigen Gemeindeorgans und kann nicht von der Baugenehmigungsbehörde durch Erteilung einer Baugenehmigung vorgenommen werden.

Nr. 85

Eine Befreiung für eine Kindertagesstätte in einem reinen Wohngebiet nach BauNVO 1977 kann wegen einer Unvereinbarkeit mit den Grundzügen der Planung rechtswidrig sein, wenn es zur Konzeption des Bebauungsplans für einen neuen Ortsteil gehört, daß solche Einrichtungen in den zentralen Flächen des Kerngebiets und des allgemeinen Wohngebiets geschaffen werden sollen und nicht in den peripheren Flächen des reinen Wohngebiets.

BauGB §31 Abs. 2.

Hamburgisches OVG, Urteil vom 29. Juli 2004 – 2 Bf 107/01 –.

Die Kläger begehren die Aufhebung der dem Beigeladenen für die Errichtung der Kindertagesstätte in ihrer unmittelbaren Nachbarschaft erteilten und mittlerweile umgesetzten Baugenehmigung.

Aus den Gründen:

II. 1. Auf Grund der Ausweisungen des im Jahre 1982 erlassenen Bebauungsplans darf die Kindertagesstätte auf dem Grundstück des Beigeladenen nicht errichtet werden. Denn dieser weist dieses Grundstück wie alle anderen umliegenden Grundstücke, u. a. jene der Kläger, als reines Wohngebiet aus. Welche Nutzungen in einem festgesetzten Baugebiet zulässig sind, ergibt sich aus den Vorschriften der Baunutzungsverordnung zur Art der baulichen Nutzung. Diese werden gemäß §1 Abs. 3 Satz 2 BauNVO mit der Festsetzung eines Baugebietes Bestandteil des Bebauungsplans. Maßgeblich für die Beurteilung der Zulässigkeit des Vorhabens ist dabei die bei Erlaß des Bebauungsplans geltende Baunutzungsverordnung, vorliegend die Baunutzungsverordnung i. d. F. der Bekanntmachung vom 15. 9. 1977 (BGBl. I, 1763) – BauNVO 1977 –. Denn die Konkretisierung der Festsetzungen des Bebauungsplans zur Art der zulässigen Nutzung erfolgt statisch durch jene Fassung der Baunutzungsverordnung, die zum Zeitpunkt des Erlasses des Bebauungsplanes galt; spätere Änderungen der Baunutzungsverordnung wirken sich auf nicht ausdrücklich an spätere Änderungen angepaßte Bebauungspläne nicht aus (vgl. z. B. BVerwG, Urteil v. 27. 2. 1992, BVerwGE 90, 57, 60 f.).

Nach §3 Abs. 1 BauNVO 1977 dienen reine Wohngebiete ausschließlich dem Wohnen; zulässig sind – von vorliegend nicht einschlägigen Ausnahmen abgesehen – nur Wohngebäude. Die dem Beigeladenen genehmigte Errichtung eines Kindertagesheims dient nicht der Wohnnutzung, sondern stellt eine Anlage für soziale Zwecke dar, die erst auf der Basis von §3 Abs. 3 Nr. 2 BauNVO i. d. F. vom 23. 1. 1990 (BGBl. I, 132) in reinen Wohngebieten zulässig geworden ist.

2. Auch die im Widerspruchsverfahren erteilte Befreiung von den Festsetzungen des Bebauungsplans nach §31 Abs. 2 BauGB, vorliegend anzuwenden in der bis zum 31. 12. 1997 geltenden Fassung vom 8. 12. 1986 (BGBl. I, 2253), ist rechtswidrig.

a) Dabei kann im Ergebnis dahinstehen, ob Gründe des Wohls der Allgemeinheit vorlagen, die die Befreiung gemäß §31 Abs. 2 Nr. 1 BauGB erfordern, wie die Beklagte im Widerspruchsbescheid angenommen hat.

Nr. 85

Zutreffend ist zwar, daß Kindertagesstätten dem Allgemeinwohl dienen und unter Anwendung der BauNVO 1977 als typisches Beispiel für eine mögliche Befreiung von den Festsetzungen eines Bebauungsplans gemäß §31 Abs. 2 Nr. 1 BauGB angesehen werden (vgl. z.B. Fickert/Fieseler, BauNVO, 8. Aufl., Vor §§2 bis 9, Rdnr. 7.7); alles spricht ferner dafür, daß die Beklagte zum Zeitpunkt des Genehmigungsverfahrens im Ergebnis zutreffend einen Bedarf für die Errichtung einer weiteren Kindertagesstätte gesehen hat.

Allein hieraus folgt jedoch nicht, daß das Wohl der Allgemeinheit die Erteilung einer Befreiung gerade für das streitige Grundstück erfordert, sondern bedürfte es auch der Prüfung, ob diese Kindertagesstätte nicht ohne weiteres an anderer Stelle im Plangebiet hätte verwirklicht werden können, ohne daß eine Abweichung von den Festsetzungen des Bebauungsplans erforderlich gewesen wäre. Der Klärung dieser Frage stand im Berufungsverfahren bereits entgegen, daß die Beklagte nicht in der Lage war, Sachakten vorzulegen oder im übrigen substantiiert Geschehensabläufe darzulegen, aus denen nachvollziehbar ist, aus welchem Grunde das streitige Grundstück – bereits zu einem sehr frühen Zeitpunkt – als Standort eines Kindestagesheims ausgewählt und später dann dem Beigeladenen zur Verfügung gestellt worden ist. ...

b) Die weitere Klärung dieser Frage ist entbehrlich, weil die Beklagte eine Befreiung von den Festsetzungen eines Bebauungsplans aus Gründen des Wohls der Allgemeinheit rechtsfehlerfrei nur hätte erteilen können, wenn die Grundzüge der Planung nicht berührt werden. Letzteres ist jedoch der Fall.

Auch wenn dieses Tatbestandsmerkmal in der zum Zeitpunkt der Widerspruchsentscheidung noch geltenden Fassung des Baugesetzbuches ausdrücklich nur in §31 Abs. 2 Nr. 2 BauGB erwähnt war, handelte es sich vor der seit 1998 erfolgten Klarstellung um eine ungeschriebene, für alle Befreiungstatbestände geltende zwingende Befreiungsvoraussetzung (vgl. z.B. BVerwG, Urteil v. 9.6.1978, BVerwGE 56, 71, 77f.; BVerwG, Urteil v. 20.11.1989, NVwZ 1990, 556; Söfker, in: Ernst/Zinkahn/Bielenberg, BauGB, Stand 2004, §31 Rdnr. 35, 30; Battis/Krautzberger/Löhr, BauGB, 8. Aufl., §31 Rdnr. 29 m.w.N.).

Die Grundzüge der Planung werden dabei durch die den Festsetzungen des Bebauungsplans zugrunde liegende und in ihnen zum Ausdruck kommende planerische Konzeption gekennzeichnet. Eine Befreiung kommt insofern nur in Betracht, wenn von Festsetzungen abgewichen wird, die das jeweilige Planungskonzept nicht tragen oder die für die Verwirklichung der Konzeption nicht ins Gewicht fallen, so daß die im Bebauungsplan zum Ausdruck kommende Konzeption der städtebaulichen Ordnung in ihrem grundsätzlichen Charakter unangetastet bleibt (vgl. z.B. BVerwG, Urteil v. 9.3.1990, NVwZ 1990, 873, 874; Söfker, in: Ernst/Zinkahn/Bielenberg, §31 Rdnr.36; Battis/Krautzberger/Löhr, §31 Rdnr.29 i.V.m. §13 Rdnr.2). Denn die Befreiung führt zu einer Durchbrechung des vom Plangeber normativ gesetzten und verbindlichen Rahmens für die städtebauliche Ordnung und Entwicklung im Geltungsbereich des Planes durch eine administrative Einzelentscheidung. Dies muß zur Folge haben, daß von Festsetzungen, denen ein spezielles planerisches Konzept zugrunde liegt, i.d.R. keine oder nur untergeordnete Abweichungen im Wege der Befreiung in Betracht kommen können.

Andernfalls würde der in den Ausweisungen des Bebauungsplans zum Ausdruck kommende Interessenausgleich durch die Befreiung in Frage gestellt werden (vgl. z. B. BVerwG, Urteil v. 9.6.1978, a.a.O., S. 77f.; Söfker, a.a.O., §31 Rdnr. 37; Battis/Krautzberger/Löhr, a.a.O., §13 Rdnr. 2). Die streitige Baugenehmigung berührt die Grundzüge der Planung, wie sie im Bauungsplan und seiner Begründung niedergelegt sind. Denn dieser Bebauungsplan läßt eine klare planerische Konzeption für die Aufteilung und Zuordnung der einzelnen Nutzungen, insbesondere für die Anordnung der Gemeinbedarfseinrichtungen, im Plangebiet erkennen, die mit der Befreiung durchbrochen oder jedenfalls ernstlich in Frage gestellt wird und deshalb einer Entscheidung des Plangebers bedurft hätte, wie sie im übrigen hinsichtlich einzelner anderer Festsetzungen durch mehrere Änderungen und Ergänzungen des Bebauungsplans im Zuge der Bebauung des Gebietes erfolgt ist.

Dieser Bebauungsplan regelt die Bebauung des weitestgehend geschlossenen neuen Wohngebiets mit ursprünglich geplanten ca. 2700 Wohneinheiten. Nach Westen war das Plangebiet zum Zeitpunkt der Planung durch landwirtschaftliche Flächen begrenzt, gleiches galt für die nach Süden angrenzenden Flächen, auf denen nunmehr eine Autobahn verläuft. Nach Norden nimmt der Eisenbahndamm der Verbindungen nach Bergedorf/Berlin eine strikte Trennung vor. Lediglich nach Osten schloß sich bereits bebautes Gebiet jenseits des N. Landwegs an, das allerdings eine gänzlich andere Siedlungsstruktur aufweist.

Dieses neue Wohngebiet ist planerisch in sich klar und eindeutig konzipiert. Entlang des Eisenbahndamms sind ein kleines Gewerbegebiet, eine Ausweisung als allgemeines Wohngebiet sowie im nordöstlichen Randbereich am S-Bahnhof N. eine Kerngebietsausweisung vorhanden. Von letzterem zieht sich in südwestlicher Richtung eine Wege- und Bebauungsachse zum Mittelpunkt des Plangebiets, die als allgemeines Wohngebiet ausgewiesen ist und dort auf Gemeinbedarfsflächen für die Errichtung einer Schule, einer Kirche sowie für Sportanlagen trifft. Auch eine Fläche für ein Kindertagesheim der Beklagten ist am Rande dieses Bereichs ausdrücklich als Gemeinbedarfsfläche ausgewiesen. Um diesen Kern herum gruppieren sich nach Westen, Süden und Osten jeweils reine Wohngebiete. In der Begründung zum Bebauungsplan wird diese Zuordnung aufgenommen und ausgeführt:

„Die Flächen für die erforderlichen Gemeinbedarfseinrichtungen wurden unter Berücksichtigung der Erreichbarkeit über die Straßen- und Wegeverbindungen in günstiger Zuordnung zu den umgebenden Wohn- und Grüneinrichtungen festgesetzt.

Die ausgewiesene Schulfläche von 1,8 ha entspricht dem Richtwert für eine 20-klassige Volksschule. Die vorgesehene Fläche bietet die Möglichkeit, die Schule um Einrichtungen für die Beobachtungsstufe sowie die Haupt- und Realschule zu erweitern. Für den Spitzenbedarf im Grundschulbereich und für Bedarfe der Beobachtungsstufe und des Haupt- und Realschulbereichs einschließlich Fachräumen, der in Pavillons abgedeckt werden soll, besteht nach §4 Abs. 2 Nr. 3 der Baunutzungsverordnung die Möglichkeit, vorübergehend die nordöstlich der Schulfläche festgesetzte allgemeine Wohngebietsfläche von ebenfalls 1,8 ha in Anspruch zu nehmen, so daß hier kurzfristig eine Realisierung von Wohnungsbau nicht gegeben ist.

Für ein Kindertagesheim wurde eine Fläche von 0,8 ha festgelegt. Auch hier kann die nördlich angrenzende allgemeine Wohngebietsfläche von 0,6 ha vorübergehend für einen zu erwartenden Spitzenbedarf in Anspruch genommen werden, so daß ebenfalls ein Wohnungsbau auf dieser Fläche kurzfristig nicht zu realisieren ist.

Für die ältere Bevölkerung des Neubaugebiets sowie der angrenzenden Wohngebiete ... soll innerhalb der Geschoßwohnungsbauflächen eine Altentagesstätte eingerichtet werden, wenn der Bedarf vorliegt. ..."

Dies zeigt, daß die Planung auf die Schaffung eines in sich gegliederten, infrastrukturell voll ausgestatteten Stadtviertels ausgerichtet war und ist.

Die zielgerichtete gestalterische Funktion der Flächenzuordnung zeigt sich im übrigen auch im Verhältnis zu dem in der Folge erlassenen Bebauungsplan vom Juni 1992 für das jenseits eines Grüngürtels westlich an das Plangebiet anschließende weitere Neubaugebiet. Dieses Wohngebiet für ca. 3700 Wohneinheiten weist eine in den hier interessierenden Bereichen klar abweichende Struktur auf, indem Gemeinbedarfsflächen für Schulen und Kindergärten nicht zentralisiert, sondern gerade auch hinsichtlich der Flächen für Kindertageseinrichtungen dezentral über das gesamte Plangebiet verteilt und in die jeweiligen Wohnquartiere integriert worden sind.

Die dargelegte Konzeption des Bebauungsplans von 1982 wird im übrigen durch die Schrift der Baubehörde der Beklagten „A. – Wohnen am Wasser" ausdrücklich bestätigt. Denn in dieser wird mehrfach ausdrücklich und als Vorteil hervorgehoben, daß alle Gemeinbedarfseinrichtungen zentral gelegen seien:

„Hervorzuheben sind weiterhin das Wegenetz, die Vielzahl von Grünflächen und die zentral gelegenen Gemeinschaftseinrichtungen."

„Gemeinschaftseinrichtungen wie Kindertagesstätten, das Spielplatzhaus, die Grundschule mit ihrer Turnhalle und ihren Sportflächen und auch das Gemeinschaftshaus des Wohngebietes sind zentral gelegen."

„Eine Hauptwegeverbindung, der E.-Weg, durchquert vom S-Bahnhof ausgehend über den Fleetplatz hinweg das gesamte Wohngebiet. An diesem Weg reihen sich leicht erreichbar die wichtigen Einrichtungen des Stadtteils auf: Vom Bürgerhaus gegenüber dem S-Bahnhof, über die Kindertagesstätte, das Grachtenhaus mit seinen Läden und Arztpraxen, die geplante evangelische Kirche mit Gemeindezentrum und die Grundschule."

Vor diesem Hintergrund stellt die Genehmigung des streitigen Kindertagsheims der Beigeladenen in dezentraler Lage unmittelbar am Rand des Plangebiets in einem reinen Wohngebiet eine Abkehr vom planerischen Konzept dar und löst den Bedarf einer planerischen Entscheidung aus.

Dies gilt um so mehr, als die Beklagte zum Zeitpunkt der Genehmigung des streitigen Kindertagesheims berücksichtigen mußte, daß sie dem Beigeladenen auf dem unmittelbar benachbarten Grundstück bereits den Bau und Betrieb einer weiteren Kindertagesstätte ohne zeitliche Befristung genehmigt hatte und damit an dieser Stelle eine Massierung dieser Einrichtungen eintreten würde, die auch unter diesem Gesichtspunkt geeignet ist, Spannungen zur planungsrechtlich ausgewiesenen Nutzung zu erzeugen. Solche ergeben sich insbesondere aus der Größe der beiden Kindertagesstätten. Jede der beiden Einrichtungen, vor allem aber die Summation beider Kindertagesstätten, erreicht eine Größe, die deutlich über eine kleine, in ihrer Größe und Wirkung tendenziell zu vernachlässigende Einrichtung für den bloßen Nachbarschaftsbedarf hinausgeht. Denn zusammen weisen beide Kindertagesstätten eine Aufnahmekapazität von bis zu ca. 200 Kindern auf und haben mit 0,5 ha Fläche eine Größe, die mehr als die Hälfte jener Fläche beträgt, die im gesamten Plangebiet speziell für Kindertagesstätten ausgewiesen werden sollte. Solche Spannungen können sich aber auch daraus ergeben, daß beide Kindertagesstätten in einem sehr geringen Abstand zur benachbarten Wohnbebauung der Kläger errichtet worden sind und auf diese Weise naturgemäß Immissionsbelastungen der Nachbarschaft zu befürchten waren, die auf Grund der Kapazität der Einrichtungen über das Maß hinausgehen können, das Bewohner auch in einem reinen Wohngebiet typischerweise zu erwarten und hinzunehmen haben.

Nr. 86

Der angestrebte Standort muß nicht der einzige sein, mit dem die ausreichende Netzversorgung „stehen und fallen würde". Andererseits kann der Netzbetreiber nicht einseitig seine technischen Belange und wirtschaftlichen Interessen durchsetzen.
(Nichtamtlicher Leitsatz)

BauGB § 31 Abs. 2.

Bundesverwaltungsgericht, Beschluß vom 5. Februar 2004 – 4 B 110.03 –.

(OVG Rheinland-Pfalz)

Aus den Gründen:
Die Beschwerde wirft die Frage auf: Ist eine Befreiung von den Festsetzungen des Bebauungsplans nach „vernünftigerweise geboten" im Sinne der Rechtsprechung des Bundesverwaltungsgerichts, wenn ein Netzbetreiber den Nachweis erbringen kann, daß der Standort für die von ihm vorgesehene Mobilfunksendeanlage der sendetechnisch optimale Standort ist? Diese Fragestellung rechtfertigt nicht die Zulassung der Revision wegen grundsätzlicher Bedeutung.

Das Berufungsgericht nimmt wörtlich Bezug auf das Urteil des Bundesverwaltungsgerichts vom 9.6.1978 (– 4 C 54.75 –, BVerwGE 56, 71 = BRS 33 Nr. 150 = BauR 1978, 387). Dort hat der Senat u.a. ausgeführt: Gründe des Wohls der Allgemeinheit „erfordern" eine Befreiung nicht erst dann, wenn den Belangen der Allgemeinheit „auf keine andere Weise als durch eine Befreiung entsprochen werden könnte", sondern nach dem Sinn und Zweck der Vorschrift schon dann, wenn es zur Wahrnehmung des jeweiligen öffentlichen

Interesses vernünftigerweise geboten ist, mit Hilfe der Befreiung das Vorhaben an der vorgesehenen Stelle zu verwirklichen. Die Befreiung muß nicht schlechterdings das einzige denkbare Mittel für die Verwirklichung des jeweiligen öffentlichen Interesses sein; dessen Erfüllung muß also nicht – anders ausgedrückt – mit der Erteilung der Befreiung „stehen und fallen". Auch dann, wenn andere – auch weniger naheliegende – Möglichkeiten zur Erfüllung des Interesses zur Verfügung stehen, kann eine Befreiung zur Wahrnehmung des öffentlichen Interesses in dem vorstehend erläuterten Sinne „vernünftigerweise geboten" sein. Daß die Befreiung dem Gemeinwohl nur irgendwie nützlich oder dienlich ist, reicht allerdings nicht aus. Maßgebend dafür, ob die Befreiung „vernünftigerweise geboten" ist, sind die Umstände des Einzelfalls; dabei kann es auch auf – nach objektiven Kriterien zu beurteilende – Fragen der Zumutbarkeit und Wirtschaftlichkeit ankommen. Aus dieser Rechtsprechung ergibt sich ohne weiteres, daß zum einen der angestrebte Standort nicht der einzige sein muß, mit dem die ausreichende Netzversorgung „stehen oder fallen würde". Andererseits kann der Netzbetreiber nicht einseitig seine technischen Belange und wirtschaftlichen Interessen durchsetzen. Vielmehr hat die Baurechtsbehörde die einander entgegenstehenden Belange der Wahrung der mit den Festsetzungen im Bebauungsplan angestrebten Ziele einerseits und der entgegenstehenden öffentlichen Belange einer flächendeckenden Versorgung (vgl.) mit Einrichtungen des Mobilfunks andererseits bezogen auf die Standortbedingungen im Einzelfall zu gewichten und zueinander abwägend in ein angemessenes Verhältnis zu setzen. Vorliegend gelangt das Berufungsgericht zu dem Ergebnis, daß der betroffene Stadtteil derzeit unzureichend versorgt sei und die von der Beklagten vorgeschlagenen alternativen Standorte nicht geeignet seien, eine mit dem streitigen Standort vergleichbare Versorgung zu gewährleisten. Damit würdigt es die spezifische Situation im vorliegenden Einzelfall.

Nr. 87

1. Durchschneidet die Trasse einer Straßenbahn, die allein dem innerörtlichen Verkehr dient, eine in einem Bebauungsplan festgesetzte Baugebietsfläche, müssen bei Erlaß des Planfeststellungsbeschlusses die Voraussetzungen für die Erteilung einer Befreiung gemäß § 31 Abs. 2 BauGB vorliegen.

2. Grundzüge der Planung i.S. von § 31 Abs. 2 BauGB sind nicht stets berührt, weil eine Baugebietsfläche um die Fläche für eine Straßenbahntrasse vermindert wird.

PBefG § 28 Abs. 1 Satz 2; VwVfG § 75 Abs. 1 Satz 1; BauGB §§ 31 Abs. 2, 38 Satz 1.

VGH Baden-Württemberg, Urteil vom 15. Oktober 2004 – 5 S 2586/03 –.

Der Kläger wendet sich gegen den Planfeststellungsbeschluß des Regierungspräsidiums Karlsruhe für den Neubau der Straßenbahn Karlsruhe-Nordstadt/Heide von 2003.

Gegenstand des Plans ist eine 3,1 km lange zweigleisige, auf einem besonderen Bahnkörper geführte Straßenbahnstrecke. Mit ihr sollen Teile der Weststadt, der Nordstadt mit der Hardtwaldsiedlung sowie der Stadtteil Neureut/Heide erschlossen werden. Der Kläger ist Testamentsvollstrecker über den Nachlaß der Verstorbenen Frau Dr. K. Zum Nachlaß gehört das Grundstück X. Es ist mit einem Wohnhaus nebst Atelier bebaut, liegt im Gebiet des Bebauungsplans „Nutzungsartfestsetzung" und ist als reines Wohngebiet festgesetzt. Von ihm werden 35 m² Gartenfläche für die Trasse in Anspruch genommen.

Aus den Gründen:
2. Rechtswidrig ist der Planfeststellungsbeschluß auch nicht deshalb, weil die Trasse das im Bebauungsplan „Nutzungsartfestsetzung" der Stadt Karlsruhe von 1984 in dem Straßengeviert ... festgesetzte reine Wohngebiet durchschneidet. Insoweit hat das Regierungspräsidium gemäß §75 Abs. 1 Satz 1 LVwVfG (Kopp/Ramsauer, VwVfG, 7. Aufl., §75 Rdnr. 76) im Planfeststellungsbeschluß ohne Rechtsfehler eine Befreiung gemäß §31 Abs. 2 BauGB ausgesprochen.

Durchschneidet die Trasse einer Straßenbahn, die allein dem innerörtlichen Verkehr dient, eine in einem Bebauungsplan festgesetzte Baugebietsfläche, müssen bei Erlaß des Planfeststellungsbeschlusses die Voraussetzungen für die Erteilung einer Befreiung gemäß §31 Abs. 2 BauGB vorliegen. Zwar sind nach §38 Satz 1 Halbs. 1 BauGB auf Planfeststellungsverfahren und sonstige Verfahren mit den Rechtswirkungen der Planfeststellung für Vorhaben von überörtlicher Bedeutung die §§29 ff. BauGB nicht anzuwenden, wenn die Gemeinde beteiligt wird. Um ein überörtliches Vorhaben handelt es sich bei der Planfeststellung einer Straßenbahnlinie, die allein dem innerörtlichen Verkehr dient, jedoch nicht (vgl. Runkel, in: Ernst/Zinkahn/Bielenberg, BauGB, §38 Rdnrn. 37, 152). Der Anwendbarkeit von §§29 ff. BauGB steht auch nicht entgegen, daß nach §28 Abs. 3 Satz 2 PBefG die Planfeststellung zusätzlich durchzuführen ist, soweit von Festsetzungen des Bebauungsplans abgewichen werden soll. Denn diese Vorschrift bezieht sich allein auf Ergänzungen eines planersetzenden Bebauungsplans gemäß §29 Abs. 3 Satz 1 PBefG (Ronellenfitsch, in: Marschall/Schroeter/Kastner, FStrG, 5. Aufl., Rdnr. 213) und regelt im übrigen nicht die Anwendbarkeit der §§29 ff. BauGB, die sich allein aus §38 Satz 1 Halbs. 1 BauGB ergibt. Die im Ergebnis abweichende Entscheidung des Senats vom 3. 7. 1998 (- 5 S 1/98 -, BRS 60 Nr. 13) ist noch auf der Grundlage der bis zum 31. 12. 1997 geltenden Fassung von §38 BauGB ergangen.

Die Beigeladene hält die ausgesprochene Befreiung für entbehrlich, weil die Festsetzungen des Bebauungsplans „Nutzungsartfestsetzung" dem Vorhaben nicht entgegenstünden. Es handele sich um einen einfachen Bebauungsplan, der keine öffentlichen Verkehrsflächen festsetze. Damit schließe er in den festgesetzten Wohngebieten öffentliche Verkehrsflächen nicht aus.

Dem vermag der Senat nicht zu folgen. Die Festsetzung der Gebietsart im Bebauungsplan „Nutzungsartfestsetzung" erfaßt jeweils nur das Innere einzelner Straßengevierte. Insoweit wird gemäß §1 Abs. 2 BauNVO für einzelne Flächen die Art der baulichen Nutzung i.S. von §9 Abs. 1 Nr. 1 BauNVO bestimmt. In den Baugebieten gemäß §1 Abs. 2 BauNVO ist die Anlage von (privaten) Verkehrsflächen nur so weit zulässig, wie sie der jeweils zulässigen Nutzung zugeordnet werden können (vgl. auch §12 BauNVO). Öffentliche Verkehrsflächen sind gemäß §9 Abs. 1 Nr. 11 BauNVO eigens auszuweisen. Aus dem Umstand, daß die Stadt Karlsruhe die (vorhandenen) öffentlichen Verkehrsflächen nicht in den Bebauungsplan „Nutzungsartfestsetzung" einbezogen hat und auch sonst keine öffentlichen Verkehrsflächen vorsieht, kann – ungeachtet der Frage, ob dies zulässig wäre – nicht gefolgert werden, sie habe die Anlage öffentlicher Verkehrsflächen in den festgesetzten Baugebieten zulassen wollen. Vielmehr spricht alles dafür, daß sie eine zusätzliche Ausweisung öffentlicher Verkehrsflächen angesichts der vorhandenen ausreichenden Erschließung der Grundstücke in den Straßengevierten für nicht erforderlich gehalten hat.

Indes liegen die Voraussetzungen für die ausgesprochene Befreiung vor. Grundzüge der Planung i. S. von §31 Abs. 2 BauGB (vgl. BVerwG, Beschluß v. 5. 3. 1999 – 4 B 5.99 –, BRS 62 Nr. 99 = Buchholz 406.11 §31 BauGB Nr. 39) sind nicht stets berührt, wenn eine Baugebietsfläche um die Fläche für eine Straßenbahntrasse vermindert wird. Der räumliche Umgriff eines Baugebiets ist nicht ohne weiteres ein Grundzug der Planung. Der Senat entnimmt dem Bebauungsplan „Nutzungsartfestsetzung" keine Anhaltspunkte dafür, daß das planerische Grundkonzept auch die räumliche Unversehrtheit der jeweiligen Straßengevierte, insbesondere des hier betroffenen Straßenquartiers umfaßt. Solche Anhaltspunkte ergeben sich auch nicht aus der vorhandenen Bebauung und Nutzung des Straßengevierts. Dagegen ist es ein Grundzug der Planung, daß in den ausgewiesenen Baugebieten keine unverträglichen Nutzungen ermöglicht werden. Mit einem reinen Wohngebiet unvereinbar ist die Straßenbahntrasse jedoch nicht. Die nach §2 der 16. BImSchV maßgeblichen Lärmgrenzwerte werden eingehalten. Ob es darüber hinaus erforderlich wäre, daß die Straßenbahn der Erschließung des Baugebiets selbst dient, kann offenbleiben. Denn dies ist bei der gebotenen großräumigen Betrachtung offensichtlich der Fall.

Für diese Beurteilung spricht im übrigen auch, daß ansonsten die Planfeststellung eines Vorhabens von nur örtlicher Bedeutung i. S. von §38 Abs. 1 Halbs. 1 BauGB in Bebauungsplangebieten außerhalb der festgesetzten öffentlichen Verkehrsflächen regelmäßig ausgeschlossen und der Vorhabenträger deshalb auf eine Änderung des Bebauungsplans bzw. dem Bebauungspläne angewiesen wäre. Dies entspräche ersichtlich nicht dem Willen des Gesetzgebers, der das Instrument des Bebauungsplans ersatzweise anstelle der Planfeststellung vorsieht (§28 Abs. 3 Satz 1 PBefG).

Schließlich ist die Abweichung vom Bebauungsplan städtebaulich vertretbar und unter Würdigung nachbarlicher Interessen mit den öffentlichen Belangen vereinbar.

Nr. 88

1. **Nach der Privatisierung der Deutschen Bundespost können „Flächen für den Gemeinbedarf" nach §9 Abs. 1 Nr. 5 BauGB für die Grundversorgung**

mit Postdienstleistungen (Universaldienst i. S. von §§ 11 ff. PostG) festgesetzt werden.

2. Die kommunale Bauleitplanung darf sich dem Strukturwandel im Postwesen nicht verschließen. Das Interesse der Deutschen Post AG an einer wirtschaftlichen Nutzung ihres Grundeigentums sowie die Rahmenbedingungen der privatwirtschaftlichen Erbringung von Postdienstleistungen sind bei der planerischen Abwägung zu berücksichtigen.

BauGB § 9 Abs. 1 Nr. 5, § 1 Abs. 3 und 6; GG Art. 87 f; PostG §§ 11 ff.

Bundesverwaltungsgericht, Urteil vom 30. Juni 2004 – 4 CN 7.03 –.

(Bayerischer VGH)

Die Antragstellerin, die Deutsche Post AG, wendet sich im Wege der Normenkontrolle gegen den 1999 bekanntgemachten Bebauungsplan „Rathaus und Umgebung" der Antragsgegnerin.

Die Antragstellerin ist Eigentümerin eines im Ortszentrum der Antragsgegnerin gelegenen Gebäudes, das als „Postamt" genutzt wird. Auf dem benachbarten Grundstück stehen das Verkehrsamt und das Rathaus. Südlich grenzt ein öffentlicher Park an. Der angegriffene Bebauungsplan faßt diese Einrichtungen und den Park zu „Flächen für Gemeinbedarf" zusammen. Das Gebäude der Antragstellerin ist mit dem Zusatz „Postamt" und dem Planzeichen für die Post (Posthorn) versehen. Auf dem Grundstück sind ferner private Parkflächen mit dem Zusatz „Kundenparkplatz Post" ausgewiesen. Das Plangebiet ist von Wohnbebauung umgeben. Nach dem Entwurf für die Begründung des Bebauungsplans dient die Planung dazu, eine „optimale Infrastruktur im Zentrum des Dorfes für die Bürger" zu schaffen und zu erhalten sowie zu verhindern, „daß in diesem zentralen Ortsbereich weitere Wohnbebauung oder störende Gewerbeansiedlungen entstehen".

Im Aufstellungsverfahren machte die Antragstellerin geltend, nach der Postreform erfolge die Versorgung der Bevölkerung mit Postdienstleistungen durch die Deutsche Post AG als ein privatwirtschaftlich geführtes Unternehmen. Die alte Kennzeichnung mit dem Posthorn (Gemeinbedarfsfläche Post) sei daher nicht mehr zeitgemäß. Die Antragstellerin bat darum, „die Darstellung im Bebauungsplan in Mischgebiet oder eine andere für unsere Nutzung geeignete Darstellung" abzuändern. Der Gemeinderat der Antragsgegnerin lehnte dies ab und beschloß den Bebauungsplan als Satzung.

Aus den Gründen:

II. Der Verwaltungsgerichtshof hat zu Recht entschieden, daß Postfilialen für die Grundversorgung mit Postdienstleistungen (sog. Universaldienst) auch nach der Privatisierung der Deutschen Bundespost im Zuge der Postreformen I und II auf der Grundlage von § 9 Abs. 1 Nr. 5 BauGB als „Flächen für den Gemeinbedarf" ausgewiesen werden dürfen. Die dagegen gerichteten grundsätzlichen verfassungsrechtlichen Einwände der Revision greifen nicht durch. Der Strukturwandel des Postwesens ist bei der planerischen Abwägung zu berücksichtigen. Die Festsetzung einer Gemeinbedarfsfläche „Post" für das streitbefangene Grundstück der Antragstellerin ist bauplanungsrechtlich nicht zu beanstanden.

Der Verwaltungsgerichtshof sieht in dem Zusatz „Postamt" für das Grundstück der Antragstellerin eine durch die Privatisierung der Post überholte unschädliche Falschbezeichnung, die im Kern auf die Erbringung von Post-

Nr. 88

Universaldienstleistungen im Sinne des Postgesetzes vom 22.12.1997 (BGBl. I, 3294, mit späteren Änderungen) und der Post-Universaldienstleistungsverordnung (PUDLV) vom 15.12.1999 (BGBl. I, 2418) zielt und andere Posteinrichtungen wie etwa ein Verteilungszentrum (Zustellstützpunkt) ausschließt. An diese Auslegung der Planzeichnung, die Bestandteil des irreversiblen Landesrechts ist, ist der erkennende Senat gebunden (§ 173 VwGO i.V.m. §560 ZPO). Bundesrechtliche Bedenken dagegen bestehen nicht.

1. „Flächen für den Gemeinbedarf", die für Post-Universaldienstleistungen bestimmt sind, können nach §9 Abs. 1 Nr. 5 BauGB festgesetzt werden. Die städtebauliche Ordnungsfunktion dieses Festsetzungsmittels erfaßt auch Einrichtungen des Post-Universaldienstes.

1.1 „Flächen für den Gemeinbedarf" legen die Art der baulichen Nutzung fest. Sie sind mit einer konkretisierenden Zweckbestimmung zu versehen, um die Mindestanforderungen des §30 Abs. 1 BauGB an die Festlegung der Nutzungsart zu erfüllen (BVerwG, Beschluß v. 13.7.1989 – 4 B 140.88 –, BRS 49 Nr. 79 = BauR 1989, 703 = Buchholz 406.11 §236 BauGB Nr. 1). Der in §9 Abs. 1 Nr. 5 BauGB verwendete Begriff des Gemeinbedarfs wird in §5 Abs. 2 Nr. 2 BauGB näher bestimmt und durch Beispiele erläutert (BVerwG, Beschluß v.18.5.1994 – 4 NB 15.94 –, BRS 56 Nr. 22 = BauR 1994, 485 = NVwZ 1994, 1004). Danach sind Gemeinbedarfsanlagen solche baulichen Anlagen und Einrichtungen, die der Allgemeinheit dienen. Beispielhaft werden Schulen und Kirchen sowie sonstigen kirchlichen, sozialen, gesundheitlichen und kulturellen Zwecken dienende Gebäude und Einrichtungen aufgezählt. Der Allgemeinheit dient eine Anlage i.S. von §5 Abs. 2 Nr. 2 BauGB, wenn sie, ohne daß die Merkmale des Gemeingebrauchs erfüllt zu sein brauchen, einem nicht fest bestimmten, wechselnden Teil der Bevölkerung zugänglich ist (BVerwG, Beschluß v. 18.5.1994 – 4 NB 15.94 –, a.a.O., S. 1005; Urteil v. 12.12.1996 – 4 C 17.95 –, BVerwGE 102, 351, 356 = BRS 58 Nr. 59 = BauR 1997, 440). Aus §5 Abs. 2 Nr. 2 BauGB und den Gesetzesmaterialien ergibt sich ferner, daß Gemeinbedarfsanlagen Einrichtungen der Infrastruktur darstellen, die der Gesetzgeber dem Oberbegriff der „Einrichtungen und Anlagen zur Versorgung mit Gütern und Dienstleistungen des öffentlichen und privaten Bereichs" zugeordnet hat (vgl. BVerwG, Urteil v. 12.12.1996 – 4 C 17.95 –, a.a.O., S.354).

§9 Abs. 1 Nr. 5 BauGB ermächtigt die Gemeinden, durch Standortvorsorge die gemeindliche Infrastruktur zu gestalten und auf diese Weise eine auf die örtlichen Verhältnisse zugeschnittene Infrastrukturpolitik zu betreiben. Mit der standortgenauen Festsetzung von Gemeinbedarfsanlagen kann die Gemeinde ihre Infrastruktur wirksamer steuern als mit der Ausweisung von Baugebieten (§§2 bis 11 BauNVO), die zwar je nach Gebietscharakter auch Gemeinbedarfsanlagen (z.B. Anlagen für Verwaltungen, Anlagen für kirchliche, kulturelle, soziale, gesundheitliche und sportliche Zwecke) offenstehen, jedoch eine Mehrzahl unterschiedlicher Nutzungsarten zu einem Baugebietstyp zusammenfassen und den Standort einzelner Einrichtungen und Anlagen nicht festlegen. §9 Abs. 1 Nr. 5 BauGB ermöglicht der Gemeinde, außerhalb der Baugebiete gezielt Flächen für Anlagen des „Gemeinbedarfs" zu reservieren und von anderen Nutzungen freizuhalten. Diese Festsetzung bietet sich vor allem für solche Anlagen und Einrichtungen an, die auf einen bestimmten, i. d. R. allgemein zugänglichen Standort angewiesen sind oder eine sonst nicht verfügbare größere Fläche für sich beanspruchen.

Die Ermächtigung zur standortgenauen Festsetzung von Gemeinbedarfsanlagen trägt einem besonderen Nutzungsinteresse der Allgemeinheit und dem gesteigerten Gemeinwohlbezug dieser Anlagen Rechnung. Auf die Rechtsform des Einrichtungsträgers kommt es nicht entscheidend an. Die Trägerschaft kann auch in der Hand einer natürlichen oder juristischen Person des Privatrechts liegen. In früheren Entscheidungen hat der erkennende Senat den erforderlichen Gemeinwohlbezug einer Anlage oder Einrichtung daher bejaht, „wenn mit staatlicher oder gemeindlicher Anerkennung eine öffentliche Aufgabe wahrgenommen wird, hinter der etwaiges privatwirtschaftliches Gewinnstreben eindeutig zurücktritt" (Beschluß v. 18. 5. 1994 – 4 NB 15.94 –, a. a. O., S. 1005; ebenso Urteil v. 12. 12. 1996 – 4 C 17.95 –, a. a. O., S. 356). Auf dieser Grundlage ist der Gemeinbedarfscharakter des Verwaltungsgebäudes eines Sozialversicherungsträgers (Beschluß v. 23. 12. 1997 – 4 BN 23.97 –, BRS 59 Nr. 71 = BauR 1998, 515 = NVwZ-RR 1998, 538), eines „unabhängigen selbst verwalteten Kultur- und Begegnungszentrums" (Beschluß v. 18. 5. 1994 – 4 NB 15.94 –, a. a. O., S. 1004) und einer (gemeinnützigen) ambulanten Einrichtung der Drogenhilfe (Beschluß v. 16. 12. 2000 – 4 B 4.00 –, NVwZ-RR 2001, 217) bejaht worden. Arztpraxen stellen dagegen keine Gemeinbedarfsanlagen i. S. von §5 Abs. 2 Nr. 2 und §9 Abs. 1 Nr. 5 BauGB dar; ihre Zulässigkeit richtet sich vielmehr nach §13 BauNVO (BVerwG, Urteil v. 12. 12. 1996 – 4 C 17.95 –, a. a. O., S. 356).

Die vom Senat bisher herangezogenen Kriterien zur Bestimmung von Gemeinbedarfsanlagen im Städtebaurecht sind jedoch nicht abschließend. Die Wahrnehmung „einer dem bloßen privatwirtschaftlichen Gewinnstreben entzogenen öffentlichen Aufgabe" (BVerwG, Urteil v. 12. 12. 1996 – 4 C 17.95 – , a. a. O.) ist zwar ein herkömmliches und typisches, aber kein zwingendes Merkmal von Gemeinbedarfsanlagen i. S. des §9 Abs. 1 Nr. 5 BauGB. Es ist als Abgrenzungskriterium entwickelt worden, bevor mit der Liberalisierung und Privatisierung ehemaliger Verwaltungsmonopole etwa in den Bereichen der Bahn, der Post und der Telekommunikation neue Formen der Grundversorgung der Allgemeinheit mit Dienstleistungen entstanden sind, die das Modell privatwirtschaftlicher Leistungserbringung zur Sicherung des Allgemeinwohls mit einer besonderen staatlichen Infrastrukturverantwortung verbinden, die marktwirtschaftlich bedingte Nachteile für die Bevölkerung verhindern soll. Die staatliche „Gewährleistungs- und Überwachungsverantwortlichkeit" (vgl. Gersdorf, in: von Mangoldt/Klein/Starck, GG, Band III, 4. Aufl. 2001, Rdnr. 21 zu Art. 87 f GG) kann je nach ihrer konkreten rechtlichen Ausgestaltung geeignet sein, den in §9 Abs. 1 Nr. 5 BauGB vorausgesetzten Gemeinwohlbezug auch solcher Anlagen und Einrichtungen herzustellen, deren Leistungserbringung sich nach privatwirtschaftlichen Grundsätzen vollzieht und auf Gewinnerzielung ausgerichtet ist.

1.2 Post-Universaldienstleistungen nach §11 ff. PostG, deren Qualitätsmerkmale und Rahmenbedingungen seit der Liberalisierung des Postmarktes durch die Postreform II unter dem Vorbehalt des Gewährleistungsauftrags in

Art. 87f Abs. 1 GG stehen, erfüllen die Voraussetzungen, die §9 Abs. 1 Nr. 5 BauGB an Anlagen und Einrichtungen des Gemeinbedarfs stellt.

Art. 87f GG verbindet die Grundentscheidung für die Aufgabenprivatisierung auf dem Postsektor (Abs. 2) mit dem an den Bund gerichteten Auftrag, im Bereich des Postwesens flächendeckend angemessene und ausreichende Dienstleistungen zu gewährleisten (Abs. 1). Der Gewährleistungsauftrag enthält auch eine Befugnis zur Regulierung. Der Infrastruktursicherungsauftrag soll verhindern, daß es bei und nach der Privatisierung des Postwesens zu einer Unterversorgung mit Dienstleistungen kommt, weil der Wettbewerb (noch) nicht funktioniert oder sich auf lukrative Bereiche beschränkt (BVerfG, Beschluß v. 7. 10. 2003 – 1 BvR 1712/01 –, BVerfGE 108, 370, 393). Die staatliche Infrastrukturverantwortung wird durch das Postgesetz und die Post-Universaldienstleistungsverordnung einfach-rechtlich umgesetzt. Für den Vollzug wurde die Regulierungsbehörde für Post und Telekommunikation errichtet (§71 ff. des Telekommunikationsgesetzes v. 25. 7. 1996, BGBl. I, 1120).

Die Regulierung des Postwesens ist eine hoheitliche Aufgabe des Bundes (Art. 87f Abs. 2 Satz 2 GG). Die staatliche Regulierung soll nach §2 Abs. 2 Nr. 2 und 3 PostG einen chancengleichen und funktionsfähigen Wettbewerb sowie eine flächendeckende Grundversorgung mit Postdienstleistungen zu erschwinglichen Preisen sicherstellen. Universaldienstleistungen sind nach §11 PostG ein Mindestangebot an lizenzpflichtigen Postdienstleistungen (insbesondere die Beförderung von Briefsendungen und adressierten Paketen), die flächendeckend in einer bestimmten Qualität und zu einem erschwinglichen Preis erbracht werden. Der Universaldienst umfaßt nur solche Dienstleistungen, „die allgemein als unabdingbar angesehen werden" (§11 Abs. 1 Satz 3 PostG). Eine optimale Infrastruktur ist nicht gefordert. Die Gewährleistungspflicht greift gerade dort ein, wo eine Grundversorgung auf längere Sicht im Wettbewerb nicht abzudecken ist (vgl. Uerpmann, in: von Münch/Kunig (Hrsg.), GG, Band III, 5. Aufl. 2003, Rdnr. 8 zu Art. 87f GG m. w. N.).

Die Qualitätsmerkmale der Briefbeförderung legt §2 Nr. 1 PUDLV fest. Bundesweit müssen bis zum 31. 12. 2007 mindestens 12000 stationäre Einrichtungen vorhanden sein, in denen Verträge über Briefbeförderungsleistungen abgeschlossen und abgewickelt werden können. In allen Gemeinden mit mehr als 2000 Einwohnern muß mindestens eine stationäre Einrichtung vorhanden sein. In zusammenhängend bebauten Wohngebieten von Gemeinden mit mehr als 4000 Einwohnern muß eine stationäre Einrichtung grundsätzlich in maximal 2000m für die Kunden erreichbar sein (vgl. §2 Nr. 1 Sätze 4 und 5 PUDLV i. d. F. des Zweiten Gesetzes zur Änderung des PostG, BGBl. I 2002, 572). §2 Nr. 2 bis 5 PUDLV enthält weitere Anforderungen an das Briefkastennetz und an die Betriebsabläufe. §13 PostG sieht die Auferlegung von Universaldienstleistungspflichten vor, wenn feststeht oder zu besorgen ist, daß eine Universaldienstleistung nicht ausreichend oder angemessen erbracht wird. Vorschriften über die Entgeltregulierung (Genehmigungspflicht) enthalten §§19ff. PostG.

Die Einbeziehung von Postfilialen für den Universaldienst in den Anwendungsbereich von §9 Abs. 1 Nr. 5 BauGB rechtfertigt sich letztlich aus der besonderen städtebaulichen Zielsetzung, die der Gesetzgeber diesem Festsetzungsmittel beigemessen hat. Wie bereits ausgeführt, stellt die Ermächtigung in § 9 Abs. 1 Nr. 5 BauGB ein Mittel der Standortvorsorge und der Flächensicherung für Infrastruktureinrichtungen dar, die der Allgemeinheit dienen und einen gesteigerten Gemeinwohlbezug aufweisen. Darunter fällt auch die Grundversorgung mit Postdienstleistungen (Universaldienst), auf die ein Großteil der Bevölkerung nach wie vor angewiesen ist. Der gesteigerte Gemeinwohlbezug, der die „Flächen für den Gemeinbedarf" kennzeichnet, zeigt sich in der staatlichen Infrastrukturverantwortung und ihrer einfach-rechtlichen Ausgestaltung. Der staatliche Gewährleistungsauftrag (Art. 87 f Abs. 1 GG) ermöglicht in Hinblick auf § 9 Abs. 1 Nr. 5 BauGB zugleich die Abgrenzung der Postzwecken dienenden Gemeinbedarfsanlagen von sonstigen Anlagen und Einrichtungen des Postsektors sowie von anderen privatwirtschaftlichen Dienstleistungen (etwa im Gesundheitswesen: Ärzte, Apotheker, sonstige Heilberufe) und Einrichtungen zur Versorgung der Bevölkerung mit Gebrauchsgütern des täglichen Lebens (Einzelhandel, Einkaufszentren), die zwar auch in einem weiteren Sinne dem öffentlichen Interesse (dem „allgemeinen Wohl") dienen, von § 9 Abs. 1 Nr. 5 BauGB aber eindeutig nicht erfaßt werden.

1.3 Zur Klarstellung sei angemerkt:

Die Zulässigkeit der Festsetzung einer „Gemeinbedarfsfläche" mit dem Zusatz „Post" ergibt sich nicht bereits daraus, daß § 33 Abs. 1 PostG jeden Lizenznehmer, der Briefzustelldienstleistungen erbringt, verpflichtet, Schriftstücke unabhängig von ihrem Gewicht nach den Vorschriften der Prozeßordnungen (z. B. §§ 175 ff. ZPO) und der Gesetze, welche die Verwaltungszustellung regeln (§ 41 VwVfG, § 3 VwZG), förmlich zuzustellen. Nach § 33 Abs. 1 Satz 2 PostG ist der Lizenznehmer im Umfang dieser Verpflichtung zwar mit Hoheitsbefugnissen ausgestattet und wird als beliehener Unternehmer tätig. Die förmliche Zustellung setzt jedoch einen Lizenznehmer, der Briefzustelldienstleistungen gewerbsmäßig erbringt, voraus und ist für den Post-Universaldienst nicht prägend.

Der Gemeinbedarfscharakter einer Postfiliale für den Universaldienst besteht im übrigen unabhängig davon, daß der Deutschen Post AG nach der Übergangsvorschrift des § 51 Abs. 1 Satz 1 PostG (i.V.m. dem Ersten Gesetz zur Änderung des PostG v. 2. 9. 2001, BGBl. I, 2271) bis zum 31. 12. 2007 das ausschließliche Recht zusteht, Briefsendungen und adressierte Kataloge bis zu einem bestimmten Einzelgewicht gewerbsmäßig zu befördern. Der Gemeinwohlbezug der Post-Universaldienstleistungen ist insbesondere nicht an die Fortdauer dieser gesetzlichen Exklusivlizenz geknüpft. Die Lizenzregelung, die durch Art. 143 b Abs. 2 Satz 1 GG abgesichert wird und den stufenweisen Strukturwandel im Postsektor erleichtern soll (vgl. BVerfG, Beschluß v. 7. 10. 2003 – 1 BvR 1712/01 –, a. a. O., S. 397 ff.), suspendiert zwar (übergangsweise) den Wettbewerb in den von ihr erfaßten Bereichen. Sie läßt jedoch die staatliche Infrastrukturverantwortung, die den Gemeinwohlbezug des Post-Universaldienstes herstellt, unberührt. Das gilt für die Dauer der Exklusivlizenz ebenso wie für die Zeit nach ihrem Auslaufen.

Eine andere Frage ist, ob der Plangeber mit der Bezeichnung „Postamt" eine Festsetzung zugunsten eines bestimmten Trägers, nämlich der (ehemaligen) Deutschen Bundespost oder (nach Abschluß der Postreform) der Deutschen Post AG, hat treffen wollen. Auch das betrifft zunächst die Auslegung von (irreversiblem) Landesrecht und beurteilt sich nach der konkreten Planungssituation und den Vorstellungen des Plangebers. Festsetzungen einer Gemeinbedarfsanlage zugunsten eines bestimmten Trägers setzen aber voraus, daß der jeweilige Bedarf dem Grunde oder seinem wesentlichen Umfang nach nur von diesem Träger gedeckt werden kann, die Festsetzung mit ihm also „steht oder fällt" (vgl. hierzu Bielenberg, in: Ernst/Zinkhahn/Bielenberg/Krautzberger, BauGB, Rdnr. 64 zu §9 BauGB). Das trifft bis zum Ablauf der Exklusivlizenz für den Universaldienst der Deutschen Post AG zu. Eine „individualisierte" Festsetzung zugunsten der Deutschen Post AG wird jedoch in dem Maße fragwürdig, in dem nach Ablauf der Lizenz auch andere private Anbieter auf den Postmarkt drängen und in der Lage sein werden, Universaldienstleistungen ordnungsgemäß zu erbringen. Es kann sich daher als klärungsbedürftig erweisen, ob die bauplanungsrechtliche Festsetzung einer Gemeinbedarfsfläche mit dem Zusatz „Post" auch andere private Anbieter von Postdienstleistungen erfassen soll, die später auf der festgesetzten Fläche an die Stelle der zunächst in Aussicht genommenen Deutschen Post AG treten wollen.

2. Der Einwand der Revision, die Festsetzung einer „Gemeinbedarfsfläche Post" greife in die Infrastrukturverantwortung („Verbandskompetenz") des Bundes ein und stelle eine nach dem Postgesetz unzulässige Regulierungsmaßnahme dar, geht fehl.

Der Infrastruktursicherungsauftrag des Art. 87f Abs. 1 GG zielt auf den Bundesgesetzgeber, der seine Verantwortung mit der Einrichtung des Universaldienstes und den Instrumenten der Marktregulierung im Postgesetz wahrgenommen hat. Die Regulierungsmaßnahmen (Auferlegung von Leistungsverpflichtungen, Genehmigung von Leistungsentgelten, Lizenzpflicht) gehören in den Bereich der Wirtschaftsaufsicht und sind dem Wirtschaftsverwaltungsrecht zuzuordnen. Aus der ausdrücklichen Aufgabenzuweisung an den Bund folgt zwar, daß die Infrastruktursicherung im Postsektor durch Maßnahmen der Marktregulierung keine Aufgabe kommunaler Daseinsvorsorge ist. Die Infrastrukturverantwortung des Bundes läßt die gemeindliche Planungshoheit jedoch unberührt. Weder entzieht sie der Gemeinde Teile ihrer Planungshoheit noch greift sie in diese ein.

Auch aus der Verpflichtung der Deutschen Post AG, Universaldienstleistungen flächendeckend in einer bestimmten Qualität und zu einem erschwinglichen Preis (vgl. §11 Abs. 1 Satz 1 PostG, §2 Nr. 1 PUDLV) zu erbringen, läßt sich entgegen der Revision nicht ableiten, daß die „Platzierung" von Postfilialen in der Gemeinde bundesrechtlich nunmehr dem Zugriff durch die kommunale Bauleitplanung entzogen ist. Die Deutsche Post AG ist – anders als die Träger überörtlicher Infrastrukturvorhaben, für die das Fachplanungsprivileg des §38 BauGB gilt – ebenso wie andere öffentliche oder private Unternehmen darauf angewiesen, daß die Gemeinde im Wege der Bauleitplanung Baugebiete oder Flächen ausweist, auf denen sie ihre Dienstleistungen erbringen kann. §1 Abs. 5 Satz 2 Nr. 8 BauGB hebt deshalb als Planungsleitsatz ausdrücklich hervor, daß bei der Aufstellung der Bauleitpläne die Belange des Post- und Fernmeldewesens zu berücksichtigen sind. Ihre unternehmerische Gestaltungsfreiheit kann die Deutsche Post AG also nur in dem Rahmen ausüben, den ihr die kommunale Bauleitplanung zur Verfügung stellt. Es versteht sich von selbst, daß die Interessen der Antragsgegnerin an einer wirtschaftlichen Nutzung ihres Grundeigentums sowie die Bedingungen der Privatwirtschaftlichkeit und des (späteren) Wettbewerbs im Rahmen der planerischen Abwägung nach § 1 Abs. 6 BauGB zu berücksichtigen sind (dazu unter 3.1). Die „Entstaatlichung" des Postsektors und das Privatisierungsmodell des Grundgesetzes bedeuten jedoch nicht, daß die Deutsche Post AG nach der Postreform von den Bindungen an das Städtebaurecht freigestellt ist. Aus der von der Revision angeführten Vorschrift des § 2 Nr. 1 Satz 4 PUDLV, die das Postunternehmen verpflichtet, bei Veränderungen seiner stationären Einrichtungen frühzeitig das Benehmen mit der zuständigen kommunalen Gebietskörperschaft herzustellen, ergibt sich nichts anderes. Die Vorschrift begründet ein verfahrensrechtliches Abstimmungserfordernis und soll gerade im Hinblick auf die gemeindliche Planungshoheit gewährleisten, daß Unternehmensplanung und Bauleitplanung möglichst rechtzeitig aufeinander abgestimmt werden können.

3. Dem Verwaltungsgerichtshof ist auch darin zuzustimmen, daß die Festsetzung „Fläche für den Gemeinbedarf-Post" für das Grundstück der Antragstellerin § 1 Abs. 3 und 6 BauGB nicht verletzt.

3.1 Der Streitfall gibt dem erkennenden Senat Anlaß zu betonen, daß die kommunale Bauleitplanung sich dem Strukturwandel im Postwesen nicht verschließen darf. Die gesonderte Festsetzung einer Gemeinbedarfsfläche für eine Postfiliale, in der Universaldienstleistungen erbracht werden, ist zwar nach § 9 Abs. 1 Nr. 5 BauGB möglich, bietet sich jedoch i. d. R. nur an, wenn ein konkreter Bedarf an einem bestimmten Standort besteht oder absehbar ist und der Flächenbedarf nach der jeweiligen örtlichen Planungssituation in anderen Baugebieten nicht standortgerecht gesichert werden könnte. In dieser Hinsicht hat die Aufgabenprivatisierung auf den Postmärkten zu erheblichen Veränderungen geführt. Der Flächenbedarf des Post-Universaldienstes ist deutlich geringer als der Raumbedarf der Deutschen Bundespost, unter deren Dach die Tätigkeitsbereiche ihrer drei Nachfolgeunternehmen (Deutsche Post AG, Deutsche Telekom AG, Postbank) zusammengefaßt waren. Die Antragstellerin weist auch zu Recht darauf hin, daß § 2 Nr. 1 PUDLV die Anforderungen an das Filialnetz verändert hat. Nach dieser Vorschrift können Universaldienstleistungen in „stationären Einrichtungen" erbracht werden, zu denen nicht nur Postfilialen im herkömmlichen Sinne, sondern auch „Postagenturen" etwa in Lebensmittelgeschäften, Apotheken oder Tankstellen gehören können (vgl. von Danwitz, in: Badura/von Danwitz/Herdegen/Sedemund/Stern, Beck'scher PostG-Kommentar, 2. Aufl. 2004, Rdnr. 6 zu § 2 PUDLV im Anh. zu § 11 PostG m. w. N.). Auch Postagenturen dieser Art können das Erfordernis allgemeiner Zugänglichkeit erfüllen und die Aufgaben des Universaldienstes nach Maßgabe der postrechtlichen Vorschriften erfüllen.

Zu den Belangen des Postwesens, welche die Gemeinde nach § 1 Abs. 5 Satz 2 Nr. 8 BauGB bei der Aufstellung von Bebauungsplänen nach dem Abschluß der Postreformen zu berücksichtigen hat, gehören auch die Auswirkungen des Strukturwandels auf den Flächenbedarf und die Standortsicherung im Postsektor. Es kann im Einzelfall abwägungsfehlerhaft sein, an der Festsetzung einer Gemeinbedarfsfläche für die „Post" festzuhalten, obwohl diese Fläche und das auf ihr stehende Gebäude von der Deutschen Post AG für Zwecke des Universaldienstes nicht mehr benötigt werden und einer anderen Nutzung zugeführt werden sollen. Abwägungsbeachtlich sind allerdings nur solche Belange, die für die planende Gemeinde bis zum Zeitpunkt des Satzungsbeschlusses erkennbar sind (§ 214 Abs. 3 Satz 1 BauGB). Werden private Belange nicht geltend gemacht, so sind sie nur dann abwägungsbeachtlich, wenn sich der Gemeinde die Betroffenheit Privater aufdrängen mußte. Das gilt auch für die Deutsche Post AG als Trägerin des Universaldienstes. Ihrer verfahrensrechtlichen Stellung als einwendungsberechtigte Grundeigentümerin und Trägerin öffentlicher Belange (Universaldienst) im Planaufstellungsverfahren (vgl. § 3 Abs. 1 und 2, § 4 BauGB) entspricht daher eine gesteigerte Mitwirkungslast. Das Abstimmungserfordernis in § 2 Nr. 1 Satz 4 PUDLV ist ein Ausdruck dieser Obliegenheit.

Auf die Veränderungen des Flächen- und Raumbedarfs bei der Erbringung von Post-Universaldienstleistungen und auf neue Standortkonzeptionen der Deutschen Post AG kann die Gemeinde nur mit den Mitteln des Bauplanungsrechts reagieren. Eine Aufsichtsbehörde, die eine Posteinrichtung auf Antrag der Deutschen Post AG – einer „Entwidmung" vergleichbar – aus der Festsetzung einer Gemeinbedarfsfläche nach § 9 Abs. 1 Nr. 5 BauGB entlassen könnte, kennt das Städtebaurecht nicht. Die Gemeinde muß sich daher bei der Überplanung einer „Gemeinbedarfsfläche Post" vergewissern, daß die Fläche am Standort und im bisherigen Umfang weiterhin für die Grundversorgung mit Postdienstleistungen gebraucht wird. Einem verringerten Flächen- und Raumbedarf kann sie z. B. Rechnung tragen, indem sie die Fläche für den Gemeinbedarf mit der Festsetzung mehrerer Nutzungszwecke, die sich gegenseitig nicht ausschließen, verbindet (Doppelfestsetzung) (vgl. dazu BVerwG, Beschluß v. 20. 1. 1995 – 4 NB 43.93 –, BRS 57 Nr. 22 = BauR 1996, 63 = NVwZ 1995, 692, 694) oder die Nutzung zu Postzwecken nach § 9 Abs. 3 BauGB auf ein Geschoß, eine Ebene oder sonstige Teile der baulichen Anlage beschränkt. Ausgewiesene Flächen für das Parken von Fahrzeugen dürfen nicht überdimensioniert sein. Abwägungsfehlerhaft dürfte es ferner sein, im Zuge der Überplanung an der bisherigen Ausweisung eines „Postamts" allein aus Gründen der Tradition festzuhalten, weil es sich dabei um die „althergebrachte" Nutzung handelt. Das Postamt klassischer Prägung existiert nicht mehr. Überdies muß die Gemeinde im Falle der – rechtswirksamen – Festsetzung einer „Gemeinbedarfsfläche Post" in Betracht ziehen, daß sie sich einem Entschädigungsanspruch nach Planungsschadensrecht aussetzt. Nach § 40 Abs. 1 Satz 1 Nr. 1 und Abs. 2 Satz 1 Nr. 1 BauGB kann der Eigentümer einer „Fläche für den Gemeinbedarf" sogar die Übernahme der Fläche verlangen, wenn und soweit es ihm mit Rücksicht auf die Festsetzung wirtschaftlich nicht mehr zuzumuten ist, das Grundstück zu behalten oder es in der bisherigen Art zu nutzen (vgl. hierzu Battis, in: Battis/Krautzberger/Löhr, BauGB, 8. Aufl. 2002, Rdnr. 8 zu § 40 BauGB m. w. N.).

3.2 Der Verwaltungsgerichtshof hebt zu Recht hervor, daß das Interesse der Antragstellerin, als privatwirtschaftliches Unternehmen ihre Immobilien gewinnbringend zu nutzen, bei der Überplanung einer Postfiliale einen wichtigen Abwägungsbelang darstellt. Er sieht diesen Belang auch dadurch als gewahrt an, daß auf einer „Gemeinbedarfsfläche Post" eine weitere „postfremde" gewerbliche Nutzung zulässig ist, soweit sie – wie etwa der Verkauf von Papier- und Schreibwaren – die Postdienstleistungen ergänzt und Postdienstleistungen die prägende Nutzung bleiben. Ein solcher Festsetzungsinhalt werde auch vom Planungswillen der Antragsgegnerin getragen. Diese Ausführungen sind, soweit sie die Auslegung von §9 Abs. 1 Nr. 5 BauGB betreffen, bundesrechtlich nicht zu beanstanden. Dies hat der erkennende Senat in einem weiteren Urteil vom 30. 6. 2004 (DVerwG, Urteil v. 30. 6. 2004 – 4 C 3.03 –, abgedruckt in diesem Heft, S. 1730) entschieden. Darauf wird verwiesen.

3.3 Auf der Grundlage der vom Verwaltungsgerichtshof festgestellten Tatsachen und in Anwendung der vorstehenden Grundsätze ist der Einwand der Revision, das Normenkontrollurteil verletze § 1 Abs. 3 und 6 BauGB, zurückzuweisen.

Aus der Planbegründung folgt, daß die Antragsgegnerin mit der umstrittenen Festsetzung keine nach § 1 Abs. 3 BauGB unzulässige Negativplanung betrieben hat. Das Ziel, einen zentralen Bereich des Dorfes, der durch den Neubau des Verkehrsamtes, den Umbau und die Erweiterung des Rathauses sowie durch das Postamt geprägt ist, im Interesse „einer optimalen Infrastruktur" für die Bürger zu erhalten und nicht für „weitere Wohnbebauung oder störende Gewerbeansiedlungen" zu öffnen, ist rein städtebaulicher Natur und ausreichend, um die getroffene Planungsentscheidung zu rechtfertigen. Nach den Feststellungen der Vorinstanz wurde die Festsetzung „Gemeinbedarfsfläche Post" für das Grundstück der Antragstellerin getroffen, um der Poststelle ihren für die Bürger günstigen Standort im Ortszentrum neben dem Rathaus und dem Verkehrsamt zu sichern. Standorterwägungen und Bedarfsgesichtspunkte, die dieser städtebaulichen Zielvorstellung hätten entgegenstehen können, hat die Antragstellerin im Planaufstellungsverfahren nicht vorgebracht. Dem wirtschaftlichen Interesse der Antragstellerin als Grundeigentümerin wird durch die Zulassung einer über den Postdienst hinausgehenden gewerblichen Nutzung Rechnung getragen. Zu weitergehenden Überlegungen war die Antragsgegnerin nicht verpflichtet, weil die Antragstellerin während der Planaufstellung andere Nutzungsabsichten nicht konkret geltend gemacht hatte.

Nr. 89

1. **Eine nach § 9 Abs. 1 Nr. 5 BBauG getroffene Festsetzung einer Gemeinbedarfsfläche für ein „Postdienstgebäude" der (ehemaligen) Deutschen Bundespost ist durch die Privatisierung der Post im Zuge der Postreform**

II nicht funktionslos geworden, soweit sie nunmehr der Erbringung von Post-Universaldienstleistungen i. S. von §§ 11 ff. PostG dient.

2. Auf einer Gemeinbedarfsfläche, die nach § 9 Abs. 1 Nr. 5 BBauG/BauGB für ein Postamt der (ehemaligen) Deutschen Bundespost oder nach Abschluß der Postreform für eine Postfiliale der Deutschen Post AG festgesetzt wurde, ist eine gewerbliche „Nebennutzung" (hier: postspezifisches Angebot von Papier- und Schreibwaren) zulässig, wenn sie in einem inneren Zusammenhang mit den Post-Universaldienstleistungen steht und im Verhältnis zu diesen von untergeordneter Bedeutung bleibt.

BBauG § 9 Abs. 1 Nr. 5; BauGB § 9 Abs. 1 Nr. 5, § 1 Abs. 6; GG Art. 87 f; PostG §§ 11 ff.

Bundesverwaltungsgericht, Urteil vom 30. Juni 2004 – 4 C 3.03 –.

(Bayerischer VGH)

Die Beteiligten streiten um die Erteilung einer Baugenehmigung für den Umbau und die Änderung der Nutzung des Schalterraums eines Postgebäudes.

Die Rechtsvorgängerin der Klägerin beantragte 1998 die Baugenehmigung für die „Umgestaltung und Modernisierung der Schalterhalle" eines Postgebäudes auf dem Gebiet der beigeladenen Gemeinde. Nach den Bauvorlagen sollen die bestehenden geschlossenen Schalter verlegt und „durch eine offene, moderne Einrichtung" ersetzt sowie „weitere Verkaufsregale für Papier- und Schreibwaren aufgestellt werden, um ein breiteres postspezifisches Angebot zu offerieren". Hilfsweise wurde die Erteilung einer Genehmigung zum Betreiben der Postfiliale „einschließlich eines reduzierten postspezifischen Papier-, Büro- und Schreibwarensortiments" beantragt.

Der 1982 in Kraft getretene Bebauungsplan Nr. 12 a der Beigeladenen weist das Baugrundstück, das im Eigentum der Deutschen Post AG steht, als „Postdienstgebäude, Gemeinbedarfsfläche" aus. Die Beigeladene verweigerte ihr Einvernehmen, weil das Vorhaben in beiden Varianten dieser Festsetzung widerspreche. Der Beklagte lehnte die Anträge ab, weil es sich bei der geplanten Nutzung um eine „auf Gewinnerzielung ausgerichtete Dienstleistung" und damit um eine mit der Festsetzung „Gemeinbedarfsfläche" nicht zu vereinbarende reine Verkaufstätigkeit handele.

Aus den Gründen:

II. Der Verwaltungsgerichtshof hat zu Recht entschieden, daß das Umbau- und Nutzungsänderungsvorhaben der Klägerin mit der Festsetzung „Postdienstgebäude, Gemeinbedarfsfläche" im Bebauungsplan Nr. 12 a der Beigeladenen vereinbar ist.

1. Diese Festsetzung, welche die Beigeladene im Jahr 1982 für das Postamt der damals öffentlich-rechtlich organisierten Deutschen Bundespost getroffen hat, fand ihre rechtliche Grundlage in § 9 Abs. 1 Nr. 5 BBauG. Zu jener Zeit stand der Gemeinbedarfscharakter der in einem Postamt erbrachten Dienstleistungen außer Frage. Diese Festsetzung ist infolge der Privatisierung der Post im Zuge der Postreform II (Gesetz zur Neuordnung des Postwesens und der Telekommunikation – Postneuordnungsgesetz – v. 14. 9. 1994, BGBl. I, 2325) nicht „funktionslos" und damit unwirksam geworden. Eine bauplanerische Festsetzung tritt erst dann außer Kraft, wenn und soweit die Verhältnisse, auf die sie sich bezieht, in der tatsächlichen Entwicklung einen

Zustand erreicht haben, der eine Verwirklichung der Festsetzung auf unabsehbare Zeit ausschließt, und wenn diese Tatsache so offensichtlich ist, daß ein in ihre Fortgeltung gesetztes Vertrauen keinen Schutz verdient (BVerwG, Urteil v. 29. 4. 1977 – 4 C 39.75 –, BVerwGE 54, 5 = BRS 32 Nr. 28 = BauR 1977, 248; st. Rspr.). Das gilt auch für Gemeinbedarfsflächen nach §9 Abs. 1 Nr. 5 BBauG/BauGB. Sie können ihre städtebauliche Steuerungsfunktion nicht mehr erfüllen, wenn der Gemeinbedarfscharakter, den die planende Gemeinde mit der Festsetzung verbunden hat, auf Grund einer Änderung der Rechtslage entfällt und die Festsetzung damit ihren Gegenstand oder ihren Adressaten verliert. Dem Berufungsgericht ist darin zuzustimmen, daß eine solche Entwicklung auf dem Gebiet des Postwesens nicht stattgefunden hat. Es gibt nach wie vor einen „Gemeinbedarf Post".

Das Berufungsgericht sieht in dem Zusatz „Postdienstgebäude" für das Grundstück der Deutschen Post AG eine durch die Privatisierung der Post zwar überholte, aber unschädliche Falschbezeichnung, die nach dem Abschluß der Postreform II im Kern auf die Erbringung von Post-Universaldienstleistungen im Sinne des Postgesetzes vom 22. 12. 1997 (BGBl. I, 3294, mit späteren Änderungen) und der Post-Universaldienstleistungsverordnung (PUDLV) vom 15. 12. 1999 (BGBl. I, 2418) ziele und entsprechend den geänderten Rahmenbedingungen im Sinne von „Filiale" verstanden werden könne. An diese Auslegung des Bebauungsplans, der dem irreversiblen Landesrecht angehört, ist der erkennende Senat gebunden (§173 VwGO i. V. m. §560 ZPO). Mit diesem Inhalt erfüllt die umstrittene Festsetzung noch die städtebauliche Ordnungsfunktion, welche die Beigeladene der Gemeinbedarfsfläche für ein „Postdienstgebäude" ursprünglich beigemessen hat.

1.1 „Flächen für den Gemeinbedarf" legen die Art der baulichen Nutzung fest. Sie sind mit einer konkretisierenden Zweckbestimmung zu versehen, um die Mindestanforderungen eines qualifizierten Bebauungsplans (§30 BBauG, §30 Abs. 1 BauGB) an die Festlegung der Nutzungsart zu erfüllen (vgl. BVerwG, Beschluß v. 13. 7. 1989 – 4 B 140.88 –, BRS 49 Nr. 79 = BauR 1989, 703 = Buchholz 406.11 §236 BauGB Nr. 1). Der in §9 Abs. 1 Nr. 5 BauGB verwendete Begriff des Gemeinbedarfs wird in §5 Abs. 2 Nr. 2 BauGB näher bestimmt und durch Beispiele erläutert (BVerwG, Beschluß v. 18. 5. 1994 – 4 NB 15.94 –, BRS 56 Nr. 22 = BauR 1994, 485 = NVwZ 1994, 1004). Entsprechendes galt auch für §9 Abs. 1 Nr. 5 I. V. m. §5 Abs. 2 Nr. 2 BBauG. Danach sind Gemeinbedarfsanlagen solche baulichen Anlagen und Einrichtungen, die der Allgemeinheit dienen. Beispielhaft werden Schulen und Kirchen sowie sonstigen kirchlichen, sozialen, gesundheitlichen und kulturellen Zwecken dienende Gebäude und Einrichtungen aufgezählt. Der Allgemeinheit dient eine Anlage, wenn sie, ohne daß die Merkmale des Gemeingebrauchs erfüllt zu sein brauchen, einem nicht fest bestimmten, wechselnden Teil der Bevölkerung zugänglich ist (BVerwG, Beschluß v. 18. 5. 1994 – 4 NB 15.94 –, a. a. O., S. 1005; Urteil v. 12. 12. 1996 – 4 C 17.95 –, BVerwGE 102, 351, 356 = BRS 58 Nr. 59 = BauR 1977, 440). Aus §5 Abs. 2 Nr. 2 BBauG/BauGB und den Gesetzesmaterialien ergibt sich ferner, daß Gemeinbedarfsanlagen Einrichtungen der Infrastruktur darstellen, die der Gesetzgeber dem Oberbegriff der „Einrichtungen und Anlagen zur Versorgung mit Gütern und Dienstleistungen des öffentlichen und privaten Bereichs" zugeordnet hat (vgl. BVerwG, Urteil v. 12.12.1996 – 4 C 17.95 –, a.a.O., S.354).

§9 Abs. 1 Nr. 5 BBauG ermächtigte die Gemeinde (ebenso wie nunmehr §9 Abs. 1 Nr. 5 BauGB), durch Standortvorsorge die gemeindliche Infrastruktur zu gestalten und auf diese Weise eine auf die örtlichen Verhältnisse zugeschnittene Infrastrukturpolitik zu betreiben. Mit der standortgenauen Festsetzung von Gemeinbedarfsanlagen kann die Gemeinde ihre Infrastruktur wirksamer steuern als mit der Ausweisung von Baugebieten (§§2 bis 11 BauNVO), die zwar je nach Gebietscharakter auch Gemeinbedarfsanlagen (z. B. Anlagen für Verwaltungen, Anlagen für kirchliche, kulturelle, soziale, gesundheitliche und sportliche Zwecke) umfassen, den einzelnen Gebietstypen jedoch eine Vielzahl von Nutzungsarten zuordnen und den Standort einzelner Einrichtungen und Anlagen nicht festlegen. Die Ermächtigung zur standortgenauen Festsetzung von Gemeinbedarfsanlagen trägt einem besonderen Nutzungsinteresse der Allgemeinheit und dem gesteigerten Gemeinwohlbezug dieser Anlagen Rechnung. Auf die Rechtsform des Einrichtungsträgers kommt es nicht entscheidend an. Die Trägerschaft kann auch in der Hand einer natürlichen oder juristischen Person des Privatrechts liegen. In früheren Entscheidungen hat der erkennende Senat den erforderlichen Gemeinwohlbezug einer Anlage oder Einrichtung daher bejaht, „wenn mit staatlicher oder gemeindlicher Anerkennung eine öffentliche Aufgabe wahrgenommen wird, hinter der etwaiges privatwirtschaftliches Gewinnstreben eindeutig zurücktritt" (Beschluß v. 18.5.1994 – 4 NB 15.94 –, a.a.O., S.1005; ebenso Urteil v. 12.12.1996 – 4 C 17.95 –, a.a.O., S.356). Auf dieser Grundlage ist der Gemeinbedarfscharakter des Verwaltungsgebäudes eines Sozialversicherungsträgers (Beschluß v. 23.12.1997 – 4 BN 23.97 –, BRS 59 Nr.71 = BauR 1998, 515 = NVwZ-RR 1998, 538), eines „unabhängigen selbst verwalteten Kultur- und Begegnungszentrums" (Beschluß v. 18.5.1994 – 4 NB 15.94 –, a.a.O., S.1004) und einer (gemeinnützigen) ambulanten Einrichtung der Drogenhilfe (Beschluß v. 16.12.2000 – 4 B 4.00 –, NVwZ-RR 2001, 217) bejaht worden. Arztpraxen stellen dagegen keine Gemeinbedarfsanlagen i.S. von §5 Abs.2 Nr.2 und §9 Abs.1 Nr.5 BBauG/BauGB dar; ihre Zulässigkeit richtet sich vielmehr nach §13 BauNVO (BVerwG, Urteil v. 12.12.1996 – 4 C 17.95 –, a.a.O., S.356).

Die vom Senat bisher herangezogenen Kriterien zur Bestimmung von Gemeinbedarfsanlagen im Städtebaurecht sind jedoch nicht abschließend. Die Wahrnehmung „einer dem bloßen privatwirtschaftlichen Gewinnstreben entzogenen öffentlichen Aufgabe" (BVerwG, Urteil v. 12.12.1996 – 4 C 17.95 —, a.a.O.) ist zwar ein herkömmliches und typisches, aber kein zwingendes Merkmal von Gemeinbedarfsanlagen i.S. des §9 Abs.1 Nr.5 BBauG/BauGB. Es ist als Abgrenzungskriterium entwickelt worden, bevor mit der Liberalisierung und Privatisierung ehemaliger Verwaltungsmonopole etwa in den Bereichen der Bahn, der Post und der Telekommunikation neue Formen der Grundversorgung der Allgemeinheit mit Dienstleistungen entstanden sind, die das Modell privatwirtschaftlicher Leistungserbringung zur Sicherung des Allgemeinwohls mit einer besonderen staatlichen Infrastrukturverantwortung verbinden, die marktwirtschaftlich bedingte Nachteile für die

Bevölkerung verhindern soll. Die staatliche „Gewährleistungs- und Überwachungsverantwortlichkeit" (vgl. Gersdorf, in: von Mangoldt/Klein/Starck, GG, Band III, 4. Aufl. 2001, Rdnr. 21 zu Art. 87 f GG) kann geeignet sein, den in § 9 Abs. 1 Nr. 5 BBauG/BauGB vorausgesetzten Gemeinwohlbezug auch solcher Anlagen und Einrichtungen herzustellen, deren Leistungserbringung sich nach privatwirtschaftlichen Grundsätzen vollzieht und auf Gewinnerzielung ausgerichtet ist.

1.2 Post-Universaldienstleistungen nach §§ 11 ff. PostG, deren Qualitätsmerkmale und Rahmenbedingungen seit der Liberalisierung des Postmarktes durch die Postreform II unter dem Vorbehalt des Gewährleistungsauftrags in Art. 87 f Abs. 1 GG stehen, besitzen jenen Gemeinbedarfscharakter, der Anlagen und Einrichtungen auf „Flächen für den Gemeinbedarf" i. S, von § 9 Abs. 1 Nr. 5 BBauG auszeichnet. Entsprechendes gilt für den Anwendungsbereich von § 9 Abs. 1 Nr. 5 BauGB.

Art. 87 f GG verbindet die Grundentscheidung für die Aufgabenprivatisierung auf dem Postsektor (Abs. 2) mit dem an den Bund gerichteten Auftrag, im Bereich des Postwesens flächendeckend angemessene und ausreichende Dienstleistungen zu gewährleisten (Abs. 1). Der Gewährleistungsauftrag enthält auch eine Befugnis zur Regulierung. Der Infrastruktursicherungsauftrag soll verhindern, daß es bei und nach der Privatisierung des Postwesens zu einer Unterversorgung mit Dienstleistungen kommt, weil der Wettbewerb (noch) nicht funktioniert oder sich auf lukrative Bereiche beschränkt (BVerfG, Beschluß v. 7. 10. 2003 – 1 BvR 1712/01 –, BVerfGE 108, 370, 393). Die staatliche Infrastrukturverantwortung wird durch das Postgesetz und die Post-Universaldienstleistungsverordnung einfach-rechtlich umgesetzt. Für den Vollzug wurde die Regulierungsbehörde für Post und Telekommunikation errichtet (§§ 71 ff. des Telekommunikationsgesetzes v. 25. 7. 1996, BGBl. I, 1120).

Die Regulierung des Postwesens ist eine hoheitliche Aufgabe des Bundes (Art. 87 f Abs. 2 Satz 2 GG). Die staatliche Regulierung soll nach § 2 Abs. 2 Nr. 2 und 3 PostG einen chancengleichen und funktionsfähigen Wettbewerb sowie eine flächendeckende Grundversorgung mit Postdienstleistungen zu erschwinglichen Preisen sicherstellen. Universaldienstleistungen sind nach § 11 PostG ein Mindestangebot an lizenzpflichtigen Postdienstleistungen (insbesondere die Beförderung von Briefsendungen und adressierten Paketen), die flächendeckend in einer bestimmten Qualität und zu einem erschwinglichen Preis erbracht werden. Der Universaldienst umfaßt nur solche Dienstleistungen, „die allgemein als unabdingbar angesehen werden" (§ 11 Abs. 1 Satz 3 PostG). Eine optimale Infrastruktur ist nicht gefordert. Die Gewährleistungspflicht greift gerade dort ein, wo eine Grundversorgung auf längere Sicht im Wettbewerb nicht abzudecken ist (vgl. Uerpmann, in: von Münch/Kunig (Hrsg.), GG, Band III, 5. Aufl. 2003, Rdnr. 8 zu Art. 87 f GG m. w. N.).

Die Qualitätsmerkmale der Briefbeförderung legt § 2 Nr. 1 PUDLV fest. Bundesweit müssen bis zum 31. 12. 2007 mindestens 12 000 stationäre Einrichtungen vorhanden sein, in denen Verträge über Briefbeförderungsleistungen abgeschlossen und abgewickelt werden können. In allen Gemeinden mit mehr als 2000 Einwohnern muß mindestens eine stationäre Einrichtung vorhanden sein. In zusammenhängend bebauten Wohngebieten von Gemeinden mit mehr als 4000 Einwohnern muß eine stationäre Einrichtung in maximal 2000 m für die Kunden erreichbar sein (vgl. §2 Nr. 1 Sätze 4 und 5 PUDLV i. d. F. des Zweiten Gesetzes zur Änderung des PostG, BGBl. I 2002, 572). §2 Nr. 2 bis 5 PUDLV enthält weitere Anforderungen an das Briefkastennetz und an die Betriebsabläufe. §13 PostG sieht die Auferlegung von Universaldienstleistungspflichten vor, wenn feststeht oder zu besorgen ist, daß eine Universaldienstleistung nicht ausreichend oder angemessen erbracht wird. Vorschriften über die Entgeltregulierung (Genehmigungspflicht) enthalten §§ 19 ff. PostG.

Die Einbeziehung von Postfilialen für den Universaldienst in den Anwendungsbereich von §9 Abs. 1 Nr. 5 BBauG/BauGB rechtfertigt sich letztlich aus der besonderen städtebaulichen Zielsetzung, die der Gesetzgeber diesem Festsetzungsmittel beigemessen hat. Wie bereits ausgeführt stellt die Ermächtigung in §9 Abs. 1 Nr. 5 BBauG/BauGB ein Mittel der Standortvorsorge und der Flächensicherung für Infrastruktureinrichtungen dar, die der Allgemeinheit dienen und einen gesteigerten Gemeinwohlbezug aufweisen. Darunter fällt auch die Grundversorgung mit Postdienstleistungen (Universaldienst), auf die ein Großteil der Bevölkerung nach wie vor angewiesen ist. Der gesteigerte Gemeinwohlbezug, der die „Flächen für den Gemeinbedarf" seit jeher kennzeichnet, zeigt sich nunmehr in der staatlichen Infrastrukturverantwortung und ihrer einfach-rechtlichen Ausgestaltung. Der staatliche Gewährleistungsauftrag (Art. 87 f Abs. 1 GG) ermöglicht in Hinblick auf §9 Abs. 1 Nr. 5 BBauG/BauGB zugleich die Abgrenzung der Postzwecken dienenden Gemeinbedarfsanlagen von sonstigen Anlagen und Einrichtungen des Postsektors sowie von anderen privatwirtschaftlichen Dienstleistungen (etwa im Gesundheitswesen: Ärzte, Apotheker, sonstige Heilberufe) und Einrichtungen zur Versorgung der Bevölkerung mit Gebrauchsgütern des täglichen Lebens (Einzelhandel, Einkaufszentren), die zwar auch in einem weiteren Sinne dem öffentlichen Interesse (dem „allgemeinen Wohl") dienen, von §9 Abs. 1 Nr. 5 BBauG/BauGB aber eindeutig nicht erfaßt werden.

1.3 Zur Klarstellung sei angemerkt:

Der Gemeinbedarfscharakter einer „Gemeinbedarfsfläche" mit dem Zusatz „Post" ergibt sich nicht bereits daraus, daß §33 Abs. 1 PostG jeden Lizenznehmer, der Briefzustelldienstleistungen erbringt, verpflichtet, Schriftstücke unabhängig von ihrem Gewicht nach den Vorschriften der Prozeßordnungen (z. B. §§ 175 ff. ZPO) und der Gesetze, welche die Verwaltungszustellung regeln (§41 VwVfG, §3 VwZG), förmlich zuzustellen. Nach §33 Abs. 1 Satz 2 PostG ist der Lizenznehmer im Umfang dieser Verpflichtung zwar mit Hoheitsbefugnissen ausgestattet und wird als beliehener Unternehmer tätig. Die förmliche Zustellung setzt jedoch einen Lizenznehmer, der Briefzustelldienstleistungen gewerbsmäßig erbringt, voraus und ist für den Post-Universaldienst nicht prägend.

Der Gemeinwohlbezug einer Postfiliale für den Universaldienst besteht im übrigen unabhängig davon, daß der Deutschen Post AG nach der Übergangsvorschrift des §51 Abs. 1 Satz 1 PostG (i.V.m. dem Ersten Gesetz zur Änderung des PostG v. 2.9.2001, BGBl. I, 2271) bis zum 31.12.2007 das ausschließliche Recht zusteht, Briefsendungen und adressierte Kataloge bis zu einem bestimmten Einzelgewicht gewerbsmäßig zu befördern. Der Gemeinwohlbezug der Post-Universaldienstleistungen ist insbesondere nicht an die Fortdauer dieser gesetzlichen Exklusivlizenz geknüpft. Die Lizenzregelung, die durch Art. 143b Abs. 2 Satz 1 GG abgesichert wird und den stufenweisen Strukturwandel im Postsektor erleichtern soll (vgl. BVerfG, Beschluß v. 7.10.2003 – 1 BvR 1712/01 –, a.a.O., S. 397ff.), suspendiert zwar (übergangsweise) den Wettbewerb in den von ihr erfaßten Bereichen. Sie läßt jedoch die staatliche Infrastrukturverantwortung, die den Gemeinwohlbezug des Post-Universaldienstes herstellt, unberührt. Das gilt für die Dauer der Exklusivlizenz ebenso wie für die Zeit nach ihrem Auslaufen.

Eine andere Frage ist, ob der Plangeber mit der Bezeichnung „Postamt" oder „Postdienstgebäude" eine Festsetzung zugunsten eines bestimmten Trägers, nämlich der (ehemaligen) Deutschen Bundespost oder (nach Abschluß der Postreform) der Deutschen Post AG, hat treffen wollen. Auch das betrifft zunächst die Auslegung von Landesrecht und beurteilt sich nach der konkreten Planungssituation. Festsetzungen einer Gemeinbedarfsanlage zugunsten eines bestimmten Trägers setzen aber voraus, daß der jeweilige Bedarf im Grunde oder seinem wesentlichen Umfang nach nur von diesem Träger gedeckt werden kann, die Festsetzung mit ihm also „steht oder fällt" (vgl. hierzu Bielenberg, in: Ernst/Zinkhahn/Bielenberg/Krautzberger, BauGB, Rdnr. 64 zu §9 BauGB). Das trifft bis zum Ablauf der Exklusivlizenz für den Universaldienst der Deutschen Post AG zu. Eine derart „individualisierte" Festsetzung zugunsten der (ehemaligen) Deutschen Bundespost oder nunmehr der Deutschen Post AG wird jedoch in dem Maße fragwürdig, in dem nach Ablauf der gesetzlichen Exklusivlizenz auch andere private Anbieter auf den Postmarkt drängen und in der Lage sein werden, Universaldienstleistungen ordnungsgemäß zu erbringen. Es kann sich daher insbesondere bei der Anwendung älterer Pläne als klärungsbedürftig erweisen, ob die bauplanungsrechtliche Festsetzung einer Gemeinbedarfsfläche für die „Post" auch andere private Anbieter von Postdienstleistungen erfassen soll, die später auf der festgesetzten Fläche an die Stelle der zunächst in Aussicht genommenen (ehemaligen) Deutschen Bundespost oder der Deutschen Post AG treten wollen.

2. Das Berufungsgericht ist auf der Grundlage seiner tatsächlichen Feststellungen zu dem Ergebnis gelangt, das umstrittene Vorhaben der Klägerin werde von der Festsetzung „Postdienstgebäude, Gemeinbedarfsfläche" gedeckt. Das ist revisionsgerichtlich ebenfalls nicht zu beanstanden.

2.1 Der Verwaltungsgerichtshof stellt den Rechtssatz auf, daß auf einer „Gemeinbedarfsfläche Post", die nach §9 Abs. 1 Nr. 5 BBauG für ein Postamt der (ehemaligen) Deutschen Bundespost festgesetzt worden ist, eine gewerbliche Nutzung (hier: postspezifisches Angebot von Schreib- und Papierwaren) zulässig sei, soweit sie die Post-Universaldienstleistungen ergänze und sich der Gemeinbedarfsnutzung unterordne; die Postdienstleistungen müßten die prägende Nutzung der Einrichtung bleiben.

Eine solche Auslegung des §9 Abs. 1 Nr. 5 BBauG ist auch nach Auffassung des erkennenden Senats zutreffend; sie ist auf §9 Abs. 1 Nr. 5 BauGB übertragbar. Sinn und Zweck der Festsetzung von „Flächen für den Gemeinbedarf" stehen diesem erweiterten Normverständnis nicht entgegen. Die Festsetzung einer Gemeinbedarfsfläche und der ihren Nutzungszweck verdeutlichende Zusatz umschreiben das typische Erscheinungsbild der geplanten Anlage oder Einrichtung. Der den Gemeinwohlbezug herstellende primäre Nutzungszweck bleibt erhalten, wenn eine „Nebenleistung" hinzutritt, die in einem inneren Zusammenhang mit der „Hauptleistung" steht, diese jedoch nur abrundet und von untergeordneter Bedeutung bleibt. Ob der Verkauf bestimmter Waren dem Hauptzweck einer Gemeinbedarfsanlage als „Nebenleistung" zugerechnet werden kann, beurteilt sich auch nach den in der Bevölkerung vorherrschenden Gewohnheiten und Erwartungen sowie nach der allgemeinen Verkehrsanschauung. In diesem beschränkten Umfang kann die Nutzung von Gemeinbedarfsanlagen einem Wandel unterliegen. § 9 Abs. 1 Nr. 5 BBauG hat sich solchen Entwicklungen nicht verschlossen. Das gilt auch für Postämter der (ehemaligen) Deutschen Bundespost, deren standortgenaue Ausweisung auf dieser Vorschrift beruht. Es kann inzwischen als allgemeinkundig gelten und entspricht der Lebenserfahrung, daß ein postspezifisches Angebot an Papier- und Schreibwaren und ähnlichen Artikeln einen Bedarf der Postkunden erfüllt und einer allgemeinen Erwartungshaltung beim Aufsuchen einer Postfiliale entspricht.

Unter welchen Voraussetzungen die Grenze für das „Mitziehen" einer zusätzlichen gewerblichen „Nebennutzung" in einer Postfiliale überschritten ist, beurteilt sich nach den Umständen des Einzelfalls. Das Berufungsgericht nennt als Beurteilungskriterien vor allem das Verhältnis der Flächen für die Gemeinbedarfsnutzung zu den Flächen für die sonstige Nutzung, die Verteilung der Kunden auf die beiden Nutzungsarten und das äußere Erscheinungsbild des Gebäudes. Dem ist zuzustimmen. Die Umwandlung eines herkömmlichen Postamtes in ein Einzelhandelsgeschäft, in dem als stationäre Nebeneinrichtung auch Leistungen des Post-Universaldienstes (sog. Postagenturen) angeboten werden, wäre auf einer nach § 9 Abs. 1 Nr. 5 BBauG/BauGB festgesetzten Gemeinbedarfsfläche mit dem Zusatz „Post" allgemein unzulässig. Daran hat die auf der Privatisierung der Post beruhende Vorschrift des § 2 Nr. 1 PUDLV, nach der sog. Postagenturen etwa auch in Lebensmittelgeschäften, Apotheken oder Tankstellen untergebracht sein können (vgl. von Danwitz, in: Badura/Danwitz/Herdegen/Sedemund/Stern, Beck'scher PostG-Kommentar, 2. Aufl. 2004, Rdnr. 6 zu § 2 PUDLV im Anh. zu § 11 PostG m. w. N.), nichts geändert.

2.2 Die Bedenken, die die Revision aus der Sicht der betroffenen Grundeigentümer gegen ein erweitertes Verständnis des § 9 Abs. 1 Nr. 5 BBauG/BauGB vorbringt, sind unberechtigt. Diesen Einwänden liegt die Vorstellung zugrunde, daß die „eigentliche Gemeinbedarfsnutzung" mit einem „weiten Spektrum möglicher Nutzungen" verbunden werden dürfe, die inhaltlich nicht hinreichend bestimmt und für planunterworfene wie planexterne Grundeigentümer nicht erkennbar seien. Das trifft nicht zu. Eine zusätzliche gewerbliche Nutzung ist wie ausgeführt in einer Postfiliale („Postamt") auf der Grundlage von § 9 Abs. 1 Nr. 5 BBauG/BauGB nur zulässig, wenn sie die Postdienstleistungen inhaltlich ergänzt und räumlich von untergeordneter Bedeutung bleibt. Insbesondere das Erfordernis eines inneren Zusammenhangs schränkt den Kreis der „postfremden" Nutzungen, die auf einer „Gemeinbedarfsfläche Post" zulässig sein können, erheblich ein. Der Verkauf von Papier- und Schreibwaren (und ähnlichen Artikeln des Bürobedarfs) dürfte heute jedenfalls für die Grundeigentümer in der Nachbarschaft einer Postfiliale nicht mehr überraschend sein. Auf die Frage, ob und unter welchen Voraussetzungen im Falle einer nach §9 Abs. 1 Nr. 5 BBauG/BauGB unzulässigen gewerblichen Nutzung in einer Postfiliale die Erteilung einer Befreiung nach §31 Abs. 2 BauGB in Betracht kommt, kommt es daher hier nicht an.

2.3 Nach den Feststellungen des Berufungsgerichts werden in der hier streitbefangenen Postfiliale die zur Grundversorgung erforderlichen Postdienstleistungen (sog. Universaldienst) erbracht. Die Vorinstanz hat ferner im Wege der Augenscheinseinnahme festgestellt, daß diese Postdienstleistungen auch nach dem Umbau und der von der Klägerin in erster Linie geplanten umfangreicheren Nutzungsänderung („großes Sortiment") die prägende Nutzung der Postfiliale bleiben werden:

Das Vorhaben verändere das äußere Erscheinungsbild des Gebäudes nicht und berühre nur einen untergeordneten Teil der Gebäude- und Freiflächen. Nach den Bauvorlagen sei nur der Schalterraum betroffen, der weniger als ein Drittel der Gesamtnutzfläche des Gebäudes umfasse. Die anderen Räume sollten weiterhin für Postdienstleistungen genutzt werden (vor allem für die „Packkammer", den „Briefein- und Briefabgang" sowie für „Postfächer, Kundenentnahme"). Das gelte auch für die großen Stellflächen auf der Rückseite des Gebäudes. Im Schalterraum selbst sollten zwar etwa zwei Drittel der Fläche für den Verkauf von Schreibwaren und ähnlichen Artikeln genutzt werden. Nach Beobachtungen des Berufungsgerichts bei in ähnlicher Weise umgebauten Postfilialen sei aber zu erwarten, daß der deutlich überwiegende Teil der Kunden die Filiale weiterhin für Postdienstleistungen aufsuchen und das zusätzliche Angebot allenfalls bei dieser Gelegenheit nutzen werde. Die Nutzung des Gebäudes werde somit auch in Zukunft durch den Postlieferverkehr, das Kommen und Gehen der Briefträger sowie durch Kunden, die Postdienstleistungen in Anspruch nehmen, geprägt sein.

Nr. 90

1. §49 Abs. 3 BImSchG gestattet den Ländern die Schaffung landesrechtlicher Ermächtigungen zum Erlaß von ortsrechtlichen Vorschriften auch noch nach Inkrafttreten des Bundes-Immissionsschutzgesetzes. Diese ortsrechtlichen Vorschriften können über die Anforderungen des Bundes-Immissionsschutzgesetzes hinausgehen.
2. Die Ausnutzung der Ermächtigungsgrundlage des §73 Abs. 2 Nr. 3 LBO 1984 setzt das Bestehen einer abstrakten Gefahr voraus.

3. Ein auf § 73 Abs. 2 Nr. 3 LBO 1984 gestütztes Verbot der Verbrennung von „Altölen und ähnlichen kontaminierten Stoffen zur Energiegewinnung" ist nur hinsichtlich des Ausschlusses von Altölen hinreichend bestimmt.

BImSchG § 49 Abs. 3; BauGB §§ 36 Abs. 1 Satz 2, 9 Abs. 4; LBO 1984 § 73 Abs. 2 Nr. 3; GG Art. 103 Abs. 2.

VGH Baden-Württemberg, Urteil vom 20. Januar 2004 – 10 S 2237/02 – (nicht rechtskräftig).

(VG Karlsruhe)

Die Klägerin begehrt eine immissionsschutzrechtliche Änderungsgenehmigung. Sie betreibt auf dem Gebiet der Beigeladenen eine 1970 genehmigte Anlage zur Herstellung von Zementklinker und Zementen gemäß § 4 BImSchG i. V. m. Nr. 2.3 Spalte 1 des Anhangs zur 4. BImSchV. Zur Energiegewinnung setzt die Klägerin neben Regelbrennstoffen wie Petrolkoks und Heizöl auch Altreifenschnitzel als Sekundärbrennstoffe ein. Mit immissionsschutzrechtlicher Änderungsgenehmigung von 1995 genehmigte das Regierungspräsidium den Einsatz von Altreifenschnitzeln in den beiden Drehrohröfen LO I und II bis zu einer jeweiligen Feuerungswärmeleistung von 25 % des gesamten Energiebedarfs. 1991 beschloß die Beigeladene für das Betriebsgelände der Klägerin den Bebauungsplan „Sondergebiet Zementwerk". Dieser Bebauungsplan enthält in den schriftlichen Festsetzungen unter der Überschrift „2.0 Bauordnungsrechtliche Festsetzungen (LBO)" in Nr. 2.3 „Emissionen" folgende Regelung: „Die Verbrennung von Altölen und ähnlichen kontaminierten Stoffen zur Energiegewinnung ist nicht zulässig". In der Begründung des Bebauungsplans wird hierzu ausgeführt: „Nicht zulässig ist allerdings auch in Zukunft die Verbrennung von Altölen und ähnlichen kontaminierten Stoffen, da die bisher schon stark belastete Umwelt nicht durch weitere zusätzliche Schadstoffe angereichert werden darf." 1999 beantragte die Klägerin die Erteilung einer immissionsschutzrechtlichen Änderungsgenehmigung zur Errichtung und zum Betrieb eines Brennstofflagertanks (150 m3) mit Entladestelle für Straßentankwagen zwecks Mitverbrennung von Lösemittelgemischen der Gefahrenklasse A I in der Drehrohrofenlinie II. Die Klägerin ging von der Genehmigungsbedürftigkeit nach § 4 BImSchG i. V. m. Nr. 9.35 Spalte 2 des Anhangs zur 4. BImSchV aus und sah die Mitverbrennung u. a. von Methanol und Phenol vor. Zur Begründung führte die Klägerin aus, daß der Wärmebedarf aus feuerungstechnischen Gründen nur zu etwa 12 % durch den Einsatz von Altreifenschnitzeln habe gedeckt werden können. Daher sollten als weiterer Sekundärbrennstoff Lösemittelgemische der Gefahrenklasse A I eingesetzt werden, ohne daß sich der zulässige Anteil von Sekundärbrennstoffen von 25 % der Feuerungswärmeleistung erhöhe. Der Anteil der Regelbrennstoffe werde von der Änderung nicht berührt. Ferner beantragte die Klägerin „höchstvorsorglich die Zulassung von Ausnahmen von Punkt 2.3 der schriftlichen Festsetzungen des Bebauungsplans der Beigeladenen vom 11.7.1991".

2000 lehnte das Regierungspräsidium den Antrag der Klägerin auf Erteilung einer immissionsschutzrechtlichen Änderungsgenehmigung zur Errichtung und zum Betrieb einer Anlage zur Mitverbrennung von Lösemitteln im Drehrohrofen LO I des von ihr betriebenen Zementwerks ab. Das Regierungspräsidium wies darauf hin, daß der Antrag nach § 6 BImSchG wegen der Versagung des Einvernehmens durch die Beigeladene abzulehnen sei.

Aus den Gründen:

B. Im Ergebnis zu Recht hat das Verwaltungsgericht den Bescheid des Regierungspräsidium aufgehoben und den Beklagten verpflichtet, über den Antrag der Klägerin auf Erteilung einer immissionsschutzrechtlichen Änderungsgenehmigung zur Errichtung und zum Betrieb einer Anlage zum Einsatz von Lösemitteln im Drehrohrofen II ihres Zementwerks unter Beachtung der Rechtsauffassung des Gerichts erneut zu entscheiden. Der ablehnende Bescheid des Regierungspräsidium beruht auf dem Umstand, daß das Regierungspräsidium als zuständige Genehmigungsbehörde im Hinblick auf Nr. 2.3 der schriftlichen Festsetzungen des Bebauungsplans der Beigeladenen „Sondergebiet Zementwerk" von 1991 von der Notwendigkeit der Erteilung des Einvernehmens der Beigeladenen ausging (§ 6 Abs. 1 Nr. 2 BImSchG, § 9 Abs. 4 BauGB, § 73 Abs. 6 Satz 2 LBO 1984 sowie § 36 Abs. 1 Satz 2 und § 31 Abs. 2 BauGB) und dieses Einvernehmen nach Ansicht des Regierungspräsidiums mit bindender Wirkung für das immissionsschutzrechtliche Genehmigungsverfahren verweigert worden war. Da aber Nr. 2.3 der schriftlichen Festsetzungen des Bebauungsplans der Beigeladenen hinsichtlich der in bezug auf das Vorhaben der Klägerin allein in Betracht kommenden Alternative „ähnlichen kontaminierten Stoffen" wegen des Verstoßes gegen höherrangiges Recht nichtig ist, bedarf es nicht des Einvernehmens der Beigeladenen. Die Nichtigkeit ergibt sich daraus, daß diese für das Erfordernis des gemeindlichen Einvernehmens maßgebliche Festsetzung im Bebauungsplan der Beigeladenen nicht den rechtsstaatlichen Bestimmtheitsanforderungen genügt. Im Hinblick auf die von den Beteiligten auch in der Berufungsverhandlung einhellig vertretene Ansicht, daß die von der Klägerin eingereichten Antragsunterlagen unvollständig sind und deshalb eine abschließende Bewertung der rechtlichen Zulässigkeit des Vorhabens der Klägerin noch nicht möglich ist, kommt entsprechend dem von der Klägerin in der mündlichen Verhandlung vor dem Verwaltungsgericht gestellten Antrag lediglich die Aufhebung des ablehnenden Bescheids und die Verpflichtung des Beklagten zur Neubescheidung des Antrags der Klägerin unter Beachtung der Rechtsauffassung des Gerichts in Betracht (§ 113 Abs. 5 Satz 2 VwGO).

1. Aus der systematischen Stellung der Bestimmung unter Nr. 2.3 der schriftlichen Festsetzungen des Bebauungsplans unter der Überschrift „2.0 Bauordnungsrechtliche Festsetzungen (LBO)" – im Gegensatz zu den unter Nr. 1 getroffenen Festsetzungen mit der Überschrift „Planungsrechtliche Festsetzungen (BauGB/BauNVO)" – ergibt sich, daß die fragliche Festsetzung auf die zum Zeitpunkt des Inkrafttretens des Bebauungsplans gültige bauordnungsrechtliche Grundlage des § 73 Abs. 2 Nr. 3 LBO i. d. F. vom 28. 11. 1983 (LBO 1984) gestützt werden sollte. Diese Zuordnung wird durch § 3 des Satzungsbeschlusses der Beigeladenen von 1991 bestätigt, wonach ordnungswidrig i. S. von § 74 LBO 1984 handelt, wer den auf Grund von § 9 Abs. 4 BauGB i. V. m. § 73 LBO getroffenen Festsetzungen des Bebauungsplans zuwiderhandelt. Diese Regelung bezog sich ersichtlich auf das in Nr. 2.3 der schriftlichen Festsetzungen geregelte Verbrennungsverbot. Grundlage war § 74 Abs. 2 Nr. 2 LBO 1984, wonach ordnungswidrig handelt, wer vorsätzlich oder fahrlässig einer auf Grund dieses Gesetzes ergangenen Rechtsvorschrift oder örtlicher Bauvorschrift zuwiderhandelt, wenn die Rechtsverordnung oder örtliche Bauvorschrift auf diese Bußgeldvorschrift verweist. Eine solche bußgeldrechtliche Sanktionierung bei Zuwiderhandlung gegen ein bauplanungsrechtliches Verwendungsverbot nach § 9 Abs. 1 Nr. 23 BauGB gab es

nicht, weil die insoweit abschließende Bestimmung des §213 Abs. 1 BauGB in der zum Zeitpunkt des Satzungsbeschlusses geltenden Fassung diesen Tatbestand nicht zur Ordnungswidrigkeit erklärte.

Nach §73 Abs. 2 Nr. 3 LBO 1984 konnte durch Satzung bestimmt werden, daß im Gemeindegebiet oder in Teilen des Gemeindegebiets zum Schutz vor Umweltgefahren durch Luftverunreinigungen bestimmte Stoffe allgemein oder zu bestimmten Zwecken nicht verbrannt werden dürfen. Der Wirksamkeit dieser schriftlichen Festsetzung des Bebauungsplans steht nicht entgegen, daß in der Landesbauordnung i. d. F. vom 8. 8. 1995 (GBl., 617, §74) eine Vorschrift wie §73 Abs. 2 Nr. 3 LBO 1984 nicht mehr enthalten war. Denn eine auf Grund einer Ermächtigungsgrundlage erlassene Rechtsnorm tritt nicht automatisch mit der Aufhebung ihrer Grundlage außer Kraft. Maßgeblich ist vielmehr der entsprechende Wille des Gesetzgebers. Nach der Gesetzesbegründung zur Landesbauordnung vom 8. 8. 1995 (LT-Drucks. 11/5337, S. 126, zu §74) hat der Landesgesetzgeber die Bestimmung des §73 Abs. 2 Nr. 3 LBO 1984 allein im Hinblick darauf für entbehrlich gehalten, daß die Gemeinden solche Bestimmungen bereits nach §9 Abs. 1 Nr. 23 BauGB treffen konnten. Damit handelte es sich bei der Streichung des §73 Abs. 2 Nr. 3 LBO 1984 nicht um eine gesetzgeberische Vorstellung, daß solche Regelungen nicht mehr möglich sein sollen, sondern lediglich um die Überlegung, daß es angesichts der bundesrechtlichen Ermächtigung in §9 Abs. 1 Nr. 23 BauGB einer – weiteren – landesrechtlichen Regelung nicht mehr bedürfe (vgl. auch Sauter, LBO, §74 Rdnr. 6 a. E.).

Auch aus Sicht des Bundesrechts war das Land berechtigt, durch die Bestimmung des §73 Abs. 2 Nr. 3 LBO 1984 seinerseits die Gemeinden zu ermächtigen, in den Bebauungsplan immissionsschutzrechtliche Regelungen als Festsetzungen aufzunehmen, die sich auf nach dem Bundes-Immissionsschutzgesetz genehmigungsbedürftige Anlagen beziehen und in haltlich über die Anforderungen dieses Gesetzes hinausgehen. Planungsrechtliche Grundlage für die Ermächtigung an die Länder zu bestimmen, daß landesrechtliche Regelungen in den Bebauungsplan als Festsetzung aufgenommen werden können, war §9 Abs. 4 BauGB. Bei den Materien, die auf Grund einer auf §9 Abs. 4 BauGB beruhenden landesrechtlichen Regelung Bestandteil eines Bebauungsplanes werden, muß es sich um solche handeln, für die die Länder die Gesetzgebungskompetenz besitzen. Auch diese Voraussetzung war hinsichtlich des Regelungsbereichs des §73 Abs. 2 Nr. 3 LBO 1984 erfüllt. Denn selbst wenn der Bund von seiner Kompetenz im Bereich der konkurrierenden Gesetzgebung, wie im Bereich des Art. 74 Abs. 1 Nr. 11 und 21 bis 24 GG (vgl. dazu Jarass, BImSchG, 5. Aufl., Einl. Rdnr. 21) durch das Bundes-Immissionsschutzgesetz, grundsätzlich erschöpfend Gebrauch gemacht hat, sind die Länder gesetzgebungsbefugt, wenn der Bund sie hierzu ermächtigt hat. In §49 Abs. 3 BImSchG ist in diesem Sinne bestimmt, daß landesrechtliche Ermächtigungen für die Gemeinden und Gemeindeverbände zum Erlaß von ortsrechtlichen Vorschriften, die Regelungen zum Schutz der Bevölkerung vor schädlichen Umwelteinwirkungen durch Luftverunreinigungen oder Geräusche zum Gegenstand haben, unberührt bleiben.

Die Klägerin hat im gerichtlichen Verfahren wiederholt geltend gemacht, die Ermächtigung des §73 Abs. 2 Nr. 3 LBO 1984 habe von der Beigeladenen nicht in einer Weise genutzt werden können, daß damit über die Vorschriften des Bundes-Immissionsschutzgesetzes hinausgehende immissionsschutzrechtliche Anforderungen an eine nach diesem Gesetz genehmigungsbedürftige Anlage gestellt werden könnten. Diese Auslegung widerspricht sowohl dem Wortlaut des §49 Abs. 3 BImSchG auch seinem Zweck. Die Formulierung „Landesrechtliche Ermächtigungen für die Gemeinden und Gemeindeverbände ... bleiben unberührt" kann nur bedeuten, daß der von dieser Vorschrift Ermächtigte gerade nicht auf die Umsetzung der sonstigen Vorschriften dieser bundesrechtlichen Regelung beschränkt ist. Denn ansonsten, d. h. wenn die Gemeinden/Gemeindeverbände keine über das Bundes-Immissionsschutzgesetz hinausgehenden gebietsbezogenen immissionsschutzrechtlichen Anforderungen stellen könnten, hätte diese Ermächtigung keinen Sinn und wäre überflüssig. Dementsprechend ist §49 Abs. 3 BImSchG, vergleichbar der für nicht genehmigungsbedürftige Anlagen maßgeblichen Vorschrift des §22 Abs. 2 BImSchG, dahingehend auszulegen, daß der Bundesgesetzgeber im Bereich örtlich begrenzter Immissionsschutzprobleme keine abschließende Regelung treffen wollte und daß im Bereich des §49 Abs. 3 BImSchG über die Anforderungen des Bundes-Immissionsschutzgesetzes hinausgehende gebietsbezogene Regelungen zulässig sind (vgl. Landmann/Rohmer, BImSchG, §49 Rdnr. 55; Schulze/Fielitz, GK-BImSchG, §49 Rdnr. 137). Ferner gilt der Vorbehalt des §49 Abs. 3 BImSchG für den gesamten Bereich, in dem der Bund mit dem Bundes-Immissionsschutzgesetz allgemein von seiner Gesetzgebungskompetenz Gebrauch gemacht hat (vgl. Landmann/Rohmer, BImSchG, §49 Rdnr. 58). Dem Wortlaut und der Entstehungsgeschichte sind keine Hinweise dafür zu entnehmen, daß die Bestimmung nicht auch nach dem Bundes-Immissionsschutzgesetz genehmigungsbedürftige Anlagen erfaßt (Jarass, BImSchG, §49 Rdnr. 26 und Einl. Rdnr. 22 f.; Schulze/Fielitz, GK-BImSchG, §49 Rdnr. 133). Der Landesgesetzgeber konnte sich hinsichtlich des §73 Abs. 2 Nr. 3 LBO 1984 auch auf §49 Abs. 3 BImSchG stützen, obwohl diese Regelung bereits am 1. 4. 1974 in Kraft getreten war. Der Wortlaut „bleiben unberührt" nimmt Bezug auf eine Sachkompetenz zum Erlaß einer Rechtsnorm und nicht auf den Zeitpunkt des Inkrafttretens einer Rechtsnorm. Auch wird im Bereich des Bundes-Immissionsschutzgesetzes, wie §22 Abs. 2 BImSchG zeigt, die Formulierung „bleiben unberührt" auch dann verwendet, wenn der Gesetzgeber künftig entstehendes Recht meint. Ferner spricht die Entstehungsgeschichte für eine weite Auslegung der Bestimmung. Abs. 3 des §49 BImSchG geht auf die Stellungnahme des Bundesrates zurück und sollte sich nur auf bereits bestehende Ermächtigungen beziehen (BT-Drucks. 7/179, S. 57 f.). Der Bundestag wollte aber mit der beschlossenen Fassung auch der Prüfempfehlung des Bundesrates entsprechen (vgl. Bericht des Innenausschusses, BT-Drucks. 7/1513, S. 8, zu §41). Der Bundesrat wollte mit dieser Empfehlung gewährleisten, daß ortsrechtliche Vorschriften mit weitergehenden Regelungen zum Schutz der Bevölkerung vor schädlichen Umwelteinwirkungen durch das Bundesgesetz nicht beeinträchtigt werden (vgl. dazu Landmann/Rohmer, BImSchG, §49

Rdnr. 59; Schulze/Fielitz, GK-BImSchG, § 49 Rdnr. 138). Auch die Gesetzgebungspraxis geht von der Zulässigkeit neuer landesrechtlicher Regelungen aus (vgl. § 5 Abs. 1 LImSchG NRW und Art. 10 Abs. 1 BayImSchG). Selbst wenn der Auffassung gefolgt wird, daß § 49 Abs. 3 BImSchG lediglich beim Inkrafttreten des Bundes-Immissionsschutzgesetzes bereits bestehende landesrechtliche Regelungen erfaßt (so Feldhaus, BImSchG, § 49 Rdnr. 10), hätte sich die Beigeladene auf die Vorschrift des § 73 Abs. 2 Nr. 3 LBO 1984 stützen können. Denn bereits zum Zeitpunkt des Inkrafttretens des Bundes-Immissionsschutzgesetzes bestand in § 111 Abs. 2 Nr. 3 LBO i. d. F. vom 20. 6. 1972 eine mit § 73 Abs. 2 Nr. 3 LBO 1984 wortgleiche landesrechtliche Ermächtigung für die Gemeinden. Diese Bestimmung wurde bei der Neufassung der Landesbauordnung im Jahre 1983 unverändert übernommen (vgl. LT-Drucks. 8/3963, S. 20, Nr. 91) und erhielt lediglich im Rahmen der Bekanntmachung der Neufassung der Landebauordnung für Baden-Württemberg vom 28. 11. 1983 (GBl., 770) eine andere Bezeichnung.

Die Ermächtigungsgrundlage des § 73 Abs. 2 Nr. 3 LBO 1984 hält sich auch innerhalb des bundesrechtlichen Rahmens des § 49 Abs. 3 BImSchG. § 73 Abs. 2 Nr. 3 LBO 1984 bezieht sich auf den Erlaß eines Bebauungsplans, einer ortsrechtlichen Vorschrift; Regelungsgegenstand der Ermächtigung ist der Schutz der Bevölkerung vor schädlichen Umwelteinwirkungen durch Luftverunreinigungen im Gemeindegebiet.

2. Wie bereits ausgeführt, wird die Argumentation der Klägerin, die Beigeladene hätte die Ermächtigung des § 73 Abs. 2 Nr. 3 LBO 1984 nicht zu über das Bundes-Immissionsschutzgesetz hinausgehende immissionsschutzrechtliche Anforderungen nutzen dürfen, dem Wortlaut und dem Zweck des § 49 Abs. 3 BImSchG nicht gerecht. Vielmehr sollen örtliche Immissionsschutzprobleme durch die Gemeinden selbst gelöst werden, die sich bei ihren Regelungen nicht an den Vorgaben des Bundes-Immissionsschutzgesetzes orientieren müssen. Diese Bedeutung des § 49 Abs. 3 BImSchG hat zur Folge, daß die ortsrechtlichen immissionsschutzrechtlichen Regelungen auch unabhängig von den Kategorien des Bundes-Immissionsschutzgesetzes auszulegen sind.

Das Verwaltungsgericht ist davon ausgegangen, Nr. 2.3 der Festsetzungen des Bebauungsplans der Beigeladenen sei in bezug auf die Grundlage des § 73 Abs. 2 Nr. 3 LBO 1984 sachlich nicht gerechtfertigt und deshalb rechtswidrig, weil diese Festsetzung die energetischen Verwertung bestimmter Stoffe generell und unabhängig davon verbiete, ob bei der Verbrennung dieser Stoffe im konkreten Einzelfall tatsächlich Luftverunreinigungen oder allgemein Umweltgefahren entstünden. Dieser Argumentation kann nicht gefolgt werden. Denn auf die Frage, ob und ggf. unter welchen Voraussetzungen die von der Klägerin verwendeten besonderen Verbrennungsanlagen technisch in der Lage sind, die in Nr. 2.3 des Bebauungsplans der Beigeladenen von der Verbrennung zur Energiegewinnung ausgeschlossenen Stoffe in einer Weise zu verbrennen, daß keine auf den Einsatz dieser Stoffe zurückzuführenden zusätzlichen Luftverunreinigungen entstehen, kommt es für die Wirksamkeit eines ortsrechtlichen Verbrennungsverbots aus Rechtsgründen nicht an. Tatsächlich waren, wird wegen der unzureichenden Bestimmtheit der Alternative

„ähnlichen kontaminierten Stoffen" (dazu nachfolgend unter 3) hier allein auf das – hinreichend bestimmte – Verbot der Verbrennung von Altölen abgestellt, die Voraussetzungen zum Erlaß einer satzungsrechtlichen Bestimmung nach §73 Abs. 2 Nr. 3 LBO 1984 gegeben.

Die Vorschrift des §73 Abs. 2 Nr. 3 LBO 1984, die zum Erlaß einer generell-abstrakten Regelung ermächtigt, ist als bauordnungsrechtliche Vorschrift dem Recht der Gefahrenabwehr zuzurechnen. Ermächtigungen zum Erlaß von generell-abstrakten Regelungen im Bereich der Gefahrenabwehr setzen – anders als eine Ermächtigung zum Erlaß einer Einzelfallregelung – nicht eine im Einzelfall bestehende, konkrete Gefahr, sondern eine abstrakte Gefahr voraus (Würtenberger/Heckmann/Riggert, Polizeirecht in Baden-Württemberg, 5. Aufl., Rdnr. 714). Dementsprechend ist §73 Abs. 2 Nr. 3 LBO 1984 dahingehend auszulegen, daß der Erlaß einer örtlichen Bauvorschrift nach dieser Bestimmung bei Vorliegen einer abstrakten Gefahr rechtmäßig ist (vgl. Schlotterbeck/v. Arnim, LBO, 3. Aufl., §73 Rdnr. 54, und §3 Rdnr. 34; Schlez, Landesbauordnung für Baden-Württemberg, 3. Aufl., §73 Rdnr. 34, und §72 Rdnr. 4–8). Nach allgemeinem Verständnis unterscheidet sich die abstrakte Gefahr von der konkreten nicht durch den Grad der Wahrscheinlichkeit des Schadenseintritts, sondern durch den Bezugspunkt der Gefahrenprognose bzw. die Betrachtungsweise. Während bei der konkreten Gefahr auf den zu beurteilenden konkreten Einzelfall abgestellt wird, ist eine abstrakte Gefahr gegeben, wenn aus den von der Rechtsnorm erfaßten Handlungen oder Zuständen nach den Erfahrungen des täglichen Lebens oder nach den Erkenntnissen fachkundiger Stellen mit hinreichender Wahrscheinlichkeit im konkreten Einzelfall Schäden für die öffentliche Sicherheit einzutreten pflegen und daher Anlaß besteht, dieser Gefahr mit generell-abstrakten Mitteln, also einem Rechtssatz, zu begegnen (vgl. BVerwG, Urteil v. 3. 7. 2002 – 6 CN 8.01 –, BVerwGE 116, 347 m. w. N.; VGH Baden-Württemberg, Beschl. v. 29. 4. 1983 – 1 S 1/83 –, VBlBW 1983, 302; OVG Bremen, Beschluß v. 21. 9. 2000 – 1 B 291/00 –, NVwZ 2000, 1435–1438). In tatsächlicher Hinsicht verlangt auch die abstrakte Gefahr eine genügend abgesicherte Prognose, d. h. es müssen bei der gebotenen generell-abstrakten Betrachtungsweise hinreichende Anhaltspunkte vorhanden sein, die den Schluß auf den drohenden Eintritt von Schäden für das jeweils geschützte Rechtsgut rechtfertigen (vgl. BVerwG, Urteil v. 3. 7. 2002 – 6 CN 8.01 –, a. a. O.). Hieran gemessen kann das auf §73 Abs. 2 Nr. 3 LBO 1984 gestützte Verbot der Verbrennung von Altölen zur Energiegewinnung rechtlich nicht beanstandet werden. Denn bei der gebotenen abstrakt-generellen Betrachtungsweise konnte die Beigeladene auch angesichts der regelmäßig anzunehmenden und auf die technische Nutzung zurückzuführenden Belastung von Altölen mit gefährlichen Rückständen, z. B. Schwermetallen, davon ausgehen, daß die Verbrennung dieser Stoffe zum Zweck der Energiegewinnung nach der allgemeinen Lebenserfahrung mit hinreichender Wahrscheinlichkeit zu Schäden für die Umwelt durch Luftverunreinigungen führt. Der Annahme, daß die Voraussetzungen des §73 Abs. 2 Nr. 3 LBO 1984 vorlagen, steht auch nicht der Umstand entgegen, daß es der Beigeladenen mit der Festsetzung Nr. 2.3 ihres Bebauungsplans nicht primär um den Schutz des Plangebietes, sondern um den eines außerhalb des Plangebiets liegenden Wohngebietes ging, das vor einer weiteren Immissionsbelastung bewahrt werden sollte. Denn Festsetzungen nach §73 Abs.2 Nr. 3 LBO 1984 sind auch dann zulässig, wenn sie dem Schutz eines angrenzenden Gebietes dienen.

Liegt eine den Erlaß der Rechtsnorm rechtfertigende abstrakte Gefahr vor, so kann gegen die Anwendung dieser Norm nicht mehr geltend gemacht werden, im konkreten Einzelfall sei wegen besonderer Umstände keine konkrete Gefahr gegeben und die Anwendung der Norm deshalb unzulässig (vgl. Lisken/Denninger, Handbuch des Polizeirechts, 3.Aufl., Kap. E Rdnr.32, Kap. F Rdnr. 704f.; Wolf/Stephan, PolG, 5.Aufl., §10 Rdnr.15; Würtenberger/Heckmann/Riggert, Polizeirecht in Baden-Württemberg, Rdnr.735 m.w.N.; vgl. auch BVerwG, Beschluß v. 24. 10. 1997 – 3 BN 1.97 –, Urteil v. 26. 6. 1970 – IV C 99.67 –, DÖV 1970, 713, 715; Urteil v. 3.7.2002 – 6 CN 8.01 –, a.a.O.; HessVGH, DÖV 1992, 753, 754). Dementsprechend ist das Vorbringen der Klägerin, die in ihrem Werk verwendeten technischen Anlagen gewährleisteten eine Verbrennung der Stoffe in einer Weise, daß mit einer Belastung der Umwelt durch zusätzliche Luftverunreinigungen nicht zu rechnen sei, für die Rechtmäßigkeit des Satzungsbeschlusses sowie für die Berücksichtigung der schriftlichen Festsetzungen des Bebauungsplans im Rahmen des immissionsschutzrechtlichen Genehmigungsverfahrens, soweit sie sich auf die Verbrennung von Altölen beziehen, rechtlich nicht von Bedeutung.

3. Hinsichtlich der von der Klägerin für den Einsatz als Sekundärbrennstoff vorgesehenen Lösemittelgemische der Gefahrenklasse A I kommt als eine das Erfordernis eines gemeindlichen Einvernehmens rechtfertigende bauordnungsrechtliche Festsetzung (vgl. §6 Abs. 1 Nr.2 BImSchG, §9 Abs.4 BauGB, §73 Abs.6 Satz2 LBO 1984, sowie §36 Abs. 1 Satz2 und §31 Abs.2 BauGB) allein die Alternative „ähnlichen kontaminierten Stoffen" der Nr.2.3 der schriftlichen Festsetzungen des Bebauungsplans der Beigeladenen in Betracht. Diese Alternative ist aber nicht hinreichend bestimmt und deshalb nichtig.

Bereits die von der Beigeladenen für diese Festsetzung herangezogene Grundlage des §73 Abs.2 Nr.3 LBO 1984 verlangt, daß die Gemeinde bei einer örtlichen Bauvorschrift bestimmte Stoffe benennt, die im Gemeindegebiet oder in Teilen des Gemeindegebiets zum Schutz vor Umweltgefahren durch Luftverunreinigungen allgemein oder zu bestimmten Zwecken nicht verbrannt werden dürfen. Zwar ist der Normgeber nicht gezwungen, Tatbestände stets mit genau erfaßbaren Maßstäben zu umschreiben. Er ist aber gehalten, seine Regelungen so bestimmt zu fassen, wie dies nach der Eigenart der zu ordnenden Lebenssachverhalte und mit Rücksicht auf den Normzweck möglich ist (vgl. BVerfGE 49, 168, 181). Bei der Frage, welche Bestimmtheitsanforderungen im einzelnen erfüllt sein müssen, ist auch die Intensität der Einwirkungen auf die von der Regelung Betroffenen zu berücksichtigen (vgl. BVerfGE 49, 89, 133). Insbesondere müssen die Rechtsunterworfenen in zumutbarer Weise feststellen können, ob die tatsächlichen Voraussetzungen für die in der Norm ausgesprochene Rechtsfolge vorliegen (BVerfGE 37, 132, 142). Für die Bestimmung des §73 Abs.2 Nr.3 LBO 1984 ist aus diesen allgemeinen Aussagen zu schließen, daß die Festlegung der von der Verbrennung ausgeschlossenen Stoffe durch die Satzung der Gemeinde so eindeutig sein muß, daß der Betroffene unter Zuhilfenahme der üblichen Auslegungsmethoden entscheiden kann, ob ein bestimmter Stoff von der Verbrennung ausgeschlossen ist oder nicht. Ferner müssen Behörde und Gerichte in der Lage sein, in Fällen, bei denen um die Zulässigkeit der Verbrennung von bestimmten Stoffen gestritten wird, zu entscheiden, ob hinsichtlich eines Stoffes die oben dargelegten Voraussetzungen des §73 Abs. 2 Nr. 3 LBO 1984 vorliegen und der Ausschluß dieses Stoffes von der Verbrennung durch die örtliche Bauvorschrift damit rechtmäßig ist. Hinsichtlich der Person des Verwenders des Stoffes ist zudem zu berücksichtigen, daß Nr. 2.3 der schriftlichen Festsetzungen des Plans, wie oben ausgeführt, nach §3 der Satzung über den Bebauungsplan „Sondergebiet Zementwerk" bußgeldbewehrt ist. Art. 103 Abs. 2 GG verpflichtet aber den Normgeber, die Voraussetzungen der Strafbarkeit eines Handelns so konkret zu umschreiben, daß Tragweite und Anwendungsbereich der Tatbestände zu erkennen sind und sich durch Auslegung ermitteln lassen (vgl. BVerfGE 92, 1, 11f.). Der Begriff der Strafbarkeit erfaßt hierbei jede Regelung, die eine mißbilligende hoheitliche Reaktion auf schuldhaftes oder vorwerfbares Handeln ermöglicht; er bezieht sich damit auch auf die Ahndung von Ordnungswidrigkeiten (vgl. BVerfGE 81, 132, 135; 87, 399, 411). Das besondere Bestimmtheitsgebot des Art. 103 Abs. 2 GG dient dabei einem doppelten Zweck. Zum einen geht es um den rechtsstaatlichen Schutz des Normadressaten. Jedermann soll vorhersehen können, welches Verhalten verboten und mit Strafe oder Geldbuße bedroht ist. Zum anderen soll sichergestellt werden, daß der Normgeber selbst über die Strafbarkeit entscheidet (vgl. BVerfGE 47, 109, 120; 92, 1, 12; Beschluß v. 9. 10. 2000 – 1 BvR 1627/95 –).

Diesen Bestimmtheitsanforderungen genügt nur die erste Alternative der Nr. 2.3 der schriftlichen Festsetzungen „Die Verbrennung von Altölen zur Energiegewinnung ist nicht zulässig". Denn ebenso wie der Vorgang „Verbrennung zur Energiegewinnung" ist auch der Begriff „Altöl" im Gegensatz zur Rechtsauffassung der Klägerin hinreichend bestimmt. Hinsichtlich des Begriffs „Altöl" kann auf die Bestimmungen in Art. 1 der Richtlinie 75/439/EWG v. 16. 6. 1975 über die Altölbeseitigung (ABl. EG Nr. L 194, S. 23) oder auf Art. 1 Nr. 1 der Richtlinie 87/101/EWG vom 22. 12. 1986 zur Änderung der Richtlinie 75/439/EWG über die Altölbeseitigung (ABl. EG Nr. L 42, S. 43) oder auf § 1a Abs. 1 AltölV Bezug genommen werden.

Unbestimmt ist aber die zweite Alternative „ähnlichen kontaminierten Stoffen", die hinsichtlich des von der Klägerin zum Einsatz im Drehrohrofen II vorgesehenen Sekundärbrennstoffs allein in Betracht kommt. Denn auch bei Anwendung der anerkannten Auslegungsmethoden kann nicht mit der gerade im Hinblick auf den Ordnungswidrigkeitentatbestand erforderlichen Bestimmtheit festgestellt werden, welche Stoffe von der Verbrennung zum Zwecke der Energiegewinnung ausgeschlossen sein sollen. Dem Gebot hinreichender Bestimmtheit der Festsetzung kommt hier deshalb besondere Bedeutung zu, weil gerade nach dem Vortrag der Beigeladenen zur Verbrennung geeignete altölähnliche Ersatzbrennstoffe unterschiedliche chemische Zusammensetzungen aufweisen, die in ihrer Vielfalt auf Millionen Varianten geschätzt werden. Das Wort „ähnlichen" stellt auf eine Vergleichbarkeit des sonstigen – zur Verbrennung nicht zugelassenen – Stoffes mit dem in Nr. 2.3 ausdrücklich bezeichneten Stoff „Altöl" ab. Es ist aber bereits unklar, welche Eigenschaft des Altöls für die Gleichbehandlung eines anderen – kontaminierten – Stoffes mit jenem ausdrücklich bezeichneten Stoff maßgeblich sein soll. Denkbar sind hinreichend bestimmte Kriterien wie Aggregatzustand, Brennwert oder auch chemische Zusammensetzung (bestimmte Stoffgruppen oder Verbindungen), auf die es der Beigeladenen aber wohl nicht ankam. In der Berufungsbegründung hat die Beigeladene unter Hinweis auf das von ihr im Verfahren eingeholte Gutachten des Öko-Instituts von 2000 selbst auf die Unterschiedlichkeit und Vielfältigkeit der chemischen Zusammensetzung der als Ersatzbrennstoffe in Betracht kommenden altölähnlichen Stoffe abgestellt. Anhaltspunkte für die für die Vergleichbarkeit des sonstigen Stoffes mit Altöl entscheidenden Kriterien sind dem Bebauungsplan der Beigeladenen selbst nicht zu entnehmen. Auch die Entstehungsgeschichte des Bebauungsplans, wie sie sich aus der dem Senat vorliegenden Verfahrensakte ergibt, bietet keinen Hinweis auf das für die Vergleichbarkeit maßgebliche Kriterium der sonstigen von der Verbrennung zur Energiegewinnung ausgeschlossenen Stoffe mit dem ausdrücklich genannten Altöl, mit dessen Hilfe den Anforderungen des Bestimmtheitsgebots Genüge getan werden könnte. Wie auch die Berufungsverhandlung ergeben hat, war Anlaß für die Festsetzung unter Nr. 2.3 die von der Klägerin wohl erstmals im Jahr 1988 geäußerte Absicht, in den Drehrohröfen auch Altöle als Brennstoff zu verwenden. Die fachkundige Beratung der Vertreter der Beigeladenen hat dann aber wohl ergeben, daß eine risikofreie Verbrennung von Altöl nicht sichergestellt sei. In dem von der Vertreterin der Beigeladenen in der Berufungsverhandlung geschilderten Bestreben, bestimmte Teil des Gemeindegebiets vor weiteren auf das Werk der Klägerin zurückzuführenden Luftverunreinigungen zu schützen, hat die Beigeladene sämtliche Stoffe von der Verbrennung ausschließen wollen, deren Nutzung als Brennstoff gefährlich sein könnte. Das Kriterium, die Verbrennung eines Stoffes in einem Drehrohofen eines Zementwerk dürfe nicht zu einer zusätzlichen Belastung der Abluft führen, genügt aber nicht den genannten Bestimmtheitsanforderungen. Denn aus Sicht des Betroffenen kann nicht vorab bestimmt werden, welche Stoffe neben Altöl von der Verbrennung zur Energiegewinnung ausgeschlossen sein sollen.

Im Laufe des Behörden- und Gerichtsverfahrens ist die Formulierung in Nr. 2.3 der schriftlichen Festsetzungen des Bebauungsplans „ähnlichen kontaminierten Stoffen" häufig im Sinne „ähnlich kontaminierten Stoffen" verstanden worden. ... In diesem Fall wird an die Verunreinigung (Kontamination) des Hauptstoffes (z. B. Lösemittel) mit besonders giftigen und gefährlichen Zusatzstoffen (z. B. Phenol oder Methanol) angeknüpft. Es erscheint aber gerade angesichts der Ordnungswidrigkeitenregelung zweifelhaft, ob eine solche vom Wortlaut der Norm abweichende Auslegung überhaupt zulässig ist. Aber selbst wenn von diesem Verständnis der Nr. 2.3 der schriftlichen Festsetzungen des Bebauungsplans ausgegangen wird, genügt die Regelung nicht den dargelegten Bestimmtheitsanforderungen. Denn bei diesem Verständnis bleibt unklar, bei welchen Zusatzstoffen und bei welcher Konzentration eines dieser Zusatzstoffe im verunreinigten (Haupt-)Stoff (z.B. Lösemittelgemische) von einer Vergleichbarkeit des sonstigen Stoffes mit dem von der Verbrennung zur Energiegewinnung ausgeschlossenen Altöl auszugehen ist. Insbesondere kann nicht festgestellt werden, daß für Altöl eine Verunreinigung mit bestimmten Zusatzstoffen in jeweils bestimmter Konzentration geradezu typisch ist, so daß der Nachweis eines dieser Zusatzstoffe in der jeweils ausreichenden Konzentration im anderen (Haupt-)Stoff (z.B. Lösemittel) die für Nr. 2.3 der schriftlichen Festsetzungen maßgebliche Vergleichbarkeit dieses anderen Stoffes mit Altöl begründet. Dies gilt auch für das von der Beigeladenen neun Jahre nach der Beschlußfassung über den Bebauungsplan eingeholte Gutachten des Ökö-Instituts von 2000. Denn in diesem werden lediglich in der Praxis festgestellte Meßwerte aufgeführt. Ohnehin verlangte das rechtsstaatliche Bestimmtheitsgebot, wonach die Rechtsunterworfenen in zumutbarer Weise feststellen können müssen, ob die tatsächlichen Voraussetzungen für die in der Norm ausgesprochene Rechtsfolge vorliegen (BVerfGE 37, 132, 142), daß, wenn die dem Altöl gleich zu behandelnden (Haupt-)Stoffe in der die Verbrennung von Stoffen regelnden Rechtsnorm schon nicht selbst aufgezählt werden, die für eine Vergleichbarkeit maßgeblichen Zusatzstoffe und die erforderlichen Konzentrationen normativ festgelegt sind.

Die Beigeladene hat geltend gemacht, eine weitergehende Festlegung der vom Einsatz ausgeschlossenen kontaminierten Stoffe sei wegen der Vielfalt der möglichen Varianten nicht möglich. Diese tatsächliche Schwierigkeit entbindet die Beigeladene bei der Ausübung der ihr durch das Gesetz eingeräumten Gestaltungsmöglichkeiten aber nicht von den auch dem Schutz der Klägerin dienenden Anforderungen der ausreichenden Bestimmtheit der Normen, die das Verhalten der Klägerin als Betreiberin der Anlage reglementieren. Ging es der Beigeladenen bei Nr. 2.3 der schriftlichen Festsetzungen ihres Bebauungsplans um die Abwehr von zusätzlichen Luftverunreinigungen, die auf die Verbrennung von giftigen und gefährlichen Abfällen in den Anlagen der Klägerin zur Zementherstellung zurückzuführen sind, so wäre bei der Beschlußfassung an Stelle der gewählten – aber nicht ausreichend bestimmten – Formulierung ein Rückgriff auf die Bestimmung in Art. 1 Buchst. b) und den Anhang der Richtlinie des Rates vom 20. 3. 1978 über giftige und gefährliche Abfälle (78/319/EWG) (ABl. EG Nr. L 84, S. 43) – darunter auch chlorierte und organische Lösungsmittel möglich gewesen. Im Berufungsverfahren hat die Beigeladene schließlich auch geltend gemacht, mit der Formulierung in Festsetzung Nr. 2.3 habe sie das Verbrennungsverbot nicht auf Altöle begrenzen, sondern auch auf altöllähnliche Ersatzbrennstoffe, nämlich Lösemittel erstrecken wollen. Wenn es der Beigeladenen im Hinblick auf die Belastung ihres Gemeindegebiets durch auf das Werk der Klägerin zurückzuführende Luftverunreinigungen tatsächlich gerade um den Ausschluß von Lösemitteln von der Verbrennung in den Anlagen der Klägerin ging, so hätte sich, dem Beispiel des Verbots der Verbrennung von Altölen folgend, die ausdrückliche Nennung von Lösemitteln und Lösemittelgemischen (zur Begriffsbestimmung, vgl. z.B. Art. 2 Nr. 18 der Richtlinie 1999/13/EG des Rates v. 11. 3. 1999, ABl. EG Nr. L 85, S. 1; § 2 Nr. 25 31. BImSchV), geradezu aufgedrängt. Es ist aber weder eine ausdrückliche Benennung von weiteren Stoffen neben dem Altöl erfolgt, noch finden sich in der Bebauungsplanakte Hinweise auf das Bestreben der Beigeladenen, gerade die Verbrennung von Lösemitteln auszuschließen. Zur Klarstellung weist der Senat abschließend darauf hin, daß sich die aus der unzureichenden Bestimmtheit der schriftlichen Festsetzung Nr. 2.3 des Bebauungsplans der Beigeladenen ergebende Nichtigkeit allein auf die Alternative „ähnlichen kontaminierten Stoffen" bezieht und nicht auch das hinreichend bestimmte Verbot der Verbrennung von Altölen erfaßt.

Nr. 91

1. § 12 BauGB erfordert die planerische Festlegung eines oder mehrerer konkreter Vorhaben i.S. von § 29 Abs. 1 BauGB; es bleibt offen, ob mehrere konkrete Vorhaben alternativ zugelassen werden können.

2. Der Begriff „Vorhaben" i.S. von § 12 BauGB ist identisch mit demselben Begriff in § 29 Abs. 1 BauGB, kann jedoch auch mehrere Vorhaben umfassen.

3. Ein vorhabenbezogener Bebauungsplan, der in bezug auf die Art der baulichen Nutzung planungsrechtlich eine unbestimmte Anzahl unterschiedlichster Vorhaben i.S. von § 29 Abs. 1 BauGB zuläßt, bewegt sich außerhalb der zulässigen Bandbreite an Nutzungsmöglichkeiten, die ein Vorhaben i.S. von § 12 BauGB umfassen darf.

4. Es bleibt offen, in welchem Umfang das im vorhabenbezogenen Bebauungsplan festzulegende Vorhaben auch hinsichtlich anderer planerischer Festsetzungen (hier: überbaubare Grundstücksfläche und Maß der baulichen Nutzung) eine gewisse Bandbreite umfassen kann.

5. Das Vorhaben i.S. von § 12 BauGB muß nicht im Vorhaben- und Erschließungsplan, sondern kann auch unmittelbar in dem vorhabenbezogenen Bebauungsplan bestimmt werden.

BauGB §§ 12, 29 Abs. 1, 30 Abs. 2.

OVG Nordrhein-Westfalen, Urteil vom 11. März 2004 – 7a D 51/02.NE – (rechtskräftig nach Beschluß des Bundesverwaltungsgerichts v. 10.8.2004, abgedruckt unter Nr. 42).

Die Antragsteller wendeten sich gegen einen vorhabenbezogenen Bebauungsplan (vBP) der Antragsgegnerin. Dessen Gegenstand war ein gemischt genutztes Großprojekt. Im Bebauungsplan wurde das Maß der baulichen Nutzung u. a. durch eine maximale Geschoßfläche von 17500 m² bestimmt. Als Art der baulichen Nutzung war ein „gegliedertes" Mischgebiet festgesetzt, in dem Wohn-, Geschäfts-, Büro- und Verwaltungsnutzungen, Nutzungen als Hotel und für nicht wesentlich störende Gewerbebetriebe zulässig sind. Die unterschiedlichen Nutzungen durften eine jeweils maximal bestimmte Geschoßfläche nicht überschreiten. Der zugehörige Vorhaben- und Erschließungsplan

(VEP) zeigte im wesentlichen die Umrisse eines Baukörpers. Der Durchführungsvertrag nahm zur Bestimmung des Vorhabens vor allem Bezug auf den vBP und den VEP. Auf den Normenkontrollantrag erklärte der Senat den vBP für nichtig.

Aus den Gründen:
In materieller Hinsicht unterliegt der vorhabenbezogene Bebauungsplan durchgreifenden Bedenken, die zu seiner Nichtigkeit führen.

Der von der Antragsgegnerin als Satzung beschlossene normative Planinhalt bestimmt kein hinreichend konkretisiertes Vorhaben i. S. von § 12 BauGB und wird damit nicht von dieser Ermächtigungsnorm getragen. Dies ergibt sich aus folgendem:

Zur Sicherstellung der Vorhabenbezogenheit der in ihm geregelten Sonderform eines Bebauungsplans trifft § 12 BauGB spezielle Regelungen, die sich auf die Planaufstellung, die zulässigen Planinhalte und die Rechtsfolgen des Erlasses eines solchen Plans beziehen. (Wird ausgeführt.)

Die Sonderregelungen des § 12 BauGB lassen es mithin nur zu, einen Bebauungsplan zu erlassen, der – jedenfalls für den Bereich des Vorhaben- und Erschließungsplans, vgl. § 12 Abs. 4 BauGB – die planungsrechtliche Zulässigkeit des konkreten Vorhabens begründet, zu dessen Durchführung sich der Vorhabenträger in dem mit der Gemeinde abgeschlossenen Durchführungsvertrag verpflichtet hat. Dabei muß ein Vorhaben i. S. des § 12 BauGB nicht ein in jeder Hinsicht so eng umrissenes Projekt sein, daß seine planerische Grundlage – der Vorhaben- und Erschließungsplan – zugleich auch Grundlage einer nach Erlaß des Plans beantragten Baugenehmigung sein kann. Allerdings wird durch einen Vorhaben- und Erschließungsplan nicht etwa allgemein irgendeine Bebauung des Plangebiets, sondern die Errichtung eines oder mehrerer konkreter Vorhaben i. S. von § 29 Abs. 1 BauGB geregelt (so ausdrücklich BVerwG, Urteil v. 18. 9. 2003 – 4 CN 3.02 –, BauR 2004, 286).

Damit umfaßt der Vorhabensbegriff des § 12 BauGB, anders als § 29 Abs. 1 BauGB, auch eine Mehrzahl von Vorhaben (vgl. OVG NRW, Urteil v. 3. 12. 2003 – 7a D 42/01.NE –, zu § 7 Abs. 1 BauGB-MaßnahmenG; OVG NRW, Urteil v. 16. 10. 1997 – 11a D 116/96.NE –, BRS 59 Nr. 255).

Ob nur mehrere, nebeneinander zu realisierende Bauvorhaben gemeint sind, oder ob die Gemeinde in einem Vorhaben- und Erschließungsplan mehrere – auch im Durchführungsvertrag beschriebene – konkret benannte Vorhaben i. S. von § 29 Abs. 1 BauGB alternativ zulassen kann, bedarf aus Anlaß des vorliegenden Falles keiner Vertiefung.

Das im Durchführungsvertrag vereinbarte und im Vorhaben- und Erschließungsplan festgelegte Vorhaben kann von vornherein eine gewisse Bandbreite an Nutzungsmöglichkeiten umfassen und damit einem Bedürfnis des Vorhabenträgers oder der Gemeinde nach einem nicht allzu starren planerischen Rahmen Rechnung tragen (vgl. BVerwG, Urteil v. 18. 9. 2003 – 4 CN 3.02 –, a. a. O.).

Andererseits steht der Gemeinde das Instrument eines vorhabenbezogenen Bebauungsplans nicht zur Verfügung, wenn sie nicht nur das konkret zur Realisierung anstehende Vorhaben ermöglichen, sondern von vornherein – gegebenenfalls auch erst im Wege einer späteren Umnutzung der zugelassenen baulichen Anlagen nach Ersterrichtung des vom Vorhabenträger zunächst vorgesehenen Vorhabens – eine mehr oder weniger breite Palette unterschiedlicher baulicher Nutzungsmöglichkeiten eröffnen will (vgl. OVG NRW, Urteil v. 3.12.2003, a.a.O.). Zur Bestimmung der Art der baulichen Nutzung reicht im Rahmen des §12 BauGB die Festsetzung eines Baugebiets i.S. von §1 Abs.2 BauNVO allein nicht aus (vgl. BVerwG, Urteil v. 18.9.2003, a.a.O., Krautzberger, in: Ernst/Zinkahn/Bielenberg, BauGB, §12 Rdnr.79; zu §7 Abs.1 BauGB-MaßnahmenG: OVG NRW, Urteil v. 16.10.1997, a.a.O.; Bielenberg, Aufstellung eines Vorhaben- und Erschließungsplans (VE-Plan), ZfBR 1996, 6, 10).

Ebenso ist ein vorhabenbezogener Bebauungsplan fehlerhaft, der für den Bereich des Vorhaben- und Erschließungsplans ein anderes Vorhaben als das (konkret) im Durchführungsvertrag vereinbarte – ein „aliud" – zuläßt. Beispielsweise darf nicht für ein und dasselbe Grundstück sowohl ein Haus für betreutes Seniorenwohnen als auch eine Gaststätte zulässig sein (vgl. BVerwG, Urteil v. 18.9.2003, a.a.O.).

Dabei geht zwar §12 Abs.1 Satz 1 BauGB davon aus, daß das Vorhaben in dem Vorhaben- und Erschließungsplan festgelegt wird. Da dieser jedoch über §12 Abs.3 Satz 1 BauGB zum Bestandteil des Bebauungsplans wird, bestehen keine grundsätzlichen Bedenken dagegen, daß das zuzulassende Vorhaben (auch oder ausschließlich) unmittelbar in dem Bebauungsplan bestimmt wird (vgl. auch den dem vorgenannten Urteil des BVerwG v. 18.9.2003 zugrunde liegenden Sachverhalt [kein Vorhaben- und Erschließungsplan vorhanden]).

Die Grenze, wann ein Vorhaben i.S. von §12 BauGB innerhalb des so bestimmten Rahmens im Einzelfall (noch) hinreichend konkretisiert oder (schon) so abstrakt beschrieben ist, daß es nicht zulässiger Gegenstand eines vorhabenbezogenen Bebauungsplans sein kann, ist – ausgehend von den Anforderungen an das notwendige Maß der Konkretisierung planerischer Festsetzungen in einem „normalen" Bebauungsplan unter dem Blickwinkel des Bestimmtheitsgebots für Normen – anhand der Besonderheiten des vorhabenbezogenen Bebauungsplans im Einzelfall zu beurteilen.

Daß der vorhabenbezogene Bebauungsplan wie jede Satzung oder sonstige Norm hinreichend bestimmt i.S. des Art.20 Abs.3 GG zu sein hat, versteht sich von selbst. Ein (vorhabenbezogener) Bebauungsplan, aus dessen Festsetzungen auch im Wege der Auslegung nicht mit genügender Deutlichkeit zu ermitteln ist, welche baulichen Nutzungen zulässig sein sollen, ist fehlerhaft (vgl. BVerwG, Urteil v. 18.9.2003, a.a.O.).

Auch wenn in der Rechtsprechung die Frage nach der Bestimmtheit eines „normalen" Bebauungsplans in erster Linie unter dem Blickwinkel betrachtet wird, wie konkret bauplanerische Festsetzungen sein müssen, um dem Bestimmtheitsgebot zu genügen, geht es im vorliegenden Zusammenhang über diese Frage hinaus darum, wie konkret ein Vorhaben i.S. des §12 BauGB beschrieben werden muß, um nicht – wie bei einem „normalen" Bebauungsplan – etwa allgemein irgendeine Bebauung des Plangebiets, sondern (nur) die Errichtung eines oder mehrerer konkreter Vorhaben i.S. von §29 Abs.1 BauGB zu regeln.

Mit anderen Worten ist entscheidend, ob das Vorhaben, das durch den vorhabenbezogenen Bebauungsplan zugelassen werden soll, hinreichend konkretisiert ist, um den Bebauungsplan nicht wie bei einem „normalen" Bebauungsplan als Angebotsplanung für eine unbestimmte Anzahl unterschiedlicher Vorhaben i. S. des § 29 Abs. 1 BauGB, sondern als eine auf den Einzelfall zurechtgeschnittene – gleichsam maßgeschneiderte – planerische Lösung für ein oder mehrere konkret vereinbarte Vorhaben erscheinen zu lassen (vgl. zu dieser Unterscheidung OVG NRW, Urteil v. 6. 4. 2001 – 7a D 143/00.NE –, BRS 64 Nr. 227).

Die Antwort auf diese Fragen hängt in erster Linie davon ab, welchen Inhalt der in § 12 Abs. 1 BauGB verwandte Begriff des Vorhabens hat.

Die Verwendung des Begriffes „Vorhaben" in § 12 Abs. 1 Satz 1 BauGB legt den Schluß nahe, daß er dort – abgesehen von der Anzahl – wie in § 29 Abs. 1 Satz 1 BauGB zu verstehen ist. Grundsätzlich kann davon ausgegangen werden, daß der Gesetzgeber innerhalb eines Gesetzes einem mehrfach verwandten Begriff keinen unterschiedlichen Inhalt beimessen will, sondern der Begriff einheitlich auszulegen ist. Dies gilt nur dann nicht, wenn aus dem Zweck der Regelung, der Entstehungsgeschichte und/oder dem Zusammenhang, in dem dieser Begriff benutzt wird, erkennbar ist, daß ihm jeweils eine unterschiedliche Bedeutung zukommt (vgl. BFH Großer Senat, Beschluß v. 25. 11. 2002 – GrS 2/01 –, NVwZ 2003, 895, zu einem legal definierten Begriff; BFH, Beschluß v. 17. 2. 1992 – X B 49/91 –, JURIS).

Vorliegend betrifft der erste Abschnitt im dritten Teil des ersten Kapitels des BauGB die „Zulässigkeit von Vorhaben". In der (amtlichen) Überschrift zu § 29 BauGB ist der „Begriff des Vorhabens" genannt. Abs. 1 Satz 1 dieser Vorschrift definiert die Vorhaben, für die die §§ 30 bis 37 BauGB gelten. Die Überschrift zu § 30 BauGB spricht – wie die Überschrift des Abschnitts und wie § 12 Abs. 1 Satz 1 BauGB – von der „Zulässigkeit von Vorhaben". Da auch § 30 Abs. 2 BauGB die Zulässigkeit eines Vorhabens i. S. von § 29 Abs. 1 BauGB im Geltungsbereich eines vorhabenbezogenen Bebauungsplans i. S. von § 12 BauGB regelt und dort die Zulässigkeit von Vorhaben zum Gegenstand der Bauleitplanung gemacht wird, ist kein Anhaltspunkt aus dem Wortlaut oder dem jeweiligen Zusammenhang, in dem der Begriff verwandt wird, dafür zu erkennen, der Gesetzgeber habe dem Begriff in diesen miteinander verzahnten Vorschriften verschiedene Inhalte geben wollen.

Die geschichtliche Entwicklung des Rechtsinstituts bestätigt diese Auslegung (vgl. zu Nachfolgendem die Darstellung bei Krautzberger, in: Ernst/Zinkahn/Bielenberg, a. a. O., § 12 Rdnr. 4 ff.).

Nach § 55 BauZVO der DDR i. d. F. des § 246a Abs. 1 Satz 1 Nr 6 BauGB 1990 konnte die „Zulässigkeit von Vorhaben" durch einen Vorhaben- und Erschließungsplan abweichend von den §§ 30, 31 und 33 bis 35 BauGB 1990 bestimmt werden. Da sich die zuletzt genannten gesetzlichen Regelungen, von denen auf diese Art durch Satzung abgewichen werden konnte, auf Vorhaben i. S. des § 29 BauGB bezogen, konnte durch den Vorhaben- und Erschließungsplan nur die planungsrechtliche Zulässigkeit (eines oder mehrerer) konkreter Vorhaben in diesem Sinne herbeigeführt werden. Folgerichtig enthielt § 55 Abs. 4 Satz 1 BauZVO in der damaligen Fassung eine dem heutigen § 30 Abs. 2 BauGB entsprechende Regelung. 1993 wurde der Vorhaben- und Erschließungsplan für das gesamte Bundesgebiet in § 7 BauGB-MaßnG geregelt. Nach dessen Abs. 1 Satz 1 konnte die Gemeinde durch Satzung (über den Vorhaben- und Erschließungsplan) die „Zulässigkeit von Vorhaben" bestimmen, die nicht bereits nach den §§ 30, 31 und 33 bis 35 BauGB 1990 zulässig, mithin nach den gesetzlichen Vorschriften unzulässig waren. Auch § 7 Abs. 4 Satz 1 BauGB-MaßnG enthielt eine § 30 Abs. 2 BauGB in der aktuellen Fassung entsprechende Regelung. Dies verdeutlicht, daß Gegenstand des Vorhaben- und Erschließungsplans nach § 7 BauGB-MaßnG ebenfalls nur (ein oder mehrere) Vorhaben i. S. des § 29 BauGB waren. Denn nur deren planungsrechtliche Zulässigkeit wurde nach den §§ 30, 31, 33 bis 35 BauGB 1990 beurteilt. Bei der Übernahme des Vorhaben- und Erschließungsplans in das BauGB 1998 sah der Regierungsentwurf einen Vorteil des Vorhaben- und Erschließungsplans gegenüber einem Bebauungsplan in der aus dem „Vorhabenbezug" folgenden Reduzierung des Abwägungsmaterials. Dabei mußte der Vorhaben- und Erschließungsplan von einem „objektbezogenen" (normalen) Bebauungsplan abgegrenzt werden, der „einen Angebotsspielraum offenhalte und deshalb nicht im Sinne einer Durchführungsverpflichtung vollstreckungsfähig sei."

§ 7 BauGB-MaßnG sollte mit seinem materiellen Gehalt unverändert in das BauGB übernommen werden. Zwar ist in § 12 BauGB für den Erlaß eines (nunmehr) vorhabenbezogenen Bebauungsplans nicht mehr erforderlich, daß das zuzulassende Vorhaben nach den anderen, für Vorhaben nach § 29 BauGB ansonsten geltenden Vorschriften (§ 30 Abs. 1, 3, §§ 31, 33 bis 35 BauGB) unzulässig ist. Damit ist aber keine inhaltliche Änderung des Vorhabenbegriffes verbunden. Im Gegenteil regelt § 30 Abs. 2 BauGB – wie bereits § 55 Abs. 4 Satz 1 BauZVO i. V. m. § 246 a Abs. 1 Satz 1 Nr. 6 BauGB und wie § 7 Abs. 4 Satz 1 BauGB-MaßnG – die Zulässigkeit eines „Vorhabens" (i. S. von § 29 Abs. 1 Satz 1 BauGB) im Geltungsbereich eines vorhabenbezogenen Bebauungsplans. Die „Aufspaltung" der Vorgängerregelungen in § 12 BauGB (betreffend die Bauleitplanung) und § 30 Abs. 2 BauGB (planungsrechtliche Zulässigkeit eines Einzelvorhabens) entsprach lediglich der Gesetzessystematik des BauGB. Weiterhin blieb gerade das Zusammenspiel von § 12 Abs. 1 Satz 1 und § 30 Abs. 2 BauGB ein zentrales Regelungsanliegen (der gesetzlichen Bestimmungen) des vorhabenbezogenen Bebauungsplans.

Ausgehend von diesen Überlegungen muß das (oder müssen die) Vorhaben im vorhabenbezogenen Bebauungsplan bzw. im Vorhaben- und Erschließungsplan mindestens so konkretisiert sein, daß schon auf dieser Grundlage, also nicht wie beispielsweise für Vorhaben im Geltungsbereich eines Bebauungsplans nach § 30 Abs. 1 BauGB erst auf Grund der mit einem Baugenehmigungsantrag oder einer Bauvoranfrage vorzulegenden Bauunterlagen, abschließend die städtebaurechtliche Zulässigkeit des so bestimmten Vorhabens nach § 30 Abs. 2 BauGB – der (nur) für Vorhaben nach § 29 Abs. 1 BauGB gilt – beurteilt werden kann.

Die Forderung nach der Festlegung eines oder mehrerer Vorhaben i. S. des § 29 Abs. 1 BauGB in einem vorhabenbezogenen Bebauungsplan rechtfertigt sich auch aus der Verantwortung der Gemeinde für die städtebauliche Entwicklung und Ordnung im Gemeindegebiet, vgl. § 2 Abs. 1 BauGB. Die Gemeinde hat gemäß § 1 Abs. 3 BauGB einen Bauleitplan aufzustellen, sobald und soweit es für die städtebauliche Entwicklung und Ordnung erforderlich ist. Ob ein Bebauungsplan erforderlich in diesem Sinne ist, bestimmt sich in erster Linie nach der planerischen Konzeption der Gemeinde (vgl. OVG NRW, Beschluß v. 30. 12. 1997 – 10a D 41/95.NE –, BRS 59 Nr. 2).

Grundsätzlich kann die Gemeinde in diesem Rahmen in einem Bebauungsplan nur die Festsetzungen treffen, für die der numerus clausus des § 9 BauGB eine Ermächtigungsgrundlage enthält. Von dieser und der Bindung an die Baunutzungsverordnung, somit von den gesetzgeberischen Vorgaben für eine geordnete städtebauliche Entwicklung kann die Gemeinde sich nur über § 12 BauGB für im Vorhaben- und Erschließungsplan festgelegte Vorhaben lösen. Nimmt sie diese damit verbundene Freiheit wahr, so kommt der Planungshoheit und Planungsverantwortlichkeit der Gemeinde im Falle eines vorhabenbezogenen Bebauungsplans ein zusätzliches Gewicht zu. Ohne „Hilfe" der Vorgaben in § 9 BauGB und der Baunutzungsverordnung hat sie sich Klarheit darüber zu verschaffen, ob das im Vorhaben- und Erschließungsplan festgelegte Vorhaben ihrer planerischen Konzeption und einer geordneten städtebaulichen Entwicklung entspricht. Mit diesen Anforderungen ist es unvereinbar, wenn sie in der Form eines vorhabenbezogenen Bebauungsplans eine mehr oder weniger inhaltsleere Hülle als Satzung schafft, die der Vorhabenträger oder nach der Ersterrichtung des Vorhabens ein Nachfolger insbesondere hinsichtlich Art und Maß der baulichen Nutzung derart ausfüllen kann, daß nicht nur das nach Art und Maß konkret bezeichneten Vorhaben, sondern auch andere Vorhaben möglich sind, die sich gegenüber dem benannten Vorhaben als „aliud" darstellen.

Schließlich setzt auch das Abwägungsgebot des § 1 Abs. 6 BauGB voraus, daß die Gemeinde im Zeitpunkt des Satzungsbeschlusses hinreichend konkret die städtebaulichen Parameter erkennen kann, die für die in die Abwägung einzustellenden Belange relevant sind. Steht im Zeitpunkt der Entscheidung des Rates beispielsweise nicht fest, welche den dem Vorhabenträger eingeräumten Nutzungsarten dieser in welchem Umfang verwirklichen wird oder welche Nutzungsänderungen nach der Ersterrichtung des Vorhabens stattfinden können, fehlt dem Rat schon mit Blick auf § 1 Abs. 5 BauGB das hinreichende Tatsachenmaterial für seine Abwägungsentscheidung. Dies gilt auch, wenn – wie vorliegend – der Rat zwar möglicherweise von einem konkret beschriebenen, mit dem Vorhabenträger abgestimmten Vorhaben ausgeht, dieses jedoch allenfalls im Durchführungsvertrag, nicht aber im vorhabenbezogenen Bebauungsplan bzw. im Vorhaben und Erschließungsplan bestimmt ist.

Erfordert § 12 BauGB nach alledem die konkrete Bestimmung eines oder mehrerer Vorhaben i. S. von § 29 Abs. 1 BauGB in dem Vorhaben- und Erschließungsplan oder unmittelbar in dem vorhabenbezogenen Bebauungsplan, so stellt sich die Frage, welche „Bandbreite an Nutzungsmöglichkeiten" im obigen Sinne das im Rahmen des § 12 BauGB festzulegende Vorhaben umfassen darf.

Es kommt in Betracht, insoweit auf die „Variationsbreite" abzustellen, die einer einzelnen genehmigten Nutzung eigen ist. Dieser Begriff dient der Beurteilung, ob die Änderung einer (genehmigten) Nutzung einer baulichen Anlage ihrerseits nach §§ 29 ff. BauGB genehmigungsbedürftig ist, weil der Vorgang auch bodenrechtlich relevant ist. Dies setzt voraus, daß die jeder einzelnen Art von Nutzung eigene, gewisse Variationsbreite verlassen wird und durch die Veränderung bodenrechtliche Belange, wie sie insbesondere § 1 Abs. 5 BauGB bestimmt, erneut berührt werden können (vgl. BVerwG, Urteile v. 25. 3. 1988 – 4 C 21.85 –, BRS 48 Nr. 138; und v. 18. 5. 1990 – B 4 C 49.89 –, BRS 50 Nr. 166).

Diese Parallele bietet sich an, da im Geltungsbereich eines vorhabenbezogenen Bebauungsplans auch die planungsrechtliche Zulässigkeit einer Nutzungsänderung i. S. von § 29 Abs. 1 BauGB nach § 30 Abs. 2 BauGB zu beurteilen ist. Mit Blick ausschließlich auf die Art der baulichen Nutzung würde die Gleichsetzung der „Bandbreite" und der „Variationsbreite" in dem oben jeweils dargelegten Sinn bedeuten, daß bei Nutzungsänderungen der Anwendungsbereich des § 30 Abs. 2 BauGB auf die Fälle beschränkt wäre, in denen der vorhabenbezogene Bebauungsplan mehrere Vorhaben i. S. des § 29 BauGB alternativ zuläßt. Bestimmt ein vorhabenbezogener Bebauungsplan dagegen nur ein Vorhaben oder mehrere gleichzeitig zu verwirklichende Vorhaben, so wäre bei diesem Verständnis eine spätere Nutzungsänderung entweder nicht genehmigungsbedürftig nach § 29 BauGB, wenn sie sich in der dem/den Vorhaben eigenen Variationsbreite hielte, oder aber gemäß § 30 Abs. 2 BauGB grundsätzlich unzulässig, wenn sie hierüber hinausginge und damit gleichzeitig dem Bebauungsplan widerspräche.

Ähnliches gilt, wenn für die Bestimmung der „Bandbreite der Nutzungsmöglichkeiten" ein Vergleich mit der Variationsbreite bei Änderung einer bestandsgeschützten Nutzung gezogen wird. Diese betrifft die Frage, ob sich eine Nutzungsänderung rechtlich nur als eine Art von Nutzung innerhalb einer immer schon vorausgesetzten Variationsbreite der bereits zugestandenen Nutzung darstellt oder ob sie eine neue, auch bauplanerisch erhebliche Nutzung ist. Diese Variationsbreite wird verlassen mit der Folge, daß sich ein Grundeigentümer für eine Nutzungsänderung grundsätzlich nicht auf den sich fortsetzenden Bestandsschutz seiner früheren Nutzung berufen kann, wenn die beabsichtigte neue Nutzung gegenüber der bisherigen – etwa unter den Voraussetzungen des § 1 Abs. 9 BauNVO – einer gesonderten Festsetzung durch einen Bebauungsplan unterworfen werden könnte (vgl. BVerwG, Urteil v. 18. 5. 1990, a. a. O. (S. 400), unter Hinweis auf § 1 Abs. 3 BauGB).

Die Frage nach der „Bandbreite" von Nutzungsmöglichkeiten, die in einem vorhabenbezogenen Bebauungsplan festgesetzt werden können, bedarf vorliegend keiner abschließenden Beantwortung. Selbst wenn durch einen vorhabenbezogenen Bebauungsplan z. B. mehrere Nutzungsarten alternativ festgesetzt werden können, wird durch den vorliegend angegriffenen vorhabenbezogenen Bebauungsplan die zulässige Bandbreite auf jeden Fall überschritten.

Der Senat sieht die Anforderungen an das erforderliche Maß der Konkretisierung im vorliegenden Fall deshalb nicht als gewahrt an, weil der vorhabenbezogene Bebauungsplan eine breite Palette unterschiedlicher baulicher Nutzungsmöglichkeiten eröffnet, die zueinander nicht mehr im Verhältnis einer gewissen „Bandbreite" stehen, sondern sich jeweils als „aliud" darstellen. Inwieweit das in einem vorhabenbezogenen Bebauungsplan festgelegte Vorhaben auch eine gewisse Bandbreite hinsichtlich anderer planerischer Festsetzungen z. B. der überbaubaren Grundstücksfläche oder zum Maß der baulichen Nutzungen umfassen kann, mag offenbleiben. (Wird ausgeführt.)

Jedenfalls wahrt das mit dem vorliegenden vorhabenbezogenen Bebauungsplan zugelassene Vorhaben nicht die Vorgaben an das erforderliche Maß der Konkretisierung in Ansehung der Art der baulichen Nutzung.

Der nach § 12 Abs. 1 Satz 1 BauGB für die Bestimmung von Vorhaben in erster Linie maßgebliche Vorhaben- und Erschließungsplan enthält – wie zum Maß der baulichen Nutzung – hierzu keine Angaben. Die Festsetzungen zur Nutzungsart in der Planurkunde des vorhabenbezogenen Bebauungsplans bedürfen der Auslegung. Durch die zeichnerische und textliche Festsetzung eines „gegliederten" Mischgebiets wird vorliegend weder eine räumliche (vgl. § 1 Abs. 4 Satz 1 BauNVO) noch eine geschoßweise (vgl. § 1 Abs. 7 BauNVO) – wie sie beispielsweise dem dem Planungsausschuß vorgestellten Nutzungskonzept entsprach –, sondern eine Gliederung nach den im Textteil genannten Nutzungsarten vorgenommen. Bei einer maximalen Geschoßfläche von 17 500 m^2 sollen höchstens 5250 m^2 Geschoßfläche auf Wohnnutzung und bis zu 12 250 m^2 auf Geschäfts-, Büro- und Verwaltungsnutzungen i. S. von § 6 Abs. 2 BauNVO oder auf Hotelnutzung entfallen.

Das so in dem vorhabenbezogenen Bebauungsplan umschriebene Vorhaben bewegt sich in bezug auf die Art der baulichen Nutzung weit außerhalb der Bandbreite an Nutzungsmöglichkeiten, die nach den oben dargestellten Grundsätzen zulässig ist. Vielmehr läßt der Bebauungsplan eine unbestimmte Anzahl unterschiedlichster Vorhaben i. S. von § 29 Abs. 1 BauGB nach § 30 Abs. 2 BauGB zu.

Nach dem Regelungsgehalt des vorhabenbezogenen Bebauungsplans ist nicht erforderlich, daß alle genannten Nutzungsarten in dem Gebäude vertreten sein müssen. Auch enthält der vorhabenbezogene Bebauungsplan keine Mindestangaben zur Größe der Flächen für die einzelnen Nutzungsarten. Insoweit wird durch den vorhabenbezogenen Bebauungsplan der Beigeladenen planungsrechtlich die Errichtung einer „Hülle" ermöglicht, die diese – je nach Auslegung des Durchführungsvertrags – schon bei der Ersterrichtung innerhalb des vorgegebenen weiten Rahmens nach Belieben ausfüllen kann. Dies gilt erst Recht bei einer späteren Nutzungsänderung durch einen Dritten. Es ist nach den Festsetzungen beispielsweise nicht ausgeschlossen, daß trotz Schaffung einer Geschoßfläche von 17 500 m^2 neben der Wohnnutzung alle sonstigen Flächen jeweils ausschließlich für nicht wesentlich störende Gewerbe-, für Büronutzungen, für Verwaltungsnutzungen oder für Hotelnutzung in Anspruch genommen werden. Sollte die Beigeladene nur ein (oder mehrere) Gebäude mit einer Bruttogeschoßfläche von weniger als 12 250 m^2 errichten, könnte die Wohnnutzung vollständig entfallen und die gesamte Fläche als Hotel, für Verwaltung- oder für Büronutzung verwandt werden, und zwar schon bei der Ersterrichtung, erst Recht bei einer späteren Nutzungsänderung. Zulässig wäre nach den obigen Ausführungen zum Maß der baulichen Nutzung auch die Errichtung eines eingeschossigen Gebäudekörpers, in dem ausschließlich mischgebietsverträgliches Gewerbe oder ausschließlich ein Handelsbetrieb (bis 2700 m^2) untergebracht wird. Auch die Bezeichnung des Plangebiets als „Mischgebiet" steht den nur beispielhaft aufgeführten Nutzungsvarianten nicht entgegen. Diese Festsetzung dient nicht der Festschreibung eines Mischgebiets i. S. von § 6 BauNVO, sondern lediglich immissionsschutzrechtlichen Gesichtspunkten und der Wahrung der Voraussetzungen des § 1 Abs. 5 Nr. 1 BauGB. (Wird ausgeführt.)

Betrachtet man ausschließlich die Festsetzungen zur Art der baulichen Nutzung ohne Berücksichtigung insbesondere der Grundstücksgröße, so unterscheiden sich die mit dem vorhabenbezogenen Bebauungsplan zugelassenen verschiedensten Nutzungsmöglichkeiten in einem Gebäude ohne Festlegung der Anteile der einzelnen Nutzungsarten nicht von dem Fall, in dem auf 10 Grundstücken je ein eingeschossiges Gebäude mit je 1750 m^2 zugelassen wird, ohne dem Vorhabenträger vorzugeben und ohne im Vorhaben- und Erschließungsplan bzw. vorhabenbezogenen Bebauungsplan zu regeln, auf welchem Grundstück welche Art der baulichen Nutzung zulässig ist und ob alle oder zumindest einige der unterschiedlichsten Nutzungsarten vorhanden sein müssen.

Zusammenfassend ist festzustellen, daß der angegriffene vorhabenbezogene Bebauungsplan quasi durch Auflistung der konkret zugelassenen Nutzungsarten – ohne Bindung an die Baunutzungsverordnung – ein auf einzelne Nutzungsarten des § 6 Abs. 2 BauNVO (oder beispielsweise auch des § 7 Abs. 2 BauNVO) beschränktes Baugebiet festsetzt und – weil weder der Vorhaben- und Erschließungsplan noch der vorhabenbezogene Bebauungsplan eine Beschreibung des konkreten Projektes enthält, das der Rat offenkundig seinen Entscheidungen zugrunde gelegt hat – eine unbegrenzte Anzahl unterschiedlichster Nutzungsmöglichkeiten, damit unterschiedlichste Vorhaben i. S. von § 29 Abs. 1 BauGB zuläßt. Da der Durchführungsvertrag seinerseits zur Beschreibung des „Vorhabens" im wesentlichen auf den Vorhaben- und Erschließungsplan und den vorhabenbezogenen Bebauungsplan verweist, käme die Beigeladene mit nahezu jedem dieser nach § 30 Abs. 2 BauGB zulässigen Vorhaben i. S. von § 29 Abs. 1 BauGB ihrer Durchführungsverpflichtung nach, ohne daß die Antragsgegnerin hierauf rechtlich, z. B. durch Versagung einer beantragten Baugenehmigung Einfluß nehmen oder den vorhabenbezogenen Bebauungsplan nach § 12 Abs. 6 BauGB wieder aufheben könnte.

Anders ausgedrückt handelt es sich vorliegend der Sache nach um einen „normalen" Bebauungsplan, der mit Blick auf ein nicht zum Gegenstand des Plans gemachtes konkretes Vorhaben der Beigeladenen i. S. von § 29 Abs. 1 BauGB aufgestellt worden ist und demzufolge der Sache nach eine Art Angebotsplanung für den Vorhabenträger darstellt.

Gegen dieses Ergebnis ist nicht einzuwenden, daß zu dem Zeitpunkt, an dem ein Vorhaben- und Erschließungsplan nach § 12 Abs. 1 Satz 1 BauGB zwischen dem Vorhabenträger und der Gemeinde abgestimmt wird, insbesondere bei gemischt zu nutzenden größeren Bauprojekten möglicherweise noch nicht konkret voraussehbar ist, wie das verwirklichte Vorhaben in allen Einzelheiten beschaffen sein wird. Jedenfalls im maßgeblichen Zeitpunkt des Satzungsbeschlusses (vgl. §214 Abs. 3 Satz 1 BauGB) muß das zum Gegenstand des Vorhaben- und Erschließungsplans oder unmittelbar des vorhabenbezogenen Bebauungsplans gemachte Vorhaben so konkret sein, daß dem Rat eine sachgerechte Beurteilung und Abwägung möglich ist. Sollte dies aus zwingenden Gründen unmöglich sein, steht der Gemeinde der Weg offen, von dem Erlaß eines vorhabenbezogenen Bebauungsplans Abstand zu nehmen und einen sogenannten objektbezogenen („normalen") Bebauungsplans aufzustellen. Insbesondere die Übernahme von Planungs-, Erschließungs- und Ausgleichsleistungen und der entsprechenden Kosten kann mit dem Investor in einem städtebaulichen Vertrag nach §11 BauGB geregelt werden.

2. Zulässigkeit von Bauvorhaben im nicht beplanten Innenbereich

Nr. 92

Ein etwas abgesetzt von dem letzten einem Bebauungszusammenhang noch angehörenden (Haupt-)Gebäude am Ortsrand stehendes Nebengebäude gehört, obwohl ihm allein genommen die maßstabbildende Kraft fehlt, seinerseits noch dem Bebauungszusammenhang an, wenn es nach der Verkehrsauffassung am bestehenden Eindruck der Geschlossenheit und Zusammengehörigkeit teilnimmt.

BauGB §34 Abs. 1 Satz 1.

OVG Rheinland-Pfalz, Urteil vom 7. Juli 2004 – 1 A 12039/03 – (rechtskräftig).

Dem Kläger war eine Baugenehmigung zum Umbau und zur Umnutzung eines vormals landwirtschaftlich genutzten Nebengebäudes in einen Raum zur Fertigung von Kunststoff-Formteilen erteilt worden. Diese Genehmigung hob der Kreisrechtsausschuß auf den Widerspruch der beigeladenen Gemeinde hin mit der Begründung auf, das Vorhaben sei im Außenbereich angesiedelt, dort aber nicht zulässig. Das Verwaltungsgericht wies die Anfechtungsklage des Klägers gegen den Widerspruchsbescheid ab. Die Berufung des Klägers hiergegen hatte Erfolg.

Aus den Gründen:

Der vom Kläger zulässigerweise angefochtene Widerspruchsbescheid (vgl. §79 Abs. 1 Nr. 2 VwGO) kann keinen Bestand haben, da die Baugenehmigung auf den Widerspruch der Beigeladenen hin nicht hätte aufgehoben werden dürfen. Diese Baugenehmigung steht mit der für das Bauvorhaben des Klägers maßgeblichen bauplanungsrechtlichen Bestimmung des §34 BauGB in Einklang. Die Beigeladene hätte daher ihr gemeindliches Einvernehmen zu dem Bauantrag nicht verweigern dürfen, so daß der Beklagte dieses mit seiner Entscheidung über den Bauantrag zu Recht ersetzt hat (vgl. §§36 Abs. 2 Satz 3 BauGB, 71 Abs. 1 LBauO).

Die Annahme des Kreisrechtsausschusses und des Verwaltungsgerichts, daß sich der Bauantrag des Klägers auf ein im Außenbereich gelegenes Vorhaben beziehe, ist unzutreffend. Vielmehr gehören das umzunutzende Nebengebäude und die Fläche, auf der dieses erweitert werden soll, noch den im Zusammenhang bebauten Ortsteilen von S. an. Da das Baugelände nicht im Geltungsbereich eines Bebauungsplans liegt, beurteilt sich die bauplanungsrechtliche Zulässigkeit des Vorhabens folglich nach §34 BauGB.

Der an der F.-W.-Straße in S. bestehende Bebauungszusammenhang i. S. von §34 Abs. 1 Satz 1 BauGB erstreckt sich noch auf das fragliche Nebengebäude und auf die Fläche, um die es erweitert werden soll. Insoweit steht zunächst einmal außer Zweifel, daß das Wohngebäude auf dem Grundstück des Klägers und sein Anbau (ehemalige Stallungen) noch dem dortigen Bebauungszusammenhang angehören. Bei der näheren Umgebung dieses Grundstücks handelt es sich zwar um eine locker bebaute Ortsrandlage mit einigen Baulücken insbesondere auf der gegenüberliegenden Seite der Straße. Gleichwohl besteht dort unzweifelhaft eine aufeinanderfolgende Bebauung, die nach der Verkehrsauffassung den Eindruck der Geschlossenheit und Zusammengehörigkeit vermittelt (vgl. dazu z. B. BVerwG, Urteile v. 12. 12. 1990, NVwZ 1991, 879 m. w. N., und v. 15. 5. 1997, NVwZ 1998, 58; Beschluß v. 2. 8. 2001, BRS 64 Nr. 86) und der jedenfalls das Wohngebäude des Klägers mit seinen Anbauten noch angehört.

An dem durch die vorhandene Bebauung in dem fraglichen Bereich vermittelten Eindruck der Geschlossenheit und Zusammengehörigkeit nehmen auch noch das auf dem Grundstück des Klägers vorhandene Nebengebäude und die südlich daran unmittelbar anschließende Fläche westlich der Anbauten an das Wohnhaus des Klägers teil. Da der Kläger das Nebengebäude in diesen Bereich hinein – und nicht etwa nach Norden oder Westen – erweitern möchte, ist auch insoweit §34 BauGB für die bauplanungsrechtliche Zulässigkeit des Vorhabens maßgeblich.

Dabei ist freilich zu beachten, daß nicht jede bauliche Anlage i. S. von §29 Abs. 1 BauGB geeignet ist, an der Entstehung eines Bebauungszusammenhangs i. S. von §34 Abs. 1 Satz 1 BauGB mitzuwirken, sondern daß es sich insoweit um eine Maßstab bildende Bebauung handeln muß, mithin grundsätzlich um Anlagen und Flächen, die dem ständigen Aufenthalt von Menschen dienen; hingegen fehlt Baulichkeiten, die ausschließlich landwirtschaftlichen Zwecken dienen, Wochenend- und Gartenhäusern oder befestigten Reit- oder Stellplätzen für sich genommen die maßstabbildende Kraft, um ein die Siedlungsstruktur prägendes Element zu bilden (vgl. BVerwG, Beschlüsse v. 2. 3. 2000, ZfBR 2000, 428; v. 10. 7. 2000, NVwZ 2001, 70; v. 2. 8. 2001, a. a. O., und v. 11. 7. 2002, BRS 65 Nr. 80). Gleichwohl können auch solche Bauten ggf. an einem vorhandenen Bebauungszusammenhang teilnehmen.

Dies kann zum einen der Fall sein, wenn sie sich in einer Baulücke oder in einem Bereich befinden, der wegen seiner Lage vor einer aus den topographischen Verhältnissen erkennbar hervorgehenden Grenze noch zum Innenbereich zu zählen ist (dazu vgl. z. B. BVerwG, Urteil v. 12. 12. 1990, a. a. O., und Beschluß v. 18. 6. 1997, NuR 1997, 595). Ein solcher Sachverhalt ist hier zwar nicht gegeben. Ein Bebauungszusammenhang kann sich jedoch zum anderen auch noch über den Baukörper der letzten maßstabbildenden baulichen Anlage hinaus auf eine Baulichkeit oder einen Bereich erstrecken, die oder der dieser letzten maßstabbildenden baulichen Anlage erkennbar zugeordnet sind. Insoweit wird teilweise von den Grundstücksteilen gesprochen, die am letzten Baukörper anschließen und als Hof, Garten oder Erholungsraum genutzt werden, also bauplanungsakzessorisch sind (Tyczewski, in: Hoppenberg/de Witt, Handbuch des öffentlichen Baurechts, A III, Rdnr. 16 unter Hinweis auf Hoppe/Grotefels, öffentliches Baurecht, 1995, § 8 Rdnr. 50). Das Bundesverwaltungsgericht hat es als naheliegend erachtet, einen im Anschluß an das Verkaufsgebäude eines Verbrauchermarktes vorhandenen befestigten Parkplatz wegen der Zusammengehörigkeit mit dieser baulichen Anlage noch als Teil des Innenbereichs anzusehen (BVerwG, Urteil v. 17. 6. 1993, NVwZ 1994, 294). Ferner ist ein zu einem benachbarten Anwesen gehörendes, für sich genommen nicht maßstabbildendes Nebengebäude als letztes Bauwerk eines Ortsteils noch zum Innenbereich gezählt worden (VGH Bad.-Württ., Urteil v. 24. 9. 1984, BRS 42 Nr. 60).

Maßgeblich dafür, ob eine bauliche Anlage oder eine bestimmte Fläche einem Bebauungszusammenhang zuzurechnen sind, ist jedenfalls immer, wie weit eine aufeinanderfolgende Bebauung nach der Verkehrsauffassung den Eindruck der Geschlossenheit und Zusammengehörigkeit vermittelt und die zur Bebauung vorgesehene Fläche selbst diesem Zusammenhang angehört. Das ist nicht nach geographisch-mathematischen Maßstäben zu entscheiden, sondern bedarf einer umfassenden Wertung und Bewertung der konkreten Gegebenheiten (BVerwG, Beschluß v. 2. 8. 2001, a. a. O., m. w. N.). Im Rahmen der Verkehrsauffassung kommt es jeweils auf die Lage des Einzelfalles an, wobei ein objektives Verständnis der Umstände des konkreten Einzelfalles gefordert ist (vgl. BVerwG, Beschluß v. 15. 7. 1994, NVwZ-RR 1995, 66). Grundlage und Ausgangspunkt der bewertenden Beurteilung sind allein die äußerlich erkennbaren (optisch wahrnehmbaren) tatsächlichen örtlichen Gegebenheiten (vgl. BVerwG, Beschluß v. 18. 6. 1997, a. a. O.).

In Anwendung dieser Grundsätze hat sich der Senat mit Hilfe der durchgeführten Ortsbesichtigung davon überzeugt, daß das in Rede stehende Nebengebäude und die Fläche, auf der es erweitert werden soll, dem Bebauungszusammenhang von S. angehören. Das Nebengebäude ist erkennbar dem auf dem Grundstück des Klägers befindlichen Hauptgebäude mit Anbauten zugeordnet. Der Abstand der Baulichkeiten zueinander beträgt von Eck zu Eck gemessen lediglich 9 m. Das Wohnhaus, die daran angebauten Nebengebäude (ehemalige Stallungen) und das fragliche Bauwerk bilden ein bauliches Ensemble, dessen Teile in einem engen optischen Zusammenhang stehen. Dies ist erkennbar Ausdruck der ehemaligen landwirtschaftlichen Nutzung des Gesamtanwesens, bei der ein enger funktioneller Zusammenhang zwischen dem (Haupt-)Baubestand und dem allein stehenden Nebengebäude gegeben war. Dementsprechend erscheint das Nebengebäude als Bestandteil einer ehemaligen Hofstelle und nicht etwa als eine getrennt davon zu würdigende bauliche Anlage mit eigenständiger Funktion. Im Hinblick auf den weiteren baulichen Zusammenhang von S. ist es ebenfalls nicht geboten, das

Nebengebäude bereits dem Außenbereich zuzuordnen; denn es ragt weder mit Blick nach Süden noch nach Osten über die derzeit bestehenden Grenzen des Bebauungszusammenhangs hinaus.

Im übrigen erstreckt sich der optische Eindruck der Geschlossenheit und Zusammengehörigkeit nicht nur auf das Nebengebäude als solches, sondern er erfaßt darüber hinaus auch die Fläche zwischen diesem und dem Hauptgebäude bis zu einer gedachten Linie auf der Höhe der westlichen Abschlußwand des Nebengebäudes. Dieser durch seine Schotterung auch äußerlich erkennbar hervorgehobene Bereich, in den hinein das Nebengebäude erweitert werden soll, gehört nicht dem Außenbereich an, sondern ist mit seiner verbindenden und ergänzenden Funktion als Teil des Wirtschaftsbereichs des klägerischen Hausanwesens anzusehen.

Nr. 93

Ein Friedhofsgelände kann im Einzelfall ein Hindernis darstellen, welches dazu führt, daß die Flächen, zwischen dem letzten Gebäude einer Ortslage und dem Friedhof nach der Verkehrsanschauung noch dem Innenbereich zuzuordnen ist.

BauGB §§ 34, 35.

OVG Rheinland-Pfalz, Urteil vom 9. Dezember 2004 – 1 A 11591/04 – (rechtskräftig).

Der Kläger begehrt die Erteilung eines positiven Bauvorbescheides zur Errichtung von Wohnbebauung auf einem Gelände, welches sich zwischen dem letzten Gebäude einer zur Ortslage gehörenden Bauzeile und einem Friedhof befindet. Die entsprechende Bauvoranfrage wurde abschlägig beschieden. Widerspruch und Klage hatten keinen Erfolg.

Die Berufung des Klägers führte zur Aufhebung des verwaltungsgerichtlichen Urteils und zur Verpflichtung der Beklagten, den beantragten Bauvorbescheid vorbehaltlich der Frage der Erschließung zu erteilen.

Aus den Gründen:

Entgegen der Ansicht der Vorinstanz sowie des Beklagten und der Beigeladenen beurteilt sich die bauplanungsrechtliche Zulässigkeit des Vorhabens im vorliegenden Fall nicht nach § 35 BauGB, sondern nach § 34 BauGB, weil der für die Errichtung der Wohnbebauung vorgesehene Standort nicht außerhalb, sondern innerhalb der im Zusammenhang bebauten Ortslage liegt. Hierbei sind für die Abgrenzung des Innenbereichs vom Außenbereich die von der Rechtsprechung entwickelten Kriterien zugrunde zu legen. Danach ist für das Bestehen eines Bebauungszusammenhangs ausschlaggebend, inwieweit die aufeinander folgende Bebauung trotz etwa vorhandener Baulücken nach der Verkehrsauffassung den Eindruck der Geschlossenheit und Zusammengehörigkeit vermittelt und die zur Bebauung vorgesehene Fläche selbst diesem Zusammenhang (noch) angehört (vgl. BVerwG, Urteile v. 6.11.1968, BVerwGE 31, 20 = BRS 20 Nr. 35; v. 1.12.1972, BVerwGE 41, 227 = BRS 25

Nr. 36 = BauR 1973, 99, und v. 10. 12. 1990, BRS 50 Nr. 72 = BauR 1991, 308 = DVBl. 1991, 810). Hierüber ist allerdings nicht nach geographisch-mathematischen Maßstäben, sondern auf Grund einer umfassenden Wertung und Bewertung des im Einzelfall gegebenen konkreten Sachverhalts zu entscheiden (BVerwG, Urteil v. 6. 12. 1967, BVerwGE 28, 268 = BRS 18 Nr. 57).

Grundlage und Ausgangspunkt einer solchen wertenden Beurteilung sind demnach die tatsächlichen örtlichen Gegebenheiten, also insbesondere die vorhandenen baulichen Anlagen sowie außerdem noch andere Besonderheiten, wie etwa Geländehindernisse, Erhebungen oder Einschnitte. Fehlen indessen derartige Besonderheiten, so endet der Bebauungszusammenhang in aller Regel am letzten Baukörper (BVerwG, Urteil v. 12. 12. 1990, a. a. O.).

In Anwendung dieser Grundsätze ist jedoch entgegen der Auffassung der Vorinstanz davon auszugehen, daß die vom Kläger zur Bebauung vorgesehenen Teile der Parzellen zuzurechnen sind. Denn die vom Senat durchgeführte Ortsbesichtigung hat die schon auf Grund der dem Gericht vorliegenden Lagepläne und Luftbilder sich ergebende Annahme bestätigt, daß die zur Bebauung vorgesehenen Grundstücksteile am Eindruck der Geschlossenheit und Zusammengehörigkeit der Innerortsbebauung teilnehmen.

Zu dieser Beurteilung ist der Senat allerdings nicht deshalb gelangt, weil nach Ansicht des Klägers der Friedhof als bauliches Element anzusehen sein soll, welches von seinem baulichen Gewicht her in der Lage ist, den Eindruck der Geschlossenheit und Zusammengehörigkeit zu vermitteln. Diesbezüglich ist vielmehr der Auffassung des Verwaltungsgerichts zu folgen, daß der Friedhof als solcher einen Bebauungszusammenhang nicht vermitteln kann. In diesem Zusammenhang ist nämlich zu beachten, daß unter Bebauung i. S. von § 34 BauGB nicht jede beliebige Anlage fällt. Vielmehr sind damit nur solche Bauwerke gemeint, die für die angemessene Fortentwicklung der vorhandenen Bebauung maßstabbildend sind. Dies trifft ausschließlich für Anlagen zu, die optisch wahrnehmbar und nach Art und Gewicht geeignet sind, ein Gebiet zu prägen. Hierzu zählen grundsätzlich nur Bauwerke, die dem ständigen Aufenthalt von Menschen dienen. Baulichkeiten, die nur vorübergehend genutzt zu werden pflegen, sind in aller Regel keine Bauten, die für sich genommen als ein für die Siedlungsstruktur prägendes Element zu Buche schlagen (vgl. BVerwG, Beschluß v. 2. 3. 2000, BRS 63 Nr. 99 = BauR 2000, 1310 = ZfBR 2000, 427; so auch OVG Rheinland-Pfalz, Urteil v. 21. 3. 2002 – 1 A 11551/01 –). In diesem Zusammenhang hat das Bundesverwaltungsgericht auch entschieden, daß Schotter Stellplätze, Sportplätze, befestigte Reitplätze u. a. keine Bebauung i. S. von § 34 BauGB darstellen, wenn sie sich – wie hier – in einer Ortsrandlage befinden (vgl. BVerwG, Urteil v. 14. 9. 1992, BRS 54 Nr. 65 = BauR 1993, 300; Beschluß v. 10. 7. 2000, BRS 63 Nr. 101 = BauR 2000, 1851 = NVwZ 2001, 70). Denn in diesen Fällen fehlt es an der maßstabbildenden Kraft der auf diesen Plätzen vorhandenen untergeordneten baulichen Anlagen. Ähnliches gilt hier auch für das vorliegende Friedhofsgelände, das – für sich genommen – grundsätzlich keine prägende Wirkung im Hinblick auf einen Bebauungszusammenhang hat (so auch OVG Nordrhein-Westfalen, Urteil v. 28. 2. 2002 – 3 A 3629/98 –, veröffentlicht in juris). Etwas anderes könnte nur dann gelten, wenn das Friedhofsgelände z. B. an seiner Ostseite unmittelbar an einen bestehenden Bebauungszusammenhang anschließen würde. Denn selbst unbebaute Flächen können einem Bebauungszusammenhang zuzurechnen sein, wenn sie den optischen Eindruck der Geschlossenheit nicht unterbrechen (vgl. BVerwG, Urteil v. 14.9.1992, a.a.O.). Ein solcher Fall ist hier aber nicht gegeben, da östlich des Friedhofs sich unstreitig keine Bebauung unmittelbar anschließt. Soweit der Kläger die Ansicht vertritt, daß die maßstabbildende Kraft aus dem funktionalen städtebaulichen Zusammenhang als Stadtfriedhof herzuleiten sei und sich insoweit auf eine Kommentarstelle von Söfker (in: Ernst/Zinkahn/Bielenberg, BauGB, § 34 Rdnr. 24) bezieht, verkennt er, daß dieser Gesichtspunkt nur im Rahmen der Frage erörtert wird, inwieweit der Bebauungszusammenhang von Flächen unterbrochen wird, die u.a. wegen ihrer Zweckbestimmung nicht bebaubar sind. Im vorliegenden Fall stellt sich jedoch nicht die Frage der Unterbrechung der Bebauung, da – wie oben bereits ausgeführt – östlich des Friedhofs keine unmittelbar anschließende Bebauung vorhanden ist.

Vermittelt mithin der Friedhof selbst keinen Bebauungszusammenhang, so stellt er doch auf Grund der anhand der Ortsbesichtigung gewonnenen Anschauung ein Hindernis im Gelände dar, welches den zur Bebauung vorgesehenen Bereich quasi in den in nordwestlicher Richtung vorhandenen Bebauungszusammenhang hineindrückt. Soweit das Verwaltungsgericht es ablehnt, ein solches Hindernis in dem in Rede stehenden Friedhof zu sehen, vermag der Senat dem nicht zu folgen. Dabei ist zunächst davon auszugehen, daß nicht nur natürliche topographische Verhältnisse (wie z.B. Flüsse, Böschungen, Waldränder etc.), sondern auch von Menschen geschaffene Hindernisse (wie etwa Bahndämme, Straßen, Kanäle und dergleichen) in der Landschaft noch einen Bebauungszusammenhang für ein kleineres unbebautes Gelände zwischen dem letzten Baukörper eines Innenbereichs und dem betreffenden Hindernis im Gelände herstellen können. Maßgebend ist hierbei allein, daß „äußerlich erkennbare Umstände" vorliegen (vgl. BVerwG, Urteil v. 12.12.1990, a.a.O.), die dazu führen, daß der Bebauungszusammenhang im Einzelfall nicht – wie dies der Regel entspricht – am letzten Baukörper endet, sondern daß ihm noch ein oder auch mehrere unbebaute Grundstücke bis zu diesem Hindernis zuzuordnen sind. Freilich muß es sich dabei um ein deutlich sichtbares Hindernis handeln, damit die Fläche zwischen dem letzten Gebäude und dem Hindernis von der Verkehrsanschauung noch zum Innenbereich zu zählen ist (so Brügelmann/Dürr, BauGB, § 34 Rdnr. 21). Das erkennende Gericht konnte sich jedoch auf Grund der Ortsbesichtigung und anhand des zu den Gerichtsakten gereichten Luftbildes davon überzeugen, daß der Friedhof ein solches Hindernis darstellt. Dieser Bewertung kann auch nicht die Ansicht der Vorinstanz entgegengehalten werden, daß ein Friedhof nicht als aus Rechtsgründen schlechthin unbebaubar angesehen werden könne. Denn die grundsätzliche Möglichkeit einer Entwidmung und der Entfernung des Hindernisses besteht auch z.B. bei Straßen, Bahndämmen und Kanälen, ohne daß ihnen deswegen von der Rechtsprechung die Eigenschaft aberkannt wird, im Einzelfall unbebautes Gelände in den Bebauungszusammenhang „hineindrücken" zu können. Ebensowenig scheitert die Qualität des Friedhofs als Hindernis im Sinne der Rechtsprechung daran, daß nicht zu erkennen sein soll, wo das Friedhofsgelände beginnt. Denn die Ortsbesichtigung hat gezeigt, daß das Friedhofsgelände zumindest zur Seite des Bauvorhabens des Klägers hin mit einem Maschendrahtzaun eingefriedet und somit dort der Beginn des Friedhofsgeländes eindeutig zu erkennen ist.

Angesichts der bei der Ortsbesichtigung vorgefundenen örtlichen Situation ist mithin der zur Bebauung anstehende Bereich zwischen dem letzten Wohnhaus der nördlich der K 118 bestehenden Bauzeile und dem Friedhof nach der Verkehrsanschauung noch dem Innenbereich zuzuordnen.

Nr. 94

1. **Zur Bindung beim Erlaß einer Entwicklungssatzung an die Darstellung der einbezogenen Außenbereichsflächen als Baufläche im Flächennutzungsplan i. S. des § 34 Abs. 4 Satz 1 Nr. 2 BauGB kann auf die für das Entwicklungsgebot des § 8 Abs. 2 Satz 1 BauGB geltenden Grundsätze zurückgegriffen werden.**

2. **Enthält eine Entwicklungssatzung gemäß § 34 Abs. 4 Satz 1 Nr. 2 BauGB – nach Art eines qualifizierten Bebauungsplans – Festsetzungen zur Art und zum Maß der baulichen Nutzung sowie zur Bauweise und zur überbaubaren Grundstücksfläche, so handelt es sich nicht mehr um „einzelne Festsetzungen" i. S. des § 34 Abs. 4 Satz 3 Halbs. 2 BauGB.**

BauGB § 34 Abs. 4 Satz 1 Nr. 2, Satz 3 Halbs. 2.

VGH Baden-Württemberg, Urteil vom 19. Mai 2004 – 5 S 2771/01 –.

Der Antragsteller wendet sich gegen die Satzung der Antragsgegnerin zur Festlegung des bebauten Gebiets im Außenbereich als einen im Zusammenhang bebauten Ortsteil von 2001 (künftig: Satzung).

Aus den Gründen:
Der Antragsteller besitzt die erforderliche Antragsbefugnis i. S. des § 47 Abs. 2 Satz 1 VwGO. Diese ist bei der Normenkontrolle von Bebauungsplänen regelmäßig zu bejahen, wenn sich ein Eigentümer eines im Plangebiet gelegenen Grundstücks gegen eine bauplanerische Festsetzung wendet, die unmittelbar sein Grundstück betrifft (vgl. BVerwG, Beschluß v. 7. 7. 1997 – 4 BN 11.97 –, BRS 59 Nr. 36 = BauR 1997, 972 = NVwZ-RR 1998, 416, und Urteil v. 10. 3. 1998 – 4 CN 6.97 –, BRS 60 Nr. 44 = BauR 1998, 740 = UPR 1998, 348). Die Befugnis des Grundeigentümers gemäß § 47 Abs. 2 Satz 1 VwGO, wegen einer möglichen Verletzung seines Eigentums die Nichtigerklärung eines Bebauungsplans im Normenkontrollverfahren zu beantragen, hat ihren Grund darin, daß der Bebauungsplan mit seinen Festsetzungen die zulässige Nutzung des Grundstücks und damit i. S. des Art. 14 Abs. 1 Satz 2 GG Inhalt und Schranken des Eigentums bestimmt (vgl. BVerwG, Beschluß v. 22. 8. 2000 – 4 BN 38.00 –, BRS 63 Nr. 45 = BauR 2000, 1834 = UPR 2000, 465). Diese Überlegungen gelten auch für eine Satzung nach § 34 Abs. 4 Satz 1 Nr. 2 BauGB, in der – wie hier – Festsetzungen nach § 9 Abs. 1 BauGB (i. V. m.

§ 34 Abs. 4 Satz 3 Halbs. 2 BauGB) getroffen worden sind. Erforderlich ist insoweit – neben der Belegenheit eines Grundstücks im Plangebiet – aber immer, daß sich der Eigentümer durch eine oder mehrere planerische Festsetzung(en) für sein Grundstück beschwert fühlt. Das ist hier der Fall. Insoweit hat der Antragsteller – unwidersprochen – geltend gemacht, daß die auch für sein Grundstück Flst.Nr. 229/4 getroffenen Festsetzungen, insbesondere zum Maß der baulichen Nutzung – etwa mit der Zulässigkeit nur eines Vollgeschosses –, hinter dem Nutzungsmaß des derzeitigen Baubestands auf seinem Grundstück zurückblieben, was ihn im Falle einer Neubebauung beeinträchtige. Danach kann dahinstehen, ob der Antragsteller wegen der auf dem westlichen und auf dem östlichen Nachbargrundstück eröffneten Bebauungsmöglichkeiten auch eine Verletzung des Rechts aus § 1 Abs. 6 BauGB auf gerechte Abwägung seiner privaten Belange hätte geltend machen können (vgl. hierzu BVerwG, Urteil v. 24. 9. 1998 – 4 CN 2.98 –, BVerwGE 107, 215 = BRS 60 Nr. 46 = BauR 1999, 134), was angesichts seines fehlenden Vorbringens zur Betroffenheit eines privaten Belangs im Beteiligungsverfahren wohl zu verneinen gewesen wäre. ...

Der Antrag ist auch begründet. Die Satzung verstößt gegen höherrangiges materielles Recht.

Rechtsgrundlage für ihren Erlaß ist – wie im Satzungsbeschluß angegeben – § 34 Abs. 4 Satz 1 Nr. 2 BauGB. Danach kann die Gemeinde durch Satzung bebaute Bereiche im Außenbereich als im Zusammenhang bebaute Ortsteile festlegen, wenn die Flächen im Flächennutzungsplan als Baufläche dargestellt sind (sog. Entwicklungssatzung). Daß die angegriffene Satzung bebaute Bereiche im Außenbereich betrifft, zieht auch der Antragsteller nicht in Zweifel. Umstritten ist allein, ob die in den Geltungsbereich der Satzung einbezogene Teilfläche des Grundstücks Flst.Nr. 230 von der Darstellung „M" (gemischte Baufläche) im Flächennutzungsplan aus dem Jahre 1982 erfaßt wird. Nach dem in einer Kopie des Lageplans dokumentierten Ergebnis der Messungen des Planungsbüros ragen die in den Geltungsbereich der Satzung einbezogene Teilfläche des Grundstücks Flst.Nr. 230 (mit ca. 13 m bis ca. 20 m) sowie das hier festgesetzte „Baufenster" (mit ca. 5 m bis ca. 12 m) in westlicher Richtung über die Darstellung „M" (gemischte Baufläche) des Flächennutzungsplans hinaus. Dieser „Überstand" ist jedoch unschädlich. Durch die in § 34 Abs. 4 Satz 1 Nr. 2 BauGB angeordnete „Bindung" der Entwicklungssatzung an die Darstellung der erfaßten Außenbereichsfläche als Baufläche im Flächennutzungsplan soll deren Einordnung in die städtebauliche Entwicklung der Gemeinde, wie sie im Flächennutzungsplan im Hinblick auf die „Art der Bodennutzung nach den voraussehbaren Bedürfnissen der Gemeinde in den Grundzügen" dargestellt ist (§ 5 Abs. 1 Satz 1 BauGB), gewährleistet werden. Diese Bindungswirkung für den Erlaß einer Entwicklungssatzung ist der Sache nach vergleichbar mit dem in § 8 Abs. 2 Satz 1 BauGB enthaltenen Gebot, Bebauungspläne aus dem Flächennutzungsplan zu entwickeln (vgl. Ernst/Zinkahn/Bielenberg, BauGB, § 34 Rdnr. 105). Entsprechend der darin zum Ausdruck gekommenen gesetzgeberischen Vorstellung von der stufenweisen Konkretisierung der zulässigen Raumnutzung sind Bebauungspläne so aus dem Flächennutzungsplan zu entwickeln, daß durch ihre Festsetzungen die zugrunde liegenden Darstellungen des Flächennutzungsplans konkret ausgestaltet und damit zugleich verdeutlicht werden (vgl. BVerwG, Urteil v. 28.2.1975 – IV C 74.72 –, BVerwGE 48, 70 = BRS 29 Nr. 8 = BauR 1975, 256). Hierzu ist mit Blick auf den Genauigkeitsgrad der zeichnerischen Darstellungen in einem Flächennutzungsplan (vorliegend im Maßstab 1:10000) anerkannt, daß es durchaus noch im Rahmen der möglichen Entwicklung liegen kann, wenn der Bebauungsplan von den im Flächennutzungsplan gezogenen Grenzen der Nutzungsdarstellungen abweicht. Voraussetzung für eine danach zulässige Abweichung – im Zuge der Konkretisierung der zulässigen Raumnutzung – ist allerdings, daß die Grundkonzeption des Flächennutzungsplans nicht berührt wird. Bei Anwendung dieser Maßstäbe auf § 34 Abs. 4 Satz 1 Nr. 2 BauGB scheitert die angegriffene Satzung nicht an der fehlenden „Kongruenz" mit der Darstellung einer gemischten Baufläche im Flächennutzungsplan im hier umstrittenen Bereich. Denn der nach dem erwähnten Meßergebnis anzunehmende „Überstand" der in den Geltungsbereich der Satzung einbezogenen Teilfläche des Grundstücks Flst.Nr. 230 (einschließlich des festgesetzten „Baufensters") ist – schon für sich betrachtet – nur marginal und läßt die grundsätzliche Zuordnung der Art der Bodennutzung (Bauflächen) auf Gemarkung der Antragsgegnerin, wie sie im Flächennutzungsplan dargestellt ist, auch mit Blick auf ihre räumliche Dimensionierung unberührt.

Die angegriffene Satzung verstößt jedoch angesichts ihrer „Regelungsdichte" hinsichtlich der zulässigen baulichen Nutzung gegen § 34 Abs. 4 Satz 3 Halbs. 2 BauGB. Danach können in einer Entwicklungssatzung nach § 34 Abs. 4 Satz 1 Nr. 2 BauGB einzelne Festsetzungen nach § 9 Abs. 1, 2 und 4 BauGB getroffen werden. Zulässig sind nach dieser Vorschrift also nur „einzelne Festsetzungen". Mehr als nur wenige Festsetzungen sind nicht statthaft und einem aufzustellenden Bebauungsplan vorbehalten (vgl. Krautzberger, in: Battis/Krautzberger/Löhr, BauGB, 8. Aufl., § 34 Rdnr. 73). Das folgt aus der systematischen Stellung der Regelung über den Erlaß einer Entwicklungssatzung in § 34 BauGB und deren Zielsetzung, bebaute Außenbereichsflächen konstitutiv zum „Innenbereich" i. S. des § 34 Abs. 1 BauGB zu machen – mit der Folge, daß diese Vorschrift (i.V.m. Abs. 2) den Maßstab für die planungsrechtliche Zulässigkeit eines Vorhabens abgibt. Deshalb muß der einbezogene (Außen-)Bereich in einer Weise bebaut sein, daß die Eigenart der näheren Umgebung i. S. des § 34 Abs. 1 BauGB hinreichend geprägt wird und ihm somit für eine bauliche Entwicklung der „Zwischenflächen" die erforderlichen Zulässigkeitskriterien nach dieser Vorschrift entnommen werden können. Eine zusätzliche Steuerung der baulichen Nutzung läßt § 34 Abs. 4 Satz 3 Halbs. 2 BauGB nur durch „einzelne Festsetzungen" und damit nur in begrenztem Maße zu. Diese reduzierte „Planqualität" einer Entwicklungssatzung nach § 34 Abs. 4 Satz 1 Nr. 2 BauGB wird jedenfalls überschritten, wenn die getroffenen Festsetzungen zu einer umfassenden normativen Regelung der zulässigen Bebauung nach Art eines qualifizierten Bebauungsplans i. S. des § 30 Abs. 1 BauGB führen. Das ist hier der Fall. Die angegriffene Satzung setzt die Art der baulichen Nutzung fest, wobei nach § 3 Nr. 1 des Textteils ein Mischgebiet und nach dem einen Bestandteil der Satzung bildenden Lageplan ein Dorfgebiet ausgewiesen wird. Ferner enthält die Satzung Festsetzungen zum Maß der baulichen Nutzung (Grundflächenzahl 0,4, Geschoßflächenzahl 0,8, Zahl der Vollgeschosse I) und zur überbaubaren Grundstücksfläche, indem sie (insgesamt 4) „Baufenster" durch entsprechende Baugrenzen auf den bisher noch nicht bebauten Grundstücksflächen im Geltungsbereich der Satzung ausweist. Zudem werden die offene Bauweise sowie die Höhenlage der baulichen Anlagen und deren Firstrichtung festgelegt. Zur erforderlichen „Regelungsdichte" eines qualifizierten Bebauungsplans i.S. des §30 Abs. 1 BauGB fehlen lediglich Festsetzungen über die örtlichen Verkehrsflächen. In materieller Hinsicht wird jedoch durch die in der Satzung getroffenen Festsetzungen zur baulichen Nutzung §34 Abs. 1 (und 2) BauGB mit der Eigenart der vorhandenen Bebauung als Maßstab für die planungsrechtliche Zulässigkeit eines Vorhabens nach den dort genannten Kriterien vollständig „verdrängt". Das ist mit dem Wesen und dem Charakter einer Entwicklungssatzung – wie sie sich insbesondere aus der systematischen Stellung der Regelung über deren Zulässigkeit in §34 BauGB ergeben – nicht vereinbar. Mit der zu großen „Regelungsdichte" der angegriffenen Satzung, die in der Sache die Qualität eines qualifizierten Bebauungsplans i.S. des §30 Abs. 1 BauGB erreicht, hat die Antragsgegnerin die Grenzen zu diesem Planungsinstrument – und dem hierfür vorgesehenen Verfahren – in unzulässiger Weise verwischt. ...

3. Zulässigkeit von Bauvorhaben im Außenbereich

Nr. 95

Die Anforderungen an die Dauerhaftigkeit eines landwirtschaftlichen Betriebes i.S. des §35 Abs.1 Nr.1 BauGB hängen nicht von dem tatsächlichen Aufwand ab, den eine Beseitigung der dem Betrieb dienenden baulichen Anlagen nach Einstellung der privilegierten Nutzung erfordern würde.

Beabsichtigt der Bauherr die Gründung einer landwirtschaftlichen Nebenerwerbsstelle, kommt dem Merkmal der Gewinnerzielung als Indiz für die Dauerhaftigkeit des Betriebs ein stärkeres Gewicht zu als im Fall der Erweiterung einer bestehenden Nebenerwerbsstelle.

BauGB §35 Abs. 1 Nr. 1.

Bundesverwaltungsgericht, Urteil vom 16. Dezember 2004 – 4 C 7.04 –.

(Bayerischer VGH)

I. Die Hauptbeteiligten streiten um die Verpflichtung des Landratsamts Starnberg, dem Kläger eine Baugenehmigung zu erteilen.
Der Kläger, ein inzwischen 70-jähriger ehemaliger Rechtsanwalt, ist teils Eigentümer, teils Pächter landwirtschaftlicher Nutzflächen im Außenbereich der beigeladenen Gemeinde. Zu den in seinem Eigentum stehenden Grundflächen gehören die Flurstücke

... Diese sind mit fünf aneinander grenzenden Holzgebäuden bebaut, die ungenehmigt errichtet worden sind, geraume Zeit von einer Gartenbaufirma genutzt worden waren und mit einer bestandskräftigen Abbruchanordnung gegen den früheren Pächter belastet sind. Der Kläger hält in den Gebäuden 22 Ziegen, die von ihm, seiner 20 Jahre jüngeren Ehefrau und seinem Sohn, einem gelernten Elektroinstallateur, versorgt werden; sein Wohnhaus ist etwa 200 m entfernt. Der Kläger plant eine Aufstockung des Ziegenbestandes auf mindestens 50 Tiere. Deren Milch will er an die Molkerei A. liefern, die sich vertraglich zur Abnahme von 20 000 kg pro Jahr verpflichtet hat.

Den Antrag des Klägers, die Holzgebäude als „landwirtschaftliche Gebäude" zu genehmigen, lehnte das Landratsamt ab. Widerspruch und Klage blieben ohne Erfolg.

Der Verwaltungsgerichtshof gab der Berufung mit Bescheidungsurteil 2003 teilweise statt: Das Vorhaben des Klägers sei bauplanungsrechtlich nach § 35 Abs. 1 Nr. 1 BauGB zulässig. Es erfülle die Voraussetzungen für einen landwirtschaftlichen Nebenerwerbsbetrieb: Die vorhandenen Flächen seien für die ins Auge gefaßte Tierhaltung ausreichend. Der Kläger verfüge über 9,5 ha Eigen- und 2 ha Pachtland. Diese „Flächenbasis" reiche als Futtergrundlage für 50 Ziegen bei weitem aus und ermögliche dem Kläger sogar, weiterhin Heu zu verkaufen. Der Kläger, seine Ehefrau und sein Sohn wiesen auch die erforderlichen beruflichen Fachkenntnisse und Fertigkeiten auf. Sie versorgten seit mehreren Jahren etwa 20 Ziegen, ohne daß es zu Vorfällen gekommen sei, die Zweifel an der Eignung für die Ziegenhaltung rechtfertigten. Wegen der Besonderheiten des Vorhabens seien auch die strengen Anforderungen an die Dauerhaftigkeit des Betriebs erfüllt. Welche Anforderungen insoweit zu stellen seien, hänge davon ab, welche Gebäude für den Betrieb benötigt würden. Je „dauerhafter" die Gebäude geplant seien, desto höher seien die Anforderungen an die Dauerhaftigkeit des Betriebs. Die für einen landwirtschaftlichen Betrieb im allgemeinen erforderlichen massiven Gebäude mit einer langen „Lebensdauer" dürften im Außenbereich nur errichtet werden, wenn eine hohe Gewähr dafür bestehe, daß auch die Landwirtschaft auf Dauer ausgeübt werde. Seien für den Betrieb hingegen nur einfache Gebäude erforderlich, die mit geringem Aufwand wieder beseitigt werden könnten, seien auch die Anforderungen an die Dauerhaftigkeit entsprechend geringer. Nach diesem Maßstab genüge für den geplanten Betrieb, daß ihn die Familienangehörigen des Klägers auch allein weiter führen könnten, wenn der Kläger zu einer Mitarbeit nicht mehr in der Lage sei. Eine weitergehende zeitliche Perspektive sei wegen der leicht zu beseitigenden Holzgebäude nicht erforderlich. Die geplante Ziegenhaltung lasse sich voraussichtlich auch wirtschaftlich betreiben.

Mit seiner vom Senat zugelassenen Revision erstrebt der Beklagte die Wiederherstellung des erstinstanzlichen Urteils. Er rügte, daß das Berufungsgericht zu geringe Anforderungen an die Dauerhaftigkeit des Unternehmens gestellt habe. Nachdem der Kläger wegen seines Alters zu dessen dauerhafter Führung nicht in der Lage sei, stünden dafür nur die Ehefrau und der Sohn zur Verfügung. Bei einer zeitlichen Perspektive von einer Generation könne von einem auf Dauer gedachten und lebensfähigen Unternehmen keine Rede sein. Die Annahme eines landwirtschaftlichen Betriebes scheitere auch daran, daß das Unternehmen einen nachhaltigen Beitrag zur Existenzsicherung und die Amortisation der getätigten Investitionen nicht erwarten lasse. Wie der erzielbare „Gewinn" von 0,55 € pro Stunde zeige, sei die vom Kläger beabsichtigte Tierhaltung nicht geeignet, zur Existenzsicherung nennenswert beizutragen.

Der BVerwG hat das angefochtene Urteil aufgehoben und die Sache zur anderweitigen Verhandlung und Entscheidung zurückverwiesen.

Aus den Gründen:
II. Nach § 35 Abs. 1 Nr. 1 BauGB ist ein Vorhaben im Außenbereich zulässig, wenn öffentliche Belange nicht entgegenstehen, die Erschließung gesichert ist und wenn es einem land- oder forstwirtschaftlichen Betrieb dient

und nur einen untergeordneten Teil der Betriebsfläche einnimmt. Die Entscheidung über den Bauantrag des Klägers hängt davon ab, ob das Vorhaben für einen landwirtschaftlichen Betrieb bestimmt ist. Das Vorliegen der anderen Voraussetzungen des § 35 Abs. 1 Nr. 1 BauGB ist zwischen den Beteiligten nicht streitig.

Es entspricht der gefestigten Rechtsprechung des Senats, daß ein landwirtschaftlicher Betrieb durch eine spezifisch betriebliche Organisation gekennzeichnet ist, daß er Nachhaltigkeit der Bewirtschaftung erfordert und daß es sich um ein auf Dauer gedachtes und auf Dauer lebensfähiges Unternehmen handeln muß (BVerwG, Urteil v. 4.3.1983 – 4 C 69.79 –, BRS 40 Nr. 71 = BauR 1983, 343; Beschluß v. 2.7.1987 – 4 B 107.87 –, RdL 1987, 232; Beschluß v. 9.12.1993 – 4 B 196.93 –, BRS 56 Nr. 71). Zwar hängen die rechtlichen Anforderungen, die an die Lebensfähigkeit und Nachhaltigkeit eines landwirtschaftlichen Betriebes zu stellen sind, von den unterschiedlichen Erscheinungsformen der Betriebe ab, wechseln von Betriebsart zu Betriebsart und sind abhängig von den Gegebenheiten und Gewohnheiten der jeweiligen Region, in der die Landwirtschaft betrieben wird (BVerwG, Beschluß v. 5.7.2001 – 4 B 49.01 –, BRS 64 Nr. 92). Entgegen der Auffassung des Berufungsgerichts werden sie aber nicht davon beeinflußt, wie massiv die Bauweise der benötigten baulichen Anlagen ist. Das Berufungsurteil wird offensichtlich von der Vorstellung getragen, daß ein landwirtschaftliches Unternehmen nicht auf einen längeren Zeitraum angelegt sein muß als die ihm dienenden Gebäude. Sollte dieser Standpunkt was offen bleiben kann richtig sein, dürfte freilich nicht darauf abgestellt werden, mit welchem (technischen und finanziellen) Aufwand die Gebäude wieder entfernt werden können. Der Umstand, daß ein Gebäude unschwer zu beseitigen ist, besagt nämlich nicht, daß die Beseitigung nach der Aufgabe der privilegierten Nutzung auch tatsächlich erfolgt. Selbst wenn die Bereitschaft eines Bauherrn zum Rückbau umso höher sein sollte, je geringer der damit verbundene Aufwand ist, ist der von der Vorinstanz angestrebte Gleichklang zwischen der möglichen Dauer der landwirtschaftlichen Betätigung und der „Lebensdauer" der baulichen Anlagen nur gewährleistet, wenn eine Rechtspflicht zum Rückbau für den Fall der Einstellung der landwirtschaftlichen Nutzung besteht. Mit Hilfe des Bundesrechts läßt sich die Beseitigung eines Gebäudes, das für einen landwirtschaftlichen Betrieb genehmigt worden ist, nicht sicherstellen; denn das Baurecht auf Zeit (§ 35 Abs. 5 Satz 2 BauGB) erfaßt Vorhaben nach § 35 Abs. 1 Nr. 1 BauGB nicht.

Die Vorinstanz hat es nach ihrem Maßstab genügen lassen, daß die Familienangehörigen des Klägers den Betrieb allein weiter führen könnten, wenn der Kläger zu einer Mitarbeit nicht mehr in der Lage sei; eine weitergehende zeitliche Perspektive sei wegen der leicht zu beseitigenden Holzgebäude nicht erforderlich. Unabhängig von der Bauweise der als Stallung vorgesehenen baulichen Anlagen bedarf es in der Tat nicht der Prognose, daß auch noch mindestens jemand aus der Altersgruppe der Enkel des Klägers den Betrieb fortführen wird. Soweit der Senat das Merkmal der Dauerhaftigkeit mit einer „auf Generationen" angelegten Planung verknüpft hat (vgl. z. B. Urteil v. 27.1.1967 – 4 C 41.65 –, BVerwGE 26, 121, 123 = BRS 18 Nr. 27; Urteil v.

3. 11. 1972 – 4 C 9.70 –, BVerwGE 41, 138, 143 = BRS 25 Nr. 60 = BauR 1973, 101; Beschluß v. 21. 7. 1986 – 4 B 138.86 –, BRS 46 Nr. 76), hat er keinen Zeithorizont markiert, der jenseits eines überschaubaren und einer verläßlichen Planung noch zugänglichen Zeitraums liegt. Erst recht hat er nicht verlangt, daß das Unternehmen darauf angelegt sein muß, über mehrere Generationen hinweg in der Hand derselben Familie zu bleiben. Vielmehr genügt es, wenn erwartet werden kann, daß das Unternehmen nach dem Ausscheiden des derzeitigen Inhabers durch einen Verwandten oder Dritten fortgeführt werden wird (vgl. BVerwG, Urteil v. 3. 11. 1972 – 4 C 9.70 –, a. a. O. S. 145; Beschluß v. 2. 4. 1979 – 4 B 51.79 – n.v.; Beschluß v. 9. 12. 1993 – 4 B 196.93 –, a. a. O.). Die tatsächlichen Feststellungen im Berufungsurteil reichen indes nicht aus, um eine Betriebsnachfolge nach dem Kläger als gewährleistet anzusehen. Der Befund, daß die Familienangehörigen des Klägers den Betrieb auch allein weiterführen könnten, wenn der Kläger zu einer Mitarbeit nicht mehr in der Lage sei, stellt lediglich eine Schlußfolgerung aus der zuvor getroffenen Feststellung dar, daß die Ehefrau und der gemeinsame Sohn durch ihre jahrelange Mithilfe bei der Ziegenhaltung inzwischen ebenfalls die notwendige berufliche Qualifikation erworben haben. Ihm läßt sich nicht entnehmen, daß die Familienmitglieder zu einer Betriebsübernahme auch willens und nach ihren derzeitigen und zukünftigen Lebensumständen, soweit sich diese absehen lassen, in der Lage sind. Dies gilt es noch zu ermitteln.

Bei seiner erneuten Entscheidung wird das Berufungsgericht ferner gehalten sein, sich nochmals mit der Wirtschaftlichkeit des beabsichtigten Unternehmens zu befassen. Die Absicht der Gewinnerzielung gehört nach § 201 BauGB nicht nur bei Voll-"Erwerbs"-, sondern auch bei Neben-„Erwerbs"-Betrieben zu den prägenden Elementen der Landwirtschaft (Wiesen- und Weide-„Wirtschaft"; „Erwerbs"-Obstbau; „berufsmäßige" Imkerei und Binnenfischerei). Sie ist nach der Rechtsprechung des Senats ein für die Ernsthaftigkeit des Vorhabens und die Sicherung der Beständigkeit gewichtiges Indiz, das besonders sorgfältig zu prüfen ist, wenn es wie hier um eine Nebenerwerbsstelle geht (vgl. Beschluß v. 20. 1. 1981 – 4 B 167.80 –, BRS 38 Nr. 85 = BauR 1981, 358; Urteil v. 11. 4. 1986 – 4 C 67.82 –, BRS 46 Nr. 75 = BauR 1986, 419; Beschluß v. 21. 7. 1986 – 4 B 138.86 –, a. a. O.); denn Bauanträge für Nebenerwerbsstellen sind in erhöhtem Maße dafür anfällig, daß ein Bauherr Ackerbau, Wiesen- oder Weidewirtschaft mehr oder weniger vorschiebt, um unter dem Deckmantel des § 35 Abs. 1 Nr. 1 BauGB im Außenbereich ein Wohnhaus errichten zu können – diese Gefahr besteht hier nach der Einschätzung der Vorinstanz nicht, weil das Wohnhaus des Klägers nur 200 m vom Stallgrundstück entfernt ist – oder um einen Tatbestand zu schaffen, der eine nach § 35 Abs. 4 BauGB begünstigte Umnutzung der Betriebsgebäude zu nichtprivilegierten Zwecken ermöglicht. Das Berufungsgericht hat zwar eingeräumt, daß die Höhe des zu erwartenden Gewinns den Aufwand an Kosten und Arbeitszeit für die Milchziegenhaltung nicht rechtfertigt und der mögliche Beitrag zum Gesamteinkommen des Klägers wohl als sehr gering einzustufen ist, die aus seiner Sicht für die Ernsthaftigkeit und Nachhaltigkeit der Betriebsführung streitenden Gesichtspunkte indes für gewichtiger gehalten. Im einzelnen hat es dem Kläger zugute gehalten, daß er über große, überwiegend in seinem Eigentum stehende landwirtschaftliche Flächen verfügt, für den Umbau der Holzgebäude keine hohen Kosten anfallen, alle erforderlichen Maschinen vorhanden sind, der Milchabsatz durch den Vertrag mit der Molkerei A. gesichert ist und die Versicherung, mit dem Bauvorhaben nicht die Errichtung eines Wohnhauses im Außenbereich verknüpfen zu wollen, glaubhaft sei.

Bei der Bewertung der Indizien, die für und gegen das Vorliegen eines landwirtschaftlichen Nebenerwerbsbetriebes sprechen, hat das Berufungsgericht dem Merkmal der Gewinnerzielung zu wenig Bedeutung beigemessen. Das im Berufungsurteil in bezug genommene Senatsurteil vom 11. 4. 1986 (a. a. O.) steht diesem Verdikt nicht entgegen. Geht es wie in dem seinerzeit entschiedenen Fall um die Erweiterung eines bereits seit etlichen Jahren bestehenden landwirtschaftlichen Betriebes mit niedriger Rentabilität, hat die Gewinnerzielung einen geringeren Stellenwert als im Fall der beabsichtigten Neugründung einer Nebenerwerbsstelle. Wird eine Landwirtschaft trotz (bescheidenen) Gewinns bereits über einen längeren Zeitraum betrieben, liegt die Gefahr, daß eine Erweiterung des Betriebs lediglich vorgeschoben wird, um eine nichtprivilegierte Nutzung des Außenbereichs vorzubereiten, weniger nahe als bei der Errichtung von Gebäuden für eine erst aufzubauende Nebenerwerbslandwirtschaft.

Der Senat sieht sich veranlaßt zu betonen, daß dem Merkmal der Gewinnerzielung gerade vorliegend besonderes Augenmerk zu widmen ist; denn die Vermutung des Beklagten ist nicht von der Hand zu weisen, daß es dem Kläger, der zwei Jahre als Helfer in einem Kuhstall gearbeitet hat, viele Jahre Vorsitzender eines Reitvereins war und nach eigener Bekundung in der mündlichen Verhandlung vor dem Senat nur mangels Gelegenheit nicht Vollerwerbslandwirt geworden ist, bei der Ziegenhaltung um eine von § 35 Abs. 1 Nr. 1 BauGB nicht gedeckte „Altersliebhaberei" gehen könnte. Bei der Neugewichtung des Merkmals der Gewinnerzielung wird das Berufungsgericht auch in Rechnung stellen müssen, daß die geplante Haltung von mindestens 50 Ziegen zur Existenzsicherung des Sohnes des Klägers beitragen soll. Zur Glaubhaftmachung des dahin gehenden Vortrags wird vom Kläger ein Konzept zu verlangen sein, aus dem sich ergibt, wie ein wesentlicher Beitrag zum Lebensunterhalt seines Sohnes erwirtschaftet werden kann. Dabei sind alle landwirtschaftlichen Betätigungen in den Blick zu nehmen, die das Unternehmen ausmachen, also auch der Verkauf von Heu aus der Wiesenwirtschaft und von Honig aus der eigenen Bienenhaltung; denn es ist einem Landwirt nicht verwehrt, Überschüsse aus profitablen Betriebszweigen zur „Quersubventionierung" einer weniger rentablen Sparte zu verwenden.

Nr. 96

In der Haltung von zwei Reitpferden kann nicht ein auf Dauer angelegter landwirtschaftlicher Nebenerwerbsbetrieb gesehen werden. Diese Pferdehaltung erlaubt auch nicht die Anwendung des § 35 Abs. 1 Nr. 4 BauGB.

(Nichtamtlicher Leitsatz)

BauGB §35 Abs. 1 Nrn. 1 und 4.

Bundesverwaltungsgericht, Beschluß vom 9. September 2004 – 4 B 58.04 –.

(Bayerischer VGH)

Aus den Gründen:

1.1 Nach Auffassung des Berufungsgerichts scheidet eine Privilegierung der umstrittenen Pferdehaltung im Außenbereich nach §35 Abs. 1 Nr. 1 BauGB aus, weil sie nicht einem landwirtschaftlichen Betrieb dient. Den entscheidenden Grund dafür sieht die Vorinstanz in der den Klägern erteilten beschränkten Baugenehmigung, die lediglich die Unterbringung von zwei Pferden an ihrem Wohnort zuläßt. In der Haltung von nur zwei Pferden kann nicht ein auf Dauer angelegter landwirtschaftlicher (Nebenerwerbs-)Betrieb gesehen werden. Das ist in der Rechtsprechung des beschließenden Senats geklärt (vgl. BVerwG, Beschluß v. 10.1.1995 – 4 B 2.95 – BRS 57 NR. 98 = Buchholz 406.11 §35 BauGB Nr. 306). ...

1.2 Die Beschwerde wirft sinngemäß die Frage auf, unter welchen Voraussetzungen eine nicht landwirtschaftliche Pferdehaltung in den Anwendungsbereich des Privilegierungstatbestandes von §35 Abs. 1 Nr. 4 BauGB fallen kann. Die Kläger möchten in diesem Zusammenhang insbesondere geklärt wissen, ob individuelles Freizeitvergnügen der Privilegierung einer Pferdehaltung im Außenbereich entgegensteht. Damit zeigt die Beschwerde keinen revisionsgerichtlichen Klärungsbedarf auf.

Nach §35 Abs. 1 Nr. 4 BauGB ist ein Vorhaben im Außenbereich u. a. privilegiert zulässig, wenn es wegen seiner „besonderen Zweckbestimmung" nur im Außenbereich ausgeführt werden soll. In der Rechtsprechung des Bundesverwaltungsgerichts ist geklärt, daß nach dieser Vorschrift nur solche Vorhaben privilegiert sind, die über eine individuelle und die Allgemeinheit ausschließende Nutzung des Außenbereichs hinausgehen. Am Merkmal des „Sollens" fehlt es immer dann, wenn gegenüber dem allgemeinen Bedürfnis nach Erholung in der freien Natur, dem der Außenbereich dient, individuelle Freizeitwünsche bevorzugt werden sollen. §35 Abs. 1 Nr. 4 BauGB ist deshalb nach st. Rspr. nicht anwendbar, wenn ein Vorhaben aus Liebhaberei errichtet und betrieben wird. Darunter fallen insbesondere Vorhaben, die im wesentlichen der individuellen Freizeitgestaltung dienen (vgl. z. B. BVerwG, Urteil v. 14.5.1969 – 4 C 19.68 –, BVerwGE 34, 1 = BRS 22 Nr. 68 – Fischerhütten, Beschluß v. 29.8.1989 – 4 B 61.89 –, BRS 49 Nr. 97 = Buchholz 406.11 §35 BauGB Nr. 256 – Unterstand für zwei Reitpferde; Beschluß v. 4.7.1991 – 4 B 109.91 –, BRS 52 Nr. 79 = BauR 1991, 717 – Buchholz 406.11 §35 BauGB Nr. 274 – Hundesportplätze; Beschluß v. 19.9.1995 – 4 B 208.95 –, BRS 57 Nr. 108 = BauR 1996, 83 = Buchholz 406.11 §35 BauGB Nr. 313 – Fischteich; Beschluß v. 18.12.1995 – 4 B 286.95 –, BRS 57 Nr. 99 = Buchholz 406.11 §35 BauGB Nr. 318 – Trainingsstall für Rennpferde).

Der vorliegende Streitfall böte dem beschließenden Senat in einem Revisionsverfahren keinen Anlaß, von dieser Rechtsprechung abzurücken oder sie zu modifizieren. Nach den tatsächlichen Feststellungen des Berufungsgerichts, an die der Senat in einem Revisionsverfahren gebunden wäre (§137

Abs. 2 VwGO), hat die Pferdehaltung der Kläger, die sich unter den gegebenen Umständen auf zwei Reitpferde beschränkt, den Charakter einer Liebhaberei. In einem Revisionsverfahren würde sich daher die vom Berufungsgericht angesprochene Frage, unter welchen Voraussetzungen eine Weidetierhaltung nach § 35 Abs. 1 Nr. 4 BauGB privilegiert ist, die über die Liebhaberei hinausgeht, aber noch nicht die Merkmale eines landwirtschaftlichen Betriebes erfüllt, nicht stellen. Die verfassungsrechtlichen Erwägungen der Beschwerde rechtfertigen die Zulassung der Revision ebenfalls nicht. Nach Art. 20a GG schützt der Staat die Tiere im Rahmen der verfassungsmäßigen Ordnung durch die Gesetzgebung, an die die vollziehende Gewalt und die Rechtsprechung gebunden ist (Art. 20 Abs. 3 GG). § 35 Abs. 1 Nr. 4 BauGB schränkt die private Nutzung des Außenbereichs aus übergeordneten Gründen der Schonung des Außenbereichs ein. Einer solchen Regelung steht Art. 20a GG nicht entgegen. Klärungsbedürftige Rechtsfragen zur Auslegung von Art. 20a GG wirft die Beschwerde im übrigen nicht auf.

Der von der Beschwerde gezogene Vergleich zu Jagdhütten, Fischereihütten und Schießsportanlagen, die ihrer Ansicht nach gemäß § 35 Abs. 1 Nr. 4 BauGB privilegiert sein können, gibt dem Senat ebenfalls keinen Anlaß, seine bisherige Rechtsprechung in einem Revisionsverfahren zu überdenken. Jagdhütten können nach § 35 Abs. 1 Nr. 4 privilegiert sein, wenn ohne sie die auch den Interessen der Allgemeinheit dienende und durch § 1 BJagdG angeordnete Jagdausübung nicht möglich ist. Die Privilegierung setzt voraus, daß sowohl die Errichtung der Hütte als auch die Jagdausführung erforderlich sind (vgl. BVerwG, Beschluß v. 23. 11. 1995 – 4 B 209.95 –, BRS 57 Nr. 189 = BauR 1996, 374 = Buchholz 406.11 § 35 BauGB Nr. 315). Die Hobbyfischerei rechtfertigt keine Hütten (BVerwG, Urteil v. 14. 5. 1969 – 4 C 19.68 –, a. a. O.). Schießplätze und Schießstände können im Einzelfall im Außenbereich privilegiert sein, wenn sie bestimmte Voraussetzungen erfüllen. Dabei ist zu berücksichtigen, daß ein allgemeines Interesse daran besteht, Personen die Möglichkeit zu Schießübungen zu geben, die als Jäger oder aus anderen Gründen berechtigt sind, Schußwaffen zu führen (vgl. BVerwG, Urteil v. 28. 4. 1978 – 4 C 53.76 –, BRS 33 Nr. 66 = BauR 1978, 385 = Buchholz 406.11 § 35 BBauG Nr. 150). ...

Nr. 97

Der öffentliche Belang des § 35 Abs. 3 Satz 1 Nr. 4 BauGB (unwirtschaftliche Erschließungsaufwendungen) hat für die Anlagen, die zur Sicherung der Erschließung i. S. von § 35 Abs. 1 und 2 BauGB erforderlich sind, keine eigenständige Bedeutung. Wenn diese Anlagen erst hergestellt werden müßten oder zum Zeitpunkt der Genehmigung abzusehen ist, daß ein Ausbau erforderlich sein wird, ist das Vorhaben schon mangels (ausreichender) Erschließung unzulässig.

VwGO §§ 80 Abs. 5, 80a Abs. 3; BauGB § 35 Abs. 1 Nr. 1, Abs. 3 Satz 1 Nr. 3; BayStrWG Art. 14, 46, 47, 53.

Bayerischer VGH, Beschluß vom 2. Februar 2004 – 1 CS 03.2660 – (rechtskräftig).

(VG München)

Die Antragstellerin begehrt vorläufigen Rechtsschutz gegen eine vom Antragsgegner dem Beigeladenen erteilte Baugenehmigung zum Kiesabbau auf dem rund 72520 m² großen Grundstück. Der Beigeladene ist Eigentümer dieses an der Gemeindeverbindungsstraße gelegenen Grundstücks, das im Flächennutzungsplan als Fläche für die Landwirtschaft dargestellt ist.

1998 beantragte der Beigeladene eine Baugenehmigung zur Auskiesung einer Grundstücksteilfläche von etwa 12000 m². Die Antragstellerin versagte das Einvernehmen. Daraufhin lehnte das Landratsamt den Bauantrag ab. Der Beigeladene erhob Klage. Während des Klageverfahrens reichte er einen Tekturantrag ein. Dessen Gegenstand sind eine um etwa 25% verringerte Kiesabbaumenge sowie eine zusätzliche Erschließungsmöglichkeit über einen südlich des Grundstücks verlaufenden öffentlichen Feld- und Waldweg. Die Antragstellerin blieb bei ihrer Ablehnung.

Das Landratsamt erteilte 2002 unter Ersetzung des gemeindlichen Einvernehmens eine bis Dezember 2012 befristete Baugenehmigung mit zahlreichen Auflagen und Bedingungen. Hinsichtlich der Erschließung wurden weitere Auflagen vorbehalten. Das Landratsamt hielt die Erschließung für gesichert, weil beide Straßen für den allgemeinen Verkehr zugelassen und nicht für den Lkw-Verkehr gesperrt seien. Eine Erhöhung des Durchgangsverkehrs um etwa sechs Lkw-Fahrten täglich belaste die Straßen nicht übermäßig; eine Beschädigung des Straßenunterbaus sei nicht zu befürchten. Innerörtliche Sicherheitsprobleme für Fußgänger seien nicht allein den Fahrzeugen des Beigeladenen zuzurechnen.

Die Antragstellerin legte Widerspruch ein und beantragte beim Verwaltungsgericht die Anordnung der aufschiebenden Wirkung.

Aus den Gründen:

II. 1. Nach summarischer Prüfung ist die Erschließung gesichert.

Bei einem Abbauvorhaben ist die Erschließung gesichert, wenn damit gerechnet werden kann, daß die erforderlichen Anlagen bei Beginn des Abbaus funktionsfähig angelegt sind und daß sie auf Dauer zur Verfügung stehen werden (vgl. BVerwG v. 30.8.1985, BRS 44 Nr. 75 = BauR 1185, 661 = NVwZ 1986, 38). Es genügt, wenn die Mindestanforderungen erfüllt sind. Dies folgt daraus, daß §35 Abs. 1 BauGB für privilegierte Außenbereichsvorhaben nur eine „ausreichende" Erschließung fordert, während nach allen anderen planungsrechtlichen Zulässigkeitstatbeständen (§30 Abs. 1 und 2, §33 Abs. 1 Nr. 4, §34 Abs. 1 Satz 1 und §35 Abs. 2 BauGB) die Erschließung ohne diese Einschränkung gesichert sein muß (vgl. BVerwG, a.a.O.; Roeser, in: Berliner Kommentar zum Baugesetzbuch, 3. Aufl., §35 Rdnr. 12; Krautzberger, in: Battis/Krautzberger/Löhr, BauGB, 8. Aufl., §35 Rdnr. 7 und 8).

Eine ausreichende straßenmäßige Erschließung ist gesichert, wenn das Baugrundstück über eine Straße angefahren werden kann, die in tatsächlicher und rechtlicher Hinsicht für den zu erwartenden An- und Abfahrtsverkehr ausreicht. Eine öffentliche Straße ist in rechtlicher Hinsicht jedenfalls dann geeignet, wenn sich der zu erwartende Verkehr im Rahmen der Widmung hält. Dies ist bei Gemeindestraßen nach den landesrechtlichen Vorschriften des Straßen- und Wegegesetzes zu beurteilen.

Nach diesem Maßstab scheinen die Anforderungen hinsichtlich der straßenmäßigen Erschließung erfüllt zu sein. Das durch den Tekturantrag geänderte Vorhaben wird durch zwei dem öffentlichen Verkehr gewidmete Straßen, nämlich eine Gemeindeverbindungsstraße (Art. 46 Nr. 1 BayStrWG) und einen öffentlichen Feld- und Waldweg (Art. 53 Nr. 1 BayStrWG) erschlossen. Die Benutzung dieser Straßen ist im Rahmen der Widmung jedermann gestattet (Gemeingebrauch gemäß Art. 14 Abs. 1 Satz 1 BayStrWG). Der Beigeladene ist damit grundsätzlich berechtigt, zumindest die Gemeindeverbindungsstraße mit den für den Kiestransport benötigten Lastkraftwagen zu benutzen. Ob das auch für den öffentlichen Feld- und Waldweg gilt, bedarf keiner Entscheidung, weil eine ausreichende Erschließung der Kiesgrube schon über die Gemeindestraße allein gewährleistet ist.

Die ausreichende Erschließung wird nicht dadurch in Frage gestellt, daß die Straße nur eine geringe Breite aufweist, nur teilweise geteert ist, im Ortsbereich keinen Gehweg hat und nur über eine begrenzte Tragfähigkeit verfügt. Es spricht viel dafür, daß die Straße trotz dieser Umstände geeignet ist, den durch das Vorhaben verursachten Verkehr aufzunehmen. Da die Gemeindeverbindungsstraße schon bisher von Schwerlastverkehr (vor allem durch landwirtschaftliche Maschinenfahrzeuge) genutzt wurde, ist nicht anzunehmen, daß sie wegen der Kiestransporte von der Antragstellerin als Trägerin der Straßenbaulast (Art. 47 Abs. 1 BayStrWG) ausgebaut werden muß. Außerdem wurde der Beigeladene durch Nr. 3.2.9 des Genehmigungsbescheids verpflichtet, die benutzten öffentlichen Straßen während der gesamten Abbauzeit in einem einwandfrei befahrbaren Zustand zu erhalten.

2. Es ist auch nicht anzunehmen, daß dem Vorhaben öffentliche Belange entgegenstehen.

a) Das Vorhaben wird voraussichtlich keine schädlichen Umwelteinwirkungen hervorrufen (§ 35 Abs. 3 Satz 1 Nr. 3 BauGB). Das Verwaltungsgericht hat zutreffend darauf hingewiesen, daß der angefochtene Bescheid geeignete und ausreichende Auflagen zum Schutz vor schädlichen Umwelteinwirkungen enthält. Sollten sich die angeordneten Maßnahmen, wie zum Beispiel die Befeuchtung der Straße, als unzureichend erweisen, könnten weitere Auflagen festgesetzt werden. Diese Möglichkeit hat sich das Landratsamt ausdrücklich vorbehalten (Nr. 3.2.9 des Bescheids). Bei berechtigten Beschwerden über den Straßenzustand könnte vom Beigeladenen etwa nachträglich die Teerung eines zusätzlichen Straßenstücks auf eigene Kosten verlangt werden. Außerdem könnte geprüft werden, ob die Zahl der zulässigen Transportfahrten von und zur Kiesgrube festgelegt wird (z. B. durch Festlegung einer Höchstzahl von Fahrten pro Tag, Woche u.s.w.). Dies setzt allerdings voraus, daß sich das Landratsamt ein klares Bild von den Staub- und Lärmbelästigungen macht. ...

b) § 35 Abs. 3 Satz 1 Nr. 4 BauGB steht dem Vorhaben nicht entgegen, weil die Vorschrift auf die beim Vorhaben des Beigeladenen strittigen Erschließungsanforderungen nicht anzuwenden ist. Nach § 35 Abs. 3 Satz 1 Nr. 4 BauGB werden öffentliche Belange beeinträchtigt, wenn das Vorhaben unwirtschaftliche Aufwendungen für Straßen oder andere Verkehrseinrichtungen, für Anlagen der Versorgung und Entsorgung, für die Sicherheit oder Gesundheit oder für sonstige Aufgaben erfordert. Diese Bestimmung hat für die Anlagen, die zur Sicherung einer ausreichenden Erschließung gemäß §35 Abs. 1 BauGB erforderlich sind, keine eigenständige Bedeutung. Denn wenn diese Anlagen erst (mit einem unverhältnismäßigen Aufwand) hergestellt werden müßten oder zum Zeitpunkt der Genehmigung abzusehen ist, daß ein Ausbau erforderlich wird, weil sie den Anforderungen nicht gewachsen sein werden, ist das Vorhaben schon mangels ausreichender Erschließung unzulässig (Dürr, in: Brügelmann, BauGB, §35 Rdnr. 87; Bracher, in: Gelzer/Bracher/Reidt, Bauplanungsrecht, 6. Aufl., Rdnr. 2556).

Im übrigen könnte die Antragstellerin gemäß Art. 14 Abs. 4 Satz 1 BayStrWG die Vergütung etwaiger Mehrkosten verlangen, wenn sich – entgegen dem, was derzeit abzusehen ist – nachträglich ergeben sollte, daß Ausbaumaßnahmen erforderlich werden sollten.

Nr. 98

1. **Die Konzentrationsplanung von Windenergieanlagen in einem Flächennutzungsplan ist insgesamt unwirksam, wenn dem Plan mangels ausreichender Darstellung von Positivflächen kein schlüssiges gesamträumliches Planungskonzept zugrunde liegt.**

2. **Die Änderung eines Flächennutzungsplans, mit dem Ausweisungen an anderer Stelle vorgenommen werden und der damit die Ausschlußwirkung nach §35 Abs. 3 Satz 3 BauGB herbeiführen soll, stellt eine im Revisionsverfahren beachtliche Rechtsänderung dar.**

BauGB §35 Abs. 1 Nr. 6 und Abs. 3.

Bundesverwaltungsgericht, Urteil vom 21. Oktober 2004 – 4 C 2.04 –.

(Niedersächsisches OVG)

Die Klägerin erstrebt die Erteilung eines Bauvorbescheids für zwei Windenergieanlagen mit einer Nennleistung von jeweils 1 MW im Außenbereich im Süden der beigeladenen Samtgemeinde. Der Beklagte lehnte die Bauvoranfrage nach §35 Abs. 3 BauGB unter Hinweis auf Darstellungen im Flächennutzungsplan der beigeladenen Samtgemeinde i.d.F. der 22. Änderung vom Dezember 1998 ab. Danach ist für ihr Gebiet nur eine Konzentrationsfläche im Norden der Samtgemeinde dargestellt. Das Verwaltungsgericht hat den Beklagten verpflichtet, den Bauvorbescheid zu erteilen. Auf die Berufung der beigeladenen Samtgemeinde hat das Niedersächsische OVG das Urteil geändert und die Klage abgewiesen.

Die Klägerin hat die vom Oberverwaltungsgericht zugelassene Revision eingelegt. Während des Revisionsverfahrens hat die beigeladene Samtgemeinde den Flächennutzungsplan erneut geändert (27. Änderung vom April 2004) und im Norden ihres Gebiets zwei weitere Konzentrationsflächen für Anlagen der Windenergie dargestellt.

Aus den Gründen:

Die Revision hat mit dem Ergebnis Erfolg, daß die Sache zur anderweitigen Verhandlung und Entscheidung an das Oberverwaltungsgericht zurückzuverweisen ist. Das Berufungsgericht verletzt Bundesrecht mit seiner Annahme, der Flächennutzungsplan i. d. F. seiner 22. Änderung sei lediglich teilweise unwirksam und dem Vorhaben der Klägerin stünden daher nach § 35 Abs. 3 Satz 3 BauGB öffentliche Belange entgegen. Die während des Revisionsverfahrens erfolgte 27. Änderung des Flächennutzungsplans ist als Rechtsänderung im Revisionsverfahren zu berücksichtigen. Sie gebietet die Zurückverweisung.

1. Der Beklagte stützt die Ablehnung der Bauvoranfrage für die Errichtung zweier Windenergieanlagen auf die in § 35 Abs. 3 Satz 3 BauGB normierte Ausschlußwirkung. Danach stehen einem Vorhaben nach § 35 Abs. 1 Nr. 2 bis 6 BauGB öffentliche Belange in der Regel auch dann entgegen, soweit hierfür durch Darstellungen im Flächennutzungsplan eine Ausweisung an anderer Stelle erfolgt ist. Zweifel am Vorliegen eines Regelfalls werden vorliegend nicht geltend gemacht. § 35 Abs. 3 Satz 3 BauGB stellt die Errichtung von Windenergieanlagen (sowie anderer Vorhaben nach § 35 Abs. 1 Nr. 2 bis 6 BauGB) im gemeindlichen Außenbereich unter einen Planungsvorbehalt, der sich an die Gemeinden als Träger der Flächennutzungsplanung und an die Träger der Raumordnungsplanung, insbesondere der Regionalplanung, richtet. Der Planungsvorbehalt setzt gebietsbezogene Festlegungen des Plangebers über die Konzentration von Windenergieanlagen an bestimmten Standorten voraus, durch die zugleich ein Ausschluß der Anlagen an anderer Stelle im Plangebiet angestrebt und festgeschrieben wird. § 35 Abs. 3 Satz 3 BauGB verleiht derartigen Festlegungen rechtliche Ausschlußwirkung gegenüber dem Bauantragsteller mit der Folge, daß Vorhaben außerhalb der Konzentrationszonen in der Regel unzulässig sind. In diesem Sinne bedingen die negative und die positive Komponente der festgelegten Konzentrationszonen einander. Der Ausschluß der Anlagen auf Teilen des Plangebiets läßt sich nach der Wertung des Gesetzgebers nur rechtfertigen, wenn der Plan sicherstellt, daß sich die betroffenen Vorhaben an anderer Stelle gegenüber konkurrierenden Nutzungen durchsetzen. Dem Plan muß daher ein schlüssiges gesamträumliches Planungskonzept zugrunde liegen, das den allgemeinen Anforderungen des planungsrechtlichen Abwägungsgebots gerecht wird. Dagegen ist es einer Gemeinde verwehrt, den Flächennutzungsplan als Mittel zu benutzen, das ihr dazu dient, unter dem Deckmantel der Steuerung Windkraftanlagen in Wahrheit zu verhindern. Mit einer bloßen „Feigenblatt"-Planung, die auf eine verkappte Verhinderungsplanung hinausläuft, darf sie es nicht bewenden lassen. Vielmehr muß sie der Privilegierungsentscheidung des Gesetzgebers Rechnung tragen und für die Windenergienutzung in substantieller Weise Raum schaffen (vgl. Senatsurteile v. 17. 12. 2002 – 4 C 15.01 –, BVerwGE 117, 287, 295 = BRS 65 Nr. 95 = BauR 2003, 828 und v. 13. 3. 2003 – 4 C 4.02 –, BVerwGE 118, 33 = BRS 66 Nr. 10 = BauR 2003, 1165).

1.1 Das Oberverwaltungsgericht legt diese Rechtslage zugrunde. Ohne Verstoß gegen Bundesrecht gelangt es zu dem Ergebnis, die beigeladene Samtgemeinde habe der Nutzung der Windenergie im Plangebiet nicht in substantieller Weise Raum geschaffen. Die hiergegen von der beigeladenen Samtgemeinde erhobenen Einwendungen greifen nicht durch.

Es begegnet keinen Bedenken, daß das Oberverwaltungsgericht die planerischen Verfahrensschritte der Samtgemeinde als nicht abwägungsfehlerhaft angesehen und dennoch im Ergebnis einen Verstoß gegen das Abwägungsgebot bejaht hat. Entgegen der Auffassung der Beigeladenen zu 1) liegt darin kein Widerspruch. Eine Vorgehensweise, bei der zunächst alle Flächen kartiert werden, auf denen nach der Einschätzung der planenden Gemeinde aus Gründen des Naturschutzes, des Immissionsschutzes und aus Sicherheitsgründen die Errichtung von Windenergieanlagen von vornherein ausgeschlossen werden soll, unterliegt keinen methodischen Bedenken. Auch das Bilden von Schutzabständen zu diesen Flächen ist im Grundsatz nicht zu beanstanden. Die Beteiligten streiten über die Berechtigung, diese Schutzabstände in bestimmten (je nach Gebieten unterschiedlichen) Breiten vorzusehen. Für das Oberverwaltungsgericht war diese Frage letztlich nicht ausschlaggebend. In jedem Fall hinderte sein Zwischenergebnis, die Kartierung von Ausschlußgebieten sei rechtlich nicht zu beanstanden, das Gericht nicht daran, die Auswahl von nur einer der 15 damit verbleibenden Potentialflächen als unzureichend anzusehen.

Auch im übrigen ist die Schlußfolgerung des Oberverwaltungsgerichts revisionsgerichtlich nicht zu beanstanden. Es faßt seine Bewertung dahingehend zusammen, ein Vorranggebiet von nur 8,4 ha sei im Verhältnis zur Größe des überplanten Samtgemeindegebiets angesichts fehlender „besonderer" örtlicher Gegebenheiten so klein, daß der Windenergie nicht in substantieller Weise Raum geschaffen werde. Dabei ist unstreitig den vorliegenden Plänen und Unterlagen zu entnehmen, daß das Gebiet der beigeladenen Samtgemeinde insgesamt 148 km^2 = 14800 ha umfaßt und die 15 Potenzialflächen zusammen eine Größe von 437,754 ha aufweisen. Daraus ergibt sich, daß die eine im Flächennutzungsplan dargestellte Fläche bei T. mit 8,4 ha $^1/_2$ Promille der Gesamtfläche der beigeladenen Samtgemeinde und 1,9 % der Potentialflächen entspricht. Nach den weiteren Feststellungen des Oberverwaltungsgerichts reicht diese Fläche – knapp – zur Errichtung von drei Windenergieanlagen aus. Mit seinem Hinweis auf das Fehlen „besonderer" örtlicher Gegebenheiten will das Oberverwaltungsgericht ersichtlich auch dem Hinweis auf das Erholungsgebiet Lüneburger Heide begegnen; denn die Samtgemeinde liegt allenfalls an dessen Rand. Im übrigen sieht sich das Oberverwaltungsgericht in seiner Einschätzung, die bereits das Verwaltungsgericht hatte und die auch das Berufungsgericht in einer früheren mündlichen Verhandlung im Juli 2003 zum Ausdruck gebracht hatte, erkennbar dadurch bestätigt, daß die beigeladene Samtgemeinde selbst noch während des Berufungsverfahrens eine Planung begonnen hat, mit der die Zahl der Konzentrationsflächen erhöht worden ist (27. Änderung).

1.2 Die Schlußfolgerung des Oberverwaltungsgerichts, der Flächennutzungsplan sei nur teilweise nichtig, verstößt jedoch gegen Bundesrecht.

Mängel die einzelnen Festsetzungen eines Bebauungsplanes anhaften, führen zu dessen Gesamtnichtigkeit, wenn die übrigen Regelungen oder Festsetzungen eine in jeder Hinsicht den gesetzlichen Anforderungen gerecht werdende, sinnvolle städtebauliche Ordnung nicht bewirken können (vgl. BVerwG, Urteil v. 19.9.2002 – 4 CN 1.02 –, BVerwGE 117, 58, 61 m.w.N. =

BRS 65 Nr. 20 = BauR 2003, 209). Die Konzentrationsplanung von Windenergieanlagen in einem Flächennutzungsplan ist deshalb insgesamt nichtig, wenn dem Plan mangels ausreichender („substantieller") Darstellung von Positivflächen für die Errichtung von Windenergieanlagen kein schlüssiges gesamträumliches Planungskonzept zugrunde liegt. Stehen die positiv festgelegten und die ausgeschlossenen Standorte – wie hier – nicht in einem gesamträumlich ausgewogenen Verhältnis zueinander, kann die in §35 Abs. 3 Satz 3 BauGB angeordnete Ausschlußwirkung auf den Flächen, welche die Gemeinde von Windenergieanlagen freihalten will, nicht einsetzen. Die negative Komponente der Konzentrationsplanung setzt die hinreichende Darstellung einer oder mehrerer Positivflächen voraus. Der Planvorbehalt in §35 Abs. 3 Satz 3 BauGB ermöglicht es der Gemeinde, eine positive Darstellung mit einer Ausschlußwirkung für den übrigen Planungsraum zu kombinieren. Er erlaubt es der Gemeinde aber nicht, die Ausschlußwirkung ohne eine ausreichende Darstellung von Positivflächen herbeizuführen (vgl. auch BVerwG, Urteil v. 17.12.2002 – 4 C 15.01 –, a.a.O. – zur funktionalen Verbindung der positiven und negativen Komponenten einer Konzentrationsplanung).

Entgegen der Ansicht des Berufungsgerichts ändert der Umstand, daß die Beigeladene zu 1) neben der einen Konzentrationsfläche weitere 14 Potentialflächen identifiziert hat, an diesem Ergebnis nichts: Diese Flächen sind nach den Ausführungen der Vorinstanz keine Konzentrationszonen (Positivflächen), sondern verbleiben der Beigeladenen zu 1) als „Manövriermasse" und kommen lediglich als Eignungsflächen in Betracht. Der Vertreter der Beigeladenen zu 1) hat diese Flächen in der mündlichen Verhandlung vor dem erkennenden Senat als „weiße Flächen" bezeichnet. Sie scheiden daher als positive Darstellung von Konzentrationsflächen für Windenergieanlagen aus und können nicht als Gegengewicht zu den Ausschlußflächen auf die Waagschale gelegt werden. Dies kann entgegen der Vorinstanz auch nicht übergangsweise geschehen, um einer aus der Sicht der Gemeinde „unerträglichen Rechtsunsicherheit in Zeiten der Auseinandersetzung um einen rechtswirksamen Flächennutzungsplan" entgegenzuwirken.

Dieses Ergebnis wird durch die eher pragmatischen Überlegungen des Oberverwaltungsgerichts, mit denen es seinen Ansatz begründet, nicht in Frage gestellt. Der Gesetzgeber stellt auch in den Fällen, in denen eine Konzentrationsplanung nach §35 Abs. 3 Satz 3 BauGB nicht erfolgt oder unwirksam ist, ein Lösungsmodell bereit. Danach ist im Einzelfall zu prüfen, ob eine Anlage der Windenergie mit öffentlichen Belangen, beispielsweise des Naturschutzes oder des Immissionsschutzes vereinbar ist, oder nicht. Im Rahmen der Aufstellung eines nicht oder noch nicht wirksamen Flächennutzungsplans gewonnene tatsächliche Erkenntnisse über die Schutzbedürftigkeit der betroffenen Gebiete können im Baugenehmigungsverfahren berücksichtigt werden. Im übrigen bleibt es der Gemeinde unbenommen, den Flächennutzungsplan zu ändern, wie dies auch vorliegend erfolgt ist. Ihr Planungsermessen, auf daß das Oberverwaltungsgericht besonders hinweist, bleibt gewahrt.

2.1 Während des Revisionsverfahrens ist im April 2004 die 27. Änderung des Flächennutzungsplans wirksam geworden. Diese Änderung ist auch im Revisionsverfahren zu beachten, da sie als Rechtsänderung anzusehen ist.

Das Revisionsgericht hat Rechtsänderungen, die während des Revisionsverfahrens eintreten, im gleichen Umfang zu beachten, wie sie die Vorinstanz berücksichtigen müßte, wenn sie jetzt entschiede (BVerwG, Urteile v. 13.3.2003 – 4 C 3.02 –, BRS 66 Nr. 11 = BauR 2003, 1172 = Buchholz 406.11 §35 BauGB Nr. 356, und v. 26.11.2003 – 9 C 6.02 –, DVBl. 2004, 382 = Buchholz 442.42 §27a LuftVO Nr. 2). Die Klägerin erstrebt die Erteilung eines Bauvorbescheids. Für die Frage, ob ihr ein Recht auf einen Bauvorbescheid zusteht, stellt die 27. Änderung des Flächennutzungsplans eine Rechtsänderung dar. Denn nach §35 Abs. 3 Satz 3 BauGB stehen einem Vorhaben nach §35 Abs. 1 Nr. 2 bis 6 BauGB öffentliche Belange in der Regel auch dann entgegen, soweit hierfür durch Darstellungen im Flächennutzungsplan eine Ausweisung an anderer Stelle erfolgt ist. Derartige Ausweisungen enthalten sowohl die vom Oberverwaltungsgericht herangezogene 22. als auch die während des Revisionsverfahrens beschlossene 27. Änderung des Flächennutzungsplans. Die Darstellungen in der 22. Änderung sind indes nicht wirksam. Somit kommt es nunmehr auf die Wirksamkeit der Darstellungen in der 27. Änderung des Flächennutzungsplans an.

Diese stellt auch eine Rechtsänderung dar. Zwar ist der Flächennutzungsplan vom Gesetzgeber im Unterschied zum Bebauungsplan, der verbindliche Festsetzungen enthält, ursprünglich lediglich als ein vorbereitender Plan konzipiert worden (vgl. § 1 Abs. 2 BauGB), dessen unmittelbare rechtliche Wirkungen sich auf den innergemeindlichen Bereich beschränken und inhaltlich im Anpassungsgebot des §8 Abs. 2 BauGB erschöpfen. Indessen trifft diese Charakterisierung, so allgemein formuliert, heute nicht mehr einschränkungslos zu. Der Gesetzgeber hat mit §35 Abs. 3 Satz 3 BauGB eine Regelung geschaffen, die zur Folge hat, daß die Darstellungen des Flächennutzungsplans unter den dort genannten Voraussetzungen unmittelbar auf die Vorhabenzulassung durchschlagen (vgl. Senatsurteil v. 20.11.2003 – 4 CN 6.03 –, BVerwGE 119, 217, 224 = BRS 66 Nr. 55 = BauR 2004, 807 zu den Zielen der Raumordnung). Der Flächennutzungsplan dient in diesen Fällen somit nicht mehr lediglich der vorbereitenden Darstellung, aus der der Bebauungsplan als nachfolgender Schritt mit eigenem planerischen Spielraum zu entwickeln ist (§8 Abs. 2 BauGB). Vielmehr führen die Darstellungen im Flächennutzungsplan eine unmittelbar wirksame Beachtenspflicht herbei. Die Beachtenspflicht kommt darin zum Ausdruck, daß der öffentliche Belang der Freihaltung des Außenbereichs von den privilegierten Vorhaben in den Ausschlußzonen bei der nachvollziehenden Abwägung grundsätzlich Vorrang vor der in §35 Abs. 1 BauGB angeordneten Privilegierung genießt (vgl. BVerwG, Urteil v. 17.12.2002 – 4 C 15.01 –, a.a.O., S. 302), und somit von vornherein ein deutlich stärkeres Gewicht besitzt als sonst Darstellungen des Flächennutzungsplans gemäß §35 Abs. 3 Satz 1 Nr. 1 BauGB (vgl. BVerwG, Urteil v. 19.9.2002 – 4 C 10.01 –, BVerwGE 117, 44, 48 = BRS 65 Nr. 102 = BauR 2003, 223; Urteil v. 20.1.1984 – 4 C 43.81 –, BVerwGE 68, 311 = BRS 42 Nr. 91 = BauR 1984, 269). Der generelle Vorrang entfällt nur in Ausnahmefällen, die die der Planung zugrunde liegende Konzeption nicht in Frage stellen. Die Möglichkeit von Ausnahmen unterscheidet aber die Vorschrift des §35 Abs. 3 Satz 3 BauGB nicht von anderen in Gesetzen enthaltenen Regelungen, die sich ebenfalls nur Geltung für den Regelfall beimessen und deren unmittelbare normative Wirkung damit nicht in Frage gestellt wird. Im Anwendungsbereich von § 35 Abs. 3 Satz 3 BauGB erfüllt der Flächennutzungsplan mithin eine dem Bebauungsplan vergleichbare Funktion und regelt Inhalt und Schranken des Eigentums (vgl. bereits BVerwG, Urteil v. 17. 12. 2002 – 4 C 15.01 –, a. a. O., S. 303).

2.2 Die Klägerin wendet gegen die 27. Änderung des Flächennutzungsplans ein, auch mit den jetzt vorgesehenen drei Konzentrationszonen sei der Windenergie immer noch nicht in ausreichendem Umfang substantiell Raum geschaffen worden. Überdies hätte mit der Neufassung inzwischen eingetretenen Umständen, beispielsweise dem Wegfall einer Richtfunktrasse, Rechnung getragen werden müssen. Der damit notwendig einhergehende, gegenüber dem Berufungsverfahren neue Tatsachenvortrag ist auch im Revisionsverfahren zu berücksichtigen, denn er steht im unmittelbaren Zusammenhang mit der beachtlichen Rechtsänderung und soll dieser Rechnung tragen (vgl. Senatsurteil v. 23. 1. 1981 – 4 C 82.77 –, BVerwGE 61, 285 = Buchholz 406.11 § 35 BBauG Nr. 176).

Es ist jedoch nicht Aufgabe des Revisionsgerichts, die rechtliche Wirksamkeit der Darstellungen in der 27. Änderung des Flächennutzungsplans zu überprüfen. Dies setzt vielmehr zunächst Sachverhaltsermittlungen und sodann eine Würdigung des Planes vor dem Hintergrund des ermittelten Sachverhalts voraus. Es obliegt nicht dem Revisionsgericht, der Frage nachzugehen, ob in einem derartigen Einzelfall Darstellungen für die Windenergie an anderer Stelle in einem Flächennutzungsplan als Ergebnis der dem Träger der Bauleitplanung obliegenden Abwägung rechtlich fehlerhaft sind oder nicht. Die Sache war somit nach § 144 Abs. 3 Nr. 2 VwGO zur anderweitigen Verhandlung und Entscheidung an das Oberverwaltungsgericht zurückzuverweisen.

3. Der Hinweis des Beklagten, die Ablehnung eines Bauvorbescheids könne auch auf das Regionale Raumordnungsprogramm für den Landkreis gestützt werden, so daß das Berufungsurteil sich aus anderen Gründen als richtig darstelle, greift nicht durch. Die Ausschlußwirkung, die § 35 Abs. 3 Satz 3 BauGB an bestimmte Ziele der Raumordnung knüpft, gilt nur für raumbedeutsame Vorhaben. Das ergibt sich nicht nur aus dem gesetzessystematischen Zusammenhang mit der vorangehenden Regelung in Satz 2, sondern auch aus der Eigenart raumordnerischer Ziele, die nach der Definition in § 3 Nr. 2 ROG (1998) verbindliche Vorgaben „zur Entwicklung, Ordnung und Sicherung des Raums" sind (vgl. Senatsurteil v. 13. 3. 2003 – 4 C 4.02 –, a. a. O., S. 35).

Beschluß:
Der Wert des Streitgegenstandes wird für das Revisionsverfahren auf 204 516,75 € (400 000,– DM) festgesetzt. Dieser vom Oberverwaltungsgericht nach der Leistungsfähigkeit der Anlagen (200 DM bzw. 100 € je 1 kw) berechnete Wert entspricht nach den Ermittlungen des Oberverwaltungsgerichts (vgl. Beschluß v. 30. 4. 2003, BauR 2003, 1546) bei Anlagen, deren Gesamthöhe 100 m nicht überschreitet, in etwa einem Zehntel der Rohbaukosten (vgl. Senatsbeschluß v. 13. 12. 2001 – 4 C 3.01 –, Buchholz 360 § 13 GKG Nr. 112 = BauR 2002, 761).

Nr. 99

1. Der öffentliche Belang „Erfordernis einer förmlichen Planung" bringt zum Ausdruck, daß die in § 35 BauGB selbst enthaltenen Vorgaben nicht ausreichen, um im Sinne des Konditionalprogramms eine Entscheidung über die Zulässigkeit des beabsichtigten Vorhabens treffen zu können. Läßt sich die Koordinierung der Belange sachgerecht letztlich nur im Wege einer Abwägung sicherstellen, ist dies auch ein hinreichendes Anzeichen für bodenrechtlich relevante Auswirkungen, die geeignet sind, ein Planungsbedürfnis auszulösen.
2. Diese Voraussetzungen sind bei einer Häufung von Windenergieanlagen nicht generell zu bejahen.

(Nichtamtliche Leitsätze)

BauGB § 35 Abs. 1, 2, 3.

Bundesverwaltungsgericht, Beschluß vom 11. August 2004 – 4 B 55.04 –.

(Niedersächsisches OVG)

Aus den Gründen:
1. Der beschließende Senat hat in seinem Urteil vom 1. 8. 2002 (– 4 C 5.01 –, BVerwGE 117, 25 = BRS 65 Nr. 10 = BauR 2003, 55), das das Oberverwaltungsgericht und die Beteiligten zu Recht als Ausgangspunkt heranziehen, näher dargelegt, daß das in § 35 BauGB grundsätzlich vorgesehene Entscheidungsprogramm sich in aller Regel als ausreichend erweist, um eine städtebaulich entstehende Konfliktlage im Außenbereich angemessen beurteilen zu können und diese Beurteilung dem behördlichen Entscheidungsverfahren zuzuweisen. Das gilt zum einen für die gesetzgeberischen Wertungen, wie sie in den Privilegierungstatbeständen des § 35 Abs. 1 BauGB ihren Ausdruck finden. Zum anderen sind die in § 35 Abs. 3 BauGB angegebenen öffentlichen Belange regelmäßig hinreichend, um die vom Gesetzgeber bestimmte Interessenbewertung im Einzelfall mit der im Hinblick auf Art. 14 Abs. 1 Satz 2 GG gebotenen Eindeutigkeit nachvollziehen zu können.

Die öffentlichen Belange, die der Gesetzgeber in § 35 Abs. 3 Satz 1 BauGB aufzählt, haben indes nur beispielhaften Charakter. Zu den nicht benannten öffentlichen Belangen gehört auch das Erfordernis einer förmlichen Planung. Dieser öffentliche Belang hat allerdings eine andere Qualität als die in § 35 Abs. 3 BauGB genannten. Er bringt zum Ausdruck, daß die in § 35 BauGB selbst enthaltenen Vorgaben nicht ausreichen, um im Sinne des erwähnten Konditionalprogramms eine Entscheidung über die Zulässigkeit des beabsichtigten Vorhabens treffen zu können. Das im Außenbereich zu verwirklichende Vorhaben kann eine Konfliktlage mit so hoher Intensität für die berührten öffentlichen und privaten Belange auslösen, daß dies die in § 35 BauGB vorausgesetzte Entscheidungsfähigkeit des Zulassungsverfahrens übersteigt. Ein derartiges Koordinierungsbedürfnis wird vielfach dann zu bejahen sein, wenn die durch das Vorhaben berührten öffentlichen und privaten Belange einen in erster Linie planerischen Ausgleich erfordern, der seinerseits Gegenstand einer abwägenden Entscheidung zu sein hat. Eine in diesem Sinne „abwägende" Entscheidung ist nach der Gesetzeslage weder der Genehmigungsbehörde noch der Gemeinde im Rahmen des § 36 Abs. 1 BauGB zugestanden. Sie ist nach Maßgabe der §§ 1 ff. BauGB allein in einem Bauleitplanverfahren zu treffen.

Nach dem Stand der Rechtsprechung hängt es im wesentlichen vom Umfang des Vorhabens ab, ob eine Errichtung, Änderung oder Nutzungsänderung einer baulichen Anlage i. S. des § 29 Abs. 1 BauGB ohne eine verbindliche Bauleitplanung öffentliche Belange beeinträchtigt. Dabei kommt es darauf an, in welcher Weise sich ein beabsichtigtes Vorhaben in seiner Substanz und in seinen Auswirkungen in die vorhandene Umgebung einfügt. Das Erfordernis der Planbedürftigkeit muß im Einzelfall nach Lage der Dinge konkretisiert werden. Mehrere Gesichtspunkte können dafür ausschlaggebend sein. Ob ein Vorhaben planerischer Steuerung bedarf, wird zunächst davon abhängen, welche Probleme die Einordnung des Vorhabens in seine Umgebung aufwirft. Dafür geben die in § 35 Abs. 3 Satz 1 BauGB benannten öffentlichen Belange bereits wichtige Merkmale. Auch der in § 35 Abs. 3 Satz 2 BauGB betonte Gesichtspunkt der Raumbedeutsamkeit verweist mittelbar auf eine erforderliche planerische Koordinierungsnotwendigkeit. Läßt sich die Koordination der Belange sachgerecht letztlich nur im Wege einer Abwägung sicherstellen, so ist dies auch ein hinreichendes Anzeichen für bodenrechtlich relevante Auswirkungen, die geeignet sind, ein Planungsbedürfnis auszulösen.

Die Beschwerde legt nicht dar, daß diese in der Rechtsprechung entwickelten Voraussetzungen bei einer Häufung von Windenergieanlagen generell zu bejahen wären. Anlagen für die Nutzung der Windenergie sind nach § 35 Abs. 1 BauGB zulässig, wenn öffentliche Belange nicht entgegenstehen; demgegenüber bezieht sich die angeführte Rechtsprechung auf Anlagen, die nach § 35 Abs. 2 und 3 BauGB zu beurteilen sind. Dies mag indes auf sich beruhen. Die vorliegend zu beurteilende Situation ist darüber hinaus durch die in § 35 Abs. 3 Satz 3 BauGB geregelten Möglichkeiten der Planungsträger geprägt, durch Darstellungen in einem Flächennutzungsplan oder als Ziele der Raumordnung in Plänen i. S. des § 8 oder 9 des Raumordnungsgesetzes eine Ausweisung an anderer Stelle vorzusehen. Der Gesetzgeber geht ersichtlich davon aus, daß jedenfalls im Grundsatz bei Anlagen nach § 35 Abs. 1 Nr. 2–6 BauGB das durch die genannten Planungsbefugnisse ergänzte Konditionalprogramm die Zulässigkeit von derartigen Anlagen ausreichend zu steuern vermag. Es besteht kein Anlaß, für Windenergieanlagen einen hiervon abweichenden Rechtsgrundsatz aufzustellen. Das Oberverwaltungsgericht verweist ferner zu Recht darauf, daß § 245 b BauGB in seiner für das vorliegende Verfahren noch maßgeblichen Fassung den Planungsträgern darüber hinaus die, allerdings befristete, Möglichkeit einer Aussetzung der Entscheidung über ein Windenergieanlagen betreffendes Bauvorhaben einräumte. Die Beschwerde sieht diese Möglichkeit indes aus der Sicht der Planungsträger als unzureichend an und verweist auf die inzwischen Gesetz gewordenen weiteren Befugnisse in § 15 Abs. 3 BauGB in der durch das Europarechtsanpassungsgesetz Bau (EAG Bau) geänderten Fassung. Daraus läßt sich indes nichts dafür herleiten, daß in dem für das vorliegende Verfahren maßgeblichen Zeitraum (Juni 1999 bis Mai 2000) grundsätzlich mehreren Windenergieanlagen ein Planungsbedürfnis als öffentlicher Belang entgegenzuhalten wäre.

Im Gegenteil ist hervorzuheben, daß auch der dem vorliegenden Verfahren zu Grunde liegende – überdies durch mehrere Besonderheiten gekennzeichnete – Sachverhalt nicht als Beleg dafür taugt, daß das vom Gesetzgeber für den Regelfall bereitgestellte Konditionalprogramm sich für Fälle der von der Beschwerde umschriebenen Art generell als unzureichend erweisen würde. Denn im vorliegenden Fall hat der Rat der Beigeladenen erst im Mai 1999 beschlossen, den Flächennutzungsplan zu ändern, um Konzentrationszonen für die Windenergienutzung darzustellen, und der geänderte Flächennutzungsplan ist erst im Juni 2001 bekannt gemacht worden. Ein überdies aufgestellter Bebauungsplan sowie eine beschlossene Veränderungssperre konnten die angestrebte Wirkung schon deshalb nicht herbeiführen, weil versehentlich die Aufstellung eines vorhabenbezogenen Bebauungsplans beschlossen wurde, der nicht mit einer Veränderungssperre bewehrt werden kann.

2. Die Beschwerde wirft ferner die Frage auf, ob diese Anlagen auch dann einer immissionsschutzrechtlichen Genehmigung bedürfen, wenn sie unterschiedlichen Betreibern zuzuordnen sind. Mit dieser Fragestellung hat sich der Senat in seinem Urteil vom 30. 6. 2004 (– 4 C 9.03 –, BauR 2004, 1745, Veröffentlichung in BVerwGE vorgesehen) auseinandergesetzt. Danach ist unabhängig von der Zahl der Betreiber ein immissionsschutzrechtliches Verfahren durchzuführen, sobald die für eine „Windfarm" maßgebliche Zahl von drei Windkraftanlagen erreicht oder überschritten wird. Die Beschwerde führt allerdings selbst aus, daß diese immissionsschutzrechtliche Genehmigungspflicht sich erst aus der Neuregelung durch das Gesetz zur Umsetzung der UVP-Änderungsrichtlinie, der IVU-Richtlinie und weiterer EG-Richtlinien zum Umweltschutz vom 27. 7. 2001 (BGBl. I, 1950) ergibt. ...

Nr. 100

In Aufstellung befindliche Ziele der Raumordnung können als öffentliche Belange auch einem privilegierten Vorhaben (hier einer Windkraftanlage) entgegenstehen (im Anschluß an BVerwG, Urteil v. 13.3.2003 – 4 C 3.02 –).

Dies setzt eine ausreichende „Verfestigung" dieser Ziele voraus, die vorliegt, wenn auf Grund des Verfahrensstandes und des Inhalts der Raumordnungsplanung hinreichend sicher zu erwarten ist, daß die Zielfestsetzung demnächst wirksam wird. Der Abwägungsprozeß muß im wesentlichen abgeschlossen sein und die Annahme rechtfertigen, daß es sich insgesamt um eine sachgerechte, dem Abwägungsgebot genügende Planung handelt und etwaige Fehler lediglich räumlich begrenzte Bereiche betreffen und die Ausgewogenheit der Planung insgesamt nicht in Frage stellen.

Nr. 100

BauGB §§ 35 Abs. 1 Nr. 6, Abs. 3 Satz 1–3, 245 b Abs. 1; ROG §§ 3 Nr. 1, Nr. 4, 4 Abs. 4 Satz 1.

OVG Rheinland-Pfalz, Urteil vom 8. März 2004 – 8 A 11520/03 – (rechtskräftig).

Der Kläger begehrt eine Baugenehmigung für eine Windkraftanlage im Bereich eines Naturparks. Für den Standort ist im Entwurf der Teilfortschreibung – Windenergie – des regionalen Raumordnungsplanes die Windenergienutzung ausgeschlossen, während an anderer Stelle Vorranggebiete für Windenergienutzung vorgesehen sind. Der Entwurf war zum Zeitpunkt der mündlichen Verhandlung von der Regionalvertretung abschließend abgewogen, jedoch noch nicht von der oberen Landesplanungsbehörde genehmigt.

Aus den Gründen:
Der Hauptantrag, den Beklagten zur Erteilung der umstrittenen Baugenehmigung zu verpflichten, bleibt ohne Erfolg. Insoweit hat das Verwaltungsgericht die Klage zu Recht abgewiesen. Denn dem Kläger steht ein Anspruch auf diese Genehmigung nicht zu. Dabei mag es auf sich beruhen, ob das Begehren schon daran scheitert, daß das Vorhaben des Klägers wegen eines unmittelbaren räumlichen und betrieblichen Zusammenhangs mit schon vorhandenen Anlagen der Firma W. GmbH eine Windfarm bildet und deshalb statt einer Baugenehmigung eine immissionsschutzrechtliche Genehmigung erfordert (s. § 1 Abs. 1 i. V. m. Anhang Nr. 1.6 Spalte 2 der 4. BImSchV). Die Klage ist hinsichtlich des Hauptantrags jedenfalls deshalb unbegründet, weil dem Vorhaben baurechtliche Vorschriften entgegenstehen (§ 70 Abs. 1 LBauO) und der Kläger deshalb der Sache nach keinen Anspruch auf die begehrte Baugenehmigung hat. Ein Vorhaben, das der Nutzung der Windenergie dient, also eine Windkraftanlage, ist nach § 35 Abs. 1 Nr. 6 BauGB im Außenbereich nur zulässig, wenn öffentliche Belange nicht entgegenstehen. Hier stehen der geplanten Windkraftanlage jedoch öffentliche Belange entgegen.

Allerdings ist dies nicht deshalb der Fall, weil das Vorhaben Zielen der Raumordnung widerspricht oder durch Darstellungen im Flächennutzungsplan oder als Ziele der Raumordnung eine Ausweisung an anderer Stelle erfolgt ist (§ 35 Abs. 3 Satz 2 und 3 BauGB). Im regionalen Raumordnungsplan – Teilfortschreibung Windkraft – von 1997 sind im Bereich des Vorhabens weiße Flächen dargestellt, für die noch keine abschließende raumordnerische Entscheidung getroffen ist (vgl. Urteil des Senats v. 20. 2. 2002 – 8 A 11089/02 –, und dazu BVerwG, Urteil v. 13. 3. 2003 – 4 C 3.02 –, BRS 66 Nr. 11 = BauR 2003, 1172). Auch eine Ausweisung an anderer Stelle durch Darstellungen von Vorranggebieten für Windkraftanlagen als Ziele der Raumordnung ist noch nicht erfolgt. Zwar sieht der aktuelle Entwurf der Teilfortschreibung Windenergie des Regionalen Raumordnungsplanes eine solche Darstellung vor. Diese Darstellung ist jedoch noch nicht verbindlich, da die Genehmigung der obersten Landesplanungsbehörde noch nicht vorliegt (§ 13 Abs. 2 Landesplanungsgesetz i. d. F. v. 8. 2. 1977, GVBl., 6, zuletzt geändert am 6. 2. 2002, GVBl., 29 – LPlG 1977 –, der gemäß § 24 des Landesplanungsgesetzes v. 10. 4. 2003, GVBl., 41 – LPlG 2003 – auf das Genehmigungsverfahren weiter Anwendung findet). Gleiches gilt für den Entwurf des Flächennutzungsplanes der Verbandsgemeinde, der ebenfalls noch nicht wirksam ist. Planentwürfe sind im Rahmen des § 35 Abs. 3 Sätze 2 und 3 BauGB nicht beachtlich (BVerwG, Urteil v. 13.3.2003 – 4 C 3.02 –, a.a.O.). Die in der Aufstellung befindlichen Ziele der Raumordnung in Gestalt des Entwurfs zur Teilfortschreibung Windenergie stellen jedoch öffentliche Belange i. S. von § 35 Abs. 3 Satz 1 BauGB dar, die der geplanten Windkraftanlage des Klägers als einer raumbedeutsamen Anlage entgegenstehen. Die in Aufstellung befindlichen Ziele der Raumordnung sind nach § 3 Nr. 4 ROG sonstige Erfordernisse der Raumordnung. Sie sind bei behördlichen Entscheidungen über die Zulässigkeit raumbedeutsamer Maßnahmen von Personen des Privatrechts nach Maßgabe der für diese Entscheidung geltenden Vorschriften zu berücksichtigen (§ 4 Abs. 4 Satz 1 ROG). Für das Baugenehmigungsverfahren bedeutet dies, daß die zuständigen Behörden verpflichtet sind, die in Aufstellung befindlichen Ziele der Raumordnung bei der Baugenehmigung für raumbedeutsame Vorhaben, auch soweit sie privilegiert sind, als möglicherweise entgegenstehende öffentliche Belange zu berücksichtigen (s. BVerwG, a.a.O.; VG Leipzig, Urteil v. 23.8.2001, NuR 2003, 62; Bielenberg/Runkel/Spannowsky, Raumordnungs- und Landesplanungsrecht des Bundes und der Länder, § 4 Rdnr. 366). Denn wie sich aus der Einschränkung „insbesondere" in § 35 Abs. 3 Satz 1 BauGB ergibt, ist die dortige Aufzählung nicht abschließend.

Eine solche Vorwirkung der Ziele der Raumordnung ist nicht durch andere Regelungen ausgeschlossen. Sowohl § 35 Abs. 3 Sätze 2 und 3 BauGB einerseits als auch § 245 b Abs. 1 Satz 2 BauGB und §§ 12 Abs. 2 ROG, 19 Abs. 4 LPlG 2003 andererseits unterscheiden sich von einer Berücksichtigung der in Aufstellung befindlichen Ziele der Raumordnung im Rahmen einer Entscheidung nach § 35 Abs. 3 Satz 1 BauGB hinsichtlich ihrer Zweckrichtung, ihren Voraussetzungen und ihren Wirkungen.

§ 245 b Abs. 1 BauGB ist eine Überleitungsvorschrift aus Anlaß der Einführung der Privilegierung von Windkraftanlagen in § 35 Abs. 1 Nr. 6 BauGB und des als Gegengewicht dazu geschaffenen Darstellungsprivilegs nach § 35 Abs. 3 Sätze 2 und 3 BauGB. Sie sollte den Gemeinden und Raumordnungsbehörden Zeit einräumen, mit ihren Planungen auf die neue Rechtslage zu reagieren. Voraussetzung für eine Aussetzung der Entscheidung der Baugenehmigungsbehörde über die Zulässigkeit von Windkraftanlagen nach dieser Vorschrift war lediglich die Einleitung eines Planungsverfahrens und ein entsprechender Antrag. Die Norm knüpfte damit weitgehend an formale Voraussetzungen an und bewirkte lediglich einen Aufschub der Entscheidung über den Bauantrag bis längstens zum 31.12.1998.

Nach § 12 Abs. 2 ROG i. V. m. dem nach den Übergangsbestimmungen in §§ 24 f. LPlG 2003 hier wohl schon anwendbaren – § 19 Abs. 4 LPlG 2003 kann die oberste Landesplanungsbehörde behördliche Entscheidungen über die Zulässigkeit raumbedeutsamer Maßnahmen von Personen des Privatrechts bis zu einer Höchstdauer von zwei Jahren untersagen, wenn zu befürchten ist, daß die eingeleitete Aufstellung von Zielen der Raumordnung unmöglich gemacht oder wesentlich erschwert wird und wenn die Ziele der Raumordnung bei der Genehmigung der Maßnahme nach § 4 Abs. 4 und 5 ROG rechtserheblich sind. Damit ist der oberen Planungsbehörde die Möglichkeit eingeräumt, Maßnahmen oder Entscheidungen einer Behörde, die den Planungsprozeß beeinträchtigen könnten, vorübergehend zu verhindern und damit eine eingeleitete Planung zu sichern. Besondere Anforderungen an den Verfahrensstand oder den Inhalt der eingeleiteten Planung werden nicht gestellt, auch kann eine endgültige Ablehnung eines Bauantrages damit nicht begründet werden. Dagegen entfalten wirksame Zielfestsetzungen bindende Vorgaben für die Genehmigung raumbedeutsamer Vorhaben nach § 35 Abs. 3 Sätze 2 und 3 BauGB. Soweit nämlich eine wirksame Festlegung von Konzentrations- und Vorrangzonen für Windenergieanlagen auf Grund einer umfassenden Abwägung aller Belange in einem Raumordnungsplan erfolgt ist, besteht innerhalb einer derart ausgewiesenen Zone ein Anspruch auf Genehmigung einer solchen Anlage, während außerhalb der ausgewiesenen Konzentrationszonen Windkraftanlagen trotz ihrer generellen Privilegierung (§ 35 Abs. 1 Nr. 6 BauGB) i. d. R. unzulässig sind. Voraussetzung dafür ist jedoch, daß die Raumordnungsplanung verfahrensmäßig abgeschlossen und frei von verfahrens- oder materiell-rechtlichen Fehlern ist.

Zwischen diesen Regelungen zur – vorübergehenden – Sicherung der Planung einerseits und – endgültigen – Bestimmung der Zulässig- oder Unzulässigkeit von Windenergieanlagen andererseits liegen die Voraussetzungen und Rechtsfolgen der Berücksichtigung von in Aufstellung befindlichen Zielen der Raumordnung als öffentlicher Belang im Rahmen von § 35 Abs. 3 Satz 1 BauGB. Öffentliche Belange im Sinne dieser Vorschrift dürfen einem nach Abs. 1 privilegierten Vorhaben nicht entgegenstehen. Mit „entgegenstehen" ist ausgedrückt, daß ihnen im konkreten Fall ein solches Gewicht zukommt, daß sie sich trotz der Entscheidung des Gesetzgebers für eine generelle Privilegierung der Anlage hier auf Grund einer nachvollziehenden Abwägung durchsetzen. Dies ist erst dann gerechtfertigt, wenn auf Grund des Verfahrensstandes und des Inhalts der Raumordnungsplanung hinreichend sicher zu erwarten ist, daß die Zielfestsetzung demnächst wirksam wird. Dafür reicht es zunächst verfahrensmäßig nicht aus, daß – wie etwa nach §§ 12 Abs. 2 ROG, 19 Abs. 4 LPlG – lediglich ein Raumordnungsverfahren eingeleitet worden ist. Vielmehr müssen die wesentlichen Planungsentscheidungen bereits getroffen sein. Gerade bei Plänen nach § 35 Abs. 3 Satz 3 BauGB, deren positive Ausweisungen gleichzeitig die Unzulässigkeit der jeweiligen Vorhaben im übrigen Plangebiet zur Folge haben und deren Rechtmäßigkeit voraussetzt, daß dem mit der Privilegierung der Vorhaben nach § 35 Abs. 1 Nrn. 2 bis 6 BauGB geförderten öffentlichen Belang in substantieller Weise Rechnung getragen wird (s. BVerwG, a. a. O.), muß der Abwägungsprozeß im wesentlichen abgeschlossen sein. Dazu reicht es nicht aus, lediglich die Kriterien festzulegen, nach denen sich die Abwägung generell richten soll. Vielmehr muß ein solcher Stand des Planungsprozesses erreicht sein, der das wesentliche Ergebnis bereits festlegt und Änderungen der Planung allenfalls in einem so geringfügigen Umfang erwarten läßt, daß das Grundverhältnis von positiven Ausweisungen und Ausschlußflächen ausgewogen bleibt. Solange daher eine prinzipiell abschließende Entscheidung über Zahl, Lage und Größe der Vorrangfläche nicht getroffen ist, vielmehr insoweit nicht nur geringfügige Änderungen auf Grund einer noch durchzuführenden Beteiligung der Träger öffentlicher Belange und/oder der Öffentlichkeit nicht ausgeschlossen werden können, darf sich ein in Aufstellung befindliches regionalplanerisches Ziel gegenüber einem privilegierten Vorhaben grundsätzlich nicht durchsetzen. Andererseits ist klarzustellen, daß § 35 Abs. 3 Satz 1 BauGB gerade nicht fordert, daß die Zielfestsetzung bereits formell wirksam ist. Weiter kann ein in Aufstellung befindliches regionalplanerisches Ziel einem privilegierten Vorhaben gemäß § 35 Abs. 3 Satz 1 BauGB als sonstiges Erfordernis der Raumordnung nur entgegenstehen, wenn die beabsichtigte Regelung den materiell-rechtlichen Anforderungen genügt, also auch hinreichend sicher zu erwarten ist, daß der Plan nach seiner Inkraftsetzung rechtswirksam wird. Daher ist nicht nur, wie bei einer Entscheidung gemäß §§ 12 Abs. 2 ROG, 19 Abs. 4 LPlG, Voraussetzung, daß mit der eingeleiteten Planung ein zulässiges Planungsziel verfolgt wird, dem nicht von vornherein unüberwindliche Hindernisse entgegenstehen. Vielmehr muß die konkrete Planung in dem für die Entscheidung über den Bauantrag maßgeblichen Zeitpunkt den materiell-rechtlichen Anforderungen, insbesondere dem Abwägungsgebot genügen. Dies gilt namentlich für die Frage, ob in die Abwägung alle betroffenen öffentlichen und privaten Belange eingeflossen sind und diese unter Beachtung der Grundsätze und Leitvorstellungen der Raumordnung (s. insbesondere § 1 Abs. 1 Nrn. 2 bis 4 LPlG 1977; § 1 Abs. 1 Nrn. 2 bis 5 LPlG 2003; §§ 1 Abs. 2 Nrn. 2 bis 6, 2 Abs. 2 Nrn. 3, 4, 8, 10, 11, 14 ROG) abgewogen worden sind. Zwar erfordert die Berücksichtigung eines in Aufstellung befindlichen Ziels der Raumordnung nach § 35 Abs. 3 Satz 1 BauGB nicht eine derart ins einzelne gehende Überprüfung der Raumordnungsplanung, wie sie im Rahmen einer Kontrolle eines in Kraft gesetzten Plans durchgeführt wird. Andererseits muß die Überprüfung eines Entwurfs, soll dieser nach § 35 Abs. 3 Satz 1 BauGB berücksichtigt werden, doch die Annahme rechtfertigen, daß es sich insgesamt um eine sachgerechte, dem Abwägungsgebot genügende Planung handelt und etwaige Fehler lediglich räumlich begrenzte Bereiche betreffen und die Ausgewogenheit der Planung insgesamt, insbesondere was die Berücksichtigung des mit der Privilegierung verfolgten öffentlichen Interesses angeht, nicht in Frage stellen.

Was die Rechtsfolge der Berücksichtigung der sonstigen Erfordernisse der Raumordnung, hier der in Aufstellung befindlichen Ziele, im Rahmen des § 35 Abs. 3 Satz 1 BauGB angeht, so kann dies nicht nur, wie bei Maßnahmen nach §§ 12 Abs. 2 ROG, 19 Abs. 4 LPlG, zu einer zeitweiligen Verhinderung des zur Genehmigung gestellten Vorhabens führen, sondern zu dessen Ablehnung. Diese Folge tritt allerdings nicht schon immer dann ein, wenn das Vorhaben nicht mit der in Aufstellung befindlichen Planung übereinstimmt. Denn § 35 Abs. 3 Satz 1 BauGB i. V. m. § 4 Abs. 4 Satz 1 ROG fordert lediglich eine Berücksichtigung der geplanten, nicht, wie § 35 Abs. 3 Sätze 2 und 3 BauGB, eine Beachtung der verbindlich gewordenen Ziele. Daher kann die gebotene nachvollziehende Abwägung (s. BVerwG, a. a. O.) im konkreten Einzelfall je nach der Bedeutung des Ziels, insbesondere dem Gewicht der für die räumliche Abgrenzung von Vorranggebieten einerseits und Ausschlußgebieten andererseits maßgeblichen Kriterien (denen selbst keine Zielqualität nach

Nr. 100

§ 3 Nr. 2 ROG zukommt), durchaus dazu führen, eine Windenergieanlage auch außerhalb eines geplanten Vorranggebietes zuzulassen. Dies kann je nach den konkreten Umständen z. B. auf einem an ein solches Gebiet unmittelbar angrenzenden Standort der Fall sein, wenn dadurch der mit der Planung von Windenergiezonen verfolgte Zweck der Bündelung und Konzentration dieser Anlagen auf bestimmte Bereiche und Freihaltung der Landschaft im übrigen nicht grundsätzlich in Frage gestellt wird, wenn also insbesondere dem für die Abgrenzung des Vorranggebietes maßgeblichen Belang nach den besonderen Umständen des umstrittenen Standortes nur ein verhältnismäßig geringes Gewicht zukommt. Gerade in einem solchen Fall kann der rechtliche Unterschied zwischen der Bindung an die rechtswirksame Planung gemäß § 35 Abs. 3 Satz 2 und 3 BauGB und der Berücksichtigung von sonstigen Erfordernissen der Raumordnung nach § 35 Abs. 3 Satz 1 BauGB zu verschiedenen Ergebnissen führen.

Die in Aufstellung befindlichen Ziele der Raumordnung stehen hier dem Vorhaben als öffentliche Belange entgegen, denn das Vorhaben ist raumbedeutsam, und die in Aufstellung befindlichen Ziele der Raumordnung sind so weit verfestigt, daß sie sich gegenüber dem Vorhaben trotz seiner Privilegierung durchsetzen.

Nur einem raumbedeutsamen Vorhaben können in Aufstellung befindliche Ziele der Raumordnung als öffentliche Belange entgegenstehen. Bei dem Vorhaben des Klägers, eine Windkraftanlage mit einer Nabenhöhe von 100 m und einem Rotordurchmesser von 80 m zu errichten, handelt es sich um ein raumbedeutsames Vorhaben, denn es nimmt Raum in Anspruch und beeinflußt die räumliche Entwicklung oder Funktion des Gebietes (§ 3 Abs. 6 ROG). Dabei ist unerheblich, daß nur eine geringe Grundfläche in Anspruch genommen wird. Die räumliche Entwicklung wird vielmehr durch den Lärm und die optische Wirkung der 140 m hohen Anlage beeinflußt. Jedenfalls überschreitet das Vorhaben zusammen mit den beiden in der Nachbarschaft bereits genehmigten Windkraftanlagen die Schwelle der Raumbedeutsamkeit (vgl. BVerwG, Urteil v. 13. 3. 2003 – 4 C 4.02 –, BRS 66 Nr. 10 = BauR 2003, 1165).

Eine Konkretisierung der in Aufstellung befindlichen Ziele der Raumordnung ist in einer solchen Weise eingetreten, daß sie dem privilegierten Vorhaben entgegenstehen. Der Entwurf der Teilfortschreibung – Windenergie – des regionalen Raumordnungsplanes sieht eine Ausweisung von Vorrangflächen für Windenergie mit der Folge des Ausschlusses von Windkraftanlagen an anderer Stelle als Ziel vor. Das Planungsverfahren wurde fehlerfrei durchgeführt und ist bereits weitgehend fortgeschritten. Es stehen nur noch die Genehmigung der obersten Planungsbehörde und die abschließende Bekanntmachung aus. Auch begegnet die abschließende Abwägung durch die Regionalversammlung keinen durchgreifenden Bedenken.

Eine ausreichende Verfestigung der in Aufstellung befindlichen Ziele der Raumordnung scheitert nicht an einem fehlerhaften Beteiligungsverfahren.

...

Im Dezember 2003 fand die abschließende Abwägung durch die Regionalvertretung statt, so daß zum Abschluß des Raumordnungsverfahrens nur noch die Genehmigung und die Bekanntmachung fehlen. In verfahrensmäßiger Hinsicht ist damit eine hinreichende, die Berücksichtigung der hier in Rede stehenden Ziele rechtfertigende Verfestigung eingetreten.

In materieller Hinsicht entspricht die vorgenommene Abwägung den an sie zu stellenden Anforderungen. Eine gebietsbezogene Festlegung über die Konzentration von Windenergieanlagen an bestimmten Standorten, durch die zugleich nach § 35 Abs. 3 Satz 3 BauGB ein Ausschluß der Anlagen im übrigen Planbereich bewirkt werden soll, ist nur gerechtfertigt, wenn sich die Windkraftanlagen innerhalb der Konzentrationszonen gegenüber konkurrierenden Nutzungen durchsetzen und ein gesamträumliches Planungskonzept zugrunde liegt, das den allgemeinen Anforderungen des planungsrechtlichen Abwägungsgebotes gerecht wird. Dabei muß die Abwägung aller beachtlichen Belange sich auf das gesamte Plangebiet beziehen. Der Windenergienutzung muß im Plangebiet in substantieller Weise Raum geschafft werden (BVerwG, Urteil v. 13. 3. 2003 – 4 C 3.02 –, a. a. O.).

Der beschlossene Entwurf wird diesen Grundsätzen gerecht. Es werden Vorranggebiete für Windenergie ausgewiesen und andere raumbedeutsame Nutzungen in diesen Gebieten ausgeschlossen, soweit sie mit der Windenergienutzung nicht vereinbar sind. Ebenso wird der Ausschluß der Windenergienutzung im übrigen Planbereich ausdrücklich als Ziel bezeichnet.

Die Abgrenzung der Vorranggebiete beruht auf einem gesamträumlichen Plankonzept. Sie geht aus von der bisherigen Teilfortschreibung Windkraft von 1997, die Gegenstand des genannten Urteils des Bundesverwaltungsgerichts vom 13. 3. 2003 gewesen ist. Die damalige Bewertung wurde jedoch aktualisiert und einer neuen Abwägung unterzogen. Dabei wurde zunächst davon ausgegangen, daß die Region unter dem Gesichtspunkt der „Windhöffigkeit" grundsätzlich für die Windenergienutzung gut geeignet ist. Danach erfolgte die Abgrenzung von Vorrangflächen auf Grund verschiedener Ausschlußkriterien. Dazu gehören die landespflegerischen Taburäume nach den Vorgaben des landespflegerischen Planungsbeitrages nach § 16 LPflG sowie Erfordernisse der Raumordnung, die einer Errichtung von Windenergieanlagen entgegenstehen. Weiter wurden die städtebaulichen Planungen berücksichtigt, der vorhandene Bestand an Windenergieanlagen sowie das private Grundstückverwertungsinteresse.

Entgegen der Ansicht des Klägers liegt kein Abwägungsausfall hinsichtlich der Ausschlußflächen vor. Diese sind gerade nicht lediglich als Rechtsfolge von Vorrangflächen gesehen worden, vielmehr sind umgekehrt die Vorrangflächen auf Grund der Festlegung von Ausschlußflächen entstanden. Es liegt auch keine Verhinderungsplanung wegen eines Mißverhältnisses von Vorrang- und Ausschlußflächen vor. So wurden 90 Vorranggebiete mit einer Gesamtfläche von rund 2410 ha ausgewiesen, das sind rund 0,49 % des überplanten Gebietes von rund 4929 km^2. Die Vorranggebiete haben eine durchschnittliche Größe von 27 ha. In 52 dieser Vorranggebiete mit einer Fläche von rund 1675 ha befinden sich bereits Windenergieanlagen oder sind zumindest geplant. Die übrigen 38 Vorranggebiete mit rund 735 ha könnten nach einer Beispielsrechnung mit rund 170 Windkraftanlagen bebaut werden (Entwurf II, 14). Trotz des Anteils von lediglich 0,49 % an der Gesamtfläche handelt es sich nicht um eine „Feigenblattplanung". Eine gesetzliche Vorgabe, die

Windenergienutzung so zu gewichten, daß sie sich gegenüber anderen Belangen in einer Weise durchsetzt, die zur Sicherung eines bestimmten Flächenanteils für die Windenergienutzung führt, gibt es nicht. Erforderlich, aber auch ausreichend ist vielmehr, daß für die Windenergienutzung in substantieller Weise Raum geschaffen wird (BVerwG Urteil v. 13.3.2003 – 4 C 4.02 –, a.a.O.). Das ist hier der Fall, indem Standorte für immerhin mehr als 500 Windenergieanlagen ausgewiesen werden. Der Flächenanteil, der für die Windenergieanlagen zur Verfügung steht, scheint zwar im Verhältnis zu anderen Nutzungsarten gering. Dies ist jedoch zum einen auf die Berechnungsweise zurückzuführen. So wurden Abstandsflächen und Pufferzonen jeweils den anderen Nutzungen zugerechnet. Außerdem kommt den Windenergieanlagen wegen ihrer Höhe und ihres durch die Rotorbewegung erhöhten Aufmerksamkeitswertes zumindest optisch eine besondere Raumwirkung zu, die sich mit anderen Nutzungen kaum vergleichen läßt. Unter Berücksichtigung dessen stellt die Fläche der Vorranggebiete von 2410 ha einen erheblichen Anteil der Fläche von 15 400 ha dar, die nach Berücksichtigung der allgemeinen Ausschlusskriterien noch verbleibt (Entwurf II, 11).

Es sind auch keine Fehler bei der Gewichtung der Belange der Windenergienutzung als einer im Außenbereich privilegierten Nutzung im Verhältnis zu anderen öffentlichen Belangen unterlaufen. Insbesondere ist nicht zu beanstanden, daß in großem Umfang Flächen als nicht für eine Windenergienutzung geeignet ausgeschlossen wurden. Die gewählten Ausschlußkriterien entsprechen Grundsätzen und Leitlinien der Raumordnung, die in nachvollziehbarer Weise den Ausschluß der Windenergienutzung rechtfertigen.

Dies gilt zunächst für die Taburäume nach dem landespflegerischen Planungsbeitrag nach § 16 LPflG. Diese Taburäume sind näher beschrieben als Naturschutzgebiete mit 200-m-Puffer, geplante Naturschutzgebiete mit 200-m-Puffer, Kernzonen der Naturparke, Naturparke und Landschaftsschutzgebiete (neben den bereits genehmigten oder im Planverfahren befindlichen Anlagen bzw. Standorten keine weiteren mehr), Naturdenkmale, geschützte Landschaftsbestandteile, Flächen i.S. des §24 Abs.2 Nrn. 4 bis 11 LPflG, FFH-Gebiete mit 200-m-Puffer, EU-Vogelschutzgebiete mit 200-m-Puffer, Biotope laut Biotopsystemplanung, regionales Biotopverbundsystem gemäß Landschaftsrahmenplanung sowie für den Schutz des Landschaftsbildes gemäß Landschaftsrahmenplanung bedeutsame Räume. Die betreffenden Kriterien lagen dem Planungsträger in Form von Karten und Geodatensätzen vor. Diese landespflegerischen Belange sind ausreichend konkretisiert und geeignet, die Ausschlußwirkung zu rechtfertigen.

So liegt die hier umstrittene Windenergieanlage im Bereich des Landschaftsschutzgebietes „Naturpark Nordeifel", Teilgebiet Landkreis Prüm, vom November 1970 (Amtsblatt der Bezirksregierung Trier 1970, 109f.), in dem es verboten ist, die Natur zu schädigen, das Landschaftsbild zu verunstalten oder den Naturgenuß zu beeinträchtigen. Der Schutzzweck des Naturparkes steht somit grundsätzlich im Widerspruch zur Wirkung von Windenergieanlagen, die zumindest Landschaftsbild und Naturgenuß nachteilig beeinflussen. Soweit Pufferzonen mit 200 m Tiefe bei Naturschutzgebieten, FFH-Gebieten und EU-Vogelschutzgebieten berücksichtigt wurden, ist dies durch die optische und akustische Fernwirkung von Windenergieanlagen gerechtfertigt. Auch die Flächen des regionalen Biotopverbundsystems durften als Ausschlußflächen berücksichtigt werden. Diese Flächen wurden im Auftrag der Oberen Landespflegebehörde auf der Grundlage der Planung vernetzter Biotopsysteme durch ein Gutachten vom März 1998 ermittelt und als Vorrang- und Vorbehaltsgebiete vorgeschlagen. Sie wurden zum Biotop- und Artenschutz in den landespflegerischen Planungsbeitrag nach § 16 Landespflegegesetz aufgenommen und rechtfertigen gleichfalls den Ausschluß der Windenergienutzung in ihrem Bereich, da von einer grundsätzlichen Unverträglichkeit ausgegangen werden kann. Der Umstand, daß das Gutachten bereits im März 1998 erstellt wurde, macht es nicht unbrauchbar. Es liegt in der Natur der Sache, daß Planungsgrundlagen nicht ständig der tatsächlichen Entwicklung angepaßt werden können, weil dies mit einem zu hohen Aufwand verbunden wäre. Ein Gutachten aus dem Jahr 1998 erscheint noch ausreichend zeitnah, zumal der Kläger keine substantiierten Bedenken gegen seine Verwendung vorgebracht hat. Gleiches gilt für die Räume, die für den Schutz des Landschaftsbildes bedeutsam sind und als Vorbehaltsgebiete für den Schutz des Landschaftsbildes vorgeschlagen wurden.

Der Planungsträger hat auch nicht die Bauleitplanung mit fehlerhafter Gewichtung in die Abwägung eingestellt. Es fand zwar schon im Vorfeld ein intensiver Austausch mit den Gemeinden statt, der jedoch nicht zu einer einseitigen Übernahme der gemeindlichen Planvorstellungen führte. Wenn im Einzelfall zugunsten der städtebaulichen Planung mit Rücksicht auf den Vertrauensschutz von den sonst zugrunde gelegten regionalplanerischen Kriterien abgewichen wurde, ist dies nicht zu beanstanden. Vielmehr ist dies dadurch gerechtfertigt, daß bei der 2002 eingeleiteten Teilfortschreibung Windkraft auf Grund des bereits erwähnten Urteils des OVG Rheinland-Pfalz vom 20. 2. 2002 – 8 A 11089/01 –, die regionalplanerischen Kriterien weiterentwickelt wurden, während die gemeindliche Planung sich noch an der Teilfortschreibung Windkraft von 1997 orientierte (Entwurf II, 12). Es ist auch nicht zu beanstanden, daß zu Siedlungsgebieten und einzelnen Wohngebäuden im Außenbereich ein Mindestabstand von 500 m und von Gemeinden mit der besonderen Funktion Wohnen sowie von Einrichtungen des Freizeitwohnens ein Mindestabstand von 1000 m berücksichtigt wurde. Diese Abstände sind im Hinblick auf die Entwicklung zu immer größeren Windenergieanlagen und deren in den Konzentrationszonen gerade beabsichtigte Häufung als Vorsorge vor visuellen und akustischen Beeinträchtigungen zu rechtfertigen.

Die Interessen der privaten Grundstückseigentümer wurden in die Abwägung eingestellt und berücksichtigt. Dies geschah nicht nur in der pauschalen Form eines unterstellten Interesses, indem alle Grundstücke als potentielle Standorte für Windkraftanlagen betrachtet und entsprechend in die Abwägung eingestellt wurden, sondern auch auf der Grundlage der Öffentlichkeitsbeteiligung, die im Vorgriff auf die entsprechende Regelung im Landesplanungsgesetz 2003 durchgeführt wurde. Die im Beteiligungsverfahren vorgebrachten privaten Interessen wurden im Einzelfall abgewogen (Entwurf II, 13). Wenn es dabei nicht zu einer Erweiterung der Vorrangflächen für die Windenergie kam, ist dies nicht auf eine einseitige Abwägungsentscheidung zurückzuführen, sondern darauf, daß im Einzelfall keine Argumente vorgebracht wurden, die eine Abweichung von dem Ergebnis der generellen Abwägung gerechtfertigt hätten.

Ein Abwägungsfehler liegt auch nicht deshalb vor, weil der Plangeber Windenergieanlagen mit einer Nabenhöhe von mehr als 35 m als raumbedeutsam angesehen hat. Die Begründung zu dem im Dezember 2003 von der Regionalvertretung beschlossenen Entwurf verweist insofern lediglich in einer Fußnote auf das ministerielle Gemeinsame Rundschreiben „Hinweise zur Beurteilung der Zulässigkeit von Windenergieanlagen" vom 18.2.1999 – FM 3275-4531 – (MinBl. 1999, 148). Durch den Regionalplan selbst wird die Raumbedeutsamkeit jedoch nicht definiert, sondern vorausgesetzt. Für die Abwägung bei der Abgrenzung von Vorranggebieten für die Windenergie ist auch nicht die Mindestgröße der berücksichtigten Windkraftanlagen von Bedeutung, sondern vielmehr die Höchstgröße der zu erwartenden Anlagen, da diese für das Höchstmaß der zu erwartenden Beeinträchtigungen maßgeblich ist und damit für die zu berücksichtigenden Abstände.

Es fehlt auch nicht deshalb an einer ausreichenden Verfestigung der in Aufstellung befindlichen Ziele der Raumordnung, weil das Aufstellungsverfahren nicht der Richtlinie 2001/42/EG des Europäischen Parlamentes und des Rates über die Prüfung der Umweltauswirkungen bestimmter Pläne und Programme (Amtsblatt C 197 der EG v. 27.7.2001, S. 30–37) entspricht. Denn die Verpflichtung zur Durchführung einer Umweltprüfung nach Art. 3 Abs. 1 dieser Richtlinie gilt nach Art. 13 Abs. 3 nur für die Pläne und Programme, deren erster förmlicher Vorbereitungsakt nach dem in Abs. 1 genannten Zeitpunkt, also dem 21.7.2004, erstellt wird, oder wenn ein solcher Plan erst mehr als 24 Monate nach diesem Zeitpunkt angenommen wird. Hier wurde der Beschluß des Regionalvorstandes über eine neue Teilfortschreibung Windenergie bereits am 17.4.2002 gefaßt, am 2.7.2002 beschloß die Regionalvertretung bereits den Anhörungsentwurf für das Beteiligungsverfahren. Es ist auch damit zu rechnen, daß die im Januar 2004 beantragte Genehmigung innerhalb von 2 Jahren nach dem 21.7.2004 erteilt wird. Es kann deshalb dahinstehen, ob das Verfahren, wie die Beigeladene zu 2 meint, nicht ohnehin bereits den nach der Richtlinie zu stellenden Anforderungen entspricht.

Die in der Aufstellung befindlichen und bereits hinreichend verfestigten Ziele der Raumordnung stehen dem Vorhaben auch als öffentliche Belange i.S. von §35 Abs. 3 Satz 1 BauGB entgegen. Denn eine Abwägung mit dem Zweck des Vorhabens führt zu dem Ergebnis, daß ihr Gewicht überwiegt. Dabei ist zugunsten des Vorhabens zu berücksichtigen, daß ihm wegen seiner Privilegierung im Außenbereich ein besonderes Gewicht zukommt. Andererseits ist seine Verwirklichung nicht ortsgebunden, es könnte durchaus an anderer Stelle mit vergleichbarer Windhöffigkeit in einem der vorgesehenen Vorranggebiete verwirklicht werden. Am vorgesehenen Standort stehen ihm öffentliche Belange gegenüber, die unter den hier gegebenen Umständen gewichtiger sind. Diese bestehen nicht nur allgemein darin, die Nutzung des Außenbereiches für Windkraftanlagen im Hinblick auf ihre optische und akustische Fernwirkung durch die Bildung von Konzentrationszonen zu ordnen, wobei angesichts der von der Sorgfalt des Planungsverfahrens abhängigen Dauer der Planung auch ein erhebliches öffentliches Interesse daran besteht, daß bereits verfestigte, aber letztlich noch nicht wirksame Planungen sich gegenüber Vorhaben durchsetzen, die sonst dem Ergebnis der Planung vorgreifen würden. Hier kommt vielmehr dazu, daß das Vorhaben in einem Bereich errichtet werden soll, der im Naturpark Nordeifel unter einem besonderen Schutz steht und für den gerade deshalb in dem Entwurf der bereits abschließend abgewogenen Teilfortschreibung Windenergie der Ausschluß raumbedeutsamer Windkraftanlagen als Ziel vorgesehen ist. Das Gewicht dieses Zieles als öffentlicher Belang wird nicht dadurch beeinträchtigt, daß in geringer Entfernung innerhalb des Gebietes des Naturparks Nordeifel abweichend von den sonst der Planung zugrunde liegenden Leitlinien ein Vorranggebiet für Windenergie ausgewiesen ist, das bereits zu einer Beeinträchtigung der Naturparks führt. Denn dieses Vorranggebiet wurde im Hinblick auf die dort bereits genehmigten Windkraftanlagen als Ausnahmefall vorgesehen. Die Zulassung weiterer Windenergienutzung über dieses Gebiet hinaus würde, auch wegen der damit verbundenen Vorbildwirkung, dem Ziel widersprechen, die Windenergienutzung auf genau abgegrenzte Gebiete zu beschränken und dabei insbesondere den Naturpark Nordeifel – jenseits schon bestehender Belastungen – von weiteren Windkraftanlagen zu verschonen.

Mit seinem hilfsweise gestellten Feststellungsantrag hat der Kläger jedoch Erfolg. Der im Wege einer sachgerechten Klageerweiterung gestellte Fortsetzungsfeststellungsantrag ist zulässig, insbesondere liegt das erforderliche Feststellungsinteresse vor. Dieses hat der Kläger damit begründet, daß er beabsichtige, einen Planungsschaden geltend zu machen. Ein derartiger Planungsschadensanspruch wird zwar von der Rechtsprechung und von der herrschenden Meinung in der Literatur nicht anerkannt; es gibt jedoch Meinungen, die ihn für gerechtfertigt halten (zum Meinungsstand: Battis/Krautzberger/Löhr, BauGB, 8. Aufl., § 39 Rdnr. 7 m. w. N.). Deshalb kann nicht von einer offensichtlichen Erfolglosigkeit einer solchen Klage ausgegangen werden.

Die Klage ist insoweit auch begründet. Nach Ansicht des Senates haben die hier in Rede stehenden, in Aufstellung befindlichen Ziele der Raumordnung erst mit der abschließenden Abwägung durch die Regionalversammlung eine derartige Verfestigung erreicht, daß sie als öffentliche Belange einem privilegierten Vorhaben entgegenstehen können. Zwar fand eine erste Abwägung durch die Regionalversammlung bereits am 16.7.2003 statt. Dabei wurde auch das dem Vorhaben benachbarte Vorranggebiet W. III mit abgewogen. Allerdings wurden auch Änderungen gegenüber dem ursprünglichen Planentwurf und eine erneute Anhörung beschlossen. Da es hier um einen Bereich in der Nähe eines Vorranggebietes geht, der schon durch eine räumlich geringfügige (wenn auch im Hinblick auf die Abwägungskriterien erhebliche) Erweiterung dieses Gebietes hätte einbezogen werden können, kann vor der abschließenden Abwägung nicht von einer ausreichenden Verfestigung der in Aufstellung befindlichen Ziele der Raumordnung ausgegangen werden.

Nr. 101

1. Eine einzelne Windenergieanlage mit einer Höhe von nahezu 100 m kann raumbedeutsam sein.

2. Einer einzelnen raumbedeutsamen Windenergieanlage steht nicht das Erfordernis der Planungsbedürftigkeit als öffentlicher Belang gemäß §35 Abs.3 Satz 1 BauGB entgegen. Das Instrument des Planungsvorbehalts in §35 Abs.3 Satz 3 BauGB reicht aus, um die Konfliktträchtigkeit einer Windenergieanlage mit 1500 kW, einer Nabenhöhe von 66,8 m und einem Rotordurchmesser von 66 m angemessen beurteilen zu können.

3. Liegen zeitgleich mehrere Bauvoranfragen verschiedener Bauinteressenten zur Errichtung von Windenergieanlagen in einem räumlich begrenzten Bereich vor, muß sich das streitgegenständliche Einzelvorhaben nicht, wie wenn es Teil eines Anlagenkomplexes wäre, die Wirkungen sonstiger zur Prüfung gestellter Windenergieanlagen zurechnen lassen.

BauGB §§3 Abs. 3, 35 Abs. 3 Satz 1 und 3; ROG §3 Nr. 4.

Niedersächsisches OVG, Urteil vom 29. April 2004 – 1 LB 28/04 – (rechtskräftig).

Die Kläger begehren festzustellen, daß der Beklagte in der Zeit vom 26.6.1999 bis zum 19.5.2000 verpflichtet gewesen ist, ihnen einen Bauvorbescheid für die Errichtung einer Windenergieanlage zu erteilen.

Die Kläger beantragten 1998/1999 die Erteilung eines Bauvorbescheides für die Errichtung einer Windenergieanlage mit 1500 kW Nennleistung, einer Nabenhöhe von 66,8 m und einem Rotordurchmesser von 66 m auf dem Flurstück 63.

Der Rat der Beigeladenen beschloß im Mai 1999, den Flächennutzungsplan zu ändern (33. Änderung), um Konzentrationszonen für die Windenergienutzung darzustellen und Windenergieanlagen im übrigen Gemeindegebiet auszuschließen. Parallel wurde die Aufstellung eines vorhabenbezogenen Bebauungsplans Nr. 68 (Teilbereiche a–c) mit Festsetzungen „Fläche für Windenergieanlagen" beschlossen, für dessen zukünftigen Geltungsbereich eine Veränderungssperre erlassen wurde. Das Flurstück 63 liegt im Teilbereich 5b der Veränderungssperre, die am 26.6.1999 in Kraft trat.

Der Beklagte lehnte im November 1999 die Erteilung eines Bauvorbescheides mit der Begründung ab, dem Vorhaben stehe die Veränderungssperre entgegen.

Am 18.5.2000 beschloß der Rat der Beigeladenen die Aufstellung des Bebauungsplanes Nr. 68, Teilbereiche a bis g, mit den Festsetzungen „Fläche für Windenergieanlagen" und „Fläche für Modellflugzeuge" und gleichzeitig die Satzung über die Veränderungssperre Nr. 5a bis g. Der Rat hob seinen Beschluß vom 27.5.1999, einen vorhabenbezogenen Bebauungsplan aufzustellen, und die darauf bezogene Veränderungssperre auf. Der Aufstellungsbeschluß und die Veränderungssperre wurden am 19.5.2000 bekanntgemacht.

2001 ist der Flächennutzungsplan der Beigeladenen i.d.F. seiner 33. Änderung bekanntgemacht worden. Er stellt unter Auswertung einer Potentialstudie zur Ermittlung von geeigneten Standorten für die Windenergienutzung im Gemeindegebiet zwei Sonderbauflächen im nordöstlichen Gemeindegebiet dar und schließt für das übrige Gemeindegebiet textlich die Errichtung von Windenergieanlagen aus. Das Baugrundstück der Kläger liegt innerhalb der Sonderbaufläche A. Am 29.6.2001 hat die Beigeladene den Bebauungsplan Nr. 68 „Windenergie und Modellflugplatz" bekanntgemacht.

Nr. 101

Der für das Vorhaben der Kläger vorgesehene Bereich liegt außerhalb der für die Errichtung von Windenergieanlagen festgesetzten Standorte in den Teilbereichen A und B.

Im Klageverfahren haben die Kläger auf Grund der dem Vorhaben entgegenstehenden Festsetzungen des Bebauungsplans den Rechtsstreit in der Hauptsache für erledigt erklärt, soweit die Erteilung eines Bauvorbescheides begehrt worden ist. Sie haben beantragt, festzustellen, daß der Beklagte bis zum Inkrafttreten des Bebauungsplans Nr. 68 verpflichtet war, den beantragten Bauvorbescheid zu erteilen.

Die Kläger haben im Termin zur mündlichen Verhandlung nach Erörterung der Sach- und Rechtslage ihr Antragsbegehren geändert.

Aus den Gründen:
Der Antrag der Kläger festzustellen, daß ihnen in dem Zeitraum vom 26. 6. 1999 bis zum 19. 5. 2000 ein Anspruch auf Erteilung des beantragten Bauvorbescheides für die Errichtung einer Windenergieanlage mit 1500 kW Nennleistung, einer Nabenhöhe von 66,8 m und einem Rotordurchmesser von 66 m auf dem Flurstück X. zugestanden hat, ist zulässig. Ein Verpflichtungskläger kann von vornherein oder auch erst im Verlauf des Rechtsstreites die Feststellung gemäß §43 Abs. 1 VwGO begehren, daß ihm zu bestimmten Zeiten der geltend gemachte materiell-rechtliche Anspruch zugestanden hat (BVerwG, Urteil v. 28. 4. 1999 – 4 C 4.98 –, BVerwGE 109, 74 = BRS 62 Nr. 175 = BauR 1999, 1153). Darin liegt eine Klageänderung, deren Sachdienlichkeit aus Gründen der Prozeßökonomie zu bejahen ist.

Für die Feststellungsklage besteht auch ein Feststellungsinteresse. Bei der gegebenen Fallkonstellation unterscheidet sich dieses nicht von dem Feststellungsinteresse bei einer Fortsetzungsfeststellungsklage. Das berechtigte Interesse an der Fortsetzungsfeststellungsklage kann darin bestehen, die Geltendmachung von konkret in Aussicht genommenen Schadensersatz- oder Entschädigungsansprüchen vorzubereiten (BVerwG, Urteil v. 27. 3. 1998 – 4 C 14.96 –, BRS 60 Nr. 158 = BauR 1998, 999). Es ist dann nicht gegeben, wenn ein Zivilprozeß offensichtlich aussichtslos ist. Dieser Fall liegt regelmäßig vor, wenn das als rechtswidrig und schadenstiftend angegriffene Verhalten der Behörde von einem mit mehreren Berufsrichtern besetzten Kollegialgericht als objektiv rechtmäßig beurteilt worden ist und damit, selbst wenn es nachträglich als rechtswidrig beurteilt werden sollte, als jedenfalls vertretbar und nicht schuldhaft erscheint (BVerwG, Urteil v. 16. 10. 1987 – 4 C 35.85 –, BRS 47 Nr 90 = BauR 1988, 188 = NVwZ 1988, 1120; Beschluß v. 23. 3. 1993 – 2 B 28.93 –, veröffentl. in juris). Das Verwaltungsgericht hat in seiner angefochtenen Kammerentscheidung die Rechtsansicht des Beklagten bestätigt, so daß zweifelhaft ist, ob die Kläger mit ihrem angekündigten Begehren, Schadensersatzansprüche aus Amtspflichtverletzung gegen den Beklagten zivilgerichtlich geltend machen zu wollen, werden durchdringen können, zumal eine Ausnahme (vgl. hierzu Gerhardt, in: Schoch/Schmidt-Aßmann/ Pietzner, VwGO, Loseblattsammlung, Stand: September 2003, §113 Rdnr. 95), die es rechtfertigen könnte, abweichend von der oben zitierten Rechtsprechung das Feststellungsinteresse zu bejahen, nicht offenkundig ist. Allerdings hat der EuGH mit Urteil v. 30. 9. 2003 (– Rs C-224/01 –, NJW 2003, 3539) entschieden, daß die Haftung eines Mitgliedstaates auch für Schäden gelte, die durch eine gemeinschaftsrechtswidrige Entscheidung eines nationalen letztinstanzlichen Gerichts verursacht worden seien. Der Senat muß nicht entscheiden, ob und ggf. in welchem Umfang damit die vorgenannte Rechtsprechung des Bundesverwaltungsgerichts in Frage zu stellen ist. Denn das Feststellungsinteresse der Kläger besteht aus einem anderen Grund.

Neben dem Amtshaftungsanspruch kommt ein vom Verschulden eines Bediensteten des Beklagten nicht abhängiger Anspruch der Kläger aus rechtswidrigem Eingriff in eine grundgesetzlich geschützte Eigentumsposition durch rechtswidrige Sperrung ihres Vorhabens mit Hilfe der Veränderungssperre vom 27. 5. 1999 in Betracht. In einem Zivilprozeß, der auf die genannte Anspruchsgrundlage gestützt wird, können die Kläger den Ausgleich des Substanzverlustes begehren, den sie als Eigentümer durch die zeitweise Behinderung der baulichen Ausnutzung ihres Grundstücks erlitten haben; regelmäßig ist auf die „Bodenrente" abzustellen (BGH, Urteil v. 10. 3. 1994 – III ZR 9/93 –, BRS 56 Nr. 148 = NJW 1994, 1647).

Die Berufung der Kläger ist begründet. Die Kläger haben in der Berufungsverhandlung nach Erörterung der Sach- und Rechtslage hinsichtlich der einzelnen Zeiträume nach Ablauf einer angemessenen Bearbeitungszeit für ihre Bauvoranfrage bis zum Inkrafttreten des Bebauungsplanes Nr. 68 ihren Klageantrag auf den Zeitraum begrenzt, in dem die 1. Veränderungssperre vom 27. 5. 1999 galt (26. 6. 1999 bis 19. 5. 2000). Es kommt deshalb für den Ausgang des vorliegenden Rechtsstreits nicht mehr darauf an, ob die letzte Veränderungssperre vom 14. 12. 2000, auf die der Senat in seinem Zulassungsbeschluß vom 26. 1. 2004 (– 1 LA 338/02 –) maßgeblich abgestellt hat, rechtswidrig war.

In der Zeit vom 26. 6. 1999 bis zum 19. 5. 2000 hatten die Kläger Anspruch auf Erteilung des begehrten Bauvorbescheides für die Errichtung einer Windenergieanlage. Das Vorhaben der Errichtung von Windenergieanlagen ist nach § 35 Abs. 1 Nr. 6 BauGB im Außenbereich privilegiert. Seine Zulässigkeit ist „gesperrt", wenn die Gemeinde eine Veränderungssperre gemäß § 14 BauGB erlassen hat, um das Vorhaben (vorübergehend) zu verhindern, weil es der künftigen Planung durch Bebauungsplan widerspricht. Die von dem Rat der Beigeladenen am 27. 5. 1999 beschlossene Veränderungssperre genügt nicht den gesetzlichen Anforderungen.

Der Rat der Beigeladenen hat am 27. 5. 1999 beschlossen, einen vorhabenbezogenen Bebauungsplan Nr. 68 (Teilbereiche a bis c) mit Festsetzung „Fläche für Windenergieanlagen" aufzustellen. Eine solche Planung ist nicht durch Veränderungssperre sicherungsfähig. Die Vorschriften über die Veränderungssperre §§ 14 ff. BauGB sind auf vorhabenbezogene Bebauungspläne nicht anwendbar (vgl. § 12 Abs. 3 Satz 2 Halbs. 2 BauGB). Die auf den vorhabenbezogenen Bebauungsplan gerichtete Veränderungssperre vom 27. 5. 1999 war somit unwirksam und konnte das Vorhaben der Kläger nicht sperren.

Entgegen der Auffassung des Beklagten standen dem privilegierten Vorhaben der Kläger auch keine öffentlichen Belange entgegen. Auch wenn Vorhaben der Errichtung von Windenergieanlagen gemäß § 35 Abs. 1 Nr. 6 BauGB privilegiert und damit dem Außenbereich vom Grundsatz „planähnlich" zugewiesen sind, sind sie gleichwohl nicht zulässig, wenn ihnen die in § 35 Abs. 3 Satz 1 BauGB beispielhaft genannten öffentlichen Belange entgegenstehen (BVerwG, Urteil v. 13. 12. 2001 – 4 C 3.01 –, BRS 64 Nr. 98 = BauR 2002, 761 = DVBl. 2002, 706; Beschluß v. 3. 6. 1998 – 4 B 6.98 –, BRS 60 Nr. 90 = BauR 1998, 991). Der Beklagte trägt vor, das Vorhaben der Errichtung einer Windenergieanlage mit einer Nabenhöhe von 66,8 m und einem Rotordurchmesser von 66 m löse wegen seiner Raumbedeutsamkeit ein Planungsbedürfnis aus, das als öffentlicher Belang dem Windenergievorhaben entgegenstehe. Dieser Auffassung vermag der Senat nicht zu folgen.

Dem Beklagten ist allerdings einzuräumen, daß schon eine einzelne Windenergieanlage mit einer Höhe von nahezu 100 m die Schwelle zur Raumbedeutsamkeit überschreiten kann. Als „raumbedeutsam" qualifiziert der Gesetzgeber gemäß § 3 Nr. 6 ROG nicht bloß Planungen und Maßnahmen, durch die Grund und Boden in Anspruch genommen werden, sondern auch solche, durch die die räumliche Entwicklung eines Gebietes beeinflußt wird. Hierzu zählen auch Windenergieanlagen (BVerwG, Beschluß v. 2. 8. 2002 – 4 B 36.02 –, BRS 65 Nr. 96 = BauR 2003, 837). Wann das Merkmal der Raumbeeinflussung erfüllt ist, ist nach dieser Rechtsprechung eine Frage der Würdigung des Einzelfalles (vgl. BVerwG, Urteil v. 13. 3. 2003 – 4 C 4.02 –, BauR 2003, 1165 = NVwZ 2003, 738). Der Senat muß auf die örtlichen Verhältnisse an dem von den Klägern in Aussicht genommenen Standort für die Windenergieanlage nicht eingehen, weil der von dem Beklagten geltend gemachte Belang aus anderen Gründen nicht gegeben ist. Es spricht aber einiges für die Annahme, daß jedenfalls im Flachland eine Windenergieanlage mit einer Gesamthöhe von nahezu 100 m wegen ihrer Größe und der von ihr ausgehenden optischen Wirkungen auf die weitere Umgebung als raumbeeinflussend anzusehen ist. Allein daraus ließe sich jedoch nicht das Erfordernis einer förmlichen Planung ableiten.

Das von dem Beklagten in diesem Zusammenhang zitierte Urteil des Bundesverwaltungsgerichts vom 1. 8. 2002 (– 4 C 5.01 –, BRS 65 Nr. 10 = BauR 2003, 55, zum Factoryoutlet Center Zweibrücken) läßt sich für die gegebene Entscheidungslage nicht fruchtbar machen. Das Bundesverwaltungsgericht hat in der zitierten Entscheidung ausgeführt, daß ein Koordinierungsbedarf nach innen und außen entstehen kann, dem durch eine förmliche Bauleitplanung Rechnung zu tragen ist, wenn das in § 35 BauGB grundsätzlich vorgesehene Entscheidungsprogramm nicht ausreicht, um eine städtebaulich entstehende Konfliktlage im Außenbereich angemessen beurteilen zu können. Ob ein Vorhaben planerischer Steuerung bedarf, muß nach dieser Rechtsprechung im Einzelfall nach Lage der Dinge konkretisiert werden. Das Bundesverwaltungsgericht führt weiter aus, daß auch der in § 35 Abs. 3 Satz 2 BauGB betonte Gesichtspunkt der Raumbedeutsamkeit mittelbar auf eine erforderliche planerische Koordinierungsnotwendigkeit verweise. Aus diesen Ausführungen läßt sich entgegen der Ansicht des Beklagten nicht ableiten, daß schon eine – wenn auch – raumbedeutsame Windenergieanlage das Erfordernis der Planungsbedürftigkeit auslöst.

Dem steht entgegen, daß der Gesetzgeber in § 35 Abs. 3 Satz 3 BauGB das vom Bundesverwaltungsgericht für notwendig erachtete Entscheidungsprogramm zur Verfügung gestellt hat, mit dem eine Entscheidung über die Zulässigkeit des beabsichtigten Vorhabens gesteuert werden kann. Die genannte Vorschrift stellt die Errichtung von Windenergieanlagen im gemeindlichen Außenbereich unter einen Planungsvorbehalt, der sich an die Gemeinden als Träger der Flächennutzungsplanung richtet. Der Planungsvorbehalt setzt gebietsbezogene Festlegungen des Plangebers über die Konzentration von Windenergieanlagen an bestimmten Standorten voraus, durch die zugleich ein Ausschluß der Anlagen an anderer Stelle im Plangebiet angestrebt und festgeschrieben wird. §35 Abs.3 Satz 3 BauGB verleiht derartigen Festlegungen rechtliche Ausschlußwirkung gegenüber dem Bauantragsteller mit der Folge, daß Vorhaben außerhalb der Konzentrationszonen i.d.R. unzulässig sind (BVerwG, Urteil v. 17.12.2002 – 4 C 15.01 –, BRS 65 Nr.95 = BauR 2003, 828). Nach dieser Rechtsprechung bedingen die negative und die positive Komponente der festgelegten Konzentrationszonen einander. Der Ausschluß der Anlagen auf Teilen des Plangebietes läßt sich nach der Wertung des Gesetzgebers nur rechtfertigen, wenn der Plan sicherstellt, daß sich die betroffenen Vorhaben an anderer Stelle gegenüber konkurrierenden Nutzungen durchsetzen. Dem Plan muß daher ein schlüssiges gesamträumliches Planungskonzept zugrunde liegen, das den allgemeinen Anforderungen des planungsrechtlichen Abwägungsgebotes gerecht wird. Der Planungsvorbehalt des §35 Abs.3 Satz 3 BauGB stellt somit den Gemeinden ein die Privilegierung flankierendes Instrument zur Verfügung, mit dem diese in die Lage versetzt werden, die bauliche Entwicklung im Außenbereich planerisch zu steuern. Könnte jeder raumbedeutsamen Windenergieanlage das Erfordernis einer Planungsbedürftigkeit gemäß §35 Abs.3 Satz 1 BauGB entgegengehalten werden, liefe das gesetzgeberische Modell in §35 Abs.3 Satz 3 BauGB, mit dem die Gemeinde die Möglichkeit erhält, die städtebauliche Entwicklung in ihrem Gemeindegebiet in geordnete Bahnen zu lenken, leer. Das in §35 BauGB vorgesehene Entscheidungsprogramm reicht aus, um die Konflikträchtigkeit einer Windenergieanlage mit einer Nennleistung von 1500 kW, einer Nabenhöhe von 66,8 m und einem Rotormesser von 66 m in der Umgebung, in die das Vorhaben der Kläger konkret eingebettet ist, angemessen beurteilen zu können.

Gegen das Vorliegen eines entgegenstehenden öffentlichen Belanges in der Gestalt eines Planungsbedürfnisses spricht bei der vorliegenden Fallkonstellation auch, daß der Gesetzgeber zeitgleich mit der Privilegierung der Windenergieanlagen in §35 Abs.1 Nr.7 BauGB 1996 (vgl. jetzt §35 Abs.1 Nr.6 BauGB) den Gemeinden durch die Überleitungsvorschrift in §245b Abs.1 Satz 1 BauGB nur für einen begrenzten Zeitraum „Luft" zur Aufstellung eines Flächennutzungsplanes, der Konzentrationswirkung gemäß §35 Abs.3 Satz 3 BauGB entfaltet, verschafft hat, obwohl auf der Hand lag, daß jedenfalls Gemeinden mit einer ausreichenden Windhöffigkeit sich zukünftig mit einem deutlich zunehmenden „Baudruck" würden auseinandersetzen müssen. Eine zeitlich über den 31.12.1998 hinausgehende Veränderungssperre zur Sicherung der Aufstellung eines Flächennutzungsplanes ist in das BauGB nicht aufgenommen worden. Diese gesetzgeberische Entscheidung würde konterkariert, wenn mit dem öffentlichen Belang des Planungsbedürfnisses das Vorhaben der Errichtung einer Windenergieanlage in der hier zur Bauvoranfrage gestellten Größenordnung verhindert werden könnte. Damit hätte dieser Belang die Funktion einer Veränderungssperre, die jedoch nur unter bestimmten Voraussetzungen zur Sicherung der Aufstellung eines Bebauungsplanes zulässig ist (Beschluß des Senats v. 24. 7. 2003 – 1 LA 329/03 –, NST-N 2003, 232).

Auch der rechtliche Ansatz des Beklagten, das Vorhaben der Kläger löse ein Planungsbedürfnis aus, weil die geplante Anlage nicht allein, sondern als Teil eines faktischen Windparks betrachtet werden müsse, geht fehl. Der Beklagte verweist darauf, daß neben der Bauvoranfrage der Kläger in dem Zeitraum von der Antragstellung der Kläger im Januar 1999 bis zum Erlaß des Widerspruchsbescheides 13 weitere Bauanträge bzw. Bauvoranfragen zur Errichtung von Windenergieanlagen im Gemeindegebiet der Beigeladenen in einem Geländestreifen mit der Ausdehnung von 1,7 km Länge und 0,4 km Breite gestellt worden sind. Daraus leitet der Beklagte ein raumbedeutsames Gesamtvorhaben ab, welches zur Planungspflicht der Gemeinde führen müsse. Ob bei der Verwirklichung der Anlage der Kläger und der Anlagen anderer Bauinteressenten ein faktischer Windpark entsteht, ist nicht der maßgebliche Anknüpfungspunkt. Abzustellen ist allein auf das konkrete Einzelvorhaben der Kläger. Der Maßstab, der an das einzelne, zur Genehmigung gestellte Vorhaben anzulegen ist, verändert sich nicht dadurch, daß die Genehmigungsbehörde sich mit zahlreichen Vergleichsfällen konfrontiert sieht (BVerwG, Urteil v. 16. 6. 1994 – 4 C 20.93 –, BRS 56 Nr. 72 = BauR 1994, 730). Das Einzelvorhaben der Kläger muß sich nicht, wie wenn es Teil eines Anlagenkomplexes wäre, die Wirkungen sonstiger zur Prüfung gestellter Windenergieanlagen zurechnen lassen (Beschluß des Senates v. 24. 7. 2003 – 1 LA 329/03 –, a. a. O., mit dem der Zulassungsantrag des Beklagten gegen eine dem Fortsetzungsfeststellungsantrag eines Klägers stattgebende Entscheidung des Verwaltungsgerichts für einen anderen Standort im Stadtgebiet der Beigeladenen zurückgewiesen wurde).

Für seinen Standpunkt, ein Planungsbedürfnis sei anzunehmen, wenn faktisch mehrere Windenergieanlagen in zeitlich und räumlich engem Zusammenhang errichtet werden sollen, kann sich der Beklagte nicht mit Erfolg auf das Urteil des Senats vom 25. 9. 2003 (– 1 LC 276/02 –, NuR 2004, 125) berufen. In der genannten Entscheidung hat der Senat erörtert, ob das Immissionsschutzrecht die dort gegebene Fallkonstellation der (sukzessiven) Erweiterung eines vorhandenen Windparks regelt. Um die Erweiterung eines Windparks geht es hier nicht. Soweit der Senat in einer die Entscheidung nicht tragenden Passage weiter ausgeführt hat, daß es nicht von vornherein ausgeschlossen erscheine, eine Genehmigungspflicht nach dem BImSchG wegen der Pflicht zur Durchführung einer Umweltverträglichkeitsprüfung eines Vorhabens anzunehmen, wenn Einzelanträge eines oder mehrerer Vorhabenträger zum Entstehen einer Windfarm von wenigstens drei Anlagen führten oder durch Einzelanträge eines oder mehrerer Vorhabenträger eine schon vorhandene Windfarm erweitert werde, kommt diesen Erwägungen nicht die von dem Beklagten beigemessene Bedeutung zu. Zunächst hat der Senat darauf abgestellt, daß im Einzelfall ein Mißbrauchstatbestand zur Umgehung des

Erfordernisses einer Umweltverträglichkeitsprüfung oder einer Genehmigung nach dem BImSchG festgestellt werden muß. Anhaltspunkte für eine rechtsmißbräuchliche Aufsplitterung von Einzelprojekten macht der Beklagte im vorliegenden Fall nicht geltend.

Des weiteren ist das Erfordernis einer Umweltverträglichkeitsprüfung oder einer Genehmigung nach dem BImSchG lediglich ein Indiz dafür, daß ein Vorhaben mit bedenklichen Belastungen verbunden ist und daher einer genaueren Prüfung unterzogen werden muß. Ein Belastungswert, der eine Umweltverträglichkeitsprüfung auslöst oder eine Genehmigung erforderlich macht, stellt aber nicht schon einen Belang dar, der eine Zulassung eines privilegierten Vorhabens nach §35 Abs. 1 BauGB ausschließt. Mehr ist auch nicht dem von dem Beklagten zitierten Beschluß des Senats vom 15.1.2003 (– 1 ME 325/02 –, BauR 2003, 667 = NVwZ-RR 2003, 342) zu entnehmen, in dem ausgeführt wird, daß eine hohe Viehdichte ohne Nachweis konkreter städtebaulicher Mißstände nicht ausreicht, das Entgegenstehen öffentlicher Belange zu begründen.

Das von dem Beklagten zitierte Urteil des BVerwG vom 17.9.2003 (– 4 C 14.01 –, BauR 2004, 443 = DVBl. 2004, 239) zur „Erstplanungspflicht der Gemeinde" stützt ebenfalls nicht die These des Beklagten, mehrere in zeitlich und räumlich engem Zusammenhang zu errichtende Windenergieanlagen stellten unabhängig von der Frage, ob sie einem einheitlichen Vorhabenträger zuzuordnen seien, allein wegen ihrer faktischen Auswirkungen einen städtebaulichen Mißstand dar, der ein planerisches Reagieren erfordere. Die genannte Entscheidung des Bundesverwaltungsgerichts bezieht sich auf einen ganz anders gearteten Lebenssachverhalt. Aus ihr läßt sich für die hier gegebene Fallkonstellation keine Planungspflicht der Gemeinde ableiten. Darüber hinaus wäre es schwerlich einzusehen, wenn das Unterlassen einer Planung zu Lasten des Bauwilligen ginge.

Der begehrte Bauvorbescheid hätte in der Zeit vom 26.6.1999 bis zum 19.5.2000 auch nicht wegen eines von dem Beklagten angeregten Raumordnungsverfahrens versagt werden können. Der Beklagte hat sich in der Berufungsverhandlung gegen die – jetzt nicht mehr entscheidungserhebliche – Annahme, die Bauvoranfrage der Kläger von 1999 sei vor Inkrafttreten der Veränderungssperre vom 27.5.1999 zögerlich bearbeitet worden, mit der Begründung verteidigt, in dem genannten Zeitraum sei geprüft worden, ob eine raumordnerische Abstimmung der zu jenem Zeitpunkt bereits beantragten Windenergieanlagen erforderlich sei. Daraus läßt sich kein Versagungsgrund gemäß §35 Abs.3 Satz 1 BauGB ableiten. Nach §3 Nr.4 ROG gehören zu den sonstigen Erfordernissen der Raumordnung in Aufstellung befindliche Ziele der Raumordnung und Ergebnisse förmlicher landesplanerischer Verfahren wie des Raumordnungsverfahrens und landesplanerische Stellungnahmen. Nach der Rechtsprechung des Bundesverwaltungsgerichts (Urteil v. 13.3.2003 – 4 C 3.02 –, BauR 2003, 1172 = ZfBR 2003, 469) kann ein in der Aufstellung befindliches Ziel der Raumordnung gemäß §3 Nr.4 ROG als unbenannter, durch §4 Abs. 4 Satz 1 ROG konkretisierter Belang i.S. von §35 Abs. 3 Satz 1 BauGB beachtlich sein. Nach der zuletzt genannten Vorschrift sind die sonstigen Erfordernisse der Raumordnung bei behördlichen Entscheidungen über die Zulässigkeit raumbedeutsamer Maßnahmen auch von Personen des Privatrechts nach Maßgabe der für diese Entscheidungen geltenden Vorschriften zu berücksichtigen. Der Senat muß an dieser Stelle nicht vertiefen, ob und ggf. in welchem Umfang dies auch für die ebenfalls in §3 Nr. 4 ROG genannten Ergebnisse förmlicher landesplanerischer Verfahren wie des Raumordnungsverfahrens zu gelten hat. Denn hier liegen keine Ergebnisse im Sinne der genannten Vorschrift, die berücksichtigungsfähig sein könnten, vor. Die Bezirksregierung hat die vom Beklagten angeregte Einleitung eines Raumordnungsverfahrens gemäß §12 NROG zur Abstimmung von Windkraftanlagen im Gemeindegebiet der Beigeladenen unter Hinweis darauf abgelehnt, daß die Beigeladene zur Zeit eine Gesamtkonzeption zur Windkraft in ihrem Stadtgebiet erarbeitet. Zum Zeitpunkt des Inkrafttretens der Veränderungssperre vom 27. 5. 1999 am 26. 6. 1999 war also kein Raumordnungsverfahren eingeleitet und erst recht lagen keine Ergebnisse eines solchen Verfahrens vor.

Nr. 102

1. **Bei der Beurteilung, ob Windenergieanlagen das Landschaftsbild verunstalten, kann insbesondere die anlagentypische Drehbewegung der Rotorblätter nicht außer Betracht bleiben.**

2. **Eine Verunstaltung ist zu bejahen, wenn in einer Mittelgebirgslandschaft an exponierter Stelle zu errichtende Windenergieanlagen unmittelbar in das Blickfeld einer bislang unbeeinträchtigten Fernsicht treten und durch ihre Rotoren optisch eine Unruhe stiften würden, die diesem Bild fremd ist und seine ästhetisch wertvolle Einzigartigkeit massiv beeinträchtigt.**

3. **Es erscheint zweifelhaft, ob § 4 Abs. 3 Nr. 4 LG NRW, wonach die Errichtung von bis zu zwei nahe beieinander liegenden Windkraftanlagen nicht als Eingriff im Sinne der naturschutzrechtlichen Eingriffsregelung gilt, von der Ermächtigung des § 18 Abs. 4 Satz 2 BNatSchG gedeckt ist; aus der naturschutzrechtlichen Sonderregelung des § 4 Abs. 3 Nr. 4 LG NRW läßt sich jedenfalls nichts dafür herleiten, wie die landschaftsästhetische Wirkung von Windenergieanlagen unter dem bundesrechtlichen Aspekt einer Verunstaltung des Landschaftsbilds zu werten ist.**

BauGB §35 Abs. 1 Nr. 5; BNatSchG §18 Abs. 4 Satz 2; LG NRW §4 Abs. 3 Nr. 4.

OVG Nordrhein-Westfalen, Urteil vom 18. November 2004 – 7 A 3329/01 – (rechtskräftig).

(VG Arnsberg)

Die Klägerin begehrte die Erteilung eines Bauvorbescheids für die Errichtung von zwei Windenergieanlagen, die auf einem Höhenzug im Sauerland in ca. 600 m Höhe über NN errichtet werden sollten. Die Bebauungsgenehmigung wurde mit der Begründung abgelehnt, daß die Anlagen das Landschaftsbild verunstalteten.

Nr. 102

Aus den Gründen:
Die zur Genehmigung gestellten beiden Windenergieanlagen sind an ihren vorgesehenen Standorten bauplanungsrechtlich unzulässig.

Die bauplanungsrechtliche Beurteilung der strittigen Anlagen richtet sich nach §35 BauGB. An der Außenbereichslage der vorgesehenen Standorte besteht kein Zweifel. Trotz Privilegierung der Anlagen nach §35 Abs. 1 Nr. 5 BauGB n. F. (früher: §35 Abs. 1 Nr. 6 BauGB) sind diese unzulässig, weil ihnen öffentliche Belange entgegenstehen. Dabei kann dahinstehen, ob die erst im Berufungsverfahren in Kraft getretene 26. Änderung des Flächennutzungsplans der Beigeladenen wirksam ist oder nicht. Geht man von der Wirksamkeit der Flächennutzungsplanänderung aus, stehen dem Vorhaben öffentliche Belange gemäß §35 Abs. 3 Satz 3 BauGB entgegen, weil im Sinne der genannten Vorschrift für privilegierte Windenergieanlagen durch Darstellungen im Flächennutzungsplan eine Ausweisung an anderer Stelle erfolgt ist (a). Sollte die Änderung des Flächennutzungsplans hingegen – wie die Klägerin meint – unwirksam sein, wäre das Vorhaben jedenfalls deshalb unzulässig, weil es i. S. von §35 Abs. 3 Satz 1 Nr. 5 BauGB das Landschaftsbild verunstaltet (b).

a) Die 26. Änderung des Flächennutzungsplans der Beigeladenen zielt, wie aus ihrem Erläuterungsbericht folgt, darauf ab, die Errichtung von Windenergieanlagen im Gemeindegebiet der Beigeladenen zu steuern. Planerische Absicht der Darstellung der einzigen von der Beigeladenen letztlich dargestellten Konzentrationszone ist es, im übrigen Stadtgebiet Windenergieanlagen künftig auszuschließen.

Diese Zielsetzung kann die 26. Änderung des Flächennutzungsplans – ihre Wirksamkeit unterstellt – im vorliegenden Fall auch erfüllen, indem sie den hier strittigen Anlagen als entgegenstehender öffentlicher Belang entgegengehalten werden kann. Diese Rechtswirkung tritt gemäß §35 Abs. 3 Satz 3 BauGB zwar nur „i. d. R." ein. Anhaltspunkte dafür, diese regelmäßige Folge im vorliegenden Fall zu verneinen, liegen jedoch nicht vor. Eine Abweichung im Einzelfall steht unter dem Vorbehalt, daß die Konzeption, die der Planung zugrunde liegt, als solche nicht in Frage gestellt wird; das mit der Ausweisung an anderer Stelle verfolgte Steuerungsziel darf nicht unterlaufen werden (vgl. BVerwG, Urteil v. 17. 12. 2002 – 4 C 15.01 –, BRS 65 Nr. 95 (S. 462) = BauR 2003, 828).

Genau das träte jedoch ein, verneinte man die regelmäßige Ausschlußwirkung für die hier in Rede stehenden Standorte. Die Beigeladene hatte auch diesen Bereich in ihre Überlegungen zur Darstellung von Konzentrationszonen einbezogen. Von dieser Einbeziehung wurde insbesondere auf Grund der zahlreichen Bedenken von Bürgern, Fachbehörden und Nachbargemeinden abgesehen. Diese Planungsentscheidung würde in der Tat unterlaufen, würde man der 26. Änderung des Flächennutzungsplans eine Ausschlußwirkung auch für den hier strittigen Bereich südlich absprechen.

Der Einwand der Klägerin, der Flächennutzungsplanung liege kein schlüssiges Plankonzept zugrunde, gibt zu einer anderen Wertung keinen Anlaß. Die Ausweisung von Konzentrationszonen an bestimmter Stelle muß Hand in Hand mit der Prüfung gehen, ob und inwieweit die übrigen Gemeindegebietsteile als Standorte ausscheiden. Insoweit sind die öffentlichen Belange, die für die negative Wirkung der planerischen Darstellung ins Feld geführt werden, mit dem Anliegen, der Windenergienutzung an geeigneten Standorten eine Chance zu geben, die ihrer Privilegierung gerecht wird, nach Maßgabe des §1 Abs. 7 BauGB (früher: §1 Abs. 6 BauGB) abzuwägen (vgl. BVerwG, Urteil v. 17. 12. 2002 – 4 C 15.01 –, BRS 65 Nr. 95 (S. 458) = BauR 2003, 828). Sollte es hieran fehlen, wäre die Änderung des Flächennutzungsplans wegen eines durchgreifenden Abwägungsmangels als unwirksam anzusehen. Die 26. Änderung einerseits als wirksam anzusehen, ihr andererseits aber die gewollte Ausschlußwirkung nach §35 Abs. 3 Satz 3 BauGB abzusprechen, würde demgegenüber den bereits dargelegten planerischen Willen der Beigeladenen verfälschen.

Im übrigen würde die Annahme, die 26. Änderung des Flächennutzungs plans sei zwar wirksam, ihr komme aber keine Ausschlußwirkung nach §35 Abs. 3 Satz 3 BauGB zu, an dem Ergebnis der Unzulässigkeit des strittigen Vorhabens nichts ändern. In diesem Fall könnte einer Errichtung der von der Klägerin geplanten Windenergieanlagen aus den nachfolgend noch anzusprechenden Gründen entgegen gehalten werden, daß sie das Landschaftsbild verunstalten und ihnen deshalb öffentliche Belange entgegenstehen.

b) In der Rechtsprechung ist grundsätzlich geklärt, daß eine Verunstaltung i. S. des §35 Abs. 3 Satz 1 Nr. 5 BauGB voraussetzt, daß das Bauvorhaben dem Orts- oder Landschaftsbild in ästhetischer Hinsicht grob unangemessen ist und auch von einem für ästhetische Eindrücke offenen Betrachter als belastend empfunden wird. Dieser Grundsatz gilt auch gegenüber im Außenbereich privilegierten Vorhaben, einschließlich Windenenergieanlagen. Zwar sind diese Anlagen durch §35 Abs. 1 Nr. 5 BauGB n. F. (früher: §35 Abs. 1 Nr. 6 BauGB) grundsätzlich dem Außenbereich zugewiesen. Eine Entscheidung über den konkreten Standort hat der Gesetzgeber jedoch nicht getroffen. Ihre Zulässigkeit steht deshalb unter dem Vorbehalt, daß die jeweilige Anlage das Orts- und Landschaftsbild im Einzelfall nicht verunstaltet. Ob die Schwelle der Verunstaltung überschritten ist, hängt von den konkreten Umständen der jeweiligen Situation ab (vgl. zu alledem BVerwG, Beschluß v. 18. 3. 2003 – 4 B 7.03 –, BauR 2004, 295 m. w. N.).

Bei dieser den Tatsachengerichten obliegenden wertenden Einschätzung kann insbesondere auch die anlagentypische Drehbewegung der Rotorblätter nicht außer Betracht bleiben (vgl. BVerwG, Beschluß v. 15. 10. 2001 – 4 B 69.01 –, BRS 64 Nr. 100 = BauR 2002, 1052).

Gemessen an diesen Maßstäben hat das Verwaltungsgericht in Übereinstimmung mit der Einschätzung der zuständigen Fachbehörden eine Verunstaltung des Landschaftsbilds durch Errichtung der strittigen Anlagen an ihren vorgesehenen exponierten Standorten zu Recht bejaht.

Diese Standorte liegen im oberen Bereich eines Höhenzugs, der die weite Tallandschaft um die Ortschaft F. nach Osten abgrenzt. Diese Landschaft ist durch eine für das Sauerland in der Tat ungewöhnliche Vielfalt unterschiedlichster Landschaftselemente gekennzeichnet. (Wird ausgeführt.)

Bemerkenswert ist insbesondere, daß – abgesehen von einzelnen „Narben" früherer Abbautätigkeiten durch Steinbrüche, die für eine Mittelgebirgsland-

Nr. 102

schaft durchaus typisch sind – bei der weiträumigen Sicht über die Landschaft, wie sie sich namentlich von den X–Steinen bietet, keine besonders auffällig in Erscheinung tretenden Überformungen durch gewerbliche Anlagen zu bemerken sind. Auch die in landschaftsästhetischer Hinsicht häufig als belastend empfundenen Zerschneidungen durch optisch auffällige Hochspannungsleitungen einschließlich deren Masten fehlen völlig. Zwar ist der Klägerin einzuräumen, daß die betroffene Landschaft nicht völlig unberührt ist von Freizeitanlagen, deren ästhetischer Wert im Einzelfall durchaus fraglich erscheinen mag, und in gewissem Umfang auch von gewerblichen Bauten. Diese treten bei der für die Wertung des Landschaftsbilds maßgeblichen großräumigen Betrachtung jedoch so deutlich in den Hintergrund, daß sie kaum als störende Elemente wahrnehmbar sind. (Wird ausgeführt.)

Die besondere Bedeutung dieses Landschaftsbilds für den gesamten Raum des östlichen Sauerlands erschließt sich dem Betrachter vornehmlich dann, wenn er die X–Steine besteigt. Die dort wahrnehmbare Fernsicht über viele Kilometer hinweg ist insbesondere auch maßgeblich geprägt durch das unterschiedliche Auf und Ab der Kuppen und Höhenzüge, die die reizvollen Tallagen mit ihren abwechslungsreichen Landschaftselementen begrenzen und teilweise Blicke bis in über 30 km Entfernung zulassen. Gerade diese abwechslungsreichen Grenzlinien zwischen den vielfältigen Strukturen des bewegten Geländes und dem freien Himmel sind nahezu ausnahmslos von störenden baulichen Elementen frei. Die wenigen auf einzelnen Kuppen vorhandenen Türme, Fernsehumsetzer o.ä. erscheinen allenfalls als schmale, fest stehende Elemente, die den Blick nicht ablenken, sondern ihn ungehindert über die Weite der freien Landschaft schweifen lassen.

Demgegenüber würde durch die hier strittigen Windenergieanlagen ein in besonderem Maß beachtliches und belastendes Störpotential namentlich in den für die Wirkung des Panoramas besonders wichtigen Grenzbereich zwischen natürlichem Gelände und freiem Himmel hineindringen. An ihren exponierten Standorten würden die strittigen Windenergieanlagen die weitgehend bewaldeten Kuppen deutlich überragen. Durch die kontinuierliche Drehbewegung der Rotoren, die vor dem freien Himmel besonders auffällig in Erscheinung treten, würden sie den Blick über die Landschaft besonders beeinträchtigen.

Wie störend solche Drehbewegungen in einer Mittelgebirgslandschaft der hier betroffenen Struktur wirken, wurde anläßlich der Ortsbesichtigung gerade an Hand der im Westen bereits errichteten drei Windenergieanlagen besonders deutlich. Trotz ihrer Entfernung von gut 9 km Luftlinie waren sie sowohl von dem Wirtschaftsweg nahe den vorgesehenen Standorten der strittigen Anlagen als auch vom Westhang der Kuppe mit den X–Steinen aus zwar noch deutlich wahrnehmbar. Die große Entfernung ließ sie jedoch so deutlich in den Hintergrund treten, daß ihr Ablenkungseffekt und Potential zur Beeinträchtigung des Blicks in die weitere Ferne im hier in Rede stehenden Landschaftsraum noch relativ gering war.

Die strittigen Anlagen in nur zwei Kilometer Entfernung zu den X–Steinen würden hingegen geradezu auffällig in das Blickfeld des Betrachters treten, der sich ihren durch die Drehbewegungen der Rotoren verstärkten optischen

Auswirkungen nicht entziehen könnte. Sie würden zudem gerade bei der dort vorhandenen unbeeinträchtigten Aussicht in Richtung Norden bis Osten unvermeidbar in das Blickfeld treten und diese Fernsicht so gravierend negativ beeinflussen, daß bereits dies als grob unangemessene Belastung für den ästhetischen Eindruck der Landschaft zu werten ist. Der besondere Wert dieser Landschaft liegt gerade darin, in Muße den Blick immer wieder über die Ruhe ausstrahlende Weite dieser Landschaft mit den wechselvollen Elementen des wie ein Gemälde wirkenden Bilds schweifen lassen zu können, ohne von der Hektik des menschlichen Lebens gestört zu werden. Die geplanten Windenergieanlagen würden demgegenüber optisch im Wortsinn eine „Unruhe" stiften, die diesem Bild fremd ist und seine ästhetisch wertvolle Einzigartigkeit massiv beeinträchtigt.

Schon diese angesprochenen Auswirkungen der strittigen Anlagen auf das weiträumige Landschaftsbild, wie es namentlich von dem besonderen touristisch wertvollen Aussichtspunkt der X–Steine aus wahrnehmbar ist, rechtfertigen aus Sicht des Senats die – auch von den zuständigen Fachbehörden und dem Verwaltungsgericht geteilte – Wertung einer Verunstaltung des Landschaftsbilds. Dabei kommt es nicht darauf an, daß das Landschaftsbild um die X–Steine – wie die Klägerin vorträgt – vornehmlich von Bus- und Wochenendtouristen wahrgenommen wird. Auch Tagestouristen, die den weiten Weg in die Landschaft um die X–Steine als einem der hervorragendsten Naturdenkmale des Sauerlands nicht scheuen, haben ein schützenswertes Interesse daran, das bestehende grandiose Panorama möglichst ungeschmälert genießen zu können. Dieses Interesse ist nicht zuletzt auch angesichts der Bedeutung des Tourismus für die Wirtschaft des östlichen Sauerlands durchaus von gewichtigem öffentlichen Belang. Demgegenüber hat im Rahmen der nach § 35 Abs. 1 BauGB vorzunehmenden planungsrechtlichen Abwägung bei der Prüfung des „Entgegenstehens" öffentlicher Belange – (vgl. BVerwG, Urteil v. 13.12.2001 – 4 C 3.01 –, BRS 64 Nr. 98 (S. 428) m.w.N. = BauR 2002, 751) – das Interesse der Klägerin, ausgerechnet an diesem exponiertem Standort Windenergie wirtschaftlich ausnutzen zu können, trotz des durch die Privilegierungsentscheidung des Gesetzgebers den Windenergieanlagen zuerkannten gesteigerten Durchsetzungsvermögens gegenüber öffentlichen Belangen zurückzutreten.

Der vorstehenden Wertung steht auch nicht entgegen, daß nach § 4 Abs. 3 Nr. 4 LG NRW die Errichtung von bis zu zwei nahe beieinander liegenden Windkraftanlagen nicht als Eingriff – im Sinne der naturschutzrechtlichen Eingriffsregelung – gilt. Insoweit läßt der Senat offen, ob diese landesrechtliche Regelung überhaupt von der Ermächtigung des § 18 Abs. 4 Satz 2 BNatSchG gedeckt ist. Immerhin erscheint zumindest zweifelhaft, ob Windenergieanlagen – namentlich der heute üblichen Größenordnungen – „im Regelfall" nicht zu Beeinträchtigungen des Landschaftsbilds führen, so daß der Landesgesetzgeber wegen eines regelmäßig fehlenden Beeinträchtigungspotentials sogar zwei nahe beieinander liegende Anlagen dieser Art generell von den Anforderungen der naturschutzrechtlichen Eingriffsregelung freistellen konnte. Jedenfalls gibt die allein auf die naturschutzrechtliche Eingriffsregelung bezogene Sonderregelung des § 4 Abs. 3 Nr. 4 LG NRW nichts dafür her, wie die landschaftsästhetische Wirkung von Windenergieanlagen unter dem bundesrechtlichen Aspekt einer Verunstaltung des Landschaftsbilds zu werten ist. Die bauplanungsrechtlichen und die naturschutzrechtlichen Zulässigkeitsvoraussetzungen eines Außenbereichsvorhabens haben jeweils eigenständigen Charakter. Ob ein Vorhaben bauplanungsrechtlich zulässig ist, richtet sich nicht nach seiner naturschutzrechtlichen Zulässigkeit. Vielmehr stehen die Anforderungen des §35 BauGB, auch soweit sie „naturschutzbezogen" i. S. von Abs. 3 Nr. 5 sind, unabhängig neben den Anforderungen des Naturschutzrechts (vgl. BVerwG, Urteil v. 13. 12. 2001 – 4 C 3.01 –, BRS 64 Nr. 98 (S. 428) = BauR 2002, 751).

Nr. 103

1. Der Betreiber einer Windenergieanlage kann regelmäßig nicht durch eine Auflage zur Baugenehmigung verpflichtet werden, Störungen des terrestrischen Rundfunkempfangs, die auf der von der Anlage ausgehenden Abschattungswirkung für Funkwellen beruhen, auf eigene Kosten zu beseitigen.

2. Die Abschattungswirkung für Funkwellen stellt weder eine schädliche Umwelteinwirkung i. S. des §3 Abs. 1 und 2 BImSchG noch eine sonstige Gefahr, einen erheblichen Nachteil oder eine erhebliche Belästigung i. S. des §5 Abs. 1 Nr. 1 Alt. 2 BImSchG dar.

BauGB §35 Abs. 3 Satz 1 Nr. 3; BImSchG §§3, 5 Abs. 1 Nr. 1; GG Art. 5 Abs. 1; LBauO §70 Abs. 1; VwVfG §36 Abs. 1.

OVG Rheinland-Pfalz, Beschluß vom 24. Juni 2004 – 8 A 10809/04 – (rechtskräftig).

Die beklagte Bauaufsichtsbehörde hat die dem Kläger erteilte Baugenehmigung für eine Windenergieanlage auf Betreiben des beigeladenen öffentlich-rechtlichen Rundfunkveranstalters mit der Auflage versehen, daß der Anlagenbetreiber im Rahmen der Bestandsbebauung auftretende Störungen des terrestrischen Rundfunkempfangs auf eigene Kosten zu beseitigen habe. Die hiergegen gerichtete Klage des Anlagenbetreibers führte zur Aufhebung der Auflage. Der Antrag des Beigeladenen auf Zulassung der Berufung hatte keinen Erfolg.

Aus den Gründen:

1. ... Das Verwaltungsgericht hat die vom Beklagten verfügte Auflage, mit der die Klägerin im Rahmen der Baugenehmigung für eine Windenergieanlage verpflichtet wurde, die hiervon ausgehenden Störungen des terrestrischen Rundfunkempfangs im Rahmen der bestehenden Versorgungslage auf ihre Kosten zu beseitigen, zu Recht aufgehoben. Auch unter Berücksichtigung des Zulassungsvorbringens sind keine Rechtsvorschriften ersichtlich, deren Einhaltung mit der strittigen Auflage gesichert werden könnte.
Eine Rechtfertigung als Immissionsschutzauflage im Hinblick auf §35 Abs. 3 Satz 1 Nr. 3 BauGB und das darin enthaltene Gebot der Rücksichtnahme (siehe z. B. BVerwG, Beschluß v. 28. 7. 1999, BRS 62 Nr. 189 = BauR

1999, 1439), scheidet aus. Die von einer Windenergieanlage oder einer sonstigen baulichen Anlage ausgehende Abschattungswirkung für Rundfunkwellen stellt entgegen der Auffassung des Beigeladenen keine schädliche Umwelteinwirkung i. S. von § 35 Abs. 3 Satz 1 Nr. 3 BauGB, sowie § 3 Abs. 1 und 2 BImSchG dar. Insbesondere handelt es sich nicht um eine Luftverunreinigungen, Erschütterungen, Licht, Wärme oder Strahlen ähnliche Umwelteinwirkung i. S. des § 3 Abs. 2 BImSchG. Denn nach zutreffender Auffassung der Vorinstanz stellt die Abschattung von Rundfunkwellen lediglich eine „negative" Einwirkung dar (siehe schon BGH, Urteil v. 21. 10. 1983, NJW 1984, 729, 730 m. w. N.), die den in § 3 Abs. 2 BImSchG aufgeführten Umwelteinwirkungen nicht ähnelt (siehe Jarass: BImSchG, 5. Aufl. 2002, § 3 Rdnr 7 m. w. N.).

Die strittige Auflage durfte auch nicht zur Sicherung der Anforderungen des § 5 Abs. 1 Nr. 1 Alt. 2 BImSchG erlassen werden. Zunächst erscheint schon zweifelhaft, ob § 5 BImSchG, der nur für immissionsschutzrechtlich genehmigungsbedürftige Anlagen gilt, auf die eine Windenergieanlage, die Gegenstand der (Änderungs-)Baugenehmigung vom November 2001 ist, anwendbar ist. Denn nach Nr. 1.6 der Spalte 2 des Anhangs zur 4. BImSchV sind nur Windfarmen ab drei Anlagen gemäß § 4 Abs. 1 BImSchG genehmigungspflichtig. Ungeachtet dessen gehen von der Anlage auch keine „sonstigen Gefahren, erheblichen Nachteile und erheblichen Belästigungen für die Allgemeinheit oder die Nachbarschaft" i. S. des § 5 Abs. 1 Nr. 1 Alt. 2 BImSchG aus. Derartige Effekte entstehen ebenso wie schädliche Umwelteinwirkungen nur durch physische, also durch Materieteilchen oder physikalische Wellen verursachte und von der Anlage ausgehende Einwirkungen. Nicht zum Geltungsbereich des § 5 Abs. 1 Nr. 1 Alt. 2 BImSchG gehören beeinträchtigende Faktoren, die zwar auf die Existenz der Anlage zurückzuführen sind, jedoch auf spezifisch nichtphysikalischen Einwirkungen beruhen, wie dies beispielsweise beim Entzug von Licht der Fall ist. Diese Einschränkung folgt zum einen aus dem Zweck der Vorschrift, die Vergleichbarkeit mit immissionsbedingten Einwirkungen zu sichern. Zum anderen ist sie auch aus systematischen Gründen geboten, da ansonsten die Genehmigungsvoraussetzung gemäß § 6 Abs. 1 Nr. 2 BImSchG ihren Sinn verlöre und zudem eine Bestimmung des Umfangs der Verordnungsermächtigung in § 7 Abs. 1 BImSchG nahezu unmöglich würde (siehe zu alledem Dictlein, in: Landmann/Rohmer, Umweltrecht, Bd. I, § 5 BImSchG Rdnr. 125 und Kotulla, BImSchG, § 5 Rdnr. 47, 50 und 51 jeweils m. w. N.). Demnach stellt die auf der Existenz der Anlage beruhende Abschattungswirkung für Funkwellen ebenso wenig eine Beeinträchtigung i. S. des § 5 Abs. 1 Nr. 1 Alt. 2 BImSchG dar wie eine Abschattungswirkung für Lichtwellen.

Auch die Rundfunkfreiheit (Art. 5 Abs. 1 Satz 2 GG) kann nicht als öffentlichrechtliche Vorschrift herangezogen werden, deren Einhaltung im Rahmen des § 70 Abs. 1 Satz 1 LBauO durch die Genehmigungsauflage zu sichern wäre. Das Verwaltungsgericht hat ausgeführt, daß der Grundversorgungsauftrag der öffentlichrechtlichen Rundfunkveranstalter diese nicht vor jedweder Störung der terrestrischen Übertragung schützt, sondern sie vielmehr grundsätzlich verpflichtet, für eine störungsfreie Technik zu sorgen. Dem ist der

Beigeladene im Rahmen des Zulassungsantrages nicht substantiiert entgegengetreten, so daß der Senat auf die überzeugenden Ausführungen der Vorinstanz Bezug nehmen kann. Die Frage, unter welchen Umständen Störungen des terrestrischen Empfangs einen Umfang erreichen können, der geeignet ist, den Grundversorgungsauftrag der Rundfunkveranstalter unzulässig zu erschweren, bedarf im vorliegenden Verfahren keiner Beantwortung. Denn nach eigenem Vortrag des Beigeladenen lassen sich in derzeit bebauten Gebieten, deren Schutz allein Gegenstand der strittigen Auflage ist, keine gravierenden Störungen nachweisen. Sind somit Störungen, die die Schwelle der verfassungsrechtlichen Erheblichkeit erreichen könnten, nicht ersichtlich, scheidet eine Sicherung des Grundversorgungsauftrages durch Genehmigungsauflage aus.

Entgegen der Auffassung des Beigeladenen sichert die strittige Auflage auch nicht die sich aus der bauordnungsrechtlichen Generalklausel (§ 3 Abs. 1 LBauO) ergebenden Anforderungen an die Windenergieanlage. Da deren Abschattungswirkung – wie erörtert – nicht gegen spezielle Rechtsvorschriften verstößt, ist weder von den Antragstellern vorgetragen noch sonst ersichtlich, welches weitere Schutzgut der öffentlichen Sicherheit durch die Auflage gesichert werden könnte. Daß eine Gefährdung der öffentlichen Ordnung nicht in Betracht kommt, bedarf keiner näheren Darlegung. ...

3. Den Fragen, „wie sich in rechtlicher Hinsicht befürchtete Störungen auf den Rundfunkbetrieb durch den Betrieb von Windenergieanlagen vermeiden lassen" und „ob und inwieweit ein Rundfunkveranstalter weitergehende Rechte auf Grund seines Verfassungsauftrages in Anspruch nehmen kann" kommt die ihnen vom Beigeladenen beigemessene Grundsatzbedeutung (§ 124 Abs. 2 Nr. 3 VwGO) nicht zu. Die Beantwortung beider Fragen hängt entscheidend von Umfang, Intensität und technischer Überwindbarkeit der verursachten Empfangsstörungen ab und ist von daher einer einzelfallübergreifenden Klärung nicht zugänglich. Im übrigen könnten die Fragen im Berufungsverfahren auch deshalb nicht geklärt werden, weil es auf sie mangels Störung im Bereich der durch die Auflage geschützten Bestandsbebauung nicht ankäme.

Nr. 104

1. **Wissenschaftlich gesicherte Grenz- oder Richtwerte für die Beurteilung des periodischen Schattenwurfs von Windenergieanlagen liegen nicht vor.**

2. **Zur Faustformel, wonach Wohngebäude durch WEA nicht mehr als 30 Stunden im Jahr und nicht mehr als 30 Minuten am Tag beeinträchtigt werden sollen (vgl. OVG Greifswald, Beschluß vom 8.3.1999 – 3 M 85/98 –, BRS 62 Nr. 109)**

BImSchG § 5 Abs. 1 Nr. 2; BauGB § 35 Abs. 3 Satz 1.

Niedersächsisches OVG, Beschluß vom 15. März 2004 – 1 ME 45/04 – (rechtskräftig).

Die Antragsteller begehren vorläufigen Rechtsschutz gegen drei Windenergieanlagen von je 1,5 MW Nennleistung, welche als Gittermastanlagen mit Nabenhöhen von 114,5 m und Rotorblattlängen von 35 m in einem Abstand von mindestens rund 725 m (WEA 2) bzw. 900 m (WEA 1) und 1300 m (WEA 3) zu dem im Außenbereich gelegenen Wohnhaus des Antragstellers zu 2 aufgestellt werden sollen. Das Wohnhaus des Antragstellers zu 1 steht in der Verlängerung der Achse WEA 2 zum Wohnhaus des Antragstellers weitere 700 m nordöstlich davon entfernt.

Aus den Gründen:
Vorauszuschicken ist zunächst, daß der Eilantrag entgegen der Annahme der Antragsteller nach ständiger Senatsrechtsprechung nicht bereits dann Erfolg haben kann, wenn die angegriffene Baugenehmigung nicht offensichtlich rechtmäßig ist. § 212a BauGB gibt dem Bauherrn vielmehr im Konflikt um die Ausnutzbarkeit einer erteilten Baugenehmigung einen gewissen „Vorsprung". Ein Nachbar kann die Verwirklichung des Vorhabens vor rechtskräftiger Bescheidung seines dagegen eingelegten Rechtsbehelfs erst dann verhindern, wenn entweder sein Rechtsbehelf offensichtlich begründet ist oder – bei offener Entscheidungslage – die Abwägung der konkurrierenden Interessen ergibt, daß sein Interesse an einstweiligem Baustopp gegenüber den Interessen des Bauherrn an der Ausnutzung der erteilten Baugenehmigungen Vorrang gebührt. Anderenfalls droht der einstweilige Rechtsschutz einseitig nachbarorientiert und nicht – wie geboten – ausgewogen zu sein. Dem können die Antragsteller nicht mit Erfolg entgegenhalten, bei Verwirklichung des Vorhabens drohten ihnen irreversible Folgen, weil die bis dahin erlittenen Beeinträchtigungen nicht mehr rückgängig gemacht werden könnten. Denn auch der einstweilige Baustopp hat für den Bauherrn nicht wieder gutzumachende Folgen. Wird dem Nachbar-Eilantrag stattgegeben und erweist sich das im Hauptsacheverfahren als ungerechtfertigt, können die dadurch entstandenen Folgen im Regelfall nicht mehr korrigiert werden. Im Nachhinein kann eine Anlage nicht mehr genutzt werden. Zudem können eingegangene Kreditverpflichtungen und nicht auszuschließende Verschlechterungen der bislang gegenüber anderen Stromerzeugungsarten finanziell deutlich privilegierten Absetzbarkeit von „Windstrom" bei Eilantragsstattgabe den Vorteil zunichte machen, den die erteilte Baugenehmigung der Beigeladenen jetzt verheißen. § 945 ZPO, welcher einen finanziellen Ausgleich ermöglicht haben würde, ist im Verfahren des Rechtsschutzes nach § 212a BauGB, § 80a VwGO nicht anzuwenden (vgl. § 123 Abs. 3 und 5 VwGO).

Die in der Beschwerdeschrift dargelegten Einwände begründen nicht in einem Umfang Zweifel an der Nachbarverträglichkeit der genehmigten Anlagen, welche es rechtfertigten, die Vollziehung der erteilten Baugenehmigung auszusetzen.

Die angegriffenen Anlagen setzen die Wohnhäuser der Antragsteller und deren (von diesen nicht näher lokalisierten) sogenannte geschützte Außenwohnbereiche voraussichtlich nicht in unzumutbarem Umfang der Gefahr des Schattenwurfes aus. Wissenschaftlich endgültig gesicherte Grenz- oder Richtwerte liegen hierzu nicht vor. Solche sind insbesondere (noch) nicht der dem Senat vorliegenden Feld- und Laborstudie von Dres. A., B. und C. vom Juli 1999 zu entnehmen. Danach mögen sich zwar gewisse Wahrscheinlichkeiten ergeben, daß mit zunehmender Belästigungsdauer jenseits der Grenze von 15 Stunden je Jahr nachteilige Auswirkungen zu besorgen sind. Diese Betrachtungen beschränken sich indes auf die Nachbarn und berücksichtigen nicht, daß auch dem Interesse an der Verwirklichung von Windenergieanlagen eine erhebliche Durchsetzungskraft zukommt, welche bei der hier gebotenen Abwägung der konkurrierenden Interessen im Rahmen des Gebots der Rücksichtnahme zugunsten des Vorhabens streiten (vgl. BVerwG, Urteil v. 25.2.1977 – IV C 22.75 –, BVerwGE 52, 122, 125 = DVBl. 1977, 722 = BRS 32 Nr. 155 = BauR 1977, 244). Denn bei dieser rein auf die Nachbarn beschränkten Betrachtung wird nicht berücksichtigt, daß der Gesetzgeber die Verwirklichung von Windenergieanlagen normativ unterstützt und damit die Durchsetzungsfähigkeit der Belange, welche die Beigeladene hier verkörpert, gegenüber Nachbarinteressen deutlich gestärkt hat. Dies geschah, wie das Verwaltungsgericht zutreffend ausgeführt hat, namentlich durch §35 Abs. 1 Nr. 6 BauGB. Denn der Gesetzgeber hat trotz der dichten Besiedelung in der Bundesrepublik Deutschland, die selbst – wie auch hier der Fall – im Außenbereich Weiler und einzeln stehende Gebäude hat entstehen lassen, die durch §35 Abs. 1 Nr. 6 BauGB privilegierten Anlagen begünstigt. Es liegt auf der Hand, daß Windenergieanlagen angesichts ihrer unvermeidbaren Höhe praktisch durchgehend benachbarte Weiler und einzeln stehende Gebäude optisch, d.h. namentlich durch Schattenwurf „in Mitleidenschaft ziehen" können. Da eine Privilegierung ohne die Möglichkeit konkreter Durchsetzungsfähigkeit vom Gesetzgeber nicht gewollt gewesen sein kann, liegt in der Privilegierung zugleich die normativ verstärkte Durchsetzungskraft des Vorhabens gegenüber den konkurrierenden Interessen von Nachbargebäuden, von Schattenwurf verschont zu bleiben. Dementsprechend kommt nicht in Betracht anzunehmen, die Antragsteller hätten Anspruch darauf, bis zur wissenschaftlichen Klärung der nachteiligen Folgen, welche Schattenwürfe hervorrufen können, von jedwedem Schattenwurf verschont zu bleiben.

Das bedeutet indes nicht, daß Nachbarn jedweden Schattenwurf hinzunehmen haben. Die Rechtsprechung (vgl. insbesondere OVG Greifswald, Beschluß v. 8.3.1999 – 3 M 85/98 –, NVwZ 1999, 1238 = BRS 62 Nr. 109 = UPR 2000, 73) hat eine Faustformel entwickelt, wonach Wohngebäude durch Windenergieanlagen nicht mehr als 30 Stunden im Jahr und nicht mehr als 30 Minuten am Tag beeinträchtigt werden sollen. Das stellt angesichts der vorstehenden Ausführungen eine nicht nur gut zu handhabende, sondern zum Vorteil der Antragstellerseite und sonstiger Nachbarn sogar sehr behutsame, „konservative" Faustformel dar. Geradezu rechtssatzartig darf diese Faustformel aber nicht angewandt werden. Zu berücksichtigen ist vielmehr, daß die Schattenintensität mit zunehmender Entfernung nachläßt. Das heißt, daß die Schatten ab einer bestimmten Entfernung von dem für die Betrachtung maßgeblichen Durchschnittsbetrachter überhaupt nicht mehr als belästigend empfunden werden und sich bis zum Erreichen dieser Entfernung der Eindruck gleichwohl noch beachtlicher Schatten deutlich abmildert (vgl. nochmals OVG Greifswald, Beschluß v. 8.3.1999 – 3 M 85/98 –, a.a.O.). Diesen Bereich hat die D. GmbH in ihrem Schattenwurfgutachten von 2003 ohne i.S. des §146 Abs. 4 Satz 3 VwGO substantiierte Einwendungen der Antragsteller mit 800 m angenommen.

Daraus ergibt sich hier:
Das „Jahreskontingent" von 30 Stunden wird nach den Ergebnissen der D. GmbH nicht annähernd erreicht. Dieses beträgt beim IP 6 (= Antragsteller zu 2) nur 20 Stunden und 13 Minuten.

Das „Tageskontingent" beträgt am Immissionspunkt 6, beurteilt nach dem meteorologisch schlimmstmöglichen Fall, zwar 35 Minuten und übertrifft damit den o. g. Richtwert. Gleichwohl hat der Senat auch in diesem Verfahren keinen Anlaß, die in seiner Rechtsprechung bislang nicht abschließend geklärt Frage zu entscheiden, ob es insoweit auf das meteorologisch maximal Mögliche oder auf die nach Lage der Dinge realistische tägliche Einwirkungsdauer ankommt. Denn selbst wenn das objektiv maximal Mögliche den Ausschlag gäbe (so wohl OVG Greifswald, a. a. O.), hat dies nicht automatisch, sozusagen mit der Stoppuhr geurteilt die Unzulässig-, d. h. Nachbarunverträglichkeit zur Folge. Zu berücksichtigen ist vielmehr, daß dieser Wert nur geringfügig über dem oben genannten Richtwert liegt und die kürzeste Entfernung zwischen der WEA 2 und dem Wohnhaus des Antragstellers zu 2 nebst geschütztem Außenwohnbereich nach den vorliegenden Plänen mindestens 725 m beträgt. Schon das rechtfertigt jedenfalls für das Verfahren des einstweiligen Rechtsschutzes die dem Antragsteller zu 2 nachteilige Annahme, daß die bis dorthin reichenden Schatten nicht mehr „hart" und daher selbst bei einer Einwirkungsdauer von maximal 35 Minuten am Tag nicht nachbarunverträglich sind.

Es kommt selbständig tragend hinzu, daß der Antragsgegner durch die Auflagen Nrn. 10 und (vor allem) 14 (Abschaltautomatik) sichergestellt hat, daß die tatsächliche Einwirkungsdauer durch Schattenwurf auch im schlimmstmöglichen Fall täglich 30 Minuten nicht übersteigt. Es ist in der Rechtsprechung des Senates anerkannt, daß Abschaltautomatiken ein taugliches Mittel darstellen, drohenden Nachbarunverträglichkeiten zu begegnen (vgl. z. B. Beschluß v. 26. 11. 2003 – 1 ME 206 und 207/03 –, Vnb.). Das Beschwerdevorbringen enthält keinen Anhaltspunkt, hiervon abzuweichen.

Erst recht können daher die anderen, vom Grundstück des Antragstellers zu 2 deutlich weiter entfernt genehmigten anderen beiden Windenergieanlagen zu dessen Nachteil keinen unzumutbaren Schatten „spenden". Noch weniger kommt dies im Hinblick auf den Antragsteller zu 1 in Betracht, dessen Wohnhaus noch weiter von allen drei Anlagen entfernt steht.

Aus den vorstehenden Erwägungen ergibt sich, daß auch die Ausführungen der Antragsteller zur Belästigung durch die sog. Nachtbefeuerung dem Eilantrag nicht zum Erfolg zu verhelfen vermag. Abzustellen ist hier nicht auf den besonders empfindlichen, sozusagen gebannt auf die abgelehnten Anlagen schauenden Betrachter. Auf besondere persönliche Empfindlichkeit und gesundheitliche Prädispositionen, d. h. in der Person des jeweiligen Grundstückseigentümers gründende Besonderheiten ist im Rahmen des Nachbarstreites nicht abzustellen. Nachbarliche Abwehrrechte sind vielmehr grundstücksbezogen. Besondere Empfindlichkeiten oder Unempfindlichkeiten sind daher nicht ausschlaggebend (vgl. BVerwG, Beschluß v. 14. 12. 1994 – 4 B 152.93 –, BRS 56 Nr. 165 = Buchholz 451.45 §8 Handwerksordnung Nr. 16 = GewArch. 1994, 250). Daher stützen jedenfalls für das Verfahren des einstweiligen Rechtsschutzes (s.o.) ausreichende Anhaltspunkte nicht die Annahme, die Nachtbefeuerung werde die Antragsteller unzumutbar beeinträchtigen. Dafür sind die Entfernungen erheblich zu groß. Die in der Beschwerdeschrift anklingende Annahme, die Befeuerung werde den Schatteneffekt zu ihren Lasten verstärken, ist als eher abwegig anzusehen. Die Frage, ob die Beigeladene die Nachtbefeuerung noch nachbarverträglicher hätte ausgestalten können, stellt sich hier nicht. Denn kein Nachbar hat Anspruch darauf, daß eine – und sei es auch: noch – zumutbare Anlage noch nachbarverträglicher ausgestaltet wird (vgl. BVerwG, Beschluß v. 3.5.1996 – 4 B 50.96 –, BRS 58 Nr. 58 = BauR 1996, 678 = NVwZ 1996, 1001, 1003; Beschluß v. 26.6.1997 – 4 B 97.97 –, BRS 59 Nr. 176 = NVwZ 1998, 357, unter Hinweis auf OVG Münster, Beschluß v. 27.8.1992 – 10 B 3439/92 –, NVwZ 1993, 279, 280).

Eine erdrückende Wirkung geht von den Anlagen zu Lasten der Antragsteller schließlich ebenfalls nicht aus. Eine solche Wirkung kann zwar namentlich durch die Höhe eines baulichen Vorhabens entstehen. Das anzunehmen kommt indes erst in Betracht, wenn durch die genehmigte Anlage Nachbargrundstücke regelrecht abgeriegelt werden, d.h. dort ein Gefühl des Eingemauertseins oder einer Gefängnishofsituation entsteht (vgl. OVG Lüneburg, Urteil v. 29.9.1988 – 1 A 75/87 –, BRS 48 Nr. 164; Urteil v. 11.4.1997 – 1 L 7286/95 –, ZMR 1997, 493 = DWW 1998, 151 = BRS 59 Nr. 164; Urteil v. 2.7.1999 – 1 K 4234/97 –, BRS 62 Nr. 25). Davon kann angesichts der oben mehrfach beschriebenen Entfernungen sowie der eher filigranen Bauweise (Gittermasten) ernstlich keine Rede sein. Die Antragsteller mögen es wegen der offenbar grundsätzlichen Ablehnung derartiger Anlagen subjektiv so empfinden, von den hier streitigen drei Anlagen regelrecht „umzingelt" zu sein. Objektiv gerechtfertigt ist diese Annahme nach Lage der Dinge und dem sich schon aus den Lageplänen ergebenden Eindruck auch eingedenk ihrer Höhe indes nicht. Zwischen den Anlagen ist so viel Platz, daß die Wohngrundstücke der Antragsteller nach Süden nicht gleichsam abgeriegelt erscheinen.

Nr. 105

1. **Der Maßstab für die im Baugenehmigungsverfahren zu berücksichtigenden Störungswirkungen des bewegten Schattenwurfs einer Windenergieanlage für ein Wohngebäude kann nur an eine tatsächlich zu erwartende und nicht an eine astronomisch mögliche Beschattungsdauer anknüpfen. Dabei sind Windrichtung, Sonnenscheindauer und Betriebszeiten nach statistischen Wahrscheinlichkeiten zu berücksichtigen.**

2. **Die schattenmindernde Wirkung von Hindernissen wie z.B. Bäumen und Häusern zwischen Wohngebäude und Windenergieanlage ist zu berücksichtigen, wenn ihr Fortbestand dauerhaft zu erwarten ist.**

3. **Es bleibt offen, ob die vom Länderausschuß für Immissionsschutz (LAI) unter dem 13.3.2002 veröffentlichten Richtwerte für die Zeiten der Beschattung schutzwürdiger Räume zutreffend hergeleitet sind. Die**

dabei als tatsächliche Beschattungszeiten enthaltenen Werte von 8 Stunden jährlich und 30 Minuten täglich sind – als Einwirkung über die Fenster derselben Wohneinheit berechnet – jedenfalls nicht zu hoch. Als Richtwerte für die Beschattung von Außenwohnbereichen oder sonstigen Freiflächen auf Wohngrundstücken erscheinen sie nicht geeignet.

BauGB § 35 Abs. 3; BImSchG § 22.

Hamburgisches OVG, Urteil vom 29. April 2004 – 2 Bf 132/00 – (rechtskräftig).

Der Kläger wendet sich gegen eine der Beigeladenen erteilte Baugenehmigung zur Errichtung von vier Windenergieanlagen.

Zusammen mit seiner Familie bewohnt der Kläger die südliche Hälfte eines ehemaligen Bauernhauses, das als Doppelhaus ausgebaut wurde. Dieses befindet sich auf dem 3215 m² großen Flurstück X. Die südliche Hälfte des Doppelhauses steht im jeweils hälftigen Sondereigentum des Klägers und seiner Ehefrau. Beide verfügen wiederum je zur Hälfte über einen hälftigen Miteigentumsanteil am Grundstück. Südwestlich der Doppelhaushälfte ist das Grundstück mit einer bis zur Traufe etwa 5 m hohen Holzscheune bebaut.

Die von der Beigeladenen bereits errichteten vier Windenergieanlagen liegen südwestlich des Grundstücks des Klägers. Sie sind in einer geraden Linie in etwa nach Süden ausgerichtet. Die der Doppelhaushälfte des Klägers am nächsten gelegene Windenergieanlage 1 weist zur Doppelhaushälfte einen Abstand von etwa 470 m auf. Der Abstand der Windenergieanlage 2 beträgt etwa 670 m. Auf einem zwischen diesen Anlagen und dem Grundstück des Klägers vorhandenen anderen Grundstück befindet sich eine Baumreihe, die die Sicht auf diese Anlagen zum Teil einschränkt.

Das Grundstück des Klägers und das des Vorhabens sind im Baustufenplan Bergedorf II als „Grünflächen (Außengebiet)" ausgewiesen.

Aus den Gründen:
2) Der Kläger wird auch nicht durch die Einwirkung des bewegten Schattenwurfs in seinen Rechten verletzt.

Der Maßstab der Prüfung ist hier ebenfalls das aus § 35 Abs. 3 Satz 1 Nr. 3 BauGB folgende Rücksichtnahmegebot. Dahingestellt bleiben kann, ob daneben auch die §§ 3 Abs. 1, 22 Abs. 1 Satz 1 Nr. 1 und 2 BImSchG 1994 anwendbar sind. Sollte dies der Fall sein, wäre das Maß der gebotenen Rücksichtnahme mit Wirkung für das Baurecht nach der Grenze der Zumutbarkeit von Umwelteinwirkungen für Nachbarn zu bestimmen. Das bauplanungsrechtliche Rücksichtnahmegebot würde folglich an den Begriff der schädlichen Umwelteinwirkungen i. S. des § 3 Abs. 1 BImSchG anknüpfen (BVerwG, Urteil v. 30. 9. 1983, BRS 40 Nr. 206). Anderenfalls verbliebe es beim bauplanungsrechtlichen Rücksichtnahmegebot.

Vorliegend wird weder das bauplanungsrechtliche Rücksichtnahmegebot verletzt, noch handelt es sich bei diesen Schatten um schädliche Umwelteinwirkungen i. S. des § 3 Abs. 1 BImSchG 1994. Das bauplanungsrechtliche Rücksichtnahmegebot beinhaltet nicht, jede Beeinträchtigung eines Nachbarn zu vermeiden. Ein Nachbar kann lediglich solche Nutzungsstörungen abwehren, die als rücksichtslos zu werten sind. Davon kann erst die Rede sein, wenn die mit dem genehmigten Bauvorhaben verbundenen Beeinträchtigungen bei der Nutzung des eigenen Grundstücks bei einer Abwägung, in der die Schutzwürdigkeit der Betroffenen, die Intensität der Beeinträchtigung und die Interessen des Bauherrn zu berücksichtigen sind, für den Nachbarn billigerweise unzumutbar erscheinen (z.B. BVerwGE, 67, 334ff., Urteil des Senats v. 17.1.2002, NordÖR 2002, 454, 457; Beschluß des Senats v. 5.6.2003 – 2 Bs 182/03 –). Schädliche Umwelteinwirkungen sind nach §3 Abs. 1 BImSchG 1994 Immissionen, die nach Art, Ausmaß oder Dauer geeignet sind, Gefahren, erhebliche Nachteile oder erhebliche Belästigungen für die Allgemeinheit oder die Nachbarschaft herbeizuführen. Unter welchen Voraussetzungen dies bei dem Schattenwurf von Windenergieanlagen der Fall ist, hat weder der Gesetz- oder Verordnungsgeber geregelt, noch hat die Bundesregierung von der Ermächtigungsgrundlage zum Erlaß von Verwaltungsvorschriften i.S. des §48 BImSchG Gebrauch gemacht.

Der Senat hat Zweifel, ob der von den Beteiligten erwähnte Richtwert von 30 min./Tag und 30 Std./Jahr an astronomisch maximal möglicher Beschattungsdauer, oberhalb dessen eine Rechtsverletzung angenommen wird, zutreffend ist. Dieser Richtwert basiert auf einer im Staatlichen Umweltamt Schleswig am 4.9.1996 erfolgten Besprechung (siehe Tigges/Berghaus/Niedersberg, NVwZ 1999, 1317, 1318 Fußn. 18) und wird auch von dem Länderausschuß für Immissionsschutz (LAI) in dessen unter dem 13.3.2002 veröffentlichten „Hinweise(n) zur Ermittlung und Beurteilung der optischen Immissionen von Windenergieanlagen" als sachgerecht angesehen, wobei die 30 Std./Jahr an astronomisch maximal möglicher Beschattungsdauer einer realen (meteorologischen) Beschattungsdauer von 8 Std./Jahr gleichgesetzt werden und sich die 30 min./Tag bei bestehenden Anlagen ebenfalls auf die tatsächliche Beschattungsdauer beziehen sollen. Als maßgeblicher Immissionsort werden schutzwürdige Räume (z.B. Wohnräume, Schlafzimmer) genannt. Zur Begründung nimmt der LAI nur auf die Feld- sowie die Laborstudie der Christian-Alberts-Universität Kiel – Institut für Psychologie – (erstellt durch Pohl/Faul/Mausfeld vom 31.7.1999 bzw. 15.5.2000) Bezug, die dieses Ergebnis aber so nicht rechtfertigen dürften.

Einer näheren Auseinandersetzung hiermit bedarf es jedoch vorliegend nicht, weil jedenfalls bei Unterschreitung der auf die tatsächliche Beschattung in geschlossenen Räumen gerichteten Werte von 30 min./Tag und 8 Std./Jahr mangels hinreichender Erkenntnisse über eine Belästigungswirkung nicht von einer unzumutbaren Umwelteinwirkung ausgegangen werden kann.

Maßstab für die Beurteilung kann nur eine in den Räumen derselben Wohneinheit tatsächlich zu erwartende und nicht die astronomisch mögliche Beschattung sein. Denn nur durch eine tatsächlich eintretende Beschattung kann die Beeinträchtigung eines Nachbarn oder eine schädliche Umwelteinwirkung erfolgen (vgl. OVG Münster, Beschluß v. 13.7.1998, BauR 1998, 1212, 1216; OVG Greifswald, Beschluß v. 8.3.1999, BRS 62 Nr. 109). Bei der Ermittlung dieser tatsächlichen Beschattung ist es hinsichtlich der Faktoren Windrichtung, Sonnenschein und Betriebsdauer sachgerecht, an statistische Wahrscheinlichkeiten anzuknüpfen. Dabei reicht es bei den Faktoren Windrichtung und Sonnenschein aus, an die entsprechenden monatlichen Durchschnittswerte anzuknüpfen. Eine unterschiedliche Nutzung erfolgt allein jahreszeitabhängig und dies regelhaft nur in bezug auf die Nutzung außerhalb eines Gebäudes. Diese unterschiedliche Nutzung wird durch einen monatlichen Durchschnittswert hinreichend abgebildet. Hinsichtlich des Faktors Betriebsdauer reicht ein jährlicher Durchschnittswert aus, weil die Zeiten des Betriebsstillstandes wegen nicht erreichter Anlaufgeschwindigkeit jahreszeitlich einer Zuordnung nicht bedürfen. Zu berücksichtigen sind Hindernisse wie Gebäude oder Bäume, wenn sie die Schattenwirkung auffangen und ihr Fortbestand zu erwarten ist.

Nach den Feststellungen des in erster Instanz eingeholten Gutachtens kann eine unzumutbare Beschattungszeit für die Benutzung der Räume in der Doppelhaushälfte des Klägers ausgeschlossen werden.

Für das Erdgeschoß auf der Südseite des Gebäudes des Klägers hat die Gutachterin ausgehend von einer Immissionsfläche von 3,5 m Höhe und 14 m Breite (senkrecht) eine statistisch wahrscheinliche Beschattung nur in den Monaten Oktober mit 43 min., November mit 25 min., Dezember mit 1 min., Januar mit 22 min., Februar mit 28 min. und März mit 8 min. ermittelt, was für das gesamte Jahr einem Wert von 2 Std. 4 min. entspricht. Als höchsten, astronomisch maximal möglichen Tageswert ermittelte sie für den 16. und 17. Oktober jeweils 22 min., was statistisch bereinigt einen Wert von rund 4,2 min./Tag ergibt. Damit bleibt sowohl der Jahres- als auch der Tageswert deutlich unter den oben genannten Werten. Hinzu kommt, daß sich diese Werte noch weiter deutlich dadurch vermindern, daß hinsichtlich des Gebäudes als Immissionsflächen nur die Fensteröffnungen maßgeblich sind. Nur durch diese kann der Schatten in das Gebäude einfallen. Aus diesem Grund ist auch der Einwand des Klägers unerheblich, daß fehlerhaft eine Fläche mit einer Höhe von 0,50 m über die gesamte Breite der Südseite nicht berücksichtigt worden sei. Allerdings ist zu beachten, daß das Wohnzimmer des Klägers nicht nur auf der Südseite, sondern auch auf der Westseite über Fenster verfügt, durch die der Schatten einwirken kann. Dies führt aber gleichwohl zu keiner anderen Bewertung, da zum einen die von der Gutachterin aus Gründen der Vereinfachung berücksichtigte zu große Immissionsfläche dies mehr als ausgleicht und zum anderen durch die jeweils vom Schatten nicht betroffenen Fensteröffnungen Streulicht eindringt, das die Konturen des Schattenwurfs mildert. Eine weitere Verminderung der Belastung tritt durch die vorhandene Holzscheune ein, da kein Anhaltspunkt dafür ersichtlich ist, daß diese während der Dauer des Betriebs der Windenergieanlagen beseitigt wer den wird.

Die Gutachterin hat hinsichtlich des Erdgeschosses auf der Westseite die Immissionsfläche mit einer Höhe von 3,5 m und einer Breite von 26 m (senkrecht) angenommen. Hierfür hat sie festgestellt, daß eine statistisch wahrscheinliche Beschattung nur in den Monaten Oktober mit 69 min., November mit 31 min., Dezember mit 8 min., Januar mit 35 min., Februar mit 51 min. und März mit 6 min. auftritt, wobei dies einer gesamten Jahresbelastung von 3 Std. 17 min. entspricht. Als höchsten Tageswert hat die Gutachterin für den 18., 20. und 21. Oktober sowie den 20. bis 23. Februar als astronomisch maximal möglichen Wert jeweils 28 min. ermittelt, was statistisch bereinigt einen Wert von rund 5,3 min./Tag (Okt.) bzw. 4,2 min./Tag (Feb.) ergibt.

Auch diese Jahres- und Tageswerte bleiben deutlich unterhalb der oben genannten Werte. Sie wären darüber hinaus nur zum Teil zu berücksichtigen, weil sie sich auf die gesamte Westseite des Gebäudes mit einer Länge von 26 m und somit – zu Unrecht – auf beide Doppelhaushälften beziehen. Darüber hinaus sind – wie erwähnt – nur die Fensteröffnungen maßgeblich.

Da die Werte für die südliche Giebelseite und die westliche Dachschräge – wenn auch nur geringfügig – niedriger sind als die jeweiligen Werte für das Erdgeschoß, liegt insoweit erst recht keine unzumutbare Umwelteinwirkung vor. Dies gilt zumal auch deshalb, weil hinsichtlich des südwestlichen Eckraumes nur ein Giebelfenster und auf der Westseite nur ein schräges Dachfenster vorhanden ist.

Für die Benutzung der freien Grundstücksflächen erscheinen die genannten Richtwerte nach ihrer Entstehung noch weniger geeignet als für geschlossene Räume. Dies gilt um so mehr, wo es sich um bloße Freiflächen handelt, die nicht – wie etwa Terrassen – als Außenwohnbereiche dienen. Auch für die letztgenannten Bereiche bedürfte es einer gesonderten Prüfung, ob die sich bewegenden Schatten dort ähnlich wahrgenommen werden wie in geschlossenen Räumen. Weiter bedürfte es der konkreten Prüfung der Schutzbedürftigkeit, die jedenfalls in Norddeutschland nach Jahreszeiten unterschiedlich zu beurteilen sein wird.

Im vorliegenden Fall kann jedenfalls ein bewegter Schattenwurf auf Terrassenflächen in einem unzumutbaren oder erheblich belästigenden Umfang ausgeschlossen werden. Für die Terrasse an der Süd- und die an der Westseite hat die Gutachterin keine selbständigen Werte ermittelt. Für deren Bewertung kann aber an die oben genannten Werte für die jeweiligen Seiten des Erdgeschosses angeknüpft werden. Sind diese Werte für sich genommen schon gering, so ist eine Unzumutbarkeit oder schädliche Umwelteinwirkung erst recht nicht unter Beachtung der Tatsache zu erkennen, daß Terrassen im Winterhalbjahr eher selten genutzt werden. Für eine Beeinträchtigung der Nutzung der übrigen Freiflächen als Folge der im Vergleich zur Beschattung des Gebäudes längeren Schatteneinfallszeiten ist nichts erkennbar.

Nr. 106

Bei stall-gesteuerten Windenergieanlagen muß die Prognose zu erwartender Emissionspegel berücksichtigen, daß sich der Schalleistungspegel einer solchen Anlage weiter erhöhen kann, wenn die Windgeschwindigkeit das für die Nennleistung erforderliche Maß überschreitet. Allein die Beschränkung der Nennleistung einer stall-gesteuerten Windenergieanlage in der vom Nachbarn angefochtenen Baugenehmigung stellt den Immissionspegel der Anlage daher nicht sicher.

BauGB § 35 Abs. 3 Satz 1 Nr. 3.

OVG Nordrhein-Westfalen, Beschluß vom 3.Februar 2004 – 7 B 2622/03 – (rechtskräftig).

(VG Minden)

Der Antragsgegner erteilte der Beigeladenen eine Baugenehmigung zur Errichtung einer stall-gesteuerten Windenergieanlage. Die Baugenehmigung ist mit an die Nennleistung der Anlage anknüpfenden Auflagen versehen, die dem Nachbarn unzumutbare Immissionen der Windenergieanlage ausschließen sollen. Auf den von einer Nachbarin gestellten Antrag auf Gewährung einstweiligen Rechtsschutzes ordnete das OVG NRW unter Änderung des erstinstanzlichen Beschlusses die aufschiebende Wirkung ihres Widerspruchs gegen die Baugenehmigung an.

Aus den Gründen:
Die Auflage, bestimmte Immissionsrichtwerte einzuhalten, ist als bloße Zielvorgabe allein allerdings nicht geeignet, den erforderlichen Nachbarschutz sicherzustellen (vgl. OVG NRW, Beschluß v. 13. 7. 1998 – 7 B 956/98 –, BRS 60 Nr. 193; Beschluß v. 24. 4. 2002 – 10 B 939/02 –).

Die Baugenehmigung enthält auch keine weiteren Regelungen, die der Antragstellerin unzumutbaren Lärm der Windenergieanlage ausschließen, obwohl bereits auf Grundlage der von der Beigeladenen vorgelegten Immissionsprognose unzumutbare Lärmeinwirkungen nicht unwahrscheinlich sind. Das Schallgutachten errechnet für das Grundstück der Antragstellerin einen Beurteilungspegel von 34,6 dB(A) nachts. Es ist jedoch bereits nicht ersichtlich, worauf die Antragstellerin mit der Beschwerde zutreffend hinweist, daß in die Ermittlung des Schalleistungspegels ein Sicherheitszuschlag von 2 dB(A) einbezogen worden ist, um die Risiken einer herstellungsbedingten Serienstreuung gegenüber der auf einer Referenzmessung beruhenden Prognose auszuschließen (vgl. OVG NRW, Urteil v. 18. 11. 2002 – 7 A 2127/00 –, BRS 65 Nr. 182; Beschluß v. 27. 11. 2003 – 22 B 292/03 –).

Hinzu kommt folgendes: Dem Schallgutachten vom 4. 10. 2001 – dem nicht zu entnehmen ist, welche Qualifikation der Gutachter für sich in Anspruch nehmen kann und das zudem nur als Entwurf bezeichnet ist – liegt das auf einer Referenzvermessung beruhende schalltechnische Gutachten aus September 2000 zugrunde. Dieses Gutachten hat den Schalleistungspegel der stall-gesteuerten Anlage bei Windgeschwindigkeiten in 10 m Höhe von bis 9,5 m/s bestimmt. Eine verläßliche Aussage, mit welchem Schalleistungspegel bei höheren Windgeschwindigkeiten zu rechnen ist, läßt sich dem Gutachten nicht entnehmen. Im Gegensatz zu pitch-gesteuerten Anlagen ist bei stall-gesteuerten Anlagen bei einem weiteren Anstieg der Windgeschwindigkeit jedoch mit einem höheren Emissionspegel zu rechnen (vgl. OVG NRW, Urteil v. 18. 11. 2002 – 7 A 2127/00 –, a. a. O., unter Bezug auf die vom Landesumweltamt Nordrhein-Westfalen herausgegebenen „Sachinformationen zu Geräuschemissionen und immissionen von Windenergieanlagen"; ferner Nr. 1.1 der „Materialen Nr. 63 – Windenergieanlagen und Immissionsschutz", herausgegeben vom Landesumweltamt Nordrhein-Westfalen).

Allein durch eine Beschränkung der Nennleistung einer stall-gesteuerten Windenergieanlage ist der Immissionspegel nicht sichergestellt, der sich dann ergibt, wenn die Windstärke gerade das für die Nennleistung erforderliche Maß übersteigt. Auch das Gutachten gibt keine Antwort auf die Frage, welche Schalleistungen erreicht werden, wenn die Windgeschwindigkeit größer ist als für die Nennleistung erforderlich. Dem Gutachten liegt eine Messung der Schalleistungspegel der Anlage bei bestimmten Windgeschwindigkeiten zugrunde. Nichts aber ist zum Emissionsverhalten der Anlage für den Fall ausgeführt, daß die Leistung der Windenergieanlage auf einen Wert festgeschrieben werden soll, der unterhalb des nach der tatsächlichen Windgeschwindigkeit Möglichen verbleibt.

Der Unsicherheit darüber, welcher Schalleistungspegel der Windenergieanlage bei den jeweiligen Windgeschwindigkeiten jeweils zu erwarten ist, trägt die Auflage BA 0015 der Baugenehmigung keine hinreichende Rechnung. Nach dieser Auflage wird der „emissionsrelevante Schalleistungspegel LWA 10 m/s auf 101 dB(A) sowie die Tonhaltigkeit auf 2 dB(A) begrenzt". Diese Auflage setzt dem Schalleistungspegel, den die Windenergieanlage erreichen darf, keine Grenze, sondern beschränkt sich auf die Vorgabe des maximalen Schalleistungspegels bei einer Windgeschwindigkeit von 10 m/s. Damit ist den Besonderheiten einer stall-gesteuerten Anlage nicht genügt; bei höheren Windgeschwindigkeiten als 10 m/s oder bei einer höheren Windgeschwindigkeit als erforderlich, um einem leistungsreduzierten Betrieb zu genügen, können höhere Emissionen erreicht werden.

Mit der nur auf das Grundstück der Antragstellerin bezogenen Auflage BA 0016 Abs. 5 der Baugenehmigung ist kein maximaler Schalleistungspegel der Anlage, sondern für die Nachtzeit abhängig von der Windrichtung lediglich eine Leistungsbegrenzung auf 757 kW festgesetzt. Da sich aus der Leistungsbegrenzung jedoch, wie ausgeführt, keine Prognose über den bei über (für die festgelegte Leistung erforderlichen) 8 m/s hinausgehenden Windgeschwindigkeiten zu erwartenden Schalleistungspegel ableiten läßt, ergibt sich auch aus dieser Auflage keine Begrenzung der höchstzulässigen Schallimmissionen. Die Auflage ist ferner insoweit ungeeignet, worauf die Antragstellerin mit der Beschwerde zutreffend hinweist, als sie die Leistungsbegrenzung für eine Mitwindsituation in einem Winkel von 85 bis 115° vorgibt. Nach den Stellungnahmen der Herstellerfirma kann eine Leistungsbegrenzung dadurch erreicht werden, daß die Windenergieanlage beim Erreichen einer bestimmten Windgeschwindigkeit abgeschaltet wird. Ob dieser Vorgang aber bei wechselnden Windrichtungen bezogen auf einen schmalen Windrichtungssektor möglich ist, hat die Antragsgegnerin nicht geprüft und schon gar nicht ermittelt, weshalb die Leistungsbegrenzung nur für die Mitwindsituation von immissionserheblicher Bedeutung sein sollte.

Nr. 107

Die allgemeinen baurechtlichen Vorschriften, zu denen auch das Gebot gehört, mit Vorhaben im Außenbereich auf den luftverkehrsrechtlich genehmigten Betrieb eines Segelfluggeländes Rücksicht zu nehmen, werden nicht durch vorrangige Regelungen des Luftverkehrsgesetzes verdrängt.

BauGB § 35 Abs. 1 Nr. 6, Abs. 3; LuftVG §§ 12, 17, 19 Abs. 1 und 5.

Bundesverwaltungsgericht, Urteil vom 18. November 2004 – 4 C 1.04 –.

(OVG Rheinland-Pfalz)

Die Kläger begehren jeweils die Erteilung eines Bauvorbescheides für die Errichtung einer Windenergieanlage, die Gesamthöhe der jeweiligen Anlage sollte 100 m nicht überschreiten. Die Baugrundstücke liegen ca. 300 m östlich der Start- und Landebahn des Segelflugplatzes Q. Berg, den der Beigeladene zu 2 seit 1963 auf Grund luftverkehrsrechtlicher Genehmigung betreibt.

Die Beklagte lehnte die Bauvoranfragen ab, u. a. weil der Beigeladene zu 3 geltend gemacht hatte, daß die Windkraftanlagen den Flugbetrieb am Segelfluggelände gefährden würden. Widerspruch, Klage und Berufung blieben ohne Erfolg.

Aus den Gründen:

Das Oberverwaltungsgericht hat zu Recht entschieden, daß die Errichtung der Windenergieanlagen an den vorgesehenen Standorten unzulässig ist, weil sie nicht die gebotene Rücksicht auf den luftverkehrsrechtlich genehmigten Betrieb des Segelflugplatzes Q. Berg nimmt.

1. Gemäß § 35 Abs. 1 BauGB sind im Außenbereich auch privilegierte Vorhaben nur zulässig, wenn öffentliche Belange nicht entgegenstehen. Vorhaben im Außenbereich können auch deshalb genehmigungsunfähig sein, weil sie auf die Interessen anderer nicht genügend Rücksicht nehmen (vgl. BVerwG, Urteil v. 25. 2. 1977 – 4 C 22.75 –, BVerwGE 52, 122, 125 = BRS 32 Nr. 155 = BauR 1977, 244; st. Rspr.). Das Gebot, auf schutzwürdige Individualinteressen Rücksicht zu nehmen, wird zwar in § 35 Abs. 3 Satz 1 BauGB nicht ausdrücklich aufgeführt; seine Qualität als öffentlicher Belang ist aber in der Rechtsprechung des Senats schon früh erkannt worden (vgl. BVerwG, Urteile v. 6. 12. 1967 – 4 C 94.66 –, BVerwGE 28, 268, 274 f. = BRS 18 Nr. 57, v. 25. 2. 1977, a. a. O., 125 und v. 28. 10. 1993 – 4 C 5.93 –, Buchholz 406.19 Nachbarschutz Nr. 120, S. 109 = BRS 55 Nr. 168 = BauR 1994, 354). Eine besondere gesetzliche Ausformung hat das Rücksichtnahmegebot in § 35 Abs. 3 Satz 1 Nr. 3 BauGB gefunden. Es betrifft jedoch auch Fälle, in denen nicht schädliche Umwelteinwirkungen, sondern sonstige nachteilige Wirkungen in Rede stehen (vgl. BVerwG, Urteile v. 13. 3. 1981 – 4 C 1.78 –, BRS 38 Nr. 186 = BauR 1981, 354 und v. 21. 1. 1983 – 4 C 59.79 –, BRS 40 Nr. 199 = BauR 1983, 143). Rücksicht zu nehmen ist nur auf solche Individualinteressen, die wehrfähig sind, weil sie nach der gesetzgeberischen Wertung, die im materiellen Recht ihren Niederschlag gefunden hat, schützenswert sind. Fehlt es hieran, ist für Rücksichtnahmeerwägungen von vornherein kein Raum (vgl. BVerwG, Urteil v. 28. 10. 1993, a. a. O., S. 110; Beschluß v. 3. 4. 1995 – 4 B 47.95 –, BRS 57 Nr. 224).

Das Interesse des Beigeladenen zu 2, den luftverkehrsrechtlich genehmigten Betrieb des Segelflugplatzes Q. Berg ungehindert fortsetzen zu können, ist ein schutzwürdiges Individualinteresse. Segelfluggelände dürfen gemäß § 6 Abs. 1 Satz 1 LuftVG nur mit Genehmigung angelegt oder betrieben werden. Der Beigeladene zu 2 hat auf Grund der ihm erteilten luftverkehrsrechtlichen Genehmigung das Recht, auf dem Gelände „Q. Berg" einen Segelflugplatz unter den in der Genehmigung genannten Bedingungen zu betreiben.

2. Das baurechtliche Gebot, mit Vorhaben im Außenbereich auf den luftverkehrsrechtlich genehmigten Betrieb des Segelflugplatzes Rücksicht zu nehmen, wird nicht durch vorrangige Regelungen des Luftverkehrsgesetzes verdrängt.

2.1 Das Luftverkehrsgesetz stellt in seinen §§ 12 ff. die Umgebung von Flughäfen und – in beschränktem Umfang – auch die von Landeplätzen und Segelfluggeländen aus Gründen der Sicherheit und Leichtigkeit des Luftverkehrs unter ein besonderes Baurecht (vgl. Giemulla, in: Giemulla/Schmid, Luftverkehrsgesetz, § 12 Rdnr. 1). Gemäß § 12 Abs. 1 LuftVG muß bei der Genehmigung eines Flughafens ein Plan festgelegt werden, aus dem sich der sog. Bauschutzbereich ergibt; gemäß § 12 Abs. 2 Satz 1 LuftVG darf die Baugenehmigungsbehörde die Errichtung von Bauwerken innerhalb des Bauschutzbereichs nur mit Zustimmung der Luftfahrtbehörden genehmigen. § 12 Abs. 2 LuftVG enthält materielles Baurecht (vgl. BVerwG, Urteil v. 16. 7. 1965 – 4 C 30.65 –, BVerwGE 21, 354, 356 = BRS 16 Nr. 118). Die Vorschrift schränkt die Befugnisse des Bauherrn von Grundstücken, die in der Sicherheitsfläche von Flughäfen belegen sind, über die sich aus dem allgemeinen Baurecht ergebenden Beschränkungen hinaus weiter ein, soweit die Interessen des Luftverkehrs dies erfordern. Einziges Anliegen der gesetzlichen Regelung in § 12 LuftVG ist, den Luftverkehr zu fördern und dabei zu sichern. Dieses Interesse gilt insbesondere der Anlage flächenmäßig genügender und im Betrieb – auch im An- und Abflug – gesicherter Flugplätze (vgl. Urteil v. 16. 7. 1965, a. a. O., S. 357).

Bei der Genehmigung von Landeplätzen und Segelfluggeländen kann ein Bauschutzbereich nicht festgelegt werden; § 12 LuftVG gilt nur für Flughäfen (vgl. Hofmann/Grabherr, Luftverkehrsgesetz, § 12 Rdnr. 3). Gemäß § 17 Satz 1 LuftVG können die Luftfahrtbehörden bei der Genehmigung von Landeplätzen und Segelfluggeländen allerdings bestimmen, daß die zur Erteilung einer Baugenehmigung zuständige Behörde die Errichtung von Bauwerken im Umkreis von 1,5 km Halbmesser um den dem Flughafenbezugspunkt entsprechenden Punkt nur mit Zustimmung der Luftfahrtbehörden genehmigen darf (beschränkter Bauschutzbereich).

Entstehen dem Eigentümer oder einem anderen Berechtigten durch Maßnahmen auf Grund der §§ 12 und 17 LuftVG Vermögensnachteile, so ist ihm hierfür gemäß § 19 Abs. 1 Satz 1, Abs. 5 Satz 1 LuftVG eine angemessene, vom Flugplatzunternehmer zu zahlende Entschädigung zu leisten.

2.2 Die Anwendung des baurechtlichen Gebots der Rücksichtnahme zugunsten eines Segelfluggeländes ohne beschränkten Bauschutzbereich widerspricht den §§ 12 ff. LuftVG und den diesen Vorschriften zugrunde liegenden Wertungen nicht.

2.2.1 Das Luftverkehrsgesetz soll den Luftverkehr fördern (vgl. Urteil v. 16. 7. 1965, a. a. O., S. 357). Zu diesem Zweck verstärkt es in den Bauschutzbereichen die Rechtsstellung der Flugplatzunternehmer. Flugplätze ohne beschränkten Bauschutzbereich genießen zwar keinen über das allgemeine Baurecht hinausgehenden Schutz; sie sollen durch das Luftverkehrsgesetz jedoch nicht schlechter stehen, als sie stünden, wenn es das Gesetz nicht gäbe. Eine solche Schlechterstellung würde die vom Gesetz bezweckte Förderung des Luftverkehrs in ihr Gegenteil verkehren.

Segelfluggeländen ohne beschränkten Bauschutzbereich wird durch die Anwendung des Gebots der Rücksichtnahme auch kein „höherer materieller Schutzstatus" als Flughäfen zugewiesen. Zur baurechtlichen Rücksichtnahme sind Bauherren auch gegenüber Flughäfen verpflichtet. Von Vorhaben im Bauschutzbereich eines Flughafens verlangt das baurechtliche Rücksichtnahmegebot allerdings nicht mehr an Rücksichtnahme auf den Luftverkehr, als es das Luftverkehrsgesetz gebietet (vgl. BVerwG, Urteil v. 30.9.1983 – 4 C 74.78 –, BVerwGE 68, 58, 60 = BRS 40 Nr. 206, zum Verhältnis Rücksichtnahmegebot – BImSchG). Welche Anforderungen zur Wahrung der Sicherheit der Luftfahrt und zum Schutz der Allgemeinheit (vgl. § 12 Abs. 4 LuftVG) einzuhalten sind, bestimmen die Luftfahrtbehörden für Vorhaben im Bauschutzbereich mit Wirkung auch für das allgemeine Baurecht. Wenn ein Vorhaben den Betrieb eines Flughafens gefährdet, obwohl es keinem luftverkehrsrechtlichen Zustimmungs- oder Genehmigungsvorbehalt unterliegt, kann das baurechtliche Gebot der Rücksichtnahme jedoch auch zugunsten von Flughäfen eine eigenständige Bedeutung entfalten.

2.2.2 Durch die Anwendung der allgemeinen baurechtlichen Vorschriften und hier speziell des Gebots zur Rücksichtnahme zugunsten eines Segelfluggeländes ohne beschränkten Bauschutzbereich wird nicht die im Luftverkehrsgesetz vorgesehene Entschädigungspflicht umgangen. Im Gegenteil bestätigt die Entschädigungsregelung die Erkenntnis, daß das allgemeine Baurecht nicht verdrängt wird. Nach § 19 Abs. 1 Satz 1 LuftVG ist nur für Vermögensnachteile zu entschädigen, die der Betroffene erleidet, weil zur Sicherung der Luftfahrt in seine verfassungsrechtlich geschützte Eigentümerstellung eingegriffen wird (vgl. BGH, Urteil v. 18.6.1973 – III ZR 122/71 –, BRS 26 Nr. 130). Erst wenn und soweit der Eigentümer aus Gründen der Sicherheit der Luftfahrt daran gehindert wird, sein Grundstück in einer bestimmten, den Vorschriften des allgemeinen materiellen Baurechts nicht widersprechenden Weise zu nutzen oder sonst zu verwerten, aktualisieren sich für ihn die im Schutzbereich bestehenden Beschränkungsmöglichkeiten (vgl. BGH, Urteil v. 20.9.1971 – III ZR 18/70 –, BGHZ 57, 278, 282; Giemulla, a. a. O., § 19 Rdnr. 1). Die Versagung einer Baugenehmigung für eine Windenergieanlage im Außenbereich wegen fehlender Rücksichtnahme auf einen Flugplatz greift nicht in eine durch Art. 14 Abs. 1 GG geschützte Rechtsposition des Bauherrn ein. § 35 Abs. 1 BauGB gewährt dem Bauherrn nicht das Recht, im Außenbereich eine Windenergieanlage zu errichten, ohne auf den luftverkehrsrechtlich genehmigten Betrieb eines in der Nähe befindlichen Flugplatzes Rücksicht zu nehmen. Windenergieanlagen sind im Außenbereich zwar gemäß § 35 Abs. 1 Nr. 6 BauGB privilegiert zulässig. Trotz der ihnen damit bescheinigten grundsätzlichen Außenbereichsadäquanz sind sie jedoch nicht an jedem beliebigen Standort im Außenbereich zulässig. Sie dürfen nur dort zugelassen werden, wo ihnen das Ergebnis einer Bilanzierung offentlicher Belange nicht entgegensteht (vgl. BVerwG, Urteile v. 20.1.1984 – 4 C 43.81 –, BVerwGE 68, 311, 315 = BRS 42 Nr. 91 = BauR 1984, 269, und v. 17.12.2002 – 4 C 15.01 –, BVerwGE 117, 287, 304 = BRS 65 Nr. 95 = BauR 2003, 828). Wird die Baugenehmigung versagt, weil das Vorhaben nicht die gebotene Rücksicht auf den Flugplatz nimmt, wird lediglich eine der Eigentumsposition des Bauherrn von vornherein innewohnende Beschränkung aktualisiert. Zu entschädigen wäre der Bauherr hierfür auch dann nicht, wenn das Baugrundstück im Bauschutzbereich eines Flughafens belegen wäre.

3. Nach den tatsächlichen Feststellungen des Oberverwaltungsgerichts erweisen sich die Windenergieanlagen an den vorgesehenen Standorten als rücksichtslos.

Welche Anforderungen das Gebot der Rücksichtnahme begründet, hängt nach der Rechtsprechung des Senats wesentlich von den jeweiligen Umständen ab. Je empfindlicher und schutzwürdiger die Stellung desjenigen ist, dem die Rücksichtnahme im gegebenen Zusammenhang zugute kommt, um so mehr kann er an Rücksichtnahme verlangen. Je verständlicher und unabweisbarer die mit dem Vorhaben verfolgten Interessen sind, um so weniger braucht derjenige, der das Vorhaben verwirklichen will, Rücksicht zu nehmen. Bei diesem Ansatz kommt es für die sachgerechte Beurteilung des Einzelfalles wesentlich auf eine Abwägung zwischen dem an, was einerseits dem Rücksichtnahmebegünstigten und andererseits dem Rücksichtnahmeverpflichteten nach Lage der Dinge zuzumuten ist (vgl. BVerwG, Urteile v. 25. 2. 1977, a. a. O., S. 126, v. 28. 10. 1993, a. a. O., S. 110, und v. 23. 9. 1999 – 4 C 6.98 –, BVerwGE 109, 314, 318 = BRS 62 Nr. 86 = BauR 2000, 234, st. Rspr.).

Nach den Feststellungen des Oberverwaltungsgerichts würden die Windenergieanlagen 300 m östlich der Start- und Landebahn des Segelflugplatzes ein besonders gefährliches Hindernis für den Flugbetrieb darstellen. Der Betrieb des Segelflugplatzes könnte auch nicht in einer Weise geändert werden, die unter Aufrechterhaltung der wesentlichen Nutzungsmöglichkeiten die Sicherheitsrisiken vermeidet. An diese tatsächlichen Feststellungen ist der erkennende Senat gebunden (§ 137 Abs. 2 VwGO). Kann mithin der Segelflugplatz nur weiter betrieben werden, wenn die Windenergieanlagen nicht errichtet werden, so ist es den Klägern zuzumuten, zugunsten des luftverkehrsrechtlich genehmigten und seit mehr als 40 Jahren ausgeübten Betriebs des Segelfluggeländes auf ihr im Außenbereich zwar privilegiert zulässiges, an den vorgesehenen Standorten mit dem vorhandenen Segelflugplatz jedoch unvereinbares Vorhaben zu verzichten. Zutreffend hat das Oberverwaltungsgericht diesem Gesichtspunkt der Priorität maßgebende Bedeutung beigemessen. Aus diesem Grund kommt es für die Abwägung nicht mehr entscheidend darauf an, ob das in erster Linie privaten Freizeitinteressen dienende Segelfluggelände, wenn über seine Zulassung neu zu entscheiden wäre, gemäß § 38 Satz 1 BauGB von der strikten Anwendung der §§ 29 bis 37 BauGB freigestellt oder jedenfalls gemäß § 35 Abs. 1 Nr. 4 BauGB seinerseits privilegiert zulässig wäre.

Nr. 108

1. **Will der Bauherr ein vorhandenes Gebäude im Außenbereich ersetzen, muß er sich im Zusammenhang mit § 35 Abs. 2 BauGB so behandeln lassen, als wenn er an der vorgesehenen Stelle erstmalig ein Gebäude errichten wollte.**

2. **§ 48 Abs. 2 Satz 3 Nr. 1 VwVfG setzt nicht voraus, daß der begünstigende Verwaltungsakt auch nach Ansicht der für die Entscheidung zuständi-**

gen Mitarbeiter der Behörde nicht hätte ergehen dürfen, sie also die Rechtswidrigkeit des Bescheides erkannt haben.
(Nichtamtliche Leitsätze)

BauGB § 35 Abs. 2; VwVfG § 48 Abs. 2 Satz 3 Nr. 1.

Bundesverwaltungsgericht, Beschluß vom 27. Oktober 2004 – 4 B 74.04 –.
(OVG Nordrhein-Westfalen) (abgedruckt unter Nr. 173)

Aus den Gründen:
1. a) Die Beschwerde möchte in einem Revisionsverfahren geklärt wissen, ob sich die „Befürchtung" der Erweiterung oder Verfestigung einer Splittersiedlung (§ 35 Abs. 3 Nr. 7 BauGB) im Falle einer Ersatzbebauung nur nach einer Unterordnung der neuen Gebäude unter den sonstigen Bestand der Splittersiedlung beurteilt oder ob ein Vorgang der Zersiedelung nicht auch deshalb ausgeschlossen sein kann, weil unter Berücksichtigung der auf Grund der Baugenehmigung für den Neubau in Wegfall zu geratenden Altgebäude eine deutliche Reduzierung des Gebäudebestandes erreicht wird.

Diese Frage würde sich in einem Revisionsverfahren nicht stellen. Das Oberverwaltungsgericht ist auch für den Fall, daß hinsichtlich der Frage der Unterordnung auf den Bestand abzustellen wäre, den die Splittersiedlung vor der Beseitigung der beiden Altgebäude hatte, davon ausgegangen, daß die Erweiterung etwa die Hälfte des Bestandes ausmachen und sich damit nicht deutlich unterordnen würde.

Im übrigen ist die Frage in der Rechtsprechung des Senats bereits geklärt. Die Verfestigung einer Splittersiedlung ist zu befürchten, wenn in der Ausführung des beantragten Vorhabens ein Vorgang der Zersiedelung gesehen werden muß. Davon ist insbesondere dann auszugehen, wenn es dem Vorhaben an einer deutlichen Unterordnung unter den vorhandenen Bestand fehlt (vgl. BVerwG, Urteile v. 3. 6. 1977 – 4 C 37.75 –, BVerwGE 54, 73, 78 f. = BRS 32 Nr. 75 = BauR 1977, 398, und v. 18. 5. 2001 – 4 C 13.00 –, BRS 64 Nr. 103 = BauR 2001, 1560 = Buchholz 406.11 § 35 BauGB Nr. 347). Für die Frage der Unterordnung kommt es auf das Verhältnis des hinzutretenden Vorhabens zu der bereits vorhandenen Splittersiedlung an (vgl. BVerwG, Urteil v. 27, 8. 1998 – 4 C 13.97 –, BRS 60 Nr. 92 = BauR 1999, 373 = Buchholz 406.11 § 35 BauGB Nr. 338). Will der Bauherr ein vorhandenes Gebäude ersetzen, muß er sich im Zusammenhang mit § 35 Abs. 2 BauGB so behandeln lassen, als wenn er an der vorgesehenen Stelle erstmalig ein Gebäude errichten wollte (vgl. BVerwG, Urteile v. 13. 6. 1980 – 4 C 63.77 –, BRS 36 Nr. 101 = BauR 1980, 553 = DÖV 1980, 765, 766, und v. 19. 2. 2004 – 4 C 4.03 –, BauR 2005, 358 = NVwZ 2004, 982, 983). Der Ersatzbau tritt zu dem nach Beseitigung des Altbaus und ggf. weiterer Gebäude verbleibenden Bestand hinzu. Diesem Bestand muß er sich deutlich unterordnen. Davon ist auch das Oberverwaltungsgericht ausgegangen.

Gründe, die eine erneute Befassung des Bundesverwaltungsgerichts mit der Zulässigkeit von Ersatzbauten innerhalb einer Splittersiedlung erfordern könnten, zeigt die Beschwerde nicht auf. Ihre Einwände gegen die Rechtsprechung des Senats gehen fehl. Ließe nicht auch die Neuerrichtung eines

Nr. 108

gleichartigen Wohngebäudes an gleicher Stelle, das sich dem nach Beseitigung des Altgebäudes verbleibenden Bestand nicht deutlich unterordnet, die Verfestigung einer Splittersiedlung befürchten, wäre der Ausnahmetatbestand des §35 Abs. 4 Nr. 2 BauGB insoweit überflüssig. Mit der nach der Rechtsprechung des Senats ausnahmsweise zulässigen Auffüllung einer Lücke innerhalb einer vorhandenen Splittersiedlung (vgl. BVerwG, Urteile v. 3. 6. 1977, a. a. O., und v. 27. 8. 1988, a. a. O.) ist die Errichtung eines Ersatzbaus nicht vergleichbar. Wird in einer Splittersiedlung ein Gebäude beseitigt, kann der Grundsatz, daß der Außenbereich von allen Baulichkeiten freigehalten werden soll, die einer geordneten Siedlungsstruktur zuwiderlaufen (vgl. BVerwG, Urteile v. 26. 5. 1967 – 4 C 25.66 –, BVerwGE 27, 137, 139 = BRS 18 Nr. 45, und v. 28. 4. 1972 – 4 C 42.69 –, BRS 25 Nr. 205 = BauR 1972, 298; Beschluß v. 8. 11. 1999 – 4 B 85.99 –, BRS 62 Nr. 100 = BauR 2000, 1171), insoweit wieder Geltung beanspruchen. Bleibt der Bestand einer Splittersiedlung hingegen erhalten, ordnet sich das hinzutretende Vorhaben dem vorhandenen Bestand deutlich unter und ist es auch nicht aus anderen Gründen mit einer geordneten Siedlungsstruktur unvereinbar (vgl. BVerwG, Urteil v. 3. 6. 1977, a. a. O.), kann die Auffüllung einer Lücke ausnahmsweise zulässig sein. Die Zersiedelung des Außenbereichs kann in diesen Fällen anders als bei einem Ersatzbau nicht zurückgedrängt werden.

b) Die Beschwerde möchte in einem Revisionsverfahren außerdem geklärt wissen, ob von einem „Erwirken" durch eine Bestechungshandlung auch dann auszugehen ist, wenn die Bestechungshandlung nur den Anstoß gegeben hat, die Sache wieder aufzugreifen, der begünstigende Verwaltungsakt jedoch nach Ansicht der für die Entscheidung zuständigen Mitarbeiter in der Behörde völlig unabhängig von der Bestechung erteilt werden konnte bzw. erteilt worden wäre.

Diese Frage rechtfertigt nicht die Zulassung der Revision, denn die Antwort ergibt sich unmittelbar aus dem Gesetz. Bei der Rücknahme eines rechtswidrigen begünstigenden Verwaltungsaktes kann sich der Begünstigte auf Vertrauen u. a. dann nicht berufen, wenn er den Verwaltungsakt durch Bestechung erwirkt hat (§48 Abs. 2 Satz 3 Nr. 1 VwVfG NRW, §48 Abs. 2 Satz 3 Nr. 1 BVwVfG). Die Bestechung muß für den Erlaß des rechtswidrigen Verwaltungsakts ursächlich gewesen sein (vgl. BVerwG, Urteil v. 20. 10. 1987 – 9 C 255.86 –, BVerwGE 78, 139, 142; Beschluß v. 18. 8. 1993 – 3 B 35.93 –, juris). Davon ist auch das Oberverwaltungsgericht ausgegangen. Es hat die Kausalität zwischen der Bestechung und der Rechtswidrigkeit der Baugenehmigungen bejaht, weil nach seinen nicht mit Verfahrensrügen angegriffenen Feststellungen das Bauvorbescheidsverfahren, das auf Grund der zunächst korrekten Negativbeurteilung des Vorhabens durch den Planungsausschuß unmittelbar vor einem für die Klägerin negativen Abschluß stand, durch die Bemühungen des bestochenen Zeugen N. erneut angestoßen wurde und dies dazu führte, daß das Verfahren eine gänzlich andere Richtung erhielt und letztlich die umstrittenen rechtswidrigen Baugenehmigungen erteilt wurden. Daß der begünstigende Verwaltungsakt auch nach Ansicht der für die Entscheidung zuständigen Mitarbeiter der Behörde nicht hätte ergehen dürfen, sie also die Rechtswidrigkeit des Bescheides erkannt haben, setzt §48 Abs. 2 Satz 3 Nr. 1 VwVfG nicht voraus.

Nr. 109

In einer räumlich verhältnismäßig beschränkten, nach ihrer Landschaftsstruktur von der Umgebung klar abgehobenen Außenbereichsfläche hat das öffentliche Interesse an der Verhinderung einer Zersiedlung der für die Bebauung nicht vorgesehenen Flächen besonderes Gewicht.

(Nichtamtlicher Leitsatz)

BauGB § 35 Abs. 3.

Bundesverwaltungsgericht, Beschluß vom 24. Juni 2004 – 4 B 23.04 –.

(VGH Baden-Württemberg)

Aus den Gründen:
Splittersiedlungen sind nach der Rechtsprechung des Bundesverwaltungsgerichts nicht schon um ihrer selbst Willen zu mißbilligen. „Zu befürchten" i. S. von § 35 Abs. 3 Nr. 7 BauGB ist die Entstehung, Erweiterung oder Verfestigung einer Splittersiedlung nur, wenn das Vorhaben zu einer „unerwünschten Splittersiedlung" führt. Unerwünscht in diesem Sinne ist eine Splittersiedlung, wenn mit ihr ein Vorgang der Zersiedelung eingeleitet oder gar schon vollzogen wird (vgl. BVerwG, Urteile v. 26. 5. 1967 – 4 C 95.65 –, BVerwGE 27, 137, 139 = BRS 18 Nr. 45; v. 3. 6. 1977 – 4 C 37.75 –, BVerwGE 54, 73, 76 = BRS 32 Nr. 75). Das anzunehmen, rechtfertigt sich i. d. R. Die Berechtigung einer solchen Annahme bedarf aber – zumindest in Fällen der Verfestigung – einer konkreten Begründung; sie rechtfertigt sich mithin auch i. d. R. nicht einfach aus sich (vgl. BVerwGE 54, 73, 78; Urteil v. 3. 6. 1977 – 4 C 37.75 –, BauR 1977, 398, 401). Als Grund für eine Mißbilligung kommt u. a. in Betracht, daß das Vorhaben eine weitreichende oder doch nicht genau übersehbare Vorbildwirkung besitzt und daher seine unabweisbare Konsequenz sein könnte, daß in nicht verläßlich eingrenzbarer Weise noch weitere Bauten hinzutreten werden. Hierfür reicht es aus, daß bei einer Zulassung des Vorhabens weitere ähnliche Vorhaben in der Splittersiedlung nicht verhindert werden könnten und dadurch der Außenbereich zersiedelt werden würde. „Weitreichend" ist die Vorbildwirkung deshalb immer dann, wenn sich das Vorhaben und die weiteren Vorhaben, die nicht verhindert werden könnten, zusammen der vorhandenen Splittersiedlung nicht unterordnen, sondern diese erheblich verstärken und dadurch eine weitergehende Zersiedelung des Außenbereichs bewirken würden (vgl. BVerwG, Urteil v. 27. 8. 1998 – 4 C 13.97 –, BRS 60 Nr. 82 = BauR 1999, 373, 374 = Buchholz 406 11 § 35 Nr. 338). Daß sich das Vorhaben des Klägers und eine etwaige Folgebebauung des derzeit als Bootsliegeplatz genutzten Grundstücks Flst.-Nr. 463 und des dem Kläger gehörenden Grundstücks Flst.-Nr. 463/4 der vorhandenen Splittersiedlung, also dem Wohnhaus auf dem Grundstück Flst.-Nr. 463/1 und dem Kiosk mit Gartenwirtschaft auf dem Grundstück Flst.-Nr. 462/1 unterordnen würden, hat das Berufungsgericht schon wegen der Zahl der Gebäude zu Recht nicht in Erwägung gezogen. Die sich an das Grundstück Flst.-Nr. 463/1 anschließende Seeuferbebauung auf der Gemarkung der Stadt M.

ist in die Beurteilung nicht einzubeziehen. Denn für den Begriff der Splittersiedlung (§ 35 Abs. 3 Nr. 7 BauGB) ist – ebenso wir für den Begriff des Ortsteils i. S. von § 34 Abs. 1 BauGB (vgl. BVerwG, Urteil v. 3.12.1998 – 4 C 7.98 –, BRS 60 Nr. 81 = BauR 1999, 232 = Buchholz 406.11 § 34 BauGB Nr. 193) – allein auf die Siedlungsstruktur im Gebiet der jeweiligen Gemeinde abzustellen (vgl. BVerwG, Beschluß v. 18.9.2000 – 4 B 49.00 –, BRS 63 Nr. 98 = BauR 2001, 79 = Buchholz 406.11 § 35 BauGB Nr. 345; Urteil v. 17.2.1984 – 4 C 56.79 –, BRS 42 Nr. 80 = BauR 1984, 495 = Buchholz 406.11 § 35 Nr. 211). Ordnet sich das Vorhaben der vorhandenen Splittersiedlung nicht unter, kommt es für die Bewertung der Splittersiedlung auf die räumliche Begrenztheit des Außenbereichs nicht an. In einer räumlich verhältnismäßig beschränkten, nach ihrer Landschaftsstruktur von der Umgebung klar abgehobenen Außenbereichsfläche hat das öffentliche Interesse an der Verhinderung einer Zersiedelung der für die Bebauung nicht vorgesehenen Flächen sogar besonderes Gewicht (vgl. BVerwG, Urteil v. 19.10.1966 – 4 C 16.66 –, BVerwGE 25, 161, 164 = BRS 17 Nr. 49).

Nr. 110

Ein als Wohnhaus genutztes ehemaliges Bauernhaus mit einer Wohneinheit ist einem Ersatzgebäude mit zwei Wohnungen in zwei aneinandergesetzten, selbständig nutzbaren Haushälften nicht gleichartig i.S. des § 35 Abs. 4 Satz 1 Nr. 2 BauGB. Es darf auch nicht nach § 35 Abs. 4 Satz 1 Nr. 5 BauGB in einen derartigen Zwillingsbau umgebaut werden.

BauGB § 35 Abs. 2, Abs. 3 Satz 1 Nr. 7, Abs. 4 Satz 1 Nr. 2 und 5; GG Art. 14 Abs. 1.

Bundesverwaltungsgericht, Urteil vom 19. Februar 2004 – 4 C 4.03.

(Hamburgisches OVG)

Die Beteiligten streiten um einen Bauvorbescheid für den Neubau eines Wohnhauses als Ersatz für ein sanierungsbedürftiges Bauernhaus.

Die Klägerin ist Eigentümerin des Grundstücks F. N. 21. Das auf einer Warft gelegene Grundstück ist mit einem etwa 100 Jahre alten Bauernhaus bebaut, das eine Grundfläche von deutlich mehr als 200 m^2 aufweist und im Erdgeschoß in einen Wohn- und einen Wirtschaftsbereich unterteilt ist. Die Wohnräume mit einer Gesamtgrundfläche von 176,4 m^2 dienen der Klägerin und der Familie ihrer jüngeren Tochter als gemeinsames Domizil, die Wirtschaftsräume werden nicht mehr genutzt. Das 110 m^2 große Dachgeschoß fungiert als Abstell- und Trockenraum. Das Bauernhaus bildet den baulichen Mittelpunkt einer Hofstelle, zu der noch ein weiteres, von der älteren Tochter der Klägerin genutztes, aus einem Lager zu einem Wohnhaus umgebautes Gebäude (F. N. 21a) und ein landwirtschaftliches Nebengebäude gehören. Das Gehöft liegt inmitten von Obstplantagen und ist von der nächstgelegenen Bebauung entlang des F. N. ca. 300 m entfernt.

1997 beantragte die Klägerin bei der Beklagten die Erteilung eines Vorbescheides für die Errichtung eines als Doppelhaus bezeichneten Gebäudes, das sie nach Abriß des Bauernhauses an dessen Stelle setzen will. Das neue Bauwerk soll sich nach Art eines

Zwillingsbaus aus zwei Haushälften mit einer auf ganzer Länge gemeinsamen Zwischenwand und spiegelbildlichen Grundrissen zusammensetzen. Die vorgesehene Grundfläche des zweigeschossigen Baukörpers mit zwei getrennten Eingangsbereichen beträgt ca. 160 m², die Gesamtwohnfläche nach Angaben der Klägerin 216,04 m². Eine Haushälfte will die Klägerin, die andere die Familie ihrer jüngeren Tochter beziehen.

Aus den Gründen:

II. Zu Recht und von der Revision unbeanstandet hat das Berufungsgericht angenommen, daß der Neubau im Außenbereich errichtet werden soll und nicht nach §35 Abs. 1 Nr. 1 BauGB privilegiert ist. Gemäß §35 Abs. 2 BauGB könnte er daher nur zugelassen werden, wenn seine Ausführung oder Benutzung öffentliche Belange i. S. des §35 Abs. 3 Satz 1 BauGB nicht beeinträchtigt. Das ist nicht der Fall. Allerdings kann dem Berufungsgericht nicht in seiner Begründung gefolgt werden, daß das Vorhaben die Verfestigung einer Splittersiedlung (§35 Abs. 3 Satz 1 Nr. 7 BauGB) befürchten lasse, weil die Klägerin ein Gebäude mit einer Wohneinheit durch ein Gebäude mit zwei Wohneinheiten ersetzen wolle und durch die Erhöhung der Zahl der Wohnungen die Inanspruchnahme des Außenbereichs typischerweise zunehme. Der Vergleich zwischen Alt- und Neubau ist nicht bei der Prüfung des §35 Abs. 2, 3 BauGB, sondern erst im Rahmen des §35 Abs. 4 BauGB vorzunehmen. Im Zusammenhang mit §35 Abs. 2 BauGB muß sich die Klägerin so behandeln lassen, als wenn sie an der vorgesehenen Stelle erstmalig ein Gebäude errichten wollte (vgl. BVerwG, Urteil v. 13. 6. 1980 – 4 C 63.77 –, BRS 36 Nr. 101 = BauR 1980, 553). Dies hat die Vorinstanz übersehen. Im Ergebnis wirkt sich das aber nicht aus; denn der beabsichtigte Neubau läßt die Erweiterung einer Splittersiedlung befürchten. Da er sich dem vorhandenen Gebäudebestand der Hofstelle, die nur ein weiteres kleines Wohngebäude aufweist, im Umfang nicht deutlich unterordnet, würde er die unerwünschte Zersiedlung des Außenbereichs vorantreiben (vgl. BVerwG, Urteil v. 3. 6. 1977 – 4 C 37.75 –, BVerwGE 54, 73, 78 f. = BRS 32 Nr. 75 = BauR 1977, 398).

Der Klägerin könnte die Erweiterung einer zu mißbilligenden Splittersiedlung vorbehaltlich der Erfüllung weiterer Voraussetzungen nicht als Hindernis entgegengehalten werden, wenn es darum ginge, an Stelle des vorhandenen Gebäudes ein „gleichartiges Wohngebäude" zu errichten (§35 Abs. 4 Satz 1 Nr. 2 BauGB). Das Berufungsgericht hat diesen Ausnahmetatbestand zu Lasten der Klägerin verneint. Dem ist beizupflichten.

Der Senat geht mit dem Berufungsgericht davon aus, daß es sich bei dem Althau trotz der Wirtschaftsräume, die ursprünglich dem von der Familie geführten Obstanbaubetrieb dienten und sich dafür ohne weiteres wieder nutzbar machen ließen, um ein Wohngebäude handelt; denn das Bauwerk ist seit seiner Errichtung auch zum dauernden Aufenthalt von Menschen bestimmt. Zweifelhaft ist hingegen, ob der Neubau im Rechtssinne ein Wohngebäude ist oder ob er nicht aus zwei Wohngebäuden besteht. Zwar bilden beide Haushälften eine bauliche Einheit im Sinne eines Gesamtbaukörpers. Sie sind aber selbständig benutzbar, weil jede für sich die Ausstattungsmerkmale eines eigenständigen Einfamilienhauses aufweist. Zusätzliche Gebäude läßt §35 Abs. 4 Satz 1 Nr. 2 BauGB – wie §35 Abs. 4 Satz 1 BauGB generell – nicht zu.

Nr. 110

Die Frage nach der Zahl der neu zu errichtenden Gebäude kann indessen offenbleiben, weil es jedenfalls an der Gleichartigkeit von Alt- und Ersatzbau fehlt. Gleichartigkeit bedeutet nach der Rechtsprechung des Senats Gleichartigkeit in jeder bodenrechtlich beachtlichen Beziehung, also insbesondere die Gleichartigkeit im Standort, im Bauvolumen, in der Nutzung und in der Funktion (BVerwG, Urteil v. 8.6.1979 – 4 C 23.77 –, BVerwGE 58, 124, 130, BRS 35 Nr. 82 = BauR 1979, 304; Urteil v. 13.6.1980, a.a.O.; Urteil v. 23.1.1981 – 4 C 85.77 –, BVerwGE 61, 290, 293 = BRS 38 Nr. 97 = BauR 1981, 249). Sie ist hier nicht gegeben.

Das ist freilich nicht schon deshalb der Fall, weil ein landwirtschaftliches Gebäude mit Wohn- und Wirtschaftsräumen durch ein Gebäude ersetzt werden soll, das ausschließlich Wohnzwecken zu dienen bestimmt ist. Der Altbau hat nach den Feststellungen im Berufungsurteil nur noch die Funktion eines „reinen" Wohnhauses. Da die Funktionsänderung, die der Übergang vom landwirtschaftlichen Gebäude zum „reinen" Wohnhaus enthält, von §35 Abs. 4 Satz 1 Nr. 1 BauGB gedeckt ist, ist das Bauernhaus seit längerem ein materiell rechtmäßiges Wohnhaus. Es ist unter diesem Gesichtspunkt der Ersetzung durch das geplante Vorhaben zugänglich.

Die Gleichartigkeit läßt sich entgegen der Ansicht des Berufungsgerichts auch nicht mit der Erwägung verneinen, die Gesamtwohnfläche des neuen Gebäudes sei mit 216,04 m^2 um nahezu ein Viertel und damit mehr als i. S. des §35 Abs. 4 Satz 2 BauGB geringfügig höher als die derzeit im Bauernhaus zum Wohnen genutzte Fläche von 176,4 m^2. Zwar bezieht §35 Abs. 4 Satz 1 Nr. 2 BauGB die Gleichartigkeit auf die einander zu vergleichenden Bauten in ihrer Funktion als Wohngebäude. Das bedeutet jedoch nicht, daß die Flächen im Altbau außer Betracht bleiben müßten, die, wie beispielsweise der Sortierraum und der Kompressorraum, nicht zum Bewohnen geeignet sind. Die Nutzung der Räume schlägt hier bodenrechtlich nicht zu Buche, weil sie sich auf die in §35 Abs. 4 BauGB genannten öffentlichen Belange nicht zusätzlich negativ auswirkt. Der Gesetzgeber hat mit §35 Abs. 4 Satz 1 Nr. 1 BauGB unter bestimmten, hier nicht weiter zu erörternden Voraussetzungen die Änderung der Nutzung landwirtschaftlicher Gebäude durch das Beiseiteschieben der in Abs. 4 einleitend genannten öffentlichen Belange erleichtert. Das spricht dafür, daß auch nach §35 Abs. 4 Satz 1 Nr. 2 BauGB anläßlich der Errichtung eines Ersatzbaus die innere Einteilung und Nutzung der Räume geändert werden darf (vgl. BVerwG, Urteil v. 23.1.1981, a.a.O., 294). Das Berufungsgericht hätte daher nicht die Wohnflächen, sondern die Grundflächen und die Rauminhalte der Vergleichsgebäude zueinander in Beziehung setzen müssen (vgl. BVerwG, Urteil v. 23.1.1981, a.a.O., 294). Bei Anlegung dieses Maßstabs ergibt sich, daß der zweigeschossige Neubau mit einer Grundfläche von ca. 160 m^2 und einer Geschoßfläche von 216,04 m^2 keinesfalls größer ist als der Altbau mit einer Grundfläche von über 200 m^2 und einem 110 m^2 großen Dachgeschoß.

Die Gleichartigkeit der Gebäude scheitert jedoch daran, daß die Klägerin im Neubau eine zweite Wohneinheit schaffen will. Wie §35 Abs. 4 Satz 1 Nr. 1 Buchst. f) BauGB und §35 Abs. 4 Satz 1 Nr. 5 BauGB zeigen, mißt der Gesetzgeber der Zahl der Wohnungen im Außenbereich bodenrechtliche Bedeutung bei. Dem liegt die zutreffende Erkenntnis zugrunde, daß sich durch hinzukommende Wohneinheiten die Belastung des Außenbereichs, das heißt die Beeinträchtigung öffentlicher Belange, regelmäßig insofern verstärkt, als die natürliche Eigenart der Landschaft zusätzlich beeinträchtigt und der Verfestigung einer Splittersiedlung Vorschub geleistet wird (vgl. BVerwG, Beschl. v. 8. 5. 1979 – 4 B 83.79 –, n.V.). Mit der Zahl der Wohneinheiten steigt die Zahl der Haushalte und damit typischerweise die Zahl der Bewohner, nimmt der Kraftfahrzeugverkehr zu und wird die Ver- und Entsorgung aufwändiger. Die zweite Wohneinheit verleiht dem Neubau im Vergleich zum vorhandenen Altbau mithin eine andere Qualität (vgl. BVerwG, Urteil v. 23. 1. 1981 – 4 C 82.77 –, BVerwGE 61, 285, 289 = BRS 38 Nr. 101 = BauR 1981, 245). Das ist mit dem Tatbestandsmerkmal der Gleichartigkeit nicht vereinbar (vgl. BVerwG, Urteil v. 23. 5. 1980 – 4 C 84.77 –, BRS 36 Nr. 100).

Die Entstehungsgeschichte sowie der Sinn und Zweck des §35 Abs. 4 Satz 1 Nr. 2 BauGB bestätigen dieses Ergebnis. §35 Abs. 4 Satz 1 Nr. 2 BauGB ist Nachfolger von §35 Abs. 5 Satz 1 Nr. 1 BBauG 1976/1979, der nur zum Tragen kam, wenn das Gebäude durch wirtschaftlich vertretbare Modernisierungsmaßnahmen nicht den Anforderungen an gesunde Wohnverhältnisse angepaßt werden konnte. Der Senat hat die letztgenannte Vorschrift unter Rückgriff auf die Gesetzesmaterialien als Härteklausel bezeichnet (Urteil v. 12. 3. 1982 – 4 C 59.78 –, BRS 39 Nr. 89 = BauR 1982, 359 = NJW 1982, 2513, 2514). Dieser Charakter ist nicht dadurch verloren gegangen, daß §35 Abs. 4 Satz 1 Nr. 2 BauGB nicht danach fragt, ob die Mängel oder Mißstände mit wirtschaftlich vertretbarem Aufwand behoben werden können. Die Entschärfung der Regelung dient allein der Verfahrensvereinfachung, weil sie die schwierige und zeitaufwendige Wirtschaftlichkeitsberechnung entbehrlich machen soll (BT-Drucks. 12/3944, S. 42 zu §4 Abs. 3a BauGB-MaßnahmenG). Eine Wertung der Mängel im Verhältnis zum Gesamtzustand verlangt auch die Neufassung, das heißt nur gravierende, das Gebäude erheblich beeinträchtigende Mängel rechtfertigen die Ersetzung (Krautzberger, in: Battis/Krautzberger/Löhr, BauGB, 8. Aufl., §35 Rdnr. 97). Aus der Natur des §35 Abs. 4 Satz 1 Nr. 2 BauGB als Härtevorschrift ist seinem Anwendungsbereich insoweit eine Grenze gezogen, als es ungerechtfertigt wäre, geringfügig mehr als die Herstellung des Zustandes zu gestatten, der bestünde, wenn das alte Gebäude noch mit finanziell vertretbarem Einsatz hätte „gerettet" werden können. Nur ein solcher Austausch läßt sich im Allgemeinen auch der gegebenen Situation zumuten. Die Errichtung eines anderswo im Außenbereich unzulässigen Ersatzbaues ist hinnehmbar, weil ein bestimmtes Gebäude schon vorhanden ist und deshalb angenommen werden kann, die „Situation" habe sich auf dieses Gebäude eingestellt (Weyreuther, Bauen im Außenbereich, S. 477, Stichwort: Vergleichbarkeit eines Gebäudes, Nr. 2). Eine solche Fallgestaltung liegt nicht vor, wenn der Ersatzbau mehr Wohneinheiten aufweisen soll als der Altbau. Die Verkehrsauffassung, die bei einem Vergleich von Wohngebäuden unter anderem die Anzahl der Wohnungen zum Maßstab nimmt und sich mit einem vorhandenen Bestand im Außenbereich abgefunden hat, wird nicht geneigt sein, Ersatzbauten mit zusätzlichen Wohneinheiten zu akzeptieren.

Entgegen der Ansicht der Revision gleicht der Ersatzbau trotz der Schaffung einer zweiten Wohneinheit nicht deshalb dem Altbau, weil beide Gebäude der Klägerin und der Familie ihrer jüngeren Tochter als Wohnstätte zu dienen bestimmt sind und es zu einer stärkeren Belastung des Außenbereichs als bisher nicht kommen soll. Die Verdoppelung der Zahl der Wohneinheiten und die Aufteilung der „Großfamilie" auf zwei Haushalte erhöht die Gefahr, daß im Falle des Ablebens oder des Wegzugs einer Partei selbständig nutzbarer Wohnraum frei wird, der dann zur Vermeidung von Leerstand Dritten überlassen wird. Deren Zuzug widerspräche dem vom Gesetzgeber gewollten Schutz des Außenbereichs und ließe sich durch Sicherungsmaßnahmen nach §35 Abs. 5 Satz 3 BauGB auch nicht dauerhaft verhindern (vgl. Schmaltz, in: Schrödter, BauGB, 6. Aufl., §35 Rdnr. 155).

Aus der Regelung des §35 Abs. 4 Satz 1 Nr. 5 BauGB, welche unter bestimmten Voraussetzungen die Errichtung einer weiteren Wohnung im Rahmen einer angemessenen Erweiterung eines vorhandenen Wohngebäudes zuläßt, kann die Klägerin nichts zu ihren Gunsten herleiten. Die Revision läßt sich in diesem Zusammenhang von folgendem Gedankengang leiten: Die Klägerin dürfe nach §35 Abs. 4 Satz 1 Nr. 5 BauGB in das vorhandene Bauernhaus zunächst eine zweite Wohnung einbauen und sodann nach §35 Abs. 4 Satz 1 Nr. 2 BauGB einen Ersatzbau mit ebenfalls zwei Wohnungen errichten. Umgekehrt sei ihr auch erlaubt, nach §35 Abs. 4 Satz 1 Nr. 2 BauGB zuerst das Bauernhaus durch ein Einfamilienhaus zu ersetzen und danach auf der Grundlage des §35 Abs. 4 Satz 1 Nr. 5 BauGB den Ersatzbau um eine zweite Wohnung zu erweitern. Um dieses wirtschaftlich unsinnige Verfahren zu vermeiden, müsse es ihr gestattet sein, beide Ausnahmetatbestände zusammenzuziehen, und sei es geboten, den Begriff der Gleichartigkeit so weit zu verstehen, daß er die nach §35 Abs. 4 Satz 1 Nr. 5 BauGB zulässige Änderung einschließt. Der Senat läßt offen, ob dieser Argumentation im Grundsatz gefolgt werden könnte; denn der Klägerin ist entgegenzuhalten, daß es §35 Abs. 4 Satz 1 Nr. 5 BauGB jedenfalls nicht erlaubt, aus einem Einfamilienhaus ein Gebäude nach Art eines Zwillingsbaus mit zwei selbständig nutzbaren Haushälften zu machen. Eine solche Baumaßnahme stellt sich nicht mehr als „angemessene" Erweiterung eines Wohngebäudes dar (so auch Krautzberger/Söfker, Baugesetzbuch mit BauNVO, 6. Aufl., Rdnr. 399, S. 576), weil sie mit einer wesentlichen, vom Gesetzgeber mißbilligten (vgl. BT-Drucks. 10/6166, S. 132 zu §35 Abs. 4 BauGB) baulichen Änderung verbunden ist. Hinzu kommt, daß sich eine Haushälfte von dem Zweck des §35 Abs. 4 BauGB, den bereits im Außenbereich Ansässigen in begrenztem Umfang zu begünstigen, leichter lösen läßt als beispielsweise eine Einliegerwohnung als gedachter Hauptanwendungsfall des §35 Abs. 4 Satz 1 Nr. 5 BauGB. Nach einer Grundstücksteilung, für deren Verbot es keine bauplanungsrechtliche Rechtsgrundlage gibt, ist eine Haushälfte nicht minder verkehrsfähig als ein allein stehendes Einfamilienhaus. Sie ist geeignet, den Außenbereich stärker zu gefährden als eine Wohneinheit, die in den Altbau integriert wird.

Auf Art. 14 Abs. 1 Satz 1 GG kann die Klägerin ihren Anspruch auf Erteilung des beantragten Bauvorbescheides nicht stützen. Der Senat hat wiederholt betont, daß es ein Recht auf Zulassung eines Vorhabens außerhalb der gesetzlichen Regelungen nicht gibt (z. B. Urteil v. 12. 3. 1998 – 4 C 10.97 –, BVerwGE 106, 228 = BRS 60 Nr. 98 = BauR 1998, 760). Auch die Baufreiheit, die vom Schutzbereich des Eigentumsgrundrechts umfaßt wird, ist nur nach Maßgabe des einfachen Rechts gewährleistet (BVerfG, Beschluß v. 19. 6. 1973 – 1 BvL 39/69 u. a. –, BVerfGE 35, 263, 276). Zu prüfen ist daher allein, ob die vom Senat gewählte Auslegung des §35 Abs. 4 Satz 1 Nr. 2 BauGB mit Art. 14 Abs. 1 Satz 1 GG vereinbar ist. Das ist der Fall. Daß Ersatzbauten nur zugelassen werden können, sofern die Zahl der Wohnungen nicht aufgestockt wird, widerspricht nicht dem Gewährleistungsgehalt der Eigentumsgarantie. Es hält sich im Rahmen zulässiger Sozialbindung, wenn im Anwendungsbereich des §35 BauGB, der vom Leitgedanken größtmöglicher Schonung des Außenbereichs beherrscht wird (vgl. DVerwG, Urteil v. 19. 6. 1991 – 4 C 11.89 –, BRS 52 Nr. 78 = BauR 1991, 579), ein Ersatzbau für ein abgängiges Gebäude nur bis zur Grenze der Zahl der vorhandenen Wohnungen zugelassen wird. Hierdurch wird weder die Verfügungsbefugnis angetastet noch die Privatnützigkeit des Eigentums in Frage gestellt. Zwar ist die Ersetzung eines Wohngebäudes unter gleichzeitiger Aufstockung der Wohneinheiten mit einem Komfortgewinn verbunden. Von ihm hängt aber nicht ab, ob der Zweck des §35 Abs. 4 Satz 1 Nr. 2 BauGB erreicht wird, in einem Gebäude zu wohnen, das keine Mißstände und Mängel i. S. des §177 Abs. 2 und 3 BauGB aufweist. Das verständliche, aber nicht unabweisbare Anliegen, mit der Familie unter einem Dach, aber in getrennten Haushalten zu leben, läßt sich nicht dem Schutzbereich des Art. 14 Abs. 1 Satz 1 GG zuordnen, der einer Ausgestaltung durch den Gesetzgeber entzogen ist.

Nr. 111

§35 Abs. 4 Nr. 2 c BauGB kann nicht über den Wortlaut der Vorschrift hinaus dahin ausgelegt werden, daß die erleichterte Zulassung eines Ersatzbaus schon dann in Frage kommt, wenn nicht der Eigentümer selbst, sondern Familienangehörige des Eigentümers das vorhandene Gebäude längere Zeit bewohnt haben. Lediglich dann, wenn der Eigentümer das vorhandene Gebäude längere Zeit selbst als Mieter oder Angehöriger des früheren Eigentümers bewohnt hat und im Anschluß daran das Eigentum erwirbt, kommt eine erweiternde Auslegung der Vorschrift in Betracht.

§35 Abs. 4 Nr. 2 BauGB.

OVG Nordrhein-Westfalen, Beschluß vom 13. Februar 2004
– 10 A 4715/02 – (rechtskräftig).

(VG Arnsberg)

Der Kläger bewohnt und bewirtschaftet eine im Außenbereich gelegene landwirtschaftliche Hofanlage. In einer Entfernung von 50 m vom Haupthaus dieser Anlage steht ein etwa 1870 errichtetes und 1952 renoviertes und um eine angebaute Garage ergänztes Wohnhaus mit einer Grundfläche von ca. 55 m^2, das seit mehreren Jahren von der Stieftochter des Klägers und ihrer Familie bewohnt wird. Der Kläger plante dieses Wohngebäude abzubrechen und durch ein neues Wohnhaus – das die Außenmaße des Altgebäudes zuzüglich Garage einhält – zu ersetzen, um es moderneren Wohnbedürfnissen anzupassen. Der vom Kläger beantragte Bauvorbescheid wurde ihm versagt; das Verwaltungsgericht verpflichtete den Beklagten, den Bauvorbescheid zu erteilen. Im Berufungsverfahren wurde die Hauptsache für erledigt erklärt, nachdem der Kläger auf einen Abbruch des Gebäudes verzichtet und sich bereit erklärt hatte, das vorhandene Gebäude nur zu erweitern und zu renovieren.

Aus den Gründen:
Nachdem die Beteiligten den Rechtsstreit übereinstimmend für in der Hauptsache erledigt erklärt haben, ist das Verfahren in entsprechender Anwendung des § 92 Abs. 3 VwGO einzustellen und das Urteil des Verwaltungsgerichts für wirkungslos zu erklären (§ 173 VwGO i. V. m. § 269 Abs. 3 ZPO analog). Das Gericht hat ferner gemäß § 161 Abs. 2 VwGO unter Berücksichtigung des bisherigen Sach- und Streitstandes über die Kosten des Verfahrens zu entscheiden. Dabei ist zugunsten des Klägers zu berücksichtigen, daß der Kläger auf die Möglichkeit verzichtet, das für ihn günstige erstinstanzliche Urteil nach Überprüfung im Rahmen eines Revisionsverfahrens wieder herstellen zu lassen. Zu seinen Lasten ist zu berücksichtigen, daß diese Entscheidung nach Auffassung des Senats im Berufungsverfahren keinen Bestand gehabt hätte.

Dabei kann offenbleiben, ob die Erleichterungstatbestände des § 35 Abs. 4 BauGB – etwa im Hinblick auf das gesetzgeberische Ziel, den Außenbereich von Bebauung tendenziell freizuhalten – grundsätzlich eng auszulegen sind oder ob die Zielsetzungen der einzelnen Tatbestände zu einer differenzierteren Auslegung Anlaß bieten. Jedenfalls neigt der Senat zu der Annahme, daß sich § 35 Abs. 4 Satz 1 Nr. 2 c über seinen klaren Wortlaut hinaus nicht dahin auslegen läßt, daß auch eine Nutzung des Altgebäudes durch Familienangehörige des Eigentümers anstelle des Eigentümers selbst die Voraussetzungen für eine erleichterte Zulassung des Ersatzbaus erfüllt.

Nach dem Sinn und Zweck der Vorschrift sollen durch die erleichterte Ersetzung baulich unzulänglicher Wohngebäude im Außenbereich der Strukturwandel in der Landwirtschaft unterstützt und den Bedürfnissen der seit längerem im Außenbereich ansässigen Wohnbevölkerung entsprochen werden; zugleich soll der Generationenwechsel in der ländlichen Bevölkerung erleichtert werden. Nicht dagegen beabsichtigt § 35 BauGB, zulässig errichtete Gebäude im Außenbereich durch Zeitablauf „wegzusanieren". Verhindert werden soll lediglich, daß sich kapitalkräftige Investoren in den Außenbereich „einkaufen", indem sie ältere Gebäude in schlechtem Bauzustand aufkaufen und durch Neubauten für Nutzer ersetzen, die nicht schon selbst seit längerem im Außenbereich ansässig sind, sondern den Außenbereich als neue Wohnumgebung für sich erst erschließen wollen (Söfker, in: Ernst/Zinkahn/Bielenberg, BauGB, § 35 Rdnr. 131; Schmaltz, in: Schrödter, BauGB, 6. Aufl., § 35 Rdnr. 117).

Diesen Zielen dient auch § 35 Abs. 4 Satz 1 Nr. 2 c BauGB. Nur der Eigentümer, der selbst in dem zu ersetzenden Außenbereichsgebäude seit längerem gewohnt und die mit dem schlechten Bauzustand des von ihm genutzten Gebäudes verbundenen Unzulänglichkeiten hingenommen hat, soll bei der

Schaffung von Ersatzwohnraum bevorzugt werden, den er für sich oder seine Familie schafft.

Das der Gesetzgeber die Eigennutzung des Altgebäudes auf den Eigentümer selbst beschränkt und nicht auf seine Familienmitglieder – soweit sie nicht zusammen mit ihm das Gebäude genutzt haben – erstreckt hat, kann auch nicht als eine durch erweiternde Auslegung zu füllende Regelungslücke angesehen werden. Denn wie sich beispielsweise aus §35 Abs. 4 Satz 1 Nr. 2d und §35 Abs. 4 Satz 1 Nr. 5c BauGB ergibt, ist bei der Schaffung der Erleichterungstatbestände zwischen dem Eigentümer als Eigennutzer und dem Eigenbedarf des Eigentümers und seiner Familie durchaus unterschieden worden. Eine erweiternde Auslegung des Tatbestandsmerkmals „Eigentümer" in §35 Abs. 4 Satz 1 Nr. 2c BauGB verbietet sich im übrigen auch deshalb, weil der Gesetzgeber mit den Tatbeständen der privilegierten Nutzung und der Zulassung von sonstigen Vorhaben eine abschließende Regelung der Inhalts- und Schrankenbestimmung des Eigentums in diesem Zusammenhang getroffen hat (BVerwG, Urteil v. 12.3.1998 – 4 C 10.97 –, BRS 60 Nr. 98 (S. 383f. m. w. N.) = BauR 1998, 760).

Eine teleologisch begründete extensive Auslegung ist nur dort gerechtfertigt, wo ein langjähriger Nutzer des Gebäudes erst zu einem späten Zeitpunkt Eigentümer wird, bis dahin aber das Gebäude als Mieter oder als Angehöriger des Eigentümers genutzt hat. Denn wie der Gesetzgeber durch §35 Abs. 4 Satz 1 Nr. 2d, Halbs. 2 BauGB zum Ausdruck gebracht hat, soll dieser Fall des langjährigen Nutzers demjenigen des das Gebäude langjährig als Eigentümer Nutzenden gleichgestellt sein. Der Grund dafür liegt darin, daß auch in diesem Fall dieselbe Person, die sich über längere Zeit mit den Erschwernissen eines unzulänglichen Gebäudes abgefunden und unter diesen Bedingungen im Außenbereich gelebt hat, als Nutzer auch des Ersatzbaus – ggf. unter Einschluß von Familienmitgliedern – auftritt (BVerwG, Urteil v. 23.1.1981 – 4 C 82.77 –, BVerwGE 61, 285 = BRS 38 Nr. 101; zustimmend Schmaltz, a. a. O., Rdnr. 131; Krautzberger, in: Battis/Krautzberger/Löhr, BauGB, 8. Aufl., §35 Rdnr. 98.

Soweit der Senat in einer früheren Entscheidung ausgeführt hat, für die Anwendung des §35 Abs. 5 Satz 1 Nr. 1 BBauG genüge es, daß das durch einen Neubau zu ersetzende Wohngebäude seit längerer Zeit von der Familie des Eigentümers eigengenutzt worden sei (OVG NRW, Urteil v. 6.6.1977 – X A 1878/76 –, BRS 32 Nr. 84 = BauR 1977, 327), betraf diese Entscheidung den Fall einer Erbengemeinschaft, deren Mitglieder nach dem Ableben des früheren Eigentümers nicht sämtlich das Altgebäude bewohnt hatten. Diese Konstellation ist mit dem vorliegenden Fall schon deshalb nicht zu vergleichen, weil einige Mitglieder der Erbengemeinschaft das Gebäude sowohl vor als auch nach dem Tod des Alteigentümers bewohnten; im übrigen hatte der Alteigentümer und Erblasser das Gebäude bis zu seinem Tode selbst genutzt. Im vorliegenden Fall hingegen hat der Kläger und Eigentümer das Gebäude zu keiner Zeit selbst genutzt, während seine Schwiegertochter und ihre Familie das Gebäude zwar seit 1996 bewohnen, aber zu keiner Zeit Eigentümer waren.

Auch soweit einzelne Stimmen in der Literatur ausführen, der Ersatzbau sei schon dann zulässig, wenn sowohl Alt- als auch Ersatzbau vom Eigentümer oder seiner Familie selbst genutzt würden (etwa Dürr, in: Brügelmann, BauGB, §35 Rdnr. 137; Söfker, a.a.O., Rdnr. 150), überzeugt dies den Senat nicht. Denn die zum Beleg jener Ansicht herangezogenen Entscheidungen des BVerwG (Beschlüsse v. 10.3.1988 – 4 B 41.88 –, BRS 48 Nr. 71 = BauR 1988, 324, und v. 31.5.1988 – 4 B 88.88 –, BRS 48 Nr. 77 = BauR 1988, 698) enthalten wiederum nur Ausführungen, in denen die erleichterte Zulassung eines Ersatzbaus für Eigentümer angenommen wurde, die das Gebäude selbst über längere Zeit genutzt hatten, wenn auch zunächst als Mieter oder als Angehöriger des früheren Eigentümers. Anhaltspunkte für eine andere Auslegung – insbesondere eine andere als die vom Senat für richtig gehaltene Bewertung der gegenläufigen Interessen an einer Freihaltung des Außenbereichs von Wohnnutzung durch neu in den Außenbereich zuziehende Eigentümer bzw. an einer erleichterten Zulassung von Ersatzbauten für langjährige eigennutzende Eigentümer – ergeben sich aus ihnen nicht.

Nr. 112

1. **Eine Außenbereichssatzung nach §35 Abs.6 BauGB kann nur für einen „bebauten Bereich" erlassen werden, der eine solche Zusammengehörigkeit und Geschlossenheit erkennen läßt, die ihn als Weiler, Splittersiedlung oder sonstigen Siedlungsansatz qualifiziert.**

2. **Das Merkmal „Wohnbebauung von einigem Gewicht" in §35 Abs.6 BauGB wird nicht durch eine absolute Mindestzahl von Wohngebäuden bestimmt; es kann bereits dann bejaht werden, wenn in dem bebauten Bereich deutlich weniger als 10 Wohnhäuser vorhanden sind.**

3. **Mit dem Erlaß von Außenbereichssatzungen kann nur die Verdichtung bereits vorhandener Siedlungsansätze innerhalb des tatsächlich gegebenen baulichen Zusammenhangs begünstigt werden, nicht hingegen die Erweiterung des Siedlungsansatzes in den Außenbereich hinein.**

4. **Der Erlaß von Außenbereichssatzungen scheidet von vornherein aus, wenn in dem betroffenen Satzungsbereich weitere bauliche Entwicklungen aus Rechtsgründen ausgeschlossen sind.**

BauGB §35 Abs.6.

OVG Nordrhein-Westfalen, Urteil vom 18. November 2004 – 7 A 4415/03 – (nicht rechtskräftig).

(VG Arnsberg)

Die Klägerin begehrte die Genehmigung einer von ihr nach §35 Abs.6 BauGB erlassenen Außenbereichssatzung. Die Genehmigung wurde insbesondere mit der Begründung versagt, die Voraussetzungen für eine solche Satzung lägen schon deshalb nicht vor, weil im Satzungsbereich lediglich fünf Wohnhäuser vorhanden seien. Widerspruch und Klage hatten keinen Erfolg. Auf die Berufung der Klägerin verpflichtete das Oberverwaltungsgericht die beklagte Bezirksregierung zur Erteilung der Genehmigung; es ließ zugleich die Revision an das Bundesverwaltungsgericht zu.

Aus den Gründen:
Die Klage ist zulässig. Der Klägerin fehlt insbesondere nicht etwa deshalb das Rechtsschutzinteresse für ihr Begehren auf Erteilung der von der Beklagten versagten Genehmigung, weil nach der am 20. 7. 2004 in Kraft getretenen Novellierung des BauGB durch das Europarechtsanpassungsgesetz Bau (EAG Bau) vom 24. 6. 2004 (BGBl. I, 1359) – BauGB n. F. – Außenbereichssatzungen nach § 35 Abs. 6 BauGB nicht mehr einer Genehmigung der höheren Verwaltungsbehörde bedürfen. (Wird ausgeführt.)

Die Klage ist auch begründet. Die Beklagte hat die von der Klägerin begehrte Genehmigung zu Unrecht versagt.

Gemäß § 36 Abs. 6 Satz 6 2. Halbs. BauGB a. F. i. V. m. § 6 Abs. 2 BauGB darf die Genehmigung nur versagt werden, wenn die Satzung nicht ordnungsgemäß zustande gekommen ist oder dem BauGB, den auf Grund des BauGB erlassenen oder sonstigen Rechtsvorschriften widerspricht.

Anhaltspunkte für ein nicht ordnungsgemäßes Zustandekommen der Satzung sind weder dargetan noch sonst ersichtlich. Entgegen der Auffassung der Beklagten widerspricht die Satzung auch nicht den Vorschriften des BauGB.

Die Satzung ist von der Ermächtigungsgrundlage des § 35 Abs. 6 Satz 1 BauGB gedeckt. Nach dieser Vorschrift kommt die Aufstellung von Außenbereichssatzungen in Betracht für bebaute Bereiche, die nicht überwiegend landwirtschaftlich geprägt sind und in denen Wohnbebauung von einigem Gewicht vorhanden ist. Alle diese Tatbestandsmerkmale werden von der strittigen Satzung erfüllt.

Das Satzungsgebiet ist ein „bebauter Bereich". Dieses Merkmal setzt zunächst voraus, daß in dem von der Satzung erfaßten Bereich überhaupt Bebauung vorhanden ist. Damit kann es der Satzungsgeber jedoch nicht bewenden lassen. Es steht nicht etwa in seinem Belieben, irgendwelche Bebauungen, die sich im Außenbereich befinden, in eine Satzung nach § 35 Abs. 6 BauGB einzubeziehen. Was mit einer Außenbereichssatzung als „bebauter Bereich" überplant werden kann, hat sich vielmehr an der Aufgabe und Zielsetzung dieses Planungsinstruments auszurichten.

Anders als durch Satzungen nach § 34 Abs. 4 Satz 1 Nrn. 2 und 3 BauGB kann die Gemeinde mit Außenbereichssatzungen die von ihnen erfaßten Gebiete nicht konstitutiv dem unbeplanten Innenbereich i. S. von § 34 BauGB zuweisen und damit nach Maßgabe der Kriterien dieser Vorschrift grundsätzlich zu Bauland machen. Die von Außenbereichssatzungen erfaßten Bereiche bleiben vielmehr Bestandteil des Außenbereichs, so daß für die Genehmigung von Vorhaben im Geltungsbereich der Satzung in bauplanungsrechtlicher Hinsicht weiterhin § 35 BauGB einschlägig ist. Für eine Außenbereichssatzung nach § 35 Abs. 6 BauGB scheiden damit von vornherein solche bebauten Bereiche aus, die ihrerseits bereits als Ortsteil i. S. von § 34 BauGB zu qualifizieren sind oder jedenfalls bei Umsetzung der Satzung zu einem solchen Ortsteil würden.

Die Zulässigkeit von Vorhaben im Gebiet einer Satzung nach § 35 Abs. 6 BauGB ist weiterhin an den für Außenbereichsvorhaben, namentlich für sonstige Vorhaben i. S. von § 35 Abs. 2 BauGB, einschlägigen öffentlichen Belan-

Nr. 112

gen i. S. von § 35 Abs. 3 BauGB zu messen. Rechtsfolge des Erlasses einer Außenbereichssatzung ist lediglich, daß bei der Prüfung der Zulässigkeit sonstiger Vorhaben von den siedlungsstrukturellen Belangen der „Entstehung, Verfestigung oder Erweiterung einer Splittersiedlung" i. S. von § 35 Abs. 3 Satz 1 Nr. 7 BauGB nur die beiden erstgenannten der „Entstehung" oder „Verfestigung" einer Splittersiedlung auszublenden sind (so: OVG NRW, Urteil v. 8. 6. 2001 – 7a D 52/99.NE –, BRS 64 Nr. 107 = BauR 2001, 1562; vgl. auch OVG M.-V., Urteil v. 5. 10. 2000 – 3 L 306/98 –, BRS 64 Nr. 108).

Gleichermaßen ist aus der Prüfung auszublenden, ob das Vorhaben i. S. von § 35 Abs. 3 Satz 1 Nr. 1 BauGB einer Darstellung der betroffenen Fläche als Fläche für die Landwirtschaft oder Wald im Flächennutzungsplan widerspricht. Eine Außenbereichssatzung begründet damit nicht etwa – wie die Ausführungen des Vertreters des öffentlichen Interesses im Berufungsverfahren nahelegen – Baurechte, sondern erleichtert nur die Zulassung bestimmter sonstiger Außenbereichsvorhaben durch eine Modifikation der Zulassungsvoraussetzungen (vgl.: Roeser, in: Berliner Kommentar zum BauGB, 3. Aufl., Stand Juli 2004, § 35 Rdnr. 132).

Satzungen nach § 35 Abs. 6 BauGB haben damit ausschließlich eine positive, die Zulässigkeit bestimmter nicht-privilegierter Vorhaben unterstützende Wirkung (vgl. BVerwG, Beschluß v. 1. 9. 2003 – 4 BN 55.03 –, BRS 66 Nr. 113 = BauR 2004, 1131 = JURIS-Dokumentation, wonach Außenbereichssatzungen keine negative Wirkung etwa in dem Sinne haben, daß sie die Anwendung des § 35 Abs. 1 BauGB hinsichtlich der dort benannten privilegierten Vorhaben ausschließen).

Diese Möglichkeit zur Begünstigung bestimmter Vorhaben in „bebauten Bereichen" des Außenbereichs ist vom Gesetzgeber geschaffen worden, um durch sie ein höheres Maß an Berücksichtigung der Vorstellungen der Gemeinde über die Entwicklung ihres Gemeindegebiets sowie von Außenbereichsbelangen zu erreichen; andere im Außenbereich nach § 35 Abs. 3 BauGB relevante Belange sollten unberührt bleiben (vgl.: Beschlußempfehlung und Bericht des Ausschusses für Raumordnung, Bauwesen und Städtebau zum Wohnungsbauerleichterungsgesetz (WoBauErlG), mit dem die Außenbereichssatzung erstmals festgelegt wurde, BT-Drucks. 11/6636, S. 26).

Die Zielsetzung dieser – im Gesetzgebungsverfahren durchaus umstrittenen – Außenbereichssatzung wird in der zu Protokoll gegebenen Erklärung der zuständigen Bundesministerin über den abschließenden Beratung im Bundesrat, die zur Anrufung des Vermittlungsausschusses geführt hat (vgl. die Niederschrift über die 611. Sitzung des Bundesrates vom 6. 4. 1990, S. 181), treffend mit folgenden Worten umschrieben: „Auch bei dem erleichterten Satzungsrecht der Gemeinde ist der Bundestag dem Bundesrat entgegengekommen. Anstelle der zunächst vorgesehenen Satzungsregelung, die zu absoluten Baurechten geführt hätte, ist die von Bayern vorgeschlagene Außenbereichssatzung aufgenommen worden.

Sie ist auf solche Weiler, Splittersiedlungen und andere Siedlungsansätze im Außenbereich beschränkt, in denen bereits Wohnnutzung in nennenswertem Umfang vorhanden ist. Hier sollen die Gemeinden durch Satzung darüber entscheiden, ob sich diese Siedlungsansätze in gewissem Umfang weiterentwickeln dürfen. Künftig werden dort vorhandene Baulücken geschlossen werden können, auch wenn das Gebiet nicht als Wohnfläche im Flächennutzungsplan dargestellt ist.

Damit trägt die Satzung vor allem auch den berechtigten Bauwünschen der ortsansässigen Bevölkerung Rechnung.

Da sie keinen absoluten Bauanspruch vermittelt, können im Genehmigungsverfahren weitere, dem Außenbereichsschutz dienende Belange geltend gemacht werden. Auch auf diese Weise ist ein hohes Maß an Rücksichtnahme auf die Siedlungssituation im Außenbereich gewährleistet."

Der Bundesgesetzgeber wollte damit einerseits den Gemeinden ein Planungsinstrument an die Hand geben, um die Schließung von Baulücken in solchen bereits bebauten Bereichen des Außenbereichs zu erleichtern, die nicht zu Ortsteilen mit grundsätzlichen Baurechten nach Maßgabe des §34 BauGB entwickelt werden können bzw. sollen. Andererseits sollte der grundsätzliche Schutz des Außenbereichs vor einer weiteren Zersiedelung nicht aufgegeben werden, indem das Planungsinstrument der Außenbereichssatzung nicht etwa die Erweiterung der von ihr erfaßten Siedlungsansätze – mögen sie bereits Splittersiedlungen sein oder nicht – durch Ausdehnung in den unbebauten Außenbereich hinein ermöglicht, sondern nur ihre bauliche Verdichtung insbesondere durch Schließung vorhandener Lücken.

Dementsprechend ist anerkannt, daß Außenbereichssatzungen nur solche bebauten Bereiche erfassen können, in denen die bodenrechtliche Situation bereits in Richtung auf eine Bebauung hindeutet (vgl.: Söfker, in: Ernst/Zinkahn/Bielenberg, BauGB, Stand 1.7.2004, §35 Rdnr. 169).

Nur eine Bebauung, die die Situation so weit verändert hat, daß das Ziel des §35 BauGB – Freihaltung des Außenbereichs von Bebauung – bereits wesentlich berührt ist, kann den Erlaß einer Satzung nach §35 Abs. 6 BauGB rechtfertigen (vgl.: Schmaltz, in: Schrödter, BauGB, 6. Aufl. 1998, §35 Rdnr. 158).

Letztlich muß also eine solche Bebauung vorhanden sein, daß eben wegen dieser Bebauung im betroffenen Bereich dem Schutz des Außenbereichs vor einer Zersiedelung ohnehin nicht mehr in vollem Umfang entsprochen werden kann (vgl.: OVG M.-V., Urteil v. 5.10.2000 – 3 L 306/98 –, a.a.O.).

Hieraus folgt, daß der bebaute Bereich jedenfalls eine gewisse Zusammengehörigkeit und Geschlossenheit erkennen lassen muß, die ihn als Weiler, Splittersiedlung oder sonstigen Siedlungsansatz qualifiziert. Ferner darf er nur solche Freiflächen aufweisen, die letztlich noch als einer Verdichtung zugängliche Lücken qualifiziert werden können. Das schließt im Einzelfall nicht aus, daß zwischen den Gebäuden gegebenenfalls auch gewisse größere Freiräume liegen können. Die jeweilige Bebauung darf jedoch nicht so weit voneinander entfernt sein, daß der Eindruck der Zusammengehörigkeit zu einem Weiler, einer Splittersiedlung oder einem sonstigen Siedlungsansatz erst gar nicht aufkommen kann (vgl.: Nds. OVG, Beschluß v. 27.7.2000 – 1 L 4472/99 –, BRS 63 Nr. 118).

Insoweit sind nach Auffassung des Senats nicht streng dieselben Kriterien wie bei der Annahme eines Bebauungszusammenhangs i.S. von §34 BauGB maßgeblich (in diesem Sinne etwa: BayVGH, Urteil v. 12.8.2003 – 1 BV 02.1727 –, BRS 66 Nr. 112 = BauR 2004, 50), vielmehr ist für Satzungen nach § 35 Abs. 6 BauGB nicht in gleichem Maße wie bei Satzungen nach § 34 Abs. 4 Satz 1 Nrn. 2 und 3 BauGB zu fordern, daß die vorhandene Bebauung über ein Mindestmaß an räumlicher Zuordnung und prägender Wirkung verfügt (in diesem Sinne auch: Roeser, a. a. O., § 35 Rdnr. 133). Gemessen an diesen Kriterien ist im vorliegenden Fall das Vorliegen eines „bebauten Bereichs" zu bejahen. (Wird ausgeführt.)

Daß das nach alledem als „bebauter Bereich" zu qualifizierende Satzungsgebiet „nicht überwiegend landwirtschaftlich geprägt" ist, unterliegt keinem Streit und bedarf daher keiner weiteren Erörterung. Entgegen der Auffassung der Beklagten wie auch des Vertreters des öffentlichen Interesses ist im Satzungsgebiet auch eine „Wohnbebauung von einigem Gewicht" vorhanden.

Soweit die Beklagte und der Vertreter des öffentlichen Interesses das Vorliegen einer „Wohnbebauung von einigem Gewicht" schon deshalb verneinen, weil im Satzungsgebiet nicht mindestens 10 – gegebenenfalls auch 8 kompakt beieinander stehende – Wohnhäuser vorhanden sind, ist diese einschränkende Sicht mit den normativen Regelungen des § 35 Abs. 6 BauGB nicht vereinbar. Das Gesetz gibt keine Mindestzahl vorhandener Wohngebäude in dem bebauten Bereich vor. Eine solche läßt sich auch nicht aus der bereits angesprochenen Zielsetzung der Außenbereichssatzung herleiten. Diese läßt es im Gegenteil durchaus zu, daß auch bereits einige wenige Wohngebäude das erforderliche städtebauliche Gewicht haben können. Mit dem Erlaß einer Außenbereichssatzung soll gerade auch die bauliche Verdichtung von Weilern und sonstigen Siedlungsansätzen erleichtert werden, die noch nicht als Splittersiedlung zu qualifizieren sind, sondern erst den Ansatz zu einer solchen bilden. Anderenfalls ergäbe die gesetzliche Regelung, daß Vorhaben im Satzungsbereich nicht entgegengehalten werden kann, daß sie zur „Entstehung" einer Splittersiedlung führen, keinen Sinn (vgl.: Roeser, a. a. O., § 35 Rdnr. 134 m. w. N.).

Zutreffend hat die obergerichtliche Rechtsprechung hieraus abgeleitet, daß Außenbereichssatzungen anders als Satzungen gemäß § 34 Abs. 4 BauGB nicht solche Gebilde zur Voraussetzung haben, welche „das Zeug zu Ortsteilen" haben, sondern weit dahinter zurückbleiben können (so ausdrücklich: Nds. OVG, Beschluß v. 27.7.2000 – 1 L 4472/99 –, a. a. O.).

Dementsprechend ist in der einschlägigen Kommentierung zu § 35 Abs. 6 BauGB weitgehend anerkannt, daß das Merkmal „Wohnbebauung von einigem Gewicht" nicht durch eine absolute Mindestzahl von Wohngebäuden bestimmt wird, sondern daß jeweils auf die konkrete Situation abzustellen ist (vgl.: Roeser, a. a. O., § 35 Rdnr. 134 sowie Krautzberger, in: Battis/Krautzberger/Löhr, BauGB, 8. Aufl. 2002, § 35 Rdnr. 119, der im Einzelfall das Merkmal auch bereits bei drei Gebäuden als gegeben ansieht) und daß es keinesfalls angeht, eine Größenordnung von 10 Gebäuden als Voraussetzung für eine Wohnbebauung von einigem Gewicht zu verlangen (so ausdrücklich: Dürr, in: Kohlhammer, Kommentar zum BauGB, Stand Februar 2000, § 35 Rdnr. 177 unter Hinweis auf die gegenteiligen Auffassungen in der Fachliteratur; ebenso BayVGH, Urteil v. 12.8.2003 – 1 BV 02.1727 –, a. a. O.).

Dieser Sichtweise entsprechend ist in der obergerichtlichen Rechtsprechung übereinstimmend anerkannt, daß das Merkmal „Wohnbebauung von einigem Gewicht" bereits dann bejaht werden kann, wenn in dem bebauten Bereich deutlich weniger als 10 Wohnhäuser vorhanden sind (vgl.: Nds. OVG, Beschluß v. 27.7.2000 – 1 L 4472/99 –, a.a.O., nicht notwendig mehr als 3 bis 4 Gebäude; OVG M.-V., Urteil v. 5.10.2000 – 3 L 306/98 –, a.a.O., 5 Wohnhäuser können jedenfalls im ländlichen Raum von Vorpommern ausreichen; VGH Bad.-Württ., Urteil v. 27.2.2003 – 8 S 2681/02 –, BWGZ 2003, 535 = JURIS-Dokumentation, 4 Wohnhäuser sind als Wohnbebauung von einigem Gewicht anzusehen; BayVGH, Urteil v. 12.8.2003 – 1 BV 02.1727 –, a.a.O., 4 Wohnhäuser können Wohnbebauung von einigem Gewicht sein).

Die gegenteilige Wertung der Beklagten und des Vertreters des öffentlichen Interesses findet in den als Beleg angeführten Materialien zur Entstehungsgeschichte der Außenbereichssatzung keine Stütze. Das Gegenteil ist der Fall. Mit dem Planungsinstrument des §4 Abs. 4 BauGB-MaßnG (nunmehr: §35 Abs. 6 BauGB) wollte der Bundesgesetzgeber den Gemeinden gerade ein Instrument zur begrenzten Fortentwicklung auch solcher Siedlungsansätze im Außenbereich an die Hand geben, die als Weiler oder andere Siedlungssplitter gerade noch nicht die Qualität einer Splittersiedlung oder gar eines Ortsteils erreicht haben. Diese Zielsetzung des §35 Abs. 6 BauGB, an der der Bundesgesetzgeber auch bei den späteren Novellierungen des BauGB – zuletzt durch das am 20.7.2004 in Kraft getretene EAG Bau – festgehalten hat, ist bei der Umsetzung des Bundesrechts in allen Bundesländern zu beachten. Wenn die vom Vertreter des öffentlichen Interesses dargelegten Folgewirkungen einer gesetzeskonformen Anwendung des §35 Abs. 6 BauGB als siedlungspolitisch unerwünscht empfunden werden, bleibt es den zuständigen Gremien des Landes Nordrhein-Westfalen unbenommen, auf eine Änderung des Bundesrechts hinzuwirken.

Im übrigen beruhen die im Berufungsverfahren angesprochenen Folgerungen ersichtlich auf einem Mißverständnis der Regelungen des §35 Abs.6 BauGB und der gesetzeskonformen Handhabung der aus einer solchen Satzung zu ziehenden Schlußfolgerungen, die von den zuständigen höheren Verwaltungsbehörden im Rahmen ihrer nach §36 Abs. 1 Satz 4 BauGB i.V.m. §2a Abs. 1 der BauGB DVO zu erteilenden Zustimmungen sicherzustellen ist. Die vom Bundesgesetzgeber geschaffene Möglichkeit, Verdichtungen auch kleinerer Siedlungssplitter zu erleichtern, würde keineswegs dazu führen, daß sich Gemeinden wie die Klägerin in großen Teilen zu einer „Stadtlandschaft" entwickelten, die eine Trennung zwischen Siedlungsbereich und Freiraum kaum noch ermöglichte. Anknüpfungspunkt für Satzungen nach §35 Abs.6 BauGB können – wie dargelegt – nur solche Siedlungsansätze sein, in denen der vom BauGB weiterhin angestrebte Schutz des Außenbereichs vor Zersiedelung bereits maßgeblich geschwächt ist. Damit kommt der Erlaß solcher Satzungen ohnehin nur für solche Bereiche in Betracht, die bereits – aus welchem Grund auch immer – in nicht unbeachtlichem Umfang zersiedelt sind. Das Planungsinstrument der Außenbereichssatzung läßt es ferner nur zu, die bereits vorhandenen Siedlungsansätze innerhalb des tatsächlich bereits gegebenen baulichen Zusammenhangs – vorbehaltlich der Beeinträchtigung sonstiger, von der Satzung nicht erfaßter öffentlicher Belange – zu verdichten. Es bietet hingegen keine Handhabe, bestehende Siedlungsansätze in den unbebauten Außenbereich hinein zu erweitern. Dabei kann Bauvorhaben weiterhin uneingeschränkt u. a. auch entgegengehalten werden, daß sie öffentliche Belange i. S. von § 35 Abs. 3 Nr. 4 BauGB beeinträchtigen, indem sie unwirtschaftliche Aufwendungen für Straßen oder andere Verkehrseinrichtungen, für Anlagen der Versorgung oder Entsorgung, für die Sicherheit oder Gesundheit oder für sonstige Aufgaben erfordern; ferner können Vorhaben im Satzungsbereich nur genehmigt werden, wenn die Erschließung gesichert ist.

Ist nach alledem hinsichtlich des Merkmals „Wohnbebauung von einigem Gewicht" nicht auf eine absolute Mindestgrenze abzustellen, besteht im vorliegenden Fall kein Anlaß, der im Satzungsgebiet bereits vorhandenen Wohnbebauung das erforderliche städtebauliche Gewicht abzusprechen. Es handelt sich immerhin um 5 Wohngebäude, von denen eines sogar von besonderem städtebaulichen Gewicht ist. Diese Wohnbebauung stellt einen deutlichen Siedlungsansatz dar, der im Satzungsbereich die typischen Außenbereichsfunktionen, vornehmlich der land- und forstwirtschaftlichen Nutzung sowie als Freiraum zu dienen, bereits weitgehend obsolet gemacht hat. Der dem Außenbereich weiterhin zukommende Schutz vor wesensfremder Bebauung und die Zielsetzung der Regelungen des § 35 BauGB, den Außenbereich von ihm fremden Belastungen grundsätzlich freizuhalten (vgl. hierzu bereits BVerwG, Urteil v. 6. 12. 1967 – 4 C 94.66 –, BRS 18 Nr. 57; sowie ferner BVerwG, Urteil v. 30. 11. 1984 – 4 C 27.81 –, BRS 42 Nr. 81; und BVerwG, Beschluß v. 23. 6. 1995 – 4 B 22.95 –, BRS 57 Nr. 102), ist durch die vorhandene Bebauung, von deren Fortbestand auszugehen ist, bereits in deutlichem Ausmaß beeinträchtigt. Die Klägerin konnte damit im Rahmen ihres Planungsermessens auch ohne entsprechende Darstellung in ihrem Flächennutzungsplan den Satzungsbereich einer Überplanung nach § 35 Abs. 6 BauGB mit der Folge unterziehen, daß der Siedlungsansatz entsprechend der bereits erfolgten Entwicklung in gewissem Umfang verdichtet und einer baulichen Fortentwicklung zugeführt werden kann.

Die strittige Satzung ist entgegen der Auffassung der Beklagten auch i. S. von § 35 Abs. 6 Satz 4 BauGB a. F. „mit einer geordneten städtebaulichen Entwicklung vereinbar".

Entscheidend ist insoweit, ob die konkreten Folgewirkungen der individuellen Satzung, namentlich die durch sie begünstigte künftige Fortentwicklung des Satzungsbereichs durch Schließung von Baulücken und/oder durch sonstige bauliche Aktivitäten (z. B. Änderungen, Erweiterungen und gegebenenfalls Nutzungsänderungen des vorhandenen Baubestands) mit den generell für Planungsentscheidungen im Bereich des Bauplanungsrechts maßgeblichen Anforderungen insbesondere des § 1 Abs. 3 bis 6 BauGB a. F. (nunmehr: § 1 Abs. 3 bis 7 BauGB n. F.) vereinbar sind (vgl.: Söfker, a. a. O., § 35 Rdnr. 170; ähnlich Roeser, a. a. O., § 35 Rdnr. 140; sowie Krautzberger, a. a. O., § 35 Rdnr. 122).

Dabei kann letztlich dahinstehen, ob die städtebauliche Erforderlichkeit für den Erlaß der Satzung von dem Merkmal „geordnete städtebauliche Entwicklung" mit erfaßt oder hiervon gesondert in entsprechender Anwendung des § 1 Abs. 3 BauGB zu prüfen ist (zu letzterem vgl.: BayVGH, Urteil v. 12. 8. 2003 – 1 BV 02.1727 –, a. a. O.).

Dafür, daß die strittige Satzung unter diesem Aspekt Bedenken unterliegen könnte, liegt kein Anhalt vor. In Betracht zu ziehen wäre allenfalls, daß es an einer städtebaulichen Erforderlichkeit etwa deshalb fehlen könnte, weil grundsätzliche, nicht zu beseitigende Hindernisse für die Verwirklichung der Vorhaben bestehen, deren Zulassung durch den Erlaß der Satzung begünstigt werden soll (vgl.: Söfker, a. a. O., § 35 Rdnr. 170).

Insoweit scheidet nicht anders als bei der Aufstellung von Bebauungsplänen, deren Umsetzung zwangsläufig an rechtlichen Hindernissen scheitern muß (zu einer solchen „Vollzugsunfähigkeit" von Bebauungsplänen vgl. etwa: BVerwG, Urteil v. 12. 8. 1999 – 4 CN 4.98 –, BRS 62 Nr. 1 = BauR 2000, 229, und Urteil v. 30. 1. 2003 – 4 CN 14.01 –, BRS 66 Nr. 9 = NVwZ 2003, 742 = BauR 2003, 1175), auch der Erlaß von Außenbereichssatzungen von vornherein aus, wenn in dem betroffenen Satzungsbereich weitere bauliche Entwicklungen aus Rechtsgründen ausgeschlossen sind. Eine solche Situation liegt hier jedoch ersichtlich nicht vor. Der bereits bestehende Siedlungsansatz ist hinreichend erschlossen und diese Erschließung kann ersichtlich auch einige wenige zusätzliche Bauvorhaben mit abdecken. Ebensowenig ist etwas dafür dargetan oder sonst ersichtlich, daß bei einer Verdichtung der Bebauung im hier betroffenen Bereich sonstige infrastrukturelle Anforderungen zu stellen wären, so daß Vorhaben im Satzungsgebiet der öffentliche Belang des § 35 Abs. 3 Nr. 4 BauGB entgegenzuhalten wäre. Schließlich ist auch nichts dafür ersichtlich, daß eine Genehmigung von Bauvorhaben im Satzungsgebiet zwangsläufig an sonstigen öffentlichen Belangen scheitern müßte.

Auch Aspekte des Naturschutzes und der Landschaftspflege stehen ersichtlich nicht von vornherein weiteren baulichen Entwicklungen im Satzungsgebiet entgegen. ...

Nr. 113

1. Aus Sinn und Zweck des Einvernehmenserfordernisses in § 36 Abs. 1 Satz 1 BauGB ergibt sich, daß der Gesetzgeber der Gemeinde eine Entscheidung über ihr Einvernehmen auf der Grundlage in planungsrechtlicher Hinsicht vollständiger Antragsunterlagen (Bauvorlagen) ermöglichen will.

2. Die Entscheidung über das gemeindliche Einvernehmen ist mit der Obliegenheit der Gemeinde verbunden, im Rahmen der Möglichkeiten, die ihr das Landesrecht eröffnet, innerhalb der zweimonatigen Einvernehmensfrist gegenüber dem Bauherrn oder der Baurechtsbehörde auf die Vervollständigung des Bauantrages hinzuwirken.

3. Kommt die Gemeinde dieser Mitwirkungslast nicht nach, gilt ihr Einvernehmen gemäß § 36 Abs. 2 Satz 2 Halbs. 2 BauGB mit Ablauf der Zwei-Monats-Frist als erteilt.

BauGB § 36 Abs. 1 und 2.

Bundesverwaltungsgericht, Urteil vom 16. September 2004 – 4 C 7.03 –.

(VGH Baden-Württemberg)

Die klagende Gemeinde wendet sich gegen eine Baugenehmigung des Beklagten, die dieser der Beigeladenen zum Neubau einer Windenergieanlage im Außenbereich der Klägerin erteilt hat. Nordwestlich des vorgesehenen Standorts befindet sich bereits eine genehmigte Windenergieanlage.

Die Beigeladene reichte den Bauantrag für das hier umstrittene Vorhaben bei der Klägerin ein. Diese leitete den Antrag an das Landratsamt weiter. Bei einem Ortstermin am 25.9.2000, an dem auch ein Vertreter der Klägerin teilnahm, bat das Landratsamt die Beigeladene, für die naturschutzrechtliche Beurteilung der geplanten Anlagen eine Computersimulation vorzulegen, mit der die Sicht von dem nahe gelegenen Schloß bzw. von der Neubausiedlung M. Straße auf die bereits errichtete Windenergieanlage sowie die geplante Anlage darzustellen sei. Mit Schreiben vom 28.9.2000 forderte das Landratsamt die Beigeladene ferner auf, die vom Gewerbeaufsichtsamt verlangte Lärmprognose (Schallimmissionsuntersuchung) unter Berücksichtigung der Wohnbebauung beizubringen.

Die Computersimulation lag der Klägerin am 16.10.2000 vor. In einer Gemeinderatssitzung an diesem Tag beschloß die Klägerin, ihre Entscheidung über die Erteilung des Einvernehmens bis zum Eingang abschließender Stellungnahmen der Unteren Naturschutzbehörde und des Landesdenkmalamts zurückzustellen. Im Dezember 2000 teilte das Landratsamt der Klägerin hierzu mit, daß der zuständige Naturschutzbeauftragte gegen die geplanten zwei Windenergieanlagen Bedenken erhoben habe, und kündigte an, daß es über den Bauantrag erst nach Vorliegen aller Stellungnahmen einschließlich derjenigen der Klägerin entscheiden werde. Mit Schreiben vom 20.12.2000 versagte die Klägerin ihr Einvernehmen „zur Fristwahrung" und begründete dies damit, daß ihr noch nicht alle zur Beurteilung des Vorhabens notwendigen Unterlagen vorlägen.

Die Beigeladene legte dem Landratsamt die angeforderte Lärmprognose im Januar 2001 vor. Daraufhin teilte das Landratsamt der Beigeladenen mit, daß die Bauvorlagen nunmehr vollständig seien. Mit Bescheid vom März 2001 genehmigte das Landratsamt die Errichtung einer Windenergieanlage.

Die Klägerin legte Widerspruch ein; der Beklagte wies den Widerspruch zurück. Das Verwaltungsgericht hat die Anfechtungsklage der Klägerin abgewiesen. Auf die Berufung der Klägerin hat der Verwaltungsgerichtshof das erstinstanzliche Urteil geändert und die angefochtenen Bescheide aufgehoben.

Aus den Gründen:

II. Das Berufungsurteil steht mit Bundesrecht nicht im Einklang. Die angefochtene Baugenehmigung ist rechtmäßig, weil das Einvernehmen der Klägerin gemäß § 36 Abs. 2 Satz 2 Halbs. 2 BauGB als erteilt gilt. Das Berufungsurteil war daher aufzuheben und die Berufung der Klägerin gegen das erstinstanzliche Urteil zurückzuweisen.

1. Über die Zulässigkeit von Vorhaben nach den §§ 31, 33 bis 35 BauGB wird im bauaufsichtlichen Verfahren von der Baugenehmigungsbehörde im Einvernehmen mit der Gemeinde entschieden (§ 36 Abs. 1 Satz 1 BauGB). Das Einvernehmen der Gemeinde darf nur aus den sich aus den §§ 31, 33, 34 und

35 BauGB ergebenden Gründen versagt werden (§ 36 Abs. 2 Satz 1 BauGB). Die Genehmigungsbehörde darf eine Baugenehmigung nicht erteilen, wenn die Gemeinde ihr Einvernehmen rechtzeitig versagt hat (BVerwG, Urteil v. 7. 2. 1986 – 4 C 43.83 –, BRS 46 Nr. 142 = BauR 1986, 425 = Buchholz 406.11 § 36 BauGB Nr. 35 m. w. N.; st. Rspr.).

Das Einvernehmen gilt als erteilt, wenn es nicht binnen zwei Monaten nach Eingang des Ersuchens der Genehmigungsbehörde verweigert wird; dem Ersuchen gegenüber der Gemeinde steht die Einreichung des Antrags bei der Gemeinde gleich, wenn sie nach Landesrecht vorgeschrieben ist (§ 36 Abs. 2 Satz 2 BauGB). Letzteres ist hier der Fall. Nach § 52 Abs. 1 LBO Baden-Württemberg sind alle für die Durchführung des Baugenehmigungsverfahrens erforderlichen Unterlagen (Bauvorlagen) und Anträge auf Abweichungen, Ausnahmen und Befreiungen bei der Gemeinde einzureichen. Bei genehmigungspflichtigen Vorhaben ist zusammen mit den Bauvorlagen der schriftliche Antrag auf Baugenehmigung (Bauantrag) einzureichen.

Mit dem Berufungsgericht ist davon auszugehen, daß der Gesetzgeber der Gemeinde eine Entscheidung über ihr Einvernehmen auf der Grundlage in planungsrechtlicher Hinsicht vollständiger Antragsunterlagen (Bauvorlagen) ermöglichen will. Das ergibt sich ohne weiteres aus Sinn und Zweck des Einvernehmenserfordernisses in § 36 Abs. 1 Satz 1 BauGB. In Rechtsprechung und Schrifttum wird daher die Ansicht vertreten, daß die Einreichung des Bauantrages bei der Gemeinde die Einvernehmensfrist nur auslöst, wenn und sobald der Antrag der Gemeinde eine hinreichende und abschließende planungsrechtliche Beurteilung des Bauvorhabens ermöglicht (vgl. auch VGH Mannheim, Urteil v. 17. 11. 1998 – 5 S 2147/98 –, VBlBW 1999, 178, 179; OVG Lüneburg, Urteil v. 18. 3. 1999 – 1 L 6696/96 –, NuR 2000, 47, 48; in diesem Sinne auch Schmaltz, in: Schrödter, BauGB, 6. Aufl. 1998, Rdnr. 17 zu § 36 BauGB; Söfker, in: Ernst/Zinkahn/Bielenberg/Krautzberger, BauGB, Rdnr. 39 zu § 36 BauGB). Entsprechendes soll für das Ersuchen der Baugenehmigungsbehörde an die Gemeinde gelten, ihr Einvernehmen zu erteilen (vgl. Söfker, a. a. O., Rdnr. 38 zu § 36 BauGB; Dürr, in: Brügelmann u. a., BauGB, Rdnr. 43 zu § 36 BauGB). Dem ist – mit noch darzulegenden Einschränkungen (vgl. unten 2.3) – zuzustimmen.

Die in § 36 Abs. 1 Satz 1 BauGB vorgesehene Mitwirkung der Gemeinde im Baugenehmigungsverfahren dient der Sicherung der gemeindlichen Planungshoheit. Die Gemeinde soll dort, wo sie noch nicht geplant hat, oder dann, wenn ein Bauvorhaben von ihrer Planung abweicht, im Genehmigungsverfahren an der Beurteilung der bauplanungsrechtlichen Zulässigkeit des Vorhabens mitentscheidend beteiligt werden. Darüber hinaus soll sie in den Fällen, in denen ein nach §§ 31, 33 bis 35 BauGB zulässiges Vorhaben ihren planerischen Vorstellungen nicht entspricht, von ihrer planungsrechtlichen Möglichkeit Gebrauch machen können, durch Aufstellung eines Bebauungsplanes die planungsrechtlichen Grundlagen für die Zulässigkeit eines Vorhabens zu ändern und zur Sicherung der Planung die Mittel der Veränderungssperre oder Zurückstellung von Baugesuchen zu ergreifen (st. Rspr., vgl. etwa BVerwG, Urteil v. 7. 2. 1986 – 4 C 43.83 –, a. a. O.; Urteil v. 19. 2. 2004 – 4 CN 16.03 –, BauR 2004, 1252 = DVBl. 2004, 950, zur Veröffentlichung in

BVerwGE bestimmt). Die Gemeinde kann ihr Beteiligungsrecht nur sachgerecht ausüben, wenn sie eine ausreichende Beurteilungsgrundlage besitzt. Die Fristenregelung des § 36 Abs. 2 Satz 2 BauGB dient zwar dem Ziel, das Baugenehmigungsverfahren im Interesse des Bauherrn und im öffentlichen Interesse zu beschleunigen (vgl. Gesetzesbegründung der Bundesregierung zu § 36 Abs. 2 Satz 2 BBauG, BT-Drucks. 8/2451, S. 13, 24; BVerwG, Urteil v. 12. 12. 1996 – 4 C 24.95 –, BRS 58 Nr. 142 = BauR 1997, 444 = Buchholz 406.11 § 36 BauGB Nr. 51). Der Beschleunigungszweck wiegt jedoch nicht so schwer, daß er die – hier von der Widerspruchsbehörde vertretene – Ansicht rechtfertigen könnte, die Einvernehmensfrist werde ohne Rücksicht darauf in Gang gesetzt, ob der Antrag in planungsrechtlicher Hinsicht vollständig ist. Eine gesetzliche Regelung, die diese „Automatik" in Kauf nähme, setzte sich in Widerspruch zur planungsrechtlichen Schutzfunktion des Einvernehmenserfordernisses. Sie würde in der Praxis dazu führen, daß die Gemeinde ihr Einvernehmen „zur Fristwahrung" versagt, um die für sie nachteiligen Folgen der Einvernehmensfiktion abzuwehren. Eine derartige „vorsorgliche" Handhabung der Einvernehmensregelung liefe dem Zweck der Regelung zuwider, die der Gemeinde eine materiellrechtliche Beurteilung des Bauvorhabens in planungsrechtlicher Hinsicht ermöglichen will.

2. Die Antwort des Berufungsgerichts auf die Frage, wann die zweimonatige Einvernehmensfrist zu laufen beginnt, wenn der bei der Gemeinde eingereichte Bauantrag die für die Prüfung des Einvernehmens erforderlichen Angaben oder Unterlagen nicht enthält und die Baugenehmigungsbehörde deshalb vom Bauherrn die Vervollständigung der Bauvorlagen verlangt, findet in § 36 BauGB keine Grundlage.

Vor der Entscheidung über das gemeindliche Einvernehmen im bauaufsichtlichen Verfahren (§ 36 Abs. 1 Satz 1 BauGB) hat die Gemeinde zu prüfen, ob die bei ihr eingereichten Bauvorlagen eine sachgerechte Prüfung in bauplanungsrechtlicher Hinsicht ermöglichen. Das Recht auf Beteiligung im Baugenehmigungsverfahren, das der Gesetzgeber der Gemeinde zum Schutz ihrer Planungshoheit einräumt, ist mit der Obliegenheit verbunden, im Rahmen der Möglichkeiten, die ihr das Landesrecht eröffnet, gegenüber dem Bauherrn oder der Baugenehmigungsbehörde auf die Vervollständigung des Bauantrages hinzuwirken. Kommt die Gemeinde dieser Mitwirkungslast nicht innerhalb von zwei Monaten nach der Einreichung des Antrags bei ihr nach, gilt ihr Einvernehmen nach § 36 Abs. 2 Satz 2 Halbs. 2 BauGB als erteilt. Diesem Ergebnis liegen folgende Erwägungen zugrunde:

2.1 Mit der Regelung über das Einvernehmen der Gemeinde in § 36 Abs. 1 Satz 1 BauGB ruft der Gesetzgeber die Gemeinde als betroffene Gebietskörperschaft und Trägerin der Planungshoheit zur eigenverantwortlichen planungsrechtlichen Beurteilung des Bauvorhabens auf. Er überläßt es der Gemeinde, aus ihrer Ortskenntnis und ihrer planerischen Sicht festzustellen, ob der Bauantrag ihr eine fundierte bauplanungsrechtliche Bewertung des Vorhabens ermöglicht oder in dieser Hinsicht noch ergänzungsbedürftig ist. Ebenso obliegt ihr die Feststellung, ob und wann ein bei ihr eingereichter Bauantrag in die erforderliche Beurteilungsreife „hineingewachsen" ist. Die Entscheidung darüber kann und darf die Baugenehmigungsbehörde der

Gemeinde nicht abnehmen. Auch das ergibt sich aus der Schutzfunktion des Einvernehmenserfordernisses.

Ob und ggf. in welchem Umfang die Gemeinde aus eigenem Recht befugt ist, den Bauherrn zur Vervollständigung seiner Bauvorlagen (in planungsrechtlicher Hinsicht) aufzufordern, beurteilt sich nach Landesrecht. Überläßt die Landesbauordnung es wie hier (vgl. §54 Abs. 1 LBO Baden-Württemberg) der Baugenehmigungsbehörde, dem Bauherrn mitzuteilen, welche Ergänzungen erforderlich sind, obliegt es der Gemeinde, sich mit ihrem Ergänzungsverlangen an die Genehmigungsbehörde zu wenden. Welche inhaltlichen Anforderungen an die bauplanungsrechtliche Beurteilungsreife im Einzelfall zu stellen sind, ist eine Frage des materiellen Rechts. Entscheidend sind die Art des Vorhabens und der jeweilige Zulässigkeitsmaßstab (§§31, 33 bis 35 BauGB). Die formalen Erfordernisse, die ein Bauantrag nebst Bauvorlagen erfüllen muß, regelt das Landesrecht im einzelnen durch Bauvorlageverordnungen.

Die Gemeinde ist auf Grund ihres Beteiligungsrechts im bauaufsichtlichen Verfahren berechtigt, ihre Entscheidung über das Einvernehmen bis zum Eingang der in bauplanungsrechtlicher Hinsicht erforderlichen Unterlagen zurückzustellen. Die zweimonatige Einvernehmensfrist beginnt dann mit dem Eingang dieser Unterlagen bei der Gemeinde; denn §36 Abs. 2 Satz 2 BauGB ist die Wertung des Gesetzgebers zu entnehmen, daß ein Zeitraum von zwei Monaten geboten, aber auch ausreichend ist, um der Gemeinde eine Entscheidung auf der Grundlage (planungsrechtlich) vollständiger Unterlagen zu ermöglichen. Dabei trägt die Gemeinde freilich das Risiko einer Fehleinschätzung der planungsrechtlichen Beurteilungsreife mit der Folge, daß die Einvernehmensfrist bereits mit der Einreichung des Bauantrages zu laufen beginnt. Der Versuch der Gemeinde, durch die sachlich ungerechtfertigte Nachforderung einer Bauvorlage die Entscheidung über ihr Einvernehmen zu einem unerwünschten Bauvorhaben hinauszuschieben, wäre mißbräuchlich.

2.2 Das Berufungsgericht stellt den Rechtssatz auf, in den Fällen, in denen der bei der Gemeinde eingereichte Bauantrag in planungsrechtlicher Hinsicht unvollständig sei, werde die Frist für die Erteilung des Einvernehmens erst durch ein Ersuchen der Baugenehmigungsbehörde i. S. des §36 Abs. 2 Satz 2 Halbs. 1 BauGB ausgelöst, das die Genehmigungsbehörde an die Gemeinde zu richten habe, sobald die Unterlagen aus behördlicher Sicht eine Beurteilung der planungsrechtlichen Zulässigkeit des Vorhabens erlaubten.

Der Beklagte macht mit der Revision zu Recht geltend, daß dieser Rechtssatz der „Aufgabenverteilung" zwischen Baugenehmigungsbehörde und Gemeinde im bauaufsichtlichen Verfahren nicht gerecht wird. Der Standpunkt des Berufungsgerichts ist mit der Schutzfunktion des Einvernehmenserfordernisses und der damit verbundenen Mitwirkungslast der Gemeinde im Genehmigungsverfahren nicht vereinbar. Insoweit ist auf die vorstehenden Ausführungen zu verweisen.

Der rechtliche Ansatz der Vorinstanz widerspricht darüber hinaus auch dem Wortlaut und der Systematik des §36 Abs. 2 Satz 2 BauGB. Soweit diese Vorschrift den Beginn der Einvernehmensfrist an das Ersuchen der Baugenehmigungsbehörde knüpft, das gemeindliche Einvernehmen zu erteilen, setzt sie voraus, daß der Bauantrag nach Landesrecht bei der Bauaufsichtsbehörde zu stellen ist. §36 Abs. 2 Satz 2 Halbs. 2 BauGB, der den Fristbeginn an die Einreichung des Bauantrages bei der Gemeinde knüpft, wenn dieser Weg nach Landesrecht vorgeschrieben ist, ist erst durch das Investitionserleichterungs- und Wohnbaulandgesetz vom 22. 4. 1993 (BGBl. I, 466) geschaffen worden. Die alternative Regelung für den Beginn der Einvernehmensfrist ist auf die unterschiedlichen Verfahrensregelungen der Länder zugeschnitten. In den Fällen, in denen der Bauantrag bei der (mit der Gemeinde nicht identischen) Genehmigungsbehörde zu stellen ist, erhält die Gemeinde in aller Regel erst mit dem Ersuchen der Baugenehmigungsbehörde, das Einvernehmen zu erteilen, vom Bauantrag Kenntnis. Das Ersuchen ist entbehrlich, wenn die Gemeinde den Bauantrag bereits kennt, weil er bei ihr gestellt worden ist (ebenso Dürr, a. a. O., Rdnr. 45 zu §36 BauGB). Das Berufungsgericht setzt sich über die alternative Fristenregelung hinweg, indem es ihr eine dritte hinzufügt, die die Antragstellung bei der Gemeinde mit dem fristauslösenden Ersuchen der Genehmigungsbehörde verbindet. Diese Kombination sieht das Gesetz nicht vor.

2.3 Die Mitwirkungslast der Gemeinde bei der Vervollständigung der ihr einzureichenden Bauvorlagen wird durch §36 Abs. 2 Satz 2 Halbs. 2 BauGB in zweierlei Hinsicht näher bestimmt.

Das Spektrum der Unterlagen, die eine Gemeinde als Entscheidungsgrundlage nachfordern darf, ist begrenzt. §36 Abs. 2 Satz 2 Halbs. 2 BauGB ist dahin auszulegen, daß die Gemeinde ihre Entscheidung über das Einvernehmen auf der Grundlage der Antragsunterlagen (Bauantrag und Bauvorlagen) zu treffen hat. Der Gesetzgeber macht dies deutlich, indem er den Beginn der Einvernehmensfrist an die Einreichung des Antrags bei der Gemeinde knüpft. Die Gemeinde ist deshalb darauf beschränkt, gegenüber dem Bauherrn oder der Baugenehmigungsbehörde auf das Nachreichen solcher Unterlagen hinzuwirken, die mit dem Bauantrag hätten eingereicht werden müssen, um ihr die bauplanungsrechtliche Beurteilung des Bauvorhabens zu ermöglichen. Zum Kreis dieser Unterlagen gehören die von der Baugenehmigungsbehörde nach Landesrecht einzuholenden Stellungnahmen der Fachbehörden, deren Aufgabenbereich durch das Vorhaben berührt wird (vgl. etwa §53 Abs. 2 Satz 1 LBO Baden-Württemberg), nicht. Der Gemeinde ist es hingegen nicht verwehrt, gegenüber der Baugenehmigungsbehörde geltend zu machen, daß der Bauantrag ohne die Vorlage einer bestimmten fachtechnischen Untersuchung in bauplanungsrechtlicher Hinsicht nicht beurteilungsreif und insoweit ergänzungsbedürftig sei.

§36 Abs. 2 Satz 2 Halbs. 2 BauGB setzt der Gemeinde ferner einen zeitlichen Rahmen, innerhalb dessen sie sich Klarheit darüber zu verschaffen hat, ob der Bauantrag nebst Bauvorlagen bauplanungsrechtlich beurteilungsreif ist. Läßt die Gemeinde die zweimonatige Einvernehmensfrist verstreichen, ohne daß sie einen Anlaß sieht, mit den ihr zur Verfügung stehenden Mitteln gegenüber dem Bauherrn oder der Baugenehmigungsbehörde auf das Nachreichen einer bestimmten Bauvorlage hinzuwirken, gilt ihr Einvernehmen nach Ablauf von zwei Monaten ab Antragseingang (bzw. ab dem Eingang nachgeforderter Unterlagen) als erteilt. Der Gemeinde bleibt es zwar unbenommen, nach Fristablauf und vor der Entscheidung der Baugenehmigungsbehörde auf die fehlende Beurteilungsreife des Bauantrages hinzuweisen. Sie kann dadurch jedoch nicht den Ablauf der Einvernehmensfrist umgehen. Anderenfalls würde die Frist in einer Weise zur Disposition der Gemeinde gestellt, die mit Sinn und Zweck der gesetzlichen Regelung nicht vereinbar wäre. Das Genehmigungsverfahren würde mit einer zeitlichen Unsicherheit belastet, die der Gesetzgeber mit Einführung der Fristenregelung in §36 Abs. 2 Satz 2 BauGB vor allem im Interesse des Bauherrn, aber auch im öffentlichen Interesse an der Beschleunigung der Genehmigungsverfahren, gerade vermeiden wollte. Aus diesem Grund hat der erkennende Senat bereits entschieden, daß die zweimonatige Einvernehmensfrist durch die Verfahrensbeteiligten nicht einvernehmlich verlängert und ein als erteilt geltendes Einvernehmen von der Gemeinde nachträglich nicht „widerrufen" oder „zurückgenommen" werden kann (BVerwG, Urteil v. 12. 12. 1996 – 4 C 24.95 –, a. a. O.).

3. Für den Streitfall ergibt sich daraus, daß das Einvernehmen der Klägerin mit dem von der Beigeladenen zur Genehmigung gestellten Bauvorhaben gemäß §36 Abs. 2 Satz 2 Halbs. 2 BauGB jedenfalls mit Ablauf des 16. 12. 2000 als erteilt gilt. Dabei geht der erkennende Senat mit den Beteiligten und dem Berufungsgericht davon aus, daß die Computersimulation, die der Beklagte (Landratsamt) im Ortstermin vom 25. 9. 2000 von der Beigeladenen nachgefordert hat, zur bauplanungsrechtlichen Beurteilung der geplanten Windenergieanlagen erforderlich war, und unterstellt, dass die Klägerin sich diese Nachforderung im Ortstermin zu Eigen gemacht hat. Die Computersimulation lag der Klägerin nach den tatsächlichen Feststellungen der Vorinstanz am 16. 10. 2000 vor. Für die Berechnung der Einvernehmensfrist gelten gemäß §31 VwVfG die §§187 bis 193 BGB entsprechend. Nach §187 Abs. 1 und §188 Abs. 2 BGB lief die Frist daher am 16. 12. 2000 ab. Die Versagung des Einvernehmens „zur Fristwahrung" am 20./21. 12. 2000 war daher nicht rechtzeitig.

Der in der Gemeinderatssitzung am 16. 10. 2000 gefaßte Beschluß der Klägerin, ihre endgültige Entscheidung über das Einvernehmen bis zum Eingang der Stellungnahmen der Unteren Naturschutzbehörde und des Landesdenkmalamts zurückzustellen, war nach den vorstehenden Ausführungen nicht geeignet, den Fristbeginn hinauszuschieben. Diese Stellungnahmen gehörten nicht zu den notwendigen Bauvorlagen. Die von der Beigeladenen im Januar 2001 beigebrachte Lärmprognose (Schallimmissionsuntersuchung) forderte das Landratsamt im Anschluß an die Stellungnahme des Gewerbeaufsichtsamts als Grundlage für die eigene Entscheidungsbildung an. Nach den tatsächlichen Feststellungen des Berufungsgerichts und dem Inhalt der von ihm in Bezug genommenen Sachakten des Beklagten hatte die Klägerin zu keiner Zeit gegenüber dem Landratsamt geltend gemacht, daß es die Lärmprognose für die Entscheidung über ihr Einvernehmen benötige. Auf den Umstand, daß das Landratsamt der Beigeladenen im Februar 2001 mitteilte, die Bauvorlagen seien aus seiner Sicht nunmehr vollständig, kann die Klägerin sich nach den vorstehenden Ausführungen (unter 2.3) nicht berufen. Einen eigenen Aufklärungsbedarf hat sie hinsichtlich der Lärmprognose nicht geltend gemacht.

Nr. 114

1. Zur Anhörung der Gemeinde vor einer Ersetzung des Einvernehmens nach §36 BauGB.

2. Der Zulassung einer – auch raumbedeutsamen – Windkraftanlage im Außenbereich steht nicht der öffentliche Belang der Planungsbedürftigkeit entgegen.

3. Die Gemeinde kann sich gegenüber der Ersetzung ihres Einvernehmens nach §36 Abs.1 BauGB nicht darauf berufen, daß anstelle eines Bauantrags ein Antrag auf Erteilung einer immissionsschutzrechtlichen Genehmigung gestellt werden müßte.

4. Die Einwirkungsbereiche von Windkraftanlagen, die für eine Windfarm bestimmend sind, sind nach den Auswirkungen auf die in Art.3 UVP-RL genannten Schutzgüter zu bestimmen (hier: Lärm).

5. Die Beteiligung der Gemeinde nach §36 Abs.1 BauGB bezieht sich nur auf die städtebauliche Zulässigkeit des Vorhabens, so daß sonstige Fehler eines Bauvorbescheids die Gemeinde nicht in ihren Rechten berührt.

6. Der Entwurf eines Flächennutzungsplans, der gerade nach §3 Abs.2 BauGB a.F. ausliegt, kann einem privilegierten Vorhaben nicht nach §35 Abs.3 Satz3 BauGB entgegenstehen (vgl. BVerwG, Urteil v. 13.3.2003 – 4 C 3.02 –, ZfBR 2003, 469).

4. BImSchV Anh. Nr 1.6; BauGB §§214 Abs.3 Satz2, 35 Abs.3 Satz3, 36 Abs.1; NBauO §74 Abs.1.

Niedersächsisches OVG, Beschluß vom 7. Oktober 2004 – 1 ME 169/04 – (rechtskräftig).

Die Antragstellerin begehrt vorläufigen Rechtsschutz gegen die Ersetzung des gemeindlichen Einvernehmens durch den Antragsgegner.

Der Beigeladene begehrte 2003 die Erteilung eines Bauvorbescheides für die Errichtung von zwei Windenergieanlagen des Typs Enercon E-66/18.70 mit je 1800 kW und einem Rotordurchmesser von 70 m. Die Antragstellerin versagte ihr gemeindliches Einvernehmen mit der Begründung, der Flächennutzungsplan stelle an anderer Stelle eine Konzentrationszone für die Windenergienutzung dar und schließe im übrigen Gemeindegebiet die Errichtung von Windenergieanlagen aus.

Die beiden Windenergieanlagen des Beigeladenen liegen ca. 700 m bzw. 966 m westlich des Windparks G.

Der Antragsgegner ersetzte mit Bescheid vom August 2003 das gemeindliche Einvernehmen und ordnete die sofortige Vollziehbarkeit der Ersetzungsverfügung an. Mit Bescheid vom selben Tage erließ der Antragsgegner den vom Beigeladenen begehrten Bauvorbescheid. Zur Begründung der Ersetzungsentscheidung führte er aus: Die Versagung des gemeindlichen Einvernehmens durch die Antragstellerin sei rechtswidrig. Das Verwaltungsgericht habe die 7. Änderung des Flächennutzungsplanes wegen Abwägungsmängeln für unwirksam erklärt. Sonstige öffentliche Belange stünden dem Vorhaben des Beigeladenen nicht entgegen.

Den Antrag der Antragstellerin auf Gewährung vorläufigen Rechtsschutzes hat das Verwaltungsgericht abgelehnt.

Aus den Gründen:
Die Voraussetzungen für die Ersetzung des gemeindlichen Einvernehmens sind aller Voraussicht nach gegeben. Gemäß § 36 Abs. 2 Satz 3 BauGB kann die nach Landesrecht zuständige Behörde ein rechtswidrig versagtes Einvernehmen der Gemeinde ersetzen. Das Beteiligungsverfahren gemäß § 36 BauGB dient der Sicherung der gemeindlichen Planungshoheit. Die Gemeinde darf ihr Einvernehmen gemäß § 36 Abs. 2 Satz 1 BauGB nur versagen, wenn das Vorhaben gemessen an den maßgeblichen bauplanungsrechtlichen Vorschriften, hier also § 35 BauGB, unzulässig ist.

Danach wird die angegriffene Verfügung voraussichtlich nicht zu beanstanden sein. Gegen sie bestehen in formeller Hinsicht keine Bedenken.

Das Anhörungsrecht der Antragstellerin hat der Antragsgegner nicht verletzt. Die Bauaufsichtsbehörde muß die Gemeinde vor der Ersetzung des Einvernehmens anhören (§ 28 VwVfG) und ihr dabei erläutern, warum die Verweigerung des Einvernehmens rechtswidrig ist (Schmaltz, in: Große-Suchsdorf/Lindorf/Schmaltz/Wiechert, NBauO, 7. Aufl. 2002, § 73 Rdnr. 25). Eine bestimmte Form der Anhörung ist nicht vorgeschrieben (Kopp/Ramsauer, VwVfG, 8. Aufl. 2003, § 28 Rdnr. 39). Der Antragsgegner hat im Beschwerdeverfahren unwidersprochen vorgetragen, daß er vor der Entscheidung über die Ersetzung des gemeindlichen Einvernehmens mehrfach Gespräche mit dem Gemeindedirektor der Antragstellerin unter Beteiligung der zuständigen Amtsleiter geführt habe, in denen er die Rechtslage erläutert habe. Ferner sei in einer Sitzung des Verwaltungsausschusses des Rates der Antragstellerin im Juli 2003 unmißverständlich auf die Absicht, das Einvernehmen zu ersetzen, hingewiesen worden. Mit dieser Verfahrensweise ist der Anhörungspflicht Genüge getan.

In materieller Hinsicht bestehen ebenfalls keine rechtlichen Bedenken gegen die Ersetzung des Einvernehmens durch den Antragsgegner mit Bescheid vom August 2003. Die Antragstellerin hat ihr Einvernehmen rechtswidrig versagt. Zu Unrecht stützt sich die Antragstellerin in ihrer Beschwerdebegründung auf die Wirksamkeit der 7. Änderung des Flächennutzungsplanes. Das Verwaltungsgericht begründet in dem genannten Urteil vom 7. 3. 2002 – 4 A 1324/00 –, seine Auffassung, die 7. Änderung des Flächennutzungsplanes sei unwirksam, mit der Erwägung, die Antragstellerin habe benachbarte Windparks außerhalb des Gemeindegebietes, die zum Teil deutlich weniger als 5 km von dem Bereich G. entfernt lägen, bei der Abwägung nicht berücksichtigt und deshalb etwaige planungserhebliche Auswirkungen dieser bestandsgeschützten Windparks nicht abgeschätzt und abgewogen. Die Antragstellerin verweist zwar zutreffend darauf, daß nach der Rechtsprechung des Senats der in dem Runderlaß des Niedersächsischen Innenministeriums vom 11. 7. 1996 über die Festlegung von Vorrangstandorten für Windenergienutzung in der Regionalplanung genannte Abstand von 5 km zwischen Vorrangstandorten für die Windenergienutzung nur Empfehlungscharakter hat (vgl. Beschluß des Senats v. 2. 10. 2003 – 1 LA 28/03 –, BRS 66 Nr. 107 = BauR 2004, 458; vgl. auch Urteil des Senats v. 24. 6. 2004 – 1 LC 185/03 –, NdsRpfl 2004, 254). Für die Bauleitplanung bildet diese Empfehlung einen Orientierungsrahmen, von dem im Einzelfall abgewichen werden kann. Selbst in der Küstenlandschaft mit ihren nahezu unbegrenzten Sichtweiten muß unter Berücksichtigung der örtlichen Besonderheiten im Einzelfall geprüft werden, ob ein Mindestabstand von 5 km zwischen Windparks erforderlich ist.

Aus dieser Rechtsprechung des Senats läßt sich aber nicht ableiten, daß der Träger der Bauleitplanung befugt ist, im Rahmen seiner Planung vorhandene Windparks, die – wie hier – nur einen Abstand von 1,32 km bzw. 3,5 km zu der in Aussicht genommenen Sonderbaufläche G. haben, vollständig aus der Abwägung auszublenden. Vielmehr ist er verpflichtet, diese Windparks in den Blick zu nehmen, die daran anknüpfenden Belange der Nachbargemeinden in die Abwägung einzustellen und namentlich die Auswirkungen einer Aufeinanderfolge mehrerer Windparks auf das Landschaftsbild zu prüfen. Diese Anforderungen erfüllt die 7. Änderung des Flächennutzungsplanes der Antragstellerin nicht.

Die Antragstellerin macht weiter ohne Erfolg geltend, dem Vorhaben des Beigeladenen stehe das Erfordernis der Planungsbedürftigkeit als öffentlicher Belang gemäß §35 Abs.3 Satz 1 BauGB entgegen. Das Bundesverwaltungsgericht hat in seinem Urteil vom 1.8.2002 – 4 C 5.01 –, BRS 65 Nr.10, dargelegt, daß das in §35 BauGB grundsätzlich vorgesehene Entscheidungsprogramm sich in aller Regel als ausreichend erweist, um eine städtebaulich entstehende Konfliktlage im Außenbereich angemessen beurteilen zu können und diese Beurteilung dem behördlichen Entscheidungsverfahren zuzuweisen. Daran anknüpfend hat der Senat in seinem Urteil vom 29.4.2004 (– 1 LB 28/04 –, BauR 2004, 1579) ausgeführt, daß eine – wenn auch – raumbedeutsame Windenergieanlage das Erfordernis der Planungsbedürftigkeit nicht auslöse. Dem stehe entgegen, daß der Gesetzgeber in §35 Abs.3 Satz 3 BauGB das vom Bundesverwaltungsgericht für notwendig erachtete Entscheidungsprogramm zur Verfügung gestellt habe, mit dem eine Entscheidung über die Zulässigkeit des beabsichtigten Vorhabens gesteuert werden könne. Die Beschwerde gegen die Nichtzulassung der Revision in diesem Urteil hat das Bundesverwaltungsgericht mit Beschluß vom 11.8.2004 – 4 B 55.04 –, zurückgewiesen. Zur Begründung hat es u.a. ausgeführt, daß die hier zu beurteilende Situation durch die in §35 Abs.3 Satz 3 BauGB geregelten Möglichkeiten der Planungsträger geprägt sei, durch Darstellungen in einem Flächennutzungsplan oder als Ziele der Raumordnung in Plänen i.S. des §8 oder 9 des Raumordnungsgesetzes eine Ausweisung an anderer Stelle vorzusehen. Der Gesetzgeber gehe ersichtlich davon aus, daß jedenfalls im Grundsatz bei Anlagen nach §35 Abs.1 Nr.2 bis 6 BauGB das durch die genannten Planungsbefugnisse ergänzte Konditionalprogramm die Zulässigkeit von derartigen Anlagen ausreichend steuern könne. Es bestehe kein Anlaß, für Windenergieanlagen einen hiervon abweichenden Rechtsgrundsatz aufzustellen.

Es kann offen bleiben, ob der Beigeladene – wie die Antragstellerin meint – anstelle einer Bauvoranfrage einen Antrag auf Erteilung eines Vorbescheids nach §9 BImSchG hätte stellen müssen, denn die Antragstellerin ist als Gemeinde nicht befugt, die Versagung ihres Einvernehmens auf diesen rechtlichen Gesichtspunkt zu stützen. Im Rahmen des §36 Abs.2 Satz 1 BauGB prüft die Gemeinde die Versagungsgründe, die sich aus §§ 31, 33 bis 35 BauGB ergeben. Genehmigungen ohne das erforderliche Einvernehmen der Gemeinde präjudizieren in gewissem Umfang die Planung der Gemeinde und greifen damit in ihre Planungshoheit ein. Außerhalb der in § 36 Abs. 2 Satz 1 BauGB zusammengefaßten Beteiligungsrechte ist der Gemeinde nur dann das Recht eingeräumt, ihr Einvernehmen zu versagen, wenn im Einzelfall aus der Planungshoheit abgeleitete materielle Rechte berührt sind (Schmaltz, in: Schrödter, BauGB, 6. Aufl. 1998, § 36 Rdnr. 2; Roeser, in: Berliner Kommentar zum Baugesetzbuch, 3. Aufl. 2002, Loseblattsammlung, Stand: August 2003, § 36 Rdnr. 3). Wegen bauordnungsrechtlicher oder sonstiger öffentlich-rechtlicher Vorschriften kann das Einvernehmen der Gemeinde nicht verweigert werden (Dürr, in: Brügelmann, BauGB, Loseblattsammlung, Stand: März 2004, § 36 Rdnr. 39). Daran gemessen ist es der Antragstellerin verwehrt, ihr Einvernehmen mit der Begründung zu versagen, der Beigeladene hätte für sein Vorhaben einen Antrag auf Erteilung einer immissionsschutzrechtlichen Genehmigung stellen müssen. Denn allein die falsche Verfahrenswahl berührt nicht materielle, an die Planungshoheit der Gemeinde anknüpfende Rechte der Antragstellerin. Darin läge ein Verfahrensfehler, der die Gemeinde nicht zur Versagung ihres Einvernehmens berechtigte. § 36 Abs. 1 Satz 2 BauG bestätigt diese Sichtweise. Danach wird die Gemeinde nicht nur im bauaufsichtlichen, sondern auch in anderen Verfahren beteiligt. Dazu gehören auch immissionsschutzrechtliche Verfahren, in denen das Bauplanungsrecht zu beachten ist (vgl. BT-Drucks. 8/2451, S. 24 zur Einfügung des § 36 Abs. 1 Satz 2 BBauG). Die Gemeinde kann also die bauplanungsrechtliche Zulässigkeit des Vorhabens unabhängig davon prüfen, ob darüber in einem bauaufsichtlichen Verfahren gemäß § 36 Abs. 1 Satz 1 BauGB oder in einem anderen Verfahren gemäß § 36 Abs. 1 Satz 2 BauGB entschieden wird.

Anzumerken ist, daß die Annahme der Antragstellerin zutreffen dürfte, daß der Beigeladene einen Antrag auf einen Vorbescheid nach § 9 BImSchG hätte stellen müssen. Nach der Neufassung der 4. BImSchV durch Art. 4 des Gesetzes zur Umsetzung der UVP-Änderungsrichtlinie und weiterer EG-Richtlinien vom 27. 7. 2001 (BGBl. I, 1950) bedürfen Windfarmen mit 3 bis weniger als 6 Windkraftanlagen einer Genehmigung nach § 19 BImSchG und Windfarmen mit 6 oder mehr Windkraftanlagen einer Genehmigung nach § 10 BImSchG (Nr. 1.6 des Anhangs zur 4. BImSchV). Nach dem Urteil des Bundesverwaltungsgerichts vom 30. 6. 2004 – 4 C 9.03 , BauR 2004, 1745, ist eine Windfarm i. S. der Nr. 1.6 des Anhangs zur 4. BImSchV dadurch gekennzeichnet, daß sie aus mindestens 3 Windkraftanlagen besteht, die einander räumlich so zugeordnet sind, daß sich ihre Einwirkungsbereiche überschneiden oder wenigstens berühren. Unter Berücksichtigung dieser Rechtsprechung spricht viel dafür, daß der Beigeladene einen immissionsschutzrechtlichen Vorbescheid beantragen mußte. Zwar liegen die Abstände der Windenergieanlagen des Windparks G. untereinander zwischen ca. 200 m und ca. 400 m, so daß die beiden vom Beigeladenen beantragten Anlagen mit Abständen von 700 m bzw. 966 m optisch deutlich abgerückt vom Windpark erscheinen. Da die Aufnahme von Windfarmen in Nr. 1.6 des Anhangs der 4. BImSchV auf der Lärmrelevanz von Windenergieanlagen beruht (vgl. die Amtliche Begründung, abgedr. bei Feldhaus, Bundesimmissionsschutzrecht, Bd. 2, B 2.4 Anh. Nr. 1, zu 1.6 Rdnr. 1) ist der Einwirkungsbereich nicht nach optischen Gesichtspunkten, sondern nach den Lärmauswirkungen (vgl. auch Beschluß des 7. Senats des Nds.OVG v. 20.9.2004 – 7 ME 233/03 –, V.n.b.) bzw. den sonstigen Auswirkungen auf die in Art. 3 UVP-RL genannten Schutzgüter zu bestimmen. Hier legen bereits die Lärmauswirkungen nahe, daß sich die Einwirkungsbereiche der vom Beigeladenen beantragten Windenergieanlagen und des Windparks G. berühren bzw. überschneiden. Angesichts des Immissionsrichtwertes von 60/45 dB(A) tags/nachts, der nach Nr. 6.6, 6.1 c TA-Lärm für den Außenbereich anzunehmen ist (vgl. OVG NW, Urteil v. 18.11.2002 – 7 A 2127/00 –, BRS 65 Nr. 182 m. w. N.) reicht der Einwirkungsbereich von Windenergieanlagen jedenfalls so weit, wie die Immissionen diese Werte erreichen. Nach den Untersuchungen des Landesumweltamtes NRW zu Schallimmissionen im Umfeld von Windenergieanlagen (LUA-Materialien Nr. 63 „Windenergieanlagen und Immissionsschutz", Essen 2002, S. 15 ff.) erzeugt eine Windenergieanlage mit einem Schallleistungspegel von 103 dB(A) in ca. 280 m Entfernung einen Beurteilungspegel von 45 dB(A), ein Windpark mit 21 Anlagen (drei Reihen mit 7 Anlagen) in 500 m Abstand einen Beurteilungspegel von 45 dB(A). Auch wenn diese Abstände für Immissionsorte in Hauptwindrichtung als Näherungswerte gelten und daher für die Ermittlung der Einwirkungsbereiche nicht einfach addiert werden können, spricht einiges dafür, daß sich die Einwirkungsbereiche der vom Beigeladenen beantragten Anlagen und des Windparks G. berühren bzw. überschneiden.

Der vom Beigeladenen im Beschwerdeverfahren erklärte Verzicht auf den Bauvorbescheid für die Windenergieanlage auf dem Grundstück Flurstück 44/23 im Abstand von 700 m vom Windpark G. dürfte nichts daran ändern, daß der Beigeladene zunächst 2 Windenergieanlagen zur Prüfung gestellt hatte, deren Einwirkungsbereich sich mit dem des Windparks G. überschnitt bzw. berührte. Der Beigeladene hat den Bauantrag für die Windenergieanlage nicht zurückgenommen; der Verzicht auf den Bauvorbescheid dürfte das Verfahren und den Bauvorbescheid unberührt lassen.

Die Antragstellerin wendet auch zu Unrecht gegen die Ersetzungsverfügung des Antragsgegners ein, daß die ausreichende Sicherung der Erschließung für das Außenbereichsvorhaben des Beigeladenen wegen der mangelnden Leistungsfähigkeit einer Brücke, über die der Schwerlastverkehr zum Aufbau der Windenergieanlage geführt werden müsse, nicht gewährleistet sei. Die Frage der Erschließung ist in diesem Verfahrensstadium nicht (mehr) zu prüfen, weil der Beigeladene seine Voranfrage beschränkt hat und die Frage der Erschließung ausgeklammert hat. Mit dem Bauvorbescheid entscheidet die Bauaufsichtsbehörde auf Antrag über einzelne Fragen, über die im Baugenehmigungsverfahren zu entscheiden wäre (vgl. § 74 Abs. 1 Satz 1 NBauO), und nimmt sektoral einen Teil der Baugenehmigung vorweg. Die Beschränkung auf einzelne Punkte, die einer selbständigen Beurteilung zugänglich sind, ist zulässig, weil der Bauherr mit seiner Voranfrage den Umfang der Prüfung bestimmt. Ebenso wie eine Bauvoranfrage zurückgenommen werden kann, solange die Entscheidung über sie noch nicht unanfechtbar geworden ist (BVerwG, Urteil v. 3. 4. 1987 – 4 C 30. 85 –, BRS 47 Nr. 91 = 1997, 667 = NJW 1988, 275 zur Teilungsgenehmigung; Urteil v. 14. 4. 1989 – 4 C 22. 88 –, DVBl. 1989, 874 zur Baugenehmigung), kann die Bauvoranfrage auch eingeschränkt werden. Eine unzumutbare Einschränkung der Abwehrmöglichkeiten der Gemeinde liegt darin nicht. Denn ist die Frage der Erschließung nicht (mehr) Gegenstand der Bauvoranfrage, entfaltet die daraufhin erteilte Bebauungsgenehmigung hinsichtlich der Erschließung keine Bindungswirkung mehr. Insoweit ist die Gemeinde vor der Erteilung der Genehmigung erneut zu beteiligen und kann diesen Gesichtspunkt (erneut) geltend machen, wenn sie sich gegen die Baugenehmigung wendet (Beschluß des Senats v. 12. 9. 2003 – 1 ME 212/03 –, a. a. O.).

Das Argument der Antragstellerin, sie sei nicht verpflichtet gewesen ihr Einvernehmen zu erteilen, weil der Bauvorbescheid wegen des Zusatzes, daß ein Rechtsanspruch auf Erteilung der Baugenehmigung durch den Bescheid nicht begründet werde, da erst nach Vorlage des Bauantrags mit vollständigen Bauvorlagen und Anhörung aller im Baugenehmigungsverfahren zu beteiligenden Dienststellen und Behörden eine umfassende bauaufsichtliche Prüfung möglich sei, rechtswidrig sei, greift nicht durch. Nach §36 Abs. 1 Satz 1 BauGB wird über die Zulässigkeit von Vorhaben nach den §§31, 33 und 35 im bauaufsichtlichen Verfahren von der Baugenehmigungsbehörde im Einvernehmen mit der Gemeinde entschieden. Die Beteiligung der Gemeinde bezieht sich nur auf die städtebauliche Zulässigkeit des Vorhabens und nicht auf alle Einzelheiten der Baugenehmigung bzw. des Bauvorbescheids, zumal das Einvernehmen der Erteilung der Genehmigung vorausgeht. Fehler der Baugenehmigung bzw. des Vorbescheids berühren daher nur dann die Gemeinde in ihren Rechten, wenn sie sich auf die städtebauliche Zulässigkeit des Vorhabens beziehen – von anderen gesetzlich geregelten Beteiligungsrechten abgesehen (vgl. §47a Abs. 1 NBauO). Dementsprechend berührt der zitierte Zusatz die Antragstellerin nicht in ihren Rechten. Abgesehen davon spricht die Formulierung des Bauvorbescheids insgesamt dafür, daß mit dem – allerdings sehr mißverständlichen – Zusatz nur auf mögliche Hindernisse der Erteilung einer Baugenehmigung außerhalb der grundsätzlichen städtebaulichen Zulässigkeit hingewiesen werden sollte.

Den Entwurf der 26. Änderung ihres Flächennutzungsplanes kann die Antragstellerin dem Vorhaben des Beigeladenen nicht mit Erfolg entgegenhalten. Der Flächennutzungsplan kann einem Außenbereichsvorhaben jedenfalls nach §35 Abs. 3 Satz 3 BauGB erst nach Eintritt seiner Rechtsverbindlichkeit entgegenstehen (Beschluß des Senats v. 22. 1. 1999 – 1 L 5538/97 –, BRS 62 Nr. 111; Urteil v. 29. 4. 2004 – 1 LB 28/04 –). Das Bundesverwaltungsgericht hat dies in seinem Urteil vom 13. 3. 2003 (– 4 C 3.02 –, BRS 66 Nr. 106 = BauR 2003, 1172 = ZfBR 2003, 469), ausdrücklich bestätigt. Zum Zeitpunkt der Ersetzungsentscheidung des Antragsgegners am 7. 8. 2003 lag der Entwurf der 26. Änderung des Flächennutzungsplanes der Antragstellerin gemäß §3 Abs. 2 BauGB a. F. öffentlich aus. Er war also – gemessen an der zuletzt genannten Rechtsprechung des Bundesverwaltungsgerichts in seinem Urteil vom 13. 3. 2003 (– 4 C 3.02 –, a. a. O. –) noch nicht einmal „planreif" i. S. von §33 BauGB.

Anknüpfend an die vorstehenden Erwägungen, liegen auch keine durchgreifenden Anhaltspunkte für eine ermessensfehlerhafte Ersetzung des Einvernehmens der Antragstellerin durch den Antragsgegner vor. Der Senat hat bisher offengelassen, ob §36 BauGB der zuständigen Behörde ein Ermessen einräumt (Beschluß v. 15.10.1999 – 1 M 3614/99 –, BRS 62 Nr.122; Beschluß v. 12.9.2003 – 1 ME 212/03 –, a.a.O.). Wenn dem Antragsgegner bei der Ersetzung des Einvernehmens ein Ermessen zustand, hat er davon zutreffend Gebrauch gemacht. Der Senat tritt den diesbezüglichen Ausführungen des Verwaltungsgerichts bei. Der Einwand der Antragstellerin, mit dem Entwurf zur 26. Änderung des Flächennutzungsplanes habe eine weitgehend verfestigte Planung vorgelegen, deren Wirkungen der Antragsgegner durch den beschleunigten Erlaß der Ersetzungsentscheidung unter Anordnung der sofortigen Vollziehung habe vereiteln wollen, greift nicht durch. Von einer verfestigten Planung kann angesichts des Umstandes, daß das Beteiligungsverfahren zum Zeitpunkt der Ersetzungsentscheidung noch nicht beendet war, keine Rede sein. Der Antragsgegner mußte der Antragstellerin vor der Verfügung vom 7.8.2003 auch nicht eine angemessene Reaktionszeit zur Verwirklichung ihrer Abwehrplanung einräumen. Als Bauaufsichtsbehörde trifft ihn die Amtspflicht, eine Bauvoranfrage oder ein Baugesuch gewissenhaft, förderlich und sachdienlich zu behandeln und ohne vermeidbare Verzögerungen innerhalb angemessener Frist zu bescheiden. Dieser Pflicht ist der Antragsgegner mit der Ersetzung des gemeindlichen Einvernehmens und der Erteilung des Bauvorbescheides an den Beigeladenen nachgekommen.

Nr. 115

1. **Der „planreife" Entwurf eines Flächennutzungsplanes zur Steuerung der Windenergienutzung kann einem Vorhaben zur Errichtung einer Windenergieanlage nicht entgegengehalten werden.**

2. **Die Ersetzungsentscheidung nach §36 Abs.2 Satz 3 BauGB erfordert eine Ermessensausübung.**

3. **Die Ersetzung des gemeindlichen Einvernehmens ist ermessensfehlerhaft, wenn die Gemeinde ihre unwirksame Konzentrationsplanung durch Änderung des Flächennutzungsplans „repariert" hat und nur noch die – unmittelbar bevorstehende – Bekanntmachung der Genehmigung fehlt.**

4. **Ein Fehler im Abwägungsvorgang liegt vor, wenn die Gemeinde bei der Suche nach geeigneten Standorten für die Windenergienutzung in einem ersten Schritt um vorhandene Einzelanlagen einen 500-m-Radius legt und damit Gebiete im Einwirkungsbereich dieser Altanlagen der weiteren Potentialflächenfindung entzieht.**

5. **Der unter 4. genannte Abwägungsfehler ist unbeachtlich, wenn absehbar ist, daß die Gemeinde ohne den Mangel nicht anders geplant hätte (hier bejaht).**

BauGB §§ 35 Abs. 3 Satz 3, 36 Abs. 2, 214 Abs. 3 Satz 2; ZPO § 767 Abs. 1.

Niedersächsisches OVG, Beschluß vom 30. November 2004
– 1 ME 190/04 – (rechtskräftig).

Die Antragstellerin begehrt die Gewährung vorläufigen Rechtsschutzes gegen die Ersetzung des gemeindlichen Einvernehmens durch den Antragsgegner.

2003 beantragte die Beigeladene die Erteilung eines Bauvorbescheides für die Errichtung einer Windenergieanlage mit einer Nennleistung von 600 kW und einer Nabenhöhe von 77,65 m. Die Antragstellerin versagte im Juli 2003 gegenüber dem Antragsgegner die Erteilung des gemeindlichen Einvernehmens.

Im Dezember 2003 hörte der Antragsgegner die Antragstellerin zu seiner Absicht an, das gemeindliche Einvernehmen zu ersetzen. Er verwies darauf, daß die Konzentrationsplanung der Antragstellerin in der 1. und 15. Änderung ihres Flächennutzungsplanes nach mehreren Urteilen des Verwaltungsgerichts und den diese Entscheidungen bestätigenden Beschlüssen des Senats keine Ausschlußwirkung i. S. des § 35 Abs. 3 Satz 3 BauGB entfalte. Der Antragsgegner gab der Antragstellerin Gelegenheit zur Stellungnahme bis zum 17. 12. 2003.

Am 17. 12. 2003 machte die Antragstellerin folgendes geltend: In der gesetzten Frist von 4 Werktagen sei es ihr nur möglich, zu den mehr als 50 Einzelfällen eine generalisierte Stellungnahme abzugeben. Die 40. Änderung ihres Flächennutzungsplanes mit der Darstellung von Konzentrationsflächen für die Windenergienutzung habe Planreife erlangt. Die Bezirksregierung habe im November 2003 die 40. Änderung des Planes mit einer Maßgabe genehmigt und der Rat der Stadt sei dieser Maßgabe mit Beschluß vom 16. 12. 2003 beigetreten.

Mit Bescheid vom 17. 12. 2003 ersetzte der Antragsgegner gegenüber der Antragstellerin das gemeindliche Einvernehmen und ordnete die sofortige Vollziehbarkeit der Ersetzungsverfügung an.

Am 18. 12. 2003 wurde die 40. Änderung des Flächennutzungsplanes der Antragstellerin im Amtsblatt des Antragsgegners bekannt gemacht. Der Plan stellt 3 Sonderbauflächen mit der Zweckbestimmung Windenergienutzung dar und schließt im übrigen Stadtgebiet die Errichtung von neuen Windenergieanlagen aus.

Unter dem 16. 12. 2003 erteilte der Antragsgegner der Beigeladenen den begehrten Bauvorbescheid. Gegen die Ersetzung des Einvernehmens und gegen den Bauvorbescheid erhob die Antragstellerin Widerspruch.

Aus den Gründen:

Die Tatbestandsvoraussetzungen des § 36 Abs. 2 Satz 3 BauGB lagen zwar vor. Der Antragsgegner hat jedoch das Ermessen, das ihm bei der Entscheidung, das gemeindliche Einvernehmen zu ersetzen, zusteht, fehlerhaft ausgeübt.

Gemäß § 36 Abs. 2 Satz 3 BauGB kann die nach Landesrecht zuständige Behörde ein rechtswidrig versagtes Einvernehmen der Gemeinde ersetzen. Das Beteiligungsverfahren gemäß § 36 BauGB dient der Sicherung der gemeindlichen Planungshoheit. Die Gemeinde darf ihr Einvernehmen gemäß § 36 Abs. 2 Satz 1 BauGB nur versagen, wenn das Vorhaben gemessen an den maßgeblichen bauplanungsrechtlichen Vorschriften, hier also § 35 BauGB, unzulässig ist. Die Antragstellerin hat ihr gemeindliches Einvernehmen zu

Lasten des Vorhabens der Beigeladenen rechtswidrig versagt. Denn sie verfügte weder zum Zeitpunkt ihrer Entscheidung, das Einvernehmen zu versagen, noch zum Zeitpunkt der Ersetzungsentscheidung des Antragsgegners über eine wirksame Konzentrationsplanung zur Steuerung der Windenergienutzung in ihrem Stadtgebiet. ...

Die 40. Änderung des Flächennutzungsplanes der Antragstellerin war am Tag der Bekanntgabe des Bescheides des Antragsgegners, mit dem er das Einvernehmen der Antragstellerin ersetzte, am 17.12.2003, noch nicht in Kraft getreten und entfaltete deshalb noch keine Ausschlußwirkung i.S. des §35 Abs.3 Satz 3 BauGB. Die Erteilung der mit einer Maßgabe versehenen Genehmigung der 40. Änderung des Planes durch die Bezirksregierung im November 2003 wurde nach dem Beitrittsbeschluß des Rates der Antragstellerin am 18.12.2003 bekanntgemacht. Entgegen der Ansicht des Verwaltungsgerichts kommt es nicht darauf an, daß der von dem Antragsgegner erteilte Bauvorbescheid der Beigeladenen erst am 20.12.2003, also 2 Tage nach Inkrafttreten des Flächennutzungsplanes, zugegangen ist. Im Verhältnis zum Bauherrn stellt die Ersetzungsentscheidung ein Verwaltungsinternum dar. Rechtswirkungen entstehen im Falle der Ersetzung des Einvernehmens nur zwischen der nach Landesrecht für die Ersetzungsentscheidung zuständigen Behörde, hier also dem Antragsgegner, und der Gemeinde, der gegenüber die Ersetzung einen anfechtbaren Verwaltungsakt darstellt. Maßgeblich ist deshalb, ob zum Zeitpunkt der Bekanntgabe der Ersetzungsentscheidung gegenüber der Antragstellerin am 17.12.2003 eine wirksame Konzentrationsplanung vorlag. Daran fehlt es.

Den „planreifen" Entwurf der 40. Änderung des Flächennutzungsplanes kann die Antragstellerin dem streitigen Vorhaben nicht mit Erfolg entgegenhalten. Der Flächennutzungsplan kann einem Außenbereichsvorhaben jedenfalls nach §35 Abs.3 Satz 3 BauGB erst nach Eintritt seiner Rechtsverbindlichkeit entgegenstehen (Urteil des Senats v. 18.3.1999 – 1 L 6696/96 –, BRS 62 Nr.112, u. Beschluß v. 12.9.2003 – 1 ME 212/03 –, NVwZ-RR 2004, 91). Daran ist auch angesichts des Urteils des BGH vom 13.3.2003 (– 4 C 3.02 –, BRS 66 Nr.11 = BauR 2003, 1172 = NVwZ 2003, 1261), festzuhalten. Das Bundesverwaltungsgericht hat in den Gründen der zitierten Entscheidung die Frage, ob die Darstellungen des Entwurfs eines Flächennutzungsplanes einem im Außenbereich privilegierten Vorhaben als öffentlicher Belang i.S. von §35 Abs.3 Satz 1 BauGB entgegenstehen können, nicht abschließend beantwortet. Es hat lediglich am Ende seiner Ausführungen darauf hingewiesen, daß der Entwurf eines Flächennutzungsplanes jedenfalls nur dann ein öffentlicher Belang i.S. von §35 Abs.3 Satz 1 BauGB sein könne, wenn er i.S. von §33 BauGB „planreif" sei. Im Gegensatz zu dem von dem Bundesverwaltungsgericht entschiedenen Fall liegt hier ein „planreifer" Entwurf des Flächennutzungsplanes vor, weil lediglich noch die unmittelbar bevorstehende Bekanntmachung der Genehmigung des Plans ausstand. Diese Fallkonstellation veranlaßt den Senat nicht, seine in den vorgenannten Entscheidungen niedergelegte Auffassung zu revidieren. Das Bundesverwaltungsgericht betont in dem zitierten Urteil vom 13.3.2003 (– 4 C 3.02 –, a.a.O.), daß gegen die Annahme, im Rahmen des §35 Abs.3 Satz 3 BauGB könnten auch Planentwürfe beachtlich sein, schon der Wortlaut dieser Vorschrift spreche. In ihr sei von Darstellungen im Flächennutzungsplan und von Zielen der Raumordnung und nicht – wie sinngemäß in § 33 BauGB – von Planentwürfen die Rede. Eine Konzentrationsplanung müsse nicht nur Auskunft darüber geben, von welchen Erwägungen die positive Standortzuweisung getragen werde, sondern auch deutlich machen, welche Gründe es rechtfertigten, den übrigen Planungsraum von den in § 35 Abs. 1 Nr. 2 bis 6 BauGB genannten Vorhaben freizuhalten. Deshalb folge aus dem Sinn des § 35 Abs. 3 Satz 3 BauGB, daß seine Ausschlußwirkung nicht nur von einer materiell-rechtmäßigen Planung abhänge, sondern daß die Pläne auch formell in Kraft getreten sein müssen. Die vorgenannten Gründe rechtfertigen es, daß die von der Gemeinde erstrebte Standortzuweisung von Windenergieanlagen dem Vorhaben erst dann entgegenstehen, wenn die Änderung des Flächennutzungsplanes Rechtsverbindlichkeit erlangt hat. In diese Richtung gingen bereits die Erwägungen des Senats in dem zitierten Urteil vom 18. 3. 1999 (– 1 L 6696/96 –, a. a. O.), in dem er ausgeführt hat, der Zweck der Übergangsregelung in § 245 b Abs. 1 Satz 1 BauGB, mit der der Gesetzgeber der Gemeinde befristet bis zum 31. 12. 1998 die Möglichkeit eingeräumt habe, eine wirksame Konzentrationsplanung zur Steuerung der Windenergienutzung zu erlassen, werde konterkariert, wenn einem Vorhaben i. S. v. § 35 Abs. 1 Nr. 6 BauGB auch über den 31. 12. 1998 hinaus Standortzuweisungen für Windenergieanlagen entgegengehalten werden könnten, die in einem noch nicht rechtsverbindlichen Flächennutzungsplan getroffen werden sollen.

Die tatbestandlichen Voraussetzungen für eine Ersetzungsentscheidung liegen danach vor. Die nach Landesrecht gemäß § 36 Abs. 2 Satz 3 BauGB zuständige Behörde ist jedoch nicht verpflichtet, in jedem Fall einer rechtswidrigen Versagung des Einvernehmens die Ersetzung anzuordnen. § 36 Abs. 2 Satz 3 BauGB erfordert eine Ermessensausübung. Ob der Behörde bei der Ersetzungsentscheidung ein Ermessen zusteht, wird in der Rechtsprechung und Literatur unterschiedlich beantwortet. Die Befürworter einer gebundenen Entscheidung verstehen § 36 Abs. 2 Satz 3 BauGB als Befugnisnorm, d. h. als Ermächtigung, daß die Behörde überhaupt tätig werden kann (OVG Koblenz, Beschluß v. 23. 9. 1998 – 1 B 11493/98 –, BRS 60 Nr. 91; Roeser, in: Berliner Kommentar zum BauGB, 2. Aufl., Loseblattsammlung, Stand: August 2003, § 36 Rdnr. 14; Dippel, NVwZ 1999, 921, 924; Groß, BauR 1999, 560, 570), während die gegenläufige These, es handele sich um eine Ermessensentscheidung, insbesondere unter Rückgriff auf die Gesetzesformulierung („kann") begründet wird (VG Frankfurt a. M., Urteil v. 14. 9. 2000 – 3 E 1383/00(1) –, NVwZ-RR 2001, 371; Schmaltz, in: Schrödter, BauGB, 6. Aufl. 1998, § 36 Rdnr. 20; Dürr, in: Brügelmann, BauGB, Loseblattsammlung, Stand: März 2004, § 36 Rdnr. 49; Söfker, in: Ernst/Zinkahn/Bielenberg, Kommentar zum BauGB, Loseblattsammlung, Stand: Juli 2004, § 36 Rdnr. 41).

Der Senat hat diese Frage in seiner Rechtsprechung bisher offen gelassen. Er hat allerdings der Annahme zugeneigt, daß § 36 Abs. 2 Satz 3 BauGB der zuständigen Behörde ein Ermessen einräumt (Beschluß v. 15. 10. 1999 – 1 M 3614/99 –, BRS 62 Nr. 122; Beschluß v. 12. 9. 2003 – 1 ME 212/03 –, a. a. O.; Beschluß v. 7. 10. 2004 – 1 ME 169/04 –, BauR 2005, 69). Der Senat schließt sich nunmehr ausdrücklich der Auffassung an, daß § 36 Abs. 2 Satz 3 BauGB eine Ermessensentscheidung eröffnet. Dafür spricht zunächst der Wortlaut der genannten Vorschrift, wonach die Behörde das Einvernehmen ersetzen kann. Der Begriff „kann" steht in Rechtsvorschriften grundsätzlich für ein Ermessen der Behörde. Die Gesetzesmaterialien sprechen ebenfalls für diese Auslegung. Der zuständigen Behörde soll danach (vgl. BT-Drucks. 13/6392, S. 60) die Möglichkeit eingeräumt werden, ein rechtswidrig versagtes Einvernehmen zu ersetzen. Von einer Rechtspflicht ist dort nicht die Rede. Die Begründung des Gesetzentwurfes bezieht sich ferner auf vergleichbare Ersetzungsnormen in den Bauordnungen der Länder, wobei Art. 81 BayBO 1994 ausdrücklich erwähnt wird. Die genannte Vorschrift begründete allerdings (anders als Art. 74 BayBO 1998) eine Rechtspflicht zum Tätigwerden der Behörde („zu ... ersetzen ist"). Da der Bundesgesetzgeber trotz des Vorbildes in der BayBO die Vorschrift in § 36 Abs. 2 Satz 3 BauGB anders formuliert hat („kann"), deutet mehr darauf hin, daß der Behörde ein Ermessensspielraum zugebilligt werden sollte. Sinn und Zweck der gesetzlichen Regelung bestätigen dieses Auslegungsergebnis. Die Ersetzungsentscheidung hat Ähnlichkeit mit den Maßnahmen des Kommunalaufsichtsrechts. Im Vergleich zu dem bisweilen schwerfälligen und zeitaufwändigen kommunalaufsichtlichen Instrumentarium der Beanstandung und Ersatzvornahme soll § 36 Abs. 2 Satz 3 BauGB „die Ersatzvornahme" erleichtern, weil die Beanstandung als selbständig anfechtbarer Verfahrensschritt entfällt (Schmaltz, a. a. O., § 36 Rdnr. 18). Da die kommunalaufsichtsrechtlichen Vorschriften der Kommunalaufsichtsbehörde ein Ermessen einräumen (vgl. z. B. §§ 130 und 131 NGO), kann für die Ersetzungsentscheidung nach § 36 Abs. 2 Satz 3 BauGB wegen deren sachlichen Nähe zu den genannten Vorschriften nichts anderes gelten.

Dem Antragsgegner stand danach bei der Ersetzung des Einvernehmens ein Ermessen zu, das er ausweislich der Begründung des Bescheides vom 17. 12. 2003 auch ausgeübt hat. Soweit der Antragsgegner darauf verweist, daß der Ersetzung entgegenstehende besondere Umstände nicht ersichtlich seien, hat er von dem Ermessen in rechtswidriger Weise Gebrauch gemacht. Der Antragsgegner führt zur Begründung seiner Ersetzungsentscheidung aus, daß das Vorhaben der Beigeladenen wegen der Unwirksamkeit der 1. und 15. Änderung des Flächennutzungsplanes der Antragstellerin städtebaulich zulässig sei und die Beigeladene deswegen einen Rechtsanspruch auf die Erteilung des begehrten Bauvorbescheides habe. Hierbei handelt es sich um eine zulässige Ermessenserwägung. Denn mit der gesetzlichen Regelung in § 36 Abs. 2 Satz 3 BauGB soll verhindert werden, daß Gemeinden durch eine planungsrechtlich unzulässige Versagung des Einvernehmens ein Vorhaben blockieren und damit einen Rechtsanspruch des Bauwilligen auf Erteilung einer Baugenehmigung oder eines Bauvorbescheides unterlaufen können (vgl. BT-Drucks. 13/6392, S. 60). Dieses private Interesse der Beigeladenen muß hier aber zurückstehen.

Denn als Ermessenserwägung beachtlich ist darüber hinaus die Absicht der Antragstellerin, ihre unwirksame Konzentrationsplanung durch Änderung des Flächennutzungsplanes zu „reparieren". Damit sich dieser gemeindliche Belang gegenüber dem privaten Interesse des Bauherrn durchsetzt, ist allerdings erforderlich, daß bereits eine weitgehend verfestigte Planung vorliegt. Wann dies genau der Fall ist, muß der Senat in diesem Verfahren nicht abschließend entscheiden. Ist das Beteiligungsverfahren zum Zeitpunkt der Ersetzungsentscheidung noch nicht beendet, hat das Änderungsverfahren jedenfalls noch nicht einen Stand erreicht, den die nach §36 Abs. 2 Satz 3 BauGB zuständige Behörde berücksichtigen muß (Beschluß des Senats v. 7. 10. 2004 – 1 ME 169/04 –, a. a. O.). Anders liegt der Fall, wenn alle Verfahrensschritte mit Ausnahme der Bekanntmachung der Genehmigung vorliegen und zu erwarten ist, daß die Erteilung der Genehmigung unverzüglich bekannt gemacht wird. Die Gemeinde hat in diesem Verfahrensstadium Anspruch darauf, daß ihre Planungshoheit beachtet wird und die für die Ersetzungsentscheidung zuständige Behörde von der Ersetzung absieht. Das Ermessen der zuständigen Behörde reduziert sich dann auf Null.

Daran gemessen wird sich der Bescheid des Antragsgegners voraussichtlich als rechtswidrig erweisen. Denn zum Zeitpunkt der Bekanntgabe der Ersetzungsentscheidung am 17. 12. 2003 stand die Bekanntmachung der Genehmigung der Bezirksregierung unmittelbar bevor. Die Antragstellerin hat den Antragsgegner im Vorfeld der Ratsentscheidung veranlaßt, wegen der Wertigkeit der Änderungsplanung für den 18. 12. 2003 die Veröffentlichung einer Bekanntmachung, die sich auf die Mitteilung der Genehmigung der 40. Änderung des Flächennutzungsplanes durch die Bezirksregierung beschränkt, in seinem eigenen Amtsblatt vorzubereiten. In Kenntnis dieser Ankündigung hat der Antragsgegner einen Tag vor Inkrafttreten der 40. Änderung des Flächennutzungsplanes die Ersetzungsentscheidung getroffen und damit die Verwirklichung der „Abwehrplanung" der Antragstellerin ermessensfehlerhaft unterlaufen.

Mit seiner Ermessensentscheidung zugunsten der Beigeladenen würdigt der Antragsgegner zudem nicht hinreichend, daß die Gemeinde es nach der Rechtsprechung des BGH in seinem Urteil vom 19. 9. 2002 (– 4 C 10.01 –, BRS 65 Nr. 102 = BauR 2003, 223) in der Hand hat, mit einer neuen Konzentrationsplanung gemäß §35 Abs. 3 Satz 3 BauGB eine Einwendung i. S. des §767 Abs. 1 ZPO zu schaffen, die im Wege der Vollstreckungsgegenklage, sofern die übrigen Voraussetzungen erfüllt sind, einem gerichtlich festgestellten Anspruch auf Erteilung einer Baugenehmigung oder eines Bauvorbescheides entgegengehalten werden kann. Es ist deshalb unverhältnismäßig, wenn der Antragsgegner einen Tag vor Inkrafttreten der 40. Änderung des Flächennutzungsplanes das gemeindliche Einvernehmen ersetzt und damit diese Abwehrmöglichkeit der Antragstellerin vereitelt.

Dem kann der Antragsgegner nicht mit Erfolg entgegenhalten, daß er von seiner Verwerfungskompetenz Gebrauch gemacht habe, um mögliche Schadensersatzforderungen von Bauherrn aus Amtspflichtverletzungen abzuwenden. Der Antragsgegner räumt selbst ein, daß aus seiner Sicht die endgültige Klärung der Rechtsunwirksamkeit der 1. und 15. Änderung des Flächennutzungsplanes erst durch die Beschlüsse des Senats vom 24. 11. 2003 – 1 LA 307/02 u. a. –, herbeigeführt worden sei. Die daraus abgeleitete Prüfungs- und Verwerfungskompetenz hätte den Antragsgegner aber nicht verpflichtet, sofort das von der Antragstellerin versagte Einvernehmen zu ersetzen und den begehrten Bauvorbescheid zu erteilen. Denn die Planungshoheit der Gemeinde gebietet es, sie vor Verwerfung des Plans zur Unwirksamkeit ihrer Planung zu hören und ihr Gelegenheit zu geben, den Plan zu heilen oder jedenfalls die aus Sicht des Städtebaus gebotenen Konsequenzen zu ziehen (vgl. BVerwG, Urteil v. 31.1.2001 – 6 CN 2.00 –, BRS 64 Nr. 210 = BauR 2001, 1066 = NVwZ-RR 2001, 1035; BGH, Urteil v. 25.3.2004 – III ZR 227/02 –, NVwZ 2004, 1143). Eine solche Anhörung der Antragstellerin hat der Antragsgegner zeitnah nach Zugang der zitierten Beschlüsse des Senats unter dem 11.12.2003 eingeleitet, so daß im Rahmen eines zivilrechtlichen Amtshaftungsprozesses der Vorwurf einer sachwidrigen Behandlung der Bauvoranfrage voraussichtlich nicht erhoben werden könnte. Bezogen auf die gemäß §36 Abs. 2 Satz 3 BauGB zu treffende Ermessensentscheidung hätte das Ergebnis der Anhörung den Antragsgegner allerdings bestärken müssen, von der Ersetzung des Einvernehmens Abstand zu nehmen. Denn die Antragstellerin hat in ihrer Stellungnahme vom 17.12.2003 darauf hingewiesen, daß die 40. Änderung des Flächennutzungsplanes bereits im November 2003 von der Bezirksregierung mit einer Maßgabe genehmigt worden sei. Darüber hinaus dürfte dem Antragsgegner bekannt gewesen sein, daß der Rat der Antragstellerin am 16.12.2003, also einen Tag vor der Ersetzungsentscheidung, der Maßgabe in der Genehmigung der Bezirksregierung beigetreten war.

Nach den vorstehenden Ausführungen kommt es für die Entscheidung des vorliegenden Falles nicht mehr darauf an, ob die 40. Änderung des Flächennutzungsplanes wirksam ist. ... Nur vorsorglich und mit Rücksicht auf die von der Beigeladenen im Beschwerdeverfahren vorgetragenen rechtlichen Bedenken gegen die 40. Änderung des Flächennutzungsplanes sind folgende Ausführungen angezeigt: Der Senat teilt die Auffassung des Verwaltungsgerichts, daß die neue Konzentrationsplanung einer Inzidentprüfung im Hauptsacheverfahren voraussichtlich standhält und dem beabsichtigten Vorhaben der Beigeladenen als öffentlicher Belang gemäß §35 Abs. 3 Satz 3 BauGB entgegensteht.

Die 40. Änderung des Flächennutzungsplanes ist erforderlich i.S. des §1 Abs. 3 BauGB. Was im Sinne dieser Vorschrift erforderlich ist, bestimmt sich nach der jeweiligen planerischen Konzeption der Gemeinde. Welche städtebaulichen Ziele die Gemeinde sich setzt, liegt in ihrem planerischen Ermessen. Nicht erforderlich i.S. des §1 Abs. 3 BauGB sind nur solche Bauleitpläne, die einer positiven Planungskonzeption entbehren oder ersichtlich der Förderung von Zielen dienen, für deren Verwirklichung die Planungsinstrumente des BauGB nicht bestimmt sind. Das mit der Konzentrationsplanung nach §35 Abs. 3 Satz 3 BauGB verfolgte Ziel der Darstellung von Sonderbauflächen für die Windenergienutzung einerseits und der Ausschlußwirkung für das übrige Gemeindegebiet andererseits wird von vornherein verfehlt, wenn die Fläche, die für die vorgesehene Nutzung zur Verfügung stehen soll, für diesen Zweck schlechthin ungeeignet ist (BVerwG, Urteil v. 17.12.2002 – 4 C 15.01 –, BRS 65 Nr. 95 = BauR 2003, 828 = ZfBR 2003, 370). Es sind keine tatsächlichen oder rechtlichen Anhaltspunkte dafür ersichtlich, daß die von der Antragstellerin dargestellten Sonderbauflächen für eine Windenergienutzung nicht geeignet sind. ... Die Änderung des Flächennutzungsplanes weist auch nicht zu Lasten der Windenergienutzung die Merkmale einer verschleierten Verhinderungsplanung auf. Die Standorte G. und E. haben eine Gesamtgröße von 66 ha bzw. 52,6 ha. Hinzu kommt die Erweiterungsfläche für den Windpark, die insgesamt 115,2 ha groß ist, wobei der Anteil der hinzutretenden Fläche 33,31 ha beträgt. Bei einem von der Antragstellerin angenommenen Bedarf von 6 ha pro Windenergieanlage bieten die dargestellten Flächen ausreichend Raum für die Windenergienutzung.

Die Abwägungsentscheidung der Antragstellerin ist rechtlich nicht zu beanstanden. Es liegt zwar ein Fehler im Abwägungsvorgang vor. Dieser ist aber nicht von Einfluß auf das Abwägungsergebnis gemäß §214 Abs. 3 Satz 2 BauGB gewesen.

Die Antragstellerin hat im Rahmen der Suche nach geeigneten Standorten für die Windenergienutzung den Abwägungsvorgang dadurch verkürzt, daß sie in einem ersten Schritt zur Ermittlung der Ausschlußflächen, die für die Errichtung von Windenergieanlagen nicht geeignet sind, nicht nur Bereiche ausgegrenzt hat, die von vornherein für eine Windenergienutzung ausscheiden, wie zum Beispiel Flächen mit Wohnnutzung, sog. naturschutzrechtliche Restriktionsflächen und Flächen mit vorhandenen Infrastruktureinrichtungen, sondern auch um im Stadtgebiet vorhandene Einzelanlagen einen 500-m-Radius gelegt und damit auch Gebiete im Einwirkungsbereich dieser Altanlagen der weiteren Potentialflächenfindung entzogen hat. Der Senat teilt die Auffassung des Verwaltungsgerichts, daß der von der Antragstellerin in dem ersten Schritt ihrer Standortanalyse gezogene Vorsorgeabstand zu vorhandenen Windenergieanlagen von 500 m nicht sachgerecht ist. Die Antragstellerin begründet den 500-m-Radius damit, daß die häufig in Hofnähe errichteten Altanlagen erheblich Lärm emittierten und deshalb diese schalltechnische Vorbelastung zu berücksichtigen sei. Diese Erwägung rechtfertigt nicht die Ausklammerung der in einem Radius von 500 m um den Standort der Altanlagen gelegenen Flächen. Denn dem Schutzbedürfnis der Wohnbebauung trägt die Antragstellerin bereits dadurch Rechnung, daß sie auf der ersten Stufe ihrer Potentialflächenfindung sämtliche Siedlungsbereiche aus der Betrachtung herausnimmt und diesen außerdem Schutzabstände zu den für die Windenergienutzung in Betracht kommenden Flächen zubilligt, nämlich, dem Runderlaß des Niedersächsischen Innenministeriums vom 11.7.1996 folgend, 750 m für reine Wohngebiete, 500 m für allgemeine Wohngebiete und dörfliche Siedlungen sowie 300 m für Einzelhäuser im Außenbereich. Soweit beim Betrieb der Altanlagen in Einzelfällen die maßgeblichen Immissionsrichtwerte an Wohnhäusern nicht eingehalten werden können, kommen nachträgliche Anordnungen in Betracht. Angesichts dieser auf den Einzelfall zugeschnittenen Problematik besteht keine sachliche Rechtfertigung, generell einen Radius von 500 m um eine bestehende Anlage zu ziehen.

Auch die weitere Erwägung, vorhandene Anlagen seien nur bedingt in einen Windpark integrierbar, ist nicht nachvollziehbar. Der Antragstellerin ist einzuräumen, daß es bei der späteren Umsetzung eines Windparkvorhabens zu Schwierigkeiten kommen kann, wenn vorhandene Altanlagen in das Kon-

zept eingebunden werden müssen. Dies rechtfertigt es jedoch nicht, bereits bei der Ausgangsbetrachtung alle Standorte vorhandener Altanlagen mit einer großräumigen Freihaltezone zu umgeben. ...
Dem Verwaltungsgericht ist weiter darin zu folgen, daß der Mangel im Abwägungsvorgang nicht erheblich ist. Auf das Abwägungsergebnis von Einfluß gewesen i. S. des §214 Abs. 3 Satz 2 BauGB sind Mängel im Abwägungsvorgang, wenn nach den Umständen des jeweiligen Falles die konkrete Möglichkeit besteht, daß ohne den Mangel die Planung anders ausgefallen wäre. Eine solche konkrete Möglichkeit besteht immer dann, wenn sich anhand der Planunterlagen oder erkennbarer oder nahe liegender Umstände die Möglichkeit abzeichnet, daß der Mangel im Abwägungsvorgang von Einfluß auf das Abwägungsergebnis gewesen sein könnte (BVerwG, Beschluß v. 20. 1. 1992 – 4 B 71.90 –, BRS 54 Nr. 18 = BauR 1992, 344 = NVwZ 1992, 663). Es kommt also einerseits nicht auf den positiven Nachweis eines Einflusses auf das Abwägungsergebnis an. Auf der anderen Seite genügt aber auch nicht die (wohl stets zu bejahende) abstrakte Möglichkeit, daß ohne den Mangel anders geplant worden wäre (BVerwG, Beschluß v. 9. 10. 2003 – 4 BN 47.03 –, BRS 66 Nr. 65 = BauR 2004, 1130). Entgegen der Ansicht der Beigeladenen ist der offensichtliche Mangel einer Verkürzung der Standortuntersuchung durch sachlich nicht gerechtfertigte Radien von 500 m um vorhandene Altanlagen ohne Einfluß auf das Abwägungsergebnis geblieben. Hätte die Antragstellerin den Fehler im Abwägungsvorgang erkannt, hätte sie unter Berücksichtigung der von ihr verfolgten städtebaulichen Belange nicht die von der Beigeladenen als gleichwertig erachteten Potentialflächen ausgewählt, sondern an ihrem Abwägungsergebnis festgehalten, 3 Sonderbauflächen in den Bereichen A., E. und G. darzustellen. Dafür bietet die Abwägung der geeigneten Potentialflächen auf S. 22 ff. des Erläuterungsberichts ausreichende Anhaltspunkte. ...

Nr. 116

1. **Auch für den Begriff der überörtlichen Bedeutung in §38 Satz 1 BauGB kann nicht ausschließlich darauf abgestellt werden, ob das Vorhaben das Gebiet von mindestens zwei Gemeinden tatsächlich berührt (im Anschluß an Beschluß v. 31. 7. 2000 – 11 VR 5.00 –, UPR 2001, 33, 34).**

2. **§ 38 Satz 1 BauGB stellt nach Sinn und Zweck überörtliche Fachplanungen auch von der in §35 Abs. 3 Sätze 2 und 3 BauGB normierten Bindung an die Ziele der Raumordnung frei.**

3. **§23 Abs. 1 ROG bezieht sich ausschließlich auf die unmittelbar geltenden Vorschriften des Raumordnungsgesetzes, insbesondere dessen Abschnitt 1. Für ein Planfeststellungsverfahren i. S. des §4 Abs. 1 Satz 2 Nr. 2 ROG, das vor dem Stichtag 1. 7. 1998 eingeleitet worden ist, richten sich die Rechtswirkungen dargestellter Ziele der Raumordnung deshalb nach dem bisherigen Recht.**

4. Zum Sachbescheidungsinteresse als materiell-rechtlicher Voraussetzung.
(Zu 4. nichtamtlicher Leitsatz)

BauGB §§ 35 Abs. 3 Satz 2, 38 Satz 1; ROG §§ 4 Abs. 1 Satz 2, 23 Abs. 1.

Bundesverwaltungsgericht, Beschluß vom 30. Juni 2004 – 7 B 92.03 –.

(OVG Nordrhein-Westfalen)

Die Klägerin begehrt eine wasserrechtliche Planfeststellung. Sie beabsichtigt, auf einer über 28 ha großen Fläche im Gebiet der Stadt K. unter Aufschluß des Grundwassers Kies und Sand abzubauen; nach Abschluß des Abbaus sollen zwei offene Seen verbleiben. Die für den Abbau vorgesehene Fläche liegt beidseits einer Gemeindestraße. Diese soll nach dem Plan der Klägerin in einem Tunnel von einer Bandstraße unterquert werden, welche die Abbauabschnitte südlich der Gemeindestraße mit einer Aufbereitungsanlage verbinden soll, die nördlich der Gemeindestraße errichtet werden soll.

Der Beklagte lehnte die begehrte Planfeststellung ab: Die Zulassung des Vorhabens sei zwingend zu versagen. Es widerspreche Zielen der Raumordnung und Landesplanung, die in dem einschlägigen Gebietsentwicklungsplan festgesetzt seien, denn es solle außerhalb dort festgelegter Bereiche für die oberirdische Gewinnung von Bodenschätzen verwirklicht werden. Ferner fehle das Einverständnis der Stadt als der Eigentümerin des Straßengrundstücks.

Das Verwaltungsgericht hat die Klage abgewiesen. Während des Verfahrens der Zulassung der Berufung wurde ein neuer Gebietsentwicklungsplan in Kraft gesetzt. Er stellt wiederum zeichnerisch Abgrabungsbereiche dar. Hierzu enthält er eine textliche Darstellung, nach der Abgrabungen nur innerhalb der Abgrabungsbereiche vorzunehmen sind. Das Vorhaben der Klägerin soll außerhalb dieser dargestellten Abgrabungsbereiche verwirklicht werden.

Das Oberverwaltungsgericht hat auf die zugelassene Berufung der Klägerin der Klage durch das angefochtene Urteil stattgegeben und den Beklagten verpflichtet, den Antrag der Klägerin auf Planfeststellung unter Beachtung der Rechtsauffassung des Gerichts erneut zu bescheiden.

Die Beschwerden des Beklagten und des Vertreters des öffentlichen Interesses blieben ohne Erfolg.

Aus den Gründen:

II 1. Die Rechtssache hat nicht die grundsätzliche Bedeutung, welche die Beschwerdeführer ihr beimessen.

a) Der Beklagte hält die Frage für klärungsbedürftig, welche Anforderungen an das Merkmal der „überörtlichen Bedeutung" in § 38 Satz 1 BauGB zu stellen sind. Diese Frage wird sich jedoch in dem angestrebten Revisionsverfahren nicht entscheidungserheblich stellen. Soweit andere rechtliche Anforderungen an die Überörtlichkeit eines Vorhabens ernstlich in Betracht kommen, als das Oberverwaltungsgericht sie zugrunde gelegt hat, führen sie auf der Grundlage der bindenden tatsächlichen Feststellungen in dem angefochtenen Urteil im konkreten Fall zu demselben Ergebnis. Deshalb könnte in einem Revisionsverfahren offen bleiben, welcher Auslegung des Begriffs der Vorzug zu geben ist.

Das Oberverwaltungsgericht hat entscheidungserheblich darauf abgestellt, ob das Vorhaben auf Grund seiner Auswirkungen einen planerischen Koordinationsbedarf hervorruft, der wegen der gebotenen Einbeziehung der

Planungen mehrerer Gemeinden oder überörtlicher Planungen sachgerecht allein auf einer gemeindeübergreifenden, mithin überörtlichen, Planungsebene zu bewältigen ist. Das Oberverwaltungsgericht knüpft damit an die Rechtsprechung des Bundesverwaltungsgerichts zum Begriff der „überörtlichen Planung" in § 38 Satz 2 BauGB a. F. an. Sie hat darauf abgestellt, ob eine Planung entwickelt werden muß, welche die städtebauliche Steuerungsfunktion der Gemeinde angesichts überörtlicher und damit raumbedeutsamer Bezüge voraussichtlich überfordert (Urteil v. 4. 5. 1988 – 4 C 22.87 –, BVerwGE 79, 318, 320 = BRS 48 Nr. 1). Das Oberverwaltungsgericht geht dabei davon aus, der Gesetzgeber habe mit den Vorhaben von überörtlicher Bedeutung auch weiterhin jedenfalls die Planfeststellungen für überörtliche Planungen i. S. des früheren § 38 Satz 2 BauGB von der Bindung an die baurechtlichen Zulassungsvoraussetzungen freistellen wollen. Der Beklagte macht selbst nicht geltend, daß die Anwendung dieser überkommenen Abgrenzungsmerkmale hier Aussagen ermöglicht, die über den Einzelfall hinausweisen und der Sache deshalb grundsätzliche Bedeutung verleihen könnten.

Das Oberverwaltungsgericht hat offengelassen, ob statt anhand der konkreten Wirkungen des Vorhabens die örtliche von der überörtlichen Fachplanung auf Grund einer typisierenden Betrachtungsweise abzugrenzen ist, bei der schon die nicht-gemeindliche, überörtliche Planungszuständigkeit, die durch ein Fachplanungsgesetz begründet ist, die überörtliche Bedeutung des Vorhabens indiziert (vgl. Gaentzsch, Rechtliche Fragen des Abbaus von Kies und Sand, NVwZ 1998, 889, 896; in diesem Sinne auch Beschluß v. 31. 7. 2000 – 11 VR 5.00 –, UPR 2001, 33; Beschluß v. 31. 10. 2000 – 11 VR 12.00 –, Buchholz 442.09 § 18 AEG Nr. 51). Diese Auffassung führt hier erst recht zur Annahme eines Vorhabens von überörtlicher Bedeutung, weil mit dem Landrat ein Träger überörtlicher Planung zur Planfeststellung zuständig ist.

Zwar könnte die örtliche von der überörtlichen Bedeutung eines Vorhabens auch danach abgegrenzt werden, ob das Vorhaben das Gebiet von mindestens zwei Gemeinden tatsächlich berührt. Das Bundesverwaltungsgericht hat dieses Kriterium herangezogen, um die überörtliche von der örtlichen Planung i. S. des § 38 Satz 2 BauGB a. F. abzugrenzen (Urteil v. 4. 5. 1988 – 4 C 22.87 –, BVerwGE 79, 318, 321 = BRS 48 Nr. 1). Jedoch hat das Bundesverwaltungsgericht in diesem Kriterium nur ein Indiz gesehen, aus dem regelmäßig auf die Überörtlichkeit der Planung geschlossen werden konnte. Daß eine überörtliche Planung ausschließlich dann vorliegen könne, wenn sie das Gebiet mindestens zweier Gemeinden berührt, ist hingegen nicht vertreten worden. Es liegt auf der Hand und bedarf deshalb keiner Klärung in einem Revisionsverfahren, daß auch für den Begriff der überörtlichen Bedeutung in § 38 BauGB nicht ausschließlich darauf abgestellt werden kann, ob das Vorhaben das Gebiet mehrerer Gemeinden berührt, dies vielmehr nur ein Indiz sein kann, das die Heranziehung anderer Indizien nicht ausschließt (Beschluß v. 31. 7. 2000 – 11 VR 5.00 –, UPR 2001, 33, 34).

Welche anderen Anforderungen an den Begriff der Vorhaben von überörtlicher Bedeutung sonst noch in Betracht zu ziehen sind, hat der Beklagte nicht dargelegt. Derartige Anforderungen sind auch sonst nicht ersichtlich.

b) Sowohl der Beklagte als auch der Vertreter des öffentlichen Interesses halten die Frage für klärungsbedürftig, ob § 38 Satz 1 BauGB auch die Anwendung des § 35 Abs. 3 Sätze 2 und 3 BauGB auf planfeststellungsbedürftige Vorhaben von überörtlicher Bedeutung ausschließt. Diese Frage ist indes nicht klärungsbedürftig, weil sich die Antwort auf sie unmittelbar aus dem Gesetz ergibt und nicht erst in einem Revisionsverfahren gefunden werden muß.

Nach § 35 Abs. 3 Satz 2 Halbs. 1 BauGB dürfen raumbedeutsame Vorhaben im baurechtlichen Außenbereich den Zielen der Raumordnung nicht widersprechen. Dabei stehen nach § 35 Abs. 3 Satz 3 BauGB öffentliche Belange einem Vorhaben der hier in Rede stehenden Art i. d. R. entgegen, wenn für derartige Vorhaben als Ziele der Raumordnung eine Ausweisung an anderer Stelle erfolgt ist.

Zwar mag den Beschwerdeführern einzuräumen sein, daß § 38 Satz 1 BauGB den Vorrang der Fachplanung vor der Planungshoheit der Gemeinde bewirkt, während es hier um das Verhältnis der Fachplanung zu den Zielen der Raumordnung geht, die unter überörtlichen Gesichtspunkten festgelegt werden. Dies bedeutet aber nicht, daß § 38 Satz 1 BauGB nach seinem Zweck überörtliche Fachplanungen von der in § 35 Abs. 3 Sätze 2 und 3 BauGB normierten Bindung an die Ziele der Raumordnung nicht freistellen dürfte. Für eine solche Beschränkung bietet der Wortlaut der Vorschrift keinen Anhalt. Sie wäre auch mit der Funktion des § 35 Abs. 3 Sätze 2 und 3 nicht vereinbar. § 35 Abs. 3 Sätze 2 und 3 BauGB bindet Vorhaben von örtlicher Bedeutung, über deren Zulassung allein nach Bebauungsrecht zu entscheiden ist, an die dort normierte Beachtung der Ziele der Raumordnung. Diese werden dadurch Teil des bebauungsrechtlichen Entscheidungsprogramms. Ob die Zulassung von Vorhaben überörtlicher Bedeutung zwingend von der Beachtung der Ziele der Raumordnung abhängt, kann sich hingegen nur nach dem jeweiligen Fachplanungsrecht und dem Raumordnungsgesetz richten. Dieses bestimmt in § 4 Abs. 1 Satz 1 ROG, daß Ziele der Raumordnung von öffentlichen Stellen bei ihren raumbedeutsamen Planungen und Maßnahmen zu beachten sind. Dies gilt auch für Planfeststellungen und für Genehmigungen mit der Rechtswirkung der Planfeststellung über die Zulässigkeit raumbedeutsamer Maßnahmen sowohl öffentlicher Stellen als auch von Personen des Privatrechts (§ 4 Abs. 1 Satz 2 Nr. 1 und Nr. 2 ROG). Danach ist auch die wasserrechtliche Planfeststellung zugunsten eines privaten Vorhabenträgers grundsätzlich an die Beachtung der Ziele der Raumordnung gebunden. Dies gilt nach der Auffassung des Oberverwaltungsgerichts hier nur deshalb (noch) nicht, weil einerseits § 4 Abs. 1 Satz 2 Nr. 2 ROG nach der Übergangsvorschrift des § 23 Abs. 1 ROG auf das Vorhaben der Klägerin nicht anwendbar ist und andererseits nach dem deshalb weiter anwendbaren § 5 Abs. 4 ROG a. F. i. V. m. § 4 Abs. 5 ROG a. F. die Zulassung von Vorhaben privater Träger nicht an die Beachtung der Ziele der Raumordnung und Landesplanung gebunden war.

c) Der Beklagte hält ferner die Frage für grundsätzlich bedeutsam, ob § 23 ROG auch die Regelung des § 4 ROG über die Rechtswirkungen raumordnerischer Darstellungen erfaßt oder nur eine verfahrensrechtliche Bedeutung hat, also nur bestimmt, nach Maßgabe welcher Vorschriften die einzelnen Ver-

Nr. 116

fahrensschritte bis zum Abschluß eines Verfahrens auf Aufstellung eines Raumordnungsplanes abzuwickeln sind.

Diese Frage rechtfertigt die Zulassung der Revision nicht, weil sie sich ebenfalls unmittelbar aus dem Gesetz beantwortet. Zwar weicht diese Antwort von derjenigen ab, welche das Oberverwaltungsgericht gegeben hat. Dies führt aber nicht zur Zulassung der Revision. Das angefochtene Urteil erweist sich im Ergebnis aus anderen Gründen als offensichtlich richtig. Dies kann der Senat in entsprechender Anwendung des § 144 Abs. 4 VwGO bereits im Beschwerdeverfahren berücksichtigen.

Nach § 23 Abs. 1 ROG sind die Vorschriften des Raumordnungsgesetzes in der bisherigen Fassung weiter anzuwenden, wenn mit der Einleitung, Aufstellung, Änderung, Ergänzung oder Aufhebung einer raumbedeutsamen Planung oder Maßnahme vor dem 1.1.1998 begonnen worden ist.

Diese Vorschrift bezieht sich ausschließlich auf die unmittelbar geltenden Vorschriften des Raumordnungsgesetzes, nicht hingegen auf die Vorschriften, die durch den Landesgesetzgeber umgesetzt werden müssen. Denn insoweit bedarf es keiner (bundesrechtlichen) Übergangsregelung (vgl. die Begründung des Gesetzentwurfs der Bundesregierung BT-Drucks 13/6392, S. 88). § 23 Abs. 1 ROG bezieht sich damit insbesondere auf den Abschnitt 1 des Gesetzes, also die §§ 1 bis 5 ROG, die sich mit den Rechtswirkungen raumordnerischer Darstellungen befassen. Sie bezieht sich hingegen nicht auf den Abschnitt 2 des Gesetzes, der verfahrensrechtliche Vorgaben für die Aufstellung von (landesrechtlichen) Raumordnungsplänen enthält. Mit den raumbedeutsamen Planungen und Maßnahmen in § 23 Abs. 1 ROG sind deshalb u. a. die hier in Rede stehenden Planfeststellungen über die Zulässigkeit raumbedeutsamer Maßnahmen von Personen des Privatrechts nach § 4 Abs. 1 Satz 2 Nr. 2 ROG gemeint. Ist das Planfeststellungsverfahren für sie vor dem 1.7.1998 eingeleitet worden, richten sich die Rechtswirkungen dargestellter Ziele der Raumordnung nach dem bisherigen Recht (Runkel, in: Bielenberg/Runkel/Spannowsky, Raumordnungs- und Landesplanungsrecht des Bundes und der Länder, Vorb. §§ 3–5 Rdnr. 32). Insoweit genießt eine bereits eingeleitete Planfeststellung einen gewissen Vertrauensschutz gegen eine nunmehr stärkere Bindung an die Ziele der Raumordnung. Entgegen der Auffassung des Oberverwaltungsgerichts kommt es mithin für die Anwendung des § 23 Abs. 1 ROG im Falle der Klägerin nicht darauf an, wann das Verfahren zur Aufstellung des Gebietsentwicklungsplans eingeleitet worden ist, sondern darauf, wann das Planfeststellungsverfahren eingeleitet worden ist. Das war nach den tatsächlichen Feststellungen in dem angefochtenen Urteil ebenfalls bereits vor dem maßgeblichen Stichtag 1.1.1998, denn die Klägerin hat ihren Antrag bei dem Beklagten im Dezember 1995 eingereicht und der Beklagte hat über ihn im März 1997 entschieden.

d) Der Beklagte und der Vertreter des öffentlichen Interesses werfen sinngemäß die Frage auf, unter welchen Voraussetzungen die Darstellung von Abgrabungsflächen als einem Ziel der Raumordnung die Zulassung von Vorhaben an anderer Stelle zwingend ausschließt. Diese Frage stellt sich indes nicht mehr entscheidungserheblich. . . .

3. Das angefochtene Urteil beruht nicht auf den gerügten Verfahrensfehlern.

a) Der Beklagte wirft dem Oberverwaltungsgericht vor, es habe zu Unrecht ein Sachbescheidungsinteresse der Klägerin angenommen. Damit ist aber kein Verfahrensfehler i. S. des § 132 Abs. 2 Nr. 3 VwGO bezeichnet, sondern ein angeblicher Fehler bei der Anwendung materiellen Rechts.

Das Sachbescheidungsinteresse ist verwaltungsverfahrensrechtliche Voraussetzung dafür, daß die angegangene Behörde über einen bei ihr gestellten Antrag in der Sache entscheidet. Die Planfeststellungsbehörde ist nicht verpflichtet, in die Prüfung eines Planfeststellungsantrags einzutreten, wenn der Antragsteller den Planfeststellungsbeschluß zwar (möglicherweise) formal beanspruchen kann, jedoch klar ist, daß er aus Gründen außerhalb des Verfahrens an einer Verwertung des begehrten Planfeststellungsbeschlusses gehindert wäre und deshalb die Planfeststellung ersichtlich nutzlos wäre. Das kann etwa dann der Fall sein, wenn die privatrechtlichen Verhältnisse die Verwirklichung des Vorhabens nicht zulassen (vgl. Beschluß v. 12. 8. 1993 – 7 B 123.93 –, Buchholz 445.4 § 31 WHG Nr. 16).

Aus der Sicht des späteren Prozesses ist das Sachbescheidungsinteresse des Antragstellers materiell-rechtliche, nämlich verwaltungsverfahrensrechtliche Voraussetzung für den geltend gemachten Verpflichtungsanspruch. Beurteilt das Gericht das Sachbescheidungsinteresse fehlerhaft, verstößt es nicht gegen das Verfahrensrecht für das gerichtliche Verfahren, sondern wendet das materielle Recht fehlerhaft an. Zu ihm gehört aus der Sicht des späteren Prozesses das Verwaltungsverfahrensrecht. Etwas anderes läßt sich insbesondere nicht der Entscheidung des Bundesverwaltungsgerichts entnehmen, die der Beklagte in diesem Zusammenhang anführt (Beschluß v. 12. 8. 1993 – 7 B 123.93 –, Buchholz 445.4 § 31 WHG Nr. 16). Die von ihm ferner benannte Kommentarstelle (Pietzner, in: Schoch/Schmidt-Aßmann/Pietzner, Verwaltungsgerichtsordnung, § 132 Rdnr. 89) versteht unter Sachscheidungsvoraussetzungen ersichtlich die Sachurteilsvoraussetzungen für ein Urteil in der Sache, ohne darunter das verwaltungsverfahrensrechtliche Sachbescheidungsinteresse zu fassen.

Das Bundesverwaltungsgericht kann deshalb nicht, wie bei einem gerügten Verfahrensfehler i. S. des § 132 Abs. 2 Nr. 3 VwGO, umfassend und ohne Bindung an die tatsächlichen Feststellungen des Berufungsgerichts selbst nachprüfen, ob der Klägerin das Sachbescheidungsinteresse gefehlt hat. Es ist vielmehr bei entsprechender Rüge auf die Nachprüfung beschränkt, ob das Oberverwaltungsgericht diese materiell-rechtliche Frage unter Verletzung im einzelnen bezeichneter Verfahrensvorschriften beurteilt hat.

b) Die insoweit allein erhobene Rüge einer mangelnden Aufklärung des Sachverhalts von Amts wegen (§ 86 Abs. 1 VwGO) greift nicht durch. Der Beklagte meint, das Oberverwaltungsgericht habe zu Unrecht angenommen, das Vorhaben, das Gegenstand des Planfeststellungsantrags war, sei mit dem Vorhaben identisch, das unter Ausklammerung des Straßengrundstücks verwirklicht werden könne. Er legt aber nicht dar, welche sich aufdrängende weitere Aufklärung des Sachverhalts in welche Richtung das Oberverwaltungsgericht unterlassen hat und warum es aus der maßgeblichen materiell-rechtlichen Sicht des Oberverwaltungsgerichts auf diese Aufklärung entscheidungserheblich ankam. In Wahrheit wendet sich der Beklagte gegen die Würdigung des Sachverhalts durch das Oberverwaltungsgericht. Er beurteilt abweichend vom Oberverwaltungsgericht, welche Einzelheiten des Vorhabens so wesentlich sind, daß ihre Änderung zugleich die Identität des Vorhabens entfallen läßt. Damit ist aber kein Verfahrensfehler, sondern wiederum nur ein materiell-rechtlicher Mangel geltend gemacht.

c) Zwar kann aus denselben Gründen, aus denen das Sachbescheidungsinteresse für den Antrag im Verwaltungsverfahren nicht gegeben ist, im nachfolgenden Prozeß das Rechtsschutzinteresse fehlen. Sollte die Rüge des Beklagten auch auf eine fehlerhafte Annahme des Rechtsschutzinteresses zielen, wäre sie aber ebenfalls unbegründet. Insoweit kann der Senat schon mit Blick auf die ihn bindenden tatsächlichen Feststellungen des Oberverwaltungsgerichts zum Sachbescheidungsinteresse nicht feststellen, daß dem Vorhaben der Klägerin Hindernisse entgegenstehen, die schlechthin nicht ausgeräumt werden können.

III. Sicherung der Bauleitplanung

Veränderungssperre

Nr. 117

Die Absicht der Gemeinde, sich Entwicklungsfreiräume im Zusammenhang mit einer Umgehungsstraße nicht zu verbauen, kann nicht durch Veränderungssperre gesichert werden, weil damit keine konkreten Planungsabsichten verfolgt werden.

BauGB § 14 Abs. 1.

Niedersächsisches OVG, Urteil vom 10. März 2004
– 1 KN 276/03 – (rechtskräftig).

Die Antragstellerin wendet sich gegen die erste Verlängerung einer von der Antragsgegnerin erlassenen Veränderungssperre, mit der mit Rücksicht auf eine geplante Ortsumgehung ein Bauvorhaben auf ihrem landwirtschaftlichen Grundbesitz verhindert wird.

Aus den Gründen:
Das Rechtsschutzbedürfnis der Antragstellerin für die Normenkontrolle ist gegeben. Erweist sich die Inanspruchnahme des Gerichts als nutzlos, weil der Antragsteller seine Rechtsstellung bei einem Erfolg seines Antrages nicht verbessern kann, fehlt das Rechtsschutzbedürfnis (BVerwG, Urteil v. 28. 4. 1999 – 4 CN 5.99 –, BRS 62 Nr. 47). Ein solcher Fall liegt hier nicht vor. Zwar dürfte die streitige Veränderungssperre gegenüber dem Vorhaben der Erweiterung der Hofanlage um einen Liegeboxenlaufstall wegen der Anrechnung individueller Sperrzeiten nach § 17 Abs. 1 Satz 2 BauGB abgelaufen sein, so daß die Satzung gegenüber dem konkreten Einzelvorhaben keine Rechtswirkungen mehr entfaltet. Nach der genannten Vorschrift ist neben einer Zurückstellung nach § 15 Abs. 1 BauGB auch die Zeit einer „faktischen Zurückstellung", in der ein Bauantrag nicht hinreichend zügig bearbeitet wird, zu berücksichtigen (BVerwG, Urteil v. 11. 11. 1970 – IV C 79.68 –, BRS 23 Nr. 88 = BauR 1971, 34 = NJW 1971, 445). Danach wird das landwirtschaftliche Bauvorhaben des Sohnes der Antragstellerin bei Einräumung einer dreimonatigen Bearbeitungsfrist für den Bauantrag vom September 1998 seit Dezember 1998 faktisch gesperrt, so daß die maximal zulässige Sperrzeit nach § 17 Abs. 1 und Abs. 2 BauGB ausgeschöpft ist. Daß der Sohn der Antragstellerin den Bauantrag gestellt hat, wäre im Rahmen der Prüfung des Rechtsschutzbedürfnisses nicht zu Lasten der Antragstellerin in die Erwägungen einzustellen, weil der landwirtschaftliche Betrieb ersichtlich als Familienbetrieb geführt wird.

Das Fortbestehen des Rechtsschutzbedürfnisses ist hier aber zu bejahen, weil die Antragstellerin mit Blick auf andere bzw. weitere Veränderungen auf der Hofstelle im Falle einer stattgebenden Entscheidung ihre Rechtsstellung verbessern kann.

Der Antrag ist begründet.

Nr. 117

Die erste Verlängerung der von der Antragsgegnerin für den zukünftigen Geltungsbereich des Bebauungsplanes Nr. 65 erlassenen Veränderungssperre ist nichtig.

Die Gemeinde kann zur Sicherung der Planung für den künftigen Planbereich eine Veränderungssperre beschließen, wenn der Beschluß über die Aufstellung eines Bebauungsplanes gefaßt ist (§ 14 Abs. 1 BauGB). Nach der Rechtsprechung des Bundesverwaltungsgerichts (Urteil v. 10.9.1976 – IV C 39.74 –, BVerwGE 51, 121, 128 = BRS 30 Nr. 76 = BauR 1977, 31) ist eine Veränderungssperre nur dann im Rechtssinne erforderlich, wenn der Inhalt der beabsichtigten Planung hinreichend konkret bestimmt ist. Es muß mit anderen Worten ein Mindestmaß dessen zu erkennen sein, was Inhalt des zu erwartenden Planes werden soll. Dabei reicht es nicht aus, wenn die Gemeinde nur zu erkennen gibt, was sie durch die Planung und die Veränderungssperre verhindern will. Eine Negativplanung, die sich darin erschöpft, einzelne Vorhaben auszuschließen, genügt nicht den gesetzlichen Anforderungen. Erforderlich sind vielmehr positive Vorstellungen vom künftigen Planungsinhalt (BVerwG, Beschluß v. 5.2.1990 – 4 B 191.89 –, BRS 50 Nr. 103 = BauR 1990, 335 = DÖV 1990, 476), und zwar zum Zeitpunkt des Beschlusses über die Verhängung der Veränderungssperre (Schmaltz, in: Schrödter, BauGB, 6. Aufl. 1998, § 14 Rdnr. 8).

Eine Veränderungssperre ist unzulässig, wenn sich der Inhalt der beabsichtigten Planung noch in keiner Weise absehen läßt (BVerwG, Beschluß v. 9.8.1991 – 4 B 135.91 –, Buchholz 406.11, § 14 BauGB Nr. 17). Umgekehrt ist nicht erforderlich, daß die Planung bereits einen Stand erreicht hat, der nahezu den Abschluß des Verfahrens ermöglicht (BVerwG, Urteil v. 10.9.1976 – IV C 39.74 –, a.a.O.). Es genügt vielmehr, daß sich aus dem Planaufstellungsbeschluß oder weiteren Verfahrensschritten wenigstens ansatzweise ersehen läßt, was Inhalt des künftigen Bebauungsplanes sein soll. Das schließt es aus, bereits ein detailliertes und abgewogenes Planungskonzept zu fordern (BVerwG, Beschluß v. 21.12.1993 – 4 NB 40.93 –, BRS 55 Nr. 95 = NVwZ 1994, 685). Genügend konkretisiert wird der künftige Planinhalt i.d.R. sein, wenn die zukünftige Nutzung des Gebietes der Art nach im wesentlichen festgelegt ist (BVerwG, Beschluß v. 15.8.2000 – 4 BN 35.00 –, BRS 64 Nr. 109, PBauE § 14 Abs. 1 BauGB Nr. 17; Lemmel, in: Berliner Kommentar zum BauGB, 3. Aufl. 2002, Stand: August 2003, § 14 Rdnr. 9). Gemessen an diesen Grundsätzen ist die angegriffene Satzung rechtswidrig, weil der Inhalt der zu sichernden Planung zum maßgeblichen Zeitpunkt des Erlasses der ersten Veränderungssperre nicht hinreichend konkretisiert war.

Die Antragstellerin wirft der Antragsgegnerin allerdings zu Unrecht vor, die Gemeinde habe ihr privates Interesse an einer Ausweitung der landwirtschaftlichen Betätigung auf der Hofstelle nicht sachgerecht abgewogen. Eine Veränderungssperre ist nicht dahin zu überprüfen, ob ein Bebauungsplan mit dem bislang nur in Aussicht genommenen Inhalt abwägungsgerecht wäre. Sie dient vielmehr, wie aus § 14 Abs. 1 BauGB ersichtlich, der Sicherung der Bauleitplanung. Anders als Flächennutzungspläne und Bebauungspläne unterliegt die Veränderungssperre nicht dem allgemeinen Abwägungsgebot des § 1 Abs. 6 BauGB, sondern der Prüfung, ob sie zur Erreichung des mit ihr verfolgten Sicherungszweckes erforderlich ist (BVerwG, Urteil v. 30.9.1992 –

4 NB 35.92 –, BRS 54 Nr. 72 = BauR 1993, 62 = NVwZ 1993, 473). Ob das private Interesse der Antragstellerin bei der Aufstellung des der Veränderungssperre zugrunde liegenden Bebauungsplanes in einer Weise berücksichtigt worden ist, die dem Abwägungsgebot genügt, läßt sich erst nach Abschluß des Bebauungsplanverfahrens feststellen. Hierfür steht der Rechtsbehelf einer Normenkontrolle gegen den bekannt gemachten Bebauungsplan zur Verfügung.

Entgegen der Ansicht der Antragstellerin wird die Rechtmäßigkeit der ersten Verlängerung der Veränderungssperre auch nicht dadurch in Frage gestellt, daß der Landkreis die Bauvoranfrage des Sohnes der Antragstellerin für knapp ein Jahr zurückgestellt hat und diese Zeit nach § 17 Abs. 1 Satz 2 BauGB auf die Laufzeit der Veränderungssperre anzurechnen ist. Eine vorangegangene Zurückstellung entfaltet individuell nur gegenüber demjenigen Wirkungen, dessen Baugesuch zurückgestellt worden ist. Sie führt nicht zu einer allgemeinen Verkürzung der Laufzeit der Veränderungssperre (BVerwG, Urteil v. 10. 9. 1976 – IV C 39.74 –, a. a. O.; Schmaltz, a. a. O., § 17 Rdnr. 3). Die Berücksichtigung von individuellen Sperrzeiten könnte die Antragstellerin allenfalls im (Klag-)Verfahren auf Erteilung einer Genehmigung für das von ihr begehrte Bauvorhaben verlangen. Hingegen ist die individuelle Berechnung der Geltungsdauer einer Veränderungssperre im Einzelfall nicht zulässiger Gegenstand eines Normenkontrollverfahrens (OVG Münster, Entscheidung v. 19. 1. 1996 – 10 a D 1/95.NE –, veröffentlicht in Juris). In diesem Verfahren wird nur die allgemeine (satzungsrechtliche) Geltungsdauer von Veränderungssperren auf ihre Rechtmäßigkeit überprüft.

Die Veränderungssperre ist rechtswidrig. Maßgeblicher Zeitpunkt für die rechtliche Beurteilung ist die Beschlußfassung des Rates der Antragsgegnerin über die erste Veränderungssperre im Februar 2002. Der Rat der Antragsgegnerin hat im März 2003 nicht eine neue Veränderungssperre erlassen, sondern lediglich die erste Veränderungssperre verlängert, so daß zu prüfen ist, ob der Sicherungszweck bei Beschlußfassung über die Veränderungssperre vom Februar 2002 hinreichend konkretisiert war. Der Rat der Antragsgegnerin hat im März 2001 beschlossen, den Bebauungsplan Nr. 65 aufzustellen. Mit der Planung möchte die Antragsgegnerin sicherstellen, daß „Entwicklungsräume" nicht verbaut werden. Sie führt an, daß eine zu untersuchenden Trassenvarianten für die südliche Erschließungsstangente das Plangebiet quert. Nach Festlegung der genauen Linienführung für das Straßenbauvorhaben soll der Geltungsbereich für Abstands- und Ausgleichsflächen genutzt und mit „Siedlungsentwicklung" aufgefüllt werden. Anhand dieser Begründung und der von der Antragsgegnerin überreichten Unterlagen läßt sich nicht feststellen, daß die Planung zum Zeitpunkt des Erlasses der ersten Veränderungssperre einen Stand erreicht hat, der ein Sicherungsbedürfnis auslöst.

Die Begründung der Antragsgegnerin, Freiräume für die Straßenplanung zu sichern, trägt den Erlaß der Veränderungssperre nicht. Nach den vorgenannten Grundsätzen sind positive Zielaussagen zum künftigen Planungsinhalt unerläßlich. Unzureichend sind vage Vorstellungen über den Inhalt des Bebauungsplanes. Die Antragsgegnerin möchte das Plangebiet für den Fall, daß die Südtangente nach dem Ergebnis der Voruntersuchungen möglichst nah an der Wohnbebauung am C. Ring und durch das südliche Plangebiet verlaufen soll, von weiterer Bebauung freihalten. Zum Zeitpunkt des Erlasses der ersten Veränderungssperre im Februar 2002 war jedoch nicht absehbar, zu welchem Ergebnis die Trassenuntersuchung führen würde. Es war deshalb völlig offen, ob Flächen des Bebauungsplanes für den Bau der Straße in Anspruch genommen werden müssen.

Soweit die Antragsgegnerin darauf verweist, daß im Jahre 2003 die Voruntersuchungen abgeschlossen worden seien und sich nunmehr der Verlauf der Südtangente auf einer Trasse außerhalb des Plangebietes abzeichne, hat diese spätere Entwicklung keinen Einfluß auf die rechtliche Beurteilung der Veränderungssperre. Bei Änderungen der Planung hat die Gemeinde die Möglichkeit, bei Vorliegen der gesetzlichen Voraussetzungen eine neue Veränderungssperre zu erlassen.

Darüber hinaus ist die Südtangente nach den Vorstellungen der Antragsgegnerin nicht Plangegenstand und deshalb nicht sicherungsfähig. Wie bereits ausgeführt, ist das Mindestmaß an Konkretisierung einer Planung im Regelfall nur erreicht, wenn die zukünftige Nutzung des Plangebietes der Art nach im wesentlichen festgelegt ist. Zum Zeitpunkt des Erlasses der ersten Veränderungssperre war es nicht erklärtes Ziel der Antragsgegnerin, die Straßenplanung der Südtangente im Wege der Aufstellung eines Bebauungsplanes bzw. anderer Pläne durchzuführen. Eine Straßenplanung kann zwar zulässiger Gegenstand eines Bebauungsplanes sein (BVerwG, Urteil v. 26. 8. 1993 – 4 C 24.91 –, BVerwGE 94, 100 = BRS 55 Nr. 17; Urteil des Senats v. 13. 11. 2002 – 1 K 2883/99 –, BRS 65 Nr. 22). Hierdurch wird den Gemeinden die Möglichkeit eröffnet, im Rahmen der Selbstverwaltung das Festsetzungsinstrumentarium des §9 BauGB für eine eigene „Verkehrspolitik" zu nutzen (vgl. BVerwG, Beschluß v. 22. 4. 1997 – 4 BN 1.97 –, BRS 59 Nr. 1). Den mitgeteilten Vorstellungen der Antragsgegnerin ist aber nicht mit der gebotenen Deutlichkeit zu entnehmen, daß die Südtangente über eine gemeindliche Bauleitplanung umgesetzt werden soll. Bei einer solchen Absicht hätte es nahegelegen, auch Flächen für den weiteren Verlauf der Entlastungsstraße westlich und östlich des hier interessierenden Teilstücks in die planerischen Überlegungen einzubeziehen. Dies ist hier nicht geschehen. Nach der Begründung für die Aufstellung des zugrunde liegenden Bebauungsplanes Nr. 65 ist die Planung zwar durch den Bauwunsch des Sohnes der Antragstellerin ausgelöst worden. Es liegen aber keine Anhaltspunkte dafür vor, daß der Bebauungsplan Nr. 65 eine Vorreiterrolle spielt und ihm weitere Anschlußpläne für den Bau der Tangente folgen werden.

Der Vertreter der Antragsgegnerin hat in der mündlichen Verhandlung vor dem Senat zwar erklärt, daß noch nicht abschließend entschieden sei, ob die Südtangente mit Hilfe der gemeindlichen Bauleitplanung umgesetzt werde. Die Antragsgegnerin hat aber bereits im Jahr 2001 in einem Vermerk zum Verfahrensablauf niedergelegt, daß eine Trassenuntersuchung durchzuführen sei, die als „Grundlage für das nachfolgende straßenrechtliche Planfeststellungsverfahren" diene. Für eine Straßenplanung des Straßenbaulastträgers kann keine Veränderungssperre erlassen werden (OVG Lüneburg, Urteil

v. 9. 9. 1975 – VI A 154/73 –, BRS 30 Nr. 81; Schmaltz, a. a. O., § 14 Rdnr. 8). Die Gemeinde kann nur ihre eigene Planung durch Veränderungssperre sichern. Den Planfeststellungsbehörden stehen eigene Sicherungsinstrumente zur Verfügung (vgl. die Veränderungssperren in § 9 a FStrG und § 29 NStrG). Anzumerken ist, daß auch die Darstellung der Südtangente im Flächennutzungsplan der Antragsgegnerin kein sicherungsfähiger Gegenstand ist, weil mit der Veränderungssperre gemäß § 14 Abs. 1 BauGB nur Vorhaben im Gebiet eines in der Aufstellung befindlichen Bebauungsplanes gesperrt werden können.

Die Absicht der Antragsgegnerin, im Bebauungsplan Nr. 65 Siedlungsflächen festzusetzen, genügt ebenfalls nicht dem Konkretisierungsgebot. Die Antragsgegnerin verweist darauf, daß zunächst der genaue Trassenverlauf feststehen müsse. Erst danach sei daran zu denken, den Inhalt des zukünftigen Bebauungsplanes näher festzulegen. Damit hält sich die Antragsgegnerin in unzulässiger Weise einen Strauß von planerischen Möglichkeiten offen. Die mit der Verhängung einer Veränderungssperre einhergehende Verfügungsbeschränkung über das Grundeigentum ist jedoch nur dann gerechtfertigt, wenn sich konkret abzeichnet, was letztlich Planinhalt werden soll. Welcher Art die geplante Nutzung sein soll, steht hier nicht fest. Die Antragsgegnerin spricht von Siedlungsentwicklung. Damit wird nur unzureichend umschrieben, welchem Planungsziel der Bebauungsplan dienen soll. Ungewiß ist, ob z. B. Wohngebiet, Mischgebiet oder andere Nutzungen verwirklicht werden sollen. Mit dem Sinn und Zweck der Veränderungssperre ist es nicht vereinbar, Flächen vorzuhalten bzw. zu sperren, für die ein konkretes Planungskonzept noch nicht vorliegt.

Soweit die Antragsgegnerin nach näherer Festlegung der Vorzugsvariante im Plangebiet Abstands- und Ausgleichsflächen festsetzen möchte, lassen sich daraus ebenfalls keine positiven Planungsvorstellungen ableiten. Eine Festsetzung von Flächen oder Maßnahmen zum Schutz, zur Pflege und zur Entwicklung von Boden, Natur und Landschaft (§ 9 Abs. 1 Nr. 20 BauGB) kann zwar (allein) Gegenstand eines Bebauungsplanes sein (BVerwG, Beschluß v. 27. 7. 1990 – 4 B 156.89 –, BRS 50 Nr. 101). Es ergibt aber keinen Sinn, nur für das kurze Teilstück der geplanten Südtangente in Nähe der Hofstelle der Antragstellerin naturschutzrechtliche Maßnahmen festzusetzen. Für den weiteren Verlauf der Südumfahrung ist – soweit ersichtlich – die Aufstellung von Bebauungsplänen zur Umsetzung der erforderlichen Ausgleichsmaßnahmen nicht angedacht. Eine solche Vorgehensweise deutet darauf hin, daß es der Antragsgegnerin – jedenfalls zum Zeitpunkt des Erlasses der ersten Veränderungssperre – nur darum ging, weitere landwirtschaftliche Bauvorhaben auf oder in der Nähe der Hofstelle der Antragstellerin zu verhindern.

Nr. 118

Beabsichtigt eine Gemeinde, für große Teile ihres Gemeindegebiets (hier: 560 ha) einen Bebauungsplan aufzustellen, so kann diese Planung

Nr. 118

nicht durch eine Veränderungssperre gesichert werden, wenn die Bereiche, in denen unterschiedliche Nutzungen verwirklicht werden sollen, nicht einmal grob bezeichnet sind.

BauGB §§ 1 Abs. 4, Abs. 6, 14 Abs. 1, 17 Abs. 1, 35 Abs. 3 Satz 3; VwGO §§ 47, 142.

Bundesverwaltungsgericht, Urteil vom 19. Februar 2004 – 4 CN 13.03 –.

(Hessischer VGH)

Die Antragstellerin errichtet und betreibt Windenergieanlagen. Sie wendet sich im Normenkontrollverfahren gegen eine Veränderungssperre, die die Antragsgegnerin für ein etwa 560 ha großes Gebiet im Außenbereich erlassen hat. Ihr Antrag, elf Windenergieanlagen im Geltungsbereich der Veränderungssperre zu genehmigen, ist mit Rücksicht auf das vorliegende Normenkontrollverfahren zurückgestellt worden.

In dem 2001 bekannt gemachten Regionalplan Südhessen 2000 ist im nordwestlichen Bereich des Gemeindegebiets der Antragsgegnerin ein Gebiet zur Nutzung der Windenergie festgelegt; diese Fläche ist mit dem Geltungsbereich der streitigen Veränderungssperre identisch. Die Antragsgegnerin wandte sich gegen diese Festlegung im Regionalplan, weil sie nach ihrer – vom Normenkontrollgericht geteilten – Rechtsauffassung nicht ordnungsgemäß zustande gekommen sei und deshalb keine Zielbindung gemäß § 1 Abs. 4 BauGB entfalten könne. Sie beschloß ferner im September 2001, ein Änderungsverfahren zum Flächennutzungsplan mit dem Ziel einzuleiten, die Nutzung der Windenergie im Stadtgebiet zu regeln. Hierzu ließ sie ein Standortgutachten erarbeiten, das im Januar 2002 im Entwurf fertig gestellt war und die Grundlage für die Vorentwürfe zur Änderung des Flächennutzungsplans bildete. In ihm waren zwei Flächen von jeweils mehreren Hektar Größe im Bereich des Vorranggebiets Windenergie des Regionalplans als Sondergebiete für Windenergieanlagen vorgesehen.

Am 29. 1. 2002 beschloß die Antragsgegnerin, einen Bebauungsplan „Stadt St. I" aufzustellen, mit dem sie das städtebauliche Ziel verfolgt, bestimmte Bereiche ihres Gemeindegebiets „zugunsten bestimmter Schutzgüter, insbesondere Landschaftsschutz, Fremdenverkehr und Anwohnerschutz von Windenergieanlagen freizuhalten und ggf. positiv geeignete Standorte für die Errichtung von Windkraftanlagen festzusetzen". Ferner beschloß sie für das Plangebiet die streitige Veränderungssperre. Der Aufstellungsbeschluß und der Satzungsbeschluß für die Veränderungssperre wurden am 2. 2. 2002 bekannt gemacht.

Während des Revisionsverfahrens ist eine Änderung des Flächennutzungsplans in Kraft getreten. Durch sie wird eine etwa 19 ha große Fläche im Geltungsbereich der Veränderungssperre als Sondergebiet für Windenergieanlagen dargestellt. Die Antragsgegnerin hat ferner die Geltungsdauer der Veränderungssperre mit Beschluß vom 27. 1. 2004 um ein weiteres Jahr verlängert.

Auf den Normenkontrollantrag der Antragstellerin hin erkannte das BVerwG die Veränderungssperre für nichtig.

Aus den Gründen:

II. 1. a) Der Normenkontrollantrag ist nicht durch Zeitablauf unzulässig geworden. Zwar ist die Geltungsdauer der Veränderungssperre gemäß § 17 Abs. 1 Satz 1 BauGB auf zwei Jahre begrenzt, so daß die streitige Veränderungssperre vom 29. 1. 2002, die am 2. 2. 2002 bekannt gemacht worden ist, an sich inzwischen außer Kraft getreten wäre. Die Antragsgegnerin hat jedoch von der Möglichkeit des § 17 Abs. 1 Satz 3 BauGB Gebrauch gemacht und die Geltungsdauer der Veränderungssperre mit Beschluß vom 27. 1. 2004 um ein weiteres Jahr verlängert. Diese Verlängerung erfolgt zwar nach den Regeln des § 16 BauGB in der Form einer Satzung. Es handelt sich jedoch bei ihr nicht um eine selbständige Veränderungssperre, sondern nur um die Verlängerung der Geltungsdauer der ursprünglichen Veränderungssperre. Diese bleibt als Gegenstand des Normenkontrollverfahrens erhalten. Materiell und prozessual sind die ursprüngliche Veränderungssperre und ihre Verlängerung als Einheit anzusehen (vgl. auch OVG Berlin, Beschluß v. 24. 9. 2001 – 2 A 1/01 –, NVwZ-RR 2002, 394). Denn ohne die ursprüngliche Veränderungssperre wäre die neue Satzung nicht lebensfähig; wenn die ursprüngliche Veränderungssperre an einem Rechtsfehler leidet, ist die Verlängerungssatzung schon aus diesem Grunde unwirksam (Schenke, WiVerw 1994, 253, 312). Deshalb liegt in der Einbeziehung der Verlängerung in das Revisionsverfahren auch keine gemäß § 142 Abs. 1 VwGO unzulässige Klageänderung (in diesem Sinne auch BVerwG, Urteil v. 26. 11. 2003 – 9 C 6.02 –, zu Rechtsänderungen im Revisionsverfahren bei einer Feststellungsklage).

b) Wie das Normenkontrollgericht zutreffend ausgeführt hat, ist die Antragstellerin gemäß § 47 Abs. 2 Satz 1 VwGO berechtigt, hinsichtlich der Veränderungssperre der Antragsgegnerin vom 29. 1. 2002 einen Normenkontrollantrag zu stellen. Zwar ist sie nicht Eigentümerin von Grundstücken im Geltungsbereich der Veränderungssperre. Sie kann jedoch gleichwohl geltend machen, durch die Veränderungssperre in ihren Rechten verletzt zu sein; denn sie hat auf der Grundlage von Vereinbarungen mit den Grundeigentümern Genehmigungsanträge für Windenergieanlagen gestellt, die wegen der Veränderungssperre zurückgestellt worden sind (vgl. auch BVerwG, Beschluß v. 18. 5. 1994 – 4 NB 27.93 –, BRS 56 Nr. 31 = ZfBR 1994, 244, zur Befugnis eines Bauantragstellers, einen Normenkontrollantrag hinsichtlich eines Bebauungsplans zu stellen).

c) Der Normenkontrollantrag ist auch nicht deshalb unzulässig geworden, weil die Antragsgegnerin inzwischen ihren Flächennutzungsplan geändert und in ihm eine Regelung über die Zulässigkeit von Windenergieanlagen gemäß § 35 Abs. 3 Satz 3 BauGB getroffen hat. Zwar haben sich dadurch die Aussichten der Antragstellerin, die begehrten Baugenehmigungen zu erhalten, verschlechtert, weil sie die Windenergieanlagen außerhalb der Konzentrationszone des Flächennutzungsplans errichten will. Gleichwohl ist das Rechtsschutzinteresse für das Normenkontrollverfahren hinsichtlich der Veränderungssperre nicht entfallen. Denn die Antragstellerin macht geltend, die Änderung des Flächennutzungsplans sei unwirksam, weil die Beschränkung von Windenergieanlagen auf eine Fläche von 19 ha bei einer Gemeindegröße von 10 500 ha abwägungsfehlerhaft sei; die Richtigkeit dieser Rechtsauffassung lässt sich gegenwärtig nicht ausschließen. Möglich ist auch, daß einzelne Windenergieanlagen selbst dann zulässig sind, wenn die Änderung des Flächennutzungsplans wirksam wäre, weil § 35 Abs. 3 Satz 3 BauGB die Zulässigkeit von Windenergieanlagen außerhalb der Konzentrationszone nur für den Regelfall ausschließt (vgl. BVerwG, Urteil v. 17. 12. 2002 – 4 C 15.01 –, BVerwGE 117, 287 = BRS 65 Nr. 95 = BauR 2003, 828).

2. Der Normenkontrollantrag ist auch begründet. Die streitige Veränderungssperre ist unwirksam, weil eine Voraussetzung für ihren Erlaß fehlt.

Nr. 118

Denn sie war nicht zur Sicherung der Planung erforderlich, weil eine hinreichend konkrete Planung entgegen der Rechtsauffassung des Normenkontrollgerichts im Zeitpunkt ihres Erlasses nicht existierte.

a) Entgegen der Rechtsauffassung der Revision ist die Veränderungssperre allerdings nicht schon deshalb unwirksam, weil sie in unzulässiger Weise einer angestrebten Regionalplanung oder einer Änderug des Flächennutzungsplans dient. Zwar trifft es zu, daß gemäß § 14 Abs. 1 BauGB nur ein künftiger Bebauungsplan durch eine Veränderungssperre gesichert werden darf. Die Antragsgegnerin hat die streitige Veränderungssperre aber auch nur erlassen, um die Aufstellung des Bebauungsplans „Stadt St. I" zu sichern. Daß der Anlaß zu dieser Planung der von der Antragsgegnerin bekämpfte Regionalplan und die Absicht war, die Nutzung der Windenergie im Gemeindegebiet durch eine Änderung des Flächennutzungsplans zu regeln, ist dagegen in diesem Zusammenhang unerheblich.

b) Mit Bundesrecht nicht vereinbar ist aber die Rechtsauffassung des Normenkontrollgerichts, die Veränderungssperre vom 29. 1. 2002 sei zur Sicherung der Planung erforderlich, die Gegenstand des Aufstellungsbeschlusses der Antragsgegnerin ist. Die streitige Veränderungssperre ist mangels Sicherungsbedürfnisses unwirksam, weil der künftige Inhalt des Bebauungsplans im Zeitpunkt des Erlasses der Veränderungssperre nicht in einem Mindestmaß konkretisiert und absehbar war.

Eine Veränderungssperre darf erst erlassen werden, wenn die Planung, die sie sichern soll, ein Mindestmaß dessen erkennen läßt, was Inhalt des zu erwartenden Bebauungsplans sein soll (st. Rspr., z. B. BVerwG, Urteil v. 10. 9. 1976 – 4 C 39.74 –, BVerwGE 51, 121 128 = BRS 30 Nr. 76; Beschluß v. 27. 7. 1990 – 4 B 156.89 – BRS 50 Nr. 101 = BauR 1990, 694 = ZfBR 1990, 302; Beschluß v. 25. 11. 2003 – 4 BN 60.03 –, BauR 2004, 634). Wesentlich ist dabei, daß die Gemeinde bereits positive Vorstellungen über den Inhalt des Bebauungsplans entwickelt hat. Eine Negativplanung, die sich darin erschöpft, einzelne Vorhaben auszuschließen, reicht nicht aus. Denn wenn Vorstellungen über die angestrebte Art der baulichen Nutzung der betroffenen Grundflächen fehlen, ist der Inhalt des zu erwartenden Bebauungsplans noch offen. Die nachteiligen Wirkungen der Veränderungssperre wären – auch vor dem Hintergrund des Art. 14 Abs. 1 Satz 2 GG – nicht erträglich, wenn sie zur Sicherung einer Planung dienen sollte, die sich in ihrem Inhalt noch in keiner Weise absehen läßt (BVerwG, Urteil v. 10. 9. 1976, a. a. O., Beschluß v. 5. 2. 1990 – 4 B 191.89 –, BRS 50 Nr. 103 = BauR 1990, 335 = ZfBR 1990, 206). Ein Mindestmaß an konkreter planerischer Vorstellung gehört auch zur Konzeption des § 14 BauGB. Nach seinem Abs. 2 Satz 1 kann eine Ausnahme von der Veränderungssperre zugelassen werden, wenn öffentliche Belange nicht entgegenstehen. Ob der praktisch wichtigste öffentliche Belang, nämlich die Vereinbarkeit des Vorhabens mit der beabsichtigten Planung, beeinträchtigt ist, kann aber nur beurteilt werden, wenn die planerischen Vorstellungen der Gemeinde nicht noch völlig offen sind.

Das Normenkontrollgericht ist zwar von demselben rechtlichen Ansatz ausgegangen.

Es hat sich aber mit der Feststellung zufrieden gegeben, die Antragsgegnerin verfolge das Ziel, „bestimmte Bereiche des Stadtgebiets zugunsten bestimmter Schutzgüter wie Landschaftsschutz, Fremdenverkehr und Anwohnerschutz von Windenergieanlagen freizuhalten und ggf. positiv geeignete Standorte für die Errichtung von Windkraftanlagen festzusetzen". Das erforderliche Mindestmaß dessen, was Inhalt des künftigen Bebauungsplans sein soll, ist damit nicht erreicht.

Mit dieser Zielsetzung hat die Antragsgegnerin noch keine positiven Vorstellungen über den Inhalt des künftigen Bebauungsplans entwickelt. Das erklärte städtebauliche Ziel war die Freihaltung des Gebiets von Windenergieanlagen und nur „ggf." die Festsetzung geeigneter Standorte für sie. In sachlicher Übereinstimmung hiermit ging es der Antragsgegnerin im gleichzeitig durchgeführten Verfahren zur Änderung des Flächennutzungsplans um die Verhinderung von Windenergieanlagen im Plangebiet oder jedenfalls um ihre Beschränkung auf wenige Prozente der Gesamtfläche des Plangebiets von 560 ha Größe. Welche positiven Festsetzungen der Bebauungsplan enthalten sollte, hat das Normenkontrollgericht dagegen nicht festgestellt. Sie haben offenbar gefehlt. In diesem Sinne macht die Antragstellerin zu Recht geltend, in der Sitzungsvorlage für den Beschluß über die Veränderungssperre heiße es ausdrücklich, mit den eigentlichen Planungsarbeiten brauche noch nicht begonnen zu werden, so daß noch offen sein könne, welche planerische Gestaltung das Gebiet endgültig erhalten solle. Nach der Rechtsprechung des Senats ist dagegen erforderlich, aber auch ausreichend, daß die Gemeinde im Zeitpunkt des Erlasses einer Veränderungssperre zumindest Vorstellungen über die Art der baulichen Nutzung besitzt, sei es, daß sie einen bestimmten Baugebietstyp, sei es, daß sie nach den Vorschriften des § 9 Abs. 1 BauGB festsetzbare Nutzungen ins Auge gefaßt hat (vgl. z. B. BVerwG, Beschluß v. 15. 8. 2000 – 4 BN 35.00 –, BRS 64 Nr. 109; Beschluß v. 27. 7. 1990 – 4 B 156.89 –, BRS 50 Nr. 101 = BauR 1990, 694 = ZfBR 1990, 302). Daran fehlt es hier. Festgestellt hat das Normenkontrollgericht lediglich sinngemäß, daß Inhalt des Bebauungsplans – abgesehen von der Festsetzung von Standorten für Windenergieanlagen – Festsetzungen zugunsten bestimmter Schutzgüter wie Landschaftsschutz, Fremdenverkehr und Anwohnerschutz von Windenergieanlagen sein sollten. Eine solche städtebauliche Zielsetzung reicht nicht aus, weil sie unterschiedlichste Festsetzungen der Nutzungsart zuläßt und ein positives Planungskonzept nicht erkennbar ist.

Aber selbst wenn man ein positives Planungskonzept erkennen wollte, läge das erforderliche Mindestmaß an Konkretisierung nicht vor. Denn es ist völlig offen, an welchem Ort die unterschiedlichen Nutzungsarten vorgesehen sind. Ein für den Erlaß einer Veränderungssperre ausreichendes Planungskonzept setzt zwar nicht voraus, daß die künftige Nutzungsart bereits parzellenscharf für sämtliche Grundflächen feststeht. Bei einem Bebauungsplan üblicher Größenordnung stellt sich diese Frage im Regelfall nicht einmal, weil die Planung typischerweise einem bestimmten Baugebiet mit einer bestimmten Nutzungsart gilt. Anders ist es dagegen bei einer Fläche, die – wie im vorliegenden Fall – große Teile des Gemeindegebiets umfaßt. Eine städtebauliche Vorstellung, nach der in einem 560 ha großen Gebiet Sondergebiete für die Windener-

Nr. 118

gienutzung, Kompensationsflächen, Flächen für die Landwirtschaft und öffentliche Grünflächen geplant werden sollen, ist kein hinreichend konkretes Planungskonzept, wenn nicht die Bereiche, in denen die unterschiedlichen Nutzungen verwirklicht werden sollen, zumindest grob bezeichnet sind. Denn andernfalls weiß der einzelne Grundeigentümer nicht einmal im Ansatz, welchen Inhalt die Bauleitplanung haben soll, zu deren Sicherung ihm die bauliche Nutzung seines Grundstücks für Jahre untersagt wird. Die Forderung nach einem Mindestmaß an (Ziel-)Konkretisierung ergibt sich aus der Eigentumsgarantie des Art. 14 Abs. 1 GG. Er gebietet zu verhindern, daß die Entwicklung eines Grundstücks für einen nicht unbeträchtlichen Zeitraum gestoppt werden darf, obwohl für den Betroffenen nichts darüber zu erkennen ist, was mit der Sperre erreicht werden soll (BVerwG, Urteil v. 20. 10. 1978 – 4 C 48.76 –, BRS 33 Nr. 198 = BauR 1979, 139 = ZfBR 1979, 34, 35).

c) Ob die Veränderungssperre auch deshalb unwirksam ist, weil sie eine von vornherein rechtswidrige Bauleitplanung sichern soll, wie die Revision geltend macht, kann offen bleiben.

Ein Verstoß gegen das Anpassungsgebot des § 1 Abs. 4 BauGB kommt allerdings schon deshalb nicht in Betracht, weil die im künftigen Bebauungsplan vorgesehene Beschränkung von Windenergieanlagen zwar mit dem Regionalplan Südhessen 2000 unvereinbar, dieser jedoch nach der überzeugenden Begründung im Urteil des Normenkontrollgerichts unwirksam ist. Unerheblich dürfte auch sein, ob der Bebauungsplan an einem Abwägungsfehler leiden wird, weil er den Belang der Windenergienutzung nicht hinreichend berücksichtigt. Denn Abwägungsmängel des künftigen Bebauungsplans sind grundsätzlich bei der Kontrolle einer Veränderungssperre noch nicht zu prüfen, weil regelmäßig nicht ausgeschlossen werden kann, daß sie im weiteren Verfahren noch vermieden werden können.

Kritischer zu betrachten mag dagegen sein, ob der künftige Bebauungsplan mit dem Verbot der „Negativplanung" vereinbar sein wird. Zwar macht der Bebauungsplanentwurf (Stand Dezember 2003), der in der mündlichen Verhandlung vorgelegen hat, deutlich, daß auch eine 560 ha große Außenbereichsfläche – zumindest in formeller Hinsicht – mit positiven Festsetzungen überplant werden kann. Insoweit unterscheidet sich der vorliegende Fall von dem des OVG Lüneburg (Urteil v. 18.6.2003 – 1 KN 56/03 –, ZfBR 2003, 790), in dem nahezu das gesamte Gemeindegebiet mit einer Veränderungssperre überdeckt worden war, um die Errichtung von Windenergieanlagen planerisch zu steuern. Eine andere Frage ist aber, ob in Wirklichkeit nicht doch nur eine Windkraftanlagen im wesentlichen ausschließende – negative – Planung beabsichtigt ist. Die Wahl eines – für einen Bebauungsplan untypisch weiträumigen – Planbereichs von fast 6 km^2 Größe sowie der Inhalt einiger Festsetzungen (Flächen für die Landwirtschaft etc.) gäben jedenfalls Anlaß zu einer sorgfältigen Prüfung dieser Frage durch die Tatsachengerichte.

Nr. 119

Eine Planung, bei der in einem raumordnerisch für die Windenergie vorgesehenen Gebiet Festsetzungen zugunsten von Windenergieanlagen von „Null bis Hundert" möglich sind, also alles noch offen ist, kann nicht durch eine Veränderungssperre gesichert werden.
(Nichtamtlicher Leitsatz.)

BauGB § 14; ROG § 3 Nr. 2.

Bundesverwaltungsgericht, Beschluß vom 19. Mai 2004 – 4 BN 22.04 –.

(Hessischer VGH)

Aus den Gründen:

2.1 Die Beschwerde hält die Frage für klärungsbedürftig, ob eine Veränderungssperre, die den gesamten Bereich des Gemeindegebiets erfaßt, der nach den Vorstellungen der Gemeinde bei der Änderung ihres Flächennutzungsplans als Potentialfläche für die Windenergienutzung in Betracht kommt, regelmäßig wegen unzureichender Konkretisierung der Planung unwirksam ist. Sie beruft sich dabei auf einen Beschluß des Niedersächsischen OVG vom 21.1.2004 – 1 MN 295/03 –, (RdL 2004, 94), der in einem Leitsatz eine derartige Regel aufgestellt habe. Damit wird indessen eine Frage, die weiterer rechtsgrundsätzlicher Klärung zugänglich wäre, nicht aufgeworfen.

Der Senat hat in seinem von der Beschwerde in anderem Zusammenhang selbst angeführten Urteil vom 19.2.2004 – 4 CN 16.03 –, (abgedruckt unter Nr. 11) die Voraussetzungen für den Erlaß einer Veränderungssperre näher umschrieben. Danach darf eine Veränderungssperre erst erlassen werden, wenn die Planung, die sie sichern soll, ein Mindestmaß dessen erkennen läßt, was Inhalt des zu erwartenden Bebauungsplans sein soll. Wesentlich ist dabei, daß die Gemeinde bereits positive Vorstellungen über den Inhalt des Bebauungsplans entwickelt hat. Eine Negativplanung, die sich darin erschöpft, einzelne Vorhaben auszuschließen, reicht nicht aus. Auch eine Planung, bei der in einem raumordnerisch für die Windenergie vorgesehenen Gebiet Festsetzungen zugunsten von Windenergieanlagen von „Null bis Hundert" möglich sind, also alles noch offen ist, kann nicht durch eine Veränderungssperre gesichert werden. Zweck der Veränderungssperre ist es, eine bestimmte Bauleitplanung zu sichern. Sie darf nicht eingesetzt werden, um lediglich die Planungszuständigkeit, die Planungshoheit der Gemeinde zu sichern. Die bloße „Absicht zu planen" genügt nicht. Beabsichtigt eine Gemeinde, für große Teile ihres Gemeindegebiets einen Bebauungsplan aufzustellen, so kann diese Planung nicht durch eine Veränderungssperre gesichert werden, wenn die Bereiche, in denen unterschiedliche Nutzungen verwirklicht werden sollen, nicht einmal grob bezeichnet sind (vgl. hierzu Senatsurteil v. 19.2.2004 – 4 CN 13.03 –, abgedruckt unter Nr. 118). Das Mindestmaß der Konkretisierung der zu sichernden Planung hängt allerdings im wesentlichen von den Umständen des Einzelfalls ab und ist deshalb einer revisionsgerichtlichen Klärung weitgehend entzogen. Vor diesem Hintergrund läßt die Beschwerde keine Fragen erkennen, die einer weiteren Klärung in einem Revisionsverfahren bedürfen. Die Frage, ob eine Veränderungssperre unter bestimmten Voraussetzungen „in der Regel" die beschriebenen Kriterien an eine hinreichend konkretisierte Planung erfüllen wird, läßt sich ohnehin nicht in allgemeingültiger Form rechtsgrundsätzlich klären.

3.1 Die Beschwerde sieht eine Abweichung zum Urteil des Senats vom 18.9.2003 – 4 CN 20.02 –, (BRS 66 Nr. 5). Danach kommt den Zielen der Raumordnung die Funktion zu, räumlich und sachlich die zur Verwirklichung der Grundsätze der Raumordnung notwendigen Voraussetzungen zu schaffen. In ihnen spiegelt sich bereits eine Abwägung zwischen den durch die Grundsätze verkörperten unterschiedlichen raumordnerischen Belangen wider. Sie sind anders als die Grundsätze der Raumordnung nicht bloß Maßstab, sondern als räumliche und sachliche Konkretisierung der Entwicklung, Ordnung und Sicherung des Planungsraumes das Ergebnis landesplanerischer Abwägung. Einer weiteren Abwägung auf einer nachgeordneten Planungsstufe sind sie nicht zugänglich. Die planerischen Vorgaben, die sich ihnen entnehmen lassen, sind verbindlich. Das Beschwerdevorbringen ergibt nicht, daß der Verwaltungsgerichtshof einen entgegengesetzten Rechtssatz aufgestellt hätte. Er legt die Zielaussage des maßgeblichen Regionalplans dahingehend aus, daß den betroffenen Gemeinden ein Konkretisierungsspielraum verbleiben solle. Soweit er damit Landesrecht auslegt, ist dies revisionsgerichtlich hinzunehmen. Ein derartiger Konkretisierungsspielraum ist auch nicht von vornherein mit dem bundesrechtlichen Begriff des Ziels der Raumordnung unvereinbar.

Nr. 120

1. **Durch die Erteilung ihres Einvernehmens zu einem Bauvorhaben wird die Gemeinde grundsätzlich nicht gehindert, eine dem Vorhaben widersprechende Bauleitplanung zu betreiben und sie durch eine Veränderungssperre zu sichern.**

2. **Eine Veränderungssperre, die der Gemeinde erst die Zeit für die Entwicklung eines bestimmten Planungskonzepts geben soll, ist mangels eines beachtlichen Sicherungsbedürfnisses unwirksam.**

3. **Ein Normenkontrollverfahren wegen einer Veränderungssperre erledigt sich nicht nach zwei Jahren durch Zeitablauf, wenn die Gemeinde zuvor die Geltungsdauer der Veränderungssperre verlängert hat.**

BauGB §§ 1 Abs. 3, Abs. 4, Abs. 6, 2 Abs. 1, 14 Abs. 1, Abs. 3, 17 Abs. 1, 35 Abs. 3 Satz 3, 36 Abs. 2, 245b; EEG § 2 Abs. 1 Satz 1; VwGO §§ 47, 142.

Bundesverwaltungsgericht, Urteil vom 19. Februar 2004 – 4 CN 16.03 –.

(OVG Nordrhein-Westfalen)

Abgedruckt unter Nr. 11.

Nr. 121

Vorgeschobene Planungsüberlegungen, um eine Veränderungssperre erlassen zu können und auf diesem Wege solche Vorhaben abwehren zu können, die die Gemeinde für unerwünscht hält.
(Nichtamtlicher Leitsatz.)

BauGB §§ 1 Abs. 6, 14.

OVG Brandenburg, Beschluß vom 13. Januar 2004 – 3 B 274/03.NE – (rechtskräftig).

Die Antragstellerin wendet sich mit dem Antrag auf Erlaß einer einstweiligen Anordnung gegen eine von der Antragsgegnerin erlassene Veränderungssperre.
2003 beschloß die Gemeindevertretung der Antragsgegnerin die Aufstellung des Bebauungsplans „Windpark OT ...", dessen Geltungsbereich sich auf die unter Punkt 1 des Beschlusses genannten Flurstücke erstrecken soll. Punkt 2 und 3 des Beschlusses lauten:
„1. Die in Pkt. 1 genannte Fläche ist in den Flächennutzungsplan der Gemeinde als Sondergebiet gemäß § 11 BauNVO aufzunehmen. Als Planziel wird die Realisierung eines Windparks entsprechend der gemeindlichen Vorstellung angestrebt. Mit der Aufstellung des Bebauungsplanes soll eine geordnete Entwicklung in bezug auf Anzahl, nähere Spezifikation sowie Standorte der Windenergieanlagen erreicht werden.
2. Mit dem Vorhabenträger der WKA ist ein städtebaulicher Vertrag gemäß § 11 BauGB abzuschließen, mit der Festlegung, daß die erforderliche Bauleitplanung, die Erschließung sowie sämtliche mit dem B-Plan anfallenden Kosten vom Vorhabenträger übernommen werden."
Zur Begründung der Beschlussvorlage wurde ausgeführt:
„Die im Regionalplanentwurf festgelegte Fläche ist im Flächennutzungsplan des OT ... als Vorrangfläche für Windkraftanlagen ausgewiesen.
Im Regionalplan III wurde die Fläche Vorranggebiet für Windkraftanlagen erweitert. Diese Erweiterung ist im FNP nicht enthalten."
Ebenfalls im Januar 2003 beschloß die Gemeindevertretung zur Sicherung des mit dem oben genannten Beschluß eingeleiteten Bauleitverfahrens für die Fläche „Windpark OT ..." die hier streitgegenständliche Veränderungssperre als Satzung, die im Amtsblatt vom 14. 2. 2003 öffentlich bekanntgemacht wurde.
Am 24. 2. 2003 wurde zwischen dem Geschäftsführer der Antragstellerin und dem Bürgermeister der Antragsgegnerin die Möglichkeit des Abschlusses eines städtebaulichen Vertrages erörtert. Ob der Bürgermeister in diesem Zusammenhang Forderungen nach Zahlungen an die Gemeinde gestellt hat, ist zwischen den Beteiligten streitig.
Am 14. 4. 2003 beschloß die Gemeindevertretung, „mit den Vorhabenträgern: X. und Y. einen städtebaulichen Vertrag zum Bauvorhaben 'Windpark OT ...' abzuschließen."
Nach § 1 Abs. 1 ist „Grundlage dieses Vertrages ... der Bau und Betrieb von 6 in Planung befindlichen Windkraftanlagen der Megawattklasse durch die Vorhabenträger." Die Vorhabenträger übernehmen die ihnen obliegende Erschließungspflicht im Erschließungsgebiet nach den sich aus § 3 dieses Vertrages ergebenden Vorgaben (§ 1 Abs. 2 Satz 1). Sie verpflichten sich, die noch nicht vorhandenen Erschließungsanlagen auf eigene Kosten zu erstellen und in ihre Unterhaltung zu nehmen (§ 1 Abs. 3 Satz 1) und die in beigefügten Plänen dargestellten Erschließungsanlagen sowie die Wegeflächen und Grünanlagen bis spätestens drei Jahre nach Erteilung der Baugenehmigung fertigzustellen (§ 3 Abs. 1). Nach § 8 Satz 2 verpflichten sich die Vorhabenträger ferner „für die Nutzung der gemeindlichen Infrastruktur sowie die Unterstützung der Gemeinde bei der Kabelführung, der Umsetzung der notwendigen Ausgleichs- und Ersatzmaßnahmen, deren

Nr. 121

Unterhaltung und die Mithilfe bei der Gewährleistung des laufenden Anlagenbetriebes" zur Zahlung einer „Entschädigung", die eine „Einmalzahlung i.H.v. 7500,- € pro errichteter Windkraftanlage, zahlbar 4 Wochen nach Inbetriebnahme" sowie eine „jährliche Zahlung von 1500,- € pro errichteter Windkraftanlage, zahlbar bis 31.3. des Folgejahres" umfaßt. Gemäß §10 Abs. 1 Satz 1 wird die Gemeinde Dritten keine weitere Zustimmung für Windkraftvorhaben oder andere Bauvorhaben erteilen, welche den Ertrag oder Betrieb der im Rahmen dieses Vertrages geplanten 6 Windkraftanlagen „erheblich beeinträchtigen verringern würden" oder den Bau und die Inbetriebnahme dieser Anlagen erschweren oder verteuern würden. Nach §11 Satz 1 werden die Vorhabenträger Möglichkeiten zur Beteiligung an den Windkraftvorhaben für Bürger, Landwirte oder Firmen aus der Gemeinde oder der Region anbieten. Bei der Auftragsvergabe sollen geeignete regionale Fachfirmen vorrangig berücksichtigt werden. Nach §12 wird „der Lageplan der Windkraftanlagen, Zuwegungen und Erschließungsanlagen (Anlage 1) ... nach seiner endgültigen Fertigstellung Bestandteil dieses Vertrages."

Die Antragstellerin stellte unter dem 16.4.2003 Anträge auf Baugenehmigung für die Errichtung jeweils einer Windenergieanlage auf zwei von den jeweiligen Grundstückseigentümern gepachteten Flächen im Geltungsbereich der Veränderungssperre. Im Mai 2003 beschloß die Gemeindevertretung der Antragsgegnerin, das gemeindliche Einvernehmen für die Errichtung einer Windkraftanlage auf dem im Geltungsbereich der Veränderungssperre gelegenen Flurstück 95 der Flur 4 nicht zu erteilen, weil die Gemeinde für eine Windkraftanlage auf dem Nachbargrundstück das Einvernehmen erteilt habe und der Abstand der Windkraftanlagen zueinander zu gering sei. Im Juni 2003 beschloß die Gemeindevertretung, das gemeindliche Einvernehmen für die Errichtung einer Windkraftanlage auf dem im Geltungsbereich der Veränderungssperre gelegenen Flurstück 18 der Flur 4 nicht zu erteilen, „da auf dem Grundstück 15 gemäß städtebaulichen Vertrag bereits der Errichtung einer WKA zugestimmt wurde und somit der Abstand der WKA untereinander zu gering wäre". Im August 2003 teilte der Landrat als Baugenehmigungsbehörde der Antragstellerin unter Hinweis auf die Veränderungssperre mit, daß insoweit eine „baurechtliche Prüfung" ihres Bauantrages „zur Zeit nicht möglich" sei.

Aus den Gründen:
Die angegriffene Satzung ist offensichtlich ungültig, weil es an den Voraussetzungen für den Erlaß einer Veränderungssperre fehlt. ...

Nach Lage des Falles spricht alles dafür, daß die dargestellten Planungsüberlegungen der Gemeinde nur vorgeschoben sind und die Veränderungssperre damit tatsächlich der Förderung von Zielen dient, für deren Verwirklichung die Planungsinstrumente des Baugesetzbuchs nicht bestimmt sind.

Bereits die Formulierung unter Punkt 2 des Aufstellungsbeschlusses läßt es äußerst zweifelhaft erscheinen, daß tatsächlich – wie unter Punkt 1 ausgeführt – „die Realisierung eines Windparks entsprechend der gemeindlichen Vorstellung angestrebt" wird. Wenn mit dem „Vorhabenträger der WKA (...) ein städtebaulicher Vertrag gemäß §11 BauGB" abgeschlossen werden soll, in dem festgelegt wird, daß nicht nur „die Erschließung sowie sämtliche mit dem B-Plan anfallende Kosten", sondern auch „die erforderliche Bauleitplanung (...) vom Vorhabenträger übernommen werden", gibt die Antragsgegnerin hiermit zu erkennen, daß sie keine eigene Planungskonzeption verfolgt, sondern allenfalls eine Übernahme der Planung eines Vorhabenträgers beabsichtigt. Dies wird durch die Bestimmungen des mit der X. und der Y. abgeschlossenen „Erschließungs- und Durchführungsvertrages" bestätigt, in dem mehrfach auf einen als Anlage 1 beigefügten „Lageplan der Windkraftanlagen, Zuwegungen und Erschließungsanlagen" verwiesen wird, der „nach seiner endgültigen Fertigstellung Bestandteil dieses Vertrages" werden soll. Ob eine derartige Verweisung auf einen durch die Vorhabenträger – ohne geregelte Mitwirkung der Gemeinde – zu erstellenden „Lageplan" mit der gesetzlichen Vorgabe vereinbar ist, daß die Verantwortung der Gemeinde für das gesetzlich vorgesehene Planaufstellungsverfahren unberührt bleibt (vgl. § 11 Abs. 1 Satz 2 Nr. 1 a. E. BauGB), ist äußerst zweifelhaft. Entscheidend ist hier indes nicht die durch die Antragstellerin in erster Linie thematisierte Frage der Nichtigkeit des „Erschließungs- und Durchführungsvertrages", sondern das in der Vertragsgestaltung zum Ausdruck kommende Ziel der Antragsgegnerin, mit Ausnahme des Baugebietstyps alle wesentlichen Elemente der Planung vorbehaltlos in die Hände der Vorhabenträger zu legen. Welcher Spielraum für die mit dem Aufstellungsbeschluß vom Januar 2003 eingeleitete Planung der Gemeinde daneben noch bestehen soll, ist nicht ersichtlich. Schon dies läßt nur den Schluß zu, daß eine positive Planungskonzeption der Antragsgegnerin nicht besteht.

Daß die im Aufstellungsbeschluß dargestellten Planungsüberlegungen der Antragsgegnerin offensichtlich nur vorgeschoben sind, ergibt sich darüber hinaus aus ihrer Praxis bei der Erteilung des gemeindlichen Einvernehmens mit Entscheidungen über Ausnahmen von der Veränderungssperre nach § 14 Abs. 2 BauGB. In ihren Sitzungen vom Mai 2003 und Juni 2003 hat die Gemeindevertretung der Antragsgegnerin ihr Einvernehmen mit der von der Antragstellerin geplanten Errichtung von zwei Windkraftanlagen auf im Geltungsbereich der Veränderungssperre gelegenen Flächen im Hinblick darauf versagt, daß sie jeweils bereits für Windkraftanlagen auf Nachbargrundstücken das Einvernehmen erteilt habe und der Abstand der Windkraftanlagen zueinander zu gering sei. Mit Rücksicht auf welche Erwägungen die Antragsgegnerin ihr Einvernehmen mit den für die erwähnten Vorhaben auf Nachbargrundstücken zugelassenen Ausnahmen von der Veränderungssperre erteilt hat, ist nicht ersichtlich. Daß die angebliche Planung hierdurch nicht gefährdet wird und der Sicherungszweck der Veränderungssperre unbeeinträchtigt bleibt, kann nicht angenommen werden. Vielmehr dürfte die Zulassung gleich mehrerer Ausnahmen von der Veränderungssperre die Aufstellung eines Bebauungsplans, mit dem „eine geordnete Entwicklung in bezug auf Anzahl, nähere Spezifikation sowie Standorte der Windenergieanlagen erreicht werden" soll, sinnlos machen. Vor diesem Hintergrund läßt sich das Verhalten der Antragsgegnerin nicht anders deuten, als daß die im Aufstellungsbeschluß genannten Planungsziele nur vorgeschoben sind, um die Veränderungssperre erlassen und auf diesem Wege solche Vorhaben abwehren zu können, die die Antragsgegnerin aus Gründen, die jedenfalls in keinem erkennbaren Zusammenhang mit der Verwirklichung einer positiven städtebaulichen Planungskonzeption stehen, für unerwünscht hält.

Da demnach von einer offensichtlichen Ungültigkeit der Veränderungssperre auszugehen ist, die zu einem Erfolg des Normenkontrollantrags führen muß, ist die einstweilige Anordnung nach § 47 Abs. 6 VwGO aus wichtigen Gründen dringend geboten. ...

Nr. 122

1. Die tatbestandliche Anforderung der Ermächtigung zum Erlaß von Veränderungssperren, wonach die Maßnahme zur „Sicherung der Planung" beschlossen sein muß (§ 14 Abs. 1 BauGB), ist im Einzelfall vor dem Hintergrund einerseits des Eigentumsgrundrechts (Art. 14 GG) mit Blick auf die unter Umständen gravierenden wirtschaftlichen Auswirkungen des Erlasses einer Veränderungssperre für den normbetroffenen Grundstückseigentümer und andererseits der den Gemeinden zustehenden Planungsautonomie (§ 2 Abs. 1 Satz 1 BauGB) zu konkretisieren.

2. Voraussetzung für eine rechtmäßige Veränderungssperre ist daher, daß im Zeitpunkt ihres Erlasses hinreichend konkrete gemeindliche Vorstellungen über den Inhalt des Bebauungsplanes bestehen, was ein Mindestmaß an Klarheit darüber erfordert, welche städtebaulichen Vorstellungen mit der konkreten Planung verfolgt werden.

3. Eine bloße Verhinderungsabsicht oder die Feststellung, daß ein bestimmtes Vorhaben unerwünscht ist, reichen nicht aus.

BauGB §§ 2, 14, 16; VwGO § 47.

OVG des Saarlandes, Urteil vom 14. April 2004 – 1 N 1/04 – (rechtskräftig).

Der Antragsteller wendet sich mit einem Normenkontrollantrag gegen eine sein Grundeigentum erfassende Veränderungssperre der Antragsgegnerin (Stadt). Er ist Eigentümer eines Grundstücks in der Ortslage der Antragsgegnerin, das bisher nicht von einem Bebauungsplan erfaßt wird und auf dem er ein Seniorenpflegeheim betreibt. An der Nordseite des Grundstücks verläuft die B.-allee, die an der gegenüberliegenden Straßenseite eine Bebauung mit Wohngebäuden aufweist.

Der Antragsteller plant eine Erweiterung des Seniorenpflegeheims und beantragte bei der Unteren Bauaufsichtsbehörde die Erteilung einer entsprechenden Baugenehmigung. Bereits im Rahmen des Baugenehmigungsverfahrens erhoben verschiedene Anwohner der B.-allee umfangreiche Einwendungen.

Das Bauvorhaben war anschließend mehrfach Gegenstand kontroverser Beratungen in den zuständigen Beschlußgremien der Antragsgegnerin, die schließlich Herstellung des gemeindlichen Einvernehmens verweigerten. Einem Antrag auf Ersetzung des gemeindlichen Einvernehmens hat die zuständige Kommunalaufsichtsbehörde nicht entsprochen. Daraufhin lehnte die Bauaufsichtsbehörde den Bauantrag des Antragstellers ab, wobei auf eine „Vorbildwirkung für eine weitere Bebauung an der B.-allee" verwiesen wurde. Der Antragsteller verfolgt sein Baugenehmigungsbegehren in einem beim Verwaltungsgericht anhängigen Klageverfahren weiter.

Im Februar 2003 beschloß der Rat der Antragsgegnerin die Aufstellung des Bebauungsplans „B.-allee" ohne Einbeziehung der an deren Nordseite befindlichen Wohnbebauung. In der Beschlußvorlage für den Stadtrat war u. a. ausgeführt, die bisherige öffentliche Diskussion über die Erweiterung des Seniorenheims habe deutlich gemacht, welche Ziele erreicht werden sollten: Die Verwendung der noch nicht genutzten Flächenkapazitäten im Bereich der B.-allee für Zwecke des Wohnungsbaus in Form von Einfamilienhäusern und die „Verhinderung jeglicher baulicher Erweiterung des Seniorenheims". Daher müsse im Bebauungsplan ein Gebietstyp festgesetzt und eine Zulässigkeit von Nutzungen derart eingeschränkt werden, daß eine Genehmigung einer sozialen (gewerblichen) Einrichtung, die dem Wohnen diene, grundsätzlich ausgeschlossen werde, oder es müsse die Ausnutzbarkeit der Fläche und das Maß der baulichen Nutzung in einer Weise reduziert bzw. auf den vorhandenen Bestand beschränkt werden, so daß eine bauliche Erweiterung unmöglich werde.

In seiner Sitzung am 27. 5. 2003 beschloß der Stadtrat dann mehrheitlich die vorliegend streitgegenständliche Satzung über eine Veränderungssperre (VS) für einen Teil des Geltungsbereichs des „im Verfahren befindlichen Bebauungsplans B.-allee" zur „Sicherung der Planung ... und zur Vermeidung bzw. Minimierung etwaiger Entschädigungsansprüche" (§ 1 Satz 2 VS). Der räumliche Geltungsbereich der Veränderungssperre beschränkt sich nach § 2 VS auf „das Grundstück des Seniorenpflegeheims Am N.-Weg 6", d. h. auf die Parzelle des Antragstellers.

In der dem zugrunde liegenden Beschlußvorlage war im Abschnitt Begründung für den Erlaß der Veränderungssperre u. a. ausgeführt, der Antragsteller gehe in dem Klageverfahren vor dem Verwaltungsgericht davon aus, daß ihm die Baugenehmigung für die geplante Erweiterung zu Unrecht versagt worden und die Antragsgegnerin für die zu gewärtigenden erheblichen Schäden schadensersatzpflichtig sei. Allerdings müsse der Grundstückseigentümer die Versagung einer Baugenehmigung bis zu vier Jahren entschädigungslos hinnehmen, wenn eine Veränderungssperre erlassen sei, die der Sicherung hinreichend konkretisierter Planungsabsichten diene. Diese Anforderungen seien mit der Einleitung des Bebauungsplanverfahrens erfüllt. Eine wirksame Veränderungssperre sei im übrigen auch bei einer Entscheidung des Verwaltungsgerichts zu berücksichtigen, da ihr Erlaß eine Änderung der Rechtslage bewirke. Vor dem Hintergrund sei der Erlaß der Veränderungssperre B.-allee „als Vorsichtsmaßnahme zur Vermeidung von Schadensersatz/Entschädigungslasten und zur wirksamen Sicherung der mit der Planung verfolgen Ziele sinnvoll und geboten".

Aus den Gründen:

Die materiell-rechtlichen Voraussetzungen für den Erlaß einer (wirksamen) Veränderungssperre sind im konkreten Fall nicht gegeben. Die Maßnahme wurde nicht im Verständnis von § 14 Abs. 1 BauGB „zur Sicherung der Planung" beschlossen. Diese tatbestandliche Anforderung der Ermächtigung zum Erlaß von Veränderungssperren ist vor dem Hintergrund einerseits des Eigentumsgrundrechts (Art. 14 GG) mit Blick auf die unter Umständen gravierenden wirtschaftlichen Auswirkungen des Erlasses einer Veränderungssperre für den normbetroffenen Eigentümer und andererseits der den Gemeinden zustehenden Planungsautonomie (§ 2 Abs. 1 Satz 1 BauGB) zu konkretisieren.

Voraussetzung für eine rechtmäßige Veränderungssperre ist daher nach der Rechtsprechung des Bundesverwaltungsgerichts allgemein, daß im Zeitpunkt ihres Erlasses hinreichend konkrete gemeindliche Vorstellungen über den Inhalt des Bebauungsplanes bestehen (vgl. BVerwG, Beschlüsse v. 5. 2. 1990 – 4 B 191.89 –, BRS 50 Nr. 103 = BauR 1990, 335; v. 21. 12. 1993 – 4 NB 40.93 –, BRS 55 Nr. 95, und v. 25. 11. 2003 – 4 BN 60.03 –, BRS 66 Nr. 115 = BauR 2004, 634 = NVwZ 2004, 447; vgl. auch dazu OVG des Saarlandes, Urteil v. 31. 3. 2003 – 1 N 1/03 –, a. a. O.).

Das erfordert ein Mindestmaß an Klarheit darüber, welche städtebaulichen Vorstellungen mit der konkreten Planung verfolgt werden. Dabei sind auch sog. negative Zielvorstellungen der Gemeinde bezüglich der künftigen Nutzbarkeit des betroffenen Grundeigentums nicht von vorneherein illegitim (vgl. dazu BVerwG, Beschluß v. 18. 12. 1990 – 4 NB 8.90 –, BRS 50 Nr. 9 =

Nr. 122

BauR 1991, 165 = DVBl. 1991, 445, wonach die Gemeinden mit den Mitteln des Städtebaurechts grundsätzlich auch Ziele verfolgen dürfen, die mehr auf die Bewahrung als auf eine Veränderung der bestehenden städtebaulichen Situation zielen, und der Gegensatz von positiven und negativen Planungszielen von daher zur Beantwortung der Frage des Vorliegens einer unzulässigen Verhinderungsplanung letztlich wenig hilfreich ist).

Eine bloße Verhinderungsabsicht oder die Feststellung, daß ein bestimmtes Vorhaben unerwünscht ist, reichen aber nicht aus (vgl. BVerwG, Beschlüsse v. 5. 2. 1990 – 4 B 191.89 –, BRS 50 Nr. 103 = BauR 1990, 335; und v. 25. 11. 2003 – 4 BN 60.03 –, a. a. O.) um den Erlaß einer Veränderungssperre nach § 14 Abs. 1 BauGB zu rechtfertigen.

Die Annahme einer solchen (unzulässigen) Negativplanung kann indes nicht bereits aus dem Umstand hergeleitet werden, daß die Gemeinde ein ihren städtebaulichen Vorstellungen nicht entsprechendes Vorhaben zum Anlaß nimmt, eine eigene planerische Konzeption für den in Rede stehenden Bereich zu entwickeln. Die Veränderungssperre darf dann auch gezielt dazu eingesetzt werden, die rechtlichen Voraussetzungen für die Zulässigkeit eines solchen Vorhabens zu verändern. (vgl. dazu BVerwG, Beschlüsse v. 23. 6. 1992 – 4 B 55.92 –, NVwZ-RR 1993, 456, v. 24. 8. 1993 – 4 NB 12.93 –, BRS 55 Nr. 119, wonach auch eine sog. „Einzelfallplanung", die räumlich auf nur ein oder ganz wenige Grundstücke beschränkt ist und/oder sachlich erst aus Anlaß der Förderung oder Verhinderung eines konkreten, sich möglicherweise bereits im Genehmigungsverfahren befindlichen Bauvorhabens erfolgt, für sich genommen keinen Umstand bildet, der generelle Schlüsse auf die Rechtmäßigkeit oder Rechtswidrigkeit der Planung zuläßt, und v. 21. 12. 1993 – 4 NB 40.93 –, BRS 55 Nr. 95; vgl. allgemein zu sog. „Briefmarkenbebauungsplänen" der Gemeinden mit Beschränkung der planerischen Festsetzungen auf ein einzelnes Grundstück Stüer, Der Bebauungsplan, 1. Aufl. 2000, Rdnr. 74, m. w. N.)

Die Annahme eines Sicherungsbedürfnisses nach § 14 Abs. 1 BauGB setzt ferner nicht voraus, daß bereits im Zeitpunkt des Satzungsbeschlusses über die Veränderungssperre die Rechtmäßigkeit des künftigen Bebauungsplans feststeht. Weder ist über die Veränderungssperre auf der Grundlage einer Abwägung der in der vorgesehenen Bauleitplanung einander gegenüberstehenden Belange zu entscheiden, noch ist im Rahmen der Beurteilung der Zulässigkeit der Veränderungssperre unter dem Gesichtspunkt der mit ihr verfolgten Sicherungsabsichten Raum für eine „antizipierte" Normenkontrolle des künftigen Bebauungsplanes (vgl. OVG des Saarlandes, Urteil v. 24. 11. 1998 – 2 N 1/97 – m. w. N. aus der Rechtsprechung des Bundesverwaltungsgerichts).

Ein detailliertes und abgewogenes Planungskonzept muß und wird im Zeitpunkt der Entscheidung über die Veränderungssperre ohnedies in aller Regel noch nicht vorliegen, und dies ist auch nicht notwendig. Zweck der Veränderungssperre ist es gerade, Entwicklungen zu verhindern, welche die von der Gemeinde für die betreffende Fläche verfolgten planerischen Vorstellungen obsolet machen, bevor sie die Möglichkeit hatte, ein ordnungsgemäßes Planaufstellungsverfahren durchzuführen. Demnach kann die Wirksamkeit der Veränderungssperre schon von der Natur der Sache her nicht von der Feststellung abhängen, daß der noch nicht als Satzung beschlossene Bebauungsplan in seinen einzelnen Festsetzungen von einer rechtmäßigen Abwägung der beachtlichen Belange getragen sein wird (BVerwG, Beschluß v. 21. 12. 1993 – 4 NB 40.93 –, BRS 55 Nr. 95).

Maßgeblicher Zeitpunkt für die Beantwortung der Frage hinreichender inhaltlicher Konkretisierung der zu sichernden gemeindlichen Planung ist derjenige des Erlasses der Veränderungssperre.

Diese aus der Rechtsprechung zu entnehmenden Voraussetzungen für die Zulässigkeit (Gültigkeit) einer Veränderungssperre (Satzung) verdeutlichen zum einen, daß die Gemeinden hier oftmals auf einem „schmalen Grat" wandeln, und zum anderen, daß bei einigermaßen geschickter „Außendarstellung" die Verwaltungsgerichte nur schwer an die Satzung „herankommen", wenn letztlich bloße Verhinderungsabsichten motivbildend sind, die Gemeinde das aber durch vorgebliche planerische Zielvorstellungen für den fraglichen Teil ihres Gebiets „kaschiert". In diesen Fällen sind die Verwaltungsgerichte – sei es im Rahmen der abstrakten oder einer inzidenten Normenkontrolle – dazu aufgerufen, unter Würdigung aller Umstände des Einzelfalles den „wahren Willen" der Gemeinde zu ermitteln und vor dem Hintergrund zu beurteilen, ob etwaige in den Planungsunterlagen positiv benannte – möglicherweise auch vom künftigen Festsetzungsinhalt her negative – Zielsetzungen im Einzelfall nur „vorgeschoben" sind, um einen konkreten Bauwunsch im Wege einer – dann ggf. unzulässigen „Negativ- oder Verhinderungsplanung" – zu durchkreuzen (vgl. auch hierzu BVerwG, Beschlüsse v. 23. 6. 1992 – 4 B 55.92 –, NVwZ-RR 1993, 456, v. 24. 8. 1993 – 4 NB 12.93 –, BRS 55 Nr. 119, und v. 18. 12. 1990 – 4 NB 8.90 –, BRS 50 Nr. 9 = BauR 1991, 165 = DVBl. 1991, 445, jeweils unter Hinweis auf die Maßstäbe des § 1 Abs. 3 BauGB für die Beurteilung städtebaulicher Erforderlichkeit einer Bauleitplanung, zu letzterem etwa OVG des Saarlandes, Urteil v. 14. 4. 2004 – 1 N 7/03 –; vgl. zur sog. „Negativplanung" auch VGH München, Urteil v. 3. 3. 2003 – 15 N 02.593 –, BRS 66 Nr. 15 = BayVBl. 2004, 239).

Nach den vorgenannten Maßstäben erweist sich die vorliegend umstrittene Veränderungssperre der Antragsgegnerin als rechtlich nicht haltbar und damit als nichtig. Aus den vorgelegten Verwaltungsvorgängen ergibt sich für den Senat, daß die Antragsgegnerin hier einen Bebauungsplanaufstellungsbeschluß allein deswegen gefaßt hat, um die Genehmigungsfähigkeit des auf allen Ebenen in ihren Beschlußgremien sowie in den beteiligten Verwaltungsstellen in vielfacher Hinsicht höchst umstrittenen Bauvorhabens des Antragstellers auszuschließen. Dagegen hat die Antragsgegnerin vorliegend bis zum Erlaß der Veränderungssperre keine planerischen Gestaltungsvorstellungen entwickelt. Es ging ihr erkennbar vielmehr allein darum, das Bauvorhaben des Antragstellers zu verhindern oder sich bestenfalls auf diese Weise alle Möglichkeiten einer künftigen Überplanung des Gebiets lediglich „offen zu halten".

Dabei steht im Hintergrund immer die ursprünglich vom Antragsteller auch beabsichtigte Errichtung eines selbständigen Erweiterungsbaus seines Seniorenheims an der Südseite der B.-allee, welche nach den Plänen – ungeachtet der Gesamtgröße – „bergseitig" wie zwei Einfamilienwohnhäuser in Erscheinung getreten wäre. Die abschließende Beurteilung der baurechtlichen Zulässigkeit dieser wie auch der im Verfahren 5 K 42/03 vor dem Verwaltungsgericht umstrittenen Erweiterung des Pflegeheims steht – das sei zur Klarstellung betont – im Rahmen des vorliegenden Normenkontrollverfahrens nicht zur Rede. Wesentliche Motivation für den Erlaß der Veränderungssperre nach Ablehnung des Baugesuchs auf der Grundlage des §34 BauGB und Zurückweisung des Widerspruchs des Antragstellers dagegen war zunächst offensichtlich das so wohl letztlich nicht erreichbare Ziel, für den Fall des Bestehens eines Genehmigungsanspruchs des Antragstellers zu erwartende und von ihm auch schon reklamierte Schadensersatzansprüche durch „Instrumentalisierung" des städtebaulichen Instituts der Veränderungssperre (§§ 14 ff. BauGB) auszuschließen, wie dies in einem nach Ergehen des Widerspruchsbescheids verfaßten „zusätzlichen Hinweis" des Stadtrechtsausschusses v. 20.2.2003 ausdrücklich angeregt worden war. Daß dies kein im Verständnis des § 14 Abs. 1 BauGB sicherungsfähiges Ziel darstellt und daher für sich genommen den Erlaß einer Veränderungssperre nicht rechtfertigen kann, braucht nicht vertieft zu werden.

Auch ansonsten sind keine die Maßnahme rechtfertigenden ernsthaft verfolgten städtebaulichen Zielvorstellungen der Antragsgegnerin für das Grundstück des Antragstellers insbesondere in dessen bisher baufreien Bereichen erkennbar. Dies läßt der gesamte Ablauf des „Planungsverfahrens" für die Aufstellung eines Bebauungsplans „B.-allee" erkennen, und abweichendes läßt sich insbesondere nicht den den einschlägigen Ratbeschlüssen zugrunde liegenden Vorlagen der Verwaltung entnehmen.

Bereits in der ersten, durch eine entsprechende Anregung („Prüfauftrag") des Bauausschusses des Stadtrats der Antragsgegnerin veranlaßten Stellungnahme der Abteilung Stadtplanung v. 25.3.2002 wird die Maßnahme in vergleichsweise seltener Deutlichkeit als „Einleitung eines Verhinderungs-Bebauungsplans" tituliert. Darin werden ferner ganz erhebliche Bedenken nicht nur mit Blick auf die gravierend betroffenen wirtschaftlichen Interessen des Antragstellers bei einer „Herausnahme" des Streifens an der Nordostseite seines Grundstücks entlang der B.-allee durch anderweitige Verplanung gesehen, sondern es wird auch ganz klar herausgestellt, daß ungeachtet grundsätzlich bestehender technischer Möglichkeiten einer Baurealisierung auf Grund der Topographie keine realistische Chance zur „Vermarktung" zum Zwecke der Errichtung von privaten, heimunabhängigen Wohngebäuden bestehe. Schon in diesem Schreiben wird ferner eine mögliche Entschädigungspflicht gegenüber dem Antragsteller nach Maßgabe des § 42 BauGB in den Raum gestellt. Dementsprechend wird in einem Papier des Stadtamts 30 darauf hingewiesen, daß man beim Planungsamt „beträchtliche Probleme" sehe, im Rahmen dieses Bebauungsplanaufstellungsverfahrens eine sachgerechte Abwägung überhaupt zu bewerkstelligen.

Besonders deutlich wird die bloß negative Zielsetzung der „Planung" – im Umkehrschluß – in der daran anknüpfenden Beschlußvorlage des Baudezernenten der Antragsgegnerin von 2002 für den Bauausschuß des Stadtrats. Darin heißt es nach einer Schilderung des „Vorlaufs" auf Seite 3 unten („3.")

ganz unmißverständlich, die Realisierung einer „Einfamilienhausbebauung" an der B.-allee erfordere keinen Bebauungsplan, da eine solche Bebauung im Wege des § 34 BauGB „problemlos möglich und genehmigungsfähig" sei, so daß kein Planungsbedürfnis bestehe. Die städtebauliche Zielsetzung reduziere sich damit „auf die Verhinderung einer Erweiterung des Seniorenpflegeheims"; es handele sich somit ausschließlich um einen „Verhinderungsbebauungsplan". Dem daraus abgeleiteten Beschlußvorschlag, „keinen Auftrag zur Vorbereitung eines Aufstellungsbeschlusses zur Einleitung eines Bebauungsplanverfahrens zu erteilen", ist der Bauausschuß nicht gefolgt. Einem anschließend mehrheitlich angenommenen Antrag des Stadtratsmitglieds H., ein Verfahren zur Aufstellung eines Bebauungsplans einzuleiten, lag nach der Protokollniederschrift der Hinweis seinerseits zugrunde, daß es „Wille und Wunsch Aller dort in dem Bereich" – den Antragsteller wohl offensichtlich ausgenommen – sei, „bestenfalls Wohnbebauung zuzulassen, wie sie in der näheren Umgebung vorhanden sei". Dem schloß sich der Stadtverordnete G. mit der Bemerkung an, es sollten „Wege gesucht" werden, die „Erweiterung des Seniorenwohnheims zu verhindern", wobei der Bebauungsplan ihm – G. – das „richtige Mittel" scheine, diesem Anliegen „auf einem rechtssicheren Weg ... Rechnung zu tragen".

In der Beschlußvorlage an den Stadtrat, die dem Aufstellungsbeschluß v. 11. 2. 2003 zugrunde liegt, heißt es in dem hier maßgeblichen Abschnitt „Ziele und Risiken der Planung", die bisherige Diskussion um die Erweiterung des Seniorenheims mache deutlich, welche Ziele mit der Planung erreicht werden sollten: Die Verwendung der noch nicht genutzten Flächenkapazitäten im Bereich der B.-allee – gemeint ist der nördliche Teil des Grundstücks des Antragstellers – für Zwecke des Wohnungsbaus in Form von Einfamilienwohnhäusern „und die Verhinderung jeglicher baulichen Erweiterung des Seniorenheims – auch im Bereich des N.-Wegs". Anschließend werden erneut die rechtlich hohen Hürden für eine entsprechende Überplanung des noch baufreien Teils des Grundstücks des Antragstellers beschrieben wie auch die argumentativen Voraussetzungen, die einer solchen Planung entgegenstehenden gewichtigen öffentlichen und privaten Belange in der Abwägung zu überwinden. Dabei wird insoweit nur eine „dominante Gewichtung der Nachbarinteressen" als möglicherweise tauglich angesehen, die zwar – aus welchen Gründen auch immer – auf eine Verhinderung der Erweiterung des Heimes abzielen, deren städtebauliche Relevanz aber von der Antragsgegnerin bislang ebenfalls weder ermittelt noch aufgezeigt ist. Der bloße Umstand, daß ein Bauvorhaben in der Nachbarschaft auf Ablehnung stößt, begründet im übrigen noch kein Planbedürfnis im Verstandnis des § 1 Abs. 3 BauGB.

Nach Vorgeschichte und Gesamtzusammenhang sowie nach den örtlichen Verhältnissen kann vor dem Hintergrund nicht ernsthaft bezweifelt werden, daß allein die damit mehrfach herausgestellte Verhinderungsabsicht das Ziel der „Planung" der Antragsgegnerin bildet, die insoweit quasi „begleitend" zu den bereits laufenden baurechtlichen Auseinandersetzungen um die Genehmigungsfähigkeit der Heimerweiterung angepackt und insoweit – wie zur vermeintlichen Freistellung von Schadensersatzansprüchen – mit einer Veränderungssperre „gesichert" werden sollte.

Nichts anderes läßt sich der anschließenden kontroversen Diskussion im Stadtrat in dessen Sitzung v. 11. 2. 2003, in welcher der Aufstellungsbeschluß gefaßt wurde, entnehmen. Das in der Bekanntmachung des Beschlusses dann angesprochene Ziel, eine „ruhige Wohnlage entlang der B.-allee zu gewährleisten", ließe sich wohl im Ergebnis nur bewerkstelligen, wenn das den sich gegen das Vorhaben wendenden Eigentümern der im übrigen noch nicht einmal in den Geltungsbereich der Planung einbezogenen Wohngrundstücke auf der Nordseite der B.-allee als solches mißliebige Altersheim an dem Standort aufgegeben würde. In diese Richtung heißt es auf Seite 2 der einschlägigen Beschlußvorlage für den Stadtrat, im Laufe des Bebauungsplanaufstellungsverfahrens sei „zu klären und festzulegen, ob das bestehende Seniorenheim durch Ausweisung eines Wohngebiets mit kleinteiliger Bebauung und Einschränkung der überbaubaren Grundstücksflächen auf den bloßen Bestandsschutz reduziert werden soll, um so den Fortbestand der Einrichtung an diesem Standort langfristig die Existenzmöglichkeiten zu entziehen". Bei dem aus diesen Formulierungen deutlich werdenden „Konzept" qualifizierter „Verhinderung" ließe sich im übrigen zumindest mit Blick auf das städtebauliche Kriterium der Art der baulichen Nutzung die Frage aufwerfen, ob von der Antragsgegnerin dabei nicht die diesbezüglich gesetzlich eingeräumten Festsetzungsmöglichkeiten verkannt werden. Der Bundesgesetzgeber hat bei der Neufassung der Baunutzungsverordnung im Jahre 1990 aus Anlaß einer damals breiten Diskussion dieser Fragen unmißverständlich klargestellt, daß ganz oder teilweise der Betreuung und der Pflege ihrer Bewohner dienende Einrichtungen als auch in reinen Wohngebieten generell zulässige Wohngebäude anzusehen sind (vgl. § 3 Abs. 2 und 4 BauNVO). Mit der Festsetzung der Art der baulichen Nutzung „Wohngebiet" wäre es also vorliegend wohl noch nicht getan. Von daher muß es zumindest äußerst fraglich erscheinen, welche Vorstellungen der „Planung" insoweit zugrunde liegen, wenn es in der vorerwähnten Beschlußvorlage ferner heißt, es müsse im Bebauungsplan „ein Baugebietstyp festgesetzt" und „eine Zulässigkeit von Nutzungen derart eingeschränkt" werden, daß die Genehmigung einer „sozialen Einrichtung, die dem Wohnen dient", grundsätzlich ausgeschlossen werde. ...

In der Beschlußvorlage für die Sitzung des Stadtrats am 27. 5. 2003, in der die Veränderungssperre beschlossen wurde, heißt es, deren Erlaß sei als „Vorsichtsmaßnahme zur Vermeidung von Schadensersatz/Entschädigungslasten" und zur wirksamen Sicherung „der mit der Planung verfolgten Ziele sinnvoll und geboten". Hierbei taucht zwar auch der Gedanke auf, daß die noch verfügbaren Freiflächen auf dem Grundstück des Antragstellers als Aufenthaltsmöglichkeiten im Freien für die Heimbewohner gesichert werden müßten. Eine abweichende Bewertung der „wahren" Absichten der Antragsgegnerin rechtfertigt das aber nicht.

Letztlich wird hieraus klar, daß nur die Erweiterung des Pflegeheims verhindert werden soll und daß die sonstigen „Beweggründe" für die Planung nur vorgeschoben sind. Im Ergebnis handelt es sich um eine städtebaurechtlich nicht zulässige „Negativplanung".

Eine klare Bestätigung für die Richtigkeit dieser Einschätzung bietet der in der mündlichen Verhandlung vor dem Senat am 14.4.2004 durch den anwesenden Vertreter des Stadtplanungsamts unumwunden eingeräumte Umstand, daß seitens der Antragsgegnerin trotz der mit der Veränderungssperre einhergehenden rechtlichen Einschränkungen des Antragstellers keinerlei Schritte – wörtlich: „Nichts" – unternommen wurden, um irgendwelche städtebaulichen Zielvorstellungen für den Bereich der Veränderungssperre zu befördern, was eindeutig dafür spricht, daß es solche Ziele abgesehen von der Verhinderung der derzeit durch die Anhängigkeit des Baugenehmigungsstreits anderweitig „blockierten" Erweiterungsabsichten des Antragstellers nicht gibt. Dieses bereits in der Beschlußvorlage v. 30.12.2002 für die Ratssitzung am 11.2.2003 ausdrücklich angeregte Nichtbetreiben der Planung bis zu einer Entscheidung der Verwaltungsgerichte über die Zulässigkeit des Bauvorhabens des Antragstellers – damals noch auf der Grundlage des § 34 BauGB – läßt ebenfalls erkennen, daß schon damals kein Bedarf für städtebauliche Planungsmaßnahmen gesehen wurde für den Fall, daß sich die Bauabsichten des Antragstellers – bei negativem Ausgang der Gerichtsverfahren aus seiner Sicht – als nicht realisierbar erweisen sollten.

Nr. 123

Wenn Prostituierte sich ganztägig in einem Bordell aufhalten, muß dies nicht bedeuten, daß sie dort wohnen. Für das Wohnen im bauordnungsrechtlichen wie im bauplanungsrechtlichen Sinn ist eine auf Dauer angelegte Haushaltsführung kennzeichnend. Hiervon ist die Unterbringung in einer Unterkunft zu unterscheiden.

Das städtebauliche Ziel, in einem Planbereich die bisherige hochwertige Gebietsstruktur zu erhalten und zu stärken, indem das Gebiet weiterhin vor allem dem produzierenden und verarbeitenden Gewerbe vorbehalten bleibt, kann mit dem Instrumentarium bauplanerischer Festsetzungen erreicht werden.

Grundsätzlich ist es möglich, die Nutzungsstruktur eines bereits bebauten Gebietes durch bauplanerische Festsetzungen in städtebaulich relevanter Weise günstig zu beeinflussen.

Der vollständige Ausschluß von Vergnügungsstätten in einem Gewerbegebiet und der vollständige Ausschluß von Bordellen und bordellartigen Betrieben im Industrie- und Gewerbegebiet kann im Wege der Gliederung der jeweiligen Gebiete (bezüglich der Vergnügungsstätten gemäß § 1 Abs. 5 BauNVO, im übrigen gemäß § 1 Abs. 9 BauNVO) erreicht werden.

Ein solches Ziel, das mit dem genannten bauplanerischen Instrumentarium gesichert werden kann, ist auch durch eine Veränderungssperre sicherungsfähig.

BauGB §§ 1, 14; BauNVO § 1 Abs. 5, Abs. 9.

Hessischer VGH, Urteil vom 5. Februar 2004 – 4 N 360/03 – (rechtskräftig).

Nr. 123

Die Antragstellerin ist Mieterin des Gebäudes A-Straße in L. Das Gebäude ist als X-Zentrum genehmigt; es dient nach den Bauvorlagen der Erholung und ist mit Schwimmbad, Sauna, Whirlpool, Massagebereich und Solarium ausgestattet. Das Grundstück liegt in einem durch Bebauungsplan festgesetzten Gewerbegebiet. Dieser setzte im wesentlichen für eine östliche Teilfläche Industriegebiet und im übrigen Gewerbegebiet fest.

1999 beantragte der Eigentümer der Liegenschaft A-Straße die Genehmigung der Nutzung des X-Zentrums zur Prostitution. Diesen Antrag lehnte die Antragsgegnerin unter Hinweis auf § 180 a StGB ab. Im Hinblick auf das Außerkrafttreten dieser Strafvorschrift am 1.1.2002 gestattete die Antragstellerin in ihren Räumen die Ausübung der Prostitution. Diese Nutzung untersagte die Antragsgegnerin mit Bescheid vom 20. 2. 2002 und ordnete die sofortige Vollziehung an. Mit weiterer Verfügung vom 31. 10. 2002 untersagte die Antragsgegnerin der Antragstellerin auch die Nutzung des Anwesens als Pärchen- und Swingerclub und ordnete die sofortige Vollziehung an. Der hiergegen gerichtete Antrag auf Gewährung einstweiligen Rechtsschutzes blieb in beiden Instanzen ohne Erfolg (Hessischer VGH, Beschluß v. 16. 10. 2003 – 4 TG 2224/03 –).

Am 4. 4. 2002 beantragte die Antragstellerin für die Liegenschaft die Genehmigung zur Nutzung als privaten Saunaclub mit gewerblicher Zimmervermietung und Duldung eventueller Prostitution. Daraufhin beschloß die Stadtverordnetenversammlung der Antragsgegnerin am 27. 5. 2002 die Aufstellung eines neuen Bebauungsplans „Im K.". Als Planungsziel strebte sie an: „Die bisherige hochwertige Gebietsstruktur soll erhalten und gestärkt werden, indem das Gebiet weiterhin vor allem dem produzierenden und verarbeitenden Gewerbe vorbehalten bleibt. Zugleich soll eine geordnete städtebauliche Entwicklung sicher gestellt werden." Außerdem beschloß die Stadtverordnetenversammlung für das Plangebiet zur Sicherung der Bauleitplanung eine Veränderungssperre. Unter Hinweis auf die Veränderungssperre versagte die Bauaufsichtsbehörde der Antragsgegnerin die beantragte Nutzungsänderungsgenehmigung.

2003 hat die Antragstellerin den vorliegenden Normenkontrollantrag gestellt. Sie macht im wesentlichen geltend, es handle sich um den Fall einer unzulässigen Negativplanung, weil das Ziel der Neuplanung sich darin erschöpfe, die beantragte Nutzungsänderung ablehnen zu können. Nach der neuen Planung werde das Gebiet weiterhin als Industriegebiet und Gewerbegebiet ausgewiesen. Lediglich im Südosten des Geltungsbereiches werde eine zuvor als Industriegebiet ausgewiesene Fläche nun als Gewerbegebiet festgesetzt.

Die Antragsgegnerin führt aus, das fragliche Gebiet habe sich sehr günstig entwickelt, da das produzierende und verarbeitende Gewerbe sowohl flächenmäßig als auch hinsichtlich der Anzahl der Beschäftigten den weitaus größten Anteil der Nutzungen ausmache und damit das Gebiet präge. Unter den ansässigen Betrieben sei ein erheblicher Teil besonders hochwertig wie beispielsweise Produktion von Getrieben und Motoreinheiten zur Steuerung von medizinischen Geräten und Robotern, Herstellung von zellig-elastischen Kunststoffen, Produktion von Glasfasertechnik und Verlegung von Glasfaserleitungen, Fluorkunststofftechnologie, Entwicklung und Fertigung von Komponenten und Produkten zur Installation von Versorgungsnetzen und Kabelsystemen. Aber auch die dem Handels- und Dienstleistungssektor zuzurechnenden Betriebe trügen durchaus zur Hochwertigkeit des Gebietes bei, wie die Firmen. ... Insgesamt handle es sich um ein Gebiet, daß hinsichtlich seiner Wertigkeit für sich in Anspruch nehmen könne, deutlich über dem Durchschnitt üblicher Gewerbe- und/oder Industriegebiete zu liegen, was sich auch in dem Gewerbesteueraufkommen niederschlage. Aus diesem Grund sei sie, die Antragsgegnerin, stets bestrebt gewesen, die vorhandene Gebietsstruktur zu erhalten und weiter zu entwickeln.

2003 hat die Antragsgegnerin mitgeteilt, inzwischen sei beabsichtigt, die textlichen Festsetzungen des neu aufzustellenden Bebauungsplans wie folgt zu modifizieren, um eine hinreichende Bestimmtheit zu gewährleisten:
„1. Gewerbegebiet (GE):
Unzulässig im GE sind Sexshops und solche Betriebe, deren beabsichtigte Nutzung auf die Ausübung sexueller Handlungen innerhalb der Betriebsflächen ausgerichtet ist oder bei denen die Ausübung sexueller Handlungen ein betriebliches Wesensmerkmal darstellt, wie z. B. Bordelle, bordellartige Betriebe, sog. Swinger-Clubs oder gewerbliche Zimmervermietungen zum Zwecke der Vornahme sexueller Handlungen. Unzulässig im GE sind ferner ...
2. Industriegebiet (GI)
Unzulässig im GI sind Sexshops und solche Betriebe, deren beabsichtigte Nutzung auf die Ausübung sexueller Handlungen innerhalb der Betriebsflächen ausgerichtet ist oder bei denen die Ausübung sexueller Handlungen ein betriebliches Wesensmerkmal darstellt, wie z. B. Bordelle, bordellartige Betriebe, sog. Swinger-Clubs oder gewerbliche Zimmervermietungen zum Zwecke der Vornahme sexueller Handlungen. Unzulässig im GI sind ferner ..."

Aus den Gründen:
Das Rechtsschutzinteresse der Antragstellerin ist gegeben. Die Meinung der Antragsgegnerin, die Antragstellerin könne ihre Rechtsposition in bezug auf die beantragte Nutzungsänderung durch einen Erfolg im vorliegenden Normenkontrollverfahren nicht verbessern, weil die gewünschte Nutzungsänderung auch bei Anwendung der Festsetzungen des Bebauungsplans „Im K." i. d. F. von 1985 nicht genehmigungsfähig sei, ist nämlich unzutreffend. Die Antragstellerin macht insoweit geltend, daß die Prostituierten sich im Betrieb der Antragstellerin ständig aufgehalten hätten, also dort wohnten. Diese Argumentation ist schon deshalb unzutreffend, weil der Bauantrag von 2002 eine Wohnnutzung der Liegenschaft durch Prostituierte nicht zur Genehmigung stellt. Im übrigen weist der Senat darauf hin, daß für das Wohnen im bauordnungsrechtlichen wie im bauplanungsrechtlichen Sinn eine auf Dauer angelegte selbständige Haushaltsführung kennzeichnend ist. Hiervon ist die Unterbringung in einer Unterkunft zu unterscheiden (Hessischer VGH, Urteil v. 23. 4. 2001 – 4 UE 4782/96 –, BRS 64 Nr. 138 = ESVGH 51 S. 252). Das Rechtsschutzinteresse der Antragstellerin wäre allerdings möglicherweise dann in Frage gestellt, wenn das Vorhaben der Antragstellerin mit den Planungszielen der Antragsgegnerin, die durch die Veränderungssperre gesichert werden sollen, im Einklang stünde. In diesem Fall stünde nicht die Veränderungssperre, sondern nur eine möglicherweise rechtsfehlerhafte Versagung einer Ausnahme von der Veränderungssperre nach § 14 Abs. 2 BauGB dem Nutzungsänderungsantrag entgegen. Die Frage, ob in einer solchen Situation der fehlerhaften Versagung einer Ausnahme von der Veränderungssperre ein Rechtsschutzinteresse für einen Normenkontrollantrag gegen die Veränderungssperre gegeben ist, kann auf sich beruhen, denn entgegen der Meinung der Antragstellerin dient der von ihr angestrebte private Saunaclub mit gewerblicher Zimmervermietung und Duldung eventueller Prostitution nicht dem Planungsziel einer Förderung des produzierenden und verarbeitenden Gewerbes im hier maßgeblichen Planbereich. Zu Recht weist die Antragsgegnerin darauf hin, daß die von der Antragstellerin gewünschte Nutzung

ihres Betriebes geeignet ist, einen trading-down-effect auszulösen und dadurch das Ziel einer Erhaltung und Stärkung einer hochwertigen Gebietsstruktur eines Gewerbegebietes mit produzierendem und verarbeitendem Gewerbe zu gefährden.
Der Normenkontrollantrag ist jedoch nicht begründet.
Die von der Antragsgegnerin beschlossene Veränderungssperre steht mit § 14 Abs. 1 BauGB in Einklang. Danach kann nach Beschlußfassung über die Aufstellung eines Bebauungsplans die Gemeinde zur Sicherung der Planung für den künftigen Planbereich eine Veränderungssperre mit dem Inhalt beschließen, daß u. a. Vorhaben i. S. des § 29 BauGB nicht durchgeführt werden dürfen. ...
Die von der Antragsgegnerin angeordnete Veränderungssperre ist zur Sicherung der Planung auch erforderlich. Dazu muß der künftige Planinhalt bereits in einem Mindestmaß bestimmt und absehbar, d. h. konkretisiert sein (Battis/Krautzberger/Löhr, BauGB, 8. Aufl. 2002, § 14 Anmerkung 9). Dies ist hier der Fall.

Mit dem Beschluß einen Bebauungsplan aufzustellen, verfolgt die Antragsgegnerin im wesentlichen das Ziel, im Planbereich die bisherige hochwertige Gebietsstruktur zu erhalten und zu stärken, indem das Gebiet weiterhin vor allem dem produzierenden und verarbeitenden Gewerbe vorbehalten bleibt. Damit formuliert die Antragsgegnerin in zulässiger Weise ein städtebauliches Ziel, das mit dem Instrumentarium bauplanerischer Festsetzungen erreicht werden kann. Denn gemäß § 1 Abs. 5 BauNVO kann im Bebauungsplan festgesetzt werden, daß bestimmte Arten von Nutzungen, die in den Baugebieten nach den §§ 2, 4 bis 9 und 13 BauNVO allgemein zulässig sind, nicht zulässig sein sollen oder ausnahmsweise zugelassen werden können, sofern die allgemeine Zweckbestimmung des Baugebiets gewahrt bleibt. Gemäß § 1 Abs. 6 Nr. 1 BauNVO kann außerdem festgesetzt werden, daß alle oder einzelne Ausnahmen, die in den Baugebieten nach § 2 bis 9 BauNVO vorgesehen sind, nicht verwirklicht werden dürfen. Schließlich kann gemäß § 1 Abs. 9 BauNVO dann, wenn besondere städtebauliche Gründe dies rechtfertigen, im Bebauungsplan bei Anwendung der Absätze 5 bis 8 festgesetzt werden, daß nur bestimmte Arten der in Baugebieten allgemein oder ausnahmsweise zulässigen baulichen oder sonstigen Anlagen zulässig oder nicht zulässig sind oder nur ausnahmsweise zugelassen werden können. Im Hinblick auf die positive Zielsetzung einer Erhaltung und Förderung der bisherigen hochwertigen Gebietsstruktur in einem vorwiegend dem produzierenden und verarbeitenden Gewerbe dienenden Gewerbegebiet ist im vorliegenden Fall die erforderliche Planrechtfertigung für den ins Auge gefaßten neuen Bebauungsplan gegeben, ohne daß es darauf ankommt, daß das Plangebiet bereits weitgehend bebaut ist. Gerade das Umnutzungsbegehren der Antragstellerin verdeutlicht, daß auch in bereits vollständig bebauten Gebieten durch bloße Umnutzungen ein Gebietscharakter wesentlich verändert werden kann. Dementsprechend ist es auch möglich, die Nutzungsstruktur eines bereits bebauten Gebietes – wie hier – durch bauplanerische Festsetzungen in städtebaulich relevanter Weise günstig zu beeinflussen. Bei dem von der Antragsgegnerin formulierten Ziel handelt es sich um eine Planung, die von einem bodenrechtlichen Konzept getragen ist und nach den Maßstäben des § 1 Abs. 5 und 6 BauGB von vornherein nicht undurchführbar erscheint, somit vernünftigerweise geboten ist (BVerwG, Urteil v. 22. 1. 1993 – 8 C 46.91 –, BauR 1993, 585, 587 = BRS 55 Nr. 106). Ein solches Ziel, das mit dem genannten bauplanerischen Instrumentarium gesichert werden kann, ist auch durch eine Veränderungssperre sicherungsfähig (OVG Nordrhein-Westfalen, Beschluß v. 25. 11. 1997 – 10aD 131/97.NE – Juris). Die Antragsgegnerin hat bereits im Rahmen des Aufstellungsbeschlusses für die Neuaufstellung des Bebauungsplans „Im K." ausgeführt, daß es ihr u. a. um den vollständigen Ausschluß von Vergnügungsstätten im Gewerbegebiet und um den vollständigen Ausschluß von Bordellen und bordellartigen Betrieben im Gewerbe- und Industriegebiet geht. Damit hat sie klargestellt, welche Nutzungsarten bzw. Unterarten von der eingeleiteten Planänderung erfaßt werden sollen. Es ist der Antragsgegnerin rechtlich möglich, dieses planerische Ziel im Wege der Gliederung der jeweiligen Gebiete (bezüglich der Vergnügungsstätten gemäß § 1 Abs. 5 BauNVO, im übrigen gemäß § 1 Abs. 9 BauNVO) zu erreichen. Aus den vorliegenden Unterlagen ist ersichtlich, daß die von der Antragsgegnerin beabsichtigten Festsetzungen in ihrer positiven Zielsetzung gewollt und erforderlich sind und nicht lediglich im Sinne einer unzulässigen Negativplanung das vorgeschobene Mittel darstellen, um einen Bauwunsch zu durchkreuzen (OVG Sachsen-Anhalt, Beschluß v. 24. 4. 2002 – 2 R 270/01 –, Juris; vgl. ferner VGH Baden-Württemberg, Beschluß v. 14. 11. 2001 – 3 S 605/01 –, ESVGH 52, 179 = VBlBW 2002, 200 bis 203, ferner VGH Baden-Württemberg, Urteil v. 15. 7. 2002 – 5 S 1601/01 –, VBlBW 2003, 68 bis 72). Entgegen der Darstellung der Antragstellerin strebte die Antragsgegnerin nämlich bei der Überplanung des hier maßgeblichen Gebietes eine Fülle von neuen Festsetzungen an, die insgesamt der Fortentwicklung und Förderung der Gebietsstruktur dienen, wie etwa die Umwidmung von Industrie- und Versorgungsflächen in Gewerbeflächen, die Höhenbegrenzung baulicher Anlagen im Gewerbegebiet oder die Veränderung der Straßenführung der J.-Straße. ...

Die Antragstellerin macht weiterhin geltend, es handle sich bei dem von der Antragsgegnerin angestrebten Planungsziel um keinen zulässigen städtebaulichen Belang, da die vorgesehene Festsetzung auf einen vollständigen Ausschluß der Prostitution im gesamten Stadtgebiet hinauslaufe. Auch dieses Vorbringen ist nicht geeignet die Rechtmäßigkeit der streitigen Veränderungssperre in Frage zu stellen; denn die Antragsgegnerin hat vorgetragen, daß es in ihrem Stadtgebiet jedenfalls zwei Gewerbegebiete gibt, in denen die von der Antragstellerin gewünschte Nutzung grundsätzlich zugelassen werden könnte. Der Einwand der Antragstellerin, es handele sich insoweit nicht um planerisch ausgewiesene, sondern lediglich um faktische Gewerbegebiete im unbeplanten Innenbereich, ist nicht stichhaltig. Entscheidend ist, daß die im hier maßgeblichen Planbereich vorgesehene Festsetzung jedenfalls nicht den vollständigen Ausschluß der Prostitution im gesamten Stadtgebiet zur Folge hat.

Auch dem pauschalen Vorwurf der Antragstellerin, die Antragsgegnerin gehe nicht gegen unzulässige Prostitution in Wohngebieten vor, ist die Antragsgegnerin unter Hinweis auf fünf konkrete Fälle, in denen sie eingeschritten ist, entgegengetreten. Von einem willkürlichen Verhalten der Antragsgegnerin kann unter diesen Umständen keine Rede sein.

Der Umstand, daß die Antragsgegnerin für drei Bauvorhaben im Plangebiet jeweils eine Ausnahme von der Veränderungssperre zugelassen hat, läßt sich entgegen der Meinung der Antragstellerin nicht als Indiz dafür werten, daß die Antragsgegnerin lediglich eine Negativplanung verfolge, um ihren, der Antragstellerin, Umnutzungsantrag ablehnen zu können. Das Gegenteil ist richtig. Aus den vorliegenden Unterlagen ist nämlich zu entnehmen, daß die drei zur Genehmigung gestellten Vorhaben den angestrebten künftigen Planfestsetzungen entsprechen. Ihre Verwirklichung stellt somit eine Förderung der Planungskonzeption der Antragsgegnerin dar und belegt zugleich, daß die positiven Planvorstellungen der Antragsgegnerin realisierbar sind und auch realisiert werden.

Nr. 124

Wird eine Veränderungssperre durch eine erneute Bekanntmachung rückwirkend in Kraft gesetzt, kann sich der Kläger einer Verpflichtungsklage auf Erteilung eines Bauvorbescheids auf die neue Situation durch Änderung seines Klagebegehrens zu einem Fortsetzungsfeststellungsbegehren einstellen. Es ist nicht maßgebend, daß die Veränderungssperre rückwirkend in Kraft gesetzt wurde und der für die Rückwirkung maßgebliche Zeitpunkt bereits vor der Klageerhebung liegt.
(Nichtamtlicher Leitsatz.)

VwGO § 113 Abs. 1 Satz 4.

Bundesverwaltungsgericht, Beschluß vom 21. Oktober 2004 – 4 B 76.04 –.

(Bayerischer VGH).

Aus den Gründen:
2. Das Beschwerdevorbringen ergibt auch nicht die grundsätzliche Bedeutung der Rechtssache. Die Beschwerde wirft die Frage auf, ob das rechtliche Interesse an einer Fortsetzungsfeststellungsklage im Hinblick auf eine beabsichtigte zivilrechtliche Klage auf Schadensersatz oder Entschädigung dann entfällt, wenn sich die erhobene Verpflichtungsklage auf Erteilung eines Bauvorbescheids dadurch erledigt, daß eine vor Klageerhebung verhängte Veränderungssperre rückwirkend auf einen Zeitpunkt in Kraft gesetzt wird, der vor der Erhebung der Verpflichtungsklage liegt. ...

Das erledigende Ereignis besteht in Fällen wie dem vorliegenden darin, daß die Veränderungssperre durch erneute Bekanntmachung nunmehr wirksam in Kraft gesetzt wird. Denn das erledigende Ereignis resultiert aus Handlungen, die ungeachtet einer rechtlichen Rückwirkung erst nach Klageerhebung erfolgt sind. In Kenntnis dieser neuen Tatsachen kann sich der Kläger auf die neue Situation durch Änderung seines Klagebegehrens von einem Verpflichtungsantrag zu einem Fortsetzungsfeststellungsantrag einstellen. Vorher wäre ihm dies nicht möglich gewesen. Dagegen ist nicht maßgebend, daß die Veränderungssperre oder eine andere Satzung rückwirkend in Kraft gesetzt werden (vgl. jetzt §214 Abs. 4 BauGB n. F. und zuvor §215a Abs. 2 BauGB a. F.) und der für die Rückwirkung maßgebliche Zeitpunkt bereits vor der Klageerhebung liegt. ...

3. Auch die weitere von der Beschwerde gestellte Frage rechtfertigt nicht die Zulassung der Revision. Sie hält für klärungsbedürftig, ob das Rechtsschutzbedürfnis für eine Fortsetzungsfeststellungsklage für den Fall bejaht werden kann, daß nur die Bebaubarkeit vor Eintritt der Veränderungssperre zum Streitgegenstand gemacht wird, nicht aber deren Realisierbarkeit. Ihr weiteres Vorbringen verdeutlicht, daß sie zwischen dem Bestehen eines Baurechts einerseits und der Pflicht der Baugenehmigungsbehörde, die Baugenehmigung zu einem bestimmten Zeitpunkt zu erteilen, unterschieden wissen möchte. Denn daraus können sich unterschiedliche Folgen hinsichtlich eines Anspruchs aus Amtspflichtverletzung oder enteignendem Eingriff ergeben. Der Beschwerde ist zuzubilligen, daß die Verwaltungsgerichte bei dem Hinwirken auf einen sachdienlichen Antrag und bei der Tenorierung gegebenenfalls auf den dargestellten Unterschied zu achten haben. Dabei können auch die Regelungen des – nicht revisiblen – Landesrechts zum Baugenehmigungsverfahren von Bedeutung sein. Falls erforderlich, haben die Zivilgerichte verwaltungsgerichtliche Urteile entsprechend auszulegen. Hierbei kann auf die Entscheidungsgründe oder die Niederschrift über die mündliche Verhandlung zurückgegriffen werden. Indessen ist in der Rechtsprechung geklärt, daß das Rechtsschutzbedürfnis für einen Fortsetzungsfeststellungsantrag nur dann zu verneinen ist, wenn die Klage vor den Zivilgerichten offensichtlich aussichtslos ist. Dafür müßte ohne eine ins einzelne gehende Prüfung erkennbar sein, daß der behauptete zivilrechtliche Anspruch unter keinem rechtlichen Gesichtspunkt besteht. An die Qualifizierung der Aussichtslosigkeit sind hohe Anforderungen zu stellen (Urteil v. 27. 3. 1998 – 4 C 14.96 –, BRS 60 Nr. 158).

Nr. 125

Steht ein Baugenehmigungsantrag in Widerspruch zu einer nachträglich beschlossenen Veränderungssperre, so hat die Bauaufsichtsbehörde, wenn sie einen formellen Mangel der Sperre feststellt, der Gemeinde vor der Entscheidung Gelegenheit zu geben, diesen zu beheben.

BGB §839.

Bundesgerichtshof, Urteil vom 25. März 2004 – III ZR 227/02 –.

(OLG Celle)

Die Kläger zu 2 bis 4 sind Eigentümer eines im Zentrum von B. belegenen bebauten Grundstücks, in dem sich früher eine Apotheke befunden hatte. Sie vermieteten die Geschäftsräume im Oktober 1996 an den Kläger zu 1, der darin eine Spielhalle betreiben wollte; diese Nutzung war nach der seinerzeitigen planerischen Ausweisung des betref-

Nr. 125

fenden Gebiets als Kerngebiet zulässig. Ende November 1996 beantragte der Kläger zu 1 bei der Beklagten als zuständige Bauaufsichtsbehörde eine entsprechende Nutzungsänderungsgenehmigung. Die Gemeinde B. nahm dies zum Anlaß, eine Planungsänderung einzuleiten, um diese ihr unerwünschte Nutzung zu verhindern. Sie faßte am 5.12.1996 einen Planaufstellungsbeschluß mit dem Ziel „Ausschluß von Spielhallenbetrieben" und erließ am gleichen Tag eine entsprechende Veränderungssperre. Am 30.1.1997 wurde im Amtsblatt des Rechtsvorgängers der Beklagten nur die Veränderungssperre, nicht dagegen der Planaufstellungsbeschluß, bekanntgemacht. Bereits zuvor hatte die Beklagte auf Antrag der Gemeinde mit Bescheid vom 6.1.1997 den Bauantrag des Klägers zu 1 zunächst bis zum 31.3.1997 zurückgestellt. In dem Widerspruchsverfahren, das der Kläger zu 1 hiergegen führte, erklärten die Kläger zu 2 bis 4, daß der Bauantrag auch in ihrem Namen gestellt worden sei.

Mit an den Kläger zu 1 gerichtetem Bescheid vom 5.6.1997 lehnte die Beklagte den Bauantrag endgültig ab. Im Zuge des von dem Kläger zu 1 einerseits und den Klägern zu 2 und 3 als Eigentümergemeinschaft andererseits geführten Widerspruchsverfahrens bemerkte die Bezirksregierung als Widerspruchsbehörde, daß die Bekanntmachung des Planaufstellungsbeschlusses unterblieben war. Sie setzte die Gemeinde B., nicht jedoch die Kläger hiervon in Kenntnis. Die Gemeinde holte daraufhin die Bekanntmachung des Planaufstellungsbeschlusses nach und machte auch die Veränderungssperre erneut bekannt. Mit Bescheid vom März 1998 wies die Bezirksregierung die Widersprüche der Kläger zurück.

Die Kläger sind der Auffassung, daß die ursprüngliche Zurückweisung des Baugesuchs durch die Beklagte rechtswidrig gewesen sei, da sie damals keine wirksame planungsrechtliche Grundlage gehabt habe. Sie nehmen daher die Beklagte unter den Gesichtspunkten der Amtshaftung und des enteignungsgleichen Eingriffs auf Ersatz des ihnen durch die Versagung entstandenen Schadens in Anspruch. Das Landgericht hat die Klage abgewiesen. Das Berufungsgericht hat die Abweisung der Klage der Kläger zu 2 bis 4 bestätigt, jedoch den Zahlungsanspruch des Klägers zu 1 dem Grunde nach für gerechtfertigt erklärt und die von ihm begehrte Feststellung einer weitergehenden Schadensersatzpflicht getroffen. Hiergegen richten sich die vom Senat zugelassenen Revisionen der Beklagten einerseits und der Kläger zu 2 bis 4 andererseits.

Aus den Gründen:
I. Die Revision der Beklagten:
Die Revision der Beklagten führt, soweit zu deren Nachteil erkannt, d.h., daß der Anspruch des Klägers zu 1 dem Grunde nach für gerechtfertigt erklärt und die Feststellung getroffen worden ist, zur Aufhebung des Berufungsurteils und zur Wiederherstellung des die Klage abweisenden landgerichtlichen Urteils. Dem Kläger steht der geltend gemachte Amtshaftungsanspruch (§ 839 BGB i.V.m. Art. 34 GG) gegen die Beklagte nicht zu.

1. Allerdings mag zugunsten des Klägers zu 1 davon ausgegangen werden, daß der entscheidende bauordnungsbehördliche Bescheid der Beklagten vom 5.6.1997, nämlich die Ablehnung des Bauantrags, rechtswidrig gewesen war, da er in der (bis dahin noch nicht wirksam gewordenen) Veränderungssperre keine Rechtsgrundlage gehabt hatte. Das Berufungsgericht ist zu Recht davon ausgegangen, daß die Veränderungssperre mangels Bekanntmachung des Planaufstellungsbeschlusses durch die Gemeinde B. zunächst nicht wirksam geworden war. Das Vorliegen eines Aufstellungsbeschlusses ist bundesrechtlich materielle Rechtmäßigkeitsvoraussetzung für den Erlaß einer Veränderungssperre (BVerwGE 79, 200, 205). Fehlt ein (wirksamer) Aufstellungsbeschluß, so ist eine gleichwohl erlassene Veränderungssperre nich-

tig. Bundesrechtlich hängt die Wirksamkeit des Aufstellungsbeschlusses gemäß §2 Abs. 1 Satz 2 BauGB von seiner ortsüblichen Bekanntmachung ab (BVerwG, ZfBR 1992, 292; zum Ganzen: BerlKomm/Lemmel, BauGB, 3. Aufl., Stand: August 2002, §14 Rdnr. 6).

2. Unrichtig ist jedoch die hieraus gezogene Folgerung des Berufungsgerichts, die Beklagte hätte bei richtiger Sachbehandlung dem Bauantrag (zumindest des Klägers zu 1) stattgeben müssen.

a) Es ist bereits zweifelhaft, ob die Amtsträger der Beklagten insoweit überhaupt eine Prüfungspflicht hinsichtlich der Wirksamkeit der nicht von der Beklagten selbst, sondern von der Gemeinde B. in Ausübung von deren gemeindlicher Planungshoheit aufgestellten Veränderungssperre gehabt hatten. Bei Bebauungsplänen hat der Senat bereits entschieden, daß die Baugenehmigungsbehörde grundsätzlich nicht rechtswidrig, zumindest nicht schuldhaft handelt, wenn sie mangels entgegengesetzter Anhaltspunkte von der Wirksamkeit des Plans ausgeht (Senatsurteil v. 18.6.1998 – III ZR 100/97 –, BRS 60 Nr. 159 = NVwZ 1998, 1329f.; betreffend das Fehlen der erforderlichen Ausfertigung). Der Senat hat keine durchgreifenden Bedenken dagegen, diese Grundsätze auch auf die Prüfung der formellen Wirksamkeit einer Veränderungssperre zu übertragen, die in gleicher Weise wie ein Bebauungsplan als gemeindliche Satzung ergeht (§16 Abs. 1 BauGB).

b) Anerkannt ist jedoch, daß die Bauaufsichtsbehörde insoweit (wenn auch keine allgemeine Prüfungspflicht, so doch) eine Prüfungskompetenz hat (siehe dazu Staudinger/Wurm, BGB, 13. Bearb. 2002, §839 Rdnr. 564 m.w.N.). Wird zugunsten der Kläger unterstellt, daß die pflichtgemäße Wahrnehmung dieser Prüfungskompetenz zur Aufdeckung des Formfehlers der Veränderungssperre hätte führen müssen, so hätte die von der Beklagten als Bauaufsichtsbehörde daraus zu ziehende Konsequenz nicht etwa darin bestehen dürfen, den Klägern die beantragte Genehmigung zu erteilen. Denn eine solche Handhabung wäre auf eine Verwerfungskompetenz der Bauaufsichtsbehörde hinsichtlich der unwirksamen Veränderungssperre hinausgelaufen.

aa) Ob der Verwaltungsbehörde eine derartige Verwerfungskompetenz zusteht, wird in der verwaltungsgerichtlichen Rechtsprechung und im wissenschaftlichen Schrifttum unterschiedlich beurteilt (verneinend BayVGH, BayVBl. 1982, 654; 1990, 626; OVG Saarlouis, NVwZ 1993, 396; Staudinger/Wurm, a.a.O.; de Witt/Krohn, in: Hoppenberg/de Witt, Handbuch des öffentlichen Baurechts, M Rdnr. 99; Engel, NVwZ 2000, 1258ff. m.w.N.; bejahend VGH Kassel, NVwZ 1990, 885; NVwZ-RR 1994, 691; OVG Lüneburg, NVwZ 2000, 1061; Gierke, in: Brügelmann, BauGB, §10 Rdnr. 499, 499a m.w.N.).

bb) Der Senat ist nicht genötigt, diese Frage abschließend zu beantworten. Hat die Gemeinde nämlich, wie hier, (fehlerhaft) die Veränderungssperre vor dem Aufstellungsbeschluß bekannt gemacht, so kann sie die Veränderungssperre nach Bekanntmachung des Aufstellungsbeschlusses durch erneute Bekanntmachung der Veränderungssperre in Kraft setzen. Die Veränderungssperre tritt dann mit dem Zeitpunkt der (erneuten) Bekanntmachung in Kraft. Unerheblich ist, ob zwischen dem Aufstellungsbeschluß und dem Erlaß der

Nr. 125

Veränderungssperre ein längerer Zeitraum liegt (BVerwG, Buchholz 406.11 §17 BauGB Nr. 8; zum Ganzen: BerlKomm/Lemmel, a. a. O.). Dementsprechend geht die Rechtsprechung des Bundesverwaltungsgerichts für den in der Problematik gleichliegenden Fall eines unwirksamen Bebauungsplanes dahin, daß vor einer – nur in engen Grenzen möglichen – Verwerfung des Plans die Gemeinde mit Rücksicht auf ihre Planungshoheit zu hören und ihr Gelegenheit zu geben ist, den Plan entweder mit Rückwirkung zu heilen oder den Satzungsbeschluß aufzuheben (BVerwG, NVwZ 2001, 1035, 1037; NJW 1987, 1344, 1345; vgl. auch Senatsbeschluß v. 20. 12. 1990 – III ZR 179/89 – , BGHR BGB, §839 Abs. 1 Baugenehmigung 1 = ZfBR 1991, 77). So ist hier mit Recht auch die Widerspruchsbehörde verfahren; die Beanstandung des Verwaltungsgerichts, sie habe damit das Gebot des fairen Verfahrens und des rechtlichen Gehörs gegenüber den Klägern „in eklatanter Weise" verletzt, bezieht sich, soweit dem Senat ersichtlich, nicht auf die Herbeiführung der Heilung als solche, sondern darauf, daß die Widerspruchsbehörde es unterlassen hatte, die Kläger rechtzeitig von der Rechtsänderung zu unterrichten.

c) Bei einer pflichtgemäßen Sachbehandlung hätte also die Beklagte – wie später die Bezirksregierung – die Gemeinde auf den Mangel hinweisen müssen. Dann aber ist mangels jeden entgegengesetzten Anhaltspunktes davon auszugehen, daß schon damals, d. h. vor der abschließenden Entscheidung über das Baugesuch des Klägers zu 1, die fehlende Bekanntmachung nachgeholt und damit der Formmangel geheilt worden wäre. Der Bauantrag der Kläger hätte also keinen Erfolg gehabt.

3. Entgegen der Auffassung des Berufungsgerichts und der Revisionserwiderung der Kläger unterscheidet sich der vorliegende Fall von denjenigen Fallgestaltungen, die den Senatsentscheidungen vom 12. 7. 2001 (– III ZR 282/00 –, BGHR BauGB, §15 Abs. 1 Satz 1 Zurückstellung 1 = BauR 2001, 1884) und vom 26. 7. 2001 (– III ZR 206/00 –, BGHR BauGB, §15 Zurückstellung 1 = BauR 2001, 1887) zugrunde gelegen hatten. Dort hatten die jeweils erreichten Planungsstände der Bauaufsichtsbehörde keine Grundlage für die Nichtweiterbearbeitung der entscheidungsreifen Baugesuche geboten, ohne daß es auf die Frage einer Verwerfungskompetenz angekommen wäre; insbesondere waren Veränderungssperren jeweils nicht beschlossen worden. Eher bestehen Berührungspunkte mit dem Urteil des OLG Jena (NVwZ-RR 2001, 702, 704), das durch nicht mit Gründen versehenen Nichtannahmebeschluß des Senats vom 3. 5. 2001 (– III ZR 55/00 –) bestätigt worden ist: Dort ging es um eine formunwirksame Veränderungssperre; die zum Formmangel führenden Verfahrensfehler wären aber bei rechtmäßigem und amtspflichtgemäßem Verhalten der zuständigen Amtsträger vermieden worden.

4. Die Amtshaftungsklage des Klägers zu 1 ist daher auf der Grundlage der von den Vorinstanzen getroffenen Tatsachenfeststellungen abweisungsreif, ohne daß es einer Zurückverweisung bedarf.

II. Die Revision der Kläger zu 2 bis 4:

Die Klage der Kläger zu 2 bis 4 ist bereits aus den vorgenannten Gründen unbegründet. Die Revision gibt dem Senat jedoch Anlaß zu folgenden, der Sicherung einer einheitlichen Rechtsprechung dienlichen Klarstellungen (§543 Abs. 2 Satz 1 Nr. 2 2. Alt. ZPO):

1. Den tragenden Grund für die Abweisung der von den Klägern zu 2 bis 4 erhobenen Amtshaftungsklage erblickt das Berufungsgericht darin, daß diese nicht geschützte „Dritte" i. S. des § 839 Abs. 1 Satz 1 BGB gewesen seien. Darin vermag der Senat dem Berufungsgericht nicht zu folgen. Es trifft zwar zu, daß der Grundstückseigentümer trotz eines erheblichen wirtschaftlichen Interesses an der Durchführung des Bauvorhabens in aller Regel nicht „Dritter" ist, sofern ein anderer einen Antrag auf eine Baugenehmigung gestellt hat und hiermit nicht durchgedrungen ist. Dies gilt auch dann, wenn der Eigentümer in dem Verwaltungsrechtsstreit des Antragstellers über die Rechtmäßigkeit des Bauverwaltungsakts beigeladen worden ist (Senatsurteil v. 24. 2. 1994 – III ZR 6/93 –, NJW 1994, 2091). Danach waren die Kläger zu 2 bis 4 in der Anfangsphase des hier in Rede stehenden Verwaltungsverfahrens, solange dieses vom Kläger zu 1 allein betrieben wurde, in der Tat nicht „Dritte". Dies änderte sich aber, wie die Kläger in den Vorinstanzen durchgängig vorgetragen haben und wie die Revision mit Recht rügt, von dem Zeitpunkt an, als sie sich ausdrücklich als weitere Antragsteller an dem Verwaltungsverfahren beteiligten. Dies geschah mit der entsprechenden Klarstellung in den Schriftsätzen vom Januar und Februar 1997. Der Senat sieht keine formellen Bedenken gegen die Wirksamkeit dieses „Beitritts". Dadurch erlangten die Kläger zu 2 bis 4 eine Stellung, die über die prozessuale eines Beigeladenen im Sinne der Grundsätze des Senatsurteils bei weitem hinausging und sie von da ab zu geschützten „Dritten" machte.

2. Ebenso unrichtig ist die Auffassung des Berufungsgerichts, daß etwaige Ansprüche aus enteignungsgleichem Eingriff mangels eines entsprechenden Berufungsangriffs aus einer Prüfungskompetenz ausgeklammert seien. Das Berufungsgericht setzt sich insoweit in Widerspruch zur ständigen Senatsrechtsprechung (z. B. Senatsurteile, BGHZ 146, 365, 371; 136, 182, 184 m. w. N.), wonach es für diese Prüfungskompetenz erforderlich und ausreichend ist, daß sich auf der Grundlage des vorgetragenen Sachverhalts die begehrte Rechtsfolge auch aus enteignungsgleichem Eingriff herleiten läßt; ist dies der Fall, so sind die Gerichte berechtigt und verpflichtet, den Prozeßstoff auch unter diesem rechtlichen Gesichtspunkt zu beurteilen. Die Revision beruft sich insoweit zu Recht insbesondere auch auf das Urteil des VI. Zivilsenats (v. 22. 9. 1992 – VI ZR 53/92 –, NJW 1993, 2611 f.), wo ausgeführt ist: Bei einem einheitlichen Streitgegenstand (wie hier) muß der Rechtsmittelführer nicht zu allen für ihn nachteilig beurteilten Punkten in der Berufungsbegründung Stellung nehmen. Es genügt vielmehr, um das angefochtene Urteil insgesamt in Frage zu stellen, wenn die Berufungsgründe sich mit einem einzelnen, den ganzen Streitgegenstand betreffenden Streitpunkt befassen und diesen in ausreichendem Maße behandeln. In einem solchen Fall ist der gesamte Streitstoff ohne Rücksicht auf die vorgebrachten Rügen im Rahmen der gestellten Anträge vom Berufungsgericht selbständig nach allen Richtungen zu würdigen.

3. Allerdings scheitern sowohl der Amtshaftungsanspruch als auch der Anspruch aus enteignungsgleichem Eingriff im Ergebnis daran, daß die begehrte Nutzungsänderungsgenehmigung auch bei rechtmäßigem Verhalten nicht hätte erteilt werden dürfen und auch tatsächlich nicht erteilt worden wäre.

Nr. 126

1. Die Zurückstellung eines Baugesuchs auf der Grundlage von § 15 BauGB erfordert u.a., daß die Voraussetzungen für den Erlaß einer Veränderungssperre erfüllt sind. Notwendig sind demnach hinreichend konkrete gemeindliche Vorstellungen über den Inhalt des künftigen Bebauungsplans und ein Bedürfnis, diese Planung zu sichern.

2. Für die Annahme eines Sicherungsbedürfnisses ist es zwar regelmäßig irrelevant, ob die beabsichtigte Planung einer rechtlichen Überprüfung standhalten wird. Etwas anderes gilt jedoch ausnahmsweise dann, wenn bereits in dem im Zeitpunkt der Überprüfung der Veränderungssperre bzw. der Zurückstellung erreichten Planungsstadium offenkundig ist, daß die konkrete Planung rechtlich nicht verwirklichungsfähig ist.

3. Für eine Planung, die vorsieht, in einem besonderen Wohngebiet die regelmäßig zugelassene Gaststättennutzung auf einen bestimmten Prozentsatz der überbauten Grundfläche in den Erdgeschossen zu beschränken, fehlt es an einer Rechtsgrundlage.

BauGB §§ 14, 15; BauNVO §§ 1 Abs. 7 und 9, 4a Abs. 4.

OVG des Saarlandes, Beschluß vom 2. Februar 2004 – 1 W 1/04 – (unanfechtbar).

Die Antragsteller wenden sich gegen eine vom Antragsgegner ausgesprochene und mit Sofortvollzugsanordnung versehene Zurückstellung ihrer Bauvoranfrage für eine geplante Umnutzung eines Ladenlokals zur Gaststätte. Der Antrag auf Wiederherstellung der aufschiebenden Wirkung ihres Widerspruchs hatte in der Beschwerdeinstanz Erfolg.

Aus den Gründen:
Die Antragsteller haben in ihrer Beschwerdebegründung Umstände angeführt, aus denen sich ergibt, daß der angefochtene Bescheid, mit dem der Antragsgegner die Entscheidung über ihre Bauvoranfrage betreffend die planungsrechtliche Zulässigkeit der Umwandlung des Ladenlokals im Erdgeschoß ihres Anwesens B.-straße in Saarbrücken in eine Gaststätte zur Sicherung der Ziele des in Aufstellung befindlichen Bebauungsplanes Nr. 133.18.00 „S.-Markt" für die Dauer eines Jahres gerechnet ab Bekanntgabe des Bescheides ausgesetzt hat, offensichtlich rechtswidrig ist und das Verwaltungsgericht deswegen die Aussetzung der sofortigen Vollziehbarkeit des Bescheides zu Unrecht abgelehnt hat.

Gemäß § 15 BauGB ist die Zurückstellung eines Baugesuchs – dazu gehört auch eine Bauvoranfrage, die wie hier auf eine Vorabentscheidung über die planungsrechtliche Zulässigkeit eines Bauvorhabens abzielt (vgl. z. B. Lemmel, im Berliner Kommentar zum BauGB, § 15 Rdnr. 2 m. w. N.) – dann gerechtfertigt, wenn u. a. die Voraussetzungen für den Erlaß einer Veränderungssperre erfüllt sind. Eine Veränderungssperre muß zur Sicherung einer Planung erforderlich sein. Unter diesem Gesichtspunkt hängt die Rechtmäßigkeit einer Veränderungssperre – und dementsprechend auch die Rechtmäßigkeit einer Zurückstellung nach § 15 BauGB – zunächst davon ab, daß

Zeitpunkt ihres Erlasses hinreichend konkrete gemeindliche Vorstellungen über den Inhalt des künftigen Bebauungsplanes bestehen. Das ist nach dem in den vorgelegten Verwaltungsunterlagen dokumentierten Stand des Planaufstellungsverfahrens hier unproblematisch. Die Aufstellung des Bebauungsplanes für das Gebiet „S.-Markt" ist vom Rat der Landeshauptstadt Saarbrücken beschlossen. Ein Planentwurf ist erarbeitet, vom Stadtrat gebilligt und mittlerweile zwei-, möglicherweise sogar dreimal offengelegt worden. Dieser Planentwurf enthält u. a. für den Bereich, in dem sich das Anwesen B.-straße der Antragsteller befindet, detaillierte Regelungen u. a. über Art und Maß der baulichen Nutzung sowie über die überbaubaren Grundstücksflächen.

Weiteres Erfordernis der Rechtmäßigkeit der Veränderungssperre und damit auch einer Zurückstellungsentscheidung nach §15 BauGB ist das Bestehen eines Sicherungsbedürfnisses, das regelmäßig zu bejahen ist, wenn die in Gang gesetzte Planung einer Sicherung bedarf. Unter diesem rechtlichen Gesichtspunkt ist es zwar regelmäßig irrelevant, ob die beabsichtigte Planung einer rechtlichen Überprüfung standhalten wird, weil die Veränderungssperre bzw. Zurückstellungsentscheidung die Erarbeitung eines tragfähigen Planungskonzeptes gerade erst ermöglichen soll. Insoweit ist in der Rechtsprechung anerkannt, daß in gerichtlichen Verfahren, die die Überprüfung der Rechtmäßigkeit einer Veränderungssperre zum Gegenstand haben, in aller Regel kein Raum für eine antizipierte Normenkontrolle des künftigen Bebauungsplanes ist (vgl. z. B. OVG des Saarlandes, Urteile v. 24. 11. 1998 – 2 N 1/97 –, und v. 31. 3. 2003 – 1 N 1/03 –, BRS 66 Nr. 120 = SKZ 2003, 152, jeweils m. N. aus der Rechtsprechung des Bundesverwaltungsgerichts).

Etwas anderes gilt jedoch ausnahmsweise dann, wenn bereits in dem im Zeitpunkt der Überprüfung der Veränderungssperre erreichten Planungsstadium offenkundig ist, daß die konkrete Planung rechtlich nicht verwirklichungsfähig ist (vgl. z. B. BVerwG, Beschluß v. 21. 12. 1993 – 4 NB 40.93 –, BRS 55 Nr. 95 zur Veränderungssperre).

Dementsprechend setzt auch die Rechtmäßigkeit der Zurückstellung eines Baugesuches voraus, daß die konkreten Planungsabsichten der Gemeinde überhaupt rechtlich oder tatsächlich verwirklichungsfähig sind (BVerwG, Beschluß v. 17. 9. 1987 – 4 B 185/87 –, zitiert nach Juris).

Daran fehlt es hier. Die umstrittene Bauleitplanung sieht nach dem hier maßgeblichen Stand der Beschlußvorlage vom 17. 10. 2003 für die Entscheidung über die dritte Offenlegung für den Bereich des Anwesens der Antragsteller die Ausweisung eines besonderen Wohngebietes (WB 7) vor, in dem im Erdgeschoß der Gebäude Schank- und Speisewirtschaften ihrer Art nach zwar allgemein zugelassen sind, nach näherer Maßgabe der Regelungen betreffend das „Maß der baulichen Nutzung" und darin in Bezug genommenen Aussagen im zeichnerischen Teil des Bebauungsplanentwurfs jedoch auf maximal 7% der überbauten Grundfläche beschränkt sind. Die Antragsteller machen zu Recht geltend, daß es für diese geplante Einschränkung der Gaststättennutzung an einer Rechtsgrundlage fehlt.

Entgegen der Annahme in den Unterlagen des Planaufstellungsverfahrens handelt es sich bei der vorgesehenen Begrenzung der Gaststättennutzung auf einen bestimmten Prozentsatz der überbauten Grundfläche des maßgeblichen Gebietsteiles nicht um eine Regelung des Maßes, sondern um eine solche der Art der baulichen Nutzung, da die Festsetzungen des Nutzungsmaßes mit den insoweit abschließenden Gestaltungsmöglichkeiten des § 16 Abs. 2 BauNVO unabhängig von den im jeweiligen Baugebiet zugelassenen Nutzungsarten getroffen werden (vgl. z. B. BVerwG, Urteil v. 27. 4. 1990 – 4 C 36.87 –, BRS 50 Nr. 68 (S. 158) = BauR 1990, 569; VGH München, Urteil v. 2. 4. 1987 – 2 N 86.01899 –, BRS 47 Nr. 7, jeweils betreffend die Beschränkung der zulässigen Fläche von Einzelhandelsbetrieben).

Als Regelung der Nutzungsart wird die vorgesehene Beschränkung der Gaststättennutzung weder durch die besondere Wohngebiete betreffende Baugebietsbestimmung des § 4a BauNVO noch durch die in § 1 Abs. 4–10 BauNVO enthaltenen Ermächtigungen zur Gliederung von Baugebieten gedeckt. Ebenso wenig ist eine sonstige Grundlage für die beabsichtigte Festsetzung erkennbar. Die Bestimmung des § 4a BauNVO enthält in ihrem hier allenfalls interessierenden Abs. 4 Nr. 2 lediglich die Ermächtigung, in besonderen Wohngebieten oder Teilen solcher Gebiete nach näherer Maßgabe festzusetzen, daß in Gebäuden ein im Bebauungsplan bestimmter Anteil der zulässigen Geschoßfläche oder eine bestimmte Geschoßfläche für Wohnungen zu verwenden ist. Eine auf die Geschoßfläche oder gar – wie nach dem in Aufstellung befindlichen Bebauungsplan vorgesehen – auf die überbaute Grundfläche bezogene Quotierung gewerblicher Nutzungen ist nach dieser Vorschrift nicht vorgesehen. Die Befugnis zu einer dahingehenden Regelung ergibt sich ferner nicht aus den die Gliederung von Baugebieten unter verschiedenen Gesichtspunkten zulassenden Regelungen des § 1 Abs. 4–10 BauNVO. Die insoweit zunächst in Betracht zu ziehende Bestimmung des § 1 Abs. 7 BauNVO betreffend die vertikale Gliederung von Baugebieten erfaßt zwar entsprechende Festsetzungen für „bestimmte Geschosse, Ebenen oder sonstige Teile baulicher Anlagen". Mit der Rechtsprechung des Bundesverwaltungsgerichts (Beschluß v. 12. 12. 1990 – 4 NB 13.90 –, BRS 50 Nr. 16 = BauR 1991, 169) ist jedoch davon auszugehen, daß auch die „sonstigen Teile" örtlich lokalisiert sein müssen und demnach unter „Teile" nicht auch prozentuale Anteile zu verstehen sind. Das Bundesverwaltungsgericht geht in der zitierten Entscheidung davon aus, daß der Verordnungsgeber eine Quotierung oder Kontingentierung von Nutzungsarten nur in den ausdrücklich geregelten Fällen der §§ 4a Abs. 4 und 7 Abs. 4 BauNVO zuläßt, und hat dementsprechend die Beschränkung des Wohnnutzungsanteiles auf einen bestimmten Prozentsatz der Geschoßfläche der Gebäude in einem Mischgebiet als unzulässig angesehen. Auch § 1 Abs. 9 BauNVO enthält keine Grundlage für die hier vorgesehene Festsetzung. Die Bestimmung erlaubt zwar planerische Festsetzungen für bestimmte Anlagen als Unterarten von Nutzungen; erforderlich ist jedoch, daß es sich um bestimmte Anlagentypen handelt und dementsprechend ist beispielsweise die Begrenzung der höchstzulässigen Geschoß- oder Verkaufsfläche von Einzelhandelsbetrieben nur dann zulässig, wenn die Gemeinde darlegt, warum Betriebe unter bzw. über den von ihr festgesetzten Größen generell oder doch unter Berücksichtigung der besonderen örtlichen Verhältnisse einem bestimmten Anlagentyp entsprechen (vgl. z. B.

BVerwG, Urteil v. 27. 4. 1990 – 4 C 36.87 –, BRS 50 Nr. 68 (S. 158 f.) = BauR 1990, 569, und Beschluß v. 17. 7. 2001 – 4 B 55.01 –, BRS 64 Nr. 29).

Daß die in dem in Aufstellung befindlichen Bebauungsplan für das Gebiet „S.-Markt" vorgesehene Beschränkung der Gaststättennutzung auf einen bestimmten Prozentsatz der überbauten Grundfläche in diesem Sinne keinen bestimmten Anlagentyp beschreibt, bedarf keiner näheren Darlegung. Da auch sonst keine Rechtsgrundlage für die vorgesehene planerische Regelung der Gaststättennutzung aufgezeigt oder erkennbar ist und die Gemeinden das ihnen in §9 BauGB und in den Bestimmungen der Baunutzungsverordnung zur Verfügung gestellte Instrumentarium nicht erweitern dürfen (vgl. z. B. BVerwG, Beschluß v. 12. 12. 1996 – 4 NB 13.90 –, BRS 50 Nr. 16 = BauR 1991, 169) ist die vorgesehene Planung rechtlich nicht verwirklichungsfähig und kann deshalb ein Bedürfnis für ihre Sicherung nicht anerkannt werden. Die zu diesem Zweck ausgesprochene Zurückstellung der Entscheidung über die Bauvoranfrage der Antragsteller erweist sich demnach als rechtswidrig.

B. Rechtsprechung zum Bauordnungsrecht

I. Anforderung an das Baugrundstück und das Bauvorhaben

Nr. 127

1. Ist ein Dachaufbau bloßer Bestandteil des Daches, auf dem er errichtet ist, machen seine äußeren Begrenzungen – einschließlich etwaiger Fensterfronten – die Einhaltung eigener Abstandflächen nicht erforderlich.
2. Für die Beantwortung der Frage, ob die seitlichen äußeren Begrenzungen von Dachaufbauten i.S. des §6 Abs.4 Satz 5 Nr.2 BauO NRW eigene Abstandflächen auslösen, kommt es nicht auf ihre Breite im Verhältnis zu der darunter liegenden Außenwand an.
3. Ob ein Bauteil im Einzelfall ein Dachaufbau i.S. des §6 Abs.4 Satz 5 Nr.2 BauO NRW ist, hängt davon ab, ob er bei wertender Betrachtung (noch) als Bestandteil des Daches anzusehen ist oder ob er als weitgehend selbstständiger Bauteil in Erscheinung tritt.

BauO NRW §6 Abs. 1 Satz 1, Abs. 4 Satz 5 Nr. 2.

OVG Nordrhein-Westfalen, Beschluß vom 13. Januar 2004 – 10 B 1811/03 – (rechtskräftig).

(VG Gelsenkirchen)

Die Antragsteller begehrten die Anordnung der aufschiebenden Wirkung ihres Widerspruchs gegen eine für das Nachbargrundstück erteilte Baugenehmigung zur Errichtung eines mehrgeschossigen Wohngebäudes mit 6 Wohneinheiten. Sie machten u.a. geltend, die seitlichen äußeren Begrenzungen der auf dem geneigten Dach des Vorhabens geplanten Dachaufbauten verstießen zu ihren Lasten gegen die landesrechtlichen Abstandflächenvorschriften. Der Antrag blieb in beiden Instanzen erfolglos.

Aus den Gründen:

Das mit der angegriffenen Baugenehmigung genehmigte Vorhaben ist den Antragstellern gegenüber nicht rücksichtslos.

Insbesondere ergibt sich eine solche Rücksichtslosigkeit nicht aus der geplanten – bezogen auf die M.-Straße – traufenständigen Errichtung des Vorhabens. Das in §34 Abs. 1 BauGB enthaltene Merkmal des Sicheinfügens und das darin zugleich verankerte Gebot der Rücksichtnahme beziehen sich nur auf die Art und das Maß der baulichen Nutzung, die Bauweise und die Grundstücksfläche, die überbaut werden soll. Die Ausrichtung eines Gebäudes auf dem Grundstück nach Trauf- oder Giebelseite ist hingegen kein Merkmal, von dem abhängt, ob sich ein Vorhaben in die Eigenart der näheren Umgebung einfügt und ist daher unter Rücksichtnahmegesichtspunkten für sich genommen ohne Belang.

Nr. 127

Was das Maß der baulichen Nutzung und die Grundstücksfläche, die überbaut werden soll, angeht, erweist sich das Vorhaben ebenfalls nicht als rücksichtslos. Das geplante Wohnhaus hat – von der M.-Straße aus gesehen – eine um etwa 4 m geringere Bautiefe als Gebäude auf dem Grundstück der Beigeladenen. Auch die Firsthöhe des geplanten Wohnhauses ist um 2 m niedriger als die des Nachbargebäudes. Von einer „erdrückenden Wirkung" des Neubaus kann daher trotz seines Bauvolumens und seiner grenznahen Anordnung auf dem Baugrundstück nicht die Rede sein. Der von der Rechtsprechung entwickelte Begriff der „erdrückenden Wirkung" ist für bauliche Zustände geprägt worden, bei denen ein Gebäude wegen seiner Ausmaße, wegen seiner Baumasse oder seiner massiven Gestaltung ein benachbartes Grundstück unangemessen benachteiligt, indem es diesem förmlich „die Luft nimmt". Dabei kann das Verhältnis des Neubaus zu einer bereits vorhandenen Nachbarbebauung von wesentlicher Bedeutung sein (vgl. BVerwG, Urteil v. 13. 3. 1981 – 4 C 1.78 –, BRS 38 Nr. 186 = BauR 1981, 354).

Allerdings ist eine „erdrückende Wirkung" regelmäßig von vornherein zu verneinen, wenn – wie hier – das zu schützende Grundstück ebenfalls mit einem Gebäude bebaut ist, das sich hinsichtlich Höhe und Bauvolumen nicht wesentlich von dem Neubau unterscheidet oder diesen sogar übertrifft.

Die Befürchtungen der Antragsteller, durch die grenznahe Errichtung des Vorhabens würden den späteren Bewohnern des Nachbargrundstücks Einblickmöglichkeiten in ihre eigenen Wohnräume eröffnet, lassen keinen Verstoß gegen das Rücksichtnahmegebot erkennen. Im unbeplanten Innenbereich gibt es regelmäßig keinen eigenständigen Schutz vor Einblicknahme, der subjektive Rechte des Nachbarn begründen würde (vgl. OVG NRW, Beschluß v. 30. 5. 1996 – 10 B 1150/96 –).

Insoweit muß sich der Nachbar – wie auch im Hinblick auf Besonnung und Belichtung seines Grundstücks – mit dem Abstand begnügen, den die landesrechtlichen Abstandflächenvorschriften gewährleisten und im übrigen selbst für eine seinen Vorstellungen entsprechende Abschirmung Sorge tragen.

Einen Verstoß gegen die Abstandflächenvorschriften des § 6 BauO NRW vermag der Senat bei der in den Verfahren des vorläufigen Rechtsschutzes gebotenen summarischen Prüfung der Sach- und Rechtslage nicht festzustellen.

Nach § 6 Abs. 1 Satz 1 BauO NRW sind vor Außenwänden von Gebäuden Flächen von oberirdischen Gebäuden freizuhalten (Abstandflächen), wobei unter „Außenwänden" die äußeren Begrenzungen eines Gebäudes zu verstehen sind, die weder Dach noch Fußboden darstellen.

Abstandflächenrechtlich sind hier die Brüstung der auf der Rückseite des Neubauvorhabens geplanten östlichen „Dachloggia", ihr Abschluß zum Dach sowie die seitliche Begrenzung des auf derselben Seite vorgesehenen und am nächsten zum Grundstück der Antragsteller gelegenen Dachaufbaus im Bereich des sogenannten Spitzbodens zu betrachten. Nur hinsichtlich dieser Bauteile wird mit der Beschwerde die Richtigkeit der Annahme des VG in Zweifel gezogen, wonach das Vorhaben der Beigeladenen keine Abstandflächenvorschriften zu Lasten der Antragsteller verletze. Diese Zweifel sind jedoch nicht begründet.

Ob die vorderen bzw. seitlichen äußeren Begrenzungen eines auf einer geneigten Dachfläche errichteten Dachaufbaus die Einhaltung eigener Abstandflächen erforderlich machen oder jedenfalls bei der Berechnung der vor den Außenwänden des Gebäudes einzuhaltenden Abstandflächen berücksichtigt werden müssen, hängt davon ab, wie sie im Einzelfall bei wertender Betrachtung rechtlich zu qualifizieren sind (weniger differenzierend noch OVG NRW, Urteil v. 21. 8. 1995 – 10 A 3139/91 –).

Ist der fragliche Dachaufbau bloßer Bestandteil des Daches, auf dem er errichtet ist, machen seine äußeren Begrenzungen – einschließlich etwaiger Fensterfronten – die Einhaltung eigener Abstandflächen nicht erforderlich. Allenfalls kann in einem solchen Fall der Dachaufbau – allein oder zusammen mit weiteren Dachaufbauten – dazu führen, daß die Höhe des Daches bei der Bemessung der Tiefe der Abstandfläche zu berücksichtigen ist, die vor der darunter liegenden Außenwand von Bebauung freigehalten werden muß. Das ergibt sich aus §6 Abs. 4 Satz 5 Nr. 2 BauO NRW.

Bei der Berechnung des Maßes H (§6 Abs. 4 Satz 6 BauO NRW) ist nach dieser Vorschrift zur Wandhöhe – u. a. – die Höhe von Dächern mit einer Dachneigung von nicht mehr als 45° zu einem Drittel hinzuzurechnen, wenn auf ihnen Dachgaupen oder Dachaufbauten errichtet sind, deren Gesamtbreite je Dachfläche mehr als die Hälfte der darunter liegenden Gebäudewand beträgt. Daraus folgt, daß Dachgaupen und (sonstige vergleichbare) Dachaufbauten in diesem Sinne als bloße Dachbestandteile abstandflächenrechtlich neutral sind und selbst nicht – auch nicht, wenn ihre Gesamtbreite je Dachfläche mehr als die Hälfte der darunter liegenden Gebäudewand beträgt – mit ihren konkreten Abmessungen bei der Berechnung des Maßes H Berücksichtigung finden. Dies gilt auch hinsichtlich der seitlichen äußeren Begrenzungen dieser Dachaufbauten. Es wäre ein nicht aufzulösender Wertungswiderspruch, die regelmäßig parallel zur Traufe angeordnete Front von Dachaufbauten gegenüber den seitlichen äußeren Begrenzungen zu privilegieren, obwohl diese Front wegen ihrer Ausmaße und der dort – jedenfalls bei Dachgaupen – eingebauten Fenster die durch die Abstandflächenvorschriften geschützten Belange regelmäßig sehr viel intensiver zu beeinträchtigen vermag. Daß sich Dachaufbauten, je nach der Himmelsrichtung, in der sie – vom Nachbargrundstück aus gesehen – angeordnet sind, unter Umständen stärker auf die Besonnung und Belichtung der seitlich angrenzenden Grundstücke auswirken können als auf die Besonnung und Belichtung des traufseitig gegenüberliegenden Grundstücks, ändert daran nichts. Dabei ist zu beachten, daß die abstandflächenrechtlichen Wirkungen des Baukörpers, soweit er oberhalb der Trauflinie liegt, im Regelfall ohnehin über die teilweise Einbeziehung der Giebelflächen in die Berechnung der zu den seitlich angrenzenden Grundstücken einzuhaltenden Abstände Berücksichtigung finden. Zwar können die Abstände bei Anwendung des sogenannten Schmalseitenprivilegs gemäß §6 Abs. 6 Satz 1 BauO NRW verkürzt sein, doch läßt sich auch daraus keine unterschiedliche Behandlung der vorderen und seitlichen äußeren Begrenzungen von Dachaufbauten herleiten, da das Schmalseitenprivileg ebenso für die Traufseite eines Gebäudes in Anspruch genommen werden kann. Der Umstand, daß bezüglich der traufseitig einzuhaltenden

Nr. 127

Abstandfläche die Höhe des Daches zu einem Drittel in die Berechnung der Abstandflächentiefe einfließt, wenn auf dem Dach Dachgaupen oder Dachaufbauten errichtet sind, deren Gesamtbreite je Dachfläche mehr als die Hälfte der darunter liegenden Außenwand beträgt, erfordert – sofern ein solcher Fall gegeben ist – keine entsprechende Berücksichtigung der äußeren seitlichen Begrenzungen der Dachaufbauten bei der Berechnung der jeweils giebelseitig einzuhaltenden Abstandflächen. Zum einen hat – wie oben ausgeführt – der Baukörper oberhalb der Trauflinie in die Berechnung der giebelseitig einzuhaltenden Abstandflächen im Regelfall bereits Eingang gefunden, zum anderen berührt die Breite der Dachaufbauten auf der Traufseite die Belange der Eigentümer der seitlich – giebelseitig – angrenzenden Grundstücke in keiner Weise.

Kommt es mithin für die Beantwortung der Frage, ob die seitlichen äußeren Begrenzungen von Dachaufbauten i. S. des § 6 Abs. 4 Satz 5 Nr. 2 BauO NRW eigene Abstandflächen auslösen, nicht auf ihre Breite im Verhältnis zu der darunter liegenden Außenwand an, braucht hier nicht entschieden zu werden, inwieweit bei der Berechnung der Gesamtbreite der Dachaufbauten auf der südöstlichen Dachfläche des Neubauvorhabens auch die Dacheinschnitte mit zu berücksichtigen sind.

Die vorstehenden Überlegungen gelten allerdings nur für Dachgaupen – die von der Rechtsprechung als Dachaufbauten für stehende Fenster definiert werden, welche gegenüber der darunter liegenden Außenwand zurückspringen und mit allen ihren Teilen auf der Dachfläche errichtet sind – und (sonstige vergleichbare) Dachaufbauten, die sich unter die Vorschrift des § 6 Abs. 4 Satz 5 Nr. 2 BauO NRW subsumieren lassen.

Ob ein Bauteil im Einzelfall ein Dachaufbau i. S. des § 6 Abs. 4 Satz 5 Nr. 2 BauO NRW ist, hängt davon ab, ob er bei wertender Betrachtung (noch) als Bestandteil des Daches anzusehen ist oder ob er als weitgehend selbständiger Bauteil in Erscheinung tritt. Als mögliche Kriterien für die vorzunehmende Wertung kommen beispielsweise in Betracht: die Unterordnung des Dachaufbaus nach Ausmaß und Gestaltung im Verhältnis zum Dach, die Funktion des Dachaufbaus und der Umfang der zusätzlichen Auswirkungen, die der Dachaufbau auf die durch die Abstandflächenvorschriften geschützten Belange haben kann. Ein derart eingeschränktes Verständnis des § 6 Abs. 4 Satz 5 Nr. 2 BauO NRW ergibt sich aus dem Regelungszusammenhang der Abstandflächenvorschriften und ist geboten, um Mißbrauch zu verhindern. Ansonsten wäre auch ein Dachaufbau, der der Definition der Dachgaupe lediglich formal entspricht, weil er geringfügig gegenüber der darunter liegenden Außenwand zurücktritt und mit seiner oberen äußeren Begrenzung unterhalb der Höhe des Firstes bleibt, abstandflächenrechtlich bevorzugt zulässig, obwohl er in Wirklichkeit von seinen Ausmaßen, seiner Funktion und seinen Wirkungen einem Staffelgeschoß gleicht, dessen äußere Begrenzungen bei der Berechnung des Maßes H höhenmäßig voll in Ansatz gebracht werden müßten.

Erweist sich danach ein Dachaufbau als ein vom Dach losgelöster selbständiger Bauteil, sind seine äußeren Begrenzungen – einschließlich etwaiger Fensterfronten – regelmäßig als Außenwände oder als Teil von Außenwänden des Gebäudes anzusehen, die eigene Abstandflächen nach §6 Abs. 1 Satz 1 BauO NRW auslösen. Der hier in Rede stehende Dachaufbau ist eine Dachgaupe im vorstehenden Sinne, die bei wertender Betrachtung der Regelung des §6 Abs. 4 Satz 5 Nr. 2 BauO NRW unterfällt und mithin zu keiner Seite die Einhaltung eigener Abstandflächen bedingt. Die Dachgaupe erscheint mit ihren Ausmaßen von 2 m Breite und maximal 1,60 m Wandhöhe sowohl von der Traufseite als auch von der Giebelseite aus gesehen als untergeordneter Bestandteil der etwa 120 m^2 großen südöstlichen Dachfläche des Neubauvorhabens und tritt weder im Hinblick auf eine besondere Funktion noch durch ihr Bauvolumen als selbständiger Bauteil hervor. Dies gilt auch, wenn man sie zusammen mit den drei übrigen Dachaufbauten gleichen Ausmaßes und den beiden Dacheinschnitten betrachtet. Bei der Sicht von der Giebelseite aus ist dabei zu berücksichtigen, daß die Dachaufbauten in der Tiefe gestaffelt sind. Wesentliche Beeinträchtigungen des Grundstücks der Antragsteller, denen nicht schon mit der teilweisen Berücksichtigung der Giebelfläche bei der Abstandflächenberechnung Rechnung getragen worden ist, vermag der Senat nicht zu erkennen.

Auch der obere Abschluß der die „Dachloggia" zum Gebäudeinneren abschließenden Wand zum Dach, der geringfügig aus der Dachhaut herausragt, ist als Bestandteil des Daches anzusehen und daher abstandflächenrechtlich ohne eigenständige Bedeutung. Was die Brüstung der „Dachloggia" angeht, ist die Baugenehmigung so auszulegen, daß ihr oberer Abschluß eine Höhe von 67,78 m über NN nicht überschreiten darf. Die entsprechende Vermaßung in den Bauzeichnungen findet sich auch in den Abstandflächenberechnungen (T 14) wieder. Sofern die Bauzeichnungen Brüstungselemente darstellen, die über die besagte Höhe hinausgehen, handelt es sich um gestalterische Details, die nicht Gegenstand der Baugenehmigung sind.

Nr. 128

Ein Flachdach wird auch durch Begrünung oder Aufschüttung nicht zur „Geländeoberfläche" i. S. des §5 Abs. 4 Satz 2 LBO, solange das Gebäude aus Sicht des Nachbargrundstücks noch als oberirdisches Gebäude mit Außenwand erscheint. Es ist dann unerheblich, ob es für diese Maßnahmen „rechtfertigende Gründe" im Sinne der Senatsrechtsprechung zur abstandsrechtlichen Berücksichtigung von Aufschüttungen gibt.

LBO §§ 5 Abs. 1 Satz 1, Satz 2, 6 Abs. 4 Satz 1 Nr. 4.

VGH Baden-Württemberg, Beschluß vom 20. Februar 2004 – 8 S 336/04 –.

(VG Stuttgart)

Aus den Gründen:

Das Verwaltungsgericht hat bei der Berechnung der Wandhöhe nach §5 Abs. 4 Sätze 2 bis 4 LBO die in den Planunterlagen dargestellten Aufschüttungen an der Nordwestecke und auf dem Dach der Garage an der Südwestecke des Wohngebäudes nicht als „Geländeoberfläche" angesehen und daher auf die Schnittpunkte der Wand mit dem tatsächlichen Gelände an beiden Gebäudeecken abgestellt. Nach der Rechtsprechung des Senats seien beide Aufschüttungen abstandsrechtlich nicht zu berücksichtigen, weil sie nicht aus baulichen Gründen, sondern allein deshalb zur Genehmigung gestellt worden seien, um einen sonst gegebenen Verstoß gegen nachbarschützende Vorschriften zur Abstandsfläche zu beseitigen (Beschlüsse v. 8. 10. 1996 – 8 S 2566/06 –, BRS 58 Nr. 109 = BauR 1997, 92, und v. 5. 5. 1998 – 8 S 864/98 –, BRS 60 Nr. 108). Die hiergegen gerichteten Rügen des Beklagten bleiben ohne Erfolg. Dabei ist zu beachten, daß die Entscheidung an sich schon dann im Ergebnis richtig wäre, wenn das Verwaltungsgericht die Geländeoberfläche nur an einer der beiden Gebäudeecken zutreffend bestimmt hätte, weil selbst dann die nachbarschützende Abstandsfläche noch immer jeweils deutlich unterschritten wäre. Die Feststellungen des Verwaltungsgerichts sind indes schon insgesamt nicht zu beanstanden:

Was die maßgebliche Geländeoberfläche an der Nordwestecke des Gebäudes angeht, legt der Beklagte schon nicht dar, daß und weshalb die geplante Aufschüttung entgegen der Auffassung des Verwaltungsgerichts nicht lediglich bezweckt, die Anforderungen der Abstandsvorschriften zu unterlaufen, sondern nach der Situation des Baugrundstücks geboten oder wenigstens sinnvoll ist. Er wirft im Zulassungsverfahren vielmehr nur die Frage auf, ob angesichts des besonders steilen Geländes statische oder gestalterische Gründe für eine solche Aufschüttung vorliegen könnten. Dieses Vorbringen wird dem Darlegungsgebot des §124a Abs. 4 Satz 4 VwGO nicht gerecht. ...

Hinsichtlich der für die Berechnung der Wandhöhe maßgeblichen Geländeoberfläche an der Südwestecke des Gebäudes meint der Beklagte, diese werde durch die Decke der vorgelagerten Garage gebildet, die nicht errichtet worden sei, um Abstandsvorschriften zu umgehen, sondern um den Stellplatzbedarf zu decken. Diese Auffassung ist im Ansatz verfehlt. Abgesehen davon, daß schon der allgemeine Sprachgebrauch eine Gleichsetzung von „Geländeoberfläche" und „Flachdach" verbietet, unterscheidet §5 Abs. 4 Satz 2 LBO bei Gebäuden ohne Dachhaut klar zwischen der „Geländeoberfläche" als unterem und dem „oberen Abschluß der Wand" als oberem Bezugspunkt für die Bemessung der Wandhöhe. Ein „Flachdach" kann danach nicht zugleich „Geländeoberfläche" sein. Denn dies hätte ja auch zur Folge, daß die Außenwände oberirdischer Gebäude mit Flachdach keine Abstandsfläche einhalten müßten, weil sie unterhalb der „Geländeoberfläche" lägen, ein Auslegungsergebnis, das der Regelung des §5 Abs. 1 Satz 1 LBO eindeutig widerspräche. Aus demselben Grund kann auch eine Begrünung oder – wie hier geplant – Aufschüttung auf einem Flachdach dieses nicht zur „Geländeoberfläche" i. S. des §5 Abs. 4 Satz 2 LBO machen, solange das Gebäude aus Sicht des Nachbargrundstücks noch als oberirdisches Gebäude mit Außenwand in Erscheinung tritt, ohne daß es darauf ankäme, ob eine solche Maßnahme im Sinne der o. g. Senatsrechtsprechung aus baugestalterischen oder -technischen Gründen sinnvoll ist oder nicht. Somit hat das Verwaltungsgericht die Höhe der hinter der Garage liegenden Wand des Gebäudes an seiner Südwestecke zutreffend durch Verlängerung bis zum Schnitt mit der – tatsächlichen – Geländeoberfläche ermittelt (vgl. Sauter, LBO, 3. Aufl., § 5 Rdnr. 65 mit Abbildung 7 (S. 10) zur Wandhöhe bei Gebäuden mit vorgelagerten Gebäudeteilen). Hierfür ist nach dem oben ausgeführten allein entscheidend, daß die Garage auf Grund der in den Planunterlagen dargestellten Dachaufschüttung aus Sicht des Grundstücks der Kläger nicht zum unterirdischen Gebäude ohne Außenwand wird (zur fehlenden Abstandspflicht unterirdischer Garagen, vgl. VGH Baden-Württemberg, Beschluß v. 9. 3. 1994 – 5 S 158/94 –). Dagegen ist unerheblich, ob es „rechtfertigende Gründe" für die Errichtung der Garage oder die geplante Dachaufschüttung gibt.

Das Verwaltungsgericht hat auch zu Recht angenommen, daß die Voraussetzungen des § 6 Abs. 4 Satz 1 Nr. 2 LBO für ein Unterschreiten der nachbarschützenden Abstandsfläche hier nicht vorliegen. Es hat zutreffend geprüft, ob auf dem Grundstück der Kläger besondere Umstände vorliegen, die deren Interesse an der Einhaltung des nachbarschützenden Teils der Abstandsflächentiefe deutlich mindern oder als weniger schutzwürdig erscheinen lassen (st. Rspr. aller mit Baurechtssachen befaßten Senate des VGH Baden-Württemberg, vgl. Beschluß v. 26. 4. 2002 – 5 S 629/02 –, VBlBW 2002, 445; v. 10. 3. 1999 – 3 S 332/99 –; Urteil v. 8. 11. 1999 – 8 S 1668/99 –, BRS 62 Nr. 94; kritisch Sauter, a. a. O., § 6 Rdnr. 48 b f.), und diese Frage ohne Rechtsfehler verneint. Entgegen der Auffassung des Beklagten ist insoweit durchaus relevant, daß im nördlichen Grundstücksbereich, in dem die nachbarschützende Abstandsfläche unterschritten wird, ein – nach Osten ausgerichtetes – Fenster zum Hobbyraum des Wohnhauses der Kläger vorhanden ist. Außerdem liegt dieser Aufenthaltsraum im Untergeschoß. Zudem ist der Bereich, in dem die nachbarschützende Abstandsfläche – deutlich – unterschritten wird, entgegen der Auffassung des Beklagten nicht etwa vernachlässigbar klein. Hinzu kommt, daß die Kläger ein gesteigertes Interesse an der Einhaltung des nachbarschützenden Teils der Abstandsfläche haben, weil das Gelände zum Baugrundstück hin ansteigt. Auf den Gesichtspunkt des „nachbarlichen Wohnfriedens" kommt es entgegen der Auffassung des Beklagten nicht an (vgl. Beschluß v. 10. 9. 1998 – 8 S 2137/98 –, VBlBW 1999, 26). Fehl geht auch sein Einwand, das Grundstück der Beigeladenen könne nur bei Unterschreiten der nachbarschützenden Abstandsfläche sinnvoll bebaut werden. Denn nach § 6 Abs. 4 Satz 1 Nr. 2 LBO kommt es allein darauf an, ob eine besondere Situation des Nachbargrundstücks ein Unterschreiten rechtfertigt, ohne daß eine Abwägung mit den Interessen des Bauherrn vorzunehmen wäre (vgl. VGH Bad.-Württ., Beschluß v. 29. 1. 1999 – 5 S 2971/98 –, VBlBW 1999, 347, und v. 10. 3. 1999 – 3 S 332/99 –). Im übrigen hätte das Grundstück der Beigeladenen auch bei Einhaltung der nachbarschützenden Abstandsfläche und entsprechend niedrigerer Wandhöhe noch sinnvoll bebaut werden können.

Nr. 129

Bei einer als Walmdach ausgeformten Giebelfläche kommen zur Ermittlung der einzuhaltenden Abstandsflächentiefe beide Anrechnungsregeln des § 5 Abs. 5 Satz 1 Nr. 1 LBO kumulativ zur Anwendung.

LBO § 5 Abs. 5 Satz 1 Nr. 1.

VGH Baden-Württemberg, Beschluß vom 20. April 2004 – 8 S 215/04 – (rechtskräftig).

(VG Stuttgart)

Aus den Gründen:
Die Auffassung der Antragsteller, auf die Höhe der nördlichen Außenwand, die für die Ermittlung des zur gemeinsamen Grundstücksgrenze einzuhaltenden Abstandes maßgeblich ist, sei die Höhe des dort vorhandenen Walmdaches zu einem Viertel anzurechnen, woraus eine zu geringe Abstandsflächentiefe folge, trifft nicht zu. Im einzelnen ergibt sich dies aus folgendem: Nach § 5 Abs. 5 Satz 1 Nr. 1 Alt. 1 LBO wird die Höhe von Dächern mit einer Neigung von mehr als 45° zu einem Viertel auf die Wandhöhe angerechnet. Diese Regelung findet – wie die Antragsteller zu Recht hervorheben – auch auf das vorliegend streitige Walmdach Anwendung, weil dieses eine Neigung von 63° aufweist. Die Antragsteller verkennen aber, daß dieser Walm zugleich die in § 5 Abs. 5 Satz 2 LBO definierte Giebelfläche der Nordfassade des genehmigten Wohnhauses darstellt. In einem zweiten Schritt kommt deshalb zusätzlich die Regelung des § 5 Abs. 5 Satz 1 Nr. 1 Alt. 2 LBO zur Anwendung (Sauter, LBO, § 5 Rdnr. 78 und insbesondere Abbildung 17; OVG NW, Beschluß v. 31. 1. 1994 – 10 B 1414/93 –, BRS 56 Nr. 97, S. 272). Danach wäre die so ermittelte Höhe der als Walmdach ausgebildeten Giebelfläche nur dann auf die Wandhöhe anzurechnen, wenn eine der sie begrenzenden Dachflächen, also der Ortgänge der West- und Ostdächer des geplanten Wohnhauses, eine Neigung von mehr als 45° aufwiese. Der Neigungswinkel der Dächer beträgt aber nur 35°; eine Anrechnung der Höhe des Walmdachs findet damit nicht statt. Die geplante Abstandsflächentiefe von 2,92 m ist deshalb nicht zu beanstanden.

Daraus folgt zugleich, daß die im Schriftsatz der Antragsgegnerin „hilfsweise" zugelassene Abweichung nach § 6 Abs. 4 Nr. 2 LBO ins Leere geht. Im übrigen bemerkt der Senat hierzu, daß die Voraussetzungen dieser Bestimmung nicht gegeben sind. Denn nach der Rechtsprechung aller mit Baurechtssachen befaßten Senate des VGH Baden-Württemberg (Urteile des Senats v. 8. 11. 1999 – 8 S 1668/99 –, BRS 62 Nr. 94, und v. 27. 10. 2000 – 8 S 445/00 –, VBlBW 2001, 144; Beschluß des 3. Senats v. 13. 6. 2003 – 3 S 938/03 –, BauR 2003, 1549; Urteil des 5. Senats v. 10. 10. 2002 – 5 S 1655/01 –, BauR 2003, 1201) ist bei der Prüfung der Frage, ob nachbarliche Belange erheblich beeinträchtigt werden, von der normativen Wertung auszugehen, daß eine den nach § 5 Abs. 7 Satz 3 LBO nachbarschützenden Teil unterschreitende Tiefe der Abstandsfläche regelmäßig zu einer erheblichen und damit nicht mehr hinnehmbaren Beeinträchtigung des betreffenden Nachbarn führt, gleichgültig, ob die Unterschreitung gravierend oder geringfügig ist. Eine hiervon abweichende Beurteilung ist nur gerechtfertigt, wenn auf dem betroffenen Nachbargrundstück besondere Umstände vorliegen, die das Interesse des Nachbarn an der Einhaltung des nachbarschützenden Teils der Abstandsflächentiefe deutlich mindern oder als weniger schutzwürdig erscheinen lassen. Derartige Besonderheiten sind für das Nachbargrundstück der Antragsteller – nur auf dieses und nicht (auch) auf das Baugrundstück der Beigeladenen ist abzustellen – nicht ersichtlich.

Nr. 130

Die Höhe eines Bauvorhabens im unbeplanten Innenbereich, das wegen einer entlang der Erschließungsstraße verlaufenden faktischen Baulinie aus planungsrechtlichen Gründen zur Straße hin grenzständig errichtet werden muß, wird gemäß §8 Abs. 1 Satz 1 Nr. 1 LBauO nicht durch das bauordnungsrechtliche Abstandsgebot des §8 LBauO, sondern ausschließlich durch das planungsrechtliche Erfordernis des Einfügens gemäß §34 Abs. 1 BauGB und das darin enthaltene Gebot der Rücksichtnahme beschränkt.

BauGB §34 Abs. 1; LBauO §8 Abs. 1 Satz 2, Abs. 2.

OVG Rheinland-Pfalz, Beschluß vom 24. März 2004 – 8 B 10320/04 – (rechtskräftig).

Die Beigeladene hat eine Baugenehmigung erhalten, die die straßenseitig grenzständige Bebauung eines in der Altstadt von L. gelegenen, bisher zweigeschossig bebauten Grundstücks mit einem teilweise viergeschossigen Wohn- und Geschäftshaus erlaubt. Das Grundstück ist durch eine nur ca. 7,75 m breite Gasse vom Grundstück der Antragsteller getrennt, das mit einem 1902 errichteten dreigeschossigen Geschäftshaus bebaut ist. Dieses hält keinen Grenzabstand zur Straße ein und weist ähnliche Wand- und Firsthöhen wie das Vorhaben der Beigeladenen auf. Die Grundstücke in der näheren Umgebung sind straßenseitig grenzständig bebaut. Ein Antrag der Antragsteller auf Gewährung vorläufigen Rechtsschutzes gegen die der Beigeladenen erteilte Baugenehmigung blieb auch in zweiter Instanz ohne Erfolg.

Aus den Gründen:
Die angefochtene Baugenehmigung verstößt nicht gegen die nachbar schützende Vorschrift des §8 Abs. 2 Satz 2 LBauO. Die Anwendung dieser Vorschrift setzt voraus, daß ein Bauvorhaben gemäß §8 Abs. 1 Satz 1 LBauO überhaupt Abstandsflächen einhalten muß. Daran fehlt es hier. Der Senat hat bereits mit Verfügung vom März 2004 darauf hingewiesen, daß das Vorhaben der Beigeladenen nach §8 Abs. 1 Satz 2 Nr. 1 LBauO keine Grenzabstände einzuhalten braucht, weil angesichts der in der näheren Umgebung vorhandenen Bebauung der Straßenrand eine faktische Baulinie bildet und daher sich nur eine Bebauung ohne straßenseitigen Grenzabstand planungsrechtlich einfügt. Nach der den Beteiligten bekanntgegebenen Rechtsprechung des Senats (Urteil v. 22. 9. 1999 – 8 A 10522/99 –, S. 9 UA) führt die planungsrechtlich entlang einer Erschließungsstraße durch Baulinie gebotene Bebau-

ung zur Unanwendbarkeit der bauordnungsrechtlichen Abstandsflächenvorschrift, und zwar auch, was die Bemessung der Höhe des betreffenden Gebäudes angeht. Demnach können sich die Antragsteller nicht darauf berufen, daß das genehmigte Bauvorhaben wegen seiner Höhe rechnerisch eine Abstandsfläche in Anspruch nimmt, die entgegen §8 Abs. 2 Satz 2 LBauO über die Mitte der R.gasse hinausreicht. Auf die Frage, ob ihr Abwehrrecht auch durch eigene Überschreitung von Abstandsflächen eingeschränkt sein könnte, kommt es daher nicht an.

Gegen die Auffassung des Verwaltungsgerichts, das strittige Bauvorhaben erweise sich gegenüber der Bebauung auf dem Grundstück der Antragsteller nicht als rücksichtslos im planungsrechtlichen Sinne, ist auch unter Berücksichtigung des Beschwerdevorbringens nichts zu erinnern. ...

So ergibt sich aus der dem Verwaltungsgericht vorgelegten Aufstellung der Antragsgegnerin von Januar 2004 über die entlang der M.straße vorhandenen Firsthöhen, daß sich die Firsthöhe des strittigen Vorhabens mit 16,78 m ohne weiteres im Rahmen der Umgebungsbebauung hält. Denn die dortige Bebauung weist Firsthöhen zwischen 13,80 m (M.straße ...) und 17,50 m (M.straße ... bis ...) auf; das unmittelbar benachbarte Grundstück der Antragsteller ist selbst mit einem Gebäude bebaut, dessen Firsthöhe 17,20 m beträgt. Der Hinweis der Antragsteller, die Umgebung sei überwiegend mit dreigeschossigen Gebäuden bebaut, spricht nicht gegen ein Einfügen des Vorhabens der Beigeladenen. Zwar ist auch die Geschoßzahl grundsätzlich ein maßgeblicher Faktor zur Beurteilung des Einfügens nach dem Maß der baulichen Nutzung; eine Überschreitung der in der Umgebung vorhandenen Geschoßzahl fügt sich aber nur dann nicht ein, wenn sie sich auf die äußere Gestalt des Vorhabens in einer Weise auswirkt, die geeignet ist, bodenrechtlich beachtliche, bewältigungsbedürftige Spannungen zu begründen oder zu erhöhen (s. BVerwG, Beschluß v. 25. 3. 1999, BRS 62 Nr. 101 = BauR 2000, 245). Das Bauvorhaben der Beigeladenen begründet oder erhöht aber durch seine lediglich zur M.straße hin vorgesehene Viergeschossigkeit keine derartigen Spannungen. Denn seine Wandhöhe (12,38 m) hält sich im Rahmen dessen, was entlang der M.straße an Bebauung vorhanden ist (Wandhöhen von 8,40 m bis 14,20 m), so daß sich die Viergeschossigkeit auf das äußere Erscheinungsbild des Gebäudes nicht spannungsbegründend auswirkt. Dies gilt insbesondere auch im Vergleich zu dem unmittelbar benachbarten Anwesen der Antragsteller, das trotz seiner Dreigeschossigkeit eine nahezu identische Wandhöhe (12,30 m) wie das Vorhaben der Beigeladenen aufweist. ...

Schließlich haben die Antragsgegner auch im Beschwerdeverfahren nicht darzulegen vermocht, warum das genehmigte Vorhaben, obwohl es den sich aus der Umgebung ergebenden Rahmen einhält, ihnen gegenüber rücksichtslos sein soll. Allein die Behauptung einer erdrückenden Wirkung bzw. eines Gefühls des „Eingemauertseins" reicht hierzu nicht aus. Diese Wertungen bedürfen einer objektivierbaren Grundlage. Daran fehlt es hier. Zum einen überragt die von den Beigeladenen geplante Bebauung das Anwesen der Antragsteller nicht. Zum anderen hat die Antragsgegnerin im Verfahren erster Instanz für das Bauvorhaben nach dem Stand der ersten Tekturgenehmigung vom November 2003 (nach den Feststellungen der Vorinstanz mit einer Firsthöhe von 19,02 m) nachgewiesen, daß der Belichtungswinkel von 45 Grad vor notwendigen Fenstern im Gebäude der Antragsteller (vgl. zur Zumutbarkeit dieses Belichtungswinkels im Rahmen des §8 Abs. 10 LbauO Senatsbeschluß zum 2.12.2003 – 8 B 11769/03 –, S.4 BA) nicht unterschritten wird. Daß dies bei Ausführung des Vorhabens nach der zweiten Tekturgenehmigung mit einer Firsthöhe von nur 16,78 m wesentlich anders sein könnte, haben die Antragsteller nicht dargelegt. Vor allem aber darf bei der Frage nach der Zumutbarkeit einer Belichtungs- und Belüftungsbeeinträchtigung die Situationsgebundenheit des Grundstücks der Antragsteller nicht außer Acht gelassen werden. Denn in einem dicht bebauten historischen Altstadtbereich hat ein Grundeigentümer in vermehrtem Maße seinerseits auf das Interesse von Nachbarn Rücksicht zu nehmen, ihr Grundstück in einem der Umgebung angepaßten Ausmaß bebauen zu dürfen.

Nr. 131

1. **Auch wenn ein Gebäude nicht unmittelbar an einer öffentlichen Verkehrsfläche, sondern zurückgesetzt errichtet werden soll, ist vor dessen straßenseitiger Außenwand gemäß §6 Abs.2 Satz2, Abs.5 Satz1 BauO Bln 1997 nur eine insgesamt auf 0,5 H reduzierte – höchstens bis zur Straßenmitte reichende – Abstandfläche einzuhalten.**

2. **Wird bei dem Aufeinandertreffen zweier gerader Wände eines Gebäudes die Ecke abgerundet ausgestaltet, so löst der abgerundete Wandteil keine eigene Abstandfläche aus. Anderes gilt, soweit der abgerundeten oder abgeflachten Ecke durch ihr gesondert zugeordnete Türen, Fenster oder Balkone eine eigenständige architektonische Funktion zugewiesen ist.**

3. **Zu den Voraussetzungen, unter denen eine außen an der Fassade eines Gebäudes angebrachte Gitterstruktur (sog. Grid) noch als abstandflächenrechtlich privilegierter (untergeordneter) vortretender Bauteil oder schon als Vorverlagerung der Außenwand einzustufen ist.**

BauGB §34 Abs.1, BauO Bln 1997 i.d.F vom 3.9.1997 (GVBl., 421) §6 Abs.2 Satz2, Abs.5 Satz1.

OVG Berlin, Beschluß vom 27. Oktober 2004 – 2 S 43.04 – (rechtskräftig).

Die Antragstellerin begehrt die Anordnung der aufschiebenden Wirkung ihres Widerspruchs gegen eine der Beigeladenen erteilte Baugenehmigung von 2003 für ein Bauvorhaben in Berlin-Mitte. Auf ihrem Grundstück steht ein 1922 errichtetes fünfgeschossiges Wohngebäude mit ausgebautem Dachgeschoß, bei dem die Traufhöhe bei 14,5 m, die Oberkante des Dachaufbaus bei ca. 18,44 m und die gesamte Gebäudehöhe bei 21,92 m liegt.

Das der Beigeladenen – noch vor Festsetzung des Bebauungsplans vom März 2004 – 2003 genehmigte Vorhaben auf dem seit dem Abriß des alten Friedrichstadtpalastes im Jahre 1985 unbebauten Grundstück besteht aus drei neungeschoßigen Baukörpern, von denen zwei als Bürohäuser und eines für einen Appartementbetrieb genutzt werden

Nr. 131

sollen; die Baukörper sollen einschließlich des Dachbereichs mit einem aus rhombenförmigen Maschen mit 4,50 m breiten und 2,50 m hohen Metallverstrebungen geformten Metallgitter (Grid) überfangen werden. Zwischen den Baukörpern sollen öffentlich zugängliche Wegführungen (Canyons) freigehalten werden; die Baukörper sollen ab dem sechsten Geschoß stufenweise bis zur Oberkante des neunten Obergeschosses mit einer Höhe von 30,61 m gestaffelt werden; die Geschoßflächenzahl beträgt 4,99, die Grundflächenzahl 0,64. Durch Bescheid vom gleichen Tage wurde ferner u. a. eine Befreiung hinsichtlich des Übergreifens der Abstandfläche um 0,20 m über die Mitte der öffentlichen Straßen.

Aus den Gründen:
Auf eine Verletzung der in §6 BauO Bln geregelten Abstandvorschriften – die ohnehin nach der Rechtsprechung des Senats nur hinsichtlich des den Nachbarn verletzenden Teils des genehmigten Bauvorhabens zur Anordnung der aufschiebenden Wirkung des Rechtsmittels des Nachbarn führen könnten (vgl. den Beschluß v. 25. 3. 1993, BRS 55 Nr. 121 mit Nachweisen) – kann die Antragstellerin im Ergebnis ihr vorläufiges Rechtsschutzbegehren nicht stützen.

Zutreffend hat das Verwaltungsgericht darauf abgestellt, daß das der Beigeladenen genehmigte Gebäude mit seiner gegenüber dem Grundstück der Antragstellerin auf der anderen Straßenseite liegenden Außenwand gemäß §6 Abs. 5 Satz 1, Abs. 2 Satz 2 BauO Bln auf Grund der Lage zu einer öffentlichen Verkehrsfläche nur das Maß einer Abstandfläche von 0,5 H einhalten muß.

Soweit nach diesen Vorschriften die auf das Maß von 0,5 H reduzierten Abstandflächen auch auf öffentlichen Verkehrsflächen, jedoch nur bis zu deren Mitte, liegen dürfen, ist damit der Anwendungsbereich der Regelung nicht auf unmittelbar an die genannten öffentlichen Flächen angrenzende Gebäudeaußenwände beschränkt, sondern gilt nach dem erkennbaren Regelungsziel der Bestimmungen auch für die Außenwände von Gebäuden, die auf dem Baugrundstück zwar zurückgesetzt, aber der öffentlichen Verkehrsfläche zugewandt errichtet werden sollen. Diesem Normenverständnis steht nicht der aus der amtlichen Begründung zu entnehmende Wille des Gesetzgebers entgegen, in der es heißt (Abgh.-Drs. 12/5688, S. 7): „Außerdem wird die erforderliche Tiefe der Abstandfläche zu öffentlichen Verkehrsflächen von bisher 1 H auf 0,5 H reduziert. Damit soll dem bisherigen Widerspruch zwischen den städtebaulichen Gegebenheiten und der bauordnungsrechtlichen Abstandflächenregelung auf öffentlichem Straßenland insbesondere in innerstädtischen Bereichen mit Blockrandbebauung abgeholfen werden. Denn nach Abs. 2 können Abstandflächen auch auf öffentlichen Verkehrsflächen liegen, jedoch nur bis zu deren Mitte. Bei konsequenter Anwendung dieser Regelung würde dies in vielen Fällen ein deutliches Zurücktreten der Baukörper hinter den Baulinien oder Baugrenzen ergeben. Städtebaulich gewachsene Strukturen, wie z. B. die Blockrandbebauung, würden damit in Frage gestellt." Zwar ist der Antragstellerin einzuräumen, daß damit eine orts- und straßenbildgestalterische Tendenz der Regelung zum Ausdruck gebracht wird. Gleichwohl kann hieraus nicht die von der Antragstellerin vertretene enge Auslegung der Bestimmung hergeleitet werden, daß die Privilegierung des §6 Abs. 5 Satz 1 BauO Bln für Gebäudeaußenwände zu öffentlichen Verkehrsflächen nur gelten soll, wenn diese unmittelbar an diese Flächen angrenzen und nicht auch eigene Grundstücksflächen mit in Anspruch nehmen. Denn neben der beispielhaft genannten Blockrandbebauung in Berlin kann zu den gewachsenen städtebaulichen Strukturen durchaus auch eine geschlossene Bebauung mit Vorgärten gerechnet werden. Überdies erfaßt die Regelung nicht nur die Abstandflächen von Gebäudeaußenwänden auf Grundstücken, die an öffentlichen Straßen liegen, sondern auch Baugrundstücke, die an andere öffentliche Verkehrsflächen angrenzen, an die – wie etwa an Schienenwege – regelmäßig nicht unmittelbar angebaut werden kann.

Die von der Antragstellerin vertretene Auslegung der Vorschrift ist darüber hinaus auch prinzipiell mit deren Regelungsstruktur unvereinbar. Bei der abstandflächenrechtlichen Regelung des §6 Abs. 2 Satz 2, Abs. 5 Satz 1 BauO Bln handelt es sich um eine die Grundstückseigentümer privilegierende Regelung, die es ihnen ermöglichen soll, dichter an die öffentlichen Verkehrs- und Grünflächen heranzubauen, die im allgemeinen unbebaut bleiben, so daß es deshalb nicht nötig ist, ihnen gegenüber die Einhaltung von Abstandflächen in gleichem Maße wie bei anderen Grundstücken zu verlangen. Hiervon wird wegen der flächensparenden Auswirkungen in aller Regel auch Gebrauch gemacht werden. Zugleich wird das in der zitierten amtlichen Begründung bezeichnete orts- und straßenbildliche Anliegen befördert. Eine zwingende rechtliche Verpflichtung, das Privileg zu nutzen und in dieser Weise zu bauen, enthält die Regelung dagegen nicht. Eine darüber hinausgehende rechtliche Bindung kann nur der Plangeber durch entsprechende Festsetzungen schaffen. Bestätigt wird die Sachgerechtigkeit dieser Auslegung im übrigen auch durch die auf den Schutzzweck von Abstandflächen abstellende Kontrollerwägung des Verwaltungsgerichts, daß es zu sinnwidrigen Ergebnissen führen würde, wenn ein Bauherr, der im Interesse der gegenüberliegenden Nachbarbebauung sein Vorhaben hinter die Grundstücksgrenze zurücksetzt, schlechter gestellt wäre, als ein Bauherr, der sein Vorhaben direkt an der Straßengrenze plant. Die in dieser Weise bestimmte Reduzierung der Tiefe der Abstandfläche auf 0,5 H gilt für die gesamte vor der betreffenden Außenwand liegende Abstandfläche, d.h. sowohl für den Teil auf der Verkehrsfläche als auch für den auf dem Baugrundstück selbst. Dies folgt aus dem Wortlaut des §6 Abs. 5 Satz 1 BauO Bln, der die Verringerung der Abstandflächen „zu" öffentlichen Verkehrsflächen vorschreibt.

Die nordöstlich gegenüber den Flurstücken liegende abgerundete Gebäudeecke des Bauteils A löst keine eigene Abstandfläche aus, weil sie nicht als abstandflächenrelevante Außenwand i. S. von §6 Abs. 1 Satz 1 BauO Bln zu qualifizieren ist, so daß es deshalb auch nicht der hierfür erteilten Befreiung bedurft hätte. Die Frage, welche oberirdisch errichteten Teile eines Gebäudes als Außenwände im Sinne von §6 Abs. 1 Satz 1 BauO Bln einzustufen sind, ist auf der Grundlage einer den Zweck der Regelung und die Verkehrsauffassung berücksichtigenden wertenden Betrachtung des Grundrisses des betreffenden Gebäudes zu beantworten (vgl. für die Bestimmung des §6 Abs. 6 BauO Bln den Beschluß des Senats v. 9.11.1999 – 2 SN 25.99 –, BRS 62 Nr. 27). Dabei baut die Regelung auf dem traditionellen Grundtypus eines rechtwinkligen Gebäudegrundrisses mit geraden Außenwänden auf. Vor diesen sollen Abstandflächen von Bebauung freigehalten werden, während die durch das Aufeinandertreffen der Außenwände entstehenden dreieckigen Zwickelfelder mit den Gebäudeecken als Scheitelpunkten – im Gegensatz zu den Zusatzflächen nach der früheren Regelung des §8 Abs. 4 Satz 1 BauO Bln 1979 – außerhalb der Abstandflächen liegen sollen, mithin insoweit abstandflächenrechtlich privilegiert sind (vgl. dazu Wilke/Dageförde/Knuth/Meyer, BauO Bln, 5. Aufl. 1999, §6 Rdnr. 37 und Ortloff/ Korbmacher, Das Abstandflächenrecht der Berliner Bauordnung, 3. Aufl. 1999, Rdnr. 80 und Abb. 8). Dies gilt auch für die hier vorgesehene Ausgestaltung, bei der die Außenwände im Prinzip rechtwinklig aufeinandertreffen und lediglich zur Vermeidung einer scharfen Gebäudeecke aus gestalterischen Erwägungen eine Abrundung vorgenommen wird. In einem solchen Fall kann nach der Verkehrsauffassung unter Berücksichtigung der den Abstandflächen zugedachten Schutzfunktion gegenüber den Nachbargrundstücken nicht davon ausgegangen werden, daß es sich um eine in ihrem gesamten Verlauf Abstandflächen auslösende kurvig verlaufende Außenwand handelt (vgl. hierzu Beschluß des Senats v. 9. 11. 1999, a. a. O.). Vielmehr hebt das Verwaltungsgericht in diesem Zusammenhang zu Recht hervor, daß der hier gewählte Verlauf der Gebäudeaußenwand im Eckbereich eher geringere Auswirkungen auf die durch das Abstandflächenrecht geschützten Belange hat, weil die Fläche der Gebäuderundung zurückgesetzt innerhalb des durch die gedachte Verlängerung der Außenwände zu einer spitzen Ecke gebildeten rechten Winkels liegt. Anderes gilt unter Berücksichtigung der Verkehrsauffassung und der Auswirkungen auf die Nachbargrundstücke, wenn der abgerundeten oder abgeflachten „Ecke" eines Gebäudes durch ihr gesondert zugeordnete Fenster, Türen oder Balkone eine eigenständige architektonische Funktion zugewiesen wird, wie sie im Berliner Stadtbild bei Altbauten häufig anzutreffen ist. Dies ist hier jedoch nicht der Fall.

Soweit das Verwaltungsgericht dem die Außenwände der drei Gebäude überfangenden Grid – einer Gitterstruktur mit 4,50 m breiten und 2,50 m hohen rhomben-förmigen Maschen aus 5 cm dicken Metallverstrebungen – auf Grund seiner luft- und lichtdurchlässigen Ausgestaltung die abstandflächenrechtliche Relevanz abspricht, vermag der beschließende Senat dem im vorliegenden Verfahren nicht zu folgen.

Für eine abstandflächenrechtliche Privilegierung als vor die Außenwand vortretender Bauteil i. S. von §6 Abs. 7 Satz 1 BauO Bln erfüllt das Grid zwar das dafür konstitutive Merkmal, daß es nach der ihm zugewiesenen Funktion ausschließlich der architektonischen Gestaltung der Außenwände der überfangenen Gebäude dienen soll. Dem Grid fehlt jedoch die für die Privilegierung erforderliche weitere Voraussetzung einer quantitativen Unterordnung unter die Außenfassaden (vgl. zu diesen Kriterien die Urteile des Senats v. 22. 5. 1992, BRS 54 Nr. 97, und v. 21. 8. 1992, BRS 54 Nr. 93, und Beschluß v. 25. 3. 1993, BRS 55 Nr. 121, zur Relationsbetrachtung OVG Saar., Beschluß v. 14. 2. 2000, BRS 63 Nr. 146; Hbg. OVG, Urteil v. 21. 5. 2003, NVwZ-RR 2004, 637). Dies ergibt sich daraus, daß das Grid flächendeckend das gesamte Äußere der drei Bauteile des Gebäudekomplexes zusammenfassend überspannen soll. Allein mit dem Hinweis auf die weitmaschige Gitterstruktur kann diesem Einwand nicht begegnet werden. Auch wenn die dahinterliegende Fassade nach wie vor sichtbar bleiben wird, wird doch das Grid als solches für den Betrachter aus der Nähe und aus der Entfernung deutlich ins Auge fallen und das Erscheinungsbild des gesamten Gebäudekomplexes nachhaltig prägen. Dieser optische Effekt entspricht dem in der Baubeschreibung, in dem zwischen der Beigeladenen und dem Bezirk geschlossenen städtebaulichen Vertrag sowie in der Entwurfsbegründung zum Bebauungsplan I-39 formulierten gestalterischen Ziel der Anbringung des Grids, wonach die Verbindung der drei Baukörper des Vorhabens durch die umlaufende Fassadenstruktur dazu dienen soll, nach Außen die Wirkung eines in sich ruhenden Solitärs zu schaffen. Daß das Grid auf Grund seiner weitmaschigen Struktur den Zutritt von Tageslicht und Luft auf die benachbarten Grundstücke und Gebäude nur in geringerem Maße beeinträchtigt, als dies bei einer an der gleichen Stelle installierten geschlossenen Wandfläche der Fall wäre, schließt die Abstandflächenrelevanz des Grids nicht notwendig aus. Denn die Schutzwirkung der vorgeschriebenen Abstandflächen erschöpft sich nicht in der Sicherung der vom Gesetzgeber für erforderlich erachteten Belichtung und Belüftung der Nachbargrundstücke, sondern soll auch die Wahrung einer gewissen sozialen Distanz gegen ein als optisch beengend empfundenes zu großes Heranrücken der Bebauung an die Nachbargrundstücke garantieren.

Es erscheint nach den Darstellungen in den vorliegenden Akten unter Berücksichtigung der allgemeinen Lebenserfahrung durchaus wahrscheinlich, daß die außen angefügte Gitterstruktur auch aus der Nahsicht vom Grundstück der Beigeladenen her in diesem Sinne optisch den Eindruck einer Vorverlagerung der Außenwand vermitteln kann (vgl. auch Hbg. OVG, Urteil v. 21.5.2003, NVwZ-RR 2004, 637f.). Das Grid nähert sich in seiner Beschaffenheit unter dem Aspekt der abstandflächenrechtlichen Belange damit einer flächendeckenden Verkleidung von Außenwänden, die gemäß §6 Abs. 7 Satz 3 Nr. 1 BauO Bln nur für Zwecke der Energieeinsparung abweichend von den regulären Abstandflächen zugelassen werden könnten.

In noch stärkerem Maße gilt die erörterte Einschätzung der abstandflächenrechtlichen Auswirkungen des Grids für dessen den oberen Teil ab dem sechsten Geschoß und das gesamte Dach überspannenden Teil. Denn dort hat es – wie in den genannten Unterlagen ausdrücklich hervorgehoben wird – die Aufgabe, den stufenweise zurückgestaffelten Baukörper und die zerklüftete Dachstruktur mit ihren Aufbauten vereinheitlichend und optisch beruhigend durch Überdeckung zusammenzufassen, was nach den vorliegenden Planzeichnungen und den zu den Akten gereichten bildlichen Darstellungen auch aus der Perspektive des Grundstücks und der Fenster des Gebäudes der Antragstellerin ungeachtet der Lichtdurchlässigkeit der Konstruktion voraussichtlich das angestrebte Erscheinungsbild einer geschlossenen Dachoberfläche bewirken wird.

Wird hiernach bei summarischer Prüfung davon ausgegangen, daß das Grid nicht die ihm vom Verwaltungsgericht zugewiesene untergeordnete Funktion hat, und deshalb abstandflächenwirksam ist, so wäre die für die

Tiefe der Abstandflächen maßgebende Wandhöhe nach den in § 6 Abs. 4 BauO Bln für Wände, Dächer und Dachteile getroffenen Regelung zu bestimmen.

Hieraus folgt, daß der oberhalb einer Gebäudehöhe von 18,13 m ab dem sechsten Obergeschoß bis zu einer Gebäudehöhe von 28,33 m eine Neigung von ca. 60 Grad aufweisende Teil dieser Dachüberdeckung durch das Grid nicht gemäß § 6 Abs. 4 Satz 3 BauO Bln entsprechend der Höhe der stufenweise zurückgestaffelten Wandteile zu ermitteln ist, sondern gemäß § 6 Abs. 7 Satz 5 BauO Bln mit einem Drittel seiner Höhe der senkrecht gemessenen Wandhöhe hinzuzurechnen ist, während der darüber hinaus bis zur Dachoberkante des neunten Obergeschosses eine Neigung von maximal 45 Grad aufweisende Teil nach der genannten Vorschrift unberücksichtigt bleiben müßte.

Die gegenüber dem Grundstück der Antragstellerin einzuhaltende Tiefe der Abstandfläche errechnet sich hiernach aus der mit 18,13 m anzusetzenden Traufhöhe der senkrechten Außenwand des Gebäudes bis zum sechsten Obergeschoß zuzüglich der mit einem Drittel anrechenbaren 60 Grad Dachüberdeckung durch das Grid im Bereich zwischen der Traufhöhe von 18,13 m und der Höhe von 28,33 m, mithin (10,2 : 3) 3,4 m, zusammen also 21,53 m. Das sich daraus ergebende Maß von 0,5 H, also 10,77 m, überschreitet zwar - gemessen von dem in einem Abstand von 0,4 m vor der 3,40 m hinter der Straßenbegrenzungslinie zurückgesetzten Gebäudewand angebrachten Grid – die im Abstand von 5,87 m verlaufende Mitte der 11,75 m breiten Straße um 1,90 m (10,77 m – 5,87 m – 3 m = 1,90 m). Gleichwohl kann sich die Antragstellerin insoweit nicht mit Erfolg auf eine Verletzung ihrer Nachbarrechte berufen. Dabei bedarf es keiner Klärung, ob dem von vornherein die ihrem Wortlaut nach hier anwendbare Vorschrift des § 6 Abs. 5 Satz 4 BauO Bln entgegensteht, wonach den Abstandflächen nach Satz 1 nur zur Hälfte ihres Maßes, mindestens jedoch zu drei Metern, nachbarschützende Wirkung zukommt, was vorliegend zu einer deutlich vor der Straßenmitte endenden schutzwürdigen Abstandfläche führen würde. Jedenfalls verstieße eine Berufung der Antragstellerin auf diese Überschreitung mit Rücksicht darauf, daß die einzuhaltende Abstandfläche des auf ihrem Grundstück befindlichen Gebäudes ihrerseits die Straßenmitte sogar um eine Tiefe von 2,90 m überschreitet, gegen den das öffentliche Nachbarrecht beherrschenden Grundsatz von Treu und Glauben. Wie der beschließende Senat seit der Grundsatzentscheidung vom 6. 9. 1994 (– 2 S 14.94 –, OVGE 21, S. 98 = BRS 56 Nr. 173) in st. Rspr. (zuletzt Urteil v. 11. 2. 2003, BauR 2003, 770) entschieden hat, kann ein Grundstücksnachbar gegen die Verletzung abstandflächenrechtlicher Vorschriften Abwehrrechte grundsätzlich insoweit nicht geltend machen, als die Bebauung auf seinem Grundstück gegenüber dem Nachbargrundstück in vergleichbarem Umfang die nach dem geltenden Recht erforderlichen Abstandflächen nicht einhält. Für diese Beurteilung ist es unerheblich, ob sein Gebäude seinerzeit in Übereinstimmung mit baurechtlichen Bestimmungen errichtet worden ist oder Bestandsschutz genießt. Die Voraussetzungen, unter denen ggf. auch von diesem Grundsatz wiederum Ausnahmen in den Fällen zu machen sind, in denen die gegen das Abstandflächenrecht verstoßende neue Bebauung in gefahrenrechtlicher Hinsicht völlig untragbare

Zustände schaffen würde (vgl. dazu VGH Bad.-Württ., Urteil v. 18. 11. 2002, BRS 65 Nr. 193), sind hier offensichtlich nicht erfüllt.

Auf eine Verletzung Nachbarschutz gewährender planungsrechtlicher Vorschriften kann die Antragstellerin ihr vorläufiges Rechtsschutzbegehren ebenfalls nicht stützen. Wie das Verwaltungsgericht zutreffend ausgeführt hat, ist im vorliegenden Verfahren eine Rechtsverletzung der Antragstellerin bereits bei einer planungsrechtlichen Beurteilung nach Maßgabe der für das Bauvorhaben im Zeitpunkt der Genehmigungserteilung anwendbaren Innenbereichsregelung des § 34 Abs. 1 BauGB nicht festzustellen, so daß es nicht darauf ankommt, ob eine sich etwa danach ergebende planungsrechtliche Unzulässigkeit des Vorhabens auf Grund der später in Kraft getretenen Festsetzungen des Bebauungsplans I-39 behoben worden ist oder ob dieser Bebauungsplan rechtsungültig ist. ...

Was die durch das Bauvorhaben der Beigeladenen für das Grundstück der Antragstellerin etwa zu erwartenden Beeinträchtigungen des Zutritts von Tageslicht und Luft anbelangt, kann hier allerdings nicht auf die Erwägung zurückgegriffen werden, daß bei Einhaltung der bauordnungsrechtlichen Abstandflächenregelungen die Wahrung dieser nachbarlichen Schutzbelange grundsätzlich als gewährleistet angesehen werden kann und deshalb eine Verletzung des planungsrechtlichen Gebots der Rücksichtnahme darüber hinaus im Regelfall nicht gegeben sein wird (vgl. BVerwG, Beschlüsse v. 11. 1. 1999, DVBl. 1999, 786, und v. 6. 12. 1996, NVwZ-RR 1997, 516). Denn – wie ausgeführt – bei Einbeziehung des Grids überschreitet die Abstandfläche des Bauteils A die zulässige Tiefe um bis zu 1,90 m gegenüber dem Grundstück der Antragstellerin. Andererseits folgt aus einem derartigen Verstoß gegen Abstandregelungen nicht zwangsläufig auch eine rücksichtslose Beeinträchtigung des Grundstücks der Antragstellerin und ein entsprechendes Abwehrrecht gegen das Bauvorhaben. Denn auf Grund der hier gegebenen konkreten städtebaulichen Situation und der vorgesehenen Beschaffenheit des Gebäudes ist gleichwohl die Annahme gerechtfertigt, daß den genannten Nachbarbelangen in ausreichendem Maße Rechnung getragen wird und die – in § 136 Abs. 2 und 3 Nr. 1 BauGB näher umschriebenen – allgemeinen Anforderungen an gesunde Wohn- und Arbeitsverhältnisse gewahrt bleiben werden. Dies wird vor allem durch die von der Beigeladenen vorgelegten, auf Computersimulationen beruhenden Verschattungsstudie glaubhaft gemacht, nach der mit Ausnahme des gewerblich genutzten Erdgeschoßbereichs für die Fassade des Grundstücks der Antragstellerin während der Tag- und Nachtgleiche am 2. März und 21. September eine direkte Besonnung von mindestens zwei Stunden sichergestellt ist, während im Erdgeschoß die direkte Besonnung noch immer etwa eine Stunde und 50 Minuten beträgt. Der Einwand der Antragstellerin, diese Belichtung ihres Gebäudes sei so gering, daß gesunde Wohn- und Arbeitsverhältnisse nicht gewährleistet seien, ist nicht weiter substanziiert und vermag angesichts der zentralen Innenstadtlage dieses Bereichs, die eine erhöhte bauliche Verdichtung und dementsprechend geringere Anforderungen und Erwartungen an eine direkte Besonnung der Wohnräume bedingt, nicht zu überzeugen. Es kommt hinzu, daß die vorgelegte Simulation noch von einem 32,5 m gegenüber nunmehr genehmigten 30,61 m hohen Gebäude sowie von einer durch das Grid geschaffenen geschlossenen Wandfläche ausgeht und daß – wie ausgeführt – eine Außenwandwirkung des Grids weniger wegen dessen in gewissem Umfang licht- und luftdurchlässigen Konstruktion als vielmehr hauptsächlich im Hinblick auf den dadurch bewirkten optischen Eindruck des flächenhaften Vortretens als abstandflächenrelevante Außenwand eingestuft werden könnte. Der dadurch in erster Linie berührte Schutzzweck der Wahrung eines sozialen Abstand hat bei den zu öffentlichen Verkehrsflächen einzuhaltenden Abstandflächen ohnehin ein wesentlich geringeres Gewicht als bei den zu den seitlichen Grundstücksnachbar vorgeschriebenen Abständen. Unter Berücksichtigung dieser spezifischen Gegebenheiten könnten, daher auch in einem Bebauungsplan entsprechend geringere Abstandflächentiefen durchaus abwägungsfehlerfrei festgesetzt werden. Überdies fällt zu Lasten eines möglichen Abwehrrechts der Antragstellerin auch in diesem Zusammenhang der bereits erörterte, aus dem Grundsatz von Treu und Glauben im Nachbarschaftsverhältnis hergeleitete Einwand ins Gewicht, daß die Abstandfläche ihres Gebäudes ebenfalls die Straßenmitte deutlich überschreitet.

Nr. 132

Zwischen zwei Gebäuden, die dem Aufenthalt von Menschen zum Zweck der Erholung und der Verwirklichung der Privatsphäre dienen, kann in einem Sondergebiet Fremdenverkehr grundsätzlich gemäß § 6 Abs. 5 LBauO MV keine unter den allgemeinen gesetzlichen Abstandsflächentiefen liegende Tiefe von Abstandsflächen gestattet werden.

LBauO MV § 6 Abs. 5, 14, 15.

OVG Mecklenburg-Vorpommern, Beschluß vom 22. September 2004
– 3 M 140/04 – (rechtskräftig).

Die Beteiligten streiten um die Rechtmäßigkeit einer Baugenehmigung, die die Antragsgegnerin der Beigeladenen für den Bau einer Mutter-Kind-Kurklinik erteilt hat.

Die Antragsteller sind Eigentümer einer Eigentumswohnung in der St.straße 10 in B. (Flurstück 117). Auf den östlich benachbart liegenden Flurstücken 116 und 115 will die Beigeladene eine Mutter-Kind-Klinik errichten. Ausweislich des Lageplans zum Bauantrag hält das bauliche Vorhaben der Beigeladenen zum Flurstück 117 einen Grenzabstand zwischen 3,00 und 3,36 m ein. Zum Flurstück 117 hat das bauliche Vorhaben ein Wandhöhe von 6,88 m. Das Satteldach soll eine Dachneigung von 45 Grad haben. Zum Flurstück 117 soll das Vorhaben vier Dachgaupen ohne Balkon haben. Im zweiten Dachgeschoß findet sich ein aus dem Dach herausstehender Ausbau, der bei einer Gesamtlänge des Gebäudes von 25,00 m vermutlich 13,10 m lang ist.

Die Flurstücke liegen im Geltungsbereich eines Bebauungsplanes, der dort ein Sondergebiet „Fremdenverkehr", eine Baulinie zur St.straße und auf jedem Flurstück Baugrenzen im Westen, Osten und Süden, zwei Vollgeschosse und eine offene Bauweise festsetzt. Die westlichen und östlichen Baugrenzen lassen einen Grenzabstand von jeweils ca. 3 m zu.

Aus den Gründen:

II. Die Beschwerde dringt nicht mit der Überlegung durch, auf Grund der rechtswidrigen Nutzung ihrer Eigentumswohnung hätten die Antragsteller die Antragsbefugnis wegen rechtsmißbräuchlichen Verhaltens verloren. Die Beigeladene beruft sich dabei auf die sog. Sperrgrundstücksrechtsprechung. Voraussetzung dieser Rechtsprechung ist aber, daß der Rechtstitel Eigentum ausschließlich zu dem Zweck erworben wurde, eine behördliche (Planungs-)Entscheidung bekämpfen zu können und daß mit dem Erwerb des Eigentums kein weiterer, üblicherweise mit dem Eigentum verbundener Zweck verfolgt wird (vgl. OVG Greifswald, Urteil v. 19. 11. 2003 – 3 K 29/99 –, NuR 2004, 53 = NordÖR 2004, 155). Im hier zu entscheidenden Einzelfall ist nicht zu erkennen, daß die Antragsteller ihr Wohnungseigentum allein zu dem Zweck erworben haben, die Bebauung des Nachbarflurstücks 116 zu verhindern. Vielmehr gehen alle Beteiligten davon aus, daß die Antragsteller ihr Wohnungseigentum zu Wohnzwecken nutzen. Daß dies möglicherweise den Festsetzungen des Bebauungsplanes widerspricht, nimmt den Antragstellern nicht die Widerspruchs- und Antragsbefugnis im verwaltungsgerichtlichen Eilverfahren. Denn diese knüpft an die Eigentümerstellung, nicht aber an die Nutzung an.

Die in der Baugenehmigung ausgesprochene Verringerung der Abstandsfläche des baulichen Vorhabens der Beigeladenen auf 3 m kann sich zunächst nicht auf die Bestimmung des § 6 Abs. 15 LBauO M-V stützen.

Die genannte Vorschrift setzt voraus, daß sich geringere Abstandsflächen aus zwingenden Festsetzungen über die Bauweise, die überbaubaren Grundstücksflächen oder über die Zahl der Vollgeschosse in einem Bebauungsplan ergeben. Aus den Festsetzungen des Bebauungsplanes muß sich ergeben, daß eine andere Bebauung als die, die zu einer Unterschreitung der nach den allgemeinen Regeln vorgegebenen Abstandsflächen führt, dem Bebauungsplan widerspricht. Lassen hingegen die Festsetzungen des Bebauungsplanes eine Bebauung zu, durch die die sich aus den allgemeinen Regelungen des Landesbauordnungsrechts ergebenden Abstandsflächen eingehalten werden, enthält der Bebauungsplan keine zwingenden Festsetzungen i. S. des § 6 Abs. 15 LBauO M-V.

Die von der Beigeladenen für eine Bebauung vorgesehenen Flurstücke liegen im Geltungsbereich des Bebauungsplanes Nr. 1 „St.straße". Der Bebauungsplan sieht für diese Flurstücke eine Baulinie zur St.straße sowie zwei Vollgeschosse als zwingende Vorgaben vor. Daraus ergibt sich für die Bebauung, daß sie mit zwei Vollgeschossen, errichtet an der Baulinie, zu erfolgen hat. Hinsichtlich der Abstandsflächen zu den westlich und östlich gelegenen Nachbargrundstücken enthält der Bebauungsplan hingegen keine zwingenden Vorgaben. In westlicher und östlicher Ausrichtung enthält der Bebauungsplan jeweils eine Baugrenze im Abstand von ca. 3 m zur jeweiligen Flurstücksgrenze. Die Baugrenze zwingt den Bauherrn aber nicht, auf ihr zu bauen, sondern begrenzt ausschließlich ein sog. Baufeld, innerhalb dessen gebaut werden darf (§ 23 Abs. 3 BauNVO). Eine zwingende Verringerung von Abstandsflächen ergibt sich daher aus der Festsetzung einer Baugrenze nicht. Gleiches gilt für die Festsetzung der offenen Bauweise, durch die im

Bebauungsplan allein festgelegt wird, daß zwischen den Baukörpern Grenzabstände einzuhalten sind. Die Tiefe des Grenzabstandes bemißt sich bei einer Festsetzung der offenen Bauweise nach dem jeweiligen Landesrecht (Fickert/Fieseler, BauNVO, 10. Aufl. 2002, § 22 Rdnr. 4). Auch in der Kombination von offener Bauweise und Baugrenze ergeben sich noch keine im oben dargelegten Sinne zwingenden Festsetzungen über die Bebauung, aus denen sich andere, insbesondere verringerte Abstandsflächen als die, die nach dem allgemeinen Bauordnungsrecht einzuhalten wären, ergeben. Dies gilt auch dann, wenn die Baulinie und die Festsetzung von zwei Vollgeschossen hinzugenommen werden. Der Bebauungsplan läßt auch unter Berücksichtigung dieser Festsetzungen bei summarischer Betrachtung die Errichtung von baulichen Anlagen zu, die der im Bebauungsplan festgesetzten Zweckbestimmung zugeführt werden können und die die Abstandsflächen nach den Vorschriften des § 6 Abs. 1 bis 4 LBauO M-V einhalten. Daß der Bebauungsplan auch eine andere Bebauung zuläßt, die geringere Abstandsflächen einhalten würde, ist für § 6 Abs. 15 LBauO M-V unerheblich (anders z. B. Art. 7 Abs. 1 Satz 1 Bayerische Bauordnung).

Die Voraussetzungen für eine Verringerung der Abstandsflächen nach § 6 Abs. 5 Satz 2 3. Alt. LBauO M-V liegen nicht vor. Der Senat kann die Rechtsfrage offenlassen, ob die Gestattung der Verringerung der Tiefe der Abstandsflächen nach § 6 Abs. 5 Satz 2 3. Alt. LBauO M-V schon tatbestandlich ausgeschlossen ist, wenn ein Sondergebiet „Fremdenverkehr" festgesetzt worden ist. Denn selbst wenn der Rechtsauffassung gefolgt würde, auch in einem solchen Sondergebiet könnte grundsätzlich in Ausübung des gesetzlich eingeräumten Ermessens bei einzelnen Vorhaben die Abstandsfläche verringert werden, gilt folgendes: Zwischen zwei Gebäuden, die dem Aufenthalt von Menschen zum Zweck der Erholung und der Verwirklichung der Privatsphäre dienen, kann gerade in einem Sondergebiet „Fremdenverkehr" regelmäßig keine Tiefe von Abstandsflächen gestattet werden, die unter den gesetzlich in § 6 Abs. 5 Satz 1 LBauO M-V festgesetzten Mindesttiefen liegt. Das ergibt sich aus der Überlegung, daß Abstandsflächen bauordnungsrechtlich auch die Aufgabe haben, bei Gebäuden, die dem genannten Zweck dienen, die Wahrung der Privatsphäre und des nachbarlichen Friedens zu ermöglichen. Dazu gehört, daß die gegenseitige Wahrnehmung des nachbarlichen Lebens durch Mindesttiefen von Abstandsflächen auf ein sozialverträgliches Maß begrenzt wird. Dieses Maß hat der Gesetzgeber durch die in § 6 Abs. 5 Satz 1 LBauO M-V festgesetzen Mindesttiefen von Abstandsflächen definiert. Der Senat hat dabei bedacht, daß Betriebe des Beherbergungsgewerbes auch in einem Gewerbegebiet allgemein zulässig sind (§ 8 Abs. 2 Nr. 1 BauN-VO) und für Gewerbegebiete geringere Tiefen von Abstandsflächen als nach § 6 Abs. 5 Satz 1 LBau M-V zulässig sind (§ 6 Abs. 5 Satz 2 2. Alt. LBauO M-V). Daraus kann aber nicht der Schluß gezogen werden, bei Beherbergungsbetrieben in einem Sondergebiet „Fremdenverkehr" müßten die gleichen Abstandsflächentiefen wie in einem Gewerbegebiet gelten. Denn das Sondergebiet „Fremdenverkehr" hat eine andere Nutzungsbestimmung als ein Gewerbegebiet; bei einem solchen Sondergebiet ist der Erholungszweck bei der Nutzung des Sondergebiets mit zu berücksichtigen. Ein solcher Zweck ist der Nutzung eines

Gewerbegebiets fremd. Dieser Unterschied rechtfertigt die bauordnungsrechtliche Ermessensreduzierung auf Null jedenfalls bei der Entscheidung über die Abstandsflächen vor Gebäuden, die der Beherbergung von Urlaubern/Feriengästen dienen.

Der Senat weist – ohne daß dies entscheidungserheblich ist – auf Bedenken gegen die in dem Aktenvermerk niedergelegte Ermessensausübung der Antragsgegnerin hin: Auf Grund der systematischen Stellung des §6 Abs. 5 Satz 2 LBauO M-V wird das behördliche Ermessen – soweit nicht wie hier eine Ermessensreduzierung auf Null vorliegt – im wesentlichen bauordnungsrechtliche Aspekte zu berücksichtigen haben. Die bauplanungsrechtlichen Belange sind bereits im Tatbestand der Norm „Nutzung des Sondergebietes rechtfertigt" normativ verortet. Die Ermessensentscheidung muß daher insbesondere die verschiedenen Schutzziele der Anordnung von Abstandsflächen beachten. Dazu gehört die Sicherung ausreichender Belüftung und die Verhinderung unzumutbarer Verschattungen, Gründe des baulichen und abwehrenden Brandschutzes und Gründe zur Sicherung der Privatheit. In der Literatur wird folgerichtig für die Ermessensausübung verlangt zu prüfen, ob eine ausreichende Beleuchtung von Aufenthaltsräumen und ein ausreichender Brandschutz gewährleistet sind (vgl. Gädtke/Böckenförde/Themme/Heintz, LBauO NRW, 9. Aufl. 1998, §6 Rdnr. 93). Die planungsrechtlichen Erwägungen in der von der Antragsgegnerin nachgeschobenen Ermessensentscheidung dürften ebenso ermessensfehlerhaft sein wie die Überlegung, daß der Investitionsdruck eine möglichst hohe Ausnutzung von Grundstücken im Interesse des Investors erlaube. Dabei handelt es sich ersichtlich nicht um bauordnungsrechtlich zu beachtende Belange.

Ebenfalls ermessensfehlerhaft wäre eine Verringerung der Abstandsflächen auf ein Maß unterhalb von 0,5 H gestützt auf §6 Abs. 14 LBauO M-V. Der Senat kann dabei dahingestellt sein lassen, ob die tatbestandlichen Voraussetzungen der Norm vorliegen. Denn es ist nicht erkennbar, daß die Gestaltung des Straßenbildes eine Verringerung der Abstandsflächentiefen rechtfertigen könnte. Weder den Verwaltungsvorgängen noch den Einlassungen der Beteiligten läßt sich dazu Substantielles entnehmen. Auch für das Vorliegen besonderer städtebaulicher Verhältnisse ergibt sich aus den Verwaltungsvorgängen und dem Vortrag der Beteiligten nichts Substantielles. Dafür wäre i. d. R. erforderlich, daß ein städtebauliches Ensemble besteht, das aus städtebaulichen Gründen wert ist, erhalten und ergänzt zu werden (vgl. OVG Greifswald, Beschluß v. 10.7 1997 – 3 M 82/97 –, NVwZ-RR 1998, 269). Die Darstellung des Bestandes im Bebauungsplan läßt daran erheblich zweifeln.

Auch §6 Abs. 14 LBauO M-V verlangt die Ausübung des Ermessens durch die Ausgangsbehörde. Daran fehlt es im zu beurteilenden Baugenehmigungsbescheid, der sich allein auf §6 Abs. 5 LBauO M-V stützt. Da die tatbestandlichen Voraussetzungen unterschiedlich ausgestaltet sind, sind in die Ermessensentscheidung auch unterschiedliche Aspekte einzustellen und unterschiedlich zu gewichten. Die Ermessensentscheidung nach §6 Abs. 5 LBauO M-V kann daher nicht in eine solche nach §6 Abs. 14 LBauO M-V umgedeutet werden. Im übrigen hat auch die Antragsgegnerin in ihrem Aktenvermerk vom 27.5.2004 §6 Abs. 14 LBauO M-V nicht in den Blick genommen. Ersichtlich will die Antragsgegnerin die Norm daher nicht als Grundlage ihrer Entscheidung heranziehen.

Fehlt es an einer rechtmäßig zu Stande gekommenen Entscheidung über die Verringerung der Abstandsflächen, bleibt es bei den allgemeinen gesetzlichen Regelungen über die Einhaltung der Abstandsflächen. Diesen Vorschriften wird das Bauvorhaben der Beigeladenen – unstreitig – nicht gerecht. Der Senat kann bei der gebotenen summarischen Betrachtungsweise nicht erkennen, daß das Überschreiten der gesetzlich vorgegebenen Mindestabstandsflächen durch das bauliche Vorhaben der Beigeladenen sich auf eine Fläche von unter 22 m^2 beschränkt. Die entsprechenden Angaben der Beigeladenen sind nicht substanziiert belegt. Bei der hier nur möglichen summarischen Berechnung der Abstandsflächen aus den vorliegenden Bauvorlagen ergibt sich, daß die Abstandsfläche von 1 H, berechnet nach §6 Abs. 4 Sätze 1, 2, 4 Nr. 2 2. Spiegelstrich LBauO M-V, 8,75 m beträgt. Diese Abstandsfläche wird unstreitig nicht eingehalten. Ebenso wird eine Abstandsfläche von 0,5 H = 4,375 m durch das Vorhaben der Beigeladenen nicht eingehalten. Die maximale Abstandsfläche beträgt ca. 3,40 m. Nach dem Vortrag der Beigeladenen überschreitet das Gebäude auf dem Flurstück 117 in einem Umfang von 22,712 m^2 die Abstandsfläche, wenn das Schmalseitenprivileg in Anspruch genommen wird. Das bauliche Vorhaben der Beigeladenen überschreitet nach den summarischen Berechnungen des Senats die Abstandsfläche auch bei Inanspruchnahme des Schmalseitenprivilegs um mehr als 32 m^2.

Ob sich bereits aus dieser überschießenden Inanspruchnahme von Abstandsflächen auf dem Grundstück der Antragsteller durch die Beigeladene ergibt, daß die Beigeladene sich nicht auf die Inanspruchnahme von Abstandsflächen auf ihrem Grundstück durch die Antragsteller berufen darf, kann offenbleiben. Nach der Rechtsprechung des Senats (vgl. Beschluß v. 14.7.2004 – 3 M 152/04 –) ist es mißbräuchlich, wenn der eine Nachbar dem anderen den Rechtsverstoß zu verwehren sucht, wenn und soweit er selbst Vorteile durch einen gleichartigen Rechtsverstoß zu Lasten des anderen erlangt hat. An einer solchen Gleichartigkeit fehlt es hier. Die von dem Gebäude, an dem die Antragsteller Miteigentum haben, ausgehende Überschreitung der Abstandsfläche auf dem Grundstück der Antragsteller zu Lasten des Grundstücks der Beigeladenen resultiert jedenfalls auch aus der Einbeziehung der Balkone in die Berechnung der Tiefe der Abstandsflächen. Die Beeinträchtigung des Grundstücks der Beigeladenen ergibt sich nicht allein und im vollen Umfang durch eine geschlossene Wand. Hingegen beeinträchtigt das geplante Bauvorhaben der Beigeladenen mit einer geschlossenen Wandfront das Grundstück der Antragsteller. Die wechselseitigen Beeinträchtigungen beruhen somit auf unterschiedlichen und nicht gleichartigen Rechtsverstößen. Dies rechtfertigt bei der gebotenen wertenden Betrachtungsweise, der Beigeladenen die Berufung auf die Verletzung der Abstandsflächenvorschriften durch die Antragsteller und einen daraus abgeleiteten Abwehranspruch gegen das Rechtsschutzbegehren der Antragsteller zu verwehren.

Nr. 133

Nicht überbaubare Flächen privater Grundstücke (Art. 7 Abs. 5 Satz 1 Halbs. 1 Alt. 2 und 3 BayBO) sind in entsprechender Anwendung des Art. 6 Abs. 7 BayBO abstandsflächenrechtlich grundsätzlich den benachbarten bebaubaren Grundstücken zu gleichen Teilen zugeordnet. Grenzen aber an einer Seite Grundstücke der Eigentümer der nicht überbaubaren Fläche und auf der gegenüberliegenden Seite Grundstücke von Dritten an, ist die nicht überbaubare Fläche in vollem Umfang den Eigentümergrundstücken zugeordnet.

BayBO Art. 6 Abs. 1 Satz 1, Abs. 2 Satz 1, Abs. 2 Satz 2 Halbs. 1 und Abs. 9; Art. 7 Abs. 4 Sätze 1 und 2 und Abs. 5 Satz 1 Halbs. 1 Alt. 2; Art. 6 Abs. 7; Art. 52 Abs. 6 Satz 1.

Bayerischer VGH, Beschluß vom 29. September 2004 – 1 CS 04.340 – (rechtskräftig).

I. Die Antragsteller begehren vorläufigen Rechtsschutz gegen eine der Beigeladenen erteilte Baugenehmigung.

Die Antragsteller sind Eigentümer des mit einer Doppelhaushälfte bebauten Grundstücks Fl.Nr. 25/5 und Miteigentümer des Grundstücks Fl.Nr. 25/7. Dieses ist im südlichen, an die Wackerstraße grenzenden Teil mit vier Garagen bebaut; im übrigen dient es als Zufahrt und Zugang zu dem Wohngrundstück der Antragsteller und zu drei weiteren, gleichfalls mit Wohnhäusern bebauten Grundstücken (Fl.Nrn. 25/3, 25/4 und 25/6). Das Grundstück der Antragsteller sowie das nördliche und das südliche Nachbargrundstück grenzen seitlich an die Wegefläche.

2003 erteilte die Antragsgegnerin der Beigeladenen eine Baugenehmigung für die Errichtung von zwei Mehrfamilienhäusern auf den Grundstücken Fl.Nrn. 25 und 25/8 (Häuser 9 und 11), die östlich an den als Zufahrt dienenden Teil des Garagen- und Wegegrundstücks Fl.Nr. 25/7 grenzen. Zu dem Vorhaben der Beigeladenen gehört eine Tiefgarage. Deren Zufahrt soll auf einer Länge von etwa 7,20 m an der Grenze zu der Wegefläche und dann im spitzen Winkel in das Baugrundstück verlaufen. An den der Garagenfläche vorgelagerten Teil der Wegefläche des Grundstücks Fl.Nr. 25/7 sollen nur das 4 m lange, an der Grenze zwischen 2,50 m und 2,30 m hohe, mit einem Flachdach versehene „Einfahrtshäuschen" und ein etwa 2 m langer, zwischen 1,70 m und 1,40 m hoher Teil der mit einem begrünten Dach versehenen Abfahrtsrampe grenzen. Der restliche Teil der Abfahrtsrampe liegt im Bereich des Teils der Wegefläche, die dem Wohngrundstück Fl.Nr. 25/6 vorgelagert ist.

Die Antragsteller haben gegen die Baugenehmigung Widerspruch erhoben, über den noch nicht entschieden worden ist.

Aus den Gründen:

II. Die Baugenehmigung verletzt nach summarischer Prüfung keine Rechte der Antragsteller aus abstandsflächenrechtlichen Vorschriften (1.). Hinsichtlich des auf dem Baugrundstück Fl.Nr. 25 geplanten Hauses 9 sind die Antragsteller schon keine Nachbarn im abstandsflächenrechtlichen Sinn (1. a). Die auf dem Baugrundstück Fl.Nr. 25/8 geplante überdachte Tiefgaragenzufahrt braucht jedenfalls insoweit keine Abstandsflächen einzuhalten, wie die Antragsteller als Nachbarn betroffen sind (1. b). Die Baugenehmigung verstößt auch nicht gegen Art. 52 Abs. 6 Satz 1 BayBO (2.).

1. a) Die Antragsteller sind selbst dann nicht als abstandsflächenrechtlich geschützte Nachbarn betroffen, wenn ihre Auffassung richtig sein sollte, daß die auf der Westseite des Hauses 9 anfallenden Abstandsflächen nicht vollständig auf dem Baugrundstück Fl.Nr. 25 liegen. Als Miteigentümer des als Zufahrt dienenden Teils des Grundstücks Fl.Nr. 25/7 (Wegefläche) sind sie aus rechtlichen Gründen nicht betroffen (aa). Als Eigentümer ihres Wohngrundstücks Fl.Nr. 25/5 und als Miteigentümer des mit Garagen bebauten Teils des Grundstücks Fl.Nr. 25/7 (Garagenfläche) sind sie aus tatsächlichen Gründen nicht betroffen (bb).

aa) Die Antragsteller können aus ihrem Miteigentum an der Wegefläche keine Rechte aus einer Verletzung der Abstandsflächenvorschriften herleiten, weil die Wegefläche aus rechtlichen Gründen auf Dauer nicht überbaut werden kann.

Die abstandsrechtlichen Vorschriften dienen nicht dem Schutz des Eigentümers eines aus rechtlichen oder tatsächlichen Gründen nicht überbaubaren Grundstücks. Das ergibt sich aus Art. 7 Abs. 5 Satz 1 Halbs. 1 Alt. 2 und 3 BayBO. Nach dieser Vorschrift können sich die Abstandsflächen eines Gebäudes ganz oder teilweise auf Nachbargrundstücke erstrecken, wenn diese aus rechtlichen oder tatsächlichen Gründen nicht überbaut werden können. Hierbei handelt es sich um eine der in Art. 6 Abs. 2 Satz 1 BayBO vorgesehenen Ausnahmen von dem Grundsatz, daß die gemäß Art. 6 Abs. 1 Satz 1 und Abs. 9 BayBO vor den Außenwänden von Gebäuden und vor gebäudeähnlichen Anlagen einzuhaltenden Abstandsflächen auf dem Baugrundstück selbst liegen müssen.

Art. 7 Abs. 5 Satz 1 Halbs. 1 Alt. 2 BayBO ist anwendbar. Da es sich bei der Wegefläche nicht um eine öffentliche Verkehrsfläche, sondern um einen Privatweg handelt, greift die Vorschrift des Art. 6 Abs. 7 BayBO, nach der öffentliche Verkehrs-, Grün- und Wasserflächen zur Hälfte in die Abstandsflächen eingerechnet werden, nicht ein. Der Anwendung des Art. 7 Abs. 5 Satz 1 Halbs. 1 Alt. 2 BayBO steht auch nicht entgegen, daß eine Teilfläche des Grundstücks Fl.Nr. 25/7 bebaut ist. Der Zweck der Vorschrift rechtfertigt es, sie auch auf nicht bebaubare Teilflächen eines im übrigen bebauten oder bebaubaren Grundstücks anzuwenden.

Die Voraussetzungen des Art. 7 Abs. 5 Satz 1 Halbs. 1 Alt. 2 BayBO liegen vor.

Ein Grundstück kann aus rechtlichen Gründen nicht überbaut werden, wenn auf Grund besonderer rechtlicher Umstände anzunehmen ist, daß auf ihm nicht nur gegenwärtig, sondern auf nicht absehbare Zeit – auf Dauer – abstandsflächenpflichtige Anlagen nicht errichtet werden dürfen (BayVGH v. 14. 7. 1993 – 1 CS 93.1779 –, S. 6; Lechner, in: Simon/Busse, BayBO, Art. 7 Rdnr. 545). Die Anforderung, daß die Bebaubarkeit auf Dauer ausgeschlossen sein muß, ergibt sich aus dem Zweck der Vorschrift und aus den Gewährleistungen der Eigentumsgarantie (Art. 103 Abs. 1 BV, Art. 14 Abs. 1 GG).

Art. 7 Abs. 5 Satz 1 Halbs. 1 Alt. 2 und 3 BayBO und Art. 6 Abs. 7 BayBO ordnen Grundstücke, auf denen selbst keine abstandsflächenpflichtigen Anlagen errichtet werden können oder dürfen, im Interesse eines sparsamen Umgangs mit Grund und Boden (vgl. § 1a Abs. 2 Satz 1 Halbs. 1 BauGB) abstandsflächenrechtlich bebaubaren Nachbargrundstücken zu. Dem Eigentümer des nicht überbaubaren Grundstücks ist diese abstandsflächenrechtliche Inanspruchnahme seines Grundstücks durch Nachbarn wegen des Verbots des Art. 6 Abs. 2 Satz 2 Halbs. 1 BayBO, daß sich die Abstandsflächen nicht überdecken dürfen, nur zuzumuten, wenn anzunehmen ist, daß sein Grundstück auch in Zukunft unbebaubar bleibt. Die Grundstücksflächen, auf die sich die Abstandsflächen des Nachbargebäudes erstrecken, stehen nämlich so lange nicht für die Abstandsflächen eines anderen Gebäudes zur Verfügung, wie das Nachbargebäude steht. Eine Erstreckung von Abstandsflächen muß der Eigentümer eines gegenwärtig nicht bebaubaren Grundstücks deshalb nur dann hinnehmen, wenn dieses – soweit absehbar – auch in Zukunft nicht bebaut werden kann oder darf.

Die Wegefläche kann nach summarischer Prüfung aus rechtlichen Gründen auf Dauer nicht überbaut werden. Es kann offen bleiben, ob das Grundstück mit Dienstbarkeiten zugunsten der jeweiligen Eigentümer der erschlossenen Wohngrundstücke belastet ist, weil anzunehmen ist, daß eine Bebauung der Zufahrtsfläche auch ohne eine solche Sicherung auf Dauer rechtlich ausgeschlossen ist. Die Antragsteller und die Eigentümer der anderen drei Wohngrundstücke sind nämlich darauf angewiesen, daß ihnen diese Zufahrt auf unabsehbare Zeit erhalten bleibt. Eine andere Erschließungsmöglichkeit kommt wegen des Zuschnitts der Grundstücke und wegen ihrer Bebauung nicht in Betracht. Die Miteigentümer können zivilrechtlich im Innenverhältnis und gegenüber anderen durchsetzen, daß Lage und Funktion der Wegefläche nicht geändert werden (BayVGH v. 14. 7. 1993 – 1 CS 93.1779 –, S. 7; v. 16. 7. 2001 – 14 ZS 01.1636 –, S. 5; Lechner, in: Simon/Busse, BayBO, Art. 7 Rdnr. 557; Jäde, BayVBl 2003, 102).

Da es sich bei der Wegefläche somit um eine aus rechtlichen Gründen auf Dauer nicht bebaubare Grundstücksteilfläche handelt, ist keiner der Eigentümer des Grundstücks Fl.Nr. 25/7 berechtigt, unter Berufung auf sein Miteigentum an der Wegefläche geltend zu machen, daß Abstandsflächen von Bauvorhaben auf den östlich angrenzenden Baugrundstücken der Beigeladenen nicht auf der Wegefläche liegen dürfen. Die Miteigentümer und damit auch die Antragsteller sind insoweit aus rechtlichen Gründen keine Nachbarn im abstandsflächenrechtlichen Sinn.

bb) Als Eigentümer ihres Wohngrundstücks Fl.Nr. 25/5 und als Miteigentümer des mit Garagen bebauten Teils des Grundstücks Fl.Nr. 25/7 (Garagenfläche) können die Antragsteller zwar – auch hinsichtlich des jeweils vorgelagerten Teils der Wegefläche – eine Verletzung der Abstandsflächenvorschriften geltend machen. Sollten Abstandsflächen des Hauses 9 auf der Wegefläche liegen, sind die Antragsteller aber aus tatsächlichen Gründen keine Nachbarn, weil dieser Teil der Wegefläche dem Wohngrundstück Fl.Nr. 25/4 zugeordnet ist.

Jedem der drei westlich an die Wegefläche grenzenden Wohngrundstücke sowie der ebenfalls westlich angrenzenden Garagenfläche des Grundstücks Fl.Nr. 25/7 ist der vorgelagerte Teil der Wegefläche abstandsflächenrechtlich in voller Breite zugeordnet. Das folgt aus einer normergänzenden Auslegung des Art. 7 Abs. 5 Satz 1 Halbs. 1 Alt. 2 und 3 BayBO, die folgende Rechtssätze ergibt: Nicht überbaubare Flächen privater Grundstücke sind in entsprechender Anwendung des Art. 6 Abs. 7 BayBO abstandsflächenrechtlich grundsätzlich den benachbarten bebaubaren Grundstücken zu gleichen Teilen zugeordnet. Grenzen aber an einer Seite Grundstücke der Eigentümer der nicht überbauten Fläche und auf der gegenüberliegenden Seite Grundstücke von Dritten an, ist die nicht überbaubare Fläche in vollem Umfang den Eigentümergrundstücken zugeordnet.

Art. 7 Abs. 5 Satz 1 Halbs. 1 Alt. 2 und 3 BayBO regelt – anders als Art. 6 Abs. 7 BayBO – nicht, welchen Grundstücken in welchem Umfang das nicht überbaubare Grundstück abstandsflächenrechtlich zugeordnet ist. Diese Lücke ist nach den allgemeinen Grundsätzen zur Ausfüllung von Regelungslücken unter Beachtung des Gebots der Gleichbehandlung (Art. 118 Abs. 1 BV, Art. 3 Abs. 1 GG), der Eigentumsgarantie (Art. 103 Abs. 1 BV, Art. 14 Abs. 1 GG) und des Verhältnismäßigkeitsgrundsatzes zu schließen.

Der Gleichbehandlungsgrundsatz verlangt, daß eine nicht überbaubare Fläche abstandsflächenrechtlich zu gleichen Teilen auf die angrenzenden bebaubaren Grundstücke aufgeteilt wird. Art. 6 Abs. 7 BayBO trägt dem in der Weise Rechnung, daß nicht überbaubare öffentliche Flächen den angrenzenden bebaubaren Grundstücken je zur Hälfte zugeordnet sind. Diese Regelung ist auf nicht überbaubare private Flächen grundsätzlich entsprechend anwendbar. Sie ist aber einzuschränken, wenn und soweit Grundstücke des Eigentümers oder – wie hier – der Miteigentümer der nicht überbaubaren Fläche angrenzen. Dann gebietet die insoweit vorrangige Eigentumsgarantie, diese Fläche ganz den Grundstücken der Eigentümer zuzuordnen. Auf eine private Wegefläche, an die auf der einen Seite bebaubare Grundstücke der Miteigentümer dieser Fläche grenzen und auf der anderen Seite Grundstücke Dritter, dürfen sich somit ausschließlich die Abstandsflächen von Gebäuden auf den „Eigentümergrundstücken" erstrecken und nicht auch von Gebäuden auf den „Drittgrundstücken" (vgl. BayVGH v. 16. 7. 2001 – 14 ZS 01.1636 – ,S. 5).

Dieser Vorrang der Eigentumsgarantie vor dem Gleichbehandlungsgrundsatz beruht auf einem sachlichen Differenzierungsgrund. Zwar knüpft die Grundregel des Art. 6 Abs. 2 Satz 1 BayBO, daß die Abstandsflächen, soweit sie sich nicht auf Nachbargrundstücke erstrecken dürfen, auf dem Grundstück selbst liegen müssen, allein an den Zuschnitt der einzelnen Buchgrundstücke und nicht an die Eigentumsverhältnisse an. Die durch Art. 7 Abs. 5 Satz 1 Halbs. 1 Alt. 2 und 3 BayBO zugelassene Erstreckung von Abstandsflächen benachbarter Bauvorhaben auf nicht überbaubare private Grundstücke stellt jedoch eine die Eigentümerbefugnisse beschränkende Inhalts- und Schrankenbestimmung dar (Art. 14 Abs. 1 Satz 2 GG). Diese darf nicht weiter gehen, als es der Zweck der Regelung erfordert (BVerfG, Beschluß v. 2. 3. 1999, BVerfGE 100, 226, 241 = BRS 62 Nr. 214). Deshalb muß das Grundstück abstandsflächenrechtlich vorrangig den Nachbargrundstücken zugeordnet werden, die seinem Eigentümer oder seinen Miteigentümern gehören.

Nach diesen Grundsätzen können die Eigentümer der drei westlich an die Wegefläche grenzenden Wohngrundstücke zwar geltend machen, daß auf der

Wegefläche keine Abstandsflächen der Bauvorhaben des Beigeladenen liegen dürfen. Entsprechendes gilt für die Miteigentümer des Grundstück Fl.Nr. 25/7 hinsichtlich der Garagenfläche. Dieses Nachbarrecht steht den Eigentümern aber jeweils nur für den ihrem Grundstück vorgelagerten Teil der Wegefläche zu. Somit wären nicht die Antragsteller, sondern die Eigentümer des nördlich angrenzenden Wohngrundstücks Fl.Nr. 25/4 in ihren Rechten verletzt, wenn die Abstandsflächen des Hauses 9 nicht auf dem Baugrundstück eingehalten würden. Denn die Abstandsflächen lägen auf dem Teil der Wegefläche, der dem Grundstück Fl.Nr. 25/4 zugeordnet ist.

b) Auch hinsichtlich der überdachten Tiefgaragenzufahrt liegt ein Rechte der Antragsteller berührender Verstoß gegen abstandsflächenrechtliche Vorschriften nicht vor.

Die Antragsteller sind insoweit zwar als Miteigentümer des Grundstücks Fl.Nr. 25/7 hinsichtlich der Garagenfläche und des dieser vorgelagerten Teils der Wegefläche abstandsflächenrechtlich Nachbarn. Die geplante Überdachung der Tiefgaragenzufahrt braucht jedoch keine Abstandsflächen einzuhalten.

Nach Art. 7 Abs. 4 Satz 1 Alt. 2 und Satz 2 BayBO brauchen überdachte Tiefgaragenzufahrten mit einer Außenwandlänge von höchstens 8 m und einer Gesamtnutzfläche von höchstens 50 m^2 keine Abstandsflächen einzuhalten, wenn eine Wandhöhe von 3 m im Mittel nicht überschritten wird. Der an der Grenze geplante Teil der Tiefgaragenzufahrt erfüllt diese Voraussetzungen. Er ist etwa 7,20 m lang und zwischen 2,50 m und 1,30 m hoch. Der anschließende, im spitzen Winkel zur Grenze angeordnete Teil der Überdachung wäre in entsprechender Anwendung des Art. 6 Abs. 3 Satz 3 BayBO eigenständig zu beurteilen, wenn auf ihn trotz seiner geringen, von 1,30 m auf das Geländeniveau abfallenden Höhe die Vorschriften des Abstandsflächenrechts anwendbar sein sollten. Rechte der Antragsteller könnte dieser Teil schon deshalb nicht verletzen, weil er nicht dem Teil der Wegefläche gegenüberliegt, der der Garagenfläche vorgelagert ist.

2. Das Beschwerdevorbringen rechtfertigt nicht die Annahme, daß die Genehmigung für die Tiefgaragenzufahrt gegen Art. 52 Abs. 6 Satz 1 BayBO verstößt. Nach dieser auch auf Tiefgaragenzufahrten anwendbaren Vorschrift müssen Stellplätze und Garagen so angeordnet und ausgeführt werden, daß ihre Benutzung die Gesundheit nicht schädigt und das Arbeiten, das Wohnen und die Ruhe in der Umgebung durch Lärm oder Gerüche nicht erheblich stört.

Hinsichtlich des Grundstücks Fl.Nr. 25/7 liegt kein Verstoß gegen diese Vorschrift vor, weil Garagen und Zufahrten insoweit nicht schützenswert sind. Daß ihr Wohngrundstück Fl.Nr. 25/5 solchen Beeinträchtigungen ausgesetzt werde, haben die Antragsteller im Beschwerdeverfahren nicht geltend gemacht.

Nr. 134

Ein Schornstein mit einem Außendurchmesser von 205 mm ist als untergeordnetes Bauteil i. S. von § 6 Abs. 6 HBO anzusehen. Von ihm ausgehende Emissionen erfaßt nicht das Abstandsflächenrecht.

Ein im Dachgeschoß eines Wohnhauses bauaufsichtlich genehmigtes Gewächshaus ist kein dem ständigen Aufenthalt von Menschen dienender Raum. Gegenüber der Raucheinwirkung aus einem Schornstein auf dem Nachbargrundstück kann nicht das Schutzniveau eines Aufenthaltsraumes verlangt werden.

BImSchG § 22 Abs. 1; HBO §§ 40, 6 Abs. 6; VDI-Richtlinie 3781.

Hessischer VGH, Beschluß vom 30. September 2004 – 3 UZ 1788/03 –.

Aus den Gründen:
Entgegen der Auffassung der Klägerin ist das Verwaltungsgericht auch zu Recht von der materiellen Rechtmäßigkeit der streitgegenständlichen Baugenehmigung ausgegangen. Das Verwaltungsgericht hat zunächst zutreffend angenommen, daß es sich bei dem genehmigten Schornstein um eine gemäß § 6 Abs. 6 Satz 1 HBO innerhalb der Abstandsfläche zulässige Anlage handelt. Gemäß § 6 Abs. 6 HBO bleiben vor die Außenwand vortretende untergeordnete Bauteile und Vorbauten wie Gesimse, Dachvorsprünge, Hauseingangstreppen und deren Überdachungen sowie Erker und Balkone bei der Bemessung der Tiefe der Abstandsflächen außer Betracht, sofern sie nicht mehr als 1,50 m vortreten und von Nachbargrenzen mindestens 2 m entfernt bleiben. Das Verwaltungsgericht weist unter Bezugnahme auf den Widerspruchsbescheid zutreffend darauf hin, daß der Schornstein mit einem Außendurchmesser von 205 mm und unmittelbar an der Außenwand angebracht im Verhältnis zu der gesamten Außenwand ein untergeordneter Bauteil ist. Diese Sicht werde noch dadurch verstärkt, daß der Schornstein deutlich innerhalb des Bereichs bleibe, der von dem Dachüberstand des Nachbarhauses, der in § 6 Abs. 6 Satz 1 HBO ausdrücklich als Beispiel eines untergeordneten Bauteils aufgeführt werde, ausgefüllt werde. Zwar weist die Klägerin zu Recht darauf hin, daß das OVG Nordrhein-Westfalen in seiner Entscheidung vom 22. 10. 1993 zu dem gegenteiligen Ergebnis kommt und insoweit ausführt, daß sich die Auslegung des § 6 Abs. 7 Bauordnung NW an der Funktion und den Auswirkungen der fraglichen Bauteile auf die Schutzgüter, denen durch die Abstandsflächen Rechnung getragen werden solle, zu orientieren habe. Die wichtigsten Ziele, die mit der Einhaltung von Abstandsflächen verfolgt würden, seien: die ausreichende Belichtung und Belüftung und Besonnung der Räume auf dem Baugrundstück und den Nachbargrundstücken, ein ausreichender Brandschutz, ausreichende Freiflächen für Nebenanlagen sowie die Wahrung des nachbarlichen Wohnfriedens und die Verhinderung einer übermäßigen Ausnutzung der Grundstücke zu Lasten des Nachbargrundstücks. Messe man hieran den Metallschornstein der Beigeladenen des dortigen Verfahrens in der Abstandsfläche, so werde deutlich, daß nicht seine bloße Exi-

stenz als Bauteil, sondern insbesondere auch die von ihm ausgehenden Immissionen in die Betrachtung mit einzubeziehen seien. Diese seien geeignet, gerade die Belüftung der Nachbargebäude und den Nachbarfrieden nachhaltig zu beeinträchtigen. Infolgedessen sei es ausgeschlossen, ihn über §6 Abs. 7 BauO NW in der Abstandsfläche zuzulassen.

Der Senat folgt der Auffassung des OVG Nordrhein-Westfalen hinsichtlich der Beschreibung der Ziele der Abstandsflächen, nicht jedoch hinsichtlich der Frage, ob ein schmaler Schornstein ein untergeordnetes Bauteil im Sinne der bauordnungsrechtlichen Abstandsvorschriften sein kann oder nicht. Je nach landesrechtlicher Regelung wird für Bauteile und/oder Vorbauten gefordert, daß sie „untergeordnet" sein müssen. Dabei ist zu beachten, daß nicht in jedem Fall die Qualifizierung als Vorbau oder Gebäudeteil bereits das Merkmal der Unterordnung beinhaltet. Allerdings wird es in vielen Fällen, insbesondere in Zusammenhang mit dem meist vorgegebenen Höchstmaß für ein zulässiges Vortreten vor die Außenwand von 1,50 m, gegeben sein. Umgekehrt können auch Bauteile/Vorbauten, die die vorgegebenen Höchstmaße für das Vortreten vor die Außenwand einhalten, unzulässig sein, wenn sie aus anderen Gründen nicht mehr untergeordnet erscheinen. Die Bauteile/Vorbauten sind „untergeordnet", wenn sie nach dem Gesamteindruck im Verhältnis zu der ihnen zugehörigen Außenwand nicht ins Gewicht fallen; der erste Eindruck muß das Gesamtvorhaben, insbesondere die Außenwand, erfassen und darf nicht unmittelbar auf die Bauteile oder Vorbauten gelenkt werden. Wann ein Bauteil untergeordnet ist, kann immer nur im konkreten Fall beurteilt werden, absolute Maße können, außer dem von den meisten Landesbauordnungen festgesetzten Maß von maximal 1,5 m Vorsprung vor die Außenwand, nicht angegeben werden. Im Einzelfall ist über den optischen Eindruck hinaus auch zu prüfen, ob und in welchem Ausmaß der konkrete Bauteil/Vorbau sich auf die vom Abstandsflächenrecht verfolgten Ziele, ein Mindestmaß an Freiräumen zwischen Gebäuden zu wahren sowie zur Sicherstellung von Belichtung und Belüftung und zum Erhalt des Wohnfriedens und des Schutzes der Privatsphäre zu dienen, auswirkt (vgl. Reichel/Schulte, Handbuch Bauordnungsrecht, München, April 2004, Kap. 3 Rdnr. 139 ff.). Unter Zugrundelegung dieser Kriterien kommt der Senat zu dem Ergebnis, daß an der Auffassung des Verwaltungsgerichts keine Bedenken bestehen, den Schornstein mit einem Außendurchmesser von 205 mm als untergeordnetes Bauteil i. S. von §6 Abs. 6 HBO anzusehen. Von dem Schornstein als Bauwerk gehen keine Beeinträchtigungen aus, die für die Klägerin wahrnehmbar sein könnten. Die von dem Schornstein ausgehenden Emissionen werden durch andere Vorschriften wie §40 HBO, §15 Baunutzungsverordnung sowie das Gebot der gegenseitigen Rücksichtnahme erfaßt, die es ermöglichen, wie weiter unten noch auszuführen sein wird, den Nachbarfrieden, der auch, aber nicht abschließend durch das Abstandsflächenrecht mit erfaßt wird, zu wahren. So kann auch das als untergeordnetes Bauteil errichtete Regenabfallrohr bei unsachgemäßer Anbringung zu Beeinträchtigungen des Nachbarfriedens führen, dieser Konflikt wird jedoch nicht über §6 Abs. 6 HBO gelöst, sondern über diejenigen Regelungen, die sich mit dem Betrieb der jeweiligen Einrichtung beschäftigen.

Konnte der 205 mm Außendurchmesser umfassende Schornstein mithin an der Außenwand des Gebäudes der Beigeladenen gemäß §6 Abs. 6 HBO innerhalb der Abstandsfläche angebracht werden, bedurfte es entgegen der Auffassung der Klägerin einer Befreiung gemäß §68 Abs. 3 HBO gerade nicht mehr. ...
Auch soweit die Klägerin meint, die Baugenehmigung verstoße gegen §40 Abs. 1 HBO, der bestimme, daß Feuerungsanlagen, Anlagen zur Abführung von Verbrennungsgasen ortsfester Verbrennungsmotoren sowie Behälter und Rohrleitungen für brennbare Gase und Flüssigkeiten betriebssicher und brandsicher sein müßten und auch sonst dürften sie nicht zu Gefahren oder unzumutbaren Nachteilen oder unzumutbaren Belästigungen führen können, kann dem im Ergebnis ebenfalls nicht gefolgt werden. Entgegen der Auffassung der Klägerin bestehen nämlich auch insoweit keine ernstlichen Zweifel an dem von dem Verwaltungsgericht gefundenen Ergebnis, insbesondere verstößt die streitgegenständliche Baugenehmigung nicht gegen §22 Abs. 1 Nr. 1 und Nr. 2 BImSchG i. V. m. der VDI-Richtlinie 3781 – Bestimmung der Schornsteinhöhe für kleinere Feuerungsanlagen –. Das Verwaltungsgericht ist zunächst zutreffend in Übereinstimmung mit der Widerspruchs- sowie der Ausgangsbehörde davon ausgegangen, daß das im Dachgeschoß errichtete Gewächshaus bei der Bemessung der Höhe des Kamins außer Betracht zu bleiben hat. Ausweislich der von dem Senat beigezogenen Bauakten der Klägerin wurde der von der Klägerin als „Wintergarten" nunmehr bezeichnete Raum tatsächlich als „Gewächshaus" genehmigt und daher nicht als zum ständigen Aufenthalt von Menschen bestimmter Raum. Entgegen der Auffassung der Klägerin wurde von ihr im Zeitpunkt der damaligen Genehmigungserteilung der Begriff „Gewächshaus" auch nicht untechnisch verwandt, da sie mit den gleichen Bauantragsunterlagen sich auch mehrere Wintergärten hat genehmigen lassen, so daß ihr der Unterschied zwischen einem Wintergarten und einem Gewächshaus, zumal bei ihrer Ausbildung, geläufig sein dürfte. Da ihr auch lediglich eine zweigeschossige Bebauung genehmigt worden ist, war die Bezeichnung als „Gewächshaus" im Dachgeschoß bauplanungsrechtlich relevant, da die Zulassung einer kompletten Wohnnutzung im Dachgeschoß durch die Bauaufsichtsbehörde gerade nicht gewollt war, möglicherweise auch wegen der zunehmenden Länge von Rettungswegen in einem Brandfall. Die Klägerin irrt im übrigen, soweit sie meint, daß es nicht auf die genehmigte, sondern vielmehr auf die tatsächliche Nutzung hinsichtlich der Frage ankomme, welches Schutzniveau anzulegen ist. Träfe die von der Klägerin vertretene Auffassung zu, könnten durch illegale Umnutzungen Schutzniveaus in der Umgebung ohne Einschaltung der Bauaufsichtsbehörden beliebig geändert werden. ...

Im übrigen entspricht die streitgegenständliche Baugenehmigung den Vorgaben der VDI-Richtlinie 3781 und damit den Anforderungen des §22 BImSchG. Die Antragstellerin irrt, soweit sie meint, auf Grund der Vorgaben der VDI-Richtlinie 3781 sei zwischen dem Schornstein der Beigeladenen und den nächstgelegenen Fenstern ihres Wohnhauses ein Abstand von 11,80 m einzuhalten. Gemäß Nr. 2.4.1 der VDI-Richtlinie 3781 ist der Einwirkungsbereich einer Quelle als Kreis um den Mittelpunkt der Mündungsfläche anzunehmen. Der Kreisradius beträgt mindestens 10 m und höchstens 50 m. Zwischen den beiden Grenzen wird er durch lineare Interpolation ermittelt. Gemäß Nr. 2.4 der VDI-Richtlinie 3781 werden umgebungsbedingte Anforderungen an die Schornsteinhöhe nur erhoben, wenn im Einwirkungsbereich der Quelle Gebäude vorhanden sind. Dies bedeutet, daß in dem ermittelten Radius zwischen mindestens 10 m und höchstens 50 m Anforderungen an die jeweiligen Schornsteine zu stellen sind, um welche Anforderungen es sich hierbei handelt, wird jedoch an anderer Stelle geregelt. Nr. 2.4.1 der VDI-Richtlinie 3781 stellt mithin keine Abstandsregelung in dem von der Klägerin verstandenen Sinne dar, vielmehr wird dort ein Radius bestimmt, innerhalb dessen umgebungsbedingte Anforderungen festzulegen sind. Gemäß Nr. 2.4.2 der VDI-Richtlinie 3781 gilt die Höhe über dem Erdboden der Fensteroberkanten der höchsten zu schützenden und zum ständigen Aufenthalt von Menschen bestimmten Räume im Einwirkungsbereich als Bezugsniveau der Quelle, wobei bezogen auf das Gebäude, auf dem der Schornstein angebracht ist, gemäß Nr. 2.3.1.2 die Mindesthöhe der Schornsteineinmündung 1 m über First betragen soll. Wie bereits ausgeführt, hat der Beklagte zu Recht als Bezugsniveau die Fensteroberkanten der in 6 m Entfernung der geplanten Schornsteineinmündung gegenüberliegenden Fenster (ausgenommen obenliegendes Gewächshaus) bestimmt, wobei hierdurch hinreichend bestimmt festgelegt worden ist, daß Bezugsniveau die Fensteroberkante unterhalb der von dem Beklagten genehmigten Gewächshauses ist. Dieses Bezugsniveau hat die Schornsteineinmündung um 1 m zu übersteigen, so daß schädliche Einwirkungen gemäß §22 BImSchG hinreichend ausgeschlossen werden können. Daß das Gewächshaus von der Klägerin tatsächlich als Aufenthaltsraum genutzt wird, muß sie sich ebenso wie die Tatsache zurechnen lassen, daß sie die Belüftung der darunter liegenden Räume auch über das Gewächshaus gestaltet. Letzteres insbesondere deshalb, weil eine ausreichende Belüftung der darunter liegenden Räume durch die dort vorgesehenen Fenster ausreichend gewährleistet ist und nicht zwingend ist, daß die Belüftung auch über den nicht zum dauernden Aufenthalt von Menschen genehmigten Raum im Dachgeschoß erfolgt.

Nr. 135

Das Schmalseitenprivileg (§ 7a Abs. 1 Satz 1 NBauO) kann nicht mit anderen Grenzabstandsausnahmeregelungen (hier: § 13 Abs. 1 Nr. 6 NBauO) kombiniert werden.

Von einem 40,60 m hohen Mobilfunkmast, der am Mastfuß einen Durchmesser von 1,40 m und einen Mastkopf aus zwei miteinander verbundenen Plattformen mit einem Durchmesser von 3,40 m aufweist, gehen Wirkungen wie von Gebäuden aus (§ 12a Abs. 1 Satz 1 NBauO).

NBauO §§ 12a Abs. 1 Satz 1, 13 Abs. 1 Nr. 6, 7 Abs. 1 Satz 1 Abs. 3, 7a Abs. 1 Satz 1, 86 Abs. 1 Nr. 1.

Niedersächsisches OVG, Beschluß vom 25. August 2004 – 9 ME 206/04 – (rechtskräftig).

Nr. 135

Die Antragsteller wenden sich als Eigentümer des mit einem Wohnhaus bebauten Grundstücks D. in F. gegen die vom Antragsgegner der Beigeladenen erteilte Baugenehmigung vom Mai 2004 für den Neubau eines Mobilfunkmastes auf den beiden in südlicher Richtung gegenüberliegenden Flurstücken G. bzw. H. Der einschlägige Bebauungsplan Nr. I. „J." setzt als Art der Nutzung „Mischgebiet" fest. Der Mobilfunkmast weist eine Höhe von 40,60 m auf. Der Durchmesser des Mastes unten ist 1,40 m; er verjüngt sich nach oben bis auf einen Durchmesser von etwa 70 cm. Der Funkmast ist mit einem Mastkopf aus zwei, durch sechs Streben (Halterungen) verbundene Plattformen (Bühne 1 und 2) mit einem Durchmesser von jeweils 3,40 m ausgestattet; an den Halterungen werden die Sendeeinrichtungen angebracht. Nach den mit dem Bauantrag eingereichten Lageplänen hält der Mobilfunkmast sowohl zur Mitte des K. (Norden) als auch zur Mitte des L. (Osten) einen Abstand von 20,30 m (= $^1/_2$ H). Die Eigentümerin des westlich angrenzenden Grundstücks (Flurstücke M. und N.) hat ihre Zustimmung zu dem dort ebenfalls verringerten Grenzabstand von etwa 27,50 m erteilt.

Aus den Gründen:

Ausgangspunkt der rechtlichen Erwägungen ist zunächst §7 Abs. 1 NBauO. Danach müssen Gebäude mit allen auf ihren Außenflächen oberhalb der Geländeoberfläche gelegenen Punkten von den Grenzen des Baugrundstücks Abstand halten (Satz 1); der Abstand beträgt 1 H (Abs. 3). Der 40,60 m hohe Mobilfunkmast hält den erforderlichen Grenzabstand nur gegenüber einer Grenze ein, nämlich nach Süden; nach Westen beträgt der Abstand – wenn auch mit Zustimmung der Grundstückseigentümerin – 27,50 m. Zur Mitte des L. bzw. des O., also in Richtung Westen bzw. Norden, wird ein Abstand von jeweils 20,30 m eingehalten. Damit wird der erforderliche Regel-Grenzabstand von 40,60 m auf drei Grundstücksseiten nicht beachtet. Dies lassen die Regelungen der Niedersächsischen Bauordnung über die Grenzabstände nicht zu.

Die Beigeladene kann sich in diesem Zusammenhang weder auf das sog. Schmalseitenprivileg des §7a Abs. 1 Satz 1 NBauO noch auf die Antennenanlagen begünstigende Vorschrift des §13 Abs. 1 Nr. 6 NBauO berufen. Das Verwaltungsgericht hat sich zutreffend auf die einschlägige Kommentarstelle bei Lindorf, in: Große-Suchsdorf/Lindorf/Schmaltz/Wiechert, NBauO, Kommentar, 7. Aufl. 2002, §7a Rdnr. 13 und den diese Kommentarstelle wiedergebenden Beschluß des erkennenden Senats vom 2. 9. 2003 – 9 ME 452/02 – bezogen. Lindorf führt aus:

„Eine Kombination des Schmalseitenprivilegs mit einer Ausnahme (§13) oder Befreiung (§86), die dazu führt, daß der volle Abstand an mehr als zwei Grenzen unterschritten wird, widerspricht der Grundkonzeption des Schmalseitenprivilegs (vgl. Rdnr. 1). Diese beruht u.a. darauf, daß die Nachteile durch zweimalige Abstandshalbierung an den „schmalen" Seiten zumindest teilweise wieder kompensiert werden durch (mindestens) vollen Abstand an den übrigen Seiten. Dieser Ausgleich würde bei weiteren Abstandsreduzierungen zu Lasten des Nachbarn nicht erreicht werden (Krit. Boeddinghaus, BauR 2001, 735)."

Dieser Auffassung ist auch unter Würdigung des Beschwerdevorbringens (§146 Abs. 4 Satz 6 VwGO) weiterhin zu folgen. Ergänzend ist lediglich auf die umfänglichen Ausführungen des Bayerischen VGH, Beschluß des Großen Senats v. 17. 4. 2000 – GrS 1/1999 –, BRS 62 Nr. 138 = BauR 2000, 1728, zu der insoweit vergleichbaren landesrechtlichen Vorschrift des Art. 6 Abs. 5 BayBO zu verweisen: Danach setzt das Verhältnis der allgemeinen Abstandsvorschrift von 1 H zum Schmalseitenprivileg stets voraus, daß es an zwei Grundstücksgrenzen bei 1 H verbleibt. Soll bei mehr als zwei Grundstücksgrenzen der erforderliche Grenzabstand nicht eingehalten werden, ist die Vorschrift über das Schmalseitenprivileg nicht anwendbar, m.a.W., das Schmalseitenprivileg ist mit anderen Ausnahmetatbeständen über einen geringeren Grenzabstand als den Regelabstand von 1 H nicht kombinierbar. Abstandsausnahmeregelungen greifen nur, wenn zumindest an zwei Grundstücksgrenzen der Regelabstand von 1 H eingehalten wird. Diese auf das Schmalseitenprivileg bezogenen Ausführungen lassen sich unschwer auf die anderen Grenzabstands-Ausnahmetatbestände übertragen. Vergleichbares gilt also damit auch für § 13 Abs. 1 Nr. 6 NBauO.

Der Senat folgt auch der Auffassung des Verwaltungsgerichts, daß von dem genehmigten Mobilfunkmast Wirkungen wie von Gebäuden ausgehen. Zwar äußert Lindorf (a. a.O, § 12 a Rdnr. 11) insoweit Zweifel, als von runden Masten als Antennenträger für Mobilfunk selten Wirkungen wie von Gebäuden ausgehen dürften, weil es ihnen i. d. R. an der dafür notwendigen Körperlichkeit fehlen würde. Jedenfalls könne das zumindest für schlanke Masten mit weniger als 50 cm Durchmesser angenommen werden, die sich nach oben verjüngen, keine Plattform oder horizontal ausladende Antennenteile tragen und an ihrem Standort vom optischen Erscheinungsbild her nicht den Eindruck einer dominierenden baulichen Anlage vermitteln. Hier handelt es sich um einen Mast mit einer Höhe von 40,60 m, der unten eine Seitenlänge von 1,40 m aufweist und oben mit einem Kopf aus zwei miteinander verbundenen Bühnen von 3,40 m Breite ausgestattet ist. Ein derartiger Mast ist, insbesondere von seiner Höhe her, eher als „turmartig" mit „dominierender Wirkung" zu beschreiben, mit dem zwar nicht die mit Gebäuden typischen Auswirkungen verbunden sind, die diesen aber abgestuft angenähert sind. Mehr fordert § 12a Abs. 1 Satz 1 NBauO nicht (in diese Richtung auch OVG Münster, Beschluß v. 10. 2. 1999 – 7 B 974/98 –, BRS 62 Nr. 133 = NVwZ-RR 1999, 714 = BauR 1999, 1172 zu einem 40 m hohen Stahlgittermast mit einer quadratischen Grundfläche von 2,50 m x 2,50 m; SächsOVG, Beschluß v. 17. 12. 1997 – 1 S 740/96 –, BRS 59 Nr. 118 = DÖV 1998, 431 für einen am Boden 1 m breiten, sich bis auf 0,12 m verjüngenden und 31,4 m hohen Antennenträger).

Nr. 136

Eine UMTS-Basisstation mit einem knapp 10 m hohen Antennenmast und Technikschränken ist nach derzeitigem niedersächsischen Baurecht nicht von der Genehmigungspflicht freigestellt.

Wird eine solche Station auf das Flachdach eines Bunkers gestellt, ist Gegenstand der baurechtlichen Beurteilung nur die hinzutretende Anlage.

Zu den gebäudegleichen Auswirkungen, welche von einer solchen Station ausgehen können.

Für eine solche Anlage kann die Bauaufsichtsbehörde gemäß §13 Abs. 1 Nr. 6 NBauO eine Ausnahme von der Einhaltung der Grenzabstandsvorschriften erteilen.

Niedersächsisches OVG, Beschluß vom 6. Dezember 2004
– 1 ME 256/04 – (rechtskräftig).

Abgedruckt unter Nr. 64.

Nr. 137

1. Einer knapp 10 m hohen Mobilfunkanlage, die auf dem Dach eines Hauses angebracht ist, kommt regelmäßig keine gebäudegleiche Wirkung i. S. von §6 Abs. 10 Satz 1 BauO NRW zu.

2. Sendeanlagen eines Mobilfunkbetreibers, die nicht nur dem Nutzungszweck des Baugebiets dienen, in dem sie errichtet werden sollen, sind gewerbliche Nutzungen; in einem allgemeinen Wohngebiet sind sie nicht allgemein zulässig.

OVG Nordrhein-Westfalen, Beschluß vom 9. Januar 2004 – 7 B 2482/03 –.

(VG Köln)

Abgedruckt unter Nr. 66.

Nr. 138

1. Für die Frage gebäudegleicher Wirkungen baulicher Anlagen ist nicht von einem festen Höhenmaß auszugehen etwa 1,50 oder 2,00 m.

2. Stützmauern mit maximal 2,54 m Höhe können bauordnungsrechtlich abstandsflächenpflichtig und wegen Nicht-Einfügens in die nähere Umgebung bauplanungsrechtlich unzulässig sein.

3. Auch eine 1,50 m hohe, 1,10 m tiefe und über 21,00 m lange grenzseitige Stützmauer mit Erdanschüttungen und einem 0,90 m hohen, aufgesetzten Maschendrahtzaun als Absturzsicherung kann gebäudegleiche Wirkungen entfalten.

BauGB §34 Abs. 1; HBO 1993 §6 Abs. 9; HBO 2002 §6 Abs. 8, Nr. 7.3 Anl. 2 zu §55.

Hessischer VGH, Beschluß vom 15. Juni 2004 – 3 UZ 2302/02 – (rechtskräftig).

(VG Gießen)

Aus den Gründen:
Aus den Bauzeichnungen ergibt sich, daß eine Winkelstützmauer im Süden mit einer Länge von 21,74 m und einer Höhe beginnend bei 1,00 m über 1,80 m bis zu 2,54 m genehmigt worden ist. Bei diesem genehmigten Höhenmaß von überwiegend 1,80 m und mehr bis zu 2,54 m ist auch in Ansehung der den Beteiligten bekannten bisherigen Rechtsprechung des Hessischen Verwaltungsgerichtshofs, wenn diese auch zu anderen Bauwerken ergangen ist, von abstandsflächenpflichtigen gebäudegleichen Wirkungen der Stützmauer mit Erdaufschüttung auszugehen (vgl. Hess. VGH, Urteil v. 16. 3. 1995 – 4 UE 2874/90 –, BRS 57 Nr. 155; Beschluß v. 22. 6. 1998 – 4 TZ 94/98 –, BRS 60 Nr. 104; Beschluß v. 16. 7. 1998 – 4 UE 1704/94 –, BRS 60 Nr. 102; vgl. auch Hornmann, HBO, Kommentar, 2004, § 6 Rdnr. 131 ff., 133, der gebäudegleiche Wirkungen ab 1,00 m Höhe annimmt). Der Senat sieht wie in den genannten Entscheidungen davon ab, für die Frage gebäudegleicher Wirkungen von einem festen Höhenmaß, etwa 1,50 m oder 2,00 m, auszugehen. Vielmehr kann es im Rahmen der Zwecke des Abstandsflächenrechts (dazu Hornmann, a. a. O., Rdnr. 132; Allgeier/von Lutzau, Die Bauordnung für Hessen, Kommentar, 7. Aufl. 2003, C 1 - Erl. § 6 Nr. 6.8) im Einzelfall auch auf die topographischen Verhältnisse und die Länge und Tiefe der betreffenden baulichen Anlage ankommen. Im vorliegenden Fall werden die gebäudegleichen Wirkungen durch die Länge der südlichen Stützmauer der Kläger von 21,74 m besonders verdeutlicht. Für das Grundstück der Beigeladenen entsteht dadurch eine unzumutbare optische Einengung.

Bei alledem können sich die Kläger nicht mit Erfolg darauf berufen, daß die maximale Höhe dieser „Einfriedung" zunächst 1,30 m betragen und der „derzeitige Zustand" erst durch eine „unerlaubte Abgrabung des Geländes hinter der Stützwand durch den Nachbarn" entstanden sei. Wenn die zuständige Bauaufsichtsbehörde bei der Erteilung der Baugenehmigung vom Januar 1996 für die erste Stützmauer auf die Festlegung einer maßgeblichen Geländeoberfläche an der Grenze anders als bei der zweiten Baugenehmigung vom März 2000 verzichtet, gibt sie sich mit der damals tatsächlich vorhandenen Geländeoberfläche zufrieden und genehmigt die sich daraus ergebenden Höhenmaße der Stützmauer, hier bis zu 2,54 m. Dabei ist es unbeachtlich, daß sich die Kläger eine damals jedenfalls nicht mehr vorhandene Geländehöhe gutrechnen und lediglich von einer 1,00 bis 1,30 m hohen Stützmauer ausgehen, die sie gemäß § 63 Abs. 1 Nr. 7 e) HBO 1993 für baugenehmigungsfrei mit der Folge hielten, daß sie für die Stützmauer selbst anders als für die Erdanschüttung ausdrücklich keinen Bauantrag und keinen Befreiungsantrag stellten. Die Kläger sind offenbar davon ausgegangen, daß zur Bestimmung der maßgeblichen Höhe einer Grenzwand mitten im offenliegenden Mauerwerk eine Geländelinie angenommen werden kann, die tatsächlich weder vorhanden ist noch erwartbar hergestellt werden soll.

Insgesamt verletzt die rechtswidrig mit Befreiung genehmigte erste Stützmauer mit ihrer Höhe bis zu 2,54 m und ihrer Länge von 21,74 m mit ihrer grenzseitig über Erdgleiche offenen Wandfläche die Abstandsflächenbestimmungen des § 6 Abs. 1, Abs. 2 Satz 1, Abs. 5 Satz 4 und Abs. 9 HBO 1993. Schon wegen der gewichtigen Beeinträchtigung des Nachbarfriedens zu

Lasten der Beigeladenen ist die Aufhebung dieser Baugenehmigung gerechtfertigt.

Dasselbe gilt für die mit Baugenehmigung und Befreiung vom März 2000 genehmigte sog. „Schwergewichtsmauer" mit aufgesetztem Maschendrahtzaun als Absturzsicherung. Auch wenn in dieser Baugenehmigung durch Grüneintragung eine Geländeoberfläche festgesetzt und für die Mauer eine maximale Höhe von 1,50 m sowie für den Zaun von 0,90 m festgesetzt worden ist, ändert dies nichts daran, daß von dem insgesamt 2,40 m hohen Bauvorhaben, für das eine Befreiung mangels der Voraussetzungen des §68 Abs. 3 Nr. 3 HBO 1993 ebenfalls nicht gerechtfertigt ist, schon wegen der genehmigten Höhe der Schwergewichtsmauer selbst von maximal 1,50 m, der Tiefe von etwa 1,10 m und der Länge von über 21,00 m nachbarbeeinträchtigende gebäudegleiche Wirkungen i. S. des §6 Abs. 9 HBO 1993 ausgehen. Dies ist ohne eigene Abstandsfläche auf dem Grundstück der Kläger mit einer Tiefe von mindestens 3,00 m unzulässig. Die nicht gerechtfertigte Störung des Nachbarfriedens zu Lasten der Beigeladenen zeigt sich daran, daß sie mit Glasfronten ihres Wohnhauses bei Wahrung einer eigenen Abstandsfläche an die Nordgrenze ihres Grundstücks herangerückt ist, nunmehr aber durch die Länge und Höhe der genehmigten ersten und zweiten Stützmauer einer intensiven optischen Beeinträchtigung und Einengung ausgesetzt ist. ...

Unabhängig von der dargelegten bauordnungsrechtlichen Unzulässigkeit der beiden Baugenehmigungen für die Stützmauern sind diese auch bauplanungsrechtlich nach §34 Abs. 1 BauGB rechtswidrig (vgl. Hessischer VGH, Beschluß v. 2. 7. 2003 – 3 UE 1962/99 – zu einer 2,70 m hohen und 11,50 m langen Grenzmauer). Die Mauern verletzen hier mit ihrer intensiven optischen Beeinträchtigung und Störung des Nachbarfriedens auch das insoweit nachbarschützende Gebot der Rücksichtnahme, was ihre Aufhebung im angefochtenen Widerspruchsbescheid ebenfalls rechtfertigt. Beide Mauern fügen sich von der überbauten Grundfläche her nicht in die Eigenart der näheren Umgebung ein, wo vergleichbare Bauwerke fehlen. Darauf hat schon der Beklagte unter Berufung auf den Beschluß des Hessischen VGH v. 16. 10. 1986 – 3 UE 966/86 –, HessVGRspr. 1987, 50 = BRS 46 Nr. 68, zu einer 1,90 m hohen Sichtschutzwand aus Holzlamellen hingewiesen.

Nr. 139

Eine 2,40 m hohe Grenzgarage ist wegen fehlender Abstandsfläche unzulässig, wenn sie auf einer 1,40 m hohen Stützmauer aufsetzt, die nicht der Sicherung des natürlichen, sondern eines aufgeschütteten Geländes dient.

HBO 1993 §6 Abs. 11; HBO 2002 §6 Abs. 10.

Hessischer VGH, Beschluß vom 16. Juni 2004 – 3 UE 2041/01 – (rechtskräftig).

Die Klägerin errichtete ohne Baugenehmigung auf ihrem Grundstück an der nördlichen Grundstücksgrenze zum Flurstück 28/14 hin eine 7,99 m lange und 5,61 m breite Doppelgarage. Nach den Angaben der Klägerin weist die Garage eine mittlere Höhe von

2,27 m auf. Im Zusammenhang mit der mit Baugenehmigung von 1978 genehmigten Errichtung einer Waschhalle mit Wohnhaus und Tankstellendach wurde das klägerische Gelände auch an der nördlichen Grundstücksgrenze aufgeschüttet und dort eine etwa 1,40 m hohe Stützmauer errichtet, auf der nun die als Massivbau errichtete Doppelgarage aufsetzt. Im Bereich der jetzt streitbefangenen Doppelgarage befand sich zuvor eine inzwischen beseitigte aus Blech errichtete Garage mit einer Grundfläche von 5,20 m x 5,20 m.

Die Klägerin beantragte die nachträgliche Baugenehmigung für die eingangs genannte Doppelgarage, wobei die beantragte maximale Höhe der Garage 2,565 m betrug. Der Beklagte lehnte den Bauantrag wegen fehlender Mindestabstandsfläche ab und gab der Klägerin zugleich unter Fristsetzung und Androhung der Ersatzvornahme mit vorläufig veranschlagten Kosten von etwa 4000,- DM die Beseitigung der Doppelgarage auf.

Aus den Gründen:

Die streitbefangene Grenzgarage ist von Anfang an bis heute formell- und materiell-rechtlich unzulässig, der Beklagte hat beanstandungsfrei die nachträgliche Baugenehmigung versagt und den Abriß des Bauwerks angeordnet.

Nach §62 Abs. 1 HBO 1993 bedurfte die klägerische Garage wie auch für den Fall einer früheren Errichtung schon zuvor einer Baugenehmigung. Es handelte sich nach §63 Abs. 1 Nr. 1a HBO 1993 nicht um ein genehmigungsfreies Bauvorhaben. Die Baugenehmigungspflicht beruht jetzt auf §54 Abs. 1 Satz 1 HBO 2002. ...

Materiell-rechtlich verletzt die Doppelgarage das Abstandsflächengebot des §6 Abs. 1 Satz 1 und Abs. 5 Satz 4 HBO 1993 und 2002. Die Grenzgarage hält eine Tiefe der Abstandsfläche von mindestens 3 m nicht ein. Dabei ist die streitbefangene Garage nicht ohne Abstandsfläche gemäß §6 Abs. 11 Satz 1a HBO 1993 bzw. §6 Abs. 10 Satz 1 Nr. 1 HBO 2002 unmittelbar an der Nachbargrenze zulässig, auch wenn die Garage für sich genommen eine grenzseitige mittlere Wandhöhe von 3 m und eine offenliegende Wandfläche von 20 m² nicht übersteigt. Die Inanspruchnahme des Grenzbauprivilegs für die Garage nach §6 Abs. 11 HBO 1993 bzw. §6 Abs. 10 HBO 2002 ist der Klägerin hier aber verwehrt, da sie auf einer etwa 1,40 m hohen Stützmauer aufsetzt, die ihrerseits kein privilegiertes Grenzbauwerk nach §6 Abs. 11 Satz 1 Nr. 2 HBO 1993 bzw. §6 Abs. 10 Satz 1 Nr. 6 HBO 2002 darstellt, da sie nicht der Sicherung des natürlichen, sondern eines auf dem ursprünglichen natürlichen Gelände aufgeschütteten Geländes dient. Mit dem Aufsetzen auf der Stützmauer als einem zweiten, bereits vorhandenen Grenzbauwerk ist keine isolierte, dem Grenzbauprivileg unterliegende Garage beantragt und errichtet worden.

Dabei sind die Erdaufschüttung und die Stützmauer entgegen der Ansicht der Klägerin nicht mit der Baugenehmigung von 1978 für die Errichtung einer Waschhalle mit Wohnhaus und Tankstellendach mitgenehmigt worden. Weder die zugehörige Baubeschreibung noch die Bauzeichnungen enthalten die Benennung oder die eindeutige zeichnerische Darstellung einer Erdaufschüttung und einer Stützmauer im nördlichen Grundstücksbereich. Lediglich die Planzeichnung eines Schnitts durch das Werkstattgebäude weist eine etwa 1 m hohe Auffüllung im mittleren Grundstücksbereich auf. Soweit die Ansicht von Nordosten mit der Einzeichnung der Queransicht eines PKW eine

Nr. 140

unterschiedliche Geländehöhe zu dem nach rechts hin abfallenden Gelände zeigt, wird weder textlich noch zeichnerisch verdeutlicht, daß es sich hier um eine beabsichtigte Erdaufschüttung mit Stützmauer handelt. Bei alledem ist darauf hinzuweisen, daß die Stützmauer damals gemäß §88 Nr. 7 HBO 1978 mit weniger als 2 m Höhe über unterer Geländeoberfläche nicht baugenehmigungspflichtig, sondern anzeigebedürftig war, eine genügend eindeutige und klare Bauanzeige aber offenbar fehlt. Baugenehmigungspflichtig war aber gemäß den §§2 Abs. 1 Satz 3 Nr. 1, 87 Abs. 1 Satz 1, 88 Nr. 3 und 89 Abs. 1 Nr. 2 HBO 1978 die im Zusammenhang mit der Stützmauer nicht selbständige Aufschüttung. Bei alledem ist es unbeachtlich, daß das Straßenbauamt die Aufschüttung gefordert und der Voreigentümer der nördlichen Nachbarn der Aufschüttung mit Stützmauer zugestimmt haben soll. Eine erforderliche Bauanzeige und Baugenehmigung wird dadurch nicht ersetzt oder sonst entbehrlich.

Mithin ist hier davon auszugehen, daß es in dem nördlichen Grundstücksbereich derzeit an einer rechtmäßig bestehenden bzw. rechtmäßig hergestellten Geländeoberfläche fehlt. ...

Nr. 140

1. **Der Begriff der Nachbargrenze i.S. des §6 Abs. 11 Satz 1 Nr. 1 BauO NRW meint eine (gedachte) Linie, die das Baugrundstück von benachbarten Grundstücken trennt, die keine öffentlichen Verkehrs-(Grün-, Wasser-) Flächen sind.**

2. **Die Zahl der Nachbargrenzen i.S. des §6 Abs. 11 Satz 1 Nr. 1 BauO NRW wird aus Sicht des Baugrundstücks definiert. Tendieren aufeinanderstoßende Grenzlinien gegen 180, ist auf die natürliche Betrachtungsweise abzustellen.**

BauO NRW §6 Abs. 11 Satz 1 Nr. 1.

OVG Nordrhein-Westfalen, Beschluß vom 4. Februar 2004
– 10 B 2544/03 – (rechtskräftig).

(VG Düsseldorf)

Der Antragsteller wendete sich im einstweiligen Rechtsschutzverfahren gegen eine den Beigeladenen erteilte Baugenehmigung zur Errichtung einer PKW-Garage. Das Garagengebäude sollte an der gemeinsamen Grundstücksgrenze errichtet werden, deren Grenzlinie in diesem Bereich in einem Winkel von 118‡ aufeinanderstoßen. Die Längen der grenzständigen Außenwände der Garage betragen 9 m bzw. 6 m. Das Verwaltungsgericht lehnte den Antrag ab. Die Beschwerde hatte keinen Erfolg.

Aus den Gründen:
Aus dem Beschwerdevorbringen, auf dessen Prüfung der Senat gemäß §146 Abs. 4 Satz 6 VwGO beschränkt ist, ergibt sich nicht, daß die streitige Baugenehmigung den Antragsteller in öffentlichen Nachbarrechten verletzt.

Zu Recht geht das Verwaltungsgericht davon aus, daß die geplante Garage der Beigeladenen die in §6 Abs. 11 Satz 1 Nr. 1 BauO NRW bestimmten Längenmaße einhält. Nach dieser Vorschrift sind an der Nachbargrenze gebaute Garagen ohne eigene Abstandsfläche zulässig, wobei die Grenzbebauung entlang einer Nachbargrenze 9 m und insgesamt 15 m nicht überschreiten darf. In der Rechtsprechung der Bausenate des beschließenden Gerichts ist geklärt, daß der Begriff der Nachbargrenze i. S. des §6 Abs. 11 Satz 1 Nr. 1 BauO NRW eine (gedachte) Linie meint, die das Baugrundstück von benachbarten Grundstücken, die keine öffentlichen Verkehrs-(Grün-, Wasser-)Flächen sind, trennt. Dabei wird die Zahl der Nachbargrenzen aus Sicht des Baugrundstücks definiert. Ggf. ist – zur Verhinderung eines Abschirmeffekts einer Grenzbebauung – auf die natürliche Betrachtungsweise abzustellen, wenn aneinanderstoßende Grenzlinien gegen 180 ‡ tendieren und im wesentlichen in derselben Richtung verlaufen (vgl. OVG NRW, Urteile v. 12. 12. 1988 – 10 A 1729/87 –, DRS 49 Nr. 123, v. 14. 1. 1993 – 7 A 1039/91 –, v. 10. 9. 1993 – 7 A 1337/92 –, und v. 12. 2. 2003 – 7 A 4101/01 –).

In Anwendung dieser Grundsätze ist das Verwaltungsgericht zutreffend zu dem Ergebnis gelangt, daß mit Blick auf einen Winkel von 118 ‡, mit dem die fraglichen Grenzlinien aufeinandertreffen, bei natürlicher Betrachtungsweise von zwei Nachbargrenzen auszugehen ist. Daß angesichts dieser Gegebenheiten, die den Antragsteller zudem im weniger schutzbedürftigen Zufahrtsbereich seines Grundstücks treffen, von einem „Abriegelungseffekt" der grenzständigen Garagenwände keine Rede sein kann, hat das Verwaltungsgericht ebenfalls in rechtlich nicht zu beanstandener Weise erkannt.

Die geplante Doppelgarage verstößt nicht wegen des „Hinterhofcharakters", den sie dem Grundstück des Antragstellers nach dessen Ansicht verleiht oder wegen einer „völlig entstellenden Wirkung" bzw. wegen der „Massivität des Wohngebäudes" gegen § 15 Abs. 1 BauNVO und das darin enthaltene nachbarschützende Rücksichtnahmegebot. Von einem durch die Garage vermittelten „Hinterhofcharakter" kann ebensowenig gesprochen werden wie von einer „entstellenden Wirkung" des Garagengebäudes. Außer der schlichten Behauptung führt die Beschwerde auch keine substantiierten Gesichtspunkte an, die diese Ansicht belegen könnten. Daneben würde, selbst wenn die streitige Garage derartige Wirkungen hätte, damit eine Rücksichtslosigkeit nicht begründet werden können (vgl. dazu, daß sich §15 Abs. 1 BauNVO grundsätzlich nur auf die Art baulicher Nutzung bezieht BVerwG, Urteil v. 16. 3. 1995 – 4 C 3.94 –, BRS 57 Nr. 175 = BauR 1995, 508).

Nichts anderes gilt im Hinblick auf die angebliche „Massivität" des Wohngebäudes, das einer für sich betrachtet nachbarrechtskonformen Garage nicht wegen einer ihm nach Meinung des Antragstellers zukommenden nachbarrechtswidrigen Eigenschaft rücksichtslose Wirkung verleihen könnte.

Nr. 141

Ohne Angaben über die Höhe der geplanten oder vorhandenen Geländeoberfläche, die als unterer Bezugspunkt die Bemessung der Wandhöhe mit-

Nr. 141

bestimmt, ist eine Prüfung der gemäß §6 Abs. 11 Satz 1 Nr. 1 BauO NRW zulässigen Wandhöhe nicht möglich.
(Nichtamtlicher Leitsatz.)

BauO NRW §§ 75, 6 Abs. 11 Satz 1 Nr. 1.

OVG Nordrhein-Westfalen, Beschluß vom 4. Februar 2004 – 10 B 2489/03 – (rechtskräftig).

(VG Düsseldorf)

Aus den Gründen:
Es entspricht der st. Rspr. der Bausenate des OVG NRW, daß eine Baugenehmigung als nachbarrechtswidrig aufzuheben ist, wenn der Bauschein oder die genehmigten Bauvorlagen hinsichtlich nachbarrechtsrelevanter Baumaßnahmen unbestimmt sind und infolge dessen bei der Ausführung des Bauvorhabens eine Verletzung von Nachbarrechten nicht auszuschließen ist (vgl. OVG NRW, Beschluß v. 2. 10. 1998 – 11 B 845/98 –, BRS 60 Nr. 207 = BauR 1999, 379 = NWVBl. 99, 220 m. w. N.).

Davon ausgehend hat das Verwaltungsgericht mit zutreffenden Erwägungen die Baugenehmigung vom August 2002 in bezug auf die nachbarrechtsrelevante Frage, ob die Grenzwand der Garage die gemäß §6 Abs. 11 Satz 1 Nr. 1 BauO NRW maximal zulässige Höhe von im Mittel 3 m einhält, für zu unbestimmt erachtet. Den zur streitigen Baugenehmigung gehörenden Bauvorlagen sind entgegen den vom Verwaltungsgericht genannten Vorschriften der BauPrüfVO Angaben über die vorhandene bzw. geplante Geländehöhe vor der auf der gemeinsamen Grundstücksgrenze geplanten Garagenwand an keiner Stelle zu entnehmen. Auch die Schnittzeichnung („Schnitt A-A") läßt keine Rückschlüsse auf die hier allein fragliche Geländehöhe an der Grenze zum Grundstück der Antragsteller zu. Das Beschwerdevorbringen des Antragsgegners, Angaben über die Geländehöhen seien nur dann erforderlich, wenn eine Veränderung der natürlichen Geländeoberfläche geplant sei, geht an der Rechtslage vorbei. Ohne Angaben über die Höhe der geplanten oder vorhandenen Geländeoberfläche, die als unterer Bezugspunkt die Bemessung der Wandhöhe mitbestimmt, ist eine Prüfung der gemäß §6 Abs. 11 Satz 1 Nr. 1 BauO NRW zulässigen Wandhöhe nicht möglich. Der Hinweis in der Beschwerdeschrift, die vorhandene Geländeoberfläche sei „jederzeit vor Ort nachprüfbar", eine „Aufschüttung oder Abgrabung der einen oder anderen Grundstücksseite" sei „immer noch nach dem Bau feststellbar, da eine solche Veränderung der Geländeoberfläche nicht ohne eine Beeinträchtigung des Nachbargrundstücks möglich (...) und im Vergleich mit der Oberfläche des Nachbargrundstücks immer festzustellen" sei, geht fehl. Sie verkennt die dem Baugenehmigungsverfahren zukommende präventive Kontrollfunktion, die eine regelmäßig erst nach Baubeginn bzw. -fertigstellung einsetzende Prüfung ausschließt. Allein die gemäß der BauPrüfVO vorzulegenden Bauvorlagen, die Bestandteil der Baugenehmigung werden, müssen eine abschließende Prüfung ermöglichen, ob dem zur Genehmigung gestellten Bauvorhaben öffentlich-rechtliche Vorschriften nicht entgegenstehen. Wäre die vom Antragsgegner vertretene Ansicht zutreffend, könnten durch im Zuge der

Bauausführung – etwa zur Verdeckung eines Abstandflächenverstoßes – erfolgte Veränderungen der ursprünglich vorhandenen Geländeoberfläche nur noch schwer oder gar nicht festgestellt werden. Angaben in den Bauvorlagen zur Höhe der vorhandenen und gegebenenfalls der geplanten Geländeoberfläche dienen auch dazu, derartige Manipulationen zu verhindern.

Nr. 142

1. **Ein Wintergarten ohne eigene tragende Wände, der lediglich aus einer Terrassenüberdachung besteht, stellt keine öffentlich-rechtliche Anbausicherung i.S. von §6 Abs.1 Satz 2 BauO NRW dar.**

2. **Daß gemäß §6 Abs.4 Satz 5 BauO NRW die Höhe von Dächern mit einer Dachneigung von nicht mehr als 45° bei der Ermittlung der Abstandsfläche unberücksichtigt bleibt, hat für die Auslegung von §6 Abs.15 BauO NRW keine Bedeutung.**

   Daraus, daß nach §6 Abs.15 BauO NRW eine bauliche Änderung bestehender Gebäude mit Veränderung von Länge und Höhe der den Nachbargrenzen zugekehrten Wände nicht „geringfügig" ist, kann nicht geschlossen werden, daß bauliche Änderungen stets geringfügig sind, wenn Länge und Höhe dieser Wände nicht verändert werden.

3. **Wo die Grenze zwischen einer geringfügigen und einer nicht mehr geringfügigen Änderung liegt, ist nach den Umständen des Einzelfalles zu entscheiden. Eine Erhöhung des Gebäudes um mehr als die Hälfte durch ein geändertes Dach ist nicht mehr geringfügig.**

BauO NRW §6 Abs. 1 Satz 2, Abs. 4 Satz 5, Abs. 15.

OVG Nordrhein-Westfalen, Beschluß vom 6. April 2004 – 7 B 223/04 – (rechtskräftig).

(VG Köln)

Aus den Gründen:
Die Baugenehmigungen, mit denen den Beigeladenen anstelle des vorhandenen Pultdaches die Errichtung eines – höheren – Satteldaches mit 40° Neigung auf dem grenzständig errichteten Gebäude genehmigt worden ist, verstoßen bei der im vorliegenden Verfahren nur möglichen summarischen Prüfung gegen die gesetzlichen Abstandsvorschriften, denn es sind weder die Voraussetzungen des §6 Abs.1 Satz 2a oder b noch des §6 Abs.15 BauO NRW gegeben.

Da der Bereich, in dem das Vorhaben liegt, planungsrechtlich nach §34 BauGB zu beurteilen ist, läge der Fall des §6 Abs.1 Satz 2a BauO NRW allenfalls dann vor, wenn im maßgeblichen Bereich nahezu ausschließlich ohne Grenzabstand gebaut worden wäre und eine Bauweise mit Grenzabstand sich als absolute Ausnahme darstellte. Dies ist ausweislich der bei den Akten befindlichen Lagepläne jedoch nicht der Fall. Selbst das Haus der Beigeladenen ist zum Nachbargrundstück Flurstück 1895 in ganzer Tiefe und zum Nachbargrundstück Flurstück 1876 im südlichen Bereich nicht grenzständig errichtet.

Die Voraussetzungen des §6 Abs. 1 Satz 2 b BauO NRW liegen jedenfalls insoweit nicht vor, als nicht öffentlich-rechtlich gesichert ist, daß auf dem rückwärtigen Nachbargrundstück der Antragsteller ohne Grenzabstand gebaut wird. Zwar sieht die Rechtsprechung das Tatbestandsmerkmal der öffentlich-rechtlichen Sicherung auch dann als erfüllt hat, wenn auf dem Nachbargrundstück ein Gebäude ohne Grenzabstand gebaut ist (vgl. OVG NRW, Beschlüsse v. 17. 2. 2000 – 7 B 178/00 –, BRS 63 Nr. 137, und v. 17. 10. 2000 – 10 B 1053/00 –, BRS 63 Nr. 198), der grenzständig errichtete Wintergarten auf dem Grundstück der Antragsteller stellt bei der hier nur möglichen summarischen Prüfung jedoch keine hinreichende Anbausicherung i. S. von §6 Abs. 1 Satz 2 b BauO NRW dar.

Als einer öffentlich-rechtlichen Sicherung gleichwertig ist nur ein vorhandenes, grenzständiges Gebäude anzusehen, von dessen Fortbestand auch ausgegangen werden kann (vgl. OVG NRW, Beschlüsse v. 2. 8. 2002 – 7 A 74/02 –, und v. 6. 11. 1998 – 7 B 2057/98 –).

Die faktische Sicherung der Grenzbebauung muß ein solches Gewicht haben, daß sie der Sicherung durch eine Baulast gleichkommt. Hier besteht der Wintergarten ausweislich der in der Akte befindlichen Fotos weitgehend aus einer Holzkonstruktion ohne Tür mit einfacher Überdachung. Der Wintergarten ist in keinem der in den Akten befindlichen Amtlichen Lageplänen als Gebäude verzeichnet. Lediglich in dem zur Nachtragsbaugenehmigung vom November 2003 gehörenden Lageplan hat die Bauaufsichtsbehörde ihn handschriftlich mit der Bezeichnung „Wintergarten/Terrassenüberd." eingezeichnet. Die Beigeladenen verhalten sich in der Beschwerdebegründungsschrift lediglich zur Funktion der Anlage, nicht jedoch zu ihrer bautechnischen Ausgestaltung, z. B. dazu, ob der Wintergarten eigene Wände besitzt. Auf Grund der in den Akten befindlichen Fotos, der vom Bauaufsichtsamt gewählten Bezeichnung „Terrassenüberdachung" und des Fehlens entgegenstehender sonstiger Anhaltspunkte geht der Senat davon aus, daß es sich bei dem Wintergarten nicht um ein Gebäude mit eigenen tragenden Wänden handelt, das ohne Fortbestand der angrenzenden Gebäude/Mauern selbständig existieren kann, sondern um eine bloße Überdachung, die leicht zu beseitigen ist, und damit nicht um ein der öffentlich-rechtlichen Sicherung gleichwertiges Gebäude.

Ob sich die Genehmigung des Vorhabens mit einer nach Aktenlage und den unbestrittenen Angaben des Antragsgegners um mehr als zwei Meter erhöhten Gebäudehöhe gegenüber den Antragsteller als rücksichtslos erweist, kann der Senat deshalb offenlassen. Die Antragsteller bemängeln insoweit – ebenso unbestritten – eine massive Beeinträchtigung der Besonnung ihres Grundstücks gegenüber dem bisherigen genehmigten Zustand, auf den allein abzustellen ist. Daß möglicherweise auch früher ähnliche Beeinträchtigungen durch das Nachbargebäude bestanden haben, spielt keine Rolle, da das frühere Satteldach – das allerdings auf einer geringeren Wandhöhe aufsetzte – beseitigt worden ist. Zwar ist in verdichteten innerstädtischen Bereichen gerade mit Altbestand der Bebauung die Belichtungs- und Besonnungssituation regelmäßig schlechter als in Baugebieten, die von aufgelockerter Bebauung geprägt sind, doch rechtfertigt dies nicht, berechtigte nachbarliche Belange einfach außer acht zu lassen. Gerade wenn wie hier Abstandsflächen, die auch eine hinreichende Besonnung der Nachbargrundstücke gewährleisten sollen, wegen der bestehenden Bebauung nicht eingehalten werden, müssen bei einer die Situation verschärfenden Bebauung die negativen Auswirkungen bei der Erteilung der Baugenehmigung berücksichtigt werden (vgl. OVG NRW, Beschluß v. 29.7.2003 –10 B 1057/03 –, BauR 2004, 314).

Auch die Voraussetzungen des §6 Abs. 15 BauO NRW liegen nicht vor. Nach dieser Vorschrift können bei Nutzungsänderungen sowie bei geringfügigen baulichen Änderungen bestehender Gebäude ohne Veränderung von Länge und Höhe der den Nachbargrenzen zugekehrten Wände unter Würdigung nachbarlicher Belange geringere Tiefen der Abstandsflächen gestattet werden, wenn Gründe des Brandschutzes nicht entgegenstehen. Die Vorschrift hat solche Fallgestaltungen im Blick, in denen das bestehende Gebäude nach derzeitiger Rechtslage die erforderliche Abstandsfläche nicht einhält (vgl. Boeddinghaus/Hahn/Schulte, Bauordnung für das Land Nordrhein-Westfalen, Teil C, §6 Rdnr. 335).

§6 Abs. 15 BauO NRW ermöglicht also aus Gründen des Bestandsschutzes die Genehmigung der Änderung bestehender Gebäude auch dann, wenn sie nach geltendem Recht mit bauordnungsrechtlichen Abstandsvorschriften nicht vereinbar sind, nämlich größere als die vorhandenen Tiefen der Abstandsflächen fordern. Die Voraussetzungen der Vorschrift für eine Genehmigung der Änderung liegen hier jedoch nicht vor, weil die Beigeladenen das bestehende Gebäude baulich verändert haben und diese Änderung nicht geringfügig ist.

Es kann hier dahinstehen, ob erhebliche bauliche Änderungen allein im Inneren des Gebäudes, die dessen Außenmaße unberührt lassen und auf die durch die Abstandsregelungen geschützten Belange keinen Einfluß haben, als im Sinne des Gesetzes noch geringfügig anzusehen sind. Dieser Fall liegt hier nicht vor, weil die Errichtung des Satteldaches sich unstreitig auf die Besonnung des Grundstücks der Antragsteller und damit auf einen durch das Abstandsrecht geschützten Belang auswirkt.

Dem kann nicht entgegengehalten werden, daß gemäß §6 Abs. 4 Satz 5 BauO NRW die Höhe von Dächern mit einer Dachneigung von nicht mehr als 45‡ bei der Ermittlung der Tiefe der Abstandsfläche unberücksichtigt bleibt. §6 Abs. 15 BauO NRW regelt – wie dargelegt – Fallgestaltungen, in denen das bestehende Gebäude die – an sich – erforderliche Abstandsfläche nicht einhält. §6 Abs. 4 Satz 5 BauO NRW regelt dagegen die Berechnung der erforderlichen Abstandsfläche bei der offenen Bauweise. Hier verlangt das Gesetz einen Mindestabstand, der nach Entscheidung des Gesetzes auch bei Dächern bis zu einer Dachneigung von 45‡ die nachbarlichen Belange hinreichend schützt (vgl. OVG NRW, Beschluß v. 1.9.1988 –7 B 2106/88 –).

Dieser Schutz ist in den Fällen des §6 Abs. 15 BauO NRW aber gerade nicht gegeben, so daß für die Auslegung dieser Norm die in §6 Abs. 4 Satz 5 BauO

NRW für dessen Anwendungsbereich normierte abstandsrechtliche Irrelevanz des Daches der Beigeladenen keine Bedeutung hat.

Die durch die Baugenehmigungen erlaubten baulichen Veränderungen sind nicht geringfügig, auch wenn Länge und Höhe der dem Grundstück der Antragsteller zugekehrten Wand nicht verändert sind. Nach dem Wortlaut des Gesetzes ist jede Veränderung einer Grenzwand der genannten Art nicht als geringfügig anzusehen. Daraus kann jedoch nicht im Umkehrschluß geschlossen werden, eine bauliche Änderung ohne Veränderung von Länge und Höhe der maßgebenden Wand sei stets geringfügig. Für eine derartige Auslegung gibt das Gesetz nichts her. Die Norm schließt lediglich von vornherein aus, eine Änderung auch dann noch als geringfügig anzusehen, wenn die genannten Wandmaße verändert werden. Wo die Grenze zwischen einer geringfügigen und einer nicht mehr geringfügigen Änderung liegt, legt das Gesetz nicht fest. Die Frage ist nach den Umständen des Einzelfalles zu beantworten. Abgesehen von den Fällen, in denen durch die Änderung praktisch ein neues Gebäude, ein „aliud" entsteht, ist Maßstab dafür jedenfalls auch die Veränderung des äußeren Erscheinungsbildes, wie es sich für den Nachbarn darstellt, denn §6 Abs. 15 BauO NRW ist eine Regelung des auch dem Schutz der Nachbarn dienenden Abstandsrechts. Hier sehen sich die Antragsteller nicht mehr – wie bisher – einem 3,75 m hohen, sondern einem 6 m hohen grenzständigen Gebäude gegenüber, auch wenn dessen höchster Punkt nunmehr 2,50 m von der Grenze abgerückt ist. Das ursprüngliche Gebäude ist damit um mehr als die Hälfte erhöht. Eine derartige bauliche Veränderung, die fast ein zweites Geschoß mit Aufenthaltsräumen erlaubt, kann nicht mehr als geringfügig angesehen werden.

Liegen somit bereits die tatbestandlichen Voraussetzungen des §6 Abs. 15 BauO NRW nicht vor, braucht der Senat nicht zu entscheiden, ob nicht auch die Würdigung der nachbarlichen Belange eine Gestattung geringerer Tiefen der Abstandsflächen ausschließt.

Nr. 143

1. **Für die Genehmigungspflichtigkeit einer Nutzungsänderung ist ohne Belang, ob die bisherige Nutzung bestandsgeschützt ist.**
2. **Ob eine Nutzungsänderung unter Würdigung nachbarlicher Belange gemäß §6 Abs. 15 BauO NRW (i.d.F. des Gesetzes vom 9.11.1999) gestattet werden kann, ist auf Grundlage einer am Verhältnismäßigkeitsgrundsatz orientierten Abwägung der Interessen des Bauherrn an der geänderten Nutzung seines Vorhabens mit der Schutzbedürftigkeit der nachbarlichen Belange zu entscheiden.**
3. **Die Gestattung geringerer Abstandflächen für die Nutzungsänderung eines bestehenden Gebäudes setzt eine ursprünglich formell oder mate-**

riell legale Nutzung voraus, nicht jedoch, daß die Nutzung, die geändert werden soll, Bestandsschutz genießt.

4. **§ 6 Abs. 15 BauO NRW ermöglicht auch die Nutzungsänderung eines grenzständigen Gebäudes.**

BauO NRW §§ 6 Abs. 15; 63 Abs. 1; 73.

OVG Nordrhein-Westfalen, Urteil vom 24. Juni 2004 – 7 A 4529/02 – (rechtskräftig).

(VG Minden)

Die Klägerin wendet sich im vorliegenden Verfahren gegen die dem Beigeladenen erteilte Baugenehmigung vom 17.4.2000 zur Nutzungsänderung des im rückwärtigen Bereich seines Grundstücks Parzelle 129 stehenden Gebäudes. Das Wohnhaus der Klägerin reicht wie auch das Wohnhaus des Beigeladenen zuzüglich eines kleinen Vorbaus bis in eine Grundstückstiefe von rund 13 m. Beide Wohnhäuser sind grenzständig aneinander gebaut, halten zu den anderen Nachbargrenzen jedoch einen Grenzabstand ein. Der sich in südöstlicher Richtung erstreckende rückwärtige Bereich des Grundstücks der Klägerin wird mit Ausnahme der an der nordöstlichen Grundstücksseite angebauten Garage als Garten genutzt. Zum südwestlich angrenzenden Grundstück des Beigeladenen hat die Klägerin einen Holzflechtzaun errichtet und an diesem entlang eine Reihe Thujen gepflanzt, die zusammen mit dem Holzflechtzaun den Blick auf das Nachbargrundstück vom Gartenbereich aus weitgehend hindern. Von der sog. Eßküche im Erdgeschoß ihres Wohnhauses, die über ein grenznahes Fenster belichtet wird, kann der rückwärtige Bereich des Grundstücks des Beigeladenen ebenso eingesehen werden wie von den Fenstern im Obergeschoß und im Dachgeschoß. Dem Vater des Beigeladenen wurde 1947 die Erlaubnis erteilt, im rückwärtigen Grundstücksbereich eine Schreinereiwerkstatt mit 91 m^2 Grundfläche zu errichten. Die Schreinerei wurde entsprechend der mit Einverständnis mit allen drei Grundstücksnachbarn erteilten Baugenehmigung grenzständig an der rückwärtigen Grundstücksgrenze und zugleich auf jeweils 6,50 m Grundstückslänge grenzständig auch zu den Grundstücken der Klägerin und des gegenüberliegenden Nachbargrundstücks errichtet. Die Belichtung des zu etwa zwei Dritteln unterkellerten Gebäudes erfolgte über sechs Fenster in der nordwestlichen Gebäudeaußenwand. Die Erdgeschoßdecke lag in etwa auf Höhe der natürlichen Geländeoberfläche. Ein etwa 1 m tiefer Lichtschacht sollte vor die Kelleraußenwand 0,80 m vortreten. Das Satteldach mit einer Neigung von 35‡ wurde über drei schmale Gauben belichtet. Zur Grenze des Grundstücks der Klägerin sollte das nächstgelegene Fenster 1,20 m Abstand halten.

Mit Baugenehmigung vom 17.4.2000 genehmigte der Beklagte dem Beigeladenen die „Nutzungsänderung einer Tischlereiwerkstatt (EG) in bewohnbare Räume". Gegenüber der Baugenehmigung aus dem Jahre 1947 sind u.a. folgende bauliche Veränderungen vorgesehen: Der vollständig unterkellerte Erdgeschoßbereich, das Souterrain, soll nach den Bauvorlagen einen „Versorgungsraum", ein WC nebst Dusche und eine Küche (mit einem der drei Souterrainfenster) sowie einen Abstellraum aufnehmen. Das Gelände soll vor der Nordwestwand derart abgeböscht werden, daß über drei Fenster das „Souterrain" belichtet und von dort über die vom Erdgeschoß in das Souterrain verlegte Eingangstür das Gebäude betreten werden kann. Die ebenfalls verlegte Kellertreppe dient zugleich als Zugang zum Erdgeschoß. Die Belichtung des Erdgeschosses erfolgt über fünf statt früher sechs Fenster, die versetzt und in der Größe verändert worden sind. Das dem Grundstück der Klägerin nächstgelegene Fenster hat einen Abstand zur Grenze von 1 m. Im Erdgeschoß sind durch Zwischenwände neben einer Dusche nebst WC drei von einem Flur abzweigende Räume (zwei Schlafzimmer, ein Wohnzimmer mit zwei Eingangstüren) dargestellt. Das Dach sollte unter Beibehaltung der bisherigen Dachneigung und unter Fortfall der drei Dachgauben neu erstellt werden.

Nach erfolglosem Vorverfahren erhob die Klägerin Klage, die in zweiter Instanz Erfolg hatte.

Aus den Gründen:

Die dem Beigeladenen erteilte Baugenehmigung vom 17.4.2000 zur Nutzungsänderung einer ehemaligen Tischlereiwerkstatt in bewohnbare Räume und der Widerspruchsbescheid sind rechtswidrig und verletzen die Klägerin in nachbarschützenden Vorschriften des Bauordnungsrechts. Ob die genehmigte Nutzung zum Nachteil der Klägerin auch mit dem von §34 Abs.1 BauGB umfassten Gebot der Rücksichtnahme nicht vereinbar ist, bedarf daher keiner Entscheidung.

Das Vorhaben des Beigeladenen ist gemäß §63 Abs.1 Satz 1 BauO NRW baugenehmigungspflichtig. Eine Nutzungsänderung ist gemäß §63 Abs.1 BauO NRW baugenehmigungspflichtig, soweit in den §65 bis 67, 79 und 80 BauO NRW – wie hier – nichts anderes bestimmt ist. Eine Nutzungsänderung liegt vor, wenn die der bisher genehmigten Nutzung eigene Variationsbreite verlassen wird und durch die Veränderung bodenrechtliche Belange neu berührt werden können (vgl. BVerwG, Urteil v. 25.3.1988 – 4 C 21.85 –, BRS 48 Nr.138; OVG NRW, Beschluß v. 11.2.1997 – 10 B 3206/96 –, BRS 59 Nr.146).

Maßgebend ist, ob sich die neue Nutzung von der bisherigen dergestalt unterscheidet, daß sie andere oder weitergehende Anforderungen bauordnungs- oder bauplanungsrechtlicher Art unterworfen ist oder unterworfen sein kann, d.h. schon dann, wenn die Möglichkeit besteht, daß die Zulässigkeit des geänderten Vorhabens nach den Bauvorschriften anders beurteilt werden kann als das ursprüngliche Vorhaben (vgl. OVG NRW, Beschluß v. 5.6.2001 – 7 A 2024/01 –; Böddinghaus/Hahn/Schulte, BauO NRW, §63 Rdnr.64).

Ob die bisherige Nutzung bestandsgeschützt ist, ist hingegen für die Genehmigungspflichtigkeit der Nutzungsänderung ohne Belang.

Das Vorhaben des Beigeladenen kann in bauordnungs- und bauplanungsrechtlicher Hinsicht schon im Hinblick auf die Nutzungsänderung anderen als den bei Genehmigung der Tischlerei geltenden rechtlichen Anforderungen unterliegen. Prüfungserheblich ist insbesondere, ob die Wohnnutzung in dem rückwärtigen Grundstücksbereich mit dem vom Tatbestandsmerkmal des Einfügens i.S. des §34 Abs.1 BauGB (hier i.V.m. §30 Abs.3 BauGB) umfaßten Gebot der Rücksichtnahme vereinbar ist (vgl. §§30 Abs.3, 34 Abs.1 BauGB) und ob das Vorhaben den sich aus §6 BauO NRW ergebenden Abstandanforderungen genügt.

Die Nutzungsänderungsgenehmigung ist bereits mit den bauordnungsrechtlichen Abstandregelungen nicht vereinbar.

Gemäß §6 Abs.1 Satz 1 BauO NRW sind vor Außenwänden von Gebäuden Flächen von oberirdischen Gebäuden freizuhalten (Abstandflächen). Einer der in §6 Abs.1 Sätze 2 und 3 BauO NRW geregelten Fälle, in denen eine Abstandfläche nicht eingehalten werden muß, ist nicht gegeben. Die nähere Umgebung, auf die gemäß §§30 Abs.3, 34 Abs.1 BauGB abzustellen ist, ist durch die offene Bauweise bestimmt. Es ist öffentlich-rechtlich nicht gesichert, daß auf dem Nachbargrundstück ohne Grenzabstand gebaut wird (vgl. §6 Abs. 1 Satz 2 BauO NRW). Auf dem Nachbargrundstück ist kein Gebäude ohne Grenzabstand vorhanden (vgl. §6 Abs. 1 Satz 3 BauO NRW). Die Verpflichtung, die im Zeitpunkt der genehmigungsbedürftigen Nutzungsänderung geltenden Abstandanforderungen einzuhalten, gilt grundsätzlich auch für bereits vorhandene bauliche Anlagen, die jedoch nach Maßgabe der Voraussetzungen des §6 Abs. 15 BauO NRW gegenüber neu errichteten baulichen Anlagen abstandrechtlich privilegiert werden. Gemäß §6 Abs. 15 Satz 1 BauO NRW können bei Nutzungsänderungen sowie bei geringfügigen baulichen Änderungen bestehender Gebäude ohne Veränderung von Länge und Höhe der den Nachbargrenzen zugekehrten Wände unter Würdigung nachbarlicher Belange geringere Tiefen der Abstandflächen gestattet werden, wenn Gründe des Brandschutzes nicht entgegenstehen. Satz 1 gilt nicht für Gebäude nach Abs. 11 Nr. 1 (Satz 2). Die im vorliegenden Verfahren zur Genehmigung gestellte Nutzungsänderung ist ungeachtet der Frage, ob die von der Nutzungsänderungsgenehmigung umfaßten baulichen Änderungen noch geringfügig im Sinne der Vorschrift sind, schon deshalb nicht gemäß §6 Abs. 15 Satz 1 BauO NRW abstandrechtlich privilegiert, weil die zu würdigenden nachbarlichen Belange – hier der Klägerin – der Gestattung einer geringeren als der sich aus §6 Abs. 1, 4 und 5 ergebenden Tiefe der Abstandfläche entgegenstehen.

Welches Gewicht den nachbarlichen Belangen bei der Prüfung zukommt, ob eine Nutzungsänderung oder eine geringfügige bauliche Änderung gestattet werden kann, obwohl die sich nach geltendem Recht ergebenden Abstandflächen für das Vorhaben nicht zur Verfügung stehen, ergibt sich aus Sinn und Zweck der Vorschrift. Die Abstandregelungen sind auf den Ausgleich der schutzwürdigen und schutzbedürftigen Interessen der benachbarten Grundstückseigentümer unter Berücksichtigung der mit den Abstandregelungen verfolgten öffentlichen Interessen gerichtet und bestimmen damit den Inhalt des Grundeigentums i. S. des Art. 14 Abs. 1 Satz 2 GG (vgl. BVerwG, Urteil v. 16.5.1991 – 4 C 17.90 –, BVerwGE 88, 191 = BRS 52 Nr. 157).

Die mit §6 Abs. 1 Satz 1 BauO NRW verfolgte Verpflichtung, vor Außenwänden von (nicht gemäß §6 Abs. 11 BauO NRW abstandrechtlich begünstigten) Gebäuden Abstandflächen einzuhalten, soll dem Nachbarn im Hinblick auf die Belichtung, Belüftung, Brandsicherheit und den Sozialabstand ein Mindestmaß an Schutz garantieren und zugleich festlegen, was der Nachbar an Bebauung in welchem Abstand hinzunehmen hat. Werden die durch die Bauordnung in der zur Zeit der Errichtung einer baulichen Anlage geltenden Fassung vorgeschriebenen Grenzabstände, die für den Nachbarn die Zumutbarkeitsschwelle markieren, durch eine bauliche Anlage unterschritten, kann der Betroffene grundsätzlich die Beseitigung dieser baulichen Anlage verlangen (vgl. OVG NRW, Beschluß v. 13.6.2001 – 10 B 574/01 –).

Allerdings trifft die Festlegung einer Mindestabstandfläche den Grundeigentümer, der sein Grundstück erstmals durch die Errichtung eines Gebäudes nutzen will, anders als jenen, der eine vorhandene Gebäudesubstanz lediglich anderweitig nutzen will. Während dem ersteren regelmäßig die Möglichkeit der freien Disposition verbleibt, kann der letztere vor die Entscheidung gestellt sein, ob er eine bisherige Nutzung nur fortsetzen kann, weil jede andere Nutzung ausgeschlossen ist, oder ob er die an sich verwertbare Gebäudesubstanz abreißen und unter Berücksichtigung des neuen Abstandflächenrechts durch eine neue ersetzen soll. In jedem Fall der Nutzungsänderung (oder der geringfügigen baulichen Änderung) dennoch die Einhaltung der gegenüber der früheren Sach- oder Rechtslage vergrößerten Abstandflächen zu fordern, würde den berechtigten Interessen des Eigentümers an der Nutzung verwertbarer Gebäudesubstanz jedoch nicht gerecht. Aus Art. 14 Abs. 1 Satz 2 GG ergibt sich vielmehr die Verpflichtung des Gesetzgebers, eine sozial gerechte Eigentumsordnung zu gewährleisten, die die Nutzung einer vorhandenen und verwertbaren Gebäudesubstanz nicht verhindert, wenn dem berechtigte und mehr als geringfügige Belange des Allgemeinwohls oder eines Nachbarn nicht entgegenstehen (vgl. BVerwG, Urteil v. 16. 5. 1991 – 4 C 17.90 –, a. a. O.).

Unter Berücksichtigung von Sinn und Zweck der Abstandregelungen hat der Gesetzgeber mit dem durch das Zweite Gesetz zur Änderung der Landesbauordnung vom 9. 11. 1999 (GV NRW 1999, 622), in §6 eingefügten neuen Abs. 15 den verfassungsrechtlich gebotenen Ausgleich herbeigeführt. Er hat unter Berücksichtigung öffentlicher Belange den Ausgleich der Interessen der benachbarten Grundstückseigentümer für den Fall geregelt, daß vor den Außenwänden eines bestehenden Gebäudes die im Zeitpunkt der Nutzungsänderung (oder der geringfügigen baulichen Änderung) nach Maßgabe des §6 Abs. 1 Satz 1 geforderten Abstandflächen nicht zur Verfügung stehen. Das Interesse des Grundeigentümers an einer wirtschaftlich sinnvollen Nutzung einer vorhandenen verwertbaren Gebäudesubstanz und das Interesse des Nachbarn an der Beachtung der Abstände, die aus der Sicht der Bauordnung bei der erstmaligen Errichtung der (in ihrer Nutzung) geänderten baulichen Anlage eingehalten werden müßten, um nicht zumutbare Beeinträchtigungen durch zu dicht an der Nachbargrenze stehende bauliche Anlagen auszuschließen, sind in die Regelung eingegangen.

Am dargelegten Zweck der Regelung ist ihre Anwendung im jeweiligen Einzelfall auszurichten. Der 10. Senat des OVG NRW hat in einem Verfahren auf Gewährung vorläufigen Rechtsschutzes mit Beschluß vom 1. 2. 2000 (– 10 B 2092/99 –, BRS 63 Nr. 139 = NWVBl. 2001, 138) die Auffassung vertreten, Bezugspunkt der Würdigung nachbarlicher Belange i. S. des §6 Abs. 15 BauO NRW sei der verringerte Abstand gegenüber demjenigen, den das Vorhaben sonst einhalten müßte, und die Zumutbarkeit dieser Verringerung angesichts der veränderten Nutzung. Der 7. Senat hat demgegenüber für die Abwägung nachbarlicher Belange allein darauf abgestellt, ob die geänderte Nutzung im Vergleich zur bisherigen Nutzung nachteiligere Auswirkungen auf zumindest einen der durch die Abstandvorschriften geschützten nachbarlichen Belange hat. Wenn dies der Fall sei, müsse die Baugenehmigung i. d. R. versagt werden (vgl. OVG NRW, Beschluß v. 24. 4. 2001 – 7 B 1473/00 –, BauR 2001, 1407 = BRS 64 Nr. 128). Nach Rücksprache halten die Bausenate des Oberverwaltungsgerichts weder an der einen noch an der anderen Rechtsansicht fest.

Maßgebend für die Prüfung, ob geringere Tiefen der Abstandflächen unter Würdigung nachbarlicher Belange gestattet werden können, ist eine letztlich am Grundsatz der Verhältnismäßigkeit orientierte Abwägung der Interessen des Bauherrn an der geänderten Nutzung seines Vorhabens mit der Schutzbedürftigkeit der nachbarlichen Belange. In die Abwägung sind die im Einzelfall betroffenen Belange einzustellen und ist zu berücksichtigen, in welchen Maß die nachbarlichen Belange durch eine neue Nutzung beeinträchtigt werden und wie berechtigt das Interesse des Bauherrn daran ist, die Nutzungsänderung vorzunehmen, obwohl sie zu gewissen tatsächlichen Nachbarbeeinträchtigungen beiträgt. Für die Abwägung von Belang ist namentlich, ob der Nachbar mit einer vergleichbaren Nutzung rechnen oder ob sich umgekehrt der Bauherr darauf einstellen mußte, daß der beabsichtigten Nutzungsänderung gewichtige Nachbarinteressen oder andere öffentlich-rechtliche Vorschriften als die des Abstandflächenrechts entgegenstehen. Zusätzliche Faktoren können für die Abwägung nach Maßgabe des ihnen im Einzelfall zukommenden Gewichts von Bedeutung sein. Beispielsweise kann von Belang sein, in welchem Ausmaß die vorhandene Bausubstanz noch verwertbar ist, ob die beabsichtigte Nutzungsänderung einen städtebaulichen Mißstand verfestigt oder ob eine Veränderung der Bausubstanz dergestalt möglich und zumutbar ist, daß den Anforderungen des Abstandflächenrechts genügt werden kann (vgl. auch BVerwG, Urteil v. 16.5.1991 – 4 C 17.90 –, a.a.O. (S. 385 f.)).

Dem Interesse des Beigeladenen an der genehmigten Nutzungsänderung stehen überwiegende Belange der Klägerin entgegen. Für die Interessenbewertung ist allerdings ohne Belang, ob die Nutzung, die geändert werden soll, noch „Bestandsschutz" genießt. § 6 Abs. 15 stellt darauf ab, daß ein Gebäude „besteht", also tatsächlich vorhanden ist, und nicht darauf, ob die früher einmal genehmigte Nutzung, die allerdings formell oder materiell legal aufgenommen worden sein muß (vgl. OVG NRW, Beschluß v. 21.2.2002 – 7 B 1603/01 –; Beschluß v. 24.3.2003 – 10 A 4687/02 –), weiterhin ausgeübt wird. Ebensowenig ist von Belang, daß das Gebäude grenzständig errichtet ist. Die Rechtsfolge des § 6 Abs. 15 BauO NRW ist auf eine im Ermessen der Bauaufsichtsbehörde stehende Gestattung „geringerer Tiefen der Abstandflächen" gerichtet, ohne den Gestattungsspielraum auf eine Abstandfläche größer Null zu beschränken.

Zugunsten des Beigeladenen ist in die von § 6 Abs. 15 BauO NRW geforderte Abwägung einzustellen, daß die vorhandene Gebäudesubstanz – durch verhältnismäßig geringfügige bauliche Maßnahmen – geeignet ist, eine andere als die genehmigte Tischlereinutzung zu ermöglichen. Die Nachbarn konnten zudem nicht damit rechnen, daß die Gebäudesubstanz nach Aufgabe der Tischlerei keiner Nutzung mehr zugeführt werden würde. Ist eine Gebäudenutzung in nachbarverträglicher Weise möglich und gibt die Gebäudesubstanz eine Nutzungsänderung her, liegt die Annahme durchaus fern, der Bauherr werde nicht um eine wirtschaftlich mögliche Folgenutzung auch dann weiterhin bemüht bleiben, wenn die bisherige Nutzung seit Jahren eingestellt war (was hier einmal zugunsten der Klägerin unterstellt werden kann). Zudem ist das Gebäude mit Zustimmung aller angrenzenden Nachbarn und zwar auch mit Zustimmung des Rechtsvorgängers der Klägerin im Grundeigentum, die sich die Klägerin zurechnen lassen muß, errichtet worden. Die Beeinträchtigung abstandflächenrechtlich relevanter Belange durch die in ihrem Ausmaß im Detail streitige Tischlereinutzung ist schließlich jahrzehntelang von den Nachbarn hingenommen worden.

Zum Nachteil des Beigeladenen ist zu berücksichtigen, daß er mit einer Folgenutzung der Tischlerei zu Wohnzwecken schon bei Errichtung des Gebäudes nicht rechnen konnte. Gemäß §26 Abs. II b der Baupolizeiverordnung war die Nordlage einer Wohnung in allen ihren Teilen verboten. Die Bauordnung für das Land NRW hat an dieser Regelung der Sache nach festgehalten (vgl. §60 Abs. 3 Satz 2 BauO NRW 1962; nunmehr §49 Abs. 3 Satz 2 BauO NRW). Die Fenster des hier strittigen Gebäudes weisen nach Nordwesten. Eine Wohnung hat eine reine Nordlage, wenn die Außenwand der Wohnung zwischen Nordost und Nordwest ausgerichtet ist (vgl. OVG NRW, Beschluß v. 7.3.2001 – 7 A 815/01 –).

Ferner spricht die bauplanungsrechtliche Situation gegen die Fortsetzung einer Hauptnutzung im rückwärtigen Grundstücksbereich. (Wird ausgeführt.)

Erheblich ist aus Sicht des Senats letztlich folgendes: Die Klägerin hat nicht damit rechnen müssen, daß die Nutzungsänderung der Tischlerei sich in nach außen bemerkbarer Weise auf solche Bereiche des Gebäudes erstreckt, die bei der erstmaligen Errichtung eines Gebäudes aus abstandrechtlichen Gründen von einer Überbauung freizuhalten wäre, obwohl es dem Beigeladenen durch verhältnismäßig geringfügige Änderungen seines Konzeptes möglich (gewesen) ist, diesen Bereich von einer nach außen bemerkbaren Nutzungsänderung auszunehmen. In einem Abstand von etwa 1 m zum Grundstück der Klägerin sieht die Baugenehmigung ein Fenster vor, daß der Belichtung eines Schlafzimmers dienen soll. Ohne weiteres ist es dem Beigeladenen auch möglich (gewesen), den doppelt so großen Wohnraum, der nach den von der Baugenehmigung umfaßten Bauvorlagen in dem der Grenze zum Grundstück der Klägerin abgewandten Gebäudebereich eingerichtet werden soll, in den nordöstlichen Gebäudebereich zu verlegen und über ein Fenster außerhalb des abstandrelevanten Bereichs zu belichten. Daß dem Beigeladenen eine solche Anordnung möglich (gewesen) ist, ergibt sich bereits daraus, daß er selbst alle Fensteröffnungen des Gebäudes verändert, die Fensterzahl von sechs auf fünf reduziert und den Hauseingang in das Souterrain verlegt hat.

Die Gewichtung nachbarlicher Belange fällt zum Nachteil des Beigeladenen aus, obwohl die über das Fenster im grenznahen Bereich möglichen Einwirkungen auf das Grundstück der Klägerin verhältnismäßig geringfügig sind. Der Beigeladene weist zwar zu Recht darauf hin, daß zugunsten der Klägerin nur solche Beeinträchtigungen in die Interessenbewertung, ob eine Nutzungsänderung nach §6 Abs. 15 BauO NRW genehmigt werden kann, einzustellen sind, deren Schutz mit den bauordnungsrechtlichen Abstandbestimmungen bezweckt ist. Nichts anderes ist hier der Fall, denn es geht hier um das von den Abstandbestimmungen geschützte Interesse an der Wahrung eines gewissen Sozialabstandes. Dieses Interesse wird berührt durch die Einwirkungen, die sich aus einer sichtbaren Wohnnutzung hinter dem über ein Fenster belichteten Schlafzimmer, die von dort ausgehenden Lichtimmissionen und auch aus den Einsichtnahmemöglichkeiten von einem Grundstücksbereich her ergeben, von dem aus mit derartigen Einwirkungen bislang nicht gerechnet werden mußte. Das die Einsichtnahmemöglichkeiten derzeit im Hinblick auf die an der Grenze errichtete Thujahecke beschränkt sind, mindert das schutzwürdige Interesse der Klägerin, schließt es jedoch nicht aus. Der relativ geringfügigen Beeinträchtigung der Klägerin entspricht auf der anderen Seite, daß es der Beigeladene durch ebenso verhältnismäßig geringfügige Maßnahmen in der Hand hat, die Beeinträchtigungen der Klägerin auszuschließen.

Erweist sich hier, daß dem Vorhaben des Beigeladenen entgegenstehende Belange der Klägerin im Rahmen der Verhältnismäßigkeitsabwägung überwiegen, ist eine Ermessensentscheidung des Beklagten, dennoch geringere Tiefen der Abstandflächen zu gestatten, ausgeschlossen. Ob dem Vorhaben andere, rechtlich geschützte Interessen der Klägerin nicht berührende öffentliche Belange entgegenhalten könnte, ist schon deshalb nicht zu prüfen.

Ferner bedarf keiner Entscheidung, ob die vom Beigeladenen durchgeführten baulichen Änderungen noch als geringfügig i. S. von § 6 Abs. 15 BauO NRW anzusehen sind und ob sich die Klägerin gegenüber mehr als geringfügigen baulichen Änderungen auch dann auf eine Verletzung bauordnungsrechtlicher Abstandbestimmungen berufen könnte, wenn sie durch die baulichen Änderungen nicht in nachbarlichen Belangen berührt wird.

Für das Vorhaben des Beigeladenen kann keine Abweichung gemäß § 73 BauO NRW erteilt werden. § 6 BauO NRW erfaßt in seinen Absätzen 13 bis 16 die Fallgruppen, die eine Abweichung rechtfertigen können, und stellt daher ein geschlossenes Regelungssystem dar, das einen Rückgriff auf § 73 BauO NRW ausschließt (vgl. OVG NRW, Urteil v. 6. 2. 2003 – 10 A 3666/99 –; Beschluß v. 23. 12. 2003 – 7 B 223/04 –).

Nr. 144

Wird ein wirtschaftlich einheitlich genutztes Grundstück allein deshalb in zwei Buchgrundstücke geteilt, um die zahlenmäßige Beschränkung auf je ein Bauwerk an der Grenze gemäß § 12 Abs. 1 NBauO zu unterlaufen, ist die Baugenehmigung für ein Nebengebäude auf dem abgeteilten Flurstück wegen mißbräuchlicher Inanspruchnahme der Grenzabstandsvorschriften rechtswidrig.

NBauO §§ 4 Abs. 1 Satz 1, 12 Abs. 1, 94 Abs. 1 Satz 1.

Niedersächsisches OVG, Beschluß vom 26. Februar 2004 – 1 LA 210/03 – (rechtskräftig).

Die Klägerin wendet sich gegen den Beigeladenen erteilte Baugenehmigungen.
Die Klägerin ist Eigentümerin des mit einem Wohnhaus bebauten Grundstücks, die Beigeladenen sind Eigentümer des westlich angrenzenden Grundstücks. Die Grundstücke liegen im Geltungsbereich des Bebauungsplans Nr. 36, der für beide Grund-

stücke allgemeines Wohngebiet festsetzt. Der Beklagte erteilte den Beigeladenen 1998 eine Baugenehmigung für die Errichtung eines Gebäudes mit einer Wohnung und einer Büroeinheit sowie einer Carportanlage. Die Carportanlage mit einer Grundfläche von 7 m x 6,5 m wurde im nordöstlichen Grundstücksbereich in einem Abstand von 1 m zum Nachbargrundstück genehmigt. Die Grenzbebauung beträgt dort 6,5 m.

1999 erteilte der Beklagte den Beigeladenen die Baugenehmigung für den Neubau eines Geräteschuppens in der Grundfläche 4,45 m x 3,45 m nebst angebautem 1,5 m langen überdachten Freisitz mit Satteldach in Holzbauweise an der Grenze zum Grundstück der Klägerin. Dem widersprach die Klägerin mit der Begründung, daß das Nebengebäude unmittelbar vor der nach Südwesten ausgerichteten Fensterfront ihres Wohnzimmers errichtet worden sei, so daß die Belichtung, Belüftung und Besonnung ihres Grundstücks unzumutbar beeinträchtigt werde.

Daraufhin erteilte der Beklagte dem Beigeladenen zu 1) eine Teilungsgenehmigung nach §94 NBauO. Von dem Baugrundstück wurde ein dreieckiges 102 m² großes Teilstück, auf dem das Gerätehaus errichtet wurde, abgetrennt.

Im Widerspruchsverfahren gegen die Baugenehmigung wies die Bezirksregierung darauf hin, daß das Gerätehaus wegen der Überschreitung der Grundfläche von 15 m² nicht an der Grenze zulässig sei. Auf Antrag der Beigeladenen erteilte der Beklagte 2000 eine Baugenehmigung für die Nutzungsänderung des Gartengerätehauses auf dem abgeschriebenen Teilstück zu einer Kleingarage für Motorräder mit Abstellraum. Dagegen richtete sich der Widerspruch der Klägerin.

Aus den Gründen:
Die den Beigeladenen erteilten Baugenehmigungen von 1999 und 2000 verletzen nachbarschützende Abstandsvorschriften. Gemäß §12 Abs. 1 Satz 1 NBauO sind auf einem Baugrundstück ohne Grenzabstand oder mit einem bis auf 1 m verringerten Grenzabstand jeweils eine Garage oder eine Anlage, die aus mehreren aneinandergebauten Garagen besteht (Nr. 1), ein Gebäude ohne Feuerstätten und Aufenthaltsräume, das dem Fernmeldewesen, der öffentlichen Energie- oder Wasserversorgung oder der öffentlichen Abwasserbeseitigung dient (Nr. 2) und ein sonstiges Gebäude ohne Feuerstätten und Aufenthaltsräume (Nr. 3) zulässig. Mit dem Zulassungsantrag machen die Beigeladenen zu Unrecht geltend, das abgeschriebene Flurstück sei ein eigenständig zu betrachtendes Baugrundstück i. S. des §4 Abs. 1 Satz 1 NBauO, so daß die Genehmigung für die Umnutzung des Geräteschuppens auf dem Flurstück in eine (Klein-)Garage i. S. des §12 Abs. 1 Satz 1 Nr. 1 NBauO auf der Grenze rechtmäßig sei. Nach §4 Abs. 1 Satz 1 NBauO ist das Baugrundstück zwar das Grundstück im Sinne des bürgerlichen Rechts, auf dem eine Baumaßnahme durchgeführt wird oder auf dem sich eine bauliche Anlage befindet. Das kann aber nicht gelten, wenn ein wirtschaftlich einheitlich genutztes Grundstück mißbräuchlich allein deshalb in zwei Buchgrundstücke geteilt wird, um die Einschränkungen des Baurechts für eine Grenzbebauung zu umgehen. Mit der Teilung nehmen die Beigeladenen in mißbräuchlicher Weise die Erleichterung des §12 Abs. 1 NBauO in Anspruch.

Die zahlenmäßige Beschränkung auf je ein Bauwerk der in §12 Abs. 1 Satz 1 Nr. 1 bis Nr. 3 NBauO genannten Art pro Grundstück gewährleistet, daß die planungsrechtliche Regelung der offenen Bauweise nicht durch eine Vielzahl von Nebengebäuden ohne Grenzabstand in Frage gestellt wird. Wegen der genannten Privilegierung können rechtliche Bedenken gegen die

Bildung von sog. „isolierten Garagengrundstücken" bestehen, wenn sie dazu führen, daß die Abstandsvorschriften zum Nachteil des Nachbarn in mißbräuchlicher Weise ausgehebelt werden (vgl. hierzu OVG Lüneburg, Urteil v. 7.5.1980 – 6 A 171/78 –, V.n.b.; Lindorf, in: Große-Suchsdorf/Lindorf/Schmaltz/Wiechert, NBauO, 7. Aufl. 2002, §12 Rdnr. 20ff.) und ein Korrektiv durch planungsrechtliche Zulässigkeitsschranken nicht eingreift (vgl. Beschluß des Senats v. 27.12.1996 – 1 M 6717/96 –, NdsVBl. 1997, 158 = BRS 58 Nr. 121). Ein vergleichbarer Fall, der die Vergünstigung des §12 Abs. 1 NBauO ausschließt, ist hier für das abgeteilte Flurstück gegeben.

Das rechtlich verselbständigte Flurstück ist mit 102 m² zwar deutlich größer als die zuvor angesprochenen isolierten Baugrundstücke, die nicht größer sind als die Garagen selbst, die sie aufnehmen sollen. Die Grundfläche der mit Baugenehmigungen von 1999 und 2000 gestatteten (Klein-)Garage beträgt bei Einbeziehung des Freisitzes ca. 20,5 m², so daß nur ungefähr 1/5 des Flurstücks überbaut wird. Es besteht aber kein sachlicher Unterschied zu den Garagengrundstücken, weil bei der vorliegenden Fallkonstellation die erteilten Baugenehmigungen dazu führen, daß die auch dem Grundstück des Nachbarn zukommende Schutzfunktion der zahlenmäßigen Beschränkung auf jeweils ein Gebäude der in §12 Abs. 1 Satz 1 NBauO genannten Arten umgangen wird. Nach den Umständen des vorliegenden Einzelfalles dient die Teilung allein der Legalisierung des unter Verstoß gegen §12 Abs. 1 Satz 2 Nr. 1 NBauO genehmigten Baubestandes auf dem Grundstück der Beigeladenen zum Nachteil der Klägerin.

Die Genehmigung vom August 1999 für den Neubau eines Geräteschuppens verletzt die genannte Abstandsvorschrift, weil die Gesamtlänge der Nebengebäude an einer Grenze i. S. des §7a Abs. 1 Satz 3 NBauO unter Einbeziehung der Carportanlage, die eine Länge von 6,5 m im Grenzbereich aufweist, größer als 9 m ist und der Geräteschuppen zudem die höchstzulässige Grundfläche von 15 m² (§12 Abs. 1 Satz 1 Nr. 3 i.V.m. Satz 2 Nr. 1 NBauO) überschreitet ([4,45 m + 1,5 m] x 3,45 m = 20,5 m²). Mit der Bildung des neuen Teilgrundstückes soll die Beschränkung, die §12 Abs. 1 Satz 2 Nr. 2 NBauO hinsichtlich der Gesamtlänge von Nebengebäuden an einer Grenze auferlegt, unterlaufen werden. Einem weiteren Zweck dient die Teilung ersichtlich nicht. Darauf hat das Verwaltungsgericht zutreffend hingewiesen. Mit der im Anschluß an die Teilung erteilten Baugenehmigung vom November 2000 werden die aus den Abstandsvorschriften herrührenden Nachbarrechte der Klägerin in unzumutbarer Weise hintangestellt. Obwohl das Baugrundstück der Beigeladenen, auf dem das Wohn- und Bürogebäude mit Carportanlage genehmigt wurde, angesichts seiner Größe in ausreichendem Umfang Platz für die Unterbringung eines Geräteschuppens bzw. einer Kleingarage bietet, haben die Beigeladenen den Standort ausgewählt, der für die Klägerin wegen der Ausrichtung ihrer Fensterfront im Wohnzimmerbereich nach Südwesten im Hinblick auf die Belichtung, Belüftung und Besonnung am ungünstigsten ist. Die Beigeladenen machen zwar zu Recht geltend, daß ihnen grundsätzlich freisteht zu entscheiden, an welcher Grenze sie das Privileg des §12 Abs. 1 NBauO in Anspruch nehmen wollen. Der Nachbar hat keinen Anspruch auf Prüfung geeigneter Alternativstandorte (Lindorf, a.a.O., §12 Rdnr. 6). Die Beigeladenen wollen jedoch die zahlenmäßigen Beschränkungen des § 12 Abs. 1 NBauO, die auch dem Schutz des Nachbarn dienen, durch die Teilung unterlaufen. Sie nutzen eine vom Gesetz eingeräumte Möglichkeit allein zu einem Zweck, dem die Teilung im Hinblick auf die Grenzabstandsvorschriften nicht dienen soll, und mißbrauchen damit die Teilung. Das Grundstück der Beigeladenen wird auch nach der Teilung einheitlich genutzt; die Verselbständigung des Flurstücks 323/25 macht unter dem Blickwinkel einer eigenständigen Nutzung keinen Sinn.

Eine mißbräuchliche Inanspruchnahme von § 12 Abs. 1 NBauO wird schließlich dadurch belegt, daß ein Teil der in dem Lageplan zur Baugenehmigung von 1998 eingezeichneten Zufahrt zum Wohn- und Bürogebäude bzw. zur Carportanlage der Beigeladenen über das abgetrennte Flurstück 323/25 verläuft und daher das Aufrechterhalten der Baugenehmigung von 1998 eigentlich voraussetzt, daß das abgetrennte Flurstück 323/25 mit dem Grundstück Flurstück 323/19 durch eine Baulast zu einem Baugrundstück vereinigt wird.

Zulässigkeitsschranken des BauGB, mit deren Hilfe eine Umgehung der Schutzfunktion des § 12 Abs. 1 NBauO zugunsten der Grenznachbarn verhindert werden könnte, sind nicht ersichtlich. Die Festsetzungen des Bebauungsplanes Nr. 36 bieten keine Handhabe, der Schutzbedürftigkeit der Klägerin Rechnung zu tragen. Die angegriffenen Baugenehmigungen von 1999 und 2000 erweisen sich danach als rechtswidrig und verletzen die Klägerin in ihren Rechten.

Nr. 145

Das Vorliegen einer „Vertrauensgrundlage" für Vorbereitungen des Eigentümers zur Verwirklichung von im Bebauungsplan vorgesehenen Nutzungsmöglichkeiten setzt nicht voraus, daß für das beabsichtigte Vorhaben die Erschließung bereits vorhanden bzw. i. S. des § 30 Abs. 1 BauGB „gesichert" ist. Es reicht aus, wenn mit der Erschließung in absehbarer Zeit – etwa auch durch den Eigentümer selbst in Verwirklichung seines Vorhabens – gerechnet werden kann.

BauGB § 39.

Bundesgerichtshof, Beschluß vom 28. Oktober 2004 – III ZR 25/04 –.

(OLG Frankfurt am Main)

Die Beteiligte zu 2) erwarb Grundstücke im Bereich des Bebauungsplans der Beteiligten zu 1) („Gewerbegebiet H.wiese") und beantragte 1993 eine immissionsschutzrechtliche Genehmigung zur Errichtung eines Gefahrstofflagers. Daraufhin verhängte die Beteiligte zu 1) im September 1994 eine – zur Aussetzung der Entscheidung über den Genehmigungsantrag der Beteiligten zu 2) führende – Veränderungssperre und änderte anschließend den Bebauungsplans dahin, daß eine Nutzung der Grundstücke der Beteiligten zu 2) als Lager für wassergefährdende und bodenverunreinigende Stoffe ausgeschlossen ist.

Auf das Entschädigungsbegehren der Beteiligten zu 2) gemäß § 39 BauGB hat die Beteiligte zu 3) (höhere Verwaltungsbehörde) eine von der Beteiligten zu 1) an die Beteiligten zu 2) zu zahlende Entschädigung festgesetzt. Im gerichtlichen Verfahren hat zwar das Landgericht (Kammer für Baulandsachen) den Bescheid der Beteiligten zu 3) aufgehoben, das Oberlandesgericht (Senat für Baulandsachen) hat ihn jedoch auf die Berufung der Beteiligten zu 2) wiederhergestellt. Die gegen die Nichtzulassung der Revision gerichtete Beschwerde der Beteiligten zu 1) hatte keinen Erfolg.

Aus den Gründen:

II. 2. Aus dem Beschwerdevorbringen ergeben sich keine Revisionszulassungsgründe, soweit das Berufungsgericht der Beteiligten zu 2) zugesteht, „im berechtigten Vertrauen" auf den Bestand des Bebauungsplans Vorbereitungen für ihr Bauvorhaben getroffen zu haben.

a) Mit dem Hinweis auf ihr Vorbringen, die Aufwendungen der Beteiligten zu 2) seien von vornherein wertlos gewesen, weil die von ihr geplante und beantragte Anlage keine Genehmigung nach § 4 BImSchG erhalten hätte, wirft die Beschwerde der Sache nach keine rechtsgrundsätzliche Frage auf, sondern sie beanstandet nur die – wie sie meint, unzureichenden – tatrichterlichen Feststellungen zur Genehmigungsfähigkeit des Vorhabens der Beteiligten zu 2). Indessen ergibt sich aus dem Zusammenhang der Ausführungen des Berufungsgerichts, insbesondere auch i. V. m. der Begründung des Entschädigungsfeststellungsbescheids der Beteiligten zu 3), daß nach dem damaligen Kenntnisstand von der Genehmigungsfähigkeit des Vorhabens auszugehen war, zumal auch sämtliche im Genehmigungsverfahren eingeholten Stellungnahmen der anzuhörenden anderen behördlichen Stellen positiv waren bzw. keine Einschränkungen erhoben wurden.

b) Zur Zulassung der Revision nötigt auch nicht die Rüge der Beschwerde, daß das Berufungsgericht sich nicht mit dem Vorbringen der Beteiligten zu 1) auseinandergesetzt habe, für das Vorhaben der Beteiligten zu 2) sei die für eine Baugenehmigung nach § 30 BauGB erforderliche Erschließung nicht gegeben bzw. gesichert gewesen. Wie die Beschwerdeerwiderung zutreffend hervorhebt, kommt es für den Entschädigungsanspruch nach § 39 BauGB nicht darauf an, ob für das von der Planänderung betroffene Bauvorhaben bereits eine Erschließung vorhanden bzw. diese i. S. des § 30 BauGB „gesichert" ist (zu letzterem Erfordernis vgl. Gaentzsch, in: Berliner Kommentar, BauGB, 3. Aufl. (August 2002), § 30 Rdnr. 12 ff., 14). Unter dem für § 39 BauGB ausschlaggebenden Gesichtspunkt, ob sich aus der planungsrechtlichen Situation und den sonstigen rechtlichen und örtlichen Gegebenheiten eine „Vertrauensgrundlage" für Vorbereitungen des Eigentümers zur Verwirklichung von im Bebauungsplan vorgesehenen Nutzungsmöglichkeiten ergeben hat, muß es ausreichen, wenn mit der Erschließung in absehbarer Zeit – etwa auch durch den Eigentümer selbst in Verwirklichung seines Vorhabens – gerechnet werden kann (Breuer, in: Schrödter, BauGB, 6. Aufl., § 39 Rdnr. 30; Gaentzsch, in: Berliner Kommentar, BauGB, 2. Aufl., § 39 Rdnr. 9; vgl. auch Paetow, in: Berliner Kommentar, BauGB, 3. Aufl. (Juli 2004), § 39 Rdnr. 18; Vogel, in: Brügelmann, BauGB (April 1997), § 30 Rdnr. 14; enger allerdings Battis, in: Battis/Krautzberger/Löhr, BauGB, 8. Aufl., § 39 Rdnr. 9; Bielenberg/Runkel, in: Ernst/Zinkahn/Bielenberg/Krautzberger, BauGB, § 39

Rdnr. 14 f.). Vorliegend hatte die Beteiligte zu 2) in den Tatsacheninstanzen unwidersprochen vorgetragen, es sei davon auszugehen gewesen, daß die Erschließungsanlage spätestens bis zur Fertigstellung der anzuschließenden baulichen Anlage benutzbar sein werde.

3. Keine durch eine revisionsgerichtliche Entscheidung klärungsbedürftige Frage wirft die Beschwerde auf, soweit sie meint, auf den Anspruch aus § 39 BauGB müsse der das Planungsschadensrecht (§§ 40–42 BauGB) beherrschende Rechtsgedanke des § 42 Abs. 3 BauGB übertragen werden, wonach dann, wenn die zulässige Nutzung eines Grundstücks erst nach einer Frist von sieben Jahren aufgehoben oder geändert wird, der Eigentümer grundsätzlich nur eine Entschädigung für Eingriffe in die ausgeübte Nutzung verlangen kann (zur Reichweite dieser Reduktion vgl. Senatsurteil BGHZ 141, 319, 322). Diese Rechtsauffassung, die in der Fachliteratur, soweit ersichtlich, nirgends vertreten wird trifft – eindeutig – nicht zu (ausdrücklich ablehnend Battis, a. a. O., Rdnr. 4; Paetow, a. a. O., Rdnr. 12; Doerfert, in: Gronemeyer, BauGB, Praxiskommentar, § 39 Rdnr. 4). Im Rahmen des § 39 BauGB geht es um den Ersatz konkreter Aufwendungen, die im Vertrauen auf eine bestimmte Planungslage getätigt wurden. Solche Aufwendungen sind auch noch nach Ablauf der besagten Sieben-Jahres-Frist grundsätzlich schutzwürdig.

Nr. 146

Begrünte Zwischenräume von Rasengittersteinen im Vorgarten stellen keine gärtnerische Anlegung i. S. des § 8 Abs. 1 BauO Bln dar; diese setzt eine gewisse gestalterische Qualität bei gleichzeitig weitgehend unversiegelter Bodenoberfläche voraus.

BauO Bln § 8 Abs. 1; BauGB § 34 Abs. 1; BauNVO §§ 14 Abs. 1, 12 Abs. 1.

OVG Berlin, Beschluß vom 30. Juli 2004 – 2 N 222.04 – (rechtskräftig).

Die Klägerin wendet sich gegen den Bescheid, mit dem ihr aufgegeben wurde, die parallel zu ihrer Hausfront auf einer Länge von 10,5 m erfolgte Pflasterung der Vorgartenfläche mit Rasengittersteinen und Verbundsteinen zu entfernen und diese Fläche gärtnerisch anzulegen. Links von der streitbefangenen Fläche befindet sich eine mit Rasengittersteinen ausgelegte Zufahrt zu einer Garage und rechts von dieser Fläche eine mit Verbundsteinen gepflasterte Zuwegung und Zufahrt zu dem Wohnhaus, die von der Klägerin zugleich als Stellplatz genutzt wird. Die Klägerin betrieb früher ein Krankentransportunternehmen, für das Stellplätze im Vorgartenbereich einschließlich der streitbefangenen Fläche vor der Hausfront angelegt worden waren. Der Betrieb ist jedoch auf Grund von Nachbarbeschwerden inzwischen eingestellt worden.

Aus den Gründen:

Das Grundstück der Klägerin liegt nach den Ausweisungen des Baunutzungsplans von 1958/60 in einem allgemeinen Wohngebiet der Baustufe II/2. Damit gilt hier die offene Bauweise (vgl. § 7 Nr. 16 BO 58) mit den sich aus dem Maß der baulichen Nutzung rechnerisch ergebenen Grundstücksfreiflächen. Die Feststellung der konkreten nicht überbaubaren Grundstücksflächen richtet sich gemäß § 30 Abs. 3 BauGB nach § 34 Abs. 1 BauGB, weil der Baunutzungsplan von 1958/60 keine Baugrenzenfestsetzungen enthält und auch keine förmlich festgestellten Baufluchtlinien vorhanden sind, die als Baugrenze gelten und insoweit zur Anwendung der Vorschriften der Baunutzungsverordnung von 1968 führen könnten (vgl. OVG Berlin, Beschluß v. 21.5.1999, BRS 62 Nr. 206). Der streitbefangene Vorgartenbereich zählt bauplanungsrechtlich zu den nicht überbaubaren Grundstücksflächen, denn aus der räumlichen Lage der vorhandenen Bebauung, die nach den Feststellungen des Verwaltungsgerichts in dem hier maßgeblichen Abschnitt durch die Anlegung von Vorgärten in einem fünf Meter breiten Streifen hinter der Straßengrenze geprägt ist, ergibt sich zumindest eine faktische Baugrenze, wobei es nur auf die Gebäude der Hauptnutzung ankommt (vgl. hierzu BVerwG, Beschluß v. 17.9.1985, Buchholz 406.11 § 34 Nr. 107; OVG NRW, Beschluß v. 29.7.2003, BauR 2004, 314, 315; Thür. OVG, Urteil v. 26.2.2002, BRS 65 Nr. 130). Es kann dahinstehen, ob der Umstand, daß sich die gepflasterte Fläche der ehemaligen Stellplätze im Vorgarten auf einer nicht überbaubaren Grundstücksfläche befindet, bereits zu ihrer bauplanungsrechtlichen Unzulässigkeit führt, zumal viel dafür spricht, daß sie jedenfalls allein im Hinblick auf ihre Lage nicht geeignet sein dürfte, überhaupt bodenrechtlich relevante Spannungen auszulösen. Dies wäre jedoch die Voraussetzung für eine planungsrechtliche Unvereinbarkeit im unbeplanten Innenbereich (vgl. BVerwG, Urteil v. 18.2.1983, BRS 40 Nr. 64). Als Stellplatzfläche wäre sie im Falle einer durch Bebauungsplan festgesetzten Baugrenze jedenfalls – ebenso wie eine Nebenanlage (§ 14 Abs. 1 BauNVO) – in allen Baugebieten zulässig (§ 12 Abs. 1 BauNVO) und damit grundsätzlich auch auf den nicht überbaubaren Grundstücksflächen (vgl. OVG Nds., Beschluß v. 21.11.2002, BRS 65 Nr. 72; Reichel/Schulte, Handbuch des Bauordnungsrechts, München 2004, Kap. 3 Rdnr. 188). Es kommt deshalb auch nicht darauf an, ob noch in anderen Vorgärten Stellplätze vorhanden sind, wie die Klägerin im Rahmen des vorliegenden Verfahrens vorträgt.

Die streitbefangene ehemalige Stellplatzfläche im Vorgartenbereich ist im vorliegenden Fall nicht mit dem Bauordnungsrecht vereinbar (vgl. auch VGH Bad-Württ., Urteil v. 29.1.1999, VBlBW 1999, 310), denn die Pflasterung mit Rasengitter- und Verbundsteinen verstößt gegen das bauordnungsrechtliche Gebot der gärtnerischen Anlegung von Vorgartenflächen (§ 8 Abs. 1 BauO Bln). Danach sind die nicht überbauten Flächen der bebauten Grundstücke in einer Tiefe von 5 m hinter der festgesetzten Straßenbegrenzungslinie oder, wenn eine Straßenbegrenzungslinie nicht festgesetzt ist, hinter der tatsächlichen Straßengrenze (Vorgarten) gärtnerisch anzulegen und zu unterhalten, soweit sie nicht für Zugänge oder Zufahrten benötigt werden. Bei dem streitbefangenen Vorgartenbereich des bebauten Grundstücks handelt es sich um eine solche faktisch nicht überbaute Fläche i. S. des § 8 Abs. 1 BauO Bln. Der Umstand, daß es sich bei den verlegten Rasengitter- und Verbundsteinen um ehemalige Stellplätze handelt, die aus Bauprodukten hergestellt sind und zumindest bauliche Anlagen i. S. des § 2 Abs. 1 Satz 1 BauO Bln sind, ändert nichts an deren Qualität als nicht überbaute Fläche, weil die Anerkennung einer bloßen Befestigung der betreffenden Fläche mit einem Belag eine

Zweck der Vorschrift zuwiderlaufende unzulässige Umgehung wäre (vgl. Wilke/Dageförde/Knuth/Meyer, BauO Bln, 5. Aufl. 1999, §8 Rdnr. 4). Die Verpflichtung zur gärtnerischen Anlegung der Freiflächen in §8 Abs. 1 BauO Bln ist eine gestalterische Spezialvorschrift des Bauordnungsrechts. Diese stellt nicht auch zugleich ein eigenständiges Bauverbot dar, weil sie die Benutzung des Vorgartens für andere Zwecke nur soweit ausschließt, wie es sich nicht um benötigte Zugänge oder Zufahren oder eine anderweitige legale Bebauung handelt (vgl. OVG Bln, Urteil v. 7.3.2003, GE 2003, 749). Die Rasengitter- und Verbundsteinverlegung diente einem solchen „anderen Zweck", denn mit der Pflasterung stand eine bestimmte Nutzung im Vordergrund und keine Vorgartengestaltung. Sie stellt keine Form der gärtnerischen Anlegung dar, die – im Gegensatz zu der in einigen Landesbauordnungen nur geforderten Begrünung (vgl. hierzu Überblick bei Reichel/Schulte, a.a.O., Kap. 3, Rdnr. 193) – eine gewisse gestalterische Qualität bei gleichzeitig weitgehend unversiegelter Bodenoberfläche voraussetzt. Hierfür reicht das nur zufällige „Grünwerden" der Zwischenräume der Steine, die dadurch optisch etwas kaschiert werden, nicht aus. Vielmehr ist eine gärtnerische Anlegung der gesamten betroffenen Fläche erforderlich, während die Pflasterung jegliche gartengestalterischen Maßnahmen ausschließt, weil diese die Möglichkeit der Bodenbearbeitung voraussetzt. Daß dies erst recht für den Bereich der „lückenlosen" Verbundsteinpflasterung gilt, bedarf hier keiner Vertiefung.

Nr. 147

Ein Fitneß-Studio kann eine barrierefrei herzustellende Sportanlage i. S. von §39 Abs. 2 Nr. 6 LBO sein (hier: bejaht).

LBO-BW §39 Abs. 1, 2 Nr. 6, §39 Abs. 3; GG Art. 14.

VGH Baden-Württemberg, Urteil vom 27. September 2004 – 3 S 1719/03 – (rechtskräftig).

(VG Freiburg)

Die Klägerin wendet sich gegen eine der ihr erteilten Baugenehmigung beigefügte Auflage zum Einbau eines Aufzugs in ein Fitneß-Studio.

2001 beantragte sie die Baugenehmigung zur Errichtung eines Fitneß-Studios auf dem Grundstück X. Nach den Plänen sind im Erdgeschoß neben dem Trainingsbereich im wesentlichen Umkleide-, Dusch- und Solarium-/Sauna-Räume und ein Ruheraum sowie je ein mit Aerobic bzw. Miniclub bezeichneter Raum vorgesehen. Im Obergeschoß wird eine Galerie errichtet, die ebenfalls zu Trainingszwecken genutzt wird. Außerdem ist ein Büroraum vorgesehen. Die Galerie soll nach den Plänen über eine Treppe vom Erdgeschoß aus erreicht werden.

Mit Bescheid vom 13.6.2001 erteilte das Landratsamt die beantragte Baugenehmigung. Der Baugenehmigung ist als Auflage die Nebenbestimmung beigefügt, wonach bis zur Nutzungsaufnahme des Fitneß-Studios der nach §39 Abs. 2 Nr. 6 LBO notwendige Aufzug betriebsbereit einzubauen ist.

Gegen diese Nebenbestimmung legte die Klägerin Widerspruch ein und führte aus, von einem Behinderten seien nur sehr wenige Geräte ihres Fitneß-Clubs zu nutzen.

Sämtliche Bein- und Ausdauergeräte könnten auf Grund einer Behinderung der Beine nicht genutzt werden. Es bleibe lediglich der Bereich des Freihanteltrainings im Sitzen. Es gebe keinen Bedarf für Aufzüge in einem Fitneß-Club. Die Forderung nach einem Aufzug wirke sich bedrohlich auf die wirtschaftliche Situation ihres Unternehmens aus. Ein Fitneß-Studio sei in dem abschließenden Katalog der barrierefrei auszuführenden Anlagen nicht aufgeführt. Bei dem Fitneß-Studio handele es sich nicht um eine öffentliche Sportanlage, da nur einem bestimmten Personenkreis, nämlich den zahlenden Mitgliedern, der Zutritt zu dem Studio gewährt werde. In ihrem Fitneß-Studio könnten Behinderte auch nicht als Bedienstete eingestellt werden. Als Trainer kämen nur körperlich gesunde Personen in Betracht. Auch der Theken- und Putzdienst könne nicht von Rollstuhlfahrern ausgeführt werden. Besucher hätten keinen Zutritt.
Widerspruch und Klage hatten keinen Erfolg.

Aus den Gründen:
Bauliche Anlagen sowie andere Anlagen, die überwiegend von kleineren Kindern, behinderten oder alten Menschen genutzt werden, wie Kindergärten u. a. (Nr. 1), Tages- und Begegnungsstätten u. a. (Nr. 2) und Altentagesstätten u. a. (Nr. 3), sind nach § 39 Abs. 1 LBO i. d. F. vom 29. 10. 2003 (GBl. 695 – LBO –) so herzustellen, daß sie von diesen Personen zweckentsprechend ohne fremde Hilfe genutzt werden können (barrierefreie Anlagen). Die Anforderungen nach Abs. 1 gelten auch für die in § 39 Abs. 2 LBO genannten Katalog von speziellen Anlagen und Einrichtungen, zu denen u. a. auch Sport-, Spiel- und Erholungsanlagen, Schwimmbäder (§ 39 Abs. 2 Nr. 6 LBO) gehören. Der Gesetzgeber hat die Regelungen über die Barrierefreiheit bewußt strikt gefaßt (Hager, VBlBW 1999, 401, 403). Er hat eine vorbildliche Regelung schaffen wollen und zu diesem Zweck erhebliche Mehrkosten für die Bauherren in Kauf genommen (Hager, in: Schlotterbeck/v. Arnim/Hager, LBO für Bad.-Württ., 5. Aufl., 2003, § 39 Rdnr. 1). Nach dem Wortlaut der Vorschrift soll u. a. Behinderten die zweckentsprechende Nutzung bestimmter ausdrücklich aufgeführter baulicher Anlagen ermöglicht werden. Handelt es sich um eine der in Abs. 2 genannten Anlagen, dann muß nach dem Willen des Gesetzgebers Behinderten durch die Herstellung der Barrierefreiheit die zweckentsprechende Nutzung der Anlage ermöglicht werden. Das Gesetz stellt nicht darauf ab, daß die Anlage schon bisher oder üblicherweise von behinderten oder alten Menschen oder Kindern genutzt wird. Hierauf wird lediglich in Abs. 1 abgehoben.
Hierfür spricht neben dem Wortlaut der Vorschrift auch der Umstand, daß in § 42 Abs. 2 LBO i. d. F. vom 23. 7. 1993 (GBl. 533 – LBO a. F. –) eine entsprechende Einschränkung vorgesehen war, die in der Neufassung der Vorschrift entfallen ist. Nach § 42 Abs. 2 LBO a. F. gilt „Abs. 1 der Vorschrift für folgende baulichen Anlagen und Einrichtungen, die von Behinderten, alten Menschen und Müttern mit Kleinkindern nicht nur gelegentlich aufgesucht werden ...". § 39 LBO enthält eine derartige Einschränkung nicht.
Bei dem genehmigten Vorhaben der Klägerin handelt es sich um eine Sportanlage i. S. des § 39 Abs. 2 Nr. 6 LBO. Nach § 1 Abs. 2 der 18. BImSchV v. 18. 7. 1991 (BGBl. I, 1588, 1790) sind Sportanlagen ortsfeste Einrichtungen i. S. des § 3 Abs. 5 Nr. 1 BImSchG, die zur Sportausübung bestimmt sind. Eine allgemein anerkannte Definition des Begriffs „Sport" und damit auch des

Begriffs „Sportausübung" existiert nicht. Es ist aber anerkannt, daß sich das Phänomen Sport durch bestimmte Wesensmerkmale definiert. Zu diesen gehören die körperliche Bewegung, das Wettkampf- bzw. Leistungsstreben, das Vorhandensein von Regeln und Organisationsformen und die Betätigung als Selbstzweck ohne produktive Absicht (Kuchler, NuR 2000, 77, 81). Zur Sportausübung bestimmt ist eine Anlage, wenn sie primär, d. h. von ihrem Hauptzweck her der Durchführung von Wettkampfsport und/oder der körperlichen Ertüchtigung dienen soll (Herr, Sportanlagen in Wohnnachbarschaft, 1998, S. 150). Fitneß-Studios dienen in erster Linie der körperlichen Ertüchtigung. Sie sind deshalb Sportanlagen (a. A. Hager, in: Schlotterbeck/v. Arnim/Hager, Kommentar zur LBO, 5. Aufl., 2003, §39 Rdnr. 26: Freizeitstätte). Dies ergibt sich auch daraus, daß Fitneßcenter bauplanungsrechtlich zu den Anlagen für sportliche Zwecke i. S. der §§2, 3 u. a. BauNVO zählen (Ziegler, in: Brügelmann, BauGB, Stand April 1997, §2 Rdnr. 70). Der Umstand, daß kein Wettkampf stattfindet, ist für die Annahme einer Sportanlage unerheblich (Ketteler, Sportanlagenlärmschutzverordnung, 1998, S. 54). Dafür, daß in dem Fitneß-Studio der Klägerin die physiotherapeutische Betreuung im Vordergrund stünde und es deshalb möglicherweise bauplanungsrechtlich als Anlage für gesundheitliche Zwecke anzusehen wäre (vgl. hierzu Bergemann, Die neue LBO für Bad.-Württ., Band II Teil 5 Stichwort Fitneß-Studio), gibt es keinen Anhaltspunkt.

Der Auffassung der Klägerin, ihr Fitneß-Studio sei keine barrierefrei herzustellende Anlage, ist nicht zu folgen. Aus §39 Abs. 1 LBO und dem umfassenden Katalog in Abs. 2 ergibt sich, daß praktisch alle Anlagen insgesamt barrierefrei herzustellen sind. Ausgenommen sind lediglich Wohnungen und andere, Wohnzwecken dienende Nutzungseinheiten, sonstige Nutzungseinheiten, die in Abs. 1 und Abs. 2 Nr. 1 bis 17 nicht aufgeführt sind, soweit die Nutzungseinheiten je Geschoß nicht mehr als 500 m^2 oder insgesamt nicht mehr als 1000 m^2 Nutzfläche haben, und Stellplätze und Garagen, soweit es sich nicht um allgemein zugängliche Großgaragen handelt und die Stellplätze und Garagen nicht für barrierefreie Anlagen bestimmt sind (Sauter, Kommentar zur LBO, 3. Aufl., Stand November 2003, §39 Rdnr. 19).

Barrierefrei herzustellen sind nicht nur Sportanlagen, die gleichzeitig öffentliche Einrichtungen sind. Vielmehr genügt es, daß die Sportanlage öffentlich zugänglich ist. Dem Wortlaut der Norm ist eine Beschränkung auf öffentliche Einrichtungen nicht zu entnehmen. Zudem zeigt der Katalog der Anlagen und Einrichtungen in §39 Abs. 2 LBO, daß nicht nur öffentliche Einrichtungen gemeint sind. Denn in diesem Katalog sind Anlagen speziell genannt, bei denen es sich typischerweise nicht um öffentliche Einrichtungen handelt. So sind danach Schalter- und Abfertigungsräume der Post, Banken und Sparkassen (Nr. 2), Camping- und Zeltplätze (Nr. 7), Krankenhäuser (Nr. 10), Bürogebäude (Nr. 13), Beherbergungsbetriebe (Nr. 15), Gaststätten (Nr. 16) und Praxen der Heil- und Heilhilfsberufe (Nr. 17) barrierefrei herzustellen. Auch die Gesetzesbegründung geht von öffentlich zugänglichen Einrichtungen aus. Danach sei zum erweiterten Katalog der öffentlich zugänglichen Gebäude in Nr. 18 ein Auffangtatbestand für weitere Nutzungen geschaffen worden. Zu Recht weist der Beklagte darauf hin, daß etwas anderes nur für private Räume, wie z. B. Wohnungen, gilt.

Das Fitneß-Studio der Klägerin ist eine öffentlich zugängliche Anlage. Sie steht jedem potenziellen Nutzer offen, der Nutzungszweck ist gerade darauf angelegt, daß eine nicht bestimmbare Gruppe von Menschen die Anlage nutzt. Hieran ändert nichts, daß die Nutzer ein Entgelt zu entrichten haben bzw. Mitglied werden müssen und für die Klägerin – wie sie vorträgt – kein Kontrahierungszwang besteht. Dies ist kein Abgrenzungskriterium, das das Fitneß-Studio von den anderen in § 39 Abs. 2 LBO genannten Anlagen unterscheiden würde. Vielmehr gilt dies in gleicher Weise für die meisten der in dieser Vorschrift speziell genannten Anlagen.

Aus der Änderung der Vorschrift ist ein anderes Ergebnis nicht abzuleiten. In § 42 Abs. 2 Nr. 8 LBO a. F. sind Sportstätten als barrierefrei herzustellende Anlagen genannt, während in § 39 Abs. 2 Nr. 6 LBO von Sportanlagen die Rede ist. Entgegen der Auffassung der Klägerin ist aus der Gegenüberstellung dieser Begriffe nicht abzuleiten, daß nach der Neufassung der LBO nur Sportanlagen barrierefrei herzustellen seien, die eine gewisse Größe und Bedeutung für die Allgemeinheit und den gesellschaftlichen Verkehr haben. Der Begriff „Sportanlage" knüpft an den Begriff der baulichen Anlage i. S. v. von § 2 Abs. 1 LBO an und ist gegenüber der „Sportstätte" der weitere Begriff, wie die Klägerin zutreffend darlegt. Sportanlage i. S. des § 39 LBO ist jede bauliche Anlage, die der Sportausübung dient, ohne daß weitere Anforderungen an Größe oder Bedeutung für das gesellschaftliche Leben vom Gesetz gestellt würden.

Ohne Erfolg beruft sich die Klägerin darauf, im Obergeschoß befänden sich nur Geräte, die von Behinderten nicht genutzt werden könnten. Die Forderung nach einer barrierefreien Errichtung erstreckt sich grundsätzlich auf das gesamte Gebäude und damit auf alle Geschosse (VGH Bad.-Württ., Beschluß vom 29. 3. 2001 – 5 S 1745/01 –; Hager, in: VBlBW 1999, 401, 403; Ruf, in: BWGZ 2003, 953). Dies folgt nicht zuletzt aus der Begründung des Gesetzes, wonach die zweckentsprechende barrierefreie Nutzbarkeit insgesamt gewährleistet werden soll, und bedeutet, daß auch das Gebäude der Klägerin insgesamt barrierefrei hergestellt werden muß, zumal sich im Obergeschoß ein Büroraum befindet und die Art der im Obergeschoß aufgestellten Geräte jederzeit veränderbar ist. Auch wenn in größeren Anlagen möglicherweise nicht alle einzelnen Einrichtungen für sich behindertengerecht ausgestattet werden müssen, es möglicherweise genügt, daß z. B. in Hotels ein Mindestanteil hindernisfrei eingerichteter Zimmer oder in Gaststätten, Sportanlagen und Veranstaltungsräumen ein Mindestanteil an Sitzplätzen oder Toiletten behindertengerecht hergestellt werden (vgl. hierzu Hager, in: Schlotterbeck/v. Arnim/Hager, a. a. O. § 39 Rdnr. 40), kann die Klägerin hieraus nichts für sich ableiten. Um solche Einrichtungen geht es vorliegend nicht.

Die Annahme, auch Fitneß-Studios könnten zu den barrierefreien Anlagen gehören, begegnet auch unter dem Blickwinkel von Art. 14 GG keinen Bedenken. Eine entsprechend einschränkende Auslegung der Vorschrift ist im Hinblick auf das Fitneß-Studio der Klägerin nicht geboten.

Zum Inhalt des durch Art. 14 GG geschützten Grundeigentums gehört die Befugnis des Eigentümers, sein Grundstück im Rahmen der Gesetze baulich zu nutzen. Der Gesetzgeber muß bei der Bestimmung von Inhalt und Schranken des Eigentums die schutzwürdigen Interessen des Eigentümers und die Belange des Gemeinwohls in einen gerechten Ausgleich und ein ausgewogenes Verhältnis bringen. Er muß sich dabei im Einklang mit allen anderen Verfassungsnormen halten; insbesondere ist er an den verfassungsrechtlichen Grundsatz der Verhältnismäßigkeit und den Gleichheitssatz des Art. 3 Abs. 1 GG gebunden. Das Wohl der Allgemeinheit ist nicht nur Grund, sondern auch Grenze für die dem Eigentum aufzuerlegenden Belastungen. Einschränkungen der Eigentümerbefugnisse dürfen nicht weiter gehen, als der Schutzzweck reicht, dem die Regelung dient. Der Kernbereich der Eigentumsgarantie darf dabei nicht ausgehöhlt werden. Zu diesem gehört sowohl die Privatnützigkeit als auch die grundsätzliche Verfügungsbefugnis über den Eigentumsgegenstand (vgl. BVerfG, Beschluß v. 19.12.2002 – 1 BvR 1402/01 –, BRS 65 Nr. 6 = BauR 2003, 1338 = NVwZ 2003, 727 m. w. N.; vgl. hierzu auch Hager, in: Schlotterbeck/v. Arnim/Hager, a. a. O. §39 Rdnr. 3).

Die Auslegung des Begriffs Sportanlage in §39 Abs. 2 LBO durch den Senat wird dem Grundsatz der Verhältnismäßigkeit gerecht. Mit dieser Auslegung genügt die Vorschrift des §39 Abs. 2 Nr. 6 LBO den Anforderungen an die Erforderlichkeit, Geeignetheit und Angemessenheit der Maßnahme zur Zielerreichung. Bei der Frage der Angemessenheit ist eine Abwägung zwischen den mit der gesetzlichen Regelung verfolgten öffentlichen Interessen und den (möglicherweise) entgegenstehenden privaten Interessen vorzunehmen.

Das öffentliche Interesse an der Barrierefreiheit möglichst vieler Gebäude und Anlagen hat erhebliches Gewicht. Dies ergibt sich schon daraus, daß nach Art. 3 Abs. 3 Satz 2 GG niemand wegen seiner Behinderung benachteiligt werden darf. Hinzu kommt, daß §39 LBO, der den bisherigen §42 ersetzt, vor diesem verfassungsrechtlichen Hintergrund die Lebensverhältnisse behinderter und älterer Menschen dadurch verbessern soll, daß diesem Personenkreis über eine möglichst hindernisfreie Umwelt die Teilnahme am gesellschaftlichen Leben ermöglicht wird. Er verfolgt das Ziel, weitergehende Erleichterungen für den geschützten Personenkreis zu erreichen und hat deutliche Verschärfungen für die Bauherren gebracht. Zum einen entfällt die bisherige generelle Beschränkung auf die dem allgemeinen Besucherverkehr dienenden Teile baulicher Anlagen, da die über §39 geschützten Personen grundsätzlich nicht nur als Besucher der genannten Gebäude, sondern auch als potentiell Beschäftigte in diesen Gebäuden in Betracht kommen. Zum anderen ist der Katalog in Abs. 2 ergänzt worden. Der neue Abs. 3 schränkt zudem die Möglichkeiten, von den gesetzlichen Anforderungen an das barrierefreie Bauen Ausnahmen zu erteilen, gegenüber der bisherigen Regelung ein. Damit soll erreicht werden, das Ziel des barrierefreien Bauens bis auf einzelne begründete Ausnahmefälle tatsächlich zu verwirklichen (Begründung in Lt.-Drucks. 11/5337 S. 104).

Das Interesse der Eigentümer ist von vergleichsweise geringem Gewicht. Es wird sich i. d. R. auf wirtschaftliche Gründe beschränken. Weder die Privatnützigkeit des Eigentums noch die grundsätzliche Verfügungsbefugnis werden in Frage gestellt. Es geht vielmehr lediglich um eine zusätzliche, letztlich wirtschaftliche Belastung.

Die Forderung der Barrierefreiheit ist vorliegend zur Zielerreichung (gleiche Lebensbedingungen für Behinderte) auch geeignet. Ungeeignet wäre sie nur dann, wenn eine zwecksentsprechende Nutzung durch Behinderte ohne fremde Hilfe auch als Beschäftigte ungeachtet der Barrieren objektiv (z. B. durch arbeitsrechtliche Schutzbestimmungen) ausgeschlossen wäre (weitergehend wohl Sauter, a. a. O. §39 Rdnr. 22; Hager, in: Schlotterbeck/v. Arnim/Hager, a. a. O. §39 Rdnr. 38).

Im übrigen ist es vor dem Hintergrund des Grundsatzes der Verhältnismäßigkeit sachgerecht, nach dem Grad der Wahrscheinlichkeit einer Benutzung einer Anlage durch behinderte oder alte Menschen oder Kinder zu differenzieren. Je größer die Wahrscheinlichkeit ist, daß eine bauliche Anlage vom geschützten Personenkreis genutzt wird, desto größer ist auch das Gewicht des öffentlichen Interesses an der Barrierefreiheit. Je unwahrscheinlicher eine Nutzung durch Behinderte ist, desto weniger geeignet ist die Barrierefreiheit zur Durchsetzung ihres Ziels und desto geringer wird das Gewicht des öffentlichen Interesses sein.

Bei Anwendung dieser Grundsätze ist es nicht derart unwahrscheinlich, daß behinderte und alte Menschen das Fitneß-Studio der Klägerin benutzen, daß dem öffentlichen Interesse an der Integration des geschützten Personenkreises ein gegenüber dem wirtschaftlichen Interesse der Klägerin geringeres Gewicht zukommen würde. Immerhin erhält der Behindertensport immer größere Bedeutung und ist es nicht ausgeschlossen, daß auch gehbehinderte Personen einen Nutzen von einem Fitneß-Studio haben können. Hinzu kommt, daß auch alte Menschen zum geschützten Personenkreis zählen. Es ist denkbar, daß ein alter Mensch (z. B. aus konditionellen Gründen) Schwierigkeiten hat, eine Treppe ins Obergeschoß zu überwinden, gleichwohl mit Erfolg auf einem Laufband oder einem Ergometer trainiert. Hinzu kommt, daß im Obergeschoß ein Büroraum vorgesehen ist, in dem auch ein Arbeitsplatz für einen Behinderten sein kann. Auch wenn dies derzeit nicht vorgesehen sein mag, ist es in der Zukunft nicht ausgeschlossen.

Eine Ausnahme nach §39 Abs. 3 LBO kommt ungeachtet der Frage der wirtschaftlichen (Un-)Zumutbarkeit nicht in Betracht. Die genehmigte Anlage (Fitneß-Studio) ist nicht durch eine Nutzungsänderung oder bauliche Änderung einer bestehenden Anlage entstanden (§39 Abs. 3 Nr. 1 LBO).

Die gesetzlichen Voraussetzungen für eine Befreiung nach §56 Abs. 5 LBO liegen nicht vor. Weder erfordern Gründe des Wohls der Allgemeinheit eine Abweichung von §39 LBO, noch würde die Einhaltung der Vorschrift im vorliegenden Einzelfall zu einer offenbar nicht beabsichtigten Härte führen. Zu Recht hat das Verwaltungsgericht ausgeführt, bei der Frage der offenbar nicht beabsichtigten Härte komme es nur auf die objektive Situation des Grundstücks, namentlich auf Lage, Form, Geländebeschaffenheit und Zuschnitt, nicht dagegen auf die subjektiven Verhältnisse des Bauherrn (persönliche Lage, wirtschaftliche Verhältnisse oder Bedürfnisse) an. Es muß ein in der Grundstückssituation bedingter Sonderfall gegeben sein, der dem Einzelnen ein über die allgemeinen Auswirkungen hinausgehendes Opfer verlangt (Sauter, a. a. O. §56 Rdnr. 50). Hierfür sind vorliegend Anhaltspunkte weder geltend gemacht noch ersichtlich.

Nr. 148

1. Die Regelung in §21 VKVO, wonach Verkaufsstätten eine Sicherheitsstromversorgungsanlage haben müssen, die bei Ausfall der allgemeinen Stromversorgung den Betrieb der sicherheitstechnischen Anlagen und Einrichtungen übernimmt, ist so zu verstehen, daß eine „Notstromversorgung" unabhängig von der öffentlichen Stromversorgung zu gewährleisten ist.

2. Die Vorgaben in §5 Abs. 2 VKVO, Lagerräume von anderen Räumen durch feuerbeständige Wände zu trennen, und in Nr. 2.16 der DIN VDE 0833 Teil 1, Gefahrenmeldeanlagen in abgeschlossenen Räumen bzw. abgeschlossenen Gehäusen unterzubringen, dienen unterschiedlichen brandschutztechnischen Zielsetzungen.

DIN VDE 0833 Teil 1; VKVO §§21, 5 Abs. 2.

Niedersächsisches OVG, Beschluß vom 28. September 2004 – 1 LA 23/04 –.

Die Klägerin wendet sich gegen eine ihr von der Beklagten erteilte Baugenehmigung, mit der in den Nebenbestimmungen besondere Brandschutzanforderungen, u. a. zur Rauchabführung, gestellt werden. Gegenstand der Klage ist ferner eine Verfügung, mit der die Beklagte die Beseitigung von Brandschutzmängeln angeordnet hat.

Die Beklagte erteilte der Klägerin 2001 die Baugenehmigung zum Umbau eines ehemaligen Fachmarktes in ein Küchenstudio. Die Baugenehmigung enthält umfangreiche brandschutztechnische Nebenbestimmungen, die auf Vorgaben der Brandschutzprüferin der Beklagten beruhen. Nach Nr. 4.2 zur Rauchabführung ist bei der Installation von automatischen Rauchabzugsanlagen mit maschinellen Rauchabzügen eine rauchfreie Schicht von 2,00 m über einen Zeitraum von mindestens 30 Minuten sicherzustellen. Unter Nr. 5.2 zur Ersatzstromversorgung wird angeordnet, daß das Gebäude mit einer vom Versorgungsnetz unabhängigen, bei Ausfall der allgemeinen Stromversorgung sich selbsttätig einschaltenden Ersatzstromversorgung auszustatten ist.

Nach Durchführung der Gebrauchsabnahme des fertiggestellten Gebäudes gab die Beklagte der Klägerin mit Bescheid von Juni 2001 u. a. auf, folgende Mängel zu beseitigen:
„1. Die RWA-Anlage entspricht nicht den brandschutztechnischen Nebenbestimmungen. Sie ist entsprechend umzubauen und betriebsbereit herzurichten. Für die RWA-Anlage ist außerdem eine Funktionsbeschreibung vorzulegen. ...
3. Die gemäß Pkt. 5.2 der brandschutztechnischen Nebenbestimmung geforderte Ersatzstromversorgung ist nicht vorhanden. Sie ist entsprechend nachzurüsten und von einem öffentlich bestellten Sachverständigen abzunehmen. Die entsprechende Bescheinigung ist dem Bauordnungsamt vorzulegen.
(...)
7. Die Brandmeldezentrale ist im Lager von der Lagernutzung baulich abzutrennen."

Aus den Gründen:

Im Zulassungsverfahren ist nicht klärungsfähig, ob die Bestimmungen der DIN 18232 auf das Vorhaben der Klägerin anwendbar sind. Das Verwaltungsgericht nimmt Bezug auf das Urteil des Senats vom 18. 9. 2002 – 1 LB 2855/01 –, BauR 2003, 226, in dem der Senat ausgeführt hat, daß die DIN 18232, Teil 2, von November 1989 auf Verkaufsräume mit geringer Höhe im Erdgeschoß eines zweigeschossigen Gebäudes nicht anwendbar sei. Der Bürofachmarkt im Erdgeschoß des zweigeschossigen Gebäudes sei den Verkaufsräumen mit geringer Raumhöhe zuzuordnen. Der geringe Abstand zwischen Fußboden und Decke (4,16 m) bzw. Unterzügen (2,93 m) verhindere die Bildung einer Rauchschicht, die noch genügend Raum für eine rauchfreie Zone von mindestens 2,00 m Höhe gewährleiste. Gegen die daran anknüpfende Annahme des Verwaltungsgerichts, im vorliegenden Fall betrage die Deckenhöhe lediglich 2,75 m, so daß eine ausreichende Raumhöhe für die Bildung einer rauchfreien Schicht von 2,00 m nicht vorhanden sei, wendet die Beklagte ein, daß die Deckenhöhe des Gebäudes ausweislich der von der Klägerin eingereichten Schnittzeichnung mindestens 4,20 m betrage. In einer Höhe von 2,75 m befinde sich lediglich eine abgehängte „Sichtschutz"-Decke, die für die Bestimmung der brandschutztechnischen Forderungen nicht maßgeblich sei. Nach der DIN 18232 sei auf die Gebäudedecke und nicht auf die Sichtdecke abzustellen. Die Beklagte stützt sich dabei auf die Beteiligten bekannte Anmerkungen des zuständigen Obmanns der DIN 18232 im NABau, Dipl.-Ing. E. F., zum Urteil des Senats vom 18. 9. 2002 – 1 LB 2855/ 01 –. Die von der Beklagten dargelegten brandschutztechnischen Fragen lassen sich nur in einem Berufungsverfahren in angemessener Weise beantworten. Die Berufung ist deshalb gemäß § 124 Abs. 2 Nr. 2 VwGO zuzulassen.

Der Zulassungsantrag der Klägerin ist unbegründet. ...

Die Anordnung der Mängelbeseitigung in den Nrn. 2, 3 und 7 der Verfügung von Juni 2001 ist rechtmäßig.

Die Bauausführung der Klägerin verstößt gegen Vorschriften der Verkaufsstättenverordnung – VKVO – vom 17. 1. 1997 (NdsGVBl. 1997, 31), die hier anwendbar sind, weil die Verkaufsfläche des Objekts insgesamt mehr als 2000 m^2 beträgt (vgl. § 1 VKVO). Gegen die Anordnung unter Nr. 3 der Verfügung von Juni 2001, die nach Nr. 5.2 der brandschutztechnischen Nebenbestimmungen zu der Baugenehmigung geforderte Ersatzstromversorgung nachzurüsten, wendet die Klägerin zu Unrecht ein, die Forderung nach einem vom öffentlichen Versorgungsnetz völlig unabhängigen Notstromaggregat sei vom Wortlaut der Vorschrift des § 21 VKVO nicht gedeckt. Nach der genannten Vorschrift müssen Verkaufsstätten eine Sicherheitsstromversorgungsanlage haben, die bei Ausfall der allgemeinen Stromversorgung den Betrieb der sicherheitstechnischen Anlagen und Einrichtungen übernimmt. Entgegen der Ansicht der Klägerin ist der Begriff „Allgemeine Stromversorgung" nicht gebäudebezogen zu verstehen. Gemeint ist nicht die hausinterne Stromversorgung. Die Regelung in § 21 VKVO ist dahin auszulegen, daß eine „Notstromversorgung" unabhängig von der öffentlichen Stromversorgung zu gewährleisten ist. Anderenfalls wäre die Funktion der in der Vorschrift genannten Anlagen und Einrichtungen nur bei einem internen, nicht aber bei einem externen Stromausfall gesichert. Den Vorgaben in § 21 VKVO genügen die in dem Gebäude der Klägerin installierten Stromversorgungsanlagen nur teilweise, so z. B. hinsichtlich der Sicherheitsbeleuchtung, die über Batterien versorgt wird, nicht aber hinsichtlich der Rauchabzugsanlagen, deren Funktion bei Ausfall des öffentlichen Stromversorgungsnetzes nicht gesichert ist.

Der Angriff der Klägerin gegen Nr. 7 der Verfügung bleibt ebenfalls erfolglos. Die Anordnung, die Brandmeldezentrale im Lager von der Lagernutzung baulich abzutrennen, stützt die Beklagte zu Recht auf § 5 Abs. 2 VKVO. Nach dieser Vorschrift müssen in Verkaufsstätten ohne Sprinkleranlagen Lagerräume mit einer Fläche von jeweils mehr als 100 m^2 durch feuerbeständige Wände von anderen Räumen abgetrennt werden. Die Brandmeldezentrale ist als anderer Raum i. S. des § 5 Abs. 2 VKVO anzusehen. Entgegen der Ansicht der Klägerin kommt es für die Rechtmäßigkeit der angeordneten Maßnahmen nicht darauf an, ob die Brandmeldezentrale der DIN VDE 0833 Teil 1, Nr. 2.16, entspricht. Die Beklagte verweist zu Recht darauf, daß die Vorgaben in § 5 Abs. 2 VKVO, Lagerräume von anderen Räumen durch feuerbeständige Wände zu trennen, und in Nr. 2.16 der DIN VDE 0833 Teil 1, Gefahrenmeldeanlagen in abgeschlossenen Räumen bzw. abgeschlossenen Gehäusen unterzubringen, unterschiedlichen brandschutztechnischen Zielsetzungen dienen. In § 5 Abs. 2 VKVO geht es um die Verhinderung der Brandausbreitung, während Nr. 2.16 der DIN VDE 0833 Teil 1 allein die Sicherung gegen unbefugten Gebrauch im Blick hat. Die Anforderungen einer feuerbeständigen Abtrennung erfüllt die Brandmeldezentrale nicht. Es kann daher offenbleiben, ob die Brandmeldezentrale auch die Voraussetzungen der Nr. 2.16 der DIN VDE 0833 Teil 1 erfüllt.

Nr. 149

Erfüllt eine Gas-Außenwandfeuerstätte nicht die Anforderungen der „Technischen Regeln für Gasinstallationen" des Deutschen Vereins der Gas- und Wasserfachmänner (DGVW-TRGI), so ist i.d.R. davon auszugehen, daß Gefahren oder unzumutbare Belästigungen i.S. von § 7 Abs. 1 FeuVO entstehen.

LOB §§ 32, 47, 76 Abs. 1; FeuVO §§ 7, 9.

VGH Baden-Württemberg, Urteil vom 9. März 2004 – 5 S 2780/02 – (nicht rechtskräftig).

(VG Freiburg)

Der Kläger ist Eigentümer des Grundstücks X.weg 36. Das Grundstück ist mit einem 1977/78 errichteten als Ferienhaus genutzten Reihenhaus bebaut. Die Abgase der im Untergeschoß befindlichen raumluftunabhängigen Gasfeuerungsanlage werden über eine Austrittsöffnung in der nach Südosten gerichteten Fassade ausgeleitet. Diese Öffnung befindet sich etwa 15 cm unterhalb des Balkons des Erdgeschosses und in einer Entfernung von etwa 10 cm zum südwestlich anschließenden Reihenhaus auf dem Grundstück X.weg 34.

Nachdem die Eigentümer des benachbarten Grundstücks unter Hinweis auf Beschwerden ihrer Mieter mitgeteilt hatten, daß diese Abgasführung zu erheblichen Gesundheitsbeeinträchtigungen und zur Korrosion ihres Balkons führe, und eine Aufforderung zur Änderung durch den Bezirksschornsteinfegermeister erfolglos gewesen war, forderte das Landratsamt den Kläger mit Bescheid von 2001 auf, die Abgase der Gasfeuerstätte durch ein Luft-Abgas-System über Dach abzuführen. Zur Begründung wurde dargelegt: Das austretende Abgas bestehe u.a. aus Wasserdampf, Kohlenmonoxid und Kohlendioxid. Dadurch träten Beeinträchtigungen und unzumutbare Belästigungen für die nebenan wohnenden Personen auf.

Im Herbst 2001 vergrößerten die Eigentümer des südwestlich anschließenden Reihenhauses die im Erdgeschoß zwischen den Balkonen der beiden Reihenhäuser bereits bestehende Zwischenwand so, daß auch im Untergeschoß eine Abtrennung aus Holz besteht und daß die gesamte Trennwand 55 cm über die Balkone hinaus vorragt. Der Bezirksschornsteinfegermeister erklärte daraufhin, durch die Trennwand werde die Belästigung durch die Abgase je nach Witterungslage wohl etwas reduziert. Die Beeinträchtigungen seien aber nach wie vor vorhanden. Auch die Anforderungen der Technischen Regeln für Gasinstallationen seien nicht erfüllt. Wegen der Trennwand könnten sich außerdem nun die ausgeblasenen Abgase an der Wand und dem Balkon stauen. Da die Gasfeuerstätte deshalb als notwendige Verbrennungsluft teilweise das schadstoffhaltige ausgeblasene Abgas wieder ansauge, könnten Betriebsstörungen nicht ausgeschlossen werden.

Aus den Gründen:

I. Das Landratsamt hat die angefochtene Anordnung zu Recht auf §47 Abs. 1 LBO n. F. (v. 8.8.1995, GBl., S.617, i.d.F. der Änderungsgesetze v. 15.12.1997, GBl., S.521, und v. 19.12.2000, GBl., S.760) gestützt. Nach dieser Vorschrift haben die Baurechtsbehörden darauf zu achten, daß die baurechtlichen Vorschriften sowie die anderen öffentlich-rechtlichen Vorschriften über die Errichtung und den Abbruch von Anlagen und Einrichtungen i.S. des §1 LBO eingehalten und die auf Grund dieser Vorschriften erlassenen Anordnungen befolgt werden. Sie haben zur Wahrnehmung dieser Aufgaben diejenigen Maßnahmen zu treffen, die nach pflichtgemäßem Ermessen erforderlich sind.

Feuerungsanlagen, die nicht auf Dauer eingebaut sind, gehören zu den „anderen Anlagen und Einrichtungen" i.S. des §1 Abs. 1 Satz 2 LBO. Eine auf Dauer in ein Gebäude eingebaute Feuerungsanlage ist als Bauprodukt i.S. des §2 Abs. 10 LBO anzusehen; da sie damit Teil des Gebäudes als bauliche Anlage i.S. des §1 Abs. 1 Satz 1 LBO ist, gilt auch für solche Feuerungsanlagen §47 Abs. 1 Satz 1 LBO (vgl. von Arnim/Hager/Schlotterbeck, Das Neue Baurecht in Bad.-Württ., Stand: Sept. 2003, §32 Rdnr. 17; Sauter, LBO, Stand: Sept. 2002, §1 Rdnr. 5).

Die Anwendung des §47 Abs. 1 Satz 2 LBO n.F. ist entgegen der Auffassung des Klägers nicht etwa deshalb ausgeschlossen, weil seine Gasfeuerungsanlage einschließlich der Abgasführung durch die südöstliche Hauswand schon seit 1977 besteht.

Grundsätzlich können die Anforderungen, welche die Landesbauordnung in ihrer derzeit geltenden Fassung enthält, allerdings nur an neu zu errichtende oder zu ändernde Anlagen bzw. Einrichtungen gestellt werden. Eine Anlage, die zu irgendeinem Zeitpunkt mit dem geltenden Recht in Einklang stand, kann grundsätzlich weiter in ihrem bisherigen Bestand und ihrer bisherigen Funktion erhalten und genutzt werden, selbst wenn sie nicht mehr dem jetzt geltenden Recht entspricht (vgl. Sauter, a.a.O., §76 Rdnr. 1). Das bedeutet, daß für bereits errichtete bauliche oder sonstige Anlagen bzw. Einrichtungen, die zu einem früheren Zeitpunkt rechtmäßig waren oder für die eine Baugenehmigung besteht, nicht ohne weiteres nach §47 Abs. 1 Satz 2 LBO eine Anpassung an geänderte Vorschriften verlangt werden kann. Voraussetzung ist eine spezielle Ermächtigung für ein nachträgliches Anpassungsverlangen. Solche Ermächtigungen enthalten § 58 Abs. 6, § 76 Abs. 2 und § 76 Abs. 1 LBO.

Da für die Gasfeuerungsanlage des Klägers unstreitig nie eine Baugenehmigung erteilt wurde und es auch nicht um eine wesentliche Änderung geht, kommt hier nur § 76 Abs. 1 LBO – der nicht nur für bauliche Anlagen, sondern für alle Anlagen i. S. des § 1 Abs. 1 LBO gilt (vgl. Sauter, a. a. O., § 76 Rdnr. 8) – in Betracht. Werden in der Landesbauordnung oder in den auf Grund der Landesbauordnung erlassenen Vorschriften andere Anforderungen als nach dem bisherigen Recht gestellt, so kann danach verlangt werden, daß rechtmäßig bestehende oder nach genehmigten Bauvorlagen bereits begonnene Anlagen den neuen Vorschriften angepaßt werden, wenn Leben oder Gesundheit bedroht sind. Diese Voraussetzungen sind hier erfüllt: Die von der Gasfeuerungsanlage des Klägers ausströmenden Abgase bedrohen die Gesundheit der Bewohner des benachbarten Reihenhauses und der des Reihenhauses des Klägers (1.). Abgesehen davon ist die Gasfeuerungsanlage des Klägers keine „rechtmäßig bestehende Anlage" (2.).

1. Bei der hier zu beurteilenden Anlage, die nach den Angaben des Klägers – anders als bei den übrigen Reihenhäusern – bereits 1977 in das Untergeschoß verlegt und 1989 erneuert worden ist und deren Abgase seitdem durch die Außenwand Richtung Südosten ausgeleitet werden, handelt es sich um eine Gasfeuerstätte mit geschlossener Verbrennungskammer, die die Verbrennungsluft vom Freien ansaugt und die Abgase unmittelbar ins Freie abführt, eine sog. „Gas-Außenwandfeuerstätte". Wegen der im Tatbestand beschriebenen Lage der Austrittsöffnung können die Abgase nicht nur Garten, Terrasse und Balkone der Nachbarn und des Klägers erreichen, sondern durch die Fenster im Untergeschoß oder Erdgeschoß in die Gebäude selbst eindringen. Der Bezirksschornsteinfegermeister hat in der mündlichen Verhandlung in Ergänzung seiner schriftlichen Stellungnahmen dargelegt und nachvollziehbar erläutert, daß dabei wegen des austretenden farb- und geruchslosen Kohlenmonoxids, das auch bei einer Kondensationstherme entsteht, wie sie der Kläger wohl seit 1989 betreibt, eine Gefahr für die Gesundheit der Nachbarn oder auch den Kläger selbst bzw. die Bewohner seines Reihenhauses besteht. Wie schon 2002 hat er erneut angegeben, die Gefahr von Gesundheitsschäden und Belästigungen durch die Abgase sei auch nach Errichtung der Trennwand zwischen den Reihenhäusern weiterhin gegeben. Für die Nachbarn habe sie sich vielleicht abgeschwächt, für den Kläger selbst bzw. Bewohner seines Hauses jedoch sogar erhöht. Denn die Trennwand, die in 10 cm Entfernung von der Abgasaustrittsöffnung vorragt, schaffe noch konkreter als bislang die Gefahr einer Stauung der Abgase unter dem Balkon und damit die Gefahr, daß die Gasfeuerstätte Abgase ansauge. Dadurch könne es zu einer unvollständigen Verbrennung und Störungen des Betriebs kommen, weshalb damit gerechnet werden müsse, daß Abgase auch in den Aufstellungsraum austräten und so eine Gefahr für die Gesundheit verursachten. ...

2. Selbst wenn man die Gesundheitsgefahr nicht als hinreichend konkret ansehen wollte, wäre § 47 Abs. 1 LBO gleichwohl anwendbar. Denn die Auslei-

tung der Abgase der Feuerstätte durch die Öffnung in der Außenwand des Reihenhauses Richtung Südosten verstieß schon immer gegen von der Baurechtsbehörde zu prüfende Vorschriften, so daß es sich bei der Gasfeuerungsanlage nicht um eine „rechtmäßig bestehende Anlage" i. S. des §76 Abs. 1 LBO handelt.

Dabei kann die Frage offenbleiben, ob für die Gasfeuerungsanlage bei ihrer Inbetriebnahme 1977 oder der Erneuerung 1989 eine Baugenehmigung erforderlich gewesen wäre (vgl. zur heutigen Rechtslage §§ 49, 50 Abs. 1 LBO n. F. i. V. m. Anh. Nr. 19). Denn unstreitig liegt eine solche hier nicht vor. Die Feuerungsanlage stand aber auch zu keinem Zeitpunkt mit dem geltenden materiellen Recht in Einklang.

Während Verbrennungsabgase i. d. R. durch Schornsteine über Dach abzuführen waren und auch heute abzuführen sind (vgl. zur Rechtslage ab 1972 § 57 Abs. 2 Satz 1 LBO 1972 i. V. m. § 56 Abs. 3 Satz 1 LBO 1972 und § 16 Abs. 7 der Allg. AusführungsVO des Innenministeriums zur LBO v. 23. 11. 1965, GBl., S. 305, mit späteren Änderungen; zur Rechtslage ab 1984 § 33 Abs. 4 Satz 1 LBO 1983 i. V. m. Nr. 5 der Verwaltungsvorschrift des Innenministeriums über Feuerungsanlagen v. 6. 3. 1984, GABl., S. 329 – VwVFeuA; zur Rechtslage ab 1996 § 32 Abs. 4 LBO n. F., § 9 Abs. 1 Satz 1 der Verordnung des Wirtschaftsministeriums über Anforderungen an Feuerungsanlagen, Wärm- und Brennstoffanlagen v. 24. 11. 1995, GBl., S. 806 – FeuVO), konnten und können die Abgase von Gas-Außenwandfeuerstätten unter bestimmten Voraussetzungen direkt nach außen geleitet werden. Zu diesen Voraussetzungen gehörte und gehört aber, daß „Gefahren oder erhebliche Nachteile oder Belästigungen" bzw. „Gefahren oder unzumutbare Belästigungen" nicht entstehen (§ 57 Abs. 4 LBO 1972, § 33 Abs. 4 Satz 2 LBO 1983, § 32 Abs. 4 LBO n. F. i. V. m. § 7 Abs. 2 FeuVO).

Die Ableitung der Abgase durch die Außenwand war und ist danach nicht erst bei einer Bedrohung der Gesundheit, sondern schon bei unzumutbaren oder erheblichen Belästigungen, also Störungen des subjektiven Wohlbefindens, die den gesamten Umständen nach über das zumutbare Maß hinausgehen, nicht zulässig. Daß es zumindest vor Errichtung der Trennwand im Jahr 2001 zu solchen Belästigungen durch die Abgase kam und kommt, die in einer Entfernung von nur 10 cm von dem Reihenhaus der Nachbarn ausströmen, liegt auf der Hand und wurde vom Bezirksschornsteinfegermeister überzeugend dargelegt. Dafür spricht auch, daß sich die Mieter des benachbarten Reihenhauses mehrfach über die Abgase beschwert und eine Mietminderung angedroht haben und daß diese bzw. die Vermieter letztlich eine Trennwand zwischen den Reihenhäusern zum Schutz vor den Abgasen errichtet haben.

Wegen der auf Grund der Trennwand gestiegenen Gefahr einer Stauung der Abgase ist aber auch heute noch vom Vorliegen einer „Gefahr oder unzumutbaren Belästigung" auszugehen (vgl. dazu oben 1.). Im übrigen erfüllt die Abgasführung weiter nicht die Anforderungen der derzeit geltenden Technischen Regeln für Gas-Installationen des Deutschen Vereins der Gas- und Wasserfachmänner (– DVGW – TRGI 86/95 –) an die Zulässigkeit einer Abgasmündung an der Hauswand bei sog. Gas-Außenwandfeuerstätten. So werden zum Beispiel die erforderlichen Mindestabstände zu Fenstern und Türen –

unterhalb eines Vorsprungs, wie hier des Balkons, horizontal mindestens 0,75 m – nicht eingehalten, und es ist nicht berücksichtigt, daß Abgasmündungen von mehr als 1 m vorragenden Querfassaden mindestens 1 m entfernt sein müssen, und daß sie unterhalb von Balkonen unzulässig sind. Werden die Anforderungen der TRGI, die als allgemein anerkannte Regeln der Technik gelten (vgl. von Arnim/Hager/Schlotterbeck, a.a.O., §3 Rdnr.104; Heinemann/Prenntzell, Kommentar zu den DVGW-TRGI 1986 i.d.F. v. 1996, Stand: 1998, S.1 und 105 f.), nicht erfüllt, ist aber i.d.R. von Gefahren oder unzumutbaren Belästigungen i.S. des §7 Abs.2 FeuVO auszugehen (Sauter, a.a.O., §32 Rdnr.60).

II. Die Voraussetzungen für ein Einschreiten der Baurechtsbehörde nach §47 Abs.1 Satz 2 i.V.m. Satz 1 LBO liegen hier vor.

Wie ausgeführt, verstößt die Abgasführung durch die Außenwand statt über Dach gegen §32 Abs.4 LBO n.F und §9 Abs.1 Satz 1 FeuVO und damit gegen öffentlich-rechtliche Vorschriften, auf deren Einhaltung die Baurechtsbehörde zu achten hat. Nach §7 Abs.2 FeuVO dürfen zwar die Abgase von Gasfeuerstätten mit abgeschlossenem Verbrennungsraum, denen die Verbrennungsluft durch dichte Leitungen vom Freien zuströmt (raumluftunabhängige Gasfeuerstätten), durch die Außenwand ins Freie geleitet werden, wenn (erstens) eine Ableitung des Abgases über Dach nicht oder nur mit unverhältnismäßig hohem Aufwand möglich ist, (zweitens) die Nennwärmeleistung der Feuerstätte 11 kW zur Beheizung und 28 kW zur Warmwasserbereitung nicht überschreitet und (drittens) Gefahren oder unzumutbare Belästigungen nicht entstehen. Nach den Angaben des Klägers hält seine Gasfeuerstätte die danach maximale Nennwärmeleistung auch ein. Abgesehen davon, daß nicht erkennbar ist, warum eine Ableitung über Dach nur mit unverhältnismäßig großem Aufwand möglich sein sollte, ist hier aber nach dem oben Angeführten jedenfalls vom Vorliegen von Gefahren oder unzumutbaren Belästigungen auszugehen.

III. Die Anordnung, die Abgase der Gasfeuerstätte des Klägers durch ein Luft-Abgassystem über Dach abzuführen, läßt sich auch im übrigen rechtlich nicht beanstanden.

Sie ist verhältnismäßig. Wie der Bezirksschornsteinfegermeister in der mündlichen Verhandlung ausgeführt hat, können die Abgase voraussichtlich außen durch ein Rohr über Dach geführt werden. Eine solche Lösung würde allerdings etwa 2000,- € kosten. Schon in Anbetracht der möglichen Betriebsstörungen der Gasfeuerstätte durch ein Wiederansaugen der Abgase und die von den Abgasen ausgehenden unzumutbaren Belästigungen erscheint der dafür oder eine andere zulässige Abgasführung erforderliche Aufwand aber nicht unangemessen.

Die angefochtene Anordnung erfolgte auch ermessensfehlerfrei. ...

Nr. 150

1. Die Vorschrift des §71 LBO ist keine Verbotsnorm i.S. von §134 BGB.

2. **Eine Baulast kann auch auf Vorrat ohne konkreten Anlaß übernommen werden.** Voraussetzung ist nur, daß nicht ausgeschlossen sein darf, daß die Baulast in naher Zukunft baurechtliche Bedeutung gewinnen kann.

BGB § 134; LVwVfG § 59 Abs. 1; LBO § 71.

VGH Baden-Württemberg, Urteil vom 1. Oktober 2004 – 3 S 1743/03 – (rechtskräftig).

(VG Freiburg)

Im vorliegenden Rechtsstreit geht es um die Wirksamkeit eines von den Beteiligten geschlossenen gerichtlichen Vergleichs.

Die Beklagten sind Eigentümer des Grundstücks Flst.-Nr. 9. Das Grundstück grenzt an die L 96 und ist mit einem Wohn- und Geschäftshaus mit Schaufenstern zur Straße hin bebaut. Die Fläche vor den Schaufenstern wurde in der Vergangenheit als Parkplatz genutzt. In den Jahren 1994/1995 führte die Klägerin eine Umgestaltung der Ortsdurchfahrt der L 96 durch. Hierbei wurde u. a. ein durchgehender Gehweg entlang der L 96 angelegt. Die Klägerin wies die Beklagten darauf hin, daß es durch den Bau des Gehweges künftig sehr schwierig sein werde, weiterhin vier Pkws auf der Fläche zwischen Gebäude und Straße abzustellen. Sie – die Klägerin – sei bereit, den oder die entfallenden Stellplätze – soweit erforderlich – im Rahmen einer Ablösevereinbarung kostenlos an anderer Stelle bereitzustellen. 1994 schlossen die Beteiligten eine Vereinbarung, mit der sich die Beklagten verpflichteten, die Gestaltungskonzeption für ihr Grundstück anzuerkennen und die nicht durch öffentliche Zuschüsse gedeckten Aufwendungen sowie die nicht zuschußfähigen Kosten zu tragen.

Nach Durchführung der Straßenbaumaßnahme teilte die Klägerin 1995 den Beklagten mit, ihr Kostenanteil belaufe sich auf 11 199,11 DM. In der Folgezeit konnten sich die Beteiligten nicht über die Frage einigen, ob die Klägerin den Beklagten zwei Stellplätze zur Verfügung zu stellen habe. Einer Zahlungsaufforderung der Klägerin hielten die Beklagten entgegen, ihre Zahlungsverpflichtung sei abhängig von der Schaffung und Sicherung der Ersatzparkplätze durch Baulast durch die Klägerin.

In einem vor dem Verwaltungsgericht geschlossenen Vergleich verpflichteten sich die Beklagten, als Gesamtschuldner bis zum 1.11.2001 an die Klägerin 17 000,– DM zu bezahlen, und die Klägerin, bis 1.11.2001 den Beklagten bzw. den jeweiligen Eigentümern des Grundstücks Flst.-Nr. 9 zwei Stellplätze i. S. des § 37 Abs. 1 LBO auf dem gemeindeeigenen Grundstück Flst.-Nr. 476 zur kostenlosen Nutzung zu überlassen und die Nutzung durch Übernahme einer Baulast zugunsten des Grundstücks Flst.-Nr. 9 zu sichern.

2002 beantragte die Klägerin beim Verwaltungsgericht die Fortsetzung des Verfahrens. Sie trug vor, der Vergleich sei nichtig. Es sei unzulässig, auf Vorrat eine Baulast zu übernehmen, für die zur Zeit keine Veranlassung bestehe. Eine Baulast, die als öffentlich-rechtliche Sicherung funktionslos wäre, sei unwirksam. Außerdem habe der Bürgermeister mit dem Abschluß des Vergleichs seine Vertretungsbefugnis überschritten. Sie habe inzwischen zur Abwendung der Zwangsvollstreckung eine entsprechende Baulasterklärung abgegeben. Eine Erledigung sei hierdurch aber nicht eingetreten.

Aus den Gründen:

Zu Recht hat das Verwaltungsgericht festgestellt, daß das gerichtliche Verfahren beim Verwaltungsgericht durch den gerichtlichen Vergleich von 2001 beendet ist. Der Vergleich ist wirksam.

Ein öffentlich-rechtlicher Vertrag ist nichtig, wenn sich die Nichtigkeit aus der entsprechenden Anwendung von Vorschriften des Bürgerlichen Gesetzbuchs ergibt (§ 59 Abs. 1 LVwVfG). Zu Recht hat das Verwaltungsgericht ausgeführt, daß § 59 Abs. 2 LVwVfG nicht zur Anwendung kommt, da sich diese Vorschrift ausschließlich auf subordinationsrechtliche Verträge bezieht, wie sich aus dem Verweis auf § 54 Satz 2 LVwVfG ergibt, und es sich vorliegend nicht um einen subordinationsrechtlichen Vertrag handelt.

Ein Rechtsgeschäft, das gegen ein gesetzliches Verbot verstößt, ist nichtig, wenn sich nicht aus dem Gesetz ein Anderes ergibt (§ 134 BGB). Verbote i. S. des § 134 BGB sind Vorschriften, die eine nach der Rechtsordnung grundsätzlich mögliche rechtsgeschäftliche Regelung wegen ihres Inhalts oder der Umstände ihres Zustandekommens untersagen (Palandt, Kommentar zum BGB, 63. Aufl., § 134 Rdnr. 5). Nach der Rechtsprechung des Bundesverwaltungsgerichts ist der differenzierenden Regelung in § 59 VwVfG zu entnehmen, daß bei verwaltungsrechtlichen Verträgen nicht jeder Rechtsverstoß, sondern nur qualifizierte Fälle der Rechtswidrigkeit zur Nichtigkeit führen sollen (BVerwG, Urteile v. 3.3.1995 – 8 C 32.93 –, BVerwGE 98, 58, und v. 23.8.1991 – 8 C 61.90 –, BVerwGE 89, 7, sowie Beschluß v. 6.8.1993 – 11 B 39.92 –, Buchholz 316 § 59 VwVfG Nr. 10). Baurechtliche Vorschriften ziehen die Nichtigkeit von Rechtsgeschäften, die gegen sie verstoßen, im Zweifel nicht nach sich (MünchKomm.-Mayer-Maly, BGB, § 134 Rdnr. 74).

Damit ein (objektiver) Rechtsverstoß „qualifiziert" ist und ein gesetzliches Verbot i. S. des § 59 Abs. 1 LVwVfG i. V. m. § 134 BGB vorliegt, muß ein Verstoß gegen eine zwingende Rechtsnorm vorliegen; nicht ausreichend sind Regelungen mit Soll- oder Kann-Vorschriften ohne strikte Bindungswirkung (Stelkens/Bonk/Sachs, Verwaltungsverfahrensgesetz, 6. Aufl., 2001, § 59 Rdnr. 52 f.). Gesetzliche Verbote in diesem Sinn sind grundsätzlich nur solche, die entweder den Abschluß eines Vertrages, d. h. eine Regelung der in Frage stehenden Angelegenheit durch Vertrag, den Inhalt der vertraglichen Regelung, oder die Herbeiführung eines bestimmten Erfolgs schlechthin verbieten. Verstöße gegen den Grundsatz der materiellen Gesetzmäßigkeit oder gegen materielle Ermächtigungsnormen allein stellen als solche grundsätzlich noch keinen Verstoß gegen ein gesetzliches Verbot dar. Das gilt auch für das Fehlen einer an sich erforderlichen gesetzlichen Ermächtigungsnorm oder für Verstöße gegen Vorschriften, aus denen sich ergibt, daß eine bestimmte Regelung nicht zulässig ist (Kopp/Ramsauer, VwVfG, 7. Aufl., § 59 Rdnr. 11 m. w. N.). Ein gesetzliches Verbot kann allerdings nicht nur dann vorliegen, wenn nach dem ausdrücklichen Wortlaut einer Rechtsvorschrift der Eintritt einer bestimmten Rechtsfolge unbedingt ausgeschlossen ist. Aus Sinn, Zweck und Systematik einer gesetzlichen Regelung ohne ausdrückliche Klarstellung im Wortlaut kann sich ein Verbot auch dann ergeben, wenn der Rechtsverstoß objektiv erheblich ist und ein im Einzelfall schutzwürdiges öffentliches Interesse an der Erhaltung der Rechtsordnung besteht, hinter der der Grundsatz der Vertragsverbindlichkeit zurückzutreten hat (OVG Münster, Urteil v. 12.12.1991 – 11 A 2717/89 –, NVwZ 1992, 988; vgl. auch BGH, Urteil v. 14.12.1999 – X ZR 34/98 –, BGHZ 143, 283). Bei Zugrundelegung dieser Grundsätze handelt es sich bei der Vorschrift des § 71 LBO nicht um eine Verbotsnorm i. S. des § 134 BGB.

Nach dieser Vorschrift können Grundstückseigentümer durch Erklärung gegenüber der Baurechtsbehörde öffentlich-rechtliche Verpflichtungen zu einem ihre Grundstücke betreffenden Tun, Dulden oder Unterlassen übernehmen, die sich nicht schon aus öffentlich-rechtlichen Vorschriften ergeben. Nach dem Wortlaut dieser Norm handelt es sich nicht um eine zwingende Vorschrift mit strikter Bindungswirkung. Sie verbietet weder allgemein noch im Hinblick auf den vorliegenden konkreten Vertragsinhalt den Abschluß eines Vertrages über die Abgabe einer Baulasterklärung, noch eine vertragliche Verpflichtung zur Abgabe einer Baulasterklärung, noch die vertragliche Belastung eines Grundstücks mit einer öffentlich-rechtlichen Verpflichtung schlechthin. Vielmehr sieht die Vorschrift gerade die Möglichkeit der Abgabe einer Baulasterklärung vor. Auch Sinn und Zweck der Vorschrift gehen nicht dahin, etwas zu verbieten. Vielmehr sieht § 71 LBO die Übernahme einer Baulast vor, mit der Hindernisse ausgeräumt werden sollen, die im Einzelfall einer Bebauung (oder Nutzungsänderung) entgegenstehen können (BVerwG, Beschluß v. 4.10.1994 – 4 B 175.94 –, BRS 56 Nr.114 = 1995, 224; vgl. hierzu auch VGH Bad.-Württ., Beschluß v. 30.7.2001 – 8 S 1485/01 –, BRS 64 Nr.131 = VBlBW 2002, 127, und Urteil v. 27.10.2000 – 8 S 1445/00 –, BRS 63 Nr.184 = BauR 2001, 759 = VBlBW 2001, 188). Allein eine – etwaige – Rechtswidrigkeit der Baulast würde als bloßer Verstoß gegen eine materiellrechtliche Regelung nicht die Nichtigkeit des Vergleichs nach sich ziehen. Hieraus folgt, daß ungeachtet der Frage, ob die Baulast vorliegend im Einklang mit § 71 LBO steht, der Vertrag nicht wegen eines Verstoßes gegen eine gesetzliche Vorschrift nichtig ist.

Im übrigen ist der Vergleich aber auch deshalb nicht nichtig, weil die Baulast in Übereinstimmung mit § 71 LBO steht. Inhalt einer Baulast können nur solche Verpflichtungen sein, die auf ein baurechtlich bedeutsames Tun, Dulden oder Unterlassen gerichtet sind und damit selbst baurechtlich bedeutsam sind. Baurechtliche Bedeutsamkeit ist gegeben, wenn zwischen der durch Baulast übernommenen Verpflichtung und der Wahrnehmung der der Baurechtsbehörde obliegenden Aufgaben ein Zusammenhang besteht. Die Baulast ist ein Rechtsinstitut des Baurechts. Deshalb muß sie in irgendeinem Zusammenhang mit dem Baugeschehen stehen. Dieses Erfordernis bedeutet aber nicht, daß eine Baulast nur im Rahmen eines anhängigen Baugenehmigungs- oder Kenntnisgabeverfahrens übernommen werden dürfte. Baulasterklärungen können auch im Hinblick auf ein für die Zukunft in Aussicht genommenes Bauvorhaben abgegeben werden, das keineswegs schon im Zeitpunkt der Baulastübernahme in allen Einzelheiten feststehen muß. Eine Baulast kann auch auf Vorrat ohne einen konkreten Anlaß erklärt werden. Es darf aber nicht ausgeschlossen sein, daß die Baulast in naher Zukunft baurechtliche Bedeutung gewinnen kann. Wegen mangelnder baurechtlicher Bedeutsamkeit inhaltlich unzulässige ist eine baulastmäßige Verpflichtung dann, wenn kein sachlicher Gesichtspunkt erkennbar ist, auf Grund dessen sie in absehbarer Zeit baurechtliche Bedeutung gewinnen könnte (vgl. zu diesen Grundsätzen: Sauter, a.a.O., § 71 Rdnr.14, 16, 17, und VGH Bad.-Württ., Urteile v. 11.4.2002 – 2 S 2239/00 –, BWGZ 2002, 486 und v. 27.10.2000 – 8 S 1445/00 –, a.a.O.).

Zu Recht hat das Verwaltungsgericht ausgeführt, daß es ist nicht ausgeschlossen ist, daß die vorliegende Baulast in naher Zukunft baurechtlich bedeutsam sein wird. Zwar gibt es keinen Anhaltspunkt dafür, daß die durch die Baulast begünstigten Beklagten in absehbarer Zeit bzw. in naher Zukunft ein konkretes Bauvorhaben planen, hinsichtlich dessen die Baulast ihnen baurechtlich nützen könnte. Ihr Prozeßbevollmächtigter hat in der mündlichen Verhandlung aber vorgetragen, für die Beklagten stelle sich das Problem der Folgenutzung hinsichtlich der auf ihrem Grundstück vorhandenen Geschäfte. Der derzeitige Pächter des Blumengeschäftes werde aus der Gemeinde wegziehen, der Betreiber des Möbelgeschäftes setze sich in absehbarer Zeit zur Ruhe und der Apotheker höre in drei Jahren auf. Sie hätten schon früher beabsichtigt, ein Bistro-Cafe einzurichten, wie sich aus den vorgelegten Baugenehmigungen ergebe. Es sei möglich, daß sie diese Pläne wieder aufgriffen. Die notwendigen Nutzungsänderungen riefen stets einen Stellplatzbedarf hervor. In der Vergangenheit seien Bauabsichten immer wieder an den fehlenden Stellplätzen gescheitert. Diesen Ausführungen ist die Klägerin nicht substantiiert entgegengetreten. Vielmehr hat ihr Bürgermeister in der mündlichen Verhandlung ausdrücklich bestätigt, daß mit Veränderungen hinsichtlich der auf dem Grundstück der Beklagten vorhandenen Geschäfte in absehbarer Zukunft zu rechnen sei. Bei dieser Sachlage, an deren Richtigkeit der Senat nicht zweifelt, ist zwar nicht konkret erkennbar, daß die Baulast tatsächlich baurechtlich bedeutsam sein wird. Ausgeschlossen ist dies aber nicht, vielmehr spricht einiges dafür, daß die Beklagten die Nutzung ihrer Gebäude ändern müssen und sich dabei die Stellplatzfrage stellen wird, zumal die Fläche vor den Schaufenstern von der Baurechtsbehörde nicht als Fläche für notwendige Stellplätze anerkannt wird. Dies genügt, um die baurechtliche Bedeutsamkeit der Baulast zu bejahen.

Die Nichtigkeit des Vergleichs ergibt sich auch nicht aus anderen Gründen. Es kann dahingestellt bleiben, ob der Vertreter der Klägerin mit dem Abschluß des Vergleichs seine interne Organzuständigkeit überschritten hat. Selbst wenn dies so wäre, wäre der Vergleich wirksam. Der Bürgermeister vertritt die Gemeinde (§ 42 Abs. 1 Satz 2 GemO). Rechtsgeschäftliche Erklärungen des Bürgermeisters sind im Außenverhältnis auch dann wirksam, wenn er seine interne Organzuständigkeit überschritten hat (Gern, Kommunalrecht, 8. Aufl., Rdnr. 188). Die gesetzliche Vertretungsmacht des Bürgermeisters und der für ihn handelnden Gemeindebediensteten nach § 42 Abs. 1 Satz 2 GO ist weder durch die Vorschriften der Gemeindeordnung über die Verteilung der Entscheidungskompetenzen zwischen den Gemeindeorganen eingeschränkt noch grundsätzlich durch Gemeinderatsbeschluß beschränkbar (VGH Bad.-Württ., Urteil v. 22. 3. 1990 – 2 S 1058/88 –, ESVGH 40, 245 m. w. N.). Außerdem hat der ordnungsgemäß bevollmächtigte Prozeßvertreter der Klägerin die Erklärung abgegeben.

Nr. 151

1. **Erhebt der Eigentümer des belasteten Grundstücks gegen die Eintragung einer Baulast nicht rechtzeitig Widerspruch, hat er wegen der konstitutiven Wirkungen der Eintragung nur unter den Voraussetzungen des § 92 Abs. 3 NBauO oder im Falle ihrer Nichtigkeit einen Anspruch auf ihre Löschung.**

2. **Zur Bestimmtheit von Baulasten.**

NBauO §§ 86 Abs. 1, 92; VwVfG § 44.

Niedersächsisches OVG, Urteil vom 8. Juli 2004 – 1 LB 48/04 – (rechtskräftig).

Der Kläger ist Eigentümer des Grundstücks, welches im Jahre 1990 die Flurstücksbezeichnung 87/1 trug. Er begehrt die Löschung einer von seinem Rechtsvorgänger (Bruder) im Jahre 1990 zugunsten des südlichen Nachbargrundstücks eingetragenen Baulast.

Das Grundstück des Klägers liegt an der Ostseite der Marktstraße und war zum Zeitpunkt der hier umstrittenen Baulast straßenseitig mit einem alten Wohnhaus bebaut. 30 m von der Straße entfernt steht ein als Scheune genutztes Gebäude auf einer Länge von ca. 15 m unmittelbar auf der Grenze zum Grundstück des Beigeladenen. Auf diesem (Marktstraße 22–24) steht nahe der Straße das Wohnhaus mit der Nr. 22. An dieses schließt sich – verbunden durch einen eingeschossigen Anbau – ein hufeisenförmiger, nach Westen geöffneter anderthalbgeschossiger Gebäudekomplex an, welcher (u. a.) als Scheune genutzt worden war. Dessen Nordflügel hält zum Grundstück des Klägers einen Abstand von 1,04 m bis 0,99 m ein. Diesen wollte die Rechtsvorgängerin des Beigeladenen 1990 zu Wohnzwecken umbauen. Der Landkreis als damals zuständige Bauaufsichtsbehörde teilte ihr auf ihren Bauantrag mit, dieser sei jedenfalls derzeit nicht genehmigungsfähig. Denn das Gebäude halte in seiner neuen Nutzung die nunmehr geltenden Abstandsvorschriften nicht ein. Einklang mit dem geltenden Grenzabstandsrecht könne nur durch die Bestellung einer Abstandsbaulast auf dem Grundstück des Klägers geschaffen werden.

Der Bruder des Klägers trug sich ebenfalls mit Bauplänen. Zum einen wollte er das im straßenseitigen Teil seines Grundstücks stehende Wohnhaus durch einen Neubau ersetzen. Zum anderen wollte er das auf der Grenze stehende Scheunengebäude in höherwertiger Weise als Wohn- oder Werkstattgebäude nutzen.

1990 gaben sowohl die Rechtsvorgängerin des Beigeladenen als auch der Rechtsvorgänger des Klägers zu den Nrn. 44 bzw. 43 der Urkundenrolle des Notars eine Baulasterklärung ab.

Die Erklärung des Rechtsvorgängers des Klägers (Nr. 43)

„Ich bin Eigentümer des ... Grundstücks und erkläre gegenüber der Bauaufsichtsbehörde, folgende öffentlich rechtliche Verpflichtung, auch zu Lasten meiner Rechtsnachfolger, als Baulast gemäß § 92 Abs. 1 der Niedersächsischen Bauordnung (NBauO) vom 23. 7. 1973 in der zur Zeit geltenden Fassung zu übernehmen.

Von dem vorgenannten Grundstück stelle ich einen 1,50 m breiten Streifen entlang der Südgrenze, der in dem amtlichen Lageplan gelb schraffiert ist, für den Umbau des ehemaligen landwirtschaftlichen Gebäudes zum Wohnhaus auf dem Nachbargrundstück 88/2 zur Verfügung. Mit diesem Grundstücksstreifen soll der fehlende Grenzabstand kompensiert werden.

Gleichzeitig verpflichte ich mich meinerseits, von dieser gedachten Grenze Abstand zu halten. Letzteres gilt nicht für das auf der Grenze stehende Stall-/Scheunengebäude, solange sein Bestand geschützt ist."

Nr. 151

Die Erklärung der Rechtsvorgängerin des Beigeladenen (Nr. 44) lautet im wesentlichen:

„Der Landwirt K. A. ... hat zu notariellem Protokoll des amtierenden Notars – UR 43/90 –, eine Baulast zugunsten des der Vertretenden gehörenden Grundstücks Flurstück 88/2 gemäß §92 Abs. 1 der NBauO übernommen ...
Die Eigentümerin des Grundstücks Flurstück 88/2 verpflichtet sich, eine Baulast gleichen Inhalts dem Landwirt K.A. und seinen Rechtsnachfolgern einzuräumen gemäß Zeichnung, rot schraffiert."

Dieser Baulast war ein Auszug aus dem Flurkartenwerk beigefügt, welcher auf dem Grundstück des Klägers noch das Altgebäude (Fachwerk) verzeichnete und auf dem beginnend mit der Straße ein Streifen durch x-förmige Schraffur bezeichnet worden war, der ein kleines Stück über die Nordostecke des Scheunengebäudes hinausreichte und im wesentlichen den Raum zwischen der Grundstücksgrenze und dem Scheunengebäude einnahm.

Der Notar reichte nur die Baulastbestellung zur Urkundenrollen-Nr. 43/90 beim Landkreis in beglaubigter Fotokopie ein. Ihr war ein Auszug aus dem Lageplan beigefügt, auf dem das Grundstück des Beigeladenen insgesamt, das des Rechtsvorgängers des Klägers nur in seinen südlichen Ausläufern zu sehen ist. Die genaue Länge des Bereiches, auf den sich die Baulast beziehen sollte, ist daraus nicht zu ersehen, möglicherweise weil sich die gelbe Farbe – anders als die Rotschraffur auf der Anlage zur anderen Baulasterklärung – auf der Schwarzweißkopie nicht abbildete.

Im September 1990 trug der Landkreis die Baulast mit folgendem Wortlaut unter der Nr. 993 in das Baulastenverzeichnis ein:

„Der jeweilige Eigentümer des Grundstücks Flurstück 87/1 stellt eine Teilfläche seines vg. Grundstücks in einer Breite von 1,50 m und in einer Länge, die in dem der Baulasterklärung – Urk.Ro.Nr. 43/90 –, beigefügten Lageplan gelb gekennzeichnet ist, für die geplante Bebauung auf dem Nachbargrundstück Flurstück 88/2 für die Bemessung des Grenzabstandes zur Verfügung. Gleichzeitig verpflichtet er sich, mit seinen baulichen Anlagen von dieser Teilfläche den erforderlichen Grenzabstand einzuhalten."

Der Landkreis unterrichtete den Rechtsvorgänger des Klägers, den Notar sowie Frau G. C. von der Eintragung. Der Wortlaut der Eintragung war der Erklärung beigefügt. Die Nutzungsänderung auf dem Grundstück des Beigeladenen nahm der Rechtsvorgänger des Klägers hin.

2001 ließ der Beigeladene den östlichen Teil des einst für Wohnzwecke genehmigten Nordflügels der Scheune nebst deren Ostflügel zu einem Beherbergungsbetrieb umbauen. Die erst nachträglich erteilte Baugenehmigung focht der Kläger mit dem Widerspruch an. Über diesen noch nicht abschließend entschieden. Bei in diesem Zusammenhang angestellten Nachforschungen erfuhr der Kläger, daß die 1990 zur Urkunden-Nr. 44/90 bestellte Baulast nicht eingetragen worden war. Seinen daraufhin gestellten Antrag, die von seinem Rechtsvorgänger zugunsten des Grundstücks des Beigeladenen zur Urk.-Nr. 43/90 erklärte Baulast zu löschen, lehnte der Beklagte ab.

Aus den Gründen:

Dem Kläger steht kein Recht auf Löschung der streitigen Baulast zu.

Seine Klage ist entgegen der Annahme des Beigeladenen allerdings nicht (schon) unzulässig. Der behauptete Löschungsanspruch ist insbesondere nicht verwirkt. Die Annahme der Verwirkung kommt erst dann in Betracht, wenn ein Recht längere Zeit nicht geltend gemacht worden ist und besondere Umstände hinzutreten, welche die nunmehrige Geltendmachung als treuwidrig erscheinen lassen. Dazu muß beim Verpflichteten ein Vertrauenstatbestand, d. h. der berechtigte Eindruck entstanden sein, der Berechtigte werde seinen Anspruch nicht mehr geltend machen. Das daraufhin gebildete Vertrauen muß der Verpflichtete zudem betätigt, d. h. er muß sich so auf diesen Zustand eingerichtet haben, daß die nunmehrige Geltendmachung des Rechts unzumutbare, durch Interessen des Berechtigten nicht mehr kompensierte Nachteile zur Folge haben würde (vgl. BVerwG, Urteil v. 16. 5. 1991 – 4 C 4.89 –, NVwZ 1991, 1182 = BauR 1991, 597 = BRS 52 Nr. 218).

Ein solcher Fall ist hier schon deswegen nicht gegeben, weil der Kläger seinen Anspruch u. a. daraus herleitet, daß der Beigeladene die Nutzung des unter Ausnutzung der streitigen Baulast umgebauten Gebäudeteils geändert habe. Der mit der Klage behauptete Anspruch wäre danach gerade erst entstanden. Da der Kläger gegen diese Maßnahme alsbald Widerspruch eingelegt hat, fehlt es schon an dem längeren Zeitraum fehlender Geltendmachung des (nunmehr) behaupteten Rechts.

Für die Klage besteht auch das erforderliche Rechtsschutzbedürfnis. Denn der Beigeladene leitet die Rechtmäßigkeit der Umnutzung u. a. aus der hier umstrittenen Baulast her. Dem Kläger wäre daher „damit gedient", wenn die Baulast entfiele.

Der behauptete Löschungsanspruch besteht indes in der Sache nicht. Er wäre nur dann begründet, wenn entweder an der Beibehaltung der streitigen Baulast kein öffentliches oder privates Interesse mehr bestünde und damit § 92 Abs. 3 Satz 1 NBauO zugunsten des Klägers eingriffe, oder wenn die streitige Baulast nichtig wäre. Beides ist nicht der Fall.

Die Anwendung des § 92 Abs. 3 Satz 1 NBauO scheitert schon daran, daß der Beigeladene ein privates Interesse an ihrer Aufrechterhaltung hat. Es unterliegt zwar beträchtlichen Zweifeln, ob diese schon nach dem Wortlaut der Eintragung („geplante Bebauung auf dem Nachbargrundstück"), erst recht nach ihrer Bewilligung („Umbau des ehemaligen landwirtschaftlichen Gebäudes zum Wohnhaus") eingeschränkte Baulast auch die Nutzung einschließt und abstandsrechtlich zu rechtfertigen vermag, welche der Beigeladene zwischenzeitlich mit nachträglicher, nicht bestandskräftiger Genehmigung der Beklagten aufgenommen hat. Darauf, insbesondere ob Einschränkungen im Bestellungsvorgang die Rechtswirkungen der Baulast bei späterer Nutzungsänderung entfallen lassen, kommt es indes für die hier zu entscheidende Frage nicht wesentlich an. Selbst wenn der Rechtsbehelf des Klägers erfolgreich sein würde, behielte der Beigeladene ein die Anwendung des § 92 Abs. 3 Satz 1 NBauO ausschließendes privates Interesse an deren Beibehaltung. Denn in diesem Falle würde er zur „Rettung" der Nutzbarkeit des Nordflügels der ehemaligen Scheune aller Voraussicht nach zur Wohnnutzung zurückkehren, diese allerdings nur bei Fortdauer der streitigen Baulast auch betreiben lassen können. Schon diese Möglichkeit schließt es aus, dem Kläger einen Löschungsanspruch aus § 92 Abs. 3 Satz 1 NBauO einzuräumen.

Der Kläger kann dem Beigeladenen in diesem Zusammenhang nicht mit Erfolg entgegenhalten, seine Rechtsvorgängerin habe seinerzeit ihre Bauabsichten auf der Grundlage einer Befreiung nach § 86 Abs. 1 NBauO verwirklichen können, der Beigeladene sei auch jetzt gebunden, dies unter Wegfall der angegriffenen Baulast zu tun. Dem ist folgendes entgegenzuhalten:

Selbst wenn diese Möglichkeit uneingeschränkten Umfangs bestünde, entfiele das private Interesse an der Beibehaltung der Baulast nicht. Denn dieser

Weg stellte dann allenfalls ein gleich gutes Instrument zur legalen baulichen Nutzung des Nordflügels der ehemaligen Scheune dar. Das private Interesse an der Beibehaltung der Rechtsposition entfällt erst dann, wenn dem Baulastbegünstigten ein rechtlich gesicherter und baurechtlich „besserer" Weg nicht nur offen stünde, sondern schon verwirklicht wäre, welcher die bauliche Ausnutzung des vorhandenen Baubestandes sicherte.

Hier kommt entscheidend hinzu, daß der vom Kläger gewiesene Weg dem Beigeladenen nicht annähernd die Rechtsvorteile verspricht, die er mit der Innehaltung der Baulastbegünstigung bereits genießt. Es trifft zwar zu, daß nach der Rechtsprechung des Bundesverwaltungsgerichts (Urteil v. 16.5.1991 – 4 C 17.90 –, BVerwGE 88, 191 = DVBl. 1991, 819 = NJW 1991, 3293 = BRS 52 Nr. 157) die Anwendung der landesrechtlichen Befreiungsvorschriften, hier also des § 86 Abs. 1 NBauO in Betracht kommt, wenn die Frage ansteht, ob vorhandene und verwertbare Bausubstanz einer neuen Nutzung zugeführt werden kann, obwohl dies dem gegenwärtig geltenden Grenzabstandsrecht widerspricht. § 86 Abs. 1 NBauO ist hier indes nicht so verläßlich zum Vorteil des Beigeladenen anzuwenden, daß dieser auf diesen Weg verwiesen und ihm zugemutet werden könnte, schon mit Blick darauf sein privates Interesse i. S. des § 92 Abs. 3 Satz 1 NBauO fahren zu lassen. Eine Anwendung der Befreiungsvorschriften setzt nach der zitierten Entscheidung u. a. voraus, daß das Gebäude in Einklang mit dem seinerzeit geltenden Grenzabstandsrecht errichtet worden ist und der Umnutzung berechtigte und mehr als geringfügige Belange der Allgemeinheit an der neuen Nutzung nicht entgegenstehen. Dabei ist u. a. das Gewicht des Interesses einzustellen, welches der Gesetzgeber mit der neuen Ausgestaltung der Grenzabstandsvorschriften verfolgt, und sind außerdem nachbarliche Interessen zu berücksichtigen, nunmehr die Vorteile des neuen Grenzabstands genießen zu dürfen.

Gemessen daran bietet die Beibehaltung der angegriffenen Baulast dem Beigeladenen einen weit größeren Schutz. Angesichts der ausgesprochen geringen Abstände zur nördlichen Grundstücksgrenze ist schon zweifelhaft, ob die Scheune bei ihrer Errichtung die damals geltenden Grenzabstandsvorschriften eingehalten hat. Es ist außerdem jedenfalls nicht sicher „ausgemacht", daß es sich bei der 1990 vorhandenen Bausubstanz um eine handelte, welche sich im Sinne der zitierten Entscheidung noch als so erhalten und verwertbar darstellte, daß deshalb das Interesse des Klägers/seines Bruders hätte zurücktreten müssen, welches der Durchsetzung der nunmehr geltenden Grenzabstandsvorschriften besteht. Der Weg über § 86 Abs. 1 NBauO verschafft dem Beigeladenen – ungeachtet der Schwierigkeiten, welche sich aus der Umnutzung ergeben möchten – daher nicht annähernd die Sicherheit, welche ihm die Beibehaltung der hier angegriffenen Baulast verheißt.

Eine dem Kläger günstige Anwendung des § 92 Abs. 3 Satz 1 NBauO ist auch nicht mit Rücksicht darauf gerechtfertigt, daß die Baulast mit einem anderen als dem notariell beurkundeten Inhalt eingetragen worden ist. Das öffentliche Interesse an der Baulast fehlt i. S. des § 92 Abs. 3 Satz 1 NBauO nicht schon dann, wenn der Inhalt ihrer Bestellung und der Eintragung – wie hier – nicht vollständig übereinstimmen. Dazu ist folgendes auszuführen:

§ 92 Abs. 1 Satz 2 NBauO hat seine heute und auch schon bei Bestellung und Eintragung der hier streitigen Baulast maßgebliche Fassung durch Art. I Nr. 86 lit. a) des Fünften Gesetzes zur Änderung der Niedersächsischen Bauordnung (vom 11. 4. 1986, GVBl., 103) mit Wirkung zum 1. 5. 1986 (Art. V des Änderungsgesetzes 1986) erhalten. Nunmehr wird ausdrücklich angeordnet, daß Baulasten (nicht etwa schon mit ihrer Bestellung, sondern erst) mit der Eintragung in das Baulastenverzeichnis wirksam werden und (das ist keine Änderung) auch gegenüber den Rechtsnachfolgern gelten. Der Zweck dieser Neufassung besteht nicht nur darin, erst ab dem Zeitpunkt Gutglaubensschutz zu vermitteln, zu dem das Eigentum an dem Grundstück gewechselt hat, d. h. sich im Konfliktfall nicht mehr die seinerzeitigen Vertragspartner gegenüberstehen. Abgesehen davon, daß auch dies hier der Fall wäre – sowohl das belastete als auch das durch die hier streitige Baulast begünstigte Grundstück stehen nicht mehr im Eigentum derselben Person –, ergibt sich der weitergehende Zweck, nach Ablauf der Rechtsbehelfsmöglichkeiten gegen die (konstitutive Wirkung der) Eintragung den Inhalt der Eintragung grundsätzlich auch dann maßgeblich sein zu lassen, wenn er nicht der geltenden Rechtslage entspricht, mit hinreichender Eindeutigkeit aus den Gesetzesmaterialien. Im Regierungsentwurf (LT-Drucks. 10/3480, S. 86 zu Art. I Nr. 86 des Entwurfs) wird ausgeführt: Bislang habe die Eintragung der Baulast nur deklaratorische Wirkung. Das führe in den Fällen zu Schwierigkeiten, in denen die Baulasterklärung aus der Sicht der Bauaufsichtsbehörde fehlerhaft sei. Dabei bleibe offen, ob eine fehlerhafte Übernahmeerklärung die Baulast gar nicht entstehen lasse oder auch fehlerhaft bestellte Baulasten entstehen könnten. Abgesehen davon könne nach dem bisher geltenden Recht niemand darauf vertrauen, daß außer den im Baulastenverzeichnis eingetragenen Baulasten nicht noch weitere, wirksam bestellte bestünden. Diesen Schwierigkeiten wolle die Neuregelung abhelfen. Die Eintragung erhalte mit ihr konstitutive Wirkung.

Die Neuregelung ist damit von einem doppelten Gedanken getragen. Zum einen soll zum Schutze Dritter (namentlich von Kaufinteressenten) ausgeschlossen werden, daß auf dem Grundstück unerkannt und nicht erkennbar öffentlich-rechtliche Lasten ruhen, welche dessen bauliche Ausnutzbarkeit einschränken. Zum anderen – und das ist hier von ausschlaggebendem Interesse – soll dem Umstand Rechnung getragen werden, daß sich Baulasten in der Vergangenheit trotz Einschaltung von Notaren als rechtswidrig erwiesen haben und daher zum Teil noch nach Jahren, aber eben auch zwischen denselben Beteiligten Streitfragen um deren Wirksamkeit und die Rechtmäßigkeit darauf hin durchgeführter Baumaßnahmen stellen.

Insbesondere dieser letzte Gedanke ist im Laufe des Gesetzgebungsverfahrens nicht modifiziert worden. Der Ausschuß für Bau- und Wohnungswesen schlug in seiner Beschlußempfehlung (LT-Drucks. 10/5620, S. 55) insoweit keine Änderung des Regierungsentwurfes vor. In seinem schriftlichen Bericht (LT-Drucks. 10/5715, S. 27 f.) wird lediglich – mit dann Gesetz gewordenem Ergebnis – diskutiert, ob man nicht entgegen dem Regierungsentwurf trotz bisher gemachter und in die Erwägungen zur neuen Gesetzesfassung damit einbezogener schlechter Erfahrungen die Baulastbestellung vor Notaren zulassen solle. Die konstitutive Wirkung, welche die Baulasterklärung nunmehr erhalten solle, wurde nur unter dem Gesichtspunkt diskutiert, wie sich dann Änderungen auswirken könnten, welche zwischen der Baulastbestellung und ihrer Eintragung einträten. Außerdem wurde diskutiert, ob Baulasten nicht ins Grundbuch eingetragen werden sollten, um dem Käufer zu ersparen, zwei Register konsultieren zu müssen; das wurde unter Hinweis auf die Gesetzgebungskompetenz des Bundes für das Grundbuchrecht verworfen.

D. h.: Entgegen der Annahme des Klägers soll die konstitutive, d. h. die mit Ablauf der Rechtsbehelfsfrist Einwendungen einschränkende, wenn nicht sogar ausschließende Wirkung der Baulasteintragung nicht erst dann eintreten, wenn das belastete Grundstück im Sinne der zivilrechtlichen Gutglaubensschutzvorschriften Objekt eines Verkehrsgeschäftes geworden war. Ganz maßgebliches Motiv für die Einführung der konstitutiven Wirkung war vielmehr u. a. und insbesondere die – im Ausschuß für Bau- und Wohnungswesen unter dem Gesichtspunkt „Bestellung durch Notare oder nur vor den Bauaufsichtsbehörden?" diskutierte – Beobachtung, daß die Bestellung von Baulasten jedenfalls in der Vergangenheit fehleranfällig war und solche Fehler auch in Zukunft auftreten können. Hier sollte gerade im Verhältnis der ursprünglichen Grundstückseigentümer für Rechtsklarheit gesorgt werden. Dritten gegenüber sollte Rechtsklarheit außerdem dadurch geschaffen werden, daß der Inhalt des Baulastenverzeichnisses nunmehr den Anschein der Vollständigkeit genießen sollte; außerhalb dieses Verzeichnisses sollte es keine (weiteren) wirksamen Baulasten mehr geben können.

In diesem Zweck eingeschlossen ist, daß eine Baulast auch/selbst dann noch immer im öffentlichen Interesse liegen kann, wenn – wie hier hinsichtlich der Bezeichnung des begünstigten Vorhabens in gewissem Umfang der Fall – der eingetragene vom bestellten Inhalt abweicht. Gerade dann besteht zwischen den an ihrem Zustandekommen unmittelbar Beteiligten ein erhebliches Interesse an der konstitutiven Wirkung. Denn die Bauaufsichtsbehörde wird sich bei der Entscheidung über die Zulassung des begünstigten Vorhabens in aller Regel an den eingetragenen Inhalt halten. Dementsprechend stark ist das Interesse des Bauherrn an der Aufrechterhaltung des ihn begünstigenden Zustandes ausgeprägt. Die Interessen des Baulastgebers werden mit dieser Auffassung nicht unangemessen hintangestellt. Denn dieser kann durch schlichten, besondere baurechtliche Kenntnisse nicht voraussetzenden Vergleich zwischen dem Inhalt der Bestellung und der im Wortlaut mitgeteilten Eintragung ergründen, ob dabei Differenzen bestehen, und entsprechende Einwendungen durch Widerspruch geltend machen. Dafür stand dem Bruder des Klägers hier sogar ein volles Jahr zur Verfügung, da der Eintragungsnachricht keine Rechtsbehelfsbelehrung beigefügt worden war. Diese Möglichkeit hat er nicht genutzt.

Aus den vorstehenden Erwägungen ergibt sich damit zugleich, daß dem Kläger ein Anspruch auf Löschung der Baulast – von dem oben erörterten § 92 Abs. 3 Satz 1 NBauO abgesehen – nur dann zustünde, wenn diese nichtig wäre (vgl. a. Große-Suchsdorf/Lindorf/Schmaltz/Wiechert, NBauO, Komm., 7. Aufl., § 92 Rdnr. 67; OVG Bremen, Urteil v. 21. 10. 1997 – 1 BA 23/97 –,

BRS 60 Nr. 120 = NVwZ 1998, 1322). Auf die Senatsentscheidung vom 27. 9. 2001 (– 1 LB 1137/01 –, BauR 2002, 70 = NdsVBl. 2002, 188 = NdsRpfl. 2002, 177) kann sich der Kläger dabei nicht berufen. Denn die damalige Klägerin hatte rechtzeitig, d. h. innerhalb der Rechtsbehelfsfristen Einwendungen erhoben. Die Entscheidung des OVG Münster vom 29. 9. 1978 (– XI A 112/78 –, BRS 33 Nr. 156) kann der Kläger entgegen der Annahme des Verwaltungsgerichts ebenfalls nicht fruchtbar machen; denn diese betrifft eine nordrhein-westfälische Gesetzeslage, welche die konstitutive Wirkung der Baulasteintragung (noch) nicht kannte. Die durch Art. I Nr. 86 des Fünften Gesetzes zur Änderung der Niedersächsischen Bauordnung (vom 11. 4. 1986, GVBl., 103) eingeführte konstitutive Wirkung der Baulasteneintragung hat zur Folge, daß diese nur im Falle ihrer rechtzeitigen Anfechtung uneingeschränkt auf ihre Rechtmäßigkeit zu überprüfen und im übrigen nur dann aus dem Baulastenverzeichnis zu entfernen ist, wenn sie nichtig ist. Nichtigkeitsgründe i. S. von § 44 Abs. 2 VwVfG liegen nicht vor und werden vom Kläger auch nicht geltend gemacht.

Besonders schwerwiegende und bei verständiger Würdigung aller in Betracht kommenden Umstände offensichtliche Fehler, welche gemäß § 44 Abs. 1 VwVfG zur Nichtigkeit führen, sind ebenfalls nicht gegeben. Zur Nichtigkeit eines Verwaltungsaktes führen nur solche Fehler, welche ihm einen Inhalt geben, der mit der rechtsstaatlichen Ordnung und den Anforderungen an eine ordnungsgemäße Verwaltung unter keinen Umständen vereinbar sein kann, und es damit ausgeschlossen ist, der Baulast den Anschein der Wirksamkeit oder auch nur eine vorläufige Geltung zu belassen. Das sind nur solche Rechtsfehler, welche tragende Verfassungsprinzipien oder der Rechtsordnung immanente Wertvorstellungen widersprechen (vgl. BVerwG, Urteil v. 22. 2. 1985 – 8 C 107.85 –, DVBl. 85, 624 = BRS 43 Nr. 130 = NJW 1985, 2658). Besonders schwerwiegend i. S. des § 44 Abs. 1 VwVfG sind daher nur solche Fehler, welche die Aufrechterhaltung seiner Wirksamkeit als schlechterdings unerträglich erscheinen lassen. Eine Faustformel bietet dafür die Kontrollfrage, ob der Gesetzgeber eine solche Rechtsfolge hätte anordnen können, ohne damit die genannten Verfassungsprinzipien und der Rechtsordnung immanente Wertvorstellungen zu verletzen. Das ist hier nicht der Fall.

Der Umstand, daß die von der Rechtsvorgängerin des Beigeladenen zur Urk.-Nr. 44/1990 bestellte Baulast zugunsten des klägerischen Grundstücks nicht eingetragen worden ist, ist für die Gültigkeit der hier angegriffenen öffentlich-rechtlich ohne jede Bedeutung. Beide Erklärungen verschränken nach ihrem Wortlaut beide Baulasten nicht derart miteinander, daß ihre Gültigkeit von der jeweils anderen abhinge. Die Erklärung des Rechtsvorgängers des Klägers (Urk.-Nr. 43/1990) enthält überhaupt keinen Bezug zu der Erklärung der Rechtsvorgängerin des Beigeladenen. Deren Erklärung (Urk.-Nr. 44/1990) nimmt zwar Bezug auf die Baulasterklärung der Klägerseite, jedoch nur zu dem Zweck, ihren Inhalt zu bezeichnen. Nach Art korrespondierender Bedingungen wird die Rechtswirksamkeit beider Baulasterklärungen vom Bestand der jeweils anderen damit nicht abhängig gemacht.

Der Kläger kann der eingetragenen Baulast auch nicht mit der Nichtigkeitsfolge entgegenhalten, diese sei wegen der fehlenden Eintragung der ihn begünstigenden Baulast seinem Kondiktionsanspruch ausgesetzt. Abgesehen davon, daß beide Baulasterklärungen nach den vorstehenden Ausführungen nicht in einer Weise rechtlich verschränkt sind, welche dem Kläger einen Kondiktionsanspruch verschaffte, kann dieser Einwand hier schon deshalb nicht durchdringen, weil der Kondiktionsanspruch nur gegenüber dem Beigeladenen und damit nicht in dem prozeßrechtlichen Verhältnis bestünde, das er mit der Klage – gegenüber der Bauaufsichtsbehörde – begründet hat.

Der behauptete Kondiktionsanspruch steht dem Recht auf Aufrechterhaltung der Baulast zudem nicht in der Weise entgegen, daß es – was rechtlich allein ausreichen würde – sofort („statim redditurus") wieder zurückzugeben wäre. Jedenfalls für eine Rückkehr zur Wohnnutzung kann der Beigeladene deren Aufrechterhaltung beanspruchen.

Mangelnde Bestimmtheit führt ebenfalls nicht zur Annahme der Nichtigkeit. Stellt man auf den Inhalt der beurkundeten Baulasterklärung ab, so stellte sich sogar die Frage, ob diese den Anforderungen vollauf genügt, welche der Senat in seiner Entscheidung vom 27. 9. 2001 (– 1 LB 1137/01 –, BauR 2002, 70 = NdsVBl. 2002, 188) formuliert hat. Dort heißt es u. a.:

Das Maß der Bestimmtheit, welche eine Verpflichtungserklärung gemäß §§ 8 Abs. 2 Satz 1, 92 Abs. 1 NBauO haben muß, richtet sich nach den allgemeinen, u. a. auch für Verwaltungsakte geltenden und in der Rechtsprechung geklärten Kriterien. Danach ist dem Bestimmtheitserfordernis (§ 37 Abs. 1 VwVfG) genügt, wenn der Wille der Behörde/des Erklärenden für die Beteiligten des Verfahrens, in dem der Verwaltungsakt erlassen/die Willenserklärung abgegeben wird, unzweideutig erkennbar und keiner unterschiedlichen subjektiven Bewertung zugänglich ist (vgl. BVerwG, Urteil v. 22. 1. 1993 – 8 C 57.91 –, KStZ 1993, 93 = ZMR 1993, 480 unter Hinweis auf Beschluß v. 27. 7. 1982 – 7 B 122.81 –, Buchholz 316 § 37 VwVfG Nr. 1; Urteil v. 15. 5. 1986 – 5 C 33.84 –, Buchholz 424.01 § 19 FlurbG Nr. 12). Welche Anforderungen im einzelnen zu stellen sind, hängt vom jeweiligen Regelungsgehalt des Verwaltungsaktes und dem mit ihm verfolgten Zweck ab (BVerwG, Beschluß v. 14. 3. 1990 – 4 C 45.90 –, Buchholz 316 § 37 VwVfG Nr. 7). Auch Willenserklärungen müssen dementsprechend so formuliert werden, daß sich ihr Inhalt und ihre Tragweite objektiv hinreichend, d. h. ohne unterschiedlichen subjektiven Bewertungen zugänglich zu sein, ermitteln läßt. Das abverlangte Tun muß mit anderen Worten so eindeutig bezeichnet werden, daß der Umfang von Vollstreckungsmaßnahmen ausreichend umrissen werden kann. Etwaige Auslegungsprobleme sind so lange unschädlich, wie der Inhalt des geforderten Tuns aus dem Text oder beigefügten Plänen hinreichend verläßlich ermittelt werden kann.

Baulasterklärungen müssen daher nicht nur so eindeutig und klar formuliert/abgegeben worden sein, daß die Bauaufsichtsbehörde die Baulast im Konfliktfall durchsetzen kann (vgl. Große-Suchsdorf/Lindorf/Schmaltz/Wiechert, a. a. O., § 92 Rdnr. 38 und 46). Der Grad, in dem die abgegebene Erklärung dem Bestimmtheitsgebot zu genügen hat, hat sich vielmehr auch an den Wirkungen zu orientieren, welche die Baulast im Verhältnis der beiden beteiligten Grundstückseigentümer entfaltet. Dabei ist zu differenzieren.

Einerseits ist geklärt, daß die Baulast einen Grundstückseigentümer nicht auch zivilrechtlich zu einem bestimmten Tun, Dulden oder Unterlassen verpflichtet (vgl. BGH, Urteil v. 8. 7. 1983 – V ZR 204/82 –, BGHZ 88, 97 = DVBl. 1983, 1149 = BRS 40 Nr. 180; Urteil v. 19. 4. 1985 – V ZR 152/83 –, BGHZ 94, 160 = BauR 1985, 716). ...
Andererseits und daneben entfaltet die Baulast im Verhältnis der beteiligten Grundstückseigentümer aber auch öffentlich-rechtliche Wirkungen. Ihre Tragweite – und dementsprechend auch die Anforderungen an ihre Bestimmtheit – ergibt sich nach den speziellen Bestimmungen, nach denen sie bestellt worden ist. ...
Angesichts dieser Ausführungen ist es vertretbar, mit dem Beigeladenen anzunehmen, aus der Zusammenschau des Abstandes (nur 1,50 m), der Bezeichnung des Vorhabens (die Baulast bezieht sich ersichtlich nur auf den Nordflügel des bis dahin landwirtschaftlich genutzten, hufeisenförmigen Baukörpers) und der Berücksichtigung ihres Zieles, den Einklang mit dem damals geltenden Grenzabstandsrecht herzustellen, sei sozusagen millimetergenau der Bereich abzugrenzen, der vom Grundstück des Klägers benötigt wurde. Das gilt auch für die Viertelkreise, welche an den jeweiligen Ecken des Nordflügels benötigt wurden. Allenfalls in kleinen Randbereichen könnte sich die Frage nach der uneingeschränkt verläßlichen Abgrenzung stellen, nämlich im Hinblick auf den Erker, welchen die Rechtsvorgängerin des Beigeladenen seinerzeit für den nach Osten weisenden Teil des Daches geplant hatte: Wäre auch dieser zulässig, müßte die Baulastfläche ein klein wenig nach Osten verlängert werden. Insofern wäre also die millimetergenaue Bezeichnung des östlichen Endes erforderlich gewesen. Das aber sind Randunschärfen, welche – erstens – durch einen Blick auf die seinerzeit (nur) genehmigten Bauunterlagen betreffend das Beigeladenengrundstück geklärt werden könnten, vor allem und zweitens aber jedenfalls nicht die Annahme rechtfertigten, die Baulast sei wegen fehlender Bestimmtheit nichtig.
Aber auch mit ihrem eingetragenen Inhalt ist die Baulast nicht so unbestimmt, daß sie als nichtig angesehen werden könne.
Es wäre jedenfalls unter Zuhilfenahme der darin genannten Unterlagen möglich, ihre Reichweite so genau zu bestimmen, daß ein Verstoß gegen die o. g. Wertmaßstäbe ausgeschlossen ist. Das belastete und das begünstigte Grundstück werden zweifelsfrei bezeichnet. Die Tiefe („Breite") wird mit 1,50 m zentimetergenau angegeben. Das Vorhaben („geplante Bebauung"), dessen Verwirklichung die Baulast begünstigen soll, läßt sich durch Heranziehung der Bauunterlagen, welche die Rechtsvorgängerin des Beigeladenen seinerzeit für ihr Grundstück eingereicht hatte, zweifelsfrei ermitteln. Die Bauakten für das Grundstück des Beigeladenen zeigen, daß seinerzeit keine weiteren Bauabsichten gehegt wurden; eine Verwechslungsgefahr ist damit nicht gegeben. Damit ist es sogar möglich zu entscheiden, daß Dachaufbauten seinerzeit nicht zulässig und damit auch nicht von der Baulast erfaßt sein sollten. Zugleich läßt sich aus diesen Unterlagen ermitteln, in welcher Länge das Grundstück des Klägers im Grenzbereich für die Bauabsichten des Beigeladenen/seiner Rechtsvorgängerin zur Verfügung stehen sollte. Es mag zwar sein, daß der gelbe Strich allein das nicht hergibt. Es ist aber möglich, diesen

Bereich unter Einschluß der beiden oben angeführten abstandsrechtlichen Viertelkreise so genau zu bestimmen, daß den Anforderungen an das rechtsstaatlich gebotene Bestimmtheitsminimum genügt wird.

Auch mit ihrem eingetragenen Inhalt weicht die Baulast damit nicht in einem Umfang von tragenden Verfassungsprinzipien und der Rechtsordnung immanenten Wertvorstellungen ab, welche die Annahme eines besonders schwerwiegenden Fehlers i. S. des §44 Abs. 1 VwVfG zu rechtfertigen vermöchte. Zudem wäre dieser Fehler nicht im Sinne dieser Vorschrift „offensichtlich".

Nicht jeder unvoreingenommene Betrachter des Baulastenverzeichnisses würde der Annahme zuneigen, eine Baulast so unbestimmten Inhalts könne nicht bestellt werden.

Entgegen der Annahme des Klägers führt der Umstand, daß in dem von der Baulast erfaßten Grenzbereich ein Gebäude steht, dessen fortdauernde Existenz mit der Baulast nicht zu vereinbaren ist, ebenfalls nicht zur Nichtigkeit der eingetragenen oder notariell beurkundeten Erklärung. Es kommt aus mehreren Gründen in Betracht anzunehmen, der Gesetzgeber hätte jedenfalls für die hier vorliegende Sachlage eine entsprechende Anordnung treffen können, ohne gegen tragende Verfassungsprinzipien oder der Wertordnung immanente Wertvorstellungen zu verstoßen.

Erstens: Es wird durchaus diskutiert, daß die durch Baulast begründete Verpflichtung des belasteten Grundstücks, von einer gedachten Linie mit Bauvorhaben Abstand zu halten, nicht sämtliche Bauaktivitäten in diesem Bereich unterbindet. Namentlich die Gebäude, welche nach den Bestimmungen der jeweiligen Bauordnung auf der Grenze des Buchgrundstücks verwirklicht werden dürfen, sollen trotz durch die Baulast bewirkten Verschiebung auf der Grenze des Buchgrundstücks und damit innerhalb der durch Baulast beanspruchten Fläche errichtet werden können. Dazu hat der Senat in seinem Zulassungsbeschluß vom 30. 10. 2003 (– 1 LA 239/03 –, das Verfahren trägt jetzt das AZ – 1 LB 298/03 —) das folgende ausgeführt:

Es sprechen jedenfalls in einer die Zulassung der Berufung rechtfertigenden Weise die besseren Gründe für die Annahme, der in der Kommentierung von Große/Suchsdorf/Lindorf/Schmaltz/Wiechert (NBauO, Komm., 7. Aufl. 2002, §9 Rdnr. 16f.), entwickelten Auffassung sei zu folgen. Danach soll dem Bauherrn trotz einer Abstandsbaulast, die er zugunsten seines Nachbarn bewilligt hat, grundsätzlich die Möglichkeit offen stehen, Garagen nicht auf der durch die Baulast beschriebenen fiktiven, sondern der Grenze des Buchgrundstücks auszuführen. Diese Auffassung ist zwar nicht unbestritten (a. A. u. a. Barth/Mühler, Abstandsvorschriften der Niedersächsischen Bauordnung, 2. Aufl. 2000, §9 Rdnr. 34–36). Sie erscheint jedoch zumindest für das Zulassungsverfahren vorzugswürdig. Sie rechtfertigt sich entgegen der Annahme des Verwaltungsgerichts und des Beigeladenen nicht (so sehr) aus der Beobachtung, §9 Abs. 2 NBauO weise eine Regelungslücke auf und sei deshalb unter Rückgriff auf §12 Abs. 4 NBauO ausfüllungsbedürftig und -fähig. Maßgebliche Erwägung dafür, unter Beachtung der Regelung des §12 Abs. 4 NBauO deren §9 Abs. 2 für Nebengebäude nicht uneingeschränkt „zum Nennwert" zu nehmen, ist vielmehr eine Besinnung auf die Funktion von Abstandsbaulast und Privilegierung des §12 NBauO und damit letztlich eine teleologische Reduktion des §9 Abs. 2 NBauO. Haupt- und Nebengebäude folgen unterschiedlichen Abstandsregimen. §12 NBauO beruht auf der Erkenntnis, daß Nebengebäude wie namentlich Garagen zum beiderseitigen Vorteil der Grundstücksnachbarn an der Grenze konzentriert werden sollen. „Schmutzstreifen", welche bei Einhaltung der übrigen Grenzabstandsvorschriften häufig entstünden, sollen vermieden, die Immissionen und – wegen der Höhen- und Längenbeschränkungen tolerablen – Einschränkungen an Licht- und Luftzufuhr sollen grundsätzlich hingenommen und an den Buchgrundstücksgrenzen konzentriert werden. Dem würde es widersprechen, den Baulastverpflichteten stets und uneingeschränkt zur Beachtung der durch die Baulast gezogenen Grenzen zu verpflichten, während die Baulast dem Begünstigten zum Beispiel nicht das Recht verleiht, seine Grenzgarage unmittelbar an die fiktive Grenze heranzurücken, welche die Baulast zum Nachteil des Baulastverpflichteten zieht, und so das vom Gesetzgeber favorisierte Ergebnis zu erzielen, Grenzgaragen paarweise zusammenzufassen. Eine Berücksichtigung der in §12 Abs. 4 NBauO enthaltenen Regelung ermöglicht in diesem Dilemma eine geschmeidige flexible Lösung, welche den Interessen beider Grundstücksnachbarn gerecht wird/werden kann, ohne die Baurechtmäßigkeit des Hauptgebäudes in Zweifel zu ziehen, um dessentwillen die Baulast in der Regel allein bestellt worden ist.

Anderes dürfte zwar gelten, wenn die Baulast auch mit dem Ziel bestellt worden ist, dem Verpflichteten aufzulegen, von der fiktiven Grenze Abstand zu halten. Wortlaut und Sinnzusammenhang der hier bewilligten Baulast zwingen indes nicht zu einer solchen den Klägern nachteiligen Deutung. In die Erklärung ist nicht der verdeutlichende Hinweis aufgenommen worden, der Baulastverpflichtete solle mit jedweder Baulichkeit von der fiktiven Grenze Abstand halten. Ziel ist vielmehr nur die „beabsichtigte/vorhandene" Bebauung. In diesem Zusammenhang kann nicht unberücksichtigt bleiben, daß nach dem seinerzeit eingereichten Lageplan, auf dem in gelber Farbe die Baulast-Abstandsfläche eingezeichnet worden ist, in schematisierender Vereinfachung die Anlegung von Einstellplätzen/Garagen auf dem begünstigten Grundstücken und seinen westlichen Nachbargrundstücken vermerkt worden ist. Diese sind dort (nicht durchgängig, aber) auch als Doppelanlagen verzeichnet worden. Es fehlt jeder Hinweis für die Annahme, die von der Rechtsvorgängerin der Kläger bewilligte Baulast habe vollumfänglich und allein das Beigeladenengrundstück begünstigen und alle Nachteile dieser Baulastbestellung auf sich nehmen sollen. Es ist zwar richtig, daß das östliche Endgrundstück der Reihe, welcher das Grundstück des Beigeladenen zugehört, deutlich schmaler ausfällt als das westliche Abschlußgrundstück der sich östlich daran anschließenden Reihe. Es fehlt aber jeder Anhaltspunkt für die Annahme, daß dieser durch die vorhandenen Grundstückszuschnitte für das (jetzt) klägerische Grundstück entstehende Vorteil mit der Baulast im wesentlichen vollständig und auch hinsichtlich der Nebengebäude auf das (jetzige) Beigeladenengrundstück übergehen sollte.

Gegen eine derartige Annahme spricht auch, daß es zwar nicht zwangsläufig ist, den Bereich der von der Baulast betroffenen Fläche in dem Umfang in Anspruch zu nehmen, wie dies nach den Vorstellungen der Kläger der Fall ist.

Selbst wenn diese sich auf ein anders dimensioniertes Vorhaben einließen, wäre die Teil-Inanspruchnahme dieser Fläche jedoch mehr oder minder unvermeidlich. Denn nach § 2 Abs. 1 GaVO muß der Garage eine Zu- und Abfahrt von mindestens 3 m zur öffentlichen Verkehrsfläche vorausgehen. Die von der Baulast betroffene Fläche beginnt aber schon in einer Entfernung von 7,70 m zur öffentlichen Verkehrsfläche.

Ob diese Erwägungen im Berufungsverfahren bekräftigt werden, braucht der Senat im Rahmen dieses Verfahrens nicht zu entscheiden. Schon die Möglichkeit, daß dies als Inhalt der schon bestehenden gesetzlichen Regelung anzunehmen in Betracht kommt, zeigt, daß der Gesetzgeber derartiges hätte anordnen dürfen, ohne gegen tragende Verfassungsprinzipien zu verstoßen. Schon das schließt die Annahme aus, die hier angegriffene Baulast sei wegen der Existenz der auf dem klägerischen Grundstück stehenden „Grenzscheune" nichtig.

Daß eine derartige gesetzliche Regelung in Betracht kommt, zeigen – zweitens – die Ausführungen des Klägers in der Berufungserwiderungsschrift. Wenn der Kläger darin erwägt, der damals bestehende Nutzungskonflikt hätte statt durch Bestellung der hier angegriffenen Baulast unter Berücksichtigung der Entscheidung des Bundesverwaltungsgerichts vom 16.5.1991 (– 4 C 17.90 –, BVerwGE 88, 191 = DVBl. 1991, 819 = BRS 52 Nr. 157) auf der Grundlage von § 86 NBauO gelöst werden können, so zeigt dies eines: Das von der Baulast gewollte Ergebnis widerspricht jedenfalls nicht flagrant allen verfassungs- oder baurechtlichen Grundsätzen. Von Nichtigkeit kann auch deshalb nicht die Rede sein.

Drittens: Jedenfalls für die hier in Rede stehende Konstellation hätte der Gesetzgeber anordnen dürfen, die Existenz des Scheunengebäudes stehe der Wirksamkeit der Baulast nicht entgegen. Das ergibt sich zum einen daraus, daß dieses ähnlich wie die schon nach geltender Gesetzeslage auf der Grenze zulässigen Gebäude kaum auf den ungehinderten Zufluß von Licht, Luft, Sonne und ggf. Wohnintimität angewiesen ist, deretwegen Gebäude grundsätzlich Abstand von der Grenze halten müssen. Zum anderen stand nach den Ergebnisniederschriften des Landkreises ernstlich in Rede, daß der Rechtsvorgänger des Klägers die Scheune zwecks höherwertiger baulicher Nutzung dieses Grenzbereichs abträgt und – unter Einhalt des Grenzabstandes – durch ein neues Gebäude ersetzt. § 8 Abs. 2 Satz 1 NBauO zeigt, daß die Berücksichtigung künftigen Verhaltens der wirksamen Bestellung von Baulasten keineswegs fremd ist und der Gesetzgeber dementsprechend für eine Konstellation der hier vorliegenden Art durchaus hätte anordnen dürfen, die Existenz eines noch vorhandenen Gebäudes in der durch Baulast betroffenen Fläche stehe deren Wirksamkeit nicht schlechthin entgegen.

Nr. 152

1. **Nach den seit 1984 maßgeblichen Brandschutzregelungen der Bauordnung NRW bedarf es eines zweiten Rettungswegs, wenn kein Sicherheitstreppenhaus vorhanden ist.**

2. Der zweite Rettungsweg ist gewährleistet, wenn jede Nutzungseinheit mit Aufenthaltsräumen über eine mit Rettungsgeräten der Feuerwehr erreichbare Stelle verfügt oder der zweite Rettungsweg baulich durch eine zweite notwendige Treppe sichergestellt ist.

3. Für den Einsatz von Anlegeleitern als Rettungsgeräten der Feuerwehr reicht es nicht aus, wenn die Anlegeleiter nur bis an die Brüstungsoberkante der zur Rettung in Betracht kommenden Stelle (Fenster, Balkon) heranreicht; die Leiter muß vielmehr mit mehreren Sprossen über die Oberkante der Brüstung hinausreichen.

4. Als bauliche Sicherstellung des zweiten Rettungswegs kommt auch eine außen am Gebäude angebrachte Spindeltreppe in Betracht (wie OVG NRW, Urteil vom 28.8.2001 – 10 A 3051/99 –).

5. Notleitern mit Rückenschutz gemäß DIN 14094-1 können zwar taugliche Mittel zur Gefahrenabwehr sein, sie sind aber kein gleichwertiger Ersatz für ein Sicherheitstreppenhaus (Klarstellung zu OVG NRW, Beschluß vom 22.7.2002 – 7 B 508/01 –).

6. Die erheblichen Risiken für Leib und Leben Dritter im Falle eines Brandes rechtfertigen es auch bei nachträglichen Anforderungen an den Brandschutz, solche Schutzmaßnahmen zu fordern, die in jeder Hinsicht „auf der sicheren Seite" liegen; die Bauaufsichtsbehörde ist daher nicht gehalten, sich allein im finanziellen Interesse des Ordnungspflichtigen auf die Forderung der Anbringung von Notleitern zu beschränken.

BauO NRW § 17 Abs. 3.

OVG Nordrhein-Westfalen, Beschluß vom 15. Dezember 2004
– 7 B 2142/04 – (rechtskräftig).

(VG Köln)

Der Antragsteller wandte sich gegen eine Ordnungsverfügung des Antragsgegners, mit der ihm unter Anordnung der sofortigen Vollziehung aufgegeben worden war, das Treppenhaus seines bestehenden Mehrfamilienhauses aus Gründen des Brandschutzes zu einem Sicherheitstreppenhaus umzubauen. Sein Begehren auf einstweiligen Rechtsschutz hatte in beiden Instanzen keinen Erfolg.

Aus den Gründen:
Zu Unrecht meint die Beschwerde, das Verwaltungsgericht habe schon deshalb von einem Ermessensfehler beim Einschreiten des Antragsgegners ausgehen müssen, weil die Einsatzhöhe der bei der Feuerwehr E. vorhandenen Anlegeleitern nicht konkret geprüft worden sei. Der angefochtenen Ordnungsverfügung liegt die tatsächliche Einschätzung zugrunde, „daß Personen aus dem 4. Stockwerk mit den vorhandenen Gerätschaften der örtlichen Feuerwehr in einem Brandfall nicht gerettet werden können". Daß es an solchen Rettungsmöglichkeiten im vorliegenden Fall fehlt, haben die durch das Vorbringen des Antragstellers veranlaßten Überprüfungen bestätigt.
In der Rechtsprechung des beschließenden Gerichts ist für das hier einschlägige Landesrecht geklärt, daß es nach den seit 1984 maßgeblichen

Nr. 152

Brandschutzregelungen der Bauordnung NRW in den Fällen, in denen kein Sicherheitstreppenhaus vorhanden ist, eines zweiten Rettungsweges bedarf.

Dieser ist nur dann gewährleistet, wenn jede Nutzungseinheit mit Aufenthaltsräumen über eine mit Rettungsgeräten der Feuerwehr erreichbare Stelle verfügt oder der zweite Rettungsweg baulich durch eine zweite notwendige Treppe sichergestellt ist (vgl. OVG NRW, Beschluß v. 22. 7. 2002 – 7 B 508/01 –, BRS 65 Nr. 140 = BauR 2002, 1841).

Die Beschwerde irrt, wenn sie meint, die erstgenannte Alternative sei bereits dann erfüllt, wenn die für Rettungseinsätze der Feuerwehr vorhandenen Anlegeleitern mit den oberen Enden ihrer Holme gerade bis an die Oberkante der jeweiligen Fenster- oder Balkonbrüstung heranreichen, über die hinweg gefährdete Personen auf die Leiter umsteigen müssen. Insoweit kommen selbstverständlich nur solche Rettungsmöglichkeiten in Betracht, die den einschlägigen Sicherheitsvorschriften entsprechen. Dabei liegt auf der Hand, daß es aus Gründen der Sicherheit beim Übersteigen von der bzw. auf die Leiter erforderlich ist, daß mehrere Sprossen über die Brüstungsoberkante des Einstiegs hinweg reichen, insbesondere um einen sicheren Halt beim Überstieg zu gewährleisten. Dementsprechend sehen die im Anhang zur Dienstvorschrift (FwDv10) „Tragbare Leitern" abgedruckten UVV Feuerwehren (Fassung 1. 1. 1993) (– Im Internet abrufbar unter www.feuerwehr-lahr. org/fwdv10. htm –) in den Durchführungsregelungen zu §20 Abs. 4 vor, daß der Absturzgefahr von Feuerwehrleitern vor allem dann vorgebeugt wird, wenn u. a. beim Übersteigen der Leiter mindestens 3 Sprossen über die Übersteigstelle hinausragen. Aus der auch vom Antragsteller – allerdings nur unvollständig – vorgelegten Unfallverhütungsvorschrift GUV-V D 36 „Leitern und Tritte" folgt nichts Gegenteiliges. Nach §22 dieser Unfallverhütungsvorschrift dürfen Anlegeleitern nur an sichere Stützpunkte angelegt werden (Abs. 1), und zwar nur so, daß sie mindestens 1 m über Austrittsstellen hinausragen, wenn nicht andere gleichwertige Möglichkeiten zum Festhalten vorhanden sind (Abs. 2). Auch frei stehend verwendete Anlegeleitern – d. h. Anlegeleitern mit angebrachten Stützeinrichtungen (Erläuterung zu §2 Abs. 2) – dürfen nicht bis zur obersten Sprosse bestiegen werden, vielmehr dürfen nach §23 Abs. 1 der Unfallverhütungsvorschrift die obersten vier Sprossen von frei stehend verwendeten Anlegeleitern nicht bestiegen werden.

Daß diese Kriterien am Wohnhaus des Antragstellers nicht erfüllt werden, ist an Hand der Lichtbilder ohne weiteres erkennbar. (Wird ausgeführt.)

Ein Ermessensfehler beim Einschreiten des Antragsgegners folgt nicht daraus, daß er ursprünglich Notleitern gemäß DIN 14094-1 nicht als hinreichend sicheres Mittel zur Gefahrenabwehr gewertet hat.

Insoweit ist zunächst klarzustellen, daß aus der Rechtsprechung des beschließenden Gerichts keineswegs abzuleiten ist, Notleitern mit Rückenschutz kämen generell als gleichwertiger Ersatz für ein Sicherheitstreppenhaus in Betracht. §17 Abs. 3 Satz 2 BauO NRW konkretisiert die Anforderungen an den bei Fehlen eines Sicherheitstreppenraums erforderlichen zweiten Rettungsweg dahin, daß neben einer mit Rettungsgeräten der Feuerwehr erreichbaren Stelle ausdrücklich nur „eine weitere notwendige Treppe" in Betracht kommt. Demgemäß kann bei nachträglichen Anforderungen zum

Brandschutz zwecks Anpassung bestehender Gebäude an die nunmehr geltenden bauordnungsrechtlichen Anforderungen etwa eine außen am Gebäude anzubringende Spindeltreppe gefordert werden (vgl. OVG NRW, Urteil v. 28. 8. 2001 – 10 A 3051/99 –, BRS 64 Nr. 201 = BauR 2002, 763).
Dem steht nicht entgegen, daß der Senat in seiner von der Beschwerde mehrfach erwähnten Rechtsprechung (vgl. OVG NRW, Beschluß v. 22. 7. 2002 – 7 B 508/01 –, BRS 65 Nr. 140 = BauR 2002, 1841) im Einzelfall auch eine Notleiter mit Rückenschutz gemäß DIN 14 094 als (noch) taugliche Vorkehrung zur Sicherstellung des zweiten Rettungswegs bezeichnet hat. In jenem Fall hatte sich die Behörde von vornherein auf die Forderung beschränkt, eine solche Notleiter anzubringen. Es kam damit entscheidungserheblich u. a. darauf an, ob Notleitern mit Rückenschutz überhaupt als taugliches Mittel zur Gefahrenabwehr bei bestehenden Gebäuden gefordert werden können. Dies hat der Senat zwar bejaht, dabei aber zugleich zum Ausdruck gebracht, daß eine solche Maßnahme etwa dann ausscheidet, wenn es um die Rettung aus solchen – etwa rückwärtig gelegenen – Nutzungseinheiten geht, bei denen gefährdete Personen auf eine Selbstrettung ohne jede fachliche Mithilfe angewiesen sind.

Auch wenn hiernach Notleitern mit Rückenschutz als denkbare Alternative zu dem im vorliegenden Fall geforderten Umbau des Treppenhauses in einen Sicherheitstreppenraum in Betracht kommen, lassen die mit der Benutzung von Notleitern zwangsläufig verbundenen Risiken bei der (Selbst-) Rettung von Personen es nicht als fehlerhaft erscheinen, daß der Antragsgegner davon abgesehen hat, lediglich das Anbringen von Notleitern zu fordern. Die erheblichen Risiken für Leib und Leben Dritter im Falle eines Brandes rechtfertigen es auch bei nachträglichen Anforderungen an den Brandschutz, solche Schutzmaßnahmen zu fordern, die in jeder Hinsicht „auf der sicheren Seite" liegen. Die zuständige Behörde ist nicht gehalten, allein im finanziellen Interesse des Ordnungspflichtigen wesentliche Abstriche an den zum Schutz von Leib und Leben sachgerechten Sicherheitserfordernissen hinzunehmen.

Die von der Beschwerde thematisierte Frage des möglichen Einsatzes von Notleitern mit Rückenschutz stellt sich nach alledem nur insoweit, als die Anbringung solcher Notleitern möglicherweise ein zulässiges Austauschmittel i. S. von § 21 Satz 2 OBG ist. Nach dieser Vorschrift ist dem Betroffenen dann, wenn zur Gefahrenabwehr mehrere Mittel in Betracht kommen und die Behörde nach Satz 1 der genannten Vorschrift zulässigerweise eines dieser Mittel bestimmt hat, auf Antrag zu gestatten, ein anderes ebenso wirksames Mittel anzuwenden, sofern die Allgemeinheit dadurch nicht stärker beeinträchtigt wird. Bei der Anwendung von § 21 OBG geht es nicht, wie die Beschwerde meint, um die Grundsätze eines zivilrechtlichen Vergleichs nach § 779 BGB. Das Angebot eines Austauschmittels ist vielmehr ein öffentlich-rechtliches Instrument, das dem Ordnungspflichtigen gestattet, an Stelle der von der Behörde zulässigerweise geforderten Maßnahme zur Gefahrenabwehr eine andere, ihm – aus welchem Grund auch immer – genehmere Maßnahme wählen zu können. § 21 Satz 2 OBG setzt voraus, daß der Betroffene die aus seiner Sicht gleich geeignete Maßnahme zur Gefahrenabwehr konkret benennt, und zwar innerhalb der Frist des § 21 Satz 3 OBG. Dabei ist es

Nr. 153

grundsätzlich Sache des Ordnungspflichtigen, den Nachweis zu erbringen, daß die von ihm vorgeschlagene Alternative in gleicher Weise zur Gefahrenabwehr geeignet ist.

Insoweit kann dahinstehen, welche rechtlichen Schlußfolgerungen daraus zu ziehen sind, wenn der Pflichtige ein geeignetes Austauschmittel anbietet, namentlich ob ein solches Angebot überhaupt die Rechtmäßigkeit der zunächst angeordneten Gefahrenabwehrmaßnahme berührt oder nur die Rechtmäßigkeit der anschließenden Vollstreckung (vgl. hierzu etwa OVG NRW, Urteil v. 22. 1. 1996 – 10 A 1464/92 –, BRS 58 Nr. 115 und OVG Rh.-Pf., Urteil v. 20. 11. 1996 – 8 A 13546/95 –, BRS 58 Nr. 214, jeweils m. w. N.).

Hier fehlt es schon am Angebot eines geeigneten Austauschmittels durch den Antragsteller. Die Anbringung einer Notleiter nur an einer Gebäudeseite reicht bereits deshalb nicht aus, weil auch die Küchenfenster der Wohnungen 2 und 4 im 4. Obergeschoß nicht hinreichend sicher angeleitet werden können und jede Nutzungseinheit über den zweiten Rettungsweg verfügen muß. Fehl geht auch der Einwand des Antragstellers, bei der Anbringung von Notleitern sei es allenfalls erforderlich, Ausstiegspodeste vor den Küchenfenstern des 4. Obergeschosses vorzusehen. Zutreffend weist der Antragsgegner darauf hin, daß Notleitern dann, wenn sie als Rettungsweg angebracht werden, auch in den darunter liegenden Geschossen – abgesehen von Wohnungen im Erdgeschoß, die ohne weiteres über Fenster bzw. den Balkon verlassen werden können – Zugangsmöglichkeiten haben müssen. Das Risiko, daß im Brandfall (vor Eintreffen der Feuerwehr) gefährdete Personen versuchen, den als solchen erkennbaren und hierzu angelegten Rettungsweg zu erreichen, um beispielsweise an der Außenseite des Rückenschutzes zum Erdboden zu gelangen, ist nicht von der Hand zu weisen.

Nr. 153

Zur Ermessensentscheidung bei einem auf geänderte Brandschutzvorschriften gestützten bauordnungsrechtlichen Anpassungsverlangen.

BremLBO §§ 17 Abs. 4, 89 Abs. 1.

OVG Bremen, Beschluß vom 28. Juni 2004 – 1 B 130/04 – (rechtskräftig).

Der Antragstellerin ist aufgegeben worden, „den zweiten Rettungsweg aus dem rückwärtigen Gebäudeteil des Hauses Bremen/Order Straße ... im Erdgeschoß, 1. Obergeschoß und Dachgeschoß über eine Außentreppenanlage, deren Ausführung dem Amt für Stadtplanung und Bauordnung abzustimmen ist, sicherzustellen bzw. sicherstellen zu lassen". Die Antragsgegnerin hat sich dabei auf § 89 Abs. 1 BremLBO gestützt. Nach dieser Vorschrift kann die Behörde verlangen, daß rechtmäßig bestehende bauliche Anlagen an neue gesetzliche Anforderungen angepaßt werden, wenn dies aus Gründen der öffentlichen Sicherheit oder Gesundheit erforderlich ist.

Aus den Gründen:

(1) Bei summarischer Überprüfung spricht einiges dafür, daß die tatbestandlichen Voraussetzungen für ein auf § 89 Abs. 1 BremLBO gestütztes

Anpassungsverlangen im vorliegenden Fall erfüllt sind. Seit dem Änderungsgesetz vom 12. 6. 1990 (BremGBl. 1990, 147) schreibt die BremLBO für jede Nutzungseinheit mit Aufenthaltsräumen zwei voneinander unabhängige Rettungswege vor (§ 19 Abs. 4, jetzt § 17 Abs. 4). Bei den Zimmern, die die Antragstellerin an Einzelpersonen vermietet, handelt es sich um selbständige Nutzungseinheiten. Die entsprechende Einschätzung des Verwaltungsgerichts, in die das Ergebnis einer Ortsbesichtigung durch die Berichterstatterin eingeflossen ist, erscheint plausibel. Die mit der Beschwerde erneut vorgetragene Behauptung, es liege nur eine Nutzungseinheit in der Form einer Wohngemeinschaft vor, wird den tatsächlichen Gegebenheiten nicht gerecht. Den Zimmern im rückwärtigen Gebäudeteil fehlt danach der seit 1990 vorgeschriebene zweite Rettungsweg.

Der Mangel begründet auch eine Gefahr für die öffentliche Sicherheit i. S. von § 89 Abs. 1 BremLBO. Bei einem Brand in einem Wohngebäude drohen erhebliche Rechtsgutverletzungen. § 17 Abs. 4 BremLBO formuliert Anforderungen, die insoweit den Schutz von Leib und Leben der Hausbewohner dienen. Durch die Forderung nach einem zweiten Rettungsweg für jede Nutzungseinheit soll verhindert werden, daß die Bewohner bei Ausbruch eines Brandes „in der Falle" sitzen. Die Vorschrift formuliert einen normativen Sicherheitsstandard, bei dessen Unterschreitung eine Gefahr i.S von § 89 Abs. 1 BremLBO anzunehmen ist. Die Nichteinhaltung geänderter Brandschutzvorschriften kann die für ein bauordnungsrechtliches Anpassungsverlangen erforderliche konkrete Gefahr im Einzelfall indizieren (vgl. dazu Reichel/Schulte, Handbuch des Bauordnungsrechts, 2004, Kap. 15 Rdnr. 98).

(2) Das ändert jedoch nichts daran, daß ein Einschreiten nach § 89 Abs. 1 BremLBO im Ermessen der Behörde steht. Ein Anpassungsverlangen erfordert eine Ermessensentscheidung, bei der neben den für die Anpassung sprechenden Gründen auch die Kosten und andere aus der Sicht des Bauherrn gegen die Anpassung sprechenden Gründe zu berücksichtigen sind. Die Abwägung kann insbesondere das Auswahlermessen berühren und dazu führen, daß aus Gründen der Verhältnismäßigkeit auch weniger kostenträchtige Lösungen, die nicht dem Maßnahmeniveau des neuen Rechts entsprechen, in Betracht zu ziehen sind. Voraussetzung ist allerdings, daß sie als funktionell gleichwertig angesehen werden können.

Im vorliegenden Fall verlangt die Behörde die Herstellung einer Außentreppenanlage, d. h. die Herstellung einer notwendigen Treppe i. S. von § 35 Abs. 1 BremLBO. Die Forderung entspricht dem Maßnahmeniveau des neuen Rechts. Nach derzeitigem Sachstand kann nicht überblickt werden, ob dies Verlangen verhältnismäßig ist. Irgendwelche Überlegungen zu den voraussichtlichen Kosten der Maßnahme finden sich in der angefochtenen Verfügung nicht; sie lassen sich auch sonst nicht der Akte entnehmen. Die Antragstellerin hat die Kosten mit rund 20 000,- € angegeben, diese Angabe, die überhöht erscheint, aber nicht spezifiziert. Der Punkt bedarf weiterer Aufklärung, da ein Anpassungsverlangen nach § 89 Abs. 1 BremLBO voraussetzt, daß die Behörde sich zumindest ein grobes Bild von den voraussichtlichen Kosten der in Rede stehenden Maßnahme macht. Sollten diese Kosten unverhältnismäßig sein, wäre zu prüfen, ob das Ziel, einen zweiten Rettungsweg zu schaffen, auch durch weniger aufwendige Mittel erreicht werden kann. Der Frage etwaiger Alternativen ist bislang nicht nachgegangen worden.

Das laufende Widerspruchsverfahren bietet eine Gelegenheit, die noch ausstehende Prüfung nachzuholen. Auf diese Weise kann auch der hier gegebene Verstoß gegen das Anhörungsgebot (§ 28 Abs. 1 BremVwVfG) kompensiert werden. Für die Dauer des Widerspruchsverfahren überwiegt das Interesse der Antragstellerin an der Wiederherstellung der aufschiebenden Wirkung ihres Widerspruchs. Dabei hat die Antragsgegnerin es in der Hand, durch ein zügiges Betreiben dieses Verfahrens die vorhandene Gefahrenquelle abzustellen. Die bislang äußerst zögerliche Verfahrensführung von Seiten der Antragsgegnerin gibt Anlaß, auf diesen Punkt ausdrücklich hinzuweisen.

Nr. 154

1. **Werden nach § 83 Abs. 3 HBauO aus Anlaß einer wesentlichen Änderung eines Gebäudes Anpassungen zur Verbesserung der Feuersicherheit in den von der Änderung nicht betroffenen Gebäudeteilen gefordert, die mit einem Aufwand von etwa 10% der Kosten des Änderungsvorhabens verbunden sind, verursacht dies noch keine unzumutbaren Mehrkosten.**

2. **§ 83 Abs. 3 HBauO ermöglicht Forderungen der Bauaufsichtsbehörde nur gegenüber der Bauherrin/dem Bauherrn des Änderungsvorhabens. Grundeigentümer oder andere über das Gebäude verfügungsberechtigte Personen (§ 83 Abs. 1 HBauO), die nicht zugleich Bauherren sind, trifft eine Duldungspflicht.**

HBauO § 83 Abs. 3.

Hamburgisches OVG, Urteil vom 16. Juni 2004 – 2 Bf 182/02 – (rechtskräftig).

Die Kläger wenden sich dagegen, daß ihnen im Zusammenhang mit dem Ausbau der rechten Dachgeschoßhälfte eines nicht ausschließlich in ihrem Eigentum stehenden Mehrfamilienhauses aufgegeben wurde, die Wohnungseingangstüren des gesamten Treppenraumes als rauchdichte Türen, die Keller- und Dachbodentüren als sog. T-30-Türen und die Wände feuerbeständig herzustellen.

Die Kläger sind Miteigentümer des 743 m² großen Flurstücks. Dieses Grundstück wurde mit seinem 1908 genehmigten und im Jugendstil mit sechs Geschossen (einschließlich Dachgeschoß) errichteten Wohnhaus mit notarieller Teilungserklärung nach § 8 WEG im April 1989 in Wohnungs- und Teileigentum aufgeteilt. Gegenwärtig sind in diesem Gebäude zwölf Wohneinheiten vorhanden.

Aus den Gründen:

I. 1. Die die Wohnungseingangs- und Kellertüren betreffenden Regelungen finden in § 83 Abs. 3 HBauO eine ausreichende Rechtsgrundlage. Danach kann bei wesentlicher Änderung baulicher Anlagen gefordert werden, daß auch die von der Änderung nicht berührten Teile der baulichen Anlage mit der Hamburgischen Bauordnung oder den auf Grund dieser erlassenen Vorschriften in Einklang gebracht werden, wenn dies keine unzumutbaren Mehrkosten verursacht. Diese Voraussetzungen liegen hier vor:

a) Bei den genannten Wohnungseingangs- und Kellertüren handelt es sich um „von der Änderung nicht berührte Teile der baulichen Anlage". Dies hat der Senat bereits in dem dem vorliegenden Verfahren vorausgehenden Verfahren ausgesprochen (Urteil v. 24.9.1998, HmbJVBl 1999, 45, 46). Hieran ist festzuhalten. ...

b) Entgegen den Ausführungen der Kläger zu 1 und 2 hat der Senat in dem genannten Urteil (a. a. O., S. 48) auch entschieden, daß es sich bei dem Dachgeschoßausbau um eine wesentliche Änderung einer baulichen Anlage handelt. Soweit hiergegen eingewandt wird, daß mit der durch den Ausbau erfolgten Erweiterung der Gesamtwohnfläche um 8,25 v. H. keine wesentliche Änderung der abstrakten Gefahr verbunden sei, kommt es hierauf nicht an. Nicht die Änderung der abstrakten Gefahr, sondern die Änderung der baulichen Anlage als solche ist maßgeblich. Hierbei fallen alle Änderungen baulicher Anlagen unter diese Regelung, mit Ausnahme von unwesentlichen Änderungen, die für sich genommen für die übrigen Teile der baulichen Anlage nicht bedeutsam sind, weil sie keinen Einfluß auf bauordnungsrechtliche Anforderungen haben. Daher kann es nicht zweifelhaft sein, daß die Herstellung einer zusätzlichen Wohnung in einem vorhandenen Gebäude – wie hier – eine wesentliche Änderung einer baulichen Anlage i. S. des §83 Abs. 3 HBauO darstellt.

c) Die angefochtenen Regelungen hinsichtlich der Wohnungseingangs- und Kellertüren sind auf die Anpassung der vorhandenen baulichen Anlage an die derzeitigen baurechtlichen Vorschriften gerichtet. Insoweit genügt der Treppenraum des Gebäudes der Kläger – was weder bestritten wird, noch ernstlich zweifelhaft ist – nicht den Anforderungen der §§29 Abs. 4, 32 Abs. 2 HBauO. Hierbei ist es unerheblich, daß mit den angeordneten Maßnahmen den Vorschriften nicht vollständig entsprochen wird (Urteil des Senats, a. a. O., S. 48). Denn §83 Abs. 3 HBauO rechtfertigt es, auch solche Veränderungen an baulichen Anlagen zu fordern, mit denen den heute geltenden Anforderungen an bauliche Anlagen und den damit verfolgten Zwecken (nur) besser entsprochen wird als durch den bestehenden Zustand. So liegt es ersichtlich hier.

d) Die von der Beklagten angeordneten Maßnahmen verursachen keine unzumutbaren Mehrkosten. Auch dies hat der Senat bereits in dem vorgenannten Urteil ausgeführt, ohne daß zum damaligen Zeitpunkt die konkreten Kosten beziffert worden waren. Hieran ist festzuhalten. Denn Zweifel ergeben sich weder aus den Ausführungen der Beklagten noch der Kläger. Die Beklagte hat in ihrem Widerspruchsbescheid die Kosten für den Dachgeschoßausbau mit 350000,– bis 400000,– DM und die für die angeordneten Maßnahmen mit 40000,– DM angenommen. Dabei hat sie sich auf ihre Erfahrungen mit dem Ausbau von Dachgeschossen in dem Gebiet bezogen, in dem das Gebäude steht. Die Relation dieser Beträge i. H. v. etwa 10 v. H. hält sich noch im Umfang zumutbarer Mehrkosten, zumal die Maßnahmen der Verbesserung der Feuersicherheit dienen. Die Kläger zu 1 und 2 haben gegen die von der Beklagten genannten Beträge allein eingewandt, daß die Kosten für die geforderten Maßnahmen ein „Vielfaches" betragen würden. Obwohl spätestens das Widerspruchsverfahren hierzu hinreichend Anlaß geboten hatte, haben die Kläger zu 1 und 2 weder die tatsächlich für den durchgeführten Ausbau des Dachgeschosses aufgewandten Kosten, die nur ihnen bekannt sind, mitgeteilt, noch substantiiert dargelegt, weshalb die Angaben der Beklagten hinsichtlich der Kosten für die angeordneten Maßnahmen unzutreffend sein könnten. Es war daher nicht zu beanstanden, daß die Beklagte eine erfahrungsgestützte Schätzung vorgenommen hat. Auf die heute aufzuwendenden Kosten käme es ohnehin nicht unmittelbar an, weil dann allgemeine Preissteigerungen das Verhältnis zwischen den Ausbaukosten und dem Aufwand für die geforderten Anpassungen verzerren würden.

e) Es unterliegt keinen Bedenken, daß die Beklagte ihren angegriffenen Bescheid an die Kläger zu 1 und 2 gerichtet hat.

Aus § 83 Abs. 3 HBauO ergibt sich nicht unmittelbar, wem gegenüber ein auf diese Vorschrift gestützter Bescheid erlassen werden darf. Entgegen der Ansicht der Kläger zu 1 und 2 bestimmt sich der Adressat nicht nach § 83 Abs. 1 Satz 1 HBauO (so allerdings Alexejew/Haase/Großmann, Hamburgisches Bauordnungsrecht, Stand: September 2003, § 83 Rdnr. 37 i. V. m. 26 f.). Danach hat der Grundstückseigentümer oder die über die bauliche Anlage verfügungsberechtigte Person alle baulichen Anlagen in standsicherem und gesundheitlich einwandfreien Zustand zu erhalten. Zwischen den Abs. 1 und 3 des § 83 HBauO besteht jedoch weder eine ausdrückliche noch eine inhaltliche Verbindung.

Vielmehr legt die in § 83 Abs. 3 HBauO in Bezug genommene „wesentliche Änderung" nahe, daß der für die Änderung Verantwortliche – mithin der Bauherr – auch der Adressat der Regelung sein soll. Dafür spricht vor allem auch, daß diese Vorschrift auf die Unzumutbarkeit der Mehrkosten abstellt. Damit wird an ein Verhältnis zu den für die Änderung der baulichen Anlage aufgewandten Kosten angeknüpft, die aber nur bei dem Bauherrn anfallen.

Die Kläger zu 1 und 2 waren ausweislich des 1992 bei der Beklagten für den Ausbau des Dachgeschosses eingegangenen Bauantrages Bauherren i. S. des § 54 Abs. 1 HBauO. Ein Anhaltspunkt dafür, daß die Kläger zu 1 und 2 diese Eigenschaft nach § 54 Abs. 4 HBauO wieder verloren haben könnten, ist weder vorgetragen worden noch sonst ersichtlich.

f) Die Beklagte hat das von ihr erkannte Ermessen hinsichtlich der Kläger zu 1 und 2 nicht fehlerhaft ausgeübt. Die erkennbaren wesentlichen Gesichtspunkte wurden von ihr ausweislich des Widerspruchsbescheides in die Abwägung eingestellt. Dabei hat sie die Brandschutzinteressen angemessen berücksichtigt, indem sie sowohl Erwägungen zu den Wohnungseingangs- als auch den Kellertüren vorgenommen hat. Hinsichtlich der Wohnungseingangstüren hat sie es als sachgerecht angesehen, deren Feuerwiderstandsfähigkeit von 2 bis 3 Minuten auf 15 Minuten zu erhöhen. Anhaltspunkte dafür, daß diese Zeiträume nicht den tatsächlichen Gegebenheiten entsprechen, sind weder vorgetragen worden noch sonst ersichtlich. Vielmehr zeigt die Anlage 6 zur Technischen Baubestimmung – Brandschutz – vom 22. 10. 1970 (Amt. Anz. 1971, 33, 66), daß diese Annahme hinsichtlich der nunmehr erzielten Feuerwiderstandsfähigkeit von 15 Minuten zutreffen dürfte. Die Beklagte hat auch den Gesichtspunkt der durch die Maßnahmen verursachten Änderung der Gestaltung des Treppenraumes berücksichtigt. Dabei hat sie die Möglichkeit einbezogen, daß diese Gestaltung dann nur geringfügig beeinträchtigt würde, wenn die Maßnahmen an den Innenseiten der Wohnungseingangstüren durchgeführt würden. Entgegen der Ansicht der Kläger zu 1 und 2 ist dies nicht von vornherein tatsächlich oder rechtlich ausgeschlossen. Sollten sich die anderen Wohnungseigentümer – wofür bisher nichts ersichtlich ist – tatsächlich weigern, solche Maßnahmen zu dulden, kommt der Erlaß einer Duldungsanordnung – wie die Beklagte zutreffend vorgetragen hat – in Betracht. Die Notwendigkeit einer Duldungsanordnung berührt die Rechtmäßigkeit eines Bescheides nicht, sondern dessen Vollziehung und kann auch nachträglich erlassen werden (Urteil des Senats v. 6. 4. 1995 – Bf II 29/93 –, m. w. N.).

Zu Unrecht meinen die Kläger zu 1 und 2, daß es an einer Duldungspflicht ihrer Miteigentümer fehle. Wenn auch nur der Bauherr aus § 83 Abs. 3 HBauO zur Ausführung der aufgegebenen Anpassung verpflichtet ist, kann das Gesetz nur dahin verstanden werden, daß es von einer materiellen Duldungspflicht eines mit dem Bauherrn nicht identischen Grundstückseigentümers für den Fall ausgeht, daß dieser die Ausführung des eigentlichen Vorhabens zuläßt. Im Fall einer Mehrheit von Eigentümern besteht diese Duldungspflicht für alle Miteigentümer.

Entgegen der Auffassung des Verwaltungsgerichts liegt kein Ermessensfehler darin begründet, daß die Beklagte es unterlassen hat, Ermessenserwägungen darüber anzustellen, ob auch gegenüber den anderen Wohnungseigentümern des Gebäudes ein entsprechender Bescheid unter Gesichtspunkten der Nutzen- und Kostenverteilung zu erlassen sei. Wie oben bereits dargestellt, bietet hierzu § 83 Abs. 3 HBauO keine hinreichende Ermächtigungsgrundlage, weil sich diese Vorschrift nur gegen den jeweiligen Bauherrn richtet.

2) Soweit der Ergänzungsbescheid Nr. 3 unter Nr. 2 Satz 2 gegenüber den Klägern zu 1 und 2 eine Regelung enthält, ist diese rechtswidrig, belastend und selbständig aufhebbar. Dort heißt es: „Die Wände müssen feuerbeständig hergestellt werden (§ 29 Abs. 4 i. V. m. § 83 Abs. 3 HBauO)."

Nach den in der mündlichen Verhandlung abgegebenen Erklärungen der Beklagten sollte mit diesem Zusatz sichergestellt werden, daß nicht die eventuelle Beschaffenheit einer Wand als leicht brennbare Holzwand es nutzlos macht, eine in der Wand bestehende Tür feuerbeständiger zu machen. Dies war auf eine Erweiterung der Anpassungsmaßnahme gerichtet und erläutert nicht lediglich den sich aus den vorhergehenden Sätzen schon ergebenden Umfang.

Es kann dahingestellt bleiben, ob diese Regelung durch die Erklärung der Beklagten in der mündlichen Verhandlung vor dem Senat zugleich eine inhaltlich hinreichende Bestimmtheit erlangt hat und ob im konkreten Fall solche Holzwände vorhanden waren, was allerdings nach den Angaben der Klägerin zu 1 in der mündlichen Verhandlung nicht der Fall ist. Denn die Voraussetzungen des § 83 Abs. 3 HBauO liegen jedenfalls nicht vor. Diese Vorschrift setzt – wie erwähnt – voraus, daß „bei wesentlicher Änderung einer baulichen Anlage" Maßnahmen angeordnet werden können. So liegt es hier deshalb nicht, weil es sich um eine nachträgliche (neue) Regelung handelt. Im Baugenehmigungsbescheid von 1992 war – im Gegensatz zu den anderen im vorliegenden Verfahren angegriffenen Regelungen – eine solche Bestimmung nicht vorhanden. §83 Abs. 3 HBauO bietet auf Grund der Formulierung „bei" keine Rechtsgrundlage dafür, noch rund 6 $^1/_2$ Jahre nach Erlaß der Baugenehmigung eine Maßnahme anzuordnen. Aus dieser Formulierung der Vorschrift läßt sich der Zweck entnehmen, das Vertrauen eines Bauherrn auf einen mit der Baugenehmigung verbundenen bestimmten Inhalt jedenfalls grundsätzlich zu schützen. Für einen Bauherrn ist es bei der Frage, ob er eine Baugenehmigung ausnutzen will, von grundlegender Bedeutung, ob er sich jedenfalls in einem gewissen Rahmen darauf verlassen kann, daß keine – seine Entscheidung möglicherweise ändernden – späteren Nachforderungen an ihn gestellt werden. Denn nach Ausnutzung der Baugenehmigung kann er Nachforderungen nicht mehr durch den Verzicht auf die Ausnutzung der Baugenehmigung ausweichen. Daß im Rahmen der Erteilung einer Baugenehmigung der Gesichtspunkt des Vertrauensschutzes ein Rolle spielt, zeigt ebenfalls die Vorschrift des §69 Abs. 3 HBauO, wonach (nur) bei nicht vorausgesehenen Gefahren und unzumutbaren Belästigungen auch nach Erteilung der Baugenehmigung noch Anforderungen gestellt werden können.

II. Der gegenüber dem Kläger zu 3 erlassene Ergänzungsbescheid von 1999 ist i. S. des §113 Abs. 1 Satz 1 VwGO rechtswidrig und verletzt den Kläger zu 3 in seinen Rechten.

Der Kläger zu 3 ist nicht Adressat des §83 Abs. 3 HBauO. Wie oben bereits ausgeführt, richtet sich diese Vorschrift gegen den Bauherrn. Dies war der Kläger zu 3 weder ursprünglich, noch ist er dies während der Ausführung des Bauvorhabens nach §54 Abs. 4 HBauO geworden. Hierbei kann dahingestellt bleiben, ob sich der Schlußabnahmeschein ausdrücklich nicht auf die vorliegend in Rede stehenden Maßnahmen bezieht. Selbst wenn dies so wäre, würde sich nichts daran ändern, daß die im Ausbau der rechten Hälfte des Dachgeschosses liegende Änderung der baulichen Anlage abgeschlossen und auch schlußabgenommen ist. Die hier geforderte Anpassung war nicht Teil des Vorhabens, sondern durfte nur aus seinem Anlaß auferlegt werden. Wenn sie nicht verwirklicht wurde, ändert dies nichts daran, daß die Maßnahme, für die ein Bauherrenwechsel in Betracht gekommen wäre, abgeschlossen war.

Zu Unrecht vertritt die Beklagte die Ansicht, daß der Kläger zu 3 deshalb zutreffend in Anspruch genommen worden sei, weil er nach §69 Abs. 2 Satz 2 HBauO Rechtsnachfolger des Bauherrn geworden sei. Nach dieser Vorschrift gelten Genehmigungen für und gegen den Rechtsnachfolger des Bauherrn.

Durch §69 Abs. 2 Satz 2 HBauO wird nicht der Rechtsnachfolger des Bauherrn als Bauherr fingiert. Vielmehr werden dem Rechtsnachfolger nur die aus der Genehmigung für das Vorhaben folgenden Rechte und Pflichten auferlegt. Dies gilt zwar auch für Nebenbestimmungen zur Baugenehmigung i. S. von §69 Abs. 2 Satz 1 HBauO. Bei den Anordnungen nach §83 Abs. 3 HBauO handelt es sich jedoch gerade nicht um solche. Die in §69 Abs. 2 Satz 2 HBauO in Bezug genommene Genehmigung knüpft an die Errichtung oder

Änderung einer baulichen Anlage und die dazu erteilten Nebenbestimmungen an, während §83 Abs. 3 HBauO eine Regelung für die von der Änderung nicht berührten Teile der baulichen Anlage trifft. Insoweit hat diese Regelung nicht die Genehmigung oder Genehmigungsfähigkeit des geänderten Teils der baulichen Anlage im Blick, sondern erfolgt nur anläßlich dieser Änderung. Deshalb gebietet auch der Zweck des Gesetzes nicht, einem auf §83 Abs. 3 HBauO gestützten Anpassungsverlangen nach §69 Abs. 2 Satz 2 HBauO dingliche Wirkung beizumessen.

II. Garagen und Einstellplätze

Nr. 155

Eine aus der tatsächlichen Bebauung zu erschließende Bauweise, die Grenzanbau ermöglicht, kann nicht durch Nebengebäude oder Garagen vorgegeben werden.

BauGB §34 Abs. 1; BauNVO §22; BayBO Art. 6 Abs. 1 Satz 2, Art. 7 Abs. 4.

Bayerischer VGH, Beschluß vom 23. April 2004 – 20 B 03.3002 – (rechtskräftig).

(VG Regensburg)

Der Kläger wendet sich gegen einen Widerspruchsbescheid, mit dem auf den Widerspruch der Beigeladenen hin eine ihm erteilte Baugenehmigung des Landratsamts vom September 2002 aufgehoben wurde. Der Kläger will auf dem Grundstück an der Grenze zum östlichen Nachbargrundstück der Beigeladenen eine Garage mit einer Grundfläche von 15 m x 7 m errichten. Südlich an die geplante Garage schließt sich ein bestehendes Gebäude mit geringem Grenzabstand an, so daß die gesamte Grenzbebauung bzw. grenznahe Bebauung eine Gesamtlänge an der Grenze von etwa 28 m bis 29 m aufweisen wird.

Beide Grundstücke liegen im unbeplanten Innenbereich. Auf ihnen und in der näheren Umgebung befindet sich zahlreiche Grenzbebauung, die ausweislich des amtlichen Lageplans überwiegend von Nebengebäuden gebildet wird.

Aus den Gründen:
Die Begrenzung der Länge einer zulässigen Grenzbebauung auf 8 m (Art. 7 Abs. 4 Satz 2 BayBO) wird schon durch das streitgegenständliche Gebäude bei weitem überschritten; dies gilt noch mehr bei Einbeziehung der südlich anschließenden grenznahen Bebauung.

Entgegen der Ansicht des Verwaltungsgerichts entfällt eine Abstandsfläche auch nicht deshalb, weil nach planungsrechtlichen Vorschriften an die Grenze gebaut werden darf (Art. 6 Abs. 1 Satz 2 BayBO). Denkbar wäre dies nur, wenn sich aus dem Rahmen der näheren Umgebung (§34 Abs. 1 BauGB) eine Bauweise mit Grenzbebauung – insbesondere geschlossene oder halboffene Bauweise, §22 Abs. 3, 4 BauNVO – als notwendig oder zumindest möglich ableiten ließe. Dies ist nicht der Fall, ohne daß es darauf ankäme, welche Rechtsfolgen sich aus der hier offenbar gegebenen Regellosigkeit der Bebauung ergeben. Denn in jedem Fall kann eine Bauweise i. S. von §22 BauNVO nur durch Hauptgebäude, nicht aber durch Nebengebäude oder Garagen in der tatsächlichen Bebauung vorgegeben werden. Im vorliegenden Fall kommen für eine solche Vorgabe aber eben nur Nebengebäude und Garagen in Betracht; die allgemeinere Frage, ob für solche Gebäude §22 BauNVO schlechthin nicht gilt und sich deshalb Nebengebäude auch nicht auf eine von Hauptgebäuden vorgegebene Grenzbebauung berufen können, stellt sich daher nicht. Außerhalb von §22 BauNVO kommt eine Grenzbebauung nach §34 Abs. 1 Satz 1 BayBO nicht in Betracht, da sich das Einfügungsgebot nur auf die dort genannten Kriterien – hier die Bauweise – stützen kann und nicht ganz allgemein gilt (Hofherr, in: Berliner Kommentar zum BauGB, §34 Rdnr. 21 m. w. N.).

Für die Nichtanwendbarkeit des §22 BauNVO auf Nebengebäude und Garagen (so König, BauNVO, §22 Rdnr. 6b; Bielenberg, in: Ernst/Zinkahn/Bielenberg, BauNVO, §22 Rdnr. 10; beide verneinend auch im Sinne der erwähnten allgemeinen Frage) spricht schon vom Wortlaut der Verordnung her die zentrale Stellung, die der Begriff „Haus" dort einnimmt (§22 Abs. 2 BauNVO). „Hausgruppe" bedeutet beispielsweise Reihenhäuser, aber nicht Reihengaragen; das muß für die übrigen Bauweisen entsprechend gelten. Außerdem bestehen für die örtliche Situierung dieser Anlagen besondere planungsrechtliche Vorschriften in §23 Abs. 5 BauNVO i. V. m. §14 BauNVO und i. V. m. den Vorschriften des Abstandsflächenrechts. Zu diesen gesetzessystematischen Gründen kommt hinzu, daß der Verordnungsgeber auch von der Sache her eine Vorgabe von Grenzbebauung durch Nebengebäude nicht allgemein gewollt haben kann; stellen doch mit Nebengebäuden „vollgestellte" Grundstücksgrenzen keine sinnvolle städtebauliche Struktur dar. Vorbehaltlich abweichender Regelungen eines Bebauungsplanes muß es deshalb dabei bleiben, daß Nebengebäude und Garagen nur nach Maßgabe von Art. 7 Abs. 4 BayBO an der Grenze errichtet werden dürfen. ...

Was die Einzelheiten angeht, hat die Regierung angenommen, die Hauptgebäude stünden überwiegend mittig auf den jeweiligen Grundstücken. Nach dem Lageplan ist diese Feststellung dadurch zu ergänzen, daß die durch Signatur besonders ausgewiesenen Hauptgebäude zwar zum Teil in der Tat auch an Grundstücksgrenzen stehen, daß es sich dabei aber überwiegend um vorbeiführende Wege handelt. Nur ganz vereinzelt sind Hauptgebäude auch sonst an der Grenze oder mit nur sehr geringem Grenzabstand errichtet. Diese Beispiele sind erstens angesichts der zahlreichen Umgebungsbebauung zu wenig zahlreich und zweitens vor allem angesichts der völlig atypischen Grundstücksausnutzung auf Fl.Nr. 12 zu wenig prägend, um einen auch nur möglichen Rahmen für die Bauweise bilden zu können. Grenzständige oder grenznahe Bebauung findet sich in der Umgebung in zahlreicherer Form, und zwar sogar in ungewöhnlich zahlreicher Form, nur bei Nebengebäuden. Dies stellt, wie bereits angedeutet, einen städtebaulichen Mißstand dar; wenn die zuständige Gemeinde, wie die Beigeladenen behaupten, eine Fortsetzung dieser „Bauweise" nicht wünscht, ist dem beizupflichten.

Nr. 156

Enthält die Baugenehmigung eine Nebenbestimmung des Inhalts, bei Nutzungsaufnahme müsse eine Stellplatzablöse entrichtet werden, bleibt die Bauherreneigenschaft bis zu deren Zahlung bestehen und geht auch insoweit auf den Rechtsnachfolger über, der somit zahlungspflichtig wird.

LBauO-MV §§48, 72 Abs. 2.

OVG Mecklenburg-Vorpommern, Urteil vom 25. November 2004
– 3 L 218/03 – (rechtskräftig).

Nr. 156

Die Beteiligten streiten um die Zahlungspflicht der Kläger für die Ablösung der Stellplatzpflicht für zwei für das Grundstück in Ro. zu errichtende Stellplätze.

Die Kläger kauften dieses Grundstück 1998 vom Gesamtvollstreckungsverwalter über das Vermögen des verstorbenen Herrn X. Dieser hatte 1995 einen Bauantrag gestellt und beantragt, für zwei zu errichtende Stellplätze die Stellplatzpflicht abzulösen. Der Beklagte erteilte 1996 die Baugenehmigung zur Errichtung eines Zweifamilienhauses. Sie enthält folgende Nebenbestimmung:

„11. Da die Herstellung von zwei notwendigen Stellplätzen auf eigenem Grundstück bzw. auf öffentlichrechtlich gesichertem Grundstück nicht möglich ist, wird gemäß §48 Abs. 6 LBauO M-V verlangt, daß entsprechend dem ... bestätigten Antrag auf Ablösung der Stellplatzverpflichtung der durch die Stellplatzsatzung ... festgelegte Betrag von 30 000,– DM vor Nutzungsaufnahme an die Gemeinde Ro. gezahlt wird."

Nachdem das Vorhaben abgeschlossen war, forderte der Beklagte die Zahlung des Ablösebetrages i. H. v. 30 000,– DM mit Bescheid von 1997, der an Herrn X. adressiert war. Herr X. verstarb 1997. Der Bescheid konnte ihm nicht mehr zugestellt werden.

Nach dem Tode des Herrn X., über dessen Vermögen die Gesamtvollstreckung angeordnet worden war, und der Fertigstellung des Hauses, das die Kläger aus dem Vermögen des Verstorbenen erwarben, mahnte der Beklagte gegenüber den Klägern die Erfüllung verschiedener Auflagen der Baugenehmigung an. Die Kläger meinten, als Käufer nicht verpflichtet zu sein, die Auflagen zu erfüllen.

1999 erließ der Beklagte einen Bescheid über die 30 000,– DM, der an die Kläger „als Bauherren" gerichtet wurde.

Aus den Gründen:
Die Kläger sind als Rechtsnachfolger des früheren Bauherrn anzusehen und daher zu Recht herangezogen worden.

Zunächst trägt die Rechtsprechung zu denjenigen Landesrechten zur Auslegung des Landesrechts Mecklenburg-Vorpommern nichts bei, in denen ein Ablösevertrag vorgesehen ist, der zwischen dem Bauherrn und der Gemeinde abgeschlossen wird. Nach §48 Abs. 6 Satz 1 LBauO M-V verlangt nämlich die Bauordnungsbehörde den Ablösebetrag. Hierin liegt die Ermächtigung zum Erlaß eines Verwaltungsakts. Es stellt sich naturgemäß nicht die Frage, ob und inwieweit die Rechtsnachfolge in der Bauherreneigenschaft eine Ablösevereinbarung umfaßt (dazu etwa Art. 53 BayBO und dazu Gaßner/Würfel, BayBauO, Kommentar, Art. 53 Rdnr. 30).

Für die Ansicht, eine Auflage zur Zahlung einer Stellplatzablöse wirke nicht gegen den Rechtsnachfolger des Bauherrn, wird angeführt (vgl. OVG Hamburg, Urteil v. 26. 4. 1990 – Bf II 51/89 –, DÖV 1991, 32 = BauR 1991, 64 = DVBl. 1991, 220): Bauherr sei nicht der Rechtsnachfolger im Grundeigentum, sondern der frühere Bauherr, der die Genehmigung beantragt und erhalten habe. Dennoch dürfe er nicht nach einer Vorschrift wie §72 Abs. 2 LBauO M-V aus der Auflage auf Zahlung des Stellplatzausgleichsbetrages in Anspruch genommen werden. Denn diese Zahlungsauflage werde vom Begriff der Baugenehmigung nicht erfaßt. Es sei zu unterscheiden zwischen der Baugenehmigung (einschließlich Ausnahmen, Befreiungen und Bedingungen), die ein begünstigender Verwaltungsakt sei, und einer ihr beigefügten Auflage, die einen selbständig anfechtbaren, belastenden Verwaltungsakt darstelle. Die Baugenehmigung als begünstigender Verwaltungsakt sei stets in besonderer Weise grundstücks- und vorhabengebunden. Ihre begünstigende Wirkung entfalte die Baugenehmigung zunächst zugunsten des Adressaten, des

Bauherrn. Das Gesetz erstrecke diese Wirkung auf den Rechtsnachfolger des Bauherrn und alle über die Bauanlage Verfügungsberechtigten. Zweck dieser Regelung („Geltungserstreckung") sei es, auf einfache und wirksame Weise die einheitliche Geltung der Baugenehmigung für und gegen alle, die auf Grund ihrer Rechts- oder Sachherrschaft in besonderer Nähe zum Bauvorhaben oder zum fertigen Bauwerk stehen, zu gewährleisten. Ob und in welchem Umfang eine Norm wie §72 Abs. 2 LBauO M-V – unmittelbar oder analog – Auflagen umfasse, die einer Baugenehmigung beigefügt werden und selbständig anfechtbare, belastende Verwaltungsakte darstellten, bestimme der Inhalt der Auflage. Es würden nur solche Auflagen erfaßt, die die Beschaffenheit eines Bauvorhabens oder die Art seiner Nutzung regeln, d. h. ebenso grundstücks- und vorhabengebunden wie die Baugenehmigung selbst sind, und deshalb wie diese einheitlich alle, die über das Vorhaben (Bauwerk) Rechts- oder Sachherrschaft ausüben, binden sollen. Es müsse zwischen sachbezogenen und auf den Bauherrn abgestellten Leistungsverpflichtungen unterschieden werden. Die an den Bauherrn gerichtete Auflage, für notwendige Stellplätze einen Ausgleichsbetrag zu zahlen, sei nicht wie die Baugenehmigung grundstücks- und vorhabengebunden, sondern personenbezogen. Sie begründe ein Abgabenschuldverhältnis, an dem der damalige Bauherr als Abgabenschuldner beteiligt gewesen sei. Die Auflage sei ihrem Inhalt nach ein Leistungsbescheid. Mit der Bekanntgabe sei die Abgabenpflicht in der Person des Bauherrn entstanden. Ein Wechsel des Bauherrn (Eigentümer, Mieter) bringe die mit der Auflage geschaffene Zahlungspflicht nicht zum Erlöschen; ein derartiger Wechsel erschwere es dem verpflichteten Bauherrn auch nicht, die Auflage zu erfüllen. Der besondere Rechtfertigungsgrund für die „dingliche" Wirkung der Baugenehmigung – das Bedürfnis, die Rechts- oder Sachherrschaft wechselnder Bauherren oder mehrerer Verfügungsberechtigter in ein und denselben rechtlichen Rahmen wie in ein (quasi-dingliches) „Nutzungsstatut" einzubinden – lasse sich auf die Abgabenauflage nicht übertragen.

Diese Ansicht, der das Verwaltungsgericht gefolgt ist, kann für das Landesrecht Mecklenburg-Vorpommern nicht gelten.

Die Stellplatzablöse ist, betrachtet man die systematische Stellung des Abs. 6 innerhalb des § 48 LBauO M-V, ein Surrogat für die auf Grund tatsächlicher Verhältnisse nicht zumutbare oder unmögliche Herstellung der vom Gesetz vorgesehenen Stellplätze im Zusammenhang mit der Errichtung oder Änderung von baulichen Anlagen. Dies ergibt sich auch aus Sinn und Zweck der Stellplatzablöse. Die Möglichkeit der Ablöse der Stellplatzverpflichtung durch Zahlung eines Geldbetrages dient dazu, auch in den Fällen eine Baugenehmigung erteilen zu können, in denen die grundsätzlich vorgesehene Pflicht zur Schaffung von Stellplätzen aus tatsächlichen Gründen unmöglich ist (vgl. VGH München, Beschluß v. 11.3.2004 – 2 BV 02.3044 –). Ohne eine Stellplatzablösepflicht würden nach der zum Zeitpunkt der Erteilung der Baugenehmigung geltenden Fassung des § 48 LBauO M-V andernfalls Bauherren durch die Erteilung einer Baugenehmigung bevorteilt, deren Bauvorhaben aus tatsächlichen Gründen ohne die Schaffung ausreichender Stellplätze errichtet oder verändert wird (vgl. Senat, Beschluß v. 12.10.2004 – 3 M

147/03 –, abgedruckt unter Nr. 159). Die Verpflichtung, Stellplätze herzustellen, trifft den Bauherrn. Das Surrogat hierzu begründet ebenfalls eine Verpflichtung des Bauherrn. Dies kommt in der Bestimmung des §48 Abs. 6 Satz 1 LBauO M-V dadurch eindeutig zum Ausdruck, daß die Verpflichtung die Baubehörde – nicht die Gemeinde – gegenüber „dem zur Herstellung Verpflichteten" ausspricht. Dadurch wird die Verpflichtung zur Ablöse vorhabenbezogen und der „für das Vorhaben Verantwortliche", d. h. der Bauherr (siehe §54 LBauO M-V) hat sie zu leisten. Dementsprechend ist in der Baugenehmigung von 1996 die Nutzungsaufnahme von der Zahlung abhängig gemacht worden. In einer solchen Regelung ist sowohl die behördliche Ausnahmegestattung von der Pflicht, notwendige Stellplätze zu schaffen, zu sehen wie auch die damit verbundene Ablösung in Geld (vgl. Schlotterbeck, in: ders./v. Arnim/Hager, Landesbauordnung für Baden-Württemberg, 5. Aufl., §37 Rdnr. 57). Mit dieser Nebenbestimmung der Baugenehmigung wird ihr Inhalt insgesamt umschrieben. Die Nebenstimmung kann nicht getrennt werden, weil so eine rechtswidrige, jedenfalls von der zuständigen Behörde nicht gewollte Genehmigung auf den Rechtsnachfolger des Bauherrn überginge (vgl. Dietlein, Nachfolge im öffentlichen Recht, S. 284 f.)

Der Surrogationscharakter der Stellplatzablöse bedeutet somit, daß die Verpflichtung nicht von der Eigenschaft als Bauherren getrennt werden kann, weil sie mit der Baugenehmigung verbunden ist. Mit dem Erwerb des Eigentums an dem Grundstück tritt der Erwerber nach §72 Abs. 2 LBauO M-V, der für Rechtsnachfolgerinnen und Rechtsnachfolger die Geltung der Verwaltungsakte anordnet, in die Rechtsstellung des Bauherrn als Adressat der Baugenehmigung ein. Hierdurch wird ihm die rechtliche Möglichkeit verschafft, das Bauvorhaben unter Ausnutzung der Stellplatzablösung durchzuführen (vgl. BGH, Versäumnisurteil v. 14. 11. 2003 – V ZR 346/02 –, WM 2004, 898, zit. nach juris).

Der frühere Bauherr hat die Festlegung der Ablöse – sei es als untrennbarer Teil der Baugenehmigung, sei es als selbständig anfechtbare Auflage (siehe Schlotterbeck, §57 Rdnr. 59) – unanfechtbar werden lassen. An der Bestandskraft nimmt auch die Verbindung mit der Baugenehmigung teil. Da erst nach Herstellung der Anlage, d. h. durch die Nutzungsaufnahme, der Stellplatzbedarf ausgelöst werden wird (vgl. §48 Abs. 1 Satz 3 LBauO M-V), hat der Beklagte die Anforderung der Ablöse auch zu Recht an diesen Zeitpunkt gebunden.

Das bedeutet weiter, daß die Verpflichtungen des Bauherrn erst dann vollständig erfüllt sind, wenn auch die Ablöse entrichtet ist (vgl. OVG Saarlouis, Urteil v. 12. 6. 1997 – 2 R 236/85 –, AS 22, 79, 82). Ob die Nutzungsaufnahme damit baurechtlich unzulässig ist, solange nicht die Stellplatzablöse gezahlt ist, kann dahinstehen. Jedenfalls steht die Zahlung in unmittelbarem Zusammenhang mit den vorhabenbezogenen Verpflichtungen des Bauherrn, so daß sie an dem Rechte- und Pflichtenübergang nach §72 Abs. 2 LBauO M-V teilhat.

Die Kläger können auch nicht geltend machen, der Beklagte habe sich aus der Masse befriedigen lassen können, da dem Gesamtvollstreckungsverwalter durch die Veräußerung des Immobiliarvermögens des früheren Bauherrn eine Masse zur Verfügung gestanden habe. Aus dem oben Dargelegten ergibt sich, daß die Ablöseverpflichtung eine öffentlich-rechtliche Verpflichtung darstellt, die in unmittelbarem Zusammenhang mit der bauordnungsrechtlichen Zulässigkeit des Vorhabens steht. Sie begründet eine öffentlich-rechtliche (bau)ordnungsrechtliche Verpflichtung, die ursprünglich auf die Herstellung von Stellplätzen gerichtet ist und nun als Surrogat die Pflicht zur Zahlung der Ablöse auslöst. Diese Zahlungspflicht hat somit auch Teil an dem rechtlichen Schicksal der ursprünglichen öffentlich-rechtlichen (bau)ordnungsrechtlichen Verpflichtung. Eine solche öffentlich-rechtliche Verpflichtung bezieht sich auf einen Gegenstand der Konkursmasse. Sie unterliegt damit nicht den für die Gesamtvollstreckungsforderung geltenden Anforderungen der Gesamtvollstreckungsordnung (vgl. BVerwG, Urteil v. 10. 2. 1999 – 11 C 9/97 –, BVerwGE 108, 296). Nach dem oben Dargelegten geht es im vorliegenden Fall nämlich darum, daß die Kläger nunmehr in die Rechtsstellung als Bauherrn eingetreten sind, deren Gegenstand die Verpflichtung zur Zahlung der Ablöse ist.

Nr. 157

Eine Änderung von Bestimmungen über die Stellplatzabgabe kann der Bauherr nicht geltend machen, wenn sie nach Erlaß der bestandskräftig gewordenen Baugenehmigung, die die Anforderung der Ablöse als Nebenbestimmung enthält, Geltung erlangt hat. Daran ändert die spätere Anforderung der Zahlung nichts.

LBauO M-V §§ 48, 88.

OVG Mecklenburg-Vorpommern, Urteil vom 25. November 2004
– 3 L 257/00 – (rechtskräftig).

Die Beteiligten streiten um die Rechtmäßigkeit eines Bescheids des Beklagten vom 18. 2. 1997, in dem die Zahlung eines Ablösebetrags für Stellplätze i. H. v. 30 000,– DM angefordert wird.

Aus den Gründen:
Für die im Rahmen des Genehmigungsverfahrens zu beurteilende Frage, ob eine tatsächliche Herstellung von Stellplätzen, die für ein Vorhaben notwendig sind, auf dem Baugrundstück möglich ist, kommt es auf den Zeitpunkt an, zu dem die Nutzung des genehmigten Vorhabens aufgenommen werden wird. Eine zu diesem Zeitpunkt nicht absehbare spätere tatsächliche oder rechtliche Änderung der Verhältnisse, die es ermöglichen könnte, auf die Errichtung von Stellplätzen in größerem Umfang als zuvor zu verzichten, kann eine zunächst zutreffend angenommene Unmöglichkeit der Herstellung der notwendigen Stellplätze nicht beseitigen. Die geforderte – und von den Klägern akzeptierte – Ablöse räumte ein Genehmigungshindernis aus, das sonst der beantragten Genehmigung zwingend entgegenstand (zu diesem Zusammenhang VGH München, Urteil v. 11. 3. 2004 – 2 BV 02.3044 –, n.v.). Damit kann auch der festgesetzte Ablösebetrag nicht durch eine Änderung

der tatsächlichen/rechtlichen Verhältnisse nachträglich entfallen. Die Pflicht zur Herstellung erforderlicher Stellplätze und damit auch die als deren Surrogat entstehende Pflicht zur Zahlung von Ablösebeiträgen (vgl. dazu auch Senatsbeschluß v. 12.10.2004 – 3 M 147/03 –, abgedruckt unter Nr. 159) entsteht vorhabenbezogen, weil sie nach dem Zweck des Gesetzes in dem Zeitpunkt eintritt, in dem durch die Verwirklichung des Vorhabens die Inanspruchnahme von Flächen für den hierdurch ausgelösten ruhenden Verkehr möglich wird. Stellt sich bei einer auf diesen Zeitpunkt bezogenen Betrachtung die tatsächliche Herstellung endgültig als nicht möglich dar, so ist die Zahlungspflicht auch endgültig an die Stelle der Herstellungspflicht getreten. Damit stehen einerseits damit ausgeglichene Stellplätze bei künftigen Bedarfsmessungen den hergestellten gleich und können andererseits die spätere Möglichkeit zur Herstellung der Stellplätze oder der Wegfall des Bedarfs keine Ansprüche auf Rückerstattung gezahlter Ausgleichsbeiträge auslösen. Der Umstand, daß – aus welchen Gründen auch immer – die zum maßgebenden Zeitpunkt festgesetzten Ausgleichsbeiträge noch nicht beglichen gewesen sind, bevor die Änderung der tatsächlichen oder rechtlichen Verhältnisse eingetreten ist, ist für diese materielle Rechtslage ohne Bedeutung (vgl. in diesem Sinne auch OVG Hamburg, Urteil v. 12.7.2003 – 2 Bf 14/96 –, NordÖR 2004, 113, 114). ...

Der Ausgangspunkt des angefochtenen Bescheids vom 18.2.1997, wonach eine Ablöse für zwei Stellplätze zu entrichten ist, entspricht daher der Rechtslage.

Allerdings haben die Kläger im bisherigen Verfahren insoweit zwei Gesichtspunkte geltend gemacht, ohne sie im Berufungsverfahren weiter zu verfolgen.

Zum einen sei nicht sichergestellt, daß die Stellplatzablösezahlungen vorschriftsgemäß verwendet würden. Fraglich ist schon, ob dieser Gesichtspunkt einer Zahlungspflicht schon grundsätzlich nicht entgegengehalten werden kann (vgl. VGH München, Urteil v. 11.3.2004, a.a.O.). Er könnte jedenfalls erst nach Zahlung des vollständigen Betrags und nach Ablauf einer angemessenen Frist erhoben werden (vgl. VG Gera, Urteil v. 6.3.2003 – 4 K 422/02 Ge –, ThürVBl. 2003, 86; vgl. auch OVG des Saarlandes, Urteil v. 12.6.1987 – 2 R 236/85 –, AS RP-SL 22, 78). Schließlich steht diesem Einwand die Bestandskraft der Baugenehmigung entgegen.

Die Kläger haben zudem erstinstanzlich geltend gemacht, der Bescheid leide an Ermessensfehlern. Bei dem Vorhaben handele es sich um eine Anlage i.S. von §48 Abs.3 LBauO M-V, da durch die Sanierung der Objekte keine wesentliche Nutzungsänderung eingetreten sei. Nach §48 Abs.3 LBauO M-V könne der Beklagte die Herstellung von Stellplätzen bzw. deren Ablösung fordern. Grundlage für die Ermessensentscheidung sei hier, ob durch die bauliche Anlage die Sicherheit und Leichtigkeit des Verkehrs auf Grund der Art und Zahl der Kraftfahrzeuge und der ständigen Benutzung durch die Besucher beeinflußt werde. Maßgebend dürfe nicht sein, ob der Eigentümer oder Bauherr aus den alten oder neuen Bundesländern stamme. Auch mit diesem Einwand sind die Kläger schon deswegen ausgeschlossen, weil Grundlage der Forderung der Stellplatzablöse Nr. 10 der Nebenbestimmungen der bestandskräftig gewordenen Baugenehmigung ist. Auf der Grundlage dieser Baugenehmigung haben die Kläger das Vorhaben durchgeführt. Im Rahmen des Baugenehmigungsverfahrens hat der Beklagte die Entscheidung getroffen, ob und in welchem Umfang Stellplätze wegen der baulichen und Nutzungsänderungen des Vorhabens erforderlich sind. Der Beklagte hat weiterhin die Entscheidung getroffen, ob und inwieweit die notwendigen Stellplätze durch eine Abgabe abgelöst werden können. Die Kläger hätten diese Entscheidung durch einen Widerspruch und gegebenenfalls eine Klage bekämpfen müssen. Im Rahmen der Anfechtung der Anforderung der Ablöse kann dieses insoweit bestandskräftig gewordene Element der Baugenehmigung nicht mehr in Frage gestellt werden. Im übrigen bezieht sich die Ermessensentscheidung nach § 48 Abs. 6 LBauO M-V allein darauf, ob statt der Forderung der notwendigen Stellplätze die Zahlung einer Ablöse zugelassen werden kann, und nicht darauf, ob und in welchem Umfang durch eine bauliche Maßnahme erforderliche Stellplätze nachzuweisen sind. Dies folgt schon aus dem Wortlaut des § 48 Abs. 1 und 2 LBauO M-V, der die Frage notwendiger Stellplätze bei Errichtung und Änderung baulicher Anlagen regelt. In diesen Vorschriften ist eine Ermessensentscheidung nicht vorgesehen, es handelt sich um eine durch den Gesetzgeber vollständig determinierte Entscheidung.

Nr. 158

Der Ausgleichsbetrag nach § 49 Abs. 1 Satz 1 Nr. 1 der Hamburgischen Bauordnung, der als Surrogat dafür zu zahlen ist, daß notwendige Stellplätze nicht hergestellt oder nachgewiesen werden können, ist keine unzulässige Sonderabgabe und auch sonst verfassungsrechtlich unbedenklich.

GG Art. 70 Abs. 1, Art. 105; HBauO §§ 48 Abs. 1, 3 und 6, 49 Abs. 1 und 2.

Bundesverwaltungsgericht, Urteil vom 16. September 2004 – 4 C 5.03 –.

(Hamburgisches OVG)

Die Klägerin betreibt im Hause der Beigeladenen eine Augenarztpraxis in Räumen, die für Wohnzwecke genehmigt wurden. Sie beantragte nachträglich, die Nutzungsänderung zu genehmigen. Dem Antrag war ein Lageplan beigefügt, der Stellplätze innerhalb der Abstandsflächen verschiedener benachbarter Gebäude vorsah.
Mit Bescheid vom 17.12.1997 erteilte die Beklagte der Klägerin eine nachträgliche Nutzungsänderungsgenehmigung. Die erforderlichen bauordnungsrechtlichen Ausnahmen für die Herstellung von Stellplätzen in Abstandsflächen wurden teilweise versagt. Unter der Überschrift „Folgeeinrichtungen" enthielt der Bescheid u. a. folgende Festsetzungen:
„4. Folgende Kfz-Stellplätze sind erforderlich:
4.1 ... Die Anzahl der notwendigen Stellplätze auf Grund des Mehrbedarfs beträgt 2 Stellplätze.
4.2 Von den notwendigen 2 Stellplätzen ist ein Stellplatz entsprechend der Darstellung in der Vorlage Nr. 216/3 auf dem Baugrundstück herzustellen. Ein weiterer Stellplatz ist abzulösen. Dieser notwendige Stellplatz darf auf dem Grundstück oder einem Grundstück in der Nähe nicht hergestellt werden, weil gemäß § 48 Abs. 6 HBauO die

Nr. 158

öffentlichen Wege im Bereich des Grundstückes durch den Kraftfahrzeugverkehr regelmäßig zu bestimmten Zeiten überlastet sind und das Grundstück durch den öffentlichen Personennahverkehr gut erschlossen ist.
4.3 Für diesen Stellplatz ist gemäß §49 Abs. 3 HBauO i. V. m. dem Gesetz über die Höhe des Ausgleichsbetrages für Stellplätze und Fahrradplätze vom 15. 4. 1992 in der geltenden Fassung an die Freie und Hansestadt Hamburg ein Ausgleichsbetrag von 17 600,– DM sofort zu zahlen."
Die Festlegungen unter 4.2 des Bescheides orientierten sich an der fachlichen Weisung ABH-BO 4/1996 der Beklagten vom März 1996, die für das Anwesen E. L.straße ... lediglich die Herstellung von 50% der notwendigen Stellplätze auf dem Grundstück selbst oder einem Grundstück in der Nähe zuließ und eine Erfüllung der Stellplatzpflicht im übrigen durch die Zahlung von Ausgleichsbeträgen forderte.

Die Klägerin legte Widerspruch u. a. gegen die Festlegungen unter Nr. 4 des Bescheides vom Dezember 1997 ein. In diesem Zusammenhang machte sie geltend, es werde zu berücksichtigen sein, daß sie bereit und in der Lage sei, weitere vorhandene Stellplätze anzumieten. Die Beklagte habe nicht auf den Einzelfall bezogen begründet, warum von dem behaupteten Mehrbedarf nur ein Stellplatz hergestellt werden dürfe, ein weiterer aber nicht. Im übrigen sei der geforderte Ausgleichsbetrag eine verfassungsrechtlich unzulässige Sonderabgabe.

Aus den Gründen:
II. 1. Das Berufungsgericht zieht bundesrechtlich bedenkenfrei die dem irrevisiblen Landesrecht angehörende Vorschrift des §49 Abs. 1 Satz 1 Nr. 1 HBauO in der Fassung vom 27. 9. 1995 (HmbGVBl., 221) als Rechtsgrundlage für die in der Nr. 4.3 Satz 1 der Nebenbestimmungen enthaltene Verpflichtung heran, einen Ausgleichsbetrag i. H. v. 17 600,– DM zu zahlen. Nach dieser Vorschrift tritt die Zahlungspflicht ein, wenn nach §48 Abs. 3 HBauO notwendige Stellplätze nicht oder nur unter unzumutbaren Schwierigkeiten hergestellt oder nachgewiesen werden können. Unschädlich ist, daß die Verpflichtung zur Zahlung eines Ausgleichsbetrags im Bescheid vom Dezember 1997 nicht auf §49 Abs. 1 Satz 1 Nr. 1 HBauO gestützt wird, sondern auf §49 Abs. 1 Satz 1 Nr. 2 2. Alt. HBauO beruht. Danach ist ein Ausgleichsbetrag zu zahlen, wenn wegen einer Untersagung nach §48 Abs. 6 HBauO notwendige Stellplätze auf dem Grundstück oder auf einem Grundstück in der Nähe nicht hergestellt werden dürfen. Ein solches Verbot wird in der Nr. 4.2 Satz 3 der Nebenbestimmungen zur Nutzungsgenehmigung ausgesprochen. Die gegen die Auswechslung der Nrn. 1 und 2 2. Alt. gerichteten Angriffe der Klägerin gehen fehl.

Den Verwaltungsgerichten ist es nicht verwehrt, anstelle der im angefochtenen Verwaltungsakt angegebenen Rechtsgrundlage eine andere heranzuziehen. Unzulässig ist ein solches Nachschieben nur dann, wenn der Verwaltungsakt hierdurch in seinem Wesen verändert wird (vgl. BVerwG, Urteile v. 27. 1. 1982 – 8 C 12.81 –, BVerwGE 64, 356 und v. 21. 11. 1989 – 9 C 28.89 –, Buchholz 402.25 §10 AsylVfG Nr. 5; vgl. auch Beschluß v. 5. 2. 1993 – 7 B 107.92 –, Buchholz 316 §45 VwVfG Nr. 23). Dies läßt sich hier ausschließen. Inhalt der gesetzlichen Verpflichtung ist sowohl bei der Nr. 1 als auch bei der Nr. 2 2. Alt. des §49 Abs. 1 Satz 1 HBauO i. d. F. vom 27. 9. 1995 die Zahlung eines Geldbetrages. Nach dem Verständnis des Berufungsgerichts enthält die Nr. 2 2. Alt. keine Spezialregelung, die die Nr. 1 verdrängt. Den Entscheidungsgründen des Berufungsurteils ist zu entnehmen, daß beide Tatbestandsalternativen selbständig die Festsetzung eines Ausgleichsbetrages rechtfertigen.

Die gegen die Anwendung des §49 Abs. 1 Satz 1 Nr. 1 HBauO erhobenen Verfahrensrügen der Klägerin greifen nicht durch.

2. Der Senat stimmt mit dem Berufungsgericht darin überein, daß die Festsetzung eines Ausgleichsbetrages auf der Grundlage des §49 Abs. 1 Satz 1 Nr. 1 HBauO mit höherrangigem Recht vereinbar ist. Die verfassungsrechtlichen Bedenken der Klägerin teilt er nicht.

a) Die kompetenzrechtlichen Einwände schlagen nicht durch. §49 Abs. 1 Satz 1 Nr. 1 HBauO ist Teil einer Materie, die zu regeln nach §70 Abs. 1 GG den Ländern vorbehalten ist. Er kann nicht isoliert betrachtet werden. Denn er begründet eine Sekundärverpflichtung, die in einem inneren Zusammenhang mit der in §48 Abs. 1 HBauO normierten Primärpflicht steht. Unter den in dieser Vorschrift genannten Voraussetzungen sind Stellplätze herzustellen. §48 Abs. 1 HBauO knüpft diese Verpflichtung an die Verwirklichung von Bauvorhaben, „bei denen ein Zu- und Abfahrtsverkehr zu erwarten ist". §48 Abs. 3 Satz 1 HBauO stellt klar, daß notwendige Stellplätze „auf dem Grundstück oder auf einem geeigneten Grundstück in der Nähe herzustellen" sind. Diese Regelung ist ebenso wie die Vorgängerregelung des §65 HBauO a. F. dem Bauordnungsrecht und nicht dem Straßenverkehrsrecht oder dem Bodenrecht zuzurechnen (vgl. BVerwG, Urteil v. 30.8.1985 – 4 C 10.81 –, BRS 44 Nr. 114 = BauR 1985, 668 = NJW 1986, 600). Sie beruht auf der Erwägung, daß für den als Folge von Baumaßnahmen oder Nutzungsänderungen absehbaren ruhenden Kraftfahrzeugverkehr das Baugrundstück oder ein anderes geeignetes Grundstück und nicht der öffentliche Straßenraum in Anspruch genommen werden soll. Der Gesetzgeber geht davon aus, daß derjenige, der einen Ziel- oder Quellverkehr veranlaßt, dafür zu sorgen hat, daß die Fahrzeuge so abgestellt werden, daß die Sicherheit und Leichtigkeit des Straßenverkehrs nicht beeinträchtigt werden. Die öffentlichen Straßen sind vorwiegend dem fließenden Verkehr vorbehalten. Sie sind nicht dazu bestimmt, auch auf längere Dauer angelegten ruhenden Verkehr aufzunehmen (vgl. BayVerfGH, Entscheidung v. 26.3.1991 – Vf. 42-VI/90 –, NVwZ 1992, 160). Dem trägt der Gesetzgeber in §48 HBauO Rechnung. §49 Abs. 1 Satz 1 Nr. 1 HBauO knüpft an diese Regelung an. Die Verpflichtung, einen Ausgleichsbetrag zu zahlen, hat Surrogatcharakter. Sie tritt für den Fall, daß die in §48 Abs. 1 HBauO normierte Naturalverpflichtung nicht erfüllt werden kann, an die Stelle der Errichtung. Im Bescheid vom Dezember 1997 kommt dies anschaulich in der Formulierung zum Ausdruck, daß „ein weiterer Stellplatz abzulösen (ist)".

b) Auch die Finanzverfassung des Grundgesetzes steht der Heranziehung zu einem Ausgleichsbetrag nicht entgegen.

Die auf §49 Abs. 1 Satz 1 Nr. 1 HBauO beruhende Verpflichtung zur Zahlung eines Ausgleichsbetrages ist nach dem vom Berufungsgericht zugrunde gelegten Verständnis dieser Rechtsgrundlage nicht anhand der Maßstäbe zu beurteilen, die nach der Rechtsprechung des Bundesverfassungsgerichts an eine Sonderabgabe mit Finanzierungsfunktion anzulegen sind. Ein derartiger Ausgleichsbetrag gefährdet nicht die Ordnungsfunktion der Finanzverfassung, da er nicht in Konkurrenz zu einer Steuer tritt. Der hamburgische Gesetzgeber hat von der Sachgesetzgebungskompetenz, die ihm im Bereich des Bauordnungsrechts zusteht, nicht in einer Weise Gebrauch gemacht, die dem finanzverfassungsrechtlichen System zuwiderläuft. Dieser Befund rechtfertigt es entgegen der Auffassung des Berufungsgerichts zwar nicht, dem Ausgleichsbetrag den Charakter einer Sonderabgabe im finanzverfassungsrechtlichen Sinne abzusprechen, gestattet es aber, das Anforderungsniveau abzusenken, das unter finanzverfassungsrechtlichen Gesichtspunkten zu wahren ist.

Das Grundgesetz schließt die Erhebung nichtsteuerlicher Abgaben nicht von vornherein aus, da es keinen abschließenden Kanon zulässiger Abgabentypen enthält. Trotz dieser Offenheit läßt sich nicht von der Hand weisen, daß die grundgesetzliche Finanzverfassung ihren Sinn und ihre Funktion verlöre, wenn unter Umgehung der finanzverfassungsrechtlichen Verteilungsregeln beliebig nichtsteuerliche Abgaben begründet werden könnten. Besonders strengen Zulässigkeitsvoraussetzungen unterwirft das Bundesverfassungsgericht Sonderabgaben, die ähnlich belastend wie Steuern wirken. Hierzu gehören Sonderabgaben, die Finanzierungszwecken dienen. Von Abgaben dieses Typs darf der Gesetzgeber nur zur Erreichung eines Sachzwecks Gebrauch machen, der über die Mittelbeschaffung als solche hinausgeht. Zu den weiteren Erfordernissen gehört, unabhängig davon, ob die Finanzierung als Haupt- oder Nebenzweck eine Rolle spielt, daß mit der Abgabe nur eine homogene Gruppe belegt werden darf, die in einer spezifischen Beziehung zu dem mit der Abgabenerhebung verfolgten Zweck steht. Hinzu kommen muß ferner, daß das Abgabenaufkommen gruppennützig verwendet wird (vgl. BVerfG, Urteil v. 10.12.1980 – 2 BvF 3/77 –, BVerfGE 55, 274, 305; Beschlüsse v. 8.4.1987 – 2 BvR 909/82 u.a. –, BVerfGE 75, 108, 147f.; v. 31.5.1990 – 2 BvL 12/88 u.a. –, BVerfGE 82, 159, 178ff.; v. 11.10.1994 – 2 BvR 633/86 –, BVerfGE 91, 186, 201ff.; und v. 9.11.1999 – 2 BvL 5/95 –, BVerfGE 101, 141, 147f.). Sonderabgaben, die nicht zur Finanzierung einer bestimmten Aufgabe erhoben werden, unterliegen dagegen weniger strengen Anforderungen. Unbedenklich sind sie, unabhängig davon, ob sie im einzelnen durch ein Gegenleistungsverhältnis gekennzeichnet sind (vgl. BVerfG, Urteile v. 23.1.1990 – 1 BvL 44/86 u.a. –, BVerfGE 81, 156, 186ff., und v. 19.3.2003 – 2 BvL 9/98 u.a. –, BVerfGE 108, 1, 17; Beschlüsse v. 6.2.1979 – 2 BvL 5/76 –, BVerfGE 50, 217, 226; v. 8.6.1988 – 2 BvL 9/85 u.a. –, BVerfGE 78, 249, 267; und v. 12.10.1994 – 1 BvL 19/90 –, BVerfGE 91, 207, 223), eine Lenkungsfunktion erfüllen (vgl. BVerfG, Urteile v. 26.5.1981 – 1 BvL 56/78 u.a. –, BVerfGE 57, 139, 167f., und v. 6.11.1984 – 2 BvL 19/83 u.a. –, BVerfGE 67, 256, 277f.; Beschluß v. 24.1.1995 – 1 BvL 18/93 u.a. –, BVerfGE 92, 91, 117f.) oder einem Ausgleichszweck dienen (vgl. BVerfG, Urteil v. 6.11.1984 – 2 BvL 19/83 u.a. –, a.a.O., S.277; Beschlüsse v. 17.10.1961 – 1 BvL 5/61 –, BVerfGE 13, 167, 170, und v. 24.1.1995 – 1 BvL 18/93 u.a. –, a.a.O., 116ff.), jedenfalls dann, wenn sie drei finanzverfassungsrechtlichen Grundprinzipien entsprechen, durch die der Auferlegung nichtsteuerlicher Abgaben allgemein Grenzen gesetzt werden: (1.) Zur Wahrung der Geltungskraft der Finanzverfassung bedürfen solche Abgaben einer besonderen sachlichen Rechtfertigung. Sie müssen sich zudem ihrer Art nach von der Steuer, die voraussetzungslos auferlegt und geschuldet wird, deutlich unterscheiden. (2.) Die Erhebung einer nichtsteuerlichen Abgabe muß der Belastungsgleichheit der Abgabepflichtigen Rechnung tragen. Der Schuldner einer nichtsteuerlichen Abgabe ist regelmäßig zugleich Steuerschuldner. Schon als solcher wird er zur Finanzierung der Lasten herangezogen, die die Gemeinschaft treffen. (3.) Der Verfassungsgrundsatz der Vollständigkeit des Haushaltsplans ist berührt, wenn der Gesetzgeber Einnahmen- und Ausgabenkreisläufe außerhalb des Budgets organisiert (BVerfG, Beschlüsse v. 7.11.1995 – 2 BvR 413/88 u.a. –, BVerfGE 93, 319, 342ff., und v. 17.7.2003 – 2 BvL 1/99 u.a. –, BVerfGE 108, 186, 215ff.).

Der Senat hat den Ausgleichsbetrag nach §65 Abs.4 HBauO a.F., der unter den gleichen Voraussetzungen wie der Ausgleichsbetrag nach §49 Abs.1 Satz1 Nr.1 HBauO erhoben wurde, an den Anforderungen gemessen, die an eine Sonderabgabe mit Finanzierungsfunktion zu stellen sind und nach dem seinerzeitigen Stand der Rechtsprechung des Bundesverfassungsgerichts als zulässige nichtsteuerliche Sonderabgabe qualifiziert. Er hat die zur Zahlung verpflichteten Bauherrn als homogene gesellschaftliche Gruppe gekennzeichnet, die für die Erreichung des mit der Abgabe verfolgten Zwecks auf Grund ihrer größeren Sachnähe besondere Verantwortung trägt. Außerdem hat er dem hamburgischen Gesetzgeber bescheinigt, Vorsorge dafür getroffen zu haben, daß das Abgabenaufkommen gruppennützig verwendet wird (vgl. BVerwG, Urteil v. 30.8.1985 – 4 C 10.81 –, a.a.O.). Das Berufungsgericht ist von dieser Rechtsprechung abgerückt. Nach seiner Auffassung bedarf es nicht des Nachweises, daß die strengen Anforderungen erfüllt sind, denen nach der Rechtsprechung des Bundesverfassungsgerichts Sonderabgaben mit Finanzierungsfunktion unterliegen. Insbesondere kommt es nach seiner Einschätzung nicht darauf an, ob die Bauherren als homogene gesellschaftliche Gruppe eine besondere Verantwortung für die Erfüllung des Abgabenzwecks tragen und die Ausgleichsbeträge gruppennützig verwendet werden. Auf der Grundlage seiner Auslegung des hier maßgebenden Landesrechts erweist sich diese rechtliche Sicht als zutreffend.

Das Berufungsgericht kennzeichnet die Geldleistung, die nach §49 Abs.1 Satz1 Nr.1 HBauO zu erbringen ist, als eine Abgabe, bei der die Finanzierung der vom Gesetzgeber genannten Maßnahmen weder Haupt- noch Nebenzweck ist. Die Abgabenerhebung diene nicht der Erzielung von Einnahmen zur Deckung des Finanzbedarfs, der nach der Zweckbindungsklausel des §49 Abs.2 HBauO durch den Erwerb von Flächen sowie zur Herstellung, Unterhaltung, Grundinstandsetzung und Modernisierung von baulichen Anlagen zum Abstellen von Kraftfahrzeugen außerhalb öffentlicher Straßen und von Fahrrädern, Verbindungen zwischen Parkeinrichtungen und Haltestellen des öffentlichen Personennahverkehrs, Parkleitsystemen und anderen Einrichtungen zur Verringerung des Parksuchverkehrs sowie für sonstige Maßnahmen zugunsten des ruhenden Verkehrs sowie Einrichtungen des öffentlichen Personennahverkehrs und von öffentlichen Radverkehrsanlagen ausgelöst wird. Vielmehr vereine der Ausgleichsbetrag in sich Elemente, die es rechtfertigen, ihm neben seinem Surrogatcharakter eine Ausgleichsfunktion zuzuerkennen. Auch eine Gegenleistungskomponente sei ihm nicht fremd. Der so gekennzeichnete Ausgleichsbetrag nach §49 Abs. 1 Nr. 1 HBauO ist aus Sachgründen gerechtfertigt. Die Zahlungsverpflichtung tritt an die Stelle der durch §48 Abs. 1 HBauO begründeten Naturalverpflichtung, Stellplätze herzustellen. Nur wenn der Bauherr außer Stande ist, Beeinträchtigungen der Sicherheit und Leichtigkeit des Straßenverkehrs durch den seinem Bauvorhaben zurechenbaren ruhenden Kraftfahrzeugverkehr außerhalb des öffentlichen Straßenraums durch Vorkehrungen auf dem Baugrundstück oder auf einem Grundstück in der Nähe vorzubeugen, darf er zu einem Ausgleichsbetrag herangezogen werden. Die Geldleistungspflicht dient indes nicht lediglich dazu, die Primärpflicht abzulösen. Sie hat auch eine Ausgleichsfunktion, die sie in die Nähe herkömmlicher Ersatzgeldregelungen rückt (vgl. insoweit zur Feuerwehrabgabe BVerfG, Urteil v. 6. 11. 1984 – 2 BvL 19/83 u. a. –, a. a. O., S. 277; Beschluß v. 17. 10. 1961 – 1 BvL 5/61 –, a. a. O., S. 172; zur naturschutzrechtlichen Ausgleichsabgabe BVerwG, Urteile v. 4. 7. 1986 – 4 C 50.83 –, BVerwGE 74, 308, 309 ff. = BRS 46 Nr. 215, und v. 20. 1. 1989 – 4 C 15.87 –, BVerwGE 81, 220, 225 f. = BRS 49 Nr. 237). Sie verhindert nämlich, daß ein Bauherr, der nicht in der Lage ist, seiner Naturalpflicht zu genügen, wirtschaftlich besser dasteht als derjenige, der die für das Vorhaben notwendigen Stellplätze mit entsprechendem Kostenaufwand herstellt. Der Bauherr hat lediglich das finanzielle Opfer zu erbringen, das ihm auf Grund der gesetzlichen Stellplatzpflicht ohnehin abverlangt wird. Um den sonst unvermeidlichen Kostenverzerrungen vorzubeugen, wird mit dem Ausgleichsbetrag gleichsam die Kostenersparnis abgeschöpft. Die Abgabenhöhe orientiert sich an den Aufwendungen, die für die nicht herstellbaren Stellplätze zu leisten gewesen wären. Der Ausgleichsbetrag nach §49 Abs. 1 Satz 1 Nr. 1 HBauO enthält zudem, wenn auch nur mittelbar, ein Element der Gegenleistung. Wie der Bauherr plant, bleibt seine Sache. Von seiner Entscheidung hängt es ab, ob sein Bauvorhaben einen Stellplatzbedarf auslöst oder nicht. Kann er dem gesetzlichen Zulässigkeitserfordernis der Herstellung notwendiger Stellplätze nicht genügen, so liefe er Gefahr, mit seinen Bauplänen zu scheitern. Mit dem Mittel der Ablösung eröffnet der Gesetzgeber ihm die Möglichkeit, ein Bauvorhaben zu verwirklichen, das sonst allenfalls unter den engen Voraussetzungen der Erteilung einer Ausnahme oder Befreiung zulassungsfähig wäre.

§49 Abs. 1 Satz 1 Nr. 1 HBauO genügt auch dem Grundsatz der Belastungsgleichheit. Die Zahlungspflicht tritt an die Stelle der nicht erfüllbaren Stellplatzpflicht. Diese Pflicht aber trifft den Bauherrn, der in §54 Abs. 1 HBauO als diejenige Person definiert wird, die auf eigene Verantwortung eine bauliche Anlage vorbereitet oder ausführt oder vorbereiten oder ausführen läßt. Der innere Zusammenhang, den der Gesetzgeber durch das Surrogatverhältnis zwischen Primär- und Sekundärpflicht herstellt, würde es nicht bloß unzweckmäßig, sondern geradezu rechtlich bedenklich erscheinen lassen, den Adressatenkreis unterschiedlich zu bestimmen. Entgegen der Auffassung der Klägerin kann es nicht darauf ankommen, von wem die bauliche Anlage finanziert, verwertet oder genutzt werden soll. Hierbei handelt es sich weithin um Vorgänge, in die die Bauordnungsbehörde keinen Einblick hat. Ebenso wenig ist darauf abzustellen, ob der Bauherr Eigentümer, sonstiger dinglich Berechtigter, Pächter oder Mieter des Baugrundstücks ist. Der Gesetzgeber mißt diesen Unterscheidungen augenscheinlich nicht die Bedeutung eines Abgrenzungsmerkmals bei. Ein „bloß" obligatorisch Berechtigter, der der Bauordnungsbehörde gegenüber als Bauherr auftritt, dokumentiert durch sein Verhalten in einer einem Eigentümer vergleichbaren Weise, daß er ein eigenes Interesse an der Verwirklichung des Bauvorhabens hat, auch wenn ihm hierfür nur fremder Grund und Boden zur Verfügung steht. Wieso dem nicht die gleiche Pflichtenstellung sollte korrespondieren dürfen, ist nicht ersichtlich. Für den durch das Bauvorhaben erzeugten ruhenden Verkehr trägt ein Bauherr nicht deshalb geringere Verantwortung, weil er bloß Mieter ist.

Der Ausgleichsbetrag nach §49 Abs. 1 Satz 1 Nr. 1 HBauO wird auch im übrigen den verfassungsrechtlichen Erfordernissen gerecht, denen eine Sonderabgabe ohne Finanzierungsfunktion nach der Rechtsprechung des Bundesverfassungsgerichts genügen muß. Es ist Vorsorge dafür getroffen, daß er nicht am Haushaltsgesetzgeber vorbei erhoben und verwendet wird. Nach der Darstellung des Berufungsgerichts werden die Einnahmen im Kapitel 6500 „Verkehr" Titel 342.02 „Ausgleichsbeträge zur Erfüllung der Stellplatzverpflichtung" und die Ausgaben im Kapitel 6500 „Verkehr" Titel 863.01 „Zuschüsse und Darlehen aus Ausgleichsbeträgen für Zwecke nach §49 Abs. 2 der Hamburgischen Bauordnung" im Haushaltsplan der Beklagten ausgewiesen.

Unschädlich ist, daß die Geldmittel, die der Beklagten in Gestalt der Ausgleichsbeträge zufließen, nicht zum unmittelbaren Nutzen des jeweiligen Bauherrn verwendet werden. §49 Abs. 2 HBauO sieht zwar eine Zweckbindung vor. Die Maßnahmen, die in dieser Bestimmung aufgezählt werden, dienen aber nicht ausschließlich dazu, den vom Bauherrn nicht befriedigten Stellplatzbedarf an anderer Stelle, gar in der Nähe des Baugrundstücks, zu decken. Der Erhebung von Ausgleichsbeträgen mag ursprünglich die Konzeption zugrunde gelegen haben, in der Nachbarschaft des Baugrundstücks Stellplätze herzustellen und dem Bauherrn zur Nutzung zu überlassen. Schon unter der Geltung des §65 Abs. 4 HBauO a. F. hatte der Gesetzgeber sich indes von dieser Sichtweise gelöst. Wie aus den Gründen der Senatsentscheidung vom 30. 8. 1985 – 4 C 10.81 –, (a. a. O) zu ersehen ist, wurde der Ausgleichsbetrag „zur Schaffung von Stellplätzen 'irgendwo' im Stadtgebiet" verwendet. Nach der Neuregelung kann vollends keine Rede mehr davon sein, daß der Bauherr statt des Stellplatzes auf seinem Grundstück ein Stellplatzäquivalent an einer anderen Stelle erhält. Denn im Rahmen der in §49 Abs. 2 HBauO genannten Verwendungszwecke spielt der Gesichtspunkt des gleichartigen Ersatzes an anderem Ort nunmehr eine untergeordnete Rolle. Die in dieser Vorschrift enthaltene Aufzählung hat nach der Darstellung des Berufungsgerichts lediglich den Sinn, „einen hinreichenden Bezug zu dem Grund zu wahren", aus dem die Beträge eingenommen werden. Mit dem Maßnahmenkatalog des §49 Abs. 2 HBauO zielt der Gesetzgeber in Weiterführung des Gedankens, der der Stellplatzpflicht zugrunde liegt, darauf ab, das öffentliche

Straßenverkehrsnetz aufs Ganze betrachtet zu entlasten. Es begegnet keinen rechtlichen Bedenken, daß bei diesem Konzept offen bleibt, ob die Entlastungswirkung auch auf die Verkehrsverhältnisse in der Nähe des Baugrundstücks durchschlägt. Da der Gesetzgeber mit dem Ausgleichsbetrag keinen Finanzierungszweck verfolgt, kommt es nicht darauf an, daß die Mittel für Maßnahmen verwendet werden, die durch das Merkmal der Gruppennützigkeit gekennzeichnet sind.

c) Die Erhebung des Ausgleichsbetrages auf der Grundlage des §49 Abs. 1 Satz 1 Nr. 1 HBauO steht auch im übrigen in Einklang mit dem Grundgesetz. Der von der Klägerin geltend gemachte Verstoß gegen Art. 2 Abs. 1 und Art. 3 Abs. 1 GG liegt nicht vor.

Die Klägerin wird durch die Auferlegung einer Zahlungspflicht zwar in ihrer allgemeinen Handlungsfreiheit beeinträchtigt, der Eingriff ist jedoch gerechtfertigt, da sich §49 Abs. 1 Satz 1 Nr. 1 HBauO im Rahmen der verfassungsmäßigen Ordnung hält. Die Grenzen, die durch die kompetenz- und die finanzverfassungsrechtlichen Regelungen des Grundgesetzes gezogen werden, sind gewahrt.

Die Klägerin leitet ohne Erfolg aus einem Vergleich der in Nr. 1 und Nr. 2 2. Alt. des §49 Abs. 1 Satz 1 HBauO getroffenen Regelungen einen Verstoß gegen den Gleichbehandlungsgrundsatz her.

Nach Auffassung des Berufungsgerichts hatte die Beklagte auf der Grundlage der Gesetzesfassung vom 27. 9. 1995 ein Wahlrecht. Lagen die Tatbestandsvoraussetzungen beider Vorschriften vor, so wurde ein Bauherr, der in Anwendung der Nr. 1 zu einem Ausgleichsbetrag mit der Begründung herangezogen wurde, er sei nicht in der Lage, einen notwendigen Stellplatz herzustellen oder nachzuweisen, nach dem in §49 Abs. 1 Satz 1 HBauO verwirklichten Gesamtkonzept nicht schlechter gestellt als ein Bauherr, dem es nach §48 Abs. 6 HBauO untersagt worden war, einen Stellplatz auf dem Baugrundstück oder einem Grundstück in der Nähe herzustellen. Denn auch im Falle einer Untersagung begründete die Nr. 2 2. Alt. die Verpflichtung, einen Ausgleichsbetrag zu zahlen.

Auf diesen Gleichklang in den Rechtsfolgen abzustellen, hält die Klägerin freilich deshalb für fragwürdig, weil sie auf dem Standpunkt steht, daß es aus verfassungsrechtlichen Erwägungen unzulässig sei, für einen Stellplatz, der an sich hergestellt werden könnte, wegen einer Untersagung nach §48 Abs. 6 HBauO aber nicht hergestellt werden darf, zusätzlich noch eine Geldleistung zu fordern. Die von ihr geäußerten Bedenken lassen sich nicht ohne weiteres von der Hand weisen. Im Falle der Erhebung eines an ein Herstellungsverbot geknüpften Ausgleichsbetrages von einer „dem Bauordnungsrecht sachfremden Finanzierungsfunktion der Stellplatzablöse" zu sprechen (so Jäde, NVwZ 2003, 668, 670) mag nicht fern liegen. Der hamburgische Gesetzgeber hat der von der Klägerin aufgezeigten Problematik inzwischen dadurch Rechnung getragen, daß er die Verpflichtung, einen Ausgleichsbetrag zu zahlen, für die in §49 Abs. 1 Satz 1 Nr. 2 HBauO geregelten Tatbestände aufgehoben hat (vgl. §1 des Neunten Gesetztes zur Änderung der Hamburgischen Bauordnung v. 14. 5. 2002 – HmbGVBl., 76). Dahinstehen kann, ob dies als Akt gesetzgeberischen Ermessens zu werten ist oder verfassungsrechtlich geboten war. Der partielle Wegfall der Zahlungspflicht im Regelungssystem des §49 Abs. 1 Satz 1 HBauO läßt unter dem Blickwinkel des Gleichheitssatzes jedenfalls nicht die Schlüsse zu, die die Klägerin zieht. Die ungleiche Behandlung der von der Nr. 1 und der Nr. 2 erfaßten Sachverhalte entbehrt nicht der sachlichen Rechtfertigung.

Das Regelungskonzept, das der Nr. 1 zugrunde liegt, beruht auf der Erkenntnis, daß die Errichtung oder die Änderung einer baulichen Anlage ebenso wie eine Nutzungsänderung unter den in §48 Abs. 1 HBauO genannten Voraussetzungen geeignet ist, Zu- und Abgangsverkehr auszulösen. Insbesondere Bauherren, die eine Nutzung auf dem gewerblichen oder Dienstleistungssektor aufzunehmen oder zu erweitern beabsichtigen, haben typischerweise ein erhebliches wirtschaftliches Interesse daran, daß Kunden, Lieferanten oder andere Personen, zu denen sie Geschäftsbeziehungen unterhalten, den Betrieb oder die sonstige Stätte der Leistung nicht nur als Nutzer des öffentlichen Personennahverkehrs, sondern auch als Teilnehmer des motorisierten Straßenverkehrs erreichen können. Der Gesetzgeber trägt diesem Interesse Rechnung. Der Bauherr wird allerdings dazu angehalten, für den ihm insoweit zurechenbaren ruhenden Verkehr nicht den öffentlichen Straßenraum in Anspruch zu nehmen, sondern Stellplätze auf dem Baugrundstück oder in der Nähe bereitzustellen. Kann er diese Möglichkeit nicht nutzen, weil sich die Herstellungspflicht aus Gründen, die in seiner Risikosphäre liegen, als unerfüllbar erweist, so kommen die Erwägungen zum Tragen, die es rechtfertigen, ihm statt dessen eine Geldleistung aufzuerlegen.

Anders stellt sich demgegenüber die Interessenlage im Anwendungsbereich des §48 Abs. 6 HBauO dar. Auch ohne Heranziehung zu einem Ausgleichsbetrag erlegt der Gesetzgeber den durch diese Regelung Betroffenen ein spürbareres Opfer als den übrigen Bauherren auf. §48 Abs. 6 HBauO läßt es zu, ihnen die Herstellung von Stellplätzen mit Ausnahme des durch Wohnnutzung verursachten Stellplatzbedarfs ganz oder teilweise zu untersagen, wenn die öffentlichen Wege im Bereich der Grundstücke oder die nächsten Verkehrsknoten durch den Kraftfahrzeugverkehr ständig oder regelmäßig zu bestimmten Zeiten überlastet sind oder ihre Überlastung zu erwarten ist oder das Grundstück durch den öffentlichen Personennahverkehr gut erschlossen ist. Mit dieser Regelung setzt der Gesetzgeber sich über das sonst von ihm anerkannte Bauherreninteresse hinweg, das Baugrundstück oder ein Grundstück in der Nähe für den durch den Gewerbe- oder den Geschäftsbetrieb hervorgerufenen Zu- und Abgangsverkehr zu nutzen. Selbst wenn der Bauherr bereit und in der Lage ist, Stellplätze herzustellen, wird er hieran um der Erreichung allgemeiner verkehrspolitischer Ziele willen, die in keinem unmittelbaren Zusammenhang mit der Verwirklichung seines Bauvorhabens stehen, gehindert. Der Gesetzgeber bedient sich der Verbotsregelung des §48 Abs. 6 HBauO als Mittel, um durch eine Förderung des öffentlichen Personennahverkehrs und des nicht motorisierten Individualverkehrs eine Überlastung der Straßen zu vermeiden, eine weitere Zunahme des Ziel- und Quellverkehrs entbehrlich zu machen und damit den Stellplatzbedarf zu beschränken. Bei Bauherren, die für diese Zwecke „instrumentalisiert" werden, wiegen die Eingriffsfolgen nach der vom Gesetzgeber gewählten Rechtskonstruktion bereits vom Ansatz her schwerer als bei Bauherren, die die mit § 49 Abs. 1 Satz 1 Nr. 1 HBauO verbundenen Belastungen nur deshalb hinzunehmen haben, weil sie außer Stande sind, Hindernisse aus dem Wege zu räumen, die in ihrem Einwirkungsbereich liegen. Dies rechtfertigt es, ihnen über die Verbotswirkungen hinaus nicht noch zusätzlich Zahlungspflichten aufzuerlegen.

3. Das Berufungsgericht hat rechtlich bedenkenfrei davon abgesehen, das in der Nr. 4.2 Satz 3 des Ausgangsbescheides ausgesprochene Verbot aufzuheben.

Der Klägerin wird durch diese Nebenbestimmung untersagt, den Stellplatz, der abzulösen ist, auf dem Baugrundstück oder sonstwo in der Nähe herzustellen. Entgegen der von ihr geäußerten Befürchtung wird ihr hierdurch indes nicht die Möglichkeit abgeschnitten, den Nachweis zu führen, daß sie in der Lage ist, ihrer Stellplatzpflicht in der Nachbarschaft zu genügen. Der Gesetzgeber differenziert in § 48 HBauO zwischen der „Herstellung" und dem „Nachweis" von Stellplätzen. Auch in § 49 Abs. 1 HBauO greift er auf diese Unterscheidung zurück („hergestellt"; „nachgewiesen"). Vor diesem normativen Hintergrund liegt es nahe, die Nr. 4.2 Satz 3, in der davon die Rede ist, daß der Stellplatz auf dem Grundstück oder einem Grundstück in der Nähe „nicht hergestellt werden (darf)", so zu deuten, daß es der Klägerin unbenommen bleibt, den Stellplatz ggf. an geeigneter Stelle „nachzuweisen". Ein solches Verständnis läuft dem Verbotszweck nicht zuwider. In § 48 Abs. 6 HBauO spiegelt sich das gesetzgeberische Anliegen wider, in den als sensibel eingestuften Bereichen, die in dieser Vorschrift aufgelistet werden, den Stellplatzbedarf zu begrenzen. Dieser Zweck wird nicht schon dadurch gefährdet oder gar verfehlt, daß Stellplätze, die auf einem Grundstück vorhanden sind, dort aber nicht als „notwendige" i. S. des § 48 Abs. 1 HBauO benötigt werden, von einem Bauherrn, der auf einem Grundstück in der Nähe ein Bauvorhaben verwirklichen will, dafür nutzbar gemacht werden, den ihm abverlangten Stellplatznachweis zu erbringen. Wäre mit der Nebenbestimmung Nr. 4.2 Satz 3 beabsichtigt gewesen, die Verbotswirkungen nicht nur auf die Herstellung, sondern auch auf den Nachweis zu erstrecken, so hätte dies jedenfalls zum Ausdruck gebracht werden müssen.

Nr. 159

1. **Die Stellplatzablöse nach § 48 Abs. 6 LBauO M-V ist keine Abgabe i. S. des § 80 Abs. 2 Nr. 1 VwGO.**

2. **Hat die Vollziehung eines Verwaltungsaktes einen eigenständigen Verwaltungsakt zur Voraussetzung, auf dessen Grundlage eine tatsächliche Vollzugshandlung vorgenommen wird, liegt in beiden Schritten zusammen der Vollzug des angegriffenen Verwaltungsakts, der nach § 80 Abs. 5 Satz 3 VwGO aufgehoben werden kann.**

3. **Die Behörde kann nach § 80 Abs. 5 Satz 3 VwGO verpflichtet werden, einen solchen Verwaltungsakt aufzuheben.**

Nr. 159

VwGO §80 Abs. 5 Satz 3; LBauO M-V §48 Abs. 6.

OVG Mecklenburg-Vorpommern, Beschluß vom 12. Oktober 2004 – 3 M 147/03 – (rechtskräftig).

Die Beteiligten streiten um die Rechtmäßigkeit eines Bescheides, durch den der Antragsgegner von dem Antragsteller einen Stellplatzablösebetrag i. H. v. 60 000,– DM fordert.

Aus den Gründen:
... Der Widerspruch des Antragstellers hat nach §80 Abs. 1 Satz 1 VwGO aufschiebende Wirkung. Die mit Bescheid vom 14. 11. 1996 geforderte sog. Stellplatzablöse nach §48 Abs. 6 LBauO M-V ist keine Abgabe i. S. des §80 Abs. 2 Nr. 1 VwGO.

Wann i. S. des §80 Abs. 2 Nr. 1 VwGO eine „Abgabe" vorliegt, hat der erkennende Senat bislang nicht entschieden. Der 1. Senat des OVG Mecklenburg-Vorpommern hat zu dieser Rechtsfrage in seinem Beschluß vom 1. 2. 2001 – 1 M 80/00 –, NVwZ-RR 2001, 401 = KStZ 2001, 302 ausgeführt: „§80 Abs. 2 Nr. 1 VwGO enthält keine Definition des Begriffs der öffentlichen Abgaben. Aus der Gesamtheit der Geldleistungen, die von Hoheitsträgern durch Verwaltungsakt angefordert werden, greift §80 Abs. 2 Nr. 1 VwGO gezielt lediglich den Kreis von Zahlungspflichten heraus, der von der Zweckrichtung her Gemeinsamkeiten mit den Steuern aufweist und es wegen dieser Parallelität rechtfertigt, daß sich das öffentliche Interesse am sofortigen Zahlungseingang ebenso wie im Steuerrecht gegenüber dem sonst als vorrangig anerkannten Interesse des Schuldners durchsetzt, vor Unanfechtbarkeit des Heranziehungsbescheides nicht leisten zu müssen. Die Tatsache, daß sich §80 Abs. 2 Nr. 1 VwGO mit dem Ausschluß der aufschiebenden Wirkung an die steuerrechtlichen Regelungen anlehnt, ohne bestimmte Abgabearten zu benennen, deutet allerdings darauf hin, daß es für ihn nicht ausschlaggebend darauf ankam, ob die Begriffsmerkmale der Steuer, der Gebühr oder des Beitrags erfüllt sind. Als tragender Grund dafür, daß im Steuerrecht die Wirksamkeit des angefochtenen Bescheides durch Einlegung eines Rechtsmittels nicht gehemmt wird, ist es anzusehen, daß die Steuern zur Deckung des allgemeinen Finanzbedarfs erhoben werden, der juristischen Personen des öffentlichen Rechts durch die Wahrnehmung der ihnen zugewiesenen öffentlichen Aufgaben entsteht. Die öffentlich-rechtlichen Gemeinwesen sollen davor bewahrt bleiben, daß ihnen die Einnahmen, auf die sie angewiesen sind, nur deshalb auf unabsehbare Zeit vorenthalten werden, weil Steuerpflichtige die Rechtsmittelmöglichkeiten, die ihnen zu Gebote stehen, ausschöpfen. Die Ausnahme vom Grundsatz der aufschiebenden Wirkung, der sonst das Verwaltungsrecht beherrscht, ist von einem gewichtigen Gemeinwohlinteresse legitimiert; denn sie trägt dazu bei, die Funktionsfähigkeit der öffentlichen Hand zu gewährleisten. Sie schafft dadurch, daß sie etwaigen Störungen bei der Beschaffung der Mittel vorbeugt, derer es zur effektiven Erfüllung öffentlicher Aufgaben bedarf, Voraussetzungen für eine geordnete Haushaltsführung. Es entspricht daher dem Sinn der mit §80 Abs. 2 Nr. 1 VwGO bezweckten Angleichung an das Steuerrecht, in die Sofortvollzugsregelung alle Abgaben einzubeziehen, durch die, Steuern vergleichbar, die Befriedigung des öffentlichen Finanzbedarfs sichergestellt wird. Von diesem Ansatz her verbietet es sich, den Ausschluß der aufschiebenden Wirkung auf Gebühren und Beiträge zu beschränken. Muß ein Hoheitsträger in Wahrnehmung öffentlicher Aufgaben finanzielle Mittel aufwenden, so kann er in gleicher Weise wie auf Steuern nicht nur auf Gebühren und Beiträge, sondern auch auf sonstige Abgaben angewiesen sein. Unerheblich ist unter dem Blickwinkel des §80 Abs. 2 Nr. 1 VwGO, wie die Abgabe ihrem materiellrechtlichen Gehalt nach zu qualifizieren ist. Entscheidend ist vielmehr, ob sie ebenso wie die Steuer, die Gebühr oder der Beitrag eine Finanzierungsfunktion erfüllt. Das ist der Fall, wenn der Hoheitsträger sich mit ihrer Hilfe eine Einnahmequelle erschließt, die es ihm ermöglicht, seine eigenen Ausgaben voll oder jedenfalls teilweise zu decken (BVerwG, Beschluß v. 17. 12. 1992 – 4 C 30/90 –, NVwZ 1993, 1112 = DVBl. 1993, 441).

Auch wenn der Begriff der „öffentlichen Abgaben" i. S. von §80 Abs. 2 Satz 1 Nr. 1 VwGO in diesem Sinne weit verstanden wird, kann es danach aber nicht ausreichen, lediglich allgemein auf die Deckung des Finanzbedarfs zur Erfüllung der öffentlichen Aufgaben abzustellen. Denn §80 Abs. 2 Satz 1 Nr. 1 VwGO betrifft schon nach dem Wortlaut nicht die Anforderung von öffentlich-rechtlichen Geldleistungen schlechthin, wovon der Antragsgegner ausgeht. Vielmehr ist bei der Auslegung zu berücksichtigen, daß diese Bestimmung den in §80 Abs. 1 VwGO aufgestellten Grundsatz der aufschiebenden Wirkung von Rechtsbehelfen gegen belastende Verwaltungsakte durchbricht. Als Ausnahmevorschrift ist §80 Abs. 2 Satz 1 Nr. 1 VwGO grundsätzlich eng auszulegen. Insofern hat auch das Bundesverwaltungsgericht, a. a. O., den Begriff der öffentlichen Abgaben im Sinne einer Vergleichbarkeit mit Steuern definiert (vgl. OVG Frankfurt/O., Beschluß v. 17. 11. 1999 – 4 B 99/99 –, LKV 2000, 313). Charakteristisch ist danach, daß es sich um Geldbeträge handelt, auf die die öffentliche Hand zur Aufgabenerfüllung im Sinne einer Einnahmequelle angewiesen ist und deren Eingang berechenbar festgelegt ist, da sie nach Entstehungsgrund und Höhe rechtsnormativ festgesetzt sind, so daß der Staat sich hierauf im Sinne eines stetigen Mittelzuflusses verlassen kann (Schoch, in: Schoch/Schmidt-Aßmann/Pietzner, VwGO, Kommentar, §80 Rdnr. 114; Schoch, Vorläufiger Rechtsschutz und Risikoverteilung im Verwaltungsrecht, S. 1207 f. m. w. N.; umfassend siehe auch Finkelnburg/Jank, Vorläufiger Rechtsschutz im Verwaltungsstreitverfahren, 4. Aufl., Rdnr. 477 f.).

Der erkennende Senat schließt sich dieser Rechtsprechung an. Die an das Vorliegen einer Abgabe zu stellenden Anforderungen erfüllt die Stellplatzablöse nach §48 Abs. 6 LBauO M-V nicht. An einer allgemeinen Finanzierungsfunktion fehlt es für die Stellplatzablöse nach §48 Abs. 6 LBauO M-V. Sie ist, betrachtet man die systematische Stellung des Abs. 6 innerhalb des §48 LBauO M-V, ein Surrogat für die auf Grund tatsächlicher Verhältnisse nicht zumutbare oder unmögliche Herstellung der vom Gesetz vorgesehenen Stellplätze im Zusammenhang mit der Errichtung oder Änderung von baulichen Anlagen. Dies ergibt sich auch aus Sinn und Zweck der Stellplatzablöse.

Die Schaffung der Möglichkeit der Ablöse der Stellplatzverpflichtung durch Zahlung eines Geldbetrages dient zunächst dazu, auch in den Fällen eine Baugenehmigung erteilen zu können, in denen die grundsätzlich vorgesehene

Pflicht zur Schaffung von Stellplätzen aus tatsächlichen Gründen unmöglich ist. Ohne eine Stellplatzablösepflicht würden andernfalls Bauherren durch die Erteilung einer Baugenehmigung bevorteilt, deren Bauvorhaben aus tatsächlichen Gründen ohne die Schaffung ausreichender Stellplätze errichtet oder verändert wird. Diesen geldwerten Vorteil abzuschöpfen ist Aufgabe der Stellplatzablöse.

Die fehlende Finanzierungsfunktion für einen öffentlichen Haushalt folgt auch aus §48 Abs. 6 Satz 4 LBauO M-V, der in bestimmten innerstädtischen Bereichen bei der Ermittlung der Ablösepflicht vier Stellplätze unberücksichtigt läßt. Damit wird deutlich, daß der Gesetzgeber der Stellplatzablöseverpflichtung keine Finanzierungsfunktion zugemessen hat, sondern allein die Abschöpfung eines geldwerten Vorteils gegenüber anderen Bauherren, die Stellplätze herstellen müssen, anstrebt. Anderenfalls wäre die Aufhebung der Pflicht zur Zahlung von Stellplatzablöse im innerstädtischen Bereich nach §48 Abs. 6 Satz 4 LBauO M-V faktisch sinnlos und widerspräche dem Zweck der Finanzierung des allgemeinen Haushaltes.

Die Verwendungspflicht nach §48 Abs. 8 LBauO M-V führt nicht zu einem anderen Verständnis der Stellplatzablöse. Sie unterstreicht vielmehr den Surrogatcharakter dieses Rechtsinstituts. Denn die Ablöse darf nur für bestimmte in einem sachlichen Zusammenhang mit der Stellplatzproblematik stehende Flächen verwendet werden. Die öffentliche Hand erfüllt damit faktisch die eigentlich dem Bauherrn obliegende Pflicht, Stellplätze für den von seinem Bauvorhaben ausgelösten Zugangs- und Abgangsverkehr zu schaffen. Im weiteren Sinne handelt es sich bei der Stellplatzablöse um einen Durchlaufposten, nicht aber um einen Mittelzufluss zur allgemeinen Verwendung im Haushalt der Gemeinde.

Für die Ablösung der Stellplatzpflicht entspricht dies im Ergebnis der herrschenden Meinung in Rechtsprechung und Literatur (vgl. OVG Hamburg, Beschluß v. 19. 5. 1999 – 2 Bs 229/98 –, NordÖR 1999, 377; OVG Münster, Beschluß v. 22. 1. 1985 – 11 B 2567/84 –, NVwZ 1987, 62; Schoch, a. a. O., Rdnr. 116 m. w. N.).

Da eine sonstige gesetzliche Anordnung der sofortigen Vollziehung des Stellplatzablösebescheides fehlt, bleibt es bei der Grundregel des §80 Abs. 1 VwGO und der mit dem Widerspruch verbundenen aufschiebenden Wirkung.

Der Antragsgegner hat bislang nicht zu erkennen gegeben, daß er die aufschiebende Wirkung des Widerspruchs anerkennt. Die Feststellung der aufschiebenden Wirkung des Widerspruchs durch den Senat ist daher geboten. An dieser Feststellung ist der Senat auch nicht dadurch gehindert, daß der anwaltlich vertretene Antragsteller die Anordnung bzw. Wiederherstellung der aufschiebenden Wirkung seines Widerspruchs begehrt. In diesem Begehren ist konkludent das Begehren des Antragstellers enthalten, die Feststellung der aufschiebenden Wirkung seines Widerspruchs auszusprechen.

Der Antragsgegner hat im Jahr 2003 Pfändungs- und Überweisungsverfügungen gegenüber Mietern des Antragstellers erlassen. Daraufhin haben einige Mieter an den Antragsgegner gezahlt. Diese Verfügungen hat der Antragsgegner aufzuheben und geleistete Zahlungen an den Antragsteller zu erstatten. Dies ergibt sich aus folgenden Erwägungen:

Nr. 159

Der Senat versteht den Beschwerdeantrag dahin, daß – wie erstinstanzlich beantragt – auch die Aufhebung dieser Vollstreckungsmaßnahmen begehrt wird. Die in § 80 Abs. 5 Satz 3 VwGO angesprochene Vollziehung des angefochtenen Verwaltungsaktes erschöpft sich nicht in Realakten. Jedenfalls dann, wenn die Vollziehung von Gesetzes wegen zweistufig angelegt ist und zunächst einen eigenständigen Verwaltungsakt zur Voraussetzung hat, auf dessen Grundlage eine Handlung vorgenommen wird, die sich als tatsächliche Vollzugshandlung bezogen auf den angefochtenen Verwaltungsakt darstellt, liegt in beiden Schritten zusammen der Vollzug des angefochtenen Verwaltungsaktes. Ist auf Grund des speziellen Vollstreckungsrechts ein eigenständiger Verwaltungsakt Rechtsgrundlage für die tatsächliche Vollzugshandlung, ist dieser Verwaltungsakt denknotwendig Teil der Vollziehung des angefochtenen Verwaltungsaktes. Weder Wortlaut noch Sinn und Zweck des § 80 Abs. 5 Satz 3 VwGO erfordern eine einschränkende Regelung in dem Sinn, daß nur die tatsächliche Vollzugshandlung von § 80 Abs. 5 Satz 3 VwGO erfaßt wird (so auch Schoch, in: Schoch/Pietzner/Schmidt-Aßmann, VwGO, § 80 Rdnr. 231 f.; a. A. Kopp/Schenke, VwGO, 13. Aufl. 2003, Rdnr. 178, jeweils m. w. N.). Die gerichtliche Ermächtigung zur Verpflichtung zur Aufhebung der Vollzugsverwaltungsakte folgt aus § 80 Abs. 5 Satz 3 VwGO unmittelbar.

Jedenfalls genügt die gerichtliche Aufhebung nur der tatsächlichen Vollzugshandlung nicht dem Rechtsschutzinteresse desjenigen, der den Antrag nach § 80 Abs. 5 Satz 1 VwGO gestellt hat und die Vollziehung zugleich bekämpft. Er hat den Anspruch auf Aufhebung der Vollziehung und damit Rückgängigmachung aller Vollziehungsmaßnahmen. Nach dem Gesetz soll er von Vollziehungsmaßnahmen nicht mehr beschwert sein. Ein Vollstreckungsverwaltungsakt weckt aber den Anschein, als könne auf ihn gestützt eine tatsächliche Vollstreckungshandlung erfolgen. Insoweit beschwert dieser Verwaltungsakt. Er ist daher von der Verwaltung aufzuheben. Die Erstreckung der Anordnung/Wiederherstellung der aufschiebenden Wirkung des Widerspruchs oder der Klage gegen den Grundverwaltungsakt auf den Vollstreckungsverwaltungsakt ist nach der Systematik des § 80 Abs. 5 VwGO nicht vorgesehen. Daraus folgt zugleich, daß der Antragsteller nicht auf ein eigenständiges einstweiliges Rechtsschutzverfahren gegen den Vollstreckungsverwaltungsakt verwiesen werden kann. In einem solchen Verfahren könnte die tatsächliche Vollstreckungshandlung nicht aufgehoben werden, weil dies bereits im einstweiligen Rechtsschutzverfahren gegen den Grundverwaltungsakt geschehen kann und dort zu beantragen ist. Das isoliert den Vollstreckungsverwaltungsakt betreffende einstweilige Rechtsschutzverfahren hätte wenig Sinn (vgl. zum Aspekt der Effektivität des Rechtsschutzes und der Verfahrensökonomie Kopp/Schenke, a. a. O., Rdnr. 178, der zum gleichen Ergebnis kommt).

Nr. 160

1. Mit der auf § 1 Abs. 4 PrFluchtlG gestützten Festsetzung von hinter Straßenfluchtlinien zurückweichenden Baufluchtlinien war der Zweck verbunden, die zwischen beiden Linien liegende Fläche als Vorgarten festzusetzen. Aus der Vorgartenfestsetzung folgte die Verpflichtung zur Anlage und Unterhaltung der Vorgartenfläche als Gartenland.

2. Wie die nach § 1 Abs. 4 PrFluchtlG festgesetzte Vorgartenfläche verwandt werden durfte, konnte durch Baupolizeiverordnung konkretisiert werden.

3. Ein Vorgärten festsetzender Fluchtlinienplan kann mit den ihn ergänzenden Regelungen einer Baupolizeiverordnung als übergeleiteter Bebauungsplan fortgelten.

4. Bestimmen die den Fluchtlinienplan ergänzenden Regelungen der Baupolizeiverordnung, in welchem Maß oder zu welchem Zweck Vorgärten ausnahmsweise baulich genutzt werden dürfen, hat die Bauaufsichtsbehörde von diesem Regelungszusammenhang auszugehen, wenn sie nach pflichtgemäßem Ermessen gegen die bauliche Nutzung eines Vorgartens einschreiten will.

VwGO § 114 Satz 1; BauGB § 233 Abs. 3; BBauG § 173 Abs. 3 Satz 1; PrFluchtlG §§ 1 Abs. 4, 4; BauO NRW § 61 Abs. 1 Satz 2.

OVG Nordrhein-Westfalen, Urteil vom 26. August 2004 – 7 A 4005/03 – (rechtskräftig).

(VG Köln)

Die Klägerin ist Eigentümerin eines mit einem Mehrfamilienhaus bebauten Grundstücks. Sie wendet sich im vorliegenden Verfahren gegen die Ordnungsverfügung des Beklagten, mit der ihr aufgegeben worden ist, nach Bestandskraft der Ordnungsverfügung zu veranlassen, daß die befestigte Fläche im Vorgarten ihres Mehrfamilienhauses nicht mehr zum Parken von Fahrzeugen genutzt wird.

Das Grundstück der Klägerin grenzt an den M. Platz. Die geschlossene Bebauung südwestlich und nordöstlich des M. Platzes hält zu den beiden den Platz begrenzenden Straßen jeweils einen Abstand ein; der davor liegende Bereich ist überwiegend als Vorgarten gärtnerisch angelegt. Einige Vorgartenbereiche sind (teilweise) befestigt. Zum Teil werden hier auf den befestigten Flächen Fahrräder oder/und Müllgefäße abgestellt. Durch die Vorgartenbereiche der Grundstücke 12, 33 und 35 führen geneigte Zufahrten zu jeweils einer im Kellergeschoß gelegenen Garage. Die Vorgartenfläche der Häuser 4 und 14 ist mit Ausnahme der Einfriedungen und weiterer vereinzelter Grünelemente ganz überwiegend plattiert. Auf einer dieser Flächen werden nicht nur Fahrräder, sondern nach jetziger Mitteilung der Klägerin auch ein Motorrad abgestellt.

Die im vorliegenden Verfahren strittige Ordnungsverfügung ist auf einen Widerspruch der untersagten Nutzung zu Festsetzungen eines Fluchtlinienplans gestützt.

Nach erfolglosem Vorverfahren erhob die Klägerin Klage, die in zweiter Instanz Erfolg hatte.

Aus den Gründen:
Die Ordnungsverfügung des Beklagten und der Widerspruchsbescheid sind rechtswidrig und verletzen die Klägerin in ihren Rechten. Der Beklagte hat von dem ihm durch §61 Abs. 1 Satz 2 BauO NRW eingeräumten Ermessen nicht in einer dem Zweck der Ermächtigung entsprechenden Weise Gebrauch gemacht (vgl. §114 Satz 1 VwGO). Gemäß §61 Abs. 1 Satz 1 BauO NRW haben die Bauaufsichtsbehörden u.a. bei der Errichtung baulicher Anlagen i.S. des §1 Abs. 1 Satz 2 BauO NRW darüber zu wachen, daß die öffentlich-rechtlichen Vorschriften eingehalten werden. Der Beklagte war danach ermächtigt, gegen die von der Klägerin errichteten Stellplätze ordnungsbehördlich einzuschreiten (1.), hat dies aber nicht in einer ermessensfehlerfreien Weise getan (2.).

1. Die Klägerin bedurfte für die Errichtung der beiden Stellplätze zwar keiner Baugenehmigung (vgl. §62 Abs. 1 Nr. 6 BauO NRW 1984). Die Stellplätze sind jedoch materiell-rechtlich illegal (vgl. §62 Abs. 4 BauO NRW 1984), widersprechen nämlich den Festsetzungen des Fluchtlinienplans (vgl. §30 Abs. 1, Abs. 3 BauGB), der als übergeleiteter Bebauungsplan gemäß §233 Abs. 3 BauGB weiterhin geltendes Satzungsrecht setzt.

Der Fluchtlinienplan ist wirksam.

Der Fluchtlinienplan gilt als gemäß §173 Abs. 3 Satz 1 BBauG 1960 übergeleiteter Bebauungsplan gemäß §233 Abs. 3 BauGB fort. Die Fortgeltung ist dann anzunehmen, wenn der übergeleitete Plan dem bei seiner Aufstellung geltenden Recht entsprach und er ferner einen Inhalt hat, der auch rechtmäßiger Inhalt eines zur Zeit der Überleitung erlassenen Bebauungsplans hätte sein können (vgl. BVerwG, Urteil v. 20.10.1972 – 4 C 14.71 –, BRS 25 Nr. 25; Beschluß v. 15.8.1991 – 4 N 1.91 –, BRS 52 Nr. 33 = BauR 1992, 333).

Der Fluchtlinienplan entsprach dem bei seiner Aufstellung geltenden Recht.

Gemäß §1 Abs. 1 des Preußischen Gesetzes betreffend die Anlegung und Veränderung von Straßen und Plätzen in Städten und ländlichen Ortschaften vom 2.7.1875, GS 561 (PrFluchtlG), konnte der Gemeindevorstand im Einverständnis mit der Gemeinde unter Zustimmung der Ortspolizeibehörde Straßen- und Baufluchtlinien festsetzen. Gemäß §1 Abs. 4 PrFluchtlG konnte eine hinter die Straßenfluchtlinie zurückweichende Baufluchtlinie festgesetzt werden. Der Fluchtlinienplan setzt für seinen Geltungsbereich Straßen- und Baufluchtlinien fest. Die Festsetzungen können anhand des vom Beklagten vorgelegten Originalplans (noch) in einer den Bestimmtheitsanforderungen genügenden Weise nachvollzogen werden. Festsetzungen und Darstellungen eines (übergeleiteten) Bebauungsplans müssen eindeutig und klar sein, so daß die Bürger und die Behörde dem Plan unmißverständlich entnehmen können, wo und wie gebaut werden darf (vgl. BVerwG, Urteil v. 18.2.1983 – 4 C 18.81 –, BRS 40 Nr. 64; OVG NRW, Urteil v. 29.1.1990 – 11a NE 94/88 –, BRS 50 Nr. 5 = BauR 1990, 449).

Die Festsetzungen des Fluchtlinienplans lassen sich der Originalurkunde zwar erst nach aufmerksamem Studium, welche Festsetzungen nach den zahlreichen Änderungen noch gelten, letztlich aber (noch) zweifelsfrei entnehmen. (Wird ausgeführt.)

Der Fluchtlinienplan genügt ferner den sich aus §4 PrFluchtlG ergebenden Anforderungen, wonach jede Festsetzung von Fluchtlinien (§1) eine genaue Bezeichnung der davon betroffenen Grundstücke und Grundstücksteile und eine Bestimmung der Höhenlage sowie der beabsichtigten Entwässerung der betreffenden Straßen und Plätze enthalten muß. Neben den Fluchtlinienfestsetzungen sind in der Planzeichnung alle Grundstücke bezeichnet. Zudem verweist die Planurkunde auf den zugehörigen Höhenplan; die beabsichtigte Entwässerung ist bestimmt.

Für den Bereich des Grundstücks der Klägerin ist eine hinter die Straßenfluchtlinie zurückweichende Baufluchtlinie festgesetzt. Der dazwischen liegende Bereich ist zum Teil grün schraffiert, zum Teil vollflächig grün unterlegt als sogenannter Vorgartenbereich gekennzeichnet. Dies ergibt sich aus Folgendem: Mit der auf §1 Abs. 4 PrFluchtlG gestützten Festsetzung von hinter Straßenfluchtlinien zurückweichenden Baufluchtlinien war kein anderer Zweck als der verbunden, die zwischen beiden Linien liegende Fläche als Vorgarten festzusetzen, der als Gartenland angelegt und unterhalten werden sollte (vgl. Pr. OVG, Erkenntnis v. 18.10.1892 – Nr. IV 972 –, Pr.VBl. 1892, 114; Urteil v. 16.4.1912 – IX B 19/11 –, Pr. OVGE 61, Nr. 86).

Die aus der Festsetzung von Straßenfluchtlinien sowie hinter diesen Linien zurückweichenden Baufluchtlinien folgende Verpflichtung zur Anlage und Unterhaltung der Vorgartenfläche als Gartenland konnte durch Baupolizeiverordnung konkretisiert, nämlich festgelegt werden, wie die Vorgartenfläche verwandt werden durfte (vgl. Pr. OVG, Erkenntnis v. 18.10.1892 – Nr. IV 972 –, a.a.O.; Urteil v. 16.4.1912 – IX B 19/11 –, a.a.O.).

Wie der (durch die auf das Preußische Fluchtliniengesetz gestützte Festsetzung von Straßenfluchtlinien und dahinter zurückweichende Baufluchtlinien festgelegte) Vorgarten gärtnerisch gestaltet werden darf, legt hier die Bauordnung vom 26.1.1929 fest. Gemäß §6B Nr. 4 Satz 1 BauO 1929, der auf §11 PrFluchtlG Bezug nimmt, darf ein Überschreiten der von der Straßenfluchtlinie verschiedenen Baufluchtlinie (Bebauung des Vorgartens) grundsätzlich nicht stattfinden. Im Folgenden sind Fälle aufgezählt, in denen die Baupolizeibehörde Vorbauten mit Zustimmung der Gemeinde unter den genannten Bedingungen zulassen darf. Zu den Vorbauten gehören danach u. a. Terrassen, soweit sie in der Fläche nicht über die halbe Länge der Gebäudefront und die halbe Tiefe des Vorgartens hinausgehen (§6B Nr. 4 Satz 2 Buchst. a BauO 1929). Die Anlage von Stellplätzen ist in §6B Nr. 4 BauO 1929 nicht vorgesehen. Dem kann nicht entgegengehalten werden, Stellplätze seien als solche damals noch nicht bekannt gewesen. Schon unter Geltung des Preußischen Fluchtliniengesetzes gab es Plätze, auf denen etwa Droschken oder Kutschen abgestellt wurden. Dementsprechend entsprach es einhelliger Auffassung, daß nicht nur Zugänge, sondern auch (notwendige) Zufahrten durch den Vorgarten geführt werden durften (vgl. Meyer/Saß, Straßen- und Baufluchtengesetz, 7. Aufl. 1934, §1 Bem. 20c); Saran, a.a.O., Erl. zu §1 Bem. 26m).

Bis zur Zeit der Überleitung des Fluchtlinienplans im Jahre 1960 waren Stellplätze für Kfz ohnehin bekannt, ohne daß §6B Nr. 4 BauO 1929 geändert worden ist.

Das dargelegte Verständnis des Fluchtlinienplans mit den ihn ergänzenden Vorschriften der Bauordnung 1929 bestätigt §25 II BauO 1929, ohne daß es in diesem Zusammenhang auf die Frage ankommt, ob auch diese Bestimmung mit dem Fluchtlinienplan zusammen übergeleitet worden ist. §25 II Nr. 2 Abs. 3 und Abs. 4 BauO 1929 regeln die Zulässigkeit von Garagenzufahrten mit Geländeeinschnitten und sehen vor, daß entsprechende Garagenzufahrten durch den Vorgarten nach Maßgabe einzelner Bedingungen angelegt, nicht aber im Vorgarten ein Stellplatz errichtet werden durfte. Die Bebauung beiderseits des Platzes ist offenkundig unter Berücksichtigung der genannten Regelungen errichtet worden. Es gibt drei Zufahrten zu im Kellergeschoß jenseits des Vorgartens gelegenen Garagen.

Der Fluchtlinienplan mit den ihn ergänzenden Bestimmungen des §6B BauO 1929 hätte rechtmäßiger Inhalt eines zur Zeit der Überleitung erlassenen Bebauungsplans sein können. Das Bundesbaugesetz 1960 ermöglichte die Festsetzung nicht überbaubarer Grundstücksbereiche (§9 Abs. 1 Nr. 1b) BBauG 1960) sowie die Bestimmung von Grünflächen (vgl. §9 Satz 1 Nr. 8 BBauG); zu den danach möglichen Festsetzungen gehörte auch die Festsetzung einer privaten Grünfläche mit der Zweckbestimmung Vorgarten. Das städtebauliche Erscheinungsbild kann durch unbebaute Grundstücke ebenso stark geprägt werden wie durch bauliche Anlagen. Die Art der Mischung von Bebauung und Freiflächen gehört zu den wesentlichen städtebaulichen Strukturmerkmalen (vgl. BVerwG, Urteil v. 18. 5. 2001 – 4 CN 4.00 –, BRS 64 Nr. 1 = BauR 2001, 1692; Urteil v. 17. 6. 1994 – 8 C 22.92 –, NVwZ 1995, 1213).

Es besteht auch kein Anhalt für die Annahme, daß die durch die Bauordnung 1929 ergänzten Festsetzungen des Fluchtlinienplans deshalb nicht hätten übergeleitet werden können, weil der Inhalt des Fluchtlinienplans nicht bebauungsplangemäß hätte bestimmt werden können, da durch den Fluchtlinienplan geregelte Interessenausgleich zur objektiven Gewichtigkeit einzelner Belange außer Verhältnis gestanden hätte (vgl. zu den für übergeleitete Vorschriften und Pläne geltenden Anforderungen des Abwägungsgebots BVerwG, Urteil v. 20. 10. 1972 – IV C 14.71 –, a. a. O.).

Namentlich beidseits des Platzes liegt ein städtebauliches Konzept nahe, das den Platzcharakter durch die Festlegung begrünter Vorgartenbereiche entlang der den Platz begrenzenden Straßen betont. Die Verpflichtung der von der Festsetzung betroffenen Grundstückseigentümer zur gärtnerischen Anlage der Vorgärten ist demgegenüber von geringerer Bedeutung.

Der Fluchtlinienplan ist einschließlich der ihn ergänzenden Regelungen der Bauordnung 1929 übergeleitet worden. Aus §173 Abs. 3 Satz 1 BBauG 1960 ergibt sich, daß bei Inkrafttreten dieses Gesetzes bestehende baurechtliche Vorschriften als Bebauungspläne gelten, soweit sie verbindliche Regelungen der in §9 BBauG 1960 bezeichneten Art enthalten. Mit der Überleitung werden sie im Regelfall zu Satzungen. Dies gilt grundsätzlich auch für einen Fluchtlinienplan einschließlich der ihn ergänzenden Regelungen einer Bauordnung (vgl. BVerwG, Beschluß v. 15. 8. 1991 – 4 N 1.91 –, a. a. O.; Urteil v. 17. 12. 1998 – 4 C 16.97 –, BRS 60 Nr. 71 = BauR 1999, 603).

Aus dem Urteil des Bundesverwaltungsgerichts vom 23.8.1968 (– IV C 103.66 –, BRS 20 Nr. 17) ergibt sich nichts anderes. Dort hat das Bundesverwaltungsgericht zu §21 der Münchener Staffelbauordnung vom 23.12.1959 (StBO) die Auffassung vertreten, daß eine Vorschrift, die einheitlich gleichzeitig einer ordnungs- wie einer planungsrechtlichen Zielsetzung dient, nicht übergeleitet werden könne, da sie sonst mit übereinstimmendem Wortlaut als sowohl planungs- als auch ordnungsrechtliche Vorschrift fortbestünde. Eine derartige Verdoppelung entspreche grundsätzlich nicht dem Wesen der Überleitung und werde deshalb allenfalls unter besonderen Voraussetzungen – etwa dann, wenn die bauplanungs- und die bauordnungsrechtliche Zielsetzung gleichrangig und außerdem von einander unabhängig sind – angenommen werden können. Um eine solche nach Ansicht des Bundesverwaltungsgerichts bedenkliche Verdoppelung bauplanungs- und bauordnungsrechtlicher Fragen geht es jedoch bei den Regelungen des §6B Nr.4 BauO 1929 nicht. Dort ist vielmehr unter Bezug auf §11 des PrFluchtlG bestimmt, daß eine Bebauung des Vorgartens nicht stattfinden darf. Die Regelung greift damit ausschließlich die Zielsetzung des Fluchtlinienplanes auf und bestätigt diese. Es handelt sich nicht um eine bloß bauordnungsrechtliche Regelung, sondern – ausgehend von dem planungsrechtlichen Konzept der Vorgartenfestsetzung – um die Bestimmung der Ausnahmen, die die Baupolizeibehörde in besonderen Fällen zulassen kann. Insoweit entsprechen die in §6B Nr.4 Satz 2 Buchstaben a bis e geregelten Fälle der Sache nach einer Ausnahmeregelung i.S. des §31 Abs.1 BauGB.

Der Fluchtlinienplan ist nicht funktionslos. (Wird ausgeführt.)

Von den Festsetzungen des als Bebauungsplan übergeleiteten Fluchtlinienplans i.V.m. den ihn ergänzenden Regelungen der Bauordnung 1929 kann für die von der Klägerin angelegten beiden Stellplätze keine Ausnahme gemäß §31 Abs.1 BauGB erteilt werden. (Wird ausgeführt.)

2. Der Beklagte ist gegen die beiden von der Klägerin in Widerspruch zu den Festsetzungen des Fluchtlinienplans nebst den ihn ergänzenden Regelungen der Bauordnung 1929 hergestellten Stellplätze rechtswidrig eingeschritten, hat nämlich von dem ihm durch §61 Abs.1 Satz 2 BauO NRW eröffneten Ermessen nicht in einer dem Zweck der Ermächtigung entsprechenden Weise Gebrauch gemacht.

Bei der Ausübung seines Ermessens, gegen die Stellplatznutzungen einzuschreiten, hat sich der Beklagte an dem Regelungszweck der Baurechtsnorm zu orientieren, deren Schutz die Ordnungsverfügung sicherstellen soll. Der Fluchtlinienplan fordert die gärtnerische Anlage der Vorgärten. §6B Nr.4 BauO 1929 ermächtigt die Bauordnungsbehörde nur in den dort bestimmten Fällen, Ausnahmen zuzulassen. Weitere Ausnahmen sind nicht vorgesehen. Der Beklagte verläßt den Entscheidungsspielraum, der ihm durch den als Satzung fortgeltenden übergeleiteten Fluchtlinienplan nebst den ihn ergänzenden Bestimmungen der Bauordnung 1929 eröffnet ist, wenn er über den Regelungsbereich hinaus weitergehende Ausnahmen hinnimmt. So ist es hier.

Der Fluchtlinienplan läßt nicht zu, daß eine dem Vorgarten zuzuordnende Grundstücksfläche außer für die notwendigen Zugänge und Zufahrten über die sich in der Bauordnung 1929 geregelten Fälle hinaus bebaut wird. Selbst wenn eine entsprechende Anwendung des §6B Nr. 4 Satz 2 Buchst. a) BauO 1929 in Betracht gezogen würde, wonach Terrassen in der Fläche über die halbe Länge der Gebäudefront und die halbe Tiefe des Vorgartens nicht hinausgehen sollen, aber in besonderen Fällen zugelassen werden können, hilft dies weder dem Beklagten noch der Klägerin weiter. Die beiden Stellplätze erstrecken sich über mehr als die halbe Tiefe des Vorgartens, nehmen nämlich den Vorgarten in voller Tiefe in Anspruch.

Die Ermessensausübung des Beklagten entspricht ferner nicht etwa deshalb dem Zweck des Fluchtlinienplans i. V. m. den ihn ergänzenden Regelungen der Bauordnung 1929, weil er gegenüber der grundsätzlich möglichen Forderung, die beiden Stellplätze zu beseitigen, mit der Nutzungsuntersagung ein der Klägerin milderes Mittel gewählt hätte. Auch das mildere Mittel muß zumindest ein geeignetes Mittel sein, muß hier also auf die Durchsetzung einer Ordnungspflicht gerichtet sein, die sich aus dem Fluchtlinienplan i. V. m. den ergänzenden Bestimmungen der Bauordnung 1929 ableiten läßt. Der Beklagte will dies annehmen, da die von der Klägerin errichteten Stellplätze wohl entfernt würden, wenn die Klägerin sie nicht zum Abstellen von Kraftfahrzeugen nutzen dürfe. Einen zwingenden Zusammenhang für diese Annahme des Beklagten gibt es nicht. Sie liegt angesichts der Kosten einer Entsiegelung, die der Beklagte der Klägerin nicht zu erstatten angeboten hat, auch eher fern. Der Beklagte meint ferner, er dürfe sich auf die Nutzungsuntersagung beschränken, weil diese verhindern würde, daß andere Eigentümer Vorgärten befestigen würden, um dort Kraftfahrzeuge abzustellen. Dies mag sein. Dem Zweck des Fluchtlinienplans i. V. m. den ihn ergänzenden Bestimmungen der Bauordnung 1929 kommt der Beklagte jedoch auch auf diese Weise nicht näher. Denn Vorbildwirkung hätte die Nutzungsuntersagung auch in einer dem Zweck der Ermächtigung widersprechenden Richtung. Aus ihr wäre nämlich abzuleiten, daß der Beklagte die (nahezu vollständige) Befestigung von Vorgartenflächen hinnimmt, solange die befestigten Flächen nicht zum Abstellen von Kraftfahrzeugen genutzt werden. Die Befestigungen der Grundstücke Platz 4 und 14 sind entsprechende Vorbilder. Die Nutzungsuntersagung bestärkt damit die Gefahr einer vom Fluchtlinienplan nicht gewollten Entwicklung und ist daher zwar ein scheinbar milderes, aber ungeeignetes Mittel. In Konsequenz der vom Beklagten angedachten Ermessenshandhabung könnte der Fluchtlinienplan hinsichtlich der Vorgartenfestsetzung letztlich funktionslos werden. Die Vorgärten dürften – ohne daß der Beklagte hiergegen einschreiten würde – weitgehend plattiert werden, um etwa Fahrräder, Müllgefäße etc. abzustellen, so lange nur keine Kraftfahrzeuge abgestellt werden. Eine solche Entwicklung hätte mit einer gärtnerischen Anlage der Vorgärten im Sinne der Festsetzungen des Fluchtlinienplans (ergänzt durch die Bauordnung 1929) jedoch wenig gemein. Zwar mag die „dreidimensionale Wirkung" (auf die die Vertreter des Beklagten in der mündlichen Verhandlung vor dem Senat abgestellt haben) von Kraftfahrzeugen besonders beeinträchtigend sein. Abgesehen davon, daß auch Fahrrädern, Motorrädern und Müllgefäßen eine ähnliche „dreidimensionale Wirkung" zukommen dürfte, löst sich der Beklagte mit solchen Ermessenserwägungen von dem Plankonzept, das ihm der Fluchtlinienplan vorgibt. Der Fluchtlinienplan stellt es nicht in das Belieben der Bauaufsichtsbehörde, ein Konzept der Vorgartenbebauung zu entwickeln, das im Wege der faktischen Duldung noch hingenommen werden kann. Er beschreibt vielmehr durch die in der Bauordnung 1929 festgelegten Ausnahmen abschließend, innerhalb welchen Rahmens von der grundsätzlichen Verpflichtung zur gärtnerischen Anlage der Vorgärten nur abgewichen werden darf.

Im übrigen ist die Ordnungsverfügung auch gleichheitswidrig und deshalb aus einem weiteren selbständigen Grunde ermessensfehlerhaft. Die Vorgärten der Grundstücke 4 und 14 sind über den durch §6B Nr. 4 BauO 1929 gezogenen Rahmen hinausgehend plattiert. Gegen diese Plattierungen ist der Beklagte nicht eingeschritten, obwohl das Konzept des Flächennutzungsplans durch vergleichbare flächenhafte Plattierungen in Frage gestellt werden kann. Dies ist mit der „dreidimensionalen Wirkung" abgestellter Kraftfahrzeuge – wie ausgeführt – nicht zu rechtfertigen.

III. Werbeanlagen

Nr. 161

Zur bauplanungsrechtlichen Unzulässigkeit einer am Rande eines Mischgebiets geplanten, in ein benachbartes Wohngebiet hineinwirkenden Werbeanlage („Megaposter").

BauGB §34 Abs. 2; BauNVO §§4 Abs. 1, Abs. 3 Nr. 2, 6 Abs. 1, Abs. 2 Nr. 4, 15 Abs. 1 Satz 2.

Bayerischer VGH, Beschluß vom 22. Januar 2004 – 1 ZB 03.294 – (rechtskräftig).

(VG München)

Die Klägerin beantragte 2001 die Baugenehmigung für das Anbringen einer Werbeanlage an der nördlichen Giebelwand des Gebäudes. Nach den Bauvorlagen soll es sich um eine Anlage für das Aufspannen sogenannter Megaposter mit einer Fläche von 10 m x 10 m handeln. Die Beklagte lehnte den Bauantrag ab, die Untätigkeitsklage wies das Verwaltungsgericht ab.

Aus den Gründen:

II. 1. Die auf einem Grundstück im Innenbereich (§ 34 BauGB) geplante Werbeanlage ist bauplanungsrechtlich unzulässig, weil sie § 15 Abs. 1 Satz 2 BauNVO widerspricht.

Nach dieser Vorschrift sind bauliche Anlagen, die in einem der in der Baunutzungsverordnung geregelten Baugebiete allgemein zulässig sind, u. a. dann im Einzelfall unzulässig, wenn von ihnen Störungen ausgehen, die in der Umgebung des Gebiets unzumutbar sind, § 15 BauNVO ist anzuwenden, weil die Bebauung in der Umgebung des Grundstücks, auf dem die Werbeanlage errichtet werden soll, nach den im Zulassungsantrag nicht in Zweifel gezogenen Feststellungen des Verwaltungsgerichts hinsichtlich der Art der Nutzung einem Mischgebiet (§ 6 BauNVO) entspricht. Für diesen Fall verweist § 34 Abs. 2 Halbs. 1 BauGB auf die Baugebietsvorschriften der Baunutzungsverordnung. Die Verweisung schließt § 15 BauNVO ein.

Der Verwaltungsgerichtshof läßt offen, ob das „Megaposter" nach § 34 Abs. 2 Halbs. 1 BauGB i. V. m. § 6 Abs. 1, Abs. 2 Nr. 4 BauNVO allgemein zulässig wäre. Nach diesen Vorschriften sind in einem „faktischen" Mischgebiet Gewerbebetriebe zulässig, wenn sie das Wohnen nicht wesentlich stören. Bei dem als selbständige Werbeanlage geplanten „Megaposter", handelt es sich zwar nicht um einen Gewerbebetrieb, sondern um eine Anlage für gewerbliche Zwecke, für die eine Regelung in den Nutzungskatalogen der Baugebietsvorschriften der Baunutzungsverordnung fehlt. Diese Regelungslücke wird aber geschlossen, indem eine selbständige Werbeanlage bauplanungsrechtlich wie ein Gewerbebetrieb behandelt wird (BVerwG v. 3. 12. 1992, E 91, 234/239 = BRS 54 Nr. 126 = BauR 1993, 315; vgl. auch Stock, in: König/Roeser/Stock, BauNVO, 2. Aufl., § 4 Rdnr. 24 und 75; § 8 Rdnr. 17). Es kann dahinstehen, ob das „Megaposter", das wegen seiner Größe besonders aufdringlich wirkt und seine Umgebung optisch dominiert, noch als eine das Wohnen nicht wesentlich störende und mithin in einem Mischgebiet grundsätzlich zulässige Anlage angesehen werden kann. Die Werbeanlage ist am geplanten Standort jedenfalls deswegen nicht zulässig, weil sie in der Umgebung eine unzumutbare Störung i. S. von § 15 Abs. 1 Satz 2 BauNVO verursacht. Der Begriff Störung erfaßt nicht nur schädliche Umwelteinwirkungen i. S. des § 3 Abs. 1 BImSchG, sondern jede städtebaulich erhebliche, die Umgebung beeinträchtigende Einwirkung (Fickert/Fieseler, BauNVO, 10. Aufl., Vorbemerkung zu den §§ 2–9, 12–14, Rdnr. 8 ff.; Ziegler, in: Brügelmann, BauGB, § 15 BauNVO, Rdnr. 117; Roeser, in: König/Roeser/Stock, BauNVO, 2. Aufl., § 15 Rdnr. 25). Auch eine massive optische Einwirkung kann eine Störung sein. Zu einer solchen würde die Werbeanlage in dem Gebiet auf der Westseite der E.-Straße führen.

Bei diesem Gebiet handelt es sich um ein durch Bebauungsplan festgesetztes allgemeines Wohngebiet (§ 4 BauNVO). Das „Megaposter" wäre dort nicht einmal ausnahmsweise zulässig, weil es wegen seiner optischen Aufdringlichkeit nicht einem das Wohnen nicht störenden Gewerbebetrieb (§ 4 Abs. 3 Nr. 2 BauNVO) gleichgesetzt werden kann.

Auf diesen Gebietscharakter muß auch bei der Planung einer Werbeanlage im angrenzenden Mischgebiet Rücksicht genommen werden. Die E.-Straße trennt zwei Baugebiete unterschiedlicher Schutzwürdigkeit. Deshalb sind die Grundstücke in den Randbereichen der Gebiete mit einer Verpflichtung zur gegenseitigen Rücksichtnahme belastet. Einerseits muß es hingenommen werden, daß Werbeanlagen von dem Mischgebiet aus in das Wohngebiet hineinwirken. Andererseits darf wegen dieser Wirkung am Rand des Mischgebiets nicht jede Werbeanlage errichtet werden, die inmitten des Gebiets zulässig wäre.

Nach diesem Maßstab ist das „Megaposter" am geplanten Standort wegen seiner Auswirkungen auf das unmittelbar angrenzende Wohngebiet unzulässig. Nach den Feststellungen des Verwaltungsgerichts beim Augenschein, dem Lageplan und den Fotografien, die sich bei den Akten befinden, besteht kein Zweifel, daß die an einer freistehenden Giebelwand unmittelbar an der E.-Straße geplante Werbeanlage in erheblichem Maß auch in das Wohngebiet hineinwirken würde. Hiergegen bestünden wohl keine Bedenken, wenn eine Werbeanlage herkömmlicher Größe geplant wäre. Eine solche „optische Einwirkung" müßte in dem Randbereich des Gebiets, der auch von der vierspurigen Straße und der gewerblichen Nutzung im unmittelbar benachbarten Mischgebiet geprägt ist, wohl hingenommen werden. Ein „Megaposter" ist an dieser Stelle aber nicht zulässig.

Nr. 162

1. Bei der Subsumtion, ob im Einzelfall eine unzulässige störende Häufung von Werbeanlagen i. S. des § 13 Abs. 2 Satz 3 BauO NRW vorliegt, ist sorgfältig zwischen den Begriffen der Häufung und der Störung zu unterscheiden.

2. Die Häufung setzt ein räumlich dichtes Nebeneinander einer Mehrzahl von mindestens drei Werbeanlagen voraus; in die Betrachtung sind Werbeanlagen der Eigen- und Fremdwerbung einzubeziehen.

3. Die Störung setzt voraus, daß der für die Häufung maßgebliche örtliche Bereich im Gesichtsfeld des Betrachters derartig mit Werbeanlagen überladen ist, daß das Auge keinen Ruhepunkt mehr findet und das Bedürfnis nach werbungsfreien Flächen stark hervortritt. Wann die störende Wirkung eintritt, hängt wesentlich von dem Baugebietscharakter, der vorhandenen Bebauung und der tatsächlichen Nutzung des Gebiets ab.

BauO NRW § 13 Abs. 2 Satz 3.

OVG Nordrhein-Westfalen, Urteil vom 20. Februar 2004 – 10 A 3279/02 – (rechtskräftig).

(VG Düsseldorf)

Die Klägerin begehrte vom Beklagten die Erteilung einer Baugenehmigung für die Anbringung einer beleuchtbaren Werbetafel mit den Maßen von 3,80 m x 2,80 m an der südlichen Gebäudeabschlußwand des Hauses K.-Straße 70. Das benachbarte Grundstück K.-Straße 72 ist straßenseitig nicht bebaut. Auf ihm wird ein Autohandel betrieben. Der Beklagte lehnte den Bauantrag mit der Begründung ab, die Anbringung der Werbeanlage an dem geplanten Ort führe zu einer störenden Häufung von Werbeanlagen und sei infolge dessen nach § 13 Abs. 2 BauO NRW unzulässig. Nach erfolglosem Vorverfahren hat die Klägerin Klage erhoben. Diese hat das Verwaltungsgericht abgewiesen. Die vom Senat zugelassene Berufung blieb ohne Erfolg.

Aus den Gründen:
Die beantragte Werbeanlage ist baugenehmigungspflichtig. Sie ist nicht nach § 65 Abs. 1 Satz 1 Nr. 33 BauO NRW genehmigungsfrei, weil sie eine Größe von deutlich mehr als 1 m² aufweist. Nach § 75 Abs. 1 Satz 1 BauO NRW ist die Baugenehmigung nur zu erteilen, wenn dem Vorhaben öffentlich-rechtliche Vorschriften nicht entgegenstehen. Letzteres ist hier jedoch der Fall. Die beantragte beleuchtbare Eurotafel verstößt gegen § 13 Abs. 2 Satz 3 BauO NRW. Danach ist die störende Häufung von Werbeanlagen unzulässig.

Das Verbot der störenden Häufung ist ein Unterfall des allgemeinen Verunstaltungsverbots. Die Regelung selbst begegnet keinen verfassungsrechtlichen Bedenken (vgl. OVG NRW, Urteil v. 6.2.1992 – 11 A 2235/89 –, BRS 54 Nr. 129, und zu § 12 Abs. 2 Satz 3 BayBO a. F., BVerwG, Beschluß v. 3.3.1971 – IV CB 99.69 –, BayVBl. 1971, 226). Das Bundesverwaltungsgericht hat den Begriff der Verunstaltung definiert als einen häßlichen, das ästhetische Empfinden des Beschauers nicht bloß beeinträchtigenden, sondern verletzenden Zustand. Eine bauliche Anlage stört das Gesamtbild der Umgebung, wenn der Gegensatz zwischen ihr und der Umgebung vom Betrachter als belastend oder unlusterregend empfunden wird. Bei der Beurteilung ist auf das Empfinden des sog. gebildeten Durchschnittsmenschen abzustellen (vgl. BVerwG, Urteil v. 28.6.1955 – I C 146.53 –, BVerwGE 2, 172). Maßgeblich ist, ob der Anblick bei einem nicht unbeträchtlichen, in durchschnittlichem Maße für ästhetische Eindrücke aufgeschlossenen Teil der Betrachter nachhaltigen Protest auslöst (vgl. BVerwG, Beschluß v. 13.4.1995 – 4 B 70.95 –, BRS 57

Nr. 109 = NJW 1995, 2648). Die Konkretisierung des Begriffs des „Verunstaltens" in der verwaltungsgerichtlichen Rechtsprechung genügt den rechtsstaatlichen Geboten der Berechenbarkeit des Rechts, der Rechtsklarheit und der Rechtssicherheit; sie genügt der Aufgabe der Rechtsprechung, Grundsätze zu entwickeln, welche die Entscheidung des Einzelfalls normativ zu leiten imstande sind. Die Tatsache, daß hinsichtlich der Rechtsanwendung im einzelnen Fall ein Rest von Unsicherheit verbleibt, folgt aus der Funktion von Rechtsbegriffen der vorliegenden Art als Einschätzungsermächtigung (vgl. BVerfG, Beschluß v. 26. 6. 1985 – 1 BvR 588/84 –, NVwZ 1985, 819).

Bei der Subsumtion im Einzelfall ist zu beachten, daß zwischen den Begriffen der Häufung und der Störung inhaltlich sorgfältig zu unterscheiden ist.

Die *Häufung* im Sinne dieser Vorschrift setzt ein räumlich dichtes Nebeneinander einer Mehrzahl gleicher oder verschiedener Anlagen der Außenwerbung voraus. Dabei sind Werbeanlagen jeder Art in die Betrachtung einzubeziehen. Es kommt nicht darauf an, ob es sich um Fremd- oder Eigenwerbung, genehmigungsfreie, genehmigungspflichtige oder nur geduldete Einrichtungen handelt. Eine Häufung von Werbeanlagen liegt nur vor, wenn mehrere, mindestens aber drei Werbeanlagen in eine enge räumliche Beziehung gebracht werden. Der Begriff der Häufung erfordert, daß diese mehreren Werbeanlagen gleichzeitig im Gesichtsfeld des Betrachters liegen und ihre optische Wirkung gleichzeitig gemeinsam ausüben. Die Werbeanlagen müssen ohne weiteres mit einem Blick erfaßt werden können. Ein Straßenbild darf nicht in verschiedene Teilstrecken aus unterschiedlicher Blickrichtung gleichsam zerlegt werden (OVG NRW, Urteil v. 6. 2. 1992, a. a. O.).

Die *Störung* setzt voraus, daß der für die Häufung maßgebliche örtliche Bereich im Gesichtsfeld des Betrachters derartig mit Werbeanlagen überladen ist, daß das Auge keinen Ruhepunkt mehr findet und das Bedürfnis nach werbungsfreien Flächen stark hervortritt. Wann die störende Wirkung eintritt, hängt wesentlich von dem Baugebietscharakter, der vorhandenen Bebauung und der tatsächlichen Nutzung des Gebiets ab. Dies belegen bereits die Regelungen in § 13 Abs. 4 BauO NRW (OVG NRW, Urteile v. 2. 2. 1989 – 11 A 2009/87 –, und v. 6. 2. 2002 – 10 A 3464/01 –, BauR 2003, 1358, 1361; Hess. VGH, Urteil v. 14. 4. 1982 – IV OE 83/79 –, BRS 39 Nr. 139; Docddinghaus/Hahn/Schulte, BauO NRW, Stand: 1. 10. 2003, § 13 Rdnr. 43).

Verbietet § 13 Abs. 4 BauO NRW ein Einwirken von Fremdwerbung auf vornehmlich dem Wohnen dienende Baugebiete, so ist bei der Beurteilung, ob eine Häufung von Fremdwerbeanlagen stört, zu berücksichtigen, daß diese in Misch-, Kern-, Gewerbe- und Industriegebieten grundsätzlich zulässig sind (vgl. BVerwG, Urteil v. 28. 4. 1972 – IV C 11.69 –, BRS 25 Nr. 127 m. w. N.). Dies hat zur Folge, daß beispielsweise eine gewisse Ansammlung von Werbeanlagen bei einem gewerblich geprägten Straßenbild oder einer städtischen Geschäftsstraße i. d. R. nicht als störende Häufung angesehen werden darf (vgl. Lechner, in: Simon/Busse, Bay. BauO, Loseblatt-Kommentar, Stand: Oktober 2003, Art. 11 Rdnr. 716). Das Verbot der störenden Häufung von Werbeanlagen trifft nachkommende Anlagen der Außenwerbung. Dabei kommt der Grundsatz der Priorität zur Anwendung. Nicht genehmigte Anlagen sind dann zu berücksichtigen, wenn mit ihrer Beseitigung in absehbarer Zeit nicht

Nr. 162

zu rechnen ist (vgl. OVG NRW, Urteil v. 17. 4. 2002 – 10 A 4188/01 –, BRS 65 Nr. 147 = BauR 2002, 1231 ff.).

Die Ortsbesichtigung des Vorsitzenden und die Auswertung der angefertigten Lichtbilder haben ergeben, daß sich in unmittelbarer Nähe des geplanten Anbringungsortes derzeit bereits 17 Werbeanlagen befinden, die gleichzeitig mit der geplanten Anlage in den Blick des Betrachters fallen. Auch unter Berücksichtigung der Tatsache, daß es sich bei der K.-Straße um eine viel befahrende überörtliche Verbindungsstraße handelt, die gegenüberliegende Straßenseite durch moderne Bürogebäude geprägt ist und der nicht überplante Bereich um das Gebäude K.-Straße 70 jedenfalls in den Erdgeschossen und insbesondere auf den nicht bebauten Grundstücken eine intensive gewerbliche Nutzung aufweist, ist die festgestellte Häufung als störend zu beurteilen. Die Eigenwerbung des Reisebüros auf dem genannten Grundstück mit zwei Vorstehtransparentkombinationen mit jeweils sechs Auslegern wirkt bereits für sich als störend i. S. des § 13 Abs. 2 Satz 3 BauO NRW. Die 12 Einzelwerbanlagen für Fluggesellschaften und Reiseveranstalter unterscheiden sich insbesondere in der Farbgebung stark. Sie rahmen die Fassade des Gebäudes K.-Straße 70 beidseitig von der Oberkante des Erdgeschosses bis zur Traufhöhe ein. Diese „Einrahmung" der Vorderfront des Gebäudes mit Werbeanlagen des Reisebüros hat bereits für sich genommen eine überaus negative Auswirkung auf das Erscheinungsbild der Straße in der näheren Umgebung. Diese Kumulation i. V. m. der Farbgebung bewirkt eine Aufdringlichkeit der Werbung an der Stätte der Leistung und damit die störende Häufung (vgl. OVG Berlin, Beschluß v. 20. 6. 2003 – 2 S 16.03 –, GewArch. 2003, 440).

Hinzu treten weitere Flachtransparente und schließlich die Eurotafel und das Superposter an der Giebelwand des Gebäudes K.-Straße 62. Die bereits jetzt vorhandene störende Häufung würde durch die von der Klägerin beantragten Fremdwerbung am Giebel des Gebäudes K.-Straße 70 nochmals nachhaltig verstärkt.

Da es keinen Grundsatz gibt, daß ein mit Werbung bereits überlasteter Ort nicht weiter verunstaltet werden kann, scheidet auch aus diesem Grund eine Genehmigungsfähigkeit der Eurotafel an diesem Anbringungsort aus. Hierin liegt auch kein Verstoß gegen Art. 3 GG. Der Gleichheitssatz verleiht der Klägerin gegenüber dem Beklagten keinen Anspruch auf die Beibehaltung einer rechtswidrigen Genehmigungspraxis und die Erteilung einer rechtswidrigen Baugenehmigung.

Diese Beurteilung fiele nicht anders aus, wenn der Anbringungsort in einem ausgewiesenen Kerngebiet läge, was hier nicht der Fall ist. Eine solche Darstellung im Flächennutzungsplan hat nämlich insoweit keine rechtlich beachtliche Außenwirkung. Auch wenn in Kerngebieten Fremdwerbung grundsätzlich zulässig ist und vom Betrachter erwartet wird, rechtfertigt dies nicht eine derartige Häufung und Konzentration solcher Anlagen im Straßenbild, wie sie hier festzustellen war.

Nr. 163

Will die Bauaufsichtsbehörde bei der Erteilung einer Baugenehmigung für eine Werbeanlage von § 75 Abs. 2 Satz 1 NBauO Gebrauch machen, wonach Werbeanlagen widerruflich genehmigt werden können, muß sie unter Berücksichtigung der örtlichen Gegebenheiten begründen, warum die vorhandene bauliche oder verkehrliche Situation die Hinzufügung des Widerrufsvorbehalts erforderlich macht.

NBauO § 75 Abs. 2 Satz 1.

Niedersächsisches OVG, Urteil vom 10. März 2004 – 1 LB 60/03 – (rechtskräftig).

Die Klägerin begehrt die Aufhebung einer ihr erteilten Baugenehmigung zur Errichtung einer Werbetafel, soweit der Widerruf der Gestattung vorbehalten wird, hilfsweise, die Verpflichtung der Beklagten zur Erteilung einer Baugenehmigung für die Werbetafel ohne Widerrufsvorbehalt.

Die Klägerin vermietet gewerblich von ihr aufgestellte Werbetafeln. Sie beantragte bei der Beklagten die Baugenehmigung zur Errichtung einer sog. Euro-Werbetafel (Klebefläche 366 cm x 260 cm), bestehend aus Sperrholzplatten in einem Aluminiumrahmen auf Tafelgerüst, auf dem Parkplatz eines Hobbygartencenters.

Die Beklagte erteilte 2001 die begehrte Baugenehmigung unter dem Vorbehalt des jederzeitigen Widerrufs, den sie wie folgt begründete: Werbeanlagen könnten gemäß § 75 Abs. 2 Satz 1 NBauO widerruflich genehmigt werden, da sie häufig nur eine beschränkte Zeit in der gewählten Form Bestand hätten. Vom Widerruf werde Gebrauch gemacht, wenn durch das öffentliche Baurecht geschützte Belange beeinträchtigt würden.

Dem widersprach die Klägerin unter dem 19. 4. 2001 mit der Begründung, sie habe Anspruch auf eine unwiderrufliche Baugenehmigung. Soweit § 75 Abs. 2 Satz 1 NBauO etwas anderes bestimme, verstoße diese Vorschrift gegen das Eigentumsgrundrecht. Für eine unterschiedliche Beurteilung „normaler" baulicher Anlagen und Werbeanlagen gebe es keine sachlichen Gründe.

Aus den Gründen:

Die Berufung der Klägerin ist begründet.

Der Hauptantrag ist als Anfechtungsklage gegen eine Nebenbestimmung zulässig. Die Klägerin begehrt die Aufhebung der ihr erteilten Baugenehmigung zur Errichtung einer Werbeanlage, soweit der Widerruf der Gestattung vorbehalten wird. Nach der Rechtsprechung des Bundesverwaltungsgerichts ist gegen belastende Nebenbestimmungen eines Verwaltungsaktes die Anfechtungsklage gegeben (BVerwG, Urteil v. 10. 7. 1980 – 3 C 136.79 –, BVerwGE 60, 269, 274). Dies gilt insbesondere für einem begünstigenden Verwaltungsakt beigefügte belastende Nebenbestimmung, und zwar unabhängig davon, ob es sich bei der streitigen Nebenbestimmung um eine Befristung, eine Bedingung oder einen Widerrufsvorbehalt handelt (BVerwG, Urteil v. 13. 12. 2000 – 6 C 5.00 –, NVwZ 2001, 919; Urteil v. 22. 11. 2000 – 11 C 2.00 –, NVwZ 2001, 429). Ob die Anfechtung zur isolierten Aufhebung der Nebenbestimmung führt, hängt davon ab, ob der begünstigende Verwaltungsakt ohne die Nebenbestimmung sinnvoller- und rechtmäßigerweise bestehenbleiben kann; dies ist eine Frage der Begründetheit und nicht der Zulässigkeit des Anfechtungsbegehrens, sofern nicht eine isolierte Aufhebbarkeit offenkundig von vornherein ausscheidet (vgl. BVerwG, Urteil v. 17.2.1984 – 4 C 70.80 –, BRS 42 Nr. 176 = BauR 1984, 388; Urteil v. 19.1.1989 – 7 C 31.87 –, BVerwGE 81, 185, 186). Ein derartiger Ausnahmefall liegt hier nicht vor. Die Baugenehmigung zur Errichtung einer Werbeanlage kann nach Aufhebung des Widerrufsvorbehalts weiterbestehen. Der angegriffene Verwaltungsakt ist hinsichtlich seiner Begünstigung, die Errichtung einer Werbeanlage zu gestatten, und der durch die unselbständige Nebenbestimmung des Widerrufsvorbehalts ausgesprochenen Belastung für den Bauherrn, die Baugenehmigung nicht vorbehaltsfrei zu erhalten, teilbar. Im Falle der isolierten Aufhebung des Widerrufsvorbehaltes bekommt die Klägerin die Baugenehmigung, die sie beantragt hat. Der eigentliche Genehmigungsgegenstand wird im Verhältnis zum Genehmigungsantrag nicht verändert.

Es liegen keine Anhaltspunkte dafür vor, daß die verbleibende Baugenehmigung nicht mehr dem geltenden Recht entspräche. Die Baugenehmigung ist eine gebundene Entscheidung, d. h. der Bauherr hat einen Rechtsanspruch auf die Erteilung der Baugenehmigung, wenn das Vorhaben mit dem öffentlichen Baurecht übereinstimmt (§ 75 Abs. 1 Satz 1 NBauO). Daß die Klägerin bei Aufhebung des Widerrufsvorbehalts zunächst von der nebenbestimmungslosen Genehmigung Gebrauch machen könnte, spricht nicht gegen die Statthaftigkeit der Anfechtungsklage. Denn es bleibt der Bauaufsichtsbehörde unbenommen, im Falle der Beanstandung eine Nebenbestimmung mit rechtmäßigem Inhalt nachzuschieben. In der Zwischenzeit wird die widerrufslose Baugenehmigung weder als sinnvolles Ganzes in Frage gestellt noch widerspricht sie der Rechtsordnung.

Der Klageantrag ist begründet. Die Beifügung des Widerrufsvorbehalts ist rechtswidrig und verletzt die Klägerin in ihren Rechten (§ 113 Abs. 1 Satz 1 VwGO).

Die Voraussetzungen zur Erteilung einer Baugenehmigung für die beantragte Werbetafel nach § 75 Abs. 1 Satz 1 NBauO sind gegeben. Die Werbeanlage ist eine genehmigungspflichtige bauliche Anlage nach § 2 Abs. 5, Abs. 1 Satz 2 Nr. 2 NBauO i. V. m. § 49 NBauO, die dem öffentlichen Baurecht i. S. des § 2 Abs. 10 NBauO nicht widerspricht. Soweit die Beklagte die Baugenehmigung unter Widerrufsvorbehalt stellt, hat sie das ihr durch § 75 Abs. 2 Satz 1 NBauO eingeräumte Ermessen fehlerhaft ausgeübt.

Entgegen der Auffassung der Klägerin bestehen gegen die Vorschrift des § 75 Abs. 2 Satz 1 NBauO keine rechtlichen, insbesondere verfassungsrechtlichen Bedenken. Die genannte Norm ist Ermächtigungsgrundlage für eine Nebenbestimmung, mit der die Baugenehmigung eingeschränkt wird. Nach § 36 Abs. 1 VwVfG i. V. m. § 1 Abs. 1 Satz 1 NdsVwVfG darf ein Verwaltungsakt, auf den ein Anspruch besteht, mit einer Nebenbestimmung nur versehen werden, wenn sie durch Rechtsvorschrift zugelassen ist oder wenn sie sicherstellen soll, daß die gesetzlichen Voraussetzungen des Verwaltungsaktes erfüllt werden können. Die zweite Alternative ist hier nicht einschlägig. Mit der gesetzlichen Regelung in § 75 Abs. 2 Satz 1 NBauO wird von dem Grundsatz abgewichen, daß bauliche Anlagen, die mit dem geltenden öffentlichen Baurecht vereinbar sind, unbeschränkt zu genehmigen sind. Dabei kann dahinstehen, ob die genannte Bestimmung als eine § 36 Abs. 1 VwVfG ausfüllende

Norm oder als „inhaltsgleiche oder entgegenstehende" Vorschrift nach § 1 Abs. 1 Satz 2 NdsVwVfG, die die Anwendung des NdsVwVfG bzw. VwVfG des Bundes ausschließt, zu verstehen ist. Nach beiden Betrachtungsweisen bildet § 75 Abs. 2 Satz 1 NBauO die gesetzliche Grundlage für eine den Rechtsanspruch auf Erteilung der Baugenehmigung beschränkende Nebenbestimmung.

Es ist deshalb nicht von rechtlicher Bedeutung, daß die Bauordnungen anderer Bundesländer überwiegend vergleichbare Vorschriften nicht enthalten. Der niedersächsische Landesgesetzgeber ist in den durch das VwVfG des Bundes und das NdsVwVfG aufgezeigten Grenzen frei, die Zulässigkeit von Nebenbestimmungen zu regeln. Daß das VG Weimar in seiner Entscheidung vom 17. 11. 1999 (– 1 K 1083/99 –, ThürVBl. 2000, 89) die Regelung des § 70 Abs. 3 Satz 1 ThürBO, wonach die Baugenehmigung mit Nebenbestimmungen versehen werden kann, als bloße Bekräftigung des allgemeinen Verwaltungsverfahrensrechts zur Zulässigkeit von Nebenbestimmungen (§ 36 ThürVwVfG) einstuft, hat deshalb ebenfalls keinen Einfluß auf die Auslegung des Niedersächsischen Landesrechts.

Mit Art. 14 GG ist § 75 Abs. 2 Satz 1 NBauO vereinbar. Die Befugnis, ein Grundstück zu bebauen, soweit dem Bauvorhaben keine materiell-rechtlichen Hindernisse entgegenstehen, gehört zu den wichtigsten Inhalten des verfassungsrechtlich geschützten Grundstückseigentums. Es ist in der Rechtsprechung anerkannt, daß bauordnungsrechtliche Rechtsvorschriften die Baufreiheit begrenzen können, ohne den Wesensgehalt des Eigentumsrechts zu verletzen. Dem Grundstückseigentümer ist zuzumuten, sich diesen Vorschriften zu fügen, soweit sie vom Regelungszweck her erforderlich sind und ihre Beachtung ihn nicht übermäßig belastet, also das Grundeigentum nicht in seiner Substanz berührt und die grundsätzliche Baufreiheit nicht übermäßig eingeschränkt wird (BVerfG, Urteil v. 15. 1. 1969 – 1 BvR 3/66 –, BVerfGE 25, 112; Beschluß v. 26. 1. 1987 – 1 BvR 969/83 –, NVwZ 1987, 879). § 75 Abs. 2 Satz 1 NBauO enthält eine solche Inhalts- und Schrankenbestimmung i. S. des Art. 14 Abs. 1 Satz 2 GG. Eine Werbeanlage dient im Regelfall der Ankündigung, Anpreisung oder dem Hinweis auf Gewerbe und Beruf. Als örtlich gebundene Einrichtung soll sie von allgemein zugänglichen Verkehrs- oder Grünflächen aus sichtbar sein, um den gewünschten Werbeeffekt erzielen zu können. Ihr besonderer Zweck und ihre Abhängigkeit von der Einsehbarkeit des gewählten Standortes können es rechtfertigen, eine besondere Umgebungssituation der Anlage bei der Entscheidung über die Baugenehmigung zu berücksichtigen. Ist absehbar, daß sich die vorhandene verkehrliche oder bauliche Situation in einem überschaubaren Zeitraum ändern könnte, kann es angezeigt sein, diesem Umstand durch Beifügung eines Widerrufsvorbehalts Rechnung zu tragen.

Gründe des Bestandsschutzes können den geltend gemachten Anspruch ebenfalls nicht rechtfertigen. Die Klägerin meint, mit dem Rechtsanspruch auf Erteilung der Baugenehmigung korrespondiere stets die sich aus der Baugenehmigung ergebende gesicherte Position in Form des Bestandsschutzes. Zu Unrecht beruft sich die Klägerin zur Begründung auf die Rechtsprechung des Bundesverwaltungsgerichts zum Bestandsschutz. Das Bundesverwaltungsgericht hat in dem zitierten Urteil vom 12.3.1998 (– 4 C 10.97 –, BVerwGE 106, 228 = BRS 60 Nr. 98 = BauR 1998, 768) in Abkehr von seiner früheren Rechtsprechung, die von der Vorstellung geprägt war, daß sich unmittelbar aus Art. 14 Abs. 1 Satz 1 GG Anspruchspositionen ableiten lassen, noch einmal bekräftigt, daß es einen Anspruch auf Zulassung eines Vorhabens aus eigentumsrechtlichem Bestandsschutz außerhalb der gesetzlichen Regelungen nicht gibt. Auch die Baufreiheit, die vom Schutzbereich des Eigentumsgrundrechts umfaßt werde, sei nur nach Maßgabe des einfachen Rechts gewährleistet. Weiter heißt es, rechtlichen Schutz genieße eine Eigentumsposition im Bereich des Baurechts nur im Rahmen der mit ihr zulässigerweise verbundenen, gesetzlich definierten Befugnisse. Der niedersächsische Landesgesetzgeber hat in § 75 Abs. 2 Satz 1 NBauO eine Regelung geschaffen, mit Hilfe derer der Anspruch auf eine Baugenehmigung eingeschränkt wird. Damit hat er u. a. für die Baugenehmigung einer Werbeanlage eine Inhalts- und Schrankenbestimmung i. S. von Art. 14 Abs. 1 Satz 2 GG getroffen, die nach den vorstehenden Ausführungen unbedenklich ist.

Der angegriffene Widerrufsvorbehalt ist aufzuheben, weil die Beklagte das ihr zustehende Ermessen nicht sachgerecht ausgeübt hat. Der von der Beklagten der Baugenehmigung beigefügte Widerrufsvorbehalt ist unverhältnismäßig. Nach den vorstehenden Ausführungen muß eine Norm, die – wie hier § 75 Abs. 2 Satz 1 NBauO – das Privateigentum einschränkt, das Verhältnismäßigkeitsprinzip beachten, damit der Gewährleistungsgehalt von Art. 14 Abs. 1 Satz 1 GG unangetastet bleibt (BVerfG, Urteil v. 19.6.1985 – 1 BvR 57/79 –, BVerfGE 70, 171). Wird der Behörde durch die gesetzliche Vorschrift Ermessen eingeräumt, muß diese bei seiner Ausübung die vom Gesetzgeber im Rahmen des Art. 14 Abs. 1 Satz 2 GG getroffene Wertung nachvollziehen. Das verbietet ihr hier, einschränkungslos von dem Widerrufsvorbehalt Gebrauch zu machen. Die Ausübung des Ermessens darf daher nicht zu einer unverhältnismäßigen Beeinträchtigung des Betroffenen führen. Dies ist der Fall, wenn die durch die Entscheidung hervorgerufene Beeinträchtigung der Rechtsposition des Betroffenen durch andere gegenläufige Interessen, die mit der Entscheidung verfolgt werden, nicht zu rechtfertigen ist (Kopp/Ramsauer, VwVfG, 8. Aufl. 2003, § 40 Rdnr. 65). Daran gemessen ist die Baugenehmigung, soweit sie widerruflich erteilt wird, rechtlich zu beanstanden.

Die Baugenehmigung der Beklagten führt zum Vorbehalt aus, Werbeanlagen könnten widerruflich genehmigt werden, weil sie häufig nur eine beschränkte Zeit in der gewählten Form Bestand hätten. Diese Begründung genügt nicht den dargestellten Vorgaben. Angesichts der durch Art. 14 Abs. 1 Satz 1 GG grundsätzlich garantierten Verfügungsbefugnis über das Privateigentum reicht es nicht aus, ohne konkreten Bezug auf die örtlichen Gegebenheiten den Vorbehalt eines jederzeitigen Widerrufs anzuordnen. § 75 Abs. 2 Satz 1 NBauO bietet keine Grundlage für einen Vorbehalt, der allein mit der bloßen Möglichkeit einer späteren Rechts- oder Tatsachenänderung begründet wird (vgl. zu § 36 VwVfG Kopp/Ramsauer, a. a. O., § 36 Rdnr. 45). Will die Bauaufsichtsbehörde von dem Vorbehalt Gebrauch machen, muß sie im einzelnen unter Bezugnahme auf den Standort der beantragten Werbeanlage begründen, warum die Hinzufügung der Nebenbestimmung verhältnismäßig ist. Eine pauschale Bezugnahme darauf, daß sich die verkehrliche oder bauliche Situation ändern könnte, reicht nicht aus. Es ist vielmehr darzulegen, warum der Vorbehalt des Widerrufs in der konkret vorhandenen Situation erforderlich ist. Diesen Anforderungen genügt die streitige Nebenbestimmung nicht. Sie stellt pauschal darauf ab, daß Werbeanlagen häufig nur eine beschränkte Zeit in der gewählten Form Bestand hätten. Soweit die Bezirksregierung E. in dem Widerspruchsbescheid ausführt, Werbeanlagen seien wegen ihrer naturgemäß auffallenden Erscheinung und exponierten Lage dafür anfällig, mit einer sich wandelnden Umgebung in Konflikt zu geraten, ist diese – nicht auf den konkreten Einzelfall bezogene – Begründung ebenfalls unzureichend. Anhaltspunkte dafür, daß die genehmigte Werbeanlage an der Stelle, an der sie errichtet werden soll, in der Zukunft Konflikte auslösen könnte, sind nicht ersichtlich. Die Euro Tafel soll auf einem weitläufigen Kundenparkplatz für ein Hobbygartencenter aufgestellt werden. Örtliche Besonderheiten weist dieser Standort nach den mit den Bauvorlagen überreichten Fotos nicht auf.

Anzumerken ist, daß sich die Unverhältnismäßigkeit des Widerrufsvorbehaltes im vorliegenden Verfahren nicht aus dem Wert der in Rede stehenden Werbeanlage herleiten läßt. Genehmigungsgegenstand ist eine Pfostentafel mit Aluminiumrahmen, deren Herstellungskosten die Klägerin im Antragsverfahren mit 640,– DM beziffert hat. Etwas anderes könnte aber gelten, wenn sich der Genehmigungsantrag auf eine Anlage der neuen Generation von City-Star- bzw. City-Light-Board-Werbeanlagen bezieht, die bis zu 20 000,– € kosten und nach Angaben der Klägerin für eine Firma, die Außenwerbung gewerblich betreibt, ein erhebliches Betriebskapital darstellen. Diese hochwertigen Werbevitrinen sollen nach den Vorstellungen ihres Betreibers auf Dauer errichtet werden. Ein solches Interesse muß bei der Entscheidung über die Anordnung eines Widerrufsvorbehalts Berücksichtigung finden.

C. Rechtsprechung zum Baugenehmigungsverfahren

I. Bauliche Anlage und Genehmigungspflicht

Nr. 164

Lebende Hecken sind keine Einfriedungen i.S. von §8 Abs. 8 Satz 3 LBauO. Ihre Höhenbegrenzung ergibt sich allein aus dem Landesnachbarrechtsgesetz.

LBauO §8 Abs. 8 Satz 1, Satz 3 F: 1998.

OVG Rheinland-Pfalz, Urteil vom 15. Juni 2004 – 8 A 10464/04 – (rechtskräftig).

Die Beteiligten streiten über die zulässige Höhe einer Thujahecke.

Der Kläger ist Eigentümer des Grundstücks A-Straße. Es ist im nördlichen Bereich mit einem nach Osten hin nahezu grenzständigen Wohnhaus bebaut. Im Anschluß daran hat der Kläger entlang der östlichen Grundstücksgrenze auf einer Länge von etwa 50 m einen ca. 1,50 m hohen Maschendrahtzaun errichtet und dahinter eine Thuja-Hecke gepflanzt. Im Osten grenzt das Grundstück des Klägers an ein Flurstück welches gleichfalls im nördlichen Bereich mit einem Wohnhaus bebaut ist; dieses hält zur westlichen Grundstücksgrenze nur einen Abstand von ca. 1,00 bis 1,50 m ein. Der Eigentümer dieses Grundstücks erstattete gegen den Kläger Anzeige, da die Thuja-Hecke etwa 4,00 m hoch, dicht und undurchsichtig sei und sein Anwesen unzumutbar verschatte.

Die Beklagte gab ihm mit Verfügung vom November 2002 auf, innerhalb von zwei Wochen nach Bestandskraft die besagte Thuja-Hecke auf eine Höhe von maximal 2,00 m zu kürzen und zukünftig dafür zu sorgen, daß sie diese Höhe nicht überschreitet. Zur Begründung führte sie aus, die Thuja-Hecke sei im Sinne des Bauordnungsrechts eine Einfriedung, die mit Rücksicht auf die Nachbarn nicht höher als 2 m sein dürfe.

Nach erfolglosem Vorverfahren (Widerspruchsbescheid vom 11. 4. 2003) hat der Kläger mit der Klage geltend gemacht: Er habe die Hecke in Übereinstimmung mit dem Nachbarrechtsgesetz in 0,75 m Abstand zur Grenze gepflanzt. Nicht sie, sondern allein der Drahtzaun sei Einfriedung im bauordnungsrechtlichen Sinn.

Das Verwaltungsgericht hat die Klage abgewiesen, weil die angefochtene Verfügung rechtmäßig sei: Bei der Thuja-Hecke handele es sich zwar nicht um eine bauliche Anlage, wohl aber um eine andere Anlage oder Einrichtung, an die das Bauordnungsrecht Anforderungen stelle. Von der geschlossenen Hecke gingen Wirkungen wie von einem Gebäude aus. Da sie als Einfriedung anzusehen sei, dürfe sie eine Höhe von 2 m nicht überschreiten.

Das Oberverwaltungsgericht gab der Berufung des Klägers statt.

Aus den Gründen:

Die angefochtene Verfügung in Gestalt des sie bestätigenden Widerspruchsbescheides verletzt den Kläger in eigenen Rechten. Sie läßt sich nicht auf §81 Satz 1 LBauO stützen, wonach die (Teil-)Beseitigung baulicher Anlagen oder anderer Anlagen und Einrichtungen i. S. des §1 Abs. 1 Satz 2 LBauO angeordnet werden kann, falls diese gegen baurechtliche oder sonstige öffentlich-rechtliche Vorschriften verstoßen. Zwar trifft es zu, daß eine Thuja-

Hecke, die nicht aus Bauprodukten hergestellt und daher keine bauliche Anlage ist, eine andere Anlage oder Einrichtung i. S. von § 1 Abs. 1 Satz 2 LBauO sein kann, an die dieses Gesetz, je nach dem betreffenden Sachzusammenhang, Anforderungen stellt. Gegen den hier allein in Betracht zu ziehenden § 8 Abs. 8 Satz 3 LBauO, der Einfriedungen regelmäßig auf eine Höhe bis zu 2 m begrenzt, verstößt die umstrittene Thuja-Hecke aber nicht, weil diese Norm auf sie nicht anwendbar ist. Der gegenteiligen Auffassung des Verwaltungsgerichts vermag der Senat im Hinblick auf Systematik und Entstehungsgeschichte der Norm nicht zu folgen.

§ 8 Abs. 8 LBauO beruht in seiner heutigen Fassung auf dem Gesetz vom 24. 11. 1998 (GVBl., S. 365). Zuvor waren die nun dort zusammengefaßten abstandsrechtlichen Regelungen für bauliche Anlagen, andere Anlagen und Einrichtungen, von denen Wirkungen wie von oberirdischen Gebäuden ausgehen, einerseits und für Einfriedungen und Stützmauern andererseits auf verschiedene Absätze des § 8 verteilt (s. § 8 Abs. 9, Abs. 10 Satz 1 Nr. 3 LBauO 1986 bzw. § 8 Abs. 8, Abs. 9 Satz 1 Nr. 3 LBauO 1995). Gleichwohl hat der erkennende Senat schon für die damalige Rechtslage betont, daß jene Bestimmungen nicht isoliert zu lesen waren, sondern ihren zutreffenden Aussagegehalt erst aus dem Kontext gewannen.

Daraus hat er gefolgert, daß Einfriedungen i. S. des § 8 LBauO nur solche sind, von denen Wirkungen wie von oberirdischen Gebäuden ausgehen (Urteil v. 13. 10. 1993, AS 24, 149, 151). Für die Neuregelung, die – dem systematischen Verständnis jenes Urteils folgend – Anlagen und Einrichtungen, von denen gebäudegleiche Wirkungen ausgehen, sowie Einfriedungen in einem Absatz zusammengefaßt hat, muß dasselbe erst recht gelten.

Von lebenden Hecken geht eine gebäudegleiche Wirkung nicht aus (so zutreffend Simon/Dhom, Bayerische Bauordnung, Art. 6 Rdnr. 292). Sie unterscheiden sich von Gebäuden nicht nur insofern, als sie jedenfalls typischerweise nicht in gleicher Weise licht- und luftundurchlässig sind wie diese, sondern auch dadurch, daß sie wegen ihres Höhen- und Breitenwachstums einerseits und ihres möglichen und nachbarrechtlich gebotenen Rückschnitts andererseits einer ständigen Veränderung unterliegen. Auch Gründe des Brandschutzes erfordern es ersichtlich nicht, die für die oben genannten Einfriedungen geltende Abstandsregel auf Hecken auszudehnen.

Die Gesetzesmaterialien zu § 8 Abs. 8 LBauO stützen dieses Auslegungsergebnis. Mit Einfriedungen sind danach nur „bauliche Anlagen (...), die keine Gebäude sind" gemeint (LT-Drucks. 13/3040 v. 5. 5. 1998, S. 51). Auch die dort weiter angestellte Erwägung, daß für die früher in § 8 Abs. 9 Satz 1 LBauO 1995 getroffene Regelung, wonach Einfriedungen auch in einem Abstand von bis zu 1 m von der Grundstücksgrenze errichtet werden durften, kein praktisches Bedürfnis bestehe und sie daher entfallen könne, verdeutlicht, daß lebende Hecken damit nicht angesprochen sind. Gerade sie werden nämlich regelmäßig nicht unmittelbar an der Grenze, sondern in einem gewissen Abstand zu ihr errichtet.

Ein weiterer entscheidender Hinweis darauf, daß § 8 Abs. 8 Satz 3 LBauO auf Hecken keine Anwendung findet, ergibt sich schließlich aus den Vorschriften des Landesnachbarrechtsgesetzes – LNRG –, das in seinem § 45 detaillierte Regelungen über Grenzabstände für Hecken trifft. Aus der Begründung zu dieser durch Gesetz (vV. 21.7.2003, GVBl., S. 209) geänderten Bestimmung ergibt sich, daß die dortigen Abstandsregelungen für Pflanzen regelmäßig als geeignet angesehen werden, einen angemessenen Ausgleich zwischen den widerstreitenden Interessen der Grundstücksnachbarn herbeizuführen. Gerade für Hecken, die höher als 2 m sind, wurde die jetzt in §45 LNRG n.F. getroffene Neuregelung für erforderlich, aber auch ausreichend gehalten, um einerseits dem Eigentümer die größtmögliche Gestaltungsfreiheit zu belassen und andererseits den Nachbarn vor unzumutbaren Beeinträchtigungen seines Grundstücks zu schützen (LT-Drucks. 14/2154 v. 29.4.2003, S. 8). Der Senat verkennt zwar nicht, daß das dem Zivilrecht angehörende Nachbarrechtsgesetz und die Landesbauordnung grundsätzlich unabhängig nebeneinanderstehen (Jeromin, LBauO, §8 Rdnr. 13 m.w.N.). Dies schließt es aber nicht aus, aus dem einen Regelwerk gewisse Auslegungshinweise für das jeweils andere zu gewinnen, um Wertungswidersprüche zu vermeiden. Die detaillierte Regelung über Grenzabstände (auch) für höhere Hecken liefe erkennbar leer, wenn bereits kraft nachbarschützender, öffentlich-rechtlicher Norm feststünde, daß sie nicht höher als 2 m sein dürfen.

Nr. 165

1. **Eine „Windfarm" i.S. der Nr.1.6 der Anlage 1 zum UVPG und der Nr.1.6 des Anhangs zur 4. BImSchV ist dadurch gekennzeichnet, daß sie aus mindestens drei Windkraftanlagen besteht, die einander räumlich so zugeordnet sind, daß sich ihre Einwirkungsbereiche überschneiden oder wenigstens berühren.**

2. **Sobald die für eine „Windfarm" maßgebliche Zahl von drei Windkraftanlagen erreicht oder überschritten wird, ist unabhängig von der Zahl der Betreiber ein immissionsschutzrechtliches Genehmigungsverfahren durchzuführen.**

BImSchG §4 Abs. 1 Satz 1 und 3, §6 Abs. 1, §9 Abs. 1 und 3, §§10, 13, 19, 67 Abs. 4, 4. BImSchV §1 Abs. 1 Satz 1, Abs. 3 und 5, §2 Abs. 1 Satz 1 Nr. 1 Buchst. c, Nr. 1.6 des Anhangs; BauGB §35 Abs. 1 Nr. 6; UVPG §2 Abs. 1 Satz 1, Nr. 1.6 der Anlage 1.

Bundesverwaltungsgericht, Urteil vom 30. Juni 2004 – 4 C 9.03 –.

(OVG Rheinland-Pfalz)

Die Klägerin, ein Windenergieunternehmen, beantragte im Juli 1999 die Erteilung von Bauvorbescheiden für die Errichtung von Windkraftanlagen mit einer Nennleistung von jeweils 1300 kW im Gebiet der beigeladenen Ortsgemeinde. Als Standort bezeichnete sie u.a. den Bereich der Flur 7 der Gemarkung W. (Parzelle 41) für vier weitere Anlagen. Der Beklagte lehnte die Erteilung der beantragten Bauvorbescheide ab. Widerspruch und Klage blieben erfolglos.

Nr. 165

Das Oberverwaltungsgericht hat die Berufung teilweise zugelassen. Während des Berufungsverfahrens zeigte die Klägerin dem Beklagten 2003 an, daß in bezug auf zwei der vier Windkraftanlagen, die den Gegenstand der Bauvoranfrage für die Flur 7 der Gemarkung W. bildeten, ein Bauherrenwechsel stattgefunden habe. Als neue Bauherrin für die Windkraftanlagen WKA 1 und WKA 2 auf der Parzelle 41 wurde Frau J. benannt. Das Oberverwaltungsgericht hat der Berufung teilweise stattgegeben.

Aus den Gründen:

Die Klägerin hat keinen Anspruch darauf, daß der Beklagte einen positiven Bauvorbescheid für die Windkraftanlagen WKA 1 und WKA 2 auf der Parzelle 41 in Flur 7 der Gemarkung W. zugunsten der Frau Inge J. erteilt.

Entgegen den vom Berufungsgericht geäußerten Zweifeln ist die auf dieses Ziel gerichtete Klage allerdings zulässig.

Der Klägerin läßt sich die Prozeßführungsbefugnis nicht absprechen. Nach § 265 Abs. 1 ZPO, der nach § 173 VwGO entsprechend auch im Verwaltungsrechtsstreit anwendbar ist, schließt die Rechtshängigkeit das Recht der einen oder der anderen Partei nicht aus, die im Streit befangene Sache zu veräußern oder den geltend gemachten Anspruch abzutreten. Nach § 265 Abs. 2 Satz 1 ZPO hat die Veräußerung oder Abtretung auf den Prozeß keinen Einfluß. Diese Regelung greift hier tatbestandlich ein. Die Klägerin hat ursprünglich beantragt, für die Windkraftanlagen WKA 1 und WKA 2 ihr selbst einen Bauvorbescheid zu erteilen. Durch den Bauantrag hat sie nach § 54 LBauO die Rechtsstellung eines Bauherrn erworben, die nach § 55 Abs. 5 LBauO übertragbar ist. Einer zivilrechtlichen Abtretung vergleichbar handelt es sich bei einem Bauherrenwechsel um einen Fall der gewillkürten Rechtsnachfolge, die nichts an der Stellung der bisherigen Beteiligten ändert. Der alte Bauherr ist berechtigt, das Verfahren kraft Prozeßstandschaft für den Rechtsnachfolger weiter zu betreiben. Allerdings hat er, um einer Klageabweisung vorzubeugen, seinen Antrag auf Leistung an den Nachfolger umzustellen. Diesem Erfordernis hat die Klägerin Rechnung getragen.

In dem umgestellten Antrag ist keine unzulässige Klageänderung zu sehen. Freilich wertet die Rechtsprechung einen gewillkürten Parteiwechsel als Klageänderung i. S. des § 91 VwGO (vgl. BVerwG, Urteile v. 29.8.1986 – 7 C 51.84 –, NVwZ 1987, 215, und v. 3.7.1987 – 4 C 12.84 –, NJW 1988, 1228). Von einem solchen Wechsel kann im Falle des § 265 Abs. 2 Satz 1 ZPO aber keine Rede sein. Der Rechtsvorgänger prozessiert im eigenen Namen über das – inzwischen – fremde Recht weiter. Es handelt sich um eine gesetzlich angeordnete Form der Prozeßstandschaft, die rechtlich ebensowenig als Klageänderung zu qualifizieren ist wie die in § 264 ZPO geregelten Tatbestände (vgl. BGH, Urteil v. 7.11.1957 – II ZR 280/55 –, BGHZ 26, 31).

Das Berufungsgericht ist im Ergebnis zu Recht davon ausgegangen, daß die Klage unbegründet ist.

Ein Bauvorbescheid kann nicht erteilt werden. Das Vorhaben, um dessen Verwirklichung es geht, ist baurechtlich nicht zulassungsfähig, da seine Zulassung nach Immissionsschutzrecht zu erfolgen hat.

Durch Art. 4 des Gesetzes zur Umsetzung der UVP-Änderungsrichtlinie, der IVU-Richtlinie und weiterer EG-Richtlinien zum Umweltschutz vom 27.7.2001 (BGBl. I, 1950) wurde die Verordnung über genehmigungsbedürftige Anlagen – 4. BImSchV – i. d. F. vom 14. 3. 1997 (BGBl. I, 504) geändert. Unter der Nummer 1.6 werden im Anhang dieser Verordnung nunmehr in Spalte 1 „Windfarmen mit sechs oder mehr Windkraftanlagen" sowie in Spalte 2 „Windfarmen mit drei bis weniger als sechs Windkraftanlagen" aufgeführt. Hierin spiegelt sich die normative Wertung wieder, daß Windkraftanlagen unter den in der Nummer 1.6 des Anhangs genannten Voraussetzungen Anlagen sind, die einer immissionsschutzrechtlichen Genehmigung bedürfen, weil ihre Errichtung und ihr Betrieb in besonderem Maße geeignet sind, schädliche Umwelteinwirkungen hervorzurufen (§ 4 Abs. 1 Satz 1 und 3 BImSchG). Das Genehmigungsverfahren regelt der Gesetzgeber in § 10 BImSchG. Die Einzelheiten (z. B. die Anforderungen an die Öffentlichkeitsbeteiligung) ergeben sich aus der Verordnung über das Genehmigungsverfahren – 9. BImSchV – i. d. F. vom 29. 5. 1992 (BGBl. I, 1001). § 19 BImSchG eröffnet die Möglichkeit, ein vereinfachtes Verfahren ohne förmliche Beteiligung der Öffentlichkeit durchzuführen. Diese Unterscheidung greift der Verordnungsgeber in § 2 Abs. 1 der 4. BImSchV auf. Danach wird das Genehmigungsverfahren für Anlagen, die in Spalte 1 des Anhangs genannt sind, nach § 10 BImSchG und für Anlagen, die in Spalte 2 des Anhangs aufgeführt sind, nach § 19 BImSchG durchgeführt. Eine Besonderheit gilt für Spalte 2 – Anlagen, für die eine Umweltverträglichkeitsprüfung durchzuführen ist. Für sie sieht der Verordnungsgeber ein förmliches Genehmigungsverfahren mit Öffentlichkeitsbeteiligung nach § 10 BImSchG vor (§ 2 Abs. 1 Satz 1 Nr. 1 Buchst. c der 4. BImSchV).

Zu Unrecht geht die Klägerin davon aus, daß die Bauvoranfrage, die den Gegenstand des anhängigen Rechtsstreits bildet, von der Rechtsänderung, die der Gesetzgeber mit dem Gesetz vom 27. 7. 2001 vorgenommen hat, nicht berührt wird. Richtig ist, daß die immissionsschutzrechtliche Relevanzschwelle auch nach der Neuregelung bei drei Windenergieanlagen liegt. Hinter dieser Mindestzahl bleibt die Bauvoranfrage indes nur scheinbar zurück. Die Windkraftanlagen WKA 1 und WKA 2 können nicht isoliert betrachtet werden. Sie bilden zusammen mit den Windkraftanlagen WKA 3 und WKA 4 eine genehmigungsrechtlich unauflösbare Einheit.

Dies folgt freilich entgegen der Auffassung des Berufungsgerichts nicht aus § 1 Abs. 3 der 4. BImSchV. Diese Bestimmung greift tatbestandlich nur dann ein, wenn mehrere Anlagen derselben Art, die in einem räumlichen und betrieblichen Zusammenhang stehen, zusammen die maßgebenden „Leistungsgrenzen" oder „Anlagengrößen" erreichen oder überschreiten werden. Ob Windkraftanlagen einer immissionsschutzrechtlichen Genehmigung bedürfen oder nicht, macht der Normgeber aber nicht davon abhängig, daß diese Merkmale erfüllt sind. Er knüpft, anders als bei verschiedenen sonstigen Anlagen (vgl. aus einer Fülle von Beispielen Nr. 1.3: 100 kW bis 50 MW; Nr. 2.4: 50 t Branntkalk; Nr. 2.1: Steinbrüche mit einer Abbaufläche von 10 ha; Nr. 8.9: Gesamtlagerfläche von 15 000 m^2), nicht an die Leistungsgrenze oder die Anlagengröße an. Er hebt nicht auf die kW- oder MW-Leistung der einzelnen Windkraftanlagen ab. Auch der Größe der Anlagen mißt er keine rechtliche Bedeutung bei. Mit welcher Leistung und welcher Höhe in einem bestimmten Gebiet mehrere Anlagen errichtet werden sollen, ist für die Frage der Genehmigungsbedürftigkeit ebenso wie für die Zuordnung zum förmlichen oder vereinfachten Verfahren belanglos. In diesem Punkt unterscheidet sich die in der 4. BImSchV getroffene Regelung vom UVP-Recht, das in der Nr. 1.6 der Anlage 1 zum Gesetz über die Umweltverträglichkeitsprüfung i. d. F. der Bekanntmachung vom 5. 9. 2001 (BGBl. I, 2350) UVP-rechtliche Anforderungen an „Errichtung und Betrieb einer Windfarm mit Anlagen in einer Höhe von jeweils mehr als 35 m oder einer Leistung von jeweils mehr als 10 kW" stellt. In der Nr. 1.6 des Anhangs der 4. BImSchV verwendet der Verordnungsgeber als Anknüpfungsmerkmal ausschließlich die Zahl der zu einer Windfarm zusammengefaßten Windkraftanlagen. Bei einer Zusammenschau dieser Nummer mit § 1 Abs. 1 Satz 1 der 4. BImSchV wird deutlich, daß ein Genehmigungstatbestand schon dann erfüllt sein kann, wenn die Zulassung von drei oder mehr Windkraftanlagen begehrt wird. § 1 Abs. 3 der 4. BImSchV ist daneben nicht anwendbar. Ergibt sich die Genehmigungsbedürftigkeit bereits daraus, daß die im Anhang bestimmten Voraussetzungen vorliegen, so erübrigt sich ein Rückgriff auf diese Vorschrift. Die im angefochtenen Urteil hierzu aufgeworfenen Fragen stellen sich nicht. Nach der Nr. 1.6 des Anhangs kommt es nicht darauf an, ob die Windkraftanlagen auf ein und demselben Betriebsgelände liegen und mit gemeinsamen Betriebseinrichtungen verbunden sind. Anders als im Regelungsbereich des § 1 Abs. 3 der 4. BImSchV ist auch der Betreiberfrage keine entscheidende Bedeutung beizumessen. Eine Mehrzahl von Betreibern schließt eine Anwendung der Nr. 1.6 des Anhangs nicht aus. Die vom Berufungsgericht erörterte Strohmannproblematik ist unter diesem Blickwinkel irrrelevant.

Als genehmigungsbedürftige Anlagen werden in der Nr. 1.6 des Anhangs der 4. BImSchV Windfarmen mit drei oder mehr Windkraftanlagen genannt. Den Ausgangspunkt bildet eine zahlenmäßige Betrachtung. Ob ein förmliches oder ein vereinfachtes Verfahren durchzuführen ist, richtet sich unabhängig von der Zahl der Betreiber danach, ob drei bis fünf oder mehr Anlagen errichtet werden sollen. Nach dem gleichen Grundsatz ist zu verfahren, wenn die Zahl der Anlagen nach und nach erhöht wird. Außerhalb des Regimes des Immissionsschutzrechts können nach der Wertung des Verordnungsgebers zwei Windenergieanlagen errichtet werden. Tritt mindestens eine dritte hinzu, so wird hierdurch vorbehaltlich des § 2 Abs. 1 Satz 1 Nr. 1 Buchst. c der 4. BImSchV die Pflicht ausgelöst, in einem vereinfachten Verfahren i. S. des § 19 BImSchG eine immissionsschutzrechtliche Genehmigung einzuholen. Wird durch eine Erweiterung die Zahl sechs erreicht oder überschritten, so ist ein förmliches Verfahren i. S. des § 10 BImSchG durchzuführen. Ein vergleichbares Regelungskonzept liegt § 1 Abs. 5 der 4. BImSchV zugrunde.

Die immissionsschutzrechtliche Relevanz hängt freilich davon ab, daß durch die gleichzeitige oder schrittweise Errichtung von drei oder mehr Windkraftanlagen eine „Windfarm" i. S. der Nr. 1.6 des Anhangs zur 4. BImSchV entsteht. Der Verordnungsgeber erläutert nicht, was er unter diesem Begriff versteht. Er greift auf eine Bezeichnung zurück, die dem EG-Recht entlehnt ist. Der Begriff der „Windfarm" taucht dort erstmals in der UVP-Änderungsrichtlinie 97/11/EG des Rates vom 3. 3. 1997 (ABl EG Nr. L 73, S. 5) auf. Unter der Nr. 3 Buchst. i des Anhangs II zu dieser Richtlinie werden als Projekte, die nach Maßgabe des Art. 4 Abs. 2 der UVP-Richtlinie vom 27. 6. 1985 (ABl EG Nr. L 175, S. 40) einer Umweltverträglichkeitsprüfung zu unterziehen sind, „Anlagen zur Nutzung von Windenergie zur Stromerzeugung (Windfarmen)" genannt. Was eine „Windfarm" ausmacht, wird im EG-Recht nicht definiert. Der deutsche Gesetzgeber hat den Begriff zeitgleich ins UVP- und ins Immissionsschutzrecht übernommen. Parallel zur Ergänzung des Anhangs zur 4. BImSchV hat er in der Anlage 1 zum Gesetz über die Umweltverträglichkeitsprüfung auch die Liste der UVP-pflichtigen Vorhaben an die Erfordernisse des EG-Rechts angepaßt. Nach der Nr. 1.6 sind die Errichtung und der Betrieb einer Windfarm mit Anlagen in einer Höhe von jeweils mehr als 35 m oder einer Leistung von jeweils mehr als 10 kW bei 20 oder mehr Windkraftanlagen obligatorisch UVP-pflichtig sowie bei sechs bis weniger als 20 Windkraftanlagen einer allgemeinen und bei drei bis weniger als sechs Windkraftanlagen einer standortbezogenen Vorprüfung zu unterziehen. Aus dieser Regelung folgt, daß der deutsche Gesetzgeber ebenso wie im Bereich des Immissionsschutzrechts die Existenz einer Windfarm für denkbar hält, wenn mindestens drei Windkraftanlagen errichtet und betrieben werden. Mit der von ihm markierten Relevanzschwelle bringt er zum Ausdruck, daß bei Einzelanlagen eine Umweltverträglichkeitsprüfung und damit eine Genehmigung nach Immissionsschutzrecht nicht erforderlich ist. Das steht im Einklang mit den EG-rechtlichen Vorgaben. Vom Wortsinn her kann von einer „Windfarm" nur die Rede sein, wenn mehrere Windkraftanlagen vorhanden sind. Der Richtliniengeber hat sich bei seiner Regelung von der Vorstellung leiten lassen, daß Einzelanlagen nicht geeignet sind, sich auf die in Art. 3 UVP-Richtlinie genannten Schutzgüter erheblich auszuwirken, obwohl auch sie das Landschaftsbild beeinträchtigen und Immissionen hervorrufen können. Nur die im Falle einer Massierung zu erwartenden negativen Umweltfolgen lösen einen Prüfungsbedarf aus. Der deutsche Gesetzgeber folgt diesem Regelungsmuster. Auch er unterscheidet zwischen Anlagen, die eine Windfarm bilden, und Einzelanlagen. Entscheidend für das Vorhandensein einer Windfarm ist der räumliche Zusammenhang der einzelnen Anlagen. Sind sie so weit voneinander entfernt, daß sich die nach der UVP-Richtlinie maßgeblichen Auswirkungen nicht summieren, so behält jede für sich den Charakter einer Einzelanlage. Von einer Windfarm ist mithin erst dann auszugehen, wenn drei oder mehr Windkraftanlagen einander räumlich so zugeordnet werden, daß sich ihre Einwirkungsbereiche überschneiden oder wenigstens berühren.

Nach den Feststellungen des Berufungsgerichts stehen die vier Windenergieanlagen, für die in der ursprünglichen Bauvoranfrage die Parzelle 41 als Standort angegeben war, in einem engen räumlichen Zusammenhang. Danach bildet den Gegenstand der auf diesen Standort bezogenen Bauvoranfrage eine Windfarm mit vier Windkraftanlagen, die seit der Neuregelung durch das Gesetz vom 27. 7. 2001 der immissionsschutzrechtlichen Genehmigung bedarf. Denn nach § 67 Abs. 4 BImSchG, der sich Geltung nicht bloß für den Zeitpunkt des In-Kraft-Tretens des Bundes-Immissionsschutzgesetzes, sondern auch für spätere Rechtsänderungen beilegt, war das im Jahre 1999 begonnene Verfahren nach den Vorschriften des Bundes-Immissionsschutzgesetzes und der auf dieses Gesetz gestützten Rechtsvorschriften unter Einschluß der 4. BImSchV zu Ende zu führen.

Für die Durchführung eines bauordnungsrechtlichen Verfahrens neben dem immissionsschutzrechtlichen Verfahren war von Rechts wegen kein Raum mehr. Die immissionsschutzrechtliche Genehmigung schließt unabhängig davon, ob sie im förmlichen oder vereinfachten Verfahren erteilt wird, die in §13 BImSchG aufgeführten anderen die Anlage betreffenden behördlichen Entscheidungen ein. Dazu gehört nicht zuletzt die Baugenehmigung. Sind andere behördliche Entscheidungen von der Konzentrationswirkung des §13 BImSchG erfaßt, so ist die Prüfung, ob insoweit die materiellen Voraussetzungen erfüllt sind, der Genehmigungsbehörde vorbehalten. Wie aus §6 Abs. 1 BImSchG erhellt, ist die immissionsschutzrechtliche Genehmigung nicht bloß zu versagen, wenn nicht sichergestellt ist, daß die Pflichten erfüllt werden, die sich aus §5 BImSchG oder einer auf Grund des §7 BImSchG erlassenen Rechtsverordnung ergeben. Ein Genehmigungshindernis besteht auch dann, wenn andere öffentlich-rechtliche Vorschriften unter Einschluß der Bestimmungen des Städtebau- und des Bauordnungsrechts der Errichtung oder dem Betrieb der Anlage entgegenstehen. Für ein Vorhaben, das im immissionsschutzrechtlichen Genehmigungspflicht unterliegt, kann mangels Sachkompetenz der Bauordnungsbehörde eine Baugenehmigung nicht erteilt werden.

So liegen die Dinge auch hier. Eine abweichende Beurteilung ist nicht deshalb angebracht, weil die Klägerin keine Baugenehmigung, sondern nur einen Bauvorbescheid erstrebt. Der Exklusivitätsanspruch des Immissionsschutzrechts setzt sich auch gegenüber diesem Instrument des Bauordnungsrechts durch. Ebenso wie das Baurecht eröffnet das Immissionsschutzrecht die Möglichkeit, einzelne Genehmigungsvoraussetzungen vorab klären zu lassen. Nach §9 Abs. 1 BImSchG kann ein Vorbescheid erteilt werden, der mit verbindlicher Wirkung einen Ausschnitt aus dem feststellenden Teil einer etwaigen späteren Anlagengenehmigung vorwegnimmt. Freilich erklärt §9 Abs. 3 BImSchG den §13 BImSchG nicht ausdrücklich für anwendbar. Gleichwohl entfaltet auch der immissionsschutzrechtliche Vorbescheid Konzentrationswirkungen. Denn nach §9 Abs. 3 BImSchG gilt jedenfalls §6 BImSchG sinngemäß. Danach können auch im Vorbescheidsverfahren andere öffentlich-rechtliche Vorschriften i. S. des Abs. 1 Nr. 2 dieser Vorschrift den Gegenstand von Feststellungen bilden, die im Genehmigungsverfahren als verbindliche Vorgaben wirken. Das läuft der Sache nach auf eine Vorwegnahme der in §13 BImSchG normierten Konzentrationsfolgen hinaus (vgl. BVerwG, Beschluß v. 17. 12. 2002 – 7 B 119.02 –, DVBl. 2003, 543). Dies entspricht offenbar auch der Sicht des Verordnungsgebers. Denn nach §23 Abs. 3 Nr. 3 der 9. BImSchV soll der Vorbescheid den Hinweis enthalten, daß er unbeschadet der behördlichen Entscheidungen ergeht, die nach §13 BImSchG nicht von der Genehmigung eingeschlossen werden. Dies läßt sich nur so deuten, daß §13 BImSchG nach den Vorstellungen des Verordnungsgebers ansonsten nach Maßgabe seiner Reichweite auf Vorbescheide anwendbar ist.

Ohne Erfolg versucht die Klägerin dieser Konsequenz mit dem Argument auszuweichen, für das rechtliche Anforderungsprofil mache es keinen Unterschied, ob über ihren Antrag in einem bau- oder einem immissionsschutzrechtlichen Verfahren entschieden werde. Es trifft nicht zu, daß es für die rechtliche Beurteilung nicht darauf ankommt, ob das Vorhaben einer bauordnungs- oder einer immissionsschutzrechtlichen Genehmigung bedarf. Dahinstehen kann, ob mit der Klägerin davon auszugehen ist, daß in §5 Abs. 1 Nr. 1 BImSchG für genehmigungsbedürftige Anlagen und in §22 Abs. 1 BImSchG für nicht genehmigungsbedürftige Anlagen ein und derselbe Schutzstandard normiert ist. Jedenfalls ist es aus UVP-rechtlicher Sicht nicht einerlei, ob die Zulassungsentscheidung in der Hand der Bauordnungs- oder der Immissionsschutzbehörde liegt. Welche Projekte einer Umweltverträglichkeitsprüfung zu unterziehen sind, ergibt sich unter den in Art. 4 der UVP-Richtlinie genannten Voraussetzungen aus den Anhängen I und II. Nach der Nr. 3 Buchst. i des Anhangs II i. d. F. vom 3. 3. 1997 sind nur Windfarmen und nicht auch einzelne Windkraftanlagen geeignet, eine UVP-Pflicht auszulösen. Dieser Rechtslage hat der deutsche Gesetzgeber in der Nr. 1.6 für Anlage 1 zum UVPG Rechnung getragen. Die Umweltverträglichkeitsprüfung ist nach §2 Abs. 1 Satz 1 UVPG ein unselbständiger Teil des Verfahrens, das der Entscheidung über die Vorhabenzulässigkeit dient. Auf der Grundlage der in der Nr. 1.6 des Anhangs zur 4. BImSchV getroffenen Regelung findet sie bei Windfarmen nach Maßgabe der Nr. 1.6 der Anlage 1 zum UVPG im immissionsschutzrechtlichen Genehmigungsverfahren statt. Windkraftanlagen, die nicht zusammen mit anderen eine Windfarm bilden, sind UVP-rechtlich irrelevant.

Im übrigen übersieht die Klägerin, daß die Frage, welches Zulassungsregime maßgeblich ist, unabhängig davon zu beantworten ist, ob Immissionsschutzrecht und UVP-Recht widerspruchslos miteinander verzahnt sind. Richtig ist, daß die UVP-Änderungsrichtlinie 97/11/EG vom 3. 3. 1997 nicht bloß als Anstoß dafür gedient hat, Windfarmen in den Katalog der in der Anlage 1 zum UVPG aufgeführten Vorhaben aufzunehmen, sondern auch zum Anlaß dafür genommen worden ist, den Anhang zur 4. BImSchV entsprechend zu ergänzen. Selbst wenn es bei dieser koordinierten Aktion nicht gelungen sein sollte, mit der vom Gesetzgeber gewählten immissionsschutzrechtlichen Lösung den UVP-rechtlichen Anforderungen vollauf gerecht zu werden, ändert dies nichts daran, daß die Zulässigkeit einer Windfarm allein in einem immissionsschutzrechtlichen Genehmigungsverfahren zu prüfen ist.

Hat der Gesetzgeber mit der Neuregelung vom 27. 7. 2001 den Weg für eine positive Bescheidung der Bauvoranfrage zu den vier Windkraftanlagen auf der Parzelle 41 verbaut, so hätte die auf dieses Ziel gerichtete Klage insgesamt abgewiesen werden müssen. Das Oberverwaltungsgericht hat den Beklagten gleichwohl verpflichtet, für die Windkraftanlagen WKA 3 und WKA 4 einen Bauvorbescheid zu erteilen. Diese Entscheidung verletzt Bundesrecht, ist aber rechtskräftig geworden. In diesem Punkt hat das Oberverwaltungsgericht die Revision nicht zugelassen.

Soweit die Klägerin nunmehr hilfsweise begehrt, den Beklagten zur Erteilung eines immissionsschutzrechtlichen Vorbescheids zu verpflichten, ist ihre Klage unzulässig. Es handelt sich um einen neuen prozessualen Anspruch, der die Merkmale einer Klageänderung i.S. des § 91 VwGO erfüllt. Das ursprüngliche Rechtsschutzziel wird durch ein anderes ersetzt. Die Behauptung, einen Anspruch auf Erteilung eines immissionsschutzrechtlichen Vorbescheids zu haben, ist nicht identisch mit der Behauptung, einen Bauvorbescheid beanspruchen zu können. Durch den Austausch des Klageanspruchs verändert sich der Streitgegenstand (vgl. BVerwG, Urteil v. 10.5.1994 – 9 C 501.93 –, BVerwGE 96, 24; Beschluß v. 21.5.1999 – 7 B 16.99 –, Buchholz 428 § 30 VermG Nr. 11). Von einer bloßen Klarstellung oder Berichtigung des ursprünglich gestellten Antrags kann keine Rede sein. Zu Unrecht macht die Klägerin geltend, das Berufungsgericht hätte als konsequente Folge des von ihm eingenommenen Rechtsstandpunkts den auf die Erteilung eines Bauvorbescheides gerichteten Antrag entsprechend umdeuten müssen. Eine solche „Umdeutung" kam nicht in Betracht. Das Oberverwaltungsgericht war nach § 88 VwGO an das Klagebegehren der Klägerin gebunden. Es war ihm verwehrt, anstelle der Verpflichtung, einen Bauvorbescheid zu erteilen, eine auf einen anderen Verwaltungsakt gerichtete Verpflichtung auszusprechen. Vielmehr hatte die Klägerin es in der Hand, durch eine Anpassung oder Erweiterung ihres Klageantrags der veränderten Rechtslage Rechnung zu tragen. Erklärungen, die in diese Richtung gehen, hat sie erst in der Revisionsinstanz abgegeben. In diesem Verfahrensstadium können neue prozessuale Ansprüche indes nicht mehr geltend gemacht werden. Denn nach § 142 Abs. 1 Satz 1 VwGO sind Klageänderungen im Revisionsverfahren unzulässig.

Nr. 166

Wird eine genehmigungsbedürftige oder eine gemäß § 67 Abs. 2 BImSchG anzuzeigende Windfarm durch Hinzutreten einer weiteren Windkraftanlage geändert, richtet sich die Genehmigungsbedürftigkeit der Änderung nach §§ 15, 16 BImSchG. Das gilt unabhängig davon, wer Betreiber der Windfarm ist und ob im konkreten Fall eine Umweltverträglichkeitsprüfung durchgeführt werden muß.

Bundesverwaltungsgericht, Urteil vom 21. Oktober 2004 – 4 C 3.04 –.

(Niedersächsisches OVG)

Abgedruckt unter Nr. 82.

Nr. 167

Landwirtschaftliche Betriebsgebäude sind nur dann i.S. des § 62 Abs. 1 Nr. 1 b LBauO zum vorübergehenden Schutz von Tieren bestimmt, wenn ihre Nutzungsmöglichkeit nach Bauausführung, Größe, Gestaltung und dergleichen bei objektiver Betrachtung auf diesen Zweck beschränkt ist und

sie insbesondere nicht zur dauernden Unterbringung von Tieren geeignet sind.

LBauO §62 Abs. 1 Nr. 1 b.

OVG Rheinland-Pfalz, Beschluß vom 25. Februar 2004 – 8 B 10256/04 – (rechtskräftig).

Der Kläger hat einen landwirtschaftlichen Betrieb, der sich u.a. mit Haltung und Züchtung alter Tierrassen beschäftigt. Auf einem im Geltungsbereich einer Landschaftsschutzverordnung liegenden, nicht an eine öffentliche Verkehrsfläche grenzenden Außenbereichsgrundstück begann er, ohne Baugenehmigung auf einer ca. 68 m² großen betonierten Bodenplatte ein gemauertes, mit mehreren Fensteröffnungen und Satteldach versehenes Gebäude zu errichten. Er gab an, das Gebäude solle als Wetterschutz beim Weidegang von Schafen und Eseln dienen. Der Antragsgegner stellte die Bauarbeiten unter Anordnung der sofortigen Vollziehung ein. Der Antrag des Antragstellers auf Gewährung vorläufigen Rechtsschutzes blieb in beiden Instanzen erfolglos.

Aus den Gründen:
Gegen die Auffassung der Vorinstanz, dem öffentlichen Interesse am Sofortvollzug der Baueinstellungsverfügung gebühre der Vorrang vor dem privaten Aufschubinteresse des Antragstellers, weil die Baueinstellungsverfügung wegen formeller Illegalität des Bauvorhabens offensichtlich rechtmäßig sei, ist nichts zu erinnern. Die hiergegen erhobenen Einwände des Antragstellers überzeugen nicht. Bereits bei der im Eilverfahren allein möglichen und gebotenen summarischen Prüfung der Sach- und Rechtslage ist hinreichend sicher feststellbar, daß das bereits begonnene Bauvorhaben nicht gemäß §62 Abs. 1 Nr. 1 b LBauO genehmigungsfrei errichtet werden darf. Diese Vorschrift gilt nur für landwirtschaftliche Betriebsgebäude, die lediglich zur Unterbringung von Sachen oder zum vorübergehenden Schutz von Tieren bestimmt sind. Daran fehlt es hier. Eine Nutzung ausschließlich zur Unterbringung von Sachen ist nach eigenen Angaben des Antragstellers nicht beabsichtigt. Das Bauwerk dient auch nicht dem vorübergehenden Schutz von Tieren. Die Behauptung einer derartigen Zweckbestimmung genügt nur dann den gesetzlichen Anforderungen, wenn sie ihre Entsprechung in dem objektiv vorhandenen Nutzungspotential des Gebäudes findet (Saarl. OVG, Urteil v. 14.12.1993, BRS 55 Nr. 83) Dies folgt schon daraus, daß ansonsten eine Abgrenzung zwischen genehmigungsfreien Betriebsgebäuden nach §62 Abs. 1 Nr. 1 b LBauO und genehmigungspflichtigen Stallungen nahezu unmöglich würde. Dem widerspricht aber der Zweck der Vorschrift, die lediglich Viehunterstände wegen ihres im Verhältnis zu Stallgebäuden weitaus geringeren Konfliktpotentials vom präventiven Bauverbot freistellen will. Ein nach §62 Abs. 1 Nr. 1 b LBauO genehmigungsfreies Gebäude muß daher durch seine Zweckbestimmung, Vieh nur zeitweilig aufzunehmen, auch äußerlich erkennbar, d. h. durch Größe, Gestaltung und dergleichen, geprägt sein; es darf nicht objektiv zur dauernden Unterbringung von Tieren geeignet sein (Saarl. OVG, Beschluß v. 29.1.1988, BRS 48 Nr. 52 = BauR 1989, 61; Koch/Molodovsky/Famers, Bay. BauO, Art. 63 Anm. 2.1.4.11). Dies ist typischerweise bei den auf Viehweiden üblichen, ohne Fundament und leicht

gebauten Schutzhütten der Fall (siehe Gädtke/Böckenförde/Temme/Heintz, LBauO Nordrhein-Westfalen, 9. Aufl. 1998, §65 Rdnr. 11).

Im vorliegenden Fall steht hingegen das objektive Nutzungspotential des strittigen Gebäudes in deutlichem Widerspruch zu der erklärten Absicht des Antragstellers, es als „Wetterschutz" beim Weidegang von Schafen und Eseln zu nutzen. Denn die Nutzungsmöglichkeiten eines auf betonierter Bodenplatte gemauerten, mit Satteldach sowie mehreren Fenster- und Türöffnungen versehenen und in mindestens zwei Räume aufgeteilten Gebäudes übersteigen bei objektiver Betrachtungsweise bei weitem diejenigen eines Weidetierunterstandes; sie umfassen vielmehr ohne weiteres auch die Verwendung zur dauernden Unterbringung von Tieren.

Ist das Bauvorhaben des Antragstellers nach alledem formell illegal, so rechtfertigt dies allein nach zutreffender Auffassung des Verwaltungsgerichts schon die Baueinstellungsverfügung. Ob anderes ausnahmsweise dann gilt, wenn das Vorhaben offensichtlich genehmigungsfähig ist (so OVG Sachsen-Anhalt, Beschluß v. 10.3.2000 – 2 M 18/00 –, juris; a.A. VG Neustadt, Beschluß v. 17.2.2003 – 4 L 239/03.NW –; s. auch Jeromin, LBauO Rheinland-Pfalz, §6 Rdnr. 29 m.w.N.), kann dahinstehen. Eine offensichtliche Genehmigungsfähigkeit scheidet nämlich angesichts der von dem Bauvorhaben aufgeworfenen Fragen nach ausreichender Erschließung (vgl. dazu Jeromin, a.a.O., §6 Rdnr. 29, wonach ein Notwegerecht dem bauordnungsrechtlichen Erschließungserfordernis nicht genügt), nach der Vereinbarkeit mit der Landschaftsschutzverordnung sowie nach der Beeinträchtigung der Nachbarschaft durch Immissionen aus.

II. Baugenehmigung

Nr. 168

1. Die Baugenehmigung für eine Mehrzweckhalle für einen landwirtschaftlichen Betrieb deckt nicht jede nur mögliche Tierhaltung in dieser Halle, sondern nur die Unterbringung der in der Betriebsbeschreibung offen gelegten Tiere.
2. Die Genehmigung für die Haltung von ca. 50 Rindern und bis zu 24 Pferden auf Festmist verleiht dem Landwirt kein Abwehrrecht gegen eine ca. 50 m entfernte Wohnbebauung.

BauNVO § 15 Abs. 1.

Niedersächsisches OVG, Beschluß vom 10. September 2004
– 1 ME 231/04 – (rechtskräftig).

Der Antragsteller wendet sich mit der Begründung gegen das den Beigeladenen genehmigte Wohnbauvorhaben, diese Nutzung sei mit den Immissionen nicht zu vereinbaren, welche von seiner Mehrzweckhalle ausgingen. Für deren noch nicht abgeschlossene Errichtung hatte der Antragsteller die Genehmigung erhalten. Der Aufstellungsort liegt rund 47,50 m westlich des Bauplatzes der Beigeladenen. Deren Grundstück liegt im Geltungsbereich des Bebauungsplanes der Antragsgegnerin Nr. 02/16 „Vor dem Bruchgraben", den der Rat der Antragsgegnerin 2004 als Satzung beschlossen hat und der allgemeines Wohngebiet als zulässige Nutzungsart festsetzt. Dessen Aufstellung hatte der Antragsteller u. a. mit dem Argument bekämpft, in der Mehrzweckhalle, deren Genehmigung er erstrebe, wolle er (möglicherweise) sommers auch Schweine halten. Deren Gerüche seien mit dem Schutzanspruch der Wohnbebauung nicht zu vereinbaren.

Aus den Gründen:

Die Baugenehmigung von 2003 verschafft dem Antragsteller kein Abwehrrecht gegen die genehmigte Wohnnutzung. Entgegen seiner Annahme schließt diese Baugenehmigung das Halten von anderen Tieren als Rinder in dem fraglichen Bauwerk nicht schon deshalb zwangsläufig ein, weil dieses in dem Bauantrag vom Mai 1998 als Mehrzweckgebäude bezeichnet worden ist. Das käme einer baurechtlich unzulässigen Passepartoutgenehmigung gleich. Wegen der untrennbaren Einheit von Bausubstanz und Nutzung und der Notwendigkeit, die Vereinbarkeit der zur Genehmigung gestellten Nutzung mit konkurrierenden öffentlichen und privaten Belangen zu prüfen, ist es vielmehr erforderlich, daß der Bauherr den Umfang der landwirtschaftlichen Tätigkeiten, welche er in dem Gebäude zu entwickeln beabsichtigt, präzise formuliert. Da Tiere, wie das Verwaltungsgericht zutreffend dargelegt hat, ganz unterschiedliche Immissionen verursachen (können), reicht es demzufolge auch nicht aus, schlicht „landwirtschaftliche Tierhaltung" als Nutzungszweck zu offenbaren. Erforderlich ist vielmehr, daß die Tierart und -anzahl ebenso offenbart wird wie die Art ihrer Aufstallung. Nur soweit diese Nutzungsabsichten in dieser Weise im Baugenehmigungsverfahren angegeben worden sind, können sie an der Regelungswirkung der Baugenehmigung teilnehmen.

Nr. 168

Danach kann die Beschwerde keinen Erfolg haben. Aufgefordert, seinen oben genannten Bauantrag für eine landwirtschaftliche Mehrzweckhalle in Einklang mit der Bauvorlagenverordnung zu ergänzen, hat der Antragsteller durch den F. Bau Service 1998 neben der Statik, den Positionszeichnungen, dem Fundamentenplan und dem Begrünungsplan eine Betriebsbeschreibung eingereicht. Darin wird unter der Rubrik „Vorgesehen Tierhaltung im Bauvorhaben" ausgeführt:
Ca. 45–50 Stück Rindvieh auf Festmist sowie bis 24 Pferde, ebenfalls auf Festmist. Unter der Rubrik „Tierbestand insgesamt nach Fertigstellung" heißt es in Circa-Angaben:
45–50 Milchkühe, 10 Kälber, 10 Jährlinge, 10 Rinder und 24 Pferde, alle auf Festmist. Für die Rubriken „Mastschweine, Sauen, Läufer" fehlt eine Eintragung. Dementsprechend wird auch in der nächsten Rubrik („Sonstige Angaben und Hinweise") ausgeführt: „In der Mehrzweckhalle sollen auch Pferde gehalten werden. Ferner soll auch Rindvieh auf einer Festmistmatratze gehalten werden, die 1mal (eventuell 2mal) im Jahr ausgemistet wird. – Maschinen, Geräte und landwirtschaftliches Wirtschaftsgut soll ebenfalls eingebracht werden."

Dementsprechend hat sich die Landwirtschaftskammer G. in ihren Äußerungen von 1996 (Bauvoranfrage) und 1998 (Baugenehmigungsantrag) ausschließlich mit der Frage beschäftigt, daß dort Rinder, Milchvieh und Nachzucht gehalten werden sollten.

Die nunmehr vom Antragsteller in den Vordergrund seiner Beschwerdebegründung gerückten Tierarten nehmen an der Genehmigungs- und Legalisierungswirkung der Baugenehmigung von 2003 damit nicht teil.

Daran ändert auch nichts, daß der Antragsteller weitergehende Nutzungsabsichten der Antragsgegnerin offenbart haben will. Erstens geschah dies ihr gegenüber nicht in ihrer Eigenschaft als Bauaufsichtsbehörde, sondern im Rahmen des Aufstellungsverfahrens für den o. g. Bebauungsplan. Die Antragsgegnerin hatte daher überhaupt keinen Anlaß, die entsprechenden Informationen in das Baugenehmigungsverfahren herüberzureichen. Im Schreiben vom Januar 2001 wird lediglich die vage Absicht geäußert, sein Sohn möchte sich als zweites finanzielles Standbein mit der Haltung von Hühnern beschäftigen, ohne dies der streitigen Halle zuzuordnen. Das geschieht am Ende dieser Eingabe nur für Schweine, auch das aber nur in der Form einer vagen Absicht. Eine Verknüpfung mit dem Baugenehmigungsverfahren wird schon nach dem Betreff dieser Eingabe (dieser bezieht sich allein auf das Aufstellungsverfahren für den Bebauungsplan sowie die 75. Änderung des Flächennutzungsplanes) nicht hergestellt. In der nachfolgenden Eingabe von 2002, welche sich ebenfalls nur auf die Aufstellung des Bebauungsplanes bezieht, hatten der Antragsteller und seine Frau die Schweinehaltung sogar noch vager in Aussicht genommen. Von dieser ist lediglich dergestalt die Rede, daß diese für den Fall geplant sei, daß sich die Ausrichtung des Betriebes in Zukunft ändern werde.

Als Zwischenergebnis ist damit festzuhalten, daß die Baugenehmigung von 2003 die Haltung von Schweinen und Hühnern in dem Mehrzweckgebäude nicht einschließt.

Die Ausführungen des Antragstellers in seiner Eingabe von 2002 zeigen zugleich, daß die nunmehr behaupteten Erweiterungsabsichten weder ein Abwehrrecht des Antragstellers gegen die hier angegriffene Baugenehmigung noch einen beachtlichen Einwand gegen die von der Antragsgegnerin betriebene Bauplanung darstellen.

Das Verwaltungsgericht hat unter Hinweis auf das Urteil des Bundesverwaltungsgerichts vom 14. 1. 1993 (– 4 C 19.90 –, NVwZ 1993, 1184 = DVBl. 1993, 652 = BRS 55 Nr. 175) zutreffend dargelegt, daß der Landwirt sein Interesse an einer Erweiterung seiner landwirtschaftlichen Tätigkeiten weder im Nachbarstreit noch im Aufstellungsverfahren zu einem Bebauungsplan mit einer bloßen Behauptung durchsetzen kann. Abwägungsbeachtlich und im Nachbarstreit wehrfähig ist das Interesse, sich Erweiterungsmöglichkeiten zu sichern, erst dann, wenn diese Entwicklung bereits konkret ins Auge gefaßt ist oder bei realistischer Betrachtung der vom Landwirt aufzuzeigenden betrieblichen Entwicklungsmöglichkeiten nahe liegt (vgl. Nds. OVG, Urteil v. 4. 1. 1983 – 1 C 2/81 –, BRS 40 Nr. 34). Eine Erweiterungsabsicht kann nicht losgelöst vom vorhandenen Baubestand und der bestehenden Betriebsgröße Beachtung verlangen (vgl. auch VGH Bad.-Württ., Urteil v. 26. 5. 1994 – 5 S 2193/93 –, UPR 1995, 110). Das Interesse des Landwirts, sich alle Entwicklungsmöglichkeiten offen zu halten, reicht ebenso wenig aus wie unklare oder unverbindliche Absichtserklärungen (BVerwG, Beschluß v. 10. 11. 1998 – 4 BN 44.98 –, NVwZ-RR 1999, 423; Beschluß v. 5. 9. 2000 – 4 B 56.00 –, NVwZ-RR 2001, 82 = BauR 2001, 83 = AgrarR 2001, 248).

Die Eingabe des Antragstellers von 2002 zeigt, daß er selbst das Halten von Hühnern und/oder Schweinen als eine Neuausrichtung seines Betriebes und nicht als dessen organische Fortsetzung ansähe. Das ist auch objektiv so. Bislang hatte er allein Rinder, Milchvieh und Pferde gehalten bzw. deren Haltung in Aussicht genommen. Die Mehrzweckhalle ist für das Halten der anderen Tiere schon baulich nicht oder kaum geeignet. Spaltenböden und Güllekeller sind nicht vorhanden.

Nr. 169

Wird für ein bereits genehmigtes Bauvorhaben nachträglich eine neue Baugenehmigung erteilt, die eine Verschiebung des Baukörpers um 0,84 m gegenüber dem ursprünglich genehmigten Standort gestattet, handelt es sich bei dieser neuen Baugenehmigung nicht um eine „Nachtragsbaugenehmigung". Die neue Baugenehmigung stellt keine bloße Modifizierung der Ursprungsbaugenehmigung dar, sondern erlaubt die Verwirklichung eines wesentlich anderen Bauvorhabens, das gegenüber dem ursprünglich genehmigten Vorhaben als „aliud" anzusehen ist, weil sich für das abgewandelte Bauvorhaben die Frage der Genehmigungsfähigkeit wegen geänderter tatsächlicher Voraussetzungen neu stellt.

BauO NRW § 75 Abs. 1.

Nr. 169

OVG Nordrhein-Westfalen, Beschluß vom 4. Mai 2004 – 10 A 1476/04 – (rechtskräftig).

(VG Gelsenkirchen)

Der Kläger wandte sich mit seiner Klage gegen die der Beigeladenen erteilte Baugenehmigung für eine Lagerhalle. Als sich im Laufe des erstinstanzlichen Verfahrens herausstellte, daß die Beigeladene die Lagerhalle abweichend von der Baugenehmigung errichtet hatte – der Baukörper war um 0,84 m verschoben worden – erteilte der Beklagte der Beigeladenen eine als Nachtragsgenehmigung bezeichnete neue Baugenehmigung, die das tatsächlich errichtete Vorhaben legalisieren sollte. Der Kläger hielt an der Klage gegen die ursprünglich erteilte Baugenehmigung fest. Das Verwaltungsgericht wies die Klage mangels Rechtsschutzinteresses ab. Der Antrag auf Zulassung der Berufung hatte keinen Erfolg.

Aus den Gründen:

Der Kläger hat insbesondere die das Urteil tragende Annahme des Verwaltungsgerichts, ihm fehle das für die Klage erforderliche Rechtsschutzinteresse, mit seinen Ausführungen nicht ernsthaft in Zweifel ziehen können. Die der Beigeladenen erteilte Baugenehmigung vom 14.8.2001 zur Errichtung einer Lagerhalle für einen Speditionsbetrieb auf dem in B. gelegenen Grundstück, die den alleinigen Streitgegenstand des Klageverfahrens darstellt, ist wirkungslos und kann den Kläger nicht in eigenen Rechten verletzen.

In einem Verfahren gleichen Rubrums (– 5 L 1645/01 –), das dem vorläufigen Rechtsschutz diente, hat das Verwaltungsgericht im Oktober 2001 einen Ortstermin durchgeführt. Nach den dabei laut erstinstanzlichem Urteil getroffenen Feststellungen hat die Beigeladene die Lagerhalle sowie die von der Baugenehmigung vom 14.8.2001 ebenfalls umfaßte Lagerfläche für Mineralwolle abweichend von der Baugenehmigung errichtet. Diesen Feststellungen hat der Kläger mit seinem Zulassungsvorbringen nicht widersprochen.

Es ist mithin davon auszugehen, daß die Beigeladene die ihr unter dem 14.8.2001 erteilte Baugenehmigung nicht ausgenutzt hat. Im oben erwähnten Ortstermin hat sie auch auf eine spätere Ausnutzung dieser Baugenehmigung verzichtet. Die diesbezügliche, im Tatbestand der erstinstanzlichen Entscheidung wörtlich zitierte Erklärung der Beigeladenen ist nach den Umständen des Falles so auszulegen, daß die Beigeladene ihr abweichend von der ursprünglich erteilten Baugenehmigung realisiertes Vorhaben durch eine neue Baugenehmigung legalisieren und an der ursprünglich erteilten Baugenehmigung – die sie nach den Ausführungen der Berichterstatterin des Verwaltungsgerichts im Ortstermin als rechtswidrig erkannt hatte – nicht länger festhalten wollte.

Die am 13.11.2001 erteilte und als „1. Nachtrag zur Baugenehmigung vom 14.8.2001" bezeichnete Baugenehmigung ist keine sog. Nachtragsbaugenehmigung, die als akzessorischer Verwaltungsakt von der Wirksamkeit der zu Grunde liegenden Ursprungsgenehmigung abhängig wäre. Ungeachtet der vom Beklagten dafür gewählten Bezeichnung ist sie als eigenständige Baugenehmigung zu qualifizieren, die das umstrittene Vorhaben der Beigeladenen letztlich legalisiert.

Eine bereits erteilte Baugenehmigung kann durch eine Nachtragsbaugenehmigung ergänzt oder geändert werden, soweit dadurch das Vorhaben nicht in seinem Wesen verändert wird. Die Nachtragsbaugenehmigung ist zwar ein Verwaltungsakt, der eine eigene Regelung mit Außenwirkung beinhaltet, sie modifiziert aber nur die ursprünglich erteilte Baugenehmigung und rechtfertigt – für sich genommen – die Verwirklichung des Vorhabens nicht. Sie betrifft kleinere Änderungen, darf aber inhaltlich nicht ein von dem Genehmigungsgegenstand wesensverschiedenes Vorhaben – „aliud" – regeln (vgl. Schulte, in: Boeddinghaus/Hahn/Schulte, Bauordnung für das Land Nordrhein-Westfalen, Stand: März 2004, § 75 Rdnr. 118; VGH Bad.-Württ., Urteil v. 19. 10. 1995 – 3 S 2295/94 , BRS 57 Nr. 191).

Die Baugenehmigung vom 13. 11. 2001 modifiziert die Baugenehmigung vom 14. 8. 2001 nicht, sondern gestattet die Verwirklichung eines wesentlich anderen Bauvorhabens, das gegenüber dem ursprünglich genehmigten Vorhaben als „aliud" anzusehen ist. Ein „aliud" ist in diesem Zusammenhang anzunehmen, wenn sich das neue Vorhaben in Bezug auf baurechtlich relevante Kriterien von dem ursprünglich genehmigten Vorhaben unterscheidet. Dies gilt unabhängig davon, ob die baurechtliche Zulässigkeit des abgewandelten Bauobjekts als solche im Ergebnis anders zu beurteilen ist. Ein baurechtlich relevanter Unterschied zwischen dem ursprünglich genehmigten und dem abgewandelten Bauvorhaben ist immer dann anzunehmen, wenn sich für das abgewandelte Bauvorhaben die Frage der Genehmigungsfähigkeit wegen geänderter tatsächlicher oder rechtlicher Voraussetzungen neu stellt, d. h., diese geänderten Voraussetzungen eine erneute Überprüfung der materiellen Zulässigkeitskriterien erfordern. Dies folgt aus Sinn und Zweck der Baugenehmigung, die sicherstellen soll, daß nur solche Bauvorhaben zur Ausführung gelangen, deren Vereinbarkeit mit den öffentlich-rechtlichen Vorschriften i. S. des § 75 Abs. 1 Satz 1 BauO NRW von der Bauaufsichtsbehörde festgestellt worden ist (vgl. OVG NRW, Urteil v. 7. 11. 1996 – 7 A 4820/95 –).

Zwar ist die Baugenehmigung vom 13. 11. 2001 im Bauschein ausdrücklich als „1. Nachtrag zur Baugenehmigung vom 14. 8. 2001" bezeichnet, doch erweist sich das gegenüber der ursprünglich erteilten Baugenehmigung abgewandelte Vorhaben sachlich als ein solches, das erneut insgesamt auf seine materielle Zulässigkeit überprüft werden muß. Wegen des veränderten Standortes sowie der Erhöhung des Baukörpers und der Lagerfläche für Mineralwolle wurde beispielsweise eine Neuberechnung der Abstandflächen gemäß § 6 BauO NRW erforderlich. Daß die Veränderung des Standortes – wie der Kläger meint – mit maximal 0,84 m nur geringfügig ist, ist für die Frage, ob die Genehmigungsfähigkeit wegen geänderter tatsächlicher oder rechtlicher Voraussetzungen neu beurteilt werden muß, ohne Belang. Gerade wenn es um die Einhaltung von Abstandflächen geht, können Änderungen im Zentimeterbereich für die Zulässigkeit oder Unzulässigkeit eines Vorhabens entscheidend sein.

Für die Qualifizierung der Baugenehmigung vom 13. 11. 2001 als eigenständige Baugenehmigung ist es schließlich ohne Bedeutung, daß ihr Inhalt möglicherweise nur unter Rückgriff auf die mit der ursprünglich erteilten Baugenehmigung eingereichten Bauvorlagen bestimmt werden kann. Dies mag hinsichtlich der neuen Baugenehmigung Bestimmtheitsfragen aufwerfen, ändert aber nichts an deren grundsätzlichen Regelungscharakter und Regelungsumfang.

Nr. 170

1. Die einer Baugenehmigung für eine Windenergieanlage zu Grunde zu legende Schallimmissionsprognose kann eine zuverlässige Aussage über die zu erwartende Lärmbelastung der Umgebung nur treffen, wenn sie die konkreten Gegebenheiten der Örtlichkeit und die technische Spezifikation der geplanten Anlage zutreffend erfaßt. Zur Berücksichtigung der fortschreitenden technischen Entwicklung – insbesondere des verbesserten Wirkungsgrads einer Anlage oder technischer Besonderheiten des Antriebs- und Steuerungssystems – kann es erforderlich sein, bisher gebräuchliche Meß- und Berechnungsverfahren über die Vorgaben der einschlägigen Regelwerke hinaus weiter zu entwickeln und den technischen Gegebenheiten der zu beurteilenden Anlage anzupassen.

2. Bei stall-gesteuerten Anlagen muß die Prognose berücksichtigen, daß der Schallleistungspegel einer derartigen Anlage bei Windgeschwindigkeiten jenseits des für die Erzielung von 95% der Nennleistung ausreichenden Maßes bis zu dem lautesten Betriebszustand („stallen" der Anlage) weiter ansteigt (wie OVG NRW, Beschluß vom 7.2.2004 – 7 B 2622/03 –). Ebenso müssen etwaige Besonderheiten des „stall"-Geräuschs in der Prognose erfaßt werden.

BauO NRW § 75 Abs. 1.

OVG Nordrhein-Westfalen, Beschluß vom 19. März 2004 – 10 B 2690/03 – (rechtskräftig).

(VG Münster)

Die Antragstellerin bewohnt ein Gebäude auf der N. Straße in X. Der Antragsgegner erteilte den Beigeladenen durch Baugenehmigung die Genehmigung, eine Windenergieanlage vom Typ NEG Micon NM 82/1500 mit einer Nennleistung von 1.500 kW, einer Nabenhöhe von 108,6 m und einem Rotordurchmesser von 82,0 m zu errichten. Der Standort der geplanten Anlage ist etwa 320 m – bezogen auf das Wohnhaus der Antragstellerin 350 m – in nordnordöstlicher Richtung von den auf dem Grundstück des Antragstellers befindlichen Gebäuden entfernt. Der Standort ist als Windeignungsgebiet im Gebietsentwicklungsplan N. und als Konzentrationszone für Windenergie im Flächennutzungsplan der Gemeinde X. ausgewiesen.

Der Baugenehmigung waren Nebenbestimmungen beigefügt. Danach mußte die Anlage mit einer Tages- und Nachtkennzeichnung versehen sein („Bedingung" Nr. 4, geändert durch Nachtragsgenehmigung vom 29.10.2003) und durfte mit einem maximalen Schallleistungspegel von tagsüber 106,0 dB(A) und nachts 96,0 dB(A) betrieben werden („Bedingungen" Nr. 9 und 10); dieser Betriebsmodus mußte in die Steuerung der Anlage fest einprogrammiert sein. Außerdem war die Anlage so zu errichten und zu betreiben, daß die von ihr verursachten Geräuschimmissionen an den Wohngebäuden der Hofstellen I. Weg 18 (Abstand zur Anlage etwa 230 m) und N. Straße 27 und 27a

(Abstand etwa 260 bzw. 265 m) die Werte von 60 dB(A) tags und 45 dB(A) nachts nicht überschreiten (Auflage Nr. 52). Schließlich durfte die Anlage an den Wohngebäuden I. Weg 3, 4, 6, 14, 16 und 18 sowie N. Straße 27 und 27a keinen periodischen Schattenwurf verursachen; um dies zu erreichen, war die Installation einer Abschaltungsautomatik angeordnet (Auflage Nr. 53).

Die Antragstellerin erhob gegen diese Baugenehmigung und die Nachtragsgenehmigungen Widerspruch und beantragte bei dem Verwaltungsgericht die Anordnung der aufschiebenden Wirkung dieses Widerspruchs. Das Verwaltungsgericht lehnte diesen Antrag ab, der Beschwerde der Antragstellerin gab das Oberverwaltungsgericht statt.

Aus den Gründen:

Die angegriffene Baugenehmigung stellt nicht sicher, daß die Antragstellerin durch die Errichtung und den Betrieb der genehmigten Anlage wegen der dadurch verursachten Lärmimmissionen keinen Beeinträchtigungen ausgesetzt sein wird, die die für Außenbereichsgrundstücke nach der Rechtsprechung zumutbaren Werte (60/45 dB(A) tagsüber bzw. nachts) überschreiten. Zwar setzt die Baugenehmigung maximale Schalleistungspegel i. H. v. 106 bzw. 96 dB(A) für den Tag- bzw. Nachtbetrieb fest. Doch läßt die dem Bauantrag beigefügte Schallimmissionsprognose – Stand: 2. Überarbeitung 16. 5. 2003 – nicht erkennen, daß diese Werte im Betrieb der Anlage erreichbar sein werden, weil die Prognosegrundlage offensichtlich unzutreffend und damit unplausibel ist. Deshalb läßt sich die auf diese Prognose gestützte Annahme, die Antragstellerin werde keinen höheren als den im Außenbereich zulässigen Immissionen ausgesetzt sein, anhand der bisher im Verfahren vorgelegten Daten zum Schallemissionsverhalten der Anlage mit dem auch für ein Verfahren des vorläufigen Rechtsschutzes erforderlichen Maß an Sicherheit nicht nachvollziehen.

Grundlage für die Festsetzung von Schalleistungspegeln in der Baugenehmigung ist die Schallimmissionsprognose der O.-GmbH vom 16. 5. 2003; diese bezieht die Ausgangswerte für die Prognose aus zwei Gutachten der X. GmbH vom 26. 4. 2002, mit denen die Schalleistungspegel der Anlage im Auftrag des Herstellers ermittelt werden sollten. Grundlage dieser Gutachten waren Schallemissionsmessungen an einer im übrigen baugleichen Anlage mit einer Nabenhöhe von 93,6 m, die durch die beiden Gutachten für den Vollast- und für den schallreduzierten Betrieb auf die im vorliegenden Verfahren betroffene Anlage mit einer Nabenhöhe von 108,6 m umgerechnet wurden. Die sich ergebenden Schalleistungspegel – 105,0 dB(A) bei 95% Nennleistung im Vollastbetrieb, 96,0 dB(A) bei 95% Nennleistung im schallreduzierten Betrieb – sind der Schallausbreitungsrechnung vom 16. 5. 2003 zugrunde gelegt worden (dort ist allerdings der erste Ausgangswert mit 106,0 dB(A) angegeben).

Die Schallimmissionsprognose vom 16. 5. 2003 kommt zu dem Ergebnis, daß auf dem von der Antragstellerin bewohnten Grundstück tagsüber ein Immissionspegel von 49,1 dB(A) und nachts von 39,1 dB(A) nicht überschritten werden wird. In diesen Werten sind zur Berücksichtigung von Ungenauigkeiten der Schallemissionsvermessung einschließlich der zugrunde liegenden Prognoserechnung sowie zur Erfassung der Serienstreuung der Windenergieanlage ein Zuschlag von 2,7 dB eingerechnet, nicht jedoch Zuschläge wegen möglicher Tonhaltigkeit oder Impulshaltigkeit der von der Anlage verursachten Geräusche. Offenkundige Fehler in der Schallausbreitungsrechnung selbst sind – bezogen auf das von der Antragstellerin bewohnte Grundstück – nicht erkennbar; allerdings gibt der Umstand, daß das Grundstück N. Straße 35 als Immissionspunkt 13/14 in dem digitalisierten Lageplan des Gutachtens fälschlich an dem Standort N. Straße 33 eingezeichnet ist, Anlaß zu Zweifeln an der Zuverlässigkeit des Gutachtens. Die mit der Prognose vom 16.5.2003 ermittelten Werte sind jedoch unplausibel und damit unverwertbar, weil die maßgebliche Prognosebasis – die Gutachten der X. GmbH vom 26.4.2002 – den Anforderungen, die an die Grundlage für eine Schallimmissionsprognose zu stellen sind, nicht ansatzweise gerecht wird.

Die Schallimmissionsprognose hat die Funktion, schon vor Errichtung einer Windenergieanlage anhand der konkreten Gegebenheiten der Örtlichkeit und der technischen Spezifikation der geplanten Anlage eine zuverlässige Aussage darüber zu erlauben, ob die Nachbarn am vorgesehenen Standort Lärmimmissionen ausgesetzt sein werden, die über das von ihnen hinzunehmende Maß hinausgehen. Sie kann diese Funktion nur erfüllen, wenn die Schallausbreitungsrechnung von zutreffenden Ausgangswerten ausgeht; dies setzt voraus, daß die Ausgangswerte entweder gemessen oder – wie im vorliegenden Fall wegen der Änderung der Nabenhöhe – auf der Grundlage einer Messung an einer baugleichen Anlage für die konkret geplante Anlage berechnet werden. Sowohl die Messung als auch die Berechnung müssen, um ein realistisches Bild von den zu erwartenden Emissionen geben zu können, etwaige technische Besonderheiten der zu beurteilenden Anlage berücksichtigen und insbesondere auch in Rechnung stellen, daß mit fortschreitender technischer Entwicklung bisher gebräuchliche und ausreichende Meß- und Berechnungsmethoden über das in den einschlägigen Richtlinienwerken festgelegte Maß hinaus weiter entwickelt und den technischen Gegebenheiten der zu beurteilenden Anlage angepaßt werden müssen. Geschieht das nicht, ist eine Aussage darüber, ob die gemessenen bzw. errechneten Emissionswerte die von der Anlage verursachten Beeinträchtigungen noch zutreffend wiedergeben, nicht mehr möglich. So liegt es im vorliegenden Fall.

Die der Schallimmissionsprognose zugrunde liegende Messung und Berechnung der maßgeblichen – und in die Baugenehmigung übernommenen – Schalleistungspegel berücksichtigt zwei Aspekte nicht, die für das Schallemissionsverhalten der Anlage so wesentlich sind, daß die ermittelten Ergebnisse unbrauchbar sind und der angegriffenen Genehmigung nicht hätten zugrunde gelegt werden dürfen.

Zum einen vernachlässigen die Gutachten vom 26.4.2002 und damit auch die Prognose vom 16.5.2003, daß die Anlage mit einer active-stall-Steuerung ausgestattet ist und einen im Vergleich zu früheren Windenergieanlagen deutlich verbesserten Wirkungsgrad hat; sie erreicht ihre Nennleistung bei deutlich geringeren Windgeschwindigkeiten als dies bei technisch weniger fortschrittlichen Anlagen der Fall ist. Dies führt dazu, daß 95% der Nennleistung schon bei einer Windgeschwindigkeit von 7,5 m/s (Vollastbetrieb) bzw. bei 6,9 m/s (schallreduzierter Betrieb) erreicht werden mit der Folge, daß Schallleistungspegel für höhere Windgeschwindigkeiten weder gemessen noch berechnet worden sind (vgl. Ministerium für Städtebau und Wohnen, Kultur und Sport des Landes Nordrhein-Westfalen (Hrsg.): NRW-Basisinformationen, Wind 2002, S. 17 ff., 18: Dort wird die Windgeschwindigkeit, bei der die Nennleistung erreicht wird, für eine 1500 kW-Anlage noch mit Werten zwischen 11 und 13 m/s angegeben).

Dies wäre jedoch erforderlich gewesen, da die hier betroffene Anlage mit einer active-stall-Steuerung ausgerüstet ist und deshalb – anders als pitchgesteuerte Anlagen – bei höheren Windgeschwindigkeiten als für die Erzielung der Nennleistung erforderlich höhere Schallemissionen verursacht (Landesumweltamt (LUA) Nordrhein-Westfalen, Materialien Nr. 63, Windenergieanlagen und Immissionsschutz, 2002, Nr. 1 (im wesentlichen identisch: LUA, Sachinformationen zu Geräuschemissionen und -immissionen von Windenergieanlagen, S. 1 f.); auch der dort referierten Messung liegt eine Anlage zugrunde, die erst bei 10,4 m/s die Nennleistung erhielt. Ebenso OVG NRW, Beschluß v. 3. 2. 2004 – 7 B 2622/03 – (Beschlußabdruck S. 3 f.)).

Trotz der bisher durch Empfehlungen des Länderausschusses für Immissionsschutz (99. Sitzung, Mai 2000) festgelegten Meß- und Berechnungsverfahren, die eine Messung entweder bis zu einer Windgeschwindigkeit von 10 m/s oder bis zu derjenigen Windgeschwindigkeit, bei der 95% der Nennleistung erreicht sind, ausreichen lassen, müssen bei Anlagen mit einer stall-Steuerung die Messung und Berechnung von Schallemissionspegel jedenfalls bis zu derjenigen Windgeschwindigkeit fortgeführt werden, bei der der lauteste Betriebszustand erreicht wird; anders werden der Entwicklungsstand und die technischen Besonderheiten derartiger Anlagen nicht erfaßt.

Daß damit keine überzogenen Anforderungen an die Ermittlung einer verläßlichen Prognosegrundlage gestellt werden, ergibt sich zum einen daraus, daß bei der streitbefangenen Anlage im Bereich zwischen 5,5 m/s und 7,5 m/s ein Anstieg des Schallleistungspegels je m/s von 1,9 dB(A) – Vollastbetrieb – bzw. 1,5 dB(A) – schallreduzierter Betrieb – gemessen worden ist; über die gemessenen Werte bei 7,5 m/s bzw. 6,9 m/s ist daher bis zu einer Windgeschwindigkeit, die zum Abschalten der Anlage nötigen würde, ein erheblicher weiterer Anstieg der Schallleistungspegel zu erwarten. Zum anderen ist zu berücksichtigen, daß auch im Binnenland – anders als dies früher angenommen wurde – Windgeschwindigkeiten über einem Maß von etwa 8 m/s keine seltenen Ereignisse im Sinne einer immissionsschutzrechtlichen Betrachtung darstellen, sondern so häufig sind, daß sie in der Schallimmissionsprognose nicht vernachlässigt werden dürfen (LUA Nordrhein-Westfalen, Materialien Nr. 63, Windenergieanlagen und Immissionsschutz, 2002, S. 13).

Nicht berücksichtigt hat die Ermittlung der maßgeblichen Schallleistungspegel auch, daß stall-gesteuerte Anlagen in ihrem lautesten Betriebszustand – anders als pitch-gesteuerte Anlagen – ein spezifisches Anlagengeräusch verursachen, das durch das „stallen" der Anlage, also durch das Abreißen des Luftstroms an den Rotorblättern, hervorgerufen wird. Auch dieses Phänomen muß mit konkreten Schallleistungspegeln erfaßt werden, um die von der Anlage verursachten Beeinträchtigungen zuverlässig einschätzen zu können.

Zusätzlich und insbesondere muß die Schallimmissionsprognose eine fundierte Aussage dazu enthalten, ob von der konkret geprüften Anlage tonhaltige oder impulshaltige Geräusche ausgehen, die mit Zuschlägen zu berücksichtigen wären. Die Prognose vom 16.5.2003 enthält keine tragfähige Begründung dafür, warum sie derartige Zuschläge nicht in die Immissionsbelastung eingerechnet hat. Die Begründung, daß entsprechend den vorliegenden Meßberichten der Firma X. GmbH die gemessenen Geräusche ... weder im Normalbetrieb ... noch im leistungsreduzierten Betrieb ... ton- und/oder impulshaltig sind, ist abwegig, da es in den Gutachten vom 26.4.2002 ausdrücklich heißt, es könne „keine Aussage über merkliche Änderung der Tonhaltigkeit oder Impulshaltigkeit bei der neuen Nabenhöhe getroffen werden, da keine Meßergebnisse vorliegen". Anlaß zu näherer Befassung mit möglichen Zuschlägen wegen Ton- oder Impulshaltigkeit hätte indes gerade wegen der Besonderheiten der stall-gesteuerten Anlage bestanden. Denn das besondere Geräusch beim „stallen" der Anlage ist nach einer Untersuchung des bayerischen Landesumweltamtes dadurch gekennzeichnet, daß es selbst bei hohen Windgeschwindigkeiten (15,3 m/s) nicht durch die Umgebungsgeräusche verdeckt wird (LUA Nordrhein-Westfalen, Materialien Nr. 63, Windenergieanlagen und Immissionsschutz, 2002, S. 22).

Zu diesem Phänomen sowie ggf. dazu, ob das Einsetzen und Abreißen des „stallens" oder das „stall"-Geräusch selbst durch Zuschläge zu berücksichtigen sind, hätte die Schallimmissionsprognose Stellung nehmen müssen, um ihrer Funktion genügen zu können.

Wegen der Fehlerhaftigkeit der der Baugenehmigung zugrunde gelegten Lärmimmissionsprognose ist eine zuverlässige Aussage über die Einhaltung des Lärmrichtwerts auf dem von der Antragstellerin bewohnten Grundstück nicht mit der erforderlichen Sicherheit möglich, so daß der Ausgang des Hauptsacheverfahrens offen ist. Die damit vorzunehmende Interessenabwägung fällt zugunsten der Antragstellerin aus, da sie Anspruch auf Einhaltung der maßgeblichen Werte schon ab Inbetriebnahme der Anlage hat.

Allerdings besteht Anlaß zu dem Hinweis, daß maßgeblich für das tenorierte Ergebnis allein der Umstand ist, daß die Baugenehmigung die Schallimmissionsproblematik nicht bewältigt hat, weil sie sich auf eine fehlerhafte Prognosegrundlage stützt; die bisher vom Antragsgegner verwerteten Erkenntnisse sind nicht zureichend, überhaupt eine verläßliche Lärmimmissionsprognose zu treffen. Der Senat sieht sich auf der Basis des im Verfahren vorgelegten Materials jedoch weder zu der Annahme in der Lage, die Immissionen auf dem von der Antragstellerin bewohnten Grundstück würden bei Berücksichtigung der spezifischen Besonderheiten der streitbefangenen Anlage die zulässigen Werte überschreiten noch zu der gegenteiligen Annahme, daß die Werte eingehalten werden können.

Nr. 171

Die Baugenehmigungsbehörde darf sanierungsrechtliche Belange bei der Beantwortung einer auf das Bauplanungsrecht beschränkten Bauvoranfrage nicht von sich aus einbeziehen und von ihrer Beurteilung die Ertei-

lung des erstrebten Bauvorbescheides abhängig machen (Aufgabe der gegenteiligen Auffassung des OVG Lüneburg, Urteil v. 28.6.1985 – 6 A 8/84 –, UPR 1986, 226 = ZfBR 1986, 84 = BRS 44 Nr. 233). Das gilt auch dann, wenn Bauaufsichtsbehörde und Gemeinde/Sanierungsträger identisch sind.

BauGB § 144; NBauO §§ 74 Abs. 1, 75 Abs. 1.

Niedersächsisches OVG, Urteil vom 14. April 2004 – 1 LB 340/02 –.
(Nur Leitsatz.)

Nr. 172

Ein mißbräuchliches, außerhalb der Zweckbestimmung einer Baugenehmigung liegendes Verhalten Dritter ist der Baugenehmigung nur zuzurechnen, wenn sie einen Zustand schafft, der für einen derartigen Mißbrauch besonders anfällig ist.

VwGO §§ 86, 124 Abs. 2 Nrn. 1 und 5; BauNVO §§ 3, 4, 12 Abs. 2, 13, 15 Abs. 2 Satz 2 Alt. 1.

Bayerischer VGH, Beschluß vom 25. Juni 2004 – 15 ZB 04.487 – (rechtskräftig).

(VG Regensburg)

Aus den Gründen:
1. a) Der Kläger macht geltend, das Verwaltungsgericht habe es zu Unrecht verneint, daß von dem genehmigten Vorhaben Belästigungen oder Störungen ausgingen, die nach der Eigenart des Baugebiets im Baugebiet selbst oder in dessen Umgebung unzumutbar seien. Es habe unberücksichtigt gelassen, daß der vorhandene Privatweg für eine Zufahrt zur genehmigten Tierarztpraxis nicht geeignet sei. Es handle sich um eine schmale, steile, etwa 50 m lange Auffahrt, die einen Begegnungsverkehr nicht ermögliche und eine nicht einsehbare 90°-Kurve aufweise. Besucher der Tierarztpraxis seien daher genötigt, die Auffahrt in einem niedrigen Gang (hochtourig) langsam zu befahren und wegen möglichen Gegenverkehrs an der Kurve anzuhalten. Häufig werde dann mit hochdrehendem Motor wieder angefahren. Das verursache unzumutbaren Verkehrslärm und nicht hinnehmbare Abgasimmissionen.

Das begründet keine ernstlichen Zweifel an der Richtigkeit des angegriffenen Urteils. Selbst in reinen oder allgemeinen Wohngebieten sind Stellplätze für den durch die zugelassene Nutzung verursachten Bedarf allgemein zulässig (§ 12 Abs. 2 BauNVO). Nachbarn haben die hiervon ausgehenden Emissionen im Regelfall hinzunehmen (vgl. BVerwG v. 20.3.2003, NVwZ 2003, 1516). Etwas anderes ergibt sich im Einzelfall nur dann, wenn von den Stellplätzen Belästigungen oder Störungen ausgehen können, die nach der Eigenart des Baugebiets im Baugebiet selbst oder in dessen Umgebung unzumutbar sind (§ 15 Abs. 2 Satz 2 Alt. 1 BauNVO). Was zumutbar ist, folgt demnach aus der konkreten Situation der benachbarten Grundstücke (vgl. BVerwG v. 18.5.1995, BRS 57 Nr.67 = BauR 1995, 807 = NVwZ 1996, 379). Diese ist im Falle des Klägers dadurch geprägt, daß die bestehende Zufahrt das Grundstück FlNr. 116/3 – ebenso wie FlNr. 116/2 – bereits seit langer Zeit erschließt. Die durch deren Beschaffenheit und Lage (90°-Kurve, etwa 3 bis 4 m breit, Hanglage) begründete Immissionsmehrung (höhere Motordrehzahl, Anfahrgeräusche) muß sich der Kläger deshalb als situationstypisch anrechnen lassen. Er kann sie der ihrer Art nach bauplanungsrechtlich allgemein zulässigen Nutzungsänderung (§ 13 BauNVO) nicht entgegenhalten.

b) Ernstliche Zweifel an der Richtigkeit des Urteils begründet auch nicht der Einwand des Klägers, es seien zuwenig Stellplätze genehmigt worden mit der Folge, daß die auf dem Nachbargrundstück vorhandene Wendefläche ständig belegt sei. Besucher der Tierarztpraxis und Paketzusteller seien daher gezwungen, die Zufahrt rückwärts hinunterzufahren. Das habe in der Vergangenheit zu verschiedenen Sachbeschädigungen an/auf seinem Grundstück (Blumenschalen/Natursteinpflaster) sowie dazu geführt, daß sein Stellplatz vor der Garage zum Wenden genutzt werde. Derartige Vorfälle, das Vorbringen als wahr unterstellt, mögen zwar Störungen i.S. des § 15 Abs. 2 Satz 2 Alt. 1 BauNVO sein. Sie sind aber der angefochtenen Baugenehmigung nicht zuzurechnen. Sie beruhen darauf, daß Besucher der Tierarztpraxis die auf dem Grundstück FlNr. 116/2 vorhandene private Wendefläche eigenmächtig zum Parken verwenden, mithin auf einem mißbräuchlichen, außerhalb der Zweckbestimmung der Baugenehmigung liegenden Verhalten Dritter. Eine Zurechenbarkeit ergäbe sich nur, wenn die Baugenehmigung einen Zustand geschaffen hätte, der für einen derartigen Mißbrauch besonders anfällig ist (vgl. Eyermann/Happ, VwGO, 11.Aufl. 2000, § 42 Rdnr. 105 m.w.N.). Das ist nicht der Fall. Die von der Beigeladenen nach der Baugenehmigung zusätzlich zu errichtenden zwei Stellplätze und zusätzlich eine Garage sowie ein Stellplatz vor dieser Garage sind vorhanden. Das verhindert zusammen mit der Verpflichtung, Stellplätze und Fahrgassen zu markieren, daß die Besucher der Tierarztpraxis gleichsam dazu verleitet werden, ihr Kraftfahrzeug auch auf der Wendefläche (Stellfläche vor der Doppelgarage auf FlNr. 116/2) abzustellen.

Anhaltspunkte für die erforderlichen Stellplätze lassen sich der Bekanntmachung des Bayerischen Staatsministeriums des Innern vom 12.2.1978 Nr. II B 4 - 9134 - 79 (MABl S. 181 – „Stellplatzrichtlinie") entnehmen (vgl. hierzu Schwarzer/König, BayBO, 3.Aufl. 2000, Art.52 Rdnr. 15). Deren „Anlage zu Abschnitt 3" nennt unter Nr. 2.2 für „Räume mit erheblichem Besucherverkehr (Schalter-, Abfertigungs- oder Beratungsräume, Arztpraxen und dergleichen)" als Richtzahl einen Stellplatz je 20 bis 30 m^2 Nutzfläche, mindestens jedoch drei Stellplätze, und unter Nr. 1.2 für Mehrfamilienhäuser eine Richtzahl von einem Stellplatz je Wohnung. Die in Anlehnung hieran für das von der Beigeladenen gemietete Haus erforderlichen vier Stellplätze (Wohnung im Obergeschoß: 1 Stellplatz, Tierarztpraxis im Erdgeschoß: 3 Stellplätze) stehen, wenn auch mit Blick auf die Zugänglichkeit der Garage eingeschränkt, zur Verfügung. Unabhängig davon wäre im ländlichen Raum in Gebieten mit vergleichsweise geringer Verkehrsdichte stellplatzmindernd zu berücksichtigen, daß für einen Teil des Kunden- und Besucherverkehrs bestehende Parkmöglichkeiten im Bereich der Erschließungsstraßen ausreichen (vgl. auch Stellplatzrichtlinie Nr. 3.1.2). Ein konkreter Anhalt für einen erhöhten Bedarf an Stellplätzen, insbesondere dafür, daß der Zufahrtsverkehr zur Tierarztpraxis der Beigeladenen nach dem Inhalt des angefochtenen Genehmigungsbescheids das für eine freiberufliche Tätigkeit dieser Art übliche Maß überschreitet, ergibt sich weder aus dem Vorbringen des Klägers noch aus dem Inhalt der vorgelegten Akten.

Die der Baugenehmigung beigefügte Nebenbestimmung, wonach die (Ein)-Stellplätze und Fahrgassen mindestens durch Markierungen am Boden leicht erkennbar und dauerhaft gegeneinander abzugrenzen sind, ist dazu geeignet, die zum Parken bestimmten Flächen kenntlich zu machen und so einem unbefugten Parken außerhalb dieser Flächen vorzubeugen. Zudem hat es die Beigeladene in der Hand, durch eine entsprechende Beschilderung und durch Hinweise in ihrer Praxis darauf hinzuwirken, daß ihre Kunden nur innerhalb der gekennzeichneten Flächen parken.

Insgesamt darf deshalb davon ausgegangen werden, daß sich die Besucher der Tierarztpraxis schon aus eigenem Interesse an einer ungehinderten Abfahrt im allgemeinen an die vorgegebene Parkregelung halten. Die vom Kläger geschilderten Vorgänge widersprechen dem nicht. Sie haben nach ihrer Zahl bezogen auf die bisherige Dauer des Praxisbetriebs kein besonderes Gewicht und ereigneten sich, soweit sie konkretisiert sind, im Juli und August des Jahres 2002 sowie im Februar und März des Jahres 2003. Zu dieser Zeit hatte die Beigeladene die Stellplätze und Fahrgassen entgegen dem Inhalt des angefochtenen Bescheids nicht dauerhaft gegeneinander abgegrenzt (Markierung von Stellplätzen lediglich mit Kreide).

Nr. 173

1. **Für die Beantwortung der Frage, ob ein Vorhaben eine Splittersiedlung verfestigt, kann auch die Qualität der durch das Vorhaben innerhalb der Splittersiedlung bewirkten baulichen Veränderung von ausschlaggebender Bedeutung sein.**

2. **Auch in den Fällen des § 48 Abs. 3 VwVfG NRW – bei denen es um die Rücknahme von Verwaltungsakten geht, die nicht eine einmalige oder laufende Geldleistung oder teilbare Sachleistung gewähren oder hierfür Voraussetzung sind (§ 48 Abs. 2 VwVfG NRW) – sind Vertrauensschutzgesichtspunkte zugunsten des von der Rücknahmeentscheidung Betroffenen bei der Ermessensausübung nach § 48 Abs. 1 Satz 1 VwVfG NRW zu berücksichtigen.**

3. **Hat ein Vertreter des Begünstigten den Verwaltungsakt durch Bestechung erwirkt, kommt es für die Zurechenbarkeit der Bestechung bei der Rücknahme des Verwaltungsakts darauf an, daß die Bestechung aus dem Verantwortungsbereich des Begünstigten heraus begangen worden ist.**

Nr. 173

BauGB § 35 Abs. 2, 3 und 4 Satz 1 Nr. 2; VwVfG NRW § 48.

OVG Nordrhein-Westfalen, Urteil vom 14. Juli 2004 – 10 A 4471/01 – (rechtskräftig nach Beschluß des BVerwG vom 27. Oktober 2004, abgedruckt unter Nr. 108).

(VG Gelsenkirchen)

Die Klägerin beantragte für ihr im Außenbereich gelegenes Grundstück einen Bauvorbescheid zur Errichtung eines Wohnhauses als Ersatzbau. Der zuständige Ausschuß des Gemeinderates verweigerte dem Vorhaben zunächst die erforderliche Zustimmung, da die gesetzlichen Voraussetzungen für einen Ersatzbau nicht vorlägen. Daraufhin zahlte der Ehemann der Klägerin einen Geldbetrag an einen Bediensteten des Wirtschaftsförderungsamtes des Beklagten, der sich für die Erteilung eines positiven Bauvorbescheides einsetzen sollte. Die Bauverwaltung befaßte sich erneut mit dem Vorhaben der Klägerin und erstellte eine neue Vorlage für den Ausschuß, der nunmehr – unter der Voraussetzung, daß neben dem zu ersetzenden Wohnhaus weitere auf dem Baugrundstück vorhandene Bausubstanz beseitigt werde – der Erteilung eines positiven Bauvorbescheides zustimmte. Die Klägerin verzichtete letztlich auf die Erteilung des Bauvorbescheides und beantragte eine entsprechende Baugenehmigung, die mit Zustimmung der höheren Verwaltungsbehörde erteilt wurde. Drei Jahre, nachdem die Klägerin das genehmigte Wohnhaus errichtet hatte, wurde ihr Ehemann rechtskräftig zu einer Freiheitsstrafe verurteilt, weil er einem Bediensteten des Beklagten zur Erlangung der Baugenehmigung rechtswidrig Vorteile gewährt habe. Der Beklagte nahm die Baugenehmigung zurück. Die nach erfolglosem Vorverfahren gegen die Rücknahmeverfügung erhobene Klage blieb in beiden Rechtszügen ohne Erfolg.

Aus den Gründen:
Rechtliche Grundlage für den Rücknahmebescheid ist § 48 Abs. 1 Satz 1 VwVfG NRW, wonach ein rechtswidriger Verwaltungsakt, auch nachdem er unanfechtbar geworden ist, ganz oder teilweise mit Wirkung für die Zukunft oder für die Vergangenheit zurückgenommen werden kann. Begünstigende Verwaltungsakte, wozu auch die hier in Rede stehenden Baugenehmigungen gehören, dürfen nur unter den Einschränkungen des § 48 Abs. 2 bis 4 VwVfG NRW zurückgenommen werden (§ 48 Abs. 1 Satz 2 VwVfG NRW).

Die tatbestandlichen Voraussetzungen der Ermächtigungsnorm liegen vor.

Die Baugenehmigungen vom 5.9. und 14.11.1991 sind rechtswidrig, denn ihrer Erteilung standen – und stehen auch heute noch – öffentlich-rechtliche Vorschriften entgegen (§ 75 Abs. 1 Satz 1 BauO NRW, § 70 Abs. 1 Satz 1 BauO NRW a. F.). Das Wohnhaus und die zugehörige Garage auf dem Grundstück K.-Straße, welche Gegenstand der vorgenannten Baugenehmigungen sind, sind bauplanungsrechtlich unzulässig.

Das Grundstück liegt im Außenbereich der Stadt R. ...

Die bauplanungsrechtliche Zulässigkeit des umstrittenen Vorhabens ist mithin nach § 35 BauGB zu beurteilen, wobei die insoweit einschlägigen Vorschriften inhaltlich keine für den Fall bedeutsamen Änderungen gegenüber der damals geltenden Fassung des Baugesetzbuches aufweisen.

Da eine Privilegierung des Wohnhauses und der Garage nach § 35 Abs. 1 BauGB ausscheidet, handelt es sich bei diesen Gebäuden um ein sonstiges Vorhaben i. S. des § 35 Abs. 2 BauGB, das im Einzelfall zugelassen werden kann, wenn seine Erschließung gesichert ist und es öffentliche Belange nicht beeinträchtigt.

An diesen Zulassungsvoraussetzungen – die kumulativ vorliegen müssen – fehlt es hier unabhängig davon, ob die Erschließung des Vorhabens gesichert ist, denn die durch die zurückgenommenen Baugenehmigungen ermöglichte und bereits verwirklichte Bebauung beeinträchtigt öffentliche Belange. In § 35 Abs. 3 Satz 1 BauGB ist beispielhaft aufgeführt, in welchen Fällen eine Beeinträchtigung öffentlicher Belange anzunehmen ist. Danach beeinträchtigt ein Vorhaben öffentliche Belange u. a. dann, wenn es die Entstehung, Verfestigung oder Erweiterung einer Splittersiedlung befürchten läßt (§ 35 Abs. 3 Satz 1 Nr. 7 BauGB). Das ist im Hinblick auf das Vorhaben der Klägerin der Fall. Die Errichtung des Wohnhauses und der Garage stellt eine Verfestigung des bisherigen Siedlungssplitters dar.

Unter einer Splittersiedlung ist eine aus mehreren Gebäuden bestehende Ansiedlung zu verstehen, die nicht als ein im Zusammenhang bebauter Ortsteil i. S. des § 34 BauGB zu werten ist. Auf dem Grundstück K.-Straße war im Zeitpunkt der Genehmigungserteilung eine solche Ansiedlung – bestehend aus insgesamt drei Gebäuden – vorhanden.

Dieser Siedlungsansatz wird durch das Vorhaben der Klägerin weiter verfestigt. Mit der Errichtung des neuen Wohnhauses und der dazugehörigen Garage an anderer Stelle hat, nachdem zuvor zwei der Altgebäude beseitigt worden waren, eine „Wiederauffüllung" des bisherigen Siedlungsbereichs stattgefunden.

Ob ein Vorhaben eine Splittersiedlung verfestigt, ist nicht immer allein unter quantitativen Gesichtspunkten zu beurteilen. Eine solche Betrachtungsweise griffe – wie der vorliegende Fall aufzeigt – zu kurz. Auch die Qualität der durch das Vorhaben innerhalb der Splittersiedlung bewirkten baulichen Veränderung kann von ausschlaggebender Bedeutung sein. Daß im Zusammenhang mit der Neuerrichtung des Wohnhauses und des Garagengebäudes zwei andere bauliche Anlagen beseitigt worden sind, rechtfertigt es nicht, die Neubebauung bodenrechtlich als neutral zu bewerten. Auch wenn ein Vergleich des Baubestandes vor und nach der durch die zurückgenommenen Baugenehmigungen ermöglichten Baumaßnahme im Hinblick auf die jeweils vorhandene Baumasse keine spürbare Veränderung oder sogar eine Verringerung erkennen läßt, ist gleichwohl eine Verfestigung des städtebaulich unerwünschten Siedlungsansatzes zu verzeichnen, weil mit der Baumaßnahme eine erhebliche qualitative Veränderung des verbliebenen Bestandes verbunden ist und diese Qualitätsänderung die außenbereichsfremde Nutzung auf unabsehbare Zeit festschreibt. Ob und wie stark der Außenbereich durch außenbereichsfremde bauliche Anlagen beeinträchtigt wird, hängt nicht nur von der Zahl und dem Volumen der Baukörper ab, sondern auch von der Art der Nutzung, der diese baulichen Anlagen dienen sollen. Das alte Wohnhaus war nach dem von der Klägerin in Auftrag gegebenen Gutachten des Ingenieurbüros D. von 1990 insoweit abgängig, als auf Grund von Baumängeln und Bauschäden eine etwa hundertprozentige technische Wertminderung vorlag, eine Instandsetzung – sofern überhaupt möglich – einen unverhältnismäßig hohen Aufwand erfordert hätte und es durch wirtschaftlich vertretbare Modernisierungsmaßnahmen den allgemeinen Anforderungen an gesundes Wohnen nicht hätte angepaßt werden können. Mithin war damit zu rechnen, daß jedenfalls die sich üblicherweise als besonders dauerhaft erweisende Wohnnutzung im Bereich des Siedlungssplitters über kurz oder lang aufgegeben werden würde. Das andere Gebäude, das im Zuge der Baumaßnahme zu beseitigen war und auch beseitigt worden ist, war ausschließlich für Lagerzwecke, nämlich für die Zwischenlagerung von technischen Bauteilen für Elektroanlagen, genehmigt. In der zur Baugenehmigung von 1989 gehörenden Betriebsbeschreibung heißt es zur Nutzung dieses Gebäudes, daß keine Kundenandienung stattfinde und sich der Fahrverkehr auf etwa zehn Fahrten im Jahr beschränke. Als Betriebszeit ist die Zeit zwischen 8.00 und 16.00 Uhr angegeben. Eine solche Nutzung beeinträchtigt die Gesamtheit der Belange, zu deren Schutz der Außenbereich grundsätzlich von außenbereichsfremder Bebauung freigehalten werden soll, ungleich geringer, als eine Wohnnutzung, deren Auswirkungen ständig spürbar sind und die regelmäßig einer ausgeprägteren Infrastruktur bedarf, als gewerbliche Nutzungen der genehmigten Art.

Demgegenüber stellt sich der Neubau verbunden mit dem großzügigen Garagengebäude als ein modernen Wohnbedürfnissen hervorragend angepaßter Wohnkomplex gehobenen Standards dar, dessen Wert – was die Wohnqualität angeht – durch seine Einbettung in das parkähnlich gestaltete Anwesen weiter gesteigert und dessen Nutzung auf Generationen hin angelegt ist. Im Hinblick auf die Festschreibung der Nutzungsart „Wohnen" und die damit verbundene Steigerung der voraussichtlichen Dauer der Inanspruchnahme des Außenbereichs durch außenbereichsfremde Nutzungen steht für den Senat außer Frage, daß die Neubebauung auf dem Grundstück K.-Straße trotz der gleichzeitigen Beseitigung bestandsgeschützter Bausubstanz eine Verfestigung des dort vorhandenen Siedlungsansatzes bewirkt.

Diese Verfestigung der bereits vorhandenen Splittersiedlung ist hier auch zu mißbilligen.

Mit der Regelung des §35 Abs. 3 Nr. 7 BauGB will der Gesetzgeber einer Zersiedlung des Außenbereichs, d. h. einer zusammenhanglosen oder aus anderen Gründen unorganischen Streubebauung entgegentreten. An diesem Gesetzeszweck hat sich die Auslegung der Vorschrift auszurichten. Zu mißbilligen ist daher die Verfestigung einer Splittersiedlung jedenfalls dann, wenn mit dieser Verfestigung zugleich ein Vorgang der Zersiedlung eingeleitet oder schon vollzogen wird. Zwar wird das bei Wohnbauten im Außenbereich regelmäßig der Fall sein, denn der Außenbereich soll grundsätzlich von allen nicht unmittelbar seinem Wesen und seiner Funktion entsprechenden Baulichkeiten freigehalten werden, doch kommt z. B. eine Ausnahme in Betracht, wenn ein Vorhaben an dem geplanten Standort in eine organische Beziehung zu einer bereits vorhandenen Bebauung tritt, vorausgesetzt, daß es sich bei dieser Bebauung selbst nicht um eine zu mißbilligende Splittersiedlung handelt (vgl. BVerwG, Urteil v. 26. 5. 1967 – IV C 25.66 –, BRS 18 Nr. 45).

Ob die vorhandene Bebauung als eine zu mißbilligende Splittersiedlung zu bewerten ist, kann sich durchaus im Laufe der Zeit ändern. Ein Siedlungsvorgang kann zunächst und an sich unerwünscht sein, dann aber durch eine –

ebenfalls unerwünschte – Verfestigung einen Zustand erreichen, bei welchem das Hinzutreten gewisser weiterer Bauten nicht mehr als Vorgang der Zersiedlung gewertet werden kann. Dann handelt es sich unverändert um eine „an sich unerwünschte", d. h., in ihrem Entstehen unerwünscht gewesene Splittersiedlung, ohne daß aber auch jetzt noch eine Zersiedlung vorläge, wenn gewisse weitere Bauten hinzutreten (vgl. BVerwG, Beschluß v. 12. 12. 1972 – IV B 150.72 –, BRS 25 Nr. 76).

Die im Zeitpunkt der umstrittenen Genehmigungserteilung auf dem Grundstück K.-Straße vorhanden gewesenen Gebäude stellten einen städtebaulich unerwünschten Siedlungsansatz dar. Unerwünscht war dieser Siedlungsansatz deshalb, weil es sich bei dem alten Wohnhaus, das seine landwirtschaftliche Funktion längst eingebüßt hatte, und den beiden gewerblich genutzten Gebäuden um bauliche Einsprengsel innerhalb der freien Landschaft handelte, die einer organischen Siedlungsstruktur widersprachen.

Bei genauer Betrachtung und Bewertung der örtlichen Situation zeigt sich im vorliegenden Fall, daß dieser Widerspruch zu einer organischen Siedlungsstruktur durch die Neubebauung bei gleichzeitiger Beseitigung zweier Altgebäude nicht aufgelöst wird.

Die Unvereinbarkeit mit einer geordneten Siedlungsstruktur, die im Einzelfall zu einer Mißbilligung der die Verfestigung bewirkenden baulichen Maßnahme führt, kann sich beispielsweise aus dem Verhältnis ergeben, das zwischen dem Umfang der bereits vorhandenen Splittersiedlung und dem hinzutretenden Vorhaben besteht. Fehlt es dem hinzutretenden Vorhaben an einer deutlichen Unterordnung, so wird – abgesehen von Fällen der Übereinstimmung mit der herkömmlichen Siedlungsform – kaum jemals anzunehmen sein, daß dies siedlungsstrukturell keinen Bedenken begegnet (vgl. BVerwG, Urteil v. 3. 6. 1977 – IV C 37.75 –, BRS 32 Nr. 75 = BauR 1977, 398).

An einer deutlichen Unterordnung fehlt es beispielsweise, wenn die Splittersiedlung um die Hälfte ihres Bestandes vergrößert wird (vgl. BVerwG, Urteil v. 18. 5. 2001 – 4 C 13.00 –, BRS 64 Nr. 103 = BauR 2001, 1560).

Das ist hier der Fall, selbst wenn man das ungenehmigte Blockhaus dem vorhandenen Bestand zurechnen würde. Die Zahl der vorhandenen Gebäude wird durch die Neubebauung verdoppelt, wobei zudem die neu errichteten Gebäude nach Grund- und Nutzfläche sowie nach ihrem Bauvolumen den Bestand übersteigen. Auch qualitativ kann von einer Unterordnung nicht die Rede sein, da das gesamte Grundstück nach der Errichtung des neuen Wohnhauses in erster Linie dem Wohnen zu dienen bestimmt ist und das vorhandene gewerblich genutzte Gebäude gegenüber diesem Nutzungszweck eindeutig in den Hintergrund tritt. Nichts anderes würde gelten, wenn man – was allerdings im Rahmen des § 35 Abs. 2 BauGB unzulässig ist – für die Frage der Unterordnung auf den Bestand abstellen würde, also die Splittersiedlung vor der Beseitigung der beiden Altgebäude hatte. Die Erweiterung würde auch in diesem Fall etwa die Hälfte des Bestandes ausmachen und sich damit nicht deutlich unterordnen.

Nach allem ist die durch die Neubebauung vollzogene Verfestigung des auf dem Grundstück K.-Straße vorhandenen Siedlungssplitters mangels deutlicher Unterordnung unter den vorhandenen Bestand wegen der daraus abzuleitenden Unvereinbarkeit mit einer geordneten Siedlungsstruktur zu mißbilligen und damit i. S. des § 35 Abs. 3 Satz 1 Nr. 7 BauGB „zu befürchten". Die Neubebauung leistet einer unerwünschten Zersiedelung des Außenbereichs Vorschub.

Der Umstand, daß die Neubebauung den vorstehend beschriebenen öffentlichen Belang beeinträchtigt, führt insgesamt zur Unzulässigkeit des Vorhabens. Die Klägerin kann sich demgegenüber nicht auf die Begünstigung nach § 35 Abs. 4 Satz 1 Nr. 2 BauGB berufen, wonach der Neuerrichtung eines gleichartigen Wohngebäudes an gleicher Stelle – d. h. der Errichtung eines Ersatzbaus – u. a. nicht entgegengehalten werden kann, sie lasse die Erweiterung einer Splittersiedlung befürchten, wenn sie im übrigen außenbereichsverträglich ist und die in § 35 Abs. 4 Satz 1 Nr. 2 Buchst. a) bis d) BauGB aufgeführten Voraussetzungen gegeben sind.

Die Voraussetzung des § 35 Abs. 4 Satz 1 Nr. 2 Buchst. c) BauGB, wonach der Eigentümer das vorhandene Gebäude seit längerer Zeit selbst genutzt haben muß, um in den Genuß der Begünstigung zu gelangen, ist nicht erfüllt. Dabei kann offenbleiben, ob die Klägerin – woran nach Lage der Akten ganz erhebliche Zweifel bestehen – überhaupt jemals in dem durch den Neubau ersetzten alten Wohnhaus in der Weise gewohnt hat, daß sie ihren Lebensmittelpunkt dort hatte. Jedenfalls hat die Nutzung des alten Wohnhauses durch die Klägerin nicht „seit längerer Zeit" stattgefunden, wobei „seit längerer Zeit" einen Zeitraum von mehr als zwei Jahren meint, in denen sich der Eigentümer mit den ungenügenden Wohnverhältnissen in dem Altgebäude zufriedengegeben haben muß (vgl. BVerwG, Urteil v. 12. 3. 1982 – 4 C 59.78 –, BRS 39 Nr. 89 = BauR 1982, 359, und Beschluß v. 22. 2. 1996 – 4 B 25.96 –, Buchholz 406.11 § 35 BauGB Nr. 321).

Die Klägerin hat im Rahmen ihrer Anhörung zur beabsichtigten Rücknahme der Baugenehmigungen eingeräumt, erst nach der teilweisen Renovierung der Erdgeschoßräume des Altgebäudes dort regelmäßig – nämlich mehr als die Hälfte aller Tage – übernachtet und die Übernachtungen bereits im Herbst 1989 wieder aufgegeben zu haben. Damit scheidet eine den Anforderungen des § 35 Abs. 4 Satz 1 Nr. 2 Buchst. c) BauGB genügende Eigennutzung des Altgebäudes durch die Klägerin nach ihrem eigenen Vortrag aus.

Die bauplanungsrechtliche Zulässigkeit des Vorhabens läßt sich schließlich auch nicht aus Bestandsschutzerwägungen herleiten. Einen Anspruch auf Zulassung eines Vorhabens aus eigentumsrechtlichem Bestandsschutz gibt es außerhalb der gesetzlichen Regelungen nicht. Der Gesetzgeber hat in § 35 BauGB für Vorhaben im Außenbereich eine Regelung geschaffen, die danach differenziert, ob es sich um ein privilegiertes Vorhaben i. S. des Abs. 1, ein sonstiges Vorhaben i. S. des Abs. 2 oder ein begünstigtes Vorhaben i. S. des Abs. 4 handelt. Damit hat er für die bauliche Nutzung des Außenbereichs eine Inhalts- und Schrankenbestimmung i. S. des Art. 14 Abs. 1 Satz 2 GG getroffen. Sind die in § 35 BauGB genannten Tatbestandsvoraussetzungen nicht erfüllt, so scheidet Art. 14 Abs. 1 Satz 1 GG als Grundlage für einen Zulassungsanspruch von vornherein aus (vgl. BVerwG, Urteil v. 12. 3. 1998 – 4 C 10.97 –, BRS 60 Nr. 98 = BauR 1998, 760).

Erweisen sich die Baugenehmigungen vom 5.9. und 14.11.1991 mithin als rechtswidrig, kommt grundsätzlich ihre Rücknahme unter den Voraussetzungen des §48 VwVfG NRW in Betracht.

Insoweit hat der Senat nach §114 Satz 2 VwGO zu prüfen, ob der angefochtene Verwaltungsakt rechtswidrig ist, weil die gesetzlichen Grenzen des Ermessens überschritten sind oder die Behörde von dem Ermessen in einer dem Zweck der Ermächtigung nicht entsprechenden Weise Gebrauch gemacht hat. Der Beklagte hat das ihm gemäß §48 Abs. 1 Satz 1 VwVfG NRW eingeräumte Rücknahmeermessen korrekt ausgeübt. Einen Ermessensfehler im vorgenannten Sinne vermag der Senat nicht festzustellen.

Entgegen der Rechtsauffassung des Verwaltungsgerichts sind auch in den Fällen des §48 Abs. 3 VwVfG NRW, d. h. in Fällen, bei denen es um die Rücknahme von Verwaltungsakten geht, die nicht eine einmalige oder laufende Geldleistung oder teilbare Sachleistung gewähren oder hierfür Voraussetzung sind (§48 Abs. 2 VwVfG NRW), Vertrauensschutzgesichtspunkte zugunsten des von der Rücknahmeentscheidung Betroffenen bei der Ermessensausübung nach §48 Abs. 1 Satz 1 VwVfG NRW zu berücksichtigen (vgl. Sachs, in: Stelkens/Bonk/Sachs, Verwaltungsverfahrensgesetz, 6.Aufl. 2001, §48 Rdnr. 181; Ramsauer, in: Kopp/Ramsauer, Verwaltungsverfahrensgesetz, 8.Aufl. 2003, §48 Rdnr. 121 f.; Meyer, in: Knack, Verwaltungsverfahrensgesetz, 8.Aufl. 2004, §48 Rdnr. 108 ff.).

Für die Frage, ob die Behörde von der Möglichkeit der Rücknahme Gebrauch machen will, kann es nämlich wegen der Rechtsfolgen des §48 Abs. 3 Satz 1 VwVfG NRW von Bedeutung sein, ob der Begünstigte in schutzwürdiger Weise auf den Bestand des Verwaltungsaktes vertraut hat und ihm dadurch Vermögensnachteile entstanden sind (vgl. BVerwG, Beschluß v. 7.11.2000 – 8 B 137/00 –, NVwZ-RR 2001, 198; OVG Berlin, Beschluß v. 8.6.2000 – 2 SN 15.00 –, BRS 63 Nr. 183).

Selbst bei Anwendung des §50 VwVfG, der die Geltung des §48 Abs. 1 Satz 2 und Abs. 2 bis 4 VwVfG ausschließt, wenn ein begünstigender Verwaltungsakt, der von einem Dritten angefochten worden ist, während des Vorverfahrens oder während des verwaltungsgerichtlichen Verfahrens aufgehoben und dadurch dem Widerspruch oder der Klage abgeholfen wird, ist im Rahmen der nach §48 Abs. 1 Satz 1 VwVfG unverändert gebotenen Ermessensentscheidung zu berücksichtigen, in welcher Weise der Bauherr auf den Bestand vertraut und hierbei bereits Belastungen auf sich genommen hat. Der Gesetzgeber ist in §50 VwVfG nur von der „regelhaften" Beurteilung des Vertrauens nach §48 Abs. 2 bis 4 VwVfG abgerückt. Er hat aber die Behörde nicht davon befreit, die Umstände des Einzelfalles im Rahmen der Ermessensentscheidung zu berücksichtigen (vgl. BVerwG, Beschluß v. 10.2.1994 – 4 B 26.94 –, NVwZ 1994, 896 (zu Art. 48 und 50 BayVwVfG)).

Auch wenn schutzwürdiges Vertrauen in den Fällen des §48 Abs. 3 VwVfG – anders als in den Fällen des §48 Abs. 2 VwVfG – die Rücknahme des rechtswidrigen Verwaltungsaktes nicht von vornherein ausschließt und es insoweit bei der freien Rücknehmbarkeit nach pflichtgemäßem Ermessen bleibt, ist die Berücksichtigung der Vertrauensschutzaspekte – wie die Berücksichtigung sämtlicher wesentlicher Gesichtspunkte – im Rahmen der Ermessensentscheidung nach § 48 Abs. 1 Satz 1 VwVfG gleichwohl verfassungsrechtlich geboten. Der Vertrauensschutz hat aus rechtsstaatlicher Sicht einen hohen Stellenwert für die Rechtsordnung. Gerade der Schutz der im Vertrauen auf den Bestand eines Verwaltungsaktes getroffenen Dispositionen – wofür die Ausnutzung einer Baugenehmigung ein typisches Beispiel ist – ist regelmäßig der gewichtigste Gesichtspunkt, der gegen eine Rücknahme des Verwaltungsaktes spricht. Zudem ist nicht selten das Interesse des von der Rücknahme Betroffenen vorrangig auf die Erhaltung des Bestandes und nicht nur auf bloßen Geldersatz gerichtet, so daß sich ein etwaiges schutzwürdiges Vertrauen durch die Zuerkennung finanzieller Ausgleichsansprüche nicht immer angemessen kompensieren läßt.

Im Ergebnis hat der Beklagte ein schutzwürdiges Vertrauen der Klägerin in den Bestand der Baugenehmigungen vom 5.9. und 14.11.1991 verneint. Die Erwägungen, mit denen er – ergänzt durch die Ausführungen im Widerspruchsbescheid – den Wegfall des Vertrauensschutzes begründet hat, sind nicht zu beanstanden.

Zu Recht ist er davon ausgegangen, daß der Ehemann der Klägerin im Zusammenhang mit den Baugenehmigungen Bestechungsgelder an den damaligen städtischen Bediensteten N. gezahlt hat. Daß solche Zahlungen tatsächlich erfolgt sind, ist erwiesen. ...

Nach § 48 Abs. 2 Satz 3 Nr. 1 VwVfG NRW kann der Begünstigte nicht auf den Bestand des Verwaltungsaktes vertrauen, wenn er diesen durch Bestechung erwirkt hat. Der Ausschlußtatbestand des § 48 Abs. 2 Satz 3 Nr. 1 VwVfG ist damit grundsätzlich auf den Fall beschränkt, daß sich der Begünstigte an der im Einzelfall einschlägigen verwerflichen Handlung beteiligt hat. Dafür, daß die Klägerin – die als Grundstückeigentümerin und Bauherrin alleinige Begünstigte der Baugenehmigungen vom 5.9. und 14.11.1991 ist – an der Bestechung, sei es in Form der Mittäterschaft, Anstiftung oder Beihilfe beteiligt war, ist den Akten keinerlei Nachweis zu entnehmen. ...

Gleichwohl ist die Widerspruchsbehörde – den Ausgangsbescheid ergänzend – zu Recht davon ausgegangen, daß sich die Klägerin die Bestechungshandlung ihres Ehemannes zurechnen lassen muß und sich nicht auf Vertrauensschutz berufen kann, weil der Ehemann im Baugenehmigungsverfahren als ihr Vertreter aufgetreten ist (vgl. BVerwG, Urteil v. 25.2.1994 – 8 C 2.92 –, DVBl. 1994, 810, zur Anwendbarkeit der Vertretungsregeln im öffentlichen Recht).

Nach dem Ergebnis der Beweisaufnahme in der mündlichen Verhandlung steht zur Überzeugung des Senats fest, daß die Klägerin ihren Ehemann – zumindest stillschweigend – bevollmächtigt hat, sie in allen Angelegenheiten, die mit der Bauvoranfrage bzw. dem Bauantrag zur Errichtung des neuen Wohnhauses und des zugehörigen Garagengebäudes auf dem Grundstück K.-Straße zusammenhingen, gegenüber den Behörden und auch sonst zu vertreten. Die dem Ehemann der Klägerin in diesem Zusammenhang eingeräumte Vertretungsmacht war unbeschränkt. Er ist mit Wissen und Wollen der Klägerin als Vertreter in den angesprochenen Verwaltungsverfahren aufgetreten und von den Behörden auch als solcher angesehen worden.

Diese Feststellungen haben ihren Ursprung in der die Ehe der Klägerin bestimmenden Rollen- und Aufgabenverteilung, die ihre Tochter im Rahmen ihrer Vernehmung als „konservativ" bezeichnet hat. Ihr Vater sei seinem Beruf und dem Gelderwerb nachgegangen während sich ihre Mutter, die Klägerin, ausschließlich um den Haushalt und die Familie gekümmert habe. Die Klägerin selbst und ihr Ehemann haben diese Angaben in der mündlichen Verhandlung bestätigt.

Die Klägerin hat zwar angegeben, sie habe das Grundstück K.-Straße mit eigenen Mitteln aus dem elterlichen Nachlaß erworben, um – da niemand wissen könne, ob eine Ehe dauerhaft halte – etwas Eigenes zu haben, doch hat sie nicht glaubhaft vermitteln können, dieses Grundstücksgeschäft eigenverantwortlich und ohne regelnden Einfluß ihres Ehemannes abgewickelt zu haben. Sie war nicht in der Lage, auch nur annähernd zu beziffern, welchen Verkaufspreis sie bei Veräußerung des ererbten Mehrfamilienhauses erzielt und welche Summe sie für den Erwerb des Grundstücks K.-Straße aufgewendet hat. Auch zu den näheren Umständen des Grundstückserwerbs vermochte sie keine Einzelheiten zu schildern.

Die Klägerin hat weiterhin erklärt, sie sei lediglich bei zwei Ortsterminen auf dem Baugrundstück dabei gewesen; an weiteren Terminen mit Vertretern der Stadt- oder Kreisverwaltung habe sie nicht teilgenommen. Ihr Ehemann oder der Architekt Dr. B. habe sie vertreten. Auf die Frage, ob sie sich zu irgendeiner Zeit in irgendeiner Weise um den Fortgang der Bauvoranfrage gekümmert habe, hat die Klägerin angegeben, sie habe sich bei ihrem Ehemann oder dem Architekten nach dem Stand der Bauvoranfrage erkundigt. Das sei zu der Zeit gewesen, als ihrem Ehemann mitgeteilt worden sei, zusätzlich müsse das als Lager für Elektroanlagenteile genehmigte Gebäude abgerissen werden. Der Ehemann der Klägerin hat ausgesagt, im Rahmen des Bauvorbescheids- bzw. Baugenehmigungsverfahrens mehrfach telefonisch oder im direkten Gespräch Kontakte zu verschiedenen Behördenvertretern und Politikern gehabt zu haben. Alles, was anläßlich der besagten Verwaltungsverfahren in Richtung Rathaus unternommen worden sei, habe er allein unternommen und nicht mit der Klägerin besprochen.

Die Erkenntnisse, die die mündliche Verhandlung insoweit erbracht hat, stimmen überein mit der Aktenlage, wonach neben dem Architekten Dr. B. ausschließlich der Ehemann der Klägerin gegenüber den Behörden im Zusammenhang mit der Bauvoranfrage und dem nachfolgenden Bauantrag persönlich in Erscheinung getreten ist. ...

Daß die Klägerin von den Bestechungshandlungen ihres Ehemannes möglicherweise nichts gewußt hat, ändert an der Zurechenbarkeit der Bestechung im Rahmen des § 48 Abs. 2 Satz 3 Nr. 1 VwVfG NRW nichts. Maßgeblich für die Zurechnung und damit den Wegfall des Vertrauensschutzes ist der Umstand, daß die Bestechung aus dem Verantwortungsbereich des Begünstigten heraus und nicht durch einen „Dritten" begangen worden ist (vgl. Sachs, a. a. O., Rdnr. 156; Ramsauer, a. a. O., Rdnr. 100).

Zum Verantwortungsbereich des Begünstigten gehört auch das Handeln seines Vertreters. Dies gilt jedenfalls dann, wenn – wie hier – der Begünstigte, der den Vertreter damit betraut hat, sich um die Erteilung des begehrten Verwaltungsaktes zu bemühen, diesen insoweit mit unbeschränkter Vollmacht ausstattet, ihm die Auswahl der Mittel und Wege überläßt, das Ziel zu erreichen und nachfolgend jegliche Kontrolle des Vertreterhandelns unterläßt. Die Beweisaufnahme hat ergeben, daß die Baugenehmigungen vom 5.9. und 14.11.1991 durch die der Klägerin zuzurechnende Bestechung „erwirkt" worden sind. Die notwendige Kausalität zwischen der Bestechung und der Rechtswidrigkeit der Baugenehmigungen folgt daraus, daß das Bauvorbescheidsverfahren, das auf Grund der zunächst korrekten Negativbeurteilung des Vorhabens durch den Planungsausschuß unmittelbar vor einem für die Klägerin negativen Abschluß stand, durch die Bemühungen des bestochenen Zeugen N. erneut angestoßen wurde, was dazu führte, daß das Verfahren eine gänzlich andere Richtung erhielt und letztlich die umstrittenen rechtswidrigen Baugenehmigungen erteilt wurden. Der Zeuge N. hat jedenfalls insoweit glaubhaft ausgesagt, er habe, nachdem der Zeuge R. ihm Geld dafür angeboten habe, das technische Dezernat angerufen und in der Angelegenheit der Klägerin um ein Gespräch gebeten. Mit dem Ziel, die Anfertigung einer positiven Beschlußvorlage für den Planungsausschuß zu erreichen, habe er gegenüber den Vertretern der am Gespräch vom 7.1.1991 beteiligten Ämter dahingehend argumentiert, daß es darum gehe, auf der Grundlage einer allgemeinen Absprache mit der Verwaltungsspitze die Probleme des Unternehmers zu lösen. Er hat weiter ausgesagt, zusammen mit dem Ehemann der Klägerin ein Gespräch mit dem Zeugen B. geführt zu haben, in dem die positive Beschlußvorlage, die im Anschluß an das Gespräch vom 7.1.1991 angefertigt worden war, erörtert worden sei. Diese Aussagen haben die Zeugen R., K., S. und B. bestätigt. Der Zeuge N. ist mithin mehrfach unmittelbar tätig geworden, um seinen Einfluß auf die beteiligten Ämter und Ausschüsse auszunutzen und mit dem Gewicht des Argumentes „Wirtschaftsförderung" das eigentlich beendete Verwaltungsverfahren wieder in Gang zu bringen. Er war mit diesem Anliegen auch erfolgreich, denn er hat eine negative Bescheidung der von der Klägerin gestellten Bauvoranfrage verhindert und erreicht, daß die zuständigen Ämter nochmals in eine Prüfung des Vorhabens eingetreten sind und einen Weg gesucht haben, dem Bauvorhaben zum Erfolg zu verhelfen. Diese durch das Tätigwerden des Zeugen N. angestoßene Suche hat zu einem jedenfalls objektiv rechtswidrigen Ergebnis geführt, das sich letztlich in der Erteilung der rechtswidrigen Baugenehmigungen niedergeschlagen hat. ...

Da der Ehemann der Klägerin im Baugenehmigungsverfahren als ihr Vertreter gehandelt hat und die von ihm begangene Bestechung für die Erteilung der Baugenehmigungen ursächlich war, ist gegen die Ermessensausübung im Rücknahmebescheid – soweit sie ein schutzwürdiges Vertrauen der Klägerin in den Bestand der Baugenehmigungen verneint – nichts zu erinnern. Daß der Beklagte bzw. die Widerspruchsbehörde auch die weiteren Ausschlußtatbestände des §48 Abs.2 Satz3 Nrn. 2 und 3 VwVfG NRW für gegeben erachten, spielt für die Ordnungsgemäßheit der Ermessensausübung keine Rolle, da nach dem Willen der Behörden, der sowohl den Formulierungen in den Bescheiden als auch den inhaltlichen Ausführungen zu entnehmen ist, jeder einzelne Ausschlußtatbestand die Verneinung eines schutzwürdigen Vertrauens selbständig tragen soll und auch trägt.

Es kommt mithin nicht darauf an, ob der Beklagte bzw. die Widerspruchsbehörde zu Recht angenommen haben, daß die Klägerin die zurückgenommenen Baugenehmigungen durch arglistige Täuschung erschlichen, durch unvollständige oder unrichtige Angaben erwirkt oder jedenfalls von ihrer Rechtswidrigkeit gewußt hat.

Auch im übrigen ist gegen die Ermessensausübung nichts zu erinnern.

Der Beklagte hat im Hinblick auf die im Zusammenhang mit den Baugenehmigungen erfolgte Bestechung richtigerweise eine starke Beeinträchtigung des öffentlichen Interesses für den Fall gesehen, daß die rechtswidrigen Verwaltungsakte fortbestehen sollten. Das Vertrauen der Bürger in die Unbestechlichkeit von Amtsträgern der Verwaltung ist ein hohes Gut, das erheblichen Schaden nehmen würde, wenn die zuständige Behörde, nachdem sic das rechtwidrige Zustandekommen erkannt hat, untätig bliebe und es bei den Verwaltungsakten beließe. In der Öffentlichkeit könnte der Eindruck entstehen, daß sich rechtswidriges Verhalten letztlich doch auszahle, zumal die von der Klägerin im Außenbereich geschaffene Wohnsituation geeignet ist, auch bei anderen, die über entsprechende finanzielle Mittel verfügen, Begehrlichkeiten zu wecken. Demgegenüber muß das Interesse der Klägerin an einer Aufrechterhaltung der Legalisierungswirkung der Baugenehmigungen und der damit verbundenen Folgewirkungen zurücktreten.

Alle übrigen Ermessensgesichtspunkte, die die Klägerin benannt hat, durfte der Beklagte – auch unter Verhältnismäßigkeitsüberlegungen – im Hinblick auf den von ihr zu verantwortenden schwerwiegenden Eingriff in den Ablauf ordnungsgemäßer Verwaltung zurückstellen, da sie eine Aufrechterhaltung der Legalisierungswirkung der Baugenehmigung in keinem Fall rechtfertigen.

Die besagten Ermessensgesichtspunkte sind allerdings bei einer nachfolgenden Beseitigungsanordnung zu beachten.

Die Rücknahme der Baugenehmigungen vom 5.9. und 14.11.1991 war unbefristet zulässig. Die Rücknahmefrist des §48 Abs. 4 Satz 1 VwVfG NRW galt nicht, da die Genehmigungen durch Bestechung erwirkt worden sind und der Ausschlußtatbestand des §48 Abs. 2 Satz 3 Nr. 1 VwVfG NRW eingreift (§48 Abs. 4 Satz 2 VwVfG).

Nr. 174

1. **Die Einvernehmensfiktion des §36 Abs. 2 Satz 2 BauGB tritt auch bei einem wegen unvollständiger Bauvorlagen nicht prüffähigen Antrag ein, wenn die Gemeinde den Bauherrn nicht vor dem Ablauf der Zwei-Monats-Frist auf den Mangel hingewiesen hat (vgl. BVerwG vom 9.5.1979 NJW 1980, 1120; a.A. BVerwG vom 12.12.1996 NVwZ 1997, 900; VGH BW vom 17.11.1998 BRS 60 Nr. 157; vom 7.2.2003 BauR 2003, 1534).**

2. **Gegenstand eines Antrags auf einen Bauvorbescheid ist im Zweifel die planungsrechtliche Zulässigkeit des Vorhabens einschließlich der Erschließung.**

3. **Ein auf den Widerspruch eines Dritten durch Abhilfebescheid (§ 72 VwGO) aufgehobener Verwaltungsakt kann hilfsweise widerrufen werden (Art. 49 Abs. 2, Art. 36 Abs. 2 Nr. 2 BayVwVfG).**

4. **Ein Widerruf kann in eine Rücknahme mit Wirkung für die Zukunft umgedeutet werden (Art. 48 Abs. 1 Satz 1, Art. 47 BayVwVfG).**

BauGB §§ 35 Abs. 4 Satz 1 Nr. 5, 36 Abs. 2 Satz 2, 42 Abs. 6 und 7; BayBO Art. 67 Abs. 1 Satz 3, Abs. 2 Satz 2, Art. 75 Abs. 1 Satz 1, Abs. 2 Halbsatz 1; VwGO § 72; BayVwVfG Art. 36 Abs. 2 Nr. 2, Art. 47 und 48, Art. 49 Abs. 2 Satz 1 Nr. 3.

Bayerischer Verwaltungsgerichtshof, Urteil vom 2. Juli 2004 – 1 B 02.1006 – (rechtskräftig).

(VG München)

Der Kläger ist Eigentümer des mit einem Wohnhaus und einem ehemaligen Sägewerk bebauten Grundstücks. 1999 reichte der Kläger bei dem Beigeladenen einen Antrag auf Erteilung eines Vorbescheids zur „Errichtung einer zweiten Wohneinheit im bestehenden Sägewerk nach § 35 Abs. 4 Nr. 5 BauGB (Erweiterungsbau)" ein. Dem Antrag lag ein Lageplan bei, in dem eine Zufahrt von Süden her über die Grundstücke des Nachbarn mit dem Zusatz „Fahrtrecht besteht durch gerichtl. Vergleich" eingetragen ist. Der Nachbar hatte dem Antrag zunächst zugestimmt.

Der Bauausschuß des Beigeladenen nahm zu dem Vorhaben Stellung. Er beurteilte den Ausbau des seit Jahrzehnten stillgelegten Sägewerks zu einem Einfamilienhaus als nicht privilegiertes Außenbereichsvorhaben, das öffentliche Belange beeinträchtige. ... Der Bauausschuß beschloß, den Vorbescheidsantrag zurückzustellen. Er beauftragte die Verwaltung, Stellungnahmen des Landratsamts zu immissionsschutzrechtlichen und wasserrechtlichen Fragen sowie zu der Frage, ob das Vorhaben gemäß § 35 Abs. 4 BauGB begünstigt sei, einzuholen. Der Kläger wurde hiervon mit Schreiben vom August 1999 verständigt.

Nach Eingang der Stellungnahmen beschloß der Bauausschuß, das Einvernehmen zu verweigern. Die Mitteilung über die Versagung des Einvernehmens ging am 3.12.1999 beim Landratsamt ein.

Mit Bescheid vom 1.3.2000 erteilte das Landratsamt dem Kläger den begehrten Vorbescheid u. a. mit der Auflage, daß das Gebäude an die Kanalisation anzuschließen sei. Das gemeindliche Einvernehmen gelte gemäß § 36 Abs. 2 Satz 2 BauGB als erteilt.

Der Beigeladene erhob Widerspruch. Die Frist für die Einvernehmensfiktion sei nicht in Gang gesetzt worden, weil die Unterlagen zur Bauvoranfrage so unvollständig gewesen seien, daß für die planungsrechtliche Prüfung Stellungnahmen des Landratsamts eingeholt werden mußten.

Mit „Abhilfebescheid" vom 1.8.2001 hob das Landratsamt den Vorbescheid auf (Nr. I) und lehnte den Vorbescheidsantrag ab (Nr. II). Zur Begründung wurde im wesentlichen ausgeführt: Das gemeindliche Einvernehmen gelte nicht als erteilt. Die Frist des § 36 Abs. 2 Satz 2 BauGB habe nicht zu laufen begonnen, weil der Vorbescheidsantrag unvollständig gewesen sei. Der ohne das Einvernehmen des Beigeladenen erteilte Vorbescheid sei rechtswidrig. Er könne auch nicht neu erteilt werden, weil zwischenzeitlich ein Bauantrag gestellt worden sei. Im übrigen habe der Vorbescheid widerrufen werden können, da nachträglich Tatsachen eingetreten seien, die das Landratsamt berechtigt hätten, den Bescheid nicht zu erlassen. Auf Grund von Verkaufsangeboten bestehe der Verdacht, daß der Kläger den Neubau veräußern wolle. Damit erfülle das Vorhaben nicht mehr die Voraussetzungen des § 35 Abs. 4 Satz 1 Nr. 5 Buchst. c BauGB (Nutzung für die Familie). ...

Auf die Klage hat das Verwaltungsgericht den Bescheid vom 1.8.2001 aufgehoben. Der Senat hat die Berufungen des Beklagten und des Beigeladenen zugelassen.

Aus den Gründen:
Das Landratsamt hat mit dem Bescheid vom 1.8.2001 dem Widerspruch des Beigeladenen gegen den Vorbescheid abgeholfen. Hilfsweise hat es den Vorbescheid widerrufen. Zwar ist die Abhilfeentscheidung rechtswidrig (I.). Der hilfsweise verfügte Widerruf ist aber rechtmäßig (II.). Die Aufhebung des Vorbescheids ist selbst dann rechtmäßig, wenn man annehmen wollte, daß die Widerrufsvoraussetzungen nicht vorliegen. Der Widerruf kann nämlich in eine rechtmäßige Rücknahme mit Wirkung für die Zukunft umgedeutet werden (III.).

I. Das Verwaltungsgericht hat zu Recht angenommen, daß die Abhilfeentscheidung rechtswidrig ist, weil der Widerspruch gegen den Vorbescheid unzulässig ist. Dem Beigeladenen fehlt die Widerspruchsbefugnis (§ 42 Abs. 2 VwGO analog). Er kann nicht geltend machen, durch den Vorbescheid in seiner Planungshoheit verletzt zu sein, weil sein Einvernehmen als erteilt gilt.

Das Einvernehmen zu dem am 13.8.1999 beim Beigeladenen eingegangenen Vorbescheidsantrag gilt seit dem 14.10.1999 als erteilt, weil der Beigeladene weder vor Ablauf der Frist gegenüber dem Kläger geltend gemacht hat, daß die Bauvorlagen nicht prüffähig seien, noch gegenüber dem Kläger oder dem Landratsamt das Einvernehmen fristgerecht versagt hat. Er hat das Einvernehmen vielmehr erst mit dem am 3.12.1999 beim Landratsamt eingegangenen Beschluß des Bauausschusses vom November 1999 verweigert.

Die Einvernehmensfiktion des § 36 Abs. 2 Satz 2 Halbsatz 2 BauGB ist trotz Unvollständigkeit der Bauvorlagen eingetreten, weil der Beigeladene den Kläger vor dem Ablauf der Zwei-Monats-Frist nicht auf den Mangel hingewiesen hat (I.1.). Unabhängig davon ist die Einvernehmensfiktion jedenfalls deshalb eingetreten, weil der Antrag trotz seiner Unvollständigkeit prüffähig war (I.2.). Etwas anderes ergibt sich auch nicht daraus, daß die Bauvorlagen zur Zahl der Wohnungen eine unrichtige Angabe enthalten. (I.3.).

1. Das Einvernehmen gilt als erteilt. Zwar war der Vorbescheidsantrag unvollständig, weil er keine Angaben zur Abwasserbeseitigung enthielt (a). Die Einvernehmensfiktion ist aber trotz der Unvollständigkeit eingetreten, weil der Beigeladene den Kläger vor dem Ablauf der Zwei-Monats-Frist nicht darauf hingewiesen hat, daß er die planungsrechtliche Zulässigkeit des Vorhabens wegen dieses Mangels nicht abschließend beurteilen könne (b).

a) Der Vorbescheidsantrag (Art. 75 Abs. 1 Satz 1 BayBO) war unvollständig, weil er keine Angaben zur Abwasserbeseitigung enthielt, obwohl der Kläger die planungsrechtlichen Zulässigkeit des Vorhabens einschließlich der Frage der Erschließung geprüft haben wollte. Die Auffassung des Verwaltungsgerichts, daß Gegenstand des Antrags nur die Frage der Begünstigung des Vorhabens gemäß § 35 Abs. 4 Satz 1 Nr. 5 BauGB sei, ist unzutreffend.

Gegen diese Auffassung spricht schon, daß ein auf die Prüfung der Voraussetzungen des § 35 Abs. 4 Satz 1 Nr. 5 BauGB beschränkter Vorbescheidsantrag unzulässig wäre. Diese Frage betrifft nämlich nicht einen abtrennbaren Ausschnitt aus dem Genehmigungsmaßstab der Baugenehmigung (Art. 73

Nr. 174

Abs. 1 Nr. 1 BayBO, § 29 Abs. 1, § 35 Abs. 2 Tatbestandsvoraussetzung 1 i. V. m. Abs. 3 Satz 1 BauGB), sondern nur die Frage, ob dem Vorhaben entgegengehalten werden kann, daß es den Darstellungen des Flächennutzungsplans widerspricht, die natürliche Eigenart der Landschaft beeinträchtigt oder die Verfestigung einer Splittersiedlung befürchten läßt (§ 35 Abs. 4 Satz 1 Halbsatz 1 BauGB). Die Prüfung einzelner öffentlicher Belange kann aber nicht zum Gegenstand eines Vorbescheidsantrags gemacht werden.

Die Auffassung des Verwaltungsgerichts widerspricht außerdem dem erkennbaren Willen des Klägers. Dessen Ziel war ein Vorbescheid, der feststellt, daß das Vorhaben städtebaulich zulässig ist (§ 35 Abs. 2 Tatbestandsvoraussetzung 1 BauGB) und daß die Erschließung gesichert ist (§ 35 Abs. 2 Tatbestandsvoraussetzung 2 BauGB). Gegenstand eines Antrags auf Bauvorbescheid ist nämlich im Zweifel die planungsrechtliche Zulässigkeit des Vorhabens einschließlich der Erschließung. Der Inhalt des Antrags und seiner Anlagen sowie die Vorgespräche des Klägers mit dem Beigeladenen bestätigen, daß eine umfassende Prüfung der planungsrechtlichen Zulässigkeit gewollt war.

Läßt ein Vorbescheidsantrag nicht klar erkennen, in welchem Umfang die bauplanungsrechtliche Zulässigkeit geprüft werden soll, dann ist im Zweifel anzunehmen, daß Gegenstand des Vorbescheids „die bodenrechtliche Zulässigkeit des Vorhabens" (vgl. § 42 Abs. 6 und 7 BauGB) einschließlich der Frage der Erschließung sein soll. Ein Bauherr will nämlich mit dem Vorbescheid im Regelfall eine gesicherte Rechtsstellung erlangen, die von einer nachträglich erlassenen Veränderungssperre (§ 14 Abs. 3 BauGB) und einem nachträglich erlassenen Bebauungsplan unberührt bleibt (BVerwG v. 3. 2. 1984, BVerwGE 69, 1, 3 = BRS 42 Nr. 170 = BauR 1984, 384; BGH v. 20. 12. 1985 = BRS 44 Nr. 94 = BauR 1986, 319, 321), und die ihm – im Falle eines Widerrufs des Vorbescheids wegen Änderung oder Aufhebung der bisher zulässigen Nutzung (Krohn, Berliner Kommentar zum Baugesetzbuch, 2. Aufl., § 42 Rdnr. 33; Breuer, in: Schrödter, BauGB, 6. Aufl., § 42 Rdnr. 113) – nicht nur einen Anspruch auf Ersatz des Vertrauensschadens gemäß Art. 49 Abs. 6 BayVwVfG, sondern einen Entschädigungsanspruch nach Enteignungsgrundsätzen (§ 42 Abs. 2, 4 und 6 BauGB) vermittelt (Bielenberg/Runkel, in: Ernst/Zinkahn/Bielenberg, BauGB, § 42 Rdnr. 108). Der Bauherr will auch erreichen, daß ihm im Fall einer rechtswidrigen Ablehnung des Antrags nach Maßgabe des § 42 Abs. 7 BauGB ein planungsschadenrechtlicher Entschädigungsanspruch zusteht. Diese Voraussetzungen erfüllt aber nur ein Vorbescheid, der als „Bebauungsgenehmigung" die planungsrechtliche Zulässigkeit des Vorhabens abschließend, also einschließlich der Sicherung der Erschließung, feststellt (BayVGH v. 29. 11. 1999, BayVBl. 2000, 314 mit ablehnender Anmerkung von Jäde; Lemmel, in: Berliner Kommentar zum Baugesetzbuch, 3. Aufl., § 14 Rdnr. 24).

Der Inhalt des Vorbescheidsantrags und seiner Anlagen sowie die Vorgespräche des Klägers mit dem Beigeladenen bestätigen, daß auch die Sicherung der Erschließung Gegenstand des Antrags sein sollte.

Der Kläger hat in dem Lageplan durch eine farbliche Kennzeichnung der vorgesehenen Zufahrt und durch den Zusatz „Fahrtrecht besteht durch gerichtl. Vergleich" Angaben zur straßenmäßigen Erschließung gemacht hat. Das zeigt, daß er auch die Frage der Erschließung geklärt haben wollte. Das Fehlen von Angaben zur Wasserversorgung läßt keinen gegenteiligen Schluß zu. Die Wasserversorgung ist nämlich bei dem Vorhaben, das auf einem bebauten Grundstück in unmittelbarer Nähe zu dem Wohnhaus des Klägers verwirklicht werden soll, unstreitig gesichert. Auch aus der Tatsache, daß der Antrag keine Angaben über die vorgesehene Abwasserbeseitigung enthält, kann nicht geschlossen werden, daß der Kläger die Erschließungsfrage ausklammern wollte. Sowohl dem Kläger als auch dem Beigeladenen war nämlich bekannt, daß es sich bei der Sicherung der Abwasserbeseitigung um eine der Fragen handelte, von denen die Genehmigungsfähigkeit des Vorhabens abhing. ... Auch das Landratsamt hat den Vorbescheidsantrag so verstanden wie der Kläger und der Beigeladene.

b) Die Einvernehmensfiktion ist trotz der Unvollständigkeit des Antrags eingetreten, weil der Beigeladene den Kläger vor dem Ablauf der Zwei-Monats-Frist nicht auf den Mangel hingewiesen hat.

Nach § 36 Abs. 2 Satz 2 BauGB gilt das Einvernehmen der Gemeinde als erteilt, wenn es nicht binnen zwei Monaten nach Eingang des Ersuchens der Genehmigungsbehörde verweigert wird; dem Ersuchen gegenüber der Gemeinde steht die Einreichung des Antrags bei der Gemeinde gleich, wenn sie – wie in Art. 67 Abs. 1 Satz 1 BayBO – nach Landesrecht vorgeschrieben ist.

Überwiegend wird angenommen, daß die Fiktionsfrist bei einem unvollständigen Antrag nicht zu laufen beginnt (BVerwG v. 12. 12. 1996, NVwZ 1997, 900, 901; VGH BW v. 17. 11. 1998, BRS 60 Nr. 157 = BauR 1999, 381; v. 7. 2. 2003, BRS 66 Nr. 156 = BauR 2003, 1534, 1535; NdsOVG v. 18. 3. 1999, NVwZ 1999, 1003, 1004; SächsOVG v. 6. 11. 2002, SächsVBl. 2003, 64; Söfker, in: Ernst/Zinkahn/Bielenberg, BauGB, § 36 Rdnr. 8 und 39; Dürr, in: Brügelmann, BauGB, § 36 Rdnr. 43). Das soll selbst dann gelten, wenn der Gemeinde die für die planungsrechtliche Prüfung maßgeblichen Umstände bekannt sind, wenn der Antrag also trotz der Unvollständigkeit „prüffähig" ist.

Dieser Auffassung folgt der Senat nicht. Die Fiktionsfrist beginnt auch bei einem unvollständigen Antrag zu laufen (vgl. Jäde, Gemeinde und Baugesuch, 2. Aufl., Rdnr. 95; vgl. auch BVerwG v. 9. 5. 1979 = BRS 35 Nr. 89 = NJW 1980, 1120 – DVBl. 1979, 625 zum Anlaufen der „Verschweigungsfrist" des § 19 Abs. 4 Satz 3 BBauG 1960). Die Fiktionswirkung tritt aber dann nicht ein, wenn die Gemeinde den Bauherrn vor Ablauf der Frist auf den Mangel seines Antrags hinweist. Für diese Auslegung sprechen der Wortlaut der Vorschrift, die Gesetzesbegründung und der Zweck der Einvernehmensfiktion (aa). Die Belange der Gemeinde werden auch bei dieser Auslegung gewahrt (bb).

aa) Der Gesetzeswortlaut legt die Auffassung nahe, daß die Frist auch bei einem unvollständigen Antrag mit dem Eingang bei der Gemeinde zu laufen beginnt. Die Vorschrift stellt allein auf den Zeitpunkt des Eingangs ab. Sie enthält hinsichtlich des Fristbeginns keine Einschränkungen.

Die Gesetzesbegründung bestätigt dieses Wortverständnis. Die Fristenregelung des § 36 Abs. 2 Satz 2 BauGB ist durch das Gesetz zur Beschleunigung von Verfahren und zur Erleichterung von Investitionen im Städtebaurecht vom 6. 7. 1979 (BGBl. I, 949) in das Bundesbaugesetzbuch eingefügt worden, um Investitionshemmnisse abzubauen und die Verfahren zur Genehmigung von Vorhaben zu beschleunigen. Der Fristenregelung sollte dadurch „praktische Wirksamkeit" verschafft werden, daß „bei Verschweigen der Gemeinde innerhalb der Frist" das Einvernehmen als erteilt gelten soll (Gesetzentwurf der Bundesregierung, BT-Drucks. 8/2451, S. 13 unter A.2.e). In der Begründung zur Einfügung der Einvernehmensfiktion wird klar gestellt, daß durch diese Regelung das Genehmigungsverfahren beschleunigt werden soll und daß die Frist „mit dem Eingang des Ersuchens bei der Gemeinde" beginnen soll (BT-Drucks. 8/2451, S. 24). Die Gesetzesbegründung enthält keine Hinweise auf Einschränkungen für den Fristbeginn. Das Gesetz über das Baugesetzbuch vom 8. 12. 1986 (BGBl. I, 2191) hat diese Fristenregelung unverändert übernommen. Halbsatz 2 der Vorschrift ist durch das Investitionserleichterungs- und Wohnbaulandgesetz vom 22. 4. 1993 (BGBl. I, 466) eingefügt worden.

Zweck der Vorschrift ist, innerhalb der Frist klare Verhältnisse über die Einvernehmenserklärung der Gemeinde zu schaffen (BVerwG v. 12. 12. 1996, NVwZ 1997, 900, 901; NdsOVG v. 18. 3. 1999, NVwZ 1999, 1003, 1004; VGH BW v. 7. 2. 2003 = BRS 66 Nr. 159 = BauR 2003, 1534, 1536; Lasotta, Das Einvernehmen der Gemeinde nach § 36 BauGB, S. 189). Die Regelung dient zwar auch öffentlichen Interessen, in erster Linie aber dem Interesse des Bauherrn an einer beschleunigten Behandlung seines Antrags. Ohne diese Regelung könnte die Gemeinde durch ein Schweigen über das Einvernehmen das Genehmigungsverfahren verzögern. Der Bauherr soll darauf vertrauen dürfen, daß spätestens nach Ablauf von zwei Monaten ab Eingang seines Antrags bei der Gemeinde Klarheit über die Erteilung des Einvernehmens besteht. Aus diesem Grund kann die Frist nicht verlängert werden und gegen ihre Versäumung keine Wiedereinsetzung in den vorigen Stand gewährt werden (BayVGH v. 27. 10. 2000 = BRS 63 Nr. 119 = BauR 2001, 926 = NVwZ-RR 2001, 364). Das Einvernehmen kann grundsätzlich nicht zurückgenommen werden. Es kann auch weder widerrufen noch im Rahmen einer Klage der Gemeinde gegen die Baugenehmigung beseitigt werden (Dürr, in: Brügelmann, BauGB, § 36 Rdnr. 44).

Von diesem Gesetzesziel wird mit der Einschränkung, daß ein unvollständiger Antrag die Fiktionsfrist nicht in Gang setzt, stärker abgewichen als dies zum Schutz der Gemeinde erforderlich ist. Das gilt vor allem dann, wenn der Antrag trotz seiner Unvollständigkeit für die Gemeinde prüffähig ist oder wenn der Bauherr die mangelnde Prüffähigkeit nicht erkennen kann. Klare Verhältnisse zum Einvernehmen der Gemeinde setzen klare Kriterien über den Beginn der Fiktionsfrist voraus.

bb) Die Auffassung, daß auch ein nicht vollständiger und sogar ein nicht – in vollem Umfang – prüffähiger Antrag die Frist beginnen läßt, führt nicht zu einer unzumutbaren Beeinträchtigung der Interessen der Gemeinde. Der Gesetzgeber geht davon aus, daß für die orts- und sachnahe Gemeinde im

Regelfall zwei Monate ausreichen, um die planungsrechtliche Zulässigkeit des Vorhabens zu beurteilen. Reicht diese Zeit ausnahmsweise nicht aus, dann kann die Gemeinde das Einvernehmen zunächst innerhalb der Frist verweigern und es nach Abschluß der Prüfung doch noch erteilen. Auch wenn die Einvernehmensfiktion eingetreten ist, sind der Gemeinde nicht alle Möglichkeiten genommen. Erkennt sie nachträglich, daß das Vorhaben planungsrechtlich unzulässig ist, kann sie ihren Standpunkt, solange der Vorbescheid oder die Baugenehmigung noch nicht erteilt ist, der Bauaufsichtsbehörde vortragen, die dies bei ihrer eigenständigen Prüfung der planungsrechtlichen Zulässigkeit in aller Regel in besonderer Weise berücksichtigen wird (vgl. BVerwG v. 12. 12. 1996, NVwZ 1997, 900, 901). Außerdem hindert das Einvernehmen die Gemeinde grundsätzlich nicht, vor der Erteilung des Vorbescheids oder der Baugenehmigung noch eine dem Vorhaben widersprechende Bauleitplanung zu betreiben und sie durch einen Antrag auf Zurückstellung des Baugesuchs (§ 15 BauGB) oder eine Veränderungssperre (§ 14 BauGB) zu sichern (vgl. BVerwG v. 19. 2. 2004 = BauR 2004, 1252 = NVwZ 2004, 858 = ZfBR 2004, 460).

Bei einem nicht prüffähigen Antrag, der als solcher im allgemeinen rasch zu erkennen ist, hat die Gemeinde nach bayerischen Recht zudem die Befugnis, vom Bauherrn eine Ergänzung oder Berichtigung zu verlangen (Art. 67 Abs. 1 Satz 3, Art. 75 Abs. 2 BayBO). Maßgebend ist dabei nicht die Vollständigkeit, sondern die Prüffähigkeit des Antrags. Die Bauaufsichtsbehörde soll nach § 1 Abs. 3 BauVorlV auf Bauvorlagen oder einzelne Angaben in Bauvorlagen sowie auf bautechnische Nachweise verzichten, soweit sie zur Beurteilung der Genehmigungsfähigkeit des Vorhabens nicht erforderlich sind. Diese Vorschrift gilt für die Gemeinde bei der Beurteilung der planungsrechtlichen Zulässigkeit entsprechend. Die Gemeinde soll nicht Angaben zu Umständen nachfordern, die ihr bereits bekannt sind.

Fordert die Gemeinde den Bauherrn innerhalb der Fiktionsfrist auf, bestimmte Angaben nachzureichen oder zu berichtigen, so stellt dies gegenüber der Versagung des Einvernehmens ein weniger dar. Die Aufforderung hat aber wie die Versagung des Einvernehmens die Wirkung, daß die Fiktionsfrist nicht abläuft. Mit dem Eingang der angeforderten Unterlagen bei der Gemeinde beginnt eine neue Frist zu laufen.

Nach diesem Maßstab ist die Fiktionswirkung mit Ablauf des 31. 10. 1999 unabhängig davon eingetreten, ob der Antrag prüffähig war. Der Beigeladene hat nämlich innerhalb der Frist gegenüber dem Kläger nicht geltend gemacht, daß er das Vorhaben auf Grund des Antrags nicht planungsrechtlich beurteilen könne. Eine Aufforderung, Unterlagen nachzureichen, liegt auch nicht darin, daß der Beigeladene das Landratsamt um Stellungnahmen zu dem Vorhaben ersucht und den Kläger über dieses Ersuchen informiert hat. Der Beigeladene hat den Kläger zwar über diese Rückfragen informiert; auf die Unvollständigkeit der Bauvorlagen hat er sich aber erst mit seinem Widerspruch gegen den Vorbescheid berufen.

Offen bleiben kann, ob das Einvernehmen zu einem Antrag, der das Baugrundstück oder das Bauvorhaben nicht hinreichend bestimmt bezeichnet oder ähnliche schwere Mängel aufweist, ins Leere geht. Der Antrag des Klägers leidet nämlich nicht an einem solchen Fehler.

2. Die Einvernehmensfiktion ist auch dann eingetreten, wenn man der vorstehenden Auffassung nicht folgt. Dann ist nämlich für den Lauf der Fiktionsfrist nicht auf die formale Vollständigkeit des Antrags, sondern darauf abzustellen, ob die Gemeinde auf Grund des Antrags die planungsrechtliche Zulässigkeit beurteilen kann. Dies folgt aus dem Zweck des Einvernehmenserfordernisses, die Mitwirkung der Gemeinde bei der planungsrechtlichen Beurteilung zu sichern und ihr die Möglichkeit zu einer auf das Vorhaben reagierenden Bauleitplanung zu geben. Dieser Zweck wird auch gewahrt, wenn ein Antrag zwar unvollständig ist, wenn der Gemeinde die fehlenden Angaben aber aus anderen Gründen bekannt sind.

Nach diesem Maßstab hat der Vorbescheidsantrag die Fiktionsfrist in Lauf gesetzt, weil er für den Beigeladenen prüffähig war, obwohl Angaben dazu, wie das Abwasser beseitigt werden soll, fehlen (vgl. die Anforderungen des Art. 75 Abs. 2, Art. 67 Abs. 2 Satz 1 BayBO, § 1 Abs. 1 Nr. 6, § 11 BauVorlV). Dem Beigeladenen war nämlich auf Grund der Vorgespräche nicht nur bekannt, das die Erschließung geprüft werden sollte, sondern auch, daß der Kläger die Abwässer über eine Dreikammer-Ausfaulgrube mit anschließender Untergrundversicherung entsorgen wollte. ...

Etwas anderes ergibt sich auch nicht daraus, daß der Beigeladene die Frage, ob diese Art der Abwasserbeseitigung wasserwirtschaftlich unbedenklich ist, ohne die Zuziehung von Fachstellen möglicherweise nicht beurteilen konnte. Der Lauf der Frist hängt nämlich nicht von dem Schwierigkeitsgrad der zu prüfenden Fragen ab.

3. Dem Eintritt der Fiktionswirkung steht auch nicht entgegen, daß der Vorbescheidsantrag unrichtige Angaben enthält.

Ein Bauherr, der in seinem Antrag in einer für die Gemeinde nicht ohne weiteres erkennbaren Weise Tatsachen, die für die planungsrechtliche Beurteilung seines Vorhabens erheblich sind, unrichtig angibt, verdient grundsätzlich nicht den Schutz der Einvernehmensfiktion des § 36 Abs. 2 Satz 2 BauGB. Es kann offen bleiben, ob ein solcher Antrag schon die Fiktionsfrist nicht in Gang setzt oder ob, wofür mehr spricht, in diesem Fall das – erteilte oder fingierte – Einvernehmen ausnahmsweise zurückgenommen werden kann. Falsche Angaben bleiben aber ohne Folgen, wenn der Gemeinde der richtige Sachverhalt bekannt ist.

Die Angabe, daß es bei dem Vorhaben um die „Errichtung einer zweiten Wohneinheit" gehe, ist unrichtig. Tatsächlich handelt es sich um die Errichtung einer dritten Wohneinheit, weil sich in dem Wohnhaus des Klägers bereits zwei Wohnungen befinden. Die Unrichtigkeit betrifft auch eine entscheidungserhebliche Frage. § 35 Abs. 4 Satz 1 Nr. 5 BauGB begünstigt nämlich nur die Erweiterung eines Wohngebäudes „auf bis zu höchstens zwei Wohnungen", nicht aber die Errichtung einer dritten Wohnung.

Dieser Mangel war jedoch für den Beigeladenen ohne Bedeutung, weil ihm die richtige Zahl der Wohnungen schon beim Eingang des Antrags bekannt war. Das ergibt sich aus der Niederschrift über die Sitzung des Bauausschusses. In dieser wird ausdrücklich darauf hingewiesen, daß in dem Wohnhaus bereits zwei Wohnungen vorhanden sind.

Diese Kenntnis hätte im übrigen ausgereicht, um das Einvernehmen zu versagen (§ 35 Abs. 2 Tatbestandsvoraussetzung 1 i. V. m. Abs. 3 Satz 1 Nrn. 1, 5 und 7 sowie Abs. 4 Satz 1 Nr. 5 BauGB). Auf die Frage der Erschließung (§ 35 Abs. 2 Tatbestandsvoraussetzung 2 BauGB) kam es deshalb nicht an.

II. Obwohl die in dem Bescheid vom 1. 8. 2001 enthaltene Abhilfeentscheidung rechtswidrig ist und den Kläger in seinen Rechten verletzt (§ 113 Abs. 1 Satz 1 VwGO), durfte das Verwaltungsgericht der Klage nicht stattgeben, weil das Landratsamt den Vorbescheid im Ergebnis zu Recht aufgehoben hat. Der in dem Bescheid hilfsweise angeordnete Widerruf des Vorbescheids ist nämlich rechtmäßig.

Auch eine Teilaufhebung des Bescheids kommt nicht in Betracht. Der Kläger wird durch die Abhilfeentscheidung nicht zusätzlich belastet. Durch die Abhilfeentscheidung wird der Vorbescheid zwar mit Wirkung von Anfang an aufgehoben, während der Widerruf mit Wirkung für die Zukunft erfolgt. Für die durch den Vorbescheid erlangte Rechtsstellung des Klägers ergeben sich dadurch aber weder rechtlich noch tatsächlich nachteilige Auswirkungen. Ein Vorbescheid hat, anders als eine Baugenehmigung, nur eine Feststellungswirkung und nicht auch eine Gestaltungswirkung. Der Beigeladene hat nach Erteilung des Vorbescheids für das Baugrundstück weder eine Veränderungssperre (§ 14 Abs. 3 BauGB) noch einen Bebauungsplan erlassen. Der Kläger wird durch die Rechtswidrigkeit der Abhilfeentscheidung auch kostenmäßig nicht belastet. Ihm sind nämlich durch den Bescheid keine Kosten auferlegt worden.

Entgegen der Auffassung des Verwaltungsgerichts ist der hilfsweise verfügte Widerruf des Vorbescheids rechtmäßig. Ein hilfsweiser Widerruf ist erfolgt (II.1.). Der hilfsweise Erlaß eines Verwaltungsakts ist zulässig (II.2.). Der Widerruf des Vorbescheids war erforderlich (II.3.). Die Widerrufsvoraussetzungen liegen vor (II.4.).

1. Das Landratsamt hat den Bescheid vom 1. 8. 2001 – unabhängig vom Widerspruchsverfahren – hilfsweise widerrufen. Dies hat das Verwaltungsgericht zutreffend dargelegt; es hat den Widerruf jedoch unzutreffend gewürdigt.

Das Verwaltungsgericht ist der Auffassung, daß ein Widerruf „nicht möglich" sei, weil eine „Umdeutung" in einen Widerruf an Art. 47 Abs. 3 BayVwVfG scheitere, der eine Umdeutung einer gebundenen Entscheidung in eine Ermessensentscheidung ausschließt. Als gebundene Entscheidung sieht das Verwaltungsgericht dabei die Erteilung des Vorbescheids an. Diese Auffassung berücksichtigt schon nicht, daß nicht die Erteilung, sondern nur die Aufhebung des Vorbescheids durch die Abhilfeentscheidung in einen Widerruf umgedeutet werden könnte. Vor allem wird jedoch außer Acht gelassen, daß sich die Frage einer Umdeutung der Abhilfeentscheidung in einen Widerruf nicht stellt, weil der Bescheid vom 1. 8. 2001 nicht nur die Abhilfeentscheidung, sondern, wie das Verwaltungsgericht selbst festgestellt hat, auch den Widerruf als hilfsweise erlassenen zweiten Verwaltungsakt enthält.

2. Die Widerrufsentscheidung ist nicht schon deshalb rechtswidrig, weil sie hilfsweise ergangen ist.

Ein hilfsweise zu einem anderen Verwaltungsakt erlassener Verwaltungsakt ist rechtstechnisch eine Regelung mit einer aufschiebenden Bedingung (Art. 43 Abs. 1 Satz 2, Art. 36 Abs. 2 Nr. 2 BayVwVfG). Der Verwaltungsakt wird mit seiner Bekanntgabe äußerlich wirksam (Art. 43 Abs. 1 Satz 1 BayVwVfG). Inhaltlich wird er wirksam, wenn der hauptsächlich erlassene Verwaltungsakt (in einem weiten Sinn verstanden) „wegfällt". Es gibt keinen Rechtssatz, der hilfsweise erlassene Regelungen – sei es den Erlaß eines Verwaltungsakts oder die Aufrechterhaltung der ursprünglichen Fassung eines nachträglich geänderten Verwaltungsakts (vgl. hierzu Kopp/Schenke, VwGO, 13. Aufl., § 44 Rdnr. 1) – ausschließt.

3. Der Widerruf des Vorbescheids war auch erforderlich.

Nur durch den Widerruf konnte das Landratsamt verhindern, daß wegen der Bindungswirkung des Vorbescheids eine Baugenehmigung für das Vorhaben des Klägers erteilt werden muß, obwohl die Voraussetzungen des § 35 Abs. 4 Satz 1 Nr. 5 Buchst. c BauGB nicht mehr erfüllt sind. Die gegenteilige Auffassung des Verwaltungsgerichts, daß der Widerruf nicht erforderlich sei, weil eine auf der Grundlage des Vorbescheids erteilte Baugenehmigung ohnehin nur eine Eigennutzung des neu geschaffenen Wohnraums zulasse, trifft nicht zu. Sie berücksichtigt nicht, daß eine nach § 35 Abs. 4 Satz 1 Nr. 5 BauGB begünstigte Erweiterung eines Wohngebäudes planungsrechtlich keine eigenständige Kategorie darstellt. Während eine Baugenehmigung für ein nach § 35 Abs. 1 BauGB privilegiertes Außenbereichsvorhaben nur die genehmigte privilegierte Nutzung zuläßt, fallen bei einem nach § 35 Abs. 4 Satz 1 Nr. 5 BauGB planungsrechtlich begünstigten Vorhaben der Rechtsgrund und die Rechtsfolgen der Baugenehmigung auseinander. Wenn die nach der Vorschrift begünstigte Erweiterung eines Wohngebäudes durch die Errichtung einer zweiten Wohnung erfolgt, müssen bei Erteilung der Genehmigung zwar Tatsachen die Annahme rechtfertigen, daß das Gebäude vom bisherigen Eigentümer und seiner Familie selbst genutzt wird (§ 35 Abs. 4 Satz 1 Nr. 5 Buchst. c BauGB). Nur unter dieser Voraussetzung gelten die drei in § 35 Abs. 4 Satz 1 BauGB bezeichneten öffentlichen Belange als nicht beeinträchtigt. Die mit der Baugenehmigung zugelassene Nutzung hat aber dieselbe rechtliche Qualität wie die vorhandene Nutzung, mit der sie eine Einheit bildet. Es handelt sich – uneingeschränkt – um eine nicht privilegierte Wohnnutzung. Wird die zweite Wohnung später Familienfremden zur Nutzung überlassen, stellt dies keine genehmigungspflichtige Nutzungsänderung dar.

4. Die Widerrufsvoraussetzungen liegen vor.

Nach Art. 49 Abs. 2 Satz 1 Nr. 3 BayVwVfG darf ein rechtmäßiger begünstigender Verwaltungsakt mit Wirkung für die Zukunft widerrufen werden, wenn die Behörde auf Grund nachträglich eingetretener Tatsachen berechtigt wäre, den Verwaltungsakt nicht zu erlassen, und wenn ohne den Widerruf das öffentliche Interesse gefährdet würde. Diese Vorschrift ist auf den Vorbescheid anwendbar (II.4.a). Ihre Tatbestandsvoraussetzungen liegen vor (II.4.b).

a) Art. 49 Abs. 2 Satz 1 Nr. 3 BayVwVfG ist auf den Vorbescheid anwendbar, obwohl dieser rechtswidrig war.

Die Widerrufsvorschrift des Art. 49 BayVwVfG ist nach ihrem Zweck auch und erst recht auf rechtswidrige begünstigende Verwaltungsakte anwendbar (BVerwG vom 21.11.1986, NVwZ 1987, 498, 499; Sachs, in: Stelkens/Bonk/Sachs, VwVfG, 6. Aufl., § 49 Rdnr. 6 m. w. N.). Somit ist für den Widerruf unerheblich, daß der Vorbescheid rechtswidrig war. Das nicht nach § 35 Abs. 1 BauGB privilegierte Vorhaben war von Anfang an planungsrechtlich unzulässig, weil es den Darstellungen des Flächennutzungsplans widerspricht, die natürliche Eigenart der Landschaft beeinträchtigt und die Verfestigung einer Splittersiedlung befürchten läßt (§ 35 Abs. 2, Abs. 3 Satz 1 Nrn. 1, 5 und 7 BauGB). Die Voraussetzungen, unter denen diese Belange gemäß § 35 Abs. 4 Satz 1 Nr. 5 BauGB als nicht beeinträchtigt gelten, waren nicht erfüllt, weil es sich nicht um die Erweiterung eines Wohngebäudes, sondern um den Ausbau des vom Wohngebäude räumlich abgesetzten ehemaligen Sägewerks und damit um die Errichtung eines eigenständigen Einfamilienhauses handelt (vgl. BVerwG v. 12.3.1998, BVerwGE 106, 228, 231 = BRS 60 Nr. 98 = BauR 1998, 760). Das umgebaute Sägewerk wäre nach einer Grundstücksteilung, die bauplanungsrechtlich nicht verhindert werden kann, in derselben Weise verkehrsfähig wie ein freistehendes Einfamilienhaus. Damit gefährdet das Vorhaben den Außenbereich stärker als eine zusätzliche Wohnung in einem bestehenden Wohngebäude (BVerwG v. 19.2.2004, NVwZ 2004, 982, 984). Die Voraussetzungen des § 35 Abs. 4 Satz 1 Nr. 5 BauGB sind auch deshalb nicht erfüllt, weil es sich nicht um die Errichtung einer zweiten, sondern einer dritten Wohnung handelt.

Der Widerruf eines Vorbescheids ist auch nicht durch eine Art. 49 Abs. 2 Satz 1 Nr. 3 BayVwVfG vorgehende Vorschrift (vgl. Art. 1 Abs. 1 BayVwVfG) ausgeschlossen. Für einen Widerruf von Baugenehmigungen und Bauvorbescheiden wegen nachträglich eingetretener Tatsachen gibt es keine vorrangigen Vorschriften, die einen über die Bestimmungen des Art. 49 Abs. 2 Satz 1 Nr. 3 BayVwVfG hinausgehenden „Bestandsschutz" gewähren (a. A. wohl Kopp/Ramsauer, VwVfG, 8. Aufl., § 49 Rdnr. 18 a).

b) Die Tatbestandsvoraussetzungen des Art. 49 Abs. 2 Satz 1 Nr. 3 BayVwVfG liegen vor.

Nachträglich eingetretene Tatsachen, die das Landratsamt berechtigten würden, den Vorbescheid nicht zu erlassen, liegen darin, daß der Kläger die Absicht, das Gebäude für sich oder seine Familie zu nutzen, aufgegeben hat. Der Kläger hat das Anwesen ab Juni 2001 durch Anzeigen in Zeitungen und im Internet sowie durch ein auf dem Grundstück aufgestelltes Schild zum Verkauf angeboten. Sein Sohn hat gemäß einem Aktenvermerk vom Juli 2001 gegenüber der Bauverwaltung des Beigeladenen erklärt, daß das gesamte Anwesen veräußert werden solle und daß deshalb kein Eigenbedarf mehr gegeben sei. Das hat der Beigeladene dem Kläger mit Schreiben vom August 2001 mitgeteilt. Der Kläger hat damals die Verkaufsabsicht nicht bestritten, sondern sich auf ein entsprechendes Anhörungsschreiben des Landratsamts vom Juli 2001 nur unbestimmt geäußert. Angesichts dessen ist der Hinweis des Prozeßbevollmächtigten des Klägers in der mündlichen Verhandlung, bei den Verkaufsangeboten habe es sich nur um einen „Test" gehandelt, hinter dem keine ernsthaften Verkaufsabsichten gestanden hätten, als Schutzbehauptung anzusehen. Mit der Aufgabe der Selbstnutzungsabsicht ist eine Voraussetzung für die Begünstigung des Vorhabens entfallen (vgl. §35 Abs. 4 Satz 1 Nr. 5 Buchst. c BauGB). Ohne den Widerruf würde i. S. von Art. 49 Abs. 2 Satz 1 Nr. 3 BayVwVfG das öffentliche Interesse gefährdet.

Diese Voraussetzung ist nur erfüllt, wenn die für den Widerruf sprechenden öffentlichen Interessen – unter Berücksichtigung der Interessen des Betroffenen am Fortbestand seiner durch den Verwaltungsakt erlangten Rechtsposition – mehr Gewicht haben als das allgemeine Interesse, einer neuen Sach- oder Rechtslage – auch durch Aufhebung ihr nicht mehr entsprechender Verwaltungsakte – Geltung zu verschaffen. Ein solches gesteigertes öffentliches Interesse liegt vor, weil das Vorhaben in mehrfacher Hinsicht öffentliche Belange beeinträchtigt.

Der geplante Ausbau des Sägewerks kommt in Anbetracht der Tatsache, daß dieses seit mehr als 40 Jahren nicht mehr betrieben wird, der Neuerrichtung eines Wohnhauses gleich. Damit werden die gewichtigen öffentlichen Interessen, die generell für den Schutz des Außenbereichs vor planungsrechtlich unzulässigen Bauvorhaben sprechen, in erheblichem Maße beeinträchtigt. Wegen der Lage des Baugrundstücks unmittelbar am Goldbach, im Überschwemmungsbereich der Mangfall und im künftigen Wasserschutzgebiet der Städte Bad A., K. und R. berührt das Vorhaben zudem spezielle situationsgebundene öffentliche Belange. ... Außerdem sind wegen des unmittelbar benachbarten Stallgebäudes immissionsschutzrechtliche Konflikte zu erwarten. Gegenüber diesem öffentlichen Interesse am Widerruf sind die Interessen des Klägers am Fortbestand des Vorbescheids weniger gewichtig. Der Kläger hat den Widerrufsgrund selbst herbeigeführt. Er hatte auf Grund des Vorbescheids weder rechtlich noch wirtschaftlich Dispositionen getroffen, die schutzwürdig wären.

III. Die Klage könnte aber auch dann keinen Erfolg haben, wenn man mit dem Kläger annehmen wollte, daß die Voraussetzungen des Art. 49 Abs. 2 Satz 1 Nr. 3 BayVwVfG nicht erfüllt sind, weil das öffentliche Interesse auch ohne den Widerruf nicht gefährdet würde. In diesem Fall ist der Widerruf nämlich in eine Rücknahme mit Wirkung für die Zukunft umzudeuten. Die Umdeutung kann im gerichtlichen Verfahren erfolgen (III.1). Die Voraussetzungen für eine Umdeutung liegen vor (III.2).

1. Nach Art. 47 Abs. 1 BayVwVfG kann ein fehlerhafter Verwaltungsakt in einen anderen Verwaltungsakt umgedeutet werden, wenn er auf das gleiche Ziel gerichtet ist, von der erlassenden Behörde in der geschehenen Verfahrensweise und Form rechtmäßig hätte erlassen werden können und wenn die Voraussetzungen für dessen Erlaß erfüllt sind.

Zuständig zur Umdeutung ist nach dem Zweck der Regelung die Stelle, die mit dem fehlerhaften Verwaltungsakt befaßt ist. Ein Verwaltungsakt, der Gegenstand eines gerichtlichen Verfahrens ist, kann deshalb auch vom Gericht umgedeutet werden (BVerwG v. 1.7.1983, NVwZ 1984, 645; v. 23.11.1999, BVerwGE 110, 111, 114 m.w.N. aus der Rechtsprechung;

Sachs, in: Stelkens/Bonk/Sachs, VwVfG, 6. Aufl., § 47 Rdnr. 10; Kopp/Ramsauer, VwVfG, 8. Aufl., § 47 Rdnr. 35a; Jörg Schmidt, in: Eyermann, VwGO, 11. Aufl., § 113 Rdnr. 23; a. A. Gerhardt, in: Schoch/Schmidt-Aßmann/Pietzner, VwGO, § 113 Rdnr. 22; Kopp/Schenke, VwGO, 13. Aufl., Rdnr. 79). Die Auffassung des Oberverwaltungsgerichts für das Land Nordrhein-Westfalen vom 2. 12. 1997 (NVwZ 1998, 942, 943), daß eine Umdeutung eines Widerrufs in eine Rücknahme durch das Gericht unzulässig sei, weil es an einer behördlichen Betätigung des Rücknahmeermessens fehle, ist unzutreffend. Die Umdeutung stellt keinen Verwaltungsakt dar, durch den der fehlerhafte Verwaltungsakt auf Grund einer Ermessensentscheidung der Behörde geändert wird. Zwar bestimmt Art. 47 Abs. 1 BayVwVfG, daß ein fehlerhafter Verwaltungsakt in einen anderen Verwaltungsakt umgedeutet werden „kann". Mit diesem Wortlaut eröffnet die Vorschrift für den Rechtsanwender aber kein Umdeutungsermessen, sondern eine Umdeutungsbefugnis mit einer Umdeutungspflicht. Die Umdeutung ist ein Erkenntnisakt, kein Entscheidungsakt (BVerwG v. 1. 7. 1983, NVwZ 1984, 645). Sie ist Bestandteil der Rechtsfindung (vgl. BAG v. 15. 11. 2001, NJW 2002, 2972, 2973 zu § 140 BGB).

2. Die Umdeutungsvoraussetzungen liegen vor.

Der Kläger ist in der mündlichen Verhandlung darauf hingewiesen worden, daß eine Umdeutung des hilfsweisen Widerrufs in eine Rücknahme in Betracht kommt (Art. 47 Abs. 4 BayVwVfG). Die Rücknahme eines Bauvorbescheids ist nicht generell ausgeschlossen (Art. 47 Abs. 2 Satz 2 BayVwVfG). Der Widerruf und die Rücknahme des Vorbescheids sind auf das gleiche Ziel, nämlich die Aufhebung des Vorbescheids, gerichtet (Art. 47 Abs. 1 BayVwVfG). Beide Entscheidungen sind Ermessensentscheidungen (Art. 47 Abs. 3 BayVwVfG). Die Umdeutung des Widerrufs in eine Rücknahme widerspricht nicht der erkennbaren Absicht des Landratsamts (Art. 47 Abs. 2 Satz 1 Alt. 1 BayVwVfG). Die Tatsache, daß das Landratsamt den Vorbescheid nicht nur im Wege der Abhilfe (§ 72 VwGO) aufgehoben, sondern ihn zusätzlich hilfsweise widerrufen hat, zeigt, daß es den Vorbescheid auf jeden Fall – auf welche rechtlich zulässige Weise auch immer – aufheben wollte. Eine Umdeutung des Widerrufs in eine Rücknahme mit Wirkung für die Zukunft (Art. 48 Abs. 1 Satz 1 Alt. 1 BayVwVfG) hat für den Kläger keine ungünstigeren Rechtsfolgen als ein Widerruf (Art. 47 Abs. 2 Satz 1 Alt. 2 BayVwVfG). Die Rücknahmevoraussetzungen des Art. 48 BayVwVfG liegen vor. Der Vorbescheid war, wie bereits dargelegt (2. d. aa.), rechtswidrig, weil die Voraussetzungen des § 35 Abs. 4 Satz 1 Nr. 5 BauGB von Anfang an nicht vorgelegen haben. Der Bescheid v. 1. 8. 2001 wahrt die Jahresfrist des Art. 48 Abs. 4 Satz 1 BayVwVfG. Ein Vertrauensschutz durch Bestandsschutz kommt nicht in Betracht (Art. 48 Abs. 3 BayVwVfG), weil der Vorbescheid keine Geldleistung oder Sachleistung betrifft (Art. 48 Abs. 2 Satz 1 BayVwVfG).

Nr. 175

1. **Eine Bauvoranfrage ist nicht bescheidungsfähig, wenn auf der Grundlage der mit der Bauvoranfrage eingereichten Bauvorlagen keine posi-**

tive Aussage darüber getroffen werden kann, ob das Vorhaben hinsichtlich der mit der Bauvoranfrage zur Entscheidung gestellten Fragen baurechtlich zulässig ist.

2. Wird mit der Bauvoranfrage die bauplanungsrechtliche Zulässigkeit eines Verbrauchermarktes zur Entscheidung gestellt, kann diese bauplanungsrechtliche Zulässigkeit – wenn auch die zugehörige Stellplatzanlage und deren Zufahrten Gegenstand des begehrten Bauvorbescheides sein sollen – im Hinblick auf die in §15 Abs.1 BauNVO genannten Aspekte je nach den Umständen des Einzelfalles (hier: zwei weitere Verbrauchermärkte in unmittelbarer Nachbarschaft) nur auf der Grundlage einer Immissionsprognose verbindlich festgestellt werden.

BauO NRW §71 Abs. 1 Satz 1.

OVG Nordrhein-Westfalen, Urteil vom 20. Februar 2004 – 10 A 558/02 – (rechtskräftig).

(VG Münster)

Die Kläger beantragten bei dem Beklagten die Erteilung eines baurechtlichen Vorbescheides für den Teilabriß und den Um- und Ausbau einer Gerätehalle sowie für die Änderung der Nutzung dieser Gerätehalle in einen Verkaufsmarkt. In den mit der Bauvoranfrage eingereichten Lageplan waren die für das Vorhaben geplanten Stellplätze sowie die Ein- und Ausfahrten der Stellplatzanlage konkret eingetragen. Nachdem der Beklagte im laufenden verwaltungsgerichtlichen Verfahren den begehrten Bauvorbescheid erteilt hatte, hielten die Kläger ihre ursprünglich als Untätigkeitsklage erhobene Verpflichtungsklage in Form der Fortsetzungsfeststellungsklage aufrecht. Das Verwaltungsgericht wies die Klage mit der Begründung ab, die Bauvoranfrage sei in der Sache nicht bescheidungsfähig gewesen. Die Berufung hatte keinen Erfolg.

Aus den Gründen:
Den Klägern stand zu keiner Zeit ein Anspruch auf Erteilung des begehrten positiven Bauvorbescheides entsprechend ihrem Antrag vom 1. 4. 1998 zu.
Mit der Einreichung des unter dem 30.3.1998 erstellten Lageplans des Ingenieurbüros H. am 1.4.1998 haben die Kläger den Gegenstand der ursprünglichen Bauvoranfrage vom 26.11.1997 ausgewechselt. Das neue Vorhaben stellt gegenüber dem ursprünglichen Vorhaben ein „aliud" dar, weil es mit dem Wegfall der baulichen Verbindung zwischen Grünmarkt und Verkaufsmarkt sowie im Hinblick auf die abzubrechende Bausubstanz und die Anordnung der Stellplätze, Fahrgassen und Zufahrten wesentliche Änderungen vorsieht, die eine erneute Überprüfung der materiellen Zulässigkeitskriterien erfordern.
Das durch den am 1. 4. 1998 eingereichten Lageplan konkretisierte Vorhaben war somit alleiniger Gegenstand des mit der Untätigkeitsklage gestellten Verpflichtungsantrags, der die Erteilung eines positiven Bauvorbescheides zum Ziel hatte.
Nach §71 Abs. 1 Satz 1 BauO NRW kann vor Einreichung des Bauantrages zu Fragen des Bauvorhabens ein Bescheid (Vorbescheid) beantragt werden. Ein solcher baurechtlicher Vorbescheid ist nach st. Rspr. der Bausenate des

erkennenden Gerichts ein vorweggenommener Teil des feststellenden Ausspruchs der Baugenehmigung.

Zu welchen „Fragen des Bauvorhabens" die Kläger einen Vorbescheid beantragt haben, läßt sich dem am 26. 11. 1997 eingereichten Antragsformular, dem das Vorhaben konkretisierenden Lageplan vom 30. 3. 1998 sowie den Angaben zur Verkaufsfläche und zum Betreiber des geplanten Verkaufsmarktes allerdings nicht eindeutig entnehmen. Im Antragsformular ist das Feld „Antrag auf Vorbescheid" angekreuzt. Unter „Genaue Bezeichnung des Vorhabens" heißt es „Nutzungsänderung einer Gerätehalle in einen Verkaufsmarkt". Im Feld „Genaue Fragestellung zum Vorbescheid" findet sich keine Eintragung.

Mithin muß durch Auslegung gemäß § 133 BGB ermittelt werden, welche Zulässigkeitsfragen die Kläger im Rahmen ihrer Bauvoranfrage von der Baugenehmigungsbehörde mit Bindungswirkung entschieden haben wollten. Ausgangspunkt für die Auslegung kann dabei nur das konkret beschriebene Vorhaben sein, denn der Bauvorbescheid ist ein mitwirkungsbedürftiger Verwaltungsakt, dessen Inhalt durch den auf seine Erteilung gerichteten Antrag vorgegeben wird (vgl. BVerwG, Urteil v. 4. 7. 1980 – 4 C 99.77 –, BRS 36 Nr. 158), wobei sich die in diesem Zusammenhang gestellten Fragen auf ein bestimmtes Bauvorhaben beziehen müssen. Es ist allein Sache des Antragstellers, festzulegen, was das „Vorhaben" und damit der zu beurteilende Verfahrensgegenstand sein soll. Dies darf er nicht der Baugenehmigungsbehörde überlassen, die im Vorbescheidsverfahren von sich aus keine bindende Aussage zur Zulässigkeit eines Bauvorhabens machen kann, welches nicht Gegenstand der Bauvoranfrage ist. Eine solche Aussage wäre als gutachterliche Stellungnahme zu qualifizieren, zu deren Abgabe die Baugenehmigungsbehörde nicht befugt ist (vgl. OVG NRW, Urteil v. 11. 7. 2002 – 10 A 5372/99 –, BRS 65 Nr. 173).

Nach Art, Umfang und Inhalt der mit der Bauvoranfrage eingereichten Bauvorlagen ging es den Klägern in erster Linie um eine sog. Bebauungsgenehmigung für das mit dem Lageplan vom 30. 3. 1998 konkretisierte Vorhaben. Die Baugenehmigungsbehörde sollte vorab über die bauplanungsrechtliche Zulässigkeit dieses Vorhabens – insbesondere im Hinblick auf die Art der baulichen Nutzung – entscheiden. Da in dem vorgenannten Lageplan auch die Lage der für das Vorhaben vorgesehenen Stellplätze einschließlich der zugehörigen Fahrgassen und Zufahrten konkret angegeben ist, war die Behörde mangels gegenteiliger Verlautbarungen der Kläger gehalten, diese Anlagen nicht nur im Rahmen der bauplanungsrechtlichen Prüfung als Teil des konkret zur Entscheidung gestellten Vorhabens zu behandeln, sondern ihre Entscheidung auch auf die bauordnungsrechtliche Zulässigkeit des Vorhabens im Hinblick auf § 51 Abs. 8 BauO NRW a. F. (heute § 51 Abs. 7 BauO NRW) zu erstrecken.

Die Bauvoranfrage der Kläger war mit den vorstehend umschriebenen Fragestellungen zu keiner Zeit bescheidungsfähig, denn auf der Grundlage der mit der Bauvoranfrage eingereichten Unterlagen kann keine positive Aussage darüber getroffen werden, ob die von den Klägern ins Auge gefaßte Nutzungsänderung hinsichtlich der von ihnen zur Entscheidung gestellten Fragen bauplanungsrechtlich zulässig ist.

Die bauplanungsrechtliche Zulässigkeit des Vorhabens ist nach §34 BauGB zu beurteilen, da das Grundstück, auf dem die zur Umnutzung vorgesehene Gerätehalle steht, nicht im Geltungsbereich eines Bebauungsplans, wohl aber innerhalb eines im Zusammenhang bebauten Ortsteils der Stadt G. liegt. Bauplanungsrechtlich zulässig ist ein Vorhaben nach dieser Vorschrift dann, wenn es sich nach Art und Maß der baulichen Nutzung, der Bauweise und der Grundstücksfläche, die überbaut werden soll, in die Eigenart der näheren Umgebung einfügt, die Erschließung gesichert ist, die Anforderungen an gesunde Wohn- und Arbeitsverhältnisse gewahrt bleiben und das Ortsbild nicht beeinträchtigt wird (§34 Abs. 1 BauGB).

Was die Frage des Sicheinfügens angeht, kann offenbleiben, inwieweit die Kläger den Prüfungsrahmen durch das Weglassen entscheidungsrelevanter Angaben – etwa im Hinblick auf das vorgesehene Maß der baulichen Nutzung – faktisch beschränkt haben. In jedem Fall wollten sie eine Entscheidung der Baugenehmigungsbehörde zu der Frage, ob sich das konkrete Vorhaben einschließlich der dargestellten Stellplätze, Fahrgassen und Zufahrten hinsichtlich der Art der baulichen Nutzung in die Eigenart der näheren Umgebung einfügt. Gerade diese Entscheidung lässt sich auf der Grundlage der eingereichten Bauvorlagen nicht treffen.

Entspricht die Eigenart der näheren Umgebung des Baugrundstücks einem der Baugebiete, die in der Baunutzungsverordnung bezeichnet sind, beurteilt sich die Zulässigkeit eines Vorhabens nach seiner Art allein danach, ob es nach der Baunutzungsverordnung in dem Baugebiet allgemein zulässig wäre (§34 Abs. 2 BauGB). Der Beklagte hat ausweislich des den Klägern unter dem 23. 2. 1999 erteilten Bauvorbescheides angenommen, daß die Eigenart der hier maßgeblichen näheren Umgebung einem Mischgebiet i. S. von §6 BauNVO entspreche. Ob diese Annahme zutrifft oder ob sich die Umgebung als Gemengelage darstellt und die Beurteilung der Zulässigkeit des Vorhabens insgesamt nach §34 Abs. 1 BauGB erfolgen muß, braucht der Senat letztlich nicht zu entscheiden. Für die fehlende Bescheidungsfähigkeit der Bauvoranfrage ist es ohne Belang, ob die Zulässigkeit des Vorhabens nach seiner Art nach §34 Abs. 2 BauGB i. V. m. §6 BauNVO oder nach §34 Abs. 1 BauGB zu beurteilen ist.

Handelt es sich bei der näheren Umgebung des Baugrundstücks um ein faktisches Mischgebiet (§34 Abs. 2 BauGB), wäre das Vorhaben seiner Art nach zulässig, wenn es zu den in §6 Abs. 2 BauNVO aufgeführten Nutzungsarten gehörte, es nach Lage, Umfang oder Zweckbestimmung nicht der Eigenart des Baugebiets widerspräche, von ihm keine Belästigungen oder Störungen ausgehen könnten, die nach der Eigenart des Baugebiets im Baugebiet selbst oder in dessen Umgebung unzumutbar wären und es keinen derartigen Belästigungen oder Störungen ausgesetzt würde (§15 Abs. 1 BauNVO).

Bei der Beantwortung der hier maßgeblichen Frage, ob ein Vorhaben seiner Art nach in einem faktischen Baugebiet bauplanungsrechtlich zulässig ist, gehört auch der Tatbestand des §15 Abs. 1 BauNVO zum Prüfprogramm. Danach kann ein Vorhaben, das in einem bestimmten Baugebiet nach den dafür einschlägigen Bestimmungen der Baunutzungsverordnung grundsätzlich zulässig wäre, im Einzelfall gleichwohl unzulässig sein, wenn beispielsweise Belästigungen oder Störungen von ihm ausgehen können, die nach der Eigenart des Baugebiets im Baugebiet selbst oder in dessen Umgebung unzumutbar sind. In diesem Zusammenhang spielen auch die verkehrlichen Auswirkungen eines Vorhabens eine maßgebliche Rolle. So gehören beispielsweise zu den Kriterien, die einen Gewerbebetrieb hinsichtlich seiner Gebietsverträglichkeit qualifizieren, auch die Störungen, die von dem mit ihm typischerweise verbundenen Zu- und Abgangsverkehr ausgehen (vgl. BVerwG, Beschluß v. 9. 10. 1990 – 4 B 121.90 –, BRS 50 Nr. 58).

Die mit dem Zu- und Abgangsverkehr des geplanten Verbrauchermarkts verbundenen Emissionen (Lärm und Abgase) sind grundsätzlich geeignet, Belästigungen oder Störungen hervorzurufen, die sowohl in dem Baugebiet selbst, als auch in den östlich der Straße „B." und nördlich der Straße „A." gelegenen Bereichen, die überwiegend der Wohnnutzung dienen, unzumutbar sein können. Ob allerdings negative Auswirkungen des Zu- und Abgangsverkehrs auf die Umgebung konkret zu erwarten sind – was zur planungsrechtlichen Unzulässigkeit des Vorhabens führen könnte –, bedarf der eingehenden Prüfung. Hierfür kommt es wesentlich darauf an, in welcher Größenordnung schädliche Immissionen durch die Nutzung der geplanten Stellplätze, Fahrgassen und Zufahrten verursacht werden. Dabei ist zu berücksichtigen, daß eine enge räumliche Verbindung zu dem bereits vorhandenen Lebensmittelmarkt und dem sogenannten „Grünmarkt" besteht und die den Betrieben jeweils zugeordneten Stellplatzflächen nicht voneinander getrennt werden sollen. Auf diese Weise ist eine Mitbenutzung der dem jeweiligen Betrieb zugeordneten Stellplätze durch Kunden der jeweiligen anderen Betriebe möglich, was die Zahl der möglichen Fahrbewegungen pro Stellplatz und Tag – bezogen auf das Vorhaben der Kläger – auch unter Berücksichtigung von Erfahrungswerten, die im Zusammenhang mit anderen Verbrauchermärkten der gleichen Art gewonnen worden sein mögen, weitgehend im unklaren läßt. Ebenfalls nicht zu vernachlässigen ist der Umstand, daß sich nach der vorgegebenen Planung der Zu- und Abfahrtsverkehr aller drei Betriebe entweder schwerpunktmäßig auf die Straße „A." oder auf die O.-Straße verlagern könnte.

Jedenfalls in einer Situation, in der – wie hier – mehrere Einzelhandelsbetriebe mit hohem Kundenverkehrsaufkommen sowie die Stellplatzflächen und Zufahrten dieser Betriebe räumlich eng miteinander verzahnt sind und sich in der unmittelbaren Nachbarschaft der neu geplanten Stellplätze und Zufahrten störungsempfindliche Wohnbebauung befindet, kann die Umgebungsverträglichkeit eines Vorhabens, das in hohem Maße weiteren Kundenverkehr mit sich bringt, im Hinblick auf die in § 15 Abs. 1 BauNVO genannten Aspekte nur auf der Grundlage einer entsprechenden Immissionsprognose verbindlich festgestellt werden, wenn auch die zugehörige Stellplatzanlage und deren Zufahrten Gegenstand des begehrten Bauvorbescheides sein sollen.

Ohne eine solche Immissionsprognose müßte der von den Klägern beantragte Vorbescheid die gestellte Frage, nämlich ob sich das konkrete Vorhaben einschließlich der Stellplätze, Fahrgassen und Zufahrten seiner Art nach in die Eigenart der näheren Umgebung einfügt, letztlich offenlassen.

Ein Vorbescheid aber, der die gestellte Frage offenläßt und dem daher zu dem Vorhaben, soweit es zur Prüfung gestellt ist, für das Baugenehmigungsverfahren keine abschließende Bindungswirkung zukommt, ist der Bauordnung für das Land Nordrhein-Westfalen fremd (vgl. OVG NRW, Urteil v. 11.7.2002, a.a.O.).

Die Frage der Bescheidungsfähigkeit der Bauvoranfrage stellte sich nicht anders dar, wenn es sich bei der näheren Umgebung des Baugrundstücks um eine Gemengelage handeln würde und § 34 Abs. 1 BauGB anzuwenden wäre. Nach dieser Vorschrift fügt sich ein Vorhaben i. d. R. dann ein, wenn es sich innerhalb des aus seiner Umgebung hervorgehenden Rahmens hält, wobei hinsichtlich der Art der baulichen Nutzung auf die Nutzungstypen abzustellen ist, die die Baunutzungsverordnung als eine insoweit sachverständige Konkretisierung allgemeiner städtebaulicher Grundsätze umschreibt. Als Korrektiv dient allerdings das Gebot der Rücksichtnahme, das im Begriff des Einfügens mit enthalten ist. Das bedeutet, daß sich ein Vorhaben, welches den von der Umgebungsbebauung vorgegebenen Rahmen einhält, gleichwohl nicht einfügt, wenn es die gebotene Rücksichtnahme auf die sonstige – insbesondere in seiner unmittelbaren Nähe vorhandene – Bebauung vermissen läßt (vgl. BVerwG, Urteil v. 23.5.1986 – 4 C 34.85 –, BRS 46 Nr. 176).

Insoweit ist eine Interessenabwägung erforderlich, die sich danach auszurichten hat, ob den durch das Vorhaben Betroffenen dessen nachteilige Auswirkungen billigerweise nicht mehr zuzumuten sind. Die vorstehenden Ausführungen zu § 34 Abs. 2 BauGB i. V. m. § 15 BauNVO gelten entsprechend. Die Einhaltung des Gebotes der Rücksichtnahme ist hier ohne eine Immissionsprognose nicht überprüfbar, so daß nicht bindend festgestellt werden kann, ob sich das Bauvorhaben in die Eigenart der näheren Umgebung einfügt.

Soweit die Kläger einwenden, ihre Bauvoranfrage sei im Hinblick auf die zur Entscheidung gestellten Fragen unter dem Gesichtspunkt der Meistbegünstigung so auszulegen, wie es dem damit erkennbar verfolgten Ziel und Zweck am besten dienlich sei, trifft dies nicht zu. Der Antragsteller allein bestimmt den Gegenstand der Bauvoranfrage, indem er das Vorhaben und die Fragen zu diesem Vorhaben, die er mit Bindungswirkung beantwortet haben will, durch Vorlage entsprechender Pläne und Bauzeichnungen beschreibt bzw. ausdrücklich formuliert. Die Baugenehmigungsbehörde kann die Prüfung nicht von sich aus auf Teilaspekte des zur Entscheidung gestellten konkreten Vorhabens beschränken.

Die Frage, ob der Beklagte verpflichtet gewesen wäre, die Bauvoranfrage nach § 71 Abs. 2 i. V. m. § 72 Abs. 1 Satz 2 BauO NRW als unvollständig oder mangelhaft zurückzuweisen oder ob er gehalten gewesen wäre, von den Klägern in Ergänzung der Bauvorlagen eine Immissionsprognose zu fordern, ist nicht Gegenstand dieses Verfahrens. An der fehlenden Bescheidungsfähigkeit der von den Klägern gestellten Bauvoranfrage würde eine solche Verpflichtung des Beklagten, sollte sie bestanden haben, nichts ändern.

Nr. 176

1. Ein Vorbescheid zu einzelnen bauplanungsrechtlichen Fragen kann auch dann erteilt werden, wenn offen ist, ob diese Fragen in einer Baugenehmigung/Abgrabungsgenehmigung oder in einer wasserrechtlichen Erlaubnis zu entscheiden wären.

2. Zur Frage, ob ein „Soll"-Ziel in einem Regionalplan ein Ziel i.S. des §1 Abs.4 BauGB ist (im Anschluß an BVerwG vom 18.9.2003, NVwZ 2004, 226).

BauGB §§1 Abs.4, Abs.6, 5 Abs.2 Nr.8, 35 Abs.1 Nr.3, Abs.3 Satz 3; BayBO Art.75 Abs.1, Art.87 Abs.1 Nr.1; ROG 1998 §§2 Abs.3, 3 Nr.2, 7 Abs.4 Satz 1 Nr.1.

Bayerischer VGH, Urteil vom 19. April 2004 – 15 B 99.2605 – (rechtskräftig).

(VG Regensburg)

Dem Kläger geht es um einen Vorbescheid zur Klärung der planungsrechtlichen Zulässigkeit eines Abbaus von Kies auf seinem Außenbereichsgrundstück FlNr. 423 sowie der Wiederverfüllung.

Der Regionalplan der Region Donau-Wald (12) i.d.F. der Verbindlicherklärung vom 30.9.1986 – Regionalplan 1986 – legt im Gebiet des beigeladenen Marktes die als Vorrangflächen bezeichneten Gebiete K 24 und K 25 (Kies- und Sandabbau) fest. Das Grundstück FlNr. 423 liegt innerhalb des Gebiets K 25 (Kies- und Sandabbau). Der 1994 beschlossene und 1995 genehmigte Flächennutzungsplan des beigeladenen Marktes stellt innerhalb dieser Gebiete Kiesabbauflächen und das Grundstück FlNr. 423 als „Acker" dar. Die 1996 bekanntgemachten Bebauungspläne K 24 und K 25 des beigeladenen Marktes umfassen das Grundstück des Klägers nicht.

Aus den Gründen:

I. 2. Der Kläger hat ein rechtliches Interesse an der Klärung der planungsrechtlichen Zulässigkeit seines Vorhabens. Zwar steht bisher nicht fest, ob er zur Verwirklichung seines Vorhabens einer Baugenehmigung (Art.72 Abs.1 BayBO, wegen §9 Abs.1 Satz 1 Nr.1 BayUVPRLUG v. 27.12.1999, GVBl., 532 findet das Bayerische Abgrabungsgesetz noch keine Anwendung) oder im Hinblick auf den fiktiven Benutzungstatbestand des §3 Abs.2 Nr.2 WHG einer beschränkten wasserrechtlichen Erlaubnis nach Art. 17 BayWG bedarf (vgl. BayVGH v. 31.3.2001, BayVBl 2002, 771). Die angestrebte Klärung ist jedoch sowohl für ein Baugenehmigungsverfahren als auch im Hinblick auf die lediglich formelle Konzentrationswirkung des Art.87 Abs.1 Nr.1 BayBO für ein wasserrechtliches Erlaubnisverfahren von Bedeutung. Die Feststellungswirkung eines positiven Vorbescheids würde die Beteiligten als vorweggenommener Teil der erforderlichen Genehmigung oder Erlaubnis binden.

II. Die Klage ist unbegründet. Der Kläger hat keinen Rechtsanspruch auf die Erteilung des erstrebten Vorbescheids. Zwar stünde das Institut des Vorbescheids auch dann zur Verfügung, wenn das Abbauvorhaben letztlich nicht einer Baugenehmigung, sondern einer wasserrechtlichen Erlaubnis bedürfte (vgl. nachfolgend 1.). Der beabsichtigte Kiesabbau auf dem Grundstück ist jedoch planungsrechtlich unzulässig (vgl. nachfolgend 2.).

1. Nach Art. 75 Abs. 1 BayBO kann vor Einreichung des Bauantrags zu einzelnen „in der Baugenehmigung" zu entscheidenden Fragen ein schriftlicher Bescheid (Vorbescheid) erteilt werden. Es kann offenbleiben, ob über die aufgeworfene planungsrechtliche Frage im Hinblick auf Art. 87 Abs. 1 Nr. 1 BayBO aus dem unter I. 2. genannten Grund nicht „in einer Baugenehmigung" zu entscheiden wäre. Über die aufgeworfene bauplanungsrechtliche Frage könnte auch dann durch Vorbescheid entschieden werden, wenn der Kläger für sein Vorhaben einer wasserrechtlichen Erlaubnis bedürfte. Ob die Klärung der planungsrechtlichen Zulässigkeit des Vorhabens auf Antrag des Betroffenen durch Vorbescheid als feststellendem Verwaltungsakt einer gesetzlichen Grundlage überhaupt bedarf (verneinend Finkelnburg/Ortloff, Öffentliches Baurecht, Band II, 4. Aufl. 1998, S. 141; vgl. ferner BVerwG v. 29. 11. 1985, BVerwGE 72, 265), kann dahinstehen. Art. 75 Abs. 1 BayBO ist jedenfalls entsprechend anzuwenden, wenn die Baugenehmigung infolge der formellen Konzentrationswirkung des Art. 87 Abs. 1 Nr. 1 BayBO entfällt, das materielle Recht aber in dem durch Art. 72 Abs. 1 Satz 1 BayBO umrissenen Umfang Gegenstand der Prüfung bleibt. Die Gründe für einen baurechtlichen Vorbescheid – Vorwegentscheidung über einen Teil des Gegenstands einer Baugenehmigung mit Bindungswirkung für die Beteiligten und den Rechtsträger der Genehmigungsbehörde, Arbeits-, Kosten- und Zeitersparnis – gelten in gleicher Weise, wenn über die aufgeworfenen Fragen letztlich in einem wasserrechtlichen Erlaubnisverfahren entschieden werden müßte. Der Vorbescheid kann das Verwaltungsverfahren (und ggf. auch das gerichtliche Verfahren) zudem von der im Einzelfall möglicherweise strittigen Frage entlasten, ob die Voraussetzungen des § 3 Abs. 2 Nr. 2 WHG gegeben sind.

2. Das Vorhaben des Klägers ist am vorgesehenen Standort planungsrechtlich unzulässig. Dem nach § 35 Abs. 1 Nr. 3 BauGB privilegierten Vorhaben stehen gemäß § 35 Abs. 3 Satz 3 BauGB öffentliche Belange entgegen, weil der Flächennutzungsplan Kiesabbauflächen an anderen Stellen darstellt. Durch diese gesetzliche Bestimmung ist geklärt, daß Gemeinden befugt sind, Abgrabungsflächen im Flächennutzungsplan mit dem Ziel darzustellen, den Kies- und Sandabbau auf diese Standorte zu konzentrieren und im übrigen Außenbereich auszuschließen (vgl. auch BVerwG v. 17. 12. 2002, BVerwGE 117, 287; ferner BVerwG v. 22. 5. 1987, BVerwGE 77, 300). Die Ausschlußwirkung des § 35 Abs. 3 Satz 3 BauGB können auch Darstellungen in einem Flächennutzungsplan haben, der vor dem In-Kraft-Treten der Vorschrift am 1. 1. 1997 erlassen worden ist (BVerwG v. 22. 10. 2003, BRS 66 Nr. 108 = NVwZ 2004, 343).

Der Flächennutzungsplan ist rechtsgültig (a). Ihm liegt für den Kiesabbau im Marktgebiet ein schlüssiges planerisches Gesamtkonzept zugrunde, das darin besteht, den Kiesabbau abgesehen von einem Altbestand nahe H. auf die dargestellten Abbauzonen K 24 und K 25 zu beschränken und im übrigen Außenbereich auszuschließen (b). Eine Situation, die die Regelaussage des § 35 Abs. 3 Satz 3 BauGB entkräften könnte, besteht nicht (c).

a) Der Flächennutzungsplan ist rechtsgültig.

aa) Er steht insbesondere nicht im Widerspruch zu der Pflicht, den Bauleitplan den Zielen der Raumordnung anzupassen (§ 1 Abs. 4 BauGB). Es kann in diesem Zusammenhang offenbleiben, ob es für die Beachtung der Anpassungspflicht auf den Zeitpunkt der Beschlußfassung über den Flächennutzungsplan (17. 11. 1994) und damit auf den Regionalplan 1986 oder auf den Zeitpunkt der Entscheidung des Senats und damit auf den Regionalplan 2000 ankommt. Für die letztere Auffassung könnte sprechen, daß § 1 Abs. 4 BauGB nicht nur für die Erstplanung gilt, sondern die Gemeinde auch weiter anhält, bereits vorhandene Bauleitpläne prinzipiell mit den zeitlich nachfolgenden Raumordnungszielen in Einklang zu bringen (allg. Meinung; vgl. Battis/Krautzberger/Löhr, BauGB, 8. Aufl. 2002, Rdnr. 32 zu § 1; Gaentzsch, in: Berliner Kommentar zum BauGB, 3. Aufl. 2002, Rdnr. 40 zu § 1). Der Regionalplan 2000 macht zu Kies- und Sandabbau im Gebiet des beigeladenen Marktes keine Aussagen mehr. Damit hatte sich der regionale Planungsverband der im Zuge der Dritten Änderung des Regionalplans geäußerten Ansicht der obersten Landesplanungsbehörde angeschlossen, die Vorgaben des Regionalplans seien im Gebiet des beigeladenen Marktes durch örtliche Planung (Flächennutzungsplan, Bebauungspläne K 24 und K 25) bereits umgesetzt.

Der beigeladene Markt hatte eine Anpassungspflicht jedoch bereits im Hinblick auf den Regionalplan 1986 nicht verletzt. Der Regionalplan 1986 sieht im Gebiet des beigeladenen Marktes ein als Vorrangfläche für Kies und Sand bezeichnetes Areal vor. In dessen nördlichem Teil stellt der Flächennutzungsplan keine Kiesabbauzonen dar. Er konzentriert die Abbauflächen auf den mittleren und südlichen Teil der Vorrangfläche. Der Flächennutzungsplan verstößt deshalb aber nicht gegen die Anpassungspflicht nach § 1 Abs. 4 BauGB, denn die bezeichnete Vorrangfläche ist weder ein Ziel der Raumordnung noch hätte sie, als Ziel verstanden, eine inhaltliche Dichte (vgl. BVerwG v. 20. 8. 1992, BVerwGE 90, 329, 334; v. 18. 9. 2003, NVwZ 2004, 226), die es der gemeindlichen Bauleitplanung vorschreiben würde, im Vorranggebiet flächendeckend konzentriert Kiesabbaugebiete darzustellen und festzusetzen, oder – anders gewendet – untersagen würde, diese Kiesabbaugebiete auf den mittleren und südlichen Teil des Vorranggebiets zu konzentrieren.

Ob eine raumordnerische Vorgabe Zielqualität aufweist, richtet sich nach dem materiellen Gehalt der Planaussage. Nach § 3 Nr. 2 ROG 1998 sind Ziele verbindliche Vorgaben in Form von räumlich und sachlich bestimmten oder bestimmbaren, vom Träger der Landes- oder Regionalplanung abschließend abgewogenen textlichen oder zeichnerischen Festlegungen in Raumordnungsplänen zur Entwicklung, Ordnung und Sicherung des Raums. Diese Begriffsbestimmung umschreibt auch, was ein Ziel i. S. des § 1 Abs. 4 BauGB ist (vgl. Gaentzsch, a. a. O., Rdnr. 28 zu § 1).

Der Begriff der Vorrangfläche oder des Vorranggebiets war 1986 weder im Raumordnungsgesetz (v. 8. 4. 1965, BGBl. I, 306) noch im bayerischen Landesplanungsgesetz noch im Landesentwicklungsprogramm Bayern vom 3. 5. 1984 (GVBl., 121) enthalten. Das bayerische Landesplanungsgesetz sah (und sieht) lediglich allgemein vor, daß Regionalpläne die anzustrebende räumliche Ordnung und Entwicklung einer Region als Ziele der Raumordnung und Landesplanung festlegen (Art. 17 Abs. 1 BayLplG). Der Regionalplan 1986 erläutert den Begriff der Vorrangfläche wie folgt: In den Vorrangflächen solle der Gewinnung von Bodenschätzen der Vorrang gegenüber anderen Nutzungsansprüchen eingeräumt werden; auf diese Flächen solle der Abbau von Bodenschätzen konzentriert werden. Aus zwingenden Gründen könne außerhalb der Vorrangflächen der Abbau von Kies und Sand möglich sein, wenn eine entsprechende landesplanerische Beurteilung vorliege; bei Abbaumaßnahmen außerhalb der ausgewiesenen Vorrangflächen sei zur Abstimmung von konkurrierenden Raumnutzungsansprüchen i.d.R. eine raumordnerische Überprüfung erforderlich.

Auch Plansätze mit einer „Soll"-Struktur können die Merkmale eines Ziels der Raumordnung erfüllen, wenn der Plangeber neben den Regel- auch abschließend die Abweichungsvoraussetzungen für atypische Sachverhalte mit hinreichender tatbestandlicher Bestimmtheit selbst festgelegt hat, so daß die Planaussage selbst keiner weiteren Ergänzung durch den Zieladressaten mehr bedarf. In einem solchen Fall handelt es sich um verbindliche Aussagen, die nach Maßgabe ihrer beschränkten Reichweite der planerischen Disposition nachgeordneter Planungsträger entzogen sind (vgl. BVerwG v. 18.9.2003, BRS 66 Nr. 5 = NVwZ 2004, 226). Die Aussage des Regionalplans 1986, der Gewinnung von Bodenschätzen solle in den Vorrangflächen gegenüber anderen Nutzungsansprüchen ein Vorrang eingeräumt werden, weist eine Regel-Ausnahme-Struktur auf. „Soll" bedeutet im Grundsatz „Muß", läßt aber Raum für Abweichungen unter besonderen Voraussetzungen. Wie diese besonderen Voraussetzungen beschaffen sein müssen, ist im Regionalplan nicht bestimmt und ist auch nicht bestimmbar. Was das Typische für den Nutzungsvorrang ist, bleibt offen, und damit auch, was die atypische Konstellation kennzeichnet. Das relativiert den Vorrang und nimmt der Aussage die intendierte Zielqualität (vgl. die Überschrift „Fachliche Ziele" über Teil B des Regionalplans 1986; zum Ganzen vgl. auch Hoppe, DVBl. 2004, 478).

Der Flächennutzungsplan würde aber selbst dann nicht gegen § 1 Abs. 4 BauGB verstoßen, wenn die Aussage des Regionalplans 1986, der Gewinnung von Bodenschätzen solle in den bezeichneten Gebieten gegenüber anderen Nutzungsansprüchen ein Vorrang eingeräumt werden, ein Ziel des Raumordnung sein sollte (vgl. Goppel, BayVBl. 1998, 289). Der Begriff des Vorranggebiets hatte, wie ausgeführt, 1986 keinen gesetzlich bestimmten Inhalt. Auch in der Planungspraxis und der wissenschaftlichen Diskussion wies die Handhabung des landesplanerischen Vorrangkonzepts noch erhebliche Differenzen auf (vgl. Paßlick, Die Ziele der Raumordnung und Landesplanung, Beiträge zum Siedlungs- und Wohnungswesen und zur Raumplanung, Band 105 (1986), S. 123ff.). Zielcharakter würde der vorrangigen Nutzung aber nur zukommen, wenn sich – bezogen auf das ganze Gebiet – die vorrangige Nutzung, nicht eine sonstige Nutzung zwingend durchsetzt. Das – so verstandene – Ziel, der Gewinnung von Bodenschätzen den Vorrang gegenüber anderen Nutzungsansprüchen einzuräumen, bedeutete nicht, innerhalb des Vorranggebiets jede nicht von vornherein ungeeignete (z.B. bebaute) Fläche als Fläche für die Gewinnung von Bodenschätzen (§ 5 Abs. 2 Nr. 8 BauGB) darzustellen, aus der Siedlungen und Straßen gleichsam wie Inseln herausragen. Vorrang gegenüber sonstigen Nutzungsansprüchen fordert einen auf das gesamte Gebiet bezogenen Nutzungsschwerpunkt im Interesse der beabsichtigten Bedarfsdeckung (vgl. Begründung zu B IV. 1.1.1 des Regionalplans 1986, die von einem jährlichen Bedarf in der Region von rund 50 ha ausgeht). Das gab dem beigeladenen Markt noch Raum für eine zielinterne Konkretisierung (vgl. BVerwG v. 20.8.1992, BVerwGE 90, 329, 334). Der Zielanpassung war auch dadurch Rechnung zu tragen, daß der beigeladene Markt im mittleren und südlichen Teil des Gebiets großflächig (auf etwa 86 ha) und besonders konzentriert Flächen nach § 5 Abs. 2 Nr. 8 BauGB darstellte. Es bestätigt dieses angenommene Zielverständnis, daß der regionale Planungsverband im Zuge des Aufstellungsverfahrens für den Flächennutzungsplan keine Einwendungen erhoben hatte und sowohl der regionale Planungsverband als auch die oberste Landesplanungsbehörde mit dieser Darstellung und ihrer Entwicklung in den Bebauungsplänen K 24 und K 25 die landesplanerische Intention erfüllt sahen.

bb) Der Flächennutzungsplan verstößt nicht gegen § 1 Abs. 6 BauGB. Der beigeladene Markt hat die Vorrang-Aussage des Regionalplans zur Kenntnis genommen und als öffentlichen Belang in den Abwägungsprozeß einbezogen, ohne dabei abwägungsfehlerhaft zu handeln. Er hat im Flächennutzungsplan in der Mitte und im Süden des „Vorranggebiets" K 25 großflächig und besonders konzentriert Abgrabungsflächen dargestellt, den nördlichen Teil des Gebiets davon jedoch freigehalten. Weder aus dem Regionalplan 1986 noch aus den im Verlauf des Aufstellungsverfahrens eingegangenen Stellungnahmen privater und öffentlicher Stellen hat sich etwas ergeben, was eventuellen Abgrabungsflächen auch und gerade im nördlichen Teil der „Vorrangfläche" ein besonderes Gewicht zukommen lassen würde.

Aus den Entscheidungsgründen unter aa) ergibt sich zugleich, daß der Flächennutzungsplan auch nicht wegen der Vorrangflächen-Aussage des Regionalplans 1986 abwägungsfehlerhaft ist. Der Flächennutzungsplan setzt diese Aussage sachgerecht um. Um Grundsätze der Raumordnung handelte es sich im übrigen entgegen der Annahme des Klägers schon deshalb nicht, weil solche Grundsätze in Regionalplänen nach der für den Regionalplan 1986 maßgeblichen Rechtslage (vgl. Raumordnungsgesetz v. 8.4.1965, BGBl. I, 306) nicht festgelegt werden. Diese Möglichkeit eröffnete erstmals § 2 Abs. 3 Halbs. 2 ROG 1998.

b) Der beigeladene Markt hat die Abgrabungsflächen im Flächennutzungsplan mit dem Ziel dargestellt, den Kies- und Sandabbau auf diese Standorte zu konzentrieren und im übrigen Außenbereich auszuschließen (Abgrabungskonzentrationszonen). Das geht zwar aus dem Flächennutzungsplan selbst nicht unmittelbar hervor. Der Plan stellt Abgrabungsflächen im Norden und Osten des Marktgebiets dar, ohne den Ausschlußcharakter dieser Darstellung im übrigen Außenbereich ausdrücklich zu betonen. Auch der Erläuterungsbericht zum Landschaftsplan (§ 5 Abs. 5 BauGB) bringt in dieser Frage keine Klarheit; er beschränkt sich auf die Feststellung, im Gebiet östlich und nördlich von O. werde auf großen Flächen Kies abgebaut; unter „Ziele und Maßnahmen" heißt es, östlich und nördlich von O. seien größere Flächen für den Kiesabbau vorgesehen. Jedoch weisen bereits die äußerlichräumliche Konzentration der Abbauflächen auf die genannten Gebiete und ihre Größe (insgesamt etwa 137 ha) auf eine Konzentrationsabsicht hin. Eindeutige Hinweise auf ein gesamträumliches Abbaukonzept ergeben sich aus dem Planungshergang (zur Bedeutung der Gesetzesmaterialien und der Entstehungsgeschichte für die Auslegung von Bauleitplänen vgl. BVerwG v. 14.12.1995, BRS 57 Nr.57 = NVwZ-RR 1996, 429). Diese Planung fand in Anlehnung und vor dem Hintergrund des Regionalplans 1986 statt, der die Konzentration des Abbaus von Bodenschätzen auf die „Vorrangflächen" zum Soll-Ziel gemacht hatte. ... Der beigeladene Markt hat zu Beginn der Planungsarbeiten sämtliche im Gemeindegebiet tätigen Kiesabbaubetriebe angeschrieben und gebeten, dem planenden Architekten Vorstellungen über einen künftigen, erweiterten Kiesabbau in Form eines Lageplans dazulegen, oder – soweit bereits ein Gespräch mit dem Architekturbüro stattgefunden hatte – die notwendigen Planunterlagen einzusenden. Im Zuge der parallel zum Flächennutzungsplan betriebenen Aufstellung des Bebauungsplans K 25 äußerte der Marktgemeinderat 1987 die Auffassung, nur durch ein Gesamtkonzept in Form von Bauleitplänen sei gewährleistet, daß der Kies- und Sandabbau künftig in geordneter Weise erfolge. Vergleichbar heißt es im Aufstellungsbeschluß für den Bebauungsplan K 24 von 1989, die Aufstellung des Bebauungsplans werde beschlossen, um im Rahmen eines Gesamtkonzepts einen geordneten Kiesabbau zu gewährleisten. ... Aus der Summe dieser Umstände ergibt sich, daß der beigeladene Markt im Flächennutzungsplan die Abbaugebiete nicht lediglich mit dem Ziel dargestellt hat, den dargestellten Standort für Abgrabungen vorzuhalten und gegen andere Nutzungszuweisungen zu sichern, sondern auch im Sinn einer Abgrabungskonzentrationszone die einzigen Standorte im Gemeindegebiet gekennzeichnet hat, an denen Abgrabungen stattfinden können. Er hat im Flächennutzungsplan ein schlüssiges Plankonzept entwickelt, das sich auf den gesamtem Außenbereich erstreckt, und sich damit am Regionalplan 1986 orientiert, der beklagt, in der Vergangenheit habe ein weitgehend ohne großräumiges Konzept betriebener Abbau zu einer unerwünschten Streuung, insbesondere von kleinen Abbaustätten, in der Region geführt. Auch die beschlußmäßig festgehaltene Ansicht, nur durch ein Gesamtkonzept von Bauleitplänen sei gewährleistet, daß künftig in geordneter Weise abgebaut werde, macht deutlich, welche Gründe es rechtfertigen, den übrigen Planungsraum von Abbauflächen freizuhalten. Dieses Freihalten verhindert eine Verkraterung der Landschaft und legitimiert die Ausschlußwirkung damit städtebaulich (vgl. BVerwG v. 17.12.2002, BVerwGE 117, 287, 298f.). ...

c) Die Darstellungen des Flächennutzungsplans stehen einem Vorhaben als öffentlicher Belang nur „i.d.R." entgegen (§35 Abs.3 Satz3 BauGB). Das Vorhaben des Klägers weist keine sachlichen Besonderheiten auf, die ausnahmsweise die Beschränkung des Kiesabbaus auf die Konzentrationsflächen durchbrechen könnten. Die Ortseinsicht des Senats hat ergeben, daß die räumliche Lage des Vorhabens dem Regelfall entspricht, für den die Zielvorstellung gilt, den Kies- und Sandabbau ausschließlich auf die Abgrabungszonen zu beschränken und eine Verkraterung der Landschaft zu verhindern. Das Grundstück FlNr. 423 liegt vollständig außerhalb des Blickfelds vorhandener Abbaugebiete. Der Kiesabbau in der unmittelbaren Umgebung ist seit langem eingestellt. Die Rekultivierung steht nach der zwischenzeitlichen Wiederverfüllung vor dem Abschluß. Das Areal vermittelt großräumig den Eindruck einer intakten, offenen, landwirtschaftlich genutzten und auch anderweitig „unberührten" Hügellandschaft.

Nr. 177

1. Die mit der unteren Baugenehmigungsbehörde identische Gemeinde darf die Ablehnung eines Bauantrags nicht mit der Versagung ihres Einvernehmens begründen (Aufgabe der bisherigen Rechtsprechung, zuletzt Beschluß vom 30.7.2002 – BVerwG 4 B 40.02 –, Buchholz 406.11 § 36 BauGB Nr. 55).

2. Gegen die von der Widerspruchsbehörde verfügte Verpflichtung, die Baugenehmigung zu erteilen, kann die Gemeinde sich deshalb nicht unter Berufung auf ihr fehlendes Einvernehmen zur Wehr setzen. Der Erfolg eines Abwehranspruches setzt vielmehr die Verletzung ihrer materiellen Planungshoheit voraus.

BauGB § 36; GG Art. 28 Abs. 2.

Bundesverwaltungsgericht, Urteil vom 19. August 2004 – 4 C 16.03 –.

(VGH Baden-Württemberg)

Die Klägerin, eine Gemeinde, wendet sich gegen einen Widerspruchsbescheid des Regierungspräsidiums Freiburg, durch den sie verpflichtet worden ist, dem Beigeladenen eine Baugenehmigung zu erteilen.

Der Beigeladene ist Eigentümer einer im unbeplanten Innenbereich der Klägerin gelegenen Klosteranlage. Er beantragte im Juli 2000 die Erteilung einer Baugenehmigung zum Anbau eines Außenaufzugs am Klostergebäude und zum Umbau der angrenzenden Bereiche. Die Bitte des Beirats für Gestaltungsfragen der Klägerin, bei dem Aufzug auf die Baustoffe Stahlbeton und Holz zu verzichten und statt dessen einen Entwurf für eine Glas-/Stahlkonstruktion vorzulegen, lehnte der Beigeladene unter Hinweis darauf ab, daß sein Bauantrag mit der Unteren Denkmalbehörde und dem Landesdenkmalamt abgestimmt sei. Der Technische und Umweltausschuß der Klägerin schloß sich in seiner Sitzung vom 23.11.2000 dem Wunsch des Beirats nach einer transparenteren Gestaltung des Aufzugsturms an und versagte entgegen der Empfehlung des Baurechts- und Denkmalamts der Klägerin sein Einvernehmen.

In ihrer Eigenschaft als Baurechtsbehörde lehnte die Klägerin den Bauantrag des Beigeladenen mit Bescheid vom Januar 2001 und der Begründung ab, daß der Technische und Umweltausschuß das nach § 36 Abs. 1 BauGB erforderliche Einvernehmen verweigert habe und sich die Baurechtsbehörde hierüber nicht hinwegsetzen dürfe. Auf den dagegen eingelegten Widerspruch des Beigeladenen hob das Regierungspräsidium Freiburg im Mai 2002 den Ablehnungsbescheid auf und verpflichtete die Klägerin, die beantragte Baugenehmigung auszustellen: Das Fehlen des Einverständnisses des Technischen und Umweltausschusses stehe dem nicht entgegen. Bei Identität von unterer Baurechtsbehörde und Gemeinde – wie hier – komme es auf das formale Erfordernis des Einvernehmens nach § 36 Abs. 1 Satz 1 BauGB nicht an. Zweck der Vorschrift sei eine qualifizierte Beteiligung der für die Bauleitplanung zuständigen Gemeinde, um deren

Planungszuständigkeit zu sichern. Diese Beteiligung sei bei Identität von unterer Baurechtsbehörde und Gemeinde von vornherein gegeben. Bauplanungsrechtlich sei das Vorhaben nach § 34 Abs. 1 BauGB zulässig; es füge sich in die Umgebung ein.

Aus den Gründen:

II. Der Widerspruchsbescheid geht zutreffend davon aus, daß die klagende Gemeinde als untere staatliche Verwaltungsbehörde das Baugesuch des Beigeladenen nicht mit der Begründung ablehnen durfte, ihr Technischer und Umweltausschuß habe sein Einvernehmen zu dem Bauvorhaben verweigert. Nach der im Ausgangsbescheid herangezogenen Bestimmung des § 36 Abs. 1 Satz 1 BauGB wird über die Zulässigkeit von Vorhaben nach den §§ 31, 33 bis 35 im bauaufsichtlichen Verfahren von der Baugenehmigungsbehörde im Einvernehmen mit der Gemeinde entschieden. Es entspricht st. Rspr. des Senats, daß die Vorschrift nach ihrem Wortlaut sowie ihrem Sinn und Zweck, die gemeindliche Planungshoheit zu sichern, zwei verschiedene Willensträger voraussetzt und das Einvernehmen daher jedenfalls dann entbehrlich ist, wenn in der Gemeinde die Funktionen der Baugenehmigungsbehörde und des Planungsträgers in ein und derselben Behörde gebündelt sind (vgl. Urteil v. 6. 12. 1967 – 4 C 94.66 –, BVerwGE 28, 268, 271 = BRS 18 Nr. 57; Beschluß v. 16. 12. 1969 – 4 B 121.69 –, BRS 22 Nr. 156 = DÖV 1970, 349, 350; Urteil v. 21. 6. 1974 – 4 C 17.72 –, BVerwGE 45, 207, 212 f. = BRS 28 Nr. 110; Beschluß v. 6. 10. 1989 – 4 CB 23.89 –, Buchholz 310 § 54 VwGO Nr. 42). Im Beschluß vom 22. 12. 1989 (– 4 B 211.89 – (juris)) hat der Senat unter Auseinandersetzung mit gegenteiligen Stimmen in der Literatur (Gern, VBlBW 1986, 451; Müller, BauR 1982, 7; Dürr in: Brügelmann, BauGB, § 36 Rdnr. 13 (jetzt 19)) klargestellt, daß es des förmlichen Einvernehmens nach § 36 Abs. 1 Satz 1 BauGB kraft Bundesrechts auch dann nicht bedarf, wenn innerhalb der Gemeinde für die Erteilung der Baugenehmigung und die Erklärung des Einvernehmens verschiedene Organe zuständig sind. Aus der Entbehrlichkeit des Einvernehmens folgert die Widerspruchsbehörde, daß die Verweigerung des Einvernehmens unbeachtlich ist und keine Rechtsfolgen auslöst. Das ist in sich schlüssig.

Die Problematik läßt sich indessen nicht auf die alternative Fragestellung verkürzen, ob bei Identität von Gemeinde und Baugenehmigungsbehörde die Herstellung des Einvernehmens notwendig oder entbehrlich ist. Daneben bleibt zu erörtern, ob die Gemeinde die Befugnis hat, sich den Anwendungsbereich des § 36 Abs. 1 Satz 1 BauGB selbst zu eröffnen und die sich aus der Vorschrift ergebenden Rechtsfolgen nutzbar zu machen. Der Senat ist hiervon bislang ausgegangen und hat zuletzt im Beschluß vom 30. 7. 2002 (– 4 B 40.02 –, Buchholz 406.11 § 36 BauGB Nr. 55) die Beschlüsse vom 11. 11. 1968 (– 4 B 55.68 –, BRS 20 Nr. 75 = DÖV 1969, 146) und 16. 12. 1969 (– 4 B 121.69 – (a. a. O.)) zum Beleg für seine Aussage herangezogen, es sei der mit der unteren Bauaufsichtsbehörde identischen Gemeinde nicht verwehrt, die Ablehnung der Baugenehmigung auch mit der Verweigerung des Einvernehmens zu begründen. Im Schrifttum werden die älteren Senatsentscheidungen ebenso verstanden (vgl. Schmaltz in: Schrödter, BauGB, 6. Aufl., § 36 Rdnr. 14; Lasotta, Das Einvernehmen der Gemeinde nach § 36 BauGB, S. 171 f.).

Die Rechtsprechung des Senats ist nicht ohne Widerspruch geblieben (vgl. VGH Kassel, Urteil v. 26.2.1971 – 4 OE 22/69 –, BRS 24 Nr. 140; Lasotta, a. a. O., S. 174 f.). Der Senat nimmt das vorliegende Verfahren zum Anlaß, von seiner bisherigen Linie abzurücken. An der Auffassung, es stehe der mit der Baugenehmigungsbehörde identischen Gemeinde offen, auf §36 Abs. 1 Satz 1 BauGB Zugriff zu nehmen, hält er nicht mehr fest.

Der Anerkennung des Rechts der mit der Baugenehmigungsbehörde identischen Gemeinde, die Versagung der Baugenehmigung mit der Verweigerung des Einvernehmens zu begründen, liegt der Gedanke der Gleichbehandlung zugrunde: Das Zusammentreffen von Gemeinde und Baugenehmigungsbehörde dürfe nicht zu einer Schmälerung derjenigen Rechtsstellung führen, die die Gemeinde sonst hätte (BVerwG, Beschluß v. 16.12.1969, a. a. O., S. 350). Mit dieser Erwägung läßt sich die Befugnis der Gemeinde, auf §36 Abs. 1 BauGB zuzugreifen, indessen nicht rechtfertigen.

Die in §36 Abs. 1 Satz 1 BauGB vorgesehene Mitwirkung der Gemeinde dient der Sicherung der gemeindlichen Planungshoheit. Die Gemeinde soll als sachnahe und fachkundige Behörde dort, wo sie noch nicht geplant hat, oder dann, wenn ein Bauvorhaben von ihrer Planung abweicht, im Genehmigungsverfahren an der Beurteilung der bauplanungsrechtlichen Zulässigkeit des Vorhabens mitentscheidend beteiligt werden. Darüber hinaus soll sie in den Fällen, in denen ein nach den §§31, 33 bis 35 BauGB zulässiges Vorhaben ihren planerischen Vorstellungen nicht entspricht, von ihrer Möglichkeit Gebrauch machen können, durch Aufstellung eines Bebauungsplanes die planungsrechtlichen Grundlagen für die Zulässigkeit eines Vorhabens zu ändern und zur Sicherung der Planung die Mittel der Veränderungssperre oder der Zurückstellung von Baugesuchen zu ergreifen (st. Rspr., vgl. etwa BVerwG, Urteil v. 7.2.1986 – 4 C 43.83 –, Buchholz 406.11 §36 BBauG Nr. 35 = BRS 46 Nr. 142 = BauR 1986, 425; Urteil v. 19.2.2004 – 4 CN 16.03 –, BauR 2004, 1252 = NVwZ 2004, 858, 860). Die Beteiligung der Gemeinde ist dem Umstand geschuldet, daß über den Bauantrag allein die Baugenehmigungsbehörde entscheidet. Nur ihr Bescheid wirkt unmittelbar nach außen und regelt die Rechtsverhältnisse hinsichtlich des Baugesuchs. Lediglich über den Weg der Einvernehmensversagung kann die Gemeinde verhindern, daß ein Bauvorhaben verwirklicht wird, das bauplanungsrechtlich unzulässig ist oder ihren planerischen Vorstellungen widerspricht. Des Schutzes, dem §36 Abs. 1 Satz 1 BauGB zu dienen bestimmt ist, bedarf die mit der Baugenehmigungsbehörde identische Gemeinde nicht; denn sie kann den Zweck des Einvernehmenserfordernisses selbst erfüllen (Söfker in: Ernst/Zinkahn/Bielenberg, BauGB, §36 Rdnr. 15). Die Gefahr, daß der zuständige Rechtsträger ein Bauvorhaben über ihren Kopf hinweg genehmigt, besteht nicht. Zwar ist vorstellbar, daß dann, wenn innerhalb der Gemeinde für die Erteilung der Baugenehmigung und die Erklärung des Einvernehmens verschiedene Organe zuständig sind, bei Wegfall des förmlichen Einvernehmens eine Koordination unterbleibt und die Planungshoheit dadurch zu kurz kommt. Es ist aber Sache der Gemeinde selbst oder des Landesgesetzgebers, durch nähere kommunalverfassungsrechtliche Regelungen dafür zu sorgen, daß die Belange der Planungshoheit hinreichend gewahrt bleiben. Aus Sicht des Bundesgesetzgebers bestand keine Veranlassung für die Einführung eines gesonderten Verfahrens zur internen Abstimmung zwischen verschiedenen Organen der Gemeinde; das Bundesrecht enthält insoweit auch keine verfassungsrechtlichen Vorgaben (BVerwG, Beschluß v. 22. 12. 1989 – 4 B 211.89 –, a. a. O.).

Der Klägerin ist es nicht nur verwehrt, dem Beigeladenen die Versagung des gemeindlichen Einvernehmens als Grund für die Ablehnung des Baugesuchs entgegenzuhalten. Auch gegenüber der Widerspruchsbehörde kann sie sich auf die Versagung nicht berufen. § 36 Abs. 1 Satz 1 BauGB ist auf das Verhältnis von Gemeinde und Baugenehmigungsbehörde eines anderen Rechtsträgers zugeschnitten und gilt nicht im Verhältnis zwischen Ausgangs- und Widerspruchsbehörde. Sähe man dies mit Finkelnburg/Ortloff (Öffentliches Baurecht, Band I: Bauplanungsrecht, 5. Aufl., S. 371 f.) anders, würde das Erfordernis des Einvernehmens auch im Falle der Identität zwischen Baugenehmigungsbehörde und Gemeinde über die Hintertür wieder eingeführt (so zutreffend Gern, a. a. O., S. 452). Die Unanwendbarkeit des § 36 Abs. 1 Satz 1 BauGB hat zur Folge, daß im Falle eines ablehnenden Bescheids die Widerspruchsbehörde im Widerspruchsverfahren entweder die Baugenehmigung erteilen oder die Gemeinde zur Erteilung der Baugenehmigung verpflichten kann (so auch Söfker, a. a. O., § 36 Rdnr. 15; Lasotta, a. a. O., S. 175). Da das Einvernehmenserfordernis nicht zum Tragen kommt, spielt das Fristerfordernis des § 36 Abs. 2 Satz 2 BauGB entgegen der Auffassung des Berufungsgerichts keine Rolle (BVerwG, Beschluß v. 30. 7. 2002 – 4 B 40.02 –, a. a. O.).

Der mit der Baugenehmigungsbehörde identischen Gemeinde wird durch den Ausschluß des § 36 Abs. 1 Satz 1 BauGB zwar eine verfahrensrechtliche Position im vorprozessualen behördlichen Genehmigungsverfahren vorenthalten. Daraus erwächst ihr jedoch kein rechtlich relevanter Nachteil, weil ihr die Befugnis, sich gegenüber der Widerspruchsbehörde auf den Schutz der materiellrechtlichen Planungshoheit zu berufen, nicht abgeschnitten wird (vgl. VGH München, Urteil v. 13. 3. 2002 – 2 B 00.3129 –, BayVBl. 2003, 210, 211). § 36 BauGB begründet hinsichtlich der materiellrechtlichen Planungshoheit keine Rechte, sondern setzt sie voraus (BVerwG, Urteile v. 11. 2. 1993 – 4 C 25.91 –, BVerwGE 92, 66, 68 = BRS 55 Nr. 44 und v. 14. 4. 2000 – 4 C 5.99 –, BRS 63 Nr. 115 = BauR 2000, 1312 = Buchholz 406.11 § 35 BauGB Nr. 342, S. 7 ff. m. w. N.). Die materiellrechtliche Planungshoheit der Klägerin ist vorliegend nicht verletzt. Der Senat geht in Übereinstimmung mit der Würdigung im Widerspruchsbescheid davon aus, daß das streitige Bauvorhaben des Beigeladenen mit § 34 Abs. 1 BauGB vereinbar ist.

Nr. 178

1. **Aus Sinn und Zweck des Einvernehmenserfordernisses in § 36 Abs. 1 Satz 1 BauGB ergibt sich, daß der Gesetzgeber der Gemeinde eine Entscheidung über ihr Einvernehmen auf der Grundlage in planungsrechtlicher Hinsicht vollständiger Antragsunterlagen (Bauvorlagen) ermöglichen will.**

2. Die Entscheidung über das gemeindliche Einvernehmen ist mit der Obliegenheit der Gemeinde verbunden, im Rahmen der Möglichkeiten, die ihr das Landesrecht eröffnet, innerhalb der zweimonatigen Einvernehmensfrist gegenüber dem Bauherrn oder der Baurechtsbehörde auf die Vervollständigung des Bauantrages hinzuwirken.

3. Kommt die Gemeinde dieser Mitwirkungslast nicht nach, gilt ihr Einvernehmen gemäß §36 Abs.2 Satz 2 Halbs.2 BauGB mit Ablauf der Zwei-Monats-Frist als erteilt.

Bundesverwaltungsgericht, Urteil vom 16. September 2004 – 4 C 7.03 –.

(VGH Baden-Württemberg)

Abgedruckt unter Nr. 113.

III. Einwendungen des Nachbarn

Nr. 179

Das bauplanungsrechtliche Gebot der Rücksichtnahme erfährt keine Konkretisierung oder gar Einschränkung durch das Abstandsflächenrecht des Landes, soweit nachbarliche Belange in Rede stehen, die von diesem nicht erfaßt werden, wie etwa die in §34 Abs.1 Satz 2 BauGB geforderten gesunden Wohn- und Arbeitsverhältnisse.

BauGB §34 Abs. 1 Satz 2; BauNVO §15 Abs. 1 Satz 2; LBO §6 Abs. 1 Satz 2.

VGH Baden-Württemberg, Urteil vom 12. Oktober 2004 – 8 S 1661/04 – (rechtskräftig).

(VG Stuttgart)

Aus den Gründen:
Die genehmigte Fertiggarage hält zwar die Maße einer nach §6 Abs. 1 Satz 2 LBO privilegierten Grenzgarage ein und muß deshalb keine Abstandsflächen einhalten. Ob sie damit in jeder Hinsicht dem Bauordnungsrecht entspricht, woran Zweifel bestehen könnten, weil sie – entgegen §6 Abs. 2 LBO – einen Abstand zur Grundstücksgrenze von 0,03 m einhält, kann offenbleiben. Denn sie dürfte mit einiger Wahrscheinlichkeit das bauplanungsrechtliche Gebot der Rücksichtnahme zu Lasten der Antragsteller verletzen. Dieses Gebot folgt im vorliegenden Fall entweder aus dem in §34 Abs. 1 BauGB enthaltenen Erfordernis des „Einfügens" in die nähere Umgebung, falls es sich bei dem seit 1934 rechtsverbindlichen Bebauungsplan um einen einfachen Bebauungsplan i. S. des §30 Abs. 3 BauGB handelt, oder aus §15 Abs. 1 Satz 2 BauNVO, sollte es sich bei ihm um einen qualifizierten Bebauungsplan i. S. des §30 Abs. 1 BauGB handeln. Nach st. Rspr. kann zwar ein Nachbar, der sich gegen die Verwirklichung eines Bauvorhabens zur Wehr setzt, unter dem Blickwinkel der Sicherstellung einer ausreichenden Belichtung und Besonnung seines Grundstücks grundsätzlich keine Rücksichtnahme verlangen, die über den Schutz des bauordnungsrechtlichen Abstandsflächenrechts hinausgeht, weil diese landesrechtlichen Grenzabstandsvorschriften ihrerseits eine Konkretisierung des Gebots nachbarlicher Rücksichtnahme darstellen (BVerwG, Beschluß v. 6. 12. 1996 – 4 B 215.96 –, BRS 58 Nr. 164 = ZfBR 1997, 227 m. w. N.). Dies gilt aber nur „grundsätzlich", was bedeutet, daß Ausnahmen möglich sein müssen, zumal Bundesrecht nicht zur Disposition des Landesgesetzgebers steht (BVerwG, Urteil v. 31. 8. 2000 – 4 CN 6.99 –, BVerwGE 112, 41 = PBauE §17 BauNVO Nr. 9 = BRS 63 Nr. 1 = BauR 2001, 358). Vor allem aber bezieht sich diese Konkretisierung nur auf die genannten Belange der Belichtung und Besonnung, was sich im wesentlichen mit der Auffassung des Senats zur Schutzrichtung des Abstandsflächenrechts deckt (Beschluß v. 10. 9. 1998 – 8 S 2137/98 –, BRS 60 Nr. 103 = BauR 1999, 1282 = VBlBW 1999, 26). Dagegen erfährt das bauplanungsrechtliche Gebot der Rücksichtnahme keine Konkretisierung oder gar Einschränkung durch das Abstandsflächenrecht des Landes, soweit nachbarliche Belange in Rede stehen, die von

diesem nicht erfaßt werden, wie etwa die in § 34 Abs. 1 Satz 2 BauGB geforderten gesunden Wohn- und Arbeitsverhältnisse.

Im Hinblick auf die gesunden Wohnverhältnisse, insbesondere die hinlängliche Erreichbarkeit des Hauseingangs der Antragsteller, bestehen aber erhebliche Bedenken, ob die erteilte Baugenehmigung die gebotene Rücksicht auf deren nachbarliche Belange nimmt. Welche Anforderungen das Gebot der Rücksichtnahme (objektiv-rechtlich) begründet, hängt wesentlich von den jeweiligen Umständen ab. Je empfindlicher und schutzwürdiger die Stellung derer ist, denen die Rücksichtnahme im gegebenen Zusammenhang zugute kommt, um so mehr kann an Rücksichtnahme verlangt werden. Je verständlicher und unabweisbarer die mit dem Vorhaben verfolgten Interessen sind, um so weniger braucht derjenige, der das Vorhaben verwirklichen will, Rücksicht zu nehmen. Bei diesem Ansatz kommt es für die sachgerechte Beurteilung des Einzelfalles wesentlich auf eine Abwägung zwischen dem an, was einerseits dem Rücksichtnahmebegünstigten und andererseits dem Rücksichtnahmepflichtigen nach Lage der Dinge zuzumuten ist (so grundlegend: BVerwG, Urteil v. 25. 2. 1977 – IV C 22.75 –, BVerwGE 52, 122 = PBauE § 35 Abs. 1 BauGB Nr. 8 = BRS 32 Nr. 155 = BauR 1977, 244).

Nach diesen Maßstäben spricht vieles dafür, daß den Antragstellern die genehmigte Grenzbebauung mit einer Fertiggarage nicht zuzumuten ist. Nach Auffassung des Senats ergibt sich dies allerdings nicht aus einer Beeinträchtigung der beiden vorderen Fenster in der Westfassade ihres Hauses. Denn deren Belichtung und Besonnung wird durch die Garage nicht oder allenfalls geringfügig eingeschränkt. Gestört wird vielmehr lediglich der nicht geschützte Inhalt des Fensterausblicks. Unzumutbar dürfte aber die „Einmauerung" des Zugangsbereichs des Wohnhauses der Antragsteller sein. Denn dieser würde nach Errichtung der Grenzgarage – unstreitig – an der breitesten Stelle nur noch 87 cm betragen und sich wohl auf bis zu wenig mehr als 60 cm verengen (vgl. die Stellungnahme des Planverfassers der Beigeladenen). Ein Umzug oder ein Krankentransport ließe sich in einem derart beengten „Zugangsschlauch" kaum noch durchführen. Von einer Wahrung gesunder Wohnverhältnisse dürfte danach kaum noch die Rede sein. Dem kann nicht entgegengehalten werden, daß die geringe Breite des Zugangsbereichs aus der Grundstückssituation folgt, an der die Garage nichts ändert. Denn es macht einen Unterschied, ob sich an einen Hauseingangsbereich auf dem Nachbargrundstück eine freie Hoffläche anschließt, deren Luftraum etwa beim Tragen von Gegenständen oder kranken Personen mitgenutzt werden kann, oder eine Garagenwand, die dies unmöglich macht. Andererseits kann von einer „Unabweisbarkeit" des Garagenvorhabens der Beigeladenen nicht die Rede sein. Denn sie könnte die Garage auch an der Ostseite ihres Hauses errichten und die heute dort wohl zur Erschließung des entstehenden Hintergebäudes vorgesehene Zufahrt an die Westseite zum Grundstück der Antragsteller hin verlegen.

Nach allem bestehen in Ansehung der nachbarrechtlichen Position der Antragsteller so erhebliche Bedenken gegen die Rechtmäßigkeit der erteilten Baugenehmigung, daß es geboten ist, der Schaffung vollendeter Tatsachen vorzubeugen und die aufschiebende Wirkung der Widersprüche der Antragsteller anzuordnen.

Nr. 180

Die Baugenehmigung für ein Wohnhaus, das sich hinsichtlich des Nutzungsmaßes und Standortes auf dem Baugrundstück im Rahmen der Umgebung hält, ist nicht deshalb rechtswidrig, weil durch den Neubau die optimale Sonneneinstrahlung für ein benachbartes „passives Solarhaus" beeinträchtigt wird.

BauGB § 34 Abs. 1.

Bayerischer VGH, Beschluß vom 4. Juni 2004 – 1 CS 04.820 – (rechtskräftig).

Die Antragstellerin begehrt vorläufigen Rechtsschutz gegen eine dem Beigeladenen erteilte Baugenehmigung für ein Doppelhaus. Die Antragstellerin ist Eigentümerin des nördlich des Baugrundstücks gelegenen Grundstücks, das mit einem sog. passiven Solarhaus bebaut ist. Zwischen beiden Grundstücken verläuft die Straße „A". Nach den 2004 genehmigten Bauplänen beträgt die geringste Entfernung zwischen dem Doppelhaus und dem Gebäude der Antragstellerin ca. 16 m.

Aus den Gründen:

Die Baugenehmigung für das im Innenbereich (§ 34 BauGB) geplante Doppelhaus verstößt voraussichtlich nicht gegen das dem Nachbarschutz dienende Rücksichtnahmegebot. Hinsichtlich der Art der baulichen Nutzung sind keine Störungen zu erwarten. Das Vorhaben ist in dem „faktischen" allgemeinen Wohngebiet ohne weiteres zulässig (§ 34 Abs. 2 BauGB i. V. m. § 4 Abs. 2 Nr. 1 BauNVO). Das Doppelhaus fügt sich aber auch hinsichtlich des Maßes der baulichen Nutzung und der überbaubaren Grundstücksfläche in die Eigenart der näheren Umgebung ein (§ 34 Abs. 1 BauGB). Damit wird auch das vom Einfügungsgebot umfaßte Rücksichtnahmegebot gewahrt.

Beim Nutzungsmaß hält das Doppelhaus sowohl hinsichtlich der Größe der Grundfläche (§ 16 Abs. 2 Nr. 1 Alt. 2 BauNVO) als auch hinsichtlich der Zahl der Vollgeschosse (§ 16 Abs. 2 Nr. 3 BauNVO) und der Gebäudehöhe (§ 16 Abs. 2 Nr. 4 BauNVO) den durch die Bebauung in der Umgebung gesetzten Rahmen ein. Das Doppelhaus weist nach den genehmigten Plänen eine Frontlänge von 15,3 m und eine Breite von 10,1 m (mit Vorbau 11,6 m) auf. Mit diesen Maßen bewegt es sich zwar an der oberen Grenze der umgebenden Bebauung, überschreitet jedoch den durch diese vorgegebenen Rahmen nicht. ... Auch das Gebäude der Antragstellerin bleibt mit einer maximalen Länge von ca. 18 m und einer maximalen Breite von ca. 10 m bei der Grundfläche nur unwesentlich hinter dem Doppelhaus zurück. Die von der Antragstellerin in diesem Zusammenhang zusätzlich genannten Grundflächenzahlen (§ 16 Abs. 2 Nr. 1 Alt. 1 BauNVO) sind im Innenbereich kein für die Beurteilung des Nutzungsmaßes geeignetes Kriterium (BVerwG, Urteil v. 23. 3. 1994, BVerwGE 95, 277 = BRS 56 Nr. 63 = BauR 1994, 481 = NVwZ 1994, 1006). Die geplante Zahl der Vollgeschosse und die Gebäudehöhe liegen gleichfalls im Rahmen. Entsprechendes gilt für die Anordnung des Gebäudes auf dem Grundstück. ...

Die Antragstellerin wird durch die Baugenehmigung auch nicht deswegen in ihren Rechten verletzt, weil der Neubau die für das Solarhaus optimale

Sonneneinstrahlung beeinträchtigt. Der Beigeladene ist der Antragstellerin während des Genehmigungsverfahrens durch ein Abrücken von der Straße, eine Tieferlegung des Gebäudes und eine Verringerung der Dachneigung entgegengekommen. Weitere Abstriche muß er nicht machen. Rücksicht auf ihre speziellen Belange könnte die Antragstellerin nur dann verlangen, wenn sie ihr Haus in einem Baugebiet geplant hätte, das für Gebäude bestimmt ist, die auf eine passive Nutzung der Sonnenenergie ausgerichtet sind. Eine solche Eigenart (§ 15 Abs. 1 BauNVO) weist das unbeplante Gebiet, in dem sich die Grundstücke befinden, jedoch nicht auf. Dementsprechend durfte die Antragstellerin nicht darauf vertrauen, daß das kleinere und von der Straße etwas zurückgesetzte Gebäude, das sich bisher auf dem Baugrundstück befand, auf Dauer bestehen bleiben wird. Vielmehr mußte sie mit einer im Rahmen bleibenden Bebauung der Nachbargrundstücke rechnen. Wenn sie die damit verbundenen Einbußen nicht hinnehmen will, hätte sie für ihr Solarhaus einen Standort wählen müssen, der auch bei einer solchen Bebauung eine optimale Sonneneinstrahlung gewährleistet.

Nr. 181

Gegen eine Baugenehmigung zur Nutzung eines Gebäudes als türkisches Konsulat kann ein Nachbar weder planungsrechtlich im Rahmen der erteilten Ausnahme nach § 31 Abs. 1 BauGB und des Rücksichtnahmegebots nach § 15 Abs. 1 Satz 2 BauNVO noch bauordnungsrechtlich über § 3 Abs. 1 Satz 1 LBO erfolgreich einwenden, daß die Gefahr terroristischer Anschläge bestehe.

BauGB § 31 Abs. 1; BauNVO § 15 Abs. 1 Satz 2; LBO § 3 Abs. 1 Satz 1.

VGH Baden-Württemberg, Beschluß vom 22. Juni 2004 – 5 S 1263/04 – (unanfechtbar).

(VG Karlsruhe)

Das Verwaltungsgericht hat es abgelehnt, die aufschiebende Wirkung des Widerspruchs der Antragstellerin gegen die der Beigeladenen erteilte Baugenehmigung der Antragsgegnerin von 2004 zur „Nutzungsänderung eines Betriebsgebäudes in ein türkisches Konsulat mit drei Betriebswohnungen" anzuordnen. In der Sache befürchtet die Antragstellerin auf Grund der genehmigten Nutzung als türkisches Konsulat terroristische Anschläge, wie sie seit dem 11.9.2001 verstärkt drohten und sich gerade in letzter Zeit gehäuft hätten.

Aus den Gründen:

In planungsrechtlicher Hinsicht macht die Antragstellerin gegenüber der nach dem maßgeblichen Bebauungsplan „Nutzungsartfestsetzung" der Antragsgegnerin aus dem Jahr 1984 im Wege der Ausnahme nach § 31 Abs. 1 BauGB zugelassenen Nutzung geltend, daß die Gefahr von Terroranschlägen sowohl bei den nachbarlichen Interessen im Rahmen der zu treffenden Ermessensentscheidung nicht hinreichend berücksichtigt worden sei als auch einen Verstoß gegen das Rücksichtnahmegebot des § 15 Abs. 1 Satz 2

Nr. 181

BauNVO begründe. Dem hat das Verwaltungsgericht entgegengehalten, daß unter beiden rechtlichen Aspekten nur solche Störungen/Beeinträchtigungen beachtlich seien, die typischerweise bei der bestimmungsgemäßen Nutzung des genehmigten Vorhaben aufträten und von bodenrechtlicher Relevanz bzw. nach planungsrechtlichen Grundsätzen abwägungserheblich seien, was bei den befürchteten Terroranschlägen nicht der Fall sei. Dem folgt der Senat bei summarischer Prüfung (vgl. auch VG Berlin, Urteil v. 20.5.1999 – 13 A 245/98 –, LKV 1999, 412). Das Beschwerdevorbringen der Antragstellerin rechtfertigt keine andere Beurteilung.

Fehl geht zunächst deren Hinweis auf §1 Abs.5 Satz 2 Nr. 1 BauGB, wonach bei der Aufstellung der Bauleitpläne u.a. die „Sicherheit der Wohn- und Arbeitsbevölkerung" zu berücksichtigen ist. Zwar sollen damit solche Sachverhalte planerisch ausgeschlossen werden, die latent zu Unfällen neigen, d.h. plötzlich in eine drohende Gefahrenlage umschlagen oder den Schaden sofort eintreten lassen können. Es sollen also Gefahrenlagen vermieden werden, die aus zwei auf engem Raum kollidierenden Nutzungsarten folgen (vgl. Ernst/Zinkahn/Bielenberg, BauGB, §1 Rdnr. 119). Es muß sich um ein Sicherheitsrisiko handeln, das – wenn auch latent und trotz Einhaltung der gebotenen Sicherheitsstandards – in der bestimmungsgemäßen Nutzung des Vorhabens angelegt ist, wie dies etwa bei einem explosionsanfälligen Betrieb der Fall ist, der deshalb durch einen hinreichenden Abstand von einer Wohn- oder sonstigen schützenswerten Nutzung fernzuhalten ist. Dies in den Blick nehmend hat der beschließende Gerichtshof in der von der Antragstellerin zitierten Entscheidung vom 27.2.1974 (– II 1346/72 –, BRS 28 Nr.7) einen Bebauungsplan für ein reines Wohngebiet mit zehn- bzw. elfgeschossiger Bebauung für nichtig erklärt, weil der Gemeinderat ein ca. 900m entfernt gelegenes Munitionslager bei der Abwägung nicht bedacht hatte. Mit einem solchermaßen nutzungsimmanenten – und damit bodenrechtlich relevanten – Gefährdungspotential ist die Gefahr terroristischer Anschläge (durch Dritte) auf ein türkisches Konsulat nicht vergleichbar. Auch die in §136 Abs.3 Nr.1 BauGB aufgelisteten Tatbestände zeigen, daß Einwirkungen der befürchteten Art (durch Dritte) nicht zu den städtebaulichen Merkmalen gehören, die der Gesetzgeber als für die Sicherheit der Wohn- und Arbeitsbevölkerung relevant ansieht.

Die in der Baugenehmigung vorgesehenen „Sicherungsmaßnahmen", insbesondere die Errichtung eines 2,50m hohen Zaunes, rechtfertigen im vorliegenden Zusammenhang aber gleichwohl nicht die Annahme, daß auch die Gefahr terroristischer Anschläge ein dem genehmigten Vorhaben zurechenbares „Störpotential" darstelle, dem städtebaulich zu begegnen wäre bzw. begegnet werden könnte. Allerdings hat der Bayerische VGH (vgl. Beschluß v. 26.6.1997 – 2 ZS 97.905 –, BRS 59 Nr.59 = NVwZ-RR 1998, 619) die Auffassung vertreten, daß eine konsularische Nutzung mit der Gefahr von Demonstrationen und Anschlägen auch ein gewisses Störpotential berge, das Maßnahmen zur Sicherung des Gebäudes notwendig machen könne, daß derartige Störungen jedoch typischerweise nicht ein Ausmaß erreichten, das zu einer unzumutbaren Belästigung für die Nachbarschaft führen würde. Soweit damit die bodenrechtliche Qualität der Gefahr terroristischer Anschläge dem

Grunde nach bejaht worden sein sollte, vermag der Senat dem nicht zu folgen. Die Gefahr von Terroranschlägen ist kein Nutzungskonflikt, der mit dem genehmigten türkischen Konsulat im Verhältnis zur angrenzenden Wohnanlage mit der Wohnung der Antragstellerin ausgelöst und deshalb vom Ermessensprogramm bei der Ausnahmeerteilung nach § 31 Abs. 1 BauGB erfaßt würde. Die von der Antragstellerin hervorgehobene „geringe Entfernung" zu ihrer Wohnung, bei der sich die befürchteten Gefahren viel eher realisierten und die einen wirksamen Schutz vor Terroranschlägen durch polizei- bzw. ordnungsrechtliche Maßnahmen unmöglich mache – erforderlich wäre eine Vergrößerung des Abstands –, rechtfertigt es ebenfalls nicht, zur „Kompensation" der vermeintlichen Unzulänglichkeit polizei- bzw. ordnungsrechtlicher Mittel die bodenrechtliche Relevanz der befürchteten Terrorgefahr zu bejahen. Abgesehen davon dürfte es auch keine Maßstäbe für eine „Trennung" der umstrittenen konsularischen Nutzung von der Wohnnutzung der Antragstellerin geben, um dieser aus städtebaulicher Sicht hinreichenden Schutz zu gewähren.

Für eine bodenrechtliche Einordnung des befürchteten Gefährdungspotentials kann sich die Antragstellerin auch nicht auf die (polizeirechtliche) Figur des sog. Zweckveranlassers berufen. Weder bezweckt noch billigt die Beigeladene mit der (Um-) Nutzung des betreffenden Gebäudes als türkisches Konsulat ein – in Form terroristischer Anschläge – polizeiwidriges Verhalten Dritter noch tritt ein solches als Folge der (Um-)Nutzung zwangsläufig ein (vgl. VGH Bad.-Württ., Beschluß v. 29.5.1995 – 1 S 442/95 –, NVwZ-RR 1995, 663). Auch der zugrunde liegende Gedanke führt – entgegen der Meinung der Antragstellerin – nicht zur Ermessensrelevanz der befürchteten Gefahr, weder grundsätzlich noch im Hinblick darauf, daß seit dem 11.9.2001 von einer gesteigerten Bedrohung diplomatischer Vertretungen und von einer „anderen Qualität" der Bedrohung, nämlich einer Gefahr für Leib und Leben, auszugehen sei. Diese die „Größenordnung" der Gefahr terroristischer Anschläge betreffenden Umstände ändern nichts an der fehlenden bodenrechtlichen Relevanz des befürchteten Gefährdungspotentials.

Aus dem gleichen Grund spielen die Befürchtungen der Antragstellerin auch bei der im Rahmen des Rücksichtnahmegebots nach § 15 Abs. 1 Satz 2 BauNVO vorzunehmenden Interessenabwägung keine Rolle, so daß auch über diese Regelung kein Nachbarschutz zugunsten der Antragstellerin begründet werden kann.

In bauordnungsrechtlicher Hinsicht kann sich die Antragstellerin nicht auf § 3 Abs. 1 Satz 1 LBO berufen. Danach sind bauliche Anlagen – sowie Grundstücke, andere Anlagen und Einrichtungen i. S. von § 1 Abs. 1 Satz 2 LBO – so anzuordnen und zu errichten, daß die öffentliche Sicherheit oder Ordnung, insbesondere Leben, Gesundheit oder die natürlichen Lebensgrundlagen, nicht bedroht werden und daß sie ihrem Zweck entsprechend ohne Mißstände benutzbar sind. Als Grundnorm des Bauordnungsrechts stellt § 3 Abs. 1 Satz 1 LBO die allgemeinen und grundsätzlichen Anforderungen auf, die bauliche Anlagen erfüllen müssen. Das Verwaltungsgericht weist zutreffend darauf hin, daß die Vorschrift dem Schutz vor von der baulichen Anlage selbst ausgehenden Gefahren für die öffentliche Sicherheit oder Ordnung – dazu zählen insbesondere auch Leben und Gesundheit – dient, wobei sowohl auf den Baukörper als solchen wie auch auf die Bausubstanz in der ihr zugedachten Funktion abzustellen ist. Daß bei bestimmungsgemäßer Nutzung des Gebäudes als türkisches Konsulat keine unmittelbare Gefahr für die öffentliche Sicherheit oder Ordnung droht, räumt die Antragstellerin selbst ein. Sie will aber auch in diesem Zusammenhang über die (polizeirechtliche) Figur des sog. Zweckveranlassers eine Zurechnung der befürchteten Gefahr vor Terroranschlägen zum genehmigten Vorhaben erreichen. Dieser Versuch muß aber im Bereich des § 3 Abs. 1 Satz 1 LBO (mindestens) genauso scheitern wie auf planungsrechtlicher Ebene im Rahmen der Erteilung einer Ausnahme nach § 31 Abs. 1 BauGB und im Rahmen des Rücksichtnahmegebots nach § 15 Abs. 1 Satz 2 BauNVO. Im übrigen setzt eine Bedrohung der öffentlichen Sicherheit oder Ordnung i. S. von § 3 Abs. 1 Satz 1 LBO eine konkrete Gefahr für diese Schutzgüter voraus (vgl. Sauter, Landesbauordnung für Baden-Württemberg, 3. Aufl., § 3 Rdnr. 13). Insoweit hat die Antragstellerin aber selbst nur von einer „abstrakten Gefährdungslage" gesprochen, die durch die Ansiedlung des türkischen Konsulats in unmittelbarer Nachbarschaft zu ihrer Wohnung entstehe.

Nr. 182

1. **Bei der im Rahmen der §§ 80, 80a VwGO erforderlichen Interessenabwägung begründen die verfahrensrechtlichen Vorschriften des § 10 BImSchG allein keine Rechtsposition des Nachbarn gegen die baurechtliche Genehmigung einer Windenergieanlage, weil ein Verstoß gegen Verfahrensrecht für sich gesehen die Kassation des verfahrensfehlerhaften Verwaltungsaktes nicht nach sich zieht. § 10 BImSchG gehört nicht zu den Verfahrensvorschriften, bei denen ausnahmsweise Nachbarrechtsschutz allein auf Grund der Möglichkeit zu gewähren ist, daß infolge des verkürzten Verfahrens der erforderliche Nachbarschutz nicht sichergestellt ist.**

2. **Die Vorschriften über das Erfordernis einer Umweltverträglichkeitsprüfung begründen kein nachbarliches Abwehrrecht; ein Abwehrrecht des Nachbarn gegenüber einer im Außenbereich gelegenen, baurechtlich genehmigten Windenergieanlage ist regelmäßig nur gegeben, wenn ihre Errichtung und/oder ihr Betrieb gegen das – auch – in § 35 Abs. 3 Satz 1 Nr. 3 BauGB verankerte Gebot der Rücksichtnahme oder gegen die Schutzvorschrift des § 5 Abs. 1 Nr. 1 BImSchG verstößt.**

3. **Auch wenn für die Lärmimmissionsprognose von Windenergieanlagen der Schalleistungspegel bei Nennleistung maßgeblich ist (im Anschluß an OVG NRW, Urteile v. 18.11.2002 – 7 A 2127/00 – und – 7 A 2139/00 –), schließt dies bei summarischer Prüfung nicht die Befugnis aus, die bei 95 % der Nennleistung gemessene Schallemission in die Prognose einzustellen.**

4. Die DIN ISO 9613–2, die ein Verfahren zur Berechnung der Dämpfung des Schalls bei der Ausbreitung im Freien festlegt, mit dem die Pegel von Geräuschimmissionen in einem Abstand von verschiedenen Schallquellen vorausberechnet werden können, hat gerade die günstigere Schallausbreitung zur Nachtzeit im Blick.

BImSchG §§ 5 Abs. 1 Nr. 1, 10; BauGB § 35 Abs. 3 Satz 1 Nr. 3.

OVG Nordrhein-Westfalen, Beschluß vom 7. Januar 2004
– 22 B 1288/03 – (rechtskräftig).

(VG Düsseldorf)

Der Antragsteller begehrte in einem Eilverfahren vorläufigen Rechtschutz gegen die Erteilung einer Baugenehmigung für die Errichtung einer Windenergieanlage an die Beigeladene. Die gegen den ablehnenden Beschluß des Verwaltungsgerichts gerichtete Beschwerde blieb ohne Erfolg.

Aus den Gründen:

Das Beschwerdevorbringen, auf dessen Prüfung der Senat gemäß § 146 Abs. 4 Satz 6 VwGO beschränkt ist, gibt keinen Anlaß, die Interessenabwägung des Verwaltungsgerichts in Frage zu stellen, die davon ausgeht, daß die Widersprüche des Antragstellers voraussichtlich keinen Erfolg haben werden, weil die dem Beigeladenen erteilten Baugenehmigungen keine Nachbarrechte des Antragstellers verletzen und deshalb sein Interesse hinter dem des Beigeladenen, die ihm erteilte Baugenehmigung ohne Verzögerung auszunutzen, zurücktreten müsse.

Die vom Antragsteller in den Vordergrund gerückten Bedenken werden voraussichtlich nicht zum Erfolg einer Anfechtungsklage gegen die erteilten Baugenehmigungen führen. Selbst wenn für das Vorhaben immissionsschutzrechtliche Genehmigungen nach §§ 4, 10 BImSchG erforderlich und die an deren Stelle erlassenen Baugenehmigungen aus verfahrensrechtlichen Gründen rechtswidrig sein sollten (vgl. etwa § 13 BImSchG), besagte dies nicht, daß diese Baugenehmigungen auf die Klage des Antragstellers hin aufzuheben wären. Der Erfolg einer Anfechtungsklage hängt nicht allein davon ab, daß der angegriffene Verwaltungsakt rechtswidrig ist. § 113 Abs. 1 Satz 1 VwGO verlangt außerdem, daß der jeweilige Kläger durch den rechtswidrigen Verwaltungsakt in seinen Rechten verletzt ist. Am Fehlen einer verletzten individuellen Rechtsposition wird die Anfechtungsklage aller Voraussicht nach scheitern.

Eine zum Erfolg der Anfechtungsklage führende Rechtsposition begründen nicht die verfahrensrechtlichen Vorschriften des § 10 BImSchG, über die sich der Antragsgegner hinweggesetzt hätte, wenn nach § 4 Abs. 1 BImSchG i.V. m. § 2 Abs. 1 Satz 1 Nr. 1 der 4. BImSchV im Verfahren des § 10 BImSchG zu entscheiden wäre. Es ist zwar anerkannt, daß der Gesetzgeber mit verfahrensrechtlichen Vorschriften vorgezogenen Grundrechtsschutz bezwecken kann und diesen Vorschriften deshalb eine drittschützende Wirkung zukommt. Das BVerwG gesteht gerade § 10 Abs. 2–4, 6, 8 und 9 BImSchG im Gegensatz zum vereinfachten Genehmigungsverfahren eine solche Bedeutung zu (Urteil v. 5. 10. 1990 – 7 C 55 und 56.89 –, BVerwGE 85, 368, 374).

Dies besagt jedoch nicht, daß ein Verstoß gegen Verfahrensrecht für sich gesehen die Kassation des verfahrensfehlerhaften Verwaltungsaktes nach sich zieht, wenn nur die Möglichkeit besteht, daß infolge des verkürzten Verfahrens der erforderliche Nachbarschutz nicht sichergestellt ist. Dies ist von der Rechtsprechung lediglich für das Atomrecht und für Planungsentscheidungen sowie im Sonderfall eines verletzten kommunalen Beteiligungsrechtes anerkannt worden. Im übrigen bleibt es aber dabei, daß ein Verstoß gegen drittschützendes Verfahrensrecht auf zwei Ebenen abzuhandeln ist: Ergibt sich aus dem Vorbringen des Klägers, daß sich der von ihm gerügte Verfahrensfehler auf seine materiell-rechtliche Position ausgewirkt haben kann, ist er klagebefugt. Der Drittbetroffene hat im allgemeinen aber keinen Anspruch auf Durchführung eines Genehmigungs- oder Planfeststellungsverfahrens. Er ist durch Unterlassungs- und Beseitigungsansprüche hinreichend geschützt, die allerdings nur durchgreifen, soweit der Drittbetroffene durch das Vorhaben in seinen materiellen Rechten verletzt ist (BVerwG, a.a.O., 375, 377).

Bei einer im vorliegenden Verfahren nur möglichen summarischen Überprüfung ist für eine Verletzung materieller Rechte des Antragstellers nichts ersichtlich. Dies gilt zunächst für die Beanstandung des Antragstellers, der Antragsgegner habe zu Unrecht von einer Umweltverträglichkeitsprüfung abgesehen. Ob eine Umweltverträglichkeitsprüfung hätte durchgeführt werden müssen, wird im Hauptsacheverfahren voraussichtlich dahingestellt bleiben können. Die Umweltverträglichkeitsprüfung ist nach §2 Abs. 1 Satz 1 UVPG lediglich ein unselbständiger Teil des verwaltungsbehördlichen Verfahrens, das der Sachentscheidung über die Zulässigkeit des Vorhabens dient, ohne diese um materiell-rechtliche Vorgaben anzureichern (BVerwG, Beschluß v. 16.11.1998 – 6 B 110.98 –, NVwZ-RR 1999, 429 ff.).

Daran ändert nichts, daß gerade unter den Voraussetzungen des §2 Abs. 1 Satz 1 Nr. 1 c der 4. BImSchV das Erfordernis einer Umweltverträglichkeitsprüfung ein Genehmigungsverfahren nach §10 BImSchG nach sich zieht. Aus einer Umweltverträglichkeitsprüfung wäre im Zusammenhang mit einem durch §10 BImSchG vermittelten Drittschutz nichts für die individuelle Rechtsposition des Antragstellers gewonnen. Es wird vielmehr dabei bleiben, daß ein Abwehrrecht des Antragstellers gegenüber den beiden baurechtlich genehmigten Windenergieanlagen, deren Standort unstreitig im Außenbereich liegt, nur gegeben ist, wenn die Errichtung und/oder der Betrieb der umstrittenen Windenergieanlagen gegen das – auch – in §35 Abs. 3 Satz 1 Nr. 3 BauGB verankerte Gebot der Rücksichtnahme oder gegen die Schutzvorschrift des §5 Abs. 1 Nr. 1 BImSchG verstößt (vgl. zum Rücksichtnahmegebot in §35 Abs. 3 Satz 1 Nr. 3 BauGB: BVerwG, Beschluß v. 28.7.1999 – 4 B 38.99 –, BRS 62 Nr. 189 = BauR 1999, 143; zur Identität des Schutzniveaus des Rücksichtnahmegebots einerseits und der Betreiberpflicht des §5 Abs. 1 Nr. 1 BImSchG andererseits BVerwG, Beschluß v. 2.2.2000 – 4 B 87.99 –, BRS 63 Nr. 190 = BauR 2000, 1019).

Der Antragsteller macht geltend, von den Anlagen würden schädliche Umwelteinwirkungen durch Geräusche ausgehen. Nach der – unwidersprochen gebliebenen – Annahme des Verwaltungsgerichts liegt das Wohngrundstück des Antragstellers in einem Dorfgebiet i.S. des §5 BauNVO. Gemäß Nr. 6.1 TA Lärm betragen die Richtwerte für Immissionsorte außerhalb von Gebäuden in Dorfgebieten tags 60 dB(A) und nachts 45 dB(A). In dem Schallgutachten der Firma T. vom 16.11.2001 wurde für die Ortslage L., der das Wohnhaus des Antragstellers zuzuordnen ist, der schallkritischste Punkt bestimmt und für diesen die durch die vier Windkraftanlagen verursachte größte Schallbelastung mit 43,6 dB(A) ermittelt. Dieser Wert wurde berechnet durch Rückgriff auf den meßtechnisch ermittelten Schalleistungspegel einer bereits in Betrieb genommenen Anlage des selben Anlagentyps.

Der Einwand des Antragstellers gegen die Vermessung der Referenzanlage bei einer Windgeschwindigkeit von 8,8 m/s in 10 m Höhe, bei der die Anlage 95% ihrer Nennleistung erreicht, greift nicht durch. Zu Recht weist der Antragsteller zwar darauf hin, daß für die Prognose der Schalleistungspegel bei Nennleistung maßgeblich ist, wenn der Betrieb der Anlage nicht von vornherein auf eine geringere Leistung beschränkt werden soll (vgl. OVG NRW, Urteile v. 18.11.2002 – 7 A 2127/00 – und – 7 A 2139/00 –).

Dies besagt aber nicht, daß die Prognose nur durch Messung an der Referenzanlage bei Nennleistungsbetrieb angestellt werden kann. Nach den Einschätzungen von Sachverständigen ergeben sich reproduzierbare und repräsentative Emissionswerte, die als Eingangsdaten für Schallimmissionsprognosen geeignet sind, bei der Vermessung von Windenergieanlagen nach dem Verfahren der DIN EN 61400-11 „Windenergieanlagen, Teil 11: Schallmeßverfahren" i.V.m. Konkretisierungen, die in den „Technischen Richtlinien für Windenergieanlagen, Teil 1: Bestimmung der Schallemissionswerte", herausgegeben von der Fördergesellschaft Windenergie e.V., festgelegt sind. Die Anwendung dieser Regelwerke hat u.a. der Länderausschuß für Immissionsschutz auf seiner 99. Sitzung im Mai 2000 empfohlen. Eine entsprechende Festlegung enthält der Windenergie-Erlaß des Landes Nordrhein-Westfalen vom 3.5.2002. Dieses Verfahren ermöglicht die Ermittlung von akustischen Daten im Bereich von Windgeschwindigkeiten zwischen 6m/s und 10m/s in 10m Höhe über Grund. Die nach dieser Richtlinie ermittelten Daten gelten nach dem aktuellen Erkenntnisstand als hinreichende Näherung für die erzeugten Geräuschimmissionen im Nennleistungsbereich, bei dem die höchsten Beurteilungspegel im Sinne der TA Lärm auftreten (vgl. Landesumweltamt, Materialien Nr. 63, Windenergieanlagen und Immissionsschutz, S. 8 und 13).

Die Festlegung der Vermessung der Anlage bei (nur) 95% der Nennleistung steht nicht in Widerspruch zu Nr. 1.2 Buchst. a) des Anhangs zur TA Lärm, nach der zur Bestimmung der durch die Anlage verursachten zusätzlichen Schallimmissionen diejenige bestimmungsgemäße Betriebsart zugrunde zu legen ist, die in ihrem Einwirkungsbereich die höchsten Beurteilungspegel erzeugt. Denn als hinreichende Näherung für die im Nennleistungsbereich erzeugten Geräuschemissionen sind die bei nur 95% der Nennleistung gemessenen Schallemissionen mit denen im Nennleistungsbetrieb vergleichbar. Bei der Erstellung einer Lärmprognose können die bekannten geringfügigen Abweichungen spätestens bei den im Rahmen der Prognose „auf der sicheren Seite" vorzunehmenden Sicherheitszuschlägen berücksichtigt werden. Gegen die Vermessung der Referenzanlage(n) bei nur 95% der Nennleistung bestehen daher jedenfalls im vorliegenden vorläufigen Rechtsschutzverfahren keine durchgreifenden Bedenken.

Soweit der Antragsteller vorträgt, auch nach Erreichen der elektrischen Nennleistung steige die Schallemission mit zunehmender Windgeschwindigkeit weiter an, hat der Antragsteller dies jedenfalls für die vom Beigeladenen projektierte Windenergieanlage nicht hinreichend dargelegt. Die dazu vorgelegte Unterlage (Anlage AA3) stützt die Auffassung des Antragstellers nicht. Es handelt sich um eine Darstellung des Landesumweltamtes NRW („Folie 19"), in der ein „untypisches, aber serienmäßiges Verhalten" einer pitchgesteuerten Anlage beschrieben wird, bei dem nach Erreichen der Nennleistung die Drehzahl bei hohen Windgeschwindigkeiten weiter erhöht wird („Der Schalldruckpegel steigt sprunghaft an."). Für den Aussetzungsantrag ist mit dieser Folie nichts gewonnen, weil sie einen untypischen Ausnahmefall betrifft, der nach der weiteren Eintragung bei der Planung berücksichtigt werden muß und damit offensichtlich beherrschbar ist, zumal die Erhöhung der Drehzahl, die bei hohen Windgeschwindigkeiten auch nach Erreichen der Nennleistung zu einem sprunghaften Anstieg der Schallpegel führen soll, durch die Pitch-Steuerung gerade unterbunden werden soll. Davon abgesehen deutet eine handschriftliche Eintragung auf der Folie darauf hin, daß es sich ohnehin um die Anlage eines anderen Herstellers handelt. Außerdem ändert der vom Landesumweltamt NRW in der Folie 19 erörterte Ausnahmefall nichts daran, daß diese Behörde in den bereits zitierten Materialien Nr. 63 die Pitch-Steuerung als anerkannte Technik der Geräuschbegrenzung beschreibt (a. a. O., S. 8 f.).

Die Behauptung des Antragstellers, Windenergieanlagen seien in der Nachtzeit bei gleicher Schallemission lauter als zur Tageszeit, wie sich aus der Anlage, Folie 26 ergebe, läßt ebenfalls keine Überschreitung des Nachtwerts von 45 dB(A) am Wohnhaus des Antragstellers erwarten. Zunächst einmal ist kein Grund dafür ersichtlich, daß die Emissionen einer Windenergieanlage bei gleichen meteorologischen Bedingungen während der Nacht größer sind als tagsüber. Die gemessenen Schallemissionswerte der Referenzanlage können daher der Berechnung der Schallprognose unabhängig vom Zeitpunkt ihrer Erhebung zugrunde gelegt werden. Diese Schallprognose beruht auf der DIN ISO 9613–2, die ein Verfahren zur Berechnung der Dämpfung des Schalls bei der Ausbreitung im Freien festlegt, mit dem die Pegel von Geräuschimmissionen in einem Abstand von verschiedenen Schallquellen vorausberechnet werden können. Dabei wird von schallausbreitungsgünstigen Witterungsbedingungen in Mitwindrichtung oder – gleichwertig – bei gut entwickelter, leichter Bodeninversion ausgegangen, wie sie üblicherweise nachts auftritt (vgl. Abschnitt 1 „Anwendungsbereich" der DIN ISO 9613–2). Damit hat diese Normierung gerade auch die günstigere Schallausbreitung zur Nachtzeit im Blick.

Aus dem Vorbringen des Antragstellers, der streitbefangene Anlagentyp erreiche seine Nennleistung bei einer Windgeschwindigkeit von 12,4 m/s – nach den Angaben im Herstellerprospekt tritt dieser Fall bereits bei einer

Windgeschwindigkeit von 12,0 m/s ein –, läßt sich nicht herleiten, daß auch die Messung bei einer solchen Windgeschwindigkeit durchgeführt und die Prognose diese Windgeschwindigkeit berücksichtigen müßte. Der Antragsteller verkennt dabei, daß sich diese Angabe auf die Nabenhöhe der Windkraftanlage bezieht. Die Prognose und die ihr zugrunde gelegte Referenzmessung gehen jedoch von den in 10 m über dem Erdboden herrschenden Windgeschwindigkeiten aus. Werden dort Windgeschwindigkeiten von bis zu 10 m/s gemessen beträgt bei Nabenhöhen von bis zu 70 m die Windgeschwindigkeit in Nabenhöhe etwa 12 bis 14 m/s (vgl. dazu auch Nr. 5.3.1 der Grundsätze für Planung und Genehmigung von Windenergieanlagen – Windenergie-Erlaß – v. 3. 5. 2002).

Nr. 183

1. **Der Einhaltung der in Gesetzen oder Rechtsverordnungen i. S. des § 906 Abs. 1 Satz 2 BGB festgelegten Grenz- oder Richtwerte kommt Indizwirkung dahin zu, daß eine nur unwesentliche Beeinträchtigung vorliegt. Es ist dann Sache des Beeinträchtigten, Umstände darzulegen und zu beweisen, die diese Indizwirkung erschüttern.**

2. **Bei einer von einer Mobilfunksendeanlage ausgehenden Beeinträchtigung durch elektromagnetische Felder, die die Grenzwerte der 26. BImSchV einhalten, muß der Beeinträchtigte zur Erschütterung der Indizwirkung darlegen – und ggf. beweisen –, daß ein wissenschaftlich begründeter Zweifel an der Richtigkeit der festgelegten Grenzwerte und ein fundierter Verdacht einer Gesundheitsgefährdung besteht.**

BGB § 909 Abs. 1 Satz 1.

Bundesgerichtshof, Urteil vom 13. Februar 2004 – V ZR 217/03 –.

(OLG Frankfurt a. M.)

Die Beklagte zu 1 betreibt seit 1999 auf dem Kirchturm der Jakobuskirche in B. eine Mobilfunksendeanlage. Den Standort nutzt sie auf Grund eines auf 20 Jahre befristeten Mietvertrages mit der Beklagten zu 2, der ein außerordentliches Kündigungsrecht für den Fall eingeräumt ist, daß der Betrieb der Sendeanlage Gesundheitsgefahren herbeiführt. Die Klägerin betreibt in einer Entfernung von 100 m zu der Anlage eine psychotherapeutische Praxis. Die für Mobilfunkanlagen geltenden Grenzwerte nach § 2 i. V. m. Anh. 1 der 26. BImSchV vom 16. 12. 1996 (BGBl. I, 1966) werden eingehalten.

Die Klägerin verlangt gleichwohl von der Beklagten zu 1, den Betrieb der Sendeanlage zu unterlassen, und von der Beklagten zu 2, den Betrieb durch die Beklagte zu 1 nicht zu ermöglichen. Sie behauptet, von dem Betrieb der Anlage gehe für sie eine konkrete Gesundheitsgefährdung aus, vor der sie die Einhaltung der Grenzwerte der 26. BImSchV nicht schütze. Diese Werte seien nämlich zu hoch. Außerdem – so ihre Ansicht – erfasse die Verordnung nur die sog. thermischen Wirkungen, nicht aber die athermischen, die u. a. zu einer Steigerung des Krebsrisikos führten, die Möglichkeit einer Blutbildveränderung einschlössen und negative Auswirkungen auf das Immunsystem sowie Kopfschmerzen, Gehör- und Konzentrationsstörungen zur Folge hätten.

Die Klage ist in den Tatsacheninstanzen ohne Erfolg geblieben. Mit der von dem Oberlandesgericht zugelassenen Revision verfolgt die Klägerin ihre Unterlassungsanträge ohne Erfolg weiter.

Aus den Gründen:
II. Der Klägerin steht der nach § 1004 Abs. 1 Satz 2 BGB geltend gemachte Unterlassungsanspruch nicht zu, weil sie nach § 906 Abs. 1 Satz 1 BGB die von der Mobilfunkanlage der Beklagten zu 1 ausgehenden elektromagnetischen Felder dulden muß.

1. Immissionen durch elektromagnetische Felder werden als „ähnliche von einem anderen Grundstück ausgehende Einwirkungen" von § 906 Abs. 1 Satz 1 BGB erfaßt (Fritz, BB 1995, 2122, 2123f.; Staudinger/Roth, BGB (2001), § 906 Rdnr. 173). Sie sind daher, wie jede andere Zufügung unwägbarer Stoffe, von dem Eigentümer des von den Auswirkungen betroffenen Grundstücks zu dulden, wenn sie zu keiner oder nur zu einer unwesentlichen Beeinträchtigung führen. Ob eine Beeinträchtigung wesentlich ist, hängt – wie das Berufungsgericht nicht verkannt hat – nach der st. Rspr. des Bundesgerichtshofs von dem Empfinden eines verständigen Durchschnittsmenschen ab und davon, was diesem auch unter Würdigung anderer öffentlicher und privater Belange billigerweise nicht mehr zuzumuten ist (Senat, BGHZ 120, 239, 255; 121, 248, 255; 146, 261, 264). Bei der von dem Tatrichter dazu anzustellenden Bewertung ist allerdings § 906 Abs. 1 Satz 2 BGB zu beachten. Danach liegt eine unwesentliche Beeinträchtigung i.d.R. vor, wenn die in Gesetzen oder Rechtsverordnungen festgelegten Grenzen oder Richtwerte von den nach diesen Vorschriften ermittelten und bewerteten Einwirkungen nicht überschritten werden. So ist das Berufungsgericht verfahren. Rechtsfehler sind ihm dabei entgegen der Auffassung der Revision nicht unterlaufen.

Zutreffend ist insbesondere die Annahme, die in der 26. BImSchV festgelegten Grenzwerte berücksichtigten sowohl die thermischen wie die athermischen Effekte elektromagnetischer Felder. Die Verordnung unterscheidet nicht zwischen diesen beiden Auswirkungen, sondern stellt Anforderungen zum Schutz der Allgemeinheit und der Nachbarschaft vor schädlichen Umwelteinwirkungen durch elektromagnetische Felder generell (§ 1 Abs. 1 der Verordnung). Dies bestätigt die von dem Berufungsgericht zitierte Empfehlung der Strahlenschutzkommission vom 13./14.9.2001, die erkennen läßt, daß ihr Augenmerk seit jeher den thermisch bedingten Reaktionen wie auch den athermischen Reaktionen galt. Da die Arbeit und die Ergebnisse der Strahlenschutzkommission Grundlage für die 26. BImSchV waren, liegt es nahe, daß der Verordnungsgeber – wie die Kommission – beide Gesichtspunkte im Auge hatte und regeln wollte. Daß sich die festgelegten Grenzwerte nur an den thermischen Auswirkungen orientieren, beruht – wie die Empfehlungen der Strahlenschutzkommission deutlich machen – darauf, daß thermisch bedingte Reaktionen bei geringeren Feldstärken eintreten als nachgewiesene athermische Reaktionen. Der Verordnungsgeber konnte sich daher auf die Bestimmung von Grenzwerten beschränken, die an thermischen Reaktionen anknüpfen; nachweisbare athermische Reaktionen waren so in jedem Fall miterfaßt. Soweit die Revision meint, aus der amtlichen Begründung der Verordnung ergebe sich, daß allein thermische Auswirkungen

Gegenstand der Regelung seien, mißversteht sie die dort enthaltenen Ausführungen (BR-Drucks. 393/96, S. 15). Sie stellen, im Einklang mit den Empfehlungen der Strahlenschutzkommission, darauf ab, daß „dominanter Effekt der Hochfrequenzfelder ... die Erwärmung des Gewebes" ist, der sog. thermische Effekt. Darauf beruht, wie dargelegt, die Grenzwertbestimmung, sie schließt aber den Schutz vor athermischen Wirkungen nicht aus.

Richtig ist – worauf die Revision hinweist –, daß die 26. BImSchV keine Vorsorgekomponente enthält (vgl. Stellungnahme des Wirtschaftsausschusses, BR-Drucks. 393/1/96, S. 5; siehe auch BVerfG, NJW 2002, 1638, 1639; Kutscheidt, NJW 1997, 2481, 2484). Von nichts anderem geht aber auch das Berufungsgericht aus. Wenn es gleichwohl meint, die Verordnung habe auch „Vorsorge" gegen schädliche Umwelteinwirkungen durch elektromagnetische Felder getroffen, soweit es um athermische Effekte geht, bedeutet das nicht, daß ein Vorsorge- (d. h. Sicherheits-)Faktor eingerechnet sei, sondern daß die Verordnung auch Schutz vor athermischen Wirkungen gewährleisten soll. Im übrigen bliebe ein etwaiger Irrtum des Berufungsgerichts auf das Ergebnis ohne Einfluß. Denn die Berücksichtigung einer Vorsorgekomponente ist für die Frage, ob die Verordnung auch vor schädlichen athermischen Wirkungen schützen will, ohne Belang.

2. Fehl geht die Rüge der Revision, das Berufungsgericht habe die Darlegungs- und Beweislast verkannt, wenn es davon ausgegangen sei, der Klägerin obliege die Darlegung konkreter Anhaltspunkte dafür, daß trotz Einhaltung der Grenzwerte eine wesentliche Beeinträchtigung vorliege.

Richtig daran ist, daß grundsätzlich der Störer darlegen und beweisen muß, daß sich eine Beeinträchtigung nur als unwesentlich darstellt (Senat, BGHZ 120, 239, 257). Dieser Grundsatz erfährt jedoch eine Einschränkung, wenn nach der Regel des § 906 Abs. 1 Satz 2 BGB von einer unwesentlichen Beeinträchtigung auszugehen ist, weil – wie hier – ein entsprechender Grenz- oder Richtwert nicht überschritten ist. Allerdings kehrt sich in solch einem Fall entgegen einer zum Teil vertretenen Auffassung (vgl. Begründung zu § 906 Abs. 1 Satz 2 BGB, BT-Drucks. 12/7425, S. 88; Staudinger/Roth, BGB (1996), Rdnr. 178; Palandt/Bassenge, BGB, 63. Aufl., § 906 Rdnr. 20; Baumgärtel/Laumen, Handbuch des Beweisrechts, 2. Aufl., § 906 Rdnr. 7; Fritz, NJW 1996, 573, 574) die Beweislast nicht um. Vor der Neufassung des § 906 Abs. 1 BGB durch das Sachenrechtsänderungsgesetz vom 21. 9. 1994 (BGBl. I, 2457) entsprach es der st. Rspr. des Senats, daß in technischen Regelungswerken festgelegte Grenz- oder Richtwerte bei der Frage, ob eine Beeinträchtigung wesentlich ist oder nicht, nicht schematisch angewendet werden können, sondern nur eine Entscheidungshilfe für den Richter in der Weise bieten, daß bei einer Überschreitung der einschlägigen Richtwerte grundsätzlich von einer wesentlichen Beeinträchtigung auszugehen ist. Dies entbindet den Tatrichter aber nicht von der Verpflichtung, die Umstände des Einzelfalls zu würdigen und unter Berücksichtigung des Empfindens eines verständigen Menschen zu entscheiden, ob trotz Überschreitens der Grenzwerte möglicherweise doch von einer unwesentlichen Beeinträchtigung auszugehen ist (BGHZ 111, 63, 66 ff. m. w. N.). Daran hat sich durch die Einführung des Regeltatbestandes in § 906 Abs. 1 Satz 2 BGB nichts geändert. Der Gesetzgeber wollte den dem Tatrichter zugewiesenen einzelfallbezogenen Beurteilungsspielraum nicht einengen (vgl. BT-Drucks. 12/7425, S. 28). Hätte er eine Beweislastumkehr zu Lasten des Beeinträchtigten vornehmen wollen, hätte im übrigen eine andere Formulierung nähergelegen als die Aufstellung einer Regel, wonach bei Einhaltung der Grenz- oder Richtwerte von einer unwesentlichen Beeinträchtigung auszugehen sei (vgl. Marburger, FS Ritter, 1997, S. 901, 905, 913). Der Senat ist daher auch nach der Änderung des §906 Abs. 1 BGB weiterhin davon ausgegangen, daß den in Satz 2 und 3 der Norm genannten Grenz- oder Richtwerten nur die Bedeutung zukommt, daß einem Überschreiten der Werte Indizwirkung für das Vorliegen einer wesentlichen Beeinträchtigung zukommt und ein Einhalten oder Unterschreiten der Grenz- oder Richtwerte die Unwesentlichkeit der Beeinträchtigung indiziert (vgl. BGHZ 148, 261, 264 f.). Eine solche indizielle Bedeutung hat der Tatrichter zu beachten. Er kann im Rahmen seines Beurteilungsspielraums von dem Regelfall abweichen, wenn dies besondere Umstände des Einzelfalls gebieten. Darzulegen und ggf. zu beweisen sind solche die Indizwirkung erschütternde Umstände von demjenigen, der trotz Einhaltung der Grenzwerte eine wesentliche Beeinträchtigung geltend macht. Er muß allerdings nur diese Umstände darlegen und beweisen, um dem Tatbestand des §906 Abs. 1 Satz 2 BGB die Indizwirkung zu nehmen. Er muß nicht nachweisen, daß die Beeinträchtigung wesentlich ist (ebenso, wenngleich zum Teil mißverständlich von „Gegenbeweis" sprechend, Marburger, a. a. O., S. 917; Staudinger/Roth, BGB (2001), §906 Rdnr. 202; siehe auch Erman/Hagen/Lorenz, BGB, 10. Aufl., §906 Rdnr. 17).

Das steht – entgegen der Auffassung der Revision – nicht im Widerspruch zu den Wertungen der §§903, 1004, 906 BGB. Allerdings hat das Berufungsgericht nicht die Feststellung getroffen, daß eine Gesundheitsgefährdung der Klägerin ausgeschlossen ist. Sie trägt demnach das Risiko einer Gefährdung. Das ist aber nicht systemwidrig. Der Gesetzgeber hat in §906 Abs. 1 Satz 2 BGB eine Risikoverschiebung vorgenommen und im Ergebnis eine Duldungspflicht für den Fall statuiert, daß eine wesentliche Beeinträchtigung zwar nicht ausgeschlossen ist, daß sie aber wegen der Einhaltung einschlägiger Grenzwerte i. d. R. nicht gegeben sein wird und der von den Immissionen Betroffene die hiervon ausgehende Indizwirkung nicht hat erschüttern können. Darin besteht – abweichend von den Vorstellungen der Revision – die Wertung. Was die Revision der Sache nach bekämpft, ist im Grunde nicht diese, sondern die in den Grenzwerten der 26. BImSchV zum Ausdruck gekommene Wertung. Diese ist aber von Verfassungs wegen nicht zu beanstanden (BVerfG, NJW 2002, 1638) und daher bindend. Sie kann nicht auf dem Umweg des privaten Immissionsschutzes wieder in Frage gestellt werden. Eine eigene generelle Risikobewertung steht dem Tatrichter gerade nicht zu, nur eine einzelfallbezogene Beurteilung bei Vorliegen entsprechender Umstände. Das Verfahren des Berufungsgerichts war daher entgegen der Auffassung der Revision insoweit nicht fehlerhaft.

3. Gemessen daran ist das Berufungsgericht zu Recht davon ausgegangen, daß der Vortrag der Klägerin den Anforderungen an die Erschütterung der von dem Regelfall ausgehenden Indizwirkung nicht genügt. Sie hat weder dargelegt, daß ein wissenschaftlich begründeter Zweifel an der Richtigkeit der

in der 26. BImSchV festgelegten Grenzwerte besteht noch daß ein fundierter Verdacht einer Gesundheitsgefährdung durch elektromagnetische Felder unterhalb dieser Werte erhoben werden kann. Wissenschaft und Forschung ist – wie das Berufungsgericht rechtsfehlerfrei festgestellt hat – bislang nicht der Nachweis gelungen, daß athermische Effekte elektromagnetischer Felder, zumal unterhalb der durch die Verordnung gezogenen Grenzen, zu gesundheitlichen Schäden führen.

Nicht berechtigt ist die in diesem Zusammenhang erhobene Verfahrensrüge, daß das Berufungsgericht den Beweisanträgen der Klägerin auf Einholung von Sachverständigengutachten zu den gesundheitlichen Folgen der Einwirkung elektromagnetischer Felder durch athermische Effekte nicht nachgegangen sei.

Sieht man einmal davon ab, daß die Klägerin an den von der Revision angegebenen Stellen ganz überwiegend nicht die Einholung eines Sachverständigengutachtens beantragt hat, sondern die Vernehmung sachverständiger Zeugen zu den von ihnen in der Wissenschaft bekannten Ansichten, so hat das Berufungsgericht jedenfalls eine Beweiserhebung durch Einholung von Sachverständigengutachten zu Recht unter Hinweis auf die Entscheidung des Bundesverfassungsgerichts (NJW 2002, 1638, 1639f.) abgelehnt. Das Beweismittel ist nämlich – derzeit – ungeeignet.

a) Nach den von der Revision nicht angegriffenen Feststellungen des Berufungsgerichts geht die Klägerin selbst davon aus, daß es in Wissenschaft und Forschung bislang nicht gelungen ist, den Nachweis zu erbringen, daß athermische Effekte elektromagnetischer Felder, zumal unterhalb der durch die 26. BImSchV gezogenen Grenzen, zu gesundheitlichen Schäden führen können. Das deckt sich mit den Empfehlungen der Strahlenschutzkommission vom 13./14.9.2001 und liegt auch der Entscheidung des Bundesverfassungsgerichts zur Verfassungsmäßigkeit der 26. BImSchV zugrunde (NJW 2002, 1638, 1639). Ein Sachverständigengutachten zu der Frage der gesundheitlichen Auswirkungen von elektromagnetischen Feldern kann nur diesen Stand der Forschung wiedergeben und ist daher nicht geeignet, neue Erkenntnisse zu vermitteln. Daß die Klägerin auf neue Forschungsansätze hingewiesen hätte, die eine andere Sicht der Dinge vermitteln könnten, zeigt die Revision nicht auf. Soweit sie auf neuere Studien verweist, die nach Erlaß des Berufungsurteils herausgekommen sind, handelt es sich um keinen Sachvortrag, der der Beurteilung durch das Revisionsgericht unterliegt. Zudem legt sie nicht dar, daß diese Studien geeignet sind, den bisherigen Stand der Forschung zu revidieren, und daß sie im konkreten Fall eine gesundheitliche Beeinträchtigung durch athermische Wirkungen zu beweisen geeignet sind. Daß – wie die Revision zusammenfaßt – Schäden möglich sind, also nicht ausgeschlossen werden können, entspricht auch bisheriger Erkenntnissen. Daß aber unter den durch die 26. BImSchV gesetzten Grenzen im konkreten Fall ein Gefährdungspotential vorhanden ist, das nach neuestem Stand der Forschung als eine wesentliche Beeinträchtigung eingestuft werden müßte, wird nicht einmal im Ansatz erkennbar.

Ebensowenig führen die Rügen der Revision zum Erfolg, das Berufungsgericht habe sich nicht mit allen von der Klägerin in das Verfahren eingeführten gutachtlichen Stellungnahmen auseinandergesetzt. Es wird nicht dargelegt, daß diesen Stellungnahmen wissenschaftlich gesicherte Erkenntnisse zu entnehmen sind, wonach im konkreten Fall durch den Betrieb der Mobilfunksendeanlage eine Gesundheitsgefährdung der Klägerin zu gewärtigen ist oder auch nur der ernsthafte Verdacht einer solchen Gefährdung besteht.

Angesichts dessen verlangt die Durchsetzung des Justizgewährungsgebots keine Beweisaufnahme, die doch wiederum nur den bestehenden Zustand der Ungewißheit, eine wissenschaftlich nicht verläßlich explorierte komplexe Gefährdungslage, spiegeln könnte. Es bleibt allein Sache des Verordnungsgebers, die Entwicklung zu beobachten und etwaigen neuen Erkenntnissen durch engere oder weitere Grenzen Rechnung zu tragen (BVerfG, NJW 2002, 1638, 1639).

b) Etwas anderes ergibt sich entgegen der Auffassung der Revision nicht aus einer anderen Entscheidung des Bundesverfassungsgerichts (NJW 2001, 1482, 1483) zu einem mit der vorliegenden Konstellation vergleichbaren Fall. Richtig daran ist, daß es dort – wie hier – um einen Anspruch auf Unterlassung des Betriebs einer Mobilfunkanlage ging. Die dortigen Kläger hatten gegen zwei sie beschwerende Entscheidungen im einstweiligen Verfügungsverfahren Verfassungsbeschwerde erhoben, die das Bundesverfassungsgericht im Hinblick auf den Grundsatz der Subsidiarität der Verfassungsbeschwerde nicht zur Entscheidung angenommen hat. Dieser Grundsatz verlange eine Erschöpfung des Instanzenzugs im Hauptsacheverfahren mit der gebotenen Sachverhaltsaufklärung. Eine möglicherweise auf ungesicherten tatsächlichen Grundlagen beruhende Entscheidung im Eilverfahren genüge nicht. Diese allgemein gehaltenen Erwägungen lassen nicht erkennen, daß das Bundesverfassungsgericht eine Sachaufklärung in dem hier interessierenden Punkt durch sachverständige Begutachtung für erforderlich hält. Das Gegenteil wird deutlich, wenn es in der Entscheidung ausdrücklich heißt, daß in „rechtlicher Hinsicht" zu klären sei, ob die von Mobilfunkanlagen ausgehenden Strahlungen Besonderheiten aufwiesen, die bei einer Beurteilung der von §906 Abs. 1 BGB erfaßten Beeinträchtigungen und den bei der Entscheidung über die Duldungspflicht maßgebenden Wertungen folgenreich würden. Um eine rechtliche Einschätzung durch die Fachgerichte ging es dem Bundesverfassungsgericht, Konsequenzen in dem von der Revision geltend gemachten Sinn lassen sich daraus nicht ziehen.

Nr. 184

Erfolglose Verfassungsbeschwerde nach einer erfolglosen Baunachbarklage gegen die Genehmigung einer Mobilfunkanlage.

GG Art. 2 Abs. 2, 14, 19 Abs. 4.

Bundesverfassungsgericht, Beschluß vom 8. Dezember 2004
– 1 BvR 1238/04 –.

(VGH Baden-Württemberg)

Der Beschwerdeführer ist Eigentümer eines mit einem Wohnhaus bebauten Grundstücks, für das der Bebauungsplan ein reines Wohngebiet ausweist. Auf dem angrenzenden, ausweislich eines Teilbebauungsplans ebenfalls in einem reinen Wohngebiet belegenen Grundstück befinden sich ein Büro- sowie ein Wohngebäude; für dieses Grundstück wurde einem gewerblichen Mobilfunkbetreiber von der Stadt, der Beklagten des Ausgangsverfahrens, antragsgemäß eine Baugenehmigung für eine Funkbasisstation mit drei Antennenträgern für Mobilfunk erteilt.

Der Beschwerdeführer hat im Ausgangsverfahren die Baugenehmigung mit der Begründung angefochten, der Betrieb der Anlage schädige seine Gesundheit. Die Klage blieb in beiden Instanzen erfolglos.

Der Verwaltungsgerichtshof hat den Antrag auf Zulassung der Berufung abgelehnt. Da dem Beschwerdeführer ein Gebietserhaltungsanspruch auf Grund der konkreten bauplanungsrechtlichen Situation nicht zustehe, werde Nachbarschutz nur nach den Maßstäben des Rücksichtnahmegebots gewährt. Daß das Verwaltungsgericht das Vorhaben als nicht rücksichtslos gegenüber dem Beschwerdeführer beurteilt habe, unterliege keinen ernstlichen Zweifeln. Der Feststellung, daß hochfrequente elektromagnetische Felder von Mobilfunksendeanlagen nach heutigem Stand von Forschung und Technik auch im Hinblick auf ihre athermischen Wirkungen keine schädlichen Umwelteinwirkungen hervorriefen, setze der Beschwerdeführer substantiell nichts entgegen. Dafür reiche insbesondere seine allgemeine Behauptung, ein beachtlicher Teil der Wissenschaft habe nachgewiesen, daß u. a. Schlafstörungen und Konzentrationsmängel mit der Nähe von Mobilfunkanlagen in Zusammenhang gebracht werden könnten, nicht aus.

Aus den Gründen:
Die Verfassungsbeschwerde hat keine Aussicht auf Erfolg.
Soweit der Beschwerdeführer eine Verletzung seines Grundrechts aus Art. 2 Abs. 2 GG rügt, genügt die Verfassungsbeschwerde nicht den sich aus §§ 23 Abs. 1 Satz 2, 92 BVerfGG ergebenden Begründungsanforderungen. Werden gerichtliche Entscheidungen angegriffen, muß sich der Beschwerdeführer auch mit deren Inhalt und Grundlagen auseinandersetzen, soweit diese für seine Beschwerde erheblich sein können. Der Beschwerdeführer beschränkt sich in seiner Verfassungsbeschwerde jedoch im wesentlichen auf die Wiedergabe seiner bereits im verwaltungsgerichtlichen Verfahren vertretenen Ansicht, daß Mobilfunkstrahlen vielfältige gesundheitliche Beschwerden verursachten und der Gesetzgeber daher verpflichtet sei, auch unterhalb der in der 26. BImSchV festgelegten Grenzwerte tätig zu werden. Mit der ausführlichen und im übrigen mit der Rechtsprechung des Bundesverfassungsgerichts (Erster Senat, 3. Kammer, Beschluß v. 28. 2. 2002 – 1 BvR 1676/01 –, BRS 65 Nr. 178 = NJW 2002, 1638) in Einklang stehenden Argumentation von Verwaltungsgericht und Verwaltungsgerichtshof, daß dem Gesetz- und Verordnungsgeber ein weiter Einschätzungs-, Wertungs- und Gestaltungsspielraum zustehe, daß auch im Lichte des Art. 2 Abs. 2 GG keine Pflicht des Staates zur Vorsorge gegen rein hypothetische Gefährdungen bestehe und daß hinsichtlich der zahlreichen neuen Forschungsarbeiten, die sich mit Gefährdungen durch Mobilfunkanlagen beschäftigen, noch keine abschließenden Ergebnisse vorlägen, setzt sich der Beschwerdeführer dagegen nicht auseinander.

Die Rüge des Beschwerdeführers, die Entscheidung des Verwaltungsgerichtshofs, daß der Beschwerdeführer wegen der Überplanung keinen

Nr. 184

Anspruch gegenüber der Dritten erteilten Baugenehmigung geltend machen könne, verstoße gegen Art. 14 Abs. 1 GG, geht an den Gründen des angegriffenen Beschlusses vorbei.

Der Verwaltungsgerichtshof lehnt zwar auf Grund der konkreten bauplanungsrechtlichen Situation der betroffenen Grundstücke einen Gebietserhaltungsanspruch des Beschwerdeführers ab, stellt ihn deshalb jedoch nicht etwa rechtlos, sondern mißt die angegriffene Baugenehmigung am Maßstab des Rücksichtnahmegebots. Daß die Beschränkung der gerichtlichen Überprüfung der angefochtenen Baugenehmigung auf die Verletzung des Rücksichtnahmegebots den Beschwerdeführer in seinem Grundrecht aus Art. 14 Abs. 1 GG verletzte, hat dieser nicht geltend gemacht.

Die Rüge des Beschwerdeführers, in Art. 14 GG sei nicht durch Gesetz, sondern durch eine untergesetzliche Norm, nämlich den Bebauungsplan, eingegriffen worden, geht fehl, weil Gesetze i. S. von Art. 14 Abs. 1 Satz 2 GG auch untergesetzliche, auf gesetzlicher Ermächtigung beruhende Normen, insbesondere auch Bebauungspläne, sein können (BVerfGE 8, 71, 79).

Auch die Rüge des Beschwerdeführers, die Nichtzulassung der Berufung verstoße gegen Art. 19 Abs. 4 GG, da dem Beschwerdeführer die Möglichkeit genommen sei, gravierende Grundrechtsbeschränkungen durch eine zweite Tatsacheninstanz überprüfen zu lassen, hat keinen Erfolg. Zwar gebietet Art. 19 Abs. 4 GG, den Zugang zur nächsten Instanz, soweit ein Instanzenweg eröffnet ist, nicht in unzumutbarer, aus Sachgründen nicht zu rechtfertigender Weise zu erschweren (BVerfGE 41, 323, 326 f.; 78, 88, 99). Der Beschwerdeführer legt jedoch nicht substantiiert dar, daß die zur Nichtannahme der Berufung führende Auslegung des § 124 VwGO durch den Verwaltungsgerichtshof in einer sachlich nicht zu rechtfertigenden Weise erfolgt und dem Beschwerdeführer damit in unzumutbarer Weise der Zugang zur Berufungsinstanz erschwert worden sei.

Schließlich hat die Rüge des Beschwerdeführers, die Entscheidung des Verwaltungsgerichtshofs verstoße gegen Art. 103 Abs. 1 GG, keinen Erfolg. Der Beschluß des Verwaltungsgerichtshofs stellt keine Überraschungsentscheidung dar. Es mag zwar eine Überraschung für den Beschwerdeführer gewesen sein, daß die Berufung nicht zugelassen worden ist. Allein deshalb handelt es sich aber nicht um eine Überraschungsentscheidung. Eine Überraschungsentscheidung liegt nur vor, wenn das Gericht ohne vorherigen Hinweis auf einen rechtlichen Gesichtspunkt abstellt, mit dem auch ein gewissenhafter und kundiger Prozeßbeteiligter selbst unter Berücksichtigung der Vielfalt vertretbarer Rechtsauffassungen nicht zu rechnen brauchte (vgl. BVerfGE 86, 133, 144 f.). Hiervon kann vorliegend nicht die Rede sein angesichts des Umstands, daß die Frage, inwieweit die Baugenehmigung für den Mobilfunksender wegen von ihm ausgehender schädlicher Umwelteinwirkungen, insbesondere athermischer Wirkungen, zu Lasten des Beschwerdeführers rechtswidrig ist, zentrale Streitfrage bereits im Verfahren vor dem Verwaltungsgericht war. Daß der Verwaltungsgerichtshof in dieser Frage zu einem von der Rechtsauffassung des Beschwerdeführers abweichenden Ergebnis kam, begründet keine Verletzung des Rechts auf rechtliches Gehör, denn Art. 103 Abs. 1 GG verpflichtet die Gerichte nur dazu, die Ausführungen der Prozeßbeteiligten zur Kenntnis zu nehmen und in Erwägung zu ziehen, nicht aber dazu, der Rechtsansicht einer Partei zu folgen. Auch der vom Beschwerdeführer im Rahmen der Berufungsbegründung gestellte Beweisantrag blieb nicht, wie der Beschwerdeführer meint, gänzlich unbeachtet; vielmehr nahm der Verwaltungsgerichtshof den unter Beweis gestellten Vortrag, daß ein beachtlicher Teil der Wissenschaft Schlafstörungen, Konzentrationsmängel u. a. bei sogenannten athermischen Einwirkungen von Mobilfunkanlagen nachgewiesen habe, zur Kenntnis, bewertete ihn aber als zu allgemein und nicht substantiell genug. Diese für den Beschwerdeführer nachteilige Würdigung durch das Gericht stellt keine Verletzung des Art. 103 Abs. 1 GG dar.

Nr. 185

Bei Einhaltung der Grenzwerte der 26. BImSchV vom 16.12.1996 können keine schädlichen Umwelteinwirkungen durch Sendeanlagen für den Mobilfunk festgestellt werden. Wissenschaftlich begründete Zweifel an der Schutzgeeignetheit der in der 26. BImSchV festgesetzten Grenzwerte, die zu ihrer gerichtlichen Überprüfung Anlaß geben könnten, bestehen derzeit nicht.

BImSchG §22; 26. BImSchV.

Sächsisches OVG, Beschluß vom 9. November 2004 – 1 BS 377/04 – (rechtskräftig).

(VG Chemnitz)

(Nur Leitsatz.)

Nr. 186

Ein von Lärmimmissionen der nicht schulischen Nutzung eines städtischen Schulhofs als öffentliche Spielfläche betroffener Nachbar kann von der Stadt im Wege einer öffentlich-rechtlichen Unterlassungsklage aus Verhältnismäßigkeitsgründen regelmäßig nicht die Unterbindung jeder außerschulischen Nutzung des Schulhofs verlangen, sondern allein die Durchführung geeigneter Lärmminderungsmaßnahmen.

BauGB §30; BImSchG §§3 Abs. 1, 5 Abs. 1 Nr. 1, 22 Abs. 1; BGB §§906, 1004; GG Art. 2 Abs. 2, 14 Abs. 1.

OVG Nordrhein-Westfalen, Beschluß vom 8. Juli 2004 – 21 A 2435/02 – (rechtskräftig).

(VG Gelsenkirchen)

Die Kläger wendeten sich gegen die Nutzung des an ihr Hausgrundstück grenzenden Schulhofs einer städtischen Schule als öffentliche Spielfläche in der unterrichtsfreien Zeit. Ihre mit unzumutbaren Lärmimmissionen der außerschulischen Nutzung begründete Klage wies das Verwaltungsgericht ab. Auch ihr Antrag auf Zulassung der Berufung blieb ohne Erfolg.

Nr. 186

Aus den Gründen:
Das Zulassungsvorbringen ist insgesamt nicht geeignet, ernstliche Zweifel an der Richtigkeit des angefochtenen Urteils (§ 124 Abs. 2 Nr. 1 VwGO) zu wekken, mit dem das Verwaltungsgericht die auf Unterlassung einer Nutzung des Schulhofs der I.-Schule für schulfremde Zwecke und außerhalb der Schulzeiten sowie auf Ergreifung von Maßnahmen zur Verhinderung solcher Benutzungen gerichtete Klage abgewiesen hat.

Das Verwaltungsgericht hat festgestellt, daß den Klägern der von ihnen – allein – verfolgte Anspruch gegen die Beklagte auf Untersagung und Verhinderung jeglicher außerschulischen Nutzung nicht zustehe, weil in Anbetracht der vielfältigen, auch baulichen Möglichkeiten für eine Minderung des von dem Spiel auf dem Schulhof ausgehenden Lärms nicht davon ausgegangen werden könne, daß allein eine Nutzungsuntersagung, die nur ausnahmsweise in Betracht zu ziehen sei, geeignet sei, die Kläger vor unzumutbaren Lärmbeeinträchtigungen zu schützen. Eine abweichende Bewertung ergebe sich auch nicht aus der bauplanerischen Festsetzung des von den Klägern bewohnten Grundstücks als reines Wohngebiet. Diese Argumentation wird durch das Zulassungsvorbringen nicht ernstlich in Frage gestellt.

1. Unbegründet sind zunächst die von den Klägern geäußerten Zweifel an der Existenz eines allgemeinen öffentlich-rechtlichen Unterlassungsanspruchs gegen schlicht hoheitlich verursachte Immissionen, den das Verwaltungsgericht als Anspruchsgrundlage für das von den Klägern verfolgte Begehren zugrunde gelegt hat. Daß es einen derartigen Anspruch gibt, der einem von Immissionen eines Hoheitsträgers betroffenen Nachbarn unmittelbar gegen den betreffenden Hoheitsträger zusteht und der auf Unterlassung dieser Immissionen gerichtet ist, soweit sie das Maß des im Einzelfall Zumutbaren überschreiten, entspricht der ständigen und seit langem gefestigten höchstrichterlichen und obergerichtlichen Rechtsprechung (vgl. BVerwG, Urteile v. 19. 1. 1989 – 7 C 77.87 –, BVerwGE 81, 197, 199 f. = BRS 49 Nr. 203 und v. 29. 4. 1988 – 7 C 33.87 –, BVerwGE 79, 254, 257 = BRS 48 Nr. 99; OVG NRW, Beschluß v. 28. 2. 2001 – 21 B 1889/00 –, NVwZ 2001, 1181; VGH Baden-Württemberg, Urteil v. 26. 6. 2002 – 10 S 1559/01 –, BRS 65 Nr. 181 = UPR 2003, 76, m. w. N.).

Die von den Klägern für einschlägig gehaltenen Regelungen, hier § 22 ff. BImSchG, begründen demgegenüber keine Duldungspflichten und Abwehransprüche im Nachbarschaftsverhältnis zwischen Störer und Gestörtem, sondern entfalten unmittelbare Wirkung allein in deren jeweiligem Verhältnis zu der für die Anlagenüberwachung zuständigen Behörde (vgl. BVerwG, Urteil v. 29. 4. 1988, a. a. O., S. 257).

Zutreffend ist ferner die Feststellung des Verwaltungsgerichts, daß dieser öffentlich-rechtliche Unterlassungsanspruch darauf gerichtet ist, daß der Hoheitsträger Vorkehrungen gegen unzumutbare Beeinträchtigungen für die Nachbarschaft trifft. Dabei zeigt der einleitende Hinweis des Verwaltungsgerichts auf den Runderlaß des Ministeriums für Umwelt, Raumordnung und Landwirtschaft vom 11. 10. 1997 über die Messung, Beurteilung und Verminderung von Geräuschimmissionen bei Freizeitanlagen, daß das Verwaltungsgericht – zutreffend – davon ausgegangen ist, daß auch im Rahmen der Prüfung eines öffentlich-rechtlichen Unterlassungsanspruchs den immissionsschutzrechtlichen Regelungen der Maßstab für die Beurteilung der Frage zu entnehmen ist, welches Maß an hoheitlich verursachten Lärmimmissionen nach den Umständen des jeweiligen Einzelfalls als (noch) zumutbar hinzunehmen ist, weil sie sich (noch) nicht als erhebliche Belästigung und damit als schädliche Umwelteinwirkung i. S. von §§ 3 Abs. 1, 22 Abs. 1 BImSchG darstellen. Zutreffend ist schließlich auch die Feststellung des Verwaltungsgerichts, daß der Störungsbetroffene gegenüber dem störenden Hoheitsträger regelmäßig keinen Anspruch auf bestimmte Maßnahmen, sondern allein darauf hat, daß Lärmbelästigungen oberhalb der Zumutbarkeitsschwelle unterbleiben. Wie der unterlassungspflichtige Hoheitsträger dies erreicht, obliegt allein seiner Entscheidung (BVerwG, Urteil v. 29. 4. 1988, a. a. O., S. 263).

2. Auch die Auffassung des Verwaltungsgerichts, eine Nutzungsuntersagung komme erst dann in Betracht, wenn Maßnahmen zur Verminderung der Lärmimmissionen ohne Erfolg blieben oder keinen Erfolg versprächen, ist – entgegen der Kritik der Kläger – nicht zu beanstanden. Dieser Vorrang von immissionsmindernden Maßnahmen vor einer – gänzlichen – Untersagung der emittierenden Nutzung ergibt sich rechtlich zwingend aus dem Grundsatz der Verhältnismäßigkeit (vgl. OVG Berlin, Urteil v. 22. 4. 1993 – 2 B 6.91 –, BRS 55 Nr. 179 = BauR 1994, 346; NVwZ-RR 1994, 141; Hess.VGH, Urteil v. 30. 11. 1999 – 2 UE 263/97 –, Juris, Rdnr. 44).

Hiermit ist der mit dem Fehlen eines solchen Vorrangs der Immissionsminderung vor der Nutzungsuntersagung begründeten Kritik der Kläger am angefochtenen Urteil schon vom Ansatz die Grundlage entzogen. Im übrigen ist diese Kritik auch in der Sache unbegründet: Für die Feststellung, daß der von den Klägern im vorliegenden Verfahren – ausschließlich – vertretenen „Maximalforderung" einer völligen Untersagung jeglicher außerschulischen Nutzung des Schulhofs wegen der Mannigfaltigkeit der Möglichkeiten, die Lärmentfaltung spielerischer Aktivitäten auf dem Schulhof zu begrenzen – zu denken wäre etwa an lärmmindernde Maßnahmen an einzelnen Spielgeräten, an deren räumlich andere Anordnung, an Beschränkungen hinsichtlich der Art der Nutzung oder an Beschränkungen hinsichtlich der Nutzungszeiten, wie sie bereits im Eilverfahren VG Gelsenkirchen (– 8 L 869/01 –) angeordnet worden waren –, kein Erfolg beschieden ist, bedurfte es keiner näheren Feststellungen hinsichtlich des von dem außerschulischen Spiel auf dem Schulhof auf das von den Klägern bewohnte Grundstück konkret einwirkenden Lärms. Denn es fehlte – und fehlt – jeder Anhaltspunkt dafür, daß Bemühungen der Beklagten mit dem Ziel, diesen Lärm auf ein den Klägern immissionsschutzrechtlich zumutbares Maß zu reduzieren, von Anfang an zum Scheitern verurteilt waren; auch die Kläger nennen im Zulassungsantrag nichts, was solche Maßnahmen als fruchtlos erscheinen ließe. Damit aber war das konkrete Ausmaß des zum Zeitpunkt der Entscheidung des Verwaltungsgerichts auf dem Schulhof tatsächlich verursachten Lärms, dessen Feststellung bei einem auf Lärmminderung gerichteten Begehren sinnvoll gewesen wäre, für das angefochtene Urteil ohne Bedeutung.

3. Auch die Ausführungen der Kläger zum ihnen ihrer Ansicht nach zustehenden „Gebietsgewährleistungsanspruch" wecken keine ernstlichen Zweifel

an der Feststellung des Verwaltungsgerichts, daß die bauplanungsrechtlichen Festsetzungen für das von ihnen bewohnte Grundstück ihnen keinen vom Umfang der tatsächlichen Beeinträchtigung unabhängigen Anspruch auf gänzliche Unterlassung der außerschulischen Nutzung des Schulhofs vermitteln. ...

Das Verwaltungsgericht hat seine Auffassung, die Kläger könnten den Klageanspruch nicht aus der bauplanungsrechtlichen Festsetzung des von ihnen bewohnten Grundstücks als reines Wohngebiet durch den Vorhaben- und Erschließungsplan Nr. 8 herleiten, nicht allein darauf gestützt, daß das Schulgrundstück im Plangebiet des Bebauungsplans Nr. 16 der Stadt N. liegt, sondern maßgeblich auch darauf, daß das Grundstück hierin als „Fläche für den Gemeinbedarf (Schule)" ausgewiesen ist, mithin auf die gegenüber der Festsetzung für das Wohngrundstück der Kläger abweichenden Nutzungsart. Die Einwendungen, die die Kläger dieser die Ablehnung eines Gebietsgewährleistungsanspruchs selbständig tragenden Begründung des Verwaltungsgerichts entgegenhalten, gehen fehl:

Die Behauptung der Kläger, daß „nach der Rechtsprechung des OVG NRW ... ein Anspruch auf Wahrung der für das eigene Grundstück festgesetzten Gebietsart auch gegenüber Verstößen gegen die Festsetzung einer anderen Gebietsart in einem benachbarten Baugebiet" besteht, ist unzutreffend: In dem Urteil vom 20. 10. 1997 (– 10 A 4504/95 –), das die Kläger als Beleg für ihre Behauptung bemühen, hat der 10. Senat des beschließenden Gerichts die Frage, „ob in allen Fällen eine planungsrechtlich unzulässige Nutzung in dem einen Baugebiet einen nachbarlichen Abwehranspruch in Form des Gebietswahrungsanspruchs für jeden Eigentümer eines Grundstücks in dem benachbarten Baugebiet auslöst", ausdrücklich dahingestellt sein lassen; nur für eine eng begrenzte Ausnahmesituation hat es einen solchen Anspruch bejaht (OVG NRW, Urteil v. 20. 10. 1997, a. a. O., S. 14 des Urteilsabdrucks).

Eine solche Ausnahmesituation ist hier schon deshalb nicht gegeben, weil keine Rede davon sein kann, daß die – im öffentlichen Interesse liegende – Nutzung eines Schulhofs außerhalb der Schulzeiten als Spielplatz (vgl. dazu OVG NRW, Beschluß v. 2. 8. 2001 – 21 B 402/01 –, Beschlußabdruck S. 7), mit der Festsetzung als Fläche für den Gemeinbedarf (Schule) unverträglich ist, geschweige denn, daß sie den Charakter des Schulgrundstücks „unmittelbar verändern würde".

Im übrigen hat derselbe Senat inzwischen – bezogen u. a. auf ein Grundstück mit einer Ausweisung als Fläche für den Gemeinbedarf mit der Zweckbestimmung „Kirche" – ausdrücklich festgestellt, daß Grundstücke, für die innerhalb eines Bebauungsplangebiets unterschiedliche Nutzungen festgelegt sind, nicht innerhalb eines Baugebiets, sondern in unterschiedlichen Baugebieten liegen, daß jedoch der sog. Gebietsgewährleistungsanspruch nur innerhalb desselben Baugebiets greift (OVG NRW, Beschluß v. 28. 11. 2002 – 10 B 1618/02 –, Juris, Rdnr. 3 ff., S. 3 des Beschlußabdrucks).

Nr. 187

Zur Anwendung der Sportanlagenlärmschutzverordnung – 18. BImSchV – auf die Baugenehmigung zum Neubau einer Sporthalle, zu der auch ein „Mehrzweckraum" mit angegliederter Küche gehört.

BauNVO § 15; 18. BImSchG § 1 Abs. 1, Abs. 3.

OVG Nordrhein-Westfalen, Beschluß vom 22. Juli 2004 – 10 B 925/04 – (rechtskräftig).

(VG Minden)

Die Antragsteller wandten sich gegen die Baugenehmigung für den Neubau einer Sporthalle auf dem Nachbargrundstück. Die zur Baugenehmigung gehörenden Bauvorlagen stellten innerhalb des Sporthallengebäudes u. a. einen ca. 95 m² großen „Mehrzweckraum" dar, dem eine „Küche" angegliedert war. Die Antragsteller befürchteten Lärmbeeinträchtigungen insbesondere durch Parkplatzsuchverkehr bei in der Halle stattfindenden Veranstaltungen auch außerhalb des eigentlichen Sportbetriebes. Der Antrag wurde vom Verwaltungsgericht abgelehnt, die Beschwerde blieb erfolglos.

Aus den Gründen:

Das Verwaltungsgericht hat im angefochtenen Beschluß im Ergebnis zu Recht festgestellt, daß sich die vom fraglichen Vorhaben des Beigeladenen auf das Wohnhaus der Antragsteller einwirkenden Lärmimmissionen aller Voraussicht nach innerhalb des Rahmens bewegen, der diesen durch § 15 BauNVO und das dort verankerte planungsrechtliche Rücksichtnahmegebot gezogen wird. Entgegen dem Beschwerdevorbringen hat das Verwaltungsgericht dabei zutreffend die Regelungen der 18. Verordnung zur Durchführung des Bundesimmissionsschutzgesetzes (Sportanlagenlärmschutzverordnung) – 18. BImSchV – zugrunde gelegt. Nach § 1 Abs. 1 Satz 1 der 18. BImSchV gilt diese Verordnung für die Errichtung, die Beschaffenheit und den Betrieb von Sportanlagen, soweit sie zum Zwecke der Sportausübung betrieben werden und einer Genehmigung nach § 4 BImSchG nicht bedürfen. Ausweislich des Bauscheins vom 5. 2. 2004 ist dem Beigeladenen eine Baugenehmigung für den Neubau einer Sporthalle erteilt worden. Die zugehörigen grün gestempelten Bauvorlagen stellen eine Sporthalle mit einer Spielfläche von gut 1094 m² mit zugehörigen Nebenräumen (Umkleidekabinen, Wasch- und WC-Räume, Geräteräume etc.) sowie einen ca. 95 m² großen „Mehrzweckraum" dar, dem eine „Küche" mit knapp 10 m² räumlich zugeordnet ist. Danach können keine Zweifel am Vorliegen der Anwendungsvoraussetzungen der 18. BImSchV bestehen. Der beschriebene Mehrzweckraum mit Küche dient als untergeordnete Nebeneinrichtung dem Hauptzweck „Sporthalle" und vermag an der Anwendbarkeit der 18. BImSchV nichts zu ändern. Gemäß § 1 Abs. 3 Satz 1 dieser Verordnung gehören zur Sportanlage nämlich auch Einrichtungen, die – wie hier der beschriebene Mehrzweckraum – mit der Sportanlage in einem engen räumlichen und betrieblichen Zusammenhang stehen. Die streitige Baugenehmigung läßt, anders als die Antragsteller meinen, gerade nicht eine Nutzung für andere als Sportzwecke zu. Insbesondere wären die von ihnen befürchteten Veranstaltungen wie etwa Advents- oder Weihnachtsfeiern mit mehr als 250 Besuchern von der hier allein zu prüfenden Baugenehmigung vom 5. 2. 2004 nicht gedeckt. Diese begrenzt in ihrer Nebenbestimmung „MA 7" die Zahl der Nutzer auf maximal 250 Personen und schließt ausdrücklich „Großveranstaltungen, z. B. Karnevalsveranstaltungen" aus. Auch andere nicht der Sportausübung dienende Veranstaltungen insbesondere auf der Sportfläche sind danach nicht Gegenstand der angefochtenen Baugenehmigung, so daß das in der Beschwerdeschrift angesprochene Aufstellen von Tischen und Stühlen auf der Spielfläche durch die Baugenehmigung vom 5. 2. 2004 nicht gedeckt wäre. Nichts anderes würde für eine verselbständigte Nutzung des Mehrzweckraumes als allgemeiner Veranstaltungsraum ohne zeitlichen und betrieblichen Zusammenhang mit der Nutzung der Sporthalle für Zwecke der Sportausübung gelten. Die strittige Baugenehmigung sieht einen „Mehrzweckraum" innerhalb eines als „Sporthalle" genehmigten Gebäudes vor und deckt damit keine Nutzung ohne inneren Zusammenhang mit dem zugelassenen Sportbetrieb. Feierlichkeiten ohne sportlichen Bezug mit „mehreren hundert Personen" sind damit nach der angefochtenen Baugenehmigung rechtlich und in dem nur etwa 95 m^2 großen Raum auch tatsächlich ausgeschlossen.

Geht man von dem soeben dargestellten Genehmigungsumfang aus, ist nach dem gegenwärtigen Erkenntnisstand nicht zu erwarten, daß die damit zugelassene Nutzung und die Nutzung der ebenfalls genehmigten 43 Stellplätze Lärmimmissionen verursacht, die die Antragsteller unzumutbar im Sinne des Rücksichtnahmegebotes beeinträchtigen. Nach dem Gutachten zum „Schall-Immissionsschutz" des Dipl.-Ing. B. ist am Haus der Antragsteller während der Ruhezeit am Tag mit einem Beurteilungspegel von 41 dB(A) und während der Nachtzeit (in der lautesten Stunde) mit einem Beurteilungspegel von 32 dB(A) zu rechnen. Damit werden die maßgeblichen Richtwerte der 18. BImSchV, die für ein – hier im Bebauungsplan B 1 der Stadt L. u. a. für das Grundstück der Antragsteller festgesetztes – allgemeines Wohngebiet einen Richtwert von 55 dB(A) außerhalb und 50 dB(A) innerhalb der täglichen Ruhezeiten bzw. 40 dB(A) nachts vorsieht, deutlich eingehalten. Zwar hat der Gutachter seinen Berechnungen eine Zahl von 199 Zuschauerplätzen zugrunde gelegt und weiter vorausgesetzt, daß bei einer Veranstaltung während der Nachtzeit Lichtkuppeln und Fenster der Sporthalle geschlossen sind, während die Baugenehmigung die Zahl der Besucher auf 250 festlegt und ein entsprechendes Schließen von Kuppeln bzw. Fenstern nicht vorschreibt. Dies hat das Verwaltungsgericht mit zutreffender Begründung, auf die Bezug genommen wird, für unschädlich gehalten. Selbst wenn man mit dem Beschwerdevorbringen einen vom Verwaltungsgericht u. a. herangezogenen Abschirmungseffekt durch das Sporthallengebäude verneint, spricht alles dafür, daß eine Erhöhung des Beurteilungspegels um mehr als 8 dB(A) (für die Nachtzeit) nicht befürchtet werden muß.

Die Beschwerde vermißt eine gutachterliche Untersuchung der Verkehrsgeräusche des Zu- und Abgangsverkehrs auf den öffentlichen Verkehrsflächen. Das Gutachten des Dipl.-Ing. B. enthält insoweit lediglich den lapidaren Satz, daß „infolge der für eine öffentliche Straße geringen Anzahl von durch den Betrieb der Sporthalle verursachten Fahrzeugbewegungen (...)

auch ohne detaillierte Berechnung vorausgesetzt werden [kann], daß die in der Verkehrslärmschutzverordnung festgelegten, für den Fahrverkehr auf öffentlichen Straßen in allgemeinen Wohngebieten geltenden Immissionsgrenzwerte vor den nächstgelegenen schutzbedürftigen Gebäuden eingehalten werden." Der Gutachter verkennt damit zwar den Regelungsgehalt der Nr. 1.1 letzter Absatz des Anhangs zur 18. BImSchV. Danach sind nämlich Verkehrsgeräusche auf öffentlichen Verkehrsflächen außerhalb der Sportanlage durch das der Anlage zuzuordnende Verkehrsaufkommen bei der Beurteilung gesondert von den anderen Anlagengeräuschen zu betrachten und nur zu berücksichtigen, sofern sie nicht selten auftreten (Nr. 1.5) und im Zusammenhang mit der Nutzung der Sportanlage den vorhandenen Pegel der Verkehrsgeräusche rechnerisch um mindestens 3 dB(A) erhöhen, wobei allein das Berechnungsverfahren der 16. BImSchV sinngemäß anzuwenden ist. Die vom Gutachter in den Blick genommenen (höheren) Immissionsgrenzwerte der 16. BImSchV finden daher hier keine Anwendung. Gleichwohl sieht der Senat derzeit keinen Anlaß für die Annahme, daß die mit der streitigen Nutzung verbundenen Verkehrsgeräusche auf öffentlichen Verkehrsflächen, jedenfalls im Bereich des Grundstücks der Antragsteller, die einschlägigen Richtwerte der 18. BImSchV überschreiten. (Wird ausgeführt.)

Die weitere in der Beschwerdeschrift geäußerte Kritik an dem Schallgutachten des Dipl.-Ing. B. greift nicht durch. So hat der Gutachter entsprechend der Regelung der Nr. 1.2, Buchst. a) der Anlage zur 18. BImSchV durchaus den maßgeblichen Immissionsort bei seiner Berechnung zutreffend bestimmt. Ein von den Antragstellern geforderter Zuschlag für Impulshaftigkeit von Geräuschen durch – technisch nicht verstärkte – menschliche Stimmen ist gemäß Nr. 1.3.3 zweiter Absatz des Anhangs zur 18. BImSchV nicht vorzunehmen. Soweit die Antragsteller weitergehend einen Zuschlag für Impulshaftigkeit durch z. B. Aufprallgeräusche von Bällen oder Trillerpfeifen entsprechend 1.3.3 erster Absatz des Anhangs zur 18. BImSchV vermissen, ergibt sich daraus kein anderslautendes Ergebnis. Angesichts dessen, daß diese Geräusche im Halleninnern entstehen und allenfalls durch eventuell zeitweise geöffnete Kuppeln bzw. Fenster nach außen dringen können, erscheint ein derartiger regelmäßig bei Sportveranstaltungen unter freiem Himmel vorgesehener Pegelzuschlag weder erforderlich noch sachgerecht. Dies gilt um so mehr, als sich in der zum Grundstück der Antragsteller gerichteten Außenwand des Hallengebäudes mit Ausnahme des Fensters im Besprechungsraum keine Öffnungen befinden und das Wohnhaus der Antragsteller überdies 70 m vom Hallengebäude entfernt gelegen ist.

Nr. 188

1. **Zum nachbarschützenden Charakter der Festsetzungen zum Nutzungsmaß.**

2. **Grundstücke, welche im wesentlichen nur den Zweck von Verkehrsflächen erfüllen, genießen nicht den Schutz der Grenzabstandsvorschrif-**

Nr. 188

ten. Dasselbe kann für private Wasserflächen gelten, die nicht im Eigentum eines bestimmten Anliegers stehen.

3. Bei der Frage, ob sich der Nachbar trotz eigener Überschreitung auf die Verletzung des Grenzabstandes durch das angegriffene Vorhaben berufen kann, ist eine wertende, nicht allein auf die Fläche des „Abstandsschattens" abstellende Betrachtung anzustellen.

NBauO § 86 Abs. 1.

Niedersächsisches OVG, Beschluß vom 9. September 2004
– 1 ME 194/04 – (rechtskräftig).

Die Antragsteller sind Miteigentümer des Grundstücks Am Leinewehr 20 bis 30. Dieses im wesentlichen west-östlich verlaufende Grundstück liegt südlich des Teiches, der inmitten der sogenannten Leineinsel auf dem ehemaligen Betrieb der „Döhrener Wolle" im Süden von H. auf der Grundlage des Bebauungsplanes der Antragsgegnerin Nr. 1000 angelegt worden ist. Dieser Bebauungsplan setzt das Ergebnis eines städtebaulichen Wettbewerbs um, den die Antragsgegnerin Mitte 1978 für diesen Bereich, welcher einst insgesamt im Eigentum der Neuen Heimat stand, hatte durchführen lassen. Der mit dem 1. Preis ausgezeichnete Entwurf von insgesamt 6 eingegangenen Arbeiten sah die Anlegung dieses Teiches vor, der ringförmig mit mehrgeschossigen Bauten unterschiedlicher Höhe umgeben wird. Das Grundstück der Antragsteller bildet dabei die südliche Spange, die nordwestliche ist ebenfalls schon verwirklicht worden. Bislang unbebaut war der nordöstliche und der östliche Teil. Für den erstgenannten erhielt die Beigeladene zu 2 eine Baugenehmigung, welche die Antragsteller im Verfahren des ersten Rechtszuges ebenfalls attackierten. Das Beschwerdeverfahren richtet sich nur noch gegen die Bebauung des Flurstücks 20/93, für welches die Beigeladene zu 1 hier in ihrer Ausnutzung angegriffene Baugenehmigung vom April 2004 erhielt. Deren Bebauung soll unmittelbar an diejenige der Antragsteller anschließen. Die Antragsgegnerin erteilte eine ganze Reihe von Befreiungen, weil das Vorhaben der Beigeladenen zu 1 die im Bebauungsplan der Antragsgegnerin Nr. 1000 festgesetzte Geschoß- und Geschoßflächenzahl und die Baugrenzen sowie daneben den Grenzabstand sowohl zum sogenannten Teichgrundstück als auch zum Grundstück der Antragsteller hin überschreitet.

Aus den Gründen:

Zutreffend hat das Verwaltungsgericht angenommen, daß nach der Rechtsprechung des Bundesverwaltungsgerichts (vgl. z. B. Beschluß v. 23. 6. 1995 – 4 B 52.95 –, NVwZ 1996, 170 = BRS 57 Nr. 209 = BauR 1995, 823) Festsetzungen eines Bebauungsplanes zum Maß der baulichen Nutzung anders als solche, welche die Nutzungsart betreffen, kraft Bundesrechts grundsätzlich keine nachbarschützende Funktion entfalten. Diese Festsetzungen schließen die Planbetroffenen nicht wie diejenigen zur Nutzungsart zu einer Schicksalsgemeinschaft zusammen. Öffentlich-rechtlichen Nachbarschutz vermitteln die Festsetzungen eines Bebauungsplanes zum Maß der baulichen Nutzung daher erst dann, wenn der Plangeber dies gewollt hat.

Das hat das Verwaltungsgericht für die Festsetzungen des Planes 1000 mit zutreffenden Erwägungen verneint. Das Beschwerdevorbringen beschränkt sich demgegenüber auf die Behauptung, wenn schon der Plangeber das Maß der baulichen Nutzung zwischen dem Südteil und den übrigen Umrandungen des Binnenteiches differenziert und auf der Grundlage des 1978 durchgeführten städtebaulichen Wettbewerbes in unterschiedlicher Weise ausgestaltet habe, dann müsse gerade ein solcher städtebaulicher „Wurf" den Einzelgrundstückseigentümern zugleich den Anspruch verschaffen, die Einhaltung der dabei gefundenen Festsetzungen zu reklamieren. Diese Argumentation ist nicht schlüssig und findet auch in der Planbegründung keine ausreichende Stütze. Gerade wenn besondere städtebauliche, d.h. in allererster Linie im Allgemeinwohl wurzelnde Absichten die abgestuften Festsetzungen zum Nutzungsmaß bestimmt haben, bedarf es besonderer Rechtfertigung, weshalb deren Einhaltung außerdem von den Planunterworfenen als eigene subjektiv öffentliche (Abwehr-)Rechte reklamiert werden können sollen. Solche Anhaltspunkte sind in der Planbegründung nicht enthalten. Hiernach wird das Maß der baulichen Nutzung – neben den Erwägungen, welche den prämierten Entwurf zum städtebaulichen Wettbewerb/1978 bestimmt haben – im wesentlichen mit technisch bedingten Erwägungen begründet, welche den Uferausbau betreffen. Ziel des städtebaulichen Wettbewerbs, d.h. Vorgabe der Antragsgegnerin war, unterschiedlichen Wohnformen mit unterschiedlichen Vollgeschossen Raum zu schaffen und die Uferzonen öffentlich zugänglich zu machen. Das einzige Ziel, dessen Reklamierung als öffentliches Abwehrrecht in Betracht käme, besteht darin, jeder Wohneinheit einen Blick auf den zu schaffenden Binnenteich zu ermöglichen. Dieses Ziel wird durch die Überschreitung der Geschoßflächen- und Geschoßzahl sowie der Baugrenzen nicht nachteilig tangiert. Anlaß, die Festsetzungen zum Nutzungsmaß abwehrrechtlich gleichsam aufzuladen, bestand zudem deshalb nicht, weil das gesamte Planareal seinerzeit im Eigentum der Neuen Heimat stand und Grundlage des Bebauungsplans daher die Annahme war, das gesamte Areal werde durch ein und denselben Bauträger bebaut werden. Für einen solchen Fall stellt sich die Frage öffentlich-rechtlichen Nachbarschutzes hinsichtlich des Nutzungsmaßes nicht.

Aus der möglichen Verletzung von Grenzabstandsvorschriften können die Antragsteller im Ergebnis Abwehrrechte ebenfalls nicht herleiten.

Hinsichtlich des Flurstücks 20/19 hat das Verwaltungsgericht das Zutreffende ausgeführt. Wie schon am Ende seines Beschlusses vom 22.7.2003 (– 1 ME 129/03 –, NordÖR 2003, 451 = NdsVBl. 2004, 21 = NdsRPfl. 2004, 52) ausgeführt, teilt der Senat die Erwägungen, welche das OVG Münster in seinem Beschluß vom 30.9.1996 (– 10 B 2276/96 –, BRS 58 Nr. 180) angestellt hat. Danach verleiht das Eigentum an reinen Wegeparzellen regelmäßig dem Eigentümer kein Abwehrrecht gegenüber einer Verletzung der Abstandsvorschriften gegenüber dem Wegegrundstück. Denn diese sind nicht dazu bestimmt, den Eigentümer einer reinen Wegeparzelle zu schützen; die Abstandsflächen dienen nämlich der ausreichenden Belichtung und Belüftung der angrenzenden Grundstücke sowie in gewissem Umfang der Sicherstellung eines sogenannten Sozialabstandes. In einer Weise, welche diesen Zwecken gerecht werde, kann eine reine Wegeparzelle nicht genutzt werden. Daran hält der Senat fest. Abstandsvorschriften (vgl. zum folgenden Große-Suchsdorf/Lindorf/Schmaltz/Wiechert, NBauO, 7.Aufl., §7 Rdnr. 6ff.; Barth/Mühler, Abstandsvorschriften der Niedersächsischen Bauordnung, 2.Aufl., Einleitung Rdnr. 1 und 20) dienen in erster Linie dazu, für einen ausreichenden Abstand zwischen Gebäuden zu sorgen. Dieser soll so bemessen sein, daß die ausreichende Belichtung und Belüftung sowie Versorgung mit Tageslicht sichergestellt wird. Daneben mögen die Abstandsvorschriften zwar auch andere, namentlich den Zweck verfolgen, eine ungestörte Nutzung der Freiflächen sicherzustellen und deren unangebrachte Verschattung durch zu nahe heranrückende Gebäude zu verhindern. Auch diese Nebenzwecke der Abstandsvorschriften rechtfertigen es nicht, solchen Grundstücksparzellen Abwehrbefugnisse zu verleihen, welche nach den Festsetzungen eines Bebauungsplans, wie hier im Bebauungsplan der Antragsgegnerin Nr. 1000 geschehen, mit einem Gehrecht zugunsten der Allgemeinheit belastet worden sind. Solche Flächen stellen nicht mehr einen gleichsam „nach außen gestülpten" Wohnbereich dar. Sie sind nach ihrer Nutzung nicht mit den Freiflächen vergleichbar, welche sich typischerweise zwischen den Gebäuden und den Grundstücksgrenzen befinden. Daß diese planerische Festsetzung mit der weiteren Festsetzung „private Grünfläche" unterlegt ist, ändert entgegen dem Beschwerdevorbringen daran nichts. Denn die Antragsteller können kraft ihres Eigentums nicht verhindern, daß diese Flächen von der Allgemeinheit begangen werden, um so insbesondere die private Wasserfläche zu erfahren und zu erleben.

In der Konsequenz der vorstehenden Ausführungen liegt es, daß die Antragsteller auch aus ihrem Miteigentum an der privaten Wasserfläche (Flurstück 20/18) keine abstandsrechtlich begründeten Abwehrrechte herleiten können. Dieser Teich ist nicht gleichsam exklusiv zu ihren Gunsten Außenbereich. Nach dem unstreitigen Vorbringen aller Beteiligten steht diese private Wasserfläche im Eigentum aller Beteiligten, d. h. auch der Beigeladenen zu 1 und 2. Das hat zur Folge, daß die Teichfläche den Antragstellern nicht exklusiv als Außenwohnfläche oder in ähnlicher Weise als Raum zugeordnet worden ist, auf dem sie sich aufhalten und die Vorteile des Abstandsrechts dadurch genießen könnten, daß sie von anderen Gebäuden die Einhaltung des Grenzabstandes verlangen könnten. Der Teich erfüllt sowohl eigentumsrechtlich als auch nach dem Zweck des Bebauungsplans 1000 die Aufgabe, eine künstlich geschaffene reizvolle Mitte der Leine-Insel zu schaffen mit der Möglichkeit, von jedem der Anlieger eingesehen zu werden. Er erfüllt damit nur eine Aufgabe, wie sie üblicherweise Straßen und Plätzen zukommt. Er ist nach seiner Funktion eine von keinem der Anlieger zu betretende Freifläche, „auf die" lediglich geblickt werden kann, „auf der" aber nicht gerade die Antragsteller unter Ausschluß der übrigen Anlieger des Teiches „leben" und wirtschaften können. Selbst wenn der Teich – was nicht ganz klar ist – von allen Anliegern als Ruderfläche genutzt würde, erfüllte er beurteilt nach dem Zweck der Abstandsvorschriften ebenfalls nur denjenigen, den auch öffentliche Plätze erfüllen. Dann aber ist es nach den Grundsätzen, welche das Verwaltungsgericht zutreffend herangezogen und welche der Senat in dem oben angegebenen Beschluß vom 22. 7. 2003 – 1 ME 129/03 –, ohne weiteres geteilt hat, nicht gerechtfertigt, den Antragstellern eine Berufung darauf zuzulassen, die Beigeladene zu 1 habe von diesem Teil den vollen nach der NBauO erforderlichen Abstand zu halten.

Entgegen der Auffassung der Beschwerde können die Antragsteller im Ergebnis auch keine sie begünstigende Rechtsfolgen daraus herleiten, daß das Vorhaben der Beigeladenen zu 1 im Verhältnis zu ihrem Baugrundstück – und unter Berücksichtigung des Rechtsgedankens des § 9 Abs. 1 NBauO auch über die Mitte des Wegegrundstückes Flurstück 20/19 hinaus – den Grenzabstand möglicherweise verletzt. Auch der Senat läßt unentschieden, ob die von der Antragsgegnerin im Bescheid vom April 2004 angestellten Überlegungen ausreichen, um den Tatbestand des § 86 NBauO oder des dort nicht genannten § 13 NBauO auszufüllen. Der dort angezogene § 10 NBauO dürfte kaum einschlägig sein, weil er den abstandsrechtlichen Konflikt innerhalb eines einzigen Grundstückes betrifft.

Darauf kommt es indes nicht entscheidend an. Das Verwaltungsgericht ist zutreffend zur Auffassung gelangt, den Antragstellern stehe insoweit wegen eigener Verletzung der Grenzabstandsvorschriften aller Voraussicht nach ein Abwehranspruch nicht zu und es sei daher im Verfahren des einstweiligen Rechtsschutzes nicht gerechtfertigt, allein deswegen die Ausnutzung des Bauscheins vom April 2004 vorerst zu verhindern. Die dazu maßgeblichen Grundsätze hat das Verwaltungsgericht zutreffend zusammen gefaßt. Nach der Rechtsprechung des Niedersächsischen OVG (vgl. z. B. Urteil v. 12. 9. 1984 – 6 A 49/83 –, BRS 42 Nr. 196) besteht ein Abwehranspruch wegen der Verletzung der Abstandsvorschriften dann und insoweit nicht, als der sich wehrende Nachbar den Bauwich seinerseits in vergleichbarer Weise in Anspruch nimmt. Die Inanspruchnahme des Bauwichs durch den Nachbar führt allerdings nicht dazu, daß jedwede Abwehransprüche wegen Bauwichsverletzungen des Bauherrn ausgeschlossen sind. Nur soweit das nachbarschaftliche Gemeinschaftsverhältnis gestört wird, d. h. die Verletzungen der Grenzabstandsvorschriften bei wertender Betrachtung einander entsprechen, ist ein Abwehranspruch ausgeschlossen. Das ist anhand der konkreten Auswirkungen zu beurteilen.

Eine danach vorgenommen Würdigung ergibt auch unter Berücksichtigung des Beschwerdevorbringens, daß der Beigeladenen zu 1 die Ausnutzung des Bauscheins vom April 2004 nicht einstweilen versagt werden darf.

Das Beschwerdevorbringen beruht im wesentlichen auf der Annahme, man müsse die Bereiche des angegriffenen sowie des eigenen Baukörpers in den Blick nehmen, welche den abstandsrechtlich unzulässigen Schatten werfen. Darauf kommt es bei dieser Würdigung indes nicht oder zumindest im untergeordneten Umfang an. Nicht die Gebäudeteile, welche die Abstandsvorschriften nicht mehr einhalten, sind würdigend nebeneinander zu stellen. Es kommt vielmehr darauf an, welche „Abstandsschatten" diese Gebäudeteile auf das Grundstück des jeweils anderen werfen und in welcher Weise sie hierdurch bei Würdigung der konkreten Verhältnisse diejenigen Belange beeinträchtigen, welche die Grenzabstandsvorschriften zu schützen bestimmt sind. Dabei sind die betroffenen Flächen nicht lediglich gleichsam quadratzentimetergenau gegeneinander zu stellen. Maßgeblich ist vielmehr eine Würdigung, welche das Gewicht der abstandsrechtlich relevanten Beeinträchtigungen gegeneinander stellt und zu ermitteln versucht, ob der Saldo einander in etwa entspricht oder die Beeinträchtigungen die einen schwerer wiegt als die des anderen.

Eine danach vorgenommene Würdigung ergibt nicht mit der für eine Antrags- und Beschwerdestattgabe erforderlichen Eindeutigkeit, das Grundstück der Antragsteller werde durch den „Abstandsschatten" des hier allein angegriffenen Vorhabens der Beigeladenen zu 1 stärker in Anspruch genommen, als dies in umgekehrter Richtung der Fall ist. Richtig und vom Verwaltungsgericht konzidiert ist zwar, daß rein flächenmäßig betrachtet das Grundstück der Antragsteller durch den „Abstandsschatten" des hier noch angegriffenen Vorhabens der Beigeladenen zu 1 stärker in Anspruch genommen wird als dies umgekehrt der Fall ist. Das Verwaltungsgericht hat indes zutreffend dargelegt, daß eine würdigende Betrachtung eher zu dem Ergebnis führt, die Beeinträchtigungen hielten sich im wesentlichen die Waage, aus Gründen von Treu und Glauben könnten die Antragsteller daher aus der Verletzung von Abstandsvorschriften resultierende Abwehrrechte im Ergebnis nicht mit Erfolg geltend machen.

Neben den vom Verwaltungsgericht angestrebten Erwägungen ist noch Folgendes zu beachten:

Der „Abstandsschatten", den das angegriffene Vorhaben zu Lasten des Grundstücks der Antragsteller (genauer: des Gebäudes Nr. 20) wirft, trifft dort auf einen Bereich, der nach den genehmigten Bauzeichnungen nicht als Außenwohnbereich genutzt wird, sondern „hinter" den im Erdgeschoß des Hauses Nr. 20 eingerichteten Pkw-Einstellplätzen liegt. Diese Art der Nutzung ist deutlich weniger schutzwürdig als Wohnräume, welche auf den Schutz der Vorschriften stärkeren Umfangs angewiesen sind (vgl. Beschluß des Senats v. 11. 7. 2003 – 1 MN 165/03 –, NordÖR 2003, 452; Senatsurteil v. 26. 2. 2003 – 1 LC 75/02 –, BauR 2004, 68 = NVwZ 2003, 820 = NVwBl. 2003, 180). Demgegenüber fällt der Abstandsschatten, den das Gebäude der Antragsteller wirft, auf einen Bereich, in dem die Beigeladene zu 1 nach dem Inhalt der genehmigten Bauzeichnungen Wohnnutzung angesiedelt hat. Dort wirken sich die Abstandsüberschreitungen ungleich stärker aus als in der Nähe von Einstellplätzen und dort lediglich schießschartenartig angelegten Entlüftungsöffnungen.

Nimmt man noch den vom Verwaltungsgericht zutreffend herangezogenen Gesichtspunkt hinzu, die Himmelsrichtungen führten dazu, daß sich die Abstandsunterschreitungen durch das Vorhaben der Beigeladenen zu 1 im Ergebnis deutlich weniger auswirkten als dies von dem westlich davon gelegenen Gebäude der Antragsteller der Fall sei, dann ist es nicht gerechtfertigt, der Beigeladenen zu 1 die Ausnutzung des Bauscheins vom April 2004 einstweilen zu versagen.

Nr. 189

Werden an einem unter Verletzung der Abstandsvorschriften errichteten Gebäude, gegen das der Nachbar unter Verwirkung seiner nachbarlichen Abwehransprüche bisher nicht eingeschritten ist, Änderungen vorgenommen, die zwar selbst keine Auswirkungen auf den Umfang der erforderli-

chen Abstandsfläche haben, aber die vom bisherigen Baubestand ausgehende Beeinträchtigung der durch §8 LBauO geschützten Belange des Nachbarn verstärken, so ist es nicht treuwidrig, wenn der Nachbar die Beseitigung dieser Änderungen verlangt.

LBauO §§8, 68, 81; BGB §§242, 1011.

OVG Rheinland-Pfalz, Urteil vom 29. September 2004 – 8 A 10664/04 – (rechtskräftig).

Die Beigeladenen sind Eigentümer eines Wohnhauses, das abweichend von der Baugenehmigung den erforderlichen Grenzabstand zur Grundstücksgrenze der Klägerin nicht einhält und bisher von dieser und ihren Rechtsvorgängern geduldet wurde. Nachdem die Beigeladenen ohne Baugenehmigung auf der dem Grundstück der Klägerin zugewandten Dachseite eine mit mehreren Fenstern versehene Dachgaube errichtet hatten, erhob die Klägerin mit Erfolg Klage auf bauaufsichtliches Einschreiten, soweit sich die Gaube auf dem in den Bauwich hineinragenden Hausteil befindet. Die gegen das erstinstanzliche Urteil eingelegte Berufung der Beigeladenen blieb ohne Erfolg.

Aus den Gründen:

Der Anspruch der Klägerin auf bauaufsichtliches Einschreiten des Beklagten im erstinstanzlich beantragten Umfang folgt aus §81 Satz 1 LBauO. Denn die strittige Gaube ist Bestandteil eines Gebäudes, das wegen nicht bestandsgeschützter Unterschreitung des erforderlichen Grenzabstandes zum Grundstück der Klägerin gegen nachbarschützende Bestimmungen des §8 LBauO verstößt (1). Dieser Verstoß rechtfertigt das hier in Rede stehende Beseitigungsverlangen der Klägerin trotz langjähriger Duldung des bisherigen Bestandes, weil die beanstandete Änderung des Daches sich negativ auf durch §8 LBauO geschützte Belange der Klägerin auswirkt (2).

1. Das Haus der Beigeladenen hält entgegen §§8 Abs.1 Satz 1, Abs.6 Satz 3 LBauO nicht den Mindestabstand von 3 m zum Grundstück der Klägerin ein. Dieser Rechtsverstoß ist auch nicht durch Bestandsschutz gedeckt. Denn wegen des nur ca. 1,20 m betragenden Grenzabstandes zum Grundstück der Klägerin widersprach des Haus bereits im Zeitpunkt seiner Errichtung den damals geltenden bauordnungsrechtlichen Vorschriften und ist insoweit auch abweichend von der 1959 erteilten Baugenehmigung errichtet worden. ... Genießt aber das Gesamtgebäude keinen Bestandsschutz, so gilt dies gleichermaßen für die strittige Dachgaube, die auch ihrerseits – weil abweichend von 2000 erteilten, Bauordnungsrecht ohnehin nicht einschließenden Genehmigung errichtet – nicht durch eine Baugenehmigung gedeckt ist.

2. Die Beigeladenen können sich gegenüber der von der Klägerin verlangten Teilbeseitigung ihres baurechtswidrigen Wohnhauses auch nicht auf Verwirkung berufen.

Zwar mögen die aus Verletzung der Abstandsvorschriften folgenden Abwehrrechte der Klägerin gegen das Haus in seiner seit 1959 bestehenden Form verwirkt sein, weil ihre Rechtsvorgänger diese Rechte unter Berücksichtigung des nachbarlichen Gemeinschaftsverhältnisses (iehe dazu BVerwG, Beschluß v. 18.3.1988, BRS 48 Nr.176) nicht rechtzeitig geltend gemacht haben und ihr dies wegen der Grundstücksbezogenheit nachbarlicher

Abwehrrechte zuzurechnen ist (siehe Senatsurteil v. 16. 4. 2003, BauR 2003, 1187). Dies zwingt die Klägerin indessen nach Treu und Glauben nicht, Änderungen des illegalen Baubestandes unbegrenzt hinzunehmen. Denn dies müßte sie selbst dann nicht tun, wenn sie das Haus der Beigeladenen nicht nur geduldet, sondern seiner Errichtung unter Verletzung von Abstandsvorschriften durch Unterzeichnen der Bauantragsunterlagen gemäß § 68 Abs. 1 LBauO zugestimmt hätte. Vielmehr führten in einem solchen Fall nachträgliche Änderungen an der Planung zum Erlöschen der Zustimmung (siehe OVG Rheinland-Pfalz, Beschluß v. 22. 5. 1981, BRS 38 Nr. 180 = AS 16, 292).

Daraus folgt allerdings nicht, daß nachträgliche Änderungen einer geduldeten nachbarrechtswidrigen Bebauung in gleichem Maße zu einem Wegfall der Verwirkung führen, wie Planungsänderungen ein Erlöschen der Nachbarzustimmung bewirken: Bei der Nachbarunterschrift auf dem Bauantrag (s. § 68 Abs. 1 Satz 2 und 3 LBauO) findet der Vertrauensschutz des Bauherrn seine Grundlage in einer ausdrücklichen Erklärung, die in Kenntnis sämtlicher, aus den Bauplänen ersichtlicher Einzelheiten des konkreten Bauvorhabens abgegeben wird und die kraft Gesetzes als Zustimmung gilt (§ 68 Abs. 1 Satz 3 LBauO). Diese Erklärung beruht regelmäßig auf einer umfassenden Abwägungsentscheidung des Nachbarn, die sich auf die gesamte Ausgestaltung des Bauvorhabens bezieht und nicht allein das Ausmaß der Beeinträchtigung nachbarlicher Belange zum Gegenstand hat (siehe dazu Lang, in: Jeromin, LBauO, § 68 Rdnr. 55). Ihr wird deshalb durch jegliche Planungsänderung die Grundlage entzogen und nicht erst durch eine solche, die zur Beeinträchtigung nachbarlicher Belange geeignet ist (OVG Rheinland-Pfalz, a. a. O.).

Im Falle der Verwirkung, die einen Unterfall des venire contra factum proprium bildet (siehe BVerwG, Beschluß v. 12. 1. 2004, NVwZ-RR 2004, 314), fehlt es hingegen an einer nachbarlichen Willenserklärung, die auf einer das gesamte Bauvorhaben umfassenden Geschäftsgrundlage beruht. Vielmehr richtet sich hier die Reichweite des Vertrauensschutzes allein danach, inwieweit eine Geltendmachung nachbarlicher Abwehrrechte nach Änderung des geduldeten Baubestandes einen treuwidrigen Widerspruch zum bisherigen Verhalten des Nachbarn darstellen würde. Die Verwirkungsrelevanz des mangelnden Vorgehens gegen ein nachbarrechtswidriges Bauvorhaben knüpft aber nicht an die – vom Nachbarn häufig gar nicht zu erlangende – detaillierte Kenntnis des gesamten Bauvorhabens, sondern lediglich an die Erkennbarkeit der nachbarlichen Beeinträchtigung an (siehe OVG Rheinland-Pfalz, Urteil v. 17. 6. 1999 – 1 A 12573/98 –, ESOVGRP für die Verwirkung der Widerspruchsbefugnis). Tritt diese ein, ohne daß der Nachbar hierauf innerhalb angemessener Zeit reagiert, so kann der Bauherr darauf vertrauen, daß der Nachbar die erkennbar gewordene Beeinträchtigung ungeachtet der Ausgestaltung des Vorhabens im übrigen hinnehmen wird. Ist daher nicht das Bauvorhaben als Ganzes, sondern lediglich der Umfang der nachbarlichen Beeinträchtigung „Geschäftsgrundlage" der Verwirkung, so bleibt diese von Änderungen des Bauvorhabens, die die nachbarliche Beeinträchtigung nicht intensivieren, unberührt.

Vorliegend haben die Beigeladenen durch den Umbau der westlichen Dachhälfte ihr nachbarrechtswidriges Vorhaben indessen in einer Weise geändert, die die von der Unterschreitung der Abstandsfläche ausgehende Beeinträchtigung rechtlich geschützter Belange der Klägerin verschärft und daher von der bisherigen Verwirkung der nachbarlichen Abwehrrechte insoweit unberührt bleibt. Dies folgt schon daraus, daß der Einbau zusätzlicher Fenster in Gaube und Treppenhausaufbau im Vergleich zu den drei bisher vorhandenen Dachfenstern die Einblicksmöglichkeiten auf das Grundstück der Klägerin quantitativ und qualitativ verbessert und damit den von §8 LBauO auch geschützten Belang des Wohnfriedens (iehe z. B. Senatsbeschluß v. 8. 6. 2001 – 8 B 10855/01 –, ESOVGRP) stärker berührt.

Die verstärkte Beeinträchtigung nachbarlicher Belange ist im Hinblick auf die Verwirkung entgegen der Auffassung der Beigeladenen auch nicht deshalb unbeachtlich, weil der Einbau der Dachgaube wegen einer vorhandenen Dachneigung von mehr als 45 Grad (s. dazu §8 Abs. 4 Satz 5 Nr. 2 a LBauO) ungeachtet der Gaubenbreite nicht gemäß §8 Abs. 4 Satz 5 Nr. 2 b LBauO zu einer Vergrößerung der an sich erforderlichen Abstandsfläche führen kann. Zwar sind nach der Rechtsprechung des erkennenden Gerichts (siehe z. B. Urteil v. 25. 11. 1993 – 1 A 10793/93 –, sowie Beschluß v. 19. 11. 1996 – 1 B 12937/96 –, beide ESOVGRP) Änderungen an einem genehmigten, gegen die Abstandsvorschriften verstoßenden Bauwerk dann zulässig und vom Nachbarn hinzunehmen, wenn sie die für die Abstandsberechnung nach §8 LBauO maßgebenden Faktoren nicht zum Nachteil des Nachbarn verändern.

Diese, die Reichweite des Bestandsschutzes betreffenden Grundsätze können jedoch nicht auf den Umfang einer bloßen Verwirkung nachbarlicher Abwehrrechte gegen ein nicht bestandsgeschütztes Vorhaben übertragen werden. Denn die Feststellungswirkung einer bestandskräftigen Baugenehmigung führt – anders als die Verwirkung von Abwehrrechten gegen ungenehmigte Vorhaben – dazu, daß die materielle Legalität des Bauvorhabens behördlicherseits nicht mehr in Frage gestellt werden darf (siehe Ortloff, „Inhalt und Bindungswirkungen der Baugenehmigung", NJW 1987, 1665, 1670). Das genehmigte Vorhaben gilt daher als legal. Die Zulässigkeitsbeurteilung von Änderungen kann deshalb nicht an die Nachbarrechtswidrigkeit des genehmigten Bestandes und eine bloße Intensivierung von deren Auswirkungen anknüpfen, sondern muß auf selbständige Rechtsverstöße der Änderung abstellen. Im Unterschied dazu sind ungenehmigte, nachbarrechtswidrige Vorhaben grundsätzlich nicht davor geschützt, behördlicherseits als illegal behandelt zu werden. Im Falle einer Verwirkung nachbarrechtlicher Abwehransprüche durch Untätigkeit des Nachbarn kann der Bauherr lediglich darauf vertrauen, daß dieser die Bauaufsichtsbehörde nicht zwingen kann, gegen den vom vorhandenen Bestand ausgehenden Beeinträchtigungen seiner Belange vorzugehen. Ändert sich hingegen das Ausmaß dieser Beeinträchtigung, entfällt insoweit auch der Vertrauensschutz, ohne daß es darauf ankommt, ob die Änderung einen zusätzlichen, eigenständigen Rechtsverstoß bewirkt.

Konnten daher die Beigeladenen angesichts der ungenehmigten Änderung der westlichen Dachhälfte ihres Hauses nach Treu und Glauben nicht mehr davon ausgehen, daß die Klägerin in Zukunft den geänderten illegalen Baubestand innerhalb des Bauwichs hinnehmen werde, so steht jedenfalls einem Beseitigungsverlangen in dem von der Klägerin geltend gemachten Umfang nicht der Einwand der Verwirkung entgegen.

Nr. 190

Mit Ablauf der Einwendungsfrist verliert der Angrenzer seine Abwehrrechte gegen das konkret beantragte Bauvorhaben endgültig; er kann daher auch im Falle einer wiederholten Angrenzerbenachrichtigung innerhalb der neu eröffneten Einwendungsfrist nur noch insoweit Einwendungen erheben, als die Änderung des Bauantrags zusätzliche oder andersartige Beeinträchtigungen zur Folge hat (Fortführung der Rechtsprechung des Senats, vgl. Beschluß v. 1.4.1998 – 8 S 722/98 –, VBlBW 1998, 464).

LBO §55 Abs. 2 Satz 1, Satz 2.

VGH Baden-Württemberg, Beschluß vom 20. Oktober 2004 – 8 S 2273/04 – (rechtskräftig).

(VG Stuttgart)

Aus den Gründen:
Das Verwaltungsgericht hat im Einklang mit der Rechtsprechung des Senats angenommen, daß die Antragstellerin ihre Einwendungen gegen das Vorhaben des Beigeladenen innerhalb der Frist des §55 Abs. 2 Satz 1 LBO nicht hinreichend substantiiert habe, weil sie im Schreiben vom 27.2.2004 nur „Widerspruch gegen das Baugesuch" erhoben habe, ohne die von ihr befürchteten Beeinträchtigungen in irgendeiner Weise zu „thematisieren" (vgl. Beschluß des Senats v. 1.4.1998 – 8 S 772/98 –, BRS 60 Nr. 190 = NVwZ 1998, 986; vgl. auch Sauter, LBO, §55 Rdnr. 27b). Die Antragstellerin meint nun, sie habe ihre Einwendungen nicht weiter konkretisieren müssen, weil sie bereits in ihrer Antragsbegründung im anhängigen Normenkontrollverfahren gegen den Bebauungsplan enthalten seien. Dem vermag der Senat schon deshalb nicht zu folgen, weil im Schreiben vom 27.2.2004 noch nicht einmal pauschal Bezug auf das Vorbringen im Normenkontrollverfahren genommen wird. Davon abgesehen ist die zuständige Baurechtsbehörde hier nicht Beteiligte im Normenkontrollverfahren; es kann daher nicht unterstellt werden, daß sie die Antragsbegründung kennt. Noch weniger kann dies für den beigeladenen Vorhabenträger angenommen werden. Die Obliegenheit, zur Vermeidung eines Einwendungsausschlusses die befürchteten Beeinträchtigungen wenigstens grob darzulegen, soll jedoch auch gewährleisten, daß dem Vorhabenträger eine ausreichende Grundlage für die Entscheidung über das weitere Vorgehen zur Verfügung steht. Im übrigen lassen sich die Einwendungen gegen das konkrete Bauvorhaben hier auch nicht ohne weiteres der Antragsbegründung im Normenkontrollverfahren entnehmen. ...

Das Verwaltungsgericht hat ferner angenommen, der Einwendungsausschluß, der mit Ablauf der durch die erste Angrenzeranhörung vom 19. 2. 2004 in Gang gesetzten Zwei-Wochen-Frist eingetreten sei, bestehe auch nach der Änderung des Baugesuchs vom 28. 2. 2004 und der erneuten Angrenzeranhörung vom 2. 3. 2004 fort; die Änderung löse keine zusätzlichen Beeinträchtigungen der Antragstellerin aus, gegen welche diese sich noch hätte wenden können. Die Antragstellerin vertritt demgegenüber die Auffassung, das Gesetz enthalte keine Regelung, daß im Falle einer wiederholten Angrenzeranhörung Einwendungen nur noch im Hinblick auf zusätzliche Beeinträchtigungen infolge der Änderung des Baugesuchs geltend gemacht werden könnten; daher könnten innerhalb der erneut in Gang gesetzten Zwei-Wochen-Frist wiederum sämtliche Einwendungen erhoben werden. Diese Rüge dringt nicht durch. Der Senat hat im Beschluß vom 1. 4. 1998 (a. a. O.) bereits entschieden, daß der mit dem Verstreichen der Einwendungsfrist verbundene Verlust der Abwehrrechte gegen das Vorhaben nur insoweit nicht greift, als die Änderung des Bauantrags zu einer zusätzlichen Beeinträchtigung der Belange des Angrenzers führt. Der auf das konkret beantragte Vorhaben bezogene endgültige Verlust der Abwehrrechte tritt also mit anderen Worten mit Ablauf der Einwendungsfrist kraft Gesetzes ein, worauf das Verwaltungsgericht zutreffend verwiesen hat. Die Erteilung einer erneuten Angrenzerbenachrichtigung vermag an dieser kraft Gesetzes eingetretenen Wirkung nichts zu ändern. Diese Auslegung steht in Einklang mit dem Wortlaut des Gesetzes; denn gemäß §55 Abs. 2 Satz 2 LBO tritt die materielle Präklusion zwingend mit Fristablauf ein und bestimmt sich in ihrer Reichweite nach dem konkreten Bauantrag, der dem Angrenzer zugestellt wurde. Dies entspricht auch dem Zweck der materiellen Präklusion, dem Vorhabenträger Planungssicherheit zu gewähren. Auch hierauf hat das Verwaltungsgericht zu Recht hingewiesen. Vom betroffenen Nachbarn wird insoweit nichts Unzumutbares verlangt, weil sich der Einwendungsausschluß nicht auf den Angrenzer zusätzlich beeinträchtigende Änderungen des Bauantrags erstreckt. Vorliegend ist ausgeschlossen, daß die mit Schreiben vom 15. 3. 2004 erstmals erhobenen Einwendungen – Nutzungskonflikte infolge landwirtschaftlicher Immissionen – in irgendeinem Zusammenhang mit der Änderung des Baugesuchs – Absenkung des Firsts von 8,90 m auf 8,50 m – stehen könnten.

Nr. 191

Wird der Betrieb eines bestandskräftig genehmigten, im Eigentum der öffentlichen Hand stehenden Obdachlosenwohnheims mangels Bedarfs für mehr als 4 Jahre eingestellt, ohne daß in dieser Zeit auf die Rechte aus der Baugenehmigung ausdrücklich oder konkludent durch Aufnahme einer anderweitigen Nutzung des Gebäudes verzichtet worden wäre, so kann im Nachbarrechtsstreit bei erneut auftretendem Bedarf der Wiederaufnahme

Nr. 191

der genehmigten Nutzungsart nach der Verkehrsauffassung nicht das Erlöschen der ursprünglichen Baugenehmigung entgegengehalten werden.

VwGO §§ 80, 80a, 123; BauO Bln § 70 Abs. 1 Satz 2; VwVfG § 43 Abs. 2; BO 58 § 7 Nr. 8 Satz 1 lit. a, Satz 2.

OVG Berlin, Beschluß vom 7. Juni 2004 – 2 S 27.04 – (rechtskräftig).

Die Antragsteller wenden sich als Grundstücksnachbarn im vorläufigen Rechtsschutzverfahren gegen die Nutzung des – nach den übergeleiteten Ausweisungen des Baunutzungsplans 1958/60 im allgemeinen Wohngebiet mit der Baustufe V/3 gelegenen – Grundstücks L.-straße für eine Obdachlosenunterkunft. 1959 wurde für das damals im Eigentum der öffentlichen Hand stehende Grundstück die Baugenehmigung für die „Errichtung eines 6-geschossigen und eines 5-geschossigen Wohngebäudes (Obdachlosenunterkünfte)" mit „101 neu entstehenden Wohnungen" erteilt, wobei die in dem sodann errichteten Gebäude betriebene Einrichtung mit einer Gesamt-Belegungskapazität bis zu 200 Erwachsenen tatsächlich nicht für ein dauerhaftes Wohnen konzipiert war. Im Herbst 1998 wurde die Einrichtung geschlossen. Eine im Juli 2001 vom Bezirksamt beschlossene künftige Nutzung des Gebäudes als Jugendhotel wurde in der Folgezeit nicht realisiert.

2003 beschloß das Bezirksamt, daß das Grundstück künftig für eine Obdachloseneinrichtung zur Verfügung gestellt werden solle. Das Grundstück wurde an die Beigeladene mit der Zweckbindung veräußert, die von ihr betriebene Obdachloseneinrichtung in der M. dorthin zu verlagern. Nach dem von der Beigeladenen formulierten Nutzungskonzept sollen auf dem Grundstück ehemalige – überwiegend kranke und schwerstkranke – Männer und Frauen bzw. Ehepaare ohne Kinder ab dem 40. Lebensjahr in abgeschlossenen Wohneinheiten mit Kochmöglichkeiten und Sanitäranlagen bei weitestgehend eigenständiger Haushaltsführung wohnen. Für chronisch kranke Bewohner gebe es einen durch ambulante Pflegedienste betreuten Behinderten- und Schwerstpflegebereich. Es sei eine Belegung bis zu 131 Bewohnern vorgesehen. Im November 2003 wurde der Beigeladenen eine Baugenehmigung zur „Modernisierung des Bestandes und Bau eines Aufzugs mit verglastem Schachtgerüst" erteilt, gegen die die Antragsteller Widerspruch erhoben haben.

Aus den Gründen:

Für ihr vorläufiges Rechtsschutzbegehren steht den Antragstellern allein das Anordnungsverfahren gemäß § 123 VwGO zur Verfügung; denn die nach § 212 a Abs. 1 BauGB i. V. m. § 80 a Abs. 1 Nr. 2 VwGO sofort vollziehbare Baugenehmigung vom November 2003 erfaßt nur einzelne Modernisierungsmaßnahmen – Beseitigung von Durchgangszimmern, Erschließung der Sanitärbereiche, Außenaufzug, Rampe, Teilabriß von Schornsteinen –, ohne daß der Antragsgegner hierbei eine erneute Prüfung oder Feststellung hinsichtlich der zulässigen Art der Nutzung des Grundstücks vorgenommen hätte und ohne daß sich die baulichen Maßnahmen auf wesentliche bauliche Strukturelemente des Gebäudes erstreckten.

Die Voraussetzungen für den Erlaß einer einstweiligen Anordnung gemäß § 123 Abs. 1 Satz 2 VwGO mit dem Ziel, den Antragsgegner zu einer vorläufigen Untersagung der Nutzung des Grundstücks als Obdachlosenheim gegenüber der Beigeladenen zu verpflichten, sind jedoch nicht dargetan. Hierfür fehlt es an der Glaubhaftmachung der Rechtswidrigkeit dieser Form der Grundstücksnutzung, die ein bauordnungsbehördliches Einschreiten gemäß § 70 Abs. 1 Satz 2 BauO Bln begründen könnte. Diese Nutzung ist vielmehr durch die bestandskräftige und nachträglich nicht erloschene Baugenehmigung von 1959 gedeckt. Ohne Erfolg berufen sich die Antragsteller auf ein Erlöschen dieser Baugenehmigung i. S. von §43 Abs. 2 VwVfG infolge eines Verzichts des Antragsgegners auf deren Fortgeltung. Für einen Verzicht fehlt es an einer ausdrücklichen oder konkludenten Willensbekundung des Antragsgegners als des vormaligen Grundstückseigentümers – also des Liegenschaftsfonds des Bezirksamts – dahingehend, daß der Bezirk endgültig und unbedingt von einer Wiederaufnahme der 1959 genehmigten Nutzungsart des Grundstücks und des darauf errichteten, baulich dieser Zweckbestimmung entsprechenden Gebäudes absehe. Eine Willensbekundung dieser rechtlichen Tragweite kann nicht darin gesehen werden, daß das Bezirksamt im Zwischenbericht „Anpassung der Bereichsentwicklungsplanung an die aktuelle Entwicklung" vom Juni 1999 hinsichtlich des Grundstücks vermerkt hat: „Nutzung als Obdachlosenheim aufgegeben (Gebäude steht zur Zeit leer)". Denn damit wurde ersichtlich nur der tatsächlich zu jener Zeit bestehende Nutzungszustand des Grundstücks und des Gebäudes umschrieben und dessen weitere Verwendung der bezirklichen Planung überlassen. Auch weder in der vom Bezirksamt im Juli 2001 beschlossenen künftigen Nutzung des Gebäudes für den Betrieb eines Jugendhotels, noch in dem nach einer entsprechenden Ausschreibung durch den Liegenschaftsfonds des Antragsgegners zu dieser Zweckbestimmung mit einem privaten Dritten geschlossenen – im folgenden aber nicht durch Übereignung des Grundstücks vollzogenen – Kaufvertrags kann ein unbedingter und definitiver Verzicht des Antragsgegners auf die durch die Baugenehmigung bereitgestellten Nutzungsmöglichkeiten gesehen werden. Insoweit bedarf es auch nicht der von den Antragstellern angeregten Aufklärung hinsichtlich des in dem Kaufvertrag umschriebenen Nutzungszwecks oder der Ursachen für das Scheitern des Vertrags. Denn auch wenn darin als Nutzungszweck der Betrieb eines Jugendhotels festgeschrieben worden sein sollte, könnte von einem unbedingten Willen zur endgültigen Aufgabe der auf Grund der Genehmigung bestehenden Nutzungsmöglichkeiten nur für den für den Verlust weiterer Verfügungsmöglichkeiten über das Grundstück maßgebenden Eigentumsübergang ausgegangen werden. Der Annahme der Antragsteller, daß bereits in dem zum Betrieb eines Jugendhotels geschlossenen Kaufvertrag ein verbindlicher Verzicht des Antragsgegners auf die Rechte aus der früheren Baugenehmigung liege, stehen die vom Antragsgegner als früherem Eigentümer bei seinen Dispositionen über dieses Grundstück und das Gebäude zu wahrenden öffentlichen Interessen des Gemeinwohls entgegen, die es bei objektiver Würdigung der Erklärungen und des Verhaltens der zuständigen Sachbearbeiter verbieten, einen Willen dahingehend zu unterstellen, daß sich der Bezirk der durch die alte Baugenehmigung verbrieften Nutzungsmöglichkeiten des Grundstücks schon vor dem Verlust der endgültigen Verfügungsgewalt über das Grundstück begeben wollte, ohne im Falle eines jederzeit denkbaren Scheiterns des Vertrags gegebenenfalls auf diese zurückgreifen zu können.

Dem Verwaltungsgericht ist ferner darin zu folgen, daß sich die Baugenehmigung auch nicht allein auf Grund der seit der Schließung des Obdachlosenheims im Herbst 1998 vergangenen Zeit i.S. von §43 Abs.2 VwVfG durch Zeitablauf oder auf andere Weise erledigt hat.

Auch wenn auf die vorliegende Konstellation – also in Fällen bloßer Nutzungsunterbrechungen – als Orientierungshilfe das „Zeitmodell" anwendbar sein sollte, das das Bundesverwaltungsgericht zu der Außenbereichsregelung in §35 Abs.5 Nr.2 BauGB a.F. entwickelt und auch auf andere Fallgestaltungen übertragen hat (vgl. dazu die Nachweise im Urteil des Senats v. 28.5.2003 – 2 B 24.98 –; verneinend z.B. Thür. OVG, Beschluß v. 29.11.1999, DVBl. 2000, 826), wonach nach dem Ablauf von zwei Jahren nach der Zerstörung eines Bauwerks nach der Verkehrsauffassung der Wille zum Wiederaufbau nicht mehr ohne weiteres vermutet werden kann und der Eigentümer besondere Gründe für einen gleichwohl bestehenden Wiederaufbauwillen darzulegen hat, könnte hier von einem Verlust der durch die frühere Baugenehmigung ermöglichten Grundstücksnutzung nicht ausgegangen werden. Die für diese Beurteilung maßgebende Verkehrsauffassung müßte die erörterten, vom Antragsgegner bei seinen Dispositionen über das Grundstück mit dem darauf als Obdachlosenheim genehmigten und errichteten Gebäude zu wahrenden spezifischen öffentlichen Interessen der Daseinsvorsorge, aber auch die fiskalischen Belange einbeziehen. Unter Berücksichtigung dieser Aspekte mußten die Antragsteller ebenso wie die anderen Bewohner dieses Bereichs damit rechnen, daß der Antragsgegner nach der Schließung des Behindertenheims im Herbst 1998 auf Grund eines gesunkenen Bedarfs, auch wenn er in der Folgezeit zunächst für eine anderweitige Form der Nutzung des Gebäudes kein Erfordernis gesehen hat und auch eine sonstige Verwertungsmöglichkeit nicht genutzt werden konnte oder sollte, bei erneut aufgetretenem Bedarf wieder auf die bestandskräftige Baugenehmigung zurückgreifen würde, ohne daß sich der jetzige Betreiber nochmals einer förmlichen bauplanungsrechtlichen Prüfung des Standorts unterziehen müßte. Das gilt jedenfalls für die hier gegebene Fallkonstellation, daß sich die planungsrechtlichen Festsetzungen hinsichtlich der Art und des Maßes der baulichen Grundstücksnutzung nicht grundlegend geändert haben.

Entgegen der Auffassung der Antragsteller ist die jetzt vorgesehene Form der Nutzung des Gebäudes und des Grundstücks als Obdachlosenwohnheim auch durch die Baugenehmigung aus dem Jahre 1959 gedeckt.

In der Baugenehmigung von 1959 wird das Vorhaben als „Wohngebäude (Obdachlosenunterkünfte)" bezeichnet. Soweit das in der Folgezeit tatsächlich verwirklichte Nutzungskonzept nicht auf ein dauerhaftes Wohnen angelegt war, fehlte zwar das für eine typische Wohnnutzung im planungsrechtlichen Sinne kennzeichnende Element der Dauer. Die Nutzung näherte sich deshalb im Hinblick auf die mit der Unterbringung von Obdachlosen verfolgten Ziele derjenigen einer Gebäudenutzung für soziale Zwecke i.S. von §7 Nr.8 Satz BO 58. Gleichwohl wies die Gebäudenutzung auch schon damals insgesamt Merkmale sowohl des Wohnens i.S. von §7 Nr.8 Satz1 lit.a BO 58 wie auch einer sozialen Einrichtung auf. Daß insoweit eine „typenreine" Nutzungsform und Genehmigung nicht vorlag und dafür gegebenenfalls auch eine Ausnahme nach §7 Nr.8 Satz2 BO 58 hätte erteilt werden müssen, ist für die Beurteilung des fortwirkenden Regelungsgehalts der Baugenehmigung mit Rücksicht auf ihre Bestandskraft ohne Einfluß. Die nunmehr vorgesehene Nutzung der Einrichtung im wesentlichen für ein dauerhaftes Wohnen ehemaliger Obdachloser und zu einem geringeren Teil für die Pflege und Betreuung Schwerstkranker und Behinderter hält sich offensichtlich innerhalb der durch die Baugenehmigung aus dem Jahre 1959 umfaßten Variationsbreite der möglichen Nutzungsformen (vgl. zu diesen Voraussetzungen Wilke/Dageförde/Knuth/Meyer, BauO Bln, 5. Aufl. 1999, §55 Rdnr. 9 m. w. N.; vgl. auch Beschluß des Senats v. 8. 6. 2000 – 2 SN 4.00 –). Die baulichen Modernisierungsmaßnahmen sowie das jetzige Konzept der Verwaltung, Betreuung und Überwachung der Einrichtung stellt lediglich eine den genehmigten planungsrechtlichen Rahmen nicht überschreitende Anpassung der Betriebsform an die zeitgemäßen Standards dar. Daß die in der Einrichtung – unterhalb der früheren Belegungsdichte – unterkommenden Personen nunmehr zum überwiegenden Teil dort dauernd wohnen sollen, überschreitet ebenfalls nicht den Regelungsbereich der alten Baugenehmigung. Unter dem Aspekt der Auswirkungen auf die nähere Umgebung kann der Übergang von lediglich kurzfristiger Unterbringung zu dauerhaftem Wohnen im Hinblick auf eine verstärkte Bindung der Personen an ihr Wohnumfeld und das damit verbundene Interesse an einer entsprechenden Anpassung durchaus vorteilhaft sein.

Ist demnach die jetzige Nutzung des Grundstücks durch die bestandskräftige Baugenehmigung von 1959 gedeckt, so bedarf es keines weiteren Eingehens auf die Frage, ob und inwieweit diese Nutzung nach materiellem Recht genehmigungsfähig ist. Es spricht allerdings alles dafür, daß auch insoweit der Einschätzung des Verwaltungsgerichts zu folgen wäre. Sollte sich im folgenden herausstellen, daß der Betrieb des Obdachlosenwohnheims gleichwohl für die Umgebung zu unzumutbaren Beeinträchtigungen führen sollte und sollten diese nicht mit Hilfe der betriebsintern vorgesehenen Reglementierungsmaßnahmen oder gegebenenfalls polizeilichen Eingreifens in Einzelfällen beherrscht werden können, so bliebe noch immer die Möglichkeit, nachträglich durch Auflagen und Einschränkungen zur Baugenehmigung bis hin zur (teilweisen) Rücknahme der Baugenehmigung, den Schutzbelangen der Bevölkerung dieses Gebiets Rechnung zu tragen.

Nr. 192

In einem Verwaltungsverfahren zur teilweisen Aufhebung der Baugenehmigung für eine Windkraftanlage darf der Nachbar, zu dessen Schutz vor unzumutbarem Lärm die Aufhebung erfolgen soll, bei der vorbereitenden Immissionsmessung nicht in einer Weise unterstützend tätig werden, die über eine bloße technische Hilfe hinausgeht (Mitwirkungsverbot).

VwVfG NRW §20 Abs. 1 Satz 2.

OVG Nordrhein-Westfalen, Beschluß vom 13. April 2004 – 10 B 2429/03 – (rechtskräftig).

(VG Münster)

Nr. 192

Der Antragsgegner widerrief die unter Widerrufsvorbehalt erteilte Nachtbetriebsgenehmigung für eine Windkraftanlage, nachdem Immissionsmessungen auf einem benachbarten Grundstück eine Überschreitung der nach der Genehmigung dort maximal zulässigen Lärmwerte ergeben hatten. Bei der Erhebung der dem Widerruf zu Grunde gelegten Meßdaten hatten die Eigentümer des Nachbargrundstücks mitgewirkt. Das Verwaltungsgericht lehnte den Antrag des Antragstellers auf Wiederherstellung der aufschiebenden Wirkung seines gegen den Widerruf der Nachtbetriebsgenehmigung eingelegten Widerspruchs ab. Die dagegen gerichtete Beschwerde war erfolgreich.

Aus den Gründen:
Das der angegriffenen Verwaltungsentscheidung vorangegangene Verfahren zur Ermittlung der Entscheidungsgrundlagen ist, soweit bei der Messung der von der umstrittenen Windkraftanlage verursachten Immissionswerte die Nachbarn S. beteiligt waren, wegen eines Verstoßes gegen § 20 Abs. 1 Satz 2 VwVfG NRW fehlerhaft.

Nach § 20 Abs. 1 Satz 2 VwVfG NRW darf in einem Verwaltungsverfahren für eine Behörde nicht tätig werden, wer durch die Tätigkeit einen unmittelbaren Vorteil oder Nachteil erlangen kann. Die Bestimmungen des § 20 Abs. 1 VwVfG NRW fordern als Ausprägung des Grundsatzes eines fairen Verfahrens den Ausschluß jeglicher Mitwirkung durch Beteiligte und andere Personen, bei denen nach den maßgeblichen Umständen des konkreten Falles eine Unparteilichkeit des Handelns nicht gewährleistet ist. Untersagt sind nach § 20 Abs. 1 VwVfG NRW alle Handlungen, durch die die in der Vorschrift bezeichneten Personen Einfluß auf die Behördenentscheidung nehmen können.

Der Antragsgegner hat diese Grundsätze nicht beachtet.

Zur Durchführung der der Aufhebungsentscheidung zu Grunde liegenden Geräuschmessungen haben Mitarbeiter des Landesumweltamtes Nordrhein-Westfalen auf dem Grundstück der Nachbarn S. eine etwa 100 kg schwere Geräuschmeßstation mit einem an einem abgespannten Mast in 4 m Höhe über Grund angebrachten Mikrofon aufgebaut. Die Nachbarn S. wurden durch einen elektronischen Schlüssel in die Lage versetzt, durch insgesamt achtmalige Inbetriebnahme des Aufzeichnungsgerätes jeweils die Registrierung der von den in der näheren Umgebung vorhandenen Windkraftanlagen ausgehenden Geräusche zu starten, wobei die Aufzeichnung der Geräusche immer für einen festgelegten Zeitabschnitt – nämlich 15 Minuten – erfolgte. Die so gewonnenen Meßdaten sind letztlich die Grundlage der Verwaltungsentscheidung, mit der der Antragsgegner die Nachtbetriebsgenehmigung für die in B. auf dem Flurstück X. genehmigte und errichtete Windkraftanlage des Typs TW 1.5 widerrufen hat.

Die Erhebung der Meßdaten durch das Landesumweltamt Nordrhein-Westfalen war Teil des Verwaltungsverfahrens, das – was das Ausgangsverfahren angeht – mit dem Bescheid seinen Abschluß gefunden hat. Die Datenerhebung erfolgte auf Veranlassung des für die Anlagenüberwachung zuständigen Staatlichen Umweltamtes und stellte sich definitionsgemäß als eine nach außen wirkende Tätigkeit einer Behörde dar, die auf die Prüfung der Voraussetzungen, die Vorbereitung und den Erlaß eines Verwaltungsaktes gerichtet war (§ 9 VwVfG NRW).

In diesem Verfahren sind die Nachbarn S. für das Landesumweltamt Nordrhein-Westfalen und damit auch für das Staatliche Umweltamt und letztlich für den Antragsgegner tätig geworden, obwohl ihre Unparteilichkeit, die § 20 Abs. 1 VwVfG NRW für alle am Verwaltungsverfahren Beteiligten sicherstellen soll, nicht gewährleistet war. Nach Aktenlage führen die Nachbarn S. vor dem Verwaltungsgericht eine Klage gegen den Antragsgegner, um die Aufhebung der für die Windkraftanlagen der W.K.-GmbH erteilten Baugenehmigungen zu erreichen. Mit dem hier in Rede stehenden Widerruf der Nachtbetriebsgenehmigung, der von Anfang an als mögliches Ergebnis des Verwaltungsverfahrens im Raum stand, wäre dieses Ziel zum Teil verwirklicht. Es stand mithin von vornherein fest, daß mit der das Verwaltungsverfahren abschließenden Entscheidung für die Nachbarn S. ein unmittelbarer Vorteil verbunden sein konnte, der sich schließlich auch realisiert hat.

Das Mitwirkungsverbot des § 20 Abs. 1 VwVfG NRW betrifft nicht nur die für die Behörde tätigen Amtswalter, sondern auch solche Privatpersonen, die von der Behörde im Verwaltungsverfahren zur Vorbereitung der Entscheidung unterstützend herangezogen werden. Zu den letzteren gehören hier die Nachbarn S., denen mit der eigenverantwortlichen Bestimmung der Aufzeichnungszeiträume ein wesentlicher Einfluß auf die Zusammenstellung der maßgeblichen Meßdaten und damit auf den Ausgang des Verwaltungsverfahrens eingeräumt worden ist.

Die zu beanstandende Mitwirkungshandlung der Nachbarn S. beinhaltet einen für das Ergebnis der Datenerhebung maßgeblichen Auswahl- und Entscheidungsprozeß und ist deshalb im Hinblick auf die vorstehenden Ausführungen keinesfalls als eine von § 20 Abs. 1 VwVfG NRW nicht erfaßte „nicht entscheidungsbezogene technische Hilfe" zu beurteilen wie sie etwa Schreibkräfte oder Boten leisten.

Zwar mag es in Fällen wie diesem grundsätzlich sachgerecht sein, die Aufzeichnungszeiträume aktuell nach dem subjektiven Höreindruck am Immissionsort zu bestimmen, um die für die Beurteilung der nächtlichen Geräuschimmissionen maßgebliche volle Nachtstunde zu ermitteln, die den höchsten Beurteilungspegel aufweist, doch darf die Bestimmung der Aufzeichnungszeiträume i. d. R. nicht unkontrolliert dem durch die Immissionen Betroffenen, in dessen Interesse die einen Dritten belastende Verwaltungsentscheidung ergehen soll, überlassen werden. Schon der bloße äußere Schein einer sachwidrigen Verflechtung öffentlicher und privater Interessen oder einer Parteinahme für einen anderen soll durch § 20 Abs. 1 VwVfG vermieden werden, wobei insoweit der Blickwinkel desjenigen maßgeblich ist, der durch die Verwaltungsentscheidung belastet wird.

Das Erfordernis, bereits den Anschein der Parteilichkeit auszuschließen, gilt hier um so mehr, als die Übertragung der eigenverantwortlichen Bestimmung der Aufzeichnungszeiträume an den Betroffenen bei gleichzeitig fehlender behördlicher Kontrolle des Aufzeichnungsvorgangs die Gefahr der Manipulation in sich trägt. Derjenige, der weiß und sogar zu bestimmen vermag, wann die – nur kurz dauernde – Geräuschaufzeichnung stattfinden wird, kann durch Versetzung der Meßeinrichtung, Abschirmung oder Verstärkung von Geräuschen oder sonstige Veränderungen der Geräuschsituation eine

Manipulation der Aufzeichnung vorbereiten. Er kann dafür Zeiträume auswählen, in denen er sicher sein kann, daß weder die Vorbereitung der Manipulation, der manipulierte Aufzeichnungsvorgang selbst noch die Beseitigung der Spuren der Manipulation aufgedeckt werden. Verschärfend kommt hinzu, daß die beteiligten Behörden – soweit dies den Akten zu entnehmen ist – weder Vorkehrungen getroffen haben, um eine solche Manipulation zu verhindern oder wesentlich zu erschweren noch bei der Wartung oder beim Abbau der Meßvorrichtungen Feststellungen getroffen haben, nach denen sich eine Manipulation der Meßergebnisse hinreichend sicher ausschließen läßt. Der Umstand, daß hier letztlich keine konkreten Anhaltspunkte für eine Manipulation ersichtlich sind, ist für die zu bejahende Frage, ob die Nachbarn S. zu dem Personenkreis zählen, für den die Befangenheit gemäß § 20 Abs. 1 VwVfG NRW gesetzlich unwiderleglich vermutet wird, ohne Belang.

Nach allgemeinen Grundsätzen des Verwaltungsrechts, die auch in § 46 VwVfG NRW Niederschlag gefunden haben, führt ein Verstoß gegen § 20 Abs. 1 VwVfG NRW nur dann nicht zur Aufhebung des Verwaltungsaktes, wenn sich der Mangel auf die Entscheidung in der Sache nicht ausgewirkt hat. Beruht die Entscheidung der Behörde nicht auf der – unterstellten – Einflußnahme ausgeschlossener Personen, ist der Verfahrensfehler nicht erheblich (vgl. BVerwG, Urteil v. 30. 5. 1984 – 4 C 58.81 –, NVwZ 1984, 718, 721).

Der insoweit erforderliche Kausalzusammenhang ist hier festzustellen. Die unter wesentlicher Mitwirkung der Nachbarn S. erhobenen Meßdaten waren für die im Streit befindliche Verwaltungsentscheidung ausschlaggebend. Daß eine unter Aufsicht der zuständigen Behörde durchgeführte Datenerhebung ohne Beteiligung der Nachbarn S. identische Ergebnisse erbracht hätte und deshalb der Verstoß gegen die Verfahrensvorschrift des § 20 Abs. 1 VwVfG NRW die angegriffene Verwaltungsentscheidung in der Sache nicht beeinflußt hat (§ 46 VwVfG NRW), ist schon wegen der oben aufgezeigten naheliegenden Manipulationsmöglichkeiten bei der Geräuschmessung jedenfalls nicht offensichtlich, sodaß – vorbehaltlich weiterer Erkenntnisse im Hauptsacheverfahren – der Widerrufsbescheid des Antragsgegners aufzuheben sein dürfte.

Nr. 193

Verbleibt im vereinfachten Baugenehmigungsverfahren die Unklarheit, ob ein Bauvorhaben nachbarschützende Vorschriften über die Einhaltung der Abstandsfläche wahrt, so ist die Anordnung der aufschiebenden Wirkung des Widerspruchs des Nachbarn nicht geboten, wenn die Unklarheit mit einfachen ergänzenden Maßnahmen des Bauordnungsrechtes behoben werden kann.

Wird im rückwärtigen Teil eines Baugrundstücks ein Einfamilienwohnhaus an ein bereits im vorderen Grundstücksteil bestehendes Einfamilienwohnhaus angebaut, so handelt es sich weder um eine Bebauung in zweiter Reihe, noch um ein Doppelhaus i. S. von § 22 Abs. 2 BauNVO, sondern um ein Einzelhaus mit zwei aneinandergebauten selbständigen Wohneinheiten.

Auf Landesrecht gestützte örtliche Baugestaltungsvorschriften dürfen keine bodenrechtlichen Regelungen enthalten.

Ergibt sich aus den Bauvorlagen eine Abweichung von der bauordnungsrechtlich gebotenen Abstandsfläche und ist die Genehmigung einer solchen Abweichung nicht beantragt, so ist die im vereinfachten Baugenehmigungsverfahren erteilte Baugenehmigung materiell rechtswidrig.

Die Festlegung der Geländeoberfläche ist eine wertende Entscheidung, bei der auch die Belange des Nachbarn zu berücksichtigen sind und die im pflichtgemäßen Ermessen der Bauaufsichtsbehörde steht; eine Festlegung abweichend von der natürlichen Geländeoberfläche ist nur zulässig, wenn hierfür ein sachlicher Grund gegeben ist.

BauGB §34; BauNVO §22 Abs. 2; HBO §§2 Abs. 5, 6, 42 Abs. 2, 53 Abs. 2, 57, 63.

Hessischer VGH, Beschluß vom 17. September 2004 – 4 TG 2610/04 – (rechtskräftig).

Aus den Gründen:
Die vom Antragsteller dargelegten Gründe rechtfertigen nicht die begehrte Anordnung der aufschiebenden Wirkung seines Widerspruchs. Sie rechtfertigen auch nicht den Erlaß einer einstweiligen Anordnung zur Sicherung seiner Rechte.

Allerdings läßt sich auf der Grundlage der vorliegenden Bauvorlagen nicht ausschließen, daß das Bauvorhaben den Antragsteller in Rechten aus nachbarschützenden Vorschriften des Bauordnungsrechts verletzt, und zwar in einem Maße, die die Bagatellgrenze überschreitet; diese mögliche Rechtsverletzung läßt sich jedoch mit einfachen ergänzenden bauordnungsrechtlichen Maßnahmen – zu deren Durchführung der Antragsgegner allerdings auch gemäß §53 Abs. 2 HBO verpflichtet ist – beheben, so daß eine Anordnung der aufschiebenden Wirkung des Widerspruchs des Antragstellers derzeit nicht geboten erscheint.

In bauplanungsrechtlicher Hinsicht ist das Bauvorhaben entgegen der Meinung des Antragstellers nicht zu beanstanden, jedenfalls verletzt das Vorhaben insoweit keine eigenen Rechte des Antragstellers.

In diesem Zusammenhang macht der Antragsteller mit der Beschwerde geltend, das Vorhaben füge sich nach seinem Standort in zweiter Reihe nicht in die Umgebung ein. Damit geht der Antragsteller in mehrfacher Hinsicht von unzutreffenden Voraussetzungen aus. Zum einen handelt es sich hier nicht um eine Bebauung in zweiter Reihe, da das Bauvorhaben selbst nicht freisteht, sondern einen Anbau an das bereits vorhandene Einfamilienhaus darstellt. Insgesamt entsteht ein einheitlicher, wenn auch lang gestreckter, Baukörper in erster Reihe und übrigens auch kein Doppelhaus i. S. des §22 Abs. 2 BauNVO, sondern ein Einzelhaus mit zwei aneinandergebauten selbständigen Wohneinheiten, das nach allen Seiten einen Grenzabstand einhält. Unter einem Doppelhaus i. S. des §22 Abs. 2 BauNVO ist ein Gebäude zu verstehen, dessen beide Hälften auf verschiedenen Buchgrundstücken stehen und an einer Seite aneinandergebaut sind (Hess. VGH, Beschluß v. 11.9.1998 – 4 TZ 4364/97 –, HSGZ 1999, 149, und Urteil v. 25.11.1999 – 4 UE 2222/92 –, ESVGH 50, 156 = BRS 62 Nr. 184 = BauR 2000, 873). Das Bauvorhaben erreicht allerdings eine Bebauungstiefe von ca. 34 m. Eine solche Bebauungstiefe ist in der näheren Umgebung des Bauvorhabens nicht vorzufinden und überschreitet daher den aus der Umgebungsbebauung ableitbaren Rahmen. Trotzdem fügt sich das Bauvorhaben in seine Umgebung ein, denn es erzeugt keine bodenrechtlichen Spannungen und auch keine (negative) Vorbildwirkung. Die geringe Bebauungstiefe auf den Grundstücken an der Südwestseite der P.straße östlich des K.weges beruht nämlich darauf, daß diese Grundstücke nur wenig mehr als 20 m tief sind und schon deshalb einer tieferen Bebauung nicht offenstehen. Bei einer Grundstückstiefe des Baugrundstücks von bis zu 42,62 m wirkt die genehmigte Bebauungstiefe von bis zu 34 m den Grundstücksverhältnissen des Baugrundstücks angepaßt und könnte allenfalls bei einer künftigen Baulandausweisung durch einen einfachen Bebauungsplan gemäß § 30 Abs. 3 BauGB für eine künftige Bebauung am K.weg maßstabbildend wirken. Eine Bebauungstiefe von 34 m ist auf den Grundstücken unmittelbar am P.weg nicht möglich, weil keines dieser Grundstücke überhaupt diese Tiefe erreicht. Das verhältnismäßig große Grundstück P.straße 5 B mit einer Tiefe von ca. 31 m ist bereits mit einer Tiefe von ca. 25,5 m bebaut, weist also zur rückwärtigen Grundstücksgrenze lediglich einen Abstand von ca. 5,5 m auf, während das Bauvorhaben zur rückwärtigen Grundstücksgrenze einen Abstand von mehr als 6,5 m wahrt. Auch das Wohnhaus der Antragsteller wahrt keinen größeren rückwärtigen Grenzabstand. ...

Weiterhin macht der Antragsteller mit seiner Beschwerde geltend, daß das Vorhaben gegen zwingende nachbarschützende Vorschriften der Bausatzung der Gemeinde A-Stadt über die zulässige Höhe der Gebäude und die erforderliche Dachneigung von Gebäuden verstoße. Der Senat läßt offen, ob das Bauvorhaben insoweit gegen die Vorschriften des § 5 Abs. 2 und des § 6 Abs. 1 der Bausatzung der Gemeinde A-Stadt verstößt, wie der Antragsteller näher darlegt. Von entscheidender Bedeutung ist, daß es sich bei der Bausatzung ausschließlich um eine Baugestaltungsvorschrift handelt, die keine nachbarschützenden Wirkungen entfaltet, sondern lediglich das Ziel einer Pflege des Ortsbildes verfolgt. Soweit der Antragsteller geltend macht, die Satzung sei insofern nachbarschützend, als sie bewirke, daß das Vorhaben sich nicht in die rechtskonform gebaute Umgebung einfüge, ist ihm entgegenzuhalten, daß auf Landesrecht gestützte örtliche Baugestaltungsvorschriften wie die hier vorliegende Bausatzung der Gemeinde A-Stadt gerade keine bodenrechtlichen Regelungen „im Gewande von Baugestaltungsvorschriften" sein dürfen (BVerwG, Beschluß v. 10.7.1997 – 4 NB 15.97 –, BRS 59 Nr. 19 = BauR 1997, 999). Enthielte die Bausatzung nachbarschützende Regelungen über das Einfügen eines Bauvorhabens in seine nähere Umgebung, so wären dies bodenrechtliche Vorschriften ohne die erforderliche gesetzliche Ermächtigungsgrundlage; sie wären also nichtig. Danach steht fest, daß der Antragsteller aus § 5 Abs. 2 und § 6 Abs. 1 der Bausatzung der Gemeinde A-Stadt keinen Nachbarschutz herleiten kann.

Insgesamt stehen dem Antragsteller in bauplanungsrechtlicher Hinsicht keine Abwehrrechte gegen das Bauvorhaben zur Verfügung.

Ob das Bauvorhaben die bauordnungsrechtlich gebotene Abstandsfläche (§ 6 HBO) einhält, ist im Rahmen des hier gegebenen vereinfachten Baugenehmigungsverfahrens von der Bauaufsichtsbehörde lediglich anhand der in den Bauvorlagen enthaltenen Nordost-Ansicht überschlägig geprüft worden. Im Text der Baugenehmigung wird überdies ausdrücklich darauf hingewiesen, daß die Frage der Einhaltung der Abstandsfläche nicht durch die Baugenehmigung beantwortet wird, so daß der Bauherr und sein Entwurfsverfasser hierfür allein verantwortlich sind. Ergibt sich aus den Bauvorlagen eine Abweichung von der bauordnungsrechtlich gebotenen Abstandsfläche und ist die Genehmigung einer solchen Abweichung nicht beantragt, so ist die im vereinfachten Baugenehmigungsverfahren erteilte Baugenehmigung materiell rechtswidrig (Allgeier/von Lutzau, HBO, Kommentar, 7. Aufl., S. 430).

Ob das Bauvorhaben die bauordnungsrechtlich gebotene Abstandsfläche zum Grundstück des Antragstellers hin einhält, läßt sich anhand der vorliegenden Bauvorlagen nicht beantworten. Zu Recht hat das Verwaltungsgericht ausgeführt, daß die Darstellung des Geländeniveaus am linken Rand der Nordostansicht und am rechten Rand der Südostansicht, obwohl sie identisch sein müßte, um 0,30 m abweicht. Diese Abweichung ist auch erheblich, denn bei Geltung des niedrigeren Geländeniveaus müßte die gemäß § 6 Abs. 5 Satz 3 HBO auf volle 10 cm abzurundende Tiefe der Abstandsfläche 3,60 m betragen, wie der Antragsteller zutreffend rechnerisch nachweist. Demgegenüber beträgt die Tiefe der Abstandsfläche nach dem Freiflächenplan nur 3,50 m. Gemäß § 2 Abs. 5 Satz 1 HBO ist bei der Beurteilung des Bauvorhabens für die Höhe der Geländeoberfläche zunächst die Festsetzung eines Bebauungsplans oder die Regelung in der Baugenehmigung maßgebend. Im vorliegenden Beschwerdeverfahren ist davon auszugehen, daß ein wirksamer Bebauungsplan für das Baugrundstück nicht existiert. Auch in der Baugenehmigung ist – entgegen der Meinung des Antragsgegners – keine Bestimmung der Höhe der Geländeoberfläche erfolgt. Abgesehen davon, daß diese Frage im Baugenehmigungsverfahren nicht erkennbar geprüft worden ist, trifft die Baugenehmigung auch nicht etwa mit Grüneintrag eine Regelung, ob das Geländeniveau an der östlichen Ecke des Bauvorhabens 314,93 m oder 315,23 m über NN betragen soll. Angesichts dieser Diskrepanz kann von einer verbindlichen Festlegung der Geländeoberfläche keine Rede sein. Fehlt es an einer Festsetzung der Geländeoberfläche im Bebauungsplan und an einer entsprechenden Bestimmung in der Baugenehmigung, so ist gemäß § 2 Abs. 5 Satz 2 HBO die natürliche Geländeoberfläche maßgebend. Diese ist in den Bauvorlagen jedoch an der östlichen Ecke des Bauvorhabens – wie bereits dargelegt – unterschiedlich dargestellt und läßt sich, wie die Bauaufsichtsbehörde im Beschwerdeverfahren einräumt, auch nicht mehr zweifelsfrei feststellen. Entgegen der Meinung des Verwaltungsgerichts vermag der Senat der Nordostansicht in den Bauvorlagen keine größere Bedeutung zuzumessen als der Südostansicht. Beide Ansichten haben gleich große Dignität, widersprechen einander jedoch. Überdies bestehen gewisse Zweifel daran, ob sich die Darstellung des Geländeverlaufs in der Nordostansicht vor dem einzigen Fenster des

Gästezimmers im Kellergeschoß des Bauvorhabens mit §42 Abs.2 HBO (Belichtung und Belüftung) vereinbaren läßt. Unter diesen Umständen ist gegenwärtig offen, ob das Bauvorhaben die bauordnungsrechtlich gebotene Abstandsfläche wahrt und ob die Baugenehmigung überhaupt im vereinfachten Verfahren erteilt werden durfte. Diese Unsicherheit, die der Antragsteller auf Dauer nicht hinzunehmen braucht, weil sie die Einhaltung einer unmittelbar nachbarschützenden Vorschrift betrifft, rechtfertigt im vorliegenden Fall nicht die beantragte Anordnung der aufschiebenden Wirkung des Widerspruchs des Antragstellers. Denn es ist verhältnismäßig einfach möglich, im Wege einer Nachtragsbaugenehmigung auf der Basis der in den Bauvorlagen vorhandenen Nordostansicht (eventuell mit einer gewissen Modifikation bezüglich des Fensters des Gästezimmers im Kellergeschoß) bei entsprechender Anpassung der Südostansicht die Geländeoberfläche so festzulegen, daß die von dem bereits im Rohbau errichteten Bauwerk eingehaltene Tiefe der Abstandsfläche von 3,5 m mit den Bestimmungen des §6 HBO in Einklang steht. Eine solche Modifikation wäre rechtlich ohne weiteres zulässig, da es sich insoweit nicht um eine willkürliche Manipulation und Benachteilung des Antragstellers handelt. Vielmehr dient die Festlegung lediglich dazu, eine Unstimmigkeit der Bauvorlagen auszuräumen. Die Höhenstellung des Bauvorhabens mit einer Höhe des Fertigfußbodens im Erdgeschoß von 316,24 m über NN ist im Hinblick darauf, daß die natürliche Geländeoberfläche auf der Südwestseite des Bauvorhabens 316,08 m über NN betrug, der Topografie durchaus angepaßt. Die Festlegung der Geländeoberfläche ist eine wertende Entscheidung, bei der auch die Belange des Nachbarn zu berücksichtigen sind und die im pflichtgemäßen Ermessen der Bauaufsichtsbehörde steht; eine Festlegung abweichend von der natürlichen Geländeoberfläche ist nur zulässig, wenn hierfür ein sachlicher Grund gegeben ist (OVG Mecklenburg-Vorpommern, Beschluß v. 7.5.2001 – 3 N 27/01 –, NordÖR 2001, 482f.; OVG Nordrhein-Westfalen, Beschluß v. 29.5.1995 – 7 B 1187/95 –, und VGH Baden-Württemberg v. 22.8.1994 – 3 S 1798/94 –, BRS 56 Nr.113). Ein solcher sachlicher Grund ist im vorliegenden Fall schon deshalb gegeben, weil sich die natürliche Geländeoberfläche an der östlichen Ecke des Bauvorhabens nicht mehr zentimetergenau zweifelsfrei rekonstruieren läßt. Fest steht lediglich, daß das ursprüngliche natürliche Geländeniveau an der der Ostecke des Bauvorhabens gegenüberliegenden Grundstücksgrenze zum Grundstück des Antragstellers 314,62 m über NN betrug und von dort zur Südwestseite des Baugrundstücks bis auf 316,92 m über NN ansteigt. Unter diesen Umständen ist eine etwaige kleine Auffüllung des Geländes an der Ostecke des Bauvorhabens um etwa 0,30 m auf eine Höhe von 315,23 m über NN ohne weiteres genehmigungsfähig. ...

Sollte der unmittelbar am K.weg dargestellte Personenkraftwagen einen Stellplatz bezeichnen, so würde dieser die gemäß §6 Abs.5 Satz 4 HBO erforderliche Tiefe der Abstandsfläche von 3 m nicht wahren. Danach steht fest, daß die angefochtene Baugenehmigung insoweit rechtswidrig ist, als sie die genaue Lage des zweiten Außenstellplatzes nicht klärt, so daß offen ist, ob insoweit die Nachbarrechte des Antragstellers gewahrt werden. Diese Rechtswidrigkeit rechtfertigt nicht die Anordnung der aufschiebenden Wirkung des

Widerspruchs des Antragstellers, weil es nach Lage der Akten ebenfalls mit verhältnismäßig einfachen Mitteln möglich ist, den zweiten Außenstellplatz im Wege einer Nachtragsbaugenehmigung örtlich festzulegen, und zwar so, daß insbesondere auch die nachbarschützenden Bestimmungen des § 6 HBO eingehalten werden.

Nr. 194

1. Der Nachbar muß bei der Bauaufsichtsbehörde grundsätzlich einen Antrag auf Aussetzung der Vollziehung gestellt haben, bevor er in statthafter Weise bei Gericht einen Eilantrag stellen kann (Bestätigung der Senatsrechtsprechung).

2. § 212a BauGB erfaßt auch Bauvorbescheide.

3. Eine Anwendung des § 80 Abs. 6 Satz 2 Nr. 2 i. V. m. § 80a Abs. 3 Satz 2 VwGO ist nicht gerechtfertigt, wenn der Bauherr nach Erteilung des Bauvorbescheids lediglich die Erteilung der Baugenehmigung beantragt.

4. Der durch § 80a Abs. 3 Satz 2 i. V. m. § 80 Abs. 6 Satz 1 VwGO gebotene vorgängige Aussetzungsantrag bei der Bauaufsichtsbehörde kann während des gerichtlichen Eilverfahrens nicht mit heilender Wirkung nachgeholt werden.

BauGB § 212a; VwGO §§ 80 Abs. 6, 80a Abs. 3 Satz 2.

Niedersächsisches OVG, Beschluß vom 8. Juli 2004 – 1 ME 167/04 – (rechtskräftig).

Die Antragstellerin begehrt vorläufigen Rechtsschutz gegen einen Bauvorbescheid des Antragsgegners vom März 2004, der die Errichtung eines Pferdestalles für zwei Ponys mit Futterlager und Sattelkammer auf einem östlichen Nachbargrundstück zum Gegenstand hat. Sie hat vor dem Aussetzungsantrag bei Gericht bei dem Antragsgegner nicht um Aussetzung der Vollziehung nachgesucht.

Das Verwaltungsgericht hat den Eilantrag mit der angegriffenen Entscheidung im wesentlichen mit der Begründung verworfen, die Antragstellerin habe nicht, wie nach der Rechtsprechung des Senats wegen § 80 Abs. 3 Satz 2 i. V. m. § 80 Abs. 6 VwGO erforderlich, zuvor den Antragsgegner um Aussetzung der Vollziehung ersucht. Der Umstand, daß der Beigeladene ausweislich einer Mitteilung des Antragsgegners vom Mai 2004 zwischenzeitlich den Bauantrag gestellt habe, rechtfertige die Anwendung des § 80 Abs. 6 Satz 2 Nr. 2 VwGO nicht.

Hiergegen richtet sich die Beschwerde der Antragstellerin, mit der sie beantragt, unter Abänderung des angefochtenen Beschlusses die Vollziehung des Bauvorbescheides der Antragsgegnerin auszusetzen, hilfsweise festzustellen, daß der Widerspruch der Antragstellerin gegen den Bauvorbescheid aufschiebende Wirkung entfalte.

Aus den Gründen:
Die Beschwerde hat keinen erfolg.
Das Beschwerdevorbringen gibt dem Senat keinen ausreichenden Anlaß, seine Auffassung zu erschüttern, § 80a Abs. 3 Satz 2 VwGO stelle eine Rechtsfolgenverweisung (u. a.) auf § 80 Abs. 6 VwGO dar und habe zur Folge, daß der

Nr. 194

Nachbar in statthafter Weise Eilrechtsschutz erst dann beantragen könne, wenn die darin bestimmten Voraussetzungen erfüllt seien. Zur Begründung hat der Senat in seinem Beschluß vom 26.3.1993 (– 1 M 290/93 –, NVwZ 1994, 82 = UPR 1993, 233 = NStN 1993, 137) insbesondere das Folgende ausgeführt:
„Die obligatorische Befassung der Behörde mit dem Begehren um vorläufigen Rechtsschutz nach §80 Abs. 6 VwGO vor der Anrufung des Gerichts soll den Vorrang der verwaltungsinternen Kontrolle stärken und die Gerichte entlasten (vgl. den Entwurf des 4. VwGO-ÄndG, BT-Drucks. 11/7030 zu Nr. 13, S. 24). Die vorrangige Befassung der Behörde mit dem Begehren um vorläufigen Rechtsschutz muß vor dem Hintergrund der allgemeinen Regelung der VwGO gesehen werden, die mit der aufschiebenden Wirkung des Nachbarwiderspruchs im Regelfall und dem Ausschluß der aufschiebenden Wirkung des Nachbarn in den Fällen des §10 Abs. 2 BauGB-MaßnahmenG nur ein sehr grobes Regelungsraster bietet, das Besonderheiten des Einzelfalles unberücksichtigt läßt. Die vorrangige Befassung mit dem Begehren um vorläufigen Rechtsschutz gibt der Behörde die Möglichkeit, das abstrakte Regelungsschema der VwGO auf Grund einer individuellen Prüfung entsprechend den Besonderheiten des Einzelfalls – Intensität und Wahrscheinlichkeit einer Rechtsverletzung des Nachbarn auf der einen Seite und Interesse des Bauherrn bzw. öffentliches Interesse auf der anderen Seite – abzuwandeln."

Daran hält der Senat trotz der Angriffe der Beschwerdeführerin fest. Dem Senat ist wohl bekannt, daß die ganz h. M. anderer Auffassung ist und die Verweisung in §80a Abs. 3 Satz 2 VwGO – auch – auf §80 Abs. 6 VwGO als offenkundiges Redaktionsversehen ansieht (so insbesondere Schoch/Schmidt-Aßmann/Pietzner, VwGO, Kommentar, §80a Rdnr. 73 und 75; siehe auch Kopp/Schenke, VwGO, §80 Rdnr. 184; Eyermann/Jörg Schmidt, VwGO, Kommentar, §80a Rdnr. 19: „Fehlleistung des Gesetzgebers"). Das mag bei Inkrafttreten des 4. VwGO-Änderungsgesetzes (vom 17.12.1990, BGBl. I, 2809), durch welches §§80, 80a VwGO im wesentlichen die heute gültige Fassung erhalten haben, eine vertretbare Position gewesen sein. Der Gesetzgeber hat indes trotz aller oben zitierten „juristischen Kraftausdrücke", mit dem seine vermeintliche Fehlleistung etikettiert worden ist, die bisherigen VwGO-Novellen, namentlich das 6. VwGO-Änderungsgesetz vom 1.11.1996 (BGBl. I, 1626), welches sich u. a. ebenfalls §80 VwGO gewidmet hat, nicht zum Anlaß genommen, diese vermeintliche Fehlleistung oder sein „Redaktionsversehen" nunmehr zu korrigieren. Das läßt nur den Schluß zu, die Verweisung des §80a Abs. 3 Satz 2 VwGO – auch – auf §80 Abs. 6 VwGO müsse einen gesetzgeberischen Sinn haben. Die Sinnermittlung hat sich dabei von der Maxime leiten zu lassen, daß es nicht Wille des Gesetzgebers gewesen sein kann, für einen praktisch nie vorkommenden Sachverhalt die vorherige Befassung der Behörde zu fordern. Unsinniges ordnet der Gesetzgeber nicht an. Gerade das wäre aber der Fall, wenn man §80a Abs. 3 Satz 2 VwGO als Rechtsgrundverweisung deutet. Selbst die Kritiker, vgl. u. a. Schönfelder (BWVBl. 1993, 287, 291f.), räumen ein, daß §80a Abs. 3 Satz 2 VwGO in diesem Falle einen „Anwendungsbereich", der diesen Ausdruck verdiente, nicht hätte. Die von Schönfelder (a. a. O., 291) für eine Rechtsgrundverweisung gebildeten Beispiele haben zudem einen weit geringeren Anwendungsbereich, als von diesem geltend gemacht, weil die öffentlichen Abgaben i. S. des §80 Abs. 2 Nr. 1 VwGO in der Mehrzahl Selbstverwaltungsangelegenheiten darstellen und dementsprechend eine von der Ausgangsbehörde unabhängige Drittbehörde, welche den Sofortvollzug anordnen könnte, dort kaum existieren dürfte.

Entgegen der Meinung der Kritiker eröffnet nur die Senatsmeinung §§ 80a Abs. 3 Satz 2, 80 Abs. 6 VwGO einen die gesetzliche Regelung rechtfertigenden Anwendungsbereich und führt auch im Ergebnis nur zu einer sinnvollen Lösung der Probleme, die sich in Fällen öffentlich-rechtlichen Nachbarschutzes stellen. Gerade bei Nutzungskonflikten, in denen es um die Sicherung der Wohnqualität vor Immissionen aus Tierhaltung geht, stellt sich die häufig nur gutachterlich zu klärende Frage, ob und in welchem Umfang beide konkurrierenden Nutzungen miteinander vereinbart werden können. Gelingt es dem Nachbarn, die Beurteilungsgrundlage der Bauaufsichtsbehörde mit eigenen, insbesondere privatgutachterlichen Mitteln ernstlich zu erschüttern, hätte dies ohne das behördliche Auseinandersetzungsverfahren nach §80a Abs. 3 Satz 2, §80 Abs. 6 VwGO in vielen Fällen zur Folge, daß allein die mangelhafte behördliche Beurteilung und Aufklärung des Sachverhalts im Eilverfahren den Ausschlag gäbe. Der Senat sieht dann regelmäßig keinen Anlaß, die im Genehmigungsverfahren mangelhaft erfüllte Sachaufklärung mit eigenen Mitteln zu betreiben. So aber bietet das Aussetzungsverfahren gemäß §§ 80a Abs. 3 Satz 2, 80 Abs. 6 VwGO der Bauaufsichtsbehörde (zur Vermeidung eines Bauherrenregresses) sowie dem Bauherrn (zur Förderung seiner Bauabsichten) die Chance, jedenfalls jetzt das Versäumte nachzuholen und so die Grundlage für eine Eilentscheidung zu legen, welche schon wegen der gutachterlichen Stellungnahme bzw. ihrer Vertiefung die größere Gewähr für ihre Richtigkeit und – vor allem – Ausgewogenheit hat.

Die Ausführungen im Gesetzgebungsverfahren stehen dieser Auffassung entgegen der Annahme der Antragstellerin nicht entgegen. Im Regierungsentwurf zum 4. VwGO-Änderungsgesetz (BT-Druck. 11/7030, S. 25 zu Nr. 13, §80 VwGO) wird zwar folgendes ausgeführt:

„Eine Ausdehnung der Regelung über den Bereich der Abgabenangelegenheiten hinaus kommt nicht in Betracht. Soweit die aufschiebende Wirkung eines Rechtsbehelfs in anderen als abgabenrechtlichen Fällen kraft Gesetzes entfällt, muß dem Bürger wegen der regelmäßig anzunehmenden Eilbedürftigkeit die unmittelbare Anrufung des Gerichts zur Gewährung einstweiligen Rechtsschutzes möglich sein. Erst recht gilt das, wenn die Behörde die sofortige Vollziehung gemäß §80 Abs. 2 Nr. 4 besonders angeordnet hat."

Diese Ausführungen beziehen sich indessen nur auf die Regelung des §80 VwGO. In den Ausführungen zu Nr. 14 des Regierungsentwurfs (§80a VwGO) (a. a. O., S. 25) wird dieser Gesichtspunkt nicht aufgenommen.

Der Gedanke der Antragstellerin, wegen der Bauantragstellung sei anzunehmen, daß die Voraussetzungen des §80 Abs. 6 Satz 2 Nr. 2 VwGO als eingetreten anzusehen seien, greift nicht durch. Richtig ist, daß nach der Rechtsprechung des Senats (vgl. z. B. Beschluß v. 31.1.1994 – 1 M 5091/93 –, NVwZ 1994, 698 = BauR 1994, 358 = BRS 56 Nr. 188) die Ausnutzung der

Nr. 194

Baugenehmigung der drohenden Vollstreckung i. S. des § 80 Abs. 6 Nr. 2 VwGO gleichzusetzen ist. In diesem Sinne „ausgenutzt" ist ein Vorbescheid indes nicht schon mit der Stellung des Bauantrages. Als frühester Zeitpunkt für die Ausnutzung des Bauvorbescheides kann allenfalls die Erteilung der Baugenehmigung in Betracht kommen, wenn nicht sogar erst deren Ausnutzung als drohende Vollstreckung i. S. des § 80 Abs. 6 Nr. 2 VwGO anzunehmen ist (vgl. Senatsbeschluß v. 31. 1. 1994, a. a. O.), wie das Verwaltungsgericht mit einigem Fug angenommen hat. Jedenfalls reicht es in keinem Fall aus, daß zum Zeitpunkt der Eilantragstellung erst der Bauantrag gestellt worden war.

Zur Unstatthaftigkeit, das bei Antragstellung fehlende Aussetzungsverfahren während des Verfahrens mit heilender Wirkung nachzuholen, hat das Verwaltungsgericht das Richtige ausgeführt (vgl. auch OVG Lüneburg, Beschluß v. 15. 1. 1997 – 6 M 6987/96 –, Veröffentlichung nicht bekannt). Darauf wird gemäß § 122 Abs. 2 Satz 3 VwGO verwiesen.

Das Beschwerdevorbringen bietet keine ausreichenden Anhaltspunkte, in Abkehr von der Senatsrechtsprechung (Beschluß v. 30. 3. 1999 – 1 M 897/99 –, BRS 62 Nr. 190 = BauR 1999, 1163 = NdsVBl. 2000, 10) anzunehmen, daß der Widerspruch gegen einen Bauvorbescheid nicht von § 212a BauGB erfaßt wird und dementsprechend von Gesetzes wegen aufschiebende Wirkung entfaltet. Die in jenem Beschluß angestellten Erwägungen halten den Beschwerdeangriffen Stand. Es war gerade Sinn und Zweck des § 212a BauGB, die Verwirklichung von Bauvorhaben zu beschleunigen und nicht von Gesetzes wegen schon durch die Widerspruchseinlegung durch den Nachbarn als torpediert/suspendiert anzusehen. Wenn die Antragstellerin demgegenüber ausführt, der Bauaufsichtsbehörde stehe es frei, trotz Widerspruchs gegen den Bauvorbescheid im Baugenehmigungsverfahren die Zulässigkeit des konkreten Vorhabens erneut und vollständig zu überprüfen und dann dem Vorhaben die Vorteile des § 212a BauGB zukommen zu lassen, so verkennt dies grundsätzlich den Zusammenhang der §§ 74 und 75 NBauO (vgl. zum folgenden Grosse/Suchsdorf/Lindorf/Schmaltz/Wiechert, NBauO, 7. Aufl., § 74 Rdnr. 7, 11, 12 und – vor allem – 21; OVG Lüneburg, Urteil v. 24. 4. 1997 – 6 L 5476/95 –, OVGE 47, 338 = NdsVBl. 1998, 142 = NdsRpfl. 1998, 156). Der Vorbescheid stellt für den Teil der bauaufsichtsbehördlichen Prüfung, welchen der Bauherr in der Bauvoranfrage bestimmt bezeichnet hat, einen vorweggenommenen Teil der Baugenehmigung dar. Dementsprechend findet entgegen früherer, vom Bundesverwaltungsgericht zwischenzeitlich aufgegebener Rechtsprechung (Nachweise bei Grosse/Suchsdorf/Lindorf/Schmaltz/Wiechert, a. a. O.) im Baugenehmigungsverfahren eine erneute Überprüfung der im Bauvorbescheidsverfahren betrachteten Fragen gerade nicht statt. Die von der Antragstellerin favorisierte Auffassung führte daher dazu, daß gerade in den Fällen, in denen sich der Bauherr der möglicherweise besonders prekären Nachbarverträglichkeit seines Vorhabens durch einen Bauvorbescheid zu versichern trachtet, die von § 212a BauGB gewollte Beschleunigung nicht eintreten könnte. Dementsprechend ist kein Anlaß, dem Hilfsantrag der Antragstellerin stattzugeben.

Nr. 195

1. Das Beschwerdegericht ist als zweite Tatsacheninstanz infolge des Devolutiveffekts der Beschwerde zur uneingeschränkten Überprüfung eines Beschlusses befugt, in welchem die Vorinstanz das ihr nach § 65 Abs. 1 VwGO zustehende Ermessen zuungunsten desjenigen ausgeübt hat, der seine Beiladung beantragt hat.

2. Im Verfahren der Anfechtungsklage gegen eine Verfügung, in welcher dem Kläger aufgegeben wird, eine gegen nachbarschützende Vorschriften verstoßende bauliche Anlage zu beseitigen, ist es grundsätzlich zweckmäßig, den Nachbarn nach § 65 Abs. 1 VwGO beizuladen, um ihm gegenüber die Rechtskraftwirkung der zu erwartenden Entscheidung herbeizuführen (§ 121 VwGO).

3. Hat die Beschwerde des Nachbarn gegen die Ablehnung der von ihm beantragten Beiladung Erfolg, sind die (außergerichtlichen) Kosten des Beschwerdeverfahrens demjenigen Beteiligten aufzuerlegen, der die Zurückweisung der Beschwerde beantragt hat.

VwGO § 65 Abs. 1, Abs. 2.

Hessischer VGH, Beschluß vom 22. März 2004 – 9 TJ 262/04 – (rechtskräftig).

(VG Darmstadt)

Aus den Gründen:

Die Vorinstanz ist zwar zutreffend davon ausgegangen, daß die Beschwerdeführer dem Verfahren nicht notwendig gemäß § 65 Abs. 2 VwGO beizuladen sind.

Die Beiladung eines Dritten ist notwendig, wenn dieser an dem streitigen Rechtsverhältnis derart beteiligt ist, daß die gerichtliche Entscheidung auch ihm gegenüber nur einheitlich ergehen kann. Nur wenn aus Rechtsgründen gegenüber allen Beteiligten eine einheitliche Entscheidung geboten ist, ist die Beiladung notwendig (vgl. hierzu BVerwG, Beschluß v. 9. 3. 1977 – 1 CB 41.76 –, NJW 1977, 1603; Kopp/Schenke, VwGO, 13. Aufl. 2003, § 65 Rdnr. 14). An einer solchen rechtlich gebotenen Einheitlichkeit der Entscheidung fehlt es hier. Die vom Kläger dieses Verfahrens angegriffene bauordnungsrechtliche Verfügung, in welcher ihm aufgegeben wurde, das im rückwärtigen Bereich seines Grundstücks an der Grenze zum Grundstück der Beschwerdeführer errichtete eingeschossige Gebäude unverzüglich zu beseitigen oder beseitigen zu lassen, da es u. a. die Mindestabstandsfläche zum Grundstück der Beschwerdeführer unterschreitet, kann unabhängig davon rechtmäßig (oder rechtswidrig) sein, ob den Beschwerdeführern nachbarliche Abwehrrechte gegen das auf dem Grundstück des Klägers befindliche eingeschossige Gebäude zustehen oder nicht. Infolgedessen ist gegenüber dem Kläger und Beklagten auf der einen Seite sowie den Beschwerdeführern auf der anderen Seite aus Rechtsgründen keine einheitliche Entscheidung geboten.

Entgegen der Auffassung der Beschwerdeführer kann die vom Kläger begehrte Sachentscheidung des Gerichts auch ergehen, ohne daß dadurch gleichzeitig und unmittelbar in Rechte der Beschwerdeführer eingegriffen wird, d. h., ihre Rechte gestaltet bestätigt, festgestellt, verändert oder aufgehoben werden (vgl. dazu BVerwG, Beschluß v. 9. 1. 1999 – 11 C 8.97 –, NVwZ 1999, 296 m. w. N.; VGH Baden-Württemberg, Beschluß v. 19. 9. 2000 – 5 S 1843/00 –, BRS 63 Nr. 211 = BauR 2001, 746). Allein der Umstand, daß die vom Kläger angefochtene Beseitigungsverfügung auch auf nachbarschützende Bestimmungen gestützt wird, führt nicht dazu, daß der durch die Vorschrift geschützte Nachbar notwendig beizuladen ist (vgl. auch OVG Nordrhein-Westfalen, Beschluß v. 9. 8. 2001 – 7 E 265/01 –, juris; und Beschluß v. 28. 5. 1991 – 10 E 475/91 –).

Es liegen aber die Voraussetzungen für eine einfache Beiladung nach § 65 Abs. 1 VwGO vor, denn eine gerichtliche Entscheidung über die Verpflichtung des Klägers, das im rückwärtigen Grundstücksbereich seines Grundstücks errichtete eingeschossige Gebäude zu beseitigen, berührt die rechtlichen Interessen der Beschwerdeführer. Diese Voraussetzung ist für den betroffenen Nachbarn – wie hier die Beschwerdeführer – regelmäßig bei Streitigkeiten gegeben, deren Gegenstand die Bebauung und Nutzung eines Grundstücks ist, die sich auf sein Nachbargrundstück auswirkt (vgl. dazu Hess. VGH, Beschluß v. 9. 8. 1978 – IV TE 49/78 – und v. 29. 8. 1986 – 4 TH 1729/86 –, HessVGRspr. 1986, 83).

Das Beschwerdegericht ist als zweite Tatsacheninstanz infolge des Devolutiveffekts der Beschwerde auch zur vollen Überprüfung des angegriffenen Beschlusses befugt, in dem das Verwaltungsgericht das ihm nach § 65 Abs. 1 VwGO zustehende Ermessen zuungunsten der Beschwerdeführer ausgeübt hat (vgl. hierzu Hess. VGH, Beschluß v. 29. 3. 1990 – 12 TE 258/90 –, NVwZ-RR 1990, 650 m. w. N.). Der Senat hat somit über den Antrag der Beschwerdeführer nach eigenem Ermessen zu entscheiden, ohne auf die Nachprüfung der Ermessensentscheidung durch das Verwaltungsgericht beschränkt zu sein (vgl. OVG Nordrhein-Westfalen, Beschluß v. 31. 10. 1980 – 7 B 1366/80 –, DÖV 1981, 385).

Der Senat übt sein Ermessen in dem aus dem Tenor der Entscheidung ersichtlichen Sinne aus, weil er die Beiladung der Beschwerdeführer zum Rechtsstreit für zweckmäßig erachtet. Bei den Beschwerdeführern handelt es sich um die Eigentümer eines derjenigen Grundstücke, gegenüber denen das zur Beseitigung verfügte Gebäude nach dem Inhalt der vom Kläger angefochtenen Verfügung die gemäß § 6 Abs. 1 Satz 1, Abs. 4 und 5 HBO a. F. notwendige Abstandsfläche nicht einhält. Die Beschwerdeführer sind somit potenzielle Kläger einer gegen den Beklagten gerichteten Verpflichtungsklage auf Erlaß einer Beseitigungsverfügung betreffend das streitgegenständliche Gebäude. In derartigen Fällen empfiehlt sich regelmäßig – so auch hier – aus prozeßökonomischen Gründen die Beiladung, um auch den Beschwerdeführern gegenüber die Rechtskraftwirkung (§ 121 VwGO) der zu erwartenden Entscheidung herbeizuführen und auf diese Weise möglichen weiteren Rechtsstreitigkeiten vorzubeugen (vgl. hierzu auch Hess. VGH, Beschluß v. 9. 8. 1978 – IV TE 94/78 –). Die vom Verwaltungsgericht zur Begründung seiner Ermessensentscheidung angeführte „gewisse Erschwerung der Prozeßführung", die im Falle der Beiladung eintrete, erachtet der Senat demgegenüber eher als gering.

Die Kostenentscheidung beruht auf § 154 Abs. 1 VwGO. Danach hat der unterliegende Teil die Kosten des Beschwerdeverfahrens zu tragen. Als unterliegender Teil ist der Kläger anzusehen, weil er beantragt hat, „die Beschwerde als unbegründet zu verwerfen" (vgl. insoweit auch BFH, Beschluß v. 4.7.2001 – VI B 301/98 –, juris; siehe auch OVG Nordrhein-Westfalen, Beschluß v. 29.1.1988 – 2 B 3340/87 –, OVGE MüLü 39, 275).

Nr. 196

1. Das Rechtsschutzbedürfnis für den Eilantrag eines Nachbarn (hier einer Nachbargemeinde) nach den §§ 80, 80a VwGO entfällt trotz Fertigstellung des Bauvorhabens dann nicht, wenn die geltend gemachten Beeinträchtigungen auch oder nur von der Nutzung der baulichen Anlage ausgehen.

2. Zur Verfristung/Verwirkung des Widerspruchs einer Nachbargemeinde gegen eine ihr nicht bekanntgegebene Baugenehmigung für einen Verbrauchermarkt.

3. Maßgebende Sach- und Rechtslage ist bei einem Nachbarwiderspruch gegen eine Baugenehmigung grundsätzlich der Zeitpunkt der Genehmigungserteilung. Spätere Änderungen zu Lasten des Bauherrn bleiben unberücksichtigt, während Änderungen zu seinen Gunsten Rechnung zu tragen ist. Diese Grundsätze sind auch auf den Widerspruch einer Nachbargemeinde anzuwenden.

4. Das interkommunale Abstimmungsgebot des § 2 Abs. 2 BauGB begründet ein Abwehrrecht der Nachbargemeinde gegen eine Einzelgenehmigung, die auf der Grundlage eines Bebauungsplans erteilt wird, der von der planenden Gemeinde mit ihr nicht hinreichend abgestimmt worden ist und sich deshalb als unwirksam erweist. Ist der Bebauungsplan aus anderen Gründen unwirksam, kann die Nachbargemeinde nicht schon deshalb die Aufhebung der Baugenehmigung beanspruchen, weil das Vorhaben ohne förmliche Planung nicht hätte zugelassen werden dürfen.

5. Festsetzungen über die Art der baulichen Nutzung in Bebauungsplänen sind zwar grundsätzlich unabhängig vom planerischen Willen der Gemeinde kraft Bundesrechts nachbarschützend. Dieser auf dem Gedanken des wechselseitigen Austauschverhältnisses beruhende Nachbarschutz kommt aber nur den unmittelbar planbetroffenen Grundstückseigentümern zu, nicht jedoch einer Nachbargemeinde.

(Zu 1. bis 3. nur Leitsätze)

VwGO §§ 80, 80a; BauGB §§ 1 Abs. 4, Abs. 6, 2 Abs. 2.

Thüringer OVG, Beschluß vom 20. Dezember 2004 – 1 EO 1077/04 – (rechtskräftig).

(VG Gera)

Nr. 196

Die Antragstellerin (Nachbarstadt) begehrt vorläufigen Rechtsschutz gegen eine der Beigeladenen erteilte Baugenehmigung für einen K.-Verbrauchermarkt mit einer Verkaufsfläche von 2820 m². Das Baugrundstück liegt im Geltungsbereich eines vorhabenbezogenen Bebauungsplans der Stadt Z., der u. a. ein Sondergebiet „großflächiger Einzelhandel" festsetzt. Die Stadt Z. – eine Stadt mit ca. 14 000 Einwohnern – ist in dem zur Zeit des Satzungsbeschlusses noch geltenden Landesentwicklungsprogramm als teilfunktionales Mittelzentrum ausgewiesen. Bei der ca. 9 km nordwestlich der Stadt Z. gelegenen Antragstellerin handelt es sich um eine Stadt mit ca. 3300 Einwohnern, die im Regionalen Raumordnungsplan Ostthüringen als Kleinzentrum ausgewiesen ist. Der gegen den Landkreis gerichtete Antrag hatte keinen Erfolg.

Aus den Gründen:
bb) ... Unerheblich ist, ob die Stadt Z. im Verhältnis zu anderen benachbarten Gemeinden gegen das interkommunale Abstimmungsgebot verstoßen hat und der Bebauungsplan insoweit an einem beachtlichen Fehler leidet. Aus einer möglichen Rechtsverletzung anderer Nachbargemeinden kann die Antragstellerin nichts für sich herleiten.

cc) Die Antragstellerin kann sich auch nicht mit Erfolg darauf berufen, daß das streitige Vorhaben bereits deshalb das interkommunale Abstimmungsgebot verletze, weil es ohne eine förmliche Planung nicht hätte zugelassen werden dürfen, an der es fehle, nachdem die 3. Änderung des vorhabenbezogenen Bebauungsplans „Dienstleistungszentrum Werk III" für unwirksam erklärt worden sei. Die Rechtswidrigkeit der angefochtenen Genehmigung ergibt sich nicht aus der Beeinträchtigung eines dem Vorhaben als öffentlicher Belang entgegenstehenden Planungsbedürfnisses (so für den Fall der Zulassung eines Außenbereichsvorhabens BVerwG, Urteil v. 1. 8. 2002 – 4 C 5.01 –, BVerwGE 117, 25 = BRS 65 Nr. 10 = NVwZ 2003, 86 – FOC Zweibrücken). Sie folgt vielmehr daraus, daß die hierfür geschaffene planerische Grundlage wegen einer nicht hinreichenden Berücksichtigung der „eigenen" Belange der Stadt Z. unwirksam ist und das Vorhaben gegen die somit weiter geltenden Festsetzungen des vorhabenbezogenen Bebauungsplans „Dienstleistungszentrum Werk III" i. d. F. der 2. Änderung verstößt. Die auf anderen Gründen als einem Verstoß gegen das interkommunale Abstimmungsgebot des § 2 Abs. 2 BauGB beruhende Unwirksamkeit eines Bebauungsplans weist aber keinen Bezug zu den Rechten der jeweiligen Nachbargemeinde auf und kann daher auch nicht zum Erfolg einer von ihr erhobenen Anfechtungsklage gegen ein auf der Grundlage des unwirksamen Plans genehmigtes Vorhaben führen (in diesem Sinne auch für den Fall, daß die Zulässigkeit eines Vorhabens wegen der Unwirksamkeit der planerischen Grundlage sich nach §35 BauGB beurteilt: Uechtritz, NVwZ 2003, 176, 178). In diesem Fall kann der planenden Gemeinde nicht der Vorwurf gemacht werden, sie habe durch planerische Untätigkeit oder einen nicht abgestimmten Bebauungsplan die „Weichen" in Richtung einer Zulassung des jeweiligen Vorhabens gestellt (zu dieser Voraussetzung eines Abwehranspruchs der Nachbargemeinde gegen ein Einzelvorhaben vgl. schon oben sowie das dort bereits zitierte Urteil des BVerwG v. 11. 2. 1993 – 4 C 15.92 –, BRS 55 Nr. 174 = NVwZ 1994, 185).

dd) Eine Rechtsverletzung der Antragstellerin läßt sich auch nicht damit begründen, daß den planerischen Festsetzungen des Bebauungsplans i. d. F.

seiner 2. Änderung drittschützende Wirkung zugunsten der im Einzugsbereich des zugelassenen Verbrauchermarkts befindlichen Nachbargemeinden zukomme. Zunächst kommt den genannten Festsetzungen, die für den jetzigen „Gebäudebereich I" u. a. ein Möbelgeschäft, aber keinen Lebensmitteleinzelhandel zugelassen hatten, nicht bereits kraft Bundesrechts drittschützende Wirkung zugunsten der betroffenen Nachbargemeinden zu. Zwar sind Baugebietsfestsetzungen und insbesondere Festsetzungen über die Art der baulichen Nutzung nach st. Rspr. des Bundesverwaltungsgerichts, der der Senat sich angeschlossen hat, grundsätzlich unabhängig vom planerischen Willen der Gemeinde nachbarschützend (vgl. etwa BVerwG, Urteil v. 16.9.1993 - 4 C 28.91 -, BVerwGE 94, 151 = BRS 55 Nr. 10 = NJW 1994, 1546 - UPR 1994, 69). Dieser auf dem Gedanken des wechselseitigen Austauschverhältnisses beruhende Nachbarschutz kommt jedoch nur den unmittelbar planbetroffenen Grundstückseigentümern zu, die durch Festsetzungen über die Art der Nutzung zu einer rechtlichen „Schicksalsgemeinschaft" verbunden werden (vgl. näher BVerwG, a. a. O.). Des weiteren liegen auch keine Anhaltspunkte dafür vor, daß die Stadt Z. die in der ersten Fassung des vorhabenbezogenen Bebauungsplans „Dienstleistungszentrum Werk III" enthaltenen Vorgaben über die zulässigen Nutzungen (insbesondere die in den Verkaufseinrichtungen zulässigen Sortimente) zum Schutz der angrenzenden Nachbargemeinden getroffen hat. Den Unterlagen über das damalige Planaufstellungsverfahren läßt sich dafür nichts entnehmen; insbesondere äußert sich die Planbegründung hierzu nicht. ...

Nr. 197

1. **Die Stellung der Beteiligten im Abänderungsverfahren gemäß § 80 Abs. 7 Satz 2 VwGO entspricht derjenigen in dem Verfahren nach § 80 Abs. 5 VwGO.**

2. **Die Möglichkeit einer Beschwerde gegen einen Beschluß nach § 80 Abs. 5 VwGO läßt das Rechtsschutzbedürfnis für einen Abänderungsantrag gemäß § 80 Abs. 7 Satz 2 VwGO nicht entfallen.**

VwGO § 80 Abs. 7 Satz 2, Abs. 5.

OVG Rheinland-Pfalz, Beschluß vom 23. September 2004
- 8 B 11561/04 - (rechtskräftig).

Das Verwaltungsgericht hatte zunächst auf den Antrag eines Nachbarn die Bauaufsichtsbehörde verpflichtet, die Einstellung von Bauarbeiten wegen Verstoßes gegen Abstandsvorschriften anzuordnen. Während des Laufs der Beschwerdefrist änderte der Bauherr seine Pläne und es erging eine Änderungsgenehmigung im vereinfachten Genehmigungsverfahren. Unter Bezugnahme darauf hat der Bauherr in entsprechender Anwendung von § 80 Abs. 7 VwGO die Abänderung des zuvor ergangenen Beschlusses beantragt. Diesem Antrag hat das Verwaltungsgericht stattgegeben. Die Beschwerde des Nachbarn blieb erfolglos.

Aus den Gründen:
Zunächst war unter Berichtigung des Verfahrens vor dem Verwaltungsgericht das Rubrum zu ändern, und die Beteiligten waren entsprechend ihrer prozessualen Stellung in dem von den Antragsteilem angestrengten Verfahren auf Anordnung der aufschiebenden Wirkung gemäß § 80 a VwGO zu bezeichnen. Es entspricht ständiger Praxis des Oberverwaltungsgerichts (siehe Beschluß des 1. Senats v. 6. 7. 1987 – AS 21, 246 – und Beschluß des 12. Senats v. 18. 2. 1987 – 12 B 16/98 –) und auch des beschließenden Senats, im Abänderungsverfahren nach § 80 Abs. 7 VwGO an der bisherigen Beteiligtenstellung festzuhalten (so auch BVerwG, Beschluß v. 27. 1. 1982, BVerwGE 64, 47 – 355 –; Schoch, in: Schoch/Schmidt-Aßmann/Pietzner, Kommentar zur VwGO, Rdnr. 373 zu § 80). Dies dient nicht nur einer übersichtlicheren Aktenführung, sondern vermeidet auch, daß Beteiligte im Abänderungsverfahren unterschiedlich bezeichnet werden, je nachdem, ob das Abänderungsverfahren durch das Gericht von Amts wegen (§ 80 Abs. 7 Satz 1 VwGO) oder auf Antrag des Antragsgegners oder Beigeladenen im Ausgangsverfahren (§ 80 Abs. 7 Satz 2 VwGO) durchgeführt wird.

Der Antrag der Beigeladenen auf Abänderung des Beschlusses ist zulässig, insbesondere fehlt es ihnen nicht am Rechtsschutzbedürfnis. Denn das Abänderungsverfahren nach § 80 Abs. 7 Satz 2 VwGO setzt nicht voraus, daß das Verfahren nach § 80 Abs. 5 VwGO bereits unanfechtbar abgeschlossen ist (wie hier Schoch, a. a. O., Rdnr. 376 m. w. N. und Kopp/Schenke, Kommentar zur VwGO, 13. Aufl., Rdnr. 190, 198 zu § 80; a. A. Schmidt, in: Eyermann, Kommentar zur VwGO, Rdnr. 103 zu § 80). Der Wortlaut der Bestimmung gibt für eine derartige Voraussetzung nichts her. Auch die Entstehungsgeschichte belegt, daß der Rechtsbehelf nach § 80 Abs. 7 VwGO unabhängig von einer Beschwerdemöglichkeit besteht. Zwar wurde er ursprünglich in § 80 Abs. 6 Satz 2 VwGO i. d. F. vom 21. 1. 1960 (BGBl. I, 17) offensichtlich – auch – als Korrektiv dafür eingeführt, daß gemäß § 80 Abs. 6 Satz 1 VwGO stattgebende Entscheidungen nach § 80 Abs. 5 VwGO unanfechtbar waren. Jedoch blieb die Möglichkeit des Abänderungsantrags unabhängig, von den späteren Änderungen der Regelungen über die Beschwerde bestehen. Weder die Einführung der unbeschränkten Beschwerde gegen Beschlüsse nach § 80 Abs. 5 VwGO noch die Zwischenschaltung eines Beschwerdezulassungsantrages gemäß §§ 146 Abs. 4, 124 Abs. 2 VwGO i. d. F. des Gesetzes vom 1. 11. 1996 (BGBl. I, 1626) noch die Neufassung durch das Gesetz zur Bereinigung des Rechtsmittelrechts im Verwaltungsprozeß vom 20. 12. 2001 (BGBl. I, 3987), das jetzt in § 146 Abs. 4 VwGO die Beschwerde gegen Beschlüsse des Verwaltungsgerichts in Verfahren nach §§ 80, 80 a und 123 wieder unmittelbar zuläßt, waren für den Gesetzgeber Anlaß, die Regelung über das Abänderungsverfahren in § 80 Abs. 7 VwGO zu ändern. Dies läßt den Schluß zu, daß es sich bei Beschwerde und Abänderung um zwei nebeneinander stehende Rechtsbehelfe handelt.

Auch im übrigen überzeugt es nicht, ein Rechtsschutzbedürfnis für ein Abänderungsverfahren dann zu verneinen, wenn die für ein solches Verfahren vorausgesetzte Veränderung der Umstände während der Beschwerdefrist eingetreten ist und mit der Beschwerde geltend gemacht werden kann. Denn die Beschwerde ist keineswegs geeignet, gegenüber dem Abänderungsantrag zu einer leichteren und schnelleren Änderung der im Verfahren nach §80 Abs. 5 VwGO ergangenen Entscheidung zu führen. Neben den dafür vom Verwaltungsgericht bereits angeführten Gründen fällt entscheidend ins Gewicht, daß über einen Antrag nach §80 Abs. 7 VwGO stets das Gericht der Hauptsache entscheidet, dem der Streitstoff präsent ist. Dagegen kann das Verwaltungsgericht, auch wenn es Gericht der Hauptsache ist, im Beschwerdeverfahren nicht auf die vorgetragene Veränderung der maßgeblichen Umstände reagieren, da gemäß §146 Abs. 4 Satz 5 VwGO eine Entscheidung über die Abhilfe oder Nichtabhilfe nicht mehr ergeht. Die Frage, ob veränderte Umstände i. S. v. §80 Abs. 7 VwGO vorliegen und zu einer anderen Beurteilung führen, ist aber sehr viel leichter von dem Verwaltungsgericht, das den Beschluß nach §80 Abs. 7 VwGO gefaßt hat und als Gericht der Hauptsache mit dem Prozeßstoff vertraut ist, zu beantworten. Aus diesem Grunde kann den Beigeladenen das Rechtsschutzbedürfnis für ihren Abänderungsantrag nicht abgesprochen werden, obwohl sie die nun geltend gemachten Umstände auch mit der Beschwerde hätten vorbringen können.

Nr. 198

1. **§3 SeeanlV und die Selbstverwaltungsgarantie des Art. 28 Abs. 1 GG vermitteln einer Gemeinde keine Rechte gegen die Genehmigung eines Offshore-Windparks in der ausschließlichen Wirtschaftszone in einer Entfernung von über 30 km vor der Küste.**

2. **Zur Rüge einer Überspannung der Anforderungen an die Klagbefugnis im Berufungszulassungsverfahren.**

SeeAnlV §3; GG Art. 28 Abs. 1; VwGO §§42 Abs. 2, 124 Abs. 2.

Hamburgisches OVG, Beschluß vom 15. September 2004 – 1 Bf 128/04 –.

Die Klägerin ist eine durch den Fremdenverkehr geprägte Gemeinde der Insel Sylt. Sie wendet sich gegen die von der Beklagten der Beigeladenen erteilte Genehmigung, in ca. 34 km Entfernung vor der Insel Sylt im Bereich der ausschließlichen Wirtschaftszone der Bundesrepublik Deutschland einen sogenannten Offshore-Windpark mit 80 Windenergieanlagen zu errichten und zu betreiben. Die Genehmigung soll erlöschen, wenn nicht bis Juni 2005 mit dem Bau des Windparks begonnen wird. Die Beklagte hat den Widerspruch der Klägerin gegen den Genehmigungsbescheid vom Dezember 2002 zurückgewiesen. Das Verwaltungsgericht hat die Klage als unzulässig abgewiesen.

Aus den Gründen:

II. 1. Aus den von der Klägerin dargelegten Gründen ergeben sich keine ernsthaften Zweifel an der Richtigkeit des Urteiles des VG Hamburg (§§ 124 Abs. 2 Nr. 1, 124a Abs. 4 Satz 4 VwGO).

a) Die Klägerin macht geltend, die Genehmigung des Windparks in der ausschließlichen Wirtschaftszone der Bundesrepublik Deutschland setze eine genauere Rechtsgrundlage voraus als sie §3 Seeanlagenverordnung – SeeAnlV – vom 23.1.1997 (BGBl. I, 57 mit spät. Änd.) biete, auf den die

Beklagte die angegriffene Genehmigung gestützt hat. Die sogenannte Wesentlichkeitstheorie verlange, § 3 SeeAnlV ausdehnend auszulegen, um den verfassungsrechtlichen Bedenken Rechnung zu tragen.

Diese Überlegungen stellen das Urteil des Verwaltungsgerichts nicht ernsthaft in Frage. Das Verwaltungsgericht hat zutreffend begründet, daß § 3 SeeAnlV nicht den Schutz der Gemeinden bezwecke. Nach Satz 1 dieser Vorschrift ist die Genehmigung zu versagen, wenn der Windpark die Sicherheit und Leichtigkeit des Verkehrs beeinträchtigt oder die Meeresumwelt beeinträchtigt wird. Nach Satz 2 liegt ein Versagungsgrund insbesondere vor, wenn der Betrieb oder die Wirkung von Schiffahrtsanlagen und -zeichen bzw. die Benutzung der Schiffahrtswege oder der Schiffahrt beeinträchtigt werden oder eine Verschmutzung der Meeresumwelt zu besorgen ist. Zu Recht hat das Verwaltungsgericht angenommen, daß diese Norm nicht den Schutz von Individualinteressen der Gemeinden auf Seeinseln, sondern allein öffentliche Belange im Blick hat.

aa) § 3 SeeAnlV verleiht der Klägerin nicht deshalb – wie sie vorbringt – ein Klagerecht, weil die Klägerin zu der von der Norm geschützten Meeresumwelt gehöre. Die Klägerin ist nicht Teil der Meeresumwelt. Zwar mag die Meeresküste und mögen damit die Strände der Klägerin zu dem Schutzbereich der Meeresumwelt gehören. Dafür spricht insbesondere Art. 145 Satz 2 a) i. V. m. Art. 56 Abs. 1 b) iii) des Seerechtsübereinkommens der Vereinten Nationen vom 10. 12. 1982 – SeeRÜbk – (Vertragsgesetz v. 2. 9. 1994, BGBl. II 1994, 1798)). Die Klägerin ist aber nicht Sachwalterin der nicht in ihrem Interesse, sondern im öffentlichen Interesse geschützten Meeresumwelt. Es ist nichts dafür ersichtlich, daß § 3 SeeAnlV mit dem Versagungsgrund der Besorgnis einer Verschmutzung der Meeresumwelt i. S. des Art. 1 Abs. 1 Nr. 4 SeeRÜbk den Schutz der Seebäder in dem Sinne bezweckt, daß diesen ein eigenes Durchsetzungsrecht zustehen soll. Die ausdrückliche Bezugnahme auf den völkerrechtlichen Begriff der Meeresverschmutzung spricht gerade gegen einen subjektiv-rechtlichen Gehalt. Art. 1 Abs. 1 Nr. 4 SeeRÜbk definiert den Begriff der Verschmutzung der Meeresumwelt lediglich allgemein ohne auf einen wie auch immer umschrieben zu schützenden Personenkreis abzustellen. Verschmutzung der Meeresumwelt bedeutet nach dieser Regelung die unmittelbare oder mittelbare Zuführung von Stoffen oder Energie durch den Menschen in die Meeresumwelt, aus der sich abträgliche Wirkungen wie eine Schädigung der lebenden Ressourcen sowie der Tier- und Pflanzenwelt des Meeres, eine Gefährdung der menschlichen Gesundheit, eine Beeinträchtigung der maritimen Tätigkeiten einschließlich der Fischerei und der sonstigen rechtmäßigen Nutzung des Meeres etc. ergeben oder ergeben können. Das Seerechtsübereinkommen soll insoweit ersichtlich nur völkerrechtliche Pflichten gegenüber den Vertragspartnern des Übereinkommens, aber nicht – innerstaatliche – subjektive Rechte einzelner Gemeinden begründen. Es erscheint ausgeschlossen, daß das Übereinkommen mit der Nennung der sonstigen rechtmäßigen Nutzung des Meeres Seebädern eigene Rechte verschaffen will (vgl. BT-Drucks. 12/7829 und zu der Verklappung von Dünnsäure in der Nordsee BVerwG, Urteil v. 1. 12. 1982, BVerwGE 66, 307–311). Daß der Klägerin der Schutz der Meeresumwelt tatsächlich zugute kommen kann, genügt zur Begründung eines subjektiv-rechtlichen Gehaltes des §3 SeeAnlV nicht. Insoweit überzeugt auch nicht die Erwägung der Klägerin, anderenfalls würde sich die Genehmigung gerichtlicher Kontrolle entziehen. Art. 19 Abs. 4 GG gewährt nur effektiven Rechtsschutz gegenüber Verletzungen eigener Rechte.

ab) Auch leuchtet nicht ein, weshalb vor dem völkerrechtlichen Hintergrund des §3 SeeAnlV dem Begriff der Sicherheit und Leichtigkeit des Verkehrs drittschützender Gehalt zugunsten der Klägerin beigemessen werden sollte. Insoweit kann das Vorbringen der Klägerin nicht genügen, sie könne gegenüber einer Schadensverursachung auf See Schadensersatzansprüche wesentlich schwerer durchsetzen als dies bei Unfällen auf den Bundeswasserstraßen der Fall sei.

b) Eine extensive Auslegung des §3 SeeAnlV, die der Klägerin eine wehrfähige Rechtsposition verschaffen könnte, gebietet auch die in der Selbstverwaltungsgarantie des Art. 28 Abs. 2 GG geschützte Befugnis der Gemeinden nicht, die Angelegenheiten der örtlichen Gemeinschaft in eigener Verantwortung zu regeln. Richtig hat das Verwaltungsgericht ausgeführt, die Genehmigung beeinträchtige die gemeindliche Garantie der Selbstverwaltung (Art. 28 GG Abs. 2 Satz 1 GG) nicht. Die Planungshoheit der Klägerin erstrecke sich nicht auf die ausschließliche Wirtschaftszone, in der das Vorhaben genehmigt sei. Auch gingen von dem geplanten Vorhaben keine Auswirkungen aus, die das Gemeindegebiet oder Teile davon nachhaltig betreffen und die Entwicklung der Gemeinde beeinflussen und deshalb der Gemeinde auch gegen Vorhaben, die außerhalb des Gemeindegebietes liegen, ein Klagrecht verschaffen.

ba) Das Verwaltungsgericht hat ausgeführt: Die von der Klägerin befürchtete Kollision eines Schiffes mit den Windenergieanlagen könne keine Abwehrrechte der Klägerin begründen. Die von ihr im Falle eines derartigen Unfalles befürchtete Verschmutzung der Strände der Insel Sylt stelle keine unmittelbare Auswirkung des Vorhabens dar. Der genehmigte Windpark trage ein derartiges Risiko nicht in sich. Bei einer Schiffskollision realisiere sich kein Risiko, das in den Windenergieanlagen selbst angelegt sei. Die Folgen müßten vielmehr allein den kollidierenden Schiffen zugerechnet werden. Da der Windpark fernab der Schiffahrtsstraßen errichtet werden solle, wäre die Beigeladene bei einem solchen Unfall weder Zustands- noch Zweckstörerin.

Es überzeugt nicht, wenn die Klägerin ausführt, die Frage der Risikoverteilung müsse nur anders beantwortet werden als es das Verwaltungsgericht getan habe, um zu einer Klagbefugnis zu gelangen. Vielmehr erscheint die Betrachtungsweise des Verwaltungsgerichts richtig. Es trifft zu, das Risiko einer Öl- oder Chemikalienverschmutzung der Strände den Schiffen zuzuordnen, die das – potentiell schädliche – Öl bzw. die Chemikalien transportieren und – aus welchen Gründen auch immer – mit einem außerhalb der üblichen Schiffahrtsrouten gelegenen und ausreichend in den Kartenwerken sowie durch Sicherheitseinrichtungen gekennzeichneten und ggf. durch Einrichtung einer 500 m tiefen Sicherheitszone nach Art. 56 SeeRÜbk geschützten Windpark kollidieren. Ähnlich wie bei Schiffszusammenstößen oder einem Auflaufen auf Untiefen realisiert sich insoweit ein Risiko des verunglückten

Öl- bzw. Chemikalientankers. Nur die Ladung dieser Tankschiffe und nicht die Materialien der Winderzeugungsanlagen könnten im Falle eines Unfalles die Strände verschmutzen. Insoweit ist die Genehmigung eines sogenannten Offshore-Windparks nicht mit der Genehmigung anderer gefährlicher Anlagen zu vergleichen, die ihr Gefahrpotential in sich tragen, wie dies z.B. bei Kernenergieanlagen oder Abfalldeponien der Fall ist. Deshalb greifen die Grundsätze nicht, die die Rechtsprechung zur Klagbefugnis der Gemeinden gegen die Genehmigung von Kernenergieanlagen, die außerhalb des Gemeindegebietes liegen (vgl. BVerwG, Urteil v. 22.12.1980, BVerwGE 61, 256ff.; VGH München, Urteil v. 9.4.1979, DVBl. 1979, 673, 676–681) und Genehmigungen für den Transport von Sondermüll auf Deponien im potentiellen Einziehungsbereich gemeindlicher Trinkwasserbrunnen (vgl. OVG Hamburg, Beschluß v. 25.8.1987, DVBl. 1987, 1017ff.; OVG Lüneburg, Beschluß v. 12.6.1987, DVBl. 1987, 1019; vgl. auch OVG Saarland, Beschluß v. 11.10.1990 – juris –) entwickelt hat.

bb) Die Klägerin dringt auch nicht mit ihrem Vorbringen durch, das Verwaltungsgericht habe die Rechtsprechung des Bundesverwaltungsgerichts zu den „Auswirkungen gewichtiger Art" auf ein gefahrgeneigtes Vorhaben angewendet, auf welches die zu einer anderen Konstellation entwickelte Rechtsprechung nicht passe. Es trifft nicht zu, daß die Grundsätze des Bundesverwaltungsgerichtes insoweit für Anlagen der vorliegenden Art nicht einschlägig seien. Das Bundesverwaltungsgericht formuliert in feststehender Rechtsprechung: Eine Gemeinde kann bei Inanspruchnahme ihres Gebietes durch überörtliche Fachplanung eine Rechtsbeeinträchtigung im Sinne der Klagbefugnis nach § 42 Abs. 2 VwGO nur unter zwei Voraussetzungen geltend machen. Einmal muß für das betroffene Gebiet bereits eine hinreichend bestimmte gemeindliche Planung vorliegen. Zum anderen muß die Störung dieser Planung durch den überörtlichen Fachplan „nachhaltig" sein, d.h. unmittelbare Auswirkungen gewichtiger Art auf die Planung haben (vgl. BVerwG, Urteil v. 11.5.1984, NVwZ 1984, 584 m.w.N.; Urteil v. 14.2.1969, Buchholz 442.40 §6 LuftVG Nr.2; vgl. auch BVerwG, Urteil v. 18.3.1987, BVerwGE 77, 128ff.). Nach diesen Grundsätzen können sich die Gemeinden auch gegen Vorhaben der Fachplanung außerhalb ihres Gemeindegebietes wehren, sofern von ihnen derartige Auswirkungen auf ihre eigene gemeindliche Planung ausgehen (BVerwG, Urteil v. 15.12.1989, BVerwGE 84, 209, 215) oder sie das Gemeindegebiet oder Teile hiervon nachteilig betreffen und die Entwicklung der Gemeinde beeinflussen (vgl. BVerwG, Beschluß v. 26.2.1996, NuR 1996, 515–517). Die Erwägung der Klägerin ist zwar richtig, daß es in den von dem Bundesverwaltungsgericht entschiedenen Fällen nicht darum ging, die Gemeinde vor Risiken zu schützen, die sich aus Unfällen ergeben könnten. Es ist jedoch nicht einzusehen, weshalb eine Gemeinde vor derartigen Risiken weitergehender geschützt sein soll als vor anderen Fachplanungen, die nicht nur im Falle eines – unwahrscheinlichen – Unfalles die Interessen der Gemeinde beeinträchtigen, sondern sich tatsächlich nachhaltig auf die Planung der Gemeinde oder ihre Einrichtungen auswirken. Maßgeblich ist, ob sich die Risiken, die nach Auffassung der Gemeinde von dem genehmigten Vorhaben ausgehen, ihrer Art nach und der Wahrscheinlichkeit eines Schadenseintrittes als unmittelbare Auswirkungen gewichtiger Art auf die Planung der Gemeinde oder ihre Einrichtungen darstellen. Dies hat das Verwaltungsgericht zu Recht verneint. Zum einen ist das Risiko einer Kollision eines Öl- oder Chemikalientankers mit dem außerhalb der gebräuchlichen Schiffahrtsrouten gelegenen Windpark nur gering und ist dieses Risiko – wie oben dargelegt – bei ausreichender – was die Klägerin mit ihrem Zulassungsantrag nicht in Frage stellt – Absicherung des Windparks den Schiffen und nicht – unmittelbar – den genehmigten Windenergieanlagen zuzuordnen. Zum anderen würde eine Öl- oder sonstige Chemikalienverschmutzung der Strände der Insel Sylt zwar den dortigen Fremdenverkehr beeinträchtigen, der die klägerische Gemeinde prägt. Auch ist nicht auszuschließen, daß die Selbstverwaltungsgarantie einer Fremdenverkehrsgemeinde eine wehrfähige Rechtsposition zur Erhaltung ihrer Strände verleiht. Jedoch sind keine dauerhaften, irreparablen Nachteile für die Fremdenverkehrsinteressen der Klägerin und die Nutzung der dortigen Strände zu befürchten. Selbst nach einer „Ölkatastrophe" könnten die Strände der Klägerin – wenn auch nur mit großem Aufwand – in einem für den Tourismus ausreichenden Maße gereinigt werden. Der Erhalt der Strände und ihre dauerhafte Attraktivität für den Fremdenverkehr werden im Falle einer „Ölkatastrophe" nicht in Frage gestellt. Vor einer allenfalls geringen Gefahr einer durch den Schiffsverkehr in der ausschließlichen Wirtschaftszone verursachten vorübergehenden Verschmutzung der Strände und einer dadurch verursachten zeitweisen Beeinträchtigung des Fremdenverkehrs schützt die Garantie gemeindlicher Selbstverwaltung offensichtlich nicht. Insoweit kommt es nicht darauf an, welche Folgen eine „Ölpest" für die Meeresumwelt und die Tier- und Pflanzenwelt nach sich ziehen könnte und ob insoweit dauerhafte Schäden zu befürchten wären. Die Selbstverwaltungsgarantie verleiht der Klägerin kein eigenes Recht zur Wahrnehmung dieser ökologischen Interessen. Der Gemeinde kommen nicht deshalb wehrfähige Rechte zu, weil der Allgemeinheit ein Schaden drohen könnte (vgl. BVerwG, Urteil v. 15. 12. 1989, BVerwGE 84, 209, 213).

bc) Soweit die Klägerin ausführt, derartige Überlegungen gehörten in die Begründetheitsprüfung und nicht in die Untersuchung der Klagbefugnis, erweckt dies keine Zweifel an der Richtigkeit des Ergebnisses des von dem Verwaltungsgericht gefundenen Urteiles. Die Klage hätte auch dann keinen Erfolg, wenn das Verwaltungsgericht sie insoweit mit der Begründung als unbegründet abgewiesen hätte, es fehle jedenfalls an einer Verletzung der Rechte der Klägerin und einem daraus folgenden Abwehranspruch. Es ist deutlich, daß das Verwaltungsgericht in jedem Falle die von der Klägerin geltend gemachte Rechtsposition als nicht verletzt beurteilt hätte, wenn es nicht schon insoweit die Klagebefugnis ausgeschlossen hätte. Dies kann nicht nur im Verfahren der Zulassung der Revision (vgl. dazu BVerwG, Beschluß v. 21. 1. 1993, NVwZ 1993, 884, 887; Urteil v. 10. 4. 1969, Buchholz 310 §121 VwGO Nr. 29; Beschluß v. 13. 6. 1977, BVerwGE 54, 99, 101), sondern auch im Berufungszulassungsverfahren berücksichtigt werden. Die Klägerin ist nicht dadurch beschwert, daß das Verwaltungsgericht die Klage mangels

Klagbefugnis schon als unzulässig und nicht erst mangels Rechtsverletzung als unbegründet abgewiesen hat.

bd) Das Vorbringen der Klägerin überzeugt nicht, das Verwaltungsgericht habe zu Unrecht angenommen, der geplante Windpark liege außerhalb der Schiffahrtsstraßen; derartige für die Schiffahrt verbindliche Schiffahrtsstraßen gebe es nicht. Zum einen kann ein Küstenstaat sehr wohl gemäß Art. 22 SeeRÜbk im Küstenmeer und in Meerengen (Art. 41 SeeRÜbk) Schiffahrtsstraßen und Verkehrstrennungsgebiete einrichten. Zum anderen ging das Verwaltungsgericht bei seiner Bewertung, daß der Windenergiepark fernab der Schiffahrtsstraßen errichtet werden solle, ersichtlich nicht von der Annahme aus, die Nordsee sei abgesehen von den Verkehrstrennungsgebieten rechtlich von Schiffahrtsstraßen durchzogen, außerhalb derer Öl- und Chemikalientanker nicht verkehren dürften. Gemeint hat das Gericht ersichtlich: Der geplante Windpark befindet sich nicht in einem Seegebiet, durch das die üblichen Routen der Handelsschiffahrt verlaufen. Daß es Schiffahrtsstraßen in dem Sinne gibt, daß sich gewisse Routen entsprechend der Lage der Start- und Zielhäfen und den Passagen bzw. Untiefen nach dem Prinzip des kürzesten Weges herausbilden, nimmt die Klägerin zutreffend nicht in Abrede. Die Klägerin stellt mit ihrer Überlegung, es gebe keine Schiffahrtsstraßen, die für alle Schiffe verbindlich seien, nicht in Frage, daß derartige „faktische" Schiffahrtsstraßen bestehen und der Windpark nicht im Bereich derartiger tatsächlicher Schiffahrtsrouten liegt, sondern fernab dieser Verkehrsgebiete.

be) Die Klägerin wendet sich gegen die Auffassung des Verwaltungsgerichts, sie könne aus dem Raumordnungsgesetz keine subjektiven Rechtspositionen ableiten, weil dieses Gesetz für Vorhaben im Bereich der ausschließlichen Wirtschaftszone nicht gelte. Entgegen der Auffassung der Klägerin ergibt sich auch aus dem Zusammenspiel der Garantie gemeindlicher Selbstverwaltung gemäß Art. 28 Abs. 2 GG und dem Abstimmungsgebot des § 16 Raumordnungsgesetz keine Klagbefugnis.

Gemäß § 16 ROG sind raumbedeutsame Planungen und Maßnahmen, die erhebliche Auswirkungen auf Nachbarstaaten haben können, mit den betroffenen Nachbarstaaten nach den Grundsätzen der Gegenseitigkeit und Gleichwertigkeit abzustimmen. Hieraus folgt keinesfalls, daß derartige Maßnahmen, die in der ausschließlichen Wirtschaftszone geplant sind, erst recht mit den Gemeinden abzustimmen sind. Zum einen regelt das Raumordnungsgesetz an anderer Stelle, in welchen Fällen bei Planungen innerhalb der Bundesrepublik Deutschland Abstimmungen stattzufinden haben. In der zum Zeitpunkt des Erlasses der angegriffenen Widerspruchsentscheidung am 10.7.2003 maßgeblichen Fassung sah § 14 Satz 1 ROG vor, daß die öffentlichen Stellen ihre raumbedeutsamen Planungen und Maßnahmen aufeinander und untereinander abzustimmen haben. Zum anderen gelten weder § 16 ROG noch § 14 Satz 1 ROG in der zum Zeitpunkt der Widerspruchsentscheidung maßgeblichen Fassung für Planungen und Genehmigungen in der ausschließlichen Wirtschaftszone. Wie § 1 ROG a. F. zeigt, galt das Raumordnungsgesetz lediglich für den Gesamtraum der Bundesrepublik Deutschland und seine Teilräume. Dazu zählt die ausschließliche Wirtschaftszone offensichtlich nicht. Die ausschließliche Wirtschaftszone gehört nicht zum Staatsgebiet der Bundesrepublik Deutschland. Gemäß Art. 55 SeeRÜbk ist die ausschließliche Wirtschaftszone ein jenseits des Küstenmeeres und an dieses angrenzendes Gebiet, das der im Teil V des SeeRÜbk festgelegten besonderen Rechtsordnung unterliegt. Dieses regelt die Rechte und Hoheitsbefugnisse des Küstenstaates und die Rechte und Freiheiten anderer Staaten. Zu diesen Hoheitsrechten gehört nach Art. 56 Abs. 1 b die Energieerzeugung durch Wind. Die Souveränität der Bundesrepublik Deutschland erstreckt Art. 2 SeeRÜbk hingegen lediglich auf das Küstenmeer im Bereich der 12-Seemeilenzone (vgl. Art. 3 ff. See-RÜbk.). Erst durch Art. 2 Nr. 2 des Europarechtsanpassungsgesetz Bau – EAG Bau – vom 24. 6. 2004 (BGBl. I, 1359) ist der Anwendungsbereich des Raumordnungsgesetzes erweitert und § 1 Abs. 1 ROG folgender Satz hinzugefügt worden: „In der deutschen ausschließlichen Wirtschaftszone können einzelne Funktionen im Rahmen der Vorgaben des Seerechtsübereinkommens der Vereinten Nationen vom 10. 12. 1982 (BGBl. 1994 II, 1798) durch die Raumordnung entwickelt, geordnet und gesichert werden". Es ist nichts dafür dargelegt oder sonst ersichtlich, daß sich eine Klagebefugnis der Klägerin daraus ergeben könnte, daß in das Raumordnungsgesetz erst nach der Genehmigung des von der Beigeladenen geplanten Windparks mit der durch Art. 2 Nr. 7 EAG Bau erfolgten Einfügung des § 18 a ROG Regelungen zu den Verfahren und den Inhalten der Raumordnung sowie der Einrichtung von Vorranggebieten für Windenergieanlagen in der ausschließlichen Wirtschaftszone aufgenommen wurden.

bf) Die Klägerin hat auch nicht innerhalb der Begründungsfrist des § 124 a Abs. 4 Satz 4 VwGO dargelegt, daß die Möglichkeit bestehe, daß sie der geplante Windpark wegen einer optischen Beeinträchtigung in ihren Rechten verletzen könnte. ... Insbesondere ist die Feststellung des Verwaltungsgerichts nicht angegriffen, daß die geplanten Windenergieanlagen nur in bestimmten Jahreszeiten bei bestimmten Wetterlagen sichtbar seien und auch dann nur als kleine Punkte am Horizont.

2. Die Berufung ist auch nicht gemäß § 124 Abs. 2 Nr. 3 VwGO wegen grundsätzlicher Bedeutung der Rechtssache zuzulassen.

Grundsätzliche Bedeutung hat eine Rechtssache u. a. nur dann, wenn mit ihr eine bestimmte bisher höchstrichterlich oder obergerichtlich noch nicht beantwortete Rechts- oder Tatfrage von allgemeiner Bedeutung aufgeworfen wird, die klärungsbedürftig und klärungsfähig ist (vgl. OVG Hamburg, Beschluß v. 1. 7. 1998 – 4 Bf 336/98.A –; VGH Kassel, Beschluß v. 17. 7. 1998 – 8 ZU 2071/98 –, Juris). Dem Darlegungserfordernis des § 124 a Abs. 4 Satz 4 VwGO ist nicht genügt, wenn das Berufungsgericht die zu klärende konkrete Rechtsfrage erst aus dem Vorbringen des Rechtsmittelführers herausarbeiten muß (vgl. OVG Berlin, Beschluß v. 17. 9. 1997, NVwZ 1998, 200–201; VGH Kassel, Beschluß v. 17. 7. 1998 – 8 ZU 2071/98 –, juris; OVG Saarland, Beschluß v. 8. 9. 1999 – 2 Q 32/99 –, juris; BVerwG, Beschluß v. 19. 8. 1997, DÖV 1998, 117). Die Klägerin hat keine bestimmte Frage grundsätzlicher Art formuliert oder sonst wie gestellt, die im Berufungsverfahren zu klären ist.

a) In der Antragsbegründung heißt es lediglich, eine obergerichtliche Klärung der Grundsatzfrage nach der Klagebefugnis sei notwendig, da es sich um ein Pilotverfahren für die Errichtung von Windparks in der Nordsee handele und erstmals in der Menschheitsgeschichte eine derart große Meeresfläche dem ausschließlichen Gebrauch eines Rechtssubjektes zugewiesen werde. Erstmals sei die Genehmigung für einen großflächigen Offshore-Windpark gerichtlich zu überprüfen. Damit ist nicht hinreichend bestimmt bezeichnet, welche Rechts- oder Tatfrage sich im Berufungsverfahren stellen soll, die einer fallübergreifenden Klärung zuzuführen ist. Insoweit genügt es nicht, wenn die Klägerin vorbringt, das Verwaltungsgericht habe das Urteil auf die grundsätzlichen Erwägungen ausgerichtet, ob die Klägerin Rechte im Hinblick auf Vorhaben in der ausschließlichen Wirtschaftszone habe und daß die Klagebefugnis zu klären sei.

b) Ebenso ergibt sich eine grundsätzlich klärungsbedürftige Frage nicht aus dem Hinweis der Klägerin auf den ihrer Auffassung nach abweichenden Beschluß des OVG Greifswald vom 29. 6. 1995 (NVwZ-RR 1996, 197–199). In jenem Falle hatte das Gericht die Klagbefugnis eines Seebades bejaht, das wegen der Genehmigung einer Fischzuchtanlage im Meer um die Qualität des Badewassers fürchtete. Diese hat das OVG Greifswald aus den Gestattungsvorschriften der §§ 1 a Abs. 1, 4 Abs. 1 Satz 22 WHG, einem daraus folgenden Rücksichtnahmegebot und dem Interesse der Gemeinde abgeleitet, ihre Funktion als Kurort vor nachhaltigen Beeinträchtigungen zu schützen. Damit ist die vorliegende Problematik nicht vergleichbar. Das Wasserhaushaltsgesetz gilt gemäß seines § 1 Abs. 1 Nr. 1 a WHG nicht in der ausschließlichen Wirtschaftszone. § 3 SeeAnlV formuliert anders als § 1 a WHG nicht, daß die Gewässer so zu bewirtschaften sind, daß sie dem Wohl der Allgemeinheit und im Einklang mit ihm auch dem Nutzen einzelner dienen. Auch kennt die Vorschrift keine § 4 Abs. 1 Satz 2 WHG vergleichbare Regelung, nach der der wasserrechtlichen Erlaubnis und Bewilligung Auflagen beigefügt werden können, um nachteilige Wirkungen für andere zu verhüten oder auszugleichen. Diese Unterschiede im Normprogramm rechtfertigen es, einem wasserrechtlichen Rücksichtnahmegebot drittschützende Wirkung beizulegen, dem § 3 SeeAnlV aber nicht. Überdies macht es einen wesentlichen Unterschied, ob ein Seebad wegen laufender Verunreinigungen im Zuge der industriellen Bewirtschaftung einer Fischfarm in der Nähe ihrer Strände eine dauerhafte Schädigung ihrer Fremdenverkehrsinteressen fürchtet oder ob es um das geringe Risiko einer – vorübergehenden – Ölkatastrophe geht.

c) Soweit die Klägerin im Rahmen ihrer Darlegungen zu den von ihr geltend gemachten ernstlichen Zweifeln an der Richtigkeit des erstinstanzlichen Urteiles vorbringt, aus § 16 ROG ergebe sich im Zusammenspiel mit der Garantie gemeindlicher Selbstverwaltung eine Klagbefugnis, bedarf es jedenfalls zur Klärung keines Berufungsverfahrens. Wie oben dargelegt fehlt es nach dem klaren Gesetzeswortlaut schon an der Anwendbarkeit des § 16 ROG a. F. für Vorhaben in der ausschließlichen Wirtschaftszone. Auch handelt es sich um auslaufendes Recht, deren Klärung für die Zukunft nicht erforderlich ist. Art. 2 EAG Bau hat erst nach dem für die Beurteilung der Rechtmäßigkeit der angegriffenen Genehmigung maßgeblichen Zeitpunkt der Widerspruchsentscheidung den Anwendungsbereich des Raumordnungsgesetzes auf die ausschließliche Wirtschaftszone erweitert und mit der Einfügung des § 18 a

ROG Regelungen zur Raumordnung in der ausschließlichen Wirtschaftszone sowie zur Festlegung von Vorranggebieten für Windkraftanlagen eingeführt. Diese gelten im vorliegenden Fall noch nicht. ...

4. Schließlich greift auch die von der Klägerin erhobene Verfahrensrüge (§ 124 Abs. 2 Nr. 5 VwGO) nicht durch. Die Klägerin macht geltend, das Verwaltungsgericht habe die Anforderungen an die Klagbefugnis überspannt und deshalb durch Prozeßurteil entschieden statt durch Sachurteil nach Prüfung der Begründetheit der Klage. Damit ist ein Zulassungsgrund nicht dargelegt. Zwar kann in der Entscheidung durch ein Prozeßurteil statt durch Sachurteil ein Verfahrensfehler liegen. Dies ist der Fall, wenn eine solche Entscheidung auf einer fehlerhaften Anwendung der prozessualen Vorschriften beruht, insbesondere einer Verkennung ihrer Begriffsinhalte. Anders ist dies aber zu beurteilen, wenn das Gericht den Sachverhalt infolge seiner materiell-rechtlichen Beurteilung unter eine zutreffend erkannte Zulässigkeitsvoraussetzung fehlerhaft subsumiert hat (vgl. BVerwG, Beschluß v. 16. 2. 1998 – 1 B 12.98 –, juris). Die Klägerin hat nicht dargelegt, daß das Verwaltungsgericht den Sinngehalt der Klagebefugnis nach § 42 Abs. 2 VwGO fehlerhaft ausgelegt habe. Sie hat lediglich behauptet, das Verwaltungsgericht habe die Anforderungen an die Klagebefugnis überspannt. Für eine Verkennung des Begriffes der Klagebefugnis ist auch nichts ersichtlich. Das Verwaltungsgericht hat die Klagebefugnis abgelehnt, weil es bereits die Möglichkeit verneint hat, daß die Klägerin durch die angegriffene Genehmigung in ihren Rechten verletzt wird. ...

D. Rechtsprechung zu Maßnahmen der Baubehörden

Nr. 199

Die bauaufsichtliche Generalermächtigung ermächtigt auch zum Erlaß von Anordnungen zur Abwehr solcher Gefahren, die auf Grund unterlassener Instandhaltung entstanden sind.

Die Zustandsverantwortlichkeit des Grundstückseigentümers erstreckt sich nur dann auf ein auf dem Grundstück stehendes Gebäude, wenn dieses wesentlicher Bestandteil des Grundstücks geworden ist.
(Nichtamtliche Leitsätze.)

BbgBO § 64 Abs. 2; OBG § 17 Abs. 1, Abs. 2; BGB §§ 93, 94.

OVG Brandenburg, Beschluß vom 20. Januar 2004 – 3 B 158/03 – (rechtskräftig).

(VG Potsdam)

Das Oberverwaltungsgericht hat die aufschiebende Wirkung der Klage der Antragstellerin gegen die Ordnungsverfügung des Antragsgegners, mit der ihr aufgegeben worden ist, „alle Welldachplatten, die sich auf dem Dach des ehemaligen baufälligen Wohnhauses auf dem Grundstück befinden, (...) bis zum 16. 4. 2002 vom Dach zu entfernen", wiederhergestellt.

Aus den Gründen:
Zu Unrecht rügt die Antragstellerin, daß die Tatbestandsvoraussetzungen der Handlungsbefugnis nach § 64 Abs. 2 BbgBO in der hier noch anwendbaren Fassung der Bekanntmachung vom 25. 3. 1998 (GVBl. I, 82), geändert durch Gesetz vom 10. 7. 2002 (GVBl. I, 62, 74), – im folgenden: „a. F." – nicht erfüllt seien. Die Bauaufsichtsbehörden haben nach § 64 Abs. 2 Satz 1 BbgBO a. F. bei der Errichtung, der Änderung, dem Abbruch, der Instandhaltung und der Nutzung baulicher Anlagen sowie anderer Anlagen und Einrichtungen darüber zu wachen, daß die öffentlich-rechtlichen Vorschriften und die auf Grund dieser Vorschriften erlassenen Anordnungen eingehalten werden. In Wahrnehmung dieser Aufgabe haben sie nach § 64 Abs. 2 Satz 2 BbgBO a. F. die erforderlichen Maßnahmen zu treffen und die am Bau Beteiligten zu beraten. Um den gesetzlichen Zielen gerecht zu werden, sind die Begriffe „bei der Errichtung" usw. weit auszulegen (vgl. – zu der weitgehend identischen Vorschrift des Art. 60 Abs. 2 Satz 2 der Bayerischen Bauordnung – : Franz, in: Simon/Busse, Bayerische Bauordnung, Stand August 2003, Art. 60 Rdnr. 52); nach allgemeiner Ansicht handelt es sich um eine bauaufsichtsrechtliche Generalermächtigung (vgl. auch Reimus, in: Jäde/Dirnberger/Reimus, Bauordnungsrecht Brandenburg, Stand September 2003, § 64 BbgBO Rdnr. 13), die insbesondere auch zum Erlaß von Anordnungen zur Abwehr von Gefahren ermächtigt, die – wie hier – auf Grund unterlassener Instandhaltung entstanden sind.

Nr. 199

Entgegen der Auffassung der Antragstellerin dürfte auch eine Gefahr für die öffentliche Sicherheit und Ordnung i. S. des § 3 Abs. 1 Nr. 1 BbgBO a. F. bestehen. Aus den im Verwaltungsvorgang enthaltenen, zwischen April 1996 und Mai 2002 entstandenen Fotografien ist der mit dem zunehmenden Verfall des Gebäudes fortschreitende Abgang eines großen Teils der Welldachplatten deutlich erkennbar. Dies rechtfertigt die Prognose, daß auch die übrigen Welldachplatten nicht in einer ihr Ablösen – ungeachtet des fehlenden Schutzes gegen Witterungseinflüsse – dauerhaft ausschließenden Weise fest verankert sind. Schließlich ist die Annahme, daß einzelne abgelöste Dachteile jedenfalls bei erheblicher Windeinwirkung auch auf umliegende Grundstücke getragen werden und dort Personen verletzen könnten, keine „ungesicherte Spekulation", sondern mit Blick darauf, daß das Gebäude ausweislich der vorliegenden Fotografien nur wenige Meter von der Grundstücksgrenze entfernt steht und die großflächigen Welldachpappen der Luftströmung besonders geeignete Angriffsflächen bieten, auch „unter Beachtung der Regeln der Gravitation" ohne weiteres naheliegend. Auch Flugzeuge erheben sich unter Beachtung dieser Regeln in die Luft. Daß sich in den Verwaltungsvorgängen keine Feststellung darüber befindet, daß bereits ein Dachbestandteil auf ein benachbartes Grundstück oder auf die öffentliche Straße getragen worden ist, ist dabei ohne Bedeutung; denn es versteht sich von selbst, daß die Behörde vor dem Erlaß von Maßnahmen zur Gefahrenabwehr nicht abwarten muß, bis die Gefahr sich realisiert.

Die Beschwerde ist jedoch gleichwohl begründet, weil das Verwaltungsgericht es zu Unrecht gebilligt hat, daß die Antragstellerin als Zustandsstörerin in Anspruch genommen worden ist. Geht von einer Sache eine Gefahr aus, sind die Maßnahmen nach § 17 Abs. 1 Satz 1 Ordnungsbehördengesetz (OBG) gegen den Eigentümer zu richten. Die Antragstellerin ist zwar Eigentümerin des Grundstücks, nicht jedoch des darauf errichteten Gebäudes, von dem hier allein die Gefahr ausgeht. Die Zustandsverantwortlichkeit des Grundstückseigentümers erstreckt sich nur dann auf ein auf dem Grundstück stehendes Gebäude, wenn dieses wesentlicher Bestandteil des Grundstücks i. S. der §§ 93, 94 des Bürgerlichen Gesetzbuches geworden ist. Dies ist bei Gebäuden, an denen auf Grund der Rechtslage in der ehemaligen DDR vom Eigentum am Grundstück getrenntes Gebäudeeigentum begründet worden ist, gerade nicht der Fall. Aus § 82 Abs. 1 des Sachenrechtsbereinigungsgesetzes (SachenRBerG) folgt entgegen der Auffassung des Verwaltungsgerichts nichts anderes; vielmehr wird durch diese Bestimmung, die Ansprüche des Grundstückseigentümers für den von der Grundregel des § 15 Abs. 1 SachenRBerG abweichenden Fall eines Erwerbs des Gebäudes durch den Grundstückseigentümer nach § 15 Abs. 4 i. V. m. § 81 SachenRBerG regelt, gerade die gegenteilige Auffassung bestätigt. Kann nämlich der Grundstückseigentümer den in § 82 Abs. 1 SachenRBerG bestimmten Anspruch auf Ersatz seiner Aufwendungen für die Beseitigung der vorhandenen Bausubstanz oder den Erwerb der Fläche, auf der das Gebäude errichtet wurde, nach § 82 Abs. 3 Satz 1 SachenRBerG erst geltend machen, nachdem er dem Nutzer Gelegenheit gegeben hat, das Gebäude zu beseitigen, wird hieraus gerade deutlich, daß der Grundstückseigentümer vor Ablauf der dem Nutzer nach § 82 Abs. 3

Satz 2 SachenRBerG zu setzenden angemessenen Frist keine rechtliche Möglichkeit hat, auf das in fremdem Eigentum stehende Gebäude einzuwirken. Unter diesen Voraussetzungen fehlt es an dem die Zustandsverantwortlichkeit als Regelung von Inhalt und Schranken des Eigentums i. S. von Art. 14 Abs. 1 Satz 2 GG überhaupt erst legitimierenden Grund. Dieser Grund ist nach der Rechtsprechung des Bundesverfassungsgerichts gerade in der durch die Sachherrschaft vermittelten Einwirkungsmöglichkeit auf die gefahrenverursachende Sache sowie darin zu sehen, daß der Eigentümer aus der Sache Nutzen ziehen kann. Nur dies rechtfertigt es, ihn zur Beseitigung von Gefahren, die von der Sache für die Allgemeinheit ausgehen, zu verpflichten. Die Möglichkeit zur wirtschaftlichen Nutzung und Verwertung des Sacheigentums korrespondiert mit der öffentlich-rechtlichen Pflicht, die sich aus der Sache ergebenden Lasten und die mit der Nutzungsmöglichkeit verbundenen Risiken zu tragen (vgl. BVerfG, Beschluß v. 16. 2. 2000 – 1 BvR 242/91, 315/99 –, BVerfGE 102, 1, 17 f.). Fehlt dem Grundstückseigentümer – wie hier – die mit dem zivilrechtlichen Eigentum an dem Gebäude verbundene tatsächliche Sachherrschaft (vgl. § 17 Abs. 2 Satz 1 OBG) und fließen ihm nach der Rechtslage auch nicht die Vorteile der privaten Nutzung des Gebäudes zu, kann er auch nicht nach den Vorschriften über die Zustandsverantwortlichkeit zur Beseitigung von dem Gebäude ausgehender Gefahren verpflichtet werden.

Klarstellend ist darauf hinzuweisen, daß die Antragstellerin entgegen der in der angefochtenen Ordnungsverfügung geäußerten Annahme des Antragsgegners auch nicht als Verursacher der Gefahr „durch Unterlassen bei gebotener Handlungspflicht" gemäß § 16 Abs. 1 OBG herangezogen werden kann. Für die Annahme einer Pflicht der Grundstückseigentümerin, auf den Gebäudeeigentümer einzuwirken und diesen zur Beseitigung der von dem schadhaften Dach ausgehenden Gefahr anzuhalten, ist keine Grundlage erkennbar.

Nr. 200

Die Gemeinde hat gegenüber der Bauaufsichtsbehörde einen Anspruch auf Erlaß einer Beseitigungsanordnung bei einem rechtswidrigen Außenbereichsvorhaben, auch wenn sich die Bauaufsichtsbehörde in einem öffentlich-rechtlichen Vertrag ohne Mitwirkung der Gemeinde zur Duldung des Vorhabens verpflichtet hat.

(Nichtamtlicher Leitsatz)

GG Art. 28 Abs. 2; BayBO Art. 80.

Bayerischer VGH, Urteil vom 21. Januar 2004 – 26 B 02.873 – (rechtskräftig).

Die Beigeladenen sind Eigentümer des im Außenbereich gelegenen Grundstücks, das mit einem während des Zweiten Weltkrieges errichteten Gebäudes bebaut war. Im Oktober 1996 beantragten sie die Erteilung eines Vorbescheids zu der Frage, ob das schwammbefallene Gebäude abgerissen und an seiner Stelle ein Neubau errichtet werden darf. Nachdem das Landratsamt formlos mitgeteilt hatte, daß ein Ersatzbau nicht genehmigt werden könne, wandten sich die Beigeladenen an den Petitionsausschuß des Bayerischen Landtages. Dieser erklärte die Eingabe mit der Maßgabe als erledigt, daß ein Konzept für die Sanierung erarbeitet werde.

Aus den Gründen:
Die Verpflichtungsklage der Klägerin mit dem Antrag, den Beklagten zu verpflichten, die vollständige Beseitigung des Gebäudes der Beigeladenen anzuordnen, ist zulässig (1.) und begründet (2.).
1. Die Verpflichtungsklage in der Form der Untätigkeitsklage ist zulässig.
... Der Zulässigkeit der Klage steht nicht entgegen, daß die Klägerin möglicherweise zunächst keinen förmlichen Antrag auf Einschreiten bei dem Landratsamt gestellt hat. Es ist fraglich, ob es eines solchen Antrags vor Klageerhebung überhaupt bedurft hätte. Immerhin hat der Verwaltungsgerichtshof einen Antrag einer Gemeinde auf Einschreiten nicht für erforderlich gehalten für den Fall, daß das Landratsamt eine Beseitigungsanordnung wegen eines Verstoßes gegen das Planungsrecht erlassen hat, diese aber auf Klage des Betroffenen vom Verwaltungsgericht aufgehoben worden ist und sich die Gemeinde gegen die Aufhebung mit der Berufung wendet (vgl. BayVGH v. 29.6.1999, BRS 62 Nr. 210 = BauR 2000, 90, bestätigt BVerwG v. 14.4.2000 – 4 C 5.99 –, BRS 63 Nr. 115 = BauR 2000, 1312 1316 = BayVBl 2001, 22 ff.). Dieses Ergebnis wurde aus der hoheitlichen Mitverantwortung der Gemeinde als Trägerin der Planungshoheit gefolgert. Die Gemeinde habe als Hoheitsträgerin insoweit eine stärkere Rechtsstellung als ein Nachbar bei einem Verstoß gegen nachbarschützende Vorschriften, der einen Anspruch auf Einschreiten im Klagewege erst dann geltend machen kann, wenn er zuvor bei der Behörde einen Antrag auf Einschreiten gestellt hat (vgl. BayVGH v. 29.6.1999, a.a.O.). Ob diese Grundsätze auf die vorliegende Fallgestaltung übertragen lassen, braucht jedoch nicht entschieden werden. Denn nach ihrem unbestritten gebliebenem Vorbringen hat die Klägerin einen solchen Antrag stellen lassen, über den der Beklagte bis heute nicht entschieden hat.
2. Die Klage hat Erfolg, weil der Beklagte gegenüber den Beigeladenen zum Einschreiten befugt ist (2.1) und die Klägerin eine Entscheidung des Beklagten zu ihren Gunsten verlangen kann (2.2).
2.1 Der Beklagte ist befugt, gegen die Beigeladenen bauaufsichtlich einzuschreiten. Das Vorhaben ist rechtswidrig und kann nachträglich nicht genehmigt werden. Damit liegen die Voraussetzungen des Art. 80 Satz 1 BayBO für ein bauaufsichtliches Einschreiten in der Form des Erlasses einer Beseitigungsanordnung vor. ...
Einem Einschreiten steht der vom Beklagten mit den Beigeladenen geschlossene öffentlich-rechtliche Vertrag nicht entgegen. Erteilt die Baugenehmigungsbehörde eine Baugenehmigung ohne das gemäß § 36 Abs. 1 Satz 1 BauGB erforderliche Einvernehmen der Gemeinde, hat deren Klage gegen die Baugenehmigung allein wegen des fehlenden Einvernehmens Erfolg, ohne daß es noch darauf ankommt, ob die Baugenehmigung im übrigen rechtmäßig ist (st. Rspr., vgl. BVerwG v. 12.12.1991, BRS 52 Nr. 136 = NVwZ 1992, 878 = UPR 1992, 262, sowie die Nachweise bei Söfker, in: Ernst/Zinkhahn/Bielenberg, BauGB, Stand: 1. Oktober 2003, § 36 Rdnr. 47). Dieses Ergebnis

wird mit dem Sicherungszweck des §36 BauGB begründet. Das (formelle) gemeindliche Beteiligungsrecht und die Planungshoheit sollen geschützt werden. Die Kompetenz der Baugenehmigungsbehörde zur positiven Entscheidung über den Bauantrag ist von vornherein an das Einvernehmen der Gemeinde gebunden. Allein wegen der fehlenden Entscheidungskompetenz der Baugenehmigungsbehörde für den Fall der Nichtbeteiligung der Gemeinde ist eine ohne erforderliches Einvernehmen der Gemeinde erteilte Baugenehmigung auf deren Klage ohne Überprüfung der materiellen Rechtslage aufzuheben.

Die gleichen Grundsätze gelten, wenn die Baugenehmigungsbehörde rechtsirrig die Baugenehmigungsfreiheit eines Vorhabens annimmt und aus diesem Grund ein Baugenehmigungsverfahren unter Beteiligung der Gemeinde nicht einleitet. Denn vom Sinn und Zweck der Beteiligungsregelung des §36 BauGB stellt es aus der Sicht der Gemeinde keinen Unterschied dar, ob die Baugenehmigungsbehörde sich rechtswidrig über ein ausdrücklich versagtes Einvernehmen hinwegsetzt und gleichwohl eine Baugenehmigung erteilt, oder ob sie rechtsirrig die Baugenehmigungsfreiheit eines Vorhabens annimmt und aus diesem Grund die vorgeschriebene Beteiligung der Gemeinde unterläßt. Wird in einem solchen Fall das Vorhaben verwirklicht, so kann die Planungshoheit der Gemeinde hierdurch ebenso beeinträchtigt sein wie im Fall einer ohne Einvernehmen erteilten und verwirklichten Baugenehmigung. Müßte die Gemeinde die Verwirklichung eines zu Unrecht als genehmigungsfrei beurteilten Vorhabens sanktionslos hinnehmen, drohte ihrer Planungshoheit in gleicher Weise Gefahr, durch rechtswidriges Verhalten der Bauaufsichtsbehörde unterlaufen zu werden wie im Fall eines ausdrücklich verweigerten Einvernehmens. Angesichts dieser als gleich zu beurteilenden Interessenlage wird angenommen, daß der Gemeinde auch im Fall der rechtswidrigen Nichtdurchführung eines erforderlichen Baugenehmigungsverfahrens grundsätzlich das Recht zusteht, sich dagegen auch im Klageweg gegenüber der Bauaufsichtsbehörde zur Wehr zu setzen (so BVerwG v. 12.12.1991, a.a.O., unter Hinweis auf BVerwGE 31, 263/265).

Im Hinblick auf die Interessenlage der Gemeinde kann für einen öffentlich-rechtlichen Vertrag zwischen Baugenehmigungsbehörde und Bauherrn, der wie hier die Belassung eines Gebäudes im Außenbereich zum Gegenstand hat, und an dem die Gemeinde nicht beteiligt worden ist, im Ergebnis nichts anderes gelten. Denn der Inhalt des Vertrages kommt bezogen auf die Planungshoheit der Gemeinde einer förmlichen Genehmigung gleich. Aus der Sicht der Gemeinde kann es keinen Unterschied machen, ob sie das Vorhandensein eines Gebäudes im Außenbereich wegen einer von der Baugenehmigungsbehörde ohne ihr Einvernehmen erteilten Baugenehmigung oder deshalb hinnehmen muß, weil sich die Bauaufsichtsbehörde gegenüber dem Bauherrn zu einer Belassung verpflichtet hat. Für die Gemeinde stellt sich ein solcher Vertrag, der ohne ihre Mitwirkung geschlossen wird, als eine Umgehung ihrer Rechte aus §36 BauGB dar. Der öffentlich-rechtliche Vertrag erweist sich als Vertrag zu Lasten der nicht beteiligten Gemeinde. Ebenso wie die Baugenehmigungsbehörde mangels Kompetenz gehindert ist, eine Baugenehmigung ohne das nach §36 BauGB erforderliche Einvernehmen zu erteilen, fehlt ihr die sachliche Kompetenz zum Abschluß eines solchen Umgehungsvertrages. Ein gleichwohl geschlossener Vertrag vermag daher die Mitwirkungsrechte und die Mitverantwortung der Gemeinde nicht zugunsten des Bauherrn zu suspendieren. Deshalb kann der zwischen dem Beklagten und den Beigeladenen geschlossene öffentlich-rechtliche Vertrag nicht die Wirkung haben, daß ein bauaufsichtliches Einschreiten gegenüber den Beigeladenen zu Lasten der Gemeinde ausgeschlossen ist.

2.2 Die Klägerin kann vom Beklagten verlangen, daß dieser gegen das Vorhaben der Beigeladenen einschreitet. Verletzt die Baugenehmigungsbehörde – wie hier – die Mitwirkungsbefugnis der Gemeinde i. S. des § 36 BauGB und wird daher ein Vorhaben eines privaten Bauherrn ohne das erforderliche Einvernehmen verwirklicht, gleichgültig, ob bauaufsichtlich genehmigt oder – wie hier – „nur" geduldet, so kann das nicht folgenlos bleiben. Bei einer Rechtsverletzung kann im Regelfall verlangt werden, daß der Zustand wieder hergestellt wird, der bestanden hätte, wäre das Recht beachtet worden. Die in ihrer Planungshoheit verletzte Gemeinde hat allerdings nicht selbst die gesetzliche Befugnis, einen rechtmäßigen Zustand herzustellen. Diese Befugnis ist gemäß Art. 80 BayBO der Bauaufsichtsbehörde unter den dort normierten Voraussetzungen zugewiesen. Die Gemeinde kann und muß sich daher zur Wiederherstellung rechtmäßiger Zustände an die Bauaufsichtsbehörde wenden. Das hat die Klägerin hier – allerdings erfolglos – getan.

Die Entscheidung, ob und in welcher Form die Bauaufsichtsbehörde gegen baurechtswidrige Zustände einschreitet, steht zwar in deren Ermessen. Jedoch hat die Klägerin zumindest ein subjektives Recht auf ermessensfehlerfreie Entscheidung durch die Bauaufsichtsbehörde. Andernfalls bliebe eine Mißachtung der ihr vom Bundesgesetzgeber eingeräumten Rechtsstellung letztlich sanktionslos, was der Zielsetzung des Art. 28 Abs. 2 GG nicht entsprechen würde (vgl. BVerwG v. 12. 12. 1991, a. a. O.).

Im vorliegenden Fall ist das Ermessen des Beklagten, ob und wie er gegen das Vorhaben der Beigeladenen einschreitet, auf Null reduziert, weil – erstens - nur mit der Beseitigung des Vorhabens rechtmäßige Zustände (bezogen auf die Planungshoheit der Klägerin) wiederhergestellt werden können und – zweitens – einer Beseitigung keine Vertrauensgesichtspunkte entgegenstehen.

Nur mit der begehrten Beseitigungsanordnung kann eine unzulässige Verfestigung einer Splittersiedlung rückgängig gemacht werden. Eine Belassung des Vorhabens stünde im Widerspruch zu § 35 Abs. 3 Satz 1 Nr. 7 BauGB. Danach liegt eine Beeinträchtigung öffentlicher Belange insbesondere vor, wenn ein Vorhaben die Entstehung, Verfestigung und Erweiterung einer Splittersiedlung entstehen läßt. Die Wahrung öffentlicher Belange i. S. von § 35 Abs. 3 Satz 1 BauGB ist in erster Linie Aufgabe der Bauaufsichtsbehörden, die die Einhaltung der entsprechenden Vorschriften zu überwachen und durchzusetzen hat. Hinsichtlich deren Beachtung trägt jedoch auch die Klägerin als Trägerin der Planungshoheit hoheitliche Mitverantwortung. Die von der Klägerin begehrte Beseitigungsanordnung dient daher der Sicherung ihrer Planungshoheit. Eine Verletzung der Planungshoheit kann in aller Regel – so auch hier – nur dadurch ausgeglichen werden, daß der rechtswidrige

Zustand, also das Vorhaben der Beigeladenen beseitigt wird. Umstände, die in Abweichung dieser Regel eine andere Entscheidung rechtfertigen würden, sind nicht gegeben. Das Interesse der Klägerin an der Beseitigung des ihre Planungshoheit beeinträchtigenden Zustandes ist höher zu bewerten als das Interesse der Beigeladenen an der Aufrechterhaltung des rechtswidrigen Zustandes.

Art. 28 Abs. 2 GG gewährleistet den Gemeinden als Teil der Angelegenheiten der örtlichen Gemeinschaft das Recht, in eigener Verantwortung im Rahmen der Gesetze für ihr Gemeindegebiet die Bodennutzung festzulegen. Nach § 1 BauGB gehört es zu ihren Aufgaben, für die städtebauliche Entwicklung und Ordnung im Gemeindegebiet zu sorgen. Soweit dies nach ihrer jeweiligen städtebaulichen Konzeption erforderlich ist, haben sie die bauliche und die sonstige Nutzung der Grundstücke vorzubereiten und zu leiten. Der Gesetzgeber stellt ihnen dafür das Mittel der Bauleitplanung zur Verfügung. Hierbei ist er indes nicht stehengeblieben. Mit Hilfe flankierender Maßnahmen hat er Vorsorge dafür getroffen, daß die Gemeinden ihrer städtebaulichen Verantwortung gerecht werden können. Zu den Sicherungsinstrumenten, die das Baugesetzbuch insoweit bereithält, gehört neben den Abstimmungsvorschriften des § 2 Abs. 2 BauGB und des § 7 BauGB, den Sicherungsmaßnahmen der §§ 14 und 15 BauGB auch die Beteiligungsregelung des § 36 BauGB. Aus diesen Bestimmungen ergibt sich, daß die gemeindliche Planungshoheit nach der Wertung des Gesetzgebers auch dann berührt ist, wenn ein Vorhaben auf der Grundlage des § 35 BauGB zugelassen oder verwirklicht wird. Dies beruht auf der Erwägung, daß von der beabsichtigten oder der bereits ausgeführten Baumaßnahme ein Bereich betroffen ist, in dem die Gemeinde von der Möglichkeit der Überplanung überhaupt nicht oder jedenfalls nicht abschließend Gebrauch gemacht hat. Der Gesetzgeber geht davon aus, daß die Situation im Gemeindegebiet überall dort dem Vorbehalt planerischer Bestimmung der städtebaulichen Ordnung und Entwicklung durch die Gemeinde unterliegt, wo die bauplanungsrechtliche Zulässigkeit von Vorhaben nicht durch einen qualifizierten oder einen vorhabenbezogenen Bebauungsplan gesteuert wird. Zur Sicherung der planerischen Handlungsfreiheit trifft er in § 36 Abs. 1 BauGB Vorsorge dafür, daß die Gemeinde in Ortsteilen, in denen sie – wie im vorliegenden Fall – noch nicht geplant hat, an der Beurteilung der bebauungsrechtlichen Zulässigkeitsvoraussetzungen mitentscheidend beteiligt wird (vgl. im einzelnen DVerwG v. 14. 4. 2000, a. a. O.). Wird der Gemeinde als Ausfluß der Planungshoheit das Recht zugebilligt, Vorhaben abzuwehren, die mit § 35 BauGB nicht in Einklang stehen, so muß sie im Rahmen der Möglichkeiten, die das Prozeßrecht bietet, eine Beseitigung von rechtswidrigen Außenbereichsvorhaben verlangen können.

Eine Belassung des Vorhabens würde die Planungshoheit der Klägerin nicht nur gleichsam „abstrakt" beeinträchtigen, sondern im Hinblick auf die besonderen Umstände auch „konkret". Das Verwaltungsgericht hat im angefochtenen Urteil zutreffend und im einzelnen dargelegt, daß und warum das Vorhaben der Beigeladenen eine besonders negative Vorbildwirkung hat. Das Vorbringen im Berufungsverfahren der Beteiligten gibt keinen Anlaß, diese Feststellungen des Verwaltungsgerichts in Zweifel zu ziehen.

Auf die besondere örtliche Situation und die damit verbundene negative Vorbildwirkung des Gebäudes mit seiner wohnhausartigen Gestaltung hat die Klägerin bereits 2000 das Landratsamt hingewiesen. Hierauf hat das Verwaltungsgericht im angefochtenen Urteil verwiesen. Darin wird ausgeführt, daß der Bereich, zu dem das Anwesen der Beigeladenen gehört, bei der Flächennutzungsplanänderung nicht als Baufläche dargestellt worden ist, um eine Erweiterung zu verhindern. Das Vorhaben der Beigeladenen fordere Schwarzbauten geradezu heraus. Bereits jetzt sehe sich die Klägerin konkreten Wünschen nach An- und Umbauten ausgesetzt. Eine vergleichbare Lage bestehe bei der Bebauung am „S.berg" sowie am Waldrand von B.burg. Diese Umstände hat der Bürgermeister der Klägerin in der mündlichen Verhandlung vor dem Verwaltungsgericht bestätigt. Ausweislich der Niederschrift hat er erklärt, im Gebiet um den Bahnhof H. seien etwa 12 bauliche Anlagen vorhanden, die zum Teil noch aus Kriegszeiten stammten und von der Organisation „Todt" errichtet worden seien. Dieses Gebiet sei vor einigen Jahren Gegenstand bauplanerischer Überlegungen der Klägerin gewesen. Man habe erwogen, den Bereich zusammen mit der bestehenden Anlage städtebaulich zu ordnen. Diesen Überlegungen sei das Landratsamt entgegengetreten, weil es dort keine weitere Bebauung zulassen wollte. Es sei daher unverständlich, wenn das Landratsamt dort das Vorhaben der Beigeladenen, das als Neubau zu qualifizieren sei, belassen wolle. Das Verwaltungsgericht hat nachvollziehbar weiter festgestellt, daß es bei der näheren Umgebung des Gebäudes um ein bevorzugtes Ausflugs und Erholungsgebiet westlich von X. handle. Obwohl das Grundstück der Beigeladenen selbst nicht innerhalb des Landschaftsschutzgebietes liege, sondern nur an dessen Rand, beeinträchtige das Gebäude die natürliche Eigenart der Landschaft und dessen Erholungswert für die Allgemeinheit in städtebaulich besonders zu mißbilligendem Maß.

Gesichtspunkte des Vertrauensschutzes der Beigeladenen auf die Wirksamkeit des mit der Baugenehmigungsbehörde geschlossenen Vertrages stehen einem Anspruch auf Anordnung der Beseitigung nicht entgegen. Es ist zwar nicht zu verkennen, daß sie tatsächlich auf die Wirksamkeit des Vertrages und darauf vertrauten, das Gebäude belassen und nach den vereinbarten Vorgaben ausbauen zu dürfen. Wie weit dieses Vertrauen unter den gegebenen Umständen schutzwürdig war, braucht im einzelnen jedoch nicht aufgeklärt zu werden. Denn ein wie auch immer geartetes Vertrauen kann nicht dazu führen, daß eine Verletzung der Mitwirkungsrechte der Klägerin als Gemeinde nur deshalb sanktionslos bleiben, weil Dritte auf die Rechtmäßigkeit des Handelns der Bauaufsichtsbehörde vertrauten. Unter den gegebenen Umständen muß die Sicherung der Planungshoheit der Klägerin den Vorrang vor einem etwaigen Vertrauen der Beigeladenen haben. Soweit das Vertrauen in den Bestand des Vertrages mit dem Beklagten schutzwürdig gewesen sein sollte und ihnen durch dieses Vertrauen (finanzielle) Schäden entstanden sein sollten, haben sie die Möglichkeit, einen entsprechenden Ausgleich gegenüber dem Beklagten geltend zu machen.

Umstände, die ein Vertrauen der Beigeladenen im Verhältnis zur Klägerin darauf begründen könnten, daß diese nicht die Beseitigung ihres Vorhabens verlangen wird, sind weder dargetan noch sonst ersichtlich.

Nr. 201

Unterbleibt im Verwaltungsverfahren nach §55 HBO eine nach Abschnitt V Nr. 1 der Anlage 2 zur HBO gebotene Beteiligung der Gemeinde, so kann dies eine Pflicht der Bauaufsicht zum Einschreiten und einen korrespondierenden Anspruch der Gemeinde nur auslösen, wenn die Gemeinde bei erfolgter Beteiligung von den ihre Planungshoheit sichernden Instrumenten des §36 Abs.1 Satz1 BauGB oder des §15 Abs.1 Satz2 BauGB rechtmäßig Gebrauch machen könnte.

BauGB §§15, Abs. 1 Satz2, 36 Abs. 1 Satz1; GG Art. 28 Abs. 2; HBO §§55, 72.

Hessischer VGH, Beschluß vom 10. November 2004 – 9 UZ 1400/03 – (rechtskräftig).

(VG Darmstadt)

Aus den Gründen:
§72 HBO als die für das Begehren der Klägerin maßgebliche materiellrechtliche Norm ist zunächst Ermächtigungsgrundlage für Eingriffsakte der Bauaufsichtsbehörde. Ein Anspruch eines Dritten – hier der Klägerin – gegen die Bauaufsichtsbehörde auf ein Tätigwerden nach dieser Vorschrift ergibt sich, wenn der Eingriffstatbestand des Widerspruchs zu öffentlich-rechtlichen Vorschriften aus einem Verstoß gegen solche öffentlich-rechtlichen Normen resultiert, die auch im Interesse des Dritten bestehen. Liegt ein derartiger Verstoß vor, begründet er einen Anspruch des Dritten gegen die Bauaufsicht auf ermessensfehlerfreie Entscheidung über ein Einschreiten unter Berücksichtigung seiner rechtlich geschützten Interessen. Dieser Anspruch kann sich zu einem gebundenen Anspruch des Dritten auf bauaufsichtliches Einschreiten verdichten, wenn im Hinblick auf dessen beeinträchtigte Rechtsposition allein die behördliche Entscheidung, einzuschreiten, rechtmäßig ist (vgl. zum Vorstehenden BVerwG, Urteil v. 22.1.1971 – 7 C 48.69 –, BVerwGE 37, 112; Urteil v. 12.12.1991 – 4 C 31.89 –, BRS 52 Nr. 136 = NVwZ 1992, 878; Hess. VGH, Urteil v. 25.11.1999 – 4 UE 2222/92 –, BRS 62 Nr. 184; Bay. VGH, Urteil v. 30.7.1997 – 14 B 95.3645 –, BRS 59 Nr. 222 = BayVBl. 1998, 81).

Das Vorbringen der Klägerin im Zulassungsantrag ist nicht geeignet, einen gebundenen Anspruch auf bauaufsichtliches Einschreiten infolge einer Ermessensreduzierung auf Null zu begründen.

Dabei kann für die vom Senat zu treffende Entscheidung über die Zulassung der Berufung dahinstehen, ob die 1997 errichtete Mobilfunkbasisstation der Beigeladenen ursprünglich genehmigungsbedürftig gewesen ist und sich das Erfordernis eines für ihre Errichtung durchzuführenden bauaufsichtlichen Verfahrens nunmehr nach §55 HBO i.V.m. Abschnitt I Nr. 5.1.1 sowie Abschnitt V Nr. 1 der Anlage 2 zur HBO bemißt. Denn eine – wegen unterbliebener Beteiligung der Klägerin nach Abschnitt V Nr. 1 der Anlage 2 zur HBO – andauernde formelle Baurechtswidrigkeit der Mobilfunkbasisstation allein würde zwar die Befugnis der Bauaufsicht zum Einschreiten auslösen, indessen nicht zugleich einen unbedingten Anspruch der Klägerin hierauf begründen.

Allerdings hat das formelle Beteiligungsrecht der Gemeinde nach Abschnitt V Nr. 1 der Anlage 2 zur HBO die Funktion, eine materielle Rechtsposition der Gemeinde zu sichern, nämlich deren durch Art. 28 Abs. 2 GG geschützte Planungshoheit. Demgemäß kann die nach Abschnitt V Nr. 1 der Anlage 2 zur HBO beteiligte Gemeinde die Durchführung eines Baugenehmigungsverfahrens verlangen, in dem nach § 36 Abs. 1 Satz 1 BauGB nur einvernehmlich mit ihr entschieden wird, oder nach § 15 Abs. 1 Satz 2 BauGB eine vorläufige Untersagung des Vorhabens bei der Bauaufsicht beantragen. Unterbleibt eine nach Abschnitt V Nr. 1 der Anlage 2 zur HBO erforderliche Beteiligung der Gemeinde, wird dieser mithin eine in ihrem Interesse bestehende verfahrensrechtliche Position genommen, so daß der Tatbestand des § 72 HBO wegen eines Verstoßes gegen eine die Gemeinde als Dritte schützende öffentlich-rechtliche Vorschrift vorliegt (vgl. zum parallel gelagerten Fall der unterbliebenen Beteiligung der Gemeinde nach § 36 BauGB: BVerwG, Urteil v. 12. 12. 1991, a. a. O.). Der in einem solchen Fall gegebene Anspruch der Gemeinde auf ermessensfehlerfreie Entscheidung kann sich zu einem gebundenen Anspruch auf bauaufsichtliches Einschreiten aber nur dann verdichten, wenn das Ermessen der Bauaufsicht wegen einer Verletzung der Gemeinde in ihrer (materiellen) Planungshoheit zugunsten eines Eingreifens „auf Null" reduziert ist. Unterbleibt eine gebotene Beteiligung der Gemeinde nach Abschnitt V Nr. 1 der Anlage 2 zur HBO, kann dies eine Pflicht der Bauaufsicht zum Einschreiten und einen korrespondierenden Anspruch der Gemeinde mithin nur auslösen, wenn die Gemeinde bei erfolgter Beteiligung von den ihre Planungshoheit sichernden Instrumenten des § 36 Abs. 1 Satz 1 BauGB oder des § 15 Abs. 1 Satz 2 BauGB rechtmäßig Gebrauch machen könnte.

Hiervon ist im Fall der Klägerin nicht auszugehen. Auch bei von der Gemeinde verlangter Durchführung eines Genehmigungsverfahrens kann diese ihr Einvernehmen nach § 36 BauGB nur aus den sich aus den §§ 31, 33, 34 und 35 BauGB ergebenden Gründen versagen. Eine städtebauliche Unzulässigkeit der Mobilfunkbasisstation der Beigeladenen ist indes – aus den vom Verwaltungsgericht im angegriffenen Urteil genannten Gründen, denen die Klägerin im Zulassungsantrag nicht substantiiert entgegengetreten ist – nicht gegeben.

Ein Antrag der Klägerin an die Bauaufsicht auf vorläufige Untersagung nach § 15 Abs. 1 Satz 2 BauGB hätte keine Erfolgsaussichten, da die – auch für eine vorläufige Untersagung erforderlichen – Voraussetzungen des § 15 Abs. 1 Satz 1 BauGB fehlen. Danach ergeht ein vorläufiger Untersagungsbescheid, wenn eine Veränderungssperre nach § 14 BauGB nicht beschlossen ist, obwohl die Voraussetzungen gegeben sind, oder eine beschlossene Veränderungssperre noch nicht in Kraft getreten ist, und zudem zu befürchten ist, daß die Durchführung der (gemeindlichen) Planung durch das Vorhaben unmöglich gemacht oder wesentlich erschwert werden würde. Insbesondere eine Beeinträchtigung ihrer Planungshoheit durch die Mobilfunkbasisstation der Beigeladenen, der durch das Plansicherungsinstrument des § 15 Abs. 1 Satz 2 BauGB zu begegnen ist, hat die Klägerin in der Zulassungsschrift nicht dargetan (vgl. zum Antrag nach § 15 Abs. 1 Satz 2 BauGB im Zusammenhang mit Mobilfunkanlagen auch Nr. 5.2.1.1 der Hinweise und Empfehlungen zur baurechtlichen Beurteilung und Behandlung von Mobilfunkanlagen [Anlage zum Erlaß des Hessischen Ministeriums für Wirtschaft, Verkehr und Landesentwicklung v. 31. 1. 2003, StAnz. 718]).

Nr. 202

1. **Ist ein Nutzungsverbot und eine Beseitigungsverfügung für eine Wagenburg in Form einer Allgemeinverfügung erlassen worden, so kann nur jeder einzelne hiergegen wirksam Widerspruch einlegen und Eilrechtsschutz begehren. Dazu muß er sich in hinreichend konkreter Weise identifizieren.**

2. **Nutzt ein Verein, der diese Wagenburg unterstützt, keine dieser baulichen Anlagen selbst, kann er sich auch nicht gegen das Nutzungsverbot wenden.**

3. **Zu den Anforderungen an die Begründung des Sofortvollzuges und den Anforderungen an die Ermessenserwägungen für Nutzungsverbot und Beseitigungsanordnung, wenn die Gemeinde, welche zugleich Bauaufsichtsbehörde ist, das Entstehen der Wagenburg gefördert hatte.**

NBauO § 89 Abs. 1; VwGO §§ 70, 80 Abs. 3 Satz 1, 82; VwVfG § 35 Satz 2.

Niedersächsisches OVG, Beschluß vom 18. Oktober 2004 – 1 ME 205/04 – (rechtskräftig).

Die Beteiligten streiten um die Räumung einer aus rund 15 Bau- und Campingwagen bestehenden sog. Wagenburg am Fürstenauer Weg in B. Sie steht auf einem Areal, welches der Antragsgegnerin gehört und im Geltungsbereich ihres im Jahre 1995 rechtsverbindlich gewordenen Bebauungsplanes Nr. 507 als Sondergebiet mit der Zweckbestimmung „Güterverkehrszentrum" liegt. Der Vereinszweck des Antragstellers besteht insbesondere darin, ein autonomes Zentrum zu schaffen und zu betreiben, nicht jedoch, eine solche Wagenburg zu betreiben. Seine Mitglieder sind dementsprechend nach Bekunden des Antragstellers nicht identisch mit den Bewohnern der Wagenburg. Ihm gehören aber sechs der dort aufgestellten, von Dritten genutzten Wohn- und Bauwagen, ferner ein ehemaliger Zirkuspackwagen, ein ähnlicher Wagen sowie schließlich ein größeres Zelt. Zu der Wagenburg auf diesem Gelände ist es folgendermaßen gekommen: Im Juni 2002 erhielt der Personenkreis, welcher jetzt die Wagenburg nutzt, von der Antragsgegnerin die Möglichkeit, sich mit seinen Bauwagen auf dem Gelände des Gemeinschaftszentrums C. niederzulassen. Die Antragsgegnerin stellte sogar einen Sozialarbeiter ihres sog. Mobilteams für die Betreuung ab. In der Nacht vom 12. auf den 13. 7. 2002 kam es auf dem genannten Gelände aus Gründen und mit Personen, über welche die Beteiligten unterschiedliche Angaben machen, zu einer gewalttätigen Auseinandersetzung der Wagenbewohner mit denjenigen, welche das Gemeinschaftszentrum nutzten. Diese Auseinandersetzungen konnten erst von einem nicht unerheblichen Polizeiaufgebot beendet werden. Daraufhin stellte die Antragsgegnerin diesen Personen das hier streitige

Gelände am Fürstenauer Weg zur Verfügung. Ob sie den Umzug dabei mit eigenen Kräften und lediglich mit zwei stadteigenen Traktoren unterstützte oder sogar vollständig bewerkstelligte, wird von den Beteiligten ebenfalls unterschiedlich dargestellt.

Im September 2003 beschloß der Verwaltungsausschuß der Antragsgegnerin, das Gelände am Fürstenauer Weg der Wagenburg nicht länger zur Verfügung zu stellen und dessen Nutzern auch keine Ersatzlösung, d. h. ein anderes Grundstück zur Aufstellung der Wagen und sonstigen Einrichtungen anzubieten. Anfang Dezember 2003 wiederholte der Rat den Beschluß, den Platz am Fürstenauer Weg räumen zu lassen, und bat die Verwaltung der Antragsgegnerin, den Jugendlichen bei der Suche nach Räumlichkeiten oder einer Fläche für ein selbstverwaltetes Jugendzentrum behilflich zu sein. Kosten dürften der Antragsgegnerin hierdurch aber nicht entstehen.

Schon unter dem 8. 10. 2003 wandte sich die Antragsgegnerin durch Aushänge an die Mitglieder des Antragstellers und die Personen, welche sich auf diesem Areal aufhielten, teilte den Beschluß des Verwaltungsausschusses vom 9. 9. 2003 mit und forderte die Nutzer auf, das Grundstück bis zum 31. 10. 2003 zu räumen. Für den Fall der Nichtbefolgung drohte sie weitere rechtliche Schritte an. Unter demselben Datum hörte sie den Antragsteller zur Absicht an, auf der Grundlage des öffentlichen Baurechts die Nutzung des Geländes verbieten und seine Räumung veranlassen zu wollen.

Der Antragsteller teilte daraufhin mit, er habe zwar den Kontakt zwischen den Bewohnern und der Antragsgegnerin vermittelt, betreibe den Platz jedoch nicht. Insbesondere seine 1. Vorsitzende wohne dort nicht.

Unter dem 27. 1. 2004 richtete die Antragsgegnerin an die „Bewohner des Grundstücks Fürstenauer Weg (ehemalige Hofstelle D.) und Verfügungsberechtigten der Bauwagen und Zelte Fürstenauer Weg 70 (in) ... B." einen Bescheid, in dem sie – erstens – anordnete, die ungenehmigte Nutzung der baulichen Anlagen (aufgestellte Bauwagen und Zelte) auf dem o. g. Grundstück zu unterlassen und – zweitens – die auf dem o. g. Grundstück errichteten baulichen Anlagen (aufgestellte Bauwagen und Zelte) von dem Grundstück zu entfernen. Beides müsse innerhalb von zwei Wochen nach Bekanntgabe der Verfügung geschehen. Für den Fall der Nichtbefolgung der ersten Anordnung drohte sie ein Zwangsgeld i. H. v. 500,- € an, für den Fall der Nichtbefolgung der zweiten die Ersatzvornahme, deren Kosten sie vorläufig auf 1500,- € veranschlagte. Außerdem ordnete sie hinsichtlich beider Anordnungen die sofortige Vollziehung an. Zur Begründung führte sie aus: Die Nutzungen und baulichen Anlagen seien formell und materiell baurechtswidrig. Die Anordnung des Sofortvollzuges rechtfertige sich hinsichtlich des Nutzungsverbotes aus dem öffentlichen Interesse, demjenigen keinen Vorteil zukommen zu lassen, welcher das erforderliche Baugenehmigungsverfahren anders als der rechtstreue Bürger nicht durchführe, hinsichtlich der Beseitigungsanordnung daraus, daß ohne Sofortvollzug der baurechtswidrige Zustand auf lange Zeit verfestigt würde und so Dritten Anlaß zur Nachahmung geben könne.

Diese Verfügung befestigte die Antragsgegnerin an der Einfriedung des streitigen Areals sowie an den Wagen; außerdem machte sie diese in der Neuen B. Zeitung vom 13. 2. 2004 öffentlich bekannt.

Der Antragsteller legte hiergegen Widerspruch ein und machte dabei geltend, von den Eigentümern der dort aufgestellten Wagen als Verfügungsbefugter bevollmächtigt worden zu sein. Im März 2004 hat er beim Verwaltungsgericht um die Gewährung vorläufigen Rechtsschutzes nachgesucht.

Das Verwaltungsgericht hat dem Eilantrag mit dem hier von beiden Beteiligten angegriffenen Beschluß zum Teil stattgegeben und die aufschiebende Wirkung des Widerspruchs des Antragstellers wiederhergestellt, soweit dieser sich gegen die Anordnung richtet, die im Eigentum des Antragstellers stehenden Einrichtungen zu beseitigen. Im übrigen hat es den Antrag abgelehnt.

Aus den Gründen:
Ohne Erfolg macht der Antragsteller geltend, auch die Eigentümer der sieben anderen auf dem streitigen Gelände befindlichen Wagen hätten in diesem Verfahren Anspruch auf Bescheidung in der Sache; denn er habe unter dem 23.2.2004 deren Vollmachten vorgelegt. Die Lichtbilder und Erklärungen vom 23.2.2004, welche der Antragsteller zur Gerichtsakte gereicht hat, reichen nicht aus, um diese Personen in formgültiger Weise zu Beteiligten dieses Verfahrens zu machen. Nur ergänzend ist darauf hinzuweisen, daß für diese jedenfalls bislang nicht in rechtlich ausreichender Weise Widerspruch eingelegt worden ist und deren Eilantrag – unterstellt, er wäre formgültig erhoben worden – daher unzulässig. Im einzelnen ist hierzu auszuführen:

Die Antragsgegnerin hat die Verfügung vom 27.1.2004 im Wege einer personenbezogenen Allgemeinverfügung (§ 35 Satz 2 VwVfG) erlassen. Jedenfalls dann, wenn diese Anordnung teilbar ist, d. h. nicht nur einheitlich befolgt werden kann, kann auch nur jede der von ihr erfaßten Personen für sich allein, d. h. nur mit „relativer Wirkung" hiergegen Widerspruch einlegen (vgl. Stelkens/Bonk/Sachs, VwVfG, Komm., 6. Aufl., § 35 Rdnr. 201; Kopp/Ramsauer, VwVfG, Komm., 8. Aufl., § 35 Rdnr. 102 a).

Die angegriffene Verfügung ist teilbar. Denn jede Person kann die Nutzung der dort stehenden Baulichkeiten für sich aufgeben; eines gemeinschaftlichen Zusammenwirkens bedarf es hierzu nicht. Dasselbe gilt für die Beseitigungsanordnung; jeder Wagen kann für sich beseitigt werden.

Daher wäre es erforderlich gewesen, in einer den §§ 81 und – vor allem – 82 VwGO entsprechenden Form jede Person in der Bestimmtheit zu bezeichnen, wie dies mit Rücksicht auf eine spätere Vollstreckung erforderlich ist. Dazu ist es grundsätzlich erforderlich, Vor- und Zunamen sowie eine ladungsfähige Anschrift anzugeben (vgl. BVerwG, Urteil v. 13.4.1999 – 1 C 24.97 –, DVBl. 1999, 989 = NJW 1999, 2608). Mit Rücksicht auf den Justizgewährleistungsanspruch aus Art. 19 Abs. 4 Satz 1 GG mag es zwar auch zulässig sein, sich mit geringeren Identifikationsmerkmalen zufrieden zu geben, etwa wenn der Petent keinen festen Wohnsitz besitzt. Dies muß dann aber in ausreichender Weise glaubhaft gemacht und müssen dabei so viel an Identifikationsmerkmalen mitgeteilt werden, daß der Behörde später Vollstreckungsmaßnahmen möglich sind. Nur wenn der Behörde deren Mitglieder verläßlich bekannt sind und in ihrer Zusammensetzung keine die Vollstreckung erschwerenden Fluktuationen zu erwarten sind, mag es auch ausreichen, eine bestimmte „Haus"- oder ähnliche Gemeinschaft in zulässiger Weise als Kläger/Widersprechenden zu benennen (vgl. zum Vorstehenden Schoch/Schmidt Aßmann/Pietzner/Ortloff, VwGO, Komm., § 82 Rdnr. 4).

Gemessen daran genügen die Angaben, welche der Antragsteller hinsichtlich der weiteren Personen gemacht hat, nicht aus. Zum Teil wird darin lediglich der Nachname mitgeteilt und der Vorname durch eine Initiale ersetzt. Selbst wenn der Vorname mitgenannt wird, reicht es nicht aus, schlicht einen Wohnwagen dazu abzubilden, ohne den Betreffenden mit weiteren Merkmalen eindeutig zu identifizieren.

Es kommt im übrigen hinzu, daß sowohl nach der Vorgeschichte der Wagenburg als auch nach dem Zweck, den der Antragsteller mit ihm verfolgt, und schließlich dem Zustand, in dem sich die Wagen nach den von dem Antragsteller, insbesondere aber nach den von der Antragsgegnerin gefertigten Bildern befinden, jedenfalls nicht für alle baulichen Anlagen angenommen werden kann, sie würden tatsächlich zu Dauerwohnzwecken genutzt und stellten daher die einzige verfügbare Adresse der „Bewohner" dar. Die Wagen sind danach jedenfalls zum Teil mit einer wirren Ansammlung von Gegenständen („Gerümpel") angefüllt. Selbst bei Zugrundelegung der Annahme, junge Leute, welche es bevorzugen, sich in einer solchen Wagenburg aufzuhalten, lebten „nonchalanter" und würden sich an als bürgerlich verschrieenen Ordnungstugenden weniger orientieren, ist schon vom Zustand der Wagen her nicht anzunehmen, in ihnen würde auf Dauer, d. h. rund ums Jahr gewohnt, ohne daß für „schlechte Zeiten" ein anderes Quartier zur Verfügung steht.

Auch die von dem Antragsteller gegebene Vorgeschichte der Wagenburg und die Absicht, diese bei Zurverfügungstellung von festen Räumlichkeiten für ein selbstverwaltetes („autonomes") Jugendzentrum zu räumen, belegt, daß in der Wagenburg jedenfalls nicht alle Personen auf Dauer „wohnen", d. h. dort ihre einzige ladungsfähige Anschrift unterhalten. Denn in einem Jugendheim wird nicht gewohnt. Dort hält man sich nur an bestimmten Tages- und Nachtzeiten auf, unterhält dort aber nicht seine einzige ladungsfähige Anschrift. Das Angebot, das hier streitige Grundstück bei Bezug eines solchen Jugendzentrums zu räumen, bedeutet daher nichts anderes als das qualifizierte Eingeständnis, auch dieses hier in Rede stehende Lager stelle nur ein Surrogat für die Freizeit- und Lebenseinrichtung vor, welche sich die Jugendlichen „an sich" wünschen, nicht aber deren Lebensmittelpunkt.

Aus dem Vorstehenden folgt, daß der Antragsteller die anderen Personen erheblich präziser hätte bezeichnen müssen, um diese in formgültiger Weise zu Beteiligten dieses Eilverfahrens zu machen. Nachdem das Verwaltungsgericht in der angegriffenen Entscheidung bereits bemerkt hatte, daß insoweit Darstellungsdefizite bestehen, hätte sich der Antragsteller in der Beschwerdeschrift nicht mit dem Angebot begnügen dürfen, dies ggf. durch Vorlage von Vollmachtsurkunden nachzuholen.

Aus dem Vorstehenden folgt zugleich, daß bzgl. dieser Personen bislang nicht in ordnungsgemäßer Weise Widerspruch eingelegt worden ist und eine hinsichtlich dieser Personen erhobene Beschwerde schon deshalb ohne Erfolg hätte bleiben müssen.

Der Antrag des Antragstellers ist unzulässig, soweit er sich gegen das Nutzungsverbot wendet. Dieses Verbot richtet sich nach dem eindeutigen Wortlaut der angegriffenen Verfügung allein gegen diejenigen Personen, welche die Bau- und Campingwagen sowie sonstigen Baulichkeiten nutzen. Dazu zählt der Antragsteller nicht. Selbst seine Vorsitzende nutzt diese Baulichkeiten nicht. Der Vortrag in der Beschwerdebegründungsschrift, der Antragsteller trete in einer einem Vermieter vergleichbaren Weise auf und sei deshalb mittelbarer Besitzer, steht – erstens – in nicht aufgelöstem Widerspruch zu den wiedergegebenen Ausführungen im Schreiben vom Oktober 2003. Zweitens und vor allem aber ist er rechtlich unerheblich. Die Bauaufsichtsbehörde darf die Nutzung einer baulichen Anlage unmittelbar demjenigen verbieten, welcher sie in Gebrauch hat. Die Nutzung aufgeben kann grundsätzlich jeder allein, dazu braucht er nicht die Genehmigung eines Vermieters oder sonst einer Person, die an dem Gegenstand obligatorische oder dingliche Rechte besitzt. Es stellt unter Umständen sogar einen Verstoß gegen das Übermaßverbot dar, wenn sich die Bauaufsichtsbehörde mit der Aufforderung an den Vermieter (oder eine ähnlich positionierte Person) wendet, die Nutzung durch einen Dritten beenden zu lassen (vgl. zum Vorstehenden Große-Suchsdorf/Lindorf/Schmaltz/Wiechert, NBauO, Komm., 7. Aufl., §89 Rdnr. 72 und 73).

Zulässig ist der Antrag hingegen, soweit sich der Antragsteller gegen die ihn als Eigentümer einiger Baulichkeiten richtende Aufforderung wendet, diese zu beseitigen. Insoweit greifen die Beschwerdeangriffe, auf die sich die Prüfung wegen §146 Abs. 4 Satz 6 VwGO zu beschränken hat, indes nicht durch.

Insbesondere genügt insoweit die Anordnung des Sofortvollzuges entgegen der Annahme des Antragstellers – noch – den Anforderungen, welche §80 Abs. 3 Satz 1 VwGO stellt. Das Erfordernis gesonderter schriftlicher Begründung soll der Behörde u. a. und insbesondere den Ausnahmecharakter der Vollziehungsanordnung vor Augen führen und sie veranlassen, das besondere, ausnahmsweise überwiegende öffentliche Interesse an einer solchen Vollziehung aus den Umständen des Einzelfalles besonders zu rechtfertigen. Dieses muß i. d. R. über jenes hinausgehen, das am Erlaß des für sofort vollziehbar erklärten Verwaltungsakt besteht. Die Behörde darf sich daher nicht auf formelhafte Wendungen beschränken, sondern muß darlegen, weshalb gerade in diesem Falle ausnahmsweise ein Interesse daran besteht, vom Regelfall des §80 Abs. 1 Satz 1 VwGO abzugehen, wonach Widerspruch und die ihm nachfolgende Anfechtungsklage aufschiebende Wirkung entfalten. Umfang und „Tiefe" der Begründung nach §80 Abs. 3 Satz 1 VwGO hängt ebenso wie diejenige nach §39 VwVfG davon ab, was dem Adressaten an Erwägungen schon bekannt ist.

Danach greifen die Beschwerdeangriffe im Ergebnis (noch) nicht durch. Es trifft zwar auf den ersten Blick zu, daß sich die Begründung für den Sofortvollzug betreffend die Beseitigungsanordnung äußerlich betrachtet nur an dem zu orientieren scheint, was für den „durchschnittlichen Schwarzbauer" an Begründung gegeben zu werden pflegt. Indes spricht gerade die vom Antragsteller und der Antragsgegnerin in wesentlichen Teilen übereinstimmend geschilderte und daher beiden bekannte Vorgeschichte dafür, daß es weitergehender Erwägungen nach §80 Abs. 3 Satz 1 VwGO nicht zwingend bedurfte (wenngleich weitergehende Erwägungen wünschenswert gewesen wären). Auch nach der Schilderung der Vorgeschichte in der Version des Schriftsatzes des Antragstellers vom April 2004 war klar, daß die Unterbringung auf diesem Areal keinen endgültigen, auf längere Dauer geduldeten Zustand darstellen würde. Zunächst handelte es sich nur um eine Eilmaßnahme, um den Konflikt zu entschärfen, welcher sich aus der Unterbringung auf einem Gelände (Gemeinschaftszentrum C.) ergab, welches auch von anderen, den hier auftretenden Personen nicht durchweg freundlich gesonnenen Personen genutzt wurde. Dabei war die Position des Antragstellers und der Nutzer der Wagenburg von vornherein „schwach". Nur solange die Antragsgegnerin „politisch" den Willen hatte, den Antragsteller in seinem Bestreben nach einem „autonomen Jugendzentrum" zu unterstützen und lediglich flankierend dazu die Wagenburg zu dulden, sollte diese dort auch aufgestellt sein. Für sich selbst stellt die Erhaltung der Wagenburg für die Antragsgegnerin zu keinem Zeitpunkt ein unterstützungswürdiges Vorhaben dar. Andernfalls wären über die Nutzung irgendwelche Vereinbarungen getroffen oder den Betreibern in anderer Weise signalisiert worden, ihres Bleibens sei dort länger. Derartige „Signale" hat der Antragsteller nicht vorzutragen vermocht. Eine Baugenehmigung (Schriftformerfordernis) wurde nicht erteilt. Weder der Umstand, daß Mitarbeiter der Antragsgegnerin beim Umzug (in welchem Umfang auch immer) mitgeholfen haben, noch ein etwa 15monatiger „Stillstand" (Juli 2002 bis zur Beschlußfassung von Verwaltungsausschuß und Rat der Antragsgegnerin) konnten ein Vertrauen dahin begründen, die Antragsgegnerin habe sich mit dieser Wagenburg auf unabsehbare Zeit abgefunden.

Selbst wenn ein solches Vertrauen entstanden sein würde, wäre es durch die Beschlüsse des Verwaltungsausschusses vom September 2003 und des Rates vom Dezember 2003 sowie die Schreiben vom 8. 10. 2003 (an die sich dort aufhaltenden Personen und zugleich an den Antragsteller) zerstört worden. Nunmehr war deutlich, daß sich die Antragsgegnerin jedenfalls durch Hinnahme der Wagenburg nicht mehr für die Zwecke des Antragstellers verwenden wollte und in jedem Fall, d. h. unabhängig davon, wie die Suche nach einem festen Gebäude für ein „autonomes Jugendzentrum" ausgehen würde, die Beseitigung der Wagenburg wünschte. Da hiermit denknotwendig die Aufforderung verbunden war, das Gelände sogar schon zum 31. 10. 2003 zu räumen, konnte sich die Antragsgegnerin in der dann erlassenen Verfügung vom 27. 1. 2004 auf die Darlegung beschränken, jedenfalls jetzt könne diese Wagenburg – immerhin der klassische Ausdruck nicht ordnungsgemäßen Bauens (vgl. dazu u. a. OVG Münster, Beschluß v. 6. 8. 2001 – 10 B 705/01 –, BauR 2001, 1892 = NVwZ-RR 2002, 11 = BRS 64 Nr. 196) – nicht mehr länger hingenommen werden. Die Antragsgegnerin mag daher im Jahre 2002 die Hand zur Entstehung dieses Zustandes gereicht haben. Sie verhielt sich indes jedenfalls Anfang Januar 2004 längst nicht mehr widersprüchlich, wenn sie nunmehr auf der Einhaltung des für alle geltenden Baurechts bestand und einen solchen Zustand nicht länger, d. h. für die Dauer eines sich ja abzeichnenden Gerichtsverfahrens hinnehmen wollte. Angesichts dessen durfte sie sich zur Begründung des Sofortvollzuges mit den Hinweisen begnügen, die im Bescheid vom 27. 1. 2004 enthalten sind.

Die Beschwerde der Antragsgegnerin ist hingegen begründet. Die vom Verwaltungsgericht angestellten Erwägungen tragen die Antragsteilstattgabe nicht.

Die streitigen Anlagen stellen – wie das Verwaltungsgericht zutreffend festgestellt hat – bauliche Anlagen dar. Nach der Rechtsprechung des Senats (Beschluß v. 30. 11. 1992 – 1 M 4620/92 –, BauR 1993, 454) stellt sogar ein Fischverkaufswagen, der regelmäßig an einer bestimmten Stelle aufgestellt wird, eine bauliche Anlage dar. Denn ob eine Anlage i. S. des § 2 Abs. 1 Satz 1 NBauO dazu bestimmt ist, „vorwiegend ortsfest" benutzt zu werden, ist auf

Grund einer wertenden Betrachtungsweise zu ermitteln. Diese hat sich nicht allein daran zu orientieren, ob die Dauer der ortsfesten Nutzung länger ist als die Zeit, in der die Anlage bewegt wird. Maßgeblich ist vielmehr, ob die Anlage als Ersatz für Gebäude dient. Das ist hier erst recht und eindeutig zu bejahen.

Gegen die Würdigung des Verwaltungsgerichts, diese Anlage sei baugenehmigungsbedürftig und in Ermangelung einer – nur schriftlich zu erteilenden (§ 75 Abs. 3 NBauO) – Baugenehmigung formell illegal, bringen beide Beteiligten ebensowenig durchgreifende Beschwerdeangriffe vor wie gegen die Annahme, diese Vorhaben seien auch materiell baurechtswidrig. Deswegen sind wegen § 146 Abs. 4 Satz 6 VwGO weitere Ausführungen nicht veranlaßt.

Entgegen der Annahme des Verwaltungsgerichts war die Aufforderung, die Wagen innerhalb von nur zwei Wochen zu entfernen, nicht ermessenswidrig.

Wie oben schon dargestellt, wird bei Allgemeinverfügungen nur „relativ", d. h. im Verhältnis zum jeweiligen Widerspruchsführer und Kläger geprüft, ob die Verfügung rechtswidrig ist. Die vom Verwaltungsgericht befürchtete Obdachlosigkeit kann beim Antragsteller indes nicht eintreten. Er nutzt diese Anlagen gar nicht. Im Verhältnis zu ihm ist nicht von rechtlichem Interesse, ob die Nutzer eventuell im eigentlichen Sinne „obdachlos" würden. Das würde im übrigen zudem wohl nur die Zwangsmittelandrohung betroffen haben. Aber auch in diesem Verhältnis stellen sich jedenfalls derzeit durchgreifende Vollstreckungshindernisse nicht in den Weg. Denn kraft der für sofort vollziehbar erklärten Nutzungsuntersagung sind die Nutzer gehalten, die dem Antragsteller gehörenden baulichen Anlagen zu verlassen. Einer Duldungsverfügung bedurfte es also nicht.

Die Vorgeschichte zwang die Antragsgegnerin nach den vorstehenden Ausführungen zu § 80 Abs. 3 Satz 1 VwGO ebenfalls nicht, dem Antragsteller gegenüber Nachsicht zu üben. Die Antragsgegnerin mag anfangs die Aufstellung der Wagenburg und die Suche nach dem „autonomen" Jugendzentrum miteinander verknüpft haben. Diese Verbindung hat sie – wie oben dargelegt – indes schon im September/Oktober 2003 unmißverständlich, und ohne daß dem Antragsteller insoweit rechtliche Abwehrrechte zustünden, wirksam gelöst. Folgerichtig hat sie den Antragsteller schon mit Schreiben vom 8.10.2003 aufgefordert, seine Aktivitäten dort zu beenden, soweit er hierzu bauaufsichtsbehördlich als Eigentümer von baulichen Anlagen verbunden sei. Mit der Aufforderung, seine Wagen zu beseitigen, mußte zugleich Nachahmungen dergestalt vorgebeugt werden, daß nunmehr andere Wagen dort aufgestellt würden und die Wagenburg in anderer Zusammensetzung sich fortsetzte. ...

Nach dem Vorstehenden sind auch keine abschließenden Ausführungen mehr zur Frage veranlaßt, ob jedenfalls die nunmehr mit Bescheid vom Juli 2004 verlängerte Ausführungsfrist diesen Mangel hätte heilen können. Das wäre im übrigen zu bejahen gewesen. Wenn der Antragsteller nachteilige (vor allem: Kosten-)Folgen hätte vermeiden wollen, dann hätte er jedenfalls diesen Bescheid zum Anlaß nehmen müssen, die Hauptsache insoweit für erledigt zu erklären. Das hat er nicht getan.

Nr. 203

Eine vor Erlaß eines Verwaltungsaktes unterbliebene Anhörung kann im gerichtlichen Eilverfahren nachgeholt werden.

Die formelle Illegalität einer Nutzung rechtfertigt ungeachtet deren Genehmigungsfähigkeit grundsätzlich den Erlaß eines sofort vollziehbaren Nutzungsverbots.

HBO 2002 §§ 57 Abs. 2 Satz 3, 65 Abs. 1, 72 Abs. 1 Satz 2, Abs. 2; HVwVfG § 28 Abs. 1.

Hessischer VGH, Beschluß vom 6. Februar 2004 – 9 TG 2706/03 – (rechtskräftig).

(VG Darmstadt)

Aus den Gründen:
Die Vorinstanz ist zunächst zutreffend davon ausgegangen, daß die angegriffene bauaufsichtliche Verfügung, in welcher die Nutzung eines genehmigten Wohnhauses als „Swinger-Club" untersagt wurde, nicht aus formellen Gründen zu beanstanden ist. Selbst wenn man davon ausgeht, daß eine nach § 28 Abs. 1 HVwVfG vor Erlaß des Nutzungsverbots gebotene Anhörung des Antragstellers unterblieben sein sollte, wäre der darin liegende Verfahrensfehler nachträglich geheilt worden. Nach § 45 Abs. 1 Nr. 3 HVwVfG ist eine vor Erlaß des Verwaltungsakts unterbliebene Anhörung unbeachtlich, wenn sie nachgeholt wird. Die Nachholung kann bis zum Abschluß eines gerichtlichen Verfahrens erfolgen (§ 45 Abs. 1 Nr. 3 HVwVfG). Es ist auch möglich, die unterbliebene Anhörung durch Stellungnahmen im gerichtlichen Eilverfahren nachzuholen. Wesentliche Voraussetzung für eine auf diese Art erfolgende Heilung ist aber, daß die Qualität der Anhörung nicht hinter derjenigen zurückbleibt, die sie im Normalfall des § 28 Abs. 1 HVwVfG hat (so bereits Hess. VGH, Beschluß v. 20. 5. 1988 – 4 TH 3354/87 –, DÖV 1988, 1023 = ESVGH 38, 243). Diese Voraussetzung hat das Verwaltungsgericht bejaht, ohne daß der Antragsteller dem in seiner Beschwerdebegründung entgegengetreten wäre.

Der Senat folgt dem Verwaltungsgericht auch, soweit dieses davon ausgeht, daß allein die – hier unstreitig gegebene – formelle Baurechtswidrigkeit der ausgeübten Nutzung den Erlaß eines Nutzungsverbotes rechtfertigt. Dies entspricht der st. Rspr. des Hessischen VGH (vgl. beispielsweise Beschluß v. 2. 4. 2002 – 4 TG 575/02 –, BRS 65 Nr. 201 = BauR 2003, 526 m. w. N.). Nach § 72 Abs. 1 Satz 2 der Hessischen Bauordnung vom 18. 7. 2002 (GVBl. I, 274) – HBO – kann die Bauaufsichtsbehörde die Nutzung untersagen, wenn u. a. bauliche Anlagen im Widerspruch zu öffentlich-rechtlichen Vorschriften benutzt werden. Gemäß § 72 Abs. 2 HBO kann die Bauaufsichtsbehörde zwar verlangen, daß ein erforderliches Verfahren durchgeführt wird oder nach § 56 Abs. 3 Satz 1 HBO erforderliche Bauvorlagen eingereicht werden. § 72 Abs. 1 Satz 2 HBO beschränkt die Bauaufsichtsbehörde aber nicht darauf, dem Eigentümer aufzugeben, Bauvorlagen einzureichen, denn nur durch die Möglichkeit, formell illegale Nutzungen ohne Rücksicht auf eine etwaige materielle Illegalität zu untersagen, ist die Bauaufsicht in der Lage, das System des präventiven Bau- und Nutzungsverbots i. V. m. der Genehmigungspflicht zu sichern (vgl. dazu Hess. VGH, Beschluß v. 2.4.2002 – 4 TG 575/02 –, a. a. O.). §65 Abs. 1 HBO, wonach vor Zugang der Baugenehmigung oder vor Ablauf der Frist nach §57 Abs. 2 Satz 3 HBO mit der Ausführung des Vorhabens nicht begonnen werden darf, enthält gleichzeitig ein Verbot des Bauens (oder Nutzens) ohne Baugenehmigung und verpflichtet den Bauherrn, selbst in Fällen der rechtswidrigen Versagung der Baugenehmigung, diese im Rechtsweg zu erstreiten, bevor er mit den Bauarbeiten beginnt oder die Nutzung aufnimmt.

Da allein die formelle Illegalität der Nutzung des Wohnhauses als „Swinger-Club" das Nutzungsverbot rechtfertigt, bedarf es hier keiner Entscheidung, ob die neue Nutzung genehmigungsfähig ist.

Auch die Anordnung der sofortigen Vollziehung der gegenüber dem Antragsteller ausgesprochenen Nutzungsuntersagung ist nicht zu beanstanden. Dies wird in der angegriffenen Verfügung u. a. damit begründet, daß der Antragsteller sich ohne die Anordnung der sofortigen Vollziehung über das Baurecht hinwegsetzen und sich zumindest zeitliche Vorteile gegenüber dem rechtmäßig handelnden Bürger verschaffen könnte. Dies gelte nicht zuletzt im Hinblick auf die Dauer von Verwaltungsstreitverfahren einschließlich ihrer Vorverfahren. Diese Begründung hält einer rechtlichen Überprüfung stand. Es entspricht st. Rspr. des Hessischen Verwaltungsgerichtshofs, daß die Vollziehung eines Nutzungsverbots regelmäßig eilbedürftig ist, weil nur durch diese Anordnung die Wirksamkeit des mit der Baugenehmigungspflicht verbundene Nutzungsverbots gesichert werden kann. Ein Verstoß gegen die Ordnungsfunktion des formellen Baurechts, die ihren Niederschlag in einem präventiven gesetzlichen Bauverbot gefunden hat, reicht für die Begründung des sofortigen Vollzugs eines Nutzungsverbots aus (vgl. dazu Hess. VGH, Beschluß v. 23. 12. 1988 – 4 TH 4362/88 –, NVwZ 1990, 583).

Nr. 204

1. **Die Untersagung der Nutzung eines Grundstücks als Lagerplatz verpflichtet den Adressaten nicht, gelagerte Gegenstände zu beseitigen.**
2. **Auf die Ausnahme von der Genehmigungspflicht für Lagerplätze bis zu 300 m² Fläche (Art. 63 Abs. 1 Satz 1 Nr. 13 Buchst. b BayBO) kann sich nur berufen, wer diese Fläche konkret bezeichnet hat.**

VwGO §80 Abs. 2 Satz 1 Nr. 4; BayBO Art 82 Satz 2, Art 63 Abs. 1 Nr. 13 Buchst. b.

Bayerischer VGH, Beschluß vom 4. August 2004 – 15 CS 04.1648 – (rechtskräftig).

Der Antragsteller begehrt vorläufigen Rechtsschutz gegen eine für sofort vollziehbar erklärte Nutzungsuntersagung und wendet sich gegen die Ablehnung seines hierauf gerichteten Antrags durch das Verwaltungsgericht Regensburg.

Nr. 204

1. Der Antragsteller führt auf seinem Grundstück FlNr. 1277 einen Betrieb, der im wesentlichen darauf gerichtet ist, Metall-Gitterboxen zu reparieren und zu lackieren. Das Landratsamt genehmigte zunächst den Neubau einer Werkstatt mit Lackierraum und mit Sozialräumen sowie einen sich daran nordöstlich anschließenden überdachten Lagerplatz. Statt des überdachten Lagerplatzes errichtete der Antragsteller eine weitere Werkhalle und nutzte zudem den Hofraum seines Anwesens als Lagerplatz. ... Verschiedene Ortsbesichtigungen des Landratsamtes ergaben, daß der Antragsteller einen nicht unbeträchtlichen Teil der Freiflächen des Grundstücks FlNr. 1277 dazu benutzte, Gitterboxen und andere Gegenstände zu lagern. Mit Bescheid vom März 2004 untersagte das Landratsamt dem Antragsteller, eine näher bezeichnete Fläche des Grundstücks FlNr. 1277 zu gewerblichen Lager- und Abstellzwecken zu nutzen (Nr. 1 des Bescheidstenors). Des weiteren ordnete das Landratsamt die sofortige Vollziehung der Nutzungsuntersagung an (Nr. 2 des Bescheidstenors).

Der Antragsteller erhob Widerspruch, über den die Regierung noch nicht entschieden hat.

Aus den Gründen:

II. 2. Das Verwaltungsgericht hat es im Ergebnis zu Recht abgelehnt, die aufschiebende Wirkung wiederherzustellen. Die Beschwerdebegründung rechtfertigt keine andere Entscheidung. Sie läßt bei der gebotenen summarischen Prüfung einen Erfolg des Widerspruchs gegen die Nutzungsuntersagung und damit ein schutzwürdiges Interesse des Antragstellers an einer aufschiebenden Wirkung nicht erkennen.

a) Anders als es das Verwaltungsgericht annimmt und die auf die Genehmigungsfähigkeit der untersagten Nutzung bezogenen Ausführungen der Beschwerde zugrunde legen, kommt es für den Widerspruch zu öffentlich-rechtlichen Vorschriften (Art. 82 Satz 2 BayBO) nicht darauf an, ob für die dem Antragsteller untersagte Nutzung eine Baugenehmigung beansprucht werden kann. Es genügt, wenn die untersagte Nutzung baugenehmigungspflichtig ist und eine Genehmigung – wie hier – nicht vorliegt (formelle Baurechtswidrigkeit). Art. 82 BayBO verlangt nach seinem Wortlaut nur für die Beseitigungsanordnung (Satz 1), nicht aber für die Nutzungsuntersagung (Satz 2), daß nicht auf andere Weise rechtmäßige Zustände geschaffen werden können. Denn die Nutzungsuntersagung greift im Gegensatz zur Beseitigungsanordnung nicht in die Substanz vorhandenen Vermögens ein. Ihr durch Art. 82 Satz 2 BayBO vorgegebener Regelungsinhalt erschöpft sich regelmäßig in einem bloßen Unterlassen und darf im Grundsatz nicht um Anordnungen ergänzt werden, welche die Beseitigung von Gegenständen fordern (vgl. Jäde, in: Jäde/Dirnberger/Bauer/Weiß, Die neue bayerische Bauordnung, Rdnr. 294 und 307 zu Art. 82 m. w. N.). Hiervon weicht der angefochtenen Bescheid nicht ab. Seinem Wortlaut und erkennbaren Sinn nach untersagt er lediglich, näher bestimmte Freiflächen des Grundstücks als gewerbliche Lager- und Abstellflächen zu nutzen. Das verbietet es dem Antragsteller, auf den betroffenen Freiflächen gewerblich Gegenstände erneut zu lagern, nicht aber sie lediglich (passiv) liegen zu lassen oder zu beseitigen. Die Frage einer materiellen Illegalität stellt sich damit in diesem Zusammenhang nicht.

b) Der Antragsteller wendet ein, die von ihm ausgeübte Nutzung sei bis zu einer Fläche von 300 m² formell baurechtmäßig, da es nach Art. 63 Abs. 1 Satz 1 Nr. 13 Buchst. b BayBO für einen Lagerplatz dieser Größe keiner Baugenehmigung bedürfe. Das verkennt, daß diese Genehmigungsbefreiung jedenfalls voraussetzt, daß der Antragsteller eine entsprechende Fläche konkret bezeichnet. Anders wäre auch nicht feststellbar, ob das Vorhaben etwa mit Blick auf den Immissionsschutz den Anforderungen entspricht, die durch öffentlich-rechtliche Vorschriften an – auch genehmigungsfreie – bauliche Anlagen gestellt werden (Art. 63 Abs. 6 Satz 1 BayBO). Das ist seitens des Antragstellers nicht geschehen. Er hat statt dessen die Freifläche des Grundstücks in unterschiedlichem Umfang für die Lagerung von Gegenständen genutzt. Diese ist damit nach ihrer Zweckbestimmung insgesamt als Lagerplatz anzusehen (vgl. hierzu Dirnberger, in: Jäde/Dirnberger/Bauer/Weiß, Die neue bayerische Bauordnung, Rdnr. 256 zu Art. 63). Unabhängig davon hat das Landratsamt zwei weitere, ihrer Lage nach bestimmte Flächen von der Nutzungsuntersagung ausgenommen (hierzu 2c)). Das berücksichtigt faktisch die Genehmigungsfreiheit nach Art. 63 Abs. 1 Satz 1 Nr. 13 Buchst. b BayBO. Soweit der Antragsteller – unter Aufgabe der vom Landratsamt bestimmten Flächen – an anderer Stelle einen Lagerplatz genehmigungsfrei nutzen will, hat er diesen konkret zu bezeichnen.

c) Die Beschwerdebegründung ergibt nicht, daß die Nutzungsuntersagung unverhältnismäßig und damit ermessensfehlerhaft (§ 114 Satz 1 VwGO) ist.

Die untersagte Nutzung ist nicht offensichtlich genehmigungsfähig (vgl. hierzu Jäde, in: Jäde/Dirnberger/Bauer/Weiß, a. a. O., Rdnr. 300 zu Art. 82). Bei der im Eilverfahren gebotenen summarischen Prüfung ist nicht absehbar, ob eine Baugenehmigung die gegenüber dem Nachbargrundstück FlNr. 1277/1 gebotene Rücksichtnahme (§ 34 Abs. 1 Satz 1 BauGB, § 15 Abs. 1 Satz 2 Alt. 1 BauNVO) in Hinblick auf die zu erwartenden Geräuschimmissionen wahrt. Der Vortrag des Antragstellers, „inoffizielle Messungen" hätten keine Überschreitung der „Lärmwerte" ergeben, ist schon zu unsubstantiiert, um eine andere Beurteilung zu rechtfertigen. Eine nähere Untersuchung der für das Nachbargrundstück zu erwartenden Geräuschimmissionen erübrigt sich auch nicht deshalb, weil – wie der Antragsteller vorträgt – auf dem Betriebsgrundstück „nur Elektrostapler zum Einsatz gebracht" werden. Wegen des An- und Abtransports der Gitterboxen ist mit einem nicht unerheblichen Lkw-Verkehr zu rechnen. Zudem sind für die Zumutbarkeit der Geräuschimmissionen im Grundsatz nicht allein die von dem zu genehmigenden Vorhaben (Lagerplatz) verursachten Immissionen maßgeblich, sondern die Gesamtbelastung am maßgeblichen Immissionsort (vgl. Nrn. 3.2.1 und 2.4 TA-Lärm).

Der Antragsteller trägt weiter vor, bei Untersagung der Nutzung zu gewerblichen Lager- und Abstellzwecken auf den im Bescheid näher bezeichneten Flächen sei er nicht in der Lage, die vertraglichen Verpflichtungen gegenüber seinen Auftraggebern zu erfüllen mit der Folge, daß wegen der zu befürchtenden Schadensersatzforderungen der Bestand des Betriebs gefährdet sei. Eine derartige Gefahr hat der Antragsteller weder im Rahmen der Anhörung vor Erlaß der Nutzungsuntersagung noch sonst in irgendeiner Form belegt. Sie besteht nach dem übrigen Beschwerdevorbringen auch nicht. Danach sei eine Lagerfläche von mindestens 300 m² erforderlich, um den Betrieb aufrechtzuerhalten. Eine solche Fläche steht zur Verfügung. Nach dem der angefochtenen Nutzungsuntersagung beigefügten Lageplan verbleiben dem Antragsteller zwei ungenehmigte Lagerflächen (Roteintrag): Eine im Eingangsbereich des als Lagerhalle genehmigten Gebäudes und eine weitere im Bereich des vormals geplanten überdachten Lagerplatzes. Die geduldeten Lagerflächen haben nach den handschriftlichen Einträgen im beigefügten Lageplan eine Fläche von etwa 250 m^2. Bereits damit steht die nach den Angaben des Antragstellers notwendige Mindestlagerfläche zur Verfügung. Das Landratsamt hat diese Flächen zeichnerisch nur grob (Lageplan Maßstab etwa 1 : 1000) wiedergegeben und textlich nicht quadratmetergenau („ca.") bestimmt. Das läßt den Schluß zu, daß die zur Ausschöpfung der Mindestlagerfläche notwendige geringfügige Überschreitung der Flächenangaben zulässig ist, sofern die geduldete Lagerung die rot gekennzeichneten Bereiche nicht ersichtlich verläßt. Im übrigen besteht kein Anhalt dafür, daß der Antragsteller die südlich der Werkhalle verbliebene genehmigte Lagerfläche (etwa 170 m²) aus tatsächlichen Gründen nicht nutzen kann.

Nr. 205

Eine Baueinstellung ist nicht schon dann rechtswidrig, wenn ein Bauherr eine noch nicht vorliegende baurechtliche Genehmigung oder sonstige Gestattung beanspruchen kann. Dies gilt auch dann, wenn ein solcher Anspruch offensichtlich besteht.

LBO § 64 Abs. 1.

VGH Baden-Württemberg, Beschluß vom 3. August 2004 – 5 S 1134/04 – (rechtskräftig).

(VG Freiburg)

Aus den Gründen:
Eine Baueinstellung ist nicht schon dann rechtswidrig, wenn ein Bauherr eine noch nicht vorliegende baurechtliche Genehmigung oder sonstige Gestattung beanspruchen kann. Denn das Baueinstellungsverfahren dient, wie etwa § 64 Abs. 1 Satz 2 Nrn. 1 und 2 LBO zeigen, dazu sicherzustellen, daß ein Bauvorhaben nicht ohne die vorherige Einholung der erforderlichen Gestattung verwirklicht wird. Eine dem Bauherrn günstige Ermessensentscheidung im Baueinstellungsverfahren kommt allenfalls in Betracht, wenn die Erteilung der Gestattung unmittelbar bevorsteht (Sauter, Landesbauordnung für Baden-Württemberg, § 64 Rdnr. 4, 6 und 31 m. w. N.). Dies ist jedoch nach Lage der Akten im vorliegenden Verfahren gerade nicht der Fall. Einem unmittelbaren Bevorstehen der Erteilung der erforderlichen Gestattung steht nach Auffassung des Senats nicht der Fall gleich, daß ein Anspruch auf eine notwendige behördliche Gestattung offensichtlich gegeben ist (so auch VG Neustadt, Urteil v. 25.10.2002 – 4 K 2409/02.NW –, Juris). Denn andernfalls gäbe es kein Mittel, es einem Bauherrn zu verwehren, sein Vorhaben ohne die vorgeschriebene präventive Kontrolle zu verwirklichen.

Nr. 206

Sollen bestimmte Nutzungen baulicher Anlagen gemäß § 61 Abs. 1 BauO NRW aus formellen und/oder materiellen Gründen untersagt werden, bedarf es konkreter Feststellungen dazu, welche Nutzungen möglicherweise genehmigt sind und welche Nutzungen tatsächlich ausgeübt werden, da sich andernfalls nicht sicher beurteilen läßt, ob die Nutzungen, die untersagt werden sollen, außerhalb der Variationsbreite des möglicherweise Erlaubten liegen.

BauO NRW § 61.

OVG Nordrhein-Westfalen, Beschluß vom 29. November 2004
– 10 B 2076/04 – (rechtskräftig).

(VG Gelsenkirchen)

Der Antragsteller, über dessen Vermögen das Insolvenzverfahren eröffnet ist, betreibt eine Tankstelle mit Wartungshalle und zwei SB-Waschboxen. Der Antragsgegner erließ eine Ordnungsverfügung gegen ihn, mit der er ihm den Betrieb der SB-Waschboxen und einer Hebebühne sowie Kraftfahrzeugreparaturarbeiten und die Ausübung eines Reifendienstes auf dem Tankstellengrundstück untersagte. Zudem ordnete der Antragsgegner die sofortige Vollziehung der Ordnungsverfügung an. Den Antrag des Antragstellers auf Wiederherstellung der aufschiebenden Wirkung seines gegen die Ordnungsverfügung eingelegten Widerspruchs lehnte das Verwaltungsgericht wegen mangelnder Antragsbefugnis als unzulässig ab. Die Beschwerde hatte Erfolg.

Aus den Gründen:
Der sinngemäß gestellte Antrag des Antragstellers, die aufschiebende Wirkung seines gegen die Ordnungsverfügung des Antragsgegners eingelegten Widerspruchs anzuordnen bzw. wiederherzustellen, ist nicht – wie das Verwaltungsgericht angenommen hat – mangels Antragsbefugnis unzulässig. Daß mit Beschluß des AG D. das Insolvenzverfahren über das Vermögen des Antragstellers eröffnet worden ist, schließt eine die eigenen Rechte betreffende Verletzung des Antragstellers durch die Ordnungsverfügung nicht aus.
Der Antragsteller ist Adressat der Verfügung, mit der ihm als Betreiber der Tankstelle bestimmte Nutzungen und Tätigkeiten – auch persönlich – untersagt werden. Für den Fall der Zuwiderhandlung werden ihm Zwangsgelder angedroht. Dem Antragsgegner war im Zeitpunkt des Erlasses der Ordnungsverfügung das schwebende Insolvenzverfahren bekannt. Gleichwohl hat er die Ordnungsverfügung in Ansehung der tatsächlichen Verhältnisse unmittelbar an den Antragsteller adressiert und nicht etwa an den Insolvenzverwalter. Ob die Ordnungsverfügung angesichts der Insolvenz Eigentums- oder Vermögensrechte des Antragstellers zu berühren vermag, kann offenbleiben. Jedenfalls schränkt die Ordnungsverfügung die persönliche und berufliche Handlungsfreiheit des Antragstellers in erheblicher Weise ein, denn trotz des über sein Vermögen eröffneten Insolvenzverfahrens betreibt er die Tankstelle nach seinem unwidersprochen gebliebenen Vortrag bis heute. Sollte er die auf dem Tankstellengrundstück vorhandene Hebebühne benutzen, dort ein

Kraftfahrzeug reparieren oder Kraftfahrzeugreifen verkaufen oder montieren, müßte er damit rechnen, daß ein Zwangsgeld gegen ihn festgesetzt wird.

Die vorstehenden Gesichtspunkte hat der Antragsteller in seiner Beschwerdebegründung, auf deren Prüfung der Senat gemäß § 146 Abs. 4 Satz 6 VwGO beschränkt ist, angesprochen.

Die Beschwerde ist auch in der Sache begründet.

Nach dem Ergebnis der in den Verfahren des vorläufigen Rechtsschutzes gebotenen summarischen Überprüfung der Sach- und Rechtslage spricht Überwiegendes dafür, daß die angefochtene Ordnungsverfügung des Antragsgegners rechtswidrig ist und den Antragsteller in seinen Rechten verletzt (§ 113 Abs. 1 Satz 1 VwGO). Die im Rahmen des § 80 Abs. 5 VwGO vorzunehmende Interessenabwägung geht daher zu Lasten des Antragsgegners aus.

Gemäß § 61 Abs. 1 BauO NRW haben die Bauaufsichtsbehörden u. a. bei der Errichtung und der Nutzung baulicher Anlagen darüber zu wachen, daß die öffentlich-rechtlichen Vorschriften eingehalten werden und in Wahrnehmung dieser Aufgaben nach pflichtgemäßem Ermessen die erforderlichen Maßnahmen zu treffen. Nach Lage der Akten ist die auf diese Vorschrift gestützte Ordnungsverfügung ermessensfehlerhaft. Der Antragsgegner hat, indem er den seiner Entscheidung zugrunde gelegten Sachverhalt in wesentlicher Hinsicht nur unvollständig ermittelt hat, von dem ihm eingeräumten Ermessen in einer dem Zweck der Ermächtigung nicht entsprechenden Weise Gebrauch gemacht (§ 114 Satz 1 VwGO).

Sollen – wie hier – bestimmte Nutzungen baulicher Anlagen aus formellen und/oder materiellen Gründen untersagt werden, bedarf es konkreter Feststellungen dazu, welche Nutzungen möglicherweise genehmigt sind und welche Nutzungen tatsächlich ausgeübt werden. Andernfalls läßt sich nicht sicher beurteilen, ob die Nutzungen, die untersagt werden sollen, außerhalb der Variationsbreite des möglicherweise Erlaubten liegen.

Den Verwaltungsvorgängen des Antragsgegners ist nicht zu entnehmen, inwieweit er überhaupt ermittelt hat, ob und in welcher Form die vom Antragsteller betriebene Tankstelle genehmigt ist.

Die in den Verwaltungsvorgängen dokumentierten Feststellungen zu den tatsächlichen Nutzungen, auf denen die Untersagungen beruhen, genügen den an sie zu stellenden Anforderungen nicht. In einem Vermerk heißt es dazu lediglich, eine Ortskontrolle habe ergeben, daß eine Hebebühne im 3-Meter-Abstand vorhanden sei und in der Servicehalle Reparaturarbeiten und Reifendienst ausgeführt würden. Die Verwaltungsvorgänge enthalten hierzu weder aussagekräftige Lichtbilder noch einen Lageplan, in den beispielsweise der genaue und vermaßte Standort der Hebebühne eingetragen ist. Feststellungen, aus denen sich ergibt, um welche Art von Hebebühne es sich handelt, welches Störpotential mit ihr verbunden ist und in welcher Form der Antragsteller sie im Erdboden verankert hat, fehlen ebenso wie nähere Angaben zur Art und zum Umfang der auf dem Tankstellengelände festgestellten Reparatur- und Reifendiensttätigkeiten. Solche Angaben erscheinen hier zwingend erforderlich, da der Betrieb einer Tankstelle nach allgemeinem Verständnis Pflegemaßnahmen und Serviceleistungen in gewissem Umfang mit umfaßt. Zu den im Rahmen eines Tankstellenbetriebes zulässigen Serviceleistungen gehören üblicherweise auch Reparaturarbeiten an Kraftfahrzeugen, die der Behebung kleinerer Mängel und Pannen dienen, um die Fahrbereitschaft zu erhalten oder wiederherzustellen. Die Pannenhilfe kann unter Umständen auch im Aufziehen eines neuen Reifen bestehen. Der Antragsteller trägt vor, er biete lediglich die zum normalen Tankstellenbetrieb zählenden Serviceleistungen an und halte etwa 20 Reifen für Pannenfälle vor. Er hat dazu ein Lichtbild vorgelegt, das einen fahrbaren Ständer mit einer vergleichbaren Anzahl von Reifen neben einer Zapfsäule zeigt.

Von einem unvollständig ermittelten Sachverhalt ist der Antragsgegner auch insoweit ausgegangen, als er angenommen hat, die dem Antragsteller erteilte Baugenehmigung sei nicht mehr gültig, da die Bauarbeiten länger als ein Jahr unterbrochen gewesen seien. Die letzte Ortskontrolle, die der Antragsgegner insoweit durchgeführt hat, hat noch vor Ablauf eines Jahres nach Erteilung der Baugenehmigung stattgefunden und kann daher keine Feststellungen erbracht haben, nach denen die Bauarbeiten länger als ein Jahr lang unterbrochen waren. Damals wurde festgestellt, daß weder mit der genehmigten Waschhalle noch mit den genehmigten Überdachungen begonnen worden sei. Ob der substanziierte und mit Lichtbildern untermauerte Vortrag des Antragstellers zutrifft, er habe fortlaufend an der Fertigstellung des Vorhabens gearbeitet (Austausch des Bodens, Verlegung von Wasser- und Stromleitungen, Einbau eines unterirdischen Sammelbehältnisses für Regenwasser), läßt sich anhand der besagten Ortskontrollen nicht widerlegen.

Soweit dem Antragsteller in Nr. 1 der Ordnungsverfügung der Betrieb der SB-Waschboxen sofort vollziehbar mit der Begründung untersagt worden ist, er habe die abschließende Fertigstellung der SB-Waschboxen nicht angezeigt und dürfe sie daher gemäß §82 Abs. 2 und 8 BauO NRW nicht nutzen, erweist sich die Ordnungsverfügung als unverhältnismäßig. Nach §82 Abs. 8 Satz 2 BauO NRW soll auf Antrag gestattet werden, daß die bauliche Anlage teilweise schon vor der abschließenden Fertigstellung benutzt wird, wenn wegen der öffentlichen Sicherheit oder Ordnung Bedenken nicht bestehen. Dies zeigt, daß es geboten gewesen wäre, dem Antragsteller – etwa im Rahmen einer Anhörung nach §28 VwVfG NRW – die Gelegenheit zu geben, einen entsprechenden Antrag zu stellen, zumal dem Antragsteller mit der Stillegung der SB-Waschboxen erkennbar ein erheblicher wirtschaftlicher Verlust drohte. Eine Anhörung ist nicht erfolgt. Ebenso wenig hat der Antragsgegner Ausführungen dazu gemacht, weshalb hier eine solche Vorgehensweise nicht in Betracht kam.

Nr. 207

Der Anspruch auf Beseitigung der Folgen rechtswidrigen Handelns eines Trägers öffentlicher Gewalt entfällt, wenn die Wiederherstellung des ursprünglichen Zustands für den verpflichteten Rechtsträger unzumutbar ist (im Anschluß an Urteil v. 26.8.1993 – 4 C 24.91 –, BVerwGE 94, 100, 113 f.).

Nr. 207

GG Art. 14 Abs. 1 Satz 2.

Bundesverwaltungsgericht, Beschluß vom 12. Juli 2004 – 7 B 86.04 –.

(OVG Rheinland-Pfalz)

Die Klägerin begehrt, die Beklagte zu verpflichten, 1966 in einem ihr gehörenden Grundstück verlegte Abwasserrohre zu beseitigen. Das Verwaltungsgericht hat die Klage abgewiesen. Die dagegen eingelegte Berufung hat das Oberverwaltungsgericht mit der Begründung zurückgewiesen, ein Folgenbeseitigungsanspruch bestehe nicht, weil die Wiederherstellung des früheren Zustandes für die Beklagte unzumutbar sei.

Die Beschwerde der Klägerin blieb ohne Erfolg.

Aus den Gründen:

II. 1. Die Beschwerde hält für klärungsbedürftig die Frage, ob es zur Begründung einer den Folgenbeseitigungsanspruch ausschließenden Unzumutbarkeit ausreicht, daß sich der Betroffene, welcher bewußt auf eine dingliche Sicherung verzichtet hat – ohne technische Schwierigkeiten zu rügen – zur Begründung der Unzumutbarkeit ausschließlich auf den mit der Herstellung des rechtmäßigen Zustands verbundenen finanziellen Aufwand beruft.

Die Beantwortung ergibt sich ohne weiteres aus der vorliegenden Rechtsprechung des Bundesverwaltungsgerichts, ohne daß die Beschwerde einen weiteren Klärungsbedarf aufzeigen könnte.

Ein Anspruch auf Folgenbeseitigung entfällt, wenn die Wiederherstellung des ursprünglichen Zustands für den verpflichteten Rechtsträger unzumutbar ist. Dies ist dann der Fall, wenn damit ein unverhältnismäßig hoher Aufwand verbunden ist, der zu dem erreichbaren Erfolg bei allem Respekt für das Verlangen nach rechtmäßigen Zuständen in keinem vernünftigen Verhältnis mehr steht (vgl. Urteil v. 26. 8. 1993 – 4 C 24.91 –, BVerwGE 94, 100, 113 f. = BRS 55 Nr. 17). Ein unverhältnismäßig hoher Aufwand kann insbesondere ein unverhältnismäßig hoher finanzieller Aufwand sein. Technische Schwierigkeiten bei der Folgenbeseitigung sind nicht erforderlich. ...

2. Eine Verletzung der gerichtlichen Aufklärungspflicht (§ 86 Abs. 1 VwGO) wird nicht prozeßordnungsgemäß begründet (§ 133 Abs. 3 Satz 3 VwGO); liegt der Sache nach aber auch nicht vor.

Die Beschwerde meint, das Oberverwaltungsgericht hätte der Frage nachgehen müssen, welche Planungen die Beklagte hinsichtlich der in Streit stehenden Rohrleitungen künftig verfolge. Es wird jedoch nicht dargelegt, auf Grund welcher Anhaltspunkte sich die unterbliebene Beweisaufnahme dem Gericht hätte aufdrängen müssen, obwohl sie von der anwaltlich vertretenen Klägerin nicht beantragt worden war.

Im übrigen macht die Klägerin mit ihrer Verfahrensrüge der Sache nach eine unzutreffende Anwendung des materiellen Rechts geltend. Ob es der Beklagten unzumutbar ist, die Rohrleitung zu entfernen, hätte das Oberverwaltungsgericht nach Auffassung der Klägerin nur unter Berücksichtigung der zukünftigen Planungen der Beklagten beurteilen dürfen. Sie wirft dem Oberverwaltungsgericht damit vor, in die erforderliche Prüfung der Unzumutbarkeit nicht alle Umstände eingestellt zu haben, die aus Gründen des materiellen Rechts hätten berücksichtigt werden müssen. Das Oberverwaltungsgericht geht demgegenüber ersichtlich davon aus, daß die Unzumutbarkeit nur nach dem gegenwärtig bestehenden System der Abwasserbeseitigung und der Bedeutung der umstrittenen Rohrleitung hierfür zu beurteilen ist. Von daher waren die künftigen Planungen der Beklagten für das Oberverwaltungsgericht nicht entscheidungserheblich und damit nicht klärungsbedürftig.

Nr. 208

Die dem Bauherrn aus einem öffentlich-rechtlichen Vertrag mit einer Gemeinde erwachsene Verpflichtung, ein auf fremdem Grund errichtetes Gebäude zu beseitigen, wird nicht durch den Eigentumsverlust auf Grund der Verbindung unmöglich, wenn dem Bauherrn ein Wegnahmerecht gegen den Grundstückseigentümer zusteht.

BayVwVfG Art. 54, 58, 59; BauGB § 36; BGB §§ 946, 951, 997.

Bayerischer VGH, Urteil vom 26. März 2004 – 25 B 01.382 – (rechtskräftig).

Der Rechtsstreit betrifft vertragliche Ansprüche der klagenden Gemeinde auf Freihaltung der Trasse einer Erschließungsstraße für ein geplantes Baugebiet.

1. Der Beigeladene – Vater bzw. Schwiegervater der Beklagten – ist Eigentümer des streitbefangenen Grundstücks. Sein Sohn und dessen Ehefrau – die Beklagten zu 1 und 2 – beantragten 1996 die Genehmigung zur Errichtung eines Wohnhauses mit Doppelgarage auf diesem Grundstück. Für das an vorhandene Bebauung anschließende Baugrundstück und einen folgenden, ebenfalls im Außenbereich gelegenen Geländebereich war die Klägerin in der Vorbereitung eines Bebauungsplans begriffen. Mit Beschluß vom September 1996 lehnte die Klägerin die Erteilung ihres Einvernehmens zu dem Bauvorhaben ab, weil es die Weiterführung der Ortsstraße zur Erschließung der Hinterliegergrundstücke unmöglich machen würde. In der Folgezeit fanden Gespräche zwischen der Klägerin, den Beklagten sowie dem Landratsamt statt, die schließlich zur Erteilung des gemeindlichen Einvernehmens mit Beschluß des Gemeinderates vom November 1996 unter folgenden „Bedingungen" führten:

a) Die Fläche der Trasse der Erschließungsstraße des künftigen Baugebietes ... wird entsprechend des Bebauungsplanentwurfs des Architekten X. von jeglicher Bebauung freigehalten.

b) ... Die vertragliche Verpflichtung zur Einhaltung dieser Bedingungen ist notariell zu beurkunden."

1997 schloß die Klägerin mit den Beklagten vor dem Notar ... einen Vertrag mit u. a. folgenden Vereinbarungen:

„Die Fläche der Trasse der Erschließungsstraße des künftigen Baugebietes ... entsprechend des Bebauungsplanentwurfs des Architekten vom November 1996 ist von jeglicher Bebauung freizuhalten. Die von einer Bebauung freizuhaltende Fläche der Trasse ist in der dieser Urkunde als Anlage beigefügten Plankopie – die den Beteiligten zur Ansicht vorgelegt wurde und auf die hiermit verwiesen wird – gelb gekennzeichnet."

In dem Vertrag wurden außerdem Fragen der vorläufigen Erschließung des Baugrundstücks geregelt. Eine Ablichtung des Bebauungsplanentwurfs war beigefügt.

1997 erteilte das Landratsamt die Baugenehmigung; durch Grüneintrag wurde dabei der Abstand der Doppelgarage zur westlichen Grundstücksgrenze im Bereich der Straßentrasse von 3 m auf 3,5 m erhöht. Auch bei dieser Situation lag die geplante Doppelgarage noch teilweise in der Trasse. In dieser Form wurde das Bauvorhaben verwirklicht.

2. Die Klägerin hatte gegen die Baugenehmigung Widerspruch eingelegt. Außerdem hatte sie beantragt, den Beklagten im Wege einer einstweiligen Verfügung zu untersagen, den Bau der Doppelgarage fortzuführen. Das Verwaltungsgericht untersagte 1997 die Fortführung der Bauarbeiten. Nachdem der Widerspruch der Klägerin gegen die Baugenehmigung zunächst erfolglos geblieben war, hob das Verwaltungsgericht diese mit Urteil vom Dezember 2000 auf.

3. Um die Entfernung der Doppelgarage aus der Trasse der geplanten Erschließungsstraße zu erreichen, erhob die Klägerin Klage gegen die Beklagten auf Beseitigung und gegen deren Vater bzw. Schwiegervater als Grundstückseigentümer auf Duldung der Beseitigung.

Aus den Gründen:
Der allgemeinen Leistungsklage der Klägerin auf Beseitigung der Doppelgarage ist stattzugeben.

1. Die in der Verwaltungsgerichtsordnung nicht ausdrücklich geregelte, aber stillschweigend vorausgesetzte (§§ 40, 43 Abs. 2, §§ 111, 113 Abs. 4 VwGO) allgemeine Leistungsklage ist ohne besondere Voraussetzungen zulässig und steht grundsätzlich auch der Klägerin als Hoheitsträgerin offen (von Albedyll, in: Bader/Funke-Kaiser/Kuntze/von Albedyll, VwGO, Rdnr. 127 zu § 42). Es fehlt ihr auch nicht das Rechtsschutzbedürfnis, weil eine Durchsetzung des behaupteten Beseitigungsanspruchs durch Erlaß eines Verwaltungsakts (vgl. Rennert, in: Eyermann, VwGO, 11. Aufl. 2000, Rdnr. 13 zu § 40; von Albedyll, a. a. O., Rdnr. 128) mangels sachlicher Zuständigkeit der Klägerin (Art. 61, 59 Abs. 1 Satz 1 BayBO) und wegen des Ermessensspielraums der Bauaufsichtsbehörden (vgl. Art. 82 Satz 1 BayBO) als vorrangiges Instrument der Rechtsschutzgewährung ausscheidet. Überdies haben die Klägerin und die Beklagten das umstrittene Rechtsverhältnis durch Vertrag geregelt und sich damit auf die Ebene der Gleichordnung begeben; für die daraus erwachsenden Ansprüche sind daher beide Seiten gleichermaßen auf gerichtlichen Rechtsschutz verwiesen.

2. Die Klägerin hat gegen die Beklagten aus dem notariellen Vertrag vom Januar 1997 Anspruch auf Beseitigung der Doppelgarage.

a) Bei diesem Vertrag handelt es sich nach Art. 54 Satz 1 BayVwVfG um einen öffentlich-rechtlichen Vertrag, der ein Rechtsverhältnis auf dem Gebiet des öffentlichen Rechts begründet. Die darin getroffene Vereinbarung, wonach die Trasse für die Erschließungsstraße des künftigen Baugebiets von jeglicher Bebauung freizuhalten ist, sollte ersichtlich dem öffentlich-rechtlichen Zweck dienen, die eingeleitete Bauleitplanung der Klägerin für dieses Gebiet nicht zu gefährden. Zudem hatte der Gemeinderat der Klägerin in seiner Sitzung vom November 1996 ausdrücklich beschlossen, das nach § 36 Abs. 1 Satz 1 BauGB erforderliche Einvernehmen zum Bauvorhaben der Beklagten nur unter der Bedingung zu erteilen, daß die entsprechende Fläche für die Erschließungsstraße von jeder Bebauung freigehalten wird. Durch diese – auch in der Vorbemerkung des Vertrags zum Ausdruck kommende – Verknüpfung einer im öffentlichen Recht wurzelnden Leistung der Gemeinde mit einer Gegenleistung der Beklagten wird der Austauschcharakter (Art. 56

BayVwVfG) des Vertrages deutlich und der öffentlich-rechtliche Zweck der Vereinbarung zusätzlich unterstrichen. Das hat der Senat bereits im Vorabentscheidungsverfahren über den Rechtsweg dargelegt (BayVGH v. 9.10.2000 – 25 C 00.2129–). Die übrigen Vertragsbestimmungen, die die Kostentragung für Erschließungsmaßnahmen betreffen, sprechen ebenfalls für und nicht gegen eine öffentlich-rechtliche Zwecksetzung.

b) Gegen ihre Vertragspflicht zur Freihaltung der Trasse der Erschließungsstraße haben die Beklagten mit der Errichtung der Doppelgarage verstoßen. Das ergibt sich objektiv aus den Bauplänen sowie der Anlage zum notariellen Vertrag und wird von den Beklagten auch eingeräumt. Die Verletzung der Vertragspflichten dauert derzeit noch an, denn „von jeglicher Bebauung freizuhalten" verlangt als primäre Vertragspflicht nicht nur ein Unterlassen, sondern auch ein aktives Beseitigen etwaiger baulicher Hindernisse. Die Beseitigungspflicht betrifft auch das gesamte Garagenbauwerk, obwohl es nur teilweise auf der vorgesehenen Erschließungsstraße steht. Ein teilweiser Abriß würde einen ruinenartigen Torso übrig lassen, der mit dem im Vertrag vorausgesetzten städtebaulichen Zweck der Erschließung eines neuen Baugebiets nicht vereinbar wäre. Die Beklagten sind aber nicht gehindert, nach Räumung der Trasse in einem geordneten Verfahren unter Verwendung von Teilen der Bausubstanz eine mit dem Vertrag vereinbare Alternativplanung zu verwirklichen.

c) Der Vertrag ist auch rechtswirksam. Die nach Art. 57 BayVwVfG erforderliche Schriftform wurde durch die notarielle Beurkundung gewahrt (vgl. § 126 Abs. 1, 4 BGB). Der Vertrag ist auch nicht deshalb gemäß Art. 58 Abs. 1 BayVwVfG unwirksam, weil der beigeladene Vater bzw. Schwiegervater der Beklagten seine Zustimmung als Grundstückseigentümer verweigert hat. Mit der vertraglichen Verpflichtung zur „Freihaltung" der Straßentrasse soll nur das Verhalten der beiden Bauherren gesteuert werden, Pflichten des Grundstückseigentümers sind nicht Vertragsgegenstand. Es handelt sich daher weder um einen Vertrag zulasten Dritter, noch greift der Vertrag i. S. des Art. 58 Abs. 1 BayVwVfG in Rechte eines Dritten ein. Die den Beklagten auferlegte vertragliche Verpflichtung soll nur das regeln, was in der Rechtsmacht der Beklagten liegt. In den Auswirkungen, die sich aus der vertraglichen Verpflichtung der Beklagten mittelbar auf deren Rechtsverhältnis zum Grundstückseigentümer ergeben können, liegt kein Eingriff i. S. des Art. 58 Abs. 1 BayVwVfG (vgl. auch Ziekow/Siegel, Entwicklung und Perspektiven des Rechts des öffentlichen Vertrages, VerwArch Bd. 95 (2004), S. 138f.).

Die vertragliche Leistungspflicht der Beklagten ist schließlich auch nicht deshalb entfallen, weil sie ihnen unmöglich geworden wäre. Nach Art. 59 Abs. 1 BayVwVfG ist ein öffentlich-rechtlicher Vertrag nichtig, wenn sich die Nichtigkeit aus der entsprechenden Anwendung von Vorschriften des Bürgerlichen Gesetzbuchs ergibt; ohnehin gelten ergänzend die Vorschriften dieses Gesetzes entsprechend (Art. 62 Satz 2 BayVwVfG). Eine Unmöglichkeit der Leistung i. S. der §§ 275, 323, 324 und 325 BGB – die hier noch i. d. F. vor dem Gesetz zur Modernisierung des Schuldrechts vom 26.11.2001 anwendbar sind (Art. 229 §5 Satz 1 EGBGB) – liegt hier nicht vor. Zwar ist die Doppelgarage als Gebäude nach §94 Abs. 1 Satz 1 BGB wesentlicher Bestandteil des

Grundstücks geworden, so daß sich mit der Verbindung das Eigentum am Grundstück des Vaters bzw. Schwiegervaters darauf erstreckt (§ 946 BGB). Dadurch wird den Beklagten die vertragliche Leistung (Freihaltung der Straßentrasse) aber nicht unmöglich. Es steht ihnen nämlich gemäß § 951 Abs. 2, § 997 BGB ein Wegnahmerecht zu. Das Wegnahmerecht ist auch nicht gemäß § 997 Abs. 2 BGB ausgeschlossen, weil die Abtrennung für die Beklagten ohne Nutzen wäre oder wenn der Grundstückseigentümer statt dessen Wertersatz wählen würde. Der objektive Nutzen für die Beklagten besteht hier darin, vor Schadensersatzansprüchen der Klägerin wegen der Behinderung ihrer städtebaulichen Planungen verschont zu werden. Über den reinen Substanzwert der abgetrennten Sache ist auch ein solches „Liebhaberinteresse" zu ersetzen (vgl. Bassenge, in: Palandt, BGB, 62. Aufl. 2003, Rdnr. 7 zu § 997). Ein Ausschluß des Wegnahmerechts dadurch, daß der beigeladene Vater bzw. Schwiegervater Wertersatz wählt, kommt ebenfalls nicht in Betracht. Der Beigeladene hat den Beklagten das Grundstück zum Hausbau ohne jede finanzielle Gegenleistung oder sonstige Vereinbarungen allein auf Grund der familiären Beziehungen überlassen. Danach sind die Beklagten ihm gegenüber berechtigt, frei über die von ihnen auf eigene Kosten errichteten Bauwerke zu bestimmen. Die Verhinderung der Beseitigung der Doppelgarage könnte daher nur den Zweck verfolgen, die Früchte des vertragswidrigen Verhaltens der Beklagten zu sichern. Mit Treu und Glauben und einer guten Verkehrssitte (§§ 157, 242 BGB) wäre ein solches Vorgehen aber unvereinbar.

E. Rechtsprechung zum Denkmalschutz

Nr. 209

1. Der Denkmalschutz will historische Gestaltungsformen auch dann bewahren, wenn sie im Einzelfall einmal weniger ansehnlich wirken, als es bei Verwendung unempfindlicher, im dortigen Bereich aber unhistorischer Materialien der Fall ist.

2. Versagung der denkmalrechtlichen Erlaubnis für eine Fassadenverkleidung mit Muschelkalk an einem Gebäude, das selbst nicht Denkmal ist.

(Nichtamtlicher Leitsatz)

DSchG Art. 6, 15.

Bayerischer VGH, Urteil vom 9. Juni 2004 – 26 B 01.1959 – (rechtskräftig).

Im April 1999 stellte die Beklagte fest, daß im Erdgeschoßbereich des Wohn- und Geschäftshauses Arbeiten zur Fassadenverkleidung mit Muschelkalkplatten (Schaufenstereinrahmung) ohne Erlaubnis vorgenommen wurden. Die Bauarbeiten wurden eingestellt. Im Juli 1999 stellte der Kläger den Antrag, für die Fassadenverkleidung mit Muschelkalkplatten eine Erlaubnis gemäß Art. 6 DSchG zu erteilen. Mit Bescheid vom August 1999 versagte die Beklagte die Erlaubnis im wesentlichen unter Bezugnahme auf eine Stellungnahme des Bayerischen Landesamts für Denkmalpflege vom Juni 1999. Danach seien Natursteinmaterialien für das Ensemble untypisch, da entsprechende Vorkommen nicht gegeben seien. Charakteristisch für die in der M.straße prägende Bauaufgabe „B.haus" seien aus Putz hergestellte Architekturgliederungen. Im vorliegenden Fall erfahre die Fassade durch die Natursteinverkleidung eine horizontale Trennung. Eine Häufung solcher Natursteinverkleidungen würde zwangsläufig zu einer Beeinträchtigung des Ensembles führen. Die Natursteinverkleidung beeinträchtige das überlieferte Erscheinungsbild des historischen Straßenzugs und stelle dort einen Fremdkörper dar. Das Interesse an einer möglichst unverfälschten Erhaltung des Denkmalensembles gehe vor. In der unmittelbaren Umgebung seien keine Bezugsfälle vorhanden. Die vom Kläger genannten Anwesen mit Kalkplattenverkleidungen seien nicht vergleichbar, da die Verkleidungen dort schon vor sehr langer Zeit erstellt worden seien. Die Verwaltungspraxis habe sich geändert und die Neuanbringung derartiger Verkleidungen werde nicht mehr zugestanden.

Aus den Gründen:

Der Kläger hat keinen Anspruch auf die Erteilung der beantragten Erlaubnis für die Fassadenverkleidung. Er wird weder durch ihre Ablehnung noch durch die Anordnung der Beklagten, die bereits angebrachten Muschelkalkplatten wieder zu entfernen, i. S. von § 113 Abs. 1 und Abs. 4 VwGO in seinen Rechten verletzt.

Die strittige Fassadenverkleidung ist nach Art. 6 Abs. 1 Satz 2 des Bayerischen Denkmalschutzgesetzes (DSchG) erlaubnispflichtig. Eine baurechtliche Genehmigung ist nicht erforderlich, da die Bayerische Bauordnung in ihrer jetzigen Fassung im Gegensatz zum früheren Bauordnungsrecht für derartige Fassadenänderungen keine baurechtliche Genehmigung mehr vorsieht (Art. 63 Abs. 1 Nr. 10 e BayBO 1998).

Nr. 209

Die Erlaubnispflicht folgt bereits aus dem Umstand, daß das Anwesen des Klägers Teil eines Ensembles gemäß § 1 Abs. 3 DSchG ist. Zwar ist das klägerische Wohnhaus unstreitig selbst kein Baudenkmal. Unter einem Baudenkmal im Sinn des Gesetzes ist auch eine Mehrheit baulicher Anlagen (Ensemble) zu verstehen, wenn das Orts-, Platz- oder Straßenbild insgesamt erhaltenswürdig ist.

Die Denkmalschutzbehörden haben dargelegt, daß die M.straße ein historischer Straßenzug in A. ist, der als geschütztes Ensemble in die Bayerische Denkmalliste eingetragen ist als „monumentaler, die Hochterrasse der Oberstadt gliedernder und erfassender Straßenzug im Norden als Nachfolger eines Teilstücks der Via Claudia, im Süden Friedhofs-, Wallfahrts- und Prozessionsweg zum Grab der hl. Afra spätrömischen Ursprungs". Aus einer von der Beklagten vorgelegten Darstellung „Denkmäler in Bayern" (von von Hagen/Wegener/Hüssen) geht hervor, daß die Straße von den monumentalsten bürgerlichen Wohnbauten der Stadt eingefaßt wird.

Das Wohn- und Geschäftshaus selbst ist kein Baudenkmal, sondern ein in den 60iger Jahren des 20. Jahrhunderts errichtetes unscheinbares Haus anspruchsloser Architektur mit großscheibigen Fenstern. Die Fassade ist in den Obergeschossen durch zahlreiche leicht vorgesetzte rechteckige Putzfelder gegliedert, deren Größe durch die Maße der großen Fenster bestimmt wird. Dies macht die gesamte Fassade des Hauses in der Tat unruhig und ästhetisch wenig anziehend. Die daran anknüpfende Auffassung des Verwaltungsgerichts, daß das Erscheinungsbild des Hauses bei isolierter Betrachtung durch die streitige Steinverkleidung nicht negativ verändert wird, mag zutreffen.

Diese Betrachtungsweise wird jedoch der gebotenen Gesamtbeurteilung nicht gerecht. Der Senat hat bereits im Beschluß über die Zulassung der Berufung festgestellt, daß nach der Rechtsprechung des BayVGH (vgl. Urteil v. 28. 12. 1981, BayVBl. 1982, 278) die in Art. 6 Abs. 2 DSchG genannten gewichtigen Gründe für die unveränderte Beibehaltung des bisherigen Zustandes auch dann vorliegen, wenn dieses in der Vergangenheit beeinträchtigenden Veränderungen ausgesetzt war und sie nicht dahin verstanden werden dürfen, daß der bisherige Zustand befriedigen müsse. Auch eine Aufspaltung eines Ensembles etwa in eine Erdgeschoß- und eine Obergeschoßzone ist nicht möglich. Denn Bezugspunkt des denkmalschutzrechtlichen Ensembles ist das Orts-, Platz- und Straßenbild als solches (vgl. Art. 1 Abs. 3 DSchG), also innerhalb eines Orts das Gepräge, das durch die Art der Straßengestaltung selbst und den Zustand der sie begrenzenden Grundstücke und Bauten bestimmt wird. Es geht mithin um einen Gesamteindruck, der nicht in Ausschnitte zerlegt werden kann. Selbst wenn innerhalb einer tendenziell weit zu fassenden Mehrheit von Anlagen bestimmte Bauteile stark ihrer historischen Bedeutung entkleidet sein mögen, sind sie dem Ensemble nicht entzogen.

Mit dem dargelegten Grundsatz der erforderlichen Gesamtbetrachtung eines denkmalgeschützten Ensembles nicht zu vereinbaren sind die dem Urteil des Verwaltungsgerichts zugrunde liegenden Überlegungen, es sei zu differenzieren zwischen den Bauten an der Ostseite und Westseite der

M.straße, und mit Bezug auf die dort speziell in der Nähe des Vorhabens anzutreffenden Bauten geringerer denkmalschützerischer Qualität (insbesondere im Erdgeschoßbereich) würden bei Zulassung des Vorhabens denkmalschützerische Belange nicht gewichtig beeinträchtigt. Auch die weitere Überlegung, es gebe keinen allgemeinen Grundsatz des Denkmalschutzes, daß denkmalgeschützte Häuser nur örtlich vorkommende Materialien verwenden dürften, mag – für sich genommen – zwar zutreffen, wird aber der Problematik des vorliegenden Falles nicht gerecht. Denn hier hat das Landesamt für Denkmalpflege als zuständige sachverständige Stelle (vgl. BayVGH v. 21.2.1985, BayVBl. 1986, 399) in seiner Stellungnahme nicht einen solchen Erfahrungssatz behauptet, sondern in Würdigung der konkreten örtlichen Situation überzeugend herausgestellt, daß charakteristisch für die in der M.straße prägende Bauaufgabe „B.haus" aus Putz hergestellte Architekturgliederungen sind. Natursteinverkleidungen stellen unter diesem Blickwinkel dort Fremdkörper dar. Eine Häufung solcher Fassadenverkleidungen über den Bestand hinaus würde zwangsläufig das überlieferte Erscheinungsbild des historischen Straßenzugs beeinträchtigen.

Dem ist nach den Erkenntnissen des Augenscheins des Senats beizupflichten. Dieser hat ergeben, daß es sich bei den Gebäuden beidseits der M.straße weitgehend um überkommenen historischen Bestand handelt. Viele Gebäude stammen aus dem 16./17. Jahrhundert. Die alte Substanz zeigt sich insbesondere in Details, wie ein Gewölbe im Erdgeschoß und Ausstattungsdetails in den Obergeschossen. Bei den meisten Anwesen ist die Straßenfassade in Putz gehalten. Im Erdgeschoßbereich einiger Gebäude finden sich jedoch häufig auch Steinverkleidungen der Fassaden. Manche Häuser weisen im Erdgeschoßbereich zurückgesetzte, verglaste Schaufensterfassaden auf, denen nach vorne, zur Straße hin, ein Laubengang vorgelagert ist. Im Gebäude Hausnr. 25 war ein Kino untergebracht (C.); jetzt befindet sich dort ein Café. Die Fassade ist im Erdgeschoßbereich mit Natursteinen verkleidet, im übrigen ist sie mit Putz ausgestattet und reich strukturiert. Das Gebäude in seinem jetzigen Zustand ist nach Angabe der Vertreter der Unteren Denkmalschutzbehörde in den 20er Jahren entstanden und als Ausdruck der damaligen Baugestaltung als Einzeldenkmal in die Denkmalliste aufgenommen worden. Die im Erdgeschoß sichtbare Steinverkleidung setzt sich auch im Inneren des Gebäudes fort, weist aber im Sockelbereich eine Natursteinverkleidung auf. Andere Häuser weisen eine Steinverkleidung der Fassade im Erdgeschoßbereich auf.

Trotz solcher in der Zeit vor der Geltung des Denkmalschutzgesetzes entstandenen Abweichungen ist der das Ensemble M.straße prägende Grundsatz der Verwendung von Putzfassaden deutlich erkennbar geblieben. Für das Vorhaben kann deshalb die erforderliche Erlaubnis nicht erteilt werden, weil gewichtige Gründe des Denkmalschutzes für die unveränderte Beibehaltung des bisherigen Zustandes des Ensembles sprechen. Die Veränderungen im Erscheinungsbild anderer Gebäude in der M.straße, die den historischen Maßstäben widersprechen, geben dem Kläger keinen Anspruch auf die beantragte Erlaubnis. Insbesondere vermögen sie nicht die Annahme zu stützen, daß jedenfalls keine gewichtigen Gründe des Denkmalschutzes (mehr) gegen die vorgenommene Fassadenverkleidung sprechen. Insoweit ist nämlich zu beachten, daß die im Gesetz genannten „gewichtigen Gründe des Denkmalschutzes" regelmäßig unabhängig von – dem Baudenkmal unzuträglichen – Veränderungen zu bestimmen sind, denen dieses Baudenkmal, hier also das Ensemble, in der Vergangenheit ausgesetzt war (BayVGH v. 28.12.1981, BayVBl. 1982, 278, 279). Es ist deshalb nicht auf die das Denkmal beeinträchtigende Entwicklung, auf die Vorbelastung zu blicken, sondern allein auf den Bestand, der seinen historischen Charakter bewahrt hat. Davon, daß hier ein zum Wegfall gewichtiger denkmalpflegerischer Gründe führender Grenzfall vorläge, weil ohnehin „nichts mehr zu retten ist", kann keine Rede sein. Krasse Fehlgriffe sind Einzelfälle geblieben, die, als Fremdkörper erkennbar, zwar stören, aber sich gegenüber der insgesamt vorhandenen historischen Bausubstanz nicht durchsetzen. Der Ausbau einiger Erdgeschosse zu Ladenfronten mit breiten Schaufenstern und Werbeanlagen ist vor dem Inkrafttreten des Bayerischen Denkmalschutzgesetzes im Jahre 1973 erfolgt. Insgesamt verbleibt jedoch ein so großer Anteil an Gebäuden mit – auch im Erdgeschoßbereich – herkömmlichen Fassadengestaltungselementen, daß es durchaus lohnt, diese historischen Formen zu bewahren, zumal bei Fassadengestaltungen unglückliche Entwicklungen in der Vergangenheit auch nach und nach wieder rückgängig gemacht werden können. Vom endgültigen Verlust der Erhaltungswürdigkeit selbst der Erdgeschoßfassaden ist demnach das Ensemble M.straße weit entfernt. Die Überlegungen des Klägers zur Bewertung seiner Muschelkalkverkleidung können die Vereinbarkeit der Baumaßnahme mit den Belangen des Denkmalschutzes nicht begründen. Schon im Rahmen der allgemeinen Ortsbildpflege wäre seine Argumentation nicht durchschlagskräftig. Noch weniger trifft sie das denkmalpflegerische Anliegen: Der Denkmalschutz will historische Gestaltungsformen auch dann bewahren, wenn sie im Einzelfall einmal weniger ansehnlich wirken als es bei Verwendung unempfindlicher, im dortigen Bereich aber unhistorischer Materialien der Fall ist.

Die Behörden haben das ihnen im Rahmen von Art. 6 Abs. 3 Satz 2 DSchG eingeräumte Ermessen sachgerecht ausgeübt. ... Wenn unter diesen Umständen den privaten Interessen der Klägerin an der Anbringung der Verkleidung gegenüber den gewichtigen Gründen des Denkmalschutzes, die als öffentliche Interessen in die Abwägung eingehen, erheblich geringeres Gewicht beigemessen wurde, kann dies rechtlich nicht beanstandet werden.

In gleicher Weise ermessensfehlerfrei hat die Beklagte die Beseitigung der Anlage auf der Grundlage von Art. 15 Abs. 1 Satz 2 DSchG i.V. m. Art. 82 BayBO angeordnet. Zum einen erweist sich das Übergewicht der denkmalpflegerischen Interessen als recht deutlich, zum anderen ist die ohne Erlaubnis angebrachte Fassadenverkleidung auf Grund ihrer Fremdkörper- und Vorbildwirkung ein dem historischen Charakter der M.straße besonders abträgliches Beispiel. Im Falle einer Zulassung bestünde die ernsthafte Gefahr, daß der Denkmalschutz für die M.straße als Ensemble schrittweise ausgehöhlt würde. Verstöße gegen das Gleichbehandlungsgebot sind nicht zu erkennen. Die vorhandenen Natursteinverkleidungen stammen weit überwiegend aus der Zeit vor Geltung des Denkmalschutzgesetzes, als die geeigneten Grundlagen für ein Einschreiten fehlten. Die Beklagte nimmt die einmal eingeleitete Fehlentwicklung auch nicht tatenlos hin, wie sie glaubhaft bekundet und dies auch der vorliegende Fall aufzeigt.

Nr. 210

1. Die Genehmigung zum Abbruch eines Denkmals ist in verfassungskonformer Ermessensausübung dann zu erteilen, wenn dem Eigentümer die Erhaltung des Denkmals nicht zumutbar ist.

2. Die Zumutbarkeit ist anhand eines Vergleiches der voraussichtlichen Investitions- und Bewirtschaftungskosten sowie der möglichen Nutzungserträge zu beurteilen, wobei die Beweislast für die Unzumutbarkeit beim Eigentümer liegt.

3. Bei der Ermittlung der Investitionskosten sind Kosten abzuziehen, die durch pflichtwidrig unterlassene Unterhaltung entstehen, ebenso in Aussicht gestellte Zuschüsse, für die der Eigentümer in zurechenbarer Weise unterlassen hat, den erforderlichen Antrag zu stellen.

DSchPflG §§ 2 Abs. 1, 13 Abs. 1 Satz 1 Nr. 1.

OVG Rheinland-Pfalz, Urteil vom 26. Mai 2004 – 8 A 12009/03 – (rechtskräftig).

Die Kläger begehren eine Abrißgenehmigung für ein denkmalgeschütztes Gebäude. Die Erhaltung des Gebäudes könne ihnen nicht zugemutet werden, da für die Sanierung ein unüberschaubarer Kostenaufwand notwendig sei. Ein Neubau verursache wesentlich geringere Kosten. Das Verwaltungsgericht hat die Klage abgewiesen. Die Berufung der Kläger blieb erfolglos.

Aus den Gründen:
Nach § 13 Abs. 1 Satz 1 Nr. 1 des Landesgesetzes zum Schutz und zur Pflege der Kulturdenkmäler (Denkmalschutz- und -pflegegesetz – DSchPflG –) (vom 23.11.1978, GVBl., 159), darf ein geschütztes Kulturdenkmal nur mit Genehmigung abgebrochen werden. Dieses Genehmigungserfordernis ist nicht dadurch entfallen, daß das Bundesverfassungsgericht § 13 Abs. 1 Satz 2 DSchPflG für unvereinbar mit Art. 14 Abs. 1 GG erklärt hat (BVerfG, Beschluß v. 2.3.1999 – 1 BvL 7/91 –, BVerfGE 100, 226 ff. = BRS 62 Nr. 214). § 13 Abs. 1 Satz 1 DSchPflG besitzt neben dieser für unwirksam erklärten Bestimmung eine selbständige Bedeutung und wird insoweit von der Unvereinbarkeitsfeststellung des Bundesverfassungsgerichts nicht berührt. Allerdings ist die Regelung über die Genehmigungsvoraussetzungen in § 13 Abs. 1 Nr. 2 DSchPflG nicht mehr anzuwenden (OVG Rheinland-Pfalz, Urteil v. 11.10.2001 – 1 A 11012/01 –, AS 29, 219, ESOVG, BRS 64 Nr. 208 = BauR 2002, 306 sowie Urteil v. 21.8.2003 – 1 A 11997/02 –, in ESOVG, BRS 66 Nr. 210). Der Gesetzgeber hat zwar innerhalb der vom Bundesverfassungsgesetz gesetzten Frist keine neue Regelung getroffen. Deshalb ist jedoch nicht etwa dem Antrag auf Abbruchgenehmigung zwingend stattzugeben, weil es an einer notwendigen gesetzlichen Regelung fehlt. Vielmehr hat die Denkmal-

schutzbehörde nach pflichtgemäßem Ermessen unter Berücksichtigung der Belange des Denkmalschutzes zu entscheiden, wobei die Genehmigung zum Abbruch des Denkmals in verfassungskonformer Ermessensausübung dann zu erteilen ist, wenn dem Eigentümer die Erhaltung des Denkmales nicht zumutbar ist (BVerfGE 100, 226, 247; OVG Rheinland-Pfalz, Urteil v. 21. 8. 2003, a. a. O.).

Bei dem umstrittenen Gebäude handelt es sich, wie rechtskräftig feststeht (vgl. OVG Rheinland-Pfalz, Urteil v. 20. 2. 2002 – 8 A 11243/01 –), um ein geschütztes Kulturdenkmal, für dessen Abbruch eine Genehmigung erforderlich ist. Diese Genehmigung hat die Denkmalschutzbehörde ermessensfehlerfrei versagt, weil die Erhaltung und Pflege des Kulturdenkmales dem Kläger zu 2 als Miteigentümer zuzumuten ist.

Nach §2 Abs. 1 DSchPflG sind Eigentümer, Verfügungsberechtigte und Besitzer verpflichtet, die Kulturdenkmäler im Rahmen des Zumutbaren zu erhalten und zu pflegen. Unzumutbar ist eine unverhältnismäßige Belastung des Eigentümers, der es zwar grundsätzlich hinnehmen muß, daß ihm eine rentablere Nutzung des Grundstückes verwehrt wird, nicht aber, wenn für ein geschütztes Baudenkmal keinerlei sinnvolle Nutzungsmöglichkeit mehr besteht. Dies ist der Fall, wenn selbst ein dem Denkmalschutz aufgeschlossener Eigentümer von einem Baudenkmal keinen vernünftigen Gebrauch machen und es praktisch nicht veräußern kann, wenn er also im öffentlichen Interesse eine Last zu tragen hat, ohne dafür die Vorteile einer privaten Nutzung genießen zu können (vgl. BVerfGE 100, 226, 243).

Eine sinnvolle Nutzungsmöglichkeit entfällt hier nicht deshalb, weil wegen geänderter Verhältnisse die ursprüngliche Nutzung nicht mehr in Betracht kommt. So stellt sich nicht die Frage, ob der Eigentümer in zumutbarer Weise auf eine andere Nutzung verwiesen werden kann. Vielmehr ist bei entsprechender Wiederherstellung die frühere Nutzung für Wohnzwecke ohne weiteres möglich, es kann also von dem Baudenkmal durchaus ein zweckentsprechender Gebrauch gemacht werden. Da das Gebäude auch früher schon vermietet war, ist auch die Vermietung mit den damit verbundenen besonderen Risiken zumutbar. Allerdings ist eine Vermietung dem Eigentümer nicht zumutbar, wenn er die Erhaltungspflicht aus den mit dem Kulturdenkmal erzielten Einnahmen nicht erfüllen kann, ohne sein sonstiges Vermögen anzugreifen. Dies ist anhand eines Vergleiches der voraussichtlichen Investitions- und Bewirtschaftungskosten sowie der möglichen Nutzungserträge zu beurteilen. Es ist also eine objektive Wirtschaftlichkeitsberechnung hinsichtlich des Schutzobjektes vorzunehmen, bei der allerdings bezüglich der möglichen Steuervorteile die subjektiven Verhältnisse des Begünstigten zu berücksichtigen sind. Dieser Vergleich ist im Hinblick auf eine dauerhafte Erhaltung des Kulturdenkmals vorzunehmen (vgl. VGH Baden-Württemberg, Urteil v. 11. 11. 1999 – 1 S 413/99 –, in BRS 62 Nr. 220). Die Zumutbarkeit setzt allerdings nicht voraus, daß der Eigentümer einen bestimmten Grundertrag, etwa eine um 10 % geminderte orts- und objektübliche Rendite erzielt (a. A. Haaß, NVwZ 2002, 1054).

Eine Unzumutbarkeit im Sinne dieser Grundsätze ist auf Grund der vom Verwaltungsgericht eingeholten Gutachten und des Vortrages der Kläger nicht festzustellen. Dabei ist zu berücksichtigen, daß die Darlegungs- und Beweislast für die Unzumutbarkeit der Denkmalserhaltung beim Eigentümer liegt, der sich auf einen seine Rechtsposition erweiternden Ausnahmetatbestand beruft. Denn aus §2 Abs. 1 Satz 1 DSchPflG folgt, daß das Denkmal grundsätzlich zu erhalten ist. Nur bei Unzumutbarkeit der Erhaltung ist in verfassungskonformer Auslegung die Erteilung der Abbruchgenehmigung geboten. Im übrigen ist der Denkmaleigentümer wegen der größeren Sachnähe eher in der Lage, anhand seiner Nutzungsabsicht, des Erhaltungszustandes des Denkmals und der bisherigen Bewirtschaftungskosten sowie der möglicherweise zu erzielenden Nutzungserträge die Unzumutbarkeit der Erhaltung zu belegen. Erst wenn ihm dies gelingt, ist es Sache der Denkmalschutzbehörde, zumutbare Alternativen aufzuzeigen (vgl. OVG Rheinland-Pfalz, Urteil v. 8. 11. 2001 1 A 11013/01 –).

Im vorliegenden Fall ist es den Klägern nicht gelungen, den Beweis für die Unzumutbarkeit der Erhaltung des Denkmals zu erbringen. Vielmehr spricht alles dafür, daß das Denkmal auch in Zukunft sinnvoll genutzt werden kann und so die Erhaltung nicht unzumutbar ist. Dies ergibt sich aus einer Wirtschaftlichkeitsberechnung, bei der einerseits Investitions- und Bewirtschaftungskosten, andererseits Mieterträge und Steuervorteile gegenübergestellt werden. Dabei ist hinsichtlich der Investitionskosten von dem Gutachten des Sachverständigen Prof. Dr. Ing. D. mit den vom Verwaltungsgericht vorgenommenen Korrekturen auszugehen.

Wie das Verwaltungsgericht zutreffend ausgeführt hat, ist die Ermittlung der Investitionskosten im wesentlichen überzeugend und wird durch die Einwendungen der Kläger nicht derart in Frage gestellt, daß es erforderlich erscheint, ein weiteres Gutachten einzuholen. Der von ihnen vorgelegte Kostenanschlag des Architekten R. ist zu pauschal, um die detaillierten Berechnungen des vom Gericht bestellten Sachverständigen zu widerlegen. Soweit die Kläger Angebote von Handwerkern eingeholt haben, sind diese wenig aussagekräftig, da sie nicht in Konkurrenz zu Mitbewerbern erstellt wurden. Dem Umstand, daß der Sachverständige nur einflügelige Fenster und eine zu geringe Dachfläche angenommen hat, hat das Verwaltungsgericht Rechnung getragen, indem es die Investitionskosten entsprechend erhöht hat. Zu Recht hat es eine weitergehende Berücksichtigung von Kosten für Unvorhergesehenes nicht für erforderlich gehalten. Zwar liegt der Aufschlag für nicht vorhergesehene Arbeiten nur bei etwa 6 % der insgesamt ermittelten Baukosten. Dies erscheint jedoch nachvollziehbar, da das Objekt bereits eingehend untersucht worden ist, insbesondere auch unter tragwerksplanerischen Gesichtspunkten.

Zu Recht und in zutreffendem Umfang wurde auch ein Abschlag von den Investitionskosten wegen eines Instandhaltungsrückstaus vorgenommen. Da der Eigentümer eines Denkmals gemäß §2 Abs. 1 DSchPflG verpflichtet ist, das Denkmal im Rahmen des Zumutbaren zu erhalten und zu pflegen, müssen Kosten, die durch die pflichtwidrig unterlassene Unterhaltung entstanden sind, bei der Prüfung, ob die Erhaltung eines Denkmals zumutbar ist, außer Acht bleiben (vgl. OVG Rheinland-Pfalz, Urteil v. 25. 10. 2001 – 1 A 11012/01 –, BRS 64 Nr. 208). Hier waren die Eigentümer zur Erhaltung und

Pflege verpflichtet, denn es handelte sich um ein Kulturdenkmal. Zwar wurde das Gebäude erst auf Grund der Rechtsverordnung zur Unterschutzstellung des Ortskerns von G. vom März 1998 zum Bestandteil einer Denkmalzone erklärt und mit Bescheid vom Oktober 1998 als Einzeldenkmal unter Schutz gestellt. Die Pflicht zur Unterhaltung und Pflege nach § 1 Abs. 1 DSchPflG gilt jedoch ausdrücklich für Kulturdenkmäler schlechthin und nicht etwa (wie § 13 Abs. 1 Satz 1 DSchPflG) lediglich für geschützte Kulturdenkmäler. Die insoweit erforderliche Denkmaleigenschaft haftet dem Denkmal kraft Gesetzes an (OVG Rheinland-Pfalz, Urteil v. 26. 5. 1983 – 12 A 54/81 –, AS 18, 148 = DÖV 1984, 75) und lag auch vor der Unterschutzstellung bereits vor.

Die danach bestehende Pflicht zur Unterhaltung und Pflege hatte der Kläger zu 2 als Eigentümer in zurechenbarer Weise nicht erfüllt. Er hat zunächst die Unterhaltung objektiv vernachlässigt. Dies ist durch das Gutachten von Prof. Dr. Ing. habil. H. vom Dezember 1997, in dem eine längerfristig unterlassene Bauunterhaltung festgestellt wird, nachgewiesen. Die Denkmaleigenschaft des Gebäudes und damit die Unterhaltungspflicht mußten sich dem Kläger zu 2 zwar zunächst nicht ohne weiteres aufdrängen, wurden jedoch spätestens in den Gesprächen mit dem Beklagten und dem Beigeladenen Ende 1995 bzw. Anfang 1996 problematisiert. Nach einem Vermerk vom November 1995 wurde dem Kläger zu 1 anläßlich eines Ortstermins eröffnet, daß die begehrte Abrissgenehmigung wahrscheinlich versagt und das Landesamt für Denkmalpflege eingeschaltet werde. Spätestens zu diesem Zeitpunkt mußte dem Kläger zu 2 seine besondere Unterhaltungspflicht bewußt werden, zumal er mit dem Kläger zu 1, der von einem Architekten beraten wurde, in engem Kontakt stand.

Die Unterhaltungsmaßnahmen waren ihm auch zumutbar, weil sie damals noch mit geringem Aufwand verbunden gewesen wären. Nach einem Schreiben des A. vom März 1996 war das Wohnhaus in einem verhältnismäßig guten Zustand erhalten. Die zu beobachtenden Schäden überstiegen danach nicht den Umfang einer normalen Bauunterhaltung eines älteren Anwesens und wurden auf aufsteigende Feuchtigkeit, mangelnde Instandsetzung, fehlende Lüftung usw. zurückgeführt. Das Gebäude wurde auch bis 1996 noch genutzt. Nach einem Vermerk über eine Ortsbesichtigung vom Januar 1996 befand sich damals im Untergeschoß ein Antiquitätenladen, das Obergeschoß war bewohnt. Aus dem Umstand, daß der Beklagte dem Kläger zu 2 mit Bescheid vom Mai 1998 die Schließung von Tür- und Fensteröffnungen und die Abdichtung des Daches aufgab, läßt sich nicht herleiten, daß diesem keine früheren und weitergehenderen Maßnahmen im Rahmen seiner Erhaltungs- und Pflegepflicht oblagen. Offensichtlich beschränkte sich jener Bescheid auf die dringlichsten Maßnahmen. Das Verwaltungsgericht ist zu Recht auch insoweit von den Kosten ausgegangen, die der Sachverständige D. ermittelt hat. Das Gutachten ist nachvollziehbar. Insbesondere gilt dies auch für die Erläuterung, daß die Durchfeuchtung der Außenwände durch das Fehlen einer funktionierenden Dachentwässerung entscheidend gefördert wurde und nicht allein konstruktionsbedingt ist. Es ist auch nachvollziehbar, daß diese Schäden nach 1995 entstanden sind. Der Sachverständige D. geht ausdrücklich davon aus, daß die Dachentwässerung nach Fotografien aus dem Jahr 1995 schon schadhaft war, verweist aber auch auf die seit dem Gutachten H. eingetretene Verschlechterung. Die ermittelten Kosten beziehen sich auf Bauarbeiten, die durch den Instandhaltungsrückstau und Vernachlässigungsschäden seit etwa Mitte der 1990er Jahre erforderlich geworden sind. Eine genauere zeitliche Abgrenzung ist kaum möglich. Die darin liegende Ungewißheit geht wegen der Darlegungslast zu Lasten der Kläger.

Die anzurechnenden Investitionskosten sind danach unter Berücksichtigung der Korrekturen durch das Verwaltungsgericht mit 194 000,- € anzusetzen. Entgegen der Ansicht des Verwaltungsgerichts sind davon jedoch 20 000,- € wegen staatlicher Zuschüsse abzusetzen.

Zuschüsse, die gezahlt oder verbindlich zugesagt wurden, verringern die den Eigentümer belastenden Investitionskosten und sind deshalb von diesen abzuziehen. Hier wurden zwar weder Zuschüsse gezahlt noch verbindlich zugesichert, weil von den Eigentümern kein entsprechender Antrag nach Nr. 6.1 der Verwaltungsvorschrift „Zuwendungen des Landes zur Erhaltung von nichtstaatlichen Kulturdenkmälern" vom 8.12.1994 gestellt wurde. Da die Eigentümer in zurechenbarer Weise die Antragstellung unterlassen haben, sind sie aber so zu behandeln, als ob sie den Antrag gestellt und die zu erwartende Förderung erhalten hätten (vgl. Memmesheimer/Upmeier/Schönstein, Denkmalrecht Nordrhein-Westfalen, 2. Aufl. 1989, § 7 Rdnr. 15). Ihr Einwand, Finanzhilfen seien abgelehnt worden, weil es förderungswürdigere Objekte gebe und sie außerdem bei der Antragstellung der Unterschutzstellung des Denkmals hätten zustimmen müssen, entlastet sie nicht. Eine Förderung ist keinesfalls ausgeschlossen, insbesondere nicht deshalb, weil eine Bitte um Förderung von der Deutschen Stiftung Denkmalschutz mit Schreiben vom Oktober 1998 abgelehnt wurde. Eine ablehnende Entscheidung des Landes liegt nicht vor. Auch wurde der Bescheid über die Unterschutzstellung des Gebäudes vom November 1998 mit dem am 25.2.2002 zugestellten Urteil des Senats vom Februar 2002 bestandskräftig, so daß die Zustimmung zur Unterschutzstellung von da an nicht mehr erforderlich war bzw. keinen Rechtsverzicht des Klägers zu 2 mehr bedeutet hätte.

Der Beigeladene hat in der mündlichen Verhandlung vor dem Verwaltungsgericht den möglichen Zuschuß auf 10 000,- € bis maximal 20 000,- € geschätzt mit dem Hinweis auf die Notwendigkeit eines Antrags für die konkrete Berechnung. An dieser Einschätzung hält er weiter fest. Da den Klägern die Darlegungslast für die Unzumutbarkeit zufällt und sie, indem sie keinen Antrag gestellt haben, den Beweis vereitelt haben, daß der Zuschuß weniger als 20 000,- € beträgt, ist von einem Zuschuß von 20 000, € auszugehen, so daß die zu berücksichtigenden Investitionskosten lediglich 174 000,- € betragen. Dieser Betrag ist der Berechnung der jährlichen Finanzierungskosten zugrunde zu legen, die zusammen mit den Bewirtschaftungskosten die Aufwendungen ergeben. Im Rahmen der Wirtschaftlichkeitsberechnung sind diese Aufwendungen den Erträgen aus Mieterlös und Steuervorteilen gegenüberzustellen.

Bei den Finanzierungskosten hat das Verwaltungsgericht zu Recht nur die Zinsen berücksichtigt und die Tilgung außer Acht gelassen. Zutreffend verweist es darauf, daß der Tilgung eine Vermögensvermehrung gegenübersteht. Diese Vermögensvermehrung wird dem Kläger zu 2 zwar aufgedrängt, da er lieber nicht oder in andere Anlagen investieren möchte. Im Rahmen der Sozialbindung des Eigentums ist ihm jedoch zuzumuten, in das Denkmal zu dessen Erhaltung zu investieren, solange er dabei keinen Verlust erleidet. Dies ist nicht der Fall, wenn nach erfolgter Tilgung ein unbelastetes, (noch) Gewinn bringendes oder jedenfalls keine Verluste verursachendes Objekt vorhanden ist. Dem Verwaltungsgericht ist auch darin zu folgen, daß die vom Gutachter eingesetzten Kreditzinsen zu hoch angesetzt sind, so daß sie zumindest auf 6% reduziert werden müssen. Soweit die Kläger geltend machen, es sei ihnen schon gar nicht möglich, einen entsprechenden Kredit zu erhalten, weil das umstrittene Grundstück zur Absicherung nicht ausreiche, haben sie dies nicht genügend dargelegt. ... Abweichend von der Berechnung des Verwaltungsgerichts ergibt sich wegen der geringeren anrechenbaren Investitionssumme bei einer Verzinsung von 6% ein Jahreszins von 10440,- €. Die Bewirtschaftungskosten können mit dem Verwaltungsgericht nach dem Gutachten D. mit 15% der Jahresmiete, also 1490,40 € angenommen werden. Die pauschale Ermittlung ist angesichts der geringen Größe des Objekts und der Vollsanierung vor der Vermietung nicht zu beanstanden. Eine Berechnung der Bewirtschaftungskosten unter analoger Anwendung der §§ 24 ff. der Verordnung über wohnungswirtschaftliche Berechnungen (2. Berechnungsverordnung – II. BV i. d. F. der Bekanntmachung v. 12. 10. 1990, BGBl. I, 2178) ist nicht geboten. Die zusätzliche Berücksichtigung von Rücklagen für zur Instandhaltung erforderliche Reparaturen und für Substanzverlust ist nach der Darlegung des Sachverständigen nicht erforderlich, da der pauschale Ansatz die Instandhaltungskosten enthält und der Wert eines ordnungsgemäß instand gehaltenen Gebäudes regelmäßig nicht fällt. Auch soweit das Verwaltungsgericht in Anlehnung an das Gutachten D. von einer Jahresmiete von 9936,- € ausgegangen ist, kann auf seine Ausführungen verwiesen werden. Wenn die Kläger nunmehr den Mietspiegel 2004 vorlegen, in dem für Wohnungen von über 90 m^2 die vor 1964 errichtet wurden, eine Durchschnittsmiete von 4,79 € pro m^2 angenommen wird, ist dies nicht geeignet, die Einschätzung des Sachverständigen in Frage zu stellen, da der Mietspiegel ausdrücklich nicht auf Einfamilienhäuser anwendbar ist, worauf die Kläger auch selbst hingewiesen haben.

Hinsichtlich der zu berücksichtigenden Steuervorteile, die das Verwaltungsgericht dem Gutachten D. folgend mit etwa 3031,- € jährlich für 10 Jahre angenommen hat, ist eine Korrektur erforderlich. Zutreffend ist das Verwaltungsgericht allerdings davon ausgegangen, daß eine steuerliche Förderung nicht deshalb entfällt, weil es an der erforderlichen Einkommenserzielungsabsicht fehlt. Der Hinweis im Einkommensteuerbescheid vom August 2002, wonach die Überschußerzielungsabsicht nicht abschließend beurteilt werden könne, ist wohl damit zu erklären, daß für das Finanzamt zu diesem Zeitpunkt keine Anstrengung ersichtlich war, Einnahmen zu erzielen, insbesondere das Gebäude nicht vermietet war. Dies wäre jedoch anders, wenn die Kläger das Gebäude wieder nutzbar machen würden, so daß mit Einkünften gerechnet werden könnte. Bei einer auf Dauer angelegten Vermietung einer Wohnung ist ohne weitere Prüfung davon auszugehen, daß eine Einkunftserzielungsabsicht gegeben ist (vgl. Schmidt, Einkommensteuergesetz, Kommentar, 23. Aufl. 2004, § 21 Rdnr. 10; Kleeberg/Eberl, Kulturgüter im Privatbesitz, 2. Aufl. 2001, S. 253 m. w. N.).

Das Verwaltungsgericht hat jedoch in Anlehnung an das Gutachten D. fälschlich einen Steuervorteil von etwa 3031,– € angenommen. Das Gutachten ist insofern fehlerhaft, als der Betrag von 3031,– € der unter Berücksichtigung einer 10 %igen Sonderabschreibung errechneten Steuer von 3030,88 € für 2001 entspricht. Die Steuerersparnis ist demgegenüber die Differenz zwischen diesem Betrag und der ohne den Abzug zu zahlenden Steuer von 9058,32 €, also 6027,44 €. Es ergäben sich danach Mieterträge von 9936,– € zuzüglich Steuerersparnis von 6027,– €, also insgesamt 15 963,– €, so daß nach Abzug der Kosten in Höhe der Zinsen von 10 440,– € und der Bewirtschaftungskosten von 1490,– € ein Überschuß von 4033,– € verbleibt.

Allerdings sind weitere Korrekturen hinsichtlich der Steuervorteile erforderlich, weil die Investitionskosten sich bei Berücksichtigung eines Zuschusses von 20 000,– € auf 174 000,– € verringern, sowie auf Grund der Änderung des Einkommensteuergesetzes, auf die die Kläger zu Recht hingewiesen haben und nach der die erhöhten Absetzungen bei Baudenkmälern nach § 7 i EStG nunmehr 8 Jahre lang bis zu 9 % und 4 Jahre lang bis zu 7 % betragen. Danach wird jedoch jedenfalls in den ersten 12 Jahren ein Überschuß verbleiben.

Eine wesentliche Änderung dieses Ergebnisses tritt auch nicht ein, wenn man einerseits von einem niedrigeren Zinssatz von 5 % und andererseits von einer niedrigeren Miete von 5,– €/m^2 ausgeht. (Wird ausgeführt.)

Daraus wird deutlich, daß selbst unter veränderten Annahmen ein dauerhafter Verlust nicht nachgewiesen ist, es also an der Unzumutbarkeit der Erhaltung des Denkmals für die Kläger fehlt. Dies gilt auch für die Zeit nach dem Wegfall der Steuervorteile, denn auf Grund der von den Eigentümern zu leistenden Tilgung, der eine Vermögensvermehrung gegenübersteht, und die damit zumutbar ist, verringert sich auch ständig die jährliche Zinslast, so daß zu einem absehbaren Zeitpunkt Zinsen und Bewirtschaftungskosten unter die Mieteinnahmen sinken.

Dabei ist noch nicht berücksichtigt, daß möglicherweise, worauf das Verwaltungsgericht bereits hingewiesen hat, auch durch eine weitergehende Nutzung des mit dem Denkmal bebauten Grundstückes Gewinne erzielt werden können, die die Zumutbarkeit der Erhaltung des Denkmals erhöhen. Hier ist zu sehen, daß der Abriß des eigentlich als erhaltenswert angesehenen Nebengebäudes gerade genehmigt wurde, um den Belastungen der Eigentümer Rechnung zu tragen. Der Beigeladene hat sein Einverständnis mit angepaßten Neubauten anstelle des abgerissenen Nebengebäudes, ggf. unter Wiederherstellung des Volumens einer schon früher beseitigten Scheune, an dieser Stelle erklärt. Der Umstand, daß, wie die Kläger in der mündlichen Verhandlung vorgetragen haben, eine Baugenehmigung für ein ganz bestimmtes Vorhaben im rückwärtigen Grundstücksbereich unter Hinweis auf ein Dorferneuerungskonzept und eine Gestaltungssatzung abgelehnt wurde, schließt erkennbar nicht jegliche bauliche Nutzung in diesem Bereich aus.

Nr. 211

Die vorherige Fristsetzung ist notwendige Voraussetzung für den Erlaß einer denkmalrechtlichen Sicherungsanordnung. Mit ihr soll dem Eigentümer eines Denkmals die Möglichkeit gegeben werden, zunächst ohne direkten hoheitlichen Zwang die erforderlichen Maßnahmen freiwillig nachzuholen.

(Nichtamtlicher Leitsatz.)

DSchG § 12 Abs. 5 Satz 1 und 2.

VG Potsdam, Beschluß vom 29. Januar 2004 – 2 L 1189 u. 1212/03 – (rechtskräftig).

Die Antragsteller sind Eigentümer des ehemaligen Gutshauses S. Die aus dem Gutshaus, einem Verwalterhaus und vier Stallgebäuden bestehende Gutsanlage wurde wegen ihrer städtebaulichen sowie bau-, orts- und landesgeschichtlichen Bedeutung in das Verzeichnis der Denkmale eingetragen.

Im November 2002 erteilte der Antragsteller zu 1 zwei Mitarbeiterinnen zweier Unterer Denkmalschutzbehörden die Erlaubnis, an dem Gutshaus Vermessungs- und Untersuchungsarbeiten durchzuführen und übergab hierzu die Schlüssel für das Gebäude. Im Dezember 2002 fand sodann ein Gespräch des Antragstellers zu 1 mit Vertretern der Unteren Denkmalschutzbehörde und dem Stadtkonservator statt, bei dem dem Antragsteller zu 1 ausweislich des Besprechungsprotokolls seitens der Unteren Denkmalschutzbehörde ein Notsicherungskonzept für das seit längerem leerstehende Gebäude überreicht und erläutert und dieser auf die Notwendigkeit zeitnaher Maßnahmen hingewiesen wurde. Der Antragsteller zu 1 stellte einen Beginn der Sicherungsmaßnahmen für Frühjahr 2003 in Aussicht.

Im Februar 2003 fand vor Ort ein weiteres Gespräch mit Vertretern der Unteren Denkmalschutzbehörden statt. Dabei wurden ausweislich des Vor-Ort-Protokolls das Gutshaus besichtigt und eine Reparatur des Daches sowie weitere Maßnahmen der Substanzsicherung erörtert, deren zeitnahe Durchführung der Antragsteller zu 2 in Aussicht stellte. Zugleich gab er an, das Gebäude in einem zweiten Schritt für Wohnzwecke nutzbar machen zu wollen. Ausweislich des Protokolls übergab der Antragsteller zu 2 an die Untere Denkmalschutzbehörde auf deren Angebot hin, Kostenangebote für die Sicherungsmaßnahmen erarbeiten zu lassen, Schlüssel für das Gutshaus. Im März 2003 erging an den Antragsteller zu 2 ein Angebot zur Vornahme einer Notreparatur des Daches i. H. v. 18 747,46 €.

In der Folgezeit fanden mehrere Telefonate zwischen der Unteren Denkmalschutzbehörde und dem Antragsteller zu 2 statt, in denen dieser wiederholt die Vornahme der Sicherungsarbeiten ankündigte. ...

Mit Sicherungsverfügungen vom November 2003 gab der Antragsgegner den Antragstellern daraufhin die Vornahme mehrerer, im einzelnen aufgeführter und beschriebener Sicherungsmaßnahmen auf, die die Errichtung eines Notdaches, die Schließung der Fenster, zum Teil mit Lüftungselementen, diverse Abstützungsarbeiten, die Entfernung von Fußbodenbelägen und feuchten Tapeten sowie die Entfernung und Sicherung der Holzverkleidungen und der von einem Restaurator als historisch festgestellten Tapeten und die Einholung eines Holzschutz- und eines Mauerwerksgutachtens umfaßten. Diese Maßnahmen seien unverzüglich und bis spätestens 24. 12. 2003 in Auftrag zu geben. Gleichzeitig ordnete der Antragsgegner die sofortige Vollziehung seiner Verfügung an.

Aus den Gründen:
Rechtsgrundlage für die vorgenommene Anordnung ist § 12 Abs. 5 Satz 2 des Brandenburgischen Denkmalschutzgesetzes (DSchG). Hiernach kann die Denkmalschutzbehörde, wenn der Eigentümer oder sonstige Nutzungsberechtigte nicht für die Erhaltung des Denkmals sorgt, nach Ablauf einer nach Satz 1 der Vorschrift zu setzenden Frist zur Durchführung der erforderlichen Maßnahmen die entsprechenden Anordnungen treffen.

Zwar bestehen nach den dem Gericht vorliegenden Unterlagen und dem Vorbringen aller Beteiligten hier keine Zweifel daran, daß die Antragsteller ihrer Pflicht, das ihnen gehörende Baudenkmal im Rahmen des Zumutbaren zu schützen, zu pflegen und zu erhalten, nicht nachkommen. Im Rahmen der hier nur möglichen summarischen Prüfung kann jedoch nicht festgestellt werden, daß der Antragsgegner den Antragstellern vor Erlaß der angefochtenen Verfügungen die nach § 12 Abs. 5 Satz 1 DSchG notwendige Frist zur Durchführung der erforderlichen Maßnahmen gesetzt hat. Vielmehr hat es ersichtlich lediglich immer wieder persönliche und telefonische Gespräche gegeben, in denen der Antragsgegner die Antragsteller auf die Erforderlichkeit eines zeitnahen Handelns hingewiesen hat und einzelne Maßnahmen erörtert worden sind. Dabei hat sich der Antragsgegner von den Versicherungen der Antragsteller hinhalten lassen, ohne diesen unter Benennung der konkret erforderlichen Einzelmaßnahmen behördlicherseits eine Frist für deren Ausführung zu setzen. Die Erinnerung an die von den Antragstellern selbst gemachten Terminsangaben genügt für die nach § 12 Abs. 5 Satz 1 DSchG erforderliche Fristsetzung nicht.

Die vorherige Fristsetzung ist nämlich nach dem eindeutigen Wortlaut des § 12 Abs. 5 Satz 1 und 2 DSchG notwendige Voraussetzung für den Erlaß einer denkmalrechtlichen Sicherungsanordnung. Mit ihr soll dem Eigentümer eines Denkmals die Möglichkeit gegeben werden, zunächst ohne direkten hoheitlichen Zwang die erforderlichen Maßnahmen freiwillig nachzuholen. Erst nach Ablauf der Frist ist der Weg frei für die Durchsetzung der erforderlichen Maßnahmen im Verwaltungsverfahren durch Erlaß einer Sicherungsanordnung, § 12 Abs. 5 Satz 2 DSchG, die gegebenenfalls für sofort vollziehbar erklärt und mit einer Zwangsmittelandrohung versehen werden kann (vgl. ebenso: Schneider/Franzmeyer-Werbe/Martin/Krombholz, Brandenburgisches Denkmalschutzgesetz, § 12 Rdnr. 6.1. und 6.2.1.).

Die Fristsetzung war auch nicht im Hinblick auf das Vorliegen einer etwa akuten Gefahr entbehrlich, da die Regelungen des Brandenburgischen Denkmalschutzgesetzes eine entsprechende Möglichkeit nicht eröffnen. Insoweit kann sich der Antragsgegner hier auch nicht auf § 13 des Ordnungsbehördengesetzes Brandenburg als Ermächtigungsnorm berufen. Hierbei handelt es sich um eine ordnungsrechtliche Generalklausel mit subsidiärem Charakter, die zur Vornahme atypischer, nicht durch spezielle Vorschriften geregelter Maßnahmen ermächtigt. Die Ermächtigung zum Erlaß denkmalrechtlicher Sicherungsverfügungen ist jedoch ebenso wie die materiellen Erhaltungsverpflichtungen der Eigentümer denkmalgeschützter Sachen spezialgesetzlich und abschließend im Brandenburgischen Denkmalschutzgesetz geregelt (vgl. auch: OVG Brandenburg, Urteil v. 20. 11. 2002 – 3 A 248/99 –), weshalb die

Generalklausel des Ordnungsbehördengesetzes als Rechtsgrundlage für ein Handeln des Antragsgegners hier nicht in Betracht kommt (vgl. so schon: VG Potsdam, Beschluß v. 18.3.2003 – 2 L 54/03 –; a.A. insoweit Schneider/Franzmeyer-Werbe/Martin/Krombholz, a.a.O., §12 Rdnr.7, wonach §13 OBG BbG zum Eingreifen bei akuter Gefährdung eines Denkmals ermächtigen soll, was jedoch mit dem subsidiären Charakter der Generalklausel, die keine Vorschrift der akuten Gefahrenabwehr unter Abkürzung des spezialgesetzlich geregelten Verfahrens darstellt, nicht vereinbar ist).

Besteht eine akute Gefahr und damit dringender Handlungsbedarf, ist die Denkmalschutzbehörde nach Auffassung der Kammer vielmehr berechtigt und gehalten, eine der Dringlichkeit angemessene, entsprechend kürzere Frist zur Vornahme der erforderlichen Maßnahmen zu setzen bzw. gegebenenfalls Maßnahmen des sofortigen Vollzuges gemäß §15 Abs. 2 des Verwaltungsvollstreckungsgesetzes Brandenburg zu ergreifen.

Bedenken bestehen zudem hinsichtlich des mit der Verfügung angedrohten Zwangsmittels, da eine Ersatzvornahme hier nach summarischer Prüfung nicht untunlich erscheint und im vorliegenden Fall wegen der von den Antragstellern angeführten wirtschaftlichen Situation Zweifel an der Eignung des angedrohten Zwangsgeldes bestehen.

Die Kammer weist jedoch abschließend daraufhin, daß die erfolgte Anordnung bei einer hier nur gebotenen vorläufigen Würdigung der Gesamtumstände – von dem dargelegten formellen Mangel der nicht erfolgten vorherigen Fristsetzung abgesehen – in materieller Hinsicht keinen Bedenken unterliegt. Die angeordneten Maßnahmen erscheinen vielmehr zum Erhalt des Gutshauses erforderlich und angemessen sowie den Antragstellern auch zumutbar.

Nr. 212

Mit dem Funktionszusammenhang zwischen Boden und Bodendenkmal ist es nicht vereinbar, ein Grundstück unter Bodendenkmalschutz zu stellen, weil in ihm irgendwo irgendwelche Bodendenkmäler verborgen sind.
(Nichtamtlicher Leitsatz)

DSchG NRW §2 Abs. 5.

VG Düsseldorf, Urteil vom 27. Mai 2004 – 4 K 6966/02 – (rechtskräftig).

Die Klägerin ist Eigentümerin des Grundstücks Mittelstraße X. in Schermbeck (Gemarkung Altschermbeck). Der Ortsteil Altschermbeck liegt nordöstlich des mittelalterlichen Ortskerns der Gemeinde an der Spitze eines nach Südwesten abfallenden sandigen Höhenrückens. Das Zentrum von Altschermbeck liegt zwischen E. Straße, Mittelstraße und S.straße und schließt den Standort der im Jahr 1914 errichteten katholischen Pfarrkirche St. Ludgerus an der Einmündung der E. Straße in die Mittelstraße ein. Dabei handelt es sich um den Nachfolgebau eines im Jahr 1840 unter Erhaltung des mittelalterlichen Kirchturms und unter Abbruch der mittelalterlichen Bausubstanz im übrigen errichteten Kirchengebäudes, welches im Jahr 1914 im Zuge des Kirchenneubaus vollständig abgebrochen worden war. Die angrenzenden Grundstücke innerhalb des vorstehend umrissenen Zentrums von Altschermbeck weisen Wohnbebauung in offener Bauweise mit Gärten und Innenhofbereichen auf.

2001 erteilte die Landrätin des Kreises als Untere Bauaufsichtsbehörde der Klägerin als Eigentümerin des Grundstücks Mittelstraße X. einen Bauvorbescheid zur Erweiterung des vorhandenen Wohnhauses mit Errichtung einer Einliegerwohnung; auf Anregung des Beigeladenen (Amt für Bodendenkmalpflege) wurde der Bescheid mit Nebenbestimmungen zur Wahrung der Belange der Bodendenkmalpflege versehen. Hiergegen erhob die Klägerin Widerspruch.

2002 trug der Beklagte die „Mittelalterliche Siedlung Altschermbeck, Kirche St. Ludgerus" als ortsfestes Bodendenkmal in die Bodendenkmalliste der Gemeinde Schermbeck ein und ordnete die sofortige Vollziehung an. Durch Bescheid vom selben Tag teilte er der Klägerin die Eintragung unter Bezugnahme auf das anliegende Bodendenkmalblatt und den beigefügten Lageplan mit. Sie erfaßt den überwiegenden Teil der Fläche des Zentrums von Altschermbeck zwischen E. Straße, Mittelstraße und S.straße unter Einschluß des Standortes der katholischen Pfarrkirche St. Ludgerus.

Zur Begründung ihres Widerspruchs machte die Klägerin geltend, die vorgenommene Begründung der Eintragung in die Denkmalliste werde den hohen Anforderungen an die gebotene wissenschaftlich abgesicherte Beweisführung nicht gerecht. Es fehle an konkreten Belegen, warum in dem gesamten in die Denkmalliste eingetragenen Bereich der Fund von Bodendenkmälern zu erwarten sei.

Aus den Gründen:
Die materiellen Voraussetzungen für die Eintragung nach § 3 Abs. 1 Satz 1 i.V.m. § 2 Abs. 5 Satz 1 DSchG als einer gebundenen und nicht etwa nach behördlichem Ermessen zu treffenden Verwaltungsentscheidung (vgl. OVG NRW, Urteil v. 28.3. 1995 – 11 A 3554/91 –, BRS 57 Nr. 264) liegen nicht vor. In dem gesamten unter Schutz gestellten Boden sind nicht mit an Sicherheit grenzender Wahrscheinlichkeit Bodendenkmäler als Hinterlassenschaften der „Errichtung, Nutzung und Veränderung der mittelalterlichen Kirche von Alt-Schermbeck und der zugehörigen Siedlung im Laufe ihrer über achthundertjährigen Entwicklung" – so die Denkmalbeschreibung im Bodendenkmalblatt unter Hervorhebung durch die Kammer – verborgen.

Als Bodendenkmal sieht der Beklagte – wie sich aus dem Eintragungsbescheid und dem Widerspruchsbescheid ergibt – die mittelalterlichen und neuzeitlichen archäologischen Befunde und Funde an, die die Errichtung, Nutzung und Veränderung der mittelalterlichen, im Jahr 1184 urkundlich erwähnten, in ihren Ursprüngen zeitlich noch weiter zurückreichenden Kirche von Alt-Schermbeck und der zugehörigen Siedlung im Laufe ihrer über achthundertjährigen Entwicklung im Untergrund hinterlassen habe. Gegen diese Betrachtungsweise ist rechtlich grundsätzlich nichts zu erinnern.

Die jeweils zuständige Denkmalbehörde ist grundsätzlich befugt, zum Schutz von Bodendenkmälern Bodenflächen in die Denkmalliste einzutragen, denn Bodendenkmäler im Sinne des Gesetzes sind nicht nur die beweglichen oder unbeweglichen – hier die ortsfesten untertägigen und damit nicht greif- oder sichtbaren – Sachen oder Mehrheiten von Sachen, die Anlaß für die Unterschutzstellung bieten, sondern auch der diese Sachen umgebende und mit ihnen eine Einheit bildende Boden. Der Gesetzgeber hat damit auf die archäologische Sichtweise abgestellt, den Boden mit den darin verborgenen Dokumenten als Ganzes zu begreifen. Auch nach dem Zweck des Bodendenkmal-Schutzes ist das Bodendenkmal in diesem Sinne als Einheit zu betrachten und nach § 1 Abs. 1 DSchG zu schützen und zu pflegen. Die Befolgung dieses Gebots setzt i. d. R. voraus, daß das Bodendenkmal im Boden verbleibt. Eine Ausgrabung zerstört demgegenüber das Bodendenkmal und seine Einzigartigkeit, die in seiner konkreten Lage im Boden und gegebenenfalls in der Zuordnung mehrerer im Boden verborgener Sachen besteht (vgl. OVG NRW, Urteile v. 5. 3. 1992 – 10 A 1748/86 –, BRS 54 Nr. 123; v. 28. 3. 1995 –11 A 3554/91 –, BRS 57 Nr. 264; und v. 21. 12. 1995 – 10 A 4827/94 –).

Voraussetzung für eine solche Eintragung in die Denkmalliste ist allerdings, daß in dem für eine Unterschutzstellung vorgesehenen Boden mit an Sicherheit grenzender Wahrscheinlichkeit Bodendenkmäler verborgen sind. Ist einerseits für eine Unterschutzstellung eine Gewißheit durch Sichtbarmachung des im Boden Verborgenen nicht geboten, weil dies zugleich zu einer Zerstörung des Bodendenkmals führte, reichen andererseits bloße Mutmaßungen über die Existenz eines Bodendenkmals für eine Eintragung in die Denkmalliste nicht aus, weil die Eintragung des Bodendenkmals die davon betroffene Fläche der freien Nutzung des Eigentümers oder des sonstigen Nutzungsberechtigten entzieht. Der Verfassungsrang genießende Grundsatz der Verhältnismäßigkeit verlangt vielmehr eine an Gewißheit grenzende Wahrscheinlichkeit. Der erforderliche Grad an Wahrscheinlichkeit muß sich über eine hohe Wahrscheinlichkeit hinaus zu einer Überzeugung dahingehend verdichten, der geschützte Grund und Boden weise ein Bodendenkmal auf (in diesem Sinne vgl. OVG NRW, a. a. O).

Zudem ist es mit dem Funktionszusammenhang zwischen Boden und Bodendenkmal nicht vereinbar, ein Grundstück unter Bodendenkmalschutz zu stellen, weil in ihm irgendwo irgendwelche Bodendenkmäler verborgen sind, geschweige denn eine ganze Stadt oder Stadtteile flächendeckend als Bodendenkmal einzutragen, weil auf Grund der Siedlungsgeschichte überall Siedlungsspuren unterschiedlicher Art und aus unterschiedlichen Zeiten zu erwarten sind. Der Boden als solcher hat keinen Denkmalwert. Die denkmalrechtlich anerkannte Einheit von Boden und Bodendenkmal verlangt vielmehr zweierlei: Das Bodendenkmal muß – erstens – seiner Art nach konkret bezeichnet werden können. Ist mit dem erforderlichen Grad an Wahrscheinlichkeit feststellbar, daß sich im Boden eines bestimmten Grundstücks denkmalwerte Sachen befinden, kann – zweitens – das Grundstück nur dann in seiner gesamten Ausdehnung unter Schutz gestellt werden, wenn sich ein Bodendenkmal im Boden des gesamten Grundstücks verbirgt. Andernfalls muß die Eintragung auf den hinreichend bestimmt zu bezeichnenden Teil des Grundstücks beschränkt werden. Kann indessen nur das Vorhandensein eines Bodendenkmals festgestellt werden, nicht aber seine Lage und Ausdehnung, kommt allenfalls in Betracht, das Grundstück nach § 14 Abs. 1 DSchG NRW zum Grabungsschutzgebiet zu erklären (in diesem Sinne vgl. OVG NRW, Urteil v. 21. 12. 1995 – 10 A 4827/94 –).

Die notwendige, an eine Gewißheit nahezu heranreichende Überzeugung als Folge einer an Sicherheit grenzenden Wahrscheinlichkeit verlangt wegen der grundrechtlichen Bedeutung der behördlichen Unterschutzstellung eine sorgfältige Aufklärung des Sachverhalts. Dies erfordert eine wissenschaftlich abgesicherte Beweisführung dergestalt, daß Zweifel am Vorhandensein des archäologischen Befundes im Boden nicht mehr bestehen. Sie kann je nach Umständen durch Oberflächenfunde, Bodenveränderungen, Sondierungen, Luftbilder oder durch Vergleiche mit bereits erforschten Fällen sowie Analogieschlüsse aus ihnen, abgesichert auch durch anerkannte Erfahrungssätze, erfolgen (vgl. OVG NRW, a. a. O.).

An einer solchen wissenschaftlich abgesicherten Beweisführung fehlt es hier. Die Kammer kann nicht mit an Sicherheit grenzender Wahrscheinlichkeit feststellen, daß sich im Boden des gesamten unter Schutz gestellten Bereiches, geschweige denn wo archäologische Befunde als Hinterlassenschaften einer sich über achthundert Jahre zeitgleich mit der mittelalterlichen Kirche von Alt Schermbeck entwickelten, zugehörigen Siedlung befinden, worauf indessen die Bodendenkmaleigenschaft gestützt wird. Die entsprechenden Ausführungen im Bodendenkmalblatt zum Bekanntgabebescheid und im Widerspruchsbescheid als notwendiger Begründung i. S. des § 39 Abs. 1 Sätze 1 und 2, Abs. 2 Nr. 5 VwVfG NRW haben eher den Charakter einer wissenschaftlichen Hypothese. Die Möglichkeit einer solchen Siedlungsgeschichte allein genügt aber nicht für die Eintragung als Bodendenkmal.

Wie dem „Gutachten zur Denkmalqualität des Bodendenkmals" des Beigeladenen vom April 2003 zu entnehmen ist, hat es im streitigen Schutzbereich bislang keine archäologischen Untersuchungen gegeben. Im Hinblick auf die Belange des Schutzes von Bodendenkmälern, diese möglichst ungestört im Boden zu belassen, ist eine solche Untersuchung für die erforderliche wissenschaftliche Beweisführung allerdings auch nicht geboten.

Indessen liegen für den unter Schutz gestellten Bereich bislang keine Zufallsfunde vor, die Rückschlüsse auf das Vorhandensein von im Boden befindlichen Überresten einer sich über achthundert Jahre zeitgleich mit der mittelalterlichen Kirche von Alt-Schermbeck entwickelten, zugehörigen Siedlung zulassen. Es ist für die hier zu treffende gerichtliche Entscheidung lediglich davon auszugehen, daß im Boden der heutigen Kirchenparzelle und der östlich vorgelagerten Straßenparzelle Befunde zur früheren Bebauung mit der Vorgängerkirche vorhanden sind. Insofern kann der Vortrag des Beklagten und des Beigeladenen wegen Entscheidungsunerheblichkeit als wahr unterstellt werden, daß Beobachtungen und Beschreibungen des Amtmanns B. im Jahre 1840 anläßlich des damaligen Abrisses des mittelalterlichen, in einer Westost-Achse stehenden Kirchenschiffes der Kirche St. Ludgerus zu Tage getretene Fundamente die in die Zeit vor 1184 weisende Vorgängerkirche St. Dionysius betreffen; das urkundlich erstmals im Jahr 1184 erwähnte mittelalterliche Kirchenschiff war im Jahr 1840 unter Beibehaltung der Himmelsausrichtung durch einen Neubau ersetzt worden. Es ist nach dem Vortrag des Beklagten und des Beigeladenen ferner davon auszugehen, daß sich Mitteilungen des als sachkundig bezeichneten Bürgers S. und des Anwohners N. aus dem Jahr 1988 auf Fundamente des im Jahr 1914 abgerissenen Kirchenschiffes von 1840, der mittelalterlichen Vorgängerbauten und des 1914 abgerissenen mittelalterlichen Kirchturms beziehen, die bei Erdarbeiten im Bereich des heutigen Kirchplatzes östlich des heute vorhandenen, in Nordsüd-Richtung im Jahr 1914 errichteten Kirchengebäudes aufgedeckt worden

Nr. 212

sind. Bodenbefunde, Bodenveränderungen oder Luftbilder als Erkenntnismaterial über eine sich über achthundert Jahre entwickelnde zugehörige Siedlung im sonstigen flächenmäßig weitaus überwiegenden Schutzbereich liegen nicht vor.

Nach dem „Gutachten zur Denkmalqualität des Bodendenkmals" des Beigeladenen vom April 2003 beruht die Abgrenzung des Schutzbereichs ausschließlich auf der Wiedergabe der vorhandenen Bebauung in der Urkatasterkarte von 1860. Auch insoweit kann als wahr, weil entscheidungsunerheblich unterstellt werden, daß diese Karte die damalige Bebauung zutreffend wiedergibt. Rückschlüsse auf das Vorhandensein von im Boden befindlichen Überresten einer sich über achthundert Jahre zeitgleich mit der mittelalterlichen Kirche von Alt-Schermbeck entwickelten, zugehörigen Siedlung läßt indessen auch diese Karte nicht zu. Der darin verzeichnete bauliche Bestand von 1860 spiegelt keine kontinuierliche achthundertjährige vom Mittelalter bis in die Neuzeit reichende Entwicklung einer kirchenzugehörigen Siedlung wider, denn ein Vergleich mit den Darstellungen zum Bestand an Profanbauten, so wie sie sich aus dem Klevischen Kataster von 1733 ergeben, offenbart, daß sich im Jahr 1733 lediglich auf den heutigen Parzellen 3, 4 und 6 drei Bauten beidseits der heutigen Kreuzgasse sowie im unmittelbaren räumlichen Anschluß daran ein weiterer Baukörper auf dem Flurstück 6 an der Mittelstraße befunden haben.

Ebensowenig tragfähig ist die im „Gutachten zur Denkmalqualität des Bodendenkmals" des Beigeladenen vom April 2003 getroffene Aussage, die Befundbeobachtungen der Jahre 1840 und 1988 genügten i. V. m. den historischen Kenntnissen zur Geschichte Alt-Schermbecks und dem Vergleich mit archäologischen Untersuchungsergebnissen entsprechender Situationen dem wissenschaftlichen Anspruch an eine gesicherte Beweisführung.

Der Denkmalbeschreibung im Bodendenkmalblatt und dem vorstehend bezeichneten Gutachten sind indessen keine historischen Kenntnisse dazu zu entnehmen, daß um die mittelalterliche Kirche herum von Anfang an eine zugehörige Bebauung aus Speichern, Scheunen und Ähnlichem entstand, die sich über acht Jahrhunderte zur Bebauung in ihrer heutigen Ausdehnung im hier unter Schutz gestellten Bereich entwickelte. Die Ausführungen zu den historischen Kenntnissen insbesondere im Bodendenkmalblatt verhalten sich ausschließlich zur Kirche St. Ludgerus selbst mit dem Inhalt einer erstmaligen urkundlichen Erwähnung im Jahr 1184, in der die Übernahme der Kirche durch die Abtei Werden und im Zuge dessen der Wechsel des Schutzpatrons von St. Dionysius zu St. Ludgerus dokumentiert seien, was den Schluß auf das Bestehen einer St. Dionysius-Kirche bereits vor 1184 zulasse. Den jeweils in das Verfahren eingeführten Ausführungen von J. Körner in „Die Bau- und Kunstdenkmäler von Westfalen", Münster, 1929 zu Altschermbeck und den Erläuterungen zu Schermbeck in „Wissenswertes aus den Städten und Gemeinden des Kreises", Sonderdruck aus „Der Kreis Wesel", 1983, läßt sich als gesicherter historischer Hintergrund entnehmen, daß nach einer Urkunde von 799 ein im fränkisch-sächsischen Grenzgebiet gelegener sächsischer Adelshof Schermbeck (Scirembeke) und ein weiterer Hof Rüste als fromme Schenkung dem heiligen Liudger übereignet worden waren, der sie der von ihm gestifteten Abtei Werden überwiesen hatte. Diese Güter bestanden seinerzeit aus umfangreichem bewirtschaftetem Grundbesitz, den jeweiligen Haupthöfen sowie den auf dem Grundbesitz verstreut errichteten bewirtschafteten Unterhöfen. Es wird angenommen, daß die Unterhöfe des sächsischen Adelshofes Scirembeke den Raum des heutigen Altschermbeck und der Stadt Schermbeck überdeckten und die Kirche ebenfalls auf zu diesem Adelshof gehörendem Grundbesitz stand. Indessen legt der Beigeladene im vorstehend bezeichneten „Gutachten zur Denkmalqualität des Bodendenkmals" vom April 2003 im Hinblick auf den Aspekt einer sich räumlich an den Kirchenstandort anschließenden, zugleich kontinuierlich entwickelnden zugehörigen Siedlung dar, eine gute historische Quellenlage zu mittelalterlich-neuzeitlichen Anlagen bestehe im vorliegenden Fall – gerade – nicht.

Fällt damit historisches Quellenmaterial und auch sonstige, nicht näher bezeichnete historische Erfahrung als Beweisgrundlage für eine sich gleichzeitig kontinuierlich entwickelnde zugehörige Siedlung aus, ließe sich im vorliegenden Fall ein wissenschaftlichen Anforderungen genügender Beweis einer Kirche als Mittelpunkt öffentlichen Lebens mit herumgruppierten Nebengebäuden nur mittels Analogieschlusses aus archäologischen Untersuchungsergebnissen führen. Sämtliche in der Anlage zum Gutachten vom April 2003 namentlich aufgeführten Untersuchungen – soweit als Dokumente dem Gutachten beigefügt bzw. nachgereicht – erlauben einen solchen Analogieschluß aber nicht, weil es an der Vergleichbarkeit der Befundsituationen mit dem hier in Rede stehenden Schutzobjekt mangelt. Alle vorliegenden Dokumentationen über Untersuchungen in Essen, Geldern, Goch, Kalkar, Krefeld, Moers und Rees betreffen entweder allein Stadtkirchen als Sakralbauten und ihre unmittelbare auf das Kirchengebäude bezogene Baugeschichte einschließlich Grablegen oder Ausgrabungen von Profanbauten ohne jeglichen sachlichen Bezug zu Sakralbauten wie Reste von mittelalterlichen, die Stadt ursprünglich umgebenden Befestigungsanlagen (Stadtgräben und Stadttore), der mittelalterlichen städtischen Infrastruktur wie Reste von Anlegeplätzen, Brücken, Grabenbefestigungen, Wegebefestigungen, Marktflächen, Brunnen, Kloaken und profanen Hochbauten wie Bürgerhäusern in Fachwerk- oder bzw. und Stein-/Ziegelbauweise. Auch die beigefügten, die mittelalterliche Stadt Schermbeck betreffenden Dokumentationen liefern kein anderes Bild, denn auch sie betreffen ausschließlich den Stadtgraben bzw. die Stadtbefestigung und ein in den Jahren 1566 bis 1569 innerhalb der befestigten Stadt errichtetes Langhaus in Fachwerkbauweise mit fünf Gefachen, das östlich den Wohntrakt und westlich den durch ein Tor zugänglichen Wirtschaftsbereich aufnahm und auf einer ursprünglichen Wegeparzelle errichtet worden war.

Insbesondere auch die vorgenannten Dokumentationen zu Sakralbauten erlauben keinen Analogieschluß in Richtung auf eine durch die Errichtung und die Nutzung der St. Ludgerus-Kirche veranlaßte, zugehörige und sich gleichzeitig kontinuierlich entwickelnde Siedlung im hier unter Schutz gestellten räumlichen Bereich von Altschermbeck. Im Bericht zu den archäologischen Untersuchungen im Turmbereich der Pfarrkirche St. Maria-Magdalena in der mittelalterlichen Stadt Goch von 1999 heißt es insbesondere zur

Lage der Kirche in der mittelalterlichen Stadt vielmehr: „Die Kirche und mit ihr der Friedhof befindet sich im Norden der mittelalterlichen Kernstadt am Ufer der Niers direkt an der Stadtbefestigung gelegen. Diese Lage der Pfarrkirche am Stadtrand ein wenig abseits des Marktplatzes ist für Gründungsstädte des 13. Jahrhunderts in ganz Deutschland typisch. Um die Kirche befand sich bis ins 19. Jahrhundert der Friedhof." Die angeführten, Sakralbauten betreffenden Dokumentationen betreffen Kirchenbauten, die anläßlich einer Stadtgründung und der sich damit vollziehenden Bebauung und der Errichtung von diese umgebenden Befestigungsanlagen zeitgleich errichtet wurden, jedoch innerhalb der befestigten Stadt und nicht etwa als Keimzelle einer sich außerhalb davon, wenn auch im näheren Umfeld entwickelnden Siedlung. Diese Fundsituationen sind mit dem hier in Rede stehenden Schutzobjekt nicht vergleichbar, denn die St. Ludgerus-Kirche liegt demgegenüber außerhalb, und zwar nordöstlich des mittelalterlichen Ortskerns der Gemeinde Schermbeck an der Spitze eines nach Südwesten abfallenden sandigen Höhenrückens. Es handelt sich nicht um einen im Zuge einer Stadtgründung innerhalb der künftigen Stadtbefestigung entstandenen Sakralbau, sondern um eine vor den Toren der Stadt gelegene, von dieser räumlich abgesetzte Kirche.

Nr. 213

Zur Verfassungsmäßigkeit des Denkmalpflegegesetzes der DDR vom 19.6.1975

GG Art. 14.

Bundesverwaltungsgericht, Beschluß vom 7. April 2004 – 4 B 25.04 –.

(OVG Mecklenburg-Vorpommern)

Aus den Gründen:
1. Die Beschwerde hält die Frage für grundsätzlich klärungsbedürftig, ob § 9 des in Landesrecht übergeleiteten Denkmalpflegegesetzes der DDR vom 19.6.1975 mit Art.14 GG vereinbar ist. Sie mißversteht das Verfahren nach § 133 Abs. 3 VwGO, indem sie annimmt, die Frage der Vereinbarkeit einer landesrechtlichen Rechtsvorschrift mit Bestimmungen des Grundgesetzes verleihe einer Rechtssache grundsätzliche Bedeutung. Im Verfahren der Nichtzulassungsbeschwerde ist nicht die fehlerfreie Anwendung des Grundgesetzes durch das Berufungsgericht zu prüfen. Zu entscheiden ist auf der Grundlage des Beschwerdevorbringens allein, ob das Berufungsgericht bei der Auslegung des Landesrechts die Bedeutung des Art. 14 GG verkannt hat (BVerwG, Beschluß v. 22.12.1994 – 4 B 114.94 –, NVwZ 1995, 700, 702). Einen auf Art.14 GG als Prüfungsmaßstab bezogenen Klärungsbedarf zeigt die Beschwerde indessen nicht auf. Darüber hinaus scheitert die Zulassung der Revision daran, daß es sich bei dem Denkmalpflegegesetz der DDR um Recht handelt, das bereits seit 1993 außer Kraft ist, und Rechtsfragen zu ausgelau-

fenem Recht regelmäßig keine grundsätzliche Bedeutung zukommt, weil mit einer Revisionsentscheidung keine auch für die Zukunft richtungweisende Klärung erreicht werden kann (vgl. BVerwG, Beschluß v. 23.4.1996 – 11 B 96.95 –, NVwZ 1996, 1010). Gründe für eine Ausnahme von dieser Regel liegen hier nicht vor. Es ist nichts dafür vorgetragen, daß noch eine unüberschaubare Anzahl von Fällen abzuwickeln ist, in denen das frühere Recht von Bedeutung ist.

F. Natur- und Landschaftsschutz

Nr. 214

1. Die Identifizierung europäischer Vogelschutzgebiete nach Art. 4 Abs. 1 Satz 4 der Vogelschutzrichtlinie in den Bundesländern hat sich ausschließlich an ornithologischen Kriterien zu orientieren. Als Orientierungshilfe dient das IBA-Verzeichnis 2002. Es nimmt nicht für sich in Anspruch, daß sämtliche Gebietsteile, die von der Bezeichnung eines Landschaftsraums erfaßt werden, unter Schutz zu stellen sind.

2. Ein Straßenbauvorhaben, das zu einer erheblichen Beeinträchtigung eines potentiellen FFH-Gebiets führt, ist mit den Erhaltungszielen für dieses Gebiet unverträglich. Das Gebiet darf gleichwohl nach Art. 6 Abs. 4 Satz 1 UAbs. 1 FFH-RL aus zwingenden Gründen des überwiegenden Interesses einschließlich solcher sozialer oder wirtschaftlicher Art für das Vorhaben in Anspruch genommen werden, wenn keine Alternativlösung vorhanden ist und alle notwendigen Maßnahmen zum Schutz der globalen Kohärenz von Natura 2000 ergriffen werden.

3. Die Entscheidung für ein Straßenbauvorhaben kann im Ergebnis abwägungsfehlerhaft sein, wenn das öffentliche Interesse an der Erhaltung einer einzigartigen Kulturlandschaft in unvertretbarer Weise zu kurz gekommen ist (hier verneint).

FStrG § 17 Abs. 1 Satz 2; VRL Art. 4 Abs. 1 und 4; FFH-RL Art. 4 Abs. 1, 6 Abs. 4; BayNatSchG Art. 6a Abs. 1.

Bundesverwaltungsgericht, Urteil vom 15. Januar 2004 – 4 A 11.02 –.

Der Kläger ist ein anerkannter Naturschutzverband. Er wendet sich mit seiner Klage gegen den Beschluß der Regierung von Oberfranken vom 20. 3. 2002, der den Plan für den Bau der Bundesautobahn A 73 „Suhl-Lichtenfels" im Abschnitt „Ebersdorf b. Coburg (Bundesstraße 303) bis Lichtenfels (Bundesstraße 173)" feststellt. Die Trasse verläuft vom Beginn der Baustrecke bei Bau-km 57+200 in Richtung Süden, quert in der Nähe von Kloster Banz und der Basilika Vierzehnheiligen das Maintal und geht westlich von Lichtenfels bei Bau-km 70+060 in die Bundesstraße 173 über. Die A 73 ist Teil der Verkehrsprojekte Deutsche Einheit und im Bedarfsplan 1993 für die Bundesfernstraßen als vordringlicher Bedarf dargestellt.

Der Kläger ist seit 1990 zu einem Fünftel Miteigentümer eines 3340 m² großen Grundstücks, das als naturnahe Wiese genutzt wird und von dem etwa die Hälfte dauerhaft für die planfestgestellte Trasse in Anspruch genommen werden soll.

Aus den Gründen:

II. 2. Auch materiell-rechtlich bietet der Planfeststellungsbeschluß keinen Anlaß zu Beanstandungen.

a) Die A 73 entspricht den Zielsetzungen des § 1 Abs. 1 FStrG, weil sie in den Bedarfsplan für die Bundesfernstraßen, der nach § 1 Abs. 1 Satz 2 des Fernstraßenausbaugesetzes – FStrAbG – (i.d.F. der Bekanntmachung vom 15. 11. 1993, BGBl. I, 1878) dem Gesetz als Anlage beigefügt ist, aufgenommen (und darin als vordringlicher Bedarf ausgewiesen) ist (§ 1 Abs. 2 Satz 1 FStrAbG). Nach § 1 Abs. 2 Satz 2 FStrAbG ist die Feststellung des Bedarfs für die Planfeststellung nach § 17 FStrG verbindlich. Das bedeutet, daß nach der gesetzgeberischen Wertung unter Bedarfsgesichtspunkten eine Planrechtfertigung vorhanden ist.

aa) Der Kläger sieht die Bedarfsfrage durch § 1 Abs. 2 FStrAbG nicht gelöst, weil der Verlauf der A 73 nach dem Bedarfsplan und nach dem Planfeststellungsbeschluß nahezu vollständig verschieden sei. Seine Ansicht trifft nicht zu. Der Umstand, daß die A 73 nach der zeichnerischen Darstellung im Bedarfsplan westlich an Coburg vorbeiführt, während der Planfeststellungsbeschluß eine Umgehung im Osten vorsieht, bedingt keinen Verlust der dem Bedarfsplan vom Gesetz beigelegten Bindungswirkung.

Der Kläger mißt dem Bedarfsplan eine Bedeutung bei, die ihm nicht zukommt. Der Bedarfsplan bindet mit der Feststellung der Zielkonformität und des Bedarfs zwar auch, soweit er durch zeichnerische Einzelheiten eine bestimmte Bedarfsstruktur näher festlegt. Der auf Grund von Prognosen über Verkehrsströme festgestellte Bedarfsplan gibt nicht nur an, daß ein bestimmter Verkehrsbedarf überhaupt besteht. Er konkretisiert zugleich die Zielsetzungen des § 1 Abs. 1 FStrG, indem er ein bestimmtes, wenn auch grobmaschiges zusammenhängendes Verkehrsnetz für einen weiträumigen Verkehr darstellt, das dem prognostizierten Bedarf gerecht wird. Demgemäß darf im Planfeststellungsverfahren die im Bedarfsplan festgestellte Netzverknüpfung nicht ignoriert werden (BVerwG, Urteil v. 12. 12. 1996 – BVerwG 4 C 29.94 –, BVerwGE 102, 331, 343 f.). Eine weitergehende Bindung besteht hingegen nicht. Der Bedarfsplan ist als globales und grobmaschiges Konzept von vornherein nicht detailgenau und läßt – entsprechend dieser Unbestimmtheit – für die Ausgestaltung im einzelnen den nachfolgenden Verfahren der Linienbestimmung und Planfeststellung noch weite planerische Spielräume (BVerwG, Urteil v. 21. 3. 1996 – BVerwG 4 C 19.94 –, BVerwGE 100, 370, 385).

Es ist nicht feststellbar, daß die Planfeststellungsbehörde von dem in der zeichnerischen Darstellung des Bedarfsplans zum Ausdruck gekommenen Modell der Netzverknüpfung abgewichen ist. Da die planfestgestellte Trasse im Anfangs- und Endpunkt mit der in den Bedarfsplan eingezeichneten übereinstimmt, wird ihre Funktion, die als „Frankenschnellweg" bekannte B 173 nach Norden bis zur Landesgrenze Thüringen und weiter bis zur A 71 zu verlängern, nicht in Frage gestellt. Wie im Bedarfsplan vorgesehen, wird sie – wenn auch an anderen Knotenpunkten – mit der in West-Ost-Richtung verlaufenden B 303 und der nahezu parallel geführten B 289 verknüpft. Der Umstand, daß Coburg im Süden nunmehr nicht über die B 4, sondern über die B 303 an die A 73 angebunden werden wird, ist entgegen der Ansicht des Klägers bedeutungslos. Entscheidend ist, daß der gesetzgeberische Wille, Coburg durch eine zügige Verbindung an das Autobahnnetz anzuschließen, umgesetzt wird.

bb) Der Kläger hält der Bedarfsfestschreibung entgegen, der zu erwartende Verkehr könne durch eine „intelligente" Lösung dergestalt bewältigt werden, daß unter Verzicht auf den Bau des hier streitigen Südabschnitts der nördliche Ast der A 73 mit Coburg verknüpft und für den Verkehr südlich von

Coburg die B 4 ausgebaut werde. Jedenfalls halte die gesetzgeberische Entscheidung einer Evidenzkontrolle nicht stand, weil die A 73 eine Regionalautobahn sei und es sich bei ihr materiell deshalb nicht um ein Verkehrsprojekt Deutsche Einheit handele, die Abgeordneten keine Planungsalternativen in Betracht gezogen und Untersuchungen über die Umweltverträglichkeit nicht gekannt hätten.

Die vom Kläger propagierte Aufwertung der B 4 zwischen Coburg und Bamberg durch den Bau von Ortsumgehungen und die Verbreiterung des Straßenraums ist keine Alternative, mit der sich die Ziele des Bedarfsplans verwirklichen ließen. Darauf wird in anderem Zusammenhang noch zurückzukommen sein. Ein rechtlich relevantes Defizit läßt sich auch nicht mit dem vom Kläger in der mündlichen Verhandlung hervorgehobenen Einwand dartun, der Anteil des weiträumigen Durchgangsverkehrs liege nach den Prognosen der Planfeststellungsbehörde nur bei einer Größenordnung von weniger als 10%. Die Verbesserung der Verkehrsverbindungen für den Fernverkehr ist zwar eines der wesentlichen Ziele, die sich mit der Schaffung zusätzlicher Verkehrswege erreichen lassen. Bundesautobahnen dürfen jedoch nicht nur gebaut werden, wenn sie als reine Überlandautobahnen vorwiegend dem Transitverkehr dienen (vgl. BVerwG, Urteil v. 23.11.2001 – BVerwG 4 A 46.99 –, Buchholz 406.25 §43 BImSchG Nr. 19). Der Verkehrswegebau läßt sich auch für andere Zwecke zulässigerweise nutzbar machen. Dazu gehört die Stärkung der allgemeinen Leistungsfähigkeit des Verkehrsnetzes ebenso wie die regionale Anbindung von Wirtschaftszentren oder die Förderung der Entwicklung in bisher unzureichend erschlossenen Räumen (BVerwG, Urteil v. 27.10.2000 – BVerwG 4 A 18.99 –, a.a.O., S. 147). Im übrigen entspricht es st. Rspr. des Senats, daß die Planrechtfertigung nicht mit einem unabweisbaren Bedürfnis gleichzusetzen ist. Vielmehr reicht es aus, wenn das Vorhaben vor dem Hintergrund des §1 Abs. 1 FStrG vernünftigerweise geboten ist (vgl. BVerwG, Urteil v. 6.12.1985 – BVerwG 4 C 59.82 –, BVerwGE 72, 282, 285). Die vom Kläger angegriffene Bedarfsfeststellung genügt diesen Anforderungen. Die A 73 wurde im Vorgriff auf den Bedarfsplan 1993 bereits im Februar 1991 in den Katalog der 17 „Verkehrsprojekte Deutsche Einheit" aufgenommen. Das mit dieser Einstufung verfolgte Ziel ist es, eine leistungsfähige Verkehrsdiagonale zwischen Süddeutschland, Nordbayern und Thüringen herzustellen, den südthüringischen und nordwestoberfränkischen Raum zu erschließen, die thüringischen und fränkischen Wirtschaftszentren zu verbinden, die Standortbedingungen für Wirtschaft, Industrie, Handel und Gewerbe zu verbessern sowie das regionale Straßennetz einschließlich der überfüllten Ortsdurchfahrten zu entlasten. Die gesetzliche Bedarfsfeststellung wird nicht dadurch ernsthaft in Frage gestellt, daß der Kläger den wirtschaftlichen Nutzen der A 73 bestreitet. Zwar prognostiziert er, daß die Autobahn zu einer Verlagerung von Betrieben aus dem Regierungsbezirk Oberfranken nach Thüringen und Sachsen beitragen werde. Ob seine Vorhersage zutrifft, ist jedoch keinesfalls gesichert. Die Landes- und Regionalpolitik verspricht sich von der A 73 jedenfalls das Gegenteil, nämlich einen wirtschaftlichen Aufschwung.

Die Bedarfsfeststellung gibt zu Bedenken auch nicht deshalb Anlaß, weil die Gesetzgebungsmaterialien nichts dafür hergeben, daß seinerzeit Alternativen erörtert wurden. Der Bedarfsplan läßt für seine Umsetzung planerische Spielräume, die ggf. im Rahmen der Linienbestimmung, jedenfalls aber im Rahmen der Planfeststellung auszufüllen sind (BVerwG, Urteil v. 12. 12. 1996 – BVerwG 4 C 29.94 –, a. a. O., S. 344). Wie sich aus §4 FStrAbG ergibt, sind schon bei der Bedarfsplanung die auf dieser Ebene maßgeblichen Belange, insbesondere die der Raumordnung, des Umweltschutzes und des Straßenbaus, in die Beurteilung einzubeziehen. Das befreit die Planungsbehörde im anschließenden Planfeststellungsverfahren bei der nach §17 Abs. 1 Satz 2 FStrG gebotenen Abwägung aller für und gegen das Vorhaben sprechenden Gesichtspunkte jedoch nicht von der Prüfung, ob einer vom Bedarfsplan abweichenden Trassierung oder sogar der Nullvariante, die einem Verzicht auf die Projektverwirklichung gleichkommt, der Vorzug zu geben ist. Die Bedarfsplanung bietet nach ihrer spezifischen Aufgabenstellung nur eine Handhabe dafür, einen Teil des Problemstoffs abzuschichten. Sie eignet sich nicht zur verbindlichen Vorabklärung, ob eine bestimmte Straßenbaumaßnahme, für die aus gesamtwirtschaftlicher und verkehrlicher Sicht ein Bedarf besteht, in jeder Hinsicht den Anforderungen des Abwägungsgebots genügt (vgl. BVerwG, Urteil v. 10. 4. 1997 – BVerwG 4 C 5.96 –, BVerwGE 104, 236, 249). (Wird ausgeführt.)

b) Das Planvorhaben ist nicht aus Gründen des europäischen Naturschutzes unzulässig.

aa) Der Kläger rügt eine Verletzung der Richtlinie 79/409/EWG des Rates vom 2. 4. 1979 über die Erhaltung der wild lebenden Vogelarten (Vogelschutz-Richtlinie – VRL – ABlEG Nr. L 103/1 mit späteren Änderungen). Zu den unmittelbar anwendbaren Vorschriften der Vogelschutz-Richtlinie gehört ihr Art. 4 Abs. 1 Satz 4, der die Identifizierung von Vogelschutzgebieten näher regelt. Hiernach erklären die Mitgliedstaaten insbesondere die für die Erhaltung bestimmter Vogelarten „zahlen- und flächenmäßig geeignetsten Gebiete" zu Schutzgebieten. Darunter fällt ein Gebiet nur, wenn es aus ornithologischer Sicht für die Erhaltung der in Anh. I VRL aufgeführten Vogelarten oder der in Art. 4 Abs. 2 VRL genannten Zugvogelarten von hervorragender Bedeutung ist (BVerwG, Urteil v. 31. 1. 2002 – BVerwG 4 A 15.01 –, Buchholz 407.4 §17 FStrG Nr. 168).

Die Frage, ob das Maintal in dem von der Querung durch die A 73 betroffenen Abschnitt den Rechtsstatus eines Vogelschutzgebiets verdient, ist entscheidungserheblich. Nach Art. 4 Abs. 4 Satz 1 VRL sind die Beeinträchtigung der Lebensräume und die erhebliche Belästigung der Vögel in den geschützten Gebieten zu vermeiden. In den Anwendungsbereich dieser Vorschrift fallen auch Straßenbauvorhaben. Nur überragende Gemeinwohlbelange wie etwa der Schutz des Lebens und der Gesundheit von Menschen oder der Schutz der öffentlichen Sicherheit sind geeignet, das Beeinträchtigungs- und Störungsverbot des Art. 4 Abs. 4 Satz 1 VRL zu überwinden (EuGH, Urteil v. 28. 2. 1991 – Rs. C-57/89 –, Slg. I, S. 883 Rdnr. 22). Gebiete, die nicht zu Schutzgebieten erklärt worden sind, obwohl dies erforderlich gewesen wäre, unterliegen nach der Rechtsprechung des EuGH (vgl. Urteil v. 7. 12. 2000 –

Rs. C-374/98 –, NuR 2001, 210), der sich der Senat angeschlossen hat, weiterhin dem strengen Schutzregime der Vogelschutz-Richtlinie und nicht dem milderen Rechtsregime des Art. 6 Abs. 2 bis 4 der Richtlinie 92/43/EWG zur Erhaltung der natürlichen Lebensräume sowie der wild lebenden Tiere und Pflanzen vom 21. 5. 1992 (FFH-Richtlinie – FFH-RL – ABlEG Nr. L 206/7 mit späteren Änderungen). Ein derartiges „faktisches" Vogelschutzgebiet wird indes von dem planfestgestellten Autobahnabschnitt nicht beeinträchtigt.

Die Identifizierung europäischer Vogelschutzgebiete in den Bundesländern unterliegt nur einer eingeschränkten verwaltungsgerichtlichen Kontrolle (BVerwG, Urteil v. 14. 11. 2002 – BVerwG 4 A 15.02 –, a. a. O., S. 155). In der Frage, welche Gebiete für die Erhaltung der in Anh. I oder Art. 4 Abs. 2 VRL aufgeführten Arten „zahlen- und flächenmäßig" am geeignetsten sind, haben die Mitgliedstaaten einen fachlichen Beurteilungsspielraum. Zu den Bewertungskriterien gehören neben Seltenheit, Empfindlichkeit und Gefährdung einer Vogelart u. a. die Populationsdichte und Artenvielfalt eines Gebiets, sein Entwicklungspotential und seine Netzverknüpfung (Kohärenz) sowie die Erhaltungsperspektiven der bedrohten Art. Ist hieran gemessen die Nichtmeldung eines Gebiets fachwissenschaftlich vertretbar, ist sie von den Gerichten hinzunehmen.

Das Landesamt für Umweltschutz des Beklagten hat sich während des Klageverfahrens mit der Frage befaßt, ob und inwieweit das obere Maintal mit seinen Nebentälern als Vogelschutzgebiet in Betracht kommt. Nach seiner Einschätzung beherbergen das obere Maintal, der Itzgrund und die Zuflüsse Rodach, Baunach und Steinach eines der bedeutendsten großräumigen Vorkommen des Blaukehlchens in Bayern. Mit 400 Brutpaaren stelle das Gebiet die zweitgrößte Teilpopulation in Bayern und die größte in Nordbayern. Individuenreicher sei nur das ostbayerische Donautal einschließlich des Mündungsgebiets der Isar mit 800 Brutpaaren. Auf der Grundlage der Befunde des Landesamts beabsichtigt der Beklagte dem Vernehmen nach, im Zuge einer Nachmeldung von FFH-Gebieten und einer ergänzenden Erklärung von Vogelschutzgebieten die neuen SPA(= Special Protection Areas)-Gebiete 5831-701 „Itz-, Rodach- und Baunachaue" und 5931-701 „Oberes Maintal, untere Rodach und Steinach" vorzuschlagen. Die Gebiete sind nicht in sich geschlossen, sondern in Teilgebiete untergliedert.

Der Kläger hält die Herausnahme des Mainabschnitts zwischen Staffelstein und Lichtenfels aus dem Gebietsvorschlag für naturschutzfachlich nicht vertretbar. Der Abschnitt unterscheide sich weder nach der geomorphologischen Talraumausbildung noch nach der Nutzungsstruktur, der naturräumlichen Ausstattung oder des Arteninventars von den beidseitig angrenzenden Abschnitten des oberen Maintals. Er sieht sich durch den überarbeiteten und aktualisierten IBA-Katalog 2002 (Heath/Evans [ed.], Important Bird Areas in Europe, Priority sites for conservation, 2002; abgedruckt in: Berichte zum Vogelschutz, Heft Nr. 38, 2002, herausgegeben vom Deutschen Rat für Vogelschutz und vom Naturschutzbund Deutschland) bestätigt, der ein Verzeichnis von Auswahlkriterien zur Bestimmung bedeutender Vogelschutzgebiete enthält und die nach diesen Kriterien bestimmten Gebiete aufzählt. Während im IBA-Katalog 2000 nur der „Nassanger near Trieb and sur-

Nr. 214

rounding gravel-pits" mit einer Größe von ca. 200 ha verzeichnet ist, benennt der IBA-Katalog 2002 unter BY030 die Rodachaue, den Itzgrund sowie das obere Maintal einschließlich Nassanger bei Trieb und umgebende Baggerseen als Raum, der bei Anlegung der C6- und C7-Kriterien auf einer Gesamtfläche von 12 734 ha für den Vogelschutz bedeutsam ist. Der Kläger argwöhnt, die Abweichung des Gebietsvorschlags vom IBA-Katalog 2002 beruhe auf unzulässigen, weil wirtschafts- und verkehrspolitischen Gründen.

Nach Ansicht des Senats ist die Kritik des Klägers nicht stichhaltig. An der Argumentation des Klägers ist zutreffend, daß sich die Identifizierung europäischer Vogelschutzgebiete ausschließlich an ornithologischen Kriterien zu orientieren hat. Eine Abwägung mit anderen Belangen findet nicht statt. Die in Art. 2 VRL erwähnten Gründe wirtschaftlicher oder freizeitbedingter Art sind bei der Auswahl eines Vogelschutzgebiets außer Betracht zu lassen; denn Art. 4 Abs. 1 Satz 4 VRL ist das Ergebnis einer bereits vom europäischen Richtliniengeber getroffenen Abwägungsentscheidung, die keiner weiteren Relativierung zugänglich ist (EuGH, Urteile v. 2. 8. 1993 – Rs. C-355/90 –, NuR 1994, 521, v. 11. 7. 1996 – Rs. C-44/95 –, NuR 1997, 36, und v. 19. 5. 1998 – Rs. C-3/96 –, NuR 1998, 538; BVerwG, Urteil v. 31. 1. 2002 – 4 A 15.01 –, a. a. O.). Der Senat hat sich jedoch nicht davon überzeugen können, daß für die Entscheidung des Beklagten, den Mainabschnitt zwischen Staffelstein und Lichtenfels aus dem Vorschlag für die Ausweisung eines europäischen Vogelschutzgebiets am oberen Main auszuklammern, naturschutzfremde Erwägungen mitbestimmend waren. (Wird ausgeführt.)

Die vom Beklagten gewählte Begrenzung der schutzwürdigen Gebiete erweist sich ferner nicht deshalb als unhaltbar, weil der IBA-Katalog 2002 den gesamten Talraum des oberen Mains unter Schutz gestellt wissen will. Der Katalog hat keinen Rechtsnormcharakter (EuGH, Urteil v. 19. 5. 1998 – Rs. C-3/96 –, a. a. O.). Er dient nach der Rechtsprechung des EuGH als Orientierungshilfe, ersetzt aber nicht bereits für sich genommen die Subsumtion unter das Tatbestandsmerkmal der „zahlen- und flächenmäßig geeignetsten Gebiete" in Art. 4 Abs. 1 Satz 4 VRL. Im übrigen sind sich auch die Autoren der IBA-Liste dessen bewußt, daß größer dimensionierte Schutzgebiete Teilbereiche von geringerer ornithologischer Bedeutung enthalten können (Berichte zum Vogelschutz, a. a. O., S. 116). Sie sehen deshalb nicht alle Landschaftsräume, die mindestens eines der Kriterien C1 bis C6 erfüllen, von vornherein in vollem Umfang als schutzbedürftig an. Vielmehr halten sie es im Hinblick auf die konkrete lokale Situation für denkbar, daß nur Flächenanteile nach Art. 4 VRL schutzwürdig sind (Berichte zum Vogelschutz, a. a. O., S. 22f., 117). Auch der Senat hat schon früher angenommen, daß nicht sämtliche Gebietsteile, die von der Bezeichnung eines Landschaftsraums im IBA-Katalog umfaßt werden, zwingend unter Schutz zu stellen sind (BVerwG, Urteil v. 31. 1. 2002 – BVerwG 4 A 15.01 –, a. a. O.).

bb) Der Kläger ist der Auffassung, das Planvorhaben stehe mit den Anforderungen des FFH-Rechts nicht im Einklang. Das trifft nicht zu.

(1) Aus floristischer Sicht fehlt es weitestgehend an den Voraussetzungen, die an ein potentielles FFH-Gebiet zu stellen sind. (Wird ausgeführt.)

(3) Der Senat teilt die Ansicht des Klägers, daß Teile des Planungsraums, insbesondere die Mainaue und der Stöppachsgraben, bei Anwendung der in Anh. III Phase 1 FFH-RL aufgeführten Kriterien ... die Merkmale eines potentiellen FFH-Gebiets aufweisen. Dagegen sah sich der Senat nicht in der Lage zu ermitteln, ob sich der von der planfestgestellten Trasse durchschnittene Landschaftsraum unter den nach Anh. III Phase 2 FFH-RL maßgeblichen Kohärenzgesichtspunkten als FFH-Gebiet aufdrängt. Ferner hat er nicht eindeutig klären können, ob das Vorhaben zu einer i. S. des Art. 6 Abs. 3 FFH-RL erheblichen Beeinträchtigung des möglicherweise schutzbedürftigen Planungsraums und damit zu einer Unverträglichkeit des Projekts mit den Erhaltungszielen führt. Beides kann der Senat zugunsten des Klägers unterstellen; denn das gemeinschaftsrechtliche Beeinträchtigungsverbot läßt sich vorliegend mit Hilfe der Ausnahmevorschrift des Art. 6 Abs. 4 Satz 1 UAbs. 1 FFH-RL überwinden. Aus ihr ergibt sich, daß ein nichtumweltverträglicher Plan oder ein nichtumweltverträgliches Projekt aus zwingenden Gründen des überwiegenden öffentlichen Interesses einschließlich solcher sozialer oder wirtschaftlicher Art durchgeführt werden darf, wenn keine Alternativlösung vorhanden ist und alle notwendigen Maßnahmen zum Schutz der globalen Kohärenz von Natura 2000 ergriffen werden. Diese Voraussetzungen sind hier gegeben.

Eine Alternative zur A 73, welche zu geringeren Eingriffen in den Naturhaushalt führt, ist nicht erkennbar. Eine Alternative i. S. des Art. 6 Abs. 4 Satz 1 UAbs. 1 FFH-RL ist vorhanden, wenn sich die mit dem Straßenbauvorhaben verfolgten Ziele, die ihrerseits von einem Bewerten und Gewichten anderer Zielsetzungen abhängig sind, naturverträglicher erreichen lassen. Läuft eine Variante auf ein anderes Projekt hinaus, kann von einer Alternative nicht mehr gesprochen werden (vgl. BVerwG, Urteil v. 19. 5. 1998 – 4 A 9.97 –, a. a. O., S. 13 f.; Urteil v. 17. 5. 2002 – 4 A 28.01 –, BVerwGE 116, 254, 259 ff.). So verhält es sich hier. (Wird ausgeführt.)

Für das Planvorhaben streiten zwingende Gründe des überwiegenden öffentlichen Interesses. Ob solche Gründe gegeben sind, ist nicht in dem Sinne zu verstehen, daß dies das Vorliegen von Sachzwängen erfordert, denen niemand ausweichen kann. Art. 6 Abs. 4 UAbs. 1 und 2 FFH-RL meint mit der gewählten Ausdrucksweise ein durch Vernunft und Verantwortungsbewußtsein geleitetes staatliches Handeln (BVerwG, Urteil v. 27. 1. 2000 – 4 C 2.99 –, BVerwGE 110, 302, 314). Hieran gemessen ist das umstrittene Straßenbauvorhaben von Rechts wegen nicht zu beanstanden. Der Senat billigt das Bündel der von der Planfeststellungsbehörde ins Feld geführten verkehrspolitischen Zielsetzungen jedenfalls deshalb als vertretbar, weil das Vorhaben auch und zuvörderst dem Zusammenwachsen der alten und neuen Bundesländer und der Herstellung gleicher Lebensverhältnisse zu dienen bestimmt ist.

Für die notwendigen Maßnahmen zum Schutz der globalen Kohärenz von Natura 2000 ist gesorgt. Der Planfeststellungsbeschluß sieht im landespflegerischen Begleitplan für den Verlust von Habitatflächen für den Hellen und Dunklen Wiesenknopf-Ameisenbläuling im Planungsraum Kompensationsflächen in der sich unmittelbar östlich an die umstrittene Trasse anschließenden Mainschleife zwischen Kösten und Seubelsdorf vor. Dort sollen auf einer

Fläche von 12,1 ha extensiv zu pflegende Feuchtwiesen entweder neu entstehen oder, soweit vorhanden, durch Pflegemaßnahmen so aufgewertet werden, daß sie sich als Lebensraum für die bedrohten Tagfalterarten eignen.

c) Das Planvorhaben ist auch aus Gründen des nationalen deutschen Naturschutzrechts nicht zu beanstanden. Es genügt insoweit den Anforderungen des fachplanerischen Abwägungsgebots und mit seinem Ausgleichs- und Ersatzflächenkonzept auch der naturschutzrechtlichen Eingriffsregelung. (Wird ausgeführt.)

d) Der Kläger beanstandet außerdem eine irreparable Schädigung des „Gottesgartens". Doch auch insoweit genügt das Planvorhaben den Anforderungen des fachplanerischen Abwägungsgebots und der naturschutzrechtlichen Eingriffsregelung.

aa) Der Kläger hält das Abwägungsgebot für verletzt, weil das öffentliche Interesse an der Erhaltung des „Gottesgartens", einer europaweit einzigartigen Kulturlandschaft, mit dem ebenfalls öffentlichen Interesse an dem Bau der A 73 fehlerhaft abgewogen worden sei. Seine herausragende Bedeutung gewinne der „Gottesgarten" durch den Sichtbezug zwischen dem Staffelberg, dem Kloster Banz und der Basilika Vierzehnheiligen sowie dem Panoramablick von den in dominierender Hanglage angelegten barocken Sakralbauten in das Maintal und das Banzer Ländchen. Dieses zeichne sich durch großzügige Ackerschläge und Siedlungsstrukturen klösterlicher Prägung sowie ein althergebrachtes Netz von Wirtschafts- und Kirchwegen aus und sei daher selbst kulturhistorisch bedeutsam. Der gesamte Landschaftsraum sei von derart hohem kulturhistorischen Wert, daß seine irreversible Zerstörung durch den Autobahnbau nicht vertretbar sei.

Der Senat vermag sich der Ansicht des Klägers nicht anzuschließen. Die Frage, ob einer Planung eine gerechte Interessenabwägung zugrunde liegt, ist nur einer eingeschränkten gerichtlichen Kontrolle zugänglich. Die Gerichte haben, soweit – wie hier – der Abwägungsvorgang fehlerfrei ist, das Ergebnis der Abwägung grundsätzlich hinzunehmen und es zu respektieren, daß sich der Planungsträger in der Kollision zwischen verschiedenen Belangen für die Bevorzugung des einen und damit notwendig für die Zurückstellung eines anderen entschieden hat (vgl. BVerwG, Urteil v. 12.12.1969 – 4 C 105.66 –, BVerwGE 34, 301, 309). Sie dürfen das Ergebnis nur dann beanstanden, wenn bei der Abwägung die einen Belange gegenüber den anderen unverhältnismäßig zurückgesetzt worden sind. Das ist hier nicht der Fall. Die durchgeführte Ortsbesichtigung hat bei dem Senat nicht den Eindruck hinterlassen, das öffentliche Interesse an der Erhaltung des Landschaftsbildes im „Gottesgarten" sei in der Abwägung mit den für das Straßenbauvorhaben streitenden Gesichtspunkten in unvertretbarer Weise zu kurz gekommen.

Die Sichtachsen zwischen dem Staffelberg, dem Kloster Banz und der Basilika Vierzehnheiligen werden durch die planfestgestellte Trasse nicht in Mitleidenschaft gezogen. Davon hat sich der Senat durch Einnahme des Augenscheins von der Festwiese oberhalb des Klosters Banz und einem Aussichtspunkt auf dem Kreuzweg bei der Basilika Vierzehnheiligen überzeugt. Bestätigt worden ist sein Befund durch eine im Ortstermin vom Beklagten präsentierte Luftbildaufnahme vom „Gottesgarten", in welcher die Sichtachsen farblich markiert waren. Die Trasse liegt außerhalb des Dreiecks, das durch die Achsen gebildet wird.

Nur bei einem Rundblick von der Festwiese bei Kloster Banz werden die Basilika Vierzehnheiligen und die Trasse erfaßt. Der Trassenbereich wird allerdings nicht mehr von der Basilika als Blickfang, sondern maßgeblich von der Silhouette der Stadt Lichtenfels geprägt. Diese wirkt wegen der mangelnden Geschlossenheit und Uneinheitlichkeit des Stadtbildes bereits jetzt so unruhig, daß das Landschaftsbild durch das Straßenbauvorhaben nicht entscheidend verschlechtert wird. Soweit die Trasse noch im Blickwinkel auf Vierzehnheiligen liegt, verläuft sie vor der Kulisse eines Gewerbegebietes am Stadtrand von Lichtenfels und einer sich am Horizont abzeichnenden kastenförmigen Hochhausbebauung in Hanglage. Erst in der von Vierzehnheiligen abgewandten Blickrichtung zeigt sich die Landschaft harmonischer.

Auch der Panoramablick von Vierzehnheiligen in Richtung Banzer Land wird durch das Straßenbauvorhaben nicht so weit beeinträchtigt, daß dessen Durchführung unvertretbar erscheint. Das Kloster Banz hebt sich auf Grund seiner exponierten Höhenlage derart weit vom Talraum ab, daß die Trasse, soweit sie darin verläuft, die Sicht auf das Kirchenbauwerk nur unerheblich stört. Dies gilt um so mehr, als das Tal durch das vorerwähnte Gewerbegebiet visuell ohnehin vorbelastet ist. Auffälliger wird das Trassenband jenseits des Mains, weil das Gelände dort ansteigt. Die Ausstrahlung, die das Kloster Banz auf den Betrachter auszuüben vermag, wird gleichwohl nicht völlig zunichte gemacht; denn die Trasse entfernt sich vom Banzer Wald um so weiter, je mehr sie an Höhe gewinnt. Bereits am Hang vor der Ortschaft Schönsreuth ist die Distanz so groß, daß die Klosteranlage zumindest an den Rand des Blickwinkels gerät, wenn nicht gar aus ihm verschwindet.

Am schmerzlichsten hat der Senat den Eingriff in das Landschaftsbild empfunden, wie es sich vom Parkplatz an der Kreisstraße zwischen Weingarten und Kösten bei einem Blick in Richtung Nordosten darstellt. Die hügelige, sanft aufwärts führende Wiesen- und Waldlandschaft wirkt unberührt und reizvoll. Ihr wird durch das Straßenbauvorhaben zweifellos eine tiefe Wunde geschlagen werden. Vor dem Hintergrund der für das Straßenbauvorhaben sprechenden Erwägungen erscheint die Veränderung des Landschaftsbildes jedoch noch hinnehmbar. Es mag sein, daß ein Experte auf dem Gebiet der Kulturgeschichte den Wertverlust, den der „Gottesgarten" erleiden wird, für schlechthin unerträglich halten wird. Der mit den historischen Zusammenhängen nicht vertraute Durchschnittsbetrachter wird hingegen lediglich die Zerstörung einer ländlichen Idylle beklagen, wie sie für Mittelgebirgslandschaften in Deutschland typisch ist. Aus seiner Sicht wird dem Straßenbau nicht etwas Einzigartiges geopfert.

bb) Der Kläger wirft der Planfeststellungsbehörde schließlich vor, die Denkmalbelange des Landschaftsbildes nicht gesetzesgemäß ausgeglichen oder ersetzt zu haben. Er moniert, daß die Behörde den Eingriff in das vorhandene Landschaftsbild zu Unrecht durch eine landschaftsgerechte Neugestaltung des Landschaftsbildes auf der ganzen Strecke als ausgeglichen ansehe. Das ist unzutreffend. Die Planfeststellungsbehörde hat eingeräumt, daß trotz umfangreicher Gestaltungsmaßnahmen auf den Straßenbegleitflächen ein „echter" bzw. „vollständiger" Ausgleich für die Beeinträchtigung des kulturhistorisch bedeutsamen Bereichs des „Gottesgartens" nicht möglich ist. Als Ersatzmaßnahme hat das Bayerische Landesamt für Denkmalpflege die Instandsetzung des abgebrannten denkmalgeschützten ehemaligen Schafhofes Heinach vorgeschlagen. Dem hat die Planfeststellungsbehörde zu Recht entgegengehalten, daß als Ersatzmaßnahmen nach Art. 6a Abs. 3 Satz 1 BayNatSchG nur Maßnahmen des Naturschutzes und der Landschaftspflege in Betracht kommen und der Wiederaufbau eines unter Denkmalschutz stehenden Gebäudes keine landschaftspflegerische Maßnahme ist. Sie sieht es als Ersatz an, daß für die Beeinträchtigung der kulturhistorisch und landschaftlich bedeutsamen Blickbeziehungen im „Gottesgarten" auf Kompensationsflächen im Eingriffsraum neue landschaftstypische Strukturen geschaffen werden sollen, die das Landschaftsbild bereichern. Konkret nennt sie die Wiederherstellung auentypischer Strukturen (Auwald, offene Pionierflächen etc.) auf landwirtschaftlich intensiv genutzten Flächen. Dem liegt ein zutreffendes Verständnis von Ersatzmaßnahmen zugrunde. Während Ausgleichsmaßnahmen die beeinträchtigten Funktionen gleichartig wiederherstellen, sind Ersatzmaßnahmen auf eine gleichwertige Wiederherstellung gerichtet. Als Ersatz genügt die Herstellung ähnlicher, mit den beeinträchtigten nicht identischer Funktionen (Louis, BNatSchG, 2. Aufl., §8 Rdnr. 212). Die von der Planfeststellungsbehörde vorgesehenen Maßnahmen werden den Anforderungen, die an Ersatzmaßnahmen zu stellen sind, gerecht. Die Herstellung einer abwechslungsreicheren und natürlich wirkenden Pflanzenwelt an Stelle eintönigen Ackerlandes kann als Kompensation für die Beeinträchtigung von Kulturdenkmalen und ihrer Umgebung akzeptiert werden.

Nr. 215

1. **Ein Verstoß gegen die Vogelschutz-Richtlinie (79/409/EWG) kann in einem ergänzenden Verfahren nach § 17 Abs. 6 c FStrG behoben werden, indem die Voraussetzungen für den Wechsel in das Schutzregime der Fauna-Flora-Habitat-Richtlinie (92/43/EWG) geschaffen und die Schutz- und Ausnahmebestimmungen des Art. 6 Abs. 3 und 4 FFH-RL bzw. des § 34 BNatSchG 2002 nachträglich angewandt werden.**

2. **Der Übergang in das Schutzregime der Fauna-Flora-Habitat-Richtlinie setzt nach Art. 7 FFH-RL eine endgültige rechtsverbindliche und außenwirksame Erklärung eines Gebiets zum besonderen Schutzgebiet (Vogelschutzgebiet) voraus. Die Meldung eines Gebiets an die Europäische Kommission und die einstweilige naturschutzrechtliche Sicherstellung eines Gebiets lösen den Regimewechsel (noch) nicht aus.**

3. **Ein Straßenbauvorhaben in einem „faktischen" (nicht-erklärten) Vogelschutzgebiet ist nach Art. 4 Abs. 4 Satz 1 der Vogelschutz-Richtlinie grundsätzlich unzulässig, wenn es durch die Verkleinerung des Gebiets**

zum Verlust mehrerer Brut- und Nahrungsreviere führen würde, die einem Hauptvorkommen einer der Vogelarten in Anh. I der Richtlinie dienen.

FStrG § 17 Abs. 6 c Satz 2; BNatSchG §§ 61 Abs. 2 Nr. 1, Abs. 3, 69 Abs. 5; VRL Art. 4 Abs. 1 und 4; FFH-RL Art. 7.

Bundesverwaltungsgericht, Urteil vom 1. April 2004 – 4 C 2.03 –.

(OVG Rheinland-Pfalz)

Der Kläger, ein anerkannter Naturschutzverein, wendet sich gegen den Planfeststellungsbeschluß des Landesamts für Straßen- und Verkehrswesen Rheinland-Pfalz vom Dezember 2000 für den Neubau der Bundesstraße 50 (B 50) zwischen der Bundesautobahn A 1 bei Wittlich und der B 327 bei Büchenbeuren im Planfeststellungsabschnitt II zwischen Platten und Longkamp (bis zur B 50 alt bei Kommen).

Der Neubau der B 50 ist Teil einer großräumigen West-Ost-Straßenverbindung zwischen Belgien und dem Rhein-Main-Gebiet. In dem hier umstrittenen Abschnitt verläuft die planfestgestellte Trasse ostwärts auf ca. 550 m Länge (davon 100 m in einem Tunnel) durch den Wald am Rothenberg (einen Teilbereich des Zeltingen-Rachtiger-Waldes), quert sodann das Moseltal über eine Hochbrücke (sog. Hochmoselübergang) und führt auf dem Moselsporn südostwärts bis zur B 50 alt bei Kommen. Im Bedarfsplan 1993 für die Bundesfernstraßen ist der vierstreifige Ausbau der B 50 von der A 1 bei Wittlich bis östlich von Argenthal (bei Simmern im Hunsrück) einschließlich als vordringlicher Bedarf dargestellt.

Im Verlauf des erstinstanzlichen Verfahrens kam es zu folgender Entwicklung: Das Landesamt für Umweltschutz und Gewerbeaufsicht des Landes Rheinland-Pfalz machte im Januar 2002 den Vorschlag, das Gebiet „Wälder zwischen Wittlich und Cochem" als Europäisches Vogelschutzgebiet auszuweisen; eine erste Präsentation dieses Vorschlags hatte bereits im Mai 2001 stattgefunden. Der Ministerrat des Landes wählte dieses Gebiet mit Beschluß vom Juli 2002 als Europäisches Vogelschutzgebiet aus und gab diese Entscheidung im Ministerialblatt der Landesregierung vom Dezember 2002 bekannt. Der Zeltingen-Rachtiger-Wald einschließlich des Waldes am Rothenberg ist Bestandteil dieses Gebietsvorschlages, der insgesamt 23 856 ha umfaßt und aus 18 Teilflächen besteht. Das Gesamtgebiet schließt ausgedehnte Mischwälder mit hohem Eichenanteil ein und soll u. a. dem Schutz von Hauptvorkommen der in Anh. I der Vogelschutz-Richtlinie (Richtlinie 79/409/EWG v. 2. 4. 1979, ABl EG Nr. L 103 mit späteren Änderungen – VRL) aufgeführten Vogelarten Grauspecht, Mittelspecht und Schwarzspecht dienen. Zum einstweiligen Schutz des Gebiets wurde die Verordnung vom Dezember 2002 zur Sicherstellung des Vogelschutzgebiets „Wälder zwischen Wittlich und Cochem" erlassen. Der Beklagte legte ferner eine Untersuchung des Büros F. und S. vom Juli 2002 zur Erheblichkeit von Auswirkungen der geplanten B 50 n auf das Vogelschutzgebiet vor, die zu dem Ergebnis kommt, daß eine erhebliche Beeinträchtigung der Spechtvorkommen nicht zu befürchten sei.

Der Kläger hat daraufhin sein erstinstanzliches Vorbringen im Hinblick auf den Vogelschutz ergänzt und vorgetragen, das Straßenbauvorhaben sei unzulässig, weil es den Wald am Rothenberg als Teil eines „faktischen" Europäischen Vogelschutzgebiets durchquere und dort zum Verlust mehrerer Brutreviere der vorgenannten Spechtarten führen werde.

Das Oberverwaltungsgericht hat mit Urteil v. 9. 1. 2003 (NuR 2003, 441) festgestellt, daß der Planfeststellungsbeschluß vom Dezember 2000 rechtswidrig ist und nicht vollzogen werden darf. Die weitergehende Klage hat es abgewiesen.

Gegen dieses Urteil richtete sich die Revision des Beklagten.

Aus den Gründen:
Das Oberverwaltungsgericht hat zu Recht entschieden, daß der Planfeststellungsbeschluss vom Dezember 2000 mit der (hier unmittelbar anwendbaren) Richtlinie 79/409/EWG des Rates der Europäischen Gemeinschaften über die Erhaltung der wildlebenden Vogelarten vom 2. 4. 1979 (Vogelschutz-Richtlinie, VRL) nicht vereinbar und deshalb rechtswidrig ist und bis zur Fehlerbehebung in einem ergänzenden Verfahren nicht vollzogen werden darf.

II. C. Der Planfeststellungsbeschluß widerspricht den Erhaltungspflichten des Beklagten aus der Vogelschutz-Richtlinie.

1. Der Vorinstanz ist zunächst darin zuzustimmen, daß der Kläger mit seinem Vorbringen zum Vogelschutz im Klageverfahren nicht ausgeschlossen ist. Der Präklusionseinwand des Beklagten greift nicht durch. ...

2. Dem angegriffenen Urteil liegt die Auffassung zugrunde, daß der Wald am Rothenberg Bestandteil eines faktischen Europäischen Vogelschutzgebiets („Wälder zwischen Wittlich und Cochem") ist, das i. S. von Art. 4 Abs. 1 Satz 4 VRL zu den „zahlen- und flächenmäßig geeignetsten Gebieten" für die Erhaltung der in Anh. I der Vogelschutz-Richtlinie genannten Arten Grau-, Schwarz- und Mittelspecht in Rheinland-Pfalz gehört und aus ornithologischer Sicht selbst einen Teilbereich bildet, der dem Kreis der zur Arterhaltung „geeignetsten" Gebiete in Rheinland-Pfalz zuzuordnen ist. Diese Beurteilung ist revisionsgerichtlich hinzunehmen. Sie ist das Ergebnis tatsächlicher Feststellungen, an die das Revisionsgericht gebunden ist (§ 137 Abs. 2 VwGO). ...

Ebensowenig ist zu beanstanden, daß das Oberverwaltungsgericht dem Ministerratsbeschluß vom Juli 2002 und seiner Vorgeschichte eine maßgebliche Indizwirkung für die Sachlage bei Erlaß des Planfeststellungsbeschlusses beimißt. Die Existenz eines Europäischen Vogelschutzgebiets hängt nicht davon ab, daß sie sich den zuständigen Behörden im Zeitpunkt der Planentscheidung aufdrängt. Mit Recht hebt die Vorinstanz hervor, daß nicht „eine wie auch immer geartete Erkennbarkeit" des Gebiets, sondern eine ornithologische Bestandsaufnahme und deren fachliche Beurteilung über die Anerkennung eines Vogelschutzgebiets entscheiden. Im vorliegenden Fall hat sich die Landesregierung erst nach Erlaß des Planfeststellungsbeschlusses ein abschließendes Urteil über die gemeinschaftsrechtliche Bedeutung der „Wälder zwischen Wittlich und Cochem" gebildet. Insoweit stellt das Oberverwaltungsgericht ein naturschutzfachliches Ermittlungs- und Bewertungsdefizit auf seiten der zuständigen Behörden fest.

3. Entgegen der Revision beurteilt sich die Rechtmäßigkeit des Planfeststellungsbeschlusses nach Art. 4 Abs. 4 VRL und nicht nach dem (weniger strengen) Schutzregime, das Art. 6 Abs. 3 und 4 FFH-Richtlinie und die seiner Umsetzung dienende Vorschrift des § 34 BNatSchG 2002 (= § 19c BNatSchG 1998) errichten.

Art. 7 FFH-RL sieht zwar im Hinblick auf die zu Vogelschutzgebieten erklärten Gebiete vor, daß die Verpflichtungen, die sich aus Art. 4 Abs. 4 Satz 1 VRL ergeben, durch die Verpflichtungen nach Art. 6 Abs. 3 und 4 FFH-RL ab dem Datum für die Anwendung der FFH-Richtlinie bzw. danach ab dem Datum, zu dem das Gebiet entsprechend der Vogelschutz-Richtlinie zum Schutzgebiet erklärt wird, ersetzt werden. Ein derartiger Wechsel des Schutzregimes ist aber hinsichtlich der „Wälder zwischen Wittlich und Cochem" einschließlich des Waldes am Rothenberg nicht eingetreten. Das Oberverwaltungsgericht geht zu Recht davon aus, daß es an der erforderlichen Schutzgebietserklärung des Beklagten fehlt.

3.1 Im vorliegenden Fall gibt die Rechtsentwicklung im Verlauf des erstinstanzlichen Verfahrens durchaus Anlaß, der Frage nach einem Wechsel des Schutzregimes nachzugehen. Das Oberverwaltungsgericht erörtert in diesem Zusammenhang die rechtliche Bedeutung des Gebietsvorschlages des Ministerrates vom Juli 2002 und dessen Bekanntmachung im Ministerialblatt der Landesregierung (Dezember 2002) sowie den Erlaß der naturschutzrechtlichen Sicherstellungsverordnung vom Dezember 2002. Es setzt dabei allerdings unausgesprochen voraus, daß ein nach Erlaß des Planfeststellungsbeschlusses eingetretener Wechsel des gemeinschaftsrechtlichen Schutzregimes im Anfechtungsprozeß zu berücksichtigen ist. Das ist nach der Rechtsprechung des erkennenden Senats zu dem für die Sach- und Rechtslage maßgeblichen Zeitpunkt in fachplanungsrechtlichen Anfechtungsprozessen jedoch keineswegs selbstverständlich und bedarf der Begründung.

Nach der Rechtsprechung des Senats folgt aus allgemeinen Grundsätzen, daß für die planerische Abwägung die Sach- und Rechtslage im Zeitpunkt der Beschlußfassung über den Plan maßgebend ist. Ebenso wie im Bauplanungsrecht (vgl. §214 Abs. 3 BauGB) sind spätere Änderungen der Sach- und Rechtslage (grundsätzlich) nicht geeignet, „der zuvor getroffenen Abwägungsentscheidung nachträglich den Stempel der Rechtmäßigkeit oder Fehlerhaftigkeit aufzudrücken" (Beschluß v. 22.3.1999 – 4 BN 27.98 –, BRS 62 Nr. 5 = BauR 2000, 239 = NVwZ 1999, 989, 990; Urteil v. 18.6.1997 – 4 C 3.95 –, Buchholz 407.4 §17 FStrG Nr.131 = NVwZ-RR 1998, 292; jeweils m.w.N.). Das gilt auch für das strikte Recht der unmittelbar anwendbaren Richtlinien des europäischen Naturschutzrechts, die der Träger der Fachplanung bei der Abwägung zu beachten hat.

Der Senat hat erwogen, ob diese Rechtsprechung im Hinblick auf die Fehlerfolgenregelung in §17 Abs.6c Satz2 FStrG zu modifizieren ist. Nach dieser Vorschrift führen erhebliche Mängel bei der Abwägung dann nicht zur Aufhebung des Planfeststellungsbeschlusses, wenn sie durch ein ergänzendes Verfahren behoben werden können. Die Vorschrift dient – verkürzt formuliert – aus Gründen der Verfahrensökonomie der Planerhaltung: Das Verwaltungsgericht stellt lediglich die Rechtswidrigkeit und Nichtvollziehbarkeit der Planungsentscheidung fest. Die behördliche Entscheidung wird nicht „kassiert", sondern bis zur möglichen Fehlerheilung „konserviert". Behebbar sind alle beachtlichen Mängel bei der Abwägung, es sei denn, sie sind von solcher Art und Schwere, daß sie die Planung als Ganzes von vornherein in Frage stellen. Heilbar sind auch Fehler, die darauf beruhen, daß die planende Behörde durch Abwägung nicht überwindbare Schranken des strikten Rechts verletzt hat (BVerwG, Urteil v. 27.10.2000 – 4 A 18.99 –, BVerwGE 112, 140, 165 = BRS 63 Nr.223 = BauR 2001, 591 – zu §8 Abs.3 BNatSchG 1998; Urteil v. 17.5.2002 – 4 A 28.01 –, BVerwGE 116, 254, 268 – zu Art.6 Abs.4 FFH-RL). Auch Verstöße gegen zwingendes Recht, deren Heilung nicht in der Hand der Planungsbehörde selbst liegt, sondern das Einschreiten eines anderen Verwaltungsträgers in einem externen Verfahren voraussetzt, können im Rahmen eines ergänzenden Verfahrens ausgeräumt werden. Das hat der Senat zu § 215a Abs. 1 BauGB entschieden (Urteil v. 18.9.2003 – 4 CN 20.02 –, BauR 2004, 280 = DVBl. 2004, 251, 254; Beschluß v. 20.5.2003 – 4 BN 57.02 –, BauR 2003, 1688 = DVBl. 2003, 1462 – zur Teilaufhebung einer NaturschutzVO) und kann auf § 17 Abs. 6c Satz 2 FStrG übertragen werden. Ein ergänzendes Verfahren i. S. des § 17 Abs. 6c Satz 2 FStrG kann deshalb auch dazu dienen, einen Verstoß gegen das Schutzregime der Vogelschutz-Richtlinie dadurch zu beheben, daß ein Gebiet gemäß Art. 4 Abs. 1 VRL förmlich zum Vogelschutzgebiet erklärt und nach Art. 7 FFH-RL in das Schutzregime der FFH-Richtlinie überführt wird, die Schutzbestimmungen des Art. 6 Abs. 3 und 4 FFH-RL bzw. des § 34 BNatSchG 2002 nachträglich angewandt werden und auf dieser Grundlage die vorangegangene Planungsentscheidung bestätigt wird. Der Revision ist einzuräumen, daß es nicht fernliegt, die Überprüfung des angefochtenen Planfeststellungsbeschlusses auf einen in dieser Weise bereits im laufenden Anfechtungsprozeß vor den Tatsachengerichten vollzogenen Übergang in das FFH-Regime zu erstrecken. Hierfür lassen sich die Erwägungen der Prozeßökonomie, die den Gesetzgeber zur Einführung des ergänzenden Verfahrens veranlaßt haben, ebenso wie ein auf diese Fehlerheilungsmöglichkeit gestützter Erst-Recht-Schluß anführen. Werden die wesentlichen Schritte eines derartigen Regimewechsels bereits im laufenden Klageverfahren vorweggenommen, um den angefochtenen Planfeststellungsbeschluß rechtlich abzusichern, erhält dieser eine neue inhaltliche Qualität, die einer im laufenden Prozeß von der Planungsbehörde nachgeschobenen Planänderung, die einen Rechtsfehler heilen soll, vergleichbar ist. Derartige Planänderungen sind, soweit sie nicht die Grundzüge der Planung berühren, bis zum Abschluß der Tatsacheninstanz in die gerichtliche Überprüfung einzubeziehen (vgl. BVerwG, Urteil v. 25.1.1996 – 4 C 5.95 –, BVerwGE 100, 238, 256 = BRS 58 Nr. 7).

Die damit aufgeworfenen Fragen können hier jedoch letztlich offenbleiben, weil ein Übergang in das FFH-Regime nach Art. 7 FFH-RL nicht stattgefunden hat.

3.2 Nach der Rechtsprechung des EuGH erfordert die „Erklärung" zum besonderen Schutzgebiet i. S. von Art. 7 FFH-RL einen „förmlichen Akt" (EuGH, Urteil v. 7.12.2000 – Rs. C-374/98 –, Slg. 2000, I-10799 Rdnr. 53). Ein Mitgliedstaat erfüllt seine Ausweisungspflicht nach Art. 4 Abs. 1 und 2 VRL ferner nur dann rechtswirksam, wenn er die besonderen Schutzgebiete „vollständig und endgültig" ausweist (EuGH, Urteil v. 6.3.2003 – Rs. C-240/00 –, Slg. 2003, I-2202 Rdnr. 21). Die Erklärung muß das Gebiet Dritten gegenüber rechtswirksam abgrenzen und nach nationalem Recht „automatisch und unmittelbar" die Anwendung einer mit dem Gemeinschaftsrecht in Einklang stehenden Schutz- und Erhaltungsregelung nach sich ziehen (EuGH, Urteil v. 27.2.2003 – Rs. C-415/01 –, Slg. 2003, I-2089 Rdnr. 26). Der Anwendung von Art. 7 FFH-RL steht nicht entgegen, daß das Gebietsnetz Natura 2000 noch im Aufbau ist und eine Kommissionsliste der Gebiete von gemeinschaftlicher Bedeutung (Art. 4 Abs. 2 FFH-RL) noch nicht vorliegt. Der Europäische Gerichtshof ist inzwischen mehrfach davon ausgegangen, daß

Schutzgebietserklärungen den Übergang in das Schutzsystem des Art. 6 Abs. 2, 3 und 4 FFH-RL bewirkt haben (vgl. Urteile v. 13.6.2002 – Rs. C 117/ 00 –, Slg. 2002, I-5356 Rdnr. 25 = NVwZ 2002, 1228 und v. 27.2.2003, a.a.O., Rdnr. 16). Hieraus ergibt sich nach Auffassung des erkennenden Senats, daß die „Erklärung" zum besonderen Schutzgebiet nach Art. 4 Abs. 1 VRL, die nach Art. 7 FFH-RL den Wechsel des Schutzregimes auslöst, jedenfalls eine endgültige rechtsverbindliche Entscheidung mit Außenwirkung darstellen muß; deren rechtliche Gestalt wird durch das Recht der Mitgliedstaaten näher bestimmt. Nach §33 Abs. 2 BNatSchG 2002 erklären die Länder die Europäischen Vogelschutzgebiete entsprechend den jeweiligen Erhaltungszielen zu geschützten Teilen von Natur und Landschaft i.S. des §22 Abs. 1 BNatSchG 2002. Die Schutzerklärung bestimmt den Schutzgegenstand, den Schutzzweck, die zur Erreichung des Schutzzwecks notwendigen Gebote und Verbote und, soweit erforderlich, die Pflege-, Entwicklungs- und Wiederherstellungsmaßnahmen (§§ 22 Abs. 2 Satz 1, 33 Abs. 3 Satz 1 BNatSchG 2002). Nach § 18 ff. LPflG Rh.-Pf. (i.d.F. v. 5.2.1979, GVBl. 1979, S. 37 mit späteren Änderungen) werden Schutzgebiete durch Rechtsverordnung festgesetzt.

Für das hier betroffene Gebiet „Wälder zwischen Wittlich und Cochem" (mit dem Wald am Rothenberg) fehlt es an einer rechtsverbindlichen, außenwirksamen und endgültigen Gebietsausweisung. Der Ministerratsbeschluß vom Juli 2002 stellt eine ministerielle Auswahlentscheidung dar. Sie dient der autoritativen Identifizierung der für die Arterhaltung „zahlen- und flächenmäßig geeignetsten Gebiete" (Art. 4 Abs. 1 Satz 4 VRL) und bildet als solche zunächst nur ein Verwaltungsinternum. Die listenförmige Bekanntmachung der ausgewählten Gebiete im Ministerialblatt der Landesregierung dokumentiert die getroffene Auswahlentscheidung, erfüllt jedoch nicht die Voraussetzungen einer rechtsverbindlichen Gebietserklärung. Diese Rechtsnatur wächst der ministeriellen Auswahlentscheidung auch nicht dadurch zu, daß sie nach Herstellung des Benehmens mit dem zuständigen Bundesministerium der Kommission zugeleitet wird. Die „Erklärung" zum Schutzgebiet ist mit der Übermittlung der Gebietsauswahl an die Kommission, zu der Art. 4 Abs. 3 VRL verpflichtet, nicht identisch. Die „Gebietsmeldung" hat eine reine Informationsfunktion und kann eine unterbliebene Gebietsausweisung nicht ersetzen (ebenso Gellermann, Natura 2000, 2. Aufl. 2001, S. 45; Jarass, NuR 1999, 481, 483). Im Bundesanzeiger ist der Gebietsvorschlag bis zum Abschluß des erstinstanzlichen Verfahrens nicht veröffentlicht worden (vgl. hierzu §§ 10 Abs. 6 Nr. 1, 33 Abs. 5 Satz 1 Nr. 2 BNatSchG 2002). Welche rechtliche Bedeutung eine Bekanntgabe im Bundesanzeiger für den Wechsel des Schutzregimes hat, ist deshalb hier nicht zu klären.

Die förmliche Gebietserklärung, auf die Art. 7 FFH-RL abstellt, liegt auch nicht in der Sicherstellungsverordnung des Beklagten vom Dezember 2002. Die Verordnung ist auf § 27 LPflG Rh.-Pf. gestützt. Sie dient der einstweiligen Sicherstellung des Gebiets für die Dauer von zwei Jahren und soll – insoweit einer Veränderungssperre vergleichbar – der Schaffung vollendeter Tatsachen vorbeugen, die mit den Zielen einer späteren Unterschutzstellung nicht vereinbar wären; eine Verlängerung um weitere zwei Jahre ist möglich. Die

Sicherstellung hat also vorläufigen Charakter; sie ist zeitlich befristet und tritt außer Kraft, wenn die Unterschutzstellung nicht innerhalb der gesetzten Frist erfolgt. Sie ermöglicht eine spätere Unterschutzstellung, indem sie das Gebiet vor nachteiligen Veränderungen während des Verfahrens zur Unterschutzstellung bewahrt. In diesem Verfahren werden nach Anhörung der zu beteiligenden öffentlichen Stellen, privaten einzelnen und Naturschutzvereine der Schutzzweck bestimmt und die für die einzelnen Vogelarten und ihren Lebensraum erforderlichen Erhaltungs- und Entwicklungsziele festgelegt (§ 22 Abs. 2 Satz 1 BNatSchG 2002, § 28 LPflG Rh.-Pf. (vgl. auch Schmidt-Räntsch, in: Gassner/Bendomir/Kahlo/Schmidt-Räntsch, BNatSchG, 2. Aufl. 2003, Rdnr. 16, 37 f. zu § 22)). Die einstweilige Sicherstellung eines Gebiets kann und soll die Formulierung und Konkretisierung dieser Schutzkriterien nicht vorwegnehmen. Ihr Ziel beschränkt sich im wesentlichen auf die effektive Erhaltung des status quo. Dementsprechend sieht die Sicherstellungsverordnung des Beklagten vor, daß die erforderlichen naturschutzfachlichen (ornithologischen) Erhaltungs- und Entwicklungsziele nach der endgültigen Unterschutzstellung des Gesamtgebiets in Managementplänen dargestellt werden sollen (§ 2 Abs. 3 VO).

Der einstweiligen Sicherstellung (§ 22 Abs. 3 Nr. 1 BNatSchG 2002, § 27 LPflG Rh.-Pf.) fehlen daher die inhaltliche Qualität sowie die Dauerhaftigkeit und Festigkeit („Endgültigkeit"), die für die rechtswirksame Erfüllung der Ausweisungspflicht des Art. 4 Abs. 1 Satz 4 VRL zu fordern sind (vgl. EuGH, Urteil v. 6. 3. 2003, a. a. O.). Sie erfüllt damit auch nicht die rechtlichen Anforderungen, die Art. 7 FFH-RL an die den Regimewechsel herbeiführende „Erklärung" zum besonderen Schutzgebiet stellt. Art. 7 FFH-RL soll den Mitgliedstaaten einen Anreiz zur Ausweisung von Schutzgebieten bieten. Er eröffnet ihnen die Möglichkeit, sich von dem strengeren Schutzstandard der Vogelschutz-Richtlinie zu lösen und in einem geregelten Verfahren gemäß Art. 6 Abs. 3 und 4 FFH-RL (§ 34 BNatSchG 2002) nach Prüfung der (Un-)Verträglichkeit mit den für das Gebiet festgelegten Erhaltungszielen wichtige Infrastrukturvorhaben aus zwingenden Gründen des überwiegenden öffentlichen Interesses einschließlich solcher sozialer und wirtschaftlicher Art ausnahmsweise trotz negativer Ergebnisse der Verträglichkeitsprüfung zuzulassen. Diese „Wohltat" des Richtliniengebers, die das Schutzregime der Vogelschutz-Richtlinie nicht kennt, soll nur den Mitgliedstaaten zugute kommen, die ihre Ausweisungspflicht nach Art. 4 Abs. 1 Satz 4 VRL erfüllt und dadurch die Kommission sowie betroffene einzelne und Naturschutzvereine in die Lage versetzt haben, wirksam zu überprüfen, ob die Mitgliedstaaten das Verfahren nach Art. 6 Abs. 3 und 4 FFH-RL im Einklang mit dem Gemeinschaftsrecht angewandt haben (EuGH, Urteil v. 7. 12. 2000, a. a. O., Rdnr. 51, 52 bis 56 – Basses Corbières).

Die einstweilige Sicherstellung ist zwar ein erster Schritt in diese Richtung. Auf Grund ihrer beschränkten Zielsetzung und ihrer zeitlichen Befristung erreicht sie jedoch weder die Regelungsdichte noch die Regelungsdauer, die Voraussetzung für die Anwendbarkeit des Schutzregimes in Art. 6 Abs. 3 und 4 FFH-RL sind. Die Frage, welchen naturschutzrechtlichen Anforderungen eine Gebietserklärung nach Art. 7 FFH-RL hinsichtlich der Erhaltungsziele und der Schutzmaßnahmen im einzelnen genügen muß, damit ein Regimewechsel eintreten kann, ist – soweit sie überhaupt einer über den Einzelfall hinausreichenden Klärung zugänglich ist – hier nicht abschließend zu klären.

4. Entgegen der Revision ist die planfestgestellte Trasse durch den Wald am Rothenberg (Zeltingen-Rachtiger-Wald) mit den Verpflichtungen des Beklagten aus Art. 4 Abs. 4 Satz 1 VRL nicht vereinbar. Die Bestimmung setzt der straßenrechtlichen Fachplanung strikte rechtliche Schranken, die im Wege der fachplanerischen Abwägung nicht überwunden werden können.

4.1 Die Vogelschutz-Richtlinie findet auch in solchen Gebieten unmittelbar Anwendung, die der Mitgliedstaat nicht nach Art. 4 Abs. 1 VRL zum Schutzgebiet erklärt hat, die jedoch die besonderen Anforderungen an ein Schutzgebiet i. S. des Art. 4 Abs. 1 Satz 4 VRL erfüllen (EuGH, Urteil v. 2. 8. 1993 – Rs. C-355/90 –, Slg. 1993, I-4272 Rdnr. 22 = NuR 1994, 521, 522 – Santoña). Nicht erklärte Gebiete dieser Art besitzen daher den Rechtsstatus eines „faktischen" Vogelschutzgebiets und unterliegen dem Rechtsregime des Art. 4 Abs. 4 VRL. Das Bundesverwaltungsgericht hat sich dieser Rechtsprechung angeschlossen (vgl. Urteile v. 19. 5. 1998 – 4 C 11.96 –, Buchholz 407.4 § 17 FStrG Nr. 138 – B 15 Regensburg – und 4 A 9.97 –, BVerwGE 107, 1, 18 f. – A 20 Südumfahrung Lübeck; Urteil v. 31. 1. 2002 – 4 A 15.01 –, BRS 65 Nr. 216 = NVwZ 2002, 1103, 1105 – A 20, Wakenitzquerung; Urteil v. 14. 11. 2002 – 4 A 15.02 –, BVerwGE 117, 149, 153 f., BRS 65 Nr. 215 – B 173; Urteil v. 15. 1. 2004 – 4 A 11.02 –, BauR 2004, 966 – A 73, Lichtenfels –).

4.2 Nach Art. 4 Abs. 4 Satz 1 VRL treffen die Mitgliedstaaten in den Schutzgebieten geeignete Maßnahmen, um die Verschmutzung oder Beeinträchtigung der Lebensräume sowie die Belästigung der Vögel, sofern sich diese auf die Zielsetzungen dieses Artikels (insbesondere nach Abs. 1 Satz 1 bis 3) erheblich auswirken, zu vermeiden. Das Oberverwaltungsgericht geht zu Recht davon aus, daß sich das Erheblichkeitskriterium nicht nur auf die Belästigung der Vögel, sondern auch auf die Verschmutzung und Beeinträchtigung ihrer Lebensräume bezieht. Verschmutzungen und (sonstige) Beeinträchtigungen der Lebensräume können genauso wie auf die Vögel einwirkende Belästigungen nach Art und Maß so geringfügig sein, daß sie im Hinblick auf den Schutzzweck und die Erhaltungsziele des jeweiligen Gebiets nicht ins Gewicht fallen (im Ergebnis ebenso bereits BVerwG, Urteil v. 19. 5. 1998 – 4 A 9.97 –, a. a. O., S. 17; vgl. auch OVG Münster, NVwZ-RR 2000, 490, 492).

Art. 4 Abs. 4 Satz 1 VRL begründet seinem Wortlaut nach zunächst unabhängig von der Zulassung einzelner Bauvorhaben eine Dauerpflicht der Mitgliedstaaten, die Lebensräume der geschützten Populationen zu erhalten und Störungen der wildlebenden Vogelarten zu vermeiden bzw. zu unterlassen. Insoweit ist die Bestimmung dem Art. 6 Abs. 2 FFH-RL vergleichbar, der ebenfalls unabhängig von der Zulassung einzelner Pläne oder Projekte Dauerpflichten begründet. Art. 4 Abs. 4 Satz 1 VRL erschöpft sich aber nicht in der Normierung einer Dauerpflicht. Er bildet zugleich den Maßstab für die Zulässigkeit von Infrastrukturvorhaben im Einzelfall. Die Bestimmung erfüllt damit auch die Funktionen eines Zulassungstatbestandes, wie er voll ausgebildet in Art. 6 Abs. 3 und 4 FFH-RL bzw. § 34 BNatSchG 2002 enthalten ist.

Nr. 215

In seinen Anwendungsbereich fallen auch Straßenbauvorhaben (EuGH, Urteil v. 2.8.1993, a.a.O., Rdnr. 33ff. – Santoña). Ausnahmen von dem Beeinträchtigungs- und Störungsverbot sind nur unter engen Voraussetzungen zulässig. Nur überragende Gemeinwohlbelange wie etwa der Schutz des Lebens und der Gesundheit von Menschen oder der Schutz der öffentlichen Sicherheit sind geeignet, die Verbote des Art. 4 Abs. 4 Satz 1 VRL zu überwinden (EuGH, Urteil v. 28.2.1991 – Rs. C-57/89 –, Slg. 1991, I-883 Rdnr. 22 = NuR 1991, 249 – Leybucht). Diese hohen Anforderungen sind hier nach den Feststellungen der Vorinstanz nicht erfüllt. Wirtschaftliche Gesichtspunkte, die sich für ein Straßenbauvorhaben wie die B 50n anführen lassen, können eine Ausnahme vom Schutzregime des Art. 4 Abs. 4 Satz 1 VRL nicht begründen (EuGH, Urteil v. 2.8.1993, a.a.O., Rdnr. 19; Urteil v. 11.7.1996 – Rs. C-44/95 –, Slg. 1996, I-3843 Rdnr. 26, 27, 42 = NuR 1997, 36 – Lappel Bank).

4.3 Die Abgrenzung zwischen erheblichen und unerheblichen Beeinträchtigungen und Störungen beurteilt sich gemäß Art. 4 Abs. 4 Satz 1 VRL nach den „Zielsetzungen dieses Artikels", die sich hinsichtlich der Lebensräume der in Anh. I aufgeführten Vogelarten in besonderen Schutzmaßnahmen niederschlagen müssen, die ihr Überleben und ihre Vermehrung im Verbreitungsgebiet sicherstellen sollen (Art. 4 Abs. 1 Satz 1 VRL). Im Falle nichterklärter (faktischer) Vogelschutzgebiete ist mangels konkretisierender Festlegung gebietsspezifischer Erhaltungsziele durch den Mitgliedstaat ergänzend auf die allgemeinen Zielsetzungen in Art. 1 Abs. 1 und Art. 3 Abs. 1 VRL zurückzugreifen, nach denen die Richtlinie u. a. dem Zweck dient, durch die Einrichtung von Schutzgebieten eine ausreichende Artenvielfalt und eine ausreichende Flächengröße der Lebensräume zu erhalten und wiederherzustellen. Das Gewicht von Beeinträchtigungen und Störungen beurteilt sich jeweils nach Art und Ausmaß der negativen Auswirkungen auf diese Zielsetzungen.

Nach der Rechtsprechung des EuGH ist die Schwelle zur Erheblichkeit nicht erst dann erreicht, wenn die Verwirklichung von Erhaltungszielen unmöglich oder unwahrscheinlich gemacht wird. Die Verpflichtungen der Mitgliedstaaten aus Art. 3 und 4 VRL bestehen bereits, bevor eine Verringerung der Anzahl von Vögeln oder die konkrete Gefahr des Aussterbens einer geschützten Art nachgewiesen wird (EuGH, Urteil v. 2.8.1993, a.a.O., Rdnr. 36 – Santoña). In seinem Urteil zu den Santoña-Sümpfen hat der Gerichtshof die Verkleinerung eines besonderen Schutzgebiets durch den Bau einer Straße, die zum Verlust von Rückzugs-, Ruhe- und Nistgebieten der zu schützenden Vogelvorkommen führt, ebenso wie Aquakulturvorhaben und die Einleitung von Abwässern jeweils für sich betrachtet als erhebliche Beeinträchtigungen der Richtlinienziele gewertet, ohne der Frage nachzugehen, ob diese Eingriffe jeweils für sich oder in ihrer Gesamtheit geeignet gewesen wären, die Erhaltungsziele in dem über 40 ha großen Sumpfgebiet zu vereiteln oder Kernbestandteile des Gebiets unwiederbringlich zu zerstören.

4.4 Vor diesem rechtlichen Hintergrund hält die Auffassung des Oberverwaltungsgerichts, die negativen Auswirkungen der planfestgestellten Trasse auf die nach Anh. I der Vogelschutz-Richtlinie zu schützenden Spechtarten im Wald am Rothenberg seien nicht so geringfügig, daß sie im Rahmen von

Art. 4 Abs. 4 Satz 1 VRL außer Betracht bleiben könnten, der revisionsgerichtlichen Überprüfung stand.

Das Oberverwaltungsgericht stützt seine Auffassung auf den tatsächlichen Befund der vom Beklagten vorgelegten Untersuchung des Büros F. und S. (Juli 2002), in der prognostiziert wird, daß infolge des Straßenbaus im Wald am Rothenberg maximal zwei Brut- und Nahrungsreviere des Mittelspechts sowie jeweils ein Brut- und Nahrungsrevier des Schwarz- und des Grauspechts verlorengehen. Ist wie dargelegt (vgl. oben C.2) mit der Vorinstanz davon auszugehen, daß der Wald am Rothenberg auf Grund seines Ausstattungspotentials (Laubmischwälder mit großem Altholzbestand), weiterer Standortfaktoren und seiner ornithologischen Wertigkeit zum Schutz der Spechtvorkommen in das Gesamtgebiet einzubeziehen ist, stellt sich der Verlust dieser Brutreviere als substantielle Beeinträchtigung der Erhaltungsziele in Art. 3 Abs. 1 und Art. 4 Abs. 1 Satz 1 und 2 VRL dar. Die negativen dauerhaften Auswirkungen des Straßenbauvorhabens (Flächenverbrauch, Immissionen nach Betriebsaufnahme) sind schon nach der Größe der betroffenen Fläche nicht unbeträchtlich. Der planfestgestellte Landschaftspflegerische Begleitplan stellt fest, daß die Plantrasse zum Verlust (3,12 ha) und zur Beeinträchtigung (4,55 ha) von Mischwaldbeständen mit mittlerem bis altem Baumholz nördlich des Rothenberges sowie – außerdem – infolge von Zerschneidungsschäden und Betriebsimmissionen zum Verlust (3,85 ha) und zur Beeinträchtigung (18,84 ha) eines großflächig zusammenhängenden Laubwaldgebiets (Buchen- und Eichenforsten) führen würde. Rechtlich gesehen kommen derartige Auswirkungen im Ergebnis einer flächenhaften Teilentwertung und Verkleinerung des Schutzgebiets gleich.

Der straßenbaubedingte Wegfall mehrerer Brut- und Nahrungsreviere, die einem Hauptvorkommen einer der Vogelarten in Anh. I der Vogelschutz-Richtlinie dienen und innerhalb eines faktischen Vogelschutzgebiets liegen, reduziert den nach Art. 4 Abs. 1 Satz 4 VRL zu erhaltenden Lebensraum dieser Arten und wirkt sich deshalb unmittelbar und grundsätzlich in erheblicher Weise auf die Zielsetzung der Vogelschutz-Richtlinie aus, das Überleben der Vogelart und ihre Vermehrung in ihrem Verbreitungsgebiet sicherzustellen. Dieses Ergebnis ist durch das Urteil des EuGH v. 2. 8. 1993 (a. a. O., Rdnr. 36 – Santoña) vorgezeichnet. Für eine gesamtgebietsbezogene Relativierung der hier prognostizierten Revierverluste etwa mit Rücksicht auf den großen Flächenumfang des weit verzweigten Vogelschutzgebiets „Wälder zwischen Wittlich und Cochem" und/oder der Populationsdichte der in dem Gebiet siedelnden Spechte besteht nach den tatsächlichen Feststellungen des Oberverwaltungsgerichts kein Anlaß. Die Vorinstanz kommt zu dem Ergebnis, daß der Beklagte den Wald am Rothenberg in das weiträumige Schutzgebiet einbezogen hat, um den Hauptvorkommen der drei Spechtarten im Norden von Rheinland-Pfalz (entsprechend Art. 3 Abs. 1 und Art. 4 Abs. 1 VRL) ausreichend große Lebensräume zu erhalten. Die Frage nach der relativen Bedeutung eines Gebiets aus ornithologischer Sicht stellt sich bereits und vor allem bei der Gebietsabgrenzung. An seiner Abgrenzungsentscheidung muß der Beklagte sich festhalten lassen. Die Rechtslage mag anders zu beurteilen sein, wenn die zuständige Landesbehörde – gemeinschaftsrechtskonform und im Einklang mit dem deutschen Naturschutzrecht – konkrete gebietsspezifische Erhaltungsziele festgelegt hat, aus denen sich ableiten läßt, daß der straßenbaubedingte Verlust einzelner Brut- oder Nahrungs- oder Rückzugsgebiete in einem räumlichen abgrenzbaren Teilbereich etwa im Hinblick auf die Populationsdichte oder die räumlichen Schwerpunkte der Vogelart im Gesamtgebiet nicht erheblich ins Gewicht fällt. Von einer solchen Fallkonstellation ist hier jedoch nicht auszugehen.

5. Das Oberverwaltungsgericht hat schließlich zu Recht entschieden, daß der festgestellte Richtlinienverstoß nicht zur Aufhebung des angefochtenen Planfeststellungsbeschlusses nötigt. Es handelt sich um einen erheblichen Mangel „bei der Abwägung", der durch ein ergänzendes Verfahren behoben werden kann (§ 17 Abs. 6c Satz 2 FStrG). Auf die vorstehenden Ausführungen (unter C.3.1) wird verwiesen. Der Planfeststellungsbeschluß war daher für rechtswidrig und nicht vollziehbar zu erklären.

Nr. 216

1. **Die Regelung des § 5 Abs. 1 VerkPBG, wonach das Bundesverwaltungsgericht im ersten und letzten Rechtszug über die im § 1 VerkPBG genannten Vorhaben entscheidet, begegnet keinen verfassungsrechtlichen Bedenken.**

2. **Nach niedersächsischem Recht unterliegt die Bestimmung der Behördenzuständigkeiten keinem Gesetzesvorbehalt.**

3. **Die Annahme, daß ein bestimmter Landschaftsraum ein faktisches Vogelschutzgebiet oder ein potentielles FFH-Gebiet ist, braucht sich i. d. R. dann nicht aufzudrängen, wenn weder das aktuelle IBA-Verzeichnis noch Äußerungen der EU-Kommission Anhaltspunkte dafür bieten, daß die in der Vogelschutzrichtlinie bzw. der FFH-Richtlinie aufgeführten Eignungsmerkmale erfüllt sind.**

GG Art. 3 Abs. 1, 19 Abs. 4, 95; NdsVerf Art. 41, 56 Abs. 2; VerkPBG §§ 1 Abs. 1, 5 Abs. 1, 11; FStrG § 17 Abs. 1 Satz 2; VRL Art. 4 Abs. 1 Satz 4 und Abs. 4 Satz 1; FFH-RL Art. 4 Abs. 1; NWG §§ 92, 93; NNatschG.

Bundesverwaltungsgericht, Urteil vom 22. Januar 2004 – 4 A 32.02 –.

Die Kläger wenden sich gegen den Planfeststellungsbeschluß der Beklagten vom 21. 10. 2002 für den Neubau der Autobahn A 38 von der Anschlußstelle der Bundesstraße B 27 bis zur Landesgrenze Niedersachsen/Thüringen.

Die A 38 dient mit einer Länge von 183 km als Verbindung zwischen der A 7 im Raum Göttingen und der A 14 im Raum Leipzig. Sie gehört zu den „Verkehrsprojekten Deutsche Einheit" und ist im Bedarfsplan für die Bundesfernstraßen als vordringlicher Bedarf dargestellt. Das planfestgestellte Teilstück hat eine Länge von rund 7 km. Es kreuzt die Leineniederung, die im Trassenbereich als Überschwemmungsgebiet festgesetzt ist, auf ca. 1000 m in Dammlage. Als Leinequerung sind eine dreifeldrige Brücke mit einer lichten Weite von 47,10 m und zwei Stützpfeilerreihen von je 1,20 m Breite sowie einer lichten Höhe von 4,50 m vorgesehen. Als weitere Durchlaßöffnung ist eine Flutbrücke mit einer lichten Weite von 40 m geplant. Östlich der Leineniederung schließt sich auf einer Streckenlänge von ca. 3 km, bei der ein Höhenunterschied von 150 m zu überwinden ist, der Anstieg zum Heidkopf an, der mit einem 1700 m langen Tunnel unterfahren wird.

Aus den Gründen:
II. 1. Die gegen den Planfeststellungsbeschluß gerichtete Klage ist zulässig.
1.1.1 Das Bundesverwaltungsgericht ist zuständig. Dies ergibt sich aus § 5 Abs. 1 des Verkehrswegeplanungsbeschleunigungsgesetzes – VerkPBG –, das in seiner Ursprungsfassung vom 16. 12. 1991 (BGBl. I, 2174) stammt. Danach entscheidet das Bundesverwaltungsgericht im ersten und letzten Rechtszug über sämtliche Streitigkeiten, die Planfeststellungsverfahren und Plangenehmigungsverfahren für Vorhaben nach § 1 des Gesetzes betreffen. Nach § 1 Abs. 1 Satz 1 Nr. 5 VerkPBG gilt das Gesetz nicht bloß für die Planung von Verkehrswegen in den neuen Ländern und in Berlin, sondern u. a. auch für die Planung von Bundesfernstraßen zwischen den neuen Ländern und den nächsten Knotenpunkten des Hauptfernverkehrsnetzes des übrigen Bundesgebietes. Nach § 1 Abs. 2 bestimmt der Bundesminister für Verkehr durch Rechtsverordnung mit Zustimmung des Bundesrates die Fernverkehrswege zwischen den in Abs. 1 Satz 1 genannten Ländern und den nächsten Knotenpunkten des Hauptfernverkehrsnetzes des übrigen Bundesgebietes im einzelnen. Von dieser Ermächtigung hat er in der Fernverkehrswegebestimmungsverordnung vom 3. 6. 1992 (BGBl. I, 1014) Gebrauch gemacht. Nach § 2 Nr. 17 dieser Verordnung erstreckt sich der Anwendungsbereich des Verkehrswegeplanungsbeschleunigungsgesetzes auch auf die A 38 (seinerzeit noch als „A 82" bezeichnet) „zwischen der Landesgrenze Thüringen und der A 7 bei Friedland". Nach der Ursprungsfassung des § 1 Abs. 1 Satz 1 VerkPBG galt die Zuständigkeitsbestimmung des § 5 Abs. 1 VerkPBG als Bestandteil der „besonderen Vorschriften" des Verkehrswegeplanungsbeschleunigungsgesetzes für Bundesfernstraßen bis zum 31. 12. 1995. Diese Regelung wurde ergänzt durch § 11 VerkPBG. Nach Abs. 2 Satz 1 dieser Bestimmung waren Planungen für Verkehrswege, für die ein Verfahren nach den Vorschriften des Gesetzes begonnen worden war, auch nach dem in § 1 Abs. 1 Satz 1 VerkPBG genannten Zeitpunkt nach den Vorschriften des Gesetzes zu Ende zu führen. Abs. 2 Satz 2 Nr. 2 konkretisierte dies dahin, daß die Planung bei Planfeststellungsverfahren mit dem Antrag auf Einleitung der Planfeststellung bei der Anhörungsbehörde als begonnen galt. Durch die beiden Änderungsgesetze vom 15. 12. 1995 (BGBl. I, 1840) und vom 22. 12. 1999 (BGBl. I, 2659) wurde die Geltungsdauer der „besonderen Vorschriften" des Gesetzes zunächst bis zum 31. 12. 1999 und danach bis zum 31. 12. 2004 – auch mit Wirkung für das streitgegenständliche Bauvorhaben, für das der Antrag auf Einleitung der Planfeststellung am 14. 8. 2001 gestellt wurde – ausgedehnt. Diese Verlängerungen sind verfassungsrechtlich unbedenklich.

Den Ausgangspunkt für die Schaffung von Sonderrecht „zur Beschleunigung der Planungen für Verkehrswege in den neuen Ländern sowie im Land Berlin" bildete die Einsicht, daß insoweit im Bereich der Verkehrsinfrastruktur ein dringender Handlungsbedarf bestand. Es herrschte Einigkeit darüber, daß sich die Verkehrswege in den neuen Ländern weithin in einem desolaten

Zustand befanden. Das Autobahnnetz war seit 1945 weitgehend unverändert geblieben. Es befand sich ebenso wie die übrigen Fernstraßen in einem Erhaltungszustand, der den Belastungen des nach der Vereinigung gestiegenen Verkehrs nicht gewachsen war und erst recht nicht den Anforderungen des zukünftigen Verkehrsbedarfs entsprach. Die Einbindung in das europäische Verkehrsnetz war unzulänglich und genügte nicht dem europäischen Standard. Der Gesetzgeber sah sich zur Erfüllung des verfassungsrechtlichen Auftrags, bundesweit gleiche Lebensverhältnisse zu gewährleisten, vor die Aufgabe gestellt, in den neuen Ländern so schnell wie möglich eine leistungsfähige Verkehrsinfrastruktur aufzubauen und das so zu bildende Verkehrsnetz an das der alten Länder anzubinden. Mit einem Bündel von Netzerweiterungs- und -ausbaumaßnahmen verfolgte er das Ziel, einen Beitrag zum Abbau von Investitionshemmnissen zu leisten und die Voraussetzungen für die Ansiedlung von Wirtschaftsunternehmen und die Bereitstellung von Arbeitsplätzen in den neuen Ländern zu schaffen. Besondere Bedeutung für das Zusammenwachsen der alten und der neuen Länder maß er der Verwirklichung der Vorhaben bei, die im Vorgriff auf den Bedarfsplan 1993 bereits im Februar 1991 unter Einschluß des Baus der Bundesautobahn A 38 in den Katalog der 17 „Verkehrsprojekte Deutsche Einheit" aufgenommen worden waren.

Der Gesetzgeber kam zu der Erkenntnis, daß das seinerzeit geltende Recht zur Bewältigung der mit der deutschen Wiedervereinigung verbundenen Verkehrsprobleme nur bedingt geeignet war. Nach seiner Einschätzung war zur Beseitigung der infrastrukturellen Ungleichgewichte rasche Abhilfe nötig. Sein vorrangiges Anliegen war es, mit Hilfe des Verkehrswegeplanungsbeschleunigungsgesetzes das mehrstufig angelegte Verwaltungsverfahren insbesondere auf der Ebene des Planfeststellungsverfahrens zu straffen. Gleichzeitig diente die Gesetzesinitiative dazu, auch das verwaltungsgerichtliche Verfahren zu verkürzen und auf eine Instanz zu beschränken. Zwar war seit dem am 1.1.1991 in Kraft getretenen Vierten Gesetz zur Änderung der Verwaltungsgerichtsordnung vom 17.12.1990 (BGBl. I, 2809) der Rechtsschutz bei Planfeststellungsverfahren für den Bau oder die Änderung von Verkehrswegen auch nach allgemeinem Recht auf eine Tatsacheninstanz begrenzt, da § 48 Abs. 1 Satz 1 Nrn. 6 bis 9 VwGO insoweit die Oberverwaltungsgerichte zur Entscheidung im ersten Rechtszug für zuständig erklärte. Mit § 5 Abs. 1 VerkPBG trug der Gesetzgeber jedoch der Sondersituation Rechnung, daß die Oberverwaltungsgerichte in den neuen Bundesländern, die sich seinerzeit noch in der Aufbauphase befanden und sich nicht auf eine gefestigte Spruchpraxis stützen konnten, mit der Aufgabe, Großverfahren im Bereich der Verkehrswegeplanung zügig abzuwickeln, überfordert gewesen wären. Außerdem ließ er sich auch bei der Verlagerung der erstinstanzlichen Zuständigkeit auf das Bundesverwaltungsgericht mit Rücksicht auf den mit dieser Maßnahme verbundenen Ausschluß von Revision und Nichtzulassungsbeschwerde von der Erwartung größtmöglicher Beschleunigung leiten (vgl. die Begründung des Gesetzentwurfes der Bundesregierung: BT-Drucks. 12/1092).

Die Gründe, die den Gesetzgeber 1991 veranlaßt hatten, für Infrastrukturvorhaben im Beitrittsgebiet sowie zwischen den neuen und den alten Ländern ein zeitlich und örtlich beschränktes Sonderrecht zu schaffen, wogen auch im Jahre 1999, obwohl sich inzwischen einige Randbedingungen geändert hatten, noch schwer genug, um eine weitere Verlängerung der Geltungsdauer des Verkehrswegeplanungsbeschleunigungsgesetzes zu rechtfertigen. Etlicher Regelungen der ursprünglichen Fassung bedurfte es freilich nicht mehr, da die wichtigsten verwaltungsverfahrensrechtlichen Beschleunigungsinstrumente als Folge des Planungsvereinfachungsgesetzes vom 17.12.1993 (BGBl. I, 2123) in das gesamtdeutsche Verkehrswegeplanungsrecht Eingang gefunden hatten. Auch der Aufbau der Verwaltungsgerichtsbarkeit in den neuen Bundesländern war so weit fortgeschritten, daß die dortigen Oberverwaltungsgerichte zunehmend für die Bewältigung von Rechtsstreitigkeiten auf dem Gebiet des Fachplanungsrechts gerüstet erschienen. Ein Beschleunigungsbedarf bestand indes insofern weiterhin, als sich die ursprünglich gehegte Erwartung, die wichtigsten der zur Angleichung der Lebensverhältnisse in Ost und West unabdingbaren Verkehrsinfrastrukturvorhaben jedenfalls bis Ende 1999 auf den Weg bringen zu können, als irrig erwies. Insbesondere bei den „Verkehrsprojekten Deutsche Einheit", die das Kernstück der für das Zusammenwachsen der alten und der neuen Länder wichtigen Infrastrukturinvestitionen bildeten, zeigte sich, daß nicht zuletzt im Bereich des Fernstraßenbaus beträchtliche Teile des Bauprogramms noch nicht umgesetzt waren (vgl. den Entwurf des Bundesrates und die Stellungnahme der Bundesregierung, BT-Drucks. 14/1517). Von sieben Autobahnprojekten mit etwa 2000 km Länge waren im Zuge der A 14, A 20, A 38 und A 71 rund 120 km Strecke neu- und im Zuge der A 2, A 4, A 9 und A 10 rund 540 km ausgebaut worden. Weitere rund 445 km waren Ende des Jahres 1998 im Bau. Auch die Verwirklichung zahlreicher anderer für die neuen Länder bedeutsamer Verkehrsinfrastrukturvorhaben stand zu diesem Zeitpunkt aus. Wie dem Bericht des Ausschusses für Verkehr, Bau- und Wohnungswesen (BT-Drucks. 14/1876) zu entnehmen ist, hatten Ende 1999 insgesamt 183 der geplanten Verkehrsprojekte noch nicht auf den Weg gebracht werden können. Dies erklärte der Bundesrat im Zusammenhang mit der Anrufung des Vermittlungsausschusses (BT-Drucks. 14/2326) zum einen „mit der großen Zahl und Schwierigkeit der notwendigen Bauvorhaben" und zum anderen damit, daß „die zur Planung und Realisierung erforderlichen Mittel nicht immer zur Verfügung gestellt werden" konnten. Verschiedene beim Bundesverwaltungsgericht anhängige Verfahren, in denen Planfeststellungsbeschlüsse für Abschnitte der „Verkehrsprojekte Deutsche Einheit" und sonstige Straßenbauvorhaben den Prüfungsgegenstand bilden, bestätigen, daß die betreffenden Planfeststellungsverfahren erst unter der Geltung des Zweiten Änderungsgesetzes vom 22.12.1999 eingeleitet wurden.

Vor dem Hintergrund dieser Entstehungsgeschichte und Entwicklung greifen die verfassungsrechtlichen Bedenken, die die Kläger gegen das Verkehrswegeplanungsbeschleunigungsgesetz in seiner jetzigen Fassung erheben, nicht durch.

1.1.2 Die gesetzliche Regelung verstößt nicht gegen Art. 19 Abs. 4 GG. Diese Vorschrift garantiert den Zugang zu Gericht, gewährt aber keinen Anspruch auf einen Instanzenzug (vgl. BVerfG, Urteil v. 4.7.1995 – 1 BvF 2/

86 u. a. –, BVerfGE 92, 365, 410; Beschlüsse v. 12.7.1983 – 1 BvR 1470/82 –, BVerfGE 65, 76, 90 und v. 7.7.1992 – 2 BvR 1631, 1728/90 –, BVerfGE 87, 48, 61). Von daher begegnet es keinen verfassungsrechtlichen Bedenken, daß nach §5 Abs. 1 VerkPBG nur das Bundesverwaltungsgericht in erster und letzter Instanz angerufen werden kann. Durch die Zuständigkeitsverlagerung wird auch die Wirksamkeit der Rechtsschutzgewährung nicht in Frage gestellt (vgl. zu diesem Erfordernis BVerfG, Beschlüsse v. 29.10.1975 – 2 BvR 630/73 –, BVerfGE 40, 272, 275, v. 20.4.1982 – 2 BvL 26/81 –, BVerfGE 60, 253, 296, 297, und v. 17.4.1991 – 1 BvR 419/81 u.a. –, BVerfGE 84, 34, 49).

1.1.3 Art. 95 Abs. 1 GG steht der in §5 Abs. 1 VerkPBG getroffenen Zuständigkeitsbestimmung ebenfalls nicht entgegen. Die Stellung des Bundesverwaltungsgerichts als oberstes Bundesgericht verwehrte es dem Gesetzgeber nicht, eine „vereinigungsbedingte Sonderregelung für einen Übergangszeitraum" zu schaffen (vgl. BT-Drucks. 14/1517, S. 2).

Die in Art. 95 Abs. 1 GG gewählte Bezeichnung deutet zwar darauf hin, daß die obersten Gerichtshöfe in einem Instanzenzug stehen und innerhalb des jeweiligen Gerichtszweiges die Funktion des höchsten Rechtsmittelgerichts erfüllen. Die Aufteilung der Rechtsprechung zwischen den Verwaltungsgerichten der Länder und dem Bundesverwaltungsgericht, die das Grundgesetz als Regel vorgibt, schließt Ausnahmen indes nicht aus. Auch wenn das Bundesverwaltungsgericht grundsätzlich als Rechtsmittelgericht letzter Instanz errichtet worden ist, darf ihm eine erstinstanzliche Zuständigkeit eingeräumt werden, sofern sich hierfür sachlich einleuchtende Gründe anführen lassen (vgl. BVerfG, Urteil v. 4.7.1995 – 1 BvF 2/86 u.a. –, a.a.O., S. 410; Beschluß v. 10.6.1958 – 2 BvF 1/56 –, BVerfGE 8, 174, 181). Der Gesetzgeber trägt der verfassungsrechtlichen Regel-Ausnahme-Struktur in der Verwaltungsgerichtsordnung dadurch Rechnung, daß er in §49 die Zuständigkeit des Bundesverwaltungsgerichts als Rechtsmittelgericht regelt und in §50 Abs. 1 einzelne Fälle aufzählt, in denen das Bundesverwaltungsgericht in erster und letzter Instanz und damit zugleich auch als Tatsachengericht entscheidet. Insoweit handelt es sich um Tatbestände, für die ein unmittelbarer Anknüpfungspunkt in einem bestimmten Bundesland fehlt oder die dem Bundesverwaltungsgericht wegen ihrer besonderen Bedeutung zur Entscheidung vorbehalten sind. Die in §50 Abs. 1 VwGO getroffene Regelung steht der Übertragung weiterer Zuständigkeiten durch den Bundesgesetzgeber nicht im Wege.

Für §5 Abs. 1 VerkPBG lassen sich sachliche Gründe ins Feld führen. Nach der Rechtsprechung des Bundesverfassungsgerichts kann das Interesse an einer raschen Streitklärung es rechtfertigen, die erst- und letztinstanzliche Zuständigkeit des Bundesverwaltungsgerichts zu begründen. Nach der deutschen Wiedervereinigung gehörte es zu den vordringlichsten Zielen, die Lebensverhältnisse in den alten und den neuen Bundesländern einander anzugleichen. Hierzu bedurfte es aus arbeitsmarkt- und wirtschaftspolitischen Gründen schnell greifender öffentlicher Anschubinvestitionen. Entgegen den in der Anfangsphase geäußerten Hoffnungen erwies sich der Angleichungsprozeß indes selbst im Jahre 1999 noch längst nicht als abgeschlossen. Der Gesetzgeber durfte §5 Abs. 1 VerkPBG zu diesem Zeitpunkt noch als geeignetes Mittel ansehen, um im Zuge der Verwirklichung der zum „Aufbau Ost" unabdingbaren Verkehrsinfrastrukturvorhaben Verzögerungen durch Rechtsmittel jedweder Art vorzubeugen.

1.1.4 Auch unter dem Blickwinkel des Art. 3 Abs. 1 GG rechtfertigt das Verkehrswegeplanungsbeschleunigungsgesetz in seiner jetzigen Fassung keine verfassungsrechtlichen Bedenken. Soweit Art. 95 Abs. 1 GG dem nicht entgegensteht, hat es der Gesetzgeber in der Hand, den Rechtsweg so zu gestalten, daß er für einzelne Fallgruppen das Bundesverwaltungsgericht für zuständig erklärt. Entscheidet er sich für eine Abweichung von der sonst üblichen Zuständigkeitsverteilung, so läßt sich dies noch nicht als Verstoß gegen den Gleichheitssatz werten (vgl. BVerfG, Beschlüsse v. 11.6.1980 – 1 PBvU 1/79 –, BVerfGE 54, 277, 292, 293, und v. 12.7.1983 – 1 BvR 1470/82 –, a.a.O., S. 91). § 5 Abs. 1 VerkPBG führt zwar zu einer Verkürzung des gerichtlichen Instanzenzuges, von einer erheblichen Schlechterstellung der hiervon Betroffenen kann gleichwohl keine Rede sein. Die Änderung beschränkt sich auf den Fortfall einer eigenständigen Revisionsinstanz, während unverändert wie nach den allgemeinen Zuständigkeitsregeln des § 48 Abs. 1 Satz 1 Nrn. 6 bis 9 VwGO (nur) eine Tatsacheninstanz zur Verfügung steht. Diese Instanz in Gestalt des Bundesverwaltungsgerichts hat in gleicher Weise wie sonst die Oberverwaltungsgerichte die verkehrswegerechtlichen Zulassungsentscheidungen in tatsächlicher und rechtlicher Hinsicht zu überprüfen. Der Gleichheitssatz ist um so strikter, je mehr er den einzelnen als Person betrifft, und um so mehr für gesetzgeberische Gestaltungen offen, als allgemeiner Regelung zugängliche Lebensverhältnisse geordnet werden (vgl. BVerfG, Beschlüsse v. 10.4.1997 – 2 BvL 77/92 –, BVerfGE 96, 1, 6, und v. 30.9.1998 – 2 BvR 1818/91 –, BVerfGE 99, 88, 94). Die Konzentration auf das Bundesverwaltungsgericht als einzige gerichtliche Kontrollinstanz wirkt sich nicht nachteilig auf die Ausübung grundrechtlich geschützter Freiheiten aus. Angesichts der Gleichwertigkeit der Rechtsschutzgewährung könnte Art. 3 Abs. 1 GG nur dann als verletzt angesehen werden, wenn sich für die gesetzliche Differenzierung kein vernünftiger, sich aus der Natur der Sache ergebender oder sonstwie einleuchtender Grund anführen ließe (vgl. BVerfG, Urteil v. 6.3.2002 – 2 BvL 17/99 –, BVerfGE 105, 73, 110; Beschluß v. 17.10.1990 – 1 BvR 283/85 –, BVerfGE 83, 1, 23). Der Gesetzgeber leistete im Jahre 1999 mit der nochmaligen Verlängerung der Geltungsdauer des Verkehrswegeplanungsbeschleunigungsgesetzes nicht einer Zweiteilung des Rechtsschutzes Vorschub, die schon seinerzeit gleichheitswidrige Züge aufwies. Er trug mit dem Instrumentarium eines örtlich und zeitlich beschränkten Sonderplanungsrechts den vereinigungsbedingten Herausforderungen im Bereich der Verkehrsinfrastruktur Rechnung, die jedenfalls bis Ende 1999 noch nicht vollständig bewältigt waren.

1.1.5 Ob sich über das Jahr 2004 hinaus Gründe dafür anführen lassen, § 5 Abs. 1 VerkPBG auf sämtliche Vorhaben i. S. des § 1 Abs. 1 Satz 1 VerkPBG anzuwenden, die auch am 31.12.2004 noch nicht das Planfeststellungsstadium erreicht haben werden, hat der Senat nicht zu entscheiden. Die Sonderregelung der erst- und letztinstanzlichen Zuständigkeit des Bundesverwaltungsgerichts war Teil eines Maßnahmenbündels, das dem schnellen Aufbau einer ausreichenden Infrastruktur im Beitrittsgebiet diente. Ob die Sondersituation, die einen unterschiedlichen Instanzenzug rechtfertigte, fortbesteht, „wird sorgfältig zu prüfen sein" (so die Bundesregierung in ihrem Erfahrungsbericht zum Verkehrswegeplanungsbeschleunigungsgesetz v. 2. 1. 2004, BT-Drucks. 15/2311, S. 13).

1.2 Fehl geht im übrigen die Kritik, die die Kläger über die von ihnen geäußerten verfassungsrechtlichen Bedenken hinaus aus europarechtlicher Sicht am Verkehrswegeplanungsbeschleunigungsgesetz üben. Wenn der Gesetzgeber es unterlassen hat, die Vogelschutzrichtlinie und die FFH-Richtlinie in diesem Gesetz zu berücksichtigen, dann läßt dies nicht auf einen rechtlichen Mangel schließen. Das Verkehrswegeplanungsbeschleunigungsgesetz erschöpft sich in Regelungen des Verwaltungs- und des gerichtlichen Verfahrens. Welchen materiell-rechtlichen Anforderungen Planvorhaben i. S. des § 1 Abs. 1 Satz 1 VerkPBG genügen müssen, richtet sich unverändert nach dem jeweils einschlägigen Fachplanungsrecht. Diesem Recht ist es vorbehalten zu bestimmen, ob das europäische Naturschutzrecht als Teil des Entscheidungsprogramms zu beachten ist oder nicht (vgl. § 33 Abs. 5, §§ 34 und 35 Satz 1 Nr. 2 i. V. m. § 69 Abs. 1 Satz 1 BNatSchG; jetzt: § 34 b Abs. 5 und § 34 c NNatSchG (i.d.F. des Gesetzes zur Änderung naturschutzrechtlicher Vorschriften v. 27. 1. 2003 – Nds. GVBl. 39)).

2. Die gegen den Planfeststellungsbeschluß vom 21. 10. 2002 gerichtete Klage ist unbegründet.

2.1.1 Die angefochtene Planungsentscheidung leidet nicht an dem formellen Fehler, der ihm nach Ansicht der Kläger anhaftet. Der Planfeststellungsbeschluß ist von der hierfür zuständigen Behörde erlassen worden. Die beklagte Bezirksregierung leitet ihre Zuständigkeit aus der Nr. 1.3.1 Buchst. j des Runderlasses des Niedersächsischen Ministeriums für Wirtschaft, Technologie und Verkehr vom 8. 8. 2002 (Nds. MBl., 660) ab. Diese Zuständigkeitsbestimmung genügt den rechtlichen Anforderungen. Einer gesetzlichen Regelung bedurfte es entgegen der Auffassung der Kläger nicht.

Aus Art. 20 Abs. 3 GG ergibt sich zwar, daß alle Fragen, die wesentlich für die Verwirklichung der Grundrechte sind, einer gesetzlichen Regelung bedürfen (vgl. BVerfG, Urteil v. 14. 7. 1998 – 1 BvR 1640/97 –, BVerfGE 98, 218, 251 m. w. N.). Hieraus läßt sich aber kein allgemeiner institutionell-organisatorischer Vorbehalt des Inhalts ableiten, daß Zuständigkeitsregelungen in Gesetzesform erlassen werden müssen (vgl. BVerfG, Beschluß v. 28. 10. 1975 – 2 BvR 883/73 u. a. –, BVerfGE 40, 237, 248 ff.). Sowohl die Bildung und die Auflösung von Behörden als auch die Zuweisung von Zuständigkeiten auf diese Behörden sind ohne gesetzliche Grundlage möglich, soweit durch die Verfassung oder durch Gesetz nichts anderes bestimmt ist. Das niedersächsische Recht kennt für den Bereich der Bundesfernstraßenplanung keinen derartigen Gesetzesvorbehalt.

Die Länder oder die nach Landesrecht zuständigen Selbstverwaltungskörperschaften verwalten nach Art. 90 Abs. 2 GG die Bundesautobahnen und sonstigen Bundesstraßen des Fernverkehrs im Auftrage des Bundes. Sie nehmen die Auftragsverwaltung aus eigener und selbständiger Verwaltungskompetenz wahr (vgl. BVerwG, Urteile v. 15. 4. 1977 – BVerwG 4 C 3.74 –,

BVerwGE 52, 226, und v. 28.8.2003 – BVerwG 4 C 9.02 –, zur Veröffentlichung vorgesehen). Soweit nicht der Bundesgesetzgeber mit Zustimmung des Bundesrates eine Regelung trifft, ist es nach Art. 85 Abs. 1 GG grundsätzlich ihre Sache, im Rahmen ihrer Organisationsgewalt die zuständigen Behörden zu bestimmen. Nach § 17 Abs. 5 FStrG stellt die oberste Landesstraßenbaubehörde den Plan für den Bau oder die Änderung einer Bundesfernstraße fest. Diese Regelung wird indes durch § 22 Abs. 4 FStrG ergänzt, wonach die Länder die zuständigen Behörden festlegen und die Zuständigkeiten delegieren könnten. Das niedersächsische Landesorganisationsrecht verlangt hierfür keine Gesetzesform. Es läßt eine Kompetenzzuweisung durch Runderlaß zu.

Nach Art. 56 Abs. 2 der niedersächsischen Verfassung vom 19.5.1993 bedürfen der allgemeine Aufbau und die räumliche Gliederung der allgemeinen Landesverwaltung eines Gesetzes. Diese Regelung bleibt deutlich hinter den organisationsrechtlichen Anforderungen anderer Landesverfassungen zurück. Nach Art. 77 Satz 1 der nordrhein-westfälischen Verfassung erfolgt die Organisation der allgemeinen Landesverwaltung und die Regelung der Zuständigkeiten durch Gesetz. Ähnliche Formulierungen enthalten z. B. Art. 70 Abs. 1 Satz 1 der baden-württembergischen, Art. 77 Abs. 1 Satz 1 der bayerischen und Art. 83 Abs. 1 der sächsischen Verfassung. Das für diese Verfassungen charakteristische Erfordernis, neben dem Aufbau und der räumlichen Gliederung auch die Behördenzuständigkeiten durch Gesetz zu regeln, fehlt in Niedersachsen. Bei der Beratung der inhaltsgleichen Vorgängernorm des Art. 43 Abs. 2 der vorläufigen niedersächsischen Verfassung wurde eine solche erweiterte Fassung zwar diskutiert und zunächst auch befürwortet, später aber als zu weitgehend verworfen. Der Verfassungsausschuß beschränkte sich in bewußter Abkehr von Art. 77 der nordrhein-westfälischen Verfassung, der ihm im übrigen als Modell diente, auf eine Formulierung, durch die sichergestellt wird, daß die Bildung, die räumliche Gliederung und die grundsätzliche Aufgabenstellung der staatlichen Behörden dem Gesetzgeber vorbehalten bleiben, es dagegen für die Zuweisung einzelner Wahrnehmungszuständigkeiten mit Organisationsakten der Exekutive sein Bewenden haben darf (vgl. die Darstellung von Nedden, Geltung des Gesetzesvorbehalts für die Festlegung behördlicher Zuständigkeiten?, VR 1985, 369). Der im Siebten Abschnitt unter dem Titel „Die Verwaltung" formulierte Gesetzesvorbehalt des Art. 56 Abs. 2 NdsVerf wird freilich durch das im Vierten Abschnitt unter der Überschrift „Die Gesetzgebung" in Art. 41 NdsVerf enthaltene „Erfordernis" ergänzt, allgemein verbindliche Vorschriften der Staatsgewalt, durch die Rechte oder Pflichten begründet, geändert oder aufgehoben werden, in „Gesetzesform" zu erlassen. Diese Regelung erstreckt sich jedoch entgegen der Auffassung der Kläger nicht auf die Verteilung der Zuständigkeiten unter den verschiedenen Behörden des Landes. Die Bestimmung der für die Planfeststellung von Bundesfernstraßen zuständigen Behörde ist keine „allgemein verbindliche Vorschrift" im Sinne dieser Verfassungsnorm. Dadurch, daß die Bezirksregierungen für zuständig erklärt werden, werden keine Rechte oder Pflichten i. S. des Art. 41 NdsVerf begründet. Derartige Wirkungen erzeugt erst der Planfeststellungsbeschluß, der insoweit seine notwendige gesetzliche Grundlage in § 1 Abs. 1 Satz 1 NVwVfG i. V. m. § 75 VwVfG findet. Art. 41

NdsVerf stimmt der Sache nach mit Art. 32 der vorläufigen niedersächsischen Verfassung überein. Wie weit dieser landesverfassungsrechtliche Gesetzesvorbehalt reichte, war Gegenstand lebhafter Diskussionen. Er wurde indes von der niedersächsischen Staatspraxis nicht so verstanden, daß er sich auch auf organisatorische Regelungen und Zuständigkeiten erstreckte. Nicht zuletzt die Entstehungsgeschichte der Vorschrift (Begründung zu Art. 30 des Entwurfs) wurde als Hinweis darauf gewertet, daß die Entscheidung über materielle Rechte und Pflichten, nicht aber die Entscheidungszuständigkeit der gesetzlichen Form bedarf (vgl. Elster, in: Korte/Rebe/Elster, Verfassung und Verwaltung des Landes Niedersachsen, 1986, S. 324; Neumann, Komm. zur vorläufigen niedersächs. Verfassung, 2. Aufl. 1987, Art. 32 Rdnr. 4; Groschupf, Die Entwicklung der Verfassung und Verwaltung in Niedersachsen von 1956 bis 1979, JöR (N.F.), Bd. 28, S. 423; offengelassen vom OVG Lüneburg, Urteil v. 12. 3. 1971, OVGE 27, 395). An dieser Einschätzung hat sich unter der Geltung der Verfassung vom 19. 5. 1993 nichts geändert (Hagebölling, Kommentar zur niedersächsischen Verfassung, 1996, Art. 41 Anm. 1; ebensowenig bietet die Kommentierung des Art. 41 von Neumann in der 3. Aufl. 2000 Anhaltspunkte, die auf einen Wandel hindeuten). Der von den Klägern erwähnte Umstand, daß für zahlreiche Sachbereiche gesetzliche Zuständigkeitsregelungen vorhanden sind, nötigt zu keiner abweichenden Beurteilung. Der Gesetzgeber wird durch die Verfassung nicht daran gehindert, Zuständigkeitsfragen zu regeln. Daraus läßt sich indes nicht im Umkehrschluß folgern, daß er von der ihm insoweit nicht streitig gemachten Normsetzungsbefugnis durchgängig Gebrauch machen muß. Ihm bleibt es freigestellt, ob er die Aufgabe, im Bereich des Straßenbaus Planfeststellungsverfahren durchzuführen, bestimmten Behörden durch Gesetz überträgt oder, wie hier geschehen, der Regelung durch ministerielle Verwaltungsanordnung überläßt.

2.1.2 Ebenfalls unschädlich ist, daß die beklagte Bezirksregierung nicht bloß den Planfeststellungsbeschluß vom 21. 10. 2002 erlassen hat, sondern auf der Grundlage der Nr. 1.3.1 Buchst. g des Runderlasses vom 8. 8. 2002 (a. a. O.) auch als Anhörungsbehörde tätig geworden ist. Dem Verwaltungsverfahrensrecht läßt sich nicht entnehmen, daß im fernstraßenrechtlichen Planfeststellungsverfahren für die Anhörung der Beteiligten und für die Planfeststellung verschiedene Behörden zu bestimmen sind (vgl. BVerwG, Urteile v. 25. 8. 1971 – BVerwG 4 C 22.69 –, Buchholz 407.4 § 17 FStrG Nr. 15, und v. 5. 12. 1980 – BVerwG 4 C 28.77 –, DVBl. 1981, 403). Soweit in § 73 VwVfG von der Anhörungsbehörde und in § 74 VwVfG von der Planfeststellungsbehörde die Rede ist (vgl. zur Anwendbarkeit dieser Vorschriften § 1 Abs. 1 Satz 1 NVwVfG), weist der Gesetzgeber lediglich auf die insoweit unterschiedlichen Funktionen im Rahmen des Planfeststellungsverfahrens hin. Eine Trennung von Anhörungs- und Planfeststellungsbehörde mag zwar geeignet sein, zur Erhöhung der Akzeptanz beizutragen, sie ist aber weder verfassungsrechtlich noch einfachgesetzlich geboten.

2.2 Der Planungsfeststellungsbeschluß läßt sich auch materiell-rechtlich nicht beanstanden.

Dahinstehen kann, wieweit die geltend gemachten Mängel außer von den mit enteignungsrechtlicher Vorwirkung Betroffenen (vgl. insoweit BVerwG, Urteil v. 18.3.1983 – BVerwG 4 C 80.79 –, BVerwGE 67, 74) auch von den übrigen Klägern im Klagewege gerügt werden können. Jedenfalls gibt es keine greifbaren Anhaltspunkte dafür, daß der angefochtene Planfeststellungsbeschluß an den aufgelisteten Fehlern leidet.

2.2.1 Ohne Erfolg stellen die Kläger die Planrechtfertigung in Frage. Die A 38 ist im Bedarfsplan für die Bundesfernstraßen, der nach § 1 Abs. 1 Satz 2 des Fernstraßenausbaugesetzes – FStrAbG – (i.d.F. der Bekanntmachung v. 15.11.1993, BGBl. I, 1878) dem Gesetz als Anlage beigefügt ist, als vordringlicher Bedarf ausgewiesen. Nach § 1 Abs. 2 FStrAbG entspricht sie damit den Zielsetzungen des § 1 Abs. 1 FStrG. Das bedeutet, daß nach der gesetzgeberischen Wertung unter Bedarfsgesichtspunkten eine Planrechtfertigung vorhanden ist. Diese gesetzgeberische Entscheidung ist allein an den Vorgaben des Verfassungsrechts zu messen (vgl. BVerwG, Urteil v. 8.6.1995 – BVerwG 4 C 4.94 –, BVerwGE 98, 339). Ein Verfassungsverstoß läßt sich nicht daraus herleiten, daß sich die Verkehrsprognosen, an denen sich der Gesetzgeber bei der Bedarfsfeststellung orientiert hat, nach der Einschätzung der Kläger als überholt erwiesen haben. Der Bedarfsplan wird nicht automatisch gegenstandslos, wenn sich die Annahmen, die ihm zugrunde liegen, in der Folgezeit nicht bestätigen. Wie aus § 4 Satz 2 FStrAbG erhellt, ist es dem Gesetzgeber vorbehalten, die Bedarfsfeststellung ggf. an veränderte Verhältnisse anzupassen. Diese Regelung schließt es, solange eine solche Anpassungsentscheidung aussteht, im Regelfall aus, sich über den Bedarfsplan hinwegzusetzen. Zweifel daran, ob die gesetzliche Regelung weiterhin Geltung beansprucht, sind allenfalls dann angebracht, wenn sich die Verhältnisse in der Zwischenzeit so grundlegend gewandelt haben, daß sich die ursprüngliche Bedarfsentscheidung nicht mehr rechtfertigen läßt (vgl. BVerwG, Urteile v. 18.6.1997 – BVerwG 4 C 3.95 –, Buchholz 407.4 § 17 FStrG Nr. 131 und v. 27.10.2000 – BVerwG 4 A 18.99 –, BVerwGE 112, 140). Die Kläger gehen von einem solchen Sachverhalt aus. Die Beklagte sieht die Annahmen, die der Bedarfsfeststellung zugrunde liegen, dagegen durch Verkehrserhebungen vollauf bestätigt, die im Jahre 1999 durchgeführt worden sind und im Jahre 2000 Eingang in eine aktualisierte Verkehrsuntersuchung gefunden haben. Vor dem Hintergrund dieser Erkenntnisse ist das Vorbringen der Kläger nicht geeignet, die Prognosebasis ernsthaft zu erschüttern.

Auch unter Finanzierungsgesichtspunkten bietet das Planvorhaben keinen Anlaß zu rechtlichen Bedenken. Richtig ist, daß eine Planung, die sich mangels Finanzierbarkeit nicht realisieren läßt, rechtswidrig ist. Die Kläger lassen indes außer acht, welche Folgerungen sich daraus ergeben, daß die A 38 zu den Vorhaben gehört, für die nach dem Bedarfsplan für die Bundesfernstraßen ein „vordringlicher Bedarf" besteht. Diese Einstufung unterstreicht nicht bloß die Dringlichkeit der Planung. Ihr kommt auch Bedeutung für die Finanzierbarkeit zu. Die Aufnahme in den Bedarfsplan läßt sich als Anzeichen dafür werten, daß die Finanzierung gesichert ist (vgl. BVerwG, Urteil v. 20.5.1999 – BVerwG 4 A 12.98 –, Buchholz 407.4 § 17 FStrG Nr. 154). Die Kläger zeigen keine Umstände auf, die geeignet sind, diese Indizwirkung zu erschüttern. Ihre Angaben belegen eher das Gegenteil. Sie beklagen, daß seit der Ablehnung ihres Antrags auf Gewährung vorläufigen Rechtsschutzes an der Verwirklichung des Bauvorhabens mit Hochdruck gearbeitet wird. Auf der Grundlage dieser Beobachtungen drängt sich der Eindruck, daß die Planung vor dem finanziellen Aus steht, nicht auf.

2.2.2 Der angefochtene Planfeststellungsbeschluß verstößt nicht gegen zwingendes Recht.

2.2.2.1 Er genügt den Anforderungen des Wasserrechts. Nach den Planunterlagen ist beabsichtigt, die in diesem Bereich als Überschwemmungsgebiet festgesetzte Leineniederung auf einem Damm zu queren. Dieses Konzept läuft entgegen der Ansicht der Kläger den wasserrechtlichen Vorgaben nicht zuwider. Wie aus den §§ 92 und 93 NWG zu ersehen ist, erzeugt die förmliche Festsetzung eines Überschwemmungsgebiets für den betroffenen Bereich nicht die Wirkungen eines Planungsverbots. Der Planungsträger hat allerdings die Vorkehrungen zu treffen, die nötig sind, um das Gebiet als solches in seiner Funktion als natürliche Rückhaltefläche zu erhalten (vgl. OVG Lüneburg, Urteil v. 15.5.2003, BauR 2003, 1524). Die Kläger äußern die Befürchtung, daß sich der Dammbau im Falle von Hochwasserereignissen in doppelter Hinsicht negativ auswirkt. Im Bereich des Oberlaufs ist nach ihrer Einschätzung mit einem Rückstau bis in die bewohnten Teile von N. hinein zu rechnen. Aber auch im Bereich des Unterlaufs sind nach ihrer Ansicht wegen des veränderten Abflußverhaltens schädliche Folgen vorhersehbar. Die Beklagte hat die Frage, welchen Einfluß das Planvorhaben auf das Hochwasserabflußgeschehen hat, untersuchen lassen. Die Sachverständigen der H. GmbH kommen in ihrem Gutachten vom 26.7.2001 zu dem Ergebnis, das nennenswerte nachteilige Veränderungen in keiner der von den Klägern bezeichneten Richtungen zu erwarten sind. (Wird ausgeführt.)

2.2.2.3 Das Planvorhaben unterliegt nicht den strengen Regelungen der Vogelschutzrichtlinie – VRL – (v. 2.4.1979, AblEG Nr. L 103/1). Der Planungsraum weist nicht die Merkmale eines faktischen Vogelschutzgebietes auf, in dem das Beeinträchtigungsverbot des Art. 4 Abs. 4 Satz 1 VRL gilt. Er gehört nicht zu den zahlen- und flächenmäßig geeignetsten Gebieten i. S. des Art. 4 Abs. 1 Satz 4 VRL, für die ein förmlicher Schutz unumgänglich ist. Die Kläger lassen es insoweit unter Berufung auf die Erkenntnisse der Fachgruppe Ornithologie E. e.V. sowie des Biologen B. im wesentlichen mit dem Hinweis bewenden, daß der Planungsraum insbesondere für den Schwarzstorch, den Rotmilan, den Grau- und den Schwarzspecht, den Wespenbussard, den Neuntöter, den Eisvogel, die Wasseramsel und den Wachtelkönig von Bedeutung ist. Die Beklagte stellt in Abrede, daß der fragliche Bereich dem Eisvogel, der Wasseramsel und dem Wachtelkönig überhaupt als Lebensstätte dient, räumt aber ein, daß die übrigen Vogelarten dort vorkommen. Der Umstand allein, daß sich in einem Gebiet bestimmte Vogelarten nachweisen lassen, rechtfertigt indes noch nicht den Schluß, daß eine Schutzgebietsausweisung nach Art. 4 Abs. 1 Satz 4 VRL geboten ist. Nur Lebensräume und Habitate, die für sich betrachtet in signifikanter Weise zur Arterhaltung in dem betreffenden Mitgliedstaat beitragen, gehören zum Kreis der i.S. des Art. 4 VRL geeignetsten Gebiete.

Die Beklagte macht auf verschiedene Umstände aufmerksam, die dafür sprechen, daß das Land Niedersachsen nicht verpflichtet ist, den Planungsraum für eine oder mehrere der von den Klägern genannten Vogelarten als Vogelschutzgebiet auszuweisen. Die südliche Leineniederung und das Hügelland, das sich im Osten anschließt, werden weder im IBA-Katalog 2000 noch in den vom Deutschen Rat für Vogelschutz und vom NABU-Naturschutzbund 2002 veröffentlichen „Berichten zum Vogelschutz" als Vogelschutzgebiet aufgeführt. Das aktualisierte IBA-Verzeichnis gibt Aufschluß über die Gebiete, die nach den neuesten Erkenntnissen die IBA-Kriterien erfüllen. Auf das Land Niedersachsen entfallen 125 Gebiete, die auf den Seiten 46 ff. näher bezeichnet werden. Unter der Nr. 120 wird auch das im Jahre 1991 gemeldete „Untere Eichsfeld" aufgeführt, das mit seinem südlichen Rand bis etwa 6 km an die Trasse der A 38 heranreicht und nach den Angaben im Standarddatenbogen vor allem dem Rotmilan, dem Mittelspecht und dem Wanderfalken, daneben aber auch dem Schwarzmilan, dem Wespenbussard, dem Neuntöter, dem Schwarzspecht und der Wachtel als Lebensraum dient. Weitere Gebiete befinden sich in Niedersachsen im Prüfverfahren. Die Leineniederung wird in diesem Zusammenhang ebensowenig erwähnt wie der übrige Trassenbereich. Die IBA-Liste hat zwar keinen Rechtsnormcharakter. Der Gerichtshof der Europäischen Gemeinschaften wertet sie aber als ein für die Gebietsauswahl bedeutsames Erkenntnismittel (vgl. Urteil v. 19.5.1998 – Rs. C-3/96 –, Slg. 1998 I – 3031 Rdnr. 68 ff.). Auch der Senat geht davon aus, daß sie bei der nach Art. 4 Abs. 1 Satz 4 VRL gebotenen Eignungsbeurteilung als gewichtiges Indiz eine maßgebliche Rolle spielt (vgl. BVerwG, Urteile v. 19.5.1998 – BVerwG 4 A 9.97 –, BVerwGE 107, 1, v. 31.1.2002 – BVerwG 4 A 15.01 –, Buchholz 407.4 § 17 FStrG Nr. 168, und v. 14.11.2002 – BVerwG 4 A 15.02 –, BVerwGE 117, 149). Welche Gesichtspunkte geeignet sein könnten, dem Planungsraum trotz der Umstände, die gegenteilige Schlüsse nahelegen, die Qualität eines faktischen Vogelschutzgebietes beizumessen, legen die Kläger nicht dar und ist auch sonst nicht ersichtlich. Richtig ist allerdings, daß die EU-Kommission in ihrem Aufforderungsschreiben Nr. 2001/5117 für Niedersachsen Defizite bei der Meldung von Vogelschutzgebieten insbesondere für den Rotmilan und für bestimmte Spechtarten feststellt. Als insoweit geeignete Gebiete bezeichnet sie indes nicht die Umgebung der Leineniederung, sondern den Naturpark „Solling-Vogler", das „Niedersächsische Elbetal", den „Hildesheimer Wald" und die „Laubwälder zwischen Braunschweig und Wolfsburg". Die übrigen von den Klägern bezeichneten Vogelarten tauchen in der für das Land Niedersachsen erstellten Defizitliste der EU-Kommission nicht auf. Vielmehr wird bemängelt, daß für eine Reihe von Zugvogelarten Schutzgebiete fehlen. Die Kläger machen indes selbst nicht geltend, daß die Leineaue für Zugvögel von Bedeutung ist. Vor dem Hintergrund der IBA-Dokumentation läßt sich die Einschätzung der EU-Kommission als zusätzliche Bestätigung dafür werten, daß im Planungsraum unter dem Blickwinkel des Vogelschutzes kein Nachmeldebedarf besteht.

2.2.2.4 Das Planvorhaben widerspricht auch nicht den Anforderungen des FFH-Rechts. Die Kläger leiten aus dem Umstand, daß sich im Planungsraum verschiedene der in den Anhängen I und II zur FFH-Richtlinie genannten Lebensraumtypen und Arten nachweisen lassen, die Folgerung ab, daß es sich um ein potentielles FFH-Gebiet handele. ... Sie verkennen indes, daß nicht jeder Lebensraum, in dem sich Lebensraumtypen i. S. des Anh. I oder Arten i. S. des Anh. II der FFH-Richtlinie nachweisen lassen, als potentielles FFH-Gebiet einzustufen ist. Auf der Ebene der mitgliedstaatlichen Gebietsauswahl ist die FFH-Relevanz nach Art. 4 Abs. 1 FFH-RL anhand der im Anh. III Phase 1 festgelegten Merkmale zu beurteilen. Der dort aufgeführte Kriterienkatalog belegt zwar, daß politische oder wirtschaftliche Gesichtspunkte bei der Auswahl ebenso außer Betracht zu bleiben haben wie sonstige Zweckmäßigkeitserwägungen (vgl. BVerwG, Urteile v. 19. 5. 1998 – BVerwG 4 A 9.97 –, a. a. O., und v. 27. 10. 2000 – BVerwG 4 A 18.99 –, a. a. O.). Er schließt einen mitgliedstaatlichen Beurteilungsspielraum gleichwohl nicht aus, denn er ist so konzipiert, daß er im Einzelfall für unterschiedliche fachliche Wertungen offen ist (vgl. EuGH, Urteil v. 7. 11. 2000 – Rs. C-371/98 –, Slg. 2000 I – 9249 Rdnr. 14). Läßt sich die Entscheidung für oder gegen die Aufnahme eines Landschaftsraumes in die nationale Gebietsliste aus fachwissenschaftlicher Sicht vertreten, so nimmt die FFH-Richtlinie dieses Ergebnis hin (vgl. BVerwG, Urteil v. 31. 1. 2002 – BVerwG 4 A 15.01 –, a. a. O.).

Nach der Einschätzung der Beklagten erfüllt die Leineniederung schon deshalb nicht die Kriterien, die erforderlich sind, um sie dem prioritären Biotyp *91E0 (Auenwälder) zuzuordnen, weil die Flächen, die an den Flußlauf angrenzen, weithin bis an die Uferlinie heran landwirtschaftlich genutzt werden und die lückenhaft vorhandene Ufervegetation mit Rücksicht darauf, daß der Fluß an mehreren Stellen aufgestaut ist, nicht die für eine Auendynamik typischen Merkmale aufweist. Die übrigen von den Klägern genannten Lebensraumtypen haben nach ihrer Wertung nicht genügend Eigengewicht, um eine Gebietsmeldung zu rechtfertigen. (Wird ausgeführt.)

Nr. 217

1. **Die Regelung des § 5 Abs. 1 VerkPBG, wonach das Bundesverwaltungsgericht im ersten und letzten Rechtszug über die im § 1 VerkPBG genannten Vorhaben entscheidet, begegnet keinen verfassungsrechtlichen Bedenken (wie BVerwG, Urteil v. 22. 1. 2004 – 4 A 32.02).**

2. **Die Regelung in § 61 Abs. 3 BNatSchG stellt eine eigenständige materielle Präklusion dar.**

3. **Die Einwendungen müssen hinreichend deutlich machen, aus welchen Gründen nach Auffassung des beteiligten Vereins zu welchen im einzelnen zu behandelnden Fragen weiterer Untersuchungsbedarf besteht oder einer Wertung nicht gefolgt werden kann. Sie müssen zumindest Angaben dazu enthalten, welches Schutzgut durch ein Vorhaben betroffen wird und welche Beeinträchtigungen ihm drohen. Im Regelfall ist auch die räumliche Zuordnung eines naturschutzrechtlichen bedeutsamen Vorkommens oder einer Beeinträchtigung zu spezifizieren.**

4. Eine Präklusion scheidet aus, soweit der Verein erst nach Erlaß des Planfeststellungsbeschlusses an einem anderen Verein – hier zur Nachmeldung eines FFH-Gebiets – beteiligt worden ist.

GG Art. 3 Abs. 1, 19 Abs. 4, 95; VerkPBG §§ 1 Abs. 1, 5 Abs. 1, 11; BNatSchG § 61 Abs. 3; FStrG § 17 Abs. 1 Satz 2; FHH-RL Art. 4 Abs. 1.

Bundesverwaltungsgericht, Urteil vom 22. Januar 2004 – 4 A 4.03 –.

Der Kläger, ein anerkannter Naturschutzverein, wendet sich gegen den Planfeststellungsbeschluß des Beklagten vom Dezember 2002 für den Neubau der Bundesautobahn A 38 in dem in Thüringen liegenden Teilabschnitt von der Landesgrenze zu Niedersachsen bis westlich der Anschlußstelle Arenshausen. Die A 38 soll die Verbindung zwischen der A 7 im Raum Göttingen und der A 9 im Raum Halle/Leipzig herstellen. Sie gehört zu den Verkehrsprojekten Deutsche Einheit und ist im Bedarfsplan für die Bundesfernstraßen als vordringlicher Bedarf dargestellt. Das planfestgestellte Teilstück hat eine Länge von rund 2 km. Es beginnt im Westen im 1700 m langen Heidkopftunnel, dessen Teilabschnitt auf Thüringer Gebiet etwa 300 m lang ist. Im weiteren Verlauf werden das Pfützenbachtal und das Rustebachtal überquert.

Aus den Gründen:
II. 1.1 Das Bundesverwaltungsgericht ist zuständig. Dies ergibt sich aus § 5 Abs. 1 des Verkehrswegeplanungsbeschleunigungsgesetzes – VerkPBG – Es folgen in den Punkten II.1.1 bis 1.6 wortgleiche Ausführungen mit BVerwG – 4 A 32.02 –, Punkte II. 1.1.1 bis 1.1.5 und 1.2, abgedruckt unter Nr. 216.
2.1 Der Kläger ist als anerkannter Verein befugt, Rechtsmittel gegen den vorliegenden Planfeststellungsbeschluß einzulegen. Die Voraussetzungen nach § 61 Abs. 1 und 2 BNatSchG sind erfüllt.
2.2 Der Beklagte vertritt die Auffassung, der Kläger sei nach § 61 Abs. 3 BNatSchG präkludiert. Danach ist ein Verein, der im Verwaltungsverfahren Gelegenheit zur Äußerung erhalten hat, im Verfahren über den Rechtsbehelf mit allen Einwendungen ausgeschlossen, die er im Verwaltungsverfahren nicht geltend gemacht hat, aber auf Grund der ihm überlassenen oder von ihm eingesehenen Unterlagen zum Gegenstand seiner Äußerung hätte machen können. Es spricht vieles dafür, daß der Auffassung des Beklagten hinsichtlich eines Teils des Klagevorbringens zu folgen ist.
Einem anerkannten Verein ist Gelegenheit zur Stellungnahme und zur Einsicht in die einschlägigen Sachverständigengutachten zu geben (§ 58 Abs. 1 BNatSchG). Damit sollen die Vereine die Möglichkeit erhalten, mit ihrem Sachverstand in ähnlicher Weise wie Naturschutzbehörden die Belange des Naturschutzes in das Verfahren einzubringen (vgl. BVerwG, Urteile v. 12.12.1996 – 4 C 19.95 –, BVerwGE 102, 358, und v. 27.2.2003 – 4 A 59.01 –, UPR 2003, 353 = Buchholz 406.400 § 61 BNatSchG n. F. Nr. 1). Daher sind auf sie die Regelungen über Einwendungen von Betroffenen nicht unmittelbar heranzuziehen. § 61 Abs. 3 BNatSchG stellt eine eigenständige materielle Präklusion dar. Mit der Regelung sollen die anerkannten Vereine angehalten werden, bereits im Verwaltungsverfahren ihre Sachkunde einzubringen (vgl. die Begr. zum Gesetzentwurf, BT-Drucks. 14/6378, S. 62 – damals noch § 60). Auch sollen von einer Verwaltungsentscheidung Begünstigte vor einem überraschenden Prozeßvortrag geschützt werden.

Daher sind zumindest Angaben dazu erforderlich, welches Schutzgut durch ein Vorhaben betroffen wird und welche Beeinträchtigungen ihm drohen. Auch die räumliche Zuordnung eines Vorkommens oder einer Beeinträchtigung ist zu spezifizieren, wenn sie sich nicht ohne weiteres von selbst versteht. Je umfangreicher und intensiver die vom Vorhabenträger bereits erfolgte Begutachtung und fachliche Bewertung insbesondere im Landschaftspflegerischen Begleitplan ausgearbeitet ist, um so intensiver muß auch die Auseinandersetzung mit dem vorhandenen Material ausfallen. Dabei geht es nicht um die zutreffende rechtliche Einordnung nach Landes-, Bundes- oder europäischem Recht. Erforderlich ist aber eine kritische Auseinandersetzung mit dem vorhandenen Material unter naturschutzfachlichen Gesichtspunkten. Denn wegen ihrer besonderen Fachkunde auf diesem Gebiet hat der Gesetzgeber den anerkannten Vereinen ihre besonderen Mitwirkungsbefugnisse eingeräumt. Zugleich soll durch ihre Beteiligung im Verwaltungsverfahren Vollzugsdefiziten auf dem Gebiet des Naturschutzes und der Landschaftspflege entgegengewirkt werden (vgl. auch BVerwG, Urteil v. 12. 11. 1997 – 11 A 49.96 –, BVerwGE 105, 348). Diese Anliegen erfordern rechtzeitige fundierte Stellungnahmen der Vereine. Dem Vorhabenträger und der entscheidenden Behörde, hier der Anhörungsbehörde und der Planfeststellungsbehörde, muß hinreichend deutlich werden, aus welchen Gründen nach Auffassung des beteiligten Vereins zu welchen im einzelnen zu behandelnden Fragen weiterer Untersuchungsbedarf besteht oder einer Wertung nicht gefolgt werden kann. Auch der Aufgabenverteilung zwischen Verwaltung und Verwaltungsgerichten und den jeweils durchzuführenden Verfahren wird es nicht gerecht, wenn die anerkannten Vereine das Schwergewicht ihrer fachlichen Kritik erst im gerichtlichen Verfahren vortragen.

2.3 Vorliegend hat sich der klagende Verein mit seinem Einwendungsschreiben vom Februar 2002 und im Erörterungstermin geäußert. Er hat in sehr allgemeiner Weise bemängelt, daß die Erfassung von Flora und Fauna nur flüchtig erfolgt sei und betont, es seien mit Sicherheit Rote-Liste-Arten vorhanden. Sein Einwendungsschreiben befaßt sich sodann schwerpunktmäßig mit den Ausgleichs- und Ersatzmaßnahmen und kritisiert den Landschaftspflegerischen Begleitplan. Im Erörterungstermin äußerte er sich darüber hinaus zu den Auswirkungen des geplanten Autobahnbaus auf das Pfützenbachtal. Somit erstreckte sich sein Vorbringen auf die Auswirkungen des Vorhabens auf die unmittelbare Umgebung, insbesondere die beiden überquerten Täler (Pfützenbachtal und Rustebachtal/Abendtal). Dagegen enthält sein Klagevortrag, die in Niedersachsen liegende südliche Leineaue hätte mit ihren (bis nach Thüringen reichenden) Nebentälern als FFH-Gebiet gemeldet werden müssen und es sei im Hinblick hierauf eine Verträglichkeitsprüfung vorzunehmen, einen völlig neuen Sachverhalt. Auf die hierbei hervorgehobenen schützenswerten Auenwälder, das Vorkommen der Groppe und des Bachneunauges sowie auf die in den bachbegleitenden Hangwäldern gelegenen Kalkfelsen mit Felsspaltenvegetation hat der Kläger im Verwaltungsverfahren nicht aufmerksam gemacht. Auch auf die Belange des Vogelschutzes, die nunmehr im Klagevorbringen ebenso wie in dem den in Niedersachsen liegenden Abschnitt betreffenden Parallelverfahren angeführt werden, ist der Kläger nicht eingegangen.

Aus Rechtsgründen nicht zu folgen ist dem Einwand des Klägers, insoweit stehe der Präklusion das gemeinsame Einwendungsschreiben mehrerer Vereine in dem den niedersächsischen Abschnitt betreffenden Verfahren entgegen. Denn insoweit handelt es sich um ein anderes Verfahren (vgl. hierzu BVerwG, Gerichtsbescheid v. 3. 7. 1996 – 11 A 64.95 –, Buchholz 442.09 §30 AEG Nr. 7 = UPR 1997, 31). Die Behörde ist nicht verpflichtet, von Amts wegen Stellungnahmen aus andere Planfeststellungsabschnitte betreffenden Verfahren einzuholen. Allerdings hätte es genügt, wenn der Kläger im vorliegenden Verwaltungsverfahren auf die Stellungnahme verwiesen und sie in Kopie beigefügt hätte. Mit dieser Obliegenheit wird ein Verein auch nicht über Gebühr belastet.

Hinsichtlich der vorstehend erwähnten Teile des Klagevorbringens spricht sehr viel dafür, daß der Kläger sich die Präklusion des §61 Abs. 3 BNatSchG entgegenhalten lassen muß. Dies kann indessen letztlich dahinstehen, nachdem der Senat auch die den niedersächsischen Abschnitt betreffenden Klagen nach Würdigung des entsprechenden Vorbringens derselben Klägervertreter in seinem Urteil vom 22. 1. 2004 – 4 A 32.02 – abgewiesen hat.

2.4 Nicht präkludiert ist der Kläger hinsichtlich der rechtlichen Beurteilung unter den Gesichtspunkten des Eingriffs und Ausgleichs, denn hierzu hat er sich in der Sache geäußert. Auch soweit nunmehr vorgesehen ist, in Thüringen das FFH-Gebiet Nr. 198 „Leinetalhänge von Heiligenstadt bis Arenshausen und Waldgebiet nordwestlich Rustenfelde" nachzumelden, hatte der Kläger vor Erlaß des Planfeststellungsbeschlusses keine Gelegenheit zur Stellungnahme und Einsicht in hierzu einschlägige Sachverständigengutachten (§58 BNatSchG). Insoweit greift §61 Abs. 3 BNatSchG nicht ein. Dabei ist unerheblich, daß der Kläger nach Erlaß des Planfeststellungsbeschlusses an dem inzwischen eingeleiteten Verfahren zur Nachmeldung beteiligt worden ist. Denn dadurch erhielt er keine Gelegenheit mehr, unter Auseinandersetzung mit hierzu überlassenen oder eingesehenen Unterlagen auf das Ergebnis des Planfeststellungsbeschlusses Einfluß zu nehmen.

3. Das Vorhaben verstößt nicht gegen Naturschutzrecht oder andere Vorschriften, die den Belangen des Naturschutzes und der Landschaftspflege zu dienen bestimmt sind. (Wird ausgeführt.)

Nr. 218

1. §17 UVPG 1993 unterwirft die Aufstellung, Änderung oder Ergänzung von Bebauungsplänen auch unter dem Blickwinkel der Umweltverträglichkeitsprüfung den Anforderungen, die sich aus dem Abwägungsgebot ergeben.

2. Die Umweltverträglichkeitsprüfung schafft die methodischen Voraussetzungen dafür, die Umweltbelange vorab so herauszuarbeiten, daß sie in gebündelter Form in die Abwägung eingehen.

3. Ob Defizite im Bereich der Umweltverträglichkeitsprüfung auf den Abwägungsvorgang im übrigen durchschlagen, richtet sich nach dem für Abwägungsmängel maßgeblichen Fehlerfolgenregime (hier: § 214 Abs. 3 Satz 2 BauGB 1998).

4. Je größeres Gewicht den Belangen des Umweltschutzes in der Abwägung zukommt, desto eher ist davon auszugehen, daß sich methodische Unzulänglichkeiten bei der Ermittlung, Beschreibung und Bewertung i. S. des § 2 Abs. 1 Satz 2 UVPG auf das Planungsergebnis ausgewirkt haben können.

5. Luftreinhaltepläne sind ein wesentliches, aber nicht das einzige Instrument, um die Einhaltung der in der 22. BImSchV festgesetzten Immissionswerte sicherzustellen (im Anschluß an BVerwG, Urteil v. 26.5.2004 – 9 A 6.03 –, NVwZ 2004, 1237).

BauGB 1998 §§ 1 Abs. 6, 1 a Abs. 2 Nr. 2, 214 Abs. 3 Satz 2; UVPG 1993 §§ 2 Abs. 1 Satz 1 bis 3, 17; BImSchG §§ 45 Abs. 1, 47 Abs. 1; 22. BImSchV §§ 3 Abs. 4, 9, 10 Abs. 2.

Bundesverwaltungsgericht, Urteil vom 18. November 2004 – 4 CN 11.03 –.

(OVG Rheinland-Pfalz) (BRS 65 Nr. 26 = BauR 2002, 1504)

Der Antragsteller wendet sich gegen den 1998 beschlossenen Bebauungsplan „Innenstadt I" der Antragsgegnerin.

Das Plangebiet liegt überwiegend südlich der Ahr, der Geltungsbereich des gleichzeitig mit dem angegriffenen Plan beschlossenen und in Kraft gesetzten Bebauungsplans „Innenstadt II" erstreckt sich auf den Bereich der nördlich der Ahr gelegenen zentralen Innenstadt. Gegenstand beider Planungen ist in erster Linie eine veränderte Verkehrsführung der Ortsdurchfahrt der Bundesstraße B 417, die bislang unter Inanspruchnahme u. a. des Marktplatzes im Einbahnverkehr auf zwei verschiedenen Strecken durch die Innenstadt verläuft, künftig aber im Zwei-Richtungs-Verkehr vorwiegend über Straßenzüge im Plangebiet „Innenstadt I" geführt werden soll. Die Antragsgegnerin sieht ihre 1993 eingeleitete Planung als vorübergehenden Kompromiß an. Als Endziel der innerstädtischen Verkehrsentwicklung strebt sie eine Tunnellösung an. Die Verkehrsverlagerung führt entlang der neuen Trasse zu einer Erhöhung der Lärm- und Luftschadstoffbelastungen sowie zur teilweisen Inanspruchnahme von Grundstücken.

Der Antragsteller ist Miteigentümer des Grundstücks Sch. Straße 25, das mit einem Vorder- und einem Rückgebäude bebaut ist. Für die Straßenfront des Vordergebäudes sind passive Schallschutzmaßnahmen vorgesehen.

Im Anschluß an eine von der K. GmbH angestellte Verkehrsuntersuchung legte das Ingenieurbüro B. & B. GmbH im Juli 1997 eine Luftschadstoffuntersuchung vor, in der auf der Grundlage einer durchschnittlichen täglichen Verkehrsstärke (DTV) von 10 506 Kfz/24 h für die Stickstoffdioxidbelastung ein 98 Perzentil-Wert von 110,8 µg/m^3 im Jahre 2010 prognostiziert wurde.

Die Entscheidung über den Straßenquerschnitt traf die Antragsgegnerin nach einem im November 1997 erstellten Vorentwurf der K. GmbH anhand der Richtlinien für die Anlage von Straßen (Teil: Querschnitte), wobei sie eine künftige Verkehrsbelastungszahl von 1138 Kfz/h zugrunde legte.

Der angegriffene Bebauungsplan wurde im Oktober 1998 ortsüblich bekannt gemacht. Der Antragsteller hat 2000 Normenkontrollklage erhoben. Das Oberverwaltungsgericht hat den Bebauungsplan „Innenstadt I" mit Urteil vom Mai 2002 insoweit für unwirksam erklärt, als die auf der Nordseite der Kurve Schaumburger Straße/Schläferweg im Bereich der Unterstraße/Ahrbrücke festgesetzte Verkehrsfläche besonderer Zweckbestimmung Fußgängerbereich an die dort ebenfalls festgesetzte Straßenverkehrsfläche unmittelbar heranreicht. Im übrigen hat es den Antrag, den Bebauungsplan für nichtig zu erklären, abgelehnt.

Aus den Gründen:
II. Das angefochtene Normenkontrollurteil bietet im Ergebnis keinen Anlaß zu rechtlichen Bedenken.
1. Der angegriffene Bebauungsplan „Innenstadt I" scheitert nicht an § 1 Abs. 3 BauGB. Entgegen der Auffassung des Normenkontrollgerichts kann in diesem Zusammenhang dahinstehen, wie weit die in der Verordnung über Immissionswerte für Schadstoffe in der Luft – 22. BImSchV – vom 11. 9. 2002 (BGBl. I, 3626) getroffenen Regelungen geeignet sind, einem Bauleitplan als rechtliches Hindernis im Wege zu stehen, durch das die Erforderlichkeit im Sinne dieser Bestimmung in Frage gestellt wird (vgl. hierzu BVerwG, Urteile v. 12. 8. 1999 – 4 CN 4.98 –, BVerwGE 109, 246 = BRS 62 Nr. 1 = BauR 2000, 229, und v. 17. 12. 2002 – 4 C 15.01 –, BVerwGE 117, 287 = BRS 65 Nr. 95 = BauR 2003, 828). Zu der Zeit, als die Antragsgegnerin den angegriffenen Bebauungsplan beschloß (August 1998) und bekannt machte (Oktober 1998), war die 22. BImSchV ebensowenig Teil der Rechtsordnung wie die Richtlinie 1999/30/EG des Rates vom 22. 4. 1999 über Grenzwerte für Schwefeldioxid, Stickstoffdioxid und Stickstoffoxide, Partikel und Blei in der Luft (ABl. EG v. 29. 6. 1999 Nr. L 163/41), deren Umsetzung die 22. BImSchV dient. Beide Rechtsnormen traten erst später in Kraft. Rechtsänderungen, die eintreten, nachdem ein Bebauungsplan wirksam geworden ist, kommen als rechtliches Hindernis i. S. des § 1 Abs. 3 BauGB nicht in Betracht.
2. Der angegriffene Bebauungsplan leidet außer an dem vom Normenkontrollgericht markierten Fehler nicht an Abwägungsmängeln, die zu seiner Ungültigkeit führen.
2.1 Das Oberverwaltungsgericht beanstandet, daß „aus Anlaß der Planung keine förmliche Umweltverträglichkeitsprüfung (UVP) durchgeführt worden" sei. Es hält dieses Versäumnis aber für unbeachtlich, weil sich bei konkreter Betrachtungsweise die Möglichkeit, daß dieser Mangel i. S. des § 214 Abs. 3 Satz 2 BauGB in der hier nach § 233 Abs. 2 Satz 2 BauGB 2004 maßgeblichen Fassung vom 27. 8. 1997 (BGBl. I, 2141) von Einfluß auf das Entscheidungsergebnis gewesen sei, ausschließen lasse. Diese Einschätzung läßt sich letztlich nicht beanstanden.

Das Normenkontrollgericht legt nicht dar, was nach seinem Verständnis die Besonderheiten einer „förmlichen" Umweltverträglichkeitsprüfung ausmacht. Es stellt nicht in Abrede, daß eine auf die planungsrelevanten Umweltbelange bezogene Prüfung stattgefunden hat. Auch der Antragsteller bestreitet nicht, daß die Antragsgegnerin alle Belange des Umweltschutzes, die nach Lage der Dinge in die Abwägung einzustellen waren, gesehen und bei der abschließenden Entscheidung – wenn auch nach seiner Einschätzung in unzulänglicher Weise – berücksichtigt hat. Sollte das Normenkontrollgericht mit seinem nicht weiter erläuterten Hinweis auf das Erfordernis einer „förmlichen" Umweltverträglichkeitsprüfung zum Ausdruck gebracht haben wollen, daß es die Antragsgegnerin, um UVP-rechtlichen Anforderungen zu genügen, nicht damit bewenden lassen durfte, die planungsrelevanten Umweltbelange in der Abwägung schlicht wie sonstige Belange zu berücksichtigten, so wäre ihm in diesem Punkt aus folgenden Gründen zuzustimmen:

2.2 Der angegriffene Bebauungsplan unterlag der UVP-Pflicht. Auf ihn war das Gesetz über die Umweltverträglichkeitsprüfung – UVPG – i. d. F. des Art. I Nr. 3 des Investitionserleichterungs- und Wohnbaulandgesetzes vom 22. 4. 1993 (BGBl. I, 466) anwendbar. Er wies die in § 2 Abs. 3 Nr. 3 UVPG bezeichneten Merkmale auf. Denn er war dazu bestimmt, einen Planfeststellungsbeschluß für ein Vorhaben im Sinne der Anlage zu § 3 UVPG zu ersetzen. Er hatte den Bau bzw. die Änderung einer nach § 17 FStrG planfeststellungsbedürftigen Bundesfernstraße i. S. der Nr. 8 der Anlage zu § 3 UVPG zum Gegenstand. § 17 Abs. 3 Satz 2 FStrG ermöglichte es, die Planfeststellung durch einen Bebauungsplan zu ersetzen. § 17 Satz 1 UVPG stellte klar, daß die nach der UVP-Richtlinie gebotene Umweltverträglichkeitsprüfung im Bauleitplanverfahren durchzuführen war. Diese gesetzgeberische Vorkehrung war für planfeststellungsersetzende Bebauungspläne unumgänglich, da für diese Art der Vorhabenzulassung kein anderes Trägerverfahren zur Verfügung stand. Hierzu bestimmte § 17 Satz 2 Halbs. 2 UVPG, daß sich der Umfang der Prüfung nach den für die Aufstellung, Änderung oder Ergänzung des Bauleitplans anzuwendenden Vorschriften richtet. Diese Regelung wurde in § 17 Satz 2 UVPG um die Bestimmung ergänzt, daß § 2 Abs. 1 Satz 1 bis 3 UVPG anzuwenden sei. Danach umfaßte die als unselbständiger Verfahrensteil gekennzeichnete und unter Einbeziehung der Öffentlichkeit durchzuführende Umweltverträglichkeitsprüfung die Ermittlung, Beschreibung und Bewertung der Auswirkungen des Vorhabens auf Menschen, Tiere und Pflanzen, Boden, Wasser, Luft, Klima und Landschaft, einschließlich der jeweiligen Wechselwirkungen, sowie auf Kultur und sonstige Sachgüter.

§ 17 Satz 2 UVPG war in der ursprünglichen Fassung des Gesetzes über die Umweltverträglichkeitsprüfung vom 12. 2. 1990 (BGBl. I, 205) noch nicht enthalten. Er wurde erst durch das Gesetz vom 22. 4. 1993 angefügt. Der Gesetzgeber bezog mit dieser Regelung Position in dem Streit, der unter der Geltung des § 17 UVPG in der Ursprungsfassung darüber entbrannt war, ob die Vorschriften des Baugesetzbuches, auf die in der Erstfassung des § 17 UVPG verwiesen wurde, den Anforderungen der UVP-Richtlinie genügten oder einer spezifisch UVP-rechtlichen Anreicherung bedurften. Er trat dem Vorschlag des Bundesrats entgegen (BT-Drucks 12/4208, S. 19), im Text des § 17 UVPG ausdrücklich zu bekräftigen, daß sich der Umfang der Prüfung „ausschließlich" nach den für die Aufstellung, Änderung oder Ergänzung des Bauleitplans anzuwendenden Vorschriften bestimme (vgl. die Gegenäußerung der Bundesregierung BT-Drucks 12/4208, S. 30). Vielmehr stellte er in § 17 Satz 2 UVPG klar, daß § 2 Abs. 1 Satz 1 bis 3 UVPG, in dem umschrieben wird, was den spezifischen Gehalt der Umweltverträglichkeitsprüfung ausmacht, auch im Rahmen des Bebauungsplanaufstellungsverfahrens eigenständige Bedeutung zukommt. Als Ausprägung des Frühzeitigkeitsprinzips gewährleistet die Umweltverträglichkeitsprüfung eine auf die Umweltbelange zentrierte Vorabprüfung unter Ausschluß der sonstigen Belange, die sich für oder gegen das Vorhaben ins Feld führen lassen. Die Auswirkungen des Planvorhabens auf die in § 2 Abs. 1 Satz 2 UVPG genannten Schutzgüter sind vor der abschließenden Abwägung gesondert zu ermitteln, zu beschreiben und zu bewerten. Die Umweltverträglichkeitsprüfung schafft die Voraussetzung dafür, die Umweltbelange so herauszuarbeiten, daß sie in die Abwägung in gebündelter Form eingehen. Durch diese Verfahrensweise wird verhindert, daß diese Belange in einer atomistischen Betrachtungsweise nicht mit dem Gewicht zur Geltung kommen, das ihnen in Wahrheit bei einer Gesamtschau gebührt. Verstärkt wird die Bedeutung der Umweltverträglichkeitsprüfung dadurch, daß sie in der Ausprägung, die sie in Umsetzung der UVP-Richtlinie in § 2 Abs. 1 Satz 2 UVPG erfahren hat, durch einen integrativen Ansatz gekennzeichnet ist (vgl. BVerwG, Urteil v. 25.1.1996 – 4 C 5.95 –, BVerwGE 100, 238 = BRS 58 Nr. 7; Beschluß v. 22.3.1999 – 4 BN 27.98 –, BRS 62 Nr. 5 = BauR 2000, 239 = Buchholz 406.11 § 1 BauGB Nr. 103; vgl. auch Beschluß v. 14.5.1996 – 7 NB 3.95 –, BVerwGE 101, 166).

Der Gesetzgeber bindet die Umweltverträglichkeitsprüfung für den Bereich der Bauleitplanung in § 17 UVPG 1993 verfahrensmäßig und inhaltlich in die Vorschriften ein, die für die Aufstellung, Änderung oder Ergänzung von Bebauungsplänen oder Satzungen nach dem Baugesetzbuch maßgeblich sind. Durch diese Integration verknüpft er sie mit den Anforderungen, die sich aus den im Baugesetzbuch enthaltenen Verfahrensnormen und dem Abwägungsgebot ergeben. Zu den insoweit einschlägigen Verfahrensvorschriften zählen insbesondere die Einbeziehung der Öffentlichkeit gemäß § 3 BauGB 1998 (vgl. § 2 Abs. 1 Satz 3 und § 9 UVPG 1993), die Behördenbeteiligung nach § 4 BauGB 1998 (vgl. § 7 UVPG 1993) und die zusammenfassende Darstellung und Bewertung der Umweltauswirkungen in der Planbegründung gemäß § 9 Abs. 8 BauGB 1998 (vgl. § 11 UVPG 1993). Das in § 2 Abs. 1 Satz 2 UVPG 1993 angeordnete Prüfprogramm (Ermittlung, Beschreibung und Bewertung der Umweltauswirkungen) ist im Rahmen der Abwägung nach den zum Abwägungsgebot des § 1 Abs. 6 BauGB a. F. entwickelten Grundsätzen abzuarbeiten. Dies bringt der Gesetzgeber in § 1a Abs. 2 Nr. 2 BauGB 1998 dadurch zum Ausdruck, daß die Bewertung der im Rahmen der Umweltverträglichkeitsprüfung ermittelten und beschriebenen Auswirkungen des Planvorhabens auf die Umwelt in der Abwägung zu berücksichtigen ist.

Die Umweltverträglichkeitsprüfung stellt sich in diesem Regelungszusammenhang als ein der allgemeinen Abwägung vorgeschalteter Zwischenschritt dar. Durch die insoweit vorgenommene Abschichtung wird sichergestellt, daß sich die Gemeinde bereits in der Anfangsphase mit den Belangen des Umweltschutzes auseinander setzt. Der Abwägungsvorgang erhält eine Struktur, die in bezug auf die Umweltbelange zu einer erhöhten Richtigkeitsgewähr beizutragen vermag. Unterläßt es die Gemeinde, sich methodisch an § 2 Abs. 1 Satz 2 UVPG 1993 auszurichten, liegt darin ein Ermittlungs- und Bewertungsfehler. Dieses Versäumnis rechtfertigt für sich genommen indes nicht ohne weiteres den Schluß, daß die Planungsentscheidung fehlerhaft ist und keine Rechtswirkungen erzeugen kann. Ob Defizite im Bereich der Umweltverträglichkeitsprüfung auf den Abwägungsvorgang im übrigen durchschlagen, richtet sich nach dem für Abwägungsmängel maßgeblichen Fehlerfolgenregime. Insoweit einschlägig ist hier §214 Abs. 3 Satz 2 BauGB 1998. Danach sind Mängel im Abwägungsvorgang nur erheblich, wenn sie offensichtlich und auf das Abwägungsergebnis von Einfluß gewesen sind. Läßt die Gemeinde UVP-rechtliche Vorgaben außer acht, so ist der Verstoß nur dann erheblich, wenn die konkrete Möglichkeit besteht, daß sie ohne den Fehler eine andere Planungsentscheidung getroffen hätte (vgl. BVerwG, Beschlüsse v. 20.1.1992 – 4 B 71.90 –, BRS 54 Nr. 18 = BauR 1992, 344 = Buchholz 406.11 §214 BauGB Nr. 5, und v. 20.1.1995 – 4 NB 43.93 –, BRS 57 Nr. 22 = BauR 1996, 63 = Buchholz 406.11 §9 BauGB Nr. 74). Versäumt es die Gemeinde, im Rahmen einer Planung, die der UVP-Pflicht unterliegt, eine auf die Umweltauswirkungen bezogene Prüfung vorzunehmen und die Umweltbelange als Ergebnis dieser Prüfung in gebündelter Form den übrigen Belangen gegenüberzustellen, so läßt sich die Möglichkeit, daß das Abwägungsergebnis bei korrektem Vorgehen anders ausgefallen wäre, allerdings nicht leichthin von der Hand weisen. Je größeres Gewicht den Belangen des Umweltschutzes im Interessengeflecht der Abwägung zukommt, desto eher ist davon auszugehen, daß sich methodische Unzulänglichkeiten bei der Ermittlung, Beschreibung und Bewertung i. S. des §2 Abs. 1 Satz 2 UVPG auf das Planungsergebnis ausgewirkt haben können.

2.3 Das Normenkontrollgericht hat die Kausalitätsfrage so nicht gestellt. Auch wenn es die durch die Planung hervorgerufenen Umweltauswirkungen nicht im Wege einer Gesamtschau gewürdigt hat, erhellt indes aus den Entscheidungsgründen des angefochtenen Urteils, daß es den Beurteilungsmaßstab, der insoweit anzulegen ist, der Sache nach nicht verfehlt hat. Über die von ihm angestellten Betrachtungen hinaus brauchten ihm weitere Erwägungen zu diesem Punkt deshalb nicht geboten zu erscheinen, weil die Planungsentscheidung nach seiner Einschätzung zwar unter verschiedenen Gesichtspunkten Anlaß zu Beanstandungen bietet, aus spezifisch umweltrechtlicher Sicht aber ungeachtet der Tatsache, daß die Antragsgegnerin nicht nach den Vorgaben des §2 Abs. 1 Satz 2 UVPG 1993 vorgegangen ist, allenfalls punktuelle Defizite aufweist, die in der Gesamtbilanz nicht nennenswert zum Nachteil des Planvorhabens zu Buche schlagen. Auf der Grundlage der im angefochtenen Urteil getroffenen Feststellungen nötigte die konkrete Planungssituation das Normenkontrollgericht nicht dazu, der Frage praktische Bedeutung beizumessen, ob die Umweltbelange in ihrer Summe in der Konkurrenz mit den für die Planung ins Feld geführten Belangen geeignet gewesen wären, das Abwägungsergebnis zu beeinflussen.

3. Die Einwände der Revision gegen die Straßendimensionierung und die Lärmprognose bleiben erfolglos.

Ohne Erfolg hält der Antragsteller dem Oberverwaltungsgericht vor, im Rahmen der Abwägungskontrolle verkannt zu haben, daß die Antragsgegnerin den für die Straßendimensionierung bedeutsamen Umfang der zukünftigen Verkehrsbelastung falsch eingeschätzt habe. Er räumt selbst ein, daß die Prognose, die insoweit anzustellen ist, nicht normativ vorgeformt ist. Ob sich für die „Gestaltung angebauter und anbaufreier Hauptverkehrsstraßen mit plangleichen Knotenpunkten" die Richtlinien für die Anlage von Straßen

(RAS-L-1, RAS-Q, RAS-K-1) oder die Empfehlungen für die Anlage von Hauptverkehrsstraßen, Ausgabe 1993 – EAHV 93 –, als Entscheidungshilfen besser eignen, bleibt der tatrichterlichen Würdigung vorbehalten. Die in diesem Zusammenhang erhobene Verfahrensrüge des Antragstellers geht fehl. Das Normenkontrollgericht brauchte nicht der Frage nachzugehen, ob die Verkehrsbelastungszahl richtig ermittelt worden ist, die im Rahmen der RAS-Q als Kenngröße eine Rolle spielt. Denn von seinem Rechtsstandpunkt aus kam es hierauf nicht an. Das Normenkontrollgericht hält es für sachgerecht, anhand der EAHV 93 zu ermitteln, welche Mindestbreite die Straßen haben sollten, die den Gegenstand der planerischen Festsetzungen der Antragsgegnerin bilden. Nach seiner unbestrittenen Darstellung wird die Verkehrsbelastungszahl in diesem Regelwerk nicht als Berechnungsparameter verwendet.

...

Die gegen die Bewertung der Lärmprognose gerichteten Angriffe des Antragstellers gehen ebenfalls ins Leere. Es begegnet keinen rechtlichen Bedenken, daß die Vorinstanz aus den Fehlern, die der Antragsgegnerin bei der Berechnung der voraussichtlichen Lärmwerte unterlaufen sind, nicht auf einen rechtserheblichen Mangel der Planung geschlossen hat. Die Antragsgegnerin hat nach den vom Normenkontrollgericht getroffenen Feststellungen nicht verkannt, daß im Plangebiet die nach der Verkehrslärmschutzverordnung maßgeblichen Grenzwerte durchweg überschritten werden. Ein Planungshindernis hat sie hierin gleichwohl nicht gesehen, weil sich durch Maßnahmen des passiven Schallschutzes die Lärmbeeinträchtigungen so weit vermindern lassen, daß der energieäquivalente Dauerschallpegel in Schlafräumen 30 dB(A) und in den der Kommunikation dienenden Räumen 40 dB(A) nicht übersteigt. Das Normenkontrollgericht legt dar, daß diese Innenraumpegel durch die von der Antragsgegnerin angeordneten Schallschutzvorkehrungen auch dann eingehalten werden können, wenn ein um 3 dB(A) höherer Außenpegel zugrunde gelegt wird. Kann die Gemeinde es in einer Planungssituation, in der Maßnahmen des aktiven Schallschutzes nicht in Betracht kommen, damit bewenden lassen, Innenpegel zu gewährleisten, die lärmbedingte Schlaf- oder Kommunikationsstörungen ausschließen, so spielt der Außenpegel keine entscheidende Rolle.

Ein Rechtsverstoß kann dem Normenkontrollgericht nicht deshalb angelastet werden, weil es sich darauf beschränkt hat, den angegriffenen Bebauungsplan im Kurvenbereich Schaumburger Straße/Schläferweg bloß für teilweise unwirksam zu erklären. Der von ihm markierte Fehler rechtfertigt nicht die Feststellung der Gesamtunwirksamkeit. Der Mangel wiegt nicht so schwer, daß er bis zu seiner Behebung zu einem Planungstorso führt. Er rührt nach der Einschätzung der Vorinstanz daher, daß die Antragsgegnerin übersehen hat, daß im Kurvenbereich Schaumburger Straße/Schläferweg ein Begegnungsverkehr von Lastkraftwagen nicht uneingeschränkt möglich ist, weil dort die Fußgängerzone zu weit in die Straßenverkehrsfläche hineinragt. Zur Behebung des Abwägungsdefizits bedarf es nach Ansicht des Normenkontrollgerichts indes nicht zwangsläufig baulicher Veränderungen. Als Alternative kommt vielmehr die Möglichkeit in Betracht, es beim jetzigen Planungszustand zu belassen. Die Antragsgegnerin kann den Anforderungen des Abwägungsgebots auch dadurch genügen, daß sie sich „nach einer zutreffenden Abwägung aller relevanten Umstände unter Berücksichtigung möglicher Sicherungsmaßnahmen bewußt für die Schaffung einer Engstelle für den Verkehr in dem in Rede stehenden Bereich entscheidet".

4. Die 22. BImSchV hat nicht zur Folge gehabt, daß der angegriffene Bebauungsplan nachträglich außer Kraft getreten ist. Der Plan ist nicht funktionslos geworden.

Freilich können die Verhältnisse, auf die sich bauplanerische Festsetzungen beziehen, nicht bloß auf Grund der tatsächlichen Entwicklung einen Zustand erreicht haben, der eine Planverwirklichung auf unabsehbare Zeit ausschließt (vgl. hierzu BVerwG, Urteil v. 29. 4. 1977 – 4 C 39.75 –, BVerwGE 54, 5 = BRS 32 Nr. 28 = BauR 1977, 248; Beschluß v. 7. 2. 1997 – 4 B 6.97 –, BRS 59 Nr. 56 = Buchholz 406.11 § 10 BauGB Nr. 33). Auch Rechtsänderungen können der Verwirklichung eines Bebauungsplans nachträglich als objektives Hindernis im Wege stehen. Zwischen den Begriffen der Funktionslosigkeit und der Erforderlichkeit i. S. des § 1 Abs. 3 BauGB besteht eine innere Wechselbeziehung. Es entspricht ständiger Senatsrechtsprechung, daß unüberwindliche tatsächliche oder rechtliche Hindernisse, die der Umsetzung planerischer Festsetzungen auf unabsehbare Zeit entgegenstehen, es unter dem Blickwinkel der Erforderlichkeit ausschließen, daß ein Bebauungsplan wirksam wird (vgl. BVerwG, Urteile v. 12. 8. 1999 – 4 CN 4.98 –, a. a. O., und v. 17. 12. 2002 – 4 C 15.01 –, a. a. O.). Liegen solche Hindernisse im Zeitpunkt der Planung noch nicht vor, treten sie aber später ein, so liegt der Schluß nahe, die Funktionslosigkeit nach denselben Maßstäben zu beurteilen (vgl. BVerwG, Urteil v. 3. 8. 1990 – 7 C 41 bis 43.89 –, BVerwGE 85, 273). Die Wertungsparallelität erlaubt die allgemeine Folgerung, daß ein Bebauungsplan funktionslos werden kann, wenn sich die Sach- oder die Rechtslage nachträglich so verändert hat, daß ein Planvollzug auf unüberschaubare Zeit ausgeschlossen erscheint (vgl. BVerwG, Urteil v. 30. 6. 2004 – 4 C 3.03 –, BauR 2004, 1730 = ZfBR 2004, 796). Bloße Zweifel an der Verwirklichungsfähigkeit des Plans reichen für die Annahme eines unüberwindlichen Hindernisses indes nicht aus. Ein Bebauungsplan tritt wegen nachträglicher Funktionslosigkeit nur dann außer Kraft, wenn offenkundig ist, daß er als Instrument für die Steuerung der städtebaulichen Entwicklung nicht mehr tauglich ist (vgl. BVerwG, Urteile v. 29. 4. 1977 – 4 C 39.75 –, a. a. O., und v. 3. 8. 1990 – 7 C 41 bis 43.89 –, a. a. O.; Beschluß v. 17. 2. 1997 – 4 B 16.97 –, BRS 59 Nr. 55 = Buchholz 406.11 § 10 BauGB Nr. 34).

Mit der 22. BImSchV ist zwar eine Rechtsänderung eingetreten, die als entscheidungsrelevantes rechtliches Hindernis in Betracht kommt. Das Konzept, das der Planung der Antragsgegnerin zugrunde liegt, erweist sich auf Grund dieser Neuregelung aber nicht als offenkundig hinfällig. Das hat das Normenkontrollgericht im Ergebnis richtig erkannt, auch wenn die Gründe, die es hierfür anführt, nicht tragfähig erscheinen.

4.1 § 3 Abs. 4 der 22. BImSchV legt für die Zeit ab 1. 1. 2010 „zum Schutz der menschlichen Gesundheit" einen „Immissionsgrenzwert" von 40 μg/m^3 für Stickstoffdioxid fest. Entgegen der Auffassung des Normenkontrollgerichts liegt der Verordnung keine ausschließlich gebiets- oder ballungsraumbezogene Betrachtung zugrunde, bei der nicht darauf abzustellen ist, ob vorhabenbedingt an einzelnen Stellen des maßgeblichen Gebiets Grenzwertüberschreitungen auftreten. Richtig ist, daß nach Maßgabe des §9 der 22. BImSchV „Gebiete" bzw. „Ballungsräume" festzulegen sind, in denen nach §10 Abs. 2 der 22. BImSchV „zur Beurteilung der Konzentrationen der einzelnen Schadstoffe Messungen" durchzuführen sind. Indes kommt es nicht darauf an, ob der maßgebliche Grenzwert an allen Meßstellen in dem jeweiligen Gebiet oder Ballungsraum überschritten ist (vgl. BVerwG, Urteil v. 26. 5. 2004 – 9 A 6.03 –, NVwZ 2004, 1237). Der mit der Regelung verfolgte Schutzzweck ließe sich bei einer flächendeckenden Beurteilung nicht erreichen. Denn wie aus der Nr. Ia) der Anlage 2 zur 22. BImSchV zu ersehen ist, sind die Meßstellen nicht ausschließlich dort zu errichten, „wo die höchsten Konzentrationen auftreten". Vielmehr sollen die Messungen auch an Orten durchgeführt werden, an denen Daten gewonnen werden können, „die für die Exposition der Bevölkerung im allgemeinen repräsentativ sind". Es kann auch nicht auf die Durchschnittsbelastung in dem jeweiligen Gebiet oder Ballungsraum ankommen. Denn für die Ermittlung eines solchen aus den Ergebnissen aller Meßstellen gebildeten Mittelwerts stellt die 22. BImSchV kein Verfahren zur Verfügung (vgl. BVerwG, Urteil v. 26. 5. 2004 – 9 A 6.03 –, a. a. O.). Sie beschränkt sich, der Richtlinie 1999/30/EG folgend, in den Anlagen 4 und 5 auf Angaben zur Datenerhebung an den einzelnen Probenahmestellen. Maßgebend für die Beurteilung der Schadstoffbelastung ist die Situation in dem Bereich, der durch die jeweilige Meßstelle erfaßt wird. Insoweit bietet die 22. BImSchV im Anschluß an die Richtlinie 1999/30/EG die Gewähr für aussagekräftige Ergebnisse. Denn die Probenahmestellen für Messungen dürfen nur an Standorten errichtet werden, die bestimmte Voraussetzungen erfüllen. Nach der Nr. II 5. der Anlage 2 sollten beispielsweise „Probenahmestellen für den Verkehr in Bezug auf alle Schadstoffe mindestens 25 Meter von großen Kreuzungen und mindestens 4 Meter von der Mitte des nächstgelegenen Fahrstreifens entfernt sein; für Stickstoffdioxid- und Kohlenmonoxid-Messungen höchstens 5 Meter vom Fahrbahnrand entfernt sein". Diese Detailanforderungen lassen sich als Indiz dafür werten, daß der Richtliniengeber mit seiner ins deutsche Recht umgesetzten Regelung das Ziel verfolgt, die Grundlagen für eine Bewältigung der Schadstoffproblematik „vor Ort" zu schaffen und es nicht lediglich mit einer gesamtgebiets- oder ballungsraumbezogenen Betrachtung bewenden zu lassen.

Nach §45 Abs. 1 Satz 1 BImSchG ergreifen die zuständigen Behörden die erforderlichen Maßnahmen, um die Einhaltung der durch die 22. BImSchV festgelegten Immissionswerte sicherzustellen. Werden diese Werte überschritten, so hat die für den Immissionsschutz zuständige Behörde nach §47 Abs. 1 BImSchG einen Luftreinhalteplan aufzustellen. Darin werden die erforderlichen Maßnahmen zur dauerhaften Verminderung von Luftverunreinigungen festgelegt, die nach Maßgabe des §47 Abs. 4 Satz 1 BImSchG entsprechend des Verursacheranteils unter Beachtung des Grundsatzes der Verhältnismäßigkeit gegen alle Emittenten zu richten sind. Der Gesetzgeber geht davon aus, daß sich die Einhaltung der Grenzwerte in aller Regel mit den Mitteln der Luftreinhalteplanung sichern läßt. Dieses Instrumentarium versagt allerdings dort, wo durch Grenzwertüberschreitungen vollendete Tatsachen geschaffen werden, die sich nicht wieder beseitigen lassen. Die Luftreinhalteplanung verspricht nur dann Erfolg, wenn die Immissionsschutzbehörde zwischen mehreren zur Einhaltung der Grenzwerte geeigneten Mitteln wählen kann. Überschreiten die Immissionen, die von einer einzelnen Quelle etwa einer Straße herrühren, bereits für sich genommen den maßgeblichen Grenzwert, so läßt sich dieses Ergebnis nicht dadurch aus der Welt schaffen, daß mit Hilfe von Luftreinhaltemaßnahmen der Hebel bei anderen Schadstoffquellen in der Nachbarschaft angesetzt wird. Abzustellen ist in einem solchen Fall darauf, ob sich die durch die Straße verursachte Luftverunreinigung ggf. so weit verringern läßt, daß der EG-rechtlich vorgegebene Qualitätsstandard erreicht wird. Erfolg versprechen in dieser Richtung nur Maßnahmen, die unmittelbar darauf abzielen, die Emissionsquelle Straße zu entschärfen. Erscheint es ausgeschlossen, durch nachträgliche Schutzvorkehrungen (Wälle, Schutzpflanzungen o. ä.), Verkehrsbeschränkungen oder verkehrslenkende Maßnahmen die Einhaltung der Grenzwerte sicherzustellen, so scheidet die Luftreinhalteplanung als Abhilfemöglichkeit aus. Der Gesetzgeber stellt indes klar, daß Maßnahmen zur Verbesserung der Luftqualität nicht ausschließlich im Rahmen des §47 BImSchG zulässig sind. §45 Abs. 1 Satz 2 BImSchG belegt, daß Luftreinhaltepläne nur eines der Instrumente sind, die in Betracht kommen, um die Einhaltung der in der 22. BImSchV festgesetzten Immissionswerte sicherzustellen (vgl. BVerwG, Urteil v. 26. 5. 2004 – 9 A 6.03 –, a. a. O.).

4.2 In welcher Weise den Anforderungen der 22. BImSchV im Rahmen der Bauleitplanung Rechnung zu tragen ist, bedarf keiner näheren Erörterung. Die vom Normenkontrollgericht getroffenen Feststellungen rechtfertigen jedenfalls nicht die Annahme, daß der rechtliche Bestand des angegriffenen Bebauungsplans durch die Grenzwertregelungen dieser Verordnung unmittelbar in Frage gestellt wird. Auf der Grundlage der im Juli 1997 angestellten Schadstoffuntersuchung läßt sich nicht sicher vorhersagen, daß der nach §3 Abs. 4 der 22. BImSchV für Stickstoffdioxid maßgebliche Grenzwert von 40 µg/m^3 im Jahr 2010 überhaupt überschritten werden wird.

Der nach den Angaben des Sachverständigen mit einer Fehlermarge von 24% im Wege eines „Grob-Screening" für den Abschnitt der Schaumburger Straße errechnete Wert von 110,8 µg/m^3 wurde nach den Vorgaben der Verordnung über die Festlegung von Konzentrationswerten – 23. BImSchV – vom 16. 12. 1996 (BGBl. I, 1962) als 98 Perzentil-Wert i. S. des §2 Nr. 1 dieser Verordnung ermittelt. Wie aus der den Beteiligten bekannten Stellungnahme des Landesamts für Umweltschutz und Gewerbeaufsicht Rheinland-Pfalz vom März 2004 zu ersehen ist, entspricht er nach den bisher gesammelten Erfahrungen dem 2 bis 2,2-fachen des über ein Kalenderjahr gemittelten Werts, auf den §3 Abs. 4 der 22. BImSchV abstellt. Werden die Unsicherheiten in Rechnung gestellt, die das im Juli 1997 verwandte Screening-Programm und die Umrechnung von dem einen Beurteilungssystem in das andere in sich bergen, so sind im Jahre 2010 an der Schaumburger Straße über das Kalenderjahr gemittelte Immissionswerte zwischen 38,3 µg/m^3 und 68,7 µg/m^3 wahrscheinlich. Auch wenn auf der Grundlage dieser Abschätzung Grenzwertüberschreitungen eher zu erwarten als auszuschließen sind, deutet nichts darauf hin, daß durch die Plankonzeption der Antragsgegnerin unverrückbare Tatsachen geschaffen werden, die spätere Abhilfemaßnahmen von vornherein aussichtslos erscheinen lassen. Zwar scheiden baulich-physische Vorkehrungen, etwa in Form von Schutzpflanzungen o.ä. (vgl. hierzu BVerwG, Urteil v. 18.6.2003 – 4 A 70.01 –, Buchholz 451.91 EuropUmweltR Nr. 10), mit Rücksicht auf die örtlichen Gegebenheiten aus. Die Möglichkeit, andere erfolgversprechende Maßnahmen zu ergreifen, wird hierdurch indes nicht ausgeschlossen. Die Antragsgegnerin kennzeichnet ihre Planung selbst als Übergangslösung. Ihr Konzept ist nicht darauf angelegt, die Verkehrsverhältnisse im Innenstadtbereich auf Dauer zu bereinigen. Als Mittel, die Stickstoffdioxidbelastung zu reduzieren, kommen neben Geschwindigkeitsbegrenzungen ggf. Verkehrsbeschränkungen oder verkehrslenkende Maßnahmen in Betracht. Wird der Verkehr auch nur teilweise auf andere Straßen verlagert, so läuft dies freilich unter Umständen darauf hinaus, daß die Antragsgegnerin von ihrem auf Innenstadtentlastung und Verkehrsberuhigung gerichteten städtebaulichen Anliegen im Nachhinein wieder Abstriche machen muß. Etwaige nachteilige Auswirkungen auf die von ihr erstrebten städtebaulichen Strukturen hat sie indes hinzunehmen, wenn sich anders das Ziel, die Stickstoffdioxidbelastung auf das zum Schutz der menschlichen Gesundheit erforderliche Maß zu begrenzen, als nicht erreichbar erweisen sollte.

Werden solche Maßnahmen in einem Luftreinhalteplan vorgesehen, so ermächtigt §40 Abs. 1 Satz 1 BImSchG die zuständige Straßenverkehrsbehörde, nach Maßgabe der straßenverkehrsrechtlichen Vorschriften entsprechende Anordnungen zu treffen. Wie aus §45 Abs. 1 Satz 1 und 2 Nr. 3 StVO zu ersehen ist, können die Straßenverkehrsbehörden auch sonst die Benutzung bestimmter Straßen oder Straßenstrecken zum Schutz der Wohnbevölkerung vor Lärm und Abgasen beschränken oder verbieten und den Verkehr umleiten (vgl. BVerwG, Urteile v. 4.6.1986 – 7 C 76.84 –, BVerwGE 74, 234, und v. 15.4.1999 – 3 C 25.98 –, BVerwGE 109, 29). Mit Hilfe dieses Instrumentariums läßt sich dem Interesse des Antragstellers, vor Schadstoffbelästigungen bewahrt zu bleiben, die über das Maß des Zumutbaren hinausgehen, zu gegebener Zeit voraussichtlich ausreichend Rechnung tragen. Sind keine greifbaren Anhaltspunkte dafür vorhanden, daß die Schutzmechanismen nicht greifen werden, die der Gesetzgeber außerhalb des Bauplanungsrechts bereitstellt, so fehlt es an dem Offensichtlichkeitsmerkmal, das nach der Rechtsprechung des Senats für die Annahme der Funktionslosigkeit unverzichtbar ist.

Nr. 219

Das naturschutzrechtliche Vermeidungsgebot schützt nicht nur den aktuellen Zustand eines Lebensraumes, sondern auch künftige naturräumliche Entwicklungen, soweit deren Eintritt tatsächlich zu erwarten ist.

Nr. 219

BNatSchG §§ 18 Abs. 1, 19 Abs. 1; FStrG § 17 Abs. 1 Satz 2; SächsNatSchG §§ 8 Abs. 1, 9 Abs. 1 Nr. 2.

Bundesverwaltungsgericht, Urteil vom 16. Dezember 2004 – 4 A 11.04 –.

I. Der Kläger, ein im Freistaat Sachsen anerkannter Naturschutzverein, wendet sich gegen den Planfeststellungsbeschluß des Beklagten vom 19.12.2003 für den Bau der Bundesautobahn 38 – Südumgehung Leipzig – 3. Bauabschnitt zwischen der Bundesstraße 2 und der Staatsstraße 38.

Die Autobahntrasse kreuzt im umstrittenen Bauabschnitt das ehemalige Braunkohle-Tagebaugebiet Espenhain, in dem durch Flutung neben anderen die Tagebaurestseen Markkleeberger See und Störmthaler See entstehen werden. Zwischen beiden Seen ist ein Verbindungskanal geplant, den die A 38 auf einer Brücke, dem Überführungsbauwerk 52.1 mit einer lichten Weite von 58,40 m, queren soll. Parallel zu dem Kanal sollen beidseitig Wirtschaftswege verlaufen. Unter Berufung auf ein Gutachten des Umweltinstituts H. erhob der Ö. Umweltbund Leipzig e. V. als Regionalkoordinator des Klägers im Anhörungsverfahren die Forderung, die Brücke auf eine lichte Weite von 300 m zu verlängern. Die vorgesehene Weite sei nicht ausreichend, um dem naturschutzrechtlichen Vermeidungsgebot zu genügen.

Mit Beschluß vom Dezember 2003 stellte der Beklagte den Plan für das Vorhaben fest und wies die Einwendungen des Klägers zurück: Als Durchlaß für die derzeit vorkommenden Tierarten sei das Brückenbauwerk 52.1 ausreichend dimensioniert. Die Forderung, auch mögliche Entwicklungen von Natur und Landschaft in der Bergbaufolgelandschaft zu berücksichtigen, die künftig eintreten könnten, sei aus Rechtsgründen abzulehnen. Sie überdehne den Begriff des „Eingriffs", weil sie auf eine Kompensation lediglich hypothetischer Beeinträchtigungen gerichtet sei.

Der Kläger hat Klage erhoben.

Aus den Gründen:

II. 2. Der angefochtene Planfeststellungsbeschluß leidet an keinem Rechtsmangel, den der Kläger rügen könnte.

a) Der Kläger beanstandet in erster Linie einen Verstoß gegen das Gebot des § 19 Abs. 1 BNatSchG, § 9 Abs. 1 Nr. 2 SächsNatSchG. Hiernach ist der Verursacher eines Eingriffs zu verpflichten, vermeidbare Beeinträchtigungen von Natur und Landschaft zu unterlassen. Das naturschutzrechtliche Vermeidungsgebot gilt allerdings nur innerhalb des konkret geplanten Vorhabens. Vermeidungsmaßnahmen, die ein – partiell – anderes Vorhaben bedingen, sind im Rahmen der allgemeinen fachplanerischen Abwägung zu prüfen; sie werden – wie etwa der gänzliche Verzicht auf das Vorhaben oder eine mehr als nur geringfügige Abweichung der räumlichen Trassenführung – nicht durch das Vermeidungsgebot gefordert (BVerwG, Urteil v. 7.3.1997 – 4 C 10.96 –, BVerwGE 104, 144, 150 f. = BRS 59 Nr. 235 = BauR 1997, 631).

Die vom Kläger geforderte Aufweitung des Brückenbauwerks 52.1 kann als naturschutzrechtliche Vermeidungsmaßnahme gewertet werden und wird von den Beteiligten auch als solche verstanden. Eine längere Brücke würde an dem Streckencharakter nichts Entscheidendes ändern. Sie hätte keinen Einfluß auf den Straßenquerschnitt und auf die Gradientenführung. Die A 38 könnte im Bereich des ehemaligen Tagebaugeländes Espenhain weiterhin auf dem bereits geschütteten Damm geführt werden, der seinerseits außer einer Verkürzung beidseitig des Verbindungskanals keiner weiteren Umgestaltung bedürfte.

Angesprochen ist das Vermeidungsgebot, wenn in Natur und Landschaft eingegriffen wird. Eingriffe sind nach §18 Abs. 1 BNatSchG, §8 Abs. 1 SächsNatSchG Veränderungen der Gestalt oder der Nutzung von Grundflächen oder Veränderungen des mit der belebten Bodenschicht in Verbindung stehenden Grundwasserspiegels, die die Leistungs- und Funktionsfähigkeit des Naturhaushalts oder das Landschaftsbild erheblich beeinträchtigen können.

Ein Eingriff liegt zweifellos darin, daß die Trasse der A38 den ausgeprägten Wechsel von Groß- und Mittelsäugern zwischen der Crostewitzer Höhe und den vorgelagerten Äsungsflächen sowie die jahreszeitlichen Wanderungen zwischen der Crostewitzer Höhe und dem Bereich des Stöhnaer Beckens unterbrechen wird. Um diese Folge angemessen zu bewältigen, reicht die planfestgestellte lichte Weite des Überführungsbauwerks Nr. 52.1 indes aus. Im Planfeststellungsbeschluß heißt es dazu, daß die vorgesehenen beidseitigen Wirtschaftswege entlang des Verbindungskanals einschließlich der flachen Böschungen die Möglichkeit zum Wildwechsel böten. Im Bereich des westlichen Brückenwiderlagers werde auf einer Breite von sieben bis zehn Metern durch eine artgerechte Gestaltung und Bepflanzung die Möglichkeit einer Passierbarkeit für Groß- und Mittelsäuger geschaffen, der Boden in diesem Bereich nicht befestigt. Durch Leitstrukturen im Vorfeld solle das Wild auf die Brücke zugeführt werden. Obwohl diese die unterbrochenen Querungsmöglichkeiten wegen des Wirtschafts- und Bootsverkehrs nicht vollständig aufnehmen könne, blieben die anthropogenen Störungen gering, weil die relevanten Tierarten vorwiegend nachts wechselten. Außerdem würden durch Ersatzmaßnahmen neue Teillebensräume südlich der Crostewitzer Höhe geschaffen. Eine weitere Querungsmöglichkeit biete der Wirtschaftsweg, der auf dem Überführungsbauwerk 51.1 bei Bau-km 51+270 die A38 kreuzen werde. Auch auf dieses Bauwerk solle das Wild von dem Waldgebiet der Crostewitzer Höhe durch eine geschlossene Leitpflanzung hingeführt werden.

Mit diesen Ausführungen ist schlüssig aufgezeigt, daß die Eingriffsfolgen für Groß- und Mittelsäuger durch die planfestgestellte Brücke ausreichend entschärft werden. Die Darlegungen werden durch das Gutachten des Umweltinstituts H., auf das sich der Kläger beruft, nicht ernstlich in Frage gestellt. Es vertritt zwar eine gegenteilige Position, berücksichtigt dabei aber nicht die zusätzliche Querungsmöglichkeit bei Bau-km 51+270 und geht auch auf die Nachtaktivitäten der betroffenen Tierarten nicht ein. Eigene Bedenken macht der Kläger nicht geltend. ...

Die Frage nach dem Vorliegen eines Eingriffs in Natur und Landschaft darf freilich nicht auf eine Momentaufnahme anhand der Ist-Situation verkürzt werden. Ob ein Eingriff gegeben ist, hängt nach der gesetzlichen Definition davon ab, ob eine erhebliche Beeinträchtigung der Leistungs- und Funktionsfähigkeit des Naturhaushalts oder des Landschaftsbildes zu besorgen ist. Fähigkeit bedeutet soviel wie „imstande sein, zu etwas in der Lage sein" und ist etwas anderes als eine aktuell erbrachte Leistung (Gassner/Bendomir-Kahlo/Schmidt-Räntsch, BNatSchG, 2.Aufl. 2003, §1 Rdnr. 44). Der Begriff „Fähigkeit" schließt vorhandene, zur Zeit aber nicht aktualisierte Potentiale mit ein (Lorz/Müller/Stöckel, Naturschutzrecht, 2.Aufl. 2003, A 1, §1

Rdnr. 5; Eissing/Louis, NuR 1996, 485, 488). Dies entspricht der Aufgabe der Eingriffsregelung. Ihr Vermeidungsgebot will zwar den status quo der gegebenen Situation erhalten (Haber/Lang/Jessel/Spandau/Köppel/Schaller, Entwicklung von Methoden zur Beurteilung von Eingriffen nach § 8 Bundesnaturschutzgesetz, Kap. 6.1.4, S. 170; Kuschnerus, NVwZ 1996, 235, 238). Da der Zustand der Natur aber nicht statisch ist, soll ihr durch die Vermeidung oder Minderung der Eingriffsfolgen auch die Chance gegeben werden, sich zu entwickeln. Nicht zuletzt vor dem Hintergrund der Staatszielbestimmung in Art. 20 a GG, wonach der Staat in Verantwortung für die derzeitigen und künftigen Generationen die natürlichen Lebensgrundlagen und die Tiere zu schützen hat, darf das Vermeidungsgebot nicht darauf reduziert werden, den zum Zeitpunkt der Veränderungen des Lebensraums aktuellen Zustand, der oft auf zufällige Ereignisse zurückzuführen ist, zu konservieren (Eissing/Louis, a. a. O.).

Künftige naturräumliche Entwicklungen werden durch das Vermeidungsgebot indes nur geschützt, soweit ihr Eintritt tatsächlich zu erwarten ist. Visionen und Hoffnungen sind nicht Maßstab bildend. Wird in einen Landschaftsraum hinein geplant, der sich wie hier im Umbruch befindet und dessen Entwicklung sich allenfalls in groben Zügen abzeichnet, ist der Planer im Rahmen der naturschutzrechtlichen Eingriffsregelung nicht gehalten, alle denkbaren Zukunftsszenarien zu antizipieren und dafür vorzusorgen, daß eine spätere Entscheidung für die natürliche Belassenheit der Umgebung des Vorhabens als eine von mehreren denkbaren Alternativen möglich bleibt. Es läge außerhalb der Bedeutung des Wortes „Eingriff" und würde das Vermeidungsgebot überbeanspruchen, wenn der Eingreifende verpflichtet wäre, Entwicklungschancen der Natur prophylaktisch offen zu halten.

Der Senat hält die Prognose des Klägers, die Bergbaufolgelandschaft in der Umgebung der A 38 werde sich zu einem hochwertigen Biotop mit wiederkehrenden seltenen Arten verwandeln, für nicht belastbar genug, um den Anwendungsbereich des Vermeidungsgebots zu eröffnen. Der Beklagte weist zutreffend darauf hin, daß sich der künftige Zustand von Natur und Landschaft wegen der zahlreichen Planungsaktivitäten für das ehemalige Tagebaugebiet Espenhain, aus dem unter der Bezeichnung „Neuseenland" eine Natur- und Freizeitwasserlandschaft werden soll, nicht abschätzen läßt. Die vom Kläger vorausgesagte Aufwertung des Natur- und Landschaftsraums ist insbesondere durch die Realisierung des in Aufstellung befindlichen Bebauungsplans „Silberschacht" der Stadt Markkleeberg sowie durch weitere ins Auge gefaßte Maßnahmen der touristischen Infrastruktur gefährdet. Der Bebauungsplan sieht am Südostufer des Markkleeberger Sees in unmittelbarer Nähe zur Einmündung des Verbindungskanals umfangreiche Flächen für verschiedene Vorhaben des Tourismus und der Naherholung vor (Hafen, Surfstrand, Wildwasserbahn, Flächen für Sport und Erholung, Hotel, öffentliche Parkplätze). Zur Erschließung insbesondere der Slalom- und Wildwasserstrecke ist die Stadt Markkleeberg an einem Weg zur B 2 interessiert, der – parallel zur A 38 verlaufend – dem Busverkehr zur Verfügung stehen soll und den Verbindungskanal ebenfalls queren müßte. Des weiteren gibt es Bestrebungen zur Herstellung eines verzweigten Geh- und Radwegenetzes westlich des Markkleeberger Sees unter Einbeziehung der Wirtschaftswege unter dem umstrittenen Brückenbauwerk. Sollten alle Planungen verwirklicht werden, dürfte der fragliche Landschaftsraum für die vom Kläger erwartete und begrüßte naturfachliche Weiterentwicklung nicht zur Verfügung stehen. Die Vorstellung, die Belastungen, welche die touristische Nutzung des Markkleeberger Sees und seiner Umgebung mit sich brächten, ließen sich auf die geplanten Nutzungsbereiche beschränken, hat der Beklagte anhand des Beispiels des Cospudener Sees, bei dem das Konzept eines Nebeneinanders von Tourismus und Natur-/Landschaftsentwicklung zumindest in Großstadtnähe als weitgehend gescheitert betrachtet werden müsse, unwidersprochen als unrealistisch bezeichnet.

Bereits aus den vorstehenden Gründen mußte der Beklagte den aus dem Workshop hervorgegangenen Entwurf für ein 160 m langes Brückenbauwerk nicht als kostenneutrale Alternative in Erwägung ziehen. ...

b) Der Einwand des Klägers, der Eingriff sei mit den Zielen der Raumordnung und Landesplanung und daher mit §9 Abs. 1 Nr. 1 SächsNatSchG unvereinbar, geht fehl. Ein Ziel, mit dem die lichte Weite der umstrittenen Brücke festgelegt würde, ist nicht ersichtlich. Namentlich enthält der Braunkohlenplan Espenhain ein solches Ziel nicht. Sowohl in der zum Zeitpunkt des Erlasses des Planfeststellungsbeschlusses geltenden als auch in der aktuellen Fassung ist als Ziel formuliert, daß die ausgewiesene Trasse für die vorgesehene Autobahn A38 freizuhalten und im von der Trasse berührten Kippenareal des Tagebaus Espenhain eine landschaftsverträgliche Einordnung der Trasse unter Berücksichtigung der im Zuge der Wiedernutzbarmachung entstehenden Landschaftspotentiale zu gewährleisten ist. Auf die Brücke wird erst in der Begründung des Ziels eingegangen. Darin heißt es, daß bei der Einordnung der Trasse der A38 eine angemessene Berücksichtigung von Gewässerverbund-, Wegequerungs- und Landschaftsverbundaspekten unter Zugrundelegung der Entwicklung der Bergbaufolgelandschaft sichergestellt werden müsse. Hinsichtlich der Landschaftsverbundfunktion biete in der Vorplanung zum 3. Bauabschnitt angebotene Länge von 60 m nur Minimalvoraussetzungen. Ein Brückenbauwerk von etwa 150 m Länge würde bei gegebener bergtechnischer Realisierbarkeit und angesichts des Fehlens von Querungsalternativen einen angemessenen und wirksamen Verbund ermöglichen. Davon ausgehend stünden die auf eine Brückenverlängerung ausgerichteten kommunalen Initiativen im Zuge des Planfeststellungsverfahrens nicht im Widerspruch zur Regionalplanung, wobei dadurch keine Verzögerung oder Gefährdung der verkehrswirksamen Realisierung des Vorhabens als übergeordnete landesplanerische Zielstellung ausgelöst werden sollte.

Abgesehen davon, daß dieses Begründungselement in der zum Zeitpunkt des Erlasses des Planfeststellungsbeschlusses maßgeblichen Version des Braunkohlenplans noch nicht enthalten war und die Begründung für eine Zielfestlegung nicht an deren Bindungswirkung teilnimmt, läßt sich der Aussage nicht entnehmen, daß der Plangeber eine lichte Weite der Brücke von 150 m verlangt, sondern nur, daß er sich unter den einschränkend genannten Voraussetzungen einer solchen Weite nicht widersetzen würde.

Nr. 220

Hebt die Gemeinde die Festsetzung einer naturschutzrechtlichen Belangen dienenden Ersatzfläche in einem Änderungsbebauungsplan auf, steht bei dem Erlaß dieses Planes aber noch nicht fest, welche Art der Bebauung auf der früheren Ersatzfläche angestrebt wird, ist die Gemeinde weder tatsächlich noch rechtlich dazu verpflichtet, bereits im Zuge der Änderungsplanung potentielle Nutzungskonflikte zu lösen, die erst durch die künftiger Festsetzung der Nutzungsart auf der früheren Ersatzfläche entstehen könnten.

(Nichtamtlicher Leitsatz)

> BauGB §§ 1 Abs. 6, 1 a.

Bundesverwaltungsgericht, Beschluß vom 14. Juni 2004 – 4 BN 17.04 –.

(Hessischer VGH)

Aus den Gründen:
1. c) Die Beschwerde greift ferner die Rechtsauffassung des Verwaltungsgerichtshofs an, die Antragsbefugnis des Antragstellers ergebe sich auch nicht daraus, daß die Antragsgegnerin mit der Entlassung der „Ersatzfläche" als Ausgleichsfläche für naturschutzrechtliche Belange eine Voraussetzung für die Aufstellung eines weiteren Bebauungsplanes (für einen großflächigen Einzelhandel) in der unmittelbaren Nachbarschaft zu einem Grundstück im Eigentum des Antragstellers habe schaffen wollen. Die Beschwerde sieht als grundsätzlich klärungsbedürftig an, „welche Anforderungen an den inneren Kausalzusammenhang zwischen der angegriffenen Norm und einem später beschlossenen Bebauungsplan bestehen muß, damit die Anforderungen des § 42 Abs. 2 VwGO erfüllt sind".

Auch diese Frage rechtfertigt die Zulassung der Revision nicht. Soweit sie im vorliegenden Streitfall entscheidungserheblich ist, läßt sie sich auf der Grundlage der gesetzlichen Vorschriften und dem Urteil des beschließenden Senats vom 24. 9. 1998 (– 4 CN 2.98 –, BRS 60 Nr. 46 = BauR 1999, 134) ohne weiteres beantworten. Einem Antragsteller steht ein im Wege der Normenkontrolle nach § 47 VwGO durchsetzbarer Anspruch auf gerechte Abwägung der von ihm geltend gemachten privaten Belange nur dann zur Seite, wenn diese Belange zum „notwendigen Abwägungsmaterial" der planenden Gemeinde gehören. Der Kreis der relevanten Interessen, die im Rahmen der bauleitplanerischen Abwägung (§ 1 Abs. 6 BauGB) zu berücksichtigen sind, wird durch das jeweilige Planungsziel bestimmt. Die Zusammenstellung, Bewertung und Gewichtung der öffentlichen und privaten Belange müssen ein ausgewogenes Abwägungsergebnis gewährleisten. Hebt die Gemeinde die Festsetzung einer naturschutzrechtlichen Belangen dienenden Ersatzfläche in einem Änderungsbebauungsplan auf, steht bei dem Erlaß dieses Planes aber noch nicht fest, welche Art der Bebauung auf der früheren Ersatzfläche angestrebt wird, ist die Gemeinde weder tatsächlich in der Lage noch rechtlich dazu verpflichtet, bereits im Zuge der Änderungsplanung potentielle Nutzungskonflikte zu lösen, die erst durch die künftige Festsetzung der Nutzungsart auf der früheren Ersatzfläche entstehen könnten. So liegt der Fall hier. Der Verwaltungsgerichtshof hat festgestellt, daß im Zeitpunkt des Erlasses des streitbefangenen (Änderungs-) Bebauungsplans die Art der künftigen baulichen Nutzung auf der ehemaligen Ersatzfläche noch nicht festgestanden habe. Hiervon wäre auch in einem Revisionsverfahren auszugehen, da die Beschwerde gegen diese Tatsachenfeststellung keine zulässigen und begründeten Verfahrensrügen erhoben hat (§ 137 Abs. 2 VwGO).

Ein Revisionsverfahren gäbe dem Senat keinen Anlaß, darüber hinausführenden Rechtsfragen zu dem von der Beschwerde angesprochenen „inneren Kausalzusammenhang zwischen der angegriffenen Norm und einem später beschlossenen Bebauungsplan" nachzugehen. Ergänzend sei darauf hingewiesen, daß sich die Grundsätze, die das Bundesverwaltungsgericht in seinem – auch vom Verwaltungsgerichtshof herangezogenen – Beschluß vom 18.12.1987 (– 4 NB 1.87 –, Buchholz 406.401 § 15 BNatSchG Nr. 2 = NVwZ 1988, 728; vgl. auch Beschluß v. 9.2.1995 – 4 NB 17.94 –, NVwZ 1995, 895) zu § 47 Abs. 2 Satz 1 VwGO a. F. aufgestellt hat, auf den 1996 neu gefaßten § 47 Abs. 2 Satz 1 VwGO nicht übertragen lassen. Dies hat der Senat in seinem Urteil v. 11.12.2003 (– 4 CN 10.02 –, BauR 2004, 813 = DVBl. 2004, 635) entschieden. Nach dem Senatsbeschluß v. 18.12.1987 konnte sich ein Nachteil i. S. des § 47 Abs. 2 Satz 1 VwGO a. F. daraus ergeben, daß durch die zur Normenkontrolle gestellte Verordnung der bestehende Landschaftsschutz für ein dem Grundstück des Antragstellers benachbartes Gebiet (ganz oder teilweise) gezielt aufgehoben wurde, um dort eine bestimmte, bisher nicht zulässige Nutzung durch Bebauungsplan zu ermöglichen. Diese Rechtsprechung stützt die Antragsbefugnis bei der Normenkontrolle einer landschaftsschutzrechtlichen Änderungsverordnung auf die Zurechenbarkeit von Nachteilen und will dem „handgreiflich-praktischen" Ursachenzusammenhang zwischen Verordnung und Bebauungsplan Rechnung tragen. Nach geltendem Recht setzt die Antragsbefugnis die Möglichkeit einer Rechtsverletzung durch die angegriffene Norm oder deren Anwendung voraus (§ 47 Abs. 2 Satz 1 VwGO). Der „Nachteil", der sich nach der früheren Rechtslage aus einem qualifizierten Ursachenzusammenhang zwischen Verordnung und Bebauungsplan ergeben mochte, wäre nach der Neufassung des § 47 Abs. 2 Satz 1 VwGO gegenüber dem Verordnungsgeber nur wehrfähig, wenn er Gegenstand eines gegen diesen gerichteten Rechtsanspruchs sein könnte (Senatsurteil v. 11.12.2003 – 4 CN 10.02 –, a. a. O.). Entsprechendes gilt für das Verhältnis zwischen einem Bebauungsplan, der die Festsetzung einer Ersatzfläche aufhebt, und einem späteren Bebauungsplan, der die ehemalige Ersatzfläche überplant.

Nr. 221

Ein Satzungsbeschluß gemäß § 10 BauGB kommt nicht dadurch zustande, daß die Gemeindevertretung der Begründung zum Bebauungsplanentwurf zustimmt.

Nr. 221

Eingriffe in Natur und Landschaft auf Grund eines Bebauungsplans sind von speziellen artenschutzrechtlichen Verboten nicht freigestellt, auch wenn die allgemeine naturschutzrechtliche Eingriffsregelung nach § 1 a Abs. 2 Nr. 2 BauGB in der Abwägung zu berücksichtigen ist. Vielmehr bedarf es gegebenenfalls einer artenschutzrechtlichen Befreiung unter den Voraussetzungen von § 62 BNatSchG, etwa i. V. m. Art. 12, 13, 16 FFH-RL oder Art. 5–7, 9 Vogelschutzrichtlinie.

Tiere und Pflanzen der geschützten Art oder ihre Lebensräume werden bereits dann absichtlich beeinträchtigt i. S. von § 43 Abs. 4 BNatSchG, Art. 12 FFH-RL, wenn der Eingriff zwangsläufig zur Beeinträchtigung führt. Ein gezieltes Vorgehen kann nicht verlangt werden.

Zur Abwägungserheblichkeit eines Lärmgutachtens, über das der Gemeindevorstand die Gemeindevertretung nicht in Kenntnis gesetzt hat.

BNatSchG §§ 21, 43, 62; BauGB §§ 1 a, 29, 214, 215 a.

Hessischer VGH, Urteil vom 25. Februar 2004 – 3 N 1699/03 – (rechtskräftig).

Die Antragstellerin wendet sich im Wege der Normenkontrolle gegen den Bebauungsplan Nr. 11.3 „Misch- und Gewerbegebiet W." der Antragsgegnerin. Die Antragstellerin ist Eigentümerin zweier Grundstücke, beide grenzen aneinander. Das eine Grundstück ist mit einem Sägewerksbetriebsgebäude bebaut, welches seit 1990 nicht mehr genutzt wird. Auf dem anderen Grundstück befindet sich ein Gebäude, welches zu Wohn- und Bürozwecken genutzt wird und an den Sohn der Antragstellerin vermietet ist, welcher dort das Planungsbüro Umweltplanung und Städtebau betreibt.

Aus den Gründen:
Der Normenkontrollantrag hat in dem aus dem Tenor ersichtlichen Umfang Erfolg.
In formeller Hinsicht begegnet der angefochtene Bebauungsplan keinen durchgreifenden Bedenken. Allerdings weist die Antragstellerin zu Recht darauf hin, daß ein Satzungsbeschluß über den Bebauungsplan von der Gemeindevertretung der Antragsgegnerin in ihrer Sitzung im Oktober 2001 nicht gefaßt worden war. Nach Punkt 6 der Tagesordnung für diese Sitzung war u. a. unter b) ein „Satzungsbeschluß nach § 10 BauGB" vorgesehen, beschlossen als Satzung wurden jedoch nur unter c) die bauordnungsrechtlichen Festsetzungen (Gestaltungssatzung), wohingegen der Begründung des Bebauungsplans nur zugestimmt wurde. Hierin kann kein unter Umständen unschädlicher „Protokollierungsfehler" gesehen werden, da dies offenbar einer bei der Antragsgegnerin gepflegten Übung entsprach, wie die Behandlung des Tagesordnungspunktes 8 in derselben Sitzung verdeutlicht. Auch wenn anzunehmen ist, daß ein Satzungsbeschluß gemäß § 10 BauGB über den Bebauungsplan Nr. 11.3 im ganzen beabsichtigt war, worauf auch der Vermerk des Bürgermeisters über den „Satzungsbeschluß" auf dem dem Senat vorliegenden Planexemplar hindeutet, erfordern es Sicherheit und Klarheit im Rechts- und Geschäftsverkehr, daß über die formelle Gültigkeit einer Norm keine Zweifel erlaubt sind. Solche Zweifel bestünden jedoch, da die Satzung nach § 10 BauGB und die Gestaltungssatzung nach § 87 HBO 1993

i. V. m. § 9 Abs. 4 BauGB zwei verschiedene Satzungen sind, auch wenn sie häufig in einer Satzung zusammengefaßt werden.

Der streitbefangene Bebauungsplan ist erst im Juli 2003 als Satzung beschlossen worden, wobei Bedenken gegen das Zustandekommen des Satzungsbeschlusses weder vorgetragen noch sonst ersichtlich sind. ...

In materieller Hinsicht leidet der angegriffene Bebauungsplan an Mängeln, die nicht zu seiner Nichtigkeit, sondern nur zu seiner Unwirksamkeit führen (§ 47 Abs. 5 Satz 4 VwGO), da sie in einem ergänzenden Verfahren behoben werden können.

Der Senat läßt offen, inwieweit der Bebauungsplan gegen den Grundsatz der Erforderlichkeit gemäß § 1 Abs. 3 BauGB verstößt. Ein solcher Verstoß könnte dann bestehen, wenn Bestimmungen des Naturschutz- oder des Europäischen Artenschutzrechts unüberwindbare normative Schranken darstellten, welche der Verwirklichung des Plans entgegenstehen und ihn aus diesem Grund nicht erforderlich machen. Der Erläuterungsbericht des Grünordnungsplans zum Bebauungsplan führt eine Reihe geschützter Tierarten auf, die bei Verwirklichung der von dem Plan ermöglichten Vorhaben bedroht bzw. beeinträchtigt werden. ...

Das Bundesnaturschutzgesetz 2002 stellt in § 42 für besonders geschützte und bestimmte andere Tier- und Pflanzenarten Verbote auf, von denen die Antragsgegnerin nach § 43 Abs. 4 BNatSchG nicht freigestellt ist. Dies folgt daraus, daß ein Bebauungsplan keinen Eingriff i. S. des § 19 BNatSchG „zuläßt", vielmehr die Eingriffsproblematik gemäß § 21 Abs. 1 BNatSchG bauplanungsrechtlich im Rahmen der Abwägung gemäß § 1 a Abs. 2 Nr. 2 BauGB abzuarbeiten ist. Etwa erforderliche artenschutzrechtliche Erlaubnisse oder Befreiungen bleiben davon unberührt (§ 29 Abs. 2 BauGB, a. A. offenbar Kratsch, in: Schumacher/Fischer-Hüftle, BNatSchG 2003, § 43 Rdnr. 25, sowie HMULF, Vollzugshinweise zum Artenschutzrecht vom 15. 9. 2000, S. 31). Die Freistellung scheitert auch daran, daß die Tiere, einschließlich ihrer Nist-, Brut-, Wohn- oder Zufluchtsstätten und Pflanzen der besonders geschützten Arten nicht absichtlich beeinträchtigt werden dürfen (Schrödter, Städtebaurecht und das Recht des gesetzlichen Biotop- und Artenschutzes, NdsVBl. 2003, 33, 39). Absicht liegt aber schon dann vor, wenn der Eingriff zwangsläufig zu einer Zerstörung oder erheblichen Beeinträchtigung der Nist-, Brut-, Wohn- oder Zufluchtsstätten besonders geschützter Tier- und Pflanzenarten führt (EuGH, Urteil v. 30. 1. 2002 – C - 103/00 ; ferner Urteil v. 17. 9. 1987, E 1987, 3503 ff.; Gellermann, Artenschutz in der Fachplanung und der kommunalen Bauleitplanung, NuR 2003, 385, 388; Schrödter, NdsVBl., a. a. O.). Die engere Auffassung des Bundesverwaltungsgerichts (Urteil v. 11. 1. 2001 – 4 C 6.00 –, BVerwGE 112, 321 = BRS 64 Nr. 85 = BauR 2001, 918; kritisch dazu Louis, NuR 2001, 388) dürfte deshalb europarechtlich nicht haltbar sein (zum Erfordernis europarechtlicher Konformität Gellermann, a. a. O.).

Vor diesem Hintergrund vermag der Senat nicht zu entscheiden, ob von den gesetzlichen Artenschutzbestimmungen eine Befreiung nach § 62 BNatSchG möglich ist, denn hierzu fehlt es bislang an einer zoologischen bzw. botanischen Bestandsaufnahme hinsichtlich der Nist-, Brut-, Wohn-,

Zufluchts-, Fortpflanzungs-, Aufzucht-, Überwinterungs- und Ruhestätten und -zeiten. Ohne diese Vorarbeit bezogen auf das Plangebiet und seine nähere Umgebung ist die konkrete Beurteilung einer objektiven „Befreiungslage" nicht möglich. Eine Befreiung ist nicht von vornherein unter jedem denkbaren rechtlichen Gesichtspunkt ausgeschlossen, was zwangsläufig die Feststellung der Nichtigkeit des angegriffenen Bebauungsplans zur Folge hätte. §62 Abs. 1 Satz 1 Nr. 2 BNatSchG i. V. m. Art. 12 und Art. 16 FFH-RL lassen bei Vorliegen bestimmter Voraussetzungen Befreiungen („zulässige Abweichungen") zu. Die hierfür erforderlichen Erhebungen vorzunehmen bzw. zu veranlassen ist primär Aufgabe des Planungsträgers und nicht des angerufenen Gerichts, zumal die Antragsgegnerin im ergänzenden Verfahren nach §215a BauGB, worauf noch einzugehen sein wird, u. a. auch im Hinblick auf §1a Abs. 2 Nr. 2 BauGB noch diesbezüglich tätig werden muß, mit anderen Worten die zuvor aufgeworfenen Fragen des Artenschutzes nicht alleinige Ursache für das gefundene Ergebnis sind, was anderenfalls zu einer umfassenden Sachaufklärung durch das Gericht nötigen müßte (BVerwG, Beschluß v. 20. 6. 2001 – 4 BN 21.01 –, BRS 64 Nr. 58 = BauR 2002, 284).

Die Antragsgegnerin hat gegen das Abwägungsgebot der §§ 1 Abs. 5 und 6, 1a Abs. 2 BauGB verstoßen.

Im für die Beurteilung der Sach- und Rechtslage maßgeblichen Zeitpunkt des Satzungsbeschlusses (Juli 2003) hatte der Gemeindevorstand der Antragsgegnerin Kenntnis von dem von der Antragstellerin und ihrem Ehemann in Auftrag gegebenen Lärmgutachten X. vom Oktober 2002, welches zu anderen Lärmprognosen gelangt als das Gutachten L 2647 des TÜV Hessen vom November 1993. ... Die Gemeindevertretung der Antragsgegnerin wurde hiervon nicht in Kenntnis gesetzt, sondern lediglich davon, daß Zweifel am Zustandekommen eines Satzungsbeschlusses im Oktober 2001 aufgetaucht waren. Das Vorliegen eines Lärmgutachtens für das Plangebiet ist ein abwägungserheblicher Umstand, der der Gemeindevertretung als Satzungsorgan nicht hätte vorenthalten werden dürfen. ...

Die Antragsgegnerin hat damit in die Abwägung bezogen auf Lärmimmissionen nicht eingestellt, was nach Lage der Dinge einzustellen war. Dieser Abwägungsfehler ist offensichtlich. Da die konkrete Möglichkeit bestand, daß die Gemeindevertretung in Kenntnis der genannten Gutachten etwas anderes beschlossen hätte – z. B. eine Erhöhung des Lärmschutzwalles, weil das Lärmgutachten X. die Grenzwerte auch für ein Gewerbegebiet als überschritten ansieht –, ist der Fehler auf das Abwägungsergebnis auch von Einfluß gewesen und damit beachtlich i. S. von §214 Abs. 3 Satz 2 BauGB (vgl. BVerwG, Urteil v. 21. 8. 1981 – 4 C 57.80 –, BVerwGE 64, 33, 39 = BRS 38 Nr. 37 = BauR 1981, 535, zu §155b Abs. 2 Satz 2 BBauG 1979).

Hinsichtlich der zulässigen Lärmgrenzwerte durfte die Antragsgegnerin das Außenbereichsgrundstück der Antragstellerin dem Gebietstyp Gewerbegebiet gemäß §8 BauNVO zuordnen, denn es ist von der früheren Nutzung durch ein Sägewerk und Zimmereibetrieb wesentlich geprägt. Daneben könnte im Hinblick auf den Störungsumfang auch an ein Industriegebiet (§9 BauNVO) gedacht werden. Zu berücksichtigen ist dabei auch die Vorbelastung durch die Nähe des Grundstücks zu der stark befahrenen Bahnstrecke

Kassel-Marburg-Frankfurt sowie zu den Getreidesilos von Raiffeisen in Nachbarschaft zum früheren Bahnhof und jetzigen Haltepunkt von N. Eine Zuordnung zum Gebietstyp eines Dorfgebiets i. S. von §5 Abs. 2 Nr. 4 BauNVO kommt nicht in Betracht, denn wegen ihrer störenden Wirkung waren Sägewerk und Zimmerei im Jahr 1927 aus der Ortsmitte von N. in den Außenbereich ausgelagert worden. Für die Zulässigkeit von Gewerbebetrieben im Dorfgebiet ist nach §5 Abs. 1 Satz 1 BauNVO 1990 jedoch Voraussetzung, daß sie nicht wesentlich stören.

Die Antragstellerin kann nicht beanspruchen, daß auf die Wohnnutzung ihres Grundstücks durch Heranziehung der Lärmgrenzwerte etwa für ein allgemeines Wohngebiet oder ein Mischgebiet Rücksicht genommen werden muß. Das Wohngebäude auf dem Grundstück der Antragstellerin hatte im Verhältnis zum Betriebsgebäude immer nur dienende Funktion, wie sich den von den Beteiligten vorgelegten Bauunterlagen entnehmen läßt. Als Bauvorhaben zu bloßen Wohnzwecken wäre es im Außenbereich auch nach früherem Recht nicht zulässig gewesen (vgl. §3 der Verordnung über die Regelung der Bebauung v. 15. 2. 1936, RGBl. I, 104 = BauRegVO 1936). Die Baubeschreibung zum Wohnungsneubau des früheren Betriebsinhabers Zimmermeister J. von 1946 verdeutlicht, daß der Weg zwischen Wohnung einschließlich Büro und Betrieb mit 500 bis 600 m zu weit und der Betrieb außerhalb der Arbeitszeit unbewacht war. Deshalb sollte alles vereinigt werden, wobei die Wohnung für einen seiner Arbeiter bestimmt sei. Diese dienende Funktion des Wohngebäudes wurde durch spätere Baugenehmigungen für Anbauten, Gauben usw. nicht beseitigt. Sie wird auch nicht durch die Erklärung des Sohnes der Antragstellerin in der mündlichen Verhandlung in Frage gestellt, die Wohnung sei nach Errichtung an einen Finanzbeamten vermietet gewesen, der die Buchhaltung für den Betrieb erledigt habe.

Sollten die auf dem Grundstück der Antragstellerin zu erwartenden Lärmimmissionen auch für den Gebietscharakter Gewerbegebiet „grenzwertig" sein, wird die Antragsgegnerin auch die Möglichkeit von Maßnahmen des passiven Schallschutzes in die Abwägung einzubeziehen haben. ...

Dem Bebauungsplan liegt noch ein weiterer nach §214 Abs. 3 Satz 2 BauGB beachtlicher Abwägungsmangel zugrunde, denn die Vermeidung und der Ausgleich der zu erwartenden Eingriffe in Natur und Landschaft (§1a Abs. 2 Nr. 2 BauGB) wurden nicht ausreichend in den Blick genommen. Wie bereits an anderer Stelle geschildert, sind im Grünordnungsplan zur Begründung des Bebauungsplans und in den Stellungnahmen des NABU von 2001 geschützte Tier- und Pflanzenarten aufgeführt, die bzw. ihre Lebensräume bei Verwirklichung der durch den Bebauungsplan zugelassenen Vorhaben bedroht, mindestens aber beeinträchtigt sein werden. Im Hinblick auf die vom NABU hervorgehobene ausgeprägte Revier- bzw. Standorttreue einzelner Arten, die zudem unter Artenschutz stehen, hätte es in mehrerlei Hinsicht genauerer Erhebungen bedurft, um abschätzen zu können, ob und gegebenenfalls welche Maßnahmen zur (möglichst weitgehenden) Eingriffsvermeidung (Minimierung) zu treffen sind, welche Möglichkeiten zur Kompensation (Ausgleich und Ersatz) der Eingriffe bestehen und ob eine artenschutzrechtliche Befreiung nach §62 BNatSchG i. V. m. Art. 16 FFH-RL objektiv überhaupt möglich ist. In diesen Zusammenhang können beispielsweise auch Erwägungen gehören, ob und gegebenenfalls wie Umzugshilfen für den Dunklen Moorbläuling und den Großen Wiesenknopf bewerkstelligt werden können. Die Abarbeitung insbesondere der Anregungen des NABU hat sich bislang in dieser Hinsicht als defizitär erwiesen; jedenfalls konnte als Prüfergebnis die Feststellung nicht genügen, von seiten der zuständigen Naturschutzbehörden seien keine Einwände erhoben oder Anregungen vorgebracht worden.

Die festgestellten Mängel können nach jetzigem Erkenntnisstand erwartbar in einem ergänzenden Verfahren gemäß §215a BauGB behoben werden, ohne die Identität des angegriffenen Bebauungsplans aufgeben zu müssen (vgl. Schmaltz, in: Schrödter, BauGB, 6. Aufl. 1998, §215a Anm. 8).

Nr. 222

Will der Kreis als Träger der Landschaftsplanung verhindern, daß mit Rechtsverbindlichkeit eines Bebauungsplans widersprechende Darstellungen und Festsetzungen eines Landschaftsplans außer Kraft treten, muß er der Bebauungsplanung im Beteiligungsverfahren ausdrücklich widersprechen.

LG NRW §29 Abs. 4 Satz 1; BauGB §4 Abs. 2 Satz 2 (ab 20. 7. 2004: Satz 3).

OVG Nordrhein-Westfalen, Urteil vom 24. Juni 2004 – 7a D 61/03.NE – (rechtskräftig).

Im Aufstellungsverfahren für einen Bebauungsplan wies der als Träger öffentlicher Belange beteiligte Landrat eines Kreises auf einen teilweise entgegenstehenden Landschaftsplan hin und erhob landschaftspflegerische Bedenken an der verkehrlichen Erschließung. Nachfolgend nahm er in einem Schreiben als Träger der Straßenbaulast, als untere Landschaftsbehörde und als untere Wasserbehörde zu einzelnen geplanten Festsetzungen des Bebauungsplans Stellung und „stimmte der vorgesehenen Planung nicht zu". Der Stadtrat folgte den Bedenken und Anregungen nicht und faßte den Satzungsschluß. Der Normenkontrollantrag des Eigentümers eines an das Plangebiet angrenzenden, mit einem Wohngebäude bebauten Grundstücks blieb erfolglos.

Aus den Gründen:
Folgende Überlegungen rechtfertigten es, erhöhte Anforderungen an Klarheit und Eindeutigkeit eines Widerspruchs nach §29 Abs. 4 Satz 1 LG NRW zu stellen und im Zweifel der Auslegung, der Bebauungsplanung solle nicht widersprochen werden, den Vorrang einzuräumen:

Der Gesetzgeber geht davon aus, daß bei Rechtsverbindlichkeit eines Bebauungsplans die Darstellungen und Festsetzungen eines entgegenstehenden Landschaftsplans grundsätzlich außer Kraft treten, wenn nicht (ausnahmsweise) vom Träger der Landschaftsplanung widersprochen wird. Um diese Rechtsfolge zu verhindern, obliegt es also dem Träger der Landschaftsplanung, der Bebauungsplanung ausdrücklich zu widersprechen. Ein trotz erklärtem Widerspruch beschlossener Bebauungsplan, der mit den Darstellungen und Festsetzungen des Landschaftsplans nicht zu vereinbaren ist, ist unwirksam. Schon weil demzufolge die Rechtswirksamkeit von Normen, nämlich sowohl des Bebauungsplans als auch – soweit dessen Regelungen dem Bebauungsplan entgegenstehen – des Landschaftsplans in Rede steht, bedarf die Erklärung des Trägers der Landschaftsplanung einer unmißverständlichen Klarheit. Darüber hinaus hat ein Widerspruch nach §29 Abs. 4 Satz 1 LG NRW im Beteiligungsverfahren eine andere Qualität als sonstige Stellungnahmen. Die Stellungnahmen der Träger öffentlicher Belange sind von der Gemeinde gemäß §4 Abs. 3 Satz 1 BauGB in ihre Abwägung nach §1 Abs. 6 BauGB einzustellen. Hierbei kann diese sich unter Wahrung der Anforderungen an eine gerechte Abwägung in eigener Verantwortung grundsätzlich über eventuelle Bedenken hinwegsetzen. Hingegen entfaltet ein Widerspruch nach §29 Abs. 4 Satz 1 LG NRW eine Rechtswirkung, die von der Gemeinde im Rahmen ihrer Bebauungsplanung nicht zu überwinden ist. Insbesondere ein Landrat hat in seinen Stellungnahmen öffentliche Belange zu berücksichtigen, die in Aufgabenbereiche nach §4 Abs. 2 Satz 2 BauGB fallen, die er in unterschiedlichen Funktionen wahrzunehmen hat. Will ein Landrat über die in den anderen Funktionen abgegebenen Stellungnahmen hinausgehen und (auch) als Vertreter des Kreises als Satzungsgeber für den Landschaftsplan der Aufstellung, Änderung und Ergänzung eines Bebauungsplans nach §29 Abs. 4 Satz 1 LG NRW widersprechen und mithin für die Gemeinde eine strikte Rechtsfolge setzen, hat er dies unmißverständlich klarzustellen.

Nr. 223

1. Das Vorhandensein baulicher Anlagen steht der Einbeziehung eines Geländes in ein Landschaftsschutzgebiet zwar nicht grundsätzlich entgegen; die Bebauung darf jedoch nicht so dicht und verfestigt sein, daß sie der – insoweit besonders zu prüfenden – Schutzwürdigkeit des Gebiets entgegensteht.

2. Die Einbeziehung von Grundstücken, die innerhalb eines im Zusammenhang bebauten Ortsteils liegen, in eine Landschaftsschutzverordnung ist abwägungsfehlerhaft, wenn den betroffenen Grundstücken die Bebaubarkeit durch landschaftsschutzrechtliche Verbote und Genehmigungsvorbehalte im Ergebnis entschädigungslos entzogen wird.

GG Art. 14 Abs. 1; BauGB §§34, 35; BNatSchG §§1, 4 Satz 3 a. F.; BbgNatSchG §22 a. F.

OVG Brandenburg, Urteil vom 10. August 2004 – 3a A 764/01 – (rechtskräftig).

(VG Cottbus)

Der Kläger ist Eigentümer des Grundstücks, das u.a. mit einem Wochenendhaus bebaut ist. 1994 erteilte die untere Bauaufsichtsbehörde des Beklagten einen Bauvorbescheid zur Errichtung eines Einfamilienhauses auf dem Grundstück, dessen Geltungsdauer 1999 verlängert wurde. 1998 beantragte der Kläger die Erteilung einer Genehmigung gemäß §4 der Verordnung über das Landschaftsschutzgebiet „..." für die Errichtung eines Einfamilienhauses auf dem Grundstück. Mit Bescheid vom November 1998 lehnte die untere Naturschutzbehörde des Beklagten die Erteilung der beantragten

Nr. 223

Genehmigung sowie den – sinngemäß gestellten – Antrag auf Gewährung einer Befreiung ab.

Aus den Gründen:
Die Verordnung über das Landschaftsschutzgebiet „..." vom Juni 1998 ist – jedenfalls soweit es den Bereich betrifft, zu dem auch das Grundstück des Klägers gehört – aus materiellrechtlichen Gründen (teil-)ungültig.
Es erscheint bereits fraglich, ob die Voraussetzungen für die Festsetzung eines Landschaftsschutzgebietes in dem hier fraglichen Bereich vorliegen. Nach §22 Abs. 1 Satz 1 und 2 BbgNatSchG a.F. können Gebiete festgesetzt werden, in denen ein besonderer Schutz oder besondere Pflege- und Entwicklungsmaßnahmen a) zur Erhaltung oder Wiederherstellung der Leistungsfähigkeit des Naturhaushalts, b) wegen der Vielfalt, Eigenart oder Schönheit des Landschaftsbildes oder c) wegen ihrer besonderen Bedeutung für die naturnahe Erholung erforderlich sind; als Landschaftsschutzgebiete können auch Flächen ausgewiesen werden, in denen die Voraussetzungen nach Satz 1 erst entwickelt werden sollen. In Landschaftsschutzgebieten sind nach Maßgabe der – gemäß §22 Abs. 2 BbgNatSchG a.F. zu erlassenden – Rechtsverordnung alle Handlungen verboten, die den Charakter des Gebietes verändern, den Naturhaushalt schädigen, das Landschaftsbild verunstalten, den Naturgenuß beeinträchtigen oder sonst dem besonderen Schutzzweck zuwiderlaufen (§22 Abs. 3 BbgNatSchG a. F.). Die Erforderlichkeit der Unterschutzstellung, d. h. die Schutzwürdigkeit und die Schutzbedürftigkeit unterliegen der vollen gerichtlichen Überprüfung (vgl. BVerwG, Beschluß v. 16. 6. 1988 – 4 B 102.88 –, NVwZ 1988, 1020, 1021; OVG Bautzen, NK-Urteil v. 24. 9. 1998 – 1 S 369/96 –, NuR 1999, 344, 345).
Den Akten zum Unterschutzstellungsverfahren lassen sich keine Anhaltspunkte dafür entnehmen, welche der genannten gesetzlichen Schutzgüter gerade in dem Bereich gegeben sind. Dies wäre nur dann unschädlich, wenn keine vernünftigen Zweifel daran bestünden, daß die für die Unterschutzstellung der Landschaft maßgeblichen Gesichtspunkte auch für diesen Landschaftsteil zutreffen. Dies ist indes nicht der Fall. Der Schutzwürdigkeit des Landschaftsteils, in dem sich das Grundstück des Klägers befindet, könnte nämlich die unstreitig bereits vorhandene Bebauung, auf die auch der Landrat des Landkreises im Unterschutzstellungsverfahren hingewiesen hatte, entgegenstehen. Lediglich bei weitgehend unberührten Naturlandschaften oder allenfalls land- und forstwirtschaftlich genutzten Gebieten kann ohne vertiefte Prüfung vorausgesetzt werden, daß die landschaftsschutzrechtliche Unterschutzstellung zur Erhaltung oder Wiederherstellung der Leistungsfähigkeit des Naturhaushalts, wegen der Vielfalt, Eigenart oder Schönheit des Landschaftsbildes oder der besonderen Bedeutung für die naturnahe Erholung erforderlich ist. Bei Landschaftsteilen, die zu anderen Zwecken baulich genutzt werden, muß dies von der Behörde im Unterschutzstellungsverfahren besonders geprüft werden. Das Vorhandensein baulicher Anlagen steht der Einbeziehung eines Geländes in ein Landschaftsschutzgebiet zwar nicht grundsätzlich entgegen. Die Bebauung darf jedoch nicht so dicht und verfestigt sein, daß sie der Schutzwürdigkeit des Gebiets entgegensteht. Daß ein

Landschaftsteil trotz Bebauung schutzwürdig bleibt, ist etwa in solchen Fällen denkbar, in denen die Zahl der Gebäude gering ist, sie auf Grund ihrer Größe nicht ins Gewicht fallen oder nur deutlich untergeordnete Grundstücksflächen einnehmen, ihrer Gestaltung und Lage nach der Landschaft in besonderer Weise angepaßt sind oder – insbesondere in den von § 22 Abs. 1 Satz 2 BbgNatSchG a. F. erfaßten Fällen – ihre Beseitigung absehbar ist (vgl. auch VGH Kassel, Urteil v. 24. 11. 1995 – 4 UE 239/92 –, NVwZ-RR 1997, 24, 25; OVG Münster, Urteil v. 17. 11. 2000 – 8 A 2720/98 –, BRS 63 Nr. 117).

Selbst wenn das Gelände auf Grund der Bebauung als solches nicht schutzwürdig sein sollte, wäre die Unterschutzstellung darüber hinaus möglicherweise auch dann nicht zu beanstanden, wenn das Gebiet Bestandteil einer sog. Pufferzone wäre, die zur Abschirmung des Schutzgebietes gegenüber der gebietsschutzfreien Umgebung dient (vgl. BayVGH, Urteil v. 21. 7. 1988 – 9 N 87.02020 –, NuR 1989, 261; a. A. VGH Mannheim, Urteil v. 17. 11. 1995 – 5 S 1612/95 –, NVwZ-RR 1996, 639, 640, wonach grundsätzlich jeder Teil der Schutzgebietsfläche schutzwürdig sein muß).

Den Aufstellungsvorgängen ist nicht zu entnehmen, weshalb die vorhandene Bebauung im konkreten Fall die besondere Schutzwürdigkeit der Siedlung an der X. ausnahmsweise nicht in Frage stellen soll. Ausweislich des Schreibens des Ministeriums für Umwelt, Naturschutz und Raumordnung an den Landkreis soll die Einbeziehung der Flurstücke 270 bis ca. 307 in den Geltungsbereich des Landschaftsschutzgebiets „zur Erreichung des Schutzzwecks entsprechend § 3 der Verordnung sowie auf Grund der hohen Schutzbedürftigkeit wegen der bereits vorhandenen Tendenz der großräumigen Zersiedlung in diesem Landschaftsausschnitt erforderlich" sein. Der Hinweis auf den Schutzzweck nach § 3 der Verordnung wird nicht durch Tatsachen substantiiert. Soweit die hohe Schutzbedürftigkeit wegen der bereits vorhandenen Tendenz zur großräumigen Zersiedlung hervorgehoben wird, mag diese Erwägung zwar die Schutzbedürftigkeit (vgl. etwa VGH Mannheim, Urteil v. 17. 11. 1995 – 5 S 1612/95 –, NVwZ-RR 1996, 639, 641; OVG Münster, Urteil v. 17. 11. 2000 – 8 A 2720/98 –, BRS 63 Nr. 117), nicht jedoch die gesondert zu prüfende Schutzwürdigkeit zu begründen.

Letztlich kann dahinstehen, ob die Unterschutzstellung des Gebietes, in dem sich das Grundstück des Klägers befindet, von der Rechtsgrundlage des § 22 Abs. 1 a. F. BbgNatSchG gedeckt ist. Denn jedenfalls fehlt es auch an einer ordnungsgemäßen Abwägung.

Nach der – für die Bundesländer gemäß § 4 Satz 3 des Bundesnaturschutzgesetzes in der zum Zeitpunkt des Erlasses der Landschaftsschutzverordnung noch anzuwendenden Fassung der Bekanntmachung vom 12. 3. 1987 (BGBl. I, 889) [BNatSchG a. F.] unmittelbar geltenden – Vorschrift des § 1 Abs. 2 BNatSchG sind die sich aus Abs. 1 ergebenden Anforderungen (des Naturschutzes und der Landschaftspflege) untereinander und gegen die sonstigen Belange der Allgemeinheit an Natur und Landschaft abzuwägen. Diese Abwägung ist nach der Rechtsprechung des Bundesverwaltungsgerichts mit der auf ein bestimmtes Vorhaben bezogenen Abwägung aller in Betracht kommenden Belange vor Feststellung eines Plans nicht identisch. Vielmehr besitzt der Verordnungsgeber im Bereich des Naturschutzrechts ein „Normsetzungsermessen" (einen „Handlungsspielraum"), das von der Sachlage her in erster Linie durch eine dem Verhältnismäßigkeitsprinzip verpflichtete Würdigung der gegenüberstehenden Interessen des Natur- und Landschaftsschutzes auf der einen und den Nutzungsinteressen der von Nutzungsbeschränkungen betroffenen Grundeigentümer auf der anderen Seite geprägt ist (vgl. BVerwG, Urteil v. 11. 12. 2003 – 4 CN 10.02 –, NVwZ 2004, 729, 730; a. A. wohl OVG Münster, Urteil v. 3. 3. 1999 – 7 A 2883/92 –, NVwZ 2000, 581, wonach die Behörde nicht gehalten sein soll, schon im Rahmen der generellen Regelungen der Verordnung die tatsächlichen oder mutmaßlichen Nutzungsinteressen eines jeden betroffenen Grundstückseigentümers in den Blick zu nehmen und mit den sonstigen Interessen abzuwägen). Bezieht eine Landschaftsschutzverordnung auch Bauland i. S. von § 34 BauGB in ihren Geltungsbereich ein, widerspricht es dem Abwägungsgebot, wenn den betroffenen Grundstücken die Bebaubarkeit durch landschaftsschutzrechtliche Verbote und Genehmigungsvorbehalte im Ergebnis entschädigungslos entzogen wird (vgl. auch VGH Kassel, a. a. O.).

Jedenfalls soweit es das hier fragliche Gebiet an der X. betrifft, fehlt es vorliegend an einer ausreichenden Berücksichtigung der nach Art. 14 Abs. 1 GG geschützten Eigentümerinteressen bei Erlaß der Landschaftsschutzverordnung. Ausweislich des bereits erwähnten Schreibens des Ministeriums für Umwelt, Naturschutz und Raumordnung an den Landkreis hat der Verordnungsgeber Kenntnis davon gehabt, daß die Flurstücke 270 bis ca. 307, zu denen auch das Grundstück des Klägers gehört, bereits bebaut bzw. „Bestandteil der lockeren Bebauung im Bereich . . ." sind. Seine Entscheidung, diese Flächen gleichwohl in den Geltungsbereich des Landschaftsschutzgebiets einzubeziehen, hat der Verordnungsgeber damit begründet, daß „keine eindeutige Zuordnung zur im Zusammenhang bebauten Ortslage möglich" sei. Die Einbeziehung sei „zur Erreichung des Schutzzwecks entsprechend § 3 der Verordnung sowie auf Grund der hohen Schutzbedürftigkeit wegen der bereits vorhandenen Tendenz der großräumigen Zersiedlung in diesem Landschaftsausschnitt erforderlich". Aus der Angabe, daß „keine eindeutige Zuordnung zur im Zusammenhang bebauten Ortslage möglich" sei, ergibt sich, daß der Verordnungsgeber nicht näher geprüft hat, ob es sich bei dem fraglichen Gebiet auf Grund der vorhandenen Bebauung gegebenenfalls bereits um einen im Zusammenhang bebauten Ortsteil i. S. des § 34 Abs. 1 Satz 1 BauGB oder noch um Außenbereich i. S. des § 35 BauGB handelt. Dies wäre jedoch erforderlich gewesen, da die Voraussetzungen für den Erlaß einer Landschaftsschutzverordnung in einem Gebiet, das dem Innenbereich angehört, – wie ausgeführt – nur gegeben sind, wenn den Eigentümerinteressen ausreichend Rechnung getragen wird.

Die fehlende Sachverhaltsklärung durch den Verordnungsgeber wäre vor diesem Hintergrund nur dann unschädlich, wenn jedenfalls die strengen Anforderungen für die Einbeziehung eines im Zusammenhang bebauten Ortsteils i. S. des § 34 Abs. 1 Satz 1 BauGB in die Landschaftsschutzverordnung erfüllt wären. Dies ist indes nicht der Fall, denn die Geltung der Verordnung, die keine Entschädigungsregelung enthält, führt im vorliegenden Fall dazu, daß die betroffenen Grundstücke im fraglichen Bereich der X. ihre anzunehmende Bebaubarkeit, die für das Grundstück des Klägers durch den (wenn auch auf §35 Abs. 2 BauGB gestützten) Vorbescheid von 1994 sogar verbindlich festgestellt worden ist, verlieren würde. Da in Landschaftsschutzgebieten nach Maßgabe der – gemäß §22 Abs. 2 BbgNatSchG zu erlassenden – Rechtsverordnung alle Handlungen verboten sind, die den Charakter des Gebietes verändern, den Naturhaushalt schädigen, das Landschaftsbild verunstalten, den Naturgenuß beeinträchtigen oder sonst dem besonderen Schutzzweck zuwiderlaufen (§22 Abs. 3 BbgNatSchG a. F.), beinhaltet schon die Unterschutzstellung selbst in aller Regel ein Bebauungsverbot. Dies ist auch im vorliegenden Fall nicht anders, denn das nach §4 Abs. 2 Satz 2 Nr. 1 der Verordnung genehmigungsbedürftige Vorhaben des Klägers würde – die Gültigkeit der Landschaftsschutzverordnung unterstellt – weder die Voraussetzung einer Genehmigung nach §4 Abs. 3 der Verordnung noch die einer Befreiung nach §7 der Verordnung i. V. m. §72 BbgNatSchG a. F. erfüllen. Nach §4 Abs. 3 Satz 1 der Verordnung ist die Genehmigung (nur) zu erteilen, wenn die beabsichtigte Handlung den Charakter des Gebietes nicht verändert und dem besonderen Schutzzweck nicht oder nur unerheblich zuwiderläuft. Geht man von dem in §3 Nr. 1 der Landschaftsschutzverordnung beschriebenen Charakter der Landschaft aus, die durch ein Heide- und Seengebiet (Seen, Fließgewässer, Moore, Talsandebenen, Dünen, Hügel der End- und Grundmoränen, weiträumige Waldgebiete), eine weitgehend offene und reich gegliederte Kulturlandschaft (Wiesen, Weiden und Obstpflanzungen, Äcker, Heiden, Kopfweiden, Feldgehölze, Hecken, Solitärbäume, Lesesteinhaufen) sowie durch historisch geprägte, weiträumig angelegte Siedlungsstrukturen mit Alleen geprägt ist, würde die Realisierung des Bauvorhabens des Klägers, das außerhalb der „historisch geprägten Siedlungsstrukturen" gelegen ist, den Charakter des Gebietes verändern. Zudem würde es auch dem Schutz des Bodens vor Überbauung (§3 Nr. 2 lit. a der Verordnung) zuwiderlaufen. Wie das Verwaltungsgericht im Ergebnis zutreffend ausgeführt hat, sind auch die Voraussetzungen für die Erteilung einer Befreiung nicht erfüllt. Eine im Einzelfall nicht beabsichtigte Härte i. S. des §72 Abs. 1 Nr. 1 lit. a BbgNatSchG a. F. kann schon deshalb nicht angenommen werden, weil der Verordnungsgeber sich – wie sich aus dem bereits erwähnten Schreiben des Ministeriums für Umwelt, Naturschutz und Raumordnung ergibt – trotz Kenntnis von der vorhandenen Bebauung für die Unterschutzstellung entschieden hat. Es widerspräche der Gesetzessystematik, wenn die untere Naturschutzbehörde eine bewußte Entscheidung des Verordnungsgebers im Wege der Befreiung revidieren könnte. Die Befreiungsregelung kann auch nicht gegebenenfalls im Wege einer verfassungskonformen Interpretation – als „Einfallstor" für eine sachgerechte Berücksichtigung der privaten Interessen, die der Aufrechterhaltung der Verbote der Verordnung entgegenstehen, ausgelegt werden (so aber OVG Münster, a. a. O.). Dem stehen neben dem Wortlaut der Befreiungsregelung („nicht beabsichtigte Härte") vor allem systematische Gründe entgegen. Die Befreiungsmöglichkeit dient nach herkömmlicher Gesetzessystematik lediglich dazu, einer rechtlichen Unausgewogenheit zu begegnen, die sich ergeben kann, wenn auf Grund der besonderen Umstände des jeweiligen Einzelfalles der Anwendungsbereich einer Vorschrift und deren materielle Zielrichtung nicht miteinander übereinstimmen; in derartigen (Sonder-)Fällen soll der generelle und damit zwangsläufig auch schematische Geltungsanspruch der Vorschrift zugunsten der Einzelfallgerechtigkeit durchbrochen werden (vgl. BVerwG, Beschluß v. 14. 9. 1992 – 7 B 130.92 –, NVwZ 1993, 583, 584, zu §31 Abs. 1 Satz 1 Nr. 1 lit. a BNatSchG a. F.). Ein bereits dem Verordnungsgeber erkennbarer Konflikt zwischen den grundrechtlich geschützten Nutzungsansprüchen der betroffenen Eigentümer und dem Landschaftsschutz darf hingegen i. d. R. nicht in ein Befreiungsverfahren verlagert werden, sondern muß im Rahmen der Abwägung vor Erlaß der Landschaftsschutzverordnung gelöst werden (vgl. OVG Berlin, Beschluß v. 26. 9. 1991 – 2 A 5.91 –, NVwZ-RR 1992, 406, 409). Fehlt es hieran, ist die Verordnung abwägungsfehlerhaft.

Ist die Verordnung über das Landschaftsschutzgebiet „..." mithin jedenfalls teilweise, u. a. auf das Grundstück des Klägers bezogen, ungültig, hat der Kläger einen Anspruch auf die Feststellung, daß er keiner entsprechenden landschaftsschutzrechtlichen Genehmigung oder Befreiung zur Errichtung eines Einfamilienhauses bedarf.

G. Rechtsprechung zum Besonderen Städtebaurecht

Nr. 224

1. Der soziale Schutz der angestammten Wohnbevölkerung eines Sanierungsgebietes vor einer durch sanierungsbedingte Mietsteigerungen verursachten Verdrängungsgefahr zählt grundsätzlich zu den bei der Entscheidung über Art, Umfang und Ablauf der Sanierungsmaßnahmen im Rahmen der Abwägung berücksichtigungsfähigen Belangen.

2. Mit dem System der Regelung des städtebaulichen Sanierungsrechts in §§ 136 ff. BauGB ist es jedoch unvereinbar, die sanierungsrechtliche Genehmigung von Sanierungsmaßnahmen davon abhängig zu machen, daß an der durchschnittlichen wirtschaftlichen Leistungsfähigkeit der Wohnbevölkerung des Sanierungsgebietes orientierte einheitliche Mietobergrenzen eingehalten werden.

BauGB §§ 136 Abs. 1, Abs. 2 Nr. 1, Abs. 4, 137, 140 Nr. 3, 142, 145 Abs. 2, Abs. 3, 146, 147, 148, 172 Abs. 1 Nr. 2, Abs. 4, 180, 181; BGB §§ 554, 558, 559.

OVG Berlin, Urteil vom 30. Januar 2004 – 2 B 18.02 –.

Die Klägerin wendet sich gegen Nebenbestimmungen der ihr erteilten sanierungsrechtlichen Genehmigung, insbesondere gegen die Festlegung von sog. Mietobergrenzen.

Die Klägerin ist Eigentümerin des mit einem vor dem Ersten Weltkrieg errichteten, viergeschossigen Wohnhaus bebauten Grundstücks in Berlin-Friedrichshain-Kreuzberg. Das Grundstück liegt in dem durch die Neunte Verordnung über die förmliche Festlegung von Sanierungsgebieten vom 9. 10. 1993 (GVBl. S. 403) festgelegten Sanierungsgebiet „Samariterviertel".

Im November 1999 beantragte die Klägerin die Erteilung einer sanierungsrechtlichen Genehmigung für bauliche Modernisierungs- und Instandsetzungsmaßnahmen in den vermieteten und den leerstehenden Wohnungen des Hauses. Die Sanierungsverwaltungsstelle des Bezirksamts erteilte ihr im Oktober 2000 die Genehmigung mit einer Reihe von Nebenbestimmungen, von denen nur noch eine Bedingung und zwei Auflagen im Streit sind.

Die Bedingung Nr. 1 lautet: „Zur Vermeidung bzw. Milderung nachteiliger Folgen der Modernisierungs- und Instandsetzungsmaßnahmen haben wir gemäß § 180 BauGB Sozialpläne festgestellt. ... Die Festlegungen der Sozialpläne sind einzuhalten bzw. umzusetzen. Zur Einhaltung sind den betroffenen Mietern (teilweise) Modernisierungsvereinbarungen und/oder Räumungsvereinbarungen anzubieten. Die Festlegungen der Sozialpläne sind für den Abschluß dieser Vereinbarungen bindend. Dies betrifft folgende Mietparteien: ...".

Die Bedingung gilt auf Grund einer vom Beklagten vor dem Verwaltungsgericht insoweit erklärten Einschränkung nur für die vermieteten Wohnungen.

Die Auflagen Nrn. 1 und 2 wurden als „modifizierende Auflagen" bezeichnet, was zur Folge habe, daß von der Genehmigung insgesamt nicht Gebrauch gemacht werden dürfe, wenn hiergegen Widerspruch eingelegt werde.

Die Auflage Nr. 1 lautet: „Die Baumaßnahmen in Wohnungen sind nur zulässig, soweit die Miete nach Abschluß der Baumaßnahmen bzw. bei Wiedervermietung folgende Beiträge netto-kalt nicht übersteigt (Mietobergrenze)".

Danach wurden Mietobergrenzen für die typisiert nach Größe und Ausstattungsstandard umschriebenen Wohnungskategorien in Form einheitlicher Quadratmetermieten zwischen 7,35 und 7,85 DM/m^2 festgesetzt. Für vier Mietparteien wurden niedrigere Werte festgesetzt; im Gegenzug sollte bei vier anderen Wohnungen bei Wiedervermietung eine höhere Miete zulässig sein. Weiter heißt es: „In den Mieten sind sämtliche modernisierungsbedingt zulässigen Mieterhöhungen und Zuschläge eingeschlossen. Die Mietobergrenze gilt für ein Jahr nach Abschluß der Baumaßnahme bzw. nach Wiedervermietung; das erste Mieterhöhungsverlangen darf den Mietern nur nach §2 MHG sowie frühestens ein Jahr nach erstmaliger Zahlung der modernisierungsbedingten Mieterhöhung zugehen".

Die Auflage Nr. 2 lautet: „Bei Wiedervermietung der sanierten Wohnungen sind uns die Originale oder beglaubigten Kopien der neu abgeschlossenen Mietverträge vorzulegen".

In der Begründung wird sodann ausgeführt: „Ohne Ausgestaltung dieser Bedingung bzw. als modifizierende Auflage würden die beantragten Baumaßnahmen wesentliche Sanierungsziele (Schutz der Bewohner vor Verdrängung, Einhaltung der Mietobergrenzen) gefährden oder wären insgesamt nicht genehmigungsfähig."

Zugleich setzte das Bezirksamt die Sozialpläne für die vermieteten Wohnungen fest. Die Mehrzahl der Sozialpläne enthielt Festlegungen der Netto-Kaltmieten und der voraussichtlichen Warmmieten für die Zeit nach Abschluß der Modernisierungsmaßnahmen, die sich mit den Mietobergrenzen in der Genehmigung deckten. Den vier Mietparteien, für die niedrigere Mietobergrenzen festgesetzt worden waren, wurde zugleich eine Anpassungsbeihilfe bewilligt. Weitere Festlegungen der Sozialpläne bezogen sich auf die Umschreibung der vorgesehenen baulichen Veränderungen, den Verbleib der Mietpartei in der Wohnung während der Bauarbeiten, Regelungen über die Fortsetzung des bestehenden Mietverhältnisses nach Zwischenumsetzung sowie über die Anmietung von Ersatzwohnungen außerhalb des Vorhabens und auf Räumungsvereinbarungen.

Aus den Gründen:

Bei den der sanierungsrechtlichen Genehmigung beigefügten, auf die Einhaltung von Mietobergrenzen gerichteten Nebenbestimmungen handelt es sich um nach §42 Abs. 1 VwGO gesondert anfechtbare Auflagen i. S. von §36 Abs. 2 Nr. 4 VwVfG i. V. m. § 1 Abs. 1 VwVfG Bln. Entgegen der Auffassung des Beklagten sind sie nach ihrem maßgebenden objektiv erkennbaren Regelungsinhalt ungeachtet ihrer ausdrücklichen Bezeichnung im Genehmigungstext nicht als „modifizierende Auflagen" einzustufen, welche als solche nicht isoliert angefochten werden könnten. Denn sie erfüllen nicht die für „modifizierende Auflagen" kennzeichnenden Merkmale, daß durch sie der Gegenstand der beantragten Genehmigung selbst qualitativ verändert wird und dem Antragsteller damit anstelle der beantragten uneingeschränkten nur eine entsprechend modifizierte Genehmigung zugesprochen wird, gegen die er allein mit einem Verpflichtungsbegehren auf Erteilung der ursprünglich beantragten Genehmigung vorgehen könnte (vgl. dazu Stelkens/Bonk/Sachs, VwVfG, 6. Aufl. 2001, §36 Rdnr. 48, 55 m.N.). Die der Klägerin erteilte sanierungsrechtliche Genehmigung weist jedoch derartige qualitative Abweichungen von dem beantragten Genehmigungsgegenstand nicht auf. Die von ihr beantragte Erlaubnis zur Durchführung bestimmter Modernisierungs- und Instandsetzungsmaßnahmen wurde ihr hinsichtlich der baulichen Ausgestaltung erteilt. Die einzige Abweichung des Genehmigungsbescheids vom Oktober 2000 besteht darin, daß der Klägerin zunächst verwehrt wird, die ihr nach Zivilrecht zustehenden Möglichkeiten zu einer Mieterhöhung in vollem Umfang auszuschöpfen; hierdurch hat die Genehmigung zur Durchführung der Sanierungsmaßnahme jedoch kein wesentlich anderes Gepräge erhalten (vgl. dazu bereits den Beschluß des Senats v. 12. 6. 2002 – OVG 2 S 8.02 –, BauR 2003, 1024). Soweit sich der Beklagte demgegenüber darauf beruft, durch die Hinzufügungen der Auflagen Nrn. 1 und 2 wandele sich der Bescheid von einer ausschließlich auf die baulichen Veränderungen bezogenen Genehmigung hin zu einer Genehmigung, die – als Ausfluß der bezirklichen Sanierungssteuerung – auch die sozialen Sanierungsziele einbeziehe, so daß sich der Charakter der Genehmigung vollständig ändere, vermag dies eine abweichende Beurteilung nicht zu rechtfertigen. Die vielschichtigen Sanierungsziele, von denen der Beklagte spricht, werden auch unabhängig von den Auflagen in der Genehmigung berücksichtigt; denn die gesamte Genehmigung ist, wovon auch die in der streitigen Bedingung Nr. 1 enthaltene Verpflichtung bezüglich der festgesetzten Sanierungspläne zeugt, Instrument zur Durchsetzung der Sanierungsziele einschließlich der sozialen Belange, was selbst dann der Fall wäre, wenn sie keine Bestimmung zu Mietobergrenzen enthielte.

Es sind auch im übrigen keine Gründe ersichtlich, die hier eine Ausnahme vom Grundsatz der isolierten Anfechtbarkeit von Auflagen rechtfertigen könnten. Wie der Senat bereits wiederholt im Anschluß an die Rechtsprechung des Bundesverwaltungsgerichts entschieden hat, ist zwar die isolierte Aufhebung einer Nebenbestimmung nach materiellem Recht im Ergebnis nur zulässig, wenn der Verwaltungsakt ohne die Nebenbestimmung sinnvoller- und rechtmäßigerweise bestehen bleiben kann; dies ist jedoch erst eine Frage der Begründetheit und nicht bereits der Zulässigkeit der Anfechtungsklage, es sei denn, eine isolierte Aufhebbarkeit der Nebenbestimmung scheidet offenkundig von vornherein aus (vgl. BVerwG, Urteil v. 22. 11. 2000, NVwZ 2001, 429; OVG Berlin, Beschlüsse v. 7. 5. 2001 – 2 SN 6.01 –, NVwZ 2001, 1059, und v. 12. 6. 2002 – 2 S 8.02 –, BauR 2003, 1024, jeweils m. w. N.). Das würde voraussetzen, daß aus Rechtsgründen zwischen der Hauptregelung des Verwaltungsaktes und der Nebenbestimmung ein offenkundiger untrennbarer innerer Zusammenhang besteht, weil die Behörde bei einer objektiven, an den anzuwendenden Rechtssätzen und dem Rechtsgedanken des § 44 Abs. 4 VwVfG orientierten Betrachtung die im Falle einer Teilaufhebung verbleibende Regelung zum Zeitpunkt des Bescheiderlasses nicht getroffen hätte und auch nicht hätte rechtmäßig treffen können (vgl. OVG Berlin, Urteil v. 30. 5. 1996, NVwZ 1997, 1005). Ein solcher offenkundiger untrennbarer innerer Zusammenhang liegt jedoch zwischen der sanierungsrechtlichen Genehmigung und den hier in Frage stehenden Auflagen entgegen der Ansicht des Beklagten nicht vor. Er kann insbesondere nicht aus dem ausdrücklich in den Bescheid aufgenommenen Hinweis, daß „von der Genehmigung kein Gebrauch gemacht" werden könne, hergeleitet werden; denn es kommt für diese Beurteilung des untrennbaren Zusammenhangs nicht auf den Wortlaut des Bescheides und die dadurch dokumentierte Absicht der Verklammerung, sondern auf den objektiven Erklärungsinhalt und die in diesem Zusammenhang maßgeblichen Rechtsvorschriften an. Von einer bereits bei der Beurteilung der Zulässigkeit der Klage ohne weiteres erkennbaren rechtlichen Befugnis des Beklagten zu einer Verknüpfung der sanierungsrechtlichen Genehmigung mit durch Mietobergrenzen verfolgten Verdrängungsschutzzielen kann aber angesichts der divergierenden Auffassungen hierüber nicht die Rede sein. Ohne Erfolg beruft sich der Beklagte in diesem Zusammenhang darauf, daß bereits die Verknüpfung der Auflage mit dem sanierungsrechtlichen Bescheid der Durchsetzung der sozialen Sanierungsziele diene, da sie einen vorzeitigen Baubeginn und infolgedessen sowohl eine „Fehlbelegung" der Wohnungen als auch negative tatsächliche Auswirkungen auf die betroffenen Mieter verhindern solle, ehe Rechtsklarheit über die Mietenentwicklung nach Abschluß der Baumaßnahmen geschaffen sei. Schon die Bedingung Nr. 1, deren isolierte Aufhebbarkeit offensichtlich von vornherein ausscheidet, wie der Senat bereits im Beschluß v. 7.5.2001 – 2 SN 6.01 –, NVwZ 2001, 1059 anerkannt hat, und die den Baubeginn von dem vorherigen Nachweis des Angebots von Modernisierungs- bzw. Räumungsvereinbarungen entsprechend den Sozialplänen abhängig macht, beugt weitgehend der vom Beklagten befürchteten Entwicklung vor.

Das allgemeine Rechtsschutzbedürfnis für die Anfechtungsklage kann der Klägerin mit Rücksicht auf ihr als berechtigt anzuerkennendes Interesse, von dieser rechtsschutzintensivsten Klageform Gebrauch zu machen und sich ungeachtet der eigenen Vorstellungen über Mietanhebungsmöglichkeiten den öffentlich-rechtlichen Bindungen durch die festgelegten Mietobergrenzen zu entziehen, nicht abgesprochen werden.

Die Auflagen sind auch rechtswidrig und verletzen die Klägerin in ihren Rechten. Nach §145 Abs. 4 Satz 1 BauGB i. V. m. §36 VwVfG wären sie nur rechtmäßig, wenn sie erforderlich wären, die Anspruchsvoraussetzungen nach §145 Abs. 2 BauGB für die Erteilung der sanierungsrechtlichen Genehmigung sicherzustellen, wenn also die beabsichtigten Modernisierungsmaßnahmen ohne diese Nebenbestimmungen den Zielen und Zwecken der Sanierung zuwiderlaufen oder die Durchführung der Sanierung unmöglich machen oder wesentlich erschweren würden. Diese Voraussetzungen sind jedoch nicht erfüllt.

Anders als das Verwaltungsgericht ist der erkennende Senat allerdings der Auffassung, daß der Schutz der in dem Gebiet ansässigen Bevölkerung vor einer möglichen Verdrängung infolge sanierungsbedingter Mietsteigerungen durchaus zu den bei der systematischen städtebaulichen Sanierung zu berücksichtigenden Belangen zählt.

Gemäß §136 Abs. 2 Satz 1 BauGB ist es das maßgebende Ziel städtebaulicher Sanierungsmaßnahmen, ein Gebiet durch die Behebung dort vorhandener städtebaulicher Mißstände wesentlich zu verbessern oder umzugestalten, wobei nach §136 Abs. 2 Satz 2 und Abs. 3 BauGB städtebauliche Mißstände vor allem in der den allgemeinen Anforderungen an gesunde und sichere Wohn- und Arbeitsverhältnisse nicht genügenden baulichen Beschaffenheit von Gebäuden und Wohnungen und der Infrastruktur bestehen. Im Rahmen dieser primären Zielsetzung sind – wie grundsätzlich bei jeder Überplanung bereits bebauter und bewohnter Gebiete – zugleich die möglichen Auswirkungen der Sanierungsmaßnahmen auf die Situation der dort ansässigen Bevölkerung zu bedenken, wozu gegebenenfalls auch die naheliegende Gefahr einer durch die Maßnahmen unmittelbar oder mittelbar bewirkten Verdrängung ansässiger Bewohner aus der Wohnung oder dem Gebiet gehört. Die Befugnis und die Verpflichtung zur Berücksichtigung derartiger Belange der Wohnbevölkerung fällt in den der Gemeinde bei der Bestimmung der Sanierungsziele nach § 140 Nr. 3 BauGB beim Erlaß der Sanierungssatzung und bei der Durchführung der Sanierungsmaßnahmen eingeräumten weiten Gestaltungsspielraum. Dies folgt aus der Funktion der satzungsmäßig durchgeführten Sanierung als Instrument des städtebaulichen Planungsrechts, das in einer Gemengelage sozialer, wohnwirtschaftlicher und städtebaulicher Probleme zur Anwendung kommen kann (vgl. dazu bereits den Beschluß des Senats v. 10. 10. 1995 – 2 S 7.95 –, BRS 57 Nr. 284 = NVwZ 1996, 920). Die Berücksichtigungsfähigkeit der Aspekte des Verdrängungsschutzes findet hierbei ihre spezifische Rechtsgrundlage zum einen in der Regelung des § 136 Abs. 4 Satz 1, Satz 2 Nr. 1 BauGB, wonach Sanierungsmaßnahmen dem Wohl der Allgemeinheit zu dienen haben und die bauliche Struktur – auch – nach den „sozialen" Erfordernissen zu entwickeln ist, zum anderen vor allem in dem in § 136 Abs. 4 Satz 3 BauGB geregelten Gebot, die öffentlichen und privaten Belange gegeneinander und untereinander gerecht abzuwägen. Das Interesse der – gemäß § 137 BauGB als Sanierungsbetroffene an dem Sanierungsprozeß zu beteiligenden – Wohnbevölkerung am Verbleib in ihrem angestammten Wohnumfeld ist ein abwägungsrelevanter privater Belang (vgl. dazu Schmidt-Eichstaedt, NVwZ 2003, 566, 567; ders., ZfBR 2002, 212, 213; Peine, DÖV 1992, 85, 87; Kunze/Badtke, BauR 2003, 976, 978; Tietzsch, NVwZ 1997, 870, 871; Schmitz, LKV 2001, 443, 444 und Federwisch, NVwZ 2003, 1035 ff.).

Soweit das Verwaltungsgericht demgegenüber die Vereinbarkeit verdrängungsschützender Ziele nach dem Sinn und dem Zweck des Sanierungsrechts und mit dem Hinweis auf die einer „erweiternden" Auslegung des Gesetzes entgegenstehenden verfassungsrechtliche Eigentumsgarantie des Grundeigentümers nach Art. 14 Abs. 1 Satz 1 GG verneint, kann ihm nicht gefolgt werden. Seine Auffassung, das städtebauliche Sanierungsrecht habe allein die Funktion, städtebauliche Mißstände zu beheben, so daß der Begriff der „sozialen Erfordernisse" in § 136 Abs. 4 Satz 2 Nr. 1 BauGB sich nur auf die „bauliche Struktur" beziehe und kein umfassender Oberbegriff zur Bewältigung der mit Sanierungsmaßnahmen verbundenen sonstigen Probleme – wie etwa der Verdrängung der Wohnbevölkerung – sei, verengt den Sinn und Zweck der städtebaulichen Sanierungsmaßnahmen unzulässig auf den rein baulichen Aspekt. Dem steht die Rechtsnatur der systematischen städtebaulichen Sanierung als eine in einer Gemengelage sozialer, wohnwirtschaftlicher und städtebaulicher Probleme angewendete Gesamtmaßnahme entgegen, die eine dem Allgemeinwohl verpflichtete Abwägung aller öffentlichen und privaten Belange voraussetzt und deshalb die Gemeinde nicht daran hindert, auch sozialpolitische Aspekte wie den Verdrängungsschutz zu berücksichtigen. Der Einwand der Klägerin, § 136 Abs. 4 Satz 1 BauGB sei als allgemein formulierter Rahmen so auszulegen, daß die Sanierungsmaßnahmen mindestens einem der in Abs. 4 Satz 2 aufgeführten Ziele konkret dienen müßten (vgl. Krautzberger, in: Battis/Krautzberger/Löhr, BauGB, 8. Aufl. 2002, § 136 Rdnr. 28, und Hong, ZMR 2001, 857, 858), vermag schon auf Grund des Wortlauts der Vorschrift nicht zu überzeugen. Durch die Formulierung „sollen dazu beitragen" wird vielmehr klargestellt, daß es weitere Ziele geben kann, der Katalog des Satzes 2 daher nicht abschließend ist (vgl. Peine, DÖV 1982, 85, 87).

Auch die historische Entwicklung des Sanierungsrechts vermag die Auslegung des Verwaltungsgerichts nicht zu bestätigen. Zwar wurde der sog. Milieuschutz als eine auf die Dauer angelegte planerische Sicherung einer aus besonderen städtebaulichen Gründen erhaltenswerten bestehenden Zusammensetzung der Wohnbevölkerung erstmals im Jahre 1976 mit dem Institut der Erhaltungssatzung nach § 39 h in die städtebaulichen Regelungen des Bundesbaugesetzes eingefügt und ist nunmehr in § 172 Abs. 1 Nr. 2, Abs. 4 BauGB geregelt. Daraus können jedoch keine Argumente gegen die abwägende Berücksichtigung von Verdrängungsschutzgesichtspunkten bei den auf eine bauliche und funktionale Verbesserung und Entwicklung des Gebiets innerhalb eines begrenzten Zeitraums abzielenden städtebaulichen Sanierungsmaßnahmen hergeleitet werden. Denn im Sanierungsgebiet haben diese Schutzbelange eine qualitativ grundsätzlich andere Funktion – nämlich eine primär soziale – im Gegensatz zum förmlich festgesetzten Milieuschutzgebiet, in dem eine bestimmte städtebaulich relevante Bevölkerungsstruktur auf Dauer konserviert werden soll. Das Sanierungsrecht des im Jahre 1971 verabschiedeten Städtebauförderungsgesetzes ließ von je her die Berücksichtigung derartiger sozialer Belange zu (so bereits Krautzberger, ZfBR 1981, 209 ff.); daran sollte die Einführung des Instrumentariums der Erhaltungssatzung im Städtebaurecht des Bundesbaugesetzes nichts ändern, weil mit dieser Novelle andere, neue Ziele verfolgt wurden und sich aus den Gesetzgebungsmaterialien jedenfalls nicht der Wille des Gesetzgebers entnehmen läßt, sozialpolitische Ziele fortan ausschließlich in dem Instrument der Erhaltungssatzung zu bündeln, wie der Beklagte unter Hinweis auf die Nachweise über das parlamentarische Gesetzgebungsverfahren in dem Aufsatz von Federwisch, NVwZ 2003, 1035, 1038 f., im einzelnen dargelegt hat (vgl. zu den Motiven der Novelle des Bundesbaugesetzes 1976 auch Bielenberg/Koopmann/Krautzberger, Städtebauförderungsrecht, Stand: 2003, Einleitung Rdnr. 238 ff.).

Mit Rücksicht auf diese unterschiedlichen städtebaulichen Aufgaben des Sanierungsrechts einerseits und der Erhaltungssatzungen andererseits und dem daraus folgenden unterschiedlichen Stellenwert der Belange des Verdrängungsschutzes in dem einen und dem anderen Gebiet, kann die vom Verwaltungsgericht angeführte Möglichkeit, parallel zur Sanierungsverordnung eine der Verdrängung der angestammten Wohnbevölkerung dienende Milieuschutzverordnung zu erlassen, von vornherein nur in seltenen Ausnahmefällen in Betracht kommen. Jedenfalls läßt sich mit diesem Argument nicht die vom Verwaltungsgericht verfochtene einschränkende Auslegung der sanierungsrechtlichen Vorschriften und die vollständige Verweisung der Belange des Verdrängungsschutzes in das städtebauliche Instrument der Erhaltungssatzung begründen.

Der Beklagte bewegt sich danach grundsätzlich innerhalb des ihm nach den sanierungsrechtlichen Bestimmungen eingeräumten planerischen Gestaltungsrahmens, wenn er das Ziel einer behutsamen, sozial gestaltenden Gefügesanierung formuliert, die auch gewährleisten soll, daß nach dem Ende der Gesamtmaßnahme die angestammte Wohnbevölkerung, soweit wie dies unter Berücksichtigung der spezifischen Funktion der städtebaulichen Sanierung möglich ist, im Gebiet ansässig bleiben kann (so zutreffend Schmidt-Eichstaedt, NVwZ 2003, 566, 567, ders., ZfBR 2002, 212, 213).

Der Beklagte wird jedoch durch die Regelungen der §§ 136 ff. BauGB zu den städtebaulichen Sanierungsmaßnahmen nicht ermächtigt, zur Vermeidung von Verdrängungseffekten in den Sanierungsgebieten pauschale Mietobergrenzen festzulegen und deren Einhaltung in den sanierungsrechtlichen Genehmigungen vorzuschreiben.

Der Beklagte hat Mietobergrenzen für Sanierungsgebiete im Bezirk auf der Grundlage der bei den vorbereitenden Untersuchungen und nachfolgend im Zuge der Fortschreibung der sozialen Sanierungsziele gewonnenen statistischen Daten über die generellen Einkommensverhältnisse der Wohnbevölkerung in den Sanierungsgebieten festgelegt. Anhand der dabei ermittelten Diskrepanz zwischen den durchschnittlichen Haushaltseinkommen Ostberlins und den (im Jahre 1998) ca. 30 % darunterliegenden mittleren Haushaltseinkommen in den Sanierungsgebieten hat er allgemeine, an den entsprechenden Mittelwerten des Ostberliner Mietspiegels orientierte Mietbelastungsobergrenzen ermittelt, welche in Form von nach Wohnungsgröße und Ausstattungsstandard differenzierten Quadratmetermieten (netto-kalt) einheitlich festgelegt worden sind und für alle privaten Sanierungsmaßnahmen in den vermieteten wie auch den leerstehenden Wohnungen im Gebiet Anwendung finden sollen. ...

Kennzeichnendes Merkmal der so beschaffenen Mietobergrenzen ist danach ihre Herleitung aus statistischen Mittelwerten bezüglich der Einkommensverhältnisse, die typisierende Festlegung einer für einen Durchschnittshaushalt zumutbaren Mietbelastungsobergrenze sowie die pauschale Geltung für alle privaten Sanierungsmaßnahmen im Sanierungsgebiet unabhängig davon, ob die jeweiligen Wohnungen vermietet sind oder leerstehen und ohne Rücksicht auf die konkrete Einkommenssituation der einzelnen Bewohner oder der neuen Mieter. Eine Berücksichtigung der konkreten Einkommenssituation soll erst stattfinden, wenn die Mieten auch bei Beachtung der Mietobergrenzen die Bewohner wirtschaftlich überfordern.

In dieser Ausgestaltung finden die festgelegten Mietobergrenzen jedoch keine Grundlage in der gesetzlichen Regelung über die städtebaulichen Sanierungsmaßnahmen; sie sind nach Art und vorgesehener Wirkungsweise unvereinbar mit dem den Vorschriften in §§ 136 ff. BauGB zugrunde liegenden Regelungssystem und den der systematischen städtebauliche Sanierung zugedachten Aufgaben.

Das maßgebende Ziel städtebaulicher Sanierungsmaßnahmen ist die nach dem Konzept der Gemeinde für erforderlich erachtete Behebung baulicher und funktionaler Mängel, mithin eine Veränderung und Entwicklung des Gebiets zum städtebaulich Besseren hin. Diesem Ziel sind die anderen mit der Sanierung verfolgten Zwecke nachgeordnet. Nur im Rahmen dieser spezifischen Aufgabenstellung kann daher die Gemeinde auch soziale Ziele, wie diejenigen des Verdrängungsschutzes, verfolgen. Dabei sind die sich hieraus ergebenden Aufgaben und Funktionen und Belastungen so verteilt, daß der Gemeinde gemäß §§ 146, 147 BauGB die Durchführung der Ordnungsmaßnahmen obliegt, während gemäß § 148 BauGB die Durchführung von Baumaßnahmen den Eigentümern überlassen ist. Erfüllt ein Eigentümer diese Aufgabe als privater Investor, so handelt er prinzipiell rechtmäßig. Zugleich knüpft das Bürgerliche Gesetzbuch an eine solche Baumaßnahme, sofern sie wohnwertverbessernd ist, die rechtliche Folge, daß der Eigentümer gemäß § 559 BGB über die zulässige Vergleichsmiete gemäß § 558 BGB hinaus eine um 11 % der Modernisierungskosten im Jahr erhöhte Netto-Kaltmiete verlangen kann. Die bürgerlich-rechtlichen Regelungen in §§ 557 ff. BGB über die zulässigen Miethöhen sind, i. V. m. der Regelung in § 554 BGB hinsichtlich der Duldungspflicht des Mieters bei Modernisierungsmaßnahmen als ein insgesamt sozial abgewogenes System ausgestaltet, das schutzwürdige Belange des Mieters ebenso wie die Interessen des Vermieters ausgleichend wahrt und insoweit eine verfassungskonforme Inhalts- und Schrankenbestimmung des Eigentums darstellt (vgl. Wendt, in: Sachs, GG, 3. Aufl. 2003, Art. 14 Rdnr. 137 f.). Die danach dem Eigentümer eingeräumte Möglichkeit einer Erhöhung der Miete wird vom Schutzbereich des Art. 14 GG erfaßt.

Durch die zusätzliche öffentlich-rechtliche Bindung des Eigentümers an niedrigere Mietobergrenzen im Rahmen der sanierungsrechtlichen Genehmigung wird dieser jedoch – jedenfalls mittelbar – gezwungen, auf einen Teil der ihm nach dem bürgerlichen Recht zustehenden Miete und damit auf eine Amortisation seiner Investitionen in dem zulässigen Umfang zu verzichten; zumindest wird ihm die Möglichkeit genommen, darüber frei zu entscheiden, ob er von der zivilrechtlichen Mieterhöhungsmöglichkeit in vollem Umfang Gebrauch machen will oder nicht.

Für eine derartige Belastung bedürfte es einer gesetzlichen Eingriffsgrundlage, die sich in den hier einschlägigen sanierungsrechtlichen Bestimmungen jedoch nicht finden läßt. Da eine ausdrückliche Zulassung der Festlegung derartiger Mietobergrenzen im Gesetz fehlt, könnte dafür gesetzliche Grundlage allenfalls in der der Gemeinde nach § 140 Nr. 3 BauGB eingeräumten Kompetenz zur Bestimmung der Sanierungsziele gesehen werden. Dem steht jedoch die Systemwidrigkeit des vom Beklagten eingesetzten Instruments der pauschalen Mietobergrenzen im Sanierungsrecht entgegen.

Grundvoraussetzung für die Zulässigkeit einer derartigen Beschränkung der Eigentümerrechte wäre eine durch die gesetzliche Ermächtigung gedeckte städtebauliche Rechtfertigung. Dazu können Ziele eines bloßen sozialen Mieterschutzes von vornherein nicht gerechnet werden (vgl. Schmidt-Eichstaedt, a. a. O.; s. a. Zinkahn/Bielenberg, BauGB, Stand Mai 2003, § 172 Rdnr. 45; Köhler, in: Schrödter, BauGB, 6. Aufl. 1998, § 172 Rdnr. 32). Für deren Berücksichtigung ist erst im Zuge der – noch zu erörternden – Abmilderung der unmittelbaren Belastungen der konkret betroffenen Mieter nach Maßgabe der Regelungen in § 180, 181 BauGB Raum, welche prinzipiell allein finanzielle Ausgleichsleistungen der öffentlichen Hand vorsehen.

Es fehlen jedoch städtebauliche Gründe, die im vorliegenden Sanierungsgebiet überhaupt eine weitergehende Beschneidung der Dispositionsmöglichkeiten der Eigentümer hinsichtlich der Miethöhen grundsätzlich rechtfertigen könnten. Eine der besonderen städtebaulichen Situationen, die in diesem Zusammenhang erörtert werden, liegt nicht vor. Insoweit werden etwa die Ausnahmefälle genannt, in denen sich schon bei der Festlegung des Sanierungsgebiets oder im Verlauf der Durchführung der Sanierungsmaßnahmen abzeichnet, daß nach dem Abschluß der Gesamtmaßnahme die Voraussetzungen für die Festsetzung eines Milieuschutzgebiets gemäß § 172 Abs. 1 Satz 1 Nr. 1 und Abs. 4 BauGB erfüllt sein werden und die Gemeinde eine entsprechende Festsetzung beabsichtigt. Bei einer solchen Konstellation wäre es denkbar, daß die städtebaulichen Erhaltungsbelange bereits auf das gemeindliche Sanierungsprogramm ausstrahlen. Die Festsetzung eines Milieuschutzgebietes zielt jedoch auf die Wahrung einer aus besonderen städtebaulichen Gründen erhaltenswerten Zusammensetzung der Wohnbevölkerung, also einer spezifischen Bevölkerungsstruktur, ab, ohne daß es auf die Identität der dort wohnenden Personen ankäme, die als solche nur reflexhaft von einer Schutzwirkung der Festsetzung profitieren können. In einem festgesetzten Milieuschutzgebiet können demgemäß nach Maßgabe des jeweiligen Erhaltungsziels anhand statistisch ermittelter gebietsspezifischer Einkommensstrukturen einheitliche Mietbelastungsobergrenzen – jedoch nur als (Hilfs-)Indikatoren – für die Annahme einer durch Mietsteigerungen bedingten Verdrängungsgefahr festgelegt und der Entscheidung über die Genehmigungsfähigkeit einer baulichen Maßnahme zugrunde gelegt werden, wobei zur Vermeidung einer negativen Vorbildwirkung auch leerstehende Wohnungen erfaßt werden können (vgl. BVerwG, Urteil v. 18. 6. 1997, BVerwGE 105, 67; vgl. auch Zinkahn/Bielenberg, BauGB, Stand: Mai 2003, § 172 Rdnr. 178: Überlagerung des Mieterhöhungsrechts nach §§ 557 ff. BGB in diesen Fällen). Inwieweit dieses städtebauliche Steuerungsinstrument im Falle des Zusammentreffens von Sanierungsanforderungen und lediglich materiellen städtebaulichen Erhaltungsbelangen in einem Sanierungsgebiet uneingeschränkt angewendet werden könnte und ob dies insbesondere durch die Aufnahme bindender Mietobergrenzen der hier vorgesehenen Art in die Genehmigungen geschehen dürfte, bedarf keiner Klärung, da eine solche Konstellation hier nicht vorliegt. ...

Aus dem Bericht über die vorbereitenden Untersuchungen zur Begründung der Neunten Verordnung über die förmliche Festlegung von Sanierungsgebieten im Jahre 1993 und den nachfolgenden das Sanierungsprogramm konkretisierenden Bezirksamtsbeschlüssen ergibt sich, daß die Wohnbevölkerung des Samariterviertels, die in der Zeit kurz vor und nach der Wiedervereinigung bereits eine starke Fluktuation erfahren hatte, in ihrer altersmäßigen und sozialen Struktur unausgeglichen war und ist. Es gibt nach wie vor einen großen Anteil von Erwerbslosen und einen steigenden Anteil von studentischen Einpersonenhaushalten in dem Gebiet, dessen wohngebietstypische Infrastruktur ebenfalls verbesserungsbedürftig ist. Es sind keine besonderen städtebaulichen Gründe erkennbar, daß die so beschaffene Struktur der Wohnbevölkerung des Gebiets in dieser Zusammensetzung erhalten werden und vor Veränderungen geschützt werden sollte.

Es ist auch nicht zu befürchten, daß infolge einer verstärkten Abwanderung der einkommensschwächeren Bewohner infolge der steigenden Mieten neue städtebauliche Problemlagen entstehen, etwa weil in der Stadt für diese Personen kein ausreichender und bezahlbarer Wohnraum oder keine angemessene städtische Infrastruktur zur Verfügung steht, sondern erst an anderer Stelle geschaffen werden müßte (vgl. zu diesem Aspekt: Krautzberger, in: Battis/Krautzberger/Löhr, BauGB, 8 Aufl. 2002, § 172 Rdnr. 45 ff.; Köhler, in: Schrödter, BauGB, 6. Aufl. 1998, § 172 Rdnr. 32; Zinkahn/Bielenberg, BauGB, Stand Mai 2003, § 172 Rdnr. 42 bis 44; Schmidt-Eichstaedt, ZfBR 2002, 212, 214; Tietzsch, Stadtsanierung ohne Verdrängung?, Berlin 1996, 40). Bereits für die Gefahr einer derartige Probleme auslösenden kurzfristigen und massenhaften Abwanderung einkommensschwacher Bewohner aus dem Sanierungsgebiet sind hinreichende Anhaltspunkte nicht ersichtlich. Dem stehen von vornherein die Beschränkung der Modernisierungsmaßnahmen auf eine Grundsanierung und vor allem die vom Beklagten sach- und situationsgerecht eingesetzten und einzusetzenden Maßnahmen gemäß §§ 180, 181 BauGB zur Gewährleistung eines sozialverträglichen Ablaufes der Sanierung entgegen. Jedenfalls ist die Gefahr der Entstehung städtebaulicher Probleme der genannten Art dadurch ausgeschlossen, daß der Wohnungsmarkt in Berlin auch hinsichtlich preiswerten und bezahlbaren Wohnraums – namentlich im Ostteil der Stadt – bereits seit einigen Jahren entspannt ist (vgl. dazu die Feststellungen in dem Urteil des OVG Berlin v. 13. 6. 2002 – 5 B 22.01 –, NVwZ 2003, 232 zum Außerkrafttreten der Berliner Zweckentfremdungsverbotsverordnung). Bewohner des Samariterviertels, die ihre bisherige Wohnung infolge der sanierungsbedingt erhöhten Miete gegebenenfalls verlassen müssen, können daher grundsätzlich im Stadtgebiet – wenn auch nicht unbedingt im Samariterviertel oder in Friedrichshain – eine für sie unter Berücksichtigung etwaiger Wohngeldansprüche erschwingliche Wohnung finden.

Es fehlt demnach im Sanierungsrecht bereits im Ansatz eine städtebauliche Rechtfertigung für die durch die Mietobergrenzen in der hier vom Beklagten angewendeten Form bewirkten Beschneidung der Rechte der Grundeigentümer auf die Nutzung der zivilrechtlichen Mieterhöhungsmöglichkeiten. Die Mietobergrenzenregelung stellt sich vielmehr insgesamt als ein mit dem gesetzlichen Regelungssystem des Sanierungsrechts nach §§ 136 ff. BauGB unvereinbares, nach seinen Grundlagen unzulässigerweise erhaltungsrechtlich konzipiertes Steuerungsinstrument dar, dessen primäres sozialpolitisches Ziel hier darin besteht, zugleich Schutzwirkungen zugunsten der Wohnungsmieter in dem Gebiet zu entfalten und das durch die Einbeziehung auch der leerstehenden Wohnungen und der Neuvermietungen darauf ausgerichtet ist, einkommensschwachen Bewohnern der Friedrichshainer Sanierungsgebiete nach Möglichkeit das Verbleiben in diesen durch die Sanierungsmaßnahmen verbesserten und aufgewerteten Gebieten finanziell zu ermöglichen. Im Widerspruch zu der prinzipiell im Gesetz vorgesehenen Verteilung der Aufgaben und Lasten in den Sanierungsgebieten werden damit die

Eigentümer insoweit einseitig belastet, wobei zudem die gegenüber einer Verdrängungsgefahr nicht schutzwürdigen neu hinzukommenden sowie die nicht einkommensschwachen Mieter unter Verstoß gegen den Verhältnismäßigkeitsgrundsatz von der Regelung profitieren. Insbesondere vermag die vom Beklagten im vorliegenden Rechtsstreit und wiederholt in den Bezirksamtsbeschlüssen für diese Erstreckung der Mietobergrenzenregelung auf leerstehende Wohnungen gegebene weitere Begründung, hiermit solle die forcierte Schaffung von Wohnungsleerständen im Gebiet verhindert werden, die Systemwidrigkeit und Unverhältnismäßigkeit des damit im Ergebnis verfolgten Ziels nicht zu widerlegen, wonach auch die leerstehenden Wohnungen im Gebiet grundsätzlich für die einkommensschwachen Bewohner vorgehalten werden und Fluktuationen der Bewohner möglichst vermieden werden sollen. Auch bei dem vom Beklagten dafür genannten Ziel der Verhinderung einer davon ausgehenden Vorbildwirkung handelt es sich um einen dem Milieuschutz zugehörigen Aspekt, der jedoch im Sanierungsrecht keinen Platz hat. Rechtswidrigen Kündigungen können die Mieter im übrigen mit den zivilrechtlichen Rechtsschutzmöglichkeiten begegnen. Einem mißbräuchlichen Vorgehen der Vermieter kann der Beklagte im Zuge der Ablaufsicherung u. a. auch durch den Abschluß städtebaulicher Verträge entgegenwirken.

Daß die Bindung der Eigentümer an die Mietobergrenzen entsprechend dem hier anwendbaren Beschluß des Bezirksamts vom Januar 1998 nur für die Dauer eines Jahres festgelegt worden ist, stellt die prinzipielle Unzulässigkeit dieses Steuerungsinstruments im Sanierungsgebiet nicht in Frage. ...

Soweit sich der Beklagte gegenüber dem Einwand, durch die Mietobergrenzen würden sanierungswillige Investoren abgeschreckt, darauf beruft, daß nach den fortlaufenden Erhebungen im Zuge des Ablaufs der Sanierungsmaßnahmen die inzwischen erreichte Stabilisierung der Bevölkerung in den Sanierungsgebieten Friedrichshains auch durch den Einsatz der Mietobergrenzen bewirkt worden sei, wobei bis Ende 2002 von insgesamt 2926 Wohnungen 1471 frei finanziert saniert worden seien, ist eine abweichende rechtliche Beurteilung der Rechtmäßigkeit dieser Regelung nicht geboten. Selbst wenn die genannte Entwicklung wesentlich auch auf die Handhabung der Mietobergrenzen zurückzuführen sein sollte, wäre dies doch ein sozialpolitischer Erfolg, den der Beklagte unter systemwidriger und deshalb rechtswidriger Überdehnung der im städtebaulichen Sanierungsrecht nur zulässigen Steuerungsinstrumente erreicht hätte, denen sich die Eigentümer lediglich gebeugt hätten.

Als ermächtigungskonforme Bestimmung zur Verhinderung der Verdrängung von Gebietsbewohnern steht dem Beklagten dagegen primär eine am baulichen Zustand der Wohngebäude und der Sozialstruktur der ansässigen Bevölkerung orientierte Begrenzung der Art und des Umfangs der Modernisierungsmaßnahmen im Rahmen der Konkretisierung der Sanierungsziele nach § 140 Nr. 3 BauGB zur Verfügung. In diesem Zusammenhang können auch den statistisch ermittelten durchschnittlichen Haushaltseinkommen gewisse Anhaltspunkte für einen Regelungsbedarf entnommen werden, die dann als Indikator dienen. Er kann den Sanierungsumfang danach auf Maßnahmen beschränken, die auf die Herstellung eines zeitgemäßen, jedoch nicht überdurchschnittlich komfortablen Wohnstandards gerichtet sind. Auch die Zusammenlegung kleinerer Wohnungen zu einer familiengerechteren Größe ist im Rahmenprogramm der Senatsverwaltung zu einem der Sanierungsziele erklärt worden. Ob und inwieweit bei nicht von den gemeindlichen Sanierungszielen erfaßten „Luxusmodernisierungen" in der sanierungsrechtlichen Genehmigung gezielt ein zeitweiliger Verzicht des Eigentümers auf Mieterhöhungsmöglichkeiten vorgesehen werden kann (so von Hase, GE 2001, 329, 335), ist im vorliegenden Verfahren nicht abschließend zu klären, da die streitigen Modernisierungsmaßnahmen der Klägerin dazu nicht gerechnet werden können. Der Beklagte hat es überdies in der Hand, in der Genehmigung selbst sowie im Rahmen gemäß § 180 BauGB individuell erstellter Sozialpläne – oder auf Grund freiwilliger städtebaulicher Vereinbarungen mit dem Eigentümer – einen die Interessen und die Belastung der Mieter möglichst schonenden zeitlichen Ablauf der Sanierungsmaßnahmen in einem Gebäude festzulegen.

Insgesamt muß dem Eigentümer, der frei finanziert Modernisierungsarbeiten im Einklang mit dem gemeindlichen Sanierungsprogramm durchführt, in der sanierungsrechtlichen Genehmigung eine wirtschaftliche Nutzung des Grundstücks dergestalt ermöglicht werden, daß ihm nach der Sanierung grundsätzlich die bereits sozial ausgewogen konzipierten zivilrechtlichen Mieterhöhungsmöglichkeiten nach §§ 558, 559 BGB dem Umfang nach verbleiben. Ergibt sich hierbei die wirtschaftliche Überforderung von Bewohnern des Gebiets und damit eine individuelle Verdrängungsgefahr, so sieht die Regelung des § 181 BauGB die Gewährung von Härteausgleichszahlungen zur Gewährleistung eines sozialverträglichen Ablaufs der Sanierung vor, wenn dies die Billigkeit fordert. Die danach mögliche Abfederung sozialer Härten in Form von Miet- und Anpassungsbeihilfen ist aber allein von der öffentlichen Hand zu leisten und kann nicht über Mietobergrenzen teilweise auf die Hauseigentümer abgewälzt werden. Daß es dem Beklagten auch darum ging, mit Hilfe der Mietobergrenzen einen Teil dieser zeitweiligen Subventionierung der Mieten zu sparen, geht aus der Drucksache vom Juni 1994 hervor, wo zu den haushaltsmäßigen Auswirkungen der Regelung zur Begrenzung der Miethöhe ausgeführt wird, daß die Notwendigkeit von Härteausgleichszahlungen, zu denen die Gemeinde gemäß § 181 verpflichtet ist, der Anzahl und der Höhe nach eingeschränkt wird.

Können derartige staatliche Beihilfen nicht oder nicht in ausreichendem Umfang geleistet werden und verzichtet auch der Eigentümer nicht freiwillig auf Mieterhöhungen, so stellt es eine dem städtebaulichen Sanierungsrecht grundsätzlich immanente Folge der durch die Sanierung angestrebten baulichen und funktionalen Verbesserung und Aufwertung des Gebiets dar, wenn Bewohner infolge der für sie nicht tragbaren Mieterhöhungen veranlaßt werden, die Wohnung aufzugeben und gegebenenfalls das Gebiet zu verlassen. Denn im Falle eines Zielkonflikts zwischen der für notwendig erachteten Beseitigung baulicher Mißstände und der wirtschaftlichen Motivation der freifinanzierend tätigen Eigentümer einerseits und dem Wunsch von Bewohnern auf ihren Verbleib andererseits muß im Sanierungsgebiet generell dem Ziel der baulichen Verbesserung und der Aufwertung des Gebiets der Vorrang eingeräumt werden (vgl. von Hase, a. a. O., S. 331 f.). Mit Rücksicht auf den inzwischen – wie ausgeführt – weitergehend entspannten Wohnungsmarkt in Berlin kommt den damit verbundenen Belastungen der Bewohner und dem Gesichtspunkt des Verdrängungsschutzes im übrigen heute ohnehin ein geringeres Gewicht zu, als noch beim Erlaß der Sanierungsverordnung im Jahre 1993.

Nach Maßgabe dieser rechtlichen Beurteilung der Mietobergrenzenregelung ist dem gegen die Auflagen Nr. 1 und 2 zur sanierungsrechtlichen Genehmigung gerichteten Anfechtungsantrag der Klägerin ebenso wie dem gegen die der Genehmigung beigefügte Bedingung Nr. 1 gerichteten Verpflichtungsantrag – in der Form der Verurteilung des Beklagten zur Neubescheidung – zu entsprechen.

Die Auflage Nr. 1 und die ihrer Ergänzung dienende Auflage Nr. 2 hat das Verwaltungsgericht entgegen der Auffassung des Beklagten im Ergebnis zu Recht ersatzlos aufgehoben. Eine nach objektivem Recht untrennbare Verknüpfung der Auflagen mit der sanierungsrechtlichen Genehmigung besteht nicht. Dem grundsätzlich verfolgten Ziel des Verdrängungsschutzes dienende anderweitige Regelungsmöglichkeit hinsichtlich der baulichen Ausgestaltung und Durchführung der genehmigten Sanierungsmaßnahmen an dem Haus sind nicht erkennbar, so daß insoweit auch keine Entscheidungsoptionen des Beklagten bestehen; insbesondere erfüllt keine der Maßnahmen die Merkmale einer „Luxusmodernisierung". Belange der sozialen Ablaufsicherung und des individuellen Verdrängungsschutzes werden dagegen in vollem Umfang von der durch die angefochtene Bedingung Nr. 1 gesicherten Regelung in den Sozialplänen erfaßt.

Die die Vorlage der Sanierungsvereinbarungen und Räumungsvereinbarungen sichernde Bedingung Nr. 1 für die vermieteten Wohnungen ist zwar rechtswidrig, die Voraussetzungen einer uneingeschränkten Verpflichtung des Beklagten zur Erteilung einer insoweit unbedingten sanierungsrechtlichen Genehmigung sind jedoch mangels Spruchreife nicht erfüllt.

Die Bedingung ist insoweit rechtsfehlerhaft, als den durch sie gesicherten Sozialplanregelungen für die Mehrzahl der vermieteten Wohnungen ebenfalls die nach den vorstehenden Ausführungen nicht ermächtigungskonformen Mietobergrenzen zugrunde liegen. Dieser prinzipiell fehlerhafte Ansatz macht die Ermessensentscheidung über die Aufnahme der Nebenbestimmung in die Genehmigung gemäß § 145 Abs. 2 und Abs. 4 BauGB i. V. m § 36 Abs. 1 VwVfG rechtswidrig.

Hiervon abgesehen weist die Nebenbestimmung keine der von der Klägerin weiterhin geltend gemachten rechtlichen Mängel auf. Sie stellt in grundsätzlich sachgerechter Weise sicher, daß die von der Klägerin beabsichtigten Baumaßnahmen die Durchführung der Sanierung nicht wesentlich erschweren. Denn sie dient der Durchsetzung des Sozialplans, den der Beklagte zur Vermeidung voraussichtlicher nachteiliger Auswirkungen der städtebaulichen Sanierungsmaßnahmen auf die persönlichen Lebensumstände der im Sanierungsgebiet Wohnenden aufgestellt hat. Die Bedingung bezweckt, daß mit den von der Sanierungsgenehmigung erfaßten Bauarbeiten nicht begonnen wird, bevor die geforderten Nachweise erbracht sind und die betroffenen Mieter den Auswirkungen der baulichen Maßnahmen bereits ausgesetzt sind, bevor ihnen die Modernisierungs- und Räumungsvereinbarungen auch nur angeboten worden sind (vgl. dazu auch den Beschluß v. 7.5.2001 – 2 SN 6.01 –, NVwZ 2001, 1059f.). Die von der Klägerin dagegen vorgebrachten Einwände sind nicht erheblich. Die Verfolgung sozialer Ziele des Verdrängungsschutzes ist auch und erst recht in diesem Zusammenhang prinzipiell zulässig. Zutreffend hat das Verwaltungsgericht darauf hingewiesen, daß die durch die Bedingung bezweckte Verpflichtung der Klägerin auf den Inhalt der Sozialpläne nur für die Dauer der Baumaßnahmen gilt, da die Festlegung in den Sozialplänen auf diesen Zeitraum beschränkt ist. Entgegen der Ansicht der Klägerin erschwert die Bedingung nicht die Durchführung der Sanierung. Sie ist vielmehr tendenziell geeignet, die Durchführung der Sanierung zu erleichtern. Wie der Beklagte einleuchtend ausgeführt hat, können Modernisierungsvereinbarungen Sanierungsmaßnahmen auch beschleunigen, weil sie die Akzeptanz der Sanierung durch die Bewohner erhöhen. Auch verlangt die Bedingung nicht den Abschluß einer Vereinbarung mit den Mietern, sondern ausweislich des Wortlautes genügt es zu deren Erfüllung, daß der Abschluß der Vereinbarung den Mietern angeboten wird, so daß es die Klägerin selbst in der Hand hat, den Bedingungseintritt schnell herbeizuführen.

Der Klägerin kann schließlich nicht darin gefolgt werden, daß sie eine bedingungsfreie sanierungsrechtliche Genehmigung beanspruchen könne, weil im Geltungsbereich von Erhaltungssatzungen die Grundstückseigentümer gemäß § 172 Abs. 4 Satz 3 Nr. 1 BauGB einen zwingenden Anspruch auf Genehmigung für Maßnahmen zur Herstellung eines zeitgemäßen Ausstattungszustandes einer durchschnittlichen Wohnung hätten, so daß sie, die ebenfalls nur eine Sanierung zur Herstellung eines zeitgemäßen Ausstattungszustandes erstrebe, erst recht einen solchen gebundenen Anspruch habe (so auch von Hase, a. a. O., S. 330, 334; Lamek/Berger, GE 1997, 1302, 1304, und Dyroff, GE 2002, 317, 318; a. A. etwa Kunze/Battke, BauR, 2003, 976, 979f.; Schmidt-Eichstaedt, ZfBR 2002, 212, 219; Schmitz, LKV 2001, 443, 444f.). Die grundlegenden Unterschiede zwischen den Voraussetzungen und Zielsetzungen von Sanierungsatzungen, bei denen ein Substandard der Wohnungen im Sanierungsgebiet die Regel ist, und Milieuschutzsatzungen, bei deren dies die Ausnahme ist, stehen einer Übertragbarkeit der Regelung des § 172 Abs. 4 Satz 3 Nr. 1 BauGB auf das Sanierungsrecht von vornherein entgegen. Dieses ist im Vergleich zum Milieuschutzrecht das weitaus umfassendere und differenziertere städtebauliche Instrumentarium, das der Verwaltung größere Steuerungs- und Gestaltungsspielräume zur Verfolgung komplexerer, städtebaulicher, wohnungspolitischer und sozialer Ziele einräumt. Bei der Entscheidung über städtebauliche Sanierungsmaßnahmen sind zudem stets alle öffentlichen und privaten Belange gegeneinander und untereinander gerecht abzuwägen (§ 136 Abs. 4 Satz 3 BauGB), was einen flexibleren Entscheidungsspielraum voraussetzt.

Der Beklagte war danach im Hinblick auf den genannten, der Bedingung Nr. 1 anhaftenden Rechtsverstoß zur Neubescheidung der Klägerin zu verurteilen, wobei er zu berücksichtigen haben wird, daß er die sanierungsrechtliche Genehmigung nicht mit einer Bedingung oder einer anderen Nebenbestimmung versehen darf, die, wie die mit der Klage angegriffene Bedingung, über die in die Genehmigung inkorporierten Sanierungspläne eine verbindliche Geltung der Mietobergrenzen bewirkt. Ob und in welchem Umfang der Beklagte hierbei etwa finanzielle Mittel für eine Abmilderung der Folgen der Sanierung zur Verfügung stellt, bleibt seiner Entscheidung vorbehalten.

Nr. 225

Die Aufhebung eines Miet- oder Pachtverhältnisses gemäß § 182 Abs. 1 BauGB wird durch die Möglichkeit einer zivilrechtlichen Kündigung nicht generell ausgeschlossen.

BauGB § 182.

VGH Baden-Württemberg, Beschluß vom 13. Februar 2004
– 5 S 2345/03 – (rechtskräftig).

(VG Karlsruhe)

Aus den Gründen:
Es ist davon auszugehen, daß die im Bescheid erfolgte Aufhebung des zwischen den Antragstellern und der Antragsgegnerin bestehenden Mietverhältnisses (Nr. 1) und demzufolge auch die Verpflichtung zur Räumung des Grundstücks X.-Straße (Nr. 2) aller Voraussicht nach rechtswidrig sind und deshalb das Interesse der Antragsteller, einstweilen von einer Vollziehung dieser Verfügungen verschont zu bleiben, das öffentliche Interesse an einer Durchsetzung überwiegt.

1. Entgegen der Auffassung des Verwaltungsgerichts sind allerdings die Verfügungen wohl nicht schon deshalb als rechtswidrig anzusehen, weil die Antragsgegnerin das Mietverhältnis – unter Verweis auf die geplante Sanierung des im Geltungsbereich der Sanierungssatzung „Ortskern" von 1996 liegenden Grundstücks – zivilrechtlich zum 30. 11. 2003 gekündigt hat.

Nach § 182 Abs. 1 BauGB kann eine Gemeinde auf Antrag des Eigentümers oder im Hinblick auf ein städtebauliches Gebot ein Miet- oder Pachtverhältnis mit einer Frist von mindestens sechs Monaten, bei einem land- oder forstwirtschaftlich genutzten Grundstück nur zum Schluß eines Pachtjahres, aufheben, wenn die Verwirklichung der Ziele und Zwecke der Sanierung in einem förmlich festgelegten Sanierungsgebiet, der Entwicklung in einem städtebaulichen Entwicklungsbereich oder eine Maßnahme nach den §§ 176 bis 179 BauGB die Aufhebung des Rechtsverhältnisses erfordert. Ist die Gemeinde selbst Eigentümerin des Miet- oder Pachtobjekts, bedarf es keines Antrags.

Die danach für eine Aufhebung nach § 182 Abs. 1 BauGB vorausgesetzte „städtebauliche Erforderlichkeit" fehlt nicht generell, wenn die Möglichkeit einer zivilrechtlichen Kündigung des Miet- oder Pachtverhältnisses besteht (Hess. VGH, Beschluß v. 15. 12. 1997 – 4 TG 4579/96 –, BRS 60 Nr. 230; Krautzberger, in: Ernst/Zinkahn/Bielenberg, BauGB, Stand: Mai 2003, §§ 182–186 Vorb., Rdnr. 18; Köhler, in: Schrödter, BauGB, 6. Aufl. 1998, § 182 Rdnr. 5; Pieroth/Kotulla, DVBl. 1992, 585). Während die „Vorgängervorschrift" des § 27 StBauFG ausdrücklich bestimmte, daß die Aufhebung nur zulässig ist, wenn das Rechtsverhältnis bis zum Ablauf der Frist nicht vertragsgemäß ende oder nicht durch Kündigung beendet werden kann, enthält § 182 BauGB keine entsprechende Einschränkung. Eine generelle Subsidiarität der Aufhebung nach § 182 BauGB läßt sich auch nicht durch Auslegung ermitteln (ausführlich dazu Pieroth/Kotulla, a.a.O.) oder aus allgemeinen Grundsätzen herleiten. Vielmehr stehen beide Beendigungsmöglichkeiten schon wegen ihrer unterschiedlichen Voraussetzungen, Ziele und Auswirkungen grundsätzlich gleichrangig und gleichwertig nebeneinander. Zweck des § 182 Abs. 1 BauGB ist es, eine – zeitlich angemessene – Beendigung von Nutzungsverträgen zu erreichen, um Sanierungs- bzw. Entwicklungsmaßnahmen oder Maßnahmen nach §§ 176 bis 179 BauGB, also Maßnahmen, deren zügige Durchführung im öffentlichen Interesse liegt (vgl. §§ 136 Abs. 1 Satz 1, 165 Abs. 1 Satz 1 BauGB), zu ermöglichen. Die Betroffenen sind schon bei den Maßnahmen zu beteiligen (§§ 137, 165 Abs. 4 Satz 2 BauGB), gegebenenfalls ist ein Sozialplan zu erstellen (§ 180 BauGB) und Härteausgleich in Geld zu gewähren (§ 181 BauGB). Außerdem muß bei der Aufhebung nach § 182 BauGB angemessener Ersatzwohnraum zur Verfügung stehen und die Betroffenen können Ansprüche auf Entschädigung nach § 185 BauGB haben. Diesen Vorteilen einer Vertragsaufhebung nach § 182 Abs. 1 BauGB für den Mieter bzw. Pächter gegenüber einer zivilrechtlichen Kündigung stehen aber auch Nachteile gegenüber, wie die Möglichkeit einer Aufhebung mit einer Frist von nur 6 Monaten und insbesondere die Tatsache, daß die zivilrechtlichen Mieterschutzregelungen nicht gelten. Während eine Vertragsaufhebung nach § 182 Abs. 1 BauGB vor allem im öffentlichen Interesse erfolgt, liegt der zivilrechtlichen Kündigung i.d.R. das private Interesse des Vermieters zugrunde. Das öffentliche Interesse an einer städtebaulichen Maßnahme wird bei Privatpersonen nicht ohne weiteres als Kündigungsgrund anerkannt (vgl. LG Kiel, Urteil v. 12.1.1983 – 1 S 200/82 –, ZMR 1983, 234; Krautzberger, a.a.O., §§ 182–186 Vorb. Rdnr. 19, m.w.N.; vgl. auch Weidenkaff, in: Palandt, BGB, 63. Aufl. 2004, § 573 Rdnr. 42). Bei langjährigen Mietverträgen bestehen längere Kündigungsfristen. Ggf. muß noch Klage auf Räumung des Grundstücks, des Gebäudes oder der Wohnung erhoben werden, während eine Räumung, zu der der Mieter oder Pächter auf Grund einer Vertragsaufhebung nach § 182 BauGB verpflichtet ist, im Wege der Verwaltungsvollstreckung durchgesetzt werden kann (Krautzberger, a.a.O., § 182 Rdnr. 11; Köhler, a.a.O., § 182 Rdnr. 7.)

Danach besteht insbesondere in Fällen, in denen damit zu rechnen ist, daß der Mieter oder Pächter der Kündigung widersprechen und das Miet- oder Pachtobjekt nicht freiwillig räumen wird, ein berechtigtes Interesse der Gemeinde bzw. des Eigentümers, anstelle oder neben der zivilrechtlichen Kündigung das Vertragsverhältnis auch auf der Grundlage von § 182 BauGB aufzuheben, um die im öffentlichen Interesse liegenden städtebaulichen Maßnahmen möglichst bald verwirklichen zu können. Etwas anderes mag gelten, wenn ein Vertrag ohnehin demnächst ausläuft oder kurzfristig gekündigt werden kann und mit keinerlei Schwierigkeiten seitens des Mieters bzw. Pächters zu rechnen ist, so daß eine hoheitliche Aufhebung nicht – auch nicht wegen der i. d. R. kürzeren Zeitdauer bis zur tatsächlichen Räumung des Miet- oder Pachtobjekts – erforderlich erscheint (vgl. Krautzberger, a. a. O., §§ 182–186 Vorb. Rdnr. 18). Das ist aber hier in Anbetracht der bereits vorangegangenen vergeblichen Kündigungen mit Schreiben vom 16. 3. 1999 und vom 6. 9. 2002 und der strikten Weigerung der Antragsteller, das Gebäude zu verlassen, nicht der Fall. Schließlich sind die Antragsteller bis heute nicht ausgezogen, obwohl das Mietverhältnis mit Schreiben vom 29. 2. 2003 erneut, und zwar zum 30. 11. 2003, gekündigt wurde.

2. Die Erforderlichkeit der Aufhebung des Mietverhältnisses ist auch nicht aus anderen Gründen zu verneinen. Die Antragsgegnerin hat nachvollziehbar dargelegt, daß die vorgesehene Sanierung des ausweislich der vorliegenden vorbereitenden Untersuchungen an sich „abbruchreifen" Hauses längere Zeit in Anspruch nehmen wird und das gesamte Gebäude faktisch von Grund auf erneuert werden muß. Entgegen der Auffassung der Antragsteller muß die Antragsgegnerin nicht auf ihren Vorschlag eingehen, das Grundstück an ihre Söhne zu verkaufen, die es dann sanieren wollten. Abgesehen davon liegen bis heute keine konkreteren Angaben und Nachweise über die Finanzierung des Kaufs und der erforderlichen Sanierung vor.

3. Das Verwaltungsgericht hat aber zur Begründung der voraussichtlichen Rechtswidrigkeit der Aufhebung des Mietverhältnisses durch die Antragsgegnerin außerdem im Ergebnis zu Recht darauf abgestellt, daß zweifelhaft ist, ob der den Antragstellern angebotene Ersatzwohnraum als angemessen und zumutbar angesehen werden kann.

Nach § 182 Abs. 2 BauGB darf ein Mietverhältnis über Wohnraum nur aufgehoben werden, wenn im Zeitpunkt der Beendigung des Mietverhältnisses angemessener Ersatzwohnraum für den Mieter und die zu seinem Hausstand gehörenden Personen zu zumutbaren Bedingungen zur Verfügung steht. Angemessen ist der Ersatzwohnraum, wenn er den Wohnbedürfnissen der Betroffenen und den Anforderungen an gesunde Wohnverhältnisse ausreichend Rechnung trägt. Die Zumutbarkeit ist insbesondere im Hinblick auf Preis und Lage der zur Verfügung stehenden Wohnungen zu prüfen. Auf eine gleichbleibende Miete besteht kein Anspruch. Die Anmietung einer Wohnung ist nur dann aus finanziellen Gründen nicht zumutbar, wenn der Mieter die Miete einschließlich Nebenkosten auch nach Inanspruchnahme von Wohngeld nicht aufbringen könnte (vgl. Köhler, a. a. O., § 179 Rdnr. 15 und 16).

Nach diesen Grundsätzen dürfte zwar die Höhe der Miete der angebotenen Wohnung im Dachgeschoß des Bahnhofs von 5,– € pro m^2 nicht als unzumutbar anzusehen sein. Daß dem Antragsteller Nr. 2 aus gesundheitlichen Gründen nicht zugemutet werden könnte, im Dachgeschoß zu wohnen, ist bislang lediglich behauptet, aber nicht glaubhaft gemacht worden. Auch wäre die angebotene Wohnung mit zwei Zimmern und einer Wohnküche sowie einer Wohnfläche von 65,4 m^2 wohl bei drei Personen noch als angemessen anzusehen. Wie sowohl der Prozeßbevollmächtigte der Antragsgegnerin als auch der Antragsteller bestätigt haben, wohnen aber im Dachgeschoß des Gebäudes in der X.-Straße neben dem Sohn der Antragsteller auch dessen Ehefrau und ihr gemeinsames im Jahr 2002 geborenes Kind. Diese dürften zum Hausstand der Antragsteller gehören. Ob der Ausbau des Dachgeschosses genehmigt war oder nicht und ob eine Nutzung des Dachgeschosses zum Wohnen aus brandschutzrechtlichen Gründen zulässig ist oder nicht, ist bei summarischer Prüfung unerheblich. Schließlich spricht alles dafür, daß die Antragsteller zumindest in den letzten Jahren Mieter des gesamten Hauses, also auch des Dachgeschosses waren. Daß für die Familie des Sohnes der Antragsteller ebenfalls angemessener Ersatzwohnraum zu zumutbaren Bedingungen zur Verfügung steht, ist aber bislang nicht nachgewiesen.

Allerdings ist die Antragsgegnerin nicht etwa verpflichtet, den Antragstellern, ihrem Sohn und dessen Familie, geeignete Ersatzräume zu vermitteln. Vielmehr ist es die Pflicht der Antragsteller, sich darum zu bemühen. Die Antragsgegnerin trägt aber die Darlegungs- und Beweislast dafür, daß zum Zeitpunkt der Beendigung des Mietverhältnisses entsprechender Wohnraum zur Verfügung steht – bzw. hier zum 30.11.2003 vorhanden gewesen wäre. Diesen Anforderungen kann sie allerdings noch im Laufe des Widerspruchsverfahrens entsprechen. Bislang ist jedenfalls nicht einmal vorgetragen worden, daß auch für den Sohn der Antragsteller und dessen Familie ausreichender Wohnraum zur Verfügung steht.

Nr. 226

Zulässig ist jede Methode, mit der der gesetzliche Auftrag, die Bodenwerterhöhung und damit den Ausgleichsbetrag nach dem Unterschied zwischen Anfangs- und Endwert zu ermitteln, erfüllt werden kann (hier: Zielbaumverfahren).
(Nichtamtlicher Leitsatz)

BauGB § 154 Abs. 2.

Bundesverwaltungsgericht, Beschluß vom 16. November 2004 – 4 B 71.04 –.

(Sächsisches OVG)

Aus den Gründen:
Nach § 154 Abs. 2 BauGB besteht die durch die Sanierung bedingte, nach § 154 Abs. 1 BauGB ausgleichspflichtige Erhöhung des Bodenwerts des Grundstücks aus dem Unterschied zwischen dem Bodenwert, der sich für das Grundstück ergeben würde, wenn eine Sanierung weder beabsichtigt noch durchgeführt worden wäre (Anfangswert), und dem Bodenwert, der sich für das Grundstück durch die rechtliche und tatsächliche Neuordnung des förmlich festgelegten Sanierungsgebiets ergibt (Endwert). Mehr als die Anordnung, daß es auf die Differenz zwischen Anfangs- und Endwert ankommt, gibt die Vorschrift nicht her. Wie die Beschwerde selbst einräumt, verhält sie sich namentlich nicht zu der Frage, wie die Differenz und insbesondere die für sie maßgeblichen Anfangs- und Endwerte zu ermitteln sind. Dies ist für die Gutachterausschüsse vielmehr in § 28 WertV geregelt (BVerwG, Urteil v. 17.5.2002 – 4 C 6.01 –, BRS 65 Nr. 233 = BauR 2002, 1811 = NVwZ 2003, 211, 212). Gemäß dessen Abs. 3 Satz 1 ist bei der Ermittlung des Anfangs-

und Endwerts der Wert des Bodens ohne Bebauung durch Vergleich mit dem Wert vergleichbarer unbebauter Grundstücke, also im Vergleichswertverfahren (§§ 13, 14 WertV), zu ermitteln; die für Sanierungsgebiete geltenden §§ 26 f. WertV gelten entsprechend.

In der Rechtsprechung des Senats ist geklärt, daß das Vergleichsverfahren nur anzuwenden ist, wenn ausreichende Daten zur Verfügung stehen, die gewährleisten, daß der Verkehrswert und – im Falle der Sanierung – dessen Erhöhung zuverlässig zu ermitteln sind. Fehlt es an aussagekräftigem Datenmaterial, ist eine andere geeignete Methode anzuwenden (BVerwG, Beschluß v. 16. 1. 1996 – 4 B 69.95 –, BRS 58 Nr. 243 = NVwZ-RR 1997, 155, 156). Zulässig ist jede Methode, mit der der gesetzliche Auftrag, die Bodenwerterhöhung und damit den Ausgleichsbetrag nach dem Unterschied zwischen Anfangs- und Endwert zu ermitteln, erfüllt werden kann. Dies kann ohne Zweifel auch ein Verfahren sein, in dem – wie in dem hier angewandten und vom Berufungsgericht im einzelnen beschriebenen sogenannten Zielbaumverfahren – Anfangs- und Endwert nicht getrennt festgestellt werden, sondern der Endwert aus dem festgestellten Anfangswert und dem modellhaft berechneten Betrag der sanierungsbedingten Wertsteigerung abgeleitet wird (vgl. auch Kleiber, in: Ernst/Zinkahn/Bielenberg, BauGB, § 28 WertV Rdnr. 14).

b) Die Frage, ob eine alternative Wertermittlungsmethode nur dann zur Ermittlung des sanierungsbedingten Ausgleichsbetrages i. S. des § 154 Abs. 2 BauGB i. V. m. der WertV anwendbar ist, wenn sie nach dem Stand der Wertermittlungswissenschaft zum Zeitpunkt ihrer Anwendung die objektivste und zuverlässigste alternative Wertermittlungsmethode, mindestens jedoch genauso objektiv und zuverlässig wie die in der WertV geregelten Wertermittlungsmethoden, namentlich die Vergleichswertmethode, ist, rechtfertigt ebenfalls nicht die Zulassung der Grundsatzrevision. Die Beschwerde zeigt nicht auf, daß es vor dem Hintergrund fehlender Vergleichsfälle alternative Wertermittlungsmethoden gibt, die der vom Berufungsgericht gebilligten Zielbaummethode überlegen sind. Daß nur eine Methode gewählt werden darf, die den in der WertV normierten gleichwertig ist, versteht sich von selbst. Im übrigen hat der Senat bereits klargestellt, daß bei jeder Wertermittlung die allgemein anerkannten Grundsätze der Wertermittlungsverordnung beachtet werden müssen (Urteil v. 17. 5. 2002, a. a. O.).

c) Auch die Frage, ob eine alternative Wertermittlungsmethode nur dann zur Ermittlung des sanierungsbedingten Ausgleichsbetrages i. S. des § 154 Abs. 2 BauGB i. V. m. der WertV anwendbar ist, wenn die mit ihr unterstellten empirischen Zusammenhänge methodisch-wissenschaftlich, beispielsweise durch eine Regressionsanalyse abgesichert sind, führt nicht zur Zulassung der Grundsatzrevision. Ob eine alternative Wertermittlungsmethode in gleichem Maße wie die in der WertV geregelten Methoden geeignet ist, die Steigerung des Bodenwerts zuverlässig zu erfassen, ist eine Tat- und keine Rechtsfrage. ...

2. Die Revision ist auch nicht nach § 132 Abs. 2 Nr. 3 VwGO wegen eines Verfahrensfehlers zuzulassen. Das Berufungsurteil leidet nicht unter dem geltend gemachten Verfahrensfehler der Verletzung der gerichtlichen Aufklärungspflicht (§ 86 Abs. 1 VwGO). Das Berufungsgericht war nicht verpflichtet,

durch Einholung eines Sachverständigengutachtens – wie beantragt – der Frage nachzugehen, ob es in anderen Städten ausreichende geeignete Vergleichsfälle gibt, die die Anwendung des Vergleichswertverfahrens ermöglichen. Es durfte die von der Beschwerde vermißte weitere Aufklärung des Sachverhalts mit der Begründung ablehnen, es gebe keinen Anlaß, an den Darstellungen des Gutachterausschusses und der in der mündlichen Verhandlung vernommenen amtlichen Auskunftsperson, des bei der Beklagten beschäftigten Dipl.-Ing. K., zu zweifeln, wonach sich nicht nur in Leipzig, sondern auch in anderen Großstädten in den neuen Bundesländern (Dresden, Chemnitz) kein zusammenhängendes Areal finden lasse, das den Endwert für ein hinsichtlich Substanz und Funktion intaktes städtebauliches Gefüge repräsentieren könnte.

Ein Tatsachengericht darf sich grundsätzlich ohne Verstoß gegen die ihm obliegende Aufklärungspflicht auf gutachterliche Stellungnahmen stützen, die im gerichtlichen oder behördlichen Verfahren eingeholt worden sind. Das Einholen zusätzlicher Gutachten oder gutachterlicher Stellungnahmen liegt gemäß § 98 VwGO i. V. m. den § 404 Abs. 1, § 412 Abs. 1 ZPO in seinem Ermessen. Das Ermessen wird nur dann fehlerhaft ausgeübt, wenn das Gericht von einer Einholung absieht, obwohl sich ihm die Notwendigkeit einer weiteren Beweiserhebung hätte aufdrängen müssen. Daß dem so gewesen sei, zeigt die Beschwerde nicht auf. Sie behauptet selbst nicht, dem Berufungsgericht irgendeinen Anhaltspunkt dafür geliefert zu haben, daß die Darstellung des Gutachterausschusses und des Dipl.-Ing. K. unzutreffend sein könnte. Auch in der Beschwerdebegründung beschränkt sie sich auf die rein spekulative Vermutung, durch Rückgriffe auf Vergleichsfälle in anderen Städten mit mehr als 100 000 Einwohnern und dort durchgeführte Sanierungsmaßnahmen, auch aus früherer Zeit, könne mit großer Sicherheit nach der Vergleichswertmethode der sanierungsbedingte Wertzuwachs auch aktueller Leipziger Bewertungsfälle bestimmt bzw. prognostiziert werden. Den entsprechend formulierten Beweisantrag, der erkennbar ohne jede tatsächliche Grundlage „ins Blaue hinein" erhoben worden ist, hat die Vorinstanz zu Recht abgelehnt (vgl. BVerwG, Beschluß v. 29.3.1995 – 11 B 21.95 –, Buchholz 310 § 86 Abs. 1 VwGO Nr. 266). Das Berufungsgericht war nicht gehalten, auf bloßen Zuruf alle 83 deutschen Großstädte daraufhin untersuchen zu lassen, ob es in ihnen vergleichbare Sanierungsgebiete wie dasjenige in Leipzig gibt, in dem das klägerische Grundstück belegen ist.

Nr. 227

1. Bei der Ermittlung sanierungsbedingter Bodenwertsteigerungen steht der Behörde hinsichtlich der Ermittlung der wertbildenden Faktoren und hinsichtlich des angewandten Wertermittlungsverfahrens ein Einschätzungsspielraum zu.

2. Fehlen hinreichende Vergleichsdaten zur getrennten Ermittlung des Anfangs- und des Endwertes auf der Grundlage eines Verfahrens nach

der Wertermittlungsverordnung, ist die Behörde verpflichtet, andere geeignete Wertermittlungsverfahren zur Berechnung des Ausgleichsbetrages heranzuziehen, die eine zuverlässige Ermittlung der Bodenwertsteigerungen gestatten.

3. **Die Ermittlung des Ausgleichsbetrages durch Multiplikation eines auf Grund des sog. Zielbaumverfahrens (Multifaktorenanalyse) ermittelten Faktors mit dem Anfangswert begegnet keinen Bedenken.**

BauGB § 154 Abs. 2; WertV § 28.

Sächsisches OVG, Urteil vom 17. Juni 2004 – 1 B 854/02 – (rechtskräftig).

(VG Leipzig)

Der Kläger wendet sich gegen die Heranziehung zu sanierungsrechtlichen Ausgleichsbeträgen.

In einem Gutachten des Gutachterausschusses für die Ermittlung von Grundstückswerten in der Stadt Leipzig von 1997 ermittelte dieser auf der Grundlage der sog. Zielbaummethode eine sanierungsbedingte Bodenwertsteigerung von insgesamt 27 000,– DM. Als Anfangswert legte der Gutachterausschuß unter Berücksichtigung von Kaufpreisen, die in der weiteren Umgebung und in vergleichbaren Lagen gezahlt wurden, für das Gebiet, in dem das Grundstück des Klägers liegt, zum 31.12.1996 einen Bodenrichtwert von 1050,– DM/m^2 für Wohngebiete, bezogen auf eine GFZ von 2,5 bei gebietstypischer Erschließung zugrunde. Unter Berücksichtigung der Lage, des Zuschnitts sowie der baulichen Ausnutzung des Grundstücks des Klägers errechnete der Gutachterausschuß sodann einen Bodenwert von 837,– DM/m^2, aufgerundet 840,– DM/m^2, als Anfangswert.

Die Bodenwertsteigerung ermittelte der Gutachterausschuß auf Grund von Einzelbewertungen in den Kategorien „Städtebauliche Qualität", „Ökologische Qualität" und „Infrastruktur", die weiter in insgesamt 13 Kriterien unterteilt waren. Diesen Kriterien waren die Bewertungsstufen 1 bis 5 zugeordnet, wobei die Stufe 1 den Neuordnungswert, die Stufe 5 den Anfangswert bezeichnete. Jeder Stufe entsprach eine prozentuale Zuordnung der städtebaulichen, ökologischen und infrastrukturellen Qualität. Die Bewertung der Differenz zwischen dem Anfangs- und dem Endwert wurde von Sanierungssachbearbeitern der Beklagten blockbezogen vorgenommen und für jedes Bewertungskriterium durch einen zwischen 0 und 1 liegenden Koeffizienten ausgedrückt. Durch Ausmultiplizieren des Koeffizienten mit dem jeweiligen Gewichtungsfaktor des Bewertungskriteriums und Wiederholung des Vorganges auf der Ebene der drei Kategorien „Städtebauliche Qualität", „Ökologische Qualität" und „Infrastruktur" errechnete sich der allein sanierungsbedingten Einflußfaktoren unterliegende variable Lageanteil, den der Gutachterausschuß mit 0,25 gewichtete. Der unveränderliche und mit 0,75 gewichtete Lageanteil beschrieb die nicht veränderliche und nur konjunkturellen oder überörtlichen Einflußfaktoren unterliegende stadträumliche Lage (Entfernung zum Zentrum usw.). Daraus errechnete sich für das Grundstück des Klägers eine Bodenwertsteigerung von 5,83 %. Den Endwert, wie er nach Durchführung aller Ordnungs- und Baumaßnahmen erwartet wurde, ermittelte der Gutachterausschuß unter Vornahme von Rundungen mit 890,– DM/m^2.

Aus den Gründen:

2.2.2 Die Berechnung des Endwertes, die wegen fehlender Daten vergleichbarer Grundstücke im Wege der sog. Zielbaummethode auf einer abgeleiteten Ermittlung auf der Grundlage des Anfangswertes beruht, ist nicht zu beanstanden.

Nr. 227

Wenn in der Wertermittlungsverordnung geregelte Bewertungsverfahren wegen des Fehlens ausreichender Daten nicht in einer Weise anwendbar sind, daß eine zuverlässige Ermittlung der sanierungsbedingten Bodenwertsteigerung gewährleistet ist, muß die Gemeinde andere geeignete Bewertungsmethoden entwickeln und anwenden, weil sie bei Durchführung eines „klassischen" Sanierungsverfahrens nach §§ 152 ff. BauGB verpflichtet ist, Ausgleichsbeträge zu erheben (vgl. Kleiber, in: Ernst/Zinkahn/Bielenberg, § 154 BauGB Rdnr. 192 m. w. N.). Die Wertermittlungsverordnung enthält keine abschließende Regelung über die anzuwendenden Wertermittlungsverfahren (BVerwG, Beschluß v. 16. 1. 1996, NVwZ-RR 1997, 155, 156; Urteil v. 17. 5. 2002, DVBl. 2002, 1479, 1481). Bei der Wahl anderer Bewertungsverfahren und der in die Bewertung einfließenden Einzelkriterien steht den Gemeinden eine methodische Prärogative bzw. ein Wertermittlungsspielraum zu, weil die eigentliche Bewertung immer nur eine Schätzung darstellen kann (BVerwG, Urteil v. 17. 5. 2002, a. a. O., 1482; VG Frankfurt/M., Beschluß v. 25. 8. 1999, NVwZ 2000, 227 mit Anm. Bartholomäi, NVwZ 2001, 1377; OVG NW, Urteil v. 9. 4. 1990, NVwZ-RR 1990, 635; Schl.-Holst.OVG, Beschluß v. 9. 7. 2001, NordÖR 2002, 21, zitiert nach juris). Die Gemeinde muß aber die Bodenwerterhöhung auf Grund einer rationalen, die Gegebenheiten des Grundstücksverkehrs plausibel nachvollziehenden Methode ermitteln (BVerwG, Beschluß v. 16. 1. 1996 – 4 B 69.95 –, insoweit in NVwZ 1997, 155 nicht abgedruckt und zitiert nach juris; zu den verschiedenen Verfahren Kleiber, in: Ernst/Zinkahn/Bielenberg, § 154 BauGB Rdnr. 120 ff.). Die allgemein anerkannten Grundsätze der Wertermittlungsverordnung müssen bei jeder Wertermittlung beachtet werden (BVerwG, Urteil v. 17. 5. 2002, a. a. O., 1481).

Gemessen an diesen Voraussetzungen erweist sich die vom Gutachterausschuß erstellte und von der Beklagten übernommene Berechnung der sanierungsbedingten Bodenwerterhöhung unter Anwendung der sog. Zielbaummethode als rechtmäßig.

2.2.2.1 Der Senat ist auf Grund der Ausführungen im Wertermittlungsgutachten und der Darlegungen von Herrn Dipl.-Ing. K. in der mündlichen Verhandlung zu der Überzeugung gelangt, daß auch für die Ermittlung des Endwertes wegen fehlender Kauffälle keine hinreichende Datengrundlage vorhanden war, um den Endwert und somit eine Bodenwertsteigerung auf der Grundlage eines Verfahrens nach der Wertermittlungsverordnung zuverlässig zu ermitteln; dies gilt insbesondere für das Vergleichswertverfahren nach §§ 13 f. WertV. Der Gutachterausschuß hat in seinem Wertgutachten zum Grundstück des Klägers ausgeführt, für die Ermittlung der Endwerte stünden keine Vergleichspreise zur Verfügung, weil sich im gesamten Stadtgebiet Leipzig kein zusammenhängendes Areal finden lasse, das den Endwert für ein hinsichtlich Substanz und Funktion intaktes städtebauliches Gefüge repräsentieren könne. Vergleiche mit anderen Großstädten in den neuen Bundesländern schieden aus den gleichen Gründen aus. Herr Dipl.-Ing. K. hat dargelegt, daß es in Leipzig eine nur geringe Zahl von Verkäufen vergleichbarer Grundstücke gegeben habe, wobei die Kaufpreishöhen sehr unterschiedlich gewesen seien. Es habe somit an einer ausreichenden Datenbasis zur Anwendung des Vergleichswertverfahrens gefehlt. Er hat weiter ausgeführt, daß eine

Übertragung der Wertverhältnisse aus anderen Städten auf den Leipziger Grundstücksmarkt nicht oder nur sehr eingeschränkt möglich sei, und dies mit den Besonderheiten der jeweiligen Grundstücksmärkte begründet. Dem folgt der Senat; es ist davon auszugehen, daß es keine nur auf einem oder mehreren Verkaufsfällen beruhende hinreichende Datenlage gibt. Die Angaben der amtlichen Auskunftsperson sind in hohem Maße glaubhaft. Es besteht auch im übrigen kein Anlaß, an der inhaltlichen Richtigkeit, der Unabhängigkeit und der fachlichen Qualifikation der Mitglieder des Gutachterausschusses oder der amtlichen Auskunftsperson zu zweifeln; der Senat hat daher auch von einer weiteren Beweiserhebung zur Frage des Vorliegens von Vergleichsgrundstücken abgesehen.

Die Möglichkeit, Abweichungen zwischen Vergleichsgrundstücken oder Grundstücken, von denen die Bodenrichtwerte abgeleitet worden sind, und dem Grundstück des Klägers gemäß §§ 10, 14 WertV zu berücksichtigen, steht der Auffassung des Gutachterausschusses nicht entgegen. Für die Heranziehung von Grundstücken zu Vergleichszwecken, die in bestimmten wertbeeinflussenden Merkmalen Abweichungen aufweisen, ist Voraussetzung, daß sie im übrigen gleichartig sind. Aus den Ausführungen im Wertgutachten und den Angaben von Herrn Dipl.-Ing. K. ergibt sich jedoch, daß dies gerade nicht der Fall war.

Der Gutachterausschuß war schließlich auch nicht gehalten, Vergleichsfälle aus anderen Städten heranzuziehen. Die Voraussetzungen hierfür lagen nach den nicht in Zweifel zu ziehenden Ausführungen von Herrn Dipl.-Ing. K. ebenfalls nicht vor, weil sich die Grundstücksmärkte der in Betracht kommenden Städte nach gutachterlicher Einschätzung von den Verhältnissen in Leipzig unterschieden haben.

2.2.2.2 Die vom Gutachterausschuß angewandte Zielbaummethode, die nach den Bekundungen von Herrn Dipl.-Ing. K. auf einem in Berlin entwickelten Modell beruht, ist ebenfalls nicht zu beanstanden. Bei dieser Methode handelt es sich um eine rationale, die Gegebenheiten des Grundstücksverkehrs plausibel nachvollziehende Methode, die den Anforderungen gerecht wird, die an nicht in der Wertermittlungsverordnung vorgesehene Wertermittlungsmethoden zu stellen sind. Die Zielbaummethode ist eine Multifaktorenanalyse, deren Prinzip darin besteht, Bewertungen zu objektivieren, indem eine Wertfeststellung in möglichst viele Einzelbewertungen aufgespalten wird. Der Gesamtwert wird zu diesem Zweck bei der Zielbaummethode in eine hierarchische Verzweigungsstruktur zerlegt, die eine Kette in der Form eines „Zielbaumes" bildet. Die Einzelbewertungen werden anhand eines zuvor bestimmten Maßstabes ermittelt und ihrer Bedeutung nach gewichtet. Dadurch werden Werturteile differenzierter und nachvollziehbarer. Ein Bewertungsfehler im Detail schlägt sich im Ergebnis nicht so stark nieder wie eine auf das Ganze bezogene Fehleinschätzung (vgl. Aurnhammer, BauR 1978, 356, 359 f.).

Die hier angewandte Zielbaummethode begegnet namentlich im Hinblick auf die einzelnen Bewertungskriterien und ihre Gewichtung keinen Bedenken. Bei der Ermittlung von Grundstückswerten ist gemäß §§ 3 bis 6 WertV eine Vielzahl rechtlicher und tatsächlicher Faktoren zu berücksichtigen.

Hierzu zählen auch die in § 5 Abs. 6 WertV beispielhaft genannten Lagemerkmale wie die Verkehrsanbindung, die Nachbarschaft, die Wohn- und Geschäftslage sowie Umwelteinflüsse (vgl. dazu Kleiber, a.a.O., § 5 WertV Rdnr. 203 ff.; § 14 Rdnr. 171 ff.). Diese Merkmale sind ohne weiteres mit den vom Gutachterausschuß gebildeten – übergeordneten – Bewertungskategorien „Städtebauliche Qualität", „Ökologische Qualität" und „Infrastruktur" in Übereinstimmung zu bringen. Da sich bereits aus dem Wortlaut von § 5 Abs. 6 WertV ergibt, daß die dort genannten Merkmale nicht abschließend sind, bestehen darüber hinaus auch keine Bedenken gegen die Bewertung des Grundstücks des Klägers anhand der vom Gutachterausschuß gebildeten 13 Bewertungskriterien, die den vorgenannten 3 Kategorien zugeordnet sind. Es liegen keine Anhaltspunkte dafür vor, daß diese 13 Bewertungskriterien nicht sachgerecht sind, weil sie keinen Einfluß auf den Grundstückswert haben können. Dies gilt insbesondere auch hinsichtlich des vom Gutachterausschuß verwendeten Merkmals „Versorgungsgrad hinsichtlich altersgerechter Einrichtungen", das innerhalb der Bewertungskategorie „Infrastruktur" das Bewertungskriterium „Soziale Infrastruktur und wohnortbezogene Versorgung" näher beschreibt. Aus der amtlichen Auskunft des Herrn Dipl.-Ing. K. ergibt sich, daß dieser Bewertungsgesichtspunkt im Hinblick auf die Sanierungsziele einbezogen worden ist. Daß dies sachgerecht ist, ergibt sich auch aus der gutachterlichen Einschätzung durch den Gutachterausschuß selbst, der das Bewertungskriterium mit dem Bewertungsgesichtspunkt der Versorgung mit altersgerechten Einrichtungen in sein Begutachtungsschema aufgenommen hat. Auch insoweit liegen keine Anhaltspunkte vor, die gegen die Zugrundelegung dieser Einschätzungen sprechen könnten.

Dies gilt in gleicher Weise im Hinblick auf die vom Gutachterausschuß vorgenommene Gewichtung der Einzelkriterien sowie des veränderlichen und des unveränderlichen Lageanteils. Diese Gewichtung ist ausweislich der Auskunft von Herrn Dipl.-Ing. K. auf der Grundlage des Berliner Modells nach gutachterlicher Einschätzung und in Zusammenarbeit mit dem Amt für Stadterneuerung und Wohnungsbauförderung der Beklagten vorgenommen worden. Hierbei hat der Gutachterausschuß bei der Gewichtung des veränderlichen und des unveränderlichen Lageanteils nach den Bodenrichtwerten je nach Lagegüte einen veränderlichen Lageanteil zwischen 10 und 35 % angenommen, so daß der veränderliche Lageanteil innerhalb eines Sanierungsgebietes variieren kann. Auch insoweit liegen keine Anhaltspunkte dafür vor, daß die gutachterliche Einschätzung fehlerhaft sein könnte.

Gegen die Zulässigkeit der hier angewandten Zielbaummethode bestehen auch unter dem Gesichtspunkt keine Bedenken, daß der Endwert auf der Grundlage des Anfangswertes ermittelt worden und keine getrennte Ermittlung beider Werte erfolgt ist. Nach § 154 Abs. 2 BauGB ist der Unterschied zwischen Anfangs- und Endwert zu ermitteln. Daraus folgt nicht zwangsläufig, daß Anfangs- und Endwerte gesondert voneinander ermittelt werden müssen. Entscheidend ist, ob die angewandte Methode geeignet ist, den gesetzlichen Auftrag zu erfüllen. Dies mag – je nach Ausgangssituation – eine getrennte Ermittlung von Anfangs- und Endwert nahelegen. Eine Gewähr für die zuverlässige Ermittlung der sanierungsbedingten Bodenwertsteigerungen bietet dies jedoch nicht stets und nicht ausschließlich.

Der Senat teilt die vom Kläger gegen die Objektivität der Datenerhebung erhobenen Bedenken nicht. Es ist nicht zu beanstanden, daß nach der Anlage der hier angewandten Methode die der Wertermittlung zugrundeliegenden Daten im wesentlichen nicht von den Mitgliedern des Gutachterausschusses selbst, sondern von Sanierungssachbearbeitern der Beklagten erhoben werden (vgl. zur Zulässigkeit der Heranziehung von Hilfspersonen Kleiber, a. a. O., Teil III, Rdnr. 168). Die Sanierungssachbearbeiter haben die Bewertungen nicht auf Grund einer freien Einschätzung, sondern auf der Grundlage der vom Gutachterausschuß in Zusammenarbeit mit dem Amt für Stadterneuerung und Wohnungsbauförderung der Beklagten entwickelten Bewertungsbögen vorgenommen. Durch die darin enthaltenen Bewertungsvorgaben und wegen der Ortskenntnisse der jeweils für ein Sanierungsgebiet zuständigen Sanierungssachbearbeiter ist hinreichend gewährleistet, daß die Datenaufnahme jedenfalls innerhalb eines Sanierungsgebietes zutreffend vorgenommen wird, zumal der Gutachterausschuß durch eine eigene Ortsbesichtigung (vgl. dazu Kleiber, a. a. O., § 3 WertV Rdnr. 10) die Möglichkeit hat, die Datenerhebung durch die Sanierungssachbearbeiter zu überprüfen. Zu einer weitergehenden Abstimmung und Vereinheitlichung der Bewertungen ist die Beklagte nicht verpflichtet. Im Fall des Grundstücks des Klägers kommt noch hinzu, daß die Einzelbewertungen durch drei Sanierungssachbearbeiter gemeinsam vorgenommen worden sind. Dies bietet eine zusätzliche Gewähr für die inhaltliche Richtigkeit der Bewertungen.

Die vom Gutachterausschuß angewandte Methode ist auch insoweit nicht zu beanstanden, als nach ihrer Anlage bei der Vornahme der einzelnen Bewertungen innerhalb der fünf Bewertungsstufen Zwischenwerte zu bilden sind. Nach der fachkundigen Einschätzung des Gutachterausschusses, der dieses Verfahren gebilligt und angewandt hat und an dessen fachlicher Kompetenz und Unvoreingenommenheit zu zweifeln kein Anlaß besteht, war die Erstellung von Zwischenwerten bei der Bewertung geboten. In entsprechender Weise wird offenbar auch nach der Praxis in Berlin verfahren (vgl. auch Kleiber, a. a. O., § 28 WertV Rdnr. 154), von der sich das hier angewandte Verfahren ableitet. ...

Ist nach alledem die angewandte Zielbaummethode geeignet, die sanierungsbedingten Bodenwertsteigerungen i. S. von § 154 Abs. 2 BauGB zu ermitteln, steht ihrer Anwendung nicht entgegen, daß es möglicherweise nach Auffassung anderer Gemeinden, Gutachter oder Wissenschaftler andere Methoden gibt, die diesen Wert „zuverlässiger" bestimmen. Eine Gemeinde oder ein Gutachterausschuß nach § 192 BauGB ist nicht gehalten, die nach dem jeweiligen Stand der fachlichen Diskussion allgemein oder überwiegend für die am „besten" gehaltene Wertermittlungsmethode anzuwenden, solange die selbst angewandte Methode den oben dargestellten Anforderungen entspricht.

Nr. 228

1. **Maßgeblicher Zeitpunkt für die Beurteilung der Rechtmäßigkeit eines Ausgleichsbetrags ist der Abschluß der Sanierung.** Die Sanierung ist regelmäßig mit dem Inkrafttreten der Satzung zur Aufhebung der Sanierungssatzung abgeschlossen.

2. **Die Festsetzung eines Ausgleichsbetrags setzt eine gültige Sanierungssatzung voraus.**

3. **Eine Sanierungssatzung ist nichtig, wenn sie erst zu einem Zeitpunkt erlassen wird, zu dem städtebauliche Mißstände nicht mehr bestehen, und sich ihre beabsichtigte Rechtswirkung auf die formale Legitimation des Einsatzes von staatlichen Fördermitteln beschränkt.**

StBauFG 1971/1976 §§ 1, 3, 5, 41 Abs. 4, Abs. 6.

Bayerischer VGH, Urteil vom 31. März 2004 – 15 B 00.3239 – (rechtskräftig).

(VG Regensburg)

Der Kläger wendet sich in dem Rechtsstreit gegen die Festsetzung eines Ausgleichsbetrags i. H. v. 6953,57 € (entspricht 13600,– DM).

Aus den Gründen:
Der Bescheid der Beklagten vom Oktober 1981 hat keine Rechtsgrundlage. Maßgeblich für den Ausgleichsbetrag ist die Sach- und Rechtslage im Zeitpunkt der Aufhebung der Sanierungssatzung der Beklagten vom Juli 1976 durch die Satzung vom Juli 1977 (vgl. nachfolgend 1.). Die Voraussetzungen für die Erhebung eines Ausgleichsbetrags auf der Grundlage des danach einschlägigen § 41 Abs. 4 StBauFG i. d. F. der Bekanntmachung vom 18. 8. 1976 (BGBl. I, 2318 – StBauFG 1976 –) liegen nicht vor (vgl. nachfolgend 2.). Auch auf Straßenausbaubeitragsrecht läßt sich der angefochtene Bescheid nicht stützen (vgl. nachfolgend 3.).

1. Die Rechtsgrundlage für die Festsetzung eines Ausgleichsbetrags richtet sich nach den Regelungen des Städtebauförderungsgesetzes, die am 21. 7. 1977 in Kraft waren; auf § 5 Abs. 1 Satz 4 StBauFG i. d. F. des Gesetzes vom 5. 11. 1984 (BGBl. I, 1321), der den Ausschluß der Anwendung des Ausgleichsbetragsrechts des § 41 Abs. 4 bis 11 StBauFG vorschreibt, wenn sie für die Durchführung der Sanierung nicht erforderlich ist (vereinfachtes Sanierungsverfahren; ebenso § 142 Abs. 4 BauGB), kommt es deshalb nicht an. Am 21. 7. 1977 trat die Satzung der Beklagten über die Aufhebung der Satzung über die förmliche Festlegung des Sanierungsgebiets „Fußgängerzone Passau-Altstadt/Neumarkt" (– Sanierungssatzung –) in Kraft. Zu diesem Zeitpunkt bestimmte § 41 Abs. 6 Satz 1 StBauFG 1976, der Ausgleichsbetrag (§ 41 Abs. 4 Satz 1 StBauFG 1976) sei „nach Abschluß der Sanierung" zu entrichten. Den Abschluß der Sanierung markiert das Inkrafttreten der Satzung zur Aufhebung der Sanierungssatzung (§ 51 Abs. 1 StBauFG 1976; vgl. Neuhausen, in: Lange, Städtebauförderungsgesetz, § 51 Rdnr. 4; zum maßgeblichen Zeitpunkt vgl. auch Bielenberg/Koopmann/Krautzberger, Städtebauförde-

rungsrecht, §154 Rdnr. 156f.; Fislake, in: Berl. Komm. zum BauGB, 3.Aufl., §154 Rdnr. 23).

Aus §245 Abs. 11 Satz 1 BauGB i.d.F. der Bekanntmachung vom 8.12.1986 (BGBl. I, 2191 – BauGB 1987 –) ergibt sich nichts anderes. Danach waren von den Absätzen des §41 StBauFG die Abs. 1 bis 3 weiter anzuwenden. §245 Abs. 11 BauGB 1987 öffnete die dort genannten Regelungen des §41 StBauFG 1976 der Länderkompetenz. Deshalb wurden sie – im Gegensatz zu §41 Abs. 4 StBauFG – nicht in das Baugesetzbuch übernommen; sie galten nur noch als Übergangsrecht bis zum Erlaß landesrechtlicher Regelungen weiter (zum Ganzen vgl. Krautzberger, in: Ernst/Zinkahn/Bielenberg, BauGB, §235 Rdnr. 17; BT-Drucks. 10/4630, S. 162, 52). Daraus läßt sich nicht (umgekehrt) schließen, §41 Abs. 4 StBauFG 1976 sei auf noch nicht bestandskräftige Ausgleichsbetragsbescheide nicht weiter anzuwenden.

Daß es bei der Rechtslage zum Zeitpunkt des Entstehens der Abgabeschuld und folglich bei den einschlägigen Normen des Städtebauförderungsgesetzes bleiben sollte, ergibt sich auch aus §245 Abs. 1 BauGB 1987. Danach waren die Vorschriften des Baugesetzbuchs über städtebauliche Sanierungsmaßnahmen auch anzuwenden, wenn die Gemeinde gemäß §4 Abs. 3 StBauFG vor dem 1.7.1987 den Beginn der vorbereitenden Untersuchungen beschlossen hatte. Diese Überleitungsvorschrift betrifft nur solche Sanierungsverfahren, die nicht – wie die streitgegenständliche Maßnahme – bereits vor dem Inkrafttreten des Baugesetzbuchs am 1.7.1987 (Art. 5 des Gesetzes über das Baugesetzbuch v. 8.12.1986, BGBl. I, 2191) ihren förmlichen Abschluß gefunden hatten (vgl. Krautzberger, in: Ernst/Zinkahn/Bielenberg, BauGB, §235 Rdnr. 11). Sie macht auch deutlich, daß diese Sanierungsmaßnahmen weiterhin nach den einschlägigen Regelungen des Städtebauförderungsgesetzes zu beurteilen sind.

Aus §235 BauGB i.d.F. der Bekanntmachung vom 27.8.1997 (BGBl. I, 2141) ergibt sich nichts Gegenteiliges. Gemäß §235 Abs. 1 Satz 1 Halbs. 2 BauGB bleiben abgeschlossene Verfahrensschritte unberührt.

2. Die Voraussetzungen für die Erhebung eines Ausgleichsbetrags nach §41 Abs. 4 Satz 1 StBauFG 1976 liegen nicht vor. Diese Norm verpflichtet den Eigentümer eines im förmlich festgelegten Sanierungsgebiet gelegenen Grundstücks, an die Gemeinde einen Ausgleichsbetrag in Geld zu entrichten, der der durch die Sanierung bedingten Erhöhung des Werts seines Grundstücks entspricht. Damit knüpft §41 Abs. 4 Satz 1 StBauFG 1976 die Erhebung des Ausgleichsbetrags nicht nur inhaltlich an eine Sanierungsmaßnahme i.S. des §1 Abs. 1 und 2 StBauFG 1976, also an eine Maßnahme zur Behebung eines städtebaulichen Mißstandes, deren einheitliche Vorbereitung und zügige Durchführung im öffentlichen Interesse liegt. Die tatbestandlich vorausgesetzte Lage des Grundstücks im förmlich festgelegten Sanierungsgebiet macht die Entstehung der Abgabeschuld des weiteren auch abhängig von der Sanierungssatzung (§5 Abs. 1 StBauFG 1976; Mampel, DÖV 1992, 556, 558; Wollny, DÖV 1993, 740, 741; vgl. auch BVerwG v. 3.12.1998, NVwZ 1999, 419; v. 4.3.1999, BRS 62 Nr. 229 = BauR 1999, 888 = NVwZ 1999, 1336). Diese Satzung legt das Sanierungsgebiet förmlich fest (§5 Abs. 1 Satz 1 StBauFG 1976). Die Belegenheit des Grundstücks im förmlich festgelegten

Sanierungsgebiet grenzt den Ausgleichsbetrag zugleich von anderen Abgaben wie Erschließungs- und Straßenausbaubeiträgen (Art. 5, 5a KAG) ab (§ 6 Abs. 7 Satz 1 StBauFG 1976; vgl. auch BVerwG v. 21.10.1983, NVwZ 1984, 513), die im Grundsatz ebenfalls zur Finanzierung von Investitionsmaßnahmen dienen könnten, die eine Funktionsschwäche sanieren (§ 3 Abs. 3 Nr. 2 Buchst. a StBauFG 1971).

Die Sanierungssatzung der Beklagten vom Juli 1976 ist nichtig. Sie ist nur wenige Monate vor dem Abschluß der Gesamtmaßnahme und ausschließlich zu dem Zweck erlassen worden, der Beklagten Fördermittel zur abschließenden Finanzierung der Kosten des Ausbaus der bereits eingerichteten Fußgängerzone zu verschaffen (vgl. nachfolgend a). Das steht im Widerspruch zu den Vorschriften des Städtebauförderungsgesetzes und führt deshalb zur Nichtigkeit der Sanierungssatzung (vgl. nachfolgend b).

a) Die Beklagte hat nach zwei probeweisen Versuchen im Sommer und Winter 1972 die Ortsstraßen in dem in § 1 der Sanierungssatzung umgeschriebenen Gebiet durch die Beschlüsse vom November 1973 und März 1974 mit Wirkung vom Mai 1974 zur Schaffung eines Fußgängerbereichs zu beschränkt-öffentlichen Wegen i. S. des Art. 53 BayStrWG abgestuft. Im November 1973 faßte der Stadtrat der Beklagten den Beschluß zur Satzung über die Sondernutzung am Fußgängerbereich Neumarkt. Diese Satzung erstreckt sich auf das Gebiet der (späteren) Sanierungssatzung; sie regelt die Benutzung des Fußgängerbereichs Neumarkt. Zugleich beauftragte der Stadtrat die Verwaltung, den Ausbau der Donaulände und die Teerung der Parkplätze in diesem Bereich so voranzutreiben und die erforderlichen Vorarbeiten (Planung, Finanzierung, Beschlußfassung) für den Abbruch des alten Baustadls mit Verbreiterung der Heiliggeistgasse so rechtzeitig durchzuführen, daß die genannten Maßnahmen vor dem 1.5.1974 abgeschlossen werden können. Im Sommer 1974 hat die Beklagte damit begonnen, das Gebiet auch äußerlich als Fußgängerzone zu gestalten (neue Oberfläche, Sanierung/Verlegung der Ver- und Entsorgungsleitungen, Beleuchtung, „Möblierung"). Die Arbeiten in der Grabengasse waren etwa Ende 1974 bereits abgeschlossen. Im Herbst 1975 entwickelte sich anläßlich des Abschlusses der Arbeiten in der Wittgasse und dem einbezogenen Teil der Theresienstraße eine Diskussion über den Oberflächenbelag in der Ludwigstraße. Zur Auswahl als großflächiger Belag standen Betonplatten (wie in der Grabengasse bereits verlegt) oder Granitplatten. Diese Frage war Gegenstand einer Bauausschußsitzung der Beklagten im Dezember 1975, in der insbesondere auch die Finanzierung der um (geschätzt) etwa 300 000,– DM teureren Granitplatten erörtert wurde. Der Bauausschuß beschloß, die Verwaltung zu beauftragen, unverzüglich eine Finanzierungsmöglichkeit durch Zuschüsse zu erkunden, um die Verwendung von Granitplatten in Verbund mit Mosaikpflaster auf einer für die Stadt und die Anlieger tragbaren Kostenbasis zu ermöglichen. Nach einigen zunächst erfolglosen Bemühungen ergab sich die Möglichkeit einer Bezuschussung aus Fördermitteln nach dem Städtebauförderungsrecht. Die Beklagte beantragte im Januar 1976 die Förderung aus diesen Mitteln. Im März 1976 teilte das Bayerische Staatsministerium des Innern der Regierung von Niederbayern mit, die Maßnahme Fußgängerzone Neumarkt sei grundsätzlich förderfähig; Voraussetzung sei die förmliche Festlegung des Gebiets nach § 5 StBauFG. Am 26.3.1976 beschloß der Stadtrat der Beklagten, den Ausbau der Fußgängerzone in der Ludwigstraße, Rosengasse, Großen Klingergasse, dem Heuwinkel und der Nagelschmiedgasse „nach dem ... Plan vom 17.3.1976" auszuführen. Die Finanzierung der gesamten Maßnahme Ausbau der Fußgängerzone in Passau erfolge nach den Grundsätzen des Städtebauförderungsgesetzes gemäß Schreiben des Bayerischen Staatsministeriums des Innern vom März 1976 an die Regierung von Niederbayern. Gemäß Nr. 3 dieses Schreibens werde das von der Fußgängerzone erschlossene Gebiet nach § 5 StBauFG als Sanierungsgebiet förmlich festgelegt.

Am 26.3.1976 beschloß der Stadtrat der Beklagten ferner die Satzung über die förmliche Festlegung des Sanierungsgebiets „Fußgängerzone Passau-Altstadt/Neumarkt". Die Satzung trat am 29.7.1976 in Kraft. Am 2.10.1976 wurde die fertiggestellte Fußgängerzone eröffnet. Die am 18.3.1977 beschlossene Satzung zur Aufhebung der Sanierungssatzung trat am 21.7.1977 in Kraft.

b) Die Sanierungssatzung der Beklagten erweist sich in Anbetracht dieser Umstände als nichtig. Maßgeblich dafür sind die Vorschriften des Städtebauförderungsgesetzes 1971.

Die Vorschriften des Städtebauförderungsgesetzes 1971 befassen sich mit der Vorbereitung, Förderung und Durchführung städtebaulicher Sanierungsmaßnahmen, deren einheitliche Vorbereitung und zügige Durchführung im öffentlichen Interesse liegen (§ 1 Abs. 1 Satz 1 StBauFG 1971). Die Sanierungssatzung ordnet das Gesetz den vorbereitenden Maßnahmen zu (vgl. auch die Abschnittsüberschriften zum 2. Teil des Städtebauförderungsgesetzes 1971). Die Gemeinde kann ein Gebiet, das städtebauliche Mißstände aufweist, deren Behebung durch Sanierungsmaßnahmen erforderlich ist, durch Beschluß förmlich als Sanierungsgebiet festlegen (§ 3 Abs. 1 Satz 1 StBauFG 1971). Nach der förmlichen Festlegung des Sanierungsgebiets hat die Gemeinde für die Durchführung der Sanierung zu sorgen (§ 8 Abs. 1 Satz 1 StBauFG 1971). Für die Neugestaltung des förmlich festgelegten Sanierungsgebiets sind Bebauungspläne i. S. des § 30 BBauG aufzustellen (§ 10 Abs. 1 Satz 1 StBauFG 1971). Diesen Regelungen widerspricht die Sanierungssatzung der Beklagten in mehrfacher Hinsicht.

Die Sanierungssatzung bereitet eine Sanierungsmaßnahme vor. Ihr gehen lediglich die vorbereitenden Untersuchungen voraus (§ 4 StBauFG 1971). Sie steht am Anfang, nicht am Ende einer Sanierung. Die Satzung kann nicht erst dann erlassen werden, wenn eine Gesamtmaßnahme fast vollständig abgeschlossen ist (vgl. BVerwG v. 20.10.1978, BRS 33 Nr. 198 = BauR 1979, 139 = DVBl. 1979, 153). Zum Zeitpunkt des Satzungsbeschlusses der Beklagten war in dem fraglichen Gebiet insgesamt bereits seit etwa zwei Jahren in rechtlich verbindlicher Weise (Abstufung, Sondernutzungssatzung) eine Fußgängerzone eingerichtet. Die flankierenden verkehrlichen Maßnahmen (Parkplätze, neue Zufahrt zur Altstadt, ausreichende Beschilderung) waren realisiert. Auch die bauliche Neugestaltung des öffentlichen Verkehrsraums war in größeren Teilen des Gebiets – zweifelsfrei in der Grabengasse, der Wittgasse und dem einbezogenen Teil der Theresienstraße, ob noch in einigen verbleibenden kleineren Bereichen, war nicht aufzuklären – bereits abgeschlossen. Zweifelsfrei nicht vollständig abgeschlossen, aber unmittelbar vor dem Abschluß war nur noch die Gestaltung der Oberfläche (Granit- oder Betonplatten) des öffentlichen Verkehrsraums in der Ludwigstraße und in der Großen Klingergasse. Dementsprechend beschränkt sich nach § 2 der Sanierungssatzung die Sanierungsmaßnahme – einerseits zutreffend, im Flächenumfang aber noch zu weit gehend – auf die Neugestaltung der zur Fußgängerzone gewidmeten Verkehrsflächen.

Es kann dahingestellt bleiben, ob auch schon für das Städtebauförderungsgesetz 1971/1976 galt, daß einzelne Ordnungs- und Baumaßnahmen vor der förmlichen Festlegung des Sanierungsgebiets durchgeführt werden können (vgl. nunmehr § 140 Nr. 7 BauGB; entsprechende Hinweise finden sich erstmals in § 40 Abs. 2 Satz 2 StBauFG i. d. F. des Gesetzes v. 6.7.1979, BGBl. I, 949). Denn die Beklagte hatte nicht einzelne Maßnahmen, sondern die gesamte Maßnahme bereits nahezu vollständig durchgeführt, als die Sanierungssatzung erlassen wurde.

Diese Umstände verdeutlichen zugleich, daß das Gebiet, als die Sanierungssatzung erlassen wurde, unter keinem vertretbaren Gesichtspunkt – also auch einen gemeindlichen Beurteilungsspielraum unterstellt (vgl. BGHZ 77, 338, 343) – städtebauliche Mißstände aufgewiesen hat (§ 3 Abs. 2, 3 StBauFG 1971). Die verbleibenden Restarbeiten waren keine Sanierungsmaßnahmen (§ 1 Abs. 1, 2 StBauFG 1971; BVerwG v. 23.5.1986, BRS 46 Nr. 216 = BauR 1986, 677 = NVwZ 1986, 917). Die Gültigkeit der Sanierungssatzung setzt städtebauliche Mißstände, deren Behebung durch Sanierungsmaßnahmen erforderlich ist, jedoch voraus (§ 3 Abs. 1 StBauFG 1971; vgl. BGHZ 77, 338, 342 f.). Ist das aber nicht der Fall, so wird die Sanierungssatzung zur leeren Form. Die mit der Satzung verbundenen, einer Sanierung dienenden Rechtswirkungen (vgl. u. a. §§ 6, 15 ff. StBauFG 1971) werden inhaltlich bedeutungslos. Die Belastungen der Betroffenen sind nicht erforderlich und daher unverhältnismäßig (vgl. BGH, a. a. O.; Bielenberg/Koopmann/Krautzberger, Städtebauförderungsrecht, § 142 Rdnr. 3); die Sanierungssatzung ist deshalb auch abwägungsfehlerhaft (§ 1 Abs. 4 Satz 3 StBauFG 1971; vgl. auch BVerwG v. 10.11.1998, BRS 60 Nr. 222 = NVwZ 1999, 420). Die Relevanz der Satzung erschöpft sich in einer lediglich formalen Legitimation des Einsatzes von Bundesfördermitteln durch den Freistaat Bayern (§§ 71 ff. StBauFG 1971/1976) für eine Infrastrukturmaßnahme, die nahezu vollständig nicht nach den Regeln des Städtebauförderungsrechts, also etwa auch ohne Sanierungsbebauungsplan (§ 10 StBauFG 1971 und 1976), durchgeführt worden war. Denn das Städtebauförderungsgesetz war am 1.8.1971 in Kraft getreten (§ 97 StBauFG 1971). Zu diesem Zeitpunkt hatte die Beklagte im Juni und im Juli 1971 zwei Gutachtensaufträge vergeben. ... Ein weiterer Gutachtensauftrag folgte im April 1972. Am 26.10.1972 hatte der Stadtrat der Beklagten beschlossen, die Gutachter um eine vorrangige Bearbeitung der Frage zu bitten, in welchem Umfang in Passau im Bereich der Altstadt und des Neumarktes ein Fußgängerbereich eingerichtet werden kann. Diese Zwischenberichte waren bei der Beklagten zwischen August und Oktober

1973 eingegangen. Mithin ergibt sich auch aus §§ 93, 94 StBauFG 1971/1976 nichts Gegenteiliges.

3. Der angefochtene Bescheid findet auch in der Straßenausbaubeitragssatzung der Beklagten vom September 1975 keine Rechtsgrundlage. Diese Satzung ist ebenso wie die nachfolgenden Satzungen vom Mai 1993 und Februar 1997 rückwirkend zum Zeitpunkt ihres Inkrafttretens außer Kraft getreten (§ 13 Abs. 2 der Straßenausbaubeitragssatzung v. 15. 10. 2002). Die Straßenausbaubeitragssatzungen der Beklagten vom September 1975, Mai 1993 und Februar 1997 waren überdies nichtig. Gemäß § 2 dieser Straßenausbaubeitragssatzungen wird der Beitrag für alle Grundstücke erhoben, die durch eine der in § 1 der Satzungen genannten öffentlichen Einrichtungen i. S. des § 131 Abs. 1 BBauG/BauGB erschlossen werden. Eine solche Satzungsregelung hält sich nach der Rechtsprechung des Verwaltungsgerichtshofs nicht innerhalb der gesetzlichen Ermächtigungsgrundlage (VGH v. 10. 7. 2002, VGH n. F. 55, 121 = BayVBl. 2003, 176). Das führt zur Nichtigkeit der gesamten Straßenausbaubeitragssatzung.

Nr. 229

1. Die Enteignungsvoraussetzungen können auf der Stufe der Entwicklungssatzung noch nicht abschließend geprüft werden, da zu diesem Zeitpunkt eine ins einzelne gehende Planungskonzeption noch nicht vorliegt. Für das Enteignungsverfahren bleibt die Prüfung, ob das in der Entwicklungssatzung konkretisierte Gemeinwohl den Zugriff gerade auf das einzelne Grundstück erfordert.

2. Eine Entwicklungsmaßnahme kommt nicht in Betracht, wenn sich das planerische Ziel ebenso gut mit Hilfe eines städtebaulichen Vertrages, der Bauleitplanung oder des Sanierungsrechts erreichen läßt.

(Nichtamtliche Leitsätze)

BauGB §§ 165, 169.

Bundesverwaltungsgericht, Beschluß vom 27. Mai 2004 – 4 BN 7.04 –.

(OVG Nordrhein-Westfalen)

Aus den Gründen:
1. Die Beschwerde wirft als grundsätzlich bedeutsam die Frage auf, ob die Regelung des § 169 Abs. 3 BauGB mit Art. 14 Abs. 3 GG vereinbar ist, „soweit hiernach die Enteignung im städtebaulichen Entwicklungsbereich ohne Bebauungsplan zugunsten der Gemeinde oder des Entwicklungsträgers (allein) zur Erfüllung ihrer Aufgaben zulässig ist".

Die Frage kann die Zulassung der Revision nicht rechtfertigen, da sie in der Rechtsprechung des Bundesverwaltungsgerichts geklärt ist. Der beschließende Senat hat in zahlreichen Entscheidungen im einzelnen begründet, daß § 169 Abs. 3 BauGB, der im städtebaulichen Entwicklungsbereich nach Erlaß der Entwicklungssatzung die Enteignung zugunsten der Gemeinde zur Erfüllung ihrer städtebaulichen Aufgaben auch ohne Bebauungsplan eröffnet, im

Hinblick auf Art. 14 Abs. 3 Satz 1 und 2 GG verfassungsrechtlich unbedenklich ist (Beschluß v. 31. 3. 1998 – 4 BN 4.98 –, BRS 60 Nr. 227 = BauR 1998, 751 = Buchholz 406.11 § 165 BauGB Nr. 1; Urteil v. 3. 7. 1998 – 4 CN 5.97 –, BRS 60 Nr. 229 = Buchholz 406.11 § 165 BauGB Nr. 4; Beschluß v. 16. 2. 2001 – 4 BN 55.00 –, Buchholz 406.11 § 165 BauGB Nr. 9; Beschluß v. 5. 8. 2002 – 4 BN 32.02 –, BRS 65 Nr. 232 = Buchholz 406.11 § 165 BauGB Nr. 11; Urteil v. 12. 12. 2002 – 4 CN 7.01 –, BRS 65 Nr. 230 = Buchholz 406.11 § 165 BauGB Nr. 12). Danach ist insbesondere geklärt, daß der Gesetzgeber den Zweck, zu dessen Verwirklichung die Enteignung im förmlich festgelegten Entwicklungsbereich zulässig ist, in § 169 Abs. 3 Satz 1 und in § 165 Abs. 1 und 2 BauGB in einer den Anforderungen des Art. 14 Abs. 3 Satz 2 GG genügenden Weise ausreichend bestimmt hat. Entschieden ist ferner, daß § 165 Abs. 3 Satz 1 Nr. 2 BauGB dem Gebot des Art. 14 Abs. 3 Satz 1 GG entspricht, nach dem eine Enteignung nur zum Wohl der Allgemeinheit zulässig ist. Das Beschwerdevorbringen gibt keinen Anlaß, insoweit den Inhalt der vorbezeichneten Entscheidungen hier erneut wiederzugeben.

Die Antragstellerin leitet verfassungsrechtliche Bedenken gegen die enteignungsrechtliche Vorwirkung einer Entwicklungssatzung daraus ab, daß der Gesetzgeber der Gemeinde für die Prüfung der Frage, ob das Wohl der Allgemeinheit die Durchführung der Entwicklungsmaßnahme erfordert, keine hinreichend konkreten Maßstäbe an die Hand gebe. Sie trägt vor, zum Zeitpunkt des Erlasses der Entwicklungssatzung könne systembedingt nur allgemein gesagt werden, daß der von der Satzung erfaßte Bereich in irgendeiner Form zur „Errichtung von Wohn- und Arbeitsstätten sowie von Gemeinbedarfs- und Folgeeinrichtungen" beplant werden solle. Diese gesetzliche Konstruktion sei mit Art. 14 Abs. 3 GG nicht vereinbar, weil eine Enteignung nicht schon deshalb zulässig sei, „weil ein Grundstück in irgendeiner Form für eine städtebauliche Maßnahme benötigt wird, ohne daß feststeht, ob auf dem Grundstück ein privates Bauvorhaben (Wohnhaus, Arbeitsstätte) oder Gemeinbedarfseinrichtungen oder Erschließungsanlagen errichtet werden sollen".

Die Beschwerde übersieht dabei, daß sich der enteignende Zugriff auf ein Grundstück im Entwicklungsbereich nach der gesetzlichen Regelung in mehreren Stufen vollzieht. Zunächst legt die Entwicklungssatzung mit Bindungswirkung für ein nachfolgendes Enteignungsverfahren fest, daß das Wohl der Allgemeinheit den Eigentumsentzug generell rechtfertigt. Auf dieser Stufe entbindet das Gesetz die Gemeinde aber nicht von der gebotenen Prüfung der einander in der konkreten Planungssituation gegenüberstehenden Belange. Der Nachweis eines erhöhten Bedarfs i. S. des § 165 Abs. 3 Satz 1 Nr. 2 BauGB allein reicht nicht aus, um festzustellen, daß die Maßnahme dem Wohl der Allgemeinheit dient. Vielmehr ist, wie § 165 Abs. 3 Satz 2 BauGB hervorhebt, eine Gesamtabwägung aller öffentlichen und privaten Interessen geboten. Dabei ist nicht nur zu prüfen, ob das öffentliche Interesse an der Deckung eines erhöhten Bedarfs an Arbeitsstätten in der konkreten Planungssituation so schwer wiegt, daß es den Zugriff auf privates Grundeigentum rechtfertigt, sondern auch, ob andere gewichtigere Allgemeinwohlbelange der Maßnahme an dem vorgesehenen Standort entgegenstehen (vgl. BVerwG, Urteil v. 3. 7. 1998 – 4 CN 5.97 –, a. a. O., S. 17). Das entspricht der Rechtsprechung des Bundesverfassungsgerichts und des Bundesverwaltungsgerichts, nach der das private Eigentum gemäß Art. 14 Abs. 3 Satz 1 GG nur dann im Wege der Enteignung entzogen werden kann, wenn es im konkreten Fall benötigt wird, um besonders schwerwiegende und dringende öffentliche Interessen zu verwirklichen (vgl. BVerfG, Beschluß des Ersten Senats, 3. Kammer, v. 4.7.2002 – 1 BvR 390/01 –, BRS 65 Nr. 229 = DVBl. 2002, 1467, 1468 m.w.N.; BVerwG, Urteil v. 12.12.2002 – 4 CN 7.01 –, a.a.O.).

Der Beschwerde ist einzuräumen, daß die Enteignungsvoraussetzungen auf der Stufe der Entwicklungssatzung noch nicht abschließend geprüft werden können, da zu diesem Zeitpunkt eine ins einzelne gehende Planungskonzeption noch nicht vorliegt. Für das Enteignungsverfahren verbleibt daher die Prüfung, ob das in der Entwicklungssatzung konkretisierte Gemeinwohl den Zugriff gerade auf das einzelne Grundstück erfordert. Dabei kann allerdings die Entscheidung des Satzungsgebers, die beabsichtigte Maßnahme diene dem Wohl der Allgemeinheit, nicht mehr grundsätzlich in Frage gestellt werden (vgl. hierzu BVerwG, Beschluß v. 31.3.1998 – 4 BN 4.98 –, a.a.O., S. 4, sowie den Beschluß des BVerfG v. 4.7.2002, a.a.O., S. 1467 f.).

Der in § 165 Abs. 3 Satz 1 Nr. 2 BauGB angelegte prognostische Charakter der Gemeinwohlkonkretisierung wirft entgegen der Beschwerde ebenfalls keine ungeklärten verfassungsrechtlichen Probleme auf. Ob ein erhöhter Bedarf an Wohn- oder Arbeitsstätten besteht, hat die Gemeinde im Wege einer Prognose unter Ausschöpfung aller ihr mit zumutbarem Aufwand zugänglichen Erkenntnisquellen zu ermitteln. Der für die Bedarfseinschätzung maßgebliche Zeithorizont wird dadurch bestimmt, daß das Entwicklungsrecht darauf angelegt ist, für die Bewältigung drängender städtebaulicher Probleme wirksame Lösungsmöglichkeiten über die nähere Zukunft hinaus innerhalb eines absehbaren Zeitraums zu eröffnen. Die Bedarfsentwicklung in diesem Zeitrahmen läßt sich nur im Wege einer Prognose erfassen (BVerwG, Urteil v. 3.7.1998 – 4 CN 5.97 –, a.a.O.,S. 24). Die enteignungsrechtliche Vorwirkung der Entwicklungssatzung schließt es nicht aus, Bewertungs- und Prognosespielräume zuzuerkennen, die einer gerichtlichen Vollkontrolle entzogen sind (vgl. BVerwG, Beschluß vom 5.8.2002 – 4 BN 32.02 –, a.a.O., S. 22). Zu Recht weist das Normenkontrollgericht ergänzend darauf hin, daß die Satzung dann, wenn sich die Fehlerhaftigkeit der Prognose herausstellen sollte, gemäß § 169 Abs. 1 Nr. 8 i.V. m. § 162 Abs. 1 Satz 1 Nr. 2 oder 3 BauGB aufzuheben ist und dem früheren Eigentümer unter den Voraussetzungen der § 169 Abs. 1 Nr. 8, § 164 BauGB ein Anspruch auf Rückübertragung des Grundstücks zusteht.

2. Die gesetzliche Regelung über die Zulässigkeit der Enteignung im Entwicklungsbereich ist in Hinblick auf Art. 14 Abs. 3 GG auch insoweit verfassungsrechtlich unbedenklich, soweit die Enteignung dazu dient, privaten Dritten das Eigentum zu verschaffen (vgl. § 169 Abs. 6 BauGB – sog. Durchgangsenteignung). Das ist ebenfalls in der Rechtsprechung des Bundesverwaltungsgerichts geklärt (vgl. Urteil v. 3.7.1998 – 4 CN 5.97 –, a.a.O., S. 18). Der Durchgangserwerb der Gemeinde ist ein notwendiger Zwischenschritt, um den eigentlichen Enteignungszweck, die Entwicklung eines Ortsteils und die Errichtung von Wohn- und Arbeitsstätten zu erreichen.

Auch die von der Antragstellerin in diesem Zusammenhang problematisierte Abschöpfung der entwicklungsbedingten Bodenwerterhöhungen durch die Gemeinde ist verfassungsrechtlich nicht zu beanstanden. Entgegen der Beschwerde handelt es sich im Falle der entwicklungsbedingten Enteignung nicht um eine „Enteignung zum Zwecke der Einnahmenbeschaffung" und nicht um eine Maßnahme, die „teilweise über den Gemeinwohlzweck hinaus enteignet". Die Verwendung der entwicklungsbedingten Bodenwertsteigerungen hat strikt zweckgebunden zu erfolgen (§ 169 Abs. 8 Satz 1, § 171 Abs. 1 Satz 1 BauGB). Der Gemeinde ist es also verwehrt, Überschüsse für den allgemeinen Haushalt zu vereinnahmen. Ergibt sich nach Durchführung der Entwicklungsmaßnahme ein Überschuß, so ist er auf die Eigentümer der im Entwicklungsbereich gelegenen Grundstücke zu verteilen (§ 171 Abs. 1 Satz 2 i. V. m. § 156 a Abs. 1 Satz 1 BauGB). Welche Vorhaben mit einer Entwicklungsmaßnahme überhaupt finanziert werden dürfen, legt § 165 Abs. 3 Satz 1 Nr. 2 BauGB auch mit ausreichender Bestimmtheit fest. Das Normenkontrollgericht stellt deshalb zu Recht fest, daß die Ansicht der Antragstellerin, der Gemeinde werde für die Dauer der Durchführung einer Entwicklungsmaßnahme „gleichsam ein zinsloses Darlehen" gewährt, die gesetzliche Regelung verfehlt.

3. Aus den vorstehenden Ausführungen (unter 2.) ergibt sich zugleich, daß es revisionsgerichtlich nicht klärungsbedürftig ist, ob die §§ 165 bis 171 BauGB mit Art. 3 Abs. 1 und Art. 14 GG vereinbar sind, „soweit die Gemeinde berechtigt ist, allgemein Kosten der Entwicklung anzusetzen, die für die Entwicklungsmaßnahme bezogen auf den festgelegten Entwicklungsbereich erforderlich sind". Auch insoweit problematisiert die Beschwerde lediglich die Frage, ob die Entwicklungsmaßnahme „allein der Haushaltsentlastung der Gemeinden" dienen darf. Der Gesetzgeber hat die Frage beantwortet (§ 165 Abs. 3 Satz 1 Nr. 2, § 171 Abs. 2 Satz 2 BauGB) und die Errichtung von Gemeinbedarfs- und Folgeeinrichtungen ausdrücklich in den Kreis der Vorhaben einbezogen, die durch eine Entwicklungsmaßnahme finanziert werden dürfen.

4. Keinen revisionsgerichtlichen Klärungsbedarf wirft ferner die Frage auf, ob § 169 Abs. 1 Nr. 7 i. V. m. § 154 Abs. 1 BauGB mit Art. 3 und Art. 14 GG vereinbar ist, „soweit mit dem Ausgleichsbetrag Einrichtungen im Entwicklungsbereich finanziert werden (z. B. Schulen, Kindergärten, Sportanlagen, sonstige Gemeinbedarfseinrichtungen), die ansonsten mit Steuermitteln finanziert werden und darüber hinaus auch Personen zugute kommen, die außerhalb des Entwicklungsbereichs wohnen". Die Beschwerde problematisiert in diesem Zusammenhang, daß Personen, die außerhalb des Entwicklungsbereichs wohnen, regelmäßig nicht von der Nutzung der Gemeinbedarfseinrichtungen im Entwicklungsgebiet ausgeschlossen seien, obwohl sie nicht zu deren Finanzierung beigetragen hätten. Es sei aber „weitestgehend willkürlich", ob jemand das Eigentum an einem Grundstück innerhalb oder außerhalb des Entwicklungsgebiets habe.

Eine Gemeinbedarfseinrichtung kann auch dann Gegenstand einer städtebaulichen Entwicklungsmaßnahme sein, wenn sie dazu bestimmt ist, nicht allein den künftigen Bewohnern des zu entwickelnden Wohngebiets zu dienen, sondern einem größeren Bevölkerungskreis (BVerwG, Beschluß v. 30.1.2001 – 4 BN 72.00 –, BRS 64 Nr. 222 = Buchholz 406.11 § 165 BauGB Nr. 8). Die hinsichtlich der Finanzierung der Maßnahme unterschiedliche Behandlung von Eigentümern innerhalb und außerhalb des Entwicklungsbereichs ist aus vom Gesetzgeber vorgezeichneten Sachgründen gerechtfertigt: Die Gemeinde hat den Entwicklungsbereich so zu begrenzen, daß sich die Entwicklung zweckmäßig durchführen läßt (§ 165 Abs. 5 Satz 1 BauGB). Der Abwägungsspielraum, den das Gesetz der Gemeinde einräumt, unterliegt jedoch rechtlichen Schranken. Bei der räumlichen Abgrenzung des Entwicklungsbereichs sind die gesetzlichen Voraussetzungen städtebaulicher Entwicklungsmaßnahmen nach den §§ 165 ff. BauGB ebenso zu beachten wie die im Einzelfall mit der Maßnahme verfolgten konkreten Ziele und Zwecke. Die Größenordnung des Entwicklungsbereichs und die in ihm zusammengefaßten Grundstücke müssen für den mit der Maßnahme verfolgten Zweck geeignet sein. Planungsalternativen sind zu berücksichtigen, wenn diese im Einzelfall ernsthaft in Betracht kommen. Eine Entwicklungsmaßnahme kommt nicht in Betracht, wenn sich das planerische Ziel ebenso gut mit Hilfe eines städtebaulichen Vertrages, der Bauleitplanung oder des Sanierungsrechts erreichen läßt (vgl. hierzu im einzelnen BVerwG, Beschluß v. 31.3.1998 – 4 BN 5.98 –, BRS 60 Nr. 11 = BauR 1998, 750 = Buchholz 406.11 § 165 BauGB Nr. 2 S. 6 und Urteil v. 3.7.1998 – 4 CN 2.97 –, BRS 60 Nr. 225 = BauR 1998, 1218 = Buchholz 406.11 § 165 BauGB Nr. 3 S. 9). Entspricht die räumliche Abgrenzung des Entwicklungsbereichs diesen Anforderungen, ist es nicht willkürlich, wenn nur die Grundeigentümer innerhalb des Entwicklungsbereichs den Regelungen der §§ 165 ff. BauGB unterliegen.

5. Die Antragstellerin möchte ferner geklärt wissen, ob § 166 Abs. 3 Satz 4 BauGB mit Art. 2, 3 und 14 GG vereinbar ist, „soweit der Ausgleichsbetrag nicht der Deckung der Entwicklungskosten im engeren Sinne, insbesondere den Kosten der Erschließung des Entwicklungsbereichs dient". Diese Frage führt nicht zur Zulassung der Revision, weil sie in einem Revisionsverfahren nicht entscheidungserheblich wäre. In einem Revisionsverfahren wäre die Rechtmäßigkeit der angegriffenen Entwicklungssatzung zu klären, nicht hingegen die Zulässigkeit der Erhebung eines Ausgleichsbetrages zu Lasten der Antragstellerin. Das Ausgleichsbetragsrecht (§§ 154, 155 BauGB) findet nach § 169 Abs. 1 Nr. 7 BauGB nur dann entsprechende Anwendung, wenn die Gemeinde vom Grunderwerb absieht. Nach § 166 Abs. 3 Satz 1 BauGB soll die Gemeinde die Grundstücke im städtebaulichen Entwicklungsbereich erwerben. Übt die Gemeinde ihr Grunderwerbsrecht aus, ist für die Anwendung der §§ 154, 155 BauGB kein Raum, weil die entwicklungsbedingte Wertsteigerung dann im Rahmen der Grundstücksveräußerung nach Maßgabe des § 169 Abs. 5 BauGB abgeschöpft wird. Daß die Antragsgegnerin ihr Grunderwerbsrecht gegenüber der Antragstellerin nicht ausüben wird, hat das Normenkontrollgericht nicht festgestellt.

Soweit die Beschwerde den Ausgleichsbetrag als unzulässige Sonder- bzw. Ausgleichsabgabe bezeichnet, zeigt sie auch keinen verfassungsrechtlichen Klärungsbedarf auf. Sollte der Ausgleichsbetrag als Sonderabgabe einzuordnen sein, ergäbe sich die Verfassungswidrigkeit dieser Abgabe entgegen der

Beschwerde nicht daraus, daß die mit Hilfe der Ausgleichsbeträge im Entwicklungsbereich geschaffenen Gemeinbedarfseinrichtungen nicht nur von den abgabepflichtigen Grundstückseigentümern genutzt werden können. Sonderabgaben sind zwar im Interesse der Gruppe der Abgabepflichtigen, also gruppennützig zu verwenden, dafür reicht es jedoch aus, daß das Aufkommen unmittelbar oder mittelbar überwiegend im Interesse der Gruppe der Abgabepflichtigen verwendet wird (BVerfG, Beschluß v. 17.7.2003 – 2 BvL 1/99 u. a. –, NVwZ 2003, 1241, 1246 m.w.N.). Entgegen der Beschwerde darf der Ausgleichsbetrag auch nicht für andere Aufgaben, die mit der Entwicklungsmaßnahme in keinem Zusammenhang stehen, verwendet werden. Der Ausgleichsbetrag hat die Funktion, die Grundstückseigentümer im Entwicklungsbereich an den Kosten der Entwicklungsmaßnahme zu beteiligen (§ 169 Abs. 1 Nr. 7 i.V. m. § 154 Abs. 1 Satz 1 BauGB). Überschießende Beträge sind den Grundeigentümern im Gebiet entsprechend § 156a BauGB anteilig zu erstatten (vgl. § 171 Abs. 1 Satz 2 BauGB).

Das Normenkontrollgericht verweist im übrigen zu Recht darauf, daß eine Qualifizierung des Ausgleichsbetrages als (unzulässige) Ausgleichsabgabe schon deshalb ausscheidet, weil Ausgleichsabgaben nicht – wie der hier fragliche Ausgleichsbetrag – der Finanzierung einer besonderen Aufgabe dienen, sondern dem Ausgleich einer Belastung, die sich aus einer primär zu erfüllenden öffentlich-rechtlichen Pflicht ergibt. Sie wird denjenigen auferlegt, die diese Pflicht – aus welchen Gründen auch immer – nicht erfüllen, und soll damit auch zur Erfüllung der Pflicht anhalten (vgl. BVerfG, Beschluß v. 24.1.1995 – 1 BvL 18/93 u.a. –, BVerfGE 92, 91, 117 m.w.N.). Diese Merkmale erfüllt der Ausgleichsbetrag der städtebaulichen Entwicklungsmaßnahme nicht.

6. Die Antragstellerin geht nach ihren Berechnungen davon aus, daß die Entwicklungsfläche der angegriffenen Satzung weniger als ein 1 v.H. des Gemeindegebietes umfaßt und mit einer Anzahl von Wohneinheiten bebaut werden soll, die weniger als 3 v.H. des Wohnungsbestandes auf dem Gebiet der Antragsgegnerin ausmachen. Sie knüpft hieran die Fragen, ob eine Entwicklungsfläche dieser Größenordnung noch ein „anderer Teil des Gemeindegebietes" i. S. des § 165 Abs. 2 BauGB sein kann, ob bei Anwendung der Norm mithin quantitative Aspekte praktisch vernachlässigt werden können und ob das Wohl der Allgemeinheit die Durchführung einer Entwicklungsmaßnahme erfordert, wenn „die Entwicklungsmaßnahme quantitativ nur geringfügig ist".

Die Fragen sind, soweit sie sich überhaupt über die konkreten Umstände des Streitfalles hinaus in verallgemeinerungsfähiger Weise beantworten lassen, in der Rechtsprechung des Bundesverwaltungsgerichts geklärt. Nach § 165 Abs. 2 BauGB sollen Ortsteile und „andere Teile des Gemeindegebiets" entsprechend ihrer besonderen Bedeutung für die städtebauliche Entwicklung und Ordnung der Gemeinde" entwickelt werden. Ein „anderer Teil des Gemeindegebiets" muß als Gegenstand einer Entwicklungsmaßnahme ein beträchtliches Eigengewicht haben, das auch im Gesamtgefüge der Gemeinde deutlich wahrnehmbar ist. Nicht jedes neue Baugebiet kommt also in Frage, sondern nur ein solches Gebiet, das eine besondere Bedeutung für die städtebauliche Entwicklung der Gemeinde hat und quantitative sowie qualitative

Anforderungen erfüllen muß (vgl. BVerwG, Urteil v. 3.7.1998 – 4 CN 2.97 –, a. a. O., S. 10). Ob diese Voraussetzungen erfüllt sind, beurteilt sich nach den konkreten Umständen des Einzelfalles und entzieht sich daher weiteren allgemein gültigen Aussagen. Entsprechendes gilt für die Frage, ob das Wohl der Allgemeinheit die Durchführung einer Entwicklungsmaßnahme auf einer mehr oder weniger großen Entwicklungsfläche erfordert. Numerisch-präzise Aussagen zur Mindestgröße einer Entwicklungsfläche lassen sich nicht abstrakt treffen. . . .

8. Die Frage, die die Beschwerde zum Zeitfaktor der Entwicklungsmaßnahme (§ 165 Abs. 3 Satz 1 Nr. 4 BauGB: Gewährleistung der zügigen Durchführung der Maßnahme „innerhalb eines absehbaren Zeitraums") aufwirft, entzieht sich einer verallgemeinerungsfähigen Klärung über den konkreten Streitfall hinaus. Welcher Zeitraum noch „absehbar" ist, läßt sich nicht abstrakt festlegen. Insoweit kommt es maßgeblich auf den Umfang der jeweiligen Entwicklungsmaßnahme an (BVerwG, Urteil v. 3.7.1998 – 4 CN 5.97 –, a. a. O., S. 28 mit Hinweis auf BGH, Urteil v. 2.10.1986 – III ZR 99/85 –, NVwZ 1987, 923).

Dem Charakter einer Entwicklungsmaßnahme als Gesamtmaßnahme steht auch nicht entgegen, daß sie abschnittsweise verwirklicht werden soll. Dem Normenkontrollgericht ist, ohne daß es der Durchführung eines Revisionsverfahrens bedarf, darin zuzustimmen, daß das Instrument der Entwicklungsplanung auch dann eingesetzt werden kann, wenn verschiedene Einzelmaßnahmen aus städtebaulichen Gründen ein planmäßiges und (auch zeitlich) aufeinander abgestimmtes Vorgehen erfordern. Je nach der Komplexität der Maßnahme kann ein Vorgehen in Teilabschnitten gerechtfertigt sein. Stellt sich im nachhinein auf Grund von zeitlichen Verzögerungen heraus, daß die zügige Durchführung der Maßnahme innerhalb eines absehbaren Zeitraums nicht möglich sein wird, wird die Gültigkeit der Entwicklungssatzung hierdurch nicht berührt. Die Satzung ist vielmehr nach § 169 Abs. 1 Nr. 8 i. V. m. § 162 Abs. 1 Satz 1 Nr. 2 BauGB aufzuheben (vgl. BVerwG, Beschluß v. 16.2.2001 – 4 BN 55.00 –, a. a. O., S. 12, für den Fall, daß sich im nachhinein die Nichtfinanzierbarkeit einer Entwicklungsmaßnahme herausstellt).

Nr. 230

1. Das Fortsetzungsfeststellungsinteresse für die Klage gegen die Versagung einer Veräußerungsgenehmigung i. S. des § 172 Abs. 4 Satz 4 BauGB kann auf die Absicht gestützt werden, eine Klage wegen enteignungsgleichen Eingriffs zu erheben.

2. Die in § 172 Abs. 4 Satz 3 Nr. 6 BauGB vorgesehene Verpflichtung, die Wohnungen innerhalb von sieben Jahren nur an die Mieter zu veräußern, erstreckt sich auch auf diejenigen Wohnungen, die zum Zeitpunkt der Erteilung der Umwandlungsgenehmigung leerstehen.

3. Zum Kreis der Mieter i. S. des § 172 Abs. 4 Satz 3 Nr. 6 BauGB gehören nicht diejenigen Personen, die die betreffende Wohnung zwar tatsäch-

lich bewohnen, diese Nutzung aber von vornherein nur mit der Absicht aufgenommen haben, die Wohnung käuflich zu erwerben.

4. Auch in den Fällen, in denen kein Anspruch auf Erteilung einer Veräußerungsgenehmigung besteht, kommen atypische Fallgestaltungen in Betracht, die eine Erteilung der Genehmigung im Ermessenswege rechtfertigen.

BauGB § 172 Abs. 1, 4; VwGO § 113.

Bundesverwaltungsgericht, Urteil vom 30. Juni 2004 – 4 C 1.03 –.

(Hamburgisches OVG)

Der Kläger ist Eigentümer eines 1910 errichteten Wohnhauses mit 17 Wohnungen im Geltungsbereich einer zum 1.1.2004 aufgehobenen Sozialen Erhaltungsverordnung in Hamburg. Im Januar 1999 beantragte und erhielt der Kläger für das im Jahr zuvor erworbene Haus eine Umwandlungsgenehmigung nach § 172 Abs. 4 Satz 3 Nr. 6 BauGB, nachdem er sich verpflichtet hatte, innerhalb von sieben Jahren ab der Begründung von Sondereigentum Wohnungen nur an die Mieter zu veräußern. Zugleich wurde gemäß § 172 Abs. 4 Satz 4 und 5 BauGB bestimmt, daß die Veräußerung von Sondereigentum der Genehmigung der Beklagten bedurfte; diese Genehmigungspflicht wurde in das Grundbuch eingetragen.

Im Februar/März 1999 bemühte sich der Kläger um die Veräußerungsgenehmigung für mehrere von ihm verkaufte Wohnungen, von denen drei noch Gegenstand des Revisionsverfahrens sind. Diese standen zum Zeitpunkt der Erteilung der Umwandlungsgenehmigung leer. Er vertrat die Auffassung, im Hinblick auf den Leerstand bedürfe er keiner Veräußerungsgenehmigung, hilfsweise sei sie ihm zu erteilen. Widerspruch, Klage und Berufung blieben erfolglos.

Der Kläger hat die vom Oberverwaltungsgericht zugelassene Revision eingelegt. Während des Revisionsverfahrens hat die Beklagte mit Wirkung zum 1.1.2004 die hier maßgebliche Verordnung – die Soziale Erhaltungsverordnung – aufgehoben. Daraufhin wurden dem Kläger Löschungsbewilligungen erteilt und das Grundbuchamt um ersatzlose Streichung der Veräußerungsbeschränkung nach § 172 Abs. 4 Satz 3 Nr. 6 BauGB gebeten.

Der Kläger hat daraufhin einen Fortsetzungsfeststellungsantrag gestellt. Hierzu führt er aus, er habe das für eine Fortsetzungsfeststellungsklage notwendige Interesse, da er einen Amtshaftungsanspruch geltend machen wolle, dessen Durchsetzung nicht offenbar aussichtslos sei. Er habe ferner einen Anspruch aus enteignungsgleichem Eingriff. Dieser setze voraus, daß eine hoheitliche Maßnahme unmittelbar das Eigentum beeinträchtige. Die rechtswidrige Versagung einer behördlichen Genehmigung zur Veräußerung eines im Eigentum stehenden Grundstücks oder Grundstücksteils erfülle diese Voraussetzungen.

Aus den Gründen:

II. A. Der vom Kläger im Revisionsverfahren gestellte Fortsetzungsfeststellungsantrag ist zulässig.

1. Die beklagte Freie und Hansestadt Hamburg hat die hier maßgebliche Verordnung mit Wirkung zum 1.1.2004 aufgehoben. Daraufhin wurden dem Kläger Löschungsbewilligungen erteilt und das Grundbuchamt um ersatzlose Streichung der Veräußerungsbeschränkung nach § 172 Abs. 4 Satz 3 Nr. 6 BauGB gebeten, so daß eine derartige Beschränkung nicht mehr besteht. Der Rechtsstreit hat sich somit in der Hauptsache erledigt. Dies gilt auch für den

vor dem Berufungsgericht gestellten Feststellungsantrag. Denn mit ihm wollte der Kläger den Ausspruch des Gerichts erreichen, daß es für die Veräußerung der drei leerstehenden Wohnungen keiner Veräußerungsgenehmigung bedurfte, da sie nicht unter die Verpflichtung nach § 172 Abs. 4 Satz 3 Nr. 6 BauGB fielen. Für den Fall, daß das Gericht eine derartige Feststellung treffen sollte, hatte sich die Vertreterin der Beklagten in der mündlichen Verhandlung verpflichtet, die für die Löschung des Vermerks über die Genehmigungspflicht gegenüber dem Grundbuchamt erforderlichen Erklärungen abzugeben. Der Kläger ist hierauf jetzt nicht mehr angewiesen, nachdem die Beklagte dem Grundbuchamt gegenüber die Löschungsbewilligung erteilt hat. Er ist insoweit in der Verfügung seines Eigentums nicht mehr eingeschränkt.

2. Der Kläger hat auch ein berechtigtes Fortsetzungsfeststellungsinteresse.

2.1 Allerdings läßt sich dieses nicht auf den vom Kläger angekündigten Amtshaftungsprozeß stützen.

Soweit der Kläger den Amtshaftungsanspruch auf die ergangenen und inzwischen erledigten Verwaltungsentscheidungen stützt, ist seine Durchsetzung aussichtslos. Zwar kann ein schutzwürdiges Feststellungsinteresse gegeben sein, wenn die Weiterführung des verwaltungsgerichtlichen Verfahrens dazu dienen soll, einen Amtshaftungsprozeß vor den Zivilgerichten vorzubereiten. Voraussetzung ist aber, daß der beabsichtigte Zivilprozeß nicht offensichtlich aussichtslos ist. Davon ist dann auszugehen, wenn ohne eine ins einzelne gehende Prüfung erkennbar ist, daß der behauptete zivilrechtliche Anspruch unter keinem rechtlichen Gesichtspunkt besteht. Bezogen auf Amtshaftungsklagen ist das etwa dann der Fall, wenn – wie hier – ein Kollegialgericht das Verhalten eines Beamten als rechtmäßig gewertet hat und diesem gegenüber deshalb nicht der Vorwurf erhoben werden kann, er habe offensichtlich fehlsam gehandelt und damit schuldhaft eine ihm obliegende Amtspflicht verletzt (st. Rspr., z. B. BVerwG, Beschluß v. 9. 8. 1990 – 1 B 94.90 –, NVwZ 1991, 270, und Urteil v. 3. 6. 2003 – 5 C 50.02 –, NVwZ 2004, 104). Dieser Grundsatz gilt ausnahmsweise dann nicht, wenn es sich bei dem beanstandeten Verhalten um eine grundsätzliche Maßnahme zentraler Dienststellen bei Anwendung eines ihnen besonders anvertrauten Spezialgesetzes handelt oder wenn das Gericht die Rechtslage trotz eindeutiger und klarer Vorschriften verkannt oder eine eindeutige Bestimmung handgreiflich falsch ausgelegt hat (vgl. BGH, Urteil v. 12. 7. 2001 – III ZR 282/00 –, BRS 64 Nr. 157 = DVBl. 2001, 1619). Die Regel ist ferner unanwendbar, wenn besondere Umstände dafür sprechen, daß der verantwortliche Beamte kraft seiner Stellung oder seiner besonderen Einsichten es „besser" als das Kollegialgericht hätte wissen müssen (vgl. die Nachweise bei Eyermann/Jörg Schmidt, § 113 VwGO Rdnr. 90). Entgegen der Auffassung des Klägers ist hier keine dieser Voraussetzungen gegeben. Insbesondere begründet sein Hinweis darauf, daß die Sachbearbeiterin vorliegend allein mit Fragen der Erhaltungssatzung befaßt gewesen sei, keine besondere Sachkunde einer zentralen Dienststelle mit besonderer Fachkunde. Vielmehr geht es um die Auslegung schwieriger Rechtsfragen, für deren Bewältigung die Verwaltungsbediensteten keine besonderen Kenntnisse und Erfahrungen hatten, die sich die Verwaltungsgerichte nicht ebenfalls hätten aneignen oder zunutze machen können. Davon, daß die Verwaltungsgerichte die Rechtslage offensichtlich verkannt hätten, kann ohnehin keine Rede sein.

Soweit der Kläger nunmehr weiterhin vorträgt, er wolle einen Schadensersatzanspruch wegen unzureichender oder falscher Beratung durch die Sachbearbeiterin geltend machen, begründet dies ebenfalls kein Fortsetzungsfeststellungsinteresse. Denn mit der beantragten Feststellung würde keine verwaltungsgerichtliche Entscheidung getroffen, die dem Kläger bei der Verfolgung dieses Anspruchs durch Beantwortung einer öffentlich-rechtlichen Vorfrage weiterhelfen könnte. Eine weitergehende Beratung hätte ihm im übrigen lediglich die Rechtsauffassung der Beklagten deutlicher machen können, wonach auch für leerstehende Wohnungen eine Verpflichtung nach § 172 Abs. 4 Satz 3 Nr. 6 BauGB und eine Veräußerungsgenehmigung erforderlich sind.

2.2 Dagegen begründet die Absicht des Klägers, eine Klage zu erheben, mit der ein Anspruch auf Entschädigung wegen enteignungsgleichen Eingriffs geltend gemacht werden soll, ein Fortsetzungsfeststellungsinteresse. Eine derartige Klage wäre nicht offensichtlich aussichtslos.

Zwischen einem Entschädigungsanspruch aus enteignungsgleichem Eingriff und einem Anspruch aus Amtspflichtverletzung kann Anspruchskonkurrenz bestehen (BGH, Urteil v. 1. 2. 2001 – III ZR 193/99 –, BGHZ 146, 365 = BRS 64 Nr. 219). Der Bundesgerichtshof hat in seinem Urteil vom 23. 1. 1997 (– III ZR 234/95 –, BGHZ 134, 316) einen Entschädigungsanspruch wegen rechtswidriger Versagung einer Teilungsgenehmigung bejaht, wobei der Betroffene die Absicht hatte, das Grundstück zu Bebauungszwecken zu veräußern. Er hat zur Begründung ausgeführt, die Befugnis, das Grundstück zu Bebauungszwecken zu veräußern, sei ein Ausfluß des Eigentums, der gleichwertig neben der Befugnis stehe, das Grundstück selbst zu bebauen. Daraus folge, daß ein Kläger lediglich darzutun brauche, daß er die Möglichkeit gehabt habe, das Grundstück zu Bebauungszwecken zu veräußern. Durch die Versagung der Teilungsgenehmigung werde der Kläger in seiner durch Art. 14 GG geschützten Freiheit, sein Grundstück im Rahmen der Rechtsordnung nach seinen eigenen Vorstellungen zu nutzen, in einer Weise beeinträchtigt, die er bei Rechtswidrigkeit der Versagung nicht entschädigungslos hinzunehmen brauche. Im Anschluß daran hat der Bundesgerichtshof im Urteil vom 3. 7. 1997 (– III ZR 205/96 –, BGHZ 136, 182) diese Grundsätze auf die Versagung einer Genehmigung nach dem Grundstücksverkehrsgesetz übertragen und es als unerheblich angesehen, daß das Grundstück nicht zu Bebauungszwecken veräußert werden sollte. Er sehe keine durchgreifenden Bedenken dagegen, diese Grundsätze auf die Versagung einer Genehmigung nach dem Grundstücksverkehrsgesetz zu übertragen. Beide Fälle lägen in dem entscheidenden Punkt gleich, daß der Eigentümer durch die Versagung der Genehmigung in seiner durch Art. 14 GG geschützten Freiheit, sein Grundstück im Rahmen der Rechtsordnung nach seinen eigenen Vorstellungen zu nutzen, in einer Weise beeinträchtigt werde, die er bei Rechtswidrigkeit der Versagung nicht entschädigungslos hinzunehmen brauche. Zum Bestand der Rechtsmacht, die Art. 14 Abs. 1 GG zur Sicherung des Instituts „Privateigentum" gewährleiste, gehöre grundsätzlich die Veräußerungsfreiheit und Verfügungsbefugnis des Eigentümers.

Eine Übertragung dieser Grundsätze auf den vorliegenden Fall einer Veräußerungsbeschränkung hinsichtlich einzelner Wohnungen eines Hauses liegt nicht völlig fern. Ein Anspruch auf Entschädigung wegen enteignungsgleichen Eingriffs ist somit nicht von vornherein aussichtslos. Eine genauere Bestimmung der Anspruchsgrundlagen ist den Zivilgerichten ebenso zu überlassen wie die Frage, in welchem Umfang in derartigen Fällen eine angemessene Entschädigung in Betracht kommt (vgl. hierzu BGH, Urteil v. 3. 7. 1997, a. a. O.).

B. Die vom Kläger gestellten Anträge erstrecken sich – wie zur Klarstellung hervorzuheben ist – nicht auf denjenigen Lebenssachverhalt, der Gegenstand des zurzeit beim VGH Hamburg anhängigen Verfahrens (– 19 VG 4532/2001 –) ist. Der Kläger hatte während des Berufungsverfahrens in der vorliegenden Sache mit Schreiben vom 13. 7. 2000 einen erneuten Antrag auf Erteilung einer Veräußerungsgenehmigung gestellt. Dabei hatte er sich zur Begründung auf frühere Hinweise der Beklagten berufen, eine Genehmigung komme möglicherweise in Betracht, nachdem die Kaufinteressenten für eine längere Zeit als Mieter in der Wohnung gelebt hätten. Unter Hinweis hierauf erstrebte er eine erneute Ermessensentscheidung zu seinen Gunsten. Nachdem dies abgelehnt worden war, hat er hiergegen beim VGH Hamburg Klage erhoben. Sowohl in diesem Verfahren vor dem Verwaltungsgericht als auch in der mündlichen Verhandlung vor dem erkennenden Senat hat er ausdrücklich erklärt, er sehe in diesem Vorgang einen eigenständigen Lebenssachverhalt, der nicht in das damals beim Oberverwaltungsgericht und jetzt beim Bundesverwaltungsgericht anhängige Verfahren einbezogen werden sollte. Aus diesen von § 88 VwGO gedeckten Erklärungen folgt, daß der Senat über den weiteren abtrennbaren Lebenssachverhalt, wonach die Herrn P., S. und K. länger als ein Jahr in ihren jeweiligen Wohnungen gelebt haben, und der Kläger daraus einen Anspruch auf eine (nunmehr) für ihn günstige Ermessensentscheidung ableitet, nicht zu entscheiden hatte. Der hier gestellte Fortsetzungsfeststellungsantrag betrifft – zulässigerweise (vgl. BVerwG, Urteil v. 28. 4. 1999 – 4 C 4.98 –, BVerwGE 109, 74 = BRS 62 Nr. 175) – einen weiter zurückliegenden Zeitraum. Er knüpft an den Bescheid der Beklagten vom 9. 3. 1999 in der Gestalt des Widerspruchsbescheides vom 1. 7. 1999 an.

C. Der somit zulässige Fortsetzungsfeststellungsantrag hat nur teilweise Erfolg. Soweit der Kläger die Feststellung erstrebt, daß die Veräußerung der drei Wohnungen keiner Genehmigung der Beklagten bedurfte, ist ihm nicht zu folgen. Soweit er hilfsweise die Feststellung beantragt, die Versagung einer Veräußerungsgenehmigung sei rechtswidrig gewesen, hat seine Revision lediglich hinsichtlich eines der drei Erwerber, des Herrn P., Erfolg. Das Oberverwaltungsgericht hätte insoweit die Beklagte verpflichten müssen, über den im Jahre 1999 gestellten Antrag des Klägers erneut zu entscheiden. In diesem Umfang verletzt seine Entscheidung Bundesrecht. Im übrigen war die Revision zurückzuweisen.

1. Hinsichtlich der drei streitigen zum Zeitpunkt der Erteilung der Umwandlungsgenehmigung leerstehenden Wohnungen war eine Veräußerung nur mit der Genehmigung der Beklagten möglich.

1.1 Nach § 172 Abs. 1 Satz 1 Nr. 2 BauGB kann die Gemeinde Gebiete bezeichnen, in denen zur Erhaltung der Zusammensetzung der Wohnbevölkerung der Rückbau, die Änderung oder die Nutzungsänderung baulicher Anlagen der Genehmigung bedürfen. Überdies sind die Landesregierungen ermächtigt, für die Grundstücke in Gebieten einer derartigen Satzung durch Rechtsverordnung mit einer Geltungsdauer von höchstens fünf Jahren zu bestimmen, daß die Begründung von Sondereigentum (Wohnungseigentum und Teileigentum gemäß § 1 des Wohnungseigentumsgesetzes) an Gebäuden, die ganz oder teilweise Wohnzwecken zu dienen bestimmt sind, nicht ohne Genehmigung erfolgen darf (§ 172 Abs. 1 Satz 4 BauGB). Hiervon hat die Landesregierung der Freien und Hansestadt Hamburg für das hier betroffene Gebiet Gebrauch gemacht. Diese Umwandlungsgenehmigung darf nach § 172 Abs. 4 BauGB nur versagt werden, wenn die Zusammensetzung der Wohnbevölkerung aus besonderen städtebaulichen Gründen erhalten werden soll. Sie ist zu erteilen, wenn auch unter Berücksichtigung des Allgemeinwohls ein Absehen von der Begründung von Sondereigentum wirtschaftlich nicht mehr zumutbar ist. Die Genehmigung ist ferner zu erteilen, wenn sich der Eigentümer verpflichtet, innerhalb von sieben Jahren ab der Begründung von Sondereigentum Wohnungen nur an die Mieter zu veräußern (§ 172 Abs. 4 Satz 3 Nr. 6 BauGB). In diesem Fall kann in der Umwandlungsgenehmigung bestimmt werden, daß auch die Veräußerung von Sondereigentum an dem Gebäude während der Dauer der Verpflichtung der Genehmigung der Gemeinde bedarf (Veräußerungsgenehmigung). Die Genehmigungspflicht kann auf Ersuchen der Gemeinde in das Grundbuch für das Sondereigentum eingetragen werden; sie erlischt nach Ablauf der Verpflichtung.

Der Kläger hat sich in diesem Sinne verpflichtet, die Wohnungen im betroffenen Gebäude nur an die Mieter zu veräußern. Daraufhin ist ihm eine Umwandlungsgenehmigung erteilt worden. Diese ist mit einem Vorbehalt verbunden, wonach die Veräußerung von Sondereigentum der Genehmigung der Beklagten bedarf.

1.2 Der Kläger ist der Auffassung, die Verpflichtung, Sondereigentum nur an Mieter zu veräußern, erstrecke sich nicht auf Wohnungen, die zum Zeitpunkt der Umwandlungsgenehmigung nicht vermietet waren. Dies trifft nicht zu.

Eine auf § 172 Abs. 4 Satz 3 Nr. 6 BauGB gestützte Umwandlungsgenehmigung ist für das gesamte Gebäude zu erteilen, auch wenn einzelne Wohnungen leerstehen. Der Gesetzgeber geht in § 172 Abs. 1 Satz 4 BauGB davon aus, daß sich die Umwandlungsgenehmigung auf das ganze Gebäude bezieht („an Gebäuden"). Dies entspricht nach den Erläuterungen der Beklagten auch der Verwaltungspraxis, die im Hinblick auf das Bedürfnis, für die zu schaffenden Eigentumswohnungen grundbuchrechtlich klare Verhältnisse zu schaffen, naheliegt. Auch die Regelung in § 8 Abs. 1 WEG ist auf die Bildung von Wohnungseigentum durch Teilung des gesamten Grundstücks angelegt. Im vorliegenden Fall bezieht sich die Umwandlungsgenehmigung ebenfalls auf das

Grundstück insgesamt, auf dem sich ein Wohngebäude mit 17 (später 16) Wohneinheiten befindet.

Schon dieser Umstand legt die Annahme nahe, daß die Erteilungsvoraussetzung des § 172 Abs. 4 Satz 3 Nr. 6 BauGB sich grundsätzlich auf sämtliche Wohnungen des von der Umwandlungsgenehmigung erfaßten Gebäudes bezieht.

Die in § 172 Abs. 4 Satz 3 Nr. 6 BauGB vorgesehene Verpflichtung, die Wohnungen innerhalb von sieben Jahren nur an die Mieter zu veräußern, erstreckt sich auch auf diejenigen Wohnungen, die zum Zeitpunkt der Erteilung der Umwandlungsgenehmigung leerstehen. Dies ergibt der Zweck, den der Gesetzgeber mit dieser Regelung verfolgt.

Eine derartige Verpflichtung ist auch der Kläger eingegangen. Das Oberverwaltungsgericht hat festgestellt, daß die im vorliegenden Einzelfall ergangene Entscheidung der Behörde sowie die vorausgegangene Verpflichtungserklärung des Klägers keinen von der Gesetzeslage abweichenden Inhalt haben und daher ebenso auszulegen sind.

Die gesetzliche Regelung des § 172 Abs. 4 Satz 3 Nr. 6 BauGB bezweckt, daß der Eigentümer das durch die Umwandlung und Aufteilung entstandene Sondereigentum für eine bestimmte Zeit nicht auf dem freien Immobilienmarkt an jeden beliebigen Kaufinteressenten, sondern nur an die Mieter veräußern darf. Zielsetzung dieser Regelung bleibt auch nach den durch das Bau- und Raumordnungsgesetz – BauROG – vom 18. August 1997 (BGBl. I, 2081) erfolgten Ergänzungen in § 172 Abs. 4 Satz 3 BauGB die Erhaltung der Zusammensetzung der Wohnbevölkerung (§ 172 Abs. 1 Satz 1 Nr. 2 BauGB). Dies verdeutlicht der unverändert gebliebene § 172 Abs. 4 Satz 1 BauGB, wonach die Genehmigung nur versagt werden darf, wenn die Zusammensetzung der Wohnbevölkerung aus besonderen städtebaulichen Gründen erhalten werden soll. Die Vorschriften ergänzen zwar die zivilrechtlichen Regelungen zum Mieterschutz, ihre Zielrichtung bleibt aber städtebaurechtlicher Natur. Dem steht der zweite Halbsatz in § 172 Abs. 4 Satz 3 Nr. 6 BauGB nicht entgegen, in dem auf das BGB Bezug genommen wird, denn dadurch soll nur sichergestellt werden, daß die Beschränkung des Vermieters insgesamt zehn Jahre nicht übersteigt.

Dem städtebaulichen Ziel, die Zusammensetzung der Wohnbevölkerung zu schützen, wird auch damit gedient, daß zum Zeitpunkt der Erteilung der Umwandlungsgenehmigung vorübergehend leerstehende Wohnungen dem betroffenen Personenkreis als Mietobjekt zur Verfügung stehen. Dies hat das Oberverwaltungsgericht zu Recht angenommen. Für die durch eine Soziale Erhaltungsverordnung geschützten Gebiete ist von einer das Angebot an Mietwohnungen deutlich übersteigenden Nachfrage auszugehen. Daher ist im Regelfall eine erneute Vermietung der Wohnung alsbald möglich. Die leer stehenden Wohnungen sollen dem Mietwohnungsmarkt nicht dadurch entzogen werden, daß sie an einen beliebigen Dritten veräußert werden. Denn der Erwerber wird typischerweise, ggf. nach Modernisierung der Wohnung, eine deutliche Erhöhung des Mietniveaus anstreben. Diese Entwicklung verstärkt die Gefahr einer Verdrängung der vorhandenen Wohnbevölkerung (vgl. hierzu BT-Drucks. 13/7886, S. 13). Dem Schutz hiervor dient das Verbot, das Sondereigentum an andere Interessenten als an den in der Wohnung lebenden Mieter zu veräußern, auch dann, wenn eine Wohnung vorübergehend nicht vermietet ist. Auch der Senat ist bereits in seinem Urteil vom 18.6.1997 (– 4 C 2.97 –, BVerwGE 105, 67 = BRS 59 Nr. 254) im Zusammenhang mit der rechtlichen Beurteilung des Einbaus einer Loggia in eine Dachgeschoßwohnung auf der Grundlage der damals maßgeblichen Gesetzeslage (die das Instrument der Verpflichtung nach § 172 Abs. 4 Satz 3 Nr. 6 BauGB noch nicht kannte) davon ausgegangen, daß der Schutzzweck der Regelung auch dann betroffen ist, wenn die Wohnung leersteht. Denn die Erhaltungssatzung dient als städtebauliches Instrument nicht – jedenfalls nicht unmittelbar – dem Schutz einzelner konkreter Bewohner, sondern dem allgemeineren und längerfristigen Ziel, die Struktur der Wohnbevölkerung zu erhalten. Daran hat sich auch durch die Novellierung im Jahre 1997 nichts geändert.

1.3 Zu Recht hebt das Oberverwaltungsgericht hervor, daß aus der Regelung in § 172 Abs. 4 Satz 3 Nr. 5 BauGB nichts anderes folgt. Denn in den Fällen, in denen ein ganzes Gebäude nicht (mehr) zu Wohnzwecken genutzt wird, weil es beispielsweise insgesamt gewerblich genutzt wird oder leersteht, hat sich bereits ein tiefgreifender Wandel vollzogen, der weit mehr dafür spricht, daß das Gebäude dem Mietwohnungsmarkt entzogen ist und bleibt, als es beim vorübergehenden Leerstand einzelner Wohnungen in einem Haus der Fall ist.

Dieses aus der systematischen Auslegung gewonnene Ergebnis wird dadurch bestätigt, daß auch die Initiatoren des Gesetzesvorhabens beim Anwendungsbereich der Umwandlungsgenehmigung von der Einbeziehung leerstehender Wohnungen ausgegangen sind (vgl. BT-Drucks. 13/7886, S. 13).

Erstreckte sich die vom Kläger eingegangene Verpflichtung mithin auch auf die drei streitigen Wohnungen, so bedurfte es auch insoweit einer Veräußerungsgenehmigung. Die Veräußerungsgenehmigung soll der Behörde die Kontrolle darüber ermöglichen, daß die Voraussetzungen nach § 172 Abs. 4 Satz 3 Nr. 6 BauGB erfüllt sind, und durch Eintragung der Genehmigungspflicht in das Grundbuch die Durchsetzung sicherstellen. Diese Aufgabe hatte die Genehmigungspflicht auch im vorliegenden Fall zu erfüllen. Somit kann die Feststellung, daß die Veräußerung der Wohnungen an die Herren S., P. und K. keiner Genehmigung nach § 172 Abs. 4 Satz 4 BauGB bedurfte, nicht getroffen werden.

2. In den drei noch streitigen Fällen hatte der Kläger auch keinen Rechtsanspruch auf Erteilung der Veräußerungsgenehmigung.

2.1 Diese ist zu erteilen, wenn die Wohnung an den Mieter veräußert werden soll. Die Herren P., S. und K. waren keine Mieter in diesem Sinne.

Der hier zu entscheidende Fall gibt keine Veranlassung, den Begriff des Mieters i. S. von § 172 Abs. 4 Satz 3 Nr. 6 BauGB abschließend zu klären. Jedenfalls bestimmt sich dieser Begriff nicht allein nach zivilrechtlichen Maßstäben, sondern ist unter Beachtung des Gesetzeszwecks auszulegen.

Unbedenklich ist als Mieter i. S. von § 172 Abs. 4 Satz 3 Nr. 6 BauGB anzusehen, wer zum Zeitpunkt der Erteilung der Umwandlungsgenehmigung als Mieter in der Wohnung wohnt. Hinzu tritt derjenige Personenkreis, der nach den Vorschriften des Mietrechts in das Mietverhältnis eintritt (§ 563 BGB). Dem Oberverwaltungsgericht ist ferner darin beizupflichten, daß eine Auslegung des Gesetzes dahingehend, Mieter i. S. von § 172 Abs. 4 Satz 3 Nr. 6 BauGB könne nur sein, wer bereits zum Zeitpunkt der Erteilung der Umwandlungsgenehmigung die betreffende Wohnung bewohnt hat, verfehlt wäre. Zum einen enthält das Gesetz keinen Anhaltspunkt für eine derartige Stichtagswirkung. Zum anderen würden die Konsequenzen über die Zielsetzung, die Zusammensetzung der Wohnbevölkerung zu erhalten, hinausgehen und sich als unverhältnismäßig erweisen. Denn der Eigentümer, der die Umwandlungsgenehmigung mit der Verpflichtung nach § 172 Abs. 4 Satz 3 Nr. 6 BauGB erhalten hat, darf für einen Zeitraum von sieben Jahren die Wohnung an keinen anderen als den Mieter veräußern. Auch in einem sozialen Erhaltungsgebiet ist jedoch regelmäßig mit Mieterwechseln zu rechnen. Es kann nicht davon ausgegangen werden, daß in allen Fällen, in denen eine Wohnung zum Zeitpunkt der Erteilung der Umwandlungsgenehmigung leergestanden hat, erst der Ablauf von möglicherweise fast sieben Jahren die Annahme rechtfertigt, eine Genehmigung der Veräußerung werde das Ziel einer Erhaltung der Wohnbevölkerung nicht gefährden. Vielmehr kann schon nach Ablauf kürzerer Zeiträume eine derartige Schlußfolgerung gerechtfertigt sein. Auch die Absicht, offenkundige Umgehungen der gesetzlichen Regelungen zu verhindern, würde eine derartige Auslegung nicht rechtfertigen. Denn es entspricht keineswegs der Lebenserfahrung, daß alle Veräußerungen von Wohnungen, die zum Zeitpunkt der Erteilung der Umwandlungsgenehmigung leergestanden haben, im Zeitpunkt der Veräußerung aber vermietet sind, eine Umgehung darstellen.

Andererseits sind solche Personen nicht als Mieter anzusehen, die die betreffende Wohnung zwar tatsächlich bewohnen, diese Nutzung aber mit Blick auf die in § 172 Abs. 4 Satz 3 Nr. 6 BauGB genannten Voraussetzungen nur aufgenommen haben, weil sie von vornherein einen käuflichen Erwerb der Wohnung beabsichtigten. Ein derartiges Vorgehen, das dazu dient, zum Schein die Voraussetzungen des § 172 Abs. 4 Satz 3 Nr. 6 BauGB zu erfüllen, kann je nach den Umständen auch dann gegeben sein, wenn formal ein Mietvertrag abgeschlossen wurde.

In allen drei noch streitigen Fällen ist das Oberverwaltungsgericht unter Würdigung der Besonderheiten des Sachverhalts zu dem Ergebnis gelangt, die Betroffenen hätten die Wohnungen nicht wie ein Mieter, sondern im Vorgriff auf die beabsichtigte Eigentumsübertragung genutzt. Es spreche nichts dafür, daß der Mietvertrag auch ohne die Aussicht auf einen Eigentumsübergang geschlossen worden wäre. Der Kläger erziele aus den Wohnungen auch keine Mieteinnahmen, sondern erhalte lediglich Wohngeld bzw. Betriebs- und Heizungskosten. Diese Einschätzung werde auch durch seine Erklärungen im Widerspruchs- und Klageverfahren unterstützt, die Mietverträge seien „rein vorsorglich" als sicherster Weg" abgeschlossen worden. Diese Schlußfolgerungen lassen keinen Verstoß gegen Bundesrecht erkennen.

2.2 Die dargestellte Rechtslage ist mit dem Grundgesetz, insbesondere Art. 14 GG und dem Grundsatz der Verhältnismäßigkeit vereinbar. Für den Eigentümer wird die Möglichkeit, sein Sondereigentum an Wohnungen zu veräußern, nach Maßgabe der genannten Regelungen eingeschränkt. Dies stellt eine zulässige Regelung von Inhalt und Schranken des Eigentums dar. Dem Eigentümer verbleibt die Nutzung des Eigentums durch Vermietung der Wohnungen, wobei der Gesetzgeber davon ausgeht, daß die Wohnungen auch vermietet werden können, da eine entsprechende Nachfrage nach derartigen Wohnungen bestehe. Bei wirtschaftlicher Unzumutbarkeit ist eine Genehmigung zu erteilen (§ 172 Abs. 4 Satz 2 BauGB); die Belange des Eigentümers werden ferner durch die weiteren Regelungen in § 172 Abs. 4 Satz 3 BauGB berücksichtigt (vgl. auch BVerfG, Kammerbeschluß v. 26. 1. 1987 – 1 BvR 969/83 –, NVwZ 1987, 879 = ZfBR 1987, 203 zur Regelung in § 39 h BBauG). Im Fall des § 172 Abs. 4 Satz 3 Nr. 6 BauGB wird sichergestellt, daß die durch Regelungen des Mieterschutzes bestehende Frist von bis zu zehn Jahren nicht überschritten wird.

Der Gesetzgeber verfügt bei derartigen Regelungen über einen weiten Gestaltungsspielraum. Insbesondere kann er die jeweiligen Verhältnisse und Umstände auf dem Wohnungsmarkt berücksichtigen (vgl. z. B. BVerfGE 91, 294, 310). Die von Art. 14 Abs. 1 GG gezogenen Grenzen sind dann überschritten, wenn die Beschränkungen auf Dauer zu Verlusten für den Vermieter oder zur Substanzgefährdung führen würden. In derartigen Fällen greift jedoch u. a. § 172 Abs. 4 Satz 2 BauGB ein. Dessen Voraussetzungen sind im Falle des Klägers – jedenfalls für den hier entscheidungserheblichen Zeitraum – indes nicht gegeben.

Der Gesetzgeber verfolgt auch dann ein verfassungsrechtlich unbedenkliches Ziel, wenn er die Verfügungsbefugnis des Eigentümers nicht nur zum Schutz des bereits in einer Wohnung lebenden Personenkreises, sondern auch im Interesse der Angehörigen der Wohnbevölkerung beschränkt, die in zeitweise leerstehende Wohnungen einziehen. Der Gesetzgeber stellt in § 172 Abs. 1 Satz 4 BauGB sicher, daß eine derartige Beschränkung nur unter bestimmten engen Voraussetzungen (Milieuschutz) durch besonders zu erlassende Rechtsverordnung der Landesregierung erfolgen kann.

Auch die Hinweise des Klägers auf den Beschluß des Bundesverfassungsgerichts vom 16. 2. 2000 (– 1 BvR 242/91, 315/91 –, BVerfGE 102, 1 – Altlasten) führen zu keinem anderen Ergebnis. Dem Kläger wird keine kostenaufwändige Sanierung oder andere Belastung auferlegt. Das 17 (jetzt 16) Wohnungen umfassende Haus kann vielmehr wirtschaftlich wie jedes andere Mietshaus genutzt werden. Im übrigen konnte der Kläger bereits beim 1998 erfolgten Erwerb des Hauses erkennen, daß es sich in einem Gebiet befindet, für das eine Soziale Erhaltungsverordnung gilt, so daß die Bildung von Wohnungseigentum und die Veräußerung einzelner Wohnungen Beschränkungen unterliegen, die in ihren wirtschaftlichen Auswirkungen über den Mieterschutz in diesem Gebiet nicht wesentlich hinausgehen.

3. Veräußert der Eigentümer entgegen der nach § 172 Abs. 4 Satz 3 Nr. 6 BauGB eingegangenen Verpflichtung nicht an einen Mieter im Sinne dieser Vorschrift, sondern an einen Dritten, so entspricht es der in der Gesetzessystematik angelegten Regel, die Veräußerungsgenehmigung zu versagen. Gleichwohl kommen atypische Fallgestaltungen in Betracht, die eine Erteilung der Genehmigung im Ermessenswege rechtfertigen (vgl. zu einer ähnli-

chen Konstellation das Senatsurteil v. 18.6.1997 – 4 C 2.97 –, BVerwGE 105, 67 = BRS 59 Nr. 254 = BauR 1997, 992). Dies gilt insbesondere bei Sachverhalten, die gemessen am Ziel der Erhaltung der Bevölkerungsstruktur ähnlich zu bewerten sind wie der gesetzlich geregelte Fall des Kaufs einer Wohnung durch den in ihr wohnenden Mieter. Hierzu zählen beispielsweise Fälle, in denen Mieter, die im selben Haus wohnen, eine andere zur Zeit leerstehende Wohnung kaufen wollen. Eine atypische Fallgestaltung kann auch dann gegeben sein, wenn ein Mieter, der bisher im Erhaltungsgebiet in einem anderen Gebäude wohnt, eine leerstehende Wohnung kauft. Je mehr der Fall dem gesetzlich geregelten Kauf einer Wohnung durch den in ihr wohnenden Mieter ähnlich ist, um so eher kommt eine Ermessensentscheidung zugunsten einer Veräußerungsgenehmigung in Betracht.

Derartige Voraussetzungen sind hinsichtlich des Erwerbs einer Wohnung durch Herrn P. gegeben, denn er wohnte bereits zuvor im Gebiet der Erhaltungsverordnung. Die Beklagte durfte sich nicht darauf beschränken, einen atypischen Fall mit der Begründung zu verneinen, der Kläger habe die Wohnungen bewußt leerstehen lassen. Vielmehr war dem Umstand Rechnung zu tragen, daß der an einem Erwerb interessierte Herr P. bereits der zu schützenden „Wohnbevölkerung" angehörte. Daß er „Single" ist und es ihm auf Grund seiner längeren Berufstätigkeit möglich war, die Wohnung zu erwerben, hindert entgegen den Ausführungen im Widerspruchsbescheid eine für den Kläger und in Folgewirkung für Herrn P. günstige Ermessensentscheidung nicht. Daher hätten das Verwaltungsgericht bzw. das Oberverwaltungsgericht hinsichtlich des Herrn P. die Beklagte verpflichten müssen, über den Antrag des Klägers auf Erteilung einer Veräußerungsgenehmigung erneut unter Beachtung der Rechtsauffassung des Gerichts zu entscheiden. Insoweit verstoßen die angegriffenen Urteile gegen Bundesrecht. Nach der Aufhebung der Erhaltungsverordnung während des Revisionsverfahrens war die entsprechende Feststellung zu treffen.

Nr. 231

1. **Änderungen baulicher Anlagen, die von vornherein nicht geeignet sind, sich auf die Zusammensetzung der Wohnbevölkerung auszuwirken, unterfallen auch nicht dem Genehmigungsvorbehalt des § 172 Abs. 4 Satz 3 Nr. 1 BauGB.**

2. **Zu den Maßstäben, wann die Änderung einer baulichen Anlage nach § 172 Abs. 4 Satz 3 Nr. 1 BauGB der Herstellung des zeitgemäßen Ausstattungszustands einer durchschnittlichen Wohnung unter Berücksichtigung der bauordnungsrechtlichen Mindestanforderungen dient.**

BauGB § 172 Abs. 1, 4.

Bundesverwaltungsgericht, Beschluß vom 17. Dezember 2004 – 4 B 85.04 –.

(OVG Berlin).

Aus den Gründen:

1.1 Die Beschwerde wirft zunächst die Frage auf, ob dem Genehmigungsvorbehalt des § 172 Abs. 1 Satz 1 Nr. 2 BauGB nur solche baulichen Maßnahmen unterfallen, die eine Modernisierungsumlage auslösen. Sie ergänzt dies dahin, ob nicht alle Maßnahmen dem Genehmigungsvorbehalt unterworfen sind, die sich auf die Miethöhe, auch bei einer Neuvermietung, auswirken können. Diese Fragen rechtfertigen nicht die Zulassung der Revision wegen grundsätzlicher Bedeutung. Sie nehmen Bezug auf die Ausführungen des Oberverwaltungsgerichts, wonach von vornherein nur diejenigen sich mieterhöhend auswirkenden Modernisierungsmaßnahmen, die den Gebrauchswert der Mietsache nachhaltig erhöhen oder nachhaltig die Einsparung von Energie bewirken, milieuschutzrechtlich relevante und damit genehmigungsbedürftige Änderungen darstellen. Die übrigen Maßnahmen seien nicht genehmigungsbedürftig, weil ihnen die städtebauliche Relevanz fehle. Dies gelte insbesondere für Instandsetzungsmaßnahmen. Diese bewirkten keine mietpreisbedingte Verdrängungsgefahr für die Bewohner. Das Oberverwaltungsgericht verneint damit auf der Grundlage seiner mit Verfahrensrügen nicht angegriffenen Tatsachenfeststellungen von vornherein die Eignung der genannten Maßnahmen, das Schutzziel der Erhaltungssatzung zu gefährden. Änderungen baulicher Anlagen, die von vornherein nicht geeignet sind, sich auf die Zusammensetzung der Wohnbevölkerung auszuwirken, unterfallen auch nicht dem Genehmigungsvorbehalt. Der Senat ist in seinem Urteil vom 18.6.1997 – 4 C 2.97 – (BVerwGE 105, 67 = BRS 59 Nr. 254 = BauR 1997, 992) beim Einbau einer Loggia in eine Dachgeschoßwohnung zu dem Ergebnis gelangt, daß diese Maßnahme vom Umfang her geeignet war, die Ziele der Erhaltungssatzung zu berühren, da sie jedenfalls prinzipiell zu einer Mieterhöhung und damit möglicherweise zur Gefahr der Verdrängung der ansässigen Bevölkerung führen konnte. Nach dem Wortlaut der gesetzlichen Vorschriften und der ergangenen Rechtsprechung ist es folgerichtig, demgegenüber bloßen Instandsetzungsarbeiten eine derartige Wirkung abzusprechen und damit die Genehmigungsbedürftigkeit zu verneinen. ...

1.3 Die Beschwerde wirft ferner die Frage auf, ob die Regelung des § 172 Abs. 4 Satz 3 Nr. 1 BauGB so auszulegen sei, daß die Zielsetzung des Erhaltungsrechts, die Zusammensetzung der Bevölkerung des Gebiets zu erhalten, gewahrt werde. Diese Frage bedarf keiner Klärung in einem Revisionsverfahren. Bereits aus dem Wortlaut des Gesetzes ergibt sich, daß die Genehmigung nur versagt werden darf, wenn die Zusammensetzung der Wohnbevölkerung aus besonderen städtebaulichen Gründen erhalten werden soll. Die Regelung dient somit städtebaulichen Zwecken. Sie ergänzt die zivilrechtlichen Regelungen zum Mieterschutz; dies ändert indes nichts an ihrer allein städtebaulichen Zielrichtung (BVerwG, Urteil v. 30.6.2004 – 4 C 1.03 –, BauR 2004, 1749 = DVBl. 2004, 1294, Veröffentlichung in BVerwGE vorgesehen). An ihr hat sich dementsprechend auch die Genehmigungspraxis auszurichten (vgl. auch das bereits angeführte Urteil des BVerwG v. 18.6.1997 – 4 C 2.97 –, BVerwGE 105, 67, 69, 70 = BRS 59 Nr. 254 = BauR 1997, 992).

1.4 Auch die Frage, sind für die Feststellung, ob eine Änderung lediglich der Herstellung des zeitgemäßen Ausstattungszustands einer durchschnittlichen Wohnung unter Berücksichtigung der bauordnungsrechtlichen Mindestanforderungen dient, lediglich bundeseinheitliche Maßstäbe anzulegen, rechtfertigt nicht die Zulassung der Revision wegen grundsätzlicher Bedeutung. Denn auf dieser Fragestellung beruht das Urteil des Oberverwaltungsgerichts (BauR 2004, 1755) nicht; sie wäre daher auch in einem Revisionsverfahren nicht entscheidungserheblich. Allerdings formuliert das Oberverwaltungsgericht, für die Frage eines zeitgemäßen Ausstattungszustands einer durchschnittlichen Wohnung gelte kein gebietsbezogener, sondern ein bundesweiter Vergleichsmaßstab. Gegen die Weite dieser Formulierung mögen insoweit Bedenken angebracht sein, als der Gesetzeswortlaut auch die Berücksichtigung der bauordnungsrechtlichen Mindestanforderungen gebietet. Sollten diese rechtlichen Anforderungen in den Landesbauordnungen im Rahmen des bundesrechtlich Zulässigen erkennbar auseinander fallen, könnte dies auch eine differenzierte Bewertung der sich daraus ergebenden Mindestanforderungen gebieten. Dem stünde nicht entgegen, daß es sich um die Auslegung und Anwendung des Bundesrechts handelt, denn der Bundesgesetzgeber nimmt den eigenen Gestaltungsrahmen der Landesgesetzgeber hin und bezieht ihn in den für die Anwendung von §172 Abs. 4 Satz 3 Nr. 1 BauGB zu Grunde zu legenden Maßstab ein. Auf diese Differenzierung kommt es indes im vorliegenden Fall nicht an. Hinweise darauf, daß die Landesbauordnungen insoweit unterschiedliche Mindestanforderungen aufstellen, enthalten weder das Urteil des Oberverwaltungsgerichts noch das Vorbringen der Beteiligten; auch im übrigen ist hierfür nichts ersichtlich.

1.5 Die von der Beschwerde hierzu ergänzend aufgeworfene Fragestellung, ob auch nach dem 1.1.1998 die gesetzliche Zielsetzung, die Zusammensetzung der Gebietsbevölkerung zu erhalten, die Anwendung von Maßstäben erfordert, die dem jeweiligen Gebiet angemessen sind, gebietet gleichfalls nicht die Zulassung der Revision.

Nach der zum 1.1.1998 in Kraft getretenen Novellierung des BauGB durch das BauROG (BGBl. I, 2081) ist die Genehmigung in den Fällen des §172 Abs. 1 Satz 1 Nr. 2 und Satz 4 BauGB (u. a.) zu erteilen, wenn die Änderung einer baulichen Anlage der Herstellung des zeitgemäßen Ausstattungszustands einer durchschnittlichen Wohnung unter Berücksichtigung der bauordnungsrechtlichen Mindestanforderungen dient (§172 Abs. 4 Satz 3 Nr. 1 BauGB). Mit dem in dieser Weise formulierten gesetzgeberischen Kompromiß (vgl. auch Bielenberg/Stock, Rdnr. 20 zu §172 BauGB) sollte zum einen klargestellt werden, daß auch in derartigen Fällen Änderungen von baulichen Anlagen der Genehmigungspflicht unterliegen, nachdem der zuständige Ausschuß sich nicht für eine Genehmigungsfreiheit ausgesprochen hatte (vgl. BT-Drucks. 13/7589, S. 29, sowie für die alte Rechtslage z. B. VGH Baden-Württemberg, Urteil v. 1.10.1993 – 8 S 901/93 –, NVwZ-RR 1994, 313). Zum anderen sollte in der Sache vermieden werden, daß in Milieuschutzgebieten ein bauordnungsrechtlicher „Substandard" festgeschrieben wird. Diese inhaltliche Zielsetzung ist auch bei der Auslegung und Anwendung der Genehmigungsvoraussetzung in §172 Abs. 4 Satz 3 Nr. 1 BauGB heranzuziehen. Daraus folgt, daß das bloße Abstellen auf den in einem Milieuschutzgebiet zum maßgeblichen Zeitpunkt vorhandenen Zustand die gesetzgeberische

Zielsetzung verfehlen kann. Denn Erhaltungsgebiete können, insbesondere wenn sie relativ klein sind, aber auch wenn sie einen außergewöhnlich schlechten baulichen Zustand aufweisen, insgesamt oder im wesentlichen den zeitgemäßen Ausstattungszustand einer durchschnittlichen Wohnung unter Berücksichtigung der bauordnungsrechtlichen Mindestanforderungen unterschreiten. Daher wird eine auf das Erhaltungsgebiet beschränkte Sichtweise nicht stets den gesetzlichen Anforderungen gerecht. Ohnehin enthält § 172 Abs. 4 Satz 3 Nr. 1 BauGB nicht nur eine Bezugnahme auf tatsächliche Verhältnisse („durchschnittlich"), sondern zugleich mit der Bezugnahme auf die bauordnungsrechtlichen Mindestanforderungen ein wertendes Element. Dabei ist nicht auf das Bauordnungsrecht zum Zeitpunkt der Errichtung der Gebäude abzustellen, wie dies der Beklagte zunächst vorgetragen hat. Auch die landesrechtlichen Verpflichtungen, Gebäude nachzurüsten (für Berlin vgl. § 77 Abs. 3 BauO), sind nicht maßgeblich, denn derartige gesetzliche Anforderungen müssen ohnehin erfüllt werden. Vielmehr kann davon ausgegangen werden, daß die gegenwärtig geltenden bauordnungsrechtlichen Mindestanforderungen einen Standard umschreiben, für den die Genehmigung nach § 172 Abs. 4 Satz 3 Nr. 1 BauGB grundsätzlich zu erteilen ist. Ob dies auch bei ungewöhnlich kostenaufwändigen Anforderungen gilt, bedarf vorliegend keiner Entscheidung. So mag, worauf bereits das Verwaltungsgericht hingewiesen hat, die bauordnungsrechtlich bestehende Pflicht zum Einbau eines Aufzugs für Gebäude mit einer höheren Zahl an Stockwerken (§ 34 Abs. 6 BauO Berlin) nicht stets auch die Genehmigung nach § 172 Abs. 4 Satz 3 Nr. 1 BauGB rechtfertigen. Dies bedarf indes hier keiner Entscheidung, da ein derartiger Umbau nicht in Frage steht.

Vorliegend ist das Oberverwaltungsgericht zu dem Ergebnis gelangt, Gasetagenheizungen mit Warmwasserversorgung stellten in diesem Sinn einen zeitgemäßen Ausstattungszustand einer durchschnittlichen Wohnung dar. Die Beheizung mit Einzelkohleöfen sei demgegenüber eine Heizungsart, die nicht mehr heutigem Standard entspreche. Dasselbe gelte für den Einbau von Isolierverglasungen statt einfachverglaster Fenster, soweit sich die baulichen Maßnahmen im Bereich der Standardausführungen hielten. Damit wendet es den Maßstab für die Genehmigungspflicht in § 172 Abs. 4 Satz 3 Nr. 1 BauGB auf bestimmte bauliche Änderungen an. Dabei führt es ergänzend aus, ein derartiger Durchschnittsstandard sei im übrigen inzwischen bereits innerhalb des betroffenen Milieuschutzgebiets selbst erreicht und begründet dies näher. Ob darin eine rechtlich eigenständige Begründung zu sehen ist – die Beschwerde bezweifelt dies – oder lediglich eine den tatsächlichen Befund bekräftigende Argumentation mag dahinstehen. Denn die von der Beschwerde hierzu noch aufgeworfenen Fragen rechtfertigen nicht die Zulassung der Revision. Insbesondere kommt es vor dem Hintergrund der tatsächlichen Erkenntnisse des Oberverwaltungsgerichts und der dargestellten Rechtslage nicht darauf an, ob ein Ausstattungsmerkmal „in mehr als 51 % der Wohnungen des Gebiets" vorhanden ist. Einer derartigen prozentualen Abgrenzung kann ohnehin nur ein begrenzter Wert bei der Suche nach den – wie ausgeführt – auch normative Elemente enthaltenden Genehmigungsvoraussetzungen des § 172 Abs. 4 Satz 3 Nr. 1 BauGB zukommen. Fragen von rechtsgrundsätzlicher Bedeutung, die in einem Revisionsverfahren geklärt werden könnten, werden damit nicht aufgeworfen.

Nr. 232

1. In Milieuschutzgebieten gilt für die Frage eines zeitgemäßen Ausstattungszustands einer durchschnittlichen Wohnung (§ 172 Abs. 4 Satz 3 Nr. 1 BauGB) kein gebietsbezogener, sondern ein bundesweiter Vergleichsmaßstab.

2. Auflagen zur Einhaltung von Mietobergrenzen sind bei der Erteilung einer milieuschutzrechtlichen Genehmigung für bauliche Maßnahmen, die nur zu einem zeitgemäßen Ausstattungszustand einer durchschnittlichen Wohnung führen, nicht zulässig.

BauGB § 172 Abs. 1 Nr. 2, Abs. 4 Satz 3 Nr. 1.

OVG Berlin, Urteil vom 10. Juni 2004 – 2 B 3.02 –.

Die Kläger sind Eigentümer des Grundstücks in Berlin-Prenzlauer Berg, das mit einem Mietwohnhaus bebaut ist. Das Grundstück liegt im Bereich der Erhaltungsverordnung für das Gebiet „Falkplatz" im Bezirk Prenzlauer Berg von Berlin – ErhaltungsVO Falkplatz –. Hierbei handelt es sich um eine sog. „Milieuschutzverordnung" i. S. des § 172 Abs. 1 Nr. 2 BauGB. Gemäß § 2 Satz 1 ErhaltungsVO Falkplatz bedarf in diesem Gebiet der Abbruch, die Änderung oder Nutzungsänderung baulicher Anlagen zur Erhaltung der Zusammensetzung der Wohnbevölkerung einer Genehmigung des zuständigen Bezirksamts. Diese darf nur versagt werden, wenn die Zusammensetzung der Wohnbevölkerung aus besonderen städtebaulichen Gründen erhalten werden soll (§ 172 Abs. 4 Satz 1 BauGB, § 2 Satz 2 ErhaltungsVO Falkplatz. Auf die Genehmigung besteht gemäß § 172 Abs. 4 Satz 3 Nr. 1 BauGB ein Anspruch, wenn die Änderung der baulichen Anlage der Herstellung eines zeitgemäßen Ausstattungszustands einer durchschnittlichen Wohnung unter Berücksichtigung der bauordnungsrechtlichen Mindestanforderungen dient. Zur Beurteilung der Genehmigungsfähigkeit von Anträgen, die den Rückbau, die Änderung oder die Nutzungsänderung bestehender baulicher Anlagen im Geltungsbereich der bezirklichen Erhaltungsverordnungen betreffen, hat das Bezirksamt Prenzlauer Berg von Berlin Antragsprüfkriterien für den Vollzug dieser Verordnungen beschlossen (Bekanntmachung v. 6. 10. 1999, ABl. 4289). Danach werden folgende bauliche Maßnahmen in den Milieuschutzgebieten als genehmigungsfähig angesehen:
- die Umstellung von Einzelofen- auf Sammelheizung (Zentral oder Etagenheizung);
- der Ersteinbau eines Innen-WC's und einer Dusche, ggf. eines Bades;
die Verstärkung der Elektro- und Wasserleitungen;
der Austausch von Einfachfenstern durch Doppel- oder Isolierglasfenster.

Unter Nr. 2 des Beschlusses wurden für das Gebiet „Falkplatz" in Tabelle 2 – abgestuft nach Wohnungsgrößen – für den Fall der Genehmigungserteilung Mietobergrenzen für die Dauer von fünf Jahren nach Abschluß der jeweiligen Modernisierung festgelegt. Bei der Vermietung von Wohnungen mit Sammelheizung, Bad und Innen-WC in einer Größe von 60 bis unter 90 m^2 ist danach eine Mietobergrenze von 7,36 DM/m^2 (nettokalt) einzuhalten. Die Verpflichtung zur Einhaltung der Mietobergrenzen und zur Vorlage entsprechender Nachweise ist jeweils als Nebenbestimmungen in jede Genehmigung aufzunehmen. Die vorgenannten Mietobergrenzen wurden auf der Grundlage von Erhebungen zur Sozialstruktur und zu den Einkommensverhältnissen entwickelt und sollen auf Grund kontinuierlicher Überprüfungen im Wege der Fortschreibung der Kriterien an die jeweils aktuelle Entwicklung angepaßt werden (Nr. 8).

2000 beantragten die Kläger die Genehmigung von Baumaßnahmen in insgesamt vier noch ofenbeheizten Wohnungen im Hause K.-Straße. In den Wohnungen waren im einzelnen folgende Maßnahmen geplant:

Wohnung EG links (86,92 m2):
Der Einbau einer Gasetagenheizung mit Warmwasserversorgung (14 000,– DM), eine Küchenmodernisierung (1500,– DM), die Elektro- und Gasanschlußerneuerung (4000,– DM) sowie der Einbau von Isolierglasfenstern (2500,– DM).

Wohnung 2. OG links (62,46 m2):
Der Einbau einer Gasetagenheizung mit Warmwasserversorgung (12 000,– DM), eine Küchenmodernisierung (1500,– DM), der Einbau von Isolierglasfenstern (1500,– DM) sowie die Erneuerung der Abwasseranschlüsse (1000,– DM).

Wohnung 4. OG rechts (72.52 m2):
Der Einbau einer Gasetagenheizung mit Warmwasserversorgung (15 000,– DM). Nach den Angaben der Kläger im Genehmigungsantrag sollte die bisherige Miete von 5,23 DM/m^2 netto-kalt auf 7,15 DM/m^2 netto-kalt steigen.

Wohnung 4. OG links (62,54 m2):
Der Einbau einer Gasetagenheizung mit Warmwasserversorgung (14 000,– DM). Nach den Angaben der Kläger im Genehmigungsantrag sollte die bisherige Miete von 5,30 DM/m^2 netto-kalt auf 7,36 DM/m^2 steigen.

2000 genehmigte das Bezirksamt die beantragten Maßnahmen sinngemäß mit den Nebenbestimmungen (Nr. 1), für einen Zeitraum von fünf Jahren nach Abschluß der Baumaßnahmen keine höhere Miete als 7,36 DM/m^2 (netto-kalt) mit den Mietern zu vereinbaren, zu verlangen oder entgegenzunehmen und dies der Behörde nachzuweisen sowie (Nr. 2) innerhalb des vorgenannten Zeitraums Erhöhungen lediglich auf Grund steigender Kapitalkosten oder Betriebskosten entsprechend den gesetzlichen Vorschriften vorzunehmen.

Aus den Gründen:

Die isolierte Anfechtung der auf die Einhaltung von Mietobergrenzen gerichteten Nebenbestimmungen in der Genehmigung ist zulässig. Es handelt sich um Auflagen i. S. des § 36 Abs. 2 Nr. 4 VwVfG i. V. m. § 1 Abs. 1 VwVfG Bln, denn zwischen der Hauptregelung des Verwaltungsakts und den Nebenbestimmungen besteht rechtlich kein untrennbarer innerer Zusammenhang, der dazu führen könnte, daß die im Falle der Aufhebung der Nebenbestimmungen verbleibende Regelung zum Zeitpunkt des Bescheiderlasses nicht rechtmäßig hätte getroffen werden können (vgl. OVG Berlin, Urteil v. 30. 5. 1996, BRS 58 Nr. 123 = NVwZ 1997, 1005; Urteil v. 30. 1. 2004 – 2 B 18.02 –, UA, S. 13, abgedruckt unter Nr. 224). Auch dem maßgebenden objektiv erkennbaren Erklärungsinhalt des Bescheids ist keine davon abweichende Verklammerungsabsicht zwischen dem Regelungsgehalt der erteilten Genehmigung und den Nebenbestimmungen zu entnehmen. ...

Es besteht auch ein Rechtsschutzbedürfnis der Kläger für die Durchführung des Verfahrens, soweit die baulichen Maßnahmen nach den dem Genehmigungsantrag beigefügten „Angaben zu den Auswirkungen der Baumaßnahmen" (nur) zu Mieterhöhungen führen, die den Rahmen der vom Bezirksamt Prenzlauer Berg durch den Beschluß über die Antragsprüfkriterien für den Vollzug von Erhaltungsrechtsverordnungen (v. 6. 10. 1999 (ABl., S. 4289, dort unter Nr. 2 Tabelle 2) festgelegten Mietobergrenzen nicht überschreiten, weil ein berechtigtes Interesse der Kläger daran anzuerkennen ist, sich jedenfalls bei etwaigen zukünftigen Mietsteigerungen den öffentlich-rechtlichen Bindungen durch die vom Bezirksamt festgelegten Mietobergrenzen entziehen zu können (vgl. OVG Berlin, Urteil v. 30.1.2004, a.a.O.).

Die Berufung des Beklagten ist unbegründet, weil die Kläger auf die milieuschutzrechtliche Genehmigung der von ihnen beantragten baulichen Änderungen – soweit sie überhaupt genehmigungsbedürftig sind – einen Anspruch haben, ohne daß ihnen im Wege anspruchseinschränkender Nebenbestimmungen noch zusätzlich die Einhaltung von Mietobergrenzen abverlangt werden kann. Das Mietwohnhaus K.-Straße liegt im Geltungsbereich der Erhaltungsverordnung für das Gebiet „Falkplatz" im Bezirk Prenzlauer Berg von Berlin vom 9.12.1997 (GVBl., 641) – ErhaltungsVO Falkplatz –. Hierbei handelt es sich um eine sog. Milieuschutzsatzung i.S. des §172 Abs.1 Nr.2 BauGB, die im Land Berlin gemäß §246 Abs.2 Satz1 BauGB i.V.m. §30 Satz1 AGBauGB als Rechtsverordnung erlassen wird. Die Genehmigungsbedürftigkeit baulicher Änderungen im Milieuschutzgebiet Falkplatz folgt aus §172 Abs.1 Nr.2 BauGB i.V.m. §2 Satz1 ErhaltungsVO Falkplatz. Danach bedürfen zur Erhaltung der Zusammensetzung der Wohnbevölkerung in diesem Gebiet der Abbruch, die Änderung oder die Nutzungsänderung baulicher Anlagen der Genehmigung.

Von den 2000 genehmigten baulichen Maßnahmen sind von vornherein nur die sich gemäß §559 Abs.1 BGB mieterhöhend (11% pro-Jahr) auswirkenden Modernisierungsmaßnahmen, die den Gebrauchswert der Mietsache nachhaltig erhöhen (Einbau einer Gasetagenheizung mit Warmwasserversorgung) oder nachhaltig die Einsparungen von Energie bewirken (Einbau von Isolierglasfenstern statt einfachverglaster Fenster, vgl. auch OVG Hamburg, Urteil v. 4.11.1999, BRS 62 Nr.232), milieuschutzrechtlich relevante genehmigungsbedürftige Änderungen i.S. des §172 Abs.1 Nr.2 BauGB, §2 Satz1 ErhaltungsVO Falkplatz. Die übrigen baulichen Maßnahmen sind dagegen nicht genehmigungsbedürftig, weil ihnen die hierfür erforderliche städtebauliche Relevanz fehlt. Diese ist nur gegeben, wenn bauliche Änderungen überhaupt geeignet sind, das Ziel der Milieuschutzverordnung zu tangieren, die Zusammensetzung der Wohnbevölkerung aus besonderen städtebaulichen Gründen zu erhalten (§172 Abs.4 Satz1 BauGB, §2 Satz2 ErhaltungsVO Falkplatz (vgl. auch BVerwG, Urteil v. 18.6.1997, BRS 59 Nr.254; Lemmel, Berliner Kommentar zum BauGB, 3.Aufl. 2002, §172 Rdnr.12). Dies setzt voraus, daß sie potentiell eine (mietpreisbedingte) Verdrängungsgefahr für die Bewohner bewirken können (vgl. BayVGH, Urteil v. 8.5.2002 – 2 B 98.2215 –, UA, S.6). Bei den Küchenmodernisierungen in den Wohnungen im Erdgeschoß links und im zweiten Obergeschoß links, die sich nach Angaben der Kläger im wesentlichen auf den Austausch von Herd oder Spüle beschränken sowie auf die Erneuerung von Gas- oder (Ab-)Wasseranschlüssen, handelt es sich jedoch nur um Maßnahmen der Instandsetzung oder Instandhaltung und nicht um mietwirksame Modernisierungen i.S. des §559 Abs.1 BGB. Hierzu zählt auch die Erneuerung der Elektroleitungen, soweit damit keine Anschlußwerterhöhungen verbunden sind (vgl. hierzu LG Berlin, Urteil v. 10.4.2003, GE 2003, 1615). Diese Maßnahmen sind mangels hinreichender Auswirkungen auf die Miethöhe und den Wohnungsstandard milieuschutzrechtlich ohne Belang und deshalb auch nicht geeignet, die mit den angefochtenen Nebenbestimmungen geforderte Einhaltung von Mietobergrenzen zu rechtfertigen. Allein der Umstand, daß diese Maßnahmen zu einem umfangreichen Baugeschehen und den damit verbundenen Lästigkeiten beitragen, führt nicht zu deren milieuschutzrechtlicher Genehmigungsbedürftigkeit. Die Einführung eines solchen miethöheunabhängigen Zumutbarkeitskriteriums würde die Reichweite dieses milieuschutzrechtlichen Instruments überspannen.

Auf die Erteilung einer auflagenfreien milieuschutzrechtlichen Genehmigung der von ihnen beantragten baulichen Maßnahmen haben die Kläger gemäß § 172 Abs. 4 Satz 3 Nr. 1 BauGB einen Anspruch, weil diese lediglich der Herstellung eines zeitgemäßen Ausstattungszustands einer durchschnittlichen Wohnung unter Berücksichtigung der bauordnungsrechtlichen Mindestanforderungen dienen.

Gemäß § 36 Abs. 1 VwVfG darf ein Verwaltungsakt, auf den ein Anspruch besteht, mit Nebenbestimmungen nur versehen werden, wenn dies durch Rechtsvorschriften zugelassen ist oder wenn dadurch sichergestellt werden soll, daß die gesetzlichen Voraussetzungen eines Verwaltungsakts erfüllt werden. § 172 Abs. 1 Nr. 2 BauGB sieht bei der Erteilung von milieuschutzrechtlichen Genehmigungen Nebenbestimmungen nicht vor. Diese wären deshalb nur zulässig, wenn die baulichen Maßnahmen die Zielsetzung der Milieuschutzverordnung tangieren (§ 172 Abs. 4 Satz 1 BauGB, § 2 Satz 2 ErhaltungsVO) und die milieuschutzrechtliche Genehmigung versagt werden müßte, sofern die Verwirklichung des Gesetzeszwecks nicht noch mit Nebenbestimmungen zur Abwendung oder Minderung einer Verdrängungsgefahr für die aus besonderen städtebaulichen Gründen zu erhaltende Zusammensetzung der Wohnbevölkerung erreicht werden könnte. Die Nebenbestimmungen übernehmen dann die Sicherstellung der anspruchsbegründenden Voraussetzungen und gewährleisten damit die Erfüllung der Erhaltungsziele trotz Durchführung des Vorhabens (vgl. Ernst/Zinkahn/Bielenberg, BauGB, Stand: Oktober 2003, § 172 Rdnr. 129). Mietobergrenzen, die anhand statistischer gebietsspezifischer Einkommensstrukturen ermittelt und einheitlich festgelegt werden, sind zwar für Milieuschutzgebiete grundsätzlich sowohl ein geeigneter Hilfsindikator für eine durch Mietsteigerungen drohende Verdrängungsgefahr für die Wohnbevölkerung als auch ein geeignetes Instrument zur Abfederung eines durch Mietpreissprünge möglicherweise entstehenden Verdrängungsdrucks (vgl. BVerwG, Urteil v. 18. 6. 1997, BRS 59 Nr. 254; OVG Berlin, Urteil v. 30. 1. 2004 – OVG 2 B 18.02 –, UA, S. 21). Ihre Einhaltung kann jedoch im Wege von Nebenbestimmungen nicht gefordert werden, wenn durch die baulichen Maßnahmen nur ein zeitgemäßer Ausstattungszustand einer durchschnittlichen Wohnung hergestellt werden soll, da der Gesetzgeber in diesen Fällen einen Anspruch auf Genehmigung gewährt (§ 172 Abs. 4 Satz 3 Nr. 1 BauGB) und somit die Erhaltungsziele von Milieuschutzgebieten offenbar prinzipiell als nicht tangiert ansieht.

Für die Ermittlung des zeitgemäßen Ausstattungszustands einer durchschnittlichen Wohnung ist ein bundesweiter Vergleichsmaßstab anzulegen.

Hierfür spricht schon, daß es sich bei § 172 BauGB um ein Bundesgesetz handelt und insoweit keine tatbestandliche Beschränkung auf die örtlichen Gegebenheiten erfolgt ist. Außerdem ist kein einleuchtender Grund dafür ersichtlich, warum es hinsichtlich der Grundbedürfnisse an Wohnkomfort gebietsspezifische Unterschiede geben sollte, zumal durch eine Milieuschutzverordnung grundsätzlich jede Art von Bevölkerungsstruktur geschützt werden kann, soweit die Beibehaltung ihrer Zusammensetzung städtebaulich relevant ist (BVerwG, Urteil v. 18.6.1997, BRS 59 Nr. 254, m.w.N.). Dies kann eine vor der Umwandlung von Wohnungen in zahlreiche Ferienappartements zu schützende Bevölkerung eines Kurortes (vgl. OVG Lüneburg, Urteil v. 25.4.1983, ZfBR 1983, 238) ebenso sein, wie die einer kleinen Universitätsstadt, die auf das Vorhandensein einer Vielzahl kleiner Studentenwohnungen angewiesen ist (vgl. Beispiele bei Schmidt-Eichstaedt, ZfBR 2002, 212, 214). In einem Ort mit engen Altstadtgassen kann auch die Beibehaltung der vorhandenen kleinen Haushalte mit überwiegend älteren Bürgern und einem entsprechend geringen Motorisierungsgrad städtebaulich von Bedeutung sein, um nicht erfüllbare infrastrukturelle Anforderungen abzuwenden, die – im Falle des Einbaus von Loggien in Dachgeschoßwohnungen – durch andere nachziehende Bevölkerungskreise gestellt werden könnten (vgl. BVerwG, Urteil v. 18.6.1997, BRS 59 Nr. 254).

Allein der Umstand, daß Milieuschutzverordnungen auf die Erhaltung der Zusammensetzung der in dem jeweiligen Gebiet vorhandenen Bevölkerungsstruktur abzielen, rechtfertigt nicht eine auf das konkrete Milieuschutzgebiet beschränkte Ermittlung des Durchschnittsausstattungszustands. Soweit das Bundesverwaltungsgerichts (Urteil v. 18.6.1997, BRS 59 Nr. 254) das Milieuschutzgebiet insoweit als maßgeblich nennt, ist zu bedenken, daß zum Zeitpunkt dieser Entscheidung der § 172 Abs. 4 Satz 3 Nr. 1 BauGB noch nicht galt, sondern erst mit der am 1.1.1998 in Kraft getretenen Gesetzesänderung vom 27.8.1997 (BGBl. I, 2141) in das Baugesetzbuch eingefügt worden ist. Dies gilt auch für die Entscheidung des BayVGH (Urteil v. 8.5.2002 – 2 B 98.2215 –, und zugleich Berufungsentscheidung zu VG München, Urteil v. 15.6.1998 – M 8 K 97.8559 –), die sich zwar – im Gegensatz zu der erstinstanzlichen Entscheidung – bereits auf § 172 Abs. 4 Satz 3 Nr. 1 BauGB bezieht, zu dessen Auslegung aber undifferenziert die vorgenannte Entscheidung des Bundesverwaltungsgerichts herangezogen hat.

Für einen bundesweiten Vergleichsmaßstab spricht zudem, daß der Gesetzgeber mit § 172 Abs. 4 Satz 3 Nr. 1 BauGB eine Art „Öffnungsklausel" zur Ermöglichung von Modernisierungen geschaffen hat, um der Gefahr einer dauerhaften Festschreibung unzuträglicher Substandards zu begegnen, weil die klassischen Anwendungsfelder für das Instrument der Milieuschutzverordnung i.d.R. Altbaugebiete sind (vgl. auch BT-Drucks. 13/7589, S. 29 zu § 172 BauGB). Sinn und Zweck der Regelung ist es, die Herstellung eines zeitgemäßen Ausstattungszustands auf dem Niveau durchschnittlicher Wohnungen zu erleichtern und nicht etwa in Abhängigkeit vom jeweiligen Gebietsstandard zu erschweren (vgl. OVG Hamburg, Urteil v. 4.11.1999, BRS 62 Nr. 232 unter Bezugnahme auf BT-Drucks. 13/7589, a.a.O.). Durch eine behutsame Anhebung der Qualität von Wohnungen mit „kleinschrittigen" Verbesserungen des Ausstattungszustands soll in diesen Bereichen ein durchschnittlicher Standard erreicht und der schleichenden Entstehung und Verfestigung von Gebieten mit auffällig schlechten Wohnstandard entgegengewirkt werden. Anders als in Sanierungsgebieten stellt das städtebauliche Instrument des Milieuschutzes eine auf Dauer angelegte staatliche Intervention dar, die nicht der Festschreibung sozial unzuträglicher Wohn- und Arbeitsverhältnisse Vorschub leisten soll (vgl. Ernst/Zinkahn/Bielenberg, a. a. O., Rdnr. 186, 189, 194 a). Der Gesetzgeber bringt deshalb mit der Regelung des § 172 Abs. 4 Satz 3 Nr. 1 BauGB zum Ausdruck, daß er die Anhebung des Wohnstandards auf eine zeitgemäße Ausstattung ungeachtet etwaiger höherer Mietbelastungen für sinnvoll erachtet und im Hinblick auf dieses Ziel offenbar auch bereit ist, in gewissem Umfang Verdrängungswirkungen hinzunehmen (vgl. Federwisch, NVwZ 2003, 1035, 1040; von Hase, GE 2001, 329, 334). Der städtebauliche Milieuschutz ist zwar ein Instrument des Verdrängungsschutzes (vgl. BVerfG, Beschluß v. 26. 1. 1987, ZfBR 1987, 203), aber grundsätzlich kein Instrument des Mieterschutzes (vgl. Lemmel, Berliner Kommentar zum BauGB, 3. Aufl. 2002, § 172 Rdnr. 32; Schmidt-Eichstaedt, ZfBR 2002, 212, 213). Milieuschutzverordnungen können solche Wirkungen in einer Gemengelage sozialer, wohnungswirtschaftlicher und städtebaulicher Aspekte allenfalls als Rechtsreflex faktisch entfalten (vgl. May, DÖV 1994, 862, 864). Schließlich geht es auch bei Milieuschutzgebieten nicht darum, jeden normalen Änderungs- und Umzugsprozeß zu ersticken, sondern darum, die vorhandene Zusammensetzung im Sinne der üblichen Seßhaftigkeit und Anhänglichkeit der Wohnbevölkerung an das Quartier zu bewahren und ihr ein Verbleiben unter zumutbaren Bedingungen zu ermöglichen (vgl. Schmidt-Eichstaedt, a. a. O.). Die grundsätzlichen Unterschiede zwischen den Voraussetzungen und Zielsetzungen von Sanierungsgebieten, bei denen ein Substandard der Wohnungen die Regel ist und – den intakten und deshalb schützenswerten – Milieuschutzgebieten, bei denen dies eher die Ausnahme ist (vgl. OVG Berlin, Urteil v. 30. 1. 2004 – 2 B 18.02 –, UA, S. 29; BVerfG, Beschluß v. 26. 1. 1987, ZfBR 1987, 203; BVerwG, Urteil v. 18. 6. 1997, BRS 59 Nr. 254; Schmidt-Eichstaedt, a. a. O., 216), schließen es zugleich aus, daß sich eine mögliche Verdrängungswirkung durch die Anhebung des Ausstattungszustands von Wohnungen auf ein zeitgemäßes Durchschnittsniveau in Milieuschutzgebieten zu einem flächendeckenden Phänomen entwickelt.

Gasetagenheizungen mit Warmwasserversorgung stellen bundesweit gesehen einen solchen zeitgemäßen Ausstattungszustand einer durchschnittlichen Wohnung i. S. des § 172 Abs. 4 Satz 3 Nr. 1 BauGB dar. Die Beheizung von Räumen in Wohnungen mit Einzelkohleöfen ist dagegen schon im Hinblick auf den damit verbundenen ständigen Kohletransport durch die Mieter eine Heizungsart, die nicht mehr dem heute üblichen Standard entspricht (vgl. VGH Bad.-Württ., Urteil v. 1. 10. 1993, NVwZ-RR 1994, 313). Dies gilt auch für den Einbau von Isolierverglasungen statt einfachverglaster Fenster soweit sich die baulichen Maßnahmen im Bereich der Standardausführungen halten.

Ein solcher Durchschnittsstandard ist im übrigen selbst im Milieuschutzgebiet Falkplatz inzwischen erreicht, wie die Entwicklung anhand der von dem Beklagten eingereichten TOPOS-Studie zeigt, wonach dort der Ausstattungsgrad mit Etagen-, Zentral- oder Fernheizungen insgesamt 64 % der Wohnungen beträgt. In diesem Zusammenhang kann dahinstehen, ob hinsichtlich der statistischen Erhebungen im Rahmen der Anfechtungsklage nicht der Zeitpunkt der Erteilung der milieuschutzrechtlichen Genehmigung im Jahr 2000 maßgebend sein müßte. Käme es darauf an, könnte der Rechtsprechung des Bundesgerichtshofs (vgl. BGH, Beschluß v. 19. 2. 1992, NJW 1992, 1386, 1387), nach der von einem „allgemein üblichen Zustand" von Mieträumen i. S. des § 554 Abs. 2 Satz 4 BGB erst bei einem Verbreitungsgrad in mindestens 2/3 der Wohnungen auszugehen ist, in bezug auf § 172 Abs. 4 Satz 3 Nr. 1 BauGB ohnehin nicht gefolgt, sondern allenfalls ein 50 % übersteigender Verbreitungsgrad gefordert werden. Dieser war selbst zum Zeitpunkt der Erteilung der milieu-schutzrechtlichen Genehmigung vom März 2000 im Milieuschutzgebiet Falkplatz erreicht, denn schon damals wies mehr als jede zweite Wohnung dort eine Gasetagenheizung oder einen Anschluß an eine Zentralheizung sowie eine zentrale Warmwasserversorgung auf, wobei Warmwasserbereiter, wie Boiler oder Durchlauferhitzer unter Komfortgesichtspunkten insoweit als nahezu gleichwertig anzusehen sind. Bei Anwendung eines bundesweiten Vergleichsmaßstabs dürfte sich im übrigen eher ein noch höherer Prozentsatz ergeben. Dies gilt auch für das Vorhandensein von einfachverglasten Fenstern. Die in der TOPOS-Studie vom April 2002 angegebene Teilausstattung mit Verbundglasfenstern (31 %) und die Vollausstattung (44 %) müssen insoweit zusammengerechnet werden, weil die auf Bad und Küche beschränkte Teilausstattung von der Vollausstattung umfaßt ist, so daß zu diesem Zeitpunkt von einem Ausstattungsgrad von 75 % im Milieuschutzgebiet Falkplatz auszugehen ist. Aber auch nach der früheren TOPOS-Studie vom Mai 1999 war ein jedenfalls ausreichender Verbreitungsgrad von 50 % im Milieuschutzgebiet erreicht, der im bundesweiten Vergleich ebenfalls eher höherliegen dürfte.

Nr. 233

Voraussetzung für die Erteilung einer Bescheinigung nach § 7h Abs. 1 Satz 1 EStG ist, daß ein Gebot für eine Maßnahme nach § 177 Abs. 1 Satz 1 BauGB erlassen oder ein wirksamer öffentlich-rechtlicher Vertrag geschlossen worden ist, in dem sich der Eigentümer des Gebäudes zu derartigen Maßnahmen verpflichtet. Auflagen in einer Baugenehmigung erfüllen diese Voraussetzungen nicht.

EStG §§ 7h, 10f; BauGB §§ 175, 177.

OVG Mecklenburg-Vorpommern, Urteil vom 8. Juni 2004 – 3 L 64/02 –.

Die Beteiligten streiten um eine Bescheinigung nach §§ 7h, 10e Einkommensteuergesetz – EStG –.

Der Kläger ist Eigentümer des Wohn- und Bürogebäudes Tr.straße 8. Das Grundstück liegt im Bereich der Sanierungssatzung „Stadtzentrum Rostock" und Erhaltungssatzung „Historischer Stadtkern".

Nr. 233

Für Instandsetzungsmaßnahmen und den Bau eines Büros und einer Wohneinheit erteilte der Beklagte dem Kläger 1994 eine Baugenehmigung, die folgende Bedingungen enthält:

„Gemäß § 34 Abs. 1 BauGB muß sich das Vorhaben in die Eigenart der näheren Umgebung einfügen.

Ziel der Erhaltungssatzung der Hansestadt Rostock für das Gebiet „Historischer Stadtkern" ist die Erhaltung der städtebaulichen Eigenart des Gebietes. Die Häusergruppe Tr.straße 8–11 ist in diesem Bereich der nördlichen Altstadt ein kleinmaßstäbliches, historisches, gut rekonstruiertes Ensemble mit hohem Milieuwert. Die Häuser 9–11 sind in der Denkmalliste geführt. Für das Haus Nr. 8 muß daher die Erhaltung bzw. Wiederherstellung der prägenden Architekturdetails und die Verwendung altstadtgerechter Materialien gefordert werden.

Aus den vorgenannten Gründen werden folgende Bedingungen festgelegt:
1. Es ist ein Ziegeldach auszubilden.
2. Die Haustür ist zu erhalten.
3. Es sind symmetrische Fenster auszubilden."

Die Baugenehmigung enthielt im übrigen den Hinweis, daß die geplante Farbgestaltung mit den Farbgestalterinnen im Amt für Stadtplanung abgestimmt werden soll.

Der Kläger stimmte mit den Bediensteten des Beklagten die Baumaßnahmen ab.

Nach Fertigstellung beantragte der Kläger bei dem Beklagten 1999 die Erteilung einer Bescheinigung gemäß §§ 7 h, 10f EStG für Baukosten i. H. v. 470 663,11 DM. Diesen Antrag lehnte der Beklagte mit der Begründung ab, zwingende Voraussetzung für die Erteilung der begehrten Bescheinigung sei das Vorliegen einer schriftlichen Modernisierungs- bzw. Instandsetzungsvereinbarung oder -anordnung der Gemeinde. Sie liege nicht vor.

Aus den Gründen:

Anspruchsgrundlage der begehrten Bescheinigung ist § 7 h Einkommensteuergesetz – EStG – (in der für den Zeitraum vom 29. 4. 1997 bis 20. 9. 2002 geltenden Fassung durch Gesetz vom 16. 4. 1997 (BGBl. I 1997, 821)). Diese Vorschrift lautet auszugsweise:

(1) Bei einem im Inland gelegenen Gebäude in einem förmlich festgelegten Sanierungsgebiet oder städtebaulichen Entwicklungsbereich kann der Steuerpflichtige abweichend von § 7 Abs. 4 und 5 jeweils bis zu 10 von Hundert der Herstellungskosten für Modernisierungs- und Instandsetzungsmaßnahmen i. S. des § 177 des Baugesetzbuchs im Jahr der Herstellung und in den folgenden neun Jahren absetzen. ...

(2) Der Steuerpflichtige kann die erhöhten Absetzungen nur in Anspruch nehmen, wenn er durch eine Bescheinigung der zuständigen Gemeindebehörde die Voraussetzungen des Abs. 1 für das Gebäude und die Maßnahme nachweist.

§ 10f EStG lautet in der hier maßgebenden Fassung ebenfalls vom 16. 4. 1997 auszugsweise:

(1) Der Steuerpflichtige kann Aufwendungen an dem eigenen Gebäude im Kalenderjahr des Abschlusses der Baumaßnahme und in den neun folgenden Kalenderjahren jeweils bis zu 10 vom Hundert wie Sonderausgaben abziehen, wenn die Voraussetzungen des § 7 h oder des § 7 i vorliegen.

(2) Der Steuerpflichtige kann Erhaltungsaufwand, der an einem eigenen Gebäude entsteht und nicht zu den Betriebsausgaben oder Werbungskosten gehört, im Kalenderjahr des Abschlusses der Maßnahme und in den neun fol-

genden Kalenderjahren jeweils bis zu 10 von Hundert wie Sonderausgaben abziehen, wenn die Voraussetzungen des § 11 a Abs. 1 i. V. m. § 7 h Abs. 2 und des § 11 b Satz 1 und 2 i. V. m. § 7 i Abs. 1 Satz 2 und Abs. 2 vorliegen.

Die Verwaltungspraxis geht übereinstimmend davon aus, daß Voraussetzung für die Erteilung der Bescheinigung nach § 7 h Abs. 1 Satz 1 EStG ist, daß entweder die Gemeinde Maßnahmen zur Beseitigung von Mißständen durch ein Modernisierungsgebot oder zur Behebung von Mängeln durch ein Instandsetzungsgebot angeordnet hat oder daß hierüber eine vertragliche Vereinbarung zwischen dem Eigentümer und der Gemeinde getroffen worden ist (BMF-Schreiben v. 16. 12. 1997 – IV B3-S 2198a-17/97 –, ESt-Kartei OFDenBW, § 7 h EStG Nr. 2; Erlaß des Ministeriums für Bau, Landesentwicklung und Umwelt Mecklenburg Vorpommern vom 27. 10. 1998 – Amtsblatt S. 1337 unter Nr. 3.1, erlassen auf der Grundlage einer Abstimmung des Bundesministeriums der Finanzen mit den obersten Finanzbehörden und den für das Bau-, Wohnungs- und Siedlungswesen zuständigen obersten Behörden der Länder; vgl. Bescheinigungsrichtlinie für die Anwendung der §§ 7 h, 10 f und 11 a ESt des Bay. StMI und StMF v. 21. 8. 1998 – Nr. II C 5/6 –, 4768 – 002/98 und 31b-S2198a-13/54-68107). Dieser Auslegung, der auch die Rechtsprechung (OVG Lüneburg, Urteil v. 24. 4. 1997 – 6 L 2067/96 –, Juris; BFH, Beschluß v. 6. 12. 2002 – IX B 109/02 –, BFH/NV 2003, 469) und die überwiegende Literatur (vgl. Littmann/Bitz/Pust, Das Einkommensteuerrecht, § 7 h Rdnr. 4; Herrmann/Heuer/Raupach, Einkommensteuergesetz und Körperschaftsteuergesetz, § 7 h Rdnr. 9) folgt, entspricht der Rechtslage. Entgegen der Ansicht des Klägers genügt eine nicht vertraglich oder durch eine Anordnung abgesicherte Abstimmung des Vorgehens nicht (so etwa auch Bodewinn/Brandt, Einkommensteuergesetz, § 7 h Rdnr. 5; Runkel, BBauBl. 1990, 14, 15). Dies ergibt sich aus folgenden Erwägungen:

§ 7 h Abs. 1 Satz 1 verweist auf „Modernisierungs- und Instandsetzungsmaßnahmen i. S. des § 177 des Baugesetzbuches". Eine Maßnahme im Sinne dieser Vorschrift liegt nur dann vor, wenn sie auf der Grundlage einer entsprechenden Anordnung der Gemeinde durchgeführt ist. Dies ergibt sich bereits aus der amtlichen Überschrift „Modernisierungs- und Instandsetzungsgebot". Es folgt weiter daraus, daß die Vorschrift im 2. Abschnitt des 3. Teils des 2. Kap. des Baugesetzbuches enthalten ist, der mit „Städtebauliche Gebote" überschrieben ist. Demgemäß enthält § 175 BauGB allgemeine Vorschriften über die Anordnung der in diesem Abschnitt angesprochenen Gebote. Dies entspricht auch Sinn und Zweck der Regelungen, der darin liegt, die städtebauliche Ordnung und Entwicklung in Bereichen zu verwirklichen, in denen die Gemeinde, Eigentümer, Nutzungsberechtigte und Investoren wegen eines übergeordneten öffentlichen städtebaulichen Interesses in besonders hohem Maße zur Kooperation aufgefordert sind. Allerdings sind die Gebote in erster Linie auf Kooperation angelegt (vgl. Krautzberger, in: Battis/Krautzberger/Löhr, Baugesetzbuch, Kommentar, 8. Aufl., Vorbemerkung §§ 175–179 Rdnr. 3). Dies folgt bereits aus § 175 Abs. 1 Satz 2 BauGB, wonach die Gemeinde die Eigentümer, Mieter, Pächter und sonstige Nutzungsberechtigten im Rahmen ihrer Möglichkeiten beraten soll, wie die Maßnahme durchgeführt werden kann und welche Finanzierungsmöglichkeiten aus öffentlichen

Kassen bestehen. Entsprechende Vereinbarungen sieht das Gesetz in § 11 Abs. 1 BauGB und in den allgemeinen Vorschriften des öffentlichen Vertragsrechts der §§ 54 ff. VwVfG vor (vgl. Bielenberg/Stock, in: Ernst/Zinkahn/Bielenberg, Baugesetzbuch, Kommentar, § 175 Rdnr. 76). Wesentlich an solchen Vereinbarungen ist, daß der Eigentümer sich zur Erfüllung der im einzelnen umschriebenen Maßnahmen zur Beseitigung oder Behebung von Mißständen oder Mängeln verpflichtet. Es muß sich mit anderen Worten um eine rechtswirksame Vereinbarung handeln, die der Gemeinde eine durchsetzbare Rechtsposition gegenüber dem Eigentümer einräumt, die sie ansonsten durch ein entsprechendes Gebot auf der Grundlage eines belastenden Verwaltungsaktes durchsetzen könnte. Da es sich hier um einen öffentlich-rechtlichen Vertrag handelt, genügt nicht eine mündliche Abrede, sondern ist die Schriftform gemäß § 57 VwVfG erforderlich (vgl. BFH, a. a. O.). Gegenstand der Regelung des § 177 BauGB sind somit nicht – wie der Kläger voraussetzt – alleine Maßnahmen zur Modernisierung und Instandsetzung, sondern zu einer solchen Maßnahme gehört gerade wesenstypisch die Anordnung durch Gebot bzw. die Verpflichtung durch einen rechtswirksamen Vertrag. Insoweit kann zwar davon gesprochen werden, daß eine Maßnahme i. S. des § 177 BauGB auch dann gegeben ist, wenn sie freiwillig erfolgt, indem der Eigentümer eine entsprechende Vereinbarung abgeschlossen hat. Dies ändert aber nichts daran, daß sonstige freiwillige Maßnahmen nicht den Charakter von Maßnahmen i. S. des § 177 BauGB haben.

Das wird auch an § 7 h Abs. 1 Satz 2 EStG deutlich, wonach sich der Eigentümer zu der dort erwähnten Maßnahme verpflichtet haben muß. Daraus folgt, daß der Gesetzgeber eine solche Verpflichtung im Anwendungsbereich des § 7 h Abs. 1 Satz 1 EStG durch Verweis auf § 177 BauGB voraussetzt.

Der Gesetzgeber wollte mit der Bestimmung des § 7 h Abs. 1 Satz 1 EStG die bis zu diesem Zeitpunkt geltende Regelung in § 51 Abs. 1 Buchst. x) EStG und § 82 g der Einkommensteuerdurchführungsverordnung übernehmen (vgl. BT-Drucks. 11/5680, S. 12; siehe auch Ausschußbericht BT-Drucks. 11/5970, S. 38). Auch hier war Voraussetzung, daß sich der Betroffene zu entsprechenden Maßnahmen verpflichtet hatte oder verpflichtet war.

Nebenbestimmungen zu einer Baugenehmigung, auch dann wenn sie als vollziehbare Auflagen gedeutet werden könnten, stellen kein Gebot i. S. des § 177 BauGB dar. In diesem Zusammenhang hat das Verwaltungsgericht zutreffend darauf hingewiesen, daß die Baugenehmigung keine Selbstverpflichtung des Bauherrn auslöst, da er die Bedingungen bzw. Auflagen nicht erfüllen muß, wenn er von der Baugenehmigung selbst keinen Gebrauch macht. Zwar ist denkbar, daß die angeordnete oder vereinbarte Modernisierungs- und Instandsetzungsmaßnahme zugleich baugenehmigungspflichtig ist. In diesem Falle ersetzt aber aus den oben genannten Gründen die Baugenehmigung nicht das Gebot bzw. den den Bauherrn verpflichtenden öffentlich-rechtlichen Vertrag. Dies muß schon deswegen gelten, weil Gebote nach § 177 BauGB die Gemeinde ausspricht, die Baugenehmigung aber die untere Bauordnungsbehörde erteilt. Die Rolle der Gemeinde wird auch daraus deutlich, daß sie im Rahmen einer Ermessensentscheidung darüber zu befinden hat, ob ein Gebot erlassen wird (§ 177 Abs. 1 Satz 1 BauGB). Sie erfolgen aus städtebaulichen Gründen, die auf alsbaldige Durchführung angelegt sind (§ 179 Abs. 2 BauGB). Dies alles bedeutet, daß eine Anordnung im Rahmen von Nebenbestimmungen einer Baugenehmigung nicht das Gebot nach § 177 Abs. 1 Satz 1 BauGB ersetzen kann. Allenfalls kann umgekehrt in dem Gebot die Gemeinde dem Bauherrn eine mit Frist versehene Anordnung zur Vornahme der notwendigen Verfahrenshandlungen zum Erlangen der Baugenehmigung setzen (vgl. Stock, in: Ernst/Zinkahn/Bielenberg, a. a. O., § 177 Rdnr. 60).

Etwas anderes gilt im vorliegenden Fall auch nicht deshalb, weil der Beklagte als Gemeinde zugleich untere Bauaufsichtsbehörde ist. Zum einen fehlt der Baugenehmigung die angesprochene zwingende Verpflichtung; zum anderen hat der Beklagte seine Auflagen nicht auf § 177 BauGB gestützt.

Entgegen der Auffassung des Klägers widerspricht dieses Verständnis des § 7 h Abs. 1 Satz 1 EStG nicht dem Sinn und Zweck dieser Vorschrift. Es handelt sich zwar um eine Subventionsnorm. Eine solche Vorschrift könnte auch Anreiz geben, durch eine freiwillige Investition an Gebäuden den Erlaß eines sonst notwendigen Gebots zu erübrigen. Dieses Verständnis der Vorschrift würde ihr zwar den größtmöglichsten Anwendungsbereich eröffnen. Für die Auslegung einer Subventionsvorschrift ist aber der in ihr zum Ausdruck gekommene objektive Wille maßgebend, so wie er sich aus dem Wortlaut des Gesetzes und dem Sinnzusammenhang ergibt, in den diese hineingestellt ist. Dabei sind Steuerbegünstigungsvorschriften nicht unter dem Gesichtspunkt der größtmöglichen Förderung, aber auch nicht buchstäblich eng auszulegen. Entscheidend ist, daß aus dem Gesetz heraus belegt werden kann, daß der Gesetzgeber den zur Entscheidung anstehenden Lebenssachverhalt begünstigen wollte (so zur Auslegung des § 7 h EStG BFH, Urteil v. 3. 6. 1997 – IX R 24/96 –, BFH/NV 1998, 155). Dies ist aus den dargelegten Gründen nicht der Fall. Zweck der einschränkenden Regelung, die einer umfassenden Förderung von tatsächlich durchgeführten Modernisierungs- und Instandsetzungsmaßnahmen entgegensteht, ist, einer übermäßigen Inanspruchnahme des Bundeshaushalts durch die steuerliche Begünstigung solcher Maßnahmen vorzubeugen (vgl. – wenn auch bzgl. eines anderen Tatbestandsmerkmals – OVG Münster, Urteil v. 19. 5. 1988 – 11 A 2346/86 –, NVwZ-RR 1989, 287).

H. Rechtsprechung zu städtebaulichen Verträgen

Nr. 234

1. Ein städtebaulicher Vertrag ist wegen Verstoßes gegen das Koppelungsverbot (Art. 56 Abs. 1 Satz 2 BayVwVfG) ungültig, wenn er die Baugebietsausweisung mit einer planerisch damit nicht zusammenhängenden Leistung (hier: Sanierung und Teilübereignung eines Schlosses an die Gemeinde) verknüpft. Die Verbindung beider Leistungen durch angeblich verrechnete Nachfolgelastenbeiträge ändert daran nichts.
2. Beruht der Bebauungsplan maßgeblich i.S. von §214 Abs. 3 Satz 2 BauGB auf dem Vertrag, ist auch er unwirksam.

VwGO §47 Abs. 2; BauGB §§1 Abs. 6, 1a, 11; BayVwVfG Art. 56 Abs. 1 Satz 2.

Bayerischer VGH, Urteil vom 12. Mai 2004 – 20 N 04.329 – (rechtskräftig).

Die Antragsteller wenden sich gegen den Bebauungsplan „Am Schönberg", den die Antragsgegnerin im September 2003 als Satzung beschlossen hat.

Der mit einem Grünordnungsplan verbundene Bebauungsplan setzt ein allgemeines Wohngebiet mit 59 neu zu errichtenden Wohneinheiten (Einzel- und Doppelhäuser) fest. Das Plangebiet liegt nördlich des Ortskernes von W. auf einem nach Süden geneigten und auch nach Ost (Tal des Wenzenbaches) und West (Seitental des Wenzenbaches, nachfolgend „Seitental") abfallenden Höhenrücken. Südlich und östlich, entlang von Waldheimweg und Schönbergerstraße schließt sich vorhandene Bebauung an. Noch weiter östlich, jenseits der Schönbergerstraße, liegt das sanierungsbedürftige historische Schloß Schönberg.

Die Antragsgegnerin hat mit der Beigeladenen im März 2003 einen Vertrag unter dem Titel „Erschließungsvertrag sowie Sanierungs- und Überlassungsverpflichtung" (nachfolgend: städtebaulicher Vertrag) geschlossen. Dieser regelt in Teil A die von der Beigeladenen durchzuführende Erschließung des Baugebiets einschließlich Abwasseranlagen. In Teil B betrifft er die Sanierung des Schlosses Schönberg. Bereits im Aufstellungsbeschluß vom September 2002 hatte die Antragsgegnerin hierzu beschlossen: „Die Gemeinde steht einer Renovierung des Schlosses Schönberg und damit verbunden einer Wohnbebauung Am Schönberg positiv gegenüber." Zu diesem Thema enthält der Vertrag u. a. folgende Aussagen:

„Die Gemeinde W. hat ein Interesse an der Sanierung des Schlosses und daran, das Teileigentum an den Räumen im Erdgeschoß samt Kapelle zu erhalten."

Nach den Grundsätzen der Gemeinde W. bei Aufstellung von Bebauungsplänen und Abschluß von Erschließungsverträgen schließt die Gemeinde regelmäßig mit dem Erschließungsträger gleichzeitig einen städtebaulichen Vertrag gemäß §11 BauGB (Folgelastenvertrag) ab, durch den der Erschließungsträger verpflichtet wird, in angemessener Höhe die Kosten und Aufwendungen zu übernehmen, die der Gemeinde durch die Ausweitung des Baugebiets als Folgelast entstehen, insbesondere Aufwendungen für die entsprechende umfangreichere Infrastruktur der Gemeinde.

Die Gemeinde und der Erschließungsträger vereinbaren, daß

1. die Gemeinde in Abweichung von ihren Grundsätzen vom Erschließungsträger und von seinen Rechtsnachfolgern (also von den Erwerbern einzelner Bauplätze) keinen

Folgekostenbeitrag durch Abschluß eines dementsprechenden städtebaulichen Vertrags gemäß § 11 BauGB (Folgelastenvertrag) erhebt;

2. der Erschließungsträger als Gegenleistung für den Verzicht der Gemeinde auf Erhebung eines Folgekostenbeitrags sich verpflichtet, das in seinem Eigentum stehende, auf dem vorstehend genannten Grundstück Fl.Nr. 1 befindliche Schloß zu sanieren sowie der Gemeinde das Teileigentum an der zu bildenden Schloß-Parzelle, umfassend Erdgeschoß samt Kapelle, zu übereignen.
Die gegenseitigen Leistungen werden als gleichwertig angesehen."

Aus den Gründen:
2. Der streitige Bebauungsplan ist nichtig, weil er jedenfalls in dreifacher Hinsicht gegen das Gebot gerechter Abwägung (§ 1 Abs. 6 BauGB) verstößt.

2.1. Der Bebauungsplan ist abwägungsfehlerhaft, weil er ursächlich auf einem unzulässigen „Verkauf von Hoheitsrechten", nämlich auf einem das Koppelungsverbot (Art. 56 Abs. 1 Satz 2 BayVwVfG) verletzenden städtebaulichen Vertrag (§ 11 BauGB) beruht.

2.1.1 Der städtebauliche Vertrag vom März 2003 ist insoweit zulässig, als er die Erschließung des Baugebiets auch kostenmäßig vollständig der Beigeladenen überträgt, die Antragsgegnerin also von ihrem 10%igen Erschließungskostenanteil befreit und diese folglich, wie im Verfahren formuliert wurde, „die Straße geschenkt erhält" (§ 124 Abs. 2 Satz 2 und 3 i. V. m. § 129 Abs. 1 Satz 3 BauGB). Der Vertrag ist dagegen unzulässig, soweit er in seinem zweiten Teil die Beigeladene zu einer Sanierung und teilweisen Übereignung des Schlosses Schönberg an die Antragsgegnerin verpflichtet. Hier hat weder die Beigeladene eine Schloßsanierung noch hat die Antragsgegnerin, wie allerdings die Antragsteller meinen, Baurecht „verschenkt", sondern beide Leistungen stehen in einem Austauschverhältnis zueinander. Ein solches Verhältnis ist jedoch rechtswidrig, weil die Sanierung und Teilübereignung des Schlosses nicht in sachlichem Zusammenhang mit der Ausweisung von Baurecht stehen (Art. 56 Abs. 1 Satz 2 BayVwVfG). Das Schloß steht in einem historischen Zusammenhang mit dem Plangebiet, weil die dortigen landwirtschaftlichen Flächen früher zum Schloß gehörten, was sich bis heute in einem eigentumsmäßigen Zusammenhang widerspiegelt. Zwischen Schloß Schönberg und Baugebiet Schönberg, die auch topografisch deutlich voneinander getrennt sind, besteht jedoch keinerlei planungsrechtlicher Zusammenhang und wird von der Antragsgegnerin auch nicht behauptet. Infolgedessen durfte das Baurecht nicht mit der Sanierung und Teilübereignung des Schlosses und durfte die Sanierung und Teilübereignung des Schlosses nicht mit der Festsetzung von Baurecht „erkauft" werden. Pragmatische Erwägungen – daß hier etwa aus der Sicht der Gemeinde das „Angenehme mit dem Nützlichen" verbunden wurde – ändern an dem gesetzlichen Verbot nichts.

Zwischen „Schloß" und „Baurecht" schiebt der städtebauliche Vertrag allerdings zu verrechnende Nachfolgelastenbeiträge als Zwischenglied ein. Obwohl in einem früheren Gemeinderatsbeschluß in diesem Zusammenhang einmal von Folgelastenbeiträgen die Rede war, glaubt der Senat nicht, daß dieses Zwischenglied ernst zu nehmen ist; offensichtlich wollten die Beteiligten damit die auch von ihnen für problematisch gehaltene Koppelung auflockern. Für diese Deutung spricht auch die klare Aussage des Bürgermeisters in der mündlichen Verhandlung, man habe in diesem Fall niemals an die Erhebung von Nachfolgelastenbeiträgen gedacht, sondern das Baugebiet mit Blick auf die sonstigen Vorteile ausgewiesen.

Letztlich kann dies aber dahinstehen, weil auch ein Wörtlich-Nehmen der Nachfolgelastenregelung im Vertrag an dessen Unwirksamkeit nichts ändern würde. Zunächst – dies ist noch der geringste Mangel – sind „Verrechnungen" der hier vorgenommenen Art nach dem kommunalen (und staatlichen) Haushaltsrecht verboten, weil sie gegen das Bruttoprinzip verstoßen (Art. 15 Bayerische Haushaltsordnung; §7 Abs. 2 der Kommunalhaushaltsverordnung). Ferner und vor allem wird mit der Einbeziehung von Nachfolgelastenbeiträgen in den Vertrag an eine ihrerseits rechtswidrige Beitragserhebung der Antragsgegnerin angeknüpft, wie sie in den beiden Beschlüssen vom März 2000 und Juli 2003 (erstaunlicherweise zum Teil nach Beratung mit den Aufsichtsbehörden) niedergelegt ist. Dort wird ein an Grundstücksfläche und Geschoßfläche anknüpfender Nachfolgelast-„Tarif" für die Ausweisung neuer Baugebiete festgesetzt. Eine derartige tarifgestützte und satzungsähnliche Abgabenerhebung („Zuzugssteuer"), mag, u. a. wegen ihrer Einfachheit, rechtspolitisch sinnvoll sein, findet im geltenden Recht aber keinerlei Stütze. Die höchstrichterliche Rechtsprechung (BVerwGE 42, 331 = BRS 27 Nr. 26 = BauR 1973, 285; BVerwG v. 16. 5. 2000, BauR 2000, 1699 = BRS 63 Nr. 233; und insbesondere BVerwG v. 14. 8. 1992, BayVBl. 1993, 56, 57) läßt infolgedessen die Erhebung von Nachfolgelastenbeiträgen nach § 11 BauGB nur zu, wenn es sich dabei um den Ersatz von Aufwendungen für Infrastruktureinrichtungen handelt, und zwar von konkreten und nicht nur fiktiven Aufwendungen, und wenn außerdem ein annehmbarer Schlüssel vorhanden ist, der den neuen Baugebieten den auf sie entfallenden Anteil an diesen Einrichtungen zurechnet. Dies bedeutet, „daß die Gemeinde und der Bauwillige im Rahmen des Folgelastenvertrages die Folgelasten im einzelnen definieren und bei deren gleichzeitiger Drittnützigkeit den darauf entfallenden Anteil nachvollziehbar feststellen und im Vertrag (zu Lasten der Gemeinde) festlegen müssen" (Birk, Die neuen städtebaulichen Verträge, 2. Aufl., Rdnr. 145). Nach dem Grundsatz der Gesetzmäßigkeit der Verwaltung (Art. 20 Abs. 3 GG) sind tarifartige Nachfolgelastenregelungen, die diesen Grundsätzen nicht entsprechen, unzulässig und lassen sich entgegen der mündlich vorgetragenen Meinung des Beigeladenenvertreters auch nicht dadurch rechtfertigen, daß sie nur bescheidene Beträge einfordern, die – angeblich – die Höhe des in einem rechtmäßigen Vertrag Einforderbaren nicht erreichen.

Daß Nachfolgelastenbeiträge nur unter Bezug auf konkrete Aufwendungen gefordert werden können, macht eine Handhabung wie im vorliegenden Fall erst Recht unzulässig. Hier wurden nämlich nicht nur keine konkreten, in diesem Zusammenhang in Frage kommenden Infrastrukturvorhaben benannt, sondern die Beiträge wurden von vornherein auf andere gemeindliche Vorhaben, die in diesem Zusammenhang unter keinen Umständen in Frage kommen (Denkmalschutz und Schloßübereignung), „umgeleitet".

Die Unwirksamkeit von Teil B des städtebaulichen Vertrages ergreift den gesamten Vertrag, weil nicht anzunehmen ist, daß dieser auch ohne den nichtigen Teil geschlossen worden wäre (Art. 59 Abs. 3 BayVwVfG). Die gegenteilige Bestimmung unter C.3 des Vertrages widerspricht nicht nur dieser gesetzlichen Regelung, sondern auch dem Vertragsinhalt im übrigen. Daß die das Schloß betreffenden Vertragsteile als integraler, nicht herauslösbarer Vertragsbestandteil gewollt waren, ergeben nicht nur der Geist des Vertrages und sein noch zu schilderndes Umfeld, sondern insbesondere die Verknüpfung unter B.7, wonach die Beigeladene für ihre das Schloß betreffenden Verpflichtungen vor Satzungsbeschluß eine Bürgschaft beizubringen hatte. Deutlicher kann die Verknüpfung von „Schloß" und „Baugebiet" nicht gemacht werden, wie auch in den Beratungen des Gemeinderats deutlich wurde. ...

2.1.2 Die Unwirksamkeit des städtebaulichen Vertrages ergreift auch den Bebauungsplan.

Es besteht zwar keine strikte Rechtmäßigkeitsverknüpfung zwischen städtebaulichen Verträgen und zugeordneten Bebauungsplänen, ob und inwieweit ein solcher Zusammenhang besteht, ist vielmehr eine Frage der Abwägung (Reidt, BauR 2001, 46, 54). Im vorliegenden Fall war jedoch der städtebauliche Vertrag nicht nur ein tragendes, sondern das tragende Element in der zum Bebauungsplan führenden Abwägung. Mit dem städtebaulichen Vertrag fällt deswegen auch der Bebauungsplan. Die im folgenden darzustellenden Zusammenhänge sind offensichtlich und auf das Abwägungsergebnis von Einfluß gewesen (§ 214 Abs. 3 Satz 2 BauGB). Antragsgegnerin und Beigeladene haben in der mündlichen Verhandlung zu bedenken gegeben, selbst bei Unwirksamkeit des städtebaulichen Vertrages könne die Baugebietsausweisung durch anderweitige gute Gründe gerechtfertigt werden. Dieses Vorbringen nötigt nicht zu näheren Untersuchungen des dem Gesetz zu Grunde liegenden Kausalitätsbegriffes; denn die Kausalität ist in jedem Falle eindeutig. Es sind nämlich auf seiten der Antragsgegnerin überhaupt keine anderen als die im folgenden darzustellenden Motive für die Ausweisung erkennbar, die das Ergebnis jedoch nicht in rechtmäßiger Weise tragen können; weitere Ausweisungsgründe von sich aus zu ermitteln und zu Grunde zu legen, ist dem Gericht mit Blick auf die Planungshoheit verwehrt.

Symptomatisch für den gemeindlichen Abwägungsvorgang ist schon dessen Geschichte. Unwidersprochen hat sich die Antragsgegnerin im Vorentwurf des Flächennutzungsplans noch kurz vor Auftauchen des vorliegenden Planungsvorhabens gegen eine Bebauung des Schönbergs ausgesprochen. ... Diese angeblich mit Erschließungsproblemen motivierte, augenscheinlich aber anderweitig und umfassender begründete Ablehnung wurde plötzlich ins Gegenteil verkehrt, als das „Geschäft" mit der Beigeladenen in Sicht kam. Bezeichnend ist die Eile, mit der ein bisher abgelehntes Ausweisungsvorhaben verfolgt wurde: Es kam nicht einmal dazu, die von der Regierung genehmigte Flächennutzungsplantektur des Schönbergs in den Vorentwurf des Flächennutzungsplans einzuarbeiten, so daß dem Bebauungsplan derzeit eine widersprechende Entwurfsfassung des Flächennutzungsplans gegenübersteht.

Im Vergleich zu der vorher dezidierten und näher begründeten Ablehnung ist die offizielle Bebauungsplanbegründung nichtssagend: Der angebliche Siedlungsdruck belegt angesichts der großen Baulandreserven der Gemeinde (siehe unten) nicht, warum gerade der Schönberg bebaut werden soll. Auch die angebliche Notwendigkeit einer besseren Ortsrandgestaltung unter Bezug auf die städtebaulichen Fehlentwicklungen auf den Grundstücken Fl.Nrn. 46/9 und 46/7 überzeugt nach dem Ergebnis der Ortsbesichtigung nicht. Zwar handelt es sich in der Tat um (offenbar von der Antragsgegnerin früher gebilligte) Fehlentwicklungen, die aber angesichts des nach wie vor einigermaßen geraden östlichen und südlichen Ortsrandes in keiner Weise dazu Anlaß geben oder gar zwingen, mit der Bebauung weiter in den Außenbereich auszugreifen. Merkwürdig ist dabei im übrigen, daß man die angeblich einzubindenden Fehlentwicklungen inselartig vom Geltungsbereich des Bebauungsplans ausgenommen hat.

Außerhalb der nichtssagenden Bebauungsplanbegründung hat die Antragsgegnerin nie ein Hehl aus dem maßgeblichen Zusammenhang zwischen „Baugebiet" und „Schloss" gemacht. Schon der Aufstellungsbeschluß vom September 2002 spricht ausdrücklich von einer Verbindung („die Gemeinde steht einer Renovierung des Schlosses Schönberg und damit verbunden einer Wohnbebauung am Schönberg positiv gegenüber"). Die in der Presse wiedergegebenen Äußerungen von Gemeindevertretern sprechen durchweg dieselbe Sprache (MZ vom 7./8.7.2001: „Bei der Verhandlung mit dem Gemeinderat wird es vor allem um die Bebauung der zum Schloß gehörenden Felder gehen ... denn ein Investor kann die millionenschwere Sanierung ... nur mit der Bebauung dieser Felder finanzieren." MZ vom 29.11.2002 über die Aussagen des Bürgermeisters auf einer Bürgerversammlung: „Wenn die Gemeinde das Schloß sanierte, müsse sie mindestens ebenso viele Bauplätze erschließen wie Phönix." MZ vom 13.12.2002: „Keine Schloßsanierung ohne Bebauung"). Schließlich dokumentiert der städtebauliche Vertrag selbst die Verbindung, vor allem durch die erwähnte Bürgschaftsverpflichtung.

In dem Faltblatt der Initiative „Pro Schönberg" werden die auch von der Antragsgegnerin selbst genannten Hauptgründe für die Bebauung kurz zusammengefaßt: Eine zweite Erschließung zum Schönberg zum Nulltarif und eine Sanierung mit Teilübereignung des Schlosses. ...

Bei der rechtlichen Bewertung bleibt keiner dieser Punkte als tragfähige Abwägungsgrundlage übrig, ohne daß deswegen weitere Baugebietsausweisungen in W. überhaupt in Frage gestellt werden müßten. ...

Die Schwäche aller übrigen Argumente zeigt, daß die Baugebietsausweisung, wie sich dies auch aus den obigen Zitaten ergibt, maßgeblich durch den Zusammenhang mit der Sanierung und Teilübereignung des Schlosses bestimmt worden ist. Folglich ist nicht nur der „Verkauf" des Baurechts unwirksam, sondern auch das „verkaufte" Baurecht selbst.

2.2 Es nimmt nicht Wunder, daß angesichts des Durchsetzungsdruckes, der aus den vorgenannten Gründen auf dem Planungsvorhaben gelastet hat, weitere für die Abwägung beachtliche Belange in rechtserheblicher Weise zu kurz gekommen sind. ...

2.5 Mit Blick auf die bedauerlichen Konsequenzen, die diese Entscheidung für Verfahrensbeteiligte und andere Bürger haben kann, erlaubt sich der Senat eine ergänzende Bemerkung: Sowohl die gemeindlichen Beschlüsse zur Erhebung von Nachfolgelastenbeiträgen als auch die Beschlüsse zur vorliegenden Baugebietsausweisung sind unter den Augen der staatlichen Aufsichtsbehörden geschehen. Von einem Widerstand gegen das gemeindliche Vorgehen war dabei allenfalls bei Fachstellen, die letztlich nichts zu sagen hatten, etwas zu bemerken, obwohl den Behörden die Rechtslage bekannt war oder zumindest hätte bekannt sein müssen. Es fällt auf, daß das Landratsamt die rechtswidrige Nachfolgelastenregelung anscheinend nur in Randpunkten beanstandet hat. Es fällt weiter auf, daß die Regierung der Oberpfalz bei offensichtlich bekannten Zusammenhängen und Hintergründen der Planung die Flächennutzungsplanänderung genehmigt und das eigentlich einschlägige Rundschreiben betreffend den Geländeverbrauch lediglich als unverbindlichen Hinweis beigelegt hat. Es fällt schließlich auf, daß das Landratsamt in seinem Schreiben vom März 2004 die Wendung gebraucht „im Falle einer rechtsaufsichtlichen Prüfungspflicht durch das Landratsamt" und dabei diese Prüfungspflicht offensichtlich verneinen will. Allem Anschein nach haben sich die Aufsichtsbehörden aus der kommunalen Bauleitplanung nicht nur rechtlich (Wegfall der Genehmigungspflicht von Bebauungsplänen), sondern im verbliebenen Bereich weitgehend auch faktisch zurückgezogen und handhaben Rechtsaufsicht nurmehr im Konjunktiv. Dabei müßte Kommunalaufsicht mit einer rechtzeitigen Beratung der Gemeinden beginnen, die mit Planungsvorhaben der vorliegenden Art nicht allein gelassen werden sollten. Eine Politik des wohlwollenden Wegsehens – selbst bei eindeutig ablehnenden Stellungnahmen der eigenen Fachstellen – kann erhebliche Schäden auch auf seiten der Gemeinden zur Folge haben. Diese Feststellung wird nicht durch die dem Senat bekannte Tatsache entkräftet, daß solche Vorgänge in Bayern keineswegs einen Einzelfall darstellen und in den meisten Fällen nur nicht zu Gericht gebracht werden.

2.6 Auf die Pflicht zur Veröffentlichung der Entscheidungsformel (§ 47 Abs. 5 Satz 2 VwGO) wird hingewiesen.

Nr. 235

Zur Frage der Rechtsnatur eines zwischen einem Wohnungsbauunternehmen und einer Gemeinde geschlossenen Vertrags über den Kauf eines im gemeindlichen Eigentum stehenden, für die Umsetzung eines Bauvorhabens erforderlichen Grundstücks, wenn die Vertragsparteien später einen Durchführungsvertrag i. S. von § 12 Abs. 1 BauGB vereinbart haben (hier: Verneinung des Verwaltungsrechtsweges für die Klage auf Erstattung eines Kaufpreisanteils).

BauGB § 12 Abs. 1; GVG § 17a; VwGO § 40 Abs. 1; VwVfG NRW § 54.

OVG Nordrhein-Westfalen, Beschluß vom 25. Mai 2004 – 21 E 62/04 – (rechtskräftig).

(VG Aachen)

Die Klägerin, ein Wohnungsbauunternehmen, beabsichtigte eine Reihenhaussiedlung zu errichten. Um die Erschließung sicherstellen zu können, kaufte sie von der beklagten Gemeinde u. a. zwei Grundstücke. Ca. fünf Monate später schlossen die Klägerin und die Beklagte einen sog. Durchführungsvertrag, mit dem sich die Klägerin zur Durchführung des Bauvorhabens nach einem von der Beklagten aufgestellten vorhabenbezogenen Bebauungsplan verpflichtete. Mit ihrer beim Verwaltungsgericht erhobenen Klage begehrte die Klägerin u. a. die Erstattung eines Teils des Grundstückskaufpreises unter Hinweis darauf, daß der Kaufvertrag wegen Verstoßes gegen § 138 Abs. 2 BGB (Wucher) teilweise nichtig sei. Den Verwaltungsrechtsweg hielt die Klägerin für gegeben, weil der geschlossene Kaufvertrag öffentlich-rechtlicher Natur sei. Dieser Auffassung schloß sich das Verwaltungsgericht nicht an und verwies den Rechtsstreit an das Landgericht. Die gegen den Verweisungsbeschluß eingelegte Beschwerde der Klägerin blieb ohne Erfolg.

Aus den Gründen:
Für die vorliegende Streitigkeit ist der Verwaltungsrechtsweg nicht eröffnet.

Gemäß § 40 Abs. 1 Satz 1 VwGO ist der Verwaltungsrechtsweg in allen öffentlich-rechtlichen Streitigkeiten nicht verfassungsrechtlicher Art gegeben, soweit die Streitigkeiten nicht durch Bundesgesetz einem anderen Gericht ausdrücklich zugewiesen sind.

Ob eine Streitigkeit öffentlich-rechtlich oder privatrechtlich ist, richtet sich, wenn – wie hier – eine ausdrückliche gesetzliche Rechtswegzuweisung fehlt, nach der Natur des Rechtsverhältnisses, aus dem der im Rechtsstreit geltend gemachte Anspruch hergeleitet wird (vgl. BVerwG, Urteil v. 6. 11. 1986 – 3 C 72.84 –, BVerwGE 75, 109 = Buchholz 451.55 Subventionsrecht Nr. 84 = DÖV 1987, 289 = DVBl. 1987, 364 = NVwZ 1987, 315, und Urteil v. 19. 5. 1994 – 5 C 33.91 –, BVerwGE 96, 71 = Buchholz 436.0 § 12 BSHG Nr. 24 = NJW 1994, 2968; OVG NRW, Beschluß v. 30. 6. 2000 – 21 E 472/00 –, NJW 2001, 698; Kopp/Schenke, VwGO, 13. Aufl. 2003, § 40 Rdnr. 6 m. w. N.).

Öffentlich-rechtlich sind danach Streitigkeiten, wenn sie sich als Folge eines Sachverhalts darstellen, der nach öffentlichem Recht zu beurteilen ist. Der Charakter des zugrunde liegenden Rechtsverhältnisses bemißt sich nach dem erkennbaren Ziel des Rechtsschutzbegehrens und den vom Kläger zu dessen Begründung vorgetragenen Behauptungen tatsächlicher Art. Maßgeblich ist allein die wirkliche Natur des behaupteten Rechtsverhältnisses, nicht dagegen die rechtliche Qualifizierung des geltend gemachten Anspruchs durch den Kläger selbst (vgl. BVerwG, Urteil v. 19. 5. 1994 – 5 C 33.91 –, a. a. O.; Kopp/Schenke, a. a. O., § 40 Rdnr. 6 m. w. N.).

Wesentliche Voraussetzung für die Zulässigkeit des Rechtswegs zu den Verwaltungsgerichten ist damit, daß die für das Rechtsschutzbegehren in Betracht kommende Anspruchsgrundlage dem öffentlichen Recht zuzurechnen ist. Daran fehlt es hier.

Die Klägerin macht mit ihrer Klage die Erstattung eines Teils des Kaufpreises und des Nutzungsentgeltes geltend, die sie an die Beklagte auf Grund der als Kaufvertrag bezeichneten und notariell beurkundeten Vereinbarung – im Folgenden „Notarvertrag" – gezahlt hat. Ein solcher Erstattungsanspruch könnte nur dann öffentlich-rechtlicher Natur sein, wenn der zugrunde liegende „Notarvertrag" als öffentlich-rechtlicher Vertrag i. S. von §§ 54 ff. VwVfG NRW zu qualifizieren wäre. Davon ist jedoch nicht auszugehen.

Nr. 235

Für die Zuweisung eines Vertrags zum öffentlichen oder privaten Recht kommt es entscheidend auf den Gegenstand und die Rechtsnatur des Rechtsverhältnisses an, das durch den Vertrag begründet, geändert oder aufgehoben wird (vgl. Gemeinsamer Senat der obersten Gerichtshöfe des Bundes, Beschluß v. 10. 4. 1986 – GmS-OGB 1/85 –, BVerwGE 74, 368 = NJW 1986, 2359; BVerwG, Urteil v. 11. 2. 1993 – 4 C 18.91 –, BVerwGE 92, 56 = Buchholz 406.11 § 1 BauGB Nr. 61 = DÖV 1993, 622 = DVBl. 1993, 654 = NJW 1993, 2695; Bonk, in: Stelkens/Bonk/Sachs, VwVfG, 6. Aufl. 2001, § 54 Rdnr. 76; Kopp/Ramsauer, VwVfG, 8. Aufl. 2001, § 54 Rdnr. 27, jeweils m. w. N.).

Ausgehend davon handelt es sich bei dem von den Beteiligten geschlossenen „Notarvertrag" nicht um einen öffentlich-rechtlichen Vertrag i. S. von §§ 54 ff. VwVfG NRW.

Gegenstand des geschlossenen „Notarvertrags" ist der Verkauf von zwei im einzelnen näher bezeichneten Grundstücken sowie die Einräumung des Rechts, auf einem Grundstück Niederschlagswasser verrieseln zu lassen. Die damit begründeten Rechte und Pflichten der Vertragschließenden, nämlich die Verpflichtung zur Verschaffung des Eigentums an den Grundstücken und zur Rechtseinräumung auf der einen und die Zahlungsverpflichtung auf der anderen Seite, sind allein zivilrechtlicher Natur. Dem Vertragstext ist keinerlei Anhalt zu entnehmen, der die Einstufung als öffentlich-rechtlichen Vertrag rechtfertigen könnte.

Ob die Beklagte mit dem Vertragsabschluß letztlich einen öffentlichen Zweck, nämlich das Zustandekommen des von der Klägerin beabsichtigten Vorhabens als stadtplanerisches Ziel verfolgt hat, kann dahinstehen. Denn eine derartige Motivation würde dem Vertrag kein derartiges Gepräge verleihen, daß er unbeschadet der im Einzelfall getroffenen Regelungen, in denen die Bauleitplanung der Beklagten keinen Niederschlag gefunden hat, als öffentlich-rechtlicher Vertrag anzusehen wäre (vgl. BVerwG, Urteil v. 11. 2. 1993 – 4 C 18.91 –, a. a. O.).

Etwas anderes ergibt sich auch nicht aus einem Zusammenhang des „Notarvertrags" mit dem von den Beteiligten auf der Grundlage des § 12 Abs. 1 Satz 1 BauGB geschlossenen „Durchführungsvertrag zum vorhabenbezogenen Bebauungsplan Nr. ..." (im Folgenden: „Durchführungsvertrag"). Der Klägerin ist zwar zuzugestehen, daß es sich bei dem „Durchführungsvertrag" um einen öffentlich-rechtlichen Vertrag i. S. von §§ 54 ff. VwVfG NRW handelt. Entgegen ihrer Auffassung können der „Durchführungsvertrag" und der „Notarvertrag" aber nicht als ein einheitlicher öffentlich-rechtlicher Vertrag gesehen werden.

Gegen die Einheitlichkeit beider Verträge spricht schon der äußere Umstand, daß diese in zwei getrennten Vertragsurkunden festgehalten worden sind. Zudem sind diese Urkunden in einem zeitlichen Abstand von fünf Monaten von den Vertragsparteien unterzeichnet worden.

Im weiteren ist zu berücksichtigen, daß beide Verträge auch nach ihrem Vertragstext voneinander unabhängig sind. In keinem der Verträge ist eine ausdrückliche Bezugnahme auf den jeweils anderen zu finden. Insbesondere läßt sich dem „Notarvertrag" kein Hinweis darauf entnehmen, daß dessen Geltung von dem Zustandekommen des „Durchführungsvertrags" abhängig sein soll. Namentlich enthält der „Notarvertrag" keine auflösende Bedingung, die eine solche Abhängigkeit begründen könnte. Vielmehr ist im Gegenteil in § F 6 Abs. 1 Satz 2 des „Durchführungsvertrags" bestimmt, daß eine Haftung der Beklagten für etwaige Aufwendungen der Klägerin, die diese im Hinblick auf die Aufstellung des Bebauungsplans tätigt, ausgeschlossen ist. Dies belegt, daß der „Durchführungsvertrag" nach dem im Vertragstext zum Ausdruck kommenden Willen der Vertragsparteien in keinem Zusammenhang mit dem von seiten der Klägerin im Hinblick auf die Aufstellung des Bebauungsplans erfolgten Abschluß des „Notarvertrags" stehen sollte. Der dagegen von der Klägerin erhobene Einwand, es handele sich um einen formularmäßigen Haftungsausschluß, greift nicht durch. Allein der Umstand, daß ein Haftungsausschluß in vergleichbaren Verträgen gleichlautend formuliert wird, vermag dessen inhaltliche Regelungswirkung nicht in Frage zu stellen.

Da es an dem von der Klägerin angenommenen Zusammenhang zwischen dem „Notarvertrag" und dem „Durchführungsvertrag" fehlt, geht auch der Verweis der Klägerin auf das Gebot der Angemessenheit der Leistungen nach § 11 Abs. 2 BauGB fehl. Denn diese Bestimmung bezieht sich allein auf städtebauliche Verträge. Um einen solchen handelt es sich bei dem vorliegend in Rede stehenden „Notarvertrag" aber nicht.

Auch mit dem Hinweis auf die Rechtsfigur des „hinkenden" Austauschvertrages vermag die Klägerin eine öffentlich-rechtliche Natur des „Notarvertrags" nicht zu begründen. Ein „hinkender öffentlich-rechtlicher Vertrag" liegt vor, wenn der Vertragszweck erkennbar auf die Übernahme einer öffentlich-rechtlichen Verpflichtung gerichtet ist, eine nähere Regelung der öffentlich-rechtlichen Vertragspflichten aber unterblieben oder bewußt umgangen worden ist. Dabei bedeutet Erkennbarkeit, daß die Übernahme der öffentlich-rechtlichen Berechtigung oder Verpflichtung im Vertrag anklingen muß (vgl. Ehlers, in: Schoch/Schmidt-Aßmann/Pietzner, VwGO, Stand: September 2003, § 40 Rdnr. 315 m. w. N.).

Auf das Merkmal der Erkennbarkeit kann nicht verzichtet werden, da nur damit eine hinreichende Verbindung zu dem abgeschlossenen Vertrag sichergestellt ist. Gegenteiliges kann nicht aus der von der Klägerin angeführten Rechtsprechung des BVerwG (Urteil v. 6. 7. 1973 – IV C 22.72 –, BVerwGE 42, 331 = Buchholz 406.11 § 1 BBauG Nr 7 = DÖV 1973, 709 = DVBl. 1973, 800 = NJW 1973, 1895), des VGH Bad.-Württ. (Urteil v. 18. 10. 1990 – 2 S 2098/89 –, NVwZ 1991, 583) und des VG Darmstadt (Urteil v. 3. 7. 1997 – 5 E 2118/94 (4) –, NJW 1998, 2073) hergeleitet werden. Denn für die diesen Entscheidungen zugrunde liegenden Fallgestaltungen ist sämtlich festzustellen, daß die Übernahme einer öffentlich-rechtlichen Berechtigung oder Verpflichtung in dem jeweils geschlossenen Vertrag einen Anklang gefunden hatte.

An der mithin erforderlichen Erkennbarkeit der Übernahme einer öffentlich-rechtlichen Verpflichtung fehlt es hier aber. Die Klägerin leitet die Annahme eines „hinkenden" Austauschvertrags daraus her, daß sie sich nur deshalb zur Zahlung eines ihrer Ansicht nach deutlich überhöhten Kaufpreises verpflichtet habe, weil die Beklagte ihrerseits die Verpflichtung eingegangen sei, den vorhabenbezogenen Bebauungsplan aufzustellen. Für einen derartigen Zusammenhang findet sich jedoch im Vertrag keinerlei Anhalt. Wie bereits dargestellt, weist der „Notarvertrag" an keiner Stelle einen Hinweis darauf auf, daß er im Zusammenhang mit dem „Durchführungsvertrag" stehen könnte. Ebenso fehlt es an einem Anhalt für eine öffentlich-rechtliche Verpflichtung der Beklagten zur Aufstellung eines Bebauungsplans. Allein der Umstand, daß der Kaufpreis nach heutiger Auffassung der Klägerin überhöht ist, vermag einen derartigen Zusammenhang nicht zu begründen. Angesichts dessen kommt es auf die Aussagen der von der Klägerin benannten Zeugen nicht an. Durch diese könnte allenfalls die Motivation der Vertragsparteien belegt werden, die diese dazu veranlaßt hat, den „Notarvertrag" in der nunmehr vorliegenden Form zu unterzeichnen. An der Tatsache, daß der von der Klägerin angenommene Zusammenhang in dem Text des Vertrages keinen Niederschlag gefunden hat, ändert dies aber nichts.

Stichwortverzeichnis

(Die Zahlen bezeichnen jeweils die Nummer der Entscheidung)

A

Abänderungsverfahren 197
Abbruch eines Denkmals 210
Abhilfebescheid 174
Abschattungswirkung 103
Abschluß der Sanierung 228
Abstandschatten 188
Abstandsfläche 64, 66, 127 ff., 179, 188, 193
Abstandsfläche, verringerte 43
Abstimmungsbedarf, qualifizierter 17
Abstimmungsgebot, interkommunales 17, 54, 196
Abwägung 2 ff., 19, 31 ff., 51, 54, 55, 84, 88, 99 ff., 115, 143, 214, 216, 217, 234
Abwehrrecht des Landwirts 168 ff.
Abweichung 83 ff., 193
Allgemeines Wohngebiet 29, 36, 50, 66 ff.
Allgemeinverfügung 202
Altenheim 63
Alternativlösung 214
Altöl 90
Amateurfunker 41
Amtspflichtverletzung 125, 145, 230
Anbausicherung 142
Änderung bestehender Gebäude 142 f.
Änderung der Rechtslage 157
Änderung des Bauleitplans 3, 23, 48, 52, 220
Änderungsgenehmigung 82, 90
Angrenzerbenachrichtigung 190
Anhörung 45, 203
Anlage für sportliche Zwecke 68
Anlagenhöhe 6
Anpassungsverlangen 152 f.
Anschüttung 138, 139
Anspruch auf Planung 55
Antennenmast 64

Antragsbefugnis 51 ff.
Architektonische Selbsthilfe 75
Art der baulichen Nutzung 78 f., 196
Artenschutz 221
Athermische Wirkung 64, 66
Attraktivität der Kernzone 18
Aufenthaltsraum 134
Aufhebung eines Mietverhältnisses 225
Auflage 224, 232
Aufschüttung 128
Ausfertigung 49
Ausgleichsbetrag, sanierungsrechtlicher 226 ff.
Ausgleichsfunktion 158
Ausgleichsmaßnahme 40
Auslegung 35, 47
Auslegungsfrist 46, 47
Ausnahme 64 ff., 135, 181
Ausschluß von Einzelhandel 12 ff.
Ausschlußfrist (Normenkontrolle) 58, 59
Ausschlußwirkung 7, 8, 98, 100
Außenbereich 94 ff., 200
Außenbereichssatzung 112
Außenwohnbereich 105
Außervollzugsetzung, einstweilige 56, 62
Aussetzung der Vollziehung 194
Aussiedlerhof 32
Austauschverhältnis 190
Auswirkungen, nachteilige 76, 77, 80

B

Bar 73
Barrierefreie Anlage 147
Bauantrag 113, 114
Baueinstellung 205
Bauernhaus 110
Baufenster 9
Baugebietstyp 34

Baugenehmigung 56, 108, 125, 144 f., 156, 163, 168 ff., 193
Baugestaltung 193
Baugrenze 69, 82
Baugrundstück 127 ff., 140
Bauherreneigenschaft 156
Baulast 69, 150 f.
Bauleitplanung 1 ff.
Bauliche Anlage 164 ff.
Baulinie 130, 160
Baumarkt 16
Bauplanungsrecht 1 ff.
Baustoffhandel 16
Bauteil 127
Bauvoranfrage 171, 174 ff.
Bauvorbescheid 124, 171, 174 ff., 194
Bauvorhaben 63 ff., 92 ff., 127 ff.
Bauvorlagen, unvollständige 174, 175
Bauweise 155
Bebauungsplan 63 ff., 94
Bebauungsplan, einfacher 4
Bebauungsplanänderung s. Änderung des Bauleitplans
Bebauungszusammenhang 92 f., 223
Bedingung 224
Beeinträchtigung, unwesentliche 183
Befangenheit 26, 35
Befreiung 1, 64, 83 ff., 188, 221, 223
Begriff der Großflächigkeit 76 ff.
Begründung zum Bebauungsplan 2
Begrünung 128
Behördenbeteiligung 222
Beiladung 195
Beitragspflicht 47
Bekanntmachung 45, 46, 47, 124
Belichtung 130
Belüftung 130
Bescheinigung nach EStG 233
Beseitigung 10
Beseitigungsanspruch 208
Beseitigungsverfügung 195, 200 ff.
Besondere städtebauliche Gründe s. Feingliederung

Besonderes Städtebaurecht 224 f.
Besonderes Wohngebiet 126
Bestandsaufnahme 14, 15, 28
Bestandsschutz 143, 191
Bestechung 173
Bestimmtheit 2, 6, 41, 44, 73, 151
Betreutes Wohnen 63
Betrieb, landwirtschaftlicher 7, 95 f., 167, 168
Betriebsbeschreibung 168
Betriebsfläche 204
Betriebsverlagerung 35
Betriebszeit 74
Bevorratung von Straßenland 16
Bodendenkmalschutz 212
Bordell 123
Brandschutz 148 f., 152 f.
Buchgrundstück 144
Bunker 64
Bürgerbeteiligung 48
Bürgermeister 150
Bürogebäude 34

C
Chiemsee – Schutzverordnung 1
Convenience-Store 34

D
Dachaufbau 127
Dachneigung 142
Dauerhaftigkeit 95
Deckung des täglichen Bedarfs 15
Denkmalpflegegesetz DDR 213
Denkmalschutz 209 ff.
Devolutiveffekt 195
DIN-Norm s. Lärmschutz
Discountmarkt 67, 80
Diskothek 73
Divergenz von Festsetzung und planerischem Willen 2
Doppelhaus 193
Dorfgebiet 24, 74, 75
Dorfgemeinschaftshaus 32
Durchführungsvertrag 43, 235

E
Einblick in Nachbargrundstück 50

Einfacher Bebauungsplan 4, 49
Einfriedung 164
Einfügen 78 f., 138, 180, 193
Eingriff 219, 221
Eingriffsregelung 35
Einkaufszentrum 17, 25, 78 ff.
Einstweilige Anordnung 9, 56, 62
Einvernehmen 11, 113 ff., 174, 177
Einwendungen des Nachbarn
  s. Nachbarschutz
Einwendungsfrist 190
Einwirkungsbereich 114, 165
Einzelhandel, großflächiger 12 ff.
Einzelhandelsbetrieb 34, 54, 76 ff.
Einzugsbereich 17
Elektromagnetische Felder 183 ff.
Emissionsschutzstreifen 30, s. a.
  Lärmschutz
Energiegewinnung 5
Enteignung 229
Entgegenstehen 100 ff.
Entprivilegierung 110
Entwicklungsgebot 7, 8, 55, 94
Entwicklungspotenzial 219
Entwicklungssatzung 94, 229
Entwurf des Flächennutzungsplans
  114 f.
Erdrückende Wirkung 35, 66
Erforderlichkeit 1 ff., 14, 28
Ergänzendes Verfahren 215
Erhaltungssatzung 230, 231
Erlaubnis, denkmalrechtliche 209 f.
Erlöschen der Baugenehmigung 191
Ermessen 115, 152 f., 160, 173, 193,
  195, 202, 210, 230
Ermessensreduzierung 201
Ersatzfläche 220
Ersatzgebäude 108, 110, 111
Erschließung 28, 50, 97, 145
Erschließungsbeitrag 47
Ersetzung des Einvernehmens 114 f.
Erweiterung 110

F
Fachplanung 116
Fachplanung, konkurrierende 27
Faktisches Vogelschutzgebiet 214 ff.

Fassade 131
Fassadenverkleidung 209
Fehlerheilung 28, 215
Feingliederung 15, 18, 34
Feinsteuerung 11
Feuerbeständige Wand 148
Feuerwehr 152
FFH-Gebiet 214, 215, 217
Finanzierbarkeit 2
Firsthöhe 130
Fiskalisches Interesse 3
Fitness-Studio 147
Flachdach 128
Fläche für die Landwirtschaft 7, 9
Fläche für Gemeinbedarf 88 f.
Flächennutzungsplan 7 f., 98
Fluchtlinienplan 160
Flughafen Schönefeld 45
Folgenbeseitigung 207 f.
Fortsetzungsfeststellungsantrag 124
Fortsetzungsfeststellungsklage 230
Freibad 29
Freistellung 64
Fremdenverkehr 132
Friedhof 93
Fristsetzung 211
Funkantenne 41
Funktionelle Unterordnung 68, 69
Funktionseinheit 78 f.
Funktionslosigkeit 49, 59, 60, 68, 89
Funkwellen 103

G
Garage 139 ff., 155 ff.
Gartencenter 16
Gärtnerei 30
Gärtnerische Anlage 160
Gärtnerische Anlegung 146
Gasfeuerungsanlage 149
Gaststätte 126
Gebäudeecke 131
Gebäudegleiche Wirkung 64, 66,
  135, 138
Gebietscharakter 161
Gebietserhaltungsanspruch 68
Gebot der Rücksichtnahme s. Rück-
  sichtnahmegebot

Gefahr 148 f.
Gefahr, abstrakte 90
Gefahrenabwehr 199
Geländeoberfläche 128, 141, 193
Gemeinbedarfsfläche 88 f.
Gemeinde 113 ff., 174, 177, 200 f.
Gemeindeklage 198
Gemeinwohl 229
Gemengelage 14, 81
Genehmigung, immissionsschutzrechtliche 82, 165
Genehmigungspflicht 64, 164 ff.
Gerätehaus 144
Geräuschbeeinträchtigung 19 ff.
Geringfügig 142 f.
Geruch 30, 75
Geschoßfläche 16
Gesundheitsgefahr 183 ff.
Gesundheitsgefährdung 19, 20, 22
Gewächshaus 134
Gewerbe, produzierendes 14
Gewerbebetrieb 16
Gewerbebetrieb, nicht störender 66, 71, 72
Gewerbegebiet 13 ff., 28, 35, 40, 54
Gewerbegebiet, eingeschränktes 34
Gewinnerzielungsabsicht 95 f.
Giebelfläche 129
Gittermast 6, 104
Gleichartigkeit 110
Gliederung 18, 123
Grenzgarage 139 ff., 155, 179
Grenzständiges Gebäude 143
Grenzwert 183
Grid 131
Großflächiger Einzelhandelsbetrieb 76 ff.
Großhandel 14
Grundfläche 7, 82
Grundsatz der Raumordnung 45
Grundstücksfläche, nicht überbaubare 69
Grundstücksgrenze 138 ff.
Grundstückskäufer 53
Grundzüge der Planung 83, 85, 87

H
Häufung von Windenergieanlagen 99
Häufung, störende 162
Haushälfte 110
Heimwerkermarkt 16
Heranrückende Wohnbebauung 168
Hinweis 125
Hinweiszweck 14
Hochregallager 35
Höhenbegrenzung 10

I
IBA-Verzeichnis 214, 216
Identität zwischen Genehmigungsbehörde und Gemeinde 177
Illegalität, formelle 203, 205
Im Zusammenhang bebauter Ortsteil 39, 74, 92 ff.
Immissionen 66, 75
Immissionsmessung 192
Immissionsprognose 175
Immissionsrichtwert 29
Immissionsschutz 90
Immissionsschutzrecht 82, 165
Immissionsschutzrechtliche Genehmigung 114
Immissionswertüberschreitung 218
Industriegebiet 15
Innenbereich 39, 74, 92 ff.
Innenstadt, Attraktivität 12, 13
Instandhaltung 199
Interessenabwägung 182, 193, 194, 196
Interkommunales Abstimmungsgebot 17, 54, 196
Investitionskosten 210

K
Kassenzone 77
Kaufkraftabfluß 17
Kaufpreis 235
Kernbereich 12
Kerngebiet 36, 85
Kernkraftwerk 5
Kernzone 18
Kiesabbau 97, 176
Kinderspielplatz 3

Kindertagesstätte 85
Kleinsiedlungsgebiet 68
Kohärenzschutz 214
Kompensationsanspruch 19
Konfliktbewältigung 22, 24, 29 f., 47, 101
Konkrete Gefahr 152 f.
Konkretisierung 11
Konsulat, türkisches 181
Konzentrationsplanung 98, 115
Konzentrationszone 7, 8, 10, 11
Koppelungsverbot 234
Kulturlandschaft 214
Kündigungsschutz 225

L
Lageplan 44
Lagerplatz 204
Lagerraum 148
Landesplanung 5 f., 17
Landschaftsbild 35, 102, 214
Landschaftsplan 222
Landschaftsschutz 214 ff.
Landschaftsschutzgebiet 223
Landschaftsschutzverordnung 1
Landschaftsstruktur 109
Landwirtschaftlicher Betrieb 31 f., 95 f., 167, 168
Lärm 30, 50, 81, 114, 192
Lärmgutachten 23, 25, 221
Lärmminderungsmaßnahme 186
Lärmprognose 170, 182
Lärmschutz 74
Lärmschutzwall 24
Lebensmitteldiscounter 80
Lebensmittelmarkt 67
Lebensqualität 12
Legalisierungswirkung 108
Leistungsfähigkeit 43
Leistungsklage, allgemeine 208
Licht 30
Lichteinwirkung 50
Lidl-Markt 81
Löschung 151
Lounge 73
Luftreinhaltung 218
Luftverkehrsgesetz 107

M
Maß der baulichen Nutzung 44
Maßnahmen der Baubehörde 199 f.
Megaposter 161
Mehrzweckraum 187
Mieter 111, 230
Mietobergrenze 224, 232
Milieuschutzsatzung 230, 231, 232
Mindestanforderungen, bauordnungsrechtliche 231
Mindestnennleistung 6
Mischgebiet 12, 14, 50, 73, 80, 161
Mißbrauch 144, 172
Mittelzentrum 17
Mitwirkung der Gemeinde 113 ff., 200 f.
Mitwirkungslast 113
Mitwirkungsverbot 192
Mobilfunkanlage 64 ff., 86, 183 ff.
Mobilfunkmast 135
Modernisierungsmaßnahme 233

N
Nachbar-Eilantrag 64
Nachbargemeinde 17, 196
Nachbargrenze 140
Nachbargrundstück 133
Nachbarschaftsladen 34
Nachbarschutz 68, 74, 127 ff., 179 ff.
Nachfolgelastenbeitrag 234
Nachhaltigkeit 95
Nachtragsgenehmigung 169
Nahversorgung 17 f., 67
Naßauskiesung 116
Natürliche Betrachtungsweise 140
Naturschutz 214 ff.
Nebenanlage 41, 64 ff., 68 f.
Nebenbestimmung 156
Nebenerwerbsbetrieb 95 f.
Nebengebäude 92
Nebennutzung 89
Nennleistung 106
Nichtigkeit 28, 150 f.
Nichtüberbaubare Fläche 133
Normenkontrolle 11, 50 ff.
Notleiter 152
Nutzung, gewerbliche 66

Nutzungsänderung 89, 143
Nutzungsaufgabe 10
Nutzungsinteresse 9
Nutzungskonflikt 31, 32, 220
Nutzungskonzept 63, 78 ff.
Nutzungsspektrum 42
Nutzungsstruktur 123
Nutzungsuntersagung 71, 73, 160, 191, 202 ff., 206
Nutzungsverbot 202

O
Obdachlosenwohnheim 191
Obliegenheit 113
Öffentliche Grünfläche 84
Öffentlicher Belang 98 ff.
Öffentlich-rechtlicher Vertrag 150
Offshore-Windpark 198
Optimierungsgebot 33
Optische Erdrückung 50
Optische Wirkung 65, 66
Optisches Erscheinungsbild 41
Ordnungsverfügung 199 ff.
Ortsbild 64
Ortsrand 92
Ortsrandlage 50
Ortsteil 39

P
Parkanlage 84
Pferdehaltung 96, 168
Pflanzenschutzmittel 30
Planänderung 98
Planbegründung 12
Planfeststellung 87, 214 ff.
Planfeststellung, wasserrechtliche 116
Planfeststellungsersetzender Bebauungsplan 2
Planinhalt 1 ff.
Plankonzept 12, 14, 16, 98, 229
Planungsabsichten 27
Planungsbedürfnis 99, 101, 114
Planungsermessen 12
Planungsfreiraum 117 ff.
Planungshoheit 177
Planungshorizont 5

Planungskonzept 11
Planungssperre 19
Postamt 88 f.
Potenzielles FFH-Gebiet 214, 215, 217
Präklusion 190, 217
Privatisierung der Post 88 f.
Prognose 106
Prognosezeitraum 23

R
Rasengittersteine 146
Rauchabzug 148
Raucheinwirkung 134
Raumbedeutsamkeit 101
Raumordnung 17, 45
Realisierbarkeit 2, 5
Rechtfertigung, städtebauliche s. Erforderlichkeit
Rechtsänderung 98
Rechtsnachfolge 156
Rechtsschutzbedürfnis 196, 197
Rechtsschutzinteresse 55 f., 64
Rechtsweg 235
Regel der Technik 47
Regelvermutung 77
Reines Wohngebiet 63 ff., 85
Restlaufzeit 5
Rettungsweg, zweiter 152 f.
Richtgröße 76 f.
Riegelbebauung 24
Rinderhaltung 75, 168
Rotor 82, 102
Rückbau 5
Rückbauverpflichtung 10
Rücknahme 108, 173, 174
Rücksichtnahme 27
Rücksichtnahmegebot 54, 75, 107, 130, 179, 180 ff.
Rückwirkung 124
Rundfunkempfang 103

S
Sachbescheidungsinteresse 116
Sachverhaltsermittlung 206
Sanierungsgebiet 224 ff.
Sanierungsrecht 171

Sanierungssatzung 228, 233
Satzungsbeschluß 221
Schadensersatz 125, 145
Schallimmissionsprognose 170
Schallleistungspegel 6, 25, 106, 182
Schattenwurf 104, 105
Schlußbekanntmachung 14
Schlußpunkttheorie 171
Schmalseitenprivileg 135
Schornstein 134
Schule 25
Schulhof 186
Schweinehaltung 31, 32
Schwellenwert 31
Schwimmhalle 68, 69
Segelflugplatz 107
Seniorenpflegeheim 122
Sicherheitstreppenhaus 152
Sicherung der Bauleitplanung 117 ff.
Sicherung der Erschließung 97
Sicherungsanordnung, denkmalrechtliche 211
Sicherungsbedürfnis 11, 126
Sofortige Vollziehung 202, 203
Solarhaus 180
Soll-Ziel 17
Sonderabgabe 158
Sonderbeurteilung 31
Sondergebiet 5 f., 8 ff., 16 f., 132
Spielfläche, öffentliche 186
Spindeltreppe 152
Splittersiedlung 108 f., 112, 173
Sportanlage 147
SportanlagenlärmschutzVO 29, 186
Sporthalle 187
Städtebauliche Relevanz 64
Städtebaulicher Vertrag 9, 229, 234 f.
Standortbescheinigung 183 ff.
Standortzuweisung 176
Standsicherheit 47
Stellplatz 155 ff., 172, 175
Stellplatzablösung 156 ff.
Störende Häufung 162
Störung 66
Straßenbahn 87
Straßeneinmündung 28
Straßenlärm 19, 20, 21, 28

Straßenplanung 2, 19 ff., 26, 214 ff.
Stromversorgung 148
Stützmauer 138, 139
Substanzverlust 64
Surrogat 158
Swingerclub 70, 71

T
TA Lärm 25, 74, 81
Tagesrandzeit 74
Tankstellen – Shop 12
Technische Baubestimmung 24
Teilbaugenehmigung 25
Teilnichtigkeit 28, 98
Teilplan 13
Terrassenüberdachung 142
Terroristische Anschläge 181
Thuja-Hecke 164
Tiefenwirkung 49
Tierarztpraxis 172
Tierhaltung 31, 168
Tischlerei 74
Topographische Verhältnisse 93
Trägerbeteiligung 54
Treu und Glauben 188 ff.
Turm 82

U
Überbaubare Grundstücksfläche 49
Überführungsbauwerk 219
Übergangsrecht 116
Überleitung 49
Überörtliche Bedeutung 116
Überplanung 14
Überschwemmungsgebiet 39 f.
Umdeutung 174
Umfang der gerichtlichen Prüfung 57
Umgebung 144
Umgehungsstraße 22, 117
UMTS-Basisstation 64
Umwandlungsgenehmigung 230
Umwelteinwirkung 19 ff.
Umwelteinwirkungen, schädliche 103, 183 ff.
Umweltverträglichkeitsprüfung 82, 182, 218

Untergeordneter Bauteil 131, 134
Unterlassungsklage 186
Unterordnung 68, 69
Unwirksamkeit 28
Unwirtschaftliche Aufwendungen 97
Unzumutbarkeit, wirtschaftliche 60

V
VDI-Richtlinie 3471 31 f.
VDI-Richtlinie 3472 32
Veränderungssperre 11, 117 ff.
Veräußerungsgenehmigung 230
Verbrauchermarkt 175, 196, s. a.
 Einzelhandel, großflächiger
Verbrennungsverbot 90
Verdrängungsgefahr 224
Vereinfachtes Genehmigungsverfahren 193
Vereinfachtes Verfahren 48
Verfahrensrecht 182
Verflechtungsbereich 17
Vergleichsmaßstab 232
Vergnügungsstätte 71, 73, 123
Verhältnismäßigkeitsgrundsatz 147
Verhinderungsabsicht 121 f.
Verkaufsfläche 12, 67, 76 ff.
Verkaufsstätte 148
Verkehrsanbindung 22
Verkehrsfläche 188
Verkehrsfläche, öffentliche 16, 131
Verkehrslärm 19 ff., 25, 28
Verkehrslärmschutzverordnung 25
Verkehrspolitik 26
Verkehrsprognose 23
Verkehrsverlagerung 23
Verkündung 24
Verlängerung 11
Verlust des Plandokuments 49
Vermeidungsgebot 219
Vermutungsgrenze 77, 80
Vermutungsregelung 17
Verpflichtungsklage 124
Versagungsgrund 116
Versiegelung 146
Vertrauensgrundlage 145
Vertrauensschutz 60, 173
Verunstaltung 102

Verwaltungsgebäude 34
Verwaltungsprozeß 235
Verwaltungsprozeßrecht 216
Verwaltungsvorschrift 24
Verwirkung 189, 196
Verzicht 191
Viehunterstand 167
Vogelschutzgebiet 214 f., 217
Vorgarten 146, 160
Vorgeschobene Überlegungen 121 f.
Vorhaben- und Erschließungsplan
 9, 44, 91
Vorhabenbegriff 91
Vorhabenbezogener Bebauungsplan
 42 ff., 62, 91
Vorranggebiet 7 f., 100 ff.
Vorrangstandort für Großkraftwerk
 5

W
Wagenburg 202
Wahrnehmbarkeitsschwelle 20, 22
Walmdach 129
Wandhöhe 130, 141
Warensortimente 12
Wasserfläche, private 188
Wasserrecht 176
Werbeanlage 161 ff.
Wertermittlung 226 f.
Widerruf 174
Widerrufsvorbehalt 163
Widerspruch 151
Wiederherstellung der aufschiebenden Wirkung 159
Windenergieanlage 6 ff., 98 ff., 114 f., 118 f., 182
Windfarm 82, 165
Windkraftanlage 192
Windpark 198
Wintergarten 142
Wirkung wie von Gebäuden 135, 138
Wirtschaftlichkeit 10
Wohnbebauung 14, 22, 31 f.
Wohnen 63, 123
Wohngebäude 112
Wohngebiet 20, 28, 30

Wohngebiet, allgemeines 29, 36, 50, 66 ff.
Wohngebiet, besonderes 126
Wohngebiet, reines 63 ff., 85
Wohnnutzung 36
Wohnungsprostitution 72

Z
Zaunwert 6
Zeitablauf 11, 49
Zentraler Ort 17
Zentralörtliche Gliederung 17
Zentrenschädlichkeit 15
Zentrumsrelevanz 13
Zersiedlung 109
Ziegenhaltung 95
Ziel der Raumordnung 45, 77, 100, 116, 176
Zielbaumverfahren 226 f.
Zulässigkeit von Bauvorhaben 63 ff.
Zulässigkeitsprognose 25
Zumutbarkeit 24, 210
Zurückstellung 126
Zuständigkeit 216, 217
Zustandsverantwortung 199
Zweckbestimmung 16
Zwei-Jahres-Frist 58, 59, 60
Zweiter Rettungsweg 152 f.
Zwillingsbau 110
Zwischenlager 5

Informationsdienst Öffentliches Baurecht

Informationsdienst Öffentliches Baurecht (BRS)
Erscheint alle zwei Monate
Herausgegeben von Hans-Dieter Upmeier
und Dietmar Mampel
ISSN 1616-170X
Jahresabonnement: € 63,60 (zzgl. Versandkosten)
Einzelheft: € 14,50 (zzgl. Versandkosten)
Probeabonnement: 2 Ausgaben für € 10,–

Der bewährte „Informationsdienst Öffentliches Baurecht" stellt in kurzer und prägnanter Weise die wesentlichen Inhalte jüngster Entscheidungen im Bauordnungs- und Bauplanungsrecht vor.

Die Rubrizierung beginnt mit der **„Sachlage kompakt"**, die in komprimierter Form die Sachverhalte skizziert.
Unter **„Wir meinen"** werden präzise die Urteilsgründe erläutert; außerdem erfolgt eine kritische Auseinandersetzung.
Die **„Empfehlungen für die Praxis"** reichern das Konzept mit Hinweisen für den Praktiker an; Möglichkeit zur Vertiefung bieten **„Weiterführende Hinweise"**.

Die Zeitschrift dient als sinnvolle Ergänzung und Vorabinformation zu den jährlich erscheinenden Bänden der Baurechtssammlung, in der die Entscheidungen mit vollständigem Wortlaut abgedruckt werden.

Die Herausgeber/Autoren:
Herausgegeben wird die Zeitschrift von *Hans-Dieter Upmeier,* Vizepräsident des Verwaltungsgerichts Münster a. D. und Rechtsanwalt *Dietmar Mampel,* Bonn.

Nutzen Sie
unser **Probeabo:**
- 2 Ausgaben für 10,– €
  zum Kennenlernen

Unsere Hotline: 0 800/7 76 36 65

Zu beziehen über Ihre Buchhandlung oder direkt beim Verlag.

Wolters Kluwer Deutschland GmbH
Niederlassung Neuwied · Postfach 2352 · 56513 Neuwied
Telefon 02631 801-2222 · Telefax 02631 801-2223
www.wolters-kluwer.de · www.werner-verlag.de
E-Mail info@wolters-kluwer.de

WERNER VERLAG
Eine Marke von Wolters Kluwer Deutschland

Top-Informationen von führenden Baurechtlern

Top-Informationen von Deutschlands führenden Baurechtlern

baurecht (BauR)
Zeitschrift für das gesamte öffentliche
und zivile Baurecht
36. Jahrgang 2005
Erscheint monatlich
Herausgegeben von Klaus Vygen, Rolf Kniffka und
Hans-Dieter Upmeier unter Mitarbeit namhafter Juristen.
ISSN 0340-7489
Jahresabonnement: € 192,- (zzgl. Versandkosten)
Einzelheft: € 20,-
Probeabonnement: 2 Ausgaben für € 10,-

Über 30 Jahre **baurecht** stehen für Top-Informationen von Deutschlands führenden Baurechtlern – und das sowohl für das private als auch das öffentliche Baurecht!

- **Aufsätze:** Garantierte Praxisrelevanz aufgrund der Mitwirkung von Juristen, Ingenieuren, Architekten und Fachleuten aus der Bauwirtschaft!
- **Rechtsprechung:** Komplette Übersicht über die baurechtliche Rechtsprechung!
- **Außerdem in jedem Heft:** Thema des Monats, Diskussionsforum, baurecht aktuell, Veranstaltungen, Buchbesprechungen, Neueste Entscheidungen in Leitsatzform.

Nutzen Sie unser **Probeabo:**
■ 2 Ausgaben für € 10,- zum Kennenlernen
Unsere Hotline: 0 800/7 76 36 45

Zu beziehen über Ihre Buchhandlung oder direkt beim Verlag.

Wolters Kluwer Deutschland GmbH
Niederlassung Neuwied · Postfach 2352 · 56513 Neuwied
Telefon 02631 801-2222 · Telefax 02631 801-2223
www.wolters-kluwer.de · www.werner-verlag.de
E-Mail info@wolters-kluwer.com

WERNER VERLAG
Eine Marke von Wolters Kluwer Deutschland

Baurechtssammlung auf CD-ROM

Die **Baurechtssammlung auf CD-ROM** enthält die baurechtliche Rechtsprechung des **Bundesverwaltungsgerichts** sowie eine Vielzahl von maßgeblichen Entscheidungen des **Bundesgerichtshofs**, der **Oberverwaltungsgerichte** und **Verwaltungsgerichtshöfe der Länder** zum

- Bauplanungsrecht
- Bauordnungsrecht
- Maßnahmen- und Vollstreckungsrecht
- Denkmalschutzrecht
- Naturschutzrecht
- Städtebauförderungsrecht

Das jährlich erscheinende Update ermöglicht eine **umfassende Orientierung** über die neueste baurechtliche Rechtsprechung eines Jahres.

Die CD-ROM enthält den vollständigen Datenbestand der „Baurechtssammlung" von 1945–2004 als Faksimile mit

- Volltextsuchfunktion in den Leitsätzen
- Entscheidungssuche nach
  - Sachgebiet
  - Gericht
  - Datum
  - Aktenzeichen
- Aufschlagen nach (Register-)Band/Entscheidungsnummer

Die Bedienung ist auch für ungeübte Nutzer kinderleicht. Dank der übersichtlichen Oberfläche finden Sie schnell die gewünschten Informationen! Unbürokratische und kompetente Hilfe erhalten Sie über unsere CD-ROM Hotline.

Zu beziehen über Ihre Buchhandlung oder direkt beim Verlag.

Als Abonnent der gedruckten Baurechtssammlung sparen Sie € 245,–!

Thiel/Gelzer/Upmeier
Baurechtssammlung auf CD-ROM
Jahrgänge 1945–2004

2005, CD-ROM für
Windows 95/98/2000/NT/XP,
Systemvoraussetzung:
32 MB RAM, empfohlen ab 64 MB,
€ 490,– • ISBN 3-8041-3600-1

Sonderpreis für Abonnenten der gedruckten Ausgabe der „Baurechtssammlung" oder der Zeitschrift „baurecht"
€ 245,– • ISBN 3-8041-3602-8

1 Update pro Jahr, Preis je Update
€ 149,–

Netzwerklizenzen auf Anfrage

Wolters Kluwer Deutschland GmbH
Niederlassung Neuwied · Postfach 2352 · 56513 Neuwied
Telefon 02631 801-2222 · Telefax 02631 801-2223
www.wolters-kluwer.de · www.werner-verlag.de
E-Mail info@wolters-kluwer.de

WERNER VERLAG
Eine Marke von Wolters Kluwer Deutschland